中国林业年鉴

CHINA FORESTRY YEARBOOK

2016

中国林业出版社
China Forestry Publishing House

图书在版编目（CIP）数据

中国林业年鉴. 2016 / 国家林业局编纂. — 北京：中国林业出版社，2016.11
ISBN 978-7-5038-8779-6
Ⅰ. ①中… Ⅱ. ①国… Ⅲ. ①林业－中国－2016－年鉴 Ⅳ. ①F326.2-54
中国版本图书馆CIP数据核字（2016）第275575号

责任编辑：何　蕊　周军见　易婷婷　许　凯

出　版：中国林业出版社（100009 北京市西城区德内大街刘海胡同7号）
网　址：http://lycb.forestry.gov.cn
E-mail：cfybook@163.com　　　电　话：010-83143666
发　行：中国林业出版社
印　刷：北京中科印刷有限公司
版　次：2016年12月第1版
印　次：2016年12月第1次
开　本：880mm×1230mm 1/16
印　张：46. 5
彩　插：44
字　数：1988千字
定　价：300.00元

中国林业年鉴编辑委员会

CHINA FORESTRY YEARBOOK

委 员

孟宪林	国家林业局濒危物种进出口管理中心常务副主任
孙国吉	国家林业局天然林保护工程管理中心主任
张 炜	国家林业局西北华北东北防护林建设局局长
周鸿升	国家林业局退耕还林（草）工程管理中心主任
潘迎珍	国家林业局防治荒漠化管理中心主任
丁立新	国家林业局世界银行贷款项目管理中心（速丰办）主任
王焕良	国家林业局科技发展中心主任
李金华	国家林业局经济发展研究中心主任
郝育军	国家林业局人才开发交流中心主任
吴志民	国家林业局对外合作项目中心常务副主任
陈介平	国家林业局森林防火预警监测信息中心副主任
马广仁	国家林业局湿地保护管理中心主任
张守攻	中国林业科学研究院院长
刘国强	国家林业局调查规划设计院院长
郭青俊	国家林业局林产工业规划设计院院长
李向阳	国家林业局管理干部学院党委书记
厉建祝	中国绿色时报社党委书记、总编辑
费本华	国家林业局国际竹藤中心常务副主任
鲁 德	国家林业局亚太森林网络管理中心常务副主任
陈幸良	中国林学会秘书长
李青文	中国野生动物保护协会秘书长
刘 红	中国花卉协会秘书长
陈 蓬	中国绿化基金会副秘书长兼办公室主任
王 满	中国林业产业联合会秘书长
邓 侃	中国绿色碳汇基金会秘书长
李国臣	国家林业局驻内蒙古自治区森林资源监督专员办事处（中华人民共和国濒危物种进出口管理办公室内蒙古自治区办事处）巡视员、党组成员
王志高	国家林业局驻长春森林资源监督专员办事处（中华人民共和国濒危物种进出口管理办公室长春办事处）专员（主任）
袁少青	国家林业局驻黑龙江省森林资源监督专员办事处（中华人民共和国濒危物种进出口管理办公室黑龙江省办事处）专员（主任）
陈 彤	国家林业局驻大兴安岭森林资源监督专员办事处专员

中国林业年鉴特约编辑

CHINA FORESTRY YEARBOOK

国家林业局办公室	张　禹
国家林业局政策法规司	周金锋
国家林业局造林绿化管理司	刘丽军
国家林业局森林资源管理司	梁永伟
国家林业局野生动植物保护与自然保护区管理司	张云毅
国家林业局农村林业改革发展司	缪光平
国家林业局森林公安局（防火办）	李新华
国家林业局发展规划与资金管理司	刘建杰
	袁卫国
国家林业局科学技术司	吴红军
国家林业局国际合作司	黄一川
国家林业局人事司	段兆刚
国家林业局直属机关党委	周　戡
国家林业局信息中心	张会华
国家林业局国有林场和林木种苗工作总站	隗合飞　于滨丽
国家林业局林业工作站管理总站	唐　伟
国家林业局林业基金管理总站	刘文萍
国家林业局宣传中心	郑　杨
国家林业局濒危物种进出口管理中心	张　旗
国家林业局天然林保护工程管理中心	刘　蕾
国家林业局西北华北东北防护林建设局	刘　冰
国家林业局退耕还林（草）工程管理中心	王　楠
国家林业局防治荒漠化管理中心	林　琼
国家林业局世界银行贷款项目管理中心	马　藜
国家林业局科技发展中心	龚玉梅
国家林业局经济发展研究中心	菅宁红
国家林业局人才开发交流中心	王尚慧
国家林业局对外合作项目中心	孙念军
国家林业局湿地保护管理中心	王隆富
中国林业科学研究院	林泽攀
国家林业局调查规划设计院	赵有贤
国家林业局林产工业规划设计院	王　拓
国家林业局管理干部学院	赵同军
中国绿色时报社	杜艳玲
中国林业出版社	段植林
国家林业局国际竹藤中心	王　刚
国家林业局亚太森林网络管理中心	杨馨郁
中国林学会	郭丽萍
中国野生动物保护协会	王晓婷
中国花卉协会	宿友民
中国绿化基金会	张　杨
中国林业产业联合会	白会学
国家林业局驻内蒙古自治区专员办（濒管办）	夏宗林
国家林业局驻长春专员办（濒管办）	陈晓才

国家林业局驻黑龙江省专员办
（濒管办） 沈庆宇
国家林业局驻大兴安岭专员办 艾笃亢
国家林业局驻成都专员办（濒管办） 曹小其
国家林业局驻云南省专员办（濒管办） 李 洁
国家林业局驻福州专员办（濒管办） 宋师兰
国家林业局驻西安专员办（濒管办） 潘自力
国家林业局驻武汉专员办（濒管办） 李建军
国家林业局驻贵阳专员办（濒管办） 陈学锋
国家林业局驻广州专员办（濒管办） 胡玉飞
国家林业局驻合肥专员办（濒管办） 夏 倩
国家林业局驻乌鲁木齐专员办
（濒管办） 刘 斌
国家林业局驻上海专员办（濒管办） 叶 英
国家林业局驻北京专员办（濒管办） 于伯康
国家林业局森林病虫害防治总站 柴守权
国家林业局北方航空护林总站 石凤莉
国家林业局南方航空护林总站 史 磊
南京森林警察学院 夏桂林
国家林业局华东林业调查规划
设计院 刘 强
国家林业局中南林业调查规划
设计院 齐建文
国家林业局西北林业调查规划
设计院 王义贵
国家林业局昆明勘察设计院 张凤仙
武警森林指挥部 管黎丽
中国水土保持学会 郑 慧
中国林业教育学会 田 阳
北京市园林绿化局 齐庆栓
天津市林业局 王 浩
河北省林业厅 袁 媛
山西省林业厅 冀瑞平
内蒙古自治区林业厅 牛喜山
辽宁省林业厅 董铁狮
吉林省林业厅 林彦明
黑龙江省林业厅 崔祥娟
上海市林业局（上海市绿化和市容管理局）
王永文
江苏省林业局 吴小巧
浙江省林业厅 谢 力
安徽省林业厅 刘 力
福建省林业厅 林 萍
江西省林业厅 谢利玉
山东省林业厅 王树军
河南省林业厅 孔令省
湖北省林业厅 彭锦云
湖南省林业厅 李绍平
广东省林业厅 欧阳学工
广西壮族自治区林业厅 李巧玉
海南省林业厅 慕立忠
重庆市林业局 刘洪平
四川省林业厅 张革成
贵州省林业厅 何 章 姚世超
云南省林业厅 秦洪锦
西藏自治区林业厅 陈 平
陕西省林业厅 吕旭东
甘肃省林业厅 赵 俊
青海省林业厅 宋晓英
宁夏回族自治区林业厅 马永福
新疆维吾尔自治区林业厅 俞言琳
中国内蒙古森林工业集团有
限责任公司 杨建飞
中国吉林森林工业集团有限
责任公司 刘力武
黑龙江省森林工业总局 姜东涛
大兴安岭林业管理局 陈广辉
新疆生产建设兵团林业局 贾寿珍
北京林业大学 马亚男
东北林业大学 雒文虎
南京林业大学 钱一群
中南林业科技大学 章元日

编辑说明

一、《中国林业年鉴》是一部综合反映我国林业建设重要活动、发展水平、基本成就与经验教训的大型资料性工具书。每年出版一卷，反映上年度情况。2016卷为第三十卷，收录限2015年的资料，宣传彩页部分收录2015年和2016年资料。

二、《中国林业年鉴》的基本任务是为全国林业战线和有关部门的各级生产和管理人员、科技工作者、林业院校师生和广大社会读者全面、系统地提供中国森林资源消长、森林培育、森林资源保护、生态建设、森林资源管理与监督、森林防火、林业产业、林业经济、科学技术、专业理论研究、院校教育以及体制改革等方面的年度信息和相关资料。

三、第三十卷编纂内容设27个栏目。统计资料除另有说明外，均不含香港特别行政区、澳门特别行政区、台湾省数据。

四、年鉴编写实行条目化，条目标题力求简洁、规范。长条目设黑体和楷体两级层次标题。全卷编排按内容分类。条头设【】。按分类栏目设书眉。

五、年鉴撰稿及资料收集由国家林业局机关各司（局），各直属单位承担；其中“各省、自治区、直辖市林业”由各省（区、市）林业厅（局）承担。

六、释文中的计量单位执行GB3100～3102—1993《国际单位制（SI）及其应用》的规定。数字用法按GB/T15835—2011《出版物上数字用法的规定》执行。

七、条目、文章一律署名。

中国林业年鉴编辑部

2016年12月

栏　目

◎ 2015年9月7日，在南非出席第14届世界林业大会期间，张建龙会见南非农林渔业部部长森泽尼 佐夸纳 /《中国绿色时报》 供稿/

◎ 2015年2月4日，陈述贤在天津蓟县国营林场慰问 /《中国绿色时报》 供稿/

◎ 2015年2月2日，张永利到中国林业科学研究院亚热带林业研究所调研

/ 中国林业科学研究院　供稿 /

◎ 2015年4月13日，陈凤学会见坦桑尼亚自然资源和旅游部部长拉扎罗

/ 《中国绿色时报》　供稿 /

◎ 2015年6月27日，刘东生在“推动竹藤在生态恢复和人道救助中的南南合作”高端对话上发表演讲 /《中国绿色时报》 供稿/

◎ 2015年3月4日，彭有冬考察通辽市苗木科技示范基地 /谢春华 供稿/

◎ 2015年12月29日，谭光明到福建省明溪县沙溪乡局上南方红豆杉用材林暨复层林经营示范基地调研　　/焦　巍　提供/

◎ 2015年4月10日，杜永胜在云南丽江航空护林站观摩装备森林部队的中航工业昌河飞机工业公司制造的AC313直升机防火灭火性能展示飞行　/国家林业局防火办　供稿/

◎ 2015年9月24日，封加平主持第四届全国林业信息化工作会议

/ 中国林业网　供稿 /

◎ 2016年2月25日，张鸿文出席国家林业局信息化工作领导小组会议

/ 中国林业网　供稿 /

盛世修史　明鉴春秋

——《中国林业年鉴》30年发展回顾

《中国林业年鉴》记录波澜壮阔的林业发展历程，截至2016卷正式出版，30年来完成了30卷中文版林业年鉴和3卷英文版林业年鉴的出版任务，累计发稿近4500万字，彩色插图1100幅，生成词条10万个，共发行约20万册，举办工作会议50多次。

◎ 2016年7月14日，国家林业局副局长、中国林业年鉴编委会主任彭有冬在中国林业年鉴工作会议上讲话

国家林业局副局长、中国林业年鉴编委会主任彭有冬在2016年7月14日的中国林业年鉴工作会议上发表重要讲话，高度评价了林业年鉴30年来取得的成绩。他说："30年来，《中国林业年鉴》始终服从和服务于林业工作大局，全面、准确、客观地反映党和国家的林业方针政策及林业改革发展的伟大实践，见证了中国林业走向兴盛的历程，记录了几代林业工作者的奋斗轨迹，成为了中国政府发布林业信息的权威性载体之一。

◎ 2016年7月14日，银川中国林业年鉴工作会议主席台

30年来，《中国林业年鉴》详尽记载了中国林业波澜壮阔的生态建设改革发展历程，逐步形成了一个巨大的可资镜鉴的林业信息宝库，成为了广大务林人认识、分析和研究解决林业问题的重要帮手，是各级领导、专家学者乃至社会各界了解林情的重要渠道。

30年来，《中国林业年鉴》坚持与时俱进，强化精品意识，几经改版和多次创新，编撰队伍不断壮大，出版质量稳步提升，成为集权威性、全面性、系统性、准确性、连续性为一体的、不可替代的林业行政编年史册，多次在全国年鉴评比中荣获褒奖，受到了行业内外的普遍欢迎。”

◎ 2016年7月14日，中国林业年鉴工作会议会场

《中国林业年鉴》诞生于1986年，从诞生之日起，一直坚持“林业行政编年史”的定位，客观真实地记载我国林业发展的历史，集全国林业年度工作之大成。2005年6月13日，国家林业局印发了《关于进一步加强〈中国林业年鉴〉编纂工作的通知》，这是国家林业局成立后，专门为林业年鉴工作发的文件。2016年8月8日，国家林业局办公室印发了《关于加强中国林业年鉴有关工作的通知》，要求进一步强化与规范《中国林业年鉴》有关工作。2004年开始，由国家林业局局长担任编委会名誉主任，张建龙局长是现任中国林业年鉴编委会名誉主任。自2015卷起，林业年鉴增加了15个专员办的内容，完善了相关信息。现有局机关各司

◎ 2016年7月14日，中国林业年鉴工作会议合影

◎ 2010年12月6日，时任中央纪委驻国家林业局纪检组组长、国家林业局党组成员、中国林业年鉴编委会主任陈述贤在年鉴工作会议上讲话

（局）、直属单位、四大森工（林业）集团、新疆生产建设兵团林业局和林业大学、森警部队等107个单位参与编写。如今《中国林业年鉴》已从最初的编委会23人逐步扩大到了112人，特约编辑从最初的54人增加到了110人。在编委会的领导下，建立了一个机构固定、实力较强的编辑部。中国林业出版社多次机构调整，但始终保持中国林业年鉴编辑部为独立机构。

中国林业年鉴工作会议定期召开，紧抓培训工作，建立了特约编辑、特约编委、编辑三级程序，层层严把质量关。实现规范化管理，各个环节恪尽职守、精益求精，使中国林业年鉴连获大奖，在国家部委年鉴中编校质量始终名列前茅，为林业部门争得了荣誉。鉴于质量上乘，自《中国林业年鉴2010》起，经中国知识资源总库编辑委员会审核，《中国林业年鉴》被“中国年鉴全文数据库”收录，收藏于中国知网年鉴部。2009年，《中国林业信息全文数据库（1949～2009）》正式发行，标志着年

◎ 2007年1月16日，中国林业年鉴20周年暨特约编辑工作会议，时任中央纪委驻国家林业局纪检组组长、国家林业局党组成员、中国林业年鉴编委会主任杨继平参会

◎ 2010年12月6日，对第三届中国林业年鉴贡献奖获得者颁奖

◎ 中国林业年鉴30年出版成果

◎ 中国林业年鉴编辑部代表性图书

鉴数字化迈出了历史性的一步。从2010卷开始，年鉴出版方式发展为纸质和光盘同步出版格局，这是《中国林业年鉴》适应时代需求，紧跟科技发展，用现代信息手段服务于广大读者的成果。

年鉴是昨天的实录，今天的镜子，明天的见证。岁月更迭，年鉴永存，历久弥新。经过30年的不懈努力，《中国林业年鉴》印记着林业改革发展的轨迹，为我国林业开拓创新发展提供了宝贵的资料。我们会继续以史为鉴，加快现代林业发展步伐，为建设生态文明和美丽中国，实现中华民族的伟大复兴作出更大贡献！

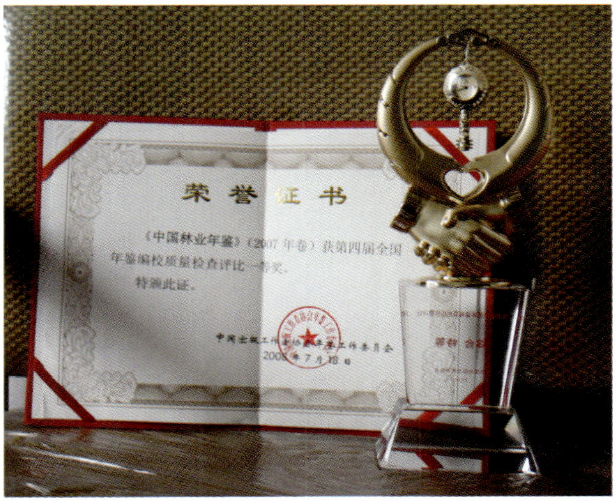

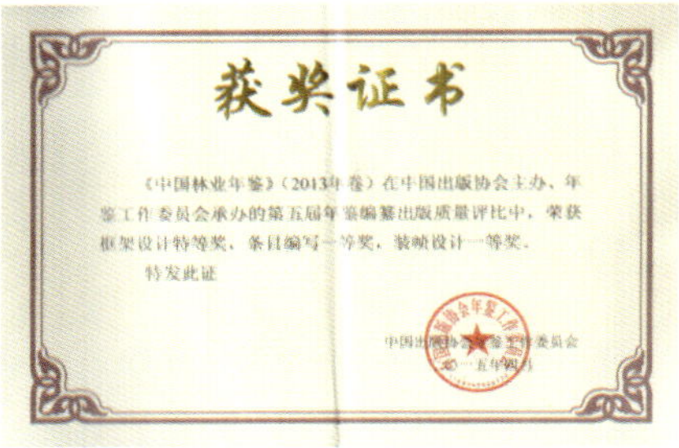

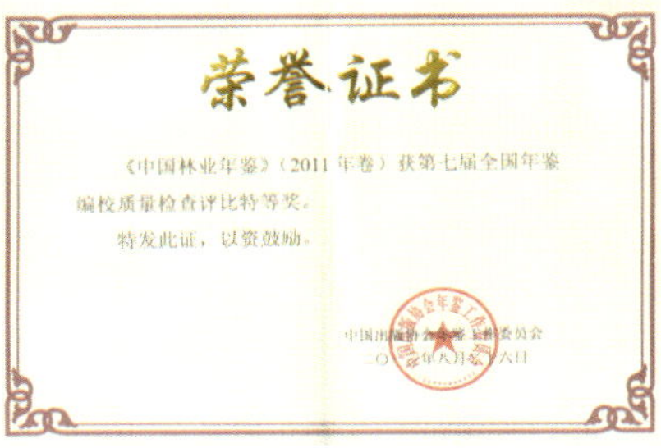

北京森林公安
侦破特大贩卖野生动物制品案件
——查获象牙及其制品800余千克

2015年10月，北京市公安局森林公安分局对外通报了“5·21”系列非法收购、运输、出售野生动物制品案件情况。该案件共抓获犯罪嫌疑人16名，查获象牙及其制品804.4千克，这是北京市森林公安机关迄今为止侦办的查获数量最大、抓获涉案人员最多的野生动物制品犯罪案件。

◎非法运输，犯罪团伙浮出水面 2015年5月20日，北京市森林公安分局接群众举报称，有一辆白色宝马车将于5月21日下午运输象牙制品到北京大兴。北京森林公安分局立即组织警力开展侦查工作。根据掌握的情况，嫌疑人将采取自驾运输的方式运输涉案物品。办案民警连夜驱车前往发货地山东威海，准备在威海至北京的高速路上进行追踪。办案民警发现，嫌疑车辆为前后两辆，应该是前车探路，后车运输。21日，其他民警兵分4路，两组在京津高速和京沪高速进京路口设卡堵截，另外两组在北京、天津的嫌疑人必经之路隐蔽观察。为躲避进京检查，嫌疑人选择提前驶出高速。北京市森林公安分局及时调整警力部署，最终在大兴区黄村镇锁定了嫌疑车辆，并将正在进行象牙制品清点的犯罪嫌疑人任某、方某抓获，现场查获象牙制品107千克、象牙加工设备10台、涉案车辆1辆。根据另一辆嫌疑车辆信息，办案民警继续前往河北永清进行调查。22日，民警在永清将犯罪嫌疑人殷某抓获。经讯问，民警了解到殷某伙同在北京的滕某、在广东的李某以及在山东的赵某等人从日本非法走私野生动物制品进入我国香港，然后经深圳、威海流入内地，以古玩店为掩护进行非法交易。

◎ 北京森林公安“5·21”系列专案战果展示

◎缜密调查，三地团伙成员相继落网 7月中旬，在北京组办案民警侦查的同时，另一组民警前往深圳开展侦查工作。民警从李某名下的轿车入手发现嫌疑车辆，掌握了其固定发货的快递门店。7月31日晚，广东组收网，将李某抓获。据其供述，民警连夜前往广州市番禺区将出售象牙制品的李某抓获，缴获象牙制品127.2千克。随后，办案民警根据被抓获嫌疑人提供的信息循线追踪。8月16日，民警在北京方庄某酒店停车场抓获团伙成员皮某；8月20日、21日，嫌疑人陈某、刘某先后落网；8月28日，民警抓获从日本进货回到威海的赵某兄弟二人；8月30日，在逃嫌疑人邓某归案。至此，涉案犯罪嫌疑人全部落网。据统计，“5·21”专案组共抓获犯罪嫌疑人16名，查获象牙及其制品804.4千克、犀牛角制品11.3千克、熊皮4张、熊掌35只，涉案价值共计2439万元。该案成功破获了涉及广东、山东、北京三地的非法收购、运输、出售野生动物制品系列案件，强力震慑了破坏野生动物资源违法犯罪。

（国家林业局森林公安局　供稿）

云南森林公安侦破“12·31”非法猎捕、杀害大熊猫案

2014年12月31日，云南省昭通市水富县森林公安局太平镇派出所接到举报线索后，在水富县太平镇吴某家中查获疑似熊肉8.5千克及一批冰冻的野生动物死体，抓获犯罪嫌疑人吴某。当日，水富县森林公安局将此案立为刑事案件侦查。

2015年2月3日，云南省濒科委鉴定中心通过DNA鉴定，查获的疑似熊肉制品来源为大熊猫。为确保尽快突破案情，云南省森林公安局派精干警力前往昭通市水富县协同昭通森林公安机关调查此案，按省林业厅的要求迅速成立省、市、县三级森林公安机关联合专案组。专案组通过大量分析、研判、线索排查，准确锁定该案主要犯罪嫌疑人为昭通市盐津县普洱镇龙台村王氏兄弟二人。

◎ 抓获犯罪嫌疑人

2015年3月29日，专案组将王氏兄弟中的弟弟抓获，并在其家中查获大熊猫皮一张及一些其他野生动物制品。民警随后又对王氏兄弟中的哥哥家进行了搜查，查获猎枪2支，大熊猫头骨、腿骨、油脂等。2015年3月30日，犯罪嫌疑人王氏兄弟的哥哥投案自首，并在后来指认现场时主动上交大熊猫胆一个。

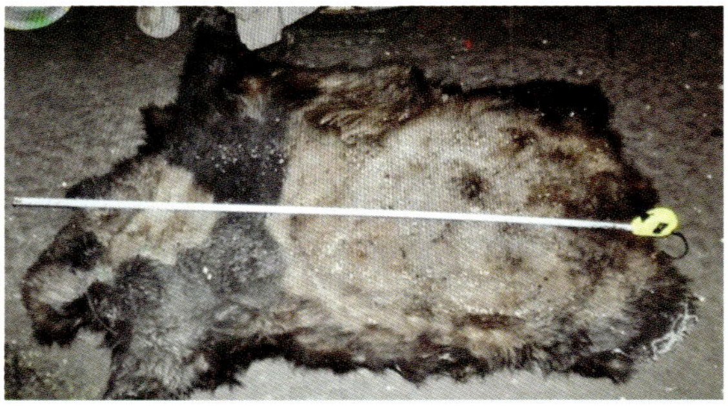

◎ 查获大熊猫皮

据专案组调查，2014年12月3日，犯罪嫌疑人王某哥发现自家羊圈内的羊被野生动物咬死，便在羊圈旁安下套子。12月4日早上，犯罪嫌疑人哥哥发现套子被崩断，其弟也打来电话称在屋后的山林里发现了野生动物脚印，于是兄弟俩拎着火药枪、带着狗，开始顺着脚印追猎。追到龙台村水打沟处，兄弟俩发现了一只野生动物，后将野生动物猎杀。当天下午15时许，王氏兄弟俩打电话与犯罪嫌疑人李某联系出售大熊猫制品事宜。当晚23时许，王氏兄弟俩在盐津县普洱镇串丝村附近的公路边，将约35千克的大熊猫肉及4只大熊猫脚掌以4800元的价格出售给李某。李某当晚将大熊猫肉及4只大熊猫脚掌带回水富县两碗镇的家中藏匿，并于12月6日将4只大熊猫脚掌出售给四川宜宾的犯罪嫌疑人王某，将大熊猫肉出售给犯罪嫌疑人吴某，后吴某又将大熊猫肉分别出售给犯罪嫌疑人王某、秦某、杜某。目前，犯罪嫌疑人已全部抓获，案件在进一步侦办中。（国家林业局森林公安局　供稿）

2015年中国野生动植物保护十件大事

1 野生动植物保护工作上升到国家发展战略

2014年末至2015年初，习近平、李克强等中央领导同志对大熊猫、象、虎、豹等野生动物保护工作作出了重要批示。2015年4月，《中共中央　国务院关于加快推进生态文明建设的意见》指出："加强自然保护区建设与管理，对重要生态系统和物种资源实施强制性保护，切实保护珍稀濒危野生动植物、古树名木及自然生境。"2015年9月，中共中央、国务院印发的《生态文明体制改革总体方案》又指出："构建保护珍稀野生动植物的长效机制。"2015年12月，《中共中央关于制定国民经济和社会发展第十三个五年规划的建议》进一步强调："维护生物多样性，实施濒危野生动植物抢救性保护工程，建设救护繁育中心和基因库。强化野生动植物进出口管理，严防外来有害物种入侵。严厉打击象牙等野生动植物制品非法交易。"

2015年，中央领导同志多次对野生动植物保护工作作出重要批示；在出台的中央系列文件中又多次明确提出加强野生动植物保护工作要求，批示之多、文件之多，前所未有，这表明野生动植物保护工作已上升到了国家发展战略。

2 全国人大常委会审议野生动物保护法修订草案

2015年12月21～27日，十二届全国人大常委会第十八次会议在北京召开，会上审议了野生动物保护法修订草案。修订草案在一些重大的问题上作了修订和补充，规定了要保护的野生动物新的范围、栖息地的保护以及人工繁育重点保护动物的规范、管理等。

中国现行野生动物保护法自1989年3月1日实施至今已26年了。随着社会经济的快速发展，现行野生动物保护法已不能满足当今社会对野生动物认识和保护的要求，修订完善这部法律对进一步加强野生动物依法保护工作具有十分重要的意义。

◎ 大熊猫　　（曾铮　摄）

◎ 野生东北虎（黑龙江省穆棱林业局　供图）

◎ 大象

3 加强象牙贸易管控，中国临时禁止进口非洲象牙雕刻品和象牙狩猎纪念物

2015年2月26日，国家林业局发布公告，宣布中国临时禁止进口《濒危野生动植物种国际贸易公约》（简称《CITES公约》）生效后所获的非洲象牙雕刻品和象牙狩猎纪念物，期限均为一年，要求中国公民不要购买和携带象牙雕刻品及象牙狩猎纪念物入境。此后有许多社会

组织也积极参与打击象牙非法贸易行动。2015年12月，中国腾讯公司、大自然保护协会等多家社会组织及机构共同开启“爱象月”行动，倡导广大网民拒绝网络非法象牙贸易。

近年来，由于严重的盗猎、栖息地破坏等原因，非洲野生大象保护面临严峻形势。中国作为《CITES公约》的缔约国，采取临时禁止进口《CITES公约》生效后所获的象牙雕刻品，加强象牙管控，对促进和支持非洲象保护具有积极意义。

◎ 象牙销毁活动现场 （刘泽英　摄）

4 全国第四次大熊猫调查结果发布

2015年2月28日，国家林业局召开新闻发布会公布了全国第四次大熊猫调查结果，全国野生大熊猫种群数量和栖息地面积实现双增长。调查结果显示：截至2013年年底，全国野生大熊猫种群数量达到1864只；栖息地面积达到258万公顷；全国圈养大熊猫种群数量达到375只。

全国第四次大熊猫调查历时3年，调查内容包括大熊猫野外种群、栖息地、同域分布动物、干扰因素、保护管理、圈养种群和分布区经济社会状况等7个方面。与前三次调查结果相比，第四次大熊猫调查结果呈现以下特点：一是野生种群数量稳定增长；二是栖息地范围明显扩大；三是圈养种群规模快速发展。

◎ 全国第四次大熊猫调查结果新闻发布会

（刘泽英　摄）

◎ 西藏羌塘藏羚羊、野牦牛国家公园授牌仪式现场

（江永贵　摄）

5 中国首个野生动物保护类型国家公园建立

2015年9月16日，“西藏羌塘藏羚羊、野牦牛国家公园”授牌仪式在拉萨举行，这标志着中国第一个野生动物保护类型国家公园开始建设。羌塘国家公园作为中国目前面积最大、海拔最高和物种最典型的国家公园，彰显了它在保护野生动物方面的特色。

藏羚羊、野牦牛是典型的高原高寒动物，作为藏北高原动物区系的代表，体现了青藏高原自然生态系统处于良好有状态，在国际保护、科研方面具有巨大影响。西藏羌塘藏羚羊、野牦牛国家公园的成立是通过机制创新和体制创新来保护藏羚羊、野牦牛青藏高原典型野生动物的新形式，是林业部门贯彻落实党中央关于加强野生动物保护、建立国家公园体制等重大决策的生动实践，具有重大里程碑意义。

6 中国林业系统国家级自然保护区开展全面监督检查

近年来，针对侵占自然保护区土地等违法违规现象，习近平总书记等中央领导高度重视并作出重要批示，要求务必高度重视，以坚决的态度予以整治，以实际行动遏止此类破坏生态文明的问题蔓延扩散。

◎ “绿剑行动”督察组听取兴凯湖自然保护区汇报

（贯恒 摄）

为贯彻落实中央领导重要批示精神，依法加强自然保护区保护管理，国家林业局从2015年3月起在全国林业系统国家级自然保护区范围内开展了为期半年的专项监督检查行动——“绿剑行动”。该行动采取“国家林业局—省级林业主管部门—国家级自然保护区管理机构”三级联动查检机制，对全国林业系统国家级自然保护区进行了全面检查、全面整治，并取得了初步成效。

7 “河南大学生掏鸟窝获刑10年半”引发公众热议

◎ 燕隼

据《郑州晚报》2015年12月1日报道，河南大学生闫某和王某一起掏自己门外鸟窝，共掏鸟16只，售卖10只，被判犯非法收购、猎捕珍贵、濒危野生动物罪等，分别获刑10年半和10年。两人掏的鸟是燕隼，属国家二级保护动物。

此案经媒体披露后，引发公众热议和思考。随着媒体对更多案情细节的披露，公众意识到，案件不是最初媒体公布出来的“大学生假期闲来无事自家门口掏鸟窝”这么简单。

根据最高人民法院的相关法律解释，非法收购、运输、出售国家二级保护动物隼（所有类），6只到9只就是情节严重的，须处5年以上10年以下有期徒刑，并处罚金；10只以上的，属于情节特别严重的，处10年以上有期徒刑，并处罚金或者没收财产。闫某和王某一共抓捕和出售了16只燕隼，属于情节特别严重。站在法律的角度，对他们判处10年半和10年有期徒刑，并处罚款，完全是在法律规定的幅度和范围内量刑，根本谈不上过重。如果法律对非法捕猎、出售重点保护野生动物的恶行不予以严惩，其后果将是更多的珍禽猛禽被贩卖、猎杀。

8 陕西楼观台发生大熊猫犬瘟热疫情并引发社会对野生动物疫源疫病监测防控的广泛关注

2014年12月3日至2015年4月8日，陕西省楼观台大熊猫繁育基地发生了犬瘟热疫情，有5只感染犬瘟热病毒的大熊猫相继死亡。2015年2月28日，国家林业局召开新闻发布会通报，楼观台大熊猫基地的犬瘟热疫情已趋于平稳，没有再出现新发感染病例。疫病发生后，国家林业局在第一时间组织工作组赶赴现场，组织以长春军事兽医研究所夏咸柱院士为组长的专家团队，多次赴陕西楼观台救助，同时在全国各地调用相应的救急物资。国家林业局组织相关科研院所集中攻关，有针对性地开展大熊猫重要疫病本底调查及研制大熊猫等珍稀野生动物专用疫苗，力争做好大熊猫等濒危物种疫病的预防工作，确保珍稀野生动物种群的安全。

9 全球联合执法行动，“眼镜蛇三号行动”成果斐然

2015年6月18日，“眼镜蛇三号行动”总结会在北京召开。近年来最大规模的全球打击野生动植物走私犯罪联合执法行动——“眼镜蛇三号行动”成果斐然，共查获各类涉及走私濒危物种案件300多起，逮捕犯罪嫌疑人200多名，缴获象牙及其制品12吨、犀角制品187千克、穿山甲及其制品5.2吨、鳗鲕1吨、龟鳖1300多只、野生仙人掌等濒危植物3500多株、红木2000多千克及其制品432件，以及其他大量野生动植物及其制品。

“眼镜蛇三号行动”是2015年5月4～27日，中国会同亚洲、非洲、欧洲和美洲的64个国家，针对涉及象、犀牛、虎豹等大型猫科动物、猩猩等大型类人猿、穿山甲、藏羚羊、海龟、

◎ 大熊猫犬瘟热专家评估会　（张晓峰　摄）

◎ “眼镜蛇三号行动”　（刘泽英　摄）

淡水龟鳖、蛇和红木等非法贸易实施的跨洲跨国联合执法行动。由中国会同南非、美国与东盟野生动植物执法网络、南亚野生动植物执法网络、卢萨卡议定书执法特遣队共同组织。

该行动周密部署，行动迅速，措施有效，取得了预期战果，对破坏野生动植物违法犯罪活动产生了明显的震慑作用，有效遏制了野生动植物和森林犯罪高发势头。

10 中国、南非首次合作开展野生动植物保护宣传教育活动

2015年是南非“中国年”，为丰富南非“中国年”活动，大力宣传野生动物保护工作，中国野生动物保护协会组织国内包括教师、在校大学生、民间NGO、野生动物保护科普工作者在内的6名青年志愿者及社会人士一行13人，赴南非组织开展野生动物保护宣传活动。先后在南非比勒陀利亚市茨瓦尼科技大学举办了“中南青年志愿者自然保护论坛”和“中国-非洲野生动物摄影展”，与南非环境事务部进行了工作座谈，走访了南非克鲁格国家公园、南非反犀牛盗猎联合行动中心和南非犀牛救护中心，并与南非青年志愿者进行了友好交流与沟通，为2015年南非“中国年”增添了靓丽的风景和鲜活内容。此次宣传活动是中国与南非两国非政府组织在生态保护宣传领域的第一次合作，中国、南非双方青年志愿者彼此熟悉、彼此接受、加深友谊、互通信息，通过交流沟通，更加坚定了两国青年志愿者从事野生动物保护公益行动的信心和决心，促进了中非自然保护事业的共同发展。

◎ 中非论坛　（郭立新　摄）

（国家林业局保护司　供稿）

北京市平原造林工程

平原造林工程实施紧紧围绕“两环、三带、九楔、多廊”的空间布局，以六环路两侧、城乡结合部重点村拆迁腾退绿化为重心，以及重点河流道路两侧、航空走廊和机场周边、南水北调干线两侧重要功能区周边绿化和废弃砂石坑、荒滩荒地治理为重点，建设范围涉及顺义、通州、大兴、房山、昌平、怀柔、平谷、门头沟、延庆、密云、朝阳、石景山、海淀、丰台等14区，经过4年努力建设，共完成造林7万公顷、植树5400多万株，实现了“三年完成主体、四年扫尾”目标任务，标志着平原地区百万公顷造林工程建设任务全部圆满超额完成。总结工程建设成效，主要体现在以下方面。

◎平原造林坚持集中连片、林水结合、均衡发展，增加了首都生态承载力

一是平原造林扩大了大片森林的体量，使万亩以上林地增加23个，千亩以上大片森林210处，百亩以上林地增加1931个，改变了平原区“林带多、片林少”的资源结构。二是平原造林坚持林水结合，在通州、大兴、房山、顺义等区建设恢复森林湿地3533.33公顷，建成大兴长子营、房山长沟、通州环渤海高端总部基地、东郊森林公园湿地园、平谷城北等5处湿地公园，形成永定河、潮白河等百里湿地森林景观带，提升了湿地在完善首都可持续自然系统中的重要作用。三是平原造林使通州、大兴、顺义等

◎ 京平高速平谷段绿色通道

◎ 平原造林绿化（京昆高速房山段）

◎ 延庆蔡家河平原造林（湿地景观）

◎ 怀柔区小罗山村平原造林

生态空间薄弱地区的森林面积均增加16%以上；使平原区shannon-均匀度景观格局指数增加了12.5%，提高了平原区生态空间分布的均衡性，促进了平原区生产生活空间与生态空间的融合分布，实现居民身边增绿，有利于消解城市的硬度和灰度。四是平原造林使平原区生态空间的景观格局形状指数提高了14个百分点，生态空间形状由过去相对规则的几何形，向更加趋于自然化的形状发展，提高了森林生态空间形态的自然性。资源调查显示，平原造林显著增加了城近郊区生态空间，使平原森林覆盖率由2011年14.85%提高到25%以上，与纽约、伦敦、东京、巴黎等城市的森林覆盖率缩小10个百分点的差距，将过去“一树独大”的杨树林面积比例由2010年的63％下降到43％，促进了首都森林生态格局不断优化，生物多样性不断提升，生态承载能力持续增强。

◎平原造林坚持规划建绿、拆违还绿、绿岗护绿，促进了非首都功能疏解

一是平原造林围绕“两环、三带、九楔、多廊”的布局规划，重点建设“第二道绿化隔离地区”、京东南平原地区以及生态廊道，造林实施地块与北京市城市总体规划确定的生态空间相吻合，是城市总体规划中生态空间的具体落实。二是平原造林加大城乡结合部和绿隔地区造林绿化，拆除违法违规建筑1735万平方米，疏解外来人口近10万人，清退流动人口聚集点500多个，绿隔地区新增森林绿地1.48万公顷（一道0.07万公顷、二道1.41万公顷），海淀唐家岭、朝阳沙子营、昌平北七家等昔日低端产业聚集、外来人口密度大、私搭乱建多、环境脏乱差的地段通过拆迁腾退造林变成了绿树成荫的森林景观，改善了平原地区的生产生活环境。三是平原造林使农民通过土地流转补偿得到稳定收益，并且参与工程建设和后期养护实现绿岗就业，14个区均设立了林木养护管理中心，建立500支以经过上岗培训的本地农民为主的专业养护队伍；平原造林还通过发展林下经济和旅游开发进一步增加收入，约有7万多名当地农民实现绿岗就业增收，落实了生态建设惠民富民，带动了项目区绿色产业的发展。

◎平原造林坚持雨洪利用、生态净化、水源涵养，增强了水资源调控能力

一是平原造林在百万公顷造林区内最大限度地实现雨水积存与渗透，促进雨水资源的利用，具有巨大的调控地表径流潜在功能，增强了北京雨洪调控能力。二是平原造林通过森林养

护、湿地扩展应用再生水资源和植物生态净化技术，净化天然降水，并使污水变资源。三是平原造林稳定形成近自然林后，将实现森林自维持和强大的涵养水源能力，预计每年可涵养水源1.91亿立方米，中，平原区水资源超载区每年可涵养水源7.62×10^{7}立方米，相当于修建了19个千万立方米库容的水库。平原造林改善了城近郊区的林木水土环境，提升了雨水资源利用、生态环境保护和应对自然灾害等方面的能力。

◎ 延庆蔡家河平原造林

◎平原造林坚持生态优先、景观融合、身边增绿，改善了首都宜居环境

一是平原造林为首都居民提供了健康服务供给资源，每年可增加吸收二氧化碳134万吨，释放氧气98万吨，基本可以与四环—五环范围内的人口吸氧释碳量相抵，为北京市碳氧平衡做出贡献；新造林地区负氧离子浓度含量平均可达到700个/立方厘米，滞尘133万吨，吸收二氧化硫9600吨、氟化物23万千克、氮氧化物34万千克，可增加释放植物杀菌素73 900吨，平原造林增加了北京平原区森林“净化器”的体量，改善了空气质量。二是平原造林消减城市热岛效应显著，热岛消减范围总面积1550平方千米，降温效应总价值为4.9亿元。三是平原造林注重居民就近生态休闲需求，形成了以游憩功能为主导的大型城市森林游憩绿地36处，建成京城槐园、中关村森林公园等各类森林美景游憩胜地8处，形成了南海子湿地、环渤海总部基地湿地等8处湿地森林景观，建成张镇乡镇公园、龙湾屯乡镇公园等7处乡镇森林休闲绿地，为项目区百姓创造了更多更方便的生态游憩空间，69%的平原区居民认为周边公园绿地数量增加明显，65%的居民基本可以在1千米之内到达森林绿地健身。四是平原造林充分利用建设用地腾退、废弃砂石坑、河滩地沙荒地、坑塘藕地、污染地实施生态修复和环境

◎ 朝阳通惠河

◎ 海淀中关村森林公园

治理2.43万公顷，实现了生态修复与景观提升双赢。北京历史上的五大风沙危害区得到彻底治理，永定河沿线新增造林0.33万公顷，形成70多千米长、森林面积达0.93万公顷的绿色发展带；20多年未能治理的昌平西部0.13万多公顷沙坑煤场、怀柔60米深的426.67公顷大沙坑变成了生态景观游憩区；燕山石化周边0.13万多公顷污染地通过造林得到生态修复，形成了森林景观。

◎平原造林坚持大地植绿、心中播绿、文化强绿，促进了首都生态文明建设

一是平原造林改善了工程区的环境面貌，也潜移默化地影响了人们的行为意识，90.52%的被调查者表示有助于提高居民的生态文明意识，62.1%的人表示自己对生物多样性保护的关注度有提高。二是平原造林提高了居民参与生态建设的积极性，为各类生态文化活动提供了平台，76.9%的受访者表示自己在生态活动中的参与度明显提高。三是平原造林带来了建设参与式、体验式森林生态科普场所的需求，89.7%的受访者认为需要在各类绿地中设置一些必要的生态科普设施，说明公众希望把生态游憩与生态文化充分结合的需求是非常普遍的。

◎平原造林坚持区域协同、生态一体、绿色缓冲，促进了京津冀生态协同发展

一是北京平原造林为京津冀地区森林生态建设由传统山地林业向城市林业、平原林业的战略转变树立了典范。二是平原造林在京东南、京津保中心区过渡带形成大片森林11处，初步建立了区域间的生态缓冲地带，在大气、水污染跨区域传播地带安装了森林“净化器”。三是平原造林对贯穿全境并通向津冀的30余条重要道路、河流绿化带加宽加厚、增绿添彩、改造提高，基本形成了贯通性的区域生态廊道，将为本地区生物多样性保护和生态系统健康发挥重要作用。

◎平原造林坚持百年大计、立足民生、着眼长远，具有较好的投入产出效益

一是平原造林的实现对于保障首都生态安全、改善城市生态环境、满足市民生态需求都具有不可估量的作用，平原百万公顷造林总投入与年产生的潜在生态效益价值之比为1∶2.48，并将随着时间的推移，发挥出越来越显著的生态效益、经济效益和社会效益。二是平原造林是一项公众认可度非常高的民生工程，公众对平原造林工程的满意度达到了72.3%，支持度更是高达94.0%。

平原造林工程在建设规模、造林速度、质量水平、景观效果等方面均创造了北京平原植树造林新的历史，如此大规模的城市绿化工程在我国乃至世界城市绿化史上也无先例。工程建设得到了社会的广泛赞誉和市民的衷心拥护，并将极大地增强首都功能核心区、城市功能拓展区和城市发展新区的生态容量和发展动力，必将是首都绿化发展史上一场空前绝后的伟大造林工程。

（北京市园林绿化局　供稿）

◎ 怀柔（京密引水渠周边）平原造林

◎ 密云河南寨

森林水城　美丽南昌

2015年11月24日，南昌市被授予“国家森林城市”称号。这是该市自2010年启动国家森林城市创建以来，严格按照《南昌森林城市建设总体规划（2011～2020）》确立的“森林水城、美丽南昌”森林城市建设目标，紧紧围绕“一轴一心、两扇两翼、十核百廊千村”建设布局，大力推进森林生态体系建设、着力构建立体灵动的绿化景观，向打造生态文明建设“江西样板”交出的又一份漂亮答卷。

5年来，南昌市国家森林城市创建以大思维、大投入、大建设的力度，实现了生态文明的大发展。南昌不仅收获了绿水青山，更收获了金山银山。“绿化改变环境、环境推动发展、发展构筑和谐、和谐促进文明”的绿色崛起之路越走越宽广。

◎ 绿化改变环境，生态品位不断提升

艾溪湖湿地公园

5年来，南昌市构建起以都市森林公园为“点”、都市绿色长廊为“线”、城乡森林板块为“面”、城郊生态绿化为“圈”的“中心城区生态景观、近郊生态产业区、远郊生态屏障”三大森林生态体系，形成了“常绿和落叶并举、速生与慢生兼顾、林相和季相搭配、平面与立体结合”的绿化景观，打造了“树有高度、林有厚度、绿有浓度、四季有景、连接城乡”的绿色纽带和风景线，全市“绿量”“绿质”得到大幅提升。2014年，受益于城市绿化覆盖率上升，南昌城区的夏季平均气温比5年前降低了0.3℃，热岛效应得到有效缓解；全市各水环境功能区水质达标率为100%，集中式饮用水源地水质达标率为100%；2015年空气质量优良天数比上年增加12天，达326天，居中部六个省会城市之首。

◎ 环境推动发展，绿色崛起不断加速

5年来，南昌林业经济从无到有、从小到大、从弱到强迅猛发展。目前全市苗木花卉生产规模近1.22万公顷，品种900个，综合产值超过28亿元，从业人员超过8万人；2010年以来，全

梅岭国家森林公园

最美茶园——凤凰沟

市森林公园接待游客约2000万人次，实现旅游综合收入约60亿元。

◎ 发展构筑和谐，生态文化蔚然成风

全社会生态文明意识普遍增强，回归自然、保护森林、呵护生态等理念逐步深入人心。全市建成一批森林生态物质文化工程，打造了11个文化、休闲、观光、旅游特色小镇，以及49个以生态优化为基础、休闲农业为亮点、乡风文明为根本的“五位一体”综合示范村，培育了人与森林互惠互利的生态文化及天人合一的和谐理念。

◎ 和谐促进文明，城市宜商宜业宜居

江南名楼——滕王阁

随着国家森林城市创建不断深入，市民百姓思想观念不断更新，文明素养逐渐提升。越来越多的人认识到，“我们种下的是树木花草，建成的是绿地森林，改善的是生态环境，促进的是身心健康，收获的是人与自然和谐相处”。如今的南昌，城市乡村绿意盎然、农民市民心旷神怡，豫章大地处处洋溢着大气开放、诚信包容的精气神。江西省人大代表、政协委员称赞南昌的国家森林城市创建是一项体现民生、改善民本、造福民众的德政工程和民心工程。“硬生态”与“软文明”比翼齐飞的洪都新貌，正吸引海外商贾来南昌创业、留住匆匆过客定居生活。 （南昌市林业局　供稿）

怪石岭长城

秋水广场

江西省宜春市成功创建国家森林城市

江西省宜春市自2012年4月启动创森工作，到2015年11月被正式授予“国家森林城市”称号，历经3年多时间。创森工作开展以来，宜春市依托丰富的森林资源和优良的生态环境，以“保护生态资源，建设生态文明，促进绿色增长”为主线，突出“生态、宜居、低碳、和谐、文明、幸福”的城市森林建设特色，深入开展一系列形式多样、内容丰富的森林城市创建活动。三年多来，全市财政共投入创森资金37.69亿元，以中心城区为重点，市县互动，城乡联动，着力打造了一批规模大、品位高的精品绿化工程，城乡绿化面貌焕然一新，全市城区绿化覆盖率达42.1%，人均公园绿地达15.11平方米。其中，宜春中心城区绿化覆盖率43.5%，人均公园绿地18.51平方米。通过创建活动，探索出了具有宜春特色的森林城市创建模式，基本构建了以“城镇绿化为中心、通道绿化为骨架、村庄绿化为亮点、青山绿树为屏障”的城市生态安全保障体系，打造了“林水相依、林城相依、林路相依、林村相依、林居相依”的森林城市新格局。

（宜春市林业局　供稿）

◎ 山水森林城　宜居新宜春

◎ 森林城市全民创建　绿色成果人人共享

◎ 北河第一湾

◎ 淞江园

最具活力的生物产业：湖北耀荣木瓜

◎ 湖北耀荣木瓜生物科技发展有限公司董事长吴伟忠在办公

湖北耀荣木瓜生物科技发展有限公司位于湖北十堰郧阳经济开发区“农产品加工工业园”，占地面积5.7公顷，现已形成年加工鲜木瓜2万吨、木瓜系列产品产能2.5万吨的生产格局。公司利用“郧阳木瓜”基地1.3万公顷，挂果盛果期面积0.7万公顷丰富的资源优势和得天独厚的地理环境，并致力于科技创新和科学发展，取得6项成果登记、6项发明专利及实用新型专利、2个省级技术发明奖、3项科技成果和3个市级科技进步奖的骄人业绩。公司生产的“兆健”牌木瓜果醋饮料经中国绿色食品发展中心认定为绿色食品A级产品，“兆健”商标被认定为湖北省著名商标，公司全系列产品均通过ISO 9001质量管理体系认证和ISO 22000食品安全管理体系认证，通过绿色食品认证。公司先后被评为“湖北省林业及农业产业化龙头企业”“湖北省农业领域产学研合作优秀企业”。郧阳木瓜是一种营养丰富的果中珍品，素有“百益之果”美称，是卫生部首批公布的药、食兼用食品。郧阳木瓜栽培技术规程列入湖北省地方标准，获得国家地理标志保护。郧阳木瓜通过湖北省中药材地方标准评审，鉴定为药用木瓜载入《湖北省中药材标准》一书，注册有“郧府”木瓜商标。“郧阳木瓜生产标准化示范区”列入第六批全国农业标准化示范项目。木瓜酒、木瓜醋分别获得绿色食品金奖和绿色农产品研发金奖，投放市场后深受消费者青睐。公司与武汉轻工大学、武汉市鑫宏食品酿造科研所技术合作，现已实现木瓜果醋（饮料）、木瓜果酒、木瓜酵素等系列产品为主导产业的经营模式。“郧阳木瓜”经物理清洗加工后，利用公司专有菌种结合“固液回流连续发酵法”等专利技术生产木瓜果酒及果醋；利用创新的专利技术生产木瓜灵芝酵素，利用“超临界流体萃取法”等现代生物技术生产木瓜精油、利用榨汁后的木瓜渣生产木瓜全粉等粗纤维健康食品、高蛋白生物饲料；利用发酵后的淀粉渣生产有机肥料。实现了木瓜果实全利用，形成了木瓜全套产品产业化生产链。

◎ 十堰市委书记周霁、郧阳区委书记孙道军一行在公司董事长吴伟忠（右）陪同下参观考察耀荣公司

◎ 郧阳区人民政府区长胡先平在公司董事长吴伟忠陪同下考察公司

（湖北省林业修志办　供稿）

坚守绿色发展　共建幸福珠海

—— 珠海市创建国家森林城市纪实

近年来，珠海迎来了横琴自贸区、港珠澳大桥建设、21世纪海上丝绸之路等一系列重大战略机遇，在此背景下，珠海以全球化、区域化视野谋划新一轮生态文明建设，启动国家森林城市创建，取得了显著成绩，2016年成功获评“国家森林城市”称号。

珠海市东澳俯视图

斗门区斗门镇赤坎村俯视图

◎ 坚持生态优先、规划引领，夯实绿色发展基础

一直以来，珠海都非常注重城市生态环境大格局的保护，先后制定了与生态环境相关的地方性法规17件、政府规章12件，构建了以《珠海经济特区生态文明建设促进条例》为核心的生态文明法规体系，以严格的立法守护绿水青山。2010年以来，按照森林建设总体规划“四带、五心、十核、百岛、千廊、万家”的空间布局，在城市北部屏障凤凰山、西部门户黄杨山等山体和大镜山水库、乾务水库等重要水源地带加快碳汇造林，共建设碳汇林3840公顷、封山育林3193.33公顷，平均每年新增造林率达1.2%以上，筑牢绿色生态屏障。

◎ 坚持以人为本、城乡一体，构建森林生态网络

一是打造公园之城。着力构建“森林郊野”“都市特色”“水网湿地”“社区村居”四大公园体系，共建成森林公园28个、湿地公园7个、社区公园284个，其中社区公园项目获得了中

林城相融，凤凰山港湾大道段俯视图

海东方润园小区俯瞰图

中小学生在创森宣传活动开幕式当天共同绘制森林城市十米画卷

自行车爱好者在绿道上骑行

国人居环境范例奖。

二是乡村绿化美化。每个村建设一片风景林、一个小公园、一条进村绿化路、一片农田林网，共建设108个乡村绿化美化点，打造30个亮点示范村，南门村荣获中国十大最美乡村，乡村呈现出全年常绿、四季有花的靓丽风景。

三是串联绿色廊道。打造了323.1千米北部高速公路生态景观林带、南部沿海防护林生态景观林带，建成896千米城市“二横、四纵、二环、六岛”绿道网络，形成了覆盖广泛的城乡森林廊道网络。

◎ 坚持政府主导、社会参与，搭建全民共建平台

在组织领导上，成立了以市长为组长的创森领导小组，印发了《珠海市创建国家森林城市工作方案》，明确时间节点和目标任务，推动各项工作落实到位。

在资金保障上，政府财政始终优先保障林业生态建设并逐年增加投入，同时通过市场运作多渠道筹集资金，累计投入170多亿元建设森林城市，其中财政投入83.29亿元，社会投资88亿元。

在社会参与上，积极开展爱鸟嘉年华、绿道万人行等五大特色品牌活动，广泛宣传生态文明理念；全市每年义务植树100多万株，社会各界捐资建成数十个大型公园绿地，营造了全民动手、全社会参与创建森林城市的浓厚氛围。（珠海市市政和林业局　供稿）

珠海市南屏社区公园的美丽夜景

森林之都·美丽肇庆

肇庆市位于广东省中西部、西江的中游，全市林业用地面积105.45万公顷，占国土总面积的71.25%，森林覆盖率达70.34%。肇庆市委、市政府一直以来高度重视生态文明建设，围绕"森林之都·美丽肇庆"目标，以创建国家森林城市为载体，全面深入推动新一轮绿化肇庆大行动，全市森林总量不断增加，布局渐趋合理，生态环境明显改善，2016年获得"国家森林城市"称号。

星湖湿地公园——仙女湖（许庆彬　摄）

◎ 创森指标完成情况

城乡休闲绿地建设　全市新增城区公园42个、其他绿地0.08万公顷；新建森林公园58个、湿地公园7个。

城乡造林绿化　累计完成造林6.36万公顷，其中碳汇林1.74万公顷。完成乡村绿化美化工程建设546个，其中省级示范点109个。

城乡水系路网绿色廊道建设　全市新建道路绿化长度304.12千米，建设生态景观林带343.9千米，建成省立绿道429千米，市立绿道949千米。肇庆环星湖绿道被评为"中国最美的绿道"。新建水系森林0.65万公顷，其中重要水源地水源林0.19万公顷，珠江防护林0.45万公顷。

林产经济建设　建成商品林基地79.16万公顷，拥有林产品经营加工企业1400多家，国家级林业龙头企业1家，省级林业龙头企业10家。加快发展森林生态旅游业，形成德庆盘龙峡森林公园、广宁竹海森林公园、肇庆九龙湖森林公园等一批特色森林生态旅游品牌。

牌坊公园

北岭山森林公园（许庆彬　摄）

肇庆市主城区全景（许庆彬　摄）

◎ 创森主要成效

人居环境有效改善，"森林之都"格局基本形成

通过创森，全市森林绿地面积不断增加，森林碳汇能力不断增强，城乡生态质量不断提升，居住环境不断改善，体现生物多样性的林业生态安全体系基本形成，"森林之都"格局基本呈现。市域森林覆盖率70.34%，比创建前提升1.95个百分点；城区绿化覆盖率42.3%，比创建前提升3个百分点；城区人均公园绿地面积16.65平方米，比创建前增加3.53平方米；城市重要水源地森林植被覆盖率97.55%，比创建前提升21个百分点，确保了西江干流水质优于国家II类标准。

广宁古水河湿地公园

西江羚羊峡行舟（徐晓东　摄）

绿色产业不断壮大，区域经济得到繁荣发展

通过森林城市建设，大力推动林业产业发展。2015年全市林业总产值达446.77亿元，比创森前提高了177.57%，三大产业占比分别从创森前的37.1%、60.7%和2.2%，到2015年的22.37%、51.87%和25.76%。

生态文明理念广泛弘扬，群众幸福感显著提升

市财政投资建设的绿道、森林公园、湿地公园以及各类城市公园、绿地，免费向公众开放，年均入园人数达4680万人次，其中北岭山森林公园、羚羊峡古栈道森林公园自免费开放以来累计接待游客超过200万人次，深受社会各界好评，极大提升了市民的幸福感，2012～2015年肇庆市连续四年被评为"中国最具幸福感城市"。（肇庆市林业局　供稿）

市属新岗林场——茶场全景（许庆彬　摄）

深化改革创新　促进绿色发展

—— 广西奋力创建现代林业强区

广西生态区位重要、自然条件优越，是我国生物多样性最丰富的地区之一。2015年，广西各级林业部门认真贯彻落实中央和广西关于稳增长的决策部署，着力抓好了林业生态工程实施、村屯绿化专项活动和现代特色林业（核心）示范区创建等重点工作，呈现众多亮点。截至2015年年底，广西森林面积达1466.67万公顷，森林覆盖率达62.2%，森林蓄积量7.4亿立方米，森林生态服务功能年总价值达1.23万亿元。林业产业年产值突破4300亿元，木材产量稳定在2500万立方米以上，约占全国产量的1/3；人造板产量3100万立方米，约占全国产量的1/9；林下经济产值达714亿元，发展面积352.87万公顷。累计培育广西林业产业龙头企业127家，其中农业产业化国家重点龙头企业和国家林业重点龙头企业9家。广西林权抵押贷款余额达130亿元，森林保险投保面积706.67万公顷，林业专业合作社1225个。

漓江重点防护林工程（韦健康　摄）

◎ 服务稳增长稳健有力

出台林业稳增长19条实施意见，开展“强服务 稳增长 惠民生”林业专项活动。全年林业增加值预计增长6%以上，比广西一产增速快两个百分点，林业产业总产值同比增长11.7%；完成林业固定资产投资（一产）126.9亿元，占广西下达任务的101.5%。

◎ 村屯绿化任务全面完成

全面完成5000个自治区级绿化示范村屯及5.58万个面上村屯任务，新种植果树及绿化苗木

1280万株，新增绿化面积0.72万公顷。全年完成植树造林25.79万公顷，占年度计划任务的129%。

◎ 林业示范区创建成效初显

各地围绕发展林业生态经济，掀起了创建现代特色林业产业示范区的热潮。南宁市兴宁区十里花卉长廊等一批以林业为主导产业的示范区建设有序推进。

◎ 国家储备林建设取得重大突破

成功争取国家林业局将广西列为利用国家开发银行贷款建设国家储备林基地的第一批试点省区，成功争取国家林业局、国家开发银行与广西壮族自治区人民政府签订共同推进国家储备林建设三方合作协议，确定了280亿元的政策性贷款总规模，第一期贷款100亿元通过国家开发银行评审，已发放首批贷款11.4亿元。该项目是广西林业有史以来获得贷款资金最多、贷款期限最长的项目，也是全国首例利用国开行贷款建设国家储备林基地项目。

广西国有钦廉林场林下种牧草养羊

融水县农民在林改确权发证后，在自家的杉木林下种植灵芝菌（雷超铭　摄）

◎ 干部队伍建设不断加强

结合落实中央和广西壮族自治区两级巡视整改任务，深入开展“三严三实”专题教育和专题警示教育活动，着力加强党风廉政建设；同时，积极开展正面教育，从林业基层评选出11位先进模范，组成先进事迹宣讲团，在广西14个市和13家自治区直属国有林场开展巡回宣讲，弘扬林业改革发展正能量。

弄岗保护区喀斯特森林景观（严造新　摄）

国有林场中纤板生产车间一角

2016年，广西林业将继续全面贯彻落实党的十八大和系列全会精神，深入贯彻落实习近平总书记系列重要讲话精神，牢固树立创新、协调、绿色、开放、共享的发展理念，坚定不移走“绿水青山就是金山银山”的绿色发展之路，坚定不移实施以生态建设为主、保护和利用并重的林业发展战略，坚定不移建设生态美、产业强、百姓富的现代林业强区，着力深化改革创新，着力加强资源保护，着力增绿增质增效，着力调整优化树种结构，着力促进绿色惠民，加快构建石漠化生态治理区、优质特色林木资源培育区、珠江—西江生态涵养带和北部湾沿海生态涵养带“两区两带”生态安全战略格局，加快建设国家储备林基地、全国亚热带珍贵树种培育基地和特色经济林“三大基地”，加

八角寨云雾（黄祥志　摄）

白头叶猴保护区岜盆九重山风光

珠江防护林（韦健康　摄）

快培育林下经济千亿元产业。全面打好国有林场改革和林业生态扶贫“两大攻坚战”。力争到2016年年底，广西植树造林20万公顷；森林覆盖率达62.25%，活立木蓄积量7.6亿立方米；建设自治区级绿化示范村屯5000个，面上绿化村屯6.92万个；林业产业总产值4600亿元；木材产量2700万立方米；林下经济产值785亿元，全面开创广西现代林业强区建设新局面，为实现“两个建成”目标作出新的更大贡献！

（广西壮族自治区林业厅　供稿）

（雅长林场）世界最大的野生兜兰群

广西崇左特有种、国家一级保护动物——白头叶猴

因为有爱，所以才能担当

—— 记警嫂李凤英

她与丈夫历经生活的风风雨雨，相互理解、相互体谅，凭着对家庭的责任感、对爱人矢志不渝的真情，战胜命运的一次次考验，成就了丈夫的理想事业。她，就是宁夏森林公安局贺兰山分局红果子派出所民警蒋正文的妻子李凤英。

李凤英是宁夏贺兰山国家级自然保护区管理局的一名财务人员。婚后，因丈夫在边远山区的基层派出所上班，他们便开始了两地分居、聚少离多的生活。作为新婚妻子，丈夫并没有给她花前月下的浪漫，给她的只有繁杂的家务。在儿子出生以后，李凤英更是显示出一个女汉子般的担当。对此，李凤英总是以真挚的情感、宽容的心胸，默默支持着丈夫，共同为他们所热爱的森林公安事业奉献。

1999年，丈夫蒋正文因工作需要，被调到大水沟派出所工作，那是贺兰山分局最远的一个派出所，也是管辖面积最大的一个派出所。因工作繁忙，丈夫一个月不回家是常有的事，但这并没有影响他们的感情。她那时常说："家和万事兴。作为一名森林公安民警的妻子，更应该理解牺牲与奉献的含义。"

2004年5月21日，蒋正文在一次执行任务时遭遇车祸，生命垂危。李凤英非常难过，但她知道，此时丈夫最需要的就是她，她必须坚强起来，撑起这个家。丈夫住院期间，李凤英精心护理，给丈夫翻身、擦洗、喂饭、接大小便。当时，孩子中考在即，单位的领导曾多次提出要派民警轮流来照顾，但都被李凤英婉言谢绝了。

经过李凤英的悉心照料，仅仅4个月，蒋正文就重新回到了工作岗位。出院时，丈夫拉着李凤英的手说："我特别要感谢我的妻子，是她给了我第二次生命。"

"她明事理、识大体、顾大局，特别孝顺老人。"这是同事和朋友们对李凤英的一致评价。

2014年7月8日，李凤英婆婆脑出血住院，李凤英一直陪在床边照料。医院的医护人员以为李凤英是老人的女儿，当得知是老人儿媳时，大家都赞不绝口。在婆婆去世以后，为了更好地照顾年迈的公公，李凤英不仅将公公接回了自己家，还将主卧让出来，让老人安享晚年。

如今，儿子已经考入名牌大学，除了照顾老人，每到周末，李凤英还会将洗好的衣服送到100多千米外丈夫的工作单位，让丈夫能够安心工作。对于这些辛苦，李凤英只是淡淡一笑。她说："我只是做了我应该做的事。我付出了很多，但我得到的也不少。作为警嫂，我无怨无悔。"

（国家林业局森林公安局　供稿）

大难来时　用爱坚守

—— 记警嫂李小凤

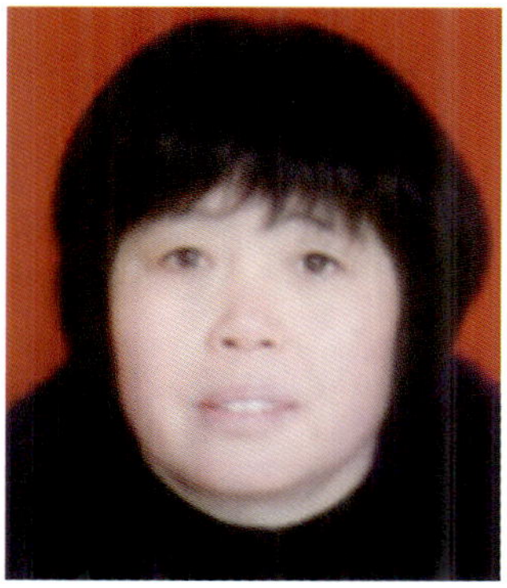

在湖南省洞口县城的街道上，经常可以看到一位瘦弱的女子，推着一位坐轮椅的中年男子，无论刮风下雨，都步履坚实、神色平和。她是李小凤，现为洞口县洞口镇林业站退休职工。坐在轮椅上的是她的丈夫、原洞口县月溪林业派出所所长尹湘云。

2000年5月24日，尹湘云因执行一个抓捕任务摔下了11米多高的山崖，造成胸椎粉碎性骨折，脊神经横断性损伤，高位截瘫。

面对3位70多岁的老人和正在上初中的女儿，李小凤成为了家中的“顶梁柱”。丈夫手术期间，她每天24小时陪护在病床边，翻身擦背，端屎倒尿。为了防止丈夫生褥疮，她每隔两个小时就要给丈夫翻身、按摩。连续28天没有睡过一个好觉的李小凤，用一个妻子极大的耐心和细心，给伤痛的丈夫以安慰。

丈夫术后度过了危险期。为了让其病情尽快好转，她一边向医生护士请教，一边买来书籍，学习针灸、火罐和按摩。一个月后，李小凤已基本掌握康复训练的一些方法。她每天给丈夫进行六七次按摩，每次最长2个小时，最短也要40分钟。丈夫大小便失禁，李小凤毫不退避，默默地帮丈夫清理大小便，换洗衣物被褥。她用自己的关爱给丈夫以生存的勇气和信心。

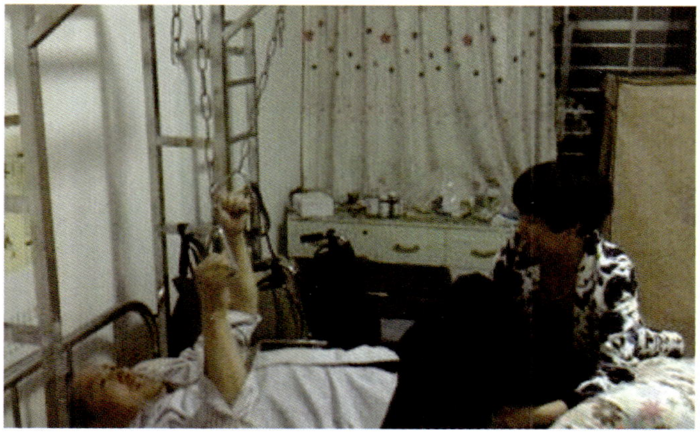

除了要照顾瘫痪在床的丈夫，李小凤还要照顾生病的婆婆和母亲，对女儿也爱护有加。李小凤告诉女儿：“一定要好好读书，你是家里唯一的希望。你读好书，就是对爸爸妈妈的最大支持。”女儿理解了妈妈的良苦用心，读完了大学，又考上了研究生，如今也有了稳定的工作。

2009年，李小凤被评为洞口县第一届道德模范；2011年，被评为邵阳市第二届道德模范。李小凤说：“生活就是如此，无法回避，无法悲伤。既然选择了生活，就得选择坚强，就得面对生活中出现的困难。”大难来时，用爱坚守。作为一位平凡的女子，陪同丈夫静静地走出伤痛的困境，是她最大的心愿。

（国家林业局森林公安局　供稿）

爱与付出是她人生的主旋律

—— 记警嫂李华

这是一位孝敬双亲的好媳妇、挚爱丈夫的好妻子、深爱儿子的好妈妈，还是一位热爱学生的好老师，她是河南省息县森林公安局民警姚剑的妻子李华。多年来，她用孱弱的双肩挑起家庭的重担、用博大的情怀和无私的爱默默诠释着“警嫂”这个称呼。

逢年过节别人走亲戚、串朋友时姚剑在单位审讯疑犯；父母过生日需要陪伴时，姚剑在辖区走访调查；妻子怀孕期间唯一一次陪她散步，刚出家门的姚剑就被电话召回局里加班；妻子生孩子时，姚剑也因办案加班没能陪伴在妻子的身边……作为妻子的李华也因此生过气、流过泪，但面对姚剑充满歉意却毫不“悔改”的态度和他要将所有的时间和青春奉献给森林公安事业的执著，李华被深深地打动了。李华说：“警察本就是和平时期最繁忙、最艰苦、最危险的一种职业，也是最神圣的职业。为了社会的和平与幸福，他们无怨无悔、无私忘我地战斗在黑夜与白昼。自己既然选择了一名森林公安民警做丈夫，就应该做好他的坚强后盾，让丈夫安心工作。”婚后，李华独自默默地承担起孝敬父母、教育孩子、操持家务的全部责任，无私地支持姚剑的工作。

得到李华的全力支持，姚剑全身心都扑在了工作中。他连续3年个人办案数居信阳市民警前列，荣获河南省森林公安局授予的个人三等功，市森林公安局嘉奖和息县县委县政府授予的“十佳政法”干警等多项奖励，并由信阳市森林公安局推荐申报了个人二等功。

2014年4月，姚剑被查出尿毒症。公公因此忧虑过度，糖尿病病情恶化引发并发症，患上了慢性肾衰竭；婆婆因受打击眼睛几近失明，因看不清路将脚踝扭伤，难以行走。面对家庭的巨大灾难，李华默默擦干眼泪、强颜欢笑，疏导姚剑的情绪，安慰双亲。

李华卖掉了父母辛勤一生留作养老的房子，又向亲戚朋友们借款，凑足了手术治疗费用。看到全家举债，姚剑心疼地说：“父母养老的房子都没有了，咱们结婚十几年，也没给你买过一件首饰，孩子已经13岁了，我还没带你们出去玩过。我对不起你们，这病我不治了。”看到姚剑这么低落，李华强忍内心的悲痛，请来了姚剑的战友安抚姚剑的情绪。在等待肾源的过程中，李华时刻做好准备，打算捐出自己的肾挽救丈夫。好人终有好报。在大家的关爱帮助下，2014年年底姚剑顺利地做了肾脏移植手术。

当丈夫饱受尿毒症病痛折磨时，李华选择了不离不弃、勇敢承担。她用炽热的爱点燃了丈夫对抗战病魔的勇气，用弱小的身体支撑着整个家庭。她咬紧牙关对抗困难，给家人带来希望。红尘里跋涉，风雨中同行，爱与付出早已成为警嫂李华人生中永恒的主旋律。

（国家林业局森林公安局　供稿）

目　录

特　辑

森林培育

生态建设

林业产业

森林资源保护

森林防火

森林公安

林业法制建设

集体林权制度改革

林业科学技术

林业信息化

林业教育与培训

林业对外开放

国有林场建设

林业工作站建设

林业计划统计

林业财务会计与资金稽查

林业精神文明建设

各省、自治区、直辖市林业

林业人事劳动

国家林业局直属单位

林业社会团体

林业大事记与重要会议

附　　录

CONTENTS

特　辑

01

林业专论

在全国国有林场和国有林区改革工作电视电话会议上的讲话

汪　洋

（2015 年 3 月 17 日）

党中央、国务院高度重视国有林场和国有林区改革工作，十分关心林业广大干部职工。习近平总书记多次听取国有林场林区改革情况汇报、作出重要指示，并亲临林区进行调研指导。李克强总理主持召开国务院常务会议，专题研究国有林场林区改革工作。今年 2 月 8 日，中共中央、国务院正式印发了《国有林场改革方案》和《国有林区改革指导意见》，标志着国有林场林区改革进入了实质性推进阶段。今年《政府工作报告》进一步要求深化国有林场林区改革。全国“两会”刚结束，经国务院同意，今天就召开这次电视电话会议，主要任务是认真学习贯彻中央关于国有林场和国有林区改革的重大决策，对国有林场林区改革进行动员部署，同时套开全国绿化委员会全体会议，安排部署当前国土绿化工作。刚才，发展改革委、财政部、银监会、林业局有关负责同志分别就做好相关工作讲了很好的意见，我都赞同，请各地区、各有关部门结合实际抓好贯彻落实。下面，我讲几点意见。

一、充分认识加快国有林场和国有林区改革的重要性和紧迫性

森林作为陆地生态系统的主体，是国家、民族生存的资本和根基。国有林场林区森林面积虽然只占全国 40% 左右，但天然林面积占一半以上、林木蓄积占 2/3 左右，并且大多数集中分布在大江大河源头、主要水库周围、黄土风沙前线等重点生态脆弱和敏感的地区，是我国最重要的生态安全屏障和森林资源基地，在经济社会发展和生态文明建设中发挥着不可替代的重要作用。多年来，国有林场林区广大干部职工在艰苦条件下辛勤工作，为服务经济建设、保护和培育森林资源、保障国家生态安全，作出了重要贡献。但由于国有林场林区长期功能定位不清晰、管理体制不完善、经营机制不活、支持政策不力，致使森林资源开发过度，民生问题较为突出，严重制约了生态安全保障能力的提升。这次中央作出全面启动国有林场林区改革的重大决策，是破解长期以来制约林场林区发展体制机制障碍的战略性和根本性举措，具有十分重大的意义。我们一定要深刻领会认识、全面贯彻落实。

首先，深化国有林场林区改革是更好保障国家生态安全的迫切需要。目前虽然国有林场林区森林资源长期过度开发的势头明显有所遏制，但一些重点国有林区仍在持续过度采伐森林资源，可采森林资源濒临枯竭，生态功能严重退化；大多数国有林场没有把主要精力集中到保护和培育森林资源上来，森林的结构和质量得不到提高。同时，随着工业化、城镇化进程的快速发展，非法侵占、蚕食国有林地的现象明显增多，毁林毁湿开垦的问题也时有发生。如果不尽快改变这种状况，不仅国有林场林区会陷入困境，也会影响国家生态安全。只有深化改革，明确生态安全定位，理顺管理体制，创新经营机制，加强制度建设，才能从根本上保护和培育好国有森林资源，为保障经济社会可持续发展奠定坚实基础。

其次，深化国有林场林区改革是提升生态公共产品供给能力的迫切需要。习近平总书记指出，良好生态环境是最公平的公共产品，是最普惠的民生福祉。随着经济发展和生活水平提高，人民群众对优美环境和优质生态产品的需求日益增长，期盼更多的蓝天白云、绿水青山，渴望更清新的空气、更清洁的水源。国有林场林区是我国生态公共产品的主要生产者和提供者。只有深化改革，切实解决好制约国有林场林区持续发展的体制机制障碍，才能不断增强优质生态产品和公共服务供给能力，为增进人民生态福祉、提升生活品质提供更加有力的保障。

第三，深化国有林场林区改革是改善林区民生、共享发展成果的迫切需要。长期以来，国有林场林区以林业为主，职工主要是务林，性质上与农业农村农民相近，但这些年国家出台的一系列扶持"三农"的政策，没有完全覆盖到林场林区；森工是国有企业，但前些年国家对国有企业改革的支持政策也没有完全享受到。加之国有林场林区多分布在革命老区、少数民族地区、边疆地区和贫困地区，基础设施和公共事业严重滞后，林业职工收入低，就业、住房、子女上学等问题突出，基本公共服务落后，不仅与城市相比有很大差距，有的甚至不如农村。这些问题不解决，不仅严重影响民生改善，而且还会拖全面建成小康社会的后腿。只有加快深化改革，推动社会融入地方、经济融入市场，健全基础设施建设机制、职工转移就业机制和社会保障体制，才能增强国有林场林区发展活力，让广大林业职工与全国人民一道迈进全面小康社会。

各地区、各部门要从战略和全局的高度出发，深刻认识深化国有林场林区改革的重要性和紧迫性，自觉把思想和行动统一到中央的决策和部署上来，切实把国有林场林区改革不断引向深入，努力走出一条资源增长、生态良好、职工增收、林区和谐稳定的可持续发展之路。

二、准确把握国有林场和国有林区改革的总体要求和重点任务

中央关于国有林场和国有林区改革的总体要求，文件讲得很明确，那就是"围绕一个导向，守住两条底线，建立三大体制"。围绕一个导向，就是将发挥生态功能、提供生态服务、维护生态安全确定为国有林场林区的主要功能和基本职能，作为推进国有林场林区改革发展的基本出发点。守住两条底线，就是把保护和培育好森林资源放在首要位置、把改善民生作为基本前提，确保森林资源持续增长、林区民生持续改善。建立三大体制，就是要加快创新森林资源管护机制，因地制宜推进政、事、企分开，完善政策支持体系，建立起有利于保护和发展森林资源、有利于改善生态和民生、有利于增强林业发展活力的国有林业新体制。为此，要突出抓好以下几项重点任务。

一是着力健全森林资源保护机制和监管体制。坚持生态导向，保护优先，这是国有林场林区改革的第一原则，是国有林场林区新的战略和职能定位所系。要完善加强国有林区天然林保护的实施方案，确保重点国有林区天然林商业性采伐停得下、稳得住、不反弹。要根据国有林区全面停止或逐步减少天然林商业性采伐等新形势、新要求，加快建立精简高效的国有森林资源经营管理机构。要创新森林资源管护方式，加快引入市场竞争机制，强化装备能力建设，提高管护效率。要理顺森林资源监管体制，建立归属清晰、权责明确、监管有效的森林资源产权制度，明确中央和地方森林资源监管责任和职能分工，落实国有森林资源所有者职责，完善绩效管理和考核机制，让各级政府和监管机构各负其责、各司其职。我们要本着对国家和人民高度负责的态度，把每一棵该保的林木坚决保好，把每一寸该守的林地坚决守住。

二是着力推进政、事、企分开。国有林场林区政、事、企不分，是在特定的历史条件下形成的，也发挥了重要作用，但随着形势的变化，已成为制约森林资源保护和企业发展的"包袱"。要因地制宜推进政企分开，对具备条件的地区，把企业的社会管理和公共服务职能一步到位全部剥离出去，纳入地方政府统一管理；暂不具备条件的地区，可先在内部分开运行和管理，逐步创造条件将相关行政职能移交当地政府。林业行政主管部门要加快职能转变，创新管理方式，加强发展战略、规划、政策、标准等制定实施，减少对国有林场和森工企业的微观管理和直接管理，促进政事分开。要完善国有林场和森工企业内部管理机制，创新林业生产组织方式，严格实行"收支两条线管理"，推动事企分开。要切实履行好政府职能，让国有林场和森工企业集中精力保生态、轻装上阵谋发展。

三是着力解决好基本民生问题。只有先解决国有林场林区人的生存和发展问题，才能解决好森林资源保护和培育问题。要按照"以人为本、确保稳定"的原则妥善安置富余职工，适当提高天然林管护费用、公益林建设补助标准，加大对森林管护、人工造林和森林改造培育的支持力度，积极发展森林旅游、特色种养、境外采伐、对外合作等，加强职业技能培训，多渠道促进职工就业转岗增收。要根据生态建设需要和林场林区生产生活特点，加大基础设施建设力度，将电网、饮水安全、管护站点用房等基础设施建设纳入同级政府建设规划统筹安排，将道路按属性纳入相关公路网规划，加快林业棚户区改造和深山远山职工搬迁，力争在“十三五”期间基本解决林场林区的安居问题。要通过国家扶持和自力更生相结合，尽快使林场林区的生产生活水平上个新台阶。

四是着力转变发展方式。促进森林资源逐步恢复和稳定增长，改变国有林场林区经济社会落后面貌，根本出路在于转变发展方式、增强自我发展能力。要顺应社会对生态产品需求增长的新趋势，牢固树立绿水青山就是金山银山、保护生态就是保护生产力、改善生态就是发展生产力的发展理念，立足发挥绿色资源优势，加快调整经济结构，大力发展特色产业、替代产业、接续产业，积极引入新的技术、新的业态、新的商业模式，推进林业一、二、三产业融合发展。要顺应增强生态保障能力的新要求，更加注重森林资源培育质量，加快应用现代科学技术和装备，提升育苗、造林、抚育、防火等林业发展全过程的质量和效率。林场林区还要注意营造良好环境，在坚持生态优先、保护为本的前提下，吸引各类社会资本参与企业改制和经济发展，积极转换发展动力，加快培育新的经济增长点，把宝贵的森林资源转化为现实的经济优势。

三、切实抓好国有林场和国有林区改革落实工作

中央关于林场林区改革的大政方针已定，改革方向、路径已十分清晰，各有关地区和部门要认真贯彻党中央、国务院的决策部署，明确改革任务，落实支持政策，切实加强领导，认真组织实施，确保改革顺利推进。

一要落实地方责任。中央已经明确，地方各级政府对国有林场和国有林区的改革发展和森林资源保护负总责，省级政府对组织实施天然林保护工程、全面停止天然林商业性采伐负全责，实行目标、任务、资金、责任“四到省”。各地要按照负总责和负全责的要求，结合本地实际抓紧制定改革的具体实施方案、明确改革时间表和路线图，细化工作措施，层层落实改革举措和森林资源保护责任。各省市县都要编制国有林场改革实施方案，市县国有林场实施方案须由省里审批，各省（区、市）国有林场改革实施方案须报国家国有林场林区改革工作小组批准后组织实施。国有林场林区比较集中的地区，要把这项改革作为“一把手”工程，一把手亲自抓，分管领导重点抓，在编制、预算、政策等重点难点问题上承担主体责任，做到林场公益性质明确到位、事业编制落实到位、财政预算保障到位、基础设施建设资金安排到位；要成立主要领导任组长、有关部门参加的改革领导小组，统筹推进林场林区改革工作，及时研究解决改革中出现的新情况新问题；要层层签订责任状，一级抓一级，层层抓落实，落实好各项改革任务；要加强国有林场管理机构特别是省级管理机构建设，强化行政职能，充实机构人员，更加有力地推进国有林场改革，更加有效地加强森林资源监管和行业服务。各地要将林场、林区经济社会发展纳入当地国民经济和社会发展总体规划及投资计划，把棚户区改造补助、基础设施建设资金、社会事业发展经费等该拿的钱拿足，把社会管理、公共服务等该承担的职能承担好。要保持森林资源权属稳定，将森林覆盖率、森林蓄积量的变化纳入地方政府目标责任考核约束性指标，把林地保有量、征占用林地定额纳入地方政府目标责任考核内容，坚决杜绝破坏国有森林资源的行为。在改革过程中，要认真听取职工群众的意见，切实维护他们的利益，引导他们正确对待改革，确保社会稳定，林场制定的改革方案原则上要经职工代表大会通过。

二要强化部门协调。落实中央关于国有林场林区改革文件，有些需要中央有关部门制定实施细则。发展改革、林业、编制、财政、人社、交通、住建、金融等部门要根据自身职责，抓紧出台和落实支持林场林区改革的具体政策措施，并加强协调配合，形成推进国有林业改革发展的合力。特别是金融债务化解、林区道路和管护用房建设等事关林区民生改善的重大问题，要尽快拿出具体意见，根据公益事业单位管理要求和国有林场实际情况，抓紧制定国有林区财务管理办法。林场事业编制问题，要根据所处区位、林地规模、管护难易程度等因素，科学核定、合理优化、统筹调剂，努力满足林场森林资源保护和生态建设需要，国有林区编制和人员规模要符合生态建设的需求和精简高效的原则。发展改革委和林业局要按照中央要求，加强组织协调和分类指导，会同有关部门帮助各地解决改革中出现的新情况新问题，切实抓好督促落实。中央宣传部对国有林场林区改革的宣传报道已经作出安排，各地各新闻媒体要按照部署做好改革方案的宣传解读，正确引导社会舆论，为推进改革营造良好舆论氛围。

三要注重试点先行。考虑到改革的复杂性、艰巨性和各地情况的差异性，这次中央出台的文件为地方推进改革留下了较大的探索空间。各地要根据中央文件精神，结合本地实际，在确保生态安全、确保社会稳定、确保民生改善的前提下，选择部分工作基础条件较好的地区和企业先行开展试点，积极探索和积累改革经验，再逐步推广。内蒙古、吉林、黑龙江重点国有林区要选择一些森工企业局先行试点、有序推进，编制的改革试点方案应上报国家国有林场林区改革工作小组审批。要严格依法依规开展试点，需要授权的必须先取得授权，需要报批的必须按程序报批。要认真执行国有资产管理有关规定，防止国有资产流失，依法保障职工群众的合法权益，维护社会和谐稳定。中央有关部门要指导和支持各地的国有林区改革试点，及时把各地的成功探索总结好、推广好。

四要加强督导检查。国有林场改革要确保2017年底前完成，重点国有林区改革要在2020年底前完成。在具体实施过程中，林场林区改革要坚持速度服从质量。要对改革进展进行全面督查，做到改革推进到哪里，督查就跟进到哪里，国务院要对各省改革情况进行督查，各省也要逐级建立督查机制，对存在的问题及时指出纠正，对需要完善的改革措施及时研究完善。要抓紧研究制定改革评估验收办法，逐地评估验收改革结果，对成效显著的要予以表彰、没有完成或完成不到位的要严格问责。在推进林场林区改革的过程中，要同步考虑改革涉及的立法问题，抓紧制定《国有林场条例》和《国有林区监督管理条例》，确保国有林场林区改革顺利进行。

四、扎实做好当前国土绿化各项工作

国土绿化事关国家发展战略和全局，必须一以贯之、常抓不懈。各地区、各有关部门要进一步加强组织领导，加大工作力度，全面完成各项任务。

第一，搞好"十二五"国土绿化任务收官和"十三五"规划谋划。当前，全国从南至北正陆续进入造林绿化的黄金季节、关键时期，各地区、各有关部门要抓紧安排部署、搞好组织动员，切实完成好今年9000万亩以上的造林任务，打好"十二五"收官之战，确保"十二五"目标如期实现。同时，要科学分析国土绿化事业面临的新形势，理清当前和今后一个时期国土绿化工作思路，精心编制好"十三五"国土绿化发展规划。特别是要抓紧关系全局、影响长远的国土绿化重大工程、重大项目、重大政策以及国土绿化转型升级工作的谋划，并力争在整个国民经济和社会发展的"十三五"规划中有所体现，为构建科学合理的国土绿化事业发展新格局打下坚实基础。

第二，抓好重点区域的国土绿化。"一带一路"、京津冀协同发展、长江经济带等发展战略，是新时期我国构建区域发展新格局的重大举措。搞好这些重点区域的国土绿化，是服务国家发展大局的要求，也是加快国土绿化重大工程发展的需要。要着力抓好三北、沙区、沿海等生态修复工程，加快构筑更加牢固的"一带一路"区域生态屏障。要着力建立健全京津冀国土绿化事业发展合作机制，加快首都经济圈国土绿化步伐。要着力抓好大江大河源头、三峡库区、南水北调水源地等重点区域绿化，加快完善长江经济带国土和生态安全保障。要着力加快干旱半干旱地区造林绿化和防沙治沙步伐，持续改善我国西部地区生态环境。

第三，着力提高国土绿化质量。坚持尊重自然、顺应自然、保护自然的生态文明理念，走科学、务实、经济、勤俭的国土绿化道路。牢固树立"人山水林田湖是一个生命共同体"的观念，对山水林田湖实行统一保护、统一修复、综合治理。尽快划定并严格遵守生态资源保护红线，切实保护好现有森林、草原、湿地、农田、海洋等自然生态系统。严格保护天然草原和沙区植被，高度重视野生动植物保护和自然保护区建设，加强古树名木资源保护，严格防控森林草原火灾和林业有害生物灾害，着力巩固国土绿化成果。

第四，全面激发国土绿化发展活力。加快创新国土绿化体制机制，吸引和调动全社会力量参与国土绿化。全面总结全民义务植树活动经验，与时俱进地创新形式、完善举措、健全机制，提高义务植树效果和尽责率。积极探索国土绿化社会化、市场化服务的新形式、新途径，要用改革的办法、市场的力量突破资金投入不足的瓶颈。加快完善部门绿化分工负责制，进一步健全实施机制，鼓励各部门为国土绿化做出更大贡献。抓紧修订相关法律法规、技术规程规范，促进国土绿化发展法治化进程。

第五，不断提高国土绿化工作水平。要将国土绿化工作纳入当地经济、政治、文化、社会和生态文明建设“五位一体”总体布局，统一谋划、统一部署、统一落实。根据全面深化改革和加快推进政府职能转变的要求，从实际出发，积极推进工作思路和工作方式创新，努力提高工作成效。各级绿化委员会要对国土绿化工作统筹谋划，实行“一盘棋”布局，各部门之间要加强协作配合，各区域之间要加强协同推进，形成合力，共同推动国土绿化事业快速发展。当前，要认真筹备中央领导义务植树活动，切实办好共和国部长植树、国际森林日植树纪念、百名将军植树等重大活动，筹备办好第三届中国绿化博览会，指导做好2019年北京世园会相关筹备工作。

同志们，搞好国有林场和国有林区改革，做好国土绿化工作，是时代赋予我们的光荣使命。我们要紧密团结在以习近平同志为总书记的党中央周围，积极进取，锐意创新，扎实工作，奋力开创新时期林业改革发展新局面，为实现“两个一百年”奋斗目标、建成富强民主文明和谐的社会主义现代化国家、实现中华民族伟大复兴的中国梦作出新的更大贡献！

主动适应新常态 实现林业新发展
为改善生态改善民生作出更大贡献
——在全国林业厅局长会议上的讲话

赵树丛

（2015 年 1 月 5 日）

这次全国林业厅局长会议的主要任务是：深入学习领会习近平总书记系列重要讲话精神，全面贯彻落实党的十八大和十八届二中、三中、四中全会，以及中央经济工作会议、中央农村工作会议精神，总结 2014 年林业工作，部署 2015 年和今后一个时期林业工作。

党的十八大以来，全国林业系统深入学习领会习近平总书记系列重要讲话精神，牢固树立中国特色社会主义生态观，认真落实党中央、国务院的决策部署，坚持把林业放在国家全局中来认识、来谋划，立足改善生态改善民生发展林业。我们的总体思路和重点工作，符合国家发展大局和林业发展规律，顺应了人民群众期待，与地方各级党委政府实现了同频共振，所以林业的形势越来越好、发展越来越快、影响越来越大。当前，我国经济发展已经进入新常态，林业改革发展的内外部环境正在发生深刻变化。各级林业部门要科学把握新常态，主动适应新常态，全力服务新常态，全面提升生态林业民生林业发展水平，为改善生态改善民生作出新的更大贡献。

科学把握新常态，首先要科学把握新常态的新特征、新趋势、新挑战和新机遇。新常态最大的特征是，我国经济从 10% 左右的高速增长转向 7% 左右的中高速增长，经济发展从要素驱动、投资驱动转向创新驱动，经济发展动力正在发生变化。新常态呈现的新趋势是，模仿型排浪式消费基本结束，个性化、多样化消费渐成主流；传统产业相对饱和，但新技术、新业态等投资机会大量涌现；高水平引进来、大规模走出去正在同步发生；要素的规模驱动力减弱，经济增长将更多依靠人力资本质量和技术进步；环境承载能力已经达到或接近上限。新常态面临的新挑战是，经济增速下行，就业压力凸显，传统产业快速收缩，新的动力难以很快形成，多种风险可能集中释放。新常态带来的新机遇是，为全面深化改革注入了新动力，为调整产业结构提供了新契机，为加强技术创新增添了新压力，为提升生态承载力提出了新要求，为改善生态环境腾出了新空间。我们要密切跟踪这些重大变化，深入研究新常态对林业的新影响新要求，及时调整林业的发展布局、发展方式、政策措施，让生态林业民生林业更好地适应新常态、服务新常态。

新常态下，发展生态林业民生林业有着巨大的优势和潜力。从消费需求看，生态需求已成为社会的主导需求之一，人们对改善生态的愿望越来越迫切，对生态产品的需求越来越旺盛。尤其是林产品种类繁多、绿色环保，符合个性化、生态化的消费趋势，具有巨大的消费潜力。从投资需求看，我国生态建设与保护的投资需求巨大。2014 年，中央财政投入林业的资金 1517 亿元，涉林贷款 2083 亿元。按照 46.5 亿亩* 林地计算，平均每亩只有 77.4 元，再加上 8 亿亩湿地和 39 亿亩荒漠化土地，平均每亩仅为 38.5 元。同时，林区基础设施极为薄弱，有着巨大的投资需求。特别是对生态建设与保护的投资，形成的是非常稀缺的生态资本和绿色资源，这已成为新常态下投资的战略重点之一。从市场空间看，无论是国内还是国际，对林产品的需求都十分强劲。经济越发展，人们生活水平越高，对林产品的需求量越大。2002 年我国消费木材 1.83 亿立方米，2013 年达到 5.22 亿立方米，增加近 2 倍，对外依存度急剧上升到 47.7%。同时，全球林产品消费量也大幅增加，林产品有着巨大的国际市场。从就业潜力看，我国 GDP 每增长一个百分点，能够带动 130 万 ~ 150 万人就业。据研究，1998 ~ 2011 年居民休闲消费每增加 1 亿元，与之相关的就业人数就增加 4826 人。我国有 3681 个森林公园、湿地公园、沙漠公园和 2174 个林业自然保护区，森林旅游和林业休闲服务业年产值 5965 亿元，仅占林业产业总产值的 12.6%，增长潜力和就业空间很大。从产业结构看，林业产业是生态产业、生物产业、碳汇产业，是产业转型升级中国家鼓励发展的产业，不仅可以促进绿色增长、绿色外贸、绿色就业，而且可以为我国二氧化碳减排提供战略支撑，还可以为发展生物质能源、生物制药和新材料提供重要基础。特别是木变油等技术的突破和竹缠绕复合管道新材料的应用，为维护国家能源安全和资源安全开辟了新渠道。从区域发展看，发展林业可以加快边远地区、少数民族地区和革命老区发展，增加贫困人口收入，促进区域经济平衡发展和城乡之间协调发展，让欠发达地区人民群众共享改革发展成果。

纵观世界许多国家，无论过去还是现在，都把加强生态建设与保护作为促进经济增长、缓解就业压力的重要举措。20 世纪 30 年代，美国为应对经济危机实施的罗斯福生态再就业工程，为 300 万青年提供了就业岗位，既增加了 1.03 亿亩森林，又增加了社会就业和居民收入。当日本经济年均增速从 1961 ~ 1973 年的 8.8% 下降到 1974 ~ 1983 年的 3.4% 时，日本政府通过实施《保安林整治临时措施法》和保安林规划建设制度，一方面增加了大量就业岗位，另一方面使保安林面积增加了 2 倍多，大大提高了生态承载力。2008 年金融危机

* 1 亩≈0.067 公顷

后，美国以林业部门为主实施的“大户外”战略，不仅提供了610万个持续就业岗位，而且增加了近800亿美元税收。2013年5月，欧盟为应对经济下行压力，实施了绿色基础设施新战略，力图实现增加就业机会、促进经济发展、改善生态环境“三赢”。最近，芬兰制定实施了首个国家生物经济发展战略，计划加大对动植物及其废弃物的深度开发，加快经济恢复和转型。预计到2025年全国生物经济年产值将由目前的600亿欧元增加到1000亿欧元，对国民经济贡献率超过20%，并创造10万个新的就业岗位。

对这些新形势新变化，中央领导同志高度重视、非常关注。去年以来，习近平总书记在作出我国经济发展进入新常态重大判断的同时，提出了一系列新思想新观点新论断新要求。如：适应新常态要保持战略上的平常心态；新常态下我国经济增速虽然放缓，实际增量依然可观；经济增长更趋平稳，增长动力更为多元；经济结构优化升级，发展前景更加稳定；政府大力简政放权，市场活力进一步释放；环境承载能力已经达到或接近上限，难以承载高消耗、粗放型的发展；人民群众对清新空气、清澈水质、清洁环境等生态产品的需求越来越迫切，生态环境越来越珍贵；要更加注重建设生态文明；要坚持不懈推进节能减排和保护生态环境，不仅要有立竿见影的措施，更要有可持续的制度安排；生态环境问题归根到底是经济发展方式问题，要坚持源头严防、过程严管、后果严惩，治标治本多管齐下，朝着蓝天净水的目标不断前进。李克强总理在中央经济工作会议上专门强调，要大力加强生态环境保护，保卫和创造绿色财富；森林草原、江河湿地是大自然赐予的宝贵财富，须倍加珍惜；要适当扩大重点生态功能区范围，增加转移支付规模；扩大天然林保护范围，提高补助标准；新增退耕还林还草1000万亩。这些重大判断和具体要求，为我们准确把握生态林业民生林业的形势与任务、潜力与优势提供了根本指南，我们要认真学习领会。

从各方面分析来看，林业要适应新常态、实现新发展，必须始终坚持改善生态改善民生的根本任务不动摇，坚持发展生态林业民生林业的旗帜方向不走偏，坚持服务大局服务基层的职责使命不放松，以更大的拼劲、更强的韧劲，坚定不移地推进林业改革发展。当前和今后一个时期，全国林业工作的总体要求是：深入贯彻落实党的十八大和十八届二中、三中、四中全会精神，认真学习领会习近平总书记系列重要讲话精神，牢固树立中国特色社会主义生态观，坚持以建设生态文明为总目标，以改善生态改善民生为总任务，以全面深化林业改革为总动力，紧紧围绕建设美丽中国，认真实施《推进生态文明建设规划纲要》，创新林业体制机制，转变林业发展方式，完善生态文明制度，加快依法治林进程，着力解决生态林业民生林业建设中的重大问题，加快推进林业治理体系和治理能力现代化，充分释放生态林业民生林业强大功能，为全面建成小康社会、实现中华民族伟大复兴的中国梦不断创造更好的生态条件。

一、全面深化林业改革，着力转变林业发展方式，不断激发生态林业民生林业发展活力

2014年是全面深化改革的开局之年，也是林业改革顶层设计之年。一年来，林业改革取得重大进展。国家林业局研究确定了推进林业治理体系和治理能力现代化的目标要求，明确提出要建立健全9大林业基本制度、全面加强9种能力建设；研究提出了《国有林场改革方案》，明确了国有林场生态公益功能定位、实行政事分开事企分开、建立国家所有中央政府委托省级政府承担主体责任并实行地方政府分级管理的国有林场管理新体制、建立健全责任明确分级管理的森林资源监管体制等重大改革举措；研究提出了《国有林区改革指导意见》，明确了健全重点国有林区森林资源产权制度、因地制宜逐步推进国有林区政企分开、创新森林资源管护机制和监管体制、有序停止天然林商业性采伐、强化地方政府保护森林和改善民生责任等重大改革举措；与农业部、中央农办共同牵头制定了《积极发展农民股份合作 赋予集体资产股份权能改革试点方案》；研究提出了《包括自然资源资产产权在内的生态文明体制改革总体思路》，并已报送经济体制和生态文明体制改革专项小组；研究起草了《关于深化集体林权制度改革的意见》，目前正在征求有关部门意见；《新一轮退耕还林还草总体方案》经国务院批准已正式实施；配合国家发展改革委起草了《关于创新重点领域投融资机制 鼓励社会投资的指导意见》，明确了为林业提供长期低息贷款的政策；配合财政部完成了《林业事权与支出责任划分研究报告》。其他改革有的正在进行试点，有的正在制订改革方案。

2015年是全面深化林业改革的关键之年。深化林业改革的首要任务，就是要转变林业发展方式，增强林业发展活力。习近平总书记在中央经济工作会议上对转变农业发展方式进行了专门论述，其中明确提出，必须顺应人民群众对良好生态环境的期待，推动形成绿色低碳循环发展新方式，并从中创造新的增长点；要对山水林田湖实施更严格的保护，加快生态脆弱区、地下水漏斗区、土壤重金属污染区治理。李克强总理也提出，要保卫和创造绿色财富。汪洋副总理1月4日下午在听取我们工作汇报时对转变林业发展方式提出了明确要求。他明确指出，转变林业发展方式的主要标志，就是要把保护生态放在第一位。我们贯彻中央要求，转变林业发展方式，关键是要通过深化林业改革，创新林业的体制机制、经营方式、运营模式，更加注重生态保护，更加注重改善民生，更加注重质量效益，更加注重市场力量，努力实现改善生态与改善民生共同推进，增加总量与提高质量协调发展，政府投入与社会资本相得益彰，走出一条资源增长、生态良好、林业增效、职工增收、林区和谐稳定的林业发展之路。

坚持改革的方向和底线。各项改革都要贯彻落实习近平总书记关于生态文明建设的重大战略思想，坚持改善生态改善民生的改革目的和基本方向，坚决守住保生态、保民生的底线，坚决守住森林资源不破坏、国有资产不流失的红线和高压线。林业改革要实行各级人民政府负责制，层层签订责任状，确保森林资源受保护、国有资产不流失，林区社会稳定和谐。要通过改革，真正为子孙后代留下美丽家园，让历史的春秋之笔为当代中国人留下正能量的记录。

精心制定改革试点方案。各省（区、市）要按照党中央、国务院批准的《国有林场改革方案》和《国有林区改革指导意见》，在厘清森林资源总量、摸清家底的基础上，制定好改革试点方案。各省（区、市）编制的国有林场改革试点方案和内蒙古、吉林、黑龙江编制的国有林区改革试点方案，需报经国家林业局批准后组织实施。分布在其他省区的国有林区，原则上按照《国有林场改革方案》推进改革。国有林场是十分宝贵的生态资源，是最重要的生态基础设施，改革方案确定了国有林场的生态属性和公益属性，各地要按照林场属性理顺体制。国有林场和国有林区改革试点方案必须全面落实中央的要求，必须明确发挥生态功能、维护生态安全的定位。

狠抓改革任务落实。除了国有林场和国有林区改革以外，按照十八届三中全会改革任务分工方案和林业重点工作部署，林业的改革任务还有80项。随着改革方案的不断出台，抓落实的任务越来越重。改革不是出了文件、定了方案就行了，各项改革举措决不能落空。要把抓改革举措落地作为重要的政治任务，强化一把手责任。要按照“一分部署、九分落实”和“抓铁有痕、踏石留印”的要求，建立台账，全力推进，一抓到底。要加强与有关部门的沟通协调，确保各项改革举措落实到位、见到实效。

注重顶层设计和基层探索良性互动。各项林业改革都要搞好顶层设计，既要符合中央精神，又要符合基层实际。要坚持以人民满意不满意为基本标准。既要坚持正确的改革方向不走偏、不走样，又要鼓励基层探索和创新。要尊重基层实践，尊重基层创造，不断丰富和完善改革举措。对一些重要的经验和模式，要进行复制和推广。要坚持问题导向，了解群众愿望，下功夫解决群众关注的突出问题，切实做到改革为了群众，改革依靠群众，改革成果让群众共享。

加强改革成效评估。改革不能自拉自唱，要加强督查检查、跟踪落实，做到改革推进到哪里，督查就跟进到哪里。要建立改革成效评价体系，开展自我评估，接受群众评价，有条件的要开展第三方评估。要用好评估成果，用于干部考核，用于干部奖励，用于干部问责，用于调整完善改革措施。

二、全面加强依法治林，着力推进林业治理法治化，为生态林业民生林业发展提供法治保障

十八届四中全会要求，加快建立生态文明法律制度，用严格的法律制度保护生态环境，这对林业法治建设提出了新的更高要求。经过多年努力，我国林业法治建设取得了重大成效，但是与建立生态文明制度体系的要求相比，还有很大的完善空间。一是法治思维和法治理念有待强化。少数领导干部依法办事的观念和依法决策的能力有待增强，遵守林业法律法规、保护生态资源还没有成为自觉行动，有的甚至存在以言代法、以权压法的现象，政府和法人仍是一些地方侵占、破坏生态资源的行为主体。二是林业法律法规体系还不完善。森林法、野生动物保护法中有的内容已经不符合林业发展实际情况，与市场经济体制和生态文明制度不相适应。有的法律条文过于原则笼统，缺乏针对性和可操作性。在国家层面，湿地保护还存在法律缺失。三是林业执法体制机制仍不健全。执法体制不顺，有效的监督机制缺乏，综合执法能力有待提高。在一些地方，重实体轻程序、重执法轻监督的思想仍然存在，多头执法、职责交叉、重复执法的问题比较突出，有法不依、执法不严、违法不究的现象时有发生。四是林业法律法规的权威性和震慑力不够强大。由于缺乏严格的责任追究和赔偿制度，许多林业案件没有依法严格追责，有的只是象征性地罚款了事，导致林业违法成本过低，全国每年发生林政案件20多万起，对森林资源安全构成严重威胁。

面对这样的新形势新任务，各级林业部门要认真学习贯彻中国特色社会主义法治理论，全面加强林业法治建设，大力推进依法治林，加快形成完备的林业法律法规体系、高效的林业法治实施体系、严密的林业法治监督体系、有力的林业法治保障体系，不断提高依法治林水平和依法行政能力。

全面推进林业治理法治化。林业治理现代化必须依靠林业治理法治化，林业治理法治化的过程也是林业治理现代化的过程。要强化法治意识和法治思维，健全依法决策和民主决策机制，完善重大决策和规范性文件合法性审查制度，更加注重依法履行政府职能、依法约束开发利用行为、依法保障群众生态民生权利。

继续完善林业法律法规体系。当前的林业法律法规大多是在林业开始转型前制定的，要紧紧围绕提升和发挥林业生态功能，推动林业立法由注重保护管理单一自然资源向注重保护管理整个自然生态系统转变，着力完善覆盖森林、湿地、荒漠生态系统和生物多样性的林业法律法规体系，增强自然生态系统保护管理的科学性、协同性和有效性。地方性林业法规要突出地方特色，并与国家立法搞好衔接配套。

严厉打击涉林违法行为。全面加大林业执法力度，严厉打击破坏生态资源违法行为，学会用法律武器保护生态资源。全面落实行政执法责任制，建立健全执法责任追究机制，杜绝以罚代刑，徇私枉法，甚至“私了”执法。推进林业综合行政执法，提高执法效率和规范化水平。同时，要加强林业法治宣传教育，引导林业干部职工和社会公众自觉学法懂法守法。

依法强化行政权力制约。加强执法人员培训，完善执法程序和执法机制，规范行政执法行为，提高执法人员法律素养，实现严格规范公正文明执法。深化行政审批制度改革，实行部门权力清单制度，推进林业政务信息公开，确保权力在阳光下运行。

三、坚决严格保护天然林，着力解决资源保护和木材供给问题，筑牢维护国家生态安全的根本基础

天然林是结构最复杂、群落最稳定、生物量最大、生物多样性最丰富、生态功能最强的森林生态系统。保护好生态，首先要保护好天然林。去年以来，习近平总书记多次要求全面停止天然林商业性采伐，研究把天保工程范围扩大到全国，争取把所有天然林都保护起来。他还指出，眼前会增加财政支出，也可能减少一点国内生产总值，但长远是件功德无量的事。我们一定要从建设生态文明、维护国家生态安全、实现中华民族永续发展的战略高度，深刻理解总书记的这一战略决断，坚定不移地严格保护天然林，加快制定全国天然林保护实施方案，全面落实中央的战略意图。

把所有天然林都纳入保护范围。1998年以来，我国在长江上游、黄河上中游以及东北、内蒙古等地实施了天然林保护工程，取得了明显成效。但是，全国还有相当一部分天然林没有纳入保护范围。一些地方把天然林看成是杂木林，实行毁林造林，有的甚至把天然林开垦成耕地，这些现象要坚决禁止。要把所有天然林都纳入保护范围，划定保护红线，加快制定《天然林保护条例》，实行依法严格保护。

果断停止天然林商业性采伐。过去60多年，全国已采伐天然林约110亿立方米。天保一期工程停止了长江上游、黄河上中游地区天然林商业性采伐，大幅度调减了东北、内蒙古等重点国有林区天然林采伐量，工程区年均减少天然林采伐1760万立方米，累计减少天然林资源消耗4.25亿立方米。在此基础上，二期工程天然林年采伐量由一期的1094万立方米进一步调减到402万立方米。去年4月，我们又在黑龙江重点国有林区开展了全面停止天然林商业性采伐试点，结束了黑龙江重点国有林区175年的采伐历史，实现了从森林采伐到生态保护的重大转型。这是国有林区转型的一个标志性事件。目前，天保工程区天然林采伐量只有256万立方米，但全国天然林年采伐量仍高达4994万立方米。今后，要分三步全面停止天然林商业性采伐：一是扩大东北内蒙古重点国有林区停止天然林商业性采伐试点；二是在试点取得经验的基础上，停止国有林场和其他国有林区天然林商业性采伐；三是全面停止天然林商业性采伐。

全面停止天然林商业性采伐是一项重大政策。各地要加强调研，结合编制"十三五"采伐限额，深入研究停伐后的配套政策和措施，确保停伐后木材供给有来源，职工就业有保障，林农收入不减少，林区民生得改善。

着力提升天然林生态功能。保护天然林的主要目的是发挥生态功能。提升生态功能，既要停伐保护，让天然林休养生息，发挥生态系统的自然修复能力，又要加强抚育经营，人工促进自然修复，提升天然林的质量和功能。对稀疏的天然林要实行封育和补植补造；对重要水源地、森林公园等地的人工林，要借鉴德国培育近自然林的成功经验进行培育改造。通过严格保护和科学培育，使我国天然林资源总量明显增加，质量明显提高，生态功能明显增强。

对独特的天然林实行重点保护。对一些具有重大保护价值的天然林生态系统及生物多样性，要实行特殊的保护体制，采取特殊的保护措施，建立一批国家级自然保护区和国家公园，实行重点保护、永久保存。这些国家级自然保护区、国家公园要有选择地由国务院林业主管部门直接管理或委托省级林业主管部门管理，涉及的集体和个人所有的林地、林木要逐步实行政府赎买或租赁政策。

提高天然林保护补助标准。2011年实施天保二期工程时，各项补助标准作了相应调整，并规定随着社会平均工资水平的提高和物价变化，及时调整有关补助标准。今年中央1号文件和李克强总理在中央经济工作会议上已明确提出，要提高工程补助标准。要通过完善政策措施，逐步建立起一套既有利于严格保护天然林、又有利于改善林区民生的政策体系。

配套建立国家用材林储备制度。维护生态安全，保障木材供给，是发展生态林业民生林业的主要任务。木材供给问题不解决，天然林就保不住。当前，我们可以统筹两种资源两个市场，满足国内木材需求。但从长远看，保障木材供给必须立足国内。当务之急是要抓紧建立国家用材林储备制度。把世界银行贷款造林的成功模式嫁接到国内，争取由国家开发银行等政策性银行每年提供长期低息贷款，由中央和地方财政贴息，由地方林业部门组织经营主体实施，由国家林业局和相关金融机构制定标准并负责监管。通过一段时间的努力，建设一批高水平的木材储备生产基地，全面实现由采伐天然林到采伐人工林的历史性转变，为保护天然林、维护国家生态安全和木材安全提供坚实保障。

四、继续加强森林资源培育，着力解决质量不高和总量不足的问题，如期实现森林资源增长目标

森林资源既是生态文明建设的重要基础，也是提升生态承载力、顺应人民群众对良好生态新期待的直观指标，更是我国应对气候变化的战略支撑。在中美气候变化联合申明中，我国已承诺到2030年左右碳排放达到峰值。为应对气候变化，我国已确定到2020年森林覆盖率达到23%以上的目标，并对2030年森林资源增长目标作出了安排。实现这些目标，一方面要加强森林经营，提高现有森林质量，另一方面要加大干旱半干旱地区造林绿化力度，增加森林面积。

全面提升重大生态修复工程质量效益。正在实施的10项重大生态修复工程，是我国林业建设的主战场，也是增加森林资源的主要措施，已经取得重大成效。但由于一些项目投资标准低，尚未实行按工程管理，影响了工程建设质量。要争取国家进一步提高投资标准，加大省级资金配套额度，逐步实行按工程管理，进一步提升工程建设的质量和效益。同时，要根据适当扩大重点生态功能区范围等方面的需要，及时谋划启动一批新的重点生态修复工程。

不断扩大干旱半干旱地区森林面积。目前，我国60%以上的可造林地在干旱半干旱地区，这是扩大森林面积的潜力所在，也是造林绿化的难点所在。新中国成立以来，陕西、宁夏、甘肃、内蒙古等省区的森林覆盖率提高了10个百分点以上，青海、新疆由不到1%增加到5.63%和4.2%，特别是山西省右玉县由0.3%增加到51%，近90%的沙化土地得到治理。加快干旱半干旱地区造林绿化，关键要解决好水的问题。要认真总结成功经验，坚持量水而行、以水定林、以林养水，选择适宜的造林树种和造林模式，科学恢复干旱半干旱地区林草植被。

大力推进森林经营。森林经营是提高森林质量的根本之策，事关林业长远发展，务必引起高度重视。今后，国家还会加大这方面的投入，但森林经营绝不是国家给多少钱就办多少事。实际上，森林经营应是一项技术性措施，而不应是一项政策性措施。即使国家不投入，营林主体也要加强抚育经营，注重培育高质量的森林。各级林业部门既要千方百计争取国家增加投入，又要引导、支持、培训营林主体和林农群众主动加强森林经营，通过提高森林质量增加收入。

五、加快发展绿色富民产业，着力破解投入瓶颈制约，有效促进绿色发展和农民就业增收

发展生态林业民生林业，推动绿色发展，为亿万农民增加就业岗位和财产性收入，是新常态下林业服务国家大局的最佳切入点和着力点。要充分发挥林业的市场潜力、投资潜力、就业潜力和增长潜力，为稳增长、调结构、保就业、惠民生作出更大的贡献。

发挥增长潜力，为稳增长作贡献。近年来，我国林业产业保持持续快速增长。2014 年全国林业产业总产值比 2010 年增加 1.31 倍，4 年翻了一番多，但只有木竹加工及产品制造、经济林产品种植与采集两大产业产值分别超过 1 万亿元，其他多项产业还有很大增长潜力。新常态下，要注重新产品、新业态开发和新技术、新商业模式应用，注重改造传统产业、提升产业素质，注重发展新兴产业、休闲服务业和小微企业，通过培育新的经济增长点，力争 2015 年林业产业总产值突破 6 万亿元，为稳增长作出新贡献。

发挥市场潜力，为调结构作贡献。产能过剩和节能减排，是我国经济发展的两大问题。林业产业是巨大的绿色、低碳产业，具有节能减排的独特优势，且市场空间大，产能不过剩。近年来，我国木材等林产品对外依存度持续提高，食用植物油 60% ~70% 依靠进口，森林食品、生物质能源、生物制药的市场潜力巨大。坚持以市场为导向，进一步做大做强绿色富民产业，可以优化我国经济结构，推动绿色发展进程。

发挥就业潜力，为惠民生作贡献。就业是民生之本。面对新常态，如何在经济增速放缓情况下确保就业人数增加和农民持续增收，是必须破解的一个重大课题。林业是劳动密集型产业，目前已有近 1 亿农户 4 亿农民承包了集体林地，这是农民最可靠的就业渠道和增收来源。虽然不少农民已进城打工，但承包的集体林地可以为返乡农民工提供合适的就业和创业平台。关键要维护和稳定农民林地承包经营权，决不能让失业农民工又失山失地，失去最基本的就业保障。特别是在新型城镇化过程中，建设森林城镇，绿化美化城镇，发展林业产业，不仅可以为中小城镇培育支柱产业，还可以为农民提供就近就业的机会。

发挥投资潜力，为优化经济发展空间格局作贡献。林业是一个国家、一个地区最重要的基础设施，也是当前最大的投资洼地。制约林业发展的最大瓶颈在于投资不足。加大林业投入，既可以直接转化为农民收入，又可以带动产业发展，积累绿色资产，缩小区域发展差距，优化区域发展格局。当前，我国正在重点实施"一带一路"、京津冀协同发展、长江经济带三大战略。我们既要积极争取财政投入，又要注重发挥金融资本的投资潜力，吸引各种资金大规模向林业产业流动。通过发展绿色富民产业，促进山区林区沙区与发达地区协调发展、共同发展。

六、在生态资源监管中更好地发挥政府作用，着力解决产权不清和监管不力的问题，确保自然生态系统得到严格保护

生态资源保护和监管是政府的基本职责。当前，非法侵占林地、随意破坏湿地、沙区边治理边破坏等现象时有发生，导致生态资源严重破坏，这与产权不清、监管不到位、查处不力直接相关。按照十八届四中全会精神，今后生态资源遭受破坏，各级检察机关可以提起公益诉讼，政府包括林业部门主要负责同志可能要承担法律责任。我们要从维护生态安全、实现中华民族永续发展的战略高度和依法履行职责的基本要求出发，采取更加有力的措施，更好地发挥政府在生态资源保护和监管中的重要作用。

加快建立生态资源产权制度和监管制度。产权不清、职责不明、监管不力，是当前生态资源保护面临的最大问题。近几年来，通过集体林权制度改革，已经基本建立起集体所有集体行使管理权、集体所有个人行使承包权的集体林业生态资源产权制度。这对保护集体所属的生态资源已经并将持续发挥重要作用。下一步，要加快建立国有林场、国有林区以及湿地资源产权制度和监管制度，为政府按产权来管理和监管生态资源提供制度基础。

深入开展非法侵占林地排查专项行动。要坚决贯彻落实习近平总书记等中央领导同志批示精神，坚定不移地加强林地保护和管理。对于这个问题，各地林业部门决不能敷衍了事走过场，也决不能心慈手软怕碰硬。对大案要案不坚决查处，是过不了关的，现在不查处将来发现了，林业部门还是要承担责任的。各地一定要高度重视、认真对待。重点要清理排查土地整理中违规破坏森林资源问题、工业园区建设中违规占用林地问题、随意调整林地保护利用规划等问题，确保清查到位、查处到位、整改到位，切实履行好规范林地管理、遏制违法侵占林地蔓延、严守林地红线的重大职责。

加大湿地保护和恢复力度。湿地的生态价值越来越受到重视和关注，我们要主动承担起保护和恢复湿地的重大职责。要坚决守住 8 亿亩湿地红线，严禁将湿地开垦成耕地，严禁在湿地公园、湿地自然保护区内搞商业性开发，严禁各类开发影响和破坏湿地生态功能。要加大对湿地保护和恢复的投入，扩大生态效益补偿、退耕还湿、湿地保护奖励试点，重点要把所有自然湿地生态系统都严格保护起来。

严格保护沙区森林植被。经过长期不懈努力，我国荒漠生态系统开始改善，荒漠化土地和沙化土地面积开始净减少。但是，仍然存在边治理边破坏的现象，有的在沙区随意开垦耕地，有的建设项目没有对沙区植被采取严格保护措施，有的甚至在已治理的地方搞破坏性开发。我们对沙区治理成果一定要倍加珍惜，对破坏沙区植被行为一定要严厉打击，继续加大沙化土地和石漠化治理，保护和发展好沙区植被。

更加重视野生动植物保护和自然保护区建设。物种是人类的宝贵财富和基因库，物种保护正受到国际社会的特别关注，象牙等濒危物种及其制品非法贸易已成为国际社会关注的热点。近几年来，猎捕候鸟、食用猴脑、活熊取胆、大象砍头等事件成为国内舆论和网络关注的焦点。物种保护今后很有可能成为公益诉讼的重要内容。我们一定要把保护好野生动植物、建设好自然保护区作为政府事权，放在更加重要的位置，在职能上进一步强化，在投入上给予更大的支持，在政策上给予更多的扶持。

七、在资源配置中充分发挥市场的决定性作用，着力盘活林业资源，最大限度释放生态林业民生林业发展潜力

市场经济条件下，市场化是林业平稳健康发展的必然要求。林业适应新常态，就要深入挖掘技术、资本、劳动力、土地等要素的潜力，推动生态林业民生林业实现更大发展。我国拥有丰富的森林、林地和物种资源，这些既是优质的生态资源，也是巨大的生态资产。据测算，我国林地林木资产总价值21.29万亿元，全国森林生态系统每年提供的主要生态服务总价值12.68万亿元。依靠市场盘活这些优质资产，可以为生态林业民生林业发展注入强大动力。

近年来，我国林业市场化进程逐步加快，但市场化程度还很低。主要有三大制约因素：一是长期以来我国林业发展一直强调生产而忽视市场，计划经济思维在林业领域仍然广泛存在，导致林业各类要素市场发育迟缓。二是林业具有生产周期长、资金投入大等特点，部分林产品生产周期甚至超过一代人的寿命，传统融资方式与林产品生产周期不匹配，导致资金和人才不愿意进来，资本和技术积累缓慢。三是部分政策性限制影响林业市场发育，采伐难、评估难、抵押难、融资难等问题把一些市场主体挡在了林业之外。盘活林业资源资产，提升林业市场化水平，关键是要充分发挥市场在资源配置中的决定性作用，让各类生产要素的活力和潜力竞相迸发。

牢固树立用市场手段推动林业发展的理念。彻底转变林业发展过多依赖政府的传统思维，更加注重用市场手段推动林业发展。大力培育林业要素市场，确保通过市场交换实现林产品价值。积极采用政府购买公共服务的方式，通过引入市场竞争提升生态服务产品的品质和效率。

着力培育多元化市场主体。一方面，要培育农户、合作社、企业这些传统市场主体，支持他们逐步扩大经营范围；另一方面，要借助股份制和现代企业制度，实现所有权、经营权分离，提升林业经营主体融资能力和经营规模。要积极创新林业融资平台，引导工商企业在坚持用途管制的前提下发展林业。

逐步完善林产品价格形成机制。市场配置资源主要是通过价格变动来实现的，这就是经济运行中的那只“看不见的手”。林产品价格过低，会影响林业生产者积极性；林产品价格上涨，林业经营者的收益就会增加，但林业资源管理的压力也会增加，同时国外林产品可能快速进入国内市场，冲击国内林产品生产。要认真研究价格波动对林业的影响，学会运用市场杠杆和价格规律管理林业。坚持发挥市场形成价格作用，让林产品价格真正反映市场稀缺程度和供求状况，引导社会形成节约木材的良好风尚。

积极探索林业资产化管理模式。研究借鉴美国等发达国家发展林业的成功经验，探索推进我国林业资产化管理，一方面，可发挥政府在生态资源配置中的作用，更好地增进全民生态福祉；另一方面，可将林业存量资源转化为流动性更好的金融资产，帮助林业突破融资瓶颈，引导社会资本进入林业。

完善市场服务和监管体系。建立森林资源资产评估制度，推进林产品市场建设，规范林权流转行为，建立林权收储制度和平台，促进林权抵押和担保。完善森林保险政策，提高补贴标准，扩大实施范围，通过创新金融产品降低林业经营主体的风险。创新林产品营销和流通方式，大力发展林业电子商务，加快建设林产品交易平台和质量追溯平台。

八、全面实施科技创新驱动战略，着力提升林业科技进步贡献率，切实增强生态林业民生林业发展动力

长期以来，我国林业发展主要依靠要素驱动，新常态下必须让创新驱动成为林业发展的新引擎。同时，随着我国劳动力成本的逐步攀升，以劳动密集为主要特征的林业产业利润空间受到严重挤压，林业发展必须提质增效、转型升级，尽快转变到主要依靠科技创新和提高劳动者素质的轨道上来。

新中国成立以来，我国林业科技实现了长足发展，但总体水平还不够高，与林业发达国家和国内其他行业相比仍有较大差距。一是科技创新主体单一。长期以来，我国林业科技创新主要依靠科研事业单位和高等林业院校，没有形成大众创业、万众创新的局面。二是科技创新内生动力不足。由于林业科研投入大、周期长、见效慢，大多数林业生产单位习惯于依靠要素投入维持生存发展，缺乏开展科技创新的动力和压力。三是创新资源配置效率低下。项目、资金、人才、设施等科技创新资源配置不科学，协调性差，利用率低，难以形成创新合力。科技和市场、产业结合不紧密，科技成果转化率不高，不能满足林业生产对科技的巨大需求。四是创新激励机制缺乏。林业科技投入严重不足，缺少长期稳定的投入机制和灵活务实的科技资源分配体制。

新常态下，要更加注重依靠科学技术，提高林业生产的质量和效益，增强林业发展的活力和动力。要紧紧围绕林业发展的现实需求和产业化发展方向，加快实施林业科技创新驱动战略，推动林业发展由以投资拉动、要素驱动为主向以科技创新驱动为主转变。

提高自主创新能力。瞄准世界林业科技前沿，聚焦国内林业发展需求，加大科技攻关力度，努力在生态建设、产业发展、农民增收和应对气候变化等重点领域，破解一批重大理论和技术难题，掌握一批关键技术，取得一批自主知识产权。

促进科技成果资本化、产业化。加强政产学研用相结合，支持知识产权等技术要素参与收益分配，引导企业在林业科技创新中发挥主体作用，切实解决林业产业发展难题。围绕林业主导产业和新兴产业，抓紧建立一批产业技术创新战略联盟，探索建立林业科技成果交易中心，促进科技成果资本化、产业化。

加速集聚林业创新人才。实施林业优秀科技人才计划，聚集一批拔尖人才和领军人物，增强林业科技实力。要不分隶属关系，进一步加大对林业科研院所和高等院校的支持力度，为他们办学育人提供有利条件。要完善创新评价机制，调动科技人员创新热情。要营造自由探索、平等理性、鼓励创新、宽容失败的良好环境，让科技人才潜心科学研究。

全面深化林业科技体制改革。改革人才、资金、项目、装备等科技资源配置方式，促进创新资源协调发展和合理流动，不断提高科技创新效率。建立有利于激发林业创新活力的投融资政策，推动发展林业科技服务业，切实增强林业科技创新动力。

九、切实增强世界眼光和战略思维，着力提升林业对外开放水平，更好地适应林业全球化、区域经济一体化趋势

当前，经济全球化、世界多极化格局逐步形成，生态问题国际化趋势日益明显。林业具有生态、经济、社会等多重属性，是国际社会解决诸多问题时最容易找到共同点的领域，正受到各方越来越广泛的关注。林业国际合作作为我国对外开放的组成部分，已经成为新常态下国家外交战略的重要内容，在应对气候变化、保护生物多样性、改善生态、保障民生等方面发挥着重要作用。准确把握国际形势变化大趋势，全面提升林业对外开放水平，已经成为树立国家形象、维护国家利益的重大战略。

综合判断，我国林业对外开放仍然处于可以大有作为的战略机遇期。深度参与林业国际合作，有利于统筹全球资源和市场支持国内经济发展，有利于服务中国特色大国外交战略，有利于引导国际生态治理体系发展演变。但同时也要看到，随着生态问题政治化和生态治理国际化，热点敏感问题对我大国形象的影响越来越大，国际社会对我大国责任的要求越来越高，对我们统筹运用两个市场、两种资源、两类规则提出了严峻挑战。林业国际合作要善于将加强国内工作与履行国际义务结合起来，将解决国内问题与参与国际事务结合起来，将利用全球资源与树立负责任大国形象结合起来，全面提升林业对外开放水平。

不断拓宽全球视野和战略思维。要深刻认识当今世界人类命运共同体属性，准确把握世界林业发展大势，善于用世界眼光和战略思维谋划国内林业发展。要把林业纳入国家外交战略布局，研究制定国家绿色外交战略和林业国际合作规划，充分发挥林业独特优势和作用，全力服务中国特色大国外交战略。

统筹运用国际国内两个市场和两种资源。在国内资源约束趋紧和产品出口受阻的情况下，要加快转变林产品对外贸易发展方式，促进林业开放型经济发展，保障国家木材安全和群众就业增收。坚持以互利共赢和可持续经营的理念支持企业走出去，做好海外林业资源开发与利用。要提高利用外资水平，引进吸收国际先进管理经验和技术创新能力，增强林业发展内生动力。

科学把握国际国内两类规则。要通过多双边互动，引导国际生态治理体系和规则的发展演变。坚持内外联动，适时提出“中国方案”，把国内需求更好地反映到国际规则中，按国际规则办好中国事情。用世界语言讲好中国故事，广泛传播我国生态文明理念和核心价值观，推动完善国际生态治理体系。

继续完善国际合作机制。要增强政府、企业、研究机构和社会团体在国际合作中的协同作用，发挥国际竹藤组织和亚太森林组织的桥梁作用。紧紧围绕生态保护、资源利用、贸易便利和技术经验交流，全面深化与重点国家的双边合作。加强林业国际合作人才培养，强化涉林国际热点敏感问题研究，按国别、分区域制订林业对外交往政策。依法加强与在华境外非政府组织的合作，更好地发挥非政府组织在推动林业发展中的作用。

十、不断加强林业队伍建设，着力转变职能转变作风，担当起推进林业改革发展的历史使命

近年来，我们通过深入开展群众路线教育实践活动和“两转变、两服务”活动，全面贯彻落实中央八项规定精神，坚定不移反对“四风”，认真践行“三严三实”要求，林业系统党风政风行风建设取得了明显成效。但是，作风建设永远在路上，需要持之以恒、常抓不懈。面对繁重的改革发展任务，要进一步加强林业队伍特别是干部队伍建设，担当起推进林业改革发展、建设生态林业民生林业的历史使命。

增强改革意识。今年林业改革将全面推进，各级林业部门和干部职工要积极支持改革，主动参与改革，全力推动改革。要敢于啃硬骨头，敢于涉险滩，敢于过深水区，尤其要敢于触动现有利益格局，勇于削弱自己手中的权力。要通过全面深化改革，转变林业部门职能，激发林业发展活力。

增强担当意识。习近平总书记强调：“为官避事平生耻”。新常态下推动林业改革发展，我们的责任更加重大，任务更加繁重。广大林业干部职工要牢固树立责任意识，切实增强担当精神。面对复杂问题和繁重任务，决不能退避三舍、推诿扯皮、无所作为，更不能遇到问题绕道走，碰到困难躲着走，而是要迎难而上、认真履责、勇于担当。

增强服务意识。为人民群众提供改善生态改善民生方面的服务，是各级林业部门的主要职责。要深入开展“两转变、两服务”活动，继续巩固扩大党的群众路线教育实践活动成果，更好地服务大局、服务基层、服务群众，让林业发展更好地惠及人民群众。

增强基层意识。尊重群众首创精神，鼓励基层大胆探索，及时总结推广基层成功经验。要深入基层了解林业发展情况，到困难和矛盾集中、群众意见多的地方去，向群众学习，向基层学习，帮助基层解决林业改革发展中遇到的难题。

增强廉政意识。要针对涉林资金总量大、项目小、资金分散、实施主体多的特点，认真落实党风廉政建设责任制，全面加强资金和项目管理，严肃查处各种违规违纪违法案件，始终对腐败行为保持高压态势。要通过开展党性党风党纪教育、廉政法规和从政道德教育，引导党员干部自觉筑牢拒腐防变的思想防线，自觉依照法律法规履行各自职责。

同志们，我今天讲的这10个问题，既是事关林业长远发展的重大问题，也是推动生态林业民生林业建设的重点问题。这些问题解决得好，林业发展将会再上新水平；如果解决得不好，将会影响林业持续健康发展。今年是“十三五”规划编制之年，也是林业适应新常态、服务新常态的关键之年。各级林业部门既要围绕这些重点问题，抓好贯彻落实，全面完成今年工作任务，又要精心编制林业发展“十三五”规划，认真谋划今后5年和更长一个时期的重大项目、重大工程、重大政策，推动生态林业民生林业实现更大发展，为全面建成小康社会、建设生态文明和美丽中国、实现中华民族伟大复兴的中国梦作出新的更大贡献！

在全国木本油料产业发展电视电话会议上的讲话

赵树丛

（2015 年 3 月 11 日）

近几年来，习近平总书记、李克强总理、张高丽副总理、汪洋副总理等中央领导同志对发展油茶等木本油料产业做出了一系列重要批示指示。最近，习近平总书记在参加十二届全国人大三次会议江西代表团审议时，又对油茶产业发展做出了重要指示。他说：赣南兴国105 岁的老红军王承登 3 月 2 日给我写了一封信，看了以后很感动，当年赣南苏区群众就是用茶油、钨砂，从白区换回食盐、药品等物资，支援红军，支持革命。油茶是个好东西，老人家在信中推荐我吃茶油，并希望国家加大对赣南油茶等扶贫产业的支持。习近平总书记当即指示有关部委要做好调研。

为落实习近平总书记等中央领导同志对油茶等木本油料产业发展的重要指示精神，2014 年 12 月 26 日，国务院办公厅印发了《关于加快木本油料产业发展的意见》，第一次从国家层面对我国木本油料产业发展作出了全面系统的部署，充分体现了党中央、国务院对发展木本油料产业、维护国家粮油安全的高度重视。国家林业局党组决定召开这次全国木本油料产业发展电视电话会议，目的就是要深入学习领会《意见》精神，进一步统一思想、明确重点、形成合力，加快推进木本油料产业发展，为顺利完成《意见》提出的目标任务打下坚实的基础。下面，我讲几点意见：

一、要深化认识，统一思想

国务院办公厅发出《关于加快木本油料产业发展的意见》，在我国木本油料产业发展史上具有里程碑意义。其战略意义可以从 3 个方面来认识：一是加快木本油料产业发展是提高食用植物油生产能力、维护国家粮油安全的战略举措。近年来，我国食用植物油消费量持续增长、需求缺口不断扩大，进口量急剧增加，对外依存度高达 70%，食用植物油安全问题日益突出。充分利用我国丰富的木本油料树种资源和大量的宜林荒山荒地以及退耕地、荒漠化土地，大力发展木本油料产业，既不与粮争地，又能有效增加食用植物油供给，减少进口，这对为维护国家粮油安全具有战略意义。二是加快木本油料产业发展是提高生态资源总量、改善生态的重要途径。木本油料既有乔木树种，又有灌木树种，既有适合山区种植的树种，又有适合沙区种植的树种，既有重要的经济价值，又有重要的生态价值。特别是在荒山荒地、陡坡耕地、沙化土地、盐碱地、河滩地上种植木本油料树种，有利于绿化国土、治理水土流失、防沙治沙，有利于扩大生态资源总量、改善生态，有利于建设生态文明和美丽中国。三是加快木本油料产业发展是提高国民健康水平、改善民生的重要基础。木本油料产业是生态林业、民生林业的有机统一和有效载体，不仅可以为人民群众增加生态福祉，还可以显著增加木本食用油产量，增加就业机会，拓宽增收渠道，为山区沙区全面建成小康社会、提升民生福祉提供有力支撑。特别是，我国的木本食用油是十分优质的健康型植物油，其不饱和脂肪酸含量高，比花生油、豆油、葵花籽油、玉米油高出 5% ~15%，可有效预防心脑血管疾病的发生。联合国粮农组织已将茶油列为重点推广的健康型高级食用油。大力发展木本油料产业，对于保障健康优质食用油供给，优化现有食用油消费结构，提高人民整体健康水平，也具有战略意义。我们一定要从战略层面和国家大局来认识加快木本油料产业发展的重大意义，把思想和行动统一到党中央、国务院的决策上来，努力形成全面推进木本油料产业发展的强大合力。

二、要科学规划，突出特色

《意见》提出，力争到 2020 年，建成 800 个油茶、核桃、油用牡丹等木本油料重点县，建立一批标准化、集约化、规模化、产业化示范基地，木本油料树种种植面积从现在的 1.2 亿亩发展到 2 亿亩，年产木本食用油150 万吨左右。这一产量，大致相当于现有木本食用油产量的 3 倍，相当于世界橄榄油产量的一半，对缓解我国对高档食用植物油进口的依赖具有重要作用。从现在起到 2020 年还有 5 年时间，时间紧、任务重。各有关省区市要紧紧围绕这一总体目标，科学规划，分解任务，落实到县，明确责任，确保完成。在规划中，一定要发挥优势，突出特色，因地制宜，研究和确定适于当地生长并具有明显优势的木本油料树种，原则上一个县突出一个树种，形成一定规模，不能什么都搞，也不能小打小闹，更不能见项目就想上，违背自然规律。当前，要抓紧开展普查工作，查清资源本底，在此基础上，分树种制定木本油料产业发展规划，确定具体发展目标和任务。

三、要实行集约经营，注重质量效益

要特别重视良种壮苗的生产管理，这是加快木本油料产业发展的根本基础。当前，油茶、核桃的良种基地建设已有一定的规模，其他木本油料树种的发展，也必须种苗先行。要借鉴油茶种苗生产管理的成功经验，抓紧建设一批良种基地，全面推行“四定三清楚”和“四证一签”的种苗生产管理制度，切实提高良种壮苗生产供应能力，保障种苗质量。要围绕高产、优质、高效，加强木本油料产业的科技攻关。近期要大力支持木本油料良种选育、丰产栽培技术研究，加快实用技术、关键技术和科研成果的转化。要高度重视研发适宜木本油料种植、收获等机械设备，大幅度降低人工成本。要鼓励和支持企业利用新技术、新工艺，开发精深加工产品，延长产业链，提升附加值，实现循环发展和综合利用，最大限度地提高经济效益。

四、要坚持市场导向，创新机制

木本油料产业发展，要坚持市场导向、政府扶持的原则，充分发挥市场在资源配置中的决定性作用。各地要采取有效措施，打造一批自主创新能力强、加工水平高、处于行业领先地位的大型龙头企业，发挥企业的管理、科研、技术、资金优势，引领和带动木本油料产业向专业化、标准化、规模化、集约化方向发展。要大力推广“龙头企业 + 专业合作组织 + 基地 + 农户”等产业化经营模式，支持农民专业合作组织和农户入股龙头企业，使企业与农户成为利益共享、风险共担的利益共同体，逐步形成产业发展、企业增效、农民增收、互利共赢的良性发展机制。

五、要完善投入机制，强化保障措施

《意见》提出了一系列支持木本油料产业发展的政策措施。明确提出，要把发展木本油料产业与新一轮退耕还林还草、三北防护林建设、京津风沙源治理等国家重大生态修复工程以及地方林业重点工程紧密结合，因地制宜扩大木本油料种植面积。这是一项对木本油料产业发展最大的支持政策，同时还明确了中央财政继续整合资金，支持木本油料产业发展，支持主产区新建蓄水池、塘坝等水利设施，改善基础设施和生产条件；完善落实产油大县奖补政策；对具备条件的农村贫困地区，可统筹安排财政专项扶持资金，支持建档立卡贫困村、贫困户发展木本油料产业；加大信贷投入，合理确定贷款期限和利率，中央财政对符合条件的木本油料贷款项目，实行据实贴息；森林保险要逐步覆盖木本油料产业发展。这些重要政策，对促进木本油料产业发展十分有利。各级林业主管部门要结合本地实际，积极争取政府的重视和支持，把木本油料产业发展列入重要议事日程，出台有针对性的配套措施。要主动协调发展改革、财政等有关部门，切实把《意见》中已明确的政策措施落实到位，保障木本油料产业顺利发展。

六、要注意保护生态，发挥综合功能

发展木本油料产业，依然要坚持生态优先的原则，在保护生态的前提下，发挥其生态、经济和社会效益。要严禁破坏天然林来发展木本油料林。习近平总书记在参加江西代表团审议时特别问到，在山上种植油茶会不会引起水土流失？对这个问题我在去年9月召开的全国退耕还林实施工作电视电话会议上已就种植经济林要严防水土流失作了专门强调。要引起高度重视，在实施退耕还林时，对于坡度过大、土地瘠薄、生态脆弱和生态区位重要的地方，不提倡发展木本油料林；对于一般的坡耕地种植木本油料林，要采取必要的技术措施，防止水土流失。

七、要维护经营秩序，确保产品安全

保障木本食用植物油的生态品质，是木本油料产业可持续发展的关键。首先，要实施标准化生产。要制定木本油料种植、仓储、加工、销售等生产标准，完善木本油料生产质量安全全程控制和可追溯制度，提高其质量安全水平。要抓紧制定和修订茶油等木本食用油产品标准，完善其检测方法，做到有标准、可检测。要强化市场准入管理和质量监督检查。规范木本食用油包装标识管理，保障消费者的知情权和选择权。同时，要会同有关部门严格执法，严厉打击制假、售假等违法违规行为，维护消费者合法权益。

八、要加强宣传工作，形成发展合力

《意见》是全面指导当前和今后一个时期木本油料产业发展的纲领性文件，各级林业主管部门要立即行动起来，把《意见》的精神学透，把《意见》明确的政策研究透，并传达贯彻到木本油料产业发展重点县。要通过广播、电视、报刊、网络等宣传媒体和平台，广泛宣传木本油料产业发展的重要意义以及木本食用油的营养价值和保健功能，让社会上更多的人群认识和了解木本油料，提高社会对木本油料产品的认知度，努力营造全社会关心、支持木本油料产业发展的良好局面。

同志们，发展木本油料产业，事关国家粮油安全，事关民生福祉，任务艰巨，责任重大。我们要坚定信心，加大投入，创新机制，扎实工作，深入贯彻落实《意见》精神，全面开创木本油料产业发展新局面，为维护国家粮油安全、改善生态改善民生做出新的更大贡献。

在全面停止重点国有林区天然林商业性采伐电视电话会议上的讲话

赵树丛

（2015年3月30日）

今天，财政部和国家林业局共同召开会议，认真贯彻落实习近平总书记、李克强总理重要指示精神和党中央、国务院的重大决策，全面部署停止重点国有林区天然林商业性采伐工作。刚才，胡静林同志、刘东生同志分别作了讲话，进一步明确了财政支持政策，并对停伐工作提出了明确要求；内蒙古自治区政府副主席王玉明同志、吉林省副省长隋忠诚同志分别就抓好天然林停伐、推进国有林区改革讲了很好的意见，黑龙江省副省长吕维峰同志介绍了黑龙江重点国有林区试点停伐一年来改革发展和巩固停伐成果的情况。大家讲的意见很好，要认真抓好落实。下面，我讲三点意见：

一、全面停止重点国有林区天然林商业性采伐是实施全国天然林保护战略的关键步骤

天然林是结构最复杂、群落最稳定、生物量最大、生物多样性最丰富、生态功能最强大的陆地生态系统，在维护生态安全、淡水安全、国土安全、物种安全等方面具有不可替代的作用。习近平总书记明确指出，要全面停止天然林商业性采伐，研究把天保工程范围扩大到全国，争取把所有天然林都保护起来。李克强总理明确要求，要就天然林保护制定细化方案。习近平总书记、李克强总理的重要指示精神，为我们天然林保护工作提出了要求、指明了方向。就目前来讲，对全国5000万立方米的天然林采伐量，将分“三步走”停下来。第一步就是国有林区；第二步是国有林场；第三步是包括集体、个人、企业和其他所属产权的全部天然林。

东北、内蒙古重点国有林区是我国面积最大、天然林分布最集中、生物多样性最丰富的林区，在我国生态建设和森林资源培育总体布局中具有极其重要的战略地位。历史上，东北、内蒙古重点国有林区森林资源非常丰富。经历修建中东铁路和日本侵占东北两次掠夺性的大破坏后，森林资源总量锐减、质量骤降。新中国成立后，由于国家经济建设的需要，重点国有林区木材产量始终保持在高位运行，累计为国家生产商品木材近11亿立方米，贡献很大，代价也很大。长期的高强度采伐，东北、内蒙古林区可采天然林资源快速减少，森林资源“入不敷出”现象愈发明显，国有林区陷入资源危机、企业危困的“两危”局面。近10多年来，通过天保工程，国家大幅度调减了林区木材产量，累计调减木材产量1亿立方米，森林资源得到一定程度的休养生息，有了恢复性增长，但质量和功能下降的总体状况还没有得到根本改变，森林龄组结构失衡，以珍贵树木为优势树种的森林群落所剩无几，可采资源濒于枯竭。

全面停止天然林商业性采伐，是保护好我国珍贵的天然林资源，全面推进生态文明建设的迫切需要，率先在重点国有林区全面停止天然林商业性采伐，是我国天然林停伐战略的第一步，也是带有示范性、标志性和最为关键的一步。在2014年黑龙江重点国有林区停止天然林商业性采伐试点的基础上，从今年4月1日起，停伐范围扩大到内蒙古、吉林重点国有林区，以及内蒙古岭南8局、吉林营林4局和大兴安岭范围内未纳入天保工程范围的100个国有林场，这标志着大小兴安岭、长白山林区的天然林全部纳入了停伐范围，宣告了100多年来向森林过度索取历史的结束，也标志着重点国有林区从开发利用转入全面保护发展的新阶段。通过停止采伐，加大封育力度，实施科学经营，逐步恢复森林资源和森林生态系统功能，促进林区可持续发展，这是我国生态文明建设和林业生态建设历史上的一个重大的标志性事件，必将对建设生态文明和美丽中国产生重大而深远的影响。

二、全面停止重点国有林区天然林商业性采伐是推进国有林区改革的关键举措

今年2月8日，中共中央、国务院正式印发了《国有林区改革指导意见》，即：中央6号文件。其中明确指出，国有林区是我国重要的生态安全屏障和森林资源培育战略基地，是维护国家生态安全最重要的基础设施，在经济社会发展和生态文明建设中发挥着不可替代的重要作用；文件明确要求，区分不同情况有序停止重点国有林区天然林商业性采伐，确保森林资源稳步恢复和增长。3月17日，在全国国有林场和国有林区改革工作电视电话会议上，汪洋副总理明确指出，要完善加强国有林区天然林保护的实施方案，确保重点国有林区天然林商业性采伐停得下、稳得住、不反弹；要本着对国家和人民高度负责的态度，把每一棵该保的林木坚决保好，把每一寸该守的林地坚决守住。这些重要精神既是对国有林区的战略定位，也指明了国有林区改革的方向和任务。

长期以来，重点国有林区森林资源产权虚置、管用不分、责权利不一致，森工集团既代表国家保护管理森林资源，又是森林资源的实际占有利用者。实践证明，这种体制不利于资源有效保护。国有林区改革的7项主要任务，第1项就是有序停止天然林商业性采伐。停伐既是改革任务之一，又是推进其他改革的前提。要通过停伐倒逼国有林区改革，按照国有林区“发挥生态功能、维护生态安全”的战略定位和“机构只减不增、人员只出不进、社会和谐稳定”的原则要求，逐步建立起精简高效的国有森林资源管理机构，依法负责森林、林地、湿地、自然保护区和野生动植物资源的保护管理及森林防火、有害生物防治等工作。森工集团及其所属林业局以采伐为主的历史使命已经完成，作为森工企业的性质将逐步消失，林业发展模式由木材生产为主转变为生态修复和建设为主，由利用森林获取经济利益为主转变为保护森林提供生态服务为主。随着改革的推进，逐步实施政事企分开，建立起有利于保护和发展森林资源，有利于改善生态和民生，有利于增强林业发展活力的国有林区新体制。

三、全面停止重点国有林区天然林商业性采伐是创新林区治理机制的重要前提

十八届三中全会提出了完善和发展中国特色社会主义制度，推进国家治理体系和治理能力现代化的全面深化改革总目标。贯彻落实十八届三中全会精神，就要全面深化国有林区等各项林业改革，要通过停止天然林商业性采伐，改革以木材生产为中心的管理体系，改变以经济效益为主要指标的考核体系，推动林区经营管理体制改革，创新林业治理体系，提高林业治理能力。

要创新森林资源监管体制，建立归属清晰、权责明确、监管有效的森林资源产权制度，研究制定《国有林区监督管理条例》，切实加强对国有林区的监管；要创新森林资源保护制度，建立健全森林保护、林地保护和湿地保护制度，实行最严格的源头保护；要创新森林资源经营制度，认真搞好资源调查，加快推进森林经营方案的编制实施，实现国有林区可持续经营，促进国有林区可持续发展；要创新考核评价制度，编制自然资源资产负债表，完善对国有林业局及领导干部考核评价制度，推进建立并实施保护发展森林资源目标责任制。

当前，要着力做好以下四项工作。

第一，要把停产到位作为当前首要任务，确保停得下、稳得住、不反弹。停止天然林商业性采伐，既是底线，也是红线。要按照“严格伐区设计审批、严格作业质量管理、严格木材运输销售监管、严格森林抚育经营管理、严格违法违规采伐责任追究”的要求，加强采伐、运输、销售、加工等各环节的清理整顿，该关停的坚决关停，该取缔的坚决取缔。要完善森林管护承包责任制和奖惩措施，结合人员转岗安置，充实管护力量，切实将管护任务落实到山头、地块、人头。要针对停伐后森林资源保护管理的新特点，开展专门的监督检查，确保各项措施落实到位。各派驻专员办、省林业厅和森工集团要加大监督检查力度，切实做到全覆盖、全过程监管。同时，要保持对破坏森林资源违法行为严厉打击的高压态势，严肃查处乱砍滥伐等各类毁林案件，发现一起，查处一起，决不手软，决不姑息。

第二，要精心组织编制改革实施方案，扎实推进国有林区改革。国有林区改革涉及林区职工切身利益和国家生态安全，全面落实各项政策措施，才能确保改革取得预期成效。各林业厅、森工集团，要严格按照中央6号文件精神，在省级人民政府的统一领导下，抓紧编制国有林区改革省级实施方案。要坚持生态优先、改善民生的原则，进一步明确改革的具体任务和主要目标，确保改革方向不走偏、不走样。要坚持山水林田湖统筹治理的系统思想，在保护好森林生态系统的同时，对国有林区内的各类生态系统进行统一保护修复，不断提升国有林区的整体生态功能。要进一步加强与发展改革、财政、人力资源社会保障、金融、交通运输等部门的协调，从财政投入、金融政策、基础设施建设等方面争取政策扶持，形成改革强大合力。各地在编制改革实施方案过程中，要认真总结以往改革试点的经验教训，针对不同地域不同情况，结合实际、因地制宜，分类指导、分步实施，积极探索各具特色的改革模式，确保改革符合基层实际。要选择不同类型的国有林业局，明确时限和任务要求，抓好国有林区改革试点。国有林区改革省级实施方案要在今年9月底之前完成并报国家林业局。

第三，要把林地监管作为资源保护的核心，防止国有资产流失。林地是生态建设和林业发展的根基，必须把林地管理放在更加突出的位置，保护好林业发展的空间。要认真做好林地的定额管理、占用征收审批和规划落实等工作，全面加强林地保护管理。据初步清查，重点国有林区几十年来累计开垦林地近1800万亩，这个问题长期以来一直没有得到解决，对林区的林地保护管理带来严重制约。按照《森林法》和中央6号文件的规定，东北、内蒙古重点国有林区森林资源产权归国家所有即全民所有，国家林业局代表国家行使所有权、履行出资人职责，负责管理重点国有林区国有森林资源和森林资源资产产权变动审批，这是国家林业局的法定职能，必须严格执行。要坚持用途管制，严格落实国家主体功能区规划和林地保护利用规划，重点国有林区林地主要用于林业和生态建设。要认真履职尽责，依法依规做好重点国有林区毁林开垦林地清理回收工作。当务之急，一要坚决遏制毁林开垦问题蔓延，对历史上开垦的林地，要分类施策，研究处理意见，要坚决维护林权证的权威，防止毁林开垦林地合法化；二要根据中央编办明确的国家林业局职能，主动协调国土资源部共同制定重点国有林区不动产登记管理办法，切实加强林区产权管理；三要加大案件查处力度，采取有力措施严厉打击毁林开垦行为，各专员办、省林业厅及森林公安局、森工集团要对毁林开垦案件严肃查处，形成强大震慑。

第四，要加快转变林业发展方式，不断改善林区民生。实施全面停伐，森工企业改革发展会有阵痛期，促进林区职工群众就业增收，改善林区民生的任务十分繁重。各森工集团要加快经济结构调整和发展方式转变，发展替代产业。加快发展森林旅游、林下经济等绿色富民产业。充分利用两个市场、两种资源，发挥地缘优势，发展林产品加工基地和对外贸易，鼓励林业企业"走出去"。要积极拓展就业渠道，促进林区转岗职工和就业困难人员实现就业和再就业。除自然保护区外，在不破坏森林资源的前提下，允许森林资源管护职工从事林特产品经营，增加职工收入。要把林区经济社会发展纳入当地国民经济和社会发展总体规划和投资计划，切实落实地方政府林区社会管理和公共服务职能，加强林区基础设施建设，改善林区生产生活条件，实现林区职工群众收入与全社会同步增长。

同志们，全面停止重点国有林区天然林商业性采伐，意义重大、任务艰巨、使命光荣。我们一定要认真学习领会习近平总书记、李克强总理重要指示和中央文件精神，坚定信心，坚持原则，认真做好停伐工作，全面加强天然林保护，稳步推进国有林区改革，为建设生态文明和美丽中国、实现中华民族伟大复兴和永续发展作出新的更大贡献。

准确把握中央6号文件主要精神
全面完成国有林场国有林区改革任务

——在国家林业局"绿色大讲堂"上的讲话

赵树丛

（2015年4月7日，根据录音整理）

为帮助大家全面准确掌握今年2月8日中共中央、国务院印发的《国有林场改革方案》和《国有林区改革指导意见》的主要精神，也就是中央6号文件精神，更好地指导和推动这两项改革。局党组决定，今天举办绿色大讲堂，请建龙同志对中央6号文件进行辅导解读。刚才，建龙同志作了一个很好的辅导报告，对中央6号文件进行了全面深入的辅导解读。大家要在认真学习文件原文的基础上，结合建龙同志的解读报告，准确把握中央6号文件主要精神，全力抓好各项改革任务贯彻落实。下面，我再强调三点意见：

一、深刻认识中央6号文件出台的主要历史背景和重大现实意义

今年的中央6号文件，是党中央、国务院对国有林场和国有林区改革首次作出全面部署，是建设生态文明和美丽中国的标志性事件，不仅在我国森林发展史、林业发展史上具有里程碑意义，而且对维护国家生态安全、实现中华民族永续发展具有重大意义。

（一）从历史地位看，中央6号文件集中反映了我们党对森林生态和林场林区认识的飞跃性变化。新世纪以来，中央先后出台了三个林业方面的文件。第一个是

2003年颁发的《中共中央 国务院关于加快林业发展的决定》，也就是中央9号文件，确立了以生态建设为主的林业发展战略。第二个是2008年颁发的《中共中央 国务院关于全面推进集体林权制度改革的意见》，也就是中央10号文件，确立了农民经营集体林的主体地位，实现了“山定权、树定根、人定心”。第三个就是今年中央颁发的6号文件。这个文件针对长期以来过度采伐和制约国有林业发展的体制机制性障碍，对国有林场和国有林区改革进行了全面部署，明确了国有林场和国有林区的战略地位、功能定位，确定了国有林场和国有林区改革的总体要求、基本底线、主要任务和支持政策，彻底改变了长期以来向森林过度索取，把国有林场和国有林区作为木材生产主体的传统认识和做法，真正将森林和林场、林区摆在了建设生态文明、维护生态安全的突出地位。

这3个中央文件都是党中央、国务院为加快林业改革发展作出的重大战略决策，前两个文件已经对指导我国林业改革发展发挥了重大作用。今年的中央6号文件，则更加具有历史性意义。大家知道，2003年的中央9号文件突出了林业的生态功能，表明对森林生态和林业的认识开始发生变化，并由此开启了我国林业由以木材生产为主向以生态建设为主的转变过程，但这个过程一直在若干问题上处于“胶着”状态。如：林区的根本功能是什么？林场的根本属性是什么？是养人保林还是用林养人？这些问题并没有从根本上解决。

中央6号文件明确指出，保护森林和生态是建设生态文明的根基，深化生态文明体制改革，健全森林与生态保护制度是首要任务；国有林场和国有林区今后的主要功能就是保护培育森林资源、维护国家生态安全，并要求有序停止国有林区天然林商业性采伐，调减国有林场商业性采伐，推动实现林业发展模式由木材生产为主转变为生态修复和建设为主，由利用森林获取经济利益为主转变为保护森林提供生态服务为主。这些重要论述，集中体现了以习近平同志为总书记的党中央对森林生态和林场林区认识的最新理论成果，也是对我们工作提出的最新要求，标志着我们党对建设生态文明重要性的认识产生了飞跃性变化，必将对我国林业改革发展、建设生态文明和美丽中国、实现中华民族永续发展产生重大而深远的影响。

（二）从主要内容看，中央6号文件充分体现了习近平总书记关于生态文明建设的系列重大战略思想。党的十八大对推进生态文明建设作出了顶层设计和决策部署。十八届三中全会要求完善生态文明制度体系，深入推进国有林场和国有林区改革。十八届四中全会进一步要求用严格的法律制度保护生态环境。这些都对国有林场和国有林区改革提出了新的要求。

尤其是党的十八大以来，习近平总书记高度重视生态文明建设和林业改革发展，相继提出了一系列新思想新观点新论断新要求。根据新华社播发的《为了中华民族永续发展——习近平总书记关心生态文明建设纪实》报道，习近平总书记有关这方面的讲话、论述、批示超过60次。他明确指出，国有林场和国有林区改革应经中央政治局常委会议审议，要严防国有资产流失。习近平总书记在研究我国水安全问题时强调，要深入研究十大战略问题，其中大部分与林业直接相关，把天然林保护范围扩大到全国等工作更是明确由我局负责牵头落实。习近平总书记的这些重大战略思想和工作部署，为研究起草国有林场和国有林区改革文件提供了主要遵循。

根据党中央、国务院的决策部署和习近平总书记的系列重要讲话精神，国家发改委和我局研究起草了《国有林场改革方案》和《国有林区改革指导意见》，并于去年12月3日和25日分别提交国务院常务会议和中央政治局常委会议审议。习近平总书记深刻指出，森林是我们从祖宗那里继承来的，要留传给子孙后代，上对得起祖宗，下对得起子孙。他强调，森林是陆地生态的主体，是国家民族最大的生存资本，是人类生存的根基，关系生存安全、淡水安全、国土安全、物种安全、气候安全和国家外交大局。他要求，以党中央、国务院的名义印发国有林场和国有林区改革文件。随后，我们根据习近平总书记的这次重要讲话精神，对两个文件又进行了修改完善，最终于今年2月8日以中央6号文件的形式正式印发。可以说，中央6号文件是在习近平总书记直接关心和亲自指导下出台的，既是贯彻落实党的十八大和十八届三中、四中全会精神的重大举措，又是推进生态文明制度建设的战略决策，更是用习近平总书记系列重要讲话精神和重大战略思想指导林业改革发展的生动实践。

（三）从出台时机看，中央6号文件完全顺应了习近平总书记关于这是个历史性时刻的重大判断。今年4月3日，习近平总书记在参加首都义务植树时指出，经过新中国成立以来特别是近30多年来不断植树造林，我们国家树更多了、山更青了、地更绿了。中国在植树造林方面为人类作出了重要贡献。同时，我们也要看到，与全面建成小康社会奋斗目标相比，与人民群众对美好生态环境的期盼相比，生态欠债依然很大，环境问题依然严峻，缺林少绿依然是一个迫切需要解决的重大现实问题。我们必须强化绿色意识，加强生态恢复、生态保护。这是个历史性的时刻。

习近平总书记之所以说当前是个历史性的时刻，就是因为我们国家正在全面建成小康社会，正在为实现“两个一百年”奋斗目标和中华民族伟大复兴的中国梦而努力奋斗。全国经济发展已经进入新常态，环境承载能力达到或接近上限，难以承载高消耗、粗放型的发展。人民群众对清新空气、清澈水质、清洁环境等生态产品的需求越来越迫切，生态环境越来越珍贵，必须顺应人民群众对良好生态环境的期待，更加注重建设生态文明，朝着蓝天净水的目标不断前进，为全面建成小康社会、实现中华民族伟大复兴的中国梦不断创造更好的生态条件。

如何深刻理解习近平总书记关于这是个历史性时刻的重大判断，以及林业在这个历史性时刻肩负着什么样的历史担当，我们可以学习回顾一下习近平总书记关于林业地位作用的几次代表性论述，我形象地称之为“三部曲”。第一部是“三库论”。他在福建宁德工作期间，曾经把森林比喻为水库、钱库、粮库，形象地说明了林业的重要作用和多种功能。第二部是“两山论”。在浙江工作期间，他提出了“既要金山银山，又要绿水青山；

宁要绿水青山，不要金山银山；绿水青山就是金山银山"的重要论述，深刻阐释了发展经济与保护生态之间的关系。第三部是"两生论"。2013 年 4 月，习近平总书记在海南考察时指出，保护生态环境就是保护生产力，改善生态环境就是发展生产力；良好生态环境是最公平的公共产品，是最普惠的民生福祉。这就是习近平总书记的生态情怀和民生理念，深刻回答了生态与民生、生态与生产力之间的内在关系。今年全国"两会"期间，习近平总书记又进一步指出，环境就是民生，青山就是美丽，蓝天也是幸福；要像保护眼睛一样保护生态环境，像对待生命一样对待生态环境。这表明，习近平总书记把生态、环境摆到了更加重要的位置。

通过认真学习领会习近平总书记这些重要论述，我们可以体会到，"三库论"主要是从物质需求和产出的角度来看待林业，"两山论"主要是从经济与生态之间关系来看待林业，而"两生论"则更多是从民生需求特别是生态需求这个层面来看待林业。这些重要论述，都是与当时的经济社会发展水平相适应的，准确反映了人民群众对林业的主导需求，讲的都是事关全局的重大战略问题、人民群众的民生需求问题、中华民族的永续发展问题，充分体现了习近平总书记作为无产阶级革命家的战略思维，对人类文明发展规律的深刻认识，以及对人民群众的真挚情感和殷切关怀，充分体现了以习近平同志为总书记的党中央带领全国各族人民努力实现中国梦、实现中华民族永续发展的壮丽情怀。

习近平总书记这次作出当前这是个历史性的时刻的重大判断，同时指出缺林少绿依然是一个需要解决的重大现实问题，并要求我们强化绿色意识，加强生态恢复、生态保护，大力推进林业改革。这是习近平总书记站在维护国家生态安全、实现"两个一百年"奋斗目标、实现中华民族永续发展的战略高度，研究和看待林业问题，指导和推动林业改革发展。在这个历史性的时刻，党中央、国务院决定出台中央 6 号文件，全面推进国有林场和国有林区改革，就是要强化林业的生态功能，满足经济社会可持续发展和广大人民群众对良好生态的迫切需求。我们要深刻认识中央 6 号文件出台的历史背景和重大意义，把思想和行动统一到中央决策部署和习近平总书记系列重要讲话精神上来，切实增强推动林业改革发展的紧迫性和自觉性。

二、准确把握中央 6 号文件的主要精神

贯彻落实中央 6 号文件，全力推动国有林场和国有林区改革，首先要认真学习领会习近平总书记的重要讲话精神和汪洋副总理的系列指示要求，准确把握中央 6 号文件的主要精神。

第一，明确国有林场和国有林区的战略地位。中央 6 号文件明确指出，国有林场、国有林区是我国生态修复和建设的重要力量，是我国重要的生态安全屏障和森林资源培育战略基地，是维护国家生态安全最重要的基础设施。习近平总书记强调，国有林区、国有林场是宝贵的生态资源，是国家最重要的生态安全屏障和森林资源基地，在国家生态安全全局中具有不可替代的地位和作用；必须从中华民族历史发展的高度来看待这个问题，为子孙后代留下美丽家园，让历史的春秋之笔为当代中国人留下正能量的记录。这些重要论述，确立了国有林场和国有林区在经济社会发展和生态文明建设中不可替代的重要地位。

第二，明确国有林场和国有林区的功能定位。中央 6 号文件首次对国有林场和国有林区的功能作出了明确定位，这就是保护培育森林资源、维护国家生态安全。根据这一功能定位，中央 6 号文件进一步要求，国有林场和国有林区要推动实现林业发展模式由木材生产为主转变为生态修复和建设为主，由利用森林获取经济利益为主转变为保护森林提供生态服务为主。这些重大调整和原则要求，必将对国有林场和国有林区改革发展产生重大而深远的影响。

第三，明确国有林场和国有林区改革的基本底线。保生态、保民生、保国有资产不流失是国有林场和国有林区改革的底线。中央 6 号文件明确提出，改革要坚持生态为本、保护优先的原则，确保森林资源不破坏、国有资产不流失；坚持注重民生改善、保持稳定的原则，确保林区社会和谐稳定。这是国有林场和国有林区改革必须严格坚守、不得逾越的底线要求。

第四，明确国有林场和国有林区改革的总体目标。主要包括三个方面：一是改善生态。到 2020 年，增加森林面积 1 亿亩以上，增加森林蓄积量 10 亿立方米以上。二是改善民生。一方面，增加全社会的生态福祉，另一方面，改善职工的生产生活条件。三是创新体制。建立起有利于保护和发展森林资源、有利于改善生态和民生、有利于增强林业发展活力的国有林场、国有林区新体制，建设资源增长、生态良好、林业增效、职工增收、社会和谐稳定的社会主义新林区。

第五，明确国有林场和国有林区改革的主要任务与支持政策。中央 6 号文件明确的改革任务主要包括：停止天然林商业性采伐，把所有天然林都保护起来；全面加强森林经营，逐步提高森林资源质量和生态功能；推进政企分开、政事分开，让国有林场和国有林区集中精力保生态；健全国有林场和国有林区森林资源管理体制、管护机制和监管体制，形成归属清晰、权责明确、监管有效的森林资源产权制度，强化地方政府保护森林资源的责任。同时，中央 6 号文件从基础设施建设、财政投入、金融信贷、人才培养等方面，明确了国有林场和国有林区改革支持政策体系。

三、全面落实中央 6 号文件确定的各项改革任务

马克思说过，在改造世界的生产活动中，生产者也改变着，炼出新的品质，通过生产而发展和改造着自身，造成新的力量和新的观念，造成新的交往方式，新的需要和新的语言。当前，经济社会和生产力发展对森林的主导需求正在发生深刻变化，国家对林业的功能定位也在发生深刻变化。这就要求改革者自身也就是林业系统广大干部职工要跟得上这种变化，特别是国家林业局全体干部职工要有一种灵魂深处的变化，敢于革除传统思想的束缚，勇于打破改革阻力的羁绊，切实把国有林场和国有林区改革任务落到实处，推进生态林业民生林业发展。

一要在学习宣传上抓落实。中央 6 号文件是推进国有林场和国有林区改革的行动纲领，直属机关每位干部职工都要深入学习领会、准确宣传解读、认真贯彻落实。要将学习文件与学习习近平总书记的系列重要讲话精神结合起来，与学习《习近平总书记关心生态文明建设纪实》结合起来，与学习全国国有林场和国有林区改革电视电话会议精神结合起来。通过深入系统地学习，充分认识国有林场和国有林区改革的重大意义，准确把握改革的基本要求，争当改革的宣传者和推动者，真正做到举全局之力推动改革。

二要在完成任务上抓落实。汪洋副总理在全国国有林场和国有林区改革工作电视电话会议上明确要求，国有林场改革要确保2017年底前完成，国有林区改革要在2020年底前完成。经过初步分解，国有林场和国有林区改革任务共有46项。如期完成这些繁重的改革任务，需要每个司局和每个单位共同努力。局改革办要抓紧将任务分解落实到司局和单位，明确牵头单位和完成时限，牵头单位的主要负责人为第一责任人，参与单位要主动搞好配合。各牵头单位要认真研究制定任务落实方案，制定时间表和路线图，细化分解任务，将责任落实到人，确保事事有人抓、件件有落实，如期完成各项改革任务。

三要在督导检查上抓落实。国有林场和国有林区改革是一场关系上百万职工切身利益的深刻变革，容不得有半点闪失。中央已经明确，改革由省级人民政府负总责，我们作为改革的牵头部门，一定要切实肩负起督导检查的责任。计财司、资源司、场圃总站等单位要加强工作指导和监督检查，重点指导各地完善省级改革实施方案，并会同有关部门严把改革实施方案审批关。要加强政策调研和信息调度，及时掌握改革进展情况，总结推广好经验好做法。特别要关注改革中遇到的困难和倾向性、苗头性问题，帮助和指导各地解决困难和问题。要加强改革成效评估，及早制定评估方案和办法，科学评价改革进展和成效。

四要在资源监管上抓落实。保生态、保森林资源不破坏、保国有资产不流失，是国有林场和国有林区改革的基本底线，也是国家林业局的主要责任。资源司、监督办等各相关司局和单位要主动作为，指导各地从厘定森林资源总量入手，全面摸清森林资源以及固定资产、流动资产、无形资产等资产总量，建立明晰的国有资产台账并严格管理，严防国有资产流失。要把林地湿地保护和管理放在更加突出的位置，严厉查处非法侵占林地湿地案件，严防打着改革的旗号破坏林地湿地资源，全力维护国家森林资源安全。

五要在改善民生上抓落实。就业、收入、住房、社会保障、教育和基础设施，是职工群众最关心、最直接、最现实的利益问题，是林场林区最重要的民生问题。解决这些问题，一方面，要指导督促各地全面落实改善民生的政策措施。加大对民生方面的政策和资金投入，特别要重视解决职工社会保障问题，确保广大职工就业有着落、基本生活有保障。另一方面，要积极协调有关部门，尽快细化支持国有林场和国有林区改革的配套政策，进一步增加资金投入，切实改善林场和林区水电路、住房、社保、通信等基本生产生活条件，让广大职工群众享受到更多的改革红利。

六要在完善制度上抓落实。要与贯彻落实十八届三中、四中全会精神结合起来，着力完善法律法规和各项制度。要成立专门的班子，研究制定《国有林区监督管理条例》《国有林场条例》。要不断创新森林资源管护机制，提高管护效率，确保管护效果。要着力建立健全归属清晰、权责明确、监管有效的森林资源产权制度，建立健全林地保护制度、森林保护制度、森林经营制度、湿地保护制度、自然保护区制度、监督制度和考核制度，着力破解制约国有林场、国有林区发展的体制机制性障碍。

深入学习贯彻落实中央6号文件精神，全面推进国有林场和国有林区改革，是全体务林人特别是国家林业局全体干部职工的一项重大政治任务。我们要认真学习领会习近平总书记重大战略思想和中央6号文件精神，按照"一分部署、九分落实"的要求，讲大局、讲责任、讲担当，切实肩负起全面推进林业改革的重任，以改革任务的顺利完成和改善生态改善民生的显著成效，不断推动中央6号文件"开花结果"，为发展生态林业和民生林业、建设生态文明和美丽中国作出新的更大贡献。

扎实抓好森林防火和林业生产
为建设生态文明创造更好的生态条件

赵树丛

（2015年3月20日）

一、全面加强森林防火工作，严防发生重特大森林火灾

去冬今春，我国主要林区遭遇罕见暖冬，气温偏高、降水偏少，林内可燃物急剧增多，森林火险等级居高不下，防火压力很大。当前，全国气温快速回升，春耕生产和清明、"五一"等节假日即将来临，野外用火明显增多，火源管控难度加大，给森林防火工作带来严峻考验，森林火灾"多点开花"的可能性很大。近日，南非和智利发生的森林大火，造成重大人员伤亡和财产损失，严重威胁城市安全，给我国森林防火工作敲响了警钟。各级森防指和林业部门要保持高度警觉，采取更加有力措施，确保森林防火不出现大的问题。

一要强化责任落实。各地要严格按照行政首长负责制和部门分工责任制的要求，加强领导，落实责任，为森林防火提供坚强组织保障。森防指各成员单位要按照分工，积极完成火灾预防和扑救任务。各林业经营单位要严格遵守防火规定，切实履行主体责任，加强巡山管护，落实防火措施，真正做到林有人护、火有人管、责有人担。国家森防指近日将派出工作组，赴各地对森林防火工作进行督导。

二要加强监测预警。专家预测，3～5月份，我国大兴安岭林区中前期火险等级较高；华北地区大部、西南地区四川和云南大部、西北地区陕西、甘肃和青海大部火险等级偏高；华南、华东、华中等部分地区也可能出现高火险时段。各地要密切关注森林火险变化，加强火险短期预报，及时发布高森林火险预警信号，落实预警响应措施。要抓好应急预案修订和落实工作，做好各项应急准备。

三要狠抓火源管控。坚持关口前移，严密防范，突出抓好野外火源管控。要依法从严审批野外用火，对敏感地区、重点部位和重要设施，增加巡护密度，实行内清外封和严看死守。防火紧要期，要组织人员看山头、查路口、管人头，做到该封的山坚决封住、该禁的火坚决禁止、该管的人坚决管住。清明节前，各地要组织开展一次清火专项行动，集中排查火灾隐患，集中整治野外非法用火行为。

四要快速安全灭火。目前，全国春防租用的89架航空护林飞机已陆续进场到位，总参谋部调派的14架直升机已陆续进驻重点林区，武警森林部队已将85%的兵力靠前驻防到一线。各级森防指要加强值守应急，严格落实领导带班制度，认真做好火灾监测、火情调度等各项工作。要严格执行卫星监测热点两小时反馈和有火必报制度，一旦发生森林火灾，要迅速出击、重兵投入、科学扑救，坚决防止发生大的人员伤亡事故和重特大森林火灾。

五要着力提升能力。抓紧实施全国森林防火中长期规划，加大资金投入，加强林区基础设施和防火物资储备库建设，增加无人机、直升机、以水灭火装备等在森林防火上的应用。建立健全军地联防联动机制，加强专业扑火队伍建设，提高扑救森林火灾的综合能力。根据与武警总部的协商意见，没有森林部队驻防的地方可依托武警部队建立应急扑火队伍，有关地方要主动做好沟通衔接工作。要不断完善森林防火法律法规和工作机制，为提升森林防火能力提供坚实的制度保障。

二、扎实做好春季造林工作，确保完成全年任务

2015年，全国计划完成造林任务9000万亩，退耕还林还草1000万亩，森林抚育1.05亿亩，建设国家储备林基地1000万亩。截至2月底，全国已完成造林947.7万亩。各地要高度重视，继续实施《全国造林绿化规划纲要(2011—2020年)》，着力创新国土绿化体制机制，充分调动各方面造林育林积极性。当前，要加强组织领导和动员部署，广泛开展全民义务植树活动，全面提升义务植树尽责率和成效；深入实施天然林资源保护、新一轮退耕还林、京津风沙源治理、“三北”防护林等重大生态修复工程，加大退化防护林改造力度，努力提高工程建设质量；突出抓好京津冀、“一带一路”、长江经济带等重点地区造林绿化，确保全面完成全年造林绿化任务。要加强林木种苗培育和质量监管，积极推广使用良种壮苗，努力提高造林质量。要进一步加强和规范大树移植管理，科学推进城乡绿化。

在做好森林防火和造林绿化工作的同时，各级林业部门还要认真开展国有林场、国有林区、集体林权制度改革，严格保护林地、森林、湿地和野生动植物资源，大力推进森林经营，切实加强林业有害生物防治和野生动物疫源疫病、沙尘暴监测防控，加快发展木本油料、森林旅游等绿色富民产业。

全国林业系统要认真贯彻本次会议特别是汪洋副总理的重要讲话精神，扎实做好森林防火和林业各项工作，不断提升生态林业民生林业发展水平，为建设生态文明和美丽中国作出新的更大贡献。

落实政策措施　加强资源监管
全面完成国有林场和国有林区改革任务

——在全国国有林场和国有林区改革工作电视电话会议上的讲话

赵树丛

（2015年3月17日）

2月8日，中共中央、国务院印发《国有林场改革方案》和《国有林区改革指导意见》，对国有林场和国有林区改革作出全面部署。全国林业系统将认真贯彻落实中央文件和此次会议精神，采取有力措施，狠抓工作落实，确保全面完成国有林场和国有林区改革任务。

一、精心组织编制改革实施方案

我们将严格按照中央文件精神，坚持生态优先、改善民生的原则，指导各地在今年9月底之前编制完成国有林场和国有林区改革省级实施方案，进一步明确改革的具体任务和主要目标，确保改革方向不走偏、不走样。各地要结合实际，因地制宜，积极探索各具特色的改革模式，确保改革符合基层实际。坚持山水林田湖综合治理，在保护好森林生态系统的同时，对国有林场和国有林区内的各类生态系统进行统一保护和修复，不断提升国有林场和国有林区的整体生态功能。根据国有林场“保护培育森林资源、维护国家生态安全”的功能定位，按照公益性改革方向，界定林场生态责任和保护方式，积极推进政事分开、事企分开。同时创新内部管理机制，切实加强人事、财务和资源管理，全面增强林场发展活力；根据国有林区“发挥生态功能、维护生态安全”的战略定位，逐步推进国有林区政企政事分开，按照“机构只减不增、人员只出不进”的要求，逐步形成精简高效的国有森林资源管理机构。东北、内蒙古重点国有林区要选择不同类型的国有林业局，尽快启动国有林区改革试点。西南、西北等其他森工局、采育场等原则上按《国有林场改革方案》推进改革。

二、切实担当起森林资源监管的责任

严格按照习近平总书记关于"从厘定森林资源总量入手，摘清家底后再启动改革"的要求，把厘定资源资产作为改革的首要任务，全面摸清森林资源以及固定资产、流动资产、无形资产等资产总量，建立明晰的国有资产台账，严格资产管理，严防国有资产流失。切实加强森林资源监管，把林地湿地管理放在更加突出的位置，严厉查处非法侵占林地湿地案件，全力维护国家森林资源安全。不断创新森林资源管护机制，采取行之有效的管护模式，提高管护效率，确保管护效果，凡能通过购买服务方式实现的要面向社会购买。不断创新森林资源监管体制，建立归属清晰、权责明确、监管有效的森林资源产权制度，健全林地保护制度、森林保护制度、森林经营制度、湿地保护制度、自然保护区制度、监督制度和考核制度。我局将认真履行职责，严格国有森林资源监管。

三、逐步停止天然林商业性采伐

天然林是结构最复杂、群落最稳定、生物量最大、生物多样性最丰富、生态功能最强大的陆地生态系统，对维护生态安全、淡水安全、国土安全、物种安全具有特殊功能。习近平总书记明确指出，要全面停止天然林商业性采伐，研究把天保工程范围扩大到全国，争取把所有天然林都保护起来。李克强总理明确要求，要就天然林保护制定细化方案。目前，全国天然林每年采伐量仍然很大，其中国有林区天然林采伐量就达256万立方米。我们将加快制定《全国天然林保护实施意见》，有序停止国有林区和国有林场、集体和个人所有天然林商业性采伐，逐步把全国天然林都保护起来。

四、全面落实各项政策措施

国有林场和国有林区改革涉及林业职工切身利益和国家生态安全，必须全面落实各项政策措施，才能确保改革取得预期成效。我们将通过报纸专栏、政策解读等形式，广泛宣传国有林场和国有林区改革的重要意义和政策措施，打消职工群众顾虑，让广大职工理解改革、参与改革、支持改革。督促各地认真落实改善林区民生的政策措施，让林区职工群众真正从改革中获益，维护林区社会和谐稳定。进一步加强与发展改革、财政、人力资源社会保障、金融、交通运输等部门的协调，从财政投入、金融政策、基础设施建设等方面争取政策扶持，形成改革的强大合力。改革完成后，及时对各省改革成效进行评估验收，确保改革质量经得起历史和人民检验。

在着力抓好国有林场和国有林区改革的同时，我们将创新造林绿化机制，完善政策措施，认真实施《全国造林绿化规划纲要(2011—2020年)》，扎实推进退耕还林还草、防沙治沙、草原生态保护建设等重点生态修复工程，着重做好"一带一路"、京津冀、长江经济带等重点地区造林绿化工作，2015年完成造林9000万亩以上，落实退耕还林还草任务1000万亩，建设国家储备林基地1000万亩，完成森林抚育1.05亿亩，完成种草改良2.29亿亩，禁牧草原15.62亿亩，绿化湖泊库区6.23万亩，绿化江河沿岸6200千米。同时，认真落实森林、草原防火地方行政首长负责制，加强重点地区森林、草原重大有害生物防控，维护国家森林资源安全，巩固造林绿化成果。

总之，我们将认真学习领会习近平总书记、李克强总理重要指示精神，按照党中央、国务院的决策部署，把保生态、保民生放在首要位置，全面落实各项改革任务，充分发挥国有林场和国有林区在维护生态安全中的特殊作用，为建设生态文明和美丽中国、实现中华民族永续发展作出新的更大贡献。

在全国防沙治沙现场经验交流会上的讲话

张建龙

(2015年7月30日)

今年4月，党中央、国务院出台了《关于加快推进生态文明建设的意见》，也就是今年中央12号文件。其中，确定了到2020年全国50%以上可治理沙化土地得到治理的目标。国家林业局决定召开这次会议，就是要深入学习领会习近平总书记系列重要讲话精神，认真贯彻落实中央12号文件精神，研究部署全国防沙治沙工作，确保如期实现2020年防沙治沙目标，为建设生态文明和美丽中国创造更好的生态条件。

恰逢此次会议召开前夕，7月28日，汪洋副总理专程出席了在内蒙古举办的第五届库布其国际沙漠论坛并发表重要讲话。汪洋副总理站在全局的高度，充分肯定了防沙治沙取得的成绩，明确了新的历史条件下防沙治沙的目标任务，提出了新的历史起点上推进防沙治沙工作的大政方针和具体要求。讲话总揽全局，内涵丰富，令人鼓舞，催人奋进，有很强的理论性、战略性和指导性，是指导防沙治沙事业发展的纲领性文件。我们要认真学习，深刻领会并抓好贯彻落实。

这次会议选择在内蒙古召开，有着特殊重要的意义。内蒙古作为我国北方最重要的生态防线，生态区位十分重要。内蒙古是我国沙化土地面积最大、风沙危害最严重、防治任务最艰巨的省份之一，承担了全国40%的沙化土地治理任务。近年来，内蒙古自治区党委、政府高度重视林业改革发展特别是防沙治沙工作，全区年均完成林业生态建设任务1000多万亩，森林覆盖率提高到了21.03%；全区年均治理沙化土地1200多万亩，荒漠化和沙化面积年均减少140万亩和37.6万亩，实现了荒漠化和沙化土地面积持续"双减少"，为三北地区乃至全国防沙治沙树立了榜样。在长期实践中，内蒙古探索出了行政推动、产业带动、政策促动、群众主导、社会参与的防沙治沙机制，成功走出了一条科学治沙、综合治沙、依法治沙的新路子，为全国生态建设提供了示范。大家昨天参观了多伦县的防沙治沙现场，受到了很大的启发和教育。

刚才，张永利同志做了很全面的讲话，我完全赞同，请大家抓好贯彻落实。5 个单位做了典型发言，国家发改委农经司的方言副司长也做了很好的讲话，讲了许多好意见、好经验，值得学习。下面，我强调三点意见：

一、充分认识防沙治沙的重大意义

风沙危害始终是中华民族永续发展的心腹之患，防沙治沙始终是全国生态保护与建设的重中之重。经过半个多世纪的持续奋斗，我国防沙治沙事业取得了显著成效，为减少风沙危害和改善沙区生产生活条件发挥了重要作用。但是，我国仍然是风沙危害最严重的国家之一，与建设生态文明和美丽中国的要求相比，与人民群众对良好生态的需求相比，与实现经济社会可持续发展的目标相比，防沙治沙工作仍然任重道远。党的十八大提出，要大力推进生态文明建设，努力建设美丽中国，实现中华民族永续发展，并明确要求推进荒漠化石漠化综合治理。我们要准确把握防沙治沙的形势和任务，充分认识进一步加强防沙治沙的重大意义，切实增强做好防沙治沙工作的责任感和紧迫感。

第一，防沙治沙是建设生态文明的重大任务。建设生态文明，是关系人民福祉、关乎民族未来的长远大计。土地沙化是当前我国面临的重大生态问题，严重影响人们的生产、生活甚至生存，严重影响经济社会可持续发展，严重影响建设生态文明和美丽中国的进程。没有沙区生态状况的根本改善，就没有全国生态状况的根本好转，建设生态文明和美丽中国的目标就难以全面实现。只有进一步加强防沙治沙工作，保护和改善荒漠生态系统，才能为建设生态文明和美丽中国奠定良好的生态基础。

第二，防沙治沙是改善沙区民生的迫切需要。长期以来，沙区群众饱受风沙危害之苦，生存空间逐步缩小，居住环境日益恶劣，耕地不断退化，沙区民生问题十分突出，成为全面建成小康社会的难点所在。同时，土地沙化严重制约沙区经济社会发展，全国 25% 的国家级贫困县分布在沙区，沙区人均收入远低于全国平均水平。增进沙区民生福祉，减轻全国风沙危害，必须进一步加大防沙治沙力度，尽快改善沙区生态状况和生产生活条件，努力增加沙区群众收入，提高沙区群众生活水平。

第三，防沙治沙是促进区域发展的必然选择。当前，我国正在实施西部大开发、东北老工业基地振兴、京津冀协同发展、“一带一路”、长江经济带等区域发展战略。这些区域荒漠化石漠化危害严重，生态承载力和环境容量低，是与东部等发达地区最大的差距之一，也是制约区域经济社会发展的重要因素。实施区域发展战略，推动区域协调发展，要进一步加大防沙治沙力度，确保在生态建设和保护方面率先取得突破，夯实经济社会可持续发展的生态基础。

第四，防沙治沙是我国林业建设的重要内容。保护和改善荒漠生态系统，是国务院赋予林业部门的重要职责。尤其是到 2020 年，我国森林面积要比 2005 年增加 4000 万公顷、森林蓄积增加 13 亿立方米。实现森林资源“双增”目标，空间和潜力在沙区，重点和难点也在沙区。全国 50 多万平方公里可治理沙化土地中大部分具备造林条件，沙区的宜林地占到全国宜林地的 2/3。目前，蒙、陕、甘、青、宁、新等省区的造林面积已占到全国造林面积的 1/3。今后，我国造林绿化的重心必须向沙区转移，防沙治沙已成为林业建设的一项重大任务。

第五，防沙治沙是提升国际形象的成功实践。荒漠化是全球面临的最严重的生态危机之一，对人类生存发展带来了巨大的威胁和挑战，已成为国际社会共同致力解决的生态问题。我国在防沙治沙领域采取的积极有效行动和取得的伟大成就，已经赢得国际社会的广泛赞誉。许多国际人士指出，世界荒漠化防治看中国。进一步加强防沙治沙，充分发挥在防治荒漠化领域的引领作用，可以彰显我国对全球生态安全和国际生态事务高度负责的大国形象，有效提升我国国际地位，增强在全球生态治理中的话语权。

二、准确把握防沙治沙的关键问题

中央 12 号文件已经明确，到 2020 年 50% 以上的可治理沙化土地得到治理。这既是中央确定的生态文明建设的一个重要目标，更是林业部门必须完成的一项政治任务。要实现这个目标，只剩 5 年多的时间，时间紧、任务重、难度大。各地一定要高度重视，采取有效措施，加快防治步伐，确保如期完成防沙治沙任务。在实际工作中，要准确把握以下几个关键问题。

第一，关于保护优先问题。沙区自然条件更加严酷，生态状况更加脆弱，植被生长更加困难，植被恢复更加不易。沙区现有的林草植被是经过长期奋斗、自然演替形成的，凝聚了几代治沙人的心血和汗水，来之不易，弥足珍贵。要把保护放在更加突出的战略位置，牢固树立保护第一的思想，坚持没有保护就没有发展，保护就是最大的发展、最好的发展的理念。要全面落实荒漠生态保护红线，把所有的荒漠天然植被都保护起来，促进自然植被休养生息。严厉打击沙区毁林开垦、毁林采矿、毁林建设，对破坏沙区植被和生态的违法犯罪行为实行“零容忍”，加大查处力度，严厉惩处违法违规行为，切实保护好沙区的每一寸绿色。

第二，关于科学治沙问题。防沙治沙是一项复杂的系统工程，具有很强的科学性，要更加重视科学治理，牢固树立尊重自然、顺应自然、保护自然的生态文明理念。宜林则林、宜灌则灌、宜草则草、宜荒则荒，坚持自然修复与人工治理相结合，生物措施与工程措施相结合，注重各项措施的配套。要坚持封飞造、乔灌草、带网片相结合，多林种搭配，多树种混交。要积极推广使用先进科技成果和实用技术，不断提高防沙治沙成效。

第三，关于重点突破问题。我国沙化土地面积大、分布广、危害重，防沙治沙必须突出治理重点，把有限的人力、物力、财力集中起来，按照先急后缓、突出重点、注重效益的原则，优先将主要风沙口、沙化扩展的活跃区、风沙源区、沙尘路径区和岩溶地区“一片两江”(滇桂黔片区和长江、珠江)作为重点突破区域，依托现有重点生态工程，重点推进，重点突破。同时，要在重点区域谋划启动一批防沙治沙和石漠化防治重大项目，构筑区域性生态防线，由点到面带动全国沙区和岩溶地区生态状况整体好转。

第四，关于规模治理问题。沙化土地的广域性，决定了防沙治沙没有规模就没有效益，零敲碎打成不了气候。要树立规模化治沙的理念，按流域、按沙带整体推进，推动由分散治理向规模治理转变。要坚持走基地化、规模化的发展道路，整合各种资源，打造一批像多伦这样上规模、高标准的防风固沙林基地，提升治理质量，形成规模效应，让人民群众看到实实在在的治沙成果。“十三五”期间，要努力建成10个百万亩、100个十万亩、1000个万亩的防沙治沙基地。

第五，关于发展沙产业问题。沙区光热资源充足，物种资源多样，土地资源广阔，发展沙产业的潜力巨大。实践证明，发展沙产业，不仅有利于调整沙区产业结构，增加沙区农牧民收入，也有利于“反哺”沙区生态建设，巩固和扩大防沙治沙成果。要在严格保护和有效治理的前提下，着力打造一批特色林果业基地，着力发展精深加工业、能源、沙漠旅游业；着力建设新疆南疆、甘肃河西走廊、宁夏河套平原、内蒙古阿拉善高原、鄂尔多斯高原等一批沙产业带，形成产业集群。要积极培育一批像亿利资源、东达蒙古王等龙头企业，带动沙区优化调整产业结构，提升沙产业的质量和效益，更好地促进农牧民就业增收。

第六，关于全社会参与问题。防沙治沙是一项公益事业，是全社会的共同责任，必须调动一切积极因素、动员全社会力量共同做好这项工作。要高度重视并利用好防治荒漠化协调小组这一平台，加强部门协调，充分发挥各部门作用，形成推进防沙治沙工作的强大合力。林业部门要主动承担职责，加强对防沙治沙的政策研究、宏观指导和组织协调，充分发挥牵头抓总、协调各方的重要作用。要高度重视各种社会力量在防沙治沙中的作用，积极搭建平台、提供服务，引导他们积极参与公益性防沙治沙事业。要充分发挥沙区群众的主体作用，探索深入开展群众性防沙治沙的新机制，鼓励沙区群众积极投身防沙治沙事业，自力更生改善生产生活条件。

第七，关于长期奋斗问题。我国防沙治沙任务十分繁重，同时荒漠生态系统恢复的过程漫长而复杂，这就决定了防沙治沙是一项长期而艰巨的事业，非一朝一夕就能够完成，必须树立坚持不懈、长期奋斗的思想。要像山西右玉县那样十九任县委书记一任接着一任干，使全县森林覆盖率由建国初期不足1%提高到现在的54%。要像多伦县这样十五年常抓不懈，建成百万亩樟子松示范基地。当前，我国防沙治沙进入了“啃硬骨头”的关键阶段，如同逆水行舟，进则全胜，不进则退。各级林业部门决不能有松劲思想，决不能有畏难情绪，决不能有厌战表现，而是要继续发扬坚韧不拔、艰苦奋斗的精神，一张蓝图绘到底，努力实现我国生态良好的奋斗目标。

三、切实加强防沙治沙的组织领导和政策支持

北方沙区和南方石漠化地区是我国当前和今后一个时期扩大森林面积的主战场，也是“十三五”期间生态修复与治理攻坚克难的重点区域，建设任务十分繁重，必须加强组织领导，强化政策支持。要以编制“十三五”规划为契机，按照增加总量、优化存量、用好增量的要求，建立长期稳定的政策支持和资金投入机制，为防沙治沙事业提供有力保障。

（一）加大政府投入力度。“十二五”期间，国家加大了对防沙治沙和石漠化治理的支持，已累计安排资金近200亿元。今后，要继续协调国家有关部门，调整优化林业投资结构，进一步提高营造林投资补助标准，继续加大防沙治沙和石漠化治理投入力度。各地特别是防沙治沙任务重的省份，要认真落实防沙治沙目标责任制，争取地方各级政府加大投入力度，形成多渠道投入、多部门协作、多方面参与的防沙治沙新格局。

（二）统筹用好扶持资金。各级林业部门在安排三北防护林、退耕还林、京津风沙源治理、石漠化综合治理等重大生态修复工程投资和项目时，要继续把防沙治沙和石漠化防治作为主攻方向，进一步突出重点、优化布局，加快建设步伐。要进一步加强资金监管，建立健全资金监管信息平台，管好用好资金，提高资金使用效果。

（三）谋划启动一批重大项目。目前各地和各部门都在编制“十三五”规划，要在认真抓好《全国防沙治沙规划(2011～2020年)》落实的同时，结合“一带一路”、京津冀协同发展、长江经济带建设等国家战略，组织规划首都圈、江河源区、农牧交错带、沙漠绿洲过渡带及铁路公路沿线等重点区域治理项目，并争取纳入国家和地方相关规划和投资计划，尽快启动实施。要进一步完善封禁保护政策，优先将生态区位重要、对周边地区乃至全国生态状况有明显影响、地方积极性高的天然植被分布区、沙漠绿洲过渡带、沙尘源区和生态移民区纳入封禁保护范围，加强立法，跟踪研究，主要依靠自然力促进沙区生态恢复。要切实加强防沙治沙综合示范区建设，深入探索防沙治沙的技术模式、管理体制和政策机制，为推进防沙治沙工作探路示范。

（四）加强防沙治沙制度创新。坚持依法治沙，加快完善防沙治沙法律体系，建立健全防沙治沙目标责任考核奖惩、沙区生态保护红线等制度，探索建立沙化、石漠化土地资产产权制度，制定用途管制办法。推动建立荒漠生态效益补偿制度和防沙治沙奖励补助政策，完善税收减免、金融扶持等政策，提高政策和资金的导向作用。进一步创新防沙治沙投融资机制，在治沙造林、沙漠公园建设等方面探索推广政府与社会资本合作模式，积极引导社会资本投入防沙治沙和石漠化防治，建立健全长期稳定增长的长效投入机制。

（五）加强防沙治沙组织领导。各级林业主管部门要主动向地方党委政府汇报防沙治沙工作，及时反映工作中存在的困难和问题，提出推进工作的意见和建议，当好参谋、助手，赢得重视、支持。要加强林业部门自身能力建设，打造一支作风过硬、勇于吃苦、能打硬仗的治沙队伍。要勤政有为，推动防沙治沙重大决策部署的落实，制定明确分工，确定严格时限，开展专项督查，打通决策落实“最后一公里”，确保各项工作部署落地生根。按照国务院的要求，明年将开展“十二五”防沙治沙目标责任综合考核，各地要高度重视，认真开展自查，对于措施得力、成效突出的，该表彰的表彰，该奖励的奖励，对于工作不力、懒政怠政的，该约谈的约谈，该通报的通报。

同志们，防沙治沙任务艰巨，责任重大，使命光荣。让我们紧密团结在以习近平同志为总书记的党中央周围，深入学习领会习近平总书记系列重要讲话精神，按照协调推进“四个全面”战略布局的要求，解放思想，改革创新，扎实工作，全面开创防沙治沙新局面，努力建设天蓝、地绿、水净的美丽中国，为建设生态文明、实现中华民族伟大复兴的中国梦作出新的贡献。

自觉践行严以修身要求
全面推动林业改革发展

——在党组中心组学习扩大会议上的专题发言

张建龙

（2015 年 7 月 31 日）

按照中央开展“三严三实”专题教育的总体部署，局党组决定围绕严以修身、严以用权、严以律己 3 个专题，分 3 次进行学习研讨，每次请局党组的一位同志作专题发言，与大家一起进行交流。根据这样的安排，第一次学习研讨由我作专题发言。近一段时间来，我就严以修身这个专题作了认真学习和深入思考，重点学习了习近平总书记系列重要讲话精神尤其是关于“三严三实”的要求，并与有关同志进行了研究讨论，形成了一些初步认识。下面，我谈几点学习体会，与大家交流：

一、深刻认识严以修身的本真内涵和重大意义，更加自觉地践行严以修身要求

习近平总书记在“三严三实”要求中明确提出，要严以修身并把它摆在首位，要求各级领导干部加强党性修养，坚定理想信念，提升道德境界，追求高尚情操，远离低级趣味，抵制歪风邪气。这一重要论述，既有深厚的历史底蕴，又有很强的现实针对性，站位很高，用意很深，意义十分重大。

*（一）严以修身的提出，是对中华传统文化的传承和弘扬。*严以修身是中华传统文化的思想精华，是我们为人处世从政坚守的伦理基础。自古以来，中华民族就把严以修身作为立世之基和做人之本，世代相传并不断丰富发展，留下了宝贵的精神财富。无论哪个朝代、哪种学说，虽然对严以修身的释读各有不同，但其核心思想一脉相承，没有本质性的变化。如：在为人处世上，要求“克己复礼”“见贤思齐”“从善如流”“每日三省吾身”“自强不息、厚德载物”等，都强调要克制自己，严格教礼；在从政为官上，要求“慎权、慎独、慎微、慎友”“一身正气、两袖清风”“修身、齐家、治国、平天下”等，都强调修身是从政根本，崇尚清正廉洁、爱国为民。这些思想历经几千年传承和发展，已成为中华民族的主流文化和核心价值，深深根植于炎黄子孙的灵魂和血液之中，在今天仍然深刻地影响着我们的思想和言行。在奋力实现中华民族伟大复兴中国梦的历史时刻，习近平总书记明确提出要严以修身，充分体现了习近平总书记对中华优秀传统文化的强烈传承意识，充分体现了对党员、干部加强自身修养的高度重视。党中央坚持全面从严治党、从严治吏，制定了中央八项规定，把严以修身体现到治国理政、为官从政的方方面面，从中央政治局做起，从领导干部自身做起，从日常工作做起，并要求全体党员领导干部做官先做人，为政先为德，从价值追求、政治品格、做人准则等方面全面加强自身建设。经过近 2 年多的努力，党风政风为之一新，全党全国凝聚力显著增强。我们践行严以修身要求，就是要认真学习经典国学和至理名言等优秀传统文化，善于吸取优秀传统文化的精华，汲取古人智慧，剔除精神污垢，净化思想行为。

*（二）严以修身的提出，是对我们党建设经验的深刻总结。*严以修身是共产党员的政治品格，是我们党立党的政治优势，是我们党强党的有力武器，更是我们党历经各种磨难和风浪考验，保持先进性和纯洁性，夺取一个又一个胜利的重要法宝。共产党的严，是举世公认的严。共产党人的认真，是最讲原则的认真。建党伊始，党就把对党员的要求和党的纪律写入了《党章》。革命时期，无数共产党人怀着崇高理想和追求，抛头颅、洒热血，百折不挠，宁死不屈，为新中国成立献出了宝贵生命。建设时期，无数共产党人舍小家顾大家，有苦先吃，有难先担，公而忘私，任劳任怨，为新中国建设作出了重要贡献。改革开放后，无数共产党人攻坚克难，艰苦探索，锐意进取，奋勇当先，开创了社会主义建设事业新局面。党的十八大以来，以习近平同志为总书记的党中央坚持把严以修身作为共产党人最根本的政治品格，要求全党认真学习《党章》，研究总结中国共产党的历史，胸怀坦荡地带头申报个人重大事项，严格执行各项纪律要求，赢得了广泛的赞誉和支持。在这些基础上，习近平总书记进一步提出严以修身，充分体现了习近平总书记对党的历史经验的深刻认知和准确把握，充分体现了新一届党中央加强党员干部队伍建设，永葆党的先进性和纯洁性的信心和决心。我们践行严以修身要求，就是要大力弘扬党的历史经验，不断自我净化、自我完善、自我革新、自我提高，确保我们党永远走在时代前列，始终成为中国特色社会主义伟大事业的坚强领导核心。

*（三）严以修身的提出，是对解决现实问题的直面回应。*严以修身是领导干部的必备素质，是我们完成历史使命的重要保障。新的历史时期，我们党承担着繁重的任务，面临着一系列突出的问题。如：“四风”问题依然严重，“四大考验”“四大危险”比以往任何时候都更加尖锐地摆在我们面前。同时，协调推进“四个全

面”战略布局，实现“两个一百年”奋斗目标和中华民族伟大复兴的中国梦，任务十分艰巨。党的十八大以来，以习近平同志为总书记的党中央坚持问题导向，以作风建设为突破口，部署开展了党的群众路线教育实践活动和“三严三实”专题教育，驰而不息反对“四风”，深入开展党风廉政建设和反腐败斗争，取得了明显成效。但转变作风没有休止符，从严治党永远在路上。习近平总书记及时提出严以修身，充分体现了习近平总书记敢于直面问题的担当精神，是彻底解决各种问题的重大举措。我们践行严以修身要求，就是要勇于直面各种矛盾和问题，常怀谨慎之心，自划警戒线，自设防火墙，自套紧箍咒，持之以恒改进作风，以更加奋发有为的精神状态，更好地履行共产党人的崇高职责。

（四）严以修身的提出，是对党员干部为官从政的基本要求。纵观历史和现实，有一条铁律：“修身严，则不失其福；修身不严，则不胜其祸”。古往今来，大凡成功者，对自我要求都十分严格。在我们所处的时代，焦裕禄、谷文昌、孔繁森、杨善洲、沈浩等共产党员，从严要求自己，树立起了共产党员的光辉形象，为人民所敬仰。历史上，有的人步入歧途，走了弯路；有的人坠入深渊，身败名裂，甚至葬送了江山社稷，这样的例子不胜枚举，这些人都是从放松自我要求开始的。周永康、薄熙来、徐才厚、令计划、苏荣等人，之所以走到党和人民的对立面，归根结底都是由于修身不严，管不住自己，管不住身边人而引发的。在深刻总结这些惨痛教训的基础上，习近平总书记及时提出严以修身，这是对每一名党员干部做人做事的基本要求，也是党员干部为政做官的基本底线。践行严以修身要求，就是要更加自觉地把改造客观世界与改造主观世界结合起来，把做人与做事结合起来，加强自身修养，加强自我约束，锻造过硬的思想品格，保持健康的工作方式和生活方式，做到坦荡做人、谨慎用权，光明正大、堂堂正正，展现共产党人的人格力量。

二、坚持通过学习教育提升自身修为，牢固树立正确的世界观、人生观和价值观

严以修身，贵在“严”字，重在“修”字，关键在于坚持个人研修与组织教育相结合，持之以恒地强化学习教育，打牢严以修身的思想根基。各级党组织都要在学习教育上下足功夫、花足力气，把严以修身的要求立起来、制度建起来、平台搭起来，让严以修身成为党员干部的自觉养成，更好地以思想自觉引领行动自觉，用行动自觉深化思想自觉。

（一）坚定理想信念，补足精神之钙。理想信念虽然看不见、摸不着，但它决定着人的价值观念、精神状况、行为作风，关系着一个人、一个组织、一个民族的前途命运。习近平总书记多次强调，理想信念就是共产党人精神上的“钙”，理想信念缺失或者动摇，精神上就会“缺钙”，就会得“软骨病”，就会政治上变质、经济上贪婪、道德上堕落、生活上腐化，就会出这样那样的问题。严以修身关键是要深入学习领会习近平总书记系列重要讲话精神，领会核心要义，掌握精神实质，把握贯穿其中的立场、观点、方法，筑牢理想信念之“魂”，始终保持共产党人的价值追求和政治本色。要理论联系实际，以解决问题为导向，不断加深对习近平总书记系列重要讲话精神的理解，加深对我们从事的伟大事业的认知，加强党性修养，坚定理想信念，补足精神之“钙”，矢志不渝地为中国特色社会主义伟大事业而努力奋斗。

（二）强化纪律意识，恪守政治规矩。习近平总书记多次强调，要严明纪律，把守纪律讲规矩摆在更加重要的位置；讲规矩是对党员干部党性的重要考验，是对党员干部对党忠诚度的重要检验。守纪律、讲规矩，是刚性的，必须严格遵守。衡量一个党员干部是否合格，重要一点就是看他能否做到心中有戒，是否自觉地守纪律讲规矩。从现实来看，我们周围仍有少数党员干部不守纪律、不讲规矩，存在纪律不严、规矩淡化的问题。严以修身就是要把守纪律讲规矩作为每一位党员干部的基本要求，通过加强学习教育，不断强化纪律意识、规矩意识，明确言行的基本规范，弄清楚自己该做什么、不该做什么，能做什么、不能做什么。各级党组织都要强化纪律约束，教育引导广大党员、干部做守纪律讲规矩的模范，不仅带头遵守政治纪律、组织纪律、财经纪律；而且要自觉遵守局内各项规章制度，自觉维护局党组的权威，确保党的政治规矩红线不逾越、法纪底线不触碰，确保政令畅通、决即有行、行即有效。

（三）加强品德修养，引领社会新风。美德是严以修身的内核，是思想修养和党性修养的营养之源、力量之源。只有养成高尚的品德，广大党员干部才能具备实现人生价值的情操、修养和人格，才能不断克服困难、抵御诱惑、战胜挫折，在实现中华民族伟大复兴的征途中奋勇前行。严以修身就是要更加自觉地加强品德修养，善于从中华民族的传统美德中汲取营养，并在新的历史条件下发扬光大。要认真学习和实践社会主义核心价值观，追求高尚的人生目标，培养健康的生活情趣，保持严谨的生活作风，坚持从自身做起、从小事做起，在立足岗位、奉献社会、关爱他人的点滴积累中，提升思想境界，完善人格品质，让严以修身成为一种内在追求、自觉行动和生活习惯。要注重学习先进模范人物的优秀品质，善于从他们身上寻找人生真谛，吸取前进力量。

（四）强化职业素养，自觉奉献林业。职业素养是每一个党员干部个人修为的重要内容，严以修身就是要干一行、爱一行、专一行。林业是一项造福人类、荫及子孙的伟大事业，植树造林历来都是一种德行善举之为。当前，党中央、国务院对林业工作高度重视，建设生态文明和美丽中国已经上升为国家战略，林业的使命更加光荣、责任更加重大。广大林业干部职工践行严以修身的要求，就是要时刻牢记职责与使命，以林为业，以林为荣，爱岗敬业，在岗知责，真心热爱林业，甘于奉献林业，以舍我其谁的历史担当，更加自觉地推动林业改革发展，为建设生态文明和美丽中国贡献智慧和力量。

三、用严以修身的实际成效，不断提升干部队伍建设和林业改革发展水平

严以修身的成效如何，最终都要体现在干部队伍建设和林业改革发展的水平上来。要用严以修身的成果推动林业不断发展，以林业改革发展水平检验严以修身的成效，努力打造一支高素质的林业干部队伍。

一要勇于担当。勇于担当是中国共产党人的鲜明政治品格。习近平总书记指出：是否具有担当精神，是否能够忠诚履责、尽心尽责、勇于担责，是检验每一名领导干部身上是否真正体现了共产党人先进性和纯洁性的重要方面。他把自己的执政理念概括为"为人民服务，担当起该担当的责任。"他引用古语说："为官避事平生耻。担当大小，体现着干部的胸怀、勇气、格调，有多大担当才能干多大事业"。当前，党中央、国务院高度重视林业工作，人民群众对良好生态的期盼越来越高，林业改革发展任务十分繁重。林业系统广大党员干部都要勇于担当，进一步增强责任感和使命感，从服务国家大局的战略高度，认真谋划和做好各项林业工作，不辜负时代赋予我们的光荣使命。在重大任务面前，在困难和问题面前，决不能畏首畏尾、临阵退缩，也不能遇到问题绕着走、碰到困难躲着走，而是要有明知山有虎，偏向虎山行，咬定青山不放松的担当精神，迎难而上，善抓敢管，争做敢担当、能担当、善担当的表率。

二要勤奋工作。管好了自己，能够洁身自好、独善其身，但仅仅如此，而为官不为、无所作为也不能叫严以修身。严以修身，关键要体现在勤奋工作、狠抓落实上，体现在推动林业改革发展上。不落实，再好的政策也是一纸空文，再诱人的蓝图也是空中楼阁，再宏伟的目标也难以实现。能不能抓好落实，不仅是思想境界问题，也是个党性原则问题。践行严以修身要求，就是要从改造党员干部主观世界、坚定理想信念、增强内在修为做起，增强大家抓落实的思想自觉和行动自觉，切实改掉对工作不负责任、应付了事、敷衍塞责、办事拖拉等不良现象，在直属机关形成雷厉风行、狠抓落实、善抓落实的良好风尚，切实把各项工作任务完成好、落实好。作为党组书记，我一定带头抓好落实。各位局领导以及各司局各单位主要负责同志都要带头，围绕目标责任谋划、研究、安排、推动各项业务工作；每一位干部职工都要按照职责分工和目标要求，抓好任务落实。一级带一级，一级抓一级，确保各项工作任务尤其是中央和党组的决策部署件件能落实、事事见成效。

三要服务群众。全心全意为人民服务是我们党的根本宗旨，是共产党人的政治宣言。服务群众效果如何，不仅关系到群众生产生活，也关系到党的执政基础和能否长期执政。林业是直接与群众打交道的部门，广大党员干部践行严以修身要求，就是要牢固树立群众观点，坚持走群众路线，依靠群众、为了群众发展林业，确保林业发展成果让群众共享。要心系群众、关心群众，时刻把群众利益作为工作的最高准则，把群众关切的事摆在最重要位置，自觉把人生追求融入到造福群众的不懈努力中去。要把服务群众作为工作的出发点和落脚点，带着深厚感情，多与群众打交道、交朋友，倾听群众的诉求，切实把重心转到基层。要深入调查研究，准确把握基层需求，多出好的惠民政策，多提供优质的服务，切实解决人民群众最关心、最直接、最现实的问题，引导群众参与林业建设，为林业改革发展增添源源不断的动力。

四要提高能力。"士不可以不弘毅，任重而道远"。严以修身关键是要修能力，不断加强学习，增强工作本领。只有能力具备，才能扛得起担子。当前，我国林业建设正处在大有作为的机遇期，林业发展态势良好，但改革发展任务繁重，无论是抓机遇，还是解决问题，都需要有过硬的本领。每一位党员干部都要在严以修身中不断提高素质和能力，才能适应新形势、符合新要求。要勤于学习，善于观大势、谋全局，及时了解国际国内形势的发展变化，在不断变化的大局中抓机遇、求发展，提升林业服务国家大局的能力。要善于积累，注重从实际工作中总结经验，从经验中提炼工作方法，不断提高解决复杂问题的能力。

关于我局的"三严三实"专题教育，局党组已经作出具体安排，目前进展顺利。一是局党组和各司局各单位党组织主要负责同志带头讲了党课，作出了部署。二是开展了全国林业系统党委书记、林业系统纪检监察干部专题培训，建立了山东成山林场党员干部教育培训基地。三是坚持问题导向，查找了干部队伍中存在的4个方面16个不严不实问题，并及时开展了整改工作。下一步，各司局各单位要认真学习贯彻习近平总书记重要讲话精神，按照工作方案，加强组织领导，贯彻从严要求，突出问题导向，抓好学习教育和整改落实，不断强化责任、强化担当、强化纪律，以从严从实作风把专题教育引向深入，实现专题教育与业务工作两手抓、两促进。

振奋精神　狠抓落实
全面完成今年林业改革发展任务

——在全国林业厅局长电视电话会议上的讲话

张建龙

（2015年7月23日）

这次会议的主要任务是：深入学习领会习近平总书记系列重要讲话精神，认真贯彻落实党的十八大和十八届二中、三中、四中全会精神，总结上半年工作，部署下半年工作，确保全面完成全年工作任务，实现"十二五"圆满收官，同时谋划好"十三五"林业发展蓝图。为开好这次会议，国家林业局党组听取了各司局、各单位的汇报。刚才，7个省区作了交流发言，听了很受启发，希望大家认真学习借鉴。下面，我讲三个问题：

一、上半年工作完成情况

上半年，全国林业系统深入学习领会习近平总书记系列重要讲话精神，按照党中央、国务院的决策部署和全国林业厅局长会议的总体安排，全力推进生态林业民生林业建设，各项工作取得了明显成效。

（一）林业改革全面推进。党中央、国务院印发了《国有林场改革方案》和《国有林区改革指导意见》，国务院专门召开电视电话会议进行部署，我局会同国家发改委制定了分工方案，国有林场和国有林区改革正式启动。印发了《国有林场改革试点验收办法》，制定了《国有林场岗位设置管理指导意见》，12个省份制定了国有林场改革实施方案。东北、内蒙古重点国有林区全面停止了天然林商业性采伐，启动了森林资源管理与利用分开试点。国有林场和国有林区道路纳入相关公路网规划，金融机构债务问题正在抓紧解决。集体林权制度改革确定了30个综合改革试验示范区，林业专业合作组织近16万家，经营林地2.4亿亩。累计取消下放行政审批事项42项，占原有总数的43.8%。完成了非行政许可审批事项清理工作，取消下放35项，其余22项调整为内部审批或列入其他行政权力。制定了《规范和改进行政审批工作总体方案》，开展了行政审批中介服务、工商登记前置审批事项、职业资质资格等清理规范工作。参与起草了《生态文明体制改革实施方案》以及党政领导干部生态环境损害责任追究办法与自然资源资产离任审计试点方案，开展了建立国家公园体制试点，启动了林业自然资源资产负债表编制工作。

（二）造林绿化扎实开展。全国共完成造林5437万亩，占全年计划的57%；完成森林抚育6301万亩，占全年计划的60%。成功举办共和国部长义务植树、国际森林日植树等活动，第三届中国绿化博览会筹备工作基本就绪。全国林木种子样品合格率88.3%，苗木合格率91.4%。三北工程新增两个百万亩人工林基地建设项目，启动了退化林分提质性修复试点，完成全年计划任务的78%。长江流域等防护林工程、河北坝上地区退化林分改造试点已完成全年任务。下达退耕还林任务1000万亩，通过签订责任书、召开调度会、建立定期报告制度等措施，大力推进任务落实。京津风沙源治理工程林业建设任务已完成61%，石漠化综合治理工程造林任务全部完成。制订了《国家储备林管理办法》，启动了利用国家开发银行贷款建设国家储备林基地试点，建设国家储备林近600万亩。推动了国有林场场外造林，确定了28家试点示范林场。碳汇造林快速发展，土地利用变化与林业碳汇计量监测试点顺利推进，林业碳汇交易日益活跃。

（三）资源保护力度不断加大。各地加快划定林业生态红线，有的省制定了林业生态红线党政领导干部问责办法。起草了《全国天然林保护实施意见》，完善了天然林保护工程核查指标体系，工程区17.3亿亩森林得到有效保护。开展了第九次全国森林资源连续清查和“十三五”期间年森林采伐限额编制工作，出台了《建设项目使用林地审核审批管理办法》。开展了非法侵占林地清理排查专项行动，共清理排查案件4.8万多起，涉及违法违规占用林地128.5万亩。启动了新一轮古树名木资源普查试点。印发了严格禁止围垦占用湖泊湿地的通知，30处国家湿地公园通过验收。成立了中国湿地保护协会和沿海湿地保护网络，开展了重要湿地健康功能价值评价和泥炭地调查。全国新增湿地保护面积450万亩，恢复湿地22.5万亩。制订了《国家沙化土地封禁保护区管理办法》，推进了沙化土地封禁保护试点和国家沙漠公园试点。

（四）野生动植物保护全面加强。习近平总书记、李克强总理等中央领导同志多次作出重要批示，明确要求加强野生动植物保护工作，有关部门专门制定了分工方案和贯彻措施。组织开展了“眼镜蛇三号行动”，严厉打击野生动植物非法贸易。决定暂停一年进口《濒危野生动植物种国际贸易公约》生效后所获的非洲象牙雕刻品，公开销毁了662千克象牙及其制品，并宣布了加强象等野生动物保护的10项措施。加强了珍稀濒危物种拯救保护，开展了野生动物驯养繁殖单位清理整顿和第二次全国野生动植物资源调查。建立了全国林业自然保护区数据库，与有关部委联合下发了《关于进一步加强涉及自然保护区开发建设活动监督管理的通知》，并开展了专项检查。

（五）森林防火等灾害防控成效明显。全面落实森林防火行政首长负责制，各级领导亲自抓森林防火工作，在重要时段多次对森林防火工作进行部署并加强督促检查。及时发布火险预测预报，严格执行有火必报和热点核查零报告制度。18个省份开展了森林航空消防，共租用飞机108架次，飞行近2300小时。1～6月，全国发生森林火灾2667起，受害森林面积16.3万亩，伤亡26人，分别比去年同期下降21%、39%和74%。完成了《2011—2013年松材线虫病等重大林业有害生物防治目标责任书》履责整改工作，已有21个省份制定了落实国办《关于进一步加强林业有害生物防治工作的意见》的文件，加强了京津冀等区域重大林业有害生物联防联治。全国林业有害生物发生面积1.01亿亩，同比下降4.3%。认真开展陆生野生动物疫源疫病监测防控，妥善应对H5N1高致病性禽流感、大熊猫犬瘟热等16起野生动物疫情。全国共发生沙尘天气11次，次数和强度均低于近14年同期平均值。

（六）林业产业发展势头良好。1～6月，全国林业产业总产值2.39万亿元，同比增长12%，其中第三产业同比增长23.5%；林产品进出口贸易额664亿美元，与去年同期持平。认真落实国办《关于加快木本油料产业发展的意见》，油茶、核桃等木本油料生产基地建设快速推进，启动了第二批国家级核桃示范基地认定。制定了全国集体林地林下经济发展规划和林药林菌发展实施方案，确定了128个林下经济示范基地，开展了非木质林产品认证试点。全国林下经济总产值1943亿元，同比增长15%。完善了国家森林生态产品、林业生态原产地产品认定评定办法，开展了林产品质量提升行动。制定了《森林旅游标准化体系框架》，新增国家级森林公园28处。

（七）依法治林稳步推进。形成了森林法修改稿，野生动物保护法已上报全国人大环资委，种子法修改已经全国人大常委会第一次审议。湿地保护条例立法已与有关部门达成初步共识，退耕还林条例、天然林保护条例、大熊猫保护条例制修订工作稳步推进。共办理林业行政许可事项1945件、行政诉讼应诉案件4件，完成行政复议案10件，制定发布规范性文件9件。开展了林木采伐管理检查、征占用林地行政许可检查、防沙治沙执法年等活动，严厉打击各类违法犯罪活动。全国共办理林业行政案件10.6万起，森林、野生动物等刑事案件1.2万起，有效保护了森林资源。

（八）林业宣传工作深入开展。中央主流媒体刊发林业稿件6300多条（次）。新华社推出了《为了中华民族永续发展——习近平总书记关心生态文明建设纪实》。开展了各类主题宣传活动，围绕国有林场和林区改革、象等野生动植物保护、天然林保护、新一轮退耕还林等重点工作进行了深度报道，对中央6号文件、木本油料产业发展意见等文件进行了解读。发布了全国第四次大熊猫调查结果和生态建设与自然保护情况。协助举办了“森林中国·2014中国生态英雄”大型公益活动。开展了奋斗在林改一线的优秀大学生村官遴选宣传活动，举办了三北工程建设成就展、世界防治荒漠化和干旱日纪念活动。参与举办了生态文明贵阳国际论坛2015年年会。《论生态文明》被评为第二届全国党员教育培训优秀教材，中国林业出版社入选全国农家书屋建设优秀单位。

（九）林业国际合作逐步深化。利用各种多边、双边场合，积极应对国际打击野生动植物非法交易、打击木材非法采伐、应对气候变化等热点敏感问题。参加了联合国森林论坛第11届大会、湿地公约第12届缔约方大会和大森林论坛，推动建立国际森林治理体系。认真谋划第七轮中美战略与经济对话，就林业相关议题开展了对口磋商并取得积极成效。与英国、肯尼亚等国召开了多双边会议，与德国、南非、斐济、斯洛文尼亚、世界自然保护联盟等国家和国际组织签署了合作协议或行动计划。濒危物种进出口管理在便利服务、自身建设等方面取得积极进展。亚太森林组织成立了首届董事会及理事会，《运行章程》已经各方确认，国际化进程明显加快。林业应对气候变化工作稳步推进。荒漠化防治、两个境外林业合作项目分别纳入“一带一路”生态建设总体规划和重大项目库。亚欧林业示范项目进展顺利，林业援外工作全面展开。

（十）林业科技和信息化水平稳步提高。全面梳理了林业科技重大需求，并列入了国家重点研发计划相关专项动议。杨树、竹子、落叶松、牡丹通过科技部专家论证，为纳入国家转基因生物新品种培育重大科技专项迈出重要一步。新批准成立5个工程技术研究中心、2个生物产业基地和3个林产品质量检验检测中心，25个新建生态定位站纳入建设网络。发布了90项林业行业标准，成立了国际标准化组织（ISO）竹藤技术委员会。建立了国家林业科技推广成果库和项目库，加大了科技成果推广转化力度。编印了《生态文明制度构建中的中国森林资源核算研究》。我国森林认证体系获得40多个发达国家认可。印发了林业遗传资源保护与可持续利用行动计划，油茶、核桃等遗传资源调查编目工作进展顺利。开展了第三批林业知识产权试点，加大了植物新品种侵权行为打击力度。编制了林业云、物联网等专项规划，加强了卫星遥感、网络通信等现代信息技术在林业中的应用，“金林工程”、林业电子商务平台等重点项目建设加快推进。启动了第二批全国林业信息化示范市县和首批示范基地建设。中国林业网站群规模继续扩大，智慧化水平稳步提升，访问量近16亿人次。

（十一）政策资金保障能力不断提升。中央林业投入1071亿元，全国共完成林业投资1503亿元。落实国有林区停止天然林商业性采伐试点补助资金15.2亿元、国有林场改革补助资金36.3亿元。提高了国有国家级公益林补偿标准以及天然林保护工程森林管护费和社会保险补助标准，中央财政今年为此新增投入37亿元。下达林业贴息贷款计划290亿元，协调国家开发银行拟发放长期低息贷款，主要用于支持国家储备林建设和木本油料产业发展。安排林业棚户区（危旧房）改造任务7.7万户和中央投资12亿元，累计安排166.5万户和240亿元。中国绿化基金会和中国绿色碳汇基金会募集资金5262万元。修订了7个林业建设项目和工程建设管理规定，开展了资金稽查审计，项目和资金管理水平进一步提高。

（十二）机关队伍建设持续加强。严格落实中央八项规定精神，启动了“三严三实”专题教育，推进了“两转变、两服务”活动，党的群众路线教育实践活动成果不断巩固。成立了国家林业局党建工作领导小组，党建研究会平台作用日益显现。干部人事制度改革稳步推进，机构编制工作更加规范，事业单位分类方案已经确定。印发了《国家林业局干部培训班管理办法》，强化了干部管理监督、教育培训和人才队伍建设。开展了林业站重点工作质量效果跟踪调查，加强了林业站标准化建设和人员培训，全国乡镇林业站保持在2.5万个、11万人左右。认真落实党风廉政建设党委主体责任和纪委监督责任，干部廉洁从政意识明显增强。

二、下半年工作安排意见

下半年工作任务十分繁重，各地各单位要认真贯彻落实今年中央6号文件和12号文件精神，按照全国林业厅局长会议的安排部署，加强组织领导，强化工作措施，明确责任分工，狠抓工作落实，确保全面完成各项工作任务。

（一）全力推进林业改革。国有林场和国有林区改革要完成省级实施方案编制审批工作，明确改革时间表和路线图，争取尽快全面启动改革。国有林区改革方案要全面贯彻中央6号文件精神和汪洋副总理关于“保生存、卸包袱、求发展”的要求。要采取先易后难、逐一解决的方式积极推动改革，着力推进国有林区政企、政事、事企和管办“四分开”，创新森林资源管理体制和监管机制，开展监管机构垂直管理试点，加强森林资源培育和经营，抓好全面停伐后的产业转型，妥善安置林区富余职工，确保职工基本生活有保障、林区社会和谐稳定。国有林场改革要按照功能定位，合理界定国有林场属性，强化森林资源监管，抓好定编定岗、经费保障、富余职工分流安置等工作，完成改革试点验收。集体林权制度改革要争取国务院出台深化改革的文件，稳定家庭承包经营权，规范林权流转，培育新型经营主体，完善社会化服务体系，推动适度规模经营，提升林业发展效益。深化林业行政审批制度改革，再取消下放一批审批事项，对已取消下放审批事项加强监管。认真贯彻落实《生态文明体制改革实施方案》，参与做好自然资源资产产权制度建设、建立国家公园体制试点等工作，推动完善生态文明制度体系。

（二）全面完成造林绿化任务。造林任务已写入今年政府工作报告，是必须完成的硬任务。目前全国还有4000多万亩造林任务没有完成。造林任务比较重的省份，要加强组织领导和督促检查，强化责任落实，重点抓好雨季造林、秋冬季造林和补植补造，推进干旱半干旱地区造林，确保完成全年造林任务。国家林业局将加强调度督导，对造林进度慢、未按计划完成任务的省份进行通报。京津冀地区要大力推进造林绿化工作，确保在生态建设与保护方面率先取得突破。退耕还林要加快进度，同时编制好新一轮退耕还林实施方案，争取扩大退耕还林规模。三北、长江流域等重点防护林体系建设，要抓好退化防护林改造，谋划启动中俄界河、南水北调中线等防护林体系建设工程。全面完成京津风沙源治理工程林业建设任务，抓好沙化土地封禁保护试点。继续做好种苗供应工作，加强种苗市场监管，启动国家林木种质资源设施保存库建设，确保完成1000万亩国家储备林建设任务。抓紧修订《造林绿化规划纲要》，办好第三届中国绿化博览会，发布林业应对气候变化"十三五"行动要点、适应方案和政策与行动白皮书。

（三）着力提升森林资源质量。森林资源质量不高，是我国林业最突出的问题。提高森林资源质量，关键在于加强森林经营。国有林区和国有林场要发挥示范带头作用，东北、内蒙古重点国有林区要以林业局为单位抓紧科学编制森林经营方案，并严格以此开展森林经营活动。完成《全国森林经营规划（2016～2050年）》编制工作，建立国家、省、市、县四级森林经营规划体系。加强森林经营重大问题研究，健全森林经营技术标准体系。推进全国森林经营样板示范基地建设，完成中期评估和成效监测。各地要认真组织开展森林抚育，严格执行相关技术规程，努力提高森林抚育质量。

（四）严格保护林地等林业资源。林地是林业发展的根基，当前林地保护压力日益加大。要完善并严格实施国家、省、县三级林地保护利用规划，推进林地年度变更调查工作，核实划清林地与耕地、草地等土地的界限。强化林地用途管制，严格审核审批建设项目使用林地，加强对临时占用林地的监管，建立恢复林业生产条件验收制度。通报非法侵占林地清理排查专项行动结果，抓好跟踪问责和问题整改。对150个县和东北、内蒙古重点国有林区25个森工局开展森林资源管理检查，强化重大案件查处督办和责任追究。同时，要加强对森林、湿地和沙区植被的保护和管理。抓好天然林保护工程核查、绩效考评和效益监测，推动出台《全国天然林保护实施意见》。强化森林资源监督机制和监督网络建设，继续做好第九次全国森林资源连续清查工作，完成"十三五"森林采伐限额编制和报批工作，开展森林资源政府任期届中调查和"十二五"规划目标考核。推进古树名木资源普查试点，严格管理大树移植行为。抓好湿地保护恢复项目建设，严格保护湿地资源。

（五）切实加强野生动植物保护。习近平总书记明确要求，要抓住当前的有利条件，遵循规律、完善思路、创新举措，把野生动植物保护工作做好。各级林业部门要强化责任意识，加强协调沟通，更为主动做好野生动植物保护工作。要在普遍保护的基础上，加大大熊猫、东北虎豹、亚洲象等重点物种保护力度，争取将更多的珍稀濒危野生动植物纳入保护范围。认真落实象等野生动植物保护工作分工方案和具体措施，争取国务院出台加强野生动植物保护的文件，调整国家重点保护野生动物名录，推动建立国家野生动植物保护联席会议制度，完善部门间执法协调机制。加强野生动植物栖息地保护，强化对9个建立国家公园体制试点省份涉林工作的指导，着手规划建立几个以野生动物类型为主的国家公园，批准建立一批国家级自然保护区、湿地公园、沙漠公园，指定一批国际重要湿地，严肃查处违法开矿、修路、建电站等破坏自然保护区的行为，全面提升自然保护区建设和管理水平。

（六）扎实做好森林火灾等灾害防控工作。要层层落实责任，完善应急预案，提升防控能力，努力减少灾害损失。认真做好森林防火应急值守工作，加强火源管控和检查督导，全面消除火灾隐患。加强森林消防专业队、航空护林站基础设施建设，加大森林火灾综合防控力度。统筹安排森林防火力量，重兵出击，迅速扑救，确保不发生重特大森林火灾。推进林火预警监测、防火通信与信息指挥等项目建设，提升森林防火综合调度能力。修订《森林航空消防管理办法》，加快组建武警森林部队直升机支队飞行二大队，协调做好武警消防应急队组建和装备配备工作。报请国务院同意我局与各省级政府签订2015～2017年重大林业有害生物防治目标责任书，全面落实地方政府防治责任。修订《突发林业有害生物事件处置办法》。加大松材线虫病、美国白蛾、鼠兔害防治督导力度，做好林业有害生物监测普查。继续加强野生动物疫源疫病监测防控，制定突发疫情应急预案。

（七）加快发展林业产业。我国已成为林业产业大国，但产业素质不高，产业结构不合理，必须加快转型升级和提质增效。加强宏观指导和政策扶持，优化发展环境，促进产业龙头化、集群化、特色化、品牌化发展，努力把我国建设成为林业产业强国。要积极发展木本粮油、经济林、森林旅游、竹藤花卉、生物质能源、生物材料等产业，促进传统产业改造升级，抢占新兴产业战略制高点。编制《全国林业产业"十三五"发展规划》和油茶、核桃等专项规划，出台《关于整合和统筹资金支持贫困地区油茶核桃等木本油料产业发展的指导意见》。制定《全国木材经营加工管理办法》，推进产业示范园区、林下经济示范基地、核桃示范基地、森林生态产品体系建设。建设全国重点林产品市场监测预警系统，加强林产品质量监管。抓好标准化示范企业和国家林业重点龙头企业认定工作，成立林业龙头企业联盟。开展林业企业信用评级，办好第八届中国义乌国际森林产品博览会、第二届中国森林食品交易博览会、中原花木交易博览会等林业展会。

（八）高度重视林业宣传工作。要善用各种媒体，更新宣传观念，既坚持正面宣传为主，又敢于主动揭露矛盾和问题，积极回应社会关切，让全社会更好地了解林业。认真开展百家媒体百名记者进林场、青春舞动绿丝路等宣传活动。继续办好《绿色时空》《绿野寻踪》栏目，联合凤凰卫视推出电视专题片《绿色梦》第四季，拍摄制作一批林业和生态文明题材的影视作品。深入推进森林城市创建工作，广泛开展青少年生态文明体验成果展示等活动。推动出版党和国家领导人论生态文明建设和论三北防护林体系建设两本文献，出版《绿水青山——建设美丽中国纪实》《中国湿地资源系列图书》。制定《中国生态文化发展纲要(2016—2020年)》，推进森林文化价值评估研究。组织生态文化村、生态文化示范基地评选和造林绿化评比表彰，办好第四届中国湿地文化节、2015年中国森林旅游节和第七届中国生态文化高峰论坛，认真筹备2016唐山世界园艺博览会。

（九）深入开展国际交流合作。林业国际合作是国家外交的组成部分，也是推动林业发展的重要力量。要主动参与国际林业治理，妥善应对各种涉林敏感问题，学习借鉴国际林业先进理念和经验技术。做好世界林业大会、世界林火大会、世界竹子大会等重要国际会议参会准备工作。科学谋划“一带一路”林业国际合作，推动亚太经合组织林业合作和中国—中东欧林业合作机制建设，办好世界生态系统大会、南非“中国年”活动和第五届库布其国际沙漠论坛。继续推动亚太森林组织国际化，加快推进中美共建中国园、国际竹藤组织青岛科技基地项目建设。加强与非政府组织合作，推动国家林业局加入世界自然保护联盟。抓好欧投行、世行、亚行、GEF等林业项目建设，争取启动一批新的贷款项目。继续做好荒漠化防治、野生动物保护等援外项目建设和培训工作，加快林业“走出去”步伐。

（十）大力加强林业法治建设。着力完善林业法律法规体系，加快推动森林法、野生动物保护法、种子法修订工作，做好湿地、天然林、大熊猫等保护条例的起草和报审工作。印发实施《全面推进林业法治建设的实施意见》。加强执法监管，严厉打击破坏林业资源的违法违规行为。做好规范性文件审查和专项清理工作，坚决杜绝通过文件设定行政审批、限定资质资格、增设中介服务壁垒等做法。认真办理行政复议案件，适应行政诉讼由审查制改为登记制的需要，积极做好行政诉讼应诉工作。加强普法宣传教育，增强林业干部职工和社会公众法律意识和法治观念。

（十一）不断提升科技和信息化水平。科技和信息化是林业现代化的强大动力，也是衡量林业生产力水平的重要指标。要推进林业科技体制改革，加强专项研究和科技攻关，增强林业科技创新能力，抓好成果转化和推广应用，提升林业科技进步贡献率。继续开展林业科技特派员科技创业行动，制定加强林业标准化和科普工作的意见。推进森林认证制度试点，强化林业植物新品种保护。推动现代信息技术与林业深度融合，把信息化贯穿林业建设和管理全过程，全面提升林业信息化水平。推进“金林工程”建设，加快发展林业电子商务，推动重点林产品信息综合服务、质量追溯平台和林业财政专项资金、野生动植物进出口审批等信息系统建设。抓好中国林业网普查，加强网络信息安全和运维保障，推进林业电子政务内网和异地容灾备份建设。

（十二）积极争取政策资金支持。林业发展既要积极争取政府增加投入，建立长期稳定的政策和资金投入机制，又要创新投融资方式，多渠道筹措资金，解决投入不足问题。要保障各项改革顺利推进，完善全面停止天然林商业性采伐补助政策，提高森林管护费和社会保险补助费标准，争取落实富余人员安置、职工提前退休、金融债务化解等政策。提高森林植被恢复费征收标准，出台规范政策性森林保险工作的指导意见。推动建立荒漠生态效益补偿制度和防沙治沙奖励补助政策。统筹安排各类营造林资金，探索差异化营造林投入政策，北方地区要加大人工造林投资力度，逐步提高中央投资补助标准，加快百万亩人工林基地建设；南方地区要将投入重点转移到提质增效上来，增加森林可持续经营投入，加大对混交林培育、储备林建设和退化防护林改造的资金扶持力度。适时改进国家造林生产计划编制方式，探索编制三年滚动营造林生产计划。加快推进林业装备现代化，加大森林防火、林业有害生物防治、基层站所、科研监测、信息化等投入力度，争取开辟国有林区防火道路投资渠道。会同财政部出台林业领域推广政府和社会资本合作(PPP)模式的指导意见，与国家开发银行签署共同推进国家储备林建设、木本油料等重点领域建设合作协议。强化林业资金和项目管理，加大资金稽查监管力度，确保资金安全有效运行。

（十三）全面加强干部队伍建设。加强干部队伍建设，是落实全面从严治党的必然要求，也是推动林业发展的根本保障。要重点抓好“三严三实”专题教育，加强理想信念和党规党纪教育，开展社会主义核心价值观宣讲活动，努力提高党员干部的责任意识、担当意识、法纪意识和工作能力。加强领导班子和干部队伍建设，从严监督管理干部，强化正确用人导向。推进人才库建设和高层次专业技术人才培养引进，出台加快发展林业职业教育的意见，做好干部培训教育工作。探索建立定向招生、合作办校等机制，加大基层专业人才队伍培养力度。制定进一步加强林业工作站建设的意见，稳定基层林业机构队伍，提高公共管理服务能力。全面落实党风廉政建设责任制，持之以恒落实中央八项规定精神，加大违纪违法案件查处力度，为林业改革发展营造风清气正的良好环境。

三、科学谋划“十三五”林业改革发展问题

“十三五”是协调推进“四个全面”战略布局的重要时期，也是林业改革发展的关键阶段。当前，全国正在认真谋划“十三五”发展蓝图。各级林业部门要高度重视，集中力量，认真研究“十三五”林业改革发展问题。力争通过今后五年的努力，如期实现2020年各项林业改革发展目标，进一步提升我国林业现代化水平，为全面建成小康社会、建设生态文明和美丽中国作出新的更大贡献。

（一）深入学习领会习近平总书记系列重要讲话精神。党的十八大以来，习近平总书记关于生态文明建设和林业改革发展的重要讲话、指示、批示达70多次，提出了许多重大战略思想，这是做好各项林业工作的根本指针，我们一定要深入学习、认真落实。一要深入学习领会习近平总书记关于生态文明建设和林业改革发展的重大战略思想。习近平总书记强调：生态兴则文明兴、生态衰则文明衰；保护生态环境就是保护生产力，改善生态环境就是发展生产力；良好生态环境是最公平的公共产品，是最普惠的民生福祉；既要金山银山，又要绿水青山，宁要绿水青山，不要金山银山，绿水青山就是金山银山；环境就是民生，青山就是美丽，蓝天也是幸福。这些重要论述，既有对人类文明发展规律、经济社会发展规律的准确把握，又有对人与自然、生态环境与生产力、保护生态与发展经济之间关系的科学认识，还有对增添民生福祉和实现中华民族永续发展的深谋远虑，我们要认真学习领会，真正做到内化于心、外化于行，成为践行中国特色社会主义生态观的引领者和推动者。二要切实增强推动林业改革发展的责任感和使命感。习近平总书记强调：森林是国家、民族最大的生存资本，是人类生存的根基；林业建设是事关经济社会可持续发展的根本性问题；全面深化林业改革，创新林业治理体系；缺林少绿依然是一个迫切需要解决的重大现实问题，我们必须强化绿色意识，加强生态恢复、生态保护，这是个历史性时刻；为全面建成小康社会、实现中华民族伟大复兴的中国梦不断创造更好的生态条件。这些重要论述，既有对林业地位作用的准确定位，又有对全国生态状况的科学判断，还有对林业改革发展的明确要求。我们要牢记职责使命，勇挑历史重担，把差距当潜力，把压力变动力，全面提升我国林业发展水平。三要用习近平总书记系列重要讲话精神统领林业工作全局。习近平总书记系列重要讲话，是中国特色社会主义理论体系的重要内容，是马克思主义中国化的最新成果。广大林业干部职工要用这些最新理论成果武装头脑，真正把思想和行动统一到讲话精神上来，把各项指示要求落实到实际工作中去，指导和推动我国林业改革发展迈上新的台阶。

（二）准确把握林业形势与任务。当前，我国经济发展进入新常态，生态文明建设进入新阶段，党中央、国务院对林业工作高度重视，社会各界对生态问题日益关注，人民群众对良好生态需求更加迫切，林业改革发展的内外部环境正在发生深刻变化。认真研判和准确把握这些新变化新趋势，对于科学谋划"十三五"乃至今后一个时期的林业工作至关重要。一要认真分析林业发展面临的国际环境。随着生态问题的日益国际化和政治化，重视森林、保护生态已成为国际社会的广泛共识，有的已上升为国家战略，成为综合国力竞争的重要筹码。推进全球生态治理，应对全球气候变化，加强自然生态保护，树立国家良好形象，迫切需要发挥林业的特殊作用。林产品国际市场需求旺盛但竞争激烈，需要我国林业进一步提升参与全球竞争的能力。二要认真分析林业发展面临的国内形势。我国正在协调推进"四个全面"战略布局，全面加强"五大建设"，努力实现"五化"协同发展。要认真分析工业化、城镇化对森林、湿地保护带来的压力，农业人口减少对林业经营主体和经营方式带来的变化。同时，还要认真分析国家财力变化、中央地方事权划分对林业投入的影响，以及充分发挥市场在资源配置中的决定性作用对林业融资带来的机遇。三要认真分析林业发展呈现的内部特征。我国林业正在全面深化改革、加快转型升级，要及时了解林业发展动态，准确把握林业发展规律，增强工作指导的科学性和政策扶持的针对性。如：经济发展新常态下，每年造林应保持什么样的规模，国内木材需求将会发生什么变化，林产品对外贸易将会呈现哪些趋势，林业如何走上创新发展之路，等等。总之，只有密切关注国际国内形势变化和林业自身发展趋势，科学谋划，趋利避害，才能适应新常态、抓住新机遇、实现新发展。

（三）认真研究林业重大问题。当前，我国林业已经进入发展关键期、改革攻坚期、矛盾凸显期，问题无处不在、无时不有。谋划"十三五"林业工作，关键在于坚持问题导向，敢于正视问题，善于发现问题，着力解决问题。一要深入研究林业重大战略问题。习近平总书记指出，森林关系生存安全、淡水安全、国土安全、物种安全、气候安全和国家外交大局。要尽快把林业如何服务这些国家大局研究透，找准林业在全局中的位置，明确政策的切入点和工作的着力点，进一步拓展林业发展空间，更好地体现以生态建设为主的林业发展战略。二要深入研究森林资源培育和保护问题。增加资源总量，提升资源质量，是充分发挥林业多种功能的根本保证。过去很长一段时期，我国森林资源持续快速增长，但是质量效益问题突出，必须把提质增效放在更加重要的位置。既要研究如何保持造林速度，增加森林面积，又要研究如何加大保护力度，巩固造林成果，还要研究如何加强森林经营，提高森林资源质量，探索一条造林、保护、提质并重的发展之路。三要深入研究增强林业发展动力和活力问题。坚持向改革要动力、以创新添活力。要研究如何增加国有林区和国有林场改革动力，通过全面深化改革，使森林资源持续增加、生态产品生产能力持续提高、生态功能持续增强，成为建设生态文明和美丽中国的主力军。集体林业要研究如何通过深化改革，探索形成产权主体明晰、经营形式多样、发展利益共享的集约经营之路。要研究如何通过科技创新、管理创新、经营创新、投资创新，进一步释放林业发展的活力。四要深入研究改善林区生产生活条件问题。林区和林农已成为全面建成小康社会的"短板"，要研究如何优化林业产业结构，加强引导和监管，提升质量和效益，促进职工群众就业增收；如何加强基础设施和装备建设，提升林业现代化水平，确保林区同步全面建成小康社会。

（四）科学编制林业"十三五"规划。"十三五"规划，既是未来五年林业的发展蓝图，又是各项林业工作的行动指南。在全面建成小康社会、实现第一个百年奋斗目标的关键时期，编制好"十三五"规划有着特殊意义。各级林业部门要加强组织领导和统筹协调，集中精干力量，科学编制"十三五"规划。一要坚持服务国家大局，顺应人民群众期待。规划的指导思想、基本原则、目标任务要充分体现国家重大战略需求和人民群众意愿，充分体现林业职能作用和发展规律，做到远近结合、宏观与微观结合。二要紧密结合林业实际，着力解决突出问题。根据林业的新形势新任务，聚焦2020年林业发展目标，找准优势和潜力，合理规划布局，注重补齐"短板"，统筹解决林业的难点问题和薄弱环节，推动林业全面协调发展。三要加强沟通协调，搞好规划衔接。主动协调国家有关部门，争取将林业的重要指标、重点任务和重大工程体现到国家"十三五"规划《纲要》中。要紧紧围绕"一带一路"、长江经济带、京津冀协同发展等国家战略，积极谋划一批关系林业长远发展的重大工程、重大项目、重大政策，确保将林业的发展机遇变成实实在在的发展优势。四要坚持开放民主编制规划，充分发挥专家学者作用。要大胆创新、细心求证，在规划理念、文本框架、主要内容和实施机制等方面大胆创新，广泛听取各方面意见和建议，使规划真正做到耳目一新、实用管用，科学引领林业未来发展。

（五）全力抓好工作部署落实。习近平总书记多次强调，一分部署，九分落实，要发扬钉钉子的精神，切实把工作落到实处。谋划“十三五”林业工作，推动林业改革发展，必须认真践行“三严三实”要求，狠抓工作部署落实。一要振奋精神、勇于担当。面对艰巨繁重的改革发展任务，要牢固树立责任意识，大力弘扬担当精神，人人做到振奋精神、爱岗敬业、勤勉干事。尤其是在各种困难和复杂问题面前，要勇于担当、迎难而上，积极化解矛盾和问题，决不能退避三舍、推诿扯皮、无所作为。二要转变作风、狠抓落实。对定下来的事情，要雷厉风行、说干就干，以抓铁有痕、踏石留印的劲头一抓到底，抓出成效。要加强调查研究，了解基层群众所需所盼，努力为群众办实事、解难事。要完善干部考核评价机制，褒奖和重用狠抓落实、善抓落实的干部，教育和调整只尚空谈、不干实事的干部，问责和惩处弄虚作假、失职渎职的干部。三要突出重点、抓住关键。抓工作决不能眉毛胡子一把抓，而是要突出重点、以点带面。尤其是对中央关于林业的重大决策、重大部署、重大举措和国家林业局确定的重点工作，要坚持一把手亲自抓，明确责任分工，加强督促检查，确保全面贯彻落实。四要协调沟通、形成合力。当前正是“十三五”规划思路的形成期，对于确定未来五年林业的目标任务、政策措施十分关键。各地各单位要主动请示汇报，积极争取党委、政府的重视和支持。要加强与发改、财政等部门的协调沟通，争取更多政策和资金支持，为林业改革发展创造更好的条件。

同志们，做好下半年工作，谋划“十三五”蓝图，责任重大，任务繁重。让我们紧密团结在以习近平同志为总书记的党中央周围，高举中国特色社会主义伟大旗帜，以邓小平理论、“三个代表”重要思想、科学发展观为指导，深入学习领会习近平总书记系列重要讲话精神，认真贯彻落实“四个全面”战略布局，锐意进取，开拓创新，狠抓落实，全面提升林业现代化水平，为全面建成小康社会、实现中华民族伟大复兴中国梦不断创造更好的生态条件。

继续深化集体林权制度改革 全面提升集体林业经营发展水平

——在全国深化集体林权制度改革现场会上的讲话

张建龙

（2015 年 8 月 29 日）

在各项林业改革全面推进的关键时刻，国家林业局决定召开这次现场会议，主要任务是深入学习贯彻习近平总书记“关于绿水青山就是金山银山”等系列重要讲话精神，总结推广浙江等地的典型经验，研究部署继续深化集体林权制度改革工作，全面提升集体林业经营发展水平。上午，我们参观了浦江县 5 个现场，感受了林改带来的巨大变化和取得的可喜成效。下面，我讲三点意见：

一、认真学习借鉴浙江等地的典型经验

近年来，浙江省在完成明晰产权、承包到户改革任务的基础上，继续深化集体林权制度改革，探索建立集体林业新型产权制度、新型经营体系和金融体系，不断完善林业支持保护制度，集体林业发展活力明显增强、经营水平明显提高。全省森林面积、蓄积实现“双增长”，林业发展质量、效益实现“双提高”，2014 年林业产值超过 4000 亿元，用占全国 2% 的林地产出了占全国 8% 的林业产值，许多农户靠森林旅游获得了比砍树高出几倍十几倍甚至几十倍的收入，对“绿水青山就是金山银山”做出了最好的诠释，为全国林业改革发展提供了宝贵经验。

（一）探索林地经营权流转证制度，促进适度规模经营。在产权明晰的基础上，如何实现林业规模经营，全面提高林业经营水平和效益，是深化集体林权制度改革的重大课题。面对过于分散的承包林地和规模经营的现实要求，浙江省龙泉市在全国率先实行林地经营权流转证制度，将林地承包权、经营权分置，给林地流转受让方发放林地经营权流转证。这个流转证，不仅是林权流转关系和权益的有效凭证，而且具有林权抵押、林木采伐等权能，使原来林权流转中遇到的许多问题迎刃而解。这一创新之举，既保障了农民原始承包权益，可防止农民失山失地，又消除了生产经营者的后顾之忧，吸引了工商资本进入林业，促进了适度规模经营，林业经营水平明显提高。全市累计发放林地经营权流转证涉及的林地已达 4 万多亩，实现抵押贷款 5500 多万元。

（二）培育新型经营主体，激发林业发展活力。为解决林地承包到户后，一些地方承包的林地过于分散，林农一家一户经营困难多、不合算，特别是不少林农进程打工、无力经营林业等问题，浙江省通过政策资金扶持、引导林地流转、加强科技信息服务等措施，探索形成了承包经营、股份合作经营、租赁经营、转包互换经营、托管经营等 5 种林地流转模式，培育了专业大户、龙头企业、“林保姆”、股份制家庭林场、林地林木股份合作社等新型林业经营主体，促进了林业生产基地化、规模化、集约化、现代化，建立了新型经营主体与林农紧密联结、互利共赢的利益机制，各方面发展林业的积极因素得到进一步发挥，林业发展活力不断增强。

（三）创新金融服务，破解林业融资难题。林改后农民发展林业的积极性明显提高，但资金投入不足的问题十分突出。针对金融机构对林权资产信任度不高、公益林不能抵押等林业融资难题，浙江省把引导金融资本和社会资本进入林业作为深化改革的切入点，积极推进林业金融创新，探索形成了“缙云林贷通”、云和县村级生态公益林补偿质押基金、龙泉公益林信托收益权担保贷款等贷款模式和金融产品，把活树变成了活钱。其中，云和县村级生态公益林补偿质押基金模式是，先以公益林未来补偿资金入股组成质押担保基金，再由银行向村集体和林农发放质押担保贷款；龙泉公益林信托收益权担保贷款模式是，在不改变林地性质、权属和经营模式的基础上，将信托机制运用于林地收益权和承包经营权流转，林农可以通过信托受益权凭证交易提前变现，也可质押融资。浙江省还建立了用林权资产注册企业合作社的模式，直接将林权资产作为工商注册的认缴资金。这些做法，实现了林权资产的资本化，增加了森林资源的财产属性，拓宽了林业融资渠道。截至2014年底，浙江省林权作价达7.1亿元，累计发放林权抵押贷款172.3亿元，投资林业的非公有制单位8600多家，累计投入近500亿元。

（四）发展绿色富民产业，实现生态保护与经济发展双赢。为在保护好生态的前提下，提升林业发展的经济效益，近年来浙江省坚持依靠好山好水好生态，大力发展森林旅游等绿色产业，真正将绿水青山变成了金山银山，实现了资源保护与农民增收协调发展。丽水市充分发挥森林覆盖率高达80.79%的优势，把生态旅游作为第一支柱产业来培育，全面打造“秀山丽水、养生福地、长寿之乡”的旅游品牌，收到了令人惊喜的成效。2014年，全市旅游总收入达到339.6亿元，占全市GDP的30%以上。安吉县依托丰富的森林和竹林资源，大力发展旅游观光、度假、疗养等木竹生态产业，以全国1%的立竹量创造了占全国20%以上的竹业产值，目前全县林业年产值已超过180亿元。2014年，浙江省森林旅游收入达到681亿元，森林生态服务功能总价值达到4292亿元，人均林业纯收入占到农村居民人均纯收入的17%，重点林区在60%以上，林业对农民增收的贡献率达到22.2%，实现了生态受保护、群众得健康、产业出效益、林农得实惠的多方共赢。

（五）运用现代信息技术，提升林业服务水平。针对林业经营主体多、分布广和公共服务难度大、成本高等情况，浙江省坚持利用现代信息技术提升林业服务水平。全省重点推进服务平台创新和森林品牌创新，加快发展林业电子商务，既为各类林业经营主体提供了快速、便捷的优质服务，又提高了林业发展的信息化水平。目前，全国首批20个淘宝村中，有3个是浙江的林产品主营村，林农足不出户就可将林产品卖到全球。香榧重点产区诸暨市赵家镇，年网上销售“万斤户”达10多家。全省林产品现货电子交易正迅速兴起，已有红木、胶合板等大宗林产品挂牌交易，有效降低了营销成本、产品价格，明显扩大了销售规模。2014年以来，全省已实现林产品电子交易7000多亿元。

这次会议之所以选择在浙江召开，就是要总结学习浙江省的这些重要经验。近年来，其他省区深化集体林权制度改革也有许多好的做法和经验，有的已经在刚才的发言中做了介绍。由于时间关系，我就不再一一重复了。希望大家继续深入交流，认真学习借鉴，大胆探索创新，努力推动集体林权制度改革不断取得新的成效。

二、充分认识深化集体林权制度改革的重大意义

集体林权制度改革是一个不断探索、创新、深化的过程，改革的目的是要充分释放27亿多亩集体林地的巨大潜力，全面提升集体林业经营发展水平，满足经济社会发展和人民群众对林业的多样化需求。明晰产权、承包到户的改革任务完成后，集体林业经营发展又遇到了许多新情况新问题，继续深化集体林权制度改革势在必行。

（一）深化集体林权制度改革是全面推进林业改革的重要内容。当前，我国林业改革已进入了国有林场改革、国有林区改革、集体林权制度改革全面推进的新阶段。集体林业占我国林业的半壁江山，是全国林业建设的重要阵地，与广大农民的利益密切相关。集体林权制度改革作为我国农村改革的重大举措，任务十分艰巨，内容十分丰富，需要不断深化、常抓不懈。目前，这项改革明晰产权、承包到户的任务已经完成，但这仅是万里长征的第一步，决不能认为集体林权制度改革已经差不多了，可以松口气了。承包到户只是落实了集体经济组织成员的林地承包经营权，发展林业还面临着如何科学经营、增强活力、提升效益等问题，深化改革的任务依然十分繁重。解决这些问题，没有现成的“药方”，也没有统一的模式，各地情况千差万别，只有继续深化改革，才能全面提升集体林业发展的质量和效益。

（二）深化集体林权制度改革是推动林业发展的动力源泉。改革是推动事业发展的最大动力，推动林业发展必须全面深化改革。今年中央6号文件已经把国有林场和国有林区的主要功能，定位于保护培育森林资源、发挥生态功能、维护生态安全，这意味着国有林场和国有林区的发展，今后将主要依靠各级政府投入。相对于国有林场和国有林区，集体林业不仅鼓励社会资本进入，而且允许林权流转，是社会参与度最广泛、与市场结合最紧密、亿万农民最关切、林业发展潜力最大的领域，是增强林业发展活力和动力的希望所在。通过深化集体林权制度改革，更好地完善政策措施、活化经营机制，可以充分发挥市场在资源配置中的决定性作用，促进社会资本等各种生产要素向林业聚集，为林业改革发展提供不竭动力。

（三）深化集体林权制度改革是提高林产品供给能力的迫切需要。近年来，虽然我国林业产业快速发展，主要林产品产量持续增加，但仍然难以满足市场的巨大需求。2014年，全国木材需求达5.39亿立方米，其中进口2.59亿立方米，对外依存度高达48.1%。随着各国保护森林资源、限制木材出口的力度不断加大，我国保障木材供给、维护木材安全的任务将会更加艰巨。目前，全国商品材产量中，集体林业已经占据主导地位，2014年71%的商品材来源于集体林业。我国全面停止天然林商业性采伐后，集体林业将要承担更大的林产品供给任务。同时，木本粮油等林产品以其无污染、高营养，名贵中药材、干鲜果品等森林食品以其天然、绿色等独特优势，市场需求与日俱增。深化集体林权制度改革，可以吸引更多社会力量发展森林培育、林下经济、木本粮油、特色经济林等林业产业，有利于全面提升我国林产品供给能力，更好地满足持续增长的林产品市场需求。

（四）深化集体林权制度改革是促进农民就业增收的有效途径。我国集体林大都分布在边远的山区林区，林地是农民主要的生产资料，森林是农民主要的家庭财产，林业是农民主要的就业领域和收入来源。在经济发展新常态下，林业作为生态建设的主体和规模最大的绿色经济体，发展前景更为广阔，不仅成为绿色城镇化的重要支撑，而且成为亿万农民就近就业创业的最好选择。目前，全国林业总产值已达到5.4万亿元，一大批农户走上了致富之路，全国农民来自林业的收入平均已占总收入的17%。特别是林下经济的兴起又为农民开辟了新的致富之路。可以说，发展林业是山区农民脱贫致富的最大希望，也是平原地区农民就业增收的重要领域。深化集体林权制度改革，既可以引导农民自己经营林业，实现发家致富的梦想，也可以通过林地转包、出租、互换、合作等方式，增加财产性收入，推动山区林区与全国同步实现全面建成小康社会的目标。

（五）深化集体林权制度改革是提升林业经营水平的必然选择。相对于林业发达国家，我国林业经营水平明显偏低，其中集体林质量不高、林地产出低的问题尤为突出。总体看，明晰产权、承包到户后，有效调动了农民经营林业的积极性，集体林业经营水平逐步提高。但一些承包农户仍然存在不愿经营、不会经营的问题，林业经营方式普遍粗放、效益低下，有的林地甚至长期闲置，没有发挥应有的效益。解决这些问题，迫切需要深化集体林权制度改革，一方面，要为承包农户经营林业创造更好的条件，支持和帮助他们科学经营林业，提高林地产出效益；另一方面，可以通过林地流转，解决一家一户经营难的问题，实现规模化、标准化、集约化经营，全面提升林业经营发展水平。

三、着力抓好深化集体林权制度改革的主要任务

当前，全国集体林权制度改革已经进入新的阶段。如果说完成明晰产权、承包到户的改革任务，落实了农民的林地承包经营权，解决了产权和公平问题，那么深化集体林权制度改革的主要任务就是创新机制、解决发展问题，全面提升集体林业经营发展水平。今后，继续深化集体林权制度改革，关键要在完善政策、放活经营、强化服务、发展产业、提升效益等方面下功夫、做文章。

（一）探索推行集体林地三权分置。中央明确提出，要坚持农村土地集体所有，实现所有权、承包权、经营权三权分置，引导土地经营权有序流转。这是根据农村经营主体变化、农村土地流转等生产力发展要求作出的适应性调整，也是深化集体林权制度改革的重要内容。实现林地三权分置，核心是要按照产权规律和林业经营特点来分置三权，界定好三权之间的权利关系，落实好三权的具体权能。一是落实集体所有权。农村林地属于农民集体所有，这是农村基本经营制度的“魂”。农村林地集体所有权是林地家庭承包经营权的基础和本位，必须坚持和落实。当前落实农村林地集体所有权主要是落实作为发包方的责任，不能一包了之。对林地承包后承包方不经营或改变林地用途的，发包方有责任加以监管，避免造成闲置浪费和破坏。基层林业主管部门也要督促发包方、承包方按照书面承包合同，落实双方的造林育林、保护管理等责任。二是稳定农户承包权。农户是集体林地承包经营的法定主体，其他任何主体都不能取代农户的林地承包地位。农户通过承包获得林地承包经营权后，依法享有对承包林地占有、使用、收益、流转及林权抵押、担保权利，任何单位和个人都不得剥夺和非法限制农户的林地承包经营权和自主经营权。只有在依法、自愿、有偿的前提下，通过流转林地经营权，才能分置为承包权和经营权，承包权仍归原承包农户，经营权归新的经营主体。这样就既保障了农户承包权长期稳定、长久不变，又可以实现林地多种经营方式共同发展，搞活林地经营，实现“多赢”。三是明确经营权权能。林地承包经营权权能已有明确规定，经营权流转分离出来后，也需要明确经营权权能。这样才能保障经营者的基本权利，让其放心经营、放手经营。经营权权能首先需要通过林权流转合同加以约定，更需要能保障权能实现的相应凭证。浙江省通过对流转取得的林地经营权进行确权登记颁证，发放林权流转证，并赋予流转证按照流转合同约定实现林权抵押、评优示范、享受财政补助、林木采伐和其他行政审批等事项的权益证明功能，破解了一大难题，取得了很好的效果，使承包者、经营者的权利都得到了有效保护。各地要认真学习借鉴，继续探索完善。

（二）积极推进多种形式的适度规模经营。实现适度规模经营是中央确定的基本原则，也是林业发展的必然趋势。要推动家庭经营、集体经营、合作经营、企业经营等多种方式共同发展，引导开展适度规模经营，不断提高劳动生产率、林地产出率和资源利用率。一是鼓励林权流转。当前，全国家庭承包林地18亿多亩，但这部分林地流转率不足2%，与家庭承包耕地30.4%的流转率相比有很大差距。中央已经明确，各地要采取财政奖补、税费减免等措施，引导农户流转承包林地、实现规模经营。江苏、浙江等省的部分县已经实行了林权流转奖补政策，效果很好，各地要积极争取落实这些政策。二是规范林权流转行为。林权是否流转、价格如何确定、形式如何选择，总的原则是由承包农户自主决定，流转收益归原承包农户所有。各地要做好林权流转服务和政策引导，决不能搞强制流转。要依托林权管理服务机构，建立完善多级联网的林权交易服务平台，引导林权有序流转。要建立林权流转市场主体信用监管制度，防止工商资本“下乡圈地”、搞资本炒作，杜绝以林权流转为名搞非林化经营或融资诈骗。三是建立利益共享机制。积极推广收益比例分成或“实物计价、货币结算”方式兑付流转费，激发更多的农户主动参与林权流转。有条件的地方，可以根据农民意愿，组织集中连片承包农户的林权在公开市场上招商引资。鼓励龙头企业与农户或家庭林场或林业合作社以股份式、合作式、托管式、订单式等运作模式建立紧密的利益联结机制，让农民分享产业链增值收益。

（三）吸引各种资本进入林业。当前，我国社会资本充足但很难找到合适的投资领域，发展集体林业迫切需要投入却很难找到资金来源。要通过深化集体林权制度改革，创新机制，完善政策，把财政、工商、金融等各类资金吸引到林业上来，为提升集体林业经营发展水平提供资金保障。一是加大财政资金支持力度。争取财政资金加大对造林、林木良种、森林抚育的投入，各类补贴资金要覆盖到新型林业经营主体。要将木材战略储备林基地建设扩大到集体林区，争取将营造林和林业基础设施建设列入政府和社会资本合作机制(PPP)试点目录。要全面深化育林基金制度改革，降低对木材的征收标准，将国有林场林区的产业收入作为育林基金的主要来源，并建立上缴多、返还多、积累多、弥补生态建设资金严重不足的良性运转机制。要争取建立集体林业大县财政奖励补助政策，加快完善森林生态效益补偿制度。二是引导工商资本投资林业。支持工商资本投资林木良种繁育、高标准设施林业、林下经济等林业产业，开发农村"四荒"资源发展多种经营。充分利用各种平台，加强林业招商引资信息服务，总结推广林权抵资注册制度、林权收储制度和风险担保制度等。三是加大金融扶持力度。林权本身就是最好的金融工具，要建立健全林权收储机制，扩大林权金融功能和规模。积极推进林权收储财政激励机制建设，鼓励企业、合作社为农户提供贷款担保服务。综合运用货币和财税政策工具，引导金融机构完善针对新型林业经营主体的信贷、保险支持机制，针对不同林种、树种的生产周期创新金融产品和服务，逐步建立起适应林业生产特点、经营者愿意借贷、金融机构敢于放贷的林业金融支持体系。

（四）培育壮大新型经营主体。培育新型林业经营主体，是应对山区村庄空心化、林农老龄化、林业经营兼业化的重要举措。各地要高度重视，加强领导，有序推进。一是大力发展家庭林场。抓住国家鼓励大众创业、万众创新的契机，利用好农民工返乡创业政策，培育新型职业林农。要总结典型，争取政策，鼓励发展各类专业大户，重点培育家庭林场，打造农户家庭承包经营的升级版。二是创新集体经营形式。大力发展公司+合作组织+农户、公司+农户股份制等经营形式。认真贯彻落实中央关于健全城乡发展一体化体制机制的有关要求，深入推进均股、均利改革，落实好农户对集体林业资产股份的合法权益，赋予农民更多财产权利。三是加快发展合作经营。深入开展林业专业合作社示范社创建活动，发挥典型示范导向作用。加强合作社征信体系建设，为市场运作和政策扶持提供基础信息支撑。推进合作社能力建设，加强人员培训和人才引进，提高经营管理能力。鼓励组建林业合作社联合社，实现产加销融合发展。四是落实扶持政策。新型林业经营主体与农民都是林业建设主体，财政项目对经过确认经营权的新型林业经营主体要同等对待，优先支持列入示范名录的主体。各级林业部门要主动加强与财政、发改、金融等部门的协调，积极落实产业扶持、财政支持、税收优惠、金融服务等优惠政策，协调出台相关配套措施。

（五）推进绿色富民产业发展。发展集体林业目的是国家得生态，农民得实惠，用老百姓的话说就是"国家要被子，农民要票子"。实现这个目标，必须大力发展绿色富民产业。一是把促进产业发展作为集体林改的重要内容。集体林业既要培育森林资源发挥生态效益，更要把提高经济效益作为主攻方向，把增加林产品供给和农民增收致富作为主要任务。二是大力发展森林旅游业、特色林果业、林下经济等绿色富民产业。近年来，社会对非木质林产品和生态服务的需求快速上升，林下经济发展潜力巨大。各地要看到这一重大需求变化，大力发展林药、林菌、养生休闲、景观利用等绿色产业，实现生态和经济"双赢"。三是完善财政激励机制。林业产业是生态节能产业，是绿色扶贫产业，是可持续发展产业，是一、二、三产业融合发展的产业，发展潜力巨大。各地要争取财政支持，把林业产业纳入促进农民就业增收、山区扶贫开发、节能环保等扶持政策领域，这也是间接的森林生态效益补偿方式。

（六）加强社会化服务体系建设。明晰产权、承包到户后，迫切需要健全社会化服务体系，建立林权收储交易中心、互联网+电商等林产品销售平台，为各类林业生产经营主体提供技术指导、市场信息、法律援助、林产品销售、有害生物防治、森林管护、森林防火、森林经营方案编制等服务，为经营者发展林业创造更好条件。一是了解林农服务需求。真正把林农需求放在第一位，深入基层调研，走村入户摸底，全面了解林农最迫切、最广泛、最便利的服务需求，丰富服务内容，创新服务方式，增强林业服务的针对性和有效性。充分利用现代信息技术，通过网络服务平台、微信公众平台等方式，让林农免费享受点对点的技术和信息服务。鼓励新型经营主体为农户提供技术培训、林权收储担保、森林保险资助等服务。二是强化服务支持。公益性服务要由政府主导并给予财政扶持；经营性服务要实行市场化运作。要通过财政扶持、信贷支持等措施，加快培育林业经营性服务组织，争取开展政府购买林业公益性服务试点，研究提出政府购买社会化服务指导目录。三是加强承包经营纠纷调处。纠纷调处已经成为一项日常性工作，各地要加强县、乡、村林地承包经营纠纷仲裁体系建设。集体林业大县要建立农村林地仲裁委员会，有条件的地方，要建立林业法律援助机制，推进纠纷社会化调处工作制度建设，为维护农民权益、深化集体林权制度改革创造更好条件。

（七）抓好改革试验示范区建设。与明晰产权、承包到户的改革任务相比，深化集体林权制度改革任务更艰巨、情况更复杂，没有统一的模式，有的还需要突破现行的法律法规和政策限制。各地情况千差万别，深化集体林改不能只靠自上而下的行政推动，而要更多地依靠典型示范带动。去年，我们按照中央的部署，启动了林业改革试验示范区建设，就是要鼓励各地不等不靠、大胆探索、先行先试，试点成功后再总结推广。浙江、江西、四川、甘肃等省在这方面已经取得了一些成效。最近，国务院专门就引导农村土地经营权有序流转、发展农业适度规模经营、开展农村承包土地的经营权抵押贷款试点、加快转变农业发展方式等出台了一系列文件，为继续深化集体林权制度改革指明了方向。各地要高度重视，认真学习和准确把握这些文件精神，结合实际，精心抓好林业改革试验示范区建设。重点要在林木采伐管理、公益林流转抵押担保、规范工商资本进入林业、林地承包经营权退出等方面，探索总结出一批可复制、能推广的典型经验，为深入推进全国林业改革发展提供借鉴。

深化集体林权制度改革是一项艰巨而繁重的任务。国家林业局将积极争取国务院尽快出台相关文件，加强顶层设计和指导推动。各地也要积极争取地方政府的支持，精心组织编制深化改革的实施方案，进一步明确深化改革的原则、目标、任务、措施，把集体林权制度改革不断引向深入，为建设生态文明、促进农民增收和全面建成小康社会作出新的更大贡献。

大力推进“互联网+”引领林业现代化

——在第四届全国林业信息化工作会议上的讲话

张建龙

（2015年9月24日）

在国家信息化全面提速、林业改革发展全面深化和总结“十二五”成果、谋划“十三五”蓝图之际，国家林业局召开第四届全国林业信息化工作会议，具有十分重要的意义。会议的主要任务是：贯彻落实党中央、国务院关于信息化的决策部署，认真总结林业信息化工作，科学分析当前面临的新形势，研究部署“十三五”重点任务，大力推进“互联网+”林业建设，全面提升我国林业信息化水平。

刚才，戴道晋副省长和邓三龙厅长介绍了湖南林业特别是信息化建设情况，昨天我又到湖南省林业厅参观考察了信息化工作，湖南省各级林业部门对信息化的思想认识高度统一，将信息化确定为实现林业现代化和绿色湖南的重大举措，坚持集中经费、统一建设、统一管理、统一应用，近年来全省累计投入信息化建设资金6亿多元。加强云计算、物联网、大数据等新一代信息技术与林业核心业务深度融合，建成了林权信息管理系统、林地测土配方系统、林业有害生物监测系统，显著提升了林业现代化水平。对湖南省林业信息化工作可用四句话来评价：一是很振奋，二是眼前一亮，三是看到了希望，四是增强了信心。湖南省给我们提供了可复制、可借鉴的经验。这次会议不仅是一次全国林业信息化工作会议，更是一次林业信息化建设的现场会。希望大家认真学习湖南林业信息化建设的宝贵经验，真正用信息化引领林业现代化。下面，我讲四点意见：

一、认真总结成绩，积极推广“十二五”林业信息化建设成功经验

信息化工作是新兴事业，特别是对林业这种传统行业来说，推动起来难度很大。但是这些年来，特别是“十二五”以来，我国林业信息化全面快速推进，发生了巨大变化，推动林业现代化水平显著提升。

（一）思想认识高度统一，实现了从消极被动到积极主动的重大转变。过去，大部分单位和同志对信息化没有深刻系统的认识，被动应付甚至排斥抵触心理比较普遍。“十二五”以来，国家林业局出台了《全国林业信息化建设纲要》和《中国智慧林业发展指导意见》等顶层设计，连续召开了三届全国林业信息化工作会议进行动员部署，各地各单位也通过各种形式对本地本单位林业信息化工作进行具体部署。全国各地尽管信息化发展有快有慢，水平有高有低，但全系统对信息化是完善林业治理结构、提高林业治理能力重要手段的认识逐步提高，并形成共识，思想认识高度统一，实现了从消极应对到主动作为的重大转变。

（二）各级领导高度重视，实现了从相对落后到部委领先的重大转变。信息化工作是非常重要的基础性工作和实现林业现代化的关键性手段，需要超前谋划、大量投入才能推动起来。领导不重视肯定寸步难行。过去，在人们的眼里，信息化的主要工作就是查网线、修电脑，纯属外围边缘性工作，在行业内外更是默默无闻，无人知晓。“十二五”以来，各级林业部门领导对信息化建设高度重视，带头学、带头用、亲自抓，投入大量资金人力，成立专职管理机构，建立专业技术队伍，拿出得力举措，真抓实干。全国林业信息化创造了多个“第一”，实现了多个“突破”，填补了多项空白，成为国家信息化建设新亮点。林业信息化相继被纳入自然空间信息库、物联网示范、“互联网+”行动、大数据战略、“十三五”政务信息化工程等国家重大工程规划。林业信息化多项成果成为国家信息化优秀案例，数十家部委单位前来参观、调研、学习，成为展示林业形象的新名片。国家林业局政府网在中央部委排名中每年上升一个新台阶，目前已位列第2名，荣获“中国政府网站领先奖”、“中国互联网最具影响力政府网站”等多个奖项，有关成果先后荣获“十佳电子政务效能管理优秀案例”等上百项奖励，林业信息化迈入国家信息化建设的领先行列。

（三）基础保障明显增强，实现了从分散无序到集约统一的重大转变。信息化是高新技术领域，没有专门机构、专业队伍和统一发展规划，很难有大的作为。过去，林业信息化建设各自为政、“烟囱”林立、“孤岛”遍布，信息资源利用效率低下，低水平重复建设等问题屡见不鲜，协同合作障碍重重。“十二五”以来，我们坚持“五个统一”，以整合促进行业共建，以示范带动行业发展，以融合催生行业共享，建成了上下贯通的信息高速公路，建立了集中共享的统一平台，“平台上移、应用下移”、“统一开发、分级部署”、“统一管理、集约建设”深入人心。目前，全国绝大多数省份都建起专职信息化管理机构和专业化信息化队伍，信息化基础设施日趋完备，业务能力不断提高，统一推进、互联互通新局面基本形成。

（四）业务应用全面拓展，实现了从零星应用到全面支撑的重大转变。“十二五”以前，林业信息化处于起步阶段，进展缓慢、零星分布，中央有、地方缺，机关有、林区缺，个别人有、多数人缺，个别单位有、多数单位缺，对于大部分人来说，信息化可有可无、若即若离。“十二五”以来，国家林业局通过制定发展纲要、标准规范和战略规划，开展各层级业务培训、多批次示范建设和多种形式的经验交流活动，在业务层面对全国林业信息化工作进行统筹协调、具体指导。林业信息化发展突飞猛进，日新月异，信息技术已经融合到林业行业的各级部门、各项业务、各个领域，有力提升了林业现代化水平。全国林业信息化思路明确，路径清晰，完成了从边缘辅助到核心业务应用的角色转变，开启了全系统、全方位、全流程支撑林业改革发展的新局面，为下一步全面开展业务应用打下良好基础。

*（五）信息技术深度融合，实现了从数字林业到智慧林业的重大转变。*过去，林业信息化以计算机、互联网等信息技术为主，支撑核心业务的作用有限。“十二五”以来，以云计算、物联网、移动互联网、大数据等为代表的新一代信息技术全面应用，资源监管、生态修复、应急管理、产业提升等支撑林业核心业务的信息系统纷纷建成上线，“一张图”代替了双脚，“卫星遥感”代替了双手，“远程监控”代替了双眼，智慧林场、智慧果园、智慧企业、智慧旅游、网络医院、电商平台等，为林业改革发展注入了新动力，发挥了不可替代的重要作用。仅2014年，全国林产品电商平台销售额就超过1万亿元，成为林业经济的新增长点。

*（六）电子政务高效快捷，实现了从传统管理到网络服务的重大转变。*过去，办文抄抄写写，办会东奔西走，办事跑来跑去，基本还留在纸与笔、铅与火时代，工作量大、效率低、能耗重、成本高。“十二五”以来，各地基本上都实现了办公自动化，机关文件运转由3周减为1周，效率提高两倍；移动办公系统的建立，打破了传统办公方式的时空界限，实现了随时随地办公的新模式；省级以上视频会议每年召开300多次，每年节约会议经费近9000万元；通过网上行政审批平台，以前1周才能办完的事项，现在仅需1天就可在家门口办妥；外网服务平台形成了“纵向到底、横向到边、特色鲜明”、子站超过3000个的站群体系，日均信息发布量100万字，日均访问量100万人次，通过在线访谈、智能问答、建言献策等形式解答社会关注的问题，架起政府与社会公众的沟通桥梁；建设了覆盖微博、微信、微视、移动客户端的林业新媒体，显著扩大了政府与公众的互动交流渠道。办文用内网、办会开视频、办事上外网，已然成为务林人的新习惯，实现了林业部门由传统管理到网络服务的根本转变。

林业信息化成就的取得，是党中央、国务院正确领导的结果，是各有关部门和地方各级领导大力支持的结果，更是各级林业主管部门和全体林业信息化人艰苦努力的结果。在此，我代表国家林业局，向长期以来关心支持参与林业信息化建设的各位领导和各位同志，表示崇高的敬意和衷心的感谢！

二、科学分析形势，准确把握“十三五”林业信息化建设总体思路

当前，全球正快步迈入信息社会，我国正处于全面建成小康社会和现代化建设的关键时期，新一代中央领导集体将“信息化水平大幅提升”纳入全面建成小康社会的重要目标，将信息化建设提升至国家现代化建设的战略高度。习近平总书记指出：“没有网络安全就没有国家安全，没有信息化就没有现代化”。李克强总理指出：“互联网＋”对提升产业乃至国家综合竞争力将发挥关键作用。2015年以来，国务院先后出台《关于积极推进“互联网＋”行动的指导意见》、《促进大数据发展行动纲要》等重要文件，对信息化建设进行了全面布局。

“十三五”是我国现代化建设的关键时期，也是实现林业现代化的重要时期。深化林业改革，加强资源保护，提升质量效益，夯实基础保障，加快推进林业现代化，都必须依靠信息化技术的支撑和引领。湖南等省的实践证明，林业信息化对提升林业管理水平、优化林业资源配置、提高产业经营水平、促进生态文化传播和提高人员素质、推动科技进步等具有关键作用。我国多数林区地处偏远，经济社会欠发达，迫切需要运用互联网思维，创新林业治理理念；迫切需要借助现代信息技术，提高林业治理效率；迫切需要依托信息高速公路，改变林区落后面貌；迫切需要通过多元信息服务，实现产业提质增效；迫切需要实施信息惠民，帮助林农脱贫致富。各级林业部门要结合深化林业改革和创新治理体系的最新要求，顺势而为、借势而上，将“互联网＋”作为推动“十三五”林业改革发展的重大举措，全面提升林业现代化水平。

加快林业信息化发展，既有良好的基础和机遇，但也存在不少突出问题：一是一些地方对推进林业信息化建设的紧迫性和重要性认识还不深刻，有的还认为林业信息化是信息化部门的事。二是部分单位运用现代信息技术的主动性、融合性、创新性还不够，满足于现有的思维方式和工作定式。三是政策措施、资金投入的支持力度不够，复合型人才缺乏，林业信息化水平不均衡，各自为政的现象依然存在。各地各单位对这些问题要高度重视，认真研究解决，倍加珍惜稍纵即逝的发展机遇，倍加珍惜来之不易的建设成果，以“互联网＋”为契机，以引领林业现代化为目标，科学谋划“十三五”林业信息化工作。

根据当前的形势和任务，“十三五”林业信息化工作，要深入贯彻党中央、国务院关于加快信息化建设的系列决策部署，大力推进“互联网＋”林业建设，实现互联网思维、大数据决策、智能型生产、协同化办公、云信息服务，为引领林业现代化做出新贡献。力争到2020年，全国林业信息化率达到80%，其中，国家级林业信息化率达到90%，省级林业信息化率达到80%，市级林业信息化率达到70%，县级林业信息化率达到60%。

互联网思维。互联网时代已经到来，林业工作者要善于运用互联网思维，实现以创新思维谋思路，以融合思维促发展，以用户思维强服务，以协作思维聚力量，以快速思维提效率，以极致思维上水平，敢于打破阻碍，促进开放包容，对全球开放、对未来开放、对全社会开放，完善共建共享的参与机制和创新平台，拓展林业发展空间，拓宽林业投入渠道，让所有关心林业、爱护生态的人都参与到林业现代化建设中来。

大数据决策。以大数据等新一代信息技术为支撑，建立一体化的智慧决策平台，实现林业各类数据信息实时采集、深度挖掘、主体化分析和可视化展现，为林业重大决策提供数据依据和决策模型，及时发现战略性、苗头性和潜在性问题，自动化、智能化分析预判林业各种情况和趋势，提高林业重大决策的科学性、预见性、针对性。

智能型生产。加速新一代信息技术与林业的深度融合，促进理念创新、技术进步、效率提升，推动林业生产转型升级、创新发展。引入O2O、PPP、电商等模式，加速物品、技术、设备、资本、人力等生产要素在产业领域流动，实现各种资源的合理配置和高效利用，让农民足不出户也可知晓市场行情，盘活林业资产，激发林区活力，提高生产效率，提升产品质量，让大众创业、万众创新在林业开花结果，全面提高林业核心竞争力。

协同化办公。按照共建共享、互联互通的原则，打造林业各领域、各环节、各层级智能协同的政务管理信息系统，建立起运转协调、公正透明、廉洁高效的林业管理体系，推进智慧化办公、移动化办公，实现林业全过程信息化管理，进一步提升林业治理能力和治理水平。

云信息服务。充分利用云计算、移动互联网等新一代信息技术，打造中国林业云服务平台，实现各类林业数据高效交换、集中保存、及时更新、协同共享，提供全时空、全媒体林业信息服务，林农、企业、管理部门和社会公众随时随地可云端共享权威、全面、个性化的信息服务，确保优质高效、便捷普惠。

三、抓住关键环节，大力推进"互联网+"林业建设

"十三五"时期林业建设的亮点是推动林业现代化，林业改革发展、资源保护、生态修复、产业发展等都离不开信息化的支撑和引领。林业信息化要融入林业工作全局，"互联网+"要紧贴林业重点工作，"+"林业最需要的内容，"+"惠林富农益民的项目，"+"我们能做到的事情，先易后难，逐步推进。各项规划、任务落实到具体业务部门，服务林业，服务林农。

*(一)依托"互联网+"拓展政务服务，实现林业治理阳光高效。*目前，我国林业政务服务仍然难以满足不断增长的社会需求，迫切需要加快"互联网+"与政府公共服务深度融合，提升林业部门的服务能力和管理水平。要推进政府职能转变，国家林业局25项行政审批明年一律实行网上审批，有关司局单位要加快落实，争取明年上半年全部实现网上审批，严格规范审批程序，明确办理时限，层层落实相关责权。要加快国家林业局办公网升级改造，优化办公平台各应用系统，扩大移动办公应用范围，提高工作效率和政务服务智慧化水平。要持续优化中国林业网站群，进一步扩大站群规模，扩展站群类型，实现林业各级部门和各类核心业务全覆盖。要推进中国林业云创新工程建设，实现站群云服务平台统一建设和管理，核心功能统一开发，数据资源统一管理、开放共享。要打造智慧林业决策平台，通过大数据分析系统，对互联网涉林信息进行态势分析，提升智能决策能力。

(二)依托"互联网+"深化林业改革，实现资源增长林农增收。"十三五"时期是深化集体林权改革、开启国有林场林区改革的关键时期，林业信息化要紧跟林业改革发展，为林业改革发展注入动力。要运用新一代信息技术，厘清资源资产权属等，加快建设国有林场林区统一的数据库和资源资产动态监管系统，为林场林区资源资产监管提供现代信息技术手段和动态数据，实现对森林抚育、资源资产、企业改制的全程监管和绩效考核，确保资源资产只增不减。要建设智慧林区，及时提供各种信息服务，方便林区群众生产生活，为林区职工民生改善提供精准信息服务。要建立全国统一的林权数据库和林权交易平台，引导林权规范有序流转，盘活林地资源，放活林地经营，搞活林业经济。

*(三)依托"互联网+"加强资源监管，实现生态保护无缝连接。*长期以来，林业资源保护压力有增无减，生态破坏容易恢复难，有的资源甚至永远无法恢复，迫切需要利用信息技术，加快建设林业一张图，构建集森林、湿地、沙地和野生动植物资源监管于一体的智慧林业资源监管平台，加强对全国林业资源进行精准定位、精准保护和动态监管，严厉打击毁林占林、滥伐盗采等破坏森林资源的行为，实现国家对林业资源保护和利用的有效监管。要加强智慧野生动植物保护工程建设，建立野生动植物资源监测体系与信息管理平台，提高野生动植物资源监管、保护和利用水平。要开展林业生态监测与评估物联网应用，为林业生态工程建设和管理提供科学依据。要推进林业大数据开发，建立林业大数据分析模型，提升预测预警及宏观决策能力。

*(四)依托"互联网+"开展生态修复，实现生态建设科学有序。*目前一些地方造林质量不高，重栽植轻管护，造林绿化成果难以巩固，迫切需要利用"互联网+"，加快推进造林绿化精细化管理和重点工程核查监督，科学回答"哪里适合造林"、"林子造在哪里"等问题，全面提升生态修复质量。要加快智慧营造林管理系统升级，推广林地测土配方示范应用，实现营造林管理现代化，提高营造林绩效管理水平。要加强智慧林业重点工程建设，实现立项、启动、执行、验收全过程信息化管理，及时准确掌握工程建设现状，提高工作绩效和监管水平。

*(五)依托"互联网+"强化应急管理，实现生态灾害安全可控。*我国是森林火灾、病虫害和沙尘暴灾害多发的国家，生态灾害处置难度大，一旦发生，损失严重，迫切需要利用信息化手段，实现各类信息集中监测管理，加强预警预报和应急指挥，有效防止灾害的发生和蔓延。要打造林业应急感知平台，推广应用"森林眼"等建设成果，实现林业应急指挥监控感知，应急联动，提升应急管理效能和水平。要推进应急监测预警物联网应用，提高综合防控能力和指挥调度能力。要推进林业生态保护北斗示范应用项目，探索形成北斗导航应用新模式，实现国家、省、市、县的多级联动应用。

*(六)依托"互联网+"发展林业产业，实现发展方式转型升级。*随着人们生活水平的快速提高，公众对优质绿色的生态产品的需求日益增加，对森林、湿地等自然美景的向往日趋强烈。要以"互联网+"战略为契机，推动林业产业转型升级，拓宽林产品销售渠道，把优质特色林产品和优质森林旅游产品推向社会大众，既实现林业增收，又惠及社会大众。要建设智慧林业产业培育工程，促进信息技术在林业产业中的应用，积极培育产业新业态。要开展林产品质量安全监管物联网应用，实现采伐、运输、生产、仓储、配送、销售等全过程数据

可追溯、质量可监控、信息可查询。要推广应用林产品交易平台建设成果，为林企林农提供智能、便捷服务，推动服务业转型，培育服务新业态。要加快智慧林业两化融合，全面提高林业生产管理水平及产业竞争力。要建设国际林产品贸易投资平台，加强国家间的林业经济合作与技术交流，提升我国林业国际地位和影响力。要推广应用江西井冈山森林旅游物联网应用示范成果，建设全国森林旅游大数据平台，为公众提供及时有效的森林旅游信息和相关服务。

（七）依托“互联网＋”繁荣生态文化，实现生态事业全民参与。在快速发展的信息时代，弘扬生态文化，迫切需要应用现代信息手段，构建生态文化展示交流平台，加强生态文化传播能力建设，为建设生态文明营造良好的文化氛围。要打造林业全新媒体，在现有“三微一端”的基础上，构建行业微博群、微信群、微视群和移动客户端超市，实现主动推送服务，形成全行业集群化沟通服务新模式。要创新生态文化业态和生态文化传播方式，在在线培训、图书出版、远程教育等方面培育形式多样的新型文化业态，形成全民参与、全民共享的生态文明建设新风尚。要建设智慧林业数字图书馆、博物馆、文化馆等，让人们充分享受林业生态文明成果，汲取林业生态文化营养。

（八）依托“互联网＋”夯实基础条件，实现林业要素融合慧治。加快林业现代化，迫切需要加强林业宽带网络及信息采集、传输体系建设，进一步夯实和提升基础支撑能力。要充分利用国家电子政务网络，加快网络建设，实现林业全行业网络的互通互联。要继续推进机房等基础设施建设，建成林业大数据中心，实现数据大集中。要尽快建设林业数据灾备中心，确保林业信息安全。

四、坚持多措并举，确保全面完成各项任务

从全国总体发展现状看，林业信息化工作目前还处于打好基础、全面起航的阶段，所有工作还在路上。“十三五”期间，全国林业信息化率要达到80%，比现在的62%提高18个百分点，任务十分艰巨。各级林业部门要采取有力措施，齐抓共建，形成合力，确保“互联网＋”林业各项任务圆满完成。

（一）加强组织领导。没有信息化就没有现代化，信息化是林业现代化的核心标志和关键支撑。从明年开始，我局将把信息化率列为考核各地各单位工作业绩的重要指标，落实责任，强力推进，务求实效。各地各单位要运用互联网思维，将信息化作为林业现代化的突破口和切入点，纳入林业中心工作，高度重视，加强领导，统筹安排。林业信息化事关林业发展全局，涉及林业建设各个方面，不能只靠林业信息化部门推动，全行业都要积极参与，心往一处想，劲往一处使，万众一心、齐心协力，将一切有利的资源要素都汇聚到“互联网＋”林业建设上来，形成全面、快速、高效推进林业信息化的态势。

（二）做好顶层设计。加快修订出台“十三五”全国林业信息化发展规划和林业云、物联网、大数据行动计划等顶层设计。各地要结合自身实际情况，制定“十三五”林业信息化发展规划和专项行动计划。要将信息化规划纳入本级林业“十三五”发展规划，推动现代信息技术与林业改革发展深度融合。为确保顶层设计落实到位，国家林业局信息办和各级林业信息化管理机构，要负责全国和各地林业信息化发展的统筹协调、督导考核。公共性、基础性和关键性的信息化项目，由国家林业局信息办和各地林业信息化机构按统一标准，统一组织建设，各地各单位共享使用。各地各单位所有林业信息化项目，在报计财部门审批前要先报本级信息化部门审核同意。

（三）确保资金到位。各级林业部门要将林业信息化投入列入林业建设总体预算内，逐年加大投入比例。在现有林业建设项目总投资中，要确保有一定的资金用于信息化建设。要积极争取国家和地方信息化项目，国家林业局正大力争取“十三五”政务信息化工程、林业大数据工程、林业电子商务平台等重点工程项目，各省级和市县级林业部门也要积极争取地方信息化建设工程项目，进一步争取各级财政资金的支持。要推动相关领域扩大向社会资本开放、向社会购买服务，加快构建政府投资与社会力量广泛参与的信息化资金保障机制。积极创建多种公众参与平台，拓宽投融资渠道，引导社会力量投资林业信息化建设。要提高信息化建设资金使用效率，把好钢用在刀刃上。

（四）坚持统一管理。国家林业局信息办和各地林业信息化部门要对林业信息化工作实行总牵头，负责统一组织、协调、指导、监督、管理林业信息化工作，其他部门要着眼林业现代化建设大局，加强协调配合，摒弃部门利益，拆除“烟囱”壁垒，优化资源配置。要强化统一平台建设，加强信息资源共享，各地各单位除涉密以外，所有信息资源都要放在本级统一平台上共享。强化网络、网站、应用系统的统一运行维护工作，实行运维精细化管理。落实风险评估和等级保护制度，制定和完善信息安全应急预案，提高突发安全事件处置能力。加快林业信息化标准的制修订工作，提高标准化水平。

（五）充实机构队伍。目前，全国有29个省级林业厅局成立了信息化专职管理机构，个别还没有成立的省份要抓紧落实，尽快实现全国省级林业信息化专职管理机构全覆盖。要加快推动市县级林业信息化专门机构建设，林业信息化示范省要率先实现市级、县级信息化专门机构全覆盖。要不断充实信息化队伍，积极争取扩大信息化专职人员，力争省级信息化机构专职人员达到10人，市级5人、县级3人。要加强复合型人才引进和教育培训，提高干部职工信息化意识和信息技术应用能力，适应林业现代化需要。

同志们，做好林业信息化工作，责任重大，使命光荣。让我们紧密团结在以习近平同志为总书记的党中央周围，按照“十三五”确定的工作目标，齐心协力，奋勇拼搏，努力开创林业信息化发展新局面，为推动林业改革发展、实现林业现代化作出新的更大贡献！

在全国林业工作站工作会议上的讲话

张建龙

（2015 年 11 月 19 日）

这次会议的主要任务是：深入贯彻落实党的十八大和十八届三中、四中、五中全会精神，认真学习领会习近平总书记系列重要讲话精神，总结"十二五"林业工作站建设情况，交流各地典型经验，部署"十三五"林业工作站重点工作。刚才，北京、内蒙古、吉林、江西、湖北、四川、新疆等 7 个省份作了典型发言，听了很受启发、很有收获。其他没有发言的省份也有许多好的做法和经验，由于时间关系，今天就不一一讲了，希望各地继续加强交流学习。东生同志代表局党组对"十二五"全国林业工作站工作进行了全面总结，对"十三五"工作作出了安排部署，讲得很好，我完全赞同，请大家抓好落实。下面，我讲几点意见：

林业工作站是我国最基层的林业机构，具有分布广泛、数量众多、与农民联系紧密等特点和优势，承担着政策宣传、资源管护、林政执法、生产组织、科技推广和社会化服务等重要职能，涵盖基层林业工作的各个方面，在我国林业改革发展中发挥着不可替代的重要作用。党和国家历来高度重视林业工作站建设。2003 年党中央、国务院作出的《关于加快林业发展的决定》明确指出，乡镇林业工作站是对林业生产经营实施组织管理的最基层机构。2008 年党中央、国务院出台的《关于全面推进集体林权制度改革的意见》明确要求，加强基层林业工作机构建设，乡镇林业工作站经费纳入地方财政预算。近年来，各地认真贯彻落实中央的决策部署，相继出台了一系列加强林业工作站建设的政策措施，有力地推动了林业工作站的改革发展稳定。目前，我国基本形成了国家、省、市、县四级林业工作站管理体系，林业工作站达 2.5 万多个，覆盖 92% 的乡镇。林业工作站广大干部职工长期扎根基层一线，认真履职尽责，在林业改革、造林绿化、资源管理、护林防火和服务群众等方面做了大量卓有成效的工作，为推动林业改革发展、促进地方经济社会发展作出了重要贡献。

党的十八大以来，党中央、国务院对生态文明建设和林业改革发展高度重视，把林业工作摆到了前所未有的战略高度。据不完全统计，习近平总书记这方面的重要讲话和指示批示达 100 多次。他强调，森林是陆地生态的主体，是国家、民族最大的生存资本，是人类生存的根基，关系生存安全、淡水安全、国土安全、物种安全、气候安全和国家外交大局；林业建设是事关经济社会可持续发展的根本性问题；我国仍然是一个缺林少绿、生态脆弱的国家，造林绿化、改善生态任重而道远，要保护好每一寸绿色，林业要为建设生态文明和美丽中国创造更好的生态条件。十八届五中全会把绿色发展作为五大发展理念之一，强调要坚持绿色富国、绿色惠民，促进人与自然和谐共生，并明确要求，开展大规模国土绿化行动，加强林业重点工程建设，全面停止天然林商业性采伐，支持森林城市建设，推进荒漠化石漠化综合治理，筑牢生态安全屏障。这些重大举措，既为我国林业改革发展指明了方向，更对林业工作提出了新的更高要求。

当前，全国林业系统正在按照党中央、国务院的决策部署，紧紧围绕建设生态文明和全面建成小康社会等国家大局，全力推进林业现代化建设，林业改革、资源保护、生态治理、绿色惠民的任务十分繁重。林业工作站处在林业经营管理第一线，是林业治理体系的最末端，体现林业治理能力最直接，对基层情况最熟悉，对林农需求最了解。只有充分发挥林业工作站强大的组织优势、丰富的实践优势、实用的技术优势，全面完成林业改革发展任务才会有坚实保障。但是，当前我国林业工作站还存在机构队伍不稳、管理体制不顺、装备设施落后、服务能力偏弱等问题，与承担的繁重任务要求不适应，难以满足林业改革发展和广大林农群众的现实需求。面对新形势新任务，林业工作站建设只能加强，不能削弱。各级林业部门要充分认识加强林业工作站建设的极端重要性和现实紧迫性，认真贯彻落实前不久国家林业局出台的《林业工作站管理办法》和《关于进一步加强乡镇林业工作站建设的意见》，全面提升林业工作站管理和服务水平，为加快推进我国林业现代化建设发挥更大的作用。

第一，严格资源管理。当前，我国林地、湿地等资源保护管理面临的压力前所未有。林业工作站处在资源保护管理的最前沿，承担着资源管护、林政执法等重要职责，必须牢固树立保护优先、护林有责的观念，勇于担当，严格执法，采取一切有效措施，坚决守住管好各种资源，努力维护国家生态安全。一要强化采伐监管。严格按照采伐限额，依法协助做好林木采伐审核审批。大力推行采伐公示制度，依法保障中小经营者和林农平等获得采伐权利。要减少中间环节，简化申报手续和审批程序，方便林农群众。在指标安排上，要优先考虑森林抚育间伐和工业原料林采伐需求。要处理好监管与服务的关系，将审批监管寓于优质服务之中，坚决杜绝吃拿卡要行为，积极维护林业部门形象。二要依法保护资源。严格执行林地用途管制制度，提高林地利用水平，尽量减少林地征占用数量，防止林地蚕食或流失。探索开展森林保护工作的有效机制，加强执法和监督，依法严厉打击毁林开垦、乱砍滥伐、乱捕滥猎等破坏林地、湿地和野生动植物资源的违法犯罪行为。加强护林员队伍的指导和管理，充分调动他们保护和管理森林资源的积极性。三要加强灾害防控。着力提升防治和应急处置能力，帮助林农切实解决森林防火、林业有害生物防治等"一家一户办不了、也办不好的事"，有效保护森林资源，降低林农发展林业的灾害风险。

第二，抓好造林绿化。"十三五"时期，我国将开展大规模国土绿化行动。但是，现阶段宜林地越来越少，造林成本越来越高，造林主体发生了很大变化，营造林难度越来越大，造林绿化任务繁重而艰巨。林业工作站要充分发挥熟悉林情、地情、民情和掌握技术等优势，当好造林绿化的"排头兵"，组织好、实施好、监管好造林绿化工作，确保如期完成造林绿化任务。一要广泛宣传发动。积极宣传国家造林政策，广泛宣讲义务植树的法定性、公益性、义务性，让社会各行各业和广大人民群众充分了解造林绿化的重大意义，进一步调动全社会造林绿化的自觉性和积极性，主动参与到造林绿化事业中来。二要扎实推进林业重点工程。紧紧围绕新一轮退耕还林、天然林保护等重点生态工程，围绕美丽乡村建设、森林城市建设等重大建设行动，因地制宜地落实规划任务，切实加强造林组织指导，确保各项生态建设工程和造林绿化任务真正落地生根。三要加强造林管理。搞好宜林地资源调查摸底，做好造林作业设计，做到科学造林。加强造林整地质量监督检查，确保技术、规格、质量到位。做好林木种苗与造林的衔接，把好林木种苗关，加强幼林管护，提高造林成活率、保存率，保障造林绿化的质量和效益。

第三，提升服务水平。随着集体林权制度改革的不断深化，林农更加需要林权流转、规模经营、市场信息、实用技术等方面的服务。林业工作站要进一步强化公共服务职能，尽力为林业经营者提供便捷高效优质的服务。一要丰富服务内容。加强对林农的全方位指导和服务，既要提供技术培训、市场信息、法律咨询等服务，又要从有害生物防治、森林防火等方面为林农提供有力保障，帮助其通过发展林业实现发家致富的愿望，增强经营保护森林资源的积极性。二要创新服务方式。大力培育各类经营性服务组织，积极发展种苗繁育、统防统治、测土配方等林业生产性服务业。大力发展林产品电子商务等现代流通服务业，加快构建公益性和经营性相结合、专业服务与综合服务相协调的新型林业社会化服务体系。要积极培育林业新型经营主体，通过他们为农户提供技术培训、林权收储担保、森林保险资助等综合服务。三要提升服务质量。要进村入户，加强调查研究，及时发现并帮助解决各种困难和问题，为林农发展林业提供有力帮助。要前移和延伸服务关口，积极推行"一站式""全程代理"等便民服务模式，提高办事效率和服务质量。要经常开展送科技下乡活动和实用技术培训，尽快提高林农经营林业的水平。

第四，保持机构稳定。稳定的基层林业机构是全面完成林业改革发展任务的根本保障。目前，一些地方在撤乡并镇和乡镇机构改革中，部分林业工作站被撤并，导致人才和设备流失，对林业改革发展十分不利。各地要高度关注，主动谋划，积极作为，全力稳定机构和队伍，绝不能简单地一撤了之或者一并了之。一要完善机构体系。省市县各级林业主管部门能单独设立林业工作站专门管理机构的要尽快挂牌，明确人员和职能；单独设立专门管理机构有困难的，可以加挂林业工作站管理机构的牌子，进一步强化国家、省、市、县四级林业工作站管理体系。要积极推行乡镇林业工作站由县级林业主管部门垂直管理和县乡共管的模式，积极理顺林业工作站管理体制。二要科学设置机构。在确保现有林业工作站机构总体稳定的基础上，要按照有利于林业改革发展和乡镇全覆盖的基本要求，在需要建立林业工作站的地方尽快建立，特别是一些生态保护和建设任务重的地方，要想方设法独立建站。对于难以单独设站的地方，可设置跨乡镇的区域林业工作站。对于一些不得不合并的，也要加大协调力度，争取保留林业工作站职能，绝对不能无站无人无职能。三要立法固定机构。近期，我局审议修订了《林业工作站管理办法》，并在《森林法》修订稿中增加了林业工作站的内容。各地要积极学习借鉴吉林、江西等省的做法，在地方人大和政府出台的有关法规中明确林业工作站的职能职责，通过法律法规的形式把林业工作站固定下来。

第五，强化队伍建设。全国林业工作站有 13 万多名干部职工，占全国林业机关和事业单位总人数的五分之一。但是，由于林业工作站大都地处偏远，加之工资待遇低，普遍存在人才招不来留不住、现有人员年龄偏大、知识老化等问题，迫切需要尽快加以改善。一要改善人才结构。通过公开招聘、按岗聘用、合同管理等方式，把符合需要的人才招聘进来，把愿意投身基层的人员培养起来，把有真才实学的技术骨干选拔出来，不断为林业工作站注入新鲜血液。要参照支持西部和艰苦边远地区发展政策，大力引进林业工作站亟须的管理和技术人才。二要活化用人机制。积极落实职级晋升、工资待遇和社会保障等优惠政策，建立适合管理人员、专业技术人员和工勤技能人员特点的岗位设置管理制度，探索形成以人为本、拴心留人、鼓励创新的长效机制。三要提升队伍素质。紧紧围绕林业工作站的中心任务，制定针对性、实用性、专业性强的培训规划，加强业务技能和综合素质培训，努力建设一支政治强、业务精、作风硬、服务好的高素质干部队伍。

第六，改善工作条件。目前，基层林业工作站的工作和生活条件普遍较差，有的甚至还住在六七十年代建的危房中，极大地影响了林业工作站职能的发挥和人员的稳定。一要改善硬件条件。按照"国家补助一点、地方拿出一点、自身挤出一点"的方式多渠道筹措资金，加快林业工作站标准化建设，优先解决好业务用房、办公设备、交通工具等最急需的问题。在这方面，各地要向新疆学习。新疆地处西北，经济欠发达，他们能做到的，其他省份努努力也应该能做到。二要改善装备手段。配齐林业科技推广、调查设计、护林防火、野生动植物疫病防控，以及林产品质量检验检测、送科技下乡等社会化服务所需的技术装备和书籍资料，保障业务工作正常开展。三要提升信息化水平。加快推进"互联网+政务""互联网+服务"建设，鼓励互联网企业研发面向基层、面向大众的林业工作站管理、培训、服务等信息化平台，推广成熟的物联网应用模式。支持研发推广一批实用信息技术和产品，提高林业智能化和精准化水平。

第七，加强组织领导。各级领导干部要把林业工作站建设摆上重要议事日程，特别是"一把手"要亲自部署，亲自协调，力争通过不懈努力，切实解决影响林业工作站发展的系列难题。一要强化宏观指导。国家林业局将对各地贯彻落实《林业工作站管理办法》和《关于进一步加强乡镇林业工作站建设的意见》情况进行监督检查，实施省级林业工作站重点工作质量效果跟踪调查，定期通报工作进展，对做得好的省份将给予更大支持。各相关部门和单位要结合各自职能，积极支持和推动林业工作站工作，为林业工作站履职尽责提供更好的条件。二要加大投入力度。全面落实中央关于“乡镇林业工作站经费纳入地方财政预算”的要求，积极推动林业工作站人员经费全额纳入同级地方财政预算，并确保及时、足额到位。各地要按照事权划分的原则，积极争取地方党委政府和有关部门进一步加大财政投入力度，努力建立稳定的林业工作站经费保障机制。要学习借鉴福建、广西等地的做法，积极拓展资金渠道，专门安排资金用于林业工作站建设和运行。三要完善保障政策。各级林业部门要加快制定林业工作站建设发展规划，并纳入本级林业改革发展同步规划、同步实施。要协调并推进当地政府参照艰苦边远地区津贴标准，逐步提高林业工作站职工待遇。要积极争取适当放宽林业工作站专业技术人员职称评聘条件，并在高级岗位设置数量上予以倾斜。要积极配合推进事业单位分类改革，争取最有利于林业工作站职能作用发挥的分类方向，进一步明确林业工作站的公益属性。

同志们，加强林业工作站建设，事关生态建设大局，事关林业长远发展，意义重大，任务艰巨。各省区市要向党委、政府及时汇报本次会议精神，认真传达学习和全面贯彻落实各项工作部署，切实建设好、使用好、保障好这支林业建设的重要力量，为维护生态安全、推动绿色发展、全面建成小康社会作出新的更大贡献。

部门规章

国家林业局令

第35号

《建设项目使用林地审核审批管理办法》已经2015年2月15日国家林业局局务会议审议通过，现予公布，自2015年5月1日起施行。

国家林业局局长　赵树丛

2015年3月31日

建设项目使用林地审核审批管理办法

第一条　为了规范建设项目使用林地审核和审批，严格保护和合理利用林地，促进生态林业和民生林业发展，根据《中华人民共和国森林法》《中华人民共和国行政许可法》《中华人民共和国森林法实施条例》，制定本办法。

第二条　本办法所称建设项目使用林地，是指在林地上建造永久性、临时性的建筑物、构筑物，以及其他改变林地用途的建设行为。包括：

（一）进行勘查、开采矿藏和各项建设工程占用林地。

（二）建设项目临时占用林地。

（三）森林经营单位在所经营的林地范围内修筑直接为林业生产服务的工程设施占用林地。

第三条　建设项目应当不占或者少占林地，必须使用林地的，应当符合林地保护利用规划，合理和节约集约利用林地。

建设项目使用林地实行总量控制和定额管理。

建设项目限制使用生态区位重要和生态脆弱地区的林地，限制使用天然林和单位面积蓄积量高的林地，限制经营性建设项目使用林地。

第四条　占用和临时占用林地的建设项目应当遵守林地分级管理的规定：

（一）各类建设项目不得使用Ⅰ级保护林地。

（二）国务院批准、同意的建设项目，国务院有关部门和省级人民政府及其有关部门批准的基础设施、公共事业、民生建设项目，可以使用Ⅱ级及其以下保护林地。

（三）国防、外交建设项目，可以使用Ⅱ级及其以下保护林地。

（四）县（市、区）和设区的市、自治州人民政府及其有关部门批准的基础设施、公共事业、民生建设项目，可以使用Ⅱ级及其以下保护林地。

（五）战略性新兴产业项目、勘查项目、大中型矿山、符合相关旅游规划的生态旅游开发项目，可以使用Ⅱ级及其以下保护林地。其他工矿、仓储建设项目和符合规划的经营性项目，可以使用Ⅲ级及其以下保护林地。

（六）符合城镇规划的建设项目和符合乡村规划的建设项目，可以使用Ⅱ级及其以下保护林地。

（七）符合自然保护区、森林公园、湿地公园、风景名胜区等规划的建设项目，可以使用自然保护区、森林公园、湿地公园、风景名胜区范围内Ⅱ级及其以下保护林地。

（八）公路、铁路、通讯、电力、油气管线等线性工程和水利水电、航道工程等建设项目配套的采石（沙）场、取土场使用林地按照主体建设项目使用林地范围执行，但不得使用Ⅱ级保护林地中的有林地。其中，在国务院确定的国家所有的重点林区(以下简称重点国有林区)内，不得使用Ⅲ级以上保护林地中的有林地。

(九)上述建设项目以外的其他建设项目可以使用Ⅳ级保护林地。

本条第一款第(二)、(三)、(七)项以外的建设项目使用林地，不得使用一级国家级公益林地。

国家林业局根据特殊情况对具体建设项目使用林地另有规定的，从其规定。

第五条 建设项目占用林地的审核权限，按照《中华人民共和国森林法实施条例》的有关规定执行。

建设项目占用林地，经林业主管部门审核同意后，建设单位和个人应当依照法律法规的规定办理建设用地审批手续。

第六条 建设项目临时占用林地和森林经营单位在所经营的林地范围内修筑直接为林业生产服务的工程设施占用林地的审批权限，由县级以上地方人民政府林业主管部门按照省、自治区、直辖市有关规定办理。其中，重点国有林区内的建设项目，由省级林业主管部门审批。

第七条 占用林地和临时占用林地的用地单位或者个人提出使用林地申请，应当填写《使用林地申请表》，同时提供下列材料：

(一)用地单位的资质证明或者个人的身份证明。

(二)建设项目有关批准文件。包括：可行性研究报告批复、核准批复、备案确认文件、勘查许可证、采矿许可证、项目初步设计等批准文件；属于批次用地项目，提供经有关人民政府同意的批次用地说明书并附规划图。

(三)拟使用林地的有关材料。包括：林地权属证书、林地权属证书明细表或者林地证明；属于临时占用林地的，提供用地单位与被使用林地的单位、农村集体经济组织或者个人签订的使用林地补偿协议或者其他补偿证明材料；涉及使用国有林场等国有林业企事业单位经营的国有林地，提供其所属主管部门的意见材料及用地单位与其签订的使用林地补偿协议；属于符合自然保护区、森林公园、湿地公园、风景名胜区等规划的建设项目，提供相关规划或者相关管理部门出具的符合规划的证明材料，其中，涉及自然保护区和森林公园的林地，提供其主管部门或者机构的意见材料。

(四)具有相应资质的单位作出的建设项目使用林地可行性报告或者林地现状调查表。

第八条 修筑直接为林业生产服务的工程设施的森林经营单位提出使用林地申请，应当填写《使用林地申请表》，提供相关批准文件或者修筑工程设施必要性的说明，并提供工程设施内容、使用林地面积等情况说明。

第九条 建设项目需要使用林地的，用地单位或者个人应当向林地所在地的县级人民政府林业主管部门提出申请；跨县级行政区域的，分别向林地所在地的县级人民政府林业主管部门提出申请。

第十条 县级人民政府林业主管部门对材料齐全、符合条件的使用林地申请，应当在收到申请之日起10个工作日内，指派2名以上工作人员进行用地现场查验，并填写《使用林地现场查验表》。

第十一条 县级人民政府林业主管部门对建设项目拟使用的林地，应当在林地所在地的村(组)或者林场范围内将拟使用林地用途、范围、面积等内容进行公示，公示期不少于5个工作日。但是，依照相关法律法规的规定不需要公示的除外。

第十二条 按照规定需要报上级人民政府林业主管部门审核和审批的建设项目，下级人民政府林业主管部门应当将初步审查意见和全部材料报上级人民政府林业主管部门。

审查意见中应当包括以下内容：项目基本情况，拟使用林地和采伐林木情况，符合林地保护利用规划情况，使用林地定额情况，以及现场查验、公示情况等。

第十三条 有审核审批权的林业主管部门对申请材料不全或者不符合法定形式的，应当一次性书面告知用地单位或者个人限期补正；逾期未补正的，退还申请材料。

第十四条 符合本办法第三条、第四条规定的条件，并且符合国家供地政策，对生态环境不会造成重大影响，有审核审批权的人民政府林业主管部门应当作出准予使用林地的行政许可决定，按照国家规定的标准预收森林植被恢复费后，向用地单位或者个人核发准予行政许可决定书。不符合上述条件的，有关人民政府林业主管部门应当作出不予使用林地的行政许可决定，向用地单位或者个人核发不予行政许可决定书，告知不予许可的理由。

有审核审批权的人民政府林业主管部门对用地单位和个人提出的使用林地申请，应当在《中华人民共和国行政许可法》规定的期限内作出行政许可决定。

第十五条 建设项目需要使用林地的，用地单位或者个人应当一次申请。严禁化整为零、规避林地使用审核审批。

建设项目批准文件中已经明确分期或者分段建设的项目，可以根据分期或者分段实施安排，按照规定权限分次申请办理使用林地手续。

采矿项目总体占地范围确定，采取滚动方式开发的，可以根据开发计划分阶段按照规定权限申请办理使用林地手续。

公路、铁路、水利水电等建设项目配套的移民安置和专项设施迁建工程，可以分别具体建设项目，按照规定权限申请办理使用林地手续。

需要国务院或者国务院有关部门批准的公路、铁路、油气管线、水利水电等建设项目中的桥梁、隧道、围堰、导流(渠)洞、进场道路和输电设施等控制性单体工程和配套工程，根据有关开展前期工作的批文，可以由省级林业主管部门办理控制性单体工程和配套工程先行使用林地审核手续。整体项目申请时，应当附具单体工程和配套工程先行使用林地的批文及其申请材料，按照规定权限一次申请办理使用林地手续。

第十六条 国家或者省级重点的公路、铁路跨多个市(县)，已经完成报批材料并且具备动工条件的，可以地级市为单位，由具有整体项目审核权限的人民政府林业主管部门分段审核。

大中型水利水电工程可以分别坝址、淹没区，由具有整体项目审核权限的人民政府林业主管部门分别审核。

第十七条 公路、铁路、输电线路、油气管线和水利水电、航道建设项目临时占用林地的，可以根据施工进展情况，一次或者分批次由具有整体项目审批权限的人民政府林业主管部门审批临时占用林地。

第十八条 抢险救灾等急需使用林地的建设项目，依据土地管理法律法规的有关规定，可以先行使用林地。用地单位或者个人应当在灾情结束后6个月内补办使用林地审核手续。属于临时用地的，灾后应当恢复林业生产条件，依法补偿后交还原林地使用者，不再办理用地审批手续。

第十九条 建设项目因设计变更等原因需要增加使用林地面积的，依据规定权限办理用地审核审批手续；需要改变使用林地位置或者减少使用林地面积的，向原审核审批机关申请办理变更手续。

第二十条 公路、铁路、水利水电、航道等建设项目临时占用的林地在批准期限届满后仍需继续使用的，应当在届满之日前3个月，由用地单位向原审批机关提出延续临时占用申请，并且提供本办法第七条第（三）项规定的有关补偿材料。原审批机关应当按照本办法规定的条件进行审查，作出延续行政许可决定。

第二十一条 国家依法保护林权权利人的合法权益。建设项目使用林地的，应当对涉及单位和个人的森林、林木、林地依法给予补偿。

第二十二条 建设项目临时占用林地期满后，用地单位应当在一年内恢复被使用林地的林业生产条件。

县级人民政府林业主管部门应当加强对用地单位使用林地情况的监管，督促用地单位恢复林业生产条件。

第二十三条 上级人民政府林业主管部门可以委托下级人民政府林业主管部门对建设项目使用林地实施行政许可。

第二十四条 经审核同意使用林地的建设项目，依照有关规定批准用地后，县级以上人民政府林业主管部门应当及时变更林地管理档案。

第二十五条 经审核同意使用林地的建设项目，准予行政许可决定书的有效期为两年。建设项目在有效期内未取得建设用地批准文件的，用地单位应当在有效期届满前3个月向原审核机关提出延期申请，原审核同意机关应当在准予行政许可决定书有效期届满前作出是否准予延期的决定。建设项目在有效期内未取得建设用地批准文件也未申请延期的，准予行政许可决定书失效。

第二十六条 《使用林地申请表》、《使用林地现场查验表》式样，由国家林业局统一规定。

第二十七条 本办法所称Ⅰ、Ⅱ、Ⅲ、Ⅳ级保护林地，是指依据县级以上人民政府批准的林地保护利用规划确定的林地。

本办法所称国家级公益林林地，是指依据国家林业局、财政部的有关规定确定的公益林林地。

第二十八条 本办法所称“以上”均包含本数，“以下”均不包含本数。

第二十九条 本办法自2015年5月1日起施行。国家林业局于2001年1月4日发布、2011年1月25日修改的《占用征收征用林地审核审批管理办法》同时废止。

国家林业局办公室
2015年3月31日印发

国家林业局令

第36号

《林业固定资产投资建设项目管理办法》已经2015年2月15日国家林业局局务会议审议通过，现予公布，自2015年5月1日起施行。

国家林业局局长　赵树丛
2015年3月30日

林业固定资产投资建设项目管理办法

第一条 为了加强林业固定资产投资建设项目管理，规范项目建设程序和行为，提高项目建设质量和投资效益，根据国家有关法律、法规，制定本办法。

第二条 本办法所称林业固定资产投资建设项目，是指使用中央财政预算资金投资的林业固定资产建设项目（以下简称林业建设项目）。

第三条 县级以上人民政府林业主管部门负责林业建设项目的管理和监督工作。

第四条 国家林业局建立林业建设项目储备库，作为林业建设项目决策和年度计划安排的重要依据。林业建设项目应当符合相关规划的要求。

第五条 国家林业局按照中央财政预算资金的投资方向，根据国务院及其有关主管部门规定，制定林业建设项目申报指南。

第六条 建设单位应当根据林业建设项目申报指南，开展林业建设项目前期工作。

第七条 林业建设项目前期工作包括编制林业建设项目项目建议书、可行性研究报告、项目初步设计文件以及其他相关的工作。

建设单位开展林业建设项目前期工作，应当按照规定编制林业建设项目项目建议书、可行性研究报告、项目初步设计文件（项目实施方案）。

使用中央财政预算资金3000万元以下的林业建设项目，不编制林业建设项目项目建议书；但有特别规定的除外。

第八条 林业建设项目项目建议书应当对林业建设项目的必要性、建设条件、拟建地点和规模、投资估算、资金筹措以及经济效益、生态效益、社会效益进行初步分析，并附具有关证明文件。

林业建设项目项目建议书的主要内容应当符合林业建设项目项目建议书编制规定的要求。

林业建设项目项目建议书应当由具有相应资质的工程咨询单位编制。

第九条 林业建设项目可行性研究报告应当对林业建设项目在技术和经济上是否必要、合理、可行以及经济效益、生态效益、社会效益等进行全面分析论证，合理确定建设内容和规模，并附具有关证明文件。

林业建设项目可行性研究报告的主要内容应当符合林业建设项目可行性研究报告编制规定的要求。

林业建设项目可行性研究报告应当由具有相应资质的甲级工程咨询或者勘察设计单位编制。

第十条 林业建设项目初步设计文件应当根据批准的林业建设项目可行性研究报告组织编制。林业建设项目初步设计文件应当对各单项工程或者单位工程的建设内容、建设标准、用地规模、主要材料和设备选择进行说明，并附具设计说明、图纸、主要设备材料用量表和投资概算等材料。

林业建设项目初步设计文件的主要内容应当符合林业建设项目初步设计编制规定的要求。

林业建设项目初步设计文件应当由具有相应资质的甲级工程设计单位编制。

单纯购置类林业建设项目可以不编制项目初步设计文件，由建设单位根据可行性研究报告的批复直接编制项目实施方案。

第十一条 林业建设项目使用中央财政预算资金3000万元以上的，其项目建议书、可行性研究报告、初步设计文件按照国务院或者国家发展改革委规定审查、审批；林业建设项目使用中央财政预算资金3000万元以下的，其项目建议书、可行性研究报告由国家林业局审批；林业建设项目使用中央财政预算资金3000万元以下的，其初步设计文件由省、自治区、直辖市人民政府林业主管部门审批，并报国家林业局备案。

第十二条 建设单位应当按照规定将林业建设项目项目建议书、可行性研究报告报省、自治区、直辖市人民政府林业主管部门审查，并对申报材料的真实性负责。

第十三条 省、自治区、直辖市人民政府林业主管部门应当结合国家投资规模，依据相关规划和项目申报指南，对建设单位报送的林业建设项目项目建议书、可行性研究报告予以审查；审查合格的，应当及时上报国家林业局；审查不合格的，应当及时书面告知建设单位。

省、自治区、直辖市人民政府林业主管部门应当对审查结果负责。

第十四条 国家林业局对省、自治区、直辖市人民政府林业主管部门报送的林业建设项目的申报材料的下列内容进行初步审查：

（一）提交的相关文件及附件是否齐全、有效；

（二）是否符合中央财政预算资金的投资方向；

（三）是否符合国务院及其有关主管部门批准的相关规划的要求；

（四）主要建设条件是否具备。

国家林业局应当自收到省、自治区、直辖市人民政府林业主管部门报送的林业建设项目申报材料之日起45日内完成初步审查，并将林业建设项目初步审查意见反馈省、自治区、直辖市人民政府林业主管部门。

初步审查合格的，国家林业局对林业建设项目申报材料进行实质审查；初步审查不合格的，国家林业局应当以书面形式将林业建设项目申报材料退回省、自治区、直辖市人民政府林业主管部门。

第十五条 林业建设项目的实质审查包括对林业建设项目项目建议书、可行性研究报告、项目初步设计文件的审查。

第十六条 对于符合规定的林业建设项目项目建议书、可行性研究报告，国家林业局应当予以审批，并将批准文件送达省、自治区、直辖市人民政府林业主管部门。

第十七条 建设单位应当依据批复的林业建设项目可行性研究报告组织编制项目初步设计文件，报省、自治区、直辖市人民政府林业主管部门审批，并对申报材料的真实性负责。

第十八条 批复的林业建设项目项目建议书不作为安排中央财政预算资金投资的依据；批复的林业建设项目可行性研究报告、项目初步设计文件是安排中央预算内投资的依据。

第十九条 自林业建设项目可行性研究报告文件批复之日起满3年，仍未落实中央财政预算资金投资的，批复的林业建设项目可行性研究报告和项目初步设计文件失效。

第二十条 经批准的林业建设项目，建设单位应当严格按照审批文件执行，不得擅自调整和变更。

出现下列情况之一的，建设单位应当重新编制和报批林业建设项目可行性研究报告：

（一）总概算或者主体工程建设规模超过林业建设项目可行性研究报告批复百分之十的；

（二）主体工程建设地点发生变更的；

（三）建设单位、建设范围发生变更的。

因林业建设项目实施条件变化等原因，确需调整部分项目子项的，在中央财政预算资金投入不变的情况下，建设单位应当提出项目初步设计文件的调整方案，报原审批机关批准后实施。

第二十一条 未经批准，建设单位擅自进行调整并开工实施林业建设项目的，国家林业局不予受理该林业建设项目事后调整审批的申请。

第二十二条 林业建设项目应当严格按照《中华人民共和国招标投标法》《中华人民共和国政府采购法》《中华人民共和国招标投标法实施条例》等相关法律、法规、规章的规定进行招投标管理。

第二十三条 林业建设项目可行性研究报告批复文件中含有监理费的林业建设项目，建设单位应当委托具有相应资质等级的工程监理单位进行监理。

第二十四条 工程监理单位应当根据有关工程建设的法律、法规、标准、工程设计文件和监理合同等规定，对工程投资、工期和质量等内容进行监督控制。

第二十五条 未经工程监理单位选派的监理工程师签字，建设单位不得将建筑材料、建筑构配件和设备在工程上使用或者安装，不得进行下一道工序的施工；同时，不得拨付工程款，不得提请竣工验收。

第二十六条 建设单位应当自林业建设项目建成后3个月内编制完成工程结算和竣工财务决算，并按照国家林业局《林业建设项目竣工验收细则》申请竣工验收。

第二十七条 林业建设项目实施过程中和建成运营后，县级以上人民政府林业主管部门应当按照规定对建设项目质量、投资效益等进行评价。

第二十八条 省、自治区、直辖市人民政府林业主管部门应当于每年2月底前将上一年度林业建设项目执行情况上报国家林业局。执行情况包括林业建设项目申报、储备、建设进展、资金使用、竣工验收等内容。

第二十九条 省、自治区、直辖市人民政府林业主管部门应当对林业建设项目定期跟踪检查，发现问题及时上报国家林业局。凡不涉及秘密的林业建设项目，应当按照国家有关规定对相关内容和信息予以公开。

第三十条 林业建设项目存在下列情况之一的，国家林业局应当根据情节轻重采取责令限期整改、通报批评、暂停拨付中央预算内投资等措施，予以处理。

（一）未按规定履行有关审批程序擅自开工的；

（二）未经批准擅自变更建设地点、提高或者降低建设标准、改变建设内容、扩大或者缩小投资规模的；

（三）工程质量低劣的；

（四）违反财务管理规定，挪用、挤占工程资金的。

第三十一条 由于工程咨询、勘察、设计单位原因导致林业建设项目出现严重质量问题的，国家林业局应当予以通报，并可以同时公告不再受理该工程咨询、勘察、设计单位编制的设计文件。国家林业局应当将通报和处理情况抄送有关行业主管部门。

第三十二条 由于工程监理单位原因导致林业建设项目工程质量、进度及投资控制等问题出现的，国家林业局可以建议有关行业主管部门对其依法进行查处。

第三十三条 本办法所称“以上”含本数、“以下”不含本数。

第三十四条 本办法自2015年5月1日起施行。

国家林业局办公室
2015年3月31日印发

国家林业局令

第37号

《国家林业局关于修改部分部门规章的决定》已经2015年4月27日国家林业局局务会议审议通过，现予公布，自公布之日起施行。

国家林业局局长　赵树丛
2015年4月30日

国家林业局关于修改部分部门规章的决定

根据《中华人民共和国公司法》和《国务院关于印发注册资本登记制度改革方案的通知》（国发〔2014〕7号）等有关规定，对有关部门规章进行如下修改：

一、《国家重点保护野生动物驯养繁殖许可证管理办法》（1991年1月9日林业部发布，2011年1月25日国家林业局令第26号修改）

（一）删除第三条第二项中的“资金”。

（二）删除第六条。

二、《林木种子生产、经营许可证管理办法》（2002年11月2日国家林业局令第5号，2011年1月25日国家林业局令第26号修改）

（一）删除第七条第一款第二项中的“和资金证明材料”。

（二）删除第八条第一款第二项中的“和资金证明材料”。

（三）删除第十一条第一款第四项中的“和资金”。

（四）删除第十二条第一款第一项和第三款第一项。

（五）删除第二十二条。

三、《引进陆生野生动物外来物种种类及数量审批管理办法》（2005年9月27日国家林业局令第19号）

（一）删除第五条第一款第三项中的“资金”。

（二）删除第六条第一项中的“资金”。

四、《国家林业局产品质量检验检测机构管理办法》（2007年11月30日国家林业局令第24号）

（一）删除第五条第二项。

本决定自公布之日起施行。

根据本决定，对《国家重点保护野生动物驯养繁殖许可证管理办法》《林木种子生产、经营许可证管理办法》《引进陆生野生动物外来物种种类及数量审批管理办法》《国家林业局产品质量检验检测机构管理办法》作相应修改，重新公布。

国家重点保护野生动物驯养繁殖许可证管理办法

（1991年1月9日林业部公布 根据2011年1月25日国家林业局令第26号修改 根据2015年4月30日国家林业局令第37号修改）

第一条 为保护、发展和合理利用野生动物资源，加强野生动物驯养繁殖管理工作，维护野生动物驯养繁殖单位和个人的合法权益，根据《中华人民共和国野生动物保护法》第十七条规定，制定本办法。

第二条 从事驯养繁殖野生动物的单位和个人，必须取得《国家重点保护野生动物驯养繁殖许可证》(以下简称《驯养繁殖许可证》)。没有取得《驯养繁殖许可证》的单位和个人，不得从事野生动物驯养繁殖活动。

本办法所称野生动物，是指国家重点保护的陆生野生动物；所称驯养繁殖，是指在人为控制条件下，为保护、研究、科学实验、展览及其他经济目的而进行的野生动物驯养繁殖活动。

第三条 具备下列条件的单位和个人，可以申请《驯养繁殖许可证》：

(一)有适宜驯养繁殖野生动物的固定场所和必需的设施；

(二)具备与驯养繁殖野生动物种类、数量相适应的人员和技术；

(三)驯养繁殖野生动物的饲料来源有保证。

第四条 有下列情况之一的，可以不批准发放《驯养繁殖许可证》：

(一)野生动物资源不清；

(二)驯养繁殖尚未成功或技术尚未过关；

(三)野生动物资源极少，不能满足驯养繁殖种源要求。

第五条 驯养繁殖野生动物的单位和个人，必须向所在地县级政府野生动物行政主管部门提出书面申请，并填写《国家重点保护野生动物驯养繁殖许可证申请表》。

凡驯养繁殖国家一级保护野生动物的，由省、自治区、直辖市政府林业行政主管部门报林业部审批；凡驯养繁殖国家二级保护野生动物的，由省、自治区、直辖市政府林业行政主管部门审批。

批准驯养繁殖野生动物的，作出行政许可决定的林业行政主管部门应当核发《驯养繁殖许可证》。

《驯养繁殖许可证》和《国家重点保护野生动物驯养繁殖许可证申请表》由林业部统一印制。

第六条 驯养繁殖野生动物的单位和个人，应当遵守以下规定：

(一)遵守国家和地方有关野生动物保护管理政策和法规，关心和支持野生动物保护事业；

(二)用于驯养繁殖的野生动物来源符合国家规定；

(三)接受野生动物的行政主管部门的监督检查和指导；

(四)建立野生动物驯养繁殖档案和统计制度；

(五)按有关规定出售、利用其驯养繁殖野生动物及其产品。

第七条 驯养繁殖野生动物的单位和个人，必须按照《驯养繁殖许可证》规定的种类进行驯养繁殖活动。需要变更驯养繁殖野生动物种类的，应当比照本办法第五条的规定，在2个月内向原批准机关申请办理变更手续；需要终止驯养繁殖野生动物活动的，应当在2个月内向原批准机关办理终止手续，并交回原《驯养繁殖许可证》。

第八条 因驯养繁殖野生动物需要从野外获得种源的，必须按照《中华人民共和国野生动物保护法》第十六条及有关规定办理。

第九条 取得《驯养繁殖许可证》的单位和个人，需要出售、利用其驯养繁殖的国家一级保护野生动物及其产品的，必须经林业部或其授权的单位批准；需要出售、利用其驯养繁殖的国家二级保护野生动物及其产品的，必须经省、自治区、直辖市政府林业行政主管部门或其授权的单位批准。

取得《驯养繁殖许可证》的单位和个人未经批准不得出售、利用其驯养繁殖的野生动物及其产品。

第十条 县级以上政府野生动物行政主管部门或其授权的单位应当定期查验《驯养繁殖许可证》。对未取得《驯养繁殖许可证》的单位和个人进行野生动物驯养繁殖活动的，由县级以上政府野生动物行政主管部门没收其驯养繁殖的野生动物。

第十一条 取得《驯养繁殖许可证》的单位和个人，有下列情况之一的，除按野生动物保护法律、法规的有关规定处理外，批准驯养繁殖野生动物或核发《驯养繁殖许可证》的机关可以注销其《驯养繁殖许可证》，并可建议工商行政管理部门吊销其《企业法人营业执照》或《营业执照》：

(一)超出《驯养繁殖许可证》的规定驯养繁殖野生动物种类的；

(二)隐瞒、虚报或以其他非法手段取得《驯养繁殖许可证》的；

(三)伪造、涂改、转让或倒卖《驯养繁殖许可证》的；

(四)非法出售、利用其驯养繁殖的野生动物及其产品的；

(五)取得《驯养繁殖许可证》以后在1年内未从事驯养繁殖活动的。

被注销《驯养繁殖许可证》的单位和个人，应立即停止驯养繁殖野生动物活动，其驯养繁殖的野生动物由县级以上政府野生动物行政主管部门或其授权单位按有关规定处理。

第十二条 省、自治区、直辖市政府林业行政主管部门要建立《驯养繁殖许可证》审批、核发制度，配备专人管理，使用野生动物管理专用章。

第十三条 本办法由林业部负责解释。

第十四条 本办法自1991年4月1日起施行。

林木种子生产、经营许可证管理办法

（2002 年 11 月 2 日国家林业局令第 5 号 根据 2011 年 1 月 25 日国家林业局令第 26 号修改 根据 2015 年 4 月 30 日国家林业局令第 37 号修改）

第一章 总 则

第一条 为规范林木种子生产、经营许可证的管理，根据《中华人民共和国种子法》的有关规定，制定本办法。

第二条 在中华人民共和国境内从事林木种子生产、经营许可证的申请、审核、发放和管理等活动，适用本办法。

本办法所称林木种子生产、经营许可证是指林木种子生产许可证和林木种子经营许可证。

第三条 本办法所称林木种子是指林木的种植材料（苗木）或者繁殖材料，具体是指乔木、灌木、木质藤本等木本植物及用于林业生产和国土绿化的草本植物的籽粒、果实和根、茎、苗、芽、叶等。

第四条 从事主要林木商品种子生产的单位和个人应当取得林木种子生产许可证，按林木种子生产许可证的规定生产；从事林木种子经营的单位和个人应当取得林木种子经营许可证，按林木种子经营许可证的规定经营。

第五条 县级以上人民政府林业行政主管部门主管林木种子生产、经营许可证的审核、发放和管理工作，具体工作可以由其所属的林木种苗管理机构负责。

第二章 申 请

第六条 从事主要林木商品种子生产的或者从事林木种子经营的单位和个人，应当向县级以上人民政府林业行政主管部门或者其所属的林木种苗管理机构申请林木种子生产、经营许可证。

第七条 申请林木种子生产许可证的单位和个人，应当提交以下材料：

（一）注有生产者基本情况、生产品种、技术人员、设施设备情况等内容的林木种子生产许可证申请表；

（二）生产用地使用证明、采种林分证明及生产地点检疫证明；

（三）林木种子检验、生产技术人员资格证明；

（四）林木种子生产、加工、检验、贮藏设施和仪器设备的所有权或者使用权证明。

申请领取具有植物新品种权的林木种子生产许可证的，应当提供品种权人的书面同意证明或者国家林业局品种权转让公告、强制许可决定。

申请领取林木良种的林木种子生产许可证的，应当提供国家林业局林木品种审定委员会或者省、自治区、直辖市林木品种审定委员会颁发的林木良种证书复印件。

第八条 申请林木种子经营许可证的单位和个人，应当提交以下材料：

（一）注有经营者基本情况、经营品种、技术人员、设施和设备情况等内容的林木种子经营许可证申请表；

（二）经营场所使用证明；

（三）林木种子加工、包装、贮藏设施设备和种苗检验仪器设备的所有权或者使用权证明；

（四）林木种子检验、贮藏、保管等技术人员资格证明。

申请领取林木良种的林木种子经营许可证的，应当提供国家林业局林木品种审定委员会或者省、自治区、直辖市林木品种审定委员会颁发的林木良种证书复印件。

申请领取选育、生产、经营相结合的林木种子经营许可证的，应当提供自有品种的证明或者选育目的品种情况介绍。

申请领取林木种子进出口业务的林木种子经营许可证的，应当提供具有林木种子进出口贸易许可的证明。

第三章 审核和发放

第九条 主要林木良种的林木种子生产、经营许可证，由种子生产、经营者所在地县级人民政府林业行政主管部门审核，省、自治区、直辖市人民政府林业行政主管部门核发；其他林木种子（包括苗木）的生产、经营许可证由种子生产、经营所在地县级以上地方人民政府林业行政主管部门核发。

实行选育、生产、经营相结合，注册资本金达到 2000 万元的种子公司和从事林木种子进出口业务的公司的林木种子经营许可证，由其所在地的省、自治区、直辖市人民政府林业行政主管部门审核，国家林业局核发。

第十条 县级以上人民政府林业行政主管部门应当自受理之日起 20 日内，对提供的有关材料及生产用地、生产机械、经营场所、仓储设施、检验设施、仪器设备等进行审核，对符合本办法规定条件的，签署审核意见或者核发林木种子生产、经营许可证；对不符合本办法规定条件的，应当书面通知申请者或审核的机关，并说明理由、退还有关材料。

第十一条 符合下列条件的，林业行政主管部门应当核发林木种子生产许可证：

（一）具有繁殖种子的隔离和培育条件；

（二）无检疫性病虫害；

（三）具有按照有关标准、规定建立或者确定的种子园、母树林、采穗圃或者其他采种林及苗圃地；

（四）具有必要的生产、检验设施；

（五）具有经县级以上人民政府林业行政主管部门培训合格取得资格证书的林木种子生产、加工、检验、贮藏、保管技术人员（其中大田育苗面积不足 50 亩的，应当具有技术员或者育苗熟练人员；大田育苗面积 50 亩以上 100 亩以下的，应当具有相关专业中等专业以上学历、初级以上技术职称或者经县级以上人民政府林业行政主管部门培训的技术人员；采用容器育苗、组织培养、温室、大棚等先进技术设备进行育苗生产或者大田育苗面积超过 100 亩的，应当具有相关专业大专以上学历、中级以上技术职称或者经省级以上人民政府林业行政主管部门培训的技术人员)。

生产籽粒、果实等有性繁殖材料的，除具备前款规定的条件外，还应当具备以下条件：

(一)具有晒场、种子加工和烘干设备、贮藏设施，包括种子库、种子风选和精选机等；

(二)具有恒温培养箱、光照培养箱、干燥箱、扦样器、天平、电冰箱等必要的种子检验仪器设备。

第十二条 符合下列条件的，林业行政主管部门应当核发林木种子经营许可证：

(一)具有与经营林木种子的种类、数量相适应的营业场所；

(二)具有必要的经营设施；

(三)具有经县级以上人民政府林业行政主管部门培训合格取得资格证书的林木种子检验、加工、贮藏、保管技术人员。

经营籽粒、果实等有性繁殖材料的，除具备前款规定的条件外，还应当具备以下条件：

(一)具有种子加工和烘干设备、贮藏设施，包括种子库、种子精选机、种子包装机等；

(二)具有恒温培养箱、光照培养箱、干燥箱、扦样器、天平、电冰箱等必要的种子检验仪器设备。

实行选育、生产、经营相结合的，除具备本条前两款规定的条件以外，还应当具备以下条件：

(一)有固定的种子繁育基地；

(二)有3名以上经省级以上人民政府林业行政主管部门考核合格的种子检验人员。

第四章 监督管理

第十三条 林木种子生产、经营者应当按照林木种子生产、经营许可证核定的生产、经营地点及生产、经营种类进行生产、经营，不得超范围生产、经营。

第十四条 林木种子生产、经营许可证有效期限为三年。

林木种子生产、经营许可证有效期满后需申请换领新证的，生产或者经营者应当在林木种子生产、经营许可证有效期届满前两个月，持证向原发证机关申请换发新证。

林木种子生产、经营许可证在有效期限内，需要变更许可证注明项目的，应当根据本办法第九条的规定，申请办理变更手续，并提供相应的变更项目证明材料。

第十五条 林木种子经营者在林木种子经营许可证规定的有效区域外设立分支机构的，应当在分支机构所在地重新申请办理林木种子经营许可证。

第十六条 林木种子生产、经营许可证实行年报制度。

省、自治区、直辖市林业行政主管部门应当于每年3月底前将上一年度发证情况上报国家林业局。

第十七条 林业行政主管部门应当建立林木种子生产、经营许可证管理档案，具体内容包括：申请材料、审核发放材料及有关法律、法规规定的文件等。

林木种子生产、经营许可证管理档案从林木种子生产、经营许可证注销或自动失效之日起应当至少保留五年。

第十八条 林业行政主管部门核发林木良种的种子生产、经营许可证，应当使用林木品种审定委员会确定的品种名称，并同时注明良种编号。

林业行政主管部门核发其他林木种子生产、经营许可证的，不得使用良种或优质品种、速生品种、高产品种等字样。

第十九条 已经取得林木良种种子生产、经营许可证的，应当自知道其生产、经营的良种被依法取消或者暂停决定之日起二十日内，将已经取得的林木良种生产、经营许可证交回原发证机关或者办理相应的变更手续；逾期不交或者不办理变更手续的，以未取得种子生产、经营许可证论处。

第五章 附 则

第二十条 林木种子生产、经营许可证和各类申请表的格式由国家林业局制定。

第二十一条 本办法自2002年12月15日起施行。

引进陆生野生动物外来物种种类及数量审批管理办法

(2005年9月27日国家林业局令第19号 根据2015年4月30日国家林业局令第37号修改)

第一条 为了加强陆生野生动物外来物种管理，防止陆生野生动物外来物种入侵，保护生物多样性，维护国土生态安全，根据《中华人民共和国行政许可法》、《国务院对确需保留的行政审批项目设定行政许可的决定》(国务院令第412号)和国家有关规定，制定本办法。

第二条 实施引进陆生野生动物外来物种种类及数量审批的行政许可事项，应当遵守本办法。

第三条 本办法所称陆生野生动物外来物种，是指自然分布在境外的陆生野生动物活体及繁殖材料。

第四条 引进陆生野生动物外来物种的，应当采取安全可靠的防范措施，防止其逃逸、扩散，避免对自然生态造成危害。

第五条 需要从境外引进陆生野生动物外来物种的，申请人应当提交下列材料：

(一)申请报告、进出口申请表及进口目的的说明；

(二)当事人签订的合同或者协议，属于委托引进的，还应当提供委托代理合同或者协议；

(三)证明具备与引进陆生野生动物外来物种种类及数量相适应的人员和技术的有效文件或者材料，以及安全措施的说明；

(四)所在地省、自治区、直辖市林业主管部门的书面意见。

申请首次引进境外陆生野生动物外来物种的，申请人还应当提交证明申请人身份的有效文件和拟进行隔离引种试验的实施方案。

第六条 申请材料齐全且符合下列条件的，国家林业局应当作出准予行政许可的决定：

（一）具备与引进陆生野生动物外来物种种类及数量相适应的人员和技术；

（二）具备适宜商业性经营利用和科学研究外来物种的固定场所和必要设施；

（三）有安全可靠的防逃逸管理措施；

（四）具有相应的紧急事件处置措施。

第七条 国家林业局在收到引进陆生野生动物外来物种种类及数量审批的申请后，对申请材料齐全、符合法定形式的，即时出具《国家林业局行政许可受理通知书》；对不予受理的，应当即时告知申请人并说明理由，出具《国家林业局行政许可不予受理通知书》；对申请材料不齐或者不符合法定形式的，应当在5日内出具《国家林业局行政许可补正材料通知书》，并一次性告知申请人需要补正的全部内容。

第八条 国家林业局作出行政许可决定，需要举行听证或者组织专家评审的，应当自受理之日起10日内，出具《国家林业局行政许可需要听证、招标、拍卖、检验、检测、检疫、鉴定和专家评审通知书》，并将听证或者专家评审所需时间告知申请人。

听证和专家评审所需时间不计算在作出行政许可决定的期限内。

第九条 国家林业局应当自受理之日起20日内作出是否准予行政许可的决定，出具《国家林业局准予行政许可决定书》或者《国家林业局不予行政许可决定书》，并告知申请人。

在法定期限内不能作出行政许可决定的，经国家林业局主管负责人批准，国家林业局应当在法定期限届满前5日办理《国家林业局行政许可延期通知书》，并告知申请人。

第十条 准予首次引进境外陆生野生动物外来物种进行驯养繁殖的，应当进行隔离引种试验。

隔离引种试验由省、自治区、直辖市林业主管部门指定的科研机构或者专家进行评估，评估通过后方可继续引进和推广。

隔离引种试验应当包含中间试验。中间试验未获成功的，评估不得通过。

在自然保护区、自然保护小区、森林公园、风景名胜区以及自然生态环境特殊或者脆弱的区域，不得开展隔离引种试验。

第十一条 禁止开展陆生野生动物外来物种的野外放生活动。

因科学研究、生物防治、野生动物种群结构调节等特殊情况，需要放生陆生野生动物外来物种的，应当按照《中华人民共和国陆生野生动物保护实施条例》的相关规定执行。

第十二条 经批准从境外引进的陆生野生动物外来物种及其繁殖后代、产品应当依照国家有关规定进行标记。

第十三条 陆生野生动物外来物种发生逃逸的，被许可人应当立即向当地林业主管部门报告，由当地林业主管部门责令其限期捕回或者采取其他补救措施。被责令限期捕回或者采取其他补救措施而拒绝执行的，当地林业主管部门或者其委托的单位可以代为捕回或者采取其他补救措施，并由被许可人承担全部捕回或者采取其他补救措施所需的经费；造成损害的，依照有关法律法规承担法律责任。

第十四条 依法查没的陆生野生动物外来物种，应当由当地县级以上林业主管部门按照国家有关规定处理。

第十五条 国家林业局成立陆生野生动物外来物种咨询科学委员会，负责陆生野生动物外来物种管理的科学论证、评估和咨询。

第十六条 各级林业主管部门应当建立防范陆生野生动物外来物种入侵的预警和应急防范机制。

在野外发现陆生野生动物外来物种的，当地林业主管部门应当立即向同级人民政府和上级林业主管部门报告，并会同有关部门采取监测和防治措施。

第十七条 省、自治区、直辖市之间引进本行政区域内没有天然分布的陆生野生动物外来物种的，按照国家和省、自治区、直辖市的相关规定办理。

第十八条 引进的陆生野生动物属于中国参加的国际公约限制进出口的濒危物种的，必须向国家濒危物种进出口管理机构申请办理允许进出口证明书。

第十九条 本办法自2005年11月1日起施行。

国家林业局产品质量检验检测机构管理办法

（2007年11月30日国家林业局令第24号　根据2015年4月30日国家林业局令第37号修改）

第一条 为了规范国家林业局产品质量检验检测机构（以下简称“林业质检机构”）的管理，根据《中华人民共和国标准化法》和国家有关规定，制定本办法。

第二条 本办法所称林业质检机构，是指经国家林业局批准设立的从事林业产品质量检验检测活动的机构。

第三条 国家林业局依法负责监督和指导林业质检机构的管理工作。

第四条 林业质检机构应当按照科学、公正的原则，严格执行有关法律、法规和技术标准。

第五条 申请设立林业质检机构的申请人，应当具备下列条件：

（一）具备《国家林业产品质量监督检验检测机构基本条件》要求的机构与人员、仪器设备、设施与环境和质量体系等；

（二）国家林业局规定的其他条件。

第六条 申请人应当提交下列书面申请材料：

（一）设立林业质检机构申请书；

（二）可行性报告。主要内容包括：专业人员构成、仪器设备和设施、资质、资金来源、拟申请检验检测的产品及其标准、检验检测能力评估等；

（三）国家林业局规定的其他材料。

第七条 国家林业局应当在收到林业质检机构设立的申请后，对申请材料齐全、符合法定形式的，即时出具《国家林业局行政许可受理通知书》；对不予受理的，应当即时告知申请人并说明理由，出具《国家林业局行政许可不予受理通知书》；对申请材料不齐或者不符合法定形式的，应当在5日内出具《国家林业局行政许可补正材料通知书》，并一次性告知申请人需要补正的全部内容。

第八条 国家林业局作出本办法规定的行政许可，需要组织专家现场评审的，应当自受理之日起10日内，出具《国家林业局行政许可需要听证、招标、拍卖、检验、检测、检疫、鉴定和专家评审通知书》，将专家评审所需时间告知申请人。

专家现场评审所需时间不计算在作出行政许可决定的期限内。

第九条 国家林业局应当自受理之日起20日内作出是否准予行政许可的决定，出具《国家林业局准予行政许可决定书》或者《国家林业局不予行政许可决定书》，并告知申请人。

国家林业局作出准予行政许可决定的，应当同时颁发林业质检机构授权证书，并予以公告。

第十条 在法定期限内不能作出行政许可决定的，经国家林业局负责人批准，国家林业局应当在法定期限届满前5日办理《国家林业局行政许可延期通知书》，并告知申请人。

第十一条 林业质检机构需要变更检验检测范围的，应当按照本办法的规定向国家林业局提出申请；符合本办法规定条件的，国家林业局应当依法办理变更手续。

第十二条 林业质检机构授权证书的有效期为5年。

需要延续林业质检机构授权证书有效期的，林业质检机构应当在有效期届满6个月前向国家林业局提出书面申请，国家林业局应当在有效期届满前作出是否准予延续的决定。

第十三条 林业质检机构授权证书依法被撤销或者注销的，国家林业局应当及时予以公告。

第十四条 林业质检机构应当在检验检测报告上，加盖国家林业局规定的授权标识。

第十五条 林业质检机构对在检验检测中获知的国家秘密、商业秘密负有保密的义务。因泄密造成不利影响的，应当依法承担法律责任。

林业质检机构不得伪造、变造检验检测结果。

第十六条 未经国家林业局批准的其他产品质量检验检测机构，不得在名称中使用"国家林业局"、"中国（或全国）林业"等易与林业质检机构相混淆的字样。

第十七条 国家林业局应当对林业质检机构从事产品质量检验检测活动的情况进行监督检查。

林业质检机构应当如实提供国家林业局要求的有关材料和情况。

第十八条 国家林业局有关工作人员在实施林业质检机构审批的行政许可行为中，滥用职权、徇私舞弊的，依法给予处分。

第十九条 林业质检机构接受行政执法机关或者公民、法人和其他组织的委托提供林业产品检验检测服务，依法承担相应的法律责任。

林业质检机构及其工作人员在检验检测中，伪造、变造检验检测结果的，依法给予处分；情节严重的，依法追究刑事责任。

第二十条 本办法自2008年1月1日起施行。1997年8月25日公布的《林业部部级产品质量监督检验机构管理办法（试行）》同时废止。

国家林业局办公室
2015年4月30日印发

国家林业局令

第38号

《国家林业局关于修改部分部门规章的决定》已经2015年10月30日国家林业局局务会议审议通过，现予公布，自公布之日起施行。

国家林业局局长　赵树丛
2015年11月24日

国家林业局关于修改部分部门规章的决定

根据国务院推进行政审批制度改革的有关决定，对下列部门规章进行修改：

一、《突发林业有害生物事件处置办法》（2005年5月23日国家林业局令第13号）

（一）将第四条第二款修改为："直接危及人类健康的突发林业有害生物事件，为一级突发林业有害生物事件；一级突发林业有害生物事件以外的其他突发林业有害生物事件，为二级突发林业有害生物事件。"

（二）将第五条第一款修改为："一级突发林业有害生物事件，由国家林业局确认；二级突发林业有害生物事件，由省、自治区、直辖市人民政府林业主管部门确认。"

（三）将第十三条中的"应当及时逐级上报到省、自治区、直辖市人民政府林业主管部门，并同时报告同级人民政府”修改为：“应当按照有关规定逐级上报国家林业局”。

增加一款作为第二款“突发林业有害生物事件的报告，主要包括有害生物的种类、发生地点和时间、级别、危害程度、已经采取的措施以及相关图片材料等内容”。

（四）将第十四条第一款修改为“国家林业局或者省、自治区、直辖市人民政府林业主管部门应当组织专家和有关人员对县级人民政府林业主管部门报告的情况进行调查和论证，确认是否属于突发林业有害生物事件”。

将第二款修改为“经确认属于一级突发林业有害生物事件的，国家林业局应当启动应急预案；经确认属于二级突发林业有害生物事件的，省、自治区、直辖市人民政府林业主管部门应当启动应急预案”。

删除第三款。

（五）删除第十六条。

（六）将第二十二条改为第二十一条，并将其中的“依照国家有关规定给予行政处分”修改为“依法给予处分”。

此外，对条文顺序作了相应调整。

二、《大熊猫国内借展管理规定》（2011 年 7 月 25 日国家林业局令第 28 号）

将第七条第二项修改为：“借展双方的单位证明材料”。

本决定自公布之日起施行。

根据本决定，对《突发林业有害生物事件处置办法》、《大熊猫国内借展管理规定》作相应修改，重新公布。

突发林业有害生物事件处置办法

（2005 年 5 月 23 日国家林业局令第 13 号
根据 2015 年 11 月 24 日国家林业局令第 38 号修改）

第一条 为了及时处置突发林业有害生物事件，控制林业有害生物传播、蔓延，减少灾害损失，根据《森林病虫害防治条例》和《植物检疫条例》等有关规定，制定本办法。

第二条 本办法所称林业有害生物，是指危害森林、林木和林木种子正常生长并造成经济损失的病、虫、杂草等有害生物。

第三条 本办法所称突发林业有害生物事件，是指发生暴发性、危险性或者大面积的林业有害生物危害事件，包括：

（一）林业有害生物直接危及人类健康的；

（二）从国（境）外新传入林业有害生物的；

（三）新发生林业检疫性有害生物疫情的；

（四）林业非检疫性有害生物导致叶部受害连片成灾面积 1 万公顷以上、枝干受害连片成灾面积 0．1 万公顷以上的。

第四条 突发林业有害生物事件分为一级和二级。

直接危及人类健康的突发林业有害生物事件，为一级突发林业有害生物事件；一级突发林业有害生物事件以外的其他突发林业有害生物事件，为二级突发林业有害生物事件。

第五条 一级突发林业有害生物事件，由国家林业局确认；二级突发林业有害生物事件，由省、自治区、直辖市人民政府林业主管部门确认。

属于从国（境）外新传入的林业有害生物，以及首次在省、自治区、直辖市范围内发生的林业检疫性有害生物，应当经过国家林业局林业有害生物检验鉴定中心鉴定。

第六条 国家林业局负责组织、协调和指导全国突发林业有害生物事件的处置工作。

县级以上地方人民政府林业主管部门在人民政府领导下，具体负责本辖区内突发林业有害生物事件的处置工作。

第七条 国家林业局负责组织制定一级突发林业有害生物事件应急预案。省、自治区、直辖市人民政府林业主管部门负责组织制定本辖区的二级突发林业有害生物事件应急预案。

突发林业有害生物事件应急预案的主要内容是：应急处置指挥体系及其工作职责、预警和预防机制、应急响应、后期评估与善后处理、保障措施等。

第八条 县级人民政府林业主管部门应当根据突发林业有害生物事件应急预案，制定本辖区的突发林业有害生物事件应急实施方案。

突发林业有害生物事件应急实施方案的主要内容是：

（一）应急处置指挥机构和人员；

（二）应急处置工作职责和程序；

（三）林业有害生物控制和防治措施；

（四）林业有害生物应急处置物质保障。

第九条 县级以上人民政府林业主管部门应当加强林业有害生物测报试验室、检疫检验试验室、林木种苗及木材除害设施、物资储备仓库、通讯设备等基础设施建设，做好药剂、器械等有关物资的储备。

第十条 县级人民政府林业主管部门应当组织对突发林业有害生物事件应急处置救灾人员的专业技术培训，开展技术演练，提高应急处置技能。

第十一条 县级以上人民政府林业主管部门的森林病虫害防治机构及其中心测报点，应当及时对林业有害生物进行调查与监测，综合分析测报数据，提出防治方案。

森林病虫害防治机构及其中心测报点，应当建立林业有害生物监测档案，掌握林业有害生物的动态变化情况。

乡（镇）林业站工作人员、护林员按照县级以上人民政府林业主管部门的要求，参加林业有害生物的调查与监测工作。

第十二条 森林病虫害防治机构及其中心测报点，发现疑似突发林业有害生物事件等异常情况的，应当立即向所在地县级人民政府林业主管部门报告。

公民、法人或者其他组织发现有疑似突发林业有害生物事件等异常情况的，应当向县级以上人民政府林业主管部门反映。

第十三条 县级人民政府林业主管部门接到疑似突发林业有害生物事件等异常情况的报告或者有关情况反映的，应当及时开展调查核实；认为属于突发林业有害生物事件的，应当按照有关规定逐级上报国家林业局。

突发林业有害生物事件的报告，主要包括有害生物的种类、发生地点和时间、级别、危害程度、已经采取的措施以及相关图片材料等内容。

第十四条 国家林业局或者省、自治区、直辖市人民政府林业主管部门应当组织专家和有关人员对县级人民政府林业主管部门报告的情况进行调查和论证，确认是否属于突发林业有害生物事件。

经确认属于一级突发林业有害生物事件的，国家林业局应当启动应急预案；经确认属于二级突发林业有害生物事件的，省、自治区、直辖市人民政府林业主管部门应当启动应急预案。

第十五条 国家林业局应当按照国务院有关灾害报告制度的规定，及时向国务院报告突发林业有害生物事件的有关情况。

一级突发林业有害生物事件的有关信息，由国家林业局按照规定发布。二级突发林业有害生物事件的有关信息，由省、自治区、直辖市人民政府林业主管部门按照规定发布。

第十六条 突发林业有害生物事件应急预案批准启动实施后，发生地的县级人民政府林业主管部门应当相应启动应急实施方案，立即采取紧急控制措施，切断传播途径，防止扩散蔓延。

第十七条 应急预案和应急实施方案符合规定的终止条件的，方可终止。

第十八条 省、自治区、直辖市人民政府林业主管部门应当根据突发林业有害生物事件应急处理的需要，依法提出疫区划定方案和检疫检查站设立计划，报省、自治区、直辖市人民政府批准后实施。

第十九条 发生一级突发林业有害生物事件，由国家林业局组织专家开展科学研究，收集相关资料，提出综合评估报告；发生二级突发林业有害生物事件，由省、自治区、直辖市人民政府林业主管部门组织专家开展科学研究，收集相关资料，提出综合评估报告。

县级人民政府林业主管部门应当根据综合评估报告修改、完善应急实施方案。

第二十条 对直接危及人类健康、从国(境)外新传入或者跨省、自治区、直辖市传播的林业有害生物，国家林业局和有关省、自治区、直辖市人民政府林业主管部门应当及时组织科研力量研究防治措施，制定相关的检验检疫技术标准，并依法确定是否列为林业检疫性有害生物。

第二十一条 林业主管部门、森林病虫害防治机构及其中心测报点的工作人员玩忽职守、徇私舞弊，造成林业有害生物传播、蔓延的，依法给予处分；情节严重、构成犯罪的，依法追究刑事责任。

第二十二条 本办法自2005年7月1日起施行。

大熊猫国内借展管理规定

(2011年7月25日国家林业局令第28号
根据2015年11月24日国家林业局令第38号修改)

第一条 为了加强大熊猫保护，规范大熊猫国内借展管理，保障大熊猫圈养种群健康发展，提高公众保护野生动物意识，促进生态文明建设，根据《中华人民共和国野生动物保护法》等有关法律法规，制定本规定。

第二条 本规定所称借展是指以文化交流、科普宣传或者公众教育等为目的，借出或者借入大熊猫进行展览的行为。

第三条 借展大熊猫应当遵循科学、适度的原则，不得危及大熊猫圈养种群的发展，不得以单纯营利为目的。

第四条 借展大熊猫的借入方应当具备与驯养繁殖大熊猫相适应的资金、设施和人员等条件，取得具有大熊猫物种的国家重点保护野生动物驯养繁殖许可证。

第五条 用于借展的大熊猫应当是人工繁殖的健康个体，年龄在2岁以上25岁以下。

禁止将非人工繁殖或者野外救护的大熊猫用于借展；禁止将2岁以下和25岁以上的大熊猫用于借展。

第六条 借展双方应当签订书面协议，对大熊猫生活条件、医疗条件、应急保障条件及应急预案、借展期限、费用、借展结束后大熊猫送返以及违约责任等进行约定。

借展大熊猫的期限不得少于1年，但因不可抗力等特殊情况除外。

第七条 申请借展大熊猫，应当提交下列书面材料：

(一)野生动物保护管理行政许可事项申请表；

(二)借展双方的单位证明材料；

(三)借展双方具有大熊猫物种的国家重点保护野生动物驯养繁殖许可证；

(四)借展双方签订的借展协议；

(五)借出方大熊猫圈养种群状况说明材料；

(六)借展大熊猫个体谱系号、标记等身份证明材料；

(七)借入方借展活动及大熊猫饲养管理、科普教育方案；

(八)借展双方省级人民政府林业行政主管部门对

借展活动的书面意见。

第八条 申请借展大熊猫按照下列程序办理：

（一）由借出方向国家林业局提出申请。

（二）国家林业局依法受理后，应当对申请材料进行审查。经过审查，符合本规定条件的，国家林业局应当在20个工作日内作出准予行政许可的决定。必要时，国家林业局可以组织专家在30日内对借入方借展活动、大熊猫饲养管理方案以及场馆设施进行论证或者实地检验。

（三）国家林业局作出行政许可决定后，借出、借入方所在地省级人民政府林业行政主管部门分别在借展开始前和结束后依据国家林业局行政许可文书核发大熊猫离开借出方、借入方的运输证件。

第九条 借展期间，借入方应当提供满足大熊猫生活、生理健康的饲养和医疗条件。

借展期间，借入方应当建立大熊猫病例档案和饲养日志，载明大熊猫饲养管理、医疗健康情况等内容。

借展期间，禁止采集借展大熊猫的血液、精液等样品，但是对大熊猫进行健康检查的除外。法律法规另有规定的，从其规定。

借展期间，借入方不得将借展大熊猫转借第三方。

第十条 借展期间，借出方应当对借入方的借展大熊猫的饲养管理和疫病防治等进行指导，并应当每年对借展大熊猫进行一次以上健康检查。

第十一条 国家林业局和借展双方所在地人民政府野生动物行政主管部门应当对大熊猫借展活动的情况进行监督检查，督促借展双方完善应急处置机制。

借展双方应当配合监督检查，如实提供有关材料。

第十二条 借展期间，借展大熊猫发生受伤、患病等突发事件的，借入方应当通知借出方，及时采取救护措施，并报告所在地县级以上地方人民政府野生动物行政主管部门；借展大熊猫发生致残、死亡等重大突发事件的，借入方应当立即通知借出方并报告所在地省级人民政府林业行政主管部门和国家林业局。

有关人民政府野生动物行政主管部门应当监督借展双方在发生突发事件时按照应急预案进行妥善处理。

第十三条 在借展期间，借出方或者借入方违反本规定的，由县级以上人民政府野生动物行政主管部门依照野生动物保护法律法规给予处罚；野生动物保护法律法规没有规定的，可以根据情节轻重作出如下处理：

（一）给予警告、责令限期改正；

（二）有违法所得的，处以违法所得一倍以上三倍以下且不超过三万元的罚款；没有违法所得的，处以一万元以下的罚款。

经责令改正仍拒不改正的，国家林业局可以责令终止借展活动，限期将大熊猫送返借出方。

借展期间，借出方或者借入方有违法行为、构成犯罪的，依法追究刑事责任。

第十四条 借出方或者借入方存在下列情形之一的，国家林业局1年内不予批准开展大熊猫借展活动：

（一）申请行政许可过程中隐瞒有关情况或者提供虚假材料的；

（二）擅自借出或者转借大熊猫的；

（三）重大过失造成大熊猫死亡的；

（四）拒不配合各级人民政府野生动物行政主管部门监督检查或者拒不执行野生动物行政主管部门处罚决定的。

借出方或者借入方以欺骗、贿赂等不正当手段取得行政许可的，国家林业局3年内不予批准开展大熊猫借展活动。

第十五条 各级人民政府野生动物行政主管部门有关工作人员在大熊猫借展管理过程中，滥用职权、徇私舞弊的，依法给予处分；情节严重、构成犯罪的，依法追究刑事责任。

第十六条 本规定所称“以上”包括本数，“以下”不包括本数。

第十七条 本规定自2011年9月1日起施行。

国家林业局办公室
2015年11月25日印发

国家林业局令

第39号

《林业工作站管理办法》已经2015年10月30日国家林业局局务会议审议通过，现予公布，自2016年1月1日起施行。

国家林业局局长 赵树丛
2015年11月24日

林业工作站管理办法

第一章 总 则

第一条 为了加强林业工作站的建设与管理，发挥林业工作站在发展林业中的作用，根据《中华人民共和国森林法》、《中华人民共和国农业技术推广法》和国家有关规定，制定本办法。

第二条 林业工作站的建设和管理，适用本办法。

第三条 林业工作站是设在乡镇的基层林业工作机构，依法对森林、野生动植物资源实行管理和监督，组织和指导农村林业生产经营组织和个人发展林业生产，开展林业社会化服务。

第四条 林业工作站由县级林业主管部门直接领导

或者实行由县级林业主管部门和所在地乡镇人民政府双重领导的管理体制。

第五条 国家林业局主管全国林业工作站的建设和管理工作，具体工作由其设立的林业工作站管理总站负责。

县级以上地方林业主管部门主管本行政区域内林业工作站的建设和管理工作，具体工作由其设立或者确定的林业工作站管理机构负责。

第二章 林业工作站的职责

第六条 林业工作站承担政策宣传、资源管理、林政执法、生产组织、科技推广和社会化服务等职能，具体职责是：

（一）宣传与贯彻执行森林、野生动植物资源保护等法律、法规和各项林业方针、政策；

（二）协助县级林业主管部门和乡镇人民政府制定和落实林业发展规划；

（三）配合县级林业主管部门开展资源调查、档案管理、造林检查验收、林业统计等工作；

（四）协助县级林业主管部门或者乡镇人民政府开展林木采伐等行政许可受理、审核和发证工作；

（五）配合县级林业主管部门或者乡镇人民政府开展森林防火、林业有害生物防治、陆生野生动物疫源疫病防控、森林保险和林业重点建设工程等工作；

（六）协助有关部门处理森林、林木和林地所有权或者使用权争议，查处破坏森林和野生动植物资源案件；

（七）配合乡镇人民政府建立健全乡村护林网络和管理乡村护林队伍；

（八）推广林业科学技术，开展林业技术培训、技术咨询和技术服务等林业社会化服务；

（九）承担县级林业主管部门或者乡镇人民政府规定的其他职责。

第三章 林业工作站的建设

第七条 有林业生产和经营管理任务的地方，应当在乡镇设立林业工作站；林业生产和经营管理任务相对较轻的地方，可以设立区域林业工作站。

不具备设立林业工作站条件的，乡镇人民政府应当依法设专职或者兼职人员负责林业工作。

第八条 林业工作站的设立，由县级林业主管部门提出意见或者由县级林业主管部门与当地乡镇人民政府协商后提出意见，按照有关规定报县级人民政府或者有关机构批准。

第九条 林业工作站工作人员的编制，由县级林业主管部门根据国家有关规定和当地实际情况，商机构编制部门确定。

林业工作站新进人员应当主要接收大中专院校毕业生，实行公开招聘，采取考试与考核相结合的办法，择优聘用。

第十条 林业工作站应当设立符合工作需要的专业技术岗位。专业技术人员应当具有相应的专业技术水平，符合岗位职责要求。

林业工作站新进专业技术人员，应当具备大中专以上专业学历。

第十一条 国家对林业工作站的建设给予适当扶持。林业工作站所需事业经费，根据国家有关规定纳入地方预算。

林业工作站承担林业重点工程项目等专项任务的，下达专项任务的部门或者单位应当按照有关规定列支必要的专项工作经费。

第十二条 林业工作站应当具有必要的房屋、交通、通讯工具等设施。

任何单位和个人不得非法侵占、平调、拍卖或者出租林业工作站的房屋、交通、通讯工具等设施和其他资产。

第四章 林业工作站的管理

第十三条 林业工作站的撤销或者变更，由县级林业主管部门提出意见或者由县级林业主管部门与当地乡镇人民政府协商后提出意见，报原批准设立的机关批准。

第十四条 林业工作站负责人的任免，由县级林业主管部门负责或者按照所在地人事管理规定办理。

第十五条 县级以上地方林业主管部门应当有计划地对林业工作站的工作人员进行业务培训。

对达到相应技术水平的林业工作站人员，应当按照国家有关规定聘任相应的技术职务。

第十六条 林业工作站应当建立健全岗位责任制、目标管理责任制和技术承包责任制，制定和完善各项工作制度。

第十七条 林业工作站应当建立健全人事、财务会计、国有资产管理以及廉政建设等各项制度，并接受县级林业主管部门或者乡镇人民政府的监督和检查。

第十八条 县级以上地方林业主管部门应当在同级人民政府的指导下，采取措施，保障和改善林业工作站工作人员的工作条件、生活条件和待遇，并按照国家规定给予补贴。

第十九条 对成绩显著的林业工作站及其工作人员，应当给予奖励。

第二十条 对有滥用职权、徇私舞弊、索贿受贿或者玩忽职守等行为的林业工作站工作人员，依照国家有关规定处理。

第五章 附 则

第二十一条 新疆生产建设兵团设立的团场林业工作站以及国有农场设立的林业工作站的建设与管理，参照本办法执行。

第二十二条 本办法自 2016 年 1 月 1 日起施行。2000 年 3 月 13 日国家林业局发布的《林业工作站管理办法》同时废止。

国家林业局办公室
2015 年 11 月 25 日印发

规范性文件

国家林业局关于印发《林业植物新品种测试管理规定》的通知

林护发〔2015〕26 号

各省、自治区、直辖市林业厅（局），内蒙古、吉林、龙江、大兴安岭森工（林业）集团公司，新疆生产建设兵团林业局，国家林业局各司局、各直属单位：

《林业植物新品种测试管理规定》已经 2015 年 1 月 29 日国家林业局局务会审议通过，现印发给你们，请认真执行。执行中有何问题和建议，请及时反馈我局科技发展中心（植物新品种保护办公室）。

国家林业局

2015 年 2 月 27 日

林业植物新品种测试管理规定

第一章　总则

第一条　为了规范管理林业植物新品种测试工作，根据《中华人民共和国植物新品种保护条例》和《中华人民共和国植物新品种保护条例实施细则（林业部分）》，制定本规定。

第二条　本规定的植物新品种测试是指植物新品种特异性、一致性和稳定性测试（以下简称 DUS 测试）。

第三条　国家林业局负责林业植物新品种测试管理工作，根据需要委托测试机构开展植物新品种测试。具体工作由国家林业局科技发展中心（国家林业局植物新品种保护办公室，以下简称新品办）承担。

第二章　测试机构

第四条　受国家林业局委托的测试机构（以下简称测试机构）应当根据新品办安排的任务及要求开展测试。

测试机构对测试报告的真实性和准确性负责。

第五条　测试机构应当具有相应的测试技术人员、实验地和设施等满足植物新品种测试的必要条件。

测试机构不得从事测试品种及与测试品种相近植物种的育种。

第六条　测试机构应当收集和保存相关已知品种，妥善保管繁殖材料和相关技术资料，不得利用繁殖材料进行与测试无关的任何活动。

第七条　测试机构应当设立测试技术小组，负责 DUS 测试工作，由 1 名技术负责人和至少 2 名测试员组成。

第八条　测试机构应当成立咨询专家组，由 3～5 名相关专家组成，为近似品种筛选等测试工作提供技术咨询。

第九条　测试机构应当建立健全内部管理制度。

第十条　测试机构应当根据植物新品种测试指南（以下简称测试指南）编制 DUS 测试操作技术手册、图像拍摄规程等技术文件。

第三章　测试任务

第十一条　国家林业局根据需要委托相应的测试机构开展测试工作，并由新品办与测试机构的法人单位签订委托测试合同。

第十二条　测试机构接受委托测试任务后，按照相应测试指南的要求制定测试方案，在测试结束后 1 个月内向新品办提交测试报告。

第四章　繁殖材料

第十三条　新品办根据不同植物特点规定并公示繁殖材料接收起止日期。

第十四条　测试机构按照测试指南的要求接收品种权申请人提交的繁殖材料，对符合要求的签发签收单，分别交与申请人和新品办；对不符合要求的，书面报告新品办并说明理由。新品办可以要求申请人在规定时间内补交繁殖材料。

在测试过程中，发现繁殖材料无法满足测试要求的，测试机构应当书面报告新品办并说明理由，新品办可以要求申请人再次递交满足条件的繁殖材料。

第十五条　测试机构应当采用常规技术对申请品种进行栽培与管护，并作记录。如果有特殊栽培技术要求，申请人应当在提交的技术问卷中说明。

第十六条　测试结束后，测试机构如需在保护期内保存必要数量的繁殖材料用于其他品种的测试，应当与申请人签订繁殖材料保密承诺书，其余繁殖材料应当销毁或灭活。发生繁殖材料流失、被盗的，应当依法追究有关人员的责任。

第五章　近似品种

第十七条　测试机构确定近似品种，可以参考申请人和咨询专家组的意见和建议，也可以查询已知品种数据库。技术负责人签署近似品种筛选确定表。

第十八条 经新品办书面同意，测试机构可以根据测试需要，要求申请人提供近似品种的繁殖材料。

第六章 测试性状观测与记录

第十九条 测试机构应当将测试品种与近似品种、标准品种同时种植在相同的环境条件下开展测试。

测试机构根据测试指南要求，按照操作技术手册进行观测，并作好记录。

第二十条 测试员对于测试性状判定有争议时，由技术负责人确定。

第二十一条 测试过程中拍摄的照片应当完整准确反映测试品种的特异性和一致性。

第七章 测试报告

第二十二条 测试报告应当包括测试编号、品种权申请号、测试品种名称、测试指南名称、测试时间、测试地点、测试人员、报告完成日期、栽培环境及植株生长状况，特异性、一致性和稳定性评价、结论等，并附测试性状记录表、照片和近似品种的选择意见表。

第二十三条 测试机构应当按时完成测试，由于不可抗力的原因，在规定时间内不能完成测试，应当记录备案，并报告新品办。

第二十四条 测试报告应当由测试机构法定代表人签署，注明日期，加盖法人公章，并报送新品办。

第八章 附则

第二十五条 测试机构应当对测试过程中的记录建立档案，并按照有关规定管理。

第二十六条 本规定自 2015 年 4 月 1 日起施行，有效期至 2019 年 12 月 31 日。

国家林业局关于印发《新一轮退耕还林工程作业设计技术规定》的通知

林退发〔2015〕35 号

各有关省、自治区、直辖市林业厅（局），新疆生产建设兵团林业局：

为适应实施新一轮退耕还林工程的需要，规范新一轮退耕还林工程作业设计工作，我局根据新一轮退耕还林还草总体方案的要求，研究制定了《新一轮退耕还林工程作业设计技术规定》（见附件），现印发给你们，请遵照执行。

特此通知。

附件：新一轮退耕还林工程作业设计技术规定

国家林业局

2015 年 3 月 30 日

附件

新一轮退耕还林工程作业设计技术规定

第一章 总 则

第一条 为指导和规范新一轮退耕还林工程作业设计，统一设计程序，提高造林质量，依据《中华人民共和国森林法》、《森林法实施条例》、《退耕还林条例》等法律法规以及《新一轮退耕还林还草总体方案》的要求，制定本规定。

第二条 本规定适用于国家实施的新一轮退耕还林工程人工造林作业设计。

第三条 作业设计的主要依据是：

（一）国务院、省（自治区、直辖市）人民政府及国务院有关部门颁布的有关生态环境建设和退耕还林等工程的法规、政策和规定。

（二）国务院有关部门及省级人民政府有关部门颁布的有关营造林及退耕还林工程的技术标准和规程。

（三）年度土地变更调查成果、乡（镇、苏木）土地利用总体规划，本县新一轮退耕还林工程退耕地类调查、农户退耕还林意愿调查等成果资料以及本地区最近一次的森林资源调查成果资料等。

（四）国家下达的退耕还林工程年度任务计划和县级退耕还林年度实施方案或总体设计文件。

第四条 作业设计由县（市、区、旗）林业主管部门统一组织，以乡镇（苏木或林场、农场等，下同）为单位进行编制，按村、林班或村民组设计到小班地块，退耕地造林任务应落实到农户。

第五条 造林作业设计由具有丁级以上（含丁级）设计或咨询资质的单位或机构承担。

第六条 作业设计的程序主要分为外业调查、内业设计、文件编制、备案实施等阶段。

第二章 外业调查

第七条 作业小班区划

（一）作业小班区划以造林地类别、立地条件和承包经营权属为主要区划因子。

（二）作业小班在林班或村民组内进行编号。

（三）作业小班面积以实测为准。作业小班形状规则时可用测绳量测，当边界不规则时要用带镜罗盘仪、经纬仪或经过差分纠正的全球定位系统(GPS)接收机测量。量测闭合差不大于1/100。

(四)作业小班位置应在现地勾绘在比例尺为1:10000的地形图上。

第八条 作业小班调查的主要内容包括:

(一)位置:所在乡镇、村、林班或村民组、小班。

(二)地类:按耕地和荒山荒地分别记载,耕地还应按25度以上坡耕地、重要水源地15—25度坡耕地、严重沙化耕地分别记载。

(三)权属:退耕地和荒山荒地的所有权、承包权和经营权。

(四)地形地貌:坡位、坡度、坡向、海拔。

(五)植被:现有植被或农作物的类型、盖度、耕作制度等。

(六)土壤:土壤类型、质地、土层厚度、石砾含量、土壤侵蚀或沙化类型及强度等。

(七)适宜的造林模式以及与退耕农户商定的造林树种、初植密度、配置方式等。

作业小班调查情况记录在附表1上。

第九条 调查、预测现有苗圃、母树林、种子园本年度的种苗生产情况,包括种子结实与产量、苗木种类、产苗量、苗木质量等级、苗木生长情况等。

第十条 调查、了解工程区内与退耕还林有关的其他情况,包括农民要求退耕的情况,当年安排的任务和户数,涉及的人口等。

第十一条 根据总体设计或实施方案及外业调查情况,现地与退耕农户商定造林的树种、初植密度及配置方式等。

第十二条 现地确定需要建设的营林设施、护林设施、标牌、水利设施、固土护坡、固沙等辅助项目的设置地点,布设线路与走向,测量长度或占地面积,在现地埋设标记,并绘于调绘图上。

第三章 内业设计

第十三条 内业设计前,应对外业调查材料及图件进行整理、核对,做到图表相符、资料齐全、内容完整、计算无误。设计时应参考《造林作业设计规程》(LY/T 1607—2003)。

第十四条 小班以实测水平面积为准。小班面积以亩为单位,保留小数点后一位数。

第十五条 营造林设计。根据与农户商定的造林树种、初植密度及配置方式等,做出如下设计:树种(草种),苗木、插条、种子的数量、来源、规格及其处置与运输要求,造林种草方式方法与作业要求,乔灌木树种与草本植物的栽植配置(结构、密度、株行距、行带的走向等),整地方式与规格、整地与栽植(直播)的时间。

(一)树种设计:在充分尊重自然规律和经济规律的前提下,坚持农民自愿、政府引导的原则,设计适宜的造林树种。

(二)造林方式设计:退耕地造林一律采取人工造林的方式;荒山荒地造林可根据实际情况,采取国家规定的造林方式。

(三)植被配置设计:根据经营目的及自然条件,设计适宜的植被配置方式,包括乔灌草的搭配比例、混交方式、种植密度、株行距、行带的走向等。

(四)整地的规格与方式设计:各地可根据气候、立地、造林树种等情况,在尽量保护现有植被的前提下,确定适宜的整地时间、整地方式和整地规格。

(五)幼林抚育设计:包括保墒措施,抗旱、保水措施,水土保持措施,必要的定株、修枝、截干、平茬、松土、锄草、施肥、病虫鼠害防治等措施。应根据实际情况进行设计。

第十六条 种苗组织设计。按照营造林设计和当年的计划任务,分别树(草)种、苗木类型与规格测算种苗需要量,并由当地产苗能力和采种量测算种苗供应量,再根据种苗余缺状况设计种苗组织供应方案,落实工程建设需要的种苗来源、规格、等级和数量。

第十七条 管护设计。按照谁退耕、谁受益、谁管护的原则,落实管护主体责任,明确责任人并与之签订管护合同。同时,可根据需要进行了望台、哨卡、管护房的位置、规模与结构,围栏的类型、位置、长度以及必要管护设备的设计,并测算出工程量、耗材量及所需资金投入量等。

第十八条 辅助工程施工设计。辅助工程包括营林设施、护林设施、标牌、水利设施、固土护坡等辅助项目的结构、规格、材料、数量与位置等,沙地造林种草设置沙障的数量、形状、规格、走向、设置方法与选用的材料等,可根据需要进行设计。具体设计可参照有关标准和技术规定以及外业调绘图,做出单项设计、绘制结构图,其位置要标示在设计图上。

第十九条 施工组织设计

施工组织设计应包括以下内容:

(一)施工作业顺序、时间安排。

(二)劳力、物质、设备的调配与安排。

(三)施工作业的计划、资金、组织、技术、档案管理等。

第二十条 作业设计图的绘制

(一)作业设计总平面图。图素包括明显的地物标(道路、河道、溪流、沟渠、桥梁、涵洞、独立屋、孤立木等)、边界、辅助工程的布设位置及苗木栽植位置。树种简单,株行距固定的作业小班,总平面图上可以不标示苗木栽植的具体位置,但要标示行带的走向。作业设计总平面图绘制在A4或A3打印纸上。作业设计总平面图成图比例尺见表1,比例尺最小为1:10000。

表1 作业设计总平面图成图比例尺

作业区面积		比例尺
公顷	亩	
<0.5	<7.5	<1:500
0.5~2	7.5~30	1:500~1000
2~10	30~150	1:1000~1500
10~30	150~450	1:1500~2000
30~60	450~900	1:2000~2500
60~100	900~1500	1:2500~3000
100~150	1500~2250	1:3000~4000
150~250	2250~3750	1:4000~5000
250~400	3750~6000	1:5000~6000
>400	>6000	1:6000~10000

（二）造林图式。每个营造林模式应绘制树种（乔灌草）搭配、株间配置的营造林图式；整地作业分方式绘制平面与剖面图，标注尺寸。营造林图式应图例规范，标注内容清楚，比例尺适当，方便施工。

（三）辅助工程单项设计图。应分别项目类型，因地制宜，积极推广和正确选用国家、行业和地方标准绘制辅助工程施工设计图。

（四）作业小班位置图。根据外业调绘和内业设计，以乡镇为单位，将本年度的作业小班勾绘在 1: 10000 的地形图上。

位置图应按实际标清各级行政区划界、村界、林班或村民组界、小班界等；应注明各级政府驻地与相邻行政区名、村名、林班号或村民组名、小班注记等。小班注记用分子式标注，样式为：

$$\frac{\text{小班号—小班面积}}{\text{造林年份—造林地类别—造林树种}}$$

其中，造林地类别用英文字母表示，25 度以上坡耕地 DG 表示，重要水源地 15 - 25 度坡耕地用 ZG 表示，严重沙化耕地用 SG 表示，荒山荒地用 HD 表示。

若作业小班面积很小，按规定的比例尺在地形图上无法绘出小班界限的，可在图上标注符号示意。

第二十一条 按照当地近年来平均物价、用工等指标，以小班为单位测算退耕地造林和荒山荒地造林的用工量和投资；国家和地方的退耕还林补助资金以农户为单位测算；辅助工程以村为单位，分别项目类型测算用工量、各种耗材量与投资。

第四章 文件编制

第二十二条 作业设计成果由设计说明书、设计图、附表和有关附件构成。

第二十三条 作业设计说明书以乡镇为单位进行编制。主要包括以下内容：

（一）前言，简述设计过程及提交的成果。

（二）基本情况，包括作业区的自然条件，产业结构、经济结构、土地利用情况，退耕土地情况，农户退耕意愿调查摸底情况，农村能源利用情况等。

（三）设计原则和依据。

（四）规模、范围和布局。

（五）营造林设计。

（六）种苗组织设计。

（七）管护设计。

（八）辅助工程设计。

（九）施工组织设计。

（十）工程量、用工量测算。

（十一）投资预算及筹措。

第二十四条 设计图包括作业设计总平面图、营造林模式图和辅助工程施工设计图以及作业小班位置图等。

第二十五条 附表包括作业小班现状调查表（正面、背面）、营造林作业设计一览表、营造林作业设计汇总表、分树种种苗供需平衡表、辅助工程设计汇总表、国家补助测算一览表、投资测算汇总表等。

第二十六条 作业设计应以乡镇为单位，按照设计说明书、设计图、附表及其他附件的顺序排列，加装封面，合并成册。

第五章 备案实施

第二十七条 作业设计需由县级林业主管部门报地（市）级林业主管部门备案。

第二十八条 各级林业主管部门应严格按照备案的作业设计组织造林施工和检查验收，没有编制作业设计的不得施工。

第二十九条 任何单位或个人不得随意变更作业设计，如因故确需变更的，应提交变更原因说明并由原设计单位或机构变更设计，由县级林业主管部门重新报请地（市）级林业主管部门备案。

第三十条 县级人民政府或者其委托的乡镇人民政府需根据作业设计，与退耕农户签订退耕还林合同，将退耕还林任务、责任、补助政策落实到户。

第三十一条 作业设计应纳入技术档案管理。由县级林业主管部门和乡镇各执一份，以备查用。

第六章 附 则

第三十二条 各省级林业主管部门可根据本地实际情况，制定符合本省（区、市）实际情况的作业设计实施细则，报我局备案。

第三十三条 本规定由国家林业局负责解释。

第三十四条 本规定自 2015 年 4 月 15 起实施，有效期至 2020 年 12 月 31 日。《退耕还林工程作业设计技术规定》（林退发〔2003〕90 号）同时废止。

附表（略）：

1. 作业小班现状调查表
2. 营造林作业设计一览表
3. 营造林作业设计汇总表
4. 分树种种苗供需平衡表
5. 辅助工程设计汇总表
6. 国家补助测算一览表
7. 投资测算汇总表

国家林业局关于印发《退耕还林工程档案管理办法》的通知

林退发〔2015〕38 号

各有关省、自治区、直辖市林业厅（局），新疆生产建设兵团林业局：

为进一步规范退耕还林工程档案管理工作，适应新一轮退耕还林工程实施的需要，根据《中华人民共和国档案法》、《中华人民共和国档案法实施办法》等法律法规以及《林业重点工程档案管理办法》、《新一轮退耕还林还草总体方案》的要求，我局研究制定了《退耕还林工程档案管理办法》（见附件），现印发给你们，请遵照执行。

附件：退耕还林工程档案管理办法

国家林业局
2015 年 4 月 2 日

附件

退耕还林工程档案管理办法

第一章 总 则

第一条 为规范退耕还林工程档案管理工作，更好地为新一轮退耕还林工程建设服务，根据《中华人民共和国档案法》、《中华人民共和国档案法实施办法》等法律法规以及《林业重点工程档案管理办法》、《新一轮退耕还林还草总体方案》的要求，制定本办法。

第二条 本办法适用于国务院批准实施的退耕还林工程档案管理工作。

第三条 退耕还林工程档案管理工作是退耕还林工程建设的重要基础工作，应将其纳入工程管理的全过程，与工程建设同步实施。

第四条 退耕还林工程档案是部门或单位档案全宗中不可分割的重要组成部分，必须与其他门类的档案（文书档案、财会档案、设备档案等）一起实行集中统一管理。

第五条 退耕还林工程档案管理工作实行统一领导、分级管理的原则。国家林业局监督、检查和指导全国的退耕还林工程档案管理工作；县级以上地方各级林业主管部门监督、检查和指导辖区内的退耕还林工程档案管理工作，并在业务上接受上级林业主管部门和同级档案行政管理部门的监督、检查和指导。

第六条 退耕还林工程档案管理工作实行领导责任制，分管工程的负责人要对工程档案管理工作负全责。

第七条 各级林业主管部门要保证开展工程档案管理工作的所需资金、设施和设备。有条件的地方应开展档案管理的电子化、信息化和网络化建设。

第二章 档案管理制度

第八条 各级林业主管部门要根据退耕还林工程特点建立健全工程文件材料的整理、保管、利用、保密、鉴定、销毁等管理制度。

第九条 档案管理制度要根据内容分别张贴于档案库、档案办公室、档案阅览室等墙上醒目之处，切实起到时刻警醒和对照标准的作用。

第十条 要严格按照各项管理制度办事，规范管理，确保工程档案的完整、准确、系统、安全和借阅方便。

第十一条 要定期对档案管理制度执行情况进行检查，发现问题，及时纠正。

第十二条 要制定奖惩措施，对于在退耕还林工程档案管理工作中做出突出成绩的，应予表扬；对于违反有关规定，造成工程档案材料失真、损毁或丢失的，应予以严肃处理。

第三章 档案管理人员

第十三条 要根据实际情况，配备能力强、素质高的专（兼）职工程档案管理人员，并保证档案管理人员的相对稳定。

第十四条 档案管理人员是工程建设的管理人员，依照国家有关规定，其在职务晋升、职称评聘及其他待遇上享受与工程管理人员同等待遇。

第十五条 档案管理人员要经过档案管理和退耕还林业务知识考核，达到要求的方能上岗工作；要定期对档案管理人员进行培训，提高档案管理人员的业务能力和责任心。

第十六条 档案管理人员要恪尽职守、任劳任怨，要严格按照档案管理制度办事，认真做好工程文件材料的收集、整理、鉴定、保管和借阅等工作。

第四章 形成和整理

第十七条 各级林业主管部门应将工程文件材料的形成、积累、整理和归档工作纳入工程管理程序，列入有关部门和人员的职责范围。

第十八条 各级林业主管部门应将工程档案的建立与管理作为重要内容纳入工程实施的方案中，确保工程档案的完整、准确与系统。

第十九条 工程技术人员要随时收集在工程实施过程中形成的工程文件材料，并按规定交由工程档案管理人员进行整理、保管和借阅。工程技术人员在工作调动前，须将个人保存的文件材料悉数移交工程档案管理人员，不得擅自带离原单位或据为己有。

第二十条 归档的工程文件材料要字迹工整、图样清晰、签字手续完备。凡需归档的数据表格要填写完整，准确无误。对于作业设计、检查验收和政策兑现等关键环节的档案，要注明编制人、调查人、验收人、补助领取人、批准人及时间等。

第二十一条 对于录音、录像、照片、计算机存储介质等非纸质材料，应按照存储介质的不同，进行不同的加工处理。对于录音、录像和计算机存储介质等材料，应在每份介质上配以相应的目录和说明；对于照片和图片，则应配有简洁的文字说明，用以标明时间、地点、人物、事件。各介质与相关材料之间，要建立关联互见号。

第五章 归 档

第二十二条 按照行政级别，省级、地（市级）、县级、乡镇级林业主管部门分别建档。在同一行政级别内，技术档案、文书档案、财会档案等不同门类自编档号，各成体系。

第二十三条 归档的内容主要包括各类文件、讲话、方案、设计、标准、办法、规定，形成的调查、检查、证件发放、补助兑现、监测、会议、培训、总结等材料，签订的合同书、责任书，相关的凭证、图、表、卡、册、声、像资料等以及其他一些需要归档的资料。

第二十四条 归档门类

(一)技术档案：年度计划、实施方案、总体设计、作业设计、工程施工、检查验收、政策兑现、后期管护等各环节所形成的报告、图、表、卡、册等原始材料。

(二)文书档案：各类文件、合同协议、会议材料、培训材料、管理办法、技术标准、工作总结、有关案件的处理材料及其他文字材料等。

(三)财会档案：会计凭证、会计账簿、会计报表等会计核算专业材料。

第二十五条 归档时间

(一)技术档案：依据建设程序，按实施方案、作业设计、工程施工、检查验收、政策兑现、后期管护等程序分阶段归档。

(二)文书档案：依据国家有关规定，每年6月底前完成对上年度形成文件材料的归档工作。

(三)财会档案：依据国家有关规定，在有关材料形成后的第3年归档。

第二十六条 退耕还林工程档案分为永久、长期、短期3种保管期限。其中，永久为50年以上(含50年)，长期为15年至50年(含15年)，短期为15年以下。

第六章 保管与借阅

第二十七条 退耕还林工程档案可以设立专门的档案库存放，也可以与其他林业档案共用一个档案库，但要配备专门的档案柜来单独保管退耕还林工程档案。

第二十八条 档案库必须坚固，必须装备铁门、铁窗及其他防盗、防水、防潮、防霉、防虫、防鼠、防尘、防火、防太阳光直射、防有害气体等设施设备。

第二十九条 保管档案资料，必须确保分类清楚、组卷合理、装订整齐、排列有序、规范美观，且检索目录齐全。

第三十条 应定期检查、清点库藏档案资料。发现档案霉烂、褪变、破损或账物不符时，必须及时追查、处理和修复。

第三十一条 要严格执行档案借阅登记制度，认真履行交接签字手续，借出的档案资料要限期归还，并确保档案资料整洁、完好无损。

第七章 附 则

第三十二条 各省级林业主管部门可根据本办法，结合本地区实际，制定实施细则。

第三十三条 本办法由国家林业局负责解释。

第三十四条 本办法自2015年5月1日起施行，有效期到2020年12月31日。《退耕还林工程档案管理办法》(试行)(办退字〔2003〕33号)同时废止。

国家林业局关于印发《标准化林业工作站建设检查验收办法(试行)》的通知

林站发〔2015〕39号

各省、自治区、直辖市林业厅(局)，新疆生产建设兵团林业局：

为进一步抓好标准化林业工作站建设，提高建设质量与成效，我局研究制定了《标准化林业工作站建设检查验收办法(试行)》(见附件)，现印发给你们，请遵照执行。

附件：标准化林业工作站建设检查验收办法(试行)

国家林业局

2015年4月3日

附件

标准化林业工作站建设检查验收办法(试行)

第一章 总 则

第一条 为积极推动标准化林业工作站(以下简称“标准站”)建设，提高标准站建设质量和成效，根据我局《基层林业工作站建设中央预算内投资计划管理办法(试行)》(以下简称《办法》)、《乡镇林业工作站工程建设标准》(以下简称《标准》)等相关要求，制定本办法。

第二条 标准站建设检查验收工作应当遵循科学规范、统一标准、分级负责、公正公开的原则，采取听取汇报、审查资料和现场考核相结合的方式进行。

第三条 标准站建设检查验收实行评分制。基本分为100分，并设置附加分，体现标准站建设的政策导向。基本分与附加分之和达到 70 分以上为合格，通过验收。

第四条 本办法适用于中央预算内投资的标准站建设。

第二章 检查验收程序

第五条 标准站建设的检查验收实行县级自查、省级验收和国家核查三级程序。

第六条 标准站建设期为一年。建设单位在建设任务完成后，由县级林业主管部门组织开展自查。县级自查应在建设或整改结束后 1 个月之内完成。自查合格后形成自查报告，逐级上报省级林业主管部门。

第七条 省级林业主管部门收到验收申请及自查报告后，要及时组织开展省级验收工作。省级验收合格后，由省级林业主管部门形成验收报告，上报国家林业局林业工作站业务主管部门。

第八条 国家林业局对省级林业主管部门上报的验收结果采取抽检方式进行核查。抽查比例是：标准站 10 个（含）以下的抽查 30%；11 ~ 20 个（含）的抽查 25%，不低于 3 个；21 个以上的抽查 20%，不低于 5 个。抽查的标准站按照随机抽样程序确定。

第九条 建设单位应提供机构编制，人员教育培训，建设方案，建设资金下达、配套、拨付、使用，站房、设备、车辆权属证明等相关材料。

第十条 不能按期完成建设任务（含检查验收不合格）的标准站，应逐级上报正式文件说明情况，提出整改期限。上级林业主管部门应及时督促指导建设单位在整改期限内完成其标准站建设任务，并在检查验收时酌情扣减其得分。

第三章 检查验收内容及评分标准

第十一条 人员配备(15 分)

（一）在编人员数量达到《标准》的指标或地方政府批准的编制指标，在编在岗人员 80% 为专业技术人员并达到中专以上文化程度，站长参加过县级以上林业主管部门组织的培训并获得国家林业局林业工作站管理总站统一制发的“林业工作站站长岗位培训证书”，主要岗位人员（林政员、营林员、资源管理员）参加过县级以上林业主管部门组织的业务培训，获得县级以上林业主管部门颁发的培训证书或有完整培训记录的，得 15 分。

（二）在编人员数量达不到规定指标的，每缺少 1 人，扣 1 分，最多扣 5 分。

（三）在编在岗人员中专业技术人员及文化程度达不到标准要求的，每缺少 1 人，扣 1 分，最多扣 5 分。

（四）站长未取得岗位培训证书的，扣 2 分；主要岗位人员未参加培训或未取得证书、或缺乏有效证明的，每 1 人扣 1 分，最多扣 5 分。

第十二条 站房权属(5 分)

站房权属为林业站自有的，得 5 分。

站房权属为非自有，但有文件或合同证明能长期使用的，得 3 分。

第十三条 站房建设(15 分)

（一）站房面积达到《标准》规定，站牌醒目，站标清晰，站容站貌整洁，庭院绿化美化的，得 15 分。

（二）站房面积达不到《标准》规定的，每降低 10% 扣 1 分。

（三）站牌不醒目，站标不清晰，站容站貌不整洁、不美观的，每项扣 2 分，最多扣 5 分。

第十四条 办公设备(10 分)

（一）配备计算机（含打印机）、通讯设备，森林资源档案实行微机化管理的，得 10 分。

（二）缺少其中一项的，扣 3 分。

第十五条 工具车辆(5 分)

（一）配备汽车或机动船只的，得 5 分。

（二）配备摩托车的，得 3 分。

第十六条 工作器械(5 分)

（一）依据承担职责任务的大小，相应配备必要的森林资源调查、野生动植物保护、森林防火、林业有害生物防治、林业科技推广等项工作仪器设备的，得 5 分。

（二）必要设备每缺一项的，扣 1 分。

第十七条 内部管理(15 分)

（一）主要制度（岗位责任制、目标管理责任制、廉政建设制度等）、图（森林资源分布图、林业发展规划图）、表（林业基本情况统计表、年度林业生产进度表）齐全并张贴上墙；档案管理规范，做到一年一出数、一年一归档；实行站务公开的，得 15 分。

（二）其中每一单项不合格的，扣 2 分，最多扣至 0 分。

第十八条 建设资金(10 分)

（一）依据《办法》要求，按比例落实标准站建设投入资金，制定并严格执行资金使用计划的，得 10 分。

（二）省级投入资金达不到比例要求的，每减少 10% 扣 1 分，最多扣 5 分。

（三）未执行资金使用计划的，扣 5 分。

（四）挪用建设资金的，扣 10 分。

第十九条 管理体制(5 分)

（一）实行县级林业主管部门垂直管理的，得 5 分。

（二）实行县级林业主管部门和乡镇双重管理的，得 3 分。

（三）实行乡镇管理的，得 2 分。

第二十条 经费渠道(5 分)

（一）经费渠道全额纳入财政预算的，得 5 分。

（二）经费渠道为财政差额的，得 4 分。

（三）经费渠道为林业经费的，得 2 分。

第二十一条 职能作用(10 分)

（一）林业站六大职能作用充分发挥，生态建设和服务林农主业突出的，得 10 分。

（二）必要职能未能充分发挥的，每项扣 2 分，最多扣至 0 分。

第二十二条 附加分

（一）省级投入资金超过要求比例的，每增加 10%，加 1 分，最多加 5 分。

（二）人员配备中，有本科（含）以上文化程度或中级职称以上专业技术人员的，每人加 1 分，最多加 5 分。

（三）建设期间，林业站或个人获国家级表彰或奖励的，每一项加2分；获省级表彰或奖励的，每一项加1分。最多加3分。

（四）未按期完成标准站建设任务的，视原因和延期长短扣1～5分。

（五）建设期间出现违法或严重违纪行为的，扣5分。

第四章 检查验收成果管理

第二十三条 检查验收完成后要提交检查验收报告。报告内容包括标准站建设情况、检查验收工作开展情况、检查结果、主要成绩和典型经验、发现问题及其原因分析、对策建议、相关图表数据等。

第二十四条 检查验收结果作为下一年度安排标准站投资的重要参考因素。国家林业局对工作开展较好的省级单位在安排投资时予以倾斜；未通过检查验收的县，限期整改后复查仍不合格的，将酌情减少今后几年的建设投资。

第二十五条 国家林业局将对年度检查验收情况进行通报，并对各地探索出的典型经验、有效措施及建设模式等进行宣传和推广。

第五章 附 则

第二十六条 计划单列市标准站建设的省级验收工作由其所在的省级林业主管部门负责完成。

第二十七条 省级林业主管部门可以依照本办法，结合实际制定实施细则。实施细则应报国家林业局备案。

第二十八条 本办法自2015年5月1日起实施，有效期至2020年12月31日。

国家林业局关于印发《国家级自然保护区总体规划审批管理办法》的通知

林规发〔2015〕55号

各省、自治区、直辖市林业厅（局），内蒙古、吉林、龙江、大兴安岭森工（林业）集团公司，新疆生产建设兵团林业局，国家林业局各司局、各直属单位：

为贯彻落实国家禁止开发区域管理的有关要求，进一步加强国家级自然保护区总体规划审批管理，推进规划管理规范化、制度化，依据《自然保护区条例》的规定，我局组织制定了《国家级自然保护区总体规划审批管理办法》（见附件），经国家林业局局务会审议通过，现印发给你们，请遵照执行。

特此通知。

附件：国家级自然保护区总体规划审批管理办法

国家林业局

2015年5月4日

附件

国家级自然保护区总体规划审批管理办法

第一章 总 则

第一条 为了加强国家级自然保护区总体规划审批管理工作，推进规划管理规范化、制度化，充分发挥总体规划指导国家级自然保护区科学发展的重要作用，依据《中华人民共和国自然保护区条例》、《国务院办公厅关于做好自然保护区管理有关工作的通知》（国办发〔2010〕63号）和国务院行政审批制度改革的有关要求，制定本办法。

第二条 林业主管部门管理的国家级自然保护区总体规划的申报、审批，适用本办法。

第三条 国家林业局发展规划与资金管理司（以下简称“计财司”）会同国家林业局野生动植物保护与自然保护区管理司（以下简称“保护司”）负责总体规划的审核、批复和实施监督工作。

第四条 国家级自然保护区管理机构按照《中华人民共和国自然保护区条例》的有关规定，在完成综合科学考察、本底资源调查的基础上，科学系统地组织编制总体规划。规划技术深度必须达到《自然保护区总体规划技术规程》（GB/T20399－2006）的要求。规划期一般为10年。

第五条 规划编制内容应包括总论、自然保护区概况、保护现状及评价、基本思路、主要建设内容、重点工程建设、管理机构与能力建设、投资估算与效益评价、保障措施等9个部分，具体见所附编写要求。

第二章 规划上报

第六条 总体规划编制或者修编完成后，由省级林业主管部门组织评审和审查。总体规划应当符合《全国主体功能区规划》中禁止开发区域的有关要求，并与当地经济社会发展规划、国土规划、城乡规划、交通规划、林地保护利用规划等充分衔接。同时，要广泛征求所在地发展改革、财政、国土资源、环境保护、规划、交通、旅游等部门及利益相关者意见。

第七条 总体规划由省级林业主管部门行文上报国家林业局。上报的材料包括：

（一）省级林业主管部门的上报文件；

（二）国务院批准设立国家级自然保护区的批复

文件；

（三）总体规划文本及相关图件纸质版7份，电子版1份；

（四）评审意见；

（五）总体规划征求意见情况说明。

第八条 计财司负责上报材料的登记，材料不全的不予登记，并于3个工作日内一次性告知补齐完善材料。自登记之日起，启动规划审批程序。

第三章 规划审批

第九条 总体规划登记受理后，由计财司在2个工作日内将上报材料转送保护司，并与保护司共同进行专业审核和业务审核。

第十条 专业审核。计财司和保护司联合建立"国家级自然保护区总体规划审核专家库"，具体运行管理由保护司负责。

保护司在收到上报材料后，从国家级自然保护区总体规划审核专家库抽取相关专家，在5个工作日内将总体规划送达专家。专家经书面审查或实地考察，应于30个工作日内将审核意见提交保护司。

第十一条 业务审核。计财司与保护司在收到上报材料后，于10个工作日内分别提出业务审核意见。

保护司对专业审核和业务审核意见进行汇总分析，于5个工作日内形成总体规划的最终审核意见。对于新晋升或者范围调整的国家级自然保护区，由保护司会同计财司召开总体规划审查会或者组织进行实地审核，于20个工作日内完成。

第十二条 对审核提出修改意见的总体规划，由保护司将总体规划修改意见通知单下达省级林业主管部门，省级林业主管部门在收到修改意见通知单后，组织相关单位于30个工作日内将修改后的总体规划文本和相关材料报送保护司，保护司审核后提交计财司。需要复审的按上述程序办理。

第十三条 对审核通过的总体规划，计财司在收到保护司最终审核意见后，于15个工作日内办理批复文件。

第十四条 批复文件下达后，由计财司负责在中国林业网对所批复的总体规划进行公告，并建立档案予以保存。

第四章 规划实施监督

第十五条 总体规划批复后，国家级自然保护区管理机构要严格按照批复的总体规划开展建设活动，严格控制开发强度，加强对森林、湿地和野生动植物资源的保护。批准后的总体规划需要进行修订的，应由省级林业主管部门将修订后的总体规划报原审批机关批准。

第十六条 总体规划中的工程建设项目，要严格按照有关基本建设程序另行履行报批手续。

第十七条 计财司会同保护司，或者委托第三方机构，对总体规划实施情况进行监督，组织开展规划中期、终期评估，提出规划修编或者新编意见。

对于不按照总体规划进行保护和建设的国家级自然保护区，责令进行限期整改。整改后仍不符合总体规划要求的，主管部门将依法处理。

第五章 附 则

第十八条 总体规划编制单位要加强管理，确保总体规划质量。未经上述程序批准的总体规划，不能作为林业审批项目和资金安排的依据。

第十九条 本办法由国家林业局负责解释。

第二十条 本办法自2015年6月1日起施行，有效期到2020年12月31日。凡与本办法不符的，按照本办法执行。

附：国家级自然保护区总体规划编写内容要求

附

国家级自然保护区总体规划编写内容要求

一、总论要求。简要介绍自然保护区的概况及保护价值、规划编制的目的、背景、编制依据，自然保护区的性质及主要保护对象，自然保护区类型、核心区、缓冲区、实验区面积（必须与国务院批复的自然保护区功能区划相一致），以及规划的主要内容（包括基本思路、主要建设内容、总投资概述）。

二、自然保护区概况要求。包括位置与范围、历史沿革与法律地位、自然环境、社区情况、土地利用状况、基础设施等。

（一）地理位置与范围。包括地理位置、四至边界。

（二）历史沿革与法律地位。包括历史沿革、自然保护区设立、管理机构建设、资源管理及执法权限等。

（三）自然环境。包括地质地貌、水文、气候、土壤、生物资源、旅游资源状况、自然灾害等。

（四）社区情况。包括从区内和周边两个角度，论述行政区域、人口数量与民族组成（核心区、缓冲区如果有常住人口的，要单独描述）、公共基础设施、地方经济情况和社会发展等。

（五）土地利用状况。包括土地与资源的权属（国有土地要注明林权证上所标明的使用权人）、地类构成、利用程度等，集体林区要说明集体林地承包经营、林权流转、林地使用及林农合法权益保护等情况。

（六）基础设施。包括自然保护区及周边基本交通、电信等情况，自然保护区基础建设情况。

三、保护现状及评价要求。包括保护管理现状、保护管理评价等。

（一）保护管理现状。包括自然保护区建立以来采取的保护管理措施。

（二）保护管理评价。包括自然资源评价，要根据自然保护区类型和保护对象，对野生动植物、湿地、景观等资源进行评价，其中主要保护对象还需明确分布区域、分布方式、多度或频度。保护价值评价，要从多样性、稀有性、自然性、典型性、脆弱性、面积适宜性、生态区位、潜在保护价值、科研价值等方面进行评价。有效管理评价，要从管理机构、管理体系、法规体系、管理队伍、管理权限、管理水平、信息化、科研宣教能力、社区协调、自养能力等方面进行评价。存在问题及对策，要从管理难度、发展基础、社区矛盾、特殊困难等方面分析问题，提出解决方向，并体现在规划任务中。如果是二期及以上总体规划，要认真总结前期实施情况(包括经验总结、存在问题及原因分析)，有针对性地提出本期工作设想和落实措施。

四、基本思路要求。包括指导思想、基本原则、规划期限及目标、总体布局(区划原则、依据、方法，详细描述各功能区界限、面积及承担的主要任务和发展方向)等。

五、主要建设内容要求。包括保护管理、科研监测、公众教育、可持续发展、基础设施等。

(一)保护管理。包括保护管理体系(明确保护站、点及分区管理的范围和面积)、珍稀濒危野生动植物保护管理措施、生态恢复、林地保护、湿地保护、社区共管措施、森林防火、有害生物防治、野生动物疫源疫病防控等项目。

(二)科研监测。包括科学研究、生态与资源监测项目及内容(要有针对性、连续性，如果与科研机构或大学合作开展的工作要单独注明)。

(三)公众教育。包括公众教育、区内和周边社区的宣传教育等措施。

(四)可持续发展。包括实施符合主体功能区定位的生态旅游、资源保护利用、社区发展扶持等项目，要明确区划、项目布局、环境容量测算及相应的管理措施。生态旅游规划包括实验区景点设置、旅游服务设施建设、管理及保障体系、旅游容量测评、收益分配体系等项目和内容。

(五)基础设施。包括局站点建设及界碑、桩和指示牌、水电路、环境治理、信息化等配套设施建设。

六、重点工程建设要求。包括保护管理、科研监测、公众教育、可持续发展、基础设施等重点建设内容，要明确建设地点、建设规模和建设期限。

七、管理机构与能力建设要求。包括组织管理机构(包括与相关政府及部门的行政业务关系、内部管理体系、管理措施等)、人员配置(包括定编人员情况、各部门人员分配等)、能力建设(包括教育、技能培训、信息化应用等)等。

八、投资估算与效益评价要求。包括投资估算(按国家有关标准测算)、投资计划安排、资金来源、行政事业费测算、效益评价(包括生态效益、社会效益、经济效益)等。

九、保障措施要求。包括法制保障、政策保障、组织保障、资金保障等。

十、附表要求。包括自然保护区社区情况统计表、自然保护区管理局(处)现状人员统计表、自然保护区基础设施现状统计表、自然保护区野生动植物资源情况统计表、自然保护区土地资源及利用现状表、自然保护区功能区划表、自然保护区主要建设项目规划表、自然保护区建设投资估算与安排表等。

十一、附图要求。包括自然保护区位置图、自然保护区土地利用现状图、自然保护区林地权属图、自然保护区植被图、自然保护区重点保护野生动植物分布图、自然保护区功能区划图、自然保护区总体规划布局图(如果是二期总体规划，需要附一期总体规划完成图)、自然保护区旅游规划图等。

国家林业局关于印发《国家级森林公园总体规划审批管理办法》的通知

林规发〔2015〕57 号

各省、自治区、直辖市林业厅(局)，内蒙古、吉林、龙江、大兴安岭森工(林业)集团公司，新疆生产建设兵团林业局，国家林业局各司局、各直属单位：

为认真贯彻落实国家禁止开发区域的有关要求，进一步加强国家级森林公园总体规划审批管理，推进规划管理规范化、制度化，依据《国家级森林公园管理办法》(国家林业局令第 27 号)的规定，我局研究制定了《国家级森林公园总体规划审批管理办法》(见附件)，经国家林业局局务会议审议通过，现印发给你们，请遵照执行。

特此通知。

附件：国家级森林公园总体规划审批管理办法

国家林业局

2015 年 5 月 4 日

附件

国家级森林公园总体规划审批管理办法

第一章 总 则

第一条 为了加强国家级森林公园总体规划审批管理工作，推进规划管理的规范化、制度化，充分发挥总体规划指导国家级森林公园科学发展的重要作用，依据国务院行政审批制度改革有关要求和《国家级森林公园管理办法》等相关规定，制定本办法。

第二条 国家级森林公园总体规划的申报、审批，适用本办法。

第三条 国家林业局发展规划与资金管理司(以下简称“计财司”)会同国家林业局国有林场和林木种苗工作总站(以下简称“场圃总站”)负责总体规划的审核、批复和实施监督工作。

第四条 国家级森林公园管理机构按照《国家级森林公园管理办法》的有关规定组织编制总体规划。规划技术深度必须达到《国家级森林公园总体规划规范》(LY/T2005－2012)的要求。规划期一般为10年。

第五条 规划编制内容应当包括基本情况、生态环境及森林风景资源、森林公园发展条件分析、总则、总体布局与发展战略、容量估算及客源市场分析与预测、专项规划、环境影响评价、投资估算、效益评估、保障措施等20个部分，具体见所附编写要求。

第二章 规划上报

第六条 总体规划编制或者修编完成后，由省级林业主管部门组织评审和审查。总体规划应当符合《全国主体功能区规划》中禁止开发区域的有关要求，并与当地经济社会发展规划、国土规划、城乡规划、交通规划、林地保护利用规划等充分衔接。同时，要广泛征求所在地发展改革、财政、国土资源、环境保护、规划、交通、旅游等部门及利益相关者意见。

第七条 总体规划由省级林业主管部门行文上报国家林业局。上报的材料包括：

(一)省级林业主管部门的上报文件；

(二)国家林业局批准设立国家级森林公园的批复文件；

(三)总体规划文本及相关图件纸质版4份，电子版1份；

(四)评审意见；

(五)总体规划征求意见情况说明。

第八条 计财司负责上报材料的登记，材料不全的不予登记，并于3个工作日内一次性告知补齐完善材料。自登记之日起，启动规划审批程序。

第三章 规划审批

第九条 总体规划登记受理后，由计财司在2个工作日内将上报材料转送场圃总站，并与场圃总站共同进行专业审核和业务审核。

第十条 专业审核。计财司和场圃总站联合建立“国家级森林公园总体规划审核专家库”，具体运行管理由场圃总站承担。

场圃总站收到上报材料后，从国家级森林公园总体规划审核专家库抽取相关专家，在5个工作日内将总体规划送达专家。审核专家于10个工作日内将专业审核意见提交场圃总站。

第十一条 业务审核。计财司和场圃总站在收到上报材料后，于10个工作日内分别提出业务审核意见。

场圃总站对专业审核和业务审核意见进行汇总分析，于5个工作日内形成总体规划的最终审核意见。必要时由场圃总站会同计财司召开总体规划审查会或者组织进行实地审核，于10个工作日内完成。

第十二条 对审核提出修改意见的总体规划，由场圃总站将总体规划修改意见通知单下达省级林业主管部门。省级林业主管部门在收到修改意见通知单后，于20个工作日内将修改后的总体规划文本和相关材料报送场圃总站，场圃总站审核后提交计财司。需要复审的按上述程序办理。

第十三条 对审核通过的总体规划，计财司在收到场圃总站最终审核意见后，于15个工作日内办理批复文件。

第十四条 批复文件下达后，由场圃总站负责在中国森林公园网和中国林业网对所批复的总体规划进行公告，并建立档案予以保存。

第四章 规划实施监督

第十五条 总体规划批复后，国家级森林公园管理机构要严格按照批复的总体规划开展建设活动，严格控制开发强度，加强对森林、湿地和野生动植物资源的保护。批准后的总体规划需要进行修订的，应由省级林业主管部门将修订后的总体规划报原审批机关批准。

第十六条 总体规划中的工程建设项目，要严格按照有关基本建设程序另行履行报批手续。

第十七条 计财司会同场圃总站，或者委托第三方机构，对总体规划实施情况进行监督，组织开展总体规划中期、终期评估，提出总体规划修编或者新编意见。

对于不按照总体规划进行开发和建设的国家级森林公园，责令进行限期整改。整改后仍不符合总体规划要求的，主管部门将依法处理。

第五章 附 则

第十八条 总体规划编制单位要加强管理，确保总体规划质量。未经上述程序批准的总体规划，不能作为林业审批项目和资金安排的依据。

第十九条 本办法由国家林业局负责解释。

第二十条 本办法自2015年6月1日起施行，有效期到2020年12月31日。凡与本办法不符的，按照本办法执行。

附：国家级森林公园总体规划编写内容要求

附

国家级森林公园总体规划编写内容要求

一、基本情况的要求。包括自然地理条件、社会经济条件、历史沿革、森林公园建设与旅游现状等。

（一）自然地理条件。包括地理位置、地质地貌、气候水文、土壤条件、森林动植物资源等。

（二）社会经济条件。包括人口、经济、交通、电力、通讯等。

（三）历史沿革。包括历史沿革、森林公园设立、管理机构建设、资源管理等。

（四）土地利用状况。包括土地与资源的权属（国有土地要注明林权证上所标明的使用权人）、地类构成、利用程度等，集体林区要说明集体林地承包经营、林权流转、林地使用及林农合法权益保护等情况。

（五）森林公园建设与旅游现状。包括公园内基础设施条件、景区景点建设现状、旅游开展情况等。

二、生态环境及森林风景资源的要求。包括生态环境评价、森林风景资源调查与评价、森林公园发展的优势与劣势、森林公园发展面临的机遇与挑战等。

（一）生态环境评价。包括地表水质量、大气质量、土壤质量等。

（二）森林风景资源调查与评价。包括自然景观资源、人文景观资源、可借景观资源、森林公园风景资源质量评定等。

三、森林公园发展条件分析的要求。包括森林公园发展的优势与劣势、面临的机遇与挑战等。

（一）森林公园发展的优势与劣势。包括地理位置、基础设施建设、旅游适游期等。

（二）森林公园发展面临的机遇与挑战。包括国内外旅游发展形势、地方政府重视程度、当地旅游资源供需情况等。

四、总则要求。包括指导思想、规划原则、规划依据、规划目标、规划分期等。

五、总体布局与发展战略的要求。包括森林公园性质与范围、森林公园主题定位、森林公园功能分区、分区建设项目及景点规划、森林公园发展战略、主题定位与营销策划等。

（一）森林公园性质与范围。性质依据森林公园的典型特征、主要功能来确定，规划范围是森林公园设立的批复范围。

（二）功能分区。包括生态保育区、核心景观区、一般游憩区和管理服务区等。

（三）分区建设项目及景点规划。包括各个功能区规划建设的项目，涉及资源保护、游憩设施、接待设施、科普宣教设施等。

六、容量估算及客源市场分析与预测的要求。包括森林公园环境容量、游客容量以及旅游区位分析、客源市场分析、游客规划预测等。

七、植被与森林景观规划的要求。包括规划原则、植被规划、森林景观规划、风景林经营管理规划。

八、资源与环境保护规划的要求。包括规划原则、重点森林风景资源保护、森林植物和野生动物保护、环境保护。

九、生态文化建设规划的要求。包括规划原则、生态文化建设重点和布局、生态文化设施规划、解说系统规划。

十、森林生态旅游与服务设施规划的要求。包括森林生态旅游产品定位、游憩项目策划、旅游服务设施规划、游线组织规划。

十一、基础工程规划的要求。包括道路交通规划、给排水工程规划、供电规划、供热规划、通信、网络、广播电视工程规划、旅游安全保障系统与设施规划。

十二、防灾及应急管理规划的要求。包括灾害历史、森林防火及病虫害防治规划、其他灾害防治、监测与应急预案。

十三、土地利用规划的要求。包括土地利用现状分析、土地利用规划原则、土地利用规划及建设项目占用林地情况。

十四、社区发展规划的要求。包括居民点分布现状分析、社区发展规划原则、社区发展规划。

十五、环境影响评价的要求。包括环境质量现状、建设项目对环境影响评估、采取对策措施、环境影响评价结论与建议。

十六、投资估算的要求。包括估算依据、投资估算、资金筹措。

十七、效益评估的要求。包括生态效益评估、社会效益评估、经济效益评估。

十八、分期建设规划的要求。包括近期建设目标及重点建设工程、中远期建设目标及重点建设工程。

十九、实施保障措施的要求。包括法制保障、政策保障、组织保障、资金保障等。

二十、图纸要求。包括区位图（对外关系图）、土地利用现状图、森林风景资源分布图、客源市场分析图、功能分区图、土地利用规划图、与其他保护地（自然保护区、湿地公园、风景名胜区等）关系图、景区景点分布图、植物景观规划图（林相改造图）、游憩项目策划图、游览线路组织图、服务设施规划图、道路交通规划图、给排水工程规划图、供电供热规划图、通信网络广播电视工程规划图、环卫设施规划图、近期建设项目布局图。

国家林业局关于印发《国家沙化土地封禁保护区管理办法》的通知

林沙发〔2015〕66号

各省、自治区、直辖市林业厅(局)，内蒙古、吉林、龙江、大兴安岭森工(林业)集团公司，新疆生产建设兵团林业局，国家林业局各司局、各直属单位：

为进一步加强和规范沙化土地封禁保护区建设和管理，根据《中华人民共和国防沙治沙法》的有关规定，我局研究制定了《国家沙化土地封禁保护区管理办法》(见附件)，现印发给你们，请认真遵照执行。

附件：国家沙化土地封禁保护区管理办法

国家林业局

2015年5月28日

附件

国家沙化土地封禁保护区管理办法

第一条 为规范国家沙化土地封禁保护区建设和管理，根据《中华人民共和国防沙治沙法》等有关法律法规和全国防沙治沙规划，制定本办法。

国家沙化土地封禁保护区的划定和管理，应当遵守本办法。

第二条 国家林业局负责国家沙化土地封禁保护区的划定工作，并对其进行指导、监督和管理。

第三条 对于不具备治理条件的以及因保护生态的需要不宜开发利用的连片沙化土地，由国家林业局根据全国防沙治沙规划确定的范围，按照生态区位的重要程度、沙化危害状况和国家财力支持情况等分批划定为国家沙化土地封禁保护区。

第四条 划定和管理沙化土地封禁保护区，应该坚持“统筹规划，严格保护，集中连片，突出重点”的基本原则，在地块上不得与自然保护区及其他已批准设立的保护区重叠。

第五条 国家沙化土地封禁保护区的建设内容主要包括：封禁设施建设、管护队伍建设、固沙压沙等生态修复与治理、成效监测、宣传教育、档案建设与管理等。

第六条 划定国家沙化土地封禁保护区，应该具备以下条件。

(一)纳入全国防沙治沙规划中确定的封禁保护范围的沙化土地；

(二)生态区位重要，对周边地区乃至全国生态状况有明显影响的沙化土地；

(三)存在人为活动，且人为活动对生态破坏比较严重的沙化土地；

(四)受自然、技术和资金等条件限制，目前尚不具备治理条件的以及因保护生态的需要不宜开发利用的沙化土地；

(五)地域上相对集中连片，面积在100平方公里以上的沙化土地。

第七条 有关省级林业主管部门对于符合上述划定条件的沙化土地，可以提出划定国家沙化土地封禁保护区的申请。申请材料应包括以下内容。

(一)所在地县级人民政府关于同意设立国家沙化土地封禁保护区的文件，并提交拟划定国家沙化土地封禁保护区土地权属清晰、无争议以及相关权利人同意纳入国家沙化土地封禁保护区管理的证明文件和相关利益主体无争议的证明材料；

(二)拟划定国家沙化土地封禁保护区内有固定居民的，需提交县级人民政府编制的居民安置方案及移民承诺书；

(三)拟划定国家沙化土地封禁保护区可行性研究报告；

(四)反映拟划定国家沙化土地封禁保护区现状的图片资料和影像资料。

第八条 国家林业局组织有关专家对拟划定的国家沙化土地封禁保护区进行评审，专家评审通过并经国家林业局同意后，在国家林业局政府网站上进行公示，公示时间为7个工作日，公示无异议后由国家林业局公告。

第九条 国家沙化土地封禁保护区的命名方式为：省(自治区、直辖市)名称+具体区域名称+国家沙化土地封禁保护区。

第十条 国家沙化土地封禁保护区一经划定，省级林业主管部门负责组织本省(自治区、直辖市)国家沙化土地封禁保护区的建设、管理及检查验收等工作。

第十一条 国家沙化土地封禁保护区以县域为单位组织实施。跨市、县的国家沙化土地封禁保护区由其共同上级林业主管部门负责组织、协调和管理，具体涉及的县分别组织实施。

国家沙化土地封禁保护区所在地县级人民政府应当对国家沙化土地封禁保护区四至范围、封禁规定予以公告，任何单位和个人不得擅自变更国家沙化土地封禁保护区范围。县级林业主管部门负责本辖区内国家沙化土地封禁保护区建设的实施、日常保护和管理工作，应当明确国家沙化土地封禁保护区管理机构，配备必要的管理人员、技术人员和相应的设备设施，保障国家沙化土地封禁保护区建设和管理工作顺利实施。

第十二条 县级国家沙化土地封禁保护区管理机构

的主要职责包括：

（一）负责组织实施国家沙化土地封禁保护区封禁设施建设和固沙压沙等生态修复与治理，定期进行维护更新；

（二）负责组建管护队伍，制定规章制度，落实管护措施和责任，组织开展日常巡护工作；

（三）组织开展封禁保护的成效监测和宣传教育；

（四）负责建立和管理国家沙化土地封禁保护区档案，定期向上级林业主管部门报送相关信息。

第十三条 国家沙化土地封禁保护区封禁设施建设完工后，由省级林业主管部门负责组织验收，国家林业局组织抽查。

第十四条 除国家另有规定外，在国家沙化土地封禁保护区范围内禁止下列行为。

（一）禁止砍伐、樵采、开垦、放牧、采药、狩猎、勘探、开矿和滥用水资源等一切破坏植被的活动；

（二）禁止在国家沙化土地封禁保护区范围内安置移民；

（三）未经批准，禁止在国家沙化土地封禁保护区范围内进行修建铁路、公路等建设活动。

第十五条 确需在国家沙化土地封禁保护区范围内进行修建铁路、公路等建设活动的，应当按照“在沙化土地封禁保护区范围内进行修建铁路、公路等建设活动审核”的行政许可要求，报国家林业局行政许可。

经国家林业局同意在国家沙化土地封禁保护区范围内进行建设活动的，实施单位要严格执行国家林业局行政许可的有关规定，地方各级林业主管部门应当加强对建设活动的监督检查。

第十六条 违反本办法第十四条、第十五条规定的，依照《中华人民共和国防沙治沙法》第三十八条、第四十三条有关规定予以查处。

第十七条 本办法施行前已经试点建设的沙化土地封禁保护区，统一划定为国家沙化土地封禁保护区，由国家林业局公告。

第十八条 本办法由国家林业局负责解释。省级林业主管部门可以根据本办法制定实施细则。

第十九条 本办法自2015年7月1日起施行，有效期至2020年12月31日。

国家林业局办公室
2015年5月29日印发

中华人民共和国濒危物种进出口管理办公室公告

2015年第1号

为进一步支持中国（上海）自由贸易试验区（以下简称上海自贸区）建设，深入推动野生动植物进出口管理制度创新，着力促进野生动植物进出口贸易的便利化，根据《中华人民共和国濒危野生动植物进出口管理条例》和《野生动植物进出口证书管理办法》的有关规定，我办决定继续深化上海自贸区野生动植物进出口行政许可改革措施。现将有关事宜公告如下：

一、适用对象

适用对象应具备以下条件：

（一）在上海自贸区注册的企业；

（二）在上海自贸区内口岸以自理或代理方式进出口野生动植物或其产品的；

（三）货物进出上海自贸区的。

二、具体措施

（一）简化许可程序

进一步扩大国家濒管办上海办事处直接受理并核发允许进出口证明书的范围。属于下列情形之一的，符合本公告第一条条件的申请人可以凭国务院野生动植物主管部门批准文件和其他申报材料，直接向国家濒管办上海办事处申办允许进出口证明书：

1. 出口

①非CITES附录的国家重点保护野生动植物及其产品；

②载有“中国野生动物经营利用管理专用标识”的CITES附录Ⅱ、Ⅲ爬行纲动物（REPTILIA spp.）的皮张及其产品；

③CITES附录Ⅱ灵长目动物（PRIMATES spp.）的生物学样品，如血（含血细胞、血浆、血清等）、组织、器官、细胞系和组织培养物、DNA、分泌物或排泄物等；

④CITES附录Ⅲ的乌龟（*Mauremys reevesii*）、花龟（*Mauremys sinensis*）、蓝孔雀（*Pavo cristatus*）、鼬亚科（Mustelinae）野生动物及其产品；

⑤CITES附录Ⅲ的日本红珊瑚（*Corallium japonicum*）、瘦长红珊瑚（*Corallium elatius*）、巧红珊瑚（*Corallium secundum*）、皮滑红珊瑚（*Corallium konjoi*）死体及其产品；

⑥人工培植所获的CITES附录Ⅱ兰科植物（ORCHIDACEAE spp.）、仙人掌科植物（CACTACEA spp.）、仙客来属植物（*Cyclamen* spp.）、芦荟属植物（*Aloe* spp.）、大戟属肉质植物（*Euphorbia* spp.）、棒锤树属植物（*Pachypodium* spp.）、猪笼草属植物（*Nepenthes* spp.）、瓶子草属植物（*Sarracenia* spp.）、捕蝇草（*Dionaea muscipula*）、火地亚属植物（*Hoodia* spp.）和西洋参（*Panax quinquefolius*）及其产品；

⑦人工培植所获的云木香（*Saussurea costus*）及其产品。

2. 进口或再出口

①来源于在秘书处注册的人工繁殖单位的CITES附录Ⅰ野生动物及其产品；

②CITES附录Ⅱ野生动物及其产品（活体除外；穿山甲属 *Manis* spp.、非洲象 *Loxodonta africana*、白犀指名亚种 *Ceratotherium simum simum*、犀鸟科 Bucerotidae spp.、砗磲科 Tridacnidae spp. 除外）；

③CITES附录Ⅲ野生动物及其产品；

④CITES附录Ⅰ、Ⅱ和Ⅲ野生植物及其产品。

（二）放宽许可条件

1. 符合本公告第一条条件的申请人进口木材需要办理物种证明的，可以向国家濒管办上海办事处申办多次使用的物种证明，且免除提交提单的申请条件。

2. 国家濒管办上海办事处在办理本条第（一）款第二项内容的允许进口证明书行政许可时，除存在疑问或者应相关出口国、秘书处要求的情况外，不需要就境外CITES许可证或证明书进行核实确认。

（三）许可时限

办理本条第（一）款、第（二）款内容的允许进出口证明书和物种证明的：受理时间为二个工作日；审查决定时间为十个工作日。

三、承办机关和办理机构

承办本公告所述允许进出口证明书和物种证明行政许可业务的具体办理机构为：中华人民共和国濒危物种进出口管理办公室上海办事处。联系方式如下：

地址：上海市外高桥保税区富特北路456号南楼二层

邮编：200131

电话：021－50477217/7215/7213

传真：021－50477250

四、其他事宜

本公告自发布之日起施行，中和人民共和国濒危物种进出口管理办公室2014年第2号公告同时废止。

特此公告。

国家濒管办

2015年6月2日

国家濒管办关于进一步深化中国（上海）自由贸易试验区野生动植物进出口行政许可改革措施的通知

濒办字〔2015〕47号

国家濒管办上海办事处：

为积极响应党中央国务院加快建设自贸区的战略部署，进一步支持中国（上海）自由贸易试验区（以下简称上海自贸区）建设，深入推动野生动植物进出口管理制度创新，着力促进野生动植物进出口贸易的便利化，根据上海自贸区的区位特性和进出口贸易特点，并结合一年来的实践，经研究，我办决定继续深化上海自贸区野生动植物进出口行政许可改革措施，在《国家濒管办关于深入推进中国（上海）自由贸易试验区野生动植物进出口管理制度创新的通知》（濒办字〔2014〕45号）的基础上，进一步扩大委托你办事处受理并核发允许进出口证明书的范围。具体内容包括：

一、CITES附录Ⅲ的蓝孔雀（*Pavo cristatus*）、鼬亚科（Mustelinae）野生动物及其产品的出口；

二、来源于在秘书处注册的人工繁殖单位的CITES附录Ⅰ野生动物及其产品的进口或再出口；

三、CITES附录Ⅱ野生动物及其产品的进口或再出口（活体除外；穿山甲属 *Manis* spp.、非洲象 *Loxodonta africana*、白犀指名亚种 *Ceratotherium simum simum*、犀鸟科 Bucerotidae spp.、砗磲科 Tridacnidae spp. 除外）。

请你办事处按照濒办字〔2014〕45号文的相关要求，进一步探索新途径、创新新模式、积累新经验，为深入推进濒管办系统野生动植物进出口管理的改革创新提供决策依据。

本通知自发布之日起施行。

国家濒管办

2015年6月2日

国家林业局关于进一步规范大熊猫国内借展管理的通知

林护发〔2015〕85号

各省、自治区、直辖市林业厅（局），内蒙古、龙江、大兴安岭森工（林业）集团公司，新疆生产建设兵团林业局：

为纠正大熊猫国内借展活动中出现的系列违规问题，我局于2014年5月开展了大熊猫借展活动清理整顿和监督检查。一年来，根据检查和评估情况，对存在问题的借展单位提出了整改要求，纠正了不当借展行为和经营方式，停止了部分借展项目。为进一步规范大熊猫国内借展活动，促进依法、有序、文明开展大熊猫保护科普宣传和文化交流，现就加强大熊猫借展管理提出如下要求。

一、提高对借展公益性的认识。大熊猫是我国一级保护野生动物，属《濒危野生动植物种国际贸易公约》附录Ⅰ物种，被视为世界野生动物保护领域的旗舰。开展大熊猫借展活动，对于提高公众对大熊猫等珍稀濒危动物的保护意识、普及保护知识、宣传生态文明理念具有十分积极的作用，但其活动开展应以文化交流、科普宣传和公众教育为目的，不能危及大熊猫圈养种群的发展，不能单纯以营利为目的。借展活动中出现的展出方式不当、片面追求经济利益、忽视宣传教育等问题，对我国野生动物保护形象和声誉造成严重负面影响，必须予以高度重视并切实加以纠正。

二、完善借展合同，明确管理责任。按照《大熊猫国内借展规定》的要求，各大熊猫繁育单位作为大熊猫的借出方，应当与借展大熊猫的借入方商定实施借展大熊猫的管理责任和借展条件，并在借展合同中对以下内容予以明确：一是借出方应当在借展项目实施前，对借入方进行大熊猫饲养管理、疫病防治、科普宣教的指导和培训，保证借入方具备上述基本业务技能；二是借出方定期对借展大熊猫进行健康检查，并对饲养管理、疫病防治和安全等方面开展每年1—2次的监督检查；三是借入方借展大熊猫原则上不少于2只，须按要求提供满足大熊猫生活和健康的饲养和医疗条件，不得以租赁、承包、买断等形式将大熊猫转交其他组织机构和个人经营；四是借入方要保证大熊猫借展的公益性质，做好科普宣传和保护教育工作，不得以参观、拍摄、饲喂大熊猫等名义单独收取费用。

三、强化对借展活动的监督管理。借入方所在地林业主管部门要承担起对大熊猫借展活动的监管责任，依据《大熊猫国内借展管理规定》、《大熊猫饲养管理技术规程》等相关要求，定期对借入方开展现场监督检查。对检查发现的问题及时提出整改要求，对发现违规违法行为的，要及时依照相关规定处理并报告我局。同时，借入方所在地省级林业主管部门须在每年年底前将在本辖区开展的借展及其监管等情况报告我局。

本通知自发布之日起执行，有效期至2020年6月30日。

特此通知。

国家林业局

2015年6月29日

国家林业局关于支持上海自由贸易试验区有关林木引种检疫审批工作的通知

林造发〔2015〕81号

上海市林业局：

为贯彻落实党中央、国务院关于建设上海自贸区的重要部署，支持上海自贸区内林木引种工作，促进上海自贸区实体经济发展，依据行政审批制度改革的有关要求，经研究，我局决定将“从国外引进林木种子、苗木检疫审批”行政许可事项中，上海自贸区内涉及的国内首次从国外引进或者首次引种国家和地区的林木种子、苗木，其检疫风险评估工作下放至上海市，由上海市林业局组织风险评估。本通知适用对象为在上海自贸区内注册的企业，且货物进出上海自贸区。

特此通知。

国家林业局

2015年6月23日

国家林业局关于印发《国有林场备案办法》的通知

林场发〔2015〕120号

各省、自治区、直辖市林业厅(局)，中国林业科学研究院：

为规范国有林场备案程序，加强国有林场管理，保障国有林场改革顺利进行，促进国有林场健康发展，按照《中共中央 国务院关于印发〈国有林场改革方案〉和〈国有林区改革指导意见〉的通知》(中发〔2015〕6号)要求和《国有林场管理办法》(林场发〔2011〕254号)规定，我局研究制定了《国有林场备案办法》(见附件)，现印发给你们，请结合国有林场改革进展和各地实际情况，认真贯彻执行。

附件：国有林场备案办法

国家林业局

2015年8月31日

附件

国有林场备案办法

第一条 为加强国有林场管理，保障国有林场改革顺利进行，促进国有林场科学发展，根据《国有林场管理办法》和其他有关法律法规，制定本办法。

第二条 在中华人民共和国境内从事国有林场设立、变更、分立、合并、撤销等活动，履行备案手续，实施备案管理，适用本办法。

第三条 申请备案的国有林场应当具备以下条件。

(一)经县级以上人民政府或有关部门依法批准设立；

(二)具有独立的法人资格；

(三)林地权属清晰，四至界限分明，具有合法有效的林地权属证明；

（四）已经完成国有林场改革并通过省级和国家级改革验收。

第四条 办理国有林场备案应当提供以下文件材料。

（一）批准设立国有林场的文件复印件；

（二）事业单位法人证书或企业法人营业执照；

（三）国有、联营或租赁林地权属证明复印件；

（四）《国有林场备案申请表》（见附表）；

（五）国有林场改革省级验收证明。

第五条 办理国有林场备案应当遵循以下程序。

（一）办理备案的国有林场向所属林业主管部门提出备案申请；

（二）所属林业主管部门审核同意后，报省级林业主管部门；

（三）省级林业主管部门审核同意后，报国务院林业主管部门；

（四）中国林业科学研究院等中央直属单位管理的国有林场，向其所属主管单位提出备案申请，主管单位审核同意后报国务院林业主管部门；

（五）国务院林业主管部门审核同意后，予以备案并颁发备案证书，国务院林业主管部门于每年 11 月公布全国国有林场备案名录。

第六条 国有林场名称、单位性质、行政级别、隶属关系和国有林地面积发生变更的，应当按本办法第五条所规定的程序重新办理备案。

第七条 国有林场撤销的，应当由省级林业主管部门向国务院林业主管部门提出撤销备案申请。

中国林业科学研究院等中央直属单位管理的国有林场，由其所属主管单位向国务院林业主管部门提出撤销备案申请。

第八条 本办法由国务院林业主管部门负责解释。

第九条 本办法自 2016 年 1 月 1 日起施行，有效期至 2020 年 12 月 31 日。

国家林业局关于印发《建设项目使用林地审核审批管理规范》和《使用林地申请表》、《使用林地现场查验表》的通知

林资发〔2015〕122 号

各省、自治区、直辖市林业厅（局），内蒙古、吉林、龙江、大兴安岭森工（林业）集体公司，新疆生产建设兵团林业局：

为切实加强林地保护管理，进一步规范审核审批程序，明确审核审批内容和职责，根据《建设项目使用林地审核审批管理办法》有关规定，我局研究制定了《建设项目使用林地审核审批管理规范》（见附件 1），现予印发，请遵照执行。同时研究制定了新的《使用林地申请表》、《使用林地现场查验表》式样（见附件 2），原依据国家林业局林资发〔2000〕231 号文制发的《使用林地申请表》、《使用林地现场查验表》同时停止使用。新式样的《使用林地申请表》、《使用林地现场查验表》由县级人民政府林业主管部门统一印制，也可以在国家林业局政府网的在线服务栏目内下载，网址：www.forestry.gov.cn。

本通知自 2015 年 10 月 1 日起施行，有效期至 2020 年 12 月 31 日。

附件：1. 建设项目使用林地审核审批管理规范

2.《使用林地申请表》、《使用林地现场查验表》式样（略）

国家林业局

2015 年 9 月 2 日

附件 1

建设项目使用林地审核审批管理规范

一、建设项目确需使用林地的条件和范围

（一）建设项目使用林地应当严格执行《建设项目使用林地审核审批管理办法》（国家林业局令第 35 号，以下简称《办法》）的规定。经国务院或者省（含自治区、直辖市，下同）人民政府批准的能源、交通、水利等基础设施建设项目；列入省级以上国民经济和社会发展规划的建设项目，确需使用林地且不符合林地保护利用规划的，可以先调整林地保护利用规划，再办理建设项目使用林地手续。因项目建设导致自然保护区、森林公园等范围、功能区调整的，根据其范围、功能区调整结果，可以调整林地保护利用规划，再办理建设项目使用林地手续。

（二）生态区位重要和生态脆弱地区按照国家林业局公布的范围执行。单位面积蓄积量高的林地由各省人民政府林业主管部门根据本省实际情况确定。

（三）国务院有关部门和省级人民政府及其有关部门批准的基础设施、公共事业、民生建设项目包含其批复的有关规划中的，或列入省级重点建设项目的基础设施、公共事业、民生建设项目。

（四）建设项目类型界定

1. 基础设施项目，包括公路、铁路、机场、港口码头、水利、电力、通讯、能源基地、国家电网、油气管网等。

2. 公共事业和民生项目，包括科技、教育、文化、

卫生、体育、环境和资源保护、防灾减灾、文物保护、市政公用、乡村公路、廉租房、棚户区改造等。

3. 经营性项目，包括商业、服务业、工矿业、仓储、城镇住宅、旅游开发、养殖、经营性墓地等。

4. 战略性新兴产业项目，以国家发展改革委组织编制的《战略性新兴产业重点产品和服务指导目录》为依据。

5. 大中型矿山，不包括普通建筑用砂、石、粘土等，以国土资源部《关于调整部分矿种矿山生产建设规模标准的通知》(国土资发〔2004〕208 号)为依据，国土资源部门或者相关部门出台新规定的，按新规定执行。

(五)临时占用林地类型划分

1. 工程施工用地，包括施工营地、临时加工车间、搅拌站、预制场、材料堆场、施工用电、施工通道和其他临时设施用地。

2. 电力线路、油气管线临时用地，包括架设地上线路、铺设地下管线和其他需要临时占用林地的。

3. 工程建设配套的取(弃)土场用地，包括采石、挖砂、取土等和弃土弃渣用地，以及堆放采矿剥离物、废石、矿渣、粉煤灰等固体废弃物压占用地。

4. 工程勘察、地质勘查用地，包括厂址、坝址、铁路公路选址等需要对工程地质、水文地质情况进行勘测，探矿、采矿需要对矿藏情况进行勘查。

5. 其他确需临时占用林地的。

二、建设项目申请材料

(一)建设项目有关批准文件

1. 审批制、核准制的建设项目，提供项目可行性研究报告批复、核准批复等；备案制的建设项目，提供备案确认文件。其他批准文件包括，需审批初步设计的建设项目应当提供初步设计批复；符合城镇规划的建设项目，应当提供建设用地规划许可证或者建设项目选址意见书。

2. 乡村建设项目，按照有关地方规定提供项目批准文件。其中，符合乡村规划的建设项目，应当提供乡村规划许可证或者县级城乡规划主管部门出具的符合乡村规划的证明文件。

3. 批次用地项目，提供有关人民政府同意的批次用地说明书，内容包括用地范围、用地面积、开发用途(具体建设内容)、符合城镇总体规划或近期建设规划情况或乡村规划情况。

4. 勘查、开采矿藏项目，提供勘查许可证、采矿许可证和项目批准文件。

5. 宗教、殡葬设施等建设项目，提供相关行政主管部门的批准文件。

6. 森林经营单位在所经营的林地范围内修筑直接为林业生产服务的工程设施，属于国有森林经营单位的，提供其所属主管部门的意见材料；属于其他森林经营单位的，提供被使用林地农村集体经济组织或者利益相关人出具的意见材料。

(二)林地证明材料

1. 没有权属证书的林地或者政府统一征地的，可以由县级人民政府林业主管部门出具林地权属证书明细表，或者由县级人民政府林业主管部门依据经批准的县级林地保护利用规划出具林地证明。其中，出具林地权属证书明细表的，有关林地权属证书应在县级人民政府林业主管部门存档；出具林地证明的，国有林地应当明确到具体的经营单位，集体林地应当明确到具体的村(组)。

2. 拟使用林地存在争议尚未依法解决的，应当提供县级以上人民政府出具的关于争议林地基本情况、争议林地补偿费用处置情况的证明材料。

(三)使用林地可行性报告或者林地现状调查表

提供符合《使用林地可行性报告编制规范》(LY/T 2492－2015)的建设项目使用林地可行性报告或者林地现状调查表。

(四)其他材料

1. 临时占用林地的建设项目，用地单位应当提供原地恢复林业生产条件的方案或者与林权权利人签订的临时占用林地恢复林业生产条件的协议，包括恢复面积、恢复措施、时间安排、资金投入等内容。

2. 建设项目因设计变更等原因需要增加、减少使用林地面积或者改变使用林地位置的，用地单位应当提供有关设计变更等的批复文件。其中，新增使用林地面积部分还应当按《办法》第七条规定提供材料，减少使用林地面积部分应当对不占范围予以说明并在附图上标注。

(五)申请材料要求

用地单位或者个人提供的申请材料是复印件的，应当在复印件上注明“与原件核实无误”字样并加盖印章。

三、建设项目使用林地审核审批的受理

(一)用地单位或者个人向县级人民政府林业主管部门提出申请后，县级人民政府林业主管部门应当认真核对用地单位或者个人提供的申请材料。凡是复印件未注明“与原件核实无误”字样并加盖印章的或者申请材料不齐全的，当场或5日内一次告知申请人需要补正的全部内容。

(二)县级人民政府林业主管部门对材料齐全、符合条件的使用林地申请，指派2名以上工作人员进行现场查验。现场查验人员应当重点核实建设项目是否符合林地保护利用规划和使用林地的条件，是否存在未批先占林地行为，并填写《使用林地现场查验表》。现场查验人员要对《使用林地现场查验表》的真实性负责，凡提交虚假现场查验意见的，要追究有关人员和领导的行政责任。

重点国有林区省级林业主管部门应当对建设项目使用林地进行现场查验，国家林业局派驻森林资源监督机构应当对现场查验情况进行监督。

(三)县级人民政府林业主管部门对建设项目拟使用的林地组织公示，公示情况和第三人反馈意见要在上报的审查意见中予以说明。公示格式、公示内容由各省林业主管部门规定。由地方人民政府及其国土资源部门依照法律法规规定组织公示公告的，林业主管部门不再另行组织。涉密的建设项目不进行公示。

(四)需要报上级人民政府林业主管部门审核审批的建设项目，下级人民政府林业主管部门应当在收到申请之日起20个工作日内提出审查意见，除图件材料外留存一套申请材料后，正式行文报上一级人民政府林业主管部门。有审核审批权的人民政府林业主管部门同意使用林地的，应在使用林地现状图等图件上加盖人民政府林业主管部门公章后，逐级将图件材料返还下级人民政府林业主管部门和用地单位。

四、建设项目使用林地审核审批的管理

（一）根据建设项目批件，一个项目使用林地，用地单位应当一次申请，不得随意分为若干段或若干个子项目进行申请。有关人民政府林业主管部门不得化整为零，随意分级、分次进行审核审批。

（二）同时有占用和临时占用林地的项目，经有审核权的上级人民政府林业主管部门审核同意使用林地后，有关下级人民政府林业主管部门才能办理临时占用林地审批手续。占用和临时占用林地的审核审批权限是同一级人民政府林业主管部门的，可以一并办理。

（三）各级人民政府林业主管部门要严格执行使用林地定额管理制度，符合使用林地条件的建设项目，应当符合林地定额管理规定。

（四）有审核权的人民政府林业主管部门作出准予使用林地的行政许可决定，应当在准予行政许可决定书中明确需要采伐被使用林地上的林木，可以依据建设用地批准文件或者建设用地预审意见，按规定办理林木采伐许可手续。

（五）建设工期超过 2 年的公路、铁路、水利水电、航道等建设项目临时占用林地需要延续使用的，用地单位应当在批准的临时占用林地期限届满前 3 个月内，向原审批单位提出延续临时占用林地申请，并提供原临时占用林地批准文件、项目批准文件，以及用地单位与被临时占用林地的单位、农村集体经济组织或者个人新签订的使用林地补偿协议或者其他补偿证明材料。准予延续的临时占用林地建设项目不再缴纳森林植被恢复费。临时占用林地累计延续使用时间不得超过项目建设工期。

（六）用地单位申请办理控制性单体工程及其配套工程先行使用林地审核手续，除批准文件提供项目有关开展前期工作的批文外，还应当按《办法》第七条规定提供其他材料。

（七）县级以上人民政府林业主管部门对擅自改变林地用途的建设项目，应当依法处理。确需使用林地的，办理使用林地手续时应附查处报告。

（八）县级以上人民政府林业主管部门违反规定审核审批建设项目使用林地的，要依法追究有关人员和领导的行政责任；构成犯罪的，依法追究刑事责任。

（九）用地单位隐瞒有关情况或者提供虚假材料等欺骗手段取得准予行政许可决定书的，原审核同意或者批准机关应当依法撤销准予行政许可决定书。

（十）有林业调查规划设计资质的单位应对作出的使用林地可行性报告或者林地现状调查表的真实性、准确性负责。建立使用林地可行性报告编制不良信誉记录制度，国家林业局或者省级林业主管部门定期公布因使用林地可行性报告或者林地现状调查表存在弄虚作假、质量低下等问题的设计单位。

（十一）国家林业局审核同意或批准的使用林地项目，应当将准予行政许可决定书抄送省级林业主管部门、有关县级人民政府林业主管部门和国家林业局派驻的森林资源监督机构。省级林业主管部门审核同意或批准的使用林地项目，应当将准予行政许可决定书抄送国家林业局派驻的森林资源监督机构，有关县级人民政府林业主管部门。市、县级人民政府林业主管部门批准的使用林地项目要抄报省级林业主管部门。可以公开的使用林地项目，通过网站向社会公布。县级以上人民政府林业主管部门和国家林业局派驻的森林资源监督机构要对建设项目使用林地实施情况进行监督检查。

（十二）各级人民政府林业主管部门对拟使用林地建设项目要提前介入，积极主动地参与建设项目的前期论证工作，对建设项目使用林地的必要性、选址合理性和用地规模等提出审查意见，引导建设项目节约集约使用林地。加强对建设项目使用林地的服务和指导。

国家林业局关于加强临时占用林地监督管理的通知

林资发〔2015〕121 号

各省、自治区、直辖市林业厅（局），内蒙古、吉林、龙江、大兴安岭森工（林业）集团公司，新疆生产建设兵团林业局，国家林业局各派驻森林资源监督机构：

为加强林地保护，规范建设项目临时使用林地行为，根据《森林法》、《森林法实施条例》、《国务院关于全国林地保护利用规划纲要（2010—2020 年）的批复》（国函〔2010〕69 号）以及《建设项目使用林地审核审批管理办法》（国家林业局令第 35 号）等法律法规和制度规定，现就加强建设项目临时占用林地监督管理工作通知如下：

一、充分认识加强临时占用林地监管的重要性

党的十八大提出“把生态文明建设放在突出地位，融入经济建设、政治建设、文化建设和社会建设各个方面和全过程”，“控制开发强度，调整空间结构，促进生态空间山清水秀，给自然留下更多修复空间，给子孙后代留下天蓝、地绿、水净的美好家园”。林地是国家重要的自然资源和战略资源，是森林赖以生存和发展的根基，是生态文明建设的空间保障和物质基础。加强林地保护，严守林地保有量生态红线，是贯彻落实党的十八大和十八届三中、四中全会精神，“实施最严格的源头保护制度”、“落实用途管制”的根本要求，也是建设美丽中国的重要内容。

与永久占用林地相比，临时占用林地虽然期限一般不超过两年，期满后要恢复林业生产条件，保持林地用途不变，但临时占用林地通常需要对林地上的林木和植被进行清理，不仅损毁植被和土壤，甚至造成山体裸露，恢复成本极高。特别是有些临时占用林地造成林地不可逆转的损毁，对生态的影响可能要几十年甚至上百年才能消除。由于监管不到位，使用不规范，当前一些地方存在未经批准随意临时占用林地、以临时占用为名

永久占用林地、临时占用林地选址不合理、不按批准内容使用、期满不办手续继续使用、使用结束后不恢复林业生产条件、不按时交还林权所有者等现象，从而造成了林地和森林植被的严重破坏。对此，各级林业主管部门要提高认识，严把审批关，强化执法监督，切实加强对建设项目临时占用林地的监管，确保临时占用林地合法有序，到期后及时恢复林业生产条件、恢复森林植被，防止临时占用林地对森林资源造成永久性破坏。

二、严格控制临时占用林地的范围和条件

临时占用林地选址应当符合林地保护利用规划，遵循生态保护优先、合理使用的原则。可恢复林业生产条件的临时施工设施，选址应优先选择宜林地、无立木林地，可利用质量差林地的不占用质量好的林地，尽量不占用天然林和乔木林地。不可恢复林业生产条件对山体造成破坏的采石、取土场等附属工程临时占用林地，不得使用Ⅱ级以上保护等级林地中的有林地，不得使用一级国家级公益林地，不得使用重点国有林区内Ⅲ级以上保护等级林地中的有林地，不得在县级以上公路和铁路两侧视野范围内选址。禁止在自然保护区、森林公园、湿地公园、风景名胜以及易发生崩塌、滑坡和泥石流区域临时占用林地进行采砂、挖沙、取土等。禁止在国家级公益林地采砂、挖沙、取土。

三、切实加强对临时占用林地的审批管理

建设项目临时占用林地，申请人应当提交恢复林业生产条件方案或者与林地权利人签订的临时占用林地恢复林业生产条件的协议，包括选址合理性、期满后能否恢复林业生产条件、恢复措施、时间安排、资金投入等。对于依法设立安全保护区按临时用地办理手续的特殊占地（如石油、天然气管道建设项目），需要提供有关规定要求的补偿协议或证明。对于不可恢复林业生产条件的，用地单位或者个人要按永久使用林地补偿标准支付补偿。对于当地乡（镇）村、组同意，不需要恢复林业生产条件的施工便道地等，应当由乡、村或县有关部门向县级以上林业主管部门申请，补交临时占用林地与永久占用林地的差额费用，不再缴纳森林植被恢复费，办理永久使用林地手续。不得以临时占地为名批准永久性占用林地，不得批准对林地表土层造成永久性破坏的建设项目附属工程临时占用林地，不可恢复林业生产条件的采石（沙）场、取土场等应当办理永久性使用林地手续。对存在未批先占和未经林业主管部门同意延续临时占用林地先行占用的，必须依法查处后再办理延续审批手续。落实全面推进政务公开的政策，建设项目（不含涉密项目）临时占用林地审批实行网上申报，审批结果通过网站向社会公布。

四、严格落实临时占用林地期满后恢复林业生产条件的责任

临时占用林地不得修建永久性建筑物、构筑物和其他设施。临时占用期满后，用地单位应当在一年内恢复临时占用林地的林业生产条件。按照“谁破坏，谁修复”的原则，临时占用林地单位为恢复林业生产条件的法定义务人，必须对临时占用林地承担恢复林业生产条件的义务，对出现违法行为承担主体责任。

临时占用林地单位要把落实恢复林业生产条件方案贯穿施工全过程，在施工设计时，应当尽可能做到土石方挖填平衡，减少地表扰动范围。在选址时，尽可能不占或少占林地，合理确定取土深度，严防和杜绝随意使用或扩大临时用地的规模。在施工中，严格按照批准文件和临时占用林地合同约定的范围、面积、用途使用林地，对地表土分层剥离、保存。在使用后，应当及时清除临时建设的设施、表面硬化层，将原剥离的表土进行表土覆盖，一年内恢复林业生产条件，并经有关主管部门组织验收后，交还给原土地所有权人或使用权人。临时占用林地不能恢复原用途的，应当由临时用地单位按永久性用地予以补偿。

五、健全并落实临时占用林地监管机制

行政许可机关应当加强对被行政许可人的监督检查，及时发现和纠正行政许可实施中的违法行为。对县（市、区）存在多起不恢复林业生产条件的，实行区域限批。

县级人民政府林业主管部门要依法加强对辖区范围内临时占用林地的日常检查，督促建设单位按照批准的建设内容使用林地。对未按临时用地批准内容使用林地的，要责令限期改正；对修建永久性建（构）筑物的，要依法责令限期拆除并将处理结果归档，允许公众查询。建立临时使用林地恢复林业生产条件验收制度，临时占用林地的单位完成恢复林业生产条件后，由有关部门组织验收。对临时占用期满后拒不归还、未依法恢复林业生产条件或修建永久性建（构）筑物的逾期不拆除的，依照《森林法实施条例》进行处罚。

省级林业主管部门要加强对临时占用林地使用情况的监督检查，每年要组织开展专项检查，并督促指导各地开展临时占用林地恢复林业生产条件工作。对本辖区多次发生违法临时占用林地、或期满未恢复林业生产条件查处不力的，要追究地方政府相关责任人的责任。县级以上林业主管部门违反规定审批临时占用林地，或者对违法临时占用林地情况发现不及时、查处不力的，要对相关领导和责任人进行行政问责，构成犯罪的，依法追究刑事责任。

各地要严格执行《森林法》等法律法规，对未经审批临时使用林地的，要依法查处；构成犯罪的，依法追究刑事责任。国家林业局各派驻森林资源监督机构要会同省级林业主管部门，加强对临时占用林地的监管。

本通知自发布之日起施行，有效期至 2020 年 12 月 31 日。

国家林业局

2015 年 8 月 31 日

国家林业局关于光伏电站建设使用林地有关问题的通知

林资发〔2015〕153 号

各省、自治区、直辖市林业厅(局)，内蒙古、吉林、龙江、大兴安岭森工(林业)集团公司，新疆生产建设兵团林业局:

为支持光伏产业健康发展，规范光伏电站建设使用林地，现就有关问题通知如下:

一、各类自然保护区、森林公园(含同类型国家公园)、濒危物种栖息地、天然林保护工程区以及东北内蒙古重点国有林区，为禁止建设区域。其他生态区位重要、生态脆弱、地形破碎区域，为限制建设区域。

二、光伏电站的电池组件阵列禁止使用有林地、疏林地、未成林造林地、采伐迹地、火烧迹地，以及年降雨量 400 毫米以下区域覆盖度高于 30% 的灌木林地和年降雨量 400 毫米以上区域覆盖度高于 50% 的灌木林地。

三、对于森林资源调查确定为宜林地而第二次全国土地调查确定为未利用地的土地，应采用"林光互补"用地模式，"林光互补"模式光伏电站要确保使用的宜林地不改变林地性质。

四、光伏电站建设必须依法办理使用林地审核审批手续。采用"林光互补"用地模式的，电池组件阵列在施工期按临时占用林地办理使用林地手续，运营期双方可以签订补偿协议，通过租赁等方式使用林地。

各地林业主管部门要加强监管，定期检查，确保光伏电站建设依法依规使用林地。积极探索支持光伏电站建设与防沙治沙、宜林地造林等相结合。

国家林业局

2015 年 11 月 27 日

国家林业局关于印发《营造林工程监理员职业资格审核监督管理办法(试行)》的通知

林造发〔2015〕160 号

各省、自治区、直辖市林业厅(局)，内蒙古、龙江、大兴安岭森工(林业)集团公司，新疆生产建设兵团林业局，各计划单列市林业局:

根据《国务院关于取消和下放一批行政审批项目的决定》(国发〔2014〕5 号)，营造林工程监理员职业资格审核工作已下放至省级人民政府林业主管部门。为规范监理员职业资格审核监督管理，加强营造林工程监理队伍建设，促进营造林工程监理工作健康有序开展，我局制定了《营造林工程监理员职业资格审核监督管理办法(试行)》(见附件)。现印发给你们，请遵照执行。

附件：营造林工程监理员职业资格审核监督管理办法(试行)

国家林业局

2015 年 12 月 3 日

附件

营造林工程监理员职业资格审核监督管理办法(试行)

第一章 总 则

第一条 为加强营造林工程监理员(以下简称"监理员")队伍建设，规范监理员职业资格审核监督管理，健全监督制约机制，根据《国务院关于取消和下放一批行政审批项目的决定》(国发〔2014〕5 号)中"将营造林工程监理员职业资格审核下放至省级人民政府林业主管部门"的决定，制定本办法。

第二条 本办法所称监理员是指按本办法规定获取了《营造林工程监理员职业资格证书》(以下简称"证书")，从事营造林工程监理工作的专业人员。

第三条 本办法适用于省级林业主管部门组织的监理员考试、证书颁发和监督管理等工作。

第四条 国家林业局负责监理员职业资格审核和证书颁发等工作的监督管理及相关政策的制(修)定。省级林业主管部门(含内蒙古、龙江、大兴安岭森工(林业)集团公司，新疆生产建设兵团林业局)负责监理员职业资格考试资格审核、命题阅卷、证书发放、登记及日常管理等工作。

第二章 考试、发证

第五条 监理员职业资格考试实行统一大纲(见附1)、自主命题的考试制度。

第六条 身体健康、能胜任营造林现场监督管理工作，年龄在 65 周岁(含)以下，并符合以下条件之一的人员，可报名参加考试。

(一)连续从事营造林技术指导、营造林核查或施工管理工作 6 年或累计 8 年以上;

(二)具有林学或相近专业中专学历，连续从事营造林技术指导、营造林核查或施工管理工作 3 年以上;

（三）具有林学或相近专业大专学历，连续从事营造林技术指导、营造林核查或施工管理工作2年以上；

（四）具有林学或相近专业大学本科以上学历，连续从事营造林技术指导、营造林核查或施工管理工作1年以上。

第七条 监理员职业资格考试申请人应提交下列材料：

（一）《营造林工程监理员职业资格考试报名、资格审核表》（见附2）；

（二）身份证复印件；

（三）最高学历证书复印件；

（四）工作经历和工程业绩证明材料（加盖工作单位公章）；

（五）其他证明材料。

第八条 省级林业主管部门依据本办法第六、第七条之规定对申请人资格进行审核，确定参加考试人员名单，审核结果通知申请人。

第九条 监理员职业资格考试实行闭卷笔试。考试共一科，满分100分，成绩达60分及以上为合格。省级林业主管部门根据报名情况，统一安排考试。

第十条 经考试合格，由省级林业主管部门印制并颁发证书（证书样式及编号规则见附3）。

第三章 监督管理

第十一条 省级林业主管部门要掌握监理员的从业状况。每年12月31日前向国家林业局报送监理员培训考试、证书颁发、工作经验、问题分析与对策建议等工作总结材料，并填好《营造林工程监理员职业资格备案表》（见附4）。

第十二条 国家林业局对省级林业主管部门开展的监理员职业资格考试、审核、发证等工作进行监督管理，根据工作需要，有针对性调整相关制度、规定，指导监督营造林工程监理工作健康发展。

第十三条 取得证书的从业人员，由省级林业主管部门统一登记管理。

第四章 附 则

第十四条 本办法施行前已取得的证书，与按照本办法规定取得的证书的效用等同。

第十五条 省级林业主管部门可依据本办法制定细则，并报国家林业局备案。

第十六条 本办法自2016年1月1日起实施，有效期至2020年12月31日。

附（略）：

1. 营造林工程监理员职业资格考试大纲
2. 营造林工程监理员职业资格考试报名、资格审核表
3. 证书样式及编号规则
4. 营造林工程监理员职业资格备案表

国家林业局关于印发《国家林业局重点实验室管理办法》的通知

林科发〔2015〕165号

各省、自治区、直辖市林业厅（局），内蒙古、吉林、龙江、大兴安岭森工（林业）集团公司，新疆生产建设兵团林业局，各计划单列市林业局，国家林业局各司局、各直属单位：

为进一步规范国家林业局重点实验室管理，增强林业科技治理能力，我局组织制定了《国家林业局重点实验室管理办法》（见附件），现印发给你们，请认真贯彻执行。

附件：国家林业局重点实验室管理办法

国家林业局
2015年12月17日

附件

国家林业局重点实验室管理办法

第一章 总则

第一条 为规范和加强国家林业局重点实验室（以下简称重点实验室）的管理，制定本办法。

第二条 重点实验室是国家林业科技创新体系的重要组成部分，是组织林业领域高水平科学研究、聚集和培养优秀人才、开展学术交流的重要基地。其主要任务是开展林业科学应用基础研究及高新技术研究，承担林业科技基础性工作，解决制约林业发展的重大、关键和共性科技问题，获取原始创新成果和自主知识产权，培养领导学科发展的创新型人才。

第三条 重点实验室按照学科领域、产业需求和区域特色进行规划布局，分为综合性重点实验室和专业性（区域性）重点实验室。综合性重点实验室突出国家和行业重大科技需求，专业性（区域性）重点实验室突出学科和区域特色，逐步形成层次清晰、分工明确、布局合理的重点实验室体系。

第四条 重点实验室实行“开放、流动、联合、竞争”的运行机制。

第五条 重点实验室按照科学规划、合理分工、稳

定支持、定期评估、动态调整的原则进行管理，不断提高开放运行水平和支撑引领能力。

第六条 国家林业局支持重点实验室创新能力建设和学术交流活动，重点实验室应围绕经济社会发展和林业建设需求，积极开展创新研究和科技服务。

第二章 管理与职责

第七条 国家林业局是重点实验室的主管部门，主要职责是：

（一）制定重点实验室发展政策、规章制度和管理办法；

（二）编制和实施重点实验室规划性文件，指导重点实验室建设、运行和协作；

（三）确定、调整重点实验室布局，组织开展重点实验室评估和检查；

（四）协调重点实验室条件建设、科研任务和运行维护。

第八条 重点实验室主管单位的主要职责是：

（一）支持重点实验室的建设和发展，协助国家林业局管理和评估重点实验室；

（二）落实重点实验室建设的相关条件，为重点实验室运行提供必要支持。

第九条 重点实验室所在的法人单位为依托单位，主要职责是：（一）制定重点实验室建设发展方案，承担重点实验室建设任；

（二）优先支持重点实验室工作，配备重点实验室专职工作人员，提供开放运行的条件与经费保障，协调解决重点实验室建设与发展中的相关问题；

（三）聘任重点实验室主任和副主任，重点实验室主任聘任方案报国家林业局备案；

（四）开展重点实验室年度考核，配合国家林业局做好评估和检查工作。

第十条 重点实验室的主要职责是：

（一）落实重点实验室建设发展方案，组建和管理学术委员会，制定重点实验室运行管理制度；

（二）聚集和培养高水平的科技人才，开展本领域高水平科学研究与学术交流；

（三）综合性重点实验室应针对世界林业科技发展前沿和国家经济社会与林业发展的科技需求，提出本学科领域重大科学问题，组织开展相关基础性、前沿性以及重大关键、共性技术研究，指导本学科群发展，培育和发展重点学科、新兴学科及交叉学科；

（四）专业性（区域性）重点实验室应针对学科建设和区域发展的科技需求，组织开展区域共性问题研究、产业关键技术研发，在本学科群里培育和发展特色学科。

第三章 建设与调整

第十一条 国家林业局按照重点实验室建设指导意见和国家相关文件要求科学有序推进重点实验室建设工作。

第十二条 具备一定科研条件与能力的独立法人单位可以申报重点实验室（申报书格式见附1）。申报重点实验室应符合国家林业局有关重点实验室建设相关标准要求，并具备以下条件：

（一）符合重点实验室总体规划，与国家林业发展战略需求相吻合，有明确的研究目标和鲜明的研究特色；

（二）相关学科研究水平在林业行业居领先地位，具备承担国家林业重大科研任务、培养高层次创新人才、开展国内国际学术交流与合作的能力；

（三）有较高水平的学术带头人，研究团队结构合理、创新能力强，有良好的研究风气与学术氛围；

（四）有较完备的试验研究条件；

（五）有相对固定的实验室工作人员、运行经费、后勤保障和合作交流条件。

第十三条 国家林业局组织专家对新申报的重点实验室进行论证。经专家论证同意的重点实验室，将在国家林业局政府网站上进行公示，公示期限为7个工作日，公示无异议后由国家林业局向社会公告重点实验室名称及其依托单位。综合性重点实验室原则上从国家级林业科研机构或涉林高等院校中择优建设。专业性（区域性）重点实验室原则上从优势科研教学单位或涉林龙头企业中择优建设。

鼓励国内具备较强研发能力的科技型企业参与重点实验室建设，鼓励国内外科研单位、教学机构和企业联合共建重点实验室。

第十四条 国家林业局支持重点实验室的基本建设与修缮购置，不断改善和提高重点实验室的创新条件和能力。国家林业局采用联合评议方式，指导制定重点实验室科学仪器设备购置预算。

第十五条 国家林业局可根据国民经济和社会发展需要以及重点实验室实际运行状况，调整重点实验室的总体布局、重点方向及组成结构，对重点实验室进行重组、整合等。

第十六条 重点实验室确需变更主要研究方向或重组、整合的，须由依托单位提出书面报告，经国家林业局组织专家论证后方可实施。

第四章 运行与管理

第十七条 重点实验室实行主任负责制，由主任全面负责重点实验室的科学研究、学术交流和日常管理等工作。重点实验室应设置专职工作人员，承担重点实验室的日常管理和运行工作。

第十八条 重点实验室主任每届任期5年，原则上由依托单位从本重点实验室年龄不超过55周岁的固定人员中聘任。

第十九条 重点实验室学术委员会由国内外优秀专家学者组成，人数一般不少于11人，其中依托单位的学术委员不超过总人数的三分之一，中青年学术委员不少于总人数的三分之一。学术委员会主任原则上由非依托单位的专家担任。专业性（区域性）重点实验室主任原则上应为本学科领域综合性重点实验室的学术委员会委员。学术委员会主任、副主任须是国内外知名专家，学术造诣高，年龄一般不超过65周岁。学术委员会委员每届任期为5年，每次换届应更换三分之一以上成员。

第二十条 重点实验室学术委员会应定期召开会

议，指导监督重点实验室主任按照重点实验室研究方向和发展规划开展工作，评价重点实验室学术水平和科研成果等。学术委员会应听取重点实验室主任做工作报告，每年至少一次。

第二十一条 重点实验室按研究方向和研究内容设置研究单元，实行固定编制与流动编制相结合的人员管理制度，保持人员的适度规模和合理流动。固定人员实行固定编制，包括研究人员、技术人员和管理人员。流动人员实行流动编制，包括访问学者、博士后研究人员等。

第二十二条 重点实验室应加强对仪器设备等可共享资源状况和科研动态的信息化管理，制定有利于重点实验室仪器设备共享的规章制度或规范性文件，积极推动科研仪器、设备、材料、数据、信息等在行业内共享使用，加强数据、资料、成果的科学性和真实性审核以及档案保存工作，逐步完善科技报告制度，强化与推广机构和企业的交流合作，重视开展科学技术普及。

第二十三条 重点实验室须设立开放基金，主要用于支持具有创新思想的课题、新研究方向的启动、优秀年轻人才的培养和流动人员的聘任，促进重点实验室之间的科技合作交流、科研人员互访。

第二十四条 重点实验室应加强知识产权保护，依托重点实验室完成的研究成果均应标署重点实验室名称，有关知识产权的权属与收益分配按照国家相关管理规定办理。

第二十五条 重点实验室应重视科学道德和学风建设，营造宽松民主、潜心研究的科研环境。

第二十六条 国家林业局根据重点实验室运行情况安排年度运行补助经费。

第五章 考核与评估

第二十七条 重点实验室实行年度报告、个别抽查和综合评估相结合的考核方式。

第二十八条 重点实验室须向国家林业局提交年度工作报告(报告格式见附2)。

第二十九条 国家林业局按照学科领域组织开展重点实验室综合评估。一般每5年为一个评估周期。

第三十条 考核评估指标的设立应突出针对性和导向性，形成分类分级的考核评估指标体系。具体细则另行发布。

第三十一条 对被评估为优秀的重点实验室，国家林业局在业务委托、人才培养、修缮购置和基本建设等方面给予倾斜性支持。对评估不合格的重点实验室，国家林业局进行通报批评并给予两年时间整改。整改后再次评估不合格的，国家林业局将其调整出重点实验室目录。

第六章 附 则

第三十二条 重点实验室统一采用规范名称："xxx国家林业局重点实验室(依托单位)"，英文译名为"Key Laboratory of State Forestry Administration on xxx (依托单位)"。重点实验室标牌和印章的制作标准另行发布。

第三十三条 林业领域国家重点实验室可列入重点实验室管理。

第三十四条 本办法自2016年2月1日起施行，有效期至2021年6月30日，《林业部重点开放性实验室管理办法》和《林业部重点实验室评审办法》(林科通字〔1994〕133号)同时废止。

附(略)：
1. 国家林业局重点实验室申报书(格式)
2. 国家林业局重点实验室工作年报(格式)

国家林业局关于实行林木种子生产经营许可制度有关事项的通知

林场发〔2015〕186号

各省、自治区、直辖市林业厅(局)，内蒙古、吉林、龙江、大兴安岭森工(林业)集团公司，新疆生产建设兵团林业局，国家林业局各有关司局、各有关直属单位：

《中华人民共和国种子法》(以下简称《种子法》)已由第十二届全国人民代表大会常务委员会第十七次会议于2015年11月4日修订通过并公布，自2016年1月1日实施。为贯彻落实《种子法》，严格执行林木种子生产经营许可制度，有效规范林木种子生产经营活动，严把林木种苗生产经营准入关，依法管理林木种苗市场，现将有关事项通知如下：

一、严格贯彻落实林木种子生产经营许可制度

修订后的《种子法》将林木种子生产许可证、林木种子经营许可证合并为林木种子生产经营许可证；将林木种子生产经营许可证的核发主体重新进行了界定；简化了许可证办理程序。只从事非主要林木种子生产的，不需要办理林木种子生产经营许可证；种子生产经营者在种子生产经营许可证载明的有效区域设立分支机构的，专门经营不再分装的包装种子的，或者受具有种子生产经营许可证的种子生产经营者以书面委托生产、代销其种子的，不需要办理林木种子生产经营许可证，但应当向当地林业主管部门备案。为此，我局对林木种子生产经营许可证的样式进行了调整，并将修订《林木种子生产经营许可证管理办法》。各地要抓紧宣传培训，认真贯彻落实。要加强对承办核发许可证人员和被许可人的培训，依法依规从业；配备必要的仪器设备，改善办公条件，保证许可证办理工作顺利开展。

二、严格审核发放程序

要严格按照国务院推进行政审批制度改革的要求，进一步提高审批效率，减少审批环节，简化审批材料，优化审批流程，依法依规办理林木种子生产经营许可

证。一是要严格实行分级发放。从事林木种子进出口业务的许可证由国务院林业主管部门核发，林木良种生产经营许可证和选育生产经营相结合企业的许可证由省级林业主管部门核发，其他林木种子生产经营许可证由县级以上地方林业主管部门核发。二是严格材料审核。对申请人提交的材料进行认真审查、核实，必要时要进行现场核查。三是严格审批时限。按照《种子法》、《行政许可法》以及相关法规的要求，严格遵守受理、补正、现场核查、审批的时限要求，保证在规定期限内完成审批工作。

三、强化对被许可人的事中事后监管

要按照《国务院关于"先照后证"改革后加强事中事后监管的意见》（国发〔2015〕62号）要求，加强对被许可人监督检查，建立和完善事中事后监督检查制度。要督促和指导被许可人按照许可证载明的事项要求开展生产经营活动。监督检查被许可人生产经营档案建立情况、标签制度和自检制度执行情况、林木种苗质量情况等。对监督检查的结果进行立卷、归档，实行动态管理。对检查中发现的问题，应当按照《种子法》等有关规定予以处理。要与工商等部门建立信息互联共享机制，加强协同监管，及时公开行政处罚案件信息。

四、认真做好新、旧许可证过渡期的衔接

按照新修订《种子法》规定，将《林木种子生产许可证》和《林木种子经营许可证》合并为《林木种子生产经营许可证》。为做好新、旧许可证的衔接工作，我局决定2016年2月1日起启用《林木种子生产经营许可证》（样式见附件1、2），新申请、延续、变更、遗失或损坏申请办理（申请表样式见附件3、4、5）许可证的，一律使用新证。旧证在有效期内仍然有效。各地要认真做好新、旧许可证衔接工作，同时以此为契机，对本辖区内林木种子生产经营者进行摸底调查，切实落实林木种子生产经营许可制度。《林木种子生产经营许可证》样式由我局制定。

本通知自2016年1月1日起实施，有效期至2020年12月31日。《国家林业局关于印发〈退耕还林还草工程建设种苗管理办法〉（试行）的通知》（林场发〔2001〕27号）、《国家林业局关于实行〈林木种子生产许可证〉和〈林木种子经营许可证〉制度的通知》（林场发〔2001〕105号）、《国家林业局关于实行林木种苗检验人员持证上岗制度的通知》（林场发〔2002〕188号）、《国家林业局关于调整〈林木种子生产许可证〉和〈林木种子经营许可证〉样式的通知》（林场发〔2007〕241号）、《国家林业局关于取消〈林木种苗检验员证〉年检制度和调整〈林木种苗检验员证〉样式的通知》（林场发〔2011〕153号）同时废止。

特此通知。

附件（略）：

1.《林木种子生产经营许可证》正本样式

2.《林木种子生产经营许可证》副本样式

3.《林木种子生产经营许可证》申请表样式（种子专用）

4.《林木种子生产经营许可证》申请表样式（苗木专用）

5. 延续《林木种子生产经营许可证》申请表样式

国家林业局

2015年12月31日

国家林业局关于印发《林业植物新品种保护行政执法办法》的通知

林技发〔2015〕176号

各省、自治区、直辖市林业厅（局），内蒙古、吉林、龙江、大兴安岭森工（林业）集团公司，新疆生产建设兵团林业局，国家林业局各司局、各直属单位：

根据新修订的《中华人民共和国种子法》，我局对《林业植物新品种保护行政执法办法》进行了修改。现将修改后的《林业植物新品种保护行政执法办法》（见附件）印发给你们，请认真贯彻执行。执行中有何问题和意见，请及时反馈我局科技发展中心（植物新品种保护办公室）。

特此通知。

附件：林业植物新品种保护行政执法办法

国家林业局

2015年12月30日

附件

林业植物新品种保护行政执法办法

第一条 为规范林业植物新品种保护行政执法行为，根据《中华人民共和国种子法》、《中华人民共和国行政处罚法》、《中华人民共和国植物新品种保护条例》和《林业行政处罚程序规定》等相关法律法规规章，制定本办法。

第二条 林业行政主管部门查处案件时，应当以事实为依据、以法律为准绳，遵循公开、公平、公正的原则。

第三条 林业行政主管部门对以下侵犯林业植物新品种权行为实施行政执法时，适用本办法。

（一）未经品种权人许可，生产、繁殖或者销售该授权品种的繁殖材料的，为商业目的将该授权品种的繁殖材料重复使用于生产另一品种的繁殖材料的；

（二）假冒授权品种的；

（三）销售授权品种未使用其注册登记的名称的。

有关法律、行政法规另有规定的除外。

第四条 本办法第三条第二项所称假冒授权品种的行为是指：

（一）使用伪造的品种权证书、品种权号；

（二）使用已经被终止或者被宣告无效品种权的品种权证书、品种权号；

（三）以非授权品种冒充授权品种；

（四）以此种授权品种冒充他种授权品种；

（五）其他足以使他人将非授权品种误认为授权品种。

第五条 林业植物新品种保护行政执法由主要违法行为地的县级以上林业行政主管部门管辖。

国家林业局科技发展中心（植物新品种保护办公室）负责林业植物新品种保护行政执法管理工作。

第六条 林业行政主管部门应当按照《中华人民共和国政府信息公开条例》等的要求，主动公开林业植物新品种保护行政处罚案件信息，接受社会监督。

第七条 林业植物新品种保护行政执法人员应当熟练掌握植物新品种保护的相关法律法规和规章制度，以及相应的执法程序，并持行政执法证件上岗；在林业植物新品种保护行政执法过程中，应当向当事人或者有关人员出示其行政执法证件。

第八条 请求县级以上人民政府林业行政主管部门查处本办法第三条第一项所指案件时，应当符合下列条件：

（一）请求人是品种权人或者利害关系人；

（二）有明确的侵权人和侵权证据；

（三）有明确的请求事项和理由；

（四）侵权案件发生地属于该行政管辖范围内。

前款所称利害关系人，包括植物新品种实施许可合同的被许可人和品种权财产权利的合法继承人等。

独占实施许可合同的被许可人可以单独提出请求；排他实施许可合同的被许可人可以和品种权人共同提出请求，也可以在品种权人不请求时，自行提出请求；普通实施许可合同的被许可人经品种权人明确授权，可以提出请求。

第九条 向县级以上人民政府林业行政主管部门请求查处第三条第一项所指案件时，应当提交请求书以及涉案品种权的《植物新品种权证书》复印件。请求书应当包括以下内容：

（一）请求人的姓名或者名称、居住或者注册地址、有效联系方式，法定代表人或者主要负责人的姓名和职务；有委托代理的，代理人的姓名和代理机构的名称、注册地址；

（二）侵权人相关信息及侵权证据；

（三）请求查处的事项和理由等。

第十条 请求人应当以纸质或者法定电子文件的形式提交请求书，有关证据和证明材料可以以请求书附件的形式提交。请求书应当由请求人签名或者盖章，并注明请求日期。

第十一条 县级以上人民政府林业行政主管部门在收到请求书后进行审查，对符合本办法第八条、第九条和第十条规定的，应当在七日内予以立案，并以书面形式告知请求人，同时指定两名或者两名以上案件承办人处理该案件；对不符合本办法第八条、第九条和第十条规定的，应当在七日内以书面形式告知请求人不予立案，并说明理由。

第十二条 林业行政主管部门依据职权查处本办法第三条所指案件时，立案应当符合下列条件：

（一）有违法行为发生；

（二）违法行为是应当受处罚的行为；

（三）涉及品种是授权品种；

（四）除本办法第三条第三项所指案件外，涉及品种的品种权应当是有效的；

（五）违法行为发生地属于该行政管辖范围内。

第十三条 林业行政主管部门应当在发现或者接受举报后进行审查，对符合本办法第十二条规定的，在七日内予以立案，同时指定两名或者两名以上案件承办人负责调查和处理。

第十四条 案件承办人在现场取证时，可以根据请求人或者举报人提供的涉案品种所在地点和生长状况等信息，及时取证并鉴定。

第十五条 案件承办人可以采取抽样方法取证；在证据可能灭失或者以后难以取得的情况下，经行政机关负责人批准，可以先行登记保存，填写《林业行政处罚登记保存通知单》，并在七日内做出处理决定；在此期间，当事人或者有关人员不得销毁或者转移证据。

第十六条 对于案件涉及的植物品种，可以采用田间观察检测、基因指纹图谱检测等方法进行鉴定。

第十七条 林业行政主管部门查处本办法第三条第一项、第二项案件，依法做出较大数额罚款的，应当告知当事人有要求举行听证的权利。当事人要求听证的，林业行政主管部门应当按照《林业行政处罚听证规则》相关规定组织听证。

第十八条 县级以上人民政府林业行政主管部门查处本办法第三条第一项案件时，为维护社会公共利益，可以采取下列措施：

（一）责令侵权人立即停止对侵权品种繁殖材料的销售行为，并且不得销售尚未售出的采用侵权品种生产的繁殖材料；

（二）责令侵权人立即停止对侵权品种的生产行为，对涉及侵权的植物材料消灭活性使其不能再被用作繁殖材料；

（三）对正处于生长期或者销毁侵权植物材料将导致重大不利后果的，可以没收植物品种繁殖材料；

（四）没收违法所得；

（五）涉案货值金额一万元以下的，处以一万元罚款；一万元至三万元以下的，处以二万元至九万元罚款；三万元至四万元以下的，处以十万元至十六万元罚款；四万元至五万元以下的，处以十七万元至二十五万元以下罚款。

涉案货值金额五万元以上的，侵权行为是第一次发生且侵权数量较小的，处以涉案货值金额五至七倍罚款；侵权人明知或者已被告知侵权、数次侵权或者侵权数量较大的，处以涉案货值金额八至九倍罚款；侵权人数次侵权且侵权数量巨大或者为逃避处罚提供伪证的，处以涉案货值金额十倍罚款。

第十九条 林业行政主管部门查处本办法第三条第二项案件时，应当采取下列处罚措施：

（一）责令侵权人立即停止伪造行为，销毁伪造的品种权证书或者品种权号；

（二）责令侵权人立即停止侵权标注行为，消除尚未售出的产品或者其包装上的品种权标识；品种权标识难以消除的，销毁该产品或者包装；

（三）责令侵权人立即停止发放载有虚假、未经许可和误导公众品种权信息的说明书或者广告等载体，销毁尚未发出的载体，并通过公告或者广告等形式消除社会影响；

（四）责令侵权人立即停止销售假冒授权品种的繁殖材料，对涉及假冒授权品种的植物材料消灭活性使其不能再被用作繁殖材料；

（五）没收违法所得和植物繁殖材料；

（六）涉案货值金额一万元以下的，处以一万元罚款；一万元至三万元以下的，处以二万元至九万元罚款；三万元至四万元以下的，处以十万元至十六万元罚款；四万元至五万元以下的，处以十七万元至二十五万元以下罚款。

涉案货值金额五万元以上的，假冒行为是第一次发生且数量较小的，处以涉案货值金额五至七倍罚款；涉案人数次假冒、假冒数量较大或者假冒涉及地域较广的，处以涉案货值金额八至九倍罚款；涉案人假冒数量巨大、假冒涉及地域广大或者为逃避处罚提供伪证的，处以涉案货值金额十倍罚款。

第二十条 林业行政主管部门查处本办法第三条第二项案件时，对涉嫌犯罪的案件，应当依法移送司法机关。

第二十一条 林业行政主管部门查处本办法第三条第三项案件时，应当采取下列处罚措施：

责令限期改正，可以并处罚款。情节轻微者，处以三百元以下罚款；情节一般者，处以三百元至六百元以下罚款；情节较重者，处以六百元至一千元以下罚款。

前款所称情节轻微者是指：侵权行为是第一次发生且影响范围较小的。情节一般者是指：数次发生，影响范围较大的。情节较重者是指：影响范围很大，后果较重的。

第二十二条 林业行政主管部门依据职权在查处本办法第三条第一项、第二项案件时，有权采取下列措施：

（一）进入生产经营场所进行现场检查；

（二）对有关的植物品种繁殖材料进行取样测试、试验或者检验；

（三）查阅、复制有关合同、票据、账簿、生产经营档案及其他有关资料；

（四）查封、扣押有证据证明违法生产经营的植物品种繁殖材料，以及用于违法生产经营的工具、设备及运输工具等；

（五）查封违法从事植物品种繁殖材料生产经营活动的场所。

查封或者扣押时，案件承办人应当履行《中华人民共和国行政强制法》第十八条规定的程序，并按《中华人民共和国行政强制法》第二十四条规定制作并当场交付查封、扣押决定书和清单。查封、扣押清单一式二份，由当事人和行政机关分别保存。

第二十三条 林业行政主管部门作出行政处罚决定时，应当制作林业行政处罚决定书，并在十五日以内予以公告。

第二十四条 林业行政主管部门应当自立案之日起一个月内结案；经行政负责人批准可以延长，但不得超过三个月。案情特别复杂三个月内仍不能结案的，经报上级林业行政主管部门批准，可以延长。

第二十五条 县级以上人民政府林业行政主管部门依据职权，根据当事人自愿的原则，对侵权所造成的损害赔偿可以进行调解。调解达成协议的，当事人应当履行；当事人不履行协议或者调解未达成协议的，品种权人或者利害关系人可以依法向人民法院提起诉讼。

上述调解过程可以邀请有关单位或者个人协助，被邀请的单位或者个人自愿协助进行调解。

第二十六条 林业行政主管部门在处理林业植物新品种权行政处罚案件过程中遇有涉及民事案件纠纷的，案件承办人应当向当事人告知其法律救济途径。

第二十七条 林业行政主管部门在结案时，将全部案件文书整理归档。地方各级林业行政主管部门应当建立林业植物新品种行政执法报告制度。

第二十八条 本办法所称以下包括本数。

第二十九条 本办法自 2016 年 1 月 1 日起施行，有效期至 2020 年 12 月 31 日。2014 年 8 月 1 日发布的《国家林业局关于印发〈林业植物新品种保护行政执法办法〉的通知》（林技发〔2014〕114 号）同时废止。

国家林业局关于严格保护天然林的通知

林资发〔2015〕181 号

各省、自治区、直辖市林业厅（局），内蒙古、吉林、龙江、大兴安岭森工（林业）集团公司，新疆生产建设兵团林业局：

天然林是森林生态系统的重要组成部分，结构稳定、生物多样性丰富，对维护国家生态安全，促进生态文明建设和经济社会可持续发展具有不可替代的作用。党的十八届五中全会明确提出，“十三五”期间要“完善天然林保护制度，全面停止天然林商业性采伐”，“严禁移植天然大树进城”。目前，一些地方还存在以低产林改造为名违规采伐天然林、在土地占补平衡中毁林开垦、采挖移植大树进城等现象，对生态造成严重损害。为切实贯彻落实党的十八届五中全会精神，严格保护天然林资源，现将有关事项通知如下：

一、严格控制低产低效天然林改造

各地要严格遵循天然林形成规律，坚持“保护优先、自然修复为主”的原则，加大封山育林力度，尽量减少人工干扰。对低产低效天然林实施改造，要以提升天然林生态功能为目的，严格确定改造对象，从严控制规模和范围，科学设计改造方式和强度，严格执行相关技术规程和政策要求。国家一级公益林要严格保护，原则上不可实施任何方式的改造。天然起源的其他公益林、坡度大于25度以上的商品林、公路铁路和大江大河两侧、第一山脊线范围内的商品林应以封育改造和补植改造为主，一次性改造的蓄积强度不得大于20%。严禁对原生型低效林进行改造，禁止将国家公益林改造为商品林。改造过程中要保持原有生态系统要素的完整性，不得全面伐除灌木，不得全面整地。严禁任何形式的毁林开垦或毁林造林。

二、严格控制天然林树木采挖移植

各地要切实贯彻落实《国家林业局关于切实加强和严格规范树木采挖移植管理的通知》(林资发〔2013〕186号)等文件精神，严格控制天然林树木采挖移植，依法禁止采挖原生地天然濒危、珍稀树木，国家一级保护野生植物，古树名木，以及名胜古迹、革命纪念地、国家公益林、自然保护区、省级以上森林公园、国家级林木种质资源库、国家重点林木良种基地、生态脆弱地区和生态区位重要地区的树木。天然大树是地带性森林群落的重要标志，严禁移植天然大树进城。生态脆弱和生态区位重要地区的具体范围参照国家标准《生态公益林建设—导则》(GB/T18337．1—2001)。

三、进一步完善天然林保护措施

东北、内蒙古重点国有林区要加强对中幼林抚育采伐的监管，切实巩固停止天然林商业性采伐成果。从2016年起全面停止全国国有林场天然林商业性采伐，积极推进集体和个人所有的天然林协议停止商业性采伐，逐步实现全国天然林资源保护全覆盖。要加强天然林管护队伍和基础设施建设，建立健全天然林管护体系。地方各级林业主管部门要积极协调本级财政加大对天然林保护的投入，确保把停止天然林商业性采伐的要求落实到位。对生态脆弱和生态区位重要地区未划入公益林的天然林，应科学调整公益林区划，划定为公益林，实行严格保护。各地要结合森林经营样板基地建设、森林可持续经营试点，积极探索天然林资源保护经营的新路子。

四、严厉打击各类违法违规行为

各地要开展专项检查，依法严厉打击破坏天然林的各类违法违规行为。采取个案查处和专项检查相结合的形式，依法加大查处力度。对因玩忽职守、滥用职权、徇私枉法造成天然林破坏的行政机关工作人员，要依法依纪追究责任，从严查处。国家林业局各派驻森林资源监督机构要切实加强监督检查，重点巡查国有林区、国有林场、生态脆弱和生态区位重要地区的天然林保护管理工作，发现问题，及时报告。

特此通知。

国家林业局
2015年12月31日

国家林业局公告

国家林业局公告

2015年第1号

根据《国务院关于取消和调整一批行政审批项目等事项的决定》(国发〔2014〕50号)的要求，现将我局取消和下放的行政审批项目(见附件)予以公布。

附件：国家林业局取消和下放的行政审批项目目录

国家林业局
2015年1月7日

附件

国家林业局取消和下放的行政审批项目目录

序号	项目名称	设定依据	国务院决定
1	东北、内蒙古重点国有林区年度木材生产计划审批	《中华人民共和国森林法》第三十条；《中华人民共和国森林法实施条例》(国务院令第278号)第二十九条；《国务院批转林业局关于全国“十二五”期间年森林采伐限额审核意见的通知》(国发〔2011〕3号)	取消
2	重点国有林区木材运输证核发	《中华人民共和国森林法》第三十七条；《中华人民共和国森林法实施条例》(国务院令第278号)第三十五条	下放至省级人民政府林业主管部门
3	在重点国有林区经营(含加工)木材审批	《中华人民共和国森林法实施条例》(国务院令第278号)第三十四条	下放至省级人民政府林业主管部门

国家林业局公告

2015年第2号

根据《植物检疫条例》和《全国林业检疫性有害生物疫区管理办法》(林造发〔2013〕17号)有关规定，现将2015年全国美国白蛾疫区公告如下：

北京市：东城区、西城区、朝阳区、丰台区、石景山区、海淀区、门头沟区、房山区、通州区、顺义区、昌平区、大兴区、怀柔区、平谷区、密云县。

天津市：和平区、河东区、河西区、南开区、河北区、红桥区、东丽区、西青区、津南区、北辰区、武清区、宝坻区、滨海新区、蓟县、宁河县、静海县。

河北省：石家庄市长安区、桥西区、新华区、裕华区、藁城区、鹿泉区、新乐市、井陉县、正定县、行唐县、灵寿县、高邑县、深泽县、无极县、平山县、元氏县、赵县，唐山市路南区、路北区、古冶区、开平区、丰南区、丰润区、曹妃甸区、遵化市、迁安市、滦县、滦南县、乐亭县、迁西县、玉田县，秦皇岛市海港区、山海关区、北戴河区、青龙满族自治县、昌黎县、抚宁县、卢龙县，邯郸市复兴区、邯郸县、临漳县、成安县、大名县、磁县、肥乡县、永年县、邱县、广平县、馆陶县、魏县、曲周县，邢台市桥东区、桥西区、南宫市、沙河市、邢台县、临城县、柏乡县、隆尧县、任县、南和县、宁晋县、广宗县、平乡县、威县、清河县、临西县，保定市新市区、北市区、南市区、涿州市、安国市、高碑店市、满城县、清苑县、涞水县、徐水县、定兴县、唐县、高阳县、容城县、望都县、安新县、易县、曲阳县、蠡县、顺平县、博野县、雄县，承德市双桥区、兴隆县、平泉县、宽城满族自治县，沧州市新华区、运河区、泊头市、任丘市、黄骅市、河间市、沧县、青县、东光县、海兴县、盐山县、肃宁县、南皮县、吴桥县、献县、孟村回族自治县，廊坊市安次区、广阳区、霸州市、三河市、固安县、永清县、香河县、大城县、文安县、大厂回族自治县，衡水市桃城区、冀州市、深州市、枣强县、武邑县、武强县、饶阳县、安平县、故城县、景县、阜城县，定州市，辛集市。

辽宁省：沈阳市苏家屯区、浑南区、沈北新区、于洪区、新民市、辽中县、康平县、法库县，大连市甘井子区、旅顺口区、金州区、瓦房店市、普兰店市、庄河市、长海县，鞍山市千山区、海城市、台安县、岫岩满族自治县，抚顺市顺城区、抚顺县，本溪市平山区、溪湖区、明山区、南芬区、本溪满族自治县、桓仁满族自治县，丹东市振兴区、元宝区、振安区、合作区、凤城市、东港市、宽甸满族自治县，锦州市太和区、凌海市、北镇市、黑山县、义县，营口市鲅鱼圈区、老边区、大石桥市、盖州市，阜新市清河门区、细河区、彰武县、阜新蒙古族自治县，辽阳市宏伟区、弓长岭区、太子河区、灯塔市、辽阳县，盘锦市大洼县、盘山县，铁岭市银州区、清河区、调兵山市、开原市、铁岭县、昌图县、西丰县，葫芦岛市龙港区、南票区、连山区、兴城市、绥中县。

吉林省：长春市长春经济技术开发区、双阳区、长春汽车经济技术开发区※(“※”表示2014年美国白蛾新发生县级行政区，下同)，四平市铁西区、双辽市、梨树县，辽源市龙山区，通化市梅河口市、集安市。

江苏省：徐州市云龙区、鼓楼区、贾汪区、泉山区、铜山区、邳州市、新沂市、睢宁县、沛县、丰县，连云港市连云区、海州区、赣榆区、灌云县、东海县、灌南县，淮安市清河区※、淮安区※、淮阴区※、清浦区※、涟水县、洪泽县※，盐城市盐都区※、响水县、滨海县、阜宁县、射阳县、建湖县※，扬州市宝应县※，宿迁市宿城区、宿豫区、沭阳县、泗阳县、泗洪县※。

安徽省：芜湖市鸠江区、三山区、繁昌县、无为县，蚌埠市怀远县※、五河县※，淮北市杜集区、相山区、烈山区、濉溪县※，阜阳市颍州区※、颍东区※、颍泉区※、界首市※、临泉县※、太和县※、阜南县，宿州市埇桥区、砀山县、萧县、灵璧县、泗县。

山东省：济南市历下区、市中区、槐荫区、天桥区、历城区、长清区、章丘市、平阴县、济阳县、商河县，青岛市市南区、市北区、黄岛区、崂山区、李沧区、城阳区、胶州市、即墨市、平度市、莱西市，淄博市周村区、张店区、淄川区、博山区、临淄区、桓台县、高青县、沂源县，枣庄市市中区、薛城区、峄城区、台儿庄区、山亭区、滕州市，东营市东营区、河口区、垦利县、利津县、广饶县，烟台市芝罘区、福山区、牟平区、莱山区、龙口市、莱阳市、莱州市、蓬莱市、招远市、栖霞市、海阳市、长岛县，潍坊市潍城区、寒亭区、坊子区、奎文区、青州市、诸城市、寿光市、安丘市、高密市、昌邑市、临朐县、昌乐县，济宁市任城区、兖州区、曲阜市、邹城市、微山县、鱼台县、金乡县、嘉祥县、汶上县、泗水县、梁山县，泰安市泰山区、岱岳区、新泰市、肥城市、宁阳县、东平县，威海市环翠区、文登区、荣成市、乳山市，日照市东港区、岚山区、五莲县、莒县，莱芜市莱城区、钢城区，临沂市兰山区、罗庄区、河东区、沂南县、郯城县、沂水县、兰陵县、费县、平邑县、莒南县、蒙阴县、临沭县，德州市德城区、陵城区、乐陵市、禹城市、宁津县、庆云县、临邑县、齐河县、平原县、夏津县、武城县，聊城市东昌府区、临清市、阳谷县、莘县、茌平县、东阿县、冠县、高唐县，滨州市滨城区、沾化区、惠民县、阳信县、无棣县、博兴县、邹平县，菏泽市牡丹区、曹县、单县、成武县、巨野县、郓城县、鄄城县、定陶县、东明县。

河南省：郑州市中原区、二七区、管城回族区、金水区、惠济区、郑东新区、郑州新郑综合保税区、中牟县，开封市龙亭区、顺河回族区、鼓楼区、禹王台区、祥符区、开封新区、杞县、通许县、尉氏县，安阳市文峰区、北关区、安阳县、汤阴县、内黄县，鹤壁市鹤山区、山城区、淇滨区、浚县、淇县，新乡市红旗区、卫滨区、卫辉市、新乡县、原阳县、延津县、封丘县，濮阳市华龙区、濮阳经济开发区、清丰县、南乐县、范县、台前县、濮阳县，许昌市魏都区、东城区、禹州市、长葛市、许昌县、鄢陵县、襄城县，商丘市梁园区、睢阳区、民权县，周口市太康县，滑县，兰考县，长垣县。

特此公告。

国家林业局

2015 年 1 月 8 日

国家林业局公告

2015 年第 3 号

根据《植物检疫条例》和《全国林业检疫性有害生物疫区管理办法》（林造发〔2013〕17 号）的有关规定，现将 2015 年全国松材线虫病疫区公告如下：

江苏省：南京市玄武区、浦口区、栖霞区、雨花台区、江宁区、六合区、溧水区、高淳区，无锡市滨湖区、惠山区、宜兴市，常州市金坛市、溧阳市，苏州市常熟市，连云港市海州区、连云区，淮安市盱眙县，扬州市仪征市，镇江市京口区、润州区、丹徒区、新区、句容市。

浙江省：杭州市西湖区、富阳市、临安市、桐庐县，宁波市江北区、镇海区、北仑区、鄞州区、余姚市、慈溪市、奉化市、宁海县、象山县，温州市乐清市、平阳县，嘉兴市平湖市、海盐县，湖州市吴兴区、长兴县、德清县，绍兴市越城区、柯桥区、上虞区、诸暨市、嵊州市、新昌县，舟山市定海区、普陀区，台州市黄岩区、临海市、温岭市、三门县、天台县※（※表示 2014 年松材线虫病新发生县级行政区，下同），丽水市莲都区、缙云县。

安徽省：合肥市肥东县、庐江县、巢湖市，芜湖市无为县，马鞍山市博望区、当涂县、含山县，安庆市宜秀区、怀宁县，滁州市明光市、全椒县、来安县，六安市舒城县※、霍山县※，池州市东至县※，宣城市宣州区、宁国市、广德县。

福建省：福州市仓山区、马尾区、晋安区、闽侯县、连江县、长乐市，厦门市思明区、翔安区、同安区，莆田市涵江区※，三明市梅列区、三元区、沙县、泰宁县，泉州市鲤城区、丰泽区、石狮市、安溪县※，漳州市云霄县、东山县、诏安县、南靖县※，南平市延平区，宁德市霞浦县※。

江西省：南昌市湾里区※、进贤县，景德镇市浮梁县，九江市庐山区、彭泽县、湖口县、都昌县，新余市渝水区※，赣州市章贡区、赣县、南康区，吉安市吉州区，抚州市广昌县、南丰县※，上饶市信州区、婺源县。

山东省：青岛市崂山区，烟台市长岛县，威海市文登区、荣成市。

河南省：信阳市新县。

湖北省：武汉市洪山区、黄陂区※，宜昌市点军区、猇亭区、夷陵区、宜都市、长阳县，咸宁市赤壁市，恩施州恩施市。

湖南省：长沙市岳麓区，衡阳市石鼓区、衡南县，邵阳市邵东县、绥宁县※，岳阳市云溪区、临湘市，张家界市慈利县※，郴州市苏仙区。

广东省：广州市天河区、白云区、黄埔区、花都区、从化区、增城区，韶关市武江区、曲江区，汕头市濠江区，惠州市惠城区、惠阳区、惠东县、博罗县、龙门县，肇庆市封开县，梅州市梅江区、梅县区，河源市紫金县，清远市清城区，东莞市。

广西壮族自治区：梧州市万秀区、苍梧县，贵港市桂平市，玉林市兴业县※，百色市西林县。

重庆市：巴南区、万州区、涪陵区、长寿区、云阳县、忠县。

四川省：自贡市富顺县，宜宾市翠屏区、宜宾县、高县，广安市邻水县※，达州市通川区※，凉山州西昌市※。

贵州省：遵义市仁怀市※、遵义县，毕节市金沙县，黔西南州安龙县，黔东南州凯里市。

云南省：昭通市盐津县。

陕西省：汉中市洋县，安康市汉滨区、石泉县，商洛市柞水县。

特此公告。

国家林业局

2015 年 1 月 8 日

国家林业局公告

2015 年第 4 号

根据《植物检疫条例》和《全国林业检疫性有害生物疫区管理办法》（林造发〔2013〕17 号）的有关规定，现将 2015 年全国撤销的松材线虫病疫区公告如下：

浙江省：温州市洞头县。

安徽省：铜陵市郊区。
福建省：厦门市湖里区。
江西省：吉安市吉安县。
山东省：潍坊市临朐县，淄博市博山区。
湖南省：郴州市北湖区，益阳市桃江县。
四川省：甘孜州泸定县。

国家林业局
2015 年 1 月 8 日

国家林业局公告

2015 年第 5 号

根据《中华人民共和国行政许可法》《中华人民共和国种子法》《林木种子生产、经营许可证管理办法》和《国家林业局林木种子经营行政许可监督检查办法》规定，我局决定对有效期届满未延续的北京信采种养殖有限公司等 4 家公司的林木种子经营许可证予以注销（详见附件）。从即日起，被注销的林木种子经营许可证（正本、副本）和许可证编号停止使用。

特此公告。

附件：注销林木种子经营许可证的企业名单

国家林业局
2015 年 1 月 9 日

附件

注销林木种子经营许可证的企业名单

企业名称	经营范围	企业地址	许可证编号	注销原因	有效期届满时间
北京信采种养殖有限公司	苗木、花卉	北京市大兴区采育镇下黎城南 500 米	国京营字第 0102 号	有效期届满未延续	2014. 10. 17
北京市盛芳园农业发展有限公司	苗木、花卉	北京市丰台区花乡白盆窑汾庄村南	国京营字第 0011 号	有效期届满未延续	2014. 10. 31
北京温榆河花卉有限公司	一般林木种子、苗木、花卉	北京市昌平区小汤山镇大东流村南	国京营字第 0105 号	有效期届满未延续	2014. 11. 10
中农春雨高科技股份有限公司	苗木	北京市中关村南大街 12 号	国京营字第 0107 号	有效期届满未延续	2014. 11. 18

国家林业局公告

2015 年第 6 号

国家林业局批准《森林资源资产评估技术规范》等 90 项林业行业标准（见附件），自 2015 年 5 月 1 日起实施，现予以公布。

附件：《森林资源资产评估技术规范》等 90 项林业行业标准目录

国家林业局
2015 年 1 月 27 日

附件

《森林资源资产评估技术规范》等 90 项林业行业标准目录

序号	标准编号	标准名称	代替标准号
1	LY/T 2407 – 2015	森林资源资产评估技术规范	
2	LY/T 2408 – 2015	重大自然灾害林业灾损调查与评估技术规程	

（续）

序号	标准编号	标准名称	代替标准号
3	LY/T 2409－2015	林业碳汇项目审定和核证指南	
4	LY/T 2410－2015	陆生野生动物保护及相关产业分类导则	
5	LY/T 2411－2015	三北防护林工程评估技术规程	
6	LY/T 2412－2015	林业血防工程建设导则	
7	LY/T 1625－2015	抑螺防病林营造技术规程	LY/T 1625－2005
8	LY/T 2413.3－2015	林业物联网 第3部分 信息安全通用技术要求	
9	LY/T 2414－2015	一元立木材积表编制技术规程	
10	LY/T 2415－2015	地位指数表编制技术规程	
11	LY/T 2416－2015	林业数表编制数据采集技术规程	
12	LY/T 2417－2015	林木种质资源异地保存库营建技术规程	
13	LY/T 2418－2015	苗木抽样方法	
14	LY/T 2419－2015	苗木质量核查规则	
15	LY/T 2420－2015	林业植物检疫检验实验室管理指南	
16	LY/T 2421－2015	林业植物及其产品调运检疫数据交换规范	
17	LY/T 2422－2015	薇甘菊防治技术规程	
18	LY/T 2423－2015	椰心叶甲检疫技术规程	
19	LY/T 2424－2015	苹果蠹蛾检疫技术规程	
20	LY/T 2425－2015	松突圆蚧检疫技术规程	
21	LY/T 2426－2015	枣品种鉴定技术规程 SSR 分子标记法	
22	LY/T 2427－2015	马尾松种子园营建技术规程	
23	LY/T 2428－2015	杉木组织培养育苗技术规程	
24	LY/T 2429－2015	中山杉扦插繁殖技术规程	
25	LY/T 2430－2015	红花玉兰苗木繁育技术规程	
26	LY/T 2431－2015	乌桕采穗圃营建技术规程	
27	LY/T 2432－2015	卡特兰种苗生产技术规程	
28	LY/T 2433－2015	薄壳山核桃采穗圃营建技术规程	
29	LY/T 2434－2015	青檀播种育苗技术规程	
30	LY/T 2435－2015	皂荚育苗技术规程	
31	LY/T 2436－2015	贴梗海棠育苗技术规程	
32	LY/T 2437－2015	赤松育苗技术规程	
33	LY/T 2438－2015	观赏银杏苗木繁殖技术规程	
34	LY/T 2439－2015	芳樟醇型樟树组培苗生产技术规程	
35	LY/T 2440－2015	商品竹苗质量检测方法	
36	LY/T 2441－2015	毛赤杨播种育苗技术规程	
37	LY/T 2442－2015	天女木兰苗木培育技术规程	
38	LY/T 2443－2015	花曲柳苗木质量分级	
39	LY/T 2444－2015	石蒜类植物种球生产技术规程	

（续）

序号	标准编号	标准名称	代替标准号
40	LY/T 2445－2015	绿化用表土保护技术规范	
41	LY/T 2446－2015	山茶花盆栽技术规程	
42	LY/T 2447－2015	油茶播种育苗技术规程	
43	LY/T 1328－2015	油茶栽培技术规程	LY/T 1328－2006
44	LY/T 2448－2015	霍山石斛栽培技术规程	
45	LY/T 2449－2015	霍山石斛种苗繁育技术规程	
46	LY/T 2450－2015	无花果栽培技术规程	
47	LY/T 2451－2015	金银花栽培技术规程	
48	LY/T 2452－2015	接骨木栽培技术规程	
49	LY/T 2453－2015	千头椿栽培技术规程	
50	LY/T 2454－2015	八角低产林改造技术规程	
51	LY/T 2455－2015	热带次生林抚育技术规程	
52	LY/T 2456－2015	桉树丰产林经营技术规程	
53	LY/T 2457－2015	西南桦培育技术规程	
54	LY/T 2458－2015	柠条锦鸡儿平茬技术规程	
55	LY/T 2459－2015	枫香培育技术规程	
56	LY/T 2460－2015	樟树培育技术规程	
57	LY/T 2461－2015	火力楠培育技术规程	
58	LY/T 2462－2015	蛇皮果栽培技术规程	
59	LY/T 2463－2015	光皮桦用材林培育技术规程	
60	LY/T 2464－2015	薇菜生产技术规程	
61	LY/T 2465－2015	榛蘑	
62	LY/T 1561－2015	杜仲栽培技术规程	LY/T 1561－1999
63	LY/T 2466－2015	江南油杉培育技术规程	
64	LY/T 2467－2015	五倍子 角倍生产技术规程	
65	LY/T 2468－2015	慈竹丰产栽培技术规程	
66	LY/T 2469－2015	毛环竹丰产栽培技术规程	
67	LY/T 2470－2015	蒙桑培育技术规程	
68	LY/T 2471－2015	蓝靛果忍冬栽培技术规程	
69	LY/T 2472－2015	北细辛林下栽培技术规程	
70	LY/T 2473－2015	红松针阔混交林培育技术规程	
71	LY/T 2474－2015	移山参生产技术规范	
72	LY/T 2475－2015	越桔栽培技术规程	
73	LY/T 2476－2015	灵芝短段木栽培技术规程	
74	LY/T 2477－2015	蒙古黄榆栽培技术规程	
75	LY/T 2478－2015	辽东楤木栽培技术规程	
76	LY/T 2479－2015	天山云杉培育技术规程	

（续）

序号	标准编号	标准名称	代替标准号
77	LY/T 2480－2015	切花芍药栽培技术规程	
78	LY/T 2481－2015	亚热带泥质海涂消浪林造林技术规程	
79	LY/T 2482.1－2015	东北、内蒙古林区森林抚育技术要求 第1部分：大兴安岭林区	
80	LY/T 2482.2－2015	东北、内蒙古林区森林抚育技术要求 第2部分：小兴安岭、完达山、张广才岭和老爷岭林区	
81	LY/T 2483－2015	竹炭产品术语	
82	LY/T 2484－2015	竹材液化发泡工程材料通用技术要求	
83	LY/T 1079－2015	小原条	LY/T 1079－2006
84	LY/T 2485－2015	梁材	
85	LY/T 2486－2015	实木菜板	
86	LY/T 2487－2015	木质地板冲击噪声测试方法	
87	LY/T 2488－2015	实木拼接板	
88	LY/T 2489－2015	木材交付通用技术条件	
89	LY/T 2490－2015	改性木材尺寸稳定性测试方法	
90	LY/T 2491－2015	蒸汽热源木材干燥设备节能监测方法	

国家林业局公告

2015年第7号

经研究决定，从公告发布之日起至2016年2月26日止，我国临时禁止进口《濒危野生动植物种国际贸易公约》生效后所获的非洲象牙雕刻品，国家林业局暂停受理相关行政许可事项。

特此公告。

国家林业局

2015年2月26日

国家林业局公告

2015年第8号

根据《国家林业局 国家工商行政管理总局关于对利用野生动物及其产品的生产企业进行清理整顿和开展标记试点工作的通知》(林护发〔2003〕3号)和《国家林业局 卫生部 国家工商行政管理总局 国家食品药品监督管理局 国家中医药管理局关于进一步加强麝、熊资源保护及其产品入药管理的通知》(林护发〔2004〕252号)、《国家林业局 卫生部 国家工商行政管理总局 国家食品药品监督管理局 国家中医药管理局关于进一步加强赛加羚羊、穿山甲、稀有蛇类资源保护和规范其产品入药管理的通知》(林护发〔2007〕242号)有关规定，现对试点使用"中国野生动物经营利用管理专用标识"的企业及其产品(见附件1－3)、允许临床使用赛加羚羊角、穿山甲片、稀有蛇类原材料的定点医院(见附件4)以及2015版"中国野生动物经营利用管理专用标识"(见附件5)予以公告。

特此公告。

附件：

1. 生产、销售含天然麝香成分中成药的企业及其产品名称
2. 生产象皮粉的企业名称
3. 销售野生动物相关制品的企业及其产品名称
4. 允许临床使用赛加羚羊、穿山甲、稀有蛇类原材料的定点医院
5. 2015版"中国野生动物经营利用管理专用标识"(略)

国家林业局

2015年4月28日

附件 1

生产、销售含天然麝香成分中成药的企业及其产品名称

序号	省份	企业名称	中药名称	备注
1	四川	九寨沟天然药业集团有限责任公司	小金丸、五味麝香丸、万应锭、西黄丸、牛黄醒消丸、大活络丸、麝香壮骨膏、壮骨麝香止痛膏	人工繁育麝类所获天然麝香

附件 2

生产象皮粉的企业名称

序号	省份	企业名称	产品名称
1	广东	广州中量药业有限公司	象皮粉

附件 3

销售野生动物相关制品的企业及其产品名称

序号	省份	企业名称	产品名称
1	北京	北京同仁堂健康药业股份有限公司	梅花鹿(鹿茸)、中国林蛙产品(蛤蟆油)
2		北京华邈中药工程技术开发中心	梅花鹿产品
3	上海	上海冠商国际贸易有限公司	野生动物皮制品
4		瑷利珈(上海)企业管理有限公司	野生动物皮制品
5		上海都德纺织科技有限公司	野生动物皮制品
6		爱马仕(上海)贸易有限公司	野生动物皮制品
7		尊湛(上海)商贸有限公司	野生动物皮制品
8		睿锦尚品国际贸易(上海)有限公司	野生动物皮制品
9		普拉达时装商业(上海)有限公司	野生动物皮制品
10	福建	北京同仁堂健康药业(福州)有限公司	梅花鹿产品、蛤蟆油(林蛙输卵管)、大壁虎
11	甘肃	白银市天胜农业综合开发有限公司	梅花鹿产品
12		甘肃科源农业发展有限公司	梅花鹿产品
13	宁夏	银川杰林养殖有限公司	马鹿、梅花鹿产品

附件 4

允许临床使用赛加羚羊角、穿山甲片、稀有蛇类原材料的定点医院

序号	省份	医院名称	备注
1	吉林	吉林中医肝胆医院	
2		四平市传染病医院	

国家林业局公告

2015 年第 9 号

按照《国家林业局关于进一步加强象牙及其制品规范管理的通知》(林护发〔2008〕258 号)要求，根据对象牙加工经营活动的监督检查、执法情况，以及从业单位申请和省级林业主管部门审核意见，经专家统一评审，现将允许从事象牙加工及象牙制品销售活动的单位及场所予以公告(见附件 1、2)，有效期至 2016 年 12 月 31 日。其中，仅限附件 1 所列单位在指定场所加工象牙制品，仅限在附件 1 所列加工销售一体化的指定场所和附件 2 所列单位指定场所销售象牙制品，不得擅自改变。

凡本公告发布前有关象牙制品指定加工、销售场所与本公告不相符合的，以本公告为准。

特此公告。

附件(略)：

1. 允许从事象牙加工活动的单位及其加工场所名单

2. 允许从事象牙制品销售活动的场所及所属单位名单

国家林业局

2015 年 4 月 29 日

国家林业局公告

2015 年第 10 号

根据《中华人民共和国种子法》第十六条的规定，现将由国家林业局林木品种审定委员会审定通过的洛楸 1 号等 26 个品种和认定通过的青山 3 号等 5 个品种作为林木良种予以公告（详见附件）。自公告发布之日起，这些品种在林业生产中可以作为林木良种使用，并在本公告规定的适宜种植范围内推广。

特此公告。

附件：林木良种名录（中英文）

国家林业局

2015 年 5 月 4 日

附件

林木良种名录
审定通过品种

洛楸 1 号

树种：楸树

学名：*Catalpa bungei*'Luoqiu 1'

类别：品种

通过类别：审定

编号：国 S－SV－CB－001－2014

品种特性

在河南洛阳造林一年生树高和地径分别为 4.07 m 和 4.46 cm；8 年生树高 10.3 m，胸径 12.45 cm，材积为 0.231 m^3，木材基本密度和气干密度分别为 0.33 g/cm^3 和 0.34 g/cm^3，纤维长度 670.84 μm。可用于制作家具、贴面板材、装饰材等。

栽培技术要点

栽植穴方形或圆形，穴径 50～60 cm，深 50 cm，一般 3 月至 4 月上旬栽植，栽后在距接口以上 4～5 cm 处平茬封蜡，幼龄期抹除弱芽，第二年萌动前截干，第三年开始修枝，每年适当浇水施肥。

适宜种植范围

河南、甘肃、湖北等楸树适宜栽培区。

洛楸 2 号

树种：楸树

学名：*Catalpa bungei*'Luoqiu 2'

类别：品种

通过类别：审定

编号：国 S－SV－CB－002－2014

品种特性

在河南洛阳造林一年生树高和地径分别为 3.78m 和 5.03 cm；8 年生树高 9.5 m，胸径 13.29 cm，材积为 0.235 m^3，8 年木材基本密度和气干密度分别为 0.399 g/cm^3 和 0.481 g/cm^3。可用于制作家具、贴面板材、装饰材等。

栽培技术要点

植树穴呈方形或圆形，穴径 50～60 cm，深 50 cm，一般为 3 月至 4 月上旬栽植，栽后在距接口以上 4～5 cm 处平茬封蜡，幼龄期抹除弱芽，第二年萌动前截干，第三年开始修枝，每年适当浇水施肥。

适宜种植范围

河南、甘肃、湖北等楸树适宜栽培区。

青山 1 号

树种：落叶松

学名：*Larix kaempferi* × *L. gmelinii*'Qingshan 1'

类别：家系

通过类别：审定

编号：国 S－SF－LK－003－2014

品种特性

日本落叶松与兴安落叶松杂交种。树干通直，塔形，8 年生树高 4.12m，胸径 4.05cm，纤维素含量 79.5%，晚材微纤丝角 17.22°，晚材壁腔比 0.56。可作为用材林、生态防护林品种。

栽培技术要点

春季造林适宜用 2 年生苗，密度为 3300 株/ha，造林地宜选择排水良好的缓坡、土层厚 50cm 以上的暗棕壤，穴面直径为 60cm、底径 40cm、深 25cm，整地应在造林前一年秋季或现整地现造林。

适宜种植范围

黑龙江、吉林、辽宁等落叶松适宜栽培区。

青山 2 号

树种：落叶松

学名：*Larix kaempferi* × *L. gmelinii*'Qingshan 2'

类别：家系

通过类别：审定

编号：国 S－SF－LK－004－2014

品种特性

日本落叶松与兴安落叶松杂交种。树干通直，塔形，8 年生树高 4.00m，胸径 3.83cm，木材基本密度 0.433 g/cm^3，纤维素含量 66.9%，晚材微纤丝角 17.9°，晚材壁腔比 0.52。可作为用材林、生态防护林品种。

栽培技术要点

春季造林适宜用 2 年生苗，密度为 3300 株/ha，造林地宜选择排水良好的缓坡、土层厚 50cm 以上的暗棕壤，穴面直径为 60cm、底径 40cm、深 25cm，整地应在造林前一年秋季或现整地现造林。

适宜种植范围

黑龙江、吉林、辽宁等落叶松适宜栽培区。

水曲柳"五常"种源

树种：水曲柳

学名：*Fraxinus mandshuricc*'Wuchang'

类别：种源

通过类别：审定

编号：国 S－SP－FM－005－2014

品种特性

树干通直，顶端优势明显。在黑龙江帽儿山试验区14年生水曲柳五常种源的树高7.62m，胸径6.79cm，材积0.016m^3。可作为用材林品种。

栽培技术要点

造林前一年冬季对林地进行彻底清理，穴状整地，规格60 cm×60 cm×60cm，株行距1.5m×2m。翌年5月上旬栽植，造林前三年按3－2－1(次)进行抚育管理。

适宜种植范围

黑龙江、吉林、辽宁等水曲柳适宜栽培区。

北林雄株1号

树种：杨树

学名：*Populus*'Beilinxiongzhu 1'

类别：无性系

通过类别：审定

编号：国 S－SC－PB－006－2014

品种特性

三倍体杨树杂种，雄株。树干通直，皮孔小，菱形。5年生平均材积生长量为5.90m^3/亩，木材基本密度0.3555g/cm^3，纤维长度为0.854mm，综纤维含量为85.90%，木素含量为17.42%。可作为园林绿化品种和纸浆材品种。

栽培技术要点

春季造林为主，选择地势平坦、土层深厚的平川地。一般用当年生苗造林，造林前浸水1～2天；采用挖穴造林，穴60cm×60cm×60cm；造林后及时浇水，第三年开始追肥，并修除竞争枝；根据立地条件和轮伐期长短，造林密度一般为500～1500株/ha。

适宜种植范围

河北、山东、河南等白杨适宜栽培区。

北林雄株2号

树种：杨树

学名：*Populus*'Beilinxiongzhu 2'

类别：无性系

通过类别：审定

编号：国 S－SC－PB－007－2014

品种特性

三倍体杨树杂种，雄株。树干通直，皮孔小，菱形。5年生平均材积生长量为6.80m^3/亩，木材基本密度0.3393g/cm^3，纤维长度为0.820mm，综纤维含量为85.46%，木素含量为17.72%。可作为园林绿化品种和纸浆材品种。

栽培技术要点

春季造林为主，选择地势平坦、土层深厚的平川地。一般用当年生苗造林，造林前浸水1～2天；采用挖穴造林，穴60cm×60cm×60cm；造林后及时浇水，第三年开始追肥，并修除竞争枝；根据立地条件和轮伐期长短，造林密度一般为500～1500株/ha。

适宜种植范围

河北、山东、河南等白杨适宜栽培区。

万年金

树种：银杏

学名：*Ginkgo Biloba*'Wannianjin'

类别：品种

通过类别：审定

编号：国 S－SV－GB－008－2014

品种特性

落叶乔木，喜光，光线充足时，叶色为黄色或深黄色；光线不足时，叶色变为黄绿色。在南京地区，从萌芽开始一直到6月底，万年金叶片和叶柄的颜色均为黄色，7月上旬以后，除新发的幼叶仍为黄色外，成熟的叶片叶色逐渐转为淡绿色，直到落叶之前又变为黄色。10月下旬至11月初落叶进入休眠。可用于园林观赏绿化品种。

栽培技术要点

采用嫁接苗定植，及时抹芽除蘖，成活后及时松绑立标杆，每年分三次施肥，春季和夏季施速效肥，秋季施有机肥，6月适当浇水。

适宜种植范围

江苏、湖北、北京等银杏适宜栽培区。

明珠

树种：樱桃

学名：*Prunus avium*'Mingzhu'

类别：品种

通过类别：审定

编号：国 S－SV－PA－009－2014

品种特性

果实宽心脏形，平均单果重12.3 g，最大单果重14.5 g。大连地区6月初果实成熟，比对照品种'红艳'早3～4天。在大连地区，定植后3年见果，第4年、第5年、第6年平均产量分别为250 kg/亩、425 kg/亩、652 kg/亩。达到盛果期后，产量可达980 kg/亩。可溶性固形物含量18%～24%，pH值3.5，干物质18%，可溶性总糖14.75%，可滴定酸0.41%，果实可食率为93.27%。鲜食品种。

栽培技术要点

建园时需配置授粉树。授粉树配置比率应在2～4:1。"明珠"的授粉品种有"先锋""美早""拉宾斯""佳红""雷尼""红灯"等，可采用3m×4m或3m×5 m的株行距，每亩栽45～55株。对多年生枝条要回缩修剪，注意肥水管理，适时采摘。

适宜种植范围

辽宁、河北、山东、山西等樱桃适宜栽培区。

早露

树种：樱桃

学名：*Prunus avium*‘Zaolu’

类别：品种

通过类别：审定

编号：国 S－SV－PA－010－2014

品种特性

果实宽心脏形，平均单果重 8.65 g，最大单果重 10.17 g。大连地区 5 月末～6 月初果实成熟，比对照品种‘红艳’早 8～10 天。在大连地区，定植后 3 年见果，第 4 年平均产量 215 kg/亩，第 5 年平均产量 403 kg/亩，第 6 年平均产量为 538 kg/亩。达到盛果期后，产量可达 925 kg/亩。可溶性固形物含量 18.9%，pH 值 3.7，干物质 14.0%，可溶性总糖 10.7%，可滴定酸 0.34%，Vc 含量为 9.9 mg/100g，果实可食率为 93.1%。鲜食品种。

栽培技术要点

建园需配置授粉树。授粉树配置比率应在 2～4∶1。“早露”的授粉品种有“佳红”“红艳”“美早”“红灯”“早红珠”“红艳”等，可采用 3m×4m 或 3m×5m 的株行距，每亩栽 45～55 株。在修剪上枝条应以甩放为主，生长期内进行 1～2 次摘心。

适宜种植范围

辽宁、河北、山东、山西等樱桃适宜栽培区。

早红珠

树种：樱桃

学名：*Prunus avium*‘Zaohongzhu’

类别：品种

通过类别：审定

编号：国 S－SV－PA－011－2014

品种特性

果实宽心脏形，平均单果重 9.5g，最大单果重 10.6 g。大连地区 6 月初成熟。在大连地区，盛果期产量可达 925 kg/亩。果肉厚度达 0.95 cm，可溶性固形物含量 18%～20%，pH 值 3.55，干物质 17.83%，可溶性总糖 12.52%，可滴定酸 0.71%，果实可食率为 89.87%。鲜食品种。

栽培技术要点

建园需配置授粉树。授粉树配置比率应在 2～4∶1。“早露”的授粉品种有以“佳红”“雷尼”“红艳”“红蜜”“红灯”“晚红珠”等，可采用 3m×4m 或 3m×5m 的株行距，每亩栽 45～55 株。幼树期采用轻剪技术，多缓放，开张角度 90°。

适宜种植范围

辽宁、河北、山东、山西等樱桃适宜栽培区。

北红

树种：葡萄

学名：*Vitis vinifera* × *V. amurensis*‘Beihong’

类别：品种

通过类别：审定

编号：国 S－SV－VV－012－2014

品种特性

华北地区不需埋土即可安全越冬，植株生长势强，北京地区 5 月中旬开花，9 月底浆果成熟，为晚熟品种。果穗圆锥形，平均穗重 160 g，果粒圆形，蓝黑色，果粒着生较紧。栽植后第 2 年即可结果，亩产可达 200kg 以上，第 3 年 600～800kg/亩，丰产期产量控制在 1000kg/亩以内。可溶性固形物含量 23.8%～27.0%，可滴定酸含量 0.65%～0.92%，果汁红色，出汁率 62.9%。鲜食酿酒兼用品种。

栽培技术要点

种植地选择地下水位 1.0 米以下，土壤含盐量低于 0.25%，雨季排水良好的地块。选择一年生成苗定植，一般在春季 4 月初～中旬定植，株行距 1m×2.5～3 m，亩产控制在 800～1000kg。

适宜种植范围

北京、天津、宁夏等葡萄适宜栽培区。

北玫

树种：葡萄

学名：*Vitis vinifera* × *V. amurensis*‘Beimei’

类别：品种

通过类别：审定

编号：国 S－SV－VV－013－2014

品种特性

华北地区不需埋土即可安全越冬，植株生长势强，北京地区 5 月中旬开花，9 月下旬浆果成熟。种植后第 2 年枝蔓即可满架，第三年亩产可达 400kg，丰产期产量控制在 800kg/亩以内。果实可溶性固形物含量 20.4%～25.4%，可滴定酸含量 0.64%～0.89%，出汁率 65.0 %。鲜食酿酒兼用品种。

栽培技术要点

种植地选择地下水位 1.0 米以下、土壤含盐量低于 0.25%、雨季排水良好的地块。选择一年生成苗定植，一般在春季 4 月初～中旬定植，株行距 1m×2.5～3 m，亩产控制在 800～1000kg。

适宜种植范围

北京、天津、宁夏等葡萄适宜栽培区。

磨山雄 1 号

树种：猕猴桃

学名：*Actinidia chinensis*‘Moshan xiong 1’

类别：品种

通过类别：审定

编号：国 S－ SV－AC－014－2014

品种特性

树势中等偏强。雄株，花白色，聚伞花序，雄蕊数 50 个，花粉发芽率 62%～79 %。开花早且花期长，在武汉，4 月上中旬初花，4 月中下旬盛花，4 月底谢花，花期 13～17 天。能与早花雌性品种红阳、金农、川猕 3 号等 10 余个早花品种花期相遇。可作为观赏和授粉品种。

栽培技术要点

宜采用宽行窄株，密度以行株距为 4～5 m×2 m 为宜。架式宜采用“T”形棚架或大棚架，主干高 1.8m，整形以单主干双主蔓鱼骨树形为佳；冬季轻剪，多采取花后复剪。

适宜种植范围

湖南、湖北、四川、江苏等猕猴桃适宜栽培区。

金梅

树种：猕猴桃

学名：*Actinidia*‘Jinmei’

类别：品种

通过类别：审定

编号：国 S－ SV－AJ－015－2014

品种特性

生长势强。单果重 67.4g～105g，平均果重 94g，嫁接苗定植第 2 年可挂果，第 3 年亩产可达 300 kg；第 4 年进入盛果期，亩产 1500kg 以上。果皮绿褐色，密生短茸毛，不脱落，果肉黄色，平均可溶性固形物 16.0％，总糖 9.8％，总酸 1.3％，Vc 含量 124mg/100g，干物质 17.5％，总氨基酸 0.8％，含氮 0.15％，钾 0.18％，磷 253 mg/kg，钙 341mg/kg。可鲜食和加工制汁。

栽培技术要点

宜采用宽行窄株，密度以行株距为 4～5 m×3 m 为宜。架式宜采用“T”形棚架或大棚架，主干高 1.8 m，整形以单主干双主蔓鱼骨树形，幼树夏季整形，冬季轻剪，在花期及时疏除侧花和过密小果。授粉品种为磨山 4 号和磨山雄 5 号，雌雄比 6～8：1。

适宜种植范围

湖北、江苏、四川等猕猴桃适宜栽培区。

满天红

树种：猕猴桃

学名：*Actinidia*‘Mantianhong’

类别：品种

通过类别：审定

编号：国 S－SV－AM－016－2014

品种特性

株型紧凑，树势中等。花为玫瑰红色，每个花枝着生花 5～7 朵，少量序花，花瓣直径 4.2 cm，花瓣 6～11 枚，多数 6 枚。从露瓣到谢花 10 天以上。果实为长卵圆形，黄褐色，平均单果重 82 g，盛果期亩产 1000kg 以上，果肉 Vc 含量 448 mg/100g，有机酸 1.7％，可溶性固形物含量平均为 15％～19.2％、总糖含量 12.6％可作为观赏和鲜食品种。

栽培技术要点

宜采用宽行窄株，密度以行株距为 4～5 m×2 m 为宜。如以生产果实为主，则宜采用“T”形棚架或大棚架，主干高 1.8 m，整形以单主干双主蔓鱼骨树形；如以观赏生产兼用，则采用篱壁架、乔化等树形。幼树夏季整形，冬季轻剪。

适宜种植范围

湖北、江苏、四川等猕猴桃适宜栽培区。

华硕

树种：苹果

学名：*Malus pumila*‘Huashuo’

类别：品种

通过类别：审定

编号：国 S－ SV－MP－017－2014

品种特性

树冠中大、呈圆锥形，树势生长中庸。果实近圆形，平均单果重 232g。幼树定植后第 3 年即可少量结果，盛果期树亩产量 2800～3500kg。果实底色绿黄，果面鲜红色，着色面积达 70％。可溶性固形物含量 13.9％，总糖含量 11.68％，总酸含量 0.42％，Vc 含量 1.1mg/100g。鲜食品种。

栽培技术要点

M26、SH 系列矮化中间砧或 M9 矮化自根砧以 1.5～2m×3～4m 的株行距定植，设施扶干栽培、采用细长纺锤形整形；若采用海棠等实生砧则以 2.5～3.5m×4～5m 的株行距定植，采用自由纺锤形整形。适当疏花疏果，加强水肥管理。

适宜种植范围

河南、山东、云南、河北、山西等苹果适宜栽培区。

新郑红 8 号

树种：枣

学名：*Ziziphus jujuba*‘Xinzhenghong 8’

类别：品种

通过类别：审定

编号：国 S－SV－ZJ－018－2014

品种特性

树姿直立，树势健壮。在河南新郑 5 月下旬始花，8 月下旬成熟。平均单果重 5.0g，盛果期平均亩产 1000～1500kg。鲜枣可溶性总糖含量 29.2％，可滴定酸 0.21％，可食率 96.2％。鲜食。

栽培技术要点

选择土地平整，土壤肥沃的耕地矮化密植，株行距 2m×3m 的较为适宜，树形可选用小冠分层形、开心形等。加强肥水管理，合理疏花、疏果。

适宜种植范围

河南、新疆等枣适宜栽培区。

川早 1 号

树种：核桃

学名：*Juglans sigillata*×*J. regia*‘Chuanzao 1’

类别：品种

通过类别：审定

编号：国 S－SV－JS－019－2014

品种特性

树势中庸偏强，3 年生平均产量 16.8 kg/亩，4 年生平均产量 43.2 kg/亩，5 年丰产，平均产量达 73.2 kg/亩。坚果扁圆形，平均单果重 12.0 g，壳厚 0.90 mm，可取整仁，出仁率 51.60％；核仁黄白色，粗脂肪含量 52.6％、粗蛋白 16.30％、钙含量 871 mg/kg、铁含量 11.1 mg/kg、磷含量 0.26％、维生素 E 含量 1.50 mg/kg、镁含量 0.11％。鲜食。

栽培技术要点

适宜株行距为 4 m×5 m 或 5 m×6 m，大穴（直径 80 cm）整地，栽植时间为 12 月至 2 月上旬，栽植时浇定根水。第 1 年适时浇水保活，疏花促长，2 年后整形促果。

适宜种植范围

四川、重庆等核桃适宜栽培区。

檀桥

树种：板栗

学名：*Casanea mollissima*‘Tanqiao’

类别：品种

通过类别：审定

编号：国 S－SV－CM－020－2014

品种特性

树冠圆头形，5 月上旬始花，果实 10 月上旬成熟，每个壳斗苞被 1～3 粒坚果，坚果枣红色，平均坚果重 16.22g，盛果期亩产坚果 350kg 以上。鲜果果肉含淀粉 48.5%，脂肪 1.8%，可溶性糖 8.53%，水分 31.2%，N1.02%，P0.14%，K0.94%，Ca444mg/kg，Mg800 mg/Kg，Fe31.1 mg/kg，Cu11.4 mg/kg，含 Zn9.65 mg/kg。鲜食或加工。

栽培技术要点

选择 pH 值为 5.5～6.5，土壤深厚、湿润且排水良好的砾质地建园，配置“九家种”“它栗”“石丰”等作为授粉品种，一般主栽品种 4～8 行配置 1 行授粉树；栽植时间以 11～12 月栽植为最好，春季栽植以 2 月中旬至 3 月上旬为宜；栽植密度丘陵地 40～60 株/亩。

适宜种植范围

湖南、山东、江西等板栗适宜栽培区。

京欧 1 号

树种：欧李

学名：*Cerasus humilis*‘Jingou 1’

类别：品种

通过类别：审定

编号：国 S－SV－CH－021－2014

品种特性

株高 1.2～1.5 m。果实扁圆形，紫红色，果肉红色，平均单果重 6.2 g，在北京盛果期亩产 1000kg。果实出汁率 82.4%。干物质 16.2%，平均可溶性固形物 15.4%，可溶性糖 7.85%，总酸 1.12%，糖酸比 7.01，钙 249 mg/kg，Vc 含量 380 mg/kg，氨基酸总量 5.13 g/kg，必需氨基酸总量 1.54 g/kg，占总氨基酸的 30.0%。鲜食及加工，种仁可作郁李仁药材。

栽培技术要点

选平地、坡地，也可在梯田地边栽种。春季在苗木萌动前，秋季在落叶后定植，株行距 0.8 m×1.0 m，定植坑穴深 50 cm，直径 40 cm，配置京欧 2 号作授粉树。合理疏花疏果，加强肥水管理，单株产量控制在 1.6 kg 以内。

适宜种植范围

北京、河北、山西、甘肃等欧李适宜栽培区。

京欧 2 号

树种：欧李

学名：*Cerasus humilis*‘Jingou 2’

类别：品种

通过类别：审定

编号：国 S－SV－CH－022－2014

品种特性

株高 1.2～1.5 m。果实圆形，紫色，果肉红色，平均单果重 6.1g，在北京盛果期亩产 1000kg。果实出汁率 81.5%。干物质 15%，平均可溶性固形物 14.7%，可溶性糖 7.54%，总酸 1.32%，糖酸比 5.71，钙 262 mg/kg，Vc 含量 449 mg/kg，氨基酸总量 5.22 g/kg，必需氨基酸总量 1.49 g/kg，占总氨基酸的 28.5%。鲜食及加工，种仁可作郁李仁药材。

栽培技术要点

选平地、坡地，也可在梯田地边栽种。春季在苗木萌动前，秋季在落叶后定植，株行距 1.0 m×1.0 m，定植坑穴深 50 cm，直径 40 cm，配置京欧 1 号作授粉树。合理疏花疏果，加强肥水管理，单株产量控制在 1.6 kg 以内。

适宜种植范围

北京、河北、山西、甘肃等欧李适宜栽培区。

中科黔北 1 号

树种：淫羊藿

学名：*Epimedium borealiguizhouense*‘Zhongke qianbei 1’

类别：品种

通过类别：审定

编号：国 S－SV－EB－023－2014

品种特性

多年生草本，植株健壮，高 65～80 cm；叶片披针形或狭披针形，第 3 年进入盛产期，平均亩产 525kg。叶片总黄酮、朝藿定 C 和淫羊藿苷含量分别为 116.48mg/g、24.48mg/g、16.91mg/g。用于中药产业。

栽培技术要点

选择疏林山地或经济林地林下种植，采用沟植或窝植，株行距为 25cm×30cm，深 10～15cm，每亩栽植 6000～8000 株。定植后浇足定根水。施农家肥为主，每亩 2000～3000kg。4～8 月淫羊藿生长旺盛期，每 30 天除草 1 次。在夏季一般连续晴 5～6 天，于早晚进行人工浇水。

适宜种植范围

湖北、贵州、广东等省区淫羊藿适宜栽培区。

中科箭叶 1 号

树种：淫羊藿

学名：*Epimedium borealiguizhouense*‘Zhongke jianye 1’

类别：品种

通过类别：审定

编号：国 S－SV－EB－024－2014

品种特性

多年生草本，植株健壮，高 30～50 cm。小叶卵形，基部深心型，第 3 年进入盛产期，平均亩产 460kg。叶片总黄酮含量 117.27mg/g，四种有效成分朝藿定 A，B，C 和淫羊藿苷含量分别为 21.96mg/g、29.91mg/g、17.89mg/g、16.94mg/g。用于中药产业。

栽培技术要点

选择疏林山地或经济林地林下种植，采用沟植或窝植，株行距为 25cm×30cm，深 10～15cm，每亩栽植 6000～8000 株。定植后浇足定根水。施农家肥为主，每亩 2000～3000kg。4～8 月淫羊藿生长旺盛期，每 30 天除草 1 次。在夏季一般连续晴 5～6 天，于早晚进行人工浇水。

适宜种植范围

湖北、贵州、广东等省区淫羊藿适宜栽培区。

中科巫山 1 号

树种：淫羊藿

学 名：*Epimedium borealiguizhouense* ‘Zhongke wushan1’

类别：品种

通过类别：审定

编号：国 S－SV－EB－025－2014

品种特性

多年生草本，植株健壮，高 50～65 cm。叶片披针形或狭披针形，第 3 年进入盛产期，平均亩产 469kg。叶片总黄酮和朝藿定 C 含量分别为 64.94mg/g、41.11mg/g。用于中药产业。

栽培技术要点

选择疏林山地或经济林地林下种植，采用沟植或窝植，株行距为 25cm×30cm，深 10～15cm，每亩栽植 6000～8000 株。定植后浇足定根水。施农家肥为主，每亩 2000～3000kg。4～8 月淫羊藿生长旺盛期，每 30 天除草 1 次。在夏季一般连续晴 5～6 天，于早晚进行人工浇水。

适宜种植范围

湖北、贵州、广东等省区淫羊藿适宜栽培区。

京薰 3 号

树种：薰衣草

学名：*Lavandula angustifolia* ‘Jingxun 3’

类别：品种

通过类别：审定

编号：国 S－SV－LA－026－2014

品种特性

多年生亚灌木，植株丛生。株高 50～60cm，株幅 60～80cm。花紫色，花轮数 5～6 轮，每轮 12～16 朵，盛花期 6 月中下旬，开花整齐。出油率 1.42%～1.64%，亩产精油量 7.8～8.4kg。乙酸芳樟酯含量 43.7%。可用于提取薰衣草精油和园林观赏。

栽培技术要点

冬季种植时间为 10 月中下旬至 12 月上中旬，春季种植时间为 3 月中旬至 4 月上旬，选择光照充足，排水良好地块，株行距 60cm×80cm，一年要进行 3～4 次中耕除草，加强水肥管理，适时采收。

适宜种植范围

新疆干热河谷地带、山东胶东半岛丘陵地带薰衣草适宜栽培区。

认定通过品种

青山 3 号

树种：落叶松

学名：*Larix kaempferi* × *L. gmelinii* ‘Qingshan 3’

类别：家系

通过类别：认定(5 年)

编号：国 R－SF－LK－001－2014

品种特性

日本落叶松与兴安落叶松杂交种。树干通直，塔形，8 年生树高 3.85m，胸径 3.7cm，纤维素含量 69.6%，管胞长宽比 99.3，晚材壁腔比 0.51。可作为用材林、生态防护林品种。

栽培技术要点

适宜用 2 年生苗春季造林，密度为 3300 株/ha，造林地宜选择排水良好的缓坡、土层厚 50cm 以上的暗棕壤，穴面直径为 60cm、底径 40cm、深 25cm，整地应在造林前一年秋季或现整地现造林。

适宜种植范围

黑龙江、吉林、辽宁等落叶松适宜栽培区。

青山 4 号

树种：落叶松

学名：*Larix kaempferi* × *L. gmelinii* ‘Qingshan 4’

类别：家系

通过类别：认定(5 年)

编号：国 R－SF－LK－002－2014

品种特性

日本落叶松与兴安落叶松杂交种。树干通直，塔形，8 年生树高 3.95m，胸径 3.77cm，纤维素含量 79.5%，晚材微纤丝角 18.2，晚材壁腔比 0.56。可作为用材林、生态防护林品种。

栽培技术要点

适宜用 2 年生苗春季造林，密度为 3300 株/ha，造林地宜选择排水良好的缓坡、土层厚 50cm 以上的暗棕壤，穴面直径为 60cm、底径 40cm、深 25cm，整地应在造林前一年秋季或现整地现造林。

适宜种植范围

黑龙江、吉林、辽宁等落叶松适宜栽培区。

欧洲云杉捷克种源

树种：欧洲云杉

学名：*Picea abies*

类别：种源

通过类别：认定(8 年)

编号：国 R－SP－PA－003－2014

品种特性

2002 年从欧洲云杉种源区捷克引进种子。造林成活率达到 95% 以上，造林后 8 年生平均树高 1.5 m，冠幅 77cm，第 8 年抽梢 35 cm。可作为建筑用材和纸浆材。

栽培技术要点

选择海拔 1800 m 以下，土壤深厚、肥沃和水分充足的地段造林。株行距可为 1.5 m×2.0 m、2.0 m×2.5m、2.5m×2.5m。穴状整地规格为 50 cm×50 cm×40 cm。大田裸根苗造林必须采用保水剂蘸根。加强鼠害防治。

适宜种植范围

甘肃、湖北、黑龙江等欧洲云杉适宜栽培区。

绿秀

树种：横果苔草

学名：*Carex transversa*'Lvxiu'

类别：品种

通过类别：认定(3 年)

编号：国 R－SV－CT－004－2014

品种特性

冷季型，宿根。叶色深绿，绿期 225～235 天，北京到 11 月中旬依然能保持绿色，适宜片植。栽种第一年植株冠幅达 50～57cm，单株分蘖数 48～55 个；2 年生植株的冠幅达 70cm，单株分蘖 160 以上。可作地被植物。

栽培技术要点

对土壤没有特殊要求，壤土、黏土、沙壤土等都可正常生长，移栽新苗后需浇透水以保证其成活。为促进春季返青，冬前(12 月份)、初春(3 月份)需要进行一次越冬水和返青水灌溉。

适宜种植范围

北京、河北、山东等横果苔草适宜栽培区。

磨山雄 5 号

树种：猕猴桃

学名：*Actinidia chinensis*'Moshan xiong 5'

类别：品种

通过类别：认定(3 年)

编号：国 R－SV－AC－005－2014

品种特性

雄株，树势强旺。花白色，花药 75 个，花粉发芽率为 75.6%。在武汉，4 月中下旬初花，4 月下旬盛花，5 月上旬谢花，花期 12～15 天。能与早中花雌性品种"金早""早鲜""金桃""金艳"等 30 余个品种花期相遇。可作为观赏和授粉品种。

栽培技术要点

宜采用宽行窄株，密度以行株距为 4～5 m×2 m 为宜。架式宜采用"T"形棚架或大棚架，主干高 1.8 米，整形以单主干双主蔓鱼骨树形为佳；冬季轻剪，多采取花后复剪。

适宜种植范围

湖南、湖北、四川、江苏等猕猴桃适宜栽培区。

注：通过认定的林木良种，认定期满后不得作为良种继续使用，应重新进行林木品种审定。

国家林业局公告

2015 年第 11 号

根据《国务院关于取消非行政许可审批事项的决定》(国发〔2015〕27 号)和《国务院审改办关于及时调整公布审批事项的通知》(审改办函〔2015〕32 号)的有关要求，现将我局非行政许可审批事项清理情况(见附件 1、2、3)予以公告；同时，取消事项设定依据的相应规定或者具体条款停止执行。

附件：1. 取消的非行政许可审批事项目录

2. 调整为政府内部审批的事项目录

3. 其他权力事项目录

国家林业局

2015 年 5 月 26 日

附件 1

取消的非行政许可审批事项目录

序号	项目名称	设定依据	共同审批部门	审批对象	备注
1	省级人民政府美国白蛾除治技术方案及措施审批	《国务院办公厅关于进一步加强美国白蛾防治工作的通知》(国办发明电〔2006〕6 号)规定："有除治任务的省级人民政府要制定本地区的除治技术方案，制定有效的除治措施，报国家林业局批复实施。"	无	行政机关	
2	中日民间绿化合作(小渊基金)项目审批	《国家林业局关于代发中日民间绿化合作委员会〈日中绿化交流基金资助合作项目管理办法〉》(林函外字〔2000〕247 号)："经国务院批准，中日民间绿化合作委员会中方由国家林业局牵头，外交部派员参加。" 《日中绿化交流基金资助合作项目管理办法》第四条："'基金'资助合作项目的中方归口管理部门为中日民间绿化合作委员会中方委员会(国家林业局牵头)，负责与日方委员会商定双方合作的原则、领域和重点，并监督'基金'资助金的使用。中方委员会委托国家林业局林业国际交流中心(现'对外合作项目中心')负责中方民间团体申请'基金'资助合作项目的受理、审查、初选和报批及与日方事务局的联系和协调，并具体指导和监督项目的实施。"	无	希望开展合作的政府机构、民间团体(目前除林业外，还包括青联、友协、工会、妇联等部门)	

（续）

序号	项目名称	设定依据	共同审批部门	审批对象	备注
3	长江上游、黄河上中游及新疆天然林保护工程区采伐天然林占用人工林采伐限额审批	《国务院批转林业局关于全国“十二五”期间年森林采伐限额审核意见的通知》（国发〔2011〕3号）规定：对于长江上游、黄河上中游及新疆天然林资源保护工程区，因自然灾害、工程建设征占用林地和森林经营保护等特殊情况，确需采伐天然林的，经林业局批准，可以占用人工林采伐限额。	无	行政机关	
4	国家生态文明教育基地审批	《国家林业局 教育部 共青团中央关于印发〈国家生态文明教育基地管理办法〉的通知》（林宣发〔2009〕84号）附件《国家生态文明教育基地管理办法》第二条：“国家生态文明教育基地是具备一定的生态景观或教育资源，能够促进人与自然和谐价值观的形成，教育功能特别显著，经国家林业局、教育部、共青团中央命名的场所。”	教育部、共青团中央	事业单位	
5	国际重要湿地认证审核	《湿地保护管理规定》（国家林业局令第32号）第十五条：“符合国际湿地公约国际重要湿地标准的，可以申请指定为国际重要湿地。申请指定国际重要湿地的，由国务院有关部门或者湿地所在地省、自治区、直辖市人民政府林业主管部门向国家林业局提出。国家林业局应当组织论证、审核，对符合国际重要湿地条件的，在征得湿地所在地省、自治区、直辖市人民政府和国务院有关部门同意后，报国际湿地公约秘书处核准列入《国际重要湿地名录》。”	外交部	行政机关	
6	进口种用野生动植物种源审核	《财政部、国家税务总局关于“十二五”期间进口种子（苗）种畜（禽）鱼种（苗）和种用野生动植物种源税收问题的通知》（财关税〔2011〕9号）； 《海关总署关于执行“十二五”期间进口种子（苗）种畜（禽）鱼种（苗）和种用野生动植物种源税收政策有关问题的通知》（署税发〔2011〕447号）。 《财政部 海关总署 国家税务总局关于印发〈“十二五”期间进口种子种源免税政策管理办法〉的通知》（财关税〔2011〕76号）规定：“（二）免税进口野生动植物种源应同时符合以下条件：1. 进口单位是动植物科研院所、动物园、专业动植物保护单位、养殖场、种植园。进口单位应具备研究和培育繁殖条件……三、种子种源进口免税申请。种子种源进口单位应适时向种子种源进口免税政策执行单位（以下简称执行单位，即农业部或国家林业局）提出种子种源进口免税申请……四、种子种源进口免税核定。每年3月31日前，财政部会同海关总署、国家税务总局核定并通知本年度免税进口计划。执行单位在核定的年度免税品种、数量范围内签发种子种源免征进口环节增值税的证明文件（以下简称免税证明文件）。执行单位应核定、确认种子种源进口单位的资质、进口种子种源最终用途以及免税进口申请数量合理性等事项，确保其符合本办法第二条规定的免税条件。经核定的种子种源免税进口年度计划以及执行单位签发的免税证明文件在公历年度内有效，不得跨年度结转。未经核定或未列入年度计划的进口种源应照章征收进口环节增值税。在本年度种子种源（不包括警用工作犬、繁育用的工作犬精液及胚胎）免税进口计划下发前，对于上一年度免税进口计划中已列名的种子种源品种，执行单位可以在上一年度确定的免税进口额度的30%以内，提前签发免税证明文件，有关进口单位可凭免税证明文件向海关申请办理免税手续。”	无	事业单位、企业、社团组织及公民个人	

附件 2

调整为政府内部审批的事项目录

序号	项目名称	设定依据	其他共同审批部门	审批对象	备注
1	建设工程征占用林地年度定额审批	《国家林业局关于实行征占用林地定额管理及编制“十一五”年度定额的通知》(林资发〔2006〕184 号)：“征占用林地定额编制以省、自治区、直辖市为单位进行，省级林业主管部门要做好与发展改革委和国土部门的协调，在本省、自治区、直辖市农用地转用计划指标内做好林地定额的编制，林地定额报我局汇总批准。” 《国务院关于全国林地保护利用规划纲要(2010～2020 年)的批复》(国函〔2010〕69 号)：“严格控制建设项目使用林地的规模，国家每 5 年编制或修订一次征占用林地总额，并按年度分解到省(区、市)。” 《国家林业局关于印发 < 占用征收林地定额管理办法 > 的通知》(林资发〔2011〕98 号)附件《占用征收林地定额管理办法》第七条：“定额每 5 年编制一次。省级林业部门编制的定额建议指标和编制报告，经省级人民政府审查后，报国务院林业主管部门审定。内蒙古、吉林、龙江、大兴安岭森工(林业)集团公司的定额单独编制，报国务院林业主管部门审定”。第十条：“……经国务院林业主管部门审定的省级定额，按年度下达到省级林业主管部门。”	无	行政机关	
2	省级防沙治沙规划审批	《中华人民共和国防沙治沙法》第十一条：“省、自治区、直辖市人民政府依据全国防沙治沙规划，编制本行政区域的防沙治沙规划，报国务院或者国务院指定的有关部门批准后实施。” 《国务院关于进一步加强防沙治沙工作的决定》(国发〔2005〕29 号)规定：“省级防沙治沙规划由国务院林业行政主管部门会同农业、水利、国土资源、环境保护等有关部门审批。”	国家发展改革委、财政部、农业部、水利部、环境保护部	行政机关	
3	京津风沙源治理工程省级规划备案核准	《国务院办公厅关于保留部分非行政许可审批项目的通知》(国办发〔2004〕62 号)附件第 167 项“京津风沙源治理工程省级规划备案”。	国家发展改革委	行政机关	
4	林业固定资产投资项目审批	《国务院办公厅关于保留部分非行政许可审批项目的通知》(国办发〔2004〕62 号)附件第 7 项“政府出资的投资项目审批”。 《国务院办公厅关于印发国家林业局主要职责内设机构和人员编制规定的通知》(国办发〔2008〕93 号)附件《国家林业局主要职责内设机构和人员编制规定》第二部分主要职责(十一)项规定：“按国务院规定权限，审批、核准国家规划内和年度计划内固定资产投资项目。”	无	行政机关、事业单位	
5	林业部门管理的国家级自然保护区总体规划审批	《中华人民共和国自然保护区条例》(国务院令第 167 号，根据 2011 年 1 月 8 日《国务院关于废止和修改部分行政法规的决定》修改)第十七条：“国务院环境保护行政主管部门应当会同国务院有关自然保护区行政主管部门，在对全国自然环境和自然资源状况进行调查和评价的基础上，拟订国家自然保护区发展规划，经国务院计划部门综合平衡后，报国务院批准实施。自然保护区管理机构或者该自然保护区行政主管部门应当组织编制自然保护区的建设规划，按照规定的程序纳入国家的、地方的或者部门的投资计划，并组织实施。”	无	行政机关	
6	国家森林城市称号批准	《国家森林城市评价指标(林业行业标准)》(国家林业局公告 2012 年第 5 号)第三条第一款：“国家森林城市是在市域范围内形成以森林和树木为主体，城乡一体、稳定健康的城市森林生态系统，服务于城市居民身心健康，且各项建设指标达到规定标准并经国家林业局批准授牌的城市。”	无	行政机关	
7	国家级森林公园总体规划审批	《国家级森林公园管理办法》(国家林业局令第 27 号)第十一条：“国家级森林公园总体规划，由省、自治区、直辖市林业主管部门组织专家评审并审核后，报国家林业局批准。”	无	行政机关	

附件 3

其他权力事项目录

序号	项目名称	备注
1	美国白蛾疫区森林植物及其产品运出疫区审批	这些需要进一步改革和规范的其他权力事项，将随着简政放权和依法行政的推进，结合制定国务院部门权力清单，进一步研究、清理和规范
2	省际间调运松材线虫病疫木实施安全利用审批	
3	划定、改变和撤销涉及两省、自治区、直辖市以上的疫区和保护区	
4	国有林场及重点国有林区国有林业企业事业单位和自然保护区森林经营方案审批	
5	森林资源资产评估项目核准	
6	国有林场森林资源资产产权变动审批	
7	重点国有林区的国有森林资源资产产权变动审批	
8	国家重点防护林和特种用途林认定	
9	农业综合开发专项项目（林业）审批	
10	建立沙化土地封禁保护区审批	
11	国家重要湿地认证审核	
12	国家湿地公园设立审批	
13	林业部门管理的国家级自然保护区功能区调整审批	
14	林业部门管理的植物新品种权授予、更名、宣告无效审批	

国家林业局公告

2015 年第 12 号

根据《中华人民共和国行政许可法》、《中华人民共和国种子法》、《林木种子生产、经营许可证管理办法》和《国家林业局林木种子经营行政许可监督检查办法》规定，我局决定对有效期届满未延续的文登华兴花卉有限公司等 7 家公司的林木种子经营许可证予以注销（详见附件）。从即日起，被注销的林木种子经营许可证（正本、副本）和许可证编号停止使用。

特此公告。

附件：注销林木种子经营许可证的企业名单

国家林业局

2015 年 5 月 26 日

附件

注销林木种子经营许可证的企业名单

企业名称	经营范围	企业地址	许可证编号	注销原因	有效期届满时间
文登华兴花卉有限公司	花卉	山东省文登市宋村镇神格村	国鲁营字第 0112 号	有效期届满未延续	2015. 03. 10
乳山昌河园林有限公司	花卉	乳山市乳山寨镇楼村	国鲁营字第 0113 号	有效期届满未延续	2015. 03. 10
北京瑞雪环球科技有限公司	一般林木种子、花卉种球、苗木、花卉	北京市海淀区上地信息路 2 号创业园 D 栋 301	国京营字第 0115 号	有效期届满未延续	2015. 04. 23
龙海日出农业发展有限公司	苗木、花卉	福建省漳州市龙海市九湖镇百花村	国闽营字第 0117 号	有效期届满未延续	2015. 05. 13
青岛大好河山葡萄酒业有限公司	经济林苗木	青岛莱西市武备镇山口山	国鲁营字第 0118 号	有效期届满未延续	2015. 05. 13
威海绿苑园林工程有限公司	造林苗木、城镇绿化苗木、经济林苗木、花卉	威海市公园路 13 号	国鲁营字第 0156 号	有效期届满未延续	2015. 03. 21
上海教大农业科技有限公司	花卉种子、城镇绿化苗木、花卉	上海市青浦区赵巷镇（318 国道十号桥西首）	国沪营字第 0157 号	有效期届满未延续	2015. 03. 21

国家林业局公告

2015 年第 13 号

根据《国务院关于取消和调整一批行政审批项目等事项的决定》(国发〔2015〕11 号)的要求，现将我局取消和下放的行政审批事项(见附件)予以公布，项目设立依据的有关规定停止执行。

附件：国家林业局取消和下放的行政审批事项目录

国家林业局

2015 年 5 月 27 日

附件

国家林业局取消和下放的行政审批事项目录

序号	项目名称	设定依据	国务院决定
1	国家重点工程建设或重大自然灾害临时增加采伐限额审批	《国务院批转林业局关于全国"十二五"期间年森林采伐限额审核意见的通知》(国发〔2011〕3 号)规定："因国家重点工程建设或重大自然灾害需要采伐林木且在本省限额内无法解决的，由省级人民政府上报国务院，由国务院授权林业局审批；重点国有林区由森工(林业)主管部门上报林业局审批。"	取消
2	进入林业部门管理的国家级自然保护区从事教学实习、参观考察、拍摄影片、登山等活动审批	《森林和野生动物类型自然保护区管理办法》(1985 年 6 月 21 日国务院批准，1985 年 7 月 6 日林业部发布)第十三条；《国务院关于第三批取消和调整行政审批项目的决定》(国发〔2004〕16 号)附件 3《国务院决定下放管理层级的行政审批项目目录》第 28 项。	下放至省级人民政府林业行政主管部门
3	启动实施一级突发林业有害生物事件应急预案审批	《突发林业有害生物事件处置办法》(国家林业局令第 13 号)第十六条。	取消
4	天保工程公益林建设任务调整审批	《国家发展改革委 国家林业局关于下达天然林资源保护工程二期 2011 年中央预算内投资计划的通知》(发改投资〔2011〕1620 号)附件 3《天然林资源保护工程二期长江上游、黄河上中游地区公益林建设管理办法》第四十二条。	取消
5	天保工程森林培育建设任务调整审批	《国家发展改革委 国家林业局关于下达天然林资源保护工程二期 2011 年中央预算内投资计划的通知》(发改投资〔2011〕1620 号)附件 4《天然林资源保护工程二期东北、内蒙古等重点国有林区森林资源培育管理办法》第三十五条。	取消
6	跨区域重点推广示范项目审批	《财政部 国家林业局关于印发〈中央财政林业科技推广示范资金管理暂行办法〉的通知》(财农〔2009〕289 号)附件《中央财政林业科技推广示范资金管理暂行办法》第六条。	取消
7	省级退耕还林年度实施方案审核	《退耕还林条例》(国务院令第 367 号)第二十条。	取消
8	巩固退耕还林成果专项规划审批	《国务院关于完善退耕还林政策的通知》(国发〔2007〕25 号)第十三条；《国家发展改革委 监察部 国土资源部 水利部农业部 审计署 国家统计局 国家林业局 国家粮食局关于印发〈巩固退耕还林成果专项规划建设项目管理办法〉的通知》(发改西部〔2010〕1382 号)附件《巩固退耕还林成果专项规划建设项目管理办法》第九条；《财政部 国务院西部开发办 国家发展改革委 农业部 国家林业局 国家粮食局关于印发〈巩固退耕还林成果专项资金使用和管理办法〉的通知》(财农〔2007〕327 号)附件《巩固退耕还林成果专项资金使用和管理办法》第六条。	取消
9	国家级自然保护区生态旅游规划审批	《森林和野生动物类型自然保护区管理办法》(1985 年 6 月 21 日国务院批准，1985 年 7 月 6 日林业部发布)第十二条；《自然保护区生态旅游规划技术规程》(GB/T 20416—2006)；《国务院办公厅关于做好自然保护区管理有关工作的通知》(国办发〔2010〕63 号)第三条；《国家林业局关于加强自然保护区建设管理工作的意见》(林护发〔2005〕55 号)第五条。	取消

国家林业局公告

2015 年第 14 号

根据《中华人民共和国行政许可法》、《中华人民共和国野生动物保护法》和《国家林业局委托实施野生动植物行政许可事项管理办法》(国家林业局令第 30 号)的有关规定，为支持中国(上海)自由贸易试验区建设，现将国家林业局委托上海市林业局实施的新一批野生动物行政许可事项公告如下：

一、适用范围

上海市自贸区注册的企业。

二、委托事项

“进出口国际公约限制进出口的陆生野生动物或其产品审批”和“出口国家重点保护陆生野生动物或其产品审批”事项中：(一)进口除大熊猫、虎、豹、象、熊、犀牛、麝、穿山甲、赛加羚羊以外列入《濒危野生动植物种国际贸易公约》附录Ⅰ、附录Ⅱ、附录Ⅲ的陆生野生动物或其产品；(二)出口人工繁育来源的虎纹蛙、鳄类、龟鳖类、梅花鹿、鸵鸟、马鹿以及列入《濒危野生动植物种国际贸易公约》附录Ⅰ、附录Ⅱ、附录Ⅲ的非原产我国的羊驼、犀鸟活体及其产品。

三、委托时间

委托时间为 2015 年 7 月 1 日至 2020 年 6 月 30 日。国家林业局对其委托的行政许可事项可进行变更、中止或终止，将及时向社会公告。

四、受委托机关名称、地址、联系方式

自 2015 年 7 月 1 日起，国家林业局不再受理本公告委托的行政许可事项，请符合本公告适用范围的申请人到受委托机关申办以上行政许可事项。

国家林业局

2015 年 6 月 23 日

国家林业局公告

2015 年第 15 号

根据《中华人民共和国行政许可法》《中华人民共和国种子法》《林木种子生产、经营许可证管理办法》和《国家林业局林木种子经营行政许可监督检查办法》规定，我局决定对有效期届满未延续的北京吉奥泰科技有限公司等 9 家公司的林木种子经营许可证予以注销(详见附件)。从即日起，被注销的林木种子经营许可证(正本、副本)和许可证编号停止使用，由省级种苗管理机构将被注销的许可证(正本、副本)予以收回。

特此公告。

附件：注销林木种子经营许可证的企业名单

国家林业局

2015 年 10 月 12 日

附件

注销林木种子经营许可证的企业名单

企业名称	经营范围	企业地址	许可证编号	注销原因	有效期届满时间
北京吉奥泰科技有限公司	林木种子、苗木、花卉、草坪草	北京市朝阳区西坝河北里 26 号院国展新座 1#907	国京营字 0081 号	有效期届满未延续	2015. 07. 13
大连铠汇商贸有限公司	造林苗木、城镇绿化苗木、花卉	大连世贸大厦 4506	国辽营字 0165 号	有效期届满未延续	2015. 09. 11
浙江澳兰农业科技有限公司	花卉	浙江省丽水市莲都区解放街 107 号	国浙营字 0128 号	有效期届满未延续	2015. 08. 19
安徽省技术进出口股份有限公司	造林苗木、经济林苗木、城镇绿化苗木、花卉	安徽省合肥市长江西路 459 号	国皖营字 0162 号	有效期届满未延续	2015. 06. 26
烟台海曼迪葡萄酿酒物料有限公司	经济林苗木	山东省蓬莱市北关路 177 号	国鲁营字 0159 号	有效期届满未延续	2015. 06. 13
蓬莱龙亭葡萄酒庄有限公司	经济林苗木	蓬莱市刘家沟镇刘家沟村东	国鲁营字 0161 号	有效期届满未延续	2015. 06. 26

（续）

企业名称	经营范围	企业地址	许可证编号	注销原因	有效期届满时间
济南百合园林集团有限公司	苗木、花卉	济南市马鞍山路52－1号	国鲁营字0025号	有效期届满未延续	2015.07.13
湖北省种子集团有限公司	一般林木种子、花卉种子、草坪草种子	武汉市珞狮路310号	国鄂营字0160号	有效期届满未延续	2015.06.14
广东国通物流城有限公司	一般林木种子、苗木、花卉	佛山市顺德区陈村镇石洲路	国粤营字0122号	有效期届满未延续	2015.06.05

国家林业局公告

2015年第16号

为支持中国福建、广东自由贸易试验区建设，根据《中华人民共和国行政许可法》、《中华人民共和国野生动物保护法》和《国家林业局委托实施野生动植物行政许可事项管理办法》（国家林业局令第30号）的有关规定，现将国家林业局委托福建、广东省林业厅实施的新一批野生动物行政许可事项公告如下：

一、适用范围

中国福建、广东自由贸易试验区注册的企业。

二、委托事项

“进出口国际公约限制进出口的陆生野生动物或其产品审批”和“出口国家重点保护陆生野生动物或其产品审批”事项中：（一）进口除大熊猫、虎、豹、象、熊、犀牛、麝、穿山甲、赛加羚羊以外列入《濒危野生动植物种国际贸易公约》附录Ⅰ、Ⅱ、Ⅲ的陆生野生动物或其产品；（二）出口人工繁育来源的虎纹蛙、鳄类、龟鳖类、梅花鹿、鸵鸟、马鹿以及列入《濒危野生动植物种国际贸易公约》附录Ⅰ、Ⅱ、Ⅲ的非原产我国的羊驼、犀鸟活体及其产品。

三、委托时间

委托时间为2015年11月1日至2020年6月30日。国家林业局对其委托的行政许可事项可进行变更、中止或终止，将及时向社会公告。

四、受委托机关名称、地址、联系方式

自2015年11月1日起，国家林业局不再受理本公告委托的行政许可事项，请符合本公告适用范围的申请人到受委托机关申办以上行政许可事项。

国家林业局

2015年10月13日

国家林业局公告

2015年第17号

经研究决定，从本公告发布之日起至2016年10月15日止，我国临时禁止进口在非洲进行狩猎后获得的狩猎纪念物象牙，国家林业局暂停受理相关行政许可事项。

特此公告。

国家林业局

2015年10月15日

国家林业局公告

2015年第18号

根据《中华人民共和国植物新品种保护条例》《中华人民共和国植物新品种保护条例实施细则（林业部分）》规定，经国家林业局植物新品种保护办公室审查，“芙蓉芳华”等86项植物新品种权申请符合授权条件，现决定授予植物新品种权（名单见附件），并颁发《植物新品种权证书》。

特此公告。

附件：国家林业局2015年第一批授予植物新品种权名单（略）

国家林业局

2015年10月13日

国家林业局公告

2015 年第 19 号

国家林业局批准发布《建设项目使用林地可行性报告编制规范》等 103 项林业行业标准（见附件），自 2016 年 1 月 1 日起实施，现予以公布。

附件：《建设项目使用林地可行性报告编制规范》等 103 项林业行业标准目录

国家林业局

2015 年 10 月 19 日

附件

《建设项目使用林地可行性报告编制规范》等 103 项林业行业标准目录

序号	标准编号	标准名称	代替标准号
1	LY/T 2492－2015	建设项目使用林地可行性报告编制规范	
2	LY/T 2413.1－2015	林业物联网 第 1 部分 体系结构	
3	LY/T 2413.2－2015	林业物联网 第 2 部分 术语	
4	LY/T 2493－2015	林业数据整合改造指南	
5	LY/T 2494－2015	古树名木复壮技术规程	
6	LY/T 2495－2015	中国主要竹种通用名称	
7	LY/T 2496－2015	防护林经营技术规程	
8	LY/T 2497－2015	防护林体系生态效益监测技术规程	
9	LY/T 2498－2015	防护林体系营建技术规程	
10	LY/T 2244.4－2014	自然保护区保护成效评估技术导则 第 4 部分：野生动物保护	
11	LY/T 2499－2015	野生动物饲养场总体设计规范	
12	LY/T 1565－2015	陆生野生动物饲养场通用技术条件 两栖、爬行类	LY/T 1565－1999
13	LY/T 2500.1－2015	活体野生动物运输容器 第 1 部分：术语	
14	LY/T 2500.2－2015	活体野生动物运输容器 第 2 部分：标签与标识	
15	LY/T 2500.3－2015	活体野生动物运输容器 第 3 部分：通则	
16	LY/T 2500.4－2015	活体野生动物运输容器 第 4 部分：箱类容器一般性检验	
17	LY/T 2500.5－2015	活体野生动物运输容器 第 5 部分：大型食肉类动物钢木运输箱	
18	LY/T 2500.6－2015	活体野生动物运输容器 第 6 部分：鳄类动物钢木运输箱	
19	LY/T 2501－2015	野生动物及其产品的物种鉴定规范	
20	LY/T 2502－2015	野生动物产品 东北林蛙油	
21	LY/T 2503－2015	野生动物饲养管理技术规程 斑嘴鸭	
22	LY/T 2504－2015	野生动物饲养管理技术规程 蟒蛇	
23	LY/T 2505－2015	野生动物饲养管理技术规程 眼镜蛇	
24	LY/T 2506－2015	野生动物饲养管理技术规程 棕熊	
25	LY/T 2507－2015	森林食品基地认定技术规程	
26	LY/T 2508－2015	沿江（河）、滨海（湖）沙地生态系统定位观测指标体系	
27	LY/T 2509－2015	青藏高原高寒荒漠生态系统定位观测指标体系	

（续）

序号	标准编号	标准名称	代替标准号
28	LY/T 2510－2015	荒漠生态系统定位观测数据采集与远程传输技术规程	
29	LY/T 2511－2015	荒漠生态系统定位观测研究站数据管理规范	
30	LY/T 2512－2015	中国森林认证 联合认证审核导则	
31	LY/T 2513－2015	中国森林认证 联合认证操作指南	
32	LY/T 2514－2015	中国森林认证 非木质林产品经营认证操作指南	
33	LY/T 2515－2015	中国森林认证 竹林经营认证操作指南	
34	LY/T 1228－2015	森林土壤氮的测定	LY/T 1228－1999 LY/T 1229－1999 LY/T 1230－1999 LY/T 1231－1999
35	LY/T 1232－2015	森林土壤磷的测定	LY/T 1232－1999 LY/T 1233－1999
36	LY/T 1234－2015	森林土壤钾的测定	LY/T 1234－1999 LY/T 1235－1999 LY/T 1236－1999
37	LY/T 2516－2015	林业有害生物监测预报技术规范	
38	LY/T 2517－2015	林业有害生物监测预报管理规范	
39	LY/T 2518－2015	喷雾防治林业有害生物技术规程	
40	LY/T 2519－2015	柏树蛀干害虫植物源引诱剂使用技术规程	
41	LY/T 2520－2015	桑天牛防治技术规程	
42	LY/T 2521－2015	舞毒蛾防治技术规程	
43	LY/T 2522－2015	杨小舟蛾防治技术规程	
44	LY/T 2523－2015	纵坑切梢小蠹综合防控技术规程	
45	LY/T 2524－2015	林木菌根化育苗技术规程	
46	LY/T 2525－2015	蜡梅种苗质量等级	
47	LY/T 2526－2015	白夹竹栽培技术规程	
48	LY/T 2527－2015	慈竹育苗及造林技术规程	
49	LY/T 2528－2015	篦子三尖杉繁殖技术规程	
50	LY/T 2529－2015	非洲凤仙生产技术规程	
51	LY/T 2530－2015	光皮树苗木质量分级	
52	LY/T 2531－2015	核桃育苗嫁接技术规程	
53	LY/T 2532－2015	黑荆树栽培技术规程	
54	LY/T 2533－2015	清香木培育技术规程	
55	LY/T 2534－2015	楸树嫁接育苗技术规程	
56	LY/T 2535－2015	南方鲜食枣栽培技术规程	
57	LY/T 2536－2015	马兰栽培技术规程	
58	LY/T 2537－2015	马缨杜鹃育苗技术规程	
59	LY/T 2538－2015	油楠栽培技术规程	
60	LY/T 2539－2015	油桐育苗技术规程	
61	LY/T 2540－2015	西北干旱荒漠区河岸植被恢复技术规程	
62	LY/T 2541－2015	山苍子栽培技术规程	
63	LY/T 2542－2015	杉木种子园营建技术规程	

（续）

序号	标准编号	标准名称	代替标准号
64	LY/T 2543 -2015	双孢蘑菇林下栽培技术规程	
65	LY/T 2544 -2015	四倍体刺槐培育技术规程	
66	LY/T 2545 -2015	四季秋海棠生产技术规程	
67	LY/T 2546 -2015	台湾桤木速生丰产林培育技术规程	
68	LY/T 2547 -2015	铁皮石斛栽培技术规程	
69	LY/T 2548 -2015	羊踯躅育苗技术规程	
70	LY/T 2549 -2015	集成材生产综合能耗	
71	LY/T 1444. 1 -2015	林区木材生产能耗 第1部分：综合能耗	LY/T 1444. 1 -2005
72	LY/T 1444. 2 -2015	林区木材生产能耗 第2部分：油锯燃料消耗量	LY/T 1444. 2 -2005
73	LY/T 1444. 3 -2015	林区木材生产能耗 第3部分：集材机械燃料消耗量	LY/T 1444. 3 -2005
74	LY/T 1444. 4 -2015	林区木材生产能耗 第4部分：伐区装车机械燃料消耗量	LY/T 1444. 4 -2005
75	LY/T 1444. 6 -2015	林区木材生产能耗 第6部分：贮木场生产能源消耗量	LY/T 1444. 6 -2005
76	LY/T 2550 -2015	木制卫生筷子生产综合能耗	
77	LY/T 2551 -2015	竹地板生产综合能耗	
78	LY/T 2552 -2015	竹基生物质成型燃料	
79	LY/T 1613 -2015	挤出成型木塑复合板材	LY/T 1613 -2004
80	LY/T 2553 -2015	家具用竹材胶合板	
81	LY/T 2554 -2015	木塑复合材料中生物质含量测定 傅立叶变换红外光谱法	
82	LY/T 2555 -2015	木质吸声板	
83	LY/T 2556 -2015	平压生物质基塑性复合板材	
84	LY/T 2557 -2015	生物质基泡沫材料中生物基含量检测方法	
85	LY/T 2558 -2015	人造板生产用回收木材检验方法	
86	LY/T 2559 -2015	人造板吸音性能测定 小混响室	
87	LY/T 2560 -2015	软木复合装饰卷(片)材	
88	LY/T 1657 -2015	软木类地板	LY/T 1657 -2006
89	LY/T 2561 -2015	松脂中工业盐掺杂物鉴别方法	
90	LY/T 2562 -2015	涂饰定向结构麦秸板地板	
91	LY/T 2563 -2015	以定向刨花板为基材的复合地板	
92	LY/T 2564 -2015	圆竹物理力学性能试验方法	
93	LY/T 1658 -2015	直接印刷人造板	LY/T 1658 -2006
94	LY/T 2565 -2015	竹塑复合材料	
95	LY/T 2566 -2015	园林机械 草坪通风机	
96	LY/T 2567 -2015	园林机械 手持式电动草坪修边机	
97	LY/T 2568. 1 -2015	园林机械 以汽油机为动力的手持式吹吸机第1部分：单筒双腔式	
98	LY/T 2569 -2015	园林机械 以汽油机为动力的手持式绿篱修剪机 安全要求和试验	
99	LY/T 2570 -2015	园林机械 以汽油机为动力的随进式松土机	
100	LY/T 1348 -2015	林业机械 便携式油锯 手把最小空隙和尺寸	LY/T 1348 -2007
101	LY/T 1166 -2015	林业机械 便携式油锯护手器 机械强度	LY/T 1166 -2011
102	LY/T 2571 -2015	林业机械 甩锤式灌草碎化机	
103	LY/T 2572 -2015	林业机械 悬挂盘式枝丫切碎机	

国家林业局公告

2015 年第 20 号

按照《关于特别是作为水禽栖息地的国际重要湿地公约》(以下简称“公约”)要求，我国于 2015 年 10 月 16 日向公约秘书处提名指定安徽升金湖国家级自然保护区、广东南澎列岛海洋生态国家级自然保护区、甘肃张掖黑河湿地国家级自然保护区 3 处湿地列入《国际重要湿地名录》。日前，3 处湿地提名已经公约秘书处核准，现予公告。

截至 2015 年底，我国国际重要湿地数量达到 49 处。

国家林业局

2015 年 12 月 30 日

国家林业局公告

2015 年第 21 号

根据《国务院办公厅关于推广随机抽查规范事中事后监管的通知》(国办发(2015)58 号)要求，我局研究制定了《国家林业局推广随机抽查行政检查事项清单》(详见附件)，现予以公告。

附件：国家林业局推广随机抽查行政检查事项清单

国家林业局

2015 年 12 月 22 日

国家林业局推广随机抽查行政检查事项清单

序号	部门	牵头单位	项目名称	职权事项	依据类型	名称	具体内容	检查名称	检查属性	检查对象
1	国家林业局	资源司	营造林实绩综合核查，全国森林采伐、林地管理情况检查	对下级林业主管部门组织植树造林、恢复森林植被情况的督促、检查(检查内容包括全国林地和林木采伐状况管理情况监督检查、对全国营造林实绩和成效进行综合核查等)	法律	森林法、森林法实施条例	《中华人民共和国森林法》第十三条 各级林业主管部门依照本法规定，对森林资源的保护、利用、更新、实行管理和监督。 《中华人民共和国森林法》第十八条第一款 进行勘查、开采矿藏和各项建设工程，应当不占或者少占林地；必须占用或者征用林地的，经县级以上人民政府林业主管部门审核同意后，依照有关土地管理的法律、行政法规办理建设用地审批手续，并由用地单位依照国务院有关规定缴纳森林植被恢复费。森林植被恢复费专款专用，由林业主管部门依照有关规定统一安排植树造林，恢复森林植被，植树造林面积不得少于因占用、征用林地而减少的森林植被面积。上级林业主管部门应当定期督促、检查下级林业主管部门组织植树造林、恢复森林植被的情况。 《中华人民共和国森林法实施条例》第十一条 国务院林业主管部门应当定期监测全国森林资源消长和森林生态环境变化的情况。	督促检查	随机检查	省、市、县级林业主管部门
2	国家林业局	资源司(监督办)	重点国有林区森林资源管理情况检查	对重点林区内森林资源保护管理的监督检查	行政法规	森林法实施条例	第十条 国务院林业主管部门向重点林区派驻的森林资源监督机构，应当加强对重点林区内森林资源保护管理的监督检查。	监督检查	随机检查	重点林区
3	国家林业局	监督办	保护发展森林资源目标责任制检查	县级人民政府保护发展森林资源目标责任制检查	部门规章	森林资源监督工作管理办法	《森林资源监督工作管理办法》(国家林业局令第 23 号)第八条第二款 监督驻在地区、单位建立和执行保护、发展森林资源目标责任制，并负责审核有关执行情况的报告。	监督检查	随机检查	县级人民政府林业主管部门

（续）

序号	部门	牵头单位	项目名称	职权事项	依据类型	名称	具体内容	检查名称	检查属性	检查对象
4	国家林业局	保护司	野生动物经营利用监督检查	野生动物及其产品经营的监督检查	行政法规	陆生野生动物保护实施条例	第二十八条 县级以上各级人民政府野生动物行政主管部门和工商行政管理部门，应当对野生动物或者其产品的经营利用建立监督检查制度，加强对经营利用野生动物或者其产品的监督管理。 对进入集贸市场的野生动物或者其产品，由工商行政管理部门进行监督管理；在集贸市场以外经营野生动物或者其产品，由野生动物行政主管部门、工商行政管理部门或者其授权的单位进行监督管理。	监督检查	随机检查	野生动物及其产品的经营利用单位和个人
5	国家林业局	退耕办	退耕还林工程实绩核查	对省级复查结果的核查	行政法规	退耕还林条例	第三十四条 第二款 国务院林业行政主管部门应当对省级复查结果进行核查，并将核查结果上报国务院。	核查	随机检查	对县级退耕还林检查验收结果进行复查的省级人民政府林业主管部门
6	国家林业局	有关行政许可事项承办单位	行政许可监督检查	对被许可人从事行政许可事项的监督检查	法律	行政许可法	《行政许可法》第六十一条 行政机关应当建立健全监督制度，通过核查反映被许可人从事行政许可事项活动情况的有关材料，履行监督责任。 《行政许可法》第六十二条 行政机关可以对被许可人生产经营的产品依法进行抽样检查、检验、检测，对其生产经营场所依法进行实地检查。检查时，行政机关可以依法查阅或者要求被许可人报送有关材料；被许可人应当如实提供有关情况和材料。	监督检查	随机检查	国家林业局行政许可被许可人

国家林业局公告

2015 年第 22 号

根据《中华人民共和国植物新品种保护条例》和《中华人民共和国植物新品种保护条例实施细则（林业部分）》的规定，经国家林业局植物新品种保护办公室审查，“尼尔皮特”等 90 项植物新品种权申请符合授权条件，现决定授予植物新品种权（名单见附件），并颁发《植物新品种权证书》。

特此公告。

附件：国家林业局 2015 年第二批授予植物新品种权名（略）

国家林业局

2015 年 12 月 31 日

国家林业局公告

2015 年第 35 号

《建设项目使用林地审核审批管理办法》已经 2015 年 2 月 15 日国家林业局局务会议审议通过，现予公布，自 2015 年 5 月 1 日起施行。

国家林业局局长 赵树丛

2015 年 3 月 31 日

建设项目使用林地审核审批管理办法

第一条 为了规范建设项目使用林地审核和审批，严格保护和合理利用林地，促进生态林业和民生林业发展，根据《中华人民共和国森林法》《中华人民共和国行政许可法》《中华人民共和国森林法实施条例》，制定本办法。

第二条 本办法所称建设项目使用林地，是指在林地上建造永久性、临时性的建筑物、构筑物，以及其他改变林地用途的建设行为。包括：

（一）进行勘查、开采矿藏和各项建设工程占用林地。

（二）建设项目临时占用林地。

（三）森林经营单位在所经营的林地范围内修筑直接为林业生产服务的工程设施占用林地。

第三条 建设项目应当不占或者少占林地，必须使用林地的，应当符合林地保护利用规划，合理和节约集约利用林地。

建设项目使用林地实行总量控制和定额管理。

建设项目限制使用生态区位重要和生态脆弱地区的林地，限制使用天然林和单位面积蓄积量高的林地，限制经营性建设项目使用林地。

第四条 占用和临时占用林地的建设项目应当遵守林地分级管理的规定：

（一）各类建设项目不得使用Ⅰ级保护林地。

（二）国务院批准、同意的建设项目，国务院有关部门和省级人民政府及其有关部门批准的基础设施、公共事业、民生建设项目，可以使用Ⅱ级及其以下保护林地。

（三）国防、外交建设项目，可以使用Ⅱ级及其以下保护林地。

（四）县（市、区）和设区的市、自治州人民政府及其有关部门批准的基础设施、公共事业、民生建设项目，可以使用Ⅱ级及其以下保护林地。

（五）战略性新兴产业项目、勘查项目、大中型矿山、符合相关旅游规划的生态旅游开发项目，可以使用Ⅱ级及其以下保护林地。其他工矿、仓储建设项目和符合规划的经营性项目，可以使用Ⅲ级及其以下保护林地。

（六）符合城镇规划的建设项目和符合乡村规划的建设项目，可以使用Ⅱ级及其以下保护林地。

（七）符合自然保护区、森林公园、湿地公园、风景名胜区等规划的建设项目，可以使用自然保护区、森林公园、湿地公园、风景名胜区范围内Ⅱ级及其以下保护林地。

（八）公路、铁路、通讯、电力、油气管线等线性工程和水利水电、航道工程等建设项目配套的采石（沙）场、取土场使用林地按照主体建设项目使用林地范围执行，但不得使用Ⅱ级保护林地中的有林地。其中，在国务院确定的国家所有的重点林区（以下简称重点国有林区）内，不得使用Ⅲ级以上保护林地中的有林地。

（九）上述建设项目以外的其他建设项目可以使用Ⅳ级保护林地。

本条第一款第（二）、（三）、（七）项以外的建设项目使用林地，不得使用一级国家级公益林地。

国家林业局根据特殊情况对具体建设项目使用林地另有规定的，从其规定。

第五条 建设项目占用林地的审核权限，按照《中华人民共和国森林法实施条例》的有关规定执行。

建设项目占用林地，经林业主管部门审核同意后，建设单位和个人应当依照法律法规的规定办理建设用地审批手续。

第六条 建设项目临时占用林地和森林经营单位在所经营的林地范围内修筑直接为林业生产服务的工程设施占用林地的审批权限，由县级以上地方人民政府林业主管部门按照省、自治区、直辖市有关规定办理。其中，重点国有林区内的建设项目，由省级林业主管部门审批。

第七条 占用林地和临时占用林地的用地单位或者个人提出使用林地申请，应当填写《使用林地申请表》，同时提供下列材料：

（一）用地单位的资质证明或者个人的身份证明。

（二）建设项目有关批准文件。包括：可行性研究报告批复、核准批复、备案确认文件、勘查许可证、采矿许可证、项目初步设计等批准文件；属于批次用地项目，提供经有关人民政府同意的批次用地说明书并附规划图。

（三）拟使用林地的有关材料。包括：林地权属证书、林地权属证书明细表或者林地证明；属于临时占用林地的，提供用地单位与被使用林地的单位、农村集体经济组织或者个人签订的使用林地补偿协议或者其他补偿证明材料；涉及使用国有林场等国有林业企事业单位经营的国有林地，提供其所属主管部门的意见材料及用地单位与其签订的使用林地补偿协议；属于符合自然保护区、森林公园、湿地公园、风景名胜区等规划的建设项目，提供相关规划或者相关管理部门出具的符合规划的证明材料，其中，涉及自然保护区和森林公园的林地，提供其主管部门或者机构的意见材料。

（四）具有相应资质的单位作出的建设项目使用林地可行性报告或者林地现状调查表。

第八条 修筑直接为林业生产服务的工程设施的森林经营单位提出使用林地申请，应当填写《使用林地申请表》，提供相关批准文件或者修筑工程设施必要性的说明，并提供工程设施内容、使用林地面积等情况说明。

第九条 建设项目需要使用林地的，用地单位或者个人应当向林地所在地的县级人民政府林业主管部门提出申请；跨县级行政区域的，分别向林地所在地的县级人民政府林业主管部门提出申请。

第十条 县级人民政府林业主管部门对材料齐全、符合条件的使用林地申请，应当在收到申请之日起10个工作日内，指派2名以上工作人员进行用地现场查验，并填写《使用林地现场查验表》。

第十一条 县级人民政府林业主管部门对建设项目拟使用的林地，应当在林地所在地的村（组）或者林场范围内将拟使用林地用途、范围、面积等内容进行公示，公示期不少于5个工作日。但是，依照相关法律法规的规定不需要公示的除外。

第十二条 按照规定需要报上级人民政府林业主管部门审核和审批的建设项目，下级人民政府林业主管部门应当将初步审查意见和全部材料报上级人民政府林业主管部门。

审查意见中应当包括以下内容：项目基本情况，拟使用林地和采伐林木情况，符合林地保护利用规划情况，使用林地定额情况，以及现场查验、公示情况等。

第十三条 有审核审批权的林业主管部门对申请材料不全或者不符合法定形式的，应当一次性书面告知用地单位或者个人限期补正；逾期未补正的，退还申请材料。

第十四条 符合本办法第三条、第四条规定的条件，并且符合国家供地政策，对生态环境不会造成重大影响，有审核审批权的人民政府林业主管部门应当作出准予使用林地的行政许可决定，按照国家规定的标准预收森林植被恢复费后，向用地单位或者个人核发准予行政许可决定书。不符合上述条件的，有关人民政府林业主管部门应当作出不予使用林地的行政许可决定，向用地单位或者个人核发不予行政许可决定书，告知不予许可的理由。

有审核审批权的人民政府林业主管部门对用地单位和个人提出的使用林地申请，应当在《中华人民共和国行政许可法》规定的期限内作出行政许可决定。

第十五条 建设项目需要使用林地的，用地单位或者个人应当一次申请。严禁化整为零、规避林地使用审核审批。

建设项目批准文件中已经明确分期或者分段建设的项目，可以根据分期或者分段实施安排，按照规定权限分次申请办理使用林地手续。

采矿项目总体占地范围确定，采取滚动方式开发的，可以根据开发计划分阶段按照规定权限申请办理使用林地手续。

公路、铁路、水利水电等建设项目配套的移民安置和专项设施迁建工程，可以分别具体建设项目，按照规定权限申请办理使用林地手续。

需要国务院或者国务院有关部门批准的公路、铁路、油气管线、水利水电等建设项目中的桥梁、隧道、围堰、导流（渠）洞、进场道路和输电设施等控制性单体工程和配套工程，根据有关开展前期工作的批文，可以由省级林业主管部门办理控制性单体工程和配套工程先行使用林地审核手续。整体项目申请时，应当附具单体工程和配套工程先行使用林地的批文及其申请材料，按照规定权限一次申请办理使用林地手续。

第十六条 国家或者省级重点的公路、铁路跨多个市（县），已经完成报批材料并且具备动工条件的，可以地级市为单位，由具有整体项目审核权限的人民政府林业主管部门分段审核。

大中型水利水电工程可以分别坝址、淹没区，由具有整体项目审核权限的人民政府林业主管部门分别审核。

第十七条 公路、铁路、输电线路、油气管线和水利水电、航道建设项目临时占用林地的，可以根据施工进展情况，一次或者分批次由具有整体项目审批权限的人民政府林业主管部门审批临时占用林地。

第十八条 抢险救灾等急需使用林地的建设项目，依据土地管理法律法规的有关规定，可以先行使用林地。用地单位或者个人应当在灾情结束后6个月内补办使用林地审核手续。属于临时用地的，灾后应当恢复林业生产条件，依法补偿后交还原林地使用者，不再办理用地审批手续。

第十九条 建设项目因设计变更等原因需要增加使用林地面积的，依据规定权限办理用地审核审批手续；需要改变使用林地位置或者减少使用林地面积的，向原审核审批机关申请办理变更手续。

第二十条 公路、铁路、水利水电、航道等建设项目临时占用的林地在批准期限届满后仍需继续使用的，应当在届满之日前3个月，由用地单位向原审批机关提出延续临时占用申请，并且提供本办法第七条第（三）项规定的有关补偿材料。原审批机关应当按照本办法规定的条件进行审查，作出延续行政许可决定。

第二十一条 国家依法保护林权权利人的合法权益。建设项目使用林地的，应当对涉及单位和个人的森林、林木、林地依法给予补偿。

第二十二条 建设项目临时占用林地期满后，用地单位应当在一年内恢复被使用林地的林业生产条件。

县级人民政府林业主管部门应当加强对用地单位使用林地情况的监管，督促用地单位恢复林业生产条件。

第二十三条 上级人民政府林业主管部门可以委托下级人民政府林业主管部门对建设项目使用林地实施行政许可。

第二十四条 经审核同意使用林地的建设项目，依照有关规定批准用地后，县级以上人民政府林业主管部门应当及时变更林地管理档案。

第二十五条 经审核同意使用林地的建设项目，准予行政许可决定书的有效期为两年。建设项目在有效期内未取得建设用地批准文件的，用地单位应当在有效期届满前3个月向原审核机关提出延期申请，原审核同意机关应当在准予行政许可决定书有效期届满前作出是否准予延期的决定。建设项目在有效期内未取得建设用地批准文件也未申请延期的，准予行政许可决定书失效。

第二十六条 《使用林地申请表》、《使用林地现场查验表》式样，由国家林业局统一规定。

第二十七条 本办法所称Ⅰ、Ⅱ、Ⅲ、Ⅳ级保护林地，是指依据县级以上人民政府批准的林地保护利用规划确定的林地。

本办法所称国家级公益林林地，是指依据国家林业局、财政部的有关规定确定的公益林林地。

第二十八条 本办法所称"以上"均包含本数，"以下"均不包含本数。

第二十九条 本办法自2015年5月1日起施行。国家林业局于2001年1月4日发布、2011年1月25日修改的《占用征收征用林地审核审批管理办法》同时废止。

国家林业局公告

2015 年第 36 号

《林业固定资产投资建设项目管理办法》已经 2015 年 2 月 15 日国家林业局局务会议审议通过，现予公布，自 2015 年 5 月 1 日起施行。

国家林业局局长　赵树丛

2015 年 3 月 30 日

林业固定资产投资建设项目管理办法

第一条　为了加强林业固定资产投资建设项目管理，规范项目建设程序和行为，提高项目建设质量和投资效益，根据国家有关法律、法规，制定本办法。

第二条　本办法所称林业固定资产投资建设项目，是指使用中央财政预算资金投资的林业固定资产建设项目(以下简称林业建设项目)。

第三条　县级以上人民政府林业主管部门负责林业建设项目的管理和监督工作。

第四条　国家林业局建立林业建设项目储备库，作为林业建设项目决策和年度计划安排的重要依据。林业建设项目应当符合相关规划的要求。

第五条　国家林业局按照中央财政预算资金的投资方向，根据国务院及其有关主管部门规定，制定林业建设项目申报指南。

第六条　建设单位应当根据林业建设项目申报指南，开展林业建设项目前期工作。

第七条　林业建设项目前期工作包括编制林业建设项目项目建议书、可行性研究报告、项目初步设计文件以及其他相关的工作。

建设单位开展林业建设项目前期工作，应当按照规定编制林业建设项目项目建议书、可行性研究报告、项目初步设计文件(项目实施方案)。

使用中央财政预算资金 3000 万元以下的林业建设项目，不编制林业建设项目项目建议书；但有特别规定的除外。

第八条　林业建设项目项目建议书应当对林业建设项目的必要性、建设条件、拟建地点和规模、投资估算、资金筹措以及经济效益、生态效益、社会效益进行初步分析，并附具有关证明文件。

林业建设项目项目建议书的主要内容应当符合林业建设项目项目建议书编制规定的要求。

林业建设项目项目建议书应当由具有相应资质的工程咨询单位编制。

第九条　林业建设项目可行性研究报告应当对林业建设项目在技术和经济上是否必要、合理、可行以及经济效益、生态效益、社会效益等进行全面分析论证，合理确定建设内容和规模，并附具有关证明文件。

林业建设项目可行性研究报告的主要内容应当符合林业建设项目可行性研究报告编制规定的要求。

林业建设项目可行性研究报告应当由具有相应资质的甲级工程咨询或者勘察设计单位编制。

第十条　林业建设项目初步设计文件应当根据批准的林业建设项目可行性研究报告组织编制。林业建设项目初步设计文件应当对各单项工程或者单位工程的建设内容、建设标准、用地规模、主要材料和设备选择进行说明，并附具设计说明、图纸、主要设备材料用量表和投资概算等材料。

林业建设项目初步设计文件的主要内容应当符合林业建设项目初步设计编制规定的要求。

林业建设项目初步设计文件应当由具有相应资质的甲级工程设计单位编制。

单纯购置类林业建设项目可以不编制项目初步设计文件，由建设单位根据可行性研究报告的批复直接编制项目实施方案。

第十一条　林业建设项目使用中央财政预算资金 3000 万元以上的，其项目建议书、可行性研究报告、初步设计文件按照国务院或者国家发展改革委规定审查、审批；林业建设项目使用中央财政预算资金 3000 万元以下的，其项目建议书、可行性研究报告由国家林业局审批；林业建设项目使用中央财政预算资金 3000 万元以下的，其初步设计文件由省、自治区、直辖市人民政府林业主管部门审批，并报国家林业局备案。

第十二条　建设单位应当按照规定将林业建设项目项目建议书、可行性研究报告报省、自治区、直辖市人民政府林业主管部门审查，并对申报材料的真实性负责。

第十三条　省、自治区、直辖市人民政府林业主管部门应当结合国家投资规模，依据相关规划和项目申报指南，对建设单位报送的林业建设项目项目建议书、可行性研究报告予以审查；审查合格的，应当及时上报国家林业局；审查不合格的，应当及时书面告知建设单位。

省、自治区、直辖市人民政府林业主管部门应当对审查结果负责。

第十四条　国家林业局对省、自治区、直辖市人民政府林业主管部门报送的林业建设项目的申报材料的下列内容进行初步审查：

(一)提交的相关文件及附件是否齐全、有效；

(二)是否符合中央财政预算资金的投资方向；

(三)是否符合国务院及其有关主管部门批准的相关规划的要求；

(四)主要建设条件是否具备。

国家林业局应当自收到省、自治区、直辖市人民政府林业主管部门报送的林业建设项目申报材料之日起

45日内完成初步审查，并将林业建设项目初步审查意见反馈省、自治区、直辖市人民政府林业主管部门。

初步审查合格的，国家林业局对林业建设项目申报材料进行实质审查；初步审查不合格的，国家林业局应当以书面形式将林业建设项目申报材料退回省、自治区、直辖市人民政府林业主管部门。

第十五条 林业建设项目的实质审查包括对林业建设项目项目建议书、可行性研究报告、项目初步设计文件的审查。

第十六条 对于符合规定的林业建设项目项目建议书、可行性研究报告，国家林业局应当予以审批，并将批准文件送达省、自治区、直辖市人民政府林业主管部门。

第十七条 建设单位应当依据批复的林业建设项目可行性研究报告组织编制项目初步设计文件，报省、自治区、直辖市人民政府林业主管部门审批，并对申报材料的真实性负责。

第十八条 批复的林业建设项目项目建议书不作为安排中央财政预算资金投资的依据；批复的林业建设项目可行性研究报告、项目初步设计文件是安排中央预算内投资的依据。

第十九条 自林业建设项目可行性研究报告文件批复之日起满3年，仍未落实中央财政预算资金投资的，批复的林业建设项目可行性研究报告和项目初步设计文件失效。

第二十条 经批准的林业建设项目，建设单位应当严格按照审批文件执行，不得擅自调整和变更。

出现下列情况之一的，建设单位应当重新编制和报批林业建设项目可行性研究报告：

（一）总概算或者主体工程建设规模超过林业建设项目可行性研究报告批复百分之十的；

（二）主体工程建设地点发生变更的；

（三）建设单位、建设范围发生变更的。

因林业建设项目实施条件变化等原因，确需调整部分项目子项的，在中央财政预算资金投入不变的情况下，建设单位应当提出项目初步设计文件的调整方案，报原审批机关批准后实施。

第二十一条 未经批准，建设单位擅自进行调整并开工实施林业建设项目的，国家林业局不予受理该林业建设项目事后调整审批的申请。

第二十二条 林业建设项目应当严格按照《中华人民共和国招标投标法》《中华人民共和国政府采购法》《中华人民共和国招标投标法实施条例》等相关法律、法规、规章的规定进行招投标管理。

第二十三条 林业建设项目可行性研究报告批复文件中含有监理费的林业建设项目，建设单位应当委托具有相应资质等级的工程监理单位进行监理。

第二十四条 工程监理单位应当根据有关工程建设的法律、法规、标准、工程设计文件和监理合同等规定，对工程投资、工期和质量等内容进行监督控制。

第二十五条 未经工程监理单位选派的监理工程师签字，建设单位不得将建筑材料、建筑构配件和设备在工程上使用或者安装，不得进行下一道工序的施工；同时，不得拨付工程款，不得提请竣工验收。

第二十六条 建设单位应当自林业建设项目建成后3个月内编制完成工程结算和竣工财务决算，并按照国家林业局《林业建设项目竣工验收细则》申请竣工验收。

第二十七条 林业建设项目实施过程中和建成运营后，县级以上人民政府林业主管部门应当按照规定对建设项目质量、投资效益等进行评价。

第二十八条 省、自治区、直辖市人民政府林业主管部门应当于每年2月底前将上一年度林业建设项目执行情况上报国家林业局。执行情况包括林业建设项目申报、储备、建设进展、资金使用、竣工验收等内容。

第二十九条 省、自治区、直辖市人民政府林业主管部门应当对林业建设项目定期跟踪检查，发现问题及时上报国家林业局。凡不涉及秘密的林业建设项目，应当按照国家有关规定对相关内容和信息予以公开。

第三十条 林业建设项目存在下列情况之一的，国家林业局应当根据情节轻重采取责令限期整改、通报批评、暂停拨付中央预算内投资等措施，予以处理。

（一）未按规定履行有关审批程序擅自开工的；

（二）未经批准擅自变更建设地点、提高或者降低建设标准、改变建设内容、扩大或者缩小投资规模的；

（三）工程质量低劣的；

（四）违反财务管理规定，挪用、挤占工程资金的。

第三十一条 由于工程咨询、勘察、设计单位原因导致林业建设项目出现严重质量问题的，国家林业局应当予以通报，并可以同时公告不再受理该工程咨询、勘察、设计单位编制的设计文件。国家林业局应当将通报和处理情况抄送有关行业主管部门。

第三十二条 由于工程监理单位原因导致林业建设项目工程质量、进度及投资控制等问题出现的，国家林业局可以建议有关行业主管部门对其依法进行查处。

第三十三条 本办法所称“以上”含本数、“以下”不含本数。

第三十四条 本办法自2015年5月1日起施行。

国家林业局公告

2015年第37号

《国家林业局关于修改部分部门规章的决定》已经2015年4月27日国家林业局局务会议审议通过，现予公布，自公布之日起施行。

国家林业局局长 赵树丛

2015年4月30日

国家林业局关于修改部分部门规章的决定

根据《中华人民共和国公司法》和《国务院关于印发注册资本登记制度改革方案的通知》(国发〔2014〕7号)等有关规定,对有关部门规章进行如下修改:

一、《国家重点保护野生动物驯养繁殖许可证管理办法》(1991年1月9日林业部发布,2011年1月25日国家林业局令第26号修改)

(一)删除第三条第二项中的"资金"。

(二)删除第六条。

二、《林木种子生产、经营许可证管理办法》(2002年11月2日国家林业局令第5号,2011年1月25日国家林业局令第26号修改)

(一)删除第七条第一款第二项中的"和资金证明材料"。

(二)删除第八条第一款第二项中的"和资金证明材料"。

(三)删除第十一条第一款第四项中的"和资金"。

(四)删除第十二条第一款第一项和第三款第一项。

(五)删除第二十二条。

三、《引进陆生野生动物外来物种种类及数量审批管理办法》(2005年9月27日国家林业局令第19号)

(一)删除第五条第一款第三项中的"资金"。

(二)删除第六条第一项中的"资金"。

四、《国家林业局产品质量检验检测机构管理办法》(2007年11月30日国家林业局令第24号)

(一)删除第五条第二项。

本决定自公布之日起施行。

根据本决定,对《国家重点保护野生动物驯养繁殖许可证管理办法》《林木种子生产、经营许可证管理办法》《引进陆生野生动物外来物种种类及数量审批管理办法》、《国家林业局产品质量检验检测机构管理办法》作相应修改,重新公布。

国家重点保护野生动物驯养繁殖许可证管理办法

(1991年1月9日林业部公布　根据2011年1月25日国家林业局令第26号修改
根据2015年4月30日国家林业局令第37号修改)

第一条　为保护、发展和合理利用野生动物资源,加强野生动物驯养繁殖管理工作,维护野生动物驯养繁殖单位和个人的合法权益,根据《中华人民共和国野生动物保护法》第十七条规定,制定本办法。

第二条　从事驯养繁殖野生动物的单位和个人,必须取得《国家重点保护野生动物驯养繁殖许可证》(以下简称《驯养繁殖许可证》)。没有取得《驯养繁殖许可证》的单位和个人,不得从事野生动物驯养繁殖活动。

本办法所称野生动物,是指国家重点保护的陆生野生动物;所称驯养繁殖,是指在人为控制条件下,为保护、研究、科学实验、展览及其他经济目的而进行的野生动物驯养繁殖活动。

第三条　具备下列条件的单位和个人,可以申请《驯养繁殖许可证》:

(一)有适宜驯养繁殖野生动物的固定场所和必需的设施;

(二)具备与驯养繁殖野生动物种类、数量相适应的人员和技术;

(三)驯养繁殖野生动物的饲料来源有保证。

第四条　有下列情况之一的,可以不批准发放《驯养繁殖许可证》:

(一)野生动物资源不清;

(二)驯养繁殖尚未成功或技术尚未过关;

(三)野生动物资源极少,不能满足驯养繁殖种源要求。

第五条　驯养繁殖野生动物的单位和个人,必须向所在地县级政府野生动物行政主管部门提出书面申请,并填写《国家重点保护野生动物驯养繁殖许可证申请表》。

凡驯养繁殖国家一级保护野生动物的,由省、自治区、直辖市政府林业行政主管部门报林业部审批;凡驯养繁殖国家二级保护野生动物的,由省、自治区、直辖市政府林业行政主管部门审批。

批准驯养繁殖野生动物的,作出行政许可决定的林业行政主管部门应当核发《驯养繁殖许可证》。

《驯养繁殖许可证》和《国家重点保护野生动物驯养繁殖许可证申请表》由林业部统一印制。

第六条　驯养繁殖野生动物的单位和个人,应当遵守以下规定:

(一)遵守国家和地方有关野生动物保护管理政策和法规,关心和支持野生动物保护事业;

(二)用于驯养繁殖的野生动物来源符合国家规定;

(三)接受野生动物的行政主管部门的监督检查和指导;

(四)建立野生动物驯养繁殖档案和统计制度;

(五)按有关规定出售、利用其驯养繁殖野生动物及其产品。

第七条　驯养繁殖野生动物的单位和个人,必须按照《驯养繁殖许可证》规定的种类进行驯养繁殖活动。需要变更驯养繁殖野生动物种类的,应当比照本办法第五条的规定,在2个月内向原批准机关申请办理变更手续;需要终止驯养繁殖野生动物活动的,应当在2个月内向原批准机关办理终止手续,并交回原《驯养繁殖许可证》。

第八条　因驯养繁殖野生动物需要从野外获得种源的,必须按照《中华人民共和国野生动物保护法》第十六条及有关规定办理。

第九条 取得《驯养繁殖许可证》的单位和个人，需要出售、利用其驯养繁殖的国家一级保护野生动物及其产品的，必须经林业部或其授权的单位批准；需要出售、利用其驯养繁殖的国家二级保护野生动物及其产品的，必须经省、自治区、直辖市政府林业行政主管部门或其授权的单位批准。

取得《驯养繁殖许可证》的单位和个人未经批准不得出售、利用其驯养繁殖的野生动物及其产品。

第十条 县级以上政府野生动物行政主管部门或其授权的单位应当定期查验《驯养繁殖许可证》。对未取得《驯养繁殖许可证》的单位和个人进行野生动物驯养繁殖活动的，由县级以上政府野生动物行政主管部门没收其驯养繁殖的野生动物。

第十一条 取得《驯养繁殖许可证》的单位和个人，有下列情况之一的，除按野生动物保护法律、法规的有关规定处理外，批准驯养繁殖野生动物或核发《驯养繁殖许可证》的机关可以注销其《驯养繁殖许可证》，并可建议工商行政管理部门吊销其《企业法人营业执照》或《营业执照》：

（一）超出《驯养繁殖许可证》的规定驯养繁殖野生动物种类的；

（二）隐瞒、虚报或以其他非法手段取得《驯养繁殖许可证》的；

（三）伪造、涂改、转让或倒卖《驯养繁殖许可证》的；

（四）非法出售、利用其驯养繁殖的野生动物及其产品的；

（五）取得《驯养繁殖许可证》以后在1年内未从事驯养繁殖活动的。

被注销《驯养繁殖许可证》的单位和个人，应立即停止驯养繁殖野生动物活动，其驯养繁殖的野生动物由县级以上政府野生动物行政主管部门或其授权单位按有关规定处理。

第十二条 省、自治区、直辖市政府林业行政主管部门要建立《驯养繁殖许可证》审批、核发制度，配备专人管理，使用野生动物管理专用章。

第十三条 本办法由林业部负责解释。

第十四条 本办法自1991年4月1日起施行。

林木种子生产、经营许可证管理办法

（2002年11月2日国家林业局令第5号 根据2011年1月25日国家林业局令第26号修改
根据2015年4月30日国家林业局令第37号修改）

第一章 总 则

第一条 为规范林木种子生产、经营许可证的管理，根据《中华人民共和国种子法》的有关规定，制定本办法。

第二条 在中华人民共和国境内从事林木种子生产、经营许可证的申请、审核、发放和管理等活动，适用本办法。

本办法所称林木种子生产、经营许可证是指林木种子生产许可证和林木种子经营许可证。

第三条 本办法所称林木种子是指林木的种植材料（苗木）或者繁殖材料，具体是指乔木、灌木、木质藤本等木本植物及用于林业生产和国土绿化的草本植物的籽粒、果实和根、茎、苗、芽、叶等。

第四条 从事主要林木商品种子生产的单位和个人应当取得林木种子生产许可证，按林木种子生产许可证的规定生产；从事林木种子经营的单位和个人应当取得林木种子经营许可证，按林木种子经营许可证的规定经营。

第五条 县级以上人民政府林业行政主管部门主管林木种子生产、经营许可证的审核、发放和管理工作，具体工作可以由其所属的林木种苗管理机构负责。

第二章 申 请

第六条 从事主要林木商品种子生产的或者从事林木种子经营的单位和个人，应当向县级以上人民政府林业行政主管部门或者其所属的林木种苗管理机构申请林木种子生产、经营许可证。

第七条 申请林木种子生产许可证的单位和个人，应当提交以下材料：

（一）注有生产者基本情况、生产品种、技术人员、设施设备情况等内容的林木种子生产许可证申请表；

（二）生产用地使用证明、采种林分证明及生产地点检疫证明；

（三）林木种子检验、生产技术人员资格证明；

（四）林木种子生产、加工、检验、贮藏设施和仪器设备的所有权或者使用权证明。

申请领取具有植物新品种权的林木种子生产许可证的，应当提供品种权人的书面同意证明或者国家林业局品种权转让公告、强制许可决定。

申请领取林木良种的林木种子生产许可证的，应当提供国家林业局林木品种审定委员会或者省、自治区、直辖市林木品种审定委员会颁发的林木良种证书复印件。

第八条 申请林木种子经营许可证的单位和个人，应当提交以下材料：

（一）注有经营者基本情况、经营品种、技术人员、设施和设备情况等内容的林木种子经营许可证申请表；

（二）经营场所使用证明；

（三）林木种子加工、包装、贮藏设施设备和种苗检验仪器设备的所有权或者使用权证明；

（四）林木种子检验、贮藏、保管等技术人员资格证明。

申请领取林木良种的林木种子经营许可证的，应当提供国家林业局林木品种审定委员会或者省、自治区、直辖市林木品种审定委员会颁发的林木良种证书复印件。

申请领取选育、生产、经营相结合的林木种子经营许可证的，应当提供自有品种的证明或者选育目的品种情况介绍。

申请领取林木种子进出口业务的林木种子经营许可证的，应当提供具有林木种子进出口贸易许可的证明。

第三章　审核和发放

第九条　主要林木良种的林木种子生产、经营许可证，由种子生产、经营者所在地县级人民政府林业行政主管部门审核，省、自治区、直辖市人民政府林业行政主管部门核发；其他林木种子（包括苗木）的生产、经营许可证由种子生产、经营所在地县级以上地方人民政府林业行政主管部门核发。

实行选育、生产、经营相结合，注册资本金达到2000万元的种子公司和从事林木种子进出口业务的公司的林木种子经营许可证，由其所在地的省、自治区、直辖市人民政府林业行政主管部门审核，国家林业局核发。

第十条　县级以上人民政府林业行政主管部门应当自受理之日起20日内，对提供的有关材料及生产用地、生产机械、经营场所、仓储设施、检验设施、仪器设备等进行审核，对符合本办法规定条件的，签署审核意见或者核发林木种子生产、经营许可证；对不符合本办法规定条件的，应当书面通知申请者或审核的机关，并说明理由、退还有关材料。

第十一条　符合下列条件的，林业行政主管部门应当核发林木种子生产许可证：

（一）具有繁殖种子的隔离和培育条件；

（二）无检疫性病虫害；

（三）具有按照有关标准、规定建立或者确定的种子园、母树林、采穗圃或者其他采种林及苗圃地；

（四）具有必要的生产、检验设施；

（五）具有经县级以上人民政府林业行政主管部门培训合格取得资格证书的林木种子生产、加工、检验、贮藏、保管技术人员（其中大田育苗面积不足50亩的，应当具有技术员或者育苗熟练人员；大田育苗面积50亩以上100亩以下的，应当具有相关专业中等专业以上学历、初级以上技术职称或者经县级以上人民政府林业行政主管部门培训的技术人员；采用容器育苗、组织培养、温室、大棚等先进技术设备进行育苗生产或者大田育苗面积超过100亩的，应当具有相关专业大专以上学历、中级以上技术职称或者经省级以上人民政府林业行政主管部门培训的技术人员）。

生产籽粒、果实等有性繁殖材料的，除具备前款规定的条件外，还应当具备以下条件：

（一）具有晒场、种子加工和烘干设备、贮藏设施，包括种子库、种子风选和精选机等；

（二）具有恒温培养箱、光照培养箱、干燥箱、扦样器、天平、电冰箱等必要的种子检验仪器设备。

第十二条　符合下列条件的，林业行政主管部门应当核发林木种子经营许可证：

（一）具有与经营林木种子的种类、数量相适应的营业场所；

（二）具有必要的经营设施；

（三）具有经县级以上人民政府林业行政主管部门培训合格取得资格证书的林木种子检验、加工、贮藏、保管技术人员。

经营籽粒、果实等有性繁殖材料的，除具备前款规定的条件外，还应当具备以下条件：

（一）具有种子加工和烘干设备、贮藏设施，包括种子库、种子精选机、种子包装机等；

（二）具有恒温培养箱、光照培养箱、干燥箱、扦样器、天平、电冰箱等必要的种子检验仪器设备。

实行选育、生产、经营相结合的，除具备本条前两款规定的条件以外，还应当具备以下条件：

（一）有固定的种子繁育基地；

（二）有3名以上经省级以上人民政府林业行政主管部门考核合格的种子检验人员。

第四章　监督管理

第十三条　林木种子生产、经营者应当按照林木种子生产、经营许可证核定的生产、经营地点及生产、经营种类进行生产、经营，不得超范围生产、经营。

第十四条　林木种子生产、经营许可证有效期限为三年。

林木种子生产、经营许可证有效期满后需申请换领新证的，生产或者经营者应当在林木种子生产、经营许可证有效期届满前两个月，持证向原发证机关申请换发新证。

林木种子生产、经营许可证在有效期限内，需要变更许可证注明项目的，应当根据本办法第九条的规定，申请办理变更手续，并提供相应的变更项目证明材料。

第十五条　林木种子经营者在林木种子经营许可证规定的有效区域外设立分支机构的，应当在分支机构所在地重新申请办理林木种子经营许可证。

第十六条　林木种子生产、经营许可证实行年报制度。

省、自治区、直辖市林业行政主管部门应当于每年3月底前将上一年度发证情况上报国家林业局。

第十七条　林业行政主管部门应当建立林木种子生产、经营许可证管理档案，具体内容包括：申请材料、审核发放材料及有关法律、法规规定的文件等。

林木种子生产、经营许可证管理档案从林木种子生产、经营许可证注销或自动失效之日起应当至少保留五年。

第十八条　林业行政主管部门核发林木良种的种子生产、经营许可证，应当使用林木品种审定委员会确定的品种名称，并同时注明良种编号。

林业行政主管部门核发其他林木种子生产、经营许可证的，不得使用良种或优质品种、速生品种、高产品种等字样。

第十九条　已经取得林木良种种子生产、经营许可证的，应当自知道其生产、经营的良种被依法取消或者暂停决定之日起二十日内，将已经取得的林木良种生产、经营许可证交回原发证机关或者办理相应的变更手续；逾期不交或者不办理变更手续的，以未取得种子生产、经营许可证论处。

第五章 附 则

第二十条 林木种子生产、经营许可证和各类申请表的格式由国家林业局制定。

第二十一条 本办法自2002年12月15日起施行。

引进陆生野生动物外来物种种类及数量审批管理办法

（2005年9月27日国家林业局令第19号 根据2015年4月30日国家林业局令第37号修改）

第一条 为了加强陆生野生动物外来物种管理，防止陆生野生动物外来物种入侵，保护生物多样性，维护国土生态安全，根据《中华人民共和国行政许可法》、《国务院对确需保留的行政审批项目设定行政许可的决定》（国务院令第412号）和国家有关规定，制定本办法。

第二条 实施引进陆生野生动物外来物种种类及数量审批的行政许可事项，应当遵守本办法。

第三条 本办法所称陆生野生动物外来物种，是指自然分布在境外的陆生野生动物活体及繁殖材料。

第四条 引进陆生野生动物外来物种的，应当采取安全可靠的防范措施，防止其逃逸、扩散，避免对自然生态造成危害。

第五条 需要从境外引进陆生野生动物外来物种的，申请人应当提交下列材料：

（一）申请报告、进出口申请表及进口目的的说明；

（二）当事人签订的合同或者协议，属于委托引进的，还应当提供委托代理合同或者协议；

（三）证明具备与引进陆生野生动物外来物种种类及数量相适应的人员和技术的有效文件或者材料，以及安全措施的说明；

（四）所在地省、自治区、直辖市林业主管部门的书面意见。

申请首次引进境外陆生野生动物外来物种的，申请人还应当提交证明申请人身份的有效文件和拟进行隔离引种试验的实施方案。

第六条 申请材料齐全且符合下列条件的，国家林业局应当作出准予行政许可的决定：

（一）具备与引进陆生野生动物外来物种种类及数量相适应的人员和技术；

（二）具备适宜商业性经营利用和科学研究外来物种的固定场所和必要设施；

（三）有安全可靠的防逃逸管理措施；

（四）具有相应的紧急事件处置措施。

第七条 国家林业局在收到引进陆生野生动物外来物种种类及数量审批的申请后，对申请材料齐全、符合法定形式的，即时出具《国家林业局行政许可受理通知书》；对不予受理的，应当即时告知申请人并说明理由，出具《国家林业局行政许可不予受理通知书》；对申请材料不齐或者不符合法定形式的，应当在5日内出具《国家林业局行政许可补正材料通知书》，并一次性告知申请人需要补正的全部内容。

第八条 国家林业局作出行政许可决定，需要举行听证或者组织专家评审的，应当自受理之日起10日内，出具《国家林业局行政许可需要听证、招标、拍卖、检验、检测、检疫、鉴定和专家评审通知书》，并将听证或者专家评审所需时间告知申请人。

听证和专家评审所需时间不计算在作出行政许可决定的期限内。

第九条 国家林业局应当自受理之日起20日内作出是否准予行政许可的决定，出具《国家林业局准予行政许可决定书》或者《国家林业局不予行政许可决定书》，并告知申请人。

在法定期限内不能作出行政许可决定的，经国家林业局主管负责人批准，国家林业局应当在法定期限届满前5日办理《国家林业局行政许可延期通知书》，并告知申请人。

第十条 准予首次引进境外陆生野生动物外来物种进行驯养繁殖的，应当进行隔离引种试验。

隔离引种试验由省、自治区、直辖市林业主管部门指定的科研机构或者专家进行评估，评估通过后方可继续引进和推广。

隔离引种试验应当包含中间试验。中间试验未获成功的，评估不得通过。

在自然保护区、自然保护小区、森林公园、风景名胜区以及自然生态环境特殊或者脆弱的区域，不得开展隔离引种试验。

第十一条 禁止开展陆生野生动物外来物种的野外放生活动。

因科学研究、生物防治、野生动物种群结构调节等特殊情况，需要放生陆生野生动物外来物种的，应当按照《中华人民共和国陆生野生动物保护实施条例》的相关规定执行。

第十二条 经批准从境外引进的陆生野生动物外来物种及其繁殖后代、产品应当依照国家有关规定进行标记。

第十三条 陆生野生动物外来物种发生逃逸的，被许可人应当立即向当地林业主管部门报告，由当地林业主管部门责令其限期捕回或者采取其他补救措施。被责令限期捕回或者采取其他补救措施而拒绝执行的，当地林业主管部门或者其委托的单位可以代为捕回或者采取其他补救措施，并由被许可人承担全部捕回或者采取其他补救措施所需的经费；造成损害的，依照有关法律法规承担法律责任。

第十四条 依法查没的陆生野生动物外来物种，应当由当地县级以上林业主管部门按照国家有关规定处理。

第十五条 国家林业局成立陆生野生动物外来物种咨询科学委员会，负责陆生野生动物外来物种管理的科学论证、评估和咨询。

第十六条 各级林业主管部门应当建立防范陆生野生动物外来物种入侵的预警和应急防范机制。

在野外发现陆生野生动物外来物种的，当地林业主管部门应当立即向同级人民政府和上级林业主管部门报告，并会同有关部门采取监测和防治措施。

第十七条 省、自治区、直辖市之间引进本行政区域内没有天然分布的陆生野生动物外来物种的，按照国家和省、自治区、直辖市的相关规定办理。

第十八条 引进的陆生野生动物属于中国参加的国际公约限制进出口的濒危物种的，必须向国家濒危物种进出口管理机构申请办理允许进出口证明书。

第十九条 本办法自2005年11月1日起施行。

国家林业局产品质量检验检测机构管理办法

（2007年11月30日国家林业局令第24号 根据2015年4月30日国家林业局令第37号修改）

第一条 为了规范国家林业局产品质量检验检测机构(以下简称“林业质检机构”)的管理，根据《中华人民共和国标准化法》和国家有关规定，制定本办法。

第二条 本办法所称林业质检机构，是指经国家林业局批准设立的从事林业产品质量检验检测活动的机构。

第三条 国家林业局依法负责监督和指导林业质检机构的管理工作。

第四条 林业质检机构应当按照科学、公正的原则，严格执行有关法律、法规和技术标准。

第五条 申请设立林业质检机构的申请人，应当具备下列条件：

（一）具备《国家林业产品质量监督检验检测机构基本条件》要求的机构与人员、仪器设备、设施与环境和质量体系等；

（二）国家林业局规定的其他条件。

第六条 申请人应当提交下列书面申请材料：

（一）设立林业质检机构申请书；

（二）可行性报告。主要内容包括：专业人员构成、仪器设备和设施、资质、资金来源、拟申请检验检测的产品及其标准、检验检测能力评估等；

（三）国家林业局规定的其他材料。

第七条 国家林业局应当在收到林业质检机构设立的申请后，对申请材料齐全、符合法定形式的，即时出具《国家林业局行政许可受理通知书》；对不予受理的，应当即时告知申请人并说明理由，出具《国家林业局行政许可不予受理通知书》；对申请材料不齐或者不符合法定形式的，应当在5日内出具《国家林业局行政许可补正材料通知书》，并一次性告知申请人需要补正的全部内容。

第八条 国家林业局作出本办法规定的行政许可，需要组织专家现场评审的，应当自受理之日起10日内，出具《国家林业局行政许可需要听证、招标、拍卖、检验、检测、检疫、鉴定和专家评审通知书》，将专家评审所需时间告知申请人。

专家现场评审所需时间不计算在作出行政许可决定的期限内。

第九条 国家林业局应当自受理之日起20日内作出是否准予行政许可的决定，出具《国家林业局准予行政许可决定书》或者《国家林业局不予行政许可决定书》，并告知申请人。

国家林业局作出准予行政许可决定的，应当同时颁发林业质检机构授权证书，并予以公告。

第十条 在法定期限内不能作出行政许可决定的，经国家林业局负责人批准，国家林业局应当在法定期限届满前5日办理《国家林业局行政许可延期通知书》，并告知申请人。

第十一条 林业质检机构需要变更检验检测范围的，应当按照本办法的规定向国家林业局提出申请；符合本办法规定条件的，国家林业局应当依法办理变更手续。

第十二条 林业质检机构授权证书的有效期为5年。

需要延续林业质检机构授权证书有效期的，林业质检机构应当在有效期届满6个月前向国家林业局提出书面申请，国家林业局应当在有效期届满前作出是否准予延续的决定。

第十三条 林业质检机构授权证书依法被撤销或者注销的，国家林业局应当及时予以公告。

第十四条 林业质检机构应当在检验检测报告上，加盖国家林业局规定的授权标识。

第十五条 林业质检机构对在检验检测中获知的国家秘密、商业秘密负有保密的义务。因泄密造成不利影响的，应当依法承担法律责任。

林业质检机构不得伪造、变造检验检测结果。

第十六条 未经国家林业局批准的其他产品质量检验检测机构，不得在名称中使用“国家林业局”、“中国(或全国)林业”等易与林业质检机构相混淆的字样。

第十七条 国家林业局应当对林业质检机构从事产品质量检验检测活动的情况进行监督检查。

林业质检机构应当如实提供国家林业局要求的有关材料和情况。

第十八条 国家林业局有关工作人员在实施林业质检机构审批的行政许可行为中，滥用职权、徇私舞弊的，依法给予处分。

第十九条 林业质检机构接受行政执法机关或者公民、法人和其他组织的委托提供林业产品检验检测服务，依法承担相应的法律责任。

林业质检机构及其工作人员在检验检测中，伪造、变造检验检测结果的，依法给予处分；情节严重的，依法追究刑事责任。

第二十条 本办法自2008年1月1日起施行。

1997 年 8 月 25 日公布的《林业部部级产品质量监督检验机构管理办法(试行)》同时废止。

国家林业局公告

2015 年第 38 号

《国家林业局关于修改部分部门规章的决定》已经 2015 年 10 月 30 日国家林业局局务会议审议通过，现予公布，自公布之日起施行。

国家林业局局长　赵树丛

2015 年 11 月 24 日

国家林业局关于修改部分部门规章的决定

根据国务院推进行政审批制度改革的有关决定，对下列部门规章进行修改：

一、《突发林业有害生物事件处置办法》(2005 年 5 月 23 日国家林业局令第 13 号)

(一)将第四条第二款修改为："直接危及人类健康的突发林业有害生物事件，为一级突发林业有害生物事件；一级突发林业有害生物事件以外的其他突发林业有害生物事件，为二级突发林业有害生物事件。"

(二)将第五条第一款修改为："一级突发林业有害生物事件，由国家林业局确认；二级突发林业有害生物事件，由省、自治区、直辖市人民政府林业主管部门确认。"

(三)将第十三条中的"应当及时逐级上报到省、自治区、直辖市人民政府林业主管部门，并同时报告同级人民政府"修改为："应当按照有关规定逐级上报国家林业局"。

增加一款作为第二款"突发林业有害生物事件的报告，主要包括有害生物的种类、发生地点和时间、级别、危害程度、已经采取的措施以及相关图片材料等内容"。

(四)将第十四条第一款修改为"国家林业局或者省、自治区、直辖市人民政府林业主管部门应当组织专家和有关人员对县级人民政府林业主管部门报告的情况进行调查和论证，确认是否属于突发林业有害生物事件"。

将第二款修改为"经确认属于一级突发林业有害生物事件的，国家林业局应当启动应急预案；经确认属于二级突发林业有害生物事件的，省、自治区、直辖市人民政府林业主管部门应当启动应急预案"。

删除第三款。

(五)删除第十六条。

(六)将第二十二条改为第二十一条，并将其中的"依照国家有关规定给予行政处分"修改为"依法给予处分"。

此外，对条文顺序作了相应调整。

二、《大熊猫国内借展管理规定》(2011 年 7 月 25 日国家林业局令第 28 号)

将第七条第二项修改为："借展双方的单位证明材料"。

本决定自公布之日起施行。

根据本决定，对《突发林业有害生物事件处置办法》、《大熊猫国内借展管理规定》作相应修改，重新公布。

突发林业有害生物事件处置办法

(2005 年 5 月 23 日国家林业局令第 13 号
根据 2015 年 11 月 24 日国家林业局令第 38 号修改)

第一条　为了及时处置突发林业有害生物事件，控制林业有害生物传播、蔓延，减少灾害损失，根据《森林病虫害防治条例》和《植物检疫条例》等有关规定，制定本办法。

第二条　本办法所称林业有害生物，是指危害森林、林木和林木种子正常生长并造成经济损失的病、虫、杂草等有害生物。

第三条　本办法所称突发林业有害生物事件，是指发生暴发性、危险性或者大面积的林业有害生物危害事件，包括：

(一)林业有害生物直接危及人类健康的；

(二)从国(境)外新传入林业有害生物的；

(三)新发生林业检疫性有害生物疫情的；

(四)林业非检疫性有害生物导致叶部受害连片成灾面积 1 万公顷以上、枝干受害连片成灾面积 0.1 万公顷以上的。

第四条　突发林业有害生物事件分为一级和二级。

直接危及人类健康的突发林业有害生物事件，为一级突发林业有害生物事件；一级突发林业有害生物事件以外的其他突发林业有害生物事件，为二级突发林业有害生物事件。

第五条　一级突发林业有害生物事件，由国家林业局确认；二级突发林业有害生物事件，由省、自治区、直辖市人民政府林业主管部门确认。

属于从国(境)外新传入的林业有害生物，以及首次在省、自治区、直辖市范围内发生的林业检疫性有害生物，应当经过国家林业局林业有害生物检验鉴定中心鉴定。

第六条 国家林业局负责组织、协调和指导全国突发林业有害生物事件的处置工作。

县级以上地方人民政府林业主管部门在人民政府领导下，具体负责本辖区内突发林业有害生物事件的处置工作。

第七条 国家林业局负责组织制定一级突发林业有害生物事件应急预案。省、自治区、直辖市人民政府林业主管部门负责组织制定本辖区的二级突发林业有害生物事件应急预案。

突发林业有害生物事件应急预案的主要内容是：应急处置指挥体系及其工作职责、预警和预防机制、应急响应、后期评估与善后处理、保障措施等。

第八条 县级人民政府林业主管部门应当根据突发林业有害生物事件应急预案，制定本辖区的突发林业有害生物事件应急实施方案。

突发林业有害生物事件应急实施方案的主要内容是:

(一)应急处置指挥机构和人员；

(二)应急处置工作职责和程序；

(三)林业有害生物控制和防治措施；

(四)林业有害生物应急处置物质保障。

第九条 县级以上人民政府林业主管部门应当加强林业有害生物测报试验室、检疫检验试验室、林木种苗及木材除害设施、物资储备仓库、通讯设备等基础设施建设，做好药剂、器械等有关物资的储备。

第十条 县级人民政府林业主管部门应当组织对突发林业有害生物事件应急处置救灾人员的专业技术培训，开展技术演练，提高应急处置技能。

第十一条 县级以上人民政府林业主管部门的森林病虫害防治机构及其中心测报点，应当及时对林业有害生物进行调查与监测，综合分析测报数据，提出防治方案。

森林病虫害防治机构及其中心测报点，应当建立林业有害生物监测档案，掌握林业有害生物的动态变化情况。

乡(镇)林业站工作人员、护林员按照县级以上人民政府林业主管部门的要求，参加林业有害生物的调查与监测工作。

第十二条 森林病虫害防治机构及其中心测报点，发现疑似突发林业有害生物事件等异常情况的，应当立即向所在地县级人民政府林业主管部门报告。

公民、法人或者其他组织发现有疑似突发林业有害生物事件等异常情况的，应当向县级以上人民政府林业主管部门反映。

第十三条 县级人民政府林业主管部门接到疑似突发林业有害生物事件等异常情况的报告或者有关情况反映的，应当及时开展调查核实；认为属于突发林业有害生物事件的，应当按照有关规定逐级上报国家林业局。

突发林业有害生物事件的报告，主要包括有害生物的种类、发生地点和时间、级别、危害程度、已经采取的措施以及相关图片材料等内容。

第十四条 国家林业局或者省、自治区、直辖市人民政府林业主管部门应当组织专家和有关人员对县级人民政府林业主管部门报告的情况进行调查和论证，确认是否属于突发林业有害生物事件。

经确认属于一级突发林业有害生物事件的，国家林业局应当启动应急预案；经确认属于二级突发林业有害生物事件的，省、自治区、直辖市人民政府林业主管部门应当启动应急预案。

第十五条 国家林业局应当按照国务院有关灾害报告制度的规定，及时向国务院报告突发林业有害生物事件的有关情况。

一级突发林业有害生物事件的有关信息，由国家林业局按照规定发布。二级突发林业有害生物事件的有关信息，由省、自治区、直辖市人民政府林业主管部门按照规定发布。

第十六条 突发林业有害生物事件应急预案批准启动实施后，发生地的县级人民政府林业主管部门应当相应启动应急实施方案，立即采取紧急控制措施，切断传播途径，防止扩散蔓延。

第十七条 应急预案和应急实施方案符合规定的终止条件的，方可终止。

第十八条 省、自治区、直辖市人民政府林业主管部门应当根据突发林业有害生物事件应急处理的需要，依法提出疫区划定方案和检疫检查站设立计划，报省、自治区、直辖市人民政府批准后实施。

第十九条 发生一级突发林业有害生物事件，由国家林业局组织专家开展科学研究，收集相关资料，提出综合评估报告；发生二级突发林业有害生物事件，由省、自治区、直辖市人民政府林业主管部门组织专家开展科学研究，收集相关资料，提出综合评估报告。

县级人民政府林业主管部门应当根据综合评估报告修改、完善应急实施方案。

第二十条 对直接危及人类健康、从国(境)外新传入或者跨省、自治区、直辖市传播的林业有害生物，国家林业局和有关省、自治区、直辖市人民政府林业主管部门应当及时组织科研力量研究防治措施，制定相关的检验检疫技术标准，并依法确定是否列为林业检疫性有害生物。

第二十一条 林业主管部门、森林病虫害防治机构及其中心测报点的工作人员玩忽职守、徇私舞弊，造成林业有害生物传播、蔓延的，依法给予处分；情节严重、构成犯罪的，依法追究刑事责任。

第二十二条 本办法自2005年7月1日起施行。

大熊猫国内借展管理规定

（2011年7月25日国家林业局令第28号
根据2015年11月24日国家林业局令第38号修改）

第一条 为了加强大熊猫保护，规范大熊猫国内借展管理，保障大熊猫圈养种群健康发展，提高公众保护野生动物意识，促进生态文明建设，根据《中华人民共和国野生动物保护法》等有关法律法规，制定本规定。

第二条 本规定所称借展是指以文化交流、科普宣传或者公众教育等为目的，借出或者借入大熊猫进行展览的行为。

第三条 借展大熊猫应当遵循科学、适度的原则，不得危及大熊猫圈养种群的发展，不得以单纯营利为目的。

第四条 借展大熊猫的借入方应当具备与驯养繁殖大熊猫相适应的资金、设施和人员等条件，取得具有大熊猫物种的国家重点保护野生动物驯养繁殖许可证。

第五条 用于借展的大熊猫应当是人工繁殖的健康个体，年龄在2岁以上25岁以下。

禁止将非人工繁殖或者野外救护的大熊猫用于借展；禁止将2岁以下和25岁以上的大熊猫用于借展。

第六条 借展双方应当签订书面协议，对大熊猫生活条件、医疗条件、应急保障条件及应急预案、借展期限、费用、借展结束后大熊猫送返以及违约责任等进行约定。

借展大熊猫的期限不得少于1年，但因不可抗力等特殊情况除外。

第七条 申请借展大熊猫，应当提交下列书面材料：

（一）野生动物保护管理行政许可事项申请表；

（二）借展双方的单位证明材料；

（三）借展双方具有大熊猫物种的国家重点保护野生动物驯养繁殖许可证；

（四）借展双方签订的借展协议；

（五）借出方大熊猫圈养种群状况说明材料；

（六）借展大熊猫个体谱系号、标记等身份证明材料；

（七）借入方借展活动及大熊猫饲养管理、科普教育方案；

（八）借展双方省级人民政府林业行政主管部门对借展活动的书面意见。

第八条 申请借展大熊猫按照下列程序办理：

（一）由借出方向国家林业局提出申请。

（二）国家林业局依法受理后，应当对申请材料进行审查。经过审查，符合本规定条件的，国家林业局应当在20个工作日内作出准予行政许可的决定。必要时，国家林业局可以组织专家在30日内对借入方借展活动、大熊猫饲养管理方案以及场馆设施进行论证或者实地检验。

（三）国家林业局作出行政许可决定后，借出、借入方所在地省级人民政府林业行政主管部门分别在借展开始前和结束后依据国家林业局行政许可文书核发大熊猫离开借出方、借入方的运输证件。

第九条 借展期间，借入方应当提供满足大熊猫生活、生理健康的饲养和医疗条件。

借展期间，借入方应当建立大熊猫病例档案和饲养日志，载明大熊猫饲养管理、医疗健康情况等内容。

借展期间，禁止采集借展大熊猫的血液、精液等样品，但是对大熊猫进行健康检查的除外。法律法规另有规定的，从其规定。

借展期间，借入方不得将借展大熊猫转借第三方。

第十条 借展期间，借出方应当对借入方的借展大熊猫的饲养管理和疫病防治等进行指导，并应当每年对借展大熊猫进行一次以上健康检查。

第十一条 国家林业局和借展双方所在地人民政府野生动物行政主管部门应当对大熊猫借展活动的情况进行监督检查，督促借展双方完善应急处置机制。

借展双方应当配合监督检查，如实提供有关材料。

第十二条 借展期间，借展大熊猫发生受伤、患病等突发事件的，借入方应当通知借出方，及时采取救护措施，并报告所在地县级以上地方人民政府野生动物行政主管部门；借展大熊猫发生致残、死亡等重大突发事件的，借入方应当立即通知借出方并报告所在地省级人民政府林业行政主管部门和国家林业局。

有关人民政府野生动物行政主管部门应当监督借展双方在发生突发事件时按照应急预案进行妥善处理。

第十三条 在借展期间，借出方或者借入方违反本规定的，由县级以上人民政府野生动物行政主管部门依照野生动物保护法律法规给予处罚；野生动物保护法律法规没有规定的，可以根据情节轻重作出如下处理：

（一）给予警告、责令限期改正；

（二）有违法所得的，处以违法所得一倍以上三倍以下且不超过三万元的罚款；没有违法所得的，处以一万元以下的罚款。

经责令改正仍拒不改正的，国家林业局可以责令终止借展活动，限期将大熊猫送返借出方。

借展期间，借出方或者借入方有违法行为、构成犯罪的，依法追究刑事责任。

第十四条 借出方或者借入方存在下列情形之一的，国家林业局1年内不予批准开展大熊猫借展活动：

（一）申请行政许可过程中隐瞒有关情况或者提供虚假材料的；

（二）擅自借出或者转借大熊猫的；

（三）重大过失造成大熊猫死亡的；

（四）拒不配合各级人民政府野生动物行政主管部门监督检查或者拒不执行野生动物行政主管部门处罚决定的。

借出方或者借入方以欺骗、贿赂等不正当手段取得行政许可的，国家林业局3年内不予批准开展大熊猫借展活动。

第十五条 各级人民政府野生动物行政主管部门有关工作人员在大熊猫借展管理过程中，滥用职权、徇私舞弊的，依法给予处分；情节严重、构成犯罪的，依法追究刑事责任。

第十六条 本规定所称"以上"包括本数，"以下"不包括本数。

第十七条 本规定自2011年9月1日起施行。

国家林业局公告

2015年第39号

《林业工作站管理办法》已经2015年10月30日国家林业局局务会议审议通过，现予公布，自2016年1月1日起施行。

国家林业局局长　赵树丛

2015年11月24日

林业工作站管理办法

第一章　总　则

第一条 为了加强林业工作站的建设与管理，发挥林业工作站在发展林业中的作用，根据《中华人民共和国森林法》、《中华人民共和国农业技术推广法》和国家有关规定，制定本办法。

第二条 林业工作站的建设和管理，适用本办法。

第三条 林业工作站是设在乡镇的基层林业工作机构，依法对森林、野生动植物资源实行管理和监督，组织和指导农村林业生产经营组织和个人发展林业生产，开展林业社会化服务。

第四条 林业工作站由县级林业主管部门直接领导或者实行由县级林业主管部门和所在地乡镇人民政府双重领导的管理体制。

第五条 国家林业局主管全国林业工作站的建设和管理工作，具体工作由其设立的林业工作站管理总站负责。

县级以上地方林业主管部门主管本行政区域内林业工作站的建设和管理工作，具体工作由其设立或者确定的林业工作站管理机构负责。

第二章　林业工作站的职责

第六条 林业工作站承担政策宣传、资源管理、林政执法、生产组织、科技推广和社会化服务等职能，具体职责是：

（一）宣传与贯彻执行森林、野生动植物资源保护等法律、法规和各项林业方针、政策；

（二）协助县级林业主管部门和乡镇人民政府制定和落实林业发展规划；

（三）配合县级林业主管部门开展资源调查、档案管理、造林检查验收、林业统计等工作；

（四）协助县级林业主管部门或者乡镇人民政府开展林木采伐等行政许可受理、审核和发证工作；

（五）配合县级林业主管部门或者乡镇人民政府开展森林防火、林业有害生物防治、陆生野生动物疫源疫病防控、森林保险和林业重点建设工程等工作；

（六）协助有关部门处理森林、林木和林地所有权或者使用权争议，查处破坏森林和野生动植物资源案件；

（七）配合乡镇人民政府建立健全乡村护林网络和管理乡村护林队伍；

（八）推广林业科学技术，开展林业技术培训、技术咨询和技术服务等林业社会化服务；

（九）承担县级林业主管部门或者乡镇人民政府规定的其他职责。

第三章　林业工作站的建设

第七条 有林业生产和经营管理任务的地方，应当在乡镇设立林业工作站；林业生产和经营管理任务相对较轻的地方，可以设立区域林业工作站。

不具备设立林业工作站条件的，乡镇人民政府应当依法设专职或者兼职人员负责林业工作。

第八条 林业工作站的设立，由县级林业主管部门提出意见或者由县级林业主管部门与当地乡镇人民政府协商后提出意见，按照有关规定报县级人民政府或者有关机构批准。

第九条 林业工作站工作人员的编制，由县级林业主管部门根据国家有关规定和当地实际情况，商机构编制部门确定。

林业工作站新进人员应当主要接收大中专院校毕业生，实行公开招聘，采取考试与考核相结合的办法，择优聘用。

第十条 林业工作站应当设立符合工作需要的专业技术岗位。专业技术人员应当具有相应的专业技术水平，符合岗位职责要求。

林业工作站新进专业技术人员，应当具备大中专以上专业学历。

第十一条 国家对林业工作站的建设给予适当扶持。林业工作站所需事业经费，根据国家有关规定纳入地方预算。

林业工作站承担林业重点工程项目等专项任务的，下达专项任务的部门或者单位应当按照有关规定列支必要的专项工作经费。

第十二条 林业工作站应当具有必要的房屋、交通、通讯工具等设施。

任何单位和个人不得非法侵占、平调、拍卖或者出租林业工作站的房屋、交通、通讯工具等设施和其他资产。

第四章 林业工作站的管理

第十三条 林业工作站的撤销或者变更，由县级林业主管部门提出意见或者由县级林业主管部门与当地乡镇人民政府协商后提出意见，报原批准设立的机关批准。

第十四条 林业工作站负责人的任免，由县级林业主管部门负责或者按照所在地人事管理规定办理。

第十五条 县级以上地方林业主管部门应当有计划地对林业工作站的工作人员进行业务培训。

对达到相应技术水平的林业工作站人员，应当按照国家有关规定聘任相应的技术职务。

第十六条 林业工作站应当建立健全岗位责任制、目标管理责任制和技术承包责任制，制定和完善各项工作制度。

第十七条 林业工作站应当建立健全人事、财务会计、国有资产管理以及廉政建设等各项制度，并接受县级林业主管部门或者乡镇人民政府的监督和检查。

第十八条 县级以上地方林业主管部门应当在同级人民政府的指导下，采取措施，保障和改善林业工作站工作人员的工作条件、生活条件和待遇，并按照国家规定给予补贴。

第十九条 对成绩显著的林业工作站及其工作人员，应当给予奖励。

第二十条 对有滥用职权、徇私舞弊、索贿受贿或者玩忽职守等行为的林业工作站工作人员，依照国家有关规定处理。

第五章 附 则

第二十一条 新疆生产建设兵团设立的团场林业工作站以及国有农场设立的林业工作站的建设与管理，参照本办法执行。

第二十二条 本办法自 2016 年 1 月 1 日起施行。2000 年 3 月 13 日国家林业局发布的《林业工作站管理办法》同时废止。

其他主要文件

文件名	文号	发文时间
国家林业局关于切实加强野生植物培育利用产业发展的指导意见	林护发〔2015〕7 号	2015 年 1 月 12 日
国家林业局关于进一步加强林业标准化工作的意见	林科发〔2015〕127 号	2015 年 9 月 21 日
国家林业局关于进一步加强乡镇林业工作站建设的意见	林站发〔2015〕146 号	2015 年 11 月 13 日
国家林业局关于加快重点实验室发展的指导意见	林科发〔2015〕166 号	2015 年 12 月 23 日
国家林业局关于加强大熊猫等珍稀濒危野生动物疫病监测防控工作的紧急通知	林护发〔2015〕6 号	2015 年 1 月 9 日
国家林业局关于印发《全国森林经营人才培训计划(2015～2020 年)》的通知	林造发〔2015〕8 号	2015 年 1 月 13 日
国家林业局关于切实加强对非法侵占林地案件查处问责的通知	林资发〔2015〕12 号	2015 年 2 月 5 日
国家林业局关于确定集体林业综合改革试验示范区的通知	林改发〔2015〕17 号	2015 年 2 月 15 日
国家林业局关于贯彻落实《国务院办公厅关于加快木本油料产业发展的意见》的通知	林规发〔2015〕18 号	2015 年 2 月 15 日
国家林业局关于切实做好春季野生动物疫源疫病监测防控工作的通知	林护发〔2015〕21 号	2015 年 2 月 16 日
国家林业局关于扎实做好全面停止商业性采伐工作的通知	林资发〔2015〕22 号	2015 年 2 月 25 日
国家林业局关于做好 2015 年林区禁种铲毒工作的通知	林安发〔2015〕23 号	2015 年 2 月 25 日
国家林业局关于认真学习宣传《为了中华民族永续发展——习近平总书记关心生态文明建设纪实》的通知	林办发〔2015〕31 号	2015 年 3 月 10 日
国家林业局关于深入学习宣传贯彻中央 6 号文件精神的通知	林办发〔2015〕32 号	2015 年 3 月 17 日
国家林业局关于认真学习贯彻习近平等中央领导同志重要批示精神扎实做好大熊猫保护管理工作的通知	林护发〔2015〕33 号	2015 年 3 月 24 日

（续）

文件名	文号	发文时间
国家林业局关于印发《全国集体林地林药林菌发展实施方案（2015～2020）》通知	林规发〔2015〕56 号	2015 年 5 月 4 日
国家林业局关于严格禁止围垦占用湖泊湿地的通知	林湿发〔2015〕62 号	2015 年 5 月 18 日
国家林业局关于加强集体林业综合发展工作的通知	林改发〔2015〕63 号	2015 年 5 月 20 日
国家林业局关于印发《国家林业局干部培训班管理办法》的通知	林人发〔2015〕64 号	2015 年 5 月 21 日
国家林业局关于公布第六批获得中国国家森林公园专用标志使用授权的国家级森林公园名单的通知	林场发〔2015〕70 号	2015 年 6 月 8 日
国家林业局关于印发《中国林业遗传资源保护与可持续利用行动计划（2015～2025 年）》的通知	林技发〔2015〕82 号	2015 年 6 月 23 日
国家林业局关于下达 2015 年林业行业标准制修订项目计划的通知	林科发〔2015〕83 号	2015 年 6 月 23 日
国家林业局关于确定森林可持续经营试点单位的通知	林资发〔2015〕84 号	2015 年 6 月 29 日
国家林业局关于强化林业站公共服务职能　全面推行一站式、全程代理服务的通知	林站发〔2015〕102 号	2015 年 7 月 30 日
国家林业局关于进一步加强林业鼠（兔）害防治工作的通知	林造发〔2015〕112 号	2015 年 8 月 17 日
国家林业局关于贯彻执行新修订《森林抚育规程》的通知	林造发〔2015〕113 号	2015 年 8 月 17 日
国家林业局关于印发直属企业负责人薪酬制度改革实施方案及经营业绩考核评价办法的通知	林人发〔2015〕118 号	2015 年 8 月 24 日
国家林业局关于加快计划和预算执行高速使用存量资金有关事项的通知	林规发〔2015〕135 号	2015 年 10 月 16 日
国家林业局关于印发《国家林业局工作规则》的通知	林办发〔2015〕141 号	2015 年 11 月 3 日
国家林业局关于发布 2015 年度加入国家陆地生态系统定位观测研究站网生态站名录的通知	林科发〔2015〕151 号	2015 年 11 月 30 日
国家林业局关于印发《国家林业局规范检查核查工作规定》的通知	林策发〔2015〕159 号	2015 年 12 月 3 日
国家林业局关于表彰保护森林和野生动植物资源先进集体、先进个人、优秀组织奖的决定	林护发〔2015〕161 号	2015 年 12 月 10 日
国家林业局关于贯彻落实《国务院关于进一步做好防范和处置法集资工作的意见》的通知	林策发〔2015〕162 号	2015 年 12 月 14 日
国家林业局关于印发《全国城郊森林公署发展规划（2016～2025 年）》的通知	林规发〔2015〕182 号	2015 年 12 月 31 日
国家林业局关于印发《国家储备林制度方案》的通知	林规发〔2015〕192 号	2015 年 12 月 31 日
国家林业局办公室关于建设项目使用林地审核审批实行网上申报的通知	办资字〔2015〕3 号	2015 年 1 月 8 日
国家林业局办公室关于印发《2014 年全国林业网站绩效评估报告》的通知	办信字〔2015〕7 号	2015 年 1 月 16 日
国家林业局办公室关于印发《2015 年全国林业信息化发展水平评测报告》的通知	办信字〔2015〕153 号	2015 年 9 月 21 日
国家林业局办公室关于印发《林业领域主要信访投诉请求法定处理途径清单（试行）》的通知	办发字〔2015〕184 号	2015 年 10 月 30 日

中国林业概述

02

2015年的中国林业

2015年，全国林业系统认真贯彻落实习近平总书记系列重要讲话精神和党中央、国务院的决策部署，全力推进林业改革发展，各项工作都取得明显成效，为建设生态文明、推动经济社会发展作出了积极贡献。

林业改革 按照中央6号文件精神，认真部署推进国有林区和国有林场改革。国有林区改革加快推进，内蒙古自治区国有林区改革方案已批复，吉林、黑龙江的改革方案正在审批。东北、内蒙古重点国有林区全面停止天然林商业性采伐。国有林场改革全面启动，近1/3省(区、市)上报了改革方案，其中广东、北京、内蒙古、宁夏、山西等10省(区、市)改革方案已批复，江西、浙江、甘肃、山东、湖南5省改革试点任务已完成。集体林权制度改革不断深化，确定30个集体林业综合改革试验示范区，全国县级及以上林权交易服务机构达1610个，林业合作组织达16万家，流转林地面积累计达1520万公顷，占全部确权林地的8.5%。集体林地承包经营纠纷调处工作纳入综治委平安建设综合考评体系。起草《关于完善集体林权制度的意见》。取消下放和调整行政审批事项37项，本届政府以来累计64项，取消下放比例达67%。认真落实《生态文明体制改革总体方案》，建立国家公园体制试点、编制林业自然资源资产负债表等工作扎实推进。

造林绿化任务 全国共完成造林632.47万公顷、森林抚育846.67万公顷，超额完成全年任务。成功举办共和国部长义务植树、国际森林日植树纪念等活动，义务植树和部门绿化深入开展。林业重点工程建设扎实推进，三北、长江、珠江、沿海等防护林体系建设工程造林任务全部完成，共造林142.6万公顷；退耕还林工程2014年任务全部完成，2015年任务已落实到县，完成计划的31.86%；京津风沙源治理和石漠化综合治理工程林业建设任务全部完成。河北张家口坝上地区退化最严重的1.67万公顷防护林全部完成改造。城市绿化加快推进，新命名国家森林城市21个。修订了造林、森林抚育、低效林改造等技术规程，《森林抚育经营规划(2016～2050)》编制工作基本完成。加强森林经营人才培训和森林抚育质量监管。2015年生产林木种子2500万千克，苗木400亿株。制订了《国家储备林制度方案》，建设国家储备林77.33万公顷。发布了第五次全国荒漠化和沙化监测结果，制定了《国家沙化土地封禁保护区管理办法》，扩大了沙化土地封禁保护区补贴试点范围，新建国家沙漠公园22个。

资源保护管理 修订《建设项目使用林地审核审批管理办法》。开展第九次全国森林资源连续清查和2015年全国森林资源宏观监测，完成了“十三五”期间年森林采伐限额编制。启动新一轮森林可持续经营试点。完成了非法侵占林地清理排查专项行动，共清理排查案件4.7万多起，涉及违法占用林地7.92万公顷。目前，已行政问责1803人，行政处罚3.05万人，回收林地2万多公顷。启动新一轮古树名木资源普查试点，进一步规范树木移植管理，“大树进城”之风得到遏制。编制《全国城郊森林公园发展规划(2016～2025年)》，新建国家级森林公园28处。成立中国湿地保护协会和沿海湿地保护网络，开展围垦占用湖泊湿地专项打击行动。新增国际重要湿地3处，新建国家公园试点137处，新增湿地保护面积30万公顷，恢复退化湿地2万公顷，退耕还湿7666.67公顷。

野生动植物保护 认真落实中央领导同志批示指示精神，成立了国家野生动植物保护工作领导小组，联合20多个部门制定了落实象等野生动植物保护分工方案的具体措施，公开销毁662千克非法象牙及制品，对非洲象牙雕刻品和狩猎纪念物象牙进口采取了暂停措施。开展“眼镜蛇三号行动”“雷霆行动”“绿剑行动”等专项行动，严厉打击了破坏野生动植物资源的违法行为。全国第二次陆生野生动物调查工作稳步推进。编制了大熊猫、亚洲象、东北虎豹等专项保护工程规划，加强了珍稀濒危物种拯救保护。野生动物类型国家公园建设扎实推进，成立西藏羌塘藏羚羊、野牦牛国家公园。

森林火灾等灾害防控工作 全年共发生森林火灾2936起，受害森林面积1.29万公顷，伤亡26人，分别比2014年下降20.7%、32.3%和76.8%，没有发生特大森林火灾。认真落实《国务院办公厅关于进一步加强林业有害生物防治工作的意见》，与各省(区、市)人民政府签订了重大林业有害生物防治目标责任书，修订《突发林业有害生物事件处置办法》。全国林业有害生物发生面积0.12亿公顷，除治813.33万公顷。妥善处理H5N1高致病性禽流感、大熊猫犬瘟热等突发野生动物疫情，加强沙尘暴监测预警。

林业产业 国务院办公厅印发《关于加快木本油料产业发展的意见》。森林认证体系获得40多个发达国家认可，启动林下经济(非木质林产品)认证试点。开展第二批国家林业重点龙头企业认定，确定128个国家林下经济示范基地。国家森林生态标志产品体系建设正式启动，林产品质量提升行动深入开展。成功举办第三届中国绿化博览会、2015中国森林旅游节、第八届中国义乌国际森林产品博览会等节庆展会活动。特色经济林、林下经济、花卉苗木、竹藤、森林旅游等绿色富民产业强劲发展，有力地推动了农民就业增收。林业电子商务快速发展，2015年销售额达1万多亿元。全国林业产业总产值5.81万亿元，比2014年增长10%；林产品进出口贸易额1400亿美元，与2014年持平。

林业应对气候变化工作 将2030年林业应对气候变化目标写入《中国国家自主贡献》文件，林业增汇成为中国应对气候变化国家自主贡献三大行动目标之一。森林及相关内容作为单独条款纳入《巴黎协定》，在国际法层面确定了林业在应对气候变化中的重要作用。在18个省(区、市)开展了土地利用变化与林业碳汇计量监测，具备了用实测数据计量森林碳汇量的能力。启动了林业碳排放配额制度研究，林业碳汇交易加快推进，正在履行交易程序的林业碳汇项目近30个。制定《林业应对气候变化"十三五"行动要点》和《林业适应气候变化行动方案(2016～2020年)》。

依法治林 形成了森林法修改稿，野生动物保护法修订草案已提请全国人大常委会审议，新修订的种子法已颁布实施，湿地保护条例已上报国务院审查，退耕还林、天然林保护、大熊猫保护等条例制修订工作取得积极进展。共办理林业行政许可事项3500多件、行政诉讼应诉案件11件，完成行政复议25件，制定发布规范性文件19件。开展了林木采伐管理检查、征占用林地行政许可检查、防沙治沙执法年等专项活动。全国共查处林业行政案件19.5万起，森林、野生动物等刑事案件3.1万多起，严厉打击了各类涉林违法犯罪活动。同时，林区安保维稳工作扎实开展。

支撑保障能力 2015年中央林业投入达1074.5亿元，与2014年同口径相比增加73.7亿元。提高国家级公益林、天然林保护工程补助标准和森林植被恢复费征收标准。安排棚户区(危旧房)改造任务7.7万户、投资11.7亿元，累计达166.6万户，现已竣工入住近150万户。与国家开发银行联合开发了贷款期25～30年、宽限期8年、贷款利率为基准利率的国家储备林建设优惠贷款，首个项目100亿元已落户广西。新建10个工程技术研究中心、4个国家林业生物产业基地。发布国家标准、行业标准228项，成立首个林业国际标准化机构——竹藤技术委员会。4个林业物种转基因生物新品种培育项目通过科技部专家论证，3项成果获得国家科技进步二等奖，竹缠绕复合压力管技术列入《国家重点推广低碳技术目录(第二批)》。林业生态建设与保护北斗示范应用项目获得批复实施，推进了"互联网+林业"、林业大数据开放平台建设，国家林业局内外网进行了扩建升级，中国林业网社会影响力和公共服务能力进一步提升。

林业宣传工作 联合新华社推出《为了中华民族永续发展——习近平总书记关心生态文明建设纪实》。全国各主要媒体刊发林业新闻1.3万多条次。抓住植树节、世界湿地日、世界防治荒漠化和干旱日等重要纪念日，开展一系列主题宣传活动。对《关于加快推进生态文明建设的意见》《国有林区改革指导意见》《国有林场改革方案》《国务院办公厅关于加快木本油料产业发展的意见》等进行了详细的政策解读和深度宣传。发布全国第四次大熊猫调查结果、生态建设与自然保护情况，组织中外媒体对公开销毁象牙、"眼镜蛇三号行动"进行集中报道，开展南非"中国年"野生动物保护宣传、三北防护林建设成就展、百家媒体百名记者进林场、奋斗在林改一线的优秀大学生村官遴选宣传、童眼观生态、《鸟的迁徙》大型电视直播等一系列活动。出版了《中华大典·林业典》，完成中国湿地资源系列图书编撰工作，《论生态文明》被评为第二届全国党员教育培训优秀教材。

国际交流合作 与韩国、德国等国签订8个部门间合作协议，参加了中韩、中日韩自贸区谈判，林业多双边合作不断加强。积极参与全球生态治理，出席第十四届世界林业大会、联合国森林论坛第十一届会议、《湿地公约》第12届缔约方大会、防治荒漠化公约第12届缔约方大会等重要国际会议，举办首届世界生态系统治理论坛，推动林业指标纳入2030年联合国发展议程。完成第七轮中美战略与经济对话下打击野生动植物非法交易、林业应对气候变化、中美中国园建设等磋商。推进"一带一路"林业合作，建立中国—中东欧林业合作机制。亚太森林组织成立首届董事会及理事会，国际化进程加快推进。4个林业项目获得欧洲投资银行批准，落实贷款1.95亿欧元。推进与荷兰、韩国、美国等国的大熊猫合作研究，完成赠澳门大熊猫任务。加强了对境外非政府组织的管理。在荒漠化防治、野生动植物保护、竹藤产业等方面，加大对发展中国家的人员培训、资金技术等援助力度。

干部队伍建设 严格落实中央八项规定精神，认真开展"三严三实"专题教育，机关作风建设进一步加强。修订国家林业局工作规则、干部选拔任用管理办法等制度，加强干部队伍培训。配合中央巡视组完成了巡视工作，对巡视发现问题立行立改。认真落实党风廉政建设"两个责任"，明确局领导班子和成员责任分工，与各司局、各直属单位党政主要负责同志进行集体约谈，并签订《党风廉政建设责任书》，党风廉政建设不断加强。推进行业协会脱钩工作。国家林业局工会被全国总工会授予"全国模范职工之家"称号。修订《林业工作站管理办法》，乡镇林业工作站建设扎实推进。

(韩建伟)

"十二五"时期中国林业

5年来，全国林业系统认真贯彻落实中央决策部署，改革创新，扎实工作，圆满完成各项任务，林业改革发展取得明显成效，为推动经济社会发展和生态文明建设作出了重要贡献。

林业改革全面展开 党中央、国务院出台了《国有林场改革方案》和《国有林区改革指导意见》，东北、内蒙古重点国有林区全面停止天然林商业性采伐，启动了森林资源管理与利用分开试点，批复了内蒙古重点国有林区改革方案，吉林、黑龙江的改革方案正在审批。国有林场改革全面启动，浙江、江西、山东、湖南、甘肃5个省完成国有林场改革试点，北京、内蒙古、广东等10个省(区、市)改革方案完成审批。集体林明晰产权、承包到户的改革任务基本完成，深化改革不断推进，发展活力明显增强，经营水平逐步提高。共取消下放和调整行政审批事项64项，比例达67%，提前完成国务院确定的改革任务。同时，开展了建立国家公园体制试点、编制林业自然资源资产负债表等工作。

国土绿化加快推进 全国共完成造林 0.3 亿公顷、森林抚育 0.42 亿公顷，分别比“十一五”增加 18%、29%；森林覆盖率提高到 21.66%，森林蓄积量增加到 151.37 亿立方米，全面完成“十二五”规划任务，成为全球森林资源增长最多的国家。启动了新一轮退耕还林，共安排 100 万公顷退耕还林还草任务。三北工程开展了 6 个百万亩防护林基地建设和退化林分改造，完成造林 331.6 万公顷。长江、珠江、沿海防护林工程及太行山绿化工程完成造林 203.2 万公顷，工程区森林覆盖率提高 1.2 个百分点。石漠化治理工程、京津风沙源治理工程分别完成造林任务 140.87 万公顷、213.33 万公顷。新增 74 个国家森林城市，2014 年全国城市建成区绿化覆盖率达 40.22%，人均公园绿地面积达 13.08 平方米。森林经营明显加强，修订了《森林抚育规程》。国务院办公厅印发了《关于加强林木种苗工作的意见》，林木种苗抽检合格率稳定在 90% 以上，2015 年林木良种使用率达 60.8%。出台了国家储备林制度方案，累计建设国家储备林和速丰林基地 199.33 万公顷。

资源管理不断强化 林权统一登记发证工作平稳过渡。构建了国家、省、县三级林地保护利用规划体系，建成了全国林地“一张图”，启动了林地年度变更调查，初步实现了以规划管地、以图管地。严格实行林地用途管制和定额管理，开展了林地占补平衡试点，加大了建设项目使用林地监管力度。对重点国有林区开垦林地进行了清理回收，开展了非法侵占林地清理排查专项行动，涉及违法占用林地 7.92 万公顷。取消了年度木材生产计划，简化了集体林采伐和运输审批程序，方便了林农自主经营。加强了古树名木保护，规范了天然大树移植行为。完成了第八次全国森林资源清查和“十二五”森林面积蓄积增长指标评估，开展了森林资源政府任期届中调查，完善了森林资源清查监测体系。

生态保护更加有力 制定了《推进生态文明建设规划纲要》，划定了林地和森林、湿地、沙区植被、物种四条生态红线。天然林保护工程管护面积增加到 1.15 亿公顷。完成了第二次全国湿地资源调查、第五次荒漠化和沙化监测、第四次大熊猫调查。开展了亮剑、清网、天网等专项行动，共查处林业刑事案件 13.8 万起、行政案件 126 万起，挽回经济损失上百亿元。新指定国际重要湿地 12 处，新建国家湿地公园 561 处，恢复退化湿地 16 万公顷，自然湿地保护率提高到 46.8%。新建国家级森林公园 84 处，累计达 826 处。启动了沙化土地封禁保护区补贴和国家沙漠公园建设试点，加大了沙区植被保护和沙化土地治理力度，治理沙化土地 1000 万公顷，土地沙化呈现整体遏制、重点治理区明显改善的态势。加强了象等野生动植物保护，暂停了非洲象牙雕刻品和狩猎纪念物象牙进口，建立了多部门联合协作的保护工作机制。新建林业自然保护区 154 处，总数达 2189 处，有效保护了中国野生动植物资源和典型生态系统，珍稀濒危物种野外种群数量稳中有升。

灾害防控成效明显 森林防火基础设施、森林消防队伍、航空消防建设不断加强，防扑火能力明显提高。森林火灾受害率稳定控制在 1‰以下，年均发生森林火灾 4017 起、受害森林面积 1.75 万公顷、人员伤亡 61 人，比“十一五”时期分别下降 58%、85% 和 43%。国务院办公厅印发了《关于进一步加强林业有害生物防治工作的意见》，全国林业有害生物成灾率为 4.39‰，重大有害生物危害势头得到遏制。野生动物疫源疫病监测防控体系逐步完善，主动预警试点顺利推进，妥善处理 40 起突发疫情。沙尘暴监测预警和应急处置能力明显提升，有效应对 42 次沙尘天气。

林业产业蓬勃发展 国务院办公厅印发了《关于加快林下经济发展的意见》和《关于加快木本油料产业发展的意见》。森林认证体系获得国际认可。编制了林业市场准入负面清单，开展了重点林业龙头企业评定、林业产业诚信体系建设等工作。举办了青岛世界园艺博览会、第三届中国绿化博览会等展会，林业会展经济不断壮大。特色经济林、林下经济、森林旅游、花卉苗木等绿色产业加快发展，林业电子商务迅速崛起。全国林业一、二、三产业的比例由 2010 年的 39∶52∶9 调整为 33∶51∶16，产业结构逐步优化。2015 年，林业产业总产值达 5.81 万亿元，林产品进出口贸易额达 1400 亿美元，分别是 2010 年的 2.6 倍和 1.5 倍，中国林产品生产和贸易跃居世界首位。

政策体系逐步完善 “十二五”期间，中央林业投入 4948 亿元，是“十一五”埋藏的 1.7 倍。国家相继出台森林、湿地、荒漠等资源保护补贴政策，并逐年提高补助标准，累计安排财政补贴资金 1925 亿元，林业公共财政政策框架体系基本建立。林业棚户区（危旧房）改造工程实施以来，中央累计投入 397 亿元，完成改造任务 167 万户，惠及 500 多万人。国有林区（林场）道路、安全饮水等基础设施建设纳入相关行业投资计划。森林保险、林权抵押贷款全面推开，林业贴息贷款规模大幅增加，开发银行推出了支持国家储备林建设的长周期低利率开发性贷款，林业碳汇纳入国家碳排放权交易试点，金融资本和社会资本加快进入林业。符合标准的人造板产品继续享受增值税即征即退政策。调整了森林植被恢复费征收标准，提高了征占用林地成本。加强了林业项目储备、资金稽查管理和统计工作。

保障能力不断提升 完成了《种子法》修订和《森林法》修改稿起草工作，《野生动物保护法》修订草案已提请全国人大常委会审议，《湿地保护条例》已报国务院审查，发布了《湿地保护管理规定》等 14 件部门规章，累计 23 个省份制定湿地保护法规，林业法治建设稳步推进。共取得重要科技成果 4000 多项、国家科学技术奖励 21 项，发布国家和行业标准 661 项，授权林业植物新品种 593 件，科技成果转化率达 55%，科技进步贡献率提高到 48%。加强了林业信息化顶层设计，建成了上下贯通的信息高速公路，打造了高效快捷的电子政务系统，中国林业网位列中央部委第二名，各级林业部门办公自动化水平明显提高，实现了从传统管理到网络服务的重大转变。中央主流媒体和网站累计刊播林业新闻 5.7 万条次，推出了一大批先进典型和生态文化精品，全社会生态文明理念不断增强。乡镇林业工作站等基层站所管理服务能力逐步提高。

国际合作继续深化 认真履行涉林国际公约，积极推动全球生态治理，深度参与国际森林问题谈判，妥善应对野生动植物非法交易、木材非法采伐、应对气候变化等热点敏感问题，与林业国际组织的合作不断深化，中国林业国际地位显著提升。广泛开展林业多双边合作，共签署政府间和部门间协议 39 项。推动了 APEC 林业部长级会议机制化，召开了首届世界生态系统治理论坛。与韩国、比利时等 7 个国家开展了大熊猫合作研究。国际竹藤组织、亚太森林组织国际影响力继续扩大。林业实际利用外资超过 100 亿美元，中国企业境外租用和购买林地面积逐步扩大，统筹两种资源、两个市场的能力有所提升。从资金投入、技术支撑、人员培训等方面，加大了对发展中国家的援助力度。

（韩建伟）

林业重点工程

03

天然林资源保护工程

【综 述】 2015 年，国家林业局天保办按照局党组工作部署，以落实“把全国的天然林都保护起来”为目标，以不断完善天然林保护政策措施为突破口，着力加强“全面保护年”的各项管理措施，确保完成工程建设各项任务，不断提升工程管理能力，推动全国天然林保护工作开创新局面、迈上新台阶。

2015 年，天保工程投入资金合计 333.79 亿元，其中中央投入 304.12 亿元(其中：中央财政专项资金 290.37 亿元，中央基本建设资金 13.75 亿元)，地方投入 29.67 亿元(其中：地方公益林补偿 13.43 亿元)。自 2015 年 4 月 1 日起，在 2014 年停止黑龙江省重点国有林区天然林商业性采伐试点的基础上，全面停止大、小兴安岭及长白山林区的天然林商业性采伐，并停止了河北省天然林商业性采伐。全年完成公益林建设 49.5 万公顷，其中人工造林 13.47 万公顷，飞播造林 6.71 万公顷，封山育林 29.32 万公顷；完成中幼龄林抚育 172.97 万公顷，完成后备资源培育 12.61 万公顷；天保工程实施单位年末人数为 70.65 万人，其中在岗职工 53.86 万人，下岗待安置职工人数 16.79 万人；职工基本养老、基本医疗、工伤、生育和失业等保险基本实现全覆盖。

表 3-1 天保工程二期 2015 年任务完成情况

指标名称	单位	2015 年
一、资金到位合计	万元	3337916
1. 基本建设资金	万元	137477
2. 财政专项资金	万元	2903734
3. 地方投入	万元	296705
其中：地方公益林补偿	万元	134274
二、资金完成合计	万元	3288358
1. 基本建设资金	万元	133236
2. 财政专项资金	万元	2872213
3. 地方投入	万元	282909
其中：地方公益林补偿	万元	124936
三、公益林建设	公顷	495030
1. 人工造林面积	公顷	134727
2. 飞播造林面积	公顷	67132
3. 封山育林面积	公顷	293172
4. 已解封面积	公顷	208941
四、森林资源培育	公顷	1855773
1. 中幼龄林抚育	公顷	1729706
2. 后备资源培育	公顷	126066
其中：补植补造	公顷	98133
改造培育	公顷	13333
人工造林	公顷	14600
五、森林管护		
1. 管护面积	公顷	116976181
其中：国有林面积	公顷	70708657
集体林面积	公顷	46267525
其中：国家级公益林面积	公顷	21733377
地方公益林面积	公顷	23676382
六、在册职工人数	人	706533
1. 在岗职工人数	人	538625
按资金渠道分	人	538624
(1)纳入地方财政预算人数	人	50879
(2)天保资金分流安置人数	人	393484
(3)非天保资金分流安置人数	人	94262
按岗位分	人	577910
(1)森林管护	人	184367
(2)公益林建设	人	10320
(3)中幼龄林抚育	人	70989
(4)森林改造培育	人	19832
(5)政府、文教、卫生、公检法司	人	108591
(6)其他	人	144505

扩大天然林保护范围的有关工作 国家林业局天保办会同国家林业局计财司与国家发展改革委、财政部等部门，开展了扩大天保范围的专题调研、数据摸底、政策研究、资金测算等大量基础性工作，起草了《全国天然林保护实施意见》和相关说明材料，在征求各省和局内单位意见后，于 2015 年 3 月 16 日经局党组会议讨论通过，正式呈报中央有关部门。

天保中央财政补助标准调整政策和重点国有林区天然林停伐工作 一是会同计财司积极开展了调整天保中央财政补助标准的评估论证工作，形成了可行性报告并报财政部。财政部已安排 2015 年新增 65 亿元用于提高森林管护和社保补助标准及扩大停止天然林商业性采伐工作。二是会同有关部门做好内蒙古、吉林等地重点国有林区全面停伐工作，督导各地确保政策落地，抓好人员转岗安置，充实管护力量，将管护任务落实到山头、地块，确保林区稳定。

《天然林保护条例》的起草制定工作 按照 2015 年全国林业厅局长会议的统一部署，国家林业局启动了《天然林保护条例》的起草制定工作。由天保办牵头赴四川、黑龙江、吉林、贵州等地开展立法调研，形成了专题报告并报送局领导。根据局领导的批示精神，积极推进《条例》草稿的起草工作。

工程管理工作 一是为进一步加强森林管护站点建设，按照国家发展改革委和国家林业局计财司要求对国有林区森林管护站点建设需求和资金进行了详细测算，并配合财政部、国家林业局计财司编制了天保工程二期2016年中央预算内投资计划。二是为建立健全森林管护体系，下发《关于报送天保工程森林管护体系建设情况的通知》，并在重点调研的基础上起草《国家林业局关于天保工程森林管护体系建设的指导意见提纲》，针对管护体系建设提出总体要求、目标和任务。三是配合计财司完成了2014年度及“十二五”期间天保工程二期中央预算内基本建设投资工作总结。四是组织开展了天保工程区国有林和国家级公益林地变化调查评估及森林资源改造培育和国有中幼林抚育工作评估，并就评估标准及程序进行了专业培训。下发了《关于报送天保工程中央基本建设、森林抚育和公益林补偿工作情况的通知》，为编制2016年公益林建设和森林资源改造计划做好基础工作。五是修订完善工程核查和“四到省”考核指标，规范核查程序，完善核查机制，健全制度体系，进一步加强对工程核查、资金稽查和营造林综合核查中发现问题的跟踪整改工作。完成了《国家林业局办公室关于2014年天然林资源保护工程二期“四到省”综合考核结果的通报》，在《中国绿色时报》上进行公开报道。六是整合相关技术支撑单位，开展了天保效益监测工作，制定了天然林保护三大效益监测标准和天保工程经济社会监测指标体系。七是积极推进天保工程信息系统和天保工程管理业务应用系统建设工作。部署了人员机构社保系统数据更新工作，开展了五大森工社保人员数据比对和数据更新工作，对工程区省级管理和技术人员进行了系统建设和数据采集等相关培训。八是大力开展宣传工作。与央视网林业频道合作，加强“中国林业网——天然林保护”子站建设，开展天然林保护标识和标识语的审定工作。九是促进国际合作。为扩大中国天然林保护的国际影响，组织完成中国西部天然林景观恢复与管理项目的文本开发工作。为进一步加强天然林保育工作，联合中国林学会举办“中国天然林示范区栎类经营讨论会”。

【2015年全国天保办主任会议】 国家林业局天保办于2015年12月2～3日在京召开了“全国天保办主任会议”。会议的主要议题是，以党的十八届五中全会精神为指导，分析研判新时期天然林保护工作面临的新形势，研究梳理下阶段天然林保护工作的主要任务，安排部署当前天然林保护的重点工作。天保工程20个省（区、市）的天保办负责同志和河北省林业厅、湖南省林业厅负责天然林保护工作的同志参加了会议。张永利副局长出席会议并发表了重要讲话。吉林、山西、青海、内蒙古、云南、新疆等6个省（区）代表在会上作了典型发言，各省（区、市、集团）汇报了2015年天保工作亮点和2016年工作思路，提出了有针对性的意见和建议。国家林业局天保办主任孙国吉在会议结束时作了讲话，对2015年全国天保工作作了回顾性总结，提出了2016年工作设想，并就落实本次会议精神提出了具体要求。《中国绿色时报》和央视网林业频道等新闻媒体全程参加会议，相关报道分别刊登在《中国绿色时报》以及央视网林业频道天然林保护栏目上。

【扩大天然林保护范围】 自2014年3月习近平总书记指出“要研究把天保工程扩大到全国，力争把全国的天然林都保护起来”以来，国家发展改革委、财政部、国家林业局牵头研究扩大天然林保护范围的政策措施。天保办作为国家林业局主要牵头单位之一，会同计财司、资源司分析了全国天然林资源基础数据，对各省数据进行了多次审核和确认，会同局内相关司局和国家发展改革委、财政部等部门赴10多个省区进行了调研，在此基础上进行了政策研究和资金测算。天保办牵头草拟的《全国天然林保护实施意见》和《说明》于2015年3月16日经局党组通过之后，又征求了各省林业厅意见，经修改完善正式报送中财办，抄报中办、国办。7月以来，由国家发展改革委、财政部、国家林业局牵头，在国家林业局草拟的《实施意见》的基础上，代拟了国务院《关于加强天然林保护 停止天然林商业性采伐的通知》，并将继续全力推进扩面政策的相关研究工作。

【全面停止天然林商业性采伐】 作为落实扩大天然林保护范围的重要举措，自2014年开展了黑龙江省龙江森工集团和大兴安岭林业集团公司停止天然林商业性采伐试点后，2015年停伐范围进一步包括了黑龙江、吉林、内蒙古三省（区）的大、小兴安岭和长白山林区以及河北省。中央财政对东北、内蒙古重点国有林区，按照国家林业局核定的停伐量，每停一立方米补助1000元，同时给每个林业局安排社会运行支出补助1500万元；对非天保工程区国有的天然商品林，按照国家林业局核定的停伐量，每停一立方米补助1000元，同时按每 公顷90元标准安排管护费补助。对于新进天保范围的河北省、内蒙古部分地区，天保办及时举办了天然林保护管理培训班，确保工程任务落实到山头地块，管好用好工程资金，完善各项管理制度和措施。

【调整天保工程补助标准】 根据国务院批准的《东北、内蒙古等重点国有林区天然林资源保护工程二期实施方案》《长江上游、黄河上中游地区天然林资源保护工程二期实施方案》规定，随着社会平均工资水平的提高和物价变化，有关部门将在调查分析论证的基础上，研究调整补助标准。2014年以来，天保办会同计财司开展了有关调整天保二期中央财政补助标准的评估论证工作。2015年，财农〔2015〕82号文件明确，天保工程森林管护费补助标准由75元/公顷提高到90元/公顷，社会保险补助由以各省2008年社会平均工资的80%为基数提高到2011年社会平均工资的80%为基数。今后，将根据国家财力，逐步提高各项补助标准。

【启动《天然林保护条例》制定工作】 作为完善天然林保护制度的重要举措，按照张永利副局长在《天然林保护条例》工作方案上的批示“同意。因为是初次立法，一定要自始至终得到政法司的指导。”国家林业局成立了《天然林保护条例》制订工作领导小组，由张永利副局长担任组长，天保办孙国吉主任、政法司王洪杰司长担任副组长。天保办成立了起草小组，会同政法司对四川、黑龙江、吉林、贵州、湖北等省开展了立法调研，召开省市地州县各级林业主管部门及有关国有森工企业等不同层面的座谈会。张建龙局长在天保办“赴四川省天保条例调研报告”上批示：“《天然林保护条例》非常重要，要加大推进的力度，首先要统一思想，明确立法目的，充分体现生态文明的新理念，其次在技术层面要广泛调研，摸清情况，搞准概念，突出重点，解决问题。尽快拿出初稿，供讨论研究。”2015年8月形成《天然林保护条例》草稿，同时形成了《制订〈天然林保护条例〉与现行法律法规及政策衔接性研究报告》和《国外天然林立法情况报告》。2015年10月召开专家研讨会，进一步对条例文稿进行修改完善。

【健全核查制度体系】 通过调研等形式在广泛争取有关专家、学者和地方工作人员意见的基础上，开展了《天然林保护绩效考评办法》《天然林保护标准体系》的研究制订工作，启动了天然林保护核查办法和“四到省”考核办法及指标的修订工作。为规范核查工作程序和技术方法，制订了《天然林资源保护工程二期实施情况核查技术方案》和《天然林资源保护工程二期实施情况核查工作方案》，同时为统一核查方法和标准，编制2015年《天然林资源保护工程二期实施情况核查工作手册》和2015年《天然林资源保护工程二期实施情况核查指标表》。

【天保工程二期实施情况核查】 按照国家林业局《关于开展2014年度天保工程二期实施情况核查工作的通知》（办天字〔2015〕83号）的统一部署，在对2014年度工程核查、资金稽查、营造林综合核查等问题进行汇总分析的基础上，加大了整改的促进力度，对未整改的问题进行督办，将整改反馈的情况纳入“四到省”指标进行考核。2015年7月至9月，完成了对长江上游、黄河上中游地区和东北、内蒙古等重点国有林区105个县局的核查工作和内业分析汇总工作，形成了2014年度天保工程核查报告。

【天保工程区国有林和国家级公益林地变化调查评估】 为掌握天保工程二期实施以来，长江、黄河流域国有林与公益林林地资源变化及管理情况，天保办委托国家林业局中南林业调查规划设计院，对天保工程区（2010～2014年）长江、黄河流域12个省级实施单位的国有林与公益林变化情况进行调查评估。对享受天保工程补助政策的林地变化情况及原因进行了详细分析，掌握了天保工程区的天然林、天然商品林、集体林以及森林生态效益补偿金兑付等情况，对国有林与公益林保护管理过程中取得的成效和存在的问题进行了全面总结，提出了进一步加强工程区内林地资源保护管理的政策建议。

【天然林资源培育和森林抚育】 为了全面掌握东北、内蒙古重点国有林区天保工程二期实施情况，天保办委托国家林业局调查规划设计院对东北国有林区五大森工11个林业局就天然林资源培育和森林抚育成效评价进行了调查和评估。对东北国有林区天然林培育和森林抚育取得的成效和存在的主要问题进行了汇总分析，提出了继续加强东北国有林区天然林培育和森林抚育的对策建议，为东北国有林区森林经营提供了政策依据。

【天然林保护标识和标志语】 国家林业局天保办与央视网合作开展了全国天然林保护标识、标识语的征集活动。截至2015年2月，央视网中国林业频道和天然林保护公共微信平台对参赛作品进行了公示，初选结果共有标识100份、标识语200条入围。经评委会严格审定，最终评选出标识一等奖一名和标识语一等奖一名、二等奖2名、三等奖3名，并向获奖者颁发了证书和奖金。根据张永利副局长“对评定标识和标识语的宣传和使用要好好研究”的批示精神，天保办委托央视网对获奖标识进行了修改完善，并研究制订了天保标识使用办法，经局领导批准已定稿。并将在全国天保工程区开展宣传和指导使用工作。（天保办由刘蕾供稿）

退耕还林工程

【综　述】 2015年是“十二五”规划收官之年，做好2015年的各项工作，不仅对于“十二五”退耕还林工作收好尾、打好结至关重要，而且对于“十三五”工作开好头、起好步意义重大。3月5日，李克强总理在《政府工作报告》中提出：“今年新增退耕还林还草1000万亩，造林9000万亩。”4月25日，《中共中央 国务院关于加快推进生态文明建设的意见》中提出：“稳定和扩大退耕还林范围”。9月，中共中央、国务院印发的《生态文明体制改革总体方案》提出：“建立耕地草原河湖休养生息制度。编制耕地、草原、河湖休养生息规划，调整严重污染和地下水严重超采地区的耕地用途，逐步将25度以上不适宜耕种且有损生态的陡坡地退出基本农田。建立巩固退耕还林还草、退牧还草成果长效机制。”10月29日，十八届五中全会通过的《中共中央关于制定国民经济和社会发展第十三个五年规划的建议》提出“扩大退耕还林还草”。11月，中央扶贫开发工作会议要求“逐步对25度以上该退的陡坡耕地开展退耕还林还草”；《中共中央 国务院关于打赢脱贫攻坚战的决定》要求：“合理调整贫困地区基本农田保有指标，加大贫困地区新一轮退耕还林还草力度。”2015年，全国安排新一轮退耕还林还草任务1000万亩（其中还林940万亩，还草60万亩）、荒山荒地造林33.31万亩，工程实施范围扩大到河北、内蒙古、辽宁、吉林、江西、湖北、湖南、广西、重庆、四川、贵州、云南、西藏、陕西、甘肃、青海、宁夏、新疆18个省（区、市）和新疆生产建设兵团。加上2014年9月份下达的2014年500

万亩新一轮退耕还林还草任务，2015 年的退耕还林工作任务十分艰巨。10 月底，局党组将退耕还林列为年底前 15 项重点督办事项之一。按照党中央、国务院关于退耕还林工作的总体要求和局党组的统一部署，有关部门密切配合，各级工程管理部门精心组织、扎实工作，全面完成了 2015 年的各项工作任务，并研究提出了扩大新一轮退耕还林还草规模的政策措施。

新一轮退耕还林任务落实 ①积极协调，下达任务投资。3 月初与有关部门研究确定 2015 年计划安排原则，研究提出计划安排建议方案。6 月 2 日，会同有关部门下达 2015 年退耕还林还草年度任务，安排 18 个省（区、市）和新疆兵团 2015 年退耕地还林还草 66.67 万公顷、宜林荒山荒地造林 2.22 万公顷。协调国家发展改革委分两批下达退耕还林还草工程中央预算内投资计划共 29.92 亿元。②视频调度，加强部署落实。国家林业局于 5 月 8 日召开了全国退耕还林视频调度会，了解掌握各地 2014 年退耕还林任务完成情况、存在的突出问题，对做好 2015 年工作进行了安排部署。各工程省（区、市）也通过召开新一轮退耕还林工作推进会、专题会议等形式，部署落实新一轮退耕还林任务计划。③建立制度，狠抓进度督促。建立退耕还林任务进展情况的月报、周报制度，每周、每月对退耕还林任务落实到地块和完成造林情况进行通报，并按要求不定期向国务院督查室报送进展情况。先后于年初、年中、年底分别派出 18 个督导组，对进展缓慢的省份进行实地督导，并要求 2014 年任务进展缓慢的省（区、市）林业厅（局）领导出具按时完成任务的承诺书。④落实责任，逐级签订责任书。国家林业局与各工程省区签订了 2015 年度退耕还林责任书，并且各地层层签订责任状，逐级落实了工程建设责任。⑤强化宣传，做好典型引导。在《中国绿色时报》开辟“直击新一轮退耕还林”专栏，连续报道各地不等不靠等好的政策措施和经验做法，推进新一轮退耕还林任务落实。⑥加强指导，化解退耕难题。国家发展改革委、财政部、国家林业局、农业部、国土资源部等部门 8 月上旬在贵州毕节召开了新一轮退耕还林还草工作现场经验交流会，并于 9 月份联合下发《关于加快落实新一轮退耕还林还草任务的通知》，允许各地根据实际情况，在不突破本省区各地类退耕控制规模的前提下，统筹安排 25°以上坡耕地、严重沙化耕地和重要水源地 15～25°坡耕地，并要求各地创新工作方法，加强部门沟通协调，争取陡坡耕地集中连片退耕、符合退耕条件的基本农田先退后调，加快落实新一轮退耕还林还草任务。各工程省区认真落实会议精神，山西、湖北、广西、重庆、四川等工程省区国土部门和林业部门联合发文，解决退耕还林落地困难的问题，推动退耕还林任务落地到户。贵州将退耕还林工作作为全省林业重点工作的主要内容，省林业厅包片厅领导每月定期带队巡查督导，协调解决问题；全省严格执行周调度月报告制度，对进度迟缓、工作不力的县提出整改措施并重点督促检查；将退耕还林任务完成和质量作为“绿色贵州三年行动计划”的重要考核内容，对各级政府进行考核。四川省各地创新工作方法，促进退耕地的落实和退耕还林任务的完成。达州市达川区推行“一初定，二摸清，三核实，四同步，五实施，六检查，七兑现”的“七步走”工作程序。筠连县对符合条件的地块，实行意愿申请、面积分摊、张榜公示、作业设计、合同签订、林地勘验“六同步”。马边县采用“五长到场”的办法，即乡镇长、林业站长、村长、组长、退耕户家长一起到现场，配合林业部门开展退耕地块落实到户工作。截至 2015 年年底，全国 2014 年退耕还林计划任务全部完成；2015 年退耕还林计划任务全部落实到县级实施单位，完成造林 19.97 万公顷，占计划任务的 31.86%，完成了国家林业局党组确定的工作目标。

谋划扩大新一轮退耕还林规模 ①深入调研，提出政策建议。针对陡坡耕地划为基本农田、退耕地落实难、工程进展缓慢以及规模偏小等问题，会同国家发展改革委、国土资源部等有关部门于 2 月初赴重庆、贵州开展联合调研，摸清基层实施中存在的问题，提出初步建议。4 月份，财政部、国家林业局赴湖北、云南、陕西进行联合调研，并向国务院领导上报《关于新一轮退耕还林还草实施情况的调研报告》，建议逐步将陡坡耕地中基本农田调整为非基本农田实施退耕还林还草，得到了李克强总理、张高丽副总理和汪洋副总理的高度重视。②多方呼吁，促进问题解决。分别参加中办督查室和国务院扶贫办召开的有关座谈会，积极提出国家林业局的意见和建议。同时，加强与全国人大代表和政协委员的沟通，高质量办理全国人大建议、政协提案共 42 件，促进有关问题的解决。③完善政策，扩大退耕还林规模。9 月 17 日，财政部、国家发展改革委、国家林业局、国土资源部、农业部正式向国务院上报《关于扩大新一轮退耕还林还草规模的请示》，并两次向国办报送补充材料，得到了国务院的批准。12 月 31 日，财政部、国家发展改革委、国家林业局、国土资源部、农业部、水利部、环境保护部、国务院扶贫办联合下发了《关于扩大新一轮退耕还林还草规模的通知》（财农〔2015〕258 号），要求将确需退耕还林还草的陡坡耕地基本农田调整为非基本农田，加快贫困地区新一轮退耕还林还草进度，认真研究在陡坡耕地梯田、重要水源地 15～25 度坡耕地以及严重污染耕地退耕还林还草的需求。退耕还林规模的扩大，不仅能解决制约新一轮退耕还林实施的退耕地落实困难的问题，而且新一轮退耕还林总规模将由总体方案确定的 282.67 万公顷扩大一倍以上，将为扩大全国林业用地面积、促进贫困地区发展绿色富民产业做出重大贡献。

工程管理 ①针对新一轮退耕还林政策、工程管理方面的变化，经过广泛调研和征求意见，起草了拟报国务院的《退耕还林条例》修改稿，修订了作业设计、群众举报办理、档案管理、检查验收等办法。②举办退耕还林信息宣传培训班，对来自全国 22 个省（区、市）和新疆生产建设兵团近 60 名相关人员进行了培训。③出版《绿色中国行动》一书，开展“魅力绿色——我眼中的退耕还林”摄影大赛。④编辑出版《退耕还林工程生态效益监测国家报告（2014 年）》，举办监测技术和管理人员培训班，以北方沙化耕地作为监测重点开展 2015 年监测。⑤对各省（区、市）办理 2014 年群众举报情况进行了汇总分析和全国通报，并认真抓好 2015 年的群众举报办理工作，特别是加强对非法占用退耕还林地、毁林复垦等破坏退耕还林成果案件的查处工作。

巩固已有退耕还林成果 ①在对各地上报的2015年巩固退耕还林成果专项建设任务申请进行审核的基础上，会同有关部门下发《关于2014年度巩固退耕还林成果建设任务的批复》(发改西部〔2015〕651号)，落实年度建设任务，协调财政部下达2015年巩固成果专项资金124.6亿元，并指导各地做好专项规划实施的收尾工作。2015年，巩固成果涉林项目97.21万公顷，其中补植补造26.39万公顷，营造薪炭林4.48万公顷，建设原料林、经果林、速生丰产林等林业产业基地66.13万公顷。②认真谋划巩固前一轮退耕还林成果的政策措施。对《动态清样》等内参反映的山西、辽宁等地巩固成果存在的问题进行深入调研，提出了前一轮退耕还林政策补助到期后巩固成果的政策建议，并与有关部门进行沟通。③全面完成前一轮退耕还林阶段验收工作，形成了2014年度分省验收报告和全国总报告以及2008～2014年度阶段验收工作全国总报告。全国阶段验收汇总和生态效益监测结果显示，前一轮退耕还林工程管理规范、造林质量较高、建设成效显著，计划面积保存率达99.88%，成林率达77.4%，已有成果得到很好巩固。贵州省六盘水市等地按照"资源变股权、资金变股金、农民变股民"的"三变"模式，大力发展山地特色高效农业，不仅加快了农村贫困人口脱贫致富步伐，还将退耕还林工程推上了一个新台阶。该市水城县2015年新一轮退耕还林工程涉及3314户，在工程实施过程中，采取"公司+农户""公司+村集体+农户"的模式，鼓励农户以土地、劳动力方式入股企业，最大程度增加农民的工资性收入和股份收入，进一步盘活农村土地、劳动力等资源，不仅使农业产业呈现爆发式增长，而且使农民从"股份红利"中拓宽了增收渠道，村级集体经济自我"造血"功能也不断增强，促进了退耕还林成果的巩固。 (王　楠)

【退耕还林视频调度会】 为进一步摸清各地2014年任务完成情况和2015年任务落实打算，切实做好新一轮退耕还林工作，5月8日，国家林业局召开退耕还林视频调度会，国家林业局总工程师封加平主持会议，国家林业局副局长张永利出席会议并讲话。张永利要求，要迎难而上、创新方法，全力做好当前退耕还林工作，巩固退耕还林成果。张永利指出，做好新一轮退耕还林事关重大，要进一步深化对退耕还林工作重要性的认识，从三个方面入手，全力做好退耕还林工作。一是抓紧完成2014年退耕还林计划任务。及时跟踪调度各县市任务完成情况，对存在问题较多、落实进展依然缓慢的县市，要派人赴实地加强督办。要创新工作方法，及时向主要领导汇报。必须高度重视退耕还林质量，结合农民意愿搞好作业设计，加强退耕还林技术培训等工作。二是尽快做好实施2015年退耕还林任务的各项准备工作。2015年，全国安排退耕还林还草任务1000万亩，其中还林940万亩、还草60万亩。各地要积极行动起来，尽快将2015年的任务落实到退耕农户和山头地块。搞好作业设计和合同签订，抓住雨季和秋冬季造林时机，抓紧组织实施2015年的退耕还林任务。三是抓紧编报省级实施方案。没有编制上报省级实施方案的省份，要组织各地抓紧编制方案，安排和落实好今后各年度任务。已经上报省级实施方案但没有落实到土地利用现状图上和山头地块的，也要协调有关部门重新落实。

张永利就进一步巩固退耕还林成果提出6条要求：一要根据巩固成果专项规划实施情况联合督查结果，指导各地及时研究解决项目建设中存在的问题，努力做好巩固成果专项规划实施的收尾工作。二要切实抓好阶段验收突出问题的整改。三要梳理前一轮退耕还林确权发证情况及存在问题，提出具体解决办法。四要及时将符合国家和地方公益林区划界定标准的退耕还林地，分别纳入中央、地方森林生态效益补偿。五要将退耕还林逐步纳入现有森林抚育补贴范围，不断提高退耕还林的质量效益。六要严肃纪律，对个别地方存在的毁坏退耕还林成果、毁林复垦等问题进行严厉查处。

会上，湖北、湖南、重庆、四川、贵州、云南、广西、甘肃、陕西、山西10个省(区、市)及新疆生产建设兵团汇报了2014年退耕还林落实情况和2015年工作准备情况。 (王　楠)

【全国退耕还林还草工作经验交流现场会】 为总结交流各地实施退耕还林还草的经验和做法，深入推进新一轮退耕还林还草工作，8月6～7日，国家发展改革委会同财政部、国家林业局、农业部、国土资源部等部门，在贵州省毕节市联合召开全国退耕还林还草工作经验交流现场会议。国家发展改革委副主任何立峰、国家林业局副局长张永利、农业部总畜牧师王智才出席会议并讲话；贵州省常务副省长秦如培出席会议并致辞，副省长刘远坤出席会议。国家发展改革委副秘书长范恒山主持会议。参与新一轮退耕还林还草工程建设的22个省(区、市)和新疆生产建设兵团发展改革、财政、林业、农业、国土资源等部门的相关负责同志共149人参加会议，贵州毕节、陕西吴起、四川朝天、重庆彭水、新疆若羌、云南鲁甸和湖北恩施等7个地方的代表做了典型发言。

会议充分肯定了前一轮退耕还林工程建设取得的成绩。1999年以来，在三年试点的基础上，退耕还林工程在全国25个省(区、市)及新疆生产建设兵团全面实施。2007年退耕还林工程从全面推进转入巩固成果阶段。到目前为止，前一轮退耕还林工程建设，中央已累计投入4056.6亿元，完成退耕地造林926.67万公顷、配套荒山荒地造林和封山育林2060万公顷，涉及3200万农户、1.24亿农民。总体上看，经过16年的努力，退耕还林工程建设和成果巩固工作取得了显著成效。实践证明，党中央、国务院作出退耕还林决策符合实际，是完全正确的，受到了广大干部群众的衷心拥护。

会议指出，党中央、国务院作出实施新一轮退耕还林还草的重大决策，意义重大。这是推进生态文明建设、实现可持续发展的战略举措，是促进集中连片特殊困难地区农民脱贫致富、加快全面建成小康社会的有效途径，是引导农村产业结构调整、推进农村经济发展转型的重要举措。2014～2015年，全国已累计安排新一轮退耕还林还草任务100万仅公顷。各地要深化对实施新一轮退耕还林还草重大意义的认识。

会议强调，2015年是实施巩固退耕还林成果专项规划的收官之年，也是新一轮退耕还林还草工程全面实施的一年。各地要积极主动抓好退耕还林成果巩固和新一轮退耕还林还草工作。要结合精准扶贫，统筹安排不同渠道的资金，采取综合措施，妥善解决困难退耕农户长远生计。要优先安排自然条件和生存环境恶劣地区的困难退耕农户易地搬迁。根据需求有针对性地安排建设项目，将有限的巩固成果专项资金优先用于支持最困难的退耕农户。要抓紧修改完善新一轮退耕还林还草实施方案。

会议要求，各地要扎实做好新一轮退耕还林还草各项前期准备工作，加快项目实施进度。有关部门要进一步加强沟通衔接，发展改革部门要加强组织协调，确保进度和质量。同时，要加强科技支撑、监测检查等基础工作。退耕还林还草任务完成后，各地要及时检查验收，及时兑现补助资金。（王　楠）

【关于下达 2015 年退耕还林还草年度任务的通知】 2015 年 6 月 2 日，国家发展改革委、财政部、国家林业局、农业部、国土资源部联合向 18 个省（区、市）和新疆兵团下发《关于下达 2015 年退耕还林还草年度任务的通知》（发改西部〔2015〕1209 号）。通知明确，2015 年退耕还林还草实施范围包括 25 度以上非基本农田和严重沙化耕地。任务要优先安排坡度 25 度以上非基本农田耕地；优先安排群众积极性高、基础工作扎实、前期任务落实好的地方；要充分尊重农民意愿，不得强推强退。通知强调，退耕还林还草涉及多个部门，各部门要健全工作机制，各司其职，共同推进。地方林业部门应抓紧根据已有资料自下而上完成严重沙化范围的划定，在此基础上，会同国土资源部门制作各县级严重沙化耕地基础图层，经省级林业、农业主管部门会同国土资源部门检查通过后报国家有关部门作为国家监测考核各地退耕还林还草工程落实情况的依据。通知要求，各地要尽快完成上年度退耕还林还草任务，监测考核 2014 年退耕还林还草工程的实施情况，对任务进度缓慢或完成质量不好的，不安排或少安排新的建设任务。同时，各地有关部门要及时总结实施过程中好的做法和经验，在政府统一领导下及时解决实施过程中出现的问题。（王　楠）

【关于加快落实新一轮退耕还林还草任务的通知】 为加快推进新一轮退耕还林还草任务落实，进一步做好新一轮退耕还林还草工作，9 月 25 日，国家发展改革委办公厅、财政部办公厅、国家林业局办公室、农业部办公厅、国土资源部办公厅联合下发《关于加快落实新一轮退耕还林还草任务的通知》（发改办西部〔2015〕2502 号）。通知要求：①高度重视。实施新一轮退耕还林还草，是推进生态文明建设、实现可持续发展的战略举措，是促进集中连片特殊困难地区农民脱贫致富、全面建成小康社会的有效途径，是调整农村产业结构、推动农村经济发展转型的重要举措。各级地方政府及有关部门要充分认识新一轮退耕还林还草的重大意义，切实加强领导，落实责任，精心组织，并及时研究解决项目实施中出现的问题，确保新一轮退耕还林还草顺利推进、取得实效。②统筹实施。国家发展改革委、财政部、国家林业局、农业部、国土资源部《关于印发新一轮退耕还林还草总体方案的通知》（发改西部〔2014〕1772 号，以下简称《通知》）明确，新一轮退耕还林还草依据第二次全国土地调查和年度变更调查成果，严格限定在 25 度以上坡耕地、严重沙化耕地和重要水源地 15～25 度坡耕地。为加快 2014 年和 2015 年任务落实进度，各地可在优先安排 25 度以上坡耕地退耕还林还草的基础上，根据实际情况，在不突破《通知》中确定的各省（区、市）各地类退耕控制规模的前提下，统筹安排 25 度以上坡耕地、严重沙化耕地、丹江口库区和三峡库区 15～25 度坡耕地退耕还林还草。③合理调整 25 度以上坡耕地中的基本农田布局。为解决 25 度以上非基本农田坡耕地分布零散的问题，便于近期退耕还林还草工作的组织实施和集中连片推进，各地可以结合永久基本农田划定和土地利用总体规划调整完善工作，合理调整 25 度以上坡耕地中的基本农田布局。对于集中推进退耕还林还草工作的重点市县，在确保省域内规划基本农田保护面积不减少的前提下，允许通过省内统筹调剂，调减有关市县的耕地保有量和基本农田保护指标，为退耕还林还草任务落地提供条件。④及时上报有关情况。各有关省、区、市要及时将计划下达情况报送有关部门，并于每月 5 日前将 2014 年和 2015 年退耕还林还草任务落实到山头地块情况和完成情况分别报送国家发展改革委、国家林业局和农业部。（王　楠）

【关于扩大新一轮退耕还林还草规模的通知】 为加快推进退耕还林还草，促进生态环境保护，推进连片特困地区脱贫致富，经国务院批准，12 月 31 日，财政部、国家发展改革委、国家林业局、国土资源部、农业部、水利部、环境保护部、国务院扶贫办联合向各省、自治区、直辖市人民政府和新疆生产建设兵团下发了《关于扩大新一轮退耕还林还草规模的通知》（财农〔2015〕258 号）。要求各有关省、自治区、直辖市和新疆生产建设兵团充分认识扩大新一轮退耕还林还草规模的重要意义，准确把握政策要求，扎实细致地做好相关工作，把新一轮退耕还林还草组织实施好。主要政策是：①将确需退耕还林还草的陡坡耕地基本农田调整为非基本农田，研究拟定区域内扩大退耕还林还草的范围，并提出省级耕地保有量和基本农田保护指标的调整方案，按法定程序上报国务院。②加快贫困地区新一轮退耕还林还草进度，安排新一轮退耕还林还草任务时，重点向扶贫开发任务重、贫困人口较多的省倾斜，充分发挥退耕还林还草政策的扶贫作用，加快贫困地区脱贫致富。③及时拨付新一轮退耕还林还草补助资金。④认真研究在陡坡耕地梯田、重要水源地 15～25 度坡耕地以及严重污染耕地退耕还林还草的需求，分别报送财政部、国家发展改革委、国家林业局、国土资源部、农业部、环境保护部、水利部、国务院扶贫办。（王　楠）

【签订 2015 年度退耕还林工程责任书】 为贯彻落实《退耕还林条例》，强化地方政府实施退耕还林工程的责任，确保前一轮退耕还林建设成果的巩固和新一轮退耕还林工作的顺利开展，根据《退耕还林条例》第七条“国家对退耕还林实行省、自治区、直辖市人民政府负责制”的规定，9 月份，国家林业局与各工程省（区、市）人民政府和新疆生产建设兵团签订了 2015 年度退耕还林工程责任书，明确了省级人民政府巩固前一轮退耕还林成果、做好新一轮退耕还林实施、强化工程管理和监督的主体责任。（崔丽莉）

【退耕还林任务进展情况月报、周报制度】 为及时掌握各工程省区退耕还林任务落实进展情况，督促各地加快新一轮退耕还林进度，确保按时完成新一轮退耕还林任务，根据5月8日国家林业局召开的退耕还林视频调度会议精神，5月14日，国家林业局退耕还林办公室下发了《关于建立新一轮退耕还林计划任务进展情况月报制度的通知》(退工字〔2015〕21号)。月报制度的主要内容是以工程省为单位，报告正在实施的退耕还林计划任务的进展情况，包括计划任务分解下达情况、年度实施方案编制情况、作业设计编制情况、落实到山头地块和农户情况、完成整地情况、完成造林情况、完成检查验收情况、完成政策兑现情况等。为进一步做好退耕还林进展情况的报告和督促工作，及时通报有关情况，根据国家林业局局领导批示，6月9日，国家林业局退耕还林办公室下发了《关于建立新一轮退耕还林计划任务进展情况周报制度的通知》(退工字〔2015〕27号)，在实行月报制度的同时又建立了退耕还林进展情况周报制度。周报制度的主要内容是各工程省制定的退耕还林有关政策、管理办法和措施；召开的退耕还林会议，开展的退耕还林宣传、培训、调研、督查、检查、指导、经验交流等活动；退耕还林实施中好的做法和典型经验；退耕还林任务进展情况；退耕还林任务进展滞后的原因分析以及提出的推进措施和完成时限。（崔丽莉）

【通报2014年度退耕还林工程群众举报办理情况】 2014年度国家林业局退耕办批转到有关工程省区的群众举报共43件，截止到2015年3月底，各省已全部办结并反馈了办理情况。退耕办将各工程省(区、市)和新疆生产建设兵团办理举报的情况进行汇总后，4月15日以《国家林业局退耕还林(草)办公室关于2014年度群众举报办理情况的通报》(退工字〔2015〕15号)进行了通报，并强调要进一步高度重视群众举报办理工作，做到件件有着落、事事有回音，及时解决、彻底整改，并制定治本之策，规范管理，切实保护退耕农户的切身利益，巩固退耕还林工程建设成果。（崔丽莉）

【退耕还林群众举报办理规定】 3月27日，国家林业局退耕还林还(草)工程管理中心下发《退耕还林群众举报办理规定》(退工字〔2015〕15号)。群众举报办理规定的内容主要包括举报的登记和受理、核实和处理、反馈和答复、管理和责任。（崔丽莉）

【新一轮退耕还林工程作业设计规定】 为适应新一轮退耕还林工程的需要，规范新一轮退耕还林工程作业设计工作，国家林业局根据《新一轮退耕还林还草总体方案》的要求，制订并颁发了《新一轮退耕还林工程作业设计技术规定》(林退发〔2015〕35号)。作业设计技术规定的内容主要包括作业小班外业调查、作业小班的内业设计、文件编制、作业设计备案。（崔丽莉）

【退耕还林工程档案管理办法】 为进一步规范退耕还林工程的档案管理工作，适应新一轮退耕还林工程实施的需要，国家林业局根据《中华人民共和国档案法》《中华人民共和国档案法实施办法》等法律法规以及《林业重点工程档案管理办法》《新一轮退耕还林还草总体方案》的要求，制订并颁发了《退耕还林工程档案管理办法》(林退发〔2015〕38号)，供各工程省(区、市)参照执行。档案管理办法的内容主要包括档案的管理制度、档案管理人员的职责和义务；档案的形成和整理、保管、借阅、归档等。（崔丽莉）

【全国退耕还林工程阶段验收工作总报告】 2015年3月，国家林业局退耕还林办公室编写印刷了《全国退耕还林工程阶段验收工作总报告》(以下简称《报告》)。《报告》指出，退耕还林工程阶段验收工作于2008年开始，2014年结束，历时7年。验收对象为国家历年安排的退耕地还林计划面积，验收主要内容包括退耕地还林面积保存情况、退耕地还林质量情况和工程管理情况。验收工作采取省级全面检查验收和国家级重点核查验收相结合的办法进行，逐年对原有补助政策已经期满的退耕地还林面积在期满的次年进行验收。阶段验收工作由国家林业局统一部署，其中省级全面检查验收由各工程省(含自治区、直辖市和新疆生产建设兵团，下同)林业主管部门组织实施，对验收范围内的面积逐小班进行100%的实地检查验收；国家级重点核查验收由国家林业局退耕还林办公室组织实施，国家林业局直属5个调查规划(勘察)设计院具体承担完成，以省级全面检查验收结果为依据，在各工程县中按规定的起始号和间隔号机械抽取核查乡，各工程县抽查面积满足省级全面检查验收上报保存面积的50%，抽中乡逐小班实地核查。

《报告》指出，2008～2014年，全国26个工程省共上报原有政策补助到期保存面积910.69万公顷，占到期总面积918.51万公顷的99.1%。国家级重点核查验收共抽查退耕地还林省级上报保存面积445.67万公顷，核查后达到保存标准的面积为444.15万公顷(其中，基本合格面积为19.02万公顷，占4.3%)，未保存面积1.52万公顷，上报面积保存率为99.66%。国家级重点核查验收保存面积444.15万公顷中，已发放林权证面积402.73万公顷，林权证发放率为90.7%；有0.26万公顷未建立档案，建档率为99.9%；管护面积为434.23万公顷，管护率为97.8%；成林面积330.27万公顷，成林率为74.4%；由于补植、补造、地块或林种变更等原因，原有补助到期面积的作业年度已变为近三年新造林面积的有17.79万公顷，占保存总面积的4.0%。国家级重点核查验收共发现复耕损失面积792.45公顷，占重点核查验收未保存总面积的5.2%；共发现因开垦种地未达到保存标准的面积412.17公顷，占重点核查验收未保存总面积的3.2%。26个工程省申请补查面积18.02万公顷，其中：申请原未保存面积的补查面积为8.57万公顷，申请缓查面积的补查面积为9.45万公顷。国家级重点核查验收共抽查原未保存面积补查面积4.97万公顷实际保存面积4.74万公顷，面积保存率95.37%。国家级重点核查验收共抽查原缓查面积补查面积4.76万公顷，实际保存面积4.73万公顷，面积保存率为99.41%。

《报告》显示，1999～2006年，国家向26个工程省共下达退耕地还林还草计划926.41万公顷，其中退耕地还林918.51万公顷。经过阶段验收，全国实际保存总面积比国家下达计划总面积少1.09万公顷，退耕还林工程总的计划面积保存率为99.88%。26个工程省共完成省级全面检查验收面积918.51万公顷，检查验收范围涉及2263个县级单位、4.9万个乡；2008～2014年累计检查验收县级单位数9410个、累计检查验收乡数8.9万个，检查验收小班数645.7万个，投入验收技术人员10.7万人。国家级重点核查验收共完成核查验收面积455.4万公顷，核查验收范围涉及2263个县级单位、2.5万个乡；2008～2014年累计核查验收县数9410个、累计核查验收乡数4.6万个，核查验收小班数323.5万个，投入核查验收技术人员共0.5万人。

（曹海船）

【新一轮退耕地还林检查验收办法】 为加强新一轮退耕地还林的监督和管理，全面掌握和客观分析评价新一轮退耕还林建设情况，保证建设质量和成效，并为兑现政策补助和管理提供依据，9月1日，国家林业局办公室印发《关于印发〈新一轮退耕地还林检查验收办法〉的通知》（办退字〔2015〕111号），要求各有关省、自治区、直辖市林业厅（局）和新疆生产建设兵团林业局遵照执行。《新一轮退耕地还林检查验收办法》包括总则、技术标准、县级检查验收、省级检查验收、国家级检查验收、检查验收汇总与指标计算、质量管理和工作要求、附则共八章33条和8个附件。（曹海船）

【国家林业局退耕还林办公室关于开展2015年度退耕还林工程省级复查工作的通知】 为了全面掌握退耕还林工程建设情况，为巩固退耕还林工程建设成果打好基础，3月6日国家林业局退耕还林办公室印发《关于开展2015年度退耕还林工程省级复查工作的通知》（退核字〔2015〕11号），对各工程省（含自治区、直辖市、生产建设兵团和部队，下同）2015年度退耕还林工程省级复查工作进行部署。通知要求：①认真组织开展县级自查工作。县级自查是省级复查和国家核查的基础，做好县级自查工作对提高工程建设质量以及成果巩固至关重要。各工程省要在省级复查工作开始前，组织本省退耕还林工程县认真开展自查工作。凡应开展县级自查而未完成或自查质量不合格的县，不得开展省级复查。对县级自查工作存在严重问题的工程县，各工程省应采取必要的调控措施。②准确把握复查内容。此次省级复查内容为：国家下达的2014年度退耕地还林和宜林荒山荒地造林计划任务完成情况；国家下达的2011年度宜林荒山荒地造林计划任务和2009年度封山育林计划任务的保存情况。③严格执行相关办法规定。省级复查工作要严格按照《退耕还林工程建设年度检查验收办法》（林退发〔2009〕294号）执行。④及时、准确上报复查结果。各工程省于2015年4月30日前，将加盖省级林业行政主管部门公章的省级复查工作报告及经省级复查后确认的县级自查结果汇总表的书面材料、电子版一并报国家林业局退耕还林办公室。（曹海船）

【国家林业局退耕还林办公室关于开展2015年度新一轮退耕地还林县级检查验收工作的通知】 为满足中央财政兑现新一轮退耕还林政策补助资金的需要，加强新一轮退耕还林工程管理，按照《新一轮退耕还林还草总体方案》（发改西部〔2014〕1772号）要求，9月6日国家林业局退耕还林办公室印发《关于开展2015年度新一轮退耕地还林县级检查验收工作的通知》（退核字〔2015〕44号），对新一轮退耕地还林县级检查验收（以下简称“检查验收”）工作进行安排部署：①检查验收对象和内容。2015年度检查验收对象为国家计划安排的2014年新一轮退耕地还林面积。验收内容主要包括退耕地类别、面积核实和面积合格等情况。②检查验收方式。本次检查验收工作由县级林业主管部门对本区域内落实到土地利用现状图上的退耕还林面积，以小班为单位进行100%现地全查，按照要求填写相关调查表格并将县级验收报告及形成的结果数据汇总上报本省林业主管部门。省级林业主管部门统一汇总并确认县级检查验收数据后，将结果以厅（局）正式文件报送国家林业局退耕还林办公室，有关文件及表格的电子版一并报送。③检查验收方法及技术标准按照《新一轮退耕地还林检查验收办法》（办退字〔2015〕111号）执行。通知要求：①各有关单位要高度重视检查验收工作，针对检查验收的各个环节认真做好技术培训、制度建设、结果汇总等工作，切实保证检查验收工作顺利进行。②各检查验收单位和人员要严格遵守各项廉政纪律规定，严禁弄虚作假和违法违纪现象的发生。③各工程省于2015年9月底前将加盖省级林业主管部门公章的报告、相关表格以及上述文件的电子版报送国家林业局退耕还林办公室。（曹海船）

【“魅力绿色——我眼中的退耕还林”摄影大赛活动】 为了更好地鼓舞、动员各方关注、支持、参与、推动退耕还林建设工作，3月26日，国家林业局退耕办下发《关于组织开展“魅力绿色——我眼中的退耕还林”摄影大赛活动的通知》（退信字〔2015〕14号），部署开展“魅力绿色——我眼中的退耕还林”摄影大赛活动。2015年4月至10月30日，共收到来自全国21个省（区、市）摄影爱好者的作品近千幅。经过评委会初评、终评，选出一等奖作品2幅、二等奖作品5幅、三等奖作品8幅、优秀奖作品20幅，并先后在《中国绿色时报》《中国林业》《中国林业网退耕还林子站》和《中国林业新闻网》等媒体刊发。

（李　砾）

【退耕还林工程生态效益监测国家报告2014】 《报告》在评估范围上，选择了长江、黄河中上游的13个省级行政区（内蒙古、宁夏、甘肃、山西、陕西、河南、四川、重庆、云南、贵州、湖北、湖南、江西）；在数据采集上，利用全国退耕还林工程生态连清数据集，包括工程区内45个退耕还林工程生态效益专项监测站，69个中国森林生态系统定位观测研究网络（CFERN）所属的森林生态站，400多个以林业生态工程为观测目标的辅助观测点以及7000多块固定样地的大数据；在测算方法上，采用分布式测算方法，分别对13个省（区、市）的163个市级区域（按行政区划）和两大流域的126个市级区域（按流域地理），同时按照3种植被恢复类型

(退耕地还林、宜林荒山荒地造林、封山育林)和3个林种类型(生态林、经济林、灌木林)的四级分布式测算等级，分别划分为1467个和1134个相对均质化的生态效益测算单元进行评估测算；在评估指标上，包括涵养水源、保育土壤、固碳释氧、林木积累营养物质、净化大气环境、生物多样性保护和森林防护7项功能14类指标。并且，本次《报告》根据评估区域存在的主要生态环境问题和人们广泛关注的大气环境问题，有针对性地新增了防风固沙指标和吸滞TSP和PM 2.5指标。

《报告》按照退耕还林工程产生的物质量和价值量分别进行评估。评估结果表明，截至2014年年底，长江、黄河中上游流经的13个省份退耕还林工程生态效益物质量评估结果为：年涵养水源307.31亿立方米、年固土4.47亿吨、年保肥1524.33万吨、年固定二氧化碳3448.54万吨、年释放氧气8175.71万吨、年林木积累营养物质79.42万吨、年提供空气负离子 6620.86×10^{22} 个、年吸收污染物248.33万吨、年滞尘3.22亿吨(其中，年吸滞TSP2.58亿吨，年吸滞PM 2.5 1288.69万吨)、年防风固沙1.79亿吨。按照2014年价格评估，13个省级区域退耕还林工程年生态效益价值量为10 071.50亿元。

截至2014年年底，长江、黄河流域中上游退耕还林工程生态效益物质量评估结果为：年涵养水源259.00亿立方米、年固土3.89亿吨、年保肥1370.41万吨、年固碳2936.70万吨、年释放氧气6965.36万吨、年林木积累营养物质65.09万吨、年提供空气负离子 5715.91×10^{22} 个、年吸收污染物214.66万吨、年滞尘2.82亿吨(其中，年吸滞TSP2.26亿吨，年吸滞PM2.5 1128.04万吨)、年防风固沙1.35亿吨。按照2014年价格评估，长江、黄河流域中上游退耕还林工程年生态效益价值量为8503.58亿元。 (李保玉、郭希的)

京津风沙源治理二期工程

【工程概况】 2012年国务院通过了《京津风沙源治理二期工程规划(2013～2022年)》。工程建设范围包括北京、天津、河北、山西、陕西及内蒙古6省(区、市)138个县(旗、市、区)，比一期工程增加了63个县(旗、市、区)。工程区总国土面积70.60万平方千米，沙化土地面积20.22万平方千米。工程规划建设任务为：现有林管护730.36万公顷，禁牧2016.87万公顷，退化、沙化草原围栏封育356.05万公顷。营造林586.68万公顷。工程固沙37.15万公顷。对25度以上陡坡耕地和严重沙化耕地，实施退耕还林还草。二期规划总投资为877.92亿元。

【工程进展情况】 截至12月31日，6省(区、市)共完成2015年林业建设任务25.52万公顷，占年度计划任务的100%。其中，人工造林12.7万公顷，封山育林8.83万公顷，飞播造林3.2万公顷，工程固沙0.79万公顷。2015年，中央下达京津风沙源治理工程投资21亿元，其中林业建设项目投资8.9亿元。工程重点推广了“两行一带”“草方格固沙”“封造结合”等治理模式；强化技能培训，全年共培训各级管理与技术骨干1200余人；建成了多伦县百万亩樟子松基地。

9月20～25日，国家林业局防沙治沙办公室在山西省朔州市举办了京津风沙源治理工程管理与技术培训班。来自北京、天津、河北、山西、陕西、内蒙古等6省(区、市)的48名林业管理和技术人员参加了培训。

(林琼供稿)

三北防护林体系工程建设

【综　述】 2015年，三北各级林业和三北工程管理部门抢抓生态文明建设战略机遇，以扩大森林资源和提质增效为着力点，以突出重点、规模治理为突破口，提速度、重质量、增效益，全年完成造林育林74.55万公顷，占年度计划任务的95%，是五期工程以来任务完成最多的一年。其中，北京、天津、辽宁、青海4省(区、市)超额完成了计划任务，吉林、黑龙江、陕西、甘肃、新疆兵团5省(区)全面完成了年度计划任务。全年完成中央预算内投资21.45亿元，新增中央财政支持退化林分改造资金1.5亿元，创下了投资新高，工程建设呈现出稳中有进、稳中向好的发展态势。

践行“两山” 理论各地深入学习贯彻习近平总书记提出的“绿水青山就是金山银山”的科学论断，坚持“两山”理论、推行绿色新政，正在成为各级党委、政府的自觉行动，林业生态建设地位越来越高、推进力度越来越大。中共中央政治局委员、新疆维吾尔自治区党委书记张春贤提出“植树就是积德，造林就是造福”的思想，要求全疆各族干部群众要把深入开展植树造林作为建设美丽新疆的重大举措，牢固树立“绿水青山就是金山银山”的发展理念，坚持植树常态化、观念绿色化，为人民群众创造更好的生活环境。北京市平原绿化造林工程，经过4年努力，共计完成造林7万公顷，市级财政投入资金188.46亿元，为全国树立了榜样，作出了示范。吉林省政府从保护林地资源、巩固林业阵地的战略高度出发，在全省范围内开展林地清林还林专项行动，制订了“三年清林、五年还林”的专项规划，建立了“四级”书记抓清林还林的工作机制，已清收林地50多万公顷，完成还林20多万公顷。

创新驱动 各地坚持以创新驱动为突破口，着力推进政策、机制、科技创新，充分释放工程建设的内生动力。甘肃省庆阳市积极推行苗林一体化政策，极大地调动了群众承包宜林荒山荒地植树造林的积极性，形成了“家家户户出资造林，千军万马上山绿化”的良好局面，2015年拉动民间资金近2亿元，完成造林百万余公顷。山西省黑茶山国有林管理局探索推行“购买式造林”，调动了林场职工、林农自主造林管护的积极性，实现了由“过程管理”到“结果管理”，增加了职工和林农收入，提高了造林质量，成活率达到92%以上。黑龙江省龙江县大力推广樟子松嫁接红松技术，不仅缩短了红松结果期，而且还带来了可观的经济收益，全县已发展红松果林1333余公顷，约占全省的1/6，成为该县农村经济的新增长点。该县过去有名的贫困村——繁荣村，通过发展樟子松嫁接红松果林，人均纯收入由2008年的4300元增加到10 320元。

美化彩化 各地适应人民群众对宜居生活空间的新期待，坚持“造林”与“造景”相统一、“美化”与“彩化”相呼应，造林绿化的内涵、层次、标准都显著提升。天津市突出“大绿、野趣、生态、自然”理念，围绕“一环两河七园”重点工程，建设多树种、多色彩、多层次相结合的郊野公园391平方千米，为人民群众休闲、游憩提供唯美生态空间。陕西省全面实施“关中园林化”战略，打造关中平原百万亩森林工程，推进城市森林化、路渠林带化、河流景观化、村庄林荫化，形成了“点上绿化成景，线上绿化成荫，面上绿化成林，整体绿化成带”的新格局。宁夏回族自治区政府出台了《关于加快市民休闲森林公园建设的意见》，规划在全区22个县每县建设1处休闲森林公园，面积达1.14万公顷。目前，已初步建成原州区古雁岭等5个市民休闲森林公园，完成投资20.92亿元，占规划总投资的36.9%。

规模推进 各地坚持生态建设“一盘棋”思想，实行统筹规划，按流域、按山系、按沙带协同推进工程建设，规模效应日益彰显。河北省廊坊市紧紧围绕创建“国家森林城市”目标，连续两年将“春季植树集中行动”纳入全市“十项集中行动”，重点实施了“两年攻坚战、造林一百万”工程，共完成植树造林6.58万公顷，造林绿化水平迈上了一个新台阶。山西省打破行政界线，以吕梁山生态脆弱区为治理单元，规模化整治生态环境，2015年完成造林9.64万公顷，近3年累计完成造林28万公顷。内蒙古自治区按照“突出规模，打造基地”的建设思路，大规模开展国土造林绿化，已在通辽建成了百万亩城郊森林；在阿拉善建成了百万亩梭梭经济林；在鄂尔多斯建成了百万亩樟子松、油松基地，为全区树立了典型，作出了示范。

新兴绿色惠民产业 各地在继续保持传统、大宗特色林果业发展不减速的前提下，积极引种、开发新兴的生态与经济兼优树种，绿色惠民产业道路越走越宽广。辽宁省铁岭县通过政府积极引导、政策资金扶持，典型示范带动等有效措施，大力推进大果榛子产业向专业化、标准化、规模化方向发展，全县榛林已发展到1.6万公顷，2015年产榛果960万千克，产值7.7亿元。河南省嵩县将皂角作为农民增收致富奔小康的重要产业来抓，在浅山丘陵区推广种植皂角0.33万公顷，年产皂角刺达600吨，销售额突破亿元，成为全国重要的皂角刺生产基地和集散地。新疆生产建设兵团第一师阿拉尔市按照高品位、多元化的要求，做大做强红枣、核桃、香梨等特色林果业，呈现出区域化布局、规模化发展的态势，到2015年已发展特色林果基地8多万公顷，产值突破100亿元。

多元化投入机制 各地充分发挥市场在资源配置中的决定性作用，积极开拓创新林业生态建设投入新渠道，工程建设多元化投入格局初见端倪。河北省在加大政府投资的同时，积极引导和鼓励社会各界参与造林绿化，形成政府投资、社会筹资、企业出资、个人捐助、农民投劳相结合的多元化投资方式。沧州市通过推行统一流转土地造林机制、股份制造林机制，推动林农之间、林农与企业之间股份合作造林，2014年春季市县两级财政投入绿化资金7.2亿元，引进100多家外地企业参与造林绿化，拉动社会资金19.7亿元。青海省西宁市2015年启动南北两山绿化三期工程，省、市、县三级财政投入资金7000万元，申请林业与农发专项资金7700万元，高标准完成造林2933.33公顷。宁夏回族自治区结合集体林权制度改革，积极开展林权抵押贷款服务，对林权抵押贷款予以国家林业贷款贴息支持。与农行宁夏分行等3家银行签订60亿元战略合作协议。2015年全区发放林权抵押贷款21亿元。

【2015年三北防护林站(局)长会议】 1月20日，2015年三北防护林站局长会议在银川召开。国家林业局三北局领导，河北、山西、辽宁、黑龙江、甘肃、青海、宁夏、新疆、兵团、河南等10个省(区)林业厅的主管领导应邀出席会议。三北地区各省(区、市)及河南林业厅的三北站(局)长，三北工程科技推广中心等五个单位的主要负责人、三北局各处室的主要负责人参加会议。

会议的主要任务是，认真学习贯彻全国林业厅局长会议和精神，总结交流2014年的工程建设，深入研究贯彻落实国家林业局《关于深化三北防护林体系建设改革的意见》的具体思路和举措，安排部署2015年的工程建设重点工作，统一认识，鼓舞干劲，以改革创新精神扎实推进三北工程建设，努力构建中国北方绿色生态屏障。

会议听取了三北各省(区)工程主管部门的工作汇报，讨论修改了《三北防护林条例》，分析了工程建设面临的形势和任务，对认真学习贯彻全国林业厅局长会议精神，全面深化改革创新，扎实推进三北工程持续健康发展作出了安排部署。

【国家林业局与全国政协人资环委共同举办三北工程建设展览】 2月27～28日，国家林业局与全国政协人资环委在全国政协办公楼一楼多功能厅共同举办了三北工程建设展览。展览分8个部分全面介绍了三北工程的建设历程，生动展示了工程区发生的可喜变化，系统展现了三北工程建设中凝聚形成的追求绿色生态、建设美丽家园的强大精神力量，突出了弘扬生态文明和美丽中国理念的主题，彰显了发展生态林业民生林业、建设美丽三北幸福三北的主线，凸显了三北工程承担的防沙治沙、治理水土流失和保护农田牧场的三大功能任务。

28日，在国家林业局局长赵树丛、副局长张建龙、张永利的陪同下，中共中央政治局常委、全国政协主席俞正声，中共中央书记处书记、全国政协副主席杜青林，全国政协副主席罗富和，全国政协副主席兼秘书长张庆黎，全国政协副主席马培华，全国政协副秘书长孙怀山、仝广成、邓宗良及部分全国政协常委参观了展览。俞正声主席观展后指出：三北防护林工程是中国生态修复的重大工程，要进一步加大建设力度，为建设生态文明和美丽中国作出新贡献。

【三北局与中国林科院座谈三北工程科技合作事宜】 6月8日，三北局与中国林业科学研究院在京召开座谈会，商讨三北工程科技创新、合作等事宜。三北局党组书记、局长张炜，总工程师洪家宜，中国林业科学研究院院长张守攻，副院长储富祥以及有关处室的负责人参加了座谈会。

双方分别介绍各自情况，共同回顾了双方过去开展林业科技合作取得的成效。结合三北工程建设实际，双方就进一步在三北地区深化林业新技术、新树种、新模式的推广，林业基层人员培训，盐碱地治理，林业生态服务价值评估，专家咨询，生态定位站数据共享等合作进行了深入的讨论研究，并达成了初步共识。

【三北局与国际合作司座谈三北工程对外合作交流】 6月9日，三北局与国际合作司在京座谈三北工程对外合作与交流事宜。三北局局长张炜、副局长李冬生和国际合作司司长苏春雨、副司长王春峰以及有关处室的负责人参加了座谈，双方就开展对外合作相关事宜进行了讨论。

会议指出，三北工程是中国林业生态建设的一面旗帜，在国际社会影响广泛而深远。加强三北工程建设的对外合作与交流，扩大国际影响，对于提升三北工程的地位，扩大中国林业的国际影响都具有十分重要的意义。

会议认为，三北工程要结合"一带一路"战略谋划对外合作交流的平台。要着力在防沙治沙技术、设备、人才输出和引进等方面开展与中亚地区的合作交流，为"一带一路"战略实施创造良好的生态条件。

【半干旱风沙区优良树种营造林技术培训班】 6月9～13日，三北局在辽宁省阜新市彰武县举办了"半干旱风沙区优良树种营造林技术培训班"，来自三北地区各省区市三北工程主管部门负责人、有关县林业局负责人及业务人员100余人参加了培训班。

培训班采取室内教师授课、室外现场实训、授课教师一对一解答问题、座谈与交流等形式，重点讲授了防护林退化的原因与经营管理技术、几种沙地针叶树种的特性及营造林技术、樟子松退化人工林修复技术、樟子松主要虫害松沫蝉的防治技术等，现场观摩了樟子松退化人工林经不同修复模式进行修复的示范林、樟子松与彰武松和赤松对比试验林、樟子松与赤松近熟林、在樟子松砧木上嫁接彰武松和红松的嫁接技术演示等。

【三北工程封山育林督导检查技术专家咨询会】 9月7日，三北局邀请国家林业局西北林业调查规划设计院的有关专家在宁夏银川座谈三北工程封山育林督导检查工作。三北局总工程师洪家宜主持座谈会。全体业务技术干部参加会议。

与会专家从督导检查目的、相关概念标准、督导检查的技术方法、评价指标、检查工作流程和以往工作存在的问题6个方面进行了专题指导，并结合三北地区实际展开座谈。

【三北局安排部署三北五期工程中期评估工作】 9月14日，三北局下发《关于开展三北五期工程中期评估的通知》(以下简称《通知》)，对五期工程中期评估工作进行了全面的安排部署。

《通知》指出，五期工程中期评估范围包括京、津、冀、晋、蒙、辽、吉、黑、陕、甘、青、宁、新、豫等14个省(区、市)的730个县(市、区、旗)和新疆生产建设兵团。重点对2011年以来，各省(区、市)三北五期工程建设的决策、过程、管理、目标、效益、可持续性与社会影响进行总结评估，总结工程建设成就，分析存在的困难和问题，为科学推进工程建设提供决策依据。

《通知》要求，各省(区、市)要高度重视，成立中期评估专门机构，切实加强对总结评估工作的组织领导；要高度负责，精心组织自评人员培训；要注重质量，悉心开展外业调查；要高效规范，认真编制自评估报告；要确保进度，严格评估报告审核，力求总结评估工作圆满完成。

【三北工程退化林分改造现场会】 9月16～17日，三北工程退化林分改造现场会在山西省大同市召开。国家林业局副局长张永利在讲话中指出，要统一思想、提高认识、创新理念，认真做好退化林分改造试点工作，科学、稳妥、有序地推进退化林分修复改造，为三北工程建设注入新的活力。山西省副省长郭迎光出席会议并致辞。

张永利指出，要充分肯定三北工程建设的伟大成就，理性科学地看待防护林老化退化问题。三北工程实施37年来，完成造林保存面积2647万公顷，工程区森林覆盖率、森林蓄积量实现了"两个翻番"，为三北地区生态环境改善、人民生产生活条件提升和区域经济社会可持续发展作出了重大贡献。

与会代表参观了山西省杨树局、大同市新荣区和大同县退化林分改造现场。山西省林业厅、吉林省长春市林业局、甘肃省定西市林业局、黑龙江省拜泉县作会议典型发言。

【三北五期工程中期自评估技术培训班】 9月20～21日，三北局举办三北五期工程中期自评估技术培训班，三北局副局长李冬生及相关处室业务人员、工程建设区各省级工程管理部门技术骨干以及技术支撑单位28人参加了技术培训班。

培训期间，全体参会人员在学习领会李冬生副局长关于开展自评估工作讲话精神与要求的基础上，认真学习了《三北五期工程中期自评估工作方案》及《技术方案》，就如何改进与完善自评估工作程序与方法进行了交流讨论，并对自评估调查统计方法及指标进行了修订和完善。

三北五期工程中期自评估技术培训班的圆满举办，标志着工程中期自评估工作正式启动实施。

【国家林业局局长张建龙到三北局调研】 10月21日，国家林业局局长张建龙率有关司局的负责同志到三北局调研。张建龙一行参观了三北工程建设成就展厅，看望慰问了干部职工，并听取了三北局的工作汇报。宁夏回族自治区副主席曾一春等陪同调研。

听取汇报后，张建龙对三北局在工程建设和机关建设方面取得的成绩给予了充分肯定。

对做好"十三五"三北工程建设方面，张建龙强调，一要认真贯彻落实好党中央的十八大、三中全会、四中全会精神和习近平总书记系列讲话精神。统一思想，明确任务目标。二要认真做好"十三五"规划，特别是要做好"十三五"规划和"三北工程五期"规划的协调，把握机遇，主动作为。三要着力抓好增绿、增质、增效。坚持不懈抓造林，不断增加森林覆盖率和森林蓄积量，切实发挥森林的生态效应；更加重视造林质量和效益，做好森林经营和退化林分改造，促进防护林体系建设优化升级；更加重视科技，做好科技示范区，认真总结好经验，完善工程建设治理体系和治理能力。四要抓好绿色富民产业。经果林种植在增量同时做好加工利用的产业化，完善整个产业链条；更加重视林下产业的发展，统筹生态建设与民生改善协同发展。五要抓好机关两建。扎实做好"三严三实"专题教育活动，调动好大家团结协作、齐心协力做事业的积极性。

【"十三五"三北工程建设专家座谈会】 10月27日，三北局在宁夏银川市召开"十三五"三北工程建设专家座谈会。三北局局长张炜主持会议，副局长李冬生，纪检组长冯德乾，总工程师武爱民及业务处室负责同志参加座谈会。

会议宣读了《关于成立三北防护林体系建设工程专家咨询委员会的通知》，唐守正等35位同志被聘为专家咨询委员会委员。听取了规划编制部门关于"十三五"三北工程建设规划工作情况的汇报，并就规划中有关重点内容进行了详细的阐述和讲解。

【三北局档案管理迈入数字化时代】 11月18日，三北局数字化档案管理信息系统通过了由国家林业局办公室、宁夏回族自治区档案局等方面专家的验收，这标志着三北局档案管理从过去的纸介质管理开始进入了数字化管理时代。

为适应档案管理信息化发展的时代趋势，深入挖掘档案资源的潜在价值，以史为鉴，更好地服务新时期的三北工程建设。2014年，三北局党组作出了开发建设数字化档案的决策，经过近一年的努力，全面建成了"三北局数字化档案管理信息系统"，对建局30多年来的文书档案、科技档案、工程档案、基建档案、声像档案、实物档案等进行数字化加工，分门别类建立了数字化档案资源数据库，实现了档案资源的数字化管理。

"三北局数字化档案管理信息系统"，由系统管理、档案管理、档案利用3个子系统构成，具有用户管理、角色管理、功能管理、部门管理、字典管理、日志管理、档案著录、档案审核、档案登记查询、借阅管理、全文检索等功能，可以实现档案资源的在线查询、浏览、输出等，极大地提高了档案资源的利用效率，标志着三北局档案管理迈进了数字化管理的新阶段。

（刘冰供稿）

长江流域等防护林工程建设

【长江流域等防护林工程建设】 2015年，长江流域、珠江流域、沿海防护林、太行山绿化、全国平原绿化工程共完成中央预算内投资16.25亿元，造林30万公顷。其中，长江流域防护林建设工程完成中央投资5.9亿元，造林10.74万公顷；珠江流域防护林建设工程完成中央投资2.05亿元，造林2.69万公顷；沿海防护林完成中央投资7.15亿元，造林9.68万公顷；太行山绿化完成中央投资1.15亿元，造林4.93万公顷；全国平原绿化工程完成2.19万公顷。圆满完成中央预算内年度工程建设计划任务，为构筑中国"江、河、山、海、原"重点区域生态屏障做出积极贡献。

【珠江防护林工程、太行山绿化两项防护林工程建设成效评估报告通过专家评审】 9月14日，国家林业局在北京召开《珠江流域防护林体系工程建设成效评估报告（1993～2012年）》《太行山绿化工程建设成效评估报告（1994～2013）》专家评审会。会议邀请中国科学院、北京林业大学、中国国际咨询公司、广西壮族自治区林业厅、山西省林业厅、华南农业大学、贵州省林业厅等单位的院士、专家参加评审。评审组听取了评估单位汇报，并进行了认真审议和讨论，认为两项工程建设取得了明显的生态、社会和经济效益，对改善工程区生态状况，保障该地区人民生命和财产安全，促进经济社会可持续发展具有重大而深远的意义。《评估报告》客观、公正、全面地评估了工程建设成效，同时，剖析了工程建设中存在的问题，提出了继续推进工程建设的对策与建议，对掌握工程建设现状，改进工程建设管理，提高工程建设质量和效益十分必要，并对今后工程建设具有积极的指导作用。与会专家一致同意上述两个《评估报告》通过评审。

【河北省张家口市坝上地区退化防护林改造试点督导】 2015年度对河北张家口坝上地区退化防护林改造试点工作开展两次督导。1月21～23日开展第一次督导，造林司司长王祝雄带队，资源司、治沙办、规划院、林科院等司局单位组成联合督导组，实地检查2014年度任务完成情况，了解项目进度，开展现场技术指导，共同研究解决问题，突出强调必须严格按照《实施方案》时限完成既定任务，进一步落实了河北省和各司局单位的工作任务和职责。9月16～19日开展第二次督导，造林司副司长赵良平带队，与资源司、计财司、科技司、治沙办、规划院、林科院等7个单位组成联合督导组，采取适地查看、检阅资料、座谈研讨等方式，核查了2014年度任务完成情况，2015～2016年度任务进展情况。2014年度1.75亿元资金全部落实到位，1.67万公顷改造任务全部完成，共栽植苗木1262.89万株，建设围栏和防护沟246.16万米。2015～2016年度任务6.4万公顷，采取同步设计、同时招标、同期实施的方式，到2015年底前全部完成两个年度的采伐、整地、苗木准备等工作，2016年度完成全部任务。两次督导工作成效明显，有力推动了河北省张家口市坝上地区退化防护林改造试点工作，力争保质保量、按期完成。

【全国沿海防护林体系建设工程规划(2016～2025)通过专家评审】 11月9日，国家林业局在杭州组织召开《全国沿海防护林体系建设工程规划(2016～2025)》专家评审会。来自中国工程院、中国林业科学研究院、浙江农林大学、南京林业大学、国家林业局调查规划设计院、广东省林业调查规划设计院、辽宁省林业调查规划设计院等单位的院士、专家参加了评审会。与会专家听取规划编制单位汇报，审阅相关资料，经质询、讨论，认为编制《全国沿海防护林体系建设工程规划(2016～2025)》(以下简称《规划》)，继续实施沿海防护林体系建设工程，是贯彻党的十八大关于“大力推进生态文明，建设美丽中国，实施重大生态修复工程”决策部署和全面推进“一带一路”建设的具体行动，对于巩固沿海地区安全屏障、提升防灾减灾能力、保障人民群众生命财产安全和促进沿海地区经济社会可持续发展均具有十分重要的意义；《规划》指导思想和目标明确、基础数据详实、指标测试合理，规划建设内容与任务使沿海防护林体系结构得到优化，建设项目可行，具有前瞻性、实用性和可操作性。与会专家一致同意该《规划》通过评审。

【长防等防护林建设工程培训班】 12月14～18日，造林司在河南省济源市组织举办长江流域等防护林体系工程建设技术培训班，全国各省(区、市、计划单列市)，以及森工集团，新疆生产建设兵团主管防护林工程工作的处长，数据报送负责人共80多人参加培训。培训班以深入贯彻落实十八届五中全会关于开展大规模国土绿化行动、实施林业重点工程、构筑生态安全屏障的部署要求为指导，系统总结“十二五”、科学谋划“十三五”工程建设工作。学习防护林工程数据报送系统应用。造林司司长王祝雄出席结班仪式并作讲话，系统总结了“十二五”工程建设，科学部署了“十三五”重点工作。

(覃庆锋供稿)

速丰林基地工程建设情况

【速丰林基地工程建设情况综述】 中国重点地区速丰林建设工程自启动以来，在国家林业局党组的正确领导下，在政府推动、市场拉动、林农主动、企业带动和利益驱动的多因素作用下，不断深化集体林权制度改革，初步形成了多主体投资、多形式建设、多功能利用的总体格局，取得了明显成效。据18个重点省区的不完全统计，截至2015年年底，累计完成速丰林基地建设1134.26万公顷，其中，2015年当年完成速丰林工程建设各类造林63.33万公顷，其中荒山荒地造林19.53万公顷，更新造林23.33万公顷，非林业用地造林2.13万公顷；完成改培面积18.34万公顷。 (林章楠)

【特殊林木项目】 2015年，进一步加强了对特殊林木后备资源培育项目的管理，规范了建设标准。特殊林木培育项目投资4000万元，完成建设任务23 333公顷，对于缓解中国的木材供需矛盾，特别是珍稀大径材极其短缺的结构性矛盾发挥重要的作用。(林章楠)

【深入推进国家储备林建设】 2015年，国家储备林基地建设范围增至17个省(区、市)，全年共完成国家储备林基地建设任务14万公顷，落实中央投资4.5亿元；广西区利用国家开发银行贷款建设国家储备林基地一期项目100亿元贷款落地，12月31日前放贷11.4亿元。开展国家储备林制度建设，配合计财司印发了《国家储备林制度方案》。编制了《国家储备林建设规划(2016～2020年)》，配合计财司组织召开了专家评审会。对福建等7省(区)开展了首次国家储备林监测核查，抽查面积4万公顷。启动了人工林可持续经营项目，将项目纳入《国家林业局与世界自然基金会2015～2016年度合作谅解备忘录》，召开了项目启动会，赴乌拉圭参加了“新一代人工林”国际研讨会。制定了国家储备林技术标准规程体系，对标准化建设需求进行了摸底和整理，确定了“十三五”期间国家储备林系列标准框架。在中国绿色时报开展广西利用国开行贷款建设国家储备林基地项目及全国厅局长特刊宣传。 (周　瑞)

森林培育

04

林木种苗生产

【综　述】 2015年，林木种苗工作在强管理、提质量、上水平、优服务、开拓创新上下功夫，林木种苗的基础地位得到稳定和提高，多种功能作用进一步发挥，社会多样化需求进一步满足，种苗保障能力得到提升。林木种苗供应总量满足造林绿化需求，但常规造林树种种苗总量过剩，苗木品种存在结构性短缺，并在市场调节下仍在进一步调整。

林木种苗生产情况

种子采收情况　全国共采收林木种子2644万千克，同比2014年增加了649万千克，增幅达32.5%。林木良种采收为664千克，增加了23万千克，增幅3.6%。

①良种生产。全国生产良种664万千克，减少66万千克，同比减少9%。②良种穗条。全国生产良种穗条146亿条(根)，增加77.2亿条(根)，同比2014年增加112%。

苗木生产情况　①育苗面积。全国共完成育苗面积136.4万公顷，比2014年减少4.8万公顷。②苗木产量。苗木生产总量为671.7亿株，比2014年减少6亿株，降幅为0.9%，主要是常规生态树种育苗减少。2015年容器育苗产量为104.6亿株，良种苗产量242.8亿株。同比2014年，容器苗产量减少11.4亿株，减少了12.2%；良种苗产量增加56.8亿株，增幅为30.5%。按苗龄结构占总量比重，即1年生及以下、2年生、3年生、3年生以上苗木占苗木总量的比例依次为38.6%、22.8%、14.9%、23.7%。③育苗单位情况。截至2015年12月底，全国共有苗圃37万多个，其中国有苗圃6270多个，占苗圃总数的1.68%。同比2014年苗圃总数减少为19.7%，国有苗圃减少了16%。

2015年林木种苗使用和库存情况

实际用种苗情况　实际用种2210万千克，同比2014年增加了309万千克。其中良种626万千克，良种穗条151亿条(根)；除留圃苗木外，实际用苗木量为163.7亿株，其中容器苗32.9亿株，良种苗73.6亿株。用于经济林和用材林苗木67亿株，同比增加20亿株；用于生态公益苗木和其他类型苗木同比减少32亿株。用于防护林、用材林、经济林和其他林分苗木分别占2015年造林绿化使用总量的33%、23.2%、18.2%、25.6%。

种苗库存情况　截至2015年年底，全国库存林木种子1978万千克，其中良种216万千克。此外，还有2015年采收未入库的种子补充新育苗木和2016年造林的需求，采收量加上库存量可达4622万千克。

林木种苗投资完成情况及建设成效

投资完成情况　2015年全国林木种苗工程项目完成总投资3.2亿元，其中中央预算内1.997亿元，地方配套1.20亿元。主要用于林木良种基地(含良种繁育基地)、林木种质资源库、种苗机构质检能力建设等。

主要建设成效　全国林木良种基地建设面积68.41万公顷，同比增加41.8万公顷。其中：种子园2.14万公顷、母树林11.27万公顷、采穗圃0.94万公顷、良种繁殖圃0.47万公顷、测定林0.81万公顷、收集区0.47万公顷、良种示范面积51.62万公顷，其他面积0.69万公顷。母树林和良种示范区面积增幅较大，分别增加近5.33万公顷和46.67余万公顷；2015年全国采种基地可采种面积36.93万公顷，同比减少14.07万公顷。可见，种子产量良种比例逐渐增大，良种化程度逐渐提升。（于滨丽）

【国家林业局组织开展全国林木种苗质量抽查工作】 2015年，国家林业局委托国家林业局林木种苗质量检验机构对天津、吉林、黑龙江、浙江、安徽、福建、江西、河南、湖南、四川、重庆、贵州、云南、陕西、甘肃、宁夏等16个省(区、市)的林木种苗质量进行重点抽查。本次抽查涉及139个县、336个单位(含个人，下同)。抽查林木种子样品130个、苗木苗批669个。主要针对林木种子、苗木质量情况，林木种子生产经营许可、标签制度执行情况，林木种苗生产、经营档案情况，林木种苗质量自检情况，林木种子来源情况，采种林确定和采种期公告情况等内容进行检查。抽查结果为林木种子样品合格率为88.3%，较2014年的88.4%下降0.1个百分点。苗木苗批合格率为91.2%，较2014年的95.2%下降4个百分点，其中，造林地抽查合格率为90.8%。各地基本建立了许可证、标签、档案和自检制度。

抽查完成后，印发《国家林业局关于2015年全国林木种苗质量抽查情况的通报》(林场发[2015]133号)，要求各地要进一步提高认识，切实加强苗木质量管理，加紧制修订《种子法》配套法规以及标准，落实林木种苗生产经营的各项制度，强化林木种苗使用环节管理，加强林木种苗从业人员宣传培训工作。同时，还要求各省林业主管部门要针对抽查中发现的问题，督促各有关单位及时进行整改，对整改不到位单位所在县，省级要对其进行项目投资调控，对问题突出的要依法查处。

（李世峰）

【《中华人民共和国种子法》修订草案通过】 2015年11月4日，全国人大常委会第十七次会议表决通过了《中华人民共和国种子法》(以下简称《种子法》)修订草案，新《种子法》于2016年1月1日起实施。修订后的《种子法》主要解决十方面问题：一是进一步明确了林木种苗管理机构法律地位。新《种子法》规定，农业、林业主管部门所属的综合执法机构或者委托的种子管理机构，可以开展种子执法相关工作。二是完善了林木种苗发展扶持政策。新《种子法》新增了“扶持政策”一章。三是新增了林木种子储备扶持政策。新《种子法》将林木种子储备纳入扶持范围，规定“省级以上人民政府建立种子储备制度，保障农业和林业生产安全。对储备的种子应当定期检验和更新。”四是减少了行政审批，体现了简政放权的要求。五是完善了林木种质资源保护制度。六是完善了品种审定制度。七是完善了林木种子生产经营许可制度。八是完善了林木种子标签、档案管理制度。九是规范了林木种子质量监管行为。十是完善了法律责任。

（周景莉）

【林木种苗行政执法和质量管理人员培训班】 于2015年7月3～6日在黑龙江省哈尔滨市举办。国家林业局南方、北方种子检验中心、国家林业局林木种苗质量检验检测中心（长沙、呼和浩特、石家庄、沈阳）等6个质检中心，全国31个省（区、市）林业厅（局）林木种苗管理站（局），内蒙古、龙江、大兴安岭森工（林业）集团公司营林处（种子站），新疆生产建设兵团林业局林木种苗站和计划单列市林业局林木种苗站主要负责林木种苗行政执法和质检人员共160人参加培训。培训的主要内容是解读行政处罚、行政许可等相关法律法规，实际操作林木种苗行政执法、处罚工作程序，通报2015年全国林木种苗质量抽查情况，介绍及演示全国林木种苗质量检验人员网络培训考核系统等。本次培训首次将种苗模拟行政执法纳入培训内容，安排了两个案例的现场模拟执法，通过现场模拟执法让学员了解林木种苗行政执法的法律理论、执法程序和方法，提高学员开展林木种苗行政执法的能力和水平。（李世峰）

【林木种苗生产经营许可证核发】 2014年，全国共发放林木种子生产许可证21 586个，经营许可证21 948个，其中国家林业局核发经营许可证41个。截至2014年年底，全国在有效期内的生产许可证97 214份，经营许可证97 702份，其中国家林业局核发的经营许可证160份。2015年，国家林业局场圃总站委托内蒙古、黑龙江、云南、青海等4省区开展林木种子生产经营行政许可执法检查，对从事林木种苗生产、经营的单位、个人进行调查摸底，督促尚未申领许可证的生产、经营者在指定期限内申请办理，取缔无证生产、经营者，组织许可事后监督检查，加强对被许可人的监督检查和指导。（李世峰）

【打击制售假冒伪劣林木种苗行动】 2015年，国家林业局继续组织各地开展打击制售假冒伪劣林木种苗工作。督促各地进一步落实“两法衔接”平台建设，贯彻执行《国家林业局公开制售假冒伪劣商品和侵犯知识产权行政处罚案件信息工作实施细则》（林场发〔2014〕76号）。下发《关于做好打击林木种苗侵权假冒案件数据统计工作的函》，要求各地按照全国打假办的要求，调整案件数据统计方式，及时上报。2015年，共查处生产销售假冒伪劣林木种苗的典型案件13件，罚没金额9.6万元，捣毁制售假冒伪劣种苗窝点2个，公开案件信息12件。（李世峰）

【林木种苗质量检验员网络培训系统试运行】 2015年，国家林业局场圃总站继续开展全国林木种苗质量检验员培训系统建设工作。5月，组织召开专家座谈会对培训系统视频课程进行审核，对部分课程作了进一步修改。10～12月，在山东省进行培训系统试运行，并举办了系统管理培训班，对山东省重点地县林木种苗的管理人员及部分种苗质量检验员进行了培训。在山东省试运行的基础上，对系统进行了进一步完善，将于2016年在全国推广运行。（李世峰）

【印发《国家林业局关于贯彻落实林木种苗生产经营许可制度的通知》】 为贯彻落实《种子法》，规范林木种子生产经营许可制度，严把林木种苗生产经营准入关，依法管理林木种苗市场，国家林业局印发了《国家林业局关于贯彻落实林木种苗生产经营许可制度的通知》（林场发〔2015〕186号，以下简称《通知》）。《通知》规定了《林木种子生产经营许可证》样式、规格以及许可证申请表样式。《通知》要求各地要严格贯彻落实林木种子生产经营许可制度，严格审核发放程序，强化对被许可人的事中事后监管，认真做好新、旧许可证过渡期的衔接，规定自2016年2月1日起启用新《林木种子生产经营许可证》。（李世峰）

【全国林木种苗信息培训班】 于是11月17～20日在厦门举办。来自全国各省（区、市），内蒙古、吉林、龙江和大兴安岭森工（林业）集团（公司），新疆生产建设兵团的林木种苗站负责人和信息员共88人参加了培训。培训主要任务是为提升林木种苗信息化和社会化服务管理水平，传达贯彻全国林业信息化工作会议精神，保证国家种苗网站信息加载和数据更新质量，完善和充实林木种苗数据库，推广林木种苗质检员网络培训平台等内容。培训期间，杨超总站长对全国林木种苗信息工作作了总结，并提出下一步要求。还邀请了国家林业局信息办、数据库技术人员和网站编辑进行了授课和指导。

（于滨丽）

【开展国家重点林木良种基地考核工作】 为了加强国家重点林木良种基地建设与管理，按照《国家重点林木良种基地考核办法》的相关要求，国家林业局办公室下发《关于开展国家重点林木良种基地考核工作的通知》（办场字〔2015〕38号），再次部署开展第一批国家重点林木良种基地考核工作，国家林业局成立由国有林场和林木种苗工作总站、林业基金管理总站组成的考核组，通过实地检查、查阅账目、座谈等形式对河北、黑龙江、湖南、广东、重庆、贵州、陕西、甘肃8个省（市）及龙江森工集团、大兴安岭林业集团公司的40处第一批国家重点林木良种基地进行考核，对考核中发现的问题进行通报，并要求存在问题的基地进行整改。

（丁明明）

【全国油松、樟子松国家重点林木良种基地技术培训班】 于2015年4月21～23日在山西省临汾市举办。共有来自北京、河北、内蒙古等20多个省（区、市）的油松、樟子松林木良种基地负责人、种苗站负责人、种苗行业科科长以及北京林业大学、西北农林科技大学等院校的林木良种专家、教授等100多人参加了培训。国家林业局场圃总站总站长杨超、山西省林业厅总工程师刘虎山出席培训会。培训对油松、樟子松选育策略，松类种子园树体管理与扦插繁殖技术，良种基地种子产量提高的途径与技术措施，子代测定，种子园去劣疏伐与新一轮种子园营建，油松、樟子松良种基地虫害防治，

油松、樟子松鼠害及其防治等关键技术进行了讲解、经验交流和答疑。（丁明明）

【北方国家重点林木良种基地主任培训班】 于2015年9月21~23日，在河北省秦皇岛市举办。培训班邀请了国家林业局林业基金总站及北京林业大学等单位的6名专家、教授就国家重点林木良种基地补贴资金使用与管理、北方针叶树种良种基地建设与管理、财政预算资金绩效评价等方面内容进行了培训。来自北方省（区、市）林木种苗站（局、处），内蒙古、吉林、龙江、大兴安岭森工（林业）集团公司林木种苗站（局、处）、新疆生产建设兵团林业局林木种苗站分管站（局、处）长及种苗行业科科长、国家重点林木良种基地主任共180余人参加了此次培训。国家林业局国有林场和林木种苗工作总站副总站长杨连清到会并讲话。（丁明明）

【全国林木种苗站站长培训班】 于2015年9月14~17日在黑龙江省大兴安岭加格达奇举办。各省（区、市）林木种苗站站长和内蒙古、吉林、龙江、大兴安岭森工（林业）集团公司林木种苗站站长以及国家林业局林木种苗质量检验中心主任共70余人参加了培训。这次培训班是在即将完成“两个五年规划”交替的新形势下举办的一次十分重要的培训，对于发展现代林木种苗具有十分重要的意义。培训班回顾总结了“十二五”林木种苗发展取得的成绩，提出了“十三五”林木种苗发展的总体思路，安排部署了当前重点工作，通报了2015年国家重点林木良种基地考核情况、林木种苗质量抽查结果、讨论了“十三五”种苗发展规划，山西、内蒙古、浙江、湖北、湖南、广东、广西、四川、贵州等9个省（区）和山东林木种质资源中心作典型经验交流，江苏、新疆两个省（区）作书面交流。部分省（区、市）汇报了“十二五”种苗工作取得的成绩、存在的问题和下一步工作设想，并就进一步做好林木种苗工作提出了意见和建议。（郑欣民）

【南方国家重点林木良种基地主任培训班】 于2015年11月9~12日，在湖南省林业种苗中心举办。培训班邀请国家林业局基金总站、南京林业大学、湖南林业科学院有关专家对国家重点林木良种基地补贴资金安全使用，林木无性系选育技术与良种基地现实问题，种子加工调制和种子检验技术，针叶树种林木良种基地建设与管理等进行了讲解。来自南方15个省（区、市）林木种苗站（局）分管站（局）长和种苗行业科科长、国家重点林木良种基地主任共150余人参加了培训。国家林业局国有林场和林木种苗工作总站副总站长张周忙到会并讲话，全面总结了国家重点林木良种基地建设取得的成效，指出存在的突出问题，并对进一步强化林木良种基地管理提出要求。来自安徽、福建、湖北、湖南、广东、广西的6个良种基地负责人介绍了基地管理典型经验。期间，参训人员围绕良种基地建设和发展中的好经验、好作法、存在问题和意见建议进行了充分、深入的座谈交流。通过培训和交流，国家重点林木良种基地管理人员的业务水平、政策水平得到很大提高，下一步工作方向进一步明确，对南方省份国家重点林木良种基地管理水平的提升起到重要作用。（薛天婴）

【林木种子苗木进出口】 根据《关于“十二五”期间进口种子（苗）种畜（禽）鱼种（苗）和种用野生动植物种源税收问题的通知》（财关税〔2011〕9号）文件规定，在“十二五”期间对进口种子（苗）免征进口环节增值税。2015年5月10日，国务院下发了《关于取消非行政许可审批事项的决定》（国发〔2015〕27号），2015年进口免税计划停止执行。9月14日，财政部、海关总署、国家税务总局下发《关于调整2015年进口种子种源免税政策执行方式有关问题的通知》（财关税〔2015〕38号），本项政策继续执行到2015年12月31日。受此影响，2015年林木种苗进口总量与往年相比有所下降。申请“林木种子苗木（种用）进口审批”的单位包括中国林木种子公司、北京林大林业科技股份有限公司、浙江虹越花卉股份有限公司等37家公司。截至12月31日，各单位共从美国、加拿大、澳大利亚、荷兰、比利时、日本、丹麦等国家实际进口林木种子28 320吨，苗木1519.5万株，种球18 498万粒。与2014年同期相比，林木种子进口量下降10.3%，苗木进口量下降16.7%，种球进口量上升3.4%。（薛天婴）

【《中国枸杞种质资源》出版】 国有林场和林木种苗工作总站组织编撰的中国林木种质资源系列丛书之《中国枸杞种质资源》出版。该书的主要内容包括枸杞的起源与栽培历史、枸杞种质资源研究的主要内容和方法、枸杞属植物种质资源及其分类；重点介绍了枸杞野生种质资源20个，枸杞栽培种质资源24个。为进一步开展枸杞种质资源研究和育种工作者提供有益的借鉴和指导。此书是继《油茶优良种质资源》《中国马尾松种质资源》《中国枣种质资源》《中国核桃种质资源》《中国猕猴桃种质资源》《中国李杏种质资源》后出版的第七部种质资源系列丛书。（丁明明）

【开展国家重点林木良种基地宣传】 为充分展示国家重点林木良种基地的建设成效，2015年，国有林场和林木种苗工作总站开展林木良种基地系列宣传活动。一是在《中国绿色时报》开辟“国家重点良种基地风采”专栏，选择在南、北方基地主任培训班上进行典型经验交流的10个基地，以良种基地生产和管理方面的好经验、好做法、突出成就为重点，在头版进行专题宣传。二是开辟专版，对第一批国家重点林木良种基地的考核结果进行通报，同时对良种补贴实施后良种基地建设取得的成效进行宣传。（薛天婴）

【种苗工程项目建设】 2015年共安排种苗工程项目65个，总投资3.02亿元，其中中央投资2亿元，地方配套1.02亿元。其中种质资源项目11个总投资5417万元，中央投资3389万元，地方配套2028万元；良种基地建设项目39个，总投资15 507万元，中央10 474万元，地方配套5033万元；质检项目10个，总投资7232万元，中央4855万元，地方配套2377万元，其他项目5个，总投资2009万元，中央投资1282万元，地方配套727万元。（赵　兵）

【行政许可受理送达】 场圃总站继续承担国家林业局6项行政许可事项，依次为林木种子经营许可证核发，国家林木种子质量检验机构资质考核，林木种苗进口审批，向境外提供或从境外引进林木种质资源审批，采集或采伐国家重点保护种质资源审批，国家级森林公园设立、撤销、合并、改变经营范围或变更隶属关系审批。2015年共受理行政许可申请2224件。其中准予许可2177件，不予许可1件，在办46件。行政许可文书101件，其中发出核查通知书64份，补正通知书37份。

（布日古德）

森林经营

【综 述】 2015年，局森林抚育经营工作领导小组各成员单位认真贯彻落实党的十八大和十八届三中、四中、五中全会精神，按照全国林业厅局长会部署，狠抓落实，全年完成森林抚育面积84.67万公顷，森林经营政策制度更加完善，组织监管更见成效，科技示范作用日益显现，人才培训交流全面加强，实现了“十二五”森林经营工作圆满收官。

健全制度规范 落实局党组关于在生态文明体制改革中加快林业制度建设的部署，积极推进森林经营制度建设。一是森林经营相关规划取得重大进展。编制完成《全国森林经营规划（2016～2050年）》及省级县级森林经营规划编制技术指南（初稿），推进建立全国、省、县三级规划体系，加强森林经营宏观指导，避免短期逐利行为。编制完成《全国退化防护林改造规划》（初稿），科学布局退化防护林改造建设任务。依据第八次全国森林资源清查结果，修订《全国森林抚育经营现状及潜力分析》研究报告，摸清了森林抚育的重点和潜力。二是森林经营技术标准体系逐步完善。修订并颁布《森林抚育规程》，加快推进《造林技术规程》《低效林改造技术规程》修订，森林经营核心技术标准更加符合生产实际。制定并颁布《东北内蒙古林区森林抚育技术要求》《长白山林区森林抚育技术规程》《东北东部山地森林抚育技术规程》《大兴安岭森林抚育技术规程》《西北地区天然林经营技术规程》《西北林区人工林抚育技术规程》《热带次生林抚育技术规程》等区域性森林抚育技术规程以及西南桦、火力楠、红椎、楠木、柏木、红松针阔混交林等主要树种的抚育经营技术规程。三是森林经营制度规范建设有序推进。认真做好新修订的森林抚育规程国家标准宣传贯彻，编制出版《森林抚育规程解读》，以国家标准为指导，组织各地制定完成一批地方实施细则。严格落实《森林抚育作业设计规定》《森林抚育检查验收办法》等规章制度，有效推进森林抚育经营规范化。组织编制《国有林场森林经营方案编制规范》，科学指导国有林场编案工作。

严格质量监管 2015年，中央财政安排森林抚育任务360.71万公顷，投入补贴资金59.5亿元。国家林业局进一步加强监管，确保任务圆满完成、资金使用规范。一是严格抚育质量管理。按照《森林抚育检查验收办法》，完成2013年度中央财政森林抚育补贴国家级抽查，通报了检查结果。抽查显示，中央财政森林抚育补贴面积核实率98.4%、核实面积合格率95.5%、作业设计合格率94.8%，继续保持较高水平。开展2014年度中央财政森林抚育补贴国家级抽查工作，完成外业检查和结果汇总。二是严格抚育资金稽查。部署开展2012～2014年度森林抚育补贴资金稽查，重点稽查的北京等6个省级单位，资金到位率98.8%，针对检查出的虚列支出、超范围使用等资金使用问题，会计核算不规范、制度手续不完善等会计工作问题，完成工期缓慢、支付进度滞后、档案管理不规范等具体建设管理问题，提出整改意见，保证资金安全和使用效益。三是开展成效监测与重点评估。为全面反映森林抚育成效，在吉林等9个省（区）布设了森林资源及生态环境变化样地监测，黑龙江等5个省份开展经济社会效益监测工作，建立森林抚育成效监测信息平台。围绕扩大天然林保护范围、重点国有林区停止商业性采伐等新形势，组织开展东北重点国有林区中幼林抚育、森林改培评估和重点调研。

强化科技示范 坚持以先进理念与技术为引领，继续强化森林经营产学研结合，抓好试点示范，积极推广应用。一是扎实推进森林经营基础研究。开展全国林地立地质量分级与评价、主要森林类型关键经营技术与作业法体系等基础研究，取得阶段性成果。引进基于森林生态系统管理的人工林经营技术，开展低质林诱导改造复壮、结构与功能优化调控可持续经营模式构建等森林经营关键技术研究。完成中国典型森林类型健康经营关键技术研究，首次建立了国家层面的森林健康经营技术模式，提出森林健康经营政策保障建议，建立了森林健康经营示范区。二是加快促进科技成果推广应用。依托中央财政林业科技推广示范补贴资金，促进相关技术成果转化，2015年投入资金1100万元，实施主要用材林树种可持续高效经营、经济林低产林改造和提质增效技术、林下经济复合经营技术及生态脆弱区域天然次生林改造、土石山区水源涵养林多功能经营技术等10余个项目。三是深入推进全国森林经营样板基地等示范建设。制订印发样板基地建设成效监测方案，建立了监测体系，举办成效监测技术培训班。组织开展全国森林经营样板基地建设中期评估，完成中期国家评估报告。依托样板基地，研究总结出10个森林类型的7种森林作业法。继续推进《国际森林文书》履约示范单位和森林经营方案实施示范林场建设，制订了示范林场森林经营监测评估方案。扶持山西省中条山国有林管理局中村林场和福建省漳平五一国有林场建设油松水源涵养林培育示范区和马尾松人工林近自然经营示范区，确定并公布了北京市共青林场等20家场外造林示范林场和江苏省射阳县林场等8家场外造林试点林场。

加强人才培训 一是落实《森林经营人才培训计划(2015~2020年)》，在陕西、四川、河南分别举办了第三期南北方森林抚育经营研修班、第一期全国森林经营师资培训班、国家级抽查人员技术培训班，培训森林经营专业人员近400人次，不断夯实森林经营专业人才队伍基础。二是抓好国有林场、林业工作站等基层林业职工技能提升。成功举办了2015年中国技能大赛——全国国有林场职业技能竞赛，促进国有林场职工森林经营技能提升。继续把森林经营作为乡镇林业工作站站长能力测试的重点，在"全国乡镇林业工作站岗位培训在线学习平台"中加强森林经营课程建设，不断增强基层森林经营队伍技术水平和实际操作能力。

推进国际合作 编辑出版中美森林健康合作十周年总结报告，启动第二轮中美森林健康经营合作，推进中美森林经营单位层面合作，初步确定中美双方森林经营合作示范单位名单，继续推进生物廊道恢复合作项目。参加中德林业科技合作研讨会，将多功能森林经营作为重要内容纳入中德林业工作组第二次会议纪要，深入推进中奥、中瑞、中芬、中伊等森林经营国际交流与合作，跟踪森林可持续经营国际进程，推动了多功能经营、近自然经营、可持续经营等先进经营理念在中国森林经营实践中的应用。（蒋三乃）

【森林经营技术标准体系建设】 修订出台《森林抚育规程》国家标准，编制完成《森林抚育规程》解读。指导各地依据新修订的《森林抚育规程》研究制定符合当地实际的森林抚育实施细则或地方标准。颁布实施东北东部山地、大兴安岭、热带天然次生林等区域性森林抚育技术规程。组织修订《低效林改造技术规程》。新启动一批森林经营相关技术规程编制工作，并纳入林业行业标准制订计划，为建立以全国性标准为指导、区域和地方标准为补充的森林经营技术标准体系奠定基础。

（程志楚）

【2014年度中央财政森林抚育补贴国家级抽查】 依据森林抚育规程、作业设计规定和检查验收办法，组织开展了2014年度中央财政森林抚育补贴国家级抽查。共抽查了208个县级单位、1985个抚育小班，1985份作业设计，检查面积38 754.73公顷，占2014年度中央财政森林抚育补贴计划任务的1.1%。抽查结果显示，2014年度森林抚育补贴面积核实率98.3%，核实面积合格率98.5%，作业设计合格率93.3%，省级综合评价平均得分94.8分，县级综合评价平均得分94.6分。总体保持较高水平。抽查同时发现，少数省级单位和县级单位存在计划任务安排不科学、作业设计审查不严、抚育进度督促不力、质量检查走过场等监管不到位问题。有的省级单位割灌除草面积比例过大，不符合森林抚育生产实际需要。部分项目施工单位作业设计不规范、作业质量不高等问题依然存在。个别单位还存在未施工现象。森林抚育监管力度有待进一步加强。

（程志楚）

【森林经营示范样板基地建设】 深入推进全国森林经营样板基地建设，制订印发《森林经营样板基地成效监测方案》，组织召开成效监测培训班，初步建立了系统完备的成效监测体系，为科学评估森林经营多种效益奠定了基础。组织开展森林经营样板基地建设中期评估工作，分省、中央两级，评估15个样板基地2013~2015年各项建设任务完成情况。根据省级林业主管部门上报的中期自评报告和实地评估情况，完成了《全国森林经营样板基地建设中期评估国家报告》，总结了前3年建设阶段性成果，查找了存在问题，提出了政策建议。继续推进《国际森林文书》履约示范单位和森林经营方案实施示范林场建设，制订示范林场森林经营监测评估方案。扶持山西省中条山国有林管理局中村林场和福建省漳平五一国有林场建设油松水源涵养林培育示范区和马尾松人工林近自然经营示范区，确定并公布了北京市共青林场等20家场外造林示范林场和江苏省射阳县林场等8家场外造林试点林场。（刘　羿）

【森林经营人才培训】 落实《森林经营人才培训计划(2015~2020年)》，在陕西、四川、河南分别举办了第三期南北方森林抚育经营研修班、第一期全国森林经营师资培训班、国家级抽查人员技术培训班，培训森林经营专业人员近400人次。成功举办2015年中国技能大赛——全国国有林场职业技能竞赛，促进国有林场职工森林经营技能提升。继续把森林经营作为乡镇林业工作站站长能力测试的重点，在"全国乡镇林业工作站岗位培训在线学习平台"中加强森林经营课程建设。

（刘　羿）

【杨柳飞絮治理工作】 针对北京等地区春季杨柳飞絮影响人民群众生产生活和身心健康问题，积极回应社会关切，组织召开了专家座谈会，结合各地实际，研究提出杨柳飞絮治理对策措施。全国绿化委员会、国家林业局联合下发通知对杨柳飞絮治理工作进行专门部署，从加强宣传营造良好社会氛围、编制规划明确阶段治理目标、采取标本兼治措施加大治理力度、加强组织领导强化政策保障等方面提出了明确要求，并通过中国林业网"在线访谈"栏目，邀请有关专家就杨柳飞絮治理相关问题进行解读。（程志楚）

森林培育

【综　述】 2015年，各地区、各部门(系统)全面贯彻党的十八大和十八届三中、四中、五中全会及中央经济工作会议、中央农村工作会议精神，深入贯彻习近平总书记系列重要讲话精神，坚持全国动员、全民动手、全社会搞绿化的基本方针，组织动员全社会力量大力开展造林，全国完成造林632.45万公顷，完成《政府工作报告》确定造林600万公顷量化指标任务。

组织发动 4月3日，习近平、李克强、张德江、俞正声、刘云山、王岐山、张高丽等党和国家领导人，同首都群众一起参加义务植树活动。习近平总书记在植树时强调“植树造林是实现天蓝、地绿、水净的重要途径，是最普惠的民生工程。要坚持全国动员、全民动手植树造林，努力把建设美丽中国化为人民自觉行动。”全国绿化委员会、国家林业局开展“共和国部长植树”活动，中央和国家机关各部委、单位及北京市的155位省部级领导参加。全国人大、全国政协、解放军举办“全国人大机关义务植树”“全国政协义务植树”“将军义务植树”等活动。

工作部署 3月17日，国务院在京召开全国国有林场和国有林区改革工作电视电话会议，国务院副总理、全国绿化委员会主任汪洋出席会议并作重要讲话，安排部署国有林场、国有林区改革和2015年国土绿化工作，高位推动国土绿化。全国绿化委员会、国家林业局印发《关于扎实有效开展全民义务植树的通知》(全绿字〔2015〕3号)，就加强义务植树活动组织管理、杜绝形式主义提出明确要求。河北、山西、辽宁、上海、浙江、河南、四川、新疆、陕西等省(区、市)召开专题工作会、动员会、现场会，出台扶持造林绿化的相关文件和政策，动员部署造林绿化工作。

植树活动 全国绿化委员会、国家林业局在京举办“应对气候变化，共建绿色家园”为主题的“国际森林日”植树纪念活动。中央和国家机关各部委组织干部职工参加义务植树，栽植各类乔灌木8万株。解放军和武警部队支援驻地生态建设，出动兵力83万人次、车辆3.5万台次，植树640万株。共青团系统组织保护母亲河青少年植树行动，开展农村“四旁”植树、城市室内外空间绿化美化等身边增绿活动。各级妇联在28个省(区、市)新建“三八绿色工程”示范基地42个。农垦系统发动职工257万人参加义务植树，新建义务植树基地2082个。中石化系统组织职工43万人次参加义务植树，植树120余万株。冶金系统组织职工64万人次参加多种形式的义务植树活动，种植乔木180.6万株。北京市开展“城乡手拉手，共建新农村”活动，组织245个政府机关、部队、企事业单位支持新农村绿化植树15.7万株。广东省在“广东扶贫济困日”期间组织“广东扶贫济困林”认捐认种活动。贵州省组织38.2万人在“绿色贵州建设三年行动计划”启动仪式当天参加义务植树，植树346万株。天津、吉林、江苏、福建、山东、河南、海南、重庆、云南、西藏、宁夏等地结合本地生态建设实际，开展多种形式的义务植树活动。

重点生态修复工程建设 天然林资源保护工程完成造林49.9万公顷，1.15亿公顷森林得到有效保护。大小兴安岭、长白山林区，河北省的天然林全部纳入停伐范围。退耕还林工程完成退耕还林53.3万公顷，荒山荒地造林5.5万公顷。京津风沙源治理工程完成营造林24.7万公顷。三北及长江流域等重点防护林体系工程完成造林142.55万公顷。河北张家口坝上地区退化林分改造试点完成更新造林1.67万公顷。各地持续推进地方造林绿化工程建设。北京市实施平原造林工程，累计完成造林7.07万公顷，平原地区森林覆盖率由2010年的14.85%提高到2015年的25%。内蒙古自治区启动重点区域绿化工程，完成重点区域绿化14万公顷。广西壮族自治区实施“美丽广西·生态乡村”村屯绿化工程，完成区级绿化示范村屯5000个，一般村屯绿化5.58万个。湖南省实施“十百千”珍贵树种培育工程，营造珍贵树种2.45万公顷。广东省实施森林碳汇、生态景观林带、森林进城围城、乡村绿化美化等重点工程建设，完成森林碳汇工程造林14.5万公顷，新建景观林带1800千米，新建森林公园301个、湿地公园66个，建成绿化美化村庄2874个。贵州省开展山地特色新型城镇化建设、“多彩贵州·最美高速”“五个一百”等工程项目。山东省开展水系绿化、荒山绿化、农田防护林等生态工程。辽宁省“青山工程”、安徽省千万亩森林增长工程、江苏省“千村示范，万村行动”绿色村庄建设、浙江省“千万亩珍贵彩色健康森林建设”、四川省新一轮“绿化全川”行动、云南省美丽乡村建设、陕西省关中大地园林化建设等一大批地方重点工程建设扎实推进，取得显著成效。

造林绿化政策扶持和激励机制 2015年，中央林业直接投资1074.5亿元，比2014年增加73.7亿元。中央财政分别下达林木良种补贴、造林补贴资金4.78亿元、29.54亿元。国有林管护费补助由75元/公顷提高到90元/公顷；社会保险补助测算基数由2008年所在省区社会职工平均工资的80%提高到2011年的80%，工程区国有林业单位在职职工的养老、医疗、失业、工伤、生育保险参保基本实现全覆盖。中央共投入退耕还林各项补助资金339.5亿元，中央按退耕还林2.25万元/公顷标准补助。落实林业有害生物防治作业人员接触有毒有害物质的岗位津贴和相关福利待遇。中央财政投入森林保险保费补贴资金13.52亿元，总投保面积1.45亿公顷，占全国森林总面积的69.7%。完成辽宁旱灾未成林受损国家级核查，推动灾后恢复造林。加大草原保护建设投入力度，落实草原保护建设资金208.4亿元。 (牛 牧)

【全国绿化委员会办公室发布《2014年中国国土绿化状况公报》】 为大力宣传2014年各地区、各部门在造林绿化和林业生态建设上的重大举措和取得的显著成绩，进一步引导社会各界支持和参与造林绿化事业，推进生态林业民生林业发展，建设生态文明和美丽中国，3月11日，全国绿化委员会办公室发布《2014年中国国土绿化状况公报》。公报全面反映全民义务植树、国家重点生态工程造林、部门绿化、森林保护等实际进展、取得成绩和经验做法，指出了当前存在的困难和问题，提出了2015年造林绿化总体思路。新华社、《人民日报》《经济日报》《中国绿色时报》，以及中国网、中国林业网、新浪、搜狐等上百家新闻媒体全文登载或摘要登发公报，取得良好的宣传效果。 (牛 牧)

【中央财政造林补贴】 中央财政造林补贴安排资金295 435万元，其中，新增造林任务直接补贴202 084万元，间接补贴10 104万元，2013年直接补贴30%部分93 351万元。6月25日，国家林业局造林绿化管理司印发《关于组织开展2013年中央财政造林补贴试点省级验收工作的通知》(造造函〔2015〕21 号)，对 2013 年度中央财政造林补贴省级验收进行安排部署。7 月 14 日，国家林业局造林绿化管理司印发《关于组织开展 2013 年中央财政造林补贴试点国家级核查工作的通知》(造造函〔2015〕24 号)，部署山西、辽宁、浙江、河南、陕西、宁夏、青海省(区)，2013 年度中央财政造林补贴国家级核查工作。（牛　牧）

【珍贵树种培育】 中央预算内基本建设投资下达珍贵树种培育示范基地建设资金 5500 万元，安排全国 22 个省(区、市)的 89 个单位，建设珍贵树种示范基地 0.87 万公顷，其中，新造 0.54 万公顷，改培 0.33 万公顷，主要培育树种有胡桃楸、元宝枫、水曲柳、紫楠、香樟、香椿、南方红豆杉、沉香、降香黄檀、南酸枣、红桦等 50 余种。开展《中国主要栽培珍贵树种参考名录》修订工作。（牛　牧）

【未成林地自然灾害受损核定】 2014 年，辽宁省发生了严重旱灾，2011～2014 年度造林的未成林地遭受重大损失。辽宁省林业厅在认真自查、核实灾损后，向国家林业局报送了《关于未成林地遭受严重旱灾损失情况的报告》(辽林综字〔2014〕65 号)。为准确掌握辽宁省未成林地受损情况，指导和扶持灾后恢复造林，2015 年国家林业局依据《未成林地自然灾害受损核定办法(试行)》(以下简称《办法》)，组织局中南院对辽宁省未成林地因灾受损情况进行了国家级核定，共抽查建昌、连山、灯塔、盖州、康平等 5 个县(市、区)的 9 个乡、51 个村，实地调查小班 248 个，面积 1871.85 公顷。

国家级核查认定，2014 年辽宁省旱灾严重，持续时间长，灾害的等级、范围、应急响应等符合申报未成林地自然灾害受损核定条件；全省未成林地重度受损面积 10.56 万公顷，其中，三北防护林工程 2.93 万公顷，沿海防护林工程 2.64 万公顷，退耕还林工程荒山造林 1.14 万公顷，中央财政造林补贴 3.85 万公顷。

（王恩苓）

经济林建设

【综　述】 2015 年，各地、各部门认真贯彻党中央、国务院的部署，紧紧围绕林业建设和扶贫开发，进一步加大特色经济林的扶持力度，工作措施进一步加强，建设成效继续提升。据统计，2015 年营造经济林面积 175.15 万公顷，其中，新造经济林面积 103.28 万公顷，改培面积 71.87 万公顷，截至 2015 年年底，全国经济林总面积已达 3588.01 万公顷，其中，结果面积 1961.64 万公顷；各类经济林产品产量达 1.74 亿吨。干鲜果品、茶、中药材等经济林种植与采集业实现产值 1.19 亿元，占林业第一产业比重 58.91%。

政策扶持 各级党委、政府把发展木本粮油等特色经济林作为推进生态建设的重要抓手，保障山区民生的有效途径，给予高度重视，普遍加大扶持力度。国家层面推动力度加大，2015 年中央 1 号文件明确提出，要通过重大林业生态工程加快发展特色经济林。将发展经济林，写入中央 1 号文件为历年首次。中央 1 号文件强调通过工程造林推动特色经济林培育，优化了经济林发展的政策环境，也为经济林发展拓展了空间。党中央、国务院出台的有关重大文件也相继提出要推动发展特色经济林，《关于加快推进生态文明建设的意见》指出，要发展特色经济林等林业产业；《国有林区改革指导意见》提出，要大力发展特色经济林等绿色低碳产业，积极推进国有林区转型发展。国家林业局、财政部、国务院扶贫办、国家开发银行等四部门联合印发《关于整合和统筹资金支持贫困地区油茶核桃等木本油料产业发展的指导意见》，进一步突出木本粮油等特色经济林在实现精准扶贫中的作用。地方层面扶持力度不减，河北省政府连续出台关于加快建设果品产业强省、加快木本油料产业发展，以及配套加强林木种苗工作等三部指导意见，林果产业发展环境进一步优化；山西省出台推进皂荚产业发展的指导意见，发展经济生态兼用树种，加快推动林业生态建设转型升级，促进山区农民增收致富；山东省人民政府办公厅出台关于加快特色经济林产业发展的指导意见，加大对发展经济林的政策扶持力度，提出到 2020 年全省木本粮油、果品、木本药材等特色经济林种植面积达 181.33 万公顷、产量 2540 万吨、总产值 2100 亿元，进一步巩固其经济林大省的地位；在福建省委省政府出台的全面推进农村改革加快特色现代农业发展的若干意见中，提出重点发展水果、茶叶、食用菌、中药材等优势特色产业，并在政策、资金和技术等方面给予扶持。贵州省政府办公厅印发《关于推进全省林业产业发展的实施方案》，提出近两年要重点发展木本粮油、林果、森林药材、林产饮料、森林食品等特色经济林产业，并根据适生区域分别确定了核桃、蓝莓等经济林重点县，要求结合退耕还林、石漠化综合治理等，按照“无公害、绿色、有机”标准，适度规模发展。

资金投入 从中央到地方各级财政加大了特色经济林良种繁育、科技推广、培育示范建设。2015 年中央资金投入经济林建设 11.73 亿元，带动地方和社会投入 103.26 亿元。中央农发资金名优经济林示范项目有关管理办法进一步完善，在补贴对象和建设主体方面，增加了造林大户和家庭林场，补贴补助普惠制进一步推进；在扶持领域方面，突出了木本粮油树种，同时统筹推进其他特色经济林建设，资金投放重点得到体现。2015 年中央财政继续增加了名优经济林示范项目投入，扶持名优经济林示范项目 350 个，建设示范基地 3.38 万公顷，安排示范资金 5.30 亿元，与 2014 年相比增长 4%，对经济林健康快速发展起到了重要的资金保障作用。经济林信贷支持力度加大。林业贴息贷款继续加大对经济林的投放，其中，2015 年度全国共落实新增经济林贴息贷款33.65亿元，推动完成经济林新造83万亩、改培81万亩，发挥了很大作用。商业银行与世界银行也积极支持发展，中国农业银行与国家林业局落实共同签署的林业产业建设发展合作框架协议，加强对经济林信贷支持。各地也积极完善投入办法，增加经济林发展资金。内蒙古加大了对龙头企业的扶持，巴彦淖尔市对酿酒葡萄种植面积达13.33公顷，经验收成活率达90%的企业，市财政一次性补助每公顷7500～15 000元，推动发展沙区葡萄产业；河南省加大地方资金配套力度，确保国家扶持资金足额到位，在充分利用中央财政农发名优经济林示范项目、造林补贴项目倾斜发展特色经济林的同时，省市两级财政也加大投入，推动2015年全省新发展特色经济林2.91万公顷；江西省加大资金整合力度，提高营造经济林的补助标准，全年整合各类资金3.1亿元，将对油茶新造林补助标准从每公顷3000～4500元提高到7500元；湖南省投入建设资金16.10亿元，通过开展千万株特色经济林木、珍贵树木进农家活动，鼓励农村群众发展桂花等珍贵、特色经济林木，推动实现农村环境绿化美化与农民收入增加双赢；新疆集中资金发展优势特色品种，博尔塔拉蒙古自治州瞄准精河枸杞，全年州财政安排1000万元专项资金支持发展。

发展机制 河北省以10个果品特色县和十大果品龙头企业为抓手，推进苹果、梨、核桃、红枣、板栗、葡萄等优势特色林果基地建设，目前，全省经济林面积达182.47万公顷，产量1468万吨。山西省结合当期气候和旱区造林实际，在巩固发展红枣、核桃、仁用杏等大宗经济林的同时，积极发展沙棘、文冠果、连翘等抗旱灌木型经济林，全年新发展经济林6.67万公顷，目前，经济林总面积达111.73万公顷、产量118万吨、产值120亿元。辽宁省铁岭、抚顺、丹东等地市扶持林果专业合作社开展经济林“四统一”（统一品种、统一技术栽植、统一经营管护、统一营销），确保林农收益。山东结合新一轮退耕还林工程，积极发展特色经济林，有效促进农民增收，主产区农民来自林果人均收入超过5000元。江苏将发展经济林与农村环境绿化美化相结合，连云港市指导农民在房前屋后种植香椿和樱桃等特色经济林，发展农民庭院经济，实现农民收入增多和村庄生态改观的双赢。黑龙江、江西、甘肃等地将特色经济林作为实现国有林区、国有林场转型发展的一项重要生态产业，结合当地实际予以推动发展。黑龙江将干鲜果品、森林药材、森林食品等特色经济林产业作为林区重点产业予以定位，积极扩大榛子、红松果仁、蓝莓、刺五加、松蘑等绿色食品生产布局；江西省大力发展森林药材、笋竹两用等特色经济林产业，既减少森林资源采伐，培育了森林资源，又盘活了林场经济；甘肃白龙江林区舟曲等林业局推广种植油橄榄，积极探索林区职工群众致富新路。河南省着重把打造优质品牌作为提升市场竞争力的重要手段，相继注册一批知名商标和地理标志保护产品，统筹推动核桃、大枣、油用牡丹、桂花、辛夷、梨等特色经济林培育与产业建设，目前，全省经济林总面积已达101.40万公顷。浙江、陕西、新疆等地创新经济林产品营销方式，浙江临安市利用电商平台，推动“互联网+”山核桃营销，实现当地一半以上山核桃通过互联网销往外地；商洛市通过采取“专业展会+推介会”的模式，在北京举办商洛核桃推介会，签约相关产业项目总投资30.35亿元；新疆坚持举办广州交易会等特色林果宣传与推介平台，不断巩固与扩大市场销售。

科技支撑 特色经济林新品种研发和良种繁育步伐加快，2015年有36个经济林新品种通过国家林业局授权，有19个经济林良种通过国家级审（认）定。特色经济林工程技术研究深入推进，新挂牌成立国家林业局板栗、油橄榄、竹笋等特色经济林工程技术研究中心3处，截至2015年年底，国家林业局已挂牌成立特色经济林工程技术研究中心23处。森林食品、森林药材质量检测受到进一步重视，国家林业局分别在杭州、兰州、南昌、牡丹江新成立经济林产品质量检验检测中心各1处。特色经济林技术标准制定步伐加快，2015年新颁布《无花果栽培技术规程》《皂荚多糖胶》等有关经济林种苗繁育、栽培和初级产品质量检测等方面的国家技术标准1项、林业行业技术标准30项。截至2015年年底，已颁布经济林国家技术标准34项、林业行业技术标准182项。各地也普遍加强特色经济林发展的科技支撑。天津市借助中央和地方财政林业科技推广示范资金，开展冬枣、葡萄等丰产栽培技术推广示范，推动特色经济林科技成果转化，全市经济林种植面积已达4.94万公顷。河北省逐县、逐级开展林业技术推广机构人员能力提升和知识更新培训，发挥技术推广人员在林果产业发展中的科技支撑作用，实现有效帮助果农增知、增收的目的。浙江省大力推广薄壳山核桃丰产高效栽培技术模式，推动种植收入向每亩万元目标迈进，确保农户增收。江西省通过层层举办技术培训、深入实地指导、对接示范基地、远程网络咨询等方式，深入开展油茶科技服务活动，有效提高了有关企业和广大林农油茶经营技术。（周力军）

【名优经济林示范建设深入推进】 中央财政农业综合开发名优经济林项目进一步完善了申报指南，强化了政策扶持，加强了对龙头企业、专业合作社、家庭林场等市场主体的扶持和倾斜。2015年，共下达农业综合开发名优经济林（含花卉）示范项目350个，中央财政投入补贴资金5.3亿余元，建设示范基地3万余公顷，重点扶持了核桃、油用牡丹、板栗、枣、特色花卉等栽培与产业建设。开展了第二批国家级核桃示范基地认定工作，此次认定工作突出将绿色、有机栽培等标准化和集约化经营作为认定标准。（徐　波）

【特色经济林技术标准制订水平提升】 统筹推进特色林果标准制订、已落后的大宗经济林栽培技术标准修订，以及木本粮油经济林标准的整合，特色经济林技术标准体系进一步完善，制定出台步伐加快。无花果栽培技术等规程颁布，板栗、枣树、仁用杏丰产栽培技术等标准修订工作启动，核桃、油茶、杜仲等栽培技术标准综合体列入制订计划。在标准制修订中，强调种子使用、种植地选择和灌溉水质、化肥施用、病虫防治做到无公害，推行绿色、有机栽培技术，确保人民群众食品安全和身体健康。截至2015年年底，已颁布经济林国家技术标准34项、林业行业技术标准182项。

（周力军）

【国家林业局组织开展经济林科技下乡活动】 结合贯彻落实国务院推进国有林区改革的工作部署，帮助东北国有林区停止商业性采伐后找到社会经济新的增长点，并根据林区提出的政策与技术扶持需求，围绕发展特色生态富民产业，国家林业局将送经济林科技下乡活动作为2015年林业科技周活动的一项重点内容，5月24日，组织经济林政策、榛子、树莓、果用红松、木耳培育技术，以及工厂化育苗、营林机械等共7位专家，赴黑龙江省伊春市新青林区开展了政策与科技下乡服务活动，与林区一线职工、群众对接，开展培训与咨询，服务林区转型发展。

（周力军）

【第十五届中国·中原花木交易博览会成功举办】 国家林业局与河南省人民政府共同主办的第十五届"中国·中原花木交易博览会"于9月24~27日在河南省鄢陵县成功举办。国家林业局局长张建龙出席开幕式并宣布开幕。本届博览会突出服务农民的根本宗旨，精心打造花农的花博会，活动成果丰硕，综合效益明显。据统计，各类花木产品交易总额达42亿元，较2014年增长13.5%；共签约项目43个，总投资达28.7亿元；花博会期间日均接待游客3.5万人次，旅游综合收入达3.5亿元以上。

（徐　波）

【2019北京世界园艺博览会组委会第一次会议召开】 12月23日，2019年中国北京世界园艺博览会组委会第二次会议在京召开。中共中央政治局委员、国务院副总理、组委会主任委员汪洋主持会议并讲话。会议审议通过了《2019年中国北京世界园艺博览会行动纲要》《2019年中国北京世界园艺博览会园区综合规划及周边基础设施规划方案》《2019年中国北京世界园艺博览会国际招展工作总体方案》。国家林业局局长、组委会副主任委员张建龙出席会议并就有关工作进展作汇报。来自中宣部、发改委等37个组委会成员单位参加会议。

（徐　波）

生态建设

05

部门绿化

【综　述】 2015年，各部门(系统)全面贯彻落实党的十八大和十八届三中、四中、五中会议以及中央经济工作会议、中央农村工作会议精神，深入学习贯彻习近平总书记系列重要讲话精神，积极践行绿色化发展理念，创新工作举措，不断扩大造林面积，提升造林质量，巩固造林成果，部门绿化取得新成效。

住房城乡建设部门按照“增绿量、上水平、优布局、强管理”的原则，及时修订城市绿地系统规划，划定城市绿线，强化城市生态空间管控。按照海绵城市建设要求，开展集雨型绿地建设，全国城镇园林绿地结构和功能进一步优化完善，人均公园绿地面积等指标稳步提高。截至2015年年底，全国城市建成区绿地率达36.34%；人均公园绿地面积达13.16平方米，比2014年增加0.56平方米。城市建成区园林绿地面积为188.8万公顷，城市公园绿地面积为60.6万公顷，城市公园数量增至13 662个。

交通运输系统以推进绿色交通建设为契机，坚持“以质为先”原则，强化绿化质量管理，全面推进绿美廊道建设，全年完成绿化里程7.36万千米，沿线生态环境明显改善。截至2015年年底，国道绿化里程15.2万千米，绿化率91.17%；省道绿化里程25.7万千米，绿化率87.41%；农村公路(县、乡、村道)绿化里程201.6万千米，绿化率58.5%；各类专用公路绿化里程3.6万千米，绿化率57.6%。

铁路系统坚持新线绿化建设与主体工程“同步设计、同步施工、同步验收”原则，科学优化绿化方案，严控绿化施工质量，确保在新线开通之前绿化达标。组织实施缺株断带补植、林带加厚、林分更新、排查处理危树等项目，提升绿化质量，巩固绿化成果，确保沿线美观安全。全年新栽植乔木304.13万株、灌木2283.07万株，完成运营铁路绿化里程2023千米。

水利系统加强水利工程沿线、沿岸和库区周边绿化，水利工程区植被覆盖度持续提高，涵养水源、保持水土功能明显提升，进入江河湖库的泥沙减少，延长了水利工程使用寿命。全年完成湖泊、库区绿化4150公顷，江河沿岸绿化6200千米。

农垦系统抓住农田防护林网和城镇绿化建设两个重点，整体推进垦区生态建设。自上而下建立了领导干部任期绿化目标责任制，任务落实到地块，责任落实到人，保障绿化任务落实到位。按照耕作模式和地形特点设计防护林，完善垦区防护林体系，农田防护功能明显提升。提档升级垦区城镇区绿化，合理配置乔灌草花，垦区人居环境持续改善。全年新建农田林网1.1万公顷，绿化垦区矿山307公顷、庭院0.94万公顷、道路1406千米、江河沿岸780千米。

教育系统积极推进校园绿化，建立校园绿化建设长效机制，将校园绿化纳入学校整体规划，统筹推进绿化建设，绿化率稳步提高。遵循因地制宜、突出特色的原则，注重校园人文景观设计，打造独具特色的校园生态文化。组织开展一系列形式多样的绿色实践活动，培养师生员工生态文明意识，取得显著成效。全国各级各类学校绿化率达34.5%。

中央直属机关、中央国家机关各单位积极推进“生态型、节约型、功能完善型”机关庭院绿化建设，推广适宜性、耐旱性和抗病虫害能力强的树木花草。以节水、节能、节地为重点，推广使用雨水收集利用、再生水利用和节水喷灌等新技术，推进庭院海绵型建设。继续抓好“首都花园式单位”创建，开展市花“月季”进社区、进单位等活动，提高机关庭院绿化美化质量。中央直属机关、中央国家机关系统庭院全年新栽、更新乔灌木4万余株，新增绿地面积2万余平方米，新增屋顶绿化面积3000余平方米。

中国人民解放军科学务实推进军队造林绿化，全年完成了20个万亩以上三荒造林、12个万亩以上森林防火基础设施和16个万亩以上京津风沙源治理任务，营区乔灌木覆盖率大幅提升，生态环境明显改善。各级部队在扎实开展义务植树和军队营区绿化的同时，组织开展支援地方重点生态工程建设活动，在内蒙古集宁、西藏拉萨和吉林白城开展了京津风沙源治理、高原绿洲、北方生态屏障等大规模植树活动，完成造林绿化1300余公顷，有效改善了驻地生态环境。武警部队按照营区环境生态化建设目标，积极推进营区生态建设，营区绿地率明显提升。全年累计种植乔灌木12万株。

中国石化系统以建设绿色生态防线、树立绿色环保企业形象为目标，将绿化管理与社区建设考核相结合，利用老旧小区改造、盐碱地改良等项目扩大绿地面积，积极推广绿化新技术，创新节能节水新措施。全年绿化面积2万多公顷，所属企业绿化覆盖率达到35%，森林火灾事故零发生。中国石油系统以办公居住区绿地为基础，以公园绿地为重点，以道路绿地为框架，以防护林带为屏障，实施各类造林绿化工程，构建企业绿化体系，改善矿区生态环境。全年新增矿区绿地338公顷，矿区生活基地绿化覆盖率达42.86%。中国冶金系统将绿色发展、绿化环境融入行业发展理念，树立绿色冶金行业良好形象，持续推进厂区绿化、矿山复垦和绿地管护，积极谋划绿化产业多元化发展路径，矿山复垦绿化和职工生活区绿化水平逐年提升。

【中央领导义务植树活动】 4月3日，习近平等党和国家领导人在北京市朝阳区孙河乡的植树点，同首都群众一起参加义务植树活动。习近平总书记在参加活动时强调，植树造林是实现天蓝、地绿、水净的重要途径，是最普惠的民生工程。要坚持全国动员、全民动手植树造林，努力把建设美丽中国化为人民自觉行动。中共中央政治局常委，在京中共中央政治局委员、中央书记处书记、国务委员等参加了首都义务植树活动。

【“国际森林日”植树纪念活动】 3月19日，全国绿化委员会、国家林业局、首都绿化委员会在北京市大兴区榆垡镇新机场周边绿化地块举办以“应对气候变化，共建绿色家园”为主题的第3次“国际森林日”植树纪念活动。北京市副市长林克庆，联合国粮农组织驻华代表伯希·米希卡，国家林业局副局长张永利先后致辞。来自联合国、部分国际组织和驻华使馆的代表20余人，全绿委成员单位代表，国家林业局机关各司局和在京直属单位主要负责人，以及北京市人民政府、市园林绿化局负责人和机关干部代表、大兴区人民政府负责人和群众代表300余人参加了纪念活动，共栽植油松、银杏等苗木1500余株。

【全国绿化委员会第33次全体会议】 3月17日，全国绿化委员会第33次全体会议与全国国有林场和国有林区改革工作电视电话会议一并在北京召开，中共中央政治局委员、国务院副总理、全国绿化委员会主任汪洋出席会议并讲话。会议对扎实做好当前国土绿化各项工作提出明确要求，要抓好“十二五”国土绿化任务收官和“十三五”规划谋划，抓好重点区域的国土绿化，着力提高国土绿化质量，全面激发国土绿化发展活力，不断提高国土绿化工作水平。中央及国家机关有关负责人、全国绿化委员会全体成员参加北京主会场会议。

【共和国部长义务植树活动】 3月29日，全国绿化委员会、中共中央直属机关绿化委员会、中央国家机关绿化委员会和首都绿化委员会，在北京市通州区宋庄镇寨里村（东郊森林公园内）共同举办以“播撒绿色梦想，建设美丽中国”为主题的第14次“共和国部长义务植树活动”。来自中共中央直属机关、中央国家机关各部委、单位和北京市的155名省部级领导干部，以普通劳动者身份参加义务植树活动，共栽植油松、华山松、国槐、白蜡、银杏等苗木1300余株。自2002年开展此项活动以来，累计2457人次部级领导干部参加义务植树，共栽树木30 100株。

【启动全国古树名木资源普查试点】 7月17日，全国绿化委员会办公室下发《关于开展全国古树名木资源普查试点的通知》，决定在全国开展新一轮古树名木资源普查试点，江苏、安徽、福建、江西、四川、陕西等6省为首批试点省份。首批普查试点从2015年7月开始，到2016年12月结束。普查的主要任务是：查清古树名木资源基本情况；建立全国古树名木资源信息管理系统，健全古树名木动态监测体系；掌握古树名木资源保护现状及存在的问题；总结推广各地古树名木保护经验。试点工作由全国绿化委员会办公室统一组织领导，各试点省绿化委员会办公室负责具体实施。为规范普查工作，全国绿化委员会办公室发布了《古树名木鉴定标准（试行）》和《古树名木普查技术规范（试行）》。

【纪念《国土绿化》杂志创刊30周年座谈会】 本会于11月26日在广东省珠海市召开。会议充分肯定了《国土绿化》杂志创刊30年所取得的成绩，并对今后国土绿化宣传工作提出了要求，要坚持围绕中心、服务大局，充分发挥绿化宣传工作的职能作用；要坚持正确的舆论导向，不断增强国土绿化的正能量；要从群众需求出发，坚持“三贴近”；要齐心协力，共同把《国土绿化》杂志办好。全国绿化委员会办公室、国家林业局宣传办负责人，广东省林业厅、珠海市政府负责人，全绿委办系统的代表，共70余人参加会议。 （聂海平）

第三届中国绿化博览会

【综　述】 第三届中国绿化博览会（以下简称第三届绿博会）的主办单位是全国绿化委员会、国家林业局、天津市人民政府，承办单位是天津市绿化委员会、天津市林业局、天津市武清区人民政府，协办单位是各省（区、市）绿化委员会、林业厅（局）和各相关部门（系统）绿化委员会。中国绿化博览会的永久性主题是：以人为本，共建绿色家园。本届绿博会的副主题是：绿色，让梦想绽放。

中国绿化博览会（以下简称“绿博会”）是国土绿化领域最高层次、最高规格、最大规模的综合性博览会，每5年举办一次。第三届绿博会于2015年8月18日至10月18日在天津市武清区成功举办。共有31个省（区、市）、港澳台地区、5个计划单列市、相关部门（系统）等55个单位参展，建成48个室外展园。总投入约5.5亿元，其中，中央财政支出约130万元，各参展单位建园投入约2.1亿元，天津市、武清区建园、布展等投入约3.4亿元。

绿博园区总面积380公顷，室外展园区57.47公顷，绿化和水系面积占园区总面积的80%以上。绿博会坚持“绿色、人文、科学、创新”理念，整体景观以“绿”“水”“林”为主线，按照“一轴、三环、九区、十八景”进行布局。室外展园区分为“中西合璧、时代新风、民俗风情、写意山水、江南秀色、古韵雄风”六大板块，浓缩全国各地山水林田湖及历史文化景观，全面展示近年来中国国土绿化的巨大成就，集中介绍造林绿化新理念、新技术和新成果，充分体现了生态文明理念，突出强化了科普功能，并严格遵循了科学绿化、节俭办会的宗旨。

展会期间，还举办第三届绿博会国土绿化成就展览、国土绿化与绿色发展高层论坛、野生动物保护展等7场室内展览活动。第三届绿博会开展期间累计150余万人次参观，闭幕后绿博园面向公众永久开放，成为一届“永不落幕”的绿博会。

【第三届中国绿化博览会第二次新闻发布会】 此次发布会于6月19日在天津市武清区召开，全绿委办常务副秘书长、国家林业局造林司副司长赵良平作为主发布人介绍了第三届中国绿化博览会的筹备进展情况，天津市绿委办、武清区委区政府领导等出席。发布会公布了第三届绿博会开园的时间为8月18日至10月18日，并公布绿博园各项工程基本完成，至7月份可具备试运营条件。

【第三届中国绿化博览会第三次新闻发布会暨启动会】 8月18日，在天津市武清区兴办第三届中国绿化博览会第三次新闻发布会暨启动会，全绿委委员、国家林业局副局长张永利作为主发布人宣布第三届中国绿化博览会正式开幕，并通报了绿博会有关筹备过程、绿博园基本情况，归纳概括了绿博会的主要特点。

【国土绿化成就展】 8月18日，作为第三届中国绿化博览会室内展览的重要组成部分，由全国绿化委员会、国家林业局主办的《国土绿化成就展》在天津市武清区南湖展区正式开展，全国绿化委员会委员、国家林业局副局长张永利，天津市副市长阎庆民等到现场参观指导。国土绿化成就展分造林、部门绿化、森林经营、防沙治沙、湿地保护、林业法治、森林资源保护、林业改革、林业产业、林业科技、国际合作等11个版块，以图文并茂的形式，形象生动、科学准确地展示近5年来中国在国土绿化各方面取得的辉煌成就。整个展厅面积达500平方米，展板长约150延长米。

【国务院副总理汪洋考察第三届中国绿化博览会园区】 9月15日，国务院副总理汪洋到天津市武清区考察第三届中国绿化博览会园区。汪洋副总理对第三届绿博会给予充分肯定，并强调，要按照中央的要求，充分利用绿化博览会等方式，大力弘扬绿色生态文化，增强全社会绿化意识和生态意识，将绿化美化贯穿经济建设的全过程，融入社会生活的各个方面。国家林业局局长张建龙、副局长张永利，天津市委代理书记、市长黄兴国等陪同考察。

【第三届中国绿化博览会组委会表彰决定】 10月17日，第三届中国绿化博览会组委会印发《关于授予北京园等展园金奖、张国祯等先进工作者奖等奖项的决定》（绿组委〔2015〕1号），对第三届绿博会筹办和展览期间表现突出的先进单位和个人进行表彰。其中，优秀展园奖46名，优秀展园单项奖35名，林业新技术新材料展示奖10名，特别贡献奖3名，最佳组织奖12名，先进工作者奖302名，优秀志愿者奖50名。

【国土绿化与绿色发展高层论坛】 10月18日，在第三届中国绿化博览会闭幕当天，“国土绿化与绿色发展”高层论坛同期举行。论坛的主题是“国土绿化与绿色发展”，共征集论文60余篇。中国科学院院士、中国林业科学研究院研究员唐守正，美国科学院院士、北京大学长江特聘教授邓兴旺等著名专家，以及来自全国绿化委员会成员单位、各省（区、市）林业部门负责同志，国土绿化行业代表等200余人参加了论坛。

【第三届中国绿化博览会闭幕式】 10月18日，为期两个月的第三届中国绿化博览会在天津市武清区闭幕，全国绿化委员会委员、国家林业局副局长张永利，天津市副市长王宏江出席闭幕式并先后讲话。自8月18日开幕以来，第三届绿博会吸引游客超过150万人次。在“十一”黄金周期间，游客超过30万人次，日最高接待游客达11万人次。 （聂海平）

防沙治沙

【综　述】 2015年，全国防沙治沙工作取得重要进展。深入落实《全国防沙治沙规划》。继续推进地方省级防沙治沙规划批复工作，制订得力措施，落实全国防沙治沙规划确定的各项任务。认真开展“十二五”总结和“十三五”规划相关工作。着力推进沙化土地封禁保护区补助试点建设。正式出台《国家沙化土地封禁保护区管理办法》，进一步加强项目管理。与财政部积极沟通协调，落实本年度补助资金3亿元，新增试点县8个，累计达61个。组织开展封禁保护区检查验收工作，举办沙化土地封禁保护区管理和技术培训班，进一步提升各试点省区封禁保护区管护管理水平。积极落实重点工作与改革任务。编制完成《丝绸之路经济带防沙治沙工程建设规划》初稿。启动荒漠生态补偿机制、防沙治沙奖励补助政策的研究工作。启动“十二五”防沙治沙目标责任考核工作。组织开展中国盐碱地生物治理思路和政策的研究。启动防沙治沙表彰奖励工作。科学推进国家沙漠公园试点建设工作。新批复国家沙漠公园试点22个。制定《国家沙漠公园建设导则》《国家沙漠公园总体规划设计规范》，已经通过专家评审。正式对外发布国家沙漠公园的专用标志及使用手册。《国家沙漠公园发展规划（2016～2025年）》通过专家论证。完成石漠化二期思路研究，启动石漠化治理工程二期规划编制。完成第五次全国荒漠化和沙化监测，于12月29日召开新闻发布会对外公布数据。有效应对春季沙尘天气灾害。向国务院报告春季沙尘暴会商预测结果，重点加强预警期应急值守，及时公布沙尘暴灾害信息日报、周报和月报。开展“防沙治沙法执法年”活动。组织4个检查组赴9个省区30余个沙区县（市）进行防沙治沙法执法月行动。面向全社会组织《防沙治沙法》知识竞赛。开展以毁林案件为主破坏沙区植被的案件督查。成功策划并组织“6·17”世界防治荒漠化与干旱日宣传活动，联合团中央在清华大礼堂启动“绿化荒漠 守护家园”主题宣传活动。

完成荒漠化公约科学大会、履约审查委员会参会、荒漠化公约第十二次缔约方大会任务。举办第五次库布其国际沙漠论坛。完成国家履约报告，出版《国外防沙治沙经验、教训与典型案例》。编制《“一带一路”防治荒漠化共同行动合作构想框架》。全年共完成沙化土地治理面积191.9万公顷。

【沙化土地封禁保护区补贴试点建设情况】 2015年，中央财政下达补助资金3亿元，在内蒙古、西藏、陕西、甘肃、青海、宁夏、新疆等7个省(区)的32个旗县开展试点建设。其中，西藏仲巴县、陕西定边县、宁夏盐池县、新疆博湖县、木垒县、洛浦县、英吉沙县和布尔津县等8个县为新增试点。截至2015年年底，全国共启动沙化土地封禁保护区补贴试点61个，累计封禁保护面积达122.8万公顷。2015年沙化土地封禁保护区补贴试点名单如下。

内蒙古自治区：奈曼旗、阿拉善左旗、新巴尔虎左旗、杭锦旗、乌拉特后旗、杭锦后旗；

西藏自治区：噶尔县、仲巴县；

陕西省：定边县；

甘肃省：民勤县、敦煌市、金塔县、民乐县、临泽县、永昌县；

青海省：格尔木市、大柴旦行委、共和县、海晏县、茫崖行委、贵南县；

宁夏回族自治区：盐池县；

新疆维吾尔自治区：墨玉县、且末县、鄯善县、哈密市、沙雅县、博湖县、木垒县、洛浦县、英吉沙县和布尔津县。

《国家沙化土地封禁保护区管理办法》出台 5月，国家林业局正式出台《国家沙化土地封禁保护区管理办法》(以下简称《管理办法》)。《管理办法》的出台，填补了地方项目管理无据可依的空白，提高了封禁保护区管理水平。一是明确了国家沙化土地封禁保护区的管理体制。《管理办法》规定，国家林业局负责国家沙化土地封禁保护区的划定工作，并对其进行指导、监督和管理，省级林业主管部门负责国家沙化土地封禁保护区建设的项目实施及检查验收等工作，县级林业主管部门负责本辖区内国家沙化土地封禁保护区的建设、日常保护和管理工作。二是明确了划定国家沙化土地封禁保护区的条件和程序。《管理办法》明确了国家沙化土地封禁保护区在生态区位、人为影响、治理条件以及封禁规模等方面应该具备的条件，规定了国家沙化土地封禁保护区划定的有关要求和程序。三是明确了国家沙化土地封禁保护区的建设主体及其职责。《管理办法》规定，国家沙化土地封禁保护区以县域为单位组织实施，县级林业主管部门应当明确国家沙化土地封禁保护区管理机构，配备必要的管理人员、技术人员和相应的设备设施，以保障国家沙化土地封禁保护区建设和管理工作顺利实施。同时，《管理办法》还明确了国家沙化土地封禁保护区管理机构的主要职责。四是明确了国家沙化土地封禁保护区的禁止性规定。禁止砍伐、樵采、开垦、放牧、采药、狩猎、勘探、开矿等一切破坏植被的活动；禁止在国家沙化土地封禁保护区范围内安置移民；未经批准，禁止在国家沙化土地封禁保护区范围内进行修建铁路、公路等建设活动。五是明确了有关行政许可事项。对于确需在国家沙化土地封禁保护区范围内进行修建铁路、公路等建设活动的，《管理办法》规定了有关行政许可的事项，并要求实施单位严格执行国家林业局行政许可的有关规定，地方各级林业主管部门应当加强对建设活动的监督检查。

试点工作培训及座谈会 12月3~6日，国家林业局于内蒙古通辽市召开沙化土地封禁保护区补贴试点政策和技术培训班，邀请专家讲解了沙化土地封禁保护区行政审批程序、内容等有关问题，参观学习了奈曼旗沙化土地封禁保护区建设先进经验，对《国家沙化土地封禁保护区管理办法》和中央财政林业补助资金管理等有关问题进行了深入解读。各试点省区、试点县参与培训的同志针对各自试点2014年工作进展情况、出台的相关政策制度、采取的主要措施、试点过程中出现的新情况、2015年工作落实情况以及对试点工作的建议和意见进行了广泛的交流座谈。

【全国防沙治沙综合示范区和农业综合开发防沙治沙项目】 全国防沙治沙综合示范区建设于2003年启动，旨在深入探索和实践不同沙化类型区防沙治沙政策机制、技术模式、产业发展和管理体制，为推进防沙治沙工作探路示范，加快改善重点沙区生态状况，带动全国防沙治沙事业走上质量与效益兼顾、生态与经济共赢的可持续发展道路。截至2015年年底，国家林业局先后批准建立46个示范区，其中跨区域示范区2个，省级示范区1个，地级示范区8个，县级示范区35个，涉及全国24个省(区、市)和新疆生产建设兵团的159个县(市、区、团场)，涵盖了《全国防沙治沙规划》中确定的5种沙化土地类型区。2015年，协调落实年度防沙治沙示范区建设资金3700万元。经过10多年的探索与建设，示范区取得了明显成效。提高了地方政府对治沙工作重要性的认识，激发了社会各界参与防沙治沙的积极性，总结出一批防沙治沙模式，树立了一批防沙治沙样板，推升了防沙治沙水平，提高了防沙治沙效益，积累了较为丰富的经验，为推动全国防沙治沙工作作出了重要贡献。

推进农业综合开发防沙治沙项目，积极争取增加对农业综合开发防沙治沙项目的投入，与计财司研究2015年农业综合开发防沙治沙项目计划，提出审核意见，进一步加强和规范农业综合开发防沙治沙项目的管理，协调落实2015年度防沙治沙示范区建设资金。2015年度农业综合开发防沙治沙项目投资1.09亿元。

【岩溶地区石漠化综合治理工程】

工程概况 2008年，国务院批复《岩溶地区石漠化综合治理规划大纲(2006~2015年)》(以下简称《规划大纲》)。工程建设范围包括贵州、云南、广西、湖南、湖北、四川、重庆、广东8省(区、市)的451个县(市、区)。工程区土地总面积为105.45万平方千米，岩溶面积44.99万平方千米，其中石漠化面积12.96万平方千米。规划建设任务为：林草植被建设942万公顷；草地建设任务119.5万公顷；建设和改造坡耕地77万公顷并并配套相应的水利水保设施等。按照《规划大纲》，

2008～2010年，启动实施了100个县(市、区)的石漠化综合治理试点工程，2011年石漠化综合重点治理县扩大到200个县，2012年重点治理县扩大到300个县，2014年重点治理县达到314个县，实现了滇、桂、黔3省(区)石漠化县投资全覆盖。2008～2015年，国家累计安排专项资金119亿元。

工程进展情况 截至12月31日，8省(区、市)全面完成2015年林业建设任务36.39万公顷，其中，人工造林8.2万公顷，封山育林28.19万公顷。截至12月底，工程累计完成林业建设任务188.82万公顷，其中，人工造林46.82万公顷，封山育林142万公顷。组织开展了石漠化工程二期思路研究；完成了石漠化综合治理工程“十三五”规划编制；加强了石漠化综合治理技术模式总结与推广，编辑出版了《石漠化治理中的造林树种选择与模式》，石漠化综合治理水平得到有效提升。

12月14～18日，国家林业局防沙治沙办公室在湖南省长沙市举办了岩溶地区石漠化监测技术暨工程处长培训班。有来自贵州、云南、广西、广东、湖南、湖北、四川、重庆等8省(区、市)的52名工程管理和技术骨干参加了培训。

【第五次全国荒漠化和沙化监测结果】 为了掌握全国荒漠化和沙化情况，每5年组织开展一次荒漠化和沙化土地监测工作。2013年7月至2015年10月底，国家林业局组织相关部门的有关单位开展了第五次全国荒漠化和沙化监测工作。本次监测综合运用了遥感、地理信息、全球定位和地面调查技术，直接参与本次监测的技术人员达5000余人，共区划和调查图斑634.46万个，建立现地调查图片库24.46万个获取各类信息记录3.43亿条，获得了截至2014年年底全国荒漠化和沙化土地现状及动态变化信息。

第五次监测结果显示，截至2014年年底，全国荒漠化土地面积261.16万平方千米，占国土面积的27.20%；沙化土地面积172.12万平方千米，占国土面积的17.93%；有明显沙化趋势的土地面积30.03万平方千米，占国土面积的3.12%。与2009年相比，5年间荒漠化土地面积净减少12 120平方千米，年均减少2424平方千米；沙化土地面积净减少9902平方千米，年均减少1980平方千米。

第五次监测结果与第四次监测(2009年)相比有明显好转，呈现整体遏制、持续缩减、功能增强的良好态势，具体主要有以下5个特点。

第一，荒漠化和沙化面积持续减少。全国荒漠化土地面积由262.37万平方千米减少到261.16万平方千米，净减少12 120平方千米，年均减少2424平方千米；沙化土地由173.11万平方千米减少到172.12万平方千米，净减少9902平方千米，年均减少1980平方千米，与第四次监测期内的年均减少1717平方千米相比，减少的幅度有所加大。全国荒漠化土地和沙化土地面积自2004年出现缩减以来，已经连续10年保持了“双缩减”。

第二，荒漠化和沙化程度继续减轻。荒漠化和沙化程度呈现出由极重度向轻度转变的良好趋势。从荒漠化土地看，极重度减少2.83万平方千米，轻度增加8.36万平方千米；从沙化土地看，极重度减少7.48万平方千米，轻度增加4.19万平方千米。极重度荒漠化和极重度沙化土地分别减少5.03%和7.90%。

第三，沙区植被状况进一步好转。2014年沙区的植被平均盖度为18.33%，增加了0.7个百分点。包括呼伦贝尔沙地、浑善达克沙地、科尔沁沙地、毛乌素沙地和库布其沙漠等在内的东部沙区植被盖度增加了8.3个百分点，固碳能力也相应提高了8.5%。

第四，区域风沙天气明显减少。中国东部沙区土壤风蚀状况呈减轻的趋势，土壤风蚀量下降了33%，地表释尘量下降了约37%，其中植被增加的贡献率为20%。沙尘天气明显减少，5年间平均每年出现沙尘天气9.4次，较上一个监测期减少了20.3%，北京地区平均每年出现2次，较上一个监测期减少了63.0%。

第五，林沙产业快速发展。在防沙治沙过程中，各地大力发展特色林沙产业，沙区经济林果面积已达540万公顷，年产干鲜果品5360万吨，占全国年产量的33.9%。林果业的发展带动了种植、加工和贮运等产业的蓬勃发展，成为沙区经济发展的重要支柱和农民群众脱贫致富的拳头产业。仅新疆林果种植面积已突破146万公顷，年产量达650万吨，年产值达450多亿元，农民人均林果业收入达1400元。

【国家沙漠公园建设情况】

国家沙漠公园试点建设 国家林业局新批复沙漠公园试点22个。国家林业局于11月17日组织有关专家召开了国家沙漠公园专家评审会，对山西、辽宁、陕西、甘肃、青海、新疆等6个省(区)的22份申报材料进行了专家评审，生态学、规划设计、沙漠科学、资源环境、社会经济、荒漠生态等领域的11位专家参加评审。根据2014年的工作经验，2015年对22份申请材料进行严格初审，对其中大部分材料提出了修改的要求。

为了扩大国家沙漠公园影响力，国家林业局防治荒漠化管理中心在《中国林业》发表封面专题文章《国家沙漠公园：左手严守生态，右手发展经济》，并对其他网站、媒体提供了有关国家沙漠公园的素材及材料，配合国家林业局信息化管理办公室，完成了国家沙漠公园网站的基本构建。

国家沙漠公园技术规范 《国家沙漠公园建设导则》《国家沙漠公园总体规划设计规范》已经通过专家评审，目前向社会发布并下发通知，这两项技术规范对于今后国家沙漠公园规划及建设工作具有重要意义。目前《国家沙漠公园总体规划编制导则》列入了《2015年林业行业标准制修订项目计划》。

国家沙漠公园发展规划 11月，国家林业局组织召开国家沙漠公园发展规划专家评审会，由北京林业大学尹伟伦院士等7位专家组成的专家评审小组审阅并通过了《国家沙漠公园发展规划》(2016～2025年)。针对参会专家提出的意见建议，在此基础上形成了送审稿。

国家沙漠公园规范管理 组织设计国家沙漠公园专用标志，并制作《中国国家沙漠公园视觉形象识别系统手册》，在6月发布了公告及通知，规范管理国家沙漠公园的形象。国家林业局防治荒漠化管理中心配合中国治沙暨沙业学会成立国家沙漠公园专业委员会，并在新疆维吾尔自治区鄯善县举行成立大会。

表 5-1　已建国家沙漠公园一览表(截至 2015 年年底)

序号	公园名称	面积(公顷)	省(区)	所在县、市
	合计	297 289.59		
1	宁夏沙坡头国家沙漠公园	7700	宁夏	中卫市沙坡头区
2	宁夏灵武白芨滩国家沙漠公园	4400	宁夏	灵武市
3	新疆吉木萨尔国家沙漠公园	3000	新疆	昌吉回族自治州吉木萨尔县
4	新疆阜康梧桐沟国家沙漠公园	1507	新疆	阜康市
5	新疆奇台硅化木国家沙漠公园	3600	新疆	昌吉回族自治州奇台县
6	新疆木垒鸣沙山国家沙漠公园	3000	新疆	昌吉回族自治州木垒县
7	新疆尉犁国家沙漠公园	2000	新疆	巴音郭楞蒙古自治州尉犁县
8	新疆且末国家沙漠公园	7153.33	新疆	巴音郭楞蒙古自治州且末县
9	新疆沙雅国家沙漠公园	27 800	新疆	阿克苏地区沙雅县
10	新疆鄯善国家沙漠公园	20 000	新疆	吐鲁番地区鄯善县
11	新疆伊吾国家沙漠公园	11 145.92	新疆	哈密地区伊吾县
12	新疆洛浦玉龙湾国家沙漠公园	1100	新疆	和田地区洛浦县
13	新疆博湖阿克别勒库姆国家沙漠公园	5600	新疆	巴音郭楞蒙古自治州博湖县
14	新疆精河木特塔尔国家沙漠公园	24 775	新疆	博尔塔拉蒙古自治州精河县
15	新疆和布克赛尔江格尔国家沙漠公园	15 000	新疆	伊犁哈萨克自治州和布克赛尔县
16	新疆吐鲁番市艾丁湖国家沙漠公园	780	新疆	吐鲁番市
17	新疆库车龟兹国家沙漠公园	20 047	新疆	阿克苏地区库车县
18	新疆麦盖提国家沙漠公园	6400	新疆	喀什地区麦盖提县
19	新疆莎车喀尔苏国家沙漠公园	6428	新疆	喀什地区莎车县
20	新疆岳普湖达瓦昆国家沙漠公园	8126	新疆	喀什地区岳普湖县
21	新疆生产建设兵团驼铃梦坡国家沙漠公园	2039.78	新疆兵团	第八师莫索湾垦区一五〇团
22	内蒙古库布其七星湖国家沙漠公园	14 637	内蒙古	鄂尔多斯市杭锦旗
23	内蒙古磴口沙金套海国家沙漠公园	353.04	内蒙古	巴彦淖尔市磴口县
24	内蒙古翁牛特勃隆克国家沙漠公园	3360.5	内蒙古	赤峰市翁牛特旗乌丹镇
25	内蒙古奈曼宝古图国家沙漠公园	3643.9	内蒙古	通辽市奈曼旗
26	内蒙古乌海金沙湾国家沙漠公园	1532.67	内蒙古	乌海市海勃湾区
27	内蒙古乌审旗苏里格国家沙漠公园	894.25	内蒙古	鄂尔多斯市乌审旗
28	甘肃阿克塞国家沙漠公园	11 391	甘肃	酒泉市阿克塞哈萨克族自治县
29	甘肃敦煌阳关国家沙漠公园	8095.5	甘肃	敦煌市
30	甘肃临泽小泉子国家沙漠公园	713	甘肃	张掖市临泽县
31	甘肃凉州头墩营国家沙漠公园	1574	甘肃	武威市凉州区
32	甘肃高台骆驼驿国家沙漠公园	1371.8	甘肃	张掖市高台县
33	甘肃金昌国家沙漠公园	218.3	甘肃	金昌市
34	甘肃金塔拦河湾国家沙漠公园	3498.5	甘肃	酒泉市金塔县
35	甘肃民勤沙井子国家沙漠公园	2819.5	甘肃	武威市民勤县
36	甘肃玉门青山国家沙漠公园	2509.29	甘肃	酒泉市玉门市
37	青海贵南黄沙头国家沙漠公园	1650	青海	海南藏族自治州贵南县
38	青海乌兰金子海国家沙漠公园	3590.7	青海	海西蒙古族藏族自治州乌兰县
39	青海都兰铁奎国家沙漠公园	13 600	青海	海西蒙古族藏族自治州都兰县
40	青海茫崖千佛崖国家沙漠公园	945.78	青海	海西蒙古族藏族自治州茫崖行政委员会
41	青海海晏克土国家沙漠公园	298.88	青海	海北藏族自治州海晏县
42	青海曲麻莱通天河国家沙漠公园	292.95	青海	玉树藏族自治州曲麻莱县
43	青海乌兰泉水湾国家沙漠公园	445.59	青海	海西蒙古族藏族自治州乌兰县
44	青海泽库和日国家沙漠公园	292.35	青海	黄南藏族自治州泽库县

（续）

序号	公园名称	面积(公顷)	省(区)	所在县、市
45	云南陆良彩色沙林国家沙漠公园	389.7	云南	曲靖市陆良县
46	陕西大荔国家沙漠公园	360	陕西	渭南市大荔县
47	陕西定边马莲滩国家沙漠公园	9827.6	陕西	榆林市定边县
48	辽宁康平金沙滩国家沙漠公园	1333.9	辽宁	沈阳市康平县
49	辽宁彰武大清沟国家沙漠公园	400	辽宁	阜新市彰武县
50	山西大同西坪国家沙漠公园	6166.7	山西	大同市大同县
51	山西天镇边城国家沙漠公园	13 945	山西	大同市天镇县
52	山西左云管家堡国家沙漠公园	2323.71	山西	大同市左云县
53	山西怀仁金沙滩国家沙漠公园	1243.86	山西	朔州市怀仁县
54	山西朔城区麻家梁国家沙漠公园	867.16	山西	朔州市朔城区
55	山西右玉黄沙洼国家沙漠公园	1101.43	山西	朔州市右玉县

【沙尘暴灾害及应急处置工作情况】 2015年(主要是春季)，北方地区共发生11次沙尘天气过程，主要起源于南疆盆地、内蒙古西部和甘肃河西走廊，影响范围涉及西北、华北、东北等13省(区、市)378个县市，受影响土地面积约268万平方千米，人口近1.2亿。其中，按沙尘类型分，强沙尘暴1次，沙尘暴1次，扬沙9次；按月份分，3月份发生5次，4月份发生3次，5月份发生3次；按影响范围分，超过100万平方千米的有3次，50万~100万平方千米的6次，50万平方千米以下2次；按影响路径分，经西路路径影响的有4次，中路路径2次，东路路径4次，局地型1次。总体而言，2015年春季沙尘天气次数较少，强度较弱，影响范围较小；次数多于2014年同期(7次)，强度基本持平，次数和强度均低于近14年(2001~2014年，下同)同期均值。

按照《重大沙尘暴灾害应急预案》的要求，2015年主要采取了以下应对措施：一是元月7日联合气象局组织专家对春季沙尘天气趋势进行会商，会商意见上报国务院(林沙字〔2015〕7号)，指导有关部门开展应急处置工作。二是3月3日下发了《国家林业局关于做好2015年春季沙尘暴灾害应急处置工作的通知》(林沙发〔2015〕28号)，部署应急处置工作。三是督促地方完善应急工作方案，检查应急措施和工作制度落实情况。四是发挥卫星遥感监测，沙尘暴地面站、短信平台等现有监测设施和平台的作用，科学开展预警监测。五是沙尘暴重点预警期加强应急值守，完善值班制度，及时掌握沙尘天气趋势和灾害信息。六是沙尘暴多发期严格执行日报告和零报告等制度，做好信息日报、周报、月报、半年报和年报工作，及时通报上年度各省零报告执行情况，各沙尘暴地面站、信息员报送灾情信息情况。七是强化灾情评估和应急处置工作。4月15日，北京发生强度较大的扬沙天气，国家林业局全面掌握沙尘天气发生、发展过程，及时向国办上报灾情和处置措施等信息。八是广泛宣传沙尘暴基本知识及灾害预防常识，及时向社会发布沙尘暴灾情信息，采取的应急措施，正确引导社会舆论。九是筹建沙尘暴灾害处置综合平台和沙尘信息掌上报送系统，完善应急处置短信平台，规范沙尘暴地面站管理，提高沙尘暴灾害监测预警能力水平。十是与气象局签订了深化全面战略合作框架协议，将沙尘暴监测预警和应急处置作为重要合作内容，联合开展沙尘暴监测和沙尘源区植被状况调查研究，开展沙尘暴气候监测预测系统建设项目合作。

【沙区行政执法及审批】

开展“防沙治沙执法年活动” 2015年是《防沙治沙法》颁布的第15年，为充分发挥《防沙治沙法》在保护沙区生态中的重要作用，向各省级林业主管下发文件《国家林业局办公室关于开展“防沙治沙执法年”活动的通知》，决定开展首届“防沙治沙执法年”活动，要求各级林业部门充分认识到依法治沙的重要意义，开展多途径的宣传、学习、培训和教育工作，要求各级林业部门开展联合执法调研工作，全面加强依法治沙制度建设，同时对“防沙治沙执法检查月”活动做出安排和部署，提交执法年活动工作方案和防沙治沙执法检查自查报告。

防沙治沙执法检查工作 10~11月，由国家林业局防治荒漠化管理中心和国家林业局政策法规司、国家林业局森林资源管理司(专员办)、国家林业局调查规划设计院、国家林业局西北林业调查规划设计院等单位，联合组成4个执法检查小组，赴内蒙古、辽宁、吉林、黑龙江、陕西、甘肃、青海、宁夏、新疆等9个省(区)及新疆兵团进行考察，共有16人参与执法检查工作，重点检查了相关30余个沙区县(市)。“防沙治沙执法检查月”活动对沙区执法情况进行监督检查，对防沙治沙法实施情况进行实地调研，向基层林业部门宣传防沙治沙法的知识和制度，指导各级林业部门提升执法力度和工作效率，对于推进依法治沙、强化执法监督具有重要作用。

防沙治沙知识竞赛 按照“防沙治沙执法年活动”的统一安排，举办《中华人民共和国防沙治沙法》知识竞赛，将竞赛通知下发地方林业部门，并向国家林业局各司局及直属单位转发，同时在中国林业信息网网站发布公告。该项活动在全国林业系统内掀起了学习防沙治沙法的新热潮。

认真履行行政审批职责 首次批准陕西榆阳区的“在沙化土地封禁保护区范围内进行修建铁路、公路等建设活动审批”。自2014年以来，按照国务院行政审批制度改革办公室和国家林业局政策法规司的统一要求，对行政审批进行规范管理，制订审批指南及审批工作细则。目前，正在准备开展“在沙化土地封禁保护区范围内进行修建铁路、公路等建设活动审批”的网上行政审批。

防沙治沙执法与行政许可培训班 12月，在通辽举办行政执法与行政许可培训班，旨在总结执法年工作成果，提出目前执法面临的问题，督促地方林业主管部门将依法治沙作为一项系统性工作常抓不懈。

破坏沙区植被案件督查 针对引起媒体和社会关注的内蒙古赤峰市敖汉旗毁林案件、陕西省榆林毁林案件、新疆巴州破坏沙区植被案件等破坏沙区植被的案件，督促地方林业主管部门进行跟踪调查处理。对在执法检查过程中发现的违法现象、疑似违法现象进行跟踪调查。

法律法规、规范性文件制定、修改 积极参加《林业行政案件类型及划分标准》的研究与制定，参与了文件起草、修改及专家论证会，在国家林业局原有的行政案件类型下，新增“违反防沙治沙法规”作为一个新的行政案件类型。对自然生态空间确权登记、自然资源资产管理体制、自然资源监管体制、生态环境损害赔偿制度、生态环境损害追究党政领导干部责任等制度进行研究及资料汇总。

【荒漠化生态文件及宣传】

荒漠生态文化及宣传 一是成功策划并组织“6·17”世界防治荒漠化与干旱日宣传活动。围绕宣传主题在《人民日报》刊发赵树丛局长署名文章、新华社推出国家林业局副局长张永利权威访谈。在中央电视台报道了京津治理成效和“十三五”科学治沙思路。出版并分发了介绍最新工作动态的《荒漠化防治动态》。6月17日以国家林业局、共青团中央名义联合在清华大学大礼堂共同启动“绿化荒漠 守护家园”主题宣传活动，放映主题公益电影《家在水草丰茂的地方》。30多家媒体、十几所院校的600多名青年学生参加了活动，并向全国青年大学生发出“绿化荒漠 守护家园”的倡议。在中国林业政府网首页制作了“绿化荒漠 守护家园”的图片展示，开辟了专栏，全面介绍荒漠化相关知识。开展了司局长在线访谈，推出微博。据统计，6月17～24日，世界防治荒漠化和干旱日相关新闻报道及转载共859篇，参与报道的网站有274家，播发信息30多条，手机公益短信2亿条，微博主贴2552条。

二是配合中央国家机关组织来自国家林业局、国家中医药管理局、中日友好医院和人民教育出版社等单位13名青年代表赴甘肃民勤深入沙区开展“根在基层 走进一线”调研活动，与沙区一线员工、基层农民同工同勤，蹲点调研，深入了解沙情。

三是成功对外公布第五次全国荒漠化和沙化监测数据。12月29日，国家林业局召开新闻发布会对外公布第五次全国荒漠化和沙化监测数据，并在《人民日报》刊登专版介绍此次监测结果，印发了监测结果公报和简报。

【荒漠化公约履约和国际合作】

开展国家履约机制研究 组织编写了《国外防沙治沙经验与教训》《荒漠化防治最佳实践培训教材》等专题材料，开展对履约进展评估指标的专项研究，启动最新一期的《国家行动方案》编制工作。

参与国际规则制定 先后参加了荒漠化第十三次履审会、第三次科学大会和第十二次缔约方大会，参与了系列重要议题谈判；代表亚洲区域参加了全球土地退化零增长目标工作组的工作，促成公约关于设立全球防治目标的决议。

促成荒漠化公约亚洲办来华落户 完成荒漠化公约亚洲区域办来华落户审批，启动东道国协议磋商。

筹备在华大型国际会议及活动 积极筹备2016年在华举办世界防治荒漠化日全球庆祝活动，筹备2017年中国承办公约缔约方大会的申办。

深化国际合作，落实国家重点战略 在北京承办了东北亚环境机制国际研讨会，协调次区域荒漠化防治联合行动的出台，派员参加了东北亚荒漠化防治网络第四次指导委员会磋商和中阿国家农业高端研讨会，先后接访伊朗、印度、蒙古等国荒漠化防治交流团组，组织编制了《“一带一路”防治荒漠化共同行动合作构想框架》并提出具体项目意向，配合“一带一路”等国家重点战略的实施。

推进重点项目 积极参与全球环境基金可持续土地管理决策支持项目，组织编制工作计划及预算方案；实质性推进援埃防治荒漠化中心立项，组织完成了对埃及新址的预评估、形成书面报告，就未来技术合作开展专家咨询、修改项目建议并与埃方交换意见；在东北亚荒漠化防治网络框架下参与中、韩、蒙联合专家考察，形成中蒙边界沙尘源治理项目建议书。

对外宣传工作 完成中国荒漠化防治中英文标识的设计制作，设计制作了系列对外宣传册、沙产品宣传页、相关外事纪念品，协助中林网、法国沙漠星球摄制组、英国独立电台的采访报道，进一步扩大了中国荒漠化履约与国际合作的对外影响。 （林琼供稿）

森林公园建设与管理

【综　述】 2015年是中国实施“十二五”规划的收官之年，森林公园建设发展继续保持良好态势，较好地完成了各项目标任务。截至2015年年底，全国共建立各级森林公园（含国家级森林旅游区）3234处，比“十一五”期末增加651处，森林公园规划总面积1801.71万公顷，比“十一五”期末增加124.13万公顷，占国土面积比例由 1.75% 上升至 1.88%。

森林公园建设 北京市在国有林场改革设计中，提出“场园一体、保护优先、融合发展”的方向，大力推进森林公园建设。福建省从省财政结余资金中安排了2000万元资金，用于扶持20个省级以上森林公园的景观改造和能力建设项目。黑龙江省积极与国家发改委沟通协调，将本省森林公园生态文化旅游设施建设项目纳入大小兴安岭接续替代产业专项。据统计，2015年各地森林公园共投入建设资金416.9亿元，“十二五”期间投入的森林公园建设资金总额达2106.49亿元，是“十一五”期间投入的2.8倍。截至2015年年底，全国森林公园拥有职工17.23万人、游(步)道8.17万千米、车船3.55万台(艘)、床位92.8万张、餐位177万个，分别比“十一五”期末增加职工3.7万人、游(步)道2.7万千米、车船1.03万台(艘)、床位30.14万张、餐位63.4万个。

森林公园管理 2015年7月1日，福建省人民政府颁布实施《福建省森林公园管理办法》，全国出台森林公园地方性法规和省政府规章的省份分别达10个和2个。黑龙江省依据《黑龙江省森林公园管理条例》制定了森林公园行政处罚裁量标准，在省政府网站和省林业厅网站对外公布。安徽省下发《关于建立省林业厅占用征收林地联席会议制度的通知》，将省森林公园管理办公室列入联席会议成员单位，要求所有占用林地项目都需经联席会议成员单位审核。海南省聘请专业技术机构完成了全省森林公园的落界，解决了多年来部分森林公园界线不明的问题。重庆市对森林公园基础信息情况进行了收集统计整理，纸质和电子文档分类保存，全市88个森林公园全部有矢量化地图，每个森林公园均有对应的管理档案。贵州省组织开展了对全省78个森林公园的监督检查，并将结果进行全省通报，对获得通报表扬的森林公园将在今后项目安排上予以支持和倾斜，对受到批评和排位靠后的森林公园限期整改。

森林公园效益 各级森林公园高度重视生态保护与建设，2015年专门投入51.68亿元资金，新增风景林7.99万公顷，改造林相18.34万公顷。“十二五”期间，森林公园共投入生态保护与建设资金253.6亿元，是“十一五”期间的3.3倍，增加风景林总面积达52.09万公顷，改造林相总面积达87.73万公顷，森林公园生态质量与景观品位得到有效提高，生态效益显著。同时，各地积极强化服务，便利公众出游森林公园，河北省组织编印了《河北省国家森林公园》书籍，重庆市发布了全市26个国家级森林公园旅游路线图，四川省获得省高速公路管理局支持在全省高速公路悬挂森林公园指示牌。2015年，全国森林公园共接待游客7.95亿人次，比2014年增长12%，其中976处森林公园免收门票，有1.91万人次游客免费享受到森林公园提供的公共生态福利。“十二五”期间，森林公园游客总数达31.1亿人次，是“十一五”期间的2.1倍，社会效益突出。森林公园旅游也取得了较好的经济效益，2015年森林公园直接旅游收入达705.6亿元，比上年增长23%，由此带动的社会综合产值据测算近7500亿元。“十二五”期间，森林公园旅游收入总额达2598.55亿元，是“十一五”期间的2.6倍。

【准予设立39处国家级森林公园】 2015年，国家林业局先后做出行政许可决定，准予设立内蒙古敕勒川、成吉思汗，吉林红叶岭，黑龙江桦川、双子山，江苏天目湖、黄海海滨，山东章丘、峄城古石榴、棋山幽峡、夏津黄河故道，河南天目山、大苏山、云梦山，湖北西塞国、岘山、白竹园寺，湖南永兴丹霞、齐云峰、四明山、北罗霄、靖州、嘉禾、沅陵，重庆毓青山，四川宣汉、苍溪、沐川、鸡冠山，贵州甘溪、油杉河大峡谷、黄果树瀑布源，云南双江古茶山，甘肃子午岭，新疆乌鲁木齐天山、车师古道，内蒙古绰尔大峡谷，南京无想山，山东茌平等39处国家级森林公园。截至2015年年底，全国共设立国家级森林公园826处，规划总面积1084.55万公顷。

【撤销3处国家级森林公园】 2015年12月29日，国家林业局分别作出行政许可决定，撤销福建龙湖山、广东东海岛、河北石佛共3处国家级森林公园。行政许可决定书指出，该3处国家级森林公园长期未按规定编制或修编国家级森林公园总体规划，且经责令整改仍达不到要求，造成国家级森林公园主体功能无法发挥，未履行国家禁止开发区域保护管理职责，根据《国家级森林公园管理办法》第三十二条的规定予以撤销。

【新增11处国家生态公园试点】 2015年1月27日和12月29日，国家林业局先后复函相关省级林业部门，同意建设内蒙古鄂尔多斯、江苏张家港暨阳湖、山东高唐清平、山东枣庄环城、河南清丰阳子、河南南乐黄河故道、河南民权黄河故道、湖北随州随城山、湖北保康尧治河、贵州道真洛龙、青国家海西宁环城等11处国家生态公园试点。国家林业局要求将国家生态公园纳入森林公园体系管理，强调生态公园建设要严格执行国家生态公园总体规划，积极探索林业生态修复与生态产品供给、公益性开放与市场化运营的新模式新机制。截至2015年年底，国家生态公园试点总数达14处。

【新增3处国家林木(花卉)公园】 2015年12月29日，国家林业局复函相关省级林业部门，同意建设安徽芜湖丫山国家牡丹公园、山东郯城国家银杏公园、四川江油国家百合公园等3处国家林木(花卉)公园。国家林业局要求将国家林木(花卉)公园纳入森林公园体系管理，强调国家林木(花卉)公园总体规划应以林木(花卉)种质资源的保护、培育和应用为宗旨，满足资源保育、科研研发、生产经营、观光休闲等功能需求。截至2015年年底，国家林木(花卉)公园总数达8处。

【启动国家级森林公园负责人交流挂职工作】 2015年4月15日，中国林学会森林公园分会印发《国家级森林公园负责人交流挂职管理办法(试行)》，启动国家级森林公园负责人交流挂职工作。国家级森林公园负责人交流挂职采取互换挂职人员的方式，挂职期限分为3个月、6个月、12个月。7月2日，中国林学会森林公园分会公布首批“国家级森林公园负责人交流挂职基地”和2015年度拟选派交流挂职人员名单，江苏大阳山等12

处国家级森林公园被列为“国家级森林公园负责人交流挂职基地”，江苏大阳山国家森林公园王建伟等11人被选派为交流挂职人员。

【印发《国家级森林公园总体规划审批管理办法》】 2015年5月4日，国家林业局印发《国家级森林公园总体规划审批管理办法》，自2015年6月1日起施行。办法共5章20条，对国家级森林公园总体规划的上报、审批、实施监督作出具体规定，同时明确了国家级森林公园总体规划的编写内容和要求。2015年，国家林业局共批复6批51处国家级森林公园总体规划。

【公布第六批中国国家森林公园专用标志使用授权名单】 2015年6月8日，国家林业局下发通知，公布第六批获得中国国家森林公园专用标志使用授权的国家级森林公园名单，同意授权内蒙古敕勒川等49处国家级森林公园使用中国国家森林公园专用标志。截至2015年年底，获得中国国家森林公园专用标志使用授权的国家级森林公园达667处。

【印发《全国城郊森林公园发展规划》】 2015年12月31日，国家林业局印发《全国城郊森林公园发展规划(2016~2025)》。规划共5章，内容包括发展城郊森林公园的必要性、中国城郊森林公园发展成效和挑战、城郊森林公园发展的总体思路、发展布局、主要建设内容和保障措施。规划指出，城郊森林公园是森林公园的重要组成部分，是新型城镇化建设的重要基础设施，是宜居城市建设、提升百姓福祉的重要需求，也是弘扬生态文化，全方位发挥森林生态功能，提升民众森林文化素养，推进生态文明建设的重要载体。

【首期国家级森林公园解说员培训班】 2015年11月21~26日，由中南林业科技大学旅游学院承办的首期国家级森林公园解说员培训班在湖南省长沙市举办，来自全国(含台湾、香港)5所高校、47个国家级森林公园、4个省级林业主管部门的相关人员共80人参加。本次培训班课程包括环境解说的发展和内涵、森林公园解说系统设计和人员解说技巧、自然教育活动课程设计的课堂授课，大围山国家级森林公园解说系统的现场教学，以及香港湿地公园、北京八达岭国家森林公园环境解说和自然教育的经验介绍，并采用笔试和现场解说相结合的考核方式，较为全面地传授了环境解说的基础理论以及人员解说及自然教育活动设计和组织的原则与技巧。

【2015年全国森林公园工作座谈会】 2015年12月1~2日，2015年全国森林公园工作座谈会在江苏省南京市高淳区召开，来自32个省级林业主管部门的有关人员共50人参加。会议系统回顾了全国森林公园森林旅游“十二五”工作成效，提出了“十三五”发展思路及2016年重点工作。会议要求，各省结合实际工作总结“十二五”工作成效，查找差距，分析当前形势，谋划好“十三五”工作，推进森林公园建设与森林旅游发展。

【2015年度国家级森林公园管理高级研修班】 2015年4月8~9日，2015年度国家级森林公园管理高级研修班在安徽省合肥市举办，来自32个省级林业主管部门、46个国家级森林公园申报单位、43个规划设计单位的相关人员共270余人参加。研修班课程就国家级森林公园行政审批、国家级森林公园管理和总体规划编制、建设项目使用国家级森林公园林地审查的政策规定进行了专门解读，同时采取课堂讲授和现场教学相结合的方式重点探究了合肥滨湖国家级森林公园的创建、发展、公益性开发与市场化运营模式，并通过讨论进一步增强对课程内容的理解与把握。

【国家级森林公园生态文化建设研讨班】 2015年4月27~28日，国家级森林公园生态文化建设研讨班在云南省香格里拉市举办，来自4所高校、9个省级林业主管部门、13个解说体系示范项目建设单位的相关人员共45人参加。本次研讨班课程包括森林公园环境解说系统构建、自然教育系统规划设计、解说系统规划技术规程、环境教育活动开发的课堂授课，以及云南普达措国家公园解说系统建设现场教学、解说体系示范项目建设实践交流和森林公园环境教育主题研讨，着力提高对加强森林公园自然教育工作的认识。

【2015年度森林公园建设管理研讨班】 2015年5月26~27日，2015年度森林公园建设管理研讨班在江苏省苏州市举办，来自2010年度设立的16处国家级森林公园、10个省级林业主管部门和中国森林风景资源评价委员会的相关人员共70人参加。本次研讨班采取国家级森林公园建设管理实践课堂研讨、中国森林风景资源评价委员会专家点评、江苏大阳山国家森林公园建设管理现场教学以及对有关法规专题学习等形式，研究分析了新形势下森林公园发展的新特点，就切实加强森林公园建设管理提出建议措施。

【2015年度国家级森林公园主任培训班】 2015年11月30日至12月5日，2015年度国家级森林公园主任培训班在江苏省南京市高淳区举办，来自全国31个省(区、市)国家级森林公园主管人员共110人参加。本次培训班采取理论教学与现场教学相结合的形式，理论教学包括智慧旅游情况介绍、森林公园建设管理与生态旅游发展、森林公园管理与森林旅游发展的做法、基于设施和装备的森林游憩及资源管理、森林体验及自然教育设计、森林景观质量提升理论与实践、乡村旅游发展、森林公园植物景观对位配置及活化设计、森林生态价值可持续经营等理论课程，现场教学亲身体验游子山国家森林公园三条垄游客服务中心、智慧旅游建设、东门游客服务中心森林体验系统建设等，全面传授了国家级森林公园建设管理专业知识。 (许晶供稿)

林业应对气候变化

【综　述】 2015年，按照党中央、国务院决策部署和国家林业局党组统一安排，林业应对气候变化工作紧紧围绕《"十二五"控制温室气体排放工作方案》和《林业应对气候变化"十二五"行动要点》，各项工作扎实推进，取得新进展，为实现林业"双增"目标、积极应对气候变化、建设生态文明做出重要贡献。

【加强林业应对气候变化宏观指导】 认真落实国家应对气候变化规划和战略，完成《林业应对气候变化"十三五"行动要点》、《林业适应气候变化行动方案(2016～2020年)》编制，制订印发了2015年林业应对气候变化重点工作分工方案。积极参与《强化应对气候变化行动——中国国家自主贡献》编制，研究提出2030年林业应对气候变化行动目标，并写入《中国国家自主贡献》文件。配合国家发展改革委开展2014年度各省、区、市碳排放强度(含森林碳汇)目标任务完成情况的考核。积极推进林业碳汇交易，指导北京等地的林业碳汇项目建设。发布了《2014年林业应对气候变化政策与行动白皮书》(中英文)。

【加快推进林业碳汇计量监测体系建设】 印发《2015年全国林业碳汇计量监测体系建设工作方案》，在北京等18个省、区、市开展了土地利用变化与林业碳汇计量监测，森林碳库和湿地碳库模型参数进一步完善。《森林生态系统碳库调查技术规范》《灌木生物量碳含率标准》等一批技术规范的制定已取得重要成果。碳卫星先期立项研究取得新进展。

【加强政策研究，推进制度建设】 组织开展"气候变化公约"专题研究，完成了"欧盟与美国气候变化公约谈判进程跟踪"等专题报告。组织开展了2020年后林业增汇减排行动目标研究，提出主要时间节点森林碳储量和碳汇量等目标。组织开展"十三五"林业碳排放配额及其政策研究，完成全国及各省区市森林消耗年均碳排放量测算。积极参与《国家应对气候变化法》制定、《森林法》修订、《碳排放权交易管理条例》制定，在林业碳汇计量监测、碳交易等方面提出了政策建议。

【着力抓好应对气候变化科研支撑】 组织开展"西北地区干旱荒漠生态系统对全球气候变化的响应""中国典型泥炭湿地的碳储量估算"等研究项目，取得了一批阶段性重要成果，开发中国林业碳计量与核算系统，提高了林业温室气体清单编制的规范性和准确性，为完成第三次林业温室气体清单、第一次"两年更新报告"编制奠定了基础。加强生态观测研究平台建设，新建森林生态系统定位观测研究站26个，为开展林业生态建设相关评估和科学研究提供了重要支撑。

【积极参与气候变化谈判和国际合作】 积极参与林业议题国际谈判，对《巴黎协定》草案2020年后林业减缓和适应气候变化等内容提出了意见。在气候公约附属科技机构下，派员就2020前发达国家实施《京都议定书》第二承诺期(2013～2020年)土地利用、土地利用变化和林业活动(LULUCF)涉及的核算方法等相关的技术问题，以及发展中国家实施减少毁林、森林退化和森林保育、森林可持续经营以及增加碳储量行动(REDD+)等保障措施、技术问题进行磋商。积极推进中美气候变化工作组达成的"气候变化和林业"合作，9月，在北京主办中美林业碳汇计量技术研讨会，双方就林业相关技术进行交流，取得了积极成果。加强与德国在低碳土地利用项目的合作。

【加强人才培训和宣传】 举办第九期林业应对气候变化培训班、碳汇计量监测体系建设培训班，培训省级主管部门领导、技术支撑单位人员217人次。配合有关部门完成《第三次气候变化国家评估报告》《应对气候变化—中国在行动》宣传片和宣传册编制。结合中国植树节、国际森林日、全国低碳日等重要节日，组织开展系列主题宣传活动；在2015巴黎世界气候大会现场主办"应对气候变化的中国林业行动""建设碳汇城市应对气候变化"主题边会，展示中国林业应对气候变化行动和成效。

【机关节能减排工作】 贯彻落实国务院机关事务管理局2015年公共机构节约能源资源工作安排，研究制定《国家林业局公共机构节约能源资源管理办法》，完善监督考核制度，开展节约型公共机构示范单位创建，抓好建筑节能、节能技术和产品推广、节水和资源循环利用、可再生能源应用、绿色消费等重点工作。组织开展节能学习宣传培训，增强机关节能低碳意识。

(王福祥)

林业产业

06

油茶产业

【综　述】 全国油茶产业在党中央、国务院的高度重视下，在各级政府和林业主管部门的大力推动下，在社会各界的积极参与下，得到了快速发展。一是投入力度进一步加大。2015 年全国投入油茶产业发展资金 63 亿，其中中央财政投入 10.38 亿元，地方财政投入 14.64 亿元，企业投入 14.58 亿元，金融及其他社会资本投入 23.4 亿元。二是油茶产量产值实现了双增长。2015 年油茶新造林 15.73 万公顷，改造低产林 15.2 万公顷，全国油茶林总面积发展到 381.67 万公顷，油茶籽产量 210.48 万吨，茶油产量 53 万余吨，产值近 600 亿元。三是油茶产业在推动山区农民脱贫致富、实施精准扶贫中的作用越来越显著。2015 年 11 月 24 日财政部、国家扶贫办、国家开发银行联合下发了《关于整合和统筹资金支持贫困地区油茶核桃等木本油料产业发展的意见》，大力支持贫困地区发展油茶、核桃等木本油料产业，目前全国参与油茶产业发展企业 1445 家，带动林农 200 余万人，为贫困山区精准脱贫发挥了重要作用，涌现出一批如湖南湘西、江西赣州、贵州铜仁、福建宁德、广西百色等发展油茶产业脱贫致富的典型。 （张超英）

【中国林业产业联合会木本油料分会成立】 3 月 21 日，中国林业产业联合会在北京国林宾馆召开中国林业产业联合会木本油料分会成立大会。会议审议通过《中国林业产业联合会木本油料分会成立暨第一次会员代表大会表决办法》（草案）和《中国林业产业联合会木本油料分会工作规则》，选举产生分会理事、常务理事、理事长、副理事长、秘书长，成立了分会秘书处。分会印发了会员手册，研究确定了 2015 年重点工作，下发了《中国林业产业联合会关于征集木本油料分会会费的通知》。截至 2015 年年底，分会有会员企业 255 家，个人会员 451 人。 （张超英）

【出版《木本油料标准汇编》】 为进一步加快中国木本油料产业发展，提升木本油料产业集约化、专业化、规模化、标准化水平，国家林业局场圃总站对已发布实施的有关木本油料方面的国家标准和行业标准汇编成册，于 2015 年 9 月由中国标准出版社正式出版发行。《汇编》收集了截止到 2015 年 7 月底前发布的木本油料树种（包括油茶、核桃、油橄榄、长柄扁桃、光皮树、杜仲、文冠果等）国家和行业标准 46 项，其中：国家标准 9 项，行业标准 37 项。按树种分，其中油茶标准 21 项，核桃标准 14 项，油橄榄标准 4 项，其他木本油料 7 项，其内容包括木本油料树种良种选育、栽培及生产管理技术、加工及产品质量检测等。 （赵　兵）

【全国油茶种苗生产供应充足】 据统计，2015 年全国 14 个油茶发展省区共培育油茶良种苗木 6.83 亿株，其中留床苗 2.85 亿株，新育苗 3.98 亿株，嫁接苗 6.67 亿株，占苗木总量的 97.66%，容器育苗 3.87 亿株，占苗木总量 56.66%。可出圃苗木 3.61 亿株，其中出圃两年生以上大苗 2.85 亿株，占出圃苗木的 79%。出圃苗木可供造林 20 余万公顷，满足了全国各省区油茶造林的种苗需求。 （张超英）

【全国油茶等木本油料生产管理技术培训班】 于 2015 年 9 月 23～25 日在四川省西昌市举办。共有来自全国 14 个省（区、市）的油茶办（或木本油料办）、种苗站技术负责人及油茶、核桃等木本油料重点良种基地、定点苗圃、重点企业技术负责人 130 余人参加培训。培训内容包括：相关扶持政策的解读，油茶、核桃等木本油料产业发展现状、问题及对策，木本油料良种选育及生产管理新进展、新技术，中国木本油料标准制定与宣贯，油茶等木本油料标准化体系建设等，并到凉山州国家油橄榄重点林木良种基地进行了现场实习。

（布日古德）

森林旅游

【综　述】 2015 年，全国森林旅游实现了较快发展，行业管理明显增强，发展环境进一步改善，社会影响力进一步提高，森林旅游产业规模保持了较快的增长态势。

基本情况 2015 年，全国森林旅游人数达 10.5 亿人次，同比增长 15% 以上，创造社会综合产值超过 7800 亿元，同比增长约 20%。在全国森林旅游人数中，森林公园接待的人数约占 75%，湿地公园和林业系统自然保护区接待的人数超过 20%。各类森林旅游地总数超过 8600 处。森林旅游管理和服务人员数量超过 26 万人，其中导游和解说人员数量约 4 万人。森林旅游接待床位总数 170 万张，接待餐位总数 380 万个。

工作进展 2015 年，森林旅游各项工作稳步推进。一是加强森林旅游宣传和推介力度。国家林业局与湖北省人民政府共同举办了“2015 中国森林旅游节”，出版了《2014 中国森林等自然资源旅游发展报告》，与 CCTV－7合作拍摄完成并播出了 15 集大型电视纪录片——《中国国家森林公园》，组织开展了 2015“中林杯”国家森林公园风光摄影大赛。二是加强行业引导和示范。在5个省的10个森林公园启动了智慧森林旅游示范建设，命名了第一批7个“全国森林旅游示范县”、2个“全国森林旅游示范市”，积极引导森林养生和森林体验发展。组织编写了《世界森林体验发展调查报告》和《全国森林养生发展调研报告》以及《森林体验》《森林养生》科普读本。三是积极争取中央投资项目支持。国家森林公园保护利用设施建设纳入了“十三五”遗产地保护利用项目支持范围。四是加强森林旅游标准化体系建设和基础研究。组织编制了《全国森林旅游标准化体系框架》，启动了多项行业标准的制修订工作。四是开展森林风景资源调查和评价工作试点，将四川省作为首个试点省份。五是加强对建设项目占用征收国家森林公园林地的审查，严格按规定办理74起占用征收林地审查。六是强化森林旅游信息化建没。加强中国森林旅游网的建设与管理，开通了中国森林旅游手机网和中国森林旅游微信公众号。七是促进森林旅游对外合作交流。参加了2015年中韩林业工作组会议，就推动森林养生发展等领域与韩国进行了深入交流。

【举办“2015中国森林旅游节”】 10月10～12日，国家林业局与湖北省人民政府在武汉市举办2015中国森林旅游节，活动由武汉市人民政府、湖北省林业厅、湖北省旅游局承办。活动主题是“生态之旅・绿色生活”。全国政协副主席罗富和，国家林业局党组书记、局长张建龙，湖北省人民政府省长王国生，国家林业局党组成员、副局长张永利，湖北省委常委、武汉市委书记阮成发，湖北省人民政府副省长甘荣坤，湖北省政协副主席郑心穗，湖北省人民政府秘书长王祥喜出席开幕式。出席开幕式的还有国家林业局相关司局、单位领导，中国林业集团公司、中国农业电影电视中心领导，全国31个省（区、市）林业厅（局）和4个森工（林业）集团公司领导，来自全国林业行业和各地政府、企业、社团代表、相关专家学者、媒体等2000余人参加了开幕式。国家林业局党组成员、副局长张永利在开幕式上致辞。2015中国森林旅游节的主要内容包括“一个开幕式”“二个展览”（全国森林风景资源展、全国生态休闲产品展）、“三个会议”（中国林业产业联合会森林旅游分会年会、中国林业产业联合会森林休闲体验分会成立大会、全国森林旅游推介会）、“四个论坛”（中国森林旅游论坛、中国森林氧吧论坛、中国森林休闲与健康论坛、中国生态休闲产业论坛）、“五项授牌颁奖签约仪式”（首批全国森林旅游示范县和示范市授牌、新设立国家森林公园授牌、2015“中林杯”国家森林公园风光摄影大赛颁奖、大型电视纪录片——《中国国家森林公园》拍摄地赠片、中国森林旅游合作签约仪式）。全国300余家生产企业、500余家旅行社到场观摩并参与了相关活动，近100家媒体对活动进行了跟踪报道。

【出版发行《2014中国森林等自然资源旅游发展报告》】 2015年9月，《2014中国森林等自然资源旅游发展报告》正式出版。该报告全面反映了2014年中国森林等自然资源旅游发展的动态和主要热点，主要包括以下章节：组织管理与工作部署、政策与法制建设、规划与标准化建设、目的地建设、目的地保护与管理、产业发展、示范建设、人才培训、宣传推介、国（境）内外交流与合作。《报告》指出，2014年中国的各类森林旅游地数量进一步增长，各地对发展森林旅游综合效益的认识进一步提高，森林旅游制度化、标准化、规范化发展取得新的进展，森林旅游对外宣传交流开创新局面，国际、国内影响力进一步提升。

【启动智慧森林旅游示范建设】 启动智慧森林旅游示范建设，确定了5个省10个国家级森林公园作为第一批智慧旅游示范点。示范建设主要包括四项建设内容：信息管理系统建设、服务基站系统建设、网络平台建设、移动客户端软件和游客服务内容开发建设。智慧森林旅游充分发挥了“互联网＋”的功能，让游客全面、透彻、及时地感知森林公园相关信息，提高了森林公园的信息整合和传播能力，提高了森林旅游服务水平。

【全国森林风景资源调查与评价试点】 启动了全国森林风景资源调查与评价试点工作，并将四川省作为全国森林风景资源调查与评价工作试点省份。组织编写了《全国森林风景资源调查与评价工作方案》《全国森林风景资源调查与评价实施细则》，并组织建设了全国森林风景资源信息数据库。

【森林体验与森林养生】 启动了森林体验和森林养生工作，形成了《世界森林体验发展调查报告》和《世界森林养生发展调研报告》，编写了《森林体验》和《森林养生》科普读本，起草了《森林体验基地质量等级评定》和《森林养生基地质量等级评定》林业行业标准。

【森林旅游示范县、示范市】 2015年10月，由中国林业产业联合会命名了首批7家“全国森林旅游示范县”和2家“全国森林旅游示范市”。全国森林旅游示范市分别为浙江温州市、江西赣州市，全国森林旅游示范县为江苏溧阳市、浙江淳安县、湖北罗田县、广西龙胜县、重庆武隆县、贵州贵定县、武汉黄陂区。

【国家森林公园风光摄影大赛】 开展了以“森林公园・绿色瑰宝”为主题的首届“中林杯”国家级森林公园风光摄影大赛，活动由中国林业产业联合会森林旅游分会主办，中国绿色时报社《森林与人类》编辑部承办。活动共收到850组约8000张摄影作品，经过专家评审等环节，活动评出一等奖1名、二等奖3名、三等奖9名、优秀奖35名、鼓励奖90名。摄影作品全面反映了国家森林公园的风景资源特点，包括森林动植物景观、地貌景观、水体景观、冰雪景观、日出云海以及人文景观和民俗活动等。

【《中国国家森林公园》大型纪录片】 由国家林业局森林公园保护与发展中心（国家林业局森林公园管理办公室）、中国农业电影电视中心合作拍摄完成15集电视纪录片——《中国国家森林公园》。纪录片分别拍摄了海南吊罗山、广西姑婆山、湖南九龙江、江西铜钹山、安徽天柱山、山西太岳山、内蒙古森工阿里河、内蒙古黄岗梁、宁夏苏峪口、陕西牛背梁、四川二郎山、重庆西阳桃花源、云南宝台山、青海麦秀、新疆夏塔古道、巩留恰西、科桑溶洞、唐布拉等18处国家森林公园。纪录片的第三辑(11～15集)于9月17日、21～24日在CCTV－7《科技苑》栏目播出。纪录片从普及森林科学知识角度,以生态保护、人与自然和谐相处为主题,将中国森林资源的特点、森林生态系统的规律和动植物故事,生动具体地加以呈现。 (李奎供稿)

木材行业管理

【国家林业重点展会新闻发布会】 4月23日,2015年国家级林业重点展会新闻发布会在国家林业局召开。宣传办公室主任程红主持了新闻发布会。国家林业局发展规划与资金管理司副司长、全国木材行业管理办公室主任孙建代表国家林业局发表讲话。伊春市人民政府副市长张野等五位展会承办城市领导和东盟博览会秘书处领导出席新闻发布会,并向社会公开发出参展邀请。国家林业重点展会已成为提高林业形象、带动林业产业结构调整、促进供给侧改革、展示林业产业发展成就的重要平台。

【第二届中国中部家具产业博览会】 5月28日,第二届中国中部家具产业博览会在江西省赣州市南康区泓泰家具大市场盛大开幕。本届中国中部家具产业博览会主题为"绿色环保、转型升级"。由国家林业局和江西省人民政府共同主办。博览会总展览面积达160万平方米,其中主展馆9000平方米,包括南康实木家具精品馆(60家企业)、南康家具新品馆(20家企业)、家具设计与创新馆(20家设计公司)、公共服务平台展示馆。

【第十二届中国林产品交易会】 9月19日,第十二届中国林产品交易会在山东省菏泽市开幕,国家林业局总工程师封加平出席开幕式并讲话,山东省副省长赵润田宣布交易会开幕。本届林交会以"创新特色林产品,引领美好新生活"为主题,突出特色化、系列化、生态化与文化融合四大特点,集中展示全国的特色林产品。林交会突出生态林业、民生林业两大板块,设家具、建材、工艺品、种苗花卉、森林食品和精品展6个展区,共800个展位。展会期间,举办了2015(秋季)中国菏泽投资贸易洽谈会、第十二届中国林产品交易会特别贡献奖评奖、第十二届中国林产品交易会参展产品评奖、第七届中国(菏泽)盆景奇石艺术展等。分别来自美国、俄罗斯、韩国、新加坡、中国香港、中国台湾以及内地20多个省(区、市)。签订投资项目和销售合同及协议318个,总金额86.5亿人民币,其中,投资项目42个,内资项目38个、合同及协议金额76.37亿元人民币,外资项目4个、合同金额1.06亿美元;销售合同及协议276个,签订金额4.33亿人民币。现场交易额9610万元人民币。

【中国东盟博览会林产品与木质品展】 11月19日,2015中国—东盟博览会林产品与木制品展在广西壮族自治区首府南宁市举办。2015年是"一带一路"建设全面实施的开局之年。在新形势下,林木展的成功举办,进一步发挥了国际林业经贸合作与交流的平台作用,为推动中国与东盟林业国际产能转移与合作产生了重要及深远的影响。展会集中展示了中国与东盟各国互补性强且符合双方市场需求的特色商品、优质项目和先进技术。林木展期间还举办了"三会一论坛",即木工机械、林下经济产品采购对接会等专场采购对接会,中国—东盟国际木文化交流活动暨红木鉴赏会,广西非物质文化遗产之木音乐展示会,第五届中国(南宁)林产品国际贸易论坛,进一步提升展览的专业化,切实提高经贸实效。

【第八届中国义乌国际森林产品博览会】 11月1日,第八届中国义乌国际森林产品博览会在浙江义乌国际博览中心开幕。国家林业局总工程师封加平和浙江省副省长黄旭明参加了开幕式。本届森博会以"一带一路"发展为契机,以"新常态、新商机、新发展"为主题,以"互联网＋森博会"为抓手,突出创新性、经贸性、实效性和交流性。设国际标准展位3677个,展览面积8万平方米。其中境内有23个省(区、市)的1267家企业参展,展位3058个;境外有33个国家和地区的235家企业参展。参展内容包括家具及配件、木结构木建材、木竹工艺品、木竹日用品、森林食品、茶产品、花卉园艺、林业科技与装备八大类。森博会期间,还特设了台湾农林精品展,有来自台湾11个县市农会、协会组织的2000余种农林精品参展,成为展会的一大亮点。本届森博会吸引了超过5000名境外采购商前来采购,开展国际交流活动,包括木结构建筑中加合作交流会、东盟地区经贸合作信息发布会。展会同时举办三大论坛——浙江省林业电子商务论坛、铁皮石斛产业发展论坛、第四届中国创意林业产业发展论坛。

【第十一届海峡两岸林业博览会】 11月6日,第十一届海峡两岸林业博览会暨投资贸易洽谈会在三明会展中心举行。展会重点围绕林产品贸易、招商引资、新业态培育和现代林业金融等内容,举行一系列活动。展会共设置12个展区,即生态文明展示区、台湾商品展销区、林业"新、奇、特、精"产品展销区、三明林业金融展示区、大学生创业孵化区、历届林博会金奖产品展示区、福建设区市展区、全国林业会展城市展区、绿色生活展示区、农林机械展示区、福建三明森林食品小吃展区和林品汇线上线下体验区。本届展会签约合同项目125项,其中台资项目11项总投资166.7亿元;投资额1亿元或1000万美元以上项目55个,其中投资额5000万美元或5亿元以上项目8个,产生了良好的经济效益和社会效应。

【国家林业局启动第二批国家林业重点龙头企业评选工作】 根据《国家林业重点龙头企业推选和管理工作实施方案(试行)》(办规字〔2013〕164号,简称《方案》),2015年1月30日,国家林业局发展规划与资金管理司发文,启动第二批国家林业重点龙头企业评选工作。通知要求各省严格按照《方案》规定的标准和要求,推荐企业评选。要科学制订推荐方案,成立专家评审小组,采取措施保证推选工作透明、规范,将真正规模大、带动能力强、创新能力强的企业推荐出来,经得起历史检验。本次评选范围覆盖全行业。凡是以森林资源为加工经营对象,以林产品生产、经营、加工、流通、服务等为主业,带动能力、盈利能力、创新能力、可持续经营能力强,产业关联度大、规模处于行业前列的企业均可纳入评选范围。包括《方案》中列举的11类企业。

【国家林业局授予湖南邵阳县油茶产业园“国家油茶产业示范园”称号】 4月9日,国家林业局复函湖南省林业厅,同意授予湖南邵阳县油茶产业园“国家油茶产业示范园”称号。湖南邵阳县有“茶仔黄”“瑞柏”“宝庆桂芳”“邵阳茶油”等省级著名商标,先后获得“全国油茶基地示范县”“中国茶油之都”“中国油茶之乡”“邵阳茶油”国家地理标志等“国字”号品牌,还是国家油茶产业发展重点县。邵阳县委、县政府将在县城新区规划98公顷产业园,投资8亿多元,率先在全国建设集科研、仓储、加工、交易、博览、旅游、观光、休闲等于一体的“中国茶油之都——邵阳油茶产业园”。

【《中药材保护和发展规划(2015～2020年)》发布】 4月14日,工业和信息化部、中医药局、发展改革委、科技部、财政部、环境保护部、农业部、商务部、卫生计生委、食品药品监管总局、国家林业局、保监会等十二部委共同印发了《中药材保护和发展规划(2015～2020年)》。中药材是中医药事业传承和发展的物质基础,是关系国计民生的战略性资源。保护和发展中药材,对于深化医药卫生体制改革、提高人民健康水平,对于发展战略性新兴产业、增加农民收入、促进生态文明建设,具有十分重要的意义。

规划目标到2020年,中药材资源保护与监测体系基本完善,濒危中药材供需矛盾有效缓解,常用中药材生产稳步发展;中药材科技水平大幅提升,质量持续提高;中药材现代生产流通体系初步建成,产品供应充足,市场价格稳定,中药材保护和发展水平显著提高。

具体指标为:中药材资源监测站点和技术信息服务网络覆盖80%以上的县级中药材产区;100种《中华人民共和国药典》收载的野生中药材实现种植养殖;种植养殖中药材产量年均增长10%;中药生产企业使用产地确定的中药材原料比例达到50%,百强中药生产企业主要中药材原料基地化率达到60%;流通环节中药材规范化集中仓储率达到70%;100种中药材质量标准显著提高;全国中药材质量监督抽检覆盖率达到100%。

【《关于加快发展农业循环经济的指导意见》发布】 2月1日,国家发改委、农业部、国家林业局共同印发了《关于加快发展农业循环经济的指导意见》。《意见》提出要全面贯彻落实党中央、国务院关于大力推进生态文明建设的战略部署,加快发展农业循环经济,提高农业资源利用效率和改善农村生态环境,促进一、二、三产业融合发展,全面推动资源利用节约化、生产过程清洁化、产业链接循环化、废弃物处理资源化,增强农业可持续发展能力,加快转变农业发展方式的指导思想、遵循原则和“十三五”期间主要目标、重点领域、主要任务和保障措施等。同时,要求各地有关部门结合实际,科学谋划本区域农业循环经济发展,明确重点任务、重点工程和推进措施,加强沟通协调,研究出台支持政策。 (缪光平、胡耀升供稿)

森林资源保护

07

林业有害生物防治

【综　述】 2015年，全国主要林业有害生物发生1200.51万公顷，同比上升0.85%，整体偏重发生，局部成灾较重。其中，重度发生面积80.31万公顷，同比略有上升。虫害、病害发生面积846.64万公顷和139.05万公顷，同比上升0.70%和0.76%，鼠兔害发生面积214.82万公顷，同比上升1.53%。

2015年，通过深入贯彻落实《国务院办公厅关于进一步加强林业有害生物防治工作的意见》(国办发〔2014〕26号，以下简称《意见》)，有力推动了监测预警体系、检疫御灾体系、防治减灾体系建设，全国主要林业有害生物持续高发频发态势得到一定程度的遏制。据统计，全年共采取各种措施防治813.84万公顷，主要林业有害生物成灾率控制在4.5‰以下，无公害防治率达到85%以上。

【落实《国务院办公厅关于进一步加强林业有害生物防治工作的意见》】 全国31个省级政府均印发了贯彻国办《意见》的实施文件，天津、四川等部分省(区、市)政府还组织召开专题会议贯彻部署林业有害生物防治工作。一些市县级政府也相继出台落实文件。编写出版国办《意见》宣贯读本，加强贯彻落实工作指导。

【防治责任落实】 落实《党政领导干部生态环境损害责任追究办法(试行)》，调研并起草林业有害生物生态环境损害责任追究实施文件。向各省(区、市)人民政府通报《2011～2013年松材线虫病等重大林业有害生物防控目标责任书》检查考核结果，督促各省(区、市)开展责任书履责情况整改，并将整改情况上报国务院。与各省(区、市)人民政府签订《2015～2017年重大林业有害生物防治目标责任书》，切实加强防治责任落实。

【部门间协作】 与质检总局联合印发《关于印发促进生态林业民生林业发展合作备忘录的通知》，并联合开展了荷兰苹果苗木、日本罗汉松预检工作。将林业有害生物预测预报纳入国家林业局与中国气象局《关于深化全面战略合作框架协议》，共同开展数据共享、预测预报模型共建、发生趋势预测、天气预报发布平台共享、灾害预报预警信息发布等多方面工作。与国家预警信息发布中心签订《国家突发事件预警信息发布工作协议》，进一步推进了林业有害生物灾害预警工作部门间的合作。

【有害生物灾害预防】 发布2015年松材线虫病、美国白蛾疫区公告，印发《警惕2015年春末夏初林业有害生物发生成灾的警示通报》《警惕国际重大林木害虫——小圆胸小蠹的危害》等警示信息，并组织开展2015年全国林业有害生物和重大单一种类发生趋势的会商。研发使用林木引种检疫网上审批平台，全面实现了林木引种网上审批。印发《国家林业局关于支持上海自由贸易试验区有关林木引种检疫审批工作的通知》，将林木引种检疫审批风险评估下放至上海市。

【重大林业有害生物治理】 印发《2015年全国林业有害生物防治工作要点》《关于进一步加强林业鼠(兔)害防治工作的通知》《关于对松材线虫病和美国白蛾新发疫区防治工作加强督导的函》，安排部署全年防治工作，重点开展了松材线虫病等重大有害生物防治督导。修订发布《突发林业有害生物事件处置办法》，有效应对了湖北、安徽等地的突发灾情。组织京津冀三省市签订《京津冀协同发展林业有害生物防治框架协议》，开展了秦巴山区、北戴河、黄山、三峡库区、三江源等重点生态区，以及西部生态脆弱区重大有害生物治理和防治示范工作。

【宣传培训】 先后在内蒙古、海南、重庆等地举办全国重大林业有害生物防治检疫技术、林木引种等检疫审批与监管、棕榈科植物有害生物防治技术等培训班，提升了防治技术水平。以《中国绿色时报》《中国林业网》等媒体为平台，开展林业有害生物防治宣传活动，营造了良好社会氛围，取得了较好的宣传效应。

(造林司供稿)

野生动植物保护与自然保护区建设

【综　述】 2015年是实施全国野生动植物保护及自然保护区建设工程实施的第15个年头，中央在野生动植物保护与自然保护区建设方面全年总投入为7亿多元，主要用于自然保护基础设施建设、野生动植物的栖息地保护及野外巡护、野生动物疫源疫病监测防控 、自然保护法规建设、监督检查及自然生态保护宣传教育工作。

中央领导批示 2014年末以来，习近平、李克强等中央领导对大熊猫、象、虎、豹等野生动物保护及自然保护区管理工作作出了重要批示，习近平、李克强、张高丽和汪洋等中央领导于2014年12月至2015年2月陆续在国家林业局时任局长赵树丛就《全国第四次大熊猫调查结果的报告》的专题汇报上作出重要批示。习近平在批示中肯定了大熊猫调查工作的基础性作用，肯定了近年来大熊猫保护工作取得的新成效，同时指出，大熊猫保护面临的挑战依然严峻，明确要求进一步加强栖息地保护和恢复，加强科技攻关和人才培养，促进野生种群复壮，提升大熊猫保护管理水平。李克强在批示中指出，加强大熊猫保护对于维系生物、平衡自然、保护生态具有重要意义。他明确要求，实施新一轮大熊猫保护工程，加强规划编制，完善法规制度，强化科技支撑，创新保护模式，实现大熊猫种群数量稳定增长。张高丽在批示中要求有关部门进一步做好大熊猫保护工作，为建设生态文明和美丽中国作出贡献。汪洋在批示中指出，成绩值得肯定，注意巩固。问题应当重视，逐步解决。中办国办明确要求国家林业局认真贯彻落实中央领导重要指示精神，发挥牵头、协调、沟通、服务作用，更加主动地做好象等野生动植物保护工作。

成立野生动植物保护工作领导小组 为贯彻落实中央领导的重要批示指示精神，国家林业局组织成立了野生动植物保护工作领导小组，设立专门办公室，协调有关部门提出了贯彻落实中办国办下发的分工方案的具体分工和工作计划，推动各项工作落实。

修订野生动物保护法 国家林业局配合全国人民代表大会开展《野生动物保护法》系列调研、座谈、修改工作，12月21～27日，十二届全国人大常委会第十八次会议在北京召开，会上审议了野生动物保护法修订草案。

法规制度建设 完成了《关于进一步加强野生动物保护的意见》的送审稿，协调农业部研究《国家重点保护野生动物名录》修改意见，提交了《国家重点保护野生动物驯养繁殖许可证管理办法》（送审稿），研究提出野生动物行政许可事项改革意见，发布关于临时禁止从非洲进口象牙狩猎纪念物和CITES公约后所获象牙雕刻品的公告。

濒危野生动物拯救保护 指导开展珍稀野生动物野外巡护、栖息地恢复、救护繁育工作，重点开展了朱鹮、金丝猴、长臂猿等50多种濒危野生动物的野外巡护监测及栖息地恢复项目；组织开展全国第二次野生动物资源调查；完成了《全国极度濒危野生动物保护实施方案》《全国候鸟迁徙路线保护总体规划》的编写和专家评审论证，完成了东北虎、东北豹、亚洲象等野生动物保护专项规划初稿。

执法监督 开展了针对野生动物驯养繁殖单位的专项监督检查，督导查处云南猎杀大熊猫、山东非法驯养东北虎等一批在社会有着恶劣影响的破坏野生动物资源的违法犯罪案件；组织开展了执法查没象牙的公开销毁活动，销毁象牙及其制品446千克。

野生植物保护 完成了《中国苏铁植物保护行动计划（2015～2024年）》和《中国兰科植物保护行动计划（2015～2024年）》两个单项保护行动计划初稿；继续推进野生植物保护行业标准和规范建设，发布了《国家林业局关于加强野生植物培育利用工作的指导意见》，命名了1家金钱柳繁育基地；完成《珍稀濒危植物回归指南》和《珍稀濒危野生植物种子采集技术规程》前期工作；《非正常来源重点保护野生植物及其产品的处理意见》完成初审；重点指导实施针对20多种珍稀濒危野生植物的野外巡护与救护繁育项目；继续推进第二次全国重点保护野生植物资源调查，24个省按计划完成了外业调查。

自然保护区建章立制 完成了《在林业国家级自然保护区内修筑设施审批管理办法》（征求意见稿）的起草工作，征求了各省厅和局内各司局意见，组织起草《自然保护区生态旅游监督管理办法》；

开展督查行动 组织开展了全国林业系统国家级自然保护区监督检查专项行动“绿剑行动”，完成全国林业国家级自然保护区自查和省级主管部门全面排查阶段，制订了第三阶段的重点督查方案，拟对17个省17个自然保护区进行督查；会同环保部等十部委联合下发《关于进一步加强涉及自然保护区开发建设活动监督管理的通知》，对自然保护区内存在的开发建设活动进行一次全面排查整治；对群众反映的陕西天华山、吉林向海保护区内滥采乱伐等违规行为组织有关省林业厅进行了查处；积极配合有关部门对青海祁连山、甘肃祁连山、新疆卡山等保护区开矿等问题的处理工作。

规范化建设 建立了全国林业自然保护区数据库，完成全国2189个林业系统自然保护区的编码采集工作，印制了保护区统计年报；编制完成了《林业自然保护区监督管理平台实施方案》；组织17处国家级自然保护区开展晋升、更名评审和整改工作及总体规划等规划编制、审查工作，组织专家对国家级自然保护区总体规划和生态旅游进行了实地考察和评估论证，12处国家级自然保护区总体规划和4处国家级自然保护区的生态旅游规划得到批复。

国家公园体制试点 与国家发展和改革委员会等13个部委联合下发了《建立国家公园体制试点方案》，及时监督指导试点省开展试点工作，审查了青海三江源、吉林长白山、浙江开化、福建武夷山、湖北神农架国家公园体制试点实施方案，调研指导吉林长白山、黑龙江伊春、福建武夷山国家公园体制试点工作，及时了解掌握其他相关省市试点工作情况。

野生动物类型国家公园建设 贯彻落实全国林业厅局长电视电话会议关于着手规划建设一批野生动植物类型国家公园的要求，组织开展野生动植物类型国家公园建设工作研讨活动，会议明确率先开展大熊猫、东北虎豹、亚洲象、藏羚羊等旗舰物种国家公园建设任务，挂牌成立西藏羌塘藏羚羊、野牦牛国家公园，调研指导四川绵阳、成都大熊猫国家公园及云南亚洲象国家公园规划编制工作，组织开展大熊猫、东北虎豹、亚洲象、藏羚羊国家公园建设工作研究，推动相关规划编制工作。

环首都国家公园建设 贯彻落实京津冀协同发展领导小组工作部署，推动落实环首都国家公园建设任务，组织京津冀林业部门专题研究环首都国家公园建设问题，着手拟定环首都国家公园建设调研方案，研究起草野三坡、百花山、海坨山、雾灵山、八仙山环首都国家公园规划草案。

国家公园法规标准建设 积极推动国家公园行业标准规范建设，起草了加强野生动植物类型国家公园建设指导意见、国家公园建设指南等相关文件，推动国家公园总体规划设计标准及国家公园资源调查技术规范等行业标准的立项及研究编制工作。

春季疫病监测防控 下发了《国家林业局关于加强大熊猫等珍稀濒危野生动物疫病监测防控工作的紧急通知》和《国家林业局关于切实做好春季野生动物疫源疫病监测防控工作的通知》，指导开展珍稀濒危野生动物驯养繁殖场所卫生防疫隐患排查；通过信息网络直报系统管理和应急值守情况电话抽查等方式，对国家级监测站开展节假日期间应急值守抽查，累计抽查710站(次)，在岗值守率达85.5%。

疫病防控 全国发生陕西大熊猫犬瘟热、广西孟加拉虎H5N1高致病性禽流感、河南山西、内蒙古、青海、西藏等省区野生鸟类H5N1高致病性禽流感、新疆北山羊小反刍兽疫、新疆岩羊疥螨病等20起疫情，并报告73起野生动物异常情况，共导致大熊猫、小天鹅、北山羊等60种约12 818只(头)野生动物死亡；针对大熊猫犬瘟热、高致病性禽流感等疫情，及时组织专家组分赴疫情发生省份，指导疫情防控并开展紧急流行病学调查，检测确诊了H5N1禽流感病毒、人型结核杆菌等17起疫情，并强化了隔离、灭源消毒等工作，努力减少疫情造成的损失；印发了《2015年重要野生动物疫病主动预警试点工作实施方案的通知》，对主动预警工作进行了部署；组织开展了大熊猫重要疫病本底调查和大熊猫专用疫苗研发，本底调查工作取得阶段性成果。

表彰先进 野生动物疫源疫病监测工作10周年纪念活动的筹备、评选和表彰工作顺利完成，印发了《国家林业局办公室关于开展保护森林和野生动植物资源先进集体、先进个人、优秀组织奖评选表彰活动的通知》。

大熊猫保护管理 局党组分别于1月和2月召开局党组会议专题学习和部署落实中央领导批示工作，成立了"大熊猫保护工作协调小组"；下发了《关于认真学习贯彻习近平等中央领导同志重要批示精神扎实做好大熊猫保护管理工作的通知》，召开了大熊猫保护工作会议；组织召开了全国第四次大熊猫调查结果新闻发布会和大熊猫调查结果对外通报会，举办了大熊猫调查成果展览；推进完成《大熊猫保护条例》初稿，编制完成《大熊猫保护工程规划》上报稿，下发了《进一步规范大熊猫国内借展管理的通知》；积极推进北京、上海、广东3个大熊猫基地的建设，协调相关方面推进大熊猫保护管理科技攻关。

人工繁育 积极开展大熊猫圈养种群繁育工作，制订了2015年全国大熊猫配对繁育优化方案，全年共新生大熊猫28胎43仔，成活40仔，大熊猫圈养种群数量达到425只。

野化放归 开展大熊猫救护和野化放归，推进完成《大熊猫野化放归规划》编制工作，举办了野外救获大熊猫"卧龙二号"放归自然仪式，在四川栗子坪自然保护区放归经野化培训的大熊猫"华娇"，继续开展此项野化放归的监测工作，目前大熊猫"淘淘""张想""华娇"在野外生活状态良好。

宣传教育 组织开展世界野生动植物日、生物多样性日及2014年中国野生动植物保护十件大事等系列宣传活动，配合举办野生动植物保护新闻发布会，及时提供对外宣传资料；充分利用中国林业网、中国林业新闻网、《中国绿色时报》《中国林业杂志》等媒体平台，积极开展生物多样性保护、野生动物疫源疫病监测防控、大熊猫保护等专刊、专版、专栏宣传活动，不断提高全民的保护意识。

业务培训 举办野生动植物保护工作培训班、第十九期国家级自然保护区一把手培训班、全国林业国家级自然保护区规范化建设管理培训班、全国国家级自然保护区生物多样性保护培训班、全国野生动物疫源疫病监测防控培训班、大熊猫保护宣教和社区共管培训班、大熊猫标本制作培训班、大熊猫保护管理人员能力建设培训班等系列培训活动，累计培训700多人，不断提升从业人员的素质能力。

国际合作交流 开展与美、俄、日、韩等十多个国家和地区的双边及多边在加强自然保护、物种保护、打击野生动植物非法贸易等领域的交流合作，参加中俄总理定期会晤委员会环保分委会跨界自然保护区和生物多样性保护工作组第九次会议，参加中美战略经济对话等活动中有关老虎、犀牛、非洲象保护及贸易国际事务合作谈判；广泛开展与国际自然保护联盟(IUCN)、保护国际(CI)、大自然保护协会(TNC)等多个重要非政府国际组织在自然保护工作的合作交流，积极参加有关学术活动，主办了"遏制非法象牙需求国际研讨会"，与IUCN(世界自然保护联盟)中国代表处合作翻译出版《IUCN自然保护地管理分类应用指南》和《IUCN自然保护地治理－从理解到行动》，参加了贵阳生态文明国际论坛国家公园体制分论坛活动；配合重大外交需要，完成了中泰、中荷、中韩大熊猫合作项目的技术协议及监管协议的签署工作；开展对英国、西班牙境外大熊猫管理的监督检查。

【野生动植物保护工作大事】

2014年12月3日至2015年4月8日 陕西省楼观台大熊猫繁育基地发生了犬瘟热疫情，有5只感染犬瘟热病毒的大熊猫相继死亡。2015年2月28日，国家林业局召开新闻发布会通报，楼观台大熊猫基地的犬瘟热疫情已趋于平稳，没有再出现新发感染病例。

疫病发生后，国家林业局在第一时间组织工作组赶赴现场，组织以长春军事兽医研究所夏咸柱院士为组长的专家团队，多次赴陕西楼观台救助，同时在全国各地调用相应的救急物资。国家林业局已组织相关科研院所集中攻关，有针对性地开展大熊猫重要疫病本底调查及研制大熊猫等珍稀野生动物专用疫苗，力争做好大熊猫等濒危物种疫病的预防工作，确保珍稀野生动物种群的安全。

2014年末至2015年初 习近平、李克强等中央领导同志对大熊猫、象、虎、豹等野生动物保护工作作出重要批示。4月，《中共中央国务院关于加快推进生态文明建设的意见》指出："加强自然保护区建设与管理，对重要生态系统和物种资源实施强制性保护，切实保护珍稀濒危野生动植物、古树名木及自然生境。"9月，中共中央国务院印发《生态文明体制改革总体方案》中指出："构建保护珍稀野生动植物的长效机制。"12月，《中共中央关于制定国民经济和社会发展第十三个五年规划的建议》进一步强调："维护生物多样性，实施濒危野生动植物抢救性保护工程，建设救护繁育中心和基因库。强化野生动植物进出口管理，严防外来有害物种入侵。严厉打击象牙等野生动植物制品非法交易。”

2月26日 国家林业局发布公告，宣布中国临时禁止进口《濒危野生动植物种国际贸易公约》(简称《CITES公约》)生效后所获的非洲象牙雕刻品和象牙狩猎纪念物，期限均为一年，要求中国公民不要购买和携带象牙雕刻品及象牙狩猎纪念物入境。此后有许多社会组织也积极参与打击象牙非法贸易行动。12月，中国腾讯、大自然保护协会等多家社会组织及机构共同开启“爱象月”行动，倡导广大网民拒绝网络非法象牙贸易。

近年来，由于严重的盗猎、栖息地破坏等原因，非洲野生大象保护面临严峻形势。中国作为《CITES公约》的缔约国，采取临时禁止进口《CITES公约》生效后所获的象牙雕刻品，加强象牙管控，对促进和支持非洲象保护具有积极意义。

2月28日 国家林业局召开新闻发布会公布了全国第四次大熊猫调查结果，全国野生大熊猫种群数量和栖息地面积实现双增长。调查结果显示：截至2013年底，全国野生大熊猫种群数量达到1864只；栖息地面积达到258万公顷；全国圈养大熊猫种群数量达到375只。

全国第四次大熊猫调查历时3年，调查内容包括大熊猫野外种群、栖息地、同域分布动物、干扰因素、保护管理、圈养种群和分布区经济社会状况等7个方面。与前3次调查结果相比，第四次大熊猫调查结果呈现以下特点：一是野生种群数量稳定增长。二是栖息地范围明显扩大。三是圈养种群规模快速发展。

3月 近年来，针对侵占自然保护区土地等违法违规现象，习近平总书记等中央领导同志高度重视并作出重要批示，要求务必高度重视，以坚决的态度予以整治，以实际行动遏止此类破坏生态文明的问题蔓延扩散。

为贯彻落实中央领导同志重要批示精神，依法加强自然保护区保护管理，国家林业局从3月起在全国林业系统国家级自然保护区范围内开展了为期半年的专项监督检查行动——“绿剑行动”。该行动采取“国家林业局—省级林业主管部门—国家级自然保护区管理机构”三级联动查检机制，对全国林业系统国家级自然保护区进行了全面检查、全面整治，并取得了初步成效。

6月18日 “眼镜蛇三号行动”总结会在北京召开。近年来最大规模的全球打击野生动植物走私犯罪联合执法行动——“眼镜蛇三号行动”成果斐然，共查获各类涉及走私濒危物种案件300多起，逮捕犯罪嫌疑人200多名，缴获象牙及其制品12吨、犀角制品187千克、穿山甲及其制品5.2吨、鳗鲡1吨、龟鳖1300多只、野生仙人掌等濒危植物3500多株、红木2000多千克及其制品432件，以及其他大量野生动植物及其制品。

“眼镜蛇三号行动”是5月4~27日，中国会同亚洲、非洲、欧洲和美洲的64个国家，针对涉及象、犀牛、虎豹等大型猫科动物、猩猩等大型类人猿、穿山甲、藏羚羊、海龟、淡水龟鳖、蛇和红木等非法贸易实施的跨洲跨国联合执法行动。由中国会同南非、美国与东盟野生动植物执法网络、南亚野生动植物执法网络、卢萨卡议定书执法特遣队共同组织。

在本次行动周密部署，行动迅速，措施有效，取得了预期战果，对破坏野生动植物违法犯罪活动产生了明显的震慑作用，有效遏制了野生动植物和森林犯罪高发势头。

9月16日 “西藏羌塘藏羚羊、野牦牛国家公园”授牌仪式在拉萨举行，这标志着中国第一个野生动物保护类型国家公园开始建设。羌塘国家公园作为中国目前面积最大、海拔最高和物种最典型的国家公园，彰显了它在保护野生动物方面的特色。

藏羚羊、野牦牛是典型的高原高寒动物，作为藏北高原动物区系的代表，体现了青藏高原自然生态系统处于良好有状态，在国际保护、科研方面具有巨大影响。西藏羌塘藏羚羊、野牦牛国家公园的成立是通过机制创新和体制创新来保护藏羚羊、野牦牛青藏高原典型野生动物的新形式，是林业部门贯彻落实党中央关于加强野生动物保护、建立国家公园体制等重大决策的生动实践，具有重大里程碑意义。

12月 据《郑州晚报》12月1日报道，河南大学生闫某和王某一起掏自己门外鸟窝，共掏鸟16只，售卖10只，被判犯非法收购、猎捕珍贵、濒危野生动物罪等，分别获刑10年半和10年。两人掏的鸟是燕隼，属国家二级保护动物。

此案经媒体披露后，引发公众热议和思考。随着媒体对更多案情细节的披露，公众意识到，案件不是最初媒体公布出来的“大学生假期闲来无事自家门口掏鸟窝”这么简单。

根据最高人民法院的相关司法律解释，非法收购、运输、出售国家二级保护动物隼(所有类)，6只到9只就是情节严重的，须处五年以上十年以下有期徒刑，并处罚金；10只以上的，属于情节特别严重的，处十年以上有期徒刑，并处罚金或者没收财产。闫某和王某一共抓捕和出售了16只燕隼，属于情节特别严重。站在法律的角度，对他们判处十年半和十年有期徒刑，并处罚款，完全是在法律规定的幅度和范围内量刑，根本谈不上过重。如果法律对非法捕猎、出售重点保护野生动物的恶行不予以严惩，其后果将是更多的珍禽猛禽被贩卖、猎杀。

12月21~27日 十二届全国人大常委会第十八次会议在北京召开，会上审议了野生动物保护法修订草案。修订草案在一些重大的问题上作了修订和补充，规定了要保护的野生动物新的范围、栖息地的保护、人工繁育重点保护动物的规范、管理等。

中国现行野生动物保护法自1989年3月1日实施至今已26年了。随着社会经济的快速发展，现行野生动物保护法已不能满足当今社会对野生动物认识和保护的要求，修订完善这部法律对进一步加强野生动物依法保护工作具有十分重要的意义。

2015年 2015年是南非“中国年”，为丰富南非“中国年”活动，大力宣传野生动物保护工作，中国野生动物保护协会组织国内包括教师、在校大学生、民间NGO、野生动物保护科普工作者在内的6名青年志愿者及社会人士一行13人，赴南非组织开展野生动物保护宣传活动。先后在南非比勒陀利亚市茨瓦尼科技大学举办了“中南青年志愿者自然保护论坛”和“中国—非洲野生动物摄影展”，与南非环境事务部进行了工作座谈，走访了南非克鲁格国家公园、南非反犀牛盗猎联合行动中心和南非犀牛救护中心，并与南非青年志愿者进行了友好交流与沟通，为2015南非“中国年”增添了靓丽的风景和鲜活内容。

此次宣传活动是中国与南非两国非政府组织在生态保护宣传领域的第一次合作，中国、南非双方青年志愿者彼此熟悉、彼此接受、加深友谊、互通信息，通过交流沟通，更加坚定了两国青年志愿者从事野生动物保护公益行动的信心和决心，促进了中非自然保护事业的共同发展。（张云毅）

野生动物保护与繁育

【中央“十三五”规划建议中明确提出保护野生动植物的要求】 10月29日，中国共产党第十八届中央委员会第五次全体会议通过了《中共中央发布关于制定国民经济和社会发展第十三个五年规划的建议》，其中提到“维护生物多样性，实施濒危野生动植物抢救性保护工程，建设救护繁育中心和基因库。强化野生动植物进出口管理，严防外来有害物种入侵。严厉打击象牙等野生动植物制品非法交易。”为未来5年野生动植物保护工作指明了方向。（陈涤非）

【中央明确野生动植物保护事权划分】 9月11日，中共中央政治局召开会议，审议通过了《生态文明体制改革总体方案》。其中提到，“探索建立分级行使所有权的体制。对全民所有的自然资源资产，按照不同资源种类和在生态、经济、国防等方面的重要程度，研究实行中央和地方政府分级代理行使所有权职责的体制，实现效率和公平相统一。”并明确“中央政府对珍稀野生动植物种和部分国家公园等直接行使所有权。”这为国家在野生动植物保护领域进一步加大管理力度和投入力度提供了依据。（李林海）

【中美打击野生动植物非法贸易达成共识】 9月22～25日，国家主席习近平对美国进行国事访问并与奥巴马总统举行了会谈。双方达成广泛共识，取得了一系列重要成果。其中第47项为“双方认识到打击野生动植物非法贸易的重要性和紧迫性，承诺采取积极措施应对这一全球性挑战。中美承诺在各自国家颁布禁令几乎完全停止象牙进出口，包括明显且及时限制象牙狩猎纪念物进口，采取明显且及时步骤停止各自国内象牙商业性贸易。双方同意进一步开展打击野生动植物非法贸易的联合培训、技术交流、信息共享和公众宣传，强化国际执法合作。双方同意与其他国家合作，以全面开展打击野生动植物非法贸易工作。”（陈涤非）

【象牙监管】 2月26日，国家林业局宣布至2016年2月26日止，中国临时禁止进口《濒危野生动植物种国际贸易公约》生效后的非洲象牙雕刻品；5月29日，国家林业局再次与海关总署在北京共同开展销毁执法查没的象牙及制品活动，当场销毁象牙及制品662.43千克；10月15日，国家林业局宣布至2016年10月15日止，中国临时禁止暂停进口在非洲狩猎后获得的狩猎纪念物象牙。（陈涤非）

【东北虎、东北豹数量明显增长】 近年来，东北虎、东北豹及其栖息地保护取得了明显成效。据专家推测，吉林省境内现存野生东北虎27只左右、东北豹42只，相比于第一次全国陆生野生动物资源调查时全国共有东北虎12～16只、东北豹约9只的种群数量有了明显提高。为此，习近平总书记在参加十二届全国人大三次会议吉林代表团审议时专门提出了询问，并指示：“这是好现象，关键是要遵循自然规律，把工作做扎实。”（李林海）

【首次放归白颈长尾雉】 11月7日，湖南省野生动物救护繁殖中心在长沙县大山冲森林公园等地将16只人工繁殖的白颈长尾雉放归自然。这是中国首次开展白颈长尾雉放归自然活动，对恢复和扩大其野外生存种群有重要意义。白颈长尾雉是国家一级保护动物，也是中国特有的全球濒危物种，分布于长江以南的贵州、湖南、江西、安徽等地。（陈涤非）

野生植物保护管理

【第二次全国重点保护野生植物资源调查】 国家林业局于2012年正式启动了全国第二次重点保护野生植物资源调查工作。经过多年努力，截至2015年年底，全国25个省份完成了野生植物资源调查的外业工作任务。

【制定珍稀濒危野生植物回归、采种标准】 2014年国家林业局立项，保护司组织编制《珍稀濒危植物回归指南》《珍稀濒危野生植物种子采集技术规程》等两个行业标准，2015年底完成审查报批工作，等待批准发布。

【发布《国家林业局关于切实加强野生植物培育利用产业发展的指导意见》】 1月，国家林业局下发了《国家林业局关于切实加强野生植物培育利用产业发展的指导意见》(林护发〔2015〕7 号)，进一步强化了鼓励和引导野生植物人工培植产业发展，以期减少野外资源的压力。

【制定《国家林业局关于非正常来源重点保护野生植物及其产品的处理意见》】 针对各级林业行政主管部门在野生植物保护管理执法和案件处理中罚没的重点保护野生植物及其产品的处理，国家林业局保护司于 2014 年委托北京林业大学成立起草组，启动编制《国家林业局关于非正常来源重点保护野生植物及其产品的处理意见》规范性文件，目前该规范性文件处于修改完善阶段。

【制定《中国苏铁植物保护行动计划(2015～2024 年)》和《中国兰科植物保护行动计划(2015～2024 年)》】 2014 年国家林业局保护司组织编制《中国苏铁植物保护行动计划(2015～2024 年)》和《中国兰科植物保护行动计划(2015～2024 年)》两个单项保护行动计划，2015 年对上述计划开展了调研、论证和修改完善。 （王晓洁）

自然保护区建设

【林业自然保护区建设】 全国林业部门进一步推动《全国林业自然保护区发展规划》的实施，围绕拯救东北虎、豹、兰花等珍稀濒危物种，保护典型生态系统和重点生态区域划建自然保护区。据统计，全国新建林业系统自然保护区 40 处。目前，中国林业系统自然保护区总数达 2229 处，总面积 12 477 万公顷，占中国国土总面积的 13%。经国务院批准的国家级自然保护区 346 处，面积 8109.63 万公顷。这些自然保护区的建立对维护生态安全、保护生物多样性、促进经济社会可持续发展具有重要作用。

【信息化建设】 为解决当前保护区管理手段落后、缺乏统一标准平台，数据资源难以共享等问题，国家林业局保护司组织编制完成了《林业自然保护区监督管理平台实施方案》，以逐步建立起覆盖各级林业部门、功能齐备、高效便捷、稳定安全的监督管理体系；委托国家林业局调查规划设计院开发了全国林业系统自然保护区信息管理系统，完成了全国 2229 个林业自然保护区的编码采集工作，印制了自然保护区统计年报。

【规范化建设和管理】 为更好地指导自然保护区规范化建设管理工作，全面提升自然保护区建设管理能力，国家林业局强化了对国家级自然保护区总体规划的审查和审批工作，提升了自然保护区法律法规和相关规划技术标准、规程的执行力。国家林业局保护司 2015 年全年组织 28 处国家级自然保护区总体规划的编制和审查工作，国家林业局批复 14 处。为规范国家级自然保护区管理，保护司组织起草了《在林业国家级自然保护区内修筑设施审批管理办法》(征求意见稿)和《自然保护区生态旅游监督管理办法》。

【保护区晋升和更名评审】 国家林业局保护司于 3 月 10 日组织林业系统评审委员会专家对黑龙江盘中、黑龙江乌马河紫貂、黑龙江黑瞎子岛、浙江龙王山、江西南风面、湖北崩尖子、甘肃多儿、新疆阿勒泰科克苏湿地、新疆北鲵 9 处申请晋升国家级自然保护区和内蒙古达赉湖、辽宁双台河口 2 处国家级自然保护区申请更名进行了评审。经审查，这 9 处申请晋升和 2 处更名全部通过，并按程序上报国务院。

【全国林业国家级自然保护区规范化建设管理培训班】 国家林业局保护司 6 月 8～12 日组织各省(区、市)自然保护区管理人员在海南海口市召开了“全国林业国家级自然保护区规范化建设管理培训班”，选择四川王朗、重庆缙云山等自然保护区规范化建设典型单位介绍在自然保护区建设、公共教育和规范管理等方面的经验，以推动全国各地组织自然保护区开展科学化、规范化建设工作。

【全国国家级自然保护区生物多样性保护培训班】 国家林业局保护司于 9 月 21～24 日在湖南莽山举办了全国国家级自然保护区生物多样性保护培训班。培训班邀请了台湾地区和中国科学院的专家进行专业授课，山西、重庆、上海、新疆等 30 个省(区、市)林业厅工作人员和国家级自然保护区负责人共 120 余人参加。

【行政审批】 2015 年，共计受理在林业部门管理的国家级自然保护区内修筑设施行政许可审批 39 件，先后 33 次组织专家对青海三江源、四川格西沟等国家级自然保护区实验区内修筑设施行政许可进行了实地考察，依法依规批复行政许可 30 项。

【保护执法】 为认真贯彻落实中央领导的重要批示精神，整治当前自然保护区内存在的非法、违规建设等突出问题，国家林业局分别下发了《关于开展全国林业系统国家级自然保护区监督检查专项行动的通知》《国家林业局办公室关于开展自然保护区“绿剑行动”重点督查工作的通知》；国家环境保护部和国家林业局等 10 部委下发了《关于进一步加强涉及自然保护区开发建设活动监督管理的通知》，要求各省级林业主管部门和国家级自然保护区依据相关法律法规，对违法开发建设活动进行一次全面检查并开展专项整治。

【交流合作】 为提高自然保护区建设管理水平，加强自然保护工作的国内外合作交流，国家林业局保护司于 7 月 4～12 日在贵州举办了第 22 届海峡两岸自然保护区业务交流工作，并于12月24～30日在台湾举办了第23届海峡两岸自然保护区与国家公园业务交流研讨会，促进了海峡两岸自然保护领域的交流与合作；组织实施“中美自然保护议定书附件十二”自然保护区/避难所规划与资源保护项目和中美自然保护青年工作者交流活动，10月28日至11月7日接待了美国内政部鱼和野生动物管理局的代表团，并支持北京百花山国家级自然保护区与美国仙那度国家公园、重庆缙云山国家级自然保护区与美国明尼苏达大峡谷保护区缔结姐妹保护区；参加中美能源与环境工作组第九次会议和中俄总理定期会晤机制下的环保分委会会议，推进了中国自然保护区与国际的交流合作；推动与韩国、坦桑尼亚、南非林业合作备忘录中自然保护区项目落实工作，11月15～24日接待了韩国国家公园代表团赴四川、重庆交流考察，互通有无，并就下一步形成长效交流机制达成共识。

（贯　恒）

国家公园建设

【首次明确建立野生动物类型国家任务】 7月23日，国家林业局在北京召开全国林业厅局长电视电话会议。张建龙局长在讲话中提出：“着手规划建立几个以野生动物类型为主的国家公园”，国家林业局首次提出建立野生动物类型国家公园任务要求。（王　瑶）

【全国野生动物类型国家公园建设座谈会】 8月23日，国家林业局在云南省昆明市组织召开全国野生动物类型国家公园建设座谈会。国家林业局局长张建龙、副局长陈凤学、云南省省长陈豪出席会议。会议强调，要深入贯彻落实党和国家领导人的批示、指示精神，进一步强化责任感和使命感，主导建设一批大熊猫、东北虎豹、亚洲象、藏羚羊等旗舰野生动物国家公园，切实加强野生动物保护，为建立国家公园体制、推进生态文明建设作贡献。（宋天宇）

【中国第一个大型野生动物类型国家公园成立】 9月16日，国家林业局在拉萨举行“西藏羌塘藏羚羊、野牦牛国家公园”授牌仪式，国家林业局副局长陈凤学、西藏自治区党委副书记常务副主席邓小刚、副主席边巴扎西出席活动。此次挂牌表明，中国第一个大型野生动物类型国家公园建设正式开始，羌塘国家公园作为中国目前面积最大、海拔最高和物种最典型的国家公园，彰显了它在保护野生动物方面的特色。建设“西藏羌塘藏羚羊、野牦牛国家公园”，是贯彻落实《中共中央关于全面深化改革若干重大问题的决定》《中共中央 国务院关于加快推进生态文明建设的意见》关于建立国家公园体制要求的具体实践，是贯彻落实中央领导同志关于加强野生动植物保护重要批示、指示精神，实现人与自然和谐相处的有益探索。（陈君帜）

【国家公园体制试点】 1月20日，国家发改委联合国家林业局等13部委局下发了《关于印发建立国家公园体制试点方案的通知》，确定在北京等9省（区、市）开展国家公园体制试点。国家林业局高度重视，把加强对国家公园体制试点工作的行业指导监督列为国家林业局2015年重要工作内容。国家林业局局领导多次听取有关国家公园体制试点工作的情况汇报，对国家公园体制试点有关工作作出具体指示。国家林业局副局长陈凤学亲自带队到青海省进行国家公园体制试点工作的指导沟通。国家林业局保护司组织专家到吉林长白山国家公园体制试点区开展实地调研指导。对青海三江源、湖北神农架、福建武夷山、浙江开化国家公园体制试点区试点实施方案进行了认真审查。（陈君帜）

野生动物疫源疫病监测与防控

【保护森林和野生动植物资源先进集体、先进个人评选表彰】 为弘扬先进，进一步激励全社会投身森林和野生动植物资源保护事业的积极性，保护司组织开展保护森林和野生动植物资源先进集体、先进个人、优秀组织奖评选表彰活动，通过各地林业主管部门的推荐提名、征求意见、公示等程序，经国家林业局办公室、保护司、人事司、监察局、监测总站等评选表彰工作领导小组成员单位的审核，国家林业局发文，对在野生动物疫源疫病监测防控工作中贡献突出的100个监测站、148名监测人员和5个省级单位，分别授予“保护森林和野生动植物资源先进集体”“保护森林和野生动植物资源先进个人”“保护森林和野生动植物资源优秀组织”称号。

【大熊猫犬瘟热等突发野生动物疫情监测防控】 全国共有16个省（区、市）报告75起野生动物异常情况，发生大熊猫犬瘟热较大疫情1起以及藏酋猴结核病、虎/野鸟高致病性禽流感、藏羚羊传染性胸膜肺炎等一般疫情20起，死亡野生动物59种12 827只（头）。野生动物疫情起数同比增加2.1倍，呈现出多病种、多物种、点状散发、局部连片、地域跨度大、时间持续长等特点。

针对上述严峻形势，国家林业局一是强化组织领导，及时印发《国家林业局关于加强大熊猫等珍稀濒危野生动物疫病监测防控工作的紧急通知》（林护发

〔2015〕6号)、《国家林业局关于切实做好春季野生动物疫源疫病监测防控工作的通知》(林护发〔2015〕21号)和《国家林业局办公室关于加强候鸟禽流感监测防控工作的紧急通知》(办护字〔2015〕89号),要求各地切实履行防控工作监管责任,确保规范处置异常情况和突发疫情。二是推进应急准备常态化,利用节假日电话抽查、直报系统动态跟踪督促等方式,加大对国家级监测站的督查力度,全年抽查710站(次),在岗值守率提高至85.5%;各地报告监测信息9万余份。三是完善了基于疫情信息网络化管理,以信息共享、形势会商、措施联动为核心内容的跨区域、跨部门联防联控机制,提高了突发疫情监测防控工作的全局性和有效性。四是适时派出专项工作组开展样品采集、流行调查、防控督导和会诊救治,指导野生动物疫情发生省份有效落实各项监测防控措施。

【候鸟传播禽流感病毒的作用明显】 国家林业局保护司组织相关主动预警试点工作实施单位和科技支撑单位,采集野生动物样品12 604份,检测发现H1N1、H5N1、H5N6、H10N7等多亚型的禽流感病毒99株,雁鸭类、鸻鹬类等鸟类携带禽流感病毒的情况复杂,带毒率高达3.3%,带毒水平显著高于2014年(0.5%)。在2015年组织召开的2016年野生动物疫病发生趋势会商会上,与会专家认为,野生鸟类传播多亚型、多谱系禽流感病毒的作用显著,出现致病性、跨物种传播能力更强的H5等亚型禽流感病毒新毒株的风险很高,加之受多物种、长距离、大规模迁徙活动等因素的影响,高致病性禽流感病毒跨区域传播成为大概率事件,疫情在国内青藏高原、东部水网等东亚—澳洲和中亚迁徙通道上局部地区的野鸟种群中发生的风险很大,在野鸟与家禽间互传的可能性较大,向人传播的风险不能排除。

【全国野生动物疫源疫病监测防控10周年总结会】 12月21日,国家林业局在湖北武汉召开全国野生动物疫源疫病监测防控10周年总结会。国家林业局副局长刘东生出席会议,并作题为《真抓实干,继往开来,全面推动野生动物疫源疫病监测防控事业步入新阶段》的主题报告。会议回顾总结了10年来取得的成绩,初步建立起野生动物疫源疫病监测防控体系,完善了规章制度体系,监测预警能力扎实提高,有效防控了突发野生动物疫情。会议深刻分析了监测防控工作面临的严峻形势,防堵国外疫病传入的挑战越来越大,防控国内疫情危害的压力持续增加,应对生物安全威胁的要求越来越高。会议进一步明确了今后野生动物疫源疫病监测防控工作的总体思路和目标,力争到2020年,实现野生动物疫源疫病监测站网络重点区域的有效覆盖,中央和地方技术支撑平台基本建立,组织管理和保障机制明显增强,突发野生动物疫情防控水平显著提高。

【野生动物疫源疫病监测防控培训班】 12月22~23日,国家林业局保护司在湖北武汉举办全国野生动物疫源疫病监测防控培训班。培训班邀请农业部、卫计委、质检总局和北京林业大学的专家讲解了各自领域的情况,充分借鉴相关部门的做法、经验,扭住关键环节,对加快提升野生动物疫源疫病监测防控工作的能力和水平起到了重要作用。

【藏羚羊传染性胸膜肺炎传播机理与风险研究】 国家林业局森林病虫害防治总站会同军事医学科学院军事兽医研究所和西藏自治区林业调查规划研究院开展相关研究。一是藏羚羊分离株遗传进化研究,建立优化了TC-CPP病原和潜在病原的检测体系,确认新发藏羚羊传染性胸膜肺炎疫情1起,获得Mccp藏羚羊分离株H2基因的部分基因序列,初步明确了Mccp藏羚羊分离株的遗传进化关系。二是CCPP流行病学研究发现,已有40余个国家或地区报道了CCPP的临床发病情况,主要涉及非洲以及亚洲的中东、西北亚地区;其中包括中国在内的17个国家或地区已分离到了Mccp,2个国家利用分子生物学方法检测到了病原。三是藏羚羊CCPP传播风险评估与流行趋势分析认为,藏原羚、岩羊和盘羊等野生动物被Mccp感染、致死的可能性很大,Mccp延续循环、形成局部地方性流行的风险很高,CCPP流行范围逐步扩大至那曲周边地区、青海等周边省(区)的风险较高,CCPP在家养、野生小反刍兽间互相传播和发生的基础将长期存在,互传的风险在今后一段时期内将维持在较高水平。 (孙贺廷)

大熊猫保护管理

【全国第四次大熊猫调查结果发布】 2月28日,国家林业局召开新闻发布会,公布了全国第四次大熊猫调查结果。调查结果显示,截至2013年年底,全国野生大熊猫种群数量达到1864只;栖息地面积达到258万公顷;全国圈养大熊猫种群数量达到375只。(张 翼)

【中央领导对大熊猫保护工作作出批示】 习近平总书记和李克强总理等中央领导同志针对国家林业局报送的《全国第四次大熊猫调查报告》作出重要批示,肯定了大熊猫调查工作的重要作用和近年来大熊猫保护工作取得的成效,也指出了大熊猫保护面临的严峻挑战,明确要求进一步加强大熊猫栖息地保护和恢复,加强科技攻关和人才培养,促进野生种群复壮,提升大熊猫保护管理水平。 (张 翼)

【中韩、中荷大熊猫国际合作项目开启】 10月,在习近平主席与荷兰威廉·亚历山大国王、李克强总理与韩国朴槿惠总统的共同见证下,国家林业局局长张建龙等代表中方分别签署了中荷、中韩大熊猫合作相关协议,开启了中荷、中韩大熊猫合作项目。 (张 玲)

【彭丽媛教授命名大熊猫幼崽】 9月，在习近平主席访美期间，彭丽媛教授与美国总统夫人米歇尔女士在华盛顿动物园共同为2015年中美合作繁殖出生的大熊猫幼仔取名“贝贝”，肯定了双方的友好合作。 （张 玲）

【中央政府再次赠送澳门大熊猫】 国家林业局组织成都大熊猫繁育研究基地先后开展了大熊猫优选、运输、欢送仪式等相关工作和活动，并在4月30日由国家林业局副局长陈凤学带队将大熊猫运抵澳门石排湾郊野公园，圆满完成了中央政府再次赠送澳门大熊猫的任务。

（单国玉）

【野化培训大熊猫“华娇”放归】 11月19日，经野化培训的大熊猫“华娇”放归于四川栗子坪国家级自然保护区。

（张 翼）

【全国圈养大熊猫种群数量增长】 2015年新生大熊猫27胎43仔，成活40仔，全国大熊猫圈养种群数量达到422只。

（张 翼）

【《大熊猫保护条例》立法启动】 为贯彻落实中央领导对大熊猫保护工作作出的重要批示精神，国家林业局于2015年启动了《大熊猫保护条例》的立法工作。

（单国玉）

濒危野生动植物进出口管理和履约

【综 述】 2015年，濒危野生动植物进出口管理和履行《濒危野生动植物种国际贸易公约》(以下简称《公约》或CITES)工作通过加强濒危物种进出口管理，深化履约交流合作，取得突出成就。

野生动植物进出口管理 一是完善行政许可机制。联合海关总署修订《进出口野生动植物种商品目录》，与农业部渔业局联合发文进一步加强红珊瑚等海洋物种管理工作，印发进一步规范物种证明管理工作通知，修订《许可证和证明书对外确认办法》。与农业部渔业局开展鲟鳇鱼养殖加工出口单位注册登记；深化被许可人信用评估工作，将部分进出口企业信息数据纳入国家“进出口企业综合资信库”；与海关总署联合建设濒危物种进出口审批系统和联网核查系统。推进“个人和家庭财产豁免”政策研究。二是深化行政许可改革创新。深化上海自贸区行政许可改革措施，开展广东、福建、天津等自贸区野生动植物进出口状况和管理政策措施研究，在新疆、陕西开展“一带一路”贸易管理政策措施研究。将龙鱼等物种标本允许进出口证明书的受理与核发权限下放到办事处，实施木材进口多次使用物种证明等政策措施，启动大鲵养殖场注册登记工作。三是开展行政许可后续监管。对2014年被许可人行政许可执行情况开展了监督检查，对8个办事处调研检查。结合“中国－东盟博览会”等重大活动，会同海关监管、森林公安、动植检等部门开展现场许可服务和监管巡视。启动允许进出口证明书和物种证明两个行政许可项目被许可人监督检查办法修订工作。四是加强能力建设。完成了闭壳龟类物种监测评估工作，开展穿山甲、鲨鱼和蝠鲼、实验用猴、特有有尾类、黄鲥、濒危木材、兰科植物等的贸易监测评估，开展对大象、犀牛、虎豹以及野生动植物走私犯罪问题专项研究。出版《常见贸易物种产品鉴定识别手册》《常见贸易濒危与珍贵木材识别》等鉴定工具书，推动成立北京林业大学野生动植物及其制品价值鉴定中心，组织制订“重点履约执法物种司法鉴定操作标准”。五是开展履约宣传及培训。组织召开2015纪念世界野生动植物日座谈会，在上海、哈尔滨、绥芬河、广州、昆明、红河、南宁、西安等国际机场、水陆口岸、地铁站点设立履约宣传展柜、宣传牌、电子屏幕等，组织印制和发放宣传张贴画和折页。建立“国家濒管办濒危木材履约宣教培训基地”。开展对一线监管和执法人员能力培训，组织经营贸易单位人员开展公约和国家法律政策、申报知识等培训，共举办培训班33个，培训人员4000多人次。

2015年，共核发野生动植物进出口证书71 977份，涉及野生动植物出口贸易额27.32亿元人民币(动物15.33亿元，植物11.99亿元)，进口贸易额171.99亿元人民币(动物22.26亿元，植物149.73亿元)；收取野生动植物进出口管理费4846万元。

履行濒危野生动植物种国际贸易公约 一是积极参与国际谈判。先后派团参加《公约》动物和植物委员会议及公约年度报告工作组、公约与生计等专门议题会议；参加打击野生动植物非法贸易卡萨内会议、全球雪豹保护首届指导委员会会议、控制犀角非法贸易高层对话和部长级会议、打击非洲象偷猎和非法贸易会议、第13届联合国预防犯罪和刑事司法大会打击森林和野生动植物犯罪边会、联合国预防犯罪和刑事司法委员会第24次会议、野生动物非法贸易控制下交付国际会议、“对盗猎零容忍”研讨会、沉香种群管理研讨会、穿山甲分布国会议、高鼻羚羊保护和贸易管理会议等。与《公约》秘书处联合在中国举办遏制非法象牙需求国际研讨会。二是加强多双边履约管理合作。派团赴美国进行《中美自然保护议定书》下有关履约管理交流活动，参加中美战略与经济对话打击野生动植物非法交易对口磋商，赴埃塞俄比亚开展遏制野生动植物非法贸易和履约宣讲活动。先后与德国、老挝、越南签署双边履约合作备忘录，与欧盟、德国、美国、老挝、越南、津巴布韦、尼泊尔等以及东盟执法网络等方面开展双边履约管理执法交流活动。与德国科学机构联合在中国举办多年生植物非致危性判定研讨会。分别举办了两期亚洲、非洲履约管理和执法研讨班。向国家提交年度报告、执法数据报告、MIKE监测报告以及涉及虎、大象、犀牛等专门报告。接待欧洲委员会环境总司、东盟野生动植物执法网络以及泰国、肯尼亚和越南履约管理机构来中国访问。三是深化与港澳台管理交流。派团参加在香港举行的“2015年度港澳内地三方工作会谈”，组团参加香港履约管理执法培训。在大陆和台湾两地举办“海峡两岸野生动植物贸易管理研讨会”，开展业务交流活动。四是推进履约执法协调工作。组织召开“第11届敏感物种履约执法联席会议”和“部门间CITES执法工作协调小组第5次联席会议”。协调海关缉私、公安治安和边防、海警、森林公安等开展“守卫者行动”等多个专项执法行动。以“部门间CITES履约执法协调小组”名义推动、组织和参与跨国、跨洲打击濒危物种走私犯罪专项执法行动——“眼镜蛇3号行动”，查出了一批走私象牙、犀角等濒危物种案件，惩处了犯罪分子，表彰了先进集体和个人，取得重大成果。协调海关加强对濒危木材、石首鱼、穿山甲等物种的进口监管和缉私力度。与三家电信公司密切联系，继续向抵达境外的中国公民发送不参与非法打猎、购买或携带野生动植物及其制品的手机提示信息。对野生动植物运输行业开展保护法规政策培训，并推动17家快递企业签署快递行业对非法野生动植物及其制品“零容忍”倡议书，推动15家中药生产企业向社会发出拒绝非法野生动植物及其制品倡议。

（张　旗）

【开展“眼镜蛇三号”全球濒危物种联合执法行动】 组织公安、海关、森林公安、海警、质检等执法机关联合农业、林业和工商等主管部门，与亚洲、非洲、欧洲和美洲的64个国家以及六大国际保护组织开展了跨洲跨国联合执法“眼镜蛇三号行动”，派员参与国际协调组，周密部署，仔细安排，密切配合，顺畅沟通，迅速反应，共查获各类涉及走私濒危物种案件300多起，逮捕犯罪嫌疑人200多名，缴获象牙及其制品12吨、犀角制品187千克、穿山甲及其制品5.2吨、鳗鲡1吨、龟鳖1300多只、野生仙人掌等濒危植物3500多株、红木2000多千克及其制品432件、含濒危动植物的药物6万多片，以及其他大量野生动植物及其制品，涌现一批先进单位与个人，取得突出成果。（吴　倩）

【汪洋会见CITES秘书长】 国务院副总理汪洋于1月30日下午在中南海紫光阁会见了《濒危野生动植物种国际贸易公约》秘书处秘书长约翰·斯坎伦一行，就做好履约和保护濒危野生动植物进行会谈交流。国家林业局局长赵树丛、副局长刘东生参加了会见会谈。汪洋高度赞赏《公约》在管控濒危野生动植物种国际贸易方面发挥的重要作用。汪洋指出，中国政府高度重视履行国际公约，采取一系列措施加强濒危物种保护，积极开展管理执法国际合作，已经取得了显著成效。汪洋表示，中国政府愿进一步加强与《公约》秘书处合作，继续履行公约义务，为促进野生动植物保护和打击非法交易作出新贡献。斯坎伦肯定了中国政府在推进濒危野生动植物种保护方面做出的积极努力，并期待进一步加强合作，努力促进全球濒危物种的恢复和增长。（吴　倩）

【遏制非法象牙需求国际研讨会】 于1月28～29日在浙江杭州召开。研讨会由中国国家濒危物种进出口管理办公室和CITES公约秘书处联合举办。来自CITES公约秘书处、联合国、美国、英国等国家和机构、耶鲁大学等院校、中国政府相关保护管理和执法部门、行业协会、企业代表以及新闻媒体记者共80多人参加会议。国家林业局副局长刘东生、CITES公约秘书长约翰·斯坎伦出席开幕式并致辞。会议通过专题报告和介绍、提问和讨论等形式，就大象问题背景和政府角色作用、对象牙需求的经济学以及动机和驱动因素的研究、解决非法交易和减少需求的现行努力、准备和实施有效减少需求的活动等进行交流研讨，提出观点、意见和建议。

（吴　倩）

【与老挝和越南签署合作备忘录】 经国家林业局批准，国家濒管办常务副主任孟宪林率中国履约管理机构代表团于9月9～16日先后访问了老挝和越南，分别与老挝自然资源和环境部、越南农业和乡村发展部等相关部门和单位，就濒危野生动植物保护和贸易管理、推动实施CITES公约各项工作、开展双边履约合作等事宜进行会谈和交流，并分别签署了中－老、中－越“履约合作备忘录”。（吴　倩）

【亚洲、非洲国家野生动植物保护与履约执法官员培训班】 国家濒管办协调农业、海关、质检和林业等部门，再次为非洲、亚洲部分国家保护管理和履约执法官员分别举办培训班，并特邀CITES秘书处和美国渔和野生动物局执法官员为研修班学员分别讲授了CITES公约演变和履约执法以及美国国内打击非法野生动物相关情况，共计培训20余国家50余名保护管理和履约执法官员。通过专题讲座和讨论交流，学员们系统了解了中国野生动植物保护和自然保护区建设、打击野生动植物违法犯罪、濒危物种司法鉴定技术以及CITES公约和美国国内打击非法野生动物相关情况等。此外，学员还与中国有关部门代表交流各国野生动植物非法交易状况，探讨非法交易产生的动力，分析非法交易涉及的环节，提出了有效打击非法交易的建议。培训期间，组织学员到浙江、四川等地进行野生动植物保护管理、林业生态建设的实地考察。（吴　倩）

【中越开展双边CITES履约执法交流活动】 为进一步强化中越间野生动植物非法贸易管控，落实中越两国履行CITES公约谅解备忘录，在海关总署缉私局和国际野生生物保护学会支持下，国家濒管办与越南履约代表团于11月21～23日在广西进行了履约执法交流活动。越南方面的10人代表团包括越南CITES管理机构及广宁省海关和林业一线执法人员，中方人员有国家濒管办及广州办事处、南宁海关、广西林业、检验检疫、森林公安、边防、打私办方面的代表，国际野生生物保护学会中国及越南办公室代表也参加会议。与会代表介绍了开展履约管理、打击非法贸易、开展贸易监测等方面工作的情况，提出了进一步强化中越间野生动植物非法贸易管控建议。（吴　倩）

【行政许可简政放权】 3月12日，国家濒管办下发《关于美丽硬仆骨舌鱼、实验用猴、附录Ⅲ龟鳖等物种进一步授权办事处核发CITES允许进出口证明书的通知》，将部分物种和产品贸易审批权限下放给办事处，自2015年4月1日起实施。下放权限包括：美丽硬仆骨舌鱼活体的进口，人工繁殖所获的CITES附录Ⅱ猴科物种的生物学样品的进口和再出口，人工繁殖所获的 CITES 附录Ⅲ花龟、乌龟、蓝孔雀的活体、死体、部分及其制品的进口、出口和再出口以及 CITES 附录Ⅲ物种鼬亚科的活体、死体、部分及其制品的进口、出口和再出口。

（任志鹏）

【发布 CITES 最新禁贸名单】 国家濒管办分别于 4 月 9 日和 12 月 7 日，发布《公约》常委会作出的关于暂停民主刚果、老挝和尼日利亚商业性进出口 CITES 附录物种标本资格的决定以及对马达加斯加 15 个避役物种解除禁贸的决定，以便有关单位准确掌握相关情况，加强对相应物种贸易的监管；同时告知有关企业和个人，依法开展相关物种贸易，避免造成不必要的损失。

（任志鹏）

【加强红珊瑚等海洋物种管理工作】 针对一些地方出现违法采捕和违规经营利用红珊瑚、海龟、砗磲等珍稀濒危水生野生动物的情况，为加强对违法行为的打击力度，切实加强对红珊瑚等海洋珍稀濒危水生野生动物的保护管理，8 月 3 日，农业部渔业渔政管理局和国家濒管办联合发出《关于进一步加强红珊瑚等海洋珍稀濒危水生野生动物管理工作的通知》。《通知》提出三方面要求：一是严厉打击非法采捕行为；二是严格规范经营利用行为；三是加强进出口管理。进口、出口、从海上引进或再出口 CITES 附录红珊瑚的，必须按照《公约》规定提供合法来源证明，报经农业部和国家濒管办批准；禁止《公约》附录红珊瑚商业性出口或来料加工再商业性出口；禁止海龟所有种的商业性出口；禁止中国砗磲所有种野生资源和子一代出口；进口、从海上引进或再出口砗磲也要按照公约规定提供合法来源证明，报经农业部和国家濒管办批准。 （任志鹏）

【《濒危野生动植物种国际贸易公约》动物委员会第 28 次会议】 于 8 月 30 日至 9 月 3 日在以色列特拉维夫召开。来自有关《公约》缔约方、政府间国际组织、非政府组织等的 180 余名代表参加会议。中国由国家濒管办、国家濒科委、中国水产品流通与加工协会组成的代表团参会。本次会议涉及的综合性议题有《公约》议事规则、各区域进展报告、与其他环境公约的合作、大宗贸易回顾、附录物种的周期性回顾、对人工繁殖和捕养标本的履约、CITES 附录物种标本的生产系统、能力建设、标准命名、已灭绝或可能灭绝的物种、对识别和指南材料的回顾等。重点物种议题有鲨鱼、鲟鳇鱼、淡水龟鳖、蛇类等。 （任志鹏）

【2016 年度进出口野生动植物种商品目录修订工作组会议】 于 10 月 27～29 日在北京召开。会议结合 CITES 和中国有关动植物及其产品进出口管理要求和变动情况，对《进出口野生动植物种商品目录》进行修订，并于 2016 年初发布实施。 （任志鹏）

【规范物种证明管理工作】 12 月 31 日，国家林业局和海关总署联合发出《进一步规范非进出口野生动植物种商品目录物种证明管理工作的通知》，进一步明确物种证明的适用范围，规范物种证明核发与监管工作，以此提高依法行政水平，防范超范围核发、审批监管不到位等问题。 （任志鹏）

【中德 CITES 多年生植物非致危性判定研讨会】 于 12 月 9～11 日在深圳召开。该研讨会由国家濒管办、国家濒科委和德国联邦自然保护局（德国 CITES 科学机构）联合主办，国际野生物贸易研究组织、深圳市兰科植物保护研究中心给予合作和支持。来自国家林业局保护司、国家濒管办、国家濒科委、深圳市林业局、科研院所、行业协会、德国联邦自然保护局、国际野生物贸易研究组织和 CITES 植物委员会命名专家等共 30 多名代表参加会议。会议对由德国联邦自然保护局和国际野生物贸易研究组织联合开发的多年生植物非致危性判定指南进行了研讨。中国专家用石斛和沉香作为案例研究物种，按照该指南的步骤进行实际操作分析。在讲解和实践过程中，中国专家与该指南开发团队进行了深入沟通交流，对该指南提出很多合理化修改建议。与会代表对本次研讨会给予了高度赞赏，表示此次研讨会将是通过国际合作共同提高 CITES 履约能力的良好范例，会议所获得的经验和建议对修改该指南具有很好的指导作用，其最终修订版将在《公约》第 17 届缔约方大会期间发布。

（黄晓珍）

【国家濒管办濒危木材履约宣传教育培训基地】 于 10 月 29 日在上海揭牌，正式对外开放运行。国家林业局副局长陈凤学出席了揭牌仪式。濒危木材履约宣传教育培训基地由国家濒管办与上海福人投资集团有限公司合作建立，主要承担以濒危、珍稀木材为重点的履约科普、履约宣传和履约培训，旨在加强面向公众特别是濒危木材从业企业的科普宣传，引导业界自觉遵约守法开展经营活动，进一步提升管理和执法人员的监管能力，树立和展示中国良好的履约形象。该基地设立在上海木文化博物馆内，是中国首个以 CITES 所管制的木材种履约为主题的宣传教育培训场所。 （黄晓珍）

湿地保护管理

【综　述】 2015 年，党中央、国务院对湿地保护作出了一系列新部署，从保护目标到主要任务，从政策措施到制度机制，全面系统、清晰明确，为中国湿地保护指明了方向和现实路径。明确将“湿地面积不低于于 8 亿亩”列为到 2020 年生态文明建设的主要目标之一，标志着湿地保护已成为党和国家战略。决定把“所有湿地纳入保护范围”，标志着中国湿地保护从抢救性保护进入全面保护的新阶段。

向国务院上报了《湿地保护条例（送审稿）》，初步编制完成了《全国湿地保护“十三五”实施规划》，制订了《承担生态文明体制改革重点任务实施方案》，起草了《国家林业局关于湿地全面保护的指导意见》（征求意见稿)。全年新增国际重要湿地3处，新增国家湿地公园试点137处，新增湿地保护面积40万公顷，恢复退化湿地2万公顷，落实退耕还湿试点任务7666.67公顷。 （王隆富）

【湿地立法和制度建设】 认真贯彻落实中发12号文件、中发25号文件、中办发45号文件有关湿地保护的精神，研究提出了《湿地办承担生态文明体制改革重点任务实施方案》，就“扩大湿地面积”“开展湿地生态效益补偿和退耕还湿”“建立湿地保护制度”“开展湿地产权确权试点”等，提出了具体落实措施。大力推进湿地保护立法工作并取得了显著成效，完成并向国务院上报了《湿地保护条例(送审稿)》，由国务院法制办开展向相关部委、省政府、大专院校、科研机构以及基层湿地保护单位的征求意见工作。指导地方开展湿地立法工作，河南、贵州、安徽等3省颁布了湿地保护条例，全国已有23个省(区、市)出台了湿地保护条例或办法。起草了《国家林业局关于湿地全面保护的指导意见》，提出了“十三五”及今后一段时期湿地保护的目标任务、主要思路和具体措施。下发了《国家林业局关于严格禁止围垦占用湖泊湿地的通知》，部署摸排围垦湖泊湿地的情况，有针对性开展专项打击行动。 （俞　楠）

【湿地保护重点工程建设】 按照《全国湿地保护工程“十二五”实施规划》，指导各地大力实施湿地保护与恢复工程，着力强化保护设施设备，扩大湿地面积，恢复湿地生态功能。组织审查2015年湿地保护与恢复工程项目73个，安排项目48个，下达湿地保护工程中央预算内投资计划2.37亿元。继续加大实施国家高原湿地研究中心研究平台建设项目，投入中央预算内资金1000万元，支撑开展高原湿地生态系统结构、功能及其关键生态过程等基础研究，以及高原湿地保护与恢复、资源可持续利用的关键技术等应用研究，为中国高原湿地保护管理提供决策依据。编制完成了《全国湿地保护“十三五”实施规划》初稿，谋划实施一批湿地保护重大工程和项目，力守8亿亩的湿地保护红线，维护湿地生态系统的自然性、完整性和稳定性。配合全国政协人资环委开展“长江经济带开发中的湿地保护”专题调研，并参加了全国政协双周协商座谈会，部署编制长江经济带湿地保护专项规划。 （刘　平）

【中央财政湿地补贴政策执行】 认真落实中央财政湿地补贴政策，对2014年项目执行情况进行调查摸底，赴黑龙江省开展了现地调研核实。2014年退耕还湿试点任务已全部完成。湿地生态效益补偿试点，对鸟类等野生动物损害农作物的14.73万公顷耕地，进行了资金补偿。2015年安排中央财政资金16亿元，实施补贴项目336个。其中，湿地保护与恢复项目221个，资金6.8亿元；退耕还湿试点项目11个，资金1.15亿元，在黑龙江、内蒙古、吉林、湖北完成退耕还湿7666.67公顷；湿地生态效益补偿试点项目20个，补偿资金4.05亿元；湿地保护奖励项目80个，资金4亿元。通过项目实施，为基层保护管理机构新建了一批监测监控设施，包括监测和保护站点建设、巡护道路和围栏建设、小型保护设施设备购置等，使项目区湿地得到更好保护。 （赵忠明）

【全国湿地调查监测评价】 进一步深化湿地资源调查监测，加强成果转化。一是切实用好第二次全国湿地资源调查成果。组织开展了《中国湿地资源》系列图书的编写，初步完成《总论》和31本《分卷》的编撰和核校工作。研发了湿地资源信息系统建设和电子地图。调查成果为湿地保护相关重大规划编制、重大政策制定提供了强有力支撑。第二次调查荣获梁希奖二等奖，正在组织参评国家科技进步奖。二是指导吉林、辽宁省完成了泥炭沼泽碳库调查报告编写和质量检查，部署开展了黑龙江全省的调查工作。三是开展了湿地生态系统健康、功能和价值评价工作，在京津冀地区评价19处重要湿地，为湿地协同保护打好基础。四是组织开展全国沿海省份海岸线变化情况研究，详细分析了海岸线变化的主要原因。 （姬文元）

【湿地公园建设】 组织开展了208处拟建国家湿地公园申报材料的预审，组织专家实地考察了177处，新批137处国家湿地公园(试点)。验收国家湿地公园(试点)55处，通过验收46处。对19处国家湿地公园规划调整、工程建设进行了审核、实地考察并批复。举办了3期国家湿地公园培训班，培训人员360人次。开展国家湿地公园重点建设工作，用示范带动国家湿地公园健康有序发展。启动国家湿地公园信息数据库建设。举办了国家湿地公园创建10周年庆祝活动。 （闫晓红）

【湿地公约履约及国际合作】 2015年《湿地公约》履约与湿地保护国际合作得到进一步发展。一是进一步加强国际重要湿地管理。新指定了安徽升金湖国家级自然保护区、广东南澎列岛海洋生态国家级自然保护区、甘肃张掖黑河湿地国家级自然保护区共3处国际重要湿地。组织完成了2009年指定的国际重要湿地数据更新工作。妥善处理了部分国际重要湿地生态特征变化引起国际社会质疑的问题。为了更有效地实施已发布的《国际重要湿地生态特征变化预警方案》(试行)，发送了“关于提报《国际重要湿地生态特征变化预警方案(试行)》数据信息”的通知。正在组织编制《国际重要湿地管理计划指南》，并开展了相关培训。二是积极参与公约事务。参加《湿地公约》第十二届缔约方大会(COP12)和湿地公约常委会会议，推荐中国专家作为湿地公约科学技术工作组成员，开展世界湿地日宣传活动。三是继续组织实施国际合作项目。组织执行中美自然议定书附件12团组，开展了GEF6期增资项目申请工作。扩大与NGO合作平台，与美国保尔森中心、中国科学院地理资源所共同开展《中国滨海湿地保护战略研究》合作备忘录内容。与世界自然基金会、保尔森基金会合作，在香港米埔举办5期湿地保护管理培训。与台湾湿地学会进行沟通，促成中国湿地保护协会和台湾湿地协会之间《海峡两岸湿地保护和可持续发展民间合作备忘录》的签署。 （方　艳）

【湿地保护宣传教育】 举办了2015年长江、黄河湿地保护网络年会，创建了沿海湿地保护网络，至此，中国基于流域和区域层次的湿地保护网络初步建立。制作了《呵护地球之肾 创造美好未来》纪念第19个“世界湿地日”宣传展板，在国家林业局和中国湿地博物馆展出。印制发放了10 000多份张贴画和明信片。与中央电视台、贵州省林业厅联合拍摄制作2016年“世界湿地日”特别节目《湿地探秘》。在《中国绿色时报》《绿色经济》《湿地》等平面媒体上开展了大量宣传活动。“湿地中国网”运行良好，截至12月15日，湿地中国网网站访问数量2900万次，注册会员数1400名，高级会员75名，发表文章数近5000篇。这些活动的展开，有利于提高公众的湿地保护意识。（王隆富）

【全国打击围垦占用湖泊湿地专项行动】 为进一步加强中国湿地保护，遏制围垦占用湖泊湿地的势头，5月，国家林业局下发《关于严格禁止围垦占用湖泊湿地的通知》(林湿发〔2015〕62号)，部署开展打击围垦占用湖泊湿地专项行动(以下简称“专项行动”)。各地迅速部署落实，制订行动方案，成立专项领导小组，开展联合执法，形成打击行动合力。。据不完全统计，全国共出动人员9600多人次，出动车辆760余台次，开展执法检查400多次，制止或查处违法破坏湿地行为470多起，处理违法人员210多人，发放宣传材料256 800多份。通过专项行动，排查掌握了围垦占用湖泊湿地的情况，查处了一批典型案件，遏制了违法破坏湖泊湿地行为，充分发挥了林业主管部门在湿地保护中的职能作用，扩大了湿地保护的社会影响。

从开展清理排查的情况看，全国没有发现严重围垦占用湖泊湿地行为，但一些地方仍存在一定程度的湿地破坏行为。破坏湖泊湿地资源的原因是多方面的，既有经济社会快速发展对湿地资源占用需求快速增加的客观原因，也有重湿地开发轻湿地保护的主观原因。特别是，在湿地保护管理方面仍然存在一些薄弱环节。下一步，国家林业局将严格按照全面保护湿地的部署和要求，突出工作重点，建立常态化的工作机制，实行最严格的湿地保护制度，做好湿地执法工作，落实好湿地保护的责任，加强湿地保护宣传教育，切实维护湿地资源安全。（姬文元）

森林防火

08

森林防火

【综　述】 2015年，受全球性厄尔尼诺气候变化的影响，中国大部分地区春季气候异常，北旱南涝现象明显，森林火险等级持续居高不下；进入夏季后，黑龙江、内蒙古等北方重点林区雷击火一度急剧高发，成为近年来发生夏季雷击火最多的一年。内蒙古大兴安岭北部原始林区、辽宁大连长海县军事管理区、吉林省中俄边境和云南中缅边境等地区相继发生了多起领导关心、社会关切、舆论关注的森林火灾，森林防火形势十分严峻；秋、冬季后，全国气候总体正常，防火形势趋于平稳。据统计，2015年全国共发生森林火灾2936起(其中一般火灾1676起、较大火灾1254起、重大火灾6起)，受害森林面积12 940公顷，因灾造成人员伤亡26人(其中死亡23人)。与2014年相比，分别下降20.7%、32.3%和76.8%(其中死亡人数下降56.6%)，森林火灾起数、受害森林面积和人员伤亡数量继续呈现“三下降”，其中森林火灾发生数实现连续7年持续下降，工作成效明显。

安排部署森林防火工作 党中央、国务院高度重视森林防火工作，提早部署、高位推动。3月20日，国务院在河南省漯河市召开全国春季农业生产暨森林草原防火工作会议，李克强总理作出重要批示，汪洋副总理出席会议并作重要讲话。期间，国家林业局副局长张建龙主持召开了全国森林防火工作座谈会，对2015年的森林防火工作做出全面安排和部署。国家森林防火指挥部、国家林业局坚决贯彻落实党中央、国务院部署要求，科学研判全国森林火险形势，及时妥善处置突发火情，为夺取全年森林防火工作胜利打下坚实基础。国家森防指办公室和各级森林防火部门坚决贯彻落实党中央、国务院和国家森防指、国家林业局领导系列指示精神，全力以赴抓好火灾防控措施的落实。在全国两会、清明、抗战胜利70周年纪念活动、“十一”等党和国家重要活动期间、节假日及森林防火紧要期，提前制订专项应对工作方案，及时下发紧急通知、发布高火险警报及火险预警信号，要求提前做好防范，适时启动应急响应措施。高火险时段，多次派出森林防火督查工作组赴一线实地督导检查森林防火工作，确保防控措施落到实处。密切加强与森防指成员单位的联系，及时跟踪了解森防指组成人员和联络员变化情况，努力构建多部委(部门)“大防火”工作格局。

森林防火预防体系建设 积极协调国家发改委、财政部，启动《全国森林防火规划(2016～2025年)》编制工作，即将提请发改委审批。下达2015年中央预算内森林防火基本建设投资12亿元，启动实施各类建设项目126个，进一步提高了资金使用效益。举办全国森林防火规划项目培训班，进一步提高了森林防火规划编制、项目建设、标准工作和信息化建设水平。调度统计森林防火项目实施进展情况，对防火项目进行专项稽查。指导东北、西南、西北3个卫星林火监测分中心做好重点地区和重大森林火灾的跟踪监测工作，加强业务指导和管理。接收处理过境轨道11 550条、制作发布监测图像6269幅，报告热点5689个、反馈各类林内用火2785起，热点核查反馈率99.51%(两小时反馈率79.75%)，制作发布森林火险等级预报40余期。

发挥森林航空消防飞机作用 积极协调总参应急办和总参作战部、陆航部等有关部门，累计派出26架直升机支援森林航空消防工作，有效缓解了机源不足的局面。在夏季雷击火高发的紧要时期，先后紧急调配17架飞机(其中大型直升机12架)靠前驻防在黑龙江、内蒙古大兴安岭地区，共执行灭火飞行317架次、机降1607人、洒水547吨，有力地缓解了当时的紧张局势。指导武警森林部队直升机支队建设工作，组织直-8AWJS直升机与卡-32直升机防灭火能力演示。加快实施森林航空消防投入机制改革，理顺了飞行补助费和地面保障补助费管理程序。积极协调财政部将2015年飞行经费增加到4.8亿元(同比增长18.8%)，创历史新高。同时，将2016年中央补助飞行费提前预拨50%，有效解决了飞行费拨款较晚导致春航结束时无法向通航公司支付飞行费的问题。2015年，在北京、河北等18个省(区、市)开展了森林航空消防工作，租用飞机241架次，总航护面积320.97万平方千米，占国土总面积的33.4%。

多渠道开展森林防火宣传 积极做好中央主要媒体的森林防火宣传报道工作，在中央电视台新闻报道多次播出“国家森防指发布高森林火险警报”消息，天气预报多次连续播出“林区火险等级天气预报”。在《中国绿色时报》、中国森林防火网推出《对话森林防火指挥长》专题宣传和“清明森林防火”专题栏目，高位推动森林防火工作。利用网络平台，在新华网发布多篇森林防火新闻通稿，中国广播网、人民网、搜狐网、新浪网、网易等主要网络进行了转发。参加“我安全、我健康、我快乐”第二十个全国中小学生安全教育日主题活动，向全国中小学生赠送《森林防火虎威威系列漫画》图书10 000套。向各地制作发放《森林火灾预防与扑救挂图》10 000套，《森林防火条例解读》65 000册，并制作《森林防火知识读本》22 000册。开展全国森林防火网络舆情监测，编发舆情监测报告87期。利用森林防火公共信息的网络平台编发手机报、微博400余篇(条)，营造良好的森林防火舆论氛围。

做好防火应急值班调度 严格执行“有火必报”和热点核查“零报告”制度，全方位了解火情信息，多渠道掌握火势发展。编制《国家森林防火综合调度指挥平台建设项目初步设计》，提升指挥调度科技化水平。指导各单位按《全国森林防火通信与信息指挥系统建设技术指南》抓好森林防火通信工作，保障指挥系统互联互通。全年共跟踪热点5600多个，调度火情1000余起，编发各类火情信息近500期，提交值班日志300余条，编报值班信息95期，起草火情快讯6期，高质量完成值班调度工作。

(李新华)

森林火灾

【全国森林火灾情况】 2015年森林火灾情况(见2015年全国森林火灾分月统计表)如下。

火灾次数情况 2015年，全国共发生森林火灾2936起，比前三年(2012~2014年，下同)均值下降930起，降幅达24.1%。其中一般森林火灾1676起、较大森林火灾1254起、重大森林火灾6起，未发生特别重大森林火灾。一般火灾、较大火灾分别比前三年均值下降了26.3%、21.1%，重大森林火灾比前三年均值上升了500%。与2014年相比，火灾次数下降767起，降幅达20.7%，其中一般火灾下降19.4%，较大火灾下降22.6%，重大火灾上升200%。

火灾损失情况 2015年全国森林火灾受害森林面积12 940公顷，比前三年均值相比下降2654公顷，降幅达17%。与2014年相比，下降6170公顷，降幅达32.3%；2015年因森林火灾造成人员伤亡26人，比前三年均值减少37人，降幅为58.5%。与2014年相比，减少86人，降幅为76.8%。其中，轻伤2人、重伤1人、死亡23人，分别比前三年下降89.1%、89.7%、33.7%，分别比2014年下降94.9%、95%和56.6%。2015年因森林火灾死亡的23人中，辽宁省6人，广西壮族自治区5人，浙江省3人，福建、广东和四川省各2人，湖北、湖南和陕西省各1人。

火灾扑救情况 2015年，全国扑救森林火灾共出动36.3万个人工日，出动车辆4.4万辆(台)次，分别比前三年均值下降51.2%和28.5%，比2014年下降55.6%和41.6%；出动飞机121架次，比前三年均值减少69.5%，比2014年减少79%；投入扑救森林火灾经费约4793万元，比前三年均值减少73%，比2014年减少51.6%。

火灾原因分析 2015年发生的森林火灾中，已查明火源的森林火灾2468起，占全部森林火灾次数的84.1%，未查明火源的森林火灾468起，占全部火灾次数的15.9%。在已查明火源的森林火灾中，人为因素引起的森林火灾占94%，其中上坟烧纸1044起、烧荒烧炭518起、野外吸烟108起、电线引起56起、炼山造林49起，分别占已查明火源的森林火灾的42.3%、21%、4.4%、2.3%和2%。

森林火灾"三率"情况 2015年森林火灾发生率(起火灾/10万公顷森林)为1.41%，森林火灾控制率(公顷受害森林面积/每起森林火灾)为4.41%，森林火灾受害率(受害森林面积/森林总面积)为0.06‰(按全国森林面积20 769万公顷计算)。 (金 博)

森林防火重要会议及活动

【全国春季农业生产暨森林草原防火工作会议】 3月20日，国务院在河南省漯河市组织召开全国春季农业生产暨森林草原防火工作会议。中共中央政治局常委、国务院总理李克强作出重要批示，指出："抓好'三农'工作是稳增长、调结构、惠民生的重要支撑。各地区、各部门要认真贯彻中央农村工作会议和《政府工作报告》的决策部署，切实抓好当前春季农业生产，抓紧开展春耕备耕各项工作，努力再夺夏粮和全年农业丰收，同时扎实做好森林草原防火和动物疫病防治工作。要按照推动农业可持续发展的要求，全面深化农村改革，转变农业发展方式，完善强农惠农富农各项政策，稳定粮食生产，提高农业劳动生产率，增强农民增收后劲，在推进农业现代化建设中取得新成效。"中共中央政治局委员、国务院副总理汪洋出席会议并讲话。他强调，要认真贯彻李克强总理重要批示精神，切实增强责任感和紧迫感，迎难而上，积极作为，创新思路，扎实工作，力争实现今年农业"开门红"。汪洋副总理指出，在经济下行压力加大的情况下，做好2015年春季农业生产和森林草原防火工作，既具有特殊重要意义，也面临一些新情况、新问题、新挑战。汪洋副总理强调，森林草原防火事关人民生命财产安全，事关社会和谐稳定，绝不能出大的问题。2014年至2015年头两个月，全国发生的森林火灾以及造成的损失，比常年有明显下降，成绩值得充分肯定。今后一段时间，随着气温回升，各种农事活动增加，野外旅游增多，加上清明、"五一"等节假日临近，进山人员较多，火源管理难度增加，进入了火灾易发多发期。各地区、各有关部门要高度警惕，认真做好防范应对准备，坚决避免发生重特大森林草原火灾和重大人员伤亡。国家森林防火指挥部总指挥、国家林业局局长赵树丛报告了2014年森林防火工作情况；农业部部长韩长赋主持会议，河南省委书记郭庚茂，中央农村工作领导小组副组长、办公室主任陈锡文出席会议。河南省省长谢伏瞻致辞。国家林业局副局长张建龙、国家森林防火指挥部专职副总指挥杜永胜参加会议。河南、内蒙古、黑龙江、安徽、广西、四川、云南等省(区)负责人在会上作了发言。 (李新华)

【全国森林防火工作座谈会】 3月20日，国家森林防火指挥部、国家林业局在河南省漯河市召开全国森林防火工作座谈会。受国家森防指总指挥、国家林业局局长赵树丛的委托，国家林业局党组副书记、副局长张建龙出席会议并讲话。张建龙总结了2014年全国森林防火

表 8-1　2015 年全国森林火灾分月统计表

月份	森林火灾次数					火场总面积（公顷）	受害森林面积（公顷）			损失林木		人员伤亡（人）				其他损失折款（万元）	出动扑火人工（工日）	出动车辆（台）		出动飞机（架次）	扑火经费（万元）
	共计	一般火灾	较大火灾	重大火灾	特大火灾		共计	其中 原始林	其中 人工林	成林蓄积（立方米）	幼林株数（万株）	共计	轻伤	重伤	死亡			共计	其中汽车		
全年累计	**2936**	**1676**	**1254**	**6**	**0**	**33 076.62**	**12 940.00**	**1942.95**	**8616.91**	**228 785.80**	**5557.77**	**26**	**2**	**1**	**23**	**6371.45**	**363 265**	**44 132**	**32 616**	**121**	**4793.40**
1 月	174	86	88	0	0	2149.90	728.08	60.45	622.05	20 230.93	50.00	3	0	0	3	154.48	18 200	2115	1570	8	277.13
2 月	320	194	126	0	0	3508.55	818.08	96.48	633.59	20 968.10	65.04	6	1	1	4	244.17	28 868	3104	2493	19	394.36
3 月	431	273	158	0	0	6205.51	2639.24	94.07	1461.72	51 293.86	897.27	5	0	0	5	4162.34	75 212	9960	8021	35	1368.50
4 月	1605	859	745	1	0	14 809.25	5642.01	294.28	5090.30	111 100.60	2506.70	11	1	0	10	1016.41	148 668	20 582	13 929	15	2103.1
5 月	121	77	43	1	0	2075.52	1024.09	33.73	395.37	8947.59	16.76	0	0	0	0	371.68	31 075	3642	2904	8	190.27
6 月	65	34	30	1	0	1924.54	767.60	503.23	259.57	12 118.56	13.32	1	0	0	1	297.44	26 874.20	1680	1160	11	266.02
7 月	115	80	32	3	0	1521.55	982.74	681.80	15.54	7.75	0.01	0	0	0	0	1.15	23 758	1858	1838	0	8.39
8 月	25	18	7	0	0	257.81	136.57	77.34	51.05	3058.79	7.88	0	0	0	0	92.02	5315	469	216	4	117.23
9 月	8	4	4	0	0	70.24	51.14	49.04	2.10	4	0.04	0	0	0	0	21.20	440	80	56	8	24.80
10 月	37	20	17	0	0	324.31	109.09	43.00	65.79	985.55	2000.44	0	0	0	0	1.60	2807	420	272	0	24.60
11 月	13	10	3	0	0	184.17	37.78	9.53	15.04	20	0.31	0	0	0	0	0.42	901	153	79	0	6.73
12 月	22	21	1	0	0	45.27	3.60	0	4.80	50.11	0.01	0	0	0	0	8.55	1147	69	78	13	12.34

工作，对做好2015年森林防火工作进行部署。河北、吉林、福建、江西、重庆、陕西等6省（市）林业厅（局）主要负责人介绍了森林防火工作情况，武警森林指挥部副司令员郭建雄通报了武警森林部队森林防火战备情况，国家森防指办公室副主任、森林公安局局长王海忠通报了全国春季森林防火形势分析预测。武警部队、国家新闻出版广电总局、总参作战部应急办、总后基建营房部有关负责同志等出席会议；各省（区、市）林业厅(局)主要负责人，内蒙古、辽宁、吉林、黑龙江森工集团主要负责人，漯河市林业和园林局负责人参加会议；国家森林防火指挥部专职副总指挥杜永胜主持会议。（李新华）

【部署春节期间森林防火和林区安全稳定工作】 2月13日，国家森防指召开视频调度会议，对春节期间全国森林防火和安全稳定工作进行再部署再强调再落实。会议要求各级林业部门要用中央领导重要批示精神统一思想，时刻紧绷森林防火这根弦，严格落实森林防火行政首长负责制和部门分工责任制，将森林防火责任制从各级领导到林区群众，层层落实到位，落实到人头。春节期间，各级森林防火部门领导、工作人员和防火队员要坚守岗位，随时准备应对突发火情。会议同时对林区安全保卫工作作出安排部署。（李新华）

【部署清明节期间森林防火工作】 4月2日，国家森防指召开视频调度会，部署清明节期间森林防火工作。国家森防指副总指挥、国家林业局副局长孙扎根出席会议并讲话，国家森防指专职副总指挥杜永胜主持会议。会议调度听取了北京、山西、内蒙古、黑龙江、四川、北方航空护林总站森林防火工作情况，国家森防指办公室副主任、森林公安局局长王海忠通报了清明节期间全国重点省区森林火险形势。孙扎根副总指挥对做好清明期间森林防火工作和林区安保工作提出要求。武警森林指挥部副司令员郭建雄，国家林业局有关司局负责人，各省(区、市)林业厅(局)，内蒙古、吉林、龙江、大兴安岭森工(林业)集团公司分管领导、专职指挥，武警森林总队、防火办、森林公安局主要负责人，国家林业局各派驻森林资源监督办和北方、南方航空护林总站主要负责人等参加会议。（李新华）

【部署“五一”期间森林防火工作】 4月28日，国家森防指召开“五一”期间森林防火工作视频调度会，传达中央领导和国家森防指领导关于做好森林防火工作的重要指示精神，对“五一”期间的森林防火工作进行了再安排、再部署和再强调。国家森防指副总指挥、国家林业局副局长孙扎根出席会议并讲话，武警森林指挥部副司令员郭建雄出席会议，国家森防指专职副总指挥杜永胜主持会议。针对“五一”期间森林防火工作，内蒙古、辽宁、吉林、黑龙江、云南等5省(区)和青岛市，以及北方航空护林总站负责人在各地分场汇报了当前森林防火工作情况及“五一”期间森林火灾防控措施。

（李新华）

【重点省(区)森林防火工作会】 5月12日，国家森防指在吉林长春召开重点省（区）森林防火工作会，国家森林防火指挥部副总指挥、国家林业局副局长孙扎根出席会议并讲话，吉林省人民政府副秘书长苏衡、武警森林指挥部副司令员郭建雄出席会议。内蒙古、辽宁、吉林、黑龙江省（区）林业厅（局），内蒙古、龙江、大兴安岭、吉林、长白山森工（林业）集团公司、北方航空护林总站和武警森林指挥部分别进行发言，介绍了当地春防前期形势及下步工作安排部署情况；武警内蒙古、吉林、黑龙江森林总队，国家林业局森林公安局、资源司、计财司、宣传办、预警监测信息中心，驻内蒙古、长春、黑龙江、大兴安岭森林资源监督办有关负责人等参加了会议。（李新华）

【全国秋冬季森林防火工作电视电话会议】 9月14日，国家森林防火指挥部召开全国秋冬季森林防火工作电视电话会议，对秋冬季森林防火工作进行安排部署。国家森防指副总指挥、国家林业局副局长孙扎根出席会议并讲话。国家森防指专职副总指挥杜永胜主持会议，国家森防指办公室副主任、森林公安局局长王海忠通报了2015年秋冬季全国主要林区气候趋势及火险形势，内蒙古、黑龙江、江西、四川、北方航空护林总站和武警森林指挥部分别汇报了工作情况。（李新华）

【军民融合深度发展，加强森林防火灭火能力建设】 12月2日，国家林业局与武警总部举办了军民融合发展合作协议签约仪式，国家林业局局长张建龙和武警总部司令员王宁出席，杜永胜专职副总指挥与潘昌杰副司令员签订了《国家林业局 中国人民武装警察部队 关于加强森林防火灭火能力建设合作协议》，双方将在扑火队伍建设、火情信息共享、扑火人才培养和防火灭火行动等方面深化合作。国家森防指办公室积极协调武警总部司令部，确定了依托武警部队组建扑火应急队伍的总体方案，商定了装备配备的渠道和步骤。11月15～21日，国家森防指办公室组织全国武警内卫部队和机动师共93人开展森林火灾扑救业务培训。（王永坤）

【快速处置夏季雷击森林火灾】 6～8月，黑龙江、内蒙古等地相继发生100多起雷击森林火灾，成为近年来发生夏季雷击火最多的一年，严重威胁森林资源和人民群众生命财产安全。国家森防指办公室连续发布12期东北、内蒙古林区《高森林火险警报》和7期《未来一周火险形势预报》，及时下发了《关于切实做好东北、内蒙古林区夏季森林防火工作的紧急通知》。火灾发生后，国家森防指，黑龙江、内蒙古自治区森防指以及大兴安岭森工集团(林管局)迅速反应，立即启动扑火应急预案，主要领导靠前指挥，迅速调集足够兵力，克服高温炎热、地形复杂、荆棘遍布等困难，发扬连续作战精神，出动扑火人员近30 000人次，及时将森林火灾扑灭，无人员伤亡，将森林资源损失降到了最低。

（王永坤）

【举办2015度省级森林防火专职指挥座谈会】 为认真贯彻落实党中央、国务院关于加快生态文明建设精神，深入分析《党政干部生态环境损害责任追究办法(试行)》出台后森林防火工作面临的新形势、新任务，推动森林防火工作行政首长负责制的落实，国家森防指办公室于12月14～16日在厦门市召开了2015年度省级森林防火专职指挥座谈会。国家森防指专职副总指挥杜永胜出席并讲话，焦德发政委主持座谈。来自内蒙古、辽宁、吉林、黑龙江、福建、河南、广东、海南、重庆、四川、云南、甘肃等12省(区、市)的专职指挥和内蒙古大兴安岭森工集团、黑龙江森工总局、黑龙江大兴安岭林管局的领导围绕"在森林防火工作中如何落实《党政干部生态环境损害责任追究办法(试行)》"进行了专题发言，介绍了当地森林防火责任追究和相关制度建设情况。 (闫　厚)

森林消防体系建设

【森林防火基础保障】 2015年，国家林业局共审批森林防火项目90个，项目总投资16.9亿元，其中中央投资11.7亿元。同时，下达中央预算内森林防火投资计划12亿元，启动实施森林火险区综合治理、森林防火通信和信息指挥等建设项目126个，其中在东北西南重点林区启动视频监控、以水灭火、大型装备试点项目21个。 (卢　渊)

【全国森林防火规划培训】 10月9～10日，国家森林防火指挥部办公室在南京举办森林防火规划项目培训班，研究商讨森林防火二期规划，征求规划区域布局、建设重点意见；学习信息化体系建设和标准化方面的专业知识。国家林业局森林公安局副局长张萍、计财司副司长杨冬出席会议并作讲话，来自全国各省(区、市)、有关单位近110名代表参加了会议。 (卢　渊)

【森林消防标准工作】 12月18日，全国森林消防标准化技术委员会年会暨标准审定会在北京召开，来自科研院所、大专院校、企业、管理部门的各方面委员25人参加了会议。国家森林防火指挥部专职副总指挥、标委会主任委员杜永胜作讲话，秘书长王立夫主持会议并作2015年标委会工作报告。会议分3个组对8项标准进行审查，最后审查并通过了7项标准。 (卢　渊)

【森林防火项目稽查工作】 2015年，国家森防指办公室会同基金站组织开展了2009～2013年中央预算内森林防火基本建设投资稽查工作，重点抽查了北京、天津、黑龙江、浙江、宁波、江西、山东、青岛、广东、海南、青海、宁夏、云南、中国林科院、北方航空护林总站、南方航空护林总站等16省(区)和单位。经审查，各建设单位基本上能够按照批复的项目实施，项目实施效果总体较好，但个别省(区)还存在一些未经批准调整变更项目建设内容和建设规模、未执行政府采购、招投标制执行不规范、合同管理不规范等问题。 (卢　渊)

【开辟了中欧森林防火合作的新路径】 12月7～11日，国家森防指办公室在北京市和云南省成功举办中欧森林火灾信息自主工作坊，达成了中国派出代表考察欧盟森林防火的意向，将对欧盟森林防火的总体情况、领队体制、森林火灾预防的主要手段和做法、森林火灾扑救的组织指挥体系、森林火灾扑救的主要装备等方面进行了深入调研。国家森防指办公室多次与国家行政学院应急管理培训中心、欧盟代表进行磋商，采取"请进来"和"走出去"的方式将森林防火列入中欧应急管理合作项目(中国政府与欧盟委员会签署的政府间国际合作项目)活动中，开辟了中国森林防火与欧盟交流合作的新路径。 (王永坤)

【举办森林防火应急管理专题研讨班】 9月20～30日，国家森林防火指挥部与国家行政学院联合举办了森林防火应急管理专题研讨班。各省(区、市)重点火险区地(市、州、盟)人民政府森林防火指挥部总指挥或副总指挥共47人参加研讨。此次研讨班设置了应急管理、森林防火、案例教学、分组研讨、学员论坛、模拟演练6大板块内容。研讨班邀请了欧盟应急管理专家为学员专题授课。培训期间，国务院应急办主任李晓东主持召开座谈会，听取国家森防指办公室意见。本次培训班得到了参训单位的一致好评，反响热烈，对提高全国森林火灾扑救指挥水平发挥了重要作用。

【举办指挥员培训班】 9月6～19日，国家森防指办公室在南京森林警察学院、武警警种学院举办了3期地市级指挥员、防火办主任培训班，共有231人参加。参加培训的人员有地市级政府分管副秘书长、地市级林业局局长、分管副局长、专职指挥和地市级防火办主任等。 (王永坤)

森林航空消防

【2015年森林航空消防基本情况】 2015年，中国森林航空消防事业得到快速发展。北京、河北、内蒙古、吉林、黑龙江、浙江、江西、山东、河南、湖北、湖南、广东、广西、重庆、四川、云南、陕西、新疆等18个省(区、市)开展了森林航空消防工作，总航护面积达320.97万平方千米，占国土总面积的33.4%，主要执行巡逻报警、火场侦察、火场急救、空投空运、吊桶灭火、机(索)降灭火、化学灭火、防火宣传等任务。全

国各航期共租用飞机241架次，其中直升机167架架次，固定翼飞机74架次。全年累计飞行4488架次8845小时，参与扑救林火152起，对其中95起实施吊水灭火作业，洒水5326.8吨；机降索降2686人；运送扑火物资28.7吨；配合地方森林防火部门开展了防火宣传，投撒防火传单34.6万份。（刘国珍）

武警森林部队

【综　述】 2015年，各级以习近平主席系列重要讲话精神为指导，以强军目标为统领，以整风整改为主线，牢牢把握稳中求进总基调，坚持在从严肃纪中正向、在练兵备战中强能、在保持稳定中进步，部队全面建设持续健康发展，以防火灭火为中心的各项任务完成圆满。

思想政治建设　深入贯彻古田政工会议精神，狠抓政治建军原则贯彻落实。紧跟习近平主席思想步伐，紧紧围绕“四个全面”战略布局，突出学习全面从严治党方针、改革强军重大战略和武警战略思想，三级联动同步组织党委中心组带机关理论学习，举办两期团以上干部理论集训，官兵对党忠诚、听党指挥信念更加坚定。加强政治引领和思想重塑，深入开展“学习践行强军目标、做新一代革命军人”主题教育和“革命军人样子”大讨论，举办先进事迹报告会，激发广大官兵争做“四有”革命军人的政治热情。甘肃森林总队马赵飞被评为第十八届“中国武警十大忠诚卫士”。重视加强改革中思想政治工作，坚持用习近平主席和中央军委决策指示统一思想，着力引导各级树立“四种正确态度”（坚决服从、坚定信心、干好本职、谋好发展）。规范和抓好基层月课教育，重视做好意识形态领域工作，部队保持思想稳定和纯洁巩固。扎实抓好强军文化建设，总结宣传森林部队精神，建成指挥部史馆，规范警营政治文化环境，广泛开展强军风采系列文化活动，吉林森林总队编排的舞蹈《从军行》成功参演2015年央视元宵晚会。规范政治机关值班和遂行任务“一战一评”机制，坚持“八个到现场”，充分发挥政治工作服务保证作用。加强政治机关和政治干部队伍建设，建立月例会、季通报、绩效评估等制度机制，政治工作原则性战斗性和威信威力进一步增强。

正风肃纪　坚持以专题教育整顿为抓手，以肃清郭伯雄、徐才厚案件影响为要害，以党委机关和领导干部为重点，从严从实推进正风肃纪。严密组织“三严三实”专题学习教育，专题召开党委民主生活会，严格政治纪律和政治规矩，各级忠诚、干净、担当的自觉性进一步增强，政治意识、大局意识、核心意识、看齐意识不断强化。围绕“六个肃清”（思想、政治、组织、作风、体制、信息）召开专题组织生活会，开展思想辨析，党委正副书记带头讲党课，着力廓清思想“雾霾”，肃清郭伯雄、徐才厚案件流毒影响。强力推进作风整治，坚持以上率下，突出问题导向，以干部大检查、财务大清查为重点，一个回合一个回合地抓，不解决问题不撒手，取得阶段性明显成效。始终盯住从严执纪、正风肃纪不放松，对财务系统贪污窝案从严追责问责，深刻反思教训，集中开展专题警示教育；从严查处打骂体罚、酒后滋事、网上购买假党表等违规违纪问题，对上级巡视审计指出问题和群众反映线索，认真调查处理，纯正部队风气。认真学习贯彻中央颁发的《廉洁自律准则》和《纪律处分条例》，结合实际制定依法抓建、干部队伍建设、财经管理3个规范性文件、完善23个配套措施，各单位立项79个制度规定，促进党风廉政建设制度化常态化。

练兵备战　加强党委对中心工作领导，严格落实议训议中心制度，集中组织首长机关训练和网上参谋长集训，各级领导机关善谋打仗意识和能力进一步增强。持续推进现代化建设，投入2.4亿元用于军事装备采购，试点研究不同地区、不同类型单位装备编制模块，完成4个总队和机动支队网络带宽扩容，在无人机运用、自主选频短波和数字化单兵通信系统以及一体化灭火指挥系统建设上取得新进展，与10个地方单位签订军民融合发展协议，协调国家林业局、气象局、测绘局引接森林火险、实时气象、基础地理信息数据，为遂行任务提供有力支撑。扎实抓好实战化训练，认真落实武警部队“八落实”标准和战训法集训精神，在黑龙江森林总队组织战训法“五长”集训和军事训练能手比武，积极探索、全面规范战术训练内容体系、方法路子；认真开展新大纲试训和配套教材编修，加大野外化、模拟化训练力度，严密组织“卫士－15”系列演习，加强训练场建设，对训风、演风、考风进行覆盖式监察，大抓训练的氛围更加浓厚，整体训练水平明显提升。直升机支队飞行训练和执行任务圆满，参谋长王兴坤被武警部队表彰为“十大军事训练标兵”。严格落实战备教育、战备值班、应急演练、物资储备等制度，严密组织部队靠前驻防，实现打早、打小、打了目标。加强遂行任务组织指挥，全年扑火344起、防火执勤3028次、担负维稳行动8次、抢险救灾34次，特别是成功扑救中蒙、中缅边境、四川雅江、山西交城、大兴安岭北部原始林区火灾，受到各级高度赞誉；新疆、西藏森林总队参与自治区大庆安保、机动支队遂行“9·3”阅兵和国庆安保执勤任务圆满完成。

法治化建设　深入贯彻中央军委依法治军从严治军《决定》，扎实开展“学法规、用法规、守法规”活动，强化法规制度执行力，官兵法治思维和法治信仰进一步增强。抓好常态化条令学习训练，坚持按条令管、按大纲训、按制度办，部队正规化水平进一步提高。紧盯安全建设不放松，把握森林部队安全工作特点规律和防范重点，试点推进安全工作“八个规范”，广泛开展“百日安全竞赛”和安全大检查活动，认真组织“严纪律、查隐患、保安全”和以内部关系、兵员清理、枪弹清查为重点的教育整顿，严格落实武警部队“禁酒令”和“八严”纪律规定，加强事故苗头排查整治，部队总体安全稳定。34个支队连续5年以上实现“三无”（无严重违纪、等级事故、刑事案件）。“一征两选两退”工作安全顺利。严密组织新兵教育训练和“三查一除”（查思想、查制度、查纪律，除隐患），依托内卫总队和机动师培训干部骨干，新训工作圆满顺利，整体质量比较好。

抓基层打基础 着力推动强军目标在基层落地生根，坚持依法抓建，规范和建立总队帮建、支队抓建、大队常建、中队自建的抓建格局；实行先进支队考核评比排名争位，全员纳入、分层分类开展“双争”活动，激发创先争优动力。突出“三个一线”（一线指挥部、一线战斗堡垒、一线带兵人）和“三个源头”（新兵、士官和生长干部），扎实组织《纲要》学习培训、先行试点，抓好预任中队主官集训、新毕业学员岗前培训和干部骨干经常性应用性培训，重视强化基层党支部功能，基层主官换岗锻炼和领导机关住班当兵、代职锻炼制度基本落实，提高机关服务指导和基层按纲建队能力。加强动中抓建具体指导，把抓任务与抓动中建、散中管结合起来，保持基层正常建设不断线。重视培养基层典型，集中宣传奇乾中队和马赵飞等先进事迹，黑龙江森林总队大兴安岭地区支队被武警部队表彰为“基层建设标兵支队”。大力营造安心尽责良好环境，着力解决基层实际困难，建立常态救济机制，组织优秀基层主官疗养。围绕保中心保基层狠抓后勤综合保障，坚持党委理财，加大经费统管力度，按标准保障供应，加强审计监督，防范经济风险，国家审计署审计给予肯定；认真抓好基层后勤工作，保障制度、保障队伍、保障设施等建设进一步加强，尤其是种养殖和伙食保障比较好。后勤战备训练抓得紧，加强“一组三队”（后勤指挥组、综合物资保障分队、卫勤保障分队、运输维修保障分队）建设和“一兵多用、一专多能”训练，应急保障能力不断提升。

党委班子 突出加强理论武装，坚持用习近平主席系列重要讲话精神统一思想、改造思想、升华思想，牢固树立正确的世界观人生观价值观，打牢作风建设思想基础。突出贯彻落实民主集中制，坚持重大问题集体讨论决定，严格按政策、按原则、按规矩、按程序办事，党委科学民主依法决策水平不断提高。突出抓严思想作风建设，注重强化政治意识、纪律意识、规矩意识，严肃党内政治生活，增强管班子管党员管干部功能。注重加大帮建指导力度，跟踪督导解决问题，总队、支队党委班子整体建设比较好，在整风整改和面临调整改革的考验面前，保持思想稳定和良好精神状态，领导核心作用发挥明显。

【森林部队任务区林业厅局长座谈会】 1月5日，指挥部在北京召开森林部队任务区林业厅局长座谈会。期间，各省林业厅局长就森林部队建设等有关问题分别发表意见建议，并对本任务区森林部队完成任务情况给予充分肯定，对部队发挥的重要作用给予高度评价。国家森林防火指挥部副总指挥杜永胜、指挥部司令员沈金伦分别讲话，指挥部副司令员魏凤桐主持座谈会。指挥部在家党委常委和国家林业局、森林部队任务区的林业部门领导参加座谈会。

【直－8AWJS高原直升机与卡－32直升机防火灭火作业能力演示】 4月10日，指挥部在云南丽江举行直－8AWJS高原直升机与卡－32直升机防火灭火作业能力演示。演示设定海拔2600米吊桶灭火、水箱灭火，海拔3600米野外机降、载人巡护以及火场侦查指挥、图像传输等课目，取得两型直升机执行高原地区防火灭火任务的第一手数据，基本摸清两型直升机在高海拔的作业能力，为高原直升机装备采购使用提供依据。国家森林防火指挥部副总指挥杜永胜，指挥部副司令员郭建雄现地指导演示飞行活动。国家森林防火指挥部办公室副主任柳学军，国家林业局南方护林总站、北方护林总站，浙江省、江西省护林站，上海市公安局，中航工业直升机公司等单位领导参加活动。

【福建长汀抗洪抢险】 5月下旬，福建省长汀县连降暴雨导致洪涝灾害。5月20～30日，福建森林总队龙岩支队调集157名官兵，投入受灾最严重的庵杰、新桥、馆前、铁长4个乡镇抗洪救灾。抢挖出被倒塌房屋掩埋的受灾群众2人，搜寻被洪水冲走失踪人员2人，紧急转移受灾群众2900余人；官兵们徒步强行挺进“孤岛”——庵杰乡，抢挖新桥镇至庵杰乡塌方道路3处12千米；抢修3处“生命水源”，架设简易桥梁5座，架设帐篷68顶，装卸救援物资40吨，帮助群众转移粮食30吨、生产资料17.5吨，抢通排水渠5处1200余米，平整灾民安置点1200余平方米；清理重点旅游景点4处、文化广场2处、国家二级保护动物大刺鳅繁育中心淤泥3万余立方米，抢救鱼苗200余千克，挽回直接经济损失600余万元；清理堵塞桥梁5座、道路30余千米、河道4000余米，清除街道淤泥4500余立方米、山体滑坡泥石650余立方米，为受灾群众巡诊2300人次。

【“森林中国·首届中国生态英雄”大型公益活动颁奖典礼】 6月28日晚，“森林中国·首届中国生态英雄”大型公益活动颁奖典礼在北京举行。黑龙江森林总队大兴安岭地区支队二大队大队长李斌当选十大“中国生态英雄”。李斌入伍20年来，针对防灭火职能任务特点，深入研究战术战法，创新组训方法，带出一大批训练尖子；结合中国空中灭火优势，带领部队探索出机载精兵重装远程输送训练模式，在灭火作战中，实现第一时间快速反应，第一时间投入精兵重装，第一时间实现“打早打了打小”目标，所创的组训模式和战法在总队得到推广。李斌率领战士先后扑救森林火灾113起，执行抢险救灾任务18次，所属中队被评为标兵中队和先进中队，所带大队被誉为“防火灭火的拳头部队、正规化建设的窗口部队、安全发展的放心部队”。

【战训法“五长”集训】 9月14～18日，指挥部在黑龙江大兴安岭野外战术训练基地组织战训法“五长”集训。集训以总参谋部《加强和改进战役战术训练的意见》为指导，深入贯彻武警部队战训法集训精神，旨在运用全军和武警部队最新战术训练成果，推进森林部队实战化训练向纵深发展。采取理论辅导、现地观摩、课目演示、观看录像、野外作业等方法，对武警部队战训法集训精神进行深化落实，规范森林部队战术训练内容、方法和路子，初步构建具有森林部队特色的战术训练体系。各总队总队长、参谋长，各支队支队长，各大队大队长、独立驻防中队中队长，各教导队队长以及指挥部、总队机关有关人员309人参加集训。集训前，组织森林部队首届军事训练能手比武竞赛，评选表彰森林部队“十大军事训练标兵”。指挥部司令员沈金伦、政治委员戴建国等领导全程参加集训。

【国家林业局领导到指挥部考察慰问】 7月26日，国家林业局局长张建龙、副局长孙扎根，森林防火指挥部专职副总指挥杜永胜，办公室主任张鸿文，森林公安局局长王海忠、政委焦德发，机关服务局局长王永海，森林公安局副局长柳学军等领导，莅临指挥部机关考察慰问。张建龙局长一行先后考察指挥部作战指挥中心，通过视频慰问内蒙古、黑龙江总队灭火一线官兵，在听取指挥部司令员沈金伦工作汇报后，张建龙局长作重要讲话。政治委员戴建国主持汇报会。

【军民融合首批项目签约仪式】 11月27日，指挥部在机关举行森林部队军民融合首批项目签约仪式。指挥部司令员沈金伦，北京林业大学党委书记王洪元、中国电子科技集团公司副总经理王政分别讲话，对森林部队加快推进军民融合深度发展，明确努力方向、思路办法和共同愿景。指挥部领导与中国气象局、国家测绘地理信息局、北京林业大学、中国电子科技集团公司、中国兵器科学研究院、中国嘉陵工业股份有限公司、中航直升机有限责任公司、中国烹饪协会、中国化学纤维工业协会、民政部中民社会捐助发展中心10个单位签订军民融合项目合作协议。指挥部副政治委员聂增龙主持仪式，在家党委常委和有关单位领导45人出席仪式。

【中欧森林火灾应急管理工作组到昆明森林支队考察调研】 12月8～9日，由中欧应急管理合作项目驻华办主任爱博、中欧应急管理合作项目驻华办联络官孟伟、法国科西嘉岛南区消防官法比安·迪迪埃、法国瓦尔省救援防火指挥部指挥官克利斯朵夫·帕斯奎尼，国家行政学院、国家森林防火指挥部、中国林科院、云南省林业厅，云南省、广西壮族自治区、江西省、四川省、昆明市森林防火指挥部等领导组成的中欧森林火灾应急管理工作组，到云南森林总队昆明支队考察调研。期间，调研组先后观摩支队灭火装备、通信装备、车辆装备静态展示，听取支队领导详细介绍相关装备主要功能，并就森林火灾扑救和预防工作进行交流。

【马赵飞荣膺第十八届“中国武警十大忠诚卫士”】 2015年11月11日，武警部队通报(武政〔2015〕345号)表彰甘肃省森林总队兰州大队副大队长马赵飞为第十八届“中国武警十大忠诚卫士”。

马赵飞，男，汉族，1980年11月出生，1998年12月入伍，2003年10月入党，大专学历，中共党员，武警甘肃省森林总队兰州大队副大队长，上尉警衔。先后荣立二等功3次、三等功1次，2010年被甘肃省委、省政府表彰为“舟曲特大山洪泥石流抢险救灾模范”“拥政爱民先进个人”，2011年被森林指挥部表彰为“学习成才先进个人”，连续两年被总队表彰为“优秀共产党员”“优秀基层带兵干部”，2012年被森林指挥部表彰为第二届“绿色卫士”。

（武警森林指挥部由李主华、管黎丽供稿）

森林公安

09

【综　述】 2015年，全国森林公安机关共办理森林和野生动物刑事案件3.1万余起、行政案件20万余起，收缴林木木材35.8万立方米、野生动物47.5万余头(只)，打击违法犯罪人员60多万人(次)，涉案价值14.1亿余元。其中，北京市侦办的“5·21”特大贩卖国家重点保护野生动物制品案、云南省侦办的“12·31”非法猎捕、杀害大熊猫案、山东省侦办的“6·25”特大非法收购、出售蟒蛇皮案等重特大案件，因涉案野生动物物种珍贵、涉案价值高、社会面影响大而广受国际、国内关注。

严打各类违法犯罪活动 参加64个国家和国际组织开展的“眼镜蛇3号行动”，组织开展“雷霆行动”，严厉打击各类涉林违法犯罪。“眼镜蛇3号行动”行动期间，全国森林公安机关共办理重特大野生动物刑事案件26起，抓获犯罪嫌疑人54名。加强对全国重特大案件协调力度，跟踪督办100余起重特大案件，其中10起被最高人民检察院列为2015年度重点督办案件，另外40起转由各省级检察院予以督办。加强与国际社会和国内相关部门的联系与交往，参加南亚地区国家反狩猎零容忍研讨会、国际刑警野生动植物执法交流会等国际会议。与腾讯、阿里巴巴等国内知名电商安全部门沟通，探讨双方共同合作，打击涉网野生动植物违法犯罪的机制和模式。紧急从北京、广西调运了100余千克执法查没的象牙配合国家林业局、海关总署象牙销毁行动。

林区社会治安防范 及时部署春节、“两会”、抗战胜利70周年纪念活动、“十一”期间的林区安保维稳工作，明确工作重点、细化工作责任、完善长效机制，确保了林区社会治安大局和谐稳定。组织全国森林公安机关集中开展了枪爆物品大清查行动，共查破涉枪刑事案件42起，采取强制措施51人；查处治安案件168起，治安处罚169人；收缴各类枪支548支、子弹4971发，1个集体、2名个人受到公安部通报表扬。指导重点地区森林公安机关参加全国公安机关百城禁毒会战，先后破获毒品刑事案件78起，其中万克以上大案4起，抓获犯罪嫌疑人69名，查处吸毒人员197名，缴获各类毒品95.2千克，破获案件数、缴获毒品数较历年同期大幅提升。云南省漾濞县森林公安局一天内查获2起万克以上运输毒品大案，受到国家禁毒委和公安部领导的批示肯定，森林公安系统1个集体和1名个人受到公安部通报表彰。加强夏季火灾防控工作，在林区集中开展夏季消防检查，确保林区消防安全。深化森林公安区域警务合作，指导召开5个警务合作联席会议，完成全国警务合作轮值换届。启动“森林公安区域警务合作平台”研发，推动警务合作信息化。

森林公安队伍管理 启动森林公安深化改革工作，起草完成《国家林业局 公安部关于全面深化森林公安改革的指导意见》(目前正在征求意见中)。积极协调公安部，落实南京森林警察学院招录体制改革相关政策。配合公安部研究制定公安机关执法勤务警员职务序列和警务技术职务序列、工资改革试点方案需要，开展了森林公安机关人民警察分类管理改革相关数据和工资情况调查统计。认真履行协管职责，对11个省(区、市)17名拟任领导干部进行了任前考察。贯彻落实新修订的《公安机关人民警察训练条令》，修订《森林公安机关人民警察训练办法》，部署开展了全国森林公安机关警务实战化训练年活动，加大了实战训练比重。全年共举办司晋督警衔晋升、职务晋升、实战教官训练班19期，培训民警1450人，新任职领导干部440人，实战教官500人。选拔8名队员参加全国公安机关第二届警务实战教官比武活动。启动实施了2015年森林公安系统“双千计划”，选派22名基层公安机关业务骨干和南京警院老师到对口单位开展挂职锻炼和兼职任教。以中华宝钢环境奖和禁毒、“9·3”安保工作表彰等专项表彰与常规表彰相结合，积极开展立功创模活动。云南省森林公安局成功入围2015年度中华宝钢环境奖。积极推广应用政治工作信息系统，初步实现网上审批警衔。分季度组织各省业务骨干集中会审警衔，全年审核审批警衔1万余人，审核办理警官证5000余份。同步落实公安民警意外伤害保险制度，协调落实公安英烈子女保送公安院校，组织英模及家属暑期进行集中休养。为320名因公牺牲、病故民警家属发放抚恤慰问金310万元。开展立案突出问题专项治理，坚决整治推诿塞责、有案不受、有案不立、立而不侦、违规乱立、隐案瞒案、统计不实等突出问题，增强依法打击犯罪能力，保障刑事诉讼活动顺利进行。

执法规范化建设 修订印发《森林公安机关执法细则(2015版)》，梳理对应新出台法律4部、行政法规1部、部门规章5部，国家林业局、公安部等部门规范性文件25件。遴选96名法制人才建立“全国森林公安法制人才库”。组织完成2015年度高级、中级和基本级执法资格考试，森林公安系统2629名民警参加全国公安机关高级执法资格考试，8723名民警参加中级和基本级考试。部署开展森林公安派出所等级评定工作，统一了一、二级派出所申报要求，规范了三级及以下派出所评定程序，细化了五级派出所整合方式。目前，一级派出所134个，占全部派出所3%；二级派出所761个，占17.3%。强化监所安全管理措施，对35个看守所、39个拘留所重新审核，11个看守所被评为2014年度二级看守所、22个看守所为三级看守所，3个看守所被挂牌治理；8个拘留所为2014年度二级拘留所、31个拘留所为三级拘留所，2个拘留所被挂牌治理。

公安保障建设 协调财政部争取森林公安转移支付资金，2015年落实到位资金6.5亿余元，同比增加3.85%。组织实施基础信息采集会战，涉林信息采集量超过6亿条。召开信息化北方、南方现场会，研究确定了信息化建设重点工作。全国各级森林公安机构公安网接入率超过97%。建立警务信息综合管理平台，涉林刑事案件网上办理率超过80%，10多个省级单位建成视频会议系统，民警数字身份证书配备率达到97%，一线民警执法记录仪配备率进一步提升。启动全国森林公安“应用系统综合管理平台”“档案管理信息系统”“转移支付绩效考核信息系统”“林区警务合作信息系统”研发工作，编写森林公安信息化建设应用指南。协调公安部警用装备采购中心，推进森林公安系统业务用车和民警个人用车购置工作。提出森林公安的林业重大科技需求建议，积极争取森林公安相关基建投资。

警务宣传 深入贯彻落实全国林业厅局长、公安厅局长会议精神，挖掘创作一批优秀森林公安文艺作品，23部森林公安系统的作品在公安部网站进行展播。积极参加公安部举办"好警嫂"推选宣传活动，参与"森林中国·2014中国生态英雄"大型公益活动，对北京市"4·21"特大贩卖虎骨狮骨案、山东省济宁市非法贩卖小天鹅案等案件进行专题宣传报道，取得了良好的社会效果。及时维护、更新中国林业网、森林公安管理信息系统等相关门户网站上的警务信息，发挥新媒体自主宣传、互动服务的新优势，吸引了更多公众关注的目光，取得可喜成效。（李新华）

森林公安重要活动

【"雷霆行动"】 为切实维护生态安全，国家林业局于9月30日至11月30日组织开展"雷霆行动"。行动期间，全国森林公安共计出动民警25万余人次，查处涉林违法案件3.5万余起，打掉犯罪团伙78个，打击处理违法犯罪人员3.9万余人，收缴林木5.6万余立方米，收缴野生动物13万余（头、只）。此次行动范围广、规模大、成效显著，严厉打击了破坏森林和野生动植物资源违法犯罪分子的嚣张气焰，提高了广大人民群众保护生态、关爱野生动植物意识。

【北京市"5·21"系列特大象牙制品非法交易案】 5月21日至8月30日，在国家林业局森林公安局的统一指挥督办下，北京市森林公安局经过半年的缜密侦查，北京市森林公安局牵头破获了一起特大非法收购、运输、出售野生动物制品系列案件，在北京、河北、广东、山东等地共抓获犯罪嫌疑人16名，其中15名犯罪嫌疑人被依法批准逮捕、1人已移交深圳警方。共计查扣象牙及其制品804.4千克、犀牛角11.3千克、熊掌35只以及盘羊角、红珊瑚制品、穿山甲片、独角鲸牙等国家重点保护野生动物制品若干，涉案价值2439万元。这是北京市森林公安机关迄今侦办的起获数量最大、抓获涉案人员最多的野生动物制品犯罪案件，也是全国森林公安系统侦破的涉案数额最大、价值最高的一起非法贩卖象牙制品案件。

【江西特大象牙非法制售案】 2015年，江西省森林公安局历时一年多破获一起特大象牙非法制售案，缴获象牙及其制品约600千克，案值达2200万元。该案由国家林业局森林公安局列为部督案件并指定由江西省森林公安局办理，江西省森林公安局成立协调组、专案组，从2014年11月至2015年11月，奔赴福建、湖南、广东、江西、北京、湖北、浙江等七省市，端掉了盘踞赣、湘、闽、粤地区的象牙非法制售团伙，横跨福建、湖南、广东等省市，捣毁一特大走私贩卖象牙的团伙，缴获600余千克象牙工艺品和原材料，抓获7名犯罪嫌疑人。（耿永平）

队伍建设

【森林公安机构及人员】 截至2015年12月，除上海市外，全国30个省级行政区域（包括22个省，5个自治区、3个直辖市）共建立森林公安机构7000余个，实有警力近6.2万人。民警队伍中，30岁以下占18.11%、31～40岁占27.19%、41～50岁占33.13%，51～60岁人占21.57%。大专及以上文化程度占总警力的89.65%，同比增加1.46%。（赵庆浩）

【森林公安机关领导干部协管工作】 根据森林公安机关领导干部双重管理有关规定，国家林业局森林公安局严格执行对省级森林公安机关领导干部协管工作。2015年，共对14个省级森林公安机关20名领导干部任免履行协管程序，对进一步落实领导班子和领导干部年度考核报备、任职谈话制度作了明确规定。以"下管一级"为抓手，积极推动森林公安机构队伍正规化建设。截至2015年年底，20个省级森林公安机关的主要领导进入了林业厅局班子或明确为副厅级干部，30个省级森林公安机关设置了政委，21个省级森林公安机关成立了党委，27个省级森林公安机关由林业厅（局）内设部门调整为直属行政机关。（耿淑芬）

【森林公安警衔评授工作】 2015年，共审核审批森林公安机关人民警察警衔9039人次。其中，首次授予警衔2503人，按期晋升警衔5926人，取消警衔27人，不予保留警衔209人。全年共为各级森林公安机关新办、换发、补办人民警察证件5826人。（赵庆浩）

【森林公安教育训练】 2015年，全国森林公安机关共组织各类培训3754期（次），培训民警144 658人（次）。根据新修订的《公安机关人民警察训练条令》，国家林业局森林公安局实施了教育训练改革，压缩训练时间，增加训练内容，加大实战训练比重，启动实施按照参训人员岗位和职务分类训练。"三个必训"落实情况：国家林业局森林公安局在南京警官培训中心和长春林业公安培训中心举办警司晋升警督训练班15期1947人，领导干部首任训练班5期410人；各省级森林公安机关共举办新录用民警初任训练班17期2181人，警员、警司、警督晋升训练154期8026人。业务训练情况：国家林业局森林公安局依托南京森林警察学院举办警务实战技能教官培训班2期，为各省级森林公安机关培训教官500人；举办政工信息系统业务骨干培训班3期，培训民警300人。省、市、县三级森林公安机关共组织基层一线实战训练866期58 427人(次)，其他业务训练共2649期73 815人(次)。截至2015年年底，全国森林公安机关共有警务实战教官2133名，建有训练基地174个，共建或租用训练基地154个。在公安部举办的全国公安机关第二届警务实战技能教官比武活动中，森林公安系统选派2名教练、6名队员组队参赛，在37支代表队中取得总排名第31名、专业公安机关第3名的成绩，抗压武力推进演练和反暴恐战法实训2个单项排名靠前。（汶　哲）

【森林公安立功创模】 2015年，全国森林公安系统共有613个集体受到奖励，占机构总数的8.70%。其中，86个集体荣立二等功，321个集体荣立三等功，206个集体受到嘉奖。有2982名民警受到奖励，占总警力的4.81%。其中，24名民警荣立一等功，198名民警荣立二等功，1330名民警荣立三等功，1430名民警受到嘉奖。（汶　哲）

【森林公安民警优抚】 2015年，国家林业局森林公安局共为323名牺牲、病故民警家属发放特别慰问金、特别补助金、一次性抚恤金312.5万元，推荐2名符合条件的英烈子女就读南京森林警察学院，推荐9名森林公安英模母亲参加公安部贫困英模母亲资助计划，首次在北戴河组织了森林公安系统英模暑期休养活动。落实公安民警人身意外伤害保险制度，全国在编在职森林公安民警与当地公安民警一并纳入意外伤害保险赔付范围，理顺了赔付渠道。（张　卫）

【启动实施“双千计划”】 为推动森林公安教育训练与执法实战相互促进、深度融合，按照公安部的统一部署，国家林业局森林公安局启动实施了为期3年的森林公安系统“双千计划”。2015～2017年，将从各级森林公安机关和南京森林警察学院选派共70名业务骨干和专家学者，分别到对口单位开展为期半年至一年的挂职锻炼和兼职任教。“双千计划”实施后，将搭建学院和森林公安机关相互服务的平台，推动各省(区、市)森林公安与南京森林警察学院合作办学、合作育人、合作发展，实现人才共育、过程共管、成果共享、责任共担，合力打造实用型、技能型森林公安人才队伍。（汶　哲）

【启动民警招录培养制度改革】 根据中央有关部门统一部署，全国公安机关从2016年起全面实行招录培养制度改革，公安民警实行省级统一招录、主要面向公安院校公安专业毕业生招录。经过积极协调，森林公安成为唯一一个与地方公安机关同步开展招录改革的专业公安机关，南京森林警察学院作为部属公安院校纳入改革范畴，享受与其他3所公安部所属院校同等的政策。（汶　哲）

【森林公安优抚工作】 2015年，按照公安部、财政部《因公牺牲公安民警特别补助金和特别慰问金管理暂行规定》(公通字〔2004〕49号)等有关规定，对符合1980～2002年特别慰问金条件的207名因公牺牲民警的家属发放特别慰问金103.5万元，对符合2003年以来特别补助金发放条件的8名因公牺牲民警的家属发放了特别补助金80万元。根据公安部、民政部、财政部联合印发了《关于发给公安机关做出特殊贡献的牺牲病故人民警察家属特别抚恤金的通知》规定，对1995年1月1日以来符合一次性特别抚恤金发放条件的105名牺牲病故民警家属发放了一次性特别抚恤金126万元。对35名公安英烈、因公致残及特困民警子女发放了助学金3.80万元。积极协调有关部门做好森林公安英烈子女保送生推荐工作，2名符合条件英烈子女被推荐保送到南京森林警察学院。积极协调中国公安民警英烈基金会，争取并推荐1名英烈子女参加公安部组织的2015年全国公安英烈子女冬令营活动，1名英烈子女参加2015年公安部英烈子女夏季代表团活动。为9名英模家属申报“中国贫困英模母亲建设银行资助计划”资助金2.5万元。为30名公安英模申报领取公安部报刊赠阅。2015年是实施全国公安民警人身意外伤害保险工作的第一年，协助各省做好沟通协调工作。根据《公安部关于做好制发公安机关人民警察证准备工作有关问题的通知》《公安机关人民警察证使用管理规定》的要求，为河南、湖南、江苏等省5826人的警察证进行了换发、补办。2015年共有12名森林公安民警因公牺牲，13名森林公安民警因公负伤，61名森林公安民警在职病故。（张　卫）

【全国森林公安机关立案突出问题专项治理】 为集中解决群众反映强烈的刑事立案突出问题，促进森林公安机关“四项建设”，全面提升执法规范化水平和执法公信力，按照公安部的统一部署，5月，国家林业局森林公安局专门印发《全国森林公安立案突出问题专项治理工作方案》，以市县森林公安机关为重点，针对执法办案过程中推诿塞责、有案不受、有案不立、立而不侦、违规乱立、隐案瞒案、统计不实等立案突出问题，在全国森林公安系统内组织开展了为期8个月的专项治理。活动期间，国家林业局森林公安局及时制订立案问题专项治理统计月报表，抽调专人集中开展了两次专项督察活动，按月总结上报工作进展情况，针对专项治理中存在的问题适时通报、整改，进一步促进了专项治理工作。据统计，全国森林公安机关共核查各类警情104 906起、相关案件65 898起，发现立案方面的问题2429个，依法立(补立)案780起，依法撤案或侦查终结74起，依法解除强制措施案件37起，开展审查、侦查(含继续侦查)案件255起，依法履行告知、送达等法定程序案件617起，补录入相关办案信息系统案件651起，清理调整影响如实立案的考核指标174个，出台或修订立案方面的制度规范576个，为规范受案立案奠定了长效基础。（郑璐璐）

【2015年全国森林公安宣传文化培训班】 10月22～24日，国家林业局森林公安局在南京森林警察学院举办了全国森林公安宣传文化培训班。培训班总结了“十二五”期间全国森林公安宣传文化工作，并围绕当前宣传文化工作需要，邀请南京森林警察学院党委副书记林

平、人民网舆情监测室常务副秘书长单学刚、公安部《信息网络安全》杂志主编关非和南京师范大学新闻传播学院副教授张弢等领导、专家分别作了《公安文化及其时代使命》《十八大后网络舆论生态现状及涉警舆情导控实践》《如何写好新闻报道》和《多元媒体语境下的新闻写作理念与实践》等专题讲座，从多个角度分享了安徽、福建、河南、湖北、广西、甘肃等6个省(区)森林公安宣传文化工作的经验做法。通过集中的会训，开阔了视野，理清了思路，明确了当前和今后一段时期森林公安宣传文化工作重点，对加强森林公安宣传文化工作发挥了指导推进作用。（郑璐璐）

【“森林中国·2014 中国生态英雄”大型公益活动】 6月28日，由光明日报社主办、共青团中央和国家林业局支持的“森林中国·2014 中国生态英雄”大型公益活动评选结果在京正式揭晓，此次评选活动共产生10名生态英雄个人、3个生态英雄团体和1位生态英雄国际友人。经过层层发动、深入挖掘、积极推选，吉林省森林公安局红石森林公安分局局长华振峰成功当选生态英雄，另有2名森林公安民警获得提名奖。中央电视台、《光明日报》等主要媒体对评选情况进行了广泛深入的宣传报道，进一步扩大了森林公安的社会影响，凝聚了警心，鼓舞了士气。“森林中国·2014 中国生态英雄”大型公益活动于2014年11月30日在京启动，旨在弘扬社会主义生态文明，通过寻找、发现和宣传在生态保护方面作出特殊贡献的生态英雄，激发公众参与生态保护的热情，推动生态文明的广泛传播。通过媒体寻找、主管单位推荐以及公众举荐或自荐，经活动组委会、专家委员会审定，前期共推出包括16名森林公安民警在内的90余位候选人，其中3名森林公安民警入围30强，并最终脱颖而出，分别获得生态英雄称号和提名奖。（郑璐璐）

执法办案

【2015 年度全国森林公安机关办理森林和野生动物刑事案件情况】 2015年，全国森林公安机关共立森林和野生动物刑事案件31 746起，与2014年基本持平；破刑事案件25 636起，同比上升4.0%；打击处理违法犯罪人员30 039人(次)；收缴林木128 111立方米、野生动物188 368头(只)，涉案金额达8.1亿元。森林刑事案件29 753起，与2014年基本持平。其中，滥伐林木案件呈持续高发态势，盗伐林木案件持续高发，案件数量呈上升趋势，非法采伐行为严重威胁森林资源安全；非法占用农用地案件大幅增长，林地损失巨大；森林火灾案件持续多发，严重威胁森林资源安全。野生动物刑事案件1993起，同比上升18.8%。流通领域是野生动物刑事案件的主要发案环节，犯罪组织化、团伙化、跨区域趋势明显，利用互联网实施该类犯罪的比例不断上升，森林公安要始终保持对此类犯罪打击的高压态势。（袁　润）

【森林公安办理行政案件情况】 2015年，全国森林公安机关共查处行政案件20万余起，其中森林和野生动物行政案件19万余起(同比下降7.6%)、治安案件7千余起；共处罚违法人员57万余人次，收缴林木树木和木材23万余立方米、野生动物28万余头(只)，涉案金额5.5亿元。森林和野生动物行政案件呈现以下特点，一是森林行政案件数量总体呈下降态势，全年共受理森林行政案件19万余起，同比下降7.6%。二是滥伐林木、违法运输木材、盗伐林木等源头性破坏森林资源案件合计占全部森林行政案件的51.8%，是森林行政案件的主要类型。三是违法运输木材、违法经营加工木材等流通领域的违法行为整体得到遏制，同比下降达14.6%，部分案件发生率有所反弹。四是野生动物行政案件发案数量稳中有降，部分案件小幅上升。五是破坏野生动物资源案件较为集中，违法猎捕野生动物、非法狩猎、违法出售运输携带野生动物及其制品等案件合计占案件总量的73.9%。（朱晓玉）

【部署重点时段林区维稳安保工作】 按照公安部和国家林业局统一部署，国家林业局森林公安局结合林区实际，下发紧急通知部署春节、“两会”“五一”“抗战胜利70周年纪念活动”“十一”等节假日期间的林区安保维稳等工作，要求全国各级森林公安机关、特别是大面积国有林区森林公安机关，紧紧抓住影响林区社会治安稳定的突出问题，扎实推进治安防控和打击整治，深入开展涉林矛盾纠纷排查化解，不断完善处置林区突发事件工作预案，确保林区稳定。就应对因成品油消费税提高可能引发不稳定问题下发通知，部署林区特别是大面积国有林区社会治安维稳工作。2015年重大节假日特别是抗战胜利70周年纪念活动期间林区没有发生重大突发事件、涉林群体性事件和重大涉林违法犯罪，林区社会治安大局和谐稳定。（朱晓玉）

【督办大要案件】 2015年，国家林业局森林公安局与有关部门紧密合作，加强了对全国重特大案件的协调力度，有力地促进了案件的侦破。各级森林公安按照“破大案、打团伙、挖链条、摧网络”的思路，对跨区域性特别是涉网、涉外严重刑事犯罪，侦查能力普遍得到提升。重点指导侦破了北京市“5·21”系列特大象牙制品非法交易案、广西壮族自治区柳城县特大滥伐林木案、四川省三峡公司会理电厂非法占用林地案、云南省水富县非法杀害大熊猫案等一批社会影响重大的案件，成功打掉了多个犯罪团伙，摧毁了多条跨国、跨区域违法犯罪链条，有效保护了中国的森林和野生动植物资源安全。同时，对各地侦办重大案件实行挂牌督办制度，截至2015年年底共挂牌督办案件100余起，其中有20余起被最高人民检察院列为2015年度重点督办案件，另外40起转由各省级检察院予以督办。这是森林公安有史以来第一次涉林违法案件由公安和最高人民检察院共同挂牌督办，为各地森林公安机关尽快结案，移送起诉提供了很大的帮助，保障了森林公安机关办案的效率。通过挂牌督办，各地在案件办理效率和质量上都取得了较好效果。（袁　润）

【全面完成全国公安机关百城禁毒会战任务】 按照公安部的统一部署，2014 年 10 月至 2015 年 3 月，国家林业局森林公安局指导重点地区森林公安机关积极参加全国公安机关百城禁毒会战，深入推进堵截毒品入境内流、查控吸毒人员、打击毒品集散分销等重点战役，先后破获毒品刑事案件 70 余起，其中万克以上大案 4 起，抓获犯罪嫌疑人 60 余名，查处吸毒人员百余名，缴获各类毒品 100 余千克，破获案件数、缴获毒品数较历年同期大幅提升。期间，云南省漾濞县森林公安局一天内查获 2 起万克以上运输毒品大案，受到国家禁毒委副主任、公安部党委委员、部长助理刘跃进的批示肯定。会战结束后，森林公安系统 1 个集体和 1 名个人受到公安部通报表彰。（韩彦君）

【部署开展 2015 年林区禁种铲毒工作】 按照国家禁毒委员会对林业系统禁种宣传、踏查铲除、执法打击等工作的部署要求，国家林业局森林公安局起草下发了《国家林业局关于做好 2015 年林区禁种铲毒工作的通知》，从加强组织领导、深化禁种宣传教育、发挥科技手段优势、强化侦查破案、畅通信息报送 5 个方面对各省级林业主管部门提出了工作要求。内蒙古、山西、黑龙江、重庆、甘肃等重点省份按照有关要求，以林业主管部门名义相继组织开展了一系列禁种铲毒专项行动。（韩彦君）

【深入推进“5·14”堵源截流工作】 贯彻落实 6 月 9 日国家禁毒委员会召开的遏制“金三角”地区毒品入境内流暨“5·14”堵源截流工作机制部署会议精神，国家林业局森林公安局对照国家禁毒委《关于完善禁毒堵源截流工作机制遏制“金三角”地区毒品入境内流的意见》，全面部署了有关省区的堵源截流工作。专项行动开展以来，云南等省各级森林公安机关认真落实工作要求，主动加强与属地行政公安机关各警种的协调配合，结合本职开展堵源截流专项行动，积极建立毒品联查联控及毒品案件情况交流联合办案工作机制，努力提高打击跨区域特别是跨国境贩毒活动的整体效能。据统计，专项行动开展以来，森林公安机关共查缉缴获毒品海洛因 1.04 千克、鸦片 52 千克，抓获犯罪嫌疑人 3 人，抓获吸毒人员 7 人。（韩彦君）

【评选全国禁毒工作先进集体和先进个人】 2015 年国家禁毒委员会首次组织开展了全国禁毒工作先进集体和先进个人评选工作。国家林业局森林公安局根据 2010 年以来各有关省（区、市）林业系统禁毒特别是禁种铲毒工作开展情况，组织黑龙江省森林工业总局、黑龙江省林业厅从本系统基层单位中推荐了 1 个集体和 1 名个人。黑龙江省桦南林业局、黑龙江省延寿县林业局程军分别被评为全国禁毒工作先进集体和先进个人，参加了在北京举行的全国禁毒工作先进集体和先进个人表彰大会。（韩彦君）

警务保障

【森林公安信息化建设总体情况】 2015 年是全国森林公安信息化建设深化应用年。全年全国森林公安机关信息化累计投资 6.28 亿元，为信息化建设提供了有力保障。其中，北京市投资 2.2 亿元、福建省投资 5375 万元、江西省投资 3492 万元、广东省投资 3375 万元、内蒙古投资 2800 万元，分列全国前 5 位。

硬件系统建设 公安网络接入。公安网全国森林公安总体接入率达到 98%，省、市、县三级森林公安机构基本实现全接入。全国森林公安派出所公安网接入率大幅提高，其中，北京、山西、河南、湖北等 23 个省（区、市）派出所公安网已全部接入，河北、内蒙古、黑龙江森工、安徽、湖南等 9 个省（区）公安网接入率在 95% 以上。信息化装备配备。全国森林公安共配备信息化基础装备 12.6 万台，北京、天津、辽宁、吉林等 25 个省（区、市）数字证书配备率为 100%。全国森林公安共装备执法记录仪近 3 万台，一线民警配备率达 94%，江苏、福建、山东、河南等 24 个省（区、市）装备率均实现 100%。全国共配备公安网计算机 3.9 万多台，互联网计算机近 3.1 万台，计算机配套设备 4.2 万多台。信息采集室、执法场所视频监控建设。全国森林公安共装备视频监控系统 3580 套，视频会议系统 1712 套。信息采集室建成率 63%，其中北京、天津、黑龙江、江西、湖北、重庆等 10 个省（区、市）信息采集室建成率为 100%。全国执法场所视频监控建成率为 64%，其中吉林、黑龙江大兴安岭、江西、贵州、宁夏等 8 个省（区）执法场所视频监控建成率达到 100%。

软件系统建设 全国省级森林公安局共建有相关业务应用系统 107 套（吉林、黑龙江大兴安岭、贵州、河南、云南、广西、江西、安徽、甘肃等 9 个省级森林公安局统一开发建设的应用系统超过 5 套），其中 2015 年启动建设 61 套。接处警及警综平台建设。全国森林公安共建有接处警平台 377 套，调度指挥平台 227 套，其中，内蒙古、吉林、江苏等 29 个省（区、市）已完成警综平台建设并投入试点或全面应用，贵州、新疆、新疆建设兵团三省（区）警综平台在建。视频综合应用系统。全国大部分省份开始建设，部分省份建成投入使用。其中，北京、甘肃、宁夏、新疆等 14 个省（区、市）已完成视频综合应用系统建设，安徽、福建、山东等 14 个省（区、市）正在建设。纳入公安大情报体系情况。河北、吉林、河南等 10 个省（区、市）已协调纳入地方公安大情报体系，福建、江西、山东等19个省(区、市)正在积极协调中。涉林信息数据库建设情况。江西、安徽、广东等17个省(区、市)已建成涉林信息采集系统和数据库，江苏、浙江、云南等5个省(区)正在建设。无线通讯系统。全国森林公安共装备无线通讯装备1.9万台。其中，北京、吉林、江苏、重庆等10个省(区、市)已建成无线通讯系统，河南、湖北、广东、广西等10个省(区、市)正在建设。

信息化实战 刑事案件网上办案。全国森林公安刑事案件网上流转率为84%，其中北京、河北、吉林等16个省(区、市)实现刑事案件100%网上流转。信息化机构建设。浙江、安徽、山东等25个省(区、市)森林公安局设立了信息化常设机构，人员96人。民警信息化培训。全国森林公安机关开展信息化培训6.7万人次，其中内蒙古、吉林、北京等27个省(区、市)民警信息化培训率超过100%，实现培训全覆盖。门户网站建设。全国县级以上森林公安机构共建有公安网门户网站1154个，其中山东、内蒙古、江西、云南、湖北5个省(区)开通网站数量分列前5位；共建有互联网门户网站186个，其中山东、云南、甘肃、四川、广西5个省(区)分列前5位。(敖孔华 郝 钟)

【全国森林公安信息化建设应用北方片会】 7月28日，国家林业局森林公安局在内蒙古通辽市召开全国森林公安信息化建设应用北方片会。北京、山西、内蒙古等15个省(区)80多名森林公安代表参加了会议。内蒙古自治区、吉林省、陕西省、新疆维吾尔自治区森林公安局等8个示范单位负责人分别就本地区森林公安信息化应用、信息化建设新路径探索、信息化带动森林公安工作发展等方面工作进行了典型发言。会议期间，与会代表还考察了通辽市科左后旗森林公安局甘旗卡派出所，观看了内蒙古、通辽市、科左后旗森林公安视频宣传片、工作图片展、信息化建设应用演示及建设等情况。

(敖孔华)

【全国森林公安警务保障业务培训班】 12月1～2日，国家林业局森林公安局在江苏省南京市举办全国森林公安警务保障业务培训班。国家林业局森林公安局副局长柳学军作开班动员讲话，南京森林警察学院院长张高文致辞。培训班传达学习了党的十八届五中全会精神和国家发展改革委关于编报“十三五”政法基础建设规划的通知精神，总结了“十二五”森林公安警务保障工作成绩。培训班邀请公安部装备财务局、上海市财政局、大陆康腾公司有关专家，讲授了公安机关基础设施建设、政府采购与购买社会服务等方面的业务知识，介绍了《中央财政森林公安补助资金信息系统》建设应用要求。内蒙古、福建、江西、河南、湖北、云南、甘肃等省(区)森林公安局介绍了工作经验，南京森林警察学院侦查系、信息系介绍森林案件现场勘查箱、森林案件及珍稀野生动植物远程会诊鉴定系统研发应用情况。来自各省、自治区、直辖市和有关森工集团、新疆生产建设兵团森林公安局、南京森林警察学院的近90名学员参加了培训。(敖孔华)

【全面加强派出所规范化建设】 根据公安部关于2015年派出所等级评定工作要求和《森林公安派出所等级评定办法》，国家林业局森林公安局部署全国森林公安机关开展2015年森林公安派出所等级评定工作。全系统共有134个森林公安派出所被公安部命名为一级公安派出所，占全国森林公安派出所总数的3.0%；723个森林公安派出所被国家林业局森林公安局命名为二级公安派出所，占全国森林公安派出所总数的16.4%。

(朱晓玉)

【枪爆物品大清查、缉枪治爆等专项行动战果显著】 认真贯彻落实国家林业局、公安部关于加强社会治安整治工作的部署，国家林业局森林公安局组织开展了枪爆物品大清查、缉枪治爆等专项行动，取得了显著战果，有效维护了林区特别是大面积国有林区的社会稳定。1～3月组织全国森林公安机关集中开展了枪爆物品大清查行动；5～11月底组织全国森林公安机关继续深入开展2015年缉枪治爆专项行动。截至10月底，全国森林公安机关共查破涉枪涉爆案件200余起，收缴各类枪支500余支，收缴子弹4000余发、炸药40余千克、黑火药2.357千克，索类爆炸物品34.6米、雷管255枚，手榴弹2枚。成绩显著。森林公安系统在2014年缉枪治爆专项行动中1个集体、2名个人受到公安部通报表扬。(朱晓玉)

【深化森林公安区域警务合作，推动警务合作信息化】 按照公安部对区域警务合作的总体部署，国家林业局森林公安局指导全国森林公安机关深化合作、注重实效，森林公安整体防控能力不断提升。五大区域警务合作联席会议顺利召开，32个省级森林公安局局长、政委参加了警务合作联席会议并提交了关于警务合作信息化建设的理论文章，参会总人次高达191名。2015年，全国五大警务合作区共组织召开县级以上警务合作联席会议1252次，建立合作机制、章程、规范1360个，联合开展区域性专项行动3391次，出动警力40 276人次，协同查处案件7236起，“一地立案、多地协作，联合行动、全面侦办”的合作机制已全面建立，办案协作高效快捷，大案要案及时侦破，警务合作能力及实战化水平得到大幅提升。同时，国家林业局森林公安局借鉴公安部有关业务司局“跨区域办案协作平台”建设经验，启动了“森林公安区域警务合作平台”研发工作，推动警务合作信息化建设。(朱晓玉)

【修订印发《森林公安机关执法细则(2015版)》】 国家林业局森林公安局于2013年启动了对《森林公安机关执法细则》的修订工作，2015年新版《细则》正式印发，共梳理对应新出台法律4部、行政法规1部、部门规章5部，国家林业局、公安部等部门规范性文件25件。新版《细则》共15编、105章，约33万字，基本涵盖除大面积国有林区地方公安业务以外的森林公安各项执法工作流程，能够为各级森林公安机关和全体民警开展相应执法活动提供基本的操作指引和行为指南。按照在编在职民警人手一册的标准，新版《细则》已配发至全体民警。(韩彦君)

【组织2015年度全国森林公安民警执法资格考试】 按

照公安部的统一要求，国家林业局森林公安局组织开展了2015年度全国森林公安民警基本级、中级和高级执法资格考试。5月10日，组织完成2015年度的基本级、中级执法资格考试。全国共设考点48个、考场332个，共有8723名民警参加考试。各省（区、市）以及南京警院共选派60名监考负责人进行了监考，南京警院组织有关老师进行了统一阅卷，共有2078人通过中级考试，909人通过基本级考试。11月8日，组织森林公安系统两千余人参加公安部组织的2015年全国公安机关高级执法资格考试。先后下发了《关于做好2015年高级执法资格考试报名及相关工作的通知》《关于做好2015年高级执法资格考试有关工作的通知》，对考试报名、考场设置、监考安排、特别是考试纪律进行了着重强调部署。　（韩彦君）

【部署贯彻《行政诉讼法》加强行政应诉工作】　修改后《行政诉讼法》已于5月1日起实施。与原《行政诉讼法》相比，此次修改涉及面广，变化幅度大，特别是规定了行政诉讼立案由“审查制”调整为“登记制”、复议机关与原机关作共同被告、规范性文件附带审查、行政机关负责人出庭应诉、不执行法院判决可予以拘留等措施。为引起各地高度重视，国家林业局森林公安局下发了专门通知，对与森林公安执法直接相关的条文进行了详细解读，从认识重大意义、组织学习培训、规范执法活动、加强行政应诉等多个方面进行了具体部署，要求基层森林公安机关以省级林业主管部门名义办理林业行政案件的省区，定期向国家林业局森林公安局报告情况，遇有被处罚人可能向国家林业局申请复议的案件，第一时间报告国家林业局森林公安局，确保森林公安执法工作和应诉工作不出问题。　（韩彦君）

【建立全国森林公安法制人才库】　根据《公安部关于贯彻党的十八届四中全会精神 深化执法规范化建设 全面建设法治公安的决定》，国家林业局森林公安局下发了《关于建立全国森林公安法制人才库的通知》《关于推荐全国森林公安法制人才的通知》，要求各地及时了解掌握通过高级执法资格考试、取得法律职业资格或律师资格、有法律教育背景的法制人才现状，组建法制人才库，充分发挥法制人才在工作岗位和法治教育培训方面的能动性和创造力，树立榜样，带动森林公安机关全体民警不断增强法律意识、提高法律素养、提升依法行政的能力和水平。　（韩彦君）

森林资源管理与监督

10

森林资源与林政管理

【综　述】 按照新形势的要求，森林资源管理监督继续坚持发展生态林业民生林业，进一步推进改革，成效显著。

林地林权保护管理 一是完善林地规划编制体系，推进林地变更年度更新。全面总结省级、县级林地保护利用规划编制工作，着手制订《林地保护利用规划修编调整办法》，明确林地保护利用规划修编调整程序和要求。研究“多规合一”有关技术问题，指导海南省“多规合一”中林地保护利用规划修编和林地范围界定。编制了《林地变更调查工作规则》，对北京、河北等10个省开展了林地年度变更调查工作。二是加强林地管理制度建设。修订出台了《建设项目使用林地审核审批管理办法》(35号令)，依法审核审批建设项目使用林地，强化了林地监督管理。与财政部联合下发《关于调整森林植被恢复费征收标准引导节约利用林地的通知》，加快健全资源有偿使用和生态补偿制度，建立引导节约集约利用林地的约束机制。出台了《关于光伏电站建设使用林地有关问题的通知》，支持并规范光伏电站建设使用林地。三是抓好建设项目使用林地审核审批工作。下达了2015年度占用征收林地定额，批复北京、安徽等13省(区、市)提前使用2016年度林地定额和国家备用定额，继续对内蒙古、宁夏、新疆3个自治区及陕西省榆林地区实行宜林地不计入林地定额的措施。

森林资源利用监管 一是完成了“十三五”期间年森林采伐限额编制。按照严格保护天然林，有序停止天然林商业性采伐的要求，组织开展了全国“十三五”期间年森林采伐限额的编制、审核工作。经国家林业局科技委论证、局务会审议完善后，向国务院提报了《国家林业局关于全国“十三五”期间年森林采伐限额的请示》，提出了保障“十三五”期间年森林采伐限额严格执行的政策举措。二是组织开展了全国典型县林木采伐量调查工作。在辽宁抚顺县、浙江嵊州市等5个单位开展了林木采伐量调查工作，解剖了5个县级单位2014年的林木采伐消耗和林木采伐管理实际，为客观评价全国林木采伐消耗和林木采伐管理实际，编制全国“十三五”期间年森林采伐限额和制定相关管理政策提供了依据。三是加强国家级公益林资源管理。下发了《国家林业局办公室关于加强国家级公益林管理情况年度报告的通知》，督促各地及时进行年度情况报告。启动了《国家级公益林区划界定办法》和《国家级公益林管理办法》的修订工作。四是加强森林可持续经营试点工作。以“立足东北、兼顾全国，抓住国有，带动集体”为原则，调整批复了全国森林可持续经营试点单位，正式确定河北省塞罕坝机械林场，辽宁省清原满族自治县等12个单位为森林可持续经营试点单位，其中东北内蒙古重点国有林区新增加5个单位开展试点。举办了新一轮森林可持续经营试点启动会和培训班，启动了新一轮森林可持续经营试点工作。指导林口、敦化等4个森林可持续经营试点单位建立了不同类型的模式林32处。五是继续做好森林可持续经营国际履约合作和森林抚育试点的成效监测工作。中国林科院、国家林业局规划院和经济研究发展中心等单位承担了参与和跟踪蒙特利尔进程相关活动，全面履行中国作为进程成员国的义务。积极组织开展蒙特利尔进程森林可持续经营标准与指标体系的国内研究和推广应用，建设进程履约示范基地。组织开展中央财政补贴森林抚育试点的成效监测工作。

森林资源清查和监测 一是完成第九次清查2015年度清查工作。对山西、辽宁等7省(区)及龙江森工和大兴安岭共9个单位开展了清查工作，共完成复查样地46 115个，复查国土面积134万平方千米。审核发布了2014年度清查省级成果，满足了各省森林资源信息需求。采取增设固定样地的方法，在东北重点国有林区开展了固定样地防偏诊断研究。超前谋划2016年新疆和西藏等重点省区的清查工作。二是依据清查结果，为宏观决策和对外交流提供依据。完成了森林增长两项指标“十二五”规划目标完成情况评估和森林双增目标评估和2015年全球森林资源评估工作，为“十二五”规划目标和省级党政领导任期考核提供基础和依据。依据森林资源清查和营造林综合核查结果，综合分析了森林资源主要指标的变化趋势，对“十三五”期间的造林任务进行了科学测算。参与2015年全球森林资源评估，通过FAO平台肯定中国林业建设和森林资源保护发展成就。三是监测基础工作得到加强。服务林业气候谈判和森林碳汇计量和监测工作，形成了全国森林生物量调查建模的总体方案和技术规程，完成了杉木、马尾松、油松、落叶松、云杉、冷杉等13个主要树种的立木生物量和碳计量标准的编制。改革了林业调查规划设计资质管理方式，指导中国林业工程建设协会开展了林业调查规划设计单位资格申请受理和证书颁发工作。四是积极开展监测体系研究和优化试点。落实全国政协罗富和副主席关于优化监测体系、将监测结果纳入领导干部任期目标考核的建议，部署开展了全国森林资源宏观监测工作。推进遥感、模型等技术的应用力度，开展了森林资源年度出数研究，首次开展了以遥感大样地为主要方法的森林资源宏观监测，积极推进森林资源清查体系的优化和完善。

森林资源监督管理和林政执法 一是组织开展了非法侵占林地清理排查专项行动。遵照中央领导的重要批示，在全国范围内开展了非法侵占林地清理排查专项行动。国家林业局下发了《关于切实加强对非法侵占林地案件查处问责的通知》，全力抓好挂牌案件的督查督办和查处问责工作，督促各地建立健全林地保护管理长效机制，专题召开了清理排查阶段会议。专项行动共清理排查出非法侵占林地案件47 447起、违法占用林地79 214公顷，行政问责1803人，回收林地面积2万多公顷。各省共挂牌督办230起非法侵占林地重点案件。通过专项行动严厉打击了非法侵占林地违法犯罪行为，一定程度上遏止了非法侵占林地势头的蔓延。有关结果已经向中共中央、国务院作报告，并向全国下发了专项通报。二是强化了破坏森林资源案件的督查督办。下发查办通知85份，要求相关省和专员办对重点案件进行核实查处。赴现地督办了中央电视台《经济半小时》栏目曝光的贵州省独山县国家森林公园高尔夫球场取缔后又恢复营业问题，以及黑龙江省林业厅违规审批占用征收林地、鸡西市赛龙水泥有限公司非法侵占林地、乱砍滥伐林木问题，以及大兴安岭加格达奇林业局毁林开垦问题，重点督办了内蒙古自治区林业厅和呼伦贝尔市委市政府严肃查处莫力达瓦旗重大毁林开垦、四川雅安实施低产林改造项目违法采伐天然林和在黑龙江省逊克县、乌伊岭林业局毁林种参等重大违法案件。三是建立重大事件的约谈机制。就四川雅安违法采伐天然林问题约谈了雅安市、宝兴县、芦山县政府和四川省林业厅，就逊克县和乌伊岭林业局毁林种参问题约谈了黑河市、宜春市、逊克县、乌伊岭区政府和黑龙江省林业厅、森工总局。四是严格开展执法检查工作。组织开展150个县林地管理和林木采伐管理情况专项检查，共发现425个违法占用林地、毁林开垦违法案件，面积3485.9公顷。对东北、内蒙古重点国有林区的24个林业局开展了森林资源管理情况检查，共检查出毁林开垦地块147个、面积138.25公顷，违法占用林地地块265个、面积182.42公顷，无证采伐地块33个，蓄积量408.8立方米。对全国80个县级单位组织开展了保护发展森林资源目标责任制检查，在160个县内开展了营造林综合核查。五是重视和加强监督机制建立。森林资源监督机构以督查督办破坏森林资源案件为第一职责，各派驻监督机构共督查督办案件1449起，处理违法违纪人员1447人。起草了《国家林业局关于进一步加强森林资源监督工作的意见》，对进一步强化森林资源监督工作职能、着力完善和创新监督工作机制、切实强化监督能力和队伍建设等方面提出了具体要求。

重点国有林区改革和管理　一是扎实推动重点国有林区改革。召开了改革启动会和改革促进会，举办了中央6号文件的宣传和辅导工作。按照中发6号文件要求，督促内蒙古、吉林、黑龙江三省(区)制订国有林区改革实施方案。会同发改委共同审查了内蒙古自治区和吉林省政府报送的改革方案，内蒙古改革方案已经国家林业局和发改委共同批复。多次协调发改委、中编办、财政部等主要部门，就加大基础设施投入力度、在重点国有林区建立垂直管理的监督体系、化解金融债务等当前改革亟待解决的问题进行沟通，为改革顺利推进创造必要的条件支撑。二是全面停止了东北、内蒙古重点国有林区天然林商业性采伐。认真贯彻落实中发〔2015〕1号文件“继续扩大停止天然林商业性采伐试点”和中发〔2015〕6号文件“有序停止内蒙古、吉林重点国有林区天然林商业性采伐”的要求，下发了《国家林业局关于扎实做好全面停止商业性采伐工作的通知》，3月与财政部联合召开了全面停止东北、内蒙古重点国有林区天然林商业性采伐部署电视电话会，制订了确保“停得下、稳得住、不反弹”的举措，并加大了对停伐林区的监督检查，内蒙古、吉林、长白山森工集团公司停止天然林商业性采伐工作取得了实效。三是强化对东北内蒙古重点国有林区森林资源的保护管理。对东北内蒙古重点国有林区开展了开垦林地清查工作，并以国家林业局函形式，商请内蒙古、吉林、黑龙江(自治区、省)人民政府清理回收重点国有林区毁林开垦林地，加大对毁林开垦、随意侵占和擅自转让国有林地等违法行为的打击力度。四是组织制订东北内蒙古重点国有林区森林资源二类调查和经营方案的技术规程和实施方案，积极推动重点国有林区的森林经营工作。掌握了东北内蒙古重点国有林区各企业局的二类调查和森林经营方案编制情况，制订了《东北内蒙古重点国有林区森林资源规划设计调查工作方案》《东北内蒙古重点国有林区森林经营方案编制指南》《森林经营方案大纲》《森林可持续经营试点实施方案编制提纲》《国有林场森林经营方案编制提纲》等，为推进重点国有林区可持续经营奠定了基础。

（张　敏）

【全国森林资源管理座谈会】　为进一步强化全国非法侵占林地清理排查专项行动查处整改阶段工作，国家林业局于5月11～12日在北京组织召开了全国森林资源管理座谈会。各省(区、市，以下简称省)林业厅(局)、五大森工集团公司、新疆生产建设兵团林业局和国家林业局派驻各专员办、直属规划院分别汇报了各地非法侵占林地清理排查专项行动的进展情况，并对森林资源管理面临的新情况、新问题进行了分组讨论。国家林业局副局长刘东生出席会议并作讲话，全面部署了全国森林资源管理和监督工作。会议还同时组织召开林地管理专题会议，对林地管理中面临的问题进行了集中研究。

会议分析了森林资源保护管理和监督监测工作所面临的新形势、新任务。从6个方面对下一阶段森林资源管理工作提出了明确要求。一是进一步强化林地保护管理。要在6月底前完成林地清理排查案件的查处问责和整改工作，确保非法侵占林地清理排查专项行动取得实效。二是6月底前各省完成“十三五”采伐限额的审核、上报和批复工作。在限额编制过程中，要着重把握好停止天然林商业性采伐的节奏和步骤，把握好中幼龄林抚育采伐的政策，进一步放活集体林区人工商品林的采伐管理。三是切实强化重点国有林区森林资源管理，确保停止天然林商业性采伐政策落实到位。积极争取财政支持，力争用2～3年时间完成森林资源二类调查，加快编制森林经营方案，将重点林区引上森林可持续经营轨道。四是重视和加强森林资源监督机制建设。当前要全力督办非法侵占林地清理排查出的大案要案，继续严格开展林业行政执法，进一步强化森林资源保护管理专项监督和检查。五是全面加强森林资源管理制度建设。制定林地和森林红线保护制度，建立健全破坏森林资源责任追究制度，加强行政许可审批项目取消和下放后的事中事后监管，创新重点国有林区森林资源监管制度。六是着力加强森林资源管理监督监测队伍和作风建设。要结合“三严三实”教育，突出重点，全面落实，狠抓森林资源管理、监督和监测机构的队伍和作风建设。

（张　敏）

林地林权管理

【继续推进全国林地变更调查】 北京、河北、山西、福建、河南、广东、海南、四川、陕西、甘肃等10个省(市)份开展了林地变更调查，将于2016年4月完成。林地变更调查，是借助遥感等高新技术手段，结合森林资源档案信息和现地核实，将林地变化地块更新到林地“一张图”数据库中，形成最新的林地现状信息和林地变化信息，为林地保护管理提供基础支撑。但是，目前林地“一张图”更新速度慢，现势性、时效性差，未来将实现全国各省按年度更新林地“一张图”。

（韩爱惠）

【国家林业局发布《建设项目使用林地审核审批管理办法》】 3月31日，国家林业局公布《建设项目使用林地审核审批管理办法》(国家林业局令第35号，以下简称《办法》)，自5月1日起施行。《办法》是在2001年发布的《占用征收征用林地审核审批管理办法》(国家林业局令第2号)的基础上，经广泛调查研究、征求意见后修改形成的，于2月15日经国家林业局局务会议审议通过。

《办法》共29条，对建设项目使用林地的范围、条件、审批权限、申请材料、申报程序、审查要求、期限、特别规定、管理要求等内容进行了规定。与修改前相比，一是审核审批条件从注重项目审批文件向依据林地保护利用规划和林地“一张图”为主转变，把林地保护等级作为审核审批的重要依据。二是审核审批内容从单纯管理向管理与服务并重转变，简化了申报材料，规范了申报程序。三是审核审批管理从注重事前审查向事前、事中、事后全方位转变，强化了县级林业主管部门的责任。（付长捷）

【建设项目使用林地审核审批管理规范】 国家林业局制定下发《国家林业局关于印发〈建设项目使用林地审核审批管理规范〉和〈使用林地申请表〉、〈使用林地现场查验表〉的通知》(以下简称《规范》)(林资发〔2015〕122号)，自10月1日起施行，有效期至2020年12月31日。《规范》是在《建设项目使用林地审核审批管理办法》基础上，对2003年《占用征用林地审核审批管理规范》(林资发〔2003〕139号)进行了修改和完善。《规范》对建设项目使用林地的条件、范围、申报材料、受理、审批管理等内容进行了细化，制订了新的《使用林地申请表》《使用林地现场查验表》式样。（胡长茹）

【国家林业局加强临时占用林地监督管理】 按照中央“进一步简政放权，深化行政审批制度改革”的要求，国家林业局通过《建设项目使用林地审核审批管理办法》(国家林业局令第35号)将临时占用林地审批权限下放到地方。为加强临时占用林地的事中事后监管，国家林业局下发《国家林业局关于加强临时占用林地监督管理的通知》(林资发〔2015〕121号)，进一步明确了临时占用林地的范围和条件，要求严格落实临时占用林地期满后恢复林业生产条件的责任，健全并落实临时占用林地监管机制，建立临时占用林地恢复林业生产条件验收制度等。（韩爱惠）

【国家林业局规范光伏电站建设使用林地】 为了进一步规范光伏电站建设使用林地，国家林业局下发了《关于光伏电站建设使用林地有关问题的通知》(以下简称《通知》)(林资发〔2015〕153号)。《通知》规定了光伏电站建设的禁止和限制建设区域、光伏电站的电池组件阵列禁止使用的林地类型、“林光互补”用地模式使用林地的方式等。《通知》要求，各地林业主管部门要加强监管，定期检查，确保光伏电站建设依法依规使用林地，积极探索支持光伏电站建设与防沙治沙、宜林地造林等相结合。（胡长茹）

【调整森林植被恢复费征收标准】 财政部、国家林业局联合下发《财政部 国家林业局关于调整森林植被恢复费征收标准引导节约集约利用林地的通知》(财税〔2015〕122号，以下简称《通知》)。《通知》对2002年财政部、国家林业局印发的《森林植被恢复费征收使用管理暂行办法》中的森林植被恢复费征收标准进行了调整，并要求各省(区、市)财政、林业主管部门在2016年3月底前，将调整森林植被恢复费征收标准等政策落实到位。

《通知》中对各省(区、市)制定森林植被恢复费征收标准提出了应当遵循的七条原则。区分不同林地地类规定了森林植被恢复费征收下限标准，要求各省(区、市)财政、林业主管部门在下限标准基础上制定本省(区、市)具体征收标准。同时，对使用国家和省级公益林林地，使用城市规划区的林地，以及城市规划区外区分公共基础设施、公共事业、国防建设项目和经营性建设项目，在具体征收标准上制定了加倍的规定；对农村居民按规定标准建设住宅，农村集体经济组织修建乡村道路、学校、幼儿园、敬老院、福利院、卫生院等社会公益项目以及保障性安居工程，明确免征森林植被恢复费。（付长捷）

【编制《建设项目使用林地可行性报告编制规范》】 建设项目使用林地可行性报告是各级林业主管部门审核审批建设项目的重要依据，国家林业局编制了《建设项目使用林地可行性报告编制规范》，并以林业行业标准发布。规定了建设项目使用林地可行性报告(使用林地现状调查表)编制原则、程序、内容、成果要求等，明确依据林地保护利用规划和林地“一张图”确定使用林地范围。为建设单位编制使用林地编制可行性报告提供了依据和标准，保障了可行性报告成果质量，为各级林业主管部门审核审批建设项目提供重要决策信息，提高审核审批效率。（韩爱惠）

【全国建设项目使用林地审核审批情况】 全国(不含台湾省，下同)共审核使用林地项目 16 071 项，审核同意面积 127 772.15 公顷；批准临时占用林地和直接为林业生产服务的工程设施使用林地项目 9822 项，批准面积 30 994.93 公顷；征收森林植被恢复费 1 013 161.77 万元。其中，国家林业局审核使用林地项目 384 项，审核同意面积 55 910.95 公顷；批准临时占用林地和直接为林业生产服务的工程设施使用林地项目 58 项，批准面积 2665.51 公顷；征收森林植被恢复费 402 913.92 万元。各省(区、市、新疆生产建设兵团)林业主管部门审核使用林地项目 15 687 项，审核同意面积 71 861.20 公顷；批准临时占用林地和直接为林业生产服务的工程设施使用林地项目 9764 项，批准面积 28 329.42 公顷；征收森林植被恢复费 610 247.84 万元，详见表 10-1、表 10-2。

表 10-1 2015 年度国家林业局审核审批建设项目使用林地情况统计表

省(区、市)、集团、兵团	审核使用林地			审批临时占用林地			审批直接为林业生产服务使用林地	
	项目数	面积(公顷)	森林植被恢复费(万元)	项目数	面积(公顷)	森林植被恢复费(万元)	项目数	面积(公顷)
总计	**384**	**55910.95**	**386019.54**	**42**	**2350.07**	**16894.39**	**16**	**315.43**
北京	7	631.95	5345.60					
天津								
河北	5	579.82	3484.79					
山西	5	188.70	1235.32	1	11.90	105.19		
内蒙古	30	4998.63	24655.51	1	9.60	80.31		
辽宁	4	449.94	2952.03					
吉林	20	532.59	3622.87	3	120.23	724.33		
黑龙江	20	2362.21	17898.72					
上海								
江苏	3	108.47	1175.32					
浙江	7	659.14	4669.14	5	144.35	1054.80		
安徽	6	744.52	5530.65					
福建	19	1846.57	20953.64	1	613.26	4968.91		
江西	11	2762.18	18081.43					
山东	8	1154.01	11522.31	4	371.30	2847.62		
河南	7	589.79	5771.22	1	46.10	277.60		
湖北	13	1472.59	11961.14					
湖南	9	1110.51	9746.07					
广东	7	5213.25	33504.24					
广西	14	3314.68	24842.64	1	108.45	692.92		
海南	2	704.01	4495.23					
重庆	6	515.74	4208.97	1	42.04	280.49		
四川	19	11122.05	55157.14	2	105.45	576.93		
贵州	26	1827.01	17250.28	2	58.13	504.98		
云南	27	5776.24	37800.83	3	235.09	1650.71		
西藏	14	1603.81	15748.65	1	25.57	270.01		
陕西	26	3386.41	30569.88	4	311.92	1852.48		
甘肃	4	449.74	1339.48					
青海	7	224.16	2202.15	2	29.99	269.04		
宁夏	1	115.85	304.84					
新疆	5	443.79	3311.37					
新疆兵团	6	189.28	1488.02	3	42.67	290.22		
内蒙古森工	13	186.65	1127.64	3	42.42	276.52	14	294.05
大兴安岭	18	223.29	753.81	2	7.93	23.29	2	21.38
龙江森工	15	423.37	3308.59	2	23.67	148.06		

表 10-2　2015 年度各省(区、市)、新疆生产建设兵团审核审批建设项目使用林地情况统计表

省(区、市)、兵团	审核使用林地			审批临时占用林地			审批直接为林业生产服务使用林地	
	项目数	面积（公顷）	森林植被恢复费（万元）	项目数	面积（公顷）	森林植被恢复费（万元）	项目数	面积（公顷）
总计	**15687**	**71861. 20**	**482080. 98**	**6152**	**23590. 49**	**128166. 86**	**3612**	**4738. 93**
北京	105	449. 90	6834. 61	25	41. 16	668. 45	19	5. 24
天津	1	0. 47	2. 81					
河北	234	1879. 83	9073. 27	4	37. 30	112. 82	13	130. 12
山西	180	1114. 53	5092. 97	122	647. 85	2550. 37	17	69. 88
内蒙古	617	3928. 91	24830. 82	196	2342. 92	12428. 57	37	357. 88
辽宁	145	780. 23	5217. 03	42	253. 35	1749. 33	15	4. 49
吉林	142	329. 98	2649. 34	52	189. 03	1280. 07	36	60. 05
黑龙江	225	559. 76	2730. 93	196	770. 74	4804. 13	38	358. 02
上海	2	1. 69	75. 87					
江苏	127	546. 64	4967. 33	21	78. 29	683. 00	39	28. 39
浙江	1138	2446. 97	14947. 32	180	549. 82	2605. 96	1417	997. 89
安徽	609	2504. 46	15428. 24	298	500. 59	3255. 35	368	339. 96
福建	1004	3105. 27	31396. 15	152	443. 99	3731. 57	54	56. 40
江西	1156	6031. 60	33568. 56	1009	1291. 51	5421. 99	452	348. 00
山东	148	669. 14	4340. 64	34	278. 50	1811. 60	68	130. 13
河南	269	1460. 49	9670. 94	38	325. 28	2686. 40	6	25. 76
湖北	1155	4421. 47	26840. 28	635	1491. 86	5518. 36	42	60. 20
湖南	1659	5397. 37	54405. 63	338	537. 79	3332. 38	86	94. 93
广东	740	4750. 58	30346. 51	377	1400. 86	8576. 68	7	2. 33
广西	917	6008. 81	47366. 58	94	396. 91	2476. 84	23	101. 18
海南	224	1428. 81	6708. 43	20	91. 93	491. 70	0	0
重庆	410	1636. 27	11245. 32	164	388. 76	2173. 03	280	208. 05
四川	937	4450. 79	26040. 25	495	2000. 16	9233. 89	171	186. 99
贵州	907	3201. 91	26673. 04	105	328. 28	2578. 61	68	33. 60
云南	955	6153. 18	32965. 90	872	4573. 87	28461. 17	257	476. 64
西藏	45	254. 88	1756. 08	14	78. 46	785. 53		
陕西	550	3115. 94	21847. 46	133	554. 97	3470. 64	34	97. 53
甘肃	116	651. 91	2941. 47	103	551. 29	2256. 82	20	50. 53
青海	108	438. 05	3912. 10	28	137. 85	1036. 30	2	11. 22
宁夏	255	1960. 86	7191. 13	145	1548. 63	5408. 62	4	18. 93
新疆	374	1487. 19	7829. 30	200	1234. 57	6364. 39	19	154. 72
新疆兵团	233	693. 32	3184. 67	37	180. 86	1351. 22		
内蒙古森工							10	160. 47
大兴安岭				18	232. 96	640. 94	5	133. 51
龙江森工				5	110. 15	220. 15	5	35. 87

建设项目使用林地审核审批的主要做法：一是积极服务地方经济建设，对各省上报的使用林地项目，从严把关，依法审批，按规定期限做好审核审批工作。二是加强建设项目使用林地定额管理。按照《占用征收林地定额管理办法》有关规定，下达了 2015 年建设项目使用林地年度定额和预下达了 2016 年度使用林地定额。对林地年度定额不足的 13 个省(区、市)，办理了提前使用 2016 年度林地定额和国家备用定额手续。三是建章立制。出台了《建设项目使用林地审核审批管理办法》(35 号令)，下发《建设项目使用林地审核审批管理规范》、《关于加强临时占用林地监督管理的通知》《关于光伏电站建设使用林地的通知》等文件，出台了《建设

项目使用林地可行性报告编制规范》，进一步规范建设项目使用林地审核审批管理。四是与财政部联合出台《关于调整森林植被恢复费征收标准引导节约集约利用林地的通知》，提高了森林植被恢复费补偿标准，发挥森林植被恢复费价格调节作用，实行差别化管理政策，促进建设项目节约集约使用林地。五是推进政务公开，下发《国家林业局办公室关于建设项目使用林地审核审批事项实行网上申报的通知》（办资字〔2015〕3 号）等文件，推行建设项目使用林地审核审批网上申报，进行网上申报和纸质材料审核审批并行处理，各级林业部门可网上实时查询审批进度，各专员办通过网上申报系统加强建设项目使用林地监管。　　　（胡长茹）

【国家林业局建设项目使用林地行政许可被许可人监督检查】 国家林业局继续组织 15 个派驻森林资源监督机构（以下统称专员办）开展了国家林业局建设项目使用林地行政许可被许可人监督检查。经统计，监督检查工作共投入 446 名检查人员，检查了 226 项国家林业局 2012～2014 年审核同意或批准的使用林地建设项目，涉及 241 个县级单位。

检查的 226 项使用林地建设项目，实际使用林地面积 11 711.56 公顷，其中，187 项依法使用林地；39 项存在超审核（批）范围使用、异地使用、未按用途使用、超期限使用等问题，违法使用林地面积 55.14 公顷。有 23 项建设项目配套的附属工程存在未经审核同意或批准违法使用林地情况，面积 61.63 公顷。　（付长捷）

森林资源利用监管

【全国“十三五”期间年森林采伐限额编制情况】 为做好“十三五”期间年森林采伐限额（以下简称“十三五”限额）的编制工作，国家林业局印发《关于编制“十三五”期间年森林采伐限额工作的通知》（林资发〔2014〕62 号），对“十三五”限额编制进行了部署。按照要求，各地成立“十三五”编限领导小组，组织开展“二类”调查和技术培训，按要求测算和确定了“十三五”限额。经对各省级人民政府和有关单位上报的“十三五”限额建议指标进行审核、汇总，形成了全国“十三五”期间年森林采伐限额编制成果。

基本原则 有序停止天然林商业性采伐；尽量保障人工林采伐利用；总量控制、分项管理；分区施策、分类管理；以森林资源“二类”调查数据为基础，自下而上编制、审核、汇总。

编限单位 国家所有的森林和林木以国有林业局、国有林场为单位编制；集体所有的森林和林木以县为单位编制。达到一定规模（标准由省级林业主管部门确定）的森林经营主体，可以单独编限。

经统计，全国“十三五”编限单位 8015 个。其中，国有编限单位 4171 个，占 52.0%；集体编限单位 2968 个，占 37.0%；其他编限单位 876 个，占 11.0%。

本次采伐限额审核，坚决贯彻中央关于加强天然林保护、全面停止天然林商业性采伐的要求，对国有天然林，一律未核定以取材为目的的商业性采伐（主伐）限额，只核定了以保育森林为目的的中幼林抚育采伐、低产低效林（退化林分）更新改造和种质资源林（母树林、种子园）经营、灾害木清理等非商业性采伐限额。与此同时，实行森林资源经营利用差别化管理，在采伐限额确定上充分体现了对人工商品林采伐利用进一步放活，所确定的采伐限额能够最大限度满足林农和森林经营者采伐利用人工林的需要，有利于保障林木所有者的处置权和收益权，从而基本实现了以采伐天然林为主向采伐人工林为主的转变。　　　（谢守鑫）

【全面停止东北、内蒙古重点国有林区天然林商业性采伐】 印发了《国家林业局关于扎实做好全面停止商业性采伐工作的通知》（林资发〔2015〕22 号），明确内蒙古、吉林、长白山森工集团公司从 2015 年 4 月 1 日起全面停止木材商业性采伐；下属各林业局第一季度的采伐量、出材量一律不得超过 2015 年采伐蓄积量、木材产量的 70%。同时，重申强调了严格伐区设计审批管理、严格伐区采伐作业监管、严格木材运输销售监管、严格森林抚育经营管理、严格违法违规采伐责任追究的“五严格”管理规定。通知还明确要求，内蒙古自治区岭南 8 个林业局和天保工程区外大兴安岭山脉范围内的呼伦贝尔市、兴安盟、通辽市、赤峰市、锡林郭勒盟的 100 个国有林场，以及吉林省的 4 个森林经营局，按上述要求一并停止商业性采伐。通知列举了内蒙古自治区和吉林省的停伐名单。东北、内蒙古重点国有林区全面停止商业性采伐，意味着每年约 400 万立方米的木材产量将全面停产，国有林区森林资源可以真正得以休养生息，进而得到快速恢复和发展。　　　（谢守鑫）

【全国木材运输情况】 据统计，2015 年使用全国木材运输管理系统办理木材运输证 411.12 万份，运输木材 1.06 亿立方米、竹材 1.34 亿株。各省办理木材运输证、运输木材情况详见表 10-3。　　　（张厚武、杨雪清）

表 10-3　2015 年度木材运输检查情况统计表

单位	木材运输			作废数量（份）	运输证检查（份）		
	签发运输证（份）	木材运输量（万立方米）	竹材（万株）		小计	放行	处理
合　计	4 111 150	10 612.49	13 440.36	105 081	25 463	25 421	42
北　京	2126	10.61	7.94	2	5	5	0
天　津	9207	45.99	280.75	37	0	0	0
河　北	21 572	39.20	126.03	216	0	0	0
山　西	5023	5.14	5.34	205	0	0	0
内蒙古	14 274	30.54	0.39	240	0	0	0
辽　宁	125 792	277.43	10.01	3287	0	0	0
吉　林	105 570	414.57	67.60	4707	0	0	0

（续）

单位	木材运输			作废数量(份)	运输证检查(份)		
	签发运输证(份)	木材运输量(万立方米)	竹材(万株)		小计	放行	处理
黑龙江	104 006	449.95	66.99	1903	0	0	0
上　海	87 516	525.30	2.45	43	0	0	0
江　苏	376 616	1825.63	708.34	1394	0	0	0
浙　江	244 141	290.29	1132.18	3794	0	0	0
安　徽	171 596	432.75	708.93	4807	307	276	31
福　建	310 046	959.89	0	0	0	0	0
江　西	117 099	249.74	71.82	3784	0	0	0
山　东	138 461	558.76	3913.63	333	0	0	0
河　南	84 865	289.47	279.44	2518	0	0	0
湖　北	83 442	137.68	2107.55	2868	0	0	0
湖　南	111 515	215.78	1514.52	5669	0	0	0
广　东	457 582	1165.92	660.19	11 331	3171	3170	1
广　西	993 954	1382.96	151.14	38740	32	32	0
海　南	24 270	117.78	0	4	0	0	0
重　庆	24 697	54.45	10.66	511	0	0	0
四　川	214 946	419.80	570.50	8066	7295	7286	9
贵　州	39 647	98.93	236.42	1830	634	633	1
云　南	191 569	410.24	49.05	7789	13 701	13 701	0
西　藏	530	2.77	0	4	0	0	0
陕　西	7979	19.94	182.33	222	49	49	0
甘　肃	9799	28.87	559.37	254	154	154	0
青　海	438	1.78	0	0	0	0	0
宁　夏	557	2.55	0.14	1	0	0	0
新　疆	4475	26.54	0.78	9	0	0	0
内蒙古森工	18 559	92.07	0	237	0	0	0
龙江森工	6434	22.21	15.87	205	0	0	0
大兴安岭	2847	6.96	0	71	115	115	0

【启动新一轮森林可持续经营试点】 国家林业局下发《关于确定森林可持续经营试点单位的通知》（林资发〔2015〕84号），确定河北省赛罕坝机械林场、辽宁省清原满族自治县、浙江省临安市、福建省永安市、江西省靖安县、四川省雅安市雨城区、甘肃省小陇山林业实验局、龙江森工集团林口林业局等12个单位为新一轮国家级森林可持续经营试点单位，其中东北内蒙古重点国有林区新增加5个单位开展试点。新一轮森林可持续经营试点的原则是"立足东北、兼顾全国，抓住国有，带动集体"。（靳爱仙）

【全国森林可持续经营试点单位培训班】 9月6～8日，国家林业局森林资源管理司在黑龙江省林口林业局举办森林可持续经营试点单位培训班。国家林业局副局长刘东生出席并作讲话，他从战略高度阐述了森林可持续经营试点的重要意义，论述了试点的总体构想和主要内容，并从组织保障、技术支撑、经费支持等多个方面对试点工作提出了明确要求。培训班邀请国家林业局规划院副院长唐小平教授作森林可持续经营相关知识讲座。森林资源管理司司长郝燕湘和监督办副主任张松丹分别从不同角度对如何稳步推进新一轮的森林可持续经营试点工作提出了更为具体的要求。培训班代表考察了林口林业局可持续经营试点现场。来自各试点单位所属省林业厅(局)长、市长、县长、林业局局长，国家林业局有关司局和单位的100多人参加了培训。（靳爱仙）

【国家林业局下发关于严格保护天然林的通知】 为贯彻落实十八届五中全会精神，充分体现国家对加强天然林保护的战略思想，进一步规范各地在天然林保护管理中的具体措施，"严禁移植天然大树进城"。国家林业局于下发《关于严格保护天然林的通知》(林资发〔2015〕181)，对严格保护天然林资源提出具体措施和新的要求。一是严格控制低产低效天然林改造。（靳爱仙）

【国家级森林抚育成效监测工作】 一是开展国家级抚育成效监测样地设置、调查工作，共设置样地60组120个，其中，吉林省延边森工集团敦化林业局的大蒲柴河林场、光明林场、建设林场11组22个样地，浙江省开化县开化林场10组20个样地，福建省永安市的西洋镇、洪田镇、上坪乡10组20个样地，江西省靖安县水口乡、香田乡8组16个样地，湖南省华容县塔市乡6组12个样地，四川省雅安市雨城区青坪乡3组6个样地，陕西省黄龙山林业局蔡家川林场、官庄林场和桥北林业局10组20个样地，广东省西江林业局西江林场2组4个样地。

二是进一步完善森林抚育成效监测固定样地数据库软件。基于2013年开发的森林抚育成效监测固定样地数据库系统，结合2014和2015年实际工作检验结果，进一步修改、升级、完善软件系统，形成了网络版录入系统和Excel版录入系统，便于基层监测人员的数据录入。

三是指导各地对前期设置的监测样地进行科学的管理和维护，以便于下一步进行科学规范的复测。

四是对2016年的工作进行了系统安排，主要集中在两个方面：在森林可持续经营管理试点单位内继续设置抚育成效监测样地和对照样地200组(400个)；开展专题调研和数据采集及录入，进行数据汇总与分析，争取形成监测体系的第一份分析报告。（崔武社）

森林资源监测

【第九次森林资源清查2015年度情况】 2015年是第九次全国森林资源清查的第二年，也是第九次清查最为关键的一年，清查单位数量最多，有山西、辽宁、黑龙江、江苏、广西、贵州、宁夏7省(区)及龙江森工和大兴安岭共9个单位开展清查工作，各省开展工作条件差异大、情况复杂。为此，重点抓好以下几个方面的工作：一是狠抓技术统筹。充分发挥清查专家组作用，对各省清查技术方案和工作方案进行严格把关，对队伍组建、技术培训进行客观评估，严格审批操作细则。二是狠抓进度和质量。由于客观原因，2015 年各省清查工作启动晚，为了按要求高质量完成清查工作任务，发函督促各省将工作组织、技术、队伍和物资等各项要求的落到实处，并加大检查力度，先后到黑龙江、龙江森工、贵州、山西、宁夏等地，深入一线进行外业检查，有力地促进了各省的清查工作。同时，每月发一期《情况交流》，通报各省进度，交流好的做法和经验，起到了积极的推动作用。三是狠抓成果分析。对调查结果及时进行分析，形成成果报告，针对个别省森林资源变化大的情况，全面、深入、客观分析原因，并与有关省进行对接和沟通。通过狠抓实干，2015 年清查工作全面完成，共完成复查样地 46 115 个，完成复查国土面积 134 万平方千米。同时，围绕森林资源清查体系面临的问题，开展了固定样地防偏诊断工作。2015 年，首次在东北重点国有林区的龙江森工和大兴安岭林业集团，采取增设 1/3 样地的方法，全面开展了固定样地防偏诊断，为下一步全面推进清查体系防偏工作奠定了坚实基础。另外，谋划了 2016 年清查工作，组织直属院与相关省进行提前对接。特别是针对新疆和西藏等重点省（区），超前研究《技术方案》和《工作方案》，为 2016 年清查工作做好准备。（曾伟生　闫宏伟）

【推进全国森林资源宏观监测】 为落实全国政协罗富和副主席关于改进和完善国家森林资源连续清查体系、适应领导干部任期目标考核需求的建议，部署开展了全国森林资源宏观监测工作。本次监测实行全国遥感数据统一购置和处理，监测结果统一汇总，局各直属林业调查规划（勘察）设计院承担调查监测具体任务，各地林业主管部门提供必要配合。2015 年完成的主要工作包括：一是完成了全国抽样框架的布设。全国按 20 千米×20 千米网格，共布设了 2.36 万个 2 千米×2 千米的大样地。二是完成了全国遥感数据的处理。全国 31 个省（区、市）共计 2 万多幅遥感影像全部按要求进行了处理，并及时分发到各直属院。三是开展了前期研究试点工作。积极探索了遥感自动区划方法，完成了自动区划软件的编制；选择河北省作为森林资源宏观监测的省级试点单位，完成了宏观监测图斑区划判读和群团样地判读两套调查方案的试点工作；并增加广东省作为补充试点单位，开展了群团样地判读试点。四是编制了技术方案和操作细则。在广泛调研、专家咨询和省级试点基础上，编制了《全国森林资源宏观监测技术方案》《全国森林资源宏观监测操作细则》，并通过了专家论证。五是启动了全国森林资源宏观监测工作。全面部署各直属院开展各个监测区的森林资源宏观监测工作，并成立了工作协调组和技术协调组，统筹协调技术问题。本次监测工作由国家级专业队伍承担，技术水平高，质量把关严，预计 2016 年 3 月底可全面完成。全国森林资源宏观监测工作的开展，将为提升中国森林资源监测能力、优化完善现行森林资源清查体系提供坚实基础。（闫宏伟　曾伟生）

【“十二五”规划森林增长指标评估】 “十二五”规划《纲要》实施情况评估是客观评估林业“十二五”工作进度、展现林业阶段性建设成就的重要途径。完成了森林增长两项指标“十二五”规划目标完成情况评估和森林双增目标分析测算工作。主要完成的工作：一是收集了各省历次森林资源连续清查数据、近十年来的营造林统计数据和营造林综合核查数据等大量相关数据资料，为相关统计测算提供了基础。二是利用更新预测和模型估算等技术手段，采用多种统计测算方法，对全国森林面积和森林蓄积量的年度变化进行测算，并对森林增长两项指标“十二五”规划目标完成情况进行了综合评估。三是在“十二五”规划森林增长目标完成情况评估的基础上，依据历年人工造林面积及综合成林率等指标，综合分析了近期森林资源主要指标的变化趋势，对中国政府承诺的森林双增目标预期完成情况进行了分析评估。其为中国林业“十二五”规划评估和“十三五”规划编制提供了参考依据。（闫宏伟　曾伟生）

【继续推进森林生物量调查建模等林业数表工作】 继 2014 年颁布实施第一批杉木、马尾松、云南松、油松、湿地松 5 个树种的《立木生物量模型及碳计量参数》行业标准后，继续推进立木生物量建模工作。2015 年编制完成了第二批落叶松、云杉、冷杉、柳杉、栎树、桦树、木荷、枫香 8 个树种（组）的行业标准，并通过了由国家林业局科技司组织的专家审定。这两批标准共涉及 13 个树种（组）33 个建模总体，涵盖了全国约 2/3 的森林资源。这两批标准的颁布实施，对于准确估算中国主要树种（组）的生物量和碳储量，客观评估森林碳汇等生态功能，具有重大意义。同时，对相应树种的二元立木材积表进行了检验，对南方橡胶等特殊树种的二元立木材积表进行了补充编制。（曾伟生）

【参与 FAO 全球森林资源评估工作】 全球森林资源评估是由联合国粮农组织（FAO）牵头组织开展的全球周期性森林资源评估活动，其结果是考察森林可持续经营政府间进程，评估世界各国国际公约履约情况的重要依据。2015 年的全球森林资源评估是 1947 年以来组织开展的第 13 次全球性评估，要求以 1990 年、2000 年、2005 年、2010 年和 2015 年为评估年度，分别对各国森林和其他林地面积、天然林和人工林、森林蓄积量和生长率、生物量和碳储量、保持水土与生物多样性保护、森林干扰与退化、森林经营法律政策、可持续经营状况、木材和非木材产品、林业就业、林业收支、GDP 林业附加值和森林增长预期目标等 21 个方面 100 余项指标进行评估。中国提交的评估报告得到了 FAO 的高度评价。FAO 在报告中多次列举中国，成为提及次数最多的国家之一。2015 年全球森林资源评估结果，于 2015 年 9 月在南非德班举行的第 14 届世界林业大会上正式发布。评估结果集中反映了中国在推进造林绿化、加快林业改革、推动森林资源保护发展中取得的积极成就，充分肯定了中国在扭转全球森林资源持续减少趋势中所做出的重大贡献，凸显了中国在国际和区域林业发展中的重要地位，为增强中国林业的国际话语权、提升林业的影响力和竞争力奠定了基础。（曾伟生）

【东北内蒙古重点国有林区二类调查】 为贯彻《中共中央 国务院关于印发〈国有林场改革方案〉和〈国有林区改革指导意见〉的通知》（中发〔2015〕6号）文件精神，全面查清东北内蒙古重点国有林区森林资源基数为主线，为2016年开展二类调查做了前期工作。一是针对《森林资源规划设计调查技术规程》修订全面征求意见，并进行了汇总和梳理。二是对近年来各森工集团开展二类调查的情况、调查技术队伍情况等进行全面摸底。二是对2016年东北内蒙古重点国有林区将开展二类调查工作的林业局的高分辨率遥感数据全面统筹、全面进行处理。三是优化完善调查方案，针对东北内蒙古重点国有林区全面停伐，以及编制新的经营方案和进行目标考核等要求，有针对性地优化技术方案和工作方案。四是研究制订了《东北内蒙古重点国有林区森林资源规划设计调查工作方案》。确定本次二类调查采取中央统筹的方式开展，由国家林业局统一组织，各森工集团具体负责，各森工集团林业调查规划设计院具体承担本辖区调查任务，局规划院建立统一平台、验收调查成果的路线，确保后续对东北内蒙古重点国有林区森林资源的严格管理。（白卫国）

【全国营造林综合核查】 综合核查继续按照"两转变、两服务"的要求，本着"队伍小、时间少、效率高"的原则，以重点工程造林核查为重点，兼顾一般造林，实行全口径核查。2015年核查工作全面加强管理，在技术方面，完善了造林地类、造林方式、造林年度的查对；在队伍方面，加强了核查人员培训、考核和责任追究制度；在外业方面，实施了抽查原始数据、核查进度、核查结果及时备案制度；在核查成果方面，实行了报告层层会审和把关制度；在廉政纪律方面，坚持"质量廉政反馈卡"制度，公布监督电话，督促核查人员严格执行中央和国家林业局的各项廉政纪律规定。2015年共抽查了19 292个小班和43个播区，实地核查面积27.38万公顷，确保核查结果客观真实地反映全国营造林实际情况。

综合核查工作对林业"十三五"规划提出了调整营造林结构和任务布局、加强重点工程营造林管理、加强造林后续管理等具体建议，为实事求是、科学客观安排造林任务提供了依据。

同时，在"十二五"规划森林增长目标完成情况评估的基础上，依据历年人工造林面积及综合成林率等指标，采用统计测算和模型估算等多种技术手段，综合分析了近期森林资源主要指标的变化趋势，对中国政府承诺的森林双增目标预期完成情况进行了分析评估，并对"十三五"期间的造林任务进行了科学测算，为有关部门制定"十三五"规划目标和确定造林任务提供参考。

（白卫国）

【国家级公益林管理】 把国家级公益林管理基础工作做扎实，根据《国家级公益林区划界定办法》和《国家级公益林管理办法》，督促各地及时进行年度情况报告，并下发了《国家林业局办公室关于加强国家级公益林管理情况年度报告的通知》。根据各地报告情况，对国家级公益林管理情况进行了及时汇总整理。同时，组织国家林业局直属院对国家级公益林的管理政策进行调研，为下一步完善公益林管理政策作准备。针对当前新形势和管理中出现的新情况，启动《国家级公益林区划界定办法》和《国家级公益林管理办法》的修订工作，对两个《办法》广泛征求各地意见，并各地反馈的意见进行了汇总和梳理，特别是对涉及群众利益的有关方面进行了深入研究，提出了事权分级、保护管理、经营管理、实施绩效等修改方向。（白卫国）

【全国森林资源调查监测技术培训班】 11月16～19日，全国森林资源调查监测技术培训班在林业管理干部学院举办。来自全国各省级森林资源调查规划设计单位的技术骨干、部分省林业主管部门相关人员，共计97人参加。

本期培训班是一次专题培训。一是课程设计针对性、实用性强。紧密结合专业技术培训特点，课程设计以遥感技术为主线，从基础的数据源、数据处理入手，系统介绍了遥感技术，特别突出新技术在森林资源调查监测中的应用。主要开设了中国森林资源监测现状及展望，国外森林资源监测概况，森林资源调查监测技术与应用，遥感技术在森林资源监测中的应用，遥感数据处理技术，林业卫星，无人机在森林资源监测中的应用，森林资源调查装备创新与应用等8个方面课程。二是师资力量雄厚。本着注重实效、提升能力的原则，积极协调相关资源，精心组织培训师资。开拓了学员视野，开拓了思路，更新了观念，提高了技术水平。三是学员学习积极性高。在学习内容多，时间安排紧张的情况下，全体学员能克服困难，全身心投入到培训当中，实属不易。

（杨　净）

林政执法

【全国林业行政案件统计分析情况】

林业行政案件统计结果 2015年，全国共发现林业行政案件19.72万起，同比减少3.54万起，降幅达15.21%。全国共查处林业行政案件19.52万起，收回林地3615.36公顷，没收苗木9613.90万株、木材23.8万立方米、种子2.42万千克、野生动物35.78万只；涉案金额11.91亿元，责令补种树木1040.96万株，行政处罚20.68万人次。案件造成损失林地10 339.90公顷、林木21.63万立方米、竹子109.09万根、幼树或苗木9463.78万株、种子1.81万千克、野生动物44.73万只。

林业行政案件发生特点及趋势 2015年，全国林业行政案件呈现五大特点：一是案件发现总量大幅下降，非法运输案件尤为突出。全国林业行政案件发现总量较2014年下降15.21%，是“十二五”期间案件总量降幅最大的一年；二是违法占用征收林地案件持续增加，林地损失情况严重。违法占用征收林地案件呈现逐年增加的趋势，2015年发生数量较2014年上升29.33%，损失林地数量和收回林地数量同比增加，呈现上扬态势；三是盗伐林木案件数量上升，滥伐林木案件数量下降。盗伐林木案件1.95万起，较2014年增加0.22万起、上升12.41%，滥伐林木案件3.39万起，较2014年减少4671起、下降12.11%；四是野生动物案件数量上升，重点保护动物损失下降。全国发现野生动物案件较2014年上升8.26%，但涉及国家重点保护野生动物数量大幅减少，损失和没收国家重点保护野生动物数量分别比2014年下降了86.32%和76.41%；五是行为主体案发类型集中，公民违法案件首当其冲。公民违法案件占案件总量的94.94%，涉及的案件类型以非法收购运输木材和滥伐林木为主，占该行为主体案件数量的31.51%和17.65%，政府、企业和其他组织的违法案件主要集中在非法占用征收林地案件，占各行为主体案件数量的63.32%、60.62%和43.2%。

（班 琦）

【受理举报林业行政案件办理情况】

案件受理情况 2015年1～12月份，国家林业局稽查办共接听群众举报、咨询电话1300多个，受理并批转群众举报林业行政案件9件。其中：举报政府行为违法案占11.11%，举报村组负责人违法案件占44.44%，举报其他行为主体占44.44%；从案件类型看，举报滥伐林木案占11.11%，毁坏林木和苗木案件占44.44%，非法征占用林地案件占33.33%，反映其他林业行政案件占11.11%。

案件办理情况 2015年受理的林业行政案件全部按领导批示转到相关省级林业主管部门办理。按要求各地反馈查处情况的林业行政案件共8件、占案件总量的88.89%，到期未反馈案件2件，占25%。

案件的特点和存在问题 2015年受理的林业行政案件呈现出以下几个方面的特点和问题。一是举报案件总体呈下降趋势。2015年受理的林业行政案件与2014年同期案件总量相比减少了43件，呈大幅下降趋势。二是举报非法占用、征收林地案件情况比较突出。从接听举报电话和受理举报信件情况看，非法占用征收林地案件占比较大，情况较为突出。三是案件处理情况反馈率不高。部分省级单位林业行政案件处理情况未反馈，占要求反馈案件数量的25%。

（宋文龙）

森林资源监督

【国家林业局进一步规范森林资源监督工作】 为进一步加强森林资源监督工作，强化监督职能，规范监督行为，完善监督机制，提高监督实效，国家林业局印发了《关于进一步加强森林资源监督工作的意见》（林资发〔2016〕13号，以下简称《意见》）。《意见》对进一步强化监督机构职能提出明确要求：一要加强对监督机构的管理和支持；二要规范履行各项法定职责；三要把督查督办破坏森林资源案件作为“第一职责”；四要严格监督检查各项要求。《意见》提出，要着力完善和创新监督工作机制，建立健全监督与执法相结合的工作机制、职能监督与社会监督相结合的工作机制、专员办与林业工作站协同监督的机制、监督与监测相结合的工作机制、约谈工作机制、专项行动常态化工作机制，探索建立监督与领导干部生态建设考核评价、责任追究相结合的工作机制，进一步强化案件督办跟踪问效制度，完善案件报告和反馈制度、案件曝光和通报制度。《意见》强调，要切实强化监督能力和队伍建设，健全和落实各项工作制度，加强领导班子和干部队伍建设，不断提高监督干部综合素质，切实加强党风廉政建设，努力建设政治坚定、业务精良、清正廉洁、纪律严明、作风优良的森林资源监督队伍，推动森林资源监督工作健康发展。

（董 冶）

【森林资源监督报告】 15个国家林业局派驻森林资源监督机构分别向国家林业局和派驻所在政府提交了《2014年度森林资源监督报告》（33份），客观反映各地保护发展森林资源的实际情况，认真分析了当前存在的问题，向地方政府和国家林业局分别提出可行意见建议。

森林资源保护管理的宏观态势 各地不断提升生态承载力，森林资源培育与发展成效显著；新机遇下，森林资源保护管理水平不断提高；深入开展非法侵占林地排查专项行动，全面加大林业执法力度；完善责任制度，规范指标体系，目标管理开创新局面。

林业发展在新常态下的主要问题 非法侵占林地问题突出，新常态下林地保护管理形势依然严峻；县级人民政府保护发展森林资源目标责任制急需进一步健全完善；湿地和物种保护管理力量薄弱，监管体制机制不健全；生态文明建设任务依然艰巨，生态建设与保护投资需求巨大；基层林业站的力量非常薄弱。

监督建议 ①建议地方：严守林地和森林红线确保生态文明保护优先；全面加强依法治林，严厉打击非法侵占林地行为；进一步加大对林业工作支持力度；切实提高科学经营森林的能力和水平。②建议国家林业局：进一步夯实保护发展森林资源目标责任制工作；修订完善有关林业法律法规；将林业生态红线指标尽快分解落实到地方；加强对国有林区、林场改革的管理和改革力度。

（董 冶）

【各派驻森林资源监督机构案件督查督办】 国家林业局各派驻森林资源监督机构以保护森林资源为根本宗旨，以督查督办破坏森林资源案件为第一职责，以开展非法侵占林地清理排查专项行动为重要契机，加大工作力度，采取有力措施，扎实开展案件督查督办工作。

基本情况 各专员办共督查督办案件2118起，其中：国家林业局批转925起（局领导直接批转及其他22起、调查督办98起、检查核查通报805起）、监督发现1050起、媒体曝光及信访143起；案件办结1910起，办结率90.2%。共处理各类违法违纪人员2688人，其中：刑事处罚237人，行政处罚1155人，党纪政纪处分1296人。收回林地1413.33公顷，罚款（金）1.48亿元。

案件主要特点 一是各地破坏森林资源案件总数量明显增加，全年案件总数比2014年增加了2/3；二是非法侵占和使用林地案件数量仍然占较大比重，全年各专员办督查督办林地案件1705起，占案件总数的80.5%；三是部分案件查处难，一些政府负责人为了经济发展，以权代法，粗暴干涉森林资源保护管理正常秩序，地方林业主管部门监管乏力，影响了案件查处；四是行政问责力度有待进一步加强，各专员对破坏森林资源相关部门的问责力度还不够大，对相关部门行政权力的制约、问责和监督还需进一步强化。 （聂大仓 董 冶）

【保护发展森林资源目标责任制检查】 2015年是推进全国县级人民政府保护发展森林资源目标责任制检查工作"由虚到实""由注重建立向注重执行"转变的重要一年。在深刻总结经验问题和充分征求意见的基础上，对检查方案和评分标准进行了修改，细化检查指标和保障措施要求，调整了评分标准分值结构，完善了评分条件，增加了可调查核实的检查指标，更加侧重对执行情况和结果应用的检查，增强了检查工作的针对性、科学性和可操作性。

检查结果 共检查80个县，平均成绩85分。"优秀"33个，占41.3%；"合格"45个，占56.3%；"不合格"2个，占2.4%。分数最高的是四川省北川县、重庆市合川区、西藏朗县、青海西宁市城西区，同为96分；分数最低的是新疆库尔勒市，得分25分。广西田林县、新疆库尔勒市因县政府责任制文件弄虚作假被确定为不合格。

从检查的情况看，一是省级政府对责任制工作更加重视，工作部署更加符合要求，共有22个省（区、市）人民政府对责任制工作进行了部署或提出要求，其中11个省（区、市）人民政府工作比较规范，制定出台了责任制专项文件，对建立和完善责任制工作进行部署，并以不同形式进行考核评价，运行体系比较完备。二是县级政府责任制建立工作进一步推开，森林资源保护管理力度进一步加大，全国2732个应当建立责任制的县级人民政府中，已经有2698个县建立了责任制，占全国总数的98.8%；县级林业主管部门积极作为，保护管理力度明显增强，责任制对森林资源保护管理的推动和促进作用已经开始显现。 （沙永恒 董 冶）

【全国非法侵占林地清理排查专项行动】 遵照习近平总书记、李克强总理等中央领导的重要批示精神和汪洋副总理的要求，国家林业局部署开展了全国非法侵占林地清理排查专项行动（以下简称"专项行动"）。期间，习近平总书记对专项行动作出重要批示，国家林业局立即召开党组会议认真学习领会，并召开全国林业系统电视电话会议，系统传达学习习近平总书记等中央领导重要批示精神，对专项行动进行再动员、再部署、再推进。各地按照部署要求，对清理排查出的违法案件进行查处问责，并挂牌督办了一批重点案件。

专项行动开展情况 各地按照要求，重点排查了自然保护区、森林公园、湿地公园、国有林场和东北内蒙古重点国有林区等区域，以及高尔夫球场建设、房地产开发、土地整理、开山造地、采石采矿等违法使用林地情况，同时结合本地实际开展了形式多样的林地保护专项行动。吉林省政府召开专门会议对专项行动进行动员部署；贵州省落实省委要求，深入推进"六个严禁"执法专项行动；陕西省政府部署开展全面治理非法采石开矿行动；四川省高法、高检、公安厅、林业厅等部门联合开展"林地行动"，严厉打击非法占用林地违法犯罪行为；上海市开展了"2014年减少林地专项稽查"；浙江省全面清理排查2009年以来土地整理涉林违规项目；广东省全面推进高尔夫球场清理整治，依法查处高尔夫球场违法占用林地案件31起。

国家林业局派出6个督查组对11个省和1个森工集团专项行动开展情况进行督查。各省也相继派出督查组，深入基层单位和非法侵占林地现场，发现问题随时要求当地政府立即纠正，面对面、实打实地开展督查，保障专项行动稳步推进。贵州省分管副省长亲自对专项行动开展情况进行督查，约谈了案件最多的3个县政府主要负责人；陕西省委考核办组成联合调查组对泾阳县采石整治情况进行重点督查，咸阳市委书记、市长现场督办；辽宁省政府督查室会同林业厅多次开展督导；河南省和广西壮族自治区林业厅下发通报，对专项行动开展不力的县点名批评。国家林业局15个派驻森林资源监督机构通过约谈督办、会议督办、现场督办、电话督办等多种方式加强对专项行动的督导。

各省按照案件必须查处到位、责任必须追究到位、整改必须落实到位的要求，进一步深化专项行动。普遍开展了"回头看"活动，重点抽查案件排查"零报告"的单位，看清理排查是否全面彻底，是否存在瞒案不报、压案不查和处理不到位等问题，对排查不彻底、处理不及时、问责不到位的单位，及时沟通当地政府依法依规问责。各省林业主管部门积极协调公安、检察院和法院，严肃查处非法侵占林地案件，并对玩忽职守、滥用职权、徇私枉法造成林地破坏的政府工作人员，依法追究失职渎职责任。各省共挂牌督办230起非法侵占林地重点案件，正依法履行程序，查处问责。

主要成效 这次专项行动，严厉打击了非法侵占林地违法犯罪行为，促进了森林资源管理水平的整体提高。据统计，专项行动共清理排查出非法侵占林地案件47 447起、违法占用林地面积79 214公顷。行政问责1803人，其中处级干部55人；行政处罚3.05万人，罚款7.14亿元；刑事立案3425起、3230人，其中已进入司法程序1627起、1694人，已判决529起、585人、罚金4096万元；回收林地面积2.15万公顷。专项行动在一定程度上遏止了非法侵占林地势头的蔓延。同时，产生了极大的综合效应。

各地充分利用广播、电视、报刊、网络等新闻媒介，以及宣传册（牌）等形式，广泛宣传林地保护管理法律法规和专项行动进展情况，扩大专项行动影响。各省级林业主管部门公开曝光、挂牌督办一批重点案件，营造了震慑非法侵占林地违法犯罪的氛围。各省对清理排查不认真，查处问责不到位，以及存在重大违法侵占林地案件的县，不仅约谈地方政府负责人，还采取了暂停建设项目使用林地审核审批、调控林业项目资金等措施，引起当地党委政府高度重视。特别是对政府或相关部门主导的非法侵占林地行为，坚决依法追究政府和相关部门责任人的责任，警示各级地方政府和相关部门强化依法保护林地的责任意识。

在专项行动的促动下，各省相继出台一批法规制度和规范性文件，为进一步加强林地保护管理打下了坚实基础。山东省出台了《森林资源条例》，明确了保护发展森林资源目标责任制、森林生态红线制度、林地分级管理和占补平衡制度；贵州省委、省政府办公厅印发了《贵州省林业生态红线保护党政领导干部问责暂行办法》，明确了破坏林业生态环境党政领导干部问责的情形、方式和如何运用；黑龙江省政府下发了《关于加强林地保护与管理的通知》；重庆市出台了《林地保护管理规定》，对坚决制止破坏林地行为作出明确要求；吉林省林业厅协调省高法、高检、公安厅联合出台了《关于涉林执法司法有关问题的指导意见》；江西省检察院向省林业厅派驻了检察室；湖北省高法、高检、发展改革委、公安厅、林业厅等11部门联合印发了《关于建立全省林地保护工作联动机制的意见》，建立联合执法、联合监管、信息沟通的部门联动机制；山西省编印下发了《森林资源管理领导干部须知》，督促提高政府领导保护森林资源责任意识和森林资源管理人员法律意识。

各地借专项行动的态势，对排查出的采石采矿、土地整理、房地产开发、毁林开垦违法占用林地，以及临时占用林地未按时恢复林地等多起非法侵占林地历史遗留案件，通过各级督办、联合办案等形式一一进行了处理，推动了一批久拖不决的违法侵占林地案件得到依法查处。对专项行动中清理排查和查处问责的非法侵占林地案件，国家林业局和部分省也开展了深入调研，积极探索解决历史遗留案件查处问责后的林地使用问题。下一步，对重点项目、基础设施和民生工程未批先占林地问题，在相关责任人得到依法处理后，按照国家有关规定办理占用征收林地手续；对毁林开垦、采石开矿、擅自调整林地保护利用规划和以发展林下经济为名毁林等问题，必须全面彻查、依法处理，限期恢复林地。

（陈　昱　王　鹏）

【东北、内蒙古重点国有林区森林资源管理情况检查】 国家林业局组织对内蒙古森工集团根绰源、吉文、克一河、库都尔、图里河、乌尔旗汗林业局，吉林森工八家子、大石头、大兴沟、珲春、临江、露水河林业局，龙江森工集团带岭、方正、鹤北、金山屯、美溪、穆棱、绥棱、绥阳、乌马河、乌伊岭林业局以及大兴安岭林业集团塔河、西林吉林业局等24个单位的森林资源管理情况进行了检查。

从检查结果看，随着重点国有林区全面停止天然林商业性采伐，林区森林资源的保护力度不断加大，管理得到了进一步加强，但还存在两个方面主要问题。一是外部蚕食开垦国有林地现象时有发生。一些林业局管理薄弱，对新开垦林地不能及时发现；执法不严、以罚代管，对以前开垦的林地没有及时清理回收，导致复垦。此次共检查出开垦地块147块，面积138.3公顷。二是违法占用林地问题还比较严重。一些林业局监管不力，违法占用林地问题屡禁不止，个别林业局违法占用林地面积较大。此次共检查出违法占用林地265块，面积182.4公顷。同时，还发现7个林业局无证采伐408立方米。

国家林业局要求相关省级林业（森工）主管部门认真督促整改，对检查发现蚕食开垦国有林地的，必须严肃追究当事人的责任，构成犯罪的要依法追究刑事责任，必须限期回收蚕食开垦的国有林地；对违法占用的林地属于林区发展建设必须占用的，在依法处理后按照有关规定补办占用林地手续，其他违法占用的林地必须限期清理回收。对相关责任人员必须依法依纪严肃追究责任，涉嫌犯罪的要依法移送司法机关。国家林业局驻内蒙古自治区、长春、黑龙江省和大兴安岭林业集团公司森林资源监督专员办事处对整改情况进行督办。

总体来说，东北、内蒙古重点国有林区在停止天然林商业性采伐后，森林资源管理情况较前几年大有好转，但违法占用林地和毁林开垦问题仍时有发生，森林资源管理有待进一步加强。　（王　鹏）

【东北、内蒙古重点国有林区停止天然林商业性采伐情况检查】 在启动黑龙江重点国有林区全面停止天然林商业性采伐的基础上，2015年内蒙古、吉林、长白山森工（吉林森工红石林业局除外），内蒙古自治区岭南8个林业局和天保工程区外大兴安岭山脉范围内的呼伦贝市、兴安盟、通辽市、赤峰市、锡林郭勒盟100个国有林场，以及吉林省4个森林经营局也全面停止了天然林商业性采伐。根据《国家林业局关于扎实做好全面停止商业性采伐工作的通知》（林资发〔2015〕22号）的要求，国家林业局资源司（监督办）组织内蒙古、长春专员办于4月中下旬对上述停伐单位2015年一季度的采伐情况进行了检查，同时派出调研组赴内蒙古和吉林的有关停伐单位对停伐情况进行了调研。从检查和调研情况看，所有停伐单位都于4月1日前停伐到位，停伐工作得到了很好的落实。

内蒙古专员办共检查9个县（市、旗，下称县）和22个国有林业局的61个林场、88个作业小班。其中，检查了内蒙古森工18个林业局36个林场72个作业小班、岭南2个林业局4个林场8个作业小班、2个县4个国有林场8个作业小班的有证采伐；踏查了9个县和22个国有林业局的61个林场的无证采伐。长春专员办共检查吉林森工7个林业局、长白山森工10个林业局、吉林省4个森林经营局共21个林业局的42个林场84个作业小班的有证采伐，踏查了42个林场73个林班的无证采伐。

从检查情况看，内蒙古和吉林各停伐单位于4月1日前，全部停止了商业性采伐，且采伐量均未超年度计划的70%。内蒙古森工2015年一季度审批商业性采伐蓄积量136.7万立方米、出材76.9立方米，分别占年度计划的67.7%、69.9%；内蒙古自治区岭南8个林业局，天保工程区外大兴安岭山脉范围内的5个盟市100

个国有林场，2015年一季度只有2个林业局和8个林场有商业性采伐，共审批商业性采伐蓄积量5.5万立方米、出材3.1万立方米，分别占全区停伐单位年度计划的5.8%、6.5%。吉林省21家停伐单位2015一季度审批商业性采伐蓄积量128.8万立方米、出材量81.2万立方米，分别占年度计划的60.47%、66.74%。

内蒙古专员办检查的9个县和22个国有林业局的61个林场88个作业小班均未发现超证采伐和无证采伐问题。长春专员办检查的21个林业局42个林场84个作业小班中，有4个小班存在超证采伐问题，有1个小班发现盗伐问题。同时发现，其他停伐单位不同程度的存在采伐设计不合理、串树种采伐、应采未采、伐根超高、伐区清理不彻底等问题。对于检查发现的问题，国家林业局资源司(监督办)责成检查组向各相关单位进行了反馈。通过整改，存在的问题都得到了依法依纪处理。 （王　鹏）

【全国林地和林木采伐管理情况检查】 国家林业局组织5个直属院对30个省(区、市、新疆生产建设兵团，下同)的149个县(市、区、旗、团，下同)的林地管理情况和其中35个县的林木采伐管理情况进行了检查。各直属院遵循"队伍小、天数少、效果好"的总体原则，结合全国非法侵占林地清理排查专项行动开展林地管理情况，坚持国家和地方联动机制，完成了检查工作。

在林地管理方面，共查出各类违法违规项目(包括建设项目、土地整理、毁林开垦三类)1960项，面积6178.9公顷。其中，直属院查出违法违规项目425项，面积3485.9公顷；各省查出违法项目1535项，违法违规面积2693.0公顷。从检查结果看，林地管理有几个问题应引起重视。一是违法占用林地问题普遍并呈上升趋势。2013年295起、面积1564.8公顷，2014年316起1256.3公顷，2015年425起3485.9公顷，违法占用林地项目个数和面积持续上升。2015年度抽查的149个县中，有121个存在违法占用林地问题。二是对违法占用林地问题处理不到位。有的省在处理违法责任人时将责任主体拆分，不予追究刑事责任，以罚代刑。如江西省有18起违法占用林地项目达到刑事立案标准，有8起将责任主体拆分。三是蚕食开垦和土地整理导致林地流失的问题仍较突出。共查出毁林开垦45起，面积471.6公顷；土地整理项目18起，违法占用林地面积352.3公顷。四是风电项目使用林地面积大，管理难点多。检查发现风电项目违法占用林地5起、面积81.9公顷。

在林木采伐管理方面，在直属院抽查的344块有证伐区中，有71块伐区存在超证(含改变采伐方式、串树种采伐)采伐问题，占检查伐区的20.6%，共超采12 195立方米。超采量300立方米以上的伐区有12个，分别是内蒙古自治区科左后旗1个、黑龙江省勃利县4个、河南省灵宝市2个、湖北省钟祥市1个、湖南省汝城县1个、四川省珙县3个。发现有108块无证采伐地块，总面积618.6公顷、蓄积量18 689立方米。其中，盗伐滥伐49块，面积374.9公顷、蓄积量10 347立方米；工程占地采伐44块，面积153.0公顷、蓄积量5956立方米；毁林开垦采伐10块，面积42.7公顷、蓄积量1377立方米；土地整理伐区5块，面积48.0公顷、蓄积量1008立方米。无证成片采伐蓄积超过500立方米的有8个地块，黑龙江省勃利县2块、5705立方米，江西省武宁县3块、1994立方米，四川省珙县2块、1480立方米，广西壮族自治区昭平县1块、606立方米。各省自查发现无证采伐地块980块，面积436.5公顷、蓄积量11 493立方米。

通过对非法侵占林地清理排查情况进行核实，发现一些地方在清理排查专项行动中存在严重的漏报瞒报问题。直属院在149个县查出425个违法占用林地项目、面积3485.9公顷，属于专项行动上报项目的只有95个、面积871.6公顷，占违法项目个数的22.4%、面积的25%；45个零报告县，有32个存在违法占地情况，共查出97个违法占地项目、面积834.1公顷。各省自查出的1535个违法占地项目、2693公顷面积中，属于清理排查专项行动上报的只有435个，面积774.7公顷，占违法项目个数和面积的28.3%和28.8%。宁夏回族自治区吴忠市红寺堡区、江西省武宁县、甘肃省阿克塞县、广西壮族自治区崇左市江州区、黑龙江省勃利县等地的清理排查不认真、走过场，其中，阿克塞县在清理排查中未发现案件。

针对检查发现的问题，国家林业局下发了《国家林业局关于2015年全国林地和林木采伐管理情况检查结果的通报》(林资发〔2015〕187号)，在全国通报检查情况，并抄送国务院办公厅、发改委、财政部、监察部和各省人民政府，将一批严重违法项目作为重点通报和国家林业局重点挂牌督办案件。对检查发现的其他问题，资源司(监督办)下发整改通知书责令限期整改。 （王　鹏）

【国家林业局第十七期森林资源监督干部培训班】 12月15~17日，第十七期森林资源监督干部培训班在国家林业局管理干部学院举办，国家林业局各派驻森林资源监督机构处级干部、业务骨干和近几年新调入的干部，共60人参加了培训。

本期培训为征占用林地行政许可被许可人监督检查专题培训，主要内容包括：建设项目使用林地审核审批《管理办法》《管理规范》等解读；国家林业局征占用林地行政许可被许可人监督《检查办法》《检查方案》解读；征占用林地行政许可被许可人监督检查经验交流及典型案例分析；林地用途管制和项目使用林地可行性报告等相关技术性内容；《林业发展与生态文明建设》；《国家林业局征占用林地行政许可被许可人监督检查方案》附表填写注意事项、统计软件使用上机操作演练等。 （聂大仓）

【全国森林资源行政案件管理培训班】 10月21~22日，国家林业局资源司(监督办)在江西省南昌市举办2015年度全国森林资源行政案件管理培训班。各省(区、市)林业厅(局)，内蒙古、龙江、大兴安岭森工集团，新疆生产建设兵团，国家林业局各派驻森林资源监督机构，各直属林业调查规划设计院负责森林资源行政案件管理的处级干部参加了培训。

培训班分别就林政执法形势与案件管理、党政领导干部生态环境损害责任追究办法和林政案件查办实务与案例评析等内容，资源司（监督办）副主任张松丹、经研中心主任王焕良和贵阳市生态委资源站站长颜伟进行授课，并组织就如何进一步做好林业行政执法工作进行了讨论，组织对全体学员进行了培训测试，促进和巩固了培训效果。资源司（监督办）副巡视员邹连顺对培训班进行了总结，并就当前林政执法工作提出了要求。

（段秀庭）

国有林区改革

【重点国有林区改革全面启动】 2月8日，中共中央、国务院出台了国有林区改革指导意见，3月17日，国务院组织召开了国有林场林区改革电视电话会议，对国有林区改革工作进行全面动员和部署。3月14日，国家林业局下发《关于深入学习宣传贯彻中央6号文件精神的通知》，4月7日，国家林业局党组举办绿色大讲堂，国家林业局局长张建龙对中央6号文件进行了全面深入的辅导解读，以政策宣讲形式促进改革。为加快推进改革工作，7月20日，国家林业局在哈尔滨组织召开了国有林区改革推进会，强调要进一步提高认识，统一思想，充分认识加快推进国有林区改革的紧迫性，全力做好改革各项工作，确保按时上报国有林区改革实施方案。

一是全面落实停伐政策。在2014年龙江森工集团、大兴安岭林业集团公司停伐试点的基础上，从2015年4月1日起，全面停止吉林森工集团、长白山森工集团、内蒙古大兴安岭森工集团以及吉林营林4局、内蒙古岭南8局和内蒙古大兴安岭山脉100个国有林场的天然林商业性采伐。重点国有林区每年减少消耗木材362万立方米（出材），实现森林采伐到生态保护的重大转型。

二是积极协调推进改革。张建龙局长多次与三省（区）主要领导就国有林区改革进行沟通、协调、交换改革的想法和意见。为加快推进吉林省的改革，专程赴长春与省委、省政府主要领导进行沟通，并达成共识。副局长陈凤学、刘东生也分赴黑龙江和内蒙古，就改革重大问题进行沟通协调、调研，督促改革进展。国家林业局加大了与国家国有林场林区改革工作小组有关成员单位的协调，研究6号文件扶持政策落实。

三是严格审查改革方案。8月12日，内蒙古林业厅将改革方案（讨论稿）报国家林业局，作为第一份呈报的方案，局党组高度重视，在局内部广泛征求意见，并经局务会和局党组会2次进行讨论，确保改革方案符合中央6号文件精神。9月28日，内蒙古自治区人民政府已将改革方案报送发改委和国家林业局。该方案明确建立重点国有林管理机构，撤销森工集团，将企业经营归属地方管理，实现"四分开"。11月30日，发改委会同国家林业局共同批复内蒙古改革方案。

11月初，吉林省委、政府召开会议审议通过了改革方案，将全省重点国有林区森林资源实行统一管理，建立省级以下垂直管理的重点国有林管理机构。11月17日，吉林省政府向国家林场林区改革工作小组报送了改革方案。

黑龙江省成立了改革领导小组，对改革工作提出明确要求，龙江森工集团和大兴安岭林业集团公司也多次向国家林业局汇报改革思路，反复研究修订改革方案。11月25日召开的黑龙江省政府常务会议和12月10日召开的黑龙江省委全面深化改革领导小组会议分别审议并原则通过了重点国有林区改革方案。（魏文杰）

林业法制建设

11

林业政策法规

【规范性文件】

规范性文件管理工作 2015年，国家林业局共制定发布规范性文件24件(目录附后)，废止8件。按照《国家林业局规范性文件制定和管理办法》规定，加强了文件的合法性审查工作。在规范性文件发布后，及时将有关规范性文件全文上传到规范性文件数据库，对废止的规范性文件，及时调整文件有效状态，向社会公布。

完成了国务院规范性文件清理的阶段性工作。按照国务院的统一要求，对涉及林业的有关国务院文件进行了清理，提出了初步清理意见。

规范性文件数据库 根据日常使用中遇到的问题和用户反映，对规范性文件数据库进行了进一步修改完善，对规范性文件进行了分类，增加了查询热词统计、后台查询等功能。

重点规范性文件调查研究 在规范性文件审查过程中，针对一些涉及面广、新出现的文件进行充分研讨，对非正常来源植物及其制品的处理意见、国家沙化土地封禁保护区管理办法、林业重点实验室管理办法等重点文件进行调查研究，充分听取基层管理部门和群众意见，集中修改完善相关内容。 (颜国强)

【林业立法】

推进法律法规的修改 一是做好森林法修改工作，形成了森林法修改草案。二是积极推动野生动物保护法修改工作，9月，全国人大环资委向全国人大常委会提请审议《中华人民共和国野生动物保护法(修订草案)》；12月26日，第十二届全国人大常委会第十八次会议对《中华人民共和国野生动物保护法(修订草案)》进行了第一次审议。三是完成种子法修改工作，11月，《中华人民共和国种子法》经第十二届全国人大常委会修订通过，自2016年1月1日起施行。四是重点推进湿地保护条例起草工作。10月30日，经局务会议审议通过后，《湿地保护条例(送审稿)》已正式报送国务院审查。

规章制定和审查工作 制定了《建设项目使用林地审核审批管理办法》(国家林业局第令35号)、《林业固定资产投资建设项目管理办法》(国家林业局令第36号)、《林业工作站管理办法》(国家林业局令第39号)。开展了两次部门规章的清理工作，对《大熊猫国内借展管理办法》《突发林业有害生物事件处置办法》等部门规章进行了修改。

与林业立法有关的其他工作 一是加强立法储备，主动适应林业全面深化改革需要。研究形成了《大熊猫保护条例(初稿)》；提前介入《天然林保护条例》《国有林场条例》起草工作；配合全国人大农委研究《农村土地承包法(修改)》。二是建立基层林业立法联系点制度。为落实十八届四中全会提出的“建立基层立法联系点”的要求，畅通和基层林业单位、林业生产者经营者的联系渠道，提高立法质量，制定了《国家林业局基层林业立法联系点工作规则》，并选定了11个县级单位作为林业基层立法联系点。三是起草了《全面推进林业法治建设实施意见》。 (张绍敏)

【林业执法监督】

林业行政复议工作 办理完成行政复议案25件，全部做到案结事了，定纷止争；完成了2014年度行政复议案件统计分析报告的起草上报工作；办理完成行政诉讼应诉案件11件，涉及北京东城区法院、北京市二中院、北京市高院、平顶山中院、河南省高院、长沙雨花区法院等多家管辖法院，已全部按照法院要求提交答辩状及相关证据材料，并参加了开庭审理；成功召开国家林业局行政应诉工作会，传达学习了立案登记制改革有关精神。

执法检查工作 配合全国人大完成《农业法》执法检查汇报材料的起草、上报工作；完成了贯彻实施《旅游法》有关情况汇报材料的起草工作；完成了宁夏、青海两省(区)国家级保护区“绿剑行动”专项督查工作。

林业行政执法证核发工作 为浙江、湖南等22个省(区、市)的执法人员，新增、补发林业行政执法证5000余套；为解决部门与地方重复发放执法证的问题，就林业行政执法证是否停发进行了专题调研和研究，并在征求国务院法制办意见的基础上，决定自2015年起除个别已经完成前期培训、考核工作的省(区、市)外，全国范围内不再统一发放林业行政执法证。

林业行政执法人员培训班 成功举办了林业行政执法骨干人员培训班。通过培训，深入传达了中央关于“立案登记制”改革的精神，解读了党的十八届四中全会的有关依法行政的内容，介绍了部委行政诉讼案件情况及败诉风险防范经验，并交流了林业综合行政执法工作开展情况。

完成审查国家林业局有关司局和直属单位会签及征求意见文件71件；完成国务院法制办、商务部、最高人民法院等其他部委征求意见文件6件。 (吕 振)

【林业普法】

林业普法骨干培训班 按照“六五”普法规划中“开展法制宣传教育工作者学习培训活动，提高专职法制宣传教育工作者的业务能力”的要求，成功举办了林业普法骨干人员培训班，讲授新修改的《环境保护法》《行政诉讼法》等法律法规，深入交流林业系统“六五”普法工作开展情况。 (吕 振)

【林业行政许可】

行政审批制度改革工作 一是继续取消下放了一批行政审批事项。2015年，国家林业局共取消下放15项行政审批事项；同时清理取消一批非行政许可审批事项。二是做好取消下放行政审批事项的后续监管工作。三是清理规范行政审批中介服务，取消3项行政机关要求申请人委托中介机构提供的中介服务事项。四是清理中央指定地方实施的行政审批事项，制订了《清理中央设定地方实施行政审批事项的工作方案》，分两批取消11项中央指定地方实施的行政审批事项。五是推进商事制度改革，清理涉及注册资本登记制度改革的部门规章和规范性文件和清理工商登记前置审批事项；国家林业局4项工商登记前置审批事项已全部同意调整为后置审批。六是推进自贸区简政放权工作。

行政许可管理 一是开展行政许可一个窗口建设及相关调研工作。二是举办林业行政许可窗口工作人员培训班。三是制订行政许可事项服务指南、审查工作细则，进一步简化申请人需要提交的材料，优化审批程序，压缩审批时限。

日常程序审查 完成行政许可的程序审查、许可决定统一送达和许可结果网上公示工作。2015年，共办理林业行政许可事项4845件。其中，准予许可4201件、不予许可等644件。 （姚 萍）

集体林权制度改革

12

集体林权制度改革

【综　述】 2015年是“十二五”的收官之年，也是集体林权制度改革承上启下、为“十三五”的良好开局奠定坚实基础的关键之年。截至年底，集体林明晰产权、承包到户的改革任务基本完成，深化改革不断推进，发展活力明显增强，经营水平逐步提高，惠民措施持续完善，初步实现了“山定权、树定根、人定心”的目标。

【集体林权制度改革工作】 全国“明晰产权、确权发证”的主体改革任务已基本完成。全国除上海和西藏以外29个省(区、市)已确权集体林地1.8亿公顷。林业财政、金融稳步发展。2015年，全国集体公益林生态效益补偿面积为0.66亿公顷，补偿资金为276.42亿元，平均每公顷补偿417元。林权抵押贷款增长明显。全国有28个省(区、市)开展了林权抵押贷款工作。抵押贷款面积659.67万公顷，贷款金额2015.53亿元，比2014年增加了17.17%，平均每公顷贷款31917.75元。森林保险快速发展。有26个省(区、市)开展森林保险，投保面积1.14亿公顷，比2014年(下同)增加了14.14%，保险金额8559.64亿元，增加17.01%；保费28.94亿元，其中政策性补贴20.99亿元，增加13.81%；平均每公顷保险金额约7490.25元，增长了2.52%；平均每公顷保费25.35元；保费费率0.34%。林权担保收储起步发展。2015年，全国林权担保收储机构数量109个，收储林地面积18.87万公顷，担保金额24.10亿元，评价每公顷担保金额12774.6元。处置面积0.56万公顷。林业社会化服务体系健康发展。全国林业公共服务机构数量6602个，其中林权管理服务中心1804个，林业市场化服务机构数量9122个，森林资源评估机构814个，仲裁机构1246个，其中林业仲裁机构539个。全国建立林业电子商务平台1429个，林业电子商务交易额71.55亿元。增收贡献稳步提升。林改涉及1.50亿农户，5.40亿农民，其中贫困人口4387.08万人，占8.12%。据29个省(区、市)不完全统计，2015年林改县农民人均年收入为11861.57元，比2014年增加1099.62元，增长10.22%；其中来自林业的收入2315.40元，比2014年增加756.95元，增长48.57%，来自林业的收入占总收入的19.52%，比2014年增加3.33个百分点。

【集体林地承包经营制度】 与农业部共同研究完善《关于落实“长久不变”政策，完善农村土地承包经营制度的报告》《关于稳定和完善农村土地承包关系情况的报告》等。参与农业部、中央农办牵头的《中共中央、国务院关于稳步推进农村集体产权制度改革的意见》的起草和修改工作，就集体林业资产股份制改革、实行集体林权清产核资、资产量化、股权设置、股权界定、股权管理等林业相关政策需求在文件中予以体现。配合全国人大农委进行《农村土地承包法》修订，进一步完善农村集体林地承包相关法律。

【仲裁体系建设】 将集体林地承包经营纠纷调处情况纳入2015年中央对各省综合治理(平安建设)工作考核评价范围，出台《国家林业局关于2015年集体林地承包经营纠纷调处考评实施方案》，进一步促进纠纷妥善解决。2015年全国共发生承包经营纠纷63.77万件，已调处承包经营纠纷58.70万件，调处率为92.05%。其中，经仲裁机构调处的纠纷19.03万件，占已调处的32.42%。

【林权流转机制】 一是编制完成《全国林权流转市场监管服务平台可行性研究报告》，规范林权流转市场秩序；二是研究积极引导集体林权有序流转，推进林业适度规模经营对策措施，积极探索多种形式的林地经营权流转经营制度；三是积极推动林权收储担保补助政策试点工作。推广四川、湖南等省林地流转价格监测和指导评估及相关政策制度，为林地流转和林木交易提供透明公开的市场行情指导。2015年全国累积发生集体林地流转面积1886.67万公顷，比2014年(下同)增长2.05个百分点。登记流转林地面积1080万公顷，流转林地备案面积720万公顷。林权流转奖补资金0.58亿元。

【新型林业经营主体建设】 下发《国家林业局办公室关于公布全国林业专业合作社示范社的通知》，确定北京绿谷汇德果品产销专业合作社等348家合作社为全国林业专业合作社示范社。会同农业部等9部委共同评定439家国家级农民林业专业合作社示范社。总结推广浙江省浦江县的林地林木股份合作社模式，积极开展家庭林场调研工作。2015年新型经营主体数量达18.42万个，经营林地面积2420万公顷，财政奖补资金14.66亿元，雇工人数463.44万人。

【绿色富民产业】 一是印发《全国集体林地林药林菌发展实施方案(2015～2020)》，重点布局发展林药、林菌70个品种，创建以示范基地建设为依托的发展模式。二是认定第二批128家国家林下经济示范基地，包括县级单位、合作社、龙头企业，争取各地惠农政策向示范基地倾斜。三是安排林下经济中央财政补助试点资金，重点对林下种植中药材进行补助试点。2015年中央财政共安排补助试点资金1.55亿元。据不完全统计，2015年全国林下经济产值达5803.59亿元，增长7.18%。参与农户5705.56万户，其中森林人家956.28万户。

【集体林业综合改革试验示范工作】 确定了北京市房山区等22个国家林业局集体林业综合改革试验示范区和8个国家级农业综合改革试验区共同承担9项试验任

务，着力解决在集体林业经营体系、公共财政支持林业制度、林业社会化服务体系等方面存在的问题。同时，将浙江列为全国深化林业综合改革试验示范区，积极探索林业现代化发展道路。出台《国家林业局关于加强集体林业综合改革试验示范区工作的通知》，进一步规范管理，明确相关工作要求，并在此基础上，梳理典型，制作30个综合改革试验示范区改革发展纪录片。推出《林业经济》杂志《深化林改专刊》，在《中国绿色时报》设置专栏，进行深度宣传。

【全国深化集体林权制度改革现场会】 于8月29日在浙江省浦江县举行。10个省、市、县作了典型发言，参观学习浙江浦江林改现场，深入交流全国林改先进县经验，并对下一阶段继续深化集体林权制度改革，全面提升集体林业经营发展水平做出全面部署。

【林改智囊机构建设】 与北京林业大学共建“农村林业改革发展研究基地”，与厦门大学共建“中国农村林业改革发展研究基地”，为深化林改建立理论支撑和人才储备。

【“奋斗在林改一线”的优秀大学生村官遴选宣传工作】

经商中共中央组织部同意，开展了全国“奋斗在林改一线的优秀大学生村官”遴选宣传活动，共选出101名优秀大学生村官，其中10名同志被命名为全国十佳大学生村官。召开了全国奋斗在林改一线的十佳大学生村官座谈会，布置优秀大学生村官参与林改先进事迹展览。 （缪光平　胡耀升）

林业科学技术

13

林业科技

【综　述】 2015年，共组织实施中央财政林业科技项目1000多项，投入资金10.3亿元，其中主要包括国家科技计划方面，新启动实施科技支撑计划4项，总预算经费达1.20亿元。部门科技计划方面，新启动“948”项目59项、林业公益性行业科研专项项目56项，总经费达2.14亿元；依托中央财政林业科技推广示范补贴资金，推广了林木良种、木本粮油、生态修复等七大类技术440多项，安排资金4.5亿元，登记各类研究成果720项。

【顶层设计】 一是开展系列规划的编制工作。编制《林业科技“十三五”发展规划》《林业行业科研专项发展规划》《林业标准化发展规划(2014～2020)》《国家林业局重点实验室建设标准》等规划的论证和编制工作。二是积极谋划各类项目。组织完成“竹藤种质资源创新利用研究”“林业生态科技工程”“木质复合材料制造关键技术研究与示范”“速生丰产林定向培育技术研究”4个项目获科技部批复正式启动实施；“功能性竹(藤)基新材料制造技术研究”“生物质低能耗固体成型燃料装备研发与应用”2个项目顺利通过国家科技部验收。三是合理布局部门专项计划。新增林业公益性行业科研56项；新增林业引进国外先进技术项目(“948”项目)59项。四是针对中央财政林业补助资金管理政策的要求，确定中央财政林业科技推广示范补贴因数分配。开放“国家林业局林业科技推广成果库管理信息系统”，同时研发“国家林业科技专家信息系统”。

【科学研究】 组织实施“林业科技创新驱动发展战略”，重点攻克在林业种业创新、生态建设、森林培育、林下经济开发、产业转型升级等领域的技术瓶颈。落实国务院有关加强林业工作的重大部署，凝练重大科技需求，在国家科技计划改革新形势下，通过积极争取，在国家重点研发计划2016年优先启动的29项专项中，林业重点参与了“林业资源培育及高效利用”“典型脆弱生态修复与保护”等4项，为林业科技重大创新奠定坚实基础。组织的“林业生态科技工程”等4个科技支撑计划项目获批。“转基因生物新品种培育”重大科技专项拓展获得突破，杨树、竹子、落叶松、牡丹等4个林业物种已通过重大专项管理办公室组织的专家论证。通过组织相关优势单位协同攻关，取得了一大批具有自主知识产权的重大成果，低覆盖度防沙治沙关键技术、竹(藤)基新材料制造技术、森林生态系统价值评估、集约经营及可持续生产技术等取得新突破。组织推荐的“高性能竹基纤维复合材料制造关键技术与应用”“南方特色干果良种选育与高效培育关键技术”2项成果获得国家科技进步二等奖。

【林业科技推广】 一是继续推进林业科技成果国家级推广示范项目。主要由中国林科院、国际竹藤中心、大兴安岭林业集团公司、国家林业局森林病虫害防治总站、国家林业局林产工业规划设计院等直属单位及国家林业局直属高校承担55项国家级推广示范项目。二是初步完成林业科技成果的网络信息化工作。开放“国家林业科技推广成果库管理信息系统”和“国家林业科技推广项目库管理信息系统”。在“成果库”中，新增成果1000多项，总成果数量达到了5814个；在“项目库”中，收录了2014年以来中央财政支持的林业科技推广类项目800多个，完成了项目立项、实施、验收的信息化采集。三是构建林业科技成果转化平台，加快产学研结合。批复了农田防护林、马尾松、铁皮石斛、南方杨树、竹材、竹笋、油橄榄、北方杨树、人造板装备等9个工程中心工作，并批复建立了辽宁铁岭国家榛子生物产业基地和安徽宁国国家山核桃生物产业基地。四是持续推进科技推广站能力建设。依托中央预算对25个省(区、市)、新疆兵团、青岛市等180个基层推广站能力建设给予补助，主要用于购买开展林业科技推广示范、培训等所需要的仪器设备。

【林业标准化】 一是召开全国林业标准化工作会议，出台《国家林业局关于进一步加强林业标准化工作的意见》。二是发布林业国家标准38项、林业行业标准193项。批准林业国家标准计划项目10项、批准林业行业标准制修订计划项目266项。建设了40个林业标准化示范区建设项目。认定31家国家林业标准化示范企业。三是完成25个省(区、市)2306家林产品企业(基地)的四大类16种2460批次林产品的质量检测。新成立了2个标准化技术委员会和1个国家林业局质量检验检测机构。四是加强林业标准化、质检机构管理和检测技术培训工作。举办全国林业标准化培训班，来自林业科研、教学、生产、管理等单位的200多人参加了培训。五是积极参与国际标准化工作。中国代表团参加了国际标准化组织(ISO)森林认证、人造板、木材、林业机械等4个技术委员会全体成员国年会。加快推进了中国负责的ISO 13061《木材物理力学性质试验方法》等5项国际标准研制，开展了《木制品术语和定义》国际标准提案工作。

【科技平台建设】 新建生态定位站17个，国家林业局生态站总数达到157个，其中森林站101个、湿地站33个、荒漠站23个。开展河北等6个重点省份的退耕还林工程生态效益评估工作，参与完成《2013退耕还林工程生态效益监测国家报告》。制定印发《国家陆地生态系统定位观测研究站网管理办法》《国家林业局林业生态站等监测运行项目资金管理办法》。发布《亚湿润干旱区沙地生态系统定位观测指标体系》等3项标准，发布行业标准总数达22项；批准成立农田防护林、马尾松等9个工程技术研究中心，辽宁铁岭国家榛子生物产业基地、安徽宁国国家山核桃等4个生物产业基地和南昌、广州、昆明3个林产品质量检验检测中心”。发布了国家林业局重点实验室建设指导意见和管理办法，推动行业大型科研仪器设备进一步开放共享。“国家林业科学数据平台”被认定为国家级科技基础条件平台。

【ISO 竹藤技术委员会】 2015 年 5 月 26 日，国际标准化组织(ISO)技术管理局通过决议批准中方提议，正式成立 ISO 竹藤技术委员会，秘书处由中国承担。这是中国林业行业承担的第一个国际标准化技术委员会。由中国主导竹藤国际标准化工作，对推动中国竹藤产业、企业“走出去”，促进对外贸易和林农就业增收，为亚非拉竹藤资源国家搭建“南南合作”平台，推动绿色化转型发展等具有重要意义。

表 13-1　2015 年度国家林业公益性行业科研专项项目一览表

序号	项目名称
1	林木顶端分生组织发育及环境适应性机制研究
2	沙棘全基因组测序研究
3	落叶松全基因组测序
4	银杏全基因组测序及重要基因挖掘研究
5	毛竹核心种质重测序及竹壁发育关键基因研究
6	砂生槐群体遗传分化与优良种源开发研究
7	辣木良种选育与定向培育技术研究
8	桉树实木材良种创制及定向培育技术
9	林业废弃物基质化研制技术与应用
10	闽楠、青冈栎次生林提质增量关键技术研究与示范
11	重大森林害虫持续防控关键技术与体系研究
12	中国主要林区林地立地质量和生产力评价研究
13	入侵害虫松树蜂分子快速鉴定与营林控制技术
14	开放式蝴蝶景观构建关键技术研究及应用
15	油松林枝梢丛状枯死的成因及防控技术研究
16	基于云计算森林生态功能评估决策平台及示范
17	藏羚羊传染性胸膜肺炎传播机理与风险研究
18	移动式林木参数动态监测关键技术平台与示范
19	秦岭山地植物多样性研究
20	木兰科三个极小种群的趋危机理与保护策略
21	“树流感”爆发风险遥感诊断与预警研究
22	基于化学信息素的花椒吉丁虫绿色防控技术
23	青藏铁路沿线沙害综合防治技术研发与示范
24	西北盐碱地生态恢复关键技术研究与示范
25	露采石矿植被恢复与重建关键技术研究与示范
26	竹林土壤退化过程与修复技术研究与示范
27	太行山干旱退化山地旱涝灾害生态调控技术研究
28	松嫩平原盐碱地生物治理关键技术与示范
29	中亚热带退化林地植物多样性恢复技术与示范
30	浑善达克沙地疏林型植被建设技术研究
31	红树林急速退化死亡的成因及恢复控制技术
32	互花米草机械化高效治理及植被重建技术研究
33	红树林寒害及富营养化监测预警与灾害评价
34	青海共和盆地典型固沙植物根系特征及功能研究
35	基于氢同位素的长三角水湿森林水文调控技术
36	退耕还林工程效益监测、评估与优化技术
37	木质材料无胶胶合关键技术研究与示范
38	醛生物质胶黏剂制造及应用技术研究与示范
39	木竹纤维柔性装饰材料制造关键技术研究
40	木结构标准件数字化锯铣钻多功能机床研发
41	杨木与玉米秸秆模压节能型墙体砖块关键技术
42	人造板静电施胶与粉末涂饰关键技术研究
43	乔灌木人工林机械化采收装备技术研发
44	木质纤维选择性微波液化产业集成与示范
45	纳米纤维素绿色制备和高值化应用技术研究
46	腰果壳油改性酚醛泡沫塑料的制备技术研究
47	气相污染防护功能活性炭研制与产业示范
48	藤本林药资源高效精准检测技术集成与示范
49	造纸黑液高效节能机械蒸汽再压缩技术
50	油胶茶杜仲林分类培育及分级加工研究与示范
51	油茶精深加工关键技术研究及产业化
52	红花玉兰新品种选育与规模化繁殖技术研究
53	海南特色油茶种质资源保护与良种选育
54	金花茶保育及花叶兼用新品种选育技术与示范
55	香榧转录组测序及其分子辅助育种应用
56	生态经济型植物欧李的沙产业开发技术研究

表 13-2　2015 年度国家林业公益性行业科研专项验收项目认定成果一览表

序号	认定成果名称
1	小叶杨抗极端温度分子标记辅助育种技术
2	钩栗种子储藏及苗木培育技术
3	刺槐无性系丰产林集约栽培配套技术
4	红松果材兼用林定向培育技术
5	四倍体刺槐诱导及繁殖技术
6	油松第二育种周期种子园建设技术
7	柳树环境修复技术
8	杜仲分子育种关键技术
9	国外松高世代良种培育关键技术
10	水松、南方红豆杉、观光木、伯乐树保育技术
11	湘鄂石漠化地区常绿阔叶林恢复集成技术
12	珍贵阔叶树种质资源保育利用技术
13	秃杉大径级材人工林培育技术
14	河西荒漠区沙地云杉引种繁育及造林技术
15	内蒙古地区华北落叶松与兴安落叶松丰产栽培技术
16	基于碳水耦合的华北地区森林经营管理技术体系
17	南方林木专用微生物肥料关键技术
18	麻竹林下竹荪仿野生栽培技术
19	黄淮海平原农田防护林体系多尺度水分利用同步监测技术
20	云杉矮槲寄生害综合防控技术
21	江苏沿海困难立地造林关键技术
22	自然保护区生物多样性保护价值定量评估技术
23	森林火灾碳释放估算技术
24	上阔下竹复合生态系统经营技术
25	宁夏干旱风沙区退化植被恢复技术
26	城郊森林空间配置关键技术与优化模式
27	陕西秦岭林区锐齿栎多代萌生低效林改造技术
28	薄壳山核桃品种配置技术

（续）

序号	项目名称
29	板栗矮干多主枝开心树形巢式修剪技术
30	天女木兰繁育技术
31	花用桂花繁殖技术
32	抗重茬生物制剂及应用技术
33	高效泡桐林网复合生态系统构建技术
34	林药单面针高效繁育技术
35	木通繁育技术
36	BYJ－800 型油茶苗木嫁接机
37	长白山林蛙高效养殖技术
38	桦褐孔菌丰产栽培技术
39	助焊剂用松香树脂制备技术
40	银杏叶及外种皮加工产业化关键技术
41	银杏叶芽孢杆菌培养物的制备技术
42	基于纤维素乙醇副产物的木材胶黏剂制备技术
43	山苍子精油和核仁油高效提制及饲料添加剂制备技术
44	活立木/结构材层析成像设备
45	低施胶量环保木质单板复合材料制造技术
46	濒危和珍贵热带木材快速识别与 DNA 条形码识别技术
47	气化供热活性炭生产联产生物质液体肥新技术
48	橡胶籽高值化综合利用技术
49	木竹材常规 CT 无损检测技术
50	程控高强度油料预榨制油技术

表 13-3　2015 年度引进国际先进林业科学技术计划项目一览表

序号	项目名称
1	薄壳山核桃材果兼用型优良种质资源引进
2	紫仁核桃 Robert Livermore 品种及繁育技术引进
3	彩色山毛榉种质资源及栽培技术引进
4	美国木豆树资源及栽培技术引进
5	经济林缓控释肥研制及配套高效施肥技术引进
6	迎春金合欢等优良观赏金合欢种质资源引进
7	油橄榄抗寒种质资源引进
8	耐寒性假山毛榉及繁育技术引进
9	远缘杂交抗冻扁桃新品种及砧木引进
10	洋兰优良栽培品种及精准繁育技术引进
11	交趾黄檀（大红酸枝）种质资源和高效培育技术引进
12	优质多抗耐盐碱景观植物及配套培育技术引进
13	竹子单核苷酸多态性分析技术引进
14	大花四照花（Cornus florida）新品种及高效繁育技术的引进
15	欧洲两重要新切花核心种质及杂交技术的引进
16	薄壳山核桃遗传资源及富根容器育苗技术引进
17	木槿新品种及繁育技术引进
18	微型种子园强化育种技术引进
19	引进北美稠李等 4 种抗逆树种培育技术
20	分布式森林火灾传感监控网络技术引进
21	基于近自然森林经营的资源管理系统引进
22	人工调控荒漠灌丛生态空间构型技术引进
23	榛实象甲生物防治新技术引进

（续）

序号	项目名称
24	荒漠河岸林生态系统评估管理技术引进与应用
25	人工湿地系统治理煤矿废水技术引进
26	红树林杆形地面高程－水平标志层（RSET－MH）监测系统及监测网络建立技术的引进
27	荒漠沙尘陆海通量遥感监测技术合作与引进
28	白蜡枯梢病快速诊断及预警防控系统的引进
29	沿海防护林风流场数值模拟技术引进
30	流动沙地植被恢复新技术引进
31	基于 FORPLAN 的森林多功能经营技术引进
32	森林资源综合监测三阶抽样技术引进
33	用于湿地生态实地调查的气力推进艇制造技术
34	病原线虫生防菌剂制备工艺及保存技术引进
35	地表可燃物载量快速测定技术的引进
36	栗实象音频检测及 RF/MW 灭虫关键技术引进
37	森林资源野外调查数据提取一体化技术引进
38	深路堑边坡景观恢复关键技术引进
39	蚯蚓－AM 真菌生物耦合的石漠化治理技术引进
40	农药新剂型——喷雾成膜剂生产关键技术引进
41	环境友好生物质基树脂复合材料制备关键技术
42	林木废弃物微生物漆酶降解木质素新技术引进
43	有机硅改性生物基水性自清洁涂料新技术引进
44	松香制备果蔬保鲜被膜剂关键技术引进
45	阻燃发泡水泥纤维材料制造关键技术引进
46	漆树活性物诱导富集及无致敏提取物加工技术引进
47	绿化苗木抚育动力装备关键技术引进
48	超强吸附纳米纤维素混杂气凝胶制备关键
49	优质蓝莓酒酿造技术引进与整合创新
50	MDI 低密度纤维板关键制造技术的引进
51	木质人造板防霉抗菌关键技术引进
52	板材强度无损测量关键技术引进
53	间伐材就地加工菌类培养长细木屑设备引进
54	木质纳米纤维批量解离及应用技术的引进与创新
55	非食用油料制备生物基环氧树脂关键技术引进
56	基于激光扫描的苗木对靶变量施药技术引进
57	竹木焊接与构件制造技术引进
58	木质材料真空吸湿消菌技术引进
59	杜仲胶清洁高效提取分离及利用技术引进

表 13-4　2015 年度引进国际先进林业科学技术计划项目认定成果一览表

序号	认定成果名称
1	‘脐红’猕猴桃优质高效规范化栽培技术
2	3GF50 型灌木仿形平茬机
3	4 株高效降解园林废弃物微生物菌株
4	班克木四种植物种子繁殖技术
5	鹅掌楸属植物活性组分提取方法及其应用
6	非洲竹子资源及重要种的遗传多样性与种质发掘
7	灌溉用高矿化地下水磁化脱盐技术
8	几种有机废弃物的基质化处理及应用
9	卡西亚松优良种质资源选择及扦插快繁育苗技术

（续）

序号	项目名称
10	林木采育装备用林木自动测量系统
11	林特产品超声波雾化干燥技术
12	林用有机－无机复合肥生产技术
13	零排放柳树人工湿地处理生活污水工艺
14	毛竹生态环保型质粒载体构建
15	木本油脂风味评价技术
16	木材干燥及浸注的压缩预处理技术
17	木质素酚醛泡沫及连续化生产工艺技术
18	南亚松种质资源引进、收集与保存
19	漆器家具用纳米改性生漆及其 UV 数码喷印技术
20	日本无籽梨品种苗木繁殖与无公害栽培技术
21	实木智能化在线检测与分选系统
22	松褐天牛信息素鉴定和应用技术
23	松节油丙烯酸酯改性水性聚氨酯生产技术
24	松香脂肪酸封端非离子表面活性剂
25	新型氧肥生产技术
26	一种手动植物种子研磨器
27	一种中华猕猴桃的组培快繁方法
28	尹氏杀线真菌规模化生产与 应用技术
29	油松、华北落叶松和栓皮栎容器苗底部渗灌技术
30	竹林地土壤有机碳摇杆佰测技术
31	自走式蓝莓自动采摘机

表 13-5　2015 年度林业科技成果国家级推广项目

序号	项目名称	承担单位
1	长江三峡库区城郊森林植物群落水文生态效益评价及其营建技术推广	北京林业大学
2	国家重点林业工程监测技术示范推广	北京林业大学
3	生物油淀粉胶黏剂制备技术推广	北京林业大学
4	云南省森林火灾中长期多时空尺度预测技术与示范	北京林业大学
5	西伯利亚红松引种造林技术推广	大兴安岭林业集团公司
6	低质林结构与功能优化调控技术推广	东北林业大学
7	东北寒带湿地评价与恢复技术推广	东北林业大学
8	红松果梢害虫梢斑螟的高效安全控制技术推广示范	东北林业大学
9	木耳优质高产栽培新技术示范推广	东北林业大学
10	森林经营剩余物高效利用技术的中试与示范	东北林业大学
11	杨木单板强化制造复合材关键技术应用与推广	东北林业大学
12	竹束单板复合板在集装箱式房屋中的应用	国际竹藤中心
13	竹林立地质量评价与经营技术推广示范	国际竹藤中心
14	多花黄精育苗及林药复合经营高效栽培技术推广	国际竹藤中心
15	松树蛀干类害虫植物源引诱剂防治技术推广	国家林业局森林病虫害防治总站
16	林区湿地鼠害无公害防治技术推广	国家林业局森林病虫害防治总站

（续）

序号	项目名称	承担单位
17	破坏山体植被恢复长期维持综合配套技术推广示范	南京林业大学
18	实木复合地板连续冷压技术示范推广	南京林业大学
19	观赏海棠新品种及高效繁育技术示范推广	南京林业大学
20	风信子优良品种及扦插繁殖技术推广	南京林业大学
21	装配式消能减震/竹结构房屋示范与推广	南京林业大学
22	年产 6 万吨生物质颗粒燃料制造技术推广与应用	南京林业大学
23	枣良种‘七月鲜’示范推广	西北农林科技大学
24	林木栽培全程鼠（兔）害无害化控制技术推广	西北农林科技大学
25	毛乌素沙地长根苗造林技术体系推广	西北农林科技大学
26	无蹲苗期云南松壮苗培育及非均匀密度造林技术示范	西南林业大学
27	诺丽高效栽培技术推广示范	西南林业大学
28	铁线莲优良品种繁殖技术示范推广	西南林业大学
29	林业数据分析挖掘与生物量计算软件的升级推广	中国林业科学研究院资源所
30	无色萜烯树脂产品产业化推广技术	中国林业科学研究院林化所
31	生物质制备合成气技术装备研制与示范应用	中国林业科学研究院林化所
32	北方沙地杨树速生丰产林自动化滴灌栽培技术推广示范	中国林业科学研究院华林中心
33	肚倍蚜规模化人工繁育技术示范推广	中国林业科学研究院资昆所
34	甜角良种及其繁育、栽培技术推广与示范	中国林业科学研究院资昆所
35	翠柏繁殖栽培与天然林保育技术示范推广	中国林业科学研究院资昆所
36	‘华仲 5 号’杜仲高产雄花良种及高效栽培技术推广	国家林业局泡桐研究开发中心
37	米老排无性系示范及快繁技术推广示范	中国林业科学研究院热林所
38	毛竹林下多花黄精复合经营技术示范推广	中国林业科学研究院亚林所
39	典型石漠化地区植被恢复技术集成示范	中国林业科学研究院亚林所
40	杉木人工林功能提升关键技术推广	中国林业科学研究院亚林所
41	森林疫霉病菌调查监测及快速检测鉴定技术的推广	中国林业科学研究院森环森保所
42	重大林木蛀干害虫——栗山天牛无公害防治技术推广示范	中国林业科学研究院森环森保所
43	杨树用材林新品种欧美杨 2012 杨的示范推广	中国林业科学研究院林业所
44	杉木大径材速生丰产林定向培育技术示范	中国林业科学研究院林业所
45	家具用竹基纤维复合材料技术推广与示范	中国林业科学研究院木工所

（续）

序号	项目名称	承担单位
46	坝上地区退化杨树防护林更新改造技术推广与示范	中国林业科学研究院
47	苗圃机械化精细作业成套技术集成与示范	国家林业局哈尔滨林机所
48	生态经济型大果沙棘良种示范与推广模式示范与推广	中国林业科学研究院沙林中心
49	无人工甲醛释放胶合板制造关键技术推广	中南林业科技大学
50	油茶病害检测及生物防治技术示范推广	中南林业科技大学
51	木材高效干燥与热处理一体化技术推广	中南林业科技大学
52	凹叶厚朴优良无性系高效繁殖技术示范与推广	中南林业科技大学
53	四倍体刺槐扦插繁殖方法推广示范	国家林业局林产工业规划设计院
54	家具有机化合物监测小型环境舱应用推广	国家林业局林产工业规划设计院
55	复合型植物栽培基质及其制备方法推广示范	国家林业局林产工业规划设计院

（科技司推广处）

表 13-6　2015 年度批复的林业科技成果转化平台

类别	名称	依托单位
工程技术研究中心	国家林业局农田防护林工程技术研究中心	河南农业大学
	国家林业局马尾松工程技术研究中心	中国林科院亚林所 广西林科院
	国家林业局铁皮石斛工程技术研究中心	浙江农林大学
	国家林业局南方杨树工程技术研究中心	南京林业大学
	国家林业局竹材工程技术研究中心	南京林业大学
	国家林业局竹笋工程技术研究中心	浙江林科院
工程技术研究中心	国家林业局油橄榄工程技术研究中心	甘肃林科院
	国家林业局北方杨树工程技术研究中心	中国林科院林业所
	国家林业局人造板装备工程技术研究中心	中国福马机械集团
生物产业基地	辽宁铁岭国家榛子生物产业基地	—
	安徽宁国国家山核桃生物产业基地	—

（科技司推广处）

表 13-7　2015 年发布的林业国家标准目录

序号	标准编号	标准名称	代替标准号
1	GB/T 4822 – 2015	锯材检验	GB/T 4822 – 1999
2	GB/T 20239 – 2015	体育馆用木质地板	GB/T 20239 – 2006
3	GB/T19536 – 2015	集装箱底板用胶合板	GB/T 19536 – 2004
4	GB/T18260 – 2015	木材防腐剂对白蚁毒效实验室试验方法	GB/T 18260 – 2000
5	GB/T 18001 – 2015	湿地松松脂	GB/T 18001 – 2009
6	GB/T 15781 – 2015	森林抚育规程	GB/T 15781 – 1995,2009
7	GB/T 12496. 9 – 2015	木质活性炭试验方法焦糖脱色率的测定	GB/T 12496. 9 – 1999
8	GB/T 12496. 8 – 2015	木质活性炭试验方法碘吸附值的测定	GB/T 12496. 8 – 1999
9	GB/T 12496. 19 – 2015	木质活性炭试验方法铁含量的测定	GB/T 12496. 19 – 1999
10	GB/T 12626. 4 – 2015	湿法硬质纤维板第 4 部分：干燥条件下使用的普通用板	部分代替：GB/T 12626. 9 – 1990 GB/T 12626. 8 – 1990，GB/T 12626. 7 – 1990，GB/T 12626. 6 – 1990，GB/T 12626. 5 – 1990，GB/T 12626. 4 – 1990
11	GB/T 12626. 5 – 2015	湿法硬质纤维板第 5 部分：潮湿条件下使用的普通用板	部分代替：GB/T 12626. 9 – 1990 GB/T 12626. 8 – 1990，GB/T 12626. 7 – 1990，GB/T 12626. 6 – 1990，GB/T 12626. 5 – 1990，GB/T 12626. 4 – 1990
12	GB/T 12626. 6 – 2015	湿法硬质纤维板第 6 部分：高湿条件下使用的普通用板	部分代替：GB/T 12626. 9 – 1990 GB/T 12626. 8 – 1990，GB/T 12626. 7 – 1990，GB/T 12626. 6 – 1990，GB/T 12626. 5 – 1990，GB/T 12626. 4 – 1990
13	GB/T 12626. 7 – 2015	湿法硬质纤维板第 7 部分：室外条件下使用的普通用板	部分代替：GB/T 12626. 9 – 1990 GB/T 12626. 8 – 1990，GB/T 12626. 7 – 1990，GB/T 12626. 6 – 1990，GB/T 12626. 5 – 1990，GB/T 12626. 4 – 1990
14	GB/T 12626. 8 – 2015	湿法硬质纤维板第 8 部分：干燥条件下使用的承载用板	部分代替：GB/T 12626. 9 – 1990 GB/T 12626. 8 – 1990，GB/T 12626. 7 – 1990，GB/T 12626. 6 – 1990，GB/T 12626. 5 – 1990，GB/T 12626. 4 – 1990
15	GB/T 12626. 9 – 2015	湿法硬质纤维板第 9 部分：潮湿条件下使用的承载用板	部分代替：GB/T 12626. 9 – 1990 GB/T 12626. 8 – 1990，GB/T 12626. 7 – 1990，GB/T 12626. 6 – 1990，GB/T 12626. 5 – 1990，GB/T 12626. 4 – 1990

（续）

序号	标准编号	标准名称	代替标准号
16	GB/T 31733 - 2015	城乡环境保护林建设技术规程	
17	GB/T 31734 - 2015	竹醋液	
18	GB/T 31741 - 2015	林业生物质能源名词术语	
19	GB/T 31742 - 2015	皂荚多糖胶	
20	GB/T 31744 - 2015	水质净化用竹炭基本性能试验方法	
21	GB/T 31745 - 2015	高耐磨漆饰实木地板	
22	GB/T 31747 - 2015	炭化木	
23	GB/T 31754 - 2015	改性木材生产技术规范	
24	GB/T 31755 - 2015	绿化植物废弃物处置和应用技术规程	
25	GB/T 31756 - 2015	重松节油	
26	GB/T 31757 - 2015	户外用防腐实木地板	
27	GB/T 31759 - 2015	自然保护区名词术语	
28	GB/T 31760 - 2015	铜铬砷（CCA）防腐剂加压处理木材	
29	GB/T 31761 - 2015	铜氨（胺）季铵盐（ACQ）防腐剂加压处理木材	
30	GB/T 31762 - 2015	木质材料及其制品中苯酚释放量测定小型释放舱法	
31	GB/T 31763 - 2015	铜铬砷（CCA）防腐木材的处理及使用规范	
32	GB/T 31764 - 2015	云斑白条天牛防治技术规程	
33	GB/T 31765 - 2015	高密度纤维板	
34	GB/T 32343 - 2015	东北地区天然次生林改培技术规程	
35	GB/T 32344 - 2015	植物新品种特异性、一致性、稳定性测试指南 杨属	
36	GB/T 32345 - 2015	植物新品种特异性、一致性、稳定性测试指南 牡丹	
37	GB/T 4897 - 2015	刨花板	GB/T 4897.1 - 2003，GB/T 4897.7 - 2003，GB/T 4897.6 - 2003，GB/T 4897.5 - 2003，GB/T 4897.4 - 2003，GB/T 4897.3 - 2003，GB/T 4897.2 - 2003
38	GB/T 9846 - 2015	普通胶合板	GB/T 9846.1 - 2004，GB/T 9846.8 - 2004 GB/T 9846.7 - 2004，GB/T 9846.6 - 2004，GB/T 9846.5 - 2004，GB/T 9846.4 - 2004，GB/T 9846.3 - 2004，GB/T 9846.2 - 2004，

（科技司标准处）

表 13-8　2015 年发布的林业行业标准目录

序号	标准编号	标准名称	代替标准号
1	LY/T 2491 - 2015	蒸汽热源木材干燥设备节能监测方法	
2	LY/T 2490 - 2015	改性木材尺寸稳定性测试方法	
3	LY/T 2489 - 2015	木材交付通用技术条件	
4	LY/T 2488 - 2015	实木拼接板	
5	LY/T 2487 - 2015	木质地板冲击噪声测试方法	
6	LY/T 2486 - 2015	实木菜板	
7	LY/T 2485 - 2015	梁材	
8	LY/T 2484 - 2015	竹材液化发泡工程材料通用技术要求	
9	LY/T 2483 - 2015	竹炭产品术语	
10	LY/T 2482.2 - 2015	东北、内蒙古林区森林抚育技术要求第 2 部分：小兴安岭、完达山、张广才岭和老爷岭林区	
11	LY/T 2482.1 - 2015	东北、内蒙古林区森林抚育技术要求第 1 部分：大兴安岭林区	
12	LY/T 2481 - 2015	亚热带泥质海涂消浪林造林技术规程	
13	LY/T 2480 - 2015	切花芍药栽培技术规程	
14	LY/T 2479 - 2015	天山云杉培育技术规程	
15	LY/T 2478 - 2015	辽东楤木栽培技术规程	

（续）

序号	标准编号	标准名称	代替标准号
16	LY/T 2477－2015	蒙古黄榆栽培技术规程	
17	LY/T 2476－2015	灵芝短段木栽培技术规程	
18	LY/T 2475－2015	越桔栽培技术规程	
19	LY/T 2474－2015	移山参生产技术规范	
20	LY/T 2473－2015	红松针阔混交林培育技术规程	
21	LY/T 2472－2015	北细辛林下栽培技术规程	
22	LY/T 2471－2015	蓝靛果忍冬栽培技术规程	
23	LY/T 2470－2015	蒙桑培育技术规程	
24	LY/T 2469－2015	毛环竹丰产栽培技术规程	
25	LY/T 2468－2015	慈竹丰产栽培技术规程	
26	LY/T 2467－2015	五倍子角倍生产技术规程	
27	LY/T 2467－2015	江南油杉培育技术规程	
28	LY/T 2465－2015	榛蘑	
29	LY/T 2464－2015	薇菜生产技术规程	
30	LY/T 2463－2015	光皮桦用材林培育技术规程	
31	LY/T 2462－2015	蛇皮果栽培技术规程	
32	LY/T 2461－2015	火力楠培育技术规程	
33	LY/T 2460－2015	樟树培育技术规程	
34	LY/T 2459－2015	枫香培育技术规程	
35	LY/T 2458－2015	柠条锦鸡儿平茬技术规程	
36	LY/T 2457－2015	西南桦培育技术规程	
37	LY/T 2456－2015	桉树丰产林经营技术规程	
38	LY/T 2455－2015	热带次生林抚育技术规程	
39	LY/T 2454－2015	八角低产林改造技术规程	
40	LY/T 2453－2015	千头椿栽培技术规程	
41	LY/T 2452－2015	接骨木栽培技术规程	
42	LY/T 2451－2015	金银花栽培技术规程	
43	LY/T 2450－2015	无花果栽培技术规程	
44	LY/T 2449－2015	霍山石斛种苗繁育技术规程	
45	LY/T 2448－2015	霍山石斛栽培技术规程	
46	LY/T 2447－2015	油茶播种育苗技术规程	
47	LY/T 2446－2015	山茶花盆栽技术规程	
48	LY/T 2445－2015	绿化用表土保护技术规范	
49	LY/T 2444－2015	石蒜类植物种球生产技术规程	
50	LY/T 2443－2015	花曲柳苗木质量分级	
51	LY/T 2442－2015	天女木兰苗木培育技术规程	
52	LY/T 2441－2015	毛赤杨播种育苗技术规程	
53	LY/T 2440－2015	商品竹苗质量检测方法	
54	LY/T 2439－2015	芳樟醇型樟树组培苗生产技术规程	
55	LY/T 2438－2015	观赏银杏苗木繁殖技术规程	
56	LY/T 2437－2015	赤松育苗技术规程	
57	LY/T 2436－2015	贴梗海棠育苗技术规程	
58	LY/T 2435－2015	皂荚育苗技术规程	
59	LY/T 2434－2015	青檀播种育苗技术规程	
60	LY/T 2433－2015	薄壳山核桃采穗圃营建技术规程	
61	LY/T 2432－2015	卡特兰种苗生产技术规程	
62	LY/T 2431－2015	乌桕采穗圃营建技术规程	
63	LY/T 2430－2015	红花玉兰苗木繁育技术规程	
64	LY/T 2429－2015	中山杉扦插繁殖技术规程	
65	LY/T 2428－2015	杉木组织培养育苗技术规程	
66	LY/T 2427－2015	马尾松种子园营建技术规程	
67	LY/T 2426－2015	枣品种鉴定技术规程 SSR 分子标记法	
68	LY/T 2425－2015	松突圆蚧检疫技术规程	
69	LY/T 2424－2015	苹果蠹蛾检疫技术规程	

（续）

序号	标准编号	标准名称	代替标准号
70	LY/T 2423－2015	椰心叶甲检疫技术规程	
71	LY/T 2422－2015	薇甘菊防治技术规程	
72	LY/T 2421－2015	林业植物及其产品调运检疫数据交换规范	
73	LY/T 2420－2015	林业植物检疫检验实验室管理指南	
74	LY/T 2419－2015	苗木质量核查规则	
75	LY/T 2418－2015	苗木抽样方法	
76	LY/T 2417－2015	林木种质资源异地保存库营建技术规程	
77	LY/T 2416－2015	林业数表编制数据采集技术规程	
78	LY/T 2415－2015	地位指数表编制技术规程	
79	LY/T 2414－2015	一元立木材积表编制技术规程	
80	LY/T 2413.3－2015	林业物联网第3部分信息安全通用技术要求	
81	LY/T 2412－2015	林业血防工程建设导则	
82	LY/T 2411－2015	三北防护林工程评估技术规程	
83	LY/T 2410－2015	陆生野生动物保护及相关产业分类导则	
84	LY/T 2409－2015	林业碳汇项目审定和核证指南	
85	LY/T 2408－2015	重大自然灾害林业灾损调查与评估技术规程	
86	LY/T 2407－2015	森林资源资产评估技术规范	
87	LY/T 1625－2015	抑螺防病林营造技术规程	LY/T 1625－2005
88	LY/T 1561－2015	杜仲栽培技术规程	LY/T 1561－1999
89	LY/T 1328－2015	油茶栽培技术规程	LY/T 1328－2006
90	LY/T 1079－2015	小原条	LY/T 1079－2006
91	LY/T 2526－2015	白夹竹栽培技术规程	
92	LY/T 2519－2015	柏树蛀干害虫植物源引诱剂使用技术规程	
93	LY/T 2528－2015	篦子三尖杉繁殖技术规程	
94	LY/T 2527－2015	慈竹育苗及造林技术规程	
95	LY/T 2496－2015	防护林经营技术规程	
96	LY/T 2497－2015	防护林体系生态效益监测技术规程	
97	LY/T 2498－2015	防护林体系营建技术规程	
98	LY/T 2529－2015	非洲凤仙生产技术规程	
99	LY/T 2494－2015	古树名木复壮技术规程	
100	LY/T 2530－2015	光皮树苗木质量分级	
101	LY/T 2531－2015	核桃育苗嫁接技术规程	
102	LY/T 2532－2015	黑荆树栽培技术规程	
103	LY/T 2510－2015	荒漠生态系统定位观测数据采集与远程传输技术规程	
104	LY/T 2511－2015	荒漠生态系统定位观测研究站数据管理规范	
105	LY/T 2500.1－2015	活体野生动物运输容器第1部分:术语	
106	LY/T 2500.2－2015	活体野生动物运输容器第2部分:标签与标识	
107	LY/T 2500.3－2015	活体野生动物运输容器第3部分:通则	
108	LY/T 2500.4－2015	活体野生动物运输容器第4部分:箱类容器一般性检验	
109	LY/T 2500.5－2015	活体野生动物运输容器第5部分:大型食肉类动物钢木运输箱	
110	LY/T 2500.6－2015	活体野生动物运输容器第6部分:鳄类动物钢木运输箱	
111	LY/T 2549－2015	集成材生产综合能耗	
112	LY/T 1613－2015	挤出成型木塑复合板材	LY/T 1613－2004
113	LY/T 2553－2015	家具用竹材胶合板	
114	LY/T 2492－2015	建设项目使用林地可行性报告编制规范	
115	LY/T 2525－2015	蜡梅种苗质量等级	
116	LY/T 2524－2015	林木菌根化育苗技术规程	
117	LY/T 1444.1－2015	林区木材生产能耗第1部分:综合能耗	LY/T 1444.1－2005
118	LY/T 1444.2－2015	林区木材生产能耗第2部分:油锯燃料消耗量	LY/T 1444.2－2005
119	LY/T 1444.3－2015	林区木材生产能耗第3部分:集材机械燃料消耗量	LY/T 1444.3－2005
120	LY/T 1444.4－2015	林区木材生产能耗第4部分:伐区装车机械燃料消耗量	LY/T 1444.4－2005
121	LY/T 1444.6－2015	林区木材生产能耗第6部分:贮木场生产能源消耗量	LY/T 1444.6－2005
122	LY/T 1348－2015	林业机械便携式油锯手把最小空隙和尺寸	LY/T 1348－2007
123	LY/T 1166－2015	林业机械便携式油锯护手器机械强度	LY/T 1166－2011

（续）

序号	标准编号	标准名称	代替标准号
124	LY/T 2571－2015	林业机械甩锤式灌草碎化机	
125	LY/T 2572－2015	林业机械悬挂盘式枝丫切碎机	
126	LY/T 2493－2015	林业数据整合改造指南	
127	LY/T 2413.1－2015	林业物联网第1部分体系结构	
128	LY/T 2413.2－2015	林业物联网第2部分术语	
129	LY/T 2517－2015	林业有害生物监测预报管理规范	
130	LY/T 2516－2015	林业有害生物监测预报技术规范	
131	LY/T 1565－2015	陆生野生动物饲养场通用技术条件两栖、爬行类	LY/T 1565－1999
132	LY/T 2536－2015	马兰栽培技术规程	
133	LY/T 2537－2015	马缨杜鹃育苗技术规程	
134	LY/T 2554－2015	木塑复合材料中生物质含量测定傅立叶变换红外光谱法	
135	LY/T 2550－2015	木制卫生筷子生产综合能耗	
136	LY/T 2555－2015	木质吸声板	
137	LY/T 2535－2015	南方鲜食枣栽培技术规程	
138	LY/T 2518－2015	喷雾防治林业有害生物技术规程	
139	LY/T 2556－2015	平压生物质基塑性复合板材	
140	LY/T 2509－2015	青藏高原高寒荒漠生态系统定位观测指标体系	
141	LY/T 2533－2015	清香木培育技术规程	
142	LY/T 2534－2015	楸树嫁接育苗技术规程	
143	LY/T 2558－2015	人造板生产用回收木材检验方法	
144	LY/T 2559－2015	人造板吸音性能测定小混响室	
145	LY/T 2560－2015	软木复合装饰卷（片）材	
146	LY/T 1657－2015	软木类地板	LY/T 1657－2006
147	LY/T 2520－2015	桑天牛防治技术规程	
148	LY/T 2507－2015	森林食品基地认定技术规程	
149	LY/T 1228－2015	森林土壤氮的测定	LY/T 1228－1999、LY/T 1229－1999、LY/T 1230－1999、LY/T 1231－1999
150	LY/T 1234－2015	森林土壤钾的测定	LY/T 1234－1999、LY/T 1235－1999、LY/T 1236－1999
151	LY/T 1232－2015	森林土壤磷的测定	LY/T 1232－1999、LY/T 1233－1999
152	LY/T 2541－2015	山苍子栽培技术规程	
153	LY/T 2542－2015	杉木种子园营建技术规程	
154	LY/T 2557－2015	生物质基泡沫材料中生物基含量检测方法	
155	LY/T 2543－2015	双孢蘑菇林下栽培技术规程	
156	LY/T 2544－2015	四倍体刺槐培育技术规程	
157	LY/T 2545－2015	四季秋海棠生产技术规程	
158	LY/T 2561－2015	松脂中工业盐掺杂物鉴别方法	
159	LY/T 2546－2015	台湾桤木速生丰产林培育技术规程	
160	LY/T 2547－2015	铁皮石斛栽培技术规程	
161	LY/T 2562－2015	涂饰定向结构麦秸板地板	
162	LY/T 2521－2015	舞毒蛾防治技术规程	
163	LY/T 2540－2015	西北干旱荒漠区河岸植被恢复技术规程	
164	LY/T 2508－2015	沿江（河）、滨海（湖）沙地生态系统定位观测指标体系	
165	LY/T 2548－2015	羊踯躅育苗技术规程	
166	LY/T 2522－2015	杨小舟蛾防治技术规程	
167	LY/T 2502－2015	野生动物产品东北林蛙油	
168	LY/T 2501－2015	野生动物及其产品的物种鉴定规范	
169	LY/T 2499－2015	野生动物饲养场总体设计规范	
170	LY/T 2503－2015	野生动物饲养管理技术规程斑嘴鸭	
171	LY/T 2504－2015	野生动物饲养管理技术规程蟒蛇	

（续）

序号	标准编号	标准名称	代替标准号
172	LY/T 2505－2015	野生动物饲养管理技术规程眼镜蛇	
173	LY/T 2506－2015	野生动物饲养管理技术规程棕熊	
174	LY/T 2563－2015	以定向刨花板为基材的复合地板	
175	LY/T 2538－2015	油楠栽培技术规程	
176	LY/T 2539－2015	油桐育苗技术规程	
177	LY/T 2566－2015	园林机械草坪通风机	
178	LY/T 2567－2015	园林机械手持式电动草坪修边机	
179	LY/T 2568.1－2015	园林机械以汽油机为动力的手持式吹吸机第1部分:单筒双腔式	
180	LY/T 2569－2015	园林机械以汽油机为动力的手持式绿篱修剪机安全要求和试验	
181	LY/T 2570－2015	园林机械以汽油机为动力的随进式松土机	
182	LY/T 2564－2015	圆竹物理力学性能试验方法	
183	LY/T 1658－2015	直接印刷人造板	LY/T 1658－2006
184	LY/T 2514－2015	中国森林认证非木质林产品经营认证操作指南	
185	LY/T 2513－2015	中国森林认证联合认证操作指南	
186	LY/T 2512－2015	中国森林认证联合认证审核导则	
187	LY/T 2515－2015	中国森林认证竹林经营认证操作指南	
188	LY/T 2495－2015	中国主要竹种通用名称	
189	LY/T 2551－2015	竹地板生产综合能耗	
190	LY/T 2552－2015	竹基生物质成型燃料	
191	LY/T 2565－2015	竹塑复合材料	
192	LY/T 2244.4－2015	自然保护区保护成效评估技术导则第4部分:野生动物保护	
193	LY/T 2523－2015	纵坑切梢小蠹综合防控技术规程	

（科技司标准处）

表 13-9　2015 年度林业国家标准计划项目汇总表

序号	计划编号	项 目 名 称
1	20153537－T－432	油茶苗木质量分级
2	20153538－T－432	中国森林认证 产销监管链
3	20153539－T－432	生物质塑料复合材料生物质含量测定方法
4	20153837－T－432	混凝土模版用胶合板
5	20153838－T－432	人造板及其表面装饰术语
6	20153839－T－432	竹席
7	20153840－T－432	木材物流规划设计符号
8	20153841－T－432	森林抚育工程实施指南
9	20153842－T－432	野生动物饲养管理技术规程 黑熊
10	20153843－T－432	浸渍纸层压秸秆复合地板

（科技司标准处）

表 13-10　2014 年度林业行业标准计划项目汇总表

序号	项目编号	项目名称
1	2015－LY－001	森林旅游景区停车位需求测算
2	2015－LY－002	森林步道建设规范
3	2015－LY－003	国有林场抚育间伐操作评估规范
4	2015－LY－004	森林空气负氧离子浓度监测技术规范(与2014年重复)
5	2015－LY－005	城市近自然林评价技术规程
6	2015－LY－006	三维林相图制作规范
7	2015－LY－007	国家沙漠公园总体规划编制导则
8	2015－LY－008	林业碳汇计量监测术语
9	2015－LY－009	全国优势树种基本木材密度标准
10	2015－LY－010	石斛质量等级(自筹)
11	2015－LY－011	公益林建设作业设计代码
12	2015－LY－012	天然林区羊肚菌种植技术规程
13	2015－LY－013	植物新品种特异性、一致性、稳定性测试指南　银杏
14	2015－LY－014	植物新品种特异性、一致性、稳定性测试指南　刚竹属
15	2015－LY－015	植物新品种特异性、一致性、稳定性测试指南　木瓜属

（续）

序号	项目编号	项目名称
16	2015－LY－016	植物新品种特异性、一致性、稳定性测试指南　圆柏属
17	2015－LY－017	植物新品种特异性、一致性、稳定性测试指南　花椒属
18	2015－LY－018	植物新品种特异性、一致性、稳定性测试指南　苏铁属
19	2015－LY－019	植物新品种特异性、一致性、稳定性测试指南　落羽杉属
20	2015－LY－020	植物新品种特异性、一致性、稳定性测试指南　黄藤属
21	2015－LY－021	林产品地理标志质量控制技术规范编写指南
22	2015－LY－022	林产品地理标志产品品质鉴定规范
23	2015－LY－023	全国木材战略储备基地现有林改培技术规程
24	2015－LY－024	川滇桤木速生丰产林
25	2015－LY－025	古树名木鉴定规范
26	2015－LY－026	扶桑绵粉蚧检疫技术规程
27	2015－LY－027	桉树枝瘿姬小蜂检疫技术规程
28	2015－LY－028	栗山天牛防治技术规程
29	2015－LY－029	白杨透翅蛾防治技术规程
30	2015－LY－030	落叶松叶蜂防治技术规程
31	2015－LY－031	森林鼠害抗生育药剂防治技术规程
32	2015－LY－032	蔗扁蛾防治技术规程
33	2015－LY－033	飞机释放赤眼蜂防治松毛虫技术规程
34	2015－LY－034	野生鸟类禽流感主动监测技术规程
35	2015－LY－035	阻沙固沙网格技术规范
36	2015－LY－036	荒漠生态系统观测场及长期固定样地的分类和编码
37	2015－LY－037	戈壁生态系统服务评估规范
38	2015－LY－038	防沙治沙术语
39	2015－LY－039	榛子仁质量等级
40	2015－LY－040	夏果型红树莓生产技术规程
41	2015－LY－041	美丽城镇森林景观评价标准
42	2015－LY－042	实木复合地板用胶合板 LY/T 1738－2008
43	2015－LY－043	饰面木质墙板 LY/T 1697－2007
44	2015－LY－044	陈列用木质挂板
45	2015－LY－045	集装箱底板用定向刨花板
46	2015－LY－046	木镶板门
47	2015－LY－047	难燃细木工板
48	2015－LY－048	内置电热层电采暖木质地板
49	2015－LY－049	木材井干式结构应用技术规程
50	2015－LY－050	齿板连接测试方法
51	2015－LY－051	结构用木质材料端接性能测试方法
52	2015－LY－052	木结构金属紧固件连接循环载荷性能测试方法
53	2015－LY－053	退化森林生态系统恢复与重建技术规程
54	2015－LY－054	极小种群野生植物保护与扩繁技术规范
55	2015－LY－055	城市森林生态系统定位研究站监测规范
56	2015－LY－056	森林土壤碳储量调查技术规程
57	2015－LY－057	中国森林认证林业碳中和产品
58	2015－LY－058	室内空气净化用木质颗粒活性炭
59	2015－LY－059	木质活性炭中氯化物和硫酸盐的测定离子色谱法
60	2015－LY－060	3,4,5－三甲氧基苯甲酸
61	2015－LY－061	桐油
62	2015－LY－062	双戊烯
63	2015－LY－063	车内空气净化专用木质颗粒活性炭
64	2015－LY－064	室内空气光催化净化用木质颗粒活性炭
65	2015－LY－065	杏壳净水用活性炭
66	2015－LY－066	经济林产品质量安全监测技术规程坚果
67	2015－LY－067	柏木速生丰产用材林栽培技术规程
68	2015－LY－068	石漠化山地主要经济树种栽培技术规程
69	2015－LY－069	植物新品种特异性、一致性、稳定性测试指南　冬青属
70	2015－LY－070	南洋杉用材林培育技术规程
71	2015－LY－071	齿瓣石斛种苗培育与栽培技术规程

（续）

序号	项目编号	项目名称
72	2015－LY－072	甜菜树育苗及造林技术规程
73	2015－LY－073	茶拉嫁接苗培育技术规程
74	2015－LY－074	茶拉粉
75	2015－LY－075	红椎大径材定向培育抚育间伐技术规程
76	2015－LY－076	降香黄檀轻基质容器育苗技术规程
77	2015－LY－077	红椎目标树选择技术规程
78	2015－LY－078	杜仲籽
79	2015－LY－079	桉树大径材培育技术规程
80	2015－LY－080	酒竹丰产栽培技术规程
81	2015－LY－081	湿地生态系统服务评估技术规程
82	2015－LY－082	湿地公园设施标识规范
83	2015－LY－083	红树林湿地健康评价技术规程
84	2015－LY－084	拼装式门扇榫接位置加工机床
85	2015－LY－085	单板铣边机 LY/T 1458～1460－1999
86	2015－LY－086	木门门套组合加工机
87	2015－LY－087	纵向拼缝机 LY/T 1455～1457－1999
88	2015－LY－088	木地板包装机
89	2015－LY－089	有卡无卡一体旋切机
90	2015－LY－090	细木工板生产线验收通则
91	2015－LY－091	辊筒运输机 LY/T 1168－1995
92	2015－LY－092	林业机械鼓式枝丫切碎机
93	2015－LY－093	林业机械车载式高压细水雾灭火装备
94	2015－LY－094	林业机械便携式脉冲烟雾机 LY/T 1196－2004
95	2015－LY－095	林业机械便携式油锯反弹试验
96	2015－LY－096	林业机械便携式油锯机油泵
97	2015－LY－097	林业机械链锯导板 LY/T1188－ 2007
98	2015－LY－098	林业机械链锯锯链 LY/T1187－ 2006
99	2015－LY－099	林业机械以汽油机为动力的杆式棕榈果采摘机
100	2015－LY－100	动力坐骑式草坪维护设备滚翻保护结构试验程序和准则
101	2015－LY－101	园林机械以汽油机为动力的随进式草坪打孔通气机
102	2015－LY－102	东北内蒙古林区森林抚育实施指南（东北内蒙古林区森林抚育工程技术要求第5部分：实施指南）
103	2015－LY－103	东北内蒙古林区森林抚育技术要求第3部分：长白山林区（东北内蒙古林区森林抚育工程技术要求第4部分：长白山林区）
104	2015－LY－104	竹质复合压力管
105	2015－LY－105	竹茶盘
106	2015－LY－106	竹炭陶
107	2015－LY－107	竹展平地板
108	2015－LY－108	竹炭远红外发射率测定方法
109	2015－LY－109	木结构用重组竹
110	2015－LY－110	重蒸馏竹醋液
111	2015－LY－111	斑竹丰产栽培技术规程
112	2015－LY－112	毛竹林下多花黄精复合经营技术规程
113	2015－LY－113	毛竹种子检验技术规程
114	2015－LY－114	林业信息分类与编码规范
115	2015－LY－115	林业空间数据库建设技术规范
116	2015－LY－116	林业信息系统测评通用技术要求
117	2015－LY－117	林业信息系统安全等级保护基本要求
118	2015－LY－118	林业数据采集规范
119	2015－LY－119	林业数据库建设技术总体规范
120	2015－LY－120	森林防火视频系统建设技术规范
121	2015－LY－121	全国森林防火通信系统运行维护技术规范
122	2015－LY－122	森林公安基层基础信息采集——数据库建设技术规范
123	2015－LY－123	森林公安基层基础信息采集——信息种类规范
124	2015－LY－124	北方地区裸露坡面植被恢复技术规范
125	2015－LY－125	经济林嫁接方法总则
126	2015－LY－126	行道树种质资源调查与评价技术规范

（续）

序号	项目编号	项目名称
127	2015－LY－127	一串红种苗生产技术规程
128	2015－LY－128	矮牵牛种苗生产技术规程
129	2015－LY－129	杜鹃花绿地栽培养护技术规程
130	2015－LY－130	玉簪种苗生产技术及质量分级
131	2015－LY－131	清香核桃育苗技术规程
132	2015－LY－132	酸枣栽培技术规程
133	2015－LY－133	华北落叶松优树子代遗传测定技术规程
134	2015－LY－134	白皮松容器育苗技术规程
135	2015－LY－135	柏肤小蠹防治技术规程
136	2015－LY－136	流动沙地沙障设置技术标准
137	2015－LY－137	唐古特白刺硬枝扦插繁殖技术规程
138	2015－LY－138	东部白松无性繁殖技术规程
139	2015－LY－139	东北红豆杉扦插繁育技术规程
140	2015－LY－140	森林防火宣传教育设施设置规范
141	2015－LY－141	困难立地沙枣造林技术规程
142	2015－LY－142	干燥锯材
143	2015－LY－143	�
144	2015－LY－144	木质雪条棒
145	2015－LY－145	石塑复合地板
146	2015－LY－146	天女木兰扦插育苗技术规程
147	2015－LY－147	榆叶梅粮油林栽培技术规程
148	2015－LY－148	核桃楸油料林栽培技术规程
149	2015－LY－149	生物质成型燃料
150	2015－LY－150	红叶石楠育苗技术规程
151	2015－LY－151	北美红枫繁育技术规程
152	2015－LY－152	霍山石斛基源植物鉴定技术规程
153	2015－LY－153	集体林区森林可持续经营规程
154	2015－LY－154	福建山樱花育苗技术规程
155	2015－LY－155	果用南酸枣栽培技术规程
156	2015－LY－156	芳樟扦插采穗圃营建技术规程
157	2015－LY－157	芳樟扦插育苗技术规程
158	2015－LY－158	南方红豆杉造林技术规程
159	2015－LY－159	板栗优良品种繁育技术规程
160	2015－LY－160	银杏核用品种选育程序与要求
161	2015－LY－161	水栒子育苗技术规程
162	2015－LY－162	古树名木生态环境监测技术规程
163	2015－LY－163	刺槐硬枝扦插育苗技术规程
164	2015－LY－164	果桑栽培技术规程
165	2015－LY－165	秋枫播种育苗技术规程
166	2015－LY－166	紫薇无性繁殖技术规程
167	2015－LY－167	翅荚木培育技术规程
168	2015－LY－168	毛竹实生苗造林及复壮技术规程
169	2015－LY－169	鬣蒴榜培育技术规程
170	2015－LY－170	油茶苗圃营建技术规程
171	2015－LY－171	野生动物饲养管理技术规程王锦蛇
172	2015－LY－172	薇甘菊检疫技术规程
173	2015－LY－173	桉树中大径材培育技术规程
174	2015－LY－174	红树林害虫桐花树毛颚小卷蛾监测及防治技术规程
175	2015－LY－175	木材加工剩余物
176	2015－LY－176	月桂烯
177	2015－LY－177	蒎烷
178	2015－LY－178	喀斯特地区珍贵树种混交造林技术规程
179	2015－LY－179	月季育苗技术规程
180	2015－LY－180	梧桐苗木培育技术规程
181	2015－LY－181	流苏育苗技术规程
182	2015－LY－182	毛梾育苗技术规程

（续）

序号	项目编号	项目名称
183	2015－LY－183	块菌菌根苗培育
184	2015－LY－184	花椒质量等级 LY/T 1652－2005
185	2015－LY－185	亚高山树状杜鹃栽培技术规程
186	2015－LY－186	四川山矾栽培技术规程
187	2015－LY－187	麻栎栽培技术规程
188	2015－LY－188	桤木轻基质容器育苗技术规程
189	2015－LY－189	林木育苗轻型基质产品及检测技术
190	2015－LY－190	黄葛树栽培技术规程
191	2015－LY－191	三峡库区消落带植被生态修复技术规程
192	2015－LY－192	铁力木培育技术规程
193	2015－LY－193	极小种群野生植物保护原则与方法
194	2015－LY－194	旱冬瓜人工林培育技术规程
195	2015－LY－195	泡核桃繁育技术规程
196	2015－LY－196	室内装饰装修材料木质定制产品通用技术条件
197	2015－LY－197	紫斑牡丹种子育苗技术规程
198	2015－LY－198	高寒区沙化土地综合治理技术标准
199	2015－LY－199	活沙障防风阻沙技术规程
200	2015－LY－200	沙冬青容器育苗技术规程
201	2015－LY－201	羽叶丁香繁育栽培技术规范
202	2015－LY－202	野生植物采集技术规程
203	2015－LY－203	野生动物饲养管理技术规程　鹌鹑
204	2015－LY－204	野生动物产品规格等级水貂生皮
205	2015－LY－205	狐狸人工授精技术规程
206	2015－LY－206	野生动物饲养管理技术规程　果子狸
207	2015－LY－207	野生动物饲养管理技术规程　黑熊
208	2015－LY－208	野生动物产品规格等级鲜花鹿茸
209	2015－LY－209	野生动物饲养管理技术规程　滑鼠蛇
210	2015－LY－210	野生动物饲养管理技术规程　棘胸蛙
211	2015－LY－211	野生动物饲养管理技术规程　尖吻蝮
212	2015－LY－212	利用毛皮动物胴体加工饲料用肉骨粉标准
213	2015－LY－213	林区木材生产——汽车运材燃料消耗量 LY/T1444.5－2005
214	2015－LY－214	竹木复合层积地板生产综合能耗
215	2015－LY－215	锯材生产综合能耗 LY/T 1062－2006
216	2015－LY－216	纤维板生产综合能耗 LY/T 1451－2008
217	2015－LY－217	林区木材生产——贮木场生产能源消耗量 LY/T1444.6－2005
218	2015－LY－218	木材防腐剂生产综合能耗
219	2015－LY－219	紫椴培育技术规程
220	2015－LY－220	山杨纸浆材培育技术规程
221	2015－LY－221	黑木耳菌包生产技术规程
222	2015－LY－222	速冻山野菜
223	2015－LY－223	东北、内蒙古改培型防火林带阻隔系统建设标准
224	2015－LY－224	原条造材 LY/T 1370－2002
225	2015－LY－225	椽材 LY/T1158－2008
226	2015－LY－226	檩材 LY/T1157－2008
227	2015－LY－227	实木包装箱板 LY/T 1656－2006
228	2015－LY－228	云杉矮槲寄生害修枝防治技术规程
229	2015－LY－229	红花玉兰苗木质量分级
230	2015－LY－230	八宝景天种苗生产技术规程及种苗质量分级
231	2015－LY－231	地被菊繁殖技术规程
232	2015－LY－232	芍药盆花生产技术规程
233	2015－LY－233	防护林体系规划与设计规程
234	2015－LY－234	林业碳汇项目设计文件编制指南
235	2015－LY－235	林业碳汇项目计量监测报告编制规范
236	2015－LY－236	森林旅游环境容量评估方法
237	2015－LY－237	村镇绿地分类
238	2015－LY－238	鸵鸟饲养场建设规程

（续）

序号	项目编号	项目名称
239	2015－LY－239	鸵鸟种蛋保存技术规程
240	2015－LY－240	野生动物饲养管理技术规程　野兔
241	2015－LY－241	犀牛角及其制品鉴定技术规范
242	2015－LY－242	虎骨及其制品实验室鉴定技术规范
243	2015－LY－243	野生动物饲养管理技术规程　亚洲象
244	2015－LY－244	东亚四照花播种育苗技术规程
245	2015－LY－245	柳树审定品种微卫星标记鉴别技术规程
246	2015－LY－246	丝棉木播种育苗技术规程
247	2015－LY－247	马银花播种育苗技术规程
248	2015－LY－248	秀丽槭育苗技术规程
249	2015－LY－249	乌桕播种育苗技术规程
250	2015－LY－250	生物质能源油桐林定向培育技术规程
251	2015－LY－251	坡垒育苗技术规程
252	2015－LY－252	厚朴育苗技术规程
253	2015－LY－253	赤皮青冈苗木培育技术规程
254	2015－LY－254	土沉香苗木培育技术规程
255	2015－LY－255	森林公园生态科普文化讲解服务规范
256	2015－LY－256	高原湖滨湿地基底修复技术规范
257	2015－LY－257	滇丁香切花标准
258	2015－LY－258	高原湖泊（河流）湿地生态功能区划分
259	2015－LY－259	西南亚高山森林恢复与可持续经营技术规范
260	2015－LY－260	马尾松人工林减排增汇经营技术规程
261	2015－LY－261	结构化森林经营技术规程
262	2015－LY－262	结构化森林经营调查设计规程
263	2015－LY－263	余甘粉
264	2015－LY－264	新花卉作物开发技术规程
265	2015－LY－265	扑火指挥员岗位培训考核标准
266	2015－LY－266	扑火队员岗位培训考核标准

（科技司标准处）

表 13-11　2015 年林业标准化示范区项目汇总表

序号	省份	项目名称	项目承担单位
1	四川	油橄榄标准化示范区建设	开江县门坎坡油橄榄专业合作社
2	四川	核桃低产低效林改造标准化示范区建设	阿坝州金川中心苗圃
3	湖北	谷城县油茶标准化示范区建设	湖北省林业厅林木种苗管理总站
4	湖北	咸安区油茶标准化示范区建设项目	咸宁市咸安区贺胜林业科学研究所
5	湖北	京山县油茶标准化示范区建设	京山县林业技术推广中心
6	甘肃	陇南市核桃标准化示范园建设项目	陇南市经济林研究院核桃研究所
7	江西	兴国县毛竹林丰产培育标准化示范区建设	兴国县林业技术推广站
8	江西	遂川县油茶标准化示范区建设	遂川县林业局林业科技推广站
9	江西	会昌县油茶标准化示范区建设	会昌县林业技术推广站
10	贵州	习水县厚朴标准化示范区建设	习水县林业科技推广站
11	贵州	长顺县高钙苹果标准化示范区建设	长顺县长阳红苹果种植农民专业合作社
12	贵州	榕江县脐橙标准化示范区建设	榕江县万亩林场
13	贵州	贵定县刺梨标准化示范区建设	黔南州林业科学技术推广站
14	贵州	石阡县油茶标准化示范区建设	石阡县林业科学技术推广站
15	贵州	威宁县油茶标准化示范区建设	威宁县林业科学技术推广站
16	贵州	水城县猕猴桃标准化示范区建设	水城县林业局林业科技推广站
17	贵州	盘县无公害食品刺梨标准化示范区建设	盘县林木种苗站
18	广西	广西百色市西林县油茶标准化示范区建设	广西壮族自治区林业科学研究院
19	河北	苹果节本提质标准化栽培技术示范与推广	河北省林业技术推广总站
20	山东	良种核桃标准化丰产栽培技术标准化示范区建设	山东省林业科学研究院
21	山东	枣标准化丰产栽培技术标准化示范区建设	山东省经济林管理站
22	内蒙古	沙棘造林系列技术标准化示范区建设	敖汉旗林业科学研究所
23	福建	大田县楠木标准化示范区建设	大田县林业科技推广中心

（续）

序号	省份	项目名称	项目承担单位
24	福建	福建柏标准化示范区建设	福建省安溪半林国有林场
25	青海	高原优良枸杞标准化示范区建设	海西蒙古族藏族自治州德令哈市林业工作站
26	安徽	滁州市麻栎标准化示范区建设	安徽省国营沙河集林业总场
27	安徽	宁国市雷竹标准化示范区建设	宁国市林业技术推广站
28	安徽	桐城市南方红豆杉标准化示范区建设	桐城市林业科技推广中心
29	安徽	金安区石斛标准化示范区建设	六安市金安区林业科学技术推广中心
30	湖南	资兴市、东安县和衡阳县毛竹标准化示范区建设	湖南省林业科学院
31	湖南	洪江市和新化县毛竹标准化示范区建设	湖南省森林植物园
32	湖南	攸县、炎陵县和桃源县毛竹标准化示范区建设	湖南省林业科学院
33	湖南	湘潭市板栗标准化示范区建设	湘潭市林业科学研究所
34	新疆	喀什地区色买提杏标准化示范区建设	喀什地区林业技术推广站
35	新疆	抗逆高档用材林良种水曲柳1号规模化繁育及栽培技术标准化示范区建设	巴州林业科学技术推广中心
36	新疆	新疆防护林生态系统服务功能监测与评估标准化示范区建设	新疆林业科学院
37	新疆	阿勒泰地区大果沙棘优良品种繁育及高效栽培标准化示范区建设	新疆阿勒泰地区园林场
38	河南	优质核桃栽培推广标准化示范区建设	嵩县林业局林业技术工作站
39	河南	"濮核1号"核桃标准化示范区建设	鹤壁市淇滨区林业技术推广站
40	广东	广东省惠城区白木香标准化示范区建设	惠州市林业科学研究所

表 13-12　2015 年国家林业标准化示范企业汇总表

序号	企业名称	所在地区	类别
1	北京市黄垡苗圃	北京	林木种苗
2	河北蓝鸟家具股份有限公司	河北	林木制品
3	桦甸市惠邦木业有限责任公司	吉林	林木制品
4	珲春兴家地板有限责任公司	吉林	林木制品
5	抚松金隆木业集团有限公司	吉林	林木制品
6	吉林森林工业股份有限公司露水河刨花板分公司	吉林	林木制品
7	吉林省露水河林业局	吉林	林木种苗
8	上海东林方杉林业发展有限公司	上海	林木种苗
9	江苏德鲁尼木业有限公司	江苏	林木制品
10	江苏晟宇地板有限公司	江苏	林木制品
11	徐州飞亚木业有限公司	江苏	林木制品
12	浙江虹越花卉股份有限公司	浙江	林木种苗
13	浙江滕头园林股份有限公司	浙江	林木种苗
14	江山欧派门业股份有限公司	浙江	林木制品
15	浙江金凯门业有限责任公司	浙江	林木制品
16	安徽舒城金桥农林科技有限公司	安徽	林木种苗
17	安徽扬子地板股份有限公司	安徽	林木制品
18	安徽德昌苗木有限公司	安徽	林木种苗
19	宿州市东大木业有限公司	安徽	林木制品
20	福建茗匠竹艺科技有限公司	福建	林木制品
21	福建元力活性炭股份有限公司	福建	林化产品
22	寿光市富士木业有限公司	山东	林木制品
23	邵阳县现代农业科技示范有限责任公司	湖南	林木种苗
24	衡阳市天天见梳篦实业有限公司	湖南	林木制品
25	益阳森华林业发展有限公司	湖南	林木制品
26	仁化县奥达胶合板有限公司	广东	林木制品
27	广东省宜华木业股份有限公司	广东	林木制品
28	海南柏盈兰花产业开发有限公司	海南	林木种苗
29	贵州赤天化纸业股份有限公司	贵州	林化产品
30	普洱市卫国林业局	云南	林木制品
31	宁夏林业研究所股份有限公司	宁夏	林木种苗

（科技司标准处）

林业知识产权保护

【林业知识产权战略实施年度推进计划】《2015 年林业知识产权战略实施推进计划》以实施《国家知识产权战略纲要》为目标，重点围绕提高林业知识产权创造质量、提升林业知识产权运用效益、提高林业知识产权保护效果、提升林业知识产权管理和服务水平、提高林业知识产权基础能力、促进知识产权宣传培训和国际交流6个方面，提出了 30 项工作任务，分别由国家林业局相关司局和直属单位牵头完成。（龙三群）

【林业知识产权"十三五"规划研究】开展了"十三五"林业知识产权规划研究，全面总结了"十二五"期间林业知识产权工作取得的主要成绩和存在的主要问题，提出了林业知识产权"十三五"发展思路、目标和重点任务，相关内容纳入国家知识产权事业"十三五"规划、林业科学和技术"十三五"等发展规划中。2015 年 8 月 3 日，由国家林业局科技发展中心和国家林业局知识产权研究中心承担的"林业知识产权工作发展思路与政策研究"通过了国家知识产权局召开的全国知识产权"十三五"规划编制课题研究结题验收。（龙三群）

【林产品地理标志保护】开展了国际林产品地理标志保护发展动态跟踪研究，完成了美国、欧盟、韩国和印度 4 个国家的林产品地理标志国家报告。落实国家质检总局与国家林业局签署的《关于促进生态林业民生林业发展合作备忘录》，赴国家质检总局等有关部委协调推进林产品地理标志保护工作。组织编制了《林产品地理标志 质量控制技术规范编写指南》《林产品地理标志 产品品质鉴定规范》2 项行业标准，开展了林产品地理标志保护调研，2015 年林产品地理标志保护 57 项（未含通过商标保护的林产品地理标志数量），2001 年至今林产品地理标志保护数量累计达 730 项。（龙三群）

表 13-13 2001～2015 年林产品地理标志登记量统计

单位：项

年份	2001	2002	2003	2004	2005	2006	2007	2008
数量	1	10	8	6	17	18	10	31
年份	2009	2010	2011	2012	2013	2014	2015	合计
数量	34	62	145	93	125	113	57	730

备注：2015 年数量未含通过商标保护的林产品地理标志。

表 13-14 2001～2015 年主要林产品地理标志登记量统计

（续）

产品类别	累计总量	2014 年	2015 年
枣	106	5	3
核桃	97	11	4
板栗	52	7	0
杏	33	5	2
花椒	28	3	1
木耳	30	4	3
枸杞	16	0	0
油茶	8	2	0
其他	360	76	44
合计	730	113	57

备注：2015 年数量未含通过商标保护的林产品地理标志。

【林业专利荣获中国专利优秀奖】2015 年国家林业局推荐的 2 项林业专利荣获第十七届中国专利优秀奖，分别是：中国林业科学研究院林产化学工业研究所发明专利"一种化学机械制浆废水的生物处理减排方法"、中南林业科技大学发明专利"一种亚热带地区枣树坐果剂"。中国专利奖是中国唯一专门对授予专利权的发明创造给予奖励的政府部门奖，得到联合国世界知识产权组织（WIPO）的认可，由国家知识产权局与 WIPO 共同颁发，在国际上有一定影响。该奖的评选以提高知识产权创造、运用、保护和管理为目标，着重对专利技术先进性、经济社会效益以及专利权人的专利运用及保护措施和成效等进行评价。（龙三群）

【林业知识产权联盟】推进木地板、竹材加工等 4 个林业专利联盟建设。木地板专利联盟于 2015 年 9 月在上海召开木地板专利创造与合作研讨会，木地板专利联盟13 家会员的专利申请量从 2014 年的 211 件增加到了2015 年 455 件，增加了 115．64%。2015 年 6 月 13 日广东园林植物产业技术创新促进会（新品种联盟）在顺德陈村花卉世界举行成立大会，审议通过了联盟章程，选举产生了第一届理事会和监事会。同时，举办了首届园林植物新品种权拍卖，来自全国 100 多个最新、特、优花卉苗木品种参与了拍卖，拍卖会现场总成交 1532 万元。（龙三群）

【林业重点领域专利分析研究】2015 年，国家林业局知识产权研究中心组织开展了全球主要林业科研机构专利对比分析研究、木材用生物质胶黏剂情报分析研究、全球木门相关专利分析以及桉树、银杏、蔷薇属植物等相关主题的专利统计分析研究工作。完成《人造板连续平压机专利分析报告（2015）》和《木地板锁扣技术与采暖木地板技术专利分析报告（2014）》。完善林业知识产权基础数据库 15 个，2015 年新增数据量 5 万多条，入库数据记录累计 60 万条。建立网上林业专利动态决策分析系统。林业相关专利累计公开量共计 230 645 件。（龙三群）

表 13-15 1985~2015 年林业相关专利公开量统计

单位：件

年份	专利总量	发明专利	实用新型	外观设计
1985	8	6	1	1
1986	195	112	82	1
1987	387	194	185	8
1988	494	175	310	9
1989	608	223	361	24
1990	611	274	296	41
1991	743	248	437	58
1992	1106	316	718	72
1993	941	402	478	61
1994	1378	604	707	67
1995	1365	562	675	128
1996	1487	666	623	198
1997	1669	687	698	284
1998	1944	762	779	403
1999	2683	766	1328	589
2000	2777	867	1288	622
2001	3249	1128	1341	780
2002	3745	1237	1451	1057
2003	4729	1741	1614	1374
2004	4453	1836	1506	1111
2005	6436	3412	1787	1237
2006	7570	3345	2469	1756
2007	9460	4277	3028	2155
2008	11 307	5209	3916	2182
2009	13 530	6249	3933	3348
2010	12 995	5105	3617	4273
2011	13 985	7522	4681	1782
2012	18 401	11 393	6119	889
2013	25 939	14 122	9478	2339
2014	31 512	19 888	9526	2098
2015	44 938	27 446	14 191	3301
合计	230 645	120 774	77 623	32 248

表 13-16 1985~2015 年全国 31 个省(市、区)专利公开量统计

单位：件

排名	省（区、市）	专利总量	公开年份				
			2011	2012	2013	2014	2015
1	浙江	28 014	1771	2207	3806	3906	5361
2	江苏	26 264	1697	2787	3995	4548	5606
3	广东	18 186	832	1020	1462	1568	2431
4	山东	14 935	759	1025	1637	2145	3235
5	北京	14 111	835	1327	1536	1781	2195
6	安徽	10 677	396	663	1481	2732	4141
7	福建	8953	579	903	1091	1285	2116
8	上海	8071	503	632	727	750	889
9	四川	7161	335	544	767	958	1362
10	黑龙江	7109	317	640	925	1140	1454
11	广西	6845	134	386	777	1436	2857
12	湖南	6652	491	694	776	941	1085
13	陕西	6595	383	670	865	1064	1277
14	辽宁	6090	309	397	593	684	728
15	河南	5590	259	395	533	742	1398
16	湖北	4981	237	366	566	659	1009
17	天津	4533	284	429	503	677	999
18	云南	4382	217	361	456	592	762
19	河北	4253	182	289	307	410	656
20	重庆	3398	148	405	361	532	1162
21	吉林	3031	159	266	302	291	380
22	江西	2554	95	194	282	281	604
23	贵州	2381	83	179	232	383	714
24	山西	2338	102	305	295	325	383
25	新疆	2191	116	229	315	266	375
26	甘肃	1862	70	190	265	336	478
27	内蒙古	1161	57	81	105	133	173
28	宁夏	1113	39	82	138	106	159
29	海南	725	30	59	99	91	117
30	青海	485	21	33	63	72	137
31	西藏	95	3	7	3	8	7

【林业专利产业化推进】 国家林业局科技发展中心2015 年组织实施了“湿地用竹基纤维复合材料制造技术产业化”等 6 项林业专利技术产业化推进项目。开展了林业知识产权交易平台建设调研，建成林业知识产权转化应用项目库，在《中国林业知识产权网》建立了林业知识产权展示对接平台，展示内容包括林业专利、林业植物新品种等。（龙三群）

表 13-17 2015 年林业专利技术产业化推进项目

序号	项目名称	承担单位
1	湿地用竹基纤维复合材料制造技术产业化	中国林科院木工所
2	PVC 无酚热稳定剂制备关键技术开发与示范	中国林科院林化所
3	竹束单板层积材制造轻质墙体技术产业化	国际竹藤中心
4	脲醛树脂助剂及其制备方法专利产业化	永港伟方（北京）科技股份有限公司
5	采用竹纤维原料制备超细级微晶纤维素技术开发	福建省林业科学研究院
6	细木工板生产技术及产业化开发项目	湖南福湘木业有限责任公司

【林业知识产权宣传培训】 国家林业局于 4 月 21 日正式启动了全国林业知识产权宣传周活动。宣传周期间，国家林业局科技发展中心与有关司局和单位配合，以中国林业网(国家林业局政府网)、中国林业知识产权网、《中国绿色时报》等媒体为载体，开通了《2015 林业知识产权宣传周》网站，通过媒体集中报道、出版科技图书等活动，向公众普及和宣传林业产权知识，展示林业实施知识产权战略取得的新进展、新成就。编辑出版了《2014 中国林业知识产权年度报告》。该报告全面总结了 2014 年林业知识产权工作的主要进展和成果，通过介绍和展示，让更多的人了解、关心、支持林业知识产权工作，共同推进林业知识产权的创造、运用、保护和管理。编印了 6 期《林业知识产权动态》，每期内容包括动态信息、政策探讨、研究综述、统计分析 4 个栏目，全年共发表动态信息 42 篇，政策探讨论文 6 篇，研究综述报告 6 篇和统计分析报告 7 篇。（龙三群）

林业植物新品种保护

【林业植物新品种保护法规与政策】 通过新修订《种子法》，单设了植物新品种保护一章，大幅度增加了植物新品种保护的条款，修订了《林业植物新品种保护行政执法办法》，出台了《植物新品种保护测试管理办法》，进一步规范了植物新品种测试行为；制定了实施植物新品种强制许可和向外国人转让林业植物新品种申请权或植物新品种权审批的《审查工作细则》及《服务指南》，印发了《林业植物新品种权变更事项的有关规定》。

（王　琦）

【林业植物新品种申请和授权】 国家林业局植物新品种保护办公室全年共受理国内外林业植物新品种申请273件，授权176件。2015年共完成6批214个新品种权申请的初步审查，组织对158个申请品种进行了特异性、一致性、稳定性的专家现场审查，转田间测试3批30个品种，购买国外测试报告3件，完成了135件的申请文件补正工作。截至2015年年底，共受理国内外林业植物新品种申请1788件，其中国内申请1481件，占总申请量的82.8%；国外申请307件，占17.2%。共授予植物新品种权1003件，其中国内申请授权数量839件，占83.6%；国外申请授权数量164件，占16.4%。授权的植物种类中，观赏植物654件，占65.2%；林木211件，占21%，果树90件，占9%，木质藤本4件，0.4%；竹子4件，0.4%；其他占40件，4%。

（王　琦）

【林业植物新品种测试体系建设】 加快推进林业植物新品种测试中心、3个分中心、2个实验室和5个专业测试站的条件能力建设。按照国际植物新品种保护联盟(UPOV)对品种审查需依据相应的测试指南进行的要求，组织编制了悬钩子属、黄檗属、野牡丹属等11项测试指南，完善已知品种数据库构建。截至2015年年底，开展了94项林业植物新品种测试指南的编制工作，完成了杏、槐属、蔷薇属、桉属、枸杞属等33项测试指南标准的制定，分别以国家标准或行业标准发布，以满足林业植物新品种测试机构开展新品种测试和审查的需要。委托月季测试站测试品种30件，提交测试报告22件，为月季品种授权提供了科学的审查依据。

（马　梅）

【林业植物新品种权行政执法】 按照国务院的统一部署，2015年5～11月国家林业局组织开展了打击侵犯林业植物新品种权专项行动，制订了《行动方案》，在北京召开了林业植物新品种保护及行政执法工作座谈会，各级林业主管部门设立了举报电话，强化宣传，加大了植物新品种保护执法力度，有效遏制了侵权、假冒植物新品种违法行为，规范植物新品种交易市场，保护了品种权人合法权益，激励创新，促进植物新品种培育，推动了植物新品种保护事业健康发展。在陕西、河北、山东开展了林业植物新品种权行政执法试点工作，构建月季和牡丹DNA指纹数据库，为植物新品种权的行政执法取证提供技术支撑。

（周建仁）

【林业植物新品种宣传应用】 汇编出版《中国林业植物授权新品种》(2015)一书，该书是品种权人、品种使用人沟通的桥梁和新品种转化应用与维权的重要依据。授权植物新品种转化应用是展示新品种生产潜力、发挥新品种效益的重要途径。2015年开展了北林槐1号、新桉1号和含笑“花好月圆”3个授权新品种转化应用试点，旨在推动中国新品种选育－生产－应用的整体发展。

（王　琦）

【落实《海峡两岸知识产权保护合作协议》】 2015年4月与台湾有关方面共同举办了2015两岸植物品种保护研讨会和第4次两岸植物品种权工作组会议，会议主题是落实《海峡两岸知识产权保护合作协议》，促进海峡两岸植物新品种权的创新、应用、管理及保护，加强两岸品种权保护机构间的技术交流与合作。本次会议取得了丰硕成果，除对2014年植物新品种保护合作进展进行了总结分析外，达成了2015年开展合作的共识，促进了两岸品种权技术合作深入交流。根据两岸年度品种权工作组会议安排，2015年9月，在南京举办了“两岸植物新品种保护—桂花测试技术交流研讨会”，两岸相关管理人员及专家共50余人参加了研讨，交流桂花新品种测试技术，商谈桂花新品种测试合作事项。

（王　琦）

表13-18　1999～2015年林业植物新品种申请量和授权量统计　单位：件

年度	申请量			授权量		
	国内申请人	国外申请人	合计	国内品种权人	国外品种权人	合计
1999	181	1	182	6	0	6
2000	7	4	11	18	5	23
2001	8	2	10	19	0	19
2002	13	4	17	1	0	1
2003	14	35	49	7	0	7
2004	17	19	36	16	0	16
2005	41	32	73	19	22	41
2006	22	29	51	8	0	8
2007	35	26	61	33	45	78
2008	57	20	77	35	5	40
2009	62	5	67	42	13	55
2010	85	4	89	26	0	26
2011	123	16	139	11	0	11
2012	196	26	222	169	0	169
2013	169	8	177	115	43	158
2014	243	11	254	150	19	169
2015	208	65	273	164	12	176
合计	**1481**	**307**	**1788**	**839**	**164**	**1003**

表 13-19　1999～2015 年林业授权品种中不同植物类别授权量统计　单位：件

年份	林木	经济林	观赏植物	竹	木质藤本	其他	合计
1999	6	0	0	0	0	0	6
2000	3	0	20	0	0	0	23
2001	2	2	14	0	0	1	19
2002	0	1	0	0	0	0	1
2003	6	1	0	0	0	0	7
2004	6	4	5	0	0	1	16
2005	3	1	34	0	0	3	41
2006	5	0	3	0	0	0	8
2007	7	1	70	0	0	0	78
2008	10	6	19	1	0	4	40
2009	14	1	39	0	0	1	55
2010	10	6	10	0	0	0	26
2011	2	1	5	0	0	3	11
2012	27	20	113	0	2	7	169
2013	34	9	114	1	0	0	158
2014	24	13	121	1	0	10	169
2015	31	28	106	1	2	8	176
合计	**190**	**94**	**673**	**4**	**4**	**38**	**1003**

表 13-20　1999～2015 年林业授权品种中不同申请国家的授权量统计　单位：件

排名	国家	授权总量	2015 年授权量	主要属种
1	中国	839	164	蔷薇属、杨属、山茶属、杜鹃花属
2	德国	57	0	蔷薇属、大戟属
3	荷兰	39	8	蔷薇属
4	法国	27	2	蔷薇属
5	英国	19	1	蔷薇属
6	美国	9	0	大戟属、杏
7	比利时	6	0	杜鹃花属
8	意大利	4	1	蔷薇属
9	丹麦	2	0	蔷薇属
10	新西兰	1	0	蔷薇属
合计		**1003**	**176**	

表 13-21　1999～2015 年各国授权品种的属（种）授权量统计　单位：件

属（种）	授权总量										
	中国	英国	意大利	新西兰	美国	荷兰	法国	德国	丹麦	比利时	合计
蔷薇属	122	19	4	1	0	36	27	42	2	0	253
杨属	101	0	0	0	0	0	0	0	0	0	101
山茶属	60	0	0	0	0	0	0	0	0	0	60
杜鹃花属	48	0	0	0	0	0	0	0	0	6	54
芍药属	33	0	0	0	0	0	0	0	0	0	33
牡丹	32	0	0	0	0	0	0	0	0	0	32
含笑属	29	0	0	0	0	0	0	0	0	0	29
大戟属	3	0	0	0	7	0	0	15	0	0	25
核桃属	25	0	0	0	0	0	0	0	0	0	25
银杏	24	0	0	0	0	0	0	0	0	0	24
其他	362	0	0	0	2	3	0	0	0	0	367
合计	**839**	**19**	**4**	**1**	**9**	**39**	**27**	**57**	**2**	**6**	**1003**

表 13-22　1999～2015 年林业授权品种中不同植物类别品种权人授权量统计

单位：件

植物类别＼品种权人	科研院所	高等院校	个人	企业	植物园	其他	合计
观赏植物	84	98	111	321	39	20	673
经济林	52	21	8	10	0	3	94
林木	98	55	10	26	1	0	190
木质藤本	2	1	0	1	0	0	4
竹	3	1	0	0	0	0	4
其他	16	3	1	18	0	0	38
合计	**255**	**179**	**130**	**376**	**40**	**23**	**1003**

表 13-23　1999～2015 年国内授权品种中不同地域的授权量统计　单位：件

排序	省（市、区）	授权总量	2015 年授权量	授权植物主要属（种）
1	北京	199	17	杨属、蔷薇属、芍药属、牡丹、梅
2	云南	120	26	蔷薇属、含笑属
3	山东	119	41	银杏、核桃属
4	浙江	87	14	杜鹃花属、山茶属、木兰属、含笑属
5	广东	66	6	山茶属、桉属、木兰属、麻疯树
6	河南	56	7	卫矛属、泡桐属、杨属、蔷薇属
7	上海	32	7	木瓜属、山茶属
8	江苏	26	2	银杏、落羽杉属
9	甘肃	23	10	牡丹、芍药属
10	河北	20	7	榆属、板栗、杨属
11	江西	15	9	含笑属、南酸枣、枫香、樟属
12	湖南	14	4	山茶属、含笑属
13	辽宁	10	2	杏、连翘属
14	宁夏	9	1	枸杞属
15	黑龙江	6	2	杨属、锦带花属
16	内蒙古	5	1	杨属、越橘属、圆柏属
17	陕西	5	0	杏、核桃属、石榴属、山茶属
18	新疆	5	0	杨属、蔷薇属
19	福建	4	2	木麻黄属、南酸枣、忍冬属
20	广西	4	3	山茶属、金合欢属、松属
21	山西	4	0	栾树属、刺槐属、枣
22	湖北	3	1	紫薇、杉木、樟属
23	四川	3	0	紫金牛属、杨属
24	贵州	2	2	蔷薇属、核桃属
25	安徽	1	0	枣
26	重庆	1	0	桂花
	合计	**839**	**164**	

林业生物安全管理

【转基因林木安全行政许可】 国家林业局2015年共受理转DREB2A基因香花槐(H1－7)中间试验等5项行政许可，经专家安全性评价，批准了4项行政许可，分别是北京林业大学的转DREB2A基因香花槐(H1－7)中间试验、河北农业大学的转三价基因(Cry1AC－Cry3A－BADH)107杨中间试验、转三价基因(Cry1AC－Cry3A－NTHK1)107杨中间试验和转双抗虫基因107杨环境释放和生产性试验。不准许1项，为中国林科院的"转基因多抗杨2号"安全证书申请。截至2015年年底，国家林业局共对162项转基因林木进行了安全评价，其中批准了155项，包括中间试验122项，环境释放3项，生产性试验1项，环境释放和生产性试验同时进行29项，发放安全证书2项，不予许可7项。 (李启岭)

【转基因林木安全监测】 2015年组织实施了6项转基因林木的安全监测项目，分别是宁夏林业研究所股份有限公司承担的"转HvNHX1基因苜蓿中间试验"安全性监测、山东泰安市泰山林业科学研究院承担的"转香樟核糖体失活蛋白基因CcRIPII宁阳大枣中间试验"安全性检测、内蒙古自治区林业科学研究院承担的"转基因JERFs36银中杨抗逆1号环境释放和生产性试验"安全性监测、黑龙江林业科学研究所承担的"转基因白桦(BpAP1、BpSOC1)中间试验"安全性监测、"转基因白桦(BpCCR、ThbZIP)中间试验"安全性监测和新疆农业大学承担的"转水稻OsCYP714D1基因银中杨、转杨树油菜素内酯基因PtDWF2山新杨中间试验"安全性监测。截至2015年年底，共组织实施了61个转基因林木中间试验、环境释放和生产性试验安全性监测项目。

(李启岭)

【林业外来物种调查与研究工作会议】 5月，国家林业局科技发展中心在北京召开林业外来物种调查与研究工作会议。来自中国林科院、华南农业大学、山东林科院、江苏林科院、北京林业大学、上海园林科学研究院等单位的专家和部分省市林业科技主管部门的领导参加了会议。会议主要研究了在北京、上海、山东、浙江、江苏和广东等6个省市开展林业外来物种调查与研究事宜。 (李启岭)

【完成《中国林业转基因生物安全状况报告(2001～2014)》】 国家林业局科技发展中心与中国林科院科技信息研究所共同完成《中国林业转基因生物安全状况报告》。报告共分法律和制度建设、审查与行政许可、转基因林木安全性监测和评价、林木转基因研究和商业化应用、国际合作和交流、能力建设以及附件等7个部分。 (李启岭)

【启动《开展林木转基因工程活动审批管理办法》修订】 为适应新形势下行政审批工作的需要以及林业转基因安全管理需求，国家林业局科技发展中心在局政策法规司的大力支持下，对2006年开始施行的《开展林木转基因工程活动审批管理办法》启动修订工作，2015年共3次征求有关单位的意见，两次召开专家咨询会，多次进行讨论修改，形成了征求意见稿。 (李启岭)

林业遗传资源保护与管理

【油茶遗传资源调查编目工作】 2015年完成了全国油茶遗传资源调查编目外业调查工作。通过本次调查，在全国17个油茶省份，发现特异性状个体资源2000多份，完成性状观测调查1700多份，收集保存1200多份，全国油茶遗传资源信息库收录1600多份，完成《中国油茶遗传资源状况报告》(初稿)和《中国油茶编目》(初稿)。 (李启岭)

【核桃遗传资源调查编目工作】 2015年国家林业局继续开展全国核桃遗传资源调查编目工作，制定并发布《核桃遗传资源调查编目技术规程》《泡核桃遗传资源调查编目技术规程》《山核桃遗传资源调查编目技术规程》和《薄壳山核桃遗传资源调查编目技术规程》，作为调查的技术依据。在22个省(区、市)同时启动了核桃遗传资源调查编目外业工作。 (李启岭)

【印发《中国林业遗传资源保护与可持续利用国家行动计划(2015～2025年)》】 2015年6月，国家林业局以林技发〔2015〕82号文件，印发《中国林业遗传资源保护与可持续利用行动计划(2015～2025年)》。《行动计划》由林业遗传资源保护利用现状、林业遗传资源保护与利用战略、林业遗传资源保护重点领域与行动计划、保障措施四部分组成。保护利用现状部分客观分析了中国林业遗传资源的多样性状况和受威胁状况，总结了保护与利用成就以及存在的问题。保护与利用战略部分确定了指导思想、基本原则和战略目标。重点领域与行动计划部分确定了林业遗传资源保护与可持续利用的4个重点领域和18项重点行动。保障措施部分从组织、政策、科技、资金4个方面提出具体的举措，以确保《行动计划》的顺利实施。 (李启岭)

国际林业科技交流合作与履约

【林业植物新品种履约与国际合作】 2015年3月参加了UPOV的技术委员会第51次会议、理事会第32次特别会议、顾问委员会第89次会议及行政和法律委员会第71次会议，依据会议主题和国际植物新品种保护发展趋势，结合林业植物新品种保护特点，就发布UPOV进展动态、UPOV信息文件公开、重视电子申报系统等方面提出了意见建议，履行了成员国责任，提高了中国的话语权。 （王 琦）

【自贸区谈判与涉外知识产权工作】 完成了"中韩自贸区协议"知识产权章节中的植物品种权谈判，派员参加了中日韩自贸区第八轮、第九轮知识产权章节中的植物品种保护内容谈判，提供了区域全面经济伙伴关系(RCEP)自贸区谈判植物新品种保护条款的谈判对案，参加了中欧知识产权工作组会议、知识产权国际合作交流状况报告会、涉外知识产权会议，就林业植物新品种保护工作进行交流。 （王 琦）

【参加第八届东亚植物新品种保护论坛】 2015年9月，派员参加在韩国召开的第八届东亚植物新品种保护论坛，来自东亚植物新品种保护论坛成员国的文莱、柬埔寨、印度尼西亚、老挝、马来西亚、缅甸、新加坡、泰国、越南和中国、日本及国际植物新品种保护联盟(UPOV)、荷兰植物新品种保护委员会等43位代表及韩国国内育种、植物新品种保护系统100多位代表参加了会议。论坛讨论了植物新品种保护政策和技术，交流了管理经验，就加强论坛成员国合作进行了探讨。

（王 琦）

【参加UPOV第46届果树技术工作组(TWF)会议】 2015年8月21～30日，国际植物新品种保护联盟(UPOV)在南非普马兰加举行了第46届果树技术工作组会议，国家林业局科技发展中心、中国林科院有关管理人员和专家参加。会议讨论了果树新品种特异性、一致性和稳定性测试技术标准。由中国林科院裴东研究员主持编写的《UPOV核桃属DUS测试指南》第三次提交会议进行讨论，作进一步修改完善，将提交UPOV技术委员会审查。此外，会议还讨论了由日本专家主持制定的板栗新品种测试指南和由墨西哥专家编制的黑核桃新品种测试指南。 （马 梅）

【森林认证国际合作】 中国森林认证委员会代表参加了第十四届世界林业大会，并举办森林认证边会，受到国际关注；中国森林认证委员会代表参加了2015年森林认证体系认可计划(PEFC)森林认证周会议，中国被评为"2015年森林认证面积增长最多的国家"；中国非木质林产品认证引起世界关注，PEFC委员会已经通过决议，将以中国非木质林产品认证标准为基础，制定全球非木质林产品认证通用要求。 （陈 光）

森林认证

【森林认证标准建设】 2015年，国家林业局发布4项中国森林认证林业行业标准，包括：《中国森林认证 联合认证审核导则》(LY/T 2512—2015)、《中国森林认证 联合认证操作指南》(LY/T 2513—2015)、《中国森林认证 非木质林产品经营认证操作指南》(LY/T 2514—2015)、《中国森林认证 竹林经营认证操作指南》(LY/T 2515—2015)。另有《中国森林认证 生产经营性珍贵濒危野生动物饲养管理 审核导则》《中国森林认证 生产经营性珍贵濒危植物经营》《中国森林认证 生产经营性珍贵濒危植物经营 审核导则》《中国森林认证 森林生态环境服务 自然保护区 操作指南》《中国森林认证 森林公园生态环境服务操作指南》等5项林业行业标准也编制完成，已通过专家审定，正在报批过程中。 （陈 光）

【森林认证试点】 森林认证试点为国家林业局2015年工作重点任务之一，在吉林延边林业集团有限公司汪清林业分公司、辽宁省清原满族自治县林业局、甘肃省小陇山林业实验局开展了森林认证制度试点工作。另外在北京市、黑龙江省、内蒙古自治区、江苏省、湖南省、云南省等地开展自然保护区森林生态环境服务认证实践试点、生产经营性珍贵稀有濒危野生动物认证实践试点、非木质林产品认证试点、森林认证技术规范宣贯试点、森林认证推广试点、森林经营认证与推广试点。中国非木质林产品认证面积已达747.86万公顷，非木质林产品认证种类共包括坚果类、浆果类、菌类、山野菜类、蜂产品类、饮品类、鲜果类、北药类等8大类非木质林产品，其中坚果类、蜂产品类、饮品类、鲜果类等7大类非木质林产品已经通过产销监管链认证并贴标上市，认证后产品价格一般提高了10%～15%。

（陈 光）

【森林认证宣传推广】 国家林业局科技发展中心继续推进森林认证产品纳入公共采购目录进程；加强森林认证市场宣传推广工作，制作发放宣传材料3000余册，并启动高清宣传视频制作项目；举办相关培训6次，培训350余人次；积极筹备对森林认证机构的培训工作；召开中国森林认证委员会第八次会议、中国森林认证利益方论坛第四次会议；中国森林认证网站积极宣传国内外森林认证行业动态，"森林认证可持续经营"（CFC-SWX）微信公众平台上线辅助宣传；2015年全年申请中国森林认证标识企业达到46家，中国森林认证面积增幅超过550余万公顷。

2015年5月27日，吉林松柏森林认证有限公司通过中国合格评定国家认可委员会评定；6月8日黑龙江凤凰山国家森林公园通过森林认证审核，成为中国首个通过森林认证的国家森林公园；6月3日中国首批加载CFCC与PEFC联合标识的产品——亚太森博"红百旺"复印纸上市；8月7日，APP（中国）知名品牌——唯洁雅成为中国生活用纸品类首个加载联合认证标识的品牌；9月29日，中国首个获得森林认证的鲜果类非木质林产品加载CFCC与PEFC联合标识上市销售。新的认证机构、认证企业的出现推动着中国森林认证市场稳步向前发展。（陈　光）

【森林认证制度建设】 国家林业局和国家认证认可监督管理委员会共同制定森林认证制度。6月18日，发布《森林认证规则》，从制度上进一步规范森林认证市场；11月25日发布《森林认证机构认可方案》，明确对森林认证机构的管理制度；《管理体系审核员注册准则》的发布，增加森林认证审核员注册领域，明确对森林认证审核员管理制度；加强与地方林业主管部门的沟通与联系，对试点单位进行监督检查，并按照合同规定评估项目进度；发布2016年项目指南，完成2016年申报项目的项目评审；召开森林认证利益方论坛第四次会议，并选举产生争议调解委员会，进一步完善中国森林认证体系建设。（陈　光）

林业智力引进

【引进国外技术和人才】 获批引进国外技术、管理人才项目12项，资助专家经费66万元。截至2015年年底，实际引进外国专家34人次，项目执行率100%。引进的专家在沿海针叶防护林结构优化技术、木材微波处理技术等方面给予了技术支持，并带来了国际前沿的研究信息和科学理念，对促进相关学科发展和重要研究领域的科技创新提供了有力支持。（龚玉梅）

【引智成果示范推广】 获批引智成果示范推广项目4项，经费50万元。2015年重点开展油橄榄种质资源圃、采穗圃建设示范及良种繁育技术推广、桉木枝丫材制高档生活用纸用浆节能生产关键技术、美国核桃优良品种的示范推广、地震灾区台湾桤木和澳大利亚桉树原料林建设等引智成果示范推广工作。截至2015年年底，顺利完成各项成果示范推广任务，共引进专家4人次，项目执行率100%，经费使用率100%。（龚玉梅）

【推荐外国专家申报中国政府"友谊奖"】 按照中国政府"友谊奖"申报要求，共推荐3名专家申报中国政府"友谊奖"，澳大利亚籍木材科学家盖瑞·沃荣获了2015年度中国政府"友谊奖"，并参加了国务院举办的颁奖仪式及有关活动，成为国家林业局第15位获奖专家。（龚玉梅）

【出国（境）培训】 认真贯彻落实中央关于出国（境）培训方面的新精神、新要求，坚持"从严控制、为我所用、突出重点、少而精"的原则，按照控规模、提质量、重成果的要求，全年共执行出国（境）培训项目10项，选派出国（境）培训109人次。其中，党政干部类项目1项、15人，占总培训人数14%；专业技术类项目9项、94人，占86%。重点执行了赴香港"CITES履约管理"、赴俄罗斯"多功能森林经营技术与管理"、赴加拿大"山地造林遥感监测与信息采集"、赴法国"林业合作组织运作机制"、赴美国"防风林带设置对农田牧场影响的技术"、赴澳大利亚"野生动物迁徙研究与疫病传播预警"、赴澳大利亚"人工林可持续经营与管理"、赴美国"对外谈判一线人员培训"、赴澳大利亚"转录因子对园艺作物花色素苷积累的分子调控机制研究"、赴美国"经济林产品试验测试分析方法及高附加值经济林产品开发技术"等培训项目，着重选派林业事业急需的党政干部、科技人才、高技能人才出国培训。（龚玉梅）

【引智基地建设】 建立"清洁制浆生产技术及高浓废水治理""杨树新品种选育和集约栽培技术""森林可持续经营技术与认证体系""园林植物材料引进及应用"4个国家引进国外智力成果示范推广基地。各基地立足自身优势，充分发挥引智基地的辐射带动作用，开展了国外新品种引进、扩繁、试验、转化及技术培训等活动，扩大了引智成果受益面。（龚玉梅）

【引智管理】 根据财政部、国家外专局《因公短期出国培训费用管理办法》、财政部、外交部《因公临时出国经费管理办法》和国家外专局关于出国（境）培训和引进国外技术、管理人才工作有关规定，优化管理程序、规范项目申报及执行流程、强化监督管理，不断推进引智工作的制度化、规范化，提高引智工作管理水平。（龚玉梅）

林业信息化

14

林业信息化建设

【综 述】 2015年，林业信息化深入贯彻党中央、国务院关于林业改革发展和信息化建设系列战略部署，紧紧围绕推进生态文明建设、加快林业改革发展等中心工作，以提升林业现代化水平为目标，全面启动"互联网+"林业建设，各项工作进展顺利、成效显著，获得诸多荣誉，受到广泛关注和赞誉。

积极贯彻落实国家"互联网+"行动计划，成功召开第四届全国林业信息化工作会议，编制完成《"互联网+"林业行动计划——全国林业信息化"十三五"发展规划》；完成《中国林业大数据发展战略研究》专题报告，实施"明天去哪儿""果子熟了"等林业大数据试点项目，国家林业局网上行政审批平台建设等一批重点项目进展顺利；中国林业网持续深化网站建设，继续保持部委领先水平；开展智慧机关建设，推动机关管理高效智能；完成国家林业局运维呼叫中心建设，形成统一运维平台；强化林业信息化专业技术培训，累计培训林业行业干部职工1000多人次；升级优化国家林业局办公自动化系统和移动办公系统，完成OA群改造，开展直属单位电子档案系统建设。

中国林业数据库荣获首届中国"互联网+"政务优秀实践案例50强，并获"最佳政务治理数据化平台"第一名；中国林业网连续第四次蝉联"中国最具影响力政务网站"，并荣获"2015年政府网站政务微信卓越奖"。

【林业信息化建设总体进展】

"十三五"顶层设计 2015年9月国家林业局在湖南长沙召开了第四届全国林业信息化工作会议，张建龙局长出席会议并作重要讲话，对"十三五"全国林业信息化工作作出"大力推进'互联网+'引领林业现代化"的战略部署。按照《国务院关于积极推进"互联网+"行动的指导意见》等要求，在专题调研的基础上，认真研究和吸纳了各方面意见和建议，完成了《"互联网+"林业行动计划——全国林业信息化"十三五"发展规划》的编制工作。同时编制完成《"十三五"政务信息化工程项目建议》《中国林业云框架设计》《中国林业物联网框架设计》等，基本完成国家林业新一代信息技术顶层设计。

"互联网+"行动 积极贯彻落实国家"互联网+"行动计划，在11个"互联网+"发展领域中，国家林业局成为现代农业、益民服务、绿色生态等领域的负责部门之一，在"互联网+"行动部际联席会议确定的44项"互联网+"行动重点工程(2015～2016年)中，林业占有"互联网+"生态红线保护、"互联网+"林业资源监管、"互联网+"生态旅游、"互联网+"现代林业等4项，为"十三五"林业信息化建设和林业现代化建设打下坚实基础。

大数据建设 2015年国家启动大数据战略，林业大数据被列为《国家大数据战略及行动纲要》重要建设内容，国家林业局积极开展林业大数据战略研究，完成了《中国林业大数据发展战略研究》专题报告。实施了"明天去哪儿""果子熟了"等林业大数据试点项目，通过大数据分析，用户可以很容易地查询到所需的有关生态旅游和经济林产品等方面的信息。启动了互联网林业态势分析项目，利用大数据技术，从互联网抓取海量数据，进行国有林区林场改革、生态环境变化、数说"十二五"等林业重大政策和态势分析，及时发现苗头性、倾向性和潜在性问题，提出应对建议，并编发《林业大数据》专题报告，为林业决策提供科学依据。林业大数据建设受到国内外广泛关注和好评，在"2015中国智慧政府发展年会"上，中国林业数据库荣获首届中国"互联网+"政务优秀实践案例50强，并获"最佳政务治理数据化平台"第一名，印度尼西亚环境与林业部代表团专程前来调研交流政府数据开放建设。

项目建设 林业信息化重点项目稳步推进、成效显著，有力提升了林业各项核心业务的现代化水平。研究制订了《国家林业局网上行政审批平台建设方案》，完成了项目招标，启动了建设工作，为2016年6月底国家林业局25项行政审批全部实行网上审批打下坚实基础。积极推进"金林"工程相关工作，完成工程可研报告编制上报工作。"林业生态建设与保护北斗示范应用"项目获得正式批复。中国林业数据库二期、林业财政专项资金信息管理系统、林木种苗工程项目管理系统、全国竹藤资源培育与产业发展基础数据平台等建设完成。开展第二批全国林业信息化示范市、县和首批全国林业信息化示范基地建设，新增全国林业信息化示范市10个、示范县15个、示范基地25个，强化示范单位的技术培训。

网站建设 按照智慧化、国际化的新理念，中国林业网持续深化网站建设，继续保持部委领先水平。站群规模进一步扩大，纵向积极推进市、县、乡级网站群，横向积极推进国有林区、重点龙头企业、重点科研单位等网站群建设，站群规模近4000个，名列部委前茅。开展网站智慧化提升建设，完善无障碍系统，提升中国林业网公共服务能力。完成中国林业网智慧决策系统和智能搜索平台建设，为广大网民提供智能检索服务。丰富网站内容、提高信息质量，中国林业网百度收录量已达75万条，网站访问量近20亿人次，日均访问量100万人次，日均信息发布量已超过100万字，大大提高了网站社会影响力。制定《中国林业网站群域名命名规则》，完成《中国林业网管理办法》等办法修订。开展2015年全国林业信息化发展水平评测和全国林业网站普查工作，在国务院办公厅第一次全国政府网站普查情况通报中，中国林业网全部达到普查要求。举办"寻找最美古树名木"第三届美丽中国作品大赛，广泛征集古树名木作品，为公众提供了尊重自然、热爱自然的网络文化平台。中国林业网"三微一端"影响力稳步提升，微信关注人数达到2万人。

林业"双创" 多种信息惠林富民措施顺利实施，推进全产业链、多元化信息服务，提高了林业产业效益，消除了行业壁垒，降低了创业门槛，为林业行业大众创业、万众创新提供新空间，开辟林区就业增收新渠道，推动林区服务业转型升级，带动林农致富、林区繁荣，进而促进林区生态改善。积极推进林业电子商务建设，编制林业电子商务规划和指导意见，建设林业电子商务平台、基于微信的"微商"平台等互联网营销平台，拓宽了销售渠道、改变了销售方式、提高了销售业绩。继续完善林权交易管理平台，全国现有20多个省级林权交易中心，31个省（区、市）和新疆生产建设兵团中，约20%的地区建设了林权管理信息系统，山西、浙江率先发放了"林权一卡通"，下一步将推广至全国。智慧果园、智慧苗圃、智慧林场等探索出各类林业生产的智慧流程，让农民和职工不懂技术也能成为行家里手。

智慧机关 开展以树树"一扫通"、人人"一卡通"、处处"一网通"为核心的智慧机关建设，推动机关管理高效智能。树树"一扫通"让局机关大院及周边所属区域40多个树种近千棵树木都获得了唯一电子"身份证"，通过扫描电子身份证二维码，每棵树木的科属、花期、形态特征、生长习性、地理分布、栽培技术、主要价值等信息一目了然。人人"一卡通"让局机关每个工作人员凭一张卡即可方便实现出入、用餐、图书借阅、职工健身等的身份识别，以一卡代多卡，体现以人为本、方便快捷的机关管理。处处"一网通"为国家林业局大院提供无线网络服务，通过短信认证、扫描二维码等多个形式，即可享受安全快捷的免费网络。

安全运维 着力强化网络安全和日常运维，努力做好服务保障工作。完成国家林业局运维呼叫中心建设，整合各项运行维护和服务工作，打造统一运维平台，提高工作协调性和管理有效性，实现运维管理流程电子化。强化网络安全，完成《林业信息系统测评通用要求》《林业系统等保定级指南》标准框架，加强软件及网站测评，建立安全测评准入工作机制，提升网站及信息系统安全。加强国家林业内外网、专网扩建和管理，实现专网互通，确保信息系统稳定运行，保障网络安全无事故。开展网络安全及软件正版化检查，进一步增强干部职工的软件正版化、安全意识，达到以查促管、以查促改、以查促防的目的。

智力建设 着力强化林业信息化专业技术培训，呈现出规模化、规范化、体系化新态势。2015年林业信息化累计培训林业行业干部职工1000多人次，成功举办第三届林业CIO高级研修班、中国林业网信息员能力提升培训班、中国林业网站群信息员培训班、智慧林业示范培训班等，对各省级林业主管部门和国家林业局各司局、各单位分管信息化工作领导同志、中国林业网各子站信息员等进行培训，提升学员的互联网思维和能力。完成3个行业标准报批，启动新立项6个标准的编制工作，不断完善标准项目储备。

智慧办公 升级优化国家林业局办公自动化系统，显著提高智慧水平和服务水平。对现有移动办公系统进行优化升级，实现4G移动办公，打破传统办公方式的时空界限，实现随时随地办公新模式。完成OA群改造，通过集约型建设、分布式应用的方式，确保局直属行政事业单位均能享受现代自动化办公的便利。开展直属单位电子档案系统建设，为36家直属单位提供电子文档一体化管理新方式，便利各单位电子文件的永久保存和高效利用。

林业电子商务 编制林业电子商务规划，建设林业电子商务平台。浙江森博会、长白山森工苗木微卖场、大兴安岭电商平台、龙江森工中国森林食品网、新疆苗博会网站等一大批地方林业电子商务蓬勃发展，进一步促进了林业产业转型升级，拓展了林产品市场，带动了地方林业经济。

网站建设

【网站普查整改】 按照国务院《关于开展第一次全国政府网站普查的通知》要求，结合中国林业网实际，对中国林业网站群进行了全面的普查整改工作。中国林业网以抽查合格率100%的成绩通过考核。

【站群智慧建设】 立足"服务大局、服务司局、服务基层、服务群众"四个维度，全面提升服务能力，实现林业全周期"一站式"在线服务，使中国林业网进入智慧创新新阶段。一是优化网站功能。积极提升网站群智慧管理能力，建成了基于大数据分析的中国林业网智慧决策系统。升级改版中国林业网政务信息无障碍系统，进一步加强中国林业网公共服务能力。整合林业信息资源，开放数据上传平台，建成了中国林业数据开放共享平台。整合全国林业行业优秀应用程序，按照"业务系统""公共服务""电商平台"三个维度，为公众打造"一站式"在线服务平台。对中国林业网信息发布系统进行功能升级和页面调整，进一步提升中国林业网信息管理和网站建设能力。二是加强网站管理。印发《全国林业信息化工作领导小组办公室关于加快推进中国林业网站群建设的通知》，加大网站建设力度，进一步加强网站内容维护。印发《中国林业网站群域名命名规则》，为中国林业网站群命名提供统一的规则和依据。召开中国林业网网站管理协调会议，全面梳理内外网建设和管理工作。举办多层级的网站培训班，强化信息员信息采编发布能力。加强信息上报和采用情况管理，推进信息报送的制度化和规范化管理。三是进一步提升网站内容。2015年，中国林业网主站共发布各类政务信息52 487条，视频1175部，专题节目107个，图片信息42条、252张，网友留言745条、回复179条，征求意见165次，大大提升了林业互联网影响力。发布森林火灾信息84次，陆生野生动物疫源疫病监测紧急通知1次，重大外来林业有害生物灾害公告、警示通报2次，沙尘暴监测与灾情评估1次。积极回应社会关切，全年共修改和制作专题9个，组织策划在线访谈25次，在线直播11次。林业新媒体“三微一端”协同发布，截至2015年12月31日，微博发布数量851条，微信发布数量335条，部分热点微信点击量超过10 000人次。中国林业网移动客户端发布信息2万多条。四是完善站群建设。打造焕然一新的国家林业站群，新上线411个子站，其中乡镇林业子站10个，打通了网站服务基层的“最后一公里”。对美丽中国网、中国信息林网、中国林业图片库、中国林业网络电视进行改版优化。截至2015年年底，中国林业网子站已达4000多个，大大提升了林业互联网影响力。

【优秀网站及特色栏目】 各省级林业主管部门充分发挥门户网站发布政务信息、服务广大群众的作用，信息发布、在线服务等服务水平有较高提升，涌现出了一批优秀的网站和特色栏目。一是湖南林业信息网特色栏目“测土配方”。为指导林农适地适树，科学造林，湖南省林业厅自筹资金3亿多元，建立了集图形和属性数据、具备查询与分析功能的湖南省林地测土配方信息系统，为林农提供了网上查询和专家咨询服务，林农通过计算机或移动终端就能迅速查出自家的山林地适合种什么树、怎么种、怎么施肥。这一民生工程已日益成为林业部门指导适地适树、科学造林的主要技术支撑平台，成为三湘百姓植树造林的好帮手。二是首都园林绿化政务网特色栏目“在线服务平台”。北京市园林绿化局高度重视提高首都园林绿化政务网的对外服务能力，把重点放在行政办事的网上服务能力建设上，所有事项均在网上提供了详实的办事指南、表格下载、样表下载，并对有业务发生量的事项提供了网上提交申请、网上预约办理时间、网上预审材料、网上受理、全流程网上办理等不同深度服务。三是湖北省林业厅网站特色栏目“湖北省林业行政审批服务平台”。湖北省林业厅综合运用现代信息网络和数字技术，彻底转变传统审批工作模式，实现申报、数据交换、预审、审批、监督、查询等业务的一体化管理和运行，同时实现审批组织结构和业务流程的重组优化，超越时间、空间和部门分割的制约，向企业和公众提供高效优质、规范透明的“一站式”服务。四是上海市林业局网站特色栏目“无障碍浏览”。上海市林业局网站设置了无障碍浏览功能，面向弱视人群和老年人提供了无障碍的网站服务。弱视人群借助站内无障碍辅助工具，可以对文字(界面)大小、对比度、灰度等进行调整以满足其浏览需求，实现了用键盘操作就可以完成网站内容访问基本无障碍的目标，方便盲人及弱视群体便利、准确地获取网站信息和服务。

【内网建设】 国家林业局办公网以加强信息内容维护为重点，进一步丰富各栏目信息内容，及时做好出国人员信息公示，充分发挥办公网服务机关广大干部职工工作生活的重要作用。一是加强重点信息发布。国家林业局办公网共发布各类信息59 850条，为广大干部职工及时了解和学习各类重要会议、重要文件及生活信息提供了信息渠道。二是及时更新电子数据。新增电子图书馆期刊722种，数字图书馆图书80 000册，电子阅览室期刊112 257条，电子大讲堂69 497条，大大丰富了内网的信息内容，增加了内网的访问量，较好满足了全局行政办公电子化、文件传输网络化、办事办会便捷化、综合管理信息化和生活信息丰富化的需求。三是做好出国人员公示。按照有关要求，配合国际司公示出国人员信息，共发布20多个司局和直属单位的出国人员信息282条。

网络运维

【信息安全】 一是加强信息安全人员管理。运维中心工作人员做到统一着装，5×8小时一线人员现场服务，7×24小时实时业务系统监控。二是加强信息安全防护管理。信息系统运营和使用实行权限管理、专人负责。计算机采取集中安全管理措施，计算机接入互联网实行了实名接入，对计算机IP和MAC地址进行绑定、指定固定上网IP地址，杜绝在非涉密和涉密信息系统间混用计算机和移动存储设备。部署政府网站安全防护系统及安全硬件和软件的防护部署，提升系统的整体安全水平。三是强化信息安全应急管理 。组织运维人员参加数据灾备演练，提高突发事件应对能力。四是加强信息安全技术培训。举办全国林业网站建设及网络安全培训班等，提高工作效率及处置突发网络安全事件的能力。五是做好数据备份。对国家林业局中心机房内外网数据库集群进行数据备份334次，保障了应用系统数据的安全。六是加强服务器及网络设备防护。加大重要网络和信息系统的检查及实时监测力度，及时预警异常信息，增加日常巡检次数。七是加强门户网站及应用安全管理。国家林业中心机房定期扫描应用系统漏洞，并按测试结果做好安全修复和加固工作。门户网站安全防护系统进行1 829 190次应用系统防护，出现错断链扫描1560处，已修改1560处，未产生安全问题。处理各类应用系统故障605次，保障了应用系统的安全稳定运行。

【运行维护】 一是保证应用系统运行平稳。完成中国林业网页面相关调整2126次，保证中国林业网、中林智搜系统、国家林业局办公网等应用系统正常稳定运行。国家林业局中心机房新增系统14个，新增等保定级系统28个，对已定级等级保护系统进行安全渗透和复测工作，全面提升系统安全性。二是建立统一的运维呼叫中心。2015年12月31日，国家林业局运维呼叫中心正式启用，标志着国家林业局统一运维体系初步形成，实现“呼有所应、应有所达、达有所效”的服务效果。三是升级运维服务综合管理平台。对运维服务综合管理平台进行升级，提高监控水平，保证系统可扩充性。四是加强设备巡检。每月对国家林业局内外网计算机终端及外部设备进行巡检，及时准确地了解用户对运维服务的需求，提高了运维服务用户满意度。

项目建设

【重大工程】 一是生态环境保护信息化工程（"金林"工程）。完成工程可研报告编制上报工作。二是国家林业局网上行政审批平台。制订了《国家林业局规范和改进林业行政审批工作总体方案》，计划2016年6月底前，实现国家林业局行政审批事项全面在线审批。三是北斗示范应用项目。充分借鉴"北斗+"的指导思想，将北斗示范应用工程建设和林业行业现有的信息化建设的设施、数据、平台、应用系统相结合。四是智慧机关项目。积极开展以国家林业局机关大院树树"一扫通"、人人"一卡通"、处处"一网通"为核心的智慧机关项目建设。

【应用系统】 一是造林司"全国竹藤资源培育与产业发展基础数据平台建设"项目。实现数据录入、查询统计、数据管理与分析、下发文件、查看各省密码等功能，实现竹藤资源数据的全面管理和维护。包括：平台建设及数据库建设。二是计财司"中央财政林业专项资金信息管理系统"项目。实现专项资金预算、申请、执行、基础信息在线上报（省级）、审核、汇总、查询、统计、分析等功能，提高工作效率和管理水平，为林业决策提供全面客观的数据支撑。三是场圃总站"林木种苗项目管理信息系统"项目。实现林木种苗工程项目信息在线上报、汇总，项目监管、项目评估等功能。包括：林木种苗工程项目管理平台及林木种苗工程项目管理数据库建设。四是花协"中国林业网络博览会花卉馆"项目。建设三维化、立体化花卉网络博览会，展示花卉企业成果，提升林业信息化服务能力。

【数据建设】 一是"林业大数据信息资源目录规划设计"项目。建立统一规范的林业数据资源目录体系，建立标准数据库，对海量林业数据资源进行采集、处理、整合、分析，形成林业大数据；创新大数据技术在林业业务应用中，制定规范接口类标准，以方便不同业务领域林业信息数据共享，提升林业部门信息服务能力、业务协同和数据共享能力；制定林业大数据信息资源目录规范体系，建立全国公共基础库、林业基础库、林业专题数据库，沉淀以大数据及新技术为支撑的综合评估、应急防治、全面监管等决策支持能力，提高林业大数据决策分析支持能力。二是"京津冀一体化协同共享林业数据资源建设"项目。建立京津冀林业资源数据库、数据资源建设和更新标准、京津冀一体化的信息共享发布系统。三是"林业数据资源管理平台（一期）试点建设"项目。构建全国林业数据资源管理平台，实现国家林业局与省级单位之间的数据交换，强化各类林业数据的汇聚和整合，为林业大数据建设打下坚实基础。

【示范建设】 一是北京市信息化示范建设。北京作为第二批全国林业信息化示范省（区、市）之一，始终坚持求实、创新、谋发展，在体制、管理、建设、技术方面不断创新，结合信息化发展形势不断丰富、充实示范主题建设。以网格化地理信息系统为基础，建成三维实景、统计报表、行政审批、业务管理、遥感影像等多种信息资源数据组成的较完备的政务信息资源体系。建成"北京市园林绿化局基础设施云平台"、中国第一片"智慧森林"——中国信息林等重点应用。推进"互联网+"公众服务，建成高度智慧的"首都园林绿化政务网"。二是鄂尔多斯市信息化示范建设。内蒙古自治区鄂尔多斯市作为首批全国林业信息化示范市，努力融合创新，秉承智慧引领，林业信息化取得了一系列重大突破。基础数据设施建设不断完善，硬件网络建设不断健全，数字林业核心平台建设更加完整，林业信息化建设全面进入智慧发展新阶段。三是湖南衡阳市信息化示范建设。衡阳市健全林业信息化机构队伍，强化组织管理，加大资金投入，完善基础设施，加快运用转化，积极推进全市林业信息化建设，取得了阶段性成效。7县5区183个乡镇林业站全部接入了林业电子政务网，除4个城区外，市本级和7县（市）、南岳区均建立了门户网站，并加入了国家林业局网站集群，实现了网络应用全覆盖。四是湖北老河口市信息化示范建设。湖北省老河口市林业局是第二批全国林业信息化示范县建设单位，"十二五"期间，老河口市立足基层林业工作，加快信息资源整合，全力推进"林业一张图"建设，实现业务互联互通和信息资源共享交换，形成涵盖全业务、一体化、智能化的林业资源监测体系，极大地提升了林业资源监管水平。五是四川卧龙国家级自然保护区示范建设。2015年国家林业局开展了首批全国林业信息化示范基地建设，四川省卧龙自然保护区是25个示范基地之一。先后投资8000多万元，运用物联网、云计算、大数据等新一代先进的信息化技术，建成了信息技术全面融合的"智慧卧龙"统一平台，基本实现了卧龙大熊猫保护、科研、社区发展的信息化、智慧化管理。六是河南二仙坡信息化示范建设。二仙坡绿色果业有限公司始终把林业信息化建设作为基地建设的重要抓手，将现代信息技术广泛应用在产前、产中、产后各个环节，快速、有效地改造和提升传统林业，推动林业现代化进程。

技术合作

【标准建设】 一是国家标准建设。开展了林业物联网相关国家标准制订工作，共有4项林业信息化国家标准正式立项，其中3项已经完成并报批国家标准委。二是行业标准建设。正式发布3项林业信息化行业标准，林业信息分类与编码规范等6个林业信息化行业标准正式立项，启动了林业信息化标准化指南等6项林业信息化行业标准的编制工作。三是地方标准建设。截至2015年，各地各单位已发布林业信息化标准32项。内容主要包括网格化管理、数字林业、信息获取和数据处理等。

【合作交流】 不断扩大和深化交流合作，充分借鉴先进国家、先进行业、先进单位的成功经验与做法，取得了明显成效。一是国家林业局合作交流。印度尼西亚环境与林业部信息数据中心苏亚·阿卜杜加尼一行来访国家林业局信息中心，考察国家林业局林业信息化建设和数据开放情况。与多个部委就政府网站建设、新一代信息技术应用、网络信息安全、信息化标准建设等进行了广泛交流，增进了相互间的了解与学习。先后到多家教学科研单位和IT企业进行了调研交流，促进信息化科研成果尽快转化为现实生产力。二是地方林业部门合作交流。国家林业局信息办加强对各省林业信息化建设指导，制订了《2015年林业信息化专题调研工作方案》，围绕林业信息化重点工作分派8个小组分赴全国各地开展调研指导工作。积极推动地方林业部门之间相互交流学习，湖南、浙江等林业信息化发展较好的省份，都接待了多批次其他省级林业主管部门的信息化考察团。

【人员培训】 国家林业局和各级林业部门积极实施“科教兴林和人才强林”战略，加强林业行业各级各类人员信息化培训。一是制订“十三五”林业信息化培训方案。制订并印发《“十三五”林业信息化培训方案》，为全国林业信息化培训工作的有效开展提供了指导和遵循。二是国家林业局培训。国家林业局信息办成功举办了网站建设及网络安全培训班、第三届林业CIO高级研修班、智慧林业及新技术应用培训班、中国林业网站群建设培训班、中国林业网信息员能力提升培训班等面向各层级的培训班。三是地方林业部门培训。湖南省林业厅举办了全省林业网络安全管理知识培训班，辽宁省林业厅举办了“互联网+林业”新技术培训班，甘肃省林业厅在国家林业局管理干部学院举办了甘肃省智慧林业培训班，浙江省林业厅举办了全省林业信息安全与“互联网+”创新应用培训班，海南省林业厅举办了政务外网登陆应用和公文交换系统培训班。

办公自动化

【全国林业OA建设情况】 一是OA系统基本普及，无纸化办公成为新模式。全国林业系统基本普及OA系统，全面实现无纸化办公，电子文件办理已成为林业职工日常办公新模式。二是建成多级传输网络，实现国家、省、市、县互联互通。依托林业专网，建成从国家到各省的电子公文传输系统，各省级林业主管部门通过接通林业专网，形成省、市、县三级互联互通的公文传输系统，从而实现从国家到县级的四级电子文件互联互通。三是移动办公不断推广，打破内网办公环境的时空限制。内蒙古自治区林业厅、江西省林业厅、湖北省林业厅等单位建成移动办公系统，支持智能手机、平板电脑(PAD)和笔记本等移动终端访问和应用，实现全国范围内随时随地公文处理。四是行政审批不断完善，打造高效便捷的网上政府。北京市园林绿化局行政审批系统，实现“外网申报—内网办理—外网查询办理状态及结果”的审批模式。河北省林业厅行政许可事项网上受理，实行网上“一站式”申报和办理，执行首问负责、一次性告知、限时办结等网上监督制度，减少办事人员和材料的往返，年均办理许可事项约450件，100%实现在线办理。江苏省林业局OA办公与行政权力网上公开透明运行信息系统，实行行政许可受理与审核审批分离制度，所有60项行政审批均实现“网上申请、外网受理、内网处理、外网反馈、全程监控”的行政权力透明运行工作机制，每年接收申报事项近600件。五是森林公安网上办公，案件执法、防火监测透明高效。河北省林业厅森林公安机关网上执法办案系统，实现涉林刑事、治安和林政案件网上办理，形成了多级互动、操作规范、流转有序和监督有力的网上办案工作格局。云南省林业厅森林防火网络办公系统，实现森林防火管理工作的值班管理、热点管理(处置)、公文管理(报送)和火情上报等工作的无纸化和信息化。宁夏回族自治区林业厅警务综合应用平台，实现案件的网上查询、办公、办理，实现警官信息、电子公文的签阅下载功能。

【国家林业局OA建设情况】 国家林业局办公自动化建设稳步推进，建成4G版移动办公系统、直属单位电子档案系统等，增加电子办公新方式，实现流转环节全闭合，办公自动化水平再上新台阶。一是加强运维团队管理，不断提升系统服务水平。持续加强运维团队管理，专门安排5名技术人员进行OA系统专项服务。对国家林业局OA系统进行多次优化，显著提高运行效率。二是持续开展培训交流，做好建设成果推广宣传。对国家林业局、各直属单位、基层林业工作者开展了多级应用培训。国家林业局OA系统作为林业信息化亮点工程，先后接待司法部、国家卫生计生委、国家档案局等部委来访学习。三是建成新版移动办公系统，打破时空对办公的限制。利用移动互联网技术，对移动办公系统进行优化升级，实现4G移动办公，将日常办公模式从内网PC延伸至智能手机端和Pad端，打破传统办公方式的时空界限，实现随时随地办公新模式。四是继续开展全国林业OA群建设，打造集约高效OA航母。启动“全国林业OA群(第二期)”建设，通过集约型建设、分布式应用的方式，确保局直属行政事业单位均能享受现代自动化办公的便利。五是强化档案数字化管理，建成直属单位电子档案系统。启动直属单位电子档案系统建设，为36家直属单位提供电子文档一体化管理新方式。

【林业大事】

1月20~21日 全国林业网站建设及网络安全培训班举办。国家林业局信息办主任李世东以“把握互联网时代，拓展互联网思维”为题作了讲话，各有关省级及各计划单列市林业信息化主管部门负责人和部分全国林业信息化示范市县和示范基地负责同志参加了培训。

3月25日 中国林业网推出“习近平生态文明经典语录”专题图解。

3月28日 第十三届中国优秀政务平台评估总结大会举行，中国林业网荣获中国最具影响力政务网站、中国政务网站领先奖。

4月24日 为贯彻国务院《关于开展第一次全国政府网站普查的通知》要求，国家林业局信息办召开全国林业政府网站普查培训电视电话会议。

5月5~8日 第三届林业CIO高级研修班在北京大学举办。各省级林业主管部门和国家林业局各司局、各直属单位分管信息化工作的司局级领导同志近100人参加了培训。

6月9~11日 智慧林业及新技术应用培训班北京大学举办。各省级林业主管部门和国家林业局各司局、各直属单位信息化主管处室负责人近110人参加了培训。

6月30日 《第二届美丽中国大赛佳作100篇》正式出版。

7月9日 第三届全国林业信息化学术研讨会在北京林业大学举办。北京大学、北京林业大学、中国林科院、东北林业大学、中南林业科技大学及IT企业近20名专家做了专题报告。来自国家林业局各司局、各直属单位，林业院校、科研单位、规划设计单位及IT企业186名代表参与了研讨。

8月24日 中国林业移动互联网发展战略研究启动。

9月24~25日 第四届全国林业信息化工作会议在湖南长沙举行。

11月16日 中国林业大数据发展战略研讨会召开。

11月18日 中国林业网智能决策系统、中国林业网省级林业站群智能分析用户体验优化服务项目通过验收。

11月20日 《全国林业信息化“十三五”发展规划》专家评审会召开。

11月21日 《国家林业局网上行政审批系统建设方案》专家评审会召开。

11月22日 国家林业局“一扫通”建成。国家林业局机关大院及周边所属区域40多个树种近千棵树木都获得了唯一电子“身份证”。

12月8日 2015“互联网+”政府网站精品栏目建设和管理经验交流大会举行，中国林业网荣获中国“互联网+政务”优秀实践案例50强、政府网站精品栏目奖、政府网站政务微信卓越奖等多项荣誉。

12月18日 印度尼西亚环境与林业部代表到国家林业局信息中心调研交流政府数据开放。

12月31日 国家林业局运维呼叫中心建成。

（张会华供稿）

林业教育与培训

15

林业教育与培训

【初任培训】 为使国家林业局新录用人员了解和掌握基本知识与技能，提高工作能力，尽快完成角色转变，适应新的工作岗位，9月14～25日，国家林业局在北京组织举办新录用人员初任培训。培训班安排了认识林业、认识机关工作，学习国家政策、法律法规、廉政教育、保密知识等培训内容，借助专题讲座、案例教学、影音教学、研讨交流以及现场教学等丰富多样的教学环节，邀请了相关领域领导及专家授课。来自国家林业局司局及事业单位的98名新录用人员参加了为期12天的培训。（陈峥嵘）

【处级领导干部任职培训】 为进一步提高局直属机关新任处级领导干部综合素质和胜任能力，更好地履行岗位职责，5月11～22日，国家林业局在北京举办了第二十期处级领导干部任职培训班，开设了深入开展党风廉政建设和反腐败斗争、如何提升领导干部的胜任力、"一带一路"战略构想与国家安全问题解读、社会组织参与基层社会治理、创造性解决问题的方法和艺术、中央6号文件精神解读、团队建设与凝聚力、网络舆情研判与突发事件处置、领导干部心理健康与压力调适等课程。来自国家林业局各司局和直属单位的40名处级领导干部参加培训。（陈峥嵘）

【在职培训】 国家林业局公务员在职培训分别于4月13～24日、10月12～23日在北京举办。培训班安排了政府应急管理的挑战与对策、提升风险社会的政治沟通力、中央6号文件精神解读、音乐艺术欣赏与实践、以"四个全面"战略布局促进中国进步发展、公务员法与公务员制度建设、创新伦理管理，提升公务员职业道德水平、如何加强生态文明制度建设、情商开发与心理调适等内容。开展了破冰活动、学员论坛和知识竞赛等丰富多彩的教学活动。国家林业局直属机关共96名学员参加了培训。（陈峥嵘）

【司局级干部选学及网络学习】 2015年度中央和国家机关司局级干部选学及网络学习主要课程有中共党史理论政策、生态文明建设、科技、文化、经济、依法治国、国家治理、心理学、管理能力及领导力提升、信息与中国发展、军事与国家安全等。国家林业局67名司局级干部报名参加在中央党校、国家行政学院等7所院校开设的专题班和必修课学习，选学课时约3200学时；40名司局级干部参加网络学院学习，学习时间达992学时。（陈峥嵘）

【林业知识培训】 为进一步加强林业干部队伍建设，促进新进入林业系统工作的未具备林业专业知识背景的干部更好地适应岗位工作要求，国家林业局于7月13～26日举办了第五期林业专业知识培训班。培训班设置了林业专业基础知识、林业政策法规、生态文明建设、全国厅局长会议精神等林业重点热点知识等方面的专题讲座，组织学员参观了木兰围场森林经营情况、学习塞罕坝精神。来自全国各有关省（区、市）林业厅（局）和国家林业局直属机关单位共100名学员参加了培训。（陈峥嵘）

【2015年度业务培训】 2015年国家林业局开展了学习党的十八届五中全会和习近平总书记系列重要讲话精神轮训班、党务干部培训班等近40个班次，共培训直属机关干部5000余人次，进一步提高了直属机关干部理论水平和业务能力。局机关和有关直属单位围绕林业中心工作，组织开展了林业综合执法、森林抚育经营、森林资源管理、林业产业发展、野生动植物保护、林业技术推广、森林生态旅游、湿地保护、荒漠化治理、林业有害生物防治等各类专门业务专题培训班近300期，培训行业干部2．9万余人次。（陈峥嵘）

【地方党政领导干部林业专题培训】 受中央组织部委托，6月24日至7月1日，国家林业局在北京举办了地方党政领导干部国有林场改革专题研究班，来自26个省（区、市）54名县级人民政府分管林业工作的领导干部参加了培训。国家林业局党组高度重视，时任党组书记、局长赵树丛、新任党组书记、局长张建龙亲自研究审定方案，总工程封加平师作了《学习贯彻习近平总书记关于生态文明建设的重大战略思想 全面推进林业改革》的主题报告。中央组织部干教局副局长王新堂参加了开班式并作动员讲话。国家发改委、财政部、人力资源社会保障部有关司局领导以及国家林业局9位司局级领导上讲台授课或与学员座谈交流。专题研究班针对参加研究班领导干部的履职需要，合理设置课程，综合运用专题讲授、学员论坛、座谈交流、案例教学、情景模拟、现场教学、结构化研讨等教学方式，确保了培训实效，达到了预期目的。培训效果综合评价连续3年在中组部委托部委办班所有班次中名列前茅。（邹庆浩）

【地县林业局长培训】 为加强基层林业领导干部队伍建设，国家林业局于8月4～13日在北京举办以国有林场改革为主题的地县林业局长培训班，对27个省（区）的96名学员进行了为期一周的专题培训。本期培训紧紧围绕当前国有林场改革发展实际，针对学员岗位要求，合理设置内容，创新教学方式，为学员搭建了学习、交流、研讨的平台。（邹庆浩）

【全国林业职业教育教学指导委员会（2015～2019年）成立】 经教育部批准，国家林业局协调组建了新一届全国林业职业教育教学指导委员会。全国林业职业教育教学指导委员会是受教育部委托，由国家林业局牵头组建和管理，对职业教育林业类专业教育教学工作进行研究、咨询、指导和服务的专家组织，由林业行业有关机关、企业、事业、院校等单位52名专家组成，下设森林资源类、园林生态类、林业工程类3个专业教学指导委员会，任期至2019年。全国林业职业教育教学指导委员会秘书处挂靠在国家林业局职业教育研究中心。

（邹庆浩）

【制订《国家林业局干部培训班管理办法》】 为进一步规范国家林业局干部培训班管理，增强培训针对性、有效性，根据国家有关部门规定，国家林业局制订本办法。《办法》由"总则""计划管理""组织实施""监督检查""附则"共5章23条组成，涵盖培训全过程。本《办法》坚持统一管理、分类管理、分工负责、分级实施的原则，重点加强对使用财政资金举办培训班的管理，要求严格按相关规定程序、时间、要求申报和组织实施培训计划，严格按照中央和地方事权划分和中央国家机关培训费管理办法确定参训范围、培训主题、经费支出标准等，从实体和程序两个方面规范培训班管理。为提高管理效率，《办法》后制作了培训班管理流程图，编制了干部培训班计划汇总表、计划申报表、教学计划表、综合质量评估表、授课质量评估表等表格，方便各司局和直属单位参照执行。

（吴友苗）

【国家林业局重点学科评选】 为适应生态文明建设、林业现代化需要，2015年国家林业局开展新一轮国家林业局重点学科评选工作。经单位申报、资格审查、通讯评议、会议评审、领导审核等环节，59个涉林一级学科点被确定为国家林业局重点学科，其中林学一级学科点19个、林业工程一级学科点9个、风景园林学一级学科点7个、生物学一级学科点5个、生态学一级学科点8个、农业资源与环境一级学科点4个、农林经济管理一级学科点7个。北京林业大学的科学技术哲学（生态文明建设与管理方向）等15个学科方向被确定为国家林业局重点（培育）学科。

（吴友苗）

【涉林高等院校共建】 为引导高等教育资源更好地服务林业现代化建设，充分发挥涉林高等院校在培养高级林业人才、推动林业科技创新方面的重要作用，12月，国家林业局、江西省人民政府签署协议，决定合作共建江西农业大学。根据协议，江西省政府、国家林业局将共同支持江西农业大学突出办学特色，发挥涉林学科优势，更好地为林业建设服务。江西省政府将加大政策和资金等方面保障力度，强化江西农业大学涉林学科的优势与特色，支持江西农业大学建立服务江西林业发展的多方协作机制，国家林业局将在林学等涉林学科建设、科研平台建设等方面给予支持、指导和帮助。

（吴友苗）

林业教育信息统计

表15-1 2015～2016学年初普通高、中等林业院校和其他高、中等院校林科基本情况

单位：人

名称	学校数（所、个）	毕业生数	招生数	在校学生数	毕业班学生数	教职工数	
						合计	其中：专任教师
总计	**—**	**156 886**	**153 999**	**528 071**	**181 874**	**21 210**	**14 132**
一、研究生	92	7280	8646	25 005	9842	—	—
1. 高等林业院校	6	5254	6249	17 944	7262	12107	7721
2. 其他高等院校（林科）	85	1750	2362	6067	2169	—	—
3. 林业科研单位	1	276	35	994	411	—	—
二、本科生	269	47 384	52 613	210 930	50 355	—	—
1. 普通高等林业院校	7	25 906	26 822	110 108	26 617	—	—
2. 其他普通高等院校（林科）	262	21 478	25 791	100 822	23 738	—	—
三、高职（专科）生	230	41 455	45 687	140 033	45 952	—	—
1. 高等林业（园林）职业学校	14	29 265	34 834	104 057	32 966	7702	5535
2. 其他高等职业学校（林科）	214	11 409	10 288	34 242	12 400	—	—
3. 普通林业学校专科	2	781	565	1734	586	—	—
四、中职生	342	60 767	47 053	152 103	75 725	—	—
1. 中等林业（园林）职业学校	18	15 060	12 164	37 012	12 790	1401	876
2. 其他中等职业学校（林科）	301	45 707	34 889	115 091	62 935	—	—

表 15-2　2015～2016 学年初普通高等林业院校教职工情况

单位：人

学校名称	教职工数												另有其他人员						
	合计	校本部教职工											科研机构人员	校办企业职工	其他附设机构人员	聘请校外教师	离退休人员	附属中小学幼儿园教职工	集体所有制人员
		计	专任教师							行政人员	教辅人员	工勤人员							
			计	正高级	副高级	中级	初级	无职称者											
总　计	**12 107**	**11 588**	**7721**	**1321**	**2710**	**3127**	**404**	**159**	**2060**	**1244**	**563**	**68**	**133**	**318**	**1412**	**4883**	**33**	**104**
北京林业大学	1871	1776	1192	275	499	365	8	45	304	219	61	—	59	36	333	810	33	—
东北林业大学	2699	2406	1532	310	545	567	81	29	393	343	138	2	59	232	20	1168	—	104
南京林业大学	1966	1884	1260	222	413	596	29	—	366	157	101	36	15	31	270	1075	—	—
浙江农林大学	1673	1655	1114	183	372	490	56	13	337	148	56	6	—	12	147	9	—	—
中南林业科技大学	2310	2310	1451	205	484	632	81	49	437	260	162	—	—	—	209	1183	—	—
西南林业大学	1165	1144	892	100	289	395	85	23	127	91	34	21	—	—	374	438	—	—
南京森林警察学院	423	413	280	26	108	82	64	—	96	26	11	3	—	7	59	200	—	—

表 15-3　2015～2016 学年初普通高等林业院校资产情况

学校名称	占地面积(平方米)			图书资料		拥有教学用计算机（台）	多媒体教室座位数（个）	语音实验室数（个）	固定资产总值(万元)	
	总面积	其中		合计（万册）	其中:当年新增（万册）				计	教学、科研仪器设备资产
		绿化用地	运动场地							
一、学校产权	**10 187 304**	**5 822 207**	**441 026**	**1137**	**39**	**55 659**	**37 998**	**2134**	**1 028 719**	**288 183**
北京林业大学	463 739	124 750	56 505	185	7	9039	5065	155	198 033	60 375
东北林业大学	1 287 559	526 424	100 291	216	9	9999	7559	433	218 833	71 957
南京林业大学	3 730 262	2 915 600	53 726	178	6	7563	6013	299	157 331	66 158
浙江农林大学	1 858 234	920 906	101 198	157	6	6571	3494	413	144 881	26 153
中南林业科技大学	1 324 977	586 000	52 175	188	5	12 663	7614	320	124 251	34 901
西南林业大学	793 902	343 593	68 605	152	5	6810	5861	449	131 337	20 649
南京森林警察学院	728 631	404 934	8526	61	2	3014	2392	65	54 052	7990
二、非学校产权	**510 629**	**26 000**	**15 000**	**5**	**—**	**700**	**350**	**35 100**	**8700**	**—**
北京林业大学	—	—	—	—	—	—	—	—	—	—
东北林业大学	—	—	—	—	—	—	—	—	—	—
南京林业大学	—	—	—	—	—	—	—	—	—	—
浙江农林大学	—	—	—	—	—	—	—	—	—	—
中南林业科技大学	33 300	6000	15 000	5	—	700	350	35 100	8700	—
西南林业大学	437 329	—	—	—	—	—	—	—	—	—
南京森林警察学院	40 000	20 000	—	—	—	—	—	—	—	—

表 15-4　2015～2016 学年初普通高等林业院校和其他高等院校、科研院所林科研究生分单位情况

单位：人

学校名称	毕业生数	招生数	在校学生数	毕业班学生数
总　计	**7280**	**8646**	**25 005**	**9842**
一、博士生	**637**	**806**	**4311**	**2516**
1. 高等林业院校	447	660	3282	1969
北京林业大学	236	266	1163	634
东北林业大学	124	193	986	599

（续）

学校名称	毕业生数	招生数	在校学生数	毕业班学生数
南京林业大学	57	130	800	543
浙江农林大学	—	4	10	—
中南林业科技大学	30	55	302	193
西南林业大学	—	12	21	—
2. 林业科研单位	94	35	443	206
中国林业科学研究院	94	35	443	206
3. 其他高等院校（林业学科）	96	111	586	341
二、硕士生	**6643**	**7840**	**20 694**	**7326**
1. 高等林业院校	4807	5589	14 662	5293
北京林业大学	1341	1474	3802	1503
东北林业大学	1152	1272	3344	1236
南京林业大学	938	1098	2819	1067
浙江农林大学	272	553	1545	494
中南林业科技大学	651	721	1919	495
西南林业大学	453	471	1233	498
2. 林业科研单位	182	—	551	205
中国林业科学研究院	182	—	551	205
3. 其他院所（林科）	1654	2251	5481	1828
北京大学	1	21	50	11
中国人民大学	5	5	12	1
清华大学	9	5	12	2
中国农业大学	32	17	35	18
北京农学院	11	19	38	8
北京师范大学	3	5	14	4
中国科学院大学	25	29	81	31
天津大学	5	4	18	7
天津科技大学	3	6	9	2
河北农业大学	102	97	235	103
石家庄铁道大学	—	5	5	—
山西大学	5	6	21	9
山西农业大学	36	41	146	54
内蒙古农业大学	81	122	279	94
辽宁工程技术大学	4	11	21	8
沈阳建筑大学	—	12	12	—
沈阳农业大学	38	75	180	62
吉林农业大学	13	53	90	15
东北师范大学	6	—	22	12
北华大学	6	12	39	12
哈尔滨工业大学	20	17	53	16
黑龙江八一农垦大学	—	—	1	1
东北农业大学	6	—	10	7
同济大学	5	10	28	9
上海交通大学	32	34	105	36
上海财经大学	2	2	4	2
苏州大学	2	13	13	—
南京农业大学	52	56	144	62
浙江大学	9	13	35	11
安徽农业大学	72	67	158	60
安徽师范大学	—	1	2	—
福建农林大学	127	167	370	129
福建师范大学	2	4	11	6
南昌大学	4	—	19	6

（续）

学校名称	毕业生数	招生数	在校学生数	毕业班学生数
江西农业大学	49	69	142	53
江西财经大学	3	12	34	9
山东建筑大学	16	21	57	18
齐鲁工业大学	2	—	1	1
山东农业大学	44	56	151	61
青岛农业大学	9	15	34	6
曲阜师范大学	1	1	3	—
聊城大学	6	5	15	5
华北水利水电大学	4	5	14	3
河南科技大学	—	10	10	—
河南农业大学	47	47	133	69
华中科技大学	18	14	46	20
长江大学	—	4	9	1
华中农业大学	96	92	223	97
湖北民族学院	4	11	35	10
中南财经政法大学	1	—	2	—
吉首大学	7	3	18	9
湖南大学	—	8	8	—
湖南农业大学	—	10	12	—
湖南师范大学	1	4	7	—
华南理工大学	10	8	31	11
华南农业大学	63	69	169	80
华南师范大学	5	2	13	6
广州美术学院	—	3	3	—
仲恺农业工程学院	11	71	114	15
广西大学	21	33	73	20
广西师范大学	—	3	5	1
广西艺术学院	—	2	2	—
海南大学	13	6	24	9
重庆大学	—	13	37	12
西南大学	24	54	102	33
四川美术学院	—	9	9	—
四川大学	18	25	68	16
西南交通大学	9	7	30	12
成都理工大学	—	24	24	—
四川农业大学	162	174	387	58
西华师范大学	8	30	80	18
贵州大学	26	53	124	39
云南农业大学	34	22	69	26
西藏大学	3	7	16	9
西安理工大学	3	14	30	3
西安建筑科技大学	35	80	242	73
长安大学	—	—	—	—
西北农林科技大学	140	187	436	152
陕西师范大学	1	—	3	2
兰州大学	1	1	3	1
兰州交通大学	—	—	1	1
甘肃农业大学	22	13	61	25
青海大学	3	—	13	6
塔里木大学	7	7	16	9
新疆农业大学	9	18	70	31

表 15-5 2015～2016 学年初普通高等林业院校和其他高等院校、科研院所林科研究生分学科情况

单位：人

学科名称	毕业生数	招生数	在校学生数	毕业班学生数
总　计	**7280**	**8646**	**25 005**	**9842**
一、博士生	**637**	**806**	**4311**	**2516**
1. 林业学科小计	557	687	3780	2219
林产化学加工工程	21	52	203	86
林木遗传育种	40	45	241	135
林学学科	18	41	160	80
林业工程学科	42	41	251	152
林业经济管理	39	53	353	241
木材科学与技术	31	56	312	192
森林保护学	32	43	213	114
森林工程	10	20	158	106
森林经理学	26	30	196	127
森林培育	74	63	369	224
水土保持与荒漠化防治	55	72	338	177
野生动植物保护与利用	19	29	164	100
园林植物与观赏园艺	46	35	210	129
风景园林学学科	12	29	113	53
土壤学（森林土壤学）	2	4	19	11
植物学（森林植物学）	31	26	124	73
生态学（森林生态学）	59	48	356	219
2. 林业院校和科研单位其他学科	80	119	531	297
材料科学与工程学科	3	5	11	—
草学学科	5	4	18	11
城乡规划学学科	7	—	15	15
道路与铁道工程	4	8	16	—
动物学	—	—	1	1
发酵工程	—	3	5	—
发育生物学	2	6	24	12
机械电子工程	1	1	5	3
机械工程学科	1	7	36	21
机械设计及理论	4	1	53	49
交通运输规划与管理	4	1	2	—
农业经济管理	6	15	81	51
农业资源与环境学科	14	10	29	12
生物化学与分子生物学	5	9	39	22
生物学学科	1	18	35	8
水生生物学	—	1	6	4
思想政治教育	2	5	27	15
微生物学	7	8	31	15
细胞生物学	2	7	29	15
遗传学	6	3	21	14
载运工具运用工程	3	3	18	11
制浆造纸工程	3	4	29	18
二、硕士	**6643**	**7840**	**20 694**	**7326**
1. 林业学科小计	3738	4437	11 873	4161
风景园林	853	1394	2765	960
林产化学加工工程	106	93	284	83

（续）

学科名称	毕业生数	招生数	在校学生数	毕业班学生数
林木遗传育种	137	139	466	161
林学学科	87	179	471	123
林业工程学科	67	81	268	94
林业经济管理	72	40	160	61
木材科学与技术	156	153	466	155
森林保护学	170	185	555	192
森林工程	45	47	162	52
森林经理学	170	174	524	186
森林培育	253	229	796	281
水土保持与荒漠化防治	281	387	1073	329
野生动植物保护与利用	122	99	366	138
园林植物与观赏园艺	356	302	1009	371
林业硕士	389	260	966	434
其他林科专业	474	675	1542	541
2. 林业院校和科研单位其他学科	2905	3403	8821	3165
材料加工工程	8	4	22	9
材料物理与化学	7	8	21	6
材料学	8	10	34	13
草学学科	11	14	39	12
测试计量技术及仪器	—	5	9	—
茶学	1	—	2	1
车辆工程	18	14	46	19
城乡规划学学科	43	49	145	47
道路与铁道工程	13	22	64	21
地理学学科	—	5	10	—
地图学与地理信息系统	43	32	126	38
动物学	29	22	75	26
动物遗传育种与繁殖	5	5	13	4
俄语语言文学	5	5	15	5
发酵工程	4	3	11	2
发育生物学	12	16	50	19
法律	—	18	18	—
法学理论	8	6	26	12
法学学科	22	26	82	28
翻译	52	93	157	64
防灾减灾工程及防护工程	1	—	1	—
概率论与数理统计	10	3	12	4
高分子化学与物理	15	11	34	12
工程	588	776	1497	643
工程管理	—	6	6	—
工商管理	125	115	309	160
工商管理学科	44	35	111	40
公共管理	—	29	29	—
管理科学与工程学科	38	37	113	40
国际贸易学	6	15	43	16
国际商务	6	6	16	10
果树学	6	4	15	6
汉语言文字学	6	5	15	6

（续）

学科名称	毕业生数	招生数	在校学生数	毕业班学生数
行政管理	36	25	91	37
化学工程	—	6	6	—
化学工程与技术学科	15	14	29	11
化学工艺	11	9	31	13
环境工程	23	17	52	19
环境科学	17	19	62	23
环境科学与工程学科	45	42	118	36
环境与资源保护法学	22	22	71	25
会计	29	57	112	55
会计学	14	29	79	22
机械电子工程	16	21	57	18
机械工程学科	12	12	37	13
机械设计及理论	19	23	70	21
机械制造及其自动化	27	21	62	22
计算机科学与技术学科	—	3	3	—
计算机软件与理论	14	12	36	13
计算机系统结构	2	5	12	3
计算机应用技术	34	30	93	33
技术经济及管理	5	4	10	3
检测技术与自动化装置	11	7	25	10
建筑学学科	12	16	52	18
交通信息工程及控制	17	4	14	5
交通运输规划与管理	8	14	29	6
结构工程	21	25	68	28
金融	—	10	10	—
金融学(含:保险学)	5	4	14	6
精密仪器及机械	—	2	6	—
科学技术哲学	2	1	2	1
控制理论与控制工程	12	20	59	20
流体力学	—	—	—	—
伦理学	15	10	31	12
旅游管理	30	25	64	26
马克思主义发展史	5	3	11	3
马克思主义哲学	—	2	5	—
马克思主义中国化研究	22	16	60	27
美学	4	5	15	4
民商法学(含:劳动法学、社会保障法学)	10	10	35	13
模式识别与智能系统	2	5	15	5
农产品加工及贮藏工程	17	15	42	15
农业电气化与自动化	9	4	14	4
农业机械化工程	15	10	29	9
农业经济管理	33	27	77	29
农业生物环境与能源工程	6	—	7	5
农业推广	305	576	1418	429
农业资源与环境学科	17	20	34	7
企业管理(含:财务管理、市场营销、人力资源管理)	29	34	89	24
桥梁与隧道工程	12	12	38	13

（续）

学科名称	毕业生数	招生数	在校学生数	毕业班学生数
轻工技术与工程学科	—	—	2	—
人口、资源与环境经济学	14	11	25	6
人文地理学	4	3	11	5
软件工程学科	9	9	24	6
设计学学科	124	118	382	124
设计艺术学	8	—	9	9
生理学	12	13	35	13
生物工程学科	4	2	10	4
生物化工	8	12	30	6
生物化学与分子生物学	57	37	146	52
生物物理学	20	19	57	19
生物学学科	1	9	24	2
生药学	15	15	46	15
食品科学	5	6	22	8
食品科学与工程学科	19	21	63	22
市政工程	1	2	4	1
蔬菜学	2	—	2	1
数学学科	—	5	15	4
水生生物学	6	5	20	8
思想政治教育	32	22	82	35
特种经济动物饲养(含:蚕、蜂等)	7	7	22	8
统计学	10	15	39	11
土木工程学科	32	33	112	40
外国语言学及应用语言学	28	22	69	23
微生物学	49	42	123	39
细胞生物学	20	19	61	22
宪法学与行政法学	6	9	37	13
心理学学科	10	9	31	11
刑法学	4	6	6	—
岩土工程	13	12	33	11
药物化学	3	7	18	4
仪器科学与技术学科	8	—	8	8
遗传学	22	26	67	22
艺术	87	101	288	107
艺术学理论学科	—	3	6	—
英语语言文学	20	15	46	16
应用化学	17	7	42	13
应用数学	14	7	19	6
应用统计	8	7	15	8
应用心理学	6	—	4	4
有机化学	6	6	18	6
载运工具运用工程	18	24	78	27
哲学学科	13	12	34	11
植物营养学	8	8	28	11
制浆造纸工程	27	23	77	30
资产评估	20	12	22	10
自然地理学	14	15	49	15

表 15-6　2015～2016 学年初普通高等林业院校和其他高等院校林科本科学生分学校情况

单位：人

学校名称	毕业生数	招生数	在校学生数	毕业班学生数
总　计	**47 384**	**52 613**	**210 930**	**50 355**
一、普通高等林业院校	**25 906**	**26 822**	**110 108**	**26 617**
北京林业大学	3178	3292	13 324	3300
东北林业大学	4660	4714	18 805	4525
南京林业大学	4345	4246	17 797	4383
浙江农林大学	3526	3499	14 868	3801
中南林业科技大学	5559	5859	23 678	5760
西南林业大学	3659	3736	16 198	3753
南京森林警察学院	979	1476	5438	1095
二、其他高等院校(林科)	**21 478**	**25 791**	**100 822**	**23 738**
中国人民大学	26	—	1	1
北方工业大学	—	—	77	—
北京建筑大学	—	23	66	—
中国农业大学	66	29	246	85
北京农学院	176	181	762	186
天津科技大学	53	50	216	53
天津农学院	250	170	806	211
天津城建大学	65	59	252	66
河北工程大学	49	53	268	57
河北农业大学	433	453	1806	375
河北北方学院	69	78	293	73
衡水学院	59	75	360	110
沧州师范学院	—	30	30	—
河北科技师范学院	80	131	452	120
河北美术学院	—	74	138	—
华北理工大学轻工学院	—	27	100	26
河北农业大学现代科技学院	146	114	545	143
山西农业大学	487	368	1456	427
山西师范大学	77	59	232	66
运城学院	121	121	569	140
山西财经大学	95	100	433	108
山西农业大学信息学院	531	239	1396	656
内蒙古科技大学	—	34	92	—
内蒙古工业大学	—	30	148	30
内蒙古农业大学	787	820	3122	711
内蒙古民族大学	64	58	257	65
辽宁工程技术大学	32	52	181	38
沈阳化工大学	17	26	104	28
大连工业大学	—	45	141	—
沈阳建筑大学	23	65	211	18
辽宁工业大学	—	—	82	—
沈阳农业大学	303	300	1375	366
大连海洋大学	24	30	150	32
沈阳大学	30	27	169	31
大连理工大学城市学院	—	27	52	—
沈阳工学院	122	117	610	147
辽宁理工学院	—	30	30	—
吉林大学	58	65	218	55
延边大学	54	375	546	62

（续）

学校名称	毕业生数	招生数	在校学生数	毕业班学生数
吉林建筑大学	30	42	145	31
吉林农业大学	321	359	1312	331
北华大学	204	308	996	221
吉林农业科技学院	99	229	751	138
长春大学	72	108	335	67
吉林建筑大学城建学院	—	39	39	—
长春建筑学院	89	143	506	109
长春科技学院	153	56	337	117
长春大学旅游学院	—	49	126	—
黑龙江大学	—	—	—	—
哈尔滨工业大学	6	27	102	16
黑龙江科技大学	—	30	59	—
佳木斯大学	49	—	155	84
黑龙江八一农垦大学	121	150	600	130
东北农业大学	223	254	1100	276
哈尔滨师范大学	37	40	152	34
齐齐哈尔大学	57	54	220	49
牡丹江师范学院	56	48	202	52
齐齐哈尔工程学院	—	40	66	—
同济大学	53	42	170	—
上海交通大学	27	—	100	35
华东理工大学	—	58	144	—
上海应用技术学院	75	69	276	66
上海海洋大学	57	43	207	71
上海商学院	73	73	305	82
苏州大学	26	36	135	32
东南大学	22	27	131	19
南京工业大学	—	58	125	—
常州大学	30	32	122	27
南京农业大学	156	157	678	170
江苏师范大学	51	49	169	37
苏州科技学院	—	60	189	—
淮阴工学院	40	110	341	77
扬州大学	96	125	458	120
三江学院	—	56	123	—
徐州工程学院	85	77	263	91
东南大学成贤学院	—	58	116	—
金陵科技学院	34	169	538	108
苏州科技学院天平学院	50	61	246	71
扬州大学广陵学院	83	38	285	87
金陵科技学院龙蟠学院	80	—	31	31
宿迁学院	49	92	374	95
浙江大学	61	—	149	54
浙江理工大学	58	55	256	67
丽水学院	83	103	409	88
浙江万里学院	—	62	215	—
浙江财经大学	28	—	47	32
浙江树人学院	31	—	101	32
浙江工业大学之江学院	—	24	76	—
绍兴文理学院元培学院	39	78	306	82

（续）

学校名称	毕业生数	招生数	在校学生数	毕业班学生数
合肥工业大学	—	27	88	—
安徽理工大学	—	36	155	40
安徽农业大学	295	268	1025	306
阜阳师范学院	65	116	320	55
安庆师范学院	96	39	186	54
黄山学院	236	218	827	187
皖西学院	—	97	97	—
滁州学院	62	85	275	57
淮南师范学院	94	141	476	97
安徽建筑大学	—	68	195	—
安徽科技学院	73	123	547	127
安徽新华学院	—	50	94	—
安徽文达信息工程学院	—	37	134	—
安徽建筑大学城市建设学院	60	84	231	73
安徽农业大学经济技术学院	82	101	402	87
华侨大学	—	33	61	—
福州大学	—	32	122	—
福建工程学院	—	55	129	—
福建农林大学	725	771	2807	641
闽南师范大学	66	90	347	72
三明学院	—	70	211	—
厦门工学院	—	72	110	—
厦门大学嘉庚学院	45	74	271	45
江西理工大学	—	29	64	—
江西农业大学	257	273	1009	233
上饶师范学院	29	59	235	32
宜春学院	51	67	405	132
井冈山大学	32	27	141	35
江西财经大学	—	—	—	—
景德镇学院	—	46	46	—
南昌工程学院	74	165	391	68
九江学院	35	34	154	33
南昌工学院	—	59	164	—
南昌大学共青学院	—	27	123	35
江西农业大学南昌商学院	100	78	377	92
青岛理工大学	36	32	131	33
山东建筑大学	79	89	395	96
齐鲁工业大学	36	75	157	32
山东农业大学	491	586	2174	510
青岛农业大学	305	404	1422	366
聊城大学	49	52	237	66
德州学院	—	34	123	—
临沂大学	70	72	365	87
菏泽学院	—	35	73	—
山东工艺美术学院	—	23	23	—
潍坊学院	55	60	284	76
山东英才学院	—	65	102	9
青岛农业大学海都学院	22	31	173	50
郑州大学	—	30	57	—
河南科技大学	114	136	548	133

（续）

学校名称	毕业生数	招生数	在校学生数	毕业班学生数
河南农业大学	292	345	1416	381
河南科技学院	113	130	543	172
河南牧业经济学院	—	204	369	—
许昌学院	—	67	197	34
南阳师范学院	69	89	296	67
商丘师范学院	82	57	238	89
河南财经政法大学	42	—	93	—
黄淮学院	175	56	239	71
新乡学院	—	56	233	80
信阳农林学院	—	105	232	—
河南城建学院	42	126	445	61
河南科技学院新科学院	—	115	326	49
商丘学院	93	33	258	140
华中科技大学	25	25	143	34
长江大学	224	158	876	216
湖北工业大学	—	29	151	61
华中农业大学	352	248	1360	372
湖北民族学院	58	99	297	81
中南财经政法大学	49	43	192	45
湖北美术学院	—	17	57	—
湖北工程学院	41	82	333	54
湖北科技学院	—	33	78	—
武昌首义学院	—	—	30	—
武汉生物工程学院	56	74	381	63
湖北大学知行学院	—	25	100	—
长江大学文理学院	51	27	168	51
湖北民族学院科技学院	35	47	236	80
武汉设计工程学院	263	178	784	240
吉首大学	71	61	231	70
湖南大学	20	—	64	23
湖南科技大学	54	85	323	68
湖南农业大学	267	222	1169	315
邵阳学院	50	113	348	66
怀化学院	107	94	413	103
南华大学	—	21	259	—
湖南城市学院	41	61	204	42
湖南农业大学东方科技学院	124	135	508	132
吉首大学张家界学院	60	55	257	71
湖南应用技术学院	—	116	258	—
暨南大学	—	46	46	—
华南理工大学	—	34	111	—
华南农业大学	398	477	1780	418
广东海洋大学	96	147	516	133
韶关学院	78	94	347	78
惠州学院	68	79	323	76
岭南师范学院	53	93	315	57
肇庆学院	96	137	503	123
嘉应学院	65	91	372	95
广州大学	—	52	103	—
仲恺农业工程学院	194	274	1040	259

（续）

学校名称	毕业生数	招生数	在校学生数	毕业班学生数
广东工业大学	—	34	111	—
佛山科学技术学院	40	55	254	77
广州大学华软软件学院	—	87	229	—
广东海洋大学寸金学院	137	95	503	173
华南农业大学珠江学院	—	120	328	—
广西大学	262	233	1211	334
桂林理工大学	76	68	323	77
玉林师范学院	49	54	193	42
广西艺术学院	—	25	164	—
梧州学院	38	46	204	41
广西财经学院	49	38	233	64
广西大学行健文理学院	43	52	203	59
北京航空航天大学北海学院	38	—	29	29
海南大学	440	429	1654	382
海南师范大学	47	47	190	43
三亚学院	96	66	284	84
重庆大学	26	30	150	29
重庆交通大学	—	—	32	—
西南大学	213	224	980	208
重庆师范大学	22	—	56	—
重庆文理学院	257	208	1024	315
长江师范学院	—	58	132	—
四川美术学院	16	24	107	27
重庆大学城市科技学院	38	83	288	47
重庆人文科技学院	92	82	467	109
四川大学	30	29	164	37
西南交通大学	30	—	136	28
成都理工大学	23	100	284	48
西华大学	—	34	92	—
四川农业大学	921	447	3334	993
西昌学院	33	90	170	27
西华师范大学	94	205	477	91
绵阳师范学院	65	139	353	59
西南民族大学	—	28	143	29
成都学院	114	—	148	148
四川旅游学院	—	114	114	—
成都文理学院	—	166	166	—
贵州大学	223	196	1030	298
贵州师范大学	53	70	241	57
铜仁学院	42	50	187	47
安顺学院	—	47	113	66
凯里学院	104	61	349	83
黔南民族师范学院	61	45	239	72
贵州财经大学	—	54	228	55
贵阳学院	63	39	279	84
六盘水师范学院	—	34	122	1
云南大学	21	27	156	34
昆明理工大学	31	59	239	40
云南农业大学	221	450	1429	366
大理大学	—	50	129	—

（续）

学校名称	毕业生数	招生数	在校学生数	毕业班学生数
普洱学院	—	80	239	—
昆明学院	—	47	86	—
云南师范大学文理学院	105	44	265	86
西藏大学农牧学院	275	240	738	158
西安建筑科技大学	28	56	287	60
西北农林科技大学	592	523	2271	606
延安大学	50	42	248	60
榆林学院	49	118	390	97
安康学院	55	48	312	81
西安财经学院	43	53	193	44
西安外事学院	53	30	159	37
西安建筑科技大学华清学院	—	65	101	—
延安大学西安创新学院	60	55	196	51
兰州大学	26	33	120	32
甘肃农业大学	310	381	1565	395
兰州财经大学	54	42	207	47
兰州财经大学陇桥学院	—	37	111	34
青海大学	58	34	173	72
宁夏大学	113	71	440	122
塔里木大学	169	63	567	163
新疆农业大学	318	219	1054	305
石河子大学	93	110	491	100
新疆农业大学科学技术学院	80	155	614	141

表 15-7　2015～2016 学年初普通高等林业院校和其他高等院校林科本科学生分专业情况

单位：人

专业名称	毕业生数	招生数	在校学生数	毕业班学生数
总　计	**47 384**	**52 613**	**210 930**	**50 355**
一、林科专业	**26 466**	**30 381**	**121 009**	**29 042**
1. 林业工程类	2574	2683	10 882	2811
森林工程	317	725	1810	356
木材科学与工程	1842	1578	7133	1950
林产化工	415	380	1939	505
2. 森林资源类	3681	4133	15 943	3946
林学	2589	3064	11 646	2831
森林保护	745	694	2986	802
野生动物与自然保护区管理	347	375	1311	313
3. 环境生态类	15 913	19 387	76 538	17 555
园林	12 429	10 906	48 911	13 282
水土保持与荒漠化防治	967	1145	4364	1126
风景园林	2517	7336	23 263	3147
4. 农林经济管理类	4298	4178	17 646	4730
农林经济管理	4298	4178	17 646	4730
二、林业院校非林科专业	**20 918**	**22 232**	**89 921**	**21 313**
包装工程	181	190	753	182
保险学	39	67	222	39
材料成型及控制工程	44	58	284	62
材料工程类	—	—	24	—
材料化学	142	157	641	162

（续）

专业名称	毕业生数	招生数	在校学生数	毕业班学生数
材料科学与工程	—	82	153	—
财务管理	139	75	531	150
草坪管理	42	—	22	22
草业科学	28	34	150	43
测绘工程	181	150	746	179
测控技术与仪器	45	30	182	46
茶学	—	30	82	—
产品设计	—	290	896	—
朝鲜语	30	43	125	27
车辆工程	194	223	1130	241
城市地下空间工程	—	53	183	—
城市管理	55	73	206	40
城乡规划	—	251	805	—
地理科学	—	41	127	—
地理信息科学	—	263	765	—
地理信息系统	253	—	273	273
电气工程及其自动化	183	125	719	160
电气类	—	335	335	—
电气信息工程	45	—	138	47
电子科学与技术	64	111	424	77
电子商务	76	119	489	109
电子信息工程	381	243	1294	354
电子信息科学与技术	53	61	237	50
电子信息类	—	172	172	—
动画	146	69	393	157
动物科学	96	128	500	101
动物医学	46	118	440	89
俄语	76	98	339	77
法学	381	456	1746	435
法语	90	94	347	82
服装与服饰设计	—	—	94	—
高分子材料与工程	290	364	1294	258
给水排水工程	99	—	152	120
工程管理	304	266	1106	269
工程力学	36	37	168	43
工商管理	389	766	1757	400
工业工程	78	88	339	66
工业设计	463	375	1646	525
公安管理学	—	158	445	—
公安情报学	—	79	77	—
公共事业管理	171	47	514	178
公共艺术	—	48	118	—
广播电视新闻学	43	—	39	39
广播电视学	—	30	104	—
广告学	231	187	886	284
国际经济与贸易	552	405	2119	606
国际商务	53	83	332	76
过程装备与控制工程	43	60	203	44
汉语国际教育	—	62	162	—
汉语言	38	—	36	36

（续）

专业名称	毕业生数	招生数	在校学生数	毕业班学生数
汉语言文学	141	178	710	157
行政管理	50	72	223	43
化学	38	—	152	46
化学工程类	—	—	31	—
化学工程与工艺	216	217	813	199
化学类	—	108	108	—
化学生物学	—	33	143	33
环境工程	251	350	1179	252
环境科学	208	259	1001	220
环境设计	—	657	2286	—
会计学	1319	690	4007	1074
会展经济与管理	—	40	77	—
机械电子工程	141	110	743	194
机械类（车辆）	—	179	179	—
机械类（机电）	—	186	186	—
机械设计制造及其自动化	813	594	2870	706
计算机科学与技术	509	485	2424	573
计算机类	—	174	175	—
建设环境与设备工程	92	—	67	67
建筑环境与能源应用工程	—	56	183	—
建筑学	169	99	758	170
交通工程	76	55	365	82
交通运输	443	252	1315	392
金融工程	—	120	302	—
金融学	349	322	1403	307
经济统计学	—	—	121	—
经济学	77	68	296	68
经济学类	—	126	126	—
景观建筑设计	90	—	108	108
警务指挥与战术	—	157	373	—
酒店管理	—	91	220	—
粮食工程	—	33	92	—
旅游管理	495	346	1838	515
能源与动力工程	—	159	520	—
农村区域发展	34	—	122	38
农学	65	111	463	135
农学（种子科学与工程）	28	—	—	—
农业机械化及其自动化	46	—	30	30
农业资源与环境	65	72	261	64
汽车服务工程	104	91	513	87
轻化工程	182	180	666	165
热能与动力工程	135	—	206	206
人力资源管理	152	114	495	155
人文地理与城乡规划	—	136	347	—
日语	200	206	769	195
软件工程	114	228	727	124
商务英语	46	96	246	55
设计学类	—	435	435	—
社会工作	80	86	328	72
社会体育指导与管理	28	34	126	31
摄影	43	—	60	37

（续）

专业名称	毕业生数	招生数	在校学生数	毕业班学生数
生物工程	137	123	472	139
生物技术	293	355	1501	355
生物科学	163	94	465	128
生物科学类	—	91	91	—
生物制药	—	30	92	—
食品科学与工程	383	431	1556	365
食品质量与安全	93	100	423	139
市场营销	328	159	1128	305
视觉传达设计	—	205	773	—
数学与应用数学	96	109	426	101
数字媒体技术	—	—	57	—
数字媒体艺术	102	25	325	107
泰语	47	40	164	38
体育教育	45	42	181	42
通信工程	161	153	756	204
统计学	125	30	226	138
土地资源管理	37	72	436	117
土木工程	1093	763	3617	964
网络安全与执法	—	108	317	—
网络工程	26	—	91	32
文化产业管理	49	62	230	61
物理学	30	59	203	37
物联网工程	—	27	86	—
物流工程	191	225	833	188
物流管理	93	161	681	158
物业管理	80	59	207	50
消防工程	40	147	447	52
心理学	—	—	—	—
新能源科学与工程	—	61	61	—
信息工程	38	44	193	46
信息管理与信息系统	279	292	1363	304
信息与计算科学	229	280	1099	252
刑事科学技术	223	247	914	211
艺术设计	1317	—	1230	1230
音乐表演	60	84	266	54
印刷工程	46	29	180	77
英语	553	475	2089	564
应用化学	142	118	642	148
应用生物科学	32	42	164	44
应用统计学	—	58	172	—
应用物理学	23	38	110	—
应用心理学	68	69	302	73
园艺	252	253	1063	240
越南语	—	—	104	32
侦查学	419	305	1579	414
政治学与行政学	52	60	219	47
植物保护	106	101	400	114
治安学	337	335	1514	470
中药学	34	59	206	30
种子科学与工程	—	—	55	29
资源环境与城乡规划	35	—	40	40
资源环境与城乡规划管理	188	—	158	158
自动化	274	223	1093	268
自然地理与资源环境	—	90	269	—

表 15-8 2015～2016 学年初高等林业职业院校教职工情况

单位：人

学校名称	教职工数											另有其他人员						
	合计	校本部教职工										科研机构人员	校办企业职工	其他附设机构人员	聘请校外教师	离退休人员	附属中小学幼儿园教职工	集体所有制人员
		计	专任教师						行政人员	教辅人员	工勤人员							
			计	正高级	副高级	中级	初级	无职称者										
总 计	**7702**	**7602**	**5535**	**304**	**1341**	**2022**	**1539**	**283**	**818**	**703**	**546**	**19**	**18**	**63**	**2264**	**2353**	**—**	**—**
山西林业职业技术学院	309	288	220	3	43	82	71	21	35	13	20	—	—	21	55	83	—	—
辽宁林业职业技术学院	455	455	318	32	88	107	57	34	67	6	64	—	—	—	70	221	—	—
黑龙江林业职业技术学院	631	626	320	54	89	104	62	11	156	68	82	—	—	5	156	501	—	—
黑龙江生态工程职业学院	511	511	241	41	83	93	18	6	78	106	86	—	—	—	189	207	—	—
河南林业职业学院	303	303	202	2	62	87	51	—	38	36	27	—	—	—	13	94	—	—
上海农林职业技术学院	208	208	116	2	18	52	44	—	40	48	4	—	—	—	97	9	—	—
江苏农林职业技术学院	779	756	543	39	130	219	134	21	62	122	29	18	5	—	390	112	—	—
安徽林业职业技术学院	133	133	100	2	27	38	31	2	9	9	15	—	—	—	116	66	—	—
福建林业职业技术学院	423	409	353	9	69	88	180	7	16	34	6	1	13	—	161	89	—	—
江西环境工程职业学院	774	765	565	30	111	198	220	6	44	65	91	—	—	9	140	107	—	—
湖北生态工程职业技术学院	677	677	520	15	115	122	178	90	91	37	29	—	—	—	230	83	—	—
湖南环境生物职业技术学院	938	938	764	26	203	359	176	—	82	76	16	—	—	—	178	337	—	—
广西生态工程职业技术学院	403	375	278	18	75	132	21	32	47	26	24	—	—	28	226	237	—	—
云南林业职业技术学院	563	563	497	11	108	198	170	10	22	15	29	—	—	—	146	112	—	—
甘肃林业职业技术学院	458	458	396	19	120	143	87	27	13	37	12	—	—	—	96	61	—	—
宁夏葡萄酒与防沙治沙职业技术学院	137	137	102	1	26	20	39	16	18	5	12	—	—	—	1	34	—	—

表 15-9 2015～2016 学年高等林业职业教育及普通专科分学校情况

单位：人

学校名称	毕业生数	招生数	在校学生数	毕业班学生数
总 计	**41 455**	**45 687**	**140 033**	**45 952**
（一）高等林业职业学校	**29 265**	**34 834**	**104 057**	**32 966**
山西林业职业技术学院	1998	1580	4852	1743
辽宁林业职业技术学院	2160	2210	6310	1925
黑龙江林业职业技术学院	2275	2234	6491	2114
黑龙江生态工程职业学院	1194	1926	5554	2066
河南林业职业学院	—	1044	1778	273
上海农林职业技术学院	860	1204	3481	1074
江苏农林职业技术学院	3784	3523	11670	3969
安徽林业职业技术学院	958	1160	3324	1032
福建林业职业技术学院	2108	2069	6462	2368
江西环境工程职业学院	2114	2748	8813	2446
湖南环境生物职业技术学院	2714	3193	10 375	3323
湖北生态工程职业技术学院	2651	3031	10 132	3596
广东生态工程职业学院	—	659	1143	—
广西生态工程职业技术学院	1503	2671	7207	2056
云南林业职业技术学院	1840	2502	7101	2052
甘肃林业职业技术学院	2906	2767	8585	2732
宁夏葡萄酒与防沙治沙职业技术学院	200	313	779	197

（续）

学校名称	毕业生数	招生数	在校学生数	毕业班学生数
（二）普通林业学校专科	**781**	**565**	**1734**	**586**
中南林业科技大学	642	565	1734	586
南京森林警察学院	139	—	—	—
（三）其他高等学校（林科）	**11 409**	**10 288**	**34 242**	**12 400**
北京农学院	55	71	232	58
北京联合大学	10	13	38	10
北京城市学院	26	—	22	22
北京农业职业学院	40	65	198	72
天津农学院	69	74	212	76
天津滨海职业学院	42	47	157	54
河北农业大学	167	—	2	—
河北北方学院	32	23	84	55
衡水学院	43	—	15	15
沧州师范学院	11	4	13	9
河北政法职业学院	52	68	195	73
沧州职业技术学院	120	53	232	112
保定职业技术学院	50	61	158	41
石家庄工程职业学院	79	28	174	102
唐山职业技术学院	103	104	363	165
衡水职业技术学院	76	27	75	40
河北旅游职业学院	138	110	300	100
石家庄财经职业学院	—	7	22	14
河北美术学院	13	16	66	25
廊坊职业技术学院	73	61	260	94
廊坊东方职业技术学院	7	4	20	11
宣化科技职业学院	—	3	26	3
吕梁学院	154	—	257	136
太原学院	24	36	85	29
长治职业技术学院	16	49	92	17
晋城职业技术学院	—	18	42	—
内蒙古农业大学	31	31	185	87
集宁师范学院	—	50	50	—
河套学院	16	—	—	—
兴安职业技术学院	—	3	3	—
呼和浩特职业学院	—	38	38	—
内蒙古电子信息职业技术学院	58	75	199	62
锡林郭勒职业学院	18	11	49	24
乌兰察布职业学院	57	19	143	81
鄂尔多斯生态环境职业学院	—	22	22	—
扎兰屯职业学院	—	22	22	—
辽宁农业职业技术学院	156	142	497	154
阜新高等专科学校	32	37	57	20
辽东学院	32	—	25	25
辽宁职业学院	41	52	191	71
辽宁水利职业学院	39	89	222	46
长春科技学院	28	21	67	19
松原职业技术学院	5	—	—	—
伊春职业学院	122	1	147	119
黑龙江职业学院	17	47	134	48
黑龙江建筑职业技术学院	53	71	204	73

（续）

学校名称	毕业生数	招生数	在校学生数	毕业班学生数
大庆职业学院	—	17	24	—
黑龙江农业职业技术学院	13	8	23	7
黑龙江农业工程职业学院	39	51	117	35
齐齐哈尔工程学院	—	—	30	13
大兴安岭职业学院	48	48	119	27
黑龙江农业经济职业学院	23	27	81	31
黑龙江生物科技职业学院	17	27	67	28
黑龙江农垦科技职业学院	14	18	56	22
上海城市管理职业技术学院	114	114	304	115
连云港职业技术学院	56	25	159	83
扬州市职业大学	—	76	226	74
硅湖职业技术学院	9	3	66	27
江苏联合职业技术学院	237	—	612	371
南通科技职业学院	114	37	196	139
江苏农牧科技职业学院	102	31	254	121
苏州农业职业技术学院	228	235	743	198
无锡城市职业技术学院	30	16	48	—
江苏城市职业学院	46	34	224	99
南京旅游职业学院	16	—	49	26
徐州生物工程职业技术学院	33	27	169	21
金华职业技术学院	134	256	737	280
宁波城市职业技术学院	146	149	439	185
嘉兴职业技术学院	135	79	421	169
丽水职业技术学院	133	90	293	90
台州科技职业学院	43	48	136	45
温州科技职业学院	176	193	552	181
芜湖职业技术学院	58	95	197	59
宿州职业技术学院	39	42	177	81
六安职业技术学院	134	117	418	153
合肥职业技术学院	25	34	83	17
滁州职业技术学院	46	53	149	40
池州职业技术学院	124	92	310	100
宣城职业技术学院	47	22	109	60
安徽城市管理职业学院	126	169	445	140
安庆职业技术学院	91	61	312	176
黄山职业技术学院	31	64	114	20
漳州职业技术学院	93	73	235	77
闽西职业技术学院	41	20	83	34
福建农业职业技术学院	243	102	323	118
福州黎明职业技术学院	15	9	32	23
宁德职业技术学院	20	16	40	18
漳州城市职业学院	50	46	146	49
武夷山职业学院	11	8	27	3
景德镇学院	35	39	135	45
江西科技师范大学	2	56	134	—
南昌工学院	—	32	102	20
江西生物科技职业学院	58	81	276	100
抚州职业技术学院	5	—	2	—
吉安职业技术学院	—	40	63	—
临沂大学	16	22	119	45

（续）

学校名称	毕业生数	招生数	在校学生数	毕业班学生数
济宁职业技术学院	21	14	72	37
潍坊职业学院	33	66	300	71
东营职业学院	27	63	136	31
聊城职业技术学院	14	26	57	15
滨州职业学院	30	20	77	35
潍坊科技学院	40	—	68	36
山东英才学院	11	97	198	23
东营科技职业学院	1	28	66	—
淄博职业学院	23	45	82	9
青岛求实职业技术学院	25	61	127	27
山东协和学院	—	10	42	—
泰山职业技术学院	15	29	112	31
枣庄职业学院	8	18	35	13
潍坊工程职业学院	5	7	17	5
山东农业工程学院	53	62	220	100
河南科技大学	65	—	96	53
河南农业大学	96	—	63	63
河南科技学院	66	71	248	94
三门峡职业技术学院	44	15	79	49
新乡学院	62	55	107	52
信阳农林学院	92	100	433	85
濮阳职业技术学院	38	29	66	25
许昌职业技术学院	63	38	115	49
商丘职业技术学院	105	37	175	78
河南农业职业学院	318	243	777	314
商丘学院	25	32	108	39
许昌陶瓷职业学院	3	—	—	—
南阳农业职业学院	—	6	6	—
黄冈职业技术学院	79	52	216	107
江汉大学	23	—	—	—
荆楚理工学院	46	43	167	69
武昌理工学院	—	24	24	—
恩施职业技术学院	11	22	39	—
武汉生物工程学院	138	187	535	179
武汉工贸职业学院	14	—	28	—
荆州职业技术学院	58	39	109	35
仙桃职业学院	35	7	128	89
武汉软件工程职业学院	73	—	—	—
湖北三峡职业技术学院	43	44	172	67
湖北生物科技职业学院	115	58	255	124
咸宁职业技术学院	49	129	288	97
武汉民政职业学院	41	10	137	34
三峡旅游职业技术学院	31	11	49	18
永州职业技术学院	33	51	102	34
湖南生物机电职业技术学院	198	265	829	241
娄底职业技术学院	126	104	236	68
长沙职业技术学院	18	13	54	20
岳阳职业技术学院	50	45	143	52
常德职业技术学院	51	22	82	33
湘西民族职业技术学院	15	23	42	8

（续）

学校名称	毕业生数	招生数	在校学生数	毕业班学生数
益阳职业技术学院	58	104	219	27
湖南应用技术学院	62	52	266	92
湖南都市职业学院	20	17	53	17
顺德职业技术学院	29	108	233	85
深圳职业技术学院	154	158	468	160
私立华联学院	92	39	184	88
广东农工商职业技术学院	162	125	388	156
阳江职业技术学院	67	54	220	83
河源职业技术学院	51	71	161	45
揭阳职业技术学院	—	48	68	—
广州城市职业学院	86	78	233	64
东莞职业技术学院	74	68	237	81
广东环境保护工程职业学院	296	202	610	221
玉林师范学院	—	—	—	—
桂林师范高等专科学校	23	—	41	27
贺州学院	8	—	—	—
广西交通职业技术学院	63	60	207	83
广西农业职业技术学院	104	63	199	72
广西城市职业学院	25	40	93	26
广西英华国际职业学院	18	3	11	6
广西工程职业学院	11	8	22	9
海南职业技术学院	67	59	261	132
琼台师范高等专科学校	30	79	244	93
重庆三峡职业学院	331	287	923	315
重庆工贸职业技术学院	86	36	230	109
重庆城市管理职业学院	165	132	442	145
重庆旅游职业学院	52	21	106	38
西昌学院	50	—	84	59
西华师范大学	51	—	108	54
绵阳师范学院	13	—	30	30
南充职业技术学院	76	78	162	36
内江职业技术学院	44	30	129	61
成都农业科技职业学院	122	199	433	130
眉山职业技术学院	—	38	38	—
广安职业技术学院	31	50	151	58
安顺职业技术学院	10	32	106	34
黔东南民族职业技术学院	23	85	171	—
黔南民族职业技术学院	15	62	92	7
遵义职业技术学院	—	68	90	—
黔西南民族职业技术学院	33	35	92	16
贵阳职业技术学院	96	30	155	66
云南农业大学	—	—	24	—
普洱学院	33	31	92	25
昆明学院	27	—	—	—
云南农业职业技术学院	56	40	133	40
西双版纳职业技术学院	19	24	72	34
玉溪农业职业技术学院	84	34	187	80
云南热带作物职业学院	62	—	40	40
云南国防工业职业技术学院	39	40	111	44
大理农林职业技术学院	—	82	231	83

（续）

学校名称	毕业生数	招生数	在校学生数	毕业班学生数
西藏大学农牧学院	36	80	152	35
西藏职业技术学院	104	90	287	103
杨凌职业技术学院	57	22	78	24
安康学院	22	—	32	32
西安东方亚太职业技术学院	—	5	10	—
咸阳职业技术学院	43	29	194	43
西安职业技术学院	27	—	15	8
汉中职业技术学院	8	23	96	39
延安职业技术学院	13	—	16	16
河西学院	1	—	—	—
陇南师范高等专科学校	—	49	93	—
兰州职业技术学院	41	58	305	188
甘肃农业职业技术学院	55	4	231	58
青海畜牧兽医职业技术学院	30	46	150	68
宁夏职业技术学院	53	41	161	67
伊犁职业技术学院	12	26	93	39
巴音郭楞职业技术学院	26	25	91	35
新疆应用职业技术学院	12	24	100	38

表 15-10　2015～2016 学年高等林业(生态)职业技术学院和其他高等职业学院林科分专业情况

单位:人

专业名称	毕业生数	招生数	在校学生数	毕业班学生数
总　计	**41 455**	**45 687**	**140 033**	**45 952**
(一)林科专业	**18 216**	**17 888**	**56 673**	**19 375**
城市园林	1368	1580	4527	1608
高尔夫场地管理	112	75	307	107
家具卖场设计与管理	106	188	792	161
经济林培育与利用	25	91	133	27
林业技术	1804	2386	6245	1740
林业信息技术	28	34	104	34
木材加工技术	175	201	485	152
人造板自动化生产技术	32	—	2	—
森林防火指挥与通讯	38	14	82	58
森林工程技术	—	33	79	16
森林生态旅游	305	491	1047	243
森林资源保护	250	194	696	257
商品花卉	590	425	1485	560
野生动物保护	22	23	57	15
野生植物资源开发与利用	75	89	206	76
园林技术	11 840	10 654	35 810	12 667
园林建筑	116	159	542	215
自然保护区建设与管理	40	114	258	27
其他林业专业	1290	1137	3816	1412
(二)非林科专业	**23 239**	**27 799**	**83 360**	**26 577**
包装技术与设计	36	41	146	56
报关与国际货运	—	—	—	—
财务管理	367	328	1330	474
茶艺	50	57	150	43
城市轨道交通工程技术	—	39	39	—

（续）

专业名称	毕业生数	招生数	在校学生数	毕业班学生数
城市轨道交通运营管理	—	215	215	—
城镇规划	222	144	615	246
宠物养护与疫病防治	54	167	412	119
宠物医学	80	152	247	44
畜牧兽医	169	251	645	198
传媒策划与管理	—	77	156	43
导游	34	44	101	35
道路桥梁工程技术	456	332	1219	437
地理信息系统与地图制图技术	130	78	290	111
电脑艺术设计	96	98	315	87
电气自动化技术	151	94	483	180
电子商务	303	1060	1930	317
电子信息工程技术	67	45	280	107
雕刻艺术与家具设计	113	305	510	91
动漫设计与制作	65	130	453	153
动物防疫与检疫	—	30	88	26
动物科学与技术	43	—	119	58
动物医学	153	112	636	291
都市园艺	26	52	187	60
房地产经营与估价	14	—	24	15
服装设计	18	28	91	26
给排水工程技术	43	60	145	32
工程测量技术	332	277	839	309
工程测量与监理	138	152	607	184
工程机械运用与维护	9	—	—	—
工程监理	241	187	721	282
工程造价	888	1312	4005	1229
工商企业管理	24	42	101	36
工业分析与检验	—	—	21	21
工业设计	—	1	19	12
供用电技术	—	41	41	—
观光农业	36	36	119	45
广告设计与制作	105	197	496	143
广告与会展	43	47	152	55
国际贸易实务	13	—	—	—
国际商务	90	—	46	46
焊接技术及自动化	23	5	35	19
航空服务	—	160	160	—
护理	1642	1565	5963	1984
环境工程技术	50	75	230	71
环境监测与评价	145	220	621	187
环境监测与治理技术	301	409	1095	308
环境艺术设计	595	588	1683	550
会计	558	989	2915	947
会计电算化	1497	1138	3901	1456
会计与审计	421	330	1154	406
会展策划与管理	55	32	122	55
机电设备维修与管理	—	13	13	—
机电一体化技术	468	636	2186	632
机械设计与制造	89	72	229	65

（续）

专业名称	毕业生数	招生数	在校学生数	毕业班学生数
机械制造与自动化	117	30	164	84
计算机多媒体技术	12	41	80	15
计算机类专业	—	16	16	—
计算机网络技术	285	701	1461	291
计算机系统维护	9	—	5	5
计算机信息管理	42	52	293	119
计算机应用技术	414	608	1562	398
家具设计与制造	438	441	1205	403
家政服务	101	37	125	40
建筑工程管理	46	134	325	76
建筑工程技术	1506	984	4993	2260
建筑装饰工程技术	96	63	262	77
金融保险	—	3	3	—
金融与证券	104	189	478	144
经济管理	98	99	345	121
景观设计	57	131	371	116
景区开发与管理	27	46	98	19
酒店管理	521	728	1833	541
康复治疗技术	—	16	41	—
空中乘务	—	5	8	—
口腔医学技术	—	75	191	48
连锁经营管理	43	35	56	21
楼宇智能化工程技术	35	10	51	23
旅游服务与管理	18	—	20	—
旅游管理	353	397	1028	254
旅游管理类专业	14	56	149	47
旅游英语	47	24	89	27
绿色食品生产与检验	47	58	148	40
模具设计与制造	69	66	212	70
农产品质量检测	15	113	218	47
农林管理类专业	40	—	—	—
农业机械应用技术	54	65	259	99
农业技术类专业	42	—	—	—
农业技术与管理	—	63	262	91
农业经济管理	17	91	200	54
烹饪工艺与营养	—	40	40	—
葡萄与葡萄酒工程	—	113	286	75
汽车电子技术	89	124	285	76
汽车技术服务与营销	178	308	994	365
汽车检测与维修技术	316	575	1266	263
汽车运用技术	89	115	565	156
汽车运用与维修	—	121	240	40
汽车制造与装配技术	—	85	171	40
嵌入式技术与应用	—	41	71	—
软件技术	104	316	611	122
商务管理	64	84	174	53
商务日语	41	59	161	54
商务英语	106	72	274	108
设施农业技术	24	85	209	69
社区管理与服务	—	36	129	48

（续）

专业名称	毕业生数	招生数	在校学生数	毕业班学生数
涉外护理	—	—	—	—
涉外旅游	2	—	—	—
生化制药技术	48	40	122	43
生物技术及应用	270	516	1101	279
生物制药技术	101	178	389	90
食品工艺与检测	—	—	52	31
食品加工技术	69	39	143	54
食品类专业	40	—	—	—
食品生物技术	43	45	140	22
食品药品监督管理	31	37	114	36
食品营养与检测	246	230	730	260
食品质量与安全监管	—	—	1	—
市场开发与营销	47	107	275	77
市场营销	356	491	1449	456
市政工程技术	82	93	293	90
视觉传达艺术设计	79	60	205	72
室内检测与控制技术	—	7	7	—
室内设计技术	1349	1226	4206	1478
室内装饰设计	—	—	12	9
兽医医药	27	30	81	14
数控技术	191	106	383	141
数控设备应用与维护	27	20	60	29
数字媒体技术	79	44	160	65
水产养殖技术	31	74	167	19
水利工程	98	49	191	70
水土保持	73	55	157	52
水文与工程地质	—	36	82	—
通信技术	251	146	447	109
投资与理财	31	48	122	45
图文信息技术	18	—	—	—
图形图像制作	153	164	504	163
微电子技术	—	—	18	18
文秘	126	73	271	97
物联网应用技术	84	135	354	109
物流管理	555	575	1675	568
物业管理	—	—	34	—
西餐工艺	—	63	146	42
现代农业	—	86	129	—
新闻采编与制作	29	—	30	15
新闻与传播	—	—	—	—
信息安全技术	—	4	4	—
休闲服务与管理	—	24	72	18
学前教育	224	250	672	216
药品质量检测技术	—	30	45	—
药物制剂技术	—	21	21	—
药学	176	219	640	211
医学检验技术	158	176	470	122
医药营销	8	32	56	18
移动互联网应用技术	—	34	34	—
移动通信技术	—	29	29	—

（续）

专业名称	毕业生数	招生数	在校学生数	毕业班学生数
艺术设计	103	77	437	169
艺术设计类专业	44	—	14	—
音乐表演	32	17	82	31
营销与策划	138	220	555	132
影视动画	17	24	71	33
应用电子技术	157	111	318	84
应用俄语	10	—	6	6
应用韩语	14	—	34	17
应用化工技术	58	53	110	16
园艺技术	692	725	2104	704
治安管理	139	—	—	—
中草药栽培技术	24	43	101	21
中药	51	71	193	54
中药制药技术	27	53	90	16
种子生产与经营	17	46	86	18
助产	155	216	601	177
装潢艺术设计	43	72	185	51
装饰艺术设计	—	83	619	289
资产评估与管理	83	126	295	65
资源环境与城市管理	151	154	555	195
作物生产技术	51	102	284	71

表 15-11　2015～2016 学年初主要涉林高等院校及科研单位分学科专业学生情况

单位：人

单位名称	分学科、专业学生数	毕业生数	招生数	在校学生数	毕业班学生数
北京林业大学	**学生总数**	**4755**	**5032**	**18 289**	**5437**
	其中：林业学科、专业学生	1677	1804	6582	2199
	占学生总数的比例	35.27%	36.34%	36.46%	41.36%
	一、研究生合计	**1577**	**1740**	**4965**	**2137**
	（一）博士小计	236	266	1163	634
	1. 林业学科	201	227	994	538
	2. 其他学科	35	39	169	96
	（二）硕士小计	1341	1474	3802	1503
	1. 林业学科	626	731	1931	719
	2. 其他学科	715	743	1871	784
	二、本专科生合计	**3178**	**3292**	**13324**	**3300**
	1. 林科专业	850	846	3657	942
	2. 其他专业	2328	2446	9667	2358
东北林业大学	**学生总数**	**5936**	**6179**	**23135**	**6360**
	其中：林业学科、专业学生	1191	1200	4739	1657
	占学生总数的比例	20.06%	19.42%	20.48%	26.05%
	一、研究生合计	**1276**	**1465**	**4330**	**1835**
	（一）博士小计	124	193	986	599
	1. 林业学科	81	142	751	472
	2. 其他学科	43	51	235	127
	（二）硕士小计	1152	1272	3344	1236
	1. 林业学科	323	399	1108	384
	2. 其他学科	829	873	2236	852
	二、本专科生合计	**4660**	**4714**	**18 805**	**4525**
	本科小计	4660	4714	18 805	4525

（续）

单位名称	分学科、专业学生数	毕业生数	招生数	在校学生数	毕业班学生数
	1. 林科专业	787	659	2880	801
	2. 其他专业	3873	4055	15 925	3724
南京林业大学	**学生总数**	**4939**	**5215**	**20 151**	**5601**
	其中：林业学科、专业学生	1023	1191	4549	1583
	占学生总数的比例	20.71%	22.84%	22.57%	28.26%
	一、研究生合计	**995**	**1228**	**3619**	**1610**
	（一）博士小计	57	130	800	543
	1. 林业学科	50	111	686	469
	2. 其他学科	7	19	114	74
	（二）硕士小计	938	1098	2819	1067
	1. 林业学科	365	400	1074	392
	2. 其他学科	573	698	1745	675
	二、本专科生合计	**3944**	**3987**	**16 532**	**3991**
	（一）本科小计	3944	3987	16 532	3991
	1. 林科专业	608	680	2789	722
	2. 其他专业	3336	3307	13 743	3269
中南林业科技大学	**学生总数**	**6882**	**7200**	**27 633**	**7034**
	其中：林业学科、专业学生	820	933	3590	994
	占学生总数的比例	11.92%	12.91%	13.12%	13.77%
	一、研究生合计	**681**	**776**	**2221**	**688**
	（一）博士小计	30	55	302	193
	1. 林业学科	29	45	284	189
	2. 其他学科	1	10	18	4
	（二）硕士小计	651	721	1919	495
	1. 林业学科	189	186	541	151
	2. 其他学科	462	535	1378	344
	二、本专科生合计	**6201**	**6424**	**25 412**	**6346**
	（一）本科小计	5559	5859	23 678	5760
	1. 林科专业	539	655	2592	594
	2. 其他专业	4899	5235	20 756	5029
	（二）高职小计	642	565	1734	586
西南林业大学	**学生总数**	**4112**	**4219**	**17 452**	**4251**
	其中：林业学科、专业学生	987	1046	4098	1044
	占学生总数的比例	24.00%	24.79%	23.48%	24.56%
	一、研究生合计	**453**	**483**	**1254**	**498**
	（一）博士小计	—	12	21	—
	1. 林业学科	—	11	20	—
	2. 其他学科	—	1	1	—
	（二）硕士小计	453	471	1233	498
	1. 林业学科	278	264	695	291
	2. 其他学科	175	207	538	207
	二、本专科生合计	**3659**	**3736**	**16 198**	**3753**
	（一）本科小计	3659	3736	16 198	3753
	1. 林科专业	709	771	3383	753
	2. 其他专业	2950	2965	12815	3000
西北农林科技大学	**学生总数**	**7646**	**7815**	**28931**	**8372**
	其中：林业学科、专业学生	928	890	3428	1067
	占学生总数的比例	12.41%	11.30%	11.70%	12.36%
	一、研究生合计	**2279**	**2652**	**7410**	**2958**
	（一）博士小计	373	422	1806	913

（续）

单位名称	分学科、专业学生数	毕业生数	招生数	在校学生数	毕业班学生数
	1. 林业学科	73	63	346	176
	2. 其他学科	300	359	1460	737
	（二）硕士小计	1906	2230	5604	2045
	1. 林业学科	263	304	811	285
	2. 其他学科	1643	1926	4793	1760
	二、本专科生合计	**5367**	**5163**	**21521**	**5414**
	1. 林科专业	592	523	2271	606
	2. 其他专业	4775	4640	19 250	4808
浙江农林大学	**学生总数**	**3640**	**3946**	**15 932**	**4170**
	其中：林业学科、专业学生	617	632	2515	673
	占学生总数的比例	16.95%	16.02%	15.79%	16.14%
	一、研究生合计	**272**	**557**	**1555**	**494**
	（一）博士小计	—	4	10	—
	林学学科	—	4	10	—
	（二）硕士小计	272	553	1545	494
	1. 林业学科	165	206	541	171
	2. 其他学科	107	347	1004	323
	二、本专科生合计	**3368**	**3389**	**14 377**	**3676**
	（一）本科小计	3368	3389	14 377	3676
	1. 林科专业	452	422	1964	502
	2. 其他专业	2916	2967	12 413	3174
中国林业科学研究院	**学生总数**	**276**	**35**	**994**	**411**
	其中：林业学科、专业学生	250	35	896	378
	占学生总数的比例	90.58%	100.00%	90.14%	91.97%
	一、研究生合计	**276**	**35**	**994**	**411**
	（一）博士小计	94	35	443	206
	林业学科	94	35	443	206
	（二）硕士小计	182	—	551	205
	1. 林业学科	156	—	453	172
	2. 其他学科	26	—	98	33
河北农业大学	**学生总数**	**8384**	**7760**	**29 186**	**8576**
	其中：林业学科、专业学生	752	602	2215	551
	占学生总数的比例	8.97%	7.76%	7.59%	6.42%
	一、研究生合计	**796**	**837**	**2276**	**963**
	（一）博士小计	42	55	288	179
	1. 林业学科	6	10	50	33
	2. 其他学科	36	45	238	146
	（二）硕士小计	754	782	1988	784
	1. 林业学科	146	139	357	143
	2. 其他学科	608	643	1631	641
	二、本专科生合计	**7588**	**6923**	**26 910**	**7613**
	（一）本科小计	4580	6121	21 627	4777
	1. 林科专业	433	453	1806	375
	2. 其他专业	4147	5668	19 821	4402
	（二）高职小计	3008	802	5283	2836
	1. 林科专业	167	—	2	—
	2. 其他专业	2841	802	5281	2836
内蒙古农业大学	**学生总数**	**8823**	**8792**	**33 704**	**9171**
	其中：林业学科、专业学生	950	1030	3812	988
	占学生总数的比例	10.77%	11.72%	11.31%	10.77%
	一、研究生合计	**752**	**931**	**2591**	**1045**
	（一）博士小计	73	114	489	267

（续）

单位名称	分学科、专业学生数	毕业生数	招生数	在校学生数	毕业班学生数
	1. 林业学科	15	20	101	59
	2. 其他学科	58	94	388	208
	（二）硕士小计	679	817	2102	778
	1. 林业学科	117	159	394	131
	2. 其他学科	562	658	1708	647
	二、本专科生合计	**8071**	**7861**	**31 113**	**8126**
	（一）本科小计	7010	6897	27 684	6903
	1. 林科专业	787	820	3122	711
	2. 其他专业	6223	6077	24 562	6192
	（二）高职小计	1061	964	3429	1223
	1. 林科专业	31	31	195	87
	2. 其他专业	1030	933	3234	1136
安徽农业大学	**学生总数**	**5770**	**5244**	**21 082**	**6101**
	其中：林业学科、专业学生	392	386	1364	433
	占学生总数的比例	6.79%	7.36%	6.47%	7.10%
	一、研究生合计	**783**	**993**	**2625**	**1000**
	（一）博士小计	30	52	203	101
	1. 林业学科	7	10	31	17
	2. 其他学科	23	42	172	84
	（二）硕士小计	753	941	2422	899
	1. 林业学科	90	108	308	110
	2. 其他学科	663	833	2114	789
	二、本专科生合计	**4987**	**4251**	**18 457**	**5101**
	（一）本科小计	4987	4251	18 457	5101
	1. 林科专业	295	268	1025	306
	2. 其他专业	4692	3983	17 432	4795
福建农林大学	**学生总数**	**7115**	**6959**	**27 059**	**7423**
	其中：林业学科、专业学生	756	887	2856	746
	占学生总数的比例	10.63%	12.75%	10.55%	10.05%
	一、研究生合计	**957**	**1258**	**3635**	**1502**
	（一）博士小计	61	113	558	335
	1. 林业学科	14	33	172	102
	2. 其他学科	47	80	386	233
	（二）硕士小计	896	1145	3077	1167
	1. 林业学科	172	219	512	185
	2. 其他学科	724	926	2565	982
	二、本专科生合计	**6158**	**5701**	**23 424**	**5921**
	（一）本科小计	5472	5701	23 020	5517
	1. 林科专业	570	635	2172	459
	2. 其他专业	4902	5066	20 848	5058
	（二）高职小计	686	—	404	404
	其他专业	686	—	404	404
江西农业大学	**学生总数**	**4827**	**5338**	**20 499**	**5195**
	其中：林业学科、专业学生	344	381	1284	336
	占学生总数的比例	7.13%	7.14%	6.26%	6.47%
	一、研究生合计	**490**	**511**	**1454**	**578**
	（一）博士小计	22	32	118	59
	1. 林业学科	7	11	43	23
	2. 其他学科	15	21	75	36
	（二）硕士小计	468	479	1336	519
	1. 林业学科	80	97	232	80
	2. 其他学科	388	382	1104	439

（续）

单位名称	分学科、专业学生数	毕业生数	招生数	在校学生数	毕业班学生数
	二、本专科生合计	**4337**	**4827**	**19 045**	**4617**
	（一）本科小计	4337	4827	19 045	4617
	1. 林科专业	257	273	1009	233
	2. 其他专业	4080	4554	18 036	4384
山东农业大学	**学生总数**	**8359**	**8527**	**33 757**	**8786**
	其中：林业学科、专业学生	603	715	2560	650
	占学生总数的比例	7.21%	8.39%	7.58%	7.40%
	一、研究生合计	**1033**	**1184**	**3172**	**1228**
	（一）博士小计	100	112	407	184
	1. 林业学科	10	12	55	24
	2. 其他学科	90	100	352	160
	（二）硕士小计	933	1072	2765	1044
	1. 林业学科	102	117	331	116
	2. 其他学科	831	955	2434	928
	二、本专科生合计	**7326**	**7343**	**30 585**	**7558**
	（一）本科小计	7326	7343	30 585	7558
	1. 林科专业	491	586	2174	510
	2. 其他专业	6835	6757	28 411	7048
河南农业大学	**学生总数**	**7510**	**8680**	**32 428**	**8634**
	其中：林业学科、专业学生	474	457	1813	581
	占学生总数的比例	6.31%	5.26%	5.59%	6.73%
	一、研究生合计	**648**	**738**	**2055**	**828**
	（一）博士小计	35	56	185	66
	1. 林业学科	2	9	26	9
	2. 其他学科	36	59	158	55
	（二）硕士小计	613	682	1870	762
	1. 林业学科	84	103	308	128
	2. 其他学科	529	579	1562	634
	二、本专科生合计	**6862**	**7942**	**30 373**	**7806**
	（一）本科小计	5914	6357	26 333	6873
	1. 林科专业	292	345	1416	381
	2. 其他专业	5622	6012	24 917	6492
	（二）高职小计	948	1585	4040	933
	1. 林科专业	96	—	63	63
	2. 其他专业	852	1585	3977	870
新疆农业大学	**学生总数**	**3913**	**4251**	**16 749**	**4167**
	其中：林业学科、专业学生	372	260	1219	381
	占学生总数的比例	9.51%	6.12%	7.28%	9.14%
	一、研究生合计	**600**	**634**	**1855**	**803**
	（一）博士小计	23	39	193	117
	1. 林业学科	—	—	2	2
	2. 其他学科	23	39	191	115
	（二）硕士小计	577	595	1662	686
	1. 林业学科	54	41	163	74
	2. 其他学科	523	554	1499	612
	二、本专科生合计	**3313**	**3617**	**14 894**	**3364**
	（一）本科小计	3239	3573	14 690	3281
	1. 林科专业	318	219	1054	305
	2. 其他专业	2921	3354	13 636	2976
	（二）高职小计	74	44	204	83
	其他专业	74	44	204	83

（续）

单位名称	分学科、专业学生数	毕业生数	招生数	在校学生数	毕业班学生数
山西林业职业技术学院	**学生总数**	**1998**	**1580**	**4852**	**1743**
	其中:林业类专业学生	514	401	1141	389
	占学生总数的比例	25.73%	25.38%	23.52%	22.32%
辽宁林业职业技术学院	**学生总数**	**2160**	**2210**	**6310**	**1925**
	其中:林业类专业学生	534	372	1245	424
	占学生总数的比例	24.72%	16.83%	19.73%	22.03%
黑龙江林业职业技术学院	**学生总数**	**2275**	**2234**	**6491**	**2114**
	其中:林业类专业学生	277	239	1122	310
	占学生总数的比例	12.18%	10.70%	17.29%	14.66%
黑龙江生态职业技术学院	**学生总数**	**1194**	**1926**	**5554**	**2066**
	其中:林业类专业学生	64	125	322	115
	占学生总数的比例	5.36%	6.49%	5.80%	5.57%
安徽林业职业技术学院	**学生总数**	**958**	**1160**	**3324**	**1032**
	其中:林业类专业学生	352	301	834	262
	占学生总数的比例	36.74%	25.95%	25.09%	25.39%
福建林业职业技术学院	**学生总数**	**2108**	**2069**	**6462**	**2368**
	其中:林业类专业学生	199	229	602	196
	占学生总数的比例	9.44%	11.07%	9.32%	8.28%
江西环境工程职业学院	**学生总数**	**2114**	**2748**	**8813**	**2446**
	其中:林业类专业学生	469	468	1638	465
	占学生总数的比例	22.19%	17.03%	18.59%	19.01%
河南林业职业技术学院	**学生总数**	**—**	**1044**	**1778**	**273**
	其中:林业类专业学生	—	159	356	109
	占学生总数的比例	—	15.23%	20.02%	39.93%
湖北生态工程职业技术学院	**学生总数**	**2651**	**3031**	**10 132**	**3596**
	其中:林业类专业学生	755	762	2073	664
	占学生总数的比例	28.48%	25.14%	20.46%	18.46%
湖南环境生物职业技术学院	**学生总数**	**2714**	**3193**	**10 375**	**3323**
	其中:林业类专业学生	222	241	647	163
	占学生总数的比例	8.18%	7.55%	6.24%	4.91%
广东生态工程职业学院	**学生总数**	**—**	**659**	**1143**	**—**
	其中:林业类专业学生	—	659	1143	—
	占学生总数的比例	—	100%	100%	—
广西生态工程职业技术学院	**学生总数**	**1503**	**2671**	**7207**	**2056**
	其中:林业类专业学生	310	351	1035	329
	占学生总数的比例	20.63%	13.14%	14.36%	16.00%
云南林业职业技术学院	**学生总数**	**1840**	**2502**	**7101**	**2052**
	其中:林业类专业学生	724	956	2609	733
	占学生总数的比例	39.35%	38.21%	36.74%	35.72%
甘肃林业职业技术学院	**学生总数**	**2906**	**2767**	**8585**	**2732**
	其中:林业类专业学生	525	528	1600	615
	占学生总数的比例	18.07%	19.08%	18.64%	22.51%
宁夏葡萄酒与防沙治沙职业技术学院	**学生总数**	**200**	**313**	**779**	**197**
	其中:林业类专业学生	70	83	225	66
	占学生总数的比例	35.00%	26.52%	28.88%	33.50%
上海农林职业技术学院	**学生总数**	**860**	**1204**	**3481**	**1074**
	其中:林业类专业学生	137	114	340	151
	占学生总数的比例	15.93%	9.47%	9.77%	14.06%
江苏农林职业技术学院	**学生总数**	**3784**	**3523**	**11 670**	**3969**
	其中:林业类专业学生	587	543	1707	548
	占学生总数的比例	15.51%	15.41%	14.63%	13.81%

表 15-12 2015～2016 学年初普通中等林业(园林)职业学校教职工情况

单位:人

学校名称	教职工数总计	校本部职工数										校办厂(场)职工	附设机构人员	兼任教师(不在教职工数中)
		合计	专任教师						教辅人员	行政人员	工勤人员			
			计	正高级	副高级	讲师	助理讲师	教员						
合计	**2485**	**2485**	**1570**	**3**	**497**	**503**	**321**	**246**	**320**	**308**	**287**	**—**	**—**	**200**
北京市园林学校	100	100	66	2	17	26	18	3	12	7	15	—	—	—
天津市园林学校	54	54	38	—	13	19	6	—	5	3	8	—	—	4
涿鹿县宝峰寺林业中学	27	27	26	—	10	16	—	—	—	—	1	—	—	—
内蒙古大兴安岭林业学校	181	181	102	—	61	35	6	—	11	23	45	—	—	—
沈阳市园林学校	38	38	33	—	9	21	3	—	4	—	1	—	—	1
黑龙江省林业卫生学校	495	495	271	—	25	24	32	190	81	104	39	—	—	—
朗乡林业局职业中学	31	31	24	—	3	15	6	—	4	—	3	—	—	—
黑龙江省伊春林业学校	137	137	78	—	41	13	13	11	16	29	14	—	—	25
黑龙江省齐齐哈尔林业学校	178	178	111	—	42	24	45	—	17	7	43	—	—	—
福建三明林业学校	160	160	127	1	42	41	43	—	14	12	7	—	—	112
广东省林业职业技术学校	237	237	129	—	57	35	24	13	67	24	17	—	—	—
广西壮族自治区桂林林业学校	106	106	83	—	13	49	21	—	11	9	3	—	—	—
贵州省林业学校	188	188	115	—	34	38	18	25	35	12	26	—	—	58
普洱林业学校	82	82	62	—	19	23	20	—	5	1	14	—	—	—
陕西省榆林林业学校	181	181	106	—	45	43	18	—	15	37	23	—	—	—
甘肃省庆阳林业学校	138	138	98	—	31	42	21	4	8	23	9	—	—	—
新疆林业学校	152	152	101	—	35	39	27	—	15	17	19	—	—	—

表 15-13 2015～2016 学年中等林业(园林)职业学校和其他中等职业学校林科分学校学生情况

单位:人

学校名称	毕业生数	招生数	在校学生数	毕业班学生数
总 计	**60 767**	**47 053**	**152 103**	**75 725**
(一)中等林业(园林)职业学校	15 060	12 164	37 012	12 790
北京市园林学校	136	75	440	186
天津市园林学校	305	435	638	143
涿鹿县宝峰寺林业中学	174	77	236	104
内蒙古扎兰屯林业学校	670	—	—	—
内蒙古大兴安岭林业学校	777	86	313	130
沈阳市园林学校	32	—	13	13
黑龙江省林业卫生学校	2834	2419	7312	2013
朗乡林业局职业中学	26	10	37	15
黑龙江省伊春林业学校	1787	1939	4450	2164
黑龙江省齐齐哈尔林业学校	891	605	1752	899
福建三明林业学校	2655	2063	6039	2085
广东省林业职业技术学校	1278	612	3192	—
广西壮族自治区桂林林业学校	706	718	2084	653
贵州省林业学校	710	2382	8105	3478
普洱林业学校	40	158	391	126
陕西省榆林林业学校	305	31	140	68
甘肃省庆阳林业学校	1424	392	1296	498
新疆林业学校	310	162	574	215
(二)高职院校及其他中等专业学校(林科)	45 707	34 889	115 091	62 935

表 15-14　2015～2016 学年初普通中等林业(园林)职业学校和其他中等职业学校林科分专业学生情况

单位:人

专业名称	毕业生数	招生数	在校学生数	毕业班学生数
总　计	**60 767**	**47 053**	**152 103**	**75 725**
一、林科专业	**52 078**	**39 104**	**127 442**	**67 036**
现代林业技术	6652	3688	15 453	8074
森林资源保护与管理	905	569	2933	2122
园林技术	29 001	22 069	72 501	37 008
园林绿化	8574	6301	18 342	11 654
木材加工	3614	3266	8963	4689
林产化工	105	—	30	30
生态环境保护	194	322	899	258
其他林业专业	3033	2889	8321	3201
二、非林科专业	**8689**	**7949**	**24661**	**8689**
宠物养护与经营	10	13	46	15
道路与桥梁工程施工	60	12	41	16
电气运行与控制	156	62	148	65
电子电器应用与维修	47	—	—	—
电子技术应用	—	—	51	51
电子商务	97	290	774	46
电子与信息技术	32	—	—	—
服装设计与工艺	39	54	172	—
工程测量	—	21	95	39
工程机械运用与维修	—	137	301	87
工程造价	41	12	201	125
工艺美术	—	—	78	66
果蔬花卉生产技术	16	—	48	1
焊接技术应用	—	—	2	—
护理	2822	4195	12 512	4015
化学工艺	18	—	—	—
会计	573	589	1200	530
会计电算化	501	195	801	116
机电技术应用	27	41	151	23
机电设备安装与维修	68	23	99	57
机械加工技术	3	12	15	3
机械制造技术	—	—	7	7
计算机动漫与游戏制作	11	24	124	28
计算机平面设计	54	40	122	39
计算机网络技术	—	101	349	136
计算机应用	1193	551	1377	568
家具设计与制作	417	14	394	372
建筑工程施工	16	11	123	75
建筑装饰	—	—	37	—
景区服务与管理	2	6	28	11
酒店服务与管理	22	—	—	—
康复技术	23	24	57	22
客户信息服务	—	78	78	—
口腔修复工艺	143	158	311	61

（续）

专业名称	毕业生数	招生数	在校学生数	毕业班学生数
旅游服务类专业	—	12	37	18
旅游服务与管理	142	103	282	103
美发与形象设计	—	11	67	31
美术设计与制作	31	41	128	—
民族民居装饰	—	48	87	39
农村经济综合管理	220	63	72	4
农村医学	45	41	800	729
农业机械使用与维护	171	4	22	14
农业与农村用水	127	—	—	—
汽车电子技术应用	4	—	1	1
汽车运用与维修	134	507	1551	572
市政工程施工	110	46	160	88
数控技术应用	53	28	98	44
水利水电工程施工	—	52	124	36
太阳能与沼气技术利用	33	—	120	—
土木水利类专业	—	31	31	—
文化艺术类专业	—	—	42	18
文秘	—	—	33	—
橡胶工艺	—	—	16	12
学前教育	433	174	544	99
眼视光与配镜	48	118	227	43
药剂	22	—	51	51
药品食品检验	—	—	24	24
中草药种植	216	7	227	14
中药制药	3	—	63	63
其他类专业	19	—	112	112

林业教材管理

【“卓越农林人才教育培养计划”高等农林教材建设培训班暨2015年林业高等教育教材工作研讨会召开】 由国家林业局院校教材建设办公室和中国林业出版社共同举办的“卓越农林人才教育培养计划”高等农林教材建设培训班暨2015年林业高等教育教材工作研讨会，于7月21～25日在牡丹江举办，来自全国各地34所高等农林院校及相关单位的70多位代表参加了本次培训班及教材工作研讨会。

开幕式上，黑龙江省森林工业总局副总局长马建路致欢迎辞，国家林业局院校教材建设办公室主任、中国林业出版社副社长刘东黎主持第三届全国林（农）类优秀教材暨教材建设管理先进工作者颁奖仪式。中国林业教育学会理事长杨继平出席开幕式，并与教育部高等教育司副巡视员张爱龙、国家林业局人事司副司长郝育军、西南林业大学校长刘惠民等一起，为优秀教材获奖单位及2014年度教材建设管理先进工作者颁奖。

【中国林业出版社参加深化中高职林业类专业内涵建设研讨班】 5月15～16日，深化中高职林业类专业内涵建设研讨班在湖南衡阳开班。研讨班由全国林业职业教育教学指导委员会主办，湖南环境生物职业技术学院承办。来自全国24所林业职业院校的院（校）领导、教学处（科）负责人、专业负责人、专业带头人等共80余人参加研讨班。

【2015年全国林业技术专业教学资源库建设工作会议召开】 7月29～30日，由辽宁林业职业技术学院主办的“2015年全国林业技术专业教学资源库建设工作会议”在沈阳召开。来自全国18所林业职业院校的林业技术专业教学资源库项目负责人、财务负责人以及主要参与人共计64人齐聚沈阳。

会上，辽宁林业职业技术学院党委书记、资源库项目负责人邹学忠对林业技术专业教学资源库前期准备工作、建设历程以及资源库顶层设计向联建院校进行通报。会议决定，实行子项目负责制，对包括12门专业课程资源、拓展资源以及2个特色馆资源在内的15个子项目建设任务进行了分工，确保责任落实到校、具体到人。随后，会议从资源库平台使用、素材制作技术标准、学程构建和资源碎片化以及资源库项目资金使用与管理办法等4个方面进行了培训。

为落实好子项目负责制，辽宁林业职业技术学院分别与17所联建院校签订了《资源库建设项目联建协议书》，各子项目建设小组分别进行了集中研讨。

【中国林业出版社参加2015年全国林业职业院校学生工作研讨班】 由国家林业局职业教育研究中心主办，齐齐哈尔林业学校协办的全国林业职业院校学生工作研讨班于8月13日在齐齐哈尔召开。各职业院校负责学生工作的参会代表70余人参加了会议。

会上，黑龙江省护理学校高等专科学校程和坤教授和辽宁林业职业技术学院关继东教授作专题讲座。参会各校也就学生工作进行了交流探讨。由职教中心牵头、13所院校参与编写出版的《职业院校学生入学必读》在会上得到了重点宣传，并得到参会代表的认可和支持。

【2015年中国观赏园艺专业委员会学术年会召开】 8月18～20日，2015年中国观赏园艺委员会学术年会在福建厦门召开。本次会议的主题是"发展观赏园艺，建设美丽家园"。来自全国28个省(区、市)的科研单位、高等院校的有关专家、学者共600多名代表参加了会议。

【2015年中国风景园林教育大会召开】 9月18日，2015年中国风景园林教育大会在重庆大学召开。此次会议的主题是风景园林教育从"量变"到"质变"。共有来自110多所学校的300余名代表参会。

【全国林产化工专业教材编写研讨会召开】 10月23～25日，全国林产化工专业教材会议在南京召开，来自全国开设林产化工专业的10多所院校的35名代表到会。与会代表首先介绍交流了各自学校专业的建设情况及面临的困难，其次对林产化工专业的教材选题建议初稿进行了讨论，最后基本达成共识，确定了11本教材的名称及主编、副主编单位，并责成主编学校牵头落实其后的人员组织及编写进度安排等工作。

【全国林业职业院校协作会2015年度会议召开】 11月23～24日，全国林业职业院校协作会2015年度会议在洛阳召开。来自全国各地的30所林业职业院校的领导和专家学者参加了本届会议。

【第二届全国农林院校林学院院长联席会议召开】 11月27～29日，由全国农林院校林学院院长联席会议秘书处主办、华南农业大学林学与风景园林学院承办、中国林业出版社协办的第二届全国农林院校林学院院长联席会议在广州华南农业大学召开。全国开设林学院的院校及地方综合院校以及国家林业局科技司等24个单位50余位代表参会。国家林业局院校教材建设办公室主任、中国林业出版社副总编辑、副社长刘东黎介绍了国家林业局教材办的相关情况，中国林业出版社教育分社吴卉副社长做了关于"十三五"林学类教材的建设思路的报告。各学校围绕"新形势下农林高校建设高水平大学背景下林学类专业相关学院建设之路""林学类专业相关学院建设高水平学科和高水平专业的内涵、思路、举措及标准"进行了探讨，并对各校卓越农林人才培养计划摸索和做法进行了交流。本次会议为新时期林学院和学科建设开拓了思维、理清了思路，也为"十三五"林学类专业教材建设指明了方向。

【全国林业职业教育教学指导委员会2015年度工作会议召开】 12月10～11日，全国林业职业教育教学指导委员会2015年度工作会议在句容江苏农林职业技术学院召开。全国林业职业教育教学指导委员会组成人员等60多人参加了会议。会上宣读了全国林业职业教育教学指导委员会、各专业教学指导委员会组成人员名单。与会领导为全国林业职业教育教学指导委员会副主任委员、委员颁发了聘书。中国林业出版社教育分社杨长峰社长(行指委委员)、吴卉副社长、杜娟副编审分别担任森林资源类、园林生态类、林业工程类专业教学指导委员会委员。

【国家林业局院校教材建设办公室、中国林业出版社正式启动"普通高等教育'十三五'规划教材"的申报工作】 2015年年底，国家林业局院校教材建设办公室与中国林业出版社正式启动了"普通高等教育'十三五'规划教材"的申报工作。

"十三五"期间，国家林业局教材办与中国林业出版社将在国家林业局教材建设领导小组的领导下，依托专家小组，以国家、省部、高校三级为基础，按照分类指导的原则建设多类型、多层次、多样化的教材与配套教学资源；将继续强化林学、园林与风景园林、林业工程、水土保持等传统优势专业的品牌出版优势，做深做透优势专业教材。加强动物医学、动物科学类，食品科学与工程类，管理类，经济类，设计学类，建筑类，地理科学类，机械类等专业门类的教材建设；重点建设公共平台课、素质教育课、专业核心课、实验实践课以及新兴专业和交叉学科的教材；重点支持有丰富配套数字化教学资源的纸质教材。

(杨长峰供稿)

北京林业大学

【概　况】 2015年，北京林业大学占地面积46.87万平方米，学校产权校舍建筑面积37.93万平方米。全年教育经费投入115 888.87万元，其中，国家拨款70 980.04万元、自筹经费44 908.83万元。固定资产总值

198 373.8万元，其中，教学、科研仪器设备资产值60 578.03万元。图书馆建筑面积23 400平方米，藏书184.56万册。电子文献48 900GB，电子资源库58种。学校信息化投入671万元，拥有计算机台数9516台，多媒体教室136间，网络信息点26 000个，校园网出口总带宽2G，电子邮件用户数6349个，上网课程2996门，数字资源量40T，管理信息系统总量1750GB。拥有计算机9039台。学校信息化经费投入800万元，多媒体教室座位155间，网络信息点数2700个，校园网出口总带宽3G，电子邮件系统用户数7501个，上网课程数2900门，数字资源量48 900GB，管理信息系统数据总量1968GB。设置14个院（系、部）；开设59个专业及覆盖8个学科；具有一级学科32个，一级学科博士点9个，博士学位授权点47个，硕士学位授权点125个和专业学位授权点11个；博士后流动站7个，其中，博士后研究人员出站24人、进站25人和在站105人。1个一级学科国家重点学科（含7个二级学科国家重点学科），2个二级学科国家重点学科，1个国家重点（培育）学科、10个国家林业局重点学科、3个北京市重点学科（一级）（含重点培育学科）、4个北京市重点学科（二级）、1个北京市重点交叉学科。教职工1871人，其中，专任教师1192人，包括教授275人、副教授499人；博士生导师241人、硕士生导师652人；有中国工程院院士3人，中组部"千人计划"入选者3人，"万人计划"青年拔尖人才2人，国家特聘专家1人，教育部"长江学者奖励计划"入选者5人，国家"973"首席科学家1人，"863"首席专家1人，国家社科基金重大项目首席科学家1人，国家百千万人才工程（新世纪百千万人才工程）入选者10人，科技部"中青年科技创新领军人才"入选者1人，环保部"国家环境保护专业技术青年拔尖人才"入选者1人，"国家杰出青年科学基金"获得者4人，"国家优秀青年科学基金"获得者2人，"中国青年科技奖"获得者7人，"中国青年女科学家奖"获得者1人，教育部"新世纪优秀人才支持计划"入选者40人，"科技北京"百名领军人才培养工程入选者1人，北京市"科技新星计划"入选者16人，北京高等学校青年英才计划入选者50人，北京市优秀人才培养资助项目入选者16人，国家有突出贡献专家8人，省部级有突出贡献专家23人，享受政府特殊津贴专家105人，教育部"创新团队发展计划"入选团队2支。外籍教师3人，其中，教授3人。毕业生8446人，其中，学历教育学生中全日制研究生1577人（博士生236人、硕士生1341人）、普通本科生3178人、成人教育本专科生3691人（本科生2480人、专科生1211人）；非计划招生高等教育学生中在职人员攻读硕士学位357人。本科毕业生就业率91.32%。招生8218人，其中，学历教育学生中全日制研究生1740人（博士生266人、硕士生1474人）、普通本专科生3292人、成人教育本专科生2954人（本科生2240人、专科生714人）；非计划招生高等教育学生中在职人员攻读硕士学位232人。在校生30 264人，其中，学历教育学生中全日制研究生4965人（博士生1163人、硕士生3802人）、普通本科生13 324人、成人教育本专科生10 673人（本科生9005人、专科生1668人）；非计划招生高等教育学生中在职人员攻读硕士学位1302人。留学生毕业20人、招生58人、在校生165人。网址：www.bjfu.edu.cn。

【学校正式发布大学章程】 5月26日，严格完成各项法定程序后，《北京林业大学章程》经教育部2015年第22次部务会议审议通过。此次核准的《北京林业大学章程》是在严格完成各项法定程序后形成，为最终文本，即日起生效，未经法定程序不得修改。文本共分序言和正文两部分，共十章，六十九条，包括总则、学校职能、教职员工、学生、治理结构、学院、外部关系、财务资产及后勤、学校标识、附则。

【2015版本科人才培养方案正式实施】 学校利用1年时间进行校内外的充分调研和论证，充分吸纳本科教学工作审核评估专家组和社会用人单位意见，完成修订工作并形成了2015版本科人才培养方案，自2015级本科生起正式实施。新版培养方案有以下特点：推行"分类分层培养"，打通专业壁垒，整合资源优势，注重素质教育，强化学生学科基础能力，培养专业领域更广、适应社会能力更强的专业人才。充分考虑学生个人兴趣，打通专业选修课壁垒，实现跨专业跨年级选课。增加选修课种类、科学设置模块。强化实践教学环节，提高必修实践环节比重。加强优质教学资源的利用，增加网络视频课程。在"卓越农林人才培养计划"相关专业中实施拔尖创新型和复合应用型培养模式。

【学校6个项目获批北京高校教育教学改革项目】 11月30日，2015年度北京高校教育教学改革立项项目名单公布。北林大6个项目获批，其中5个主持项目获批为面上项目，1个参与项目获批为联合项目。分别是：复合应用型专业人才培养模式的改革与实践——以北京林业大学木工、林化、保护区专业为例，自主学习与创新型森林生物学教学体系与方法研究，林学类专业青年教师教学能力提升研究与实践，基于生态美学的创新设计人才培养模式研究与实践，以强化工程素质为导向的行业院校机电类创新人才培养探索与实践，京津冀高校协同培养印刷与包装专业创新创业人才的研究。

【课程与师资建设】 学校李雄教授、王向荣教授和薛晓飞副教授主讲的《园林艺术》和史宝辉教授主讲的《英语语言基础》2门课程获批国家级精品视频公开课，并顺利通过教育部与高等教育出版社审核，正式上线。7门"精品视频公开课"建设项目获得2015年"北京市支持中央在京高校共建项目"专项经费资助，被列为北京市精品视频公开课建设项目，分别是韩海荣教授主讲的《森林与生态环境建设》、丁国栋教授主讲的《沙漠化及其防治》、刘俊昌教授主讲的《森林、产品及服务统计》、温亚利教授主讲的《破解生态文明社会建设中的资源与环境约束》、王毅力教授主讲的《污染问题诊断方法之环境化学》、岳瑞锋副教授主讲的《不可思议的数学——趣谈数学悖论》和李芝副教授主讲的《英语话中华：中国古代和当代社会与文化》。学校22种教材获评第三届全国林（农）类优秀教材，其中一等奖9种、二等奖8种、优秀奖5种。学校段克勤教授获评北京市教学名师，6人获评北京林业大学教学名师。

【实践基地建设】 农林业经营管理虚拟仿真实验教学中心获批国家级虚拟仿真实验教学中心，具体建设单位为经管学院。森林生物学校内创新实践基地获批北京市级示范性校内创新实践基地，具体建设单位为生物学院。林业工程装备与技术实验教学中心通过市教委结题验收，该中心具体建设单位为工学院。与董寨国家级自然保护区签订协议，共建国家大学生校外实践教育基地。北京林业大学松山自然保护区人才培养基地获批北京高等学校市级校外人才培养基地，北京林业大学北京市八达岭林场、北京市植物园两个北京市级校外人才培养基地通过市教委结题验收。

【召开北京林业大学科技工作会议暨第四届青年学术年会】 12月6日，学校召开北京林业大学科技工作会议暨第四届青年学术年会。主题是"全面深化改革，激发创新能力，加强业务培训，提升科研素养"，旨在贯彻落实中央关于《深化科技体制改革实施方案》精神，扎实推进学校科技管理体制机制改革，加强对科研人员的业务能力培训，提升科研素养，科学谋划符合学校实际的科技发展规划，不断提升学校的学术影响力。会上，校长宋维明作了题为《全面深化改革激发创新能力》的科技工作报告。大会邀请国家林业局科技司胡章翠司长作了题为《当代林业和林业科技发展的形势与任务》的报告。

【多项研究成果在国际高水平刊物上发表】 1月13日，国际顶级综合性学术期刊《美国科学院院刊》(PNAS)发表了北林大自然保护区学院刘俊国教授研究团队的一篇研究论文：《缓解中国区域水资源压力——实体水调度及虚拟水贸易的作用》。

张德强教授团队首次在林木中系统地解析了DNA甲基化修饰对microRNA的表达调控模式，研究成果2月在线发表于国际著名植物学杂志 *Journal of Experimental Botany* 上。

学校计算生物学中心主任、"国家特聘专家"邬荣领教授提出一个基于表型发育解析的崭新数量遗传学理论，发表在国际理论生物学顶尖刊物《Physics of Live Reviews》上。

计算生物学中心博士研究生姜立波攻克一项能驱动生物大数据重要信息挖掘的核心技术，这项高端技术被命名为2HiGWAS，发表在国际顶尖生物信息学期刊 *Briefings in Bioinformatics* 上。

邬荣领教授带领团队，针对林木异交特性，系统地提出林木基因组解析的新理论、新方法，期望对林木基因组研究产生重要突破。相关研究成果以三篇论文形式发表在国际顶尖遗传、进化与生物信息刊物，分别是 *Methods in Ecology and Evolution*、*Briefings in Bioinformatics* 和 *Trends in Plant Science*。

邬荣领教授团队在非模式异交裸子植物榧树的研究上获得新突破。构建的连锁－连锁不平衡图推断出了榧树在长期自然选择压力下的进化历程，并且找到了对进化做出响应的关键位点。有关研究成果在线发表在知名遗传期刊 *DNA Research* 上。

8月7日，国际权威综合性学术期刊 *Science*(科学)发表了自然保护区学院教授刘俊国作为通讯作者的论文：《用绿色的方式管理水资源》(Manage water in a green way)。

8月20日，国际顶级综合性学术期刊 *Nature* 发表了《有关中国化石燃料燃烧及水泥生产碳排放的重新估计》论文。学校自然保护区学院教授刘俊国是该论文的共同作者之一。

生物学院科研团队历时5年，在全球范围内率先完成了林木群体表观遗传学解析工作，研究成果发表在国际著名植物学杂志 *Journal of Experimental Botany* 上。

生物学院张德强教授团队在全球范围内率先完成了林木数量性状"连锁－连锁不平衡联合作图"研究工作，研究成果在线发表于国际著名植物学杂志 *New Phytologist* 上。

生物学院沈应柏教授团队在茉莉酸调控植物气孔运动机理研究中取得重要进展。相关研究成果在植物学权威刊物 *The Plant Journal* 发表。

生物学院李晓娟副教授的《MicroRNA857参与调控拟南芥维管组织次生生长的研究》在国际著名植物学期刊 *Plant Physiology* 在线发表。

材料学院许凤教授课题组在生物质预处理解构植物细胞壁的研究上获得重要进展，相关研究成果"Visualization of Miscanthusxgiganteus cell wall deconstruction subjected to dilute acid pretreatment for enhanced enzymatic digestibility"发表在生物炼制领域国际权威期刊 *Biotechnology for Biofuels* 上。

【人事制度改革】 学校全面启动养老保险制度改革。9月16日，学校分别召开了两场养老保险制度改革及基本工资调整情况说明会，并设置集中咨询时间，做好政策解释工作，解答教职工关注的各类问题；为全校在职人员及退休中人制作《2015年基本工资调整及养老保险职业年金预缴个人明细表》，发放到人，完成养老保险预缴和职业年金记账工作。

4月27日，学校启动年度职称评审工作。本次评审在宏观控制本轮聘期全校高级职称比例的基础上，考虑不同学院学科、专业的特点，从实际发展和学科建设的需要出发，下达高级职称晋升职数。共有123名教职工获得职称晋级。其中，教师系列15人通过了教授职称评审，49人通过了副教授职称评审。

【就业创业工作】 北林大全年共举办了4场大型招聘会，提供需求岗位7000余个；小型招聘会和专场宣讲会80余场，提供需求岗位6000余个。先后走访了河北、广东、浙江、甘肃等地用人单位，加强与主流行业和重点单位的联络；继续加强就业实践基地建设，新增基地11家。组织就业专兼职工作人员参加各类校外专业化培训及校内专题培训107人次，投入经费15万余元。出台"北京林业大学就业创业工作标准化考评体系"。

学校入选首批24所北京地区示范性创业中心建设高校，并获得北京市大学生创业项目支持资金80万元。共支持10个"三创"服务机构和4个创业教育特色项目。组织北京林业大学第三届创业大赛和优秀校友初创企业支持计划两项比赛，建设了"青创驿站"——北京林业大学创业交流中心、北京林业大学就业创业教育研究会邹秀峰工作室活动室和北京林业大学"创新、创业、创意"展示交流空间等三个创业教育工作场地。

成立了于翠霞工作室和邹秀峰工作室，整合优秀社会资源，建立专兼职结合的高素质就业创业导师队伍。依托两个工作室开展深度辅导咨询，就业创业沙龙活动；批准立项校级就业创业教育研究课题10个；《北京林业大学分专业就业指导大纲》《大学生就业创业工作宝典》相继出版。

【博士招生试行"申请－审核"制】 在2015年的博士研究生招生工作中，按照"学科试点，稳步推进"的原则，在林学院的生态学、森林保护学及森林培育3个学科开展了"申请－审核"制试点工作。2016年试点范围将进一步扩大，包括生物学院的植物学、微生物学、细胞生物学、生物化学与分子生物学、计算生物学与生物信息学、森林生物资源利用、林木遗传育种.园林学院的园林植物与观赏园艺，自然保护区学院的野生动植物保护与利用及湿地生态学，共计13个学科。

"申请－审核"的招考方式，取消了学校统一组织的笔试，学科根据对考生申请材料的审核结果直接确定进入复试的考生名单。

【对外交流】 全年接待8个来访团组，与学校洽谈科研、人才培养、政产学研用等多个领域的合作。

2015年度共43人获国家留学基金委公派留学资助，其中攻读博士学位6人、联合培养博士生18人、硕士研究生1人、艺术类人才培养特别项目1人、优秀本科生国际交流项目12人、以色列高等教育委员会合作奖学金项目4人、博士生导师短期出国交流项目1人。公派人员总数较2014年增长16.2%。

举办3个商务部发展中国家援外培训项目，分别为"2015年发展中国家森林资源可持续经营与对策研修班""2015年圭亚那现代农林种植及加工业专项技术培训班"和"2015年发展中国家荒漠化防治技术培训班"。

由挂靠在学校的亚太地区林业院校长会议机制开展的"亚太地区可持续林业管理创新教育项目"第二年度进展顺利，各项目承办院校根据项目时间表，以及课程录制标准逐步完成项目课程视频的录制，为项目如期上线并对外推广做好准备。亚太地区林业院校长会议机制协调办公室参加由联合国粮农组织主办的第十四届世界林业大会，并主持"创新林业教育与培训：新时代的高效学习"以及"亚太地区林业院校长会议机制指导委员会会议"两个边会。

【学研中心工程获建筑工程鲁班奖】 11月17日，在2014～2015年度中国建设工程鲁班奖（国家优质工程）颁奖大会上，北林大学研中心工程获得"建筑工程鲁班奖"。

学研中心工程坚持高起点设计、高标准要求、高质量建设。工程曾顺利通过北京市安全文明工地验收，获得国家AAA级安全文明工地称号，以高分获得"结构长城杯"金奖、"建筑长城杯"金奖，并被北京市工程质量协会明确指定为北京地区观摩工程。

【体育工作】 学校举办了春季运动会、秋季运动会和老年乐运动会等体育比赛。11月7日，学校举办首届学生体育文化节，设立了学校体育工作最高荣誉"关君蔚杯"。文化节重点实施了增强青年学生体质"绿动计划"，举办2个大型集体活动，举办千人健身活动，包括：千人瑜伽（786人参与）、千人跳绳踢毽（1125人参与）、千人童趣运动（968人参与）、千人健康跑（2425人参与），举办"尚体育，扬青春"主题辩论赛，近千人参与讨论；开展3个基层团日活动，号召基层团支部集体打一次球、集体跑一次步、集体做一次操，141个团支部报名参与，覆盖4000余人；开展4个系列体育赛事，校园吉尼斯挑战赛、"新生杯""院系杯""北俱杯"系列赛事，3000余人参与其中；组建5支A4210兴趣运动团队，推出A4210强身健体好习惯养成计划，通过组建三早团、夜跑团、律动团、童趣团、武术团，引导青年学生利用21天养成坚持体育锻炼好习惯，4500余人参与其中。

在各类体育竞赛中，取得了良好的成绩。在首都高等学校第53届学生田径运动会上，北京林业大学获得男子甲A组团体第三名、男女甲A组团体第五名，并获得体育道德风尚奖，其中3名运动员4次打破校记录。在第十五届全国大学生田径锦标赛中，1人获男子甲组标枪冠军，1人获男子乙组200米亚军。还获男子团体第33名、体育道德风尚奖。在首都高等学校第36届健美操艺术体操比赛中，北京林业大学艺术体操队获得艺术集体操冠军、个人球操单项冠军和第四的成绩。在2015"舞动中国－排舞联赛"（北京赛区）暨首都高等学校排舞比赛中，北京林业大学排舞队获得北京市第一名的成绩。在首都高等学校第七届秋季学生田径运动会上，北林大获女子团体第五名、男女团体第七名、趣味项目团体季军的成绩。

【一项辅导员工作项目入选教育部精品项目】 11月，教育部公布2015年高校辅导员工作精品项目入选名单，北林大园林学院辅导员刘尧主持的"微团体、微运动——大学生思想政治教育路径创新实践"被选为精品项目。"微团体、微运动"项目针对近年来高校学生体质整体下降的现状，通过成因分析，结合学生实际情况，以园林学院为试点，运用"微平台"，引入学生中普遍应用的微信、微博等新媒体作为媒介，结合时下流行元素，塑造新型体育品牌。

【开展绿桥、绿色长征活动】 2015年绿桥、绿色长征活动以"绿水青山长征路，美丽中国我行动"为主题，通过绿色咨询、青春志愿林种植、骨干培训、志愿服务、社会实践、国际交流等多种形式的活动，引导广大青年学生积极参与到国家生态文明建设中，以实际行动展现当代青年的责任感和使命感，为建设美丽中国贡献青春力量。首都大学生第三十一届绿色咨询活动、首都大学生青春志愿林种植活动、大学生暑期绿色长征活动、首都大学生绿色训练营等活动分别开展。

【大学生社会实践】 大学生社会实践以"红绿相映促发展，知行合一求真知"为主题，全校共立项团队309支，直接参与人数超过3000人。李相符青年英才培养计划实践团队和自然保护区本科生党支部实践团队分别荣获2015年全国大学生暑期实践季专项行动优秀成果和优秀团队荣誉，“生态文明”博士生讲师团赴鄢陵暑期实践调研队获得全国重点实践团队称号。本年度实践团队共撰写论文300余篇，完成调研报告150余篇，凝练成果100余项，拍摄照片10000余张，制作视频60余部，绘制漫画80余幅。

（北京林业大学由高斌供稿）

东北林业大学

【概 况】 2015年，东北林业大学(后简称东北林大)设有研究生院、17个学院和1个教学部，有62个本科专业，9个博士后科研流动站，1个博士后科研工作站，8个一级学科博士点、38个二级学科博士点，19个一级学科硕士点、93个二级学科硕士点、10个种类33个领域的专业学位硕士点。拥有3个一级学科国家重点学科、11个二级学科国家重点学科、6个国家林业局重点二级学科、1个黑龙江省重点学科群、7个黑龙江省重点一级学科、2个黑龙江省领军人才梯队。有原国家计委、财政部和教育部联合批准的国家生命科学与技术人才培养基地、教育部批准的国家理科基础科学研究和教学人才培养基地(生物学)，是国家教育体制改革试点学校，国家级卓越工程师和卓越农林人才教育培养计划项目试点学校。

学校有林木遗传育种国家重点实验室、黑龙江帽儿山森林生态系统国家野外科学观测研究站、生物资源生态利用国家地方联合工程实验室(黑龙江)；有森林植物生态学、生物质材料科学与技术、东北油田盐碱植被恢复与重建3个教育部重点实验室，4个国家林业局重点实验室，5个黑龙江省重点实验室，7个省教育厅重点实验室；有1个教育部工程研究中心，1个国家林业局工程技术研究中心，1个高等学校学科创新引智基地，有林学、森林工程、野生动物3个国家级实验教学示范中心，森林工程、野生动物两个国家级虚拟仿真实验教学中心，6个省级实验教学示范中心和1个省级虚拟仿真实验教学中心；有两个国家林业局生态系统定位研究站，1个省生物质能技术中试基地，1个省哲学社会科学研究基地，3个省普通高校人文社会科学重点研究基地，两个省中小企业共性技术研发推广中心；有国家林业局猫科动物研究中心、东北林业大学大庆生物技术研究院、植物资源生态与分子工程研究院等54个研究机构；有帽儿山实验林场、凉水实验林场等8个校内实习基地和221个校外实习基地。

2015年，学校有教职员工近2800人，其中专任教师1532人，中国工程院院士2名，双聘院士5名，“长江学者”特聘教授4名，国家杰出青年基金获得者1名，全国“百千万人才工程”人选4名，“新世纪百千万工程”人选6名，新世纪优秀人才支持计划入选者36名，享受国务院政府特殊津贴专家31名，国家有突出贡献中青年专家3名，省部级有突出贡献中青年专家16名，龙江学者特聘教授8名，全国优秀博士学位论文获得者5名，有教育部“长江学者和创新团队发展计划”创新团队2个。近年来，有国家教学名师奖获得者2人，全国优秀教师5人，全国模范教师1人，省级教学名师奖获得者7人，省级优秀教师8人次，全国“五一”劳动奖章获得者2人，全国“五一”巾帼标兵1人。

2015年，毕业本科生4660人，全日制在校生23 240人，其中：博士研究生986人，硕士研究生3344人，本科生18 805人，留学生105人。教学行政用房面积489 546平方米，学生宿舍面积205 679平方米，教学科研仪器设备总值7.20亿元，图书馆面积41 765平方米，电子图书141 065GB。

【新增一个国家级虚拟仿真实验教学中心】 1月8日，野生动物虚拟仿真实验教学中心被教育部批准为国家级虚拟仿真实验教学中心，成为第二批全国100个国家级虚拟仿真实验教学中心之一。学校现有2个国家级虚拟仿真实验教学中心，1个省级虚拟仿真实验教学中心。

【二个团队获批省级领军人才梯队】 3月，林木遗传育种学科团队成功获批省级领军人才梯队；12月，森林经理学学科团队获批省级领军人才梯队。

【一人获黑龙江省高校辅导员年度人物】 3月，外国语学院辅导员郭林获批成为“2014黑龙江省高校辅导员年度人物”。

【一个作品获全国高校廉政文化作品大赛一等奖】 3月，学校选送的廉政文化作品获第三届全国高校廉政文化作品大赛一等奖。

【与中国南方航空签署校企合作协议】 3月25日，学校与中国南方航空股份有限公司签署校企战略合作协议，南航“十分”关爱基金会向学校捐赠100万元(分五年)励学金，用于资助品学兼优且家庭经济困难的在校大学生。

【一人当选黑龙江省优秀中青年法学家】 4月16日，文法学院李景义教授当选第一届“黑龙江省优秀中青年法学家”。

【一名学生获黑龙江省青年五四奖章】 4月29日，经济管理学院刘大睿同学获得“黑龙江省青年五四奖章”，成为该奖项设立17年来首位获奖的在校大学生。

【学校再次获得全国文明单位称号】 5月，学校经过复查合格，继续保留“全国文明单位”荣誉称号。这是学校继1999年、2003年、2011年之后，东林再次获得国家级文明单位殊荣。

【实现全国本科一批次招生】 6月,学校实现全国本科一批次招生。

【一名学生获全国道德实践优秀成果奖】 6月,园林学院学生韩晴获全国道德实践优秀成果奖,全国只有10名学生获此殊荣。学校同时荣获“道德模范优秀组织学校”奖。

【获得国家工程教育专业认证】 6月,学校顺利通过住房和城乡建设部组织的高等教育土木工程专业评估,合格期为6年,这是学校首个获得国家工程教育专业认证的专业。

【学校官方微信平台推出毕业单曲获好评】 6月4日,学校官方微信平台推出毕业生原创单曲MV《嘿!同学》,几个小时内播放量突破250万,微信文章阅读量迅速达到10万的封顶阅读量。人民网、新华网、人民日报网转载,被中国青年报评为“2015年最受欢迎的微信毕业季图文”第一名。当月学校官方微信平台列全国教育类平台第三名。

【两个中心通过国家林业局论证】 6月14日,“东北乡土树种”和“野生动物保护与利用”工程技术研究中心顺利通过国家林业局论证。

【获眼镜蛇三号行动先进集体称号】 6月18日,学校国家林业局野生动植物检测中心荣获“眼镜蛇三号行动先进集体”称号。

【一人入选全国博士后国际交流计划项目】 6月23日,生物学博士后科研流动站在站博士后研究人员马建入选全国博士后国际交流计划派出项目,实现了学校在该项目上零的突破。

【一人获黑龙江省第八届高校教学名师奖】 7月,园林学院岳桦教授获得“黑龙江省第八届高等学校教学名师奖”。

【一人获评中国林业工程建设领域资深专家称号】 7月,工程咨询设计研究院单炜教授获评“中国林业工程建设领域资深专家”称号,全国获此殊荣的仅42位专家,来自高校的专家仅单炜教授1人。

【一人入选万人计划拔尖人才】 8月19日,材料科学与工程学院于海鹏教授入选中组部第二批“万人计划”青年拔尖人才计划,实现了学校此类人才项目零的突破。

【启动校园一卡通项目】 9月,启动校园一卡通项目,涵盖图书管理、中控教室、教务、研究生管理、医疗、电控、网费缴纳、财务收费、会议签到等系统。一卡通用户办卡数量达到2.6万余人,“智慧型校园”规模初显。

【获省学生军训工作先进单位称号】 9月11日,学校荣获黑龙江省学生军训工作先进单位称号。

【国际会议】 9月15日,联合国亚洲太平洋经济社会发展委员会(ESCAP)“应用自动相机和分子生物学技术研究中俄东北虎、东北豹跨境保护项目评审会”在学校国家林业局猫科动物研究中心举行,这是联合国亚洲太平洋经济社会发展委员会首次在中国召开此类会议。

【获国际遗传工程机器设计竞赛银奖】 10月,学校学生代表队获得2015年国际遗传工程机器设计竞赛银奖,也是东北三省参赛高校中唯一的银奖获得者。

【获优秀等次高校项目办称号】 10月,学校被团中央授予2013~2014年度西部计划“优秀等次高校项目办”称号,这是学校自团中央开展绩效考核以来连续第四次获此殊荣。

【多人获省年度人物奖】 10月27日,野生动物资源学院肖向红教授、野生动物资源学院2012级学生刘书言、机电工程学院2012级学生曹雪甫分别获得2014~2015年度黑龙江省高校教师年度人物奖、黑龙江省大学生年度人物奖和黑龙江省大学生道德模范人物奖。

【一名学生创造大学生游泳锦标赛新纪录】 11月2~6日,学校游泳队在第十五届全国大学生游泳锦标赛上获单项赛6个冠军、7个亚军,团体赛获得男子甲组B团体总分第二名、女子甲组B团体总分第二名、女子乙组B团体总分第三名,其中研究生院的李珏创造了男子100米蝶泳大学生游泳锦标赛新纪录。

【获全国关心下一代工作先进集体称号】 11月3日,学校关工委获得全国关心下一代工作先进集体荣誉称号。全国获得这一称号的高校仅有9所,东林是黑龙江省唯一获奖高校。

【成立东北林业大学理事会】 11月15日,学校成立东北林业大学理事会,审议通过《东北林业大学理事会章程》,讨论《东北林业大学教育事业发展“十三五”规划》征求意见稿。理事会的成立标志着学校内部治理结构进一步完善。

【陆昊省长来校调研】 11月17日,黑龙江省委副书记、省长陆昊来学校就大学生创新创业、科技成果转化工作进行专题调研并给予较高评价。

【博士后流动站工作】 11月26日,学校生物学博士后流动站在2015年度全国博士后综合评估中被评为全国优秀博士后科研流动站,林学站、林业工程站、机械工程站、农林经济管理站被评为全国良好博士后科研流动站。

【获全国保护森林和野生动植物资源先进集体称号】 12月,野生动物资源学院获得全国保护森林和野生动植物资源先进集体称号。华育平教授团队荣获国家林业局保护森林和野生动植物资源先进集体称号。

【一名学生获全国励志成长成才优秀学生典型】 12月，经济管理学院刘大睿同学获评全国励志成长成才优秀学生典型。

【获民盟黑龙江省参政议政工作先进集体】 12月2日，民盟黑龙江省委授予民盟东北林业大学委员会“民盟黑龙江省参政议政工作先进集体”称号。

【期刊获奖】 12月19日，《林业研究》（英文版）荣获2015年中国最具国际影响力学术期刊，同时还荣获“第一届中国高校优秀英文期刊奖”，影响力持续提升。

【国际交流与合作】 2015年，东北林大与澳大利亚西澳大学、加拿大新不伦瑞克大学、白俄罗斯国立大学、塞尔维亚诺维萨德大学、芬兰凯门拉森应用技术大学、希腊国立雅典理工大学等多所高校分别签署了校际学术交流合作协议，双方将在学术交流、举办学术会议、讲学、科研项目合作、学生交流等多领域开展合作。

【科研获奖】 2015年，学校获各类科技奖励37项。其中黑龙江省科学技术奖11项；第七届高等学校科学研究优秀成果奖（人文社会科学）三等奖1项；哈尔滨市科技进步奖3项；黑龙江省高校科学技术奖5项；第五届梁希科学技术奖5项；2015年省高校人文奖12项。获荣誉奖励4人，其中第十二届黑龙江省青年科技奖1人，第十三届中国林业青年科技奖3人。申请专利248件，授权专利370件。

【学生比赛获奖】 3月，学校大学生艺术作品参加全国大学生艺术展演获声乐组甲组二等奖，这是黑龙江省首个合唱作品参加全国大学生艺术展演并获奖。3月21日，学校学生在第四届全国大学生工程训练综合能力竞赛黑龙江省预选赛中取得S类竞赛全省第一名的成绩，并代表黑龙江省S类竞赛代表队参加全国大赛。5月22～24日，学校学生在第四届全国大学生工程训练综合能力竞赛中获得全国二等奖，共有109所高校的151支队伍参赛。6月，在美国大学生数学建模竞赛暨交叉学科数学建模竞赛上，学校学生获一等奖2项、二等奖4项。7月19日，机电工程学院学生代表队获得全国大学生机器人大赛总决赛一等奖和3个单项奖，这是黑龙江省唯一一支获得一等奖的队伍。9月，学校学生代表队在省首届“互联网＋”大学生创新创业大赛中获金奖。9月，学校学生代表队在全国大学生电子设计竞赛中获得全国二等奖。11月，园林学院学生代表队在第五届艾景奖国际园林景观规划设计大赛中获研究生旅游区规划组银奖。11月10日，启林研究会、太极协会和武术协会成功入选100个全国优秀大学生国学社团，是入选社团最多的高校。11月20～22日，学校体育舞蹈队在中国大学生体育舞蹈锦标赛上获得2项冠军、3项亚军、1项季军，学校获得优秀组织奖。12月，学校学生代表队获得中国教育机器人大赛一等奖8项、二等奖1项。

（东北林业大学由朱立明供稿）

南京林业大学

【概　况】 2015年，学校有22个学院（部），72个本科专业，全日制在校生23 635人（不含公有民办南方学院），其中本科生16 532人，研究生3619人，成人教育学生3484人。本年度招生7128人，毕业6482人。有49个省部级研究开发机构、重点实验室和工程研究中心。有8个博士后流动站、7个一级学科博士学位授权点、39个二级学科博士学位授权点、19个一级学科硕士学位授权点、82个二级学科硕士学位授权点和26个专业学位授权领域。有林业工程、生态学2个一级学科国家重点学科，林木遗传育种、林产化学加工工程、木材科学与技术、森林保护学等4个二级学科国家重点学科，1个江苏省一级学科国家重点学科培育点，4个江苏省高校优势学科，7个国家林业局重点学科，3个一级学科江苏省重点学科，1个一级学科江苏省重点（培育）学科，3个二级学科江苏省重点学科。有国家级特色专业建设点6个，国家级人才培养模式创新实验区1个，国家级实验教学示范中心2个。有教职工1966人，其中专任教师1260人，专任教师中，高级职称635人，博士生导师156人，中国工程院院士3人，“长江学者”特聘教授1人，国家杰出青年基金获得者1人。

2015年，曹福亮教授当选为中国工程院农学部院士，王明庥院士、张齐生院士获“江苏高教30年重要影响人物”提名奖，向其柏教授当选光明日报社主办“森林中国·2014中国生态英雄”，尹佟明教授入选科技部“中青年科技创新领军人才”，林业工程博士后科研流动站获全国“优秀博士后科研流动站”称号。新能源科学与工程、物联网工程、物流工程、数字媒体艺术4个本科专业开始招生，与美国阿拉巴马农工大学合作共建的孔子学院在美国阿拉巴马州揭牌，中外合作办学项目林学专业、木材科学与工程专业通过教育部合格评估。

施季森主持完成的“林木细胞工程繁育技术及其应用”获江苏省科学技术一等奖；杨平主持完成的“长三角地区富含水地层盾构隧道建造人工冻结法关键技术”、李延军主持完成的“户外重组竹生产关键技术与应用”获教育部高校科学研究优秀成果奖科技进步二等奖；叶建仁主持完成的“松材线虫病病原确立和防控新技术研究与推广”、汪贵斌主持完成的“银杏复合经营系统研究与推广”获梁希林业科技二等奖。举办第八届亚洲林业传统知识与文化国际研讨会、首届多耦合场力学问题在动态检测与振动控制中的应用中德国际研讨会、首届中国青钱柳论坛等。《林业工程学报》在《林业科技开发》基础上创办，南京地铁3号线南京林业大学新庄站启用。

【曹福亮当选中国工程院院士】 11月，曹福亮当选为中国工程院农学部院士。曹福亮，男，1957年11月生，江苏泰州人，教授，博士生导师。1982年毕业于南京林业大学林学专业，1989年获森林培育学硕士学位，2004年获不列颠哥伦比亚大学(University of British Columbia)森林生态学博士学位。2000年任南京林业大学副校长，2010年任南京林业大学校长。1982年毕业留校工作以来，一直从事森林培育学的教学和科研工作，在银杏、落羽杉、杨树等树种的良种选育、培育和加工利用等方面成果突出，建立了银杏定向育种技术体系、银杏定向培育技术体系、银杏定向加工技术体系、银杏文化和旅游资源开发利用平台等，为中国银杏产业的发展和南方现代林业建设提供了重要科技支撑。先后获国家科技进步二等奖4项、省部级科技进步二等奖4项，2008年被评为江苏省"333第一层次江苏省中青年首席科学家人选"，2010年荣获"十佳全国优秀科技工作者提名奖"，2014年获何梁何利奖。

【王明庥、张齐生获江苏高教30年重要影响人物提名奖】 12月12日在南京举行了颁奖仪式。江苏省副省长曹卫星、省政府副秘书长陈少军、省教育厅厅长沈健、中国高等教育学会会长瞿振元等出席仪式并为获奖人物颁奖。南京林业大学王明庥、张齐生获得"江苏高教30年重要影响人物"提名奖。江苏高教30年重要影响人物评选活动2015年4月筹备，8月启动，由江苏省高等教育学会、江苏教育报刊总社联合举办。经过单位推荐、专家提名、会员单位票选和网络投票以及专家评审，共评选出王湛等10名当选人物和王明庥等19名提名人物。

【向其柏获生态英雄称号】 6月，由光明日报社主办，共青团中央和国家林业局支持的"森林中国·首届生态英雄"评选揭晓，南京林业大学向其柏教授获得"生态英雄"称号。"森林中国·2014中国生态英雄"大型公益活动于2014年11月启动，经各地各部门推荐、网友投票和专家评议等严格程序，4月20日确定了首批30名入围者，在《光明日报》公示入围候选人事迹。经过组委会的进一步评议，最终产生10位生态英雄个人、3个生态英雄团体以及1位生态英雄国际友人。该活动还得到中国光华科技基金会、中国野生动物保护协会、中国林学会、中国生态文化协会协助。

【四个本科专业获批】 3月，根据《教育部关于公布2014年度普通高等学校本科专业备案或审批结果的通知》，南京林业大学新能源科学与工程、物联网工程、物流工程、数字媒体艺术4个本科专业经教育部审核后，确定准予备案，并自2015年开始招生。至此，南京林业大学本科专业数增至72个。

【两个本科中外合作办学项目通过评估】 11月，南京林业大学与加拿大不列颠哥伦比亚大学林学院合作举办的林学专业和木材科学与工程专业2个本科中外合作办学项目通过教育部合格评估。该项目实行"3+2"培养模式，前3年在南京林业大学就读，后2年转入加拿大不列颠哥伦比亚大学林学院进行第二阶段学习，可同时取得南京林业大学和不列颠哥伦比亚大学的毕业文凭。该项目体现"依托学科专业优势，培养国际化现代林业人才""引进先进林业教育理念和优质资源，创新人才培养模式"和"打造国际合作平台，提升学校国际化办学和科研水平"等特色，通过中外合作，培养国际化现代林业人才。

【一成果获国家科技进步二等奖】 1月9日，中共中央、国务院在北京人民大会堂隆重举行国家科学技术奖励大会，党和国家领导人习近平、李克强、刘云山、张高丽出席大会并为获奖代表颁奖。由中国林学会副理事长、南京林业大学校长曹福亮教授主编，祝遵凌、邵权熙等参编的科普作品《听伯伯讲银杏的故事》项目荣获国家科学技术进步二等奖，是林业科普作品首次获得国家奖励。该作品针对儿童特点，集儿歌、故事、摄影、漫画、动画等创作于一体，全方位普及银杏的起源与演化、生物学和生态学特性、培育、利用、文化艺术等知识，取得了良好的经济和社会效益。

【林木细胞工程繁育技术及其应用获江苏省科学技术一等奖】 南京林业大学施季森教授主持完成的"林木细胞工程繁育技术及其应用"项目获2015年度江苏省科学技术一等奖。该项目针对中国南方杉木、杂交鹅掌楸等主要造林树种良种产量不稳，传统技术繁殖困难，林木"良种壮苗"供应不足等问题，开展林木良种繁育技术的持续创新和产业化应用研究。将现代生物技术中的细胞工程技术与常规林木育种技术有机结合，运用植物细胞全能性理论，突破了林木细胞工程种苗高效繁育和产业化的重大关键技术，发明了杉木、杂交鹅掌楸、马尾松、杂交松等8个重要树种体细胞离体培养胚胎发生、体胚高频同步发生及植株高效再生，器官离体培养高效再生，胚性材料超低温长期保存利用等成套技术体系。项目与福建金森林业股份有限公司等企业合作，实现了"林木体细胞胚胎发生和植株再生技术"产业化。先后建立细胞工程种苗生产线10条，累计生产杉木、杂交鹅掌楸细胞工程种苗7210万株，在中国16个省(区)累计推广造林1.87万公顷，取得显著的经济、社会和生态效益。福建省林业科学研究院、福建省洋口国有林场、福建金森林业股份有限公司参与项目研究。主要完成人为施季森、陈金慧、郑仁华、李火根、徐进、王国熙、边黎明、王章荣、诸葛强、王光萍、张志才。

【两个研究中心获国家林业局批准】 4月，依托南京林业大学林学院、材料科学与工程学院组建的"南方杨树工程技术研究中心"和依托材料科学与工程学院组建的"竹材工程技术研究中心"获国家林业局批准认定。

【黄山生物多样性保护研究基地揭牌】 5月21日，南京林业大学与环保部南京环境科学研究所、黄山风景区管理委员会共建的"黄山生物多样性保护研究基地"揭牌仪式在黄山举行。南京林业大学副校长薛建辉教授、环保部南京环境科学研究所副所长徐海根研究员、黄山风景区管理委员会纪委书记程文峰出席揭牌仪式。黄山是中国35个生物多样性保护优先区域之一，按照三方签订的《生物多样性观测合作框架协议》，黄山生物多样性保护研究基地建设项目于2014年9月启动，在南京林业大学方炎明教授的主持下，已完成了黄山风景区小岭脚10公顷常绿阔叶林样地、桃花峰1公顷落叶阔叶林样地和香炉峰1公顷针阔混交林样地等固定样地的生物多样性监测工作。南京林业大学副校长薛建辉教授应邀作了“生态文明与林业生态建设”的主题报告。

【农村清洁能源示范工程研讨会】 12月1～3日在浙江农林大学召开，“中国农村清洁能源示范工程的发展战略研究”项目由南京林业大学张齐生院士主持，是2014年度中国工程院与国家自然科学基金委联合立项的重点支持项目。项目设4项子课题：生物质气化和供气工程的发展战略研究、沼气利用工程的发展战略研究、生物质炭在农村和农业中应用的发展战略研究、太阳能利用工程的发展战略研究。截至2015年12月，项目组对中国农村主要的清洁能源，包括生物质气化和供气、太阳能、沼气能发展状况等进行了实地调研并取得了中期研究成果。专家肯定了该项目在促进中国的清洁能源发展、实现秸秆焚烧、全国性雾霾天气防治、水环境恶化治理、土壤污染治理及食品安全保障等方面所具有的战略意义。中国工程院张齐生、尹伟伦、康绍忠、宋湛谦、陈温福、程顺和、陈剑平、陈宗懋等参加了研讨会。

【第八届亚洲林业传统知识与文化国际研讨会】 11月7日在南京林业大学召开。江苏省副省长许津荣，亚太森林组织主席赵树丛，国际林联副主席、美国林务局约翰·帕罗塔，南京林业大学校长曹福亮，江苏省林业局局长夏春胜等参加开幕式。围绕“生物和文化多样性与景观管理相结合”主题，就可持续森林管理和保护生物多样性中传统森林知识与文化的价值、森林景观对提升生活质量和幸福指数的意义、城市化加快时期农村地区森林之美、保持和提升景观恢复和生态修复中森林传统支持与文化的政策等主题进行研讨。来自美国、中国、印度、印度尼西亚、韩国、日本、马来西亚、菲律宾等国家的50余名学者参会。

【首届中国青钱柳论坛】 10月15日在南京林业大学举行。青钱柳是中国集药用、材用和观赏等多种价值的珍贵树种。叶片提取物在降血糖、降血脂、降血压等方面受到国内外关注。南京林业大学方升佐教授、江西中医药大学舒任庚教授、江西农业大学王文君教授和中国药科大学殷志琦教授先后就“多功能珍贵树种青钱柳的研究进展与展望”“青钱柳活性成分的研究”“青钱柳主要活性成分及其开发利用”和“青钱柳治疗、保健功效及机制”作了特邀报告。来自高校、科研院所、相关企业102家单位近200名代表参会。

【创办《林业工程学报》】 9月，经国家新闻出版广电总局批准，南京林业大学在《林业科技开发》办刊基础上，自2016年1月起创办《林业工程学报》。《林业工程学报》继承《林业科技开发》原有的期刊数据和评价结果，为中文核心期刊、中国科技核心期刊、RCCSE中国林业核心学术期刊和中国农业核心期刊。学报重点报道木材科学与技术、林产化学加工工程、森林工程、家具设计与工程、装备与信息化等方面的科研成果和最新进展，促进林业工程学科的科研创新和学术交流，是林业工程研究成果展示平台。 （南京林业大学由钱一群供稿）

中南林业科技大学

【综　述】 2015年是中南林业科技大学全面完成“十二五”规划的收官之年，也是学校“两型校园建设年”。学校党委、行政机构紧紧团结和依靠全校师生员工，扎实工作，开拓创新，学校建设发展取得新成绩。

【思想政治工作】 进一步加强和改进宣传思想工作。制订出台《关于进一步加强宣传思想工作的实施意见》，学校思政工作大格局初具雏形；大力开展社会主义核心价值观和“两型”校园创建等教育宣传活动，努力营造富有特色的“绿色、生态”校园文化氛围；积极加强校内外媒体沟通和舆情管控，年度对外宣传报道260篇（次），其中在全国性的媒体上发表42篇（次）。16项作品获全国或湖南省高校“好新闻奖”。

发挥统一战线优势，注重凝心聚力，着力推进“同心工程”“四同创建”等社会服务品牌活动。加强民主党派基层队伍建设，推荐1人赴省商务厅挂职、3人被聘为省政府参事，2个基层组织被授予省级“先进基层组织”、7人荣获省级先进个人。

创新学生思政教育工作方式方法。积极打造融学生教育、管理、服务为一体的“两微一端”网络思想政治教育平台，组织开展国防形势报告会、红色电影展放等系列教育活动，着力提高大学生的思想道德水平；试点开展辅导员名师工作室建设，全面开展成长辅导室建设，启动大学生心理素质提升示范校建设工作，全面提升学生工作的科学化水平。学校先后荣获“湖南省普通高校学生思想政治教育研究与实践先进单位”“全国心理健康教育先进单位”。

【教育教学】

生源质量不断提高 在全国29个招生省（区、市）中除北京市以外均实现本科一批招生，90%以上的新生录取成绩达到或超过一本线，第一志愿录取率大幅提升，普通文理科投档线位列省属五所新增一本院校首位，国际教育调整到一批招生并圆满完成招生计划。启动了本科生第二辅修专业学位认证工作调研、新一轮本科人才培养方案修订等工作，进一步推进人才分类培养和公共课分层分类分级教学。成功申报2个新专业,立项省级人才培养示范基地1个。推进教学改革与研究,立项省级教改课题33项;拓展教育信息化,引进10门网络公共课程,完成视频高清自动录播系统建设,在班戈学院率先投入使用 Blackboard 教学系统。积极推行本科生创新创业教育实施方案,立项省级本科生创新项目23项,获批省级研究生创新实践基地3个,国家级创新创业训练计划16项;学生取得“挑战杯”湖南省大学生课外学术科技作品竞赛一等奖等一大批优异成绩涌现。涉外学院、继续教育学院、北京教学点的办学质量不断提高。积极做好企业干部培训,全年共举办培训班61个,培训4668人次。

研究生教育教学综合改革 改革招生机制,在三个国家重点学科试行博士研究生“申请-审核制”招生,取得良好效果;积极构建完善学术学位研究生、专业学位研究生分类培养体系,狠抓研究生课堂教学质量,加强过程管理,规范关键培养环节;首次发布《中南林业科技大学研究生教育质量年度报告》。

教学质量监控和评估体系 通过了《本科教学过程监控与评价实施方案(试行)》;主动对接国际教育标准,积极参与国际注册会计师(ACCA)认证,顺利通过教育部中外合作办学“环境科学”本科专业教育项目评估工作;面向社会及时发布学校《本科教学质量年度报告》《毕业生就业质量年度报告》,毕业生初次就业率进入省内同类高校前列,学校被评为“湖南省大学生就业创业示范校”。

【学科建设】 科学谋划学校事业发展规划。全面系统总结了学校“十二五”发展的成就;完成学校《“十三五”学科建设发展规划》编制工作并报送省教育厅备案。

进一步优化学科结构和学位点布局。制订了学校《学位授权点评估实施方案》,组织并顺利通过了林业硕士和风景园林硕士2个专业硕士点的专项评估工作。

【科技创新】 积极推进体制机制创新。先后修订完善《科研工作计分办法》等一系列科研管理制度,畅通教学与科研工作计量,激发青年基金项目活力,强化项目过程管理,严格经费使用,规范平台建设与运行,提升科研管理信息化水平。

2015年共立项省部级以上自科项目104项、社科项目85项,并实现国家自科基金重点项目(吴义强1项)、湖南省社科联重大项目(廖小平1项)立项突破等。截至12月底,全年到账科研经费8813万元。平台建设方面,新增湖南省2011协同创新中心(“木竹资源高效利用协同创新中心”)等5个高水平研究平台,稻谷及副产物深加工国家工程实验室顺利通过建设验收。全年获省部级科技成果奖7项(其中一等奖4项),获省优秀社会科学成果奖2项,并首次获得中国产学研合作创新成果一等奖1项(彭万喜);发表A类期刊以上的学术论文183篇,获得授权的国家发明专利83项,王森教授的成果实现国家专利优秀奖零的突破。学校自科学报和《经济林研究》连续入选北大中文核心期刊。

【师资队伍建设】 积极推进人事管理及分配制度改革。研究制订“定编定岗实施方案”,进一步规范岗位异动、优化岗位结构,专技岗占比由70%提高至75%;完成教师岗位遴选晋级、职称评审和干部人事档案专项审核等工作;启动事业单位养老保险制度改革,已完成相关信息采集和数据测算工作;深化分配制度改革,进一步修订和完善绩效工资实施方案,职工待遇继续保持一定幅度的调增。

师资结构和素质不断优化。坚持引进和培养并重,专任教师博士化比例较上年提高4%、总占比接近40%。高层次人才队伍建设取得新成绩,新增中组部“万人计划”“百千万人才工程”、全国农业科研杰出人才、国家中青年科技创新领军人才各1人,湖南省“百人计划”“芙蓉学者”讲座教授各2人,有教师先后荣获“海峡两岸林业敬业奖励基金”、湖南省“芙蓉学者计划”第三届贡献奖等荣誉。

【对外交流合作】 稳步推进海外引智工作,获批国家级、省级引智项目共2项,申报成功海外名师1项;圆满完成第一批261名学生在英国班戈大学的注册工作;全年共派出各类交换生、游学生70余人,招收来华留学生56人,派出29名教师及骨干教学管理人员赴国外合作院校进修或培训;全年执行因公出国(境)计划24批83人次。

挂牌产学研基地41个,派出科技特派员14人,签订科技成果转化合同23个,多项成果被政府有关部门纳入决策参考。先后组织了100多支队伍进行社会实践和志愿服务活动,其中“赴泸溪开展创新创业帮扶社会实践团博士团”获全国优秀社会实践团队,另有3个团队获省级优秀团队,16人获省级社会服务先进个人。

对口支援和驻村帮扶工作扎实推进。认真落实中央和省委关于推进精准扶贫的工作部署,选派2名干部到凤凰县山江镇毛都塘村开展驻村扶贫。学校党委、行政机构多次专题研究驻村帮扶工作,结合驻村工作组和相关专家意见,研究制订了三年扶贫规划和工作计划,在人员、经费、措施等方面给予大力支持,全力推进毛都塘村42个重点帮扶对象、171位贫困人口到2017年如期实现脱贫的艰巨任务。学校共筹集资金300余万元(其中学校100万元、校外180万元、师生捐款23.8万元),启动了毛都塘村通组路、村小学、卫生室等七个项目建设,学校驻村帮扶工作被省委组织部、省扶贫办评为优秀。同时,还加大对口帮扶新化县田坪镇中学、芦家桥小学力度,全年投入资金和设备总值100多万元。

【办学条件】 多渠道筹措资金,优化收入结构,规范财务管理。全年共获得财务收入8.83亿元,支出8.77亿元,有力保障了正常运行和各项事业发展需要。审计部门充分发挥内审监督职能,重点加强基建维修工作和物资采购审计,审减额达1477.1万元,审减率11.4%,有效提高了教育资金使用效益。

校园基本建设日益完善。综合实验楼、西园图书馆的改扩建主体工程即将竣工,新增建筑面积5.2万平方米,有效改善了教学、实验和学生实习条件;完成安置房规划调整和教师公租房立项等工作;结合“两型校园”创建活动,正式启动金沙古井等3个美丽校园建设项目。

办学空间继续拓展。经过艰苦努力和积极争取多方支持，商贸职院老校区有偿划拨工作有序推进，即将于2016年8月31日前全部移交学校。芦头实验林场被纳入公益一类事业单位，林场申报的“湖南北罗霄国家森林公园”获得通过，成为全国首个以大学的名义申报和建设的国家森林公园。

校园信息化进程不断加快。数字化校园建设第一期工程任务基本完成，通过重点加强人事、教务、学工等业务系统建设、提升和应用，推进数据共享和业务协同，提升信息化服务能力；完成了学校门户网站改版升级，顺利实现数字离校、数字迎新等。完成西园图书馆改扩建、东园图书馆电子阅览室改造和网络改造，文献信息资源更加丰富，图书资料服务能力明显提升。推进现代办公，更新升级了行政办公系统，无纸化会议室、视频会议系统先后建成并投入使用。

【内部治理】 全面推进依法治校，不断完善内部治理结构。《中南林业科技大学章程》经省教育厅核准正式颁布，学校以贯彻实施章程为抓手，着力构建以章程为核心、层次清晰、内容规范的现代大学制度。成立了新一届学术委员会，制定颁布了学术委员会章程，健全了学术委员会组织架构体系。成立法律事务办公室，充分发挥其对内规范办学行为、对外防范法律风险职能。推进民主办学，充分发挥民主党派及无党派人士的民主监督和民主管理作用；加强教代会制度建设，规范教职工代表大会提案管理，圆满完成二级分工会换届工作；积极推进信息公开，着力做好信访工作和矛盾纠纷排查。

认真落实省属高校集中巡视整改要求，进一步规范内部管理。深入开展“两型校园”创建活动，加强公有用房清查，完善资产网络化管理，规范水电计量管理，对相关设备进行节能改造，2015年全校水电人均耗能指标远低于全省高校平均水平，学校被评为“国家公共机构节能示范单位”和“长沙市天心区节能示范单位”。

制订并实施《班戈学院管理办法》《国际学院管理办法》，继续教育学院、企业管理干部培训中心、涉外学院、北京教学点等单位按目标任务和合作协议规范运行。

【和谐校园建设】 举办“高雅艺术进校园”“两型校园建设，我们在行动”、教职工健美舞大赛、“我为山区儿童点亮一盏明灯”捐书活动等系列文化活动。学校获得“湖南省普通高校校园文化建设优秀成果一等奖”等荣誉，并被省委宣传部、省新闻出版广电局授予“书香校园”称号。首次联合举办师生田径运动会，并成功承办了亚洲篮球锦标赛、中国羽毛球俱乐部超级联赛和中超联赛颁奖典礼等重大体育赛事活动。

推进平安校园建设，加大对校园及周边环境的整治力度，提高校园综合治理能力，营造文明稳定有序的校园环境，各类案件的发案率显著下降，学校荣获省教育厅第二届平安校园建设优秀成果奖，学校保卫工作获得省级表彰。

教职员工收入水平、福利待遇持续改善和提高，离退休老同志待遇相应提高。完成老同志活动中心、西园篮球场、外语吧、班戈学院外籍教师用房等维修改造项目；完成了三湘小区购房职工经适房转商品房办理手续的协调工作；恢复电子楼和图书馆负楼的停车功能；继续实行教职工工作日优惠午餐和免费体检；建立健全困难教职工档案，积极帮扶特殊困难师生；校园电力增容和学生宿舍安装空调工作正在积极推进中。落实就业工作“一把手工程”，大力开拓就业市场，多渠道邀请用人单位进校招聘，为毕业生提供了1.2万多个就业岗位，供需比超过2:1，为毕业生高质量就业提供保障。

（中南林业科技大学由李波涛　皮芳芳供稿）

南京森林警察学院

【综　述】 2015年，南京森林警察学院设有治安系、侦查系、刑事科学技术系、警务管理系、警务技战术系、信息技术系、森林消防系。国家林业局警官培训中心、森林消防指挥培训中心、森林公安司法鉴定中心和林业职业教育研究中心挂靠在学院。目前专业设置有：治安学、侦查学、消防工程、刑事科学技术、公安管理学、网络安全与执法、警务指挥与战术、公安情报学等8个本科专业，全日制在校生5438人。学院现有教职工423人，专任教师280人，其中，正高职称26人，博士和硕士研究生227人，聘请兼职教授15人、高级教官20人。学校占地总面积76.2公顷，总建筑面积近20万平方米。学院拥有教学仪器设备总值1.3亿元，图书馆馆藏图书总量达237万册，其中电子图书174万册（种），纸质图书63万册。另有电子期刊3.3万种，纸质期刊970种。

【三名毕业生入选“宿迁市十佳女警”】 3月9日，宿迁市公安局举行首届“宿迁市十佳女警”评选活动，集中表彰近年来全市公安队伍中涌现的一批优秀女人民警察。学校毕业生宋宏娜、范芳芳、邹丽丽3人获此殊荣。她们扎根基层、服务群众，践行人民警察核心价值观，业务精湛，作风优良，取得优异的业绩。

【“中国梦·共分享——听师兄师姐讲成长的故事”系列报告会启动】 3月15日，“中国梦·共分享——听师兄师姐讲成长的故事”系列报告会启动仪式暨“宿迁市十佳女警”优秀校友见面会在学校大报告厅举行。校党委书记王邱文、宿迁市公安局政治部副主任步爱民出席会议，全校近400名学生参加了讲座。宿迁市公安局“十佳女警”宋宏娜、范芳芳、邹丽丽，宿迁市人大代表刘桂微等优秀校友与在场学生一同分享成长经历，传承梦想。

【森林公安机关第126期司晋督警衔晋升训练班开班】 3月27日，森林公安机关第126期司晋督警衔晋升训练班开班仪式在警官培训中心举行。国家林业局森林公安局政委焦德发,南京森林警察学院党委书记王邱文、常务副校长张治平、副校长傅冰钢,警官培训中心常务副主任顾其银等出席开班仪式,来自全国13个省(区、市)的64名培训学员参加了仪式。

【开展教学技能大赛课堂教学比赛】 为加强学校教师队伍能力建设,努力培养"四有教师",由教务处牵头组织的"教学技能大赛之课堂教学比赛决赛"于4月13日拉开帷幕。最终由评委组专家对比赛情况进行总结评比。

【学校入选"南京九大最美高校"】 4月10日16时,由《金陵晚报》暨旗下公众号"OUT慢"发起、历时1个月的首届"南京最美高校"评选落下帷幕。经过角逐,南京森林警察学院成功入选"南京九大最美高校"。

本次活动社会关注度高,影响力大,参与投票者逾16万人,更有大量读者和网友予以关注,是一次向社会宣传学校发展成就、展示美丽校园的良好平台。

【学校官方微信正式上线】 为适应新媒体快速发展的趋势,积极利用新载体、新手段更好地宣传学校、服务师生,经过前期精心筹备、充分测试,4月22日,学校官方微信上线仪式在301会议室举行。校党委书记王邱文、党委副书记林平出席上线仪式,部分师生代表参加了活动。

【森林公安机关第127期司晋督警衔晋升训练班结业仪式】 4月24日,森林公安机关第127期司晋督警衔晋升训练班结业仪式在警官培训中心举行。国家林业局森林公安局政委焦德发,南京森林警察学院党委书记王邱文、常务副校长张治平,国家林业局森林公安局政治处处长耿淑芬,警官培训中心副主任侯召斌等出席仪式,全体培训学员参加仪式。仪式由耿淑芬处长主持。

【"江苏教育发布"对"雷锋式好学警"阮泽来先进事迹进行报道】 4月28日,江苏省大学生年度人物、公安部个人二等功获得者、校"雷锋式好学警"、警务技战术系阮泽来同学被评为第三届"绍兴市道德模范"。江苏省教育厅于5月开展"榜样的力量"为主题的教育宣传活动。5月13日,江苏省教育厅通过其新闻客户端"江苏教育发布"以"【榜样的力量】南京森林警察学院阮泽来:人生的价值在于帮助更多人"为题对阮泽来同学的先进事迹予以报道。

【学校毕业生卢丹被评为安徽省公安机关十大"忠诚卫士"并荣记个人一等功】 5月20日,在安徽省公安厅十大"忠诚卫士"评选表彰活动中,学校信息0602区队毕业生卢丹被评为安徽省公安机关十大"忠诚卫士",并被安徽省公安厅荣记个人一等功一次。

【获江苏省五一劳动奖状】 4月28日江苏省总工会决定授予南京森林警察学院等127个单位江苏省五一劳动奖状。

【2015年赴加拿大英属哥伦比亚司法学院首批学习培训团完成培训学习任务】 应加拿大不列颠哥伦比亚省司法学院的邀请,5月4～18日,南京森林警察学院34名学生在刑技大队大队长罗元方老师、治安系臧建国副教授、外事办张丽霞老师的带领下赴加拿大进行培训学习。

学习培训期间,学习培训团主要通过理论学习和实地参观的方式学习了加拿大警务制度、刑事调查与询问、社区警务、应急管理、大型活动策划、打击有组织犯罪及恐怖主义等课程,参观了温哥华新威斯敏斯特市警察局,亲身体验了加拿大警务运作的环境,受益良多。期间,学生听取了数位教官讲授的"加拿大警察制度""警察招募与晋升""策略规划、决策及领导技能""反恐""刑侦与取证研究""社区警务与预防犯罪""预防打击有组织犯罪""应急管理""消防"等十多个专题讲座,对加拿大的警察管理和警务执法活动有了较为深入的了解和认识。

【薛晓明老师确定为第二批国家林业局"百千万人才工程"省部级人选】 经学校推荐、国家林业局组织专家评审、局党组会议审议,5月13日,确定薛晓明老师为第二批国家林业局"百千万人才工程"省部级人选。

【开展"爱心送黔南"活动】 根据学校与贵州省黔南州的有关协定,学校关工委分别于5月19日向黔南州龙里县龙里镇中坝村村委会赠送了5台电脑,于5月29日向黔南州都匀市墨阳中心小学赠送了10台电脑。中坝村和墨阳中心小学,地处贫困山区,经济发展滞后,办公办学经费资源匮乏。因此给当地的基层工作和教学工作造成了诸多的不便和困难。学校赠送的这批电脑,在一定程度上缓解了他们的困难,改善了他们的办公办学条件。

【学校获省委教育工委高校党建工作创新奖】 6月4日,省委教育工委公布2013～2014年度高校党建工作创新奖评选结果,学校申报的"中国梦·青春梦·警察梦"理想信念主题教育实践活动成功入选。这是继学校2012年"学习先进事迹、帮扶困难学生、走访职工家庭"党建案例被国家林业局机关党委评为党建创新品牌后取得的又一殊荣。

【南京海关缉私局致函学校表示感谢】 6月9日,南京海关缉私局给学校送来感谢信,对学校在侦破野生动植物走私案中的大力支持表示感谢。

在南京关区开展的"五大战役"行动和国家联合执法打击野生动植物走私国际行动"眼镜蛇三号行动"中,学校派出方彦、薛晓明、谢春平三位老师协助缉私局破获涉嫌走私国家禁止出口物品案。案件的成功侦破得到了海关总署领导的肯定,南京海关缉私局对学校的大力支持表示感谢,对3位老师给予的专业帮助和敬业精神表示敬意。

【与加拿大不列颠哥伦比亚省司法学院签署校际合作备忘录】 加拿大当地时间2015年6月25日上午,学校与加拿大不列颠哥伦比亚省司法学院(Justice Institute of British Columbia,以下简称JIBC)合作备忘录签字仪式在JIBC举行。校党委副书记、代表团团长李明和JIBC院长Michel Tarko分别代表两校在合作备忘录上签字。

2015年5月，学校已与JIBC开展了第一期学生短期交流项目。根据合作备忘录，两校同意建立战略互惠关系，并将在学生短期交流项目的基础上探索开展学分转换课程项目和两校定期互访项目。双方同意在后续工作中对拟议中的行动协议进行学术、财务和管理方面的可行性研究。

【《森林警院报》登陆中国高校校报展示平台】 校报《森林警院报》于7月5日登陆"中国高校校报展示平台"，这是学校校报发展史上的一次跨越，实现了学院报的数字化、网络化、电子化。届时，校报纸质版和网络版将实行同步发行。网络版校报更有助于日后查阅，对于扩大校报影响，全面宣传展示学校改革、建设与发展的成果，加强学校与其他高校和社会的联系交流，加强师生、校友和关心学校发展建设各界人士的紧密联系，提升学校知名度、美誉度，塑造学校的品牌形象具有积极的意义。

【"做四有教师，与梦想同行"主题演讲比赛举办】 7月11日，"四有教师""五好干部"教育实践活动的内容之一"做四有教师，与梦想同行"主题演讲比赛在仙林校区报告厅成功举办。学校党政领导与全校教职工一起聆听了此次比赛。

各党总支（直属党支部）选送的11名参赛选手参加了此次比赛。比赛共决出一等奖1名，二等奖2名，三等奖3名，优秀奖5名。经过激烈角逐，最后，治安系党总支陈积敏荣获一等奖；刑事科学技术党总支费宜玲、侦查系党总支的王智分获二等奖；警务技战术系党总支张雷、森林消防党总支翟春婕、警务管理系党总支曹通分获三等奖。

【南京森林警察学院第三届中国绿博会布展启动】 8月8日，由科技处、鉴定中心、刑事科学技术系、后勤处、宣传教育处等部门组成的工作组抵达天津武清，开始第三届中国绿博会南京森林警察学院展厅布展工作。

【组织收看国家林业局践行社会主义核心价值观视频报告会】 8月17日，学校认真组织收看学习国家林业局践行社会主义核心价值观视频报告会。常务副校长张治平、党委副书记林平和中层干部参加学习。

国家林业局党组书记、局长张建龙，局党组成员、中央纪委驻局纪检组组长陈述贤，局党组成员、副局长陈凤学，局党组成员彭有冬、谭光明，国家森林防火指挥部专职副总指挥杜永胜，局总工程师封加平出席报告会，陈述贤主持报告会。国家林业局办公室、造林司、中国林科院、中南林业调查规划设计院、乌鲁木齐专员办等5个司局和直属单位的代表在会上作报告。

【张永利莅临参观第三届中国绿化博览会南京森林警察学院展区】 8月18日，第三届中国绿化博览会在天津市武清区正式开幕。南京森林警察学院作为参展单位承担了此次绿博会动物标本展。绿博会学校展厅共分为4个板块，由高原生态系统、森林生态系统、草原生态系统和湿地生态系统组成，共计58种、67件标本参展。

活动中，国家林业局副局长张永利一行来到学校展厅，对学校参展工作给予了充分肯定。

第三届中国绿化博览会由全国绿化委员会、国家林业局、天津市人民政府主办，天津市绿化委员会、天津市林业局、天津市武清区人民政府承办，各省（区、市）绿化委员会、林业厅（局）和各部门（系统）绿化委员会协办。

【全国森林公安机关第129期司晋督开班典礼在警官培训中心举行】 9月17日，全国森林公安机关第129期司晋督开班典礼在警官培训中心举行。国家林业局森林公安局政委焦德发，南京森林警察学院党委书记王邱文、国家林业局森林公安局政治处处长耿淑芬、警官培训中心主任常务副主任顾其银出席典礼，来自云南、浙江等全国19个省（区、市）的161名参训民警参加。仪式由耿淑芬主持。

【国家林业局森林公安局2015"双千计划"工作座谈会在学校召开】 9月17日，国家林业局森林公安局2015"双千计划"工作座谈会在学校召开。国家林业局森林公安局政委焦德发，南京森林警察学院党委书记王邱文、校长张高文、党委副书记林平、副校长陶珑，国家林业局森林公安局政治处处长耿淑芬出席会议。各地森林公安系统来学校任教教官、学校到森林公安机关挂职干部和相关系部及职能部门负责人参加座谈会。

【召开2015年新教师座谈会】 9月30日下午，学校召开了2015年新教师座谈会。党委书记王邱文、校长张高文、常务副校长张治平、党委副书记李明、党委副书记林平、副校长吉小林出席了会议，学校20名2015年新引进教师及相关职能部门负责人参加了会议。会议由组织人事处处长侯为群主持。

【全国森林公安第二届"森林卫士杯"演讲比赛】 10月21日，以"推进依法治国，护航生态文明"为主题的全国森林公安第二届"森林卫士杯"演讲比赛在南京森林警察学院举行。国家林业局森林公安局政委焦德发，南京森林警察学院党委书记王邱文、校长张高文、常务副校长张治平、党委副书记林平出席活动。全国各省级森林公安机关选送的32名选手参加了大赛。国家林业局森林公安局督察处处长张晓辉主持开幕式。

经过紧张的角逐，云南省森林公安局选送的文君鹏和内蒙古大兴安岭森林公安局选送的何金莲获得并列一等奖；湖南省森林公安局选送的邓晓、山东省森林公安局选送的周燕获得二等奖；安徽省森林公安局选送的刘和琴、吉林省森林公安局选送的油雅琳、南京森林警察学院选送的陈积敏、河北森林公安局选送的罗领军、四川森林公安局选送的余林、辽宁森林公安局选送的郑睿等6名选手获得三等奖。

【获第三届中国绿博会特别贡献奖、最佳组织奖】 10月18日，为期两个月的第三届中国绿化博览会在天津市武清区圆满闭幕。学校获得"特别贡献奖""最佳组织奖"两项殊荣，侯森林、费宜玲、赵小康被授予"先进工作者"称号，校党委副书记林平代表学校出席颁奖仪式。全国绿化委员会委员、国家林业局副局长张永利出席闭幕式并作讲话。

在绿博会的筹备与展览阶段，学校统一安排，由宣传教育处、科技处、学生工作处、后勤处、刑事科学技术系、司法鉴定中心等多部门组成联合工作组，围绕着"绿色让人和动物和谐共处"的主题，相互合作，圆满完成绿博会的展览工作。博览会期间，学校展厅受到社会各界的广泛好评，向游园民众很好地宣传了森林警察在保护野生动物、守护生态文明建设中的重要作用，唤起全社会关爱野生动物的爱心。

【全国森林公安宣传文化培训班】 10月21～24日，全国森林公安宣传文化培训班在学校成功举办。国家林业局森林公安局政委焦德发，党委书记王邱文、校长张高文、学校党委副书记林平出席培训班开幕式。各省级森林公安机关分管宣传文化工作的领导、宣传文化部门负责人，学校部分中层干部、各部门通讯员参加了培训。培训班由国家林业局森林公安局督察处处长张晓辉主持。

公安部《信息网络安全》杂志主编关非、南京师范大学新闻传播学院副教授张弢、人民网舆情监测室常务副秘书长单学刚和国家林业局森林公安局党委副书记林平分别作主题讲座。

该次培训除了专题讲座的形式，还组织安徽、福建、河南、湖北、广西、甘肃等6个省（区）森林公安机关开展典型经验交流，对森林公安宣传文化工作进行全方位、有侧重的解读，相互交流借鉴，提高了培训的实效性。

【校长张高文出席中国警察法学研究会2015年年会】 11月6～7日，中国警察法学研究会2015年年会在广东省惠州市举行。南京森林警察学院校长、中国警察法学研究会副会长张高文出席年会，并主持"警察法学的基础理论"主题研讨。

该次年会由中国警察法学研究会主办、惠州市公安局协办。本届年会的主题是"公安改革与法治建设"，主要围绕全面深化公安改革、人民警察使用武器问题、司法改革背景下的刑事侦查工作、警察法学的基础理论、警察权的法治化运行等主题展开交流和研讨。

来自北京大学、清华大学、中国社会科学院、中国人民公安大学等高校以及部分地方公安院校和公安实战部门的专家学者共计120余人参加会议。

【国家林业局森林公安局2015年第三期政工信息系统暨警衔会审培训班】 为加强森林公安信息化建设，促进各项政工业务通过森林公安政工系统实现网上运行，11月10～12日，国家林业局森林公安局2015年第三期政工信息系统暨警衔会审培训班在学校举办。各省级森林公安局负责政工信息系统及警衔申报工作的相关人员参加了培训。培训由国家林业局森林公安局政治处处长耿淑芬主持。

培训中，安徽省森林公安局政治处副主任徐其东和河南省森林公安局政治处副主任赵晓分别就信息系统整体框架、基本信息录入规范、警衔和培训模块操作方法、教育训练以及警衔法律政策规定进行了授课。大家针对警衔管理中集中存在的共性问题提出了意见和建议，并研究论证了解决措施和办法。同时，根据警衔申报审批的规范要求，培训中参训同志对各省申报的警衔材料进行了集中会审。

【举办全国公安机关爱民模范许家兴先进事迹报告会】 11月19日，国家林业局森林公安局2015"双千计划"来学校任职教官、全国公安机关爱民模范、安徽省池州市森林公安局贵池分局教导员许家兴为学校师生作了题为《谱写和谐林区新篇章》的报告。报告会由校党委副书记林平主持。

报告会上，许家兴对南京森林警察学院的关心和帮助表示感谢。他分享了在学校的任教的"大学梦"和自己的从警之路，并结合森林公安多年的基层工作经验和亲身经历，分别从软、硬件建设，和谐警营建设，公安宣传工作，警民关系等多方面，分析了当前森林公安基层工作的现状，讲述了基层一线森林公安民警日常工作生活场景和取得的成绩，展现了他们对党忠诚、为民服务、爱岗敬业、务实勤勉的良好形象和乐观向上的精神风貌。

【一届六次教代会全体代表会议】 12月2日，校一届六次教代会全体代表会议在图书馆小报告厅召开。校领导王邱文、张高文、张治平、李明、林平、陶珑和吉小林出席了会议。出席本次会议的代表有74人，"十三五"规划编制小组及学院章程起草小组人员列席了会议。

学校党委书记王邱文主持会议。校长张高文对《南京森林警察学院章程》的起草情况做了说明，学院党委副书记林平对《南京森林警察学院十三五规划》的编制情况做了说明。

各代表团在会前组织了学习，在会后组织了讨论，各位代表本着高度负责的态度，对《南京森林警察学院章程》和《南京森林警察学院十三五规划》提出了建设性的建议和意见，各代表团团长对大家形成的共识，在大会上做了发言和交流。

【"双千计划"驻校教官座谈会】 12月4日，学校召开"双千计划"驻校教官座谈会。10名"双千计划"驻校教官，组织人事处、工会、教务处、科技处等相关职能部门和驻校教官所在系部负责人参加会议。学校党委副书记林平出席并主持会议。

【"南京森林警察学院章程"与"十三五"规划专家论证会】 12月8日，"南京森林警察学院章程"与"十三五"规划专家论证会在北京召开。会议邀请国家林业局政策法规司处长巴连柱，森林公安局政委焦德发，计财司副司长杨冬，科技司副司长杜纪山，人事司副司长郝育军，局直属机关党委副书记柏章良，经研中心党委书记戴广翠，中国生态文化协会副会长汪绚，北京林业大学副校长王玉杰，中国人民公安大学副校长李健和，人事司副调研员陈峥嵘等专家就《南京森林警察学院章程》和"十三五"规划进行论证。校党委书记王邱文、校长张高文、副书记李明、副书记林平及学校相关部门同志参加论证会。会议由郝育军副司长主持。

与会领导和专家就章程与"十三五"规划草案文本，从格式体例、学科定位到办学理念、目标体系等诸多角度进行深入全面地论证，并结合深化林业改革、公安改革和高等教育发展规律，提出宝贵意见和建议。整个论证会围绕着"办什么样的学校，怎样办好学校"，对学校办学现状与未来发展建设速度、质量和特色进行全方位剖析，专家论证主题明确，重点突出，探讨深入，分析科学，对学校章程和"十三五"规划制定工作提供全面深入的指导，对学校今后进一步明确办学定位、凸显办学特色、明确办学宗旨，更广泛地凝聚学校改革发展共识起到重要作用。

【两名学生在全国公安文联"人民·宪法·警徽"主题征文活动中获奖】 12月20日，校报记者团成员黄雯、吴文灏同学在全国公安文联、人民公安报社和中国人民公安出版社联合主办的"人民·宪法·警徽"主题征文活动中，荣获三等奖。

此次"人民·宪法·警徽"主题征文活动面向全国公安院校师生，征文作品分为中短篇小说、纪实文学、散文随笔、诗歌4个大类，并各设一等奖3名、二等奖5名、三等奖10名，优秀奖若干。旨在通过不同的文学创作形式，从公安队伍源头上培植和强化依法治国理念，培育人民警察核心价值观，发现和推出更多优秀公安文学作品和文艺人才，夯实公安文化建设的根基，进一步推动公安文化的大发展大繁荣。

校报记者团积极组织推荐优秀作品参赛并收获有关奖项。参赛及获奖作品在原创的基础之上，坚持人民公安为人民、做平安中国的建设者、保卫者的主旋律思想，结合警校实际生活，抒写对国家的炽爱与对警察职业的信念追求，展现出森警院人优秀的创作才华与丰富的精神世界。

【"践行'三严三实'，持续推进作风建设"专题讲座】 根据上级有关文件精神和"三严三实"专题教育的统一安排，12月30日，学校举办"三严三实"专题讲座，邀请中央党校中国特色社会主义理论体系研究中心研究员王巍，以《践行"三严三实"，持续推进作风建设》为题进行学习辅导。讲座由常务副校长张治平主持。

【师资队伍建设】 2015年，学院以能力建设为核心，以优化结构为主线，积极推进师资队伍建设。引进专任教师22人，其中博士4人，硕士18人；教师培养方面，28人晋升高级职称，其中正高2人，副高26人，20人参加公安业务实践，提升了公安专业化教育能力。

【毕业生就业工作】 2015年，学院采取多种措施，统筹兼顾，提升毕业生就业能力，努力为现代林业建设事业输送高素质的建设者和保卫者。建立了一支精干、高效、专业的就业辅导队伍(包括公务员考试辅导团队)，开设了有关就业技能、技巧以及公务员考试的必(选)修课程和活动，对学生进行公务员考试培训辅导及应试、就业技能，求职技巧方面的培训。截至12月底，2015届1121名毕业生中已就业1065人(其中6人为升学)，就业率约为95.00%。 (南京森林警察学院由夏桂林供稿)

林业对外开放

16

国际合作与交流

【综　述】 2015 年，林业国际合作以服务林业发展和国家外交为宗旨，充分利用多双边和区域机制，积极搭建一带一路合作平台，主动作为参与推动全球治理，妥善处理一系列热点问题，各项工作均取得了积极进展，为提升林业发展国际化水平，推动林业治理现代化，树立中国负责任大国生态文明形象做出了积极贡献。与韩国、斐济、德国、斯洛文尼亚、荷兰等国新签订 8 项林业部门间合作协议；全年共审批 511 批、1464 人次的出访和来华，其中派出 351 批、907 人次，请进 160 批、557 人次。　　（黄一川）

林业重要外事活动

【汪洋会见濒危野生动植物种国际贸易公约（CITES）秘书长斯甘伦】 1 月 30 日，国务院副总理汪洋在中南海紫光阁会见了来华出席"减少野生动植物非法需求国际研讨会"的濒危野生动植物种国际贸易公约（CITES）秘书长斯甘伦一行。这彰显了中国打击野生动植物非法交易问题的积极姿态，向国际社会彰显中国政府对此问题的高度重视。会见期间，汪洋副总理全面阐述了中国对保护野生动植物及国际打击野生动植物非法交易问题的原则立场及中方采取的积极有效措施，高度赞赏 CITES 公约在管控濒危野生动植物种国际贸易方面发挥的重要作用，表示中国政府愿进一步加强与公约秘书处合作，继续履行公约义务，为促进野生动植物保护和打击非法交易做出新的贡献。斯甘伦肯定了中国政府在推进濒危野生动植物种保护方面做出的积极努力，并期待进一步加强合作，努力促进全球濒危物种的恢复和增长。

（肖望新）

【汪洋会见亚太森林组织董事会董事】 4 月 8 日，国务院副总理汪洋在北京中南海紫光阁会见了来华参加亚太森林组织董事会成立暨首届董事会第一次会议的各位董事。汪洋副总理对亚太森林组织董事会的成立表示祝贺，表示中方将继续大力支持亚太森林组织发展，希望各位董事团结协作，促进亚太区域内各经济体的林业交流与合作，为区域及全球森林可持续经营和生态建设做出贡献。这彰显了中国政府对该组织的高度重视，进一步加快了该组织的国际化进程，为该组织的发展壮大奠定了坚实的基础。　　（肖望新）

【赵树丛出访斐济、韩国】 为落实习近平主席访韩成果以及与太平洋岛国领导人会晤成果，应韩国山林厅、环境部和斐济渔业林业部邀请，国家林业局赵树丛局长率中国林业代表团于 3 月 21～28 日，对上述两国林业主管部门进行了工作访问。在斐济期间，赵树丛局长与斐济渔业林业部长欧西亚·内克姆进行会谈，双方签署了《中斐林业合作备忘录》。双方将推动在森林可持续经营、林业产业及林产品贸易、森林资源监测、有害生物防治、林业应对气候变化等领域的合作与交流。访韩期间，赵树丛局长与韩国山林厅厅长申元燮进行了会谈，双方共同签署了《中韩关于森林福祉合作的谅解备忘录》。双方将共同推动在森林修养领域的信息交流、专家互访、技术培训、专题研究及试点示范等。赵树丛局长还与韩国环境部长尹成奎会面，进一步明确在两国元首见证下签署的《中韩朱鹮合作谅解备忘录》和《中韩野生动植物保护和生态系统保护合作谅解备忘录》框架下，加强双方在生态保护和野生动植物领域的合作。

（刘　昕）

【赵树丛出席中美第七轮战略与经济对话活动】 6 月 24～25 日，赵树丛局长作为中国政府代表团正式成员参加了第七轮中美战略与经济对话有关活动。在战略对话全会上，赵树丛局长向会议通报了中美合作打击野生动植物种非法交易的成果，通报中美共建中国园以及中美林业合作领域的进展。赵树丛局长和美国国务院副国务卿诺维莉共同主持了对口磋商开幕式并致辞。中国国家林业局、外交部、公安部、农业部、商务部、海关总署代表和来自美国国务院、国际开发署、司法部、内政部、商务部、农业部、国防部、国土安全部、交通部、财政部、国家安全委员会、贸易代表办公室等部门代表出席了本次对口磋商。赵树丛局长、美国国务院副国务卿凯瑟琳·诺维莉以及美国渔和野生生物管理局局长丹·艾什共同出席了打击野生动植物非法交易宣传活动，并分别致辞。本次对话成果中，共建中国园、打击野生动植物非法交易、森林健康、亚太森林组织、自然保护、打击木材非法采伐及相关贸易双边论坛等六项成果列入第七轮中美战略对话成果清单。　　（刘　昕）

【陈述贤出访西班牙、德国】 6 月 30 日至 7 月 7 日，中央纪委驻国家林业局纪检组组长陈述贤率代表团访问西班牙、德国，实地检查了西班牙马德里动物园和英国爱丁堡动物园的大熊猫合作研究项目进展，与两国相关政府部门探讨了对大熊猫合作研究项目进行共同监管，并会见了西班牙《濒危野生动植物种国际贸易公约》（CITES）管理机构、国家公园局以及英国苏格兰林委会等机构。

（王　骅）

【陈凤学出访肯尼亚、坦桑尼亚】 4 月 7～15 日，陈凤学副局长率中国林业代表团出访肯尼亚与坦桑尼亚。在肯尼亚，代表团与肯尼亚环境、水和自然资源部代表共同召开了中肯第一次林业工作组会议。双方简要介绍了各自林业及野生动物保护的基本情况与管理体制，并探讨了今后两年加强合作的重点内容和合作方式。在坦桑尼亚，代表团与坦桑尼亚自然资源和旅游部代表就加强两国野生动植物和自然资源保护合作进行了商谈，并协助和支持中国驻坦桑尼亚大使馆筹备在坦公民保护宣传教育活动。（余　跃）

【陈凤学率团出席“中国—南非青年志愿者自然保护论坛”等系列宣传活动】 11月17日，中国野生动物保护协会和南非环境事务部共同承办的“中国—南非青年志愿者自然保护论坛”和“中国—非洲野生动物摄影展”在南非茨瓦尼都会区比勒陀利亚市茨瓦尼科技大学举办，国家林业局陈凤学副局长、中宣部对外新闻局副局长陈晓林、南非环境部副部长汤姆森·芭芭拉等出席上述活动。11月18日，中国、南非青年志愿者共同走进了南非克鲁格国家公园和南非犀牛救护中心；陈凤学副局长在南非环境事务部官员和克鲁格国家公园巡护部负责人的陪同下，参观了克鲁格国家公园反犀牛盗猎联合行动中心。（赵　忻）

【刘东生出访德国、斯洛文尼亚】 5月21～28日，应德国环境、自然保护、建设和核安全部、斯洛文尼亚共和国农业、林业和食品部的邀请，国家林业局副局长刘东生率林业代表团访问德国、斯洛文尼亚。在德国期间，刘东生副局长与德国环境、自然保护、建设和核安全部代表签署了《中华人民共和国国家林业局与德意志联邦共和国联邦环境、自然保护、建设和核安全部关于在〈濒危野生动植物种国际贸易公约〉领域加强合作的联合意向书》，见证签署了《中华人民共和国国家林业局与德意志联邦共和国食品和农业部关于利用中德农业中心加强双边林业合作的联合意向声明》。在斯洛文尼亚期间，刘东生副局长与斯洛文尼亚共和国农业、林业和食品部国务秘书米哈·麦伦斯签署了《中华人民共和国国家林业局和斯洛文尼亚共和国农业、林业和食品部关于林业合作的谅解备忘录》，并参加了在斯洛文尼亚首都卢布尔雅那召开的亚欧会议成员国森林可持续管理与利用政策与实践研讨会。（王　骅）

【刘东生出席亚欧会议成员国森林可持续管理与利用政策与实践研讨会】 为推动亚欧成员国林业合作，积极推介亚太森林组织，国家林业局与斯洛文尼亚外交部，斯洛文尼亚农业、林业和食品部，亚太森林组织于5月25日在斯洛文尼亚首都卢布尔雅那联合举办了“亚欧会议成员国森林可持续管理与利用政策与实践研讨会”。会议围绕如何将森林可持续经营原则纳入国家林业发展战略和政策、实施森林可持续经营原则和政策的障碍、如何更好地加强森林可持续经营决策机构和实施机构的合作进行了深入探讨，达成了广泛共识。国家林业局副局长刘东生出席会议并在开幕式上致辞，中国代表团还在会上介绍了中国森林可持续管理的政策、经验与成功实践。（肖望新）

【孙扎根出访南非】 3月20～24日，孙扎根副局长率团出访南非。3月23日，孙扎根副局长与南非环境部部长莫莱瓦代表双方在南非签署了《关于湿地与荒漠生态系统和野生动植物保护合作的谅解备忘录五年实施计划》。双方议定将在实施计划的基础上，定期召开双边工作组会议，制订可行的技术合作、人员往来和培训、合作研究、能力建设等具体方案，加强与南非在野生动物保护、荒漠化治理和湿地保护与管理方面的交流与合作，共同做好实施计划的具体执行工作。（余　跃）

【肯尼亚野生动物保护局局长访华】 肯尼亚野生动物保护局局长基普诺于4月22～30日率团访华。国家林业局保护司、濒管办、中动协等单位分别同肯野生动物保护局进行了座谈，双方就野生动物保护、野生动物和栖息地保护合作研究和CITES履约进行了交流。此外国家林业局还安排肯尼亚代表团参观了北京市野生动物救护中心和北京松山国家级自然保护区，肯方表示未来将继续加强双方合作。（赵　忻）

【澳大利亚农业部长驻议会秘书访华】 经国务院批准，应国家林业局邀请，澳大利亚农业部长驻议会秘书理查德·科尔贝克议员（正部级）于4月22～24日率澳林业代表团访华。赵树丛局长在北京会见了科尔贝克部长一行。双方就森林的可持续经营与利用、亚太森林组织建设及中澳林业产业合作进行了深入交流。澳方代表团随后前往上海考察了福人木材市场与太仓港美锦码头，就如何加强两国木材与林产品贸易与中方进行了探讨。

（余　跃）

【美国内政部长访华】 应国家林业局邀请，美国内政部长萨莉·朱厄尔于7月2～5日率团访华。在华期间，汪洋副总理在紫光阁会见了朱厄尔部长，就进一步加强自然保护和打击野生动植物非法交易等领域务实合作交换了意见。国家林业局党组书记张建龙、副局长刘东生陪同会见。刘东生副局长和朱厄尔部长还共同出席了《中国北京百花山国家级自然保护区与美国仙那度国家公园关于建立姊妹园区合作关系的协议》的签字仪式。

（王　骅）

【新西兰资源保护部首席执行官访华】 应国家林业局邀请，新西兰资源保护部首席执行官（副部级）鲁·桑逊率团于11月8～13日访华。11月9日，陈凤学副局长在北京会见了桑逊一行。双方就加强候鸟及其栖息地保护、湿地保护与管理以及候鸟保护双边合作协议商签等共同关心的问题交换了意见，并强调两国要加强沟通，深化理解，进一步深化两国生态保护务实合作。桑逊一行随后前往河北，与河北省林业厅就滦南滨海湿地保护合作进行了探讨。（余　跃）

【博茨瓦纳环境、野生动物与旅游部长访华】 经国务院批准，应国家林业局邀请，博茨瓦纳环境、野生动物与旅游部长切凯迪·卡马率团于11月19～23日访华。11月20日，张建龙局长在北京会见并宴请了卡马部长一行。双方就野生动植物保护、造林、森林经营与林业应对气候变化等共同关心的问题交换了意见，并希望建立长期合作机制，进一步深化合作与交流。卡马部长一行随后赴四川考察了都江堰熊猫基地，并在北京参观了野生动物救护中心。（余　跃）

林业对外交流与合作

【签署《中荷大熊猫保护合作的谅解备忘录》】 10月26日，在习近平主席和荷兰威廉国王的共同见证下，中国国家林业局局长张建龙和荷兰农业大臣戴克斯玛在北京签署了《中华人民共和国国家林业局与荷兰经济事务部关于共同推进大熊猫保护合作的谅解备忘录》，决定对中荷大熊猫合作研究项目实施监管，促进中荷在包括大熊猫在内的野生动植物保护领域的交流与合作。同日，中国野生动物保护协会与荷兰欧维汉动物园签署了《关于开展大熊猫保护研究合作的协议》，决定向荷方提供一对圈养繁殖的大熊猫，用于双方在欧维汉动物园实施合作研究项目。（王　骅）

【签署《中韩大熊猫保护合作协议》】 10月31日，在李克强总理和朴槿惠总统见证下，国家林业局局长张建龙在韩国首尔与韩国环境部部长尹成奎共同签署了《中韩关于共同推进大熊猫保护合作的谅解备忘录》。该项协议是为落实两国领导人关于开展大熊猫合作研究的共识、共同推动并监管民间机构开展此项合作而达成，是李克强总理10月底访问韩国的重点推动成果之一。当日，中国野生动物保护协会与韩国三星物产株式会社签订了双方共同开展大熊猫保护研究合作的协议。根据这两项协议，中国将提供一对大熊猫落户韩国共同开展合作研究。访韩期间，张建龙局长一行考察了爱宝乐园大熊猫场馆建设情况。（刘　昕）

【签署《中国－中东欧国家林业合作协调机制的谅解备忘录》】 11月5日，中国国家林业局局长张建龙和斯洛文尼亚副总理兼农业、林业和食品部部长戴扬·日丹在北京签署了《中华人民共和国国家林业局和斯洛文尼亚共和国农业、林业和食品部关于建立中国－中东欧国家林业合作协调机制的谅解备忘录》，决定支持建立中国－中东欧林业合作机制，每两年在中国和中东欧国家轮流召开高级别林业合作会议。支持斯洛文尼亚建立中国－中东欧国家林业合作协调机制、定期在中国和中东欧国家举办中国－中东欧国家高级别林业合作会议，已纳入11月24日第四次中国－中东欧国家领导人会晤发表的《中国－中东欧国家合作中期规划》和《中国－中东欧国家合作苏州纲要》。（王　骅）

【续签《中国野生动物保护协会与日本神户市大熊猫合作协议》】 中国野生动物保护协会与日本神户动物园的大熊猫合作研究于2000年开始，将于2015年7月15日到期。经双方磋商并征求外交部意见，合作双方于7月13日在北京签署了为期5年的延期协议，并就补充一只雄性大熊猫事宜进行工作层接触。（吴　青）

【第二次中日韩林业司局长会晤在韩国济州岛召开】 根据首次中日韩林业司局长会晤的决定，1月22日，第二次中日韩林业司局长会晤在韩国济州岛召开。三国就森林认证，林业应对气候变化，森林休养、医疗和教育，国际林业热点问题等共同关心的问题进行了磋商，并就开展合作达成了广泛共识。三方商定，第三次会晤于2016年在日本举行。（吴　青）

【中伊第一次林业工作组会议】 1月25～29日，国际司副司长章红燕率团赴伊朗出席中伊第一次林业工作组会议。双方商定了2015～2016年林业合作工作计划，进一步细化落实了两国《关于林业合作的谅解备忘录》内容，推进了双方在造林与森林经营、荒漠化防治等领域的交流与合作。代表团还实地参观了当地的治沙项目和林业项目。（余　跃）

【中国－阿根廷政府间常设委员会第一次会议】 阿根廷总统于2月4日访华，期间召开了中国与阿根廷政府间常设委员会第一次会议，会议由两国外长主持，刘东生副局长出席会议，会上两国政府间常设委员会下设的各分委会介绍了工作进展，刘东生副局长代表中阿林业及生态资源与生态保护分委会发言。会前，章红燕副司长同阿根廷农牧渔业部和环境和可持续发展国务秘书处代表分别举行了会谈，就落实备忘录和启动工作组做出具体安排。（赵　忻）

【中欧森林执法与行政管理双边协调机制（BCM）第六次会议在布鲁塞尔召开】 3月6日，中欧森林执法与行政管理双边协调机制（BCM）第六次会议在布鲁塞尔召开。中国国家林业局、欧盟委员会环境总司分别派团出席了会议。双方交流了各自开展打击非法采伐及相关贸易工作的进展情况，充分肯定了2014年取得的合作成果，商讨了2015年工作计划，确定了信息窗建设、指南完善推广、能力建设等7项合作活动。（王　骅）

【中美打击非法采伐与相关贸易双边论坛第六次会议召开】 3月18日，中美打击非法采伐与相关贸易双边论坛第六次会议在北京召开。中国国家林业局副局长刘东生、美国国务院助理国务卿朱迪思·嘉伯和美国驻华大使馆贸易代表办公室贸易事务公使衔参赞詹姆士·格林分别率团出席了会议。双方交流了中美数据交换机制、中国木材合法性认定体系及森林认证、美国《雷斯法案修正案》实施等工作的进展，讨论了中美双边论坛的未来合作重点、在APEC非法采伐和相关贸易专家组平台上的合作、中美林产品贸易木材合法性认定项目后续发展等。会后，双方共同邀请在北京较为活跃的非政府组

织代表参加了私营部门和民间团体对话。（王　骅）

【中韩野生动植物和生态系统保护工作组第一次会议召开】　根据中韩《关于野生动植物和自然生态系统保护的谅解备忘录》，5月6日，中韩野生动植物和生态系统保护合作工作组第一次会议在中国四川成都召开。会议讨论了野生动植物保护、生态系统保护和保护区管理、湿地保护管理、濒危物种保护和CITES履约、林业碳汇以及荒漠化等问题。会议讨论务实深入，取得了广泛共识。双方同意制订行动计划，不间断开展后续合作，并商定第二次会议于2017年在韩国召开。

（吴　青）

【中德林业工作组第二次会议召开】　9月18日，中德林业工作组第二次会议在湖南长沙召开。中国国家林业局、德国联邦食品和农业部分别派团出席了会议。双方讨论了在多功能林业、森林可持续经营、林业生物质能源利用、欧盟木材法案、国际森林问题和林业科研方面的合作建议，决定进一步调研中国《国际森林文书》履约示范点建设，研究支持示范点建设、开展政策技术交流的可行性。

（王　骅）

【中美元首会晤中对打击野生动植物非法交易达成共识】　为配合领导人访美工作，国家林业局与美方就元首会晤共识开展了数次磋商。9月22～25日，习近平主席对美国进行国事访问期间，双方达成了49项重要共识，其中包括打击野生动植物非法贸易合作。在共识中，双方首次共同提出限制象牙狩猎纪念物进口，以及采取明显且及时步骤停止各自国内象牙商业性贸易。此外，中美双方还就共同关注和支持中美共建中国园项目、积极筹措资金、确保项目如期开工建设达成共识。

（余　跃）

【中韩林业工作组第十次会议召开】　根据中韩林业工作组第九次会议达成的共识，中韩林业工作组第十次会议于11月3～7日在四川成都举行。会上就防沙治沙、森林防火、森林休养和疗养、东北虎保护、森林病虫害防治等共同关心的问题进行了交流。双方商定开展人员交流和技术合作，并于2017年在韩国召开第十一次工作组会议。（吴　青）

重要国际会议

【张建龙出席第十四届世界林业大会】　应南非政府和联合国粮农组织邀请，国家林业局局长张建龙于9月7～9日赴南非德班出席了第十四届世界林业大会并在高级别论坛上发表演讲。本届大会以“森林与人类：为可持续的未来而投资”为主题，通过了德班宣言，确定了2050年全球林业发展愿景。为提高国际社会对森林在促进可持续发展和应对气候变化中的重要性的认识，会议还起草了向联合国发展峰会和巴黎气候变化谈判会议发送的文件。会议期间，张建龙出席了国际竹藤组织全球竹藤资源调查评估启动会并致辞，会见了南非、韩国、俄罗斯林业主管部门负责人，就深化双边林业合作交换了意见。会后，张建龙局长率团访问了乌干达。乌干达总理鲁哈卡纳·鲁贡达会见了代表团一行，表示将积极支持中乌林业合作，期待双边合作项目为当地带来惠益。访乌期间，张建龙局长与乌水资源与环境部国务部长弗拉维亚·穆娜巴签署了林业合作谅解备忘录，重点讨论了竹子资源利用合作示范项目等事宜。

（肖望新）

【孙扎根出席第二届打击野生动植物非法交易国际会议】　3月23～25日，孙扎根副局长率团赴博茨瓦纳出席第二届打击野生动植物非法交易国际会议。博茨瓦纳总统卡马、加蓬总统邦戈、坦桑尼亚和赞比亚副总统、纳米比亚副总理以及来自中国、美国、英国、欧盟、世界银行、世界自然保护联盟等33个国家和地区及主要国际组织的代表出席了会议。

会上，孙扎根副局长发表专题讲话，阐述了中方在加强野生动植物保护、打击野生动植物非法交易和积极与国际社会合作的立场，介绍了中方宣布临时禁止进口非洲象牙雕刻品等措施的情况，赢得了与会各方的一致好评和赞赏。孙扎根副局长还与英国环境副大臣、博茨瓦纳环境部长、越南农业部副部长等进行了双边会晤，重申立场，介绍中方自2014年以来采取的各项举措。

为做好参会准备，中国积极参与会议成果文件磋商，赴英国伦敦参加预备会议，做有关国家的工作，为会议通过《卡萨内声明》扫清障碍。会议期间，代表团在保证中国一贯立场的基础上，积极开展工作，对《卡萨内声明》的通过和会议取得圆满成功发挥了积极引领的作用。中方的积极和主动姿态赢得了与会各方和东道国的好评，为会议达成相关成果作出了重要贡献。

（张忠田）

【张永利出席联合国森林论坛第11届会议部长级会议】

应联合国森林论坛秘书处邀请，国家林业局副局长张永利率团赴美国出席了5月13～14日在纽约联合国总部召开的联合国森林论坛第11届会议部长级会议。张永利副局长介绍了中国林业建设取得的主要成就，建议以创新思维加强和完善未来国际森林安排，吸引更高决策层关注和参与森林问题磋商，为全球森林可持续经营做出实质性政治承诺，将国际森林安排融入联合国2015年后发展议程，并据此修订和完善《国际森林文书》；建立和完善全球森林资金机制，提高现有森林资金渠道的使用效率，吸引新的、额外的资金，为成员国履行《国际森林文书》和开展能力建设提供支持；加强联合国涉林机构、公约和其他国际组织间的协作，通过机制创新解决全球森林治理体系破碎化的问题。会议最终通过了部长级宣言——《我们憧憬的2015年后国际森林安排》。

（肖望新）

【刘东生出席大森林论坛2015年年会】　应秘鲁国家森

林与野生动物管理局和美国产权与资源机构邀请，国家林业局副局长刘东生率团赴秘鲁出席了4月12～17日召开的大森林论坛2015年年会。本次会议的主题是：防止毁林及加强林业对发展绿色经济的作用。刘东生副局长在会上介绍了2014年以来中国生态建设和林业发展的新形势、面临的机遇与挑战、推进集体林权改革、国有林区和国有林场改革、实施天然林保护等林业改革发展的重大战略问题，分享了推动林业绿色发展的主要经验和做法，并就大森林论坛下一步走向提出了建设性意见。刘东生副局长呼吁加强各国林业机构建设，提高林业在本国的地位，建议各国加强在国际多双边场合的合作和立场协调，会后发布联合声明等有分量的成果文件，引起了与会代表的强烈反响。会议期间，刘东生副局长会见了美国、加拿大、喀麦隆、巴西和瑞典等林业部门负责人，就下一步多双边林业合作事宜深入交换了意见。 （肖望新）

【刘东生出席第三届APEC林业部长级会议】 10月27～28日，应巴布亚新几内亚林业部邀请，国家林业局副局长刘东生率4人代表团出席了在巴新首都莫尔斯比港召开的第三届APEC林业部长级会议。会议由巴布亚新几内亚政府承办，亚太森林组织协办。来自APEC21个经济体的林业部长和高级官员近200人出席了会议。巴新总理奥尼尔出席了会议开幕式。刘东生副局长开幕式上致辞。

刘东生指出，2015年是林业推动全球可持续发展的关键一年，也是勾画全球和区域林业发展新愿景的重要契机。为更好地发挥森林在促进经济社会可持续发展和改善民生方面的重要作用，推动绿色增长，实现持续发展，2007年APEC领导人第十五次非正式会议确定了悉尼林业目标，该目标的确立强化了亚太地区促进林业可持续发展的政治意愿，促进了区域林业合作。2014年亚太森林组织与APEC经济体完成了悉尼林业目标中期评估工作。该评估结果显示，目前APEC悉尼目标已完成77%，即森林面积增长1540万公顷，进展及成果喜人。

刘东生还介绍了中国林业发展的最近进展情况，并表示中方将继续加强和深化与APEC各经济体和亚太森林组织等区域组织及机制的合作，为实现悉尼林业目标和推动亚太地区林业发展发挥应有的作用。

为进一步推进APEC框架下的林业合作，刘东生建议，应进一步巩固和发展亚太区域林业高层对话机制，构建相对固定的APEC林业合作工作渠道，将领导人非正式会议和高层对话所达成的倡议和行动转化为具体合作项目和活动。

会议经过两天的研讨和磋商，通过了莫尔斯比港部长级声明。该声明进一步重申APEC各经济体要加强合作，共同推进亚太地区的森林可持续经营，充分发挥林业在应对气候变化中的作用，打击木材非法采伐及相关贸易，推进可持续社区发展，建设包容经济和更美好的世界。

会议期间，刘东生还分别与巴布亚新几内亚、俄罗斯、秘鲁等国的林业部长举行了双边会谈，就进一步加强和深化双边林业合作交换了意见。 （张忠田）

【杜永胜出席第六届世界林火大会】 应第六届世界林火大会组委会和韩国山林厅的邀请，10月11～16日，国家林业局国家森林防火指挥部专职副总指挥杜永胜率领中国林业代表团出席了在韩国平昌举行的第六届世界林火大会。世界林火大会每4年举办一次，本届大会的主题是“林火的过去·林火的未来”，来自各国政府部门、有关国际组织、私营企业和科研机构的2000多名代表参加了会议。大会期间，杜永胜副总指挥介绍了中国林业和森林防火建设成就，并先后与韩国山林厅、美国林务局和全球林火监控中心等国家和国际组织代表进行了会谈，就深化双方森林防火合作，增进技术交流等交换了意见。 （廖　菁）

【联合国可持续发展峰会通过2030年全球可持续发展议程】 9月，联合国召开了可持续发展峰会，总结落实千年发展目标的成果，通过了2030年全球可持续发展议程。林业生态建设成就是中国实施千年发展目标的一大亮点，全国森林面积迅速扩大，沙化土地面积持续净减少。2030年全球可持续发展议程包括17个目标和169个具体指标，涉及经济、社会、生态环境和文化等发展的方方面面，对未来15年各国发展和全球发展合作具有重要影响。林业在目标15“保护、恢复和促进可持续利用陆地生态系统、可持续管理森林、防治荒漠化、制止和扭转土地退化现象、遏制生物多样性的丧失”中得到了较为完整的体现。 （肖望新）

【东亚峰会国家野生动物保护经验分享与技术问题交流会在北京召开】 12月14～15日，为落实2014年东亚峰会打击野生动植物走私宣言，国际合作司和北京林业大学联合举办了野生动物保护合作国际研讨会暨东亚峰会国家野生动物保护经验分享与技术问题交流会。来自东亚峰会成员国和观察员国的野生动植物保护领域官员代表、中国相关部门代表和专家共50余人参加会议。会议分享了东亚峰会所涉国家野生动植物保护经验，分析了东亚地区野生动植物保护问题所面临的挑战，并研讨相关对策。 （廖　菁）

【全国第四次大熊猫调查结果对外通报会】 3月3日，全国第四次大熊猫调查结果对外通报会在北京召开。美国、日本、加拿大、新加坡、澳大利亚等国驻华使馆外交官参加了通报会。国家林业局向与会外交官介绍了第四次大熊猫调查的基本情况与调查结果，并共同探讨了大熊猫保护管理工作。 （王　骅）

【2015两岸林业论坛召开】 为进一步推动两岸林业交流合作，8月7日，中国林学会与台湾中华林学会在哈尔滨共同举办了2015两岸林业论坛。来自大陆中国林学会、台湾中华林学会、两岸林业大学和研究院所的近90名专家学者参加了论坛。论坛以“林业发展与生态文明”为主题，划分“林业改革与民生”“绿色发展与生态文化”“生态保护技术与政策”三大论题展开研讨。中国林学会常务理事封加平和中华林学会常务理事李桃生作主旨报告，14位专家学者围绕主题作了学术报告，论

坛充分突出了林业发展与生态文明主题，深入研讨了天然林保护与森林经营问题，并发表了新成果、新观点，形成了新的合作意向。 （吴　青）

亚太森林恢复与可持续管理网络

【综　述】 亚太森林网络管理中心工作重点是以亚太森林组织活动为抓手，积极推动双边和多边合作，配合林业走出去战略和“一带一路”战略。2015 年，着重完善亚太森林组织顶层治理结构和运行规则，丰富资金来源，拓展合作伙伴，奠定了国际化发展基础。同时按照战略规划部署，以政策对话、示范项目、能力建设、信息共享为支柱，继续支持亚太经合组织（APEC）林业部长级对话，评估 APEC 悉尼目标进展；推动大中亚地区林业战略合作，搭建中亚合作新平台；签订 7 个新项目协议，规模近 3500 万元；开展区域能力建设，新资助 12 名区域林业官员来华攻读林业相关硕士学位，对 29 名林业官员进行森林经营主题培训，首次对 8 名大中亚官员进行荒漠化治理培训；制订宣传指南，提升组织整体形象，参与世界林业大会。

【健全亚太森林组织机构建设】

机构设置 4 月 8 日和 27 日，先后正式成立董事会和理事会，分别为亚太森林组织的决策机构和议事机构。时任国家林业局局长赵树丛当选首届董事会主席。

运行规则 《董事会议事规则》《理事会议事规则》《成员发展程序》等文件顺利获得通过，为组织机构运行打下了良好基础。为适应亚太森林组织国际化发展的需要，修订《亚太森林组织运行章程》，得到 21 个经济体和 2 个国际组织的书面确认。

【建立共赢伙伴关系】 ①正式与联合国粮农组织（FAO）签署了合作备忘录，双方同意通过技术合作、培训、信息交流等手段，共同提升区域森林可持续经营能力。②与瑞典 SSC 林业培训公司签订合作备忘录。③更新与亚太社区林业培训中心（RECOFTC）的合作备忘录。④与全国妇联国际部签署合作备忘录，推动妇女赋权。

【专项基金启动并运行】 ①实现组织资金来源的多元化。4 月 8 日，举办亚太森林组织专项基金捐赠仪式，出席仪式的 6 家捐资机构承诺捐赠 650 万元人民币，标志着亚太森林组织基金正式启动，为亚太森林组织国际化发展增添了融资保障。②设计大湄公河次区域社区小型林业企业资助项目，将为老挝和泰国的企业无偿捐赠木材加工设备，助其改善设备条件。

【促进区域林业政策对话】

悉尼林业目标评估 认真落实并如期完成习近平主席在 APEC 第 22 次领导人会议上倡议并写入会议宣言的“APEC 悉尼目标进展评估”项目（2007 年 APEC 领导人会议确定的“到 2020 年亚太地区森林面积净增加 2000 万公顷”目标）；评估报告指出，2007～2015 年，APEC 区域森林面积增长了 1540 万公顷，总面积已达到 21.9 亿公顷，APEC 悉尼林业目标已实现 77%。该项目评估报告得到 APEC 第 23 次领导人会议肯定并写入会议宣言。

APEC 林业部长级会议 进一步巩固 APEC 平台下的高级林业对话机制，协办并资助巴布亚新几内亚于 10 月 27～29 日举办“第三届 APEC 林业部长级会议”，积极参与会议筹备、议题设计和成果文件磋商工作，助推 APEC 林业部长级会议机制化。

大中亚高层政策对话 积极落实 2014 年第一届中亚地区林业战略合作高级研讨会达成的共识，与蒙古环境绿色发展和旅游部于 7 月 15～17 日联合举办了“第二届中亚区域林业战略合作研讨会”，决定积极推动大中亚地区部长级对话机制。

落实政策对话倡议 ①继续推动中国国家领导人在亚欧会议上倡议的亚欧林业示范项目实施，并与斯洛文尼亚联合于 5 月 24～26 日主办“亚欧会议成员国森林可持续管理和利用政策与实践研讨会”，介绍该项目成果和亚太森林组织发展理念。②为配合中国国家领导人出席大湄公河次区域（GMS）峰会和亚欧首脑峰会，分别提出“大湄公河次区域森林生态系统综合治理”项目和“蒙古国家公园小型植物园建设项目”。

【打造精品示范项目】 促进项目全程提质增效，切实发挥项目的龙头作用。①不断总结项目管理的经验教训，努力建立更加规范、更加有效的管理流程和更加灵活的项目管理机制，促使各项目执行机构按计划推动各项活动进展。②提倡项目宣传的提前介入，全面收集宣传材料，以利于后期的成果提炼和示范推广。截至 2015 年，总项目数达 25 个，内容涵盖森林与气候变化、跨境生物多样性保护、森林资源管理、森林恢复、林业政策、社区林业、森林资源清查和林业教育等领域。

【提升区域林业治理能力】

主题培训班 根据中方倡议并获 2014 年 APEC 打击非法采伐及相关贸易专家组同意，7 月 2～13 日，在云南举办“探讨木材合法性认证 加强亚太地区森林治理”国际培训研讨班；11 月 1～13 日，与泰国皇家林业厅合作举办“促进跨境合作与生计发展 加强区域生物多样性保护”国际研讨班；9 月 20～29 日，在内蒙古举办“大中亚荒漠化综合治理培训班”，均取得较好效果。

奖学金项目 在北京林业大学和南京林业大学继续开设奖学金项目，资助 12 位周边经济体的林业官员来华提升专业能力。

林业人力资源开发 为落实 2014 年第一届亚太区域林业人力资源研讨会成果，推动人力资源机制平台的建立，10月25～31日，举办“亚太地区人力资源开发”研讨会，来自区域各经济体成员和周边经济体的相关负责人共同探讨了加强区域人力资源开发及交流合作的可行性和有效途径。

【加强对外宣传推广】

成果推广 ①在世界林业大会期间组织林业教育、气候变化、森林转型3个边会，并设置展台，充分宣传展示理念和活动成果。②编辑印刷《亚太森林组织2014年年报》《亚太区域森林命运》《中国森林转型报告》等多种宣传折页和小册。

宣传培训 ①组织针对内部员工的宣传培训，提高员工宣传技巧。②制订“亚太森林组织项目宣传指南”，对项目执行机构相关人员开展培训，指导其执行宣传计划。（罗　熙）

林业民间国际合作与交流

【综　述】 2015年，对外合作项目中心围绕林业发展重点和国家外交战略，全面履行《联合国森林文书》，深度参与国际森林问题谈判，推动建立于中国有利的全球森林治理体系；积极谋划内外互动的双边民间林业合作长远发展机制，以森林疗养、林业治山等国际创新理念引进为主线，协调和开展互利共赢的全方位合作与交流，分享林业发展和生态治理经验；进一步推进建立安全高效的涉林境外非政府组织合作管理体系，先后组织召开了国家林业局与湿地国际、世界自然保护联盟、世界自然基金会、保护国际基金会、野生生物保护学会、大自然保护协会2015年年会，商定合作项目49个，落实项目资金约6400万元人民币；与世界自然保护联盟签署了国家公园体制建设试点项目战略合作（2015～2017）谅解备忘录，与保护国际基金会续签了《国家林业局与保护国际基金会合作框架协议》；积极参与有关国际会议和磋商，在北京举办了首届世界生态系统治理论坛，通过了《北京宣言》，传播了生态文明理念；在生态文明贵阳国际论坛期间成功举办了“可持续发展目标框架下的全球生态系统治理”主题论坛。（孙念军）

【联合国森林论坛第十一届会议】 5月4～15日在纽约联合国总部举行。会议重点讨论了未来全球森林治理体系的构建，通过了具有历史意义的《2015年后国际森林安排决议》成果文件和《我们憧憬的2015年后国际森林安排》部长宣言；会议决定将《关于所有类型森林的不具法律约束力文书》更名为《联合国森林文书》，敦促各国切实履行《联合国森林文书》；会议决定成立“全球森林资金网络”，致力于提升国际林业资金使用效率，增强各国资金使用能力。同时，联合国森林论坛完成了从单一政策对话向兼顾实施森林可持续经营的方向性转变。国家林业局张永利副局长率中国代表团参加了本次会议。（蒋英文）

【德国复兴银行对中德财政合作安徽二期项目进行终期评估】 根据中德财政合作2015年工作计划，中德财政合作皖南生态造林扶贫项目（以下简称“安徽二期项目”）终期评估汇报会于1月23日在合肥召开。会上，安徽省林业厅就项目的整体情况向与会代表做了详实的汇报，安徽省发展改革委、财政厅、审计厅和德方专家对项目成果予以初步认同。评估组于1月24～29日赴项目区进行了实地考察评估，并与安徽省林业厅签署《安徽二期项目终期评估会谈纪要》。

中德财政合作安徽二期项目协议于2001年签署，2002年项目正式启动，项目区包括主体县：歙县、石台、青阳、铜陵，推广县：贵池、全椒、岳西、怀宁、宿松、祁门等10县（区）。项目主要内容为人工造林、森林可持续经营5.3万公顷，以及林业和社区发展能力建设等。（郭潇潇）

【森林疗养　放飞梦想——森林疗养国际理念推广会议在成都举行】 由国家林业局对外合作项目中心主办，四川省林业厅承办的森林疗养国际理念推广会议于10月14日在四川省成都市举行，来自国家林业局相关司局单位和各省（区、市）林业厅（局）、森工集团和社会团体的代表约150人出席了会议。会议主题是以林业国际合作为切入点，从国家战略和林业发展大局出发，研讨国际森林疗养理念和模式的推广工作，以推进森林疗养在中国的发展，探索适合中国国情和林情的森林疗养模式。国家林业局副局长刘东生出席会议，为“中国林业经济学会森林疗养国际合作专业委员会”授牌并发表重要讲话。

会上，日本医科大学李卿博士、日本千叶大学宫崎良文教授分别从不同的视角介绍了森林疗养的理念、技术模式及其对人体的功效，中国林科院叶兵研究员、浙江医院王国付教授也分别介绍了相关国家森林疗养的发展进程和国内研究的相关情况。（许强兴）

【中国林经学会森林疗养国际合作专业委员会与中国管理科学院签署战略合作框架协议】 11月24日，中国林经学会森林疗养国际合作专业委员会与中国管理科学院在北京签署关于森林疗养的战略合作框架协议。双方一致认为森林疗养是一项具有前瞻性的国际新兴课题，双方将就森林疗养课题研究、示范基地建设、产业化资本运作以及技能人才培训等方面建立战略合作。（张　喆）

【张建龙会见瑞典农村事务大臣布克特】 11月26日，国家林业局局长张建龙在北京会见了来访的瑞典企业和创新部农村事务大臣布克特一行，宾主双方就进一步加强中瑞两国林业合作广泛交换了意见，并就定期召开中瑞林业工作组会议、深化两国林农组织合作以及共同推

动两国林业产业合作达成了共识。（张　喆）

【2015年度林业援外培训工作会议】 于12月17～18日在北京召开。来自商务部援外司、科技部国际司、国家林业局有关司局、国家林业局归口管理和地方涉林援外培训实施机构以及有关方面代表共50人出席会议。

"十二五"期间，国家林业局统筹加强了林业援外培训工作，召开了援外培训工作年会并将其机制化，开展了援外培训需求调研；组织实施了67期在华林业援外人力资源开发项目，培训了发展中国家学员1772人次，对外培训国别达106个。其中，2015年完成援外培训项目18期，培训发展中国家学员518人次，对外培训国别达58个。（汪国中）

【中日民间绿化合作委员会第十六次会议】 在日本东京举行。中国国家林业局国际合作司副司长章红燕率由国家林业局和外交部相关单位代表组成的中方代表团出席会议。日本外务省亚洲大洋洲局参事官下川真树太率外务省、林野厅、小渊基金事务局官员组成的日方代表团与会。

本次会议报告了年度工作，审议了小渊基金项目合作绩效，研究了小渊基金项目合作中出现的新情况和新问题，讨论了小渊基金项目新年度合作的方向、领域和重点。会议期间，中日双方代表赴福冈森林疗养基地学习调研。（许强兴）

【《国家林业局与世界自然保护联盟关于国家公园体制建设试点项目战略合作(2015～2017)谅解备忘录》】 3月12日国家林业局副局长刘东生和世界自然保护联盟总干事英格·安德森女士签署了《国家林业局与世界自然保护联盟关于国家公园体制建设试点项目战略合作(2015～2017)谅解备忘录》。该备忘录旨在推动中国国家公园体制建设试点工作，为下一步在中国全面开展国家公园体制建设提供政策建议和可操作的实施方案。根据该备忘录，双方将在推进九个省的国家公园体制建设试点工作、促进国家公园试点省的自然保护地分类以及开展自然保护地治理体系和治理能力现代化的试点工作等方面开展国内外经验交流与培训、技术研讨、实地示范等活动。（郭瑜富）

【赵树丛荣获世界自然基金会"自然保护领导者卓越贡献奖"】 3月18日，世界自然基金会全球总干事马可·兰博蒂尼博士在京向国家林业局局长赵树丛颁发了"自然保护领导者卓越贡献奖"，以表达国际社会对中国林业建设和自然保护成就的高度赞赏和充分肯定。

"自然保护领导者卓越贡献奖"是世界自然基金会设置的重大奖项之一，目的是对在自然保护和环境、社会与经济可持续发展方面做出突出贡献的杰出领导者进行褒奖。（郭瑜富）

【《国家林业局与保护国际基金会合作框架协议》续签】 4月10日，国家林业局副局长刘东生与保护国际基金会主席彼得·瑟里格曼先生续签了《国家林业局与保护国际基金会合作框架协议》。在此后5年中，双方将在森林资源保护与可持续利用、保护区建设和管理、野生动植物和湿地保护、政策法规、能力建设等领域开展合作。（郭瑜富）

【首届世界生态系统治理论坛举行】 10月25～28日，由国家林业局、世界自然保护联盟、北京市政府和亚太森林组织共同主办的首届世界生态系统治理论坛在北京举行。论坛开幕前，国务院副总理汪洋会见了出席论坛的重要外宾。国家林业局局长张建龙，世界自然保护联盟主席章新胜、总干事英格·安德森，北京市副市长林克庆，亚太森林组织董事会主席赵树丛和联合国森林论坛秘书长米诺·索伯拉出席论坛开幕式并致辞。

此次论坛是关于生态系统治理的第一次全球性论坛，主题是"生态系统对实现可持续发展目标和应对气候变化的重要作用"，200多位来自政府部门、学术机构、国际组织、私营部门和当地社区代表围绕生态系统功能的保护和修复、建立可持续发展的城乡联系、基于自然的解决方案、如何应对气候变化、气候变化对金融市场及世界经济的影响等10个议题，以多种形式展开了热烈的讨论。

论坛最终通过了《北京宣言》，指出生态系统对实现联合国可持续发展目标至关重要，各国应将生态系统方法纳入国家总体治理框架，以应对气候变化和实施联合国2030年可持续发展议程所面临的挑战。《北京宣言》还呼吁各国借鉴中国建设生态文明的做法，将"基于自然的解决方案"纳入国民经济发展战略，同时建立新的资金机制。（郭瑜富）

【国家林业局与世界自然基金会共同签署《2015～2016年度合作备忘录》】 10月28日，正在中国进行国事访问的荷兰国王威廉·亚历山大与国家林业局副局长陈凤学在上海崇明共同见证世界自然基金会与国家林业局共同签署《2015～2016年度合作备忘录》，根据该备忘录，双方将继续在包括湿地保护、大熊猫及其栖息地保护、亚洲大型猫科动物、森林可持续经营等方面加强合作。（郭瑜富）

【国家林业局与国际非政府组织2015年度座谈会】 于12月17日在北京举行。来自世界自然基金会、世界自然保护联盟、大自然保护协会等16个国际非政府组织代表和国家林业局造林司、资源司、保护司等22个司局单位的代表共50人出席了座谈会。会上中方代表回顾了国家林业局与国际非政府组织合作历程，介绍了中国野生动植物保护、自然保护区建设和森林认证体系发展的最新进展和今后工作重点。国际非政府组织代表通报了工作重点以及2014年在华合作项目的有关情况。并就今后双方合作的重点领域进行了探讨。（王　智）

【国家林业局与湿地国际2015年年会】 于4月27日在北京举行。国家林业局对外合作项目中心、湿地保护管理中心，黑龙江、河北等有关省（区）林业厅以及湿地国际－中国办事处的代表参加了会议。与会双方回顾2014年度合作项目的执行情况，拟定了2015～2016年的合作项目计划。（王　智）

【国家林业局与世界自然保护联盟2015年年会】 于5月29日在北京举行。国家林业局有关司局单位、相关省(区)林业厅以及世界自然保护联盟北京代表处的代表参加了会议。会议总结了2014年度合作项目执行情况，形成了《国家林业局与世界自然保护联盟2015/2016年度合作备忘录》。根据《备忘录》，2015/2016年度，双方将在森林景观恢复、森林可持续经营、国家公园体制建设等领域开展项目合作。 (王　智)

【国家林业局与大自然保护协会2015年年会】 于12月18日在北京召开，来自大自然保护协会、国家林业局有关司局单位以及有关省(区)林业厅(保护区)的30多位代表参加了会议。双方在总结2014年度合作成果和经验的基础上，对2015/2016年度的合作项目进行了磋商，并达成共识，形成了《国家林业局与大自然保护协会2015/2016年度合作备忘录》。根据《备忘录》，国家林业局将与大自然保护协会在自然保护与生态修复、气候变化、濒危野生动物保护等领域开展11个合作项目，预算资金约3434万元人民币。 (王　智)

【国家林业局与保护国际基金会2015年年会】 于5月27日在北京举行。国家林业局有关司局单位、相关省(区)林业厅以及保护国际基金会北京代表处的代表参加了会议。会议回顾了2014年度合作项目执行情况，形成了《国家林业局与保护国际基金会2015/2016年度合作备忘录》。根据《备忘录》，2015/2016年度，双方将在淡水保护、适应与应对气候变化、保护区建设等领域开展项目合作，外方预算资金约1000万元人民币。 (王　智)

【国家林业局与世界自然基金会2015年会】 于9月17～18日在北京召开。国家林业局相关司局单位以及相关省(区)林业厅的代表及世界自然基金会各主要项目负责人参加了会议。双方在总结2014年度合作成果的基础上，对2015～2016年度的合作项目进行了磋商，并达成共识，形成了《国家林业局与世界自然基金会2015～2016年度合作项目备忘录》。根据《备忘录》，双方将在湿地保护与管理、大熊猫及栖息地保护、候鸟及迁徙地保护、森林可持续经营、负责任的林产品贸易和林业海外投资以及国家公园体制探索等领域开展项目合作，外方预算资金约1000万元人民币。 (王　智)

【国家林业局与野生生物保护学会2015年年会】 于7月3日在北京举行。国家林业局有关司局单位、相关省(区)林业厅以及野生生物保护学会项目办公室的代表参加了会议。会议回顾了2014年度合作项目执行情况，形成了《国家林业局与野生生物保护学会2015/2016年度合作备忘录》。根据《备忘录》，双方将在野生东北虎及其栖息地保护、青藏高原野生动物保护及野生动物贸易控制管理等领域开展项目合作，野生生物保护学会预计投入资金约540万元人民币。 (王　智)

【中国林业经济学会第五届世界林业经济专业委员会2015年度学术研讨会】 于11月26日在北京召开，该研讨会由对外合作项目中心主办，会议主题为"森林与可持续发展"。来自国家林业局资源司、林改司、计财司、国际司、宣传办、科技中心、经研中心、人才中心、中国绿色碳汇基金会、中国林学会和有关省厅的领导以及世界自然保护联盟、世界自然基金会、森林管理委员会、大自然保护协会、森林认证、欧洲森林研究所等国际组织与中国林科院、北京林业大学等科研院所的专家学者共50余人参加了会议。

会上，中国绿色碳会基金会理事长刘于鹤做了"森林可持续经营若干问题思考"主题报告，中国林科院科信所所长陈绍志做"中国森林经营的困境与对策的主题报告"。会议还邀请欧洲森林研究所欧盟基金亚洲办公室项目官员汤姆·霍斯特以及美国平肖自然保护研究所专家布瑞恩·基特勒布瑞恩和国际林业研究中心农林经济专家陆文·普泽三位外国专家作会议报告。

(王　智)

【生态文明贵阳国际论坛"可持续发展目标下的全球生态系统治理"主题论坛】 6月26日，国家林业局、世界自然保护联盟及生态文明贵阳国际论坛秘书处共同主办了"可持续发展目标下的全球生态系统治理"主题论坛。国家林业局副局长刘东生和世界自然保护联盟主席章新胜出席本次论坛并发表重要讲话。来自政府、国际组织、学术机构和民间组织的领导人、生态系统治理、全球治理专家，可持续发展目标等领域的世界顶尖学者和研究人员约150人出席了会议。论坛提出《将生态系统治理优先纳入联合国可持续发展目标》的报告。该报告由世界自然保护联盟提交到2015年9月举行的第70届联合国大会。 (郭瑜富)

国际金融组织贷款项目

【世行贷款"林业综合发展项目"全面开展创新经验总结工作】 在项目接近尾声之际，2015年，世行中心和各项目省共同深入挖掘项目创新经验，对项目在机制创新和科技创新方面取得的成果进行了全面回顾。在深入挖掘创新动力和创新来源的基础上，中央和省级完成了约60万字的《机制和科技创新报告》、58个创新案例和37个典型模式。探讨了项目在机制、理念、管理和科技等方面的创新经验：一是协作创新——通力协作谋发展，强大合力搞项目。二是理念创新——自然恢复要重视，人工修复不可少。三是管理创新——管理环节多创新，提质增效谋发展。四是科技创新——阔叶树种多功能，混交造林创模型；生长潜力再挖掘，大力推广容器苗。项目还被财政部国合司作为典型案例，向全国推广。

截至2015年年底，项目累计完成总投资12.11亿元，占项目计划总投资13.6亿元的89%。其中：世行贷款9198万美元(折合人民币6.02亿元)，占贷款总额

1 亿美元的 92%；配套资金 5.09 亿元，占项目配套总计划的 90%。项目累计完成造林 13.11 万公顷，占项目总计划的 99%。其中营造多功能人工林 9.35 万公顷，占项目总计划的 101%；修复现有人工林 3.76 万公顷，占项目总计划的 95%。造林质量全部达到设计标准。修建集水窖 417 个。累计造林用苗 2.33 亿株，使用肥料 10.94 万吨，其中有机肥占 93%。项目严格按要求使用农药 3.16 万千克。项目共计采购办公设备 726 台，占项目总计划的 115%；扶持组建农民协会 20 个，占项目总计划的 100%；为支持林改工作，完成各级培训、国内外考察和专家咨询 31.3 万人日，占项目总计划的 123%；参与项目的农户或其他实体共 15.73 万个，占项目中期调整后计划的 99%；森林经营方案编制工作已全部完成。（董　晖）

【亚洲开发银行贷款西北三省林业生态发展项目实施顺利】 截至 2015 年年底，亚行贷款西北三省（区）林业生态发展项目累计营造经济林 37 952.4 公顷、生态林 4513.63 公顷，分别占计划的 89.29% 和 82.26%；完成森林旅游和服务设施建设 24 524 平方米；建成果品储藏库 4 座、铺设高压线路 41.66 千米、购置变压器 33 台、修建道路 247.97 千米、新建蓄水池 1 座、新建滴灌系统 6746.55 千米、新打和更新机井 179 眼；开展国家级培训 10 次、累计培训 2077 人，省级培训共开展 800 期，参训人数达 111 033 人次。

项目贷款下签署合同总额 51 866.81 万元，累计提取贷款资金 36 013.86 万元（折合 5865.45 万美元），占贷款总额（1 亿美元）的 58.65%；全球环境基金赠款项下签署合同总额 1942.5 万元，累计提取赠款资金 654.09 万元（折合 106.53 万美元），占赠款总额（510 万美元）的 21.31%；共落实配套资金 30 428.76 万元，配套到位率 58.94%。

由于组织实施工作比较突出，12 月，亚洲开发银行向"西北三省区林业生态发展项目"颁发了最佳表现奖。在中国农业自然资源类 23 个在建亚行项目中，林业生态发展项目是两个获奖项目之一，这也是中国林业项目首次获得亚行项目管理的最高成果奖。

（万　杰）

【欧洲投资银行贷款各项目顺利推进】 起草完成了欧洲投资银行打捆项目实施管理办法，编制完成项目资金申请报告，调整资金使用报告行文，完善了报告配套资金证明文件，协调三省区落实了项目配套资金；协调有关地方政府财政部门补充提交了财政配套文件，向财政部呈报了项目资金评审报告；会同欧投行讨论修改项目协议，完善协议内容，落实协议签约事项。2015 年年底前打捆项目协议业已提交三省区政府授权代表签字，待欧投行代表签字后即可完成全部项目生效手续。

在国家林业局有关部门的指导帮助下，欧投行贷款地方林业项目准备工作进展顺利。林业和气候变化框架下 12 个项目中 4 个项目签署了协议，落实贷款资金 1.95 亿欧元，占框架贷款总额的 50%；6 个项目通过了欧投行管委会批准，其余 2 个项目也都全部通过了评估，最快有望 2016 年启动实施。（万　杰）

【全球环境基金赠款项目获得批准】 4 月 10 日，全球环境基金批准"中国林业可持续管理提高森林应对气候变化能力"项目，提供赠款 800 万美元，在部分省区试点开展森林可持续经营，增加森林碳汇。为做好项目启动准备，项目编制了实施手册、采购计划、启动报告和降低风险措施报告，完成了项目启动前的文件准备工作。待国际执行机构出具项目协议，经双方签字后即可启动实施。此外，为探索建立碳交易市场机制，发挥林业在应对气候变化方面的特殊作用，联合世界银行编制完成了新一期全球环境基金"智慧林业管理和碳市场示范项目"认定文件，拟申请全球环境基金赠款 1050 万美元，为在部分省区开展智慧林业可持续经营、推动中国森林碳汇市场发展做出示范。（万　杰）

国有林场建设

17

国有林场建设与管理

【综　述】 2015年国有林场建设与管理方面成效显著。一是国有林场管理水平显著提升。深入贯彻落实《国家林业局关于森林经营方案编制和实施工作的指导意见》，有60%的国有林场完成森林经营方案编制及修订工作。对经营理念新、经营模式成熟、示范性强的山西中条林局中村林场和福建漳平五一林场进行重点扶持，积极探索各具特色的森林经营模式。对示范林场的森林经营情况进行监测、评估、总结，组织起草了《森林经营方案实施示范林场森林经营监测评价方案》。组织编制了《国有林场森林经营方案编制规范》技术标准。确定并公布了北京市共青林场等20家场外造林示范林场和江苏省射阳县林场等8家场外造林试点林场名单，通过试点，推动和引领国有林场场外造林工作。二是国有林场扶贫力度不断加大。积极协调财政部安排国有贫困林场扶贫资金4.2亿元。下发《国家林业局办公室关于做好2015年国有贫困林场扶贫工作的通知》。会同中国农林水利工会赴浙江、江西等省进行了联合调研，出台《国家林业局办公室 中国农林水利工会全国委员会关于进一步做好国有林场(林区)帮扶工作的通知》。会同局直属机关工会深入新疆天东、天西局进行慰问，下拨慰问经费32.8万元。三是国有林场各类活动丰富多彩。举办了中组部地方党政领导国有林场改革专题研修班、市县林业局长国有林场改革专题培训班和3期国有林场场长培训班，累计培训基层干部600余人次。会同人社部中国就业培训技术指导中心、中国农林水利工会在黑龙江宾县万人欢林场举办了2015年中国技能大赛——全国国有林场职业技能竞赛，兑现了两名五一劳动奖章，达到了提升技能促生态、历练队伍展风采的目的。组织开展"高峰杯·我与国有林场"主题演讲大赛，通过比赛充分展示了国有林场改革发展的蓬勃气象和国有林场职工的职业热情。依托中国林业职工思想政治工作研究会国有林场分会，分赴8省(区)开展国有林场职工思想政治工作调研，为广大林场干部职工搭建了思想交流平台。四是国有林场宣传工作有效开展。在《人民日报》《新闻联播》《焦点访谈》等主流媒体上大力宣传国有林场改革，累计发表3000多条报道，《新闻联播》人民网就国有林场改革对场圃总站领导进行了两次专访，20多家省级报纸对国有林场改革在头版进行报道。组织《人民日报》、新华网等20多家中央媒体和网站，启动"绿水青山、生态脊梁——百家媒体百名记者进林场"活动，先后12次深入14个省份28个林场进行采风宣传，出版了《生态脊梁——百名记者进林场活动报道文集》。在《林业要情》上刊发《各省国有林场改革实施方案亮点》等信息5篇。在《中国绿色时报》和《林业经济》发表"国有林场改革""十佳林场""国有林场技能竞赛"等一系列专版。（宋知远）

【出台《国有林场备案办法》】 为规范国有林场备案程序，加强国有林场管理，保障国有林场改革顺利进行，促进国有林场健康发展，按照《中共中央 国务院关于印发〈国有林场改革方案〉和〈国有林区改革指导意见〉的通知》(中发〔2015〕6号)要求和《国有林场管理办法》(林场发〔2011〕254号)规定，2015年国家林业局印发《国有林场备案办法》(林场发〔2015〕120号)。已完成国有林场改革的林场已经开始按照该办法执行，进行备案。（刘　鹏）

【举办2015年中国技能大赛——全国国有林场职业技能竞赛】 由国家林业局、中国就业培训技术指导中心和中国农林水利工会主办，黑龙江省林业厅承办的2015年中国技能大赛——全国国有林场职业技能竞赛(以下简称竞赛)7月15～16日在黑龙江省宾县万人欢林场举办。来自27省(区、市)及四大森工(林业)集团、中国林科院的32个代表队，96名选手参加比赛，参赛范围和规模较前两届竞赛大幅增加。大赛以"提升技能促生态、历练队伍展风采"为主题，按照中央关于推进国有林场改革和生态文明建设的要求，围绕中国森林经营的主要核心技能——天然林抚育展开，竞赛内容包括技能操作考核和理论知识考试两部分，其中技能操作考核又包括天然林抚育模拟施工和天然林林分调查两项内容。经过激烈角逐，黑龙江省尚志国有林场管理局小九林场赵鑫等30名选手分获一、二、三等奖及个人优秀奖，黑龙江省林业厅等10个代表队分获团体一、二、三等奖，北京市园林绿化局等12个代表队获得优秀组织奖，内蒙古自治区林业厅等11个代表队获得精神风尚奖。获个人一等奖的选手报请中华全国总工会授予"五一"劳动奖章；获个人一、二等奖的选手报请人力资源社会保障部授予"全国技术能手"荣誉称号；获优秀奖以上奖的选手颁发获奖证书和相应等级职业资格证书。（杜书翰）

【国有贫困林场扶贫力度持续加大】 2015年中央财政安排国有贫困林场扶贫资金4.2亿元，支持了28个省(区、市)的880个国有贫困林场。扶贫资金主要用于支持贫困林场改善生产生活条件、发展生产、人员培训等方面。据统计，2015年林场扶贫项目主要建设内容有：新建和维修改造贫困林场场部、分场、管护站所危旧房面积18.4万平方米，新建、硬化、维修林区生产生活道路1827.9千米，新建和维修桥梁6座、涵洞36处，打机井85眼，修建泵房21座、蓄水池53个，铺设输水管道219.9千米，新建变压器等供电系统11套，新建和改造输电线路95.3千米，场区路面硬化2.2万平方米；营造经济林459公顷，培育珍稀树种76.67公顷，造林及低产林改造4102公顷，新建设和改造苗圃354.13公顷，发展林下种植业516公顷，建设速丰林基地368.93公顷；培训林场干部和技术人员663人次。总体上看，在中央财政的大力支持下，林场生产生活条件大幅改善，林业特色产业加快发展，职工素质不断提升，推动了国有林场事业的健康持续发展。

【下发通知推进扶贫工作】 4月16日，印发《国家林业局办公室 中国农林水利工会全国委员会关于进一步做好国有林场(林区)帮扶工作的通知》。5月14日，下发了《国家林业局办公室关于做好2015年国有贫困林场扶贫工作的通知》。这两个文件既对各地做好国有贫困林场扶贫工作指明了方向，也提出了编制"十三五"扶贫规划、创新扶贫机制、争取地方工会支持、确定一批重点扶贫项目等具体要求。5~6月，会同中国农林水利工会赴浙江、江西等省就国有林场困难职工帮扶和富余职工安置工作进行了联合调研。 (杜书翰)

【加强示范林场建设】 重点扶持山西省中条山国有林管理局中村林场和福建省漳平五一国有林场，建设油松水源涵养林培育示范区和马尾松人工林近自然经营示范区，编写《油松水源涵养林培育模式研究》《马尾松人工林近自然经营技术指南》和《杉木人工林近自然经营技术指南》。7月11日，组织专家对河北省木兰围场国有林场管理局、中国林科院科信所2014年重点扶持项目进行了验收。组织编制了《森林经营方案实施示范林场森林经营监测评估方案》。组织编制了《国有林场森林经营方案编制规范》。确定并公布了北京市共青林场等20家场外造林示范林场和江苏省射阳县林场等8家场外造林试点林场名单。 (杜书翰)

【举办三期国有林场场长培训班】 为深入贯彻落实《中共中央 国务院关于印发〔国有林场改革方案〕的通知》(中发〔2015〕6号)及全国国有林场和国有林区改革工作电视电话会议精神，加强国有林场管理人才队伍建设，提升国有林场场长综合素质和业务能力，场圃总站与国家林业局管理干部学院、中国农林水利工会于4月、7月、8月联合举办了3期国有林场场长培训班，自全国各省(区、市)林业厅(局)的省级国有林场主管部门负责人及有关人员、国有林场场长共340余人参加了培训。培训班紧紧围绕贯彻落实中发〔2015〕6号文件和全国国有林场和国有林区改革工作电视电话会议精神，针对国有林场场长岗位要求，合理设置内容，创新教学方式，为学员搭建了学习、交流、研讨的平台。

(杜书翰)

【国有林场信息工作】 2015年中国林场信息网新增16个国有林场级用户，国有林场级用户数量超过200个，中国林场信息网面向广大有条件的、有意愿的国有林场开放信息报送，为国有林场搭建信息宣传的平台。2015年全年信息发布3211条，较2014年增长24.9%，涌现出了湖北省太子山林场管理局、河北省木兰围场国有林场管理局、河北省隆化县国营林场管理局、广西国有黄冕林场、河北省塞罕坝机械林场、山东省淄博市原山林场、江西省安福县明月山林场、广西国有高峰林场、云南省昌宁县林业局、湖北竹溪县天池垭林场等信息发布十佳林场。

国有林场网站群建设持续扩大，国有林场网站质量持续提升，场圃总站对独立建设的国有林场网站进行了评估，广西国有派阳山林场、四川省古蔺县笋子山林场、河北省塞罕坝机械林场总场、河北省太子山林场管理局、新疆天山西部国有林管理局、广西国有黄冕林场、山东省泰安市徂徕山林场、甘肃省小陇山林业实验局、广西国有七坡林场、山东省淄博市原山林场等国有林场网站综合排名居前，成为2015年国有林场十大最具影响力网站。 (张 静)

【举办"高峰杯"国有林场思想政治工作演讲大赛】 10月20~21日，"高峰杯"国有林场思想政治工作演讲大赛在广西国有高峰林场举办。广西国有高峰林场的马青清荣获特等奖，广西国有高峰林场的韦健、河北省塞罕坝机械林场的魏路吉等19名参赛选手分获一、二、三等奖。参赛选手既有默默奉献了几十年的老护林员，也有刚刚告别校园投身改革的新生力量；既有主要管理人员，也有一线的普通工人。他们围绕"我与国有林场"主题，以林场人的视角，深情演绎了林场人的改革情和林场梦。这次演讲大赛受到社会广泛关注，人民网直播点击量达180多万次，激发了广大干部职工干事创业的激情，振奋了干部职工投身改革发展的精神，为国有林场改革营造了良好的氛围。 (张 静)

【"百名记者进林场"活动】 由国家林业局主办，国家林业局宣传办、场圃总站共同负责组织实施。2015年下半年开展了为期4个月的"绿水青山 生态脊梁——百家媒体百名记者进林场"主题宣传活动。(下简称"百名记者进林场"活动)。

该次活动共组织中央20多家主要媒体的记者近百人(次)，分12路深入云南、黑龙江、山西、海南等14个省份的28个国有林场进行了采访报道，共刊发作品144篇，内容涵盖国有林场现状调查、职工访谈、改革探索、对改革的建议等一大批优秀文章和视频，同时也发掘出了一大批典型人物和典型事迹，使国有林场改革工作得到更大范围的宣传和推广，为国有林场改革打下了坚实的舆论基础、营造了良好社会氛围，为全面推进国有林场改革起到了推波助澜的作用。还召开了专家评审会，邀请10位专家，对该次活动的文字和视频作品进行了评审。评选出了《构筑美丽的生态家园》《护林育林保生态》等25篇获奖作品。国家林业局于2016年2月26日在北京召开了国有林场改革新闻媒体通气会，会上对"百名记者进林场"获奖者进行了表彰。

(刘 鹏)

国有林场改革

【综 述】 2015年是全面推进国有林场改革的开局年，是国有林场改革发展史具有里程碑意义的关键年。2月

8日，中共中央国务院印发《国有林场改革方案》（中发〔2015〕6号），这是党中央、国务院对国有林场改革首次作出全面部署，是重大国家战略和全面深化改革的重大举措，同时还是建设生态文明和美丽中国的标志性大事，在中国森林发展史、林业发展史上具有里程碑意义。

国有林场改革工作全面铺开 国家林业局党组高度重视国有林场改革工作，局领导先后对23个省（区、市）进行调研，督促国有林场改革进度。21各省（区、市）成立了由省级领导任组长的改革工作小组。广东等15个省份的《国有林场改革实施方案》正式获得国家批复。申请到36.3亿元的中央改革补助资金。

国有林场改革试点开花结果 江西、浙江、湖南、山东、河北、甘肃6省紧紧围绕"保生态、保民生、保稳定"的底线，积极探索，大胆实践，顺利完成了体制改革、机制创新、民生改善等国有林场改革试点任务，达到了预期目标，赢得了国家有关部委和林场职工的高度评价，为全国国有林场改革积累了宝贵经验。

改革配套政策接连出台 会同人社部出台了《国有林场岗位设置管理指导意见》，为指导国有林场深化人事制度改革提供了政策保障。与国家发改委联合下发了《国有林场改革试点验收办法》，为发挥倒逼机制，确保改革质量提供了刚性遵循。交通运输部下发了《贯彻落实中央6号文件 促进国有林场道路持续健康发展的通知》，有力地支持了林场基础设施建设；印发了《国有林场备案办法》，为规范国有林场备案程序，加强国有林场管理提供了保障。 （场圃总站宋知远）

【印发《国有林场改革方案》】 2月8日，中共中央国务院印发了《国有林场改革方案》（中发〔2015〕6号），这是党中央、国务院站在全局和战略高度作出的一项重大决策，在中国林业改革发展史上具有里程碑意义。

国有林场改革主要有7个方面内容：一是明确国有林场功能定位和事业单位属性。将国有林场主要功能明确定位于保护培育森林资源，为社会提供优质生态服务 （张 志）

【国务院召开全国国有林场和国有林区改革工作电视电话会议】 3月17日，国务院在北京召开了全国国有林场和国有林区改革工作电视电话会议。会议的主要任务是深入贯彻落实习近平总书记和李克强总理关于国有林场林区改革的重要指示批示精神，认真学习贯彻中央关于国有林场林区改革的重大决策，对国有林场林区的改革进行动员，做出部署，安排部署当前的国土绿化工作。中央及国家机关有关负责同志、全国绿化委员会全体成员参加了北京主会场会议。全国31个省（区、市）以及各计划单列市人民政府分管负责同志以及新疆生产建设兵团，内蒙古、吉林、龙江、大兴安岭、长白山森工以及国家林业局各派驻森林资源监督机构主要负责同志在各分会场收听收看了会议，北京、山西、江西、广西等10余省份还将电视电话会开到了市县，使基层党政领导和有关部门负责同志第一时间获知了中央关于国有林场和国有林区改革的决策部署和具体要求。据初步统计，全国共有约2500多人收听收看。

中共中央政治局委员、国务院副总理汪洋出席会议并讲话。汪洋副总理从战略和全局的高度深刻阐述了加快国有林场和国有林区改革的重要性和紧迫性，要求认真贯彻落实党中央、国务院关于深化国有林场和国有林区改革的决策部署，围绕发挥生态功能、维护生态安全的战略定位，加快健全森林资源监管体制，创新资源管护方式，完善支持政策体系，推动林业发展由木材生产为主转向生态修复和建设为主、由利用森林获取经济利益为主转向提供生态服务为主，为促进生态文明建设和经济社会可持续发展提供有力保障。他指出，坚持生态导向、保护优先，是国有林场林区改革的第一原则。要有序停止重点国有林区天然林商业性采伐，积极推进国有林场林区政企事分开，形成精简高效的国有森林资源管理机构，建立归属清晰、权责明确、监管有效的森林资源产权制度。要立足发挥绿色资源优势，大力发展特色产业、替代产业、接续产业，多措并举促进职工就业增收，加快完善基础设施和公共服务，妥善解决基本民生问题。各有关地区和部门要明确改革任务，落实支持政策，切实加强领导，认真组织实施。

国家发展改革委副主任连维良、国家林业局局长赵树丛、财政部副部长胡静林、银监会主席助理杨家才分别发言，对相关工作作出部署。 （张 志）

【国家林业局召开国有林场改革推进会】 5月15日，全国国有林场改革推进会在北京召开。国家林业局党组副书记、副局长张建龙作重要讲话，并要求切实增强推进国有林场改革的紧迫感和责任感，抓紧编制省级实施方案，尽快启动改革。国家林业局总工程师封加平出席会议，国家发展改革委、财政部、人力资源和社会保障部、中国农林水利工会相关部门负责人参加了会议。会议听取了江西、浙江、山东、湖南、甘肃、河北、安徽7个国有林场改革试点省的经验总结及黑龙江、福建、吉林、山西、新疆、青海、贵州、河南、内蒙古9个省（区）国有林场改革工作进展情况。 （张 静）

【国有林场和林区改革工作小组第四次会议】 12月28日，国家发展改革委副主任连维良和国家林业局副局长张永利共同主持召开了第四次改革工作小组会议。参加会议的部门有中央编办、国家发改委、民政部、财政部、人力资源社会保障部、国土资源部、住房城乡建设部、交通运输部、水利部、国家林业局和银监会等11个部委。

会议通报了当前国有林场和国有林区改革进展情况，重点国有林区停止天然林商业性采伐的有关情况，林区基础设施建设、财政支持和金融债务化解等政策落实情况；讨论了《关于做好各省国有林场和重点国有林区改革实施方案审批工作的意见（讨论稿）》（以下简称《意见》）和《国有林场和国有林区改革工作小组2016年工作安排（讨论稿）》（以下简称《工作安排》两个文件；确定增补国土资源部、交通部和水利部为改革小组成员。

会议特别强调党中央、国务院高度重视国有林场和国有林区改革，改革工作非常重要，改革意义重大。指出2015年改革取得了非常明显的进展，但还没有达到预期目标，改革任务依然繁重，还需要加大协调推进力度。会议原则同意《意见》和《工作安排》，决定根据各部门意见修改完善后，以改革工作小组会议纪要的形式印发。同时要加大协调推进力度，确定六方面重点工作。（张　志）

【出台《关于国有林场岗位设置管理的指导意见》】 6月9日，国家林业局、人力资源和社会保障部联合印发《国有林场岗位设置管理指导意见》。指导意见对国有林场岗位类别、岗位结构、岗位等级，特别是专业技术岗位名称及岗位等级作出了明确规定，提出了以技术岗位和工勤技能岗位为主、高级技术岗位“上不封顶”、专业技术中级岗位及工勤技能一级、二级岗位比例均适当高于全国平均水平等岗位设置原则和具体要求。这是首次针对国有林场量身定制的岗位设置规范，为国有林场人事制度改革提供了重要遵循，标志着国有林场科学化、规范化管理迈出了重要一步，有利于吸引人才、留住人才，建设一支专业强、素质高的国有林场人才队伍，充分调动广大国有林场职工的积极性和创造性，为守住绿水青山、维护生态安全、建设生态文明作出更大贡献。（宋知远）

【国有林场改革现场会】 11月24日，国家林业局在江西省南昌市召开了国有林场改革现场会。会议主要任务是进一步贯彻落实中央6号文件精神，学习交流改革的经验和做法，加快推动国有林场改革工作。国家林业局副局长张永利、江西省人民政府副省长尹建业、各省、自治区、直辖市林业厅（局）负责同志和国有林场管理部门负责同志参加了会议。

会议组织观看《江西省国有林场改革纪实片》，听取江西省林业厅、广东省林业厅、内蒙古自治区林业厅、宁夏回族自治区林业厅、浙江省林业厅、湖南省林业厅、北京市园林绿化局、山西省林业厅、吉林省林业厅关于本省改革情况的发言，介绍江西省吉安市、信丰县、广昌县高虎脑林场的改革经验，宣读《国家林业局关于浙江、江西两省国有林场改革试点验收结果通报》。国家林业局副局长张永利作重要讲话。张永利副局长全面总结了江西、浙江等省（区、市）推动国有林场改革的先进经验，深入阐述了国有林场改革的重大意义，深入分析了国有林场改革所面临的形势，对如何加快推动改革提出了明确的思路和要求。（张　志）

【国有林场改革试点验收】 11～12月，国家国有林场和国有林区改革工作小组组织联合验收工作组先后对浙江、江西、甘肃、湖南、山东、河北6省改革试点工作进行了验收。总体上看，6省紧紧围绕“保生态、保民生、保稳定”的目标，积极探索，大胆实践，顺利完成了体制改革、机制创新、民生改善等国有林场改革试点任务，坚持了生态公益改革方向，改善了民生，创新了发展机制，完善了支持政策，保护了森林资源，赢得了林场干部职工的拥护支持，得到了各级领导和有关部门的好评，为全国国有林场改革积累了宝贵经验，特别是江西“始终坚持公益性改革方向、地方政府作为责任主体、部门联动合力推进改革、地方财政承担改革资金兜底责任、民生为本解决改革的难点问题、严把改革质量关”的改革经验为全国发挥了重要的引领示范作用。（张　志）

【国有林场改革试点监测】 国家林业局场圃总站开展了国有林场改革试点监测工作。监测报告期为2013年、2014年和2015年。监测对象为国有林场改革试点地区的省级国有林场主管部门、国有林场以及林场职工，监测方法为在全面推进国有林场改革的省份江西、湖南抽取试点林场总数的5%，其他省份抽取试点林场总数的10%；在每个样本林场，按林场职工总数抽取5%，每个林场不低于10人。调研方法采取实地跟踪监测采取抽样问卷调研和专题访谈调研相结合的方法。

根据国有林场改革试点监测（2013～2014）数据显示，国有林场改革试点呈现以下特点。一是管理体制。国有林场试点改革朝着公益性方向推进。大部分国有林场定性为公益性事业单位，其事业经费被纳入地方财政预算管理。样本林场财政拨款比例由55.17%提高到61.64%。部分林场行政级别得到提高，正科林场占比有所增加，副科林场占比有所减少。在职在岗人员呈现下降趋势，离退休人员呈现增长态势。二是定岗定编。管理岗与专业技术岗占比较低，但均实现了上升。专业技术岗占比上升7个百分点，管理岗占比上升8个百分点，工勤技能岗占比下降了13个百分点。三是森林资源得到有效保护。95%以上的林场建立了森林资源档案与森林资源管护责任制，甘肃、江西、湖南与浙江林场林地面积实现了增加，河北样本林场保持不变，山东样本林场出现小幅下滑。四是经营机制创新。政府购买劳务增多，林场雇佣周边农民从事林场生产经营活动。人才队伍建设以培训为主，新进人才方式以政策性安置为主。收支两条线在全额与差额事业单位性质林场实施效果较好。绩效管理工具得到广泛使用。五是民生改善。职工工资增长速度较快。职工年均工资增幅为16.75%，大于全国的9.43%。在职职工参加基本养老保险人数和基本医疗保险接近100%，社会聘用人员参保率较低。富余人员分流安置以内部退养、提前退休与通过政府购买服务从事森林管护三种方式为主。六是支撑政策实施与产业发展。财政与社会投入均呈现快速增长的态势。

国有林场试点改革还存在一些不足。一是基础设施薄弱。二是债务依然沉重，资金渠道受限。三是人力资源建设迟缓、专业技术人才普遍缺乏。四是顶层政策设计需要进一步完善。另外，国有林场的生产、经营项目的获得与林场管理者的社会活动能力息息相关。适合林场的项目少，林下经济开展缓慢，林场经济薄弱。（张　志）

【国有林场危旧房改造工程】 2015年，国有林场危旧房改造工程新开工建设14 104户。自2012年以来，国有林场危旧房改造工程竣工45.6万户，其中40万户林场职工喜迁新居。林场职工人均住房面积从改造前的16平方米提升至27平方米，极大地改善了国有林场职工的居住条件，基本结束了国有林场职工住工棚的历史。这是国有林场发展建设史上最大的民生工程，实现了林场人的住房梦，优化了林区生产力的布局，促进了林场办学、办医院等社会职能的分离，推动了林场职工融入城镇，有效改善了职工就医条件和子女就学。（宋知远）

林业工作站建设

18

【综　述】2015年是全面完成“十二五”规划的收官之年。一年来，在国家林业局党组的正确领导下，国家林业局林业工作站管理总站（以下简称工作总站）领导班子带领全站同志以党的十八大精神为指引，深入贯彻落实党的十八届三中、四中、五中全会和全国林业厅局长会议精神，紧紧围绕林业重点工作和重大改革任务，坚持问题导向、需求导向，在创新上下功夫，在固本上使长劲，在服务上求实效，积极谋政、勤政、廉政，主动作为，扎实工作，取得了积极成果。

工作指导　国家林业局党组高度重视林业站工作。一年来，张建龙局长、刘东生副局长等局领导多次听取总站工作汇报，在局务会上多次研究林业站工作，大力加强顶层设计，为林业站建设发展注入了强大动力。一是召开专题会议。11月19日，国家林业局在北京组织召开了全国林业工作站工作会议，张建龙局长、刘东生副局长出席会议并作重要讲话。会议强调，林业站处在林业经营管理第一线，体现林业治理能力最直接，只能加强不能削弱。会议要求，要切实建设好、使用好、保障好这支林业建设的重要力量，全面提升林业站管理和服务水平。会议谋深务实、内容丰富、意义重大，为当前和今后一个时期林业站建设发展指明了方向。二是组织起草出台了《关于进一步加强林业工作站建设的意见》（征求意见稿，以下简称《意见》），年初向11个司局、8个直属单位以及河北、辽宁、河南、江西、广西、云南等部分省站征求了意见，经充分吸纳、广泛沟通，经过近一年的工作，11月9日，以国家林业局文件正式印发了《意见》。《意见》强调了林业站在推进林业生态建设、促进林农就业增收、提升林业治理能力中的地位作用，明确了6项建设任务，提出了4项保障措施，对林业站建设作出了全面部署。三是修订《林业工作站管理办法》。在政法司的指导下，按照2015年第二次局务会要求，在进一步征求中编办和人事司等有关司局意见的基础上，根据党和国家林业政策以及中央有关文件精神，针对林业新形势新任务，对前期形成的《林业工作站管理办法》（征求意见稿，以下简称《办法》）进行了再修订、再完善，形成了修订草案。10月30日，局务会审议通过了草案。11月24日，局第39号令颁布了修订后的《办法》。《办法》规范严谨，责权清晰，含金量高，是今后长期指导林业站工作的纲领性文件。

管理效能　针对林业站系统指挥管理效能偏弱和“中梗阻”现象，一年来，工作总站多管齐下，努力提升行业管理效能。一是制订工作要点。根据全国林业厅局长会议精神和国家林业局的工作部署，科学分析、研究制订了行业年度工作要点，提出了“五大能力”建设，对全年行业工作做出了总体部署。各地结合实际，研究提出了本省工作任务，形成了全国“一盘棋”，较好地推动了林业站重点难点问题的解决。二是开展管理研究。积极顺应林业改革新形势新要求，在吉林、湖北、河南、福建等11个省份组织开展了林业站建设管理模式专项课题研究，在北京、内蒙古、广西、甘肃、新疆等14个省份开展了林业站管理服务能力项目建设，探索了新时期不同区域、不同类型林业站的管理服务体制机制及其有效方式。三是开展专题调研。在局领导的带领下，赴四川、重庆进行了专题调研，为局党组加强林业站建设提供了基础素材。同时，针对地方林业站建设管理中出现的重点、热点、难点等问题，由站领导带队分别赴广东、广西、湖北、新疆、吉林等省份开展了调研工作，进一步摸清了各地现状，研究提出了工作对策。四是实施跟踪调查。按照《全国省级林业工作站年度重点工作质量效果跟踪调查办法》规定，在各地自我量化的基础上，对2014年度各省级林业工作站6个方面21项重点工作质量效果进行了量化测评，分省下发了《2014年度省级林业工作站重点工作质量效果的通报》，逐省指出了工作“短板”，提出了工作要求。同时，对吉林、内蒙古等排名前10位的省级林业工作站向各省级林业主管部门进行了通报，全国林业站目标管理责任意识明显增强，初步形成了上下联动、密切协作的工作格局。

队伍培训　针对林业站人员数量多，队伍素质参差不齐的现状，2015年，工作总站多措并举，积极开展人员培训，提升队伍素质。一是组织分级分类培训。把现场教学、理论讲授与现场实践有机结合起来，专门聘请在专业管理（技术）领域有一定造诣的专家、学者授课辅导，对各省站信息员、站长和骨干以及培训工作管理人员等进行了集中培训，共培训各类人员近1400人次。委托北京、黑龙江等12个省份组织了重点地区林业站主要岗位人员培训，下达了专项培训任务书，对培训内容、培训时间等提出了明确要求。据统计，“十二五”全国共培训林业站人员38万人次，比“十一五”时期增加了50%。二是优化“在线学习平台”。按照“地方主导，中央辅助，两线并进，突出实用”为原则，大力加强“地方课、技能课和展示课”等特色课程建设，着手开发“GPS操作方法”“地形图识别”等技能课程，推动了辽宁、黑龙江、甘肃等省的地方课程录制，上线了湖北、吉林、甘肃、广西的展示课程。“平台”功能更加完善，内容更加丰富，有效地满足了基层林业站干部职工的学习需求。截至11月底，“平台”总访问量已达220万人次，日均访问量近7000人次，全国学习总时长达35万小时，成为提高林业站职工能力素质的重要途径之一。三是抓好站长能力测试收尾工作。对2011年后新任职且未参加过能力测试的乡镇林业站长进行了梳理，制订下发了《关于做好2015年乡镇林业工作站站长能力测试工作安排的通知》《2015年林业工作站能力建设（乡镇林业工作站站长能力测试）监督检查实施方案》，组派了15个督查组，对内蒙古、广西等16个省份进行了现场督查，共测试林业站长3500余名，较好地完成了年度测试任务。目前，如期全面完成了“十二五”期间2.9万名林业站长能力培训、测试任务，测试平均合格率在90%以上，达到了“以测促培、以培促能”的目的，较好地带动了各地林业站培训工作的开展，基层林业站干部职工队伍素质有了明显提升。

基础建设　针对林业站机构队伍不稳定、底子薄、历史欠账多等问题，一年来，工作总站多策并用，多措并举，着力强化了基层基础工作。一是精心编制建设规划。在大量调研的基础上，起草了《全国林业工作站“十三五”建设发展规划纲要》。经局领导同意，该规划正式立项。目前，在认真沟通，广泛调研、召开专家咨询会议、多次修订的基础上，局规划院按照工作总站委托，根据《规划纲要》，形成了征求意见稿，已开始征求各省站意见。规划提出了2016～2020年全国林业站建设目标、建设重点、投资与政策，以及有关要求，为“十三五”时期林业站建设发展奠定了基础。二是抓好机构队伍。根据各省上报的2014年工作情况、全国林业站本底调查相关数据和信息快报，通过电话沟通、媒体了解等方式，及时掌握全国乡镇机构改革动态。由站领导带队，对2015年开展改革的湖南、安徽等省份进行实地指导，对江苏、浙江、山东、海南、重庆等过去机构变化较大的省份开展调研，大力宣扬各地稳定林业站机构、加强林业站建设的好经验好做法，积极指导各地做好基层林业站机构队伍恢复与稳定工作。目前，全国乡镇林业站保持在2.4万多个、10万人左右，在多省区压缩机构、精减人员的情况下，保证了林业站与2014年同期持平。三是积极争取经费投入。积极与局计财司及发改委进行沟通汇报，及时了解中央相关资金的投入政策，组织汇报材料，反映林业站建设情况，努力为全国林业站建设争取更多的资金投入。在局党组的重视下，在林业项目整合、资金未增加的大背景下，2015年中央预算内全国林业站建设资金继续保持增长趋势。四是扎实推进标准站建设。制订并以国家林业局文件印发了《全国标准化林业工作站建设检查验收办法（试行）》，明确了检查验收的原则、方式和标准。在广西南宁、湖北襄阳、吉林长春、新疆库尔勒等地举办了4期标准化林业站建设培训班，对承担有2014年中央预算内基本建设投资任务的580多名标准化林业站站长及有关管理部门人员进行了重点培训。制订了标准化林业站建设督导方案，派出3个工作组，分别由站领导带队对问题突出的7个省份进行了督导，与省林业厅主管厅长、计财处等进行了有效沟通和督导，有力促进了标准化林业站建设的顺利推进。

稽查调纠工作　一是开展林业行政案件统计分析。对林业行政案件统计分析系统进行了技术升级，对内蒙古、福建、江西、湖南、云南等5省开展了林业行政案件管理专项调研，完成《林业行政案件深度分析》课题研究，以局办文件通报了2014年全国林业行政案件情况，组织开展了2015年全国林业行政案件统计工作。经统计，2015年全国共发现林业行政案件19.7万起，查处19.5万起。其中，林业站系统查处林政案件6万起，占全国林政案件查处总数的31%。二是开展林业行政执法典型案例评析。面向全国各省级林业行政案件主管部门征集了典型案例700余个，邀请部分省级林业主管部门和林业高等院校的专家成立编写组，完成《林业行政执法典型案例评析》的编写、修订和评审工作。三是开展林业行政案件类型调整更新。向局领导报送《关于调整林业行政案件类型的请示》，制订调整实施方案，征求有关司局和专家意见，完成《林业行政案件类型规定》的评审工作。四是开展林权争议调处。在局领导的重视下，国家林业局调整了局林权争议处理领导小组，重新明确了领导小组成员及办公室成员。协同国土资源部对国务院领导批示的河北省涿鹿县群众反映政府对林权争议不作为情况进行了现场调查。举办了第六次浙闽赣湘粤桂六省联席会议，协调湘桂、粤桂林业主管部门对两起省际林权争议进行了调处，使当地群众涉林纠纷走向缓和。

森林保险　一是梳理分析2014年森林保险情况。根据2014年森林保险基础统计数据，对森林保险的参保、理赔、补贴情况和工作成效进行了深度分析，总结了发展特点，提出了政策建议，形成了分析报告。张建龙局长等局领导对报告作出了重要批示。二是加强部门沟通协作。6月，会同计财司与保监会财产保险监管部召开了工作座谈会，沟通了当前森林保险的工作进展和政策形势，梳理了需要双方协同推进的重要事项，向保监会提交了《关于进一步推进森林保险工作的指导意见》（初稿）。7～9月，工作总站会同计财司与财政部金融司、保监会财险监管部共同组成联合调研组，先后赴广东省、浙江省、内蒙古自治区和内蒙古森工集团开展森林保险专题调研，全面了解了森林保险开展6年来的总体情况，为《指导意见》的出台打下了良好基础。三是开展专题研究。委托内蒙古、吉林、甘肃、福建等4省区开展了森林保险可持续发展机制专题研究，与4省区签订了业务委托合同，明确了项目内容、进度和成果要求。目前，专题研究进展顺利。四是举办管理培训。为扎实推进森林保险工作，在国家林业局管理干部学院举办了“全国森林保险业务管理培训班”，来自纳入中央财政森林保险保费补贴范围的28个省级单位的84名相关负责同志和业务骨干参加了培训。首都经贸大学、中国保监会财险监管部等单位的农业保险方面的知名专家进行了授课。五是汇编政策文件。为进一步提升森林保险工作人员的政策理论水平，对《保险法》《农业保险条例》等重要法律法规以及有关部门出台的相关政策性文件进行了收集整理，形成了近9万字的《森林保险政策汇编》，共印制650本，发放到全国各省、森工集团和计划单列市共41个省级单位，收到良好效果。

公共服务工作　按照国家简政放权和建设服务型政府要求，工作总站积极促进林业站转变管理方式和运行机制，积极提升林业站公共服务质效。一是推行服务措施。大力巩固“林业站服务年”活动成果，以国家林业局文件下发了《关于强化林业站公共服务职能　全面推行“一站式”、全程代理服务的通知》，在全国大力推广“一站式”“全程代理”等便民服务模式，引导各级林业站更好地为林农群众提供高效、便捷的公共服务。二是探索服务机制。在河北、湖北等8个省（区）实施了“林业站公共服务能力提升”专项课题研究，签订工作协议，开展了建示范点、联系示范点（户）等工作，进一步探索了优化林业站服务模式和服务运行机制的有效途径。目前，工作进展顺利，取得了初步成果。三是开展林农培训。针对林业生态建设和产业发展、农民增产增收急需的实用技术，各地通过“科技赶大集”“专家小分队”和“专题技术讲座”以及发放技术小册子等多种形式，深入田间地头，开展了丰富多彩的技术培训、新技术示范等工作。2015年，全国林业站指导、扶持林业经合组织14.6万个，直接带动农户371万户，培训林农1168万人次。

宣传引导　一是举办征文摄影活动。联合《中国绿色时报》在全国林业站系统内的干部职工中开展“林业站好新闻”征文摄影活动，共收到符合征文条件的各类作品共200余篇。经专家评选，共评选出通讯、消息、图片三类作品等各类奖项48名，目前正在进行社会公示，获奖作品将在《中国绿色时报》上择优刊发。二是提升宣传质量。组织全国林业站信息员培训，对来自全国各省（区、市）及新疆生产建设兵团的90余名信息员进行了新闻摄影及写作等内容培训，开展了信息工作经验交流，进一步提高各地对林业站信息宣传工作的重视程度，促进了林业站信息宣传任务的落实。三是强化政务信息。加大了《工作简报》、“工作总站”子站信息的编辑审核和加载力度，对2014年林业站信息宣传工作突出单位及个人予以了表彰奖励，定期通报了2015年各地林业站站务信息采用情况，较好地促进了林业站政务信息工作。据统计，截至11月底，“中国林业网”的“工作总站”子站共发布信息2000余条，比2014年全年增长了25%，进一步提升了林业站的上镜、上报率，扩大了社会影响。（唐　伟）

【全国林业工作站工作会议】 11月19日，国家林业局在北京召开全国林业工作站工作会议，深入贯彻落实党的十八大和十八届三中、四中、五中全会精神，认真学习领会习近平总书记系列重要讲话精神，总结“十二五”林业工作站建设情况，交流各地典型经验，部署“十三五”林业工作站重点工作。国家林业局局长张建龙、副局长刘东生出席会议并作讲话，国家发展和改革委员会、财政部有关部门领导莅会指导，各省（区、市）林业厅（局）和新疆生产建设兵团林业局分管领导及林业工作站管理机构主要负责人，国家林业局各有关司局和直属单位的主要负责人参加了会议。

会议指出，目前，中国基本形成了国家、省、市、县四级林业工作站管理体系，林业工作站达2.5万多个，覆盖92%的乡镇。

会议要求，各级林业部门要切实建设好、使用好、保障好这支林业建设的重要力量，不断加强基层林业站建设。各级领导要把林业工作站建设摆上重要议事日程，加强调查研究，亲自部署协调，帮助解决影响林业工作站发展的困难和问题。要保持机构稳定，按照有利于林业改革发展和乡镇全覆盖的基本要求，在需要建立林业工作站的地方尽快建立，同时进一步强化国家、省、市、县四级林业工作站管理体系，积极推行乡镇林业工作站由县级林业主管部门垂直管理和县乡共管的模式。要强化队伍建设，活化用人机制，探索形成以人为本、拴心留人、鼓励创新的长效机制，努力建设一支政治强、业务精、作风硬、服务好的高素质干部队伍。要加强技能培训，紧紧围绕林业工作站的中心任务，制定针对性、实用性、专业性强的培训规划，加强业务技能和综合素质培训，提升工作能力和服务水平。要改善工作条件，多渠道筹措资金，加快林业工作站标准化建设，优先解决好业务用房、办公设备、交通工具等最急需的问题。要严格考核奖惩，建立健全激励约束机制，严格实施责任追究，切实提高履职尽责能力，坚决杜绝吃拿卡要行为。（唐　伟）

【出台《关于进一步加强乡镇林业工作站建设的意见》】

11月9日，国家林业局印发《关于进一步加强乡镇林业工作站建设的意见》（林站发〔2015〕146号，以下简称《意见》），对当前和今后一个时期的林业工作站（以下简称林业站）工作做出了全面部署和要求。

《意见》明确，到2020年，全国林业站数量稳定在2.5万个左右、对乡镇的覆盖度保持在90%以上，建成标准化林业站8000个，基本解决林业站无业务用房、无机动车辆、无通信工具、无现代化办公设备等问题，工作条件明显改善；林业站干部职工队伍学历、专业和年龄结构基本合理，建立起较为完备的定期培训和人才培养机制，队伍素质整体提高，管理服务效能显著增强，努力实现全国林业站机构稳定、队伍精干、管理科学、保障有力、服务到位的目标。

《意见》要求，一是要加强机构建设，确保林业站机构建设与林业和生态建设任务以及乡镇机构改革要求相协调。二是要加强队伍建设，采取公开招聘、竞聘上岗、按岗聘用、合同管理等方式，选拔大中专毕业生充实到林业站队伍。三是要加快基础建设，切实解决好业务用房、业务设备和必要的生产工具等工作条件问题，配齐林业科技推广、调查设计、护林防火、野生动植物疫病防控和社会化服务等技术装备。四是要规范站务管理，建立健全岗位责任制、目标责任制和站务公开等工作制度，统一业务图表。五是创新工作机制，积极推行“一站式”“全程代理”等便民服务模式，优化林业站工作绩效评价指标体系。六是强化职能作用，切实保证和充分发挥林业站的政策宣传、资源管护、林权管理、林政执法、生产组织和野生动物疫源疫病监测等管理职能，强化科技推广和社会化服务职能，推进森林保险工作，帮助林农增收致富。

《意见》强调，要强化组织保障，完善国家、省、市、县四级林业站管理体系，提升管理服务能力；实施省级林业站重点工作质量效果跟踪调查，定期通报工作进展。要强化投入保障，积极推动林业站人员经费全额纳入县级财政预算，健全完善经费保障机制。要强化政策保障，在职称评聘和高级岗位设置数量上予以倾斜；参照支持西部和艰苦边远地区发展相关政策，引进林业站发展亟须的管理和技术人才。要强化法治保障，认真执行《林业工作站管理办法》，积极推动当地人大和政府出台有关加强林业站建设的法规规章，明确林业站的职能职责。（唐　伟）

【修订《林业工作站管理办法》】 2000年3月，国家林业局第6号令发布《林业工作站管理办法》（以下简称原《办法》），有力地保障和促进了林业工作站建设和管理的规范化、标准化和科学化。2013年底，国家林业局正式启动对原《办法》的修订工作，两年来，在广泛征求中央有关部门和各地林业部门以及国家林业局各司局和社会公众的意见、组织开展大量调研与研讨的基础上，依据《森林法》《农业技术推广法》《中共中央国务院关于加快林业发展的决定》（中发〔2003〕9号）、《国务院关于深化改革加强基层农业技术推广体系建设的意见》（国发〔2006〕30号）、《中共中央 国务院 关于全面推进集体林权制度改革的意见 》（中发〔2008〕10号）、

《中共中央 国务院关于加快发展现代农业 进一步增强农村发展活力的若干意见》(中发〔2013〕1号)等中央文件精神，形成了《林业工作站管理办法》(草案)。2015年10月30日，国家林业局局务会审议通过草案。2015年11月24日，国家林业局第39号令发布修订后的《林业工作站管理办法》，并于2016年1月1日起正式施行。

修订后的《林业工作站管理办法》共5章22条。明确：林业工作站的建设和管理的具体工作由县级以上林业主管部门设立或者确定的林业工作站管理机构负责，国家林业局林业工作站管理总站负责全国林业工作站的建设和管理的具体工作。在机构队伍建设方面，对林业工作站的设置、编制提出了要求，要求对新进人员实行公开招聘、设立符合工作需要的专业技术岗位、有计划地进行业务培训。在职能职责方面，明确了林业工作站承担政策宣传、资源管理、林政执法、生产组织、科技推广和社会化服务等“六大职能”，细化了九项具体工作职责，规定了林业工作站参与森林采伐监管的内容，新增了在森林保险、林业重点工程建设等方面的职责。在工作保障方面，突出强调了工作经费，明确“林业工作站承担林业重点工程项目等专项任务的，下达专项任务的部门或者单位应当按照有关规定列支必要的专项工作经费。”同时，要求各级林业主管部门“保障和改善林业工作站的工作条件、生活条件和待遇。”在制度建设方面，明确林业工作站应当建立健全人事、财务会计、国有资产管理以及廉政建设等各项制度，并接受县级林业主管部门或者乡镇人民政府的监督和检查。《办法》的施行，将对指导林业工作站工作、维护林业工作站机构稳定、解决林业工作站发展的“瓶颈”问题起到十分重要的促进作用。 （唐　伟）

【全国林业站本底调查关键数据】 截至2015年年底，全国有地级林业站216个，管理人员2405人，有县级林业站1783个，管理人员22 057人。与2014年相比，地级林业站减少60个，管理人员减少106人；县级林业站减少了50个，管理人员减少了1238人。全国现有乡镇林业站24 516个，其中，管理两个以上乡镇林业工作的片站2421个。管理体制为县级林业主管部门派出机构的站有8715个，占总站数的35.5%；县、乡双重管理的站有4170个，占17.0%；乡镇管理的站11 631个，占47.5%。与2014年相比，全国乡镇林业站数量减少了821个，管理两个以上的片站减少1681个，派出机构的比例增加了0.9个百分点，双重管理的比例增加了0.3个百分点，乡镇管理的比例减少了1.2个百分点。

全国乡镇林业站核定编制88 302人，年末在岗职工105 699人，其中，长期职工104 029人。与2014年相比，核定编制数减少了3244人，在岗职工人数减少4889人，长期职工减少5400人。在岗职工中，经费渠道为财政全额的有84 424人，占79.9%，比2014年增加了0.5个百分点；财政差额5659人，占5.4%，比2014年减少0.1个百分点；林业经费8293人，占7.8%，比2014年减少0.2个百分点；自收自支7323人，占6.9%，比2014年减少0.2个百分点。林业站长期职工中，35岁以下的23 501人，占22.5%；36岁至50岁的64 027人，占61.4%；51岁以上的16 786人，占16.1%。

2015年，各级林业主管部门通过开展多种形式、多种渠道的培训，提高林业站职工队伍的综合素质。在林业站长期职工中，大专以上学历59 482人，占55.3%，比2014年增加了0.9个百分点；中专、高中学历40 702人，占39.0%，比2014年减少0.1个百分点；初中以下文化程度5897人，占5.7%，比2014年减少0.8个百分点。全国完成林业站站长培训46 507人次，其中初任培训6404人次，能力提升培训40 103人次，站员培训72 198人次。林业站职工参加林业本(专)科班、中专班毕业生人数为1185人，在校生人数为1329人，新入学人数为391人。

2015年，全国完成林业站基本建设投资47 336万元，其中，国家投资8701万元，地方配套33 144万元。全国新建乡镇林业站180个；通过开展标准化林业站建设等措施，全国共有373个林业站新建了办公用房，586个站配备了通讯设备，466个站配备了机动交通工具，1663个站配备了计算机。

2015年，全国林业站围绕林业中心工作，充分发挥政策宣传、资源管护、林政执法、生产组织、科技推广和社会化服务等职能，在社会可持续发展、地方国民经济和现代林业建设中发挥了不可替代的作用。全年共指导组织完成造林399万公顷，其中林业重点工程造林165万公顷，指导组织完成封山育林117万公顷，四旁植树15亿株，育苗40万公顷，抚育作业392万公顷。全国共有11 254个林业站受上级林业主管部门的委托行使林业行政执法权，占总站数的45.9%；有7266个林业站加挂了野生动植物保护管理站的牌子，占总站数的29.6%；有4128个林业站加挂了科技推广站牌子，占总站数的16.8%；有5137个林业站加挂了公益林管护站牌子，占总站数的21.0%；有3619个林业站加挂了病虫害防治站牌子，占总站数的14.8%；有313个林业站加挂了林业仲裁委员会牌子，占总站数的1.3%。全年受理林政案件近4.9万件，比2014年减少14 253件。全国林业站管理指导乡村护林员近66万人，其中专职护林员30万人，兼职36万人。全国林业站加强了对全国近2.1万个集体林场、6049个联办林场和1.8万个户办林场的业务指导和管理。指导、扶持的林业经济合作组织11.3万个，带动农户286万户。同时，针对林业生态建设和产业建设、农民增产增收急需的实用技术，各地通过“科技赶大集”“专家小分队”和“专题技术讲座”以及发放技术小册子等多种形式，深入田间地头，开展了丰富多彩的技术培训、新技术示范等工作，全国林业站共建立站办示范基地32.6万公顷，推广面积119.4万公顷，培训林农近960.7万人。 （张志刚）

【标准化林业工作站建设】 为加强对标准化林业站的建设管理，国家林业局下发了《全国标准化林业工作站建设检查验收办法》。办法明确，标准站建设检查验收工作应当遵循科学规范、统一标准、分级负责、公正公开的原则，采取听取汇报、资料审查和现场考核相结合的方式进行。标准站建设检查验收实行评分制。基本分为100分，并设置附加分，体现标准站建设的政策导向。基本分与附加分之和达到70分以上为合格，通过验收。办法对检查验收内容及评分标准作出具体规定。

为更好地指导做好标准化林业站建设，2015年上半年，对2014年中央预算内基本建设投资的470个标准化林业站站长和部分省、市、县林业站管理机构负责标准站建设的人员共计570多人，分别在广西南宁、湖北襄阳、吉林长春、新疆库尔勒举办了4期培训班，重点解读了有关政策文件，现场参观了标准化林业站建设情况，座谈研讨了主要做法、经验、问题及对策建议。在总结培训班情况，系统梳理各地标准站建设情况的基础上，对存在问题较为严重的7个省进行了督导。为规范各地标准站建设，起草下发《关于认真做好标准化林业工作站建设的通知》，强调要严格掌握标准站的选择要求，及时报送标准站年度建设方案，省级要加强对标准站建设的管理指导，做好标准站检查验收等。

（张志刚）

【"平台"建设工作】 "全国乡镇林业工作站岗位培训在线学习平台"（以下简称"平台"）开通两年以来，为各地林业站培训提供了内容丰富、使用便捷的新途径。2015年以来，针对"平台"推广、建设中存在的问题，加大工作力度，一是狠抓"平台"组织架构建设，重点加强了"平台"省、地、县三级管理员队伍的建设，共建立各级管理员账号829个，初步形成了自上而下的组织架构。二是加强"平台"使用情况的考核。对各省"平台"使用情况进行综合评分，作为《全国省级林业工作站年度重点工作质量效果跟踪调查办法》量化表的加分项进行记录，大大提高了各省对"平台"推广使用工作的重视程度。三是加强"平台"管理机制的落实。初步完成了《全国乡镇林业工作站岗位培训在线学习平台管理办法》起草工作，待局主管司局审定后发布。在此基础上，加强了对各省（区、市）"平台"推广使用工作的指导和培训，先后对北京等6个省（市）进行了具体的培训、指导，共培训人员近500人次。四是加强"平台"特色课程建设。以"地方主导，中央辅助，两线并进，突出实用"为原则，大力加强"地方课、技能课和展示课"等特色课程建设，充分运用"微课程"等教学手段，着手梳理了当前基层林业站工作普遍需要的林业基本技能、技术等，并以此开发了注重实践操作的林业站技能型课程，通过现场演练，使学员对所学技术有直观体会，迅速掌握技能操作要点，目前已上线"GPS操作方法""地形图识别"等2门技能课。在抓技能课建设的同时，要求各省（区、市）围绕当地林业中心工作，结合林业站工作的实际，开发本区域内适合林业站工作的地方课，满足学员在区域林业发展中的迫切需要，目前已有北京、黑龙江、辽宁、甘肃等省（市）制作了46门地方课，总时长达30小时。此外，为了林业站建设管理经验的推广和交流，重点抓了"平台"展示课的建设，组织了一批反映基层林业站建设管理成果、经验的视频课程，供其他基层林业站了解学习，已经上线了湖北、吉林、甘肃、广西等省（区）的视频课程。目前"平台"注册学习人数已近8.7万人，广大林业站干部职工通过"平台"参与学习意愿日益增强，学习主动性明显增强，学习活跃度逐步提升。截至11月17日，平台总访问量已达220万人次，日均访问量已近7000人次，全国学习总时长已达35万小时，有效满足了基层林业站干部职工的培训需求，成为提高林业站职工素质能力的重要手段之一。

（董　原）

【推行"一站式、全程代理"服务】 为进一步强化基层林业站公共服务职能，7月29日，国家林业局下发了《关于强化林业站公共服务职能全面推行一站式、全程代理服务的通知》（以下简称《通知》），决定在全国林业站系统全面推行一站式、全程代理服务，推进基层林业站从管理型向服务型转变，为林农群众提供高效、便捷的公共服务。

《通知》要求，各地要结合实际，重点做好5项工作：一是完善服务项目，拓宽服务领域。二是健全服务网络，实现互动联动。三是规范工作程序，健全运行机制。四是加强业务培训，提高服务能力。五是加大宣传力度，营造浓厚氛围。

（董　原）

【乡镇林业工作站站长能力测试工作】 2015年是"十二五"期间开展乡镇林业工作站站长能力测试（以下简称"测试"）的收官之年，为了做好阶段性收尾工作、扎实开展"十三五"测试工作，工作总站在年初下发了《关于做好2015年乡镇林业工作站站长能力测试工作安排的通知》（林站培字〔2015〕10号），要求抓好"十二五"林业站长能力测试的扫尾工作，同时督促各地做好本省（区、市）林业站长基本情况摸底工作，重点对2011年后新任职且未参加过能力测试的乡镇林业站长进行梳理。在此基础上，工作总站以任务书的形式向各有关省（区、市）下达了2015年度林业培训项目，明确了培训任务和具体要求，要求各地严格按照资金的使用范围和要求，合理用好培训经费，做到专款专用，并明确各地要在完成培训后一个月内，将项目实施方案、项目开展情况、培训工作总结，包括资金投入情况、师资配备、课程设置、培训时间及参训人员数量等提交总站，督促各地切实抓好2015年乡镇林业站长能力测试和重点地区林业站岗位人员专项培训任务的完成。在抓林业站能力建设监督检查中，总站印发了《2015年林业工作站能力建设（乡镇林业工作站站长能力测试）监督检查实施方案》（林站培字〔2015〕17号），提出了2015年度测试督查的工作重点和要求，组织了16个督查组，开展督查，确保测试成效，共计完成了3500余名林业站长的年度能力测试任务。至此经过5年的努力，在局有关部门的大力支持和帮助下，工作总站全面完成了"十二五"期间2.9万名林业站长能力培训、测试任务，测试平均合格率在90%以上，达到了"以测促培、以培促能"的目的，也带动了各地林业站分级分类培训的开展，基层林业站干部职工队伍素质有了明显提升。据统计"十二五"全国培训林业站长及站员38万人次，比"十一五"时期增加了50%。在抓好"十二五"测试工作的同时，工作总站经过积极工作，努力争取，将乡镇林业站站长能力测试工作纳入国家林业局培训班体系，在征求各省意见的基础上，制订了《乡镇林业站站长能力测试考前培训方案》，进一步明确了测试考前培训的相关内容和要求，为进一步提升"十三五"能力测试工作的质

量奠定了基础。（董　原）

【“林业站好新闻”征文摄影活动】　为进一步推进林业站更好地服务于林业现代化建设，激发广大林业站系统干部职工的工作积极性，工作总站联合中国绿色时报社举办了“林业站好新闻”征文摄影活动。征文摄影作品围绕林业站在发挥“政策宣传、资源管护、林政执法、生产组织、科技推广和社会化服务”六大职能中的先进经验及典型，以展现林业站建设成果、介绍典型经验、弘扬优秀人物的先进事迹为主题，参赛作品分设消息、通讯和图片三大类，每类各设一等奖1名、二等奖2名、三等奖3名、优秀奖10名。

征文摄影活动于3月20日正式启动以来，广大林业站干部职工踊跃参加，经过精心组织推荐，共收到符合征文条件的各类作品200余篇，按照“林业站好新闻”活动的评选要求以及评委会的认真评议，共选出一、二、三等奖和优秀奖作品共48个。（潘明哲）

【森林保险工作】　2015年，中央财政森林保险保费补贴范围覆盖全国24个省（区、市）、4个计划单列市和3个森工企业，共计31个省级单位。总参保面积达到1.45亿公顷，覆盖全国森林面积的69.68%。其中，公益林保险面积1.096亿公顷，占75.6%；商品林保险面积0.35亿公顷，占24.37%。全国森林保险保费总额29.17亿元，各级财政的保费补贴26.09亿元，占总保费的89.45%。亩均补贴达到1.2元，为历史最高值。中央财政补贴资金13.52亿元，中央、省、市县和林业生产经营主体的保费承担比例依次为46∶31∶13∶10。总保险金额为11 871.85亿元，亩均保额为546元，平均费率2.46‰。2015年，全国森林保险完成灾害理赔面积314.922万公顷，总赔付金额为9.75亿元，平均简单赔付率为33.4%，为开展森林保险工作以来赔付水平最高的年份。

总结分析数据　对2014年全国森林保险基础统计数据进行了认真梳理，形成了《2014年森林保险情况分析报告》。其全面总结了森林保险的参保、理赔、补贴情况和工作成效，分析明确了当前“公益林保险成效显著，商品林保险停滞不前；总体赔付率偏低，地区差异明显”的发展特点，提出了“提高保险金额、研究风险区划、创新保险产品”的政策建议。

加强部门沟通　会同计财司与保监会财产保险监管部召开了工作座谈会，沟通了森林保险的工作进展和政策形势，梳理了需要双方协同推进的重要事项，并向保监会提交了《关于进一步推进森林保险工作的指导意见》（初稿）。7～9月会同计财司与财政部金融司、保监会财险监管部共同组成联合调研组，先后赴广东省、浙江省、内蒙古自治区和内蒙古森工集团开展森林保险专题调研，通过深入基层、听取汇报、走访农户，全面了解了森林保险开展的实际情况，并向保监会提交联合调研报告。

编印政策汇编　汇编完成《森林保险政策汇编》，《汇编》收录了《保险法》《农业保险条例》等重要法律法规，以及中央财政森林保险保费补贴政策实施以来由财政部、保监会、国家林业局等部门出台的有关政策性文件共29篇，近9万字。《汇编》共印制650本，发放到全国各省、森工集团和计划单列市共41个省级单位，收到良好效果，对于提升森林保险工作人员理论水平、推动工作进展起到了积极作用。

举办专题培训　4月13～17日，在国家林业局管理干部学院举办了“全国森林保险业务管理培训班”。已纳入中央财政森林保险保费补贴范围的28个省级单位的84名相关负责人和业务骨干参加了培训，培训班邀请农业保险方面的知名专家首都经贸大学的庹国柱教授、中国保监会财险监管部的邵绛霞处长和局计财司吴今处长分别就农业保险发展中的问题和前景、中国森林保险发展及农业保险政策作了深入而系统的讲解。参训人员认真学习、深入交流，提高了政策理论水平和实际工作能力，明确了森林保险的发展方向和工作重点，对于全面推进森林保险工作起到了积极作用。

开展深入研究　为探索森林保险发展的长效机制，依托内蒙古、吉林、福建、甘肃4省（区）开展了关于森林灾害风险区划和森林灾害风险评估指标体系、森林保险运行和管理模式、森林保险基层林业站服务模式等方面的专题研究，按要求完成了专题研究内容，为今后森林保险政策研究提供了可借鉴的基础资料。

（胡云辉）

林业计划统计

19

全国林业统计分析

【综　述】 2015年是"十二五"收官和为"十三五"打基础的重要之年。全国林业系统认真贯彻落实习近平总书记系列重要讲话精神和党中央、国务院的决策部署，全力推进林业改革发展，国土绿化任务顺利完成，森林质量进一步提升，野生动植物保护力度不断强化，国家投资与金融资本助推林业发展，林业产业保持中高速增长，林业在岗职工收入快速增长，森林火灾和安全生产事故大幅减少，各项林业事业都取得明显成效，为建设生态文明、推动经济社会发展做出了积极贡献。

【国土绿化与重点工程任务】

国土绿化 2015年国土绿化任务全面完成，全国共完成造林①面积768.37万公顷，其中人工造林436.26万公顷，飞播造林12.84万公顷，新封山育林215.29万公顷，退化林修复73.93万公顷，人工更新30.05万公顷。人工造林、飞播造林、新封山育林分别比2014年增长7.6%、17.1%和16.1%。（图19-1）

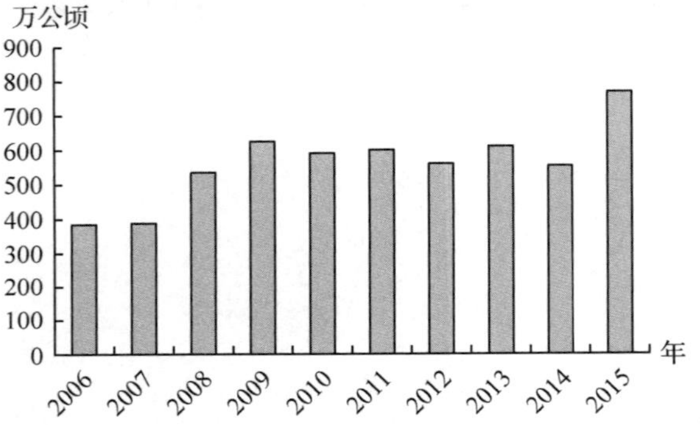

图19-1　2006～2015年全国造林面积

国家林业重点工程建设 2015年国家林业重点生态工程建设扎实推进，全年完成造林面积284.04万公顷，占全部造林面积的37.0%，其中人工造林158.42万公顷、飞播造林10.74万公顷、新封山育林102.57万公顷、退化林修复12.31万公顷。天保工程、退耕还林工程、京津风沙源治理工程和三北及长江流域等重点防护林体系工程分别为64.48万公顷、63.60万公顷、22.33万公顷和133.63万公顷，占全部造林面积的比重分别为8.4%、8.3%、2.9%和17.4%。（图19-2）

2015年，东北、内蒙古重点国有林区全面停止了天然林商业性采伐，天保工程区木材产量进一步调减，比2014年减少10.6%，为608.62万立方米，占全国木材总产量的8.5%。森林管护面积为11427万公顷。天保工程区项目实施单位年末人数为77.89万人，其中在岗职工54.45万人。

2014年国家启动了新一轮退耕还林工程，2014年和2015年共下达退耕还林任务100万公顷。2015年完成造林面积63.60万公顷，其中退耕地造林44.63万公顷，荒山荒地造林18.94万公顷，新封山育林333公顷。新一轮退耕还林任务重点向西部地区倾斜，西部

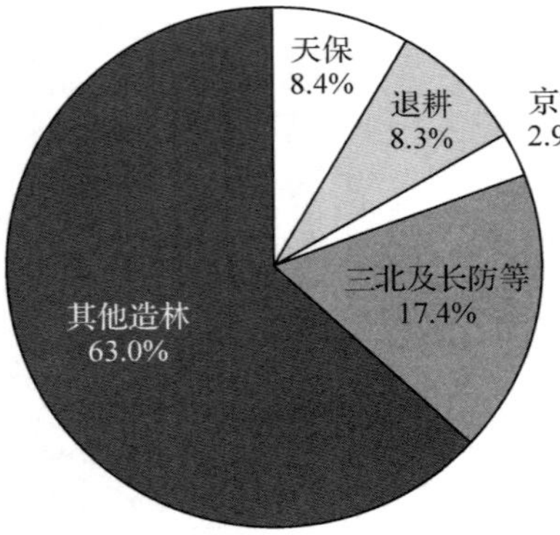

图19-2　2015年国家林业重点生态工程比重示意图

12个省区（含新疆兵团）共完成退耕地造林40.76万公顷，占全部退耕地造林的91.3%。

【造林质量和森林质量】 2015年，在保证造林规模的同时，更加注重造林质量的提升，增加混交林、乡土树种、珍贵树种的造林比重，全面提升造林成林后抗灾害能力和防护功能以及生态服务功能。

造林质量 人工造林面积中新造混交林114.58万公顷，占全部人工造林面积的26.3%。按林种主导功能分，人工造林面积中防护林206.02万公顷，占全部人工造林面积的47.2%，经济林129.63万公顷，占全部人工造林面积的29.7%，用材林95.00万公顷，占全部人工造林面积的21.8%。

森林质量 全国共完成森林抚育面积781.79万公顷，退化林修复面积73.93万公顷，其中低效林改造68.48万公顷，退化防护林修复面积5.45万公顷。2015年在三北工程9个省（区）启动开展退化林分改造试点工作，共安排退化林分改造任务5万公顷。同时，按照国务院批复的《河北张家口坝上地区退化林分改造试点实施方案》，河北张家口坝上地区退化最严重的1.67万公顷防护林全部完成改造。

林木种苗 全年林木种子采收量和苗木产量分别为2.64万吨和671.34亿株，育苗面积136.70万公顷，其中国有育苗面积8.13万公顷。林木种苗抽检合格率稳定在90%以上，林木良种使用率达60.8%。

【野生动植物保护和湿地建设】 2015年，林业系统自然保护区达到2229处，总面积1.24亿公顷，占全国国土面积的12.9%。国家级林业自然保护区总数达346个，面积达到8108.45万公顷，国家级自然保护区面积占林业系统自然保护区总面积的65%。

野生植物就地保护小区1423个，总面积353万公顷。野生植物种源培育基地1051个。野生动物种源繁

① 自2015年起造林面积包括人工造林、飞播造林、新封山育林、退化林修复和人工更新。

育基地6994个，其中商业性野生动物驯养繁殖单位6801个。野生动物观赏展演单位457个。野生动植物保护管理站2832个，野生动植物科研及监测机构638个，野生动物疫源疫病监测站1385个，鸟类环志中心（站）110个。全国从事野生动植物及自然保护区建设的人员达5.23万人，其中各类专业技术人员1.75万人。

2015年，新增国际重要湿地3处，国际重要湿地达到49处，面积411.24万公顷。新建国家湿地公园试点137处，新增湿地保护面积30万公顷，恢复退化湿地2万公顷，退耕还湿0.77万公顷。

【国家投资与金融资本】 2015年，实际到位各类林业建设资金4257亿元，与2014年基本持平。按来源分，国家预算资金1911亿元，占资金总量的44.9%，国内贷款（主要为林业贴息贷款）、利用外资、自筹资金和其他资金为375亿元、23亿元、1629亿元和319亿元，分别占资金总量的8.8%、0.5%、38.3%和7.5%。

全部林业投资完成额达到4290亿元，与2014年基本持平，其中国家投资完成1630亿元，占全部林业投资完成额的38.0%。按建设内容分，用于生态建设与保护方面的投资为2017亿元，用于林木种苗、森林防火、有害生物防治等林业支撑与保障方面的投资为227亿元，用于林业产业发展方面的资金为1565亿元，用于棚户区改造等林业社会性基础设施建设资金103亿元；用于林业公共管理等其他资金378亿元。（图19-3）

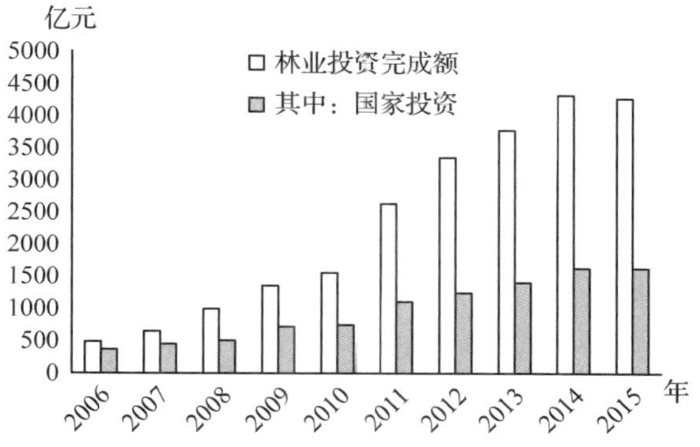

图19-3 2006~2015年林业投资完成额与国家投资

2015年，林业棚户区（危旧房）改造任务加快实施，森林防火应急道路、饮水、供电、管护站点等林区基础设施建设加快推进。全年安排棚户区（危旧房）改造任务7.7万户、投资11.7亿元。累计安排林业棚户区（危旧房）改造任务166.6万户，累计安排中央投资397亿元，竣工入住近150万户，惠及林区职工群众500万人。

中央林业投入 2015年，中央财政提高国家级公益林和天然林资源保护工程补助标准，扩大全面停止天然林商业性采伐补助范围，加大新一轮退耕还林投入力度，支持林业发展的政策措施不断完善，中央林业投入达1074.5亿元，与2014年同口径相比增加73.7亿元。

林业金融创新 2015年，国家林业局与国家开发银行签订战略合作协议，首个国家储备林基地项目贷款100亿元在广西落地，成为中国造林史上贷款规模最大、期限最长、利率最优惠的项目。相继印发《国家储备林制度方案》《关于做好国家储备林建设工作的通知》。森林保险范围扩大到29个省（区、市），中国成为全球政策性森林保险第一大市场，2015年全国森林保险投保面积达1.5亿公顷、保险金额超过1万亿元。与中国银监会联合出台《关于林权抵押贷款的实施意见》，林权抵押贷款余额837亿元。

林业利用外资 2015年，国际引资竞争日趋激烈，中国林业利用外资大幅减少，利用外资项目个数为174个，比2014年减少45个。实际利用外资规模3.8亿美元，比2014年减少63.4%，其中国外借款0.8亿美元，外商直接投资2.7亿美元，无偿援助0.3亿美元。林业实际利用外资金额占全国实际使用外资（FDI）金额（1263亿美元）的0.3%。

【林业产业】 2015年，中国林业产业保持中高速增长，但受经济转型升级和产业结构调整影响，林业制造业增速放缓，森林旅游为主的林业第三产业成为林业经济增长的新亮点。

林业产业规模 2015年林业产业总产值达到5.94万亿元（按现价计算），比2014年增长9.86%，自2010年以来，林业产业总产值的平均增速达到21.1%。（图19-4）

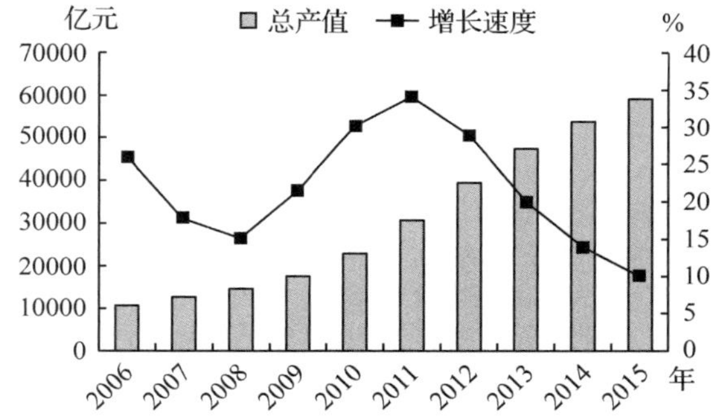

图19-4 2006~2015年全国林业产业总产值及其增长速度

分地区看①，东部地区林业产业总产值为28 122亿元，中部地区林业产业总产值为13 555亿元，西部地区林业产业总产值为12 950亿元，东北地区林业产业总产值为4736亿元。中、西部地区林业产业增长速度最快，增速都超过15%。东部地区林业产业总产值所占比重最大，占全部林业产业总产值的47.4%。受国有林区天然林商业采伐全面停止和森工企业转型影响，东北地区林业产业总产值出现负增长。林业产业总产值超过3000亿元的省份共有8个，分别是广东、山东、广西、福建、江苏、浙江、湖南和江西。（图19-5）

林业产业结构 分产业看，第一产业产值20 207亿

① 本分析报告采用国家四大区域的分类方法，即将全国划分为东部、中部、西部和东北四大区域。东部地区包括：北京、天津、河北、上海、江苏、浙江、福建、山东、广东、海南10个省（市）；中部地区包括：山西、安徽、江西、河南、湖北、湖南6个省；西部地区包括：内蒙古、广西、重庆、四川、贵州、云南、西藏、陕西、甘肃、青海、宁夏、新疆12个省（区、市）；东北地区包括：辽宁、吉林、黑龙江3个省和大兴安岭地区。

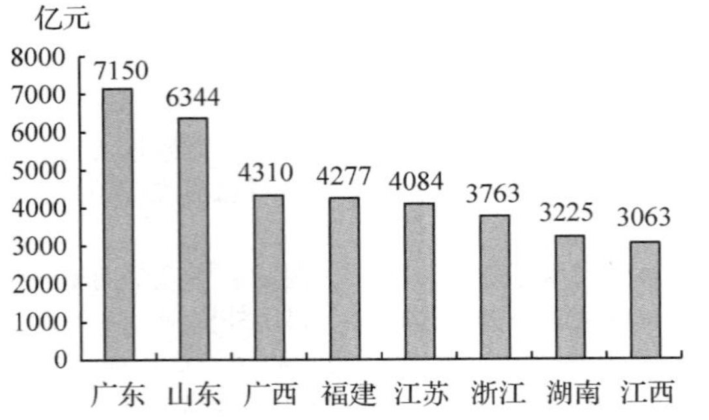

图 19-5　林业产业总产值超 3000 亿元省份

元，占全部林业产业总产值的 34.0%，同比增长 8.9%；第二产业产值 29 893 亿元，占全部林业产业总产值的 50.4%，同比增长 6.4%；第三产业产值 9262 亿元，占全部林业产业总产值的 15.6%，同比增长 25.4%。林业三次产业的产值结构已由 2010 年的 39∶52∶9，调整为 2015 年的 34∶50∶16，以林业旅游与休闲为主的林业服务业所占比重逐年增大，产业结构逐步优化。

2015 年，超过万亿元的林业支柱产业分别是经济林产品种植与采集业和木材加工及木竹制品制造业，产值分别达到 11 949 亿元和 11 495 亿元。林业旅游与休闲服务业产值为 6759 亿元，有望成为第三个产值突破万亿元的支柱产业，全年林业旅游和休闲的人数达到 23 亿人次。

【主要林产品产量与价格】

木材产量　2015 年，全国商品材总产量为 7200 万立方米，比 2014 年减少 12.5%，其中东北、内蒙古国有林区木材产量比 2014 年减少 209 万立方米。此外，全国农民自用材采伐量 733 万立方米，农民烧材采伐量 2228 万立方米。(图 19-6)

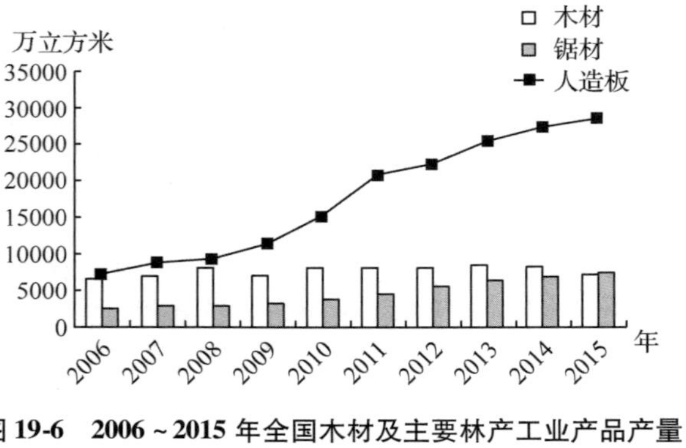

图 19-6　2006 ~ 2015 年全国木材及主要林产工业产品产量

竹材产量　2015 年，大径竹产量为 23.5 亿根，比 2014 年增长 5.9%，其中毛竹 13.6 亿根，其他直径在 5 厘米以上的大径竹 9.9 亿根。竹产业产值达 1923 亿元。

锯材与木片、木粒加工产品产量　2015 年，锯材产量为 7430 万立方米，比 2014 年增长 8.7%。木片、木粒加工产品 4286 万实积立方米，与 2014 年基本持平。

人造板产量　2015 年，全国人造板总产量为 28 680 万立方米，比 2014 年增长 4.8%。其中胶合板 16 546 万立方米，纤维板 6619 万立方米，刨花板产量 2030 万立方米，其他人造板 3485 万立方米（细木工板占 60%）。

木竹地板产量　2015 年木竹地板产量为 7.7 亿平方米，与 2014 年基本持平。其中实木地板 1.3 亿平方米，实木复合地板 2.4 亿平方米，强化木地板(浸渍纸层压木质地板)2.9 亿平方米，竹地板 1 亿平方米。

林产化工产品产量　2015 年，全国松香类产品产量 174.3 万吨，比 2014 年增长 2.5%。松节油类产品产量 26.3 万吨，樟脑产量 1.3 万吨，冰片产量 2002 吨，栲胶类产品产量 7584 吨，紫胶类产品产量 3344 吨。木竹热解产品产量 163 万吨。

各类经济林产品产量　2015 年，全国各类经济林产品产量稳定增长，达到 1.74 亿吨，比 2014 年增长 9.5%。从产品类别看，水果产量为 1.46 亿吨，干果产量①为 1044 万吨，茶等林产饮料产品的产量为 216 万吨，林产调料产品的产量为 67 万吨，竹笋干、食用菌等森林食品产量为 423 万吨，杜仲、枸杞等木本药材的产量为 245 万吨，木本油料产量为 560 万吨，松脂、油桐等林产工业原料产量 188 万吨。

花卉生产　2015 年，花卉种植面积 129 万公顷，花卉苗木产业产值达到 2106 亿元。观赏苗木 100 亿株，切花切叶 184 亿支，盆栽植物 41 亿盆，草坪 4 亿平方米。花卉市场 4318 个，花卉企业 5.3 万家。花卉产业从业人员 506 万人，花农 135 万户。

主要林产品销售价格　2015 年木材综合平均价格为每立方米 815 元，大径竹综合平均价格为每根 9 元，都与 2014 年基本持平。胶合板综合平均价格为每立方米 1919 元，比 2014 年提高 14.3%；木地板综合平均价格为每平方米 157 元，中密度纤维板综合平均价格为每立方米 1484 元，分别比 2014 年降低 17.8% 和 7.7%；锯材综合平均价格为每立方米 1371 元，木片综合平均价格为每实积立方米 801 元，刨花板综合平均价格为每立方米 1305 元，与 2014 年相比变化不大。松香和栲胶综合平均价格分别比 2014 年提高 29.2% 和 5.8%，为每吨11 540元和 11 972 元，紫胶综合平均价格为每吨 30 738元，比 2014 年降低 11.1%。

【林业系统在岗职工收入】　2015 年林业系统年末人数共计 148.5 万人，比 2014 年减少 4.2%。其中在岗职工 115.8 万人，离开本单位仍保留劳动关系人员 28.0 万人，其他从业人员 4.7 万人。林业系统在岗职工按学历结构分，中专及中专以下学历人员所占比重最大，为 67.69 万人，占全部在岗职工的 56.6%；按年龄结构分，41 ~ 50 岁职工 49.5 万人，占全部在岗职工的 42.7%，51 岁以上职工 22.8 万人，占全部在岗职工的 19.7%；在岗职工中专业技术人员 30.7 万人，占全部在岗职工的 26.6%。

林业系统在岗职工年平均工资达到 41 645 元，比 2014 年增长 20.6%。(图 19-7)

① 2015 年起核桃由干果调整至木本油料分类中。

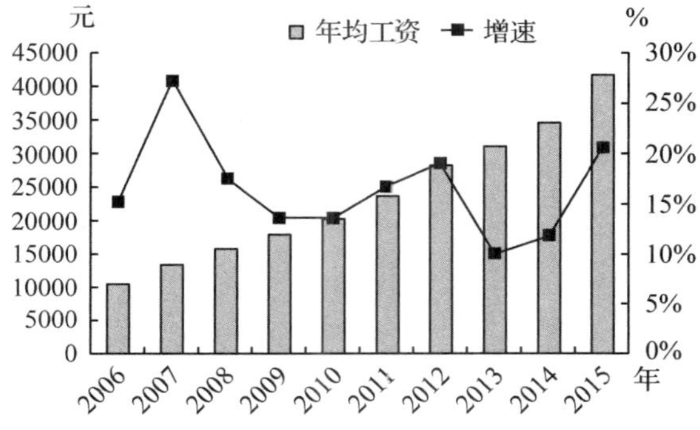

图 19-7 林业系统在岗职工年平均工资与增长速度

分地区看，东部地区林业系统在岗职工年平均工资最高，达到 57 594 元；中部地区林业系统在岗职工年平均工资 40 602 元，连续多年增速最快，达到 23.9%；西部地区林业系统在岗职工年平均工资为 46 037 元；东北地区林业系统在岗职工年平均工资最低，为 32 193 元。分行业看，林业工程技术与规划管理业、林业公共管理业、林业科技交流推广服务业和野生动植物保护与自然保护区管理业年平均工资最高，都超过 5 万元；花卉及其他观赏植物种植业年平均工资最低，为30 632元。

【森林火灾和林业安全生产事故大幅减少】 2015 年，森林火灾等灾害防控工作扎实开展，全年没有发生特大森林火灾，H5N1 高致病性禽流感、大熊猫犬瘟热等突发野生动物疫情得到妥善处理，林业生产安全事故大幅减少。

林业灾害发生情况 全年共发生森林火灾 2936 起，受害森林面积 1.3 万公顷，人员伤亡 26 人，分别比 2014 年减少 20.7%、32.3% 和 76.8%。林业有害生物发生面积 1200.5 万公顷，除治面积 813.8 万公顷。

林业安全生产情况 2015 年，林业生产事故大幅减少，其中轻伤、重伤和死亡分别为 327 人次、16 人次和 32 人，分别比 2014 年减少 45.2%、61.0% 和 27.3%。

【林产品进出口贸易】 2015 年，受国内国际林产品需求低迷影响，林产品进出口贸易整体表现疲弱。根据海关统计数据汇总分析，全国林产品进出口贸易额为 1384.8 亿美元，比 2014 年减少 1.1%。其中，出口额 747.6 亿美元，比 2014 年增长 3.5%；进口额 637.2 亿美元，比 2014 年减少 6.0%。

主要林产品进口情况 2015 年原木进口量 4456.9 万立方米，金额 80.6 亿美元，分别比 2014 年减少 12.9% 和 31.6%；锯材进口量 2660.0 万立方米，金额 75.1 亿美元，分别比 2014 年增长 3.3% 和减少 7.1%；纸、纸板及纸制品进口量 298.6 万吨，金额 40.5 亿美元，分别比 2014 年增长 1.4% 和减少 6.2%；纸浆进口量 1984.0 万吨，金额 127.6 亿美元，分别比 2014 年增长 10.4% 和 5.7%；木家具进口量 1019.2 万件，金额 8.8 亿美元，分别比 2014 年增长 3.7% 和减少 0.5%；木片进口量 983.0 万吨，金额 16.9 亿美元，分别比 2014 年增长 11.0% 和 9.9%。

主要林产品出口情况 2015 年木家具出口量 3.3 亿件，金额 228.5 亿美元，分别比 2014 年增长 3.5% 和 3.5%；纸、纸板及纸制品出口量 743.0 万吨，金额 150.3 亿美元，分别比 2014 年减少 3.0% 和增长 5.4%；木制品出口额 59.8 亿美元，比 2014 年增长 8.7%；胶合板出口量 1076.7 万立方米，金额 54.9 亿美元，分别比 2014 年减少 7.8% 和 5.6%；纤维板出口量 228.0 万吨，金额 14.3 亿美元，分别比 2014 年减少 10.8% 和 12.6%；锯材出口量 28.8 万立方米，金额 2.1 亿美元，分别比 2014 年减少 29.5% 和 30.6%。

（注：林产品进出口贸易数据为海关初步统计数，其他数据为林业统计年报数据。）

（刘建杰　于百川　姜喜麟）

林业规划

【综　述】 2015 年 3 月，国家林业局以林规函字〔2015〕30 号印发了《国家林业局关于印发浑善达克等 6 个重点生态功能区生态保护与建设规划的函》。

【三峡库区水土保持生态功能区生态保护与建设规划（2014～2020 年）】

规划目标 总体目标是在保护好现有森林植被的前提下，以控制水土流失为中心，以生物多样性保护和水源涵养能力提高为重点，到 2020 年水土流失得到一定控制，生态用地得到严格保护，森林面积增加，森林覆盖率和森林蓄积量得到提高，农民收入增加，配套基础设施建设逐步完善，生态监管能力提升，人地矛盾得到缓解，区域经济发展结构得到优化，初步建设成为生态良好、生活富裕、社会和谐、民族团结的生态库区，美丽中国的典范。具体目标是到 2020 年生态用地比例达到 81.45%，森林覆盖率达到 64.07%，森林蓄积达到 0.78 亿立方米，自然湿地保护率达到 79%，水土流失治理率达到 82%，石漠化综合治理率达到 50%，初步建立完善的生物多样性保护体系、生态扶贫体系、地质灾害防治体系和科技保障体系。

规划布局 规划共划分 3 个区域。一是生态屏障区。生态屏障区指在本主体功能区范围内三峡水库土地淹没线（坝前正常蓄水位 175 米水位线）至两岸第一道山脊线之间的区域。生态屏障区沿长江水系（含部分支流）方向呈线性延伸。生态屏障区的功能定位为：发挥生态屏障作用，防治水土流失、削减入库污染负荷、改善库周景观，减少人为干扰，使其成为库区水体与水土流失防治区天然屏障；合理利用土地，满足留居人口环境改善、生产生活的需要。二是水土流失防治区。水土流失防治区指重庆市云阳县、奉节县、巫山县、湖北巴东县、兴山县、秭归县、宜昌市夷陵区 7 个区县生态屏障区以外的区域。水土流失防治区在生态保护优先的基础上，依据相关法律法规进行水土流失的科学防治。水土流失防治区的功能定位为：防治水土流失。三是水源涵养区。水源涵养区包括湖北长阳土家族自治县、五峰土家族自治县。水源涵养区在生态保护优先的基础上，依据相关法律法规进行水源涵养建设。水源涵养区的功能定位为：保护林地、湿地，涵养水源。

规划主要任务 一是水土流失治理。以小流域为单元，以治理水土流失、保护土地资源、提高土地生产率为目标，采取山、水、田、林、路综合治理，合理配置生物措施、工程措施和农业技术措施。二是水源涵养能力建设。继续加强退耕还林工程、长江流域防护林体系建设工程、天然林资源保护工程、三峡后续植被恢复工程等林业生态工程建设。强化森林保护与管护。继续推进湿地保护与恢复工程，强化湿地保护与管理能力建设。对重点湿地采取湿地植被恢复、设立保护围栏、有害生物防控等综合措施，开展湿地保护与恢复。三是生物多样性保护建设。全面开展资源调查工作，建立数据库，为进一步保护和保存生物多样性提供依据。继续推进国家级自然保护区建设。对于典型自然生态系统和极小种群野生植物、极度濒危野生动物及其栖息地，要加快划建为国家级自然保护区。推动森林公园建设，完善现有森林公园保护能力建设，对已经成立的森林公园，督促完成森林公园总体规划，并按核心景观区、一般游憩区、管理服务区和生态保育区分类管理。要加快湿地公园建设发挥湿地的多种功能效益，开展湿地合理利用。

【藏东南高原边缘森林生态功能区生态保护与建设规划（2014～2020 年）】

规划目标 总体目标是重点保护区域内的森林生态系统，划定生态保护红线，规划期末生态用地占国土面积比例提高 1 个百分点，达到 75.3%；促进区域野生动植物资源的繁衍和保护，提高区域生物多样性健康稳定水平；增强生态服务功能，提供生态产品，改善环境质量。形成生物多样性保护优先，城镇生态经济适度发展，区域居民生活水平有所提高，配套设施逐步完善的区域发展格局。具体目标是进一步完善以自然保护区为主的严格保护区域建设，实现生物多样性丰富地区的集中连片保护，进一步优化珍稀濒危物种的生存繁衍空间；建成珍稀物种繁育保护基地 3 处，提高物种保护水平；完成重点区域造林 1500 公顷、刀耕地恢复 800 公顷、地质灾害防治 349 处，并通过上述工程使森林覆盖率提高至 59.5%；控制建设用地范围（不包含水利水电设施）不突破土地利用规划限定区域；提高县城和中心集镇内的固体废弃物处理水平；提高生态产业发展水平。

规划布局 规划 3 个功能分区。一是严格保护区域，包括目前规划区内的西藏察隅慈巴沟国家级自然保护区和西藏雅鲁藏布江大峡谷国家级自然保护区，其中墨脱县城位于雅鲁藏布大峡谷自然保护区内，遵循综合区划的原则，按照保护优先的序列，将其纳入严格保护区域内。此外，还包括位于两保护区间的墨脱县东北部和察隅县西北部的交通不便、鲜少受到人为活动影响的 82.79 万公顷的土地。整个严格保护区域总面积 145.48 万公顷。二是生境恢复区域，主要包括严格保护区区域和居民聚集区以外的广大区域，该区域内人为活动较严格保护区域相对频繁，但整体而言，人为活动对自然生态系统影响有限，为可恢复优化的区域，总面积 833.54 万公顷。三是民生发展区域，主要包括察隅县境内的县城、道路节点处的乡镇分布区，错那县城及其附近的 3 个乡镇所在的地势相对低平的区域。多位于河谷、洼地、山前平地等地势低缓、便于人类集中居住的区域，在整个规划区内呈点状分布，总面积 1.17 万公顷。

规划主要任务 一是生物多样性保护。推进区域内由自然保护区、外围缓冲带共同组成生物多样性保护体系，对保护空缺的典型自然生态系统、极小种群野生植物、极度濒危野生动物及其栖息地，加快划建自然保护区的步伐，完善生物多样性保护体系的组成和布局，构建生态系统一体化的大景观格局和物种交流廊道。二是生物多样性恢复。生物多样性恢复工程集中于生境恢复区域内，主要建设内容包括森林生态系统恢复、地质灾害防治和配套体系建设等。

【阿尔泰山森林草原生态功能区生态保护与建设规划（2014～2020 年）】

规划目标 总体目标是到 2020 年，区域额尔齐斯河和乌伦古河流域水源涵养能力明显增强，新增水源涵养能力 5.8 亿立方米，水质达到Ⅰ类，空气质量达到一级。生态用地得到严格保护，节约集约使用林地，森林覆盖率稳步增长，提高森林质量，增加森林蓄积量，原生型泰加林及其生态系统、天然河谷林及其生态系统、荒漠植被及其生态系统、天然草地及其生态系统以及珍稀濒危野生动植物及其栖息地得到有效保护，湿地进一步得到保护和恢复，荒漠化土地得到有效控制，生态监管能力明显增强，农牧民收入明显增加，公共服务水平明显提升，初步形成山清水秀、富裕和谐的生态文明示范区。具体目标是到 2020 年，生态用地占比 93%，森林覆盖率提高到 14.5%，森林蓄积量达到 11 200 万立方米以上，自然湿地保护率提高到 95%，国家级自然保护区、国家森林公园、国家湿地公园和国家地质公园达到 27 处，“三化”草地治理率达到 51.3%，荒漠化土地治理率 31.6%，水土流失治理率 34.1%。建设生态产业基地 7.7 万公顷，培训农牧民 10 万人次。

规划布局 划分 3 个功能区。一是山地森林水源涵养区。本区包括吉木乃县、哈巴河县、布尔津县、阿勒泰市县（市）域以及富蕴县和福海县北部山区，以及农十师 181 团、185 团、186 团。分布有大面积的原生型泰加林、天然河谷林和天然草地，是额尔齐斯河和吉木乃山溪的发源地，拥有中国已知的最深的冰蚀、冰渍高山河谷型湖泊，区域生态主导功能是水源涵养。二是两河流域水源保护区。本区包括富蕴县和福海县境内额尔齐斯河－乌伦古河区域，以及清河县乌伦古河以北区域，以及农十师 182 团、183 团、187 团、188 团。是天然河谷林和天然草地集中分布区，是乌伦古河的发源地，拥有中国十大淡水湖泊之一、新疆第二大内陆湖－乌伦古湖。区域生态主导功能是水源保护。三是荒漠化生态治理区。本区包括富蕴县、福海县和清河县内乌伦古河以南区域，以及农十师 182 团 1 连。水土流失严重，人为活动频繁，荒漠植被破坏严重，水资源极为匮乏，生态系统退化，区域生态主导功能是生态治理。

规划主要任务 一是开展水源涵养能力建设，继续推进天然林资源保护、“三北”防护林、封山育林和中幼林抚育等重点工程建设，巩固退耕（牧）还林（草）成果，加大低效林改造力度，增加中幼龄林抚育管护资金投入。二是生物多样性保护。继续推进国家级自然保护区建设。对于典型自然生态系统和极小种群野生植物、极度濒危野生动物及其栖息地，要加快晋升为国家级自然保护区。进一步界定核心区、缓冲区和实验区的范围，统一管理主体。本区河流、湖泊、库塘、沼泽等湿地资源极为丰富，要加快湿地公园建设。充分利用区域资源优势，建设国家级风景名胜区，在保护景物和自然环境的前提下，加大各级财政投入，建设旅游设施及其他基础设施，开展生态旅游，促进区域经济发展。充分利用区域资源优势，建设国家地质公园，保护冰川地貌和雅丹地貌等重要地质资源。采取通过封山（沙）育林（草）、退耕还林（草）、人工造林种草等措施对荒漠化土地进行综合治理，对于危害极其严重地区有计划、有步骤开展生态移民，人口总数控制在生态承载区范围内，减少对生态环境压力。同时还开展生态产业、基本公共服务体系、生态监管等建设。

【桂黔滇喀斯特石漠化防治生态功能区生态保护与建设规划（2014～2020年）】

规划目标 总体目标是在保护好现有植被的基础上，依法划定石漠化封育（禁）保护区，全面保护与恢复林草植被，以控制水土流失为中心，积极综合防治石漠化土地，到2020年，水土流失得到有效控制，使区域一半以上可治理的石漠化土地得到有效控制与治理，湿地、草原生态保护与恢复建设步入良性循环，特色林农业加快发展，现代产业体系基本形成，基础设施配套建设完善，生态监管能力明显提升，区域经济发展结构得到优化。初步建成自然、人文景观优美、人民生活富足、民族团结进步、社会和谐的生态文明示范区，美丽中国的典范。具体目标是林业生态系统保护与建设协调发展，森林覆盖率逐步提高，至2020年稳定在55%左右。可治理石漠化土地治理率18.57%，“三化”草地治理率70.77%，水土流失综合治理面积、自然湿地得到较好的保护与恢复，森林质量、生态功能和生态环境承载能力大幅度提高；石漠化扩展势头得到初步遏制，生态状况明显改善，实现区域生态经济社会可持续发展。

规划布局 规划区划为2个功能区。一是综合治理控制区，范围包括广西壮族自治区的上林县、马山县、都安瑶族自治县、大化瑶族自治县、忻城县、凌云县、乐业县、凤山县、东兰县、巴马瑶族自治县、天峨县、天等县12个县，国土总面积29 860平方千米，其中石漠化面积7533.1平方千米，占25.2%，一般海拔在1000～2000米左右，本区为中度、重度和极重度石漠化集中分布区。主攻方向与治理措施是，加强水土流失控制与石漠化生态综合治理力度，继续推进天然林保护，造林种草，退耕还林等生态治理工程，增加森林面积，提高覆盖率。二是石质山地及石漠化发展区，通过封山育林因地制宜营造水土保持林水源涵养林等进行石漠化综合治理，改善生态环境；低山丘陵发展以油茶、核桃、油用牡丹等为主的木本油料种植业，增加当地群众收入；山前平缓地带，岩溶槽谷地段，建坝、修排灌渠，进行土地整治，提高土地生产力，栽植优势特色经济林，发展林下经济，致富山区群众。生态保护恢复区地处云贵高原东部，地势西高东低，平均海拔在2000米左右。范围包括贵州、云南两省的14个县市，总面积47 249平方千米，主攻方向与治理措施是以林草植被保护和恢复为主，通过退耕还林、天然林资源保护和森林抚育工程、长江珠江防护林工程、自然保护区建设工程、湿地保护与恢复工程、草地开发利用工程等恢复增加植被，构建生态屏障。

规划主要任务 一是开展森林生态系统保护建设。全面有效管护天然林保护工程区森林资源，加强后备森林资源培育与低效林抚育改造，管理好现有防护林。二是开展石漠化地区生态保护建设。在治理过程中，对地质条件脆弱、坡陡土薄、植被稀疏的区域，要加大石漠化地区生态系统的人工造林治理和修复。以乡土树种为主，大力营造综合防护林体系，积极发展优势特色经济林，提高林地生产力和生态防护功能。三是开展生物多样性保护建设。加速推进国家级自然保护区建设进程，加强自然保护区科学化、规范化建设管理工作，加强自然保护区标志系统建设，引入视频监测、辅助信息决策平台等高科技设施设备，提高资源保护工作科技含量。加大对地方级自然保护区的管理机构设置、管护经费和设施设备配备的扶持力度，鼓励保护价值高的地方申建及自然保护区等级晋升。继续推进国家森林公园的适时申建、管理机构建设，按核心景观区、一般游憩区、管理服务区和生态保育区分类管理。同时还开展生态扶贫、基本公共服务体系、生态监管等建设。

【浑善达克沙漠化防治生态功能区生态保护与建设规划（2014～2020年）】

规划目标 总体目标是到2020年，总体上遏制沙化土地扩展的趋势。水质达到II类，空气质量得到改善，京津地区风沙危害进一步减轻，区域可持续发展能力进一步提高。生态用地面积增加并得到严格保护，森林覆盖率和灌草植被盖度稳步提高，基本实现草畜平衡。野生动植物资源得到恢复。农田基本实现保护性耕作。水土流失得到有效控制。农牧民收入显著增加。配套建设完善，生态监管能力提升，基本建成京津及华北地区的绿色生态屏障。具体目标是到2020年，生态用地占比92%，林草植被覆盖度提高到82%，森林覆盖率达到20%，森林蓄积达到8100万立方米以上，自然湿地保护率达到50%，可治理沙化土地治理率达到80%，水土流失治理率达到80%。晋升国家级自然保护区4处。农田保护性耕作率达到100%。发展生态产业基地12万公顷，农牧民培训10万人次。

规划布局 共划分3个生态保护与建设区。一是浑善达克草地保护建设区。本区位于浑善达克沙地西北部，浑善达克沙地的核心区，以固定和半固定沙丘为主，露沙地面积较大，属内蒙古高原地貌类型。行政区域包括内蒙古锡林郭勒盟的6旗。区域生态主导功能是恢复草原植被，控制土地沙化。二是坝上高原农田综合治理区。本区位于浑善达克沙地南缘，坝上高原向坝下平原的过渡地带，以固定和半固定沙丘为主，沙化耕地面积较大，属高原丘陵地貌类型。行政区域包括内蒙古锡林郭勒盟的2个旗县和河北省张家口市的4个县。区域生态主导功能是开展农田综合治理，涵养水源，控制沙化。三是坝上低山森林保护治理区。本区位于浑善达克沙地东缘，坝上高原向坝下平原的过渡地带，以固定和半固定沙丘为主，属低山丘陵地貌类型，为大兴安岭、阴山山脉的余脉和燕山山脉的交汇区。行政区域包括内蒙古锡林郭勒盟的1个旗县和河北省承德市的2个县。区域生态主导功能是培育森林资源，涵养水源，保护生物多样性。

规划主要任务 一是防沙治沙。二是涵养水源。三是预防和治理水土流失。

【三江源草原草甸湿地生态功能区生态保护与建设规划(2014～2020年)】

规划目标 总体目标是划定生态保护红线，形成生态用地面积增加且得到有效保护，湿地面积扩大，林草覆盖度提高，基本实现草畜平衡，沙化土地与黑土滩得到有效控制和治理，鼠虫数量达到生态平衡量，牧民收入有明显提高，配套设施逐步完善，生态监管能力提升，禁止开发区得到严格保护的发展格局。到2020年，实现区域水质达到Ⅰ类，空气质量达到一级，水源涵养功能稳定良好，长江、黄河、澜沧江水源补给能力增强。具体目标是到2020年，生态用地占比88.86%，自然湿地保护率提高到91.27%，草地植被覆盖率达到71.98%，森林覆盖率达到7.11%，沙化土地治理率5.84%，水土流失治理率提高到34.50%。同时，通过验收挂牌国家湿地公园1处，申请成为国家公园试点1处。发展生态产业基地4.5万公顷，培训农牧民3万人次。完善本区管理体系、科技保障体系、防灾减灾体系，配备必要的基层管护人员与基础设施设备。

规划布局 规划为3个功能分区。一是水源涵养区，由3个国家级自然保护区和1个国家湿地公园(试点)组成：青海三江源国家级自然保护区、青海可可西里国家级自然保护区、青海可可西里国家级自然保护区以及青海可可西里国家级自然保护区。面积共计1977.84万公顷。二是生态恢复区，为水源涵养区与城镇居民集中区之间的地域，是城镇人口集中活动区向水源涵养区过度和缓冲的区域，是稳定三江源草原草甸湿地生态功能区生态功能发挥的保障区域和后备区域。面积共计1481.10万公顷。三是承接转移发展区，为目前城镇与居民主要聚集区、经济与产业发展快速、具有承接转移农牧业人口的区域。该区域呈点状分布，建设初期缺乏长远规划，土地利用格局和居民经济生活方式均有提高空间。面积共计75万公顷。

规划主要任务 一是水源涵养保障能力建设。二是水源涵养修复建设。 (陈嘉文　肖　昉)

林业固定资产投资建设项目批复统计

【森林防火项目】 共审批森林防火项目70个(包括森林重点火险区项目65个、森林防火其他项目5个)，批复总投资121 827万元，其中中央投资84 803万元，地方配套投资37 024万元。

表19-1　森林防火项目投资

序号	项目名称	批复投资(万元) 总投资	中央	地方	批复文号
	合计	**121 827.0**	**84 803.0**	**37 024.0**	
	(一)森林重点火险区项目	113 183.0	78 535.0	34 648.0	
1	新疆阿尔泰山两河源区森林重点火险区综合治理建设项目	1405.0	1124.0	281.0	林规批字[2015]2号
2	内蒙古赤峰市巴林右旗森林重点火险区综合治理工程项目	1367.0	1094.0	273.0	林规批字[2015]44号
3	广东省云浮片森林重点火险区综合治理三期工程项目	3130.0	1252.0	1878.0	林规批字[2015]45号
4	甘肃省天水市森林重点火险区综合治理三期工程项目	1485.0	1188.0	297.0	林规批字[2015]46号
5	西藏昌都地区左贡县森林重点火险区综合治理三期工程项目	1070.0	1070.0	0.0	林规批字[2015]47号
6	内蒙古牙克石市森林重点火险区综合治理二期工程项目	615.0	492.0	123.0	林规批字[2015]48号
7	西藏昌都地区边坝县森林重点火险区综合治理三期工程项目	988.0	988.0	0.0	林规批字[2015]49号
8	西藏林芝地区米林县森林重点火险区综合治理二期工程项目	1106.0	1106.0	0.0	林规批字[2015]50号
9	广东省肇庆西北片森林重点火险区综合治理三期工程项目	2250.0	900.0	1350.0	林规批字[2015]51号
10	湖北省恩施州森林重点火险区综合治理三期工程项目	2035.0	1628.0	407.0	林规批字[2015]52号
11	河北省邯郸市太行山森林重点火险区综合治理三期工程项目	2758.0	1655.0	1103.0	林规批字[2015]53号
12	河北省唐山市燕山森林重点火险区综合治理三期工程项目	2525.0	1515.0	1010.0	林规批字[2015]54号
13	山西省管涔山国有林区森林重点火险区综合治理项目	1821.0	1093.0	728.0	林规批字[2015]55号

（续）

序号	项目名称	批复投资（万元）			批复文号
		总投资	中央	地方	
14	广西桂湘粤边界森林重点火险区综合治理三期工程项目	1861.0	1489.0	372.0	林规批字[2015]56号
15	内蒙古阿龙山林业局森林重点火险区综合治理三期工程项目	1353.0	1082.0	271.0	林规批字[2015]57号
16	内蒙古甘河林业局森林重点火险区综合治理三期工程项目	1222.0	978.0	244.0	林规批字[2015]58号
17	河南省太行山森林重点火险区综合治理二期工程项目	3939.0	2363.0	1576.0	林规批字[2015]59号
18	四川省甘孜州新龙等5县（局）森林重点火险区综合治理三期工程项目	1931.0	1545.0	386.0	林规批字[2015]60号
19	四川省青川县森林重点火险区综合治理三期工程项目	880.0	704.0	176.0	林规批字[2015]61号
20	四川省巴中市森林重点火险区综合治理三期工程项目	755.0	604.0	151.0	林规批字[2015]62号
21	四川省阿坝州九寨沟等4县（局）森林重点火险区综合治理三期工程项目	1345.0	1076.0	269.0	林规批字[2015]63号
22	四川省凉山州美姑等4县（局）森林重点火险区综合治理三期工程项目	1912.0	1530.0	382.0	林规批字[2015]64号
23	湖南省怀化市西部森林火险区综合治理二期工程项目	2407.0	1805.0	602.0	林规批字[2015]65号
24	山西运城市森林重点火险区综合治理二期工程项目	2245.0	1347.0	898.0	林规批字[2015]66号
25	云南省玉溪市森林重点火险区综合治理三期工程项目	2310.0	1848.0	462.0	林规批字[2015]67号
26	青海省西宁市森林重点火险区综合治理二期工程项目	1062.0	850.0	212.0	林规批字[2015]68号
27	广东省肇庆东北片森林重点火险区综合治理三期工程项目	2568.0	1027.0	1541.0	林规批字[2015]69号
28	新疆生产建设兵团第四师森林重点火险区综合治理二期工程项目	1215.0	972.0	243.0	林规批字[2015]70号
29	西藏林芝地区墨脱县森林重点火险区综合治理二期工程项目	824.0	824.0	0.0	林规批字[2015]71号
30	河北临城县森林重点火险区综合治理三期工程项目	972.0	583.0	389.0	林规批字[2015]72号
31	陕西省楼观台实验林场森林重点火险区综合治理项目	825.0	660.0	165.0	林规批字[2015]73号
32	贵州省黔东南州森林重点火险区综合治理三期工程项目	3578.0	2862.0	716.0	林规批字[2015]74号
33	甘肃省武威市森林重点火险区综合治理二期工程项目	1733.0	1386.0	347.0	林规批字[2015]75号
34	内蒙古乌尔旗汗林业局森林重点火险区综合治理三期工程项目	1139.0	911.0	228.0	林规批字[2015]76号
35	河北省邢台市太行山森林重点火险区综合治理三期工程项目	2501.0	1501.0	1000.0	林规批字[2015]77号
36	广东省韶关北片森林重点火险区综合治理三期工程项目	2323.0	929.0	1394.0	林规批字[2015]78号
37	湖北省鄂西北森林重点火险区综合治理三期工程项目	3030.0	2424.0	606.0	林规批字[2015]79号
38	陕西延安市桥山林业局森林重点火险区综合治理项目	988.0	790.0	198.0	林规批字[2015]80号
39	辽宁省边境地区森林重点火险区综合治理二期工程项目	2197.0	1758.0	439.0	林规批字[2015]81号
40	云南省滇西南临沧市森林重点火险区综合治理三期工程项目	1725.0	1380.0	345.0	林规批字[2015]82号
41	云南省滇中安宁片森林重点火险区综合治理三期工程项目	2152.0	1722.0	430.0	林规批字[2015]83号
42	黑龙江省双鸭山市森林重点火险区综合治理三期工程项目	1795.0	1077.0	718.0	林规批字[2015]84号
43	云南省兰坪剑川森林重点火险区综合治理三期工程项目	942.0	754.0	188.0	林规批字[2015]85号
44	山东泰山林场森林重点火险区综合治理工程项目	1910.0	764.0	1146.0	林规批字[2015]86号
45	湖南省张家界市森林重点火险区综合治理三期工程项目	2266.0	1813.0	453.0	林规批字[2015]87号
46	湖南省林业科学院试验林场森林防火综合治理建设项目	1015.0	609.0	406.0	林规批字[2015]88号
47	吉林省大黑山林区森林重点火险区综合治理三期工程项目	1428.0	857.0	571.0	林规批字[2015]89号
48	辽宁省桓仁县森林重点火险区综合治理二期工程项目	1386.0	1109.0	277.0	林规批字[2015]90号
49	云南省保山市森林重点火险区综合治理三期工程项目	1900.0	1520.0	380.0	林规批字[2015]91号
50	广西桂江流域森林重点火险区综合治理三期工程项目	1436.0	1149.0	287.0	林规批字[2015]92号
51	青海省海北州森林重点火险区综合治理项目	1640.0	1312.0	328.0	林规批字[2015]93号
52	内蒙古吉文林业局森林重点火险区综合治理三期工程项目	1145.0	916.0	229.0	林规批字[2015]94号
53	湖南省湘潭市森林重点火险区综合治理三期工程项目	1780.0	1210.0	570.0	林规批字[2015]97号
54	广东省韶关南片森林重点火险区综合治理三期工程项目	2290.0	916.0	1374.0	林规批字[2015]130号

（续）

序号	项目名称	批复投资(万元)			批复文号
		总投资	中央	地方	
55	陕西省太白县森林重点火险区综合治理建设项目	993.0	794.0	199.0	林规批字[2015]132 号
56	内蒙古呼伦贝尔市岭西五旗市森林重点火险区综合治理二期工程项目	1450.0	1160.0	290.0	林规批字[2015]133 号
57	河南省三门峡市森林重点火险区综合治理三期工程项目	2825.0	1695.0	1130.0	林规批字[2015]134 号
58	浙江省丘陵地区森林重点火险区综合治理二期工程项目	2985.0	1194.0	1791.0	林规批字[2015]136 号
59	江西省鹰潭市森林重点火险区综合治理三期工程项目	1810.0	1086.0	724.0	林规批字[2015]137 号
60	福建省龙岩市古田会议旧址群森林火险区综合治理建设项目	935.0	748.0	187.0	林规批字[2015]138 号
61	广西来宾市红水河流域森林重点火险区综合治理三期工程项目	1775.0	1420.0	355.0	林规批字[2015]139 号
62	内蒙古呼伦贝尔市岭东森林重点火险区综合治理三期工程建设项目	1502.0	1202.0	300.0	林规批字[2015]141 号
63	江西省万安县森林重点火险区综合治理工程项目	1150.0	920.0	230.0	林规批字[2015]143 号
64	湖南省常德市森林重点火险区综合治理二期建设项目	1838.0	1103.0	735.0	林规批字[2015]145 号
65	广西柳州市九万山森林重点火险区综合治理三期工程项目	1440.0	1152.0	288.0	林规批字[2015]146 号
(二)森林防火其他项目		8644.0	6268.0	2376.0	
1	黑龙江省黑河市嫩江航空护林站改扩建三期工程项目	2102.0	1682.0	420.0	林规批字[2015]128 号
2	湖北省航空护林站建设项目	2104.0	1262.0	842.0	林规批字[2015]131 号
3	山西省国家级森林防火物资储备库建设项目	1265.0	1265.0	0.0	林规批字[2015]135 号
4	内蒙古扎兰屯航空护林站二类机场达标建设项目	1977.0	1581.0	396.0	林规批字[2015]140 号
5	山东省航空护林站建设项目	1196.0	478.0	718.0	林规批字[2015]142 号

【国家级自然保护区建设项目】 共审批国家级自然保护区基础设施建设项目 23 个，批复总投资 41 524 万元，其中中央投资 33 113 万元，地方配套投资 8411 万元。

表 19-2 国家级自然保护区建设项目投资

序号	项目名称	批复投资(万元)			批复文号
		总投资	中央	地方	
	国家级自然保护区	**41 524.0**	**33 113.0**	**8411.0**	
1	甘肃尕海则岔国家级自然保护区基础设施三期工程项目	1518.0	1214.0	304.0	林规批字[2015]4 号
2	四川黑竹沟国家自然保护区基础设施建设项目	1580.0	1161.0	419.0	林规批字[2015]19 号
3	吉林龙湾国家级自然保护区宣教基础设施建设项目	1760.0	1408.0	352.0	林规批字[2015]20 号
4	福建戴云山国家级自然保护区基础设施二期工程建设项目	1948.0	1558.0	390.0	林规批字[2015]21 号
5	贵州茂兰国家级自然保护区基础设施三期工程建设项目	1696.0	1357.0	339.0	林规批字[2015]22 号
6	湖南乌云界国家级自然保护区基础设施三期工程	1398.0	1118.0	280.0	林规批字[2015]23 号
7	湖南八大公山国家级自然保护区科研监测项目	1658.0	1326.0	332.0	林规批字[2015]24 号
8	吉林汪清国家级自然保护区基础设施建设项目	2096.0	1677.0	419.0	林规批字[2015]25 号
9	云南南滚河国家级自然保护区基础设施建设三期工程项目	1613.0	1290.0	323.0	林规批字[2015]26 号
10	新疆甘家湖梭梭林国家级自然保护区基础设施三期工程	1985.0	1588.0	397.0	林规批字[2015]98 号
11	甘肃莲花山国家级自然保护区基础设施三期工程项目	1315.0	1052.0	263.0	林规批字[2015]100 号
12	江西省庐山国家级自然保护区基础设施建设项目	3358.0	2686.0	672.0	林规批字[2015]107 号
13	黑龙江小北湖国家级自然保护区基础设施建设项目	1865.0	1492.0	373.0	林规批字[2015]108 号
14	广西木论国家级自然保护区基础设施三期工程建设项目	1498.0	1198.0	300.0	林规批字[2015]109 号
15	广西雅长兰科植物国家级自然保护区基础设施二期工程项目	1455.0	1164.0	291.0	林规批字[2015]148 号
16	云南永德大雪山国家级自然保护区基础设施三期工程	1360.0	1088.0	272.0	林规批字[2015]149 号
17	黑龙江珍宝岛湿地国家级自然保护区基础设施二期工程项目	1810.0	1448.0	362.0	林规批字[2015]150 号
18	四川攀枝花苏铁国家级自然保护区基础设施三期工程项目	1473.0	1178.0	295.0	林规批字[2015]151 号

（续）

序号	项目名称	批复投资(万元)			批复文号
		总投资	中央	地方	
19	湖北堵河源国家级自然保护区基础设施工程项目	2353.0	1882.0	471.0	林规批字[2015]152号
20	辽宁老秃顶子国家级自然保护区基础设施工程项目	1650.0	1320.0	330.0	林规批字[2015]153号
21	宁夏灵武白芨滩国家级自然保护区基础设施三期工程项目	2405.0	1924.0	481.0	林规批字[2015]154号
22	内蒙古古日格斯台国家级自然保护区基础设施项目	1770.0	1416.0	354.0	林规批字[2015]155号
23	宁夏贺兰山国家级自然保护区保护与监测工程项目	1960.0	1568.0	392.0	林规批字[2015]156号

【林业有害生物防治项目】 共审批林业有害生物防治基础设施建设项目1个，批复总投资757万元，其中中央投资454万元，地方配套投资303万元。

表19-3 林业有害生物防治项目

序号	项目名称	批复投资(万元)			批复文号
		总投资	中央	地方	
	林业有害生物防治项目	**757.0**	**454.0**	**303.0**	
1	山西省桑干河流域林业有害生物防治体系基础设施建设项目	757.0	454.0	303.0	林规批字[2015]15号

【国有林区社会性公益性基础设施建设项目】 共审批国有林区社会性公益性基础设施建设项目28个，批复总投资39 080万元，其中中央投资35 439万元，地方配套投资3641万元。

表19-4 国有林区社会性公益性基础设施建设项目

序号	项目名称	批复投资(万元)			批复文号
		总投资	中央	地方	
	国有林区社会性公益性基础设施项目	**39 080.0**	**35 439.0**	**3641.0**	
1	黑龙江省沾河林业局第一小学改扩建项目	1867.0	1680.0	187.0	林规批字[2015]3号
2	黑龙江省林口林业局医院职工医院改扩建项目	967.0	870.0	97.0	林规批字[2015]5号
3	内蒙古大杨树林业局水毁桥涵复建项目	1836.0	1652.0	184.0	林规批字[2015]6号
4	黑龙江省山河屯林业局职工医院改扩建项目	1409.0	1268.0	141.0	林规批字[2015]12号
5	内蒙古满归林业局2013年水毁桥涵复建工程项目	2573.0	2316.0	257.0	林规批字[2015]30号
6	黑龙江省迎春林业局人民医院改扩建项目	1695.0	1526.0	169.0	林规批字[2015]38号
7	吉林省白石山林业局中心林场排水设施建设项目	1640.0	1476.0	164.0	林规批字[2015]39号
8	黑龙江省迎春林业局完全小学集中办学改扩建工程	1460.0	1314.0	146.0	林规批字[2015]40号
9	黑龙江省乌马河林业局第一小学新建项目	2222.0	2000.0	222.0	林规批字[2015]42号
10	新疆天山西部国有林管理局非经营性基础设施建设项目	2695.0	2156.0	539.0	林规批字[2015]43号
11	黑龙江省东方红林业局第一中学改扩建项目	1598.0	1438.0	160.0	林规批字[2015]95号
12	甘肃省迭部林业局白云地区生活污水处理项目	938.0	750.0	188.0	林规批字[2015]96号
13	吉林省蛟河林业实验区管理局局址给排水建设项目	826.0	743.0	83.0	林规批字[2015]99号
14	吉林省林业技师学院技能教育配套设施建设项目	1428.0	1285.0	143.0	林规批字[2015]102号
15	云南省碧泉林业局给排水及供电改造工程项目	239.0	191.0	48.0	林规批字[2015]106号
16	云南省黑白水林业局局址片区室外给水管网改造工程项目	161.0	128.0	33.0	林规批字[2015]111号
17	吉林省露水河林区医院改扩建项目	1118.0	1006.0	112.0	林规批字[2015]112号
18	吉林省白河林业局中心林场排水设施建设项目	1444.0	1300.0	144.0	林规批字[2015]113号
19	黑龙江省汤旺河林业局职工医院改扩建项目	1343.0	1209.0	134.0	林规批字[2015]114号
20	大兴安岭韩家园林业局局址供水改扩建项目	2433.0	2433.0	0.0	林规批字[2015]115号
21	大兴安岭新林林业局人民医院综合门诊楼改建工程建设项目	1606.0	1606.0	0.0	林规批字[2015]116号
22	黑龙江省友好林业局第三中学扩建建设项目	588.0	529.0	59.0	林规批字[2015]117号
23	吉林省和龙林业局中心林场排水设施建设项目	1998.0	1798.0	200.0	林规批字[2015]119号
24	云南省宁蒗林业局给排水及供电改造工程项目	266.0	212.0	54.0	林规批字[2015]120号

（续）

序号	项目名称	批复投资(万元)			批复文号
		总投资	中央	地方	
25	黑龙江省带岭林业实验局职工医院改扩建项目	947.0	852.0	95.0	林规批字[2015]121 号
26	四川省木里林业局西昌职工安置点配套饮水工程建设项目	410.0	328.0	82.0	林规批字[2015]129 号
27	大兴安岭西林吉林业局东城九年制学校建设项目	2090.0	2090.0	0.0	林规批字[2015]157 号
28	大兴安岭职业学院学生食堂建设项目	1283.0	1283.0	0.0	林规批字[2015]158 号

【局直属单位基础设施建设项目】 共审批局直属单位建设项目27个(包括初步设计17个、可行性研究报告10个)，批复总投资45 976万元。

表19-5 局直属单位基础设施建设项目

序号	项目名称	批复投资(万元)			批复文号
		总投资	中央	地方	
	合　计	**45 976.0**	**45 976.0**	**0.0**	
	(一)直属单位初步设计	**25 393.0**	**25 393.0**	**0.0**	
1	林产工业规划设计院朝内大街130号院区基础设施改造项目初步设计	377.0	377.0	0.0	林规批字[2015]1 号
2	国际竹藤中心安徽太平试验中心南区基础设施建设工程初步设计	913.0	913.0	0.0	林规批字[2015]7 号
3	局桉树中心实验楼改造工程建设项目初步设计	991.0	991.0	0.0	林规批字[2015]9 号
4	国家林业局三北防护林建设局院区附属设施建设项目初步设计	454.0	454.0	0.0	林规批字[2015]11 号
5	中国林科院河南宝天曼森林生态系统定位研究站建设项目初步设计	722.0	722.0	0.0	林规批字[2015]13 号
6	局三北局院区基础设施改造工程项目初步设计	657.0	657.0	0.0	林规批字[2015]14 号
7	国际竹藤中心热带森林植物种质资源研究与保存基地二期项目初步设计	2989.0	2989.0	0.0	林规批字[2015]16 号
8	局竹子研究开发中心实验基地基础设施建设项目初步设计	2026.0	2026.0	0.0	林规批字[2015]27 号
9	国家油茶核心种质(浙江)资源库建设项目初步设计	509.0	509.0	0.0	林规批字[2015]28 号
10	局北方航空护林总站森林航空消防火场侦察系统建设项目初步设计	1600.0	1600.0	0.0	林规批字[2015]29 号
11	南京森林警察学院教学楼数字化教学楼建设项目初步设计	2505.0	2505.0	0.0	林规批字[2015]31 号
12	南京警院实验C楼建设项目初步设计	2983.0	2983.0	0.0	林规批字[2015]37 号
13	局泡桐中心孟州经济林树种实验基地建设项目初步设计	1849.0	1849.0	0.0	林规批字[2015]103 号
14	卧龙镇沙湾防洪堤建设项目初步设计	1266.0	1266.0	0.0	林规批字[2015]105 号
15	国家森林防火综合调度指挥平台建设项目初步设计	2318.0	2318.0	0.0	林规批字[2015]147 号
16	中国林科院山东昆嵛山生态系统定位研究站植物观测系统建设项目初步设计	528.0	528.0	0.0	林规批字[2015]161 号
17	中国林科院华东沿海防护林生态系统定位观测研究站建设项目初步设计	778.0	778.0	0.0	林规批字[2015]162 号
	(二)直属单位可行性研究报告	**20 583.0**	**20 583.0**	**0.0**	
1	中国林科院林木遗传育种国家重点实验室大型仪器设备购置项目	2671.0	2671.0	0.0	林规批字[2015]32 号
2	局热带林业研究实验室仪器设备购置项目	2485.0	2485.0	0.0	林规批字[2015]33 号
3	中国林科院消防安全监控系统建设项目	1888.0	1888.0	0.0	林规批字[2015]34 号
4	林业灾损评估监测中心地理监测评估专业设备购置项目	1740.0	1740.0	0.0	林规批字[2015]35 号
5	全国空气负离子监测试点建设项目	1147.0	1147.0	0.0	林规批字[2015]36 号
6	大兴安岭林业调查规划设计院设备购置项目	394.0	394.0	0.0	林规批字[2015]110 号
7	南京警院学生训练楼建设项目	2926.0	2926.0	0.0	林规批字[2015]118 号
8	中国林科院沙林中心实验场灌溉渠系改造工程	1355.0	1355.0	0.0	林规批字[2015]124 号
9	南京警校泗渡池改造工程建设项目	2983.0	2983.0	0.0	林规批字[2015]163 号
10	局森林防火工程技术研究基地实验室建设项目	2994.0	2994.0	0.0	林规批字[2015]164 号

【林业科技类基础设施建设项目】 共审批林业科技类基础设施建设项目 11 个，批复总投资 5444 万元。

表 19-6 林业科技类基础设施建设项目投资

序号	项目名称	批复投资(万元)			批复文号
		总投资	中央	地方	
	林业科技类基础设施项目	**5444.0**	**5444.0**	**0.0**	
1	山西太行山森林生态系统定位研究站改扩建工程项目	389.0	389.0	0.0	林规批字[2015]17 号
2	福建长汀红壤丘陵生态系统国家定位观测研究站建设项目	503.0	503.0	0.0	林规批字[2015]101 号
3	中国林科院海南东寨港红树林湿地生态站灾后修复与重建工程项目	685.0	685.0	0.0	林规批字[2015]104 号
4	海南霸王岭森林生态系统国家定位观测研究站建设项目	533.0	533.0	0.0	林规批字[2015]122 号
5	山东临沂森林生态系统定位观测研究站建设项目	483.0	483.0	0.0	林规批字[2015]123 号
6	海南三亚竹藤伴生林生态系统国家定位观测研究站建设项目	614.0	614.0	0.0	林规批字[2015]125 号
7	安徽太平竹林生态系统国家定位观测研究站建设项目	619.0	619.0	0.0	林规批字[2015]126 号
8	内蒙古额尔古纳湿地生态系统国家定位观测研究站建设项目	528.0	528.0	0.0	林规批字[2015]127 号
9	局经济林产品质量检验检测中心(牡丹江)设备购置项目	302.0	302.0	0.0	林规批字[2015]144 号
10	国家林业局林产品质量检验检测中心(长沙)实验室设备建设项目	397.0	397.0	0.0	林规批字[2015]159 号
11	广东沿海防护林森林生态系统国家定位观测研究站改扩建项目	391.0	391.0	0.0	林规批字[2015]160 号

【竣工验收及其他基础设施建设项目】 共审批竣工验收及其他基础设施建设项目 3 个。

表 19-7 竣工验收及其他基础设施建设项目

序号	竣工验收及其他基础设施建设项目名称	批复文号
1	中国林科院京区大院研究生公寓二期工程等 3 个建设项目竣工验收	林规批字[2015]8 号
2	全国森林火险预警示范系统建设项目竣工验收	林规批字[2015]10 号
3	国家林业局关于调整重庆市森林航空护林站建设项目可研批复部分内容的复函	林规批字[2015]41 号

【发布国家林业局第 36 号令(2015 年)】 国家林业局发布国家林业局第 36 号令，审议批准《林业固定资产投资建设项目管理办法》，自 2015 年 5 月 1 日起施行。

(闫春丽 富玫妹)

林业基本建设投资

【林业基本建设投资情况】 2015 年是全面完成“十二五”规划的收官之年。一年来，以全面落实党的十八大和十八届四中、五中全会精神为宗旨，坚持实施以生态建设为主的林业发展战略，紧扣建设生态文明的总任务，着力深化林业改革、着力加强资源保护、着力提升质量效益、着力夯实基础保障，切实发挥好中央投资对加快林业发展的引导和带动作用，确保发展速度不降低、重点区域攻坚有突破、森林科学经营上水平，充分发挥中央投资对推进林业改革、促进林业发展方式转变，改善林区民生的引导和带动作用，着力优化投资结构，提高投资使用效益，进一步强化措施，狠抓落实，为全面推进以生态建设为主的林业发展战略继续提高支撑保障条件，积极推进“十三五”林业建设顺利开局。

2015 年，累计安排中央林业基本建设投资 148 亿元，退耕还林工程、天然林资源保护工程等林业重点生态工程中央投资均有所突破，继续得到国家的重点支持，林业基本建设年度投资规模继续保持稳步增长。继续加大造林投资力度，深入推进百万亩人工林基地等重点区域治理工程，在防护林工程投资中安排 60% 以上投资专项用于重点区域治理工程。继续在防护林工程中安排中央投资 2 亿元用于 40 个示范县(区)开展黄土高原地区综合治理林业示范建设。优先支持对“一带一路”“京津冀一体化”“长江经济带”等国家战略实施具有保障作用的生态修复和保护工程，重点向“丝绸之路经济带”起点的西北、西南、东北地区的江河源头、尘源区以及造林任务重的省(区)倾斜，积极支持改革重点省份。继续加大国家储备林建设工作投资力度，安排中央投资 2 亿元用于福建、江西等省(区)国家储备林建设。

2015 年，营造林生产计划继续保持高位运行，全年安排生产任务633.33万公顷，并于年初全部下达到各省(区、市)。其中：人工造林386.67万公顷，飞播造林18.2万公顷，封山育林面积228.47万公顷。继续深入推进林区棚户区危旧房改造工作。全年安排林业棚户区危旧房改造任务7.68万户，安排中央投资11.7亿元用于林业棚户区危旧房改造及配套基础设施建设。

以"十三五"林业发展规划为指导，编制完成《全国"十三五"营造林实施方案》《全国林业基础设施建设方案(2015～2020)》《防火应急道路建设方案(2016～2020年)》。探索提出了营造林生产计划三年滚动方案，为今后创新营造林生产计划管理模式、更加科学合理地制定年度营造林生产任务奠定基础。建立投资计划执行情况在线监管平台，对计划下达、投资落实、计划执行、资金使用、竣工验收等全过程监管，实现投资计划执行进度及时报送，不断提高投资管理的科学性和时效性。

(田勇臣　郭　伟)

林业区域发展

【国家林业局积极开展援疆援藏工作】　举办了新疆和青海专项培训班各两期。

【国家林业局积极参与中东西部发展】　配合国家发展改革委、国家民委等部门完成了京津冀、长江经济带、东部振兴、西部开发、中部崛起、革命老区、民族地区等涉及林业的相关工作，编制完成《京津冀生态协同圈森林和自然生态保护与修复规划》和《长江经济带森林和自然保护与恢复规划(2016～2030年)》。

(陆诗雷　解炜炜)

林业对外经济贸易合作

【中国林业在全球配置资源的能力显著增强】　一是境外投资合作规划体系进一步完善，规划的引领作用得到强化。全面落实中俄两国元首联合声明提出的"加快制定和实施中俄森林开发利用合作规划，开展林业领域的贸易和投资合作"的要求，中俄双方共同编制并组织实施中俄森林资源开发利用合作一、二、三期合作规划，编制完成了四期规划，即将全面实施，启动了五期规划的编制工作。按照国家"走出去"部际联席会议的部署，组织编制《"十三五"林业"走出去"规划》。二是搭建政银企合作机制平台，助力林业走出去。国家林业局与国家开发银行签署了《开发性金融支持林业发展合作协议》，累计发放林业国际合作项目贷款约656亿元，贷款余额291亿元，重点支持中林集团新西兰、中航俄罗斯、天津聚龙印尼、欧亚集团俄罗斯、哈巴罗夫斯克木材加工综合体项目等。三是境外木材工业园区建设快速兴起。投资合作方式正在向购买租赁林地、采伐、深加工、物流一体化转变，中俄托木斯克木材工贸合作区、俄罗斯龙跃林业经贸合作区成为国家级资源利用型境外经济贸易合作区。企业"走出去"的方式不断创新，"抱团出海""借船出海""合作出海"、借助营销网络平台，开辟新的合作渠道，合作的主体结构呈多元化发展趋势。四是落实扶持政策。积极争取外经贸发展专项资金，落实资源回运费及贷款财政贴息，解决境外项目融资瓶颈。五是中国企业配置资源的能力增强。中国企业在境外购买和租赁林地超过0.6亿公顷，带动了中国机械设备、技术、服务、品牌输出，转移和消化了大批国内剩余产能。六是进口木材储备加工交易基地建设取得实质性进展。中国企业积极参与国际合作与竞争，为保障国内木材安全、实施天然林保护战略作出了重要贡献。

【系统谋划林业在"一带一路"建设中的占位】　一是林业生态建设和产业合作纳入了国家"一带一路"建设战略规划，印发了《国家林业局贯彻落实"一带一路"建设战略规划重要政策举措分工方案》，编制《"一带一路"建设林业合作规划》。二是谋划、储备、实施了一批重点合作项目，对俄林业产业合作园区项目作为"一带一路"建设重大标志性工程正在加快推进，一批林业生态合作项目列入了"一带一路"建设三年滚动计划重点项目库，林业在共建绿色丝绸之路中的作用得以体现。

【林业利用外资】　一是实施《全国林业"十二五"利用国际金融组织贷款项目发展规划》，共计利用外资9.2亿美元，覆盖了20个省(市、区)。在建世行"林业综合发展项目(IFDP)"、亚行"西北三省区林业生态发展项目"、欧投行"气候变化项目"进展顺利。二是推动了中国林业项目的管理创新，国际金融组织贷款项目的成功实践，将系统工程管理、契约式管理、全面质量管理、社区参与式管理理念以及工程监理制、招投标制、竣工验收制等全面引入中国林业工程项目管理，成为中国林业重大工程系统化、规范化、科学化管理的典型模式，对中国林业发挥了重要的引领示范作用。三是改革创新林业利用外资管理机制，建立中美投资协定谈判涉林领域负面清单，修订《外商投资产业指导目录》，进一步压减限制和禁止外商投资林业领域。

【构建比较完善的国际贸易争端应对机制】　一是开辟了林业经贸谈判磋商新平台。利用WTO和中美投资协定谈判、中澳、中韩、中日韩自贸区谈判等平台，为林业经贸合作赢得话语权和空间。二是构建了政府、协会、企业、研究机构、法律援助五位一体国际贸易争端应对机制。积极应对林产品国际贸易壁垒和热点问题。帮助企业做好“反倾销、反补贴”应对工作。

【打击非法采伐国际合作】 一是与美国、欧盟分别就《雷斯法案》《欧盟木材法案》等开展磋商取得明显进展。二是区域合作明显提速。在APEC非法采伐专家组机制下通过了《APEC对非法采伐及相关贸易范畴的共同理解》《APEC非法采伐及相关贸易木材合法性指南》两个具有里程碑意义的重要文件。三是与英国合作开展的木材合法性认定体系研究顺利完成，后续合作项目正在推进，完成了中欧双边协调机制框架下一揽子合作项目。四是加强基础研究，已完成120多个国家的林业国别研究报告，形成了一批合作导向型和市场应用融合的研究成果。 （付建全 荆 涛）

山区综合开发

【林业扶贫】

油茶等木本油料调研工作 为贯彻落实习近平总书记在参加十二届全国人大三次会议江西代表团审议时关于发展油茶产业的重要指示精神，3月12～16日，国家林业局计财司组织到赣州市兴国等5个县进行了实地调研。对赣州市油茶林培育、加工及后续发展、油茶良种生产等情况，产业发展存在的问题进行了深入了解。3月16日，调研组又在南昌与参加十二届全国人大三次会议返回的阎钢军、江香梅两位代表就赣州市油茶产业发展交换了意见，共同研究提出了下一步推进赣州市以及江西省油茶产业发展的建议。调研后，国家林业局立刻将调研情况致信习近平总书记，对赣州市油茶产业发展情况以及下一步工作设想进行了报告。

油茶核桃扶贫工作 4月20日，国家林业局赵树丛局长和国务院扶贫办刘有富主任共同主持召开了林业扶贫座谈会，研究商讨林业、扶贫相关政策资金叠加，推进贫困地区油茶、核桃等木本油料产业发展，促进贫困群众脱贫致富。会议提出：以国家林业局、财政部、国务院扶贫办、国家开发银行名义联合出台相关意见，扶持贫困地区油茶、核桃等木本油料产业发展。11月底，国家林业局会同财政部、国务院扶贫办、国家开发银行联合出台了《关于整合和统筹资金支持贫困地区油茶核桃等木本油料产业发展的指导意见》。意见提出，将整合和统筹现代农业生产发展基金、农业综合开发、财政扶贫等10余项财政资金支持贫困地区油茶、核桃等木本油料产业发展。国家开发银行将通过开发性金融贷款支持贫困地区木本油料产业发展。

林业扶贫调查研究工作 按照国务院扶贫办的部署，国家林业局组织赴广西石漠化片区进行了专题调研。总结“十二五”林业扶贫工作成效和问题，研究“十三五”林业扶贫的思路。并向国务院扶贫办报送了“十二五”期间林业扶贫的基本情况和“十三五”基本思路。

对滇桂黔石漠化片区实施智力帮扶 国家林业局向广西、贵州、云南继续派出扶贫挂职干部17名，对挂职干部进行了为期两天的培训，同时将上一期扶贫干部总结及调研报告收集汇总印刷成册，作为新一期挂职干部的参考资料。举办了贵州、广西、云南林业扶贫培训班和一期竹编培训班，为当地培训干部、技术人员和农民。

林业扶贫基础工作 为实施精准扶贫，中国林科院对定点扶贫县林业基本情况进行了摸底建档；国家林业局调查规划设计院对14个片区林业扶贫情况进行统计分析。

林业定点扶贫工作 在国家调整了国家林业局定点扶贫县范围后，国家林业局组织对定点县进行了调研，并与4个定点县分别进行座谈，部署编制“十三五”定点扶贫实施方案。

全国油茶等木本油料产业开发扶贫现场会 12月底，国家林业局在福建省宁德市组织召开了全国油茶等木本油料产业开发扶贫现场会，国家林业局张建龙局长出席会议并作重要讲话。会议全面贯彻学习了中央扶贫工作会议精神，总结了“十二五”期间油茶、核桃等木本油料产业发展情况，研究分析油茶产业发展和林业扶贫的形势和关系，部署了“十三五”林业扶贫和油茶等木本油料产业发展工作。

滇桂黔石漠化片区区域发展扶贫攻坚推进会 为加快滇桂黔石漠化片区经济发展，国家林业局会同水利部于8月20日在云南召开会议，国家林业局张建龙局长、水利部陈雷部长出席会议并作重要讲话。会议对今后一个时期滇桂黔石漠化片区扶贫工作进行了部署，提出了下一步工作要求。

林业扶贫工作宣传 10月17日，《中国绿色时报》开辟专版报道滇桂黔石漠化片区林业扶贫情况，国家林业局张建龙局长在头版头条发表扶贫日致辞。

【农业综合开发】

开展2015年农业综合开发项目实施计划编报工作 2015年，国家林业局共安排农业综合开发项目资金74 492万元。其中：林业生态示范项目安排中央财政资金21 212万元（长江流域防护林建设投资7250万元，太行山绿化建设投资2720万元，防沙治沙项目投资11 242万元），名优经济林等示范项目安排中央财政资金53 500万元（包括木本油料项目35 200万元，其他经济林项目15 800万元，黑龙江省切块2500万元）。

农业综合开发林业项目改革创新工作 根据国家农业综合开发办公室关于改革创新工作的总体要求，开展了研究对现有的农业综合开发项目投资结构进行调整，提出了“十三五”期间农业综合开发林业建设的新重点和新措施，向国家农发办报送了项目改革方案。

编制2016年农业综合开发林业项目申报指南 为做好2016年农业综合开发林业项目编报工作，国家林业局计财司会同国家农发办联合发布了《2016年农业综合开发林业项目申报指南》，对2016年项目申报方向、扶持重点、扶持对象等方面进行了明确。并在中国林业网、财政部网站等有关媒体进行了公开发布，体现了公平、公开、公正。

【木本油料】

出台贯彻落实意见 出台《国家林业局关于贯彻落实〈国务院办公厅关于加快木本油料产业发展的意见〉的通知》(林规发〔2015〕18号)和《国家林业局办公室关于印发贯彻落实〈国务院办公厅关于加快木本油料产业发展的意见〉工作任务分工方案的通知》(办规字〔2015〕19号)。

全国木本油料产业发展电视电话会议 为贯彻《国务院办公厅关于加快木本油料产业发展的意见》，于2015年3月6日组织召开了全国木本油料产业发展电视电话会议。赵树丛局长出席会议并作重要讲话，张建龙副局长、封加平总工程师出席了会议。会议传达学习了《国务院办公厅关于加快木本油料产业发展的意见》，部署了2015年和今后一个时期木本油料产业发展工作。

宣传工作 起草《国办印发加快木本油料新闻通稿》报国办，配合新华社、《经济日报》撰写解读报道。1月13日，新华社、《人民日报》《经济日报》播发消息通稿和解读报道，41家报纸、360家网络媒体采用。通过中国政府网在线访谈，让社会公众深入了解发展木本油料相关政策措施。在《中国绿色时报》设专版对《意见》精神进行解读。 （郝学峰　韩　非）

林业生产统计

表19-8　全国营造林生产主要指标2015年与2014年比较

指标名称	单位	2015年	2014年	2015年比2014年增减(%)
一、人工造林面积	**公顷**	**4 361 827**	**4 052 912**	**7.62**
其中：新造混交林面积	公顷	1 145 826	—	—
新造灌木林面积	公顷	327 282	311 569	5.04
新造竹林面积	公顷	37 204	46 903	-20.68
二、飞播造林面积	**公顷**	**128 390**	**109 654**	**17.09**
1. 荒山飞播面积	公顷	127 724	108 055	18.20
2. 飞播营林面积	公顷	666	1599	-58.35
三、当年新封山(沙)育林面积	**公顷**	**2 152 877**	**1 853 832**	**16.13**
1. 无林地和疏林地新封山育林面积	公顷	1 544 074	1 388 645	11.19
2. 有林地和灌木林地新封山育林面积	公顷	608 803	465 187	30.87
四、退化林修复面积	**公顷**	**739 281**	**—**	**—**
其中：纯林改造混交林面积	公顷	29 491	—	—
1. 低效林改造面积	公顷	684 752	—	—
2. 退化防护林改造面积	公顷	54 529	—	—
五、森林抚育面积	**公顷**	**7 812 621**	**9 019 639**	**-13.38**
六、人工更新面积	**公顷**	**299 577**	**292 453**	**2.44**
其中：新造混交林面积	公顷	54 541	—	—
人工促进天然更新面积	公顷	56 825	—	—
七、年末实有封山(沙)育林面积	**公顷**	**27 509 897**	**24 719 474**	**11.29**
八、四旁(零星)植树	**万株**	**212 374**	**205 721**	**3.23**
九、林木种苗				
1. 林木种子采集量	吨	26 441	31 422	-15.85
2. 当年苗木产量	万株	6 713 418	6 777 066	-0.94
3. 育苗面积	公顷	1 366 950	1 412 326	-3.21
其中：国有育苗面积	公顷	81 314	—	—

注：森林抚育面积特指中、幼龄林抚育。

表 19-9 林业重点生态工程建设情况

单位：公顷，万元

指　标	总　计	天然林资源保护工程	退耕还林工程	京津风沙源治理工程	三北及长江流域等重点防护林体系建设工程：合　计
一、造林面积	**2 840 512**	**644 794**	**636 023**	**223 251**	**1 336 444**
1. 人工造林	1584 332	154 397	635 690	110 633	683 612
2. 飞播造林	107 391	71 470	—	24 167	11 754
3. 新封山育林	1 025 703	306 160	333	84 486	634724
4. 退化林修复	123 086	112 767	—	3965	6354
二、森林抚育面积	**1 759 986**	**1 537 274**	**—**	**19727**	**202 985**
三、年末实有封山育林面积	**14 211 762**	**5 061 480**	**1 673 597**	**2 658 683**	**4 818 002**
四、全部林业投资完成额	**7 056 599**	**2 983 638**	**2 752 809**	**111 595**	**954 103**
其中：中央投资	5 630 609	2 656 286	2 408 772	81814	360 104
地方投资	669 310	182 040	111 961	25 454	277 236

指　标	三北及长江流域等重点防护林体系建设工程：三北防护林工程	长江流域防护林体系工程	沿海防护林体系工程	珠江流域防护林体系工程	太行山绿化工程	平原绿化工程	野生动植物保护及自然保护区建设工程
一、造林面积	**766 014**	**237 247**	**188 489**	**96 628**	**48 066**	**—**	**—**
1. 人工造林	416 749	99 933	106 916	33 078	26 936	—	—
2. 飞播造林	11 754	—	—	—	—	—	—
3. 新封山育林	337 256	136 780	80 720	58 905	21063	—	—
4. 退化林修复	255	534	853	4645	67	—	—
二、森林抚育面积	55 949	68 462	71 390	7184	—	—	—
三、年末实有封山育林面积	3 100 433	704 033	569 348	273 321	170 867	—	—
四、全部林业投资完成额	551 846	103 717	247 150	31 420	19 970	—	254 454
其中：中央投资	207 247	63 087	54 690	19 673	15 407	—	123 633
地方投资	163 036	22 140	83 478	4240	4342	—	72 619

表 19-10　各地区营

地　区	人工造林面积	飞播造林面积	当年新封山(沙)育林面积	退化林修复面积	人工更新面积
全国合计	**4 361 827**	**128 390**	**2 152 877**	**739 281**	**299 577**
北　京	8133	—	7798	4338	62
天　津	8032	—	—	—	—
河　北	284 083	—	58 840	18 338	5262
山　西	220 945	—	59 999	5000	—
内蒙古	360 896	79 389	227 733	26 774	9262
内蒙古集团	5288	—	—	23 771	133
辽　宁	102 615	—	100 257	840	11 565
吉　林	112 003	—	4667	59 633	23 548
吉林集团	8333	—	—	24 922	10 570
长白山集团	5397	—	—	27 904	2165
黑龙江	41 093	—	67 038	24 775	2066
龙江集团	2672	—	—	23 676	—
上　海	3241	—	—	—	—
江　苏	42 576	—	400	299	1941
浙　江	20 985	—	31 739	6931	11940
安　徽	146 000	—	80 002	7954	2985
福　建	33 919	—	139 412	26 308	54185
江　西	141 678	—	59 368	27 129	5519
山　东	206 552	—	1333	10 417	2905
河　南	154 749	13332	31931	16 808	—
湖　北	186 022	—	98 177	—	3918
湖　南	215 728	—	188 577	134 710	20 814
广　东	118 463	—	124 885	76 846	81 137
广　西	100 764	—	47 959	7185	41 667
海　南	10 241	—	—	1440	9961
重　庆	150 853	—	88 921	6921	—
四　川	264 567	—	59 496	82 328	2551
贵　州	329 509	—	153 737	—	—
云　南	350 510	—	151 574	74 864	5581
西　藏	29 436	—	53 350	—	—
陕　西	222 564	34 670	69 799	52 053	—
甘　肃	254 308	—	62 283	2773	—
青　海	53 042	—	59 626	—	—
宁　夏	37 895	—	36 743	6675	—
新　疆	149 553	999	87 233	39 122	2708
新疆兵团	25 976	—	20 778	1544	597
大兴安岭	872	—	—	18 820	—

造林生产情况

单位：公顷

森林抚育面积	年末实有封山（沙）育林面积	四旁（零星）植树（万株）	林木种苗			
			林木种子采集量（吨）	当年苗木产量（万株）	育苗面积	
					合计	其中：国有育苗面积
7 812 621	**2 750 9897**	**212 374**	**26 441**	**6 713 418**	**1 366 950**	**81 314**
69 438	81 532	100	4	11 603	14 626	1473
64 550	26 014	464	—	22 534	9716	569
444 487	892 071	10 786	4136	458 136	76 795	3527
65 123	719 739	10 023	504	451 180	73 009	5737
537 907	3 975 418	2327	1311	416 437	49 120	5887
350 120	—	46	—	9385	127	127
99 964	1 780 649	5149	942	208 644	35 479	2007
223 594	622 893	1859	138	260 835	10 025	1910
50 049	215 647	5	52	12 921	121	121
81 471	150 127	5	36	7142	114	97
608 684	888 661	559	527	163 633	10 063	5612
498 676	296 200	117	98	39 299	498	498
19 251	—	28	—	11899	12 903	773
152 147	7732	7180	630	295 062	148 316	2358
235 730	1 209 297	2254	44	468 647	138 973	1417
560 665	1 116 884	14 965	170	77511	97 409	3170
335 947	530 433	3821	15	43 494	2551	451
379 158	1 064 019	4796	48	158 218	115 714	3783
358 253	101 604	17 089	5835	770 787	194 170	3570
217 066	425 819	18 921	802	315 101	62 120	1917
116 048	1 179 811	14 449	282	198 319	50 229	1718
362 815	1 330 472	20 667	17	59 375	1102	331
577 505	802 719	8066	76	53 421	15177	465
498 000	1 802 327	7099	192	124 957	9828	673
21 454	216 732	336	26	23 499	1137	157
133 384	331 262	11 306	144	88 059	24 509	424
160 913	447 077	18 524	1396	90 481	40 460	795
307 333	528 966	1913	531	129 555	4072	964
180 686	1 202 139	9614	3427	87 863	2707	338
24 533	1328 084	—	1	3144	626	293
152 946	935 055	9325	1750	432 092	32 757	2379
169 493	952 073	5537	721	675 526	48 258	16 278
24 200	1 152 882	1355	163	142 865	8000	712
146 816	377 489	781	577	211 129	35 626	1501
333 931	1 480 044	3077	2031	251 443	41 421	10 083
223 068	186 268	779	25	16 932	6717	6106
230 600	—	—	1	7969	52	42

表 19-11　各地区林业重点生态工程造林面积

单位：公顷

地　区	全部造林面积	林业重点生态工程造林面积					其他造林面积
		合计	天然林资源保护工程	退耕还林工程	京津风沙源治理工程	三北及长江流域等重点防护林体系工程	
全国合计	**7 681 952**	**2 840 512**	**644 794**	**636 023**	**223 251**	**1 336 444**	**4 841 440**
北　京	20 331	12 633	—	—	9764	2869	7698
天　津	8032	8032	—	—	2827	5205	—
河　北	366 523	130 066	—	16 394	41 466	72 206	236 457
山　西	285 944	182 346	38 667	57 968	33 346	52 365	103 598
内蒙古	704 054	426 278	131 949	18 949	124 484	150 896	277 776
内蒙古集团	29 192	29 059	29 059	—	—	—	133
辽　宁	215 277	114 219	—	3332	—	110 887	101 058
吉　林	199 851	74 006	47 604	—	—	26 402	125 845
吉林集团	43 825	21 994	21 994	—	—	—	21 831
长白山集团	35 466	23 581	23 581	—	—	—	11 885
黑龙江	134 972	92 780	26 348	—	—	66 432	42 192
龙江集团	26 348	26 348	26 348	—	—	—	—
上　海	3241	—	—	—	—	—	3241
江　苏	45 216	15 239	—	—	—	15 239	29 977
浙　江	71 595	11 051	—	—	—	11 051	60 544
安　徽	236 941	40 961	—	10 370	—	30 591	195 980
福　建	253 824	56 638	—	—	—	56 638	197 186
江　西	233 694	75 339	—	—	—	75 339	158 355
山　东	221 207	43 398	—	—	—	43 398	177 809
河　南	216 820	53 686	8600	—	—	45 086	163 134
湖　北	288 117	88 328	33 331	25 332	—	29 665	199 789
湖　南	559 829	38 823	—	8443	—	30 380	521 006
广　东	401 331	97 653	—	—	—	97 653	303 678
广　西	197 575	41 352	—	11 317	—	30 035	156 223
海　南	21 642	8108	1440	237	—	6431	13 534
重　庆	246 695	99 155	31 553	67 602	—	—	147 540
四　川	408 942	123 683	51 319	72 364	—	—	285 259
贵　州	483 246	63 687	12 600	48 887	—	2200	419 559
云　南	582 529	241 638	88 717	149 355	—	3566	340 891
西　藏	82 786	19 432	2192	—	—	17 240	63 354
陕　西	379 086	216 904	95 668	58 686	11 364	51 186	162 182
甘　肃	319 364	105 113	18 181	43 470	—	43 462	214 251
青　海	112 668	75 852	20 572	—	—	55 280	36 816
宁　夏	81 313	51 807	15 362	—	—	36 445	29 506
新　疆	279 615	212 613	999	43 317	—	168 297	67 002
新疆兵团	48 895	39 174	—	10 001	—	29 173	9721
大兴安岭	19 692	19 692	19 692	—	—	—	—

注：2015 年全部造林面积包括人工造林、飞播造林、新封山育林、退化林修复和人工更新面积。

表 19-12　天然林资源保护工程建设情况

指　标	单位	总计	东北、内蒙古重点国有林区	长江上游、黄河上中游地区
一、工程区木材产量	**立方米**	**6 086 185**	**1 899 388**	**4 186 797**
其中：人工林木材产量	立方米	3 873 553	127 086	3 746 467
二、营造林情况				
1. 人工造林	公顷	154 397	20 718	133 679
其中：灌木林面积	公顷	29 549	1384	28 165
2. 飞播造林	公顷	71 470	999	70471
3. 当年新封山(沙)育林	公顷	306 160	—	306 160
①无林地和疏林地新封山育林面积	公顷	218 238	—	218 238
②有林地和灌木林地新封山育林面积	公顷	87 922	—	87 922
4. 退化林修复面积	公顷	112 767	107 096	5671
5. 森林抚育面积	公顷	1 537 274	1 225 186	312 088
三、年末实有封山(沙)育林面积	**公顷**	**5 061 480**	**821 609**	**4 239 871**
四、年末实有森林管护面积	**公顷**	**114 267 121**	**37 663 724**	**76 603 397**
1. 国有林	公顷	70 741 271	37 663 724	33 077 547
2. 集体和个人所有的国家级公益林	公顷	20 792 139	—	20 792 139
3. 集体和个人所有的地方公益林	公顷	22 733 711	—	22 733 711
五、工程区项目实施单位人员情况				
1. 年末人数	人	778 947	635 865	143 082
其中：混岗职工人数	人	87 213	86 043	1170
(1)在岗职工	人	544 506	404 361	140 145
(2)其他从业人员	人	1887	512	1375
(3)离开本单位保留劳动关系人员	人	232 554	230 992	1562
2. 在岗职工年平均人数	人	514 834	380 908	133 926
3. 在岗职工年工资总额	万元	1 814 344	1 276 883	537 461
4. 年末实有离退休人员	人	668 563	534 580	133 983
5. 当年离退休人员生活费	万元	1 812 220	1 427 062	385 158
6. 年末参加基本养老保险人数	人	703 621	541 157	162 464
其中：在岗职工	人	498 984	378 053	120 931
7. 年末参加基本医疗保险人数	人	813 270	595 173	218 097
其中：在岗职工	人	478 827	354 342	124 485
六、全部林业投资完成额	**万元**	**2 983 638**	**1 625 850**	**1 357 788**
其中：中央投资	万元	2 656 286	1596344	1 059 942
地方投资	万元	182 040	17924	164 116
1. 营造林	万元	301 973	159 945	142 028
2. 森林管护	万元	743 372	328 304	415 068
3. 生态效益补偿	万元	629 247	61 286	567 961
4. 社会保险(养老、医疗、失业、工伤、生育)	万元	543 896	408 244	135 652
5. 政社性支出	万元	383 350	356 311	27 039
6. 其他	万元	381 800	311 760	70 040

表 19-13　退耕还林工程建设情况

指　标	单位	本年实际
一、营造林情况		
1. 退耕地造林	公顷	446 280
其中：25°以上坡耕地退耕面积	公顷	370 271
15°～25°水源地耕地退耕面积	公顷	18 662
严重沙化耕地退耕面积	公顷	40 021
退耕地造林按林种主导功能分		
①用材林	公顷	52 166
②经济林	公顷	240 045
③防护林	公顷	153 570
④薪炭林	公顷	475
⑤特种用途林	公顷	24
2. 荒山荒地造林	公顷	189 410
3. 当年新封山(沙)育林面积	公顷	333
①无林地和疏林地新封山育林面积	公顷	333
②有林地和灌木林地新封山育林面积	公顷	—
二、年末实有封山(沙)育林面积	**公顷**	**1 673 597**
三、全部林业投资完成额	**万元**	**2 752 809**
其中：中央投资	万元	2 408 772
地方投资	万元	111 961
1. 种苗费	万元	200 872
2. 完善政策补助资金	万元	1 249 790
3. 巩固退耕还林成果专项资金	万元	802 670
4. 新一轮退耕还林补助资金	万元	413 704
5. 其他	万元	85 773

表 19-14　京津风沙源治理工程建设情况

指　标	单位	本年实际
一、治理情况		
(一)营造林情况		
1. 人工造林	公顷	110 633
其中：灌木林面积	公顷	22 664
2. 飞播造林	公顷	24 167
3. 当年新封山(沙)育林	公顷	84 486
①无林地和疏林地新封山育林面积	公顷	78 354
②有林地和灌木林地新封山育林面积	公顷	6132
4. 退化林修复面积	公顷	3965
5. 森林抚育面积	公顷	19 727
(二)年末实有封山(沙)育林面积	公顷	2 658 683
(三)草地治理面积	公顷	29 067
(四)暖棚建设面积	平方米	664 000
(五)饲料机械台数	台	15 258
(六)小流域治理	公顷	45 200
(七)水利设施	处	2998
(八)易地搬迁人数	人	8250
(九)易地搬迁户数	户	1895
二、全部投资完成额	**万元**	**135 766**
其中：林业投资完成额	万元	111 595
其中：中央投资	万元	81 814
地方投资	万元	25 454
1. 营造林	万元	107 196
2. 科技费用	万元	—
3. 其他	万元	28 570

表 19-15　三北及长江流域等重点防护林体系工程建设情况

单位：公顷、万元

地　区	三北及长江流域等重点防护林体系工程					
	合　计	三北防护林工程	长江流域防护林体系工程	沿海防护林体系工程	珠江流域防护林体系工程	太行山绿化工程
一、营造林情况						
1. 人工造林	683 612	416 749	99 933	106 916	33 078	26 936
其中：灌木林面积	80 888	78 773	640	1475	—	—
2. 飞播造林	11 754	11 754	—	—	—	—
3. 当年新封山(沙)育林	634 724	337 256	136 780	80 720	58 905	2 1063
①无林地和疏林地新封山育林	507 842	311394	111 872	34 053	31 212	19 311
②有林地和灌木林地新封山育林	126 882	25 862	24 908	46 667	27 693	1752
4. 退化林修复面积	6354	255	534	853	4645	67
①低效林改造面积	4858	255	534	850	3152	67
②退化防护林改造面积	1496	—	—	3	1493	—
5. 森林抚育面积	202 985	55 949	68462	71390	7184	—
二、年末实有封山(沙)育林面积	**4 818 002**	**3 100 433**	**704 033**	**569 348**	**273 321**	**170 867**
三、全部林业投资完成额	**954 103**	**551 846**	**103 717**	**247 150**	**31 420**	**19 970**
其中：中央投资	360 104	207 247	63 087	54690	19 673	15 407
地方投资	277 236	163 036	22 140	83478	4240	4342
1. 营造林	863 907	507 544	85 142	226 597	24 714	19 910
2. 种苗	51 466	29 869	9752	8845	3000	—
3. 森林防火	7385	1861	2216	2130	1178	—
4. 病虫害防治	7762	3758	1070	2361	573	—
5. 科技费用	4120	2890	685	363	182	—
6. 其他	19 463	5924	4852	6854	1773	60
四、群众投工投劳(折合资金)	**98 016**	**47 131**	**26 243**	**9904**	**11 417**	**3321**

表 19-16　林业系统野生动植物保护及自然保护区工程建设情况

指　标	单位	本年实际
一、年末实有自然保护区个数	个	**2228**
其中：国家级	个	345
二、年末实有自然保护区面积	**百公顷**	**1 242 503**
其中：国家级	百公顷	810 837
三、国际重要湿地个数	个	**49**
国际重要湿地面积	百公顷	41 124
四、野生植物就地保护小区个数	个	**1423**
野生植物就地保护小区面积	百公顷	35 317
五、野生植物种源培育基地	个	**1051**
六、野生动物种源繁育基地(不含观赏展演单位)	个	**6994**
1. 公益性野生动物救护繁育基地	个	193
2. 商业性野生动物驯养繁殖单位	个	6801
七、野生动物观赏展演单位	个	**457**
1. 动物园	个	192
2. 野生动物园	个	41
3. 马戏团等展演单位	个	224
八、野生动植物保护管理站	个	**2832**

（续）

指　标	单位	本年实际
九、鸟类环志中心(站)个数	**个**	**110**
十、野生动物疫源疫病监测站个数	**个**	**1385**
十一、野生动植物科研及监测机构个数	**个**	**638**
在野生动植物科研及监测机构中各类专业技术人员	人	2957
十二、从事野生动植物及自然保护区建设的职工人数	**人**	**52 325**
其中：各类专业技术人员	人	17 514
十三、野生动植物及自然保护区建设投资完成额	**万元**	**254 454**
其中：中央投资	万元	123 633
地方投资	万元	72 619

表 19-17　林业产业总产值(按现行价格计算)　　单位：万元

指　标	总产值
总　计	**593 627 135**
一、第一产业	**202 073 172**
(一)涉林产业合计	191 643 469
其中：湿地产业	1 171 620
1. 林木育种和育苗	17 113 534
(1)林木育种	1 290 428
(2)林木育苗	15 823 106
2. 营造林	18 470 086
3. 木材和竹材采运	9 998 305
(1)木材采运	7 297 348
(2)竹材采运	2 700 957
4. 经济林产品的种植与采集	119 488 112
(1)水果种植	59 377 741
(2)坚果、含油果和香料作物种植	20 202 817
(3)茶及其他饮料作物的种植	10 986 200
(4)森林药材种植	8 391 408
(5)森林食品种植	10 877 365
(6)林产品采集	9 652 581
5. 花卉及其他观赏植物种植	21 062 653
6. 陆生野生动物繁育与利用	5 510 779
(二)林业系统非林产业	10 429 703
二、第二产业	**298 933 386**
(一)涉林产业合计	290 962 871
其中：湿地产业	1 814 412
1. 木材加工和木、竹、藤、棕、苇制品制造	114 953 014
(1)木材加工	21 979 059
(2)人造板制造	60 334 140
(3)木制品制造	24 575 620
(4)竹、藤、棕、苇制品制造	8 064 195
2. 木、竹、藤家具制造	50 417 257

（续）

指　标	总产值
3. 木、竹、苇浆造纸和纸制品	54 521 790
（1）木、竹、苇浆制造	7 171 751
（2）造纸	27 622 376
（3）纸制品制造	19 727 663
4. 林产化学产品制造	6 040 052
5. 木质工艺品和木质文教体育用品制造	5 885 991
6. 非木质林产品加工制造业	47 810 474
（1）木本油料、果蔬、茶饮料等加工制造	34 827 520
（2）野生动物食品与毛皮革等加工制造	2 808 256
（3）森林药材加工制造	10 174 698
7. 其他	11 334 293
（二）林业系统非林产业	7 970 515
三、第三产业	**92 620 577**
（一）涉林产业合计	84 483 207
其中：湿地产业	2 007 720
1. 林业生产服务	3 626 609
2. 林业旅游与休闲服务	67 589 463
3. 林业生态服务	6 153 179
4. 林业专业技术服务	2 022 142
5. 林业公共管理及其他组织服务	5 091 814
（二）林业系统非林产业	8 137 370
补充资料：竹产业产值	19 229 925
油茶产业产值	6 328 920
林下经济产值	54 039 375

表 19-18　全国主要林产工业产品产量 2015 年与 2014 年比较

主要指标	单位	2015 年	2014 年	2015 年比 2014 年增减（%）
木材产量	万立方米	7218.21	8233.30	-12.33
1. 原木	万立方米	6546.35	7553.46	-13.33
2. 薪材	万立方米	671.86	679.84	-1.17
竹材产量	万根	235 466.04	222 439.93	5.86
锯材产量	万立方米	7430.38	6836.98	8.68
人造板产量	万立方米	28 679.52	27 371.79	4.78
1. 胶合板	万立方米	16 546.25	14 970.03	10.53
2. 纤维板	万立方米	6618.53	6462.63	2.41
3. 刨花板	万立方米	2030.19	2087.53	-2.75
4. 其他人造板	万立方米	3484.56	3851.59	-9.53
木竹地板产量	万平方米	77 355.85	76 022.40	1.75
松香类产品产量	吨	1 742 521	1 700 727	2.46
栲胶类产品产量	吨	7584	5013	51.29
紫胶类产品产量	吨	3344	4645	-28.01

表 19-19 各地区主要

地 区	木材	竹材	锯材	人 造	
				合 计	胶合板
全国合计	**7218.21**	**235 466**	**7430.38**	**28 679.52**	**16 546.25**
北 京	12.92	—	—	18.50	—
天 津	17.04	—	—	10.60	1.10
河 北	80.45	—	154.87	1670.42	588.13
山 西	14.10	—	14.93	44.59	0.59
内蒙古	142.62	—	761.46	49.47	38.53
内蒙古集团	77.97	—	—	—	—
辽 宁	165.92	—	338.62	522.27	264.93
吉 林	287.87	—	173.09	434.95	152.24
吉林集团	41.96	—	0.77	163.14	0.33
长白山集团	58.16	—	2.74	7.27	1.04
黑龙江	156.77	—	628.90	478.32	313.61
龙江集团	4.01	—	28.44	12.21	3.78
上 海	—	—	—	4.00	4.00
江 苏	131.82	408	182.75	4685.60	3159.85
浙 江	123.68	19 745	327.80	646.54	270.84
安 徽	457.96	15 724	413.94	2105.49	1490.22
福 建	496.99	71 532	217.67	850.75	420.27
江 西	232.16	18 551	218.83	436.50	155.69
山 东	364.01	—	1355.75	7068.23	4839.77
河 南	228.88	154	212.25	1692.13	788.72
湖 北	227.13	3124	258.24	633.47	171.26
湖 南	262.75	6399	420.43	491.87	264.39
广 东	790.83	12 754	172.20	1815.92	1108.40
广 西	2105.72	52 627	939.28	3560.73	2054.41
海 南	124.47	829	47.57	29.45	16.71
重 庆	50.08	7692	43.69	124.35	57.72
四 川	169.72	8163	146.97	812.51	212.63
贵 州	175.28	1657	90.39	89.69	56.03
云 南	348.47	15 501	290.02	279.83	98.09
西 藏	4.16	—	3.03	—	—
陕 西	6.82	606	9.57	106.78	8.95
甘 肃	3.35	—	1.03	1.10	0.97
青 海	1.25	—	—	—	—
宁 夏	1.05	—	—	—	—
新 疆	33.93	—	6.10	15.38	8.21
新疆兵团	10.64	—	0.07	—	—
大兴安岭	—	—	1.01	0.08	0.02

林产工业产品产量

单位:万立方米、万平方米、万根、吨

板			木竹地板	松香类产品产量	栲胶类产品产量	紫胶类产品产量
纤维板	刨花板	其他人造板				
6618.53	**2030.19**	**3484.56**	**77 355.85**	**1 742 521**	**7584**	**3344**
18.50	—	—	—	—	—	—
9.50	—	—	90.30	—	—	—
475.94	296.22	310.13	87.00	—	1200	—
15.25	5.69	23.06	—	—	—	—
3.95	1.89	5.10	8.08	—	—	—
—	—	—	—	—	—	—
117.86	67.96	71.53	2383.43	—	—	—
135.90	64.62	82.20	4082.01	—	—	—
109.34	53.08	0.39	406.20	—	—	—
6.11	—	0.12	245.12	—	—	—
98.53	44.76	21.41	788.51	—	—	—
0.53	2.85	5.05	15.72	—	—	—
—	—	—	2799.90	—	—	—
756.50	238.86	530.38	28 936.64	9600	—	—
94.46	11.67	269.57	10 370.06	20 000	—	—
357.40	122.54	135.34	5179.55	7764	—	—
138.43	123.92	168.12	2904.88	133 602	—	—
134.66	37.86	108.29	6051.65	126 517	—	—
1375.92	403.09	449.45	4703.09	—	—	—
347.44	112.34	443.63	1229.70	—	1000	—
318.56	78.44	65.21	3271.44	25 383	—	—
52.03	17.37	158.09	1052.32	31 326	—	27
552.02	138.29	17.21	1284.46	156 222	—	1119
840.22	193.59	472.52	717.31	1 027 034	5384	—
4.00	8.75	—	16.58	428	—	—
49.23	14.52	2.89	6.25	984	—	—
459.06	26.29	114.53	970.40	825	—	30
11.23	3.73	18.70	119.92	20 495	—	—
150.34	14.93	16.47	301.18	182 341	—	2168
—	—	—	—	—	—	—
94.59	2.86	0.38	0.79	—	—	—
—	—	0.13	—	—	—	—
—	—	—	—	—	—	—
—	—	—	—	—	—	—
7.00	—	0.17	—	—	—	—
—	—	—	—	—	—	—
—	—	0.06	0.40	—	—	—

表 19-20　全国主要木材、竹材产品产量

产品名称	单位	全部产量
木材及竹材采伐产品		
一、商品材	**万立方米**	**7218.21**
其中:热带木材	万立方米	1098.85
针叶木材	万立方米	1403.39
1. 原木	万立方米	6546.35
2. 薪材	万立方米	671.86
按来源分:		
1. 天然林	万立方米	527.79
2. 人工林	万立方米	6690.42
按用途分:		
1. 直接用原木	万立方米	1797.26
2. 加工用材	万立方米	4122.45
3. 造纸用材	万立方米	831.08
4. 其他	万立方米	467.43
按生产单位分:		
1. 系统内国有企业单位生产的木材	万立方米	419.50
2. 系统内国有林场、事业单位生产的木材	万立方米	1302.86
3. 系统外企、事业单位采伐自营林地的木材	万立方米	366.77
4. 乡(镇)集体企业及单位生产的木材	万立方米	538.88
5. 村及村以下各级组织和农民个人生产的木材	万立方米	4590.20
二、非商品材	**万立方米**	**2961.56**
1. 农民自用材采伐量	万立方米	733.43
2. 农民烧材采伐量	万立方米	2228.14
三、竹材		
(一)大径竹	万根	235 466.04
其中:村及村以下各级组织和农民个人生产的大径竹	万根	136 463.32
1. 毛竹	万根	136 748.93
2. 其他	万根	98 717.11
(二)小杂竹	万吨	1125.25

表 19-21　全国主要林产工业产品产量

产品名称	单位	产量
木竹加工制品		
一、锯材	**万立方米**	**7430.38**
1. 普通锯材	万立方米	7253.76
2. 特种锯材	万立方米	67.28
3. 枕木及其他锯材	万立方米	109.35
二、木片、木粒加工产品	**万实积立方米**	**4285.80**
三、人造板	**万立方米**	**28 679.52**
(一)胶合板	万立方米	16 546.25
1. 木胶合板	万立方米	15 344.48
2. 竹胶合板	万立方米	493.13
3. 其他胶合板	万立方米	708.64

（续）

产品名称	单位	产量
（二）纤维板	万立方米	6618.53
1. 木质纤维板	万立方米	6412.83
（1）硬质纤维板	万立方米	596.71
（2）中密度纤维板	万立方米	5768.83
（3）软质纤维板	万立方米	47.29
2. 非木质纤维板	万立方米	205.70
（三）刨花板	万立方米	2030.19
1. 木质刨花板	万立方米	1998.15
其中：定向刨花板（OSB）	万立方米	91.92
2. 非木质刨花板	万立方米	32.03
（四）其他人造板	万立方米	3484.56
其中：细木工板	万立方米	2075.96
四、其他加工材	**万立方米**	**891.54**
1. 改性木材	万立方米	184.27
2. 指接材	万立方米	409.16
五、木竹地板	**万平方米**	**77 355.85**
1. 实木地板	万平方米	12 979.36
2. 实木复合木地板	万平方米	24 182.59
3. 浸渍纸层压木质地板（强化木地板）	万平方米	28 987.91
4. 竹地板（含竹木复合地板）	万平方米	10 195.35
5. 其他木地板（含软木地板、集成材地板等）	万平方米	1010.64
林产化学产品		
一、松香类产品	**吨**	**1 742 521**
1. 松香	吨	1 531 163
2. 松香深加工产品	吨	211 358
二、松节油类产品	**吨**	**263 209**
1. 松节油	吨	213 142
2. 松节油深加工产品	吨	50 067
三、樟脑	**吨**	**13 427**
其中：合成樟脑	吨	13 005
四、冰片	**吨**	**2002**
其中：合成冰片	吨	1185
五、栲胶类产品	**吨**	**7584**
1. 栲胶	吨	7584
2. 栲胶深加工产品	吨	—
六、紫胶类产品	**吨**	**3344**
1. 紫胶	吨	2747
2. 紫胶深加工产品	吨	597
七、木竹热解产品	**吨**	**1 630 536**
八、木质生物质成型燃料	**吨**	**485 100**

表 19-22　全国主要经济林产品生产情况

单位:吨

指　标	产量
各类经济林产品总量	**173 562 693**
一、水果	**146 124 304**
1. 苹果	40 786 836
2. 柑橘	30 782 937
3. 梨	18 877 400
4. 葡萄	14 059 995
5. 桃	13 669 176
6. 杏	2 554 815
7. 荔枝	2 486 821
8. 龙眼	1 715 443
9. 猕猴桃	1 219 587
10. 其他水果	19 971 294
二、干果	**10 435 165**
1. 板栗	2 342 054
2. 枣(干重)	5 401 925
3. 柿子(干重)	1 151 519
4. 仁用杏(大扁杏等甜杏仁)	116 240
5. 榛子	125 827
6. 松子	105 941
7. 其他干果	1 191 659
三、林产饮料产品(干重)	**2 161 369**
1. 毛茶	1 881 176
2. 其他林产饮料产品	280 193
四、林产调料产品(干重)	**671 697**
1. 花椒	398 224
2. 八角	147 545
3. 桂皮	76 080
4. 其他林产调料产品	49 848
五、森林食品	**4 235 865**
1. 竹笋干	771 623
2. 食用菌(干重)	2 734 563
3. 山野菜(干重)	397 448
4. 其他森林食品(干重)	332 231
六、森林药材	**2452 871**
1. 银杏(白果)	115 945
2. 山杏仁(苦杏仁)	176 900
3. 杜仲	184 406
4. 黄柏	44 733
5. 厚朴	203 564
6. 山茱萸	47 665
7. 枸杞	293 220
8. 沙棘	27 061
9. 五味子	48 608
10. 其他森林药材	1 310 769
七、木本油料	**5 600 282**
1. 油茶籽	2 163 492
2. 核桃	3 331 703
3. 油橄榄	27 907
4. 油用牡丹籽	22 572
5. 其他木本油料	54 608
八、林产工业原料	**1 881 140**
1. 生漆	22 806
2. 油桐籽	412 042
3. 乌桕籽	32 179
4. 五倍子	25 081
5. 棕片	59 145
6. 松脂	1 326 292
7. 紫胶(原胶)	3595

表 19-23 全国油茶与花卉产业发展情况

指标	单位	产量
一、油茶产业发展情况		
1. 年末实有油茶林面积	公顷	3 821 717
当年新造面积	公顷	158 034
当年低改面积	公顷	157 844
2. 繁殖圃个数	个	450
繁殖圃面积	公顷	7229
3. 苗木产量	万株	96 741
其中：一年生苗木产量	万株	57 355
二年留床苗木产量	万株	26 273
4. 油茶籽产量	万吨	216
5. 油茶企业	个	2208
二、花卉产业发展情况		
1. 年末实有花卉种植面积	公顷	1 292 292
2. 切花切叶产量	万支	1 836 017
3. 盆栽植物产量	万盆	414 179
4. 观赏苗木产量	万株	1 003 361
5. 草坪产量	万平方米	39 647
6. 花卉市场	个	4318
7. 花卉企业	个	52 516
其中：大中型企业	个	9136
8. 花农	万户	134. 76
9. 花卉从业人员	万人	505. 77
其中：专业技术人员	万人	28. 95
10. 控温温室面积	万平方米	5772
11. 日光温室面积	万平方米	16 926

劳动工资统计

表 19-24 林业系统从业人员和劳动报酬主要指标 2015 年与 2014 年比较

主要指标	单位	2015 年	2014 年	2015 年比 2014 年增减%
一、单位个数	个	**42 723**	**43 320**	**-1. 38**
二、年末人数	人	**1 484 819**	**1 549 622**	**-4. 18**
1. 从业人员	人	1 204 304	1 227 780	-1. 91
①在岗职工	人	1 157 572	1 180 371	-1. 93
②其他从业人员	人	46 732	47 409	-1. 43
2. 离开本单位仍保留劳动关系人员	人	280 515	321 842	-12. 84
三、年末实有离退休人员	人	**1 039 220**	**1 034 949**	**0. 41**
四、在岗职工年平均工资	元	**41 645**	**34 530**	**20. 61**

表 19-25 各地区林业系统

地　区	总　计	按性质分				
		企　业	事　业	机　关	合　计	林木育种育苗
全国合计	**42 732**	**2043**	**35 593**	**5096**	**20 177**	**2445**
北　京	298	2	272	24	140	17
天　津	81	—	75	6	72	16
河　北	1444	29	1210	205	908	171
山　西	2130	13	1984	133	1095	184
内蒙古	1583	46	1261	276	717	95
内蒙古集团	50	27	23	—	19	—
辽　宁	1312	25	1155	132	646	74
吉　林	1406	271	1002	133	411	36
吉林集团	51	51	—	—	11	—
长白山集团	19	14	4	1	11	—
黑龙江	1872	160	1544	168	748	91
龙江集团	170	101	55	14	50	2
上　海	32	—	31	1	5	1
江　苏	785	—	758	27	531	92
浙　江	994	13	864	117	308	34
安　徽	1440	37	1174	229	742	81
福　建	1908	239	1457	212	947	102
江　西	2089	122	1757	210	558	65
山　东	2195	42	1954	199	886	227
河　南	1137	26	885	226	564	137
湖　北	1965	98	1697	170	528	89
湖　南	2806	85	2462	259	1261	130
广　东	1810	40	1508	262	627	49
广　西	2269	191	1799	279	1181	95
海　南	195	29	123	43	57	8
重　庆	903	12	813	78	99	23
四　川	3307	152	2830	325	2205	116
贵　州	2006	148	1661	197	1295	64
云　南	1711	98	1339	274	1030	64
西　藏	95	4	24	67	22	14
陕　西	1483	65	1161	257	611	135
甘　肃	1494	9	1275	210	954	123
青　海	359	—	238	121	147	24
宁　夏	279	3	240	36	193	18
新　疆	1190	54	935	201	674	70
新疆兵团	—	—	—	—	—	—
局直属单位	154	30	105	19	15	—
大兴安岭	67	23	26	18	15	—

单位个数(一)

单位:个

按行业分					
农林牧渔业					
营造林	木竹采运	经济林产品种植与采集	花卉及其他观赏植物种植	陆生野生动物繁育与利用	其他
10 743	**858**	**356**	**275**	**181**	**5319**
34	—	1	2	—	86
24	—	3	—	2	27
285	22	33	7	4	386
631	—	—	—	—	280
363	22	3	2	1	231
—	19	—	—	—	—
419	50	24	11	14	54
334	23	—	—	1	17
1	9	—	—	—	1
—	11	—	—	—	—
438	55	1	—	2	161
15	30	—	—	—	3
2	—	—	—	—	2
360	7	50	8	2	12
80	3	—	—	2	189
544	33	—	3	4	77
326	159	9	12	6	333
228	73	5	4	5	178
553	30	25	10	12	29
193	41	18	18	25	132
320	35	21	4	9	50
600	99	52	12	41	327
320	27	12	1	5	213
688	35	20	65	10	268
31	—	2	1	1	14
64	2	2	1	1	6
897	53	6	9	7	1117
906	40	9	81	2	193
516	27	15	1	10	397
—	—	5	2	1	—
324	14	10	15	8	105
562	3	15	2	2	247
104	—	—	2	—	17
130	—	7	—	—	38
457	5	8	2	4	128
—	—	—	—	—	—
10	—	—	—	—	5
10	—	—	—	—	5

表 19-25　各地区林业系统

地　区	按　行					
	制　造　业					
	小　计	木材加工及木、竹、藤、棕、苇制品业	木、竹、藤家具制造业	木、竹、苇浆造纸业	林产化学产品制造	其　他
全国合计	**387**	**278**	**23**	**6**	**18**	**62**
北　京	—	—	—	—	—	—
天　津	—	—	—	—	—	—
河　北	7	4	—	—	—	3
山　西	3	—	—	—	—	3
内蒙古	3	—	1	2	—	—
内蒙古集团	2	—	—	2	—	—
辽　宁	10	10	—	—	—	—
吉　林	30	22	2	1	3	2
吉林集团	24	18	2	1	1	2
长白山集团	3	3	—	—	—	—
黑龙江	29	17	—	2	1	9
龙江集团	23	16	—	2	—	5
上　海	—	—	—	—	—	—
江　苏	—	—	—	—	—	—
浙　江	—	—	—	—	—	—
安　徽	13	8	3	—	1	1
福　建	12	8	—	—	4	—
江　西	15	3	2	—	1	9
山　东	15	15	—	—	—	—
河　南	3	2	—	—	—	1
湖　北	17	14	—	—	1	2
湖　南	42	33	5	1	1	2
广　东	18	8	—	—	—	10
广　西	95	92	—	—	2	1
海　南	1	1	—	—	—	—
重　庆	4	4	—	—	—	—
四　川	32	16	3	—	2	11
贵　州	1	—	—	—	1	—
云　南	8	7	—	—	—	1
西　藏	4	4	—	—	—	—
陕　西	20	9	7	—	1	3
甘　肃	1	1	—	—	—	—
青　海	—	—	—	—	—	—
宁　夏	—	—	—	—	—	—
新　疆	—	—	—	—	—	—
新疆兵团	—	—	—	—	—	—
局直属单位	4	—	—	—	—	4
大兴安岭	4	—	—	—	—	4

单位个数(二)

单位:个

业分									
服务业									其他行业
合计	林业生产服务	野生动植物保护和自然保护区管理	林业工程技术与规划管理	林业科技交流和推广服务	林业公共管理和社会组织			其他	
					小计	林业行政管理、公安及监督检查机构	林业专业性、行业性团体		
21 909	**3910**	**1130**	**1096**	**2786**	**11 285**	**10 226**	**1059**	**1702**	**259**
154	13	4	7	5	95	82	13	30	4
9	—	2	—	1	6	6	—	—	—
527	88	14	7	130	265	265	—	23	2
1032	184	46	74	55	597	588	9	76	—
840	239	35	43	20	483	480	3	20	23
8	—	3	1	—	—	—	—	4	21
655	21	42	34	60	492	429	63	6	1
952	203	10	21	33	673	673	—	12	13
6	—	—	—	—	—	—	—	6	10
5	1	—	1	1	2	2	—	—	—
1055	148	34	15	31	709	688	21	118	40
71	4	—	3	5	24	15	9	35	26
16	3	2	4	6	1	1	—	—	11
254	3	2	2	175	72	64	8	—	—
679	373	42	5	91	133	127	6	35	7
678	67	33	51	189	315	282	33	23	7
941	200	37	63	56	527	357	170	58	8
1501	187	50	61	98	787	652	135	318	15
1292	216	62	86	480	369	336	33	79	2
562	61	40	26	84	319	311	8	32	8
1420	118	81	122	122	925	925	—	52	—
1486	145	78	65	181	892	797	95	125	17
1149	117	107	15	73	412	346	66	425	16
984	302	40	59	50	492	377	115	41	9
137	17	23	—	8	78	77	1	11	—
800	537	10	33	13	200	195	5	7	—
1056	184	74	44	153	563	512	51	38	14
705	154	38	93	64	335	270	65	21	5
642	45	80	44	147	312	274	38	14	31
69	—	—	1	—	68	67	1	—	—
848	82	43	52	226	390	363	27	55	4
539	74	41	24	93	261	237	24	46	—
212	11	4	7	59	123	123	—	8	—
84	16	5	2	16	37	37	—	8	2
514	100	43	28	45	286	221	65	12	2
—	—	—	—	—	—	—	—	—	—
117	2	8	8	22	68	64	4	9	18
30	2	5	2	2	18	18	—	1	18

表 19-26 各地区林业系统单位

地 区	总 计	按性质分				
		企 业	事 业	机 关	小 计	林木育种育苗
全国合计	**1 157 572**	**485 979**	**573 093**	**98 500**	**821 621**	**44 856**
北 京	8959	150	7726	1083	4095	687
天 津	751	—	650	101	557	140
河 北	22 252	1458	17 448	3346	14 825	2286
山 西	23 508	173	21 597	1738	13 253	1780
内蒙古	97 736	49 642	41 874	6220	76 437	1818
内蒙古集团	50 269	47 780	2489	—	46 101	—
辽 宁	20 495	401	18 562	1532	13 528	847
吉 林	122 773	93915	24 844	4014	100 587	935
吉林集团	40 210	40 210	—	—	32 317	—
长白山集团	32 558	32 092	107	359	30 477	—
黑龙江	267 860	210 437	52 747	4676	242 008	6768
龙江集团	217 900	208 509	7635	1756	202 070	5902
上 海	1283	—	1116	167	124	24
江 苏	13 158	—	12 910	248	11 304	3253
浙 江	10 510	410	8251	1849	3359	712
安 徽	20 516	1329	16 880	2307	14 227	2339
福 建	21 550	5679	12 521	3350	11 701	378
江 西	49 356	4986	38 438	5932	30 900	1288
山 东	21 972	952	18 396	2624	12 045	2728
河 南	28 546	655	23 475	4416	17 111	3191
湖 北	26 247	2680	19 908	3659	10 465	1161
湖 南	48 317	4309	36 538	7470	21 540	1828
广 东	27 897	2522	19 177	6198	13 842	643
广 西	38 654	3531	31 212	3911	26 100	724
海 南	5411	2386	1990	1035	2960	379
重 庆	7236	306	5577	1353	2563	263
四 川	42 733	15 561	20 830	6342	27 875	1202
贵 州	17 845	2887	12466	2492	11 233	533
云 南	32 342	8680	15836	7826	17 241	1620
西 藏	1937	563	293	1081	206	135
陕 西	35 989	5650	26 651	3688	21 356	2881
甘 肃	38 767	9533	25 049	4185	26 639	1336
青 海	9318	—	8275	1043	6202	243
宁 夏	8789	464	7749	576	6300	683
新 疆	21 421	4614	14 019	2788	13 659	2051
新疆兵团	—	—	—	—	—	—
局直属单位	63 444	52 106	10 088	1250	47 379	—
大兴安岭	54 794	51 035	2740	1019	47 379	—

在岗职工年末人数(一)

单位:人

按行业分					
农林牧渔业					
营造林	木竹采运	经济林产品种植与采集	花卉及其他观赏植物种植	陆生野生动物繁育与利用	其他
452 645	**256 374**	**5239**	**2123**	**1437**	**58 947**
690	—	9	41	—	2668
173	—	49	—	27	168
6096	145	336	57	79	5826
9296	—	—	—	—	2177
26 150	46127	28	8	4	2302
—	46101	—	—	—	—
8924	3063	106	101	69	418
32 780	66315	—	—	6	551
49	32 268	—	—	—	—
—	30 477	—	—	—	—
111 520	116 885	7	—	3	6825
75 256	115 538	—	—	—	5374
53	—	—	—	—	47
6762	204	735	109	22	219
1763	31	—	—	34	819
9851	721	—	32	14	1270
5291	3834	71	63	44	2020
24 169	3117	57	77	60	2132
8385	248	213	93	108	270
9894	965	238	353	195	2275
8361	364	83	50	55	391
11 827	2314	403	151	219	4798
8818	886	99	1	127	3268
21 780	753	159	259	55	2370
1763	—	165	15	51	587
2143	17	23	15	15	87
19 839	2354	113	52	41	4274
7274	1163	100	321	14	1828
8863	3083	179	14	22	3460
—	—	61	7	3	—
12 005	3766	202	243	142	2117
22 713	9	244	9	10	2318
5543	—	—	39	—	377
4126	—	632	—	—	859
9398	10	927	13	18	1242
—	—	—	—	—	—
46 395	—	—	—	—	984
46 395	—	—	—	—	984

表 19-26 各地区林业系统单位

地区	按行					
	制造业					
	小计	木材加工及木、竹、藤、棕、苇制品业	木、竹、藤家具制造业	木、竹、苇浆造纸业	林产化学产品制造	其他
全国合计	**25 993**	**16 030**	**1650**	**1310**	**830**	**6173**
北京	—	—	—	—	—	—
天津	—	—	—	—	—	—
河北	58	41	—	—	—	17
山西	10	—	—	—	—	10
内蒙古	1049	—	50	999	—	—
内蒙古集团	999	—	—	999	—	—
辽宁	82	82	—	—	—	—
吉林	6998	4387	717	185	148	1561
吉林集团	5308	2754	717	185	91	1561
长白山集团	1615	1615	—	—	—	—
黑龙江	2415	1991	—	51	80	293
龙江集团	2318	1991	—	51	—	276
上海	—	—	—	—	—	—
江苏	—	—	—	—	—	—
浙江	—	—	—	—	—	—
安徽	348	232	84	—	32	—
福建	612	388	—	—	224	—
江西	422	406	8	—	1	7
山东	—	—	—	—	—	—
河南	115	80	—	—	—	35
湖北	860	717	—	—	1	142
湖南	2991	2280	570	75	20	46
广东	142	91	—	—	—	51
广西	2198	1865	—	—	266	67
海南	2	2	—	—	—	—
重庆	53	53	—	—	—	—
四川	549	271	22	—	22	234
贵州	7	—	—	—	7	—
云南	610	604	—	—	—	6
西藏	563	563	—	—	—	—
陕西	1316	962	199	—	29	126
甘肃	1015	1015	—	—	—	—
青海	—	—	—	—	—	—
宁夏	—	—	—	—	—	—
新疆	—	—	—	—	—	—
新疆兵团	—	—	—	—	—	—
局直属单位	3578	—	—	—	—	3578
大兴安岭	3578	—	—	—	—	3578

在岗职工年末人数(二)

单位:人

业　分									
服务业									其他行业
合计	林业生产服务	野生动植物保护和自然保护区管理	林业工程技术与规划管理	林业科技交流和推广服务	林业公共管理和社会组织			其他	
					小计	林业行政管理、公安及监督检查机构	林业专业性、行业性团体		
294 250	**37 278**	**23 660**	**16 011**	**34 893**	**155 016**	**141 752**	**13 264**	**27 392**	**15 708**
4685	295	111	341	121	2177	1833	344	1640	179
194	—	53	—	40	101	101	—	—	—
7369	991	742	184	996	4203	4203	—	253	—
10 245	1753	573	640	581	5317	5207	110	1281	—
17 910	7690	744	525	531	7705	7550	155	715	2340
863	—	310	52	—	—	—	—	501	2306
6828	111	460	399	525	5295	4810	485	38	57
14291	2014	315	1108	532	8324	8324	—	1998	897
1908	—	—	—	—	—	—	—	1908	677
466	12	—	43	29	382	382	—	—	—
17 876	2117	598	1175	517	9788	7158	2630	3681	5561
7967	55	—	802	298	4387	1766	2621	2425	5545
632	80	38	69	278	167	167	—	—	527
1854	15	8	14	1171	646	491	155	—	—
7032	2651	570	96	928	1999	1965	34	788	119
5687	263	253	387	1244	3229	2866	363	311	254
9139	1393	375	797	359	5911	4790	1121	304	98
17 677	2132	603	629	937	10439	9003	1436	2937	357
9903	967	702	684	2982	3751	3607	144	817	24
11 104	747	1376	395	1678	5764	5674	90	1144	216
14 922	1158	1071	1048	1461	9035	9035	—	1149	—
23 734	815	3467	1005	1908	14 770	13 848	922	1769	52
13 750	926	907	261	1175	7553	6730	823	2928	163
10 203	2831	943	388	476	5244	4668	576	321	153
2449	69	530	—	345	1416	1412	4	89	—
4620	2007	196	327	113	1756	1720	36	221	—
14 146	1235	2071	359	2092	8181	7515	666	208	163
6525	995	285	755	342	3935	3419	516	213	80
12 760	512	1756	598	1214	8181	7826	355	499	1731
1168	—	—	64	—	1104	1081	23	—	—
12 459	1321	785	839	3404	5052	4544	508	1058	858
11 113	823	1753	662	1853	4646	4471	175	1376	—
3116	83	60	110	1741	1059	1059	—	63	—
2341	214	766	48	642	582	582	—	89	148
7756	983	580	231	558	5029	3504	1525	375	6
—	—	—	—	—	—	—	—	—	—
10 762	87	869	1873	4149	2657	2589	68	1127	1725
2112	87	467	327	196	1019	1019	—	16	1725

表 19-27　各地区林业系统单位

地　区	总　计	按性质分				
		企　业	事　业	机　关	小　计	林木育种育苗
全国合计	**41 645**	**32 419**	**45 624**	**61 633**	**36 072**	**39 280**
北　京	97 720	95 305	94 397	122 663	96 632	104 400
天　津	73 029	—	70 296	90 618	63 974	63 618
河　北	45 095	31 532	45 401	49 463	44 686	33 488
山　西	45 949	21 075	45 418	54 852	42 630	37 899
内蒙古	43 042	38 869	44 332	69 178	39 996	46 036
内蒙古集团	40 327	39 636	55 923	—	39 814	—
辽　宁	35 907	18 659	34 982	51 365	31 529	34 238
吉　林	34 885	34 721	32 641	51 967	31 900	32 693
吉林集团	39 988	39 988	—	—	37 741	—
长白山集团	37007	36 094	86 069	93 529	36 442	—
黑龙江	30 383	28 293	35 389	59 582	28 458	30 085
龙江集团	29 907	28 395	57816	69 254	28 414	29 765
上　海	118 894	—	115 177	143 517	101 616	100 258
江　苏	53 676	—	53 258	75 320	52761	32 553
浙　江	84 924	52 536	82 355	104 669	77 170	69 047
安　徽	39 543	30 477	37 620	57 962	33 737	26 620
福　建	51 379	36 035	53 844	68 585	47 194	57 875
江　西	39 088	31 188	37 252	55 612	31 563	36 090
山　东	47 593	36 051	46 443	60 809	42 965	42 891
河　南	28 412	38 418	26 865	34 964	25 588	24 620
湖　北	42 662	32 357	42 137	53 210	34 084	33 151
湖　南	45 598	35 959	46 753	45 811	44 900	55 473
广　东	57 231	28 171	53 340	81 731	46 286	50 245
广　西	39 756	20 221	40 010	55 460	37 646	47 480
海　南	49 466	34 448	48 821	83 573	35 299	38 090
重　庆	60 213	36 909	59 380	68 746	60 432	55 227
四　川	52 516	41 751	55 615	68 616	47 329	44 730
贵　州	39 583	19 463	41 261	54 558	33 308	35 568
云　南	50 651	32 468	56 122	60 812	43 461	38 330
西　藏	64 270	46 480	72 996	70 982	57 742	58 154
陕　西	46 418	36 610	47 473	53 927	42 808	48 476
甘　肃	45 556	30 039	47 646	59 907	43 107	44 248
青　海	42 347	—	37 225	81 982	35 321	65 283
宁　夏	49 505	40 257	48 551	69 579	45 918	43 283
新　疆	50 690	39 383	51 946	63 177	43 945	38 636
新疆兵团	—	—	—	—	—	—
局直属单位	44 482	34 231	90 795	86 963	31 434	—
大兴安岭	33 448	31 195	61 965	69 615	31 434	—

在岗职工年平均工资(一)

单位:元

按行业分					
农林牧渔业					
营造林	木竹采运	经济林产品种植与采集	花卉及其他观赏植物种植	陆生野生动物繁育与利用	其他
35 879	**33 501**	**38 434**	**30 632**	**38 517**	**45 215**
99 062	—	111 185	73 569	—	94 256
62 071	—	67 377	—	83 183	62 213
47 203	31 329	39 480	39 820	48 898	47 084
44 846	—	—	—	—	37 006
38 797	39 832	65 173	82 308	—	51 968
—	39 814	—	—	—	—
33 161	25 599	19 043	33 252	43 578	36 070
22 260	37 130	—	—	69 544	24 904
44 396	37 729	—	—	—	—
—	36 442	—	—	—	—
28 402	28 453	38 808	—	45 550	27 756
28 828	28 310	—	—	—	23 713
118 060	—	—	—	—	84 115
64 794	38 775	32672	34 304	—	45 490
71 047	67 872	—	—	67 686	98 580
35 988	24 430	—	37 062	24 178	35 113
52 358	37 584	60 152	34 014	29 741	49 932
30 427	31 206	47 069	50 384	38 981	37 712
42 904	51 899	50 143	30 506	40 297	37 148
25 504	26 424	32 656	30 608	26 117	25 651
33 805	33 170	37 186	40 640	33 436	42 249
49 858	31 528	32 921	30 348	34 601	37 341
43 222	39 027	46 754	36 000	28 490	57 008
37 798	42 186	35 305	9006	25 494	35 710
36 425	—	15 959	18000	12 518	37 879
62 161	39 489	35 914	34 611	34 611	52 795
46 448	45 814	36 780	52 269	50 854	52 968
37 337	24 145	44 537	21 986	41 734	27 706
47 315	29 882	38 464	36 816	49 938	49 659
—	—	54 900	72 000	72 000	—
41 199	38 667	49 419	30 449	56 020	51 459
42 066	31 505	51 227	47 333	41 423	50 800
33 755	—	—	68 367	—	35 623
46 651	—	43 204	—	—	46 593
44 684	59 153	34 132	55 119	58 679	54 123
—	—	—	—	—	—
31 238	—	—	—	—	40 599
31 238	—	—	—	—	40 599

表 19-27　各地区林业系统单位

地　区	按　行					
	制　造　业					
	小　计	木材加工及木、竹、藤、棕、苇制品业	木、竹、藤家具制造业	木、竹、苇浆造纸业	林产化学产品制造	其　他
全国合计	**31 838**	**31 383**	**41 686**	**32 080**	**34 557**	**29 994**
北　京	—	—	—	—	—	—
天　津	—	—	—	—	—	—
河　北	18 968	10 230	—	—	—	40 044
山　西	44 555	—	—	—	—	44 555
内蒙古	29 302	—	30 516	29 244	—	—
内蒙古集团	29 244	—	—	29 244	—	—
辽　宁	22 976	22 976	—	—	—	—
吉　林	38 338	36 822	49 233	46 680	36 150	36 958
吉林集团	40 448	40 241	49 233	46 680	32 691	36 958
长白山集团	29 847	29 847	—	—	—	—
黑龙江	22 040	22 096	—	18 791	26 209	21 051
龙江集团	21 900	22 096	—	18 791	—	21 116
上　海	—	—	—	—	—	—
江　苏	—	—	—	—	—	—
浙　江	—	—	—	—	—	—
安　徽	18 293	11 094	32 217	—	33 938	—
福　建	32 662	24 700	—	—	49 250	—
江　西	47 306	47 842	30 500	—	42 970	35 999
山　东	—	—	—	—	—	—
河　南	6104	6150	—	—	—	6000
湖　北	24 592	24 023	—	—	48 000	27 285
湖　南	40 099	41 384	37 801	38 755	32 500	8693
广　东	20 534	14 979	—	—	—	30 446
广　西	21 252	20 670	—	—	24 625	24 000
海　南	2400	2400	—	—	—	—
重　庆	32 169	32 169	—	—	—	—
四　川	27 611	25 376	33 975	—	24 802	29 848
贵　州	22 333	—	—	—	22 333	—
云　南	21 063	19 728	—	—	—	45 095
西　藏	46 480	46 480	—	—	—	—
陕　西	40 038	40 631	35 921	—	49 729	40 707
甘　肃	20 066	20 066	—	—	—	—
青　海	—	—	—	—	—	—
宁　夏	—	—	—	—	—	—
新　疆	—	—	—	—	—	—
新疆兵团	—	—	—	—	—	—
局直属单位	27 794	—	—	—	—	27 794
大兴安岭	27 794	—	—	—	—	27 794

在岗职工年平均工资(二)

单位:元

业 分									
服务业									其他行业
合计	林业生产服务	野生动植物保护和自然保护区管理	林业工程技术与规划管理	林业科技交流和推广服务	林业公共管理和社会组织			其他	
					小计	林业行政管理、公安及监督检查机构	林业专业性、行业性团体		
56 982	**48 599**	**51 900**	**74 079**	**56 057**	**58 337**	**58 448**	**57 161**	**56 259**	**50 471**
98 831	67 985	99 641	136 088	102 414	106 880	111 177	84 517	85 741	93 627
99 028	—	119 830	—	92 700	90 618	90 618	—	—	—
46 123	37 228	57 869	68 506	34 606	47 583	47 583	—	51 712	—
50 279	35 402	52 342	59 192	53 738	50 766	51 067	36 491	61 549	—
56 079	43 484	53 742	63 832	66 548	67 218	67 796	39 023	60 661	52 409
52 537	—	46 012	20 540	—	—	—	—	60 121	51 702
45 091	42 912	43 639	48 298	46 036	44 923	45 565	38 779	46 562	18 000
50 383	42 016	48 878	50 179	56 727	49 785	49 785	—	64 301	68 901
65 951	—	—	—	—	—	—	—	65 951	79 709
91 801	79 062	—	94 486	75 573	93 145	93145	—	—	—
51 707	32 479	46 895	53 383	62 808	57 103	56 113	59755	47 021	40 942
57 762	60 918	—	48 037	65 467	63 507	69 071	59 799	49 782	40 969
127 402	118 668	116 451	123 650	122 561	143 517	143517	—	—	112 675
59 485	66 499	33 000	41 543	54 115	68 782	68 129	70796	—	—
89 762	84 851	84 065	119 368	98 043	102 687	102 989	85 706	55 337	50 867
56 603	66 889	47 217	45 118	57 312	59 044	60 051	51 876	44 800	33 705
58 337	50 692	53 472	53 455	52 465	61 889	64 230	51 920	50 594	20 859
49 742	43 576	51 439	54 617	47 235	52 020	53 420	42 934	45 311	28 980
53 366	40 930	57 764	38 203	51 269	58 392	58 308	60 502	61 958	48 600
32 909	29 193	25 982	39 425	29 992	33 023	33 081	29 432	45 259	21 835
49 669	42 549	52 591	60 749	52 046	45 632	45 632	—	73 761	—
47 033	57 793	44 352	92 496	48 265	44 018	43 957	44 934	45 619	16 865
69 079	47 298	73 406	101 487	65 785	79 966	79 065	86 727	45 517	51 161
49 024	45 139	46 324	40 190	47 950	52 886	55 030	35 412	46 277	32 756
65 684	43 929	44 284	—	55 087	79 934	79 992	50 900	39 441	—
60 414	57 900	63 203	49 237	56 326	67 298	66 995	80 680	43 333	—
63 938	66 541	58 836	64 490	57 135	66 974	66 682	70 385	45 324	38 190
52 227	47 694	36 197	48 803	47 933	55 852	57 796	43 416	46 928	25 566
60 622	47 435	52 432	47 474	56 679	65 618	66 125	54 516	50 027	61 106
73 828	—	—	109 906	—	71722	70 982	106 248	—	—
53 438	57 868	56 213	51 164	52 138	54 542	53 311	65 524	46 453	44 366
53 320	37 862	49 979	54 743	51 435	58 869	59 577	40 592	50 091	—
57 270	82 044	69 275	84 314	36 629	81 949	81 949	—	58 050	—
57 390	55 141	59 780	75 382	41 065	69 165	69 165	—	74 535	78 592
62 443	55 536	59 832	54 257	55 797	64 193	63 478	65 837	75 982	50 790
—	—	—	—	—	—	—	—	—	—
102 510	64 598	49 451	187 629	79 068	96 987	96 614	110 752	104 364	63 597
63 656	64 598	41 179	74 455	67 136	69 615	69 615	—	68 750	63 597

表 19-28 林业系统按行业分职工伤亡事故情况

国民经济行业	轻伤（人次）	重伤（人次）	死亡（人）
总 计	**327**	**16**	**32**
一、农林牧渔业	**277**	**10**	**23**
1. 营造林	82	8	10
2. 木竹采运	181	1	1
3. 陆生野生动物繁育与利用	—	—	—
4. 其他	14	1	12
二、采矿业	**—**	**—**	**—**
三、制造业	**26**	**1**	**3**
1. 木材加工及木、竹、藤、棕、苇制品业	26	1	1
2. 木、竹、藤家具制造业	—	—	—
3. 木、竹、苇浆造纸业	—	—	—
4. 林产化学产品制造	—	—	—
5. 其他	—	—	2
四、建筑业	**—**	**—**	**—**
五、服务业	**17**	**5**	**6**
其中：林业有害生物防治	1	1	—
森林防火	5	2	1
六、其他行业	**7**	**—**	**—**

固定资产投资统计

表 19-29 林业投资完成情况

单位：万元

指 标	本年实际	其中：中央投资
一、本年计划投资	**38 674 287**	**9 755 389**
二、自年初累计完成投资	**42 901 420**	**10 218 632**
其中：国家投资	16 298 683	—
1. 生态建设与保护	20 172 014	8 423 268
（1）营造林	11 510 792	2 832 245
（2）湿地恢复与保护	617 359	188 820
（3）沙地治理与封禁	146 192	105 442
（4）野生动植物保护及自然保护区	308 235	116 448
（5）生态保护补偿	2 876 076	1 616 995
（6）其他（含生态工程补助资金）	4 713 360	3 563 318
2. 林业支撑与保障	2 272 730	634 149
（1）林木种苗	893 635	119 320

（续）

指　　标	本年实际	其中：中央投资
（2）森林防火与森林公安	516 951	163 808
（3）林业有害生物防治	242 855	54 696
（4）科技教育	76 193	30 649
（5）林业信息化	36744	9256
（6）其他	506 352	256 420
3. 林业产业发展	15 646 727	315 742
（1）工业原料林	1 406 273	81 747
（2）特色经济林（不含木本油料）	960 645	49 115
（3）木本油料	457 170	74 781
（4）花卉	982 115	2106
（5）林下经济	2 429 406	27 947
（6）木竹制品加工制造	3 565 851	6310
（7）木竹家具制造	1 036 875	—
（8）木竹浆造纸	443 753	—
（9）非木质林产品加工制造	590 549	3052
（10）林业旅游与休闲	1 407 599	13 391
（11）其他	2 366 491	57 293
4. 林业民生工程	1 030 254	473 377
（1）棚户区（危旧房）改造	365 733	165 706
（2）社会性基础设施	474 881	200 939
（3）其他	189 640	106 732
5. 其他投资	3 779 695	372 096
其中：财政事业费	2 095 729	115 957
三、本年实际到位资金合计	**42 574 507**	**10 174 999**
1. 上年末结余资金	969 388	379 639
2. 本年实际到位资金小计	41 605 119	9 795 360
（1）国家预算资金	19 104 453	9 777 663
（2）国内贷款	3 754 865	5552
（3）债券	1885	—
（4）利用外资	231 514	—
（5）自筹资金	16 292 156	—
（6）其他资金	2 220 246	12 145

表 19-30 各地区林业投资完成情况

单位:万元

地　　区	总　计	其中:国家投资
全国合计	**42 901 420**	**16 298 683**
北　京	1 591 985	799 715
天　津	165 355	165 355
河　北	942 518	600 666
山　西	1 312 256	818 023
内蒙古	1 604 223	1 359 207
内蒙古集团	455 430	387 449
辽　宁	761 304	49 0751
吉　林	850 582	577 659
吉林集团	301 706	130 624
长白山集团	270 055	230 152
黑龙江	1 280 583	1 200 731
龙江集团	969 827	947 286
上　海	174 443	74 721
江　苏	1 253 879	175 938
浙　江	892 099	463 055
安　徽	1 034 419	221 567
福　建	2 552 359	125 638
江　西	727 465	354 375
山　东	2 887 127	360 461
河　南	1 239 647	170 792
湖　北	1 241 861	478 263
湖　南	2 049 405	855 077
广　东	967 229	590 053
广　西	10 382 580	527 450
海　南	143 742	137 737
重　庆	620 641	489 723
四　川	2 260 027	1 056 883
贵　州	450 848	379 013
云　南	1 210 178	658 736
西　藏	310 030	257 150
陕　西	1 144 133	719 044
甘　肃	913 962	803 816
青　海	348 088	316 859
宁　夏	173 236	117 612
新　疆	974 063	534 307
新疆兵团	422 059	60 734
局直属单位	441 153	418 306
大兴安岭	310 088	297 928

表 19-31　全国历年营造林面积

单位：万公顷

年份	人工造林	飞播造林	新封山育林	更新造林	森林抚育	年别	人工造林	飞播造林	新封山育林	更新造林	森林抚育
1949～1952	170.73	—	—	2.25	—	1991	475.18	84.27	—	66.41	262.27
1953	111.29	—	—	1.65	—	1992	508.37	94.67	—	67.36	262.68
1954	116.62	—	—	3.88	—	1993	504.44	85.90	—	73.92	297.59
1955	171.05	—	—	3.92	—	1994	519.02	80.24	—	72.27	328.75
1956	572.33	—	—	9.41	—	1995	462.94	58.53	—	75.10	366.60
1957	435.51	—	—	5.58	—	1996	431.50	60.44	—	79.48	418.76
1958	609.87	—	—	39.11	—	1997	373.78	61.72	—	79.84	432.04
1959	544.27	0.70	—	56.03	—	1998	408.60	72.51	—	80.63	441.30
1960	413.69	0.70	—	48.37	—	1999	427.69	62.39	—	104.28	612.01
1961	143.23	0.90	—	15.71	—	2000	434.50	76.01	—	91.98	501.30
1962	118.87	1.00	—	10.63	—	2001	397.73	97.57	—	51.53	457.44
1963	151.60	1.41	—	18.30	—	2002	689.60	87.49	—	37.90	481.68
1964	289.32	1.81	—	20.65	—	2003	843.25	68.64	—	28.60	457.77
1965	340.32	2.21	—	23.89	—	2004	501.89	57.92	—	31.93	527.15
1966	435.18	18.15	—	32.10	—	2005	322.13	41.64	—	40.75	501.06
1967	354.10	36.30	—	30.30	—	2006	244.61	27.18	112.09	40.82	550.96
1968	285.88	55.45	—	24.00	—	2007	273.85	11.87	105.05	39.09	649.76
1969	275.33	72.60	—	23.30	—	2008	368.43	15.41	151.54	42.40	623.53
1970	297.65	90.75	—	32.50	—	2009	415.63	22.63	187.97	34.43	636.26
1971	340.44	112.07	—	30.75	—	2010	387.28	19.59	184.12	30.67	666.17
1972	347.33	116.24	—	31.90	—	2011	406.57	19.69	173.40	32.66	733.45
1973	392.55	105.74	—	35.67	—	2012	382.07	13.64	163.87	30.51	766.17
1974	411.47	88.77	—	36.20	—	2013	420.97	15.44	173.60	30.31	784.72
1975	443.77	53.61	—	42.20	—	2014	405.29	10.81	138.86	29.25	901.96
1976	432.31	60.27	—	42.08	—	2015	436.26	12.84	215.29	30.05	781.79
1977	421.85	57.47	—	41.64	—	1949～1952	170.73	—	—	2.25	—
1978	412.57	37.06	—	45.84	—	1953～1957	1406.80	—	—	24.45	—
1979	391.03	57.90	—	40.93	—	1958～1962	1829.93	3.30	—	169.86	—
1980	394.00	61.20	—	42.19	—	1963～1965	781.25	5.43	—	62.85	—
1981	368.10	42.91	—	44.26	—	1966～1970	1648.14	273.26	—	142.20	—
1982	411.58	37.98	—	43.88	—	1971～1975	1935.56	476.43	—	176.73	—
1983	560.31	72.13	—	50.88	—	1976～1980	2051.76	273.90	—	212.69	—
1984	729.07	96.29	—	55.20	—	1981～1985	2763.95	388.11	—	258.05	—
1985	694.88	138.80	—	63.83	—	1986～1990	2140.31	505.01	—	330.84	—
1986	415.82	111.58	—	57.74	—	1991～1995	2469.95	403.61	—	355.06	1517.89
1987	420.73	120.69	—	70.35	—	1996～2000	2076.06	333.06	—	436.21	2405.41
1988	457.48	95.85	—	63.69	—	2001～2005	2754.60	353.26	—	190.71	2425.10
1989	410.95	91.38	—	71.91	—	2006～2010	1689.80	96.68	740.77	187.41	3126.69
1990	435.33	85.51	—	67.15	—	2011～2015	2051.16	72.42	865.02	152.78	3968.08
						1949～2015	25 770.00	3184.47	1605.79	2702.07	13 443.18

注：1. 1985 年以前，造林成活率达到 40% 即统计造林面积，以后为达到 85% 以上统计。

2. 本表自 2015 年新封山育林面积包含有林地和灌木林地封育，飞播造林面积包含飞播营林。

3. 森林抚育面积特指中、幼龄林抚育。

表 19-32　全国历年木材、竹材及木材加工、林产化学主要产品产量

时期	木材（万立方米）	竹材（万根）	锯材（万立方米）	人造板（万立方米）				松香（吨）	栲胶（吨）	紫胶（吨）
				总计	其中					
					胶合板	纤维板	刨花板			
2001 年	4552.03	58 146	763.83	2111.27	904.51	570.11	344.53	377 793	9446	431
2002 年	4436.07	66 811	851.61	2930.18	1135.21	767.42	369.31	395 273	9132	561
2003 年	4758.87	96 867	1126.87	4553.36	2102.35	1128.33	547.41	443 306	11 970	1078
2004 年	5197.33	109 846	1532.54	5446.49	2098.62	1560.46	642.92	485 863	12 113	1117
2005 年	5560.31	115 174	1790.29	6392.89	2514.97	2060.56	576.08	606 594	7668	779
2006 年	6611.78	131 176	2486.46	7428.56	2728.78	2466.60	843.26	845 959	10 564	3569
2007 年	6976.65	139 761	2829.10	8838.58	3561.56	2729.85	829.07	1 061 658	13 733	3430
2008 年	8108.34	126 220	2840.95	9409.95	3540.86	2906.56	1142.23	945 590	9337	2891
2009 年	7068.29	135 650	3229.77	11 546.65	4451.24	3488.56	1431.00	1 001 574	11 000	1992
2010 年	8089.62	143 008	3722.63	15 360.83	7139.66	4354.54	1264.20	1 205 991	10 925	2080
2011 年	8145.92	153 929	4460.25	20 919.29	9869.63	5562.12	2559.39	1 253 651	9129	2046
2012 年	8174.87	164 412	5568.19	22 335.79	10 981.17	5800.35	2349.55	1 091 832	6926	1971
2013 年	8438.50	187 685	6297.60	25 559.91	13 725.19	6402.10	1884.95	1 424 300	8403	4955
2014 年	8233.30	222 440	6836.98	27 371.79	14 970.03	6462.63	2087.53	1 497 738	5013	4575
2015 年	7218.21	235 466	7430.38	28 679.52	16 546.25	6618.53	2030.19	1 531 163	7584	2747

表 19-33　全国历年林业投资完成情况

单位：万元

年　份	林业投资完成额	其中：国家投资
2001 年	2 095 636	1 551 602
2002 年	3 152 374	2 538 071
2003 年	4 072 782	3 137 514
2004 年	4 118 669	3 226 063
2005 年	4 593 443	3 528 122
2006 年	4 957 918	3 715 114
2007 年	6 457 517	4 486 119
2008 年	9 872 422	5 083 432
2009 年	13 513 349	7 104 764
2010 年	15 533 217	7 452 396
2011 年	26 326 068	11 065 990
2012 年	33 420 880	12 454 012
2013 年	37 822 690	13 942 080
2014 年	43 255 140	16 314 880
2015 年	42 901 420	16 298 683

林业财务会计与资金稽查

20

林业财务和会计

【综 述】 2015年，林业计财部门紧紧围绕国家林业局党组决策部署，坚持学习贯彻党的十八大和十八届三中、四中、五中全会精神，统筹把握关系林业全局的关键领域和重点工作，更加注重按"三严三实"要求做好计财工作，将"抓学习、抓协同、抓协调、抓关键、抓制度"融入计财工作的各个方面和全过程，从严要求、向实处着力，出实招、求实效，扎扎实实把工作干好，为"十二五"圆满收官、"十三五"顺利开局奠定了良好基础。

现代林业建设规划体系 一是林业发展"十三五"规划基本思路得到中央领导同志高度评价。组织研究提出了拟纳入国家"十三五"规划的林业重点内容和重大工程、重大项目、重大政策，形成了林业发展"十三五"规划基本思路，国家林业局党组书记、局长张建龙5月代表局党组向汪洋副总理作了专题汇报，得到了汪洋副总理的高度评价。二是认真配合做好党的十八届五中全会《中共中央关于制定国民经济和社会发展第十三个五年规划的建议》(以下简称《建议》)起草工作。按照要求积极向中央财办、中央农办、国家发展改革委、财政部等部门提供林业及生态文明建设相关材料。《建议》中的林业内容是历届五中全会中最多的，对林业改革发展作出了全面部署，体现了中央对林业的空前重视。三是完成林业发展"十三五"规划编制工作。抽调专门力量集中完成了编制工作，充分征求了在职局领导、老领导、各司局单位、各省(区、市)林业部门和森工集团的意见建议。举全局之力，针对林业发展"十三五"规划中10个重点领域制订了实施方案，切实做深做实林业发展"十三五"规划。四是编制林业专项规划。起草了《全国森林防火二期规划》《全国湿地保护"十三五"实施规划》《全国沿海防护林体系建设工程规划》等初稿，并征求了相关部委和各省(区)意见。编制完成了《全国大熊猫保护工程规划》《全国东北虎和东北豹保护工程规划》《全国亚洲象保护工程规划》等，并进行了论证。编制完成了《全国热带雨林保护规划》《全国城镇森林公园发展规划》《全国沙漠公园发展规划》等规划。五是配合各部门编制专项规划。配合编制了《西南中沙群岛及周边海域生态环境保护规划纲要》《长江经济带发展规划纲要》《京津冀协同发展生态环境保护规划》等专项规划。

中央林业资金投入 在国家发展改革委和财政部等部门的大力支持下，面对经济下行压力加大、财政收入增长回落的严峻形势，中央林业资金投入再创新高。2015年，中央林业资金投入达1074.5亿元，比2014年增加73.7亿元、增长7.4%。其中，中央预算内基本建设投资148.3亿元，比2014年增加13.3亿元、增长9.9%；中央财政专项资金926.2亿元，比2014年增加60.3亿元、增长7%。农业综合开发资金7.7亿元，比2014年增加0.5亿元、增长6.9%。中央财政将天保工程国有林管护费和国有国家级公益林森林生态效益补助标准由每年每公顷75元提高到90元，其中西藏自治区提高到105元，中央财政森林生态效益补偿年资金总量达到156亿元；天保工程区社会保险补助缴费基数由2008年各工程省(区)城镇单位在岗职工平均工资的80%提高到2011年的80%。

国有林区和国有林场改革 一是与国家发展改革委共同牵头制订了《国有林场改革方案》和《国有林区改革指导意见》，经国务院常务会议、中央政治局常委会议审议后，以中共中央、国务院文件(中发〔2015〕6号)印发。筹备召开了全国国有林场和国有林区改革工作电视电话会议，汪洋副总理出席并作重要讲话。二是批复了广东、北京、内蒙古、宁夏、山西5省(区、市)国有林场改革方案。三是批复了内蒙古重点国有林区改革方案。全面停止了东北、内蒙古重点国有林区天然林商业性采伐。四是为推进国有林区改革，派出5个调研组摸清了国有林区基础数据。五是改善了国有林区和国有林场民生问题。增加了中央财政森林管护费投入，提高了林业职工收入水平。安排了国有林场改革补助资金，用于补缴国有林场拖欠的职工基本养老保险和基本医疗保险费用、国有林场分离场办学校和医院等社会职能费用等。与国家发展改革委协商，拟将深山远山职工异地搬迁纳入棚户区改造范畴予以安排。六是积极研究国有林区和国有林场金融债务化解政策。会同中国银监会、财政部对国有林区和国有林场金融债务情况开展了联合调查，并与金融机构座谈，对国有林区和国有林场不良金融债务化解方案进行了认真研究，形成了初步的化解意见。会同中国银监会、财政部起草了《关于解决重点国有林区森工企业和国有林场金融债务问题的请示》。

林业金融服务 一是率先在国家储备林建设领域创新投融资机制。2015年，中央安排4.5亿元用于国家储备林基地建设。联合财政部下发了《关于做好国家储备林建设工作的通知》，要求各地林业部门、财政部门结合实际，充分发挥财政资金的引领作用，带动金融资本和社会资本投入国家储备林建设。二是与国家开发银行联合开发了贷款期25～30年、宽限期8年、贷款利率为基准利率的林业金融产品，拟协议利用贷款1000亿元。广西100亿元贷款项目率先通过了国开行评贷委审核。三是按照《国务院办公厅转发财政部 发展改革委 人民银行关于在公共服务领域推广政府和社会资本合作模式指导意见的通知》的部署，积极谋划林业PPP(政府和社会资本合作)项目，起草了《关于运用政府和社会资本合作模式推进林业生态建设和保护利用的指导意见》，提出了在国家公园、国家储备林、林木种苗和森林培育经营、国家级公益林管护、森林碳汇、国有林区基础设施建设、野生动植物资源繁育等8个PPP领域率先取得突破。

林业扶贫和区域开发 加大林业扶贫工作力度，以生态扶贫与产业扶贫为主要抓手和主攻方向，着力健全扶贫工作机制，着力提升林业扶贫贡献率，着力提高科技服务能力，着力创新林业扶贫模式，着力抓好重点突破，着力扩大宣传引导。一是与国务院扶贫办召开了林业扶贫座谈会，印发了《国家林业局 财政部 国务院扶贫办 国家开发银行关于整合和统筹资金支持贫困地区油茶核桃等木本油料产业发展的指导意见》。二是与水利部共同召开了滇桂黔石漠化片区区域发展与扶贫攻坚推进会。三是对贵州荔波、广西龙胜、青海班玛等定点扶贫和对口支援县进一步加大了扶持力度。四是贯彻落实习近平总书记发展油茶产业的重要指示精神，提出了进一步支持赣州市油茶产业发展的相关意见。五是认真落实《国务院办公厅关于加快木本油料产业发展的意见》，组织召开了全国木本油料产业发展电视电话会议。

林业统计指标体系 一是完成了2014年林业统计收尾及信息发布工作，编辑出版《2014中国林业统计年鉴》。二是开展了生态评价指标体系研究，在综合评估森林生态服务价值、林业生态安全综合指数等指标基础上，提出了林业“十三五”发展指标体系。三是完成“林业生态安全综合指数”首批试点县试评估工作，对森林、湿地和荒漠生态系统安全状况及变化趋势进行评估分析，编制了15个试点县《生态安全综合指数报告》，并将试点扩大到试点县所在的吉林、湖北、浙江、青海、贵州5省。四是组织开展了2013～2015年度三峡工程生态监测工作。五是加强了林业经济运行分析，研究制定了林业经济运行分析工作方案，明确了工作机制、结构框架、工作流程和时间安排，向有关部门报送了上半年林业经济运行分析报告。六是开展了林业统计数据巡查、林业就业增量测算、统计用林业及相关产业产品目录制定等方面工作。

引导林业产业转型升级 一是强化政府引导、指导产业发展的重要作用，完成了《全国林业产业“十三五”发展规划》初稿，提出了林业产业发展的总体思路、目标任务和政策措施。二是开展了2015年国家林业重点龙头企业认定。三是发展林业会展经济，举办了中国(菏泽)林产品交易会、中国(赣州)第二届家具产业博览会、中国义乌国际森林产品博览会等林业展会。四是加强林产品品牌建设，制定了森林标志产品标志管理办法、标准通则、认定监督管理办法。五是组织编制了林业生态原产地产品保护工作草案、评定标准编制实施方案、产品分类。六是协调国家发展改革委、农业部起草了农林循环经济发展指导意见。七是梳理、审核了林业市场准入负面清单58项，其中限制类42项、禁止类16项，按时报送国家发展改革委。八是进一步强化了关键时段及节假日林业安全生产指导，完成了国家重大自然灾害灾情会商工作。

林业对外开放 一是按照国家“一带一路”部署，系统谋划林业对外开放战略。印发了《国家林业局贯彻落实“一带一路”建设战略规划重要政策举措分工方案》，组织编制了《“一带一路”林业合作规划》《“十三五”林业“走出去”规划》，全面体现了林业在共建共享绿色丝绸之路中的地位和作用。二是积极推进林业“走出去”。组织编制中俄森林资源开发合作规划，加快推进中俄森林资源开发利用工贸示范园区和绥芬河、满洲里进口木材资源储备加工交易基地建设，中国林机装备在白俄罗斯、伊朗、南非木材工业园区取得新进展。三是强化林业外资项目实施和争取。启动实施了覆盖14个省、总额4亿欧元的欧投行林业专项贷款项目，正在建设中的世行、亚行项目进展顺利，组织编制了《全国林业“十三五”利用国际金融组织贷款项目发展规划》。四是优化林业对外经贸合作政策环境，召开了中美打击非法采伐双边论坛第六次会议，中欧双边协调机制第六次会议和中英合作国际林业投资与贸易项目指导委员会第三次会议，妥善应对国际木材非法采伐问题；指导产业协会和企业开展美制裁中国出口地板应对工作，与美国《雷斯法案》磋商取得新的突破，促使美方对中方企业做出让步。

资金项目管理 一是结合中央第九巡视组对国家林业局巡视，以加强内控和完善办法为重点，进一步加强资金安全管理。二是牵头完成了国务院第四督查组对国家林业局2014年下半年以来党中央国务院重大政策措施贯彻落实情况督查。三是配合财政部做好涉农资金专项整治，完成了贵州等4省区督导工作。四是部署开展2016～2018年部门支出规划和2016年部门预算编制工作，完成盘活部门财政存量资金，开展了事业单位国有资产产权登记和事业单位所属企业国有资产产权登记、事业单位房屋出租出借情况等专项清查。五是建立健全国家林业局机关财务管理制度，及时修订机关财务报销、公费医疗等管理办法，确保了机关安全、高效运行。

（袁卫国）

【部门预算】 积极做好2015年部门预算争取工作 2015年初，财政部批复部门预算资金57.78亿元(不含预算内基本建设投资)，与2014年同口径年初预算54.12亿元相比，增加3.66亿元，增长6.76%。同时，根据林业发展需要和突发情况，积极申请财政追加预算6.77亿元，全年财政拨款64.54亿元，比2014年增加4.56亿元，增长7.60%。

国家林业局预算信息公开工作 根据《财政部关于进一步做好预算信息公开工作的指导意见》要求，提前做好预算信息公开的准备工作，并报经局领导审核同意后及时通过国家林业局政府网站向社会公开，公开的预算信息包括国家林业局2015年部门预算、2015年“三公”经费财政拨款预算和2014年国家林业局部门决算。

2016年部门预算编制工作 2016年部门预算编制，充分考虑机关事业单位的人员支出和正常运转支出需求，重点解决在京单位物业采暖补贴、调整工资缺口、规范津贴补贴、医疗经费挂账等基本支出需求，财政部累计安排2016年初部门预算指标68.87亿元(不含预算内基本建设投资)，相比2015年初预算数增加11.09亿元，增长19.19%。增加原因包括：一是基本支出保障了在京单位物业采暖补贴、调整工资缺口、规范津贴补贴、医疗经费挂账等需求；二是项目支出预算重点增加了珍稀濒危野生动物(大熊猫、东北虎、亚洲象等)保护经费5576万元，向国际组织捐款1559.9万元，重点国有林区森林资源规划设计调查与森林经营方案编制5000万元，办公用房大中修5000万元，大兴安岭公检法及义务教育等补助1.17亿元，林业补助资金1.58亿元，天然林保护工程补助经费6.12亿元等。

及时批复2015年部门预算和2014年部门决算 按照“中央各部门应当自财政部批复本部门预算之日起15日内，批复所属各单位预算”的规定，国家林业局按时将部门预算正式批复下达到预算单位和项目承担单位，做到一个单位一本预算，保证了部门预算批复的及时和完整。同时，根据财政部批复了2014年部门决算，及时向各单位批复了部门决算。

财政项目定额标准制定工作 根据中央本级项目支出定额标准管理规定，结合部门预算项目具体情况，2015年国家林业局对全部启动的50个项目进行梳理和分析，暂停或取消部分已有标准或不宜制定标准的项目，会同2个项目定额标准制定工作专家组，重点针对各标准与相关单位进行沟通，提出标准进一步修改完善的内容和方向，逐步完善各项目支出定额标准。同时，按财政部统一要求，制定了2016～2018年项目支出定额标准建设计划。

财政项目支出预算绩效评价试点工作 一是按时完成2014年确定的林业科技成果国家级项目推广、野生动物疫病监测和预警系统维护等12个项目绩效评价报告的报送工作；二是面对绩效评价项目不断增加、评价难度不断提高的情况下，积极组织开展2015年选择确定的国家森林病虫害预测预报补助经费、荒漠化监测等17个项目的绩效评价工作，配合完成以财政部为主体开展的教学设备购置和维修重点评价项目；三是根据《预算绩效管理工作规划（2012～2015年）》（财预〔2012〕396号）要求，完成了对国家林业局宣传中心2014年整体支出绩效评价工作；四是配合财政部财政科学研究所开展“林业部门预算绩效指标体系”建设的研究工作。选择确定2016年绩效评价试点项目13个，填报绩效评价目标项目实现全覆盖，充分体现绩效目标在预算管理的前置作用。

部门预算改革 2015年起草了《国家林业局部门预算项目库管理暂行办法》和《国家林业局部门预算项目评审管理暂行办法》，明确部门预算项目入库的方式，规范部门预算项目评审的流程，不断推动部门预算管理水平的提升，并依照部门预算改革精神，积极盘活存量资金，调整支出结构，合理优化资源配置。

预算管理的日常工作 组织完成2014年部门决算的编制汇总上报工作和2014年度绩效管理自评工作；配合财政部预算评审中心完成2016年生态文明教材修订制定项目的预算评审工作；部署2015年度预算的清理核对和决算布置工作；完成中央机关事业单位2015年调资测算和2015年调整在京单位采暖物业补贴测算工作；完成局机关因公出国（境）经费预算来源的审核确认工作，杜绝了超预算和无预算安排出国情况，严格控制因公出国（境）支出规模等。 （吴　昊）

【资产管理与会计】

预算执行监督 一是配合审计署农林水利审计局，完成对国家林业局2014年度预算执行等审计工作。二是委托中介机构会计师事务所，对近2年来审计署未开展审计工作的南方航站、北方航站等共11个单位，完成了2014年度预算执行审计工作。

国有资产管理工作 一是部署开展事业单位国有资产产权登记和事业单位所属企业国有资产产权登记工作。审核完成47个二级事业单位和24个三级事业单位产权登记填报及审核工作，2016年将正式上报财政部审核办理产权登记。二是完成事业单位房屋出租出借情况专项清查工作和机关事业单位所办企业情况调查工作。三是积极稳妥地组织实施公务用车改革工作。6月份开展完成离退休副部级干部车改工作；9月份全面部署包括驻地方专员办和三北局等中央垂直管理单位的公车改革工作。四是及时办理国有资产评估备案、报废、使用等国有资产管理事项。 （徐旺明）

【国家储备林建设】 国家林业局与财政部联合下发了《关于做好国家储备林建设工作的通知》。国家林业局与财政部、国家开发银行积极合作，创新投融资机制，通过整合财政资金，加大中长期信贷支持，探索创新国家储备林建设PPP模式，带动金融资本和社会资本投入国家储备林建设，满足国家储备林建设项目融资需求。12月17日，国家林业局与广西壮族自治区人民政府、国家开发银行股份有限公司在北京签署了两个协议、一个贷款合同：一是签署《共同推进广西国家储备林项目建设合作协议》。三方将共同确定广西为首个国家储备林基地建设项目试点省份，充分发挥政府组织优势和开发性金融优势，建立“风险准备金＋林权抵押＋林业保险”的风险防范机制。在广西建设国家储备林总任务140万公顷，总投资360亿元，其中一期项目任务50万公顷，项目投资125亿元，融资额度100亿元，贷款期限27年，支持乐业县、田林县、龙胜县、罗城县等贫困家庭林业生态扶贫工程。二是签署《共同推进国家储备林等重点领域建设发展合作协议》，双方将共同支持国家储备林建设、森林旅游、木本油料产业及林产品精深加工项目，鼓励支持林业企业积极拓展海外市场、实施“走出去”战略。三是三方共同见证了广西林业集团与国家开发银行广西分行签订《广西国家储备林基地建设暨生态扶贫项目资金借款合同》。广西林业厅为推进贷款落地，出台了11个项目管理文件，编制了15个可研报告。一期项目100亿元贷款签订借款合同后已经落实贷款7亿元。项目建设布局在广西全区14市72个县（市、区）、13个区直林场和2个国有企业，以广西林业集团为贷款平台，自治区13个国有林场等为主要实施单位。 （吴　今）

【森林保险】 截至2015年年底，全国有24个省（区、市）、4个计划单列市和3个森工企业纳入中央财政森林保险保费补贴范围，投保面积为1.57亿公顷，保险金额为10 511.36亿元，缴纳保费24.86亿元，其中各级财政补贴22.53亿元，占总保费的90.63%。与2010年相比，投保面积、保险金额、缴纳保费和财政补贴分别提高了7.67倍、8.21倍、11.84倍和12.66倍。

（吴　今）

【政府采购】 一是及时转发了财政部、中央国家机关政府采购中心有关政府采购制度、规定，结合国家林业局机关及直属单位工作实际提出具体要求。二是提高法制观念，依法依规采购。举办国家林业局机关和直属单位政府采购业务培训班，详细讲解《政府采购法实施条例》等相关政策，明晰采购人责任，落实政府采购政策功能，实现政府采购全过程公开。三是做好政府采购进口产品采购审核上报财政部审批工作，全年汇总上报374台(套)进口仪器设备、软件及图书，采购预算突破1亿元。四是按时保质汇总上报了2014年度国家林业局政府采购信息统计年报，按月及时汇总上报了2015年局机关及直属单位批量采购月报，按季审核、汇总、上报了局机关及直属单位政府采购计划、计划执行和信息统计报表。五是及时将政府采购有关制度、管理办法及局直属单位公开招标信息在国家林业局网站政府采购专栏公示。并督促检查直属单位将政府采购谈判、招标等信息以及政府采购合同及时在财政部指定媒体公示。

（张丽媛）

【中央财政基本建设贴息】 审核汇总广西、湖南等6个省(区)2015年基本建设贷款贴息材料上报财政部，财政部核定林业行业中央财政基本建设贴息资金7685万元，涉及34个项目，贷款余额44亿元。（李　斌）

【全国林业行业财政资金收支状况】 2015年全国林业行业预算投入2006.18亿元，其中：中央投入1111.62亿元，地方投入894.56亿元。在中央投入中，林业投入1089.68亿元，巩固退耕还林成果专项及森林保险保费补贴142.43亿元，其他系统投入21.94亿元。与2014年相比，全国林业行业预算投入增加141.28亿元，其中：中央增加111.96亿元(基本建设投资增加22.12亿元，财政投入增加89.84亿元)，地方增加29.36亿元。全年实际到位资金2148.27亿元，实际支出2098.02亿元。

中央预算投入(投资计划) 2015年中央预算林业投入1089.68亿元，其中：基本建设投资157.38亿元，财政投入932.30亿元。一是基本建设投资。2015年中央林业基本建设投资共计157.38亿元，主要包括：天然林保护14.00亿元，退耕还林(前一轮)3.69亿元，新一轮退耕还林25.04亿元，京津风沙源治理林项目10.40亿元，“三北”、沿海等防护林工程建设36.02亿元，石漠化综合治理林业项目9.72亿元，野生动植物及自然保护区建设5.64亿元，棚户区(危旧房)改造11.58亿元，森林防火11.54亿元，林业有害生物防治4.40亿元。二是财政投入。2015年中央财政林业投入共计932.30亿元，主要包括：天然林保护208.07亿元，退耕还林(前一轮)259.01亿元，新一轮退耕还林49.33亿元，森林生态效益补偿154.83亿元，林木良种补贴4.80亿元，造林补贴29.54亿元，森林抚育补贴59.53亿元，湿地保护补贴16.00亿元，林业国家级自然保护区补贴3.40亿元，沙化土地封禁保护补贴3亿元，林业防灾减灾补贴0.86亿元，林业(含基本建设)贷款贴息补贴6.24亿元，林业科技推广示范补贴4.53亿元，森林公安补助6.5亿元，国有林场改革补助36.26亿元，林业成品油价格补助36.19亿元，国有贫困林场扶贫资金4.20亿元，农业综合开发林业项目资金7.46亿元。三是变化情况。与2014年985.94亿元相比，2015年中央预算林业投入增加103.74亿元，其中：基本建设投资增加19.43亿元，财政投入增加84.31亿元。基本建设投资方面，新一轮退耕还林增加25.04亿元，石漠化综合治理林业项目增加3.07亿元，京津风沙源治理林业项目增加2.39亿元，野生动植物及自然保护区建设增加2.52亿元，林业有害生物防治增加1.17亿元，天然林保护增加1.00亿元，森林防火增加0.22亿元，森工非经营性项目增加0.13亿元，退耕还林工程减少12.4亿元，棚户区(危旧房)改造减少6.69亿元；财政投入方面，天然林保护增加49.7亿元，新一轮退耕还林增加49.33亿元，国有林场改革补助增加11.64亿元，森林生态效益补偿增加6.70亿元，森林防火(含开设防火隔离带)增加4.40亿元，森林培育补贴增加3.27亿元，退耕还林(前一轮)减少27.38亿元，育林基金改革减收财政转移支付减少6.54亿元。

地方预算投入(投资计划) 2015年地方各级财政投入894.56亿元，其中：省级408.96亿元，比2014年增加20.26亿元，地市级165.45亿元，比2014年减少4.15亿元，县级320.15亿元，比2014年增加13.25亿元。按项目分，包括：基本建设投资40.02亿元，财政投入854.54亿元(机构运行支出325.98亿元，财政专项资金528.56亿元)。财政专项资金主要包括：森林培育补贴146.62亿元，森林生态效益补偿90.48亿元，林业产业化补贴19.08亿元，森林防火补贴18.59亿元，林业有害生物防治补贴9.7亿元，国有林场改革补助6.81亿元，天然林保护资金5.58亿元，退耕还林(前一轮)资金5.46亿元。

与2014年的865.20亿元相比，2015年地方预算投入增加29.36亿元，其中：基本建设投资减少30.86亿元，财政投入增加60.22亿元。

资金到位与支出情况 2015年，中央与地方林业行业财政资金到位2148.27亿元，实际支出2098.02亿元，2014年结余501.17亿元，财政收回17.89亿元(其中林业行业投入收回10.78亿元)，2015年年末结余533.53亿元。一是基本建设投资。2015年实际收到212.18亿元，实际支出198.12亿元，2014年结余99.28亿元，财政收回3.39亿元，年末结余109.95亿元。结余资金主要包括：“三北”、沿海等防护林工程建设资金结余14.50亿元，棚户区(危旧房)改造资金结余12.11亿元，新一轮退耕还林资金结余11.13亿元，森林防火补贴结余10.09亿元，天然林保护资金结余8.47亿元，京津风沙治理项目资金结余6.38亿元，退耕还林工程资金(前一轮)结余5.72亿元，野生动植物及自然保护区建设资金结余4.24亿元；财政收回资金主要包括：森林防火补贴0.74亿元，天然林保护资金0.54亿元，“三北”、沿海等防护林工程建设资金0.42亿元。二是财政资金。2015年实际收到1936.09亿元，实际支出1899.90亿元，2014年末结余401.89亿元，财政收回14.50亿元，2015年年末结余423.58亿元。结余资金主要包括：森林生态效益补偿42.04亿元，退耕还林工程(前一轮)51.84亿元，天然林保护38.76亿元，森林培育补贴72.65亿元，新一轮退耕还林资金18.54亿元，湿地保护补贴8.29亿元，国有林场改革补助18.69亿元，林业国家级自然保护区补贴4.17亿元，沙化土地封禁保护补贴2.87亿元，其中：湿地保护补贴、国有林场改革补助、沙化土地封禁保护补贴结余资金占2015年收入比重较大；财政收回资金主要包括：森林生态效益补偿2.74亿元，森林培育补贴1.98亿元，退耕还林资金1.94亿元。

天然林资源保护工程财政专项资金 2015年全国天然林资源保护工程（以下简称“天保工程”）财政资金实际收入252.29亿元（不含基本建设投资），比2014年的214.61亿元增加37.68亿元。具体是：中央财政专项资金212.04亿元，地方财政补助6.47亿元，利息等其他收入33.77亿元。此外，天保工程实施单位自筹31.01亿元。2015年实际支出247.59亿元，财政收回0.99亿元，年末累计结余38.76亿元。分项收入与支出情况如下：一是森林管护费。收入77.80亿元（比2014年增加7.41亿元），其中：中央财政补助70.61亿元，地方财政补助3.37亿元，天保工程实施单位自筹3.68亿元，其他0.15亿元；全年实际支出77.85亿元。二是社会保险补助费。收入66.08亿元，其中：中央财政补助62.67亿元，地方财政补助1.90亿元，天保工程实施单位自筹1.39亿元；全年实际支出60.67亿元。三是政策性社会性支出。收入64.21亿元（比2014年减少4.99亿元），其中：中央财政补助36.61亿元，地方财政补助0.33亿元，天保工程实施单位自筹24.87亿元，其他收入2.40亿元；全年实际支出65.04亿元。四是全面停止天然林商业性采伐。收入40.72亿元，其中中央财政补助39.68亿元。全年实际支出39.71亿元。

2015年末天保工程财政资金结余38.76亿元，主要是森林管护费13.51亿元，社会保险费13.30亿元，政策性社会性支出4.09亿元，停止天然林商业性采伐补助1.80亿元，其他6.06亿元。从省区来看，内蒙古森工和龙江森工集团最多，分别结余7.9亿元、7.8亿元，其次为四川、云南、内蒙古，分别结余6.3亿元、4.6亿元和3.4亿元。

造林补贴 2015年中央财政共下达造林补贴29.56亿元，比2014年增加1.21亿元。根据各省决算数据，各实施单位共到位造林补贴64.04亿元，其中：中央财政补贴30.71亿元，地方财政补贴33.33亿元。2015年共支出造林补贴60.10亿元，其中种苗费、人工费等直接补贴58.23亿元，作业设计、检查验收费等间接补贴1.87亿元。2014年结余15.55亿元，财政收回0.78亿元，2015年年末结余18.72亿元（比2014年增加2.41亿元）。

2015年实际完成补贴造林面积183万公顷，占计划任务的99.16%，其中人工造林168.67万公顷、迹地人工更新9.2万公顷、低产低效林改造5.13万公顷。补贴造林范围涉及2137个县（区），补贴林农42.18万户，补贴林农合作组织10 713个，补贴承包经营国有林的林业职工15 987人。

森林抚育补贴 2015年中央财政共下达森林抚育补贴59.98亿元，比2014年增加1.82亿元。根据各省决算数据，各实施单位共到位森林抚育补贴73.88亿元，其中：中央财政补贴61.33亿元，地方财政补贴12.19亿元，利息等其他收入0.36亿元。2015年共支出补贴资金72.62亿元，其中：人员工资、机械燃油费等直接费用68.26亿元，作业设计费、检查验收费等间接费用4.36亿元。年末大部分省区补贴资金存在结余，共计22.30亿元，结余量较大的有龙江森工集团2.9亿元，云南2.6亿元，广东2.2亿元。

2015年年底前已开工面积270.41万公顷，占当年计划任务的61.02%，年底已完工面积341.67万公顷。参加抚育单位11 123个，参与抚育人数106.13万人。

森林生态效益补偿 2015年中央财政共下达森林生态效益补偿154.83亿元，比2014年增加6.70亿元。根据省决算数据，森林生态效益补偿预算245.30亿元（比上年增加29.73亿元），其中：中央财政森林生态效益补偿154.83亿元，比2014年增加6.70亿元。地方森林生态效益补偿90.47亿元，比2014年增加23.03亿元。实际收到资金241.26亿元（比2014年增加23.48亿元），中央、省级、地市级、县级分别为153.74亿元、73.78亿元、8.25亿元、5.39亿元。2015年，省级补偿基金最多为广东16.4亿元，其次为浙江7.7亿元，上海7.4亿元，云南6.5亿元，江西6.5亿元。

2015年森林生态效益补偿实际支出240.49亿元（比2014年增加30.28亿元），其中：中央财政森林生态效益补偿支出155.40亿元（比上年增加13.33亿元）。年末结余47.33亿元（年初结余为49.05亿元），其中：中央财政森林生态效益补偿结余31.73亿元，其中结余最多的为内蒙古5.2亿元，其次为贵州5亿元，四川4.6亿元，云南4.3亿元，广西3.3亿元。

育林基金 一是征收与提取情况。2015年，全国征收提取育林基金34.77亿元，其中：林业主管部门征收19.22亿元，国有森工企业和林场（苗圃）等国有林业单位提取13.76亿元。与2014年相比少征收提取育林基金10.59亿元，主要是国有森工企业和林场（苗圃）少提取2.01亿元、苗圃和其他少提取了2.40亿元。育林基金征收主要集中在南方集体林区，广西、福建、湖南和江西4省（区）分别征收育林基金8.1亿元、2.8亿元、2.7亿元和2.3亿元，合计15.9亿元，占全国征收育林基金总额的63.3%。育林基金提取主要集中在吉林、广西、龙江森工集团，分别为7.7亿元、2.4亿元、1.1亿元，合计11.2亿元，占全国育林基金提取总额的70.8%。二是收支情况。林业部门收到（含自提自用）育林基金35.83亿元，其中：国有森工企业、林场与苗圃自提自用9.33亿元，财政和林业主管部门拨入17.41（含国有林单位）亿元。全年实际支出35.82亿元，其中：森林培育10.60亿元，有害生物防治0.90亿元，森林防火与扑救3.92亿元，森林资源监测1.05亿元，林业技术推广0.42亿元，营林护林等基础设施建设和设备购置2.57亿元，其他支出16.37亿元（含林业行政事业经费支出3.90亿元）。全国共有25个省区将育林基金用于林业行政事业经费支出，支出最多的为吉林1.3亿元，其次是广东0.3亿元，安徽0.3亿元，江西0.3亿元，湖南0.2亿元，辽宁0.2亿元。2015年末，全国育林基金结余91.56亿元，与年初结余92.11亿元相比减少0.55亿元，结余主要集中在东北内蒙古重点国有林区，共70.4亿元，占全国的76.98%，其中龙江森工集团28.5亿元，吉林森林集团26亿元，内蒙古森工集团8.2亿元，大兴安岭林业集团公司7.7亿元。

森林植被恢复费 2015年全国征收森林植被恢复

费45.18亿元，征收数额最大的为广西7.6亿元，其次为内蒙古6.2亿元，江西5.7亿元，新疆3.1亿元，湖南2.9亿元，云南2.7亿元。按收入级次分，中央级0.15亿元，省级35.05亿元，地市级1.37亿元，县级8.61亿元。与2014年征收55.62亿元相比，2015年减少征收0.12亿元。

2015年林业部门实际收到各级财政拨入森林植被恢复费64.50亿元(比2014年增加6.46亿元)，其中：中央级0.87亿元，省级51.29亿元，地市级3.92亿元，县级8.42亿元。2015年实际支出61.26亿元(比2014年增加6.42亿元)。具体支出资金用途为：一是整地、造林、抚育等营林生产43.63亿元，比2014年增加7.88亿元。二是营林管理费、调查规划设计、森林保护等营林费用支出8.70亿元。三是其他支出8.94亿元(含林业部门行政事业经费支出0.78亿元)。四是2015年年末结余47.82亿元，比2014年增加0.66亿元。

天保工程实施单位职工参保与工资福利情况 一是参保情况。2015年共有在册国有(全民)职工69.31万人，应参加基本养老保险人数61.74万人，实际参保59.64万人，参保率96.60%；应参加基本医疗保险人数64.87万人，实际参保63.02万人，参保率97.15%；应参加失业保险人数61.74万人，实际参保59.36万人，参保率96.14%；应参加工伤保险人数63.15万人，实际参保61.41万人，参保率97.25%；实际参加生育保险人数59.59万人。共有离退休职工76.23万人，实际参加基本养老保险47.51万人，参保率62.32%；参加基本医疗保险56.13万人，参保率73.63%。二是工资福利情况。全年国有(全民)职工工资总额160.47亿元，年人均工资2万元；离退休职工养老金总额177.83亿元，其中单位负担10.72亿元，年人均养老金3.7万元。年末累计拖欠职工工资费用总额12.02亿元，其中主要包括：拖欠职工工资9.97亿元，涉及1.43万人；拖欠医药费0.04万元；拖欠离退休金1.69亿元，涉及0.57万人。 (孔 卓)

【全国国有森工企业财务状况】 2015年全国国有森工企业财务报表共汇总19个省区909户企业，经营面积6466.67万公顷，其中林地面积4413.33万公顷；年末职工139.89万人，其中：国有职工58.67万人，混岗职工10.26万人，离退休职工70.96万人；企业总资产1373.27亿元；全年营业总收入211.12亿元；实现净利润5.61亿元。

资产负债情况 2015年末，全国国有森工企业总资产1373.27亿元，其中流动资产654.45亿元(货币资金182.12亿元)、非流动资产718.82亿元(固定资产净值401.80亿元)；总负债920.82亿元，其中：流动负债579.31亿元、非流动负债341.51亿元；所有者权益452.45亿元，其中：实收资本199.79亿元(国家资本180.39亿元)，资本公积260.65亿元，专项储备0.56亿元，盈余公积14.05亿元，未分配利润负64.40亿元，少数股东权益41.80亿元。2015年末，含林木资产的资产负债率67.00%，比2014年减少3.00%。不含林木资产的资产负债率69.00%，比2014年减少3.00%.

损益情况 2015年全国森工企业营业总收入211.12亿元，比2014年减少28.51亿元；营业总成本258.18亿元(其中：主营业务成本132.01亿元，管理费用80.30亿元，财务费用13.25亿元)，比2014年减少14.23亿元；营业外净收入39.85亿元，比2014年减少21.96亿元。

2015年，盈利企业341户，亏损企业472户，亏损面60.00%，比2014年增加10%，亏损企业亏损额15.16亿元，比2014年亏损增加1.29亿元。2015年全国森工企业净利润2.63亿元。种植业中的木材营业收入仍是影响整体利润的主要因素。

此外，2015年森工企业政策性社会性支出共56.77亿元(比2014年增加0.35亿元)，其中：教育14.09亿元、医疗卫生8.62亿元、公检法司5.50亿元、政府经费9.14亿元、环卫等其他19.42亿元。扣除各级财政补助30.80亿元和事业等收入2.48亿元，企业损益实际负担政社性支出24.67亿元。

收入和利润主要情况及分析 2015年全国森工企业营业收入211.12亿元，比2014年减少28.51亿元；经营利润负34.24亿元(剔除营业总成本中管理费用、财务费用等期间费用后的产品或行业销售利润，下同)，比2014年增加13.96亿元。

以木材采伐为主的种植业是森工企业营业收入与营业利润的最主要组成部分。2015年，全国森工企业种植业营业收入48.32亿元，占总收入的22.89%；营业利润22.81亿元，占总营业利润的47.73%，其中原木营业收入32.94亿元，占种植业营业收入的68.18%。

主要产品产销情况 一是原木。全年产量238.72万立方米，比2014年减少153.95万立方米；销售量277.31万立方米，比2014年减少169.10万立方米。木材销售收入32.94亿元，比2014年减少15.77亿元。木材平均售价1188.00元/立方米，比2014年增加96.66元/立方米。营业利润16.21亿元，比2014年减少7.90亿元，占森工企业营业利润总额的33.91%。原木产量主要为：吉林89万立方米、内蒙古森工78万立方米、福建22.2万立方米、广东17.28万立方米、云南9.46万立方米、湖南7.12万立方米、龙江森工3.7万立方米、广西2.7万立方米、江西2.65万立方米、贵州2.4万立方米、四川2万立方米、安徽1.2万立方米。二是纤维板。全年产量122.37万立方米，比2014年增加11.32万立方米；销售量112.52万立方米，比2014年增加8.15万立方米；实现销售收入15.89亿元，比2014年增加1.32亿元；平均售价1413元/立方米，比2014年增加17元/立方米；实现营业利润1.34亿元。纤维板的产量主要在吉林、广西、福建、云南等4省(区)，分别为102.6万立方米、8万立方米、7.99万立方米和3.79万立方米。三是刨花板。全年产量68.69万立方米，比2014年减少20.12万立方米；销售量81.01万立方米，比2014年增加3.76万立方米；实现销售收入10.05亿元，比2014年增加0.05亿元；平均售价1240.11元/立方米，比2014年减少0.01万元；实现营业利润0.02亿元，比2014年增加亏损0.57亿元。刨花板产量主要集中在吉林和福建，分别为48.81万立方米和19.57万立方米。

缴纳税费 2015年全国森工企业上缴税费12.59亿

元，比2014年减少0.66亿元，其中：增值税3.61亿元、营业税2.91亿元、所得税1.92亿元。缴纳社会保险费51.33亿元，其中：基本养老保险31.13亿元，基本医疗保险15.44亿元。年末未交税费3.33亿元，其中：增值税负2.25亿元，营业税0.51亿元，所得税1.47亿元。年末欠缴社会保险费6.27亿元，其中：基本养老保险4.54亿元，基本医疗保险1.16亿元。以前年度应返还增值税147.35万元，2015年实际返还0.08亿元，年末应返还0.07亿元。

财政资金收入 2015年森工企业实际收到财政资金252.25亿元(比2014年增加24.92亿元)，其中：基本建设投资31.30亿元(比2014年减少2.26亿元)，主要是棚户区改造19.01亿元，天保工程4.58亿元，森工非经营性项目3.88亿元(比2014年减少0.28亿元)。财政投入220.95亿元(比2014年增加27.18亿元)，财政专项资金220.48亿元(其中：天保工程157.64亿元、森林培育26.98亿元、林业成品油价格补助10.61亿元、森林生态效益补偿2.73亿元，其他0.13亿元)。

投入按级次分：中央投入233.14亿元，比2014年增加28.54亿元。一是基建投资27.17亿元(其中：天保工程4.53亿元，棚户区改造15.95亿元)；二是财政投入205.97亿元，其中财政专项205.88亿元(主要包括天保工程154.03亿元，森林培育26.56亿元，林业成品油价格补助10.61亿元，森林生态效益补偿2.30亿元)。省级投入17.09亿元，其中：基本建设投资4.07亿元，财政投入13.02亿元(其中：专项资金12.65亿元)。地市级投入1.45亿元，主要为财政投入；县级投入0.57亿元，其中：基本建设投资0.04亿元，财政投入0.53亿元。

财政资金支出 2015年森工企业实际支出财政资金292.43亿元(比2014年增加25.71亿元)。一是基本建设投资37.21亿元(比2014年减少1.46亿元)，主要是棚户区改造24.27亿元(比2014年减少1.7亿元)，天保工程4.64亿元(比2014年增加0.49亿元)，森工非经营性项目4.28亿元(比2014年增加0.49亿元)；二是财政投入255.22亿元(比2014年增加27.17亿元)，主要是机构运行支出0.35亿元，财政专项资金254.68亿元，其中：天保工程188.96亿元、森林培育26.29亿元、林业成品油价格补助10.56亿元、森林生态效益补偿2.79亿元。

财政收回 2015年森工企业财政收回0.44亿元，其中：基本建设投资收回0.21亿元，主要是棚户区改造0.09亿元，天保工程0.04亿元，森工非经营性项目0.08亿元；财政投入收回0.22亿元，主要是财政专项资金0.19亿元(其中：林业成品油价格补助0.16亿元、天保工程0.02亿元、森林培育0.01亿元)。

社会保险与职工工资福利情况 一是参保情况。国有职工58.67万人，应参加基本养老保险人数52.66万人，实际参保50.81万人，参保率96.47%；应参加基本医疗保险人数55.54万人，实际参保53.72万人，参保率96.71%；应参加失业保险人数54.65万人，实际参保52.50万人，参保率96.06%；应参加工伤保险人数55.01万人，实际参保53.42万人，参保率97.11%；实际参加生育保险人数52.34万人。离退休职工70.96万人，比2014年增加6.18万人，实际参加基本养老保险46.03万人，参保率64.87%；参加基本医疗保险52.48万人，参保率73.95%。二是工资福利情况。全年国有职工工资总额123.59亿元，年人均工资2.1万元；离退休职工养老金总额162.29亿元，其中企业负担4.86亿元，年人均养老金3.53万元。年末累计拖欠职工工资费用总额1.81亿元，其中主要包括：职工工资1.66亿元，涉及0.79万人；拖欠医药费312.51万元；拖欠离退休金615.58万元，涉及0.21万人。

新进职工情况 2015年新进职工6235人，其中：复员退伍军人737人、大中专毕业生3209人，工作调入589人，其他情况1700人。新进职工人数较多的单位为龙江森工集团5151人(其中大中专毕业生2702人)、吉林森工集团486人、大兴安岭林业集团公司241人。

(孔　卓)

【全国国有林场财务状况】 2015年全国国有林场财务报表共汇总31个省区4807个国有林场(纳入天保工程960个)，与2014年相比，变化量较大的几个省(区)分别为：广东增加61个、湖南增加25个、新疆生产建设兵团增加21个、黑龙江增加17个、吉林增加9个；江西减少68个、甘肃减少27个、广西和重庆各减少6个、河北减少5个。在4807个国有林场中，生态公益型林场4218个、商品型林场589个。林场经营面积6606.67万公顷，其中林地面积4380万公顷(国家级公益林面积2620万公顷、地方公益林面积1053.33万公顷，商品林面积706.67万公顷)。年末职工68.89万人，其中：国有职工37.70万人，混岗职工1.42万人，离退休职工29.77万人。

资产负债情况 2015年末，全国国有林场总资产1731.66亿元，其中：流动资产459.10亿元(货币资金186.61亿元)，非流动资产1272.56亿元(固定资产净值288.73亿元，林木资产747.68亿元)。总负债684.87亿元，其中：流动负债523.84亿元，非流动负债161.03亿元，2015年年末，含林木资产的资产负债率39.55%，比2014年增加0.95%；不含林木资产的资产负债率68.07%，比2014年减少0.95%。所有者权益1046.79亿元，其中：实收资本160.38亿元(国家资本74.98亿元)，林木资本725.57亿元，资本公积144.67亿元，盈余公积28.49亿元，未分配利润负12.31亿元。

损益情况 2015年，全国国有林场营业总收入157.19亿元，比2014年减少27.29亿元；营业总成本205.68亿元，比2014年减少15.89亿元；营业外净收入6.88亿元，比2014年减少0.88亿元。承包户上交净收入9.16亿元，比2014年减少1.52亿元。补贴收入36.58亿元，比2014年减少8.83亿元。2015年全国国有林场实现净利润5.05亿元，比2014年减少2.20亿元。2015年，在4807个国家林场中，盈利林场2719个，亏损林场2088个，占林场总数的56.56%，亏损林场比2014年减少53.7%；亏损林场亏损额18.63亿元，比2014年多亏损0.06亿元。

此外，2015年国有林场政策性社会性经费收入4.45亿元，其中：各级财政补助和事业等其他收入

3.67亿元，企业自筹0.78亿元。全年共支出2.90亿元（比上年减少0.4亿元），其中：教育0.39亿元、医疗卫生0.44亿元、公检法司0.19亿元、政府经费1.07亿元、环卫等其他0.81亿元。

收入和利润主要情况及分析 2015年全国国有林场营业收入157.19亿元，比2014年减少27.29亿元；营业利润49.43亿元（剔除营业总成本中管理费用、财务费用等期间费用后的产品或行业销售利润，下同），比2014年减少7.20亿元。

以木材采伐为主的种植业是国有林场营业收入与利润主要组成部分。2015年全国国有林场种植业营业收入95.94亿元，占总收入的61.03%；营业利润35.60亿元，占总营业利润的72.02%。另外，非林非木产业实现营业收入40.52亿元，比2014年减少4.2亿元，占林场总收入的25.78%；营业利润13.42亿元，占总营业利润的27.15%，比2014年减少0.45亿元。

按地区分，营业收入最多的是广西、吉林和湖南，分别是52.8亿元、15.5亿元和11.5元。以上3省（区）合计79.8亿元，占全国的51.2%。

主要产品产销情况 一是原木。全年产量894.64万立方米，比2014年减少282.17万立方米；销售量1136.68万立方米，比2014年减少257.87万立方米。木材销售收入78.37亿元，比2014年减少13.28亿元。木材平均售价689.50元/立方米，比2014年增加32.28元/立方米。销售利润30.07亿元，比2014年减少5.44亿元，占国有林场总营业利润的61%，占种植业营业利润的84%。二是纤维板。全年产量57.42万立方米，比2014年减少33.93万立方米；销售量72.86万立方米，比2014年减少16.00万立方米；实现销售收入8.77亿元，比2014年减少2.57亿元；平均售价1203.67元/立方米，比2014年减少72.56元/立方米；销售利润负0.27亿元。纤维板的产量集中在广西。三是旅游服务业。营业收入8.75亿元，比2014年增加0.19亿元。营业利润2.38亿元，比2014年增加0.55亿元。

缴纳税费 2015年全国国有林场上缴税费4.96亿元，比2014年增加1.31亿元，其中：增值税2.01亿元、营业税0.81亿元、所得税0.77亿元。缴纳社会保险费35.31亿元，其中：基本养老保险24.82亿元，基本医疗保险8.37亿元。本年缴纳增值税0.11亿元，实际返还增值税0.1元，年末应返还增值税0.02元。本年提取育林基金7.36亿元。

财政资金收入 2015年国有林场实际收到财政资金217.44亿元，比2014年增加42.7亿元。一是基本建设投资17.09亿元，比2014年增加0.35亿元，其中：天然林保护2.61亿元，比2014年增加0.64亿元，危旧房改造3.48亿元，比2014年减少2.13亿元，其他基本建设投资11.00亿元，比2014年增加1.85亿元。二是财政投入200.35亿元，比2014年增加42.42亿元，其中：机构运行支出减少51.08亿元，比2014年增加10.24亿元；财政专项资金148.94亿元，比2014年增加32.25亿元，主要包括天然林保护资金28.89亿元，森林生态效益补偿25.04亿元，森林培育补贴24.94亿元，国有林场改革补助23.73亿元，林业成品油价格补助16.54亿元，国有贫困林场扶贫资金3.70亿元。

投入按级次分：中央投入123.58亿元，比2014年增加26.25亿元，一是基建投资12.59亿元，主要包括天然林保护2.47亿元、危旧房改造1.69亿元；二是财政投入110.99亿元，其中财政专项110.62亿元，主要包括天然林保护27.88亿元，森林生态效益补偿17.12亿元，森林培育19.61亿元，国有林场改革补助19.12亿元，林业成品油价格补助16.43亿元。省级投入39.02亿元，比2014年6.20亿元，其中：基本建设投资3.72亿元，财政投入35.30亿元（专项资金28.09亿元）。地市级投入18.04亿元，比2014年1.95亿元，其中：基本建设投资0.15亿元，财政投入17.88亿元。县级投入36.81亿元，比2014年增加8.38亿元，其中：基本建设投资0.64亿元，财政投入36.17亿元。

财政资金支出 2015年国有林场实际支出财政资金213.96亿元，比2014年增加35.18亿元，一是基本建设投资18.03亿元，比2014年减少2.57亿元，其中：天保工程2.07亿元，比2014年增加0.06亿元，危旧房改造6.17亿元，比2014年减少2.88亿元，其他基本建设投资9.80亿元。二是财政投入195.93亿元，比2014年增加37.75亿元，其中：机构运行支出51.11亿元，比2014年增加9.87亿元；财政专项资金144.49亿元，比2014年增加28.19亿元，主要包括天保工程27.74亿元，森林生态效益补偿25.27亿元，森林培育23.82亿元，林业成品油价格补助20.95亿元，国有林场改革补助18.62亿元，国有贫困林场扶贫资金3.38亿元。

财政资金收回 2015年国有林场实际收回财政资金0.74亿元。一是基本建设投资收回0.15亿元，其中危旧房改造0.06亿元，其他基本建设投资0.09亿元；二是财政投入收回0.59亿元，其中：机构运行支出0.01亿元，财政专项资金0.58亿元（天保工程0.11亿元，森林生态效益补偿0.23亿元，森林培育0.04亿元，林业成品油价格补助0.06亿元，国有贫困林场扶贫资金0.01亿元）。

职工参保与工资福利情况 一是参保情况。国有职工37.70万人，应参加基本养老保险人数34.15万人，实际参保30.71万人，参保率89.92%，比2014年增加2.93%；应参加基本医疗保险人数33.25万人，实际参保29.47万人，参保率88.61%，比2014年增加6.25%；应参加失业保险人数21.86万人，实际参保17.11万人，参保率78.28%，比2014年增加2.35%；应参加工伤保险人数25.10万人，实际参保20.35万人，参保率81.06%，比2014年增加2.85%；实际参加生育保险人数16.52万人。离退休职工29.77万人，实际参加基本养老保险21.68万人，参保率72.83%；参加基本医疗保险22.61万人，参保率75.96%。二是工资福利情况。全年国有职工工资总额120.30亿元，年人均工资3.19万元，比2014年增加0.69万元。离退休职工养老金总额71.96亿元（其中林场负担20.32亿元），年人均养老金2.42万元，比2014年增加0.30万元。年末累计拖欠职工工资费用总额59.10亿元，主要包括：拖欠职工工资46.33亿元，涉及172.69万人；拖欠医药费0.35亿元；拖欠离退休金9.17亿元，涉及3.13万人。

（孔　卓）

【**全国国有苗圃财务状况**】 2015年全国国有苗圃财务报表共汇总31个省区1533个国有苗圃，比2014年减少3家。苗圃总经营面积12.57万公顷，其中育苗面积3.02万公顷，有林地苗圃面积6.89万公顷；年末职工4.32万人，其中国有在册职工2.46万人，离退休职工1.86万人。

资产负债情况 2015年年末，全国国有苗圃总资产61.28亿元，比2014年增加2.19亿元，其中：流动资产30.33亿元(其中：货币资金12.59亿元)，非流动资产30.95亿元(固定资产净值18.77亿元，林木资产2.84亿元，其他非流动资产0.46亿元)；总负债30.89亿元，其中：流动负债26.20亿元、非流动负债4.69亿元；所有者权益30.39亿元，其中：实收资本14.80亿元(国家资本4.37亿元)，林木资本3.77亿元，资本公积7.04亿元，盈余公积3.50亿元，未分配利润1.28亿元。与2014年相比，国有苗圃资产增加2.19亿元，负债减少0.09亿元，所有者权益增加2.09亿元。2015年末，含林木资产的资产负债率50.41%，比2014年减少1.71%；不含林木资产的资产负债率52.86%，比2014年减少1.58%。

损益情况 2015年国有苗圃营业总收入13.64亿元，与2014年相比减少0.24亿元。其中主营业务收入12.14亿元(主要是苗木收入9.74亿元)，与2014年相比减少0.27亿元；其他业务收入1.50亿元，与2014年相比增加0.04亿元。营业总成本17.01亿元，比2014年减少0.55亿元。营业外净收入0.6亿元，与2014年相比增加0.13亿元。另外，承包户上交净收入0.18亿元，与2014年相比变化不大；补贴收入3.38亿元，比2014年减少0.39亿元。2015年国有苗圃实现净利润0.68亿元，与2014年相比增加0.02亿元。2015年年末未分配利润1.28亿元。

2015年，国有苗圃盈利918个，占59.88%，国有苗圃亏损615个，占40.12%，比2014年减少2.40%，亏损额为1.55亿元，比2014年增加0.13亿元。

缴纳税费 2015年全国苗圃上缴税费0.13亿元，主要包括：增值税0.01亿元、营业税0.07亿元、所得税0.02亿元。缴纳社会保险费1.43亿元，其中：基本养老保险0.98亿元，基本医疗保险0.37亿元。年末未交税费0.04亿元，主要包括：营业税0.01亿元。年末欠缴社会保险费1.30亿元，主要是基本养老保险费1.20亿元。

财政资金收入 2015年苗圃实际收到财政资金9.77亿元，比2014年增加0.46亿元，其中：基本建设投资0.32亿元(种苗投资0.07亿元)；财政投入9.44亿元(比2014年增加0.42亿元)，主要包括：机构运行支出5.15亿元，财政专项资金4.29亿元。

投入按级次分：中央投入2.26亿元，包括：基本建设投资0.24亿元(含种苗投资0.06亿元)；财政投入2.02亿元，其中主要是财政专项资金，包括天保工程0.18亿元，森林生态效益补偿0.07亿元，林业成品油价格补助0.66亿元。省级投入1.57亿元，比2014年增加0.10亿元。包括：基建投资0.04亿元，财政投入1.53亿元(其中专项资金1.10亿元)。地市级投入2.05亿元，比2014年增加0.27亿元，包括：基本建设投资105.12万元，财政投入2.04亿元。县级投入3.89亿元，比上年增加0.23亿元，包括：基建投资0.03亿元，财政投入3.86亿元(主要是机构运行支出3.70亿元)。

财政资金支出 2015年苗圃实际支出财政资金10.27亿元，比2014年增加1亿元，其中：基本建设投资0.54亿元(种苗投资0.07亿元)；财政投入9.73亿元(比2014年增加0.85亿元)，主要包括：机构运行支出5.20亿元，财政专项资金4.52亿元。

职工参保与工资福利情况 一是参保情况。年末国有在册职工2.46万人，参加基本养老保险人数1.67万人，参加基本医疗保险人数1.66万人，参加失业保险人数0.88万人，参加工伤保险人数0.95万人，参加生育保险人数0.80万人。离退休职工1.86万人，参加基本养老保险1.18万人，参保率63.26%；参加基本医疗保险1.21万人，参保率65.09%。二是工资福利情况。全年国有职工工资总额6.68亿元，年人均工资2.71万元(比2014年增加0.48万元)；离退休职工养老金总额4.64亿元，其中苗圃负担0.86亿元，人年均养老金2.50万元。年末累计拖欠职工工资费用总额2.03亿元，其中主要包括：拖欠职工工资1.61亿元，涉及37.46万人；拖欠医药费58.78万元；拖欠离退休金0.31亿元，涉及1615人。 (孔 卓)

林业资金稽查

【**综 述**】 2015年，林业基金管理总站(审计稽查办公室)深入贯彻落实党的十八大以来路线方针政策，认真开展“三严三实”专题教育，推进完善各项工作制度。切实加强行业指导和干部队伍建设，组织召开全国林业基金管理暨审计稽查工作会议，积极开展青年干部“进林场”学习调研活动，进一步增强青年干部爱岗敬业、服务基层的责任意识和担当意识，着力锻造求真务实、扎实创新的工作作风，努力为生态林业民生林业和林业现代化建设作出应有的贡献。

林业资金稽查工作 按照强化资金管理、当好“督查员”和“守护神”的总体要求，以确保林业项目资金安全有效运行、提高林业行业资金管理水平、促进林业投资政策目标实现为目标，坚持“一查二帮三促进”原则，积极推进林业资金稽查工作。组织开展了对森林防火项目投资和林业国家级自然保护区、森林抚育、造林和林业科技推广示范四项中央财政补贴资金的稽查，并配合场圃总站对第一批国家重点林木良种基地中央财政补贴资金使用管理情况进行核查。全年共派出33个稽查工作组、111人次，稽查林业资金总额为101.32亿元。重点抽查林业资金13.02亿元，共查出违法违规资金0.23亿元。

林业内部审计 立足于林业改革与发展，全面履责，充分发挥审计“免疫系统”功能。按照局党组提出的审计全覆盖和内部审计工作要做到“事前有防范、事中有监督、事后有结果”的要求，进一步提高工作水平和工作质量。完成对8名直属单位主要负责人的离任经济责任审计工作，涉及审计金额5.14亿元，查出违规违纪和管理不规范问题金额0.11亿元；联合计财司委托会计师事务所完成了对11个直属事业单位预算执行情况的审计，查出违规违纪和管理不规范问题金额1.64亿元。

林业贴息贷款管理 围绕林业建设大局，完善林业贴息贷款政策和监管机制，优化林业金融服务，加强林业贴息贷款项目监督管理，发挥林业贴息贷款的导向作用，支持林业改革，积极促进生态林业民生林业建设。

林业贴息贷款落实情况 根据《财政部 国家林业局关于印发〈中央财政林业补助资金管理办法〉的通知》(财农[2014]9号)规定，在林业贷款贴息政策调整过渡期间，2015年，中央财政只对2014年5月1日至2014年12月31日期间的新增林业贷款和以前年度累计贷款余额进行贴息。受此影响，2015年度8个月实际落实新增林业贴息贷款153亿元，林业贴息贷款累计余额198亿元，中央财政安排贴息资金5.5亿元。

林业贴息贷款结构情况 林业贴息贷款继续大力支持工业原料林、木本油料经济林、林下经济和林业小额贷款项目建设。据统计，2015年度，在198亿元林业贴息贷款余额总额中，投向有利于改善生态环境和实现林业“双增”目标的工业原料林和沙区、石漠化地区种植业项目建设62.5亿元，占当年度林业贴息贷款累计余额总额的32%，中央财政予以贴息1.9亿元(其中，新增林业贴息贷款47亿元，占当年度新增林业贴息贷款总额的24%，中央财政予以贴息1.4亿元)；投向有利于保障国家粮油安全的木本油料产业项目建设17亿元，占当年度林业贴息贷款累计余额总额的9%，中央财政予以贴息0.51亿元(其中，新增贴息贷款14亿元，占当年度新增贴息贷款总额的7%，中央财政予以贴息0.42亿元)；投向有利于深化集体林权制度配套改革，帮助广大林农兴林致富的林业小额贷款项目建设25亿元，占当年度林业贴息贷款累计余额总额的13%，中央财政予以贴息0.71亿元(其中，新增林业小额贴息贷款21亿元，占当年度新增贴息贷款总额的11%，中央财政予以贴息0.63亿元)；投向有利于巩固林改成果、改善民生的林下经济项目11亿元，占当年度林业贴息贷款累计余额总额的6%，中央财政予以贴息0.33亿元(其中，新增林下经济贷款10亿元，占当年度新增林业贴息贷款总额的5%，中央财政予以贴息0.3亿元)。

林业贴息贷款使用效益 据统计，项目单位利用林业贴息贷款及其配套资金营造工业原料林9.55万公顷，抚育30.89万公顷·次，整地未造林0.03万公顷；新造改造经济林10.95万公顷，种植其他经济作物13.5万公顷。建设林产品加工等多种经营项目360多个，项目总投资252.78亿元，年度投资额117.16亿元。其中，已投产项目339个，林业龙头企业联结农户38.52万户，带动基地面积29.09万公顷，创产值245.33亿元，创利税28.97亿元，带动农民年增收16.23亿元，安置就业人员7.78万人；未投产项目28个，预计创产值13.49亿元，创利税1.77亿元，预计安置就业人员0.55万人。

【全国林业基金管理暨审计稽查工作会议】 3月26日，全国林业基金管理暨审计稽查工作会议在北京召开。会议深入贯彻党的十八大、十八届三中、四中全会和习近平总书记等中央领导同志关于林业工作的一系列重要指示精神，认真落实全国林业厅局长会议部署和全国林业计划财务工作会议要求，全面总结过去五年林业资金审计稽查和林业贴息贷款管理工作取得的成绩，深入分析面临的形势和存在的主要问题，认真谋划“十三五”总体工作思路，安排部署2015年重点工作。国家林业局党组副书记、副局长张建龙出席会议并作重要讲话，要求各级林业部门要充分认识加强林业资金审计稽查和林业贴息贷款工作的特殊重要性，以改革创新精神做好林业贴息贷款工作，以认真负责精神做好林业资金稽查工作，为加快发展生态林业民生林业、推进林业治理体系和治理能力现代化作出新贡献。国家林业局总工程师封加平主持会议并讲话，强调要进一步深化加强项目资金管理特殊重要性的认识；加强制度建设，严格按制度按程序管理使用资金；高度重视并切实解决当前林业项目资金管理存在的突出问题，千方百计杜绝骗取套取财政资金和项目资金的现象；全面加强资金稽查工作，严格督促整改落实；要研究完善资金稽查的措施和办法。财政部农业司副司长张岩松出席会议并讲话。中国人民银行、中国银监会、中国农业银行、中国农业发展银行等部门的代表出席会议。会上，山西、辽宁等9省(区)作了典型发言，介绍了工作做法和先进经验。与会代表进行了分组讨论，交流了工作和体会，并就进一步加强和改进林业资金审计稽查和林业贴息贷款管理工作提出了意见和建议。总站长周瑄作总结讲话。来自各省(区、市)、计划单列市林业厅(局)，内蒙古、吉林、龙江森工集团、新疆生产建设兵团林业局以及国家林业局有关司局和直属单位的代表120余人参加了会议。

【青年干部“进林场”学习调研活动】 为贯彻落实2015年中共中央国务院6号文件精神，全面推进国有林场和国有林区改革，5月25～27日和7月12～14日，基金总站组织站内45岁以下年轻干部分别赴山东省原山林场和河北省塞罕坝机械林场进行学习调研，旨在通过调研活动激发青年干部的工作热情，加深对6号文件精神的理解和认识，认真践行“三严三实”要求，拓宽工作思路，学习基层艰苦创业、锐意改革的工作传统和工作作风。10月9日，基金总站召开青年干部“进林场”学习调研座谈交流会，站领导班子成员、各处处长和45岁以下青年干部参加了座谈会。2个调研组组长及2名参加局里组织的“根在基层”活动的同志分别作了主题发言。参与调研的其他同志也积极发言，纷纷表示通过参加“下林场”调研活动，不仅了解了林场的工作、生活情况，更多地感受到林场近年来发生的巨大变化和取得的成就，被务林人艰苦创业的精神所感染和震撼，表示要认真学习孙建博身残志坚甘于奉献的精神和“塞罕坝精神”，在工作岗位上努力工作、勤于奉献，切实转变工作作风，树立为基层服务的理念，为国有林场和国有林区改革作出应有的贡献。（刘文萍供稿）

【森林防火项目投资稽查】 组织对北京、天津、黑龙江、浙江、宁波、江西、山东、青岛、广东、海南、青海、宁夏、云南13个省(区、市)和中国林业科学研究院、北方航空护林总站、南方航空护林总站3个单位的2009～2013年森林防火投资项目资金进行重点稽查，稽查资金总额为20.73亿元。共派出16个工作组、66人次赴上述13个省(区、市)和3个单位进行抽查，抽查资金6.56亿元，查出违法违规资金97.55万元，占抽查资金的0.1%。

【林业国家级自然保护区、森林抚育、造林、林业科技推广示范中央财政补贴资金稽查】 组织对北京、天津、内蒙古、福建、湖北、甘肃6个省(区、市)和内蒙古森工集团的2012～2014年林业国家级自然保护区、森林抚育、造林、林业科技推广示范四项中央财政补贴资金的使用管理情况进行重点稽查，稽查资金总额为78.95亿元。共派出7个工作组、27人次赴上述6个省(区、市)和内蒙古森工集团抽查了44个项目实施单位，抽查资金4.82亿元，查出违法违规资金874万元，占抽查资金的1.8%。

【配合其他部门开展林业资金检查】 配合局场圃总站对河北、黑龙江、湖南、广东、重庆、贵州、陕西、甘肃8个省和黑龙江森工集团、大兴安岭林业集团的2010～2014年第一批国家重点林木良种基地的中央财政补贴资金使用管理情况进行核查。共派出10个工作组，18人次，稽查资金总额1.64亿元，查出违规资金1358.54万元，占稽查资金的8.3%。

【林业资金稽查监管信息系统建设】 在吉林省组织开展了林业资金稽查监管信息系统运用试点工作，制订了试点方案，确定了试点委托事项。2月4日，基金总站(审计稽查办公室)与吉林省林业厅联合在吉林省长春市召开林业资金稽查监管信息系统试点工作会议，动员部署在吉林省开展林业资金稽查监管信息系统运用试点工作。4月23～24日，举办了林业资金稽查监管信息系统试点业务培训班，对该信息系统进行了讲解与答疑。针对试点过程中发现的问题，进一步修改完善系统报表及其他相关内容，并组织完成系统试点工作年度总结。

【林业资金稽查监管年度报告】 完成《林业资金稽查监管年度报告(2014)》的汇总、审核、编撰和印发工作。（张藏供稿）

林业审计

【经济责任审计】 完成对8名局直属单位主要负责人的离任经济责任审计工作，涉及审计金额5.14亿元，查出违规违纪和管理不规范问题金额0.11亿元，提出工作建议和意见35条，被采纳35条。同时，要求2014年审计查出存在问题的7个单位对审计意见(建议)整改落实情况进行反馈。7个单位报送了整改报告，整改金额137.5万元，未能整改的已说明情况并提出整改建议。

【预算执行审计】 联合计财司委托会计师事务所完成了对11个局直属事业单位预算执行情况的审计，查出违规违纪和管理不规范问题金额1.64亿元。通过召开见面会和发送整改通知，大部分问题得到整改，促进了直属单位财务工作的规范化管理。

【国家林业局内部审计工作联席会议】 4月15日，局党组书记、局长张建龙主持召开2015年国家林业局内部审计工作联席会议，认真总结2013～2014年内部审计工作，研究部署2015年及今后一个时期的局内部审计工作。会后，以国家林业局会议纪要印发了局领导讲话，要求各直属单位认真贯彻落实会议精神。截至2015年年末，设党委的18个局直属单位，已有2家设置了专门审计机构，16家配备了专职审计人员，为完善各单位内部控制制度和审计全覆盖奠定了坚实的基础。

【林业内审基础工作】 为切实加强国家林业局内部审计工作，夯实林业内审基础工作，根据中央纪委机关、中央组织部、中央编办、监察部、人力资源社会保障部、审计署、国资委联合印发的《党政主要领导干部和国有企业领导人员经济责任审计规定实施细则》，草拟了《国家林业局直属单位领导干部经济责任审计实施细则》，并专门走访了农业部和国家气象局两个部门的内部审计单位，计划2016年正式下发。此外，初步建立起内部审计情况台账，对“十二五”期间国家林业局直属单位经济责任审计和预算执行审计的情况进行了统计分析，为制订“十三五”工作思路和2016年工作计划提供了有力支持。（程宝静供稿）

林业贴息贷款

【修订完善林业贷款贴息政策】 按照党中央、国务院关于充分发挥财政资金的引导和杠杆作用，积极支持林业改革等要求，协调财政部农业司开展联合调研，广泛听取基层相关管理部门和各类林业贴息贷款承贷主体的意见建议，拟从贴息范围、贴息年限和贴息方式等方面进一步修订完善林业贷款中央财政贴息政策，使其更加符合当前林业改革发展的实际需要，不断满足林改以后广大林业生产经营者的实际需求。

【建立林业贴息贷款联合监管机制】 积极协调财政部、中国人民银行、银监会与国家林业局联合出台《关于加强林业贴息贷款监督管理的指导意见》，推进建立由财政、林业、金融部门共同参与、分工协作的对林业贴息贷款项目联合监管机制，从根本上解决核查林业贷款真实性问题，堵塞管理漏洞。截至2015年年末，《关于加强林业贴息贷款监督管理的指导意见(征求意见稿)》已征求中国人民银行、银监会和国家林业局相关部门意见，正由财政部进一步提出修改建议。

【创新林业金融服务】 一是加强与农业银行深度合作，推进落实合作协议目标任务。积极协调中国农业银行进一步创新农业信贷融资方式，围绕推进国有林业改革，就进一步加强银林合作、优化林业金融服务进行深入探讨。协调局计财司、基金总站与中国农业银行农村产业与城镇化金融部召开工作座谈会，交流国家林业局与中国农业银行签署的“共同推进林业产业建设发展合作框架协议”任务落实情况，就做好“十二五”合作情况总结、研究谋划“十三五”合作事宜等达成共识。据统计，“十二五”期间，中国农业银行累计发放林业贷款1789亿元，圆满完成双方合作协议提出的累计发放1000亿元林业贷款的目标任务。为支持国有林场和国有林区改革，协调中国农业银行农村产业与城镇化金融部与基金总站赴黑龙江省开展联合调研，通过推进林业金融产品创新，为进一步优化林业金融服务、实现林业信贷稳健发展、助推林业改革奠定基础。二是切实加强与中国农业发展银行业务合作，进一步完善政策性金融服务林业支撑体系。为加快推进农业政策性金融支持生态林业民生林业建设的步伐，深化林业体制改革，促进林业产业转型升级，积极协调与中国农业发展银行加强业务沟通与合作，推进国家林业局拟与中国农业发展银行签署《全面支持林业发展战略合作框架协议》和联合下发《关于充分发挥农业政策性金融作用支持林业发展意见》。三是协调金融部门支持国家储备林和碳汇林项目建设。积极协调中国农业发展银行与国家林业局世界银行贷款项目管理中心，中国农业银行与中国绿色碳汇基金会、国家林业局经济发展研究中心召开座谈会，就创新融资方式、探索银行信贷资金支持国家储备林建设，吸引社会投资者参与碳配额交易，引入林业产业监测等研究成果为信贷决策服务等方面进行了交流与探讨，积极推进林业金融服务创新。

【林业贷款贴息政策联合调研】 为了深入贯彻落实党中央、国务院关于完善林业贷款贴息政策积极支持林业改革等重要指示精神，5月18~24日，基金总站与财政部农业司、国家林业局计财司、速丰办一同赴广西壮族自治区和浙江省就进一步完善林业贷款贴息政策和监督管理制度，大力推进林业改革和支持国家储备林建设等开展了联合调研。调研组分别到广西区河池市、浙江省丽水市和遂昌县深入了解林业贴息贷款项目建设情况和林业小额贷款管理情况，并实地考察了广西区东门林场、浙江白马林场国家储备林基地建设情况。在广西区和浙江省分别组织召开了省(区)、市、县财政和林业部门，林业贴息贷款项目单位、国家储备林建设单位参加的座谈会。座谈会上，调研组认真听取了两省(区)财政、林业部门以及项目建设单位关于林业贷款贴息政策修改意见和建议，并就当前林业贴息贷款项目管理工作中存在的主要问题、监管要求以及国家储备林基地建设政策需求等进行了深入研究与交流，为进一步完善林业贷款中央财政贴息政策，充分发挥财政贴息政策重要作用奠定了基础。

【林业贴息贷款监督管理制度联合调研】 为了深入贯彻落实中共中央国务院《关于加大改革创新力度加快农业现代化建设的若干意见》《国有林场改革方案》和《国有林区改革指导意见》指示精神，以及《国务院办公厅关于创新投资管理方式 建立协同监管机制的若干意见》工作要求，7月30日至8月4日，基金总站与中国人民银行金融市场司赴黑龙江省就建立林业、财政和金融部门协同监管林业贴息贷款管理机制，大力支持国有林场和国有林区改革开展了联合调研。调研组分别到哈尔滨市和伊春地区深入了解林业贴息贷款项目建设情况，在哈尔滨市召开了省、市、县林业部门，人民银行及其征信中心，以及林业贴息贷款企业参加的座谈会，认真听取了黑龙江省林业部门以及项目建设单位关于林业贴息贷款政策修改意见和建议，并就当前林业贴息贷款项目管理工作中存在的主要问题、监管要求等与人民银行及其征信中心的同志进行了深入研讨与交流。调研组对推进建立林业、财政和金融部门共同参与的林业贴息贷款协同监管机制，以及充分利用林业贴息贷款政策大力支持国有林场和国有林区改革形成了共识。

【林业贴息贷款监督检查】 为深入贯彻落实全国林业厅局长会议要求和全国林业基金管理暨审计稽查工作会的工作部署，切实加强林业贴息贷款项目监督管理，不断提高林业贴息贷款管理水平，2015年4月，基金总站下发了《关于认真做好2014年度林业贴息贷款项目检查监督工作的通知》，要求各地林业部门于4～6月组织开展对本地区2014年林业贴息贷款项目进行全面自查，并对2014年财政、林业、银监三部门联合专项检查问题整改情况进行跟踪检查。5～9月，基金总站组织对北京、黑龙江、浙江等8个省（区、市）进行了重点抽查。针对各地自查及重点抽查中发现的问题，下发了《关于对2014年度林业贴息贷款项目检查工作情况的通报》，要求各地林业部门严格按照《中央财政林业补贴资金管理办法》的要求，对照存在的问题，着力抓好问题排查及其整改"回头看"工作，切实把林业贴息贷款监督检查工作落到实处。

【林业贴息贷款管理业务培训】 9月16～18日，在国家林业局北戴河培训中心举办了全国林业贴息贷款管理业务培训班。培训班上总结通报了对2014年度林业贷款贴息项目检查情况，要求切实加强林业贴息贷款项目监督管理工作，提高管理水平，使林业贴息贷款在强林惠农等方面发挥重要作用。财政部农业司、中国农业发展银行客户二部的相关同志应邀亲临指导，分别就林业贷款中央财政贴息政策、政策性金融对接林业产业项目等内容进行了培训。培训班上，培训了完善后的林业贴息贷款管理信息系统，部署了下一阶段工作。代表们围绕修订完善林业贷款中央财政贴息政策、建立林业贴息贷款协同监管机制、加强与政策性银行业务合作及完善林业贴息贷款管理信息系统等内容进行了深入研讨，提出了建设性意见。来自各省（区、市）林业厅（局）、吉林、龙江森工集团、新疆生产建设兵团林业局和部分市、县林业主管部门林业贴息贷款管理负责人、经办人共130多人参加了培训。

【林业贴息贷款管理信息系统】 根据林业贴息贷款管理工作实际需求，基金总站组织局林业调查规划设计院对林业贴息贷款管理信息系统进行了重新建设与完善，完成了林业贴息贷款管理信息系统总体功能与框架设计、系统平台及数据库搭建，以及林业贷款中央财政贴息补贴子系统功能设计和主体研发工作。截至2015年年末，林业贴息贷款管理信息系统已初步实现基层林业部门同步上报申请中央财政贴息项目的林业贷款情况、项目效益情况，省级林业管理部门审核确定具体林业贴息贷款项目及其效益情况的功能，为全面落实林业贴息贷款项目申报审核及监督管理责任，进一步提高林业贴息贷款管理工作规范化水平提供了有力的技术支持。

（刘文萍供稿）

林业精神文明建设

21

国家林业局直属机关党的建设和机关建设

【综　述】 2015年，国家林业局直属机关党建工作牢牢把握服务中心、建设队伍核心任务，以学习贯彻习近平总书记系列重要讲话精神为主线，认真贯彻落实从严治党要求，着力开展“三严三实”专题教育，扎实推进基层党组织建设，不断加强党风廉政建设和反腐败工作，努力提高机关党建工作科学化水平，为推动林业改革发展提供坚强保障。

以学习习近平总书记系列讲话精神为主线，着力强化思想理论武装。一是学习中央精神。组织党员干部深入学习贯彻习近平总书记系列重要讲话精神，学习《习近平谈治国理政》《习近平关于党风廉政建设和反腐败斗争论述摘编》，学习习近平总书记关于生态文明和林业建设的重要论述，深刻领会其核心思想和深刻内涵，切实把思想和行动统一到中央决策部署上来。举办学习贯彻五中全会司局长理论研修班，并在三北局组织开展“部委与基层”主题联学活动，与地方党政领导、英雄劳模和基层林业工作者代表共学五中全会精神，共议“十三五”发展。二是学习身边典型。开展社会主义核心价值观主题宣讲活动，局办公室、造林司、林科院、中南院、乌鲁木齐专员办5家单位作了先进典型报告。建立国家林业局山东成山林场党员干部教育培训基地，召开“弘扬沈秀琴精神、践行‘三严三实’”座谈会，开展向林业系统先进人物学习，营造学习先进的浓厚氛围。三是开展集中学习。举办5次绿色大讲堂学习，开展司局长理论研修班、林业系统党委书记培训班、司处级党员领导干部进修班、党务纪检监察干部培训班、工会主席培训班、妇工委委员培训班、团干部培训班和入党积极分子培训班等9个班次的集中培训，强化党员干部思想理论武装。四是强化干部自学。组织学习中央6号文件精神，发放《为了中华民族永续发展》《深入学习贯彻中央6号文件精神、全面完成国有林场国有林区改革任务》《建设生态文明、建设美丽中国》等书籍，提升党员干部服务林业改革发展的能力。

以强化党建工作责任为根本，着力构建党建工作格局。一是加强党建工作领导。贯彻中央国家机关工委全面从严治党实施意见，成立了国家林业局党建工作领导小组，制定了党建责任制实施意见，明确各级党组织党建责任清单，建立统一领导、统筹规划、联动落实的党建工作机制。二是突出党建工作考核。建立党委书记、基层党组织书记和党员三级联述联评联考机制，国家林业局党组现场听取了10个党委单位党建工作集中述职，其他单位也作了书面述职。结合年度考核工作，直属机关党委与人事司、监察局组成考核组，对各司局各直属单位党建工作情况进行了述职评议。三是强化主体责任意识。举办党政主要负责同志落实主体责任专题培训班，强化责任意识，明确责任内容，提高履职能力。国家林业局党组书记、局长张建龙在中央国家机关党委书记培训班上作了大会典型经验交流。

以开展“三严三实”专题教育为统领，着力强化干部作风建设。一是开展“三严三实”专题教育。聚焦对党忠诚、个人干净、敢于担当，深入开展“三严三实”专题教育，着力解决“不严不实”问题。抓好“四风”问题整改，巩固拓展群众路线教育和“两转变两服务”活动成果。举办全国林业系统党委书记践行“三严三实”专题培训班，开展交流研讨，加强对行业党建工作指导。二是加强巡视工作。接待中央第九巡视组检查。制订党组巡视办法，配合有关部门开展案件查办培训，加强党风廉政巡视。在全局范围内开展贯彻执行中央八项规定精神及资金使用自查自纠工作，深入查找并整改突出问题。三是践行群众路线。积极建立健全和落实机关党组织联系基层、党员联系群众“双联系”制度，教育引导党员干部在服务基层、服务群众中不断改进作风，增强服务意识。

以贯彻落实基层组织工作条例为抓手，着力夯实党建工作基础。一是开展《条例》检查。围绕贯彻落实组织工作条例，开展专题学习、专门制度、专项检查等系列活动，配合工委完成了《条例》检查工作。组织党员干部认真学习《条例》，举办知识竞赛，明确基层党组织工作任务，强化责任意识。二是严格组织生活。资源司、计财司、天保中心、规划院、林科院、竹藤中心等单位结合自身特点，开展了支部工作方法的总结提炼工作。造林司党支部和中国林科院森环森保所被列入中央国家机关工委严格党内生活试点单位。三是推进基层党组织换届。对保护司等14个党支部进行换届工作提醒，信息办等11个党支部（总支）进行了调整，服务局等5个直属党委以及办公室等12个党支部（总支）进行了换届，优化结构、配齐配强党组织领导班子。四是加强党员教育管理。举办入党积极分子培训班，加强入党积极分子培养。落实《中共国家林业局直属机关发展党员工作细则》，规范党员发展工作，全年发展新党员36名，预备党员转正42名。五是开展党建工作品牌评选。开展优秀主题党日、组织建设优秀制度和服务型党组织建设优秀品牌等评选活动。治沙办党支部获得中央国家机关优秀党建品牌荣誉。工作总站和林科院森环森保所党委获得中央国家机关党建工作优秀展示品牌。

以加强群团组织工作为重点，着力推动和谐机关建设。一是加强工会工作。认真落实中央群团工作会议精神和加强群团工作意见，制订实施办法。成立国家林业局“职工之家”联络委员会、局直属机关读书协会，加强组织机构建设。国家林业局直属机关工会被中华全国总工会授予“模范职工之家”。组织中央国家机关工会联合会12个部委（局）工会主席赴新疆调研国有林区情况。组织劳模休假，开展送温暖活动和帮扶困难职工，维护职工合法权益。参加中央国家机关第四届职工运动会，获得“优秀组织奖”。开展行业全民健身项目培训班，举办林业体协羽毛球、象棋比赛及职工书画展、摄影展和演唱会，活跃机关氛围。加强制度建设，制定6项规章制度。二是加强青年工作。开展机关青年"守纪律、促改革、强活力"主题活动和"铭记历史·珍爱和平——纪念反法西斯战争胜利70周年"系列活动，深化基层调研、义务植树和读书活动，促进青年干部成长成才。三是加强妇女工作。开展工会妇女干部专题培训，加大工会妇女干部培养。组织"最美家庭"评选、家庭助廉和家庭建设好经验交流等活动，促进良好家风建设。四是加强统战工作。做好党外人士学习培训、调研考察等服务工作，提高统战干部建言献策、参政议政的能力和水平。

以强化纪律规矩为关键，着力促进干部廉洁从政。一是落实"两个责任"。整合成立国家林业局党风廉政建设领导小组，制订实施意见和分工方案，推动党风廉政建设主体责任落实。建立集体约谈制度，国家林业局党组对各单位党政负责同志落实党风廉政建设主体责任、监督责任进行集体约谈并签订党风廉政建设责任书。对提拔任用、公务员和军转干部考录实行全过程监督。二是加强警示教育。举办全国林业纪检监察案件查办专题培训班，提高纪检监察干部办案工作能力和水平。组织《廉政准则》和《纪律处分条例》两项党内法规的学习活动，邀请中央纪委法规室领导做专题解读，引导党员干部学纪律、知纪律、守纪律。三是加强风险防控。落实中央国家机关违纪案件曝光制度，及时转发中央纪委、纪工委通报违反中央八项规定典型案例和违纪违法案件，引导党员干部自己查摆工作上的漏洞，加强风险防范意识。抓住中秋、国庆、元旦、春节等重要时间节点，严明纪律，明确要求，确保节俭廉洁过节。四是加大执纪力度。认真对待群众来信来访、审计、年度考核、民主生活会中发现的问题，及时进行提醒、诫勉及相应处理。共立案查处8起，给予轻处分5起，提醒34人，函询21人，诫勉7人。（张华供稿）

林业宣传

【综　述】 2015年，宣传办紧紧围绕林业中心工作，突出林业建设生态文明的主体地位，突出林业改革发展的新举措新进展，组织开展一系列宣传活动，形成近年来少有的宣传规模和宣传声势，较好地完成了各项林业宣传任务。截至12月5日，中央各主要媒体共刊播林业新闻13 000多条(次)。其中，《人民日报》150篇，中央电视台主要频道1600多条(新闻联播90条)，新华社1500多条。授予国家森林城市21个。

【生态文明建设宣传】 以《习近平关心生态文明建设纪实》(以下简称《纪实》)宣传为重点，全面提升林业建设生态文明的主体地位。一是精心做好《纪实》的采写报道。根据局党组的要求，我们精心谋划《习近平关心生态文明建设纪实》一文的采写报道，通过提供系列素材、采访局领导及有关专家，反复修改报道内容，使之三分之二内容涉及林业，全面反映党中央和习近平总书记关于林业建设生态文明的一系列战略思想和战略部署。据统计，有近100家中央和各省(区、市)主要媒体分别以头版头条的形式，全文刊发了《纪实》。二是积极做好习近平参加义务植树前后宣传。围绕湿地日、植树节、野生动植物日、国际森林日等涉林节日，通过组织新闻发布、"共和国部长植树"等重大活动、会议集中报道，以及专版、专栏、评论等多种形式，集中发稿1000多篇条，突出反映林业建设生态文明的生动实践，为习近平总书记等中央领导植树活动掀起宣传大高潮奠定坚实基础。三是认真做好中央6号文件发布宣传。中央《关于加快生态文明建设的决定》发布后，我们及时组织政策解读，播发各地贯彻落实的动态信息，以及领导和专家文章，形成一定的规模和声势。

【国有林场改革和野生动植物保护宣传】 在国有林场林区改革方面，围绕《国有林场改革方案》《国有林区改革指导意见》出台和国务院召开电视电话会议，提早部署，积极协调，以中宣部名义正式印发《国有林场和国有林区改革宣传工作方案》。在历时10天的集中报道期间，中央主要新闻媒体、各大网站，在重要版面、重要时段、重点栏目播发《方案》和《意见》全文、局领导和专家解读文章、会议消息、改革典型等，共刊发相关报道4200多条。下半年，精心组织"百名记者进林场"活动，《人民日报》、新华社、人民网等主流媒体刊发各类深度报道2200多篇条。在野生动植物保护方面，协调中宣部下发通知，组织中外媒体，对在北京市野生动物救护中心举办的中国执法查没象牙销毁活动进行了广泛宣传。100多家中外媒体记者到现场采访，刊播或转载相关报道1100多条(次)。围绕开展的"眼镜蛇三号行动"及全球打击野生动植物走私犯罪联合执法成果，组织百余家媒体进行宣传报道，刊发报道305篇。组织召开第四次大熊猫调查结果新闻发布会，70多家媒体和130多家网站刊发相关报道700多条(次)。按照中宣部和国家林业局的统一安排，协调中央主要媒体陆续推出秋冬季候鸟迁徙和各地观鸟护鸟活动的报道。《人民日报》刊发了多篇观鸟护鸟活动报道，还在"生态版"开设了"跟着候鸟看生态"专栏，刊发13篇候鸟迁徙专题报道；在"绿色周刊"刊发了两篇深度报道。

【重大主题宣传活动】 与中宣部和中央主要新闻单位协调，将林业相关内容纳入中央出台《关于加快推进生态文明建设的意见》的宣传策划和议题设置，广泛宣传林业在生态文明建设中的重要地位和作用、举措和成效。与中宣部宣教局共同策划林业推进生态文明建设主题宣传活动，广泛宣传林业工作进展和成效，人民网、中国文明网、中国网络电视台开设了"林业推进生态文明"专栏。与中宣部新闻局策划组织生态建设和自然保护宣传，各媒体在《行进中国》栏目中推进林业典型报道，展示层林尽染等美好风光，展现生态文明建设成果。《人民日报》刊发两个整版专刊，中国网开设专栏集中报道了中国生态建设进展和成效。围绕《国有林场改革方案》《国有林区改革指导意见》出台、国务院召开全国国有林场和国有林区改革工作电视电话会议，积极协调中办、国办、中宣部做好宣传报道，力求宣传效果最大化。中宣部印发《国有林场和国有林区改革宣传工作方案》，中央主要新闻媒体、各大网站、各省（区、市）党报在重要版面、重要时段、重点栏目集中播发《方案》和《意见》全文、专家解读文章，以及国务院电视电话会议消息和8个典型报道，产生了极好的宣传效果。85家传统媒体、214家网站共刊发相关报道4200多条，微博主帖389条。其中，在一版的报道达40多篇。组织开展了“绿水青山 生态脊梁——百家媒体百名记者进林场”活动。通过精心策划，下发活动通知，召开媒体通气会，组织近20家中央主要媒体和网站，分12路深入14个省25个国有林场采访报道。协调《人民日报》、新华社在“行进中国·精彩故事”、《经济日报》在“大美中国·森林”等专栏中推出国有林场报道，《光明日报》推出“国有林场改革故事”，人民网、中国文明网开辟“林业推进生态文明”专栏突出报道国有林场典型，各媒体累计播发稿件120余篇，重点网站转发近2000条次。

【林业宣传舆论引导】 在舆情监测方面，进一步完善舆情监测制度，更加注重热点性、苗头性、前瞻性、国际性等问题的监测、分析和研判，共编发周报、月报、年报和专版等各类舆情快报46期，为领导决策和引导舆论提供了参考。全年涉林舆情基本稳定可控，妥善处理了陕西大熊猫“犬瘟热”、威廉王子访华关注野生动物保护、京剧演员微博秀点翠头饰等涉林热点舆情，未形成舆论热点和大规模炒作。在新媒体运营方面，国家林业局人民网、新浪网官方微博内容更加丰富，形式更接地气，宣传效应日益凸显，影响范围不断扩大。两大官方微博总粉丝已达410多万，发布微博数达1万多条。原创图文微博“小林来科普之有毒植物”，获@人民日报、@央视新闻、@环球时报、@公安部打四黑除四害等数十家媒体、部委人气微博引用发布，转发量空前，累计转发量达3.2万余次。并被微信端不少知名公众账号如“交通91.8”“CCTV看点”等以文章形式发布220余篇。

【“国家森林城市”创建活动】 经过多年来的不懈努力，国家森林城市创建取得突破性进展，5月份国务院将其确定为内部审批事项，11月份党中央正式写入“十三五”规划建议。经国家林业局党组审定，2015年又有河北省石家庄市等21个城市被授予“国家森林城市”称号。截至2015年，全国共有96个城市被授予国家森林城市称号，64个城市正在开展创森活动。11月，在安徽宣城召开的全国森林城市建设座谈会，成为全面贯彻落实五中全会精神，推动“创森”工作大发展的又一盛事，关注森林活动组委会主任王刚、国家林业局局长张建龙亲自出席并作重要讲话，关注森林活动组委会各成员单位的主要负责同志，131个城市代表、10余位城市森林建设领域的专家学者以及各省林业厅（局）的负责同志等150人参加了座谈会。会议对关注森林活动和森林城市建设工作作了全面总结和部署。

【生态文化活动】 与央视联合开展《鸟的迁徙》大型电视直播活动，共计直播76场，播发新闻148条，与社会文化影视公司联合拍摄制作林业公益广告4部。组织开展“美丽中国·原始森林杯”摄影大赛、生态文明微电影大赛，以及“大森林的脚步”音乐采风创作活动；出版《中华大典·林业典》和六期《生态文化》；完成了《中国林业工作手册》《中国林业发展报告》“生态文化部分”的撰稿工作。完成了《中国生态文化发展纲要（2016～2020）》初审工作，推动意见征求广泛开展，计划2016年完成定稿并下发。

【民主党派联系工作】 做好提案建议工作，2015年“两会”的林业提案、建议数量480多件，关心林业的全国“两会”代表、委员180多人，林业改革、生态文明建设、林业财政投资等重点问题成为代表委员关注的热点。开好联席工作会议，年初分别与中国农林水利工会，全国工商联、中国光彩会召开联席会议，明确了联合工作重点，确定了联合工作事项。办好各项联合重点活动，联合共青团中央等四部门开展“童眼观生态”系列活动，李源潮、杜青林、张建龙等领导出席“童眼观生态”青少年生态体验展示活动，中央主流媒体广泛报道。开展了第六届“光彩事业国土绿化贡献奖”评选活动和民营企业家培训活动。组织开展2015中国环境与健康宣传周、绿桥活动，以及“我为蓝天种棵树”活动。

【自办宣传阵地】 央视农业频道《绿色时空》栏目，以充分挖掘林业主题，讲好生态故事为重点，2015年共拍摄播出30分钟专题节目52期，提高了收视率。央视少儿频道《绿野寻踪》栏目，2015年摄制播出林业专题节目57期，收视稳居央视少儿频道前列，特别是暑假特别节目《最野假期》收视率在中央电视台少儿频道达到前三名，栏目已成为央视向公众提供林业科普知识的重要窗口。央视网、熊猫频道，与中国网络电视台（央视网）、“熊猫频道”联合推出“直播中国”系列自然生态网络视频节目。关注森林网，按照国务院办公厅文件要求，2015年对关注森林网进行部分修改，重新设计首页排版，调整子栏目页面，并开通了“新媒体工作排行榜”“热点话题”等栏目。认真做好“2015年国家级林业重点展会新闻发布会”的在线直播。通过直播，进一步提高了网站在线传播新闻的能力，对提高网站权威和影响力十分有意义。开设微信公众号，开通网站手机主页，增强网站宣传能力。截至11月底，网站点击量已经超过1053万，注册会员增加44人，高级会员增加76人，发稿量超过两万条。

【局属报刊】 加强对局属报刊主要负责人管理，印发《关于重申规范报刊主要负责人任职资格及条件的通知》，并组织各报刊社完成了驻地方机构的清理整顿工作。完成对局属1报8刊的年度核验工作。组织开展2015年“百强报纸”“百强社科期刊”“百强科技期刊”推荐工作，推荐《中国绿色时报》作为国家林业局“百强报纸”。认真做好局属报刊日常审读工作。审读文字量近120万字。

【林业大事】

2月5日 国家林业局与中国农林水利工会第十四次联席会议在全国总工会召开。国家林业局党组成员、中央纪委驻国家林业局纪检组组长陈述贤出席会议并讲话。

2月16日 国家林业局办公室印发《2015年全国林业宣传思想文化工作要点》。

2月28日 召开第四次大熊猫调查结果新闻发布会。国内外媒体全面报道中国大熊猫数量现状、生存风险、保护区现状及采取的应对举措等。

3月9日 与新华社联合策划，播发长篇通讯《为了中华民族永续发展——习近平总书记关心生态文明建设纪实》，《纪实》中三分之二内容涉及林业。这篇报道在全社会广泛传播，引起强烈反响。

4月9日 国家林业局与全国工商联、中国光彩会第九次联席会议在国家林业局召开。国家林业局党组成员、中央纪委驻国家林业局纪检组组长陈述贤出席会议并讲话。

6月3日 由全国农工党、国家发展改革委、教育部、农业部、环境部和国家林业局等单位联合举办的2015中国环境与健康宣传周启动仪式在北京人民大会堂隆重举行，局党组成员、中央纪委驻国家林业局纪检组组长陈述贤出席了宣传周启动仪式。

6月9日 在国务院新闻办公室召开生态建设与自然保护新闻发布会，张建龙局长介绍有关情况，30多家媒体参加发布会。

7月14日 组织启动了“绿水青山 生态脊梁——百家媒体百名记者进林场”活动。

8月3日 在北戴河国家湿地公园联合举办“童眼观生态——全国青少年生态文明教育体验活动成果展示”。中共中央政治局委员、国家副主席李源潮，中共中央书记处书记、全国政协副主席杜青林亲临活动现场。全国政协人口资源环境委员会主任贾治邦、副主任凌振国，国家林业局局长张建龙、副局长彭有冬，共青团中央书记处书记罗梅，中国科协党组成员、书记处书记徐延豪等一同参加。

11月17日 由国家林业局、全国工商联、中国光彩会联合举办的第十一期全国民营企业家及管理干部林业培训班在西安开班，来自全国各地140多名优秀民营企业家及管理干部参加了培训。

11月25日 2015森林城市建设座谈会在安徽省宣城市举行。关注森林活动组委会主任王刚亲自出席会议并作讲话，关注森林活动组委会各成员单位的主要负责同志，131个城市代表、10余位城市森林建设领域的专家学者以及各省林业厅(局)的负责同志等150人参加了座谈会。会议对关注森林活动和森林城市建设工作作了全面总结和部署。 (林业宣传由郑杨供稿)

林业出版

【综　述】 2015年是“十二五”的收官之年，中央对林业建设的重视、广大人民群众对良好生态的期待以及林业所承担的绿色发展历史重任前所未有。在局党组的坚强领导下，林业出版社全面完成了“十二五”各项发展目标，为“十三五”发展奠定了坚实基础。

图书产销情况 2015年全年共出版图书652种，其中新书483种(含国家级重点图书61种)、重印书169种；新排字数18 866万字；生产码洋10 519万元，其中新书8357万元、重印书2162万元；总印数151万册，其中新书95万册、重印书56万册；全年用纸2.96万令。以上指标均与2014年基本持平或略高于2014年。全年图书销售回款超过3143万元，创历史新高。

重大项目取得和开展情况 一是“绿色文化传播及设计创意服务平台”和“国家生态知识运营服务平台”项目获批，共获财政支持近1500万元。二是5月中国林业出版社正式入选28家专业数字内容资源知识服务模式试点单位之一。三是“国家生态文明电子书包”“基于CNONIX标准的出版综合管理平台”2个项目入选2015年度新闻出版改革发展项目库。四是获得了2项2015年度国家出版基金项目和2项2015年国家科学技术学术著作出版基金项目。五是《大美新疆·绿色华章——自治区成立60周年新疆生态建设纪实》入选2015年度国家主题出版项目，是中国林业出版社从2012年设立国家主题出版以来连续第四年(次)获批。六是拓展项目申报渠道，申报了“国家生态文明教材修订”“中国林业出版编辑能力建设”等一批新项目。七是中央文化产业发展专项资金项目“中国林业按需出版系统”成功验收。八是国家“十二五”重点图书出版规划项目、国家辞书编纂出版规划项目、国家出版基金重点资助项目《中国植物保护百科全书》总编纂委员会第一次会议在北京召开。九是储备了一批经过专家们论证通过的好项目，如兼并重组项目、生态文明我先行动画片、创新创业项目等。

重点工作开展情况 ①出版服务林业中心工作方面，开展了一批重点图书的编纂工作。如《中国林业百科全书》已开始编纂内容的前期调研和作者队伍组建工作；出版了关注森林城市建设的图书《满城皆绿好景致》并着手开始“中国森林城市大型纪录片”的前期策划工作；开展《中国主要树种造林技术》的修订工作；《美丽中国筑梦行》进入筹备阶段。中国林业出版社还完成了所承担的各类国家出版规划任务的总结工作，“十二五”期间中国林业出版社列入国家重点图书、音像、电子出版物出版规划的项目高达13种96卷(册)，项目完成率为92.3%。②“走出去”战略方面，社领导分别出席了第14届世界林业大会、贝尔格莱德国际书展和伊斯坦布尔国际书展等活动；与来自荷兰、中国台湾的出版专家、知名作者开展了深入交流座谈；派出骨干编辑赴美国等出版业发达国家进修学习；派出代表团赴台湾作图书市场和图书出版考察。中国林业出版社图书《野性中国》作为国礼赠送给英国威廉王子。③强化管理方面，一是按照中央要求开展了“国有企业负责人薪酬制度改革”的相关工作；招聘了7名优秀毕业生；选拔任用了3名部门主要负责人；组织了70余人次参加各类培训，进一步提高了员工的业务和思想政治素养；“北京印刷学院校外实践教育基地”在中国林业出版社挂牌建立，2名社领导被聘为北京印刷学院硕士研究生导师。二是完成了企业会计科目转换和内部审计工作。三是开展了新一轮定点厂和定点供应商的招标工作，出台了《中国林业出版社出版物排版电子文件管理办法（试行）》。四是完成了北侧业务楼外立面修缮工程；新的社门户网站建成开通。五是举办了10余期培训班，建成了“全国农林类图书馆配样采基地”，进一步拓宽了社增收渠道。④党建工作方面，一是完成了“两委”换届，选举产生了第四届社党委和社纪委。二是开展了“三严三实”专题教育。三是组织了第二届优秀青年、青年文明号先进集体评选活动；有1名同志被选评为全国新闻出版行业第四批领军人才，入选国家林业局“百千万人才工程”省部级人选。四是组织2名中层干部参加了入党积极分子培训，批准3名同志为中共预备党员、1名同志按期转为中共正式党员。

荣誉获得情况 林版图书2015年又获得了多项荣誉：如《银杏》荣获2014年度国家科技进步奖二等奖，《论生态文明》被评为第二届全国党员教育培训教材优秀教材，《中国荒漠植物图鉴》荣获第五届中华优秀出版物图书提名奖，《野生动物的神奇故事》被评为“科技部2015年全国优秀科普作品”，《中国林业年鉴（2013卷）》在第五届年鉴编纂出版质量评比中获综合一等奖、框架设计特等奖、条目编写一等奖、装帧设计一等奖4项奖励，《多样的中国湿地》《沙山有约》等6种图书入选“2015年全国中小学图书馆（室）推荐书目”，中国林业出版社还再次获得全国农家书屋建设先进单位称号。

【绿水青山——建设美丽中国纪实（电子出版物）】 国家林业局主编，2015年9月出版。该电子出版物是国家新闻出版广电总局“深入学习贯彻习近平总书记系列重要讲话精神”主题出版重点电子出版物、国家出版基金主题出版项目、国家林业局重点出版项目。本出版物内容反映了党的十八大以来中国林业建设、农村建设、城市发展等领域学习贯彻习近平总书记“两山论”的理论与实践活动。全书分为3个篇章：寻梦、追梦、圆梦，系统、全面、科学地阐述了习近平总书记关于生态建设的精辟论述，紧扣党的十八大以来中国生态文明建设的成就，具有很强的政治性和理论性。与普通出版物不同，《绿水青山》将音频、视频、图文有机结合，包含近20万字、近千幅图片和超过两小时的视频、音频内容。该电子出版物主题突出、结构合理、内容丰富，兼具科学性、权威性和可读性，可作为党员干部学习的推荐材料，也适合作为社会大众生态文明科普读本。

【中国湿地资源系列图书】 国家林业局组织编写，2015年12月出版。本系列图书是“十二五”国家重点图书出版规划项目、国家出版基金资助项目、国家林业局重点出版项目。包括1本总卷、31本分卷、1198万字，共有1610位专家学者参与了编写工作，分别系统阐述了全国和各省份湿地变迁、湿地类型、湿地生物资源、湿地资源利用、湿地资源评价、湿地保护与管理等内容。中国科学院院士陈宜瑜特地为该系列图书作序。

【林业应对气候变化与低碳经济系列丛书】 宋维明总主编，2015年9月出版。本系列丛书为“十二五”国家重点图书出版规划项目、国家出版基金资助项目。本系列丛书以“林业应对气候变化与低碳经济”为主题，紧紧围绕林业与气候变化，碳汇林业，低碳经济与生物质能源发展、与林产工业发展、与生态文明建设等专题展开研究，以期寻求应对气候变暖的途径，探讨林业科学发展与低碳经济的关系，为制订低碳发展战略提供决策参考。

【满城皆绿好景致——国家森林城市建设纪实】 金旻主编，2015年10月出版。该书入选《中国绿色时报》“2015年必读十大生态好书”。书中全面展现了贵阳、杭州、成都、柳州等75个已经获得“国家森林城市”称号城市的建设风采，集中介绍它们的成功经验和建设成果。可以为其他城市创建国家森林城市提供有益的借鉴，也为智慧城市和海绵城市建设提供有益的启示。这是中国第一本系统介绍国家森林城市的书籍，以期引起各级政府部门和社会各界对国家森林城市的关心和关注，为中国国家森林城市建设尽一份力。

【生态文明制度构建中的中国森林资源核算研究】 “中国森林资源核算研究”项目组编，2015年2月出版。由国家林业局与国家统计局联合开展的中国森林资源核算研究，是继2004年启动的第一期中国森林资源核算研究后，在国家层面的最新和最重要研究。本书是对此次核算工作的全面介绍，内容包括国内外的研究与实践、森林核算理论框架体系、林地林木资源核算、森林生态系统服务核算、中国森林资源核算结果及其应用。本书科学总结了本次核算研究的特点和意义，使广大民众特别是各级领导干部牢固树立科学发展观、生态价值观和绿色政绩观。

【《国务院办公厅关于进一步加强林业有害生物防治工作的意见》宣贯读本】 国家林业局造林绿化管理司编，2015年7月出版。2014年5月8日，国务院办公厅印发了《关于进一步加强林业有害生物防治工作的意见》，首次从国家层面对林业有害生物防治工作作出重大决策部署。局党组高度重视《意见》的贯彻落实，相继印发了贯彻《意见》的通知、局相关司局的分工落实方案、防治目标责任书考核办法等一系列工作。为更好地指导广大林业职工特别是领导干部学习领会《意见》精神，准确把握《意见》内涵，全面做好《意见》的贯彻落实工作，作者组织编印本书，本书收录了《意见》全文以及国家林业局自2014年5月至2015年6月印发的重要贯彻落实文件、专题宣贯文稿等。

【中国景观植物应用大全】 臧得奎等主编，2015年7月出版。本书是一套景观植物应用方面的大型工具书，分为木本卷和草本卷，全书包括植物景观设计理论与应用两大部分，涉及园林景观植物4000余种，亚种、变种、变型和品种约5000种，彩图12 000幅，篇幅巨大、内容翔实，突出实用性和科学性。全书重点介绍了植物在园林入口、园林建筑、山石、水景、园林小品设施，以及道路、园桥、广场、护坡、地被、基植和装饰等景观设计方面的应用。本书可供广大园林设计师、园林绿化工作者和园林院校师生员工学习参考。

【中国观赏植物种质资源·西藏卷1】 张启翔主编，2015年1月出版。本书为中国观赏植物种质资源系列书中的西藏卷的第一卷。由于西藏地域广阔、植物种类丰富，作者在本卷中围绕西藏主要森林分部区域——藏东南地区开展调查，并整理数据出版。经鉴定和整理，本书附录收录野生维管束植物有1640种(含亚种、变种、变型)，全书共有彩色图片1282幅。总论部分对筛选出的99科287属738种观赏植物进行了科学的评价和分类，并对植物开发优先序、植物分布生境进行了系统论述。各论部分对452种(包括种下类型)重点观赏植物资源进行详细描述，包括简要的形态特征、分布及分布量、生境及适应性、观赏及应用价值等，对每一种植物绘制了分布示意图。

【中国牡丹品种图志(续志)】 王莲英等著。2015年6月出版。继《中国牡丹品种图志》于1997年出版后，本书新增了16年来中国牡丹工作者新培育的品种300余个，全书章节完整，结构合理，较全面系统地总结了中国近些年的牡丹研究成果及新优品种。本书将这些成就更加系统深入地总结与完善，特别是对今后新品种的培育鉴定以及引种栽培起到借鉴与交流的作用，为今后中国牡丹现代化产业的发展增添更强的自信心和力量。

【他用生命呵护绿色——造林英模孙建博(随书附盘)】 国家林业局亚太森林网络管理中心组织编写。2015年5月出版。为了向世界宣传中国林业在森林保护和抚育方面做出的巨大成就，本书以原山林场孙建博为典型，以文字描述和专题采访，图文并茂详细记录了原山林场的发展和对当地生态的贡献。展现了中国生态林业和民生林业建设的重要成就，以点带面，对中国国有林场的改革起到积极的推进和借鉴作用。

【森防人与森防事】 曲苏著，2015年9月出版。防控林业有害生物灾害的发生、扩散、蔓延，一直是中国森防系统广大干部职工的重要工作内容。本书记录了在寻找最美森防医生活动中评选出的在基层森防岗位上勤于奉献、业绩突出、事迹感人、影响广泛的一批典型人物及其感人事例，大力弘扬了“除害、敬业、厚德、求是”的“啄木鸟精神”。希望通过让读者了解和认识森防工作，提高公众森防意识，积极主动地支持和参与森防工作，为加快林业有害生物防治工作的社会化进程、促进林业有害生物防治工作持续健康发展发挥积极的作用。

【彩叶植物图鉴】 袁东升等主编，2015年8月出版。本书共选编了彩叶植物含蕨类植物、裸子植物和被子植物3个门类共计139科497属1500多种(含变种、栽培种、变型)。每种彩叶植物均分别介绍了形态特征、生长习性、景观应用等内容，同时配以多幅有代表性的特征照片。不仅可作为园林工作者的必备参考书，也可作为科研教学用参考书。

【景观植物配置与应用】 深圳市海阅通文化传播有限公司编著，2015年12月出版。景观设计旨在打造美好的生活环境，为忙碌的生活创造更多美与和谐的元素。本系列丛书分为北方篇、中部篇和南方篇三本，按照中国地域进行划分，介绍了各区域的常用乔木、灌木、地被等园林景观植物。全书以住宅区植物景观设计、市政公园植物景观设计和商业中心植物景观设计为板块，通过当下比较成熟的景观设计案例进行分析和介绍各个植物设计节点的乔灌草配置特点。旨在对当下流行的植物景观设计进行简单的分析和总结，力求为植物景观设计探索做出一定的努力。

【中国林业网——智慧化与国际化之路】 李世东等著，2015年8月出版。中国林业网创建于2012年，是一家信息全面的林业行业门户网站，也是林业发展行业最大的林业信息类门户网站。中国林业网全力打造中国最专业的林业信息网站，网站提供林业行业资讯、社会热点新闻、行业标准、林业改革、招标采购等最新行业信息。本书以中国林业网智慧化与国际化之路为主线，从林业网的发展综述、包含的四大板块、三大体系、改版优化、发展保障等层次进行论述和介绍。

【耕耘的足迹——坚守林业出版一线五十春秋的回忆】 任景阳编著，2015年12月出版。本书反映了作者从事林业出版事业的丰富经历，见证了林业出版社发展、壮大的过程，特别是从事林业出版工作的一些重要事件的细节和过程。书中提供了大量的出版史料，图文并茂，可读性强。本书也可供相关出版单位参考使用。

【西双版纳有毒植物图鉴】 张丽霞等主编，2015年6月出版。西双版纳是中国热带地区保存有最大面积热带森林的区域，是中国植物多样性最富集的地区之一，在仅1.9万平方千米的土地上生长着高等植物4600余种，有毒植物资源也极其丰富。结合全国第四次中药资源普查契机，作者在开展西双版纳地区中药资源普查试点工作过程中，重点对该区的有毒中草药进行了调查，获得了较为完整和系统的资料。本书图文并茂，在学术研究、科普教育和实践应用中具有重要的价值。该书的出版不仅可以提高当地人民对有毒植物的认识，而且为进一步深入研究有毒植物及其资源开发利用工作提供了大量基础资料。

【景观设计之曲线之美】 蔡梁峰等著，2015 年 1 月出版。本书被列入 2015 年全国中小学图书馆(室)推荐书目。本书共分五章，第一章圆形，意在讲述如何营造纯粹而生动的圆形景观。第二章曲线地形，主要讲述从等高线的角度创造景观地景艺术以及艺术地解决坡度场地落差。第三章长袖善舞，以传统线描画中的飞天水袖曲线为原型，变化出无穷的场地景观设计。第四章曲线肌理。将自然中存在的曲线肌理形态，以及绘画艺术作品中的肌理形态应用于景观设计之中。第五章分形景观。通过曲线的逐级分形从宏观、中观、微观分解空间和联系空间又统一空间。

【蘑菇病虫害防控彩图手册(引进版)】 (英)弗莱彻(著)，叶彩云(译)，2015 年 3 月出版。本书由外文图书翻译而来，译本翻译准确、通顺、地道，插图清晰明确，把国外的有关蘑菇病虫害的知识系统地引入国内，介绍详细，图文结合，通俗易懂，可以为广大菇农、研究人员、管理人员提供很好的参考借鉴作用。本书是一本实用性非常强的著作。

【昆虫采集制作及主要目科简易识别手册】 徐天森等著，2015 年 1 月出版。本书是针对森林昆虫普查工作编写的手册，书中主要介绍了昆虫普查中标本采集制作及主要目科简易识别特点，制作过程讲解清晰，方便科普工作者野外使用，全书主要分两部分，分别介绍了森林昆虫普查标本采集与制作、昆虫主要目科简易识别，全书共有 600 多张图片，60% 以上是在工作中拍摄的。书中对于常见问题提出解决方案，对提高全国普查工作质量具有重要意义。

【兰花大观】 路鹏主编，2015 年 9 月出版。本书分为上下两部分，上篇为兰花栽培与鉴赏，从植物学角度进行科普，介绍兰科植物的类别、观赏价值、养植技巧等内容。下篇为兰花与传统文化，从与兰花有关的词汇、诗文、著作、名人故事、传说等内容着眼，全面系统地收录了散布在中国古代典籍里和兰花有关的优秀作品。本书的出版进一步普及兰花养植与观赏知识，发掘、弘扬历史悠久的兰花文化，助推精神文明和生态文明建设，提升人文素养及城市品位，丰富民众的文化生活。

【现代核桃修剪手册】 王贵主编，2015 年 5 月出版。本书主要介绍了核桃修剪的历史、现状、技术要求、实践操作以及其中需要注意的问题等内容。对中国核桃种植管理和生产实践具有重要指导意义。该书图文并茂，内容翔实，结构清晰，参考价值较高，在农村产业结构调整、促进核桃产业可持续发展中具有重要的指导意义。

【认识湿地三部曲(电子出版物)】 崔丽娟策划并撰写文案，2015 年 7 月出版。本书获国家新闻出版广电总局“2016 年度向全国青少年推荐的百种出版物”。“认识湿地”三部曲多媒体视频公益短片内容来自崔丽娟研究员编著的《认识湿地》科普读本。它分为“走进湿地”“奇妙的生物”“湿地生病了”三部分，分别向社会公众介绍了湿地的内涵及功能、湿地丰富的动植物、湿地面临的威胁，引导观众走进湿地、热爱湿地、感受湿地的魅力。该电子出版物旨在通过向社会公众传递湿地知识及其重要性，提高公众对湿地价值和效益的认识，促进湿地的保护与合理利用。

【金丝猴日记(2005 ~ 2006 年)】 神农架自然保护区金丝猴考察队著，2015 年 1 月出版。本书被列入 2015 年全国中小学图书馆(室)推荐书目。本书以日记体裁记叙了神农架自然保护区金丝猴考察队对金丝猴的考察，介绍了金丝猴的社会结构、食性、行为、繁殖和保护情况，揭示了冬季食物匮乏是导致神农架金丝猴种群濒危的因素之一，有利于人们了解金丝猴社会、保护金丝猴种群。

【木制品表面装饰技术(第 2 版)(“十二五”职业教育国家规划教材)】 张志刚等主编，2015 年 4 月出版。本教材包括木材涂装技术和饰面技术两部分内容。涂装技术包括涂装基础与基本技能、实色涂装工程设计与施工、透明涂装工程设计与施工、美式涂装工程设计与施工。饰面技术包括薄木饰面技术、纸类饰面技术、PVC 饰面技术、其他饰面技术。教材在编写中结合大量的企业优秀设计案例进行分析和模拟操作，聘请企业专家参与教材编写，充实干燥新技术、新工艺，体现以职业能力培养为核心，体现专业教学过程与职业工作岗位工作过程的一致性的教材建设观。

【森林环境(第 2 版)(“十二五”职业教育国家级规划教材，教育部林业职业教育教学指导委员会“十二五”规划教材)】 毛芳芳主编，2015 年 1 月出版。本教材由 11 个相对独立的单元构成，包括森林与环境、光与森林、温度与森林、水分与森林、大气环境与森林、地形与森林、生物与森林、土壤与森林、中国森林植被的地带性分布；森林群落；森林生态系统等内容。每个单元有教学目标，引导学生学习，单元下设节，各节有理论知识部分和必要的技能实训部分，每单元后有单元小结、拓展知识、思考与练习、自主学习资源推荐，为学生消化巩固所学知识、扩大知识面提供空间，以培养学生的创新能力。

【园林花卉应用设计(第 3 版)(“十二五”普通高等教育本科国际级规划教材)】 董丽主编，2015 年 8 月出版。本教材分为绪论，园林花卉的分类，花卉应用设计的基本原理，园林花卉的种植施工与养护管理，花丛、花坛、花境的应用设计，园林花卉的立体景观设计，植篱、园林草坪及地被的应用与设计，花园、花卉专类园的设计，屋顶花园应用设计，室内花卉景观设计，花卉展览设计共 16 章内容。

【插花艺术(第 3 版)(“十二五”职业教育国家规划教材)】 朱迎迎主编，2015 年 7 月出版。本教材在第 2 版的基础上进行了修订，打破了传统的学科编排形式，采用工学结合的编排形式。全书共 5 个模块，分别为花店从业基础、礼仪插花制作、艺术插花制作、花艺设计、花店经营管理。本书内容翔实，可供高职院校师生使用。

【家具设计(第2版)(“十二五”职业教育国家规划教材)】 冯昌信等主编，2015年9月出版。本教材的编写遵循“任务驱动，项目导向”新理念，建构项目、工作任务层层相扣的新体例。基于家具设计工作工程设计了8个项目，分别是家具设计实务、家具类别与推荐、家具造型设计、家具装饰及色彩设计、家具功能尺寸设计、家具结构设计、家具成本核算。

（林业出版由段植林供稿）

林业报刊

【综　述】 2015年，《中国绿色时报》全年刊发系列报道40多组，《全国林业厅局长会议特刊》刊发53个版，有20件作品获得省部级奖，《森林与人类》再次获得“中国最美期刊”称号。报纸发行量增加3%，创历史新高。报社完成了第四届党委、纪委的换届选举工作。报社副刊部被全国妇联授予“巾帼文明岗”光荣称号。

2015年，报社重点推出了7个方面的主题宣传报道。

重大理论思想宣传 及时报道了习近平总书记关于林业建设的重要批示指示和讲话精神，开设了《学习贯彻习近平总书记重要讲话精神》专栏；围绕宣传习近平总书记关于生态文明建设的重要思想，开设了《建设生态文明 推进永续发展》专栏；围绕“三库”“两山”“绿色化”等新思想、新观点，推出了整版评论专刊和系列报道。

林业改革宣传 “一报两刊一网”对国家林业局部署的各项林业改革进行了及时报道。围绕重点国有林区天然林停伐试点，刊发消息、评论、专访及系列报道共15篇；《中国林业》刊发了长篇通讯并配发评论。围绕“建立国家公园体制”，《森林与人类》杂志特别策划了《国家公园：自然的圣殿》大型专辑，报纸也推出了云南开展国家公园试点、世界国家公园对中国国家公园体系建设的启示系列报道等。围绕国有林场改革、国有林区改革、集体林权制度改革等，推出了《聚焦国有林场改革》《百家媒体百名记者进林场》《聚焦国有林区改革》《探索创新 深化林改》等专栏，刊发国有林场改革报道80多篇、国有林区报道60多篇、林改报道70多篇。

生态文明宣传 报纸继续推出《弘扬生态文明 圆美丽中国梦》专栏，重点报道森林城市建设、福建生态省建设、湖北“绿满荆楚行动”、绿色湖南建设、美丽广西建设等，推出了《寻绿美丽中国》专栏，全年刊发专栏报道150多篇。以湿地保护为重点的林业生态修复工程宣传力度规模空前。全年围绕湿地保护，推出了6个整版报道、15篇深度报道、10篇言论等。

资源保护宣传 报道了国家林业局约谈省级林业主管部门和地方政府、各地森林资源保护专项行动。突出森林防火宣传，开设了《森林防火直通车》《对话指挥长》专栏，刊发报道200多篇。突出野生动物保护宣传，开设了《保护野生动物在行动》《生物多样性保护行动》等专栏，刊发报道100多篇。

兴林富民宣传 围绕科技兴林、产业富民、绿色发展三大主题，报道了林业新技术、新成果、新品种和致富新窍门等。将民生林业建设与绿色富民相结合，推出了《民生林业 富民惠民》专栏、《富民一线》专题等，报道了林下经济、森林旅游、经济林果、苗木花卉、林木产品等方面的政策措施、典型经验、市场信息，推动了行业发展。

林业典型宣传 重点报道了景祥俊、苏和、朱彩芹等40多位典型人物，以及塞罕坝林场、原山林场等一批先进单位的事迹；对基层务林人、公安英模等进行了突出报道。

林业热点宣传 重点报道了雾霾治理、销毁象牙、大熊猫保护、退化防护林改造、禁止大树进城、第五次荒漠化和沙化监测结果等热点事件。

2015年，报社共开通7个微信公众号，为国家林业局官方微博推送信息897条。《中国林业》推出了《大熊猫特刊》。2015年报纸进“农家书屋”、进林业专业合作社示范社的工作逐步推进；完成了向74个中央部委局办和31个省(区、市)“四大班子”主要领导和分管领导赠阅《中国绿色时报》和《森林与人类》杂志的工作。

2015年，报社首次举办了中国林业产业高峰论坛、“中国森林氧吧”评选活动，评选出首批“中国森林氧吧”37个。“中国森林氧吧”成百度百科词条。

2015年，报社规章制度由38件增加到40件，还建立了经营管理、财务管理、报刊发行、记者站记者发稿统计月报制度，制定并公布了《中国绿色时报社党委及其成员党风廉政建设责任分工意见》。在国家林业局组织的纪念抗日战争胜利70周年歌咏比赛活动中，报社获得小合唱第一名。报社记者迟诚以中国产业报协会前5名的身份，参加了全国记协组织的“好记者讲好故事”演讲比赛。报社羽毛球队在由57支球队参加的中国产业报协会羽毛球比赛中获得第八名。

2015年报社有200多人次参加记者大讲堂、绿色大讲堂等各类培训活动；全年安排400多人次记者深入基层，开展“走转改”活动。

（林业报刊由杜艳玲供稿）

各省、自治区、直辖市林业

22

北京市林业

【概　述】 2015年，全市完成平原造林工程、城市休闲公园、健康绿道等市政府为民办实事工程和折子工程，完成抗战胜利70周年纪念活动、国庆66周年等重大活动的景观环境服务保障任务，全市新增造林面积1.07万公顷、城市绿地面积600公顷。

义务植树活动 4月3日，习近平总书记等党和国家领导人到朝阳区孙河乡参加首都义务植树活动。年内，各区县、乡镇和街道集中组织义务植树活动400次。首都地区有313.5万人次参加义务植树活动，共植树335.3万株、抚育树木852.6万株。

营林造林 2015年，全市营造林工程实施任务5.67万公顷，公路河道绿化300千米，播草盖沙工程933.33公顷，山区森林健康经营4万公顷。

绿化美化 全市完成新建居住区绿化30余处、老旧小区绿化改造25处，屋顶绿化11万平方米、垂直绿化71.4千米。完成温榆河绿道（顺义、朝阳段）、清河绿道、新风河绿道、京密引水渠绿道、运潮减河绿道、北运河绿道、平谷新城绿道等7条绿道方案审批；玉河、小月河、京藏高速、亮马河、北小河等绿道设计方案通过专家评审。

公园景区建设 新建丰台六里桥、通州台湖、顺义府前街等休闲公园30处。首次公布历史名园25个，全市城市注册公园达到355个，面积12 859公顷，免费率达87%，年接待游客2.9亿人次。

绿色产业 全市春季完成果树发展366.67公顷600.2万株。2015年年底，全市蜜蜂饲养量25.1万群，同比增长7%，其中，授粉蜂3万群，中华蜜蜂1万群。蜂蜜产量644万千克，蜂王浆产量7.18万千克，蜂授粉收入1600万元，养蜂总产值1.8亿元，蜂产品加工产值超过12亿元，出口创汇超过1500万美元。全市花卉种植面积0.4万公顷，产值11.7亿元；年产切花3672万支，盆栽植物1.5亿盆。

资源安全 开展以美国白蛾为主危险性林木有害生物第三次全市范围普防和普查工作。与津冀林业主管部门签订《京津冀协同发展林业有害生物防治框架协议》。

重大活动保障 圆满完成中国人民抗日战争暨世界反法西斯战争胜利70周年纪念活动环境保障工作，完成国庆花卉布置与纪念活动花卉布置的有序衔接。

【北京年宵花展】 2月4日至3月5日，举办以“鲜花扮靓美好生活”为主题的2015迎春年宵花展。通过组合盆栽大赛、蝴蝶兰、梅花、水仙花卉专项展览等系列活动的举办，弘扬花卉文化，丰富市民节日活动，促进花卉消费，满足人们精神文化需求，推动花卉产业发展。年宵花品种丰富，有蝴蝶兰、大花蕙兰、红掌、凤梨、竹芋、君子兰等观花植物，还包括蕨类、吊兰、多肉植物等观叶植物。该届年宵花展包含组合盆栽大赛，多肉植物、兰花、梅花、水仙、组合盆栽展出以及全市20余家花卉市场的特色花事活动。

【举办第四届中国兰花大会】 9月29日至10月10日，第四届中国兰花大会在北京房山长阳镇隆重举办。来自新加坡、马来西亚、泰国以及中国台湾4个国家和地区，天津、河北、贵阳、长沙、三亚、韶关和大理等8省市，展出24个兰属400余个品种约8万多株兰花，接待了各界游客近20万人。大会组织国际学术研讨和中国兰花产业经济论坛两个学术活动，共有24位专家，400余位学术与产业界代表参会交流。大会打造主场馆、区县展位、喜羊羊嘉年华等6大功能板块，重磅推出“空谷幽兰”“兰芝品鉴”“兰花文化”等12个主题展区。

【筹备2016年世界月季洲际大会】 2016年世界月季洲际大会筹备有序开展，3个功能园区全部建成。其中，月季品种园已完工，具备接待能力；月季主题园和月季文化园主体基本完工。会议中心、月季主题酒店、月季博物馆（文化交流中心）及室内展馆和“三主三次”6条配套路网建成。产业基地初具规模，大兴区月季产业总规模已发展到400公顷。截至2015年年底，有来自19个国家110名代表自行注册参会。有9位外籍专家确定作学术报告。预计届时将有来自中国、法国、美国、日本等41个成员国代表1000～1200人参会，其中国外代表500～600人。编制完成《宣传及市场开发工作方案》，确定宣传计划，组织开展“会歌征集”“摄影大赛”等多项宣传和市场招商推介活动。北京园完成主题雕塑基础浇筑，垂花门木质结构框架搭建，以及中心广场、景墙、廊架、屏风、种植池等基础结构铺装；常绿、落叶乔木、花灌木栽植完成80%；部分树木及主题花月季和宿根地被花卉已备好待明年春季栽植。全市16区县已全部完成布展地块认领、方案设计和施工组织，并完成部分施工任务。

【第七届北京月季文化节】 5月18日至6月18日，在北京植物园、天坛公园、陶然亭公园、纳波湾园艺、繁华世金玫瑰谷、蔡家洼玫瑰情园和妙峰山森林公园、北京国际鲜花港八大会场同期举行。以“和平”作为主题花，纪念反法西斯胜利70周年，也弘扬了月季和平、友谊的文化特征。与大兴区月季办联合举办倒计时1周年活动，为月季大会宣传预热。文化节为期32天，组织主题活动50余项，展出月季2000余个品种、325万株，展出面积466万平方米。接待游客140万人，收入330万元。

【首届百合文化节】 6月26日至7月12日，由市园林绿化局、北京花卉协会和延庆县联合主办，首届百合花文化节在世界葡萄博览园开幕。园区种植237个品种、150万粒百合种球，花海总观赏面积达1000亩，是世界最大的百合主题公园。

【第七届北京菊花文化节】 9月10日至11月21日为期70天，由北京市园林绿化局、北京市公园管理中心、北京花卉协会、北京菊花协会主办，北京国际鲜花港、北海公园、世界花卉大观园、北京植物园、天坛公园、五棵松社区园艺中心共同承办，第七届北京聚文化节，展出面积50万平方米；展出菊花上千个品种，56万盆；其他时令花卉近百种，140万株；累计接待游客126万人，收入1021万元。

【超额完成平原造林任务】 全年完成平原地区造林工程计划任务11.6万亩(0.77万公顷)，2012年至2015年年底，围绕平原造林工程扫尾、绿隔地区绿化、落实农业结构调整任务和京津冀协同发展绿化建设，坚持规划建绿、挖潜增绿，坚持突出重点、聚焦绿隔，坚持创新机制、专业养护，全面推进平原地区造林绿化和林木养护管理，累计完成平原造㭂105万亩(7万公顷)，植树5400多万株，超额完成规划任务。平原地区森林覆盖率由14.85%提高到25.6%，增加10.75个百分点，基本实现"两环、三带、九楔、多廊"规划布局。

【重大义务植树活动】 4月3日，党和国家领导人习近平、李克强、张德江、俞正声、刘云山、王岐山、张高丽等到北京市朝阳区孙河乡植树点，同首都群众一起义务植树，习近平总书记强调："要坚持全国动员、全民动手植树造林，努力把建设美丽中国化为人民自觉行动"，激发首都广大人民群众绿化美化首都的热情；3月22日，中央军委副主席范长龙，中央军委副主席许其亮，中央军委委员常万全、房峰辉、张阳、赵克石、张又侠、吴胜利、马晓天，到大兴区魏善庄镇植树点参加义务植树劳动；3月29日，中共中央直属机关，中央国家机关各部委、单位和北京市155名部级领导干部，参加2015年共和国部长义务植树活动；4月9日，全国人大常委会副委员长沈跃跃、张平、向巴平措、艾力更·依明巴海和全国人大常委会、全国人大专门委员会部分组成人员，到北京丰台区北宫国家森林公园全国人大绿化基地参加义务植树活动；4月8日，全国政协副主席罗富和、张庆黎、李海峰、陈元、卢展工、马飚、马培华和全国政协机关工作人员近百人，在全国政协礼堂南广场开展"弘扬生态文明、建设美丽北京"义务植树活动；4月11日，全国政协副主席罗富和、张庆黎、李海峰、苏荣、卢展工、王正伟、马飚、刘晓峰和全国政协机关工作人员400余人，到北京顺义区参加义务植树活动。

【国际森林日纪念活动】 3月19日上午，为纪念"国际森林日"，全国绿化委员会、国家林业局、首都绿化委员会在北京市大兴区榆垡镇举行以"应对气候变化，共建绿色家园"为主题第三次"国际森林日"植树纪念活动。来自联合国粮农组织、国际竹藤组织代表和秘鲁、加拿大、澳大利亚、印度尼西亚、加蓬、蒙古国、肯尼亚等国驻华使馆代表，国家和北京市、大兴区相关部门干部职工，群众代表，约300人参加植树纪念活动。

【第31个首都义务植树日活动】 4月4日是首都第31个义务植树日，全市各级绿化委员会以"服务保障核心功能、努力建设宜居之都"为主题，组织广大干部群众开展形式多样义务植树和绿化美化活动，有160万余人参加整地、挖坑、植树、浇水、养护、清理绿地卫生、绿化宣传咨询等义务植树活动。共栽植各类树木140万余株，挖坑179.6万个，发放宣传材料192.1万份。

【开展"城乡手拉手、共建新农村"活动】 各区县继续多层面开展"城乡手拉手、共建新农村"活动，有70个中央、市属和区县属单位与70个村结成对子，通过提供绿化规划设计技术指导、提供绿化资金和苗木帮助、提供义务植树劳动支持、提供农产品销售市场信息、到新农村开展民俗旅游绿化，支援郊区村庄绿化美化建设，为改善农村村庄村容村貌、搭建农民增收致富新平台。计提供扶持资金794.9万元，植树5.6万株。

【林木绿地认建认养】 全市共有190个单位、925个家庭、3629位个人参与林木绿地和古树名木认养活动，共认建认养绿地291块、面积642.6公顷，认养树木3.8万株，认养古树113株，社会单位投入林木绿地认建认养资金达8545.5万元。

【推进重点小城镇新农村绿化美化】 全年全市重点扶持小城镇绿化共6个，分别是门头沟区军庄镇、房山区南窖乡、顺义区赵全营镇、平谷区峪口镇、密云区石城镇、延庆区沈家营镇。完成绿化56.2公顷，栽植乔木4.5万株、花灌木54.1万株，地被4万平方米。各区县推荐参加园林小城镇创建活动共6个乡镇，分别是门头沟区军庄镇、房山区南窖乡、顺义区龙湾屯镇、怀柔区琉璃庙镇、密云区新城子镇和大城子镇。参加园林小城镇创建的镇共完成绿化111公顷，栽植乔木8.2万株、花灌木70.1万株，地被3.5万平方米。全市计划完成312个村566.67公顷的村庄绿化美化任务。共栽植乔木31.7万株、栽植灌木90.78万株、栽植地被82.82万平方米。

【山区重点生态工程建设】 京津风沙源治理二期工程低效林改造年度任务3966.67公顷，区县、乡镇级公路河道绿化完成300千米计划任务。

【山区森林健康经营】 山区森林健康经营以建设10处经营示范区为重点，完成森林健康经营林木抚育2.67万公顷。完成割灌除草2766.67公顷，修枝189万株，松土扩堰234万穴，定株210万穴，间伐53万株，补植54.7万株，修建作业道路35千米。全市4.67万名生态林管护员上岗务林，开展林木抚育、森林防火、病虫害防治和资源保护工作。

【京冀合作造林项目】 按照北京市政府与河北省政府签署的《北京市 河北省2013至2015年合作框架协议》(2013年)《共同加快张承地区生态环境建设协议》(2014年)任务京冀生态水源保护林建设计划任务6666.67公顷，涉及张家口、承德两市8县。

【低效果园提升改造】 根据市委、市政府农业提出新发展高效节水果树6666.67公顷、改造低效果园3.33万公顷任务。2015年完成2000公顷试点任务，分别是在地下水严重超采区新发展高效节水果园666.67公顷，更新低效果园666.67公顷，技术改造低效果园666.67公顷。

【果树发展更新】 全年全市春季完成果树发展3666.67公顷600.2万株。其中，新发展果树2266.67公顷389.9万株，更新果树1400公顷210.3万株。全市新发展果树中，新发展鲜果2000公顷，其中苹果603.87公顷、桃543.86公顷、梨236.2公顷、樱桃273.8公顷、葡萄124.13公顷、枣96.13公顷、甜柿35.86公顷；新发展干果315.5公顷，以核桃为主。更新果树中以鲜果更新1266.67公顷，其中，桃666.67公顷，苹果389.06公顷，梨79.06公顷，樱桃77公顷。

【建成首个蜜蜂产业带】 在密云水库一级保护区建成首个蜜蜂产业带，重点扶持保护区内7个镇32个村3年内未饲养过蜜蜂农户，对非水库一级保护区全县农户实施养蜂普惠政策，并对养蜂农户给予养蜂技术跟踪培训服务。产业带内重点养蜂合作社给予3年以内贷款支持，对按期还款还息合作社给予全部担保费和贴息扶持。密云县蜜蜂饲养新增2万群，全县蜜蜂饲养量达10万群，占全市蜜蜂饲养总量40%，是北京市养蜂第一大县(区)。

【各区县积极出台产业扶持保障措施】 密云区连续11年出台产业扶持政策，支持蜂产业，养蜂业由单纯的发展蜂群数量向扩大蜂场规模和蜂产品深加工方向复合发展；房山区自2011年“7·21”特大自然灾害后，将蜂产业列为“十百千”工程；大兴区专项补贴农业授粉，推进蜜蜂授粉业发展；全市免费发放蜂农蜂箱2万套，各类养蜂机具5万个，蜂王2000只，养蜂专业书籍2万余册。

【北京市公布首批25家历史园林】 8月6日，北京历史名园依据1949年以前始建；北京市域范围内，曾在一定历史时期内或北京某一区域内，对城市变迁或文化艺术发展产生影响的园林；园林格局及园林要素至今尚存，具有可开放性。市园林绿化局公布颐和园、北海公园、景山公园、天坛公园、香山公园、中山公园、北京动物园、北京植物园、陶然亭公园、玉渊潭公园、紫竹院公园、圆明园遗址公园、劳动人民文化宫(太庙)、日坛公园、月坛公园、地坛公园、八大处公园、宁寿宫花园、故宫御花园、恭王府花园、醇亲王府花园(宋庆龄故居)、乐达仁宅园(郭沫若纪念馆)、淑春园、莲花池公园、什刹海公园。25家历史园林为北京市首批历史名园。

【蜂业气象指数保险继续试点】 北京市蜂业气象指数保险工作扩大试点范围，又将昌平区、门头沟区和密云区纳入第二批保险试点。3个区县累计参保蜂农639户，承保蜂群61 222群。投保金额244.89万元，蜂农自缴保险48.98万元，实现风险保障2571.33万元。年内639户蜂农获得保险赔付170万元。

【蜜蜂授粉富民工程】 以顺义区蜜蜂授粉繁育基地为中心，发挥10个蜜蜂授粉专业队的作用，以草莓、西瓜、大桃3个设施作物品种为重点，兼顾大棚蔬菜制种、设施茄果类作物等，大力开展设施作物蜜蜂授粉，实施蜜蜂授粉富民工程。在昌平区兴寿镇建立3个设施草莓蜜蜂授粉标准化示范基地，在顺义区杨镇和北务镇建立3个设施西瓜蜜蜂授粉标准化示范基地，在顺义区建立3个设施茄果类蔬菜熊蜂授粉标准化示范基地，共示范授粉2000棚。共组织授粉蜂群2万多群，熊蜂5000多群，为设施西瓜、设施大桃及露天樱桃授粉，授粉收入400万元。在昌平区南口、兴寿应用设施草莓蜜蜂授粉200公顷，每亩节约人工授粉费用600元，与人工授粉相比每亩提高经济收入1500元。

【北京市蜜蜂规模化饲养技术集成与示范】 北京市建立30个西方蜜蜂规模化饲养管理技术示范基地，示范蜂群9000群，研究并集成西方蜜蜂规模化饲养技术，重点解决蜂群检查、饲喂、造脾、育王、换王、分蜂热控制、病虫害防治、小转地放蜂快速装运等制约蜜蜂饲养规模的技术环节，初步形成西方蜜蜂规模化定地结合小转地饲养技术模式，开展免移虫生产蜂王浆技术、蜜蜂人工饲料配制技术、优良蜂种应用技术等新技术的示范。

【蜂业标准化建设】 北京市园林绿化局主持起草《巢蜜》和《王台型蜂王浆》两个国家标准，其中《巢蜜》国家标准于3月18日在广州通过全国蜂产品标准化工作组的审查；《王台型蜂王浆》国家标准正在向国家蜂产业技术体系综合试验站、蜂产品企业、蜂农专业合作社和养蜂大户收集样品，进行检测和分析讨论，形成草案和征求意见稿。

【重点产业新型经营主体】 发展家庭果树农场44个、合作经营组织18个、集体组织经营8个、企业经营20个。土地向新型经营主体流转，提高适度规模经营水平。家庭果树农场经营规模在3.33公顷以上，平均达到9.27公顷。合作经营、集体经营、企业经营果树规模在13.33公顷以上，平均分别达到45公顷、28.6公顷、32.6公顷。

【公园景区提质增效】 截至2015年年底，全市城市注册公园达到355个，面积12 859公顷，免费率达87%，年接待游客2.9亿人次。全市风景名胜区27处，森林公园31处，全市精品公园达104个，提前完成“十二五”规划确定的百个精品公园目标。

【行政副中心园林绿化规划】 年初，按照市政府会议要求，结合通州现状指标、《通州区绿地系统规划》及《国家园林城市标准》等标准，会同通州区园林绿化局提出城市副中心园林绿化指标体系，制订了通州园林绿化发展规划及园林绿化三年行动计划(2015～2017)，会同相关处室指导通州全面开展通州区行政副中心绿地系统规划研究和“十三五”规划制定等工作。

【规模化苗圃建设】 批复大兴、通州、顺义、延庆、怀柔5个区县新建设规模化苗圃46个，总面积2666.67公顷。其中，大兴区7个，总面积362.37公顷；通州区22个，总面积1058.65公顷；顺义区9个，总面积406.26公顷；延庆县9个，总面积878.35公顷；怀柔区新建设1个，总面积36.33公顷。

【林木种苗行政审批】 全年接受行政许可、确认事项2009件，其中出具种用证明1975件，涉及种苗2853.26万株，种球3494.2万粒，草种、花种、林木种子63 820.6吨。审核林木种子经营许可证9件，核发林木种子生产许可证1个，经营许可证3个，办理变更许可证2个，受理权限内品种审定19件，指导区县办理林木种子生产94个、经营许可证98个，行政审批事项办结率100%。

【果树有机栽培】 全市果园共生草4.45万公顷，幼树果园行间间作大豆等1.17万公顷，同比增长14.9%。果园花期放蜂1.25万公顷，同比增长24.8%；花期人工授粉6266.67公顷，疏花疏果3.51万公顷，完成果实套袋26.7亿个。全市有3.38万公顷果园施用完全腐熟有机肥，同比增加13.3%。全市416.8公顷果园种植罗勒、薰衣草、万寿菊等驱避植物。有1000公顷果园使用粘虫带、释放天敌、挂诱芯、黄色粘虫板、挂糖醋液等有机生产病虫害防治技术。

【森林防火】 本年度森林防火期，市森林防火指挥中心共接报各类火情报警37起，构成森林火灾3起，全市提前15天进入本年度防火期，全市115支专业森林消防队按橙色预警级别备勤，全市51 300余名护林员全员上岗，对重点地区、重点地段、关键部位死看死守，严密监控林区火情动态。平均每天出动森林公安民警220余人，巡查队400余支，生态林管护员5万余人、临时增加护林员1万余人。395个森林防火临时检查站的人员，186座森林防火瞭望塔的观察员24小时上岗。召开京津冀森林防火工作联席会议，各地全面开展隐患排查，加大巡查密度，增加看护力度，对重点区域采取割除防火隔离带、清理林下可燃物、用水浇湿等措施消除森林火灾隐患，保证救援人员、扑火物资、运输车辆、防护装备、通讯装备全部到位。全市开展宣传活动547次，发放宣传品104.2余万份、设立固定宣传牌5587块、电子宣传屏幕331块、语音宣传杆165个，挂横幅1.1万余条，发送手机短信242.9万条。实现北京市“确保不发生重大森林火灾，确保不发生人员伤亡事故”预期目标。

【林业执法】 全年全市森林公安共受立案525起，刑事案件59起，行政案件456起，抓获刑事案件嫌疑人107人，刑事拘留82人，取保候审61人，逮捕33人，移送起诉75人，行政处罚761人次，涉案单位71个。其中，破获案件51起，同比减少23.9%，包括重大案件6起，特别重大案件8起，有效遏制破坏野生动物资源违法犯罪的高发态势。北京市将严厉打击象牙等非法交易活动作为重点，对多种渠道的流通环节布控出击；对野生动物非法交易的上下线链条进行全程打击，破获以“5·21”非法收购、运输、出售野生动物制品系列专案为代表的重大案件，共计查扣象牙及其制品804.4千克，犀牛角11.3千克，熊掌35只，以及盘羊角、红珊瑚制品、穿山甲片、独角鲸牙等国家重点保护野生动物制品，涉案价值2439万元。这是迄今北京市森林公安机关起获数量最大、抓获涉案人员最多的野生动物制品犯罪案件，也是全国森林公安系统侦破的涉案数额最大、价值最高的一起非法贩卖象牙制品案件。

【湿地保护】 通州潮白河宋庄段、于家务等湿地恢复与建设，总面积140公顷。编制完成玉渊潭东北部湿地公园总体规划。平谷城北湿地公园施工75.33公顷，完成土方作业63万立方米，灌溉管线7000余米，栽植面积13.33公顷，栽植苗木5000余株，驳岸总计3000余立方米。完成房山佛子庄湿地保护小区和怀柔区喇叭沟门湿地保护小区建设，组织开展密云白马关河和安达木河等两处湿地保护小区建设，全市湿地保护小区数量达到7处。

【野生动植物保护】 北京市园林绿化局与市规划委、市公园管理中心一起，实地考察房山区青龙湖森林公园、大兴区长子营镇赤鲁村、大兴区野生动物园、海淀区鹫峰国家森林公园等区域。就大熊猫基地选址情况进行研究，形成关于基地选址以及规划建设初步成果。完成基地总体规划初稿。完成第二次全国野生植物调查北京地区调查野外调查主体任务，基本摸清重点保护野生植物资源状况、动态变化及分析与评价、野生植物生境状况、保护与管理现状以及人工培植状况，在松山、百花山重点调查自然保护区，建立一批固定样地。

【自然保护区建设】 开展汉石桥、松山以及百花山等自然保护区科普宣教示范建设。百花山国家级自然保护区与美国仙那度国家公园签署姊妹园区合作框架协议，双方将在资源保护、规划建设、科普宣传等领域加强交流合作，相互借鉴经验，共同提升管护能力，促进园区可持续发展。

【古树名木保护】 组织东城区、西城区、海淀区、石景山区等区县完成古树名木抢救复壮600余株。开展古树名木保护示范点建设项目，完成密云区和石景山区示范点选点，完成项目招投标工作，完成15处保护示范点建设。开展中南海内古树名木挂牌建档工作，初步完成外业调查工作，正在进行内业整理和档案建立。组织开展古树名木认养，全市设立33处古树名木认养点，提供侧柏、桧柏、国槐、银杏、皂角、古柏、楸树、榆树、枣树、油松等10种古树589株。

【发展设施果树】 北京市投资1909万元，新发展设施果树17.2公顷287个棚室。全市共有设施果树面积

784.8 公顷，其中结果面积 482.13 公顷 6109 个棚室。设施果品总产量 818.9 万千克，总收入 2.8 亿元。结果面积的平均亩收入 3.8 万元。

【京津风沙源治理二期工程】 京津风沙源治理二期工程安排低效林改造 3966.67 公顷，涉及房山、门头沟、平谷、怀柔、密云、延庆 6 个区县和十三陵等 4 个林场（保护区）。

【退耕还林生态观光园建设】 北京市继续实施巩固退耕还林成果，建设 44 个观光采摘示范园。其中，平谷 13 个、密云 6 个、昌平 5 个、延庆 5 个、门头沟 4 个、怀柔 1 个、房山区 10 个（列入市级任务）。

【全国集体林业综合改革试验示范区建设】 北京市房山区被国家林业局正式确定为全国集体林业综合改革试验示范区。根据集体林业综合改革试验示范区要求，房山区确定张坊镇、南窖乡和十渡镇西太平村作为综合改革试验示范区试点乡、镇、村。承担新型林业经营主体培育、完善金融支持、建立森林保险制度、建立集体林权流转机制、积极发展农民股份合作 5 项改革试点任务。房山区已确定成立工作机构，成立由区长担任组长、主管副区长任副组长、相关部门为成员的工作领导机构及其办事机构。在示范区内开展政策宣传，制作并下发林权抵押贷款、林下经济主要模式、农民林业专业合作社等宣传材料 1.25 万册。区政府制定了《房山区集体林业综合改革试验示范区工作方案》。

【制订北京市国有林场改革工作意见】 北京市园林绿化局组织编写《北京市国有林场改革工作意见》（简称《工作意见》），对推进全市国有林场改革工作的总体思路、工作安排和工作要求进行明确规范。同意成立以副市长林克庆为组长的国有林场改革领导小组，并对领导小组各成员单位进行职责分工。

【编制国有林场改革实施方案】 北京市园林绿化局编制《北京市国有林场改革实施方案（草案）》（简称《实施方案（草案）》），9 月 16 日，中共第十一届北京市委常委会第 171 次会议审议通过《实施方案》，同意报国家国有林场改革工作小组审批。

【开展森林保险试点】 2 月 3 日，市园林绿化局会同中国人民财产保险股份有限公司北京分公司联合制定印发《关于印发森林保险防灾防损资金管理使用办法的通知》。3 月 20 日，召开全市生态林保险工作会议，全面部署 2015 年度森林保险工作下发《2015 年北京市生态公益林保险实施（试点）方案》，全市有 10 个区县（平谷、密云、怀柔、延庆、昌平、门头沟、房山、顺义、通州、大兴）和 5 个市属国有林场 75.8 公顷山区生态公益林统一纳入保险范围，3 月底完成全市统保，总保险费为 2714 万元。

【开展林权抵押贷款试点工作】 在房山区开展生态林林权抵押贷款试点，尝试和探索通过以生态林林地使用权、林木所有权、使用权或林地（土地）承包合同作为抵押物进行贷款。

【城市休闲公园建设】 2015 年继续以服务市民休闲、改善区域生态环境为目标，推进城市休闲公园建设。新建丰台六里桥、通州台湖、顺义府前街等休闲公园共 30 处，新增绿化面积约 158 公顷。

【城市健康绿道建设】 完成温榆河绿道（顺义、朝阳段）、清河绿道、新风河绿道、京密引水渠绿道、运潮减河绿道、北运河绿道、平谷新城绿道等 7 条绿道方案审批；玉河、小月河、京藏高速、亮马河、北小河等绿道设计方案通过专家评审；推进区县绿道规划编制和评审工作，有 13 区县完成绿道规划编制工作，其中，11 区县通过专家评审，4 区县正式下发审查意见。编制完成《北京绿道体系交通衔接系统规划建设要求》《北京市绿道管理办法》，分别从绿道建设、管护、运营、相关政策以及责任与监督等方面提出要求，为规范绿道建设与后期养护工作提供政策保障。

【完成抗战争胜利 70 周年纪念活动环境保障】 完成《中国人民抗战胜利 70 周年纪念日绿化环境布置和保障工作方案》《天安门城楼迎宾沿线环境布置和天安门广场布置管理台搭建及观礼人员建议方案》编制工作。完成长安街沿线绿地景观提升工程，共更换乔灌木 25 000 株，绿篱色块 1600 平方米，地被宿根花卉 13 000 株，铺设草坪 17 000 平方米，安装高栏杆 500 米，安装树池箅子 22 套，砌筑挡土墙 530 米，铺设道牙 530 米，安装防腐木花架 52 组，铺设痕灌 18 100 平方米。完成以天安门广场及长安街沿线为重点全市花卉布置工作。活动期间，全市布置花卉 1800 万株（盆），其中，天安门及长安街沿线布置立体花坛 9 处，容器花卉 200 组，地栽花卉 25 000 平方米。

【国庆花卉布置】 北京市在抗日战争胜利 70 周年纪念活动花卉布置的基础上，通过变换主题、更换长势不良花材、加强花卉日常养护等方式，顺利完成国庆花卉布置与纪念活动花卉布置的有效衔接，营造出国庆节温馨靓丽的景观环境，体现出节约办节的宗旨。

【完成第十届中国（武汉）国际园林博览会北京园建设】 全面完成第十届中国（武汉）国际园林博览会北京园建设。武汉北京园占地 4600 平方米，建设内容包括歇山式两层楼四角单檐方亭、环形长廊、花艺、脸谱景墙、象征“南水北调”千山池和歇山楼前天影池；绿化种植包括乔木 144 株、造型灌木 143 株、竹类约 3900 株，木本和草本花卉 2000 平方米，各类精品和水生花卉 1400 盆。

【危险性病虫害防控 】 北京市防控危险性林木有害生物部门联席会议确认 14 个成员单位组成，全市共计监测诱杀越冬代、第一代和第二代美国白蛾成虫 8072 头、3374 头、1852 头，分别是 2014 年同期的 25.83%、3.44 倍和 50.00%；共计在 920 株、269 株和 192 株树木上查处第一代、第二代和第三代美国白蛾幼虫，分别是2014年同期50.00%、72.70%和11.35%。

【林业有害生物防治基础设施建设】 全市共计落实防控资金7410.95万元。其中，市级财政投入2538万元；区县级财政投入2566.20万元；乡镇级财政投入2306.75万元。落实各种类型防治队伍1563支，落实查防人员1.59万名。全市各种类型防治机械3350台套，其中，林业系统已配备风送式车载高射程打药车481台。

【开展全市林业有害生物普查】 组织开展3次全市范围的以美国白蛾为主的危险性林木有害生物普防和普查工作。组织普查技术、病害调查、生态摄影和标本制作等6个市级培训班，各区县园林绿化局主管领导、林保站(科)长和主要专业技术人员，部分市属有林单位、局属林场和相关单位主要专业技术人员等320余人参加培训。对全市17个区县(含亦庄开发区和首发集团)普查工作督查检查落实到人、落实到组，进行技术指导，全市全年累计出动防控人员30.71万人次、防控车辆10.45万车次，投入防治设备0.94万台套次、药剂361.61吨，人工地面防治70.02万公顷次；普查面积124.04万公顷次，普查树木56 600.79万株次。

【林业有害生物联防联治】 与津冀林业主管部门签订《京津冀协同发展林业有害生物防治框架协议》。通过《京津冀协同发展林业有害生物防治联席会议制度(试行)》《京津冀林业有害生物协同防控信息平台管理办法(试行)》。支援河北省开展以防治第二代美国白蛾幼虫为主飞机防治200架次，涉及河北省2个地区5个市区县，包括廊坊市固安县、广阳区、永清县，保定市涞水县和涿州市。投资500万，用于为河北地区采购监测设备、防治器械和药剂。采购监测用诱虫灯550台、车载高射程喷雾器(含车)6台套、担架式高射程喷雾器200台、1.2%烟碱·苦参碱16吨、1.0%苦参碱16吨、5%杀铃脲15吨、20%除虫脲10吨。

【林业有害生物监测测报设施建设】 全市购置并发放各种林果有害生物诱芯67 247个。其中购置美国白蛾诱芯2093(区县另外自购4884)个，苹果蠹蛾诱芯2000个，国槐叶柄小蛾诱芯3900个，纵坑切梢小蠹诱芯1087个，油松毛虫诱芯610个，梨小食心虫诱芯10 940个，桃小食心虫等其他林果有害生物诱芯41 617个。购置各种林果有害生物诱液982.61千克。其中，红脂大小蠹诱液62.22千克，松墨天牛诱液98千克，双条杉天牛诱液819.6千克，橘小实蝇诱液2.79千克。购置各种林果有害生物诱捕器15 317套。其中美国白蛾诱捕器2018(区县另外自购4610)套，国槐叶柄小蛾诱捕器2882套，红脂大小蠹诱捕器1067套，油松毛虫诱捕器465套，松墨天牛诱捕器203套，纵坑切梢小蠹1244套，桔小实蝇诱捕器685套，其他诱捕器6753套；购置粘虫胶460千克。

【林业植物检疫】 4月27日至5月12日，市园林绿化局造林营林处、市林木种子苗木管理总站、市园林绿化工程质量监督站、执法监察大队及林保站等5个单位组成联合检查小组，对全市13个区县春季绿化造林工程使用苗木情况进行检疫检查，其中对195个批次苗木进行抽查，发现部分调入苗木有腐烂病、白蜡窄吉丁、光肩星天牛、松大蚜等，全市共开具《森林植物检疫要求书》1014份。在市区两级政府权力清单制订工作中，梳理并确认区县检疫机构执法主体等有关事项。整理出行政处罚职权数19项(其中，市区林业主管部门处罚职权3项、市林检机构职权4项、市区两级林检机构共有职权12项)。 （北京市林业由齐庆栓供稿）

【林业大事】

1月7日 北京市副市长林克庆调研全市园林绿化工作。

1月16日 北京市副市长林克庆专题调研北京市非法侵占林(绿)地清理排查专项行动开展情况。

同日 首都园林政务网在全国林业网站绩效评估中取得综合评分第二名，被国家林业局评为“2014年度十佳省级网站”。

2月4日 2015北京年宵花展开幕。该届年宵花展包含组合盆栽大赛，多肉植物、兰花、梅花、水仙、组合盆栽展出以及全市20余家花卉市场的特色花事活动。

2月10日 北京市野生动物救护中心在全国363个申报基地中，荣获中国科学技术协会颁发的“2014年度优秀全国科普教育基地”称号。

同日 北京市园林绿化局、天津市林业局和河北省林业厅在北京联合签署林业有害生物防治合作协议。国家林业局副局长张永利出席签字仪式。

2月11日 北京市副市长林克庆到西山试验林场检查森林防火工作。

2月25日 市园林绿化局荣获“2014年度全市安全生产综合考核先进单位”称号。截至目前已连续4年获此殊荣。

2月27日 首都绿化委员会召开第34次全体会议。北京市长、首都绿化委主任王安顺主持会议，并强调，各区县、各部门、各单位要立即行动起来，充分做好各项工作准备，迅速在全市掀起植树造林的新高潮。

3月4日 北京市副市长林克庆到房山区调研第四届中国兰花大会筹备情况。

3月13日 房山区被国家林业局确定为全国集体林业综合改革试验示范区。

3月18日 市平原造林工程建设总指挥夏占义到房山区长阳镇兰花大会周边、南水北调沿线、京昆高速沿线和永定河大兴段等地块实地检查2015年平原造林及林木养护管理工作。

3月19日 中国纪念2015年国际森林日植树活动在大兴区永定河畔举行。国家林业局副局长张永利、刘东生、党组成员彭有冬、北京市副市长林克庆参加植树纪念活动。

3月22日 中共中央政治局委员、中央军委副主席范长龙，中共中央政治局委员、中央军委副主席许其亮，中央军委委员常万全、房峰辉、张阳、赵克石、张又侠、吴胜利、马晓天到大兴区魏善庄镇植树点参加义务植树劳动。北京市委书记郭金龙、北京市委副书记、市长王安顺，市领导李士祥、牛有成、陈刚、潘良时、戴均良、林克庆、张延昆、夏占义与解放军四总部、驻京部队各大单位、武警部队、军委办公厅的军职以上领导与北京市有关部门负责同志一同参加。

同日 市政府副秘书长、市森防指副指挥赵根武主持召开紧急电视电话会议，部署冬奥会评估考察及全市清明节期间森林防火工作。

3月27日 北京市野生动物救护中心获得由北京市防治重大动物疫病指挥部、市农委、市农业局、市人力资源和社会保障局共同评选"2011～2014年度动植物疫情防控工作先进集体"。

3月30日 北京市园林绿化国际合作项目管理办公室在北京市环境保护委员会扩大会议暨"首都环境保护奖"表彰大会上荣获"首都环境保护先进集体"。

4月3日 党和国家领导人习近平、李克强、张德江、俞正声、刘云山、王岐山、张高丽等到北京市朝阳区孙河乡植树点参加首都义务植树活动。习近平总书记在参加首都义务植树劳动时强调："植树造林是实现天蓝、地绿、水净的重要途径，是最普惠的民生工程。要坚持全国动员、全民动手植树造林，努力把建设美丽中国化为人民自觉行动。"

4月9日 北京市首个亚太森林组织合作项目在密云水库流域启动。

5月20日 市人大常委会副主任柳纪纲专题调研《北京市公园条例》执法情况。

5月22日 北京市森林公安局破获一起非法运输珍贵濒危野生动物制品案。抓获犯罪嫌疑人3人，查获象牙制品107千克，涉案价值近450万元。此次侦破的案件是森林公安局在北京境内查获的数额最大的象牙制品案件。

5月25日 经北京市"科教旅游示范单位"评定委员会审核，八达岭国家森林公园被评为北京市首批"科教旅游示范单位"。

5月26日 阿根廷总统府国家一体化国务秘书玛利亚·卡门·阿拉尔孔女士、驻华大使馆公使胡安·卡洛斯·帕斯先生等一行6人到市园林绿化局就园艺设备、园林景观设计、园林企业和行业协会等方面合作潜力进行广泛交流。

6月5日 北京市首单林业碳汇交易，"顺义区碳汇造林一期项目"第一监测期产生的1197吨二氧化碳当量以36元/吨价格成交。

6月8日 北京市全面完成亚太经合组织（APEC）会议碳中和林造林工程。共计营造碳中和林44.93公顷。

6月17日 联合国森林论坛秘书长索博拉到八达岭林场考察北京市森林文化建设及森林可持续经营情况。

6月19日 UNDP亚太区域中心中国事务主管拉孜娜·比尔格拉米女士到密云区实地考察"UNDP－澳门政府合作发起的可持续森林经营碳汇项目"。

同日 房山、门头沟、大兴、延庆等区县5家林下经济基地入选被评为"国家林下经济示范基地"。

6月26日 市园林绿化局、北京花卉协会、延庆县共同主办的首届北京百合文化节在延庆世界葡萄博览园开幕。集中展出237个品种共150万粒百合花，总面积将达66.67公顷。

同5日 第三届中国绿化博览会北京园顺利建成并投入试运行。北京园在第三届中国绿化博览会中荣获优秀展园金奖、最优质量单项奖和最佳组织奖。

7月4日 北京百花山国家级自然保护区与美国仙那度国家公园签署姊妹园区合作框架协议。美国内政部部长萨莉·朱厄尔、国家林业局副局长刘东生等领导参加签字仪式。

7月21日 市园林绿化局召开落实《中共北京市委、北京市人民政府关于贯彻〈京津冀协同发展规划纲要〉的意见》新闻发布会。《人民日报》、新华社、中央电视台、《北京日报》、北京电视台等中央和市属16家主要媒体参加会议。

7月28日 市园林绿化局、市公园管理中心、北京园林学会联合举办"2015北京公园精细化管理论坛"。国务院参事刘秀晨、中国公园协会秘书长李存东等领导参加活动。

8月6日 市园林绿化局公布颐和园、北海公园、景山公园、天坛公园等25家历史园林为北京市首批历史名园。

8月21日 北京市副市长、市国有林场改革领导小组组长林克庆主持召开国有林场改革领导小组会议。

8月24日 北京市副市长林克庆带队调研第四届中国兰花大会筹备情况。

9月3日 市政府党组成员夏占义应邀带队参加2015年中国—阿拉伯国家绿化博览会开幕式。北京园获得各方面高度认可和赞赏，荣获2015年中国—阿拉伯国家绿化博览会"展园综合奖"金奖，为组委会最高奖项。

9月10日 第七届北京菊花文化节开幕，11月25日结束。展出菊花700余个品种、近百万盆，其他时令花卉60余个品种100余万株。

9月15日 中共中央政治局委员、国务院副总理、全国绿化委员会主任汪洋考察第三届中国绿化博览会室外展园北京园。国务院副秘书长江泽林，国家林业局局长张建龙等领导一同参加。

9月19日 北京市园林绿化局、中国林科院湿地所在汉石桥湿地自然保护区联合举行第三个"北京湿地日"主题宣传活动，并向市民发放宣传折页4000余份、科普书籍2000余册。

9月29日 第四届中国兰花大会开幕。国家林业局副局长张永利、北京市副市长林克庆、世界兰花大会主席桑德拉、中国植物学会副理事长葛颂、北京市政府副秘书长赵根武等领导与来自国内外200名兰花专家、4个国家和地区及7个参展城市代表、37个境内外参展企业和机构代表与国家相关部门、北京市有关委办局及16个区县负责人一同参加开幕式。此次活动至10月10日。

9月30日 市蚕蜂站研制的"一种用花粉可溶性提取物制备的固体饮料"荣获国家发明专利授权。

10月6日 国家林业局局长张建龙考察第四届中国兰花大会。

10月10日 市人大常委会副秘书长李福祥等15位人大代表对首都城乡生态环境建设进行集中视察。

10月12日 北京市召开破获"5·21"非法收购、运输、出售野生动物制品案新闻通报会。

10月13日 世界月季联合会主席凯文．特里姆普一行考察2016年世界月季洲际大会筹备情况。中国花卉协会月季分会会长张佐双、世界月季联合会副主席赵世伟等领导陪同考察。

10月19日 市森林防火指挥部指挥、北京市副市长林克庆参加2016年度全市森林防火工作电视电话会议。

10月15日 首届世界生态系统治理论坛在京开幕。来自40个国家和国际组织的官员、学者、企业家和非营利组织人员约250名代表出席该论坛。本次论坛至10月28日。

11月3~5日 北京市园林绿化局参加中韩林业工作组第10次会议。

11月25日 北京市与莫斯科市结好20周年植树纪念活动在朝阳公园举行。

12月14日 北京市国有林场改革实施方案获国家发展改革委、国家林业局正式批复。

12月16日 北京市野生动物救护中心、北京市房山区园林绿化局野生动植物保护科、北京市园林绿化局森林公安局刑侦大队被国家林业局评为"保护森林和野生动植物资源先进集体"。

（林业大事由陈楠供稿）

天津市林业

【概　述】

植树造林 "美丽天津一号工程"绿化美化行动进展顺利。一是超额完成全年造林任务。2015年度，全市安排造林3.33万公顷，全市共完成造林3.43万公顷，占计划的102%。其中，"一环两河七园"市级重点工程完成1646.67公顷（外环线外侧绿化带完成354.07公顷、独流减河完成421.67公顷、永定新河完成134公顷、郊野公园完成716.67公顷）。二是圆满组织了义务植树活动。3月20日，成功组织完成了市党政军领导在东丽区外环线参加义务植树劳动活动。3月28日，组织大专院校学生开展义务植树活动，植树2.2万株。组织在津高层次外国专家及留学回国人员代表种植"海外人才友谊林"取得良好的社会反响。

资源管理和保护 ①切实抓好森林防火工作。市政府分管领导多次深入蓟县督导检查森林防火工作，并提出具体要求，市森防办对责任制落实情况重点督查，强化了行政首长负责制和部门领导分工负责制，各区县层层签订森林防火责任书，落实"四级包保"责任制；加强隐患排查，市森防办多次深入森林防火重点地区检查督导森林防火工作。各区县按照全市安排部署，开展拉网式的森林火灾隐患排查，发现隐患立即进行整改，加强部门合作。积极加强与气象、电力等部门合作，研究制定联防机制；全市各级森防办实行24小时值班和领导带班制度，严格执行卫星热点2小时反馈和火灾"零报告"；组织开展了森林火灾应急扑救实战演练，增强了各级队伍处置突发火灾能力和协同作战意识；建立了华北五省（区、市）森林防火联防会议制度，制定了联合扑救应急预案，确保了联防联治工作开展。②加强征占用林地管理和行政审批工作。国家和市级重点工程建设项目较多，涉及征占用林地审批工作任务繁重。全年共审批征占用林地项目44项，占用林地77.2公顷，收取森林植被恢复费459.4万元。③做好野生动物保护工作。坚持做好野生动物救护、日常巡护工作。在鸟类迁徙季节安排工作人员对重点区域进行全天候野外定点观测、巡护和救护；相继开展了"眼镜蛇三号专项行动"、以河北区大悲院、河东区荐福寺、荐福庵等重点的打击非法放生专项整治和以武清、北辰、宁河、红桥等地为重点的打击滥捕鸟类专项整治。严厉打击了涉及野生动物违法犯罪行为，非法捕猎行为得到有效控制；圆满举行了第34届"爱鸟周"宣传活动，让广大市民进一步提高了对鸟类的认识，收到良好效果。④扎实做好森林病虫害防治工作。5~9月，天津市全面完成三代美国白蛾防治工作，共完成防治作业面积22.21万公顷，有效地控制了美国白蛾疫情；完成春尺蠖、杨扇舟蛾、光肩星天牛等其他林业有害生物防治面积2.12万公顷，均实现有虫不成灾的治理目标；不断改进林业有害生物监测预报工作，全年监测覆盖率99.9%，测报准确率达到91.1%，为全面准确掌握虫情、及时开展防治工作提供了技术支持；加强检疫工作。实施产地检疫面积8667余公顷，调运检疫苗木210余万株，木材120余万立方米，有效防止外来林业有害生物传入天津市。

党建工作 ①举办了依法治国、落实主体责任专题学习研讨班。深入学习习近平总书记系列重要讲话精神，黄兴国市长在市委全面依法治国、落实主体责任专题研讨班上的讲话精神，切实把思想统一到中央和市委的决策部署上来。②落实"一岗双责"。班子成员在抓好业务工作的同时，抓好分管部门党风廉政建设工作，对容易出现问题的部门、项目做到及时提醒、督促纠正，避免了违纪违法行为和腐败问题发生。③坚决执行组织原则。坚持"三重一大"问题集体研究决定。④扎实开展"三严三实"专题教育活动。制订了《天津市林业局"三严三实"专题教育方案》，扎实有效落实各专题教育任务。⑤严格落实中央八项规定，抓好监督检查，有效防止了"四风"问题反弹。

【第三届中国绿化博览会】 第三届中国绿化博览会于8月18日至10月18日在天津市武清区举办。本届绿博会由全国绿化委员会、国家林业局、天津市人民政府共同主办，市绿化委员会、市林业局、武清区人民政府共同承办，展会共邀请到48个省（区、市）部门参展。

绿博园位于武清区下朱庄，总占地面积380公顷。展园规划建设历时600余天，共有百余家单位、万余人参与。展园建设以"绿色、人文、科学、创新"为核心理念，紧紧围绕"以人为本，共建绿色家园"主题和"绿色，让梦想绽放"副主题，突出"绿""水""林"3条主线，形成了"一轴、三环、九区、十八景"的整体布局。天津展园面积1.23万平方米，在48个展园中面积最大，按照"大绿、野趣、生态、自然"的绿化理念，围绕"城市故事、水脉相承、林野交融"三大主题，设计建设了"天津之眼"等8个景点，充分展示了近年来天津市林业生态建设和湿地保护取得的成就，被第三届绿博会组委会授予特别奖和最优质量奖，市绿化委员会办公室被授予最佳组织奖。

本届绿博会取得了以下几项主要成果：一是全面展示了国土绿化成就和生态文明建设成果，提升了社会各界植绿爱绿护绿的意识。二是为全国国土绿化行业搭建了学习交流平台，作为东道主的天津更是受益匪浅。三是全面展示了天津市在林业生态、绿化美化以及城市建设等方面的新成绩。四是绿博园景色优美、功能齐全，展会闭幕后必将成为京津冀市民生态休闲旅游新亮点。五是提升了武清和天津市的知名度、影响力，促进了武清区基础设施建设和旅游产业发展。

【国家储备林建设】 1月，为贯彻落实《国务院关于创新重点领域投融资机制鼓励社会投资的指导意见》(国发〔2014〕60号)精神，国家林业局与国家开发银行签订了"开发性金融支持林业发展合作协议"，旨在利用国家开发银行贷款进行国家储备林基地建设。1月19日，国家林业局速生丰产用材林基地建设工程管理办公室印发了《关于提供利用开发银行贷款建设国家储备林基地有关材料的函》(林丰管函〔2015〕1号)，天津市被确定为7个拟试点利用国家开发银行贷款的省市之一。

1月，天津市正式启动国家储备林基地建设贷款申请工作。黄兴国市长、王宏江副市长高度重视，多次作出重要批示。期间，王宏江副市长亲自带队赴国家林业局拜访国家林业局局长赵树丛。4月30日，天津市林业局和国开行天津分行签订《国家储备林基地建设合作协议》。7月30日，天津市第一批试点区县项目实施方案上报国家林业局，第一批试点4个区县为滨海新区、蓟县、宝坻区和武清区。8月7日，市政府印发了《关于研究我市利用国家开发银行贷款实施储备林建设有关工作会议纪要》(津政纪〔2015〕17号)。11月9日，国家林业局以(林丰管字〔2015〕5号)文件批复天津市第一批试点区县实施方案。12月23日，天津市第二批试点区县实施方案上报国家林业局，第二批试点包括宁河区、静海区、东丽区、津南区、西青区和北辰区。

【林业有害生物防治】 召开了天津市美国白蛾防治工作动员会。完成三代美国白蛾防治工作，全市美国白蛾防治作业面积22.22万公顷，其中地面施药作业面积12.67万公顷，飞机防治作业面积5333.33公顷，人工剪网1.75万公顷。共出动10.6万人次，3.8万车次，动用药械2856台套。第三代防治作业完成后，市防控办组织了检查验收，全市有农业区县防后平均有虫株率为0.01%，叶片保存率99.97%，达到了国家林业局与天津市人民政府签订的《2015～2017年美国白蛾等重大林业有害生物防治目标责任书》的指标要求。其他林业有害生物全年防治作业面积5.43万公顷，其中春尺蠖防治作业面积8406.67公顷，杨扇舟蛾防治作业面积1.5万公顷，光肩星天牛防治作业面积4246.67公顷，杨树病害防治作业面积1.23万公顷，杨小舟蛾防治作业面积5753.33公顷，白杨透翅蛾防治作业面积1700公顷，国槐尺蠖防治作业面积3926.67公顷，零散发生林业有害生物防治作业3000公顷。经检查验收，都达到有虫不成灾的治理目标。

【林业大事】

1月8日 天津市森林防火指挥部副总指挥、市森防办主任、市林业局局长张宗启率市林业局、市森防办有关同志赴蓟县检查森林防火工作。

2月25日 市政府召开全市造林绿化工作会议，总结2014年冬季造林绿化工作完成情况，安排部署2015年春季造林绿化任务。副市长王宏江出席会议并讲话，副秘书长朱清相主持会议，市有关部门负责同志、有关农业区县负责同志参加会议。

3月11日 市森防站召开林业有害生物防治和普查工作会，对近期林业有害生物防治工作和普查工作进行部署，市林业局党委委员李俊柱出席，各区县森防站长参加会议。

3月18日 京津冀协同发展林业有害生物防治联席会在天津市武清区召开。

3月31日 天津市林业局张宗启局长到宝坻区、武清区、静海县检查春季林业有害生物防治工作。市林业局党委委员李俊柱，市森防站负责人，三区县林业局局长、分管局长和森防站负责人参加检查。

4月8～9日 国家林业局发展计划司司长闫振、速生丰产林工程管理办公室主任丁立新、国家开发银行评审三局副局长晁兵等一行7人，专程来天津市调研国家储备林基地项目贷款工作。市林业局、国家开发银行天津分行分管领导及有关处(室)负责同志全程陪同参加了此次调研工作。调研组结合天津市实际对国家储备林基地项目贷款工作提出了建议和要求。

4月14日 副局长齐龙云主持召开基层单位发展座谈会，进一步落实局党委会议和局长办公会议相关要求。市林果服务站(花卉中心)、规划院、野繁中心、林果良种场、种苗基地等部门主要负责同志和局发展计划处负责同志参加座谈会。

4月16日 天津市林业局在武清区召开了2015年飞机防治林业有害生物工作会，市林业局党委委员李俊柱出席会议，市森防站负责人、有关区县林业主管部门分管领导和森防站站长参加会议。

4月23日 天津市林业局党委书记王宜民到静海县、武清区检查指导春季林业有害生物治理工作并提出具体要求。静海县、武清区林业主管部门负责同志陪同检查。

5月14日 天津市林业局举办了全市林政行政审核审批培训班，各区县审批局、林业局负责建设项目使用林地、林木采伐和木材运输审核审批的负责人员和具体工作人员参加了培训。

5月15日 天津市林业局在武清区召开林业有害生物防治工作会，涉农业区县林业主管部门分管领导和森防机构负责人参加会议，市林业局局长张宗启出席会议，市林业局党委委员李俊柱主持会议。

5月8～26日 天津市林业局党委书记王宜民率局领导班子及有关处室负责人对全市各区县去冬今春造林绿化工程完成情况进行了全面督导联查，听取各区县造林绿化工作汇报，并就下一步工作提出具体要求。

5月27～28日 国家林业局发展计划司司长闫振、速生丰产林工程管理办公室主任丁立新等一行6人，专程来天津就全市有关区县国家储备林基地项目可行性研究编制工作进行指导和推动。

7月27～29日 国家林业局驻北京森林资源监督专员办处长高德明一行3人到天津市宁河县检查保护发展森林资源目标责任制建立执行情况。

8月17日 天津市林业局党委委员李俊柱到天津市林业有害生物应急防治物资储备库检查指导工作，对林业有害生物应急防治物资储备库管理工作提出了具体要求。

8月28日 天津市林业局、市公安局在天津市全行滨海会议中心举办了全市查处涉林案件培训班。市林业局副局长李果丰、市公安局法制办副主任赵月增、市公安局刑侦局副局长路树强、市公安局治安管理总队副总队长郭顺波、森林公安局政委赵利民出席培训班开班仪式。

9月16日 天津市林业局召开了全市森林防火工作会议。市林业局副局长李果丰出席并讲话。市林业局森林公安局、市森林防火预警监测中心相关负责同志，各区县林业部门分管森林防火工作的领导和部门负责同志参加会议。

10月13日 天津市政府召开全市2016年度造林绿化工作动员会议，市政府副秘书长朱清相，市政府督查室、市农委、市财政局、市规划局、市国土房管局、市水务局、市林业局、市城投集团负责同志，滨海新区及有农业区县分管区县长，滨海新区农委和环境局、有农业区县林业主管部门主要负责同志参加会议。

10月13～18日 国家林业局规划设计院副总工蒋爱军一行对天津市宝坻区林地和林木采伐管理管理情况进行了全面检查。

11月11日 市林业局局长张宗启，副局长李果丰率森林公安局负责同志赴蓟县检查森林防火和今冬造林绿化工作。

11月13日 天津市林业局组织召开冬春火灾防控工作会议。市林业局副局长李果丰出席并讲话。市林业局各处室（局）、各直属单位负责同志参加会议。会议传达了全市冬春火灾防控工作会议精神，下发了《市农委2015年冬春火灾工作方案》和《2015年天津市林业局冬春火灾防控工作实施方案》，对冬春火灾防控工作的目标、任务、步骤和要求进行了全面部署。

12月1日 天津市副市长王宏江率副秘书长朱清相和市水务局、市林业局负责同志调研津港高速联络线和外环线绿化及津南绿道建设情况。市城投集团、市食品集团、天津泰达环保有限公司、西青区、津南区负责同志陪同调研。

12月9日 天津市政府召开全市造林绿化工作会议，副市长王宏江出席会议并讲话，市政府副秘书长朱清相，市政府督查室、市财政局、市国土房管局、市水务局、市林业局、市食品集团负责同志，滨海新区及有农业区县分管区县长及林业主管部门主要负责同志参加了会议。

12月10日 天津市林业局和北京专员办联合召开了义务监督员聘任会议，会上宣读了《天津市森林资源保护管理义务监督员管理办法》，向27名义务监督员颁发了聘书。

12月22日 天津市林业局联合市农业局、天津出入境检验检疫局召开植物检疫工作联席会，局党委委员李俊柱出席会议。

12月24日 天津市林业局召开有10个涉农区县行政审批局、市水务局工程管理处、河道管理所有关负责同志参加的座谈会。

12月25日 市森防办与蓟县森防办在蓟县官庄镇狐狸峪村南组织开展了森林火灾应急处置实战演练。蓟县森林防火专业队直属大队、盘山中队和重点乡镇森林防火专业队共计160人参加此次演练。市林业局副局长李果丰，市林业局森林公安局、市森林防火预警监测中心主要负责同志参加演练活动，各涉农区县林业主管部门、蓟县盘山管理局、蓟县重点乡镇政府主管领导观摩了实战演练。

12月30日 天津市副市长李树起率副秘书长朱清相和市农委、市林业局负责同志调研津港高速联络线和外环线绿化及绿道建设情况。市城投集团、市食品集团、西青区、津南区、东丽区、北辰区负责同志陪同调研。

（天津市林业由王浩供稿）

河北省林业

【**概　述**】 2015年，全省林业系统按照“增林扩绿，林果并重，改善生态环境，推动经济发展”总体思路，紧密围绕京津冀林业协同发展，大力实施“绿色河北攻坚工程”，圆满完成了全年各项目标任务。

造林绿化 围绕省委、省政府确定的“每年造林绿化28万公顷、森林覆盖率增加1个百分点”的目标，切实加大造林绿化力度。截至2015年年末，完成造林34.26万公顷，占全年任务的122%，是近年来同期完成任务最多、进展最快的一年。充分发挥10个人工造林大县和10个封山育林大县示范引领作用，高标准完成京津风沙源治理、三北防护林、太行山绿化、沿海防护林等国家级重点工程造林12.97万公顷。新一轮退耕还林工程全面启动。认真落实京冀、津冀战略合作框架协议，加快推进京津冀协同发展区域成片造林，完成京津保平原生态过渡带6.67万公顷、环北京成片造林6.67万公顷、廊道绿化4700千米，村庄绿化1.97万公顷，京津风沙源治理3.97万公顷，坝上退化林分更新改造作业1.67万公顷。完成了太行山绿化调研，开展了《太行山绿化三年见成效实施方案》编制工作。

林果产业 省政府办公厅出台了《关于加快木本油料产业发展的意见》，对全省木本油料产业发展工作进行了全面部署。以10个果品特色县和十大果品龙头企业为抓手，加快苹果、梨、核桃、红枣、板栗、葡萄、观光采摘七大优势果品生产基地建设，新增高标准果品基地13.53万公顷。完成果树结构调整和树体改造13.87万公顷，分别占年度任务的101%和104%，建设高标准果品观光采摘园119个。启动了果品质量安全追溯系统建设，加大重点品种、重点区域、重点时段果品质量安全监测力度。开展了13个新建林下种植中药材示范基地建设，完成了林下经济专题调研。加大对省级花卉示范基地扶持力度，加快推进花卉产业园区建设，全省新增花卉种植面积2467公顷。扎实做好唐山世园会筹建工作，招商招展和展园建设进展顺利。林业产业总产值1474.6亿元。

林业改革 启动了赞皇县国家集体林业综合改革试验示范区建设。开展了集体林权制度主体改革"回头看"，扎实推进集体林权制度配套改革。全省累计建立林权流转服务机构80个，流转林地36.07万公顷，流转金额10.8亿元，落实林权抵押贷款10.9亿元。编写了《河北省森林保险理赔操作规程》，成立了森林保险理赔专家小组。全省森林参保面积215.27万公顷，是2014年参保面积的1.5倍，收取保费8197万元。全省森林参保面积已达213.33万公顷，总面积比2014年同比增长53%。其中，公益林142万公顷，商品林71.33万公顷，收取保费8197万元。稳步推进国有林场改革。第一批改革试点任务总体完成，丰宁县国营林场总场和隆化县国有林场管理局均更名为国有林场管理处，由原来的正科级升格为副处级，21个试点林场全部界定为公益林场，重新核定编制1017个，较改革前精简13.4%，完善了民生保障体系，职工五险一金全部缴纳，实现了应保尽保，839户危旧房改造任务全部完成，所有职工进城落户。积极推进林业行政审批制度改革，规范改进行政审批行为。衔接国家林业局下放行政许可1项，取消国家指定地方实施行政许可2项，取消省本级行政许可1项，全面取消了非行政许可事项。

法治建设 对涉及林业的地方性法规和政府规章进行了全面清理，对与全面深化改革要求不相适应的，提出了修改或废止意见。在完成权力清单基础上，编制了权力运行流程图。加强规范性文件管理，对44件规范性文件进行了清理，提出保留废止建议。开展了非法侵占林地清理排查和"金钺""金剑""金网""金盾"等专项行动，全年共查处各类涉林案件4951起，行政处罚4764人次，抓获犯罪嫌疑人235人，集中侦办了一大批重特大案件，有力打击了涉林违法犯罪。深入开展"定便民之策、兴惠民之举、增警民之情"的"十个一"活动，加强林区治安防控管理，警民关系进一步密切，林区治安秩序持续向好。

资源保护 修订了省级预案和重点时段扑救方案，全面强化野外火源管理、隐患排查整治、火灾应急扑救等措施，全省共发生森林火灾74起，过火面积470公顷，受害森林面积86公顷，同比下降21%、60%和48%，没有发生重大以上火灾，没有发生重大人员伤亡，没有发生"进京火"。开展了林业有害生物普查外业调查。完成美国白蛾等病虫害防治作业92.6万公顷次，林业有害生物成灾率0.15‰，低于国家4‰的控制目标。省政府颁布了《河北省湿地保护规划(2015～2030年)》和首批12块省级重要湿地名录，批准建立省级湿地公园20处，总数达到50处。启动了全省森林资源规划设计调查。完成了"十三五"森林采伐限额编制工作。出台了《建设项目使用林地审核审批管理办法》，进一步规范了建设项目使用林地审核和审批管理。天然林资源保护工程顺利启动，天然商品林保护面积87.83万公顷。

【河北省政协2015年1号提案助力绿色发展】 3月11日，河北省政协在石家庄市召开新闻发布会，发布2015年"1号提案"。将九三学社河北省委员会提出的《关于加快城乡绿化步伐，进一步改善河北生态环境的建议》作为2015年1号提案，由省政协主席付志方和有关副主席重点督办。省政协2015年1号提案聚焦城乡绿化、关注生态建设，延续和深化过去3年河北省政协以治理大气污染、改善生态环境为主要内容的1号提案督办活动。2015年1号提案内容主要包括三部分：第一部分分析河北省城乡绿化现状，指出近年来河北在推进城乡绿化、提升林业生态和经济功能、加快园林城建设等方面取得了实实在在的效果；第二部分分析河北省城乡绿化存在的问题，指出河北省仍是一个缺林少绿、生态脆弱的省份，城乡绿化呈现"少、小、散、弱、低"等突出问题；第三部分提出加快河北省城乡绿化的对策与建议，指出应通过加大城乡造林绿化力度、提高城乡造林绿化科技含量、创新城乡造林绿化体制机制、高标准推进城镇园林化等工作，加快河北城乡绿化步伐。

【实现沙化和荒漠化土地双减少】 根据第五次全国沙化和荒漠化监测结果，河北省土地沙化和荒漠化得到有效治理，沙化和荒漠化土地再次实现双减少。截至2014年年底，全省沙化土地面积2 103 404.5公顷，5年内减少21 877.9公顷，年均减少4375.6公顷；荒漠化土地面积为2 020 822.1公顷，5年内减少115 643.1公顷，年均减少23 128.6公顷。同时，沙化和荒漠化程度继续减轻。全省轻度、中度、重度和极重度沙化土地面积分别为1 900 061.9公顷、191 684.1公顷、11 504.7公顷和153.8公顷，各级沙化面积均出现不同程度的减少，其中轻度减少9404.3公顷，中度减少8912.4公顷，重度减少3468.8公顷，极重度减少92.3公顷。全省轻度、中度、重度和极重度荒漠化化土地面积分别为1 490 385.6公顷、491 554.9公顷、38 794.7公顷和86.9公顷，中度、重度、极重度荒漠化土地分别减少406 157.5公顷、83 010公顷和897.8公顷。

【生态建设推进京津冀林业协同发展】 2015年，河北省围绕推进京津冀生态环境支撑区建设，大力实施“绿色河北攻坚工程”，扎实开展山水林田湖生态修复工作，着力扩大环境容量生态空间，努力为京津冀协同发展创造良好生态条件。截至2015年年底，全省太行山绿化工程、三北防护林工程和沿海防护林工程进展顺利，全省防护林工程共计完成人工造林5.86万公顷，封山育林2.59万公顷，分别完成目标的125.5%和129.3%。批准建立了围场钓鱼台水库等20个省级湿地公园，全省省级以上湿地公园数量达到50个，官厅湖、闪电河、察汗淖尔、香河等地已经建立了国家湿地公园。京津风沙源治理工程、张家口坝上地区退化林分更新改造、京冀生态水源保护林、6.67万公顷平原区连片植树造林等项目全部完成。

【白洋淀连片美丽乡村建设推进大会】 4月2日，河北省农村面貌改造提升行动领导小组在保定市安新县召开白洋淀连片美丽乡村建设推进大会，对白洋淀连片美丽乡村建设工作进行了安排部署并对绿化工作进行了动员。省委副书记赵勇强调要着力打好绿化攻坚战，一是在增加绿量的基础上，提升景观效果，抓好进淀廊道绿化，把进淀廊道打造成迎宾大道。二是要抓好环淀林带建设。三是打造郊野公园。为京津冀协同发展提供强有力的生态支撑。四是村庄绿化。55个村的绿化要一次到位，一年完成。按照省委、省政府的安排部署，保定市政府、河北省林业厅、河北农大共同完成了《白洋淀生态林带建设及淀区绿化规划》编制工作。总的要求是，以提高白洋淀绿地系统的整体生态功能为目标，以环淀绿化带为核心，以道路、河流绿化形成的绿色廊道为骨架，以片林、郊野公园及乡村为节点，构建路网、水网、林网为一体，网、带、片、环相结合，多层次、多树种、多功能的白洋淀绿化体系。工程完成后，淀区周边5县(市)新增有林地面积9387公顷。白洋淀周围建成不低于300米的生态林带，淀区村庄绿化覆盖率达到30%以上。

【《河北省重点生态公益林管理办法(试行)发布》】 为进一步加强河北重点生态公益林管理，提高科学化、规范化水平，3月河北省制定出台《河北省重点生态公益林管理办法(试行)》。河北省现区划界定国家级公益林172.37万公顷，省级公益林3.33万公顷。管理办法对公益林区划界定、保护管理、经营管理、监测与检查、资源档案管理作出明确规定。一是明确管理职责，对省、市、县三级林业主管部分的管理职责进行了划分。二是规定申报和区划界定程序，特别强调了界定重点公益林应当尊重林权权利人的意愿，在林权权利人自愿的前提下区划界定重点生态公益林，且国家级和省级公益林不能重叠区划。三是在保护管理方面规定了“按照人均管护面积不多于166.67公顷左右的标准划定公益林管护责任区，落实管护人员，履行管护职责”，规定申请征收、征用、占用重点生态公益林地的，应当按照征占用林地程序逐级进行报批。未经审批的，按照非法占用林地处理。四是在经营管理上规定严格执行国家规定的经营抚育标准和郁闭度要求。管理办法的出台将对加强河北省重点生态公益林的建设、保护、利用和管理，切实维护生态公益林林权权利人权益发挥重要作用，对进一步改善京津冀及周边地区生态环境、维护生态安全产生重要意义。

【林业厅联合省工商行政管理局开展集中打击破坏野生动物资源违法犯罪专项行动】 为全面加强生态文明建设，有效遏制破坏野生动物资源违法犯罪，3月1日至5月31日，河北省林业厅联合省工商行政管理局在全省集中开展打击破坏野生动物资源违法犯罪专项行动，代号“金网行动2015·1号”。通过集中打击、清理整顿和宣传教育，坚决遏制破坏野生动物资源违法犯罪势头、规范野生动物及其制品市场秩序、在社会上形成自觉抵制杀害、收购、出售、食用野生动物的良好社会氛围。为切实开展好这次专项行动，两厅(局)成立了省林业厅厅长任组长，两厅(局)分管领导任副组长的行动领导小组，结合河北省实际，确定了重点打击的违法犯罪和重点整治场所，下发了实施方案，要求全省各级林业主管部门和工商管理部门在行动中依法行政，公正执法，做到“四结合”，即：执法检查与重点排查相结合、查处案件与清理整顿相结合、搜集线索与规范经营相结合、宣传法律法规与曝光典型案例相结合。

【林业厅与承德市签订推动木兰围场生态综合发展合作框架协议】 6月，河北省林业厅与承德市签订共同推动木兰围场生态综合发展合作框架协议。协议约定：一是建立合作机制。定期召开联席会议，研究阶段性共同推进工作内容，承德市发挥地方优势，在优化发展环境、改善交通条件等基础设施方面大力支持林场发展；省林业厅在林业生态建设、产业项目、资金和技术上积极支持承德经济发展。二是明确合作范围。将承德市管辖的小滦河流域“六乡三场”(御道口乡、老窝铺乡、西龙头乡、南山嘴乡、姜家店乡、山湾子乡和御道口牧场、红松洼牧场、卡伦后沟)和省林业厅直属的塞罕坝机械林场、木兰林管局及下属林场作为合作推进范围，统一规划，统筹管理。三是坚持生态优先。双方根据水源涵养功能区的要求，发挥自身优势，共同发展，加强协作。“六乡三场”重点发展林果业，加大力度扩大人工造林、封山育林规模，提高森林资源总量。塞罕坝机械林场、木兰林管局以提高森林质量、提高生态功能和经济带动功能为重点，搞好森林经营，促进可持续经营。四是发挥资源优势。在突出加强生态建设与保护的同时，致力于发挥围场坝上及接坝地区的资源禀赋和生态优势，打造新的经济增长极，实现生态效益、经济效益、社会效益有机统一。按区位生态定位和产业定位，充分考虑林业的生态价值，共享发展成果。五是强化人才交流。按照干部管理权限，支持围场县人民政府、“六乡三场”和塞罕坝机械林场、木兰林管局加强干部交流，双方共同推动干部任职、挂职锻炼工作。制订专业人才、技术骨干培训整体方案，实现优势资源共享。

【廊坊“5·18”现代农业产业化洽谈会】 5月19日，廊坊“5·18”现代农业产业化洽谈会圆满结束。本次洽谈会，河北省林业厅共组织招商项目20个，其中，果品类6个、人造板类3个、种苗类2个、花卉类1个、野生动物驯养及深加工1个、森林旅游类2个、林下经济类2个、其他类3个。河北省林业厅邀请的省外嘉宾和客商20家及省内涉林企业20家80余人到会洽谈。

【京津冀名优果品擂台赛评选“果王”51个】 京津冀林业部门在9月26～28日举办的第十九届中国(廊坊)农产品交易会期间联合举办“京津冀名优果品擂台赛暨果王评选活动”，共评选出“果王”51个。这是河北省举办的第三届名优果品擂台赛暨果王评选活动，与往届相比本届首次邀请了京津地区参加，参赛产品总数量增加了100个，达到668个，参赛的龙头企业、合作社、家庭林(果)场数量达到286家，比赛类别增加了文玩核桃、仁用杏、花椒等特色产品。据统计，河北省林业展区共接待观众2万余人，其中京津林果种植大户、龙头企业负责人约300余人。

【6个行政村被授予“全国生态文化村”称号】 中国生态文化协会举办的2015年“全国生态文化村”遴选命名活动于9月底结束。河北省遴选推荐的6个行政村被授予“全国生态文化村”称号，分别为：保定市竞秀区江城乡大激店村、承德市宽城满族自治县化皮溜子乡西岔村、邢台市邢台县前南峪村、唐山市遵化市沙石峪村、石家庄市赞皇县许亭乡许亭村、唐山市丰润区姜家营乡杨家营村。自2009年举办该活动以来，河北省已有14个行政村被评选为“全国生态文化村”。

【森林公安机关深入推进“三项工程”建设】 3月，河北省森林公安局印发《2015年全省森林公安素质工程、信息工程、平安工程安排意见》，对2015年围绕推进基础信息化、警务实战化、执法规范化、队伍正规化，在全省森林公安系统持续组织开展素质工程、信息工程、平安工程等“三项工程”建设工作做出部署。公安素质工程建设，重点是组织开展“依法治林”主题教育实践活动；进一步规范和加强民警队伍管理，开展政法专项编制使用整治行动；积极探索建立森林公安辅警队伍；深入开展“森林公安机关实战化训练推动年”活动，分级分类组织开展民警实战化训练。信息工程建设，重点是组织开展基础信息采集大会战，建立森林公安基础信息数据库；启动省、市、县、所四级视频会议网络和重点林区、重点部位视频监控系统建设；完善林政案件网上执法办案、互联网执法办案信息查询、森林公安信息公开等应用平台；组建森林公安信息化工作队伍。平安工程建设，重点是推进森林公安业务技术用房、中西部派出所项目等基层基础设施建设；健全完善多层次、立体化林区治安防控网络；进一步规范涉林涉案信访和林区安保、维稳工作机制；深入开展构建和谐警民关系“十个一”活动；进一步强化执法监督和执法质量考评，推进执法规范化建设。

【全面启动标准站站徽加挂工作】 2015年，河北省林业工作站管理总站严格按照国家林业局《标准化林业站检查验收办法(试行)》，对全省“十一五”以来的国家级标准站进行了检查验收，33个标准站全部验收合格，统一加挂了标准制式的林业站站徽。这一举措进一步增强了全省基层林业站的责任感、荣誉感，巩固了林业站改革成果，夯实了现代林业发展基础，实现了“建一个成一个”的建设目标。

【《河北省湿地保护规划(2015～2030年)》发布】 4月9日，河北省人民政府印发了《河北省湿地保护规划(2015～2030年)》。该规划以生态文明建设为指导，以保护、修复和扩大湿地生态空间为主要目标，以湿地自然保护区和湿地公园建设、湿地恢复与生态修复、湿地污染整治以及湿地保护管理能力建设为重点，通过加强湿地保护工程和管理体系建设，系统修复和提升全省湿地生态系统功能，保障京津冀经济、社会可持续发展。到规划期末，增加湿地面积9.06万公顷；新建湿地自然保护区1处，湿地公园30处，国家重要湿地1处，省级重要湿地8处，新增湿地保护面积8.3万公顷，湿地保护率由38.0%提高到46.8%。

【湿地公园建设】 2015年，河北省在全面实施《河北省湿地保护规划(2015～2030年)》中，以湿地公园建设为重点，批准建立省级湿地公园20处，申报的张北黄盖淖、内邱鹊山湖、隆化伊逊河、涉县清漳河等7处国家湿地公园(试点)得到国家林业局批准，北戴河国家湿地公园(试点)通过国家林业局验收。截至2015年年底，全省湿地公园数量达50处，其中，省级湿地公园33处，国家湿地公园17处(正式2处，试点15处)，总面积7.47万公顷。全省湿地总面积94.19万公顷，湿地保护率由2012年的38%提高到2015年的41.02%。

【《河北省国土保护和治理条例》强化依法“治湿”】 1月12日，河北省第十二届人民代表大会第三次会议通过《河北省国土保护和治理条例》，并于2015年3月1日起施行。该“条例”对严重危害湿地生态安全的行为，设定了法律责任。第三十五条：县级以上人民政府应当对面积减少、功能退化的湖泊、水流等湿地采取退耕还湿、生态补水、限牧、移民搬迁、有害生物防治等措施，恢复、扩大湿地面积；对污染湿地进行综合治理，防治水质恶化，恢复湿地生物多样性。禁止擅自占用、围垦、填埋或者排干湿地，禁止在湿地内擅自采砂、取土、违法排污。第三十七条：沿海县级以上人民政府应当实施严格的海洋生态红线管理制度。沿海县级以上人民政府及其有关部门应当组织实施岸滩整治修复、人工湿地建设、上游综合治理、河口清淤清障等工作，修复受损的重要生态功能区、生态敏感区、生态脆弱区和入海河口海域生态环境。合理布局养殖空间，控制养殖密度，恢复海洋生物种群和生物多样性。禁止向海域违法排放陆源污染物。在海洋自然保护区、重要渔业水域、海滨风景名胜区和其他需要特别保护的区域，不得新建排污口。第六十条：违反本条例规定，未经批准擅自占用、围垦、填埋或者排干湿地的，由县级以上人民政府有关部门责令限期改正、恢复原状，并按照占用湿地的面积，处每亩十万元以上二十万元以下罚款。擅自在湿地内采砂、取土的，责令限期改正、恢复原状，处三万元以上五万元以下罚款；造成严重后果的，处十万元以上三十万元以下罚款。向湿地违法排污的，由县级以上人民政府环境保护行政主管部门责令限期治理，处应缴纳排污费数额三倍以上五倍以下罚款。

【林业大事】

1月22日 在2014河北年度十大新闻人物颁奖座谈会上，塞罕坝机械林场以“坚守荒漠育林海”的执著精神和明显成效，捧得了2014河北年度十大新闻人物(群体)奖杯和奖状。

2月11日 全省林业局长会议在石家庄召开，全面总结2014年林业工作，对2015年工作进行安排部署。河北省林业厅党组书记、厅长王海洋出席会议并作重要讲话。承德、廊坊林业局长和康保、威县、涉县、平山县政府主管负责人作了大会典型发言。

3月23日 河北省委、省人大、省政府、省政协四大班子领导，在西柏坡参加完“中国梦 赶考行”省级领导干部“3·23”赶考日集体学习教育座谈会后，来到西柏坡镇霍家沟村同平山县机关干部群众一起参加义务植树。

3月27日 河北省政府召开全省春季农业生产暨森林草原防火工作电视电话会议，对当前森林防火工作进行专题部署。副省长、省森林防火指挥部指挥长沈小平出席会议并讲话。

5月20日 河北省林业厅召开“三严三实”专题教育视频会议，党组书记、厅长王海洋以《切实增强践行“三严三实”的思想自觉和行动自觉》为题进行了党课辅导，并对全厅“三严三实”专题教育动员部署。

6月8日 中国绿色碳汇基金会在北京国林宾馆召开了“中国绿色碳汇基金会碳汇城市指标体系暨首批碳汇城市发布会”。张家口市崇礼县被授予全国首批碳汇城市。中国绿色碳汇基金会与崇礼县人民政府签署战略合作协议。

6月28日 由光明日报社主办，共青团中央和国家林业局支持的“森林中国·首届生态英雄”评选结果日前在京正式揭晓。河北塞罕坝机械林场荣获生态英雄团体奖。

8月21日 河北省林业厅召开“三严三实”专题教育汇报会。省林业厅党组书记周金中作重要讲话。河北省林业厅5个驻外直属单位、调查规划设计院、中国林业科学研究院和办公室、造林处汇报交流了“三严三实”专题教育进展情况。

10月10日 河北省林业厅召开“解放思想、抢抓机遇、奋发作为、协同发展”大讨论动员视频会。

11月24日 最新一批“国家森林城市”授牌仪式在安徽省宣城市举行，石家庄市顺利通过国家林业局验收，被正式命名为“国家森林城市”。

（河北省林业由袁媛供稿）

山西省林业

【概　述】 2015年，山西省林业工作认真贯彻落实党的十八大和十八届三中、四中、五中全会精神，深入学习贯彻习近平总书记系列重要讲话精神，在国家林业局的大力支持下，紧紧围绕省委、省政府安排部署，以提质增效为主线，全面推进政治生态“六严”工程，大力实施自然生态林业“六大工程”，依法治林，深化改革，为实现弊革风清、促进富民强省作出了应有的贡献。

造林绿化 深入推进林业六大工程，山西省完成营造林28.09万公顷，占年度任务28万公顷的100.3%。其中，“两山”造林工程完成18.82万公顷，“两网”绿化工程完成1.82万公顷，“两林”富民工程完成4.71万公顷，“两区”增绿工程完成0.73万公顷，“双百”精品工程完成2万公顷。完成500个村庄绿化任务，山西省长治县振兴村等4个村被中国生态文化协会评选为“全国生态文化村”。

森林资源保护 天然林综合保护将非天保区天然林和国家级公益林全部纳入天保公益林管理体系，在国家综合考核中位列全国第二。全年发生火情40起，比去年同期下降51.81%。森林火灾受害率0.06‰，大大低于山西省政府确定的0.5‰控制指标，没有发生重特大森林火灾和人员伤亡事故。实施防治林业有害生物面积11.8万公顷，成灾率为0.87‰，远低于山西省政府4.5‰的控制目标。先后组织开展了严厉打击盗挖树木、破坏野生动物资源等专项行动和省林业厅十大挂牌案件督办工作，查处各类森林和野生动物案件3528起，为国家挽回直接经济损失3000余万元。

林业改革创新 继续深化集体林权制度改革，推进和完善林权登记发证工作，出台《关于加快完善集体林权登记发证工作的通知》(晋林办改〔2015〕6号)，明确提出深化林权改革要把林权证发放到户工作进一步抓实、抓好。完善林权抵押贷款，印发《2015年林权抵押贷款工作实施方案》。加强银林合作平台建设，与山西省农村信用联合社签订战略合作协议。安排870万元扶持发展农民林业专业合作社建设。稳步推进国有林场改革。认真贯彻落实党中央、国务院《国有林场改革方案》和《国有林区改革指导意见》，多次召开会议研究部署山西省国有林场改革工作，在全省国有林场开展深度调研，进一步摸清机构、人员、编制、财务、债务等基本情况，充分听取基层意见建议，明确了改革思路，进一步修改完善了《山西省国有林场改革方案》，并向国家林业局作了专题汇报。认真落实《关于积极稳妥推行购买式造林促进林业发展提质增效的指导意见》，进一步引深合作式、购买式等造管新机制。

林业产业 全面加快以干果经济林、速生丰产林、种苗花卉、森林旅游、林下经济为主要内容的林业产业建设，林业产值达到453亿元，连续四年增速达到10%以上。新发展经济林4.71万公顷，改造低产低效林2.26万公顷。种苗结构不断优化，新育苗1.73万公顷。花卉产业迅速发展，面积达到0.3万公顷，销售突破4亿元。森林旅游全面加速，旅游人数达到1270万人次，门票收入2.18亿元。林下经济势头强劲，经营面积达36.7万公顷，实现产值16.5亿元，林农人均收入1600元。成功举办第三届山西苗木及花卉博览会，吸引全国200多家企业参会。第三届中国绿化博览会山西展园获“综合银奖”和“最佳质量奖”。

林业科技 开展核桃、仁用杏抗寒育种试验研究，引进核桃抗寒品种5个，引进优仁、国仁、“围场1号”等仁杏用抗冻害品种5个。开展优良乡土阔叶树种良种选育研究，突破臭椿、皂荚等14个乡土树种无性繁殖技术，营造乡土树种优系育苗和对比试验林333.33余公顷。建成生态定位监测5个主站，在金沙滩等7个站点已开展了定位数据采集和森林生态功能评价，测算出山西省公益林生态价值为每年1500亿元。加快食用林产品检测检验中心建设，完成检测设备购置。“黑杨杂交育种研究”等11项成果通过山西省科技厅的鉴定。“黄土丘陵区基于生态需水理论抗旱造林技术研究”等4项成果获山西省科技进步奖。培育出“帅丁皂荚”等林木良种13个。获得“幼树防啃护树套”等国家专利2项。4名科技人员被评为山西省学术技术带头人。

【市县林业工作】 太原市推进北山森林防火通道建设，完成道路建设59.71千米，完成投资2.49亿元，在太原市东山、北山和西山形成一条兼顾森林防火、林产业发展、休闲旅游和森林景观带的完整、畅通、安全和便捷的道路体系。

大同市实施一线五河多点治理工程，在长城沿线打造文化绿道，对御河、甘河、口泉河、十里河、淤泥河两侧进行植被恢复和生态治理，在每县实施一个万亩连片荒山造林工程。

朔州市大力弘扬右玉精神，坚持生态立市发展战略，持续推进规模造林，实施朔城区西山环城绿化八期工程，与前七期工程连接打通，构筑了2.66万公顷的城郊绿色框架。

忻州市大力开展两个“林业生态建设年”活动，完成重点工程造林8.66万公顷。

吕梁市大力发展干果经济林，在沿黄、吕梁山东部、西部丘陵建立3个百万亩红枣、核桃干果经济林带。

晋中市不断激活林业创新能力，积极推进生态庄园经济发展，建成生态庄园513个，累计吸引社会资金近50亿元，成为林业改革发展的新生力量。

阳泉市立足改善农村人居环境，大力实施道路两侧、城镇四周、村庄四旁“244”绿化工程，已有近500个行政村初具园林绿化规模，涌现出了一批省级、国家级村庄绿化先进村。

长治市加强林业项目资金管理，大力推行“三期九制”工作法，狠抓工程实施前期准备、中期管理、后期管护工作，推行方案论证制、招投标制、施工能力考察制、工程监理制、技术人员包点制、阶段验收制、竣工验收制、工程区禁牧制、绩效考核制，项目管理取得实效。

晋城市狠抓森林抚育经营，重点对人工纯林、针阔混交林、天然低效林、通道绿化宽林带、商品经济林进行抚育经营，提高产量质量，通过林场职工、扑火专业队伍、绿化公司、林业专业合作、林区群众积极等“四种机制”，促进森林资源持续增长和民生持续改善，坚持狠抓计划任务、设计施工、监督检查、资金使用、档案建设“五项管理”，推动森林抚育经营迈上规范化、制度化、标准化建设轨道。

临汾市以建设林业生态强市为目标，通过整山系整流域推进、垣坡沟综合治理、多树种多林种栽植、生态经济相结合等，全力打造生态经济型林业发展模式，每年以2.66多万公顷的绿化规模发展，目前有林地达到64.8万公顷，森林覆盖率31.9%，林业总产值达52亿元。

运城市瞄准干果经济林，狠抓林业产业化，新发展干果经济林0.8万公顷，干果经济林总面积已达到12.01万公顷，面积在全省排名第二，总产值达百亿元以上，在全省排名第一。

【省直林局建设】 省杨树林丰产实验局大力发展种苗产业，倾力打造完整的种苗产业链，培育营养钵苗木总量达到4000万株，新增固定苗圃286.6公顷，栽植大苗500万株，完成造景树培育1万株。

省管涔山国有林管理局坚持保护与培育并重，着力提升森林综合效益，认真落实局、场、站、警、员五级“包保”责任制，建立局与县、场与乡、站与村“三联”森林防火机构，与五寨、神池、岢岚三县实施合作造林工程0.2万公顷，完成营造林任务0.88万公顷。

省五台山国有林管理局瞄准区域综合治理，完成滹沱河流域造林0.4万公顷，桑干河流域完成阔叶树造林100公顷，清水河流域完成52千米造林绿化任务，唐河流域完成造林0.66万公顷，完成清水河流域抚育任务0.18万公顷。

省黑茶山国有林管理局创新造林机制，购买式造林取得明显成效，13个单位、493名职工及27户林农实施购买式造林0.15万公顷，与岚县8个乡镇39个村规划购买式造林0.36万公顷，县局合作造林规划0.13万公顷，实现了造林由“过程管理”向“结果购买”的转变，变计划经济体制下的“要我造林”为市场经济体制下的“我要造林”。

省关帝山国有林管理局提质增效建精品，统一规划梅洞沟、薛家沟、段家坪沟、驿沟、洞沟五大流域治理重点工程区，整合两个以上营造林项目的单位达18个，完成森林抚育0.62万公顷，占到总任务量的93%；完成人工造林0.48万公顷，完成封山育林0.16万公顷。

省太行山国有林保护局打出流域综合治理组合拳，流域综治面积占林局总面积21%，启动清漳河流域田寺沟、白云沟、恋思水库、里禅堂寺沟、龙峪沟等5大区域综合治理工程，与和顺县政府合作建设的清漳河源头生态恢复综合治理工程，总规划面积0.2万公顷，全面完成工程建设任务。

省太岳山国有林管理局，在冻雨灾害理赔上开创新河，2015年4月1日，太岳林局部分林场发生了罕见的冻雨灾害，净受灾森林面积为0.19万公顷，兑现理赔资金1410万元，积极通过省林权中心与省保险公司协调，最终确定对折干、翻兜等死亡林木按照保险金额全赔，对断稍林木按照程度和树种不同赔付40%～60%，对断枝50%以上林木赔偿10%。

省吕梁山国有林管理局重点围绕解决好“留住人、护住林、出效果”3个问题大胆探索，在基层管护站上科学选址，开展职工以站建基地活动，合理调配管护力量，启用GPS巡检系统，每年年初组织管护人员进行学习培训，出台“保护有偿，损失有价”的管理制度，实行“五联单”报告制，在森林资源管理上迈出坚实一步。

省中条山国有林管理局，利用自身优势，因地制宜，大力发展阔叶乡土树种，持续推进营林树种结构调整。与中国林业科学研究院林业科技信息研究所合作开展了水源涵养林抚育的多目标经营模式，选取油松纯林、混交林、陡坡林、集水区上坡位、退化林、急坡林等6种典型林分，营林生产初步实现了由营造大面积针叶纯林向多树种营造的转变，由单纯的生态林森林经营向多功能森林经营目标的转变，由粗放经营方式向科学经营模式转变。

【省城党政军民义务植树】 4月9日，山西省委书记王儒林、省长李小鹏、省政协主席薛延忠、省委副书记楼阳生等省党政军领导和太原市干部群众、少先队员，在太原市尖草坪区参加义务植树活动。王儒林强调，植树造林，改善生态，人人有责。要坚持领导干部带头，调动干部群众、工人学生植树造林的积极性，见缝插绿、爱惜树木、加强管护，坚决制止乱砍滥伐，建好每一块绿地，看好每一片森林，守住每一寸绿色，使爱绿植绿护绿成为全省人民的自觉行动。要把绿色发展融入经济社会发展的各个领域，以循环经济为重点，加快调整产业结构，构建绿色产业体系，创新林业发展体制机制，加强生态环境治理保护，让全省人民共享生态文明建设成果。要坚持绿色发展，强化绿色意识、生态意识和环境意识，全民动员、人人参与、艰苦奋斗，坚持不懈植树造林，不断改善生态环境，共同建设美丽山西。李小鹏强调，要牢固树立“绿水青山就是金山银山”的理念，大力弘扬右玉精神，坚定信心、克服困难，持续加力植树造林、修复生态、治理污染，努力建设天更蓝、地更绿、水更净、空气更清新的美好家园。

【造林绿化现场会】 9月9~10日，山西省造林绿化现场推进会在忻州市召开，这是山西省连续10年召开的第10个造林绿化现场推进会。山西省人民政府省长李小鹏与参会代表一起观摩造林绿化工程，主持召开座谈会，与各市代表一起探讨进一步做好林业工作的思路和办法。李小鹏强调，要深入贯彻落实习近平总书记关于加强生态文明建设的一系列重要指示精神，准确把握新形势下造林绿化工作的新内涵，坚持本届政府任期内“三增三不减”的要求，强化宗旨意识，践行“三严三实”，发扬右玉精神，全面做好林业建设各项工作，突出抓好吕梁山生态脆弱区宜林荒山造林绿化、森林资源大县管护、新造林封禁培育、干果经济林提质增效等重点任务，发挥好绿水青山的生态效益、社会效益和经济效益，努力实现生态美、百姓富。

【山西省深化集体林权制度改革林下经济发展现场培训会】 8月31日至9月2日，山西省深化集体林权制度改革林下经济发展现场培训会在古县召开。各市林业局副局长、林权中心主任、2015年实施林下经济项目的15个县的分管局长和林权中心主任及种植大户共100多人参加了培训。山西省药材学院教授张震云作了题为“林下中药材的种植与环境影响”的报告；古县、大同市、潞城市介绍了发展林下经济的经验；参观了古县生态林下中药材立体种植基地、核桃树下种植牡丹基地和连翘茶加工厂等示范基地。

【山西省国有林场改革】 2月8日，中共中央国务院印发《国有林场改革方案》和《国有林区改革的指导意见》。3月17日，国务院召开了国有林场改革电视电话会议，全面安排部署国有林场改革工作，并确定山西、内蒙古、吉林、黑龙江、福建等9省(区)为国有林场改革重点推进省。山西省委、省政府高度重视，省委王儒林书记批示“要高度重视，认真落实”。7月8~9日，山西省人民政府省长李小鹏率领山西省编办、发改、财政、交通、林业等部门的主要负责同志，赴长治、临汾、省直太岳林局进行国有林场改革专题调研。9月8日，山西省人民政府第97次常务会议原则通过《山西省国有林场改革实施方案》，10月8日，山西省委深化改革领导小组审议通过，10月21日正式报国家发改委、国家林业局，并于12月16日正式获批。

【山西省林业厅山西省农业厅关于在林业生态建设重点工程区域实施封山禁牧促进林牧业协调发展的意见】 6月19日，山西省林业厅、山西省农业厅印发《关于在林业生态建设重点工程区域实施封山禁牧促进林牧业协调发展的意见》。《意见》指出，在全省林业生态重点工程区域实施封山禁牧是有效化解林牧矛盾，科学推进林业生态建设和畜牧业发展的有效措施。《意见》还就封山禁牧范围、重点、区划规划、设施建设、机构管护、资金使用、严格执法做了详细规定。

【林业大事】

1月22日 中共山西省林业直属机关第六次代表大会在太原召开。省直工委书记杨增武莅临大会指导，厅党组书记、厅长李永林在会上作了重要讲话。会议听取和审议了由第五届省林业厅直机关党委书记、副厅长常光明和厅直机关纪委书记钟盛升所作的厅直党委和厅直纪委工作报告，选举产生了厅直机关第六届党委和纪委。

1月30日 山西省《古树名木养护管理规范》(DB14/T 973—2014)正式实施。

2月3~4日 全省林业局长暨党风廉政建设会议在太原召开。厅党组书记、厅长李永林作了重要讲话。副厅长霍转业代表厅党组作工作报告，副厅长常光明宣读了副省长郭迎光对全省林业工作的批示，纪检组长谢璞传达了十八届中央纪委五次全体会议精神。厅长李永林、组长谢璞分别同厅直单位代表签订了落实党风廉政建设“主体责任”和“监督责任”责任书。

3月23日 第三届山西省苗木及花卉博览会在太原举办。全省11个市、9个省直国有林局和全国各地200多家苗木及绿化资材生产经营单位参展。

4月9日 山西省第九次森林资源清查工作电视电话会议在太原召开。省林业厅发资处、资源处，省林管局、规划院，太原市林业局，省直关帝林局等单位的负责人及参加九次连清的技术人员共70余人在主会场参加了会议，各市林业局、省直各林局的负责人、调查队队长、调查人员等在分会场参会。会议由副厅长任建中主持，副巡视员尉文龙、总规划师张云龙、西北院总工李立球莅临会议，厅长李永林作了重要指示。

4月21~23日 全国油松樟子松良种基地建设技术培训班在山西开班，来自北京、内蒙古、河北等20多个省(区、市)的林木良种基地种苗站负责人以及北京林业大学，西北农林科技大学，华南、沈阳、河南农业大学的林木良种专家和教授参加了培训。国家林业局国有林场和林木种苗工作总站总站长杨超、省林业厅总工程师刘虎山出席培训会。

5月7日 山西省林业厅与山西省农村信用社联合社签订了战略合作框架协议书。省林业厅厅长李永林出席了签字仪式并作讲话，副厅长任建中代表省林业厅与省信用社联合社签字。

5月19~21日 山西省委副书记楼阳生先后深入忻州市忻府区、定襄县、宁武县和管涔山国有林管理局，重点就林业工作以及“三农”工作和县域经济发展进行了调研。

6月4日 山西省副省长郭迎光，省林业厅厅长李永林、省国有林管理局局长尉文龙就山西省国有林场改革进展情况、目标与措施、下一步工作思路向国家林业局进行汇报。国家林业局局长赵树丛、副局长张建龙听取了汇报。

6月19日 国家林业局森林公安局局长王海忠一行深入省桑干河杨树丰产林实验局调研森林防火工作。

7月20日 山西省太岳山国有林管理局“4·1”森林冻雨灾害保险理赔兑现大会在介休市召开。省财政厅，省保监局，国寿财险山西分公司、省林权服务中心、省直太岳林局等相关单位参加了会议，省林业厅党组成员、副厅长任建中出席会议并作讲话。

8月3日 山西省扶贫办决定启动实施构树扶贫试点，计划利用5年时间，在山西省灵丘、岢岚、临县、武乡、平顺、吉县6个国家扶贫开发工作重点县和襄垣、稷山2个非贫困县打造7个构树扶贫工程基地，总面积约4800公顷，计划总投资额为2.2亿元。

8月5~14日 山西省人大常委会部分委员及农工委组成调研组，先后赴吕梁市、忻州市、关帝林局、五台林局，就全省国有林场改革及森林生态效益补偿制度情况进行调研。省人大常委会副主任田喜荣、省人大农工委主任谢海参加调研，省林业厅厅长李永林陪同调研。

9月6日 山西省林地变更调查工作电视电话会议在太原召开。省林业厅党组书记、厅长李永林，副厅长任建中，总规划师张云龙，副巡视员尉文龙参会。省林业厅资源处及相关处室，省林业调查规划院、省国有林管理局相关人员参加了会议，各市、县林业局及省直国有林管理局领导和相关人员在分会场参加了会议。

9月16~17日 国家林业局三北局“三北工程退化林分改造现场会”在大同市召开。国家林业局、财政部等有关部委，三北地区13省(区、市)、新疆兵团林业厅(局)分管领导及三北站(局)长，50个试点县政府主管领导，新华社、《人民日报》、中央电视台、《中国绿色时报》等新闻媒体记者，共110余名代表参会。山西省政府副省长郭迎光致辞，大同市代市长马彦平致欢迎词，省林业厅总规划师张云龙代表在会上作典型发言。

10月18日 第三届中国绿化博览会在天津武清正式落下帷幕。获得展园综合银奖和展园最佳质量奖两项大奖。省林业调查规划院高级工程师王庆云等4人荣获先进工作者奖。

11月11日 山西省国有林区林场中药材开发利用项目战略合作签字仪式在山西省国新能源天然气公司举行。双方签订《山西省国有林区林场中药材开发利用项目战略合作备忘录》。 (山西省林业由冀瑞平供稿)

内蒙古自治区林业

【概　述】 2015年，内蒙古自治区各级林业部门以建设中国北方重要生态安全屏障和打造北疆生态文明风景线为目标，深化改革，创新发展，各项林业工作扎实有效推进。共争取落实中央基本建设和财政资金127.2亿元，自治区投资10.77亿元。完成林业生态建设作业面积73.39万公顷，其中，完成人工造林41.62万公顷，飞播造林8.32万公顷，封山(沙)育林23.45万公顷。全区义务植树6128余万株。鄂尔多斯市被评为国家森林城市。育苗面积4.73万公顷，年末在圃苗木46亿株。

林业生态建设 ①林业重点工程。继续坚持以生态建设为主的林业发展战略，全力组织实施天然林保护、京津风沙源治理、“三北”防护林建设、退耕还林等重点生态工程。重点工程共完成建设面积39.68万公顷。②重点区域绿化。各地区、各有关部门加强组织体系、政策体系、投入体系、科技服务体系和监督考核体系建设，全区投资146亿元，完成重点区域绿化14万公顷，占年度计划任务的105%。其中公路绿化5760千米、4.3万公顷；城镇绿化395个、3.1万公顷；村屯绿化3073个、4.8万公顷；厂矿园区绿化400个、0.9万公顷；黄河两岸绿化0.6万公顷；大青山前坡绿化0.2万公顷。建设完成自治区级示范工程21个，盟市、旗县级示范工程220个。

森林资源管理 4月1日起，全面停止大兴安岭林区、岭南八局和呼伦贝尔市、兴安盟、通辽市、赤峰市、锡林郭勒盟共102个国有林场的天然林商业性采伐，停伐木材产量117.37万立方米。严格征占用林地审核审批管理，全年共审核审批征占用林地项目730

项、面积1.15万公顷，征收森林植被恢复费6.11亿元，其中75%以上属于重点项目、基础设施和民生项目用地。安排23个旗县的林地卫片执法检查，安排65个旗县670项、3.47万公顷恢复森林植被项目核查。组织完成赤峰市、兴安盟和乌海市14个旗县(林业局)森林资源二类外业调查工作，调查总面积737.4万公顷，林业用地面积309.9万公顷。

森林资源保护 ①森林草原防火。全面加强组织领导、火险预警监测、火源管控、应急扑救、防火督导检查和基础设施建设。自治区人民政府印发《森林草原防火工作责任追究办法》，8月1日起正式实施，进一步强化森林草原防火地方行政首长负责制。全区发生森林火灾123起(雷击火42起)，其中一般火灾41起，较大火灾77起，重大火灾5起。受害森林面积3430公顷，森林火灾受害率0.138‰；共发生草原火灾38起，其中一般火灾30起，较大火灾3起，重大火灾1起，特大火灾4起。受害草原面积1.07万公顷，草原火灾受灾率1.208‰。在扑救草原火灾过程中，死亡2人、伤19人。火灾当日灭火率达到97%。同时，全线守护和堵截蒙古国、俄罗斯境外火149次。②林业有害生物防治。认真落实《国务院办公厅关于进一步加强林业有害生物防治工作的意见》，加强监测预警体系、检疫御灾体系、防治减灾体系和服务保障体系建设，积极应对突发林业有害生物灾害。全区发生林业有害生物面积84.9万公顷，其中轻度42.3万公顷，中度25.7万公顷，重度12.9万公顷。防治各种有害生物46.2万公顷。成灾率1.5‰，无公害防治率97%，测报准确率97.1%，种苗产地检疫率100%。③打击涉林违法犯罪行为。组织开展了"清理整治破坏和非法占用林地""火案查处"和"天目－15"等专项行动，严厉打击破坏林业资源违法犯罪行为，加强国有林区治安、维稳、禁毒、消防等工作。全区受理各类森林和野生动植物案件27 596起，查破27 020起，综合查处率97.9%，挽回直接经济损失5958万元。④野生动植物、湿地保护管理及自然保护区建设。向国家林业局申报国家湿地公园11处，批复10处。完成25处重点湿地日常监测工作，监测湿地面积78万公顷。继续开展全区野生动植物调查工作，完成阿拉善盟野生动物调查，全区第二次珍稀野生植物调查接近尾声。召开全区野生动植物和自然保护区暨湿地保护管理工作会议。加强野生动物疫源疫病监测，及时有效防控4处高致病性禽流感疫情。

林业改革 ①国有林场和国有林区改革。《国有林场改革方案》和《国有林区改革指导意见》(中发〔2015〕6号)下发后，内蒙古自治区成立了由巴特尔主席任组长、符太增常务副主席、王玉明副主席任副组长、15个部门单位负责人为成员的改革领导小组，高位推动国有林场林区改革。自治区党委政府12月31日印发《内蒙古大兴安岭重点国有林区改革总体方案》和《内蒙古自治区国有林场改革方案》(内党发〔2015〕23号)，自治区国有林场林区改革工作进入实质性推进阶段。②集体林权制度改革。修订了集体人工商品林、农田防护林、公益林采伐更新3个管理办法，印发了《关于进一步规范集体林权流转管理工作的意见》《关于加快农牧民林业专业合作社发展的意见》《关于加强基层林业组织建设的意见》和《加强灌木林平茬复壮的指导意见》。全年新增集体林地流转面积1.96万公顷，累计41.77万公顷；新成立林业专业合作社61个，累计499个；入社农户达到3.11万户，经营林地10.42万公顷。③森林、湿地资源资产负债表编制工作。制订了《内蒙古自治区森林资源资产负债表编制试点实施方案》和《森林资源资产负债表数据更新指导意见》，编制完成赤峰市翁牛特旗桥头、高家梁、亿合公3个试点林场2014年森林资源资产负债表；制订了林业生态红线划定技术方案和工作方案，启动森林和林地、湿地、沙区植被和物种保护等林业生态红线划定工作，提出自治区、盟市、旗县的建议指标。④完善森林资源有偿使用制度。自治区政府办公厅印发《内蒙古自治区建设项目使用林地补偿标准》，实现林地补偿费和安置补助费同地同价。⑤森林保险工作。进一步扩大森林保险范围，参保森林面积达到2540万公顷，投入保费6.5亿元。加强灾后植被恢复和森林灾害报案与理赔工作，已决赔付3.1亿元。

林业产业 以经济林、林下经济、森林旅游、林产品加工为发展重点，加强大型产业基地建设和重点龙头企业培育，积极开展林产品品牌创建，加强知识产权保护。开展银企对接，扩大林业产业化发展融资规模，支持服务"三农"工作。自治区安排1150万元林业产业化发展资金和1000万元经济林建设专项资金扶持林业产业发展。全区新建改建经济林2.7万公顷，开展林下种植20.7万公顷、景观利用243万公顷、林下养殖9.7万公顷。全区林业产值达到400亿元。内蒙古肉苁蓉通过国家地理标志保护产品认定。

支撑保障能力建设 ①林业法制建设。开展《内蒙古自治区森林草原防火条例》立法修订专题调研，形成《内蒙古自治区森林草原防火条例(修订草案)》。部署了年度林业普法依法治理工作，开展了"六五"普法依法治理工作检查验收。②科技支撑。重点开展生态保护与修复、低产低效林改造等研究，组织专家针对不同立地类型进行造林技术和模式组装集成。呼伦湖湿地站、额尔古纳湿地站、赤峰森林站、巴丹吉林荒漠站和杭锦荒漠站5个生态定位站通过专家论证。依托中央财政林业科技推广示范资金项目，重点推广了经济林丰产栽培、生态修复、林业产业等13项技术。组织开展林业科技培训和送科技下乡活动，培训人员10万余人。成立林业标准化专业技术委员会，建立林业标准化专家库。加快林业标准制修订工作，在国家林业局立项行业标准2项，自治区立项塞外红苹果系列标准、退化防护林改造技术标准等林业地方标准14项。《兴安落叶松人工用材林抚育规程》《沙柳丰产栽培技术》和《灰斑古毒蛾预测预报技术规程》3项地方标准正式发布实施；《林木育苗技术规程》《采煤沉陷区造林技术规程》和《活化沙地风蚀坑治理技术规程》3项地方标准通过审定。

【林业大事】 4月13日，2015年自治区党政军领导义务植树活动在呼和浩特市新城区保合少镇的自治区党政军义务植树基地展开，自治区党政军领导王君、巴特尔、任亚平、车华松、李佳、李鹏新、符太增、布小林、那顺孟和等领导与首府干部群众共同栽植新绿。

4月21～29日 北京军区6000余名部队官兵，在集宁义务植树基地参加植树活动，与3000多名民兵预备役人员和当地干部群众共同植树933.33公顷、约90万株。活动期间，北京军区司令员宋普选、政委刘福连，国家林业局局长张建龙，自治区党委书记王君，自治区主席巴特尔等军地领导来到植树现场，与部队官兵和干部群众一起为义务植树基地再添新绿。

3月27日 内蒙古自治区人民政府在呼和浩特市召开自治区绿化委员会全体会议暨自治区重点区域绿化领导小组工作会议。自治区绿化委员会成员、自治区重点区域绿化工作领导小组成员参加了会议。自治区副主席王玉明出席会议。

6月24日 自治区人民政府在包头市召开全区造林绿化现场会。自治区副主席王玉明出席会议并讲话。

8月24日 内蒙古自治区森林公安队伍组建25周年座谈会在呼和浩特市召开。会议由自治区林业厅副厅长阿勇嘎主持。国家林业局森林公安局政委焦德发，自治区林业厅党组书记、厅长呼群，自治区公安厅副厅长张有恩出席会议并讲话。自治区编办副主任张润生，自治区公务员局副局长谢学智，自治区林业厅副厅长龚家栋、纪检组组长汪治和、副巡视员肖文武、自治区森林公安局局长杨峻山、大兴安岭森林公安局局长费纯林出席会议。

7月28~29日 主题为"沙漠生态文明、共建丝绸之路"的第五届库布其国际沙漠论坛在内蒙古库布其沙漠开幕。中共中央政治局委员、国务院副总理汪洋出席开幕式并发表主旨演讲，联合国秘书长潘基文发来贺信，来自40多个国家和地区的500余人参加本届论坛。

7月29~30日 国家林业局在锡林郭勒盟多伦县召开全国防沙治沙现场经验交流会。国家林业局党组书记、局长张建龙出席会议并作重要讲话，国家林业局副局长张永利、内蒙古自治区副主席王玉明出席会议并讲话。（内蒙古自治区林业由武国庆供稿）

内蒙古森工集团林业

【概　述】 2015年，内蒙古森工集团（林管局）贯彻落实国家政策要求，停止天然林商业性采伐，以国有林区改革统领全局，统筹推进生态、转型、民生、党建等各项工作，全面完成年度生产经营计划：实现林业产业总产值110.08亿元，较2014年同比增加18.53亿元，增幅20.25%；计划投资49.5亿元，完成投资45.54亿元，完成计划投资的92%；完成木材生产77.97万立方米，销售72.46万立方米，实现销售收入5.47亿元；实现营业总收入17.39亿元，同比减少4.44亿元；实现利润5471万元（剔除棚户区改造配套资金），较2014年同比增加722万元，全面完成内蒙古自治区国资委下达的经营业绩考核指标。（金明举）

【生态建设】

森林资源管理 按照国家林业局部署，全面完成林区"十三五"期间年森林采伐限额编制工作。根据国家林业局《关于组织开展森林可持续经营试点的有关要求》，确定乌尔旗汉林业局为林区森林可持续经营试点单位。开展打击毁林开垦非法侵占林地专项行动，查处非法侵占林地、滥砍盗伐、非法捕猎野生动物等林业行政案件2869起，收缴木材137.43立方米，收回违法占用林地面积28.23公顷，遏制了涉林违法行为的势头。全面完成2015年林地年度变更调查、林地保护等级调整和国家级公益林级别变更等工作，信息与成果上报国家林业局。（王　冬）

森林经营 争取国家林业局下达补植补造任务23 666.67公顷，完成23 800公顷。为计划的100.6%；完成森林抚育35万公顷，为计划的100%；完成人工造林3353.34公顷，为计划的100.6%；完成育苗生产126.47公顷，为计划的247%；义务栽植35.2万株绿化苗木，各项作业质量均达到或超过行业标准。（于泽洋）

森林保护 修订完善林区《处置森林火灾应急预案》《森林防火奖罚办法》《援外扑火暂行规定》，细化重点火险区、原始林区、风景区、自然保护区森林火灾处置程序，2015年共发生森林火灾56起，54起为雷击火，2起为外火入境，全年无人为森林火灾。过火总面积2444.9公顷，受害森林面积1918.2公顷，森林受害率为0.24‰，低于国家控制指标，当日灭火率100%。完成有害生物防治184 000公顷，为计划136%。林业有害生物成灾率、无公害防治率、测报准确率、种苗产地检疫率全部完成国家指标。参加森林保险理赔业务，2014~2015年森林保期内共获得保险理赔金额11 398万元。（周　喆）

【企业改革与管理】

国有林区改革 深入贯彻落实中共中央、国务院《国有林区改革指导意见》（中发〔2015〕6号）和内蒙古自治区党委、政府《内蒙古大兴安岭重点国有林区改革总体方案》（内党发〔2015〕23号）精神，成立国有林区改革领导小组，重点围绕健全森林资源监管体制和建立精简高效的重点国有林管理机构，开展了社会管理和公共服务职能移交、国有企业划转、机构编制核定工作，形成了相关建议方案。

企业管理 细化考核管理制度，形成"目标明确、责任清晰、考核严格、奖惩落实"的规范化制度管理体系。坚持量入为出、量力而行的原则，以财务资金管理为核心，发挥森工集团（林管局）整体调控功能，实时监督资金存量，严格执行预算资金审批程序，科学及时调配和使用资金，保证林区生产经营的正常运转和各项事业基本的资金需求。围绕全面停伐、国有林区改革和林区转型发展，丰富项目储备提高申报质量，2015年争取国家和内蒙古自治区各类项目24个，批复总投资12.64亿元；17条旅游公路纳入内蒙古自治区旅游公路网建设规划。启动内蒙古大兴安岭国有林区“十三五”规划编制工作。完成林区7座油库的安全达标工作。开展专项排查治理行动，重点对兴安浆纸公司、兴安石油公司、大兴安阿尔山旅游公司进行隐患排查治理，实现2015年无重特大安全责任事故。（金明举）

【产业发展】 转型产业稳步发展。2015年各旅游景区景点共接待游客133.1万人次，旅游综合收入7.98亿元，分别较2014年增长24.9%和23.3%。克一河森工公司建成三级菌生产线，培植黑木耳1120万袋，产值2964万元；滑子菇12万袋，产值45.48万元。阿里河森工公司与大连泰和食品有限公司投资4140万元，建立“鲜卑鲜食用菌加工有限责任公司”，设计规模年产速冻鲜品1万吨；产值8000万元。吉文北五味子栽培推广示范项目获得国家林业局立项，已扩繁33.34公顷。经济林果方面，阿里河营造榛子经济林668公顷，集约经营野生榛子933.34公顷，划定野生蓝莓保护区1333.34公顷，实行果园化管理；大杨树局建成有机蓝莓示范园97.14公顷，种苗10万株，野生榛子驯化繁育面积133.34公顷；库都尔培育沙棘经济林773.34公顷。特种动物养殖方面，金河北极狐种狐17 800只，出栏8万只，种貂300只，出栏1000只，冷水鱼2.5万尾。绰尔、绰源、吉文等局扶持职工发展家庭经济，推广林间草场养殖，现有马匹存栏7888匹，从事马匹养殖324户，草场面积9187公顷，涉及养殖林场33个。（李　明）

【改善民生】

提高职工收入 克服资金紧张压力，按照内蒙古自治区国资委批复的职工工资总额增长预算，以10.9%的增幅为职工增长工资，在岗职工年平均工资由2014年的3.63万元提高到2015年的4.03万元。（毕书鹏）

完善社会保障体系 按照灵活就业人员参统政策个人缴费20%，解决了5.8万名混岗集体工养老保险问题；开展了8.5万名天保工程和改制一次性安置人员社保补贴发放工作。6月23日，住房公积金管理信息系统正式上线运行，开户缴存职工4.7万人。（毕书鹏）

棚户区改造 2015年，林区棚改工程新开工29 020户，其中2014年结转在建工程24 021户，2015年新建工程4999户。基本建成18 929户，其中呼伦贝尔市境内16 929户，兴安盟境内2000户。将国有林区深山远山搬迁与内蒙古自治区“10个全覆盖工程”相结合，加大危旧房屋拆除力度，开展人居环境综合治理，累计拆除林区“板夹泥”危房1.9万户，维修和新建仓房3162户、围墙栅栏21.4万延长米，完成林区城镇街巷道路硬化162.1千米，有效改善了职工的生活环境。（金明举）

【党建和精神文明建设】

从严治党步入常态化。深入开展“三严三实”专题教育，充分发挥正反两方面典型的镜鉴作用，深刻查摆并整改落实不严不实问题。围绕中央和内蒙古自治区党委的专项整治任务和森工集团（林管局）党委的19项整治措施，认真开展“回头看”工作，巩固教育实践活动成果，持续推进作风转变。以学习型党组织建设为主线，举办各类党员培训班12期、培训党员3678人次，举办两级中心组学习480次。坚持“德才兼备、以德为先”的用人标准，选拔任用“从多数人中选”到“由多数人选人”，对9个基层单位10次干部调整进行审核把关。严肃查处违纪违规案件，给予党政纪处分46人，挽回经济损失155万元。（朱显明）

【林业大事】

1月21日 内蒙古森工集团（林管局）获得全国林业网站群建设十佳单位，中国绿网获得网络访问领先奖。

1月24~26日 由国家林业局和中央电视台合办的《绿野寻踪》栏目组到森工集团莫尔道嘎森工公司采风。

1月23~28日 央视网中国林业频道《生态中国》栏目组到森工集团根河森工公司根河源国家湿地公园取景拍摄“冬季印象”宣传片。

2月3~6日 国务院副总理汪洋到森工集团根河森工公司考察国有林区改革工作。

4月1日 内蒙古大兴安岭重点国有林区全面停止天然林商业性采伐。

4月23日 《内蒙古大兴安岭林区生态保护与建设示范区建设方案》获得国家发改委等11部委的联合批复，内蒙古森工集团正式纳入全国生态保护与建设示范区名单。

6月9日 联合国教科文组织人与生物圈计划国际协调理事会宣布，内蒙古大兴安岭汗马国家级自然保护区及其毗邻区被正式指定为“世界生物圈保护区”。

6月20日 第二届中国绿色碳汇节在内蒙古大兴安岭林区举办。

7月29日至8月1日 中央电视台七套《绿色时空》摄制组到森工集团阿里河、克一河森工公司围绕转型产业进行实地拍摄。

7月29日至8月2日 全球环境基金增强大兴安岭地区保护地网络的有效管理项目专家组到内蒙古大兴安岭林区自然保护区、国家湿地公园考察指导工作。

12月31日 内蒙古自治区党委、政府《内蒙古大兴安岭重点国有林区改革总体方案》（内党发〔2015〕23号）印发。（张　亮）

辽宁省林业

【森林资源概况】 辽宁省林地面积716.73万公顷，占国土总面积的48.4%；有林地面积579.61万公顷；活立木总蓄积量3.18亿立方米；森林覆盖率40.9%。森林覆盖率、有林地面积和活立木蓄积量位居全国中等水平。

【林业建设】 2015年，辽宁省各项林业工作取得显著成效。以千万亩经济林工程建设为重点的造林绿化工作卓有成效；国有林场改革、集体林权制度改革、护林员管理体制改革等重点林业改革工作稳步推进；森林资源管护成效明显；科技支撑能力进一步提升；基层基础建设进一步夯实；生态文化建设和林业宣传有效开展。

【造林绿化】 全省完成造林绿化面积17.2万公顷，其中，生态林5.12万公顷；千万亩经济林工程完成12.07万公顷。完成封山育林10万公顷；森林抚育10万公顷。完成全民义务植树9000万株。三北、退耕、海防林和中央财政造林补贴试点任务等国家重点生态工程稳步推进。省级重点工程完成年度计划任务。开展了万村万树村屯绿化工程，评选出1000个省级绿化示范村。

【国有林场改革】 2015年6月17日，省政府成立了由主管省长为组长，省直23个部门为成员的省国有林场改革工作领导小组。深入各林场开展调研和座谈，掌握最新情况。在广泛征求意见和反复沟通协商的基础上，完成了《辽宁省国有林场改革方案》。9月18日，全省国有林场改革领导小组会审议通过了《改革方案》。12月1日和31日，省政府第68次常务会议和省委第143次常委会议先后审议通过了《改革方案》，并上报国家审批。

【集体林权制度改革】 东北林业产权交易中心正式启用，为全省乃至东北地区开展森林资源流转搭建了交易平台。林木采伐管理工作逐步完善。完成了全省“十三五”期间年森林采伐限额编限工作，并以省政府名义上报国务院审批。开展了乡村级简易森林经营方案编制工作，推进集体林木采伐限额“进村入户”，完成编案737个，总数达到2673个，基本实现应编尽编。林业厅、人民银行沈阳分行、银监局联合出台了《辽宁省集体林权抵押贷款管理暂行办法》，进一步规范林权抵押程序，激发林权改革活力。积极推进新型林业经营主体和服务中心平台建设。出台了《辽宁省林业厅促进家庭林场发展的意见》，20个林业专业合作社被评为省级示范社。新增林业合作组织61个，总数达到2735个。新建乡镇级服务分中心15个，总数达到45个。全省森林参保面积达到359.2万公顷，参保率达到59%。

【护林员管理体制改革】 封育、禁牧、管护“三位一体”护林员管理体制改革全面铺开。在2014年试点成功基础上，出台了《辽宁省护林员管理体制改革指导意见》，全面启动护林员管理体制改革。改革后，全省现有护林员16 725名；人均管护报酬增加到约12 000元，较改革前增加41%以上；人均管护面积增至306.7公顷，增加约23.9%。成立重点林区警务室150个、护林员巡防中队88支，实现了护林员全天候上岗和减员增效的预期目标。

【青山工程】 青山工程闭坑矿山生态治理和围栏封育被确定为辽宁省政府2015年度民生实事。其中，闭坑矿山生态治理工作被评为省直机关最佳实事。全省围栏封育完成1000千米，为计划的100%。闭坑矿山生态治理工程建设完工223个，治理面积726.7公顷，为计划治理面积的103%。

【森林资源管护】 平稳度过森林防火期。共发生森林火灾116起，受害率为0.14‰，低于国家控制水平。省政府常务会议审议通过了《辽宁省森林防火实施办法》和《关于加强专业森林消防队伍建设的意见》，推动了全省森林防火基础建设。持续保持高压态势，开展了严厉打击破坏森林和野生动植物资源违法犯罪等一系列专项行动，共查处各类涉林案件2193起。非法侵占林地清理工作取得显著成效。清理排查违法侵占林地案件1306起、面积2000公顷，结案率达到85.3%。林业有害生物得到有效防控。林业有害生物成灾面积886.7公顷，成灾率0.16‰，低于国家控制水平。野生动植物保护和自然保护区建设取得新进展。开展了全省非法侵占保护区土地监督检查专项行动；努鲁儿虎山国家级自然保护区范围和功能区调整方案获国务院批准；省政府批准了绥中五花顶自然保护区晋升国家级调整方案。全省各级林业自然保护区达到75个，其中国家级保护区12个。

【科技支撑】 搭建国字号建设平台，东北栎类工程(技术)研究中心、辽宁铁岭国家榛子生物产业基地、樟子松工程(技术)研究中心获国家林业局批准建设。完成制修订了林业地方标准14个，获得省政府科技进步二、三等奖4项。林业信息化建设在2015年全国林业信息化发展水平评测中，位列全国同级单位第二名。积极培育林产品“互联网+”典型，铁岭榛子电子商务园项目载体“中珍网”正式上线运行，线上第三方平台已与淘宝、微店、苏宁完成对接。

【基层基础建设】 编制完成了《辽宁省林业发展“十三五”规划》，通过省政府第56次常务会审议。林业项目贷款贴息工作稳步开展。落实10.66亿元林业项目贷款，申请3200万元中央财政贴息资金。重点开展了省以上林业重点工程项目资金专项稽查。范围涉及37个县(市、区)，资金5.5亿元。圆满完成了国家林业站建设重点县和标准化林业站建设任务。全省育苗1.6万公顷，育苗28亿株，其中容器育苗1500万杯。550户国有林场危旧房改造全部开工，完成48千米林区道路建设。

【林业宣传和生态文化建设】 围绕全省生态建设和重要林业节点，组织各级新闻媒体，开展了一系列专题宣传活动。其中，在省级以上主流媒体刊发稿件737篇。“关注森林”活动成效明显。逐步走进城市、乡村，走进千家万户，生态公益活动日趋深入。营口和葫芦岛市正式被命名为“国家森林城市”，全省国家森林城市达到7个。大连金州区等4个县(市、区)被命名为省级森林城市，总数达到11个。有6个村被评为全国生态文化村，总数达到20个。康平县张强镇等3个乡镇获得

“辽宁特产之乡”称号。在天津武清召开的第三届全国绿化博览会上，辽宁展园荣获“绿博会展园铜奖”，有力地宣传了辽宁生态文化建设。

（辽宁省林业由董铁狮供稿）

吉林省林业

【概　述】 2015年，在吉林省委、省政府和国家林业局的指导下，主动适应和服务新常态，牢牢把握保护生态、改善民生两大根本任务，开拓创新，真抓实干，全面完成了各项任务。以造林绿化为重点的生态建设成效明显，林业总产值达到1550亿元，胜利实现连续35年无重大森林火灾，国有林场林区和集体林权改革进展顺利，重点生态工程建设任务按期完成，全省林业发展取得了新的成就。

【林地资源】 2015年，全省林业用地面积937.6万公顷。其中，有林地822.1万公顷；疏林地2.5万公顷；灌木林地16.4万公顷；未成林地16.6万公顷；苗圃地0.6万公顷；无立木林地21.1万公顷；宜林地35.1万公顷；辅助生产林地23.2万公顷。有林地面积中，按起源分，天然林624.9万公顷，人工林197.2万公顷；按林种分，用材林342.5万公顷，防护林430.9万公顷，特种用途林46.3万公顷，薪炭林0.5万公顷，经济林1.9万公顷；按林木权属分，国有林599.1万公顷，集体林139.7万公顷，个体林77.6万公顷，其他5.7万公顷；按龄组分，幼龄林135.2万公顷，中龄林313.3万公顷，近熟林215.1万公顷，成熟林123.9万公顷，过熟林34.6万公顷。

【林木资源】 全省活立木总蓄积量98 801万立方米。其中，有林地蓄积量98 240万立方米；疏林地蓄积量40万立方米；散生木蓄积量53万立方米；“四旁”树蓄积量468万立方米。森林覆盖率43.9%。在全省有林地蓄积中，按起源分，天然林80 804万立方米，人工林17 436万立方米；按林种分，用材林40 022万立方米，防护林49 464万立方米，特用林8728万立方米，薪炭林18万立方米，经济林8万立方米；按林木权属分，国有林81 095万立方米，集体林10 819万立方米，个体林5782万立方米，其他544万立方米；按龄组分，幼龄林5128万立方米，中龄林34 540万立方米，近熟林30 322万立方米，成熟林21 323万立方米，过熟林6927万立方米。

【湿地资源】 全省湿地面积为172.8万公顷，占全省国土总面积的9.2%，其中天然湿地102.5万公顷，占全省湿地总面积的59.3%。全省有国家级重要湿地8处：向海国家重要湿地、莫莫格国家重要湿地、松花江三湖国家重要湿地、查干湖国家重要湿地、大布苏国家重要湿地、月亮湖国家重要湿地、龙沼国家重要湿地和长白山熔岩台地沼泽区国家重要湿地。向海湿地和莫莫格湿地已被评定为国际重要湿地。吉林省湿地类型多、分布广、区域差别显著，生物多样性丰富。共4大类16型。其中，河流湿地3型；湖泊湿地3型；沼泽湿地6型；人工湿地4型。东部主要是长白山林区的森林沼泽湿地和泥炭沼泽湿地；中部主要是以江河湖泊为主的湖泊湿地；西部主要是松花江、嫩江流域为主的内陆河流及平原沼泽湿地。有湿地野生动物30目59科297种，湿地高等植物112科253属613种，其中濒危重点保护物种70种。全省有湿地保护区26个。其中，国家级湿地保护区12个；省级湿地保护区10个；湿地保护小区4个。建有湿地公园34个，其中国家级湿地公园21个。

【野生动物资源】 全省有陆生野生动物445种。其中，两栖类14种；爬行类16种；鸟类335种；兽类80种。约占全国陆生野生动物种类的17.6%。列入《国家重点保护野生动物名录》的有76种。其中，国家Ⅰ级重点保护野生动物18种；国家Ⅱ级重点保护野生动物58种。列为吉林省重点保护的有290种。东北虎、东北豹、梅花鹿、白鹤、东方白鹳、丹顶鹤、大鸨等一批国家重点保护物种在国际濒危物种的抢救与保护中具有极为重要的地位。东北虎作为国家Ⅰ级保护野生动物，在全世界仅存450只左右，在吉林省监测记录到的数量逐年增长，已由1998年的4～6只增加到2015年末的27只。东北豹作为国家Ⅰ级保护野生动物，目前世界上仅存50只左右，濒临灭绝，在吉林省监测记录到的数量已由1998年的3～5只增加到2015年末的42只。

【野生植物资源】 全省有野生植物3890种，占全国植物种类的13%。列入《国家重点保护野生植物名录（第一批）》的有16种。其中，国家Ⅰ级保护野生植物3种；国家Ⅱ级保护野生植物13种。东北红豆杉和长白松作为国家Ⅰ级保护野生植物，因保护力度加强，植株数量呈增长扩散趋势。

【自然保护区】 全省共建立林业自然保护区44个，总面积257.54万公顷。其中，国家级14个；省级23个；市县级7个。建有省级以上森林公园57个，面积258万公顷。其中，国家级森林公园35个，面积212.4万公顷；省级森林公园22个，面积45.6万公顷。

【芦苇资源】 全省共有芦苇湿地面积23.4万公顷，主要分布在白城、松原地区。品种有铁杆苇、长杆苇、紫穗苇、白皮苇等，其中铁杆苇为常见种，面积最大，年产量5.65万吨。

【职工队伍建设】 截至2015年年底，全省林业系统拥有各类经济单位1406个。其中，企业271个；机关133个。全系统在册职工总数16.53万人，其中在岗职工

12.27万人，在岗职工中女性职工3.3万人。从业人员主要集中在木材采运企业和地方国有林场，有职工14.05万人，占全部在册职工的84.98%。

【生态建设】 全年共完成造育林总量15.37万公顷。其中，宜林地人工造林8万公顷；更新1.54万公顷；林冠下补植3.93万公顷；封山育林1.9万公顷。完成森林抚育15.5万公顷。完成义务植树3780万株；城市、县城新增绿地面积677万平方米；公路绿化770千米，江岸河堤及小流域绿化320千米，铁路绿化80千米；村屯绿化438个。完成专项防沙治沙造林880公顷，沙化土地治理3.2万公顷。

【森林防火】 加强火灾应急处置能力。对长白山保护区、中俄、中朝边境等重点区域、区位，组织多单位开展联合扑火演练。争取国家投资7551万元，实施了森林防火大型装备、以水灭火、视频监控系统试点等9个项目建设。全年共发生森林火灾125起。其中，一般森林火灾94起，较大森林火灾31起。火灾过火总面积540.68公顷，受害森林面积226.36公顷，实现全省连续35年无重大森林火灾。

【林业有害生物防治】 全省应施调查监测的林业有害生物种类为59种，通过调查监测达到发生的种类为51种。全省应施调查监测面积为606.08万公顷，实施调查监测面积为589.66万公顷。全省预测发生面积为21.33万公顷，实际发生面积为19.54万公顷，测报准确率为91.61%；全省现有林地面积为825.7万公顷，全省林业有害生物成灾面积为0.037万公顷，成灾率为0.04‰；全省林业有害生物无公害防治面积为17.40万公顷，无公害防治率为89.02%；全省应施种苗产地检疫14.63亿株，实施种苗产地检疫14.63亿株，种苗产地检疫率达到100%。“四率”指标均达到或超额完成国家林业局下达的林业有害生物防治“四率”指标任务。

【资源管理】 全面停止了17个国有林业局和4个森林经营局商业性采伐，启动了停伐后的森林可持续经营试点，为停止商业性采伐后科学经营管理森林探索经验和模式。组织完成了“十三五”期间森林采伐限额编制，印发了《吉林省立木材积表和材种出材率表》。开展了森林资源二类调查、全省林地变更调查，为构建森林资源“一张图”奠定基础。按照“三年清收、五年还林”目标，推进林地清收还林工作。全省清查出流失林地面积80万公顷，累计收回林地面积50万公顷，占清查出流失林地面积的62.5%。2015年收回林地面积18万公顷，还林面积8万公顷，完成了预定进度指标，有效修复了林地，拓展了造林的空间。

【林政稽查】 2015年，破获各类涉林案件17 848起。其中，森林刑事案件1019起(重、特大案件86起)；野生动物刑事案件46起；林业行政案件16 783起。查处违法人员1.05万人，行政处罚1.68万人，收缴木材2000余立方米，收缴野生动物及其制品2882只(件)，行政罚款7607万元，为国家挽回经济损失3000余万元。

【平安林区建设】 组织开展“缉枪治爆”“夏季严打整治”“打盗骗保民安”等专项行动，有效处置各类群体访30余起，搜集各类情报信息2207件，排查群体性事件274起。加强林区严打整治和社会治安、消防、交通等安全管理，整改各类安全隐患1200余处，破获林区社会刑事案件474起。

【野生动植物保护】 省林业厅加强东北虎、东北豹调查、监测与研究，编制完成《吉林省东北虎豹恢复与保护工程规划》。吉林省野生东北虎、东北豹在全省监测记录到的数量逐年增长，已由1998年的4~6只和3~5只分别增加到2015年末的27只和42只以上，保护成果凸显。东北虎园引进了“国宝”大熊猫，在中国北方高纬度地区尚属首次。批准新建吉林天桥岭东北虎、吉林长白鸭绿江源、吉林头道松花江上游3个省级自然保护区。

【湿地保护管理】 启用重要湿地生态补水长效机制，为莫莫格保护区实施人工补水3300万立方米，经霍林河、洮儿河向海保护区自然补水15 000万立方米。为向海、莫莫格及波罗湖3个国家级自然保护区3407公顷耕地申请了退耕还湿试点；为向海国家级自然保护区申请了湿地生态效益补偿试点；为松花江三湖、波罗湖2个国家级自然保护区、扶余洪泛省级湿地自然保护区及辽源凤鸣湖、大石头亚光湖等6个国家湿地公园申请湿地保护补助资金2900万元；为镇赉县和通榆县人民政府申请湿地保护奖励试点。开展泥炭沼泽炭库资源调查试点。在向海国家级自然保护区开展生态移民试点，完成保护区内移民人口、户数、耕地等基础数据摸底调查。

【林业重点生态工程】 2015年，“天保”工程区实有森林管护面积396.25万公顷，木材产量104.88万立方米。“天保”工程区年末在岗职工6.79万人。参加基本养老保险9.42万人，参加基本医疗保险人数10.65万人。工程全年完成投资26.65亿元，其中国家投资25.24亿元。“三北”防护林五期工程全年完成人工造林2.17万公顷，完成无林地封育0.46万公顷。完成工程投资1.49亿元，其中国家投资1.48亿元。

【林业改革】 推进国有林场林区改革，成立了国有林场林区改革领导小组，开展国有林区改革调研，摸清了国有林区基本情况，结合国有林区实际设计了具有吉林特色的林区改革模式和推进路径。《吉林省地方国有林场改革总体方案》得到国家批复，依据批复意见制订了《吉林省国有林场改革实施方案》(简称《方案》)。在明确政企分开、监管体制、人员编制、改革成本等重大原则问题基础上，编制了《吉林省国有林区改革总体方案》(简称《方案》)。两个《方案》先后通过了省政府常务会议和省委全面深化改革领导小组全体会议审议，报国家待批复。推进集体林权制度配套改革，全省有9个市(州)、25个县(市、区)经编办批复同意成立林改管理机构。加强林业专业合作社建设，全省共建立农民林业专业合作社835个，其中12家林业专业合作社被评为全国首批国家级农民合作社示范社。

【林木种苗】 新建1.5代良种生产基地165公顷，嫁接红松等树种10万株。全省种子园产良种2.5万千克、良种接穗15万条、插穗580万条，全省母树林产量220万千克。全年出圃苗木9亿多株，其中良种苗木占60%以上，用于工程造林苗木4.3亿多株。

【林业产业】 利用省财政引导资金，对63个林业优势产业项目进行扶持。第二届中国森林食品交易博览会在吉林长春举办，组织全省130多家涉林企业参展，大力推介全省的优势产业和特色产品，涵盖人参、林蛙、鹿、食用(药)菌、干果、蜂蜜(饮品)等六大系列产品。组建吉林省木地板专业委员会，发挥其产业引导、维权互助、行业自律作用。

【民生实事】 加大重点民生工程的建设力度。全省林业棚户区(危旧房)改造1.45万户，开工率100%，竣工1.05万户。协调省有关部门争取保障性安居工程投资4.1亿元，完善了棚改工程配套基础设施。启动实施了部分国有林业局中心林场排水基础设施改造项目，完善了部分林业局局址给水和职工医院基础设施改扩建项目。落实国有林区一次性安置职工社会保险补助政策。组织开展技能培训和大众创业，扶持引导林区职工发展致富项目，增加职工工资性收入。

【林业投资】 全年全省林业完成投资额85.06亿元，其中完成国家投资57.76亿元。在林业完成投资中，生态建设与保护46.17亿元，占54.33%；林业支撑与保障7.65亿元，占8.96%；用于林业产业发展4.24亿元，占4.98%；林业民生工程9.21亿元，占10.83%；各类其他资金17.79亿元，占20.89%。

【林业经济】 全年全省完成林业产业总产值1550亿元，比2014年增加100.01亿元，增长6.9%。其中，第一产业产值399.85亿元，比2014年增长2.22%，占总产值的25.8%；第二产业产值938.59亿元，比2014年增长5.32%，占总产值的60.55%；第三产业产值211.6亿元，比2014年增长25.47%，占总产值的13.65%。从地区看，东部地区林业产业总产值为1254.58亿元，占全部林业产业总产值的80.94%；中部地区林业产业总产值为206.25亿元；西部地区林业产业总产值为86.02亿元。全省林业产业总产值超过50亿的县(市)有6个：敦化市、通化县、抚松县、集安市、延吉市、通化市区。

水果、干果、中药材以及森林食品等在内的经济林产品的种植与采集业产值达到223.19亿元，占第一产业产值的55.82%。中药材加工、果酒果汁制造、坚果加工以及山野菜、食用菌加工在内的非木质林产品加工制造业产值达到452.22亿元，占第二产业产值的48.18%。森林旅游及休闲服务业产值达到109.86亿元，占第三产业产值的51.91%。

【林业科研与技术推广】 省林业厅组织开展林业重大技术推广征集和中央财政林业科技推广立项工作，确定16项全省林业重大科研攻关项目。利用政府性基金400万元完成技术攻关项目立项9项。建立了吉林(白城)林业科技园区，打造西部地区林业科技创新与示范平台。加快全省林业标准化进程，申报地方标准制修订计划项目，列入全省地方标准计划10项。向国家林业局申报中央财政林业科技推广示范项目12项，申请中央财政林业科技资金1600万元，完成林业科技成果鉴定7项，有10项成果被评为省级科技进步奖，其中二等奖4项。

【林业大事】

1月8日 吉林省政府批准建立吉林头道松花江上游省级自然保护区(吉政函〔2015〕4号)。

1月9日 吉林省林业厅与北京师范大学在吉林省委签署东北虎、东北豹等濒危物种保护战略合作框架协议。

2月3日 全省林业工作会议在长春市召开。

3月12日 全省春季森林草原防火和造林绿化工作会议在省政府会议室召开，副省长隋忠诚出席会议并作重要讲话。

4月16日 省及长春市和省军区、驻吉部队领导在长春市长东北城市生态湿地公园参加义务植树活动，省委书记巴音朝鲁、省长蒋超良、省政协主席黄燕明等参加。

5月12日 东北重点省(区)森林防火工作会议在长春市召开。

5月13日 全国政协副主席、民盟中央常务副主席陈晓光一行来吉林省调研天然林和野生动物保护工作，省委书记巴音朝鲁、省长蒋超良、省政协主席黄燕明会见了调研组一行。

6月19日 省政府办公厅印发《关于进一步加强林业有害生物防治工作的实施意见》(吉政办发〔2015〕32号)。

7月1日 吉林省关爱保护野生动物公益行动暨东北虎园熊猫馆开馆仪式在吉林省东北虎园举行，副省长隋忠诚、中国野生动物保护协会副秘书长赵胜利参加了此次活动，并分别作重要讲话。

8月31日至9月1日 国际鹤类基金会联合吉林向海国家级自然保护区管理局、向海学校共同组织开展了国际自然课堂活动，来自国际鹤类基金会、俄罗斯、日本、韩国和国内的专家学者等200余人参加。

9月18日 第二届中国(长春)森林食品交易博览会在吉林省长春市国际会展中心开幕。

9月22日 第五届中国湖泊论坛在吉林省长春市举办。

10月15日 国家林业局局长张建龙一行来吉林省调研国有林区改革工作，省委书记巴音朝鲁、省长蒋超良会见了调研组一行。

12月4日 吉林省第四届"关注森林"活动工作会议在长春召开，省政协副主席、省关注森林活动组委会主任别胜学出席会议并作重要讲话。

12月31日 省政府批准建立《吉林长白鸭绿江源湿地省级自然保护区》(吉政函〔2015〕113号)和《吉林天桥岭东北虎省级自然保护区》(吉政函〔2015〕114号)。

(吉林省林业由林彦明供稿)

吉林森工集团林业

【概 述】 中国吉林森林工业集团有限责任公司(以下简称“吉林森工集团”)是1994年经国家三部委批准成立的全国首批57户大型试点企业集团、全国四大森工集团和全国制造业500强之一。吉林森工集团是以经营森林资源为基础产业、多元化发展的企业集团，实行母子公司体制，由集团母公司、子公司和生产基地3个层级组成。现有8个林业局和15户规模以上子集团(公司)，在册员工4.6万人、离退休人员3.6万人。截至2015年年底，资产总额332.94亿元，净资产65.16亿元。

森林经营 中央决定自2015年4月1日起全面停止天然林商业性采伐，7个林业局停伐，采伐量为年度采伐限额的70%，红石林业局暂不停伐。吉林森工集团计划采伐54.4万立方米，实际采伐38.08立方米，少采伐16.32万立方米。完成更新造林26 584.43公顷、森林抚育5.1万公顷。有林地总蓄积量达1.81亿立方米，比2014年增长175.24万立方米。乔木林公顷蓄积量达170.48立方米(第九次全国森林资源清查结果)，在全国已开发林区位居第一。未发生重大森林火灾和大面积森林病虫害。从非林子公司净利润中按1%~5%比例提取927万元生态建设基金专项用于森林资源培育、管护和环境绿化等项目建设。依法清收林地9020公顷，还林5560公顷。

经营运行 坚持生态优先、产业优化、产品优良的经营方针，克服经济下行压力加大、房地产市场低迷和全面停伐等不利因素的影响，搞好重组整合和项目建设，推进产业产品转型升级，加强市场营销，防范经营风险，集团经济总体运行平稳。全年实现总产值188亿元，营业收入82.46亿元。实现净利润4.34亿元，比2014年增长37.4%。资产总额332.94亿元，比2014年增长7.4%。一、二、三产业比例由2014年的26:39:35调整为2015年的19:39:42。

兼并重组和项目建设 对吉林森林工业股份有限公司实施资产重组，把域内10户人造板企业整合到人造板集团。推进外埠工业原料林基地建设，收购湖南12万亩林地。推进绿化苗木产业建设，建成大苗移植基地和林苗一体化基地5万余亩，培育苗木680万株。重组森晟房地产、森邦公司和华邦公司等3户关联企业，恢复组建吉林市制材厂集团。完成年产能150吨人参深加工厂项目建设。

经营管理 推行采购、验收、出库“三分离”制度，实施考核站管理模式，防止跑冒滴漏现象的发生。财务公司、投资公司发挥投融资平台功能，类金融板块实现销售收入8.36亿元，利润总额5亿元，占盈利企业利润总额的25.8%。新增发行和续发8亿元私募债券、12亿元短期融资券，新增发行10亿元永续中期票据。与国开行达成100亿元长期项目贷款战略合作协议，到位资金4亿元。发挥纪检监察、监事会、工会、审计“四位一体”监督体系作用，开展资本权益和资产安全监管及问题整治，防控经营风险。健全落实资产监督管理体系，对二级企业项目投资、资金使用和资产运营等重点领域实施全过程监督。落实安全生产责任制，坚持党政工青齐抓共管，开展春季行动、夏季攻坚和秋冬会战，进行分类分级责任管理、作业现场安全管理和事故隐患排查整治，56户生产经营单位达到安全生产标准化三级以上标准。集团连续7年实现“三无”目标，连续11年被省政府评为安全生产优胜单位。

市场开发 房地产企业转型发展和市场营销实施降价销售等多种促销策略，建筑地产板块实现销售收入10.1亿元，占总收入的13.3%，实现利润净1.9亿元。组建吉林森工产品上海自贸区建展示馆和长春国盛酒店O2O体验中心。组织参加中国·东北亚博览会和长春电子商务展会、北京电子商务大会、长春电子展览会。承办“京东中国特产吉林馆”，招商30余家，产品200多款。赞助第二十四届金鸡百花奖电影节，泉阳泉矿泉水获得唯一指定用水。梳理现有品牌，完成“金桥”牌商标在美国、加拿大等国家的注册。

改革创新 对具备条件的子公司推行多元化投资模式，泉阳泉饮品公司等2户企业完成内部员工增资入股。完成《天然林立地长期生产力维持和提高技术引进》《森林抚育材/速生材高值化利用技术集成产业化》等项目的结题、验收工作。完成12毫米中密度超薄板初试、电子线路板初试研究、矿泉水600毫升PET瓶升级改造。开展硅藻土在刨花板生产中应用的研究、硅藻土中密度纤维板技术研究、“‘中间取优双向量材法’等3种量材设计方法在木材生产应用中的研究”，完成“低甲醛硅藻土刨花板”等3项科技成果及1项新产品的鉴定和无醛地板、硅藻土地板研发工作。

党建和思想政治工作 组织学习习近平总书记系列重要讲话和党的十八届三中、四中、五中全会精神，坚持用创新理论武装头脑、指导工作实践。开展“三严三实”专题教育，通过制订实施方案，健全组织机构，进行专题学习研讨，召开民主生活会，落实整改方案，取得扎实成效，制订落实台账管理制度、销号制度、双重组织生活制度等，做好群众路线教育实践活动“回头看”工作。坚持在新建和重组企业同步建立党的工作机构。持续开展“为国效力、为民造福”主题实践活动和“创先争优”活动。落实党委主体责任和纪委监督责任，健全“三级联建”责任体系，执行领导班子干群恳谈会等制度，发挥“四位一体”监督格局作用，推进作风建设，查处违反八项规定“四风”问题5起，清理违规发放津贴92.2万元，诫勉谈话10人，立案23件，给予党政纪处分27人，移交司法机关1人。制定党委巡视工作实施办法，对集团所属21家企业开展巡视检查工作，下达整改意见，并监督落实整改。通过开展宣传教育，集团文化导入新组建和并购企业。

民生工作 投入资金1.09亿元，完成1200户林业棚户区改造工程任务。全年支付员工薪酬总额18亿元，在岗员工人均年收入达4.6万元，同比增长4.5%。工伤、长病、内退及离退休等人员统筹外支出2.6亿元。利用扶贫帮困基金发放扶贫贷款313.2万元，扶持138户困难员工创业致富。开展“扶贫帮困送温暖”活动，支出516.6万元慰问困难员工、老党员10 742人次。

尽责社会 全年上缴税金9.9亿元，上缴省国资委利润4550万元。提取育林基金2.6亿元，上缴育林基金2383万元。政社性支出12.1亿元。1.6万名“五七家属工”4000万元企业代缴养老保险费用纳入省级国有资产经营预算。

【集团荣誉】 吉林森工集团及吉林森林工业股份有限公司、三岔子林业局、泉阳林业局、露水河林业局、白石山林业局被吉林省国资委评为2014年度信访工作先进单位。吉林森工集团被吉林省信访工作联席会议评为2014年度信访工作先进单位暨信访事项受理办理工作先进单位。吉林森工集团工会被吉林省直机关工委评为2013~2014年度先进工会。吉林森工集团“露水河”牌刨花板、“金桥”牌实木复合地板、“泉阳泉”牌天然矿泉水、霍尔茨德式实木复合门被中国林业产业联合会评为“中国林业产业诚信品牌”。吉林森工集团参展第十届中国·东北亚博览会，被吉林省商务厅、经济合作局、博览事务局授予“功勋参展商”称号。吉林森工集团被吉林省政府评为2014年度安全生产工作目标责任制考核优胜单位。

【林业大事】

1月5日 吉林森工集团董事长、党委书记柏广新在2015年全国林业厅局长会议上以“非林哺林”为主题作典型发言。

1月23日 吉林省委书记巴音朝鲁在吉林森工集团呈报的《2014年工作完成情况和2015年重点工作安排情况报告》上作出批示：吉林森工集团在过去的一年里，面对经济下行的压力，坚持生态优先，科学经营，有序谋划，克难攻坚，集团经济继续保持良好的发展态势，取得显著成绩。望在新的一年继续深化改革，加快转型步伐，实现新发展，为我省新一轮振兴发展作出新的更大贡献。

1月26日 吉林森工集团召开2015年工作会议。

3月18日 吉林森工集团召开党的建设暨反腐倡廉工作视频会议。

同日 吉林省委常委、组织部部长齐玉在省国资委主任于海军等领导的陪同下到吉林森工集团调研。

4月1日 吉林森工集团召开专题会议，研究贯彻落实国家林业局、财政部联合召开的东北、内蒙古重点国有林区全面停止天然林商业性采伐部署电视电话会议精神。

5月13日 吉林森工集团召开“三严三实”专题党课暨专题教育动员部署会议。

5月17日 国家林业局森林资源管理司副司长张松丹、蒋桂雄到临江林业局调研。

7月14日 中央纪委驻国家林业局纪检组副组长、监察局局长张习文到泉阳林业局调研。

8月1日 国家林业局森林资源管理司司长郝燕湘到露水河林业局调研。

8月18日 吉林森工集团召开第三届三次职工代表、股东代表大会。

9月15日 国务院参事、中国出入境检验检疫协会会长葛志荣在白山市调研期间，到松江河林业局调研。

9月25日 吉林省人民检察院党组书记、检察长杨克勤到吉林森工金桥地板集团调研指导工作。

10月13日 吉林省委第五巡视组在吉林森工集团召开动员会，对吉林森工集团开展专项巡视工作，此次专项巡视于12月下旬结束。

10月15日 吉林省委书记巴音朝鲁、省长蒋超良、副省长隋忠诚在长春会见国家林业局局长张建龙。巴音朝鲁书记、张建龙局长对吉林森工集团改革发展工作给予肯定。

12月26日 吉林森工集团董事长、党委书记柏广新在第十三届中国林业经济高层论坛上作题为《国有森工企业新常态下的发展战略及路径选择》的主旨报告。

（吉林森工集团林业由吴在军供稿）

黑龙江省林业

【概　述】 2015年，全省共造林10.71万公顷（其中，人工造林完成4.04万公顷，封山育林完成6.67万公顷），是计划任务的128.54%。完成义务植树4380万株。全年共发生森林火灾94起，林业有害生物发生面积24.05万公顷，防治面积20.29万公顷。

林业改革 国有林场改革正式启动，省林业厅成立全省国有林场改革领导小组办公室和工作小组，制订《全省国有林场改革实施方案》，并经省政府常务会议和省委全面深化改革领导小组审议通过，集体林明晰产权率达99.8%，确权发证率达98.4%，分别同比增长了0.2和0.6个百分点。深化集体林权制度改革，林业专业合作组织达到493家，其中有16家合作社被国家林业局认定为全国林业专业合作社示范社；有6个县被国家林业局认定为国家级林下经济示范基地；中药材和特色经济种植补贴试点进展顺利，试点面积0.73万公顷；推进林业投融资改革，建立林权抵押贷款新机制，同邮储银行等金融机构对接，共同推进林业融资业务，全省林权抵押贷款累计7.8亿元。

造林绿化 全省共造林10.71万公顷（其中，人工造林完成4.04万公顷，封山育林完成6.67万公顷），是计划任务的128.54%。强力推进科尔沁沙地百万亩治沙造林项目，完成治沙造林1.03万公顷。大力开展治沟治坡、完善小流域建设，完成小流域治理105个，水打沟治理330个，江河库渠绿化680千米、面积0.11万公顷。突出抓好身边增绿工程，绿化村屯1668个、面积0.20万公顷，绿化公路近1700千米、面积0.17万公顷，城市郊区绿化29块、面积192.2公顷，“三项”绿化工作取得新成效。进一步拓展生态经济林发展规模，积极营造生态经济林0.30万公顷，完成退化林分改造0.17万公顷。建义务植树基地933个，完成义务植树4380万株。完成育苗生产面积0.98万公顷，为计划任务的155%，培育可供2016年造林的各类苗木6.4亿株，采收各类林木种子42.8万千克，保障了全省造林绿化种苗供应。

林业灾害防控 森林火灾防控能力稳步提升，预防、扑救、保障三大体系建设持续推进，强化森林防火督导检查，组织开展了森林火灾隐患大排查活动。高度重视预警监测，严格执行森林防火24小时值班和领导带班制度。实施兵力靠前驻防，把主要兵力靠前驻扎到车辆难以通行、火情易发的危险区域，确保有火就近出动。采取重兵扑救，迅速控制火情，实现了“打早、打小、打了”。全年共发生森林火灾94起，其中一般森林火灾87起，较大森林火灾7起。卫星热点及时反馈率和火灾当日扑灭率均达到100%，森林火灾受害率为0.007‰，出台了黑龙江省《关于进一步加强林业有害生物防治工作的实施意见》，林业有害生物发生面积24.05万公顷，防治20.29万公顷，无公害防治作业面积19.69万公顷，无公害防治率91.9%，成灾率仅为0.09‰。

森林资源保护 强化重大工程征占林地审批工作，共审核审批全省使用林地项目259个，总面积3040余公顷，完成了全省第九次资源连续清查工作，全面完成了非法侵占林地清理排查专项行动，共排查违法违规案件7414起，处理1267人，收回林地2689.3公顷。强化林政执法工作，发现毁林、盗伐等案件170起，组织开展了“打击破坏森林资源违法犯罪冬季行动”“打击破坏林地专项行动”“打击破坏野生动物资源违法犯罪活动(雷霆行动)”“打击破坏野生鸟类违法犯罪专项行动(野鸟五号行动)”。全省森林公安机关共查处森林和野生动物案件1445起，其中刑事案件489起，林业行政案件956起，处理各类违法犯罪人员1002人。

野生动植物保护 保护区建设投入力度持续增强，为国家级保护区争取资金4700万元，争取省里投入2000万资金用于15处有发展潜力的省级保护区建设，150万元专项资金用于东北虎、豹资源补充调查，填补了黑龙江省在这方面工作的空白。深入调研、破解野生动植物保护难题，完成《关于我省驼鹿及栖息地保护的视察报告》《黑河、大兴安岭野生动植物保护调研报告》，制订《黑龙江省东北虎专项调查实施方案》。编写《黑龙江省野生动物疫源疫病预警监测报告》。

林业产业 全省林业产业重点项目21项，累计完成投资22.22亿元，林业产业亿元以上建设项目67个，累计完成投资166.96亿元。全年林业总产值1650亿元，同比增长11.5%，高于全省其他十大产业3.8%的平均增长水平，排名全省第三位。产业结构已由单纯的木材加工向林下经济、资源综合利用等多元化产业发展。依托黑龙江省林业的资源优势，加大招商引资力度，与中国诚通集团联合签订生物质能源建设协议，总投资35.8亿元。

生态旅游 全省森林公园62处，其中国家级森林公园34处，经营总面积发展到54.51万公顷。全省森林旅游客流量达到697.8万人次，同比增长6%。森林公园旅游收入6.25亿元，同比增长14%。以“生态之旅，醉美龙江”为主题，筹备并参加2015年中国森林旅游节活动，并获得最佳组织奖、最佳组织观摩奖、最佳免费门票组织奖。编制《黑龙江省湿地生态旅游发展规划》，确定黑龙江省湿地旅游发展总体思路，举办黑龙江湿地论坛，旅游产品推介等相关系列活动。新增国家湿地公园11处、省级湿地公园3处，国家湿地公园数量从41处增加到52处。发布了黑龙江省湿地名录，国家湿地公园试点验收通过率达100%。

林业科技和信息化 争取国家级科研、推广项目12项，项目资金1304万元；争取省财政科研、推广项目补助资金1080万元，实施项目35项。启动了森林可持续经营试验示范项目，共组织实施科研、推广项目102项，组织完成2015年度省级科技奖的初审和推荐工作，省林业厅获省科学技术奖4项。完成“黑龙江省西部种子资源建设库与利用关键技术”，以及林下经济发展中所需要的应用成果等14项科研项目的鉴定工作。制定发布省级地方标准21项，新起草国家行业标准2项、省地方标准31项，申请专利9项。举办哈尔滨市湿地植被恢复学术研讨会、第六届海峡两岸森林保育经营学术论坛、“家的温馨、节日的问候”主题会员日学术报告会等多项学术研讨活动。

成立黑龙江省林业碳汇计量监测中心，承担全省森林吸收二氧化碳能力监测测算工作，完成全省碳汇计量监测工作，开展泥炭沼泽碳库外业调查，对全省泥炭沼泽及其碳库资源的分布、储量进行了分析评价，调查总面积314万公顷。强化林业信息化建设，完成省林业厅门户网站改版升级工作，成为黑龙江省林业对外宣传和服务的重要窗口，编制《黑龙江省林业信息化“十三五”建设规划》和《“互联网+林业”行动计划》。通过网站、网络、电子显示屏等多种方式推动政务公开工作。

林业法治和宣传 完成《黑龙江省湿地保护条例(草案)》，1月1日起正式施行，为黑龙江省更好地保护利用湿地资源提供了法律保障。严格执行行政许可审批工作，编报黑龙江省林业厅行政权力清单和责任清单，累计完成行政审批1413件。全年在中央及省内主要媒体刊(播)发林业新闻稿件200余篇。黑龙江湿地恢复、三江湿地退耕还湿、兴凯湖自然保护区湿地补偿、为迁徙鸟类投食、齐齐哈尔森林公安局破获走私熊掌案、东宁县发现东北豹、小北湖保护区发现东北虎等新闻，先后在《人民日报》、人民网、中央电视台、《光明日报》等媒体报道；在国家林业局举办的“林业站好新闻”征文摄影活动评选中，黑龙江省林业站选送的作品分别获得通讯类一等奖，图片类二等奖，消息类二等奖、三等奖和优秀奖。

【全省林业局长会议】 2月5日，黑龙江省林业局长会议在哈尔滨市召开，传达全国林业厅局长会议精神，交流林业工作典型经验，黑河森防指、青冈县林业局、东宁县林业局、宾县万人欢林场、依安上游盛源合作社作典型发言，厅党组书记李树铭作重要讲话，厅长杨国亭总结2014年工作并部署2015年重点任务。

【黑龙江省尚志国有林场管理局林业】 实现林业总产值8.15亿元，利润2200万元，上交税金274万元。育苗25.67公顷，总产苗木2076万株，培育紫杉容器苗5万株，蓝靛果苗木3万株。完成森林经营面积8206公顷，生产木材68 423立方米。回收林地898.8公顷，林业有害生物防治0.348万公顷，查处各类涉林案件130起，实现连续33年无森林火灾的目标。

【黑龙江省森林与环境科学研究院】

科研课题 开展科研及推广项目35项，其中国家林业局的科研课题及推广示范项目5项，省林业厅的30项。

选题立项 申报各类科研项目29项，批准立项21项。其中，中央财政科技推广项目1项、国家行业标准及地方标准制订项目14项、省林业厅指导性计划项目6项。

学术交流 组织召开了研究院第24届学术论文报告会，会上交流学术论文26篇，交流科研成果4项。

获奖情况 获梁希林业科学技术二等奖1项，获省政府科技进步二等奖1项，获省林业科学技术一等奖4项、二等奖3项；有12项地方标准通过省质量技术监督局组织的专家审定。

【林业大事】

1月6日 召开省林业厅主要负责同志任职会议，副省长吕维峰出席会议并讲话，省委组织部有关领导宣布省委关于任命李树铭为省林业厅党组书记，提名杨国亭为省林业厅厅长人选的决定，李树铭主持会议并发言，厅领导杨国亭、杨克杰、王瑞斌、李跃民、张凤仙、张学武出席会议。

1月19日 黑龙江省第十二届人民代表大会常务委员会第十七次会议审议通过了杨国亭任职议案，任命杨国亭为黑龙江省林业厅厅长，并由人大常委会颁发任命证书。

1月21～22日 厅党组书记李树铭，厅长杨国亭陪同国家林业局局长赵树丛考察工作。

2月11日 厅长杨国亭主持召开会议，研究部署林业“十三五”规划。

2月28日至3月5日 厅领导李树铭、杨国亭、杨克杰、王瑞斌、张恒芳、李跃民、张学武分别率7个调研组到8市10县10个国有林场就国有林场改革工作进行调研。

3月13日 黑龙江省人民政府召开2015年全省春季森林草原防火工作电视电话会议，省政府森林草原防火指挥部总指挥、副省长吕维峰出席会议并作讲话，省政府副秘书长金济滨主持会议，省政府森林草原防火指挥部专职副总指挥、厅党组书记李树铭宣读《关于表彰2014年度全省森林草原防火先进集体和先进个人的决定》，厅长杨国亭、副厅长张恒芳以及省政府森林草原防火指挥部全体成员参加会议。

4月29日 省委书记王宪魁在省委常委会第93次会议上强调森林防火的重要性。

4月30日 省长陆昊在几起森林火灾信息上批示：请各地市和森林防火系统现在起必须建立24小时应急体系，分管领导务必在岗值守，有情况果断处置，并随时报告，绝不允许火情蔓延。

5月6日 制订印发《黑龙江省林业厅开展涉农资金专项治理行动实施方案》。

5月9日 第34届“爱鸟周”活动在省森林植物园召开，厅长杨国亭、副厅长杨克杰出席活动。

5月23日 主题为“推进生态文明　建设美丽中国——绿色让生活美好”的2015年全国林业科技活动周启动仪式在黑龙江省森林植物园举办，黑龙江省政协副主席赵雨森，国家林业局党组成员、科技司司长彭有冬，厅党组书记李树铭、厅长杨国亭出席启动仪式，省绿化委员会专职副主任张凤仙主持仪式。

5月25日 厅党组书记李树铭、厅长杨国亭出席2015·黑龙江湿地论坛暨夏季生态旅游产品推介活动，厅长杨国亭在会上介绍黑龙江省湿地资源和湿地旅游规划。

6月9～17日 亚洲开发银行、财政部评估组对已完工的三江平原湿地保护项目进行评估。

6月17日 “世界防治荒漠化和干旱日”暨“防沙治沙执法年”宣传教育活动启动仪式在省森林植物园举行，黑龙江省政府副秘书长金济滨、副厅长张恒芳、省绿化委员会专职副主任张凤仙出席活动。

7月7日 省政府第47次常务会议讨论通过《黑龙江省湿地保护条例(草案)》。

7月13日 召开省委宣布省林业厅领导班子调整决定大会。省委组织部常务副部长秦恩亭宣布省委决定，任命肖建春为省林业厅党组书记。

7月15～16日 在黑龙江省宾县万人欢林场举行的“2015年中国技能大赛——全国国有林场职业技能竞赛”上，省林业厅厅代表队获大赛团体第一名，尚志林管局赵鑫夺得总成绩第一名并获“五一劳动奖章”，尚志林管局刘思阳、马绍林分别获得第三名、第十三名。

10月22日 《黑龙江省湿地保护条例》经黑龙江省第十二届人民代表大会常务委员会第22次会议审议通过，将于2016年1月1日起施行，厅长杨国亭应邀在省十二届人大常委会22次会议上作专题讲座。

11月16日 召开专题会议研究讨论接收龙煤集团分流职工事宜，厅党组书记肖建春主持会议，厅领导杨国亭、王瑞斌、张恒芳、张凤仙、张学武出席会议。

12月29日 省政府新闻办举行《黑龙江省湿地保护条例》施行新闻发布会，副厅长郑怀玉作主旨发言并回答记者提问。 （黑龙江省林业由崔祥娟供稿）

黑龙江森林工业

【概　述】 2015年，是“十二五”收官之年，是黑龙江省森林工业总局(以下简称龙江森工)真正意义上全面停伐的一年。面对诸多困难和问题，龙江森工在国家林业局和黑龙江省委、省政府的正确领导下，带领全系统干部职工，团结一心，砥砺前行，各项工作取得突破性进展。全林区完成产业总产值501.4亿元，产业增加值212.6亿元，比2014年增长4.9%；其中牡丹江、松花江、合江林区共完成产业总产值326.4亿元，产业增加值134亿元，比2014年增长8.2%。完成人工更新造林1.92万公顷、森林抚育49.87万公顷。

【主要经济指标】 2015年主要经济指标完成情况：完成产业总产值501.4亿元，产业增加值212.6亿元，比2014年增长4.9%；其中牡丹江、松花江、合江林区共完成产业总产值326.4亿元，产业增加值134亿元，比2014年增长8.2%。实现营林产值14.45亿元；完成木材生产28.4万立方米，实现产值2261万元；已建立了41处森林公园，经营总面积137.68万公顷，其中国家级森林公园24处，经营面积126.01万公顷；林产工业实现产值36.1亿元；种植养殖业实现产值115.5亿元；森林食品业实现产值75.8亿元；北药产业实现产值14.8亿元；旅游接待游客1000万人次，实现产值48.1亿元；清洁能源业实现产值5.5亿元。在岗职工人均年工资性收入达到2.99万元。

【营林生产】 全系统累计完成更新造林1.92万公顷，森林抚育完成49.87万公顷，义务植树467.8万株，育苗面积482.3公顷，有效防治森林病虫鼠害15.3万公顷。实现营林产值14.45亿元。

第一，推进“美丽森工绿色林场(所)”建设活动。通过总局领导机关干部在平山开展义务植树、总局绿化委员会倡导深入开展林业局、林场(所)绿化提档升级等活动，增加林区森林绿量，丰富景观效果，完善绿地功能，丰富了“活动”内涵与质量。出台《更新造林密度技术规定与质量管理办法》，规定常规人工更新密度不低于1650株/公顷、补植补造密度不低于1200株/公顷。

第二，针对全系统森林郁闭度稀疏、密度过小、林地生产力过低等问题，加大森林抚育补植和人促力度，对选择郁闭度0.4～0.6的林分，进行森林抚育补植补造，株树为300株/每公顷，任务量为年度抚育任务的20%，初见成效。

第三，确定营林产业发展路径。红松种子产业，定位在保护红松种子资源不流失，组建红松种业储备股份有限公司。经济林产业，定位在以红松果林改造、培育为主，以药用林、果用林、蜜源植物培育为辅的经济林发展格局。苗木花卉产业：全系统有4个注册公司，分别在乌马河、兴隆、鹤立的鹤美绿化工程有限公司、海林林业局，具备了一定的经营能力。

【多种经营】 2015年，多种经营实现产值299.3亿元，其中，种植养殖业实现产值115.5亿元；森林食品业实现产值75.8亿元；北药产业实现产值14.8亿元。播种面积达到39.87万公顷、粮食产量实现13.1亿千克、黑木耳栽培量15亿袋、养殖大牲畜149万头、养禽1372万只、养蜂19.4万箱、人工药材栽培面积1.13万公顷。全系统争取粮食直补及综合补贴资金2.58亿元，争取良种补贴资金5270万元，争取农开资金3600万元，争取农机补贴资金1000万元。三江林区人均收入超2万元林场(所)达373个，占林场(所)总数的97%；年收入超10万元、50万元、100万元大户分别为6568、287、48个；收入超千万元林场达321个，占林场总数的84%。

调整优化种植结构 以市场需求为导向，以减玉米、稳大豆、提高经济作物种植比重为基础，以杂粮、果蔬、水稻、白瓜子、坚果、浆果、山野菜、食用菌、中草药(地道药材)等为调整方向，采取鼓励、引导、扶持等一系列措施，经济作物栽培面积逐年增加。2015年，“三江”林区粮食作物播种面积25.93万公顷，粮食产量实现10亿千克。其中，大豆15.53万公顷，比2014年增加1%；玉米7.33万公顷，比2014年减少24.6%；经济作物播种面积5.47万公顷。已建成农机合作社5个。

突出特色推动养殖业 牡丹江、松花江合江林区各类规模化、养殖小区(场)已达到429处，其中以猪、牛、羊、禽等为代表的常规项目养殖小区(场)371处，以鹿、狐、貉、野猪、兔等为代表的林区特色项目养殖小区(场)58处。穆棱林业局老道沟林场已经形成“生猪养殖—沼气工程—有机食品”循环经济链条，全所92户从事生猪养殖，年出栏生猪近3万头，产值达4800万元。大海林林业局建设了集奶牛养殖、生态农业观光旅游为一体的综合性养殖场，一期工程已经基本完成，占地面积15.7公顷，投资8300万元，已进场高产澳大利亚荷斯坦奶牛1000头，成为牡丹江地区规模最大、养殖技术最先进、现代化程度最高的奶牛养殖示范牧场。

多角度推动森林食品产业 积极组织开展利用秸秆等为替代原料的黑木耳栽培代用料研究工作，取得了阶段性成效，推广工厂化制菌、棚室挂袋栽培等生产方式。推广蓝莓、树莓等市场前景广阔的浆果项目，开展大面积栽培，把小浆果做成大产业。目前全系统蓝莓栽培面积0.29万公顷；亚布力林业局以草莓、树莓、黑加仑和蓝靛果为主的小浆果种植面积已达231公顷，产量300万千克。组织森工系统所有“三品一标”企业进驻黑龙江农产品质量安全追溯公共服务平台，实现产品可追溯。

林下药材建设 以培育和壮大“两参”、平贝等现有优势品种栽培面积作为北药产业发展基础，逐步实现林下药材栽培基地化、规模化、产业化，加快推进林药复合生产模式。穆棱林业局“两参”绿色面积达到500万平方米；海林林业局平贝种植规模已发展到390公顷，鲜贝产量达165千克(干品52万千克)。

基地建设 以规模化、标准化、专业化基地建设为抓手，按照因地制宜，合理布局，突出特色的原则，加大良种良法的推广力度，加快了种植养殖业、森林食品业、北药产业等林下经济生产基地的建设步伐。“三江”林区各类规模化重点基地75处，其中种植业基地24处，养殖业基地27处，森林食品业基地17处，药材种植基地7处。

品牌战略 制定印发《“黑森”商标管理暂行办法》和《黑森商标标志设计使用规范手册》，规范了“黑森”商标的申请与使用，明确了商标使用人的责任、权力及义务，保护了“黑森”注册商标知识产权；推进产品质量标准体系、质量监督检测体系和标准化技术推广三大体系建设，实现“黑森”系列产品从田园到餐桌的全过程食品监控。“黑森”品牌已成为黑龙江省著名商标。

龙头企业建设 以现有加工企业为基础，重点培育农畜产品、森林食品、北药加工及销售骨干龙头企业，全林区年销售收入500万元以上的企业已达44户，其中亿元以上的企业10户，5000万元以上的企业8户。

市场体系建设 已在全国直辖市、省会城市建成21家旗舰店，发展加盟连锁店和商超专柜近百个；已搭建完成具有网上支付和移动支付功能的黑森绿色食品(集团)有限公司自有电子商务平台，在天猫、京东商城、黑森微店等第三方交易平台建立黑森旗舰店；与中国森林食品网签订了网上独家销售协议。

【森林旅游】 2015年森工(不含伊春)完成产值及收入48.1亿元，接待游客1000万人次。争取国家旅游发展金补助100万元，落实2014年新评A级景区黑龙江省旅游发展金奖励共190万元；落实2015年新评A级景区黑龙江省旅游发展金奖励共260万；对16家AAA级以上景区拨付62万元用于旅游厕所新建和改造。绥棱林业局生态文化旅游景区、清河林区旅游景区、大沾河国家森林公园、东方红湿地旅游景区被评为国家AAAA级旅游景区。亚布力林业局虎峰岭旅游景区和山河屯林业局中国雪谷景区被评为国家AAA级旅游景区。

景区开发建设 以提升现有精品景区、开发未来优势景区为目标，以国家A级景区评价系统为标准，对平山、清河、绥棱、东方红、沾河、山河屯和亚布力等重点项目进行指导。新建凤凰山景区8万平方米停车场；大海林林业局为提升二浪河景区接待能力，建设一处休闲广场，铺设硬质化路面4000余延长米。升级改造了116户家庭旅馆，将景区内所有家庭旅馆并入集中供热系统，供热面积达6万平方米。对太平沟景区道路进行升级改造，投入4000万元建设景区游客服务中心、停车场、木质栈道、旅游厕所等配套设施。柴河林业局威虎山雪村建成20公顷初级滑雪场一处，5公顷戏雪区一处，10公顷赏雪区一处；利用二道湖湾宽阔、冰面建成50万平方米“冰上游乐园”；改造升级了卫星林场的电力、通讯和上下水系统。

智能化景区建设和旅游“互联网+”工程 山河屯林业局为方便游客查询，开通了地质公园网站和手机公园网站；在局址南新修一处游客服务接待中心，设立团体售票中心，缓解了旺季游客入门的压力，对凤凰山景区入口处进行升级改造，新增电子检票闸机；大海林林业局同携程网、58同城、同程网等进行业务合作，通过互联网对外营销森工景区；大海林、山河屯、兴隆、绥棱等多家林业局目前正通过网络软文、微信营销、论坛推广等开展多种形式的电子商务活动，推进森工旅游营销“互联网+”工程。

市场营销与推广 编制了新的《龙江森工旅游指南》宣传册。加强与新兴媒体合作，在新浪网、大公报、生活报、《龙江旅游》杂志、森工《画册》《黑龙江林业报》、哈尔滨市旅游咨询服务中心、黑龙江省企业家网站等媒体宣传森工旅游资源，四季景色，播放景区宣传片，展示图片和文字介绍，提高知名度。多次组织森工景区到北京、厦门、武汉、长沙、广州等地参加国内重要旅游博览会和旅游产品交易会，积极推广森工旅游产品，扩展南方旅游市场。

旅游安全宣传 总局分3组多次赴牤牛河、响水河、清河等漂流景区督导检查，要求各旅游主管部门做好安全检查，加大漂流等旅游项目的安全保障力度，重点做好旅游基础设施设备的安全检修和检查工作，现场指导、督促森工所属景区，联合质监、公安部门，对游人开放区域内的各种设施设备进行维护，保证游客人身和财务安全工作，制订预案应对突发事件，避免重特大安全事故的发生。

【林产工业】 2015年，龙江森工林产工业战线确定了以加快结构调整为主线，以国企改革和科技进步为动力，加强企业管理，创新经营模式，促改革，调结构，稳增长的转型发展工作思路。产品结构上，发展家具、地板、木制品等精深加工产品，延长产业链，增加附加值。企业布局上，依靠境外木材原料支撑，发展混合所有制经济，建设境外园区和口岸原料基地，境内木材精深加工，形成境内外产业互动的发展格局，带动职工就业，发展林区经济，增加社会效益。截至2015年年底，龙江森工共有林产工业企业1781户，其中国有企业35户，集体企业33户，民营及个体企业1713户。总资产50.5亿元，其中国有固定资产原值24.1亿元，净值15.4亿元。林产工业产值完成36.1亿元。

主要产品产量：锯材完成28.4万立方米，木片5500立方米，人造板完成12.2万立方米，刨花板完成2.8万立方米，纤维板5310立方米，细木工板完成4.9万立方米，实木地板完成11.7万平方米，复合地板完成4万平方米，家具产值6.8亿元。

2015年，黑龙江省森林工业总局成立了院墙企业改革领导小组，按照总局党委、总局工作会议部署，与企业共同研究制订城市院墙企业“一厂一策”改革方案，推进企业改革和发展。

牡丹江木材厂对厂区发展环境、设施，进行改造升级，对生产车厂房、库房、场地，进行资产重组，以国有资产评估入股与职工资金入股形式，进行局部股份制改造，在主厂区建仓储园区，在分厂改造建设物流园区，在龙林木制品厂区建设石材加工园区，发挥地缘优势，实现由加工型第二产业，向仓储服务型第三产业的转型，目前厂区环境改善，职工收入增加，企业呈现了良好的发展势头。

国营松江胶合板厂采取局部改制的办法，以国有资产与职工和社会自然人资金入股的方式，组建混合所有制的双象木业家具公司，利用原有车间扩建厂房3000平方米，完成家具工艺布局和设备调试安装，增加产品种类，工厂主营产品由复合地板，增加了实木家具、衣柜、木门、木楼梯等产品。在市场营销上，树立“双象”品牌，在哈西万达新建“龙江森工双象家居体验馆”哈西店，积极招商，2015年与中意集团签订了供销30万平方米地板协议。

齐齐哈尔新工木材厂按照开发建设新型物流产业的发展思路，盘活土地、厂房、设备等资产，修筑厂区道路，扩建厂房，改善环境，对办公楼、厂房、场地对外招租，增加收入。现有指接板、木门、制梁等工厂，轨枕公司、蒙牛乳业配送中心、铁路零担行包车等近20户企业入驻厂区，工厂依靠铁路、公路运输优势，努力增加资产经营收入。

其他院墙企业也充分发挥各自优势，进行资产经营，增加收入，同时积极在仓储、物流、冷库建设、木材加工、房地产综合开发等领域，谋划新项目，加大招商引资的力度。

【对外林业合作开发】 2015年，森工系统境外完成产值24.8亿元，比2014年增长169%。森工在俄罗斯参股的境外园区已入驻9户企业，建成年产12万立方米锯材、10万立方米干燥材、4万立方米刨光材、2万立方米百叶窗木片、2万立方米胶合板、2000立方米单板等木材产品加工基地，以及钢结构板材、彩钢板、苯板等新兴建材生产线，产值规模达到30亿元。

龙江森工全面停止天然林商业采伐后，针对木材原料缺乏的问题，按照总局整体部属，海林、绥阳、柴河、鹤北、通北等林业局，依托境外园区和境外原料，加强与民营企业合作，发展混合所有制经济，在境外和口岸，建设加工和贸易基地，发展木材精深加工，优化布局，调整结构。

海林林业局控股在俄罗斯阿穆尔园区建设的胶合板生产线，2014年投产，生产建筑模板和家具用生态板，2015年实现销售收入2100万元，发展趋势良好。

绥阳林业局控股的源通木业公司在俄罗斯建设木材加工基地，不断扩大规模，2015年加工、进口木材5万立方米，境内生产实木地板60万平方米，产品出口欧洲市场，产值达到1亿多元，实现“两头在外”发展模式。

柴河林业局建设国家级工业园区，实现税收职能，依靠进口木材原料支撑，谋划项目，调整结构，优化布局，做强木材精深加工产业，实现入园企业20户，带动林业局1300多名职工就业，2015年加工利用境外木材10万立方米，实现产值3.6亿元，成为林区林产工业的龙头。

鹤北林业局在口岸、港口和境外建设原料加工基地，把初加工产品运回鹤北进行深加工，20余家木材精深加工企业形成了集团式发展的模式，2015年加工利用境外木材6万立方米，完成产值7745万元，带动林业局1200多名职工就业。

通北林业局加强产业发展平台建设，利用口岸购进俄罗斯木材生产牙签用单板，在林业局形成了小产品、大产业，小企业、大集群的发展模式，2015年加工利用境外木材5万立方米，完成产值7980万元，带动林业局2000多名职工就业。

【资源保护和管理】 截至2015年年末，黑龙江省森工国有重点林区森林面积为858.1万公顷，活立木总蓄积量为8.9亿立方米，森林覆盖率为85.1%。与2014年相比，活立木总蓄积量增加0.28亿立方米。

森林资源监管 为适应全面停伐和森工转型发展的新形势，确立了森林资源“1234”监管思路，即围绕1个中心(生态建设)、抓住2个关键(依法治林、创新管理)、突出3个重点(林地保护、林政执法、森抚监管)、实现4个突破(建立资源有偿使用制度、推进资源管理“一张图”建设、建立林场经营管理档案、落实生态红线保护措施)。印发《黑龙江省国有重点林区资源有偿使用指导意见》《黑龙江省国有重点林区多资源调查工作方案》《黑龙江省国有重点林区多资源调查技术细则》。认真落实生态红线保护制度。组织完成了国有重点林区生态红线划定工作，确定了各森林经营单位林地和森林、湿地、物种保护红线，已经成图，下一步将落实到现地。扩大森林可持续经营试点。在保持林口林业局试点不变的基础上，增加东京城林业局为试点单位。不断完善森林资源可持续经营试点实施方案，加强试点技术指导。

林政执法 加大林政案件查处力度。森工资源、公、检、法“四机关”在全省国有重点林区联合开展打击破坏森林资源专项整治行动(“绿剑”行动)；开展集中打击破坏森林和野生动物资源违法犯罪专项行动(“雷霆”行动)。2015年，全省国有重点林区共发现林政案件3997起，查办3997起，查处率为100%。收缴木材243立方米、苗木584株、野生动物533只，挽回经济损失316万元，责令补种树木9150株，行政处罚4008人次。清理回收林地3752公顷。完成全省国有重点林区木材库存及运输情况统计上报工作。年审木材经营加工许可证136份，核发木材经营加工许可证17份，办理锯末加工许可证40份。增加了黑龙江省国有重点林区森林资源综合执法总队人员和设备投入，不断提高执法能力。各林业局及直属森林经营单位也陆续成立森林资源综合执法机构，配备人员和设备，形成综合执法能力。规范受理查处资源举报案件，资源举报中心统一受理破坏森林资源举报信访事项，省森林资源管理局共组织查办案件37起。

林地保护管理 持续开展非法侵占林地清理排查。组织开展卫片判读，全面掌握违法占用林地情况。组织49个森林经营单位资源、监督等部门对疑似地块进行了现地核实。共查实2012年以来非法开垦林地3137块，5943.03公顷；违法占用林地956块，482.94公顷，并督促有关单位立案查处。加强林地权属管理。要求各单位严格按照《国有林权证》确定的经营范围守界经营，进一步强化守土有责、守土尽责的意识，依法清理回收林地。严格林地用途管制。做好林地变更调查的前期准备工作。提前介入建设项目占用林地现地审核，简化建设项目使用林地上报程序。为重点项目提供优质服务，指导、催促有关单位加快组件进度，做到急事急办。转变林地管理方式，坚持林业局参股经营矿产和风力发电建设项目。实行林地有偿使用、竞价承包、合法经营、规范管理。严禁将多种经营用地承包给森工系统以外的单位和个人经营。开展民有林摸底调查。组织各森林经营单位对民有林营造者、造林时间、造林面积、造林位置、原地类、现状、承包造林合同、调查设计等信息进行登记，为确认林木权属奠定基础。全面完成民有林摸底外业调查和统计汇总工作。推进林区资源有偿使用。积极倡导林区自然资源有偿使用，依法维护森林经营单位合法权益，统筹兼顾林区职工群众的整体利益，严禁垄断承包或转包自然资源使用权。加强林地档案管理。建立健全林地管理档案，永久保存林地权属和占用林地档案资料。

森林管护 黑龙江省国有重点林区森林资源规划管护901.1万公顷，实际管护953万公顷，管护人员33 033人(管理11 995人、专业管护20 265人、个人管护773人)，共设管护工作领导机构49个、管护大队40个、管护中队590个，设置管护标牌6833个。完成了森林资源管护系统软件开发。坚持管护与发展林下经济相结合，在确保不改变林地用途和不破坏森林资源的前提下，鼓励职工发展林下经济，开展多种经营活动。

【森林防火】 为切实做好2015年全省森工林区的森林防火工作，龙江森工总局及所属各单位，不断加大森林防火工作力度，狠抓森林防火各项措施的落实工作，2015年全省森工林区没有发生森林火灾。

落实目标责任制 用严格的制度管防火，用有效的机制保障责任制落实，形成了以落实森林防火责任制为核心的森林防火监管体系。每一片林子都实行层层包片责任制，总局、林管局、林业局处级以上干部全部落实了森林防火包片责任区。形成了局县共建、场村共建，局局联防、场场联防的联防联治包保责任制，在农林交错地带开展了“五户一包、十户联防”，形成了互相监督、互相制约、互相促进的火源监管体系。

火源管理 始终把火源管理作为防火工作的重中之重，实行入山人员实名登记制度，对所有入山人员普及防火教育，实行严格监控，严防火种入山。在进入林区的道口设站布卡，派专人昼夜把守，依据“三不放过”规定从严检查入山人员和车辆。防火期间，共派出各级森林防火督查组969个(次)到重点火险区进行明察暗访。

广泛宣传教育 开展了“防火知识进家入户”、发放防火宣传单、道路两侧和入山道口挂森林防火彩旗、防火游行、万人签名、设立防火宣传一条街等活动。利用《黑龙江林业报》、省林区新闻中心、各林业局电视、广播等媒体加大森林防火典型案例、法规和常识的宣传力度，扩大教育面。在林区公路干线、要道口布设了9763块各种固定森林防火标语牌，签订森林防火公约10万余份，设立防火宣传一条街357条，出动各类森林防火宣传车2135台次。构建起了以防火、宣传、教育、旅游、公安等部门以及林场、居民委为主体的防火宣传教育网络体系。

队伍建设 每个林业局都组建了100人以上的局级森林消防队，每个林场(所)都组建了15～30人的场级森林消防队，重点火险区还组建了8～10人一组的快速扑火队，共有219支、7923人的专业防火队伍集中食宿待命，时刻保持临战状态。驻防武警森林部队把85%以上的兵力布防在防火最前沿。通过高山瞭望塔、偏远山区流动巡逻队、沿湖(江)地带快艇巡查、空中飞机载人巡护、核查卫星热点信息等，实行全天候、全方位立体监测，做到有火及时发现。适时开展了扑火实战演练和业务技能比武大赛等活动，提高了对森林火灾的防范意识和应对能力。

基础设施建设 按照国家和省制定的标准，不断加强森林消防队伍达标建设。进一步完善各航空护林站基础设施建设，确保了空中巡护、火场侦查、快速运兵和航空直接灭火飞行的需要。

【天然林保护工程】 2015年，龙江森工天保工程财政专项资金的中央投资到位551 072万元。其中：森林管护费67 585万元，森林抚育89 760万元，政策性社会性支出补助227 588万元，社会保险补助157 939万元，森林资源培育8200万元。国家新增天保财政停伐补助资金18.7亿元和提标资金8.51亿元全部到位并完成。中幼林抚育49.87万公顷，后备资源培育人工造林2666.67公顷、补植补造1.73万公顷、改造培育6000公顷。

完成了对2013年度国家级核查发现问题的整改工作，并向国家林业局上报了整改情况报告。制定了《黑龙江省森林工业总局天然林资源保护工程2014年度考核办法》，考核办法量化了各项指标，采用打分的办法评定各项工作，具有较强的可操作性。根据国家《中央财政林业补助资金管理办法》(财农〔2014〕9号)，结合龙江森工林区的实际情况，与黑龙江省财政厅共同制定出台了黑龙江省《中央财政林业补助资金管理办法》，以确保资金使用规范，监管到位。完成了天保信息系统数据采集和相关统计数据的汇总工作。组织开展了2014年度天保工程实施情况的企业自查工作，截至2015年6月底，所属40个林业局全部完成了自查工作，林业局自查率达100%。通过了2014年度天保工程实施情况国家级核查验收。

【招商引资与对外贸易】 2015年全省森工林区共签订合同、意向、在谈项目57个，项目总金额237.1亿元，实际利用内资2.8亿元。其中，合同项目38个，签约金额23.9亿元。主要涉及森林食品、森林旅游、林产工业、境外开发、北药、物流等产业。2015年，全省森工林区进出口额完成5015万美元。其中，进口额192万美元，出口额4823万美元，比2014年上涨10%。

利用各种平台，积极寻找合作线索。编印了《森工林区招商项目册》，精选了51个拟招商项目，先后组织参加了首届中俄中小企业实业论坛、黑龙江－韩国经贸合作推介会、赴香港(广东)开展了经贸交流、2015 黑龙江－日本(北京)经贸合作交流会并开展招商等活动的有利契机，全面推介森工，传递着“绿水青山就是金山银山”的理念。坚持消耗资源的企业不招，损害环境的项目不上，努力把森工林区打造成产业高地，旅游胜地，实现山清水秀，林茂粮丰。

针对不同地区客商特点，制订了差别化招商方案，开展了“招商之冬”和“招商之春”专题招商活动。先后由总局党政主要领导带队赴韩国、俄罗斯、香港、北京、广东等地开展了 8 次招商活动。签订合同项目 30 个，签约金额 17.8 亿元，合同项目已全部履约，28 个项目已开工建设，到位资金 6.6 亿元。主要涉及森林食品、森林旅游、林产工业、北药、物流等产业。

【公路建设】 2015 年，森工林区农村公路建设完成 2015 年计划农村公路建设项目 60.5 千米，完成 2014 年度结转农村公路建设项目 12 项 374.4 千米。完成 2015 年计划危桥改造项目 2 座 180 延长米，完成上年度结转危桥改造项目 4 座 256 延长米。全年养护计划指标已完成并通过检查验收，圆满完成了本年度林区公路养护工作。为加强公路安全、加强平面交叉道口规范化建设，确保森工林区 514 个平交道口保质保量完成，各林业局克服时间紧、任务重，资金压力大等困难，预先垫付建设资金 1000 多万元，按期完成了改造任务，现已完成工程验收。

【园区建设】 截至 2015 年年底，龙江森工已形成 1 个境外园区、4 个仓储物流园区、24 个产业园区布局，总面积 30.5 平方千米，入户企业 205 户。4 月，森工参股的俄罗斯龙跃林业经贸合作区被国家商务部、财政部批准为国家级资源利用型境外经济贸易合作区，是被国家同期批准的 8 个境外园区唯一的木业园区，此园区也同时被纳入了国家“一路一带”战略性产业项目规划，财政部 7 月给园区补助 1.76 亿元，同时规定园区的产品返销国内将得到政策性扶持。

【民生工作】 2015 年，在岗职工调增工资 400 元，年内两次为在岗职工调增工资达 400 元，职工人均年工资达到 2.99 万元；从事多种经营人员年经营性收入达到 2.1 万元。新增就业 2.93 万人，超额完成计划。林区城镇居民基本医疗保险补助标准由 320 元提高到 380 元，发放一次性安置职工社会保险补贴资金 14 亿元。棚改任务 4.2 万套，当年开工率 100%，完成投资 14.6 亿元。完成 7.5 万名林区职工住房公积金建户和归集工作，共归集资金 4.37 亿元。

【党的建设】 深入开展“三严三实”专题教育，查找各级领导干部“不严不实”问题六大类、4500 余条，对 4000 多个共性问题立行立改，党员干部“守纪律、讲规矩”意识进一步增强。深入开展党风廉政建设和反腐败工作，大力推进法治森工建设，森工环境得到进一步优化。

【林业大事】

1 月 22～23 日 国家林业局局长赵树丛到龙江森工对停伐后林区转型发展情况进行调研。国家林业局副局长刘东生，黑龙江省副省长吕维峰，森工总局领导高金芳、魏殿生、毕卫星、姜传军、董杰、王敬先陪同调研。

1 月 24～28 日 由黑龙江省人民政府主办的“全国重点旅行社”黑龙江省冬季冰雪旅游推介活动在哈尔滨、亚布力和雪乡等地举行。森工林区所属重点精品景区中国雪乡、亚布力滑雪旅游度假区作为重点推介线路参加了此次活动。

2 月 3 日 黑龙江省人民政府出台《关于推进国有林区转型发展的若干意见》。

2 月 8 日 中共中央、国务院印发《国有林场改革方案》《国有林区改革指导意见》。

2 月 11 日 森工林区住房公积金管理委员会第一次会议暨森工住房公积金管理中心挂牌仪式在哈尔滨举行。总局局长魏殿生、副局长马建路出席会议并参加揭牌仪式。

2 月 12～15 日 由国家旅游局、公安部、交通部、国家食药监总局和国家质检总局组成的联合检查组赴黑龙江省森工景区就两节旅游安全和市场秩序进行检查。

2 月 13 日 全省森工工作会议在哈尔滨召开。会议确定 2015 年工作思路。总局党委书记高金芳、局长魏殿生，国家林业局驻省森林资源监督专员袁少青作讲话。总局领导胡传义、毕卫星、马建路、姜传军、董杰、刘庆林、王敬先、王东旭、张维铎、姜宏伟、王春杰、张雷出席会议。

3 月 1 日 亚布力滑雪旅游度假区地方税务局在亚布力镇挂牌成立。总局党委书记高金芳、局长魏殿生，总局党委委员、管委会专职副主任王敬先，黑龙江省地税局党组书记、局长于柏青，省地税局党组成员、副局长单玉华出席了揭牌仪式。

3 月 4 日 吉林森工集团董事、副总经理李博率吉林森工集团考察组到龙江森工调研，双方交流了龙江森工全面停止天然林商业性采伐后的改革发展、产业升级、改善民生、管理职能等情况。总局领导高金芳、魏殿生、毕卫星、姜传军、张雷会见了考察组一行。

3 月 29 日至 4 月 2 日 黑龙江—韩国经贸合作推介会暨黑龙江省重点产业项目对接洽谈会在首尔举行。总局魏殿生局长率森工代表团与韩国中小企业技术革新会金兴淮副会长进行了会谈，走访了韩国山林厅、农业协会及连锁商超，考察了圃美多健康食品生产本部及下属绿汁工厂、豆腐工厂、生面工厂、物流中心、饮食文化研究院、有机食品专卖店等。

4 月 1 日 国家林业局印发《关于扎实做好全面停止商业性采伐工作的通知》，要求从 2015 年 4 月 1 日起，全面停止东北、内蒙古重点国有林区商业性采伐。

4 月 12 日 黑龙江省委副书记、省长陆昊到森工平山神鹿旅游度假区，就夏季旅游产品开发及营销工作进行调研。哈尔滨市市长宋希斌、省政府秘书长李显刚、省政府副秘书长康翰卿、省旅游局局长锡东光、省政府研究室主任田恃玮、哈尔滨市副市长张万平。

4 月 21 日 2015 中俄中小企业实业论坛在北京钓

鱼台国宾馆举行。中国国务院副总理张高丽、俄罗斯副总理德沃尔科维、中俄友好和平与发展委员会中方副主席邓榕、中俄友好和平与发展委员会俄方主席、俄罗斯企业家维权总统全权代表季托夫分别在开幕式上致辞。两国政府官员、企业家和媒体代表近500人出席了开幕式。总局魏殿生局长率森工经贸代表团参加论坛，并与俄方中小企业开展了项目合作对接活动。

4月22日 总局魏殿生局长、副局长姜传军会见了国家质检总局通关业务司副司长康玉燕一行，双方就开展生态原产地保护产品评定(PEOP)工作进行洽谈。

4月28日 总局党委书记高金芳接见了由黑龙江省委宣传部、省总工会组织评选的“龙江最美职工”双鸭山林业局防火办瞭望员潘红梅。

4月29日 总局领导高金芳、魏殿生、胡传义、毕卫星、刘庆林、姜宏伟接见了森工系统全国劳动模范获得者沾河林业局防火办公室瞭望员、技师朱彩芹，清河林业局横山林场副场长崔洪江，大海林林业局局长马椿平，并召开座谈会。

5月9日 森工职工张平、张滨兄弟与北京、辽宁、吉林、黑龙江等省的其他25名抗联后代，参加俄罗斯滨海边疆州符拉迪沃斯克市举办的纪念卫国战争胜利70周年大型胜利阅兵式。

5月10日 黑龙江省委书记王宪魁率黑龙江省代表团赴俄罗斯滨海边区、哈巴罗夫斯克边区、犹太自治州进行友好访问。期间在总局党委书记高金芳的陪同下，与犹太自治州代理州长列文塔尔到森工俄罗斯龙跃林业经贸合作区——阿穆尔工业园区进行了考察，并听取了高金芳书记和龙跃园区董事长曹跃伟的汇报。

5月20日 总局党委书记高金芳、副局长姜传军会见了联想佳沃集团副总裁王云峰一行，双方就绿色食品产业和生态旅游产业等项目的市场运行、营销理念、发展情况进行了对接和洽谈。

5月21日 总局党委召开全省森工系统“三严三实”专题教育工作部署会议。总局党委书记高金芳作讲话，局长魏殿生主持会议。总局领导胡传义、毕卫星、董杰、刘庆林、王东旭、张维铎、姜宏伟、王春杰出席会议。

6月19日 总局局长魏殿生会见了黑龙江省大正投资集团董事长王立君，就森工入股大正农业保险公司这一事宜进行洽谈。

7月11日 总局局长魏殿生在北京与北京普拓投资基金管理有限公司的合伙人徐宪就绿色食品、旅游资源等方面合作进行了洽谈。

7月16日 中国龙江森林工业(集团)总公司与中国林业生态发展促进会在北京共同举办中国森林食品产业战略启动仪式。全国政协原副主席白立忱，国家森林防火指挥部专职副总指挥杜永胜，黑龙江省政协副主席何小平，中国林业生态发展促进会名誉会长、原林业部部长、黑龙江原省委书记徐有芳，中国林业生态发展促进会会长、全国绿化委员会原副主任、总后勤部原副部长周友良，中国林业生态发展促进会副会长、空军原副司令员杨东明，中国林业生态发展促进会副会长、总政直属工作部原政委董吉顺，中国林业生态发展促进会副会长，黑龙江省森林工业总局局长、中国龙江森林工业(集团)总公司总经理魏殿生，总局副局长(副经理)姜传军，中国林业生态发展促进会秘书长沙涛出席启动仪式。启动仪式上，中国森林食品网与黑森绿色食品(集团)公司签订了战略合作协议，龙江森工集团将为中国森林食品网提供源头产品供应，同时，借助互联网的营销载体，面向全国消费者提供绿色产品。

7月20日 国家林业局国有林区改革工作推进会在哈尔滨市召开。国家林业局局长张建龙，黑龙江省副省长吕维峰，国家林业局总工程师封加平出席会议。总局领导高金芳、魏殿生、毕卫星、董杰、王敬先、张维铎参加会议。东北、内蒙古五大国有林区，内蒙古、吉林、黑龙江三省(区)林业厅、国家林业局驻东北三省区专员办的主要领导及分管改革的部门负责人参加会议。

7月20~21日 天然林资源保护、生态恢复与可持续经营学术研讨会在柴河召开。各省(市、区)林业厅(局)、森工集团、有关学术研究单位的领导和专家40余人参加了此次会议。黑龙江省政协副主席、东北林业大学副校长、教授赵雨森主持会议，国家林业局天保中心主任孙国吉、国家林业局森林资源管理司副司长张松丹、国家林业局经研中心副主任王月华、中国生态学会理事长刘世荣参加会议并作报告。黑龙江省森林工业总局副局长马建路参加会议并致辞。

7月23日 总局局长魏殿生、副巡视员王东旭会见了俄罗斯远东林业公司总经理列扎诺夫、黑龙江省对俄林业产业协会会长郭士明，探讨在俄远东地区林地合作开发事宜。黑龙江省对俄林业产业协会常务副会长闫树森主持会议。省商务厅、省对俄林业产业协会、国家开发银行黑龙江省分行、中国出口信用担保公司(哈尔滨分公司)、黑龙江鑫正投资担保公司、哈尔滨银行负责人出席会议。

7月30日 总局党委书记高金芳会见了中国林业集团公司总经理、党委书记宋权礼一行，双方就进一步合作进行洽谈。

7月30日 总局党委书记高金芳会见了中国东方资产管理公司驻哈党委书记兼总经理王晓光一行，双方就森工绿色食品的开发与营销进行了沟通与交流。

7月30日 总局局长魏殿生率团参加2015哈巴罗夫斯克边疆区“黑龙江日”活动，并到俄罗斯林产品集团，就森林采伐合作开发事宜进行了经贸洽谈。

8月2日 黑龙江省人大常委会副主任胡世英率省人大常委会执法检查组深入到柴河林业局，就《黑龙江省消费者权益保护条例》贯彻实施情况进行执法检查。总局党委书记高金芳、副局长姜传军陪同检查。

8月3日 总局党委书记高金芳、局长魏殿生与国家林业局管理干部学院党委书记李向阳一行座谈，总局党委副书记毕卫星、总局副巡视员张维铎参加座谈。

8月4日 总局党委书记高金芳陪同省政协主席杜宇新深入柴河林业局就生态旅游发展、产业转型情况进行调研。

8月6日 俄罗斯林产品集团公司副总经理阿里别里特一行来到森工阿城工业园区松江胶合板厂进行实地考察，双方就森林采伐合作开发等情况召开座谈会。总局局长魏殿生、副巡视员王东旭参加座谈。

8月7日　由中国林学会、中华林学会共同主办，东北林业大学承办，黑龙江省林学会和内蒙古自治区林学会协办的2015海峡两岸林业论坛在哈尔滨举行。中国林学会理事长赵树丛、海峡两岸渔业发展基金会董事长沙志一出席论坛并致辞。中国林学会常务理事、总局党委书记高金芳，中国林学会常务理事、总局局长魏殿生出席论坛。

8月8日　第三届中国国际口岸贸易博览会在绥芬河市召开，博览会期间，省森工总局与绥芬河市签署战略合作框架协议。总局局长魏殿生、绥芬河市委书记李大义、市长王居堂出席签约仪式。

8月20日　森工总局党委书记高金芳、副书记毕卫星陪同黑龙江省高级人民法院党组书记、院长张述元到黑龙江省林区中级人民法院就林区法院管理体制改革问题进行调研。

8月25日　总局党委书记高金芳、局长魏殿生陪同黑龙江省委书记王宪魁到双鸭山林业局就森工改革、产业项目、民生工作等情况进行调研。

9月7~8日　国家林业局在林口林业局召开森林可持续经营试点单位培训班。国家林业局副局长刘东生参加开班仪式并讲话。总局领导高金芳、魏殿生、董杰、王敬先，国家林业局驻省森林资源监督专员袁少青出席开班式。

9月21日　黑龙江省大兴安岭地委书记贾玉梅率党政考察团到森工兴隆林业局对森工推进国有重点林区改革、生态旅游发展、绿色食品加工、职工增收致富、矿产和林下资源开发利用情况进行实地考察。

9月24日　总局局长魏殿生会见俄罗斯林产品集团安全运营总监艾迪、黑龙江省对俄林业产业协会会长郭士明，双方就在俄远东地区林地合作开发项目进行洽谈。

10月5日　黑龙江省委书记王宪魁深入亚布力调研重大基础设施建设、产业项目和民生工作。黑龙江省及哈尔滨市领导陈海波、郝会龙、李海涛、宋希斌、张秋阳，总局领导高金芳、魏殿生、毕卫星、王敬先陪同调研。

10月20日　国家林业局副局长陈凤学率调研组一行到森工方正国有重点林区对国有重点林区改革情况进行调研。国家林业局驻省森林资源监督办事处专员袁少青，总局领导高金芳、魏殿生、马建路、姚猛陪同调研。

12月22日　黑龙江省政府副秘书长田恃玮一行到森工就黑森品牌建设发展情况进行调研座谈。总局党委书记高金芳、局长魏殿生、副局长姜传军参加调研座谈会。　　（黑龙江森林工业由姜东涛供稿）

大兴安岭林业集团公司

【概　述】　2015年，大兴安岭林业集团公司克服全面停伐、经济下行等压力，主动适应经济发展新常态，发展“六大产业”（生态旅游业、森林生态食品业、生物医药业、森林碳汇业、水经济和绿色矿业、文化产业），实施“三大工程”（生态建设工程、民生改善工程、基层组织提升工程），营造“两大环境”（务实高效的经济发展环境、风清气正的政治生态环境），保生态、促转型、惠民生，经济社会保持平稳发展态势。全年地区生产总值增长6.1%，社会消费品零售总额增长6.8%，城镇居民人均可支配收入增长8%，农村居民人均纯收入增长6.7%。全区林业实现产值327 943万元，比2014年增长0.1%，完成中幼龄林抚育230 600公顷，补植补造18 800公顷，育苗87.33公顷，产苗木8388万株，义务植树50.5万株，人工造林面积872.37公顷。全区活立木总蓄积是由2013年的56 017.9万立方米增加到2014年的57 059.2万立方米，资源总消耗量95.7万立方米。2014年全区活立木总生长量1137万立方米，消长比为1∶12。推进国有林区改革，《大兴安岭国有林区改革实施方案》通过省委全面深化改革领导小组审议。推进取消和下放行政审批事项322项，制订15类权力清单，2035项权力事项进行社会公示。推进项目建设，全年34个重点产业项目完成投资7.4亿元，12个项目建成投产，纳入省重点推进的6个项目全部开复工，完成投资2.3亿元。林格贝公司在“新三板”挂牌上市，呼玛河酒业、中亿房地产在Q板挂牌上市。推进管护区调整，增设管护区29个。推进林区改革，分流安置停伐转岗人员5000余名，实现由木材生产体系向资源管护体系转变。按照国家A级景区创建标准完善基础设施，北极村景区晋升为AAAAA级景区，实现全区AAAAA级景区零的突破。全年旅游接待456万人次，实现收入43.4亿元。扩大全民创业规模，全区创业人数达7万人，实现增加值30亿元，增长26.7%，拉动GDP增长3.5个百分点，人均收入实现26 039元，增长13.3%。推进绿色食品产业发展，建成示范基地181个，培育各类养殖典型57个，全年绿色食品产业实现产值31.2亿元。北极村省级自然保护区晋升为国家级自然保护区，黑龙江岭峰、盘中省级自然保护区通过国务院评审委员会评审。改善社会民生，持续提高职工工资，调高低保标准，推进教育、医疗、养老等社会事业。大兴安岭地区在全省综治暨平安建设综合考评中连续3年名列第一，公众安全感指数达98.6%，获全国平安建设优秀市地称号。

【森林防火】　坚持“预防为主，积极消灭”的森林防火方针，健全防火责任体系，落实领导包片责任区，明确自然保护区的林地经营管理责任。加强防火设施设备检修保养，检修防火机具设备3200余台（套），完好率达100%。按照“大局100万、小局50万”的标准，春防投入970万元，秋防投入965万元，保证扑火准备资金充足。超前启动森林防火宣传教育，开展大规模密集式宣传，提高重点人群的森林防火意识。加大防火监督检查，按四大战区组成督导组，在“清明”“五一”“中秋”“国庆”期间督查防火工作，对发现的6项问题和20余处防火隐患进行跟踪整改。加强火源管理，开展大规模“跟雪三清”活动，重点清查林内腹地，全区出动“三清”工作组76个438人次，清除无证入山人员151人。修订完善《大兴安岭地区森林火灾应急预案》和《大兴安岭地区集中爆发森林火灾应急预案》，实现扑火指挥工作预案化。坚持靠前布防原则，缩短扑火半径，做到“打早、打小、打了”。落实预警信号等级，启动预警响应措施，发布66期森林火险预警信号。适时开展人工增雨作业，降低森林火险等级，全年增雨总降水量1446毫米。科学实施点烧战略防火阻隔带，全年点烧防火隔离带7993.9千米，点烧农田剩余物2577.7公顷。提高专业队伍的技术水平，组织参加各类森林防火业务培训91次7028人。举办首届森林消防队伍专业技能竞赛，提升专业队伍处置森林火灾的综合能力。全年发生森林火灾73起，全部为雷击火，过火总面积543.14公顷，其中有林地面积101.06公顷，过火率远低于省1‰的指标。全区投入兵力23 298人，火灾当日扑灭率达100%，未发生重、特大森林火灾，未发生人身伤亡和烧毁林场、村屯事故，完成省森林防火指挥部下达的森林防火工作目标。

【天保工程】 加强管护体系建设，集团公司和林业局管护大队、大队和中队、中队和小队层层签订管护责任书，落实管护面积，将管护任务落实到人头地块，形成三级管护网络体系。加强森林资源培育，根据天保工程实施方案和各林业局实际情况，进行任务分解和作业调查设计，制发《抚育补贴试点技术要点》《抚育补贴试点资金管理办法》和《大兴安岭林业集团公司中幼龄林抚育补贴试点补充技术要点》，完成中幼林抚育、补植补造任务。2015年，国家林业局拨付集团公司天保工程资金271 865万元，其中森林管护费70 254万元、社会保险补助费59 599万元、政社性支出98 504万元、中幼龄林抚育补助资金33 108万元、补植补造及人工造林投资10 400万元。结合全区停止商业性采伐的实际，调整管护区区划布局，制发《大兴安岭林业集团公司林场经营所管护区区划布局调整指导意见》，10个林业局新增设管护区29个，管护区由原来71个增至100个。

【森林经营】 加强营林队伍建设，实现从生产人员社会化向以林区职工为主体的专业化转变。采取分级、分层多种培训形式，开展纵向到底、横向到边的业务培训，全年举办培训班113期，培训人员19 498人次。通过采取专业技术人员驻林业局指导和邀请中国林业科学研究院专家现场指导等措施，加强产中指导，保证作业质量和进度，完成2850公顷森林经营样板基地外业工作。加强森林抚育质量监管，执行“谁验收、谁签字，谁主管、谁负责，谁验收、谁负责，谁作业、谁负责”的营林生产质量责任终身追究制，执行约谈和问责制度，制发《大兴安岭林业集团公司营林生产项目检查验收管理办法》。加强林业有害生物防治体系建设，全区无公害防治面积26 480公顷，林业有害生物“四率”指标全面达标。加强检疫执法，对种苗繁育基地检疫14次，对外调苗复检8.47万株，进口木材检疫1.35万立方米，复检率100%。全年完成中幼龄林抚育230 600公顷，补植补造18 800公顷，育苗87.33公顷，当年苗木产量8388万株，义务植树50.5万株，人工造林面积872.37公顷。

【森林资源监督】 推进行政许可规范化建设，发挥林木采伐许可证在落实停伐上的作用。全年核发森林经营抚育许可证13 536个小班，作业面积221 686公顷；征用占用地林木采伐许可证118个，采伐面积187.1公顷、采伐蓄积3537.7立方米、出材1612.6立方米。加强森林经营抚育核查，全年核查作业质量小班111个，核查调查设计质量小班114个。加大问题整改问责督办力度，针对国家林业局通报的资源管理检查中发现的86起案件，督办处理违法犯罪直接责任人65人，行政问责79人，收回涉案林地62.29公顷，其中55.18公顷完成植树造林。督办林地清理排查行动，在各林业局开展巡回督查4次，发督查通报3次，约谈林业局主要领导4人，下达整改通知书10份。创新监督方式，针对监督区域广、破坏森林资源问题发现难的情况，探索利用卫星遥感和无人机技术对疑似破坏林木、林地的现场进行监管，收到较好效果。

【林木管理】 落实停伐政策，下发《关于加强停伐督导检查工作的通知》，组织各驻局监督办每月至少开展1次专项检查，采取明察暗访等形式对林业局停采情况进行检查。提升调查设计质量，升级三类调查设计软件，培训森调队员，营林抚育调查设计实行绩效管理和动态跟踪。截至2015年年底，全区验收调查设计面积21.9万公顷，合格面积21.31万公顷，验收合格率97.3%，下达整改通知书10份。审批调查设计面积15万公顷，合格面积13.3万公顷，审批率88.7%。加强木材运输管理，按照木材库存清点认证结果，建立台账，实行核发一笔注销一笔。加强外购木材监管，制发《大兴安岭集团公司关于加强区外购进木材运输管理工作的通知》，对区外购进木材实行报备制度，单独建账、单独管理、单独发证。组织开展“兴安七号”专项行动，对偷盗木材、违法运输、毁林开垦等违法行为予以打击。全年查处各类森林资源案件143起，收缴木材168.8立方米，打击处理违法犯罪人员126人，为国家挽回经济损失3000余万元。

【林地管理】 争取重点产业项目和基础设施建设使用林地政策支持，46个工程占用林地项目获国家林业局批复，占用林地面积646.41公顷，对黑龙江干流堤防等项目开设绿色通道，保证项目按时开工建设。9月，国家林业局将临时占用林地及为林业生产服务用地审批权限下放到大兴安岭集团公司。集团公司通过举办培训班、制发相关文件等形式，规范申报审批程序，截至2015年年末，审核审批临时和为林业生产服务工程项目23个，占用林地面积366.47公顷。对呼玛县域内涉农林地开展专题调研，对韩家园林业局、十八站林业局林权范围内开垦的涉农林地进行全面清查。

【改革管理】 推进国有林区改革，《大兴安岭国有林区改革实施方案》通过省委全面深化改革领导小组审议，上报国家层面等待批复。本着林业职工转岗不下岗、增收不减收的原则，分流安置停伐转岗人员5000余名，实现由木材生产体系向资源管护体系转变。推进直属企业改制，按照“一企一策”原则，制订改革改制方案。北奇神公司按照国有资产退出的原则进行股份制改制，完成资产评估工作；丽雪精淀粉公司实施委托经营管理，与林格贝公司签订委托经营协议；国林旅游公司、国际会议中心、塔河热电厂和加格达奇区供热移交属地管理；古莲河露天煤矿将承担的政府职能移交西林吉林业局管理。开展行政审批制度改革，开通地区网上政务服务中心，196个事项纳入网上审批。绘制地本级2049项行政权力运行流程图，对2055项责任清单明确地县和部门责任边界，地本级非行政许可事项全部清零。全年清收欠款6423万元，清理陈欠税款3.5亿元，公务接待、公务用车费用分别压缩20%和19%。

【项目建设】 全年34个重点产业项目完成投资7.4亿元，12个项目建成投产，纳入黑龙江省重点推进的6个项目全部开复工，完成投资2.3亿元，产业项目实现税收1055.1万元。全区招商引资新签约项目25个，签约额30.9亿元，到位资金43亿元，总投资7亿元的农夫山泉项目开工建设。工业园区实现产值4.1亿元、税收2444.9万元，将8个长期圈而不建项目清理出园区。争取省地质勘查专项资金3.1亿元，松岭钼铅锌矿项目46项前期手续办结33项，规模以上矿产开发业实现产值3.5亿元。全年重点建设公路项目23个、644.3千米，加阿、十金公路交工通车，洛古河至省界公路、13个农村公路项目完成主体工程。启动黑龙江干流、呼玛河流域治理等水利项目41个，完成投资18.4亿元。

【生态旅游】 按照国家A级景区创建标准，完善基础设施，优化发展软环境。北极村景区晋升为AAAAA级景区，实现全区AAAAA级景区零的突破。图强龙江第一湾生态景区、百环森林生态旅游景区和南瓮河湿地景区晋升为国家AAA级旅游景区。截至2015年年末，全区有国家AAAAA级景区1个，AAAA级景区1个，AAA级景区12个。开拓营销市场，展示旅游资源，全方位打造休闲度假品牌，组团参加2015中国森林旅游节暨生态休闲产业博览会、2015中国国际旅游交易会等旅游节会。参加东北旅游推广联盟，通过联合开发优势旅游资源，策划精品旅游线路，延长旅游产业链，打造区域旅游联合体，推动旅游产业融合发展。在哈尔滨举办空中游览项目推介会，开通南瓮河湿地、漠河石林两条空中游览线路。举办旅游行业管理干部培训班，60余人参加培训。规范旅游市场秩序，清理和规范旅行社虚假广告、违反合同约定等违法违规行为，解决旅游业存在的“黑车”“黑导”和以次充好等问题，责令3家旅行社限期整改，对未参加年审培训的导游进行集中培训，营造规范有序、公平竞争的旅游市场秩序。2015年，全区旅游接待456万人次，实现收入43.4亿元。

【绿色产业发展】 围绕食用菌、野生蓝莓管护、北药种植、特色种养殖等发展绿色产业，形成“一局一品”的产业格局。加强基地建设，建成示范基地181个，培育各类养殖典型57个。通过发展绿色种植和养殖，打造企业带动基地和种养户的产业链条，引进宛西制药等知名企业9家，培育本地加工企业86家(其中规模以上企业7家)，建设原料种养基地46个，吸纳承包职工347名。建成中药材基地20万亩，林格贝有机食品有限责任公司在“新三板”上市，大兴安岭地区被列为全省中医药健康养老产业试点，生物医药实现产值8.6亿元。对市场前景好、带动力强的生产基地，在立项、资金和政策上给予扶持，发放小额贷款6100万元，发放食用菌补贴资金1085.55万元。以提高产品质量为重点，以增加农民收入为核心，推动有机、绿色、无公害产品发展。扩大“三品一标”认证总量，全区获“三品一标”产品105个，其中有机食品31个、绿色食品10个、无公害产业认证59个、国家地理标志产品5个。面向高端人群开展产品营销，建立绿色食品直销店，依托互联网平台开拓和发展电子商务。2015年，全区绿色食品产业实现产值31.2亿元。

【全民创业】 扩大全民创业规模，加强产品推介，布局销售网络，建立交流平台，采用“互联网+”的方式推进线上销售。大兴安岭电商产业园建成运营，淘宝·特色中国大兴安岭地方馆上线运营。举办大兴安岭首届电商峰会，组建大兴安岭电商协会。通过采取政策扶持、做实产业、完善服务、加强培训、典型引路等措施，实现产前、产中、产后全流程服务。优化地县两级科技指导队伍设置，调整全区科技指导员联系平台，开展点餐式技术服务，在电视台、报纸等媒体公布全民创业专家库名单及联系方式。全年接受群众技术咨询300余次，组织专家现场技术指导11次，解决技术问题185个。规范各类中介、合作社和协会的组织管理，全区成立各类经济合作社、联合体337个，参与职工7640人，注册农民专业合作社598个，各类协会组织147个。2015年，全区创业人数达7万人，实现增加值30亿元，增长26.7%，拉动GDP增长3.5个百分点，人均收入实现26 039元，增长13.3%。

【社会民生】 构建民生财政预算体制，对城市设施维护、文化体育、教育、医疗卫生、服务养老、公益性基础设施建设六大类20个民生项目编制支出预算。全年安排民生项目预算支出9700万元，约占本级财政支出的1/10。棚户区改造竣工1885户，平房改造完成2626户，维修老旧小区6个。启动“三供两治”项目15个，建成污水处理厂3个，改造集中供热老旧管网57.5千米、供水管网10.7千米。新建改扩建市政道路51.9千米。提高职工收入水平，机关事业单位、林业企业人均月增资561元和226元，在岗职工平均工资达38 870元，增长11.5%。完善低保审批制度，建成跨部门、多层次、信息共享的申请救助家庭经济状况核对机制。提高社会救助标准，城市城乡低保标准由每人每月440元提高到500元，农村低保标准由每人每年2700元提高到3500元，五保集中供养标准由每人每年5400元提高到6200元，五保分散供养标准由每人每年3800元提高到4300元。为2121名高龄、“三无”、失能老人和孤儿等服务对象发放补贴640.2万元。节日期间走访慰问困难户、百岁老人等服务对象440余人，发放慰问金和物品共计22万元。完成地区医院肿瘤治疗中心主体工程。组织开展“就业援助月”“民营企业招聘周”和“高校毕业生就业服务月”等活动，帮助未就业人员实现就业。全年新增就业7313人，城镇登记失业率控制在3.36%，脱贫5504人。解决1651名铁路退休人员医疗保险、3238名集体企业退休人员养老保险问题。“12345”民生热线受理来电12 480件，办结率84%，化解信访积案26件。通过PPP模式维修健身场馆5处、新建3处，对10处健身场馆采取政府购买服务方式，定时免费对外开放。创新社会治理体制，探索打击犯罪工作新模式，深化区域警务合作，实行报警求助首接责任制、群众办事一次告知制、窗口单位弹性工作制，推行“预约服务”“绿色通道”和“一站式”等服务模式。大兴安岭在全省综治暨平安建设综合考评中连续3年名列第一，公众安全感指数达98.6%，获全国平安建设优秀市地称号。

【林下资源采集管理】 创新林下资源采集管理措施，加大对野生蓝莓、红豆和偃松的保护与利用管理，组织相关单位对林下资源采集情况进行监督检查，杜绝滥采、掠青及掠夺性采摘林下资源现象的发生。2015年，全区从事野生蓝莓、红豆、偃松采集人员8640人，采集产品鲜重6658吨，实现产值822.13万元，人均收入9515元。

【境外采伐】 2015年，全区境外企业克服当期市场低迷的困境，争取国家政策支持，加强境外林业投资合作信息交流，推进境外采伐稳步发展。建立木材销售监督制约机制，加强市场调查和信息收集，寻找和培养客户群，加速产品销售进度。全年生产商品材43.9万立方米，加工锯材12.03万立方米，其中直接生产26.18万立方米、劳务生产17.72万立方米。

【野生动物保护】 组织开展打击破坏野生动物资源“兴安七号”和“秋冬季野生动物保护”专项行动。全区出动2700余人次，车辆430余台次，执法检查50余次，检查市场、饭店等经营场所171户次，清理非法入山人员14人次，清理套、夹等猎捕工具562件，收缴野生动物230余只、林蛙10千克，放飞活鸟280余只，破获野生动物案件4起。组织开展大兴安岭北部山地陆生野生动物资源常规调查、国境线专项区域陆生野生动物资源调查和陆生野生动物资源同步调查项目，初步摸清大兴安岭北部和国境线区域陆生野生动物资源种群分布、数量及栖息地状况，建立大兴安岭北部山地和国境线专项区域陆生野生动物资源数据库。开展野生动物活动主动监测预警，全区重点时期监测完成周报告91份，日报告10 500份，月报告47份。监测到野生兽类2774只(头)、鸟类63 173只，应急防控7起，救治鸟类71只，死亡兽类3只。组织开展鸟类环志活动，环志鸟类4167只，采集送检鸟类粪便样本1353个。规范野生动物驯养繁殖和经营利用活动，对8家无证养殖户下发整改通知，对4家已过期没有检审换证的进行督导办理。大兴安岭林业集团公司被国家林业局授予保护野生动物资源先进集体，两人被授予保护野生动物资源先进个人。

【保护区建设】 依法加强自然保护区管理，开展国家级自然保护区监督检查专项行动，排查违规建设、探矿采矿等行为。《黑龙江多布库尔国家级自然保护区总体规划(2015～2024年)》获国家林业局批复。漠河县北极村省级自然保护区晋升为国家级自然保护区；黑龙江岭峰、盘中省级自然保护区通过国务院评审委员会专家评审；呼源钻天柳自然保护区通过黑龙江省评审委员会评审；图强常青自然保护区晋升为省级自然保护区。新划建黑龙江大乌苏河、塔河源头湿地类型地级自然保护区两处，增加自然湿地保护面积5.7万公顷，自然湿地保护率提高3.7个百分点，全区自然湿地保护率提高至34.9%。截至2015年年末，全区林业自然保护区面积达219.29万公顷，占全区总经营面积26.26%。

【农林科学研究】 遵循“自主创新、重点跨越、支撑发展、引领未来”的工作方针，围绕地区总体部署，加强与县区局合作，促进科技成果转化，为全区经济社会发展提供科技支撑。全年承担国家、省部级项目8项，实施地级科研项目5项，开展合作项目6项。开展马铃薯研究，选育的马铃薯新品种“兴佳2号”通过省农作物品种审定委员会审定。进行技术集成和示范，指导服务示范县5个。开展蓝莓研究，完成国家科技支撑项目“特色浆果资源恢复和高效培育技术研究与示范”子课题研究。开展食用菌研究，“寒地黑木耳新品种‘兴安1号’推广”项目通过国家林业局专家验收。加强黑龙江嫩江源森林生态系统国家定位观测研究站、林业实验基地、综合实验室建设，服务科研生产。开展生态监测研究，“寒温带湿地景观格局与湿地保护恢复模式研究”通过国家林业局现场查定。开展东北民猪引种示范和养殖基地建设、耕地合理耕作制度研究、西伯利亚红松嫁接采种林营建、北药研究及农林常规研究。全年获国家知识产权局实用新型专利授权2项，科技人员发表论文27篇。神州北极木业“异形承载木梁拼板制造项目”获国家科技进步二等奖。

【文化建设】 加强文化基础设施建设，新建漠河北方民俗陈列馆、大兴安岭岩画馆、大兴安岭知青馆、大兴安岭版画展览馆，全区建成文化中心村8个。编辑出版《大兴安岭地区文化事业文化产业汇编》，全区有2项文化产业项目纳入黑龙江省重点文化产业项目库，1项文化产业项目纳入黑龙江省创意文化产业项目库。实施兴安文艺精品原创工程，由车行作词、李昕谱曲、刘和刚演唱的《爱上这高高的兴安岭》在全国传唱。27件版画作品入选黑龙江省文化厅主办的群星奖美术展，孟宪阁版画作品入选国际版画展，赵晓澄版画作为全省4幅版画之一入选全省重大历史题材美术作品选。举办中俄北极版画家邀请展，开展“三下乡”“送祝福、送欢乐、筑梦春天”等系列演出活动，举办《鄂伦春族吕日格仁舞》《鄂伦春族传统服饰制作技艺》传承培训，以“保护成果、全民共享”为主题的展演活动展示鄂伦春族传统手工艺制品100余件。参加全省首届歌词大赛，获金奖5枚、银奖8枚，其中声乐作品《兴安路上走一走》获金奖。

【林业大事】

3月9日 大兴安岭地委书记肖建春代表地委、行署、林管局向国家林业局汇报工作。国家林业局局长赵树丛在汇报会上作重要讲话。

3月25日 在全区范围内组织开展为期3个月的打击破坏森林资源"兴安七号"专项行动，集中查处破坏森林资源案件，对资源管理突出问题进行重点整治，遏制破坏森林资源违法犯罪行为发生。

3月26日 地区气象局和内蒙古呼伦贝尔市气象局、兴安盟气象局在加格达奇签订大兴安岭林业气象业务服务和气象现代化建设合作协议，在加强森林防扑火、有害生物防治气象服务和森林生态保障服务合作上实现资源共享和优势互补。

4月3日 全区春季森林防火工作会议召开，会上传达国家、省森林防火工作会议精神，表彰2014年度森林防火先进单位、先进集体和先进个人。地委书记肖建春对春防工作进行安排部署。

4月8日 全区营林队伍建设经验交流会在新林区召开新林、呼中、塔河、十八站林业局及新林林业局塔源林场在会上作典型经验介绍。各林业局主管营林工作副局长、营林管理处主任及新林林业局各林场场长参加会议。

同日 漠河县北极村省级自然保护区晋升国家级自然保护区通过环保部评审。至此，大兴安岭国家级自然保护区达6处。

同日 地委组织部在国家林业局管理干部学院举办首期国有林区财务管理专题培训班。各县、区、县级企业和地林直有关部门的财务、审计工作主管领导和工作人员43人参加培训。

5月25日 在哈尔滨召开的黑龙江湿地论坛暨夏季生态旅游产品推介活动会上，大兴安岭地区南瓮河国家级自然保护区被正式纳入全省湿地旅游总体规划。

5月29日 地区绿化委员会根据《黑龙江省全民义务植树条例》，制定出台《大兴安岭地区义务植树履职方式实施细则》，促进全区适龄公民完成法定义务植树任务。

5月30日 武警森林指挥部司令员沈金伦在大兴安岭地区调研森林防火工作，地委书记肖建春陪同调研。

6月18日 大兴安岭直升机空中游览项目正式启动，在哈尔滨举行宣传推介会。项目启动后开通南瓮河湿地和漠河石林两条空中游览线路，是全省首个推出低空飞行旅游项目的地区。

7月26日 中国林业职工思想政治工作研究会森工分会成立大会在漠河县召开，会上表决通过中国林业政研会森工分会工作规则，选举产生中国林业政研会森工分会第一届理事会会长、副会长、秘书长和常务理事。

9月5日 省委书记王宪魁在大兴安岭地区视察指导工作，就林区生态保护和转型发展，水利、铁路基础设施和产业项目建设以及棚户区改造等民生工作进行调研。地委书记贾玉梅，地委副书记、行署专员、林管局局长李树铭陪同调研。

9月9~11日 全区森林抚育技能竞赛在呼中林业局举行。竞赛项目分为森林抚育生产、割灌机拆装及理论测试，全区12支代表队参加比赛。

9月14日 由国家林业局人才开发交流中心主办的林业基层实用技术人才培训班在地区会展中心开班。地林直相关单位、各县、区(局)80余人参加培训。

9月15日 由国家林业局场圃总站举办的全国林木种苗站站长培训班在大兴安岭开班。来自全国30余省(区、市)、四大森工集团、新疆生产建设兵团的林木种苗管理站站(处)长、国家林业局质量检验中心负责人等70余人参加培训。

9月17日 由国家森林防火指挥部专职副总指挥杜永胜、北方航空护林总站站长张惠新等组成的国家林业局秋季森林防火检查组在大兴安岭地区检查秋防工作。

9月21~22日 地区防火指挥部联合地区总工会举办全区首届森林消防专业技能竞赛。11个县区林业局和地区直属森林消防一、二大队的702名扑火队员进行4项团体和6项个人项目的技能竞赛。

10月10日 呼中国家级自然保护区和南瓮河国家级自然保护区在首届"中国森林氧吧"论坛上获首批"中国森林氧吧"称号。

10月12日 地委书记贾玉梅，地委副书记、行署专员、林管局局长李树铭率大兴安岭区交易团参加第二届中国—俄罗斯博览会暨第26届哈洽会，共签约项目19个，签约额28.1亿元。

10月23日 第五届东北、内蒙古林区跨区域警务合作联席会议在大兴安岭森林公安局召开。国家林业局森林公安局局长王海忠出席会议。

12月15日 黑龙江岭峰、盘中省级自然保护区晋升国家级自然保护区通过国家级自然保护区评审委员会评审。

12月31日 林业集团公司木材经销管理处更名为林业集团公司碳汇资源管理部。

（大兴安岭林业集团公司由张羽供稿）

上海市林业

【概　述】 全面推进绿地、林地、湿地协调发展。全年新建绿地1190公顷(其中，公园绿地515公顷)，建成区绿化覆盖率达38.5%。重点任务加大力度，外环生态专项腾地50公顷，迪斯尼区域、前滩区域、虹桥商务区等重要地区绿地建设进展良好。推进郊野公园建设，研究制订建设导则和开园条件，金山廊下郊野公园成为上海首家开放的郊野公园。立体绿化完成42万平方米，其中屋顶绿化29万平方米，“万米绿墙”10余万平方米，中心城高架桥柱绿化1.3万根。

全年新增林地11万亩，森林覆盖率达15.03%，自然湿地保有率为32.28%。加大植树造林力度，农林水三年行动计划——高标准农田林网和河道防护林建设有效实施。积极推进金山化工区、浦东合庆镇、老港固废基地周边等地区防护林建设，建成西大盈港生态堤防、廊下镇农田林网等示范点。扎实推进湿地建设，崇明东滩生态修复项目一阶段围堤及涵闸等主体工程全面完成，二阶段互花米草清除和鸟类栖息地优化样板段成果显现，完成崇明西沙国家湿地公园试点验收及挂牌。

【绿地品质持续优化】 推进27座老公园改造，其中淞南、金沙、枫溪等9座公园已经正式开放。完成林荫道“十二五”规划“三个100”目标，创建命名林荫道累计达到153条，改建提升累计达到164条，新建储备累计达到113条。加强行道树精细化管理，实施分类修剪。完成重大节日常态花卉景观布置10公顷。绿地植物群落调整优化68.3公顷。完成26个古树名木保护技措项目和古树示范点建设项目。

【“五一”花卉布置工作有序开展】 以低碳、节约的理念为主导，主要围绕人民广场、外滩、静安寺、徐家汇等9个重点区域和延安路、淮海路、肇嘉浜路、徐家汇路、世纪大道等10条重点道路，以及各区县行政中心、商业服务设施、旅游景点和部分重点公园等进行花卉景观布置，在保持常态景观的基础上创新配置手法和花卉品种，如浦东新区浦东南路耀华路和杨浦区四平路进行半成品花卉组合布置示范；静安华山路延安路人行天桥和长宁凯旋路人行天桥试点选用花期长，维护简便的三角梅盆花打造花卉景观亮点；徐汇区强化肇嘉浜路－徐家汇路沿线的带状花坛景观效果，并用组合容器花卉装点徐家汇商圈；黄浦区用红、白矮牵牛打造了人民广场“祥云”主题花坛效果，重点打造了思南公馆区域花街景观，并对外滩花墙进行了重新设计布置；杨浦五角场“跨越未来”主题花坛烘托节日氛围等。据统计，“五一”期间，全市共布置花坛花境约9万平方米，组合容器近1万组，灯杆花球600多组，主题花卉景点56个，单季用花量约500万盆。

【公园主题活动丰富多彩】 成功举办上海(国际)花展、梅花节、樱花节、牡丹展、杜鹃花展、月季展、郁金香花展、爱鸟周等公园主题活动，形成市、区公园联合办展新模式，培育一批花展品牌。与上海人民广播电台交通广播(107.5)合作，联合市区公园开展“与四季约会”、每周一公园传播互动活动。

【继续实施公园夏令延长开放】 全市75座公园夏令延长开放，延长开放时间自2015年7月1日起至2015年9月30日止。延长开放期间，倡导市民群众晚间游园采取散步、纳凉等相对安静的休闲方式。加强游园噪声控制，全市已有600余个团队签订了噪声控制规约，涉及人数超过3万人。

【举办“环城绿带森林行”活动】 9月20日，市绿委办举办“乐享生活·环城绿带森林行”体验活动，以“绿色生活健康走，林下漫步快乐行”为主题，宣传“建设环城绿带，造福子孙后代”理念，纪念上海市环城绿带建设20周年，通过在林带内漫步畅游的方式，让市民亲身体验环城绿带对城市的生态作用、景观作用以及社会作用，进一步提高广大市民爱绿护绿意识，鼓励市民共同参与保护生态环境。活动半程折返约3.5千米、全程折返约7千米，共有500名市民参加。

上海市环城绿带规划总面积6208公顷，于1995年启动，截至2014年年底，已累计完成约3555公顷。环城绿带建成区域的绿带以生态为核心，与自然水系、湿地、田园风光等共同构成具有生态防护、景观观赏、休闲健身、文化娱乐、公共服务、隔音降噪、减排治霾、防灾避难等多功能的城市公共绿地。

【第三届中国绿化博览会上海园获银奖】 第三届绿博会由全国绿化委员会、国家林业局、天津市人民政府主办，于8月18日开幕，为期两个月，共接待全国各地游客150万人次。全国共有48家单位参展，上海园占地4084平方米，位于绿博园室外展区，以“上海无限园”为主题，充分运用园林植物造景手法，整个展园划分为“水园”“土园”“花园”3个主题园，以寓意母亲河黄浦江形态的“S形”主园路“微风之径”串联，集中展示上海绿地、林地、湿地“三地融合”的绿化林业成果，体现地面绿化与空间绿化并举的生态环境发展趋势，代表了市民幸福生活的无限可能。在10月18日的闭幕式上，组委会对优秀展园、本届绿博会先进单位与个人进行了表彰，上海园荣获银奖，同时获得最佳林业科技新成果应用奖单项奖；上海摩奇园林有限公司作为本届绿博会新技术新材料展示区参展企业荣获优秀奖，上海市绿化管理指导站陈志华等4人荣获先进工作者奖。

【落叶景观道路增至12条】 全年上海市在原有6条落叶景观道路的基础上，又新增6个路段，涉及徐汇、普陀、松江、金山4区。其中，徐汇和普陀新增吴兴路、永福路、枣阳路3条路段，松江和金山两区首度试点落叶不扫。

【管理落叶不扫道路积累成熟经验】 本市最早试点落叶不扫的徐汇区武康路、余杭路，积累了一套较为有效的管理经验：一是制订试行方案，根据气候灵活调整试行时间，并要求遇风雨或雾霾天气，暂停景观道试点，施行全面清扫保洁，确保路面整洁，不影响周边居民的日常生活。二是严格做到落叶一日一清。每日傍晚对当日落叶进行全面清理，确保无隔夜、沾污垃圾的落叶滞留路面。三是调整保洁方法，给保洁人员配备伸缩钳等劳动工具，主要的保洁方式改扫为捡，清除隐匿在落叶中的垃圾。同时，对落叶进行总量控制，确保落叶不影响交通与出行安全。四是落实社区联系机制。每月走访景观道周边居委，听取居民意见。同时呼吁居民文明遛狗。五是加强巡回保洁。利用电动车机动快速巡回优势，提升景观道的巡回保洁频次和效果。六是管控安全隐患。针对乱扔烟头可能导致落叶火险的隐患，在巡回保洁的电动车上配备了灭火器，做好防灾应变准备。针对落叶可能影响行人行路安全，要求加强路面巡查，提供志愿服务。七是定制劳动工具。专门定制黄色的轻便垃圾收集桶，让清道职工的劳动工具与落叶景观融为一体，减少突兀感，营造人与自然和谐共处的良好氛围。

【抢救复壮濒危衰弱古树名木】 完成26个古树名木的抢救复壮点的建设项目，实施的主要内容为建设围栏、石驳岸、挡土墙、避雷设施，设立支撑、铺设透气铺装及排水设施，种植地被、改良土壤、修补树洞等，使古树生长环境得到了改善。

【新增4座城市公园】 将建成的上海汽车博览公园、四季生态园、新江湾城公园、智力公园纳入城市公园管理。调整后，上海城市公园从161座增至165座，镇级公园为30座。

【组织开展"市民绿化节"活动】 2015年，市绿化委员会首次举办上海市民绿化节。此次市民绿化节以"绿化走近你我，绿色改变生活"为主题，历时近8个月，开展了绿化科普、绿化宣传、绿化服务、绿化展示、绿色互动等一系列活动共3000余场次，送出盆花逾20万盆，参与人次超过941万，起到了良好的社会效果。

【首个"绿道"慢行系统建成开放】 闵行区沪闵路绿道位于沪闵路东侧绿地，沿北横泾西岸从闵城路至六磊塘，总长约3.8千米，总面积约29.5万平方米，于1月初启动，6月底竣工，8月正式开放，是全市首个"绿道"慢行系统。该系统分为人行步道(1.2米)及自行车道(2.2米)两部分，中间以白线划分，将零散的养护便道串联、贯通，形成一体，有效优化沪闵公路绿地结构、提升绿地功能，缓解沪闵路公交压力，解决附近体育场馆不足的问题，有效满足附近居民休闲健身的需要和现代城市居民对绿色生态环境的需求。

【首个屋顶绿化贯标示范点开放】 作为2015年上海"市民绿化节"重要系列活动之一的立体绿化专场活动，"漕河泾开发区杯"2015上海立体绿化百佳评选活动，于7月18日在申城首个屋顶绿化示范点新漕河泾国际商务中心屋顶绿化上正式启动。

新漕河泾国际商务中心位于漕河泾开发区漕宝路、桂平路路口，总建筑面积为18万平方米，为漕河泾开发区地标性建筑。开发区在其3000余平方米的屋顶上设计建造草坪式和花园式两类屋顶绿化，希望通过以点带面、示范辐射的方式，在区域内树立试点标杆，推动上海漕河泾开发区，乃至上海市屋顶绿化标准化技术与管理方面的推广。

"漕河泾开发区杯"2015上海立体绿化百佳评选活动由上海市园林绿化行业协会、市建筑材料行业协会、市绿色建筑协会联合主办，各区县绿办和上海市绿化管理指导站等部门协办，通过企业推荐、市民投票和专家评审等程序，以屋顶绿化(花园式、组合式、草坪式)、垂直绿化(墙面绿化、桥柱绿化、围栏绿化)、沿口绿化(建筑沿口/窗阳台绿化、高架/天桥沿口绿化)、棚架绿化(传统棚架绿化、绿荫停车棚架绿化)等四大类10小类项目为分类，对已竣工3个月以上，符合立体绿化建设标准要求的项目进行评选。活动共收到申报项目159个，经专家组评审，结合网络投票结果，于10月28日召开了评选结果颁奖沙龙并向社会公布。

【开展立体绿化宣传培训】 举办3期立体绿化专题培训，为区县绿办及教育基建站的工作人员宣讲上海市立体绿化政策，参加培训人数达350余人；归纳总结近年立体绿化政策和技术相关内容，完成《立体绿化文件汇编》；组织开展2015年立体绿化百佳创建评选活动，在"绿博士"微信平台同步跟踪宣传，经过社会各界的积极申报和广泛参与，共收到申报项目近200个，约2万名市民参与投票互动，微信和相关网站浏览量达45 000余人，最终评选出100个优秀项目；开展立体绿化体验活动，组织市民参观漕河泾国际商务中心、申通地铁总部等立体绿化示范点，近50人参加现场体验，使广大市民更直观地感受立体绿化的生态节能环保效应，多家媒体同步跟踪宣传。

【设立"绿色上海专项基金"】 上海市绿化委员会与中国绿化基金会共同设立了"绿色上海"专项基金，鼓励社会各界采用捐资的形式参与绿化建设，为市民绿化节的长远发展注入新的生机和活力。部分社会捐资已用于"环城绿带健康走""2015上海市民插花大赛"等活动中。

【参加第三届中国绿化博览会】 第三届中国绿化博览会由全国绿化委员会主办、天津市承办。上海展园以"上海无限园"为主题，充分运用园林植物造景手法，展示上海绿地、林地、湿地"三地融合"的绿化林业成果，在展园评比中荣获银奖，和最佳林业科技新成果应用奖。上海摩奇园林有限公司作为本届绿博会新技术新材料展示区参展企业荣获优秀奖，上海市绿化管理指导站陈志华等4人荣获先进工作者奖。

【上海市人大常委会表决通过《上海市人民代表大会常务委员会关于修改〈上海市绿化条例〉的决定》】 7月23日，上海市十四届人大常委会第22次会议表决通过了《上海市人民代表大会常务委员会关于修改〈上海市绿化条例〉的决定》(以下简称《决定》)，将于2015年10月1日起正式施行。市人大常委会主任殷一璀主持会议。市绿化市容局副局长方岩列席会议并参加会后举行的新闻发布会。

《决定》以推动立体绿化发展为主要内容，明确规定：本市新建公共建筑以及改建、扩建中心城内既有公共建筑的，应当对高度不超过50米的平屋顶实施绿化，屋顶绿化面积的具体比例由市人民政府作出规定。中心城、新城、中心镇以及独立工业区、经济开发区等城市化地区新建快速路、轨道交通、立交桥、过街天桥的桥柱和声屏障，以及道路护栏(隔离栏)、挡土墙、防汛墙、垃圾箱房等市政公用设施的，应当实施立体绿化。同时规定，公共建筑和市政公用设施上建成的立体绿化，不得占用、拆除，但因公共建筑和市政公用设施进行改建、扩建、修缮或者拆除的除外。公共建筑和市政公用设施改建、扩建或者修缮完成后，被占用、拆除的立体绿化应当恢复。

上海市绿化市容局以此为契机，组织全市范围的宣传培训会，市绿化委员会成员单位、市相关行政管理部门和市政府派出机构，区(县)绿化管理部门和城管执法部门，市绿化市容局相关处室、直属单位的分管领导和相关人员共130多人参加。

【2015林荫道创建】 2015年，全市计划创建15条林荫道，上报31条，最终确定22条(段)符合林荫道标准。加上已有的131条，上海市林荫道已经达到153条，已完成"十二五"规划"创建命名林荫道100条"的目标。

【森林资源保护】 全面推进森林资源一体化监测，组建互助式森林资源监测队伍，完成年度森林资源调查。落实森林资源保护责任，嘉定区代表全市通过国家林业局验收，成绩优秀；开展非法侵占林地清理排查及减少林地稽查专项行动，完成27项林业行政许可项目批后监管，查处各类林业行政违法案件15起。健全森林防火工作责任制，全年未发生森林火灾。强化林业有害生物监测预报，组建市林业有害生物防治指挥部，完成郊区县五轮林业有害生物调查。加强基层林业工作体系建设，78家乡镇林业站完成挂牌，占全市总量的76%。推动国家级森林生态定位站建设。推进第二次陆生野生动植物资源调查，开展野生动植物资源保护专项执法和野生动物禁猎区建设工作。野生动物栖息地修复及极小种群物种恢复工作进展顺利，全市12块野生动物栖息地(约1000公顷)修复效果明显。

【春季造林】 2月26日至3月19日，市林业局分别赴浦东新区、奉贤区、崇明县、松江区、闵行区调研春季造林工作，要求各区县结合实际，努力推进春季造林，为完成全年任务夯实基础。

3月9～13日，全市成立8个保护和发展森林资源目标责任制落实情况专项督查组，并受市委督查组委托，负责监督各区县春季造林和森林资源监管工作。

3月20日，完成相关区县部分乡镇造林项目的首轮督查，查找出造林进度不平衡、部分地块落实不到位、部分林木质量不合格等问题，并要求尽快落实整改。

4月1日，市林业局召开造林督查情况反馈例会，全市春季造林工作推进会议，总结近期造林工作推进情况，研究部署下一级段造林工作。据统计，截至3月底，全市完成新造林面积2526.67公顷，约占计划任务的65%，约占落实总量的45%，总体推进顺利。

6月中旬，市林业局召开2015年上半年林业工作会议暨森林资源年度监测动员会。截至5月31日，全市完成造林面积约5433.33公顷，占落实任务总量的73%，其中9个区县完成造林面积约4333.33公顷，占落实任务总量的78%，体现了高位推动、部门联动、示范带动和督查促动等特点。会议提出，为完成年底森林覆盖率15%的目标，要在春季造林的基础上，进一步推进秋季造林，做到落实到地，落实到主体，落实到项目；要加强管理、培育样板，确保造林成活成林，做好夏季养护工作，做好防旱、防涝、防倒、防病虫害；要组织排查、开展稽查，确保资源减量不增长；要各司其职、做好调查，确保年底准确出数据；要对照要求，完成手续，确保项目合法合规。同时，还要围绕谋划长远发展，进一步关注"十三五"林业规划和下一轮林业政策的思考。

【上海市林业局召开年度工作会议】 12月23日，上海市林业局组织召开2015年度全市林业工作会议，通报了2015年林业建设管理各项工作进展，研究部署2016年林业重点工作。各区县林业主管部门及局相关处站负责同志参加会议，副局长顾晓君出席会议并讲话。

与会人员实地考察了金山地区环境综合整治防护林建设、金山区廊下镇农林水三年行动计划推进情况，一致认为金山区防护林建设标准高、效果好，为新一轮政策实施提供了样板；廊下镇农田林网建设成效较为显著，为廊下郊野公园的开放奠定了基础，对其他区县具有重要参考价值。

2015年，全市围绕15%森林覆盖率目标，扎实推进林业建设，全年新建林地超过4666.67公顷，完成"十二五"森林覆盖率目标；全市67个乡镇林业站完成挂牌工作，基层林业体系进一步完善；林业发展"十三五"规划及配套政策基本形成，为全市林业长远发展奠定了基础。

【加强林业有害生物监测防控】 完成郊区县五轮林业有害生物调查，完成虫害干制标本168盒，6321头，浸制标本近800管；拍摄室内照2000余张，室外生态照7090张；隶属11目101科271种。病害采集标本1441份，病害种类235种。

【上海南汇水蜜桃等4个林业特色果品名列《中国地理标志产品大典》】 10月，《中国地理标志产品大典》中文版在北京举办了首发仪式。该书由3000余人历时4年编撰，于2015年6月由中国质检出版社、中国标准出版社出版。《中国地理标志产品大典》编制项目被列为国家新闻出版改革发展项目；国家"十二五"重点规划图书、财政部中央文化企业国有资本经营预算资助项目。《中国地理标志产品大典》共收录了国家质检总局实施地理标志保护的1000多个地理标志产品及1万余幅产品图片，内容包括每个地理标志产品的地理环境、文化背景、品牌建设、知识链接等，充分展示了丰富多样的中国地理标志产品和历史悠久的中国地理标志文化。

上海共有南汇水蜜桃、金山蟠桃、仓桥水晶梨、奉贤黄桃、练塘茭白、崇明老白酒、崇明老毛蟹等7个产品被列入《中国地理标志产品大典(上海卷)》。其中，南汇水蜜桃、金山蟠桃、仓桥水晶梨、奉贤黄桃等4个上海林业特色果品名列其中。该书通过对南汇水蜜桃等7个产品的地理环境、历史传说、品牌故事以及生活食用小常识等方面，对上海市的地理标志产品进行了详细介绍。

【上海市公布第二次湿地资源调查结果】 3月16日，

上海市人民政府新闻办公室召开新闻发布会，发布了本市第二次湿地资源调查成果。新闻发布会由市新闻办主持，市林业局介绍了上海市第二次湿地资源调查情况和成果。

据调查结果，上海市湿地总面积为37.70万公顷，共划分为5类13型。其中，近海与海岸湿地29.67万公顷，河流湿地0.73万公顷，湖泊湿地0.58万公顷，沼泽湿地0.93万公顷，以上4类为自然湿地，总面积31.91万公顷，占湿地总面积的84.64%，人工湿地5.79万公顷，占湿地总面积的15.36%。

【推进自贸区便利化建设】 6月，国家林业局及国家濒管办为进一步支持上海自贸区建设，再次出台了15项贸易便利化政策，除大熊猫、虎、象等敏感物种外，全部委托上海市林业局审批，行政许可时限从原来的60个工作日缩短到20个工作日。截至12月底，共有24家注册在上海自贸区企业，办理了378项野生动植物及其产品进出口行政许可，占行政许可总数的31%。

【部分行政审批下放浦东新区】 9～10月，市审改办先后发文(沪审改办发〔2015〕75号、沪府发〔2015〕56号)将“对陆生野生动物猎捕、狩猎的许可”“对国家和地方重点保护野生动物驯养繁殖的许可”“对国家和地方重点保护陆生野生动物及其产品经营利用的许可”“对在合适狩猎的区域建立固定狩猎场所的许可”“对采集出售收购国家重点保护野生植物的许可”等5大项8小项许可下放浦东新区负责实施。

【推进上海野生动物园大熊猫基地筹建工作】 4月17日，市林业局邀请了全国多位大熊猫专家召开了专项咨询评估会，对上海大熊猫基地建设的可行性进行研究。4月20日，上海市人民政府召集市林业局、市发改委、市财政局、浦东新区政府、申迪集团等单位就上海大熊猫基地建设工作召开了专题会议。6月17日，市林业局再次向国家林业局汇报了大熊猫基地建设及部市合作事项，并与国家林业局达成一致，将上海野生动物园大熊猫基地建设工作纳入新一轮的部市合作协议。

【辰山植物园建立“华东濒危野生植物中心”】 5月，市林业局向国家林业局申请依托辰山植物园平台成立“华东濒危野生植物中心”。经国家林业局保护司等部门组织专家评估和实地踏勘后，9月底，国家林业局保护司发文批复同意辰山植物园建立“华东濒危野生植物中心”。

【野生动植物资源日常管理工作】 完成CITES(《濒危野生动植物种国际贸易公约》)物种、国家重点保护野生动植物、外来物种引进监管方面的行政许可1230项；完成国家重点保护野生动植物或其产品驯养繁殖、收购出售和经营利用行政许可159项，开展后续监管事项98件。继续推进全国第二次陆生野生动物和野生植物资源调查，完成外业调查并进入内业整理阶段。

【加强陆生野生动物疫源疫病监测防控】 继续完善信息日报制度，上报各类监测报告4300余份，采集各类鸟类主动预警样本1706份，完成本市第三批15个市级野生动物疫源疫病监测站的评审及建设。

【开展野生动植物资源专项执法】 会同有关部门，办理破坏野生动物资源刑事案件32起，拆除各类违法捕猎野生动物网具及窝棚3081张(个)。

【“森林生态功能，让城市和我们更美好”国际论坛在沪召开】 5月25～26日，由上海市林业局和上海交通大学共同举办的“森林生态功能，让城市和我们更美好”国际论坛在沪召开。会上，市林业局局长陆月星发表了关于“上海城市森林建设的回眸与展望”的重要讲话，他提出，目前上海基本形成了以中心城区绿化为主体、郊区新城绿化为补充、生态林地和防护林地为外围支撑的“环、楔、廊、园、林”生态环境格局，全市生态安全不断巩固，生态功能明显提升。下一阶段，上海要从系统化、精细化、功能化三大角度着手，加快“城在林中、林在城内”建设，积极构筑“绿地、林地、湿地”三地融合生态空间，重点实施“两道、两网、两园”体系建设；努力打造特大城市管养特色，以“互联网+”的思维与生态建设的融合创新；不断发挥生态资源综合效益，推进“三地”规模总量和品质效益提升，加强生态产品生产供给能力。来自瑞典、芬兰、美国等及国内多个省市的专家学者，分别介绍了国内外先进的城市森林经营技术和管理措施，探讨了城市化与城市森林发展关系的特点等，为本市生态文明建设、打造宜居城市建言献策。

【崇明东滩“归去来栖”鸟类保护项目启动】 6月23日，崇明东滩“归去来栖”鸟类保护项目启动仪式在崇明岛举行。上海市林业局局长陆月星、副局长顾晓君，上海市崇明东滩鸟类自然保护区管理处主任汤臣栋、TNC全球副总裁皮特·威尔(Peter Wheeler)、TNC亚太区总干事长查尔斯·贝福德(Charles Bedford)等共同为项目启动致辞。中国TNC理事会、TNC亚太理事会、东滩项目企业委员会的部分企业家也出席了启动仪式。

【东滩、崇明岛等划入生态红线】 《上海市生态保护红线划示规划方案》由市规土局、市环保局、市绿化和市容管理局等多部门共同参与制订，目前进入征询公众意见和建议阶段。根据方案，未来上海将维护东海滩涂湿地及与之依存的自然保护区、杭州湾湾区、长江及黄浦江水源保护区、淀山湖湖区和崇明三岛等长江口岛群五大城市基础性生态源地。方案将上海4364平方千米划入生态保护红线范围，其中陆域3033平方千米，占市域陆域面积的44.5%。其中，一级保护区总面积约1189平方千米，主要为国家相关规定确定的禁止建设区域；二级保护区总面积3175平方千米，为具有重要生态功能的空间，包括重要水、田、林区域以及市域生态环廊空间。

生态保护红线共15类生态空间，包括自然保护区、饮水水源保护区、森林公园、地质公园、重要山体、重要耕地、重要林地、重要湿地、重要河道、重要公园、重要野生动物栖息地、外环绿带、近郊绿环、近郊生态间隔带、市域生态走廊。

根据方案，一级保护区实行最严格的管控措施，禁止与生态保护无关的开发建设活动。一级保护区包括崇明东滩、九段沙、青草沙水库、淀山湖、海湾森林公园、淀山湖等。二级保护区是为限建区，禁止对主导生态功能产生引导的开发建设活动，控制线性工程、市政基础设施和独立型特殊建设项目用地。几乎整个崇明岛以及横沙岛、青浦、松江等区县的大部分区域为二级保护区。

【非洲狮“津津”和“菲菲”在上海野生动物园和游客见面】 12月12日，上海野生动物园举行非洲幼狮开放仪式，市政府副秘书长黄融、津巴布韦驻华使馆临时代办米沙克凯臣出席仪式并致辞，外交部非洲司，国家林业局国合司、中国野生动物保护协会，市绿化市容局局长陆月星、副局长顾晓君，申迪集团董事长范希平、副总经理邵晓云及上海外办、上海市旅游局等单位领导出席仪式。

这对非洲狮是津巴布韦总统穆加贝2014年8月访华时代表津巴布韦人民赠送给中国人民的。中方将它们命名为“津津”和“菲菲”，寓意中津和中非友好。2岁的公狮“津津”和3岁的母狮“菲菲”，于10月16日抵达上海野生动物园，经过一个月的检疫和调养，已适应本市环境，体总分别增加了106千克和102千克。作为非洲大陆的旗舰物种，这对非洲狮不仅将受到致力于保护野生动物、建设生态文明的中国人民的欢迎，也将成为中津和中非友谊新的使者。（上海市林业由秦磊供稿）

江苏省林业

【概　述】 2015年，江苏省林木覆盖率22.5%，活立木总蓄积量9000万立方米；全省有国家森林城市5个(无锡市、扬州市、徐州市、南京市、镇江市)，全国绿化模范城市3个(南京市、苏州市、宿迁市)、全国绿化模范县(市、区)33个、全国绿化模范单位44个；建立省级以上森林公园67处，其中国家森林公园21处、省级森林公园46处；国际和国家重要湿地7处，省级以上湿地公园53处，其中国家级湿地公园8处，国家湿地公园(试点)15处，省级湿地公园30处。森林资源总量稳步提升，质量不断提高，全年全省新增成片造林面积4.07万公顷。绿色村庄建设深入推进，新建绿化示范村1068个。开展丘陵山区次生林、平原杨树林和绿色通道森林抚育示范，完成森林抚育面积10.1万公顷。将全民义务植树活动与生态旅游、农家乐、校园绿化等结合，组织义务植树活动2628场，参加植树活动300多万人次，新建义务植树基地581个，营建“市民林”“车友林”“小记者林”等1955个。利用微信、微博、短信等宣传发动义务植树，组织各级开展“3·12”绿化宣传活动918场，网络捐赠6.8万元。

森林资源管理 严格执行重点公益林生态红线保护规划，确保省级以上重点公益林面积稳步增长。2015年，新增省级公益林面积1.38万公顷，全省重点公益林总面积38.4万公顷，其中国家级公益林6.92万公顷、省级公益林31.48万公顷。严格林地保护管理，确保林地面积只增不减。全年永久性征收占用林地面积655公顷，共130件(其中上报国家林业局许可3件、108公顷)，征收森林植被恢复费6825万元。完成县级和省级林地保护利用规划数据年度变更调查工作。严厉打击非法侵占林地违法行为，加强林政案件监督管理。全年全省发生林政案件1158起，查处案件1130起，查处率为97.6%；共没收木材573.4立方米，罚款851.6万元，责令赔偿损失0.2万元，责令补种树木83 483株，行政处罚874人次。进一步加强林木采伐管理，出台《江苏省林业局关于进一步改革和完善集体林采伐管理的通知》，重新聘任141人为重点生态公益林采伐可行性论证专家库成员，完成5市林木采伐管理培训。严格执行森林采伐限额制度，2015年采伐森林蓄积量87万立方米、计1.93万公顷，编制全省“十三五”森林采伐限额。加强林木采伐证开证系统管理，建成全国林木采伐管理系统江苏省局域网。推进木材检查站标准化建设，加强木材运输证开证管理，强化对木材检查站的执法监督，杜绝“三乱”现象发生。2015年省财政对丰县东关、贾汪区、赣榆欢墩、泗阳县、东台范公分别投资40万元，用于站房改建、购置办公器材、交通工具等建设。

湿地及野生动植物资源保护 严格执行省政府生态红线保护规划，加强对列入生态红线内林业系统自然保护区和湿地公园管理，全省湿地总面积为282.2万公顷，其中，自然湿地194.6万公顷，人工湿地87.6万公顷。编制《江苏省湿地保护总体规划(2015～2030年)》，由省政府批复实施。加强湿地保护与修复，2015年全省恢复湿地3879公顷，新增自然湿地保护面积3.5万公顷；新建建湖九龙口、淮安白马湖、徐州安国湖3处国家湿地公园(试点)和省级湿地公园6处，新建湿地保护小区25处。全省已建成湿地自然保护区27处、保护小区235处，自然湿地保护率达42.7%。建立省级财政生态补偿转移支付制度，部分市县实施更大力度的地方补偿政策，苏州对全市按每年每湿地村60万～100万元进行生态补偿，南京、无锡对市级、省级和国家湿地公园建设单位按每年40万～200万元管护费予以补助。生态补偿进一步提升地方保护湿地积极性，湿地保护工作稳定有效可持续。加强湿地保护项目管理，指导实施南京新济洲湿地保护与恢复基本建设项目、大丰麋鹿国家级自然保护区实施亚行贷款湿地保护项目；开展大丰麋鹿、盐城沿海珍禽两个国际重要湿地监测评估；建设太湖、洪泽湖、滨海湿地及部分国家湿地公园湿地监测站。加强野生动植物原生境的保护，实施地带性森林生态植被保护与恢复工程，对宜兴龙池山、连云港云台山典型常绿、落叶针阔混交林地带性植被加强保护。开展珍稀濒危野生动植物极小种群的保护与野外种群恢复，对麋鹿、中华虎凤蝶、扬子鳄、河麂、银缕梅、楠木、南京椴等重点保护野生动植物种进行种群保护、原生境改造与野外种群恢复。加强自然保护区建设，大丰麋鹿国家级自然保护区种群发展到2818头，其中野外种群数量265头。开展珍稀濒危野生动植物种群动态变化与监测，实施全省濒危鸟类种群动态监测，重点监测具有国际重要意义、国家重点保护以及江苏省重点保护的、分布较为集中的鸟类，如丹顶鹤、勺嘴鹬、黑脸琵鹭、青头潜鸭、东方白鹳、小天鹅、白琵鹭、灰鹤以及豆雁等，建立宝华玉兰种群动态变化固定样地监测点。完成全省第二次陆生野生动物资源调查和重点保护野生植物资源调查，编写《江苏重点保护野生植物资源》《江苏珍稀濒危植物图鉴》。加强野生动植物繁育利用服务与监管，规范行政许可工作，包括野生动植物进出口审核和审批、出具产地证明、国家一级保护动物驯养繁殖/经营利用审核、国家二级保护动物驯养繁殖/经营利用审批、运输证办理等。开展全省野生动物驯养繁殖清理整顿活动，对虎、熊、豹、象、蛇类、穿山甲等野生动物的驯养繁殖和经营利用情况进行清理排查和摸底。

林业有害生物防治 2015年，全省主要林业有害生物发生面积9.71万公顷，同比上升5.0%，属于中等偏轻发生年份。林木病害发生8733公顷，同比下降15.5%，其中松材线虫病发生面积8000公顷，死亡松树数量10.2万株，同比分别下降17.8%和38.3%；林木虫害发生8.94万公顷，同比上升8.8%，其中美国白蛾发生面积6.4万公顷，同比上升34%，以舟蛾为主的杨树食叶害虫发生面积2.17万公顷，同比下降31.6%。全省林业有害生物监测覆盖率90.8%，成灾率1.8%，防治率98.4%，种苗产地检疫率99%。全省防治作业面积54.63万公顷次，其中无公害防治面积50.32万公顷次，释放生物天敌超过7亿头，无公害防治率92.1%。全省林业有害生物发生面积比"十二五"年平均发生面积下降4.5%，总体中等偏轻；松材线虫病发生面积和死树数量连续十一年"双下降"；美国白蛾扩散蔓延形势尚未根本扭转，2015年在苏中地区进一步扩展，并突破长江一线，侵入省会南京；舟蛾类杨树食叶害虫发生面积继续大幅下降；草履蚧、桑天牛、松毛虫、竹类害虫等发生面积下降较快；刺蛾、银杏超小卷叶蛾、樟巢螟、樱花毒蛾、潜叶蛾、重阳木锦斑蛾、蛀干害虫、蚧壳虫和杨树黑斑病、褐斑病、溃疡病等次要病虫危害有加重趋势；有害植物呈加重发生趋势。积极推进林业有害生物普查工作，全省13市84县(市、区)均按照普查方案开展普查工作，林业有害生物普查基本完成年度任务并取得阶段性成果。全省共完成野外踏查近5万千米，外业调查5251人次，拍摄照片69 048张，制作各类标本10 104件，查明病害种类累计1060种，昆虫3907种，有害植物124种。全面落实林业有害生物疫情信息周报和月报制度，启用"林业有害生物信息报告和管理系统"；进一步优化调整国家、省级中心测报点和县级防治示范站建设布局，推动有条件地区每个乡镇配备1名专职测报员、每村配备1名兼职测报员。强化对林业植物及其产品的检疫检查，2015年受理审批《国外引进林木种子、苗木和其他繁殖材料检疫审批单》55份，签发《植物检疫证》56.5万份。在林业有害生物发生危害关键期，及时发布趋势预报和虫情预警信息，2015年全省发布林木病虫情报500多期，计4万余份，为有效防治林业有害生物提供了科学依据。

森林防火 2015年，全省发生森林火灾8起，过火面积1.22公顷，受害面积0.03公顷，森林火灾发生率0.38次/10万公顷、受害率0.014‰，控制率0.004公顷/次，与2014年同期相比过火面积、受害面积分别下降76.5%和99.5%。未发生重特大森林火灾，没有发生人员伤亡事故，圆满完成省政府确定的目标任务，确保春节、元宵节、清明节等森林防火重点时段森林资源安全。加强森林消防队伍建设，在重点林区已组建46支森林消防专业队，人数1094人。围绕省政府森林防火责任状目标任务，加大森林防火宣传力度，加强火源管控措施，搞好预案演练，确保不发生重特大森林火灾。2015年在《新华日报》连续五天进行森林防火公益宣传，全省印发防火宣传资料20余万份，张贴、悬挂宣传标语、横幅8万多条，出动宣传车3万辆次，新增、翻新固定宣传牌6000多块，电台、电视台播放12万余次。全省开展森林火灾扑救应急演练(技能竞赛)活动18次，举办培训班23期，参加人员1200余人次，举办第六届江苏省森林消防技能竞赛。2015年，全省新建(升级)防火通道280余千米、生物防火林带40多千米、防火工程阻隔带近200千米，新(改)建护林(检查)站30余个；新建蓄水池332个、泵房8个，铺设引水管道约40千米。在林区新建(在建)视频探头55个，添置数字对讲机214台、通讯基站2个，添置风力灭火机1400台、森林消防水车6辆、机动细水雾系统28套、高压细水雾灭火水枪1400支、水泵98台、灭火弹6万余枚，为实现"打早、打小、打了"的扑火目标提供有力保障。

林业产业 2015年，全省林业产值达4081亿元，同比2014年增长4.6%。实施杨树等林板纸一体化、林木种苗、森林旅游等重点林业产业工程，林业产业快速发展，效益逐年提高。木材加工、林木种苗等传统优势一、二产业保持较快发展。全省人造板年产量5860万立方米，竹木地板年产量2.8亿平方米。大力发展森林湿地生态旅游等第三产业，森林湿地生态旅游超过5000万人次。2015年，第三产业产值增加到470亿元，全省林业一、二、三产的产值比由"十一五"末的52:41:7调优为25:63:12。积极推动林业产业转型升级，培育壮大林业龙头企业，组织上报2015年国家林业重点龙头企业12家。突出林业产业区域特色或集群优势，打造林产品品牌，进一步优化产业结构，首次下达省级林业产业化引导项目资金878万元。开展林业产业对外交流合作，搭建林产品信息平台，组织企业参加2015第八届中国义乌国际森林产品博览会，签订意向协议22份，协议金额6000万元。

科技兴林 围绕绿色江苏建设，整合全省林业科技成果资源、突出示范带动作用，组织全省各级林业科研、教学、推广等单位申报林业科技项目，共计立项79项、财政资金支持4685万元；包括中央财政林业科技推广示范资金项目9项、中央财政补助1000万元，省林业三新工程项目 62 个、省财政补助 2900 万元，引进国际先进林业科学技术计划项目 1 个、中央财政补助 40 万元，林业生态站等监测运行补助项目 2 个、中央财政补助 12 万元，森林认证项目 1 个、中央财政补助 15 万元，外来物种调查与研究 1 个、中央财政补助 15 万元，省科技厅涉林科技项目 2 项、省财政补助 700 万元，省质量技术监督局林业地方标准制定项目 1 个、省财政补助 3 万元。

依法治林 颁布实施《江苏省林业有害生物防控办法》，针对江苏省林业有害生物防控工作现状和实际需要，对林业有害生物管理责任、除治措施、监督保障等作出具有实践性和创新性的制度规范。发布《江苏省人民政府办公厅关于加强林业有害生物防控工作的实施意见》，提出今后一个时期江苏省林业有害生物防治工作的主要目标任务、建设重点及保障措施。开展全省林业系统普法工作，制订《2015 年江苏省林业系统依法行政和普法工作要点》，完成“六五”普法工作和“六五”普法终期检查。举办全省林业法律知识及执法实务培训班，邀请相关专家进行林业执法实务解读和典型案例剖析，提高林业行政执法人员的法律素养和执法水平。编印《江苏省林业局行政权力事项清单》。制定《关于进一步改革和完善集体林采伐管理的通知》和《江苏省木本油料树种种苗质量管理规定》等规范性文件。对江苏省林业局现行有效规范性文件进行清理和汇编，其中废止 9 份、失效 1 份、现行有效 56 份。建立林业植物检疫员备案制度，严格检疫员管理，对全省 800 名专职林业植物检疫员任职资格进行审查，初步建立林业植物检疫员登记备案制度；对全省 650 名在职在岗专职检疫员进行执法实务培训，提升林业有害生物防控执法能力。加强种苗产地检疫、森林植物及其产品调运检疫，落实疫木安全利用制度，省、市、县三级开展各类检疫执法专项行动 70 余次。

森林公安 加强队伍建设，与省公安厅联合出台《关于加强森林公安队伍建设的意见》，对森林公安机关管理体制、机构设置、干部管理、训练机制、警务保障等方面作出明确要求。落实民警训练政策，将森林公安民警教育训练纳入全省公安机关四级训练体系，各地民警已相继纳入当地年度培训计划进行轮训。举办新警培训班和执法规范化培训班，对金盾网安全使用管理、移动警务终端、警务综合平台中的林业行政案件办理和基础信息采集进行培训。按照地方公安民警相同政策，落实全省森林公安民警人身意外伤害保险。加强能力建设，评定 2015 年度三级森林公安派出所 25 个，申报二级派出所 4 个。在省公安厅大平台改版中建设森林公安模块、涉林基础信息数据库和移动采集系统，配发移动警务终端。加强执法办案，全年全省各级森林公安机构办理各类涉林案件 499 起，破获刑事案件 20 起。组织全省森林公安开展“查隐患、破火案”专项行动，排查出火灾隐患 228 处、违规用火 88 起，送达整改通知书 161 份，破获森林火灾案件 8 起。严厉打击涉林违法犯罪，省林业局与省公安厅、省工商行政管理局联合在南通、盐城、扬州、泰州市组织开展以打击破坏野生动物资源违法犯罪为主要内容的集中统一行动，代号“利剑二号行动”，出动人员 3890 人次，清查整治古玩城、花鸟市场、农贸市场、餐馆饭店等 664 处，清理取缔小摊点、小档口、小店面、小柜台等 48 个，办理野生动物案件 30 起，打击处理违法犯罪人员 31 人，打掉犯罪团伙 5 个，收缴野生动物 2255 头（只）、野生动物制品 22 件，开展普法宣传 210 次。开展代号“雷霆行动”的集中打击破坏森林和野生动物资源违法犯罪专项行动，出动人员 2940 人次（其中民警 1214 人次），破获刑事案件 9 起，查处林业行政案件 72 起，清理检查各类市场场所 598 处，收缴林木 27 立方米，收缴野生动物 17 484 只。

林业改革 稳步推进国有林场改革，成立江苏省林业局国有林场改革工作领导小组，专门抽调工作人员成立江苏省林业局国有林场改革工作领导小组办公室，负责国有林场改革的组织协调等工作。全面部署调查摸底工作，将国有林场基本情况调查统计表和调查问卷发至各有关市、县（市、区）林业部门和 76 个国有林场并完成调查统计汇总工作。制定《江苏省推进国有林场改革的实施意见》，并提交省政府常务会议审议通过。深化林业行政审批制度改革，加大简政放权力度，加强事中事后监管，放管结合、优化服务。江苏省林业局行政审批服务窗口进驻省政务服务中心，关闭局本部审批事项办理端口，所有审批事项全部集中到省政务中心窗口统一办理，所有审批事项有关审批要素全部在网上公开、公示，并通过省政务中心的清网验收。贯彻落实国家和省不动产统一登记改革要求，按职能配合有关部门做好林权登记相关工作。召开各市森林资源管理处长会议，传达国家林业局林权统一登记要求，要求各级林业部门配合国土部门稳妥积极推进。印发《江苏省林权确权发证情况材料汇编》，供县级以上林业部门学习研究林权统一登记工作。摸清全省林权发证基本情况，初始登记发证 456 752 公顷，变更登记发证 3925.61 公顷，注销登记发证 12 173.82 公顷。按照全省农村集体产权制度改革的统一部署，做好集体森林资源资产融入农村集体产权制度改革和集体林权进入农村产权交易市场体系相关工作。联合省工商局印发切合江苏省实际的《集体林地承包合同》《集体林权流转合同》示范文本，并将其纳入到省农村产权交易信息服务平台。落实 2015 年国有林场危旧房改造任务（南京青龙山林场 736 户危旧房改造竣工任务），督促各地抓好项目检查验收、分配入住、小区管理及产权办理等后期工作。

项目资金管理 依据《绿色江苏现代林业工程总体规划》《江苏省生态文明建设规划》，以生态优先、分类指导、改革创新、转型升级、提质增效的先进理念和原则，科学编制《江苏林业发展“十三五”规划》，在全面总结江苏“十二五”林业建设取得的成就和经验基础上，深入分析“十三五”林业发展的形势和任务；依据江苏省情和林情实际，提出构建完善“一区、二带、三网、四片、五域、多点”的林业发展空间布局和实施生态屏障建设工程等 8 项林业重点工程。出台《绿色江苏专项资金管理办法》，明确各级财政、林业主管部门管理职责，把专项资金使用绩效作为项目考核的重要内容，对项目申报、审核、审批、资金管理、项目调整、竣工验收等作出明确规定，为林业项目资金安全运行和确保项目实施成效奠定基础。积极争取国家和省级资金投入，为实现林业发展目标提供资金支持。争取 2015 年度中央财政林业项目补贴(补助)资金25 887万元，省级专项资金71 312万元(含国家项目省级配套)。加强项目与资金管理，增强全省林业建设保障和支撑能力。联合省财政厅开展林业执法项目绩效评价工作，对连云港市、丰县、睢宁县等单位森林防火、公安、木材检查站等项目进行现场绩效评价检查；开展涉林资金专项整治行动。

林业信息化 江苏林业网2015年发布信息3610条。按照《政府信息公开条例》及时主动公开各类政府信息，主动公开各类文件190份，重点公开2015年省林业局部门预算和2014年省林业局部门决算。在江苏林业网开展“分析形势 解读办法 全面推进林业有害生物依法防控”“江苏省湿地保护”“加快林业科技成果推广应用 助推绿色江苏发展”等在线访谈。江苏省林业局OA与行政权力网上公开透明运行系统实现所有在用行政权力“网上申请、外网受理、内网处理、外网反馈、全程监控”的工作机制，全年网上运转公文570件、办理行政权力事项825件。召开全省林业信息化工作会议，传达贯彻第四届全国林业信息化工作会议精神，通报2015年全省林业信息工作考核情况，表彰林业信息工作先进集体和先进个人，全面总结“十二五”期间全省林业信息化工作，研究部署“十三五”重点任务。建成江苏省森林防火信息指挥系统，实施江苏省林火远程监控系统、森林火险预警监测系统，环太湖区域森林防火通信系统、淮北区域森林防火通信系统、宁镇扬区域森林防火通信系统等建设项目，总投入4998万元。通过专网与重点森林防火单位的监控系统连接，共有628路图像，监控面积达40万公顷。江苏省森林防火信息指挥系统实现全天候、全方位、远距离、高清晰度监控大范围内火情发生情况，为森林火灾的预防、预测预报、瞭望监测、扑救指挥、损失评估等提供技术保证和辅助决策。

林业生态文化建设 积极组织国家森林城市创建，森林文化得到广泛传播，无锡、扬州、徐州、南京、镇江市建成国家森林城市。“苏州太湖湖滨国家湿地公园”等6家单位被命名为2015年“江苏省生态文明教育基地”，省级生态文明教育基地达31个。东台市新街镇方东村等6个村获2015年度“全国生态文化村”称号，在大力传播生态文化知识，牢固树立生态文明观念起到以点带面的良好示范作用。开展林业摄影大赛，由中共江苏省委宣传部、江苏省绿化委员会办公室、江苏省林业局联合举办的“绿色江苏 美好家园”摄影大赛，共收到全省各地各行业参赛摄影作品2315幅(组)，3幅(组)作品获一等奖，5幅(组)作品获二等奖，8幅(组)作品获三等奖，100幅(组)作品获优秀奖，继续与省委宣传部联合开展“绿化好新闻”评比活动，评选获奖作品29篇。加强林业生态建设与保护宣传，在《新华日报》刊发专版“用我们的双手美化家园改善环境”，宣传绿色江苏建设成就和全民义务植树运动开展情况。组织发表一批高质量新闻报道，在省级以上新闻媒体组织发表宣传报道141篇。“江苏园”获第三届中国绿化博览会展园金奖和展园最佳设计奖，江苏省绿化委员会办公室获最佳组织奖。2015年，编发《江苏林业工作简报》41期，出版《江苏绿化》杂志6期。

林木种苗生产 出台《关于加快木本油料产业发展的实施意见》，薄壳山核桃、榉树、楸树等木本油料林和珍贵乡土树种成片造林稳步推进。加快良种培育，出台《江苏省木本油料树种种苗质量管理规定》，审(认)定林木良种15个，全省通过审(认)定良种已达10批152个。全省有3家种苗企业成功上市，苗木电商发展迅速，年交易额超过20亿元。发布2015年林木种苗供需形势预测分析，科学指导林木种苗产业持续健康发展。2015年全省林木种苗育苗面积14.8万公顷，苗圃63 372处，产苗量29亿株，同比下降7.3%、47.3%和4.2%，产值312亿元，同比增长25.3%。育苗面积前3位的树种分别是香樟、女贞和雪松，杨树育苗面积下降明显。种子实际用量前3位树种是银杏、女贞和桃树。风景绿化苗对全省种苗总产值的贡献率最高，占74.7%；造林苗和草坪分别占13.8%和1.6%；盆景和花卉产值占9.8%，同比增长25%。开展打击生产制售假劣林木种苗和侵权行为专项行动，整顿苗木市场秩序。与淘宝网联合开展种苗线上线下综合治理活动，提高苗木电子交易诚信度和江苏苗木品牌影响力。完成全省林木种苗质量抽查，并委托国家林业局南方林木种子检测中心对8个县(市、区)进行重点抽查。制订《2015年全省打击制售假劣林木种苗行为和保护植物新品种权工作方案》并举办讲座。完成5期林木种子生产经营人员资格培训班，培训从业人员812人。

【江苏省领导参加义务植树活动】 2月28日，江苏省委书记罗志军、省长李学勇、省政协主席张连珍等省领导集体到位于南京河西鱼嘴湿地公园，与省市机关干部一起参加义务植树活动。罗志军强调全省上下要坚持不懈地推进绿色江苏建设，咬住增加林木覆盖率目标不动摇，广泛开展全民义务植树活动，扎实搞好城乡绿化美化，锲而不舍、接续努力，让人民群众拥有美好宜居的生活家园，为建设新江苏提供更加有力的生态保障。李学勇十分关心林业产业发展情况，要求搞好苏北杨树的更新间伐，注意调整树种结构，努力在发挥生态效益的同时，给农民带来更多的收益。在宁部分省委常委、省人大常委会副主任、副省长、省政协副主席和南京市领导，以及省绿化委员会成员等参加义务植树活动。

【全省林业局长会议召开】 1月31日，全省林业局长会议在南京召开。会议贯彻落实江苏省委十二届九次全会、全省农村工作会议和全国林业厅局长会议精神，总结上年度全省林业工作，分析新常态下林业改革发展的新形势，部署2015年及今后一个时期全省林业工作。会议强调，在建设“经济强、百姓富、环境美、社会文明程度高”的新江苏中，林业工作大有作为。林业部门要在促进经济发展、致富一方百姓、美化城乡环境中更好地担当职责。强化生态红线区域内林业资源保护，深入推进造林绿化和湿地保护修复，推动城乡生态环境向好变美，是林业在建设新江苏中的首要任务；加快林业产业结构调整和转型升级，促进区域经济发展和农民增收致富，是林业在建设新江苏中的应有担当；大力弘扬人与自然和谐相处的绿色生态文化，促进社会生态文明程度不断提高，是林业在建设新江苏中的不懈追求。全省林业系统要认真研究新常态，主动适应新常态，努力服务新常态，按照省委、省政府和国家林业局部署，紧紧抓住新常态为全省林业改革发展带来的新机遇，坚持把林业工作融入生态文明建设工程和农业现代化工程，大力实施《江苏省生态文明建设林业行动计划》，全面深化林业改革，统筹做好林业生态建设、修复和保护各项工作，努力推动绿色江苏建设迈上新台阶。会议部署5个方面重点工作：扎实开展国有林场改革，增强林场发展活力。大力开展植树造林，持续改善生态环境。切实加强资源保护，着力提升生态承载力。认真做好林业灾害防控，保护林业建设成果。积极发展林业产业，促进林农增收致富。

【《江苏省林业有害生物防控办法》颁布并实施】 《江苏省林业有害生物防控办法》（以下简称《办法》）于2015年6月1日起施行。《办法》是江苏省第一部关于林业有害生物防控的综合性政府规章，明确政府主导、部门协作、社会参与的防控工作格局，规定政府、主管部门、相关部门、防控机构和林业资源所有者、经营者的防控责任，从预防预警、检疫控制、灾害处置、监督保障、法律责任等方面对林业有害生物防控作出明确规定。《办法》紧密结合江苏省情和防控工作新形势，制定了林业有害生物灾害分级管理、邮寄运送林业植物及其产品实施调运检疫等创新条款，体现江苏特色和时代特色，是一部具有实践性和创新性的政府规章。

【林业大事】

1月31日 全省林业局长会议在南京召开。

2月16日 省委常委、省政府副省长、省森林防火指挥部指挥徐鸣到江苏省林业局督促检查森林防火工作。

2月28日 省委书记罗志军、省长李学勇、省政协主席张连珍和在宁部分省委常委、省人大常委会副主任、副省长、省政协副主席、南京市领导以及省绿化委员会成员，到位于南京滨江风光带最南端的河西鱼嘴湿地公园义务植树。

3月27日 江苏省政府在海安县召开全省春季农业生产工作会议，省委常委、副省长徐鸣出席会议，部署2015年春季农业生产及全省国有林场改革工作。

4月8日 第十届中国湿地生态旅游节暨中国泰州姜堰溱潼会船节开幕。

4月23日 江苏省林业局举办全省国有林场改革工作培训班。

5月1日 “2015中国森林旅游江苏行”活动在宿迁市三台山省级森林公园举行。

5月20日 江苏省第九次森林资源清查工作部署会在南京召开。

5月25日 江苏省政府法制办和省林业局在南京联合召开学习贯彻《江苏省林业有害生物防控办法》座谈会。

8月5日 江苏省林业局邀请国际竹藤中心、中国林业科学研究院、南京林业大学等单位的15位专家，对《江苏林业发展“十三五”规划》进行论证。

8月6~7日 国家林业局局长张建龙到江苏调研林业发展情况，并与李学勇省长、省委常委徐鸣副省长交换意见，共商江苏林业发展大计。

10月18日 第三届中国绿化博览会在天津市武清区闭幕，“江苏园”获第三届中国绿化博览会展园金奖和展园最佳设计奖，江苏省绿化委员会办公室获最佳组织奖。

10月30日 江苏省森林防火工作会议在苏州召开。

12月29日 江苏省2016年林业有害生物发生趋势会商会在南京召开。 （江苏省林业局办公室供稿）

浙江省林业

【概　述】 2015年，浙江省深入贯彻落实《关于加快推进林业改革发展全面实施五年绿化平原水乡十年建成森林浙江的意见》重要精神，紧紧围绕“五年绿化平原水乡十年建成森林浙江”战略目标，全面推进林业改革发展，林业事业继续保持良好的发展态势。全省共完成造林更新4.4万公顷，参加义务植树2134.8万人次，完成植树6600万株。实现林业行业总产值达4523亿元。

【林业生态建设】

“1818”平原绿化行动 浙江省委、省政府连续第六年召开全省平原绿化工作座谈会，省委书记夏宝龙亲自出席会议并作讲话。全省共完成平原绿化1.86万公顷，是年度任务的152.6%，总计投入资金67.31亿元。

森林抚育经营 以交通主干线两侧为重点，结合松材线虫病防控，实行沿线连片推进，加快林相改造，提升森林质量和景观水平，完成森林通道建设4704.2千米、3866.7公顷，完成通道沿线林相改造1.51万公顷。全面启动千万亩珍贵彩色健康森林建设，提升森林质量和景观水平，完成森林抚育补贴面积6.7万公顷。

生态公益林建设 浙江省级以上公益林面积增加至302.27万公顷，补偿标准从每公顷405元提高到450元，新增优质林分面积6.53万公顷，累计优质林分面积达到234万公顷。

【林业改革】

林业新型经营主体建设 继续推进24个县林业股份合作社建设试点工作，示范辐射、引领推广林地股份合作制、林木股份合作制和股份制家庭林场等成功模式，出台《浙江省示范性家庭林场标准》。全省已建立股份制合作社168家，涉及农户达11 200户。有家庭林场1294个，涉及林地面积4.2万公顷，经营内容包括用材林、经济林、商品林、苗木等。

林权流转 探索生态公益林补偿质押基金、公益林信托受益权担保等贷款模式。经浙江省政府同意，印发施行《浙江省林地经营权流转证管理办法》，为创新林业融资模式、实现林地规模化集约化经营提供了依据。

国有林场改革 浙江省国有林场改革全面完成，10月，列入试点的89个国有林场的改革工作通过了由国家发展和改革委员会、国家林业局等七部委组成的国家国有林场改革试点验收组的国家验收。12月，宁波等4个非试点市19个国有林场改革工作也已通过省级验收，至此，于2008年启动的全省国有林场改革工作正式完成。改革后，全省共有国有林场100个，经营面积25.6万公顷，森林覆盖率92.2%，森林蓄积量2054万立方米，在全省生态建设和林业发展中发挥了重要的作用。

【林业产业】 2015年浙江省林业产业总产值达4523亿元，位列全国前茅。

现代林业园区 截至2015年年底，全省建立现代林业园区566个，其中综合区45个，示范区143个，精品园378个，涉及20余个林业产业，建设规模达到23.22万公顷，总投资123.8亿元。

木本油料产业 浙江省政府办公厅出台《关于加快推进木本油料产业提升发展的意见》，启动木本油料产业转型升级三年行动，全省完成木本粮油提升项目已达8653.33公顷，产业规模优势继续扩大。

林下经济 建设林下经济省级示范基地19个，财政扶持805万元，建设面积83.33公顷。加快林区道路建设，完成林区道路主干道建设2871.5千米。

森林旅游 2015中国(温州)森林旅游节暨第九届温州森林旅游节在文成县铜铃山国家森林公园开幕，浙江省政协副主席陈艳华出席开幕式。2015年，全省森林旅游人数超过2.66亿人次，年收入达到977亿元。

2015中国(萧山)花木节 3月27~29日，2015中国(萧山)花木节暨第十届中国园林绿化产业交易会在浙江(萧山)花木城举行。本次花木节由国家林业局、浙江省人民政府、中国花卉协会联合主办。为期3天的"花木节"共吸引来自全国各地的参观者6万多人次，达成销售意向6.6亿元。

第八届中国义乌国际森林产品博览会 该会于11月1~4日在义乌市举办。为期4天的森博会有来自全球34个国家和地区的1502家企业参展，设国际标准展位3677个，到会客商40.32万人次，其中境外客商5086人，专业采购团队26个，境外采购团队10个。本届展会实现成交额47.18亿元，其中内贸成交额35.03亿元，占总成交额的74.25%；外贸成交额12.15亿元，占总成交额的25.75%。

【资源保护】

林地管理 全面推动森林资源一体化监测体系建设，将森林覆盖率、林木蓄积量和林地保有量等指标纳入对市级政府年度绩效考核的工作目标。全省全年共办理各类使用林地项目2747项，林地面积4798公顷，预收森林植被恢复费23 706万元。深化非法侵占林地清理排查，全省共查处非法侵占林地案件447起。

采伐管理 执行新修订的《浙江省林木采伐管理办法》，推进森林采伐管理改革试点工作，完成"十三五"采伐限额编制工作，建议指标总量为615万立方米，比"十二五"年采伐限额调减了20万立方米。

资源调查 启动浙江省新一轮森林资源二类调查工作，组织修订调查技术操作细则，大部分林区县(市、区)已经进入落实调查经费、中介机构招投标、二类调查实施方案编制的阶段；部分县已完成外业工作。

湿地管理 组织开展县(市、区)级湿地保护规划编制、红线划定、名录确定及筛选重点项目的工作。截至12月底，98%的县已完成县级湿地保护规划编制和湿地红线划定工作。新建桐庐南堡、浦江浦阳江2个省级湿地公园。开展湿地生态补偿调研及相关标准的起草工作，初步完成浙江省湿地生态补偿办法草案。

森林灾害防控 2015年，浙江省仅发生68起火灾，受害森林面积301公顷，同比下降53.1%和61.5%，未发生重特大森林火灾事故、人员伤亡事故和火烧连营事故。加快航空护林站建设，全年累计飞行77架次178时，发现生产用火23处、森林火灾4起。松材线虫病防治共完成除治15.27万公顷，清理枯死木222万株，投入防治资金约1.3亿元。

【"关注森林"活动】

寻找"浙江最美古树"活动 该活动于2014年9月启动，经各地申报推荐、实地寻访、网络投票、专家评审、网络公示等程序，历时10个月，在21.8万株古树名木中评选出了109株"浙江最美古树"。并在此基础上评出"浙江十大树王""浙江十大古树""浙江十大名木"和"浙江古树之最"，并向社会公布。

"浙江最美森林古道"评选活动 通过发动宣传、网络评选和专家论证，历时3个月，最终共评选出包括"浙江十大经典古道""浙江十大人文古道""浙江十大风情古道"在内的50条"浙江最美森林古道"，并向社会公布。

生态文明主题植树活动 组织开展省市党政军领导义务植树、全省珍贵和彩色树种进乡村、"保护母亲河 美丽中国梦——2015年浙江省青少年植树行动"等主题植树活动，引导全社会广泛参与林业建设，全省参加义务植树人数2134.8万人次、植树6600万株。

森林系列创建 森林城市(城镇)系列创建继续深入，绍兴、义乌成功创建为国家森林城市，6个县(市)、47个乡镇创建为省级森林城市(城镇)，200个村创建为省级森林村庄。

生态文化宣传 举办第19个"世界湿地日""爱鸟周"、森林消防等宣传活动，组织"平原绿化书记访谈"；加强生态文化基地建设，富阳湘溪村、桐庐环溪村、安吉玉华村、平阳王神洞村、衢江洋坑村、新昌外婆坑和永康大陈村等7个行政村被授予"全国生态文化村"称号。

【林业支撑保障】

重大林业科技项目 加快科技创新平台建设，累计建成油茶、香榧、铁皮石斛、竹笋、山核桃、马尾松、竹家具和木质资源综合利用等8个国家林业局工程技术研究中心，2个国家林业局生物产业基地，5个国家级生态定位站，10个国家林木良种基地。组织实施的林业科技项目有70多项，合作建成竹类研究省级重点实验室、竹产业科技创新服务平台、林木种质资源保育与利用公共基础条件平台等多个省级科技创新平台，新立省院合作项目16项，省本级推广项目10项，省级推广项目21项（转移支付到地方），中央财政林业科技推广示范资金项目15项。推动林业标准化工作，参与和主持发布制（修）订2项国际标准和10项省级地方标准。认定森林食品基地153个、面积1.53万公顷。

林木种苗 全面启动实施《花卉苗木产业转型升级三年行动方案（2015～2017年）》，全省花木生产面积和综合产值总体保持平稳，呈现结构调整加速、转型步伐升级的发展格局。加强种质资源保育，全省累计认定省级以上林木种质资源库（圃）28处，保存林木种质资源2万余份。加快推进良种选育科技攻关，新增林木优新品种44个，其中通过省级审（认）定林木良种29个，获得国家林业局授权新品种15个。

在开化县举办"全省珍贵和彩色树种进乡村"启动仪式，共面向全省赠送珍贵和彩色树种867万株，其中二年生大苗190万株，赠送地区覆盖11个市86个县5300余个行政村，赠苗数量为历年最高，二年生大苗数量是2014年的2.4倍，全省累计繁育赠送珍贵彩色树种苗木近1300万株；完成珍贵彩色树种赠苗造林面积8000公顷，完成珍贵彩色树种营造林任务3697.47公顷，是计划任务3250公顷的113.8%。探索开展珍贵树种滚动循环发展，经各县自主申报并统筹，共选取15个珍贵树种重点县为试点县，培育试点苗木（二年生容器苗）89万株，按每株2元的标准（省定育苗补助标准的30%左右）实施育苗资金地方配套试点，共实现育苗资金地方配套178万元。

【林业大事】

1月24日 在浙江省"两会"期间，省政协在杭州召开全省"关注森林"工作会议，会上新命名表彰了10个"省森林城市"，45个"省森林城镇"和200个"森林村庄"。省政协主席、省"关注森林"组委会主任乔传秀出席会议并讲话。

1月28～29日 "遏制非法象牙需求国际研讨会"在杭州举行，CITES公约秘书长约翰·斯甘伦、国家林业局副局长刘东生出席会议并讲话，省林业厅厅长林云举参加会议并致辞。

2月2日 第19个"世界湿地日"宣传活动启动仪式在杭州西溪国家湿地公园举行。全国政协副主席罗富和参加仪式，国家林业局副局长张永利、浙江省副省长黄旭明出席仪式并讲话，国际重要湿地、国家湿地公园代表和有关国际组织驻华办事处等代表约150人参加活动。

2月25日 全省共有31个市、县（市、区）3万多人参加义务植树劳动，种植树木达16万多株。

3月3日 第二个"世界野生动植物日"，浙江省野生动植物保护协会和杭州动物园联合在杭州动物园举办"依法保护野生动物，共建美好家园"主题宣传活动。

3月12日 第37个植树节，浙江省和湖州市党政军领导到湖州市德清县武康镇带头参加义务植树。省委副书记王辉忠等省领导、省市县三级机关干部、解放军及武警官兵共600余人参加。

3月20日 浙江省委在杭州召开2015年全省平原绿化工作座谈会。省委书记、省人大常委会主任夏宝龙参加会议并讲话。

3月27～29日 2015中国（萧山）花木节暨第十届中国园林绿化产业交易会在萧山浙江（中国）花木城举行，共吸引来自全国各地的参观者6万多人次，达成销售意向6.6亿元。

4月11日 2015年全省野生动植物保护宣传月暨"爱鸟周"活动在绍兴举行。省政协副主席、省生态文化协会会长陈艳华参加启动仪式并宣布活动启动。

5月19日 中国人民政治协商会议第12届全国委员会第31次双周协商座谈会在北京召开，俞正声主持会议。全国政协委员、浙江省林业厅副厅长吴鸿在会上作了"浙江省湿地资源保护面临的问题及对策建议"主题发言。

5月22日 浙江省首个经工商部门注册的家庭林场——浦江县金果源家庭林场成功注册。

7月13日 由浙江省绿化与湿地保护委员会和省林业厅主办的"浙江最美古树"评选结果揭晓，全省21.8万株古树名木中有109株古树获评。

8月10日 横店·中国世界野生动物标本馆在东阳横店开馆，总建筑面积5.3万平方米，分亚欧厅、美洲厅、非洲厅、极地厅、大洋洲厅等展厅和区域，是亚洲最大的世界野生动物标本馆。

8月29日 全国深化集体林权制度改革现场会在浙江浦江县召开。国家林业局党组书记、局长张建龙出席会议并作重要讲话。

9月11日 中国红木收藏品交易平台在杭州华东林交所启动上线，标志着全国首家红木收藏品交易中心正式成立。

10月10日 在武汉举行的"2015中国森林旅游节暨生态休闲产业博览会"上，国家林业局授予开化县"国家生态公园试点"称号。

10月20日 省林业厅和舟山市人民政府联合在舟山长岗山森林公园首次野外放归人工繁育獐。

10月23日 浙江省政府办公厅发文重新公布全省省级以上公益林建设规模面积为302.38万公顷，占全省林业用地总面积的45.73%。

11月1～4日 第八届中国义乌国际森林产品博览会在义乌国际博览中心举行。本届森博会共有来自34个国家和地区的1502家企业参展，设国际标准展位3677个，实现成交额47.18亿元。

12月8～10日 浙江省关注森林组委会组织省创建森林城市验收组，分别由省政协主席乔传秀、全国政协文史和学习委员会副主任周国富、省人大常委会副主任程渭山、省政协副主席陈艳华带队，对宁海县、海盐县、永康市、龙游县、玉环县、三门县创建省级"森林城市"进行验收。

12月22日 "浙江最美森林古道"评选活动结果揭晓，共评选出包括"浙江十大经典古道""浙江十大人文古道""浙江十大风情古道"在内的50条"浙江最美森林古道"。

12月29日 国家林业局向浙江省人民政府复函，同意将浙江省列入"全国深化林业综合改革试验示范区"。

12月30日 浙江省委、省政府在杭州召开全省林业工作会议。省委副书记王辉忠、副省长黄旭明参加会议并讲话。国家林业局授予浙江省"全国深化林业综合改革试验示范区"标牌，省政府和各市签订《森林浙江建设目标责任书》。 （浙江省林业由谢力供稿）

安徽省林业

【概　述】 安徽是中国南方集体林区重点省份，林业在全省国民经济和社会发展大局中占有重要地位。全省现有林业用地面积449.3万公顷，森林面积395.9万公顷，森林覆盖率28.65%。活立木蓄积量2.6亿立方米，森林蓄积量2.2亿立方米。全省湿地总面积104.2万公顷，占国土总面积的7.46%。2015年，全省林业总产值达2832亿元。

全年在省委、省政府的坚强领导下和国家林业局的指导支持下，全省各级林业部门紧紧围绕建设生态强省的总目标，主动适应经济发展新常态，全面组织实施千万亩森林增长工程，全面深化林业改革，全面推进依法治林，全面从严治党，全省林业建设取得了新的成效。

【营林生产】 2015年，各地、各有关部门进一步强化措施，合力攻坚，超额完成了工程建设任务。据省级核查验收，全省共完成新造林11.43万公顷，占省政府下达计划任务的111.9%。森林城镇、森林村庄、森林长廊创建活动深入推进。黄山、宣城市获得国家森林城市称号，六安、淮南和铜陵市"创森"总体规划通过专家评审，滁州、宿州市"创森"工作已报国家林业局备案；同时，全省创建省级森林城市14个、森林城镇115个、森林村庄819个；新建森林长廊示范段1557千米。

行政推动 春节过后，在全省组织开展了以"身边增绿、共建共享"为主题的义务植树活动，省几大班子主要领导以身作则、率先垂范，各地、各有关部门积极响应、快速行动，形成了上下联动、齐抓共管的良好格局。在整地和造林的关键时期，省委、省政府先后召开了全省造林整地现场会、省领导小组第三次全体会议，研究完善相关政策，细化落实工作任务，强力推进工程建设向纵深发展。

重点突破 把"三线三边"绿化提升和"三项创建"作为工程建设的重中之重，精准发力，持续用力，召开现场会，强化宣传发动，精心安排部署，有效拓展了造林绿化空间。据统计，全年全省共完成"三线三边"造林6.95万公顷，占新造林总量的61%。

造林主体 进一步完善财政奖补、项目建设、金融服务等扶持政策，探索创新经营形式，林业企业、大户、家庭林场、专业合作组织等新型经营主体规模不断壮大，作用更加突出。据统计，2015年各类社会主体承担的造林任务占总面积的90%以上，造林成效明显提高。

技术服务 继续组织开展万名林业科技人员下基层服务活动，省林业厅派出24个专家组深入各地巡查，共建立33.33公顷以上的省级专家联系点73个，面积7000公顷；在整地和造林的关键时期，厅级干部带队分赴各地开展督查指导。突出问题导向，及时制定出台了《千万亩森林增长工程建设存在问题与整改责任分解意见》《关于促进林苗两用林持续健康发展的意见》《关于加强油茶等木本油料造林水土保持工作的通知》等，推进工程建设更有质量、更有效益地发展。

核查验收 进一步改进核查验收办法，在县级全面自查、市级抽查的基础上，省级核查以行政村为单位抽样10%~12%，覆盖面更广、更具代表性。同时，实行多部门参与的核查监督制度，联合督查组对核查验收情况分片跟踪检查，确保验收真实可靠。

【林业改革】 全面深化林业改革，探索建立适应市场经济需求和生态文明建设需要的新体制机制，更加注重林业改革的系统性、整体性、协同性，不断激发林业发展的活力。

国有林场改革 《中共中央国务院关于印发〈国有林场改革方案〉和〈国有林区改革指导意见〉的通知》（中发〔2015〕6号）下发后，省政府组织了专题学习，省林业厅及时召开了各市县林业局长、国有林场场长参加的政策解读培训会，部署改革前期准备工作。在深入学习领会中发6号文件精神、准确把握改革要点和全面调查摸底的基础上，4月底初步制定了《全省国有林场改革实施方案》。此后，针对国有林场定性、定编、定员和富余人员安置及改革成本分担等关键问题，会同省有关部门多次赴市、县（区）及国有林场开展调研，广泛征求意见，深入研究论证，反复修改完善方案。省政府第63次常务会议、省委常委会议先后审议通过《安徽省国有林场改革实施方案》。12月31日，省政府将实施方案正式上报国家国有林场林区改革工作小组审批。

集体林权制度配套改革 进一步加强集体林权初始登记、变更登记、抵押登记的指导与管理，推进林权登记管理走向规范化、科学化。进一步深化林权流转市场平台建设，以县级林权管理服务中心规范化建设为依托，不断完善林权证档案、林权交易和综合服务等职能，并将职能向乡镇村延伸；指导江南林业产权交易所与各市、县开展合作，着力完善全省林权交易市场网络。进一步深化林权抵押贷款融资平台建设，与省银监局联合出台了《关于加快推进林权抵押贷款工作的意见》，不断深化银林合作。进一步探索推进集体林业综合改革，宣城市被确定为全国集体林业综合改革试验示范区，着力在林地"三权分置"和林业社会化服务体系建设等方面创造新经验。进一步深入推进森林保险试点工作，黄山等6个市纳入政策性森林保险范围，全省森林保险参保面积共完成272.18万公顷，综合参保率近90%，较2014年提高了13个百分点。

生态文明制度建设 制订出台了《安徽省林业生态红线划定办法(试行)》，指导和规范各县(市、区)开展划定工作，加快红线指标落界。建立了省林业厅占用征收林地联席会议审批制度、使用林地网上申报制度，将林地定额的60%分配到市级掌握使用，不断完善占用征收林地管理工作。积极争取纳入国家湿地生态效益补偿试点，安排落实升金湖湿地生态效益补偿试点项目资金1500万元，升金湖已晋升为国际重要湿地。健全完善森林生态效益补偿机制，省级公益林补偿标准提高到每年每公顷225元。探索开展国家储备林建设，安徽省被列为2016年农业综合开发林业项目国家储备林建设试点省之一，已在15个国有林场组织实施木材战略储备基地建设项目。

【林业法治】 制定出台了《关于全面推进依法治林工作的若干意见》，强化法治思维，善于运用法治方式，大力推进依法治林。

加快林业立法 11月19日，《安徽省湿地保护条例》通过第十二届省人大常委会第二十四次会议审议，于2016年1月1日正式实施，湿地保护管理进入了法治化轨道。《安徽省林业有害生物防治条例》已完成起草任务。

严格依法行政 健全依法决策机制，出台了《省林业厅重大事项决策规定》。积极规范行政行为，制定印发了《林业行政处罚裁量权基准》。建立林业厅法律顾问制度，聘请了专业律师担任法律顾问，制定了管理办法。承办林业行政诉讼4件，一审、二审省林业厅均胜诉。开展林业规范性文件清理工作，保留规范性文件26件，修改2件，废止26件。开展全省林业行政执法资格认证工作，为5516人核发、换发行政执法证。

坚持从严执法 深入开展非法侵占林地排查专项行动，查处违法违规侵占林地案件578起，涉及林地面积416公顷。开展林木种苗检疫联合执法行动。全省共发生林业行政案件11 833起，查处11 726起，案件办结率99.1%。各级森林公安机关组织开展了系列严打专项行动，共立各类刑事案件493起，破案387起，抓获各类涉林犯罪人员597人，严厉打击了各类破坏森林资源的违法犯罪行为。

【森林和湿地资源保护】 按照从严控制、科学测算的思路，研究确定了全省“十三五”期间年森林采伐限额建议指标，已上报国家林业局。严格执行使用林地定额管理和用途管制制度，保重点、保民生，2015年共办理永久使用林地项目615宗，使用林地定额3248.98公顷，控制在国家下达的限额指标以内。初步完成了全省森林资源“一张图”建设，探索利用卫星遥感影像实施森林资源“一张图”的年度变更工作，为科学动态监测管理奠定了基础。完成了休宁县林地保护利用规划修编试点工作，金寨县的试点正在进行。继续开展全省第二次野生动植物资源调查，成功开展了第11次扬子鳄野外放归活动，至此已放归78条。申报了桐城嬉子湖等10处湿地公园为国家湿地公园试点，目前已有7处通过国家林业局专家评审并予以公示。启动开展了全省第三次古树名木资源普查，完成了全省首批名木和一级古树挂牌保护任务。

【森林防火】 全面推进森林防火责任、信息、救灾体系建设，研究制定了6项配套制度，加强督促指导，进一步加大了森林防火工作力度。2015年，全省共发生森林火灾22起，其中一般森林火灾21起、较大森林火灾1起，受害森林面积5.44公顷，森林火灾受害率0.001%，没有发生重大森林火灾和人员伤亡事故。与2014年相比，森林火灾次数、受害森林面积均大幅度下降，实现了重要时间节点“零火情”的目标。

【出台森林防火6项制度】 为深入推进森林防火责任、信息、救灾“三个体系”建设，全面提升安徽省森林防火工作水平，省森林防火指挥部于2015年10月30日出台了《安徽省森林防火工作责任规定》《安徽省森林防火工作约谈办法》《安徽省森林火险预警与响应工作实施细则》《武警森林指挥部驻皖部队遂行任务实施细则》《安徽省森林消防队伍建设和管理规范》《安徽省森林防火物资储备库建设和管理意见》等6项配套制度。推进森林防火责任、信息、救灾“三个体系”建设，确保实现森林火灾当日扑灭率达到98%以上、年度森林火灾受害率稳定控制在0.5‰以内的目标。

明晰森林防火责任 《安徽省森林防火工作责任规定》明确，森林防火工作实行行政首长负责制、部门负责制和群防群治责任制，分别对各级政府、指挥部成员单位及森林、林木、林地的经营单位和个人承担的森林防火职责作了规定，真正做到森林防火工作层层负责任、事事有人抓。

完善森林防火约谈机制 《安徽省森林防火工作约谈办法》规定，对因森林防火工作责任和措施落实不到位引起森林火灾多发等情形的市、县，由省森林防火指挥部约谈市、县级政府主要负责人，在新闻媒体上公开曝光。对无故不参加约谈或未认真落实约谈要求的，由省森林防火指挥部予以通报批评。一个防火期内再次出现需要约谈的情形，取消其参加林业综合性先进集体评选资格，并调减省级森林防火项目资金安排。

建立科学规范的预警响应机制 《安徽省森林火险预警与响应工作实施细则》规定，森林火险预警信号从低到高依次用蓝色(中度危险)、黄色(较高危险)、橙色(高度危险)、红色(极度危险)4种颜色表示。发布不同等级颜色森林火险预警信号后，有关单位或地区必须同时启动相对应的预警响应行动。

同时，《武警森林指挥部驻皖部队遂行任务实施细则》《安徽省森林消防队伍建设和管理规范》《安徽省森林防火物资储备库建设和管理意见》的出台，进一步强化了森林火灾科学防范和应急处置能力。

【林业有害生物防治】 认真落实省政府办公厅《关于进一步加强林业有害生物防治工作的实施意见》，在全面监管、及时预警、有效防治上下功夫，全力遏止松材线虫病、美国白蛾等重大林业有害生物蔓延势头。2015

年，安徽省主要林业有害生物防治面积约 34.33 万公顷，防治率 87.7%，成灾率 5.1‰，无公害防治率 90.4%，测报准确率 90.2%，种苗产地检疫率 98.4%，完成国家林业局和省政府下达的指标。阜阳等6个市18个县(市、区)通过政府购买服务形式开展美国白蛾飞机防治，取得较好成效。

【林业产业】 全省林业产业发展势头良好，2015 年全省林业总产值达 2832 亿元，同比增长 12.8%。

大力发展特色新兴产业 继续主攻油茶、竹子、杨树“三大树种”，认真贯彻落实全省油茶产业发展现场会精神和省政府办公厅《关于加快木本油料产业发展的实施意见》，全力推进油茶等木本油料产业又好又快发展。成功举办了第十三届中国合肥苗木花卉交易大会，总交易额达 23.08 亿元，较 2014 年增长 2.8%。新建国家牡丹公园 1 处；新增省级森林公园 1 处，全省森林公园总数已达 74 处。积极发展区域特色林产品，有 3 个林业产业特色示范区(基地)通过中国林业产业联合会认定。同时，池州市跻身全国首批森林生态产品生产基地，并正在建设国家森林生态标志产品电商交易平台，开启了“互联网 + 林业”的崭新模式。

积极培育新型林业经营主体 开展了第五批省级林业产业化龙头企业的申报、认定工作，最终认定省级林业产业化龙头企业 694 家。继续开展省级林业合作社示范社评选，共评选省级示范社 51 个。加快推进现代林业示范区建设，制定出台了《安徽省现代林业示范区建设认定标准》，首批认定 18 个单位为省级现代林业示范区。

加快推进林业精准扶贫 会同有关部门制定关于发展特色产业、强化生态保护、推进精准扶贫精准脱贫的实施意见，着手制订林业精准扶贫实施方案。认真做好牵头对口扶持界首市的扶贫开发工作，积极参与对口扶持岳西、金寨、太湖、望江、萧县、泗县等扶贫开发工作。

【主要林产品产量】 全年全省生产商品材 457.96 万立方米，与 2014 年相比略有下降；毛竹 12 674 万根，小杂竹 641.7 万吨，与 2014 年相比略有上升。水果种植面积 14.58 万公顷，同比增长 7.68%，产量 305.21 万吨，同比增长 6.96%；干果种植面积 7.23 万公顷，同比下降 0.68%，产量 14.45 万吨，同比下降 42.77%；产饮品种植面积 15.55 万公顷，同比增长 14.76%，产量 10.93 万吨，同比增长 1.67%；森林食品产量 10.48 万吨，同比减少 2.6%；木本药材种植面积 1.43 万公顷，与上年相比下降 8.33%，产量 4.4 万吨，与上年相比增长 80.33%。木本油料种植面积 16.97 万公顷，比 2014 年增长 4.95%，产量 15.97 万吨，同比上涨 66%；林产工业原料产量 1.93 万吨，同比减少 5.39%；其中松脂 1.25 万吨，占工业原料的 64.77%，仍然是最主要的工业原料(表 22-1、表 22-2、表 22-3)。

表 22-1　主要经济林产品产量

产品名称	计量单位	产　量
苹果	吨	390 796
柑橘	吨	41 321
梨	吨	1 160 365
葡萄	吨	463 833
桃	吨	725 691
杏	吨	25 274
猕猴桃	吨	19 011
核桃	吨	74 454
板栗	吨	105 870
枣(干重)	吨	12 283
柿子(干重)	吨	23 548
银杏(白果)	吨	2101
毛茶(干重)	吨	105366
竹笋干	吨	31 272
食用菌(干重)	吨	57 139
山野菜(干重)	吨	7746
杜仲	吨	2349
油茶籽	吨	78 327
油桐籽	吨	2507
棕片	吨	3906
松脂	吨	12480

表 22-2　主要木竹加工产品产量

产　品　名　称	计量单位	产　量
锯材	立方米	4 139 444
木片、木粒加工产品	实积立方米	2 239 742
人造板	立方米	21 054 906
1. 胶合板	立方米	14 902 160
2. 纤维板	立方米	3 573 994
3. 刨花板	立方米	1 225 388
4. 其他人造板	立方米	1 353 364
其中：细木工板	立方米	783 445
其他加工材	立方米	99 266
木竹地板	平方米	80 257 138
1. 实木地板	平方米	5 207 889
2. 实木复合木地板	平方米	13 082 959
3. 浸渍纸层压木质地板(强化木地板)	平方米	20 484 359
4. 竹地板(含竹木复合地板)	平方米	9 857 931
5. 其他木地板(含软木地板、集成材地板等)	平方米	31 624 000

表 22-3　主要林产化工产品产量

产　品　名　称	计量单位	产量
松香	吨	7364
松节油	吨	1891
木炭	吨	72 266
竹炭	吨	7390
木质活性炭	吨	3614

【第十三届中国合肥苗木花卉交易大会成功举办】 10月23～25日，2015（第十三届）中国合肥苗木花卉交易大会在肥西中国中部花木城举办。全国政协人口资源环境委员会副主任、国家林业局科技委常务副主任江泽慧，安徽省人民政府副省长梁卫国参观了展览交易现场。省政府副秘书长刘永春、合肥市人民政府市长张庆军、省林业厅厅长程中才、国家林业局国有林场和林木种苗工作总站副总站长张周忙和省及合肥市有关部门领导参加了巡展活动。

此次苗交会以“美丽合肥、多彩苗木”为主题，以“展示成果，促进交易，创新发展，合作共赢”为宗旨，更加突出了政府引导、企业主体、创新发展、合作共赢。展览面积达8万平方米，有25个省（区、市）的1606家参展商、贸易商，约3.6万业内人士前来参展、参观，交流、交易，寻求合作。其中进场参展的苗木花卉生产经营企业有1056家，设置特展展位23个，标准展位1378个，参展企业较2014年增加5.7%。大会期间，总交易额23.08亿元，较2014年增长2.8%，其中现场交易额8600万元，签订正式合作协议12.3亿元，达成意向协议金额9.92亿元。

【林业科技】 积极推进国家林业局经济林产品质量检验检测中心（合肥）、山核桃工程技术研究中心、能源林工程技术研究中心以及生态定位研究站的建设和运行。积极支持科研院所和企业、高校开展联合攻关研究，共取得科技成果10余项。“安徽省林农复合持续经营模式和机理的研究与推广”项目获得省科技进步三等奖。组织实施了26个林业科技推广与创新项目，建设示范林346.67公顷，完成技术培训3000人次。审定发布了《北美红枫育苗技术规程》等15个省地方标准。审认定12个林木优良品种。组织开展了安徽林业信息网站系统升级上线工作，完成了全省林业系统政府网站普查工作、省市林业专网项目建设以及新大楼信息中心机房竣工收尾工作。

【林业对外合作】 组织召开了全省林业国际合作工作会议，总结“十二五”林业国际合作工作，研究和部署“十三五”林业国际合作工作，对12个国际合作先进单位和45位先进个人进行了表彰。制订出台了《安徽省林业厅因公临时出国（境）管理办法》，进一步加强出国（境）工作管理。积极做好林业对外交流合作服务工作，全年共办理了出访团组11个。全面完成世行五期项目年度任务，完成现有人工林生态恢复0.63万公顷。积极推进中德三期项目建设，完成森林经营任务0.12万公顷，修建林区道路1300米。加快实施安徽省GEF（全球环境资金）项目，完成了项目中期评估培训班，组织开展了服务合同和设备采购招投标工作。

【林业大事】

1月11～15日 安徽省开展第四次水鸟同步试点调查。调查范围包括升金湖国家级自然保护区、安庆沿江湿地等。

1月29日 万佛山、齐云山两国家森林公园总体规划获国家林业局批准。

1月2～29日 中德财政合作安徽营造林二期项目官方终期评估圆满结束。

1月30日 中国银监会安徽监管局、安徽省林业厅联合发布《关于加快推进林权抵押贷款工作的意见》。

2月1～3日 全国林业行业标准审定会在安徽省黄山区召开，审定通过了《榉树大田扦插育苗技术规程》等3个标准。

2月4日 全省林业局长会议在合肥召开。省委副书记李锦斌和省政府副省长梁卫国分别对林业工作作出重要批示。省林业厅党组书记、厅长程中才作工作报告。

2月6日 安徽省首批名木和一级古树挂牌保护启动仪式在肥西县举行。

2月11日 省财政厅、省林业厅印发《安徽省财政林业补助资金管理办法》。

2月12～13日 省林业厅对部分基层木竹检查站就治理公路“三乱”情况进行明察暗访，未发现公路“三乱”情况。

3月3～4日 梁卫国副省长带赴合肥市长丰县等地检查指导春季农业生产和植树造林工作。省政府副秘书长刘永春、省林业厅厅长程中才等参加调研。

3月11日 省林业厅上线省广播电视台《政风行风热线》节目。省林业厅厅长程中才做客直播现场，与群众进行热线交流互动。

3月12日 省政府举行全省国土绿化状况新闻发布会，发布2014年安徽省国土绿化状况公报。

3月17日 省委常委、常务副省长詹夏来在安徽分会场参加全国国有林场和国有林区改革工作电视电话会议，并在全国会议结束后讲话。

3月23日 省暨合肥市党政军领导与干部群众义务植树。省委书记张宝顺、省长王学军、省政协主席王明方、省委副书记李锦斌和省几大班子负责同志参加植树活动。

3月23日 省千万亩森林增长工程建设领导小组第三次全体会议召开，省委副书记、省千万亩森林增长工程建设领导小组组长李锦斌主持，省领导小组副组长、常务副省长詹夏来、副省长梁卫国出席会议并讲话。

3月29日 省政府办公厅出台《关于加快木本油料产业发展的实施意见》。

4月1日 安徽省第34届“爱鸟周”活动启动仪式在宿松县举行，此次爱鸟周宣传活动的主题是“关注候鸟保护、守护绿色家园”。

4月3日 万名科技人员服务千万亩森林增长工程活动省级专家指导组座谈会召开，24个省级专家指导组共72名成员参加会议。

4月8日 全省国有林场改革政策解读培训会在合肥召开。邀请国家林业局国有林场和林木种苗工作总站总站长杨超作政策解读报告。省林业厅厅长程中才主持会议并讲话，对扎实稳妥推进全省国有林场改革工作提出了具体要求。

4月28日 安徽省林业职工韩明道、汪文胜荣获“全国先进工作者”称号，受到党中央、国务院表彰。

5月18日 全球环境基金“加强安徽省湿地保护体

系管理有效性”项目第二次指导委员会暨三方评审会会议在合肥召开，充分肯定安徽 GEF 项目实施一年来取得的增量效应和示范带动作用。

5 月 26 日 副省长梁卫国赴滁州调研国有林场改革工作，省政府副秘书长刘永春，省林业厅厅长程中才等陪同调研。

5 月 29～30 日 省政协副主席、省政府秘书长邵国荷率省政协特邀界别委员视察牯牛降国家级自然保护区，省林业厅党组书记、厅长程中才陪同调研。

7 月 1 日 全省油茶产业发展现场会在宣城市召开，省委书记王学军、省长李锦斌分别就发展油茶产业作重要批示，副省长梁卫国出席会议并讲话。省林业厅厅长程中才通报了全省油茶产业发展情况。

7 月 1 日 副省长梁卫国到扬子鳄国家级自然保护区视察指导。省政府副秘书长刘永春、省林业厅厅长程中才、宣城市市长韩军陪同考察。

7 月 2 日 安徽扬子鳄保护区举办第 11 次扬子鳄放归自然活动。

7 月 10 日 省林业厅举行第二期“绿色大讲堂”，邀请国家林业局湿地保护管理中心、中华人民共和国国际湿地公约履约办公室主任马广仁作专题报告。

7 月 15～16 日 2015 年中国技能大赛——第三届全国国有林场职业技能竞赛在哈尔滨举行，安徽代表队勇夺团体总分第二名，荣获团体二等奖。

8 月 11～12 日 全省竹林增产增效暨竹子科技示范园建设现场会在贵池区顺利召开。

9 月 10 日 《安徽省“十三五”生态保护与建设规划》通过专家评审。

9 月 23 日 省林业厅政务窗口王斌荣获“最美服务之星”称号。

10 月 13～15 日 国家林业局副局长张永利来安徽调研，强调全面完成 2015 年林业工作任务，科学谋划“十三五”林业发展。

10 月 23～25 日 2015 中国合肥苗木花卉交易大会召开。全国政协人口资源环境委员会副主任、国家林业局科技委常务副主任江泽慧，副省长梁卫国参观了展览交易现场，省政府副秘书长刘永春、合肥市市长张庆军、省林业厅厅长程中才等参加巡展活动。

10 月 21 日 2015 年长江湿地保护网络年会在重庆召开，安徽省平天湖国家湿地公园等 5 处湿地保护地加入保护网络。

10 月 30～31 日 省森林防火指挥部、省林业厅在合肥举办全省森林防火业务培训班，省林业厅厅长程中才出席并讲话。

11 月 4 日 全省造林整地现场会在郎溪县召开。副省长梁卫国出席会议并作讲话。

11 月 6 日 安徽省黄山、宣城市荣获“国家森林城市”称号。

11 月 19 日 省十二届人大常委会第二十四次会议表决通过了《安徽省湿地保护条例》，将于 2016 年 1 月 1 日起施行。《条例》将每年的 11 月 6 日设为“安徽湿地日”。

11 月 23 日 国家森林生态标志产品品牌体系和中国森林生态标志产品电商交易平台建设在安徽省池州市启动。中国森林生态产品电子商务交易平台落户池州。全国政协人口资源环境委员会主任、中国林业产业联合会会长贾治邦，国家林业局局长张建龙，安徽省副省长梁卫国，国家林业局总工程师封加平，中国林业产业联合会秘书长王满、安徽省林业厅厅长程中才和池州市委书记赵馨群、代市长雍成瀚出席启动仪式。

11 月 24 日 2015 全国森林城市建设座谈会在安徽省宣城召开。全国政协常委、人口资源环境委员会主任贾治邦作关注森林活动工作报告，国家林业局局长张建龙作森林城市建设工作报告。全国政协人口资源环境委员会副主任江泽慧、凌振国，全国政协社会和法制委员会副主任张世平，国家林业局副局长彭有冬，经济日报社总编辑张小影，安徽省政协副主席牛立文等领导同志出席会议。

10 月 30 日 省森林防火指挥部出台《安徽省森林防火工作责任规定》等 6 项配套制度，全面推进森林防火“三个体系”建设。

12 月 23 日 安徽省林木品种审定委员会审(认)定通过了 12 个林木优良品种，至此我省审(认)定通过的林木优良品种达 147 个。

12 月 24～25 日 全省“三线三边”绿化提升行动暨农田林网建设现场推进会在太和县召开。省委宣传部副部长、省文明办主任贺懋燮，省林业厅厅长程中才出席会议并讲话。

12 月 27 日 安徽省委常委会审议通过《安徽省国有林场改革实施方案》。 (安徽省林业由刘力供稿)

福建省林业

【概　述】 2015 年，全省林业系统紧紧围绕生态林业和民生林业，按照“三保两推进”(即：保发展、保覆盖率、保民生和推进依法治林、推进深化林改)的总要求，奋发有为，扎实工作，取得明显成效。

林地保障 全省审核林地项目 1025 起，使用林地 1673.33 公顷，其中林地占补平衡试点 873.33 公顷；协调解决省政府 17 个重大项目建设用林保障任务；与省发改委联合下发《关于规范风电和光伏发电项目建设使用林地的意见》，缓解风电、光电发展和生态环境保护的矛盾。加强林业项目资金管理。中央和省级安排林业资金 42.16 亿元、同比增加 4.30%；制定下发省级财政林业专项资金管理办法，加快预算支出进度，开展惠企惠农项目资金管理网上公开试点，组织开展涉林资金专项整治，开展林业资金稽查，有效加强项目资金管理；组织编制《福建省“十三五”林业发展专项规划》。夯实工作作风。落实党风廉政建设主体责任和监督责任，扎实开展“三严三实”专题教育，开展厅各处室局站负责人述职述廉和厅直单位巡查活动，确保良好的精神和作风。

植树造林 落实“三个必造”，上年林木采伐迹地必须造上林，上年森林火灾、林业有害生物危害采伐和盗砍滥伐迹地必须造上林，上年项目建设占用征收林地必须通过等面积以上荒山或非规划林地造林予以补充。全省完成造林绿化11.12万公顷，占总任务的111.2%。其中“绿色城市、绿色乡村、绿色通道、绿色屏障”工程造林4.13万公顷、占任务的103.3%，完成森林抚育71.47万公顷、占任务的536%，完成封山育林53.04万公顷、占任务的398%。强化资源保护。启动森林航空消防建设项目，下达2015～2017年松材线虫病等重大林业有害生物防控目标责任，森林防火和林业有害生物防控各项指标均在省控范围内。全省共发生森林火灾114起，受害森林面积1415.6公顷，森林火灾发生率、受害率分别为1.28次/10万公顷和0.16‰；全省主要林业有害生物无公害防治面积20.49万公顷，无公害防治率99.7%，成灾面积6154.93公顷、成灾率0.77‰，其中松材线虫病除治面积2266.67公顷，除治率100%。强化生态建设和保护。组织开展林地和森林、自然保护区、湿地、沿海防护林、森林公园、生态公益林6条林业生态红线划定工作，完成福建省沿海基干林带区划界定；开展第三批“福建树王”评选、“创建国家森林城市”工作和“植树节”“世界湿地日”“世界野生动植物日”“爱鸟周”“保护野生动物宣传月”等宣传活动，承办中国沿海湿地保护网络成立大会、第七届中国生态文化高峰论坛等活动；新增省级自然保护区2处、国家森林城市2个、省级森林城市(县城)6个，新增国家湿地公园试点2个。

林业产业 启动实施第三轮(2015～2017年)现代竹业发展项目，在16个县实施竹材(笋)精深加工示范项目，继续抓好现代农业(油茶、花卉)、林下经济和农业综合开发涉林项目的实施，全省2015年扶持新建丰产竹林示范基地1.48万公顷、林下经济示范基地2.77万公顷、油茶示范林3493.33公顷、设施花卉447.07公顷，全省一产林业产值增长4.1%。促进产业优化升级。全省林业行业新增中国驰名商标5个、累计36个，国内外上市涉林企业4家、累计27家；评审认定省级林业产业化龙头企业154家；省级林产品电商平台上线试运行；组织实施第四期林木种苗科技攻关、公益性行业专项等林业科研项目42项、标准制修订及示范项目20项，开展“中国·海峡项目成果交易会”林业项目对接活动，促进林业产学研融合发展和产业优化升级。促进林业对外开放。成功举办“第十一届海峡两岸林业博览会暨投资贸易洽谈会”和“第十七届海峡两岸花卉博览会”；落实福建自贸试验区建设涉林任务，将10项省级林业行政许可事项授权自贸试验区管委会实施，切实转变管理方式。

林业立法 省政府颁布实施《福建省森林公园管理办法》和《福建武夷山国家级自然保护区管理办法》，湿地、生态公益林、林业有害生物防治检疫等3个林业法规立法取得实质性进展。林业执法得到强化。全面推进林业综合执法，加大日常专业执法力度；联合省高院等4家单位开展“2015春季行动”林业专项执法行动，严厉打击破坏林地等森林资源违法犯罪行为；推进“平安林区”建设，累计完成林业安全生产标准化建设1486家，实现安全生产全年无重特大和人员死亡事故。行政权力运行不断规范。进一步简政放权，编制权力清单147项、责任清单225项、公共服务清单32项。深化行政审批改革，推进行政服务中心标准化建设，指导做好授予自贸试验区实施的10项审批事项。网上办事大厅办结省级林业行政审批和公共服务事项3454件。

国有林场改革 12月10日省长办公会议、12月23日省委常委会审议通过《省属国有林场改革方案》和《县属国有林场改革指导意见》，上报全国国有林场改革领导小组审批。继续深化集体林权制度改革。组建全国首家省级林木收储中心，全省新成立林权收储机构12家、累计30家；全省发放林权抵押贷款28亿元、同比增加23.5%；将省级以上生态公益林补偿标准提高到每年每公顷285元；在武夷山市等7个县(市、区)开展重点生态区位商品林赎买试点，累计赎买3320公顷；全省森林综合保险参保率超过90%；制定下发设施花卉种植保险方案，在8个县(市、区)开展试点；全省新增林权流转面积2万公顷、累计69.83万公顷，新增林业专业合作社263家、累计3616家，新增家庭林场195家、累计453家；调处山林权属争议263起、面积2520公顷。其他改革顺利推进。开展国家公园体制试点等其他相关改革工作；在南靖县开展森林资源资产负债表编制试点；完成林权登记职责整合移交等改革工作；成立林业改革处、省湿地保护管理中心和省航空护林总站。

【“十三五”规划加强生态林业与民生林业建设】 省委第十五次全体会议通过《关于制定福建省国民经济和社会发展第十三个五年规划的建议》，提出生态文明先行示范效应凸显，森林覆盖率继续保持全国首位；要求加强环境保护和生态修复，扎实推进生态城市、生态村镇、绿色社区创建工作，保护和扩大绿地、水域、湿地，建设生态廊道和绿色生态城区；推进海绵城市建设；加强自然保护区建设与管理，对重要生态系统和物种资源实施强制性保护，切实保护珍稀濒危野生动植物、古树名木及其自然生境；着力构筑生态安全屏障，开展全民绿化行动，完善天然林保护制度，全面停止天然林商业性采伐，规范人工商品林采伐；加强造林绿化和森林抚育，增强森林生态功能，提升推广“长汀经验”，推进水土流失和矿山生态环境恢复治理；健全生态文明制度体系，推进生态文化建设；开辟优化农业结构新途径，打造茶叶、林竹、花卉苗木等全产业链产值超千亿元的优势特色产业，做大做强龙头企业，建设“一村一品、一县一业”的特色农业产业集群。

【省政府九条措施推进林业改革】 6月4日，省政府出台《关于推进林业改革发展加快生态文明先行示范区建设九条措施的通知》，要求进一步发挥林业在生态文明建设中的重要作用，加强深化林权管理改革、优化林业金融服务、开展重点生态区位商品林赎买等改革、完善生态补偿机制、科学管理使用林地湿地、加大森林资源培育力度、加强森林灾害防控、加快推进依法治林、大力发民特色林产业，从9个方面对全省林业工作进行全面规划安排。

【出台法规严格保护武夷山国家级自然保护区】 省政府第44次常务会议通过《福建武夷山国家级自然保护区管理办法》，将保护区管理纳入本省国民经济和社会发展规划，加大管理力度，保护中亚热带森林生态系统，维护生态多样性，促进生态文明建设。

【全国首家省级林木收储中心在福建成立】 3月7日，全国首家省级林木收储中心福建福人林木收储有限公司在福州挂牌成立。新成立的福建福人林木收储有限公司与国开行、招商银行、邮政储蓄银行、海峡股权交易中心和市县林业局、涉林企业签署了战略合作协议。福建作为全国林改先行区，在林权抵押贷款、森林保险等方面进行了积极探索，率先成立了林木收储中心，加快建设林权收储机构，对林农林权抵押贷款进行担保，并对出险的抵押林权进行收储，促进更多社会资金向林业行业聚集。

【第三批福建"十大树王"评选结果揭晓】 8月28日，省绿化委员会、省林业厅公布第三批"福建树王"评选结果，周宁县的"鄂西红豆树王"等10棵古树荣获"树王"称号。本次评选活动3月份启动，按照前两批"树王"的评选办法进行，即"树王"应是在原有生态环境下自然生长的完整树木(近期移植或盆栽的不予参评)，并且满足树龄最老、树木最高、胸径(地径)最粗、冠幅最大、树形最奇特、保护价值最高等6项指标中一项以上。福建省绿化委员会、福建省林业厅将对新评出的"树王"进行授牌，对"树王"的管理单位给予10万元专项保护资金；"树王"所在地将对"树王"进行重点保护，并开展形式多样的"树王"认养和宣传活动。

【提出重大林业有害生物防控目标】 3月17日，省政府下达《关于2015～2017年松材线虫病等重大林业有害生物防控目标责任的通知》，提出具体明确的防控目标，要求到2017年底实现全省松材线虫病和松墨天牛重度发生面积、松枯死树数量、疫情分布乡镇数量"三下降"；新疫情县或乡镇实现1年基本拔除，老疫情县根据实际分别实现3年拔除疫情乡镇、彻底拔除疫情县、疫情范围不扩大、疫情面积逐年压缩等具体目标。

【引导林权规范流转促进林业适度规模经营】 12月14日，省林业厅出台《关于引导林权规范流转　促进林业适度规模经营的意见》，创新林权流转形式，规范林权流转行为，加强林权流转服务，提升家庭经营作用，创新集体经营形式，加快发展合作经营，完善监管体系，强化落实机制，加快构建现代集体林业经营体系，促进林业健康发展。

【福建花卉首获国家植物新品种权保护】 1月1日，福建泉州泉美生物科技有限公司培育的天南星科花烛属"新星""白鸽""阳光红心"3个红掌品种通过农业部植物新品种保护办公室审批，获得自授权之日起15年的植物新品种权保护，实现了福建省花卉新品种权保护零的突破。

【福建省新批两处国家湿地公园试点建设】 12月31日，经国家林业局批准，永春桃溪、武平中山河两处国家湿地公园获批开展试点工作。永春桃溪国家湿地公园位于永春县境内，涉及永春县东关、东平、桃城、五里街、吾峰和石鼓6个乡镇。包括桃溪、霞陵溪、五一水库及周边的生态公益林和部分绿地。公园东南以桃溪永春县与南安市交界处为界，西至桃溪与霞陵溪交界处，西北至霞陵溪吾峰生态乡村湿地，东北至五一水库库尾。地理坐标为北纬25°16′18″～25°23′24″，东经118°14′13″～118°23′07″，公园总面积为332.10公顷，其中湿地面积238.70公顷。武平中山河国家湿地公园位于武平县境内，涉及武平县平川、城厢、中山、东留、下坝和中赤6个乡镇。公园以中山河为主体，由南向北呈"Y"状分布，包括东北侧支流平川河全段、东侧中赤河部分河段。其中，沿中山河北至九龙湖(东留水库)，南至武平县与蕉岭县交界处；沿平川河南与中山河交汇，北至与梁野山南侧的云礤溪交汇处；沿中赤河西至与中山河交界处，东至中赤乡沿田坑大坝。地理坐标为北纬24°51′26″～25°08′23″，东经116°0′05″～116°06′38″，总面积为1529.30公顷，其中湿地面积707.70公顷。

【《福建省属国有林场改革实施方案》审议通过】 12月10日省长办公会议、12月23日省委常委会审议通过《福建省属国有林场改革实施方案》(以下简称《方案》)，围绕保护生态、保障职工生活两大目标，建立有利于改善生态和民生、有利于增强林业发展活力的国有林场新体制。《方案》明确，省属国有林场主要功能为保护培育森林资源、维护国家生态安全和提供生态公益服务，属性界定为公益服务事业单位。《方案》要求，科学合理核定事业编制，强化监管对编制的使用；完善监督管理体制，改进考核体系，建立场长森林资源离任审计制度，完善森林资源监测体系，接受社会监督；创新经营机制，引入市场机制，向社会购买服务，探索建立国有林场森林资源有偿使用制度、科研与教学平台有偿服务机制、森林资源与景观资源评价体系；整合优化国有林场，省洋口国有林场、国有来舟林业试验场、国有南平市郊教学林场整合为集科研教学、试验示范、资源培育、木材战略储备为一体的示范骨干国有林场，福清灵石国有林场与福州植物园优化整合，其他规模过小、分布零散的62个国有林场，按照一个县(区)行政区域内整合成1～2个较大林场。

【福建省新建两处省级自然保护区】 5月27日，经省政府批准，福建省新建顺昌七台山、武夷山黄龙岩两处省级自然保护区。福建顺昌七台山省级自然保护区位于顺昌县西北部，武夷山系杉岭支脉，地理坐标为东经117°29′53.5″～117°35′5.7″，北纬26°56′6.6″～26°59′22.3″，属野生生物类型自然保护区，主要保护对象为以乐东拟单性木兰为代表的珍稀濒危野生动植物及其中亚热带森林生态系统，总面积2054.28公顷，其中核心区面积740.47公顷、缓冲区261.10公顷、实验区1052.71公顷。福建武夷山黄龙岩省级自然保护区位于武夷山市东北部，武夷山脉北段，地理坐标为东经118°05′3.9″～118°11′42.3″，北纬27°57′49.1″～28°03′56.1″，属森林生态系统类型自然保护区，主要保护对象为中亚热带中山森林生态系统及其珍稀濒危野生动植物资源，总面积4765.16公顷，其中核心区面积1960.76公顷、缓冲区960.77公顷、实验区1843.63公顷。

【南平市林业】

四个新的突破 生态保护建设实现突破。重点区位商品林赎买试点破题，推进武夷新区开展重点生态区位林地赎买试点，其中武夷山市作为全省7个试点之一，计划每年筹集收储资金2000万元，用10～15年完成九曲溪流域4400公顷人工商品林收储。生物多样性保护实现突破，划定5条林业生态红线，新增顺昌七台山和武夷山黄龙岩自然保护区2处省级自然保护区。累计完成普查建档古树名木40 532株，新增山杜英、观光木2株全省“树王”。森林质量提升实现突破。森林蓄积量达到1.62亿立方米，居全省第一。全市造林绿化完成2.5万公顷，阔叶树及其混交林造林比例达41%。首次开展“十佳乡村景观林”评选活动，实施“千里生态绿廊”建设，城乡绿化水平进一步提高。现代竹业发展实现突破。成立市竹产业办，把竹产业发展纳入政府绩效管理、创业竞赛考评，投入各级财政资金1.15亿元用于竹林丰产培育。加工产业升级实现突破。充分运用“互联网＋”思维模式，促进互联网与木竹产业发展相融合，省级竹材(笋)精深加工示范县项目资金2400万、市级专项资金150万，用于扶持竹材(笋)精深加工示范和竹木企业O2O平台建设。主办以“竹与生活”为主题的“首届龙腾之星张三丰杯国际工业设计大赛”，开展高峰论坛，吸引国内外246所高校师生、百余家企业和设计公司的设计师参加比赛。

呈现四个工作亮点 兴林富民产业成效显著。全市实现竹业产值260.89亿元，同比增长29.93%；新建竹林优化改造示范片35个，丰产高效竹林基地2万公顷；全市苗木花卉种植面积达1.08万公顷，同比增长5.1%，“延平百合”地理标志证明商标正式启用，首届福建百合种植能手大赛在延平区举办。林下经济产值达138亿元，同比增长15.5%，新建林下经济基地32个，新增星级森林人家四星级1家、三星级3家。大力开展“闽北竹海”特色旅游，打造了宝山竹海、上湖竹林栈道、来布千亩小径竹、西际千竹园等一系列精品旅游景点。全力推进林业棚户区改造工程，累计改造林业棚户区11 612套，完成投资13.4亿元，入住率达到57%。林业科技保障推进有力。组建由张齐生院士领衔的竹产业发展专家组，召开竹产业发展科技成果对接会，加快产学研对接合作，南京林业大学等高校在林业企业设立国家级博士后科研工作站和研究生工作站。开展林业产业科技创新驱动对接会，4家企业与中国林业科学研究院现场签订技术合作意向书。推进福建省金线莲标准化示范区建设、天然林下正红菇保护地增产技术推广、光泽县厚朴优良种源与丰产栽培技术等科技示范项目，有效保障林下经济等兴林富民产业顺利发展。产业品牌建设喜获丰收。新增国家地理标志商标1个、“新三板”挂牌企业2家，52家企业被评为福建省林业产业化龙头企业，占总数33.8%，37家企业被评为南平市农业产业化市级龙头企业，占总数的28.9%。11家竹加工企业入选省重点上市后备企业和“新三板”挂牌后备企业名单。林业灾害得到有效控制。全市发生森林火灾18起，森林火灾发生率0.86次/10万公顷，同比下降43.75%，受害率0.10‰，同比下降26.07%，未发生重、特大森林火灾。林业有害生物发生情况得到有效控制，发生面积同比下降7.88%，发生率1.62%，成灾率0.45‰，部分地区达到了有虫不成灾；松材线虫病防控效果显现，完成防治性林分改造面积746.8公顷，枯死木下降率48.66%。

四个持续推进 持续推进配套改革。持续深化集体林权制度改革，有序引导林权规范流转，积极鼓励和支持林业专业合作社发展。全市已成立林业流转、林业科技服务平台10个、森林资源评估服务平台13家、林权抵押担保收储服务平台7个，部分县(市)还将林业综合服务延伸至乡镇。新增林业专业合作社109个。通过林权流转平台完成林地林木流转变更3104宗地、1.16万公顷，完成林权交易480宗地、面积4373.33公顷，交易金额1.18亿元。完成林权抵押登记758笔，抵押林权面积2.25万公顷，抵押金额6.3亿元。商品林已参保面积达120.36万公顷。持续推进审改服务。持续推进行政审批制度改革，优化调整行政权力事项，市本级共保留行政权力事项204项；清理“公共服务事项清单”，保留市级公共服务事项目录11项，取消和调整公共服务事项3项；梳理和编制行政权力、公共服务、指导协调、发展规划等16种类型的责任清单233条；绘制行政审批事项通用运行流程图25项。林业服务窗口受理建设项目占用林地已获批111个，占用林地面积1143.75公顷，占定额的114.3%。持续推进依法治林。推进林业执法队伍的标准化建设。建立补充林地储备库618公顷。查处非法侵占林地案件180起。排查各类林木林地权属争议案件318起、面积6313.33公顷；办结林木林地权属争议105起，调处面积1013.33公顷；全市林业系统共办理各类涉林信访件373件，同比下降18%。持续推进队伍建设。加强绩效管理和机关效能制度落实，切实转变机关作风，初步建立运行局机关OA办公系统。在全市林业行业组织开展各种层面和专业培训12场，推进党政和专业技术人才队伍建设。积极组织开展“义务植树月”“爱鸟周”“森林防火宣传月”等活动，举办各类主题志愿服务活动9次，获得国家保护森林和野生动植物资源先进集体、第十二届省级文明单位、市直绩效管理先进单位等荣誉。

【三明市林业】

林权改革 新型经营主体覆盖面达41.5%。新增家庭林场、股份林场、林业专业合作社、“公司＋基地＋林农”、林业托管经营等经营主体673家，累计1945家，经营面积46.93万公顷。发放林权抵押贷款16.5亿元。林权收储机构实现全覆盖，在全国首创林权按揭贷款、林权流转支贷宝、林业互联网金融“P2P”等金融产品。林权抵押贷款累计86.3亿元，其中林权按揭贷款7.9亿元。林权按揭贷款“一站式”服务被评为市直机关2015年最佳服务发展举措之一。创新四项机制。建立资产评估、森林保险、林权监管、收购处置、收储兜底等“五位一体”林权抵押贷款风险防控机制。建立生态公益林“五结合”“双统筹”管护机制。建立重点区位商品林赎买机制。建立林地经营权流转机制，推进沙县林地所有权、承包权和经营权“三权分置”改革试点工作，发放经营权流转证68宗。完善三项社会化服务。建成林业金融服务中心。开通林权交易网，规范林权流转2.01公顷。组建营林、采伐、工程监理等专业队466支。

造林绿化 完成造林绿化和森林经营任务。完成造林绿化2.36万公顷，占任务的113.5%，其中落实林木采伐、森林火灾、林业有害生物除治迹地更新和征占用林地异地植被恢复等“三个必造”1.43万公顷，占任务的104%。森林抚育13.44万公顷，封山育林2.33万公顷，分别占任务的558%、103%。育苗1亿株。生物防火林带、珍贵树种造林、不炼山造林等超额完成任务。建设国家木材战略储备基地6800公顷，国家储备林划定质量获A级评定。全省营林机械推广示范现场会在大田召开。创森工作扎实推进。近3年累计投入资金30多亿元，创建国家森林城市40项考核指标基本达标，十大重点工程基本完成。宁化县、清流县被授予省级森林城市(县城)。生态文化更有特色。开展最美乡村风水林评选活动，编印树王画册，完成古树名木挂牌保护试点工作，开展生态科普教育活动60场，建成生态文化教育基地29个，推进林业碳汇试点工作，建立创森公众微信平台，提升公众对创森支持率和满意度。

林政资源管理 落实市政府关于加大依法治林的实施意见，刑事、林政、治安案件有所下降。调处涉林权属纠纷114起，无越级及群体性上访，林区秩序安定稳定。森林防灾减灾控制在省定指标内。森林火灾发生率1.3次/10万公顷、受害率0.1‰，无重大火灾。林业有害生物成灾率0.7‰、防治率98%，其中松材线虫病防治率100%，无野生动物重大疫情，全省重大林业有害生物防治工作现场会在泰宁召开。五项国家或省试点工作出经验。永安被确定为全国森林可持续经营试点。永安、尤溪被确定为全国林地“占补平衡”试点，新增林权证办理2466.67公顷，全市建立重点生态公益林储备库2000公顷、补充林地储备库7333.33公顷。永安、泰宁被确定为全省生态公益林管护改革试点。永安、沙县被确定为全省重点区位商品林赎买试点，完成赎买1866.67公顷。尤溪、沙县被确定为全省林木采伐管理改革试点，优化伐区调查方法，提高审批效率。规范林政审核审批。加强林地定额管理，征占用获批182起，面积640公顷。执行采伐管理办法，审批办证129.6万立方米。

林业产业 围绕“抓龙头、铸链条、建集群、优服务”的思路，推进林业产业转型升级。全市林业产业总产值798亿元、同比增加8%，其中，第一产业产值128亿元，近5年平均增长6.9%，比全市大农业的平均增长水平4.5%高2.4个百分点；规模以上林产工业产值626亿元、同比增加7.5%。林业企业品牌增多。明溪南方制药、清流飞翔生物科技在新三板上市。尤溪沈郎在海峡股权交易中心挂牌。新增“和其昌及图”、三和食品“栖息园”、华闽纸业“开心一百”等中国驰名商标3枚。清流春舞枝被商务部评为电子商务示范企业。大田广联木业被列为国家林业标准示范企业。建宁铙山纸业入选全国500家最具品牌价值企业，被评为全省工业企业质量标杆。泰宁汉堂生物被列为全省知识产权优势企业，尤溪柏毅竹业被列为全省创新型企业，永安林业等30家企业被列为全省林业产业化龙头企业。特色林业实现“接二连三”。生物医药及生物产业新建基地2000公顷，产值112亿元、同比增加15.8%，三元草珊瑚入编《中国地理标志产品大典》。笋竹产业新建基地7066.67公顷，产值142亿元、同比增加12%，基本完成2016~2020年发展规划编制，永安建立国内首个竹产业数据中心。油茶产业新建基地2800公顷，产值15亿元、同比增加6%。花卉苗木产业新建基地933公顷，总产值57亿元、同比增加23%。林下经济新建基地3.4万公顷，产值109亿元、同比增加10%，永安、泰宁、明溪被确定为国家林下经济示范基地，永安金线莲被评为国家地理标志保护产品。第十一届林博会有特色、有实效。创新“互联网+林产业”主题，举办海峡两岸林业产业“O2O”峰会、木材原料供需对接、林博会10周年台北茶话会等活动，建成慧聪网三明林业产业带云展平台，1165家两岸企业参会参展，签约项目125项、总投资167亿元。开放林业有新进展。新引进林业和生物医药及生物产业项目58项、总投资86亿元。新引进台企14家、推广台湾“五新”成果23项。林产品进口0.9亿美元，自营出口1.3亿美元。

服务水平 科技创新亮点凸显。将乐金森林业建成全国首个北斗森林云数据中心，单细胞育苗填补国内技术空白。永安被确定为国家竹产业科技示范园区。7项科技成果荣获省科技进步奖，占全省林业行业获奖项目的47%。5项科技成果荣获市科技进步奖，占全市获奖项目的25%。资金争取全省第一。争取各类资金6.7亿元，其中中央3.2亿元、省级3.5亿元。国有林场获得国家级荣誉。全市国有林场营业收入1.2亿元，尤溪国有林场被评为全国十佳林场，清流国有林场被评为全国首批场外造林示范林场，沙县水南等5个国有林场被评为美丽林场。“十三五”规划编制、法制、安全生产等工作取得新进步。

【龙岩市林业】 龙岩市大力发展生态林业、民生林业，扎实开展造林绿化，加大林业生态建设力度，加快林业产业结构调整，林业经济保持平稳较快发展态势，龙岩市被评为“全国十佳生态文明城市”“国家森林城市”。

造林绿化 全市完成造林绿化1.52万公顷，占任务的118.3%，其中，“四绿”工程5402公顷，占任务的110%；人工造林更新9773公顷，占任务的123%。完成森林抚育1.59万公顷，占任务的105.7%。完成中心城区环城一重山森林生态景观提升189公顷，占任务的112.1%。完成生物防火林带建设4173.33公顷，占任务的110.4%。完成“二沿一环”重点区位林分修复3484公顷，占任务的115.6%。阔叶树造林面积占造林总面积的80.5%。突出提升“长汀经验”，完成山地水土流失治理面积7100公顷，占任务的106.5%；实施新一轮重点生态区域封山育林13.33万公顷，其中省级封山育林示范基地2.34万公顷，占任务的109.75%。突出全民义务植树，全市参加全民义务植树人数达158.4万，尽责率达96%；完成义务植树657.6万株，占计划的100.1%；新建义务植树基地27个、面积344.2公顷。

林业改革 构建“评估、担保、收储、流转、贷款”五位一体的林业金融服务平台，各县(市、区)均已成立林业金融服务中心或林业收储中心。全市新增林业贷款4.08亿元，其中林权抵押贷款0.88亿元，累计分别达40.3亿元和12.7亿元。开展重点生态区位商品林赎买试点，赎买商品林113.33公顷。全面开展生态林护林员管理体制改革，实行生态公益林护林员的绩效考核制度，改“村聘村管村用”为“乡聘站管村监督”，实行护林员、扑火队员、林技员“多员合一”。扎实推进国有林场改革，完成全市国有林场(采育场)基本情况及经营情况调查统计及基础设施建设和职工待遇问题调查统计工作，提出全市国有林场改革初步思路。推进林业审批制度改革，进一步清理林业行政权力清单、公共服务事项清单和前置审批项目以及前期审批涉及的收费项目，编制责任清单177项。加大涉林信访纠纷调处，全市调结山林权属纠纷87起，面积560.87公顷；办理群众涉林信访事项301件，同比下降64%。做好森林综合保险，全市森林在保面积153 013万公顷，实现100%参保。

林业富民产业 全市实现林业产业总产值282亿元，同比增长10.5%。林下经济发展势头强劲，全市林下经济经营面积达53.57万公顷，实现产值121.2亿元，同比增长19.3%，惠及林农12.8万户；安排500万元扶持资金，实施林下经济发展示范项目100个；建立武平、连城2个国家林下经济示范基地。花卉苗木产业平稳发展，全市花卉苗木种植面积达1.27万公顷，产值50.5亿，分别同比增长23.4%和26.9%；安排200万元扶持资金，实施花卉苗木产业发展示范项目21个。森林旅游发展势头良好，评出10处龙岩市优秀森林生态旅游景区；全市新授牌森林人家15户，累计达123户；全年接待游客527万人次，实现直接收入6.74亿元，创造社会总产值21亿元，分别同比增长11.7%、10.1%和11.3%。竹产业加快发展，全市生产竹材1.17亿根、实现竹业产值55.9亿元，分别同比增长2.6%、9.2%；扎实实施省现代竹业生产发展资金项目；继续落实革命基点村毛竹丰产示范工程建设资金500万元。油茶产业稳步发展，扎实实施现代农业(油茶)项目，新建、改培油茶面积1300公顷，全市油茶面积达3.25万公顷。林产工业保持较快发展，大力发展竹材(笋)精深加工，建设新罗、漳平、连城、长汀4个竹材(笋)精深加工示范县；实现林业工业产值164.8亿元，同比增长10.9%。

依法治林工作 加强森林防火，全市共发生森林火灾14起，受害面积201.1公顷，未发生重大森林火灾、未发生人员伤亡事故、未发生“隔夜火”。加强森林病虫害防治，全市发生主要林业有害生物面积4.32万公顷，发生率为2.9%，成灾率为0，防治率99.9%。抓好永定、漳平桉树枝瘿姬小蜂治理。加大违法破坏森林资源行为打击力度，组织开展“2015春季行动”、打击破坏林地及野生动物资源违法犯罪专项行动、打击破坏阔叶树行为专项整治行动。

生态工程建设 加强自然保护区和湿地公园建设，长汀汀江源自然保护区被批准升格为国家级自然保护区。武平中山河国家湿地公园获批开展试点工作，是福建省唯一一个跨省流域的湿地公园。长汀汀江国家湿地公园建设初具规模，已开园迎客；漳平南洋国家湿地公园试点建设正在进行中。做好林业生态红线划定工作。全市确定林地和森林、自然保护区、湿地、森林公园、生态公益林五条红线，已完成生态红线上图工作。进一步优化生态公益林布局调整。将重点生态区位商品林逐步调为生态公益林，达到集中连片，结构完善，布局合理。

【林业大事】

1月19日 经国家质量监督检验检疫总局批准，海峡(福建)花卉进出口服务有限公司获得进口罗汉松和植物种苗特定口岸除害处理区资质，成为国内第三家、福建省首家植物带土进出口检疫窗口单位。

1月21日 福建省野生动植物保护管理中心对海峡(福州)大熊猫研究交流中心动物疫病防控工作进行监督检查，采集7只大熊猫血液，口腔拭子及粪便，低温空运至国家林业局长春野生动物疫病研究中心检测，犬瘟抗原检测结果均为阴性。

2月2日 福建省林业厅和福州市人民政府在福建闽江河口湿地国家级自然保护区联合举办第19届“世界湿地日”宣传活动，主题为“湿地：我们的未来”。

3月4日 福建省林业厅依法发布禁止使用的猎捕工具和方法的通告，规范猎捕管理、加强野生动物资源保护。

3月7日 全国首家省级林木收储中心福建福人林木收储有限公司正式在福州台江金融街挂牌成立，同时与国家开发、招商、邮储银行、海峡股权交易中心和市县林业局、涉林企业签署战略合作协议。

3月9日 福建省绿化委员会、省林业厅在福州国家森林公园对2014年第二批“福建树王”进行授牌，并启动2015年第三批“福建树王”评选活动。

3月16日至4月20日 省林业厅组织开展严厉打击破坏野生动物资源违法犯罪专项行动，代号为“春网行动”。

3月22日 福建省林业厅、国家林业局驻福州森林资源监督专员办事处、福建省生态文化协会、福建省野生动植物保护协会联合在福州国家森林公园举办爱鸟周活动启动大会。

3月29日 厦门大学中国农村林业改革发展研究基地正式揭牌成立。

3月30日 福州国家森林公园鸟语林联合省森林公安局在森林公园举行被救助野生鸟类放飞仪式。据悉，当天共放飞国家二级保护野生鸟类12只，其中苍鹰1只、喜鹊2只、鸽鹰1只、雀鹰1只、斑鸠10只、银鸥2只。

4月3日 福建省委书记、省人大常委会主任尤权等省四套班子领导来到福州市南江滨生态公园，与福州市四套班子、省林业厅、福州市直机关干部、驻闽部队和武警官兵一起参加全民义务植树活动，植下大叶榕、小叶榕、洋紫荆等园林景观树种800多株，为美丽榕城再添一抹新绿。

4月11~15日 由欧洲投资银行亚洲贷款部主管阿里先生和英德弗公司莱托宁先生等一行5人组成的专家组来闽开展欧洲投资银行贷款福建省无患子林业基地建设项目评估工作。

4月22日 福建省林业厅成立国有林场改革工作小组，厅党组书记、厅长陈则生任组长，厅党组副书记、副厅长严金静和厅党组成员、副厅长林少霖任副组长，成员为办公室、政法处、林政处、产业处、计财处、人教处、处纠办、工会、林场局和资源站等相关处室局站负责人。

4月23日 福建省林业厅在长乐闽江河口国家湿地公园召开国家湿地公园试点建设验收工作会。

同日 全省营林机械推广示范现场会在大田桃园国有林场举行，福建省首台、全国第8台联合采伐机正式启用并进行了现场演示。

4月30日 全省首家竹缠绕复合压力管项目在永安签订，总投资约13亿元，国家发改委、农业部、水利部、住建部、林业局等5部委相关领导见证了项目签约。

5月9日 以“保护濒危植物，共建生态福建”为主题的“珍稀濒危植物科普展”在福州植物园开幕。

6月3~5日 福建省林业厅举行第十三届“中国·海峡项目成果交易会”林业科技专家下乡入企进林区三明专场对接活动。

6月16~18日 中国沿海湿地保护网络成立大会暨首届研讨会在福州长乐市召开。国家林业局副局长刘东生、福建省政协副主席陈荣凯出席成立仪式。来自国家和沿海11个省份湿地管理部门、相关科研院所、保护组织、自然保护区和湿地公园等单位代表150多人参加了会议。

6月17日 省政府办公厅印发实施《福建省林业生态红线划定工作方案》。

7月8日 福建省林业厅召开全省林业生态红线划定工作电视电话会议，部署启动全省林业生态红线划定工作。

7月21~22日 福建省林业厅在德化县召开重点生态区位防御松材线虫病等重大林业有害生物工作推进会，全面部署下阶段松材线虫病等重大林业有害生物防御工作。

7月22日 福建省副省长黄琪玉到省林业厅调研。

8月19日 《福建省林业有害生物防治检疫条例(草案)》研讨论证会在福州召开。

8月20日 副省长黄琪玉主持召开座谈会，对下一步深化集体林权制度改革提出具体要求。

8月24~25日 由福建省林业厅、省总工会联合举办的2015年“中国梦·劳动美”福建省地方森林消防技能竞赛在武警福建省森林总队教导队举行。

8月28日 第三批“福建十大树王”评选结果揭晓，共评选出鄂西红豆树、柏木、竹柏、山杜英、朴树、檫树、观光木、无患子、黄连木、龙眼等10个树种树王。

8月11~14日 由国家林业局主办的“青山绿水生态脊梁——百家媒体百名记者进林场”主题宣传活动走进福建，媒体记者深入省洋口国有林场、漳平五一国有林场采访。

9月23日 闽浙两省在福建省寿宁县召开两省毗邻地区松材线虫病联防联治协作会议。

10月8日 福建省第25届保护野生动物宣传月活动在福建灵石山国家森林公园正式启动，活动主题为“保护野生动物，实现永续发展”。

10月13日 福建省委编办批复同意成立福建省航空护林总站，核定事业编制10名，机构规格相当正处级，经费渠道为财政核拨。

10月15日至11月20日 福建省林业执法总队在全省范围内组织开展木材流通领域专项执法行动。

10月25日 福建省副省长黄琪玉深入建瓯水西国有林场调研林场改革发展情况，省林业厅厅长陈则生、南平市副市长葛晓华等领导陪同调研。

11月4日 福建省林业厅印发《福建省2016~2017年防控松材线虫病行动方案》，全面实施现有疫情防控和重点生态区位防御工程。

同日 福建省林业厅、财政厅、保监局联合印发《2016年设施花卉种植保险方案》，选择延平、清流、连城、武平、漳浦、龙海、南靖、福清等8个县(市、区)开展试点，2016年1月1日开始实施。

11月9日 福建省副省长黄琪玉主持召开国有林场改革专题会议，讨论研究福建省国有林场改革有关问题。

11月20日 厦门市江平生物基质技术股份有限公司作为福建省首家专业生产花卉园艺栽培基质的公司在新三板挂牌上市。

11月23日 福建省绿化委员会、省林业厅联合表彰第五批省级森林城市(县城)，授予福州市、漳平市为“福建省森林城市”称号，闽侯县、宁化县、清流县、平和县为“福建省森林县城”称号。

11月26日 福建省林业厅公布第三批林业骨干苗圃认定结果，三明市林业中心苗圃等9家企事业单位和专业合作社通过认定，有效期至2017年12月31日。

12月11日 福建省林业厅与福建出入境检验检疫局举行《关于共同加强外来林业有害生物防控合作备忘录》签署仪式，省林业厅陈则生厅长和福建出入境检验检疫局支毅隆局长出席签署仪式。

12月15日 欧洲投资银行董事会通过顺昌县无患子项目3000万欧元的贷款申请。

12月22日 全省林业产业龙头企业与金融机构对接活动在福州举行，兴业银行总行中小企业部、福人林木收储中心、海峡股权交易中心就相关金融业务和电子商务平台运营等进行了推介。

12月27~28日 全国油茶等木本油料产业开发脱贫现场会在霞浦召开，国家林业局党组书记、局长张建龙，福建省政协副主席陈荣凯参加会议并讲话。

12月28日 福建省委书记尤权、代省长于伟国在福州会见国家林业局党组书记、局长张建龙一行。

12月31日 永春桃溪、武平中山河2处国家湿地公园获批开展试点工作。

同日 长乐闽江河口国家湿地公园通过试点验收，正式成为国家湿地公园。

（福建省林业由厅宣传办供稿）

江西省林业

【**概　述**】 2015年，江西省林业系统以全国生态文明先行示范区建设为中心，按照“稳中求进、提质增效”的总要求，大力推进林业改革创新，狠抓森林培育、提升森林质量，强化资源保护、维护生物多样性，林业各项工作得到全面发展，实现改革增活力、生态增优势、资源增效益、林农增收入。

森林培育 全省完成造林14.15万公顷、封山育林5.92万公顷、森林抚育37.84万公顷。林业重点生态工程任务全面完成，其中，“长防林”工程1.53万公顷、“珠防林”工程0.67万公顷、“血防林”工程1万公顷，项目造林合格率98.9%，同比提升9.6个百分点。实施新一轮退耕还林工程，落实退耕还林任务2000公顷。完成欧洲投资银行贷款生物质能源林示范项目2.03万公顷、亚洲开发银行贷款林业发展项目3962.5公顷。建设速生丰产林专项6.13万公顷，争取2015年木材战略储备基地项目1.34万公顷。通过开展春季造林督导和营造林实绩核查等，督促各地保质保量完成造林任务，国家林业局检查造林合格率95.5%，同比提升6个百分点。编制完成全省低产低效林改造规划和年度森林抚育效益监测报告。省财政安排低产低效林改造资金9800万元，选择景德镇枫树山林场等44个国有林场实施森林质量提升试点。安福县明月山林场被确定为首批全国国有林场场外造林示范林场。

林政管理 省林业厅印发《关于进一步规范和完善林木采伐管理的通知》《江西省森林资源数据更新管理办法(试行)》，在崇义等6县(市)开展以“一取消、两允许、三放开”为主要内容的商品林采伐管理改革试点。首次完成全省森林资源“一张图”，实现省、市、县、乡、村直至小班的森林资源数字化管理。全省建立乡镇森林保险服务站1100个，森林投保面积672.89万公顷，占有林地的73.7%；获赔698起、金额1.22亿元，赔付率83.5%，为全国第一。全省审核审批占用征收林地1167宗，面积8793.78公顷，未突破国家下达的年度定额，其中安排省重点工程项目204宗，保障重点工程用地4697公顷。开展全省林政资源管理大检查，抽取崇义等8个县(市、区)进行卫片对比判读，全面核定林地变化图斑。对上饶县林政资源管理混乱、非法侵占林地现象严重的情况，实施“一约谈四暂停”(约谈政府主要领导，暂停安排林业项目、征占用林地审批、林木采伐审批、木材加工项目审批)。首次开展全省林地行政许可监督检查，查出违规违法使用林地56起，面积105公顷。完成全省8个高尔夫球场清理整治工作，对违法占用林地进行查处。配合国家林业局对武宁等6个县开展林地核查并跟踪整改，对峡江水利枢纽(淹没区)等5个使用林地项目开展行政许可检查。全省木材检查站共查验木材194.5万立方米，查处非法运输木材案件2236起，为国家挽回直接经济损失605.2万元。全省查处林业行政处罚案件1.04万起，林业行政处罚1.02万人次，没收违法所得497.40万元，罚款1.14亿元，补征林业规费3249.51万元，没收木材1.08万立方米，没收苗木10.92万株，没收野生动物0.27万只(头)，收回林地68.37公顷，补种树木67.97万株。标准化林业工作站能力建设完成投资3800万元，带动县(市、区)投入3000万元，共新建、改造林业工作站站房60个。

森林防火 1月1日至4月30日，全省开展森林防火平安春季行动，新建等66个县(市、区)获“2015年春季森林防火平安县”称号。10月份开展森林防火宣传月活动，以强化野外火源管理为重点，引导公众自觉遵守“五个禁止”规定。全省11个设区市和6个省直管县(市)全部完成省政府下达的森林防火责任目标，鹰潭等6个设区市和鄱阳县等3个省直管县(市)被评为全省森林防火责任目标考核优胜单位。落实森林防火工作重点管理制度，对火灾热点较多的3个县进行综合评估，其中1个县给予黄牌警告，2个县给予通报批评。全面推广政府购买护林联防服务，在新建等10个县(市、区)开展生物防火林带建设试点，在景德镇市、九江县等7个市、县(区)开展集中焚烧纸钱试点。开展为期两年的专业森林消防队员扑火技能大练兵，全省108支专业队的540名骨干队员分5期进行集中训练，考核通过率96.9%。江西省航空护林站更名为江西省航空护林局。组织航空护林飞行78架次、历时218小时16分，发现林火3处，人工增雨5架次、降雨5亿吨。航空护林“江西模式”在全国推广。武警森林部队正规化建设完成各项任务，全年出动兵力800余人次，开展防火宣传督查、基层训练督导、举办培训班等活动。全年共发生森林火灾40起，过火面积1616.92公顷，受害面积334.9公顷，同比分别下降74.7%、55.5%和78.8%，没有发生重特大森林火灾和人员伤亡事故，成为1989年有数据记录以来灾害最轻的年份。

有害生物防治 全省实行重大林业有害生物防治“双线”目标责任制，省政府向各设区市及省直管县(市)政府下达《2015～2017年重大林业有害生物防治目标责任书》，并层层签订目标责任书。全省林业有害生物目标管理指标全面完成，有害生物发生总面积24.43万公顷，同比下降6%，发生率2.56%；成灾面积0.34万公顷，成灾率0.36‰；防治总面积15.2万公顷，无公害防治13.7万公顷，无公害防治率90.1%；测报准确率88.6%，种苗产地检疫率99.4%，案件查处率100%。组织开展第三次全省林业有害生物普查，完成48%的林地、49%的苗圃地、15%的木材加工厂、56%的古树名木的调查任务，采集和制作病虫标本8200余号次。开展松林病虫害拉网式普查，全省松材线虫病疫情发生面积0.19万公顷、病死树13 954株，分布在23个县(市、区)的57个乡镇，其中新增县级疫区6个、疫点乡镇19个、发生面积20.93公顷、病死树6634株。全省完成2014～2015年度松材线虫病疫情年度除治任务，实施防控松林面积1.08万公顷，除治枯死松木及疫木12.89万株。全省松毛虫发生面积3.36万公顷，防治面积2.14万公顷，其中以生物防治为主的无公害防治占97.1%，确保有虫不成灾。省政府办公厅印发《关于加强加拿大一枝黄花等外来入侵生物防治工作的通知》，各地对加拿大一枝黄花、薇甘菊等外来入侵生物开展监测和除治，同时对突发的阔叶树害虫、油茶病虫、刚竹毒蛾等主要有害生物进行实地核查。开展萧氏松茎象生物防治等7个示范区项目建设，隔离试种苗圃建成并投入使用。省政府同意将庐山北山(威家)等8个重点地区森林植物临时检疫检查站检查期限延长至2016年12月31日。省林业厅联合江西出入境检验检疫局开展林业检疫执法行动，对赣州等5个设区市的13个县(市、区)经审批许可的木材加工企业、松材线虫病疫木定点加工企业和进出口货物使用木质包装的企业等进行联合执法，打击违法调运松木行为，规范疫木除治管理。全年争取防治基础设施建设中央财政资金3177万元，省财政补助资金1000万元。

“一区两园”建设 全省建立林业自然保护区235处，总面积118.84万公顷，占全省国土面积的7.1%，其中国家级14处、省级32处、市县级189处。全省森林公园179处，总面积51.83万公顷，占国土面积3.1%，其中国家级46处、省级120处、市县级13处。全省湿地公园84处，湿地面积11.03万公顷，占国土面积0.66%，其中国家级28处、省级56处。遂川南风面、婺源森林鸟类两个保护区晋升国家级自然保护区先后通过国家林业局、环保部评审，待国务院批复。6个国家级保护区接受国家七部委评估检查，取得3优3良的成绩。全年争取自然保护区到位资金2900万元。新设立萍乡银凤岭、芦溪十八湾两处省级森林公园；6处国家森林公园、12处省级森林公园完成总体规划编制，国家森林公园总体规划编制率达89%，居全国前列。开展森林公园执法监督“回头看”活动，重点检查2014年森林公园执法检查有关突出问题的整改情况。争取国家林业局下达天柱峰、万安两处国家森林公园林相改造项目266.67公顷、资金200万元。全省森林公园建设投入资金15.56亿元。安远东江源、南丰傩湖、修水修河源、丰城药湖4处国家湿地公园试点经国家林业局批准成为国家湿地公园；新增横峰岑港河等5处国家湿地公园试点、瑞昌安定湖等5处省级湿地公园试点，新增湿地保护面积4900公顷；南丰潭湖等3个省级湿地公园试点通过省级专家组验收。省林业厅对2014年通过国家验收的永修修河国家湿地公园给予80万元奖励，对2014年获批的12处国家级、省级湿地公园试点各给予10万元奖励。

物种保护 召开鄱阳湖区越冬候鸟和湿地保护工作会议，成立6个督导组，分赴沿湖15个县(市、区)开展候鸟和湿地保护工作督导，湖区连续五年实现候鸟湿地保护“三无一杜绝”“两个确保”的工作目标。开展2014～2015年度鄱阳湖区越冬候鸟和湿地保护考评，省政府办公厅对保护工作成绩突出的星子、都昌、新建、进贤、余干、湖口、永修7个县(区)进行通报表扬，省财政安排100万元进行奖励。开展全省野生动物保护专项整治行动，出动执法人员万余人次，清查农贸市场500余个、餐饮酒店和经营户3000余家，收缴非法经营或运输的野生动物3000只(头、条)，查处案件300余起。开展野生动物疫源疫病监测防控预警工作，开展雁鸭类候鸟重大疫病检测装备研发，研制出禽流感病毒快速检测试纸条；采集肛轼子、咽轼子血液样本和粪便样本2万余份进行检测，全省未发生重大野生动物疫情。继续开展全国第二次陆生野生动物和国家重点保护野生植物资源调查，完成鄱阳湖区和罗霄山脉的动物调查及16个国家重点保护植物物种的调查任务。分别与北京市园林绿化局、天津市林业局开展救护野生动物联合放飞活动，央视直播鄱阳湖候鸟迁徙两次。遂川、崇义、上犹、都昌、南矶湿地保护区5个环志站环志鸟类86种5347只。南昌市动物园圈养华南虎24只，成为全球动物园中最大的华南虎种群，并成功繁殖雌性华南虎，改写江西近20年华南虎零繁殖记录；联合南昌大学第二附属医院成功实施世界首例华南虎白内障摘除术。全省建立野生植物就地保护小区565个，面积2.78万公顷。全年争取野生动植物保护资金3351万元。省野生动植物保护管理局等8个单位被国家林业局授予“保护森林和野生动植物资源先进集体”称号。

湿地管理 出台《江西省湿地保护工程规划(2015～2020年)》。江西省湿地综合数据库服务系统建成并进入调试阶段，全省湿地“一张图”绘制成功，成为全国首个建立省域湿地资源综合数据库的省份。组织各市、县(区)对城区内面积1公顷或长1000米、宽5米以上的湖泊湿地、沼泽湿地、河流湿地、人工湿地进行全面调查，外业调查工作全部完成。鄱阳湖湿地及44处江西省重要湿地、23处国家湿地公园和54处省级湿地公园，纳入生态保护红线范围。全年争取湿地保护项目14个，总投资7230万元，其中中央财政资金6408万元。中央财政安排鄱阳湖湿地生态补偿试点资金2000万元；进贤、都昌、余干3县获全国湿地保护先进县，每县获中央财政奖励500万元。

林业改革 启动以林地流转为主线的集体林权制度改革，率先建立覆盖全省的五级林权流转信息化管理服务平台，创新推出面向广大林农的“惠林绿桥”移动端应用程序(APP)，形成为林地流转牵线搭桥的重要展示平台。省林业厅成立5个林权流转改革试点工作组，对武宁等11个试点县(市)分片进行调研督导。试点县(市)所涉166个林区乡镇有146个设立林地流转服务窗口，1746个行政村有957个设立信息员；试点县挂牌林权交易项目793宗，成交592宗，成交面积1.05万公顷，成交金额3.58亿元；11个试点县(市)启动林地经营权流转证发证工作。省林业厅印发《江西省集体林权流转管理办法(试行)》，全省累计流转山林137.07万公顷，占集体山林总面积15.1%。新增林权抵押贷款17.45亿元，贷款余额48.21亿元。扶持培育新型林业经营主体，有专业大户3364户、家庭林场1362个、民营林场644个、专业合作社2208个、股份合作社374

个。创建省级示范合作社50家，其中14家被认定为国家级示范社。全省累计发放“财政惠农信贷通”贷款125.31亿元，受益新型农业经营主体4.26万户。赣州市被列为全国集体林业综合改革试验示范区，崇义县发放全国第一本林权类不动产权证。江西国有林场改革试点任务全面完成，并高分通过国家验收，改革经验在全国推广。全面启动国有林场森林经营方案编制与实施工作，武宁县生态林场等25个国有林场被确定为全省首批国有林场后续发展示范林场。省林业厅印发《江西省商品林采伐管理改革试点实施方案》，选择在崇义等6个县(市)试点。省林业厅精简行政权力116项，精简率62.9%。总结推广通过设立县、乡调处中心（站），以“庭式调解”为主化解山林权属纠纷的“上犹模式”；全省共调处林权争议635起、面积4200公顷，其中跨市、县争议20起，未因林权争议引发重大群体性事件。落实省政府办公厅《关于妥善解决全省通道绿化租田种树有关问题的通知》，租田种树遗留问题全部整改到位。

科技创新 围绕“创新创业 科技惠民”主题，省林业厅组建油茶咨询专家、科技服务特派员和市县科技服务指导员3支队伍，分别对接37个省级油茶示范基地和117个企业(大户)，签订技术服务协议97份。林业科技推广站帮扶特色示范基地67个，面积2333公顷；培养245个林业科技示范户（企业、合作社），面积1667公顷。新增批建江西神州通、江西正邦两个油茶产业科技园，12个在建油茶科技园进展顺利，信丰友尼宝、袁州星火、于都绿中源、进贤高正等园区成为展示江西油茶产业发展的新窗口。完成全省油茶遗传资源调查编目工作，收集野生或引种特种资源、农家品种、良种、优良品系、特异个体资源350份，制作保存遗传资源标本1000余份，建成江西省油茶遗传资源信息数据库。国家林业局经济林产品质量检测检验中心(南昌)获国家林业局行政许可授权，完成森林食品、茶油与产地环境共1000多份样品的检测检验任务。成立国家油茶科学中心赣南试验站。创建全省第二批“良种良法”示范基地。制订省级地方标准6个、修订11个。争取国家和省级林业科研项目27项，项目经费1977万元。全省林业科技成果转化率达70%，林业科技贡献率50%。省林业科技推广总站参与的“四倍体泡桐种质创新与新品种培育”获国家科技进步二等奖；“油茶良种创新与应用”和“江西林木害虫天敌姬蜂调查”，“紫花含笑优良观赏品系筛选及高效无性繁殖”和“南酸枣果用林丰产栽培关键技术研究与示范”分别获江西省科技进步二等奖、三等奖；森林防火宣传装置和太阳能固定防火宣传警示灯、天然右旋龙脑提取设备获国家发明专利。植物“千叶香”被国家林业局授予植物新品种权；中国大陆蛾类新记录种——叉纹砌石夜蛾在九连山国家级保护区被发现。7个县级推广站获中央财政基本建设项目支持，11个设区市和22个县(市、区)推广站获省财政基层林业科技推广站能力建设项目支持。实施信丰杉木良种推广与示范项目等6个中央财政林业科技推广示范资金项目。国家林业局与江西省政府签署协议，合作共建江西农业大学。组建江西林业职业教育集团，成员单位达149个。江西环境工程职业学院获全国职业院校技能大赛二等奖2项、三等奖7项，全国高职高专院校思政课青年教师教学展示二等奖，全国信息化大赛三等奖。

生态文化 新增浮梁县勒功乡沧溪村等5个全国生态文化示范村、婺源黄喉噪鹛生态基地等4处省级生态文化教育基地。井冈山国家级自然保护区等3个涉林单位被认定为2015～2019年度全国科普教育基地，江西环境工程职业学院成为江西首家国家3A级旅游景区高校校园。原创客家采茶群舞《中国梦·客家情》入选全国100个优秀国学教育文艺作品；《护源使者》《回家过年》和《同在蓝天下》入选全国首届生态文明主题微电影“十佳影片”“优秀影片”；《咬咬牙，5300万这笔钱咱掏了》《“鸟越多奖越多”》分别获2014年度中国林业好新闻一等奖和二等奖。首次举办“走进自然、热爱自然、保护自然”森林体验教育活动，先后举办永修吴城生态体验季暨第二届国际湿地观鸟节、“绿色江西·生态九龙”2015荷兰郁金香花卉节、第六届井冈山杜鹃花节、第三届鄱阳湖护生节、第三届寒兰博览会。启动全国参与者最多、行动里程和持续时间最长的一次候鸟与湿地保护全国性公益行动——“跟着大雁去迁徙”活动。举办中国绿化基金会2015年“绿色公民行动志愿者团成立仪式暨鄱阳湖冬季探访活动”，全国绿化委员会、中国绿化基金会、鄱阳湖国家级自然保护区有关人员以及绿化志愿者等百余人参加活动。

产业发展 全年实现林业总产值3063.02亿元，同比增长15.4%。其中：第一产业980.15亿元、第二产业1460.86亿元、第三产业622.01亿元，分别增长13.9%、13.0%和24.0%，产值比重由2014年的32：49：19调整到32：48：20。全省生产商品材232.16万立方米、大径竹18 550.57万根、小杂竹15.37万吨，生产木竹加工产品6941.16万立方米、林产化工产品32.66万吨、各类经济林产品532.54万吨。全省有省级林业龙头企业355家，其中江西仙客来生物新科技有限公司等9家企业为首批国家林业重点龙头企业。形成以南康、广丰、瑞昌为代表的家具产业集群，以奉新、宜丰、铜鼓为代表的竹产业集群，以及以金溪、吉水为代表的香精香料产业集群。举办中国(赣州)第二届家具产业博览会和首届南康家具网上博览会，成交额15.2亿元，比首届家具产业博览会增长50.2%；南康家具产业产值突破900亿元，成为国内四大家具产业集群地之一。举办第二届中国中部(九江)红木家具博览会，20余个省(市、区)顶级红木家具经销商、著名红木家具品牌企业代表、红木爱好者等1500余人参加。全国内陆首个进境木材国检监管区——赣州进口木材国检监管区直通运营建成并投入使用；瑞昌市九江进境木材监管区建成并正式通关运行。江西远泉林业股份有限公司、抚州苍源中药材种植股份有限公司、江西康替龙竹业有限公司获准挂牌上市。江西山村油脂食品有限公司入选“2015年度全国食品安全管理创新二十家案例”，并获2015年度中国食品安全年会突出贡献奖和全国科普惠农兴村先进单位称号。“得尔乐山茶油”品牌被评为中国林业产业诚信企业品牌；全省20个林产品被授予2015年江西名牌产品，占总量的14%。

江西被列为全国油茶产业扶贫试点省，油茶产业成为精准扶贫的重要抓手。全省油茶企业314家，油茶产业总产值206.63亿元，同比增长25.3%。全省油茶林面积89.15万公顷，其中高产油茶林24.27万公顷；油茶籽产量42.44万吨。各地通过“五统一分”举措，破解油茶产业发展瓶颈，打造出直接补助、投劳增收、林地和劳力入股、政府收购已挂果油茶林返租、统一经营5种“江西模式”。全年完成油茶林新造2.27万公顷、低改2.77万公顷。全年油茶产业投入资金突破27亿元，其中中央和省级财政补助2亿元，农业银行江西省分行设立的“金穗油茶贷”项目发放贷款15亿元。

全省竹产业产值322.31亿元，同比增长9.6%。全年完成毛竹低产林改造9.73万公顷。全省有省级竹业龙头企业59家，其中26家进入中国竹业龙头企业百强，5家获评全国竹胶板名牌企业。省财政下达竹类特色产业项目资金1亿元，扶持崇义等26个毛竹重点县完成毛竹低产林改造6.55万公顷、笋材两用林基地建设2507公顷，竹林经营道路建设2754千米。

全省林木育种育苗产值69.76亿元，同比增长5.9%。全省林木育苗面积8.89万公顷，采集种子237吨，生产苗木14.70亿株。全年林木种苗投资5152万元，其中中央和省级良种补贴4518万元。建设国家级重点林木良种基地10个，省级重点林木良种(采种)基地13个。开展林木种子生产经营许可证专项清理行动，清理生产经营许可证5356份。全省花卉及其他观赏植物种植产值173.48亿元，同比增长22.0%。花卉种植面积5.17万公顷，生产切花切叶2.07亿支、盆栽植物8295.47万盆、观赏苗木3.19亿株、草坪1012.87平方米。全省有花卉市场415家、花卉企业1543家。

全省有陆生野生动物驯养繁殖或经营利用企业1103家，野生动物繁育与利用产值11.01亿元，同比增长25.7%。人工驯养繁殖雁鸭、雉鸡类野生动物列入国家标识化管理。出台《野生动物狩猎试点规定》，在武宁等4县开展野生动物狩猎试点。全年办理野生动植物行政许可事项489起，其中野生动物类232起、野生植物类257起。

全省森林公园接待游客226.6万人次，森林旅游与休闲服务产业产值477.17亿元、增长26.2%，直接带动其他产业产值1326.67亿元。赣州市成为首批两个全国森林旅游示范市之一，婺源县被授予“世界十大乡村度假胜地”，庐山西海景区上榜“全国十佳生态旅游示范景区”，宜春明月山等8处国家森林公园创建为国家4A级旅游景区，赣州陡水湖等7处国家森林公园创建为国家3A级旅游景区。开展“森林旅游宣传年”活动，发行2015年“江西风景独好·森林旅游”年票1万册，开展全省示范森林公园创建评选、森林旅游媒体采风、旅游精品特色线路推介和森林旅游专项主题活动。梅岭国家森林公园“中国(梅岭)国际都市森林休闲节”、三百山国家森林公园“生态旅游节”、陡水湖国家森林公园“赏枫节”、明月山国家森林公园“月亮文化节”、三爪仑国家森林公园“漂流文化节”等，成为江西森林旅游品牌。征集江西森林旅游资源图片839幅，精选131幅参加2015中国森林旅游节，获组委会通报表扬。

全省林下经济总产值179.14亿元，同比增长6.9%。全年生产森林食品11.69万吨、产值46.98亿元，森林药材3.45万吨、产值20.89亿元。省财政对全南等10个新一批省级林下经济发展重点县(市、区)各奖补专项资金100万元。“金溪国家林木香料生物产业基地”获国家林业局批复并授牌，金溪、全南、弋阳3县和九江凌华实业有限公司被列为国家林下经济示范基地，奉新县被授予中国绿色生态猕猴桃示范县称号。新认定江西绿源油脂实业有限公司等25个基地为江西省森林食品基地，总面积3726.73公顷。

资金投入 全年林业计划投资49.85亿元，实际完成72.75亿元。全年实际到位资金58.25亿元，其中国家预算资金33.12亿元、国内贷款2.71亿元、利用外资2.21亿元、自筹资金7.40亿元、其他12.42亿元。全年林业固定资产计划投资3.57亿元，实际完成投资4.11亿元。全年争取林业项目资金38.9亿元(中央财政26.9亿元、省级财政12亿元)，同比持平。实施林业利用外资项目29个，协议利用外资2566万美元，实际利用外资3478万美元。全年拨付中央贴息资金10 825.26万元，其中：拨付2013、2014、2015年度林业贷款贴息补助资金分别为6422.57万元、3571.69万元和682万元；拨付2015年度基本建设贷款贴息资金149万元。2015年度贴息补助资金中，支持近1.4亿元林业小额贷款贴息405.42万元，占59.5%，惠及1100余户林农和林业职工；支持赣南原中央苏区贷款贴息426.32万元，占62.5%。落实油茶示范林建设资金4000万元，占全国总量的40%；中央财政现代农业油茶项目每公顷造林补助由4500元增加到7500元。全省征收林业规费6.41亿元，其中：森林植被恢复费4.62亿元，同比下降37%；育林基金1.79亿元，同比下降23%。全省林业招商引资签约项目153个，签约内资206.16亿元、外资251万美元，其中实际引进内资52.37亿元、外资251万美元。

【生态文明先行示范区建设】 11月2日，省委、省政府召开全省生态文明先行示范区建设现场推进会，崇义县、武宁县等16个县(市、区)被列为全省首批生态文明先行示范县(市、区)，其中13个县(区)为重点林区县。林地和湿地保有量、森林覆盖率、造林面积合格率、森林蓄积量列入生态文明示范县(市、区)创建评选(考核)指标体系；林地、湿地保有量列入年度市县科学发展综合考核评价体系；国家和省级生态公益林保护、国家林业重点工程建设列入设区市政府质量工作年度考核评分体系。3月28日，省委书记强卫、省长鹿心社等省委、省人大、省政府、省政协及南昌市四套班子成员等200余人，到南昌市象湖湿地公园参加义务植树活动，共栽种苗木1030余株；全省100个县(市、区)党委、政府主要领导等共81.45万人参加义务植树活动，共植树127.99万株。南昌县农民徐高柳义务植树28年，累计植树80万株，荣获2015年“全国劳动模范”称号。上饶市启动实施国家空气负氧离子实时监测，向国家林业局实时推送生态环境参数。鹰潭市成为江西首个自行开展空气负氧离子定期监测的设区市，设置16个空气负氧离子监测点，监测数据在鹰潭市林业局门户网站发布。南昌市、宜春市获“国家森林城市”称号，婺源等12个县(市)创建省级森林城市通过专家预检，全省累计创建森林乡镇318个、森林村庄1254个、森林园区66个。国家发展改革委和日本环境省主办的绿色城镇化国际研讨会发布"中国绿色城镇化指标排名"，在全国289个地级以上城市中，景德镇、新余和鹰潭市分别位居第11、第15和第20位。

【首次揭秘白鹤迁徙路线】 2月1日，江西鄱阳湖南矶湿地国家级自然保护区科研人员为研究白鹤迁徙路线，在一只国家一级保护动物白鹤的幼鹤身上安装卫星跟踪器和金属彩色数字脚环。跟踪记录显示：4月27日白鹤飞离鄱阳湖，6月16日到达繁殖地俄罗斯亚纳半岛，历时51天，飞行距离5294.2千米，最大飞行速度112千米/小时，最高飞行海拔2691.2米；9月23日离开繁殖地南迁，11月13日回到鄱阳湖南矶湿地，历时52天，飞行距离6254.2千米，最大飞行速度112.7千米/小时，最高飞行海拔为1961.6米。迁徙过程中，幼鹤不断成长，全身羽毛换成白色，露出漂亮身姿。通过完整的卫星跟踪，准确掌握白鹤的迁徙路线、停留地点与时间段，填补中国白鹤生态研究的空白。全国鸟类环志中心副主任钱法文表示：白鹤身上安装卫星跟踪器是第一次尝试；首份白鹤迁徙的完整记录，在学术上和白鹤保护研究上具有重大意义。

【"绿色公民行动"动态版《清明上河图》文化巡展启动】 2月6日，由中国绿化基金会、江西省绿化委员会、江西广播电视台共同主办的"绿色公民行动"动态版《清明上河图》文化巡展南昌站启动仪式在南昌举行，标志着动态版《清明上河图》全国巡展正式启动。此次在江西的巡展活动历时40天，活动门票、企业捐赠资金全部捐给中国绿化基金会，专项用于在江西省内开展以植树绿化为主体的生态建设等公益活动。此前的1月8日，在江西人民广播电台召开的巡展启动新闻发布会现场，江西双仁实业有限公司向中国绿化基金会捐款900万元。"绿色公民行动"由中国绿化基金会组织开展，旨在号召社会力量参与造林绿化和生态建设，搭建一个公民有效参与捐赠植树绿化的平台。为此，中国绿化基金会与上海世博集团联系，由中国世博集团将世博园中国馆镇馆之宝——《动态清明上河图》独家授权给中国绿化基金会在全国巡展，以此为载体，广泛募集社会资金用于绿化和生态建设。

【油茶产业精准扶贫】 中央和江西省委、省政府对油茶产业精准扶贫工作高度重视。3月6日，习近平总书记在参加全国两会江西代表团审议时，对赣南原中央苏区油茶等扶贫产业作出重要指示，并就油茶种植补贴问题指示有关部门进行专题调研。3月30日至4月1日，省委书记强卫到宜春市调研现代农业发展情况时明确指出，发展油茶产业符合江西实际、顺应消费潮流，要把油茶产业发展与赣南原中央苏区振兴、山区扶贫攻坚结合起来，让油茶树由祖辈相传的"公孙树"变成百姓脱贫的"民心树"，要求做好产业规划、加大扶持力度、加强品牌建设，引导产业更好发展。4月8～9日及6月2～4日，省长鹿心社两次到赣南对油茶等精准扶贫产业进行调研，在于都县万亩油茶基地详细了解基地以产业带动贫困农户脱贫的发展模式。5月9～10日，副省长李炳军率省直有关部门、金融机构负责人专程到丰城市调研油茶产业，并召开全省高产油茶工作座谈会，就加快油茶产业发展、争取金融支持等问题进行研究。为有效推进油茶产业精准扶贫，江西先后召开全省林业重点工作暨油茶产业发展现场会、全省油茶产业精准扶贫工作现场会、全省油茶产业科技(示范)园建设现场会；出台《关于进一步加快油茶产业发展的意见》《江西省油茶产业发展规划(2015～2020年)》《江西省油茶产业扶贫机制创新试点实施方案》《赣州市油茶产业精准扶贫试点实施方案》；启动江西油茶产业科技(示范)园暨现代农业示范园区建设，将油茶产业作为江西山区精准扶贫的重要抓手。

【"跟着大雁去迁徙"全国公益行动】 3月15日，"跟着大雁去迁徙"活动在鄱阳湖畔的都昌县候鸟保护区管理局举行启动仪式，标志着中国首次以候鸟迁徙跟踪为主题的全国联合公益活动拉开序幕。同日，此次活动洞庭湖站启动仪式在湖南岳阳举行。该活动由中国科学院动物研究所、"保护地友好"体系、"让候鸟飞"公益基金和《汽车与运动》杂志社联合主办，全国众多的自然保护区、民间团体组织、媒体共同参与，旨在吸引广大公众共同保护候鸟栖息地。活动历时半个多月，考察车队将分别途经江西、安徽、江苏、山东、河北、北京、吉林，以及湖南、湖北、河南、河北、北京、内蒙古，跟随大雁脚步到中国北疆直至护送候鸟出境。这是中国有史以来规模最大、行动里程和持续时间最长、参与者最多的一次候鸟与湿地保护全国性公益行动，也标志着卫星跟踪、移动互联网等新技术在中国候鸟保护事业上首次大规模应用。

【江西省第34届"爱鸟周"宣传活动启动】 4月2日，以"关注候鸟保护，守护绿色家园"为主题的第34届"爱鸟周"宣传活动在鄱阳湖国家湿地公园启动。中国野生动物保护协会总工程师宋慧刚，国家濒管办福州办事处专员尹刚强，省林业厅厅长阎钢军、副厅长詹春森，上饶市委常委、农工部长倪美堂等出席并讲话。在启动仪式上，为"中国红花油茶之乡"德兴市、"中国香榧之乡"黎川县、"中国果子狸养殖之乡"万安县、"全国野生动物保护科普教育基地"南昌动物园、"江西省未成年人生态道德教育基地"鄱阳湖国家湿地公园授牌，学生代表宣读保护鸟类倡议书，并举行鸟类放飞和"爱鸟护鸟，从我做起"万人签名活动。活动当天共派发各种野生动物保护宣传资料、爱鸟护鸟科普读物等万余份，展出鸟类图片200多幅。

【赵树丛到江西调研林业工作】 4月16～17日，国家林业局局长赵树丛、总工程师封加平到江西就国有林场改革及林业产业发展情况进行调研。江西省副省长李炳军、省林业厅厅长阎钢军等陪同。调研前，赵树丛与江西省委书记强卫、省长鹿心社、省政协主席黄跃金、省委副书记莫建成等就加快推进国有林场改革和油茶产业发展、加强鄱阳湖湿地和候鸟保护、进一步深化集体林权制度改革等问题交换了意见。赵树丛一行先后到安福县、万安县、信丰县等地，调研国有林场改革、危旧房改造、大径材培育、高产油茶基地建设等情况。赵树丛强调，下一步要深入学习贯彻习近平总书记有关生态文明建设的系列重要讲话精神，在推进国有林场改革中，做到“落实、完善、巩固、提高”8个字，为国有林场持续发展注入活力，不断提高国有林场改善生态、改善民生的能力。江西作为集体林区，要深化集体林权制度改革，巩固农民的承包权，让集体林地释放更大的生态功能和服务民生的功能；要围绕脱贫致富发挥林业作用，加快发展油茶产业和林下经济，搞好森林防火和林业有害生物防控，加强林业自身建设，为实现赣南等原中央苏区与全国同步建成小康社会作出更大贡献。

【首次森林体验式教育活动】 4月19日，江西省首次森林体验式教育活动在省生态文化示范教育基地——南昌市凤凰沟举行。围绕“走近自然，感悟生命”主题，主办方引入源自德国的自然林业生态教育模式，通过“寻找森林宝贝”“北极鸥与白鹤”“白鹤的冥想”等互动体验活动，引导家庭和大学生等加深对森林的认识和感悟，激发人们保护森林的自觉性，从而促进人与自然、人与人、人与自我和谐相处。

【鄱阳湖近10万只冬候鸟成为留鸟】 5月10～20日，省林业厅组织在鄱阳湖5000平方千米范围内开展夏候鸟调查，初步掌握环鄱阳湖周边夏季鹭鸟的种类、数量、分布及种群动态，以及其他夏季水鸟的主要种类和分布等情况。调查发现，2015年鄱阳湖夏候鸟种类达60余种，同比增加10种；其中雁、鹳、鹤、鸥等十多类近10万只冬候鸟滞留在鄱阳湖成为留鸟，极为罕见。特别是发现23只全球极危候鸟——青头潜鸭，并清晰拍录到1只幼鸟在水中游动，证实鄱阳湖区存在青头潜鸭自然繁殖的种群。青头潜鸭对栖息环境要求非常高，全球约500多只，世界自然保护联盟(IUCN)在国际濒危物种红色名录中将其定为“极危”。青头潜鸭在鄱阳湖由冬候鸟变为留鸟，凸显江西生态环境的持续改善。

【乡村风景林建设加快】 6月26日，省林业厅出台《江西省乡村风景林建设技术指南》，明确乡村风景林建设的原则、类型、规划设计、技术措施、合格标准和档案建设等内容。全省建设以乡土树种和珍稀树种为主的乡村风景林示范点2101个，面积9527.57公顷，其中保护型示范点885个、面积5514.58公顷，完善型示范点451个、面积2058.72公顷，建设型示范点765个、面积1954.27公顷。争取省财政资金760万元，对152个省级乡村风景林示范点进行补助。江西省古树名木信息系统投入试运行。全省有古树名木129 423株，其中国家一级保护古树9110株、二级保护21 687株、三级保护97 834株、名木792株，涉及302个树种，樟树株数占92%。省级投入古树名木保护和风景林建设资金1000万元。

【新余市国家亚热带植物园开园】 6月27日，亚洲最大亚热带植物园——新余市国家亚热带植物园第一期正式对外开放。新余市市长董晓健宣布开园，中国林科院亚热带林业实验中心主任李江南等出席开园仪式。该园以建设六大专类园区为特色，涵盖田园、山居、花溪、果谷、湖光等多种景致，具有植物博览、旅游休闲、文化体验等多重功能。一期工程完成投资3.5亿元，建成果类植物园、乡土植物园、珍稀植物园、热带植物馆、玉兰花谷、樱花谷、紫薇花谷等多种特色景点。该园计划占地总面积413.33公顷，总投资15亿元，每年可接待旅游人数25万人次，年均实现旅游收入1亿元。

【非法侵占林地清理排查专项行动】 2014年11月至2015年6月，全省开展非法侵占林地清理排查专项行动。副省长李炳军3次作出批示，各市、县(区)政府成立专项行动领导小组。省林业厅召开全省专项行动视频会议，先后派出3个督导组，分赴南昌等8个设区市20多个县(市、区)进行督导。组织全面督导117次，选择4个县(市)为重点抽查县，确定5个挂牌督办案件；对工作不到位的县和相关设区市政府分别下发重点整治通知书和督办函，并约谈县政府领导，暂停该县使用林地审核、林木采伐审批、新上林业项目安排。省林业厅与国家林业局福州专员办制订《国家林业局驻福州专员办与江西省林业厅联合办案实施办法》，成立协调机构，建立联席会议制度。专项行动共清理排查非法侵占林地案件1322起，面积1457.91公顷，其中非法占用林地案件1302起、面积1449.74公顷，毁林开垦案件20起、面积8.17公顷。刑事立案174起、涉案176人；行政问责55人，行政处罚2112人次，罚款0.42亿元。

【首例特大跨省非法收购、运输、出售象牙及其制品案告破】 2014年11月2日，黎川县公安局在福银高速赣闽边界省际收费站，从一辆湘牌号越野车内查获22件疑似象牙雕刻的藏传佛像。黎川县森林公安局果断立案，经司法鉴定，22件工艺品全属现代象牙制品。省森林公安局接报后，立即召开专案会，要求把案件办成铁案，并抽调19名骨干成立“11·2”专案组。历时11个月，专案组以非法运输地为中心，横跨赣、闽、湘、粤等7省，向收购、加工、出售3个方向展开侦查，行程近20余万千米；并协调地方公安机关，充分运用刑事技术、情报研判、技术侦察等手段进行侦查。2015年8月13日，该特大非法收购、运输、出售象牙及其制品案全面告破，成功端掉盘踞在赣、湘、闽、粤地区的象牙非法制售团伙，摧毁集走私、加工、贩卖、运输、出售一条龙的象牙非法制售产业链，抓获全部来自省外的犯罪嫌疑人7名，查获象牙及其制品600余千克，案值2500余万元。“11·2”专案组荣立集体二等功。

【《关于进一步加快油茶产业发展的意见》】 7月3日，省政府办公厅印发该《意见》，要求各地紧紧围绕全国生态文明先行示范区建设，立足绿色发展，大力发展油茶产业，将其建成全省特别是赣南原中央苏区重要扶贫产业和致富产业，实现精准扶贫和农民增收目标。《意见》要求，不断优化产业布局，推广以“五统一分”(统一规划、整地、购苗、栽植、抚育，分户管理和受益)为主的发展模式，加强油茶采穗圃和油茶种苗质量管理，强化油茶生产和流通环节监管；加大油茶品牌整合和推介力度，完善油茶科技服务和市场服务体系，解决油茶产业发展中存在的问题。省财政逐步增加对油茶产业发展的扶持力度，逐步提高油茶造林和改造补助标准。

【打击非法运输木材行为专项行动】 9月1日至11月30日，全省各级木材检查站精心组织、协同作战，严厉查处非法运输木材案件，重点打击非法运输木材、野生苗木尤其是珍贵野生植物行为，取得明显成效。全省共出动执法人员1.37万人次，开展打击行动3135次，查处违法运输木材案件1356起，其中移送司法机关16起，涉案木材5943.8立方米、野生苗木502株，为国家挽回直接经济损失432.5万元。

【启动新一轮退耕还林工程】 9月11日，由省发展改革委牵头编制的《江西省新一轮退耕还林工程实施方案》经省政府批复后报国家发展改革委等5个相关部委备案。江西新一轮退耕还林实施范围涉及28个县(市、区)的283个乡镇1665个村65 134户，建设规模为退耕地还林0.99万公顷，其中25度以上非基本农田坡耕地0.62万公顷，重要水源地15～25度非基本农田坡耕地0.37万公顷。2015年江西退耕还林任务为0.2万公顷，安排在九江、赣州、上饶3个设区市的10个县(区)实施。10月22日，省发展改革委会同财政、林业、国土部门联合召开全省新一轮退耕还林工作启动视频会议，贯彻落实全国退耕还林还草工作现场经验交流会议精神，动员部署全省新一轮退耕还林工作。

【全省森林防火暨湿地候鸟保护、松材线虫病防控工作现场会】 9月24～25日，省政府在鹰潭召开会议，总结森林防火、湿地候鸟保护、松材线虫病防控工作(简称“三项工作”)，部署下阶段重点任务。省委常委、常务副省长毛伟明出席并向各设区市和省直管县(市)政府下达森林防火责任书、松材线虫病防控责任书，省政府副秘书长涂琼理主持会议，省林业厅厅长阎钢军对2014年冬以来全省“三项工作”进行总结，对2015年冬和2016年春“三项工作”做出具体部署。会上，省政府对2014～2015年度森林防火工作先进单位和先进个人进行表彰，鹰潭市、遂川县、星子县和湾里区分别作典型发言。会议代表参观余江县锦江镇生物防火林带、龙虎山上清镇集中焚烧纸钱试点现场。省林业厅、各设区市政府、省直管县(市)和沿鄱阳湖15个县(市、区)政府的有关领导，森林防火工作先进县(市、区)政府分管领导等参加会议。

【首次开展油茶籽及其产地土壤检测】 10～12月，省林业厅组织对全省11个设区市的33个产油茶县(市、区)73批次的油茶籽及油茶产地土壤进行质量安全检测，以防范食用林产品质量安全事故，保障群众“舌尖上的安全”。省林业厅制订《食用林产品质量安全监测方案》，委托国家林业局经济林检测中心(杭州)和江西省林业科学院林产品质量检测中心开展检测，主要检测倍硫磷、杀螟硫磷、毒死蜱、乐果、总砷、总汞、铅、镉、铬等农药残留及重金属含量超标情况。两个检测中心在预定时间完成检验任务，并对有疑问的项目进行复检确认。经检测，江西省油茶籽及其产地土壤质量安全合格率为100%。

【国有林场改革试点高分通过国家验收】 10月19日至11月12日，国家国有林场和国有林区改革工作小组验收工作组，先后对浙江、江西两省国有林场改革试点工作进行验收。经过听取工作汇报、随机抽取5个试点县现场查验打分、开展职工满意度座谈等方式综合评估测算，浙江省验收总得分为96.1分，江西省验收总得分为98.8分，顺利通过国家验收。验收结果通报称，浙江、江西两省的改革经验为全国国有林场改革提供了有力借鉴：首先，坚持地方政府主体责任。省委、省政府将国有林场改革列入主要议事日程，高位推动，采取政府发文、制订年度计划、签订目标责任状、建立考核机制等办法，明确市县主体责任，落实工作任务，加强考核督查，确保改革措施落到实处。其次，坚持作为林业头等大事来抓。省林业厅举全厅之力推动改革，成立改革工作小组，厅长亲自抓、主管厅领导具体抓、其他厅领导挂片包干督导，通过强化方案审批、动员宣传、检查督导、评估验收和整改落实等重点举措，确保改革取得预期效果。最后，坚持部门联动合力推动。省林业厅积极沟通协调，得到省发改委、财政厅、人社厅、编办等相关部门的大力支持，形成改革合力，出台了一系列改革配套措施，确保改革顺利推进。

【首次出台流域生态补偿办法】 11月1日，省政府印发《江西省流域生态补偿办法(试行)》。《办法》包含生态补偿的实施范围、主要原则、资金筹集、资金分配等内容。补偿实施范围包括鄱阳湖和赣江、抚河、信江、饶河、修河等五大河流以及长江九江段和东江流域等，涉及全省100个县(市、区)。采用统一的因素法公式，结合补偿系数，选取水环境质量、森林生态质量、水资源管理3个因素，将补偿资金统筹分配至流域范围内的县(市、区)。《办法》重点解决流域生态补偿“谁来补、补给谁、补多少、怎么补”的问题，有利于完善生态环境保护的政策体系，促进经济发展理念的转变，缩小源头保护地区与全省的发展差距，实现民生改善和生态恢复。计划2016年首期筹集流域生态补偿资金20.91亿元，成为全国补偿资金筹集力度最大的省份，表明江西坚决保护生态环境的鲜明态度及扎实推进生态文明建设和加速实现绿色崛起的决心。

【省森林公安局启动“长城守护神关爱计划”】 11月6日，省森林公安局与中国银行江西省分行举行“长城守护神关爱计划”签署仪式。该计划可以让全省森林公安民警及职工享受“八大关爱”“十大专属优惠”和“十大专属服务”，尤其是对于因公牺牲、因公伤残、因公负伤住院的森林公安民警和职工，在享受公安各类抚恤的同时，还可为每人提供最高保障额度为20万元的关爱补助。这是省森林公安局与中国银行江西省分行联合推出的一项惠警新举措。

【全国国有林场改革现场会在南昌召开】 11月24日，

国家林业局在南昌召开全国国有林场改革现场会。江西省副省长尹建业致辞，国家林业局副局长张永利讲话。会议要求各地必须充分认识国有林场改革的重大意义，抓住难得机遇，打改革牌，谋发展局，稳步推进国有林场改革任务按时保质完成。尹建业指出，自2011年被列为全国国有林场改革整体推进试点省以来，江西牢牢把握"保生态、保民生"两条底线，重点抓好"定性、重组、保障、减人、剥离、转换、安全、稳定"八方面工作，理顺了国有林场的管理体制，合理界定了其性质和功能定位，初步建立了新型劳动关系，特别是民生保障实现全覆盖，改革期间没有发生群体性上访事件，没有发生大规模破坏森林资源案件，没有发生违规处置国有资产现象，全面完成改革试点任务。张永利指出，自中央印发6号文件、国务院召开全国国有林场改革工作电视电话会议以来，全国共有23个省区成立由省领导任组长的国有林场改革工作领导小组，广东等13省（区、市）改革取得重要进展。张永利提出5点要求：一是加快编制省级国有林场改革方案，各地省级改革方案应于12月底前上报国家审批。二要牢牢把握改革方向不动摇，坚持国有林场改革的公益事业单位取向。三要下大力气解决好编制问题，根据所处区位、林地规模、管护难易等因素，科学核定、统筹调剂，努力满足林场森林资源保护和生态建设需要。四要确保统筹解决改革成本，明确省级财政支持政策，落实市县财政兜底责任。五是转变国有林场发展方式，通过搞顺体制、搞活机制，把国有林场的中心工作集中到森林资源保护培育上来。会上播放江西国有林场改革宣传片，江西等9个省（区、市）作典型经验交流，江西省林业厅厅长阎钢军和吉安市政府、信丰县政府、广昌县高虎脑林场，从不同层面介绍国有林场改革试点工作取得的成效和经验。各省（区、市）林业厅（局）主要负责同志和林场处（局、站）长，中央编办、国家发展改革委、财政部、住房和城乡建设部、民政部、人力资源和社会保障部、中国银监会等部门有关同志，中央和省主要新闻媒体记者参加会议。

【首个财政部PPP示范项目开工】 12月21日，江西首个财政部政府和社会资本合作模式（PPP）示范项目——九江市柘林湖湖泊生态环境保护项目开工仪式在庐山西海举行。该项目将为全国生态环境综合治理类项目进行PPP运作提供示范，对于大幅改善修河流域生态环境、提升流域污染治理水平以及保护庐山西海"一湖清水"具有重要意义。该项目于2014年12月被财政部列入全国首批30个PPP示范项目之一，总投资13.2亿元，分布在庐山西海风景区、修水县、武宁县等地，主要实施包括产业结构调整与生态移民、流域污染源治理、生态修复与保护在内的三大类21个子项目。

【江西林业云数据中心投入使用】 12月，江西省林业云数据中心建成并投入使用。省林业厅计算机房扩建至120平方米，实现内外网两个机房物理隔离并存运行，利用虚拟化技术建立林业云计算平台，拓展全省四级林业政务内网覆盖范围。应用全省数字林业公共基础平台、全省森林资源管理信息系统、全省林权流转管理信息系统、省林业厅办公自动化系统等"一平台三系统"，施行统一用户单点登录，整合各类林业资源数据，支撑全省森林资源管理、林权流转管理等核心业务开展，实现移动和无纸化政务办公。

【江西武夷山国家级保护区科研新发现】 江西武夷山国家级自然保护区地处武夷山脉北段西坡，主峰黄岗山海拔2160.8米，是中国大陆东南地区最高峰。经科考、监测和研究，查明该保护区内物种丰富，海拔1400米以上区域保存着约3000公顷的原始森林，有全省50%以上的高等植物物种基因和60%以上的脊椎动物物种基因，有高等植物2829种、陆生脊椎动物486种，其中国家重点保护野生植物26种、国家重点保护野生动物65种。发现中国特有种、国家一级保护动物、被列入濒危野生动植物种国际贸易公约的全球最大的黄腹角雉野生种群500多只和黑麂的踪迹及分布；发现面积1560公顷、全球最大面积第三纪孑遗植物南方铁杉群落，其中连片原始林超过400余公顷，平均树龄300年；发现黄岗臭蛙、武夷真恙螨、武夷山石楠等23个全球动植物新种，其中12种命名与"武夷"有关，被誉为"昆虫世界、鸟的天堂"和"物种基因库"，使该保护区成为展示江西建设生态文明先行示范区和全国生物多样性保护成就的新窗口。

【生态公益林保护力度加大】 省级以上生态公益林补偿标准提高到每年每公顷307.5元，列中部省份第一；补偿资金10.2亿元，同比增长17%。出台《江西省生态公益林监测实施细则》，首次开展生态公益林监测，选择崇义等10个县试点，设置监测点50个。完成25个县（市、区）的0.60万公顷省级公益林区位调整和纠错。开展公益林管护情况检查，发现违法占用公益林246起、面积154.2公顷，对16个县（市、区）进行通报并责成限期整改，其中对5个问题较多的县（市、区）进行专门督办。加大"五河"中上游特别是源头地区生态公益林保护力度。全年办理公益林受灾保险赔付141起、面积6623.09公顷，完成植被恢复1687.29公顷，拨付资金1320.2万元。景德镇、萍乡、新余市试行市级公益林补偿制度，景德镇市级公益林补偿标准提高到每公顷315元。

【森林公安严打整治取得实效】 全省森林公安机关开展"三打一整"、保护鄱阳湖越冬候鸟、"9·3"林区维稳、雷霆行动和枪爆物品大清查、缉枪治爆等一系列严打整治专项行动，重点打击非法侵占林地和乱砍滥伐林木、乱采滥挖重点保护植物、乱捕滥猎野生动物违法犯罪活动。全年共查处各类森林案件3.5万起，依法逮捕2460人；依法起诉案件4028起，起诉4165人；收缴林木10万余立方米、各类野生动物6181只（头），处理违法人员4万余人（次），为国家挽回直接经济损失1.03亿元。省级挂牌督办案件40起，全部侦查完毕。省检察院成立首个驻省林业厅检察室，对重大涉林案件联合挂牌督办，对疑难复杂案件提前介入，首次以省检察院名义督办案件10起。江西森林公安刑侦办案囊括七项全国森林公安考评第一名，信息化破案案卷评比在全国森林公安机关排名第一，省森林公安局妇委会获全国妇联表彰。省森林公安局直属一分局等4个单位和7名个人分别被授予全国森林资源保护工作先进集体和先进个人，省森林公安局等4个单位被列为全国森林公安机关信息化建设示范单位，德安县森林公安局关山派出所获全国公安机关执法示范单位称号。

【新余市矿山生态修复见成效】 新余市将矿山生态修复作为生态文明建设的重要抓手，采取“联、关、筹、治、规”等措施，有序推进矿山生态环境治理，实现生态和社会效益双赢。该市以境内毓秀山、蒙山、大岗山、百丈峰、九龙山“五山”保护为突破口，市长挂帅、21个部门联动，将山体保护利用等生态指标纳入对各县区年度绩效考核范围。综合整治25家露天开采非金属矿山，关停3家开采企业和9家非法选矿点，暂停1家铁矿企业露天开采，叫停大岗山所有涉矿企业探矿行为和扩界申请，企业关闭数占95%。实施“生态林+经济林”“乔+灌+藤+草”的矿山复绿模式，矿山生态修复面积达22.5万平方米，使昔日凹凸不平的秃头山全面复绿。

【林业大事】

1月21日 全省林业局长会议在南昌召开。副省长李炳军对此次会议作批示，并代表省政府向全省林业人表示慰问。省林业厅党组书记、厅长阎钢军，国家林业局驻福州森林资源监督专员尹刚强出席会议并讲话。各设区市、县(区)林业局长，厅机关各处室及厅属单位副处级以上领导干部共290余人参加会议。

1月26日 江西省委第五巡视组向省林业厅领导班子反馈巡视情况。省林业厅党组书记、厅长阎钢军主持会议并作表态发言。

2月6日 “绿色公民行动”动态版《清明上河图》文化巡展南昌站启动，标志着由中国绿化基金会组织开展的动态版《清明上河图》全国巡展活动正式启动。中国绿化基金会顾问、原林业部副部长蔡延松，中国绿化基金会常务副秘书长陈蓬，江西省林业厅巡视员、省绿化委员会办公室主任魏运华，以及新闻媒体等近千人出席。

2月9日 江西省林业厅出台《江西省森林资源数据更新管理办法(试行)》。这是江西省首个实行森林资源年度出数的制度。

2月13日 赣州市被国家林业局列为全国集体林业综合改革试验示范区，将开展集体林地“三权分离”试点、林业社会化服务体系试点、以森林经营方案为基础的科学管理体系试点、林权流转机制和制度试点4项改革任务。

3月1日 编号为NOD36000000001的全国第一本林权类不动产权证书落户江西省崇义县。

3月9日 全省租田种树有关问题整改和春季造林进展情况汇报会在南昌召开。省林业厅巡视员魏运华出席会议并讲话，11个设区市林业局分管领导、营林科长参加会议。

3月9~12日 省林业厅组织开展全省推进林地流转深化集体林权制度改革调研。

3月11日 全省生物防火林带建设试点工作座谈会召开，正式启动生物防火林带建设试点。省林业厅副厅长詹春森，省森林公安局政委、省防火办专职副主任钟世富出席会议并讲话，10个试点县(市、区)林业局局长参加会议。

3月15日 由中国科学院动物研究所、“保护地友好”体系等发起的“跟着大雁去迁徙”活动在鄱阳湖畔的都昌县候鸟保护区管理局启动，标志着首次以候鸟迁徙跟踪为主题的全国联合公益活动拉开序幕。

3月28日 省委书记强卫、省长鹿心社等省委、省人大、省政府、省政协领导到南昌市象湖湿地公园参加义务植树活动。

4月10~11日 全省林业重点工作暨油茶产业发展现场会在丰城召开。会议就全省油茶产业发展、春季造林、深化集体林权制度改革和国有林场改革扫尾工作进行部署。省林业厅领导阎钢军，宜春市副市长赖国根等出席会议，各市、县(区)林业局局长、宜春市各县(市)分管副县长以及相关企业和大户代表共200余人参加会议。

4月16~17日 国家林业局局长赵树丛、总工程师封加平、办公室主任张鸿文、场圃总站站长杨超一行到江西就国有林场改革及林业产业发展情况进行调研。江西省政府副省长李炳军、副秘书长叶磊，省林业厅厅长阎钢军等陪同。

4月19日 江西省首次森林体验式教育活动在省生态文化示范教育基地——南昌市凤凰沟举行，活动主题为“走近自然，感悟生命”。

4月21日 江西省地方标准《萧氏松茎象防治技术规程》由省质量技术监督局发布，2015年7月1日起正式实施。

5月9~10日 江西省副省长李炳军率省直有关部门、金融机构负责人专程到丰城市调研油茶产业，并召开全省高产油茶工作座谈会。

5月25~28日 江西省林业厅厅长阎钢军到江西环境工程职业学院、会昌县、寻乌县、于都县、南康区，就林业教育、国有林场改革及危旧房改造、东江源头生态保护、家具及光皮树产业等进行调研。省林业厅副厅长罗勤，赣州市委常委、副市长孙智宏，副市长刘建平分别陪同调研。

5月26日 江西省副省长李炳军在省林业厅巡视员魏运华的陪同下到省航空护林站调研，省政府办公厅及省农业厅等部门负责人参与调研。

5月26日 国家质检总局监督司、国家林业局科技司与浙江省安吉县、江西省会昌县在会昌签署《关于以质量提升助推竹木产业发展建立紧密合作关系的备忘录》。国家林业局党组成员、科技司司长彭有冬，国家质检总局监督司司长梅建华出席并讲话，江西省林业厅厅长阎钢军、副厅长罗勤、赣州市副市长刘建平等出席签字仪式。

5月28日 以“绿色环保、转型升级”为主题的中国(赣州)第二届家具产业博览会在赣州市南康区拉开帷幕。全国政协常委、文史与学习委员会主任王太华，江西省人大常委会副主任、赣州市委书记史文清，江西省政府副省长李炳军，国家林业局计财司副司长、全国木材行业管理办公室主任孙建，中国家具协会副理事长陈宝光，江西省林业厅厅长阎钢军出席。

6月4日 由中国科学院院士孙鸿烈率领的国家生态文明先行示范区调研组到南方林业产权交易所考察调研。江西省林业厅总工程师胡跃进，省发展改革委副主任宋迪南等陪同。

6月8日 江西省丰城市欧铭获全国"奋斗在林改一线的十佳大学生村官"称号，湖口县殷勇波、奉新县熊博、遂川县郑祖程、分宜县项璐、德兴市周兆星、铜鼓县黄包云6人获全国"奋斗在林改一线的优秀大学生村官"荣誉称号。

7月8~9日 江西省林业厅党组书记、厅长阎钢军一行深入广昌、南城县就国有林场改革等林业工作进行调研。

8月20~23日 联合国中国绿色产业专家委员会委员、国务院三峡办"沧海桑田"项目组组长任荣荣深入余干、鄱阳、都昌县，开展鄱阳湖区自然消落带生态经济综合开发专项调研。省林业厅巡视员魏运华等陪同。

8月24日 鄱阳湖国家级自然保护区监测人员在鄱阳湖区发现全球极危候鸟青头潜鸭23只，证实青头潜鸭已由冬候鸟变成留鸟，且在鄱阳湖区存在能自然繁殖的种群。

8月29日 第二届中国中部（九江）红木家具博览会暨中国"互联网+"长江发展论坛在瑞昌市中部红木大市场拉开帷幕。

9月8日 首次全国森林航空消防管理培训班在南昌开班。国家森林防火指挥部办公室副主任柳学军、国家林业局南方航空护林总站总站长史永林、北方航空护林总站总站长张惠新参加开班仪式，江西省林业厅副厅长詹春森致辞。

9月16~17日 由江西省委农工部副部长潘晓华率领的省委农业和农村体制改革专项小组到万年县开展推进林地流转进一步深化集体林权制度改革专项督导调研。

9月20~21日 凤凰卫视、凤凰网等凤凰全媒体，中部六省全国重点新闻网站、国内知名博主、知名微信公众号代表，中央驻赣新闻单位、江西省直主要媒体、境外驻赣媒体记者共70人组成的采访团，在于都县开展"红色基因绿色崛起，精准扶贫看于都"采访活动，并举行"凤凰油茶林"揭牌仪式。

9月22~25日 以雷蒙·纳珞贾为团长的欧洲投资银行评估团赴泰和、大余、宁都、金溪县，对江西省申报实施欧洲投资银行贷款鄱阳湖流域森林质量提升示范项目进行评估。

9月22~25日 国家濒管办福州办事处在婺源县举办2015年闽赣CITES履约执法培训研讨班。来自闽赣两省林业、公安、工商、农业、海关以及出入境检验检疫部门共60余人参加。

9月24~25日 江西省政府在鹰潭市召开全省森林防火暨湿地候鸟保护、松材线虫病防控工作现场会议，总结前阶段全省森林防火、湿地候鸟保护和松材线虫病防控三项工作，对下阶段三项工作的重点任务进行部署落实。省委常委、常务副省长毛伟明出席。

9月29日 全省油茶产业精准扶贫工作现场会在信丰县召开。省林业厅巡视员魏运华、副巡视员毛赣华出席会议并讲话，赣州市委副书记王林云致辞。省委农工部、省发改委、省财政厅、省科技厅、省扶贫办、省林业厅相关处室负责人，各设区市林业局和省直管县林业局负责人，中国林科院亚林中心、省林业科学院、国家开发银行江西分行、中国农业银行江西省分行和部分油茶加工企业代表，新闻单位记者等参加。

10月8~11日 中国公共外交协会会长李肇星带队，来自新加坡、津巴布韦、意大利、马来西亚等12国驻华外交官走进江西三清山考察走访。

10月12~13日 江西省林业厅在南昌召开全省生态公益林监测试点启动暨技术培训会，正式启动生态公益林监测工作。

10月15~17日 国家林业局副局长张永利率造林司、计财司、退耕办、场圃总站等部门负责人，到江西就国有林场改革、造林绿化、"十三五"林业发展规划等方面进行调研。省林业厅厅长阎钢军等陪同。

10月19~21日 江西省人大常委会副主任冯桃莲一行到武夷山保护区开展《江西武夷山国家级自然保护区条例（草案）》立法调研。省林业厅副厅长邱水文陪同。

10月20~22日 国家林业局宣传办公室组织《光明日报》《科技日报》《中国改革报》《第一财经日报》《中国绿色时报》《绿色中国》、人民网、关注森林网等8家中央新闻媒体到井冈山市就国有林场改革进行集中采访报道。

10月21日 江西省林业厅下发《关于进一步加强国有林场森林资源监督管理的通知》，对改革后的国有林场森林资源培育、保护和利用监管作出规定。

10月22日 江西省发展改革委会同省财政厅、省林业厅、省国土资源厅联合召开全省新一轮退耕还林工作启动电视电话会。

10月26日 江西省林业厅厅长阎钢军到南昌市松材线虫病防治现场检查指导工作。

10月30日 江西省检察院、省林业厅在南昌召开第二次联席会议，省检察院检察长刘铁流、省林业厅厅长阎钢军、驻厅纪检组组长李晓浩、省森林公安局局长辛卫平等出席会议。

11月1日 江西省政府出台《江西省流域生态补偿办法（试行）》，成为江西首个跨流域生态补偿制度。

11月2日 江西省委、省政府在武宁县召开全省生态文明先行示范区建设现场推进会。省委书记强卫、省长鹿心社出席并讲话。会议确定安远县、崇义县、武宁县等16个县（市、区）为江西省首批生态文明先行示范县（市、区），其中13个为重点林区县。

11月2日 香港排放权交易所董事局主席邱彪一行受邀考察南方林业产权交易所，双方就开展清洁发展机制（CDM）、核证自愿减排量（CCER）、碳配额等机制下的林业碳汇项目交易、开发基于林业碳汇项目的金融衍生品等合作方式进行探讨。

11月5~7日 由厅长阎钢军率领的江西省林业厅调研组赴福建省三明市考察林业工作，就加快生态文明先行示范区建设、林业改革及林业产业发展等与三明市深入交换意见。

11 月 8～12 日 由国家发展改革委、国家林业局、人力资源和社会保障部等组成的国家国有林场改革试点验收组对浮梁、莲花、于都、吉安、南丰 5 个样本县进行实地验收，江西省国有林场改革试点顺利通过国家验收。

11 月 19 日 江西省浮梁县勒功乡沧溪村、崇义县上堡乡赤水村、青原区富田镇陂下村、青原区文陂镇渼陂村、湘东区麻山镇麻山村被授予“全国生态文化村”称号。

11 月 24 日 江西省南昌市、宜春市被授予“国家森林城市”称号。

11 月 24 日 全国国有林场改革现场会在南昌召开。江西省副省长尹建业致辞，国家林业局副局长张永利讲话。江西、浙江等 9 个省（区、市）作典型经验交流。各省（区、市）林业厅（局）主要负责同志和林场处（局、站）长，中央编办、国家发展改革委、财政部、住房和城乡建设部、民政部、人力资源和社会保障部、中国银监会等部门有关同志参加。

11 月 26 日 全省集中焚烧纸钱试点工作推进会在景德镇市召开。江西省林业厅副厅长詹春森出席并讲话，景德镇市副市长卢正大致辞，省森林公安局政委、省防火办专职副主任钟世富主持会议。各设区市林业局分管领导和防火办主任，省直管县（市）林业局分管领导、省航空护林站、驻赣森林武警部队主要负责人参加会议。

11 月 27 日 江西省食用菌产业协会、江西省香榧产业协会成立大会在南昌分别召开，来自全省食用菌行业和香榧产业种植、加工、经营及科研单位代表参加会议。省林业厅巡视员魏运华出席。

11 月 28 日 鄱阳湖国家级自然保护区监测人员在大汉湖发现来自蒙古国的 2 只环志白枕鹤。这是鄱阳湖保护区首次派员在外国环志候鸟，并顺利收回环志候鸟的相关信息，填补鄱阳湖保护区在异国繁殖地进行鸟类环志的空白。

12 月 4 日 沪苏浙皖赣四省一市林业有害生物联防协作会在婺源县召开。国家林业局造林司副司长王剑波应邀出席，四省一市林业厅（局）分管领导及林业有害生物防治检疫局（站）长参加会议。

12 月 7 日 鄱阳湖国家级自然保护区发现一只双脚上套有蓝白色标志环的白鹤，是 20 年前在俄罗斯的雅库特保护区环志的。这是鄱阳湖首次发现俄罗斯环志白鹤，国际鹤类基金会给发现者发来贺电。

12 月 8 日 国家林业局与江西省政府签署协议，共建江西农业大学。

12 月 17～19 日 江西省人大常委会副主任魏小琴一行到上饶市调研《江西武夷山国家级自然保护区条例（草案）》立法工作。

12 月 21 日 江西省质量技术监督局批准发布《沉水樟扦插育苗技术规程》《大叶芳樟精油》《木通播种育苗技术规程》《美国薄壳山核桃嫁接育苗技术规程》《广东紫珠药材培育技术规程》5 个林业地方标准，2016 年 3 月 15 日起实施。

12 月 23 日 国家林业局通报浙江、江西两省国有林场改革试点验收结果，肯定两省国有林场改革试点工作做法，在先行推动改革过程中积累的宝贵经验可为全国国有林场改革提供借鉴。

12 月 23～24 日 江西省人大常委会副主任魏小琴到江西官山、九岭山国家级保护区就《江西武夷山国家级自然保护区条例（草案）》进行立法调研。

12 月 25 日 江西省林业厅在赣州召开支持赣南原中央苏区建设工作座谈会。省林业厅党组书记、厅长阎钢军，省林业厅巡视员魏运华、罗勤等领导，赣州市市长冷新生，副市长黄金龙出席座谈会。

12 月 29 日 江西省林业厅出台《江西省集体林权流转管理办法（试行）》，自 2016 年 3 月 1 日起实施。

12 月 29 日 全省集体林权制度改革工作会议在南昌召开，江西省林业厅党组成员、总工程师胡跃进出席会议并讲话。会议确定 2016 年增加 20 个林地流转改革试点县（市）。

12 月 30 日 江西省林业厅同意瑞昌安定湖、永修鹤田、宁都黄陂河、铜鼓定江、鄱阳鸦鹊湖 5 处湿地开展省级湿地公园试点工作。

12 月 31 日 国家林业局批准高安锦江、寻乌东江源、石城赣江源、资溪九龙湖、横峰岑港河 5 处湿地开展国家级湿地公园试点工作。

（江西省林业由谢利玉供稿）

山东省林业

【概　述】 2015 年年底，山东省林地面积 347.19 万公顷，其中，有林地面积 288.37 万公顷；全省林木蓄积量 12 360.74 万立方米；全省林木绿化率 25.09%；全省林业总产值达到 6145 亿元。全省造林绿化稳步推进，组织实施了长江防护林、沿海防护林、世行贷款生态造林和荒山绿化、退耕还果还林、绿色通道、鲁冀边界防护林带等国家和省级重点工程，大力推进交通沿线、河流湖泊、城镇村庄、宜林荒山等重点区域绿化美化。全年新增造林合格面积 20.97 万公顷，完成年度计划的 105%。持续深化林业改革，建立了莱阳市和新泰市 2 个国家级林权制度改革综合试验区，成立全省林业专业合作社联盟，新发展林业专业合作社 658 家，入社群众 3.3 万户。全省林业专业合作社达到 11 476 家，入社群众 88 万户。全省森林保险新增参保面积 10.95 万公顷，全省森林保险参保面积达到 71.87 万公顷。林权抵押贷款新增 7.73 亿元，全省林权抵押贷款额度达到 50 亿元以上。编制完成《山东省国有林场改革实施方案》，在全省范围内深入推进国有林场改革。深入推进森林防火能力建设，处置森林火情23起，其中森林火灾10起，森林火灾受害率控制在0.01‰，没有发生重大以上森林火灾和人员伤亡。加强林业有害生物防控工作，以防控松材线虫病、美国白蛾为重点，强化监测检疫、群防群治、联防联治，林业有害生物发生面积同比下降20.6%。加强林业立法工作，省人大出台了《山东省森林资源条例》，省政府制定了湿地保护管理意见。加强林政资源管理，组织开展了林地变更调查和"天网行动"、非法侵占林地、野生动植物驯养繁殖等专项清理整顿行动，查处林业行政案件5090起，查处率99.98%。

【《山东省森林资源条例》出台】 4月1日，省十二届人大常委会第十三次会议通过了《山东省森林资源条例》（以下简称《条例》），自2015年5月1日起施行。

《条例》共有7章60条，主要规范了森林资源培育、森林资源保护、森林资源利用、监督管理以及法律责任等内容。《条例》在制度设计中，对山东省近年来林业工作中的好经验、好做法进行上升和提炼，创设了森林生态红线保护制度、森林资源保护发展任期目标责任制、林地分级保护制度、征收占用林地定额管理和占补平衡等制度，符合上位法规定和山东省实际，体现了山东特色。《条例》完善和细化了有关植树造林责任制、义务植树、封山育林、退耕还林和林木种苗供应制度，规定了荒山绿化、水系绿化、公路防护林带、沿海防护林、农田林网建设等造林绿化方面的内容，形成了比较完善的造林绿化制度体系。《条例》进一步细化充实了森林资源管护队伍建设、森林防火、林业有害生物防治、古树名木保护等制度，尤其是对社会关注度较高的古树名木制定了分级保护的具体规定，明确规定禁止采挖原生地天然濒危、珍稀树木等类型的树木。为科学合理利用森林资源，《条例》完善了森林经营利用制度、采伐许可制度，创设了征收、占用林地定额管理制度、林地占补平衡制度，要求征收、占用林地时必须进行植被恢复，恢复的林地面积不得小于征收、占用的面积，以实现林地面积的动态平衡。

【齐鲁园获得第三届绿博会展园展评金奖】 10月18日，第三届中国绿化博览会闭幕式在天津市武清区召开，山东展园齐鲁园在全国48个展园中脱颖而出，获得第三届绿博会展园展评金奖，并获得最佳植物配置奖。齐鲁园总面积3300平方米，位于绿博园"古韵雄风"片区，以"好客山东、美丽齐鲁"为设计主题，总体布局为"一轴一环八景"，以植物、地形、水景、建筑等要素营造"好客山东""盛世齐鲁""泺源趵突""百花织锦""瑶台观川""明湖映月""微山荷韵""杏坛讲学"等8个景点，将"山""水""圣人"等齐鲁文化精髓浓缩于山水景观之中，展现了山东省山区、平原、水系绿化和湿地保护等国土绿化成就和生态文明建设成果。

【济南、青岛、泰安三市获得国家森林城市称号】 11月23~24日，2015年中国森林建设座谈会在安徽宣城市召开，济南、青岛、泰安3市在会上被国家林业部门授予国家森林城市称号。至此，全省有7个城市成为国家森林城市，数量居全国第三位。

济南市创建国家森林城市5年来，共投入创建资金140亿元，新造林7.2万公顷，新建城市绿地2226万平方米，建设绿色通道2855千米，建设河道景观带328千米，新建和晋升市级以上森林公园23处、湿地公园17处，全市森林覆盖率达到35.2%，城市绿化覆盖率达到40.2%，人均公园绿地11.3平方米。青岛市创建国家森林城市两年来，共完成新造林1.93万公顷，森林覆盖率达到39.4%，建成区绿化覆盖率44.7%，人均公园绿地面积14.6平方米，全民义务植树尽责率达到了92%。泰安市创建国家森林城市3年来，共投入各类资金81亿元，新增造林面积4.1万公顷，城区绿化覆盖率达到44.67%，城区人均公园绿地面积达到19.9平方米。

【制定出台特色经济林产业发展意见】 9月25日，山东省政府办公厅印发了《关于加快特色经济林产业发展的意见》（鲁政办字〔2015〕169号），为加快全省特色经济林产业发展指明了发展方向，提供了政策支撑。《意见》提出，到2020年，山东省木本粮油、果品、木本药材等特色经济林种植面积达到181.33万公顷，产量达到2540万吨，总产值达到2100亿元。《意见》提出了五大建设任务，一是新建特色经济林基地33.33万公顷，并加强水利、电力、道路等基础设施建设，增强抵御自然灾害能力。二是建成200处省级特色经济林标准化生产示范园，带动发展100个特色经济林种植示范大户。三是发展"企业+专业合作组织+基地+农户"等产业化经营模式，重点培育100家特色经济林产业重点龙头企业、100个特色经济林专业合作社示范社。鼓励发展贮藏加工业，力争贮藏能力达到760万吨、加工能力达到500万吨。四是健全市场体系，培育知名品牌，重点扶持50个大中型特色经济林专业批发市场的升级改造。五是加强监督管理，保障林产品质量安全，实现农药、化肥使用量零增长，质量安全监测抽检覆盖所有经济林树种。

【第十二届中国林产品交易会等会展活动】 9月19~22日，第十二届中国林产品交易会在菏泽市中国林展馆成功举办。本届展会的主题是"创新特色林产品，引领美好新生活"，展馆内设40个特装展位、80个标准展位，划分为全国特色展区、山东特色展区和菏泽特色展区，集中展示了名牌林产品、环保标志产品、绿色食品等林产品。国家林业局总工程师封加平、山东省副省长赵润田等领导参加了开幕式。交易会期间，举办了中国林产品交易会组委会座谈会、中国人造板发展趋势高峰论坛暨山东省林业龙头企业授牌仪式、国家级林业重点龙头企业授牌仪式、第十二届中国林产品交易会参展产品评奖、第十二届中国林产品交易会签约仪式、中国林业新技术新产品发布会、山东省林业会展工作座谈会等系列活动。本届参会人数达17.8万人次，签订投资项目和销售合同及协议318个，其中投资项目42个，总投资86.5亿人民币；销售合同及协议276个，交易额4.33亿人民币，现场交易额9610万元。

9月16~17日，在枣庄市峄城区举办了第二届世界石榴大会，并举行了山东峄城古石榴森林公园和南京林业大学实习基地揭牌仪式。

9月21日至10月7日，在潍坊昌邑市举办了2015年中国(昌邑)北方绿化苗木博览会，全国绿化委员会副主任赵树丛、山东省副省长赵润田、国家林业局总工程师封加平出席开幕式并讲话，并举行了中国传统花艺研习院、山东省森林文化研究会创作基地揭牌仪式。

10月17～19日，在临沂市举办了第二届世界人造板大会，本届大会邀请了来自联合国粮农组织(FAO)、北美洲的美国国际木制品协会、欧洲的全球木材贸易论坛以及大洋洲的澳大利亚木制品协会的代表，针对全球人造板产业发展格局与现状进行了主题演讲。

(山东省林业由王树军供稿)

河南省林业

【概　述】 2015年，全省林业系统认真贯彻落实省委、省政府重大战略部署，深入实施河南林业生态省建设提升工程，大力发展生态林业、民生林业，建设生态文明和美丽河南，各项林业工作进展顺利。

林业改革　按照中央和国务院要求，组织人员多次深入基层一线调研，摸清林场情况，了解群众呼声。与省发展改革委联合组织编写《河南省国有林场改革实施方案》，征求省直35个有关部门意见，不断修改完善，后经省政府常务会议审议通过并按程序报批。积极推进农村改革试验区和集体林业综合改革试验示范区建设。加大林地纠纷调解仲裁力度，建立了12个县级林地承包经营纠纷仲裁机构。规范林权流转，完善林权流转登记信息系统，推动中原林权交易中心建设，目前全省流转林地面积51.13万公顷。推进林权抵押贷款，与银行机构谋求合作，全省新增林权抵押贷款5.6亿元，累计达33.6亿元。大力发展林下经济，分解落实《河南省林下经济发展规划(2013～2017年)》建设任务，新建林下经济示范基地41个。加强林业合作社规范化建设，制订建设标准和考核办法，完成了300个规范化合作社建设任务，全省林业合作社和家庭林场总数达4374家。推进森林保险工作，全省公益林森林保险参保面积154.6万公顷，参保率达97.45%。

依法治林　加快林业立法工作，省人大颁布《河南省湿地保护条例》，标志着河南省湿地资源保护实现了有法可依。强化依法行政，省林业厅政务受理中心稳定了人员，理顺了管理体制，做到了“一个窗口”对外，进一步规范了省林业厅行政许可事项受理和运转程序。制定出台《河南省林业厅重大行政决策专家论证制度》，完善行政决策机制。扎实开展林业法制宣传教育和培训，做好规范性文件的合法性审查和备案工作。强化林业执法人员依法行政观念，培训执法人员6000余人，提高了执法人员业务素质。加大林业严打力度，全省森林公安机关先后组织开展了一系列专项行动，办理各类案件7300余起，其中刑事案件1134起。

造林绿化　积极组织实施天然林保护、退耕还林、重点地区防护林等国家重点林业生态工程和生态廊道网络、“百千万”农田防护林、山区营造林等省级重点林业生态工程，认真组织实施国家木材战略储备基地建设项目和外资造林项目。完成巩固退耕还林成果专项规划建设任务，启动新一轮退耕还林工程。3个市的国家森林城市创建工作取得明显进展。完善《河南省林业推进生态文明建设示范县考核标准》，启动林业推进生态文明建设示范县工作。全省共完成造林18.21万公顷，森林抚育和改造23.39万公顷；全省参加义务植树人数达4687万人，义务植树1.98亿株。

林业产业　加快经济林和工业原料林基地建设，实施木材战略储备基地试点示范项目，完成国家储备林划定任务，新建速生丰产用材林基地1.33万公顷，新发展经济林2.91万公顷。认真落实《河南省花卉产业发展规划》，新发展花卉和园林绿化苗木1.12万公顷。推进林业产业化集群发展，新建21个林业产业化集群，有5家企业通过国家林业重点龙头企业评审，有10家企业获得中国林业产业创新奖。加大招商引资力度，成功举办第十五届中原花木交易博览会。加强林产品检测，完成47个批次林产品抽样检测工作。2015年全省实现林业总产值1644亿元。

资源保护　加强林地林权管理，严格规范使用林地审核审批，共审核(批)各类占征用林地项目300余宗。正式启动全省林地变更调查及林业碳汇监测体系建设工作。编制河南省“十三五”期间年森林采伐限额，经省政府上报国务院审批。继续加强天然林、公益林资源管护，天保工程区国有林、非天保工程区国有国家级公益林提高管护补助标准政策落实到位。开展林业有害生物普查工作，加强美国白蛾、杨树食叶害虫、松材线虫病等综合防治，全省共防治作业面积101.47万公顷，成灾率0.3‰，低于4‰的控制目标。开展林业自然保护区矢量化、湿地红线划定、自然保护区违法开发建设专项整治行动，对重要生态系统和物种资源实施强制性保护。编制《河南省突发重大陆生野生动物疫情应急预案》，认真做好野生动物保护管理和疫源疫病监测工作，及时启动应急预案，妥善处置三门峡库区野鸟禽流感疫情，有效控制了疫情扩散。全省共救护收容野生动物3521只(头、条)。认真落实森林防火责任制，修订《河南省森林火灾应急预案》，强化火源管理和预警监测，加强航空巡护，提高应急处置能力，加大春节、元宵节、清明节等关键节点森林防火力度。全年共发生森林火灾86起，森林火灾受害率低于1‰的控制目标，未发生重特大森林火灾，未出现人员伤亡事故。

【河南省全省林业生态建设现场会在漯河召开】 1月9日，河南省全省林业生态建设现场会在漯河召开。与会代表实地参观了漯河市郾城区新店镇和临颍县杜曲镇农田林网建设、临颍县农林复合经营示范区、豫中南林业有害生物天敌繁育研究中心，漯河、周口、济源、兰考四地介绍了典型经验，河南省人民政府副省长、省绿化委员会主任王铁作了讲话。王铁副省长指出：一是成绩来之不易，务必倍加珍惜。二是经验弥足珍贵，务必总结推广。三是任务艰巨繁重，务必突出重点。四是措施保障有力，务必狠抓落实。河南省林业厅厅长陈传进通报了2014年全省林业工作情况，安排部署了2015年林业生态建设任务。一是重点实施好工程造林，努力改善生态状况。二是切实抓好森林抚育经营，提高森林质量。三是认真组织好义务植树活动。四是加快推进依法治林，巩固扩大生态建设成果。五是全面深化林业改革，增强林业发展活力。

【河南省林业行业职业教育校企合作指导委员会成立】 1月9日，河南省林业行业职业教育校企合作指导委员会成立大会在河南林业职业学院召开。省教育厅副厅长尹洪斌、省林业厅副厅长、省森林公安局局长侯怀堂出席会议，全省大中专院校和林业行业企业代表100余人参加会议。大会审议表决并通过了《河南省林业行业职业教育校企合作指导委员会章程》。会后举行了校企合作恳谈会，就林业在职职工培养、职业教育人才培养模式创新、行业职业教育教学考核与评价体系建设等进行了研讨。该委员会成立后，将充分发挥政府、职业院校和行业、企业单位的优势，加强分析研究，提出林业行业职业教育人才培养的基本要求，促进各方把林业专业人才职业能力培养摆上重要位置；通过出台指导意见和工作规划，加快改革林业人才培养机制，创新管理模式，规范校企合作行为，促进校企对接，全面提升职业教育人才培养质量，实现一校多企、一企多校的校企双赢。

【野生动物收容救护】 1月12日，河南省林业厅向社会公布了15家省市级野生动物收容救护机构名单、地址和电话。这15家机构分别为：河南省野生动物救护中心、郑州市人民公园鸟类生态园、开封市野生动物保护站、洛阳市周山森林公园野生动物救助站、安阳市野生动植物保护管理站、新乡市野生动物救护中心、焦作市野生动植物保护救护站、焦作市森林公园(焦作森林动物园)、濮阳市绿色庄园动物园、漯河市野生动物救护中心、三门峡市人民公园、南阳市野生动物救护中心、商丘市人民公园动物园、信阳市野生动物救护中心、济源市蟒河林场野生动物救护中心。野生动物驯养繁殖单位和相关机构，也可根据自身条件自愿作为临时收容救护点，由县级林业主管部门公布。自然保护区内野生动物的收容救护，由其管理机构承担。各级林业主管部门或其公布的收容救护机构，在接到单位或个人相关报告后，应立即指派专业人员核实情况，并对确需采取收容救护措施的野生动物实施收容救护，并向送交者出具由国务院林业主管部门统一监制的接收凭证。收容救护机构可对这些野生动物开展收容、救治、放归自然、调配等处置工作，送交者或移交者对后续收容救护及处置方式有监督权和知情权。

【河南省打击破坏野生动物资源违法犯罪专项行动结束】 1月31日，河南省打击破坏野生动物资源违法犯罪专项行动圆满结束。此次专项行动历时47天，全省共出动森林公安民警6126人次、警车2395台次，清查整治古玩城、花鸟市场254次，清理取缔小摊点、小档口、小店面、小柜台188个，清理清查饭店473家，巡查野生动物分布区317次，收缴野生动物1496头(个、只)，开展普法教育369次，共办理野生动物案件63起，查处59起，打击处理违法犯罪人员129人。活动特点：一是加强组织领导。省林业厅成立了以陈传进厅长任组长，侯怀堂副厅长、王学会副巡视员任副组长的专项行动领导小组，在省森林公安局设立办公室。全省各级森林公安机关也及时成立了专项行动领导小组，制订了专项行动工作方案，落实责任到人。二是明确打击重点。明确对湿地、森林公园等重点地区进行巡查防范；对候鸟等野生动物主要分布区、迁飞停歇地、迁飞通道加强巡护管控；对餐饮、古玩城、集贸市场、宠物市场、中药材市场、牙雕、标本制作、驯养繁殖等重点行业加强管理；对快递物流、网购平台的监管检查。重点打击利用互联网、物联网、微博、微信、腾讯QQ等网络手段，或者通过快递公司等邮寄、贩卖象牙、犀牛角等野生动物制品的行为。三是注重舆论宣传。全省各级森林公安机关大力宣传野生动物保护法律法规，营造浓厚舆论氛围，使广大民众保护野生动物的法制意识不断增强。

【党风廉政建设】 2月11日，河南省林业厅召开党风廉政建设工作会议。厅党组成员、纪检组组长乔大伟全面总结了2014年全厅党风廉政建设工作，安排部署了2015年的工作任务。乔大伟指出，2015年要突出抓好六项工作：一是加强政治学习，严守党规党纪；二是落实主体责任，严格责任追究；三是持续发力加压，严防“四风”反弹；四是强化纪律审查，坚决惩治腐败；五是深化改革创新，加强制度建设；六是加强领导，切实落实工作责任和措施。厅党组书记、厅长陈传进就落实好“两个责任”，扎实做好党风廉政建设和反腐败各项工作提出了具体要求。4月22日，省林业厅党组书记、厅长陈传进带领全厅60多名处级以上党员干部赴豫中监狱开展警示教育活动，实地参观了监狱展室、监区等服刑人员学习生活场所，并现场听取了两名服刑人员的忏悔报告。

【森林防火】 2月13日，河南省人民政府护林防火指挥部发出通知，要求切实做好春节期间森林防火工作。为积极应对和有效预防森林火灾，确保人民群众过一个欢乐、祥和、平安的节日，通知要求：一要加强组织领导，狠抓责任制落实。二要严格火源管理，全面消除隐患。三要强化预警监测，做好应急准备。四要强化值班调度，确保信息畅通。2015年春节期间，通过卫星、航空及地面瞭望，全省共收到卫星监测热点2处，经核实均为荒火。全省实现了春节期间零森林火灾。

2014年11月1日到2015年4月30日的河南省森林防火紧要期内，全省共报告卫星监测火灾热点42起，其中，省气象遥感卫星监测火灾热点37起，国家林业局卫星监测火灾热点5起。春节、元宵节、清明、“五一”等火灾易发时段均没有发生火灾。全省森林火灾24

小时扑灭率100%，未发生重特大森林火灾，未出现人员伤亡事故，创近十年最佳成绩(2002～2013年，年均火灾549起)。

【河南省党政军领导参加义务植树活动】 3月4日，省领导邓凯、尹晋华、吴天君、等与省委、省人大、省政府、省政协干部群众和省军区官兵以及郑州市直机关干部群众共300多人，一起在郑州市惠济区花园口镇申庄村黄河滩区参加义务植树活动。期间，省林业厅厅长陈传进向省领导简要汇报了河南林业生态省提升工程实施两年来取得的成绩，大家还就柳树的耐旱耐涝特性及树形美丽、防浪作用显著等进行探讨。经过近一个小时的劳动，大家共栽植4000多棵柳树。

【河南省林科院博士后科研工作站受到表彰】 3月9日，河南省博士后管理办公室组织召开2014年度河南省博士后工作表彰大会暨新设博士后科研工作站和博士后研发基地授牌仪式。河南省林科院博士后科研工作站荣获2014年度"河南省优秀博士后工作站"荣誉称号，这是林科院站自2010年建站以来，连续四次获此殊荣。

【河南省花卉协会年会暨花木产业工作会议】 3月10日，河南省花卉协会年会暨花木产业工作会议在许昌鄢陵县召开。会议对2014年全省花卉产业工作进行了总结，并就全省花卉产业发展适应新常态的转型发展进行了全面部署。2015年，全省花卉产业要继续深化改革，要抓好以花卉新品种创新体系、技术研发体系、生产经营体系、市场和流通体系、社会化服务体系、花文化体系等六大体系建设。会议还对推进重点花卉产业基地转型升级，加强核心科技创新与新产品开发，推动花卉产业与其他产业相融合、提高综合效益，扩大大众花卉消费，办好展会活动、提升品牌效应，加强协会自身建设等方面进行了全面部署。

【航空护林】 河南航空护林2014～2015年冬春航自2014年11月1日开航至2015年3月14日顺利结航，历时134天，共飞行27架次(含调机)，74小时33分。其中巡护14架次(含6次防火宣传)，吊训7架次，火场侦察1架次，吊灭4架次，洒水43桶。该航期在上级部门的正确领导和大力支持下，在军、民航管、监管、机场保障部门的大力支持和密切配合下，经航空护林站与7834机组的共同努力，始终坚持"安全、高效、有序"的工作原则，圆满完成了森林航空消防任务。

【全国春季农业生产暨森林草原防火工作会议】 3月20日，全国春季农业生产暨森林草原防火工作会议在河南省漯河市顺利召开，中共中央政治局常委、国务院总理李克强作出重要批示，要求：扎实做好森林草原防火和动物疫病防治工作。中共中央政治局委员、国务院副总理汪洋出席会议并讲话。汪洋副总理强调，要认真贯彻李克强总理重要批示精神，切实增强责任感和紧迫感，迎难而上，积极作为，创新思路，扎实工作，力争实现农业"开门红"。汪洋副总理指出，森林草原防火事关人民生命财产安全，事关社会和谐稳定，绝不能出大的问题。2014年到2015年前两个月，全国发生的森林火灾以及造成的损失，比常年有明显下降，成绩值得充分肯定。今后一段时间，随着气温回升，各种农事活动增加，野外旅游增多，加上清明、"五一"等节假日临近，进山人员较多，火源管理难度增加，进入了火灾易发多发期。各地区、各有关部门要高度警惕，认真做好防范应对准备，坚决避免发生重特大森林草原火灾和重大人员伤亡。

国家林业局局长赵树丛在会上强调，各级森防指和林业部门要高度警觉，采取更加有力的措施，全面加强森林防火工作，严防发生重特大森林火灾。要强化责任落实，加强领导，落实责任，为森林防火提供坚强组织保障。要加强监测预警，密切关注森林火险变化，加强火险短期预报，及时发布高森林火险预警信号，落实预警响应措施。要狠抓火源管控，依法从严审批野外用火，对敏感地区、重点部位和重要设施，增加巡护密度，实行内清外封和严看死守。要快速安全灭火，严格执行卫星监测热点两小时反馈和有火必报制度，一旦发生森林火灾，要迅速出击、重兵投入、科学扑救，坚决防止发生大的人员伤亡事故和重特大森林火灾。要着力提升能力，抓紧实施全国森林防火中长期规划，建立健全军地联防联动机制，加强专业扑火队伍建设，提高扑救森林火灾的综合能力。

3月20日，国家林业局在漯河市召开了各省(区、市)林业厅(局)主要负责同志参加的全国森林防火座谈会。国家林业局党组副书记、副局长张建龙出席会议并讲话。张建龙总结了2014年全国森林防火工作，对做好2015年森林防火工作进行部署。他要求，要进一步提高认识，切实增强做好森林防火工作的责任感；要进一步强化宣传教育，切实增强防范意识；要进一步强化预警监测，及时掌控火险火情信息；要进一步加强火源管理，全面消除火灾隐患；要进一步做好应急准备，切实"打早打小"。会议由国家森林防火指挥部专职副总指挥杜永胜主持，国家森林防火指挥部办公室副主任、森林公安局局长王海忠在会上通报了全国春季森林防火形势分析预测。

【河南省林学会被评为全国林业科学普及工作先进单位】 3月25～26日，中国林学会在陕西省西安市召开了全国林学会秘书长会议，会上表彰了河南省林学会等一批先进集体为全国林业科学普及工作先进单位。

【全国首个展会碳中和林项目在河南省兰考县启动】 3月31日，由中国绿色碳汇基金会主办、河南省兰考县人民政府承办的第三届中国公益慈善项目交流展示会碳中和林启动仪式在兰考举行。成立于2010年的中国绿色碳汇基金会，已在全国20多个省(区、市)资助实施和参与管理的碳汇营造林项目达8万公顷，成为目前中国以造林增汇方式开展碳中和、碳补偿公益活动的权威性专业机构。该项目的启动在寻求可持续发展解决方案、动员社会各界积极开展生态文明建设和植树造林等方面具有重要意义，成为中国展会领域的第一个碳中和项目；成为中国第一个农林间作碳汇林项目；成为兼顾地方生态环境保护需要、百姓生计需求、慈善公益目标的复合项目。启动仪式后，大家一同参加了碳中和林植树活动。

【美国白蛾得到遏制】 4月9日，河南省林业有害生物防治工作现场会在济源市召开。会议对2014年林业有害生物防治工作进行了回顾，分析了2015年全省面临的防控形势和主要困难及问题，并提出了2015年要突出抓紧抓好的重点工作。会议透露，世界性检疫害虫美国白蛾在豫北等老疫区得到全面遏制。

【中国工程院院士尹伟伦到河南省林业厅作学术报告】 4月13日，中国著名的林学家、中国工程院院士尹伟伦，应邀到河南省林业厅作了题为《世界林业发展趋势与中国森林经营战略思考》的学术报告。报告会由河南省林业厅厅长陈传进主持，全厅公务员和厅直单位科研人员聆听了报告。

【河南省济源市监测到野生金钱豹活动踪迹】 4月24日，河南省济源市林业局工作人员在蟒河林场水洪池林区安装的红外相机中发现野生金钱豹的活动踪迹。1月，河南省太行山国家级自然保护区济源市管理局与中国科学院动物研究所合作，在保护区济源市范围内安装90台红外相机，对金钱豹及其猎物资源进行监测，并建立野生动物长期监测示范区。通过对济源市3个林场获取的20余张金钱豹照片进行初步分析，已经拍摄到的金钱豹至少为3只，其中2只成年，1只幼年。

【河南省森林公安春季行动成效显著】 4月30日，河南省为期一个月的“春季行动”结束。行动期间，全省森林公安机关共出动人员9260人次，出动车辆2980台次，立各类案件696起，侦破601起。其中，刑事案件立案132起，侦破118起；行政案件立案564起，办结483起。共抓获犯罪嫌疑人202人，打掉犯罪团伙7个，行政处罚490人，行政罚款220万余元，收缴国家重点保护植物130余株(件)，收缴野生动物170余头(只)。

【河南省2015年第一期林业局长培训班圆满结束】 4月30日，历时10天的河南省2015年第一期林业局长培训班在北京结束，共95人参加了培训。

【河南省政协副主席钱国玉到南阳市调研南水北调中线生态带建设工作】 5月11～12日，河南省政协副主席钱国玉带队到南阳市对河南省南水北调中线生态带建设工作进行调研。调研组分别对方城县券桥乡十二里河村南水北调中线生态廊道绿化点、南阳月季博览园、陶岔渠首闸周边区域及干渠绿化进行了实地考察。钱国玉对南阳市沿干渠生态带建设工作给予充分肯定，并对下阶段工作提出要求。

【送科技下乡】 5月13日，河南省林业厅组织林业科技专家到嵩县车村镇明白川村开展送科技下乡活动。来自河南农业大学的王献副教授首先在明白川村委会议室向村民们讲授了紫薇、樱花等花卉的栽培技术，后又深入到田间地头进行现场指导。河南农业大学的李喜梅副教授针对明白川村临近白云山景区、位置优越这个特点，为村民们开展了乡村旅游经营管理的培训。活动结束后，省林业厅还向明白川村赠送了书籍、技术资料和修剪工具。

【河南省林业厅组织干部赴兰考开展“三严三实”专题教育培训活动】 6月9日，河南省林业厅党组书记、厅长陈传进带领全厅70多名处级以上干部前往焦裕禄干部学院，开展“三严三实”专题教育培训活动，教育引导领导干部用好焦裕禄精神这一宝贵财富，落实“三严三实”要求，笃行焦裕禄精神。教育培训分为现场教学与专题讲座两个部分。

【国家林业局保护司考察董寨、大别山国家级自然保护区】 6月23～25日，国家林业局野生动植物保护与自然保护区管理司司长张希武等一行5人，到河南董寨国家级自然保护区、河南大别山国家级自然保护区进行实地考察。省林业厅领导王学会，信阳市领导张明春、郑志强等参加考察。考察组在董寨保护区查看了朱鹮人工饲养繁殖及野外繁育情况，召开了董寨国家级自然保护区总体规划座谈会，在大别山保护区考察了金刚台管理区、鲇鱼山管理区资源情况，并就保护区下一步的工作提出了要求。

【河南省6家单位被认定为国家林下经济示范基地】 7月2日，国家林业局公布2014～2015年国家林下经济示范基地名单，其中，河南省嵩县、陕县、林州市、确山县、河南省雅新园艺有限公司、南阳市宛城区鼎吉种植农民专业合作社等6家单位被认定为国家林下经济示范基地。开展林下经济示范基地创建工作，是《国务院办公厅关于加快林下经济发展的意见》(国办发[2012]42号)确定的林下经济工作七大主要任务之一，是深化集体林权制度改革，促进农民增收致富的重要内容。

【河南省政协副主席靳克文到三门峡市调研湿地保护工作】 7月15～16日，河南省政协副主席靳克文带队到三门峡市进行湿地保护调研。调研组实地考察三门峡市的湿地保护工作，听取省林业厅和三门峡市的有关情况汇报，并召开座谈会。靳克文肯定了三门峡市湿地保护所取得的成绩。他要求：一是充分认识湿地资源保护的重要性。二是正确看待湿地保护工作中的问题。三是多策并举加强湿地资源保护和管理。

【河南省建设项目使用林地审核审批管理系统操作培训班举行】 7月21～23日，河南省林业厅在郑州举办了全省建设项目使用林地审核审批管理系统操作培训班。来自全省各省辖市和县(市、区)林业主管部门近220人参加了培训。培训班针对国家有关建设项目使用林地的相关政策进行了学习和研讨，授课老师详细讲解了全国建设项目使用林地审核审批管理系统的操作和使用，培训学员还对森林资源管理工作中存在的问题进行了咨询交流。

【《河南省湿地保护条例》出台】 7月30日，河南省第十二届人民代表大会常务委员会第十五次会议审议通过了《河南省湿地保护条例》，自 2015 年 10 月 1 日起施行。这是第一部全面规范河南省湿地保护管理的专门法规。为做好《条例》的宣传实施工作，河南省林业厅及时组织召开由全省各林业局、自然保护区、湿地公园等单位参加的《河南省湿地保护条例》培训班。《条例》的出台，对促进河南省湿地保护管理工作走向法制化、科学化和规范化，切实提高全社会对湿地保护重要性的认识，理顺湿地保护行政管理体制，加大湿地保护力度，推进生态文明建设具有十分重要的意义。

【副省长王铁调研湿地保护和国有林场工作】 8 月 6 日，河南省人民政府副省长王铁在省林业厅厅长陈传进陪同下深入商丘市调研湿地保护和国有林场工作，商丘市领导李公乐等陪同调研考察。在考察了商丘黄河故道湿地后，王铁副省长指出，保护湿地是保护生态环境的重要手段。在北方地区能保存这么大的一片湿地尤其珍贵，一定要保护好。河南省的湿地保护条例已经出台，下一步要做好《河南省湿地保护条例》的宣传和实施。在民权林场申甘林区林下，王铁副省长同林场职工亲切交谈，他指出国有林场改革是一个难得的机遇，是大家盼望已久的，目前中共中央国务院的文件已出台了，省里的文件正在制定，会尽可能地给广大林场职工带来更多的利好，他要求要充分听取基层意见，完善《河南省国有林场改革实施方案》。

【河南省林业厅党组中心组开展专题学法活动】 8 月 14 日，河南省林业厅党组中心组召开法治理论学习扩大会，特邀国家林业局管理干部学院副教授赵亭作“学习宪法　遵法守法”专题讲座。厅党组中心组成员和厅机关、厅直单位干部共 150 余人参加了会议。会议强调：开展“学习宪法　遵法守法”主题活动，是深入贯彻落实党的十八届四中全会精神的重要举措，要大力宣传宪法，使宪法精神深入人心，以宪法精神凝心聚力，尊崇宪法，弘扬宪法，恪守宪法原则，履行宪法使命，不断强化法治思维，不断提高依法行政能力，持续深化依法治林、依法行政工作，努力开创依法治林新局面。

【河南省林业调查规划设计资质评审工作】 9 月 1 日，河南省林业工程建设协会组织有关专家对全省 2015 年申报的 30 家林业调查规划设计丙级资质的申请单位进行了评审。专家委员会按照《林业调查规划设计单位资格认证管理办法》和《河南省林业调查规划设计资质（丙级）评审暂行办法》要求，对申报单位的资质申报材料进行了认真审核，并咨询查阅了相关资料，河南嘉德林业园艺规划设计有限公司等 27 家申报单位通过了资质评审认定。获得初步认定的申报单位，经公示并上报备案后，将由中国林业工程建设协会颁发相应等级的林业调查规划设计单位资质。

【河南省人民政府副省长王铁与国家林业局张建龙局长会商深化省局林业发展合作】 9 月 2 日，河南省人民政府副省长王铁率省林业厅厅长陈传进和许昌市市长武国定等一行，赴国家林业局与张建龙局长就深化省局林业发展合作问题进行了会谈，达成了一致意见。王铁副省长对国家林业局长期以来，特别是签署省局合作《共同推进中原经济区建设框架协议》以来对河南省林业生态建设的支持表示感谢，就第十五届中国中原花木交易博览会筹备情况作了汇报，并就请求国家林业局继续支持河南林业建设有关方面的问题提出了意见建议。张建龙局长就河南省近年来在林业生态建设方面取得的成绩给予了充分肯定。在进一步深化局省合作上，表示国家林业局将重点在河南省国有林场改革、南水北调生态带建设、石漠化治理、木本油料产业发展和国家储备林基地建设等方面给予支持。并表示国家林业局将继续支持河南省人民政府共同举办好中国中原花木交易博览会。

【第 15 届中国 · 中原花木交易博览会开幕】 9 月 25 日，第 15 届中国 · 中原花木交易博览会在河南省鄢陵县开幕。国家林业局局长张建龙宣布开幕，河南省人民政府副省长王铁出席开幕式并致辞。

与往届相比，本届花博会市场化程度更高，21 项主要活动中企业直接参与或承办的活动达 17 项；邀商范围更广，560 多家省内外知名花木企业和 840 多家工商企业应邀参会，为历届最多；内容更加丰富，增设了 5 项专题论坛，引入“互联网 +”理念，举办首届线上交易会。本届花博会上共签约项目 43 个，总投资 228.7 亿元。其中，招商引资项目 31 个，总投资 139 亿元；PPP 项目 8 个、金融授信项目 4 个，总投资 89.7 亿元。5 亿元以上项目 16 个，10 亿元以上项目 9 个，主要包括总投资 50 亿元的许昌河道治理工程项目、总投资 12 亿元的空港电子商务物流园项目、总投资 10 亿元的太阳能光伏发电项目等。

【德财政合作河南省农户林业发展项目顺利通过竣工验收评估】 9 月 14 ~ 23 日，由德国复兴信贷银行派出的评估组对中德财政合作河南省农户林业发展项目进行了终期评估。中德财政合作河南省农户林业发展项目的实施期为 8 年（2007 ~ 2014 年），项目区位于河南省西部的 4 个国家级贫困县：嵩县、南召县、鲁山县和卢氏县，项目总投资为 1.2 亿元人民币，项目县共计完成营造林 29 601 公顷，还进行了小流域综合治理和畜牧示范工程建设。评估组表示，该项目严格遵循了《财政协议》条款，对 4 个项目县的生态和社会经济发展都做出了积极的贡献。最后，评估组对项目林的后续经营管理和项目经验推广提出了建议，并要求各级项目单位重点关注项目在生态、社会和经济等各方面的可持续发展，为 3 ~ 5 年后德国政府开展的项目影响“后评估”做好准备。

【河南省第五届蝴蝶兰花展】 9 月 28 日，河南省第五届蝴蝶兰花展在郑州绿博园开幕，展期将持续到 10 月 31 日。本届蝴蝶兰花展展示了 5 万余株，60 多个品种的蝴蝶兰，并将举办花艺大赛，使游客学习花艺知识，体验插花乐趣。

【河南省朱鹮人工繁殖和野外放飞】 11 月 8 日，河南省在董寨国家级自然保护区野外放飞朱鹮 18 只，加上

2013年10月、2014年8月两次分别野外放飞的34只、26只，河南省已经野外放飞朱鹮共计78只。朱鹮放飞后，保护区组建了一支专业的野外监测、宣传和巡查队伍，截至2015年11月份，两次放飞的60只朱鹮，野外监测到的有23只朱鹮，其中第一批13只朱鹮，第二批10只朱鹮。2015年在保护区内3个乡镇发现7对繁殖朱鹮，分别在6个村筑巢产卵孵化，其中有6对朱鹮繁殖成功，孵化幼鸟14只(其中包括2对2胞胎、3对3胞胎)。朱鹮数量由2007年的17只发展到2015年年底的172只。河南信阳大别山朱鹮在自然条件下繁殖成功，野外种群稳步扩大，标志着董寨自然保护区朱鹮迁地保护暨河南种群重建工作取得了阶段性成果，第三次实施信阳大别山朱鹮野外放飞，对扩大朱鹮野外种群分布范围、形成较多的野外繁殖对、增加幼鸟繁殖数量、及时建立较为合理稳定的野生种群具有重要意义。

【河南省2015年冬季森林航空消防工作全面展开】 青岛直升机航空有限公司的一架M-171直升机(7834机组)于11月18日安全抵达河南省南阳姜营机场，并于当天下午17时，在南阳机场召开了关于航空护林飞行安全保障协调会，会上就机场使用、飞行安全服务保障、航线调整等相关问题达成了一致意见，标志着河南省2015年冬航森林航空消防工作顺利展开。

本航期，河南省以南阳基地为主、洛阳基地为辅开展航空消防工作。主要执行吊桶洒水灭火作业、空中巡护、火情侦察、森林防火宣传等任务，充分发挥森林航空消防的"尖兵"作用，为保护河南省森林资源，发展现代林业做出应该有的贡献。

【河南省启动开展林地变更调查工作】 11月24日，河南省林业厅下发《关于开展全省林地变更调查工作的通知》(豫林资〔2015〕172号)，正式启动全省林地变更调查工作。全省林地变更调查工作是按照国家林业局的安排部署进行的，其主要任务是在已完成的全省林地落界和全国林地"一张图"基础上，通过卫星遥感解译判读、档案资料收集、现地调查核实等，查清近些年来林地现状变化，进一步与相关规划对接，保持全国林地"一张图"的现势性和准确性，为实施林地用途管制、森林资源年度监测等提供可靠依据。要求林地变更调查工作严格依法依规实施，维护林地保护利用规划这一法定成果的严肃性；加强变更调查工作质量管理，确保工作成果真实可靠；加强组织领导，确保按时完成。根据工作安排，全省林地变更调查工作3个阶段进行，到2016年3月份完成。

【全国首届森林抚育经营师资培训班在河南省商城县举办】 11月24~27日，全国首届森林抚育经营师资培训班在河南省商城县举办。中国林科院陆元昌研究员为大家进行了森林抚育经营授课。参会人员观摩了商城县黄柏山林场和金刚台林场10个森林抚育经营类型。培训班对河南省"十二五"以来的森林抚育经营工作取得的成效和机制创新进行了总结。国家林业局造林司副司长吴秀丽参会。

【生态文化村建设】 11月19日在福建省漳州市召开的第七届中国生态文化高峰论坛上，河南省新乡市新乡县小冀镇京华社区、郑州市新郑市龙湖镇泰山村、洛阳市栾川县庙子镇庄子村、南阳市南召县云阳镇山头村、信阳市光山县晏河乡帅洼村等5个村(社区)被命名为全国生态文化村。至此，河南省被中国生态文化协会命名为全国生态文化村的村(社区)达到18个。第七届中国生态文化高峰论坛的主题是"培育生态文化，共建生态文明"，这次河南省被命名为全国生态文化村的5个村(社区)各具特色，在生态文化和生态文明建设中成绩斐然，起到了典型示范作用。

【灵宝苹果获殊荣】 12月12日，2015中国品牌价值评价信息发布会在北京举行。河南省三门峡市"灵宝苹果"荣登2015中国品牌价值评价初级农产品(含花卉)类地理标志产品第十名，品牌强度系数820，品牌价值171.08亿元。据悉，此次全国发布的地理标志产品品牌价值在50亿元以上的产品51个，河南省入选的产品仅有3个，另外两个是焦作"怀山药"和禹州"钧瓷"。

【调查规划及飞播造林】 5月25日至10月8日，河南省完成了年度林业生态省建设提升工程省级核查验收工作，共核查造林、森林抚育和改培面积于14.05万公顷，涉及全省18个省辖市的108个县(市、区)，2560个乡镇、7969个行政村，核查小班20 628个。经测算，全省核实面积40.75万公顷，核实合格面积39.2万公顷，全省任务完成(核实)率103.44%，任务合格率99.51%，核实合格率96.19%。

5月10~24日，河南省完成了2015年度退耕还林检查验收工作，本次核查共计抽查了11个省辖市、2个省直管县的36个县(市、区)61个乡镇，面积1623.23公顷，其中2011年度退耕还林工程宜林荒山荒地造林抽查758.38公顷，2009年度封山育林抽查864.85公顷。

6月10日开始至7月21日飞播造林施工作业结束，河南省先后使用卢氏、新乡、济源机场和直升机临时停机场，圆满完成了洛阳、新乡、鹤壁、许昌、焦作、济源、三门峡7市的飞播造林任务。共飞播作业15个播区，作业面积1.35万公顷，超出计划153.33公顷。2015年，河南省在考察、调研以及学习借鉴国内外采用小型直升机飞播造林成功做法的基础上，在禹州、汝阳、渑池首次实施了小型直升机飞播造林试点工作，试点面积2666.67公顷。

【河南省新一轮退耕还林暨政策培训会】 12月24日，河南省新一轮退耕还林暨政策培训会在郑州召开，正式拉开了河南省新一轮退耕还林工程的序幕。会议透露，河南省新一轮退耕还林计划面积0.82万公顷，将于2020年结束，中央补助标准为每亩1500元，5年内将分三次下达，第一年800元、第三年300元、第五年400元。主要实施范围为25度以上非基本农田坡耕地、严重沙化耕地和重要水源地的15度~25度非基本农田坡耕地。会议介绍，在新的退耕还林思路下，各地政府可以引导群众立足当地资源优势，以市场需求为导向，大力发展特色经济林、景观林等多林种和种养结合、林药结合等林下经济高效种植模式，为发展壮大农产品加工业、森林旅游业、农村服务业提供资源基础与支撑，进一步推进农村一、二、三产业融合发展。

（河南省林业由李灵军、杨晓周、张志阳供稿）

湖北省林业

【概　述】 2015年是加快推进绿满荆楚行动、实现三年绿色全覆盖的开局之年，全省林业系统以绿满荆楚行动为抓手，全面深化林改、国有林场、林业行政审批等林业各项改革，加快推进造林绿化，不断强化资源管护，推进产业转型升级，林业各项工作取得了新的成效，实现了“十二五”的圆满收关。

【人工造林与封山育林】 2015年，全省完成荒山荒地人工造林总面积18.6万公顷，在人工造林面积中，新造竹林面积4135公顷。按林种分，用材林8.95万公顷，经济林4.67万公顷，防护林4.82万公顷，薪炭林327公顷，特种用途林1226公顷。按权属分，公有经济成分造林5.12万公顷，其中国有经济成分造林1.05万公顷，集体经济成分造林4.07万公顷；非公有经济成分造林13.48万公顷。在人工造林中，林业重点工程完成人工造林面积4.3万公顷，其中完成天然林资源保护工程人工造林4665公顷，退耕还林工程2.53万公顷；长江流域防护林二期工程造林1.3万公顷。

全年全省完成当年新封山育林面积9.82万公顷，其中：无林地和疏林地新封山育林面积6.09万公顷，有林地和灌木林地新封山育林面积3.73万公顷。全年全省共完成森林抚育面积11.6万公顷、完成四旁零星植树1.44亿株。

2015年全省造林绿化与绿满荆楚行动呈现出七大新特点：一是推进力度大。各级党委政府把推进绿满荆楚行动纳入年度中心工作，层层召开动员部署会，做到宣传到户、任务到村、规划到山、责任到肩。二是社会参与广。从干部到群众、从部门到企业、从城市到农村、从山上到山下，方方面面、村村寨寨都行动起来了，形成空前氛围和强大合力。三是造林标准高。广泛采取工程造林模式，新造林林木成活率和保存率均达90%以上。四是资金投入多。全年造林总投入资金75.4亿元，超历史最高水平。各级政府整合财政资金约13.8亿元，吸引社会投资41.7亿元，发挥了“四两拨千斤”的作用。五是体制机制活。工商资本大量进入林业领域，企业、林业专业合作社成为造林绿化的主力军，形成了基地造林以市场主体为主、乡村绿化以群众为主、通道绿化由政府主导的格局。全年共有1800多个不同规模的公司、合作社投资48亿元造林绿化，完成全省造林面积的85%以上。六是检查督办严。省林业厅组织“百名干部驻百县”，7至8月又抽调262人，组成87个专班，对全省造林实绩进行现场核查验收，并将核查成果录入造林管理信息系统，有效防止了“年年造林不见林”、“年年造林老地方”的现象。七是造林效果好。一年的绿满荆楚行动，在库区、江边栽植的水土保持林，夯实了生态安全的基础。在道路、城乡栽植的景观林，助推了森林城市、绿色示范乡村的创建。在宜林低丘岗地栽植的经济林，加速了林业产业基地建设进程，为林农增收、美丽湖北建设奠定了基础。

【绿满荆楚行动】 2015年，绿满荆楚行动有5个县年度造林超过6666.67公顷，8个县（市）完成了3年总任务，94个县（市、区）超额完成年度计划。全年新增25.13万公顷林木成林后可提高全省森林覆盖率0.6个百分点，所完成造林面积占年度计划任务20万公顷的125.6%，其中，宜林地和无立木林地造林完成14.61万公顷，通道绿化完成1.97万公顷，村庄绿化完成8.55万公顷，均超额完成年度计划任务。全年绿满荆楚行动继续大力推进林业生态示范县创建工作，全年组织了阳新、蔡甸等16个县（市、区）开展了林业生态示范县创建。16个创建县（市、区）完成造林面积6.04万公顷，占全省年度总任务的24%，充分发挥典型示范带动作用。

【新农村建设】 2015年，新农村建设以绿满荆楚行动为载体，进一步加大推进绿色示范乡村建设的力度，经检查考核，2015年授予1300个村为“湖北省绿色示范乡村”。

【绿色扶贫】 2015年，省林业厅开展驻村绿色扶贫工作。在恩施土家族苗族自治州鹤峰县，履行省直驻村帮扶鹤峰县牵头单位职责，加强与鹤峰县及各对口帮扶单位的沟通与衔接，协调落实项目资金210万元，助力鹤峰经济社会发展。围绕促进农民增收，加快山村绿色产业发展，在机关及厅直单位推行“厅党组成员挂靠帮村、处室（单位）支部挂靠帮组、党员干部挂靠帮户”的服务模式，提升了驻村帮扶质量。探索“支部＋合作社＋农户”的模式，引导农户创办各类专业合作组织，推动山村绿色产业发展壮大。已经建立恩施州天深生态农业大路坪村专业合作社等5个专业合作社，带动农户500多户发展绿色产业，生产效益提高了近两成。在党员干部中开展“我为山村绿色产业发展献一计出一力”下乡帮扶活动，先后有10余人5条措施被采纳，促进了帮扶村产业增效近5%、农民增收近10%。省林业厅共有16个处室及厅直单位支部（党委）组织近百名党员干部到驻点帮扶村入户走访，了解情况，帮助75户制订了一对一绿色产业发展计划。

省林业厅派出技术专家，指导帮扶村建设林业特色经济基地，在白鹿村、大路坪村、茶园村和金竹园村进行有机茶园改造200公顷；在蒙古村、何家村发展冬桃产业基地46.67公顷；在大路坪村发展核桃产业及中药材基地38公顷；在白鹿村发展猕猴桃产业基地17.33公顷；发展其他经济林、生态观光林33.33余公顷，对口帮扶村80%以上的村民从中受益并脱贫。

帮助村办绿色产业基地培养市场营销人员、帮助拓展市场销路。驻点村有机茶、冬桃、中药材的销售量由原来的90吨、10吨、4吨分别增加到100吨、20多吨、5吨多，生态鸡蛋、蔬菜、蓼叶等其他各类农副产品的销售量由原来的25吨多增加了30吨，畅通营销方式和渠道，各项累计为驻村每户农民创收近万元，破解了山村绿色产品增产不创收的难题。

组织省农科院、省生态职业技术学院、省林木种苗管理总站、省林科院等单位技术专家8次深入厅帮扶村开展了送科技下乡扶贫活动，赠送猕猴桃栽培、油茶种植、核桃技术管理等价值近5万元的实用技术资料万余册。

实施能人带动工程，大力培养种养能手、致富带头人、农民技术员、农业合作社领头人。林业厅10余次选派专家到现场组织专业技术培训和技术指导，从每个项目中抽选1~2名人到相关单位或产业基地进一步实习培养，共有5位农民成为了该行业的土专家。

推广核桃产业规模化扩繁技术、采穗圃营建与管理技术、丰产栽培技术等编印成册、制成科技教学片下发到各乡镇，推广选育的‘清香’核桃良种，培育优良嫁接苗，营建丰产示范林，辐射带动周边核桃适生栽培区核桃的发展，为核桃产业化发展提供科技支撑，实现了“做一个项目，带一个产业，富一方百姓”的目标。

【木本油料】 2015年湖北省年末实有油茶林面积21.5万公顷，其中当年新造面积2.39万公顷、当年低产林改造面积5588公顷，年末实有油茶籽结果面积16.05万公顷，全省油茶繁殖圃56个，面积1921公顷，油茶苗木产量7984万株。全省油茶籽产量14.19万吨。全省油茶产业企业198个、年产值33.38亿元。全省年末实有核桃种植面积12.67万公顷，年末实有核桃结果面积7.05万公顷，核桃年产量9.44万吨，全年共完成核桃新造林1.69万公顷，新培育核桃嫁接苗1650万株。年末实有油用牡丹籽种植面积3983公顷，年末实有油用牡丹籽结果面积2425公顷，油用牡丹籽年产量1450吨，全年共完成油用牡丹新造林0.15万公顷，新培育油用牡丹苗木1.2亿株。

为推动全省木本油料产业发展工作，统筹整合中央财政现代农业发展资金1.11亿元，扶持油茶、核桃产业发展工作，共涉及12个县(区)，其中油茶项目10个，核桃项目2个，编制了项目实施方案、组织了专家进行评审并开展了项目实施工作。全年开展了对省财政油茶、核桃木本油料专项资金1000万元项目、省财政油用牡丹专项资金500万元项目的合理分配，强化对项目的监督管理。省级木本油料油茶、核桃产业发展专项资金，主要用于扶持湖北省新建的示范林、良种苗木繁育和新建采穗圃抚育管理补贴等3个方面，立项个数总计23个。对2015年省级财政木本油料产业发展项目实行绩效考核管理，制订绩效考核管理办法，因各个项目建设内容不同制订了相应的绩效考核评价标准。2015年省级财政油用牡丹专项资金500万元在全省布局建设了一批油用牡丹试点示范基地，包括红安、赤壁、太子山林管局等9县(市、区、局)，通过试点示范为全省油用牡丹产业的全面推广提供经验。于2015年10月在随州市召开了部分木本油料种植基地、加工企业及县市林业局负责人座谈会，掌握全省木本油料产业发展情况、提出推动产业发展的建议及思路。

【林业血防工程造林】 2015年度全省有30个县(市、区)实施林业血防工程，共完成当年造林任务0.56万公顷，完成投资4165万元，其中中央投资2500万元，省级配套832万元，地方配套832万元，均占投资计划的100%。各项目县(市)把抑螺防病林建设纳入党委、政府的重要工作议程，把工程完成情况作为党政干部工作责任的考核指标之一。根据《湖北省林业血防工程规划》，编制了县级实施方案，将具体建设目标与任务层层分解落实到基层建设单位，落实到山头地块和田间地头，做到重点突出、布局合理、任务明确。在征求同级卫生等部门的意见后，做到宜林则林、宜农则农、宜牧则牧，综合治理。

各项目县(市)进一步深化集体林权制度改革，推行林地流转，对疫区宜林荒滩、道路、沟渠，以拍卖、转让、承包、租赁等多种形式，将林地使用权转让给企业和大户，推进林水结合、林路结合、林农结合新模式，聚集社会资本和资源参与血防林建设。各地还加强项目建设档案管理，项目建设的阶段性总结、检查验收资料、资金审批和审计报告、工程监理报告、技术资料、统计数据、螺情监测资料、图片照片和录像资料等及时归档保存。

【林业碳汇工作】 2015年碳汇造林获得突破。全省首个市场主体林业碳汇项目在咸宁市通山县启动，该项目已通过国家发展改革委的审核并获得项目备案，是全国首个可进入国内碳市场交易的CCER竹子造林碳汇项目。全省林业温室气体排放清单(LULUCF)工作进展顺利且规范、科学，湖北省的2005年度和2010年度清单通过了国家发改委验收，2012和2013年度清单通过了省发改委验收，开展了2014年度清单编制工作。神农架林区与省碳交易权中心签订林业碳汇开发合作协议。首期东风十堰“碳平衡”生态林建设项目已完工，累计投入资金370余万元，完成植树面积13.3公顷。

【公益林生态效益监测】 2015年，加强监测设施设备建设，新采购雨量监测、土壤温湿度监测、树干液流监测仪器10台(套)，并依托神农架生态站、竹山生态站建设项目新增室内外监测仪器17台(套)，新增固定监测样地10个。6月在神农架召开了一期生态效益监测的理论与监测仪器使用培训会，提升基层监测人员的业务水平。对全省范围内生态公益林监测样地开展了生态效益监测，整体进展顺利。

【集体林权制度改革】 2015年1月，组织开展了“深化林权配套改革工作调研”。按照《国家林业局林改司集体林业综合改革试验区工作方案》，襄阳市、恩施市集体林权“三权分置”改革试点初见成效。8月5日《人民日报》在头版以“襄阳林权交易富林农”和“湖北襄阳：绿叶子变红票子”为题深度报道了襄阳市林权改革做法。省林业厅与省保监局联合印发了《湖北省森林保险理赔操作规程》《湖北省森林保险灾害损失认定标准》，于8月25～26日，召开了湖北省政策性森林保险试点工作座谈会，政策性森林保险试点工作进一步规范。湖北省政府办公厅印发了《关于推进全省农村产权流转交易市场建设的指导意见》《湖北省农村产权流转交易监管暂行办法》，省林业厅与省工商局联合印发了集体林地承包和森林资源流转合同示范文本，全年全省新增林地流转面积19.67万公顷，新增林权抵押面积1.33万公顷，新增贷款金额3.12亿元。省林业厅印发了《关于加快推进农民林业专业合作组织建设的意见》，会同省农业厅等10厅(局)联合印发了《关于促进湖北省农民合作社规范发展的意见》，截至2015年年底，全省农民林业专业合作社发展到3800余家，入社会员近70万户，年纯收入突破60亿元。其中，有15个国家级林业专业合作社示范社、32个省级示范社。全年发展林下经济面积66.67万公顷，林下经济年产值达77.43亿元。林下经济已涵盖种植、养殖、林下产品采集加工、餐饮服务、生态休闲旅游等行业。

【国有林场改革与建设】 2015年，成立了以湖北省委常委、常务副省长王晓东为组长、分管副省长任振鹤为副组长、省财政厅等22个省直部门为成员的湖北省国有林场改革工作领导小组。组织开展了全省国有林场综合情况调查和专题调研，基本摸清了国有林场资源资产、人员结构、社会保障、场办社会、债权债务等情况。编制了《湖北省国有林场改革实施方案》，《方案》已经省政府审议通过并已上报国家林业局国有林场和国有林区改革小组审批。2015年，省国有林场管理站已实现经营收入415.07万元，比2014年增长23.9%。

在安全管理上，出租车队在新增5台出租车的情况下，通过开展“安全生产标准化三级企业”达标复检工作和“三站一场”稽查活动，确保全年无重大安全责任事故发生，并做到了对乘客投诉事件全年投诉处理率、投诉回复率、乘客满意率均达到100%。全站2015年无任何安全事故发生。修订了《湖北省国有林场森林经营方案审批流程》及林地征占用审批程序等。开展国有林场危旧房改造工作进展情况的检查督办工作。全省国有林场危改项目在建和竣工入住27 249户，占总计划28 402户的96%。全年分别对两批共50个国有贫困林场扶贫资金项目文本进行了评审，落实扶贫项目资金1261万元，向国家林业局场圃总站推荐湖北省太子山林管局和罗田县天堂寨林场为实施贫困林场扶贫项目效果显著的国有林场。解决全省国有林场饮水安全人数为5.96万人，占总人数的42.3%。

在神农架林区组织举办了“2015年全省国有林场职业技能竞赛”活动，全省各市(州)近300人参赛，促进全省国有林场技能专业化水平的提升。组织17位国有林场场长参加2期全国国有林场场长素质能力培训班；组织相关林场参加由中国林场协会三届五次常务理事会和2015年中南－西部地区国有林场年会，组织9名场级干部跨省(区)交流挂职锻炼等。湖北省武穴市四股平林场荣获“2014年度全国十佳林场”称号。湖北省太子山林管局和十堰市竹溪县天池垭林场荣获“2014年信息报送十佳林场”和“2014年十大具有影响力的网站”称号。

【外资造林】 2015年6月1～5日，欧洲投资银行亚太区贷款部部长塔皮欧一行7人组成的项目评估组到湖北省开展评估工作。专家评估组赴大悟、通山、赤壁进行了实地考察评估，该项目已于2015年第三季度提交欧洲投资银行董事会批准。欧洲投资银行贷款珍稀森林可持续经营项目是湖北省引进的第一个欧洲投资银行贷款林业项目。

2015年3月，湖北省发改委对德国政府贷款湖北森林可持续经营项目的调整做了批复，3月8～29日，项目首席技术顾问托比亚斯实地考察了部分项目县，并更新了适用林地面积。中方专家梁伟忠已在5个项目县开展了社评调查与参与式培训。

【速生丰产林】 2015年，全省完成速生丰产用材林营造林面积29 971公顷，其中，浆纸原料林833公顷，人造板原料林24 392公顷，大径级和珍贵树种用材林3879公顷，其他867公顷。完成全部林业投资额1.69亿元，其中：国家投资0.13亿元、自筹资金1.44亿元、其他投资0.13亿元。

【国家木材战略储备林基地建设】 湖北省是全国15个建设任务省之一。2015年，国家木材战略储备基地建设营造林面积5289公顷，其中集约人工林栽培面积1276公顷、森林抚育面积4013公顷。造林经营面积按树种分：杨树、竹子、杉木、马尾松、落叶松、湿地松、火炬松等一般树种4513公顷，南方红豆杉、柳杉、云杉、楠木、火力楠、核桃楸、椴树、榉木、柚木、西南桦、铁力木等珍稀树种776公顷。完成全部林业投资额2069万元，其中：中央投资1289万元、地方配套投资300万元、自筹资金480万元。

【义务植树】 2015年3月2日，湖北省委书记李鸿忠、省长王国生等省领导到武汉市黄陂区武湖湿地公园进行义务植树，全省17个市(州)党委政府主要领导参加了义务植树。全省义务植树活动共完成义务植树1.24亿株，占年计划的102.4%。通过建义务植树基地、营建特色“纪念林”等形式，提高省直机关义务植树尽责率。省外侨办、省外国专家局组织100余名外籍在鄂工作专家，在武汉市中法生态新城后官湖畔开展义务植树。湖北省南水北调办先后赴兴隆枢纽和引江济汉工程工地开展“我为兴隆添绿意”和“建设引江济汉绿色走廊”的义务植树活动；湖北省妇联在黄冈市黄梅县组织开展了以“绿满荆楚，巾帼行动”为主题的春季义务植树活动。湖北省直机关参加义务植树单位136家，折合义务植树8.4万株，尽责率达85%，高于全省平均水平。全年编发《绿满荆楚行动简讯》共12期。省林业厅会同团省委联合开展“保护母亲河　美丽中国梦——2015年度青少年植树行动”，全省有8万名青少年参加义务植树，植树120万株。省绿化委员会、省林业厅联合省高校绿委开展创建“生态园林式学校”活动。按照湖北省委省政府关于开展创建森林城镇、加快实施绿满荆楚行动的总体部署和要求，湖北省绿化委员会、湖北省林业厅印发了《关于开展森林城镇创建活动通知》（鄂绿发〔2015〕1号），全省共评选出保康县马桥镇等42个城镇为“湖北省森林城镇”。

【天然林保护】 2015年，全省天然林资源保护工程人工造林面积4665公顷，新封山育林面积28 666公顷，全年森林抚育面积23 732公顷。2015年年末全省实有封山育林面积32.96万公顷，2015年年末全省实有森林管护面积332.25万公顷，其中：国有林78.21万公顷、集体和个人所有的国家级公益林150.57万公顷、集体和个人所有的地方公益林103.47万公顷。全年全部林业投资完成额62 636万元，其中：国家投资57 105万元，地方投资5531万元。用于公益林建设营造林5548万元，用于森林管护11 298万元，用于生态效益补偿36 800万元，社会保险5511万元，政策性支出1655万元，其他支出1824万元。全年全省天保区实施单位人员9859人，其中：在岗职工9825人，其他从业人员34人。

全年全省以天保工程“全面保护年”为契机，狠抓组织管理。全省天保管护站（所）设施齐全，管护制度落实较好，管护协议签订率超过97.4%。省级复查共抽查管护人员巡山记录2314人，合格2191人，合格率为95.3%；签约管护协议2300人，核实率为99.4%。森林资源管护效果良好，没有发生重大滥占林地、盗伐林木、森林火灾、森林病虫鼠害和牲畜破坏的现象。全省建立了天保工程建设“四到省、四到县”责任制，省、市、县、乡四级政府逐级签订目标责任状，将天保工程建设责任落实到人。把好资源管护与档案管理关、设计与自查关、审查与批复关、监督与检查关、督促指导与问题整改关。

积极探索天保工程后续产业的发展，在发展林下经济方面，竹山县新发展肚倍、冬枣、木瓜、核桃等林特经济林，保康县野生动物养殖业和林下天麻、野菜、葛根、中药等林副产品采集加工，利川市林下黄连栽培加工销售形成了产业链。在开发利用森林景观资源方面，恩施、宜昌、十堰、神农架等地充分发挥森林资源优势和独特的气候优势，积极开发森林、生态旅游业，发展势头强劲。在发展非木质林业经济方面，五峰县依托茶叶、油茶、五倍子、红花玉兰苗木为主的非木质林产品，探索出了一条“不砍树能致富”的林业经济发展之路。6月，五峰后河国家级自然保护区管理局在实施天保工程劳动竞赛中成绩突出，被省总工会授予“湖北五一劳动奖状”，建始县国有长岭岗林场被推荐为“全国工人先锋号”评选单位。11月17～19日，举办天保业务应用系统培训班，组织各天保办负责人及相关技术人员在武汉开展为期3天的专题培训。

【生态公益林】 2015年，全省共区划生态公益林总面积370.47万公顷，其中：国家级公益林面积221.2万公顷，省级公益林面积92万公顷，县级公益林面积57.27万公顷；落实补偿资金54 584万元，其中：国家级公益林补偿资金42 704万元，省级公益林补偿资金9303万元，县级公益林补偿资金2577万元。

【退耕还林工程】 2015年，全省退耕还林工程完成人造林2.53万公顷，其中退耕地造林2.2万公顷，荒山荒地造林0.33万公顷。年末实有封山育林面积3.54万公顷。全年全部林业投资完成额12.7亿元，其中：国家投资6.83亿元，种苗费1.34亿元，其他资金4.53亿元。全省完成了国家下达湖北省2015年度退耕还林计划任务，占国家下达计划的100%。已向国家提供生态效益监测报告。完成了第一轮退耕还林计划任务资金的清理工作，并印刷成册。印发了《湖北省新一轮退耕还林还草工程管理办法》《关于开展新一轮退耕还林退耕地核实认定工作的通知》《关于加快新一轮退耕还林还草实施进度的通知》。召开两次新一轮退耕还林推进会，举办一次新一轮退耕还林培训班。在国家林业局政府网、国家退耕还林网上刊载报道26篇，编印了《湖北退耕还林15年》《新一轮退耕还林工程文件资料汇编》。

【长江防护林工程】 2015年，全省69个县市区完成工程人工造林面积1.3万公顷，完成当年新封山育林面积1.67万公顷，年末实有封山育林面积7.93万公顷。完成全部林业投资额8127万元，其中：中央投资6162万元，地方配套1650万元。其中：营造林费5816万元、种苗1464万元、森林防火148万元、病虫害防治118万元、科技费用90万元、其他491万元。根据国家发展改革委、国家林业局《关于下达防护林工程2014年中央预算内投资计划的通知》（发改投资〔2014〕1088号）要求，印发《省发改委、省林业厅关于下达防护林工程2014年度中央预算内投资计划的通知》（鄂发改投资〔2014〕458号），将国家下达湖北省2014年度长防林计划和中央预算内投资，分解落实到69个项目县（市、区）。印发了《关于加强春季造林工作的通知》，省林业厅与水利、交通、环保、旅游等部门联动，推动长防林工程建设。洪湖市、谷城县认真落实“谁开发、谁经营、谁管理、谁受益”政策，调动了社会各方面力量参与长防林基地建设的积极性，提高了工程建设质量与成效。罗田县多次召开工程建设专题会议，签订目标责任状，落实了工程建设任务。全省项目推行造林绿化责任制、项目业主制、造林奖惩制、绿化监理制、资金报账制、实绩通报制。在县（市、区）林业局全面自查的基础上，联合市（州）林业局进行抽样复查，复查结果作为考核各地党政领导目标责任的依据。

【自然保护区建设】 2015年全省实有自然保护区个数55个、面积96.12万公顷，其中国家级自然保护区个数15个、面积44.41万公顷。全年全省实有野生植物就地保护小区175个，面积25.85万公顷。全年野生动植物及自然保护区建设投资完成额5234万元，其中：中央投资1667万元。4月16日，湖北省政府正式下文批准京山对节白蜡、麻城狮子峰、十堰大西沟和随州中华山等4个保护区成为省级自然保护区。十堰野人谷、巴东金丝猴通过国家评审，已报国务院待批复。长阳崩尖子、宜昌大老岭、保康五道峡、兴山万朝山已通过国家林业局评审，待接受国家有关部门考核。组织堵河源、十八里长峡和九宫山保护区向国家林业局申报基础设施建设项目，申报总额8000余万。争取了神农架、后河、九宫山、赛武当、木林子和堵河源6个国家级自然保护区能力建设资金1100万。组织指导七姊妹山保护区实施了2015年基础设施建设项目。加强了自然保护区数据库建设，全省58个自然保护区基础数据已录入全国林业自然保护区数据管理平台，为保护区工作信息化管理奠定基础。组织指导神农架国家级自然保护区参与了神农架国家公园体制建设的创建，会同湖北省发改委开展神农架国家公园试点的相关工作，并参与《神农架国家公园试点方案》编制的有关论证、调研工作。组织开展了全省林业系统自然保护区监督检查的专项行动，查处违规占地近170余公顷，涉及8个自然保护区，重点对九宫山采矿、龙感湖养殖情况进行了实地核查，提出了整改建议。配合国家林业局监督检查第六组和武汉专员办对九宫山、大别山、七姊妹山和木林子国家级自然保护区进行了检查督办。

【湿地保护与管理】 2015年，湖北省境内有洪湖、沉湖、大九湖等3个国际重要湿地，面积57 987公顷。国家级湿地公园50个，省级湿地公园35个。3月19～21日，省林业厅协助省政协接待全国政协调研组来鄂开展长江经济带开发开放湿地保护调研工作，深入公安崇湖国家湿地公园、长湖湿地保护区、洪湖国际重要湿地、沉湖国际重要湿地，就湿地保护、湿地利用、法制建设、渔民上岸等情况进行调研。会同省政协完成了对全省湿地生态保护与合理利用的调研工作。湖北省政府于11月16日，在洪湖召开国家级自然保护区可持续发展现场办公会。4月，在洪湖市召开了全球环境基金“加强中国湿地保护体系，保护生物多样性”规划型项目指导委员会第二次会议。国家林业局湿地中心、国家发展改革委、联合国开发计划署等部门近百人参加了会议。全年共争取项目资金12 368万元，其中：中央财政湿地补助资金10 200万元、中央预算内投资1668万元、省级财政湿地补助资金500万元。实施湿地项目34个，其中：中央财政湿地补助项目12个、中央预算内湿地保护与恢复项目5个、省级财政湿地补助项目17个。启动了湿地生态效益补偿和退耕还湿试点工作，全省增加湿地面积2万公顷，恢复湿地功能面积1.5万公顷。全年新申报国家湿地公园试点单位10处，新建省级湿地公园6处。完成了6处国家湿地公园试点验收工作。湿地公园建设开始从追求数量向数量与质量并举转变，向突出特色、打造亮点、创建生态文明示范区迈进。省林业厅印发了《关于加强湿地公园建设管理的通知》(鄂林湿2015〔147〕号)。9月，组织由湿地专家和省财政厅分管处室组成的项目审查组，对全省23个中央湿地补助资金项目《实施方案》进行了集中评审，对国家和省重点工程穿越、占用国家湿地公园项目进行了审查、报批和监管。主要完成了汉十铁路穿越安陆府河、襄阳汉江、谷城汉江国家湿地公园项目的环评与报批工作。组织参加了国家林业局湿地中心举办的湿地业务培训6批次，共50人次；参与了世界自然基金会合作举办的境外业务培训3批次，共10人次。督办落实了洪湖、沉湖两个国际重要湿地实施无人机监测资源。对全省3个国际重要湿地和40个国家湿地公园进行了调查，就机构建设、湿地保护与恢复、试点验收、宣传教育等工作进行了实地考察。组织相关专家，对全国23个重点建设示范单位之一的赤龙湖国家湿地公园进行了重点调研和指导。多次深入武汉市蔡甸区调研，提出以沉湖国际重要湿地、后官湖国家湿地公园为依托，打造区域湿地生态保护和武汉市郊湿地宣教旅游的重点示范区。

【野生动物疫源疫病监测与防控】 2015年全省野生动物疫源疫病监测站71个，全省野生动植物科研及监测机构69个，专业技术人员210人。全年加强了与省卫计委、省农业厅等部门的交流协作，调整充实了野生动物疫病防控专家委员会，指导省监测中心在全国率先启动了沉湖重点区域H7N9禽流感联防联控示范试点，并将其经验向全省进行推广。印发《湖北省野生动物临时救护站点建设标准》，在全省增设“临时救护站点”，加强对各地动物园、驯养繁殖场救护的指导与督办。对随州猕猴、京山绿孔雀、荆门梅花鹿、黄冈蛇类、孝感鳄鱼、荆州黑斑蛙等重点养殖大户进行跟踪培育。在全国率先发布《野生动物疫源疫病监测标准站建设标准》《陆生野生动物疫源疫病监测及技术规范》《湖北省野生动物监测手册》以及《监测图谱》《挂图》《技术手册》等五张图。在沉湖、龙感湖、黄冈等7地开展试点、示范、预警三站建设，建立国家级、省级监测站61个、市县级监测站86个，设立巡护点线925处，监测网络体系进一步完善。在全省开展自然保护区、湿地公园、鸟类迁徙通道等3个重点监测区域站点建设。向全省发布重点疫病、疫源及重点区域名录预警，与中国军事医学院、上海、浙江，共同启动由中国工程院院士夏咸柱主持的《中国野生动物人兽共患病防控战略研究》项目。在人工驯养蓝孔雀中首度检测到细小病毒，在灵长目动物中首次检测到腺病毒，对蓝孔雀肠杆菌、沙门氏菌、细小病毒混合感染致死进行了病理研究。针对禽流感和人畜共患病疫情，开展主动预警和野外溯源排查工作，采样达8000多份。同时，还在梅花鹿中检测出结核病毒，带毒率达21.7%。科学处置石首麋鹿、宜昌麻雀等死亡事件31起5000多只(头)，成功开展H7N9禽流感防控工作。编写了《湘鄂赣三省野生动物疫源疫病联防联控提案》和《湘鄂赣野生动物疫源疫病监测合作框架协议》。加强了人工驯养繁殖场所的卫生监管。举办鄂州监测技能培训班，加大黄冈、鄂州等周边的采样检测力度。联合中科院武汉病毒所、东北林业大学等科研院校，开展采样检测25批次4039份，印发《监测站建站指南》和《实验室安全操作规程》，并以此为指南，指导和督促龙感湖、洪湖、京山、十堰等7个示范站预警站加强规范化建设。通过以点带面，全省累计野外巡护4.5万人次，报告信息1.2万余条。对龙感湖小天鹅、京山和阳新麻雀等15起异常死亡事件进行科学有效处置。

【野生动植物保护与管理】 2015年全省野生动物种源繁育基地193个、野生植物种源培养基地15个，野生动植物保护管理站156个，动物园15个(其中：野生动物园2个)，鸟类环志中心站9个。省林业厅与武汉海关联合开展打击濒危野生动植物制品走私联合专项行动，武汉海关向省林业厅移交罚没濒危野生动物制品包括象牙、鳄鱼和玳瑁标本等共60件。组织力量对黄石大冶贩卖野生动物、神农架林区网上贩卖野生兰花等案件进行了专项督办。全年办理野生动植物行政许可及相关事项166件(项)，其中：国家重点保护野生动物驯养繁殖许可证10项，湖北省国家重点保护野生动物或其产品特别经营利用许可证6项、运输证17项，非国家重点保护野生动物驯养繁殖许可证44项，办理野生动物引进、借展、专用标识申报、野生动植物进出口等相关事项70件，国家林业局委托行政许可事项19项。开展“野生动植物日”“爱鸟周”“野生动物保护宣传月”三大主题宣传活动，湖北省政协副主席郑心穗先后参加了“爱鸟周”“野生动物保护宣传月”活动的启动仪式。向全省发放了“拒食野生动物”的倡议书。承办省政协王振有副主席亲自领办的《关于切实加强湖北省秦巴山区生物多样性保护优先区域生态保护的建议》提案。组织开展全国第二次野生动物资源调查湖北调查、全国第二次国家重点保护野生植物调查湖北调查。组织武汉大学等高等院所专家组成的10支调查队开展植物调查，组织由华中师范大学和华中农业大学高校专家和技术人员组成的2支调查队开展野生动物资源调查。在宜昌发现大片珙桐新分布区，在黄石大冶发现红豆杉新的分布区，在咸宁地区发现湖北新记录的永瓣藤，在神农架新华镇发现野生楠木群落，共计38个目标物种发现有新分布区。开展越冬水鸟同步调查试点工作，完成大别山地理单元调查工作，并通过国家林业局检查组的检查。

【野生动物救护】 2015年印发《湖北省野生动物临时救护站点建设标准》，在全省增设“临时救护站点”，加强对各地动物园、驯养繁殖场救护的指导与督办。承办全国救护委员会首届年会，完成《中国救护手册》编写组稿工作，率先在全国成立了首个省级野生动物救护委员会，在全国首先开展了野生动物救护志愿者行动，进一步落实救护流程图和制度，规范救护管理。发布救护趋势预报，帮助基层开展野生动物救护，救护巴东金丝猴、恩施深山抢救黑熊等事迹被中央电视台多次报道。省森林公安开展野生动物执法行动，解决猕猴扰民、野猪出没校园等野生动物扰民事件。

【林产工业】 2015年全省林业产业年总产值2324.14亿元，其中第一产业846.21亿元、第二产业888.71亿元、第三产业589.22亿元。全年全省商品木材产量227.13万立方米，竹材产量3123.76万根，竹产业产值34.33亿元。主要木竹加工产品包括锯材、木片、人造板、木竹地板及其他加工材等五大类林产品分别为：锯材258.24万立方米，木片79.81万立方米，人造板633.47万立方米(其中胶合板171.26万立方米、纤维板318.56万立方米、刨花板78.44万立方米、细木工板等其他人造板65.21万立方米)，木竹地板3271.44万平方米，改性材与指接材等其他加工材14.07万立方米。主要林产化工产品有松香类、松节油类、木竹热解产品、木质生物质成型燃料等四大类，其产量分别为：松香类产品2.54吨、松节油类产品3402吨、竹炭35吨、木质生物质成型燃料6.53万吨。2015年，国家林业局在全国范围内，评选出了第二批国家级林业重点龙头企业186家，湖北省的汉家刘氏茶业股份有限公司、炎帝农业科技股份有限公司、宜昌龙源林业有限公司、澳森木业股份有限公司、金卉花木有限公司、武汉林业集团有限公司、倪氏国际玫瑰产业股份有限公司、九森林业股份有限公司、荆州市万树木业有限公司等9家企业被认定为第二批国家级林业重点龙头企业。全省有1000余家规模以上的涉林企业、林业专业合作社所造的原料林、景观林、经济林达10万余公顷，各类资金投资达22.5亿元。一批传统企业通过提高技术装备转型升级得到新的发展，康欣、吉象、宝源等一批高新科技企业实现装备现代化、产量规模化、产品系列化的发展。全省森林旅游、木本粮油、花卉苗木、林下经济等非木经济保持较快增长。尤其是森林旅游产业投入和产出增幅较大，全年森林旅游及关联产业产值超过200亿元。龙头企业带动作用增强，林业产业扶贫、精准扶贫在山区、林区贡献突出。在山区发展林业产业，有力推动了山区农民就业，林农增收。企业“走出去”战略步伐加快，全年组织近100家龙头企业参加全国性的林产品博览会、交易会，全国地板及木制品贸易会。16家企业参加米兰世博会，6家企业参加湖北海上丝绸之路经贸行活动。汉家刘氏、正全茶油、海富家具、黄袍山等一批企业成功签订了外贸协议。全省家具、茶叶、香菌、木耳等林产品外销达到12亿美元。社会资本投入林业成为新常态。全省林业以资源和项目为平台，大力开展林业招商引资，2015年全省招商引资突破200亿元，实际落实资金近45亿元。落实首届武汉绿交会招商资金96.5万元。

【主要经济林产品】 2015年全省主要经济林产品年末实有种植面积149.84万公顷、年末实有结果面积90.53万公顷、产量783.42万吨。水果、干果、林产饮料、林产调料、森林食品、木本药材、木本油料、林产工业原料等八大类经济林产品生产情况分别为：水果产量639.87万吨，年末实有种植面积45.67万公顷，年末实有结果面积40.48万公顷，其中：苹果1.47万吨、柑橘428.15万吨、梨57.26万吨、葡萄35.46万吨、桃106.21万吨、杏1.29万吨、猕猴桃2.63万吨、其他水果7.4万吨。干果产量47.42万吨，年末实有种植面积29.25万公顷，年末实有结果面积26.69万公顷，其中：板栗41.24万吨、枣3.11万吨、柿子2.46万吨、仁用杏等其他干果0.61万吨。林产饮料产品20.33万吨，年末实有种植面积28.78万公顷，其中：毛茶20.05万吨。林产调料产品5232吨，其中：花椒3693吨、八角29吨、桂皮237吨、其他调料产品1273吨。森林食品23.46万吨，其中：竹笋干1.82万吨、食用菌17.93万吨、山野菜2.42万吨、其他森林食品1.29万吨。森林药材18万余吨，年末实有种植面积11.55万公顷，其中：银杏2.12万吨、山杏仁5吨、杜仲1.74万吨、黄柏6552吨、厚朴1.39万吨、枸杞619吨、山茱萸1600吨、五味子5115吨、其他森林药材12.03万吨。木本油料23.78万吨，年末实有种植面积34.59万公顷，年末实有结果面积23.36万公顷，其中油茶籽14.19万吨，核桃9.44万吨、油用牡丹籽0.15万吨。林产工业原料9.36万吨，其中生漆0.41万吨、油桐籽2.41万吨、乌桕籽1.41万吨、五倍子0.29万吨、棕片0.22万吨、松脂4.62万吨。2015年全部经济林产品的种植与采集产值544.43亿元，其中水果种植232.18亿元、坚果及含油果和香料作物种植37.53亿元、茶及其他饮料作物的种植产值106.59亿元、森林药材的种植36.92亿元、森林食品种植总产值108.17亿元，林产品的采集产值23.04亿元。

【苗木花卉】 2015年林木种子采集量4406吨，育苗面积5.03万公顷，其中国有育苗面积2835公顷，全省当年苗木产量17.59亿株。当年林木育种与育苗总产值49.59亿元，其中林木育种7.82亿元、林木育苗41.77亿元。2015年年末实有花卉种植面积8.62万公顷，切花切叶产量1.08亿支，盆花植物产量1.23亿盆，观赏苗木产量3.51亿株，草坪产量772.4万平方米，全省共有花卉市场269个，花卉企业1323个，其中大中型花卉企业180个，花卉从业人员12.13万人，花农5.11万户，全年花卉及其他观赏植物种植总产值90.4亿元。

【森林公园和森林旅游】 2015年，全省森林公园94个，总面积42.07万公顷，其中国家级森林公园37个、面积31.29万公顷，国家生态公园2个、面积4243公顷，省级森林公园55个、面积10.35万公顷。全省林业旅游与休闲产业7482.19万人次，旅游收入357.01亿元，人均花费477元。全省林业旅游6841.34万人次，旅游收入317.03亿元，林业旅游直接带动的其他产业产值662.28亿元；林业疗养与休闲640.85万人次，休闲收入39.98亿元，直接带动的其他产业产值111.08亿元。2015年新申报了白竹园寺国家级森林公园，申报了随城山、尧治河两处国家生态公园、建设了长北山省级森林公园，崇阳香山、宜昌夷陵区笔峰洞、房县万峪河省级森林公园设立可行性研究报告已经完成，待批复设立。湖北省大别山、牛头山国家森林公园总体规划已获国家林业局批准，丹江口、崇阳、西塞国、安陆古银杏、大口国家森林公园总体规划均已完成，待上报国家林业局审批。柳树桠、老母荒、七里山、东方山等多个省级森林公园总体规划已完成。襄阳、宜昌、十堰、黄冈等多个地市已将森林公园建设列入年度考核目标，有效地推动了全省森林公园建设和发展。全年完成了《湖北省森林等自然资源旅游管理办法》修订工作。全年打造了神农架、大别山等经典森林旅游品牌及数条森林旅游精品线路，其中安陆古银杏、丹江口、汉江瀑布群、沧浪山、溾水、大老岭、清江、柴埠溪等国家森林公园成为全省森林旅游热门目的地，一大批森林公园旅游热潮已开始启动，神农架被授予全国森林旅游示范区称号，黄冈罗田县被授予全国森林旅游示范县称号，武汉黄陂区被评为全国森林旅游示范区。《森林旅游》杂志（季刊）着重宣传了森林旅游政策法规，展示了森林旅游资源，传播生态文化，为全省森林旅游行业提供学习和交流平台，为读者提供森林旅游的深度认知、行业动态和出行指南。省林业厅与武汉市政府共同承办国家林业局主办的“2015中国森林旅游节”，湖北展馆展示了神农架、大别山、太子山、坪坝营、薤山、大老岭、五脑山、三角山、吴家山、大洪山、五祖寺、玉泉寺等国家级和省级森林公园，恩施大峡谷、洪湖国际重要湿地、九宫山国家级自然保护区等重要森林旅游景区与重要森林风景资源。在旅游节期间，安排了神农架梆鼓、恩施土家民俗歌舞等轮番表演，安排了以洪湖湿地红色文化为底蕴的情景剧场，利用LED大屏滚动播放了50多部森林旅游风光碟，现场派送景区门票3万张，发放各类森林旅游宣传资料6万余册。组织了全省森林公园系统培训班，聘请省森林公园行业主管领导和业内专家进行专题讲座，联合“楚风行”旅游联合体共同打造精品森林旅游线路，省森林国际旅行社组织到全省森林公园、生态旅游景区旅游的游客达1.1万人次，实现营业收入986万元，经营利润106万元。

【野生动物驯养繁殖】 2015年全省野生动物种源繁育基地193个，其中公益性野生动物救护繁育基地16个，商业性野生动物驯养繁殖单位177个。全年陆生野生动物繁育与利用总产值10.2亿元。驯养繁殖的野生动物食品与毛皮革等加工制造产值4.34亿元。全年陆生野生动物繁育与利用单位9个，年末实有人数60人。全年组织全省开展野生动物驯养繁殖清理整顿专项行动，按照“清理一批、整顿一批、关停一批”的原则，先后检查集贸市场、花鸟市场、药店、餐馆、饭店1169处，查处各类野生动物案件132起，处理违法人员68人，收缴青蛙、鸟类、蛇类等野生动物活体及死体10 539只（条），收缴捕鸟网1万余米、猎捕工具1235件。

【林下经济发展】 2015年，全省林下经济总产值77.43亿元，全省林下经济面积已发展到66.67万公顷。湖北省房县和湖北保康帝豪中药材种植有限责任公司、鄂州市兴林有限责任公司、湖北福舟坊药材有限公司、湖北春又生菜业股份有限公司、湖北武陵惠风农业科技有限公司等5个龙头企业获国家级林下经济示范县与基地称号。林下经济已涵盖种植、养殖、林下产品采集加工、餐饮服务、生态休闲旅游等行业。

【森林防火】 2015年，全省共发生森林火灾70起，过火面积293.3公顷，受害森林面积29.5公顷，受害率0.004‰，远低于1‰范围以内。与2014年同期相比，森林火灾数、过火面积和受害森林面积分别下降88.9%、92.6%和94.2%。1月23日，湖北省政府在孝感市大悟县召开全省造林绿化暨森林防火工作会，对森林防火工作进行动员部署。2月5日，在全省林业工作电视电话会议上，再次强调要打好春节前后森林防火攻坚战。2月13日，将全国春节期间森林防火工作视频调度会直接开到各县市，开到防火一线，并在国家防火工作会议后，紧接着召开全省森林防火工作电视电话会议，对春节期间森林防火工作再次进行动员部署。10月28日，湖北省政府召开全省森林防火工作电视电话会议，湖北省政府副省长、省森防指指挥长任振鹤对全省森林防火工作进行动员部署，要求按照“三严三实”的要求抓好森林防火工作。

2015年《中国绿色时报》“对话指挥长”栏目，湖北省常务副指挥长刘新池第一批次上栏目，所谈抓好森林防火工作的总体思路和具体措施，引起较好反响。在国家森林防火网、湖北林业网等网站先后报道湖北省森林防火工作124篇，编印《湖北森林防火简报》32期，收集整理各地森林防火经验做法30余篇，下发森林防火宣传画、森林防火条例解读本及省防火办自编的《森林防火总动员》等共23 800余份。先后为宜昌、黄冈、襄阳、咸宁、鄂州、神农架等地进行森林防火业务理论授课。组织武警驻鄂森林部队深入林区宣传森林防火知识，传授扑火战术及机具的使用维护方法。全省各地通过拉防火横幅、刷防火标语、插防火旗帜等营造良好的宣传氛围。全省森林防火宣传共出动人员8.9万人次，设立宣传牌和宣传标语56万余块（条），印发宣传单240多万张，电视、广播、报纸等媒体报道森林防火各类信息2.5万多次，发送手机警示短信860余万条，在1326所中小学校开设了森林防火课堂，受教育人数40余万人，基本实现了宣传工作横向到边、纵向到底，不留死角。全省增设森林防火检查站、临时防火检查站1250余个，增加临时护林员4.8万余人，加强对入山车辆和人员的防火检查，确保路口有人把、山头有人看、林缘有人巡。通过对林区弱智及精神病人进行清查登记，管住特殊人群。在元旦、春节等森林防火紧要时期，先后2次组织省森防指各成员单位分赴责任区检查督办森林防火工作。对火灾多发的县（市、区）下发督办函，对发生人亡事故的市、县下发通报，要求扎实抓好森林防火整改工作。全年共派出36个工作组近百名处级以上干部分赴各地，检查督办森林防火工作。在全国森林防火二期规划（2016～2025年）中，湖北省森林火灾高风险区由过去的43个县增加到63个县，增幅达46.5%。编制了《湖北省森林防火二期规划（2016～2025年）》，向国家林业局申报了湖北省十堰市、恩施州综合治理三期项目，并获国家防火办审核。在中部六省森林防火项目资金总体下降的情况下，湖北省2015年森林防火项目资金较2014年增加267万元。对已下达资金的随州、孝感、丹江口市森林防火综合治理项目进行了督办，组织森林防火综合治理项目初步设计的评审，督促各地加快实施进度。对已实施的湖北省鄂东北、鄂西南两片森林防火通信系统建设项目，采取约谈、备忘录等措施推进项目实施进度，于11月16～17日通过了专家组的验收。鄂西北、鄂东南两片森林防火项目，已完成招标工作。在重点防火期，坚持24小时值班制度和领导带班制度。在国家防火办和省政府电话抽查中，值班在岗在位率为100%。对全省86个热点及时进行核查、反馈，2小时内向国家防火办反馈率为98.8%。指挥调度森林火灾防治，当日扑灭率达97%。整理各类火情报告138份，编写森林火情周报23期，向省森防指领导、国家防火办领导编发短信1890余条。全年共组织3批次26名基层指挥员到北京、南京参加森林防火知识培训。于9月、10月、12月，分别组织了全省防火办主任和指挥员培训班、全省森林防火通信项目培训班、鄂西北与鄂东南火场侦察系统项目培训班。组织武警驻鄂森林部队靠前驻防神农架林区，加大巡逻和防火宣传，神农架林区2015年没有发生一起森林火灾。按照国家林业局《森林消防队伍建设标准》，指导各地建设森林消防专业队、半专业队和应急消防队，先后多次派出武警驻鄂森林部队小分队，深入基层开展森林消防队伍培训和扑火演练，提高基层森林消防队伍战术水平。对新组建的森林消防专业队，在物资分配、人员培训等方面予以支持。全年采购500万元风力灭火机、移动水泵等森林防火物资。对九峰省级物资储备库中的森林防火物资进行了清理。

【森林病虫害防治】 2015年，全省林业有害生物防治林业建设资金完成投资4714万元，其中，中央投资2611万元。全省林业有害生物发生面积32.87万公顷，成灾面积控制在1.46万公顷，成灾率为1.71‰，无公害防治31.33万公顷，无公害防治率95.31%，测报准确率99.61%，种苗产地检疫率99.8%，均超额完成国家林业局下达的年度目标管理指标。6月，湖北省人民政府办公厅印发《关于进一步加强林业有害生物防治工作的实施意见》（鄂政办发〔2015〕42号）。省人大常委会2015年度立法工作计划预备项目将《湖北省林业有害生物防治检疫条例》列入2016年度立法计划建议项目。湖北省政府督查室也将重大林业有害生物松材线虫病防治工作纳入了“绿满荆楚”督办工作的一项重要内容。组织专班每个月对各地松材线虫病除治情况进行专项检查督办。督促各疫区落实政府防控责任，采取专业队除治形式，加强病死树清理及传播媒介松褐天牛的防治。经2015年秋季普查，全省疫情发生面积0.1万公顷，病死数量4485株，将疫情有效控制在了较小范围。组织“湖北省重点生态区林业有害生物综合防控体系建设项目”“神农架天敌繁育场扩建项目”“湖北大别山区林业有害生物综合防控体系建设项目”已上报国家林业局。制订了《2015～2017年松材线虫病等重大林业有害生物总体防控方案》及2015年度杨树食叶害虫、马尾松毛虫、小蠹虫等林业有害生物防治方案。组织全省开展马尾松毛虫以飞机喷药、人工喷烟喷雾、施放白僵菌粉炮、性诱捕器诱杀为主的综合防治，取得了较好的防治效果。有力地遏制了虫害高发态势。对杨树食叶害虫组织全省统一行动，武汉、仙桃、天门、孝感、荆州、荆门、咸宁等地利用高射程喷雾机、人工喷雾喷粉、施放林用烟剂对高等级公路及国道、省道行道树和重点堤防林进行联防联治，有效地控制了杨树食叶害虫的危害。偶发性林业有害生物刚竹毒蛾在湖北省竹类主产区咸宁市局部突发、爆发，省林业厅组织专家成立督办指导小队赴咸安区、通山县、崇阳县、赤壁市进了防治督办指导，配发苯氧威8吨、白僵菌粉炮4万枚等防治药剂用于应急抗灾。

全年多次组织有关专家和各地森防骨干对林业有害生物发生趋势进行研判会商。同时，积极参加湖北省减灾委召开的防灾减灾趋势会商会，会上与国土、民政、卫计、地震、农业、林业、水利、气象等部门的专家就林业有害生物的发生趋势及对策建议进行了分析与讨论。全年先后向社会发布病虫害中、长期趋势预报和短期生产性预报10期，测报准确率达到99.61%，为防治工作打下坚实的基础。在神农架、宜都市进行了无人机监测试点，在孝感市引进有害生物远程实时监测系统监测试验，探索林业有害生物预测向自动化、智能化发展。在全省范围开展春季林业植物检疫与“绿满荆楚2015”执法专项行动。共实施产地检疫967次，面积0.64万公顷，株数9790.6万株，调运和复检926批次，检查加工经营企业637批次，查处其他涉林涉木案件70余次。省财政厅印发的《省政府向社会力量购买服务工作实施方案》(鄂财综发〔2015〕26号)，将林业有害生物防治纳入到了2015～2017年重点实施范围，并统筹安排495万元用于2015年政府购买林业有害生物防治服务工作。编制的省级政府采购招标文件(森林病虫害防治项目)，主要对宜都市、夷陵区、赤壁市、神农架林区4个县(市、区)的松材线虫病、华山松大小蠹除治技术及评标办法、评分标准等内容提出了要求。组织召开湖北省林业有害生物航空防治工作现场会，总结交流全省飞机防治工作经验，加大了航空作业防治技术的推广应用。2015年黄陂区、新洲区、麻城市、红安县、浠水县、松滋市、当阳市、枝江市、石首市等地相继开展了飞机防治马尾松毛虫、松褐天牛、竹蝗等林业有害生物，防治面积达3.33万公顷。

组织省际联防联治。湖北与四川、重庆、陕西三省(市)签订《鄂渝川陕四省(市)松材线虫病联防联治框架协议》，参加鄂渝川陕四省(市)松材线虫病等重大林业有害生物联防会议，制订了《秦巴山区松材线虫病防治总体方案》。与湖南省联合召开湘鄂两省松材线虫病防控联席会议，签订湘鄂两省松材线虫病联防联治倡议书，成立湘鄂两省松材线虫病联防联治协会，联合开展松材线虫病联防联控工作。湖北省已相继与周边四川、重庆、陕西、湖南、河南5个省(市)建立了联防联治联检机制。省林业厅与湖北出入境检验检疫局签订了《林业有害生物检疫执法协作备忘录》，建立了联合检疫执法工作协调、联合执法行动林业植物检疫执法信息共享的工作机制和联席会议制度。并于2015年4月就具体合作事宜召开了座谈会，把省森检系统开展的“绿满荆楚2015”和省出入境检疫局开展的“绿蕾”检疫执法专项行动进行有机结合，开展联合执法行动。与省气象局就林业有害生物监测预报及信息发布事宜进行了商谈，并达成联合开展林业有害生物预测预报工作。完成银杏大蚕蛾、剪枝栎实象的两部防治专题片的全部拍摄与配音工作，并剪辑成片。

根据国家林业局的统一部署和要求，全省启动全省林业有害生物普查工作，成立普查工作领导小组，下发普查通知，召开专题会议，编制工作方案和技术方案，落实普查工作省本级经费；整合项目，为全省各地配发各项普查设备和工具。组成5个专家组，多次赴全省重点区域开展专项普查指导。全省已组织工组452个，参加调查人员1978名，投入外业工作日17 739人次，市、县投入调查经费635.21万元。全省外业调查完成内业整理转录登记的踏查线路1748条、长度达12 638千米；样地调查1362个、苗圃调查面积0.3万公顷；调查林产品加工企业139个、灯诱样地111个；采集林木病害、森林昆虫、有害植物标本11 233号，其中省重点调查种739号，完整虫态标本77种、一般种类完整虫态标本88种。新纪录到在生产上有危害的昆虫有2种叶蜂、2种夜蛾、2种天牛、1种蚧、1种小蠹、2种病害，竹山县采集到1种属于国家Ⅱ级重点保护动物的阳彩长臂金龟。此外，还截获从外地传入的有害生物3种。开展的中央林业科技推广项目“松苗猝倒病防治技术”已通过验收；“桦三节叶蜂无公害防治技术推广示范”在神农架推广示范2333公顷通过中期查验；“APF-Ⅰ型松墨天牛化学诱剂推广示范”在夷陵区推广666.67公顷。与国家森防总站开展华山松大小蠹防治工作研究工作，邀请北京林业大学有关专家实地查看湖北省神农架华山松大小蠹引诱防治现场，在全省大力推广应用APF-Ⅰ型松墨(褐)天牛专用诱捕器、赤眼蜂传递病毒防治松毛虫、飞机喷洒噻虫啉等先进防治手段，在宜昌、武汉、恩施等地相继开展松褐天牛综合防治试点工作。在全省开展《林业植物检疫员证》审核工作。湖北林业有害生物防控信息网全年发布全省森防工作新闻1400余条。湖北省宜昌市的“最美森林医生”优秀作品被汇编入《森防人与森防事》一书。

【森林公安队伍建设】 2015年，湖北省森林公安局推进“警务实战化”“基础信息化”“执法规范化”“队伍正规化”。先后组织开展“2015利剑行动”“森林火灾破案攻坚行动”“绿满荆楚保护行动”“天网行动”等一系列专项行动，保卫了“绿满荆楚行动”成果，维护了林业生态安全。组织实施12个市(州)森林公安局指挥调度系统和59个执法场所视频监控系统建设；将全省1100台350兆数字通讯设备，914台执法记录仪，302台移动警务笔记本，25套移动审讯设备和492套车载GPS和部分警务通等移动警务资源进行了系统整合；深化基础信息采集，全年信息采集量达5万余条。全省有45个市、县森林公安机关获得优秀等次，51个市、县森林公安机关获得良好等次；举行2015年度基本级、中级执法资格考试，修订印发《森林公安机关执法细则》。组织执法基础设施建设，争取到国家发展改革委森林公安机关业务技术用房项目14个，总投资达4209万元，组织编制并申报全省森林公安机关“十三五”基础设施建设规划，规划面积149 344平方米、规划投资40 012万元。组织开展“守纪律、讲规矩、树形象”“增强党性、严守纪律、廉洁从政”和“三严三实”等专题教育活动，举办了全省森林公安局长培训班和新录用民警培训班，全年轮训民警4000人次，进一步强化了政治建警。针对容易出现问题的重点时段、重点岗位、重点环节，开展集中督察，及时整改问题，维护了森林公安良好形象。全省有97名民警和58个集体受到省级以上表彰奖励。

【森林公安办案】 2015年，共受理各类涉林案件13 607起，综合查处率为96.37%，查处13 113起。其中刑事案件立案1482起(挂牌督办119起)，侦破1287起；受理行政案件12 125起，查处11 826起。处理各类违法犯罪人员21 538人次，为国家挽回直接经济损失8243万元。全年信息采集量达5万余条。网上流转刑事案件713起，行政案件936起；协调省公安厅开放森林公安机关大情报平台、公安云权限。

【森林采伐】 2015年，在全国林木采伐管理系统办理林木采伐证80 981份，采伐木材201.76万立方米；在全国木材运输系统办理木材运输证69 404份。林地定额和林木采伐限额均控制在红线范围内。先后开展了森林采伐限额执行情况和省级审批采伐迹地更新造林情况检查等工作，并将检查结果向当地政府进行了通报。启动林木采伐审批服务改革，印发《集体人工商品林采伐作业设计指南》，按时完成全省"十三五"森林采伐限额编制上报等工作，2015年6月国家林业局审核通过湖北省编制成果，编制成果由省政府报国务院待批。

【林地管理】 2015年全省共办理永久占用征收林地856宗，面积3712公顷，依法征收森林植被恢复费2.3亿元。其中，上报国家林业局审核审批8宗，面积623公顷。林地定额均控制在红线范围内。全年开展全省非法侵占林地清理排查专项行动，打击各类非法侵占林地的行为。向湖北省委组织部、省委财经办、省县域经济办等部门提供了被考核单位涉林指标数据。启动新一轮林地变更调查工作，重点是对林地保护利用规划及林地"一张图"数据的纠偏，保障森林资源监测数据的准确性和现势性。建立全省林地保护联动机制，针对全省林地保护压力剧增，非法占用林地现象屡禁不止现象，省林业厅汇同省高院、省检察院等11家单位联合印发《关于建立全省林地保护工作联动机制的意见》，为林地保护管理建立了长效机制。启动了林地管理审批服务改革，将临时使用林地审批权限全部下放到市县两级，进一步简化林地申请材料，印发《建设项目使用林地现状调查报告编写指南》。

【林业案件】 2015年，全省共发现林业行政案件10 089起，同比下降25.8%，查处林业行政案件10 044起，查处率99.55%。全年开展全省非法侵占林地清理排查专项行动，全省共清理排查出各类非法侵占林地案件2204起，涉及林地面积1095.8公顷，查处案件1984起，行政问责246人，行政处罚1592人次，罚款4419.5万元，收回林地面积288.6公顷，补办使用林地手续62宗。在专项行动转入查处问责阶段后，重点挂牌督办了7宗重大案件，严肃依法依规查处。7宗重点案件已基本查处完毕，行政追责正在按程序进行。按照省政府要求，完成全省涉林高尔夫球场清理排查工作，排查出的8个涉林高尔夫球场全部整改追责到位。

【林业工作站】 2015年，完成全国标准化林业站建设项目的申报、指导实施等工作。完成"十二五"规划要求的乡镇林业站站长培训及能力测试任务。完成全省2015年230名乡镇林业站站长能力测试培训，全部获得了国家林业局林业工作总站颁发的合格证书，完成"十二五"全省林业站长能力测试培训任务。印发《湖北省森林保险理赔操作规程》和《湖北省森林保险灾害损失认定标准》，采取抓试点宣传、基层调研督办、召开专题座谈会等形式，协调推进森林保险工作。试点县市累计承保森林面积371.85万公顷，林农、林企因灾得到赔付1474.4万元。围绕"管理规范、作风过硬、服务优质"的主题，在全省林业站系统创新推广全程代理、便民服务的"恩施模式"，搭建平台、高效服务的"京山模式"，发挥职能、科技服务的"黄陂模式"的做法和成效在《中国绿色时报》头版上进行专题报道。于2015年11月在全国林业站工作大会上作为全国7个先进典型之一进行了典型发言，得到国家林业局张建龙局长等领导的肯定。国家林业局林业工作总站于2015年5月在湖北省举办"全国标准化林业站建设中部片区培训班"，对全省乡镇林业站建立"林木种苗超市"的做法给予了很高评价。7月，由省林业厅、保监局联合印发《关于印发〈湖北省森林保险理赔操作规程〉和〈湖北省森林保险灾害损失认定标准〉的通知》，填补了湖北省森林保险操作技术规程的空白，为规范全省森林保险查勘、定损、理赔工作提供了政策依据。

【森林资源监测】 2015年，按照"平原、丘陵、山区"三种不同类型选取6个县(市、区)作为试点单位开展调研，制订《绿满荆楚行动造林绿化省级核查技术方案》《绿满荆楚行动造林绿化检查验收办法》，开展系统开发和测试工作，举办两期系统应用技术培训班，培训全省技术人员600多人，并结合"绿满荆楚"检查验收工作，在全省推广应用，为全省市州党政考核、"三农"考核、县域经济考核、"脱贫致富奔小康"考核提供林业指标数据。2015年度动态监测工作于3月份正式启动，组织为期一周的业务培训，并完成考试考核。完成全省林地更新遥感影像接收工作，其中：林地更新、蓄积量调查外业已完成，内业工作待完善。编制完成湖北省退化防护林改造规划。完成全省沙化监测统计汇总和成果编制工作。完成林地更新等专题数据库的入库工作。完成三峡库区工程生态监测湖北库区数据整理工作。

【林业勘察设计】 2015年，先后与长江水利委员会设计院、中南建筑设计院、湖北省水电勘测设计院、省交通规划院、武汉市化工新城投资公司等6家设计院所和大型国企签订战略合作协议，按照"优势互补、强强合作"思路积极开拓市场，在广东、深圳、天津、贵州、安徽、江西、重庆、广西等地拓展市场，承担了一批林业、路桥、建筑、园林景观等工程设计与施工项目。全年新增合同325项，新增合同额8345.69万元。

【林业法制建设】 印发《2015年湖北省林业普法依法治理工作要点》，组织全省林业系统推进"六五"普法、法律"六进"等活动，组织厅直系统干部职工参加学法用法活动。11月24日，湖北省检查验收组通过观看省林业厅"六五"普法专题片，听取普法工作情况汇报，查阅普法工作资料等，对全厅"六五"普法依法治理工作进行全面检查验收。开展《湖北省林业有害生物防治检疫条例》立法争取工作。向湖北省人大常委会呈报了《湖北省林业有害生物防治检疫条例(送审稿)》，列入省人大2015年预备项目。先后完成了《种子法》《水土保持法》等法律法规修订，《襄阳林业综合改革试验区条例》《五峰土家族自治县森林资源保护条例》等草案修改，并按时上报省人大和省政府法制办。对《湖北省木材流通管理条例》等9部涉林的省本级地方性法规逐件、逐条、逐款进行了清理。开展行政职权清理工作，经过三轮清理工作，省林业厅共保留行政职权91项。其中：行政许可6项、行政处罚37项、行政强制3项、行政征收1项、行政检查9项、行政确认8项、其他类27项。按照《国务院关于取消和调整一批行政审批项目等事项的决定》(国发〔2015〕11号)有关取消、下放的林业行政审批项目事项的衔接落实工作，做到了无缝对接，确保不出现管理真空。12月2日，《湖北省行政规范性文件管理办法》贯彻落实情况第三检查组一行到省林业厅对《湖北省行政规范性文件管理办法》贯彻落实情况进行综合检查。对《湖北省林业厅网站升级改造项目》、《湖北省林业厅森林防火通信设备购置(建设合同)》等23件合同(协议)提出了修改意见和建议。印发《省林业厅、省检察院关于加强林业行政执法与刑事司法衔接工作的意见》。6月10日至8月20日印发《省林业厅办公室关于开展涉林非法集资问题专项整治活动的通知》，在全省范围内组织开展涉林非法集资问题专项整治活动。争取国家林业局政法司的项目资金支持，开展“商品林采伐法律制度研究”课题，为修改“森林法”提供实践和理论支持，专项工作经费9万元。

【科技推广】 2015年，申报中央财政林业科技推广项目25项，获批18项，争取项目资金1800万元，实施的“核桃优良品种规模化扩繁和丰产栽培配套技术集成示范”项目，在由国家林业局在北京组织的全国同类40个项目验收会中，获全国推广项目验收综合评分第一名。组织全省58名林业科技专家团队，采取分区负责、定点派驻、全程跟踪、事后监督的方式，面向全省尤其是基层林农提供技术支持。全年组织专家团活动161次，科技服务覆盖全省15个市(州)56个县(市)，特别针对“绿满荆楚”行动面临的造林、树种选择等方面的技术难题提供现场咨询、指导、解决等支撑，活动被央视网、新华网等多家权威媒体报道40余次。与黄冈师范学院、华中农业大学共同组建“大别山特色资源开发湖北省协同创新中心”。组织科研单位与湖北京穗农林科技公司、湖北尚和竹业有限公司等20多家省内企业签订科技支撑与科技合作协议，建立产学研长期合作关系。与湖北绿上林业、鸿连实业等10多个企业签订实质性的科技支撑协议，与西谷核桃等3家公司达成协助建设院士工作站意向。承办第二届竹藤资源利用学术研讨会。开展全省林业2015年科技成果统计工作及科普统计工作；完成国家林业局2015年中央财政林业科技推广项目成果网上填报工作；组织参与“科技下乡”“科技活动周”“三下乡”活动；开展林业知识产权保护相关工作。

【教育与培训】 2015年，由湖北省生态学院参研撰写的《湖北加快推进“生态支点”建设研究》，获省委决策支持工作优秀成果一等奖。该院袁继池副院长主持申报的《高校生态文明教育体系构建研究》获批湖北省2014年度高等学校省级教学研究项目(项目编号：2014484号)。省生态学院2015年招生人数3810人，高职生报到率达91%以上，单独招生原始计划为530人，最终录取1151人，在全省具有单独招生资格的26所院校中排名第二。在省外18个省投放了招生计划，实际报到211人。组织召开“百企万岗、青春在沃”大学生就业公益招聘会，提供了就业岗位7000余个，由省婚庆行业协会组织的37家会员企业组团进行了专场招聘。对新增设专业，召开了专业人才培养方案论证会，重新制订人才培养方案及教学计划进程表。组织科技特派员依托各单位的科研推广项目和林业基地建设，以点带面，深入基层推广实用、先进的林业科学技术，共发放林业技术资料3000余册，培训林业技术骨干和林农1000多人次，举办现场技术示范和培训班7场次。组织召开湖北省林业职业教育集团2015年工作年会，成立6个专门委员，增补了集团理事单位，林业职业教育集团网站正式上线，成为交流互动的新平台。投入300余万元新建、升级实训室8个，投资70余万元新建大冶实训基地百花园，投资30余万元兴建大冶实训基地温室大棚。制订“百强课改”建设方案，建设100门优质课程；确定课程及项目负责人，组织一线教师参加深圳职业技术学院等组织的学习培训；举行公开课，组织30多场次的公开课，由学校教育科技委员会对其全程指导。“细头乌头雷竹早出丰产栽培技术规程”等3项地方标准制定项目获批立项。“鄂西南山区林下黄连种植优化模式推广示范”项目和“林间白蚁防治新技术推广示范”项目通过了省林业厅组织的专家组的中期考核，“黑木耳优良新品种及其林下袋料栽培技术推广示范”项目通过了专家组的现场查定。对牡丹、泡桐和黄石采矿废弃地人工生态恢复技术进行了鉴定工作，被专家认定为国内领先水平。承担的“鄂西南山区林下种植优化模式技术推广示范”项目组赴恩施太山庙进行技术推广，与中国地质大学建筑设计研究院合作成立了中国地质大学建筑设计研究院、生态工程设计研究院，借助中国地质大学建筑设计研究院的优质平台，实现人才对接，互利共赢。组织开办第三期全省林业系统局长岗位能力提升培训班、全省林业有害生物防控技术培训班和全省林政案件统计分析人员培训班。举办林木种子质量检测等40项校内职业技能大赛，参加国家级、省级职业技能大赛，举办了2015中国技能大赛、湖北省首届插花花艺技能竞赛。森林生态旅游专业、室内设计技术专业获批省级高等职业教育特色专业，园林技术专业被立项为省级高等职业教育品牌专业，成为全省首批25个立项建设省级品牌专业之一。

【林业科研】 2015年，全年各类科研项目立项57项，争取项目资金4169万元，较2014年增长11.2%，国家级生态定位站立项1项，与中国林科院、国际竹藤中心、华中农业大学和省内知名林业龙头企业的对接和横向联系，立项25项，争取项目资金869万元；争取省教育厅省级教研项目1项，重大横向课题1项，立项经费100万元；争取其他林业科技资金467万元。全年共组织申报湖北省科学技术奖7项，其中申报科技进步奖4项，科技成果推广奖3项，较2014年增长16.7%。向省质监局申报湖北省地方标准制、修订项目计划20项，较2014年增长33.3%，省质监局以鄂质监标函〔2015〕224号文批准立项14项。新立项林业行业标准1项；审、认定林木良种2个；发明专利获授权1项；国家林业局植物新品种“鄂杉一号”通过实地审查。

由省林科院申报的《三峡库区高效防护林体系构建及优化技术集成与示范》项目，获2015年湖北省科技进步奖一等奖，为6年来首次获得该奖项。省林业厅与省气象局达成了战略合作框架协议，全省空气负氧离子监测系统已基本建立，完成了对全省17个地市(州)空气负氧离子的实时监测，实现了站点监测数据的在线分析与处理，做到了一定范围监测数据定期发布。

【合作交流】 2015年完成了3批次18人因公临时出国(境)林业技术交流与项目合作和3批次22人赴中国台湾交流和2批次14人生态学院赴中国台湾学术交流及8人参加国家林业局等部门组织的出国(境)培训及交流。于5月16日实施湖北(孝昌)静冈绿化植树启动仪式，湖北省对外友协、中日绿化交流基金事务局梶谷辰哉局长等参加了启动仪式。接待了日本静冈县日中友好绿化团一行50余人，对湖北(孝昌)静冈绿化植树项目建设现场进行了实地考察。该项目是日本政府设立的专门用于中日两国民间生态合作交流项目，在孝昌县绿化植树20公顷，其中油茶6公顷，湿地松14公顷，日中绿化基金会援助440万日元用于项目实施。12月2日，波士顿商学院胡晓静主任赴生态学院就联合培养学术交流、科研合作等联合培养战略合作进行商讨。

【资金与计划管理】 2015年，全年累计完成林业投资124.19亿元，当年实际到位资金117.23亿元，其中国家预算资金47.83亿元，在到位的国家预算资金里，中央投资资金35.59亿元。在全年累计完成的林业投资里，用于生态建设与保护的资金51.85亿元、林业支撑与保护的资金7.23亿元、林业产业发展的资金53.78万元、林业民生工程的资金4.45亿元、其他投资6.88亿元。省林业厅与省发展改革委联合印发《湖北省新一轮退耕还林还草工程管理办法》(鄂发改规〔2015〕1号)，与省保监局联合印发《湖北省森林保险理赔操作规程》《湖北省森林保险灾害损失认定标准》，政策性森林保险理赔工作进一步规范。开展林业发展“十三五”规划编制工作，完成《长江经济带生态保护与建设规划》《全国森林防火规划》《全国山体生态修复试点工程规划》《三峡库区水土保持生态功能区生态保护与建设规划》《湖北省生态保护与建设规划》《湖北省油茶产业发展规划》等规划的编制工作。开展了黄石、荆州2市国家生态文明先行示范区、生态保护与建设示范区的申报工作。组织开展省级木本油料产业发展专项资金和林业产业发展补助资金竞争性分配，开展农民涉林负担执法大检查工作。在片区扶贫、“616”工程、竹房城镇带、新农村建设、“1+1”、三峡库区及移民安置区对口帮扶和援疆、援藏等工作方面加大了支持力度。

【林业贴息贷款与资金稽查管理】 2015年实际到位的国内贷款12.06亿元，落实林业贷款财政贴息资金5732万元，落实中央财政贴息补贴资金4732万元。完成了森林防火等“六项”中央财政补助资金的稽查工作。开展森林防火、国家级自然保护区、森林抚育、造林、林业科技推广示范、森林公安补助等中央财政补助资金全面自查工作，对宜昌、荆门、神农架等地进行了重点抽查，向国家林业局上报了自查报告。对全省“四项”中央财政补助资金进行重点稽查。10月，与国家林业局基金总站、审计稽查办对全省国家级自然保护区、森林抚育、造林、林业科技推广示范等四项中央财政补贴资金管理使用情况进行了稽查。共抽查了京山等3个县，宜昌后河自然保护区管理局等3个自然保护区管理局，十堰市林科所等3个单位，涉及资金6774万元，督促相关单位按要求于2015年11月底进行整改，上报整改报告。组织开展2016年林业贴息贷款建议计划申报工作。于10月29日，举办了100人参加的林业贴息贷款管理工作培训班，向国家林业局上报2016年林业贴息贷款建议计划23.45亿元。加强和规范林业贷款贴息管理工作。严格落实申报责任制、建立项目审核制、检查验收制，印发《关于进一步加强和规范林业贴息贷款项目档案资料管理的通知》(鄂林基〔2015〕38号)。完成对太子山林管局主要领导干部任职期间履行经济责任情况的审计工作、开展对全省贴贷资金以及全省天然林资源保护工程二期和湿地保护工程资金的稽查等工作。

【种苗管理】 2015年，全省林木种子采集量4406吨，当年苗木产量17.59亿株，育苗面积5.03万公顷，其中，本年国有育苗面积2835公顷。全年共争取良种补贴资金、中央预算内的种苗投资项目和林木种质种苗质量监管与保护项目资金2395万元。对实施的9个国家重点良种基地和部分苗木补贴基地进行了检查验收，组织举办国家重点良种基地补贴项目资金培训班，对良种补贴项目资金进行专项检查，对国家重点良种基地财务整改情况进行了通告。完成襄阳楸树、秃杉种苗工程项目验收工作。印发《关于做好2015年度国家级和省级林木品种审(认)定申报工作的通知》，对13个单位申报的17个品种进行形式审查，组织专家对符合条件的15品种进行了现场查验，完成《湖北省林木良种指南》的编写工作。按照《国家林业局办公室关于开展2015年林木种苗质量抽查工作的通知》要求，对全省14个市(州)开展油茶育苗及造林苗木质量专项检查，共抽查了43个县(市、区)的85个苗批。与北京林业大学联合申请通过的授权品种4例，5例申请林业植物新品种权的授权品种已通过国家林业局植物新品种保护办公室的初审。在宜昌、恩施、黄石、襄阳等地共举办四期林木种苗质量检验技术人员培训班，共培训学员近558人。与湖北省人大农委和国家林业局开展《种子法》的修改工作，开通“湖北林木种苗网”上林木种苗信息发布平台。建立湖北省林木种苗信息QQ群，有成员近200人。对2015年全省林木种苗、林业工程造林种苗需求情况进行调查统计，组织专项资金1000万元实施中央财政现代农业木本油料项目，用于扶持本省新建油茶和核桃示范林、油茶和核桃良种苗木繁育和新建油茶采穗圃抚育管理补贴等3个方面，立项个数总计23个，统筹整合中央财政现代农业发展资金1.11亿元，扶持油茶、核桃产业发展工作，共涉及12个县(区)，其中油茶10个，核桃2个。10月，组成6个检查组，按比例抽查小班进行核实检查。建设一批油用牡丹试点示范基地，包括红安、赤壁、江陵、保康、襄州、巴东、随县、孝昌等县（市、区）和太子山林管局等开展试点示范。10月，在随州市召开部分木本油料种植基地、加工企业及县市林业局负责人座谈会，“湖北省马尾松遗传改良体系”项目获得湖北省科技进步三等奖。完成“油茶优良品种（米茶、桐茶）推广与示范”项目的验收，“山地杨树优良无性系繁育与示范推广”项目的绩效评价工作。完成中国林科院子项目《湖北省鹅掌楸种质资源发掘与创新利用》的杂交种子育苗和抚育管理工作，通过中国林科院组织的现场查定。“亚美马褂木优良无性系繁育与推广示范”项目通过专家现场查定。编制省级油用牡丹“湖北省油用牡丹种质资源圃与良种繁育基地”“湖北省油用牡丹良种选育与苗木繁育基地建设”2个项目的总结报告。开展喜树优树分单株育苗工作，对鄂州香椿良种基地的种质资源开展评价。组织恩施、宜昌、十堰等地进行楠木采种和育苗，完成“红果冬青育苗技术规程”和“对节白蜡育苗技术规程”2个标准的征求意见稿。开展核桃品种之间的杂交育种工作。召开武汉、恩施、宜昌、十堰、襄阳、黄冈等12个市（州）的种质资源调查培训班，对部分市（州）的县市区进行督办、检查。2015年省种苗场实现产值4010余万元。

【行政审批工作】 2015年共办理行政审批事项达5401件次，人均772件次；网上行政审批平台受理省级林业行政审批事项1050件，其中已办结1008件；组织项目会审12次，实地考察申报项目6次，确保行政审批工作所有流程合法合规；按时办结率达到100%，行政审批合格率100%。共接待其他单位参观来访7批次、23人，组织开展了3期“建设项目使用林地相关政策解读及业务技能”专题培训，覆盖全省县（市、区）林地类审核审批人员与可行性报告编制人员达300人。11月26日，在省直部门网上审批工作推进会上，省林业厅作为推进网上审批工作的典型代表，进行了交流发言，制订《林业行政审批事项名称一览表》6项，在湖北省人民政府网站公开公示。按照国发〔2015〕11号、国发〔2015〕57号文件精神，承接1项国家下放的行政审批事项。根据鄂办发〔2015〕38号文件精神，明确不在清单内的服务不得向行政相对人收费，不得变相增加行政相对人负担。统一制作《湖北省林业厅政务服务大厅办事指南》《湖北省林业厅行政审批事项申报范本》。搭建全新“一库四平台”大框架的系统架构，包括基础数据库、政务服务平台、政务公开平台、法制监督平台、电子监察平台。基础数据库作为4个平台运行的数据支撑，4个平台运行需要的各类信息均从基础数据库抓取，实现政务服务的集中管理和“一站式”服务，并实现与现有相关业务系统的数据交换和共享。根据鄂审改办发〔2015〕5号文件要求，网上行政审批系统与省级网上审批通用系统进行数据对接，对“建设项目使用林地”网上申报流程进行调整，申报需要提供的文件精简为9类；涉及国有林场、自然保护区、湿地公园、森林公园、风景名胜区等前置审批事项，系统自动判别生成相对应文件夹，压缩了自由裁量空间，审批结果更加精确公正，促使全省对“林地一张图”中的数据采集更新等基础工作更加严肃，进一步推动林业地理信息系统的优化和完善。

【航空护林工作】 11月21日在咸宁召开湖北航空护林开航现场会，省政府副省长、省森林防火指挥部指挥长任振鹤出席会议并宣布开航；国家森林防火指挥部专职副总指挥长杜永胜出席会议并作讲话；刘新池厅长安排部署工作，省政府副秘书长吕江文主持会议。正式实现全省范围内航空巡护作业全覆盖。推进森林航空消防机场建设，咸宁和武当山航站做好航护作业，共完成36架次68小时执飞任务。召开飞行空域划设及飞行保障协调会，在武当山站持续开航的基础上，实现咸宁站首次开航，两站3架航空森林消防飞机已完成20小时航护作业。分批组织人员进行驻点培训、跟机实习，参加南方航空护林总站举办的观察员和调度员培训。2015年落实中央飞行补助经费834万元、省级财政配套经费600万元。组建咸宁市航空护林站，加挂湖北省航空护林站咸宁分站牌子，作为实体站在全省范围内开展航护作业，确保快速实现开航目标。

【宣传信息管理】 2015年，全年在《湖北日报》《中国绿色时报》头版刊发湖北林业新闻30余篇、刊发湖北林业系列报道专版和专栏48版，湖北卫视新闻联播节目播发林业新闻15条。新华网、人民网、搜狐网、腾讯网、国家林业局政府网、中国林业新闻网、湖北省政府门户网等知名网站刊载反映湖北省林业建设报道达2000余条（篇）。制作《湖北林业信息化“十二五”成就》视频宣传片，参加全国林业信息化工作会议。被评为全国林业信息化建设十佳单位，编制《全省林业信息化“十三五”规划》，启动北斗导航在湖北林业中的示范应用项目。印发《省林业厅关于加强北斗导航在全省林业示范应用的通知》；以奖代补资金推动市县级北斗导航应用。完成了两期北斗项目政府采购。全省智慧林业综合监管平台北斗系统投入建设，各类北斗终端共计8175台正在部署；应急通信指挥数字对讲型林业北斗终端656台和手持式警务北斗数字台1100台已采购完成。以奖代补支持黄冈市完成3000台北斗终端招标采购，省林调院完成20台资源核查北斗终端采购，神农架林区完成北斗卫星导航手持定位仪42台采购。完成全省林业GIS公共服务平台建设。全省林业基础数据库建库、林业地理信息服务发布子系统和资源共享服务管理子系统林业地理信息二、三维专题支撑系统建设等项目已完成，平台已投入使用，为全省林业行政审批系统提供支撑和服务。组织实施湖北林业移动办公平台建设。全省林业信息化标准建设待组织专家评审。按照《国务院办公厅关于开展第一次全国政府网站普查的通知》（国办发〔2015〕15号）和湖北省委办公厅、国家林业局信息办网站普查相关要求，制订了网站普查整改工作方案，对省级门户网站进行功能升级、数据更新和系统维护。制订了《湖北省林业信息化示范建设实施方案》，加强全省林业信息化运营保障和信息安全建设，确保全省林业专网畅通率99.98%，全省林业协同办公平台、全省林业行政审批系统正常率100%；保障国家林业局视频会议7次，全省林业系统视频会议5次，畅通率100%。厅机关信息安全稳定，未发生信息安全事故。2015年共组织2批次信息化人员培训，共培训276人次。

【湖北省第二届生态文化论坛】 11月26日，由湖北省林业厅和孝感市人民政府共同举办、安陆市具体承办的以“弘扬银杏文化、促进绿色发展”为主题的第二届中国湖北生态文化论坛在安陆市举行，2015年“湖北省森林城市”“湖北省森林城镇”和绿色示范乡村获评单位授牌仪式同时举行。湖北省政协副主席王振有、省林业厅厅长刘新池、孝感市市长滕刚等领导以及国内知名专家学者出席。来自全国知名院校的专家学者共话生态文化。南京林业大学校长、著名银杏专家曹福亮等5名嘉宾作了主旨演讲。湖北省政协副主席王振有出席并讲话。曹福亮校长为在场嘉宾解读了“银杏的魅力”。

【林业大事】

1月4日 国家林业局公布的2014年最后一批审核通过的9家国家森林公园总体规划名单中，湖北偏头山、大洪山两处国家森林公园总体规划（2014～2023年）获批。

1月9日 修订的《武汉市湖泊保护条例》通过武汉市人大审议。

1月14日 湖北省委书记李鸿忠在襄阳市上报的“绿满襄阳”行动情况报告上批示“发全省予以借鉴”；湖北省委副书记张昌尔批示“襄阳推进五化同步，绿满荆楚的工作扎实有效，值得各地借鉴”；湖北省委常委、襄阳市委书记王君正批示“认真学习书记和各位领导批示精神，再接再厉，不断提高工作水平”。

1月14日 湖北省林业厅与湖北出入境检验检疫局签订检疫执法协作备忘录，共同有效遏制林业有害生物传入、传播和蔓延，构筑林业生态安全屏障。

1月15日 中国林业产业联合会在北京授予襄阳·华中绿谷“中国林业金融创新产业园”称号。这是全国首个获批的林业金融创新产业园。

1月16日 国家林业局批复20处国家湿地公园（试点）通过验收，正式成为国家湿地公园，湖北省武汉东湖、荆门漳河榜上有名。

1月23日 湖北省造林绿化暨森林防火工作会在孝感市大悟县召开。湖北省副省长梁惠玲、省政府副秘书长吕江文，省林业厅党组书记、厅长刘新池等出席会议。大悟、咸宁和钟祥作交流发言，与会代表参观了大悟县造林绿化现场。

2月6日 湖北省人大常委会副主任王玲一行到林业部门进行林业有害生物检疫防治立法调研。

2月11日 湖北省委常委、宜昌市委书记黄楚平等领导，与宜昌市200多名干部群众一道，来到猇亭区张家湾植树现场参加义务植树活动。干部群众共植樟树、栾树、银杏新苗2000多棵。

2月14日 国家林业局发布2015年第二批全国林业信息化示范县市名单，湖北咸宁市是全国10县市之一，也是湖北省唯一上榜的市。

2月16日 湖北省副省长梁惠玲一行来到湖北省森林防火指挥部检查工作，看望坚守在一线岗位的武警官兵和林业干部。

2月26日 湖北出入境检验检疫局通报，随州炎帝科技股份有限公司的“神农缘”牌香菇即干香菇和鲜香菇，通过国家质检总局专家评定组审查，成为湖北省首个生态原产地保护产品。

2月28日 中央精神文明建设指导委员会发出公告，在关于表彰第四届全国文明单位的决定中，湖北神农架国家级自然保护区管理局被授予全国文明单位的称号。

3月1日 湖北省神农架林区党委政府联合出台《神农架林区生态资源管护责任追究暂行办法》，并于当日起实施，有效期为三年。

3月2日 湖北省委书记李鸿忠，省长王国生，省委副书记张昌尔等省领导，来到武汉市黄陂区武湖湿地公园，与省直机关干部、黄陂区干部群众一道义务植树，湖北省领导侯长安、尹汉宁、傅德辉、冯晓林、王玲、梁惠玲、范兴元、王振有、肖旭明，省政府秘书长王祥喜等一同参加植树活动。

3月16日 国家工商行政管理总局商标局核准，房县绞股蓝、房县白芨、房县北柴胡已通过审核获得国家地理标志证明商标。

3月19日 竹缠绕复合压力管首个工厂在湖北南漳开工建设。开工仪式在湖北省南漳县经济开发区举行。湖北省襄阳市林业局、南漳县委、县人大、县政府和南漳县经济开发区有关领导出席开工仪式。

3月20日 湖北香芝源绿色食品公司被国家工商总局认定为“枣阳油茶”地理标志，该地理标志是襄阳地区山茶油行业的首例地理标志。

3月20日 湖北采花茶业有限公司成功获批国家高新技术企业（证书编号：GR201442000176），在全国茶行业率先实现了高新技术企业认定“零”的突破，标志着湖北茶产业在采花茶业带领下，在全国率先跨入高科技创新发展的快车道。

3月26～28日 全国政协人口资源环境委员会主任贾治邦率调研组来鄂，专题调研长江经济带开发中的湿地保护。湖北省政协主席杨松参加座谈会并讲话。调研组一行实地考察了公安县崇湖国家湿地公园（长江中游故道群湿地之一）、长湖湿地、洪湖国家湿地保护中心、沉湖（蔡甸）国际重要湿地，听取了湖北省、武汉市、荆州市政府情况汇报，并召开座谈会。全国政协人口资源环境委员会副主任庄国荣、驻会副主任凌振国，全国政协常委印红、康耀红，全国政协委员沈瑾、姚中民、秦升益、聂振邦、黄巧云等参加调研。湖北省政协副主席郑心穗、王振有陪同调研、参加座谈。湖北省政协秘书长刘安民以及省政府办公厅、省政协有关专委会、省直有关部门负责人参加座谈。

4月1日 湖北省长王国生、副省长许克振来到咸宁市通山县调研。省政府秘书长王祥喜，咸宁市负责同志参加调研。

4月1日 由湖北省林业厅、黄冈市人民政府、世界自然基金会和湖北省野生动植物保护协会联合主办的2015湖北省暨黄冈市“爱鸟周”活动启动仪式在遗爱湖畔举行。湖北省政协副主席、湖北省野生动植物保护协会名誉会长郑心穗宣布“爱鸟周”活动正式开始，并与省林业厅、黄冈市政府领导一起，为获得表彰的19名爱鸟护鸟先进个人，获得突出贡献奖的黄冈市林业局、黄冈市野生动植物保护协会、遗爱湖风景区管理处和世界自然基金会武汉办公室授牌颁奖。

4月12日 中国唯一"茶院士"、中国工程院院士陈宗懋领衔组建的茶叶院士专家工作站，在湖北省黄冈市英山县金雷茶叶有限公司挂牌。这是大别山地区首家茶叶院士工作站。

4月18日 神农架大熊猫食源竹类资源调查获得重大发现：欧洲庭院植物伞竹现被证实起源神农架，玉山竹属在神农架被发现。

4月30日 国家花卉工程技术研究中心湖北省花卉苗木研发与推广中心在武汉揭牌。中国工程院院士尹伟伦出席揭牌仪式。

5月6日 国家林业局公布第九次全国森林资源首批七省市清查结果，湖北省森林覆盖率为39.61%，比5年前提高1.21个百分点。湖北省森林面积为736万公顷，活立木总蓄积39 580万立方米；森林蓄积36 508万立方米，增加7855万立方米。天然林面积486万公顷，天然林蓄积28 671万立方米。

5月11日 国家林业局选定湖北、浙江、吉林、青海和贵州5个省15个县作为试点单位，从2014年11月开始进行先期试点，开展中国生态安全（林业）指数试点运行。

5月12日 湖北省荆州市石首天鹅洲麋鹿自然保护区的麋鹿种群2015年新增近100个新成员。石首地区野生麋鹿种群总数为1100多只，是全球最大的野生麋鹿种群。

5月24日 经湖北省政府审定并公布，湖北省新建7处省级自然保护区。

5月25日 全国第二次重点保护野生植物资源调查湖北调查组有新发现。由湖北省野生动植物保护总站组织的长江大学楠木专项调查队一行8人，在神农架林区新华镇发现有野生楠木属和润楠属植物分布。在该区域内发现楠木属植物分布尚属首次。

6月3日 "襄阳杜仲"获批成为国家地理标志保护产品。

6月8日 国家发展改革委公布，全国已选定包括湖北在内的9个省市，开展国家公园体制试点，试点时间为3年。湖北省神农架成功当选9个试点单位之一。

8月13日 湖北省副省长许克振一行调研位于湖北襄阳南漳县境内的中国林业金融创新产业园建设情况，襄阳市副市长王忠运，南漳县委书记黄其洲、县长王鹏，华中绿谷负责人等陪同调研。

8月20日 "2015中国林业产业高峰论坛"在湖北省襄阳举行。国家林业局党组成员、中国林业产业联合会副会长陈述贤为论坛开坛揭牌。此次论坛由中国绿色时报社、中国林业产业联合会、襄阳市政府主办。

8月24日 湖北省副省长任振鹤赴神农架林区调研林业工作。

8月25～28日 湖北省政协常务副主席范兴元率队赴神农架林区和襄阳市保康县，就生态建设和农村饮水安全工作进行调研。

9月8日 湖北省委副书记、政法委书记张昌尔一行调研十堰市房县林业工作和核桃产业发展情况。

9月8～9日 湖北省政协副主席刘善桥率省政协教科文卫体委员会一行来到荆州，督办湖北省政协十一届三次会议《关于加强长江中游故道群湿地保护与管理的建议》提案，并实地调研洪湖湿地保护情况。

9月22日 湖北省副省长任振鹤到省林业厅调研林业工作，强调绿满荆楚关键在行动、重点在统筹。

9月28日 湖北省首个县市级不动产登记中心在石首市揭牌。湖北省国土资源厅厅长孙亚为石首市南口镇雷家沟村村民李禹朋颁发了全省第一本林权类《不动产权证书》，登记的权利包含林地使用权、林木所有权和林木使用权。

10月10日 以"生态之旅，绿色生活"为主题，由国家林业局、湖北省人民政府共同主办的"2015中国森林旅游节暨生态休闲产业博览会"在武汉国际博览中心举行。全国政协副主席罗富和，国家林业局局长张建龙，湖北省委副书记、省长王国生和省委常委、武汉市委书记阮成发一同启动开幕式。国家林业局副局长张永利、湖北省副省长甘荣坤致辞。省政协副主席郑心穗出席。湖北省政府秘书长王祥喜、省林业厅党组书记、厅长刘新池等领导参加开幕式。

10月10日 国家林业局局长张建龙一行到武汉市黄陂区调研国有林场改革。

10月17日 第五届中国宜昌（夷陵）柑橘节暨中国柑橘学会2015年学术年会在湖北省宜昌市夷陵区官庄村开幕，来自全国各地以及俄罗斯等7个国家和地区的客商共1000多人出席活动。

10月28日 湖北省政府召开全省森林防火工作电视电话会议。湖北省副省长、省森林防火指挥部指挥长任振鹤出席并讲话。

10月28日 湖北省政府召开全省国有林场改革工作领导小组第一次全体成员单位会议。副省长、省国有林场改革工作领导小组副组长任振鹤出席并讲话。

11月21日 湖北航空护林开航现场会在湖北省咸宁市召开，湖北省副省长、省森林防火指挥部指挥长任振鹤，国家森林防火指挥部专职副总指挥长杜永胜出席会议。

11月24日 全国2015森林城市建设座谈会在安徽省宣城市召开，中国关注森林活动组委会主任王刚出席座谈会并讲话。本次座谈会由关注森林活动组委会牵头，国家林业局、全国政协人口资源环境委员会、安徽省政府、经济日报社共同主办。会议向湖北荆门、咸宁等21个被批准为"国家森林城市"称号的城市授牌。湖北荆门市等在会上作典型发言。

11月26日 以"弘扬银杏文化、促进绿色发展"为主题的第二届湖北生态文化论坛在湖北省安陆市举行，来自全国知名院校的专家学者参会。

12月4日 "传播绿色文化，共建生态校园"主题宣传活动在湖北生态工程职业技术学院启动。

12月12日 由中国菌物学会、中国食用菌协会、易菇网、随县县委县政府共同举办的以"俭朴节约办会，搭建交流平台，弘扬菇乡文化，促进产业发展"为主题的"2015中国·随县香菇节"在湖北随县开幕，湖北省副省长任振鹤参加。中国工程院院士李玉等知名食用菌专家学者，韩国、中国台湾地区的业内知名人士，以及国内外企业代表共千余人参会。

12月21日 全国野生动物疫源疫病监测防控十周年总结会在湖北武汉举行。国家林业局副局长刘东生作主题报告，中科院院士高福就野生动物疫病流行特点和形势作专题讲座，湖北省政协副主席王振有致辞，并共同为获奖代表颁奖。湖北省林业厅党组书记、厅长刘新池作典型发言。

12月25日 在国家林业局组织开展创建的首批全国林业专业合作社示范社活动中，全国有348家被国家林业局认可为全国农民林业专业合作社示范社。其中，湖北省的枝江市众等8家位列其中。

（湖北省林业由彭锦云供稿）

湖南省林业

【概　述】 2015年，湖南省各级林业部门围绕绿色湖南建设的总目标，突出"健康森林、美丽湿地、绿色通道、秀美村庄"四大主题建设，圆满完成了各项林业建设任务。

主题建设 一是经营健康森林。围绕构筑"一湖三山四水"生态安全屏障，认真实施了退耕还林、长珠防林、石漠化治理、林业血防等重点工程项目。全省完成营造林91.57万公顷，其中，营造珍贵树种2.45万公顷，培育无节良材6.95万公顷。制订了森林禁伐减伐三年行动计划，加强了对重点生态功能区森林资源的保护。全省森林覆盖率稳定在59.57%；活立木蓄积量达5.05亿立方米，较2014年净增长2076万立方米。二是保护美丽湿地。组织开展了《湖南省湿地保护条例》贯彻实施情况检查，加大了对环洞庭湖、湘江流域的保护力度。开展了打击围垦占用湖泊湿地专项行动，恢复湖泊湿地0.3万公顷。新建安仁永乐江等11处国家湿地公园(试点)，全省国家湿地公园数量达60处，居全国第一。全省湿地保护率达72.5%，较2014年增长3.2个百分点。三是打造绿色通道。投入建设资金12.8亿元，完成4.4万千米"绿色通道"的造林绿化与提质，有效提升了全省交通要道的景观效果。绿化"裸露山地"歼灭战取得阶段性成果，在66个重点县市区的公路、铁路两旁完成"裸露山地"造林绿化6.05万公顷。四是建设秀美村庄。按照"村庄周围森林化、村内道路林荫化、村民庭院花果化、河渠公路风景化、基本农田林网化"的要求，重点开展村域范围的山体绿化、庭院绿化和"五边"(村边、宅边、路边、水边、城边)绿化。共投入建设资金16.1亿元，在4.2万个行政村开展了"秀美村庄"建设。其中，2.1万个村初步达到"秀美村庄"建设标准，建成"秀美村庄"示范村108个。

资源管护 一是森林防火成绩刷新纪录。通过组建省、市、县三级100支3400人的武警森林灭火救援队伍，建设森林防火指挥中心、视频监控系统和GPS护林员管理系统，开通"12119"森林火灾报警电话系统，完善航空护林和防火物资储备机制，构建了"地下有网络、地面有部队、空中有飞机"的立体防火体系。全省森林火灾次数、受害面积、损失蓄积、死亡人数分别较2014年下降80%、85%、87%、75%，且所有森林火灾都做到了即发即灭，创造了湖南森林防火1950年以来的最好记录。二是森林病虫害疫情有效控制。湖南省人民政府与各市州人民政府签订了重大林业有害生物防控工作目标责任书(2016～2020年)，增强了地方政府的责任意识。积极探索生物天敌防治方式，对病虫害的天敌实行工厂化生产，研发了无害化的病毒产品。全省无公害防治染病森林33.33万公顷，无公害防治率达96%。松材线虫病、松毛虫、竹蝗等病虫害得到有效控制。三是生态保护行动坚定有力。组织了"世界野生动植物保护日"和"爱鸟周"宣传活动，开展了候鸟等野生动物保护"利剑"专项行动，全省未发生大规模非法猎捕迁徙候鸟事件。在全省范围开展了非法侵占林地清理排查专项行动，共清理排查违法违规使用林地项目928起、0.14万公顷，挂牌督办14个典型违法使用林地案件，全部责令整改到位。全年共办理各类涉林案件20 155起，打击处理违法犯罪人员21 017人(次)，收缴木材25 330立方米，收缴和救护野生动物12万余头(羽)，挽回经济损失3.7亿元。

产业发展 全省林业产业总产值达3225亿元，同比增长16%。湖南省人民政府出台了《关于进一步推动油茶产业发展的意见》。全省油茶林总面积137.87万公顷，茶油年总产量22万吨，年产值230亿元，三项指标继续居全国第一。组织油茶企业参展"长春森交会""北京油博会""湘商大会"，有效扩大了湖南油茶的影响力。林下经济年产值403.89亿元，较2014年增长30.91%。靖州的茯苓、新宁的铁皮石斛、新化的中药材等产品渐成规模。全省林产品新增中国驰名商标4件，湖南名牌产品和湖南省著名商标95件。成功举办湖南省第三届家具博览会，吸引了20多个省份近400家企业参展。木竹家具产业产值253亿元，较2014年增长10.7%。依托126个森林公园，全年共接待游客3815万人次，实现森林旅游综合收入378亿元，辐射100多个乡镇1000多个村，直接提供就业岗位8万多个，间接带动200多万林农致富奔小康。

生态文化 湖南省林业厅荣获第三届中国绿化博览会最具特色奖和展园建设银奖，永州市成功创建国家森林城市，长沙县鹿芝岭村等6个行政村被评为"全国生态文化村"，郴州市宜章县护林员刘真茂被评为第五届全国道德模范。洞庭湖国际观鸟节、张家界森保节、世界名花生态文化节、植树节等生态文化节庆活动积极开展，电影《梦萦张家界》、歌曲《绿色恋歌》、纪录片《神奇秀美的桃源洞》等生态文艺作品广泛传播。建立了湖南林业展示中心，利用声光电集成的现代化手段，打造了弧幕电影、数字沙盘、场景模拟等多个平台，全方位展示湖南林业发展成果。发布了"湖南林业"微信公众号，累计推送林业信息近500条，阅读量达18万多人次，获评"2015年度湖南省优秀政务项目"荣誉称号。

林业改革 一是国有林场改革圆满完成。湖南省委、省政府出台了《湖南省国有林场改革实施方案》，有改革任务的市(州)、县(市区)均按期完成改革任务，并顺利通过国家验收。改革后，全省208个国有林场全部定性为公益事业单位，国有林场场办57所中小学、87所医院全部剥离，人员和机构经费均纳入当地财政预算，职工养老保险和医疗保险实现了全覆盖。完成国有林场危旧房改造51 775户，其中83%的职工进城落户。通过提前退休、购买服务、转岗就业等方式，富余职工全部妥善安置。改革实现了职工满意，社会稳定，达到了“因养林而养人”的目标。二是生态红线制度建设试点扎实开展。在资兴市、宜章县、汝城县、桂东县积极开展生态红线制度建设试点工作，4个试点县市的林地、森林、湿地、物种等林业生态红线已初步划定。三是国家公园体制改革试点正式启动。明确邵阳市城步县为试点区域，主要依托金童山国家级自然保护区、两江峡谷国家森林公园、白云湖国家湿地公园和南山国家风景名胜区等保护地建立国家公园，已完成方案的编制、专家评审工作。

支撑保障 全省各类林业资金总投入达205亿元，同比增长8.4%。全年网上办证300多万份，平均用时7.4个工作日，比省规定时效提速63%。在国家林业局公布的2015年全国林业信息化发展水平评测报告中，湖南位居全国之首。实施各类科研项目100多项，开发新技术和新品种40余项、科研专利30多项，获得省科技进步奖5项、省自然科学奖1项、梁希林业科技奖5项，建设油料能源植物高效转化国家地方联合工程实验室等国家、省部级科研平台3个。公布了林业部门的行政权力清单和责任清单，明确了61项部门行政权力和19项部门职责。（吴振明　毕　凯）

【刘真茂荣获第五届“全国道德模范”称号】 10月13日，在第五届全国道德模范评选表彰活动颁奖仪式上，郴州市宜章县护林员刘真茂荣获“全国诚实守信道德模范”称号，并受到了习近平总书记的亲切接见。刘真茂同志32年如一日，坚守在狮子口大山，每天巡山查看火情，巡山总里程达40万千米，确保全乡未发生一起森林火灾，为保护林区森林资源和人民群众生命财产安全作出了突出贡献。湖南省林业厅授予刘真茂同志“森林卫士”称号，号召全省林业干部职工向他学习。（周建梅）

【湖南林地测土配方信息系统访问量突破百万次大关】 湖南林地测土配方信息系统是“互联网＋林业科技”的实践成果，该系统涵盖85个主要树种的栽培技术及专家咨询方式，林农只要点击湖南林业电子政务网上的电子地图，就能迅速查到自家的山头地块适宜种什么树、怎么种。为让这一惠民成果充分发挥效应，湖南省林业厅采取了一系列推广措施：构建了省、市、县、乡、村五级联动的体制机制，全面提高基层林业单位对信息系统的重视程度；累计印发宣传挂图5万余份，分发至全省各个乡镇、行政村，介绍互联网和手机查询系统的使用步骤；在《湖南科技报》等媒体开设专栏，宣传林地测土配方信息系统的先进性和实用性。通过这些举措，全年系统访问量突破百万次大关，达190万次。（孟　钢）

【湖南天敌繁育研究与生产取得新突破】 湖南省天敌繁育中心在昆虫通用型人工饲料研究方面取得关键性突破，获得了国内领先的研究成果。该成果为开创马尾松毛虫、甜菜夜蛾、小菜蛾、烟青虫等6种昆虫病毒的工厂化生产提供了技术支撑，为瓢虫大面积应用提供了保证，在赤眼蜂自动包装机、捕食螨、生物导弹等多项创新技术研究方面都取得了进展。天敌昆虫生产数量不断增加，全年共生产赤眼蜂52.7亿头、花绒寄甲成虫127万头、卵2.8亿粒，肿腿蜂100万头、瓢虫3万头，产量创历史新高。天敌产品不但满足了省内需求，还推广到安徽、四川、江苏、江西、湖北等省份，产生经济效益200余万元。（刘　循）

【绿化“裸露山地”歼灭战获得阶段性成果】 根据湖南省省长杜家毫的指示，湖南省林业厅在全省范围打响了绿化“裸露山地”歼灭战，将66个县市区交通要道两旁的4万公顷“裸露山地”作为绿化重点。全省各地积极响应，迅速行动，扎实开展了“裸露山地”造林绿化行动。全省累计投入专项资金7.8亿元，完成“裸露山地”造林绿化6.05万公顷，为计划任务的151.1%。其中，人工造林4.62万公顷，补植补造7500公顷，封山育林6733公顷。（贺　勇）

【第三届湖南家具博览会在益阳市举行】 12月16～19日，第三届湖南家具博览会在益阳市举行。本届家博会展出面积达6万平方米，设有全国品牌家具馆、建材馆、湖南馆、广东顺德馆、家居O2O体验馆、整体(智能)家居体验馆等8大主题展区，集家具、建材、智能家居等泛家居产品展示、交易以及家居产业全产业链互动交流于一体，集中展示了湖南家具、家居产业发展成果。展会共吸引全国20多个省市区、30多个家具协会、400多家品牌企业、2万多件展品参展，5万多人次进馆参观采购，现场销售和订单金额达4亿元，投资签约超15亿元。（甄国懿）

【湖南林业调查规划设计院积极开拓海外市场】 湖南林业调查规划设计院以国家“一带一路”战略为契机，先后在俄罗斯、马达加斯加、印度、越南等十多个国家获得海外项目，承担了中俄森林资源合作开发利用第五期和第六期项目、中国政府优惠贷款马达加斯加杂交水稻产业化项目、斯里兰卡布罗德兰兹水电站等一系列项目。截至2015年年底，该院共承担海外项目11个，合同额近1000万元。（吴娜斯）

【湖南承办5个全国性林业会议】 9月，第四届全国林业信息化工作会议、全国林业标准化工作会议、全国国家级自然保护区生物多样性保护培训班、全国林业优秀工程咨询成果评审会在长沙举办。12月，全国岩溶地区石漠化监测技术暨工程处长培训班在长沙举办。5个全国性林业会议分别展示了湖南林业在相关方面的建设成果，增进了与兄弟省(区、市)的合作、交流。（周建梅）

【鸟类等野生动物保护“利剑”专项行动】 8月20日至11月30日，湖南开展了候鸟等野生动物保护“利剑”专项行动，严厉打击非法猎杀、收购、出售、运输候鸟等野生动物的违法犯罪活动。全省共出动执法人员近2500人次，组织专项执法100多次，劝退企图捕鸟人员490人次，查处违法案件300余起，刑事拘留35人，收缴鸟类400只，缴获作案工具250件，罚款21.7万元。

（李婷婷）

【制订森林禁伐减伐三年行动方案】 湖南省林业厅联合省财政厅下发了《关于实施森林禁伐减伐三年行动的通知》，明确从2016年开始，在全省范围内实施森林禁伐减伐三年行动。该行动对全省范围内的国家级公益林、省级公益林，铁路、高速公路、国（省）道两旁第一层山脊以内的森林实施禁伐；对纳入国家重点、省部级重点生态功能区的63个县市区，除禁伐范围之外，还要采取森林减伐措施，每年较上年度采伐量减少20%。

（喻　薇）

【生态公益林补偿提标】 2015年，湖南将国家级、省级公益林国有部分的补偿标准提高45元/公顷，达到150元/公顷；将省级公益林集体和个人部分的补偿标准提高30元/公顷，达到255元/公顷。全省中央和省级财政森林生态效益补偿资金突破12亿元。

（喻　薇）

【湖南武警森林灭火救援队伍组建完成】 湖南省森林防火指挥部联合武警湖南省总队司令部、湖南省财政厅出台了《关于建设武警森林灭火救援队伍的意见》，在全省建立省级、市级、县级武警森林灭火救援队伍100支。为提高队伍的专业性，省财政安排3090万元，地方配套3290万元，专项用于森林防火装备采购。截至2015年年底，100支武警森林灭火救援队伍全部组建完毕，其中，省级1支300人，市级14支每支100人，县级85支每支20人。

（丁　旺）

【开通“12119”森林火灾报警系统】 10月1日，湖南正式开通运行“12119”森林火灾报警系统。该系统结合CTI（电脑电话整合）技术、IVR（交互式语音应答）等多种技术手段，整合数字录音、电话回访、报表统计等多种应用功能建设而成。当群众看到森林火情时，可以通过拨打“12119”直接接入当地防火办，由防火办迅速通知乡、村核查火情，并根据森林火灾的发展态势组织扑火工作。

（丁　旺）

【森林防火“三大一落实”活动】 2015年，湖南在全省开展了森林防火“三大一落实”活动。一是“大宣传”全面发动。利用气象部门预警信息发布平台，防火期每周发送森林防火宣传短信，高火险期每天发送森林火险预警信息。并发放森林防火宣传挂图30万份，建设大型森林防火警示宣传牌360块，出动宣传车巡逻车6.6万台次。二是“大培训”覆盖基层。全省共举办森林防火培训班800余期12万多人次，基本将市县级森防指指挥长和成员单位负责人，以及乡镇长、村委书记、护林员、森林消防队员等轮训了一遍。三是“大排查”不漏死角。省、市、县三级均组织开展了森林防火专项督查，积极排查火险隐患，认真组织隐患整改，逐一落实火源管控、队伍建设、基础设施、应急值守等工作。四是“一落实”责任到人。各地严格落实森林防火责任“五条标准”，认真执行八项具体措施，将领导班子和专门负责人员、防火责任、专业队伍、护林员、防火经费、物资装备等落到实处，具体到人。

（丁　旺）

【航空护林】 2015年，湖南投入资金916万元，开展航空护林3个航期215天。航期内，租用1架k－32直升机，累计飞行40余架次、60余小时。其中，吊桶训练18架次，综合实战演练3次，开展森林防火专题宣传5次，抛洒传单30余万份，播放航空广播30多小时。

（张刘源）

【湖南出台《关于进一步推动油茶产业发展的意见》】 2月9日，湖南省人民政府办公厅出台了《关于进一步推动油茶产业发展的意见》（湘政办发〔2015〕14号）。该意见提出了新常态下湖南油茶产业发展的原则、任务和政策措施，在政策支持、科技支撑、市场秩序等方面进一步加大了扶持力度。

（蓝成云）

【中芬林业合作稳步推进】 2015年，湖南与芬兰进一步深化林业合作交流。3月17～20日，芬兰公园与野生动植物局局长罗诺·瓦沙尼率代表团来湖南访问，双方在长沙举行了第十四次中芬合作会议，并签订了合作备忘录。5月27～30日，湖南省委副书记孙金龙率代表团赴芬兰参加芬兰－湖南合作20周年纪念活动，双方签署合作协议及第十五次合作备忘录。

（石　华）

【国家油茶工程技术研究中心通过验收】 12月28日，国家油茶工程技术研究中心顺利通过科技部专家组的现场考察和验收。专家组一致认为，该中心通过构建种质创制、创新研究、试验示范、支撑服务和人才培养等“五大平台”，已具备油茶新品种创制与良种规模化繁育、标准化高效栽培、绿色加工、新产品开发及副产物综合利用等工程化、产业化研发条件。

（石　华）

【湖南林业站推行“一站式全程代理”服务】 湖南全面推行林业站“一站式、全程代理服务”，即“一个窗口受理，一次性告知，一条龙服务”模式。该模式包含受理、办理、回复、跟踪评价等环节，实行首问负责、一次性告知、限时办结和轮流值班制度，旨在强化基层林业部门职能，提高办事效率和服务水平，从而方便林农办事。

（赵继锋）

【国家林业局与湖南省人民政府签订《2015～2017年重大林业有害生物防治目标责任书》】 10月，国家林业局与湖南省人民政府签订《2015～2017年重大林业有害生物防治目标责任书》。责任书明确了湖南的松材线虫病除治目标，要求进一步健全重大林业有害生物地方政府行政领导负责制，加大防治资金投入，督促抓好重大林业有害生物监测预警、检疫执法、社会化防治、联防联治等工作。

（戴立霞）

【国家下达湖南新一轮退耕还林计划任务】 6月2日，国家发展和改革委员会、财政部、国家林业局、农业部、国土资源部联合下发《关于下达2015年退耕还林还草年度任务的通知》(发改西部〔2015〕1209号)。通知明确，湖南2015年退耕还林还草计划任务1万公顷，中央投资2.25亿元。（祝梦瑶）

【湖南全面启动林木种质资源调查】 5月，湖南省林业厅全面启动林木种质资源调查。组建了专家组和11个专业调查队，明确调查对象为全省范围的原生和人工林木种质资源，重点调查的植物名录共67科171属289种。将全省122个县(市、区)分为3种类型，重点调查其中65个一、二类县。截至2015年年底，完成了种质资源重点县外业调查任务的60%。（黄雨询）

【王晓明荣获"2014中国花木产业年度人物"称号】 3月28日，中国花卉协会、中国绿色时报社在浙江萧山举行了"2014中国花木产业年度人物"颁奖仪式。湖南省林业科学院花卉首席专家王晓明研究员凭借在美国三红紫薇新品种选育及市场推广上的突出贡献，荣获"2014中国花木产业年度人物"称号。（钟武洪）

【林业大事】

3月2日 杜家毫省长到湖南省林业厅调研。

5月20日 湖南天敌繁育研究与生产取得新突破。

9月、12月 全国林业信息化、标准化等5个全国性会议在湖南召开。

9月30日 森林防火创1950年以来三项纪录。

10月13日 刘真茂荣获第五届"全国道德模范"称号。

12月16日 湖南省第三届家具博览会在益阳举行。

12月31日 国有林场改革试点工作圆满完成。

12月31日 湖南林地测土配方信息系统访问量突破百万次大关。

12月31日 绿化"裸露山地"歼灭战取得阶段性成果。

12月31日 湖南林业调查规划设计院积极开拓海外市场。（欧日明　周建梅）

广东省林业

【概　述】 2015年，广东省林业用地面积1095.89万公顷，有林地995.38万公顷，森林(含非林地上的森林)蓄积量5.61亿立方米，森林覆盖率58.88%，森林生态效益总值1.3万亿元，林业产业总产值7150亿元，位居全国前列，其中第一产业903亿元、第二产业4872亿元、第三产业1375亿元。全省参加义务植树3633万人次，植树1.07亿株。全年落实中央和省级林业部门预算及专项资金54.57亿元(中央级专项资金13.21亿元，省级部门预算及专项资金41.36亿元)，比2014年增长14.75%，落实贴息贷款6.26亿元。全省完成造林作业面积27.21万公顷，中幼林抚育57.75万公顷，封山育林12.49万公顷。至2015年年底，全省已建立各种类型、不同级别的林业系统自然保护区270个，总面积124.51万公顷，其中国家级8个，省级50个，市、县级212个，占全省国土面积6.9%。

【集体林权制度改革】 2015年，广东省深化集体林权制度改革工作有序推进。2014年和2015年的40个林改重点县新增集体林地确权面积20.37万公顷，集体统一经营林地16.32万公顷，发放林权证6.4万本，规范林地林木流转3.53万公顷，涉及流转金额4.6亿元。至2015年底，全省共完成集体林地确权面积940万公顷，林地确权率为96.9%；发放集体林地所有权林权证面积940万公顷，占全省林改面积的96.8%；发放集体林地使用权林权证面积920万公顷，占全省林改面积的94%。组织开展首次全省林地林木流转管理检查工作。积极做好国家林业局草本中药材苗木培育试点工作，并重点推进林下经济示范基地建设工作。桂岭蜂业科技股份公司等4家单位被选定为2014～2015年度国家林下经济示范基地，邦农金银花专业合作社等10家单位被评选为2015年广东省林下经济示范基地。至2015年年底，全省林下经济面积达到199万公顷，产值463亿元，受益农户245.6万户、1239.5万人，农民在林下经济方面的人均年收入为3988元。林业合作组织建设稳步推进。蕉岭中葛南药葛根专业合作社等7家单位被认定为全国林业专业合作社示范社。截至2015年年底，新增林业合作组织280个，涉及农户5.9万户，经营林地面积11.22万公顷。全省已建各类农民林业合作组织1510个，加入合作组织的农户有45.6万户，经营林地面积达43.95万公顷。同时，组织开展全省国有林场确权登记发证工作，至2015年年底，全省国有林场已完成国有林地所有权确权发证面积56.75万公顷，占国有林地面积62.92万公顷的90.2%。

【林业重点生态工程建设】 2015年，广东省以消灭宜林荒山，改造残次林、纯松林和布局不合理桉树林为重点，完成森林碳汇工程造林26.87万公顷，累计完成100.3万公顷；建设生态景观林带1800千米，累计完成10 300千米，打造连接城乡森林系统的绿色廊道。新建森林公园301个、湿地公园66个，城市生态建设水平进一步提升。东莞市成功创建"国家森林城市"。绿化美化村庄2874个，以改善农村生产生活条件。全省再扩大省级生态公益林面积16.67万公顷，截至2015年年底，省级以上生态公益林面积达到480.83万公顷，占全省林业用地面积的43.9%，生态公益林平均补偿标准由330元/公顷提高到360元/公顷。继续开展生态公益林示范区建设，经评审确定了乳阳林业局生态公益林示范区等第二批44个单位和肇庆北岭山生态公益林示范区等第三批25个单位作为广东省生态公益林示范区，下达建设补助资金1348万元。全年落实生态公益林补偿资金17.33亿元，惠及2649.7万农村人口。省政府同意授予河源市“广东省林业生态市”称号，授予香洲区、斗门区、金湾区、丰顺县、惠来县“广东省林业生态县”称号。至2015年年底，全省有14个地级以上市、101个县(市、区)获得省政府授予的林业生态市(县)称号。

【资源林政管理】 2015年，广东省坚守林地保护底线，加快推进林业生态红线划定工作和林地变更调查工作。建立专人专职技术指导机制，实时通报工作进度，落实工作经费，全面加快工作进度。截至2015年年底，全省21个地级以上市138个县级单位的遥感判读区划、外业调查核实工作已经完成；129个县(市、区)已完成建档入库工作，占93.5%；17个县(市、区)已完成县级自查工作，占12.3%；14个县(市、区)已完成初步技术成果编制，占10.1%。强化林地计划约束和规划管控，实行使用林地项目清单预报制度，严格控制采石采矿、风电、房地产等经营性项目使用林地，从严从紧管理林地资源。优先保障重点项目使用林地，及时解决了龙怀高速、仁博高速、汕湛高速等高速公路以及韩江高陂水利工程等一批国家和省重点项目使用林地需求，全年共审核审批林地项目882宗、使用林地面积11 066公顷。严格实行采伐限额管理，利用《全国林木采伐管理系统》网上实时检查监督各地林木采伐情况，全省网上下达执行采伐限额总量为1240.22万立方米，占全省年森林采伐总限额的61.1%。组织开展生态公益林伐区检查，全面掌握生态公益林采伐更新情况。切实加强两站基础设施建设，稳步推进木材运输巡查工作，维护全省木材正常流通秩序。利用森林资源补充调查和珠三角部分市二类调查试点资源数据成果，组织编制全省“十三五”期间年森林采伐限额，并经省政府上报国务院审批同意全省“十三五”期间年森林采伐限额为1582万立方米。全省森林公安机关相继组织开展了“利剑行动”“森林火灾案件侦破”“蓝天行动”和“雷霆行动”等严打专项行动，共受理各类案件5530起(其中立森林刑事案件1496起，立行政案件4034起)，查处4605起，查处率为83.27%，处理各类违法犯罪人员8169人(次)，批捕326人，收缴野生保护动物33 972头(只)，收缴木材28 031.37立方米，为国家挽回直接经济损失5508.5万元。

【森林灾害防治】 2015年，继续推进地级市和县级森林防火指挥部指挥长调整为政府行政首长担任。韶关、河源、梅州、惠州、阳江、肇庆、茂名、清远、云浮等市以及大部分县(市、区)森林防火指挥长已调整为由当地政府主要负责同志担任。2015年春季，省森林防火指挥部启动森林防火约谈机制，对曲江、怀集、云安等地方政府行政首长进行了约谈。2015年10月，省政府办公厅印发《广东省森林防火工作责任制实施办法》，明确了森林防火工作中所涉及的管理责任、预防责任、扑救责任、部门责任等相关问题，这是广东省出台的首个省级森林防火工作责任制实施方案。加强专业森林消防队伍和专职护林员队伍建设，全省有专业森林消防队伍63支、3271人，半专业队伍398支、23 520人；共有护林员56 828人，其中专职护林员27 879人，兼职28 949人。在森林特别防火期，尤其是春节、元宵、全国“两会”、清明、中秋、国庆、重阳等期间，各级防火办坚持每天24小时值班和领导带班制度，实行“双岗双班”，严密监测火情，加强调度指挥，确保火情处置有序、安全、高效。同时，加强森林航空灭火工作，直升机吊桶灭火飞行共57架次101小时27分，洒水621桶，扑救森林火灾16起。全省共发生森林火灾273起，过火面积3044公顷，其中受害森林面积1300公顷，因森林火灾死亡2人，森林火灾受害率为0.13‰，控制在0.5‰的指标范围内。2015年，林业有害生物防治工作得到强化。省政府办公厅印发《关于进一步加强林业有害生物防治工作的通知》，从政府层面理顺防治体制机制。国家林业局与省政府签订《2015～2017年重大林业有害生物防治责任书》，确保政府防治责任落到实处，逐步实现政府主导松材线虫、薇甘菊等重大林业有害生物防治。基层单位装备了16辆检疫执法车，配备了35套较先进的监测、检疫和防治设备。第三次全国林业有害生物普查工作积极推进。推行网上受理审批行政许可事项。组织开展“绿盾2015”检疫执法行动，加强松材线虫病疫木和苗木生产加工、经营单位检疫监管，严格执行国外引种隔离试种制度，逐步建立起有害生物源头防范机制。健全重大林业有害生物灾害应急预案，组织开展突发林业有害生物灾害事件应急演练。积极推进区域间、部门间联防联治和专业化统防统治，建立专家网络坐诊制度在线实时解决生产实际需求，大力推行绿色防治，积极推进林业有害生物工程治理，全省实施防治作业面积28.16万公顷，全省林业有害生物成灾率为0.1%，松材线虫病、薇甘菊等重大林业有害生物灾害得到有效控制。

【林业产业】 2015年，广东省林业总产值7150亿元，其中，第一产业903亿元、第二产业4872亿元、第三产业1375亿元。全省有林产品专业市场110个。评定国家林业重点龙头企业10家，累计16家。评定省级林业龙头企业20家，累计152家，省级森林旅游示范基地83家。全省有24个林业项目被确定为广东省现代产业500强项目，共培育9个中国名牌产品、92个省名牌产品、55个驰名商标。共有木材加工企业1.8万家，其中家具企业5000多家、胶合板企业297家、纤维板企业67家、刨花板企业89家、木竹地板企业240家、造纸企业400多家、木片企业123家、锯材及单板企业946家。人造板产能1816万立方米。全省有速生丰产林84.88万公顷、工业原料林199.15万公顷、竹林33.06万公顷、珍贵树种种植面积7.3万公顷、油茶种植面积17.13万公顷，油茶籽年产量4.7万吨。扶持发展铁皮石斛、砂仁等林下经济199万公顷，产值463亿元。全省新增森林公园301个，累计1086个，总面积116.55万公顷，占全省国土面积6.5%，其中，国家级24个、省级76个、市县级515个。森林旅游产值突破1200亿元，森林公园接待游客人数2.33亿人次，创造社会综合产值254亿元。南海里水镇、韶关市被中国林业产业联合会认定为中国林业产业特色区域基地。

【野生动植物及湿地资源保护】 2015年，广东省稳步推进全省第二次野生动植物资源调查，开展南岭、粤西、韶关等地区野生动植物野外资源调查和专项物种调查，做好国家和全省动植物编目、保护、监测、科普等项目实施和建设。积极开展珍稀濒危物种拯救保护，推动国家苏铁、兰科中心以及木兰保育基地的迁地保护以及极小种群物种的拯救保护。清远长隆世界珍稀野生动植物种源基地和广东清远华南虎繁育及野化训练基地获国家林业局批准建设。积极申报华南大熊猫保护研究基地。完成养殖场清理整顿建档，规范敏感物种经营利用活动。联合省交通运输厅、中国民用航空广东安全监督管理局、广州铁路(集团)公司下发《关于切实加强野生动物及其产品经营利用和运输管理的紧急通知》，规范野生动物的经营利用和运输管理。规范行政许可行为，转变政府职能做好服务，建立健全野生动物行政审批制度，争取广东自贸区涉企许可优惠政策并获得国家批准。启动规范化建设，制作广东省候鸟迁徙和陆生野生动物疫源疫病监测站分布示意图、广东省野生动物疫源疫病监测工作流程图，认真做好野生动物疫源疫病监测防控各项工作，维护公共卫生安全大局和社会稳定。在2月“世界湿地日”、3月“世界野生动植物日”“鸟节”“爱鸟周”和11月“野生动物宣传月”期间开展系列宣传活动，有效提高公众保护意识。组织完成了麻涌华阳湖、中山翠亨、翁源滃江源、罗定金银湖等4处国家湿地公园试点申报工作，并配合国家林业局完成了对海珠湖、乳源南水湖国家湿地公园试点建设验收工作。积极争取到中央财政湿地保护补助资金4000万元，其中海丰国际重要湿地1500万元，广州市海珠区、河源市东源县各500万元。至2015年年底，广东省已建立4个国际重要湿地、94个湿地类型自然保护区、15个国家湿地公园和5个省级湿地公园，各市已建和在建地方湿地公园共134个，全省湿地保护体系进一步得到完善。

【林业大事】

1月30日 广东省政府在广州召开新一轮绿化广东大行动推进会暨全省林业工作电视电话会议，研究部署2015年林业改革发展工作。朱小丹省长在广州主会场出席会议并讲话。邓海光副省长主持会议。会议通报了2014年度全省森林资源保护和发展目标责任制考核结果。

3月1日 广东省绿化委员会、广州军区环保绿化委员会、广州地区绿化委员会在广州市海珠区海珠湿地联合主办主题为“加快推进新一轮绿化广东大行动、建设全国绿色生态第一省”的广州地区党政军领导义务植树活动。广东省委书记胡春华、省长朱小丹、省人大常委会主任黄龙云、广州军区司令员徐粉林、广州军区政委魏亮等参加植树活动。参加此次植树活动的党政军民共300多人，种下秋枫、红花紫荆、小叶榄仁、榕树等10多个品种、3500多株，添绿面积4.5万平方米。

3月25日 广东省副省长邓海光率省政府办公厅有关同志到省属龙眼洞林场就国有林场改革开展专题调研，强调要创新森林资源管护和监管机制，推动传统护林方式向现代护林方式转变。

3月26～27日 广东省省长朱小丹率省有关部门负责同志，到韶关、东莞调研全省新一轮绿化广东大行动推进情况，强调把绿色化作为永续发展战略。广东省副省长邓海光参加调研并主持座谈会。

5月25日 中国自愿减排交易信息平台发布了当期通过审核签发的26个中国核证减排量(CCER)项目。随后，广东翠峰园林绿化有限公司(项目业主)与广东粤电环保有限公司签订了交易协议，交易碳排放量5208吨，实现国内购买林业CCER的第一笔交易。

5月29日 广东省林业厅召开干部大会，宣布中共广东省委关于广东省林业厅领导任免决定：陈俊光任省林业厅厅长、党组书记，因年龄原因免去张育文省林业厅厅长、党组书记职务。省委常委、组织部长李玉妹出席会议并讲话。

6月13日 广东园林植物产业技术创新促进会在顺德陈村花卉世界举行成立大会，同日，还举办了中国(国际)首届园林植物新品种新技术拍卖会，来自全国100多个新、特、优花卉苗木品种和新技术参与拍卖，现场总成交达1500多万元。

6月15日 广东省民政厅《关于同意成立广东省森林公园协会的批复》(粤民函〔2015〕961号)同意成立广东省森林公园协会，截至2015年年底，共有会员43家。

6月26日 广东省实施珠三角规划纲要暨创建国家森林城市群工作现场会在肇庆召开，部署实施珠三角生态安全体系一体化规划，共同推进珠三角创建国家森林城市群和绿色生态水系建设等工作。

7月21日 广东省森林抚育现场会在惠州市惠东县召开，全面总结了全省近年开展森林抚育工作的成效和经验，全面部署近期及今后一个时期全省森林抚育工作。

9月29日 中共广东省委、广东省政府正式印发《国有林场改革实施方案》。此前，9月17日，广东省《国有林场改革实施方案》经国家发展改革委、国家林业局批准正式实施，这是2015年中央6号文件发布以来，第一个经省委、省政府审议通过并获国家批复的省级实施方案。

11月5日 广东省政府召开全省国有林场改革暨今冬明春森林防火工作电视电话会议。副省长邓海光在会上讲话。

11月11日 国家级世界珍稀动植物种源基地暨清远长隆项目举行了启动仪式，国家林业局副局长陈凤学参加了活动。同日下午，广东省省长朱小丹到清远市清城区调研国家级世界珍稀动植物种源基地建设情况。

11月20日 广东省林业厅与广东省农垦总局在广州签署了《合作发展框架协议》，将在林业发展和广东垦区生态保护等领域开展全方位合作。

11月25～27日 中共广东省委组织部、广东省林业厅联合在省委党校举办广东省林业生态建设专题研究班。全省21个市、127个县区主管林业的副市长和副县长，各地级以上市林业主管部门的负责同志和省林业厅处(室)单位的主要负责同志，共200多人参加研究班。

12月4日 深圳市举行深圳市林业局成立暨深圳市城管局加挂深圳市林业局牌子的揭牌仪式。

12月5～6日 第十五届全国森林培育学术研讨会

在广州召开。会议由中国林学会造林分会主办，华南农业大学承办，广东省林学会、广州市林学会、广东省龙眼洞林场共同协办。

12月10日 广东省政府公布了《广东省生态景观林带建设管理办法》（省人民政府令218号），自2016年2月1日起施行。

12月21日 广东省林业厅召开"广东十大最美森林"评选情况通报会，公布评选结果并现场颁发"广东最美森林"牌匾，会上还表彰了广东美丽森林摄影比赛的优胜者。（广东省林业由欧阳学工供稿）

广西壮族自治区林业

【概　述】 2015年，广西林业改革发展继续深入推进，广西森林覆盖率达62.2%，活立木蓄积量达7.4亿立方米，完成植树造林25.79万公顷，占年度计划任务的129%；森林面积达1466.67万公顷，森林生态服务功能总价值预计达1.23万亿元，林业产业总产值4300亿元。累计争取中央投资达40.6亿元，完成林业固定资产投资900亿元。

林业产业 2015年广西林业总产值达4300亿元，同比增长11.7%，造纸与木材加工产值约为1360亿元，人造板产量3400万立方米，木材产量2500万立方米；林产化工产业产值近200亿元；林下经济规模达333.33万公顷，产值700亿元；花卉苗木种植面积维持在4.33万公顷，产值近100亿元；森林旅游游客量将超过4500万人次，实现产值约200亿元。

造林绿化 截至2015年12月31日，广西完成人工造林25.79万公顷，占计划任务20万公顷的129%，其中：完成荒山造林12.24万公顷（包括人工造林10万公顷、封山育林2.24万公顷），占国家下达计划任务的12万公顷的102%；迹地人工更新4.17万公顷，低产林改造造林0.53万公顷；桉树萌芽更新8.86万公顷。义务植树900万株。

树种结构调整 营造乡土树种、珍贵树种9.03万公顷，完成特色经济林造林3.6万公顷；重点林业生态工程营造乡土树种、珍贵树种比例超过90%，营造混交林比例超过30%。

林下经济 2015年，广西林下经济产值达到700亿元，比2010年（135.8亿元）增长564.2亿元，增加4.15倍；林下经济发展面积达到333.33万公顷；通过发展林下经济实现人均增收1000元以上的林农达到1600万人。

"美丽广西·生态乡村"村屯绿化专项活动 截至2015年12月底，竣工完成自治区级绿化示范村屯5000个，其中由林业部门负责实施的3848个自治区级绿化示范村屯（含林业部门负责的3500个村屯及林业部门作为实施主体的218个贫困村和130个移民村）和5.58万个一般村屯任务已全部完成。村屯新种植果树及绿化苗木1280多万株，新增绿化面积0.72万公顷，整合资金10.6亿多元。

国有林场 截至2015年年底，广西共有180个国有林场，总经营面积145.22万公顷，森林蓄积总量8605.3万立方米，资产总额351.2亿元。总产值176.7亿元、总经营收入77.6亿元，总利润8.0亿元。

国家储备林基地建设 实施完成2014年国家下达的木材战略储备基地项目建设任务。2014年国家下达广西中央预算内林业基本建设木材战略储备基地4.95万公顷，中央投资9600万元，广西配套1000万元。其中：森林抚育面积4.4万公顷，中央投资6600万元；新造林和改培0.55万公顷（新造林0.11万公顷、现有改培林0.44万公顷），中央投资3000万元。实际实施作业面积4.96万公顷，其中新造林0.14万公顷，改培0.42万公顷，抚育4.4万公顷，占计划100.2%。

森林资源保护 出台《广西林业推进生态文明建设规划》，初步划定林地和森林、湿地、物种等生态红线。深入开展非法侵占林地清理排查专项行动，清理排查出违法案件2306起，涉及林地面积4068.5公顷。

（广西林业信息宣传中心）

【林业生态建设】

退耕还林工程 完成配套荒山造林1780公顷；完成退耕地还林1万公顷；完成退耕还林成果巩固专项林业项目补植补造面积267公顷，完成后续产业人工造林5467公顷，完成低效林改造1.24万公顷。安排广西2015年度退耕地还林计划任务2.33万公顷。

珠江流域防护林工程 完成人工造林1.27万公顷、封山育林1.33万公顷，其中人工造林营造乡土树种、珍贵树种比例达90%以上。工程建设投入资金1.2亿元，其中中央投资7227万元，地方投资697万元。

沿海防护林工程 完成人工造林4035公顷，其中乡土树种、珍贵树种比例达80%以上。工程建设投入资金2586万元，其中中央投资1251万元，地方投资1057万元。

石漠化综合治理工程林业项目 完成人工造林3133公顷、封山育林3.74万公顷。2015年广西75个石漠化县（区）全部纳入重点县范围，实现了石漠化治理工程全覆盖。（广西壮族自治区林业厅营林处）

【森林资源培育】 2015年广西完成植树造林面积28.56万公顷，其中荒山造林10.08万公顷、迹地更新4.17万公顷、低效林改造造林6537公顷、封山育林4.80万公顷（其中无林地和疏林地封育2.47万公顷、有林地和灌木林地封育2.32万公顷）、桉树萌芽更新8.86万公顷。截至2015年年底，广西森林面积达1478.3万公顷，森林覆盖率达62.2%，活立木蓄积量达7亿立方米。

速丰林工程 新造速丰林7.42万公顷，造林从桉树为主逐步向多树种转变，培育目标从中小径材为主向增加中大径材转变。松、杉、竹等乡土速生树种及中大径材造林面积大幅增加。

经济林培育 2015年广西有经济林总面积185.3万公顷。按用途分，水果类111.3万公顷，干果类14.2万公顷，林产饮料类6.4万公顷，森林药材类3.1万公顷，木本油料类50.3万公顷。经济林产品总产量1313.5万吨。

油茶产业发展 全年共培育油茶优良无性系苗木5908多万株。完成油茶新造林7867公顷，低产林改造9267公顷。其中，完成中央和广西专项补助新造林项目6667公顷，低改项目4000公顷。

木材战略储备基地 全年完成2014年度国家下达4.95万公顷木材战略储备基地试点建设任务，其中，新造林和现有林改培5507公顷、森林抚育4.40万公顷；中央安排投资9600万元(中央预算内林业基建投资3000万元，中央财政资金6600万元)，广西配套1000万元。

珍贵树种 全年完成珍贵树种造林8867公顷；完成珍贵树种育苗3000多万株。

（广西壮族自治区林业厅营林处）

【林业产业】

概况 2015年广西林业总产值达4300亿元，同比增长11.7%，造纸与木材加工产值约为1360亿元，人造板产量3400万立方米，木材产量2500万立方米；林产化工产业产值近200亿元；林下经济规模达333.33万公顷，产值700亿元；花卉苗木种植面积维持在4.33万公顷，产值近100亿元；森林旅游游客量将超过4500万人次，实现产值约200亿元。

重点产业园区和龙头企业 全年共安排300万元资金用于支持横县木材集散中心等6个重点林业产业园区建设。完成2015年度自治区级林业龙头企业的运行监测和认定工作，其中，广西国有高峰林场等46家企业通过运行监测，新增贺州金润林业投资有限公司等13家企业为广西现代林业产业龙头企业，广西林业产业龙头企业达127家。组织推荐南宁良凤江国家森林公园等13家企业申报2015年国家林业重点龙头企业。与国家林业局经研中心合作建设广西林业产业采购经理人指数，引导、发动200多家广西林业重点龙头企业参与中国林业采购经理指数(FPMI)调查，为建立广西林业采购经理指数奠定基础。

森林公园建设与森林旅游 新设立靖西五岭、广西派阳山、东兰红水河、昭平五指山和贵港亚计山等5处自治区级森林公园，广西森林公园总数达61处。5处森林公园评为3A、4A级旅游景区，1处森林公园评为广西5星级乡村旅游区，龙胜温泉国家森林公园评为中国森林氧吧。推动森林旅游示范建设，龙胜县被评为“全国森林旅游示范县”，成为全国首批9个森林旅游示范县之一。与广西旅游发展委签订《推进广西森林旅游发展合作协议》，进一步加强部门合作，促进林业、旅游业融合发展，争取2015年关系旅游发展专项资金安排森林旅游项目9个，补助资金2600万元，比2014年增加600万元。圆满完成2015年中国森林旅游节参展活动，广西展馆被组委会评为最佳展示奖。

花卉示范基地(示范区)建设 加快培育广西花卉产业拳头品牌，安排花卉产业专项资金扶持10个花卉产业示范补助项目，各项目建设均已完成实施方案并全面启动建设，完成了南宁“十里花卉长廊”、北海森源珍稀花木特色景观艺术栽培项目等项目验收。引导和推动南宁“十里花卉长廊”、广西台湾花卉产业园、柳州兰亭林叙、钦州宝鸭坪、百色靖西东盟花卉苗木产业基地等多家发展基础较好的花卉苗木基地开展广西现代特色林业示范区创建工作，其中南宁“十里花卉长廊”、横县茉莉花产业示范区被认定为自治区级现代特色农业(核心)示范区。

产业博览会 成功举办2015中国－东盟博览会林木展，展区面积达3万平方米，柬埔寨、老挝、缅甸、越南等东盟国家及国内250家企业参展，展商重复参展率高达50%，展会期间共约5万人次参观，现场贸易投资成交额达到6亿元人民币，还举办了第五届中国(南宁)林产品国际贸易论坛、中国－东盟国际木文化论坛等专业论坛、专业研讨会、贸易对接活动和现场技艺表演等系列丰富务实的活动。进一步深化与国家级重点林业展会间的合作与交流，组团参加了中国义乌国际森林产品博览会、广西名特优农产品(北京)交易会、中国森林食品交易博览会、中国森林旅游节等活动。

（广西壮族自治区林业厅产业处）

【森林防火】

概况 2015年，广西共发生森林火灾949起(其中一般火灾591起、较大火灾358起)，火场总面积7784.68公顷，受害森林面积1768.52公顷，损失成林蓄积32 262.5立方米、幼林882.35万株。森林火灾次数较2014年上升135%、受害森林面积上升42.5%，年度森林火灾受害率控制在0.12‰(国家森林防火指挥部年度指标0.8‰)，在清明节、“三月三”异常严峻的森林防火形势下，没有发生重特大森林火灾，没有群死群伤事故，当日扑灭率超过99%。扑救森林火灾共出动38 674人次；车辆3551台次；直接开支扑火经费541万元。已查明森林火灾原因的850起，其中，生产性火源255起，非生产性火源582起，故意纵火12起，外省烧入1起，无境外火烧入。已处理森林火灾案件410起，处理相关责任人394人，其中刑事处罚57人。

卫星预警监测 2015年，国家累计向广西发布卫星热点606个，其中：反馈为林火22个(含灌木火6个)、炼山175个、农用火199个、其他78个、未找到132个。

【森林防火基础设施建设】 2015年投入森林防火基础设施建设经费2.85亿元，新建瞭望台120座，营造防火隔离带1800余千米、边境生物防火林带41千米，购置扑火机具1.9万余件。加强项目申报、储备，争取到国家6个森林防火项目下达投资5582万元。

森林消防装备建设 2015年，广西各级投入森林消防装备建设资金5898万元。广西壮族自治区森林防火指挥部积极研发以水灭火装备技术，投入15万元重点研发消防水泵与高压细水雾灭火机补水配合技术问题。全年发放各类森林消防物资器材24 845件(套)。

综合治理工程项目建设 国家森林防火指挥部编制出台《全国森林防火二期规划2015～2030》，广西有97个县区市列入规划范围，较一期规划的51个增加46

个。同时国家林业局批准下达广西森林重点火险区综合治理建设项目10个，其中桂林市漓江生态区、河池市龙滩库区、百色市右江干热河谷综合治理三期项目，以及百色市西南部、南宁市环大明山、桂中森林防火信息指挥中心建设项目6个，总投资6887万元；贺州市桂江流域、桂湘粤、来宾市红水河流域、柳州市九万山片区森林重点火险区综合治理三期建设项目4个，总投资6512万元。

边境防火林带建设 2015年主要完成2014年度尚未完成的建设任务，共完成新建41千米(防城港市防城区林业局)，占计划的77.35%；完成抚育88.7千米(其中，百色市那坡县林业局完成24.5千米，防城港市防城区林业局完成51.2千米，东兴市林业局完成13千米)，占计划的88.4%；完成新建6千米、建设宽50米(崇左市宁明县林业局)。年度建设完成总投资660.48万元，占计划投资62.75%。2015年4～6月，防火办组织林业勘测院对广西边境3市8县(区、市)及派阳山林场、热林中心共132人次进行编制、外调作业实地培训，完成《广西壮族自治区边境森林防火阻隔系统建设总体规划(2016～2025年)》编制。防火林带树种主要有油茶、木荷、马蹄荷、米老排、火力楠等，以单一树种林带为主，少部分混交林带。

【森林防火队伍建设】 截至2015年年底，共有森林防火指挥部146个，其中省级1个、市级14个，县级131个，各级公安、发改委、教育、纪检、民政、财政、气象、交通、卫计委、工信委、广电、消防、通信、林业、农业、驻军及武警部队领导分别担任指挥部成员。

消防队伍 共有各类森林消防队伍2811支、62 516人，其中：专业森林消防队伍134支、4073人，装备有指挥车111台、运兵车144台、消防水车2台、宣传车9台、后勤保障车12台、风力灭火机3312台、高压细水雾灭火机222台、割灌机299台、油锯359台、对讲机1683台、单兵装备8146套、望远镜184台、卫星电话20台、短波电台45部、摄像设备21套。半专业森林消防队伍1217支、26 748人，装备有风力灭火机3919台、望远镜507台、油锯163台、割灌机127台、对讲机1453部。广西64支应急森林消防队伍，装备有风力灭火机450台、组合工具包325个、二号工具1430把。应急森林消防队伍64支、2416人，装备以风力灭火机和二号工具为主。群众森林消防队1396支、29 279人，装备以风力灭火机和二号工具为主。

火源管理摩托车巡逻队1402支9386人，瞭望员1072人，专职护林员16 390人，兼职护林员32 169人。

航空护林 2015年春航航期为3月1日开航，6月15日结航，航期共107天，执行任务总计飞行42架次106小时43分。秋冬航期为2015年10月10日至2016年1月20日(分两个阶段：10月10日至12月31日；2016年1月1日至1月20日)，历时103天，执行任务总计58架次123小时54分。

(广西壮族自治区森林防火指挥处)

【野生动植物保护】

野生动植物保护管理 配合濒危物种进出口管理办公室开展广西濒危物种进出口企业进行行政许可检查。起草《广西壮族自治区林业厅陆生野生动物种源基地管理办法》，2015年，共计办理野生动植物繁育利用行政许可审批和濒危物种进出口审批超过150件。

珍稀濒危野生动植物拯救保护 推进广西火桐、德保苏铁、元宝山冷杉、资源冷杉、海南风吹楠、金花茶、瑶山苣苔、观光木等极小种群野生植物和白头叶猴、黑叶猴、冠斑犀鸟、鳄蜥、穿山甲等极度濒危野生动物的拯救保护和人工繁育工作。资源冷杉人工繁育获得突破，通过人工控制授粉技术获得了一定数量的种子并萌发成为了幼苗。推进德保苏铁和广西火桐原生地回植工作，继续监测黄连山－兴旺自治区级自然保护区内的德保苏铁回归地和邦亮长臂猿国家级自然保护区内的广西火桐回归种群。继续推进黑叶猴放归自然，所有预备放归的黑叶猴家庭继续在大明山开展适应性训练。

野生动植物保护执法 部署开展候鸟等野生动植物保护专项执法。积极配合“眼镜蛇3号”行动，严厉打击非法贩卖濒危物种违法犯罪行为，获国家部门间CITES执法工作协调小组颁发表扬证书。加强与工商、交通、铁路、民航等部门的沟通和协调，共同推进野生动植物保护执法工作长效制度。积极协调广西工商管理部门，规范利用野生动物招徕等行为。9月16～21日，按照中国－东盟博览会 中国－东盟商务与投资峰会指挥中心《关于印发第12届中国－东盟博览会保知打假联合执法组工作方案的通知》要求，广西林业厅和广西森林公安局联合组成中国－东盟博览会保知打假联合执法组林业小组对东盟博览会会场进行联合执法，共抓获涉案人员11名(中国籍5人、老挝籍6人)，查收手镯、项链等象牙制品2980件，重37.6千克，涉案价值173万元。

野生动植物资源调查 继续组织实施全国第二次陆生野生动物资源广西区域的调查，完成2015年度的调查计划。完成广西第二次全国重点保护野生植物资源调查的外业调查任务，年底转入内业汇总阶段。

野生动植物保护宣传 以湿地日、世界野生动植物日、爱鸟周、野生动植物保护宣传月等宣传平台开展野生动植物保护宣传。3月3日，组织开展世界野生动植物日宣传。3月20日，和桂林市在桂林市飞凤小学联合举办了广西2015年“爱鸟周”活动启动仪式，200余人参加了启动仪式。9月13日，在南宁动物园举办2015年保护野生动植物宣传月活动。全年通过世界野生动植物日、爱鸟周和野生动植物保护宣传月等宣传活动，使受教育的公众超过100万人次。

野生动植物保护对外交流与合作 2015年6月2～4日，东黑冠长臂猿跨境保护交流会在南宁召开，制定了《东黑冠长臂猿保护行动计划》。加强与香港嘉道理农场、野生动植物保护国际等国际组织的保护项目合作，继续推进冠斑犀鸟、黑叶猴、元宝山冷杉、资源冷杉等物种的保护合作。联合野生动植物保护国际举办了黑叶猴保护行动及社区共建的宣传活动。

【自然保护区建设】

加强自然保护区建设管理 7月14日，广西壮族自治区人民政府批复同意新建钦州王岗山自治区级自然保护区。3月24日，广西质量技术监督局正式发布了地方标准《自然保护小区建设管理规范》，加快推进以标识标牌、资源监测、科教宣传、标本档案、信息化为重点的保护区规范化建设工作，重点推进猫儿山、木论和弄岗3个国家级自然保护区和姑婆山自治区级自然保护区分别在保护站点建设、信息化管理、生态文化和生态旅游方面的试点示范建设工作。

自然保护区基础设施和能力建设 加快推进各国家级自然保护区基础设施项目和补助资金项目申报和实施，继续推进广西桂林猫儿山国家级自然保护区二期基础设施建设，继续跟踪大明山、大桂山鳄蜥、崇左白头叶猴、大瑶山等国家级保护区的基础设施项目批复情况。

自然保护区监督管理 2015年4月，按照《国家林业局关于开展全国林业系统国家级自然保护区监督检查专项行动的通知》精神，组织在广西林业国家级自然保护区范围内开展了以自然保护区内违法违规项目建设为主要内容的自然保护区监督检查“绿剑”行动。5月12～23日，国家林业局驻广州森林资源监督专员办事处与广西林业厅联合检查组，先后赴广西大瑶山、十万大山、恩城、弄岗、大明山等国家级自然保护区开展专项督查。

（广西壮族自治区野生动植物保护和自然保护区管理处）

【森林病虫害防治】 2015年下达监测任务5746.67万公顷次，实际完成监测面积达到5720万公顷次，监测覆盖率为99.53%。广西发生并造成较严重危害的林业有害生物共有62种，其中病害16种，虫害43种，鼠害1种，有害植物2种，发生总面积39.61万公顷，发生率为3.16%，同比上升13.53%。其中：病害发生面积3.91万公顷，同比下降0.14%，占发生总面积的9.86%；虫害发生面积35.48万公顷，同比上升14.70%，占发生总面积的89.59%，鼠害发生面积206.67公顷，占总面积的0.05%，有害植物发生面积1980公顷，同比增长386.88%，占总面积0.50%。成灾面积3746.67公顷，成灾率为0.30‰。主要种类有松材线虫病、八角炭疽病、竹丛枝病、桉树焦枯病、桉树青枯病、桉树叶斑病、桉树溃疡病、核桃炭疽病、马尾松毛虫、松茸毒蛾、松突圆蚧、湿地松粉蚧、萧氏松茎象、松褐天牛、云斑天牛、桉树枝瘿姬小蜂、桉尺蠖类、桉袋蛾类、桉蝙蛾、八角尺蠖、八角叶甲、竹广肩小蜂、黄脊竹蝗、刚竹毒蛾、竹篦舟蛾、广州小斑螟、柚木驼蛾等。

2015年，广西林业有害生物防治作业总面积为10.23万公顷，其中预防面积2.11万公顷，实际防治面积8.12万公顷。生物防治面积5.54万公顷，仿生防治面积853.33公顷，人工防治面积8960公顷；无公害防治总面积为10.17万公顷，无公害防治率达到99.45%。

林业有害生物成灾面积 松材线虫病发生面积253.33万公顷，比2014年减少26.67公顷；八角炭疽病发生面积0.8万公顷，同比下降14.58%；以油桐尺蠖为主的桉树食叶害虫和以桉蝙蛾为主的桉树蛀干害虫继续对广西的桉树造成较大危害，桉树蛀干害虫大发生，发生面积为4973.33公顷，比2014年增加1046.67公顷，增幅为26.65%；竹类害虫发生较严重，发生面积1.06万公顷，与2014年基本持平；马尾松毛虫发生面积4.14万公顷，同比上升51.0%；柚木驼蛾首次在北部湾沿海发生并造成较严重灾害，发生面积654.53公顷；有害植物薇甘菊的发生面积1966.67公顷，比2014年上升3倍多。

林业有害生物成灾率 年度考核指标为4.5‰以下，实际成灾率为0.3‰。2015年广西林业有害生物发生面积为39.61万公顷，其中病害发生面积3.91万公顷，占9.86%，虫害发生面积35.48万公顷，占89.59%。成灾面积3746.67公顷，成灾率0.3‰。

林业有害生物测报准确率 年度考核指标为85%以上，实际完成96.34%。预测2015年广西林业有害生物发生面积35.22万公顷，实际发生面积39.61万公顷，测报准确率为96.34%。

林业有害生物无公害防治率 年度考核指标为80%以上，实际完成99.46%。全年防治面积为10.36万公顷，其中使用生物、仿生制剂等无公害药剂防治面积为10.3万公顷，无公害防治率为99.46%。

林业有害生物检疫率 种苗产地检疫率和木材调运检疫率年度考核指标均为97%以上，全年实际完成种苗产地检疫率100%，木材调运1311.61万立方米，检疫1310.92万立方米，调运检疫率为99.95%。

（广西壮族自治区森林病虫害防治检疫站）

【湿地保护】

湿地资源概况 2015年，广西湿地类型有近海与海岸湿地、河流湿地、湖泊湿地、沼泽湿地和人工湿地5大类25型，连片面积8公顷以上的各类湿地总面积达75.43万公顷，占广西国土面积的3.18%。其中，自然湿地53.66万公顷，占湿地总面积的71.1%；人工湿地21.77万公顷，占湿地总面积的28.9%。自然湿地主要以近海与海岸湿地和河流湿地为主，其中近海与海岸湿地25.90万公顷，占湿地总面积的34.3%；河流湿地26.89万公顷，占湿地总面积的35.7%。

湿地保护立法和宣传 《广西壮族自治区湿地保护条例》于2015年1月1日正式施行，广西人大常委会法工委和林业厅联合编印《广西壮族自治区湿地保护条例》单行本发送各地，《中国绿色时报》《广西人大》《南国早报》等多家媒体相继报道宣传，公众认知湿地程度明显提升，湿地保护立法和宣传成效显著。

年度湿地保护和恢复工程投资 2015年，广西累计获得湿地保护工程投资10 489万元（其中中央投资6376万元、地方投资4113万元），广西财政首次启动安排湿地保护工程配套资金，强有力推进广西湿地保护事业。

2015年度中央财政湿地保护奖励 经各省（区、市）推荐，财政部和国家林业局组织审查，全国奖励80个在湿地保护和开展湿地科普宣教工作有突出成绩的市县，每县奖励500万元。广西荔浦和东兰县获此殊荣。

新增国家湿地公园（试点）4处 2015年，广西新增龙胜龙脊梯田、南丹拉希、梧州苍海、南宁大王滩等4个国家湿地公园（试点）。目前广西有国家湿地公园（试点）17个，湿地公园总面积为26 866.16公顷，公园内湿地面积为17 399.83公顷。

（广西壮族自治区野生动植物保护和自然保护区管理站）

【林业利用外资项目】

欧洲投资银行贷款项目 欧洲投资银行贷款广西珍稀优质用材林可持续经营项目是2011年9月经国务院批准，同意利用欧洲投资银行贷款实施的中国林业专项发展项目。项目由国家林业局组织广西、河南和海南3省(区)负责具体实施。项目计划安排广西3000万欧元贷款额度，规划在融安、临桂、全州、兴安、永福、龙胜、乐业、田林、西林、八步、昭平、环江、宜州等13个县(市、区)以及高峰、七坡、六万、维都、黄冕、大桂山、雅长7个广西林业厅直属国有林场的商品林区内新造和抚育杉木、马尾松及珍贵乡土树种优质用材林25 600公顷，其中，新造林面积21 560公顷，现有中幼林抚育4040公顷，项目建设期为5年。项目投资总概算为56 087.3万元(折合6757.51万欧元，按欧元与人民币汇率1:8.3计算)。项目资金来源：利用欧洲投资银行贷款24 900万元(折合3000万欧元)，申请中央配套资金5608.7万元，广西配套资金5608.7万元，项目业主自筹资金19 969.9万元。

贷款项目2015年5月27日顺利通过欧洲投资银行董事会批准，获贷款资金3000万欧元。同时，完成由广西壮族自治区人民政府与欧洲投资银行正式签署项目协议，标志着贷款项目成功落户广西。

项目实施 2015年，广西组织全州、兴安、永福、龙胜、乐业、田林、西林、环江、八步区9个县(区)及高峰林场、维都林场、黄冕林场、雅长林场4个自治区直属国有林场实施完成贷款项目新造林面积8668.9公顷，其中：珍贵树种1998.4公顷、杉木5799.5公顷、马尾松871.0公顷；完成项目中幼林抚育面积2304.8公顷，其中：珍贵树种799.5公顷、杉木284.2公顷、马尾松1221.1公顷。

【碳汇造林项目碳交易】 广西先后组织实施了《中国广西珠江流域治理再造林项目》和《广西西北部退化土地再造林项目》两期碳汇造林项目，完成碳汇造林面积9857.9公顷。其中：中国广西珠江流域治理再造林项目是全球首例在联合国清洁发展机制理事会成功注册的碳汇造林项目。2015年，项目实现碳净减排量24 240吨二氧化碳当量，共获得世界银行生物碳基金支付碳汇交易款10.5万美元。

截至2015年年底，两期碳汇造林项目累计实现碳净减排量261 803吨二氧化碳当量，获得碳汇交易款104.29万美元。 (广西利用外资林业项目办公室)

【林业大事】

3月20日 广西2015年“爱鸟周”活动启动仪式在桂林市飞凤小学举行。

5月30日 广西壮族自治区主席陈武一行到猫儿山国家级自然保护区调研。

7月30日 广西壮族自治区人民政府成立了广西国有林场改革工作领导小组，广西壮族自治区人民政府主席陈武任组长，党委副书记危朝安、常务副主席唐仁健、副主席张秀隆任副组长，领导小组办公室设在广西林业厅，办公室主任由广西林业厅厅长黄显阳兼任。

9月16~21日 广西林业厅和广西森林公安局联合组成中国-东盟博览会保知打假联合执法组林业小组，对东盟博览会会场进行了联合执法，共抓获涉案人员11名，查收手镯、项链等象牙制品2980件，重37.6千克，涉案价值173万元。

11月19~20日 中国生态文化协会在福建漳州举办第七届中国生态文化高峰论坛，广西有5个村获“全国生态文化村”称号，目前广西已有18个村获此称号。

11月19~22日 广西林业厅承办的第12届中国-东盟博览会林产品及木制品展在南宁国际会展中心举行。多国政要及使领馆官员参加展览。

12月4日 《广西国有林场改革实施方案》经广西壮族自治区人民政府第62次常务会议审议通过。12月29日，《广西国有林场改革实施方案》经自治区党委全面深化改革领导小组第9次全体会议审议通过。

12月31日 国家林业局批准龙胜龙脊梯田、南丹拉希、梧州苍海、南宁大王滩等4处湿地开展国家湿地公园试点建设。

(广西壮族自治区林业由兰欣欣供稿)

海南省林业

【概 述】 截至2015年年底，全省现有森林面积213.26万公顷，森林覆盖率达62%，全省林业总产值达469.2亿元。全省有国有林场39个、经营管护面积53.3万公顷，各级森林公园27个(其中国家级9个)、面积17万公顷，林业自然保护区32个(其中国家级7个)、面积24万公顷、占全省陆地总面积的7.02%。全省湿地面积32万公顷。海南岛有维管植物5860种，其中国家Ⅰ、Ⅱ级重点保护植物48种；有陆栖脊椎动物660种，其中国家重点保护野生动物123种。海南有全国保存最完整的热带天然林65.9万公顷，全国最大橡胶生产基地73.3万公顷，全国独有的椰子产业基地4.67万公顷、槟榔14.67万公顷、芒果7.33万公顷，全国连片面积最大、种类最多的红树林(总面积4666.7公顷)，全国唯一的滨海青皮林9333.3公顷。海南是全国唯一省级森林生态旅游实验示范区、全国热带花卉和反季节花卉主要生产基地(8133.3公顷)、全国最大的龟鳖养殖基地、虎纹蛙养殖基地和全国唯一的蟒蛇养殖基地。

【林业“多规合一”】 ①委托海南省林科所完成了《海南省林业资源保护专题研究》初步成果。②按照要求将《海南省林地保护利用规划(2010~2020年)》《海南省公益林保护建设规划(2010~2020年)》《全省森林资源二类调查》等矢量数据提交给海南省“多规合一”领导小组办公室（“多规合一”是指以国民经济和社会发展规划为依据，强化城乡建设、土地利用、环境保护、文物保护、林地保护、综合交通、水资源、文化旅游、社会事业等各类规划的衔接，确保“多规”确定的保护性空间、开发边界、城市规模等重要空间参数一致，并在统一的空间信息平台上建立控制线体系，以实现优化空间布局、有效配置土地资源、提高政府空间管控水平和治理能力的目标）。③两次邀请国家林业局领导、专家参加《海南省总体规划》研讨会，对林业在海南省“多规合一”中的工作方向、思路、应解决的问题等方面提出宝贵意见和建议。④积极与各有关生态空间管控部门进行对接，协调解决林业与国土、发改、住建、海洋、水务、环保等多个部门的规划重叠问题。截至2015年年底，全省已划定211万公顷林地和213.31万公顷森林红线，123种国家重点保护野生动物、48种国家重点保护野生植物的物种红线和32万公顷湿地红线，编制完成《〈海南省总体规划〉林地保护利用篇》，真正实现全省林地“一张图”管理。

【国有林场改革】 认真贯彻落实中央6号文件和全国林场改革会议精神及省委省政府的部署，成立了海南省林业厅国有林场改革领导小组及其办公室，制订了国有林场改革工作方案，组织开展了为期2个月的调查摸底，并派出3个核查组对各林场填报的材料进行核实。在专题调研、赴外省实地考察学习借鉴的基础上，形成了《海南省国有林场改革实施方案》（草案），并于2015年6月30日向省政府上报了《海南省国有林场改革实施方案》（送审稿），同时向国家林业局、省直有关部门、市县共45个单位征求意见。根据省委书记罗保铭、省长刘赐贵对海南省国有林场改革的批示精神，省林业厅又多次与省编办、财政厅、人社厅、民政厅、扶贫办等有关部门进行沟通，重新修改完善了《方案》（送审稿）。目前，《海南省国有林场改革实施方案》已经省政府第53次常务会和省委第95次常委会审议通过，待国家林业局审批后即可实施。

【林业行政审批制度改革】 海南省林业厅行政审批办公室坚持“依法行政、公开透明、创新机制、高效便民、强化监管”的原则，以简政放权、放管结合、阳光审批为抓手，深化林业行政审批制度改革，全面推行网上审批，减少前置审批，提高行政审批效率。2015年海南省林业厅共审核审批行政事项14 824件，按时办结率和提前办结率均为100%，实现零投诉。

【绿化宝岛大行动】 2015年是绿化宝岛大行动的决战收官之年，海南省努力克服干旱少雨等不利自然因素影响，全力推进绿化宝岛大行动。全省共完成造林1.34万公顷，占年度计划的134%。①2015年10月，省政府召开绿化宝岛大行动现场会，省委书记罗保铭、省长刘赐贵带头在海口市参加群众性义务植树活动，以实际行动号召全民参与绿化宝岛大行动。②制定了《海南主要乡树树种培育技术》《海南省造林技术规程》《白木香栽培技术》《花梨栽培技术》等5个造林技术规程，继续实行领导包片和处室包市县责任制，按照“六个一”模式（一个项目、一个分管领导、一个责任单位、一个工作班子、一个倒排工期计划、一竿子抓到底）推进绿化宝岛工程。③大力推进海口市、文昌市“威马逊”台风灾后恢复重建，加快产业结构调整，发动群众种植高效经济林木，筹措资金扶持群众种植海南油茶、柠檬、花梨和白木香，着力增加农民收入。④海南省林业厅组织全省市县政府分管领导和林业部门领导，参观学习通道绿化建设先进典型经验。东方市采用政府出资、企业承建、农户经营的模式，在高速公路两侧建设高效生态经济林基地，深受群众拥护。⑤开展绿化宝岛建设工程中期成效评估，科学评价各地绿化宝岛所取得的成效。召开全省绿化宝岛现场经验交流会，总结经验，动员和推进绿化宝岛工作，促进绿化宝岛工程深入开展。

【天然林管理保护】 认真贯彻海南省政府《关于加强天然保护工程二期建设的意见》，省林业厅分别与11个天保实施单位签订2015年天保工程森林资源保护目标管理责任书。各单位按照有关要求，科学合理划定森林管护责任区，分别与基层单位和护林员签订了森林管护合同，将森林管护责任落实到具体人员和山头地块，并加强巡山护林及绩效考核，确保45.93万公顷工程区森林资源有效管护。①加快管护站建设，指导实施单位完成12个森林管护站建设，确保完成“十二五”期间95个森林管护站建设任务。②强化资金管理。加强天保工程1.6亿元资金的预算管理，严格执行资金预算使用制度，保证天保资金安全有效。③推进工程建设。组织完成2013年、2014年共0.4万公顷补植补造验收工作，完成2015年尖峰岭林业局、吊罗山林业局0.2万公顷补植补造作业设计。④积极开展《海南省公益林保护建设规划（2010～2020年）》落界工作，累计投入生态公益林资金3.09亿元。完成全省53个公益林预算单位公益林管护检查的单位自查和省级检查工作。⑤全面开展全省保护区、林区生态修复与湿地保护专项行动，严厉打击破坏森林资源违法犯罪行为，各类破坏森林资源行为得到有效遏制。2015年全省森林公安机关共立刑事案件587宗，侦破519宗，抓获犯罪嫌疑人557人，移送起诉399人，分别比2014年提升11.2%、20.1%、6.3%、30%。受理林业行政、治安案件997起，查处962起，林政处罚995人，罚款203万元。

【自然保护区建设】 ①启动新建俄贤岭省级自然保护区的申报工作，积极推进儋州千古盐田红树林省级自然保护区建立的相关工作，开展海南东方黑脸琵鹭省级自然保护区晋升国家级的工作。②完成《海南霸王岭国家级自然保护总体规划（2013～2025年）》修编并获得国家林业局的审批。完成《海南鹦哥岭国家级自然保护总体规划（2015～2024年）》的编制、评审，并上报国家林业局审查。③积极协调海南省国家级保护区管理机构问题。向海南省编委协调鹦哥岭国家级自然保护区的机构设置以及霸王岭、尖峰岭、五指山、吊罗山、大田5个国家级保护区的内设机构问题。根据国家环保部通知要求，与环保厅、海洋与渔业厅组成联合工作组，对全省6个国家级自然保护区内遥感监测情况进行核实。

【林下经济】 为提高林下经济和林业产业品牌质量效益，促进农民增收、农村奔小康，省林业厅联合省财政厅制定了《2015 年度海南省品牌林业发展资金申报指南》，共同对全省 46 个审核合格的林业项目奖励扶持品牌林业发展资金共计 998.29 万元。根据国家林业局《关于公布 2014～2015 年国家林下经济示范基地名单的通知》(办改字〔2015〕106 号)，国家林业局认定海南省 2014～2015 年国家林下经济示范基地共计 3 家单位，目前正按要求组织相关单位编制示范基地建设方案。2015 年全省林下经济新增面积 0.28 万公顷，产值 6.3 亿元，新增就业人数 6468 人。全省林下经济从业人员总计 58.95 万人，面积 14.4 万公顷，产值 122.48 亿元。

【森林保险】 认真贯彻落实海南省政府办公厅《2015 年海南省农业保险工作实施方案》精神，根据海南省森林保险工作实际，联合中国保险监督管理委员会海南监管局共同研究编制了《2015 年海南省森林保险工作实施方案》，进一步完善了海南省林业风险防范保障机制，规范完善了森林保险承保理赔工作要求。2015 年全年共完成森林保险投保面积 74.56 万公顷，完成理赔金额 443.95 万元。完成“威马逊”和“海鸥”超强台风的剩余理赔工作，两次台风累计共赔付 5210 万元。

【森林防火】 加强森林灾害防控，严格落实森林防火责任制，加强森林防火基础和装备建设，全省森林火灾受害率连续 21 年在国家控制目标 0.3‰以下，连续 24 年没有发生重、特大森林火灾。①领导重视，动员部署。省政府高度重视森林防火工作，副省长何西庆亲自带队深入林区检查指导森林防火工作，对森林防火工作做出多次批示，要求全省森林防火工作要以问题导向，以切实解决工作中的薄弱环节和突出问题为抓手，加强火案侦破，抓好森林防火工作。省政府办公厅下发了《关于进一步做好当前农业生产和森林防火工作的通知》(琼府办〔2015〕73 号)，要求各市县、各部门切实履行森林防火责任，全面严防，抓好落实，不留死角。②预防为主，强化宣传。全省共出动宣传车 800 辆次，悬挂宣传横幅 4200 条，张贴宣传标语 72800 张，散发宣传单(画册、公告)38.7 万份，组织各类宣传咨询活动 65 场，制作宣传光盘 250 张，刷新各类永久性宣传牌 500 块。放映《森林防火》科教片 332 场次，观影人数累计超过 10 万人次。③加强演练，严防死守。省防火办和各市县分别举办了各类扑火技能培训和火灾扑救演练，加强森林火险预警信息系统维护和火险监测站点的维护，开展扑救装备和机具检修，组织观摩新型扑救装备实战灭火演练，提高扑救队伍和人员的素质技能。各市县、各单位认真落实联防联保责任，对辖区内的重点区域、重点部位、重要时段的火源死看死守，确保林区安全。④推进项目建设，夯实基础。《海南省森林火险预警监测系统建设项目》《海南省森林防火信息指挥系统建设项目》和《海南省森林防火通信系统建设项目》3 个项目通过国家林业局的项目资金稽查，并完成了竣工验收。编制和通过了《海南省森林防火重点工程综合治理项目》初步设计及专家评审，落实了项目 528 万元的地方配套资金，协调省财政厅完成了项目专业扑火队营房建设部分的资金下拨市县和林区工作，确保了中央投资项目的开工建设。⑤完成法规修订，依法治火。2015 年 5 月 27 日省第五届人民代表大会常务委员会第十五次会议审议通过修订后的《海南森林防火条例》，海南成为全国第 15 个完成修订《森林防火条例》实施办法的省份。

【森林病虫害防治】 全面落实重大林业有害生物防控目标责任制度，积极开展以释放寄生蜂等生物防治为主，以挂药包法等化学防治为辅的综合防治措施，有害生物疫情得到有效遏制。①全省累计生产和释放椰心叶甲寄生蜂 32 228 万头(其中姬小蜂 25 637 万头，啮小蜂 6591 万头)，放蜂点分布全省 19 个市县。挂药包防治疫树 30 万株次，超额完成 15 万株防治目标。②薇甘菊防治。按照“全面控制薇甘菊危害、压缩发生面积”的责任目标要求，组织薇甘菊发生的各市县全面加强薇甘菊防治，全省共防治薇甘菊 800 公顷。③椰子织蛾防治。2015 年全省共防治椰子织蛾面积 749.4 公顷，控制了疫情的扩散蔓延。④认真开展林业有害生物监测预报工作。2015 年主要林业有害生物发生面积 2.53 万公顷，按种类分：病害发生 346.7 公顷，虫害发生 1.04 万公顷，有害植物 1.45 万公顷；按程度分：轻度 1.71 万公顷，中度 6186.7 公顷，重度 1966.7 公顷。⑤加强林业有害生物防治项目建设工作。《海南省椰心叶甲等林业有害生物检疫除害基地建设》项目已经完成场区、实验室、熏蒸库、地灌设备间等土建工程并通过验收，熏蒸设备已经安装完成并通过验收。《海南省薇甘菊等林业有害生物综合治理基础设施建设》初步设计已经获得省林业厅审批，目前项目正在实施中。

【森林旅游】 ①大力推进森林公园建设工作。对新批建的兴隆侨乡国家森林公园、博鳌省级森林公园和六连省级森林公园的总体规划组织专家召开评审，新建了海南牛岭省级森林公园。海南热带天堂森林公园入选了国家生态旅游示范区。②加快森林公园基础设施建设。吊罗山国家森林公园旅游公路已进入项目实施阶段，该项目总投资 1.2 亿元。拟设立海南陵水牛岭省级森林公园前期工作已完成，等待审批。③积极开展森林旅游宣传工作。组织参加 2015 中国森林旅游节暨生态休闲产业博览会，开展 3D 视频宣传，积极展示海南黄花梨工艺品、沉香、海南特色食品等，推荐海南森林旅游线路，吸引众多游客前来观看和参与，被国家林业局评为最佳展示奖和最佳展区活动策划奖。2015 年，全省森林公园旅游总人数约 500 万人次，旅游门票总收入超过 2.5 亿元。

【花卉产业】 大力发展热带花卉产业，成功举办了海南省第十四届迎春花市活动和绿化宝岛首届海口迎春花市活动，在兰花博览会期间举办了海南花卉产业高峰论坛，邀请国内知名专家和企业家莅临演讲，为企业和花农搭设了市场和交流合作平台。编写完成《海南大力发展特色花卉产业情况》。与省农业厅一起组织申报、评审和认定首批海南省省级现代农业示范基地。海口柏盈兰花产业园、海南荣丰热带高新技术产业园和三亚亚龙湾国际玫瑰谷等 3 家林业基地被认定为首批省级现代农业示范基地。全省花卉种植面积达 8200 公顷，花卉企业717家，从业人员5万人，年销售额17.4亿元。

【木材经营加工】 ①加强木材经营加工管理，大力推进海口市、澄迈县大型木材加工交易市场(园区)建设工作。2015年，全省木材加工行业从业人员2.2万人，木材加工产值达到97亿元。②严厉打击违法运输木材和违法经营加工木材行为。全省木材管理部门共计查处违法运输和违法经营加工木材案件223起，行政处罚244人，没收非法木材686.2立方米，没收违法所得3.26万元，行政罚款23.75万元。③抓好执法队伍建设工作。分别在屯昌和海口举办三期全省木材经营加工管理业务培训班和全省木材检查站站长业务培训班，加强对基层木材检查站执法检查，全年林业系统没有发生公路"三乱"行为。④积极开展基层木材检查站建设工作，按照政府采购程序，开展文昌市罗豆、万宁市长丰等8个基层木材检查站的设备购置项目建设工作。

【林木种苗】 ①开展全省油茶种苗情况调查，加强油茶种苗的管理。海南现保存油茶成林面积1488.3公顷，新造油茶林面积1331公顷，共计2819.3公顷。海南油茶主要分布于海口、定安、琼海、屯昌、琼中、儋州、澄迈、五指山等市县。全省共有油茶苗683.2万株。②加强全省林木种苗行业监管。组织种苗科技专家深入种苗生产基地指导基地建设和种苗生产，组织指导国营枫木林场开展树木园和林木种质资源保存库建设。初步完成全省161个3.3公顷以上大型苗圃GPS定位。③加强国家重点林木良种基地和良种补贴项目的管理。根据《国家重点林木良种基地考核办法(试行)》文件要求，对临高国家级重点林木良种基地进行了考核自查并报国家林业局备案。目前，全省10个国有林木良种培育基地已有7家通过验收、评审。④对享受中央林木良种补贴的育苗单位苗木库存量(历年)进行统计。组织国有育苗单位开展2015年的中央林木良种补贴的资金申请工作，共申请到中央财政林业补助资金1130万元。目前，全省苗圃数量612个，办理"两证"手续齐全的苗圃共有515家，占全部苗圃数的84.15%。总占地面积达4000公顷。全省育苗总量为16 735.35万株。全省林木种苗产值约达30亿元。

【野生动物驯养】 依法加强对陆生野生动物驯养繁殖产业管理。①根据国家林业局要求，在全省范围开展为期1个月的野生动物驯养繁殖清理整顿活动，进一步规范海南省的人工驯养繁殖野生动物产业。②加强对陆生野生动物驯养繁殖产业的管理。对已取得驯养许可证的合法养殖场，加强指导。海南省主要养殖虎纹蛙、龟类、蛇类、实验猴、果子狸等野生动物，2015年野生动物驯养繁殖场新增43家。③编制海南省野生动物养殖技术规程。海南省野生动植物保护管理局委托沈阳师范大学、海南师范大学等院校编制海南省滑鼠蛇、眼镜蛇、果子狸、中华花龟、苏卡达陆龟和黄喉拟水龟的养殖技术规程，促进野生动物驯养产业健康发展。2015年全省野生动物驯养繁殖场达250多家，产值7亿多元。

【野生动物疫源疫病监测】 加强野生动物疫源疫病监测防控。①转发《国家林业局关于切实做好春季野生动物疫源疫病监测防控工作的通知》，与海南省动物疫病预防控制中心联合印发2015年野生动物口蹄疫、高致病性禽流感等重大动物疫病流行调查方案的通知。②组织各市县林业部门和各疫源疫病监测站60人，举办全省陆生野生动物疫源疫病监测防控和野生动物管理工作培训班，有效提高各级工作人员的疫源疫病监测防控、动物识别和执法能力。③开展不间断的监测防控工作。全省33个陆生野生动物疫源疫病监测站实行24小时应急值守制度，每天通过专用网络系统上报疫情，到目前未发现禽流感疫情，确保海南无疫区安全。由于海南省疫源疫病监测工作突出，海南东寨港国家级自然保护区管理局和鹦哥岭省级自然保护区管理站被国家林业局评为保护森林和野生动植物资源先进集体；莫燕妮、王合升、谢林顺等3人被评为先进个人。

【湿地保护】 截至2015年年底，全省有湿地面积32万公顷，分为5类18型，遍布全省的各种热带湿地，既是海南省自然生态系统的重要支撑，也是美丽海南的重要景观资源。其中海南红树林海岸是中国最独特的湿地类型，已经成为海南岛一道亮丽的风景。①开展"世界野生动植物日"暨"爱鸟周"宣传教育活动。在澄迈红树湾湿地公园，举办主题为"湿地，我们的未来"的宣传教育活动。在定安县海南热带飞禽世界，举办2015年"世界野生动植物日"暨"爱鸟周"宣传教育活动。在东寨港国家级自然保护区和清澜港省级自然保护区旅游景点，张贴湿地保护宣传画2000多份，提高公众保护湿地的意识。②举办第三届海南(东寨港)观鸟节，吸引了省内外26支观鸟队伍参加比赛，省内外社会各界、大专院校、中小学校等团体2000多人前来参与，增强了全社会爱鸟护鸟、保护红树林湿地的自觉性。③加强湿地资源保护与恢复的科研工作，推动保护区与省内外科研院校开展科研合作项目。GEF(全球环境基金)项目首席技术顾问马敬能博士专程考察了海南东寨港、东方黑脸琵鹭保护区、新盈红树林国家湿地公园、新英湾保护区等，先后与地方政府座谈交流以及举办培训班，2015年度累计举办政府相关官员培训班8场，参加者达到280人次。

【基础保障建设】 ①组织开展对2013～2014年涉农资金专项检查和中央财政专项资金稽查活动，协调省财政厅、省发展改革委下达各项林业建设资金11.4亿元。②印发《海南省天然林资源保护工程一次性安置职工社会保险补贴实施方案》。指导林区林场编制总体规划，投入1300多万元完成尖峰岭林区饮水安全工程改造升级。③完成中央财政林业科技推广示范资金跨区域类项目《海南林下经济复合经营技术示范推广》和国家"948"项目《越南黄花梨种源及培育技术引进》的国家现场查定和验收的系列工作，通过了国家林业局组织的现场查定和验收。向国家林业局申报了林业"948"项目1个、林业生态站监测运行项目1个、林业行业标准制修订项目2个、中央财政林业科技推广项目14个，拟申请中央财政资金1471.5万元。④推广林业自动办公系统，全省林业系统公文流转实现电子化，林业系统上线网站达67个。⑤大力加强林业立法，修订实施《海南森林防火条例》，组织全省500多名林业执法人员参加执法考试，省林业厅被评为海南省"六五"普法先进单位。⑥加强安全隐患排查治理。严格执行生产工人日常自查、业务部门每月排查、林区林场季度检查的三级安全隐患排查制度，对重点区域和部位进行安全隐患排查，强化应急管理，确保林业生产安全。

【机关建设】 ①强化理论学习，落实从严治党要求。认真学习习近平总书记系列重要讲话精神，严格遵守习近平总书记"五个必须、五个决不允许"和"四个牢固立起来"要求，牢固树立政治意识、大局意识，印发《中共海南省林业厅党组中心组学习计划》和《海南省林业厅关于学习贯彻习近平总书记系列讲话精神的实施方案》，认真抓好落实。②扎实推进"三严三实"专题教育，厅党组理论中心组集体学习11次，组织开展座谈讨论7次，邀请专家学者进行专题辅导7次，召开专题研讨6次。建立"不严不实"问题台账，整改率达92%。③加强基层组织建设。印发《海南省林业厅加强基层党组织工作方案》，组织126名党组织书记参加省直机关党支部书记培训，完成了110个基层党组织的换届选举工作。2015年发展党员15名，一线护林员和大学生人数占发展党员总数70%，党员质量有了明显提高。④加强领导班子和干部队伍建设，配齐配强各级领导班子。扎实开展公务员在线学习，举办各种培训班47期，参加人数1756人次。⑤按照职权法定、程序合法的要求，制定"权力清单"和"责任清单"，梳理权力事项共25大项34子项(行政许可16大项25子项、行政处罚7项、行政征收2项)，并在省政府网站上向社会公示。严格落实中央八项规定和省委省政府二十项规定。2015年省林业厅机关发生公务车辆运行费用82.12万元，同比下降33%；发生公务接待费用7.85万元，下降16%；发生出国出境费用8.5万元，下降42%。

【党风廉政建设】 ①深入贯彻全面从严治党要求，适应党风廉政建设新常态，完善作风建设常态化机制。层层签订《党风廉政建设责任状》，制定《海南省林业厅2015年党风廉政建设和反腐败工作任务分解》和省林业厅2015年度党风廉政建设责任制考核个性指标。②认真学习贯彻《中国共产党廉洁自律准则》和《中国共产党纪律处分条例》，制订了《海南省林业厅深入学习贯彻〈准则〉和〈条例〉的实施方案》，购买《准则》《条例》学习读本200本、《学习资料汇编》300本。举办《准则》和《条例》辅导讲座，全面加强对《准则》和《条例》的学习研读。③组织机关党员和家属以直属单位班子成员120人到省反腐倡廉教育基地参观，举办林业系统警示教育专题报告、观看警示教育片、开展警示教育座谈会，以红促廉，以黑警廉，强化警示教育。2015年林业厅7名直属单位主要负责人涉嫌受贿问题暴露后，厅党组制订了《省林业厅开展廉政教育活动安排实施方案》，及时公布省纪委廉政账户，指派厅纪检组深入到林区林场，联系身边的反面典型案例，以案说法。同时对违反中央"八项规定"的6人给予党纪处分，对7名人员涉及参与营利性活动问题进行了清理。

（海南省林业由慕立忠供稿）

重庆市林业

【概　述】 2015年，重庆市林业工作按照市委、市政府决策部署，深入落实五大功能区域发展战略，全面实施五大林业行动，加快建设长江上游重要生态屏障。完成营造林21.93万公顷，森林覆盖率45%，林木蓄积量1.97亿立方米，林业产业总产值662亿元，林业投入38.04亿元，林业生态文明建设取得新进展，圆满完成"十二五"各项林业目标任务。

生态保护行动 严守林地、森林和湿地三条"红线"。市政府发布林地变更调查成果，印发《重庆市林地保护管理规定》。编制完成全市"十三五"采伐限额。市政府发布《重庆市重点保护野生植物名录(第一批)》，开展崖柏、缙云黄芩等极小种群植物的繁育研究和野外回归。建成全市自然保护区的基础信息库和古树名木管理信息平台。市政府发布第二次湿地资源调查成果，编制完成《重庆市湿地保护利用规划》(2015～2030年)，成功召开长江湿地网络年会。加强航空消防，推广"以水灭火"技术，全年仅发生森林火灾8起，受害面积5.2公顷，取得近十年来的最好成绩。市政府办公厅出台《关于进一步加强林业有害生物防治工作的实施意见》，实施轻型直升机防治作业5.67万公顷次，林业有害生物得到有效防控。全市无陆生野生动物疫情发生。

生态修复行动 依托国家重点工程，大力推进国土绿化。完成人工造林14.93万公顷，封山育林7万公顷，中幼林抚育13.33万公顷。孙政才书记多次要求加大退耕还林力度，市政府办公厅出台《关于新一轮退耕还林还草的实施意见》，《重庆市新一轮退耕还林还草工程实施方案》由市政府审定后已报国家相关部委，全面完成2014年工程任务4.33万公顷，完成2015年工程任务2.71万公顷。完成2011～2013年度三峡后续植被恢复项目清理工作，国务院三峡办批复2015年三峡后续植被恢复项目10个，建设规模2.57万公顷，补助资金7亿元。制订《三峡水库生态屏障区生态林管护办法》并上报市政府。全面落实300.33万公顷公益林管护责任，2014年度公益林生态效益补偿金兑付率达到99%。完成石漠化综合治理1.37万公顷，试点区县增加到17个。编制《重庆市森林经营工程规划》《重庆市退化防护林改造工程规划》，完成森林抚育补贴4.37万公顷、造林补贴2.33万公顷。实施国家木材战略储备基地建设项目600公顷。

生态富民行动 制订《2015～2017年林业扶贫攻坚

行动方案》。明确每年投入到贫困区县的林业工程项目资金不低于26亿元，并保持10%的年投资增长率。出台支持贫困户脱贫致富的十条政策措施和相应的操作办法。市林业局机关和各直属单位落实对口帮扶村社或帮扶点，建立“一对一”帮扶制度。市政府办公厅出台《关于加快木本油料产业发展的实施意见》，印发《重庆市木本油料产业发展规划》，新建3000公顷、改造333.33公顷油茶基地。编制《重庆市林业产业发展规划》。编制完成《重庆市森林公园发展规划》，出台《重庆市森林人家申报管理办法》，新建市级森林公园1个、森林人家100个，森林旅游人数达6400万人次，实现森林旅游收入98.5亿元。成功举办首次林业产业发展招商会，推出招商项目150个。落实3000万元扶持80个特色产业项目，落实500万元扶持100家森林人家，落实300万元扶持林业专业合作社能力建设。首次建立1000万元的市级林业贷款贴息专项资金。出台《重庆市级林业龙头企业认定管理办法》。加快荣昌等地林业生物产业发展。与市统计局联合开展林业产值统计体系研究。

生态服务行动 进一步提高林业开放程度，首次发布市级以上森林公园旅游线路图和10个森林生态旅游圈。“国际森林日”期间，全市83个市级以上森林公园、16个自然保护区、22个湿地公园免费向市民开放，吸引200万人次走进森林。坚持空气负氧离子日测日报，并向社会公布，全市森林空气负氧离子平均含量由2014年每立方厘米925个提升到980个，生态质量有所提升。探索研究《重庆市林业资源资产负债表编制》《重庆市生态文明综合评价林业公报指标体系构建与编制》。

生态文化行动 孙政才书记、黄奇帆市长等市领导带头参加春季义务植树，共建绿色家园。组织7次义务植树活动，继续开展绿地、林地、名木古树的认建认养活动，义务植树尽责率达到90%以上，义务植树6100万株。开展“共建库区生态屏障记者行”、全市生态文明建设大会一周年等主题宣传活动，开展缙云山、大巴山等保护区系列科普活动。在“3·3世界野生动植物日”“爱鸟周”等生态宣传活动期间，解救、放生野鸟300余只。缙云山保护区等5家单位获评首批“中国森林氧吧”，评选首批10个“重庆最美森林氧吧”。新增5个“全国生态文化村”，评选6个“重庆市绿色新村”。社会植绿、爱绿、护绿的意识逐渐增强。

林业改革 市委、市政府将国有林场改革工作纳入2015年度重点改革内容。张国清副书记、刘强副市长多次对国有林场改革作出指示。编制完成《重庆市国有林场改革实施方案》，已经市政府常务会审议通过。集体林权制度改革深入推进，流转集体林地0.54公顷，流转金额7131万元。森林保险面积达345.87万公顷，新增林权抵押贷款10亿元。森林认证试点取得实质进展，德国莱茵TüV认证机构向重庆理文造纸有限公司颁发1万公顷竹林地FSC森林认证证书。开展林业碳汇交易研究与林业碳汇计量体系建设。

林业科技与对外合作 林业科技创新进一步加强。开展科学研究40多项，获得科研成果30多项，获得省部级科技奖励3项。研究出三峡库区防护林营建以及适宜海拔800米以上区域发展的核桃优良品种等实用技术和良种。实施科技推广项目40多项，推广先进技术和良种近50个，编印《重庆林业科技推广示范集锦(1)》。开展技术培训近4万人次。完成技术标准项目11项，全市林业生产标准使用率达到60%以上。重庆武陵山森林生态国家定位观测研究站正式启用。编制完成《重庆市“十三五”林业信息化建设规划》。林业对外合作步伐加快。加强与美国、加拿大、韩国等国家的交流合作，国家林业局批准缙云山国家级自然保护区与美国明尼苏达河谷野生动物保护区签订合作备忘录，积极推进欧投林业项目。组织参加国内林业展会，圆满完成第三届中国绿化博览会、2015中国森林旅游节重庆展区的建设工作。

基础保障能力 科学编制“十三五”林业发展规划。坚持问题导向，注重补短板、强实体、添项目，精心谋划“十三五”林业发展思路。深入开展基础资料收集和调研，广泛听取各方意见，初步提出全市未来五年林业发展主要目标、总体布局、重点任务、重大工程、保障措施等。依法治林稳步推进。完成《重庆市湿地保护条例》立法省外调研，开展《重庆市公益林管理办法》立法调研。完成行政审批事项清理，共保留行政审批项目20项，将6项非许可审批调整为内部审批；完成其他行政权力清理，共保留62项行政权力，下放区县67项。网上行政审批正式运行。完善规范性文件合法性审查机制，清理107件，废止71件，补充完善备案审查36件。查处各类森林和野生动植物违法犯罪案件6155起，挽回各类经济损失3815万元，未发生重特大涉林违法犯罪案件。开展非法侵占林地清理排查专项行动，共查处违法违规占用林地809起，面积234.25公顷，蓄积2751.9立方米，立刑案17件，行政问责93人。林木良种管理水平进一步增强。编制《重庆市2016~2020年良种发展规划》，加强林木良种基地建设，强化林木良种选育、品种审认定、质量监管，全市林木良种使用率达65%。

（重庆市林业由刘洪平供稿）

四川省林业

【概　述】 2015年，四川省林业认真贯彻党的十八届三中、四中、五中全会和习近平总书记系列重要讲话精神，深入落实四川省委十届六次、七次全会精神，紧紧围绕四川省委、省政府和国家林业局决策部署，主动适应新常态，全力服务新常态，扎实推进“六个林业”建设，圆满完成年度目标。全年落实省级以上林业财政投入103亿元，营造林58.37万公顷，增加森林面积12.6万公顷、森林蓄积1850万立方米，森林覆盖率提高到36.02%，林业生态服务价值达到1.65万亿元；实现林业总产值2600亿元、农民人均林业收入1120元，分别增长11%和8.4%；森林火灾损失率0.018‰，林业有害生物成灾率0.21‰，涉林案件综合查处率95.7%。

【生态建设保护】 依托重点生态保护建设工程，“三生态一多样性”建设成效明显。加强森林生态建设，实施珍稀树木、碳汇造林、血防造林、造林补贴、国家储备林等项目，人工造林22.8万公顷，封山育林6.4万公顷，抚育中幼林18.3万公顷，改造低产低效林10.87万公顷，义务植树1.56亿株。积极开展森林城市及绿化模范城市创建，申报推荐了一批全国绿化模范县、先进集体、劳动模范和先进工作者。完成农田林网和平原绿化1333.33公顷，建设绿色通道5000千米，全省绿化覆盖率达到65%。完成天保工程二期中期评估，国家提高国有林管护和“五项保险”标准并增加四川天保经费近4亿元，落实工程“四到市州”和政府、林业“双线”目标责任制，有效管护森林1733.33万公顷，全面兑现553.13万公顷集体公益林补偿。四川省政府办公厅出台新一轮退耕还林还草实施意见，协调相关部门在全国率先采取“增”“调”“先退后调”等具体落地办法，完成新一轮退耕还林任务6.13万公顷和荒山造林6866.67公顷；实施巩固成果专项建设16.75万公顷。加强湿地保护，承办第一届海峡两岸湿地保护交流研讨会，批建省级湿地公园7个，新增国家湿地公园试点5处，新建成国家湿地公园1处。推进荒漠化治理，省政府办公厅发文加强防沙治沙工作，巩固和治理沙化土地2.81万公顷，完成石漠化综合治理504平方千米，启动了干旱半干旱地区生态综合治理试点。加强生物多样性保护，繁育大熊猫23胎35仔，全球首只异地放归大熊猫野外产仔，举办了香港海洋公园“四川日”活动并签署合作备忘录。卧龙灾后重建全面完成，芦山地震灾后生态恢复重建完工90.4%，恢复震损林地植被2.83万公顷、大熊猫基因交流走廊带1600公顷、大熊猫栖息地1.28万公顷。

【林业产业发展】 第二轮现代林业重点县培育成效显著，39个现代林业重点县通过省级验收。省政府办公厅出台加快木本油料产业发展实施意见，培育木本油料等林业产业基地32.53万公顷，建成“万亩林亿元钱”示范片48个、3.4万公顷。成都平原区林板家具、川东北特色经济林、川南竹产业和川西生态旅游四大集群实现林业产值1850亿元，占全省林业总产值的74%，集群内各县(市、区)农民人均林业收入1290元，比全省人均收入高170元。申报认定“省级现代林业示范园区”2个，启动建设现代林业产业发展综合试验区。认定全国林下经济示范县2个、示范基地3个，林下经济实现产值605亿元。油茶产值首次突破亿元大关。新型经营主体不断壮大，林业示范专业合作社新增国家级19个、省级36个，林业专业合作组织突破3700个，林业类家庭农场突破300个，亿元以上涉林企业130家。生态旅游发展加快，新增国家级森林公园3个、省级4个，举办花卉(果类)、红叶、大熊猫等系列生态旅游节46场和首届生态旅游博览会，启动全省森林风景资源普查，开展了国家级森林氧吧推广，生态旅游实现直接收入658.6亿元。举办首届“森林康养年会”，在全国率先推进森林康养并被纳入全国林业和省委“十三五”规划建议，启动了首批10处试点示范基地建设。

【林业脱贫攻坚】 印发《关于贯彻落实省委十届六次全会精神大力推进林业扶贫攻坚的意见》，明确了四川林业精准扶贫的工作思路、原则、目标和“六大行动”。制定了林业扶贫攻坚、帮扶卧龙特区、三方共扶汶川县大寺村等实施方案以及林业厅干部驻村帮扶工作考核办法，开展了生态补偿脱贫方案专题调研。新一轮退耕还林等重点生态工程建设向贫困地区倾斜，全年投入四大连片贫困地区林业扶贫资金58.67亿元，占省级以上林业财政总投入的56.8%。支持40个贫困村开展新村绿化。开展以成果转化等为主要内容的林业科技服务基层“七大行动”，全省培训林业科技服务型、专业技能型、经营管理型能人500名，基层林业技术骨干1000人次，带动培训技术工人和林农20万人次。举办四大片区生态旅游扶贫开发培训班，集中培训了四大片区市州林业部门负责人及88个贫困县的百余名村干部。选派9名干部到汶川等贫困地区开展帮扶工作，牵头完成汶川县扶贫攻坚专项督查，召开了卧龙特区脱贫攻坚动员大会。

【林业重点改革】 开展集体林权主体改革“回头看”，核查纠错林地15万宗、林权证8.3万本。联合省委农工委、人民银行成都分行、银监会四川监管局开展了以经济林木(果)权证等为主的“两证一社”新型林权抵押贷款改革试点，5个试点县发放贷款超2亿元，目前试点范围已扩大到32个县。林权流转交易平台网点达到60个，剑阁县实施全省首例林权流转网上竞价交易，成交溢价279%。国有林场林区改革稳步推进，成立了以曲木史哈副省长任组长、17个省级部门为成员的改革领导小组，明确了成员单位职责和工作方案，牵头形成了《四川省国有林场改革实施方案》并征求相关意见、通过专家审查。完成国有苗圃改革调研。涉林生态保护体制改革扎实推进，省政府办公厅出台《完善生态脆弱地区生态修复机制专项改革方案》，启动了省级湿地生态效益补偿、野生动物危害补偿等改革试点。制定并启动了《四川省探索非国有公益林政府赎买政策专项改革试点方案》。出台《川西藏区生态保护与建设林业项目管理办法(试行)》，配合制定了《四川省生态文明体制改革实施方案》和《四川省党政领导干部生态环境损害责任追究实施细则》。启动了以森林公安为主的林业综合行政执法改革调研。

【森林资源管理】 省政府发文要求全面建立保护发展森林资源目标责任制，“十二五”森林资源“双增”目标如期实现。扎实开展非法侵占林地清理排查专项行动及其查处问责，排查发现非法占用林地2000余宗1700余公顷，挂牌督办一批典型案件。省政府办公厅发文加强林地保护管理，强化建设项目使用林地的审核审批。依法支持双江口水电站、汶马高速、无电地区电网等30余个重大工程和民生项目使用林地1.6万余公顷，争取国家备用定额支持两河口水电站占用林地近8500公顷，支持芦山灾后重建使用林地560余公顷。征收森林植被恢复费8亿余元。完成“十三五”采伐限额编制并向国务院上报了建议指标，启动了集体林木相对集中、联合采伐和采伐权公开拍卖试点。全省启用全国林木采伐和林地审核审批两大管理系统，核发林木采伐许可证12万份、225万立方米。启动了全省林地变更调查，39个县(市、区)森林资源二类调查通过验收或完成外业。

【林业依法治理】《四川省野生植物保护条例》正式实施，省人大首次专题审议林木种子管理工作，开展了集体林权流转管理条例立法调研。修订到期规范性文件并出台，全面完成林业"六五"普法规划。审核清理林业行政权力事项并编制责任清单、界定责任边界，推进三级联审试点，办结各类许可申请事项2504件，同比增长29.07%，按时办结率、现场办结率、群众满意率均达100%，提前办结率99.94%。联合省高级人民法院、省人民检察院、省公安厅开展打击非法占用林地违法犯罪"林地行动"，联合省综治办创建"平安林区"并分别纳入目标考核，"雷霆行动""禁种铲毒""缉枪制爆""种苗执法"等专项行动成果显著，涉林违法案件数量同比下降17.23%，侦破查处9944起，其中刑事案件963件，依法打击1.37万人次。

【林业防灾减灾】加强森林火灾监测预警、火源管控、能力建设和科学扑救，租用6架飞机开展森林航空消防，成功探索野外移动加油航空扑救火灾新路子。更新11个市州高清视频会议系统，9个重点火险县(市)开展森林防火综合能力试点示范，以水灭火、视频监控等试点项目进展顺利，火灾次数220起，过火面积1407公顷，受害森林303公顷，分别同比下降49.8%、70.1%、60.4%，连续5年无重特大森林火灾和群死群伤事故。省政府办公厅出台了《关于进一步加强林业有害生物防治工作的实施意见》，与交通、气象、铁路、邮政、出入境检验检疫等部门及周边建立林业有害生物协作防控机制、联席会议制度，开展了政府购买社会化防治和无人机监测服务试点，开展林业有害生物普查，防治各类林业有害生物50.67万公顷，无公害防治率达98.53%，未发生重大林业有害生物灾害和野生动物疫情。森林保险减灾作用得到发挥，在保林地占全省林地总面积的97.5%，完成理赔1222起。落实安全生产责任制，连续9年未发生安全生产事故和人员伤亡。

【林业创新驱动】与北京林业大学、四川农业大学等签署战略合作协议，搭建提升6个林业科技创新平台，研发新成果、新技术、新标准60余项，62项优秀成果参评省科技进步奖。推广实用技术30项、示范面积1.33万公顷，提升和新建标准化示范园区5个、科技示范基地(点)40个，林业科技成果转化率达到55%、贡献率达43%。林产品质量安全检测片区站和县级站能力建设全面完成。林木种苗数据采集统计与发布系统建成运行，审(认)定林木品种27个，开展了核桃品种分区域对比试验，生产苗木近10亿株，种苗抽检质量居全国前列。主要造林树种良种使用率首次纳入市州林业部门目标考核，提高了4.7个百分点、达到55%。签订国际国内多双边战略框架协议(备忘录)9项，"送出去"交流培训及技术服务132人次，"迎进来"咨询洽谈访问600余人次，引进国外智力18项，中日林业治山模式全国推广。基本建成全省林业数据管理服务中心、集体林权管理系统、林业电子政务协同办公系统，成功申报全国林业信息化示范市县3个、示范基地3个，成为全国林业生态建设与保护北斗示范应用示范省。

【支撑保障能力】会同财政厅出台林业补助资金、森林公安补助资金管理办法，省级以上林业财政投入增长3.8%。编制形成《四川省林业"十三五"发展规划》(初稿)并多次征求意见，积极对接国家长江经济带自然生态保护与恢复、山体生态修复等规划。基层站所建设得到加强，联合省委编办、省发改委和财政厅出台了《加强基层林业站能力建设的意见》，新建成14个国家标准化基层林业站，3个县完成基层林业站整体建设。新申报一级森林公安派出所4个，新命名二级10个、三级17个和首批"全省森林公安示范派出所"6个。中央投资加强10个市县级种苗机构能力建设。落实国有林区外部链接公路建设4319千米。林业对外宣传积极有效，联合开展了"绿色中国·四川行""绿色发展·构筑生态文明新家园"等大型系列宣传活动和新闻发布会，新华网关于四川长江上游生态屏障建设报道受到张高丽、刘奇葆等中央领导充分肯定，中央和省市各类媒体刊发四川林业新闻近2600篇(条、部)。

【林业大事】

1月14日 四川省人民政府办公厅印发《关于实施新一轮退耕还林还草的意见》(川办发〔2015〕4号)。4月，省政府与各市(州)人民政府签订工程建设责任书。

2月 四川省林业厅、省委农工委、人行成都分行、银监会四川监管局在宜宾、朝天等5个县区联合开展了以"两证一社"为主要内容的林权抵押贷款改革试点。

2月5日 四川省委办公厅、省政府办公厅印发《2015年全省十项民生工程及20件民生大事实施方案》(川委办〔2015〕4号)。

3月1日 巴中市通江县铁厂河林场天保工程"最美护林员"景祥俊获得由中华全国总工会颁发的"全国五一巾帼奖章""全国五一劳动奖章"。

3月21日 四川省委书记王东明，省长魏宏与省和成都市党政军负责人、机关干部等，在天府新区成都片区兴隆湖南岸参加春季义务植树活动，栽植垂丝海棠、红豆杉、紫玉兰等优质树木大苗300余株。王东明随后实地考察调研了天府新区生态文明建设工作。

4月24日 四川省政府办公厅印发《关于加快木本油料产业发展的实施意见》(川办发〔2015〕36号)。

5月9日 四川省林业厅与香港海洋公园签署合作协议，正式确立在该海洋公园长设"四川自然保护日"活动，更获港方提议升格为"四川周"。

6月2日 四川首个省级林业电子商务平台"天府林产"上线。

6月4日 全省首例林权流转网上竞价在剑阁县林权交易平台上展开，开创了全省林权流转网上交易先河。

6月12~18日 "四川首届生态旅游博览会"在江

油市举办。

7月25日 中国(四川)首届森林康养年会在四川省洪雅县玉屏山开幕。会议由国家林业局、四川省林业厅、四川省旅游局、眉山市政府等单位主办，洪雅县政府、四川省生态文化促进会承办，洪雅林场和洪雅巴登黑森林投资有限公司协办。年会以“体验森林康养 订制美好生活”为主题，共有来自四川21个市(州)林业局代表以及国际国内森林康养专家、企业代表等参会。

8月18日至10月18日 第三届中国绿化博览会在天津市武清区举行，由四川省组织建设参展的四川园荣获最佳植物配置奖和优秀展园银奖。

8月20日 四川省政府办公厅印发了《关于成立四川省国有林场林区改革领导小组的通知》(川办函〔2015〕147号)。

8月24日 四川省政府副省长曲木史哈主持召开四川省国有林场林区改革领导小组第一次会议，专题研究部署四川省国有林场林区改革工作，标志着四川国有林场林区改革工作正式启动。

9月25日 2015中国四川大熊猫国际生态旅游节暨都江堰首届大熊猫生态旅游节正式开幕。开幕式上，都江堰市政府与四川省生态旅游协会签订《推进生态旅游发展合作框架协议》，青城山－都江堰风景名胜区管理局与九寨沟风景名胜区管理局、黄龙国家级风景名胜区管理局签订《中国精品景区(营销)联盟协定》，泰国南奔市市长与都江堰市市长互换文化交流协议文本，开启全新的文化交流之旅，并宣布举办“都江堰世界嘉年华——泰国文化风情周”系列活动。

11月24日 四川省林业厅在崇州市举办四大片区(川西藏区、大小凉山彝区、秦巴山区和乌蒙山区)生态旅游扶贫开发培训班。四大片区市州林业部门负责人及88个贫困县的百名村干部参加了培训。

12月28日 四川省委编办、省发展改革委、财政厅、林业厅联合印发《关于加强基层林业站能力建设的意见》(川林发〔2015〕74号)，这是四川省首次由省级相关部门就林业基层服务体系建设单项工作联合出台意见。 (四川省林业由张革成供稿)

贵州省林业

【概　述】 2015年，贵州省林业系统按照省委、省政府和国家林业局的安排部署，以“三严三实”专题教育为契机，埋头苦干，狠抓落实，奋力推动林业工作取得新进展，实现“十二五”林业发展规划圆满收官。

造林绿化 全省完成营造林面积48万公顷，比2014年增长50%。截至2015年年底，全省森林面积达到880.67万公顷，森林蓄积量达4.13亿立方米，森林覆盖率超过50%。年度森林生态系统服务功能总价值量达4200亿元以上。

重点工程 全面完成2014年度国家新一轮退耕还林工程4.7万公顷任务，争取到2015年度任务10.7万公顷。完成巩固退耕还林成果建设任务7万公顷、石漠化综合治理林业工程营造林10.3万公顷、天保工程公益林建设任务1.2万公顷。

城乡绿化 完成义务植树5884万株，参加义务植树1415万人次。累计投入城乡绿化建设资金21.57亿元，高标准完成景观绿化面积1.5万公顷。

林业改革 《贵州省林业生态红线保护党政领导干部问责暂行办法》出台实施，《贵州省林业自然资源资产负债表价值量表编制工作实施方案》《贵州省国有林场改革方案》编制完成。全省各类林业合作经济组织发展到2601个。

林业产业 安排省级林业产业专项资金3200万元，对147个项目进行贴息、补助，撬动社会资本10.12亿元投入产业发展，其中安排1000万元扶持43个农民林业专业合作社、典型企业和大户建立林下经济示范基地。完成刺梨、油茶、核桃、茶叶、精品水果等经济林产业基地建设6.6万公顷以上。完成中央财政森林抚育补贴和低产林改造等6.6万公顷，辐射带动面上森林抚育26.6万公顷。省级林业龙头企业达到113家，其中新认定55家、审定58家。牵头实施的7个现代高效农业示范园区入驻企业106个、专业合作社71个，建设基地面积1.3万公顷，从业农民达9.81万人，实现总产值39.77亿元。全省森林公园接待游客约3300万人次，直接经济收入约44亿元。2015年全省林业总产值达810亿元。

资源管理 森林保护“六个严禁”执法专项行动和非法占用林地清理排查专项行动共查处各类破坏森林资源违法犯罪案件7670起。完成审核审批同意占用征收林地1132起、总面积0.5万公顷，征收森林植被恢复费4.7亿多元。落实国家级公益林管护面积328.5万公顷和地方公益林管护面积250万公顷，明确管护人员11.7万人。全省共发生森林火灾153起，受害率仅为0.07‰，无重特大森林火灾和人员伤亡事故发生。全省林业有害生物成灾率仅为0.12‰，无公害防治率达97.68%。

自然保护区和湿地管理 《贵州省湿地保护条例》经省人大常委会审定颁布，于2016年1月1日施行。佛顶山、大沙河省级自然保护区晋升国家级自然保护区进展顺利。望谟苏铁、印江洋溪、思南四野屯等3个市(州)级保护区晋升省级自然保护区通过评审，新增从江加榜梯田等6处国家湿地公园(试点)和1处省级湿地公园。

支撑保障 全年落实林业投资45.1亿元，比2014年增长12.1%。争取到中央林木种苗工程项目2个、林木良种补贴资金1770万元。落实中央财政林业科技推广示范项目16个、资金1600万元，其中林业标准化建设资金800万元，在全国排名第一。《油茶丰产栽培技术规程》等12项油茶地方标准颁布实施。首次对林业科技示范户挂牌管理，全年累计完成207户挂牌。

民生林业 涉林十大民生工程建设任务完成新建油茶基地0.3万公顷，落实投资2000万元；新造核桃林0.3万公顷，落实投资2000万元；新建刺梨1.3万公顷，落实投资7000万元。编制完成《贵州省林业厅帮扶从江县工作规划(2015～2017)》，落实年度帮扶金6600多万元。落实天保工程一次性安置职工社会保险补助资金8676.4万元，兑现补助4608人。落实国有林场危旧房改造水、电、路等配套基础设施建设投资2150万元。完成国有贫困林场、林区基础设施建设投资1902万元。

依法行政 组织编制权力清单和责任清单，保留行政审批事项37项、下放9项，承接国家林业局下放行政审批权力1项。制定《贵州省林业厅重大决策程序规定》《贵州省林业厅林业规范性文件制定程序和监督管理办法》《准予林业行政许可告知书》《贵州省林业厅内部批准事项法律风险告知书》和《依法行政承诺书》，进一步规范行政许可行为，加强内部批准事项管理。

机关建设 累计在中央和省级各类媒体宣传报道贵州林业生态建设新闻1200余条。扎实开展“三严三实”专题教育活动，开展厅机关有关部门主要负责人轮岗交流。认真落实中央“八项规定”、省委“十项规定”，健全完善厅机关工作纪律和制度。认真组织开展警示教育，做到警钟长鸣。

【刺梨产业发展】 1月4日，贵州省人民政府办公厅印发《贵州省推进刺梨产业发展工作方案(2014～2020年)》，明确从2014～2020年，重点在六盘水市、安顺市、毕节市、黔南自治州等4个产业基础较好的市(州)、14个县(区、特区)打造刺梨产业带，通过重点品牌引领的方式，重点扶持刺梨汁、果脯、酒品、药品、精油等加工产品研发与精深加工，逐步形成刺梨食品、药品、日化用品三大类、品种齐全的产品系列。到2017年，创建省内外知名品牌1～2个。到2020年，全省刺梨种植面积达8万公顷(其中规划新造刺梨基地6万公顷)，创建省内外知名刺梨品牌5～8个，刺梨产业实现年总产值48亿元。

【绿色贵州建设三年行动计划】 2月12日，《贵州省政府办公厅关于印发〈绿色贵州建设三年行动计划(2015～2017年)〉的通知》(黔府办发〔2015〕9号)印发实施。通知明确提出，在全面完成消灭宜林荒山造林任务的基础上，到2017年，贵州省要完成造林绿化任务61.1万公顷，其中宜林荒山造林44万公顷、25度以上非基本农田退耕还林还草17.1万公顷。

【五级同步义务植树活动】 2月25日，贵州省举行绿色贵州建设三年行动计划启动仪式，并同步举行省、市、县、乡、村五级义务植树活动。贵州省委书记赵克志、省长陈敏尔等省领导在主会场参加启动仪式。启动仪式由副省长刘远坤主持，陈敏尔作动员讲话并宣布绿色贵州建设三年行动计划正式启动。陈敏尔强调，在新常态下更要注重抓生态。据统计，全省共有8.1万余人参加启动仪式。启动仪式结束后，所有人员参加了义务植树活动，共栽植桂花、红叶石楠、银杏、柏木等树种约41万株。

【林业有害生物防治】 3月16日，《贵州省人民政府办公厅关于进一步加强林业有害生物防治工作的实施意见》(黔府办发〔2015〕12号)印发实施，提出了贵州省今后一段时期林业有害生物防治工作的总体要求和工作目标，重点安排部署了林业有害生物监测预警、检疫御灾、防治减灾、服务保障等现代林业有害生物防控体系建设等方面的工作。

【《贵州省林业生态红线保护党政领导干部问责暂行办法》印发实施】 4月4日，《中共贵州省委办公厅贵州省人民政府办公厅关于印发〈贵州省林业生态红线保护党政领导干部问责暂行办法〉的通知》(黔委厅字〔2015〕24号)印发实施，这是中国首部地方林业生态红线保护问责的规范性文件。该《暂行办法》共有五章二十一条，包括总则、问责的情形、问责的方式及问责结果的运用、问责的程序、附则等内容。明确规定全省各级党委、政府在组织领导和决策过程中，有工作失职、工作不力、执行不力、监管不力、管控不力、领导不力，甚至违法干预、阻挠、妨碍和限制林业、农业、环保等行政主管部门正常执法工作的情形，都将被问责。问责决定将向社会公布，问责情况将作为干部考核的重要内容和干部任用的重要依据。《问责办法》的颁布实施，对推动贵州生态文明制度建设，保障“长江、珠江”两江生态屏障安全，建设全国生态文明先行示范区具有重大意义和深远影响。

【修订森林火灾应急预案】 9月2日，贵州省人民政府办公厅下发《关于印发贵州省森林火灾应急预案的通知》(黔府办发〔2015〕34号)，新修订的预案进一步明确了森林火灾组织责任、成员单位职责，细化预警响应和应急处置等环节工作。明确在森林火灾应急救援工作中，对有突出表现的单位和个人，由有关部门给予表彰和奖励。对违反《森林防火条例》《贵州省森林防火条例》及有关法律法规等规定，尚不构成犯罪的，对有关单位给予通报批评，对直接责任人及单位主要负责人给予相应的行政处分，并依法予以行政处罚；构成犯罪的，由司法机关依法追究刑事责任。

【提出力争到2020年全省森林覆盖率达到60%】 11月1日，《贵州省人民政府关于切实做好造林绿化工作力争到2020年全省森林覆盖率达到60%的意见》(黔府发〔2015〕35号)印发实施，提出要继续实施《贵州省县乡村造林绿化规划(2014～2017)》和《绿色贵州建设三年行动计划(2015～2017)》，将69.5万公顷宜林荒山全部造林绿化，完成国家新一轮退耕还林任务17.1万公顷。在此基础上，2016～2020年实施25度以上坡耕地和重要水源区、15～25度坡耕地退耕还林和调整种植结构130.4万公顷，力争经果林、用材林造林达到80%以上。开展农村四旁植树和城镇造林绿化，城镇绿化率达到40%以上。加强森林资源保护，严格控制森林消耗。到2020年，力争全省森林面积达到1056万公顷，森林覆盖率达到60%。

【林业产业三年倍增计划】 11月1日，贵州省政府办公厅下发《关于推进全省林业产业发展的实施方案》(黔府办发〔2015〕43号)，提出到2017年，全省林业产业总产值达到1200亿元以上(即在2014年的基础上翻一番)，力争达到1500亿元的发展目标。2015～2017年，全省将重点打造木竹原材料基地、木本粮油、花卉苗木、林下经济、精品水果、木本中药材、茶叶、木竹精深加工和林副产品加工、生态旅游、林业电子商务10大产业。到2017年，全省建成茶园面积46.7万公顷以上，其中投产茶园33.3万公顷，培育加工企业3000家以上，茶叶年产量27万吨，茶产业综合产值超过500亿元。旅游综合收入则将达到300亿元，林下经济产业实现产值200亿元；花卉苗木产业、木本中药材产业和精品水果产业、核桃产业产值均将达到100亿元以上。

【《贵州省湿地保护条例》获准施行】 11月27日，省第十二届人民代表大会常务委员会第十九次会议审议通过《贵州省湿地保护条例》，于2016年1月1日起施行。根据《条例》，每年10月的第三个星期为贵州湿地保护周，凡在湿地范围内倾倒和堆置废弃物、排放有毒有害物质或者超标废水；擅自新建、改建、扩建建筑物和构筑物；非法捕捞鱼类及其他水生生物；擅自排放湿地蓄水或者修建阻水、排水设施，截断湿地与外围水系联系。凡是排放湿地蓄水或修建阻水、排水设施，截断湿地与外围水系联系等破坏湿地的行为，都将受到相应的处罚。捡拾或者破坏野生鸟卵，都将被处以100～5000元不等的罚款，严重破坏湿地的行为，最高可以罚款5万元。县级以上政府林业主管部门、其他有关行政部门和湿地保护管理机构及其工作人员，未按照规定保护湿地，对湿地造成严重污染制止不力以及滥用职权等行为，其直接负责的主管人员或责任人将受到处分。

【林业大事】

1月26日 在中国社会福利基金会学雷锋基金管委会、中华雷锋文化促进会召开的"红梅玉杯雷锋奖"颁奖仪式上，贵州省扎佐林场朱鑫被授予全国"学雷锋见义勇为奖"。

2月13日 贵州省人民政府新闻办召开"绿色贵州建设三年行动计划"新闻发布会，就制定实施绿色贵州建设三年行动计划的背景、具体内容及绿色贵州建设三年行动计划的具体实施进行新闻发布。

2月26日 贵州省人民政府副省长刘远坤组织召开专题会议，研究落实全省森林公安机关涉林刑事、治安执法权限问题，形成专题会议纪要并印发贯彻落实。

3月9日 贵州省林业科学研究院司法鉴定中心正式揭牌成立，填补了贵州在林业司法鉴定领域的空白。

3月10日 贵州省林业厅组织召开全省市州林业局长会议。

3月15日 贵州省质监局发布《油茶丰产栽培技术规程》《油茶苗木培育技术与质量标准》等油茶系列的11项地方标准。

4月17日 贵州省人民政府新闻办召开新闻发布会，发布编制实施《贵州省生态环境损害党政领导干部问责暂行办法》和《贵州省林业生态红线保护党政领导干部问责暂行办法》的有关事宜。

4月22日 2015年贵州省林业系统党风廉政建设工作会议在贵阳召开。

5月6日 贵州省林业厅组织召开"三严三实"教育动员部署暨专题党课培训会，厅党组书记、厅长金小麒为大家上专题党课。

5月27日 贵州省人民政府成立了由刘远坤副省长任组长，省林业厅、省发展改革委、省财政厅等10个相关部门负责人为成员的国有林场改革领导小组。领导小组办公室设在省林业厅，金小麒厅长任领导小组副组长兼办公室主任。

6月25日 由贵州省林业厅副厅长黎平主编、中国文史出版社出版的《物种100·贵州智慧》亮相生态文明论坛。

6月26～28日 生态文明贵阳国际论坛2015年年会在贵阳举行。国家林业局主办、贵州省林业厅承办了"全球生态安全与绿色创变"主题论坛。贵州省林业厅6名工作人员被省委办公厅、省政府办公厅表彰为先进个人。

7月21日 全国国有林场改革座谈会在毕节召开。来自全国31个省(区、市)林业厅主管国有林场的处(站、局)主要负责人、国有林场场长代表分组开展座谈、交流经验。

7月30日 全国政协常委、贵州省人民政府原省长林树森率队赴贵州省龙里林场龙架山森林公园调研森林旅游。贵州省人民政府副省长刘远坤、省林业厅厅长金小麒、龙里县人民政府和省龙里林场有关负责同志陪同调研。

8月6～7日 全国退耕还林还草工作现场经验交流会议在贵州毕节市召开。国家发展改革委党组副书记、副主任何立峰，国家林业局副局长张永利，农业部总畜牧师王智才，财政部农业司副巡视员凡科军，国土资源部规划司副司长周建春出席会议并讲话；贵州省委常委、常务副省长秦如培出席会议并致辞，副省长刘远坤出席会议。

9月2日 贵州省人民政府办公厅下发《关于印发贵州省森林火灾应急预案的通知》(黔府办发〔2015〕34号)。

9月15日 贵州省林业厅在贵阳组织召开全省市州林业局长座谈会。

9月21日 国家林业局森林公安局局长王海忠签署命令，对全国森林公安涌现的先进集体和先进个人给予记功。贵州省雷山县森林公安局"2·01"专案组记集体二等功；原务川仡佬族自治县公安局森林派出所所长兰科平(牺牲)追记个人一等功；省森林公安局治安刑侦处处长刘军、从江县森林公安局局长姚仁柱、务川仡佬族自治县公安局森林公安派出所科员卢亚男三人记个人二等功，遵义市森林公安局局长江海记个人三等功。

12月31日 国家林业局批复贵州从江加榜梯田、惠水鱼梁河、平塘县、福泉岔河、务川洪渡河和清镇红枫湖等6处湿地列为国家湿地公园(试点)。至此，贵州国家湿地公园总数达36个。

(贵州省林业由姚世超供稿)

云南省林业

【概　述】 2015年，云南省累计投入国家和省级林业资金76.4亿元，同比增长7%。全省林地面积2500万公顷，森林覆盖率达到55.7%，森林蓄积量17.68亿立方米。

林业改革创新　紧紧围绕生态文明建设和全面深化改革的总体部署，大力推进集体林权制度、国家公园和自然保护区管理建设、国有林场和国有林区等各项改革，创新林木权证登记管理、林地使用管理、林业社会化服务体系建设等，有利于林业科学发展的体制机制不断完善，进一步激活林业发展活力。截至2015年年底，全省集体林确权1800万公顷，确权率98.9%、发证率99.3%，发放《云南省林木权证》4.6万本，配发林业惠农云服务IC卡4.58万张，近840万户林农获得了林地、林木承包经营权。

资金投入　在经济下行压力较大的严峻形势下，全省累计投入林业资金76.4亿元，同比增长7%；争取国家林业贴息贷款计划24.6亿元，同比增加146%，带动林业产业投入35亿元以上；林业招商引资签约金额8.8亿元；落实野生动物肇事公众责任保险资金5200万元和森林火灾保险财政保费补贴资金1.35亿元；全省林权抵押贷款166.7亿元，较2014年新增10.9亿元，涉及921家林业企业和2.27万户农户。

生态治理　完成营造林44.37万公顷，森林管护1320万公顷，义务植树1.01亿株；实施新一轮退耕还林5.67万公顷，陡坡地生态治理1.33万公顷；完成森林抚育16.93万公顷，低效林改造10万公顷；实施农村户用沼气病旧池改造5000户、农村节柴改灶10万户、太阳能热水器12万台，林业生态治理成效日益显现，局部地区生态恶化的趋势得到有效遏制。

产业发展　坚持绿色发展、惠民发展原则，深入实施林业产业转型升级和提质增效工程，建设木本油料基地13.67万公顷，核桃提质增效3.33万公顷，云南木本油料种植面积已达到326.67万公顷，年产量90万吨、总产值超290亿元，成为全国重要的木本油料基地；林区群众来自林业的人均年收入突破2000元，民生林业建设取得显著成效。

生物多样性保护　组织开展了野生动植物资源调查，完成了怒江、保山、大理、昆明、迪庆、玉溪、临沧等7个州(市)的野生动物资源调查外业和质量检查；启动了昆明、玉溪、怒江、德宏、西双版纳等5州(市)的重点保护野生植物资源调查，完成了昭通、曲靖、楚雄、文山、红河、普洱、大理、保山、丽江、迪庆等10个州(市)的野生植物资源调查外业和外业质量检查。元江国家级自然保护区总体规划获得国家林业局批准，拉市海、纳帕海、观音山、阿姆山4个省级自然保护区总体规划获得省人民政府批准，为自然保护区基本建设提供指导。开展21个极小种群物种拯救保护项目，对10种动物和10种植物极小种群物种实施保护。筹集5990万元专项资金，完成了野生动物肇事公众责任保险续保工作，保持了全省全覆盖的良好态势。

湿地保护　组织开展湿地资源调查，扩大湿地保护与恢复项目实施范围。沾益海峰、洱源茈碧湖、洱源西湖、剑川剑湖、腾冲北海、丽江老君山九十九龙潭、丘北普者黑等7处湿地被认定为第一批省级重要湿地，新增玉溪抚仙湖、弥勒湖泉和泸西黄草洲等3处国家湿地公园试点。积极争取国家湿地保护与恢复项目的支持，加强项目建设的指导和监管，共争取到中央财政湿地补贴项目10个，总投资4900万元。

资源管理　开展全省森林资源二类调查和林地年度变更调查、清理排查非法侵占林地、森林火灾案件预防查处等专项行动，查处案件5364件，有效保护了森林资源。进一步强化"以防为主、防范第一"的工作思路，集中人力、物力、财力严格管控野外火源和重点人群，深入开展森林防火大宣传大排查大整治专项行动，最大限度地减少森林火灾发生及损失，全年处置森林火灾130起、受害森林面积805.7公顷，同比分别下降64%和81%，没有发生重大森林火灾和扑火伤亡事故。

服务经济社会发展　组织制订了促进全省经济平稳健康发展10条林业政策措施，积极争取国家支持林地定额5300公顷，研究制订了多项涉林建设项目畅通落地措施，全年审核审批各类工程建设项目使用林地申请1305件、林地面积14 688公顷，涉林重点项目建设限时办结率100%。同时，认真开展林业扶贫攻坚和地震灾区林业恢复重建工作，整合下达鲁甸地震灾区恢复重建林业资金5376.5万元(占计划总投资130%)、景谷地震灾区恢复重建林业资金625.5万元(占计划总投资57%)，最大限度地支持了全省经济社会发展。

【全省林业局长会议】 2月6日，全省林业局长会议在昆明召开。会议全面总结2014年全省林业工作，分析研究当前林业发展形势，安排部署2015年林业重点工作。会议提出，全年力争完成营造林40万公顷以上，低效林改造26.67万公顷，木本油料基地建设13.33万公顷，森林管护1320万公顷，退耕还林还草和陡坡地生态治理7.33万公顷，全民义务植树1亿株以上，全社会林业总产值增长10%以上，森林火灾受害率控制在1‰以内，林业有害生物成灾率控制在4‰以内，确保圆满完成"十二五"目标任务。

【林地需求保障】 5月，为认真贯彻落实《云南省人民政府关于促进全省经济平稳健康发展的意见》，结合林业部门职能职责实际，省林业厅全力保障重点项目林地需求，促进云南省经济平稳健康发展。一是科学调配重点项目林地定额。在国家林业局下达0.67万公顷年度林地定额的基础上，全力争取国家备用定额，缓解全省林地定额严重不足的巨大压力。创新"五采"项目、风电建设项目林地使用方式，集约、节约、高效使用林地。国家重点基础设施和重大民生工程建设项目前期控制性单体工程和配套工程，经批准允许先行使用林地；公路、铁路、水利水电、航道等重点工程临时用地，经批准允许延期使用；国家和省级重点、基础和民生项目，允许分期、分段或滚动式使用林地。二是简化建设项目使用林地审批要件。简化项目使用林地查验工作，由林业行政主管部门委托有相应资质的林业勘察设计单位进行现场查验简化为县级林业行政主管部门指派工作人员进行用地现场查验。实行林地及其林木采伐“双审合一”，省林业厅一次性对建设项目使用林地和林木采伐限额同时作出行政许可决定和批复，建设项目使用林地林木采伐不再单独申请办理。三是严格落实限时办结制度。优化审批流程，简化审批环节，提升审批实效，全面清理已上报到林业厅的涉林建设项目，严格限时办结，做到林地和林木采伐报件的“零库存”，确保办结时限内清零。四是下放临时占用林地审批权限。将省级临时占用林地审批权限全部下放到州（市）和滇中产业新区林业主管部门审批；州（市）临时占用林地审批权限全部下放到县级林业行政主管部门审批。省林业厅仅保留国家林业局下放的临时占用防护林林地或者特种用途林林地面积5公顷以上以及其他林地20公顷以上的审批权限。

【自然保护区管理体制】 12月，云南省机构编制委员会批准了16个州（市）的自然保护区管理机构方案。全省共建立国家级和省级自然保护区管护机构56个（其中国家级管护机构21个，省级管护机构35个），核定编制2504人，国家级自然保护区管护机构统一设置为州（市）林业局下属正处级事业单位，省级自然保护区管护机构统一设置为副处级事业单位。

通过改革，一是明确各级政府间主体责任，省政府统一领导全省自然保护区管理工作，国家级、省级自然保护区由所在地州（市）政府直接管理，州级、县级自然保护区由所在地县（市、区）政府直接管理。省林业行政主管部门负责全省林业行政主管部门主管的自然保护区的业务指导和监督管理。州（市）、县（市、区）林业行政主管部门加挂自然保护区管理局牌子，具体负责辖区内自然保护区的管理和保护。二是明确行政隶属关系和机构职责，解决林业行政主管部门与自然保护区管护机构隶属关系不顺、行政执法主体不明问题，将国家级、省级自然保护区管护局设置为州（市）林业行政主管部门下属事业单位。三是规范自然保护区管护机构设置，统一自然保护区管护机构设置要求，提升机构级别。国家级、省级自然保护区管护局机构规格分别设置为正处级、副处级。跨州（市）的国家级自然保护区，其业务指导、项目申报和统筹协调等工作由省林业行政主管部门负责，保护区所在州（市）单独设立管护机构，为州（市）林业行政主管部门下属的独立事业单位。四是科学合理核定自然保护区机构人员编制，主要根据自然保护区的级别、管护面积、管护站数量、跨行政区域情况、所在地人口密度、自然保护区完整性、国际影响力等因素，由机构编制管理部门计算并综合平衡后核定。五是经费纳入各级政府财政预算，完善财政保障制度，按照机构编制部门核定的编制，自然保护区管理机构人员经费、工作经费由同级财政部门按照编制部门核定的编制数核拨。切实履行省政府对国家级、省级自然保护区的管理责任，为保护区管理提供有力保障，人员经费、工作经费纳入省级财政预算。六是机构设置体现保护优先原则，积极纠正各地存在的重开发、轻保护的现象，建立资源开发与生态保护协调的管理模式。按照“自然保护区的自然环境和自然资源，由自然保护区管理机构统一管理”的法规规定，依托自然保护区，建立资源管理责权利统一的管理机构，解决一地多牌，开发与保护分离的体制问题。依托自然保护区设置的其他保护、开发机构，原则上只能在自然保护区管护局加挂牌子，实行“几块牌子、一套班子”的管理模式。

【云南省国家公园管理条例】 11月26日，云南省人大常委会第二十二次会议审议通过了《云南省国家公园管理条例》，于2016年1月1日起正式施行。作为中国大陆第一部国家公园立法，《云南省国家公园管理条例》的出台，将为云南省依法加大国家公园保护管理力度，妥善解决国家公园资源保护与利用中的问题奠定法制基础。《条例》明晰了国家公园管理工作中各有关部门的职责，且进一步明确了各个国家公园管理机构的职责。为国家公园管理设置了长效机制，如资源监测、管理评估、利用许可、特许经营制度等，并细化了法律责任，设定了具体的处罚标准，为依法保护管理国家公园资源提供了有力的保障。

【权力清单和责任清单】 7月31日，云南省政府行政审批制度改革办公室向社会公布了包括林业厅在内10个部门的权力清单和责任清单。其中林业厅行政权力共计261项，涉及行政许可35项（含7个子项）、行政处罚136项、行政强制18项、行政征收3项、行政给付5项、行政检查22项、行政确认10项、行政奖励1项、行政裁决1项、其他行政职权30项。

【国家森林公园专用标志使用授权】 6月，国家林业局公布了第六批获得中国国家森林公园专用标志使用授权的国家森林公园名单，云南省的龙泉、十八连山、珠江源、五峰山、双江古茶山5处国家森林公园名列其中（授权书编号分别为00655、00656、00657、00658、00659）。自2006年开展第一批中国国家森林公园专用标志使用授权申请工作以来，云南省共有25处国家级森林公园获得中国国家森林公园专用标志使用授权。

【云南省新一轮退耕还林还草实施方案】 1月，《云南省新一轮退耕还林还草实施方案》正式出台，确定了云南省新一轮退耕还林还草工程补助标准与国家补助标准一致，即：退耕还林补助每公顷22 500元（其中，种苗造林费4500元），还草12000元（其中，种苗种草费1800元）；突出了云南的治理重点，即以乌蒙山区、藏区、边疆民族地区、灾区、石漠化严重地区、重点流域沿岸等重要生态脆弱地区以及九湖治理为重点。

【云南省调整完善陡坡地生态治理相关政策】 一是调

整实施范围。按照突出重点、先急后缓的原则，优先安排江河两岸、城镇面山、公路沿线、湖库周围等生态区位重要、生态状况脆弱、集中连片特殊困难地区15～25度以及第二次全国土地调查成果范围外25度以上的陡坡地进行退耕还林。二是调整补助标准。省级陡坡地生态治理补助标准、补助方式及补助年限调整为与国家新一轮退耕还林还草政策一致，每公顷省财政补助22 500元。

【林下经济示范基地】 6月，国家林业局公布全国127家单位为"2014～2015年国家林下经济示范基地"，其中，云南省南华县、凤庆县、宜良县、玉龙县和云南福滋农业科技开发有限公司共5个地区及单位榜上有名。南华县的野生菌、凤庆县林下种植的魔芋、宜良县林下种植的观赏苗木、玉龙县林下种植的中药材和云南福滋农业科技开发有限公司在双江自治县林下种植的茯苓产业均已成为当地农民增收的特色产业。

【干热河谷实验性造林】 7月31日，云南省杨善洲绿化基金会在玉溪市元江哈尼族彝族傣族自治县澧江街道办事处面山种下42.27公顷"元江县杨善洲纪念林"，除了7000多株凤凰木、木棉、甜角等乡土树种以外，还种植了1000株印度紫檀和1000株海南黄花梨，旨在探索云南干热河谷大乔木规模化造林树种选择，希望在城市面山造林中实现生态和经济效益双赢。

【平安林区】 2月，云南省林业厅、云南省社会管理综合治理委员会办公室授予西双版纳傣族自治州景洪市、德宏傣族自治州芒市、昭通市绥江县、丽江市永胜县、普洱市景东彝族自治县、曲靖市师宗县、大理白族自治州漾濞彝族自治县、临沧市沧源自治县、保山市腾冲县、怒江傈僳族自治州贡山独龙族自治县林业局10个单位"2014年度云南省平安林区创建活动先进集体"荣誉称号。

【昆明集体林业综合改革试验示范区】 2月，国家林业局正式批准昆明市作为全国唯一一个省会城市列入国家林业局集体林业综合改革试验示范区。昆明市集体林业综合改革试验示范区将重点在"坚持家庭承包经营权不变的基础上，开展集体林地所有权、承包权、经营权三权分离""建立健全林业社会化服务体系""建立公益林管理经验机制"以及"建立林权流转机制和制度"4个方面开展试点。

【林业龙头企业】 2月6日，云南省林业厅在昆明为新认定的第十批107家林业产业龙头企业代表授牌。此次认定的龙头企业，涵盖了特色经济林种植及加工、木材加工及人造板、林下非木材资源、林产化工及生物能源、野生动物驯养繁殖、林（竹）浆纸一体化、森林旅游及竹藤等九大林业产业。

【林业大事】

1月7日 《云南省自然保护区管理机构管理办法》由云南省机构编制委员会印发全省实施。

2月6日 2015年云南省林业局长会议在昆明召开。云南省林业厅党组成员、副厅长冷华主持会议，省林业厅党组书记侯新华出席会议并讲话。

2月6日 云南省林业厅在昆明为新认定的第十批107家林业产业龙头企业代表授牌。

3月4日 英国剑桥公爵威廉王子到西双版纳傣族自治州访问，了解云南野生动物保护，打击非法跨境贩卖野生动物工作情况及经验。

4月14日 云南省人民政府办公厅印发《云南省人民政府办公厅关于进一步加强林业有害生物防治工作的实施意见》。

5月9日 云南摩尔农庄生物科技开发有限公司、中国科学院昆明植物所、云南省林业科学院等11家企业、院校及科研单位联合成立云南核桃产业技术创新战略联盟。

5月13日 云南省林业厅召开关于"12·31"非法猎捕杀害珍贵、濒危野生动物案件相关情况通气会，通报案件及后续调查详细情况。

5月15日 云南省委书记、省人大常委会主任李纪恒，省委副书记、省长陈豪等40余名云南省党政军领导到昆明市官渡区矣六街道办事处王官湿地参加义务植树活动。

5月19日 云南省林业厅下发《关于促进全省经济平稳健康发展的意见》。

6月26日 云南省林业厅在普洱市召开自然保护区管理体制改革工作推进会议。

7月31日 云南省林业厅公布权力清单和责任清单。

（云南省林业由秦洪锦提供）

西藏自治区林业

【概　述】 2015年，全区林业深入贯彻党的十八届三中、四中、五中全会和中央第六次西藏工作座谈会精神，认真学习贯彻习近平总书记系列重要讲话和自治区党委八届七次、八次全会精神，坚持把保护生态环境作为底线、红线、高压线，紧紧围绕生态文明和美丽西藏建设，精心谋划、主动作为，圆满完成年度目标。全年落实林业生态保护与建设资金31.45亿元，同比增长69.95%；完成营造林8.28万公顷，与2014年持平；林业促进农牧民增收10.45亿元，同比增长16.11%；实现林业产值23亿元，同比增长4%。

【造林绿化】 全区造林绿化工作坚持成活率、保存率和效益第一及适地适树、因地制宜的原则，按照"先易后难、突出重点"的思路，重点实施森林围城、森林水系和绿色通道三大造林绿化工程。全年共完成造林绿化8.28万公顷，完成全年造林任务的100.06%；编制完成《西藏"两江四河"流域造林绿化工程规划（2014～2030年）》。

【退耕还林】 拨付兑现2015年完善退耕还林政策补助资金3058万元，下达巩固退耕还林成果直接补助资金2588.44万元；开展新一轮退耕还林还草工程25度以上坡耕地和严重沙化耕地的地块核查和落地工作及2015年度退耕还林工程省级复查工作。

【防沙治沙】 完成2014年度《西藏生态安全屏障保护与建设规划》防沙治沙工程4.03公顷，落实中央预算内投资1.2亿元；完成2014年自治区财政专项防沙治沙建设任务1281.94公顷，完成资金3199万元；安排落实了2015年的建设任务1298公顷，拨付资金3500万元；完成定结县沙化土地封禁保护区建设第一年度建设任务，落实中央财政林业补助资金1000万元，编制完成《仲巴县沙化土地封禁保护区项目实施方案》，并下达第一年度建设资金1000万元。

【资源林政管理】 下达全区2015年度木材生产计划74.65万立方米，占"十二五"期间年森林采伐限额210万立方米的35.55%；完成"十三五"年森林采伐限额编制工作；通过积极争取，国家已将西藏国有公益林补偿标准提高至10.5元/公顷·年，并下拨管护资金10.72亿元；共办理占用征收林地项目51宗，占用征收林地面积1270.50公顷，征收森林植被恢复费1.18亿元；共发生林业行政案件92起，查处92起，查处率100%，案件发生总数与2014年相比总量呈下降趋势，同比下降16%。

【维护生物多样性】 获批保护区基础工程建设项目9个，资金2.45亿元，是2014年获批资金总量的3.30倍；获批色林错、大峡谷、慈巴沟3个国家级自然保护区棚户区改造计划2410户，资金2699.20万元；申报羌塘等8个国家级自然保护区2015年中央财政自然保护区补助项目，获批补助资金600万元；计划落实试点经费1.57亿元，以羌塘国家级自然保护区为试点单位，开展自然保护区管理体制改革试点；完成桑桑、麦地卡、玛旁雍错、班公错等湿地保护与恢复工程项目验收；继续实施然乌湖、昂拉错－马尔下错、扎日南木错、洞错等4个湿地保护工程；到位雅尼、嘎朗国家湿地公园湿地保护与恢复项目建设资金4805万元，初步设计已通过审查；获批2015年湿地生态效益补偿试点资金1972.10万元；申报2015年玛旁雍错国际重要湿地湿地生态效益补偿试点1处，定结、比如等湿地保护奖励5处，羌塘、桑桑、马泉河等湿地保护工程8处，共获批补助资金6600万元；实施2014年濒危物种救护繁育项目5个，资金128万元；积极组织申报2015年"珍稀濒危物种野外救护与繁育""珍稀濒危物种调查监管"5类项目26个，申请资金5476.45万元；预拨2015年野生动物肇事补偿资金3000多万元。

【林业灾害防控】 防火期内先后组织5次，分16个排查组对全区有林地（市）、县进行了森林火险隐患排查和督导工作；全区共发生森林火灾4起，过火面积56.4公顷，受害森林面积13.43公顷，没有发生人员伤亡事故；全区共发生各类林业相关案件43起，破案41起；林业有害生物发生面积为28.07万公顷，完成防治面积17.12万公顷，防治率达60.98%；开展调入苗木"三证"查验和复检、产地检疫，共检疫苗木1000余万株，检查调运区内苗木车次300余辆；共办理植物检疫要求书429份，颁发省、区内植物检疫证书55份；在那曲地区那曲县发生H5N1疫情的情况下，第一时间发现、第一时间上报、第一时间处置，第一时间争取到国家林业局的技术支持，及时查明疫情原因，及时掌握有效的疫情处置方式。

【天保工程】 全面停止天然林商品性采伐，大幅度调减森林资源采伐限额；配备有责任心、工作踏实的农牧民管护人员对127.67万公顷的天然林进行常年管护；完成天保工程2014年度实施进展情况省级复查、2015年中央预算内投资申请和作业设计编制及财政专项资金的分解使用工作；落实2014年度70%的天保三县中幼林抚育费。

【生态文化建设】 对现有门户网站进行升级改版，着力打造全区最受关注的门户网站，网上共发布消息800余条，图片600余幅，点击量达8.3万次；各大媒体播发200余条新闻，遴选8个村上报中国生态文化协会，其中6个村获选"全国生态文化村"；在"世界湿地日""世界野生动植物日""环境日"等开展集中宣传10余次，向全区发放各种宣传资料、画册、宣传扑克1万份；向上级部门报送林业政务信息347条，报送信息数量、质量和采用率都实现了新突破，创历史新高，在国家林业局办公室和区党委办公厅、政府办公厅进行的年终考评中，林业政务信息工作成绩优异，在国家林业局通报的全国39个省（区、市，含计划单列市）中排列第一名、在全区政府系统区直机关中排列第三名，分别荣获"全国林业政务信息工作先进集体""全区政务信息工作先进集体"，并有3名同志分别荣获全国、全区政务信息工作先进个人称号。

【基础性工作】 完成西藏"十三五"林业发展规划初稿；完成林业各类项目规划的外业调查、作业设计及可研报告的编制工作；申报省部级项目5项、部门项目6项，在研项目5个；开展乡土树种培育研究，利用植物组织培养技术，完成了菩提树的增殖、生根、炼苗、移栽的全过程，共培育10万株优良乡土乔灌木；完成全区沙生植物的调研和珍稀濒危树种的考察工作；完成3年的乡土树种收集和采集工作。

【林业改革】 一是狠抓国有林场改革。完成改革摸底调查，召开改革座谈会，编制改革实施方案。二是创新公益林管护模式。制订《西藏自治区公益林管护办法（试行）》，组建公益林专业管护队伍208支1113人，实现了由农牧民兼职管护向专业化管护的转变。三是开展自然保护区管理体制机制改革试点。在羌塘开展国家级自然保护区体制机制改革试点，推进自然保护区规范化建设，建专业管护站73个，配备专职管护人员780名。四是建设“西藏羌塘藏羚羊、野牦牛国家公园”。西藏羌塘藏羚羊·野牦牛国家公园已由国家林业局授牌，标志着中国第一个大型野生动物类型国家公园成立，这是贯彻落实《中共中央关于全面深化改革若干重大问题的决定》的具体实践，“西藏羌塘藏羚羊、野牦牛国家公园”将依托羌塘国家级自然保护区开展建设。

【林业大事】

1月5日 自治区林业厅被自治区党委、政府评为“2014年度自治区级平安单位”。

1月5~12日 自治区林业厅组织全区6地(市)19个试点县95名公益林专业管护员在武警西藏森林总队教导大队开展业务培训。

2月6日 全区林业工作会议在拉萨召开，自治区副主席边巴扎西出席会议并作讲话；自治区林业厅党组书记布穷作工作报告。自治区人民政府分管秘书长张宏亮，区人民政府三处、发改委、财政厅领导，武警西藏森林总队主官，各地(市)林业局及相关科室负责人，自治区林业厅各部门负责人和有关新闻媒体记者共60多人参加会议。

4月8日 自治区召开第二次森林资源二类调查成果新闻发布会。本次调查成果显示，在全区120.21万平方千米的区域内，林地面积1949.40万公顷，森林面积1684.86万公顷，森林覆盖率14.01%，活立木总蓄积20.90亿立方米，森林蓄积量20.86亿立方米。

5月28日 自治区林业厅党组组织召开“三严三实”专题教育动员部署座谈会。厅党组书记布穷主持座谈会，厅党组成员、厅机关和所属事业单位副处(县)以上干部共32人参加座谈会。

6月8~11日 国家林业局驻成都专员办在西藏举办了森林资源监督和野生动植物保护管理培训班。各地(市)林业局分管局长、林政科科长、保护科科长、森林公安局局长及全区39个林业重点县林业局局长或骨干人员共64人参加培训。

8月27日 自治区林业厅在日喀则市召开了全区造林绿化现场会，自治区副主席边巴扎西、区直有关部门的负责同志、自治区林业厅领导及相关处室负责人、七地市林业局分管造林绿化工作的局长和科长参加会议。自治区林业厅党组副书记、厅长雷桂龙对造林绿化工作进行总结和部署。

9月16日 国家林业局在拉萨举行“西藏羌塘藏羚羊、野牦牛国家公园”授牌仪式，国家林业局副局长陈凤学、自治区党委副书记常务副主席邓小刚、副主席边巴扎西出席仪式活动。

9月30日 开始在全区范围内组织开展代号为“雷霆行动”的集中打击破坏森林和野生动物资源违法犯罪专项行动。

10月10~12日 西藏馆以“世界屋脊、神奇西藏”为主题，在2015年中国森林旅游节暨生态休闲产业博览会大放异彩。国家林业局相关领导、西藏自治区林业厅雷桂龙厅长等相继到西藏馆参观指导。

(西藏自治区林业由陈平供稿)

陕西省林业

【概　述】 2015年，陕西省林业全面推进“关中大地园林化、陕北高原大绿化、陕南山地森林化”建设，生态林业和民生林业协调健康发展，为陕西经济社会可持续发展创造了良好的生态环境。林业产业总产值突破千亿大关。森林面积增加到**886.67**万公顷；森林覆盖率提高到**43.06%**。

【造林绿化】 全年完成造林绿化32.71万公顷，占年度任务的122.5%。其中：人工造林22.31万公顷，飞播造林3.47万公顷，封山育林6.93万公顷。重点区域绿化完成千里绿色长廊补植补造209.3千米，樟子松长柄扁桃基地建设1万公顷，晋陕峡谷绿化400公顷，实施森林抚育13.63万公顷。全民义务植树8229万株。

【资源管理】 严格森林资源保护，依法审批征占用林地项目552起。加强森林防火，全年森林火灾次数、受害森林面积和森林火灾受害率同比分别下降了45.7%、66.4%和66.7%。林业有害生物测报准确率达到98%，种苗产地检疫率达到100%，林业有害生物成灾率3.75‰，低于国家林业局和陕西省控制指标。全年查处涉林案件3921起，打击违法犯罪人员5212人(次)，为国家挽回经济损失2403万元，维护了林区社会稳定。

【林业产业】 建设国家级龙头企业5家、省级龙头企业32家；建设国家级林果示范基地6个，省级林果示范基地14个，示范带动了林果产业提质增效，助推农民增收。加快木本油料产业发展，新建木本油料林基地5.78万公顷。新造核桃等五大干杂果经济林6.04万公顷、改造5.98万公顷。发展森林旅游，年接待游客同比增长12.7%。全年实现林业产业总产值1008.36亿元。

【林业改革】 完善集体林权制度配套改革，全面推进林权抵押贷款、森林保险和生态效益补偿兑付工作，新增林权抵押贷款12.82亿元，流转林地9.73万公顷，实施森林保险600万公顷，落实中央和省级森林生态效益补偿资金8.9亿元。落实中央关于国有林场和国有林区改革意见精神，多方征求意见，编制完成省级方案。精减林业行政审批项目，审批事项由56项减为23项；非许可审批事项全部清理精简。

【生态文化】 建成生态文明教育基地16处、森林体验基地6处、生态探秘线路3条，培训森林体验引导员

200余人。组织近5000名学生赴6处森林体验基地参加体验，50余万人次接受了生态文明教育。组织100多家新闻媒体参与生态文明宣传，播发宣传稿件1700余条，增强了全社会对生态文明重要性的认识，提升了公众生态文明理念。

【林业科技】 建成国家油用牡丹、茯茶等6个工程技术研究中心，林业科研能力逐步提升。建成省、市、县三级电子政务传输网络，核心业务信息化覆盖率达到80%以上，行政许可项目在线处理率达到80%。全省已形成省、市、县、乡四级林业技术推广网络，共有各级林业技术推广机构974个，职工6335人，在全省各项林业工作中发挥了重要作用。共建立"十百千"林业科技示范基地10个，科技示范点139个，科技示范户1070户，完成各类适(实)用技术推广示范面积7.29万公顷。

【森林防火】 以全面落实《全国森林防火中长期发展规划》为契机，统一筹划设计全省森林防火体系建设的基本框架，以加强森林防火项目建设为抓手，重点加强森林火灾的预防扑救和防火保障三大体系建设，夯实全省森林防火基础。森林火灾造成的损失始终保持较低水平，没有发生重大森林火灾。森林防火物资和设备条件明显改善，森林防火应急保障能力、综合防范森林火灾能力得到提升。森林防火行政领导负责制和责任制得到有效落实。各地成立的县、乡、村三级护林联防组织，联防范围不断扩大，形成了覆盖全省所有林区的联防体系，确保护林防火工作横向到边、纵向到底、不留死角，提高森林火灾预警能力，新建和改建瞭望台205座，重点林区瞭望监测范围提高到70%。

【林业治污减霾】 关中地区"两个百万亩"建设任务提前超额完成，成效明显。"百万亩森林"完成建设任务7.99万公顷，"百万亩湿地"完成建设任务8.2万公顷。在此基础上，计划从2016年开始，利用5年时间，实施"森林湿地三千万亩"建设项目，新造治污减霾林86.67万公顷，实施森林抚育66.67万公顷，新建和保护恢复湿地46.67万公顷(其中含稻田等人工湿地16万公顷)。

【国家公园建设】 以中共中央、国务院《关于加快推进生态文明建设的意见》和《生态文明体制改革总体方案》为指导，按照陕西省政府要求，林业厅成立了秦岭国家公园建设领导小组、旬阳坝森林体验区建设领导小组、国家公园筹建办公室，已开始政策、市场和技术调研等前期准备工作。《陕西秦岭大熊猫国家公园总体规划》已编制完成，筹措资金400万元，公园的范围划定、体制机构、区域协调机制等事宜正在商讨筹划中。

【重点工程】 新一轮退耕还林工程完成造林5.51万公顷。天然林保护工程进一步健全国有林"局、场、管护站"三级管护体系和集体林"县、乡、村、组"四级管护体系，形成了系统的"点、线、面"相结合的管护网络。三北防护林工程完成造林5.09万公顷，治理沙化土地7.38万公顷。完成各类湿地保护恢复任务3.29万公顷。

【十年树木计划】 开展栎类、侧柏、刺槐等森林抚育和示范林建设，力争达到国内先进水平。从2015年起，用10年时间，完成200万公顷低效林提高增效任务。采取中幼龄林抚育等措施，增加森林蓄积、改善林分结构，提升生态功能，全面促进森林提质增效。

【野生动物保护】 全国第四次大熊猫调查结果显示，陕西分布有野生大熊猫345只，种群密度列全国第一，数量较第三次调查增加26.4%，增幅全国第一；朱鹮种群数量达1900余只，列全国第一；陕西林麝人工养殖数量达9834头，数量全国第一。陕西通过国家验收的国家级湿地公园11处，数量全国第一。

【陕西地上油库】 按国务院要求，陕西地上木本食用油库建设快速推进。已建成木本油料林124.85万公顷，花椒面积位居全国第一，核桃和油用牡丹面积列全国第二。

【油用牡丹】 建成的年产1000吨以牡丹油为主的木本油自动化示范生产线已投产，"国牡牌"牡丹油和牡丹全花茶、牡丹花蕊茶陆续进入国内外市场。3年安排扶持引导资金1.9亿元，带动社会性投资11亿元。全省自发参与企事业单位、专业合作社近200家，建设油用牡丹种苗繁育基地40多个1266.67公顷，油、药、观赏兼用型牡丹园(区)200多个2万公顷。产业发展初具规模。

(陕西省林业由吕旭东供稿)

甘肃省林业

【概　述】 2015年，在省委、省政府的正确领导和国家林业局的大力支持下，全省林业工作以党的十八大和十八届三中、四中、五中全会及省委十二届十三次、十四次全委(扩大)会议精神为指导，深入学习贯彻习近平总书记系列重要讲话精神及国家和省经济、农村、林业工作会议精神，按照发展生态林业、民生林业的总体要求，立足构筑生态安全屏障和大地增绿、农民增收两大目标，全面深化改革，推动创新发展，林业生态建设取得了较好成效。

生态屏障建设 编制完成《甘肃省建设国家生态安全屏障综合试验区林业发展规划》，《甘肃省推进生态文明建设林业规划(2015～2020年)》已报请省政府批准实施。认真实施天然林保护、退耕还林、三北五期、野生动植物保护及自然保护区建设等国家重点林业工程，全省共完成营造林26.21万公顷；完成义务植树9785.4万株，新建义务植树基地370个；新育苗2.49万公顷；完成森林抚育补贴任务9.22万公顷；沙化土地封禁保护区试点稳步推进，共实施封禁面积14.97万公顷。提请省政府办公厅印发《关于进一步加强林业有害生物防治工作的实施意见》。

项目资金管理 抢抓国家出台《关于加快推进生态文明建设的意见》的有利时机，积极争取项目资金。编制完成《甘肃省新一轮退耕还林还草总体方案(2014～2020年)》，经省政府常务会议审议通过，上报国家相关部委。争取国家安排林业重点工程建设任务15.49万公顷，较2014年增加1.76万公顷；落实国家林业建设资金52.78亿元，较2014年全年增加10%。其中安排新一轮退耕还林工程8.22万公顷，落实资金9.14亿元；安排三北防护林建设工程5.13万公顷，落实资金1.39亿元；安排中央林业补助资金10.72亿元，为全省林业建设快速稳定发展提供了有力的支撑保障。编制完成《甘肃省“十三五”林业发展规划》初稿，向国家林业局报送了“十三五”重大林业项目和重点任务。加强林业项目库建设，全省累计上报基本建设类投资项目264个，申报入库森林防火、林下经济、油用牡丹等12类财政补助项目702个，已安排314个，下达资金3980万元。强化项目资金监管，制定出台《甘肃省林业厅项目和资金管理会商制度》等8项制度。

林业重点改革 召开深化集体林权制度改革座谈会，制定下发《关于用林业贷款财政贴息资金对林权抵押贷款贴息的通知》，全省累计办理林权抵押贷款45.59亿元，组建林业专业合作社1947个，家庭林场341个，预计2015年全省林下经济产值将达到67亿元以上。泾川县被确定为全国22个集体林业综合改革试验示范区之一，确定康县为省级集体林业综合改革试验示范区。临泽、敦煌、会宁3县(区)被评为国家级林下经济示范基地。国有林场改革进展顺利。会同省编办组成联合调研组赴白龙江林业管理局、小陇山林业实验局进行深入调研，组织召开国有林场改革座谈会，研究制订《甘肃省国有林场改革实施方案》。完成庆阳市国有林场改革试点自查自验工作，并通过了国家验收。《甘肃省落实林业生态红线方案》已经省政府第86次常务会议审议通过，于2015年8月27日正式印发实施。

特色产业发展 认真贯彻落实全省林果产业建设现场会精神，全省新增特色经济林果5.5万公顷，占年度5.33万公顷目标任务的103.19%，提质增产和低产林改造8.32万公顷，全省经济林果总面积达到140.21万公顷。落实林果产业发展扶持资金6900万元，重点扶持了61个贫困县(区)和17个优势县区级单位开展林果示范基地建设。出台《甘肃省林业产业化重点龙头企业认定和管理暂行办法》。组织编制《甘肃省林果产业发展规划(2016～2020年)》和《甘肃省木本油料产业发展规划》及油橄榄、核桃、油用牡丹、文冠果分树种规划，争取立项扶持。根据省政府“十百千万”工程实施方案部署要求，精心编制林果产业、林下经济、特色优势产业等示范创建方案。提请省政府办公厅印发《关于加强林木种苗工作的实施意见》，明确今后一段时期甘肃省林木种苗工作的总体发展目标。大力发展森林生态旅游，甘肃省子午岭经国家林业局批准为国家级森林公园，生态旅游产业蓬勃发展。

依法治林进程 认真开展“六五”普法依法治理工作，组织广大干部职工深入学习《森林法》等20余部法律法规，积极开展林业法律法规“七进”活动。林业立法进程明显加快，《甘肃民勤连古城国家级自然保护区管理条例》经省政府常务会议审议已提交省人大常委会一审通过。《甘肃祁连山国家级自然保护区管理条例》(修正案草案)已经省政府第99次常务会议审议通过。认真组织开展“三张清单一张网”工作，清理确定林业行业各类行政职权163项、便民服务事项34项，已全部录入甘肃政府服务网；最大限度地减少和下放审批权限，林业行政审批项目由原来的28项压减到18项，减幅达35.7%，全部入驻政务大厅，实现了网上公开办理，有效规范了用权行为。

资源保护管理 全面加强林地林权管理，积极服务全省“6873”交通突破行动，办理项目建设使用林地行政许可135项，有力地支持了国家和省列重大项目建设。全省林地变更调查进展顺利，林业数表修编工作取得阶段性成效。非法侵占林地清理排查专项行动成效显著，林政执法力度进一步加大，全年共查处林政案件2792起，查处率99.93%，各地普遍形成了打击破坏森林资源违法犯罪的高压态势。制订了《甘肃省2015年森林覆盖率增长目标考核办法》和《考核细则》下发各地执行。森林防火工作有序推进，全年没有发生重特大森林火灾。加强自然保护区建设与管理，多儿、裕河两个自然保护区晋升国家级自然保护区通过国家环保部专家评审。张掖黑河湿地列入国际重要湿地名录。认真组织开展环保部和国家林业局约谈整改工作，针对祁连山国家级自然保护区存在的突出问题制订了具体整治方案，提出了11项整治措施，如期完成了省政府确定的祁连山保护区建设项目的排查任务并向省政府上报了专题报告。制订下发《关于进一步加强安全生产工作的意见》，强化林业行业重大安全隐患排查治理，深入开展安全生产大检查活动，加强重点时段的林业安全生产管理，确保林区职工群众生命财产安全和经济持续健康较快发展。

林区民生改善 全力组织实施林业棚户区改造和公租房建设，2014年下达的1865户棚户区改造任务主体已全部竣工；5000套公租房建设任务已主体竣工4226套，主体竣工率85%。落实国有贫困林场扶贫资金1106万元，林区饮水、道路、电网和广播电视等基础设施建设进一步加强。天保工程二期提标扩面取得积极进展，正在组织制订河西五市纳入天然林保护范围数据对接、审核、申报等规范程序和办法，目前国有林管护补助已由原来每年每公顷75元提高到90元，职工五项社会保险基数由2008年社会平均工资水平改为2011年社会平均工资水平。

林业精准扶贫 成立精准扶贫工作领导小组，制订《省林业厅关于加快推进林业精准扶贫的实施意见》。会同农牧、环保、国土、农办等部门，制订《精准扶贫生态环境支持计划实施方案》，并建立协调联络机制，分解细化重点工作，确保各项任务落到实处。积极同发改、财政等部门衔接，在资金和项目上对贫困地区予以倾斜，58 个片区县林业投资达 36.27 亿元、占下达资金总量的 73%，贫困县完成造林 14.4 万公顷，封山育林 4.13 万公顷，新增经济林果 4.37 万公顷，完成低产果园改造 7.47 万公顷，新建林下经济示范点 66 个，新增育苗 1.13 万公顷。坚持精准扶贫与双联行动融合推进，严格落实双联驻村帮扶制度，选派工作队长组建帮扶队伍，积极进村入户开展帮扶工作，努力把省委双联行动的各项要求部署落到实处。2015 年以来，联户干部累计入户 751 人次；宣传政策 125 次，发放宣传资料 1640 份；开展科技培训 29 次，参加群众 1657 人次；收集民情民意 46 条，调处矛盾纠纷 12 起，帮办实事 27 件。认真组织 30 个双联村实施荒山造林、经济林新植补造、道路绿化、苗木培育等富民项目，联系村的生产生活条件、经济发展状况以及村容村貌等方面均有了明显改善。

党风廉政建设 紧扣落实党风廉政建设“3783”主体责任体系，研究制订《厅机关党支部落实党风廉政建设“一岗双责”暂行办法》，先后组织召开厅系统党风廉政建设工作会和落实主体责任工作推进会，分两批开展“三述”及约谈工作，分解任务措施，层层落实责任，传导廉政压力。对厅系统 2400 多个工作岗位进行廉政风险排查，共排查风险点 6982 个，制订防控措施 8007 条。严格贯彻执行中央八项规定和省委双十条规定精神，改进调查研究，精简会议文件，严控“三公”经费。2015 年以来，厅系统“三公”经费开支与 2014 年同期比较总体减少了 90.52 万元，下降幅度达到 15.9%。深入开展效能风暴行动、“学好法、用好权，促公正、促清廉”专项行动和“四抓一保证”活动，有效促进了机关干部作风持续转变。加强监督执纪问责，2015 年以来先后对 19 名县处级以上领导干部实施了责任追究，给予党政纪处分 8 人，撤职 1 人，免职 1 人，诫勉谈话 9 人，谈话提醒 7 人，司法机关立案查处 1 人。制订《省林业厅党风廉政建设巡察工作实施办法》，启动巡察试点。

支撑保障能力 科技推广力度加大，2015 年以来共争取国家和省各类林业科研推广项目共 58 个，审批立项 14 个，落实经费 309 万元。积极推进林业对外开放和外资项目建设，对正在实施的 9 个外资项目都建立了比较完备的管理制度和工作机制。林业信息化建设成效显著，“甘肃林业网”被国家林业局授予“全国林业十佳网站”，建设水平位居全国领先地位。扎实开展“工作落实年”活动，制订实施方案，建立工作台账，对省委、省政府确定林业厅落实的 26 项重点工作任务及 53 项林业年度重点工作进行逐项细化分解，对全年 28 项重点工作任务及责任分工在厅系统进行了公示公开，并制订修订《督促检查工作办法》《厅领导联系单位制度》等 5 项制度，落实工作责任，加强督促检查，按月梳理报告，切实保障全省林业重点工作任务的落地见效。加强党员干部教育管理，稳步推进事业单位分类改革，研究提出厅系统各级各类共 58 个单位的分类改革意见，19 个事业单位已经省编办批复为公益一类事业单位。扎实开展“三严三实”专题教育，厅系统 280 名处级以上干部参加了教育学习。热情接待来信来访，妥善处理信访问题，2015 年以来共接待来访群众 61 人，受理信访案件 57 个，回复网上留言 62 条，办理人大建议 18 件、政协提案 25 件，为民服务的质量和水平不断提升。

【天保工程】 2015 年，甘肃省天然林资源保护工程(以下简称“天保工程”)实现投资 118 879 万元(中央投资 104 961 万元、省级投资 13 918 万元)。其中：基本建设投资 6000 万元(中央投资 5000 万元、省级配套 1000 万元)，财政专项投资 112 879 万元(中央投资 99 961 万元、省级配套 12 918 万元)。完成天保工程公益林建设任务 2.13 万公顷，其中人工造林 0.8 万公顷、封山育林 1.33 万公顷；国有中幼林抚育任务 6.89 万公顷；管护站点建设任务 49 个，其中新建 41 个、维修 8 个。从省、市、县三级政府到林业局、林场、管护站、管护人员全部签订责任书，全面实行绩效考评，有效保护森林资源 471.32 万公顷。2015 年省级复查显示，甘肃省天保工程区国有职工年平均工资达到 35 671 元，较天保工程一期末 19 697 元有较大幅度提高；国有职工养老、医疗、失业、工伤保险参保率、缴费率达到 90% 以上，生育保险参保率、缴费率达到 80% 以上，职工保障水平明显提高，维护了林区和谐稳定。

【森林旅游】 2015 年申报批建子午岭国家级森林公园，全省森林公园总数增加到 91 个，其中国家级 22 个，省级 69 个。松鸣岩、贵清山、寿鹿山、大峡沟、文县天池等国家级森林公园申请使用国家森林公园专用标志，全省获得国家森林公园专用标志授权的国家级森林公园已有 20 个。组织专家审定批复了文县天池、吐鲁沟、冶力关、石佛沟 4 个国家级森林公园和兰州关山、平凉米家沟等省级森林公园总体规划，为森林公园的规范化建设奠定了良好基础。认真配合做好“敦煌行·丝绸之路国际旅游节”活动，组织全省 10 个森林公园加入“敦煌行”甘肃旅游通票加盟承诺；组织全省森林公园参加“2015 中国森林旅游节暨生态休闲产品博览会”，取得了良好的宣传推介效果。积极推进森林公园旅游厕所新建、改扩建工作，2015 年完成森林公园改扩建旅游厕所 30 座。先后组织参加国家林业局举办的国家级森林公园管理高级研修班、中国林学会森林公园分会 2015 年年会等会议。

【国有林场改革】 甘肃省委、省政府将全省国有林场改革确定为 2015 年重点工作和改革任务之一，列入《中共甘肃省委全面深化改革领导小组 2015 年工作要点》和省委全面深化改革领导小组 2015 年工作台账，成立由杨子兴副省长担任组长，省编办、发改委、教育厅、民政厅、财政厅、人社厅、住建厅、林业厅、卫计委、银监局为成员单位的全省国有林场改革工作领导小组。明确 2015 年完成全省改革方案编制报批，2016 年 5 月完成各地、各单位改革方案编制审批，利用一年左右的时间推进改革，至 2017 年 6 月底全面完成改革任务。按照国家和省委、省政府的安排部署，省林业厅与各有关部门密切配合协作，研究编制《甘肃省国有林场改革实施方案(送审稿)》，2015 年 12 月 31 日通过省委全面深化改革领导小组第 17 次主任会议审定。2015 年 9 月底，全面完成庆阳市国有林场改革试点任务，对照国家印发的《国有林场改革试点验收办法》组织开展市级自查、省级检查，11 月中旬配合国家验收组完成检查验收工作。经综合评估，国家验收组对甘肃省国有林场改革试点工作给予了充分肯定，庆阳市国有林场改革试点以较高分数顺利通过国家验收。

【林业公租房建设】 林业公租房建设是林区重大民生工程，2014 年被省委、省政府列入为民办实事内容之一，林业公租房工程建设的实施，从根本上解决了林区林场管护环境和职工工作、生活困难，得到了林区职工的衷心拥护。截至 2015 年底，2014 年下达的 5000 套林业公租房已全部开工建设，落实中央投资 2.58 亿元，基本建成 4226 户，累计完成投资 2.7 亿元。经国家和省有关部门考核、检查和审计，工程建设进展顺利，质量达到设计要求，资金使用合法合规。

【甘肃第四次大熊猫调查】 根据第四次大熊猫调查结果，截至 2015 年年底，甘肃省共有野生大熊猫 132 只，与第三次大熊猫调查相比增长了 12.8%，分布在迭部、舟曲、武都、文县 4 个县的 21 个乡镇。野生大熊猫均分布在保护区内，分成白水江、甘南、尖山和西秦岭 4 个局域种群。甘肃省野生大熊猫栖息地面积 188 764 公顷，潜在栖息地面积 255 294 公顷。栖息地和潜在栖息地自然植被有 15 个群系组 51 个群系，以云杉林、冷杉林、栎林为主。栖息地和潜在栖息地的大熊猫主食竹有 3 属 9 种，分布面积占栖息地面积的 67%，以华西箭竹、缺苞箭竹、青川箭竹、龙头箭竹为主。这次调查启动于 2011 年，历时 4 年基本摸清了甘肃省大熊猫野外种群、栖息地、同域分布动物、干扰因素、保护管理、圈养种群和分布区经济社会状况等 7 个方面的情况，为今后大熊猫保护提供了科学依据。

【亚行贷款林业生态发展项目】 2015 年 12 月，甘肃省实施的亚行贷款西北三省区林业生态发展项目获得“亚洲开发银行 2014 年度最佳贷款项目表现奖”。截至 2015 年 12 月底，该项目已高标准建设完成了以苹果、核桃和银杏等为主的经济林 18 265.5 公顷，以云杉、侧柏、刺槐等为主的生态林 3679 公顷。造林一级苗使用率 95%，成活率均在 85% 以上，环境保护措施合格率为 95%。部分建设区经济林已开始挂果。4 座总储量为 8250 吨的果品贮藏库已建成开始运营。项目为农民提供就业机会 1.4 万个，4.5 万农户从项目中获得收益。

【中日合作金昌防沙治沙示范项目】 由中日两国合作，甘肃省林业厅牵头、金昌市金川区林业局负责组织实施。项目初始，国家林业局和中日绿化交流基金专家通过对内蒙古鄂尔多斯、陕西榆林、甘肃金昌 3 个地方的多次考察评估，2014 年 7 月，中日绿化合作委员会第十五次会议批准甘肃省金昌市实施。项目自 2015 年开始实施，总投资 250 万元，造林 33.33 公顷。项目集中了甘肃省近几年防沙治沙的成功经验，建成后将进一步改善区域自然环境，降低沙尘暴发生的强度和频率，减轻对周边地区的浮尘危害。是中日绿化交流基金在中国的唯一防沙治沙造林示范项目。

【科技研究成果】 2015 年，获得省级科技管理部门登记科技成果 26 项，112 项科技成果通过国家林业局评审，进入国家林业科技推广成果储备库管理信息系统，1 项林业公益性行业科研专项，4 项“948”项目通过国家林业局现场查定验收，获得专利 15 项，出版论著 3 部，发表科技论文 320 余篇。5 项林业科技成果获 2015 年度省科技进步奖，其中：二等奖 2 项，三等奖 3 项；29 项科技成果获甘肃省林业科学技术进步奖，其中：一等奖 3 项、二等奖 9 项、三等奖 18 项。积极开展自列科研项目成果评价工作，对市（县）林业局、厅直单位完成的 12 项自列科研项目成果进行鉴定、验收和成果登记。

【林业大事】

1 月 14 日 甘肃省政府出台《关于加强林木种苗工作的实施意见》，组织召开全省林木种苗站长会议。

1 月 22 日 甘肃省政府王玺玉副省长带领省委第十二考核组，对省林业厅领导班子和省管干部 2014 年度政绩暨党风廉政建设工作进行考核。

2 月 2 日 全省林业局长会议在兰州召开。

3 月 12 日 由省绿化委员会、团省委主办，张掖市绿化委员会、共青团张掖市委承办，在张掖市甘州区中心广场举行主题为“绿色守护家园、建设生态甘肃”的甘肃省“3·12”植树节宣传咨询活动暨“保护母亲河美丽中国梦——2015 年甘肃青少年植树行动”启动仪式。

4 月 30 日 金昌市中日绿化合作防沙治沙示范林项目启动仪式在金昌市金川区双湾镇举行。国家林业局对外合作项目中心刘立军副主任、日中绿化交流基金事务局梶谷辰哉局长、金川区政府有关领导出席了启动仪式。

6 月 15 日 亚行贷款西北三省（区）林业生态发展项目 2015 年年度检查暨中期评估会议在甘肃省永靖县召开，国家林业局世行中心副主任黄采艺，亚洲开发银行专家弗兰克、小矶佳子、玛格丽特出席了会议。

6 月 30 日 省林业厅在秦安县召开双联行动与精准扶贫工作协调推进会。省人大常委会党组书记、副主任罗笑虎出席会议并讲话，省林业厅党组书记、厅长石卫东主持了会议，秦安县四大班子主要领导和分管领导参加了会议。

7 月 17 日 国家林业局副局长刘东生带领国际合作司司长苏春雨、国家林业局西安专员办党组成员王彦龙等一行来天水市秦州森林体验教育中心调研。

8 月 19 日 国家林业局党组成员、副局长彭有冬一行，前往甘肃省林科院、陇南市和小陇山林区调研林业科研工作。

10 月 21 日 由国家林业局调查规划设计院主办、甘肃省林业厅承办的全国旱区造林技术指南暨造林模式选编研讨会在甘肃省康乐县成功举办。

（甘肃省林业由赵俊供稿）

青海省林业

【概 述】 2015年，青海林业工作主动适应经济发展新常态，坚持“两条腿”走路，既突出重点，身边增绿，又加大远山治理，实现永续利用，全省林业生态建设取得了新成就，迈出了新步伐。2015年，全省共完成营造林面积11.12万公顷，其中，人工造林5.25万公顷、封山(沙)育林5.86万公顷。完成义务植树计划任务1500万株，为计划任务的100%。争取落实各类林业建设资金31.65亿元，同比增长27%，为年度目标任务的126.6%。其中，落实中央投资25.77亿元，同比增长22%。

【林业重点工程建设】

退耕还林工程 巩固退耕还林成果生态经济林4193.33公顷、枸杞基地1053.33公顷。造林补贴试点乔木700公顷，木本油料基地800公顷，灌木7160公顷。进一步强化对实施方案、作业设计编制管理工作，严把林业项目实施方案的编制关、审批关，对每个地区实施方案初审后还要到实地进行落实，做到实事求是，以防范实施方案的编制走过场，做到万无一失。各地以造林立地条件和本地苗木出圃情况，编制实施方案和作业设计，并组织专家进行严格审查、批复。

天然林资源保护工程 完成中央预算内投资人工造林6000公顷、封山育林1.46万公顷的计划任务。全面完成2014年度天保工程区1.69万公顷的森林抚育补贴资金项目。落实2015年省级财政资金支持天保工程中央预算内人工造林配套项目、完成地方公益林生态效益补偿省级配套资金项目灌改乔1946.67公顷，完成省财政支持国有林场140公顷的育苗项目。在102个国有林场和13个县(区)、180个乡镇开展了公益林、天然林管护与责任挂钩绩效评价试点工作。

三北防护林建设工程 三北工程完成乔木0.67万公顷，灌木1.53万公顷，封山育林3.33万公顷。完成总投资4000万元的4个国家沙化土地封禁保护区试点建设总任务7.19万公顷，由贵南县、都兰县、茫崖行委和乌兰县林业局负责实施。编制完成了共和县塔拉滩、格尔木乌图美仁、大柴旦行委、海晏县、都兰县夏日哈、乌兰县卜浪沟等第二批封禁保护区作业设计，总投资6000万元。全面完成总投资500万元的共和、贵南、都兰、格尔木和海晏县5个防沙治沙综合示范区建设任务。

野生动植物和自然保护区建设工程 委托中科院西北高原生物研究所对青海省主要水鸟迁徙地进行调查，共发现鸟种27种，数量6993只。本次鸟类同步调查，调查点覆盖全省，参与调查人员数量多，所得鸟类数量统计结果基本可以反映出青海省隆冬季节鸟类的真实状况。在全省范围内组织开展野生动物驯养繁殖清理整顿行动，对全省野生动物驯养繁殖及其产品经营销售场所进行全面的摸底调查。开展了第二次陆生野生动物调查工作。

开展全省第二次重点野生植物调查工作，确定油麦吊云杉、梭梭、沙拐枣、裸果木、青海云杉等8个树种为调查目的树种。按照实施方案的要求确定调查区域，布设样地，并开展实地调查。共完成样地186处，采集标本89份。

全力争取国家级自然保护区补助资金项目。及时组织编报国家级自然保护区补助资金等项目申报文件，为争取项目和资金打下扎实基础。共落实林业国家级补助资金600万元，用于国家级自然保护区能力建设。省财政支农资金自然保护区管理经费400万元，用于巡护执法补助、补建固定样线和各保护区2014年支农资金所设的样地、样方的继续监测费用，切实加强保护区能力建设。

祁连山自然保护区管理局相继挂牌成立了4县(市)保护区管理分局和森林公安分局。设立基层管护站22个，建立和完善管理局(森林公安局)、保护管理分局(森林公安分局)、管护站(派出所)三级保护管理和执法体系，夯实了保护区保护管理和巡护执法力量。祁连山自然保护区完成22个管护站点建设，全面开展巡护和监测工作。加强和规范保护区资源管护工作，制定实施了《祁连山自然保护区巡护管理制度》《祁连山自然保护区巡护技术规程》和《祁连山自然保护区保护管理技术指南》，全年组织开展巡护检查专项行动2次。“青甘”两省祁连山保护区管理局继续加强了合作交流，建立了长效机制，通过双方沟通对接，两省林业厅签订了《青甘两省联合加强祁连山自然保护区管理协议》，跨区域合作有效开展。

【国土绿化】

全民义务植树活动 完成义务植树任务1500万株。开春以来全省各地各级领导率先垂范，带头履行法定植树义务，积极参与造林绿化和林地管护工作，发挥了示范作用。召开创建国家森林城市暨启动西宁南北山三期绿化工程动员大会。

重点区域造林绿化 完成重点区域造林绿化计划任务1953.33公顷。绿化区域包括机场和海东工业园区周边、光伏园区、防沙治沙示范区和城镇周边。主要突出身边增绿，改善生态和人居环境，投资大，建设标准高。承担项目建设的各单位高度重视，精心组织实施，苗木规格大，栽植质量好高，景观效果好，达到了集中连片，快速成景的建设目标。完成西宁、海东南北山绿化3506.67公顷。其中，西宁南北山完成高标准造林306.67公顷，低效林改造1533.33公顷。同时，委托国家林业局西北林业规划调查设计院开展历年大苗造林核查，全省大苗造林面积完成7.45万公顷，合格(保存)率达到96.2%。

【资源保护与管理】

林地资源管理 严格占用征收林地审核审批，共审核审批征收占用林地项目 146 项，征收占用林地面积 812.95 公顷，收缴森林植被恢复费 1.12 亿元。强化林木采伐和木材流通环节管理，严格做好工程建设林木采伐工作。完成“十三五”期间森林采伐限额编制工作。认真做好出省木材运输证核发工作，按照行政审批职能，出省木材运输证核发统一归至省行政审批中心，做到即时受理、即时核发。开展生态红线划定工作，除全省林地和森林、湿地、沙区植被、物种之外，率先将天然林纳入生态红线划定范围，形成了初步成果。

湿地保护工作 发布《青海省湿地监测技术规程》和《青海省湿地保护奖励办法（试行）》等制度规范，依法监管各类湿地。组织开展卓乃湖、年宝玉则和可鲁克－托索湖 3 处湿地的国际重要湿地名录申报工作。新批准了泽曲、玛可河等 4 处国家湿地公园。落实国家湿地保护项目资金 6121 万元，启动实施大通北川河国家级自然保护区及周边湿地生态效益补偿试点及玉树市、河南县等 4 处湿地保护奖励试点。在全国率先建立健全了湿地管护员制度，落实三江源湿地生态管护岗位 963 个，争取管护资金 2080 万元。完成木里江仓湿地恢复面积 45.21 公顷。

林业有害生物防治 完成林业有害生物防治面积 16.25 万公顷，成灾率控制在 0.03‰。按照“集中资金，突出重点，分区治理，注重成效”的思路，突出防控重点，加强监督与指导，努力提高资金使用效率和防治效果。重点用于西宁市南北山绿化区、玉树藏族自治州玉树市、称多县“三江源”防护林林业有害生物防治、青海东部和环青海湖周边地区林地鼠害防治、祁连山生态保护和综合治理工程、三江源生态保护和建设二期工程，以及基础设施建设项目等工程的实施。防治作业施工实行专业队或专业公司承担。

全省林业有害生物普查工作全面启动实施。各市（州）、县成立了普查工作领导小组、技术指导组和普查工作组，编制和审查通过了普查技术方案和工作方案，通过踏查路线、采集标本，初步掌握了全省主要林业有害生物发生种类及分布地点。

森林防火 全省各级政府和林业主管部门紧紧围绕落实森林防火行政领导负责制的“五条标准”。建立健全运行机制，狠抓森林防火各项措施的贯彻落实，使森林防火工作真正纳入到各级政府的重要议事日程和各有关部门的重要工作内容，形成政府全面负责、部门齐抓共管、群众广泛参与的森林防火工作机制。全省未发生重大森林火灾，取得了连续 29 年无重特大森林火灾的好成绩。

严打专项行动 先后组织开展“打击破坏森林和野生动植物专项行动”“可可西里春季巡护执法行动”“保护黑枸杞专项整治行动”“缉枪治爆专项行动”“绿剑行动”等专项行动，确保全省森林和野生动植物资源安全。共查处各类森林和野生动物案件 1349 起，综合查处率 96.6%，打击处理违法犯罪人员 1402 人次。

【林业改革】

集体林权制度改革 稳步推进深化集体林权制度改革，选定西宁市湟中县、海东市互助县开展集体林权流转试点，扩大农业区集体林权流转管理及服务试点范围。

国有林场改革 在深入调研的基础上，拟定上报了《青海省国有林场改革实施方案》，进一步明确了国有林场改革的思路、任务和工作重点。召开了国有林场和国有林区改革工作领导小组第一次会议，研究各成员单位职责，安排部署了下一步工作。根据青海省实际对改革内容进行逐条梳理、分类。对照青海省国有林场实际，对职工社会保障、技工技术岗位评定、岗位补助，林场管护机制创新、林业产业发展等情况进行了补充调查。编制上报《青海省国有林场改革实施方案》。在 102 个国有林场和 13 个县（区）、180 个乡镇开展了公益林、天然林管护与责任挂钩绩效评价试点工作。

【林业产业】 组织完成了青海省林业产业发展情况调研，编制完成了《青海省“十三五”林业产业发展规划》《青海省藏茶产业发展规划》等 2 个专项规划。代省政府起草了《青海省人民政府关于加快林产业发展的实施意见》。重点建设标准化基地，培育市场主体，完成特色经济林种植 0.8 万公顷。组织评审省级林业产业化重点龙头企业 28 家，使全省省级林业产业化重点龙头企业发展至 61 家，其中国家级 1 家。

在玛可河林区完成农业综合开发名优经济林藏茶（花叶海棠）示范基地建设 100 公顷（实际完成 133.33 公顷），共栽植花叶海棠（藏茶）25.05 万株。

【科技兴林】

林业科技与推广 制订印发《青海省林业科技技术奖励办法》。青海湖湿地、大渡河源森林、贵南荒漠共 3 个陆地生态系统定位研究站建设项目得到国家林业局批复。实施中央和省级财政林业科技推广项目 22 项，投资 1600 万元。推进科研工作，取得科研成果 32 项。加快地方标准制修订工作，完成《有机枸杞栽培技术规范》《有机枸杞种植基地建设技术规范》等地方标准 24 项。认定黑果枸杞和树莓两个省级林业标准化示范区。与省出入境检验检疫局共同组建成立“青海省林产品质量安全检验检测中心”。完成国家林业局下达的大通县等 7 个标准化乡镇林业站建设项目。组织完成今年森林保险《实施方案》。建立大灾风险准备金制度，与省保监局联合制定下发《青海省政策性森林保险灾害损失认定技术标准（试行）》。委托省政府采购中心集中采购办公设备 135 台套，配发到 13 个县级基层森林保险机构。

生态系统服务功能监测与价值评估项目 自 2012 年开始的生态系统服务功能监测与价值评估项目于 2015 年 9 月份通过总体验收和成果鉴定。经鉴定委员会评审，研究成果达到国际先进水平，填补了中国在省域范围内同时开展生态资产核算及生态服务价值评估的空白。形成了《青海省生态系统服务监测与价值评估研究报告》《青海省生态资产评估研究报告》等 2 项主报告和 10 项分报告。

【工程项目】

三江源生态保护和建设工程 从强化监督、细化管理，落实责任、提升质量、廉洁自律等多方面入手，确保三江源生态保护区和建设二期工程项目实施进度和质量，提升投资效益最大化，年度任务全面完成。2015年，三江源生态保护和建设二期工程共完成投资17 273万元，其中结转任务完成投资2742万元，新下达项目完成投资14 531万元。新下达项目中，共完成封山育林6.23万公顷，完成湿地保护5.76万公顷，完成封沙育(林)草2.68万公顷，完成人工造林0.33万公顷。同时，启动实施种苗项目3项，完成投资422万元，启动实施森防项目19项，完成投资2772万元。

进一步强化保护区保护管理，加快保护区建设，促进保护区发展，组织开展保护区各项保护管理、宣传教育、巡护监测、执法检查等工作。利用省财政下达的社区公共资金，开展了果洛藏族自治州玛沁县拉加镇加思乎等村的雪豹栖息地监测巡护工作，为社区巡护员配备野外监测巡护设备，对他们进行监测巡护培训，在雪豹重要栖息地安放了10部红外相机开展野外监测，由社区巡护员对这一地区的雪豹活动进行监测。

祁连山生态保护与建设综合治理工程 落实省财政预安排资金2亿元，主要开展退化草地治理、水土保持、封山育林、沙漠化土地治理、湿地和冰川保护等16项建设任务。其中林业项目投资5002.2万元，主要实施了封山育林1.33万公顷，沙漠化土地治理0.25万公顷，湿地保护2.6万公顷，林业有害生物防治1.67万公顷，建设保护基地3处，以及冰川环境保护、森林防火和有害生物防控体系建设等项目。加强省相关部门间的沟通协调，加大督查和信息报告力度，对项目进展、资金支付等进行督查，督促各地各部门全面完成省委省政府下达的年度目标。

外资项目 UNDP－GEF青海生物多样性保护项目完成投资1185万元。积极与省发改委、水利厅、农牧厅、环保厅等部门衔接，将青海省生物多样性保护融入“十三五”和部门规划中。国际农发基金青海六盘山片区林业扶贫项目完成总投资1830万元，其中落实省级配套资金829万元。新建核桃种植基地96公顷、大果樱桃种植基地40公顷、树莓种植基地108.33公顷、苗木繁育基地建设7.33公顷。

加强与德国复兴银行的沟通，参与并指导西宁市林业局完成了德国促进性贷款绿化和生态保护项目建议书及可研报告的设计评审，协助西宁市林业局完成德国复兴银行对该项目的专家考察和实地认定。项目总投资2亿元，其中申请国际贷款1.4亿元。加强与日本小渊基金项目合作伙伴的联系，启动海晏县防沙治沙新项目。

【林业保障工作】

林木种苗生产 全省共储备各类林木种子18.3万千克，出圃各类苗木55 307.9万株。加大林木种苗质量监督检查力度，制订了林木种苗行政执法和质量检查方案，按照检查方案组织人员先后对西宁市、海东市、海北州、海南州、黄南州、海西州的林木种苗质量及种苗档案情况进行了检查，共抽查了14个县的11个种批、16个苗批。督促各县对造林所用的林木种子和苗木进行全面检查，确保用于林业重点工程造林的林木种子和苗木受检率达到100％。进一步强化林木种苗质量自检制度、“两证一签”制度。各地对调运种苗进行了全面质量自检，自检率达到100％。狠抓“两证一签”制度的落实，各地自产种苗和外调种苗“两证一签”齐全，有效地规范了种苗生产经营秩序。审定通过2个林木品种为省级良种，在公告规定的适宜范围内推广。

工程质量监管 坚持科学设计，强化一线督导，促进林业生态建设扩面增绿。严格把好造林绿化项目实施方案、作业设计方案编制、审批关口。各实施单位做到早安排、早落实、早行动，立足当地实际，高标准、高质量进行规划设计，造林地块管护措施全部到位，苗木种子、网围栏等招投标工作有序开展。春季造林开始后，由厅领导带队，先后3次对各地春季人工造林进行督查检查，各督查组深入山头地块，核对作业设计，检查造林整地准备、种苗储备、造林进展情况，发现问题及时整改，确保造林绿化成效。

第五次荒漠化和沙化监测工作 这项工作是国家林业局下达的跨年度的监测任务之一。工作从2013年8月开始，2015年5月底结束，历时一年多。经过技术物资准备、外业区划调查和验证、内业分析总结和报告编制等三个阶段的工作，圆满完成各项任务，客观反映了过去5年青海省荒漠化和沙化土地的动态变化状况，为今后青海省开展防沙治沙相关工作提供了科学依据。监测工作通过国家林业局两次质量检查，综合质量评定为“优”。5月7日，监测成果通过了省内专家的评审，达到了国家有关规定和要求。

信息化示范基地建设 西宁野生动物园开展信息化示范点建设，建成了青海省首家智慧旅游景区。青海湖国家级自然保护区管理局开展智慧生态旅游示范建设，通过网络将保护区野生鸟类实况尽收“眼”底。三江源国家级自然保护区通过数字保护区建设，实现了对重要生态保护区域、典型生态类型区、交通路线、人为活动区、植被密集区等重点区域的实时监控。

【林业大事】

3月15日 省林业厅制定的《湿地监测技术规程》已由省质量技术监督局正式批准发布，这是青海省首部湿地保护技术规程，并计划于2015年起正式实施。

5月7日 青海省第五次荒漠化和沙化监测成果通过省内专家评审。

5月12日 省政府召开西宁南北山绿化工程评价成果新闻发布会，会上通报了西宁南北山绿化工程评价成果和三期工程建设情况。

5月20日 《森林三防管护信息化建设导则》正式发布，6月1日正式实施。这是青海省建设森林管护信息化系统项目重要的技术依据和建设准则，填补了青海林业行业关于森林管护信息化系统建设的空白。

10月12日 2014年天然林资源保护二期“四到省”综合考核中，青海位列第一，这是青海省自2002年开始在国家林业局组织对全国20个省级单位开展年度天然林资源保护工程“四到省”综合考核中首次获得第一名。

10月14日 国家林业局援青干部、班玛县委常委、副县长王得军作为果洛藏族自治州、全省林业干部和全省180多名援青干部中唯一入选对象，被评为“青海省焦裕禄式扶贫干部”。

（青海省林业由宋晓英供稿）

宁夏回族自治区林业

【概　述】 2015年，宁夏森林覆盖率在12.63%左右，退耕还林补植补造2.83万公顷，治理荒漠化土地3.33万公顷，湿地面积20.72万公顷，新增经济林种植面积0.88万公顷，全区连续57年未发生重大以上森林火灾和人员伤亡，森林火灾受害率低于1‰。林业有害生物成灾率控制在7‰以内，全年争取中央和自治区财政资金15.7亿元。

【造林绿化】 全年完成营造林绿化8.24万公顷，占计划任务的103%，人工生态修复5.87万公顷，森林覆盖率在12.63%左右，退耕还林补植补造2.83万公顷，治理荒漠化土地3.33万公顷，全民义务植树1000万株以上。同时，补植补造完成4.72万公顷。完成银川市110国道镇北堡至闽宁镇段环境综合整治绿化改造工程，26个市民休闲森林公园全部开工建设，宁夏国际会议中心、贺兰园艺产业园绿化改造提升工程投入使用。

【生态移民】 全年计划完成移民迁出区人工生态修复5.2万公顷，投资3.1亿元。已完成人工生态修复5.87万公顷，占年度计划任务的113%。其中，林业工程完成2.19万公顷(不含中幼龄抚育)，占年度规划任务的124%；草地恢复工程完成3.66万公顷，占年度规划任务的101%；完成水土保持工程200座(处)，占年度规划任务的100%。共计完成投资1.9亿元。自治区林业厅协调自治区编办批复彭阳县、泾源县各新成立两个林场，同心县新成立一个林场，彭阳县扩、迁建并更名一个林场，共新增管护面积14.04万公顷。

【林业产业】 全区林业产业实现总产值突破200亿元，完成经济林新增面积0.88万公顷，占计划任务0.68万公顷的129.4%，(枸杞0.36万公顷、苹果0.18万公顷、红枣0.07万公顷、花卉0.01万公顷、小杂果及其他经济林0.25万公顷)；全年低产低效改造提升完成0.35万公顷，新增育苗面积0.12万公顷，新建苹果细纺锤形篱架栽培、中部干旱带压砂地枣树小冠纺锤形修剪、仁用杏保花保果等各类示范园区12个，成立了8个枸杞产业人才高地工作站，建立红枣示范园区6个，苹果示范园区5个，优质红梅杏示范园区1个；建设苹果矮化自根砧篱架栽培模式13.33公顷、矮化中间砧高密高效栽培66.66公顷；矮化中间砧高密高效栽培示范园106.66公顷；成功举办2015中阿博览会中国枸杞论坛暨中宁枸杞文化节，在新加坡、马来西亚等国家开展了宁夏枸杞宣传推介活动，枸杞国际影响力显著提升。自治区出台《宁夏回族自治区枸杞产业促进条例》，自治区政府成立由自治区主席刘慧任组长，党组副书记郝林海、副主席曾一春为副组长的枸杞产业领导小组，编制完成再造宁夏枸杞产业发展新优势《工作方案》和《发展规划》，全面推进枸杞产业发展，打造宁夏枸杞产业升级版。

【森林资源管理】 2015年，顺利完成宁夏森林资源连续清查第五次复查工作，全年争取到自然保护区基础设施和能力建设各类资金近亿元。全年共办理林木采伐193件，使用公益林采伐限额13 899.7立方米，商品林采伐限额24 960.84立方米，仅占年度总限额的47%；全年受理申请永久占用征收林地256宗，临时占用征收林地123宗，为林业生产服务的4综，审核批准占用征收林地383宗，面积3562.5公顷，收取森林植被恢复费12 724.2万元，行政审批决定权委托授权率已提高到53.8%；全面完成了9087块样地的外业调查工作，已完成数据录入审核工作；全年共查处非法侵占林地案件48起，查出48起，查处率100%；行政问责3人，行政处罚30人，共处罚款370万元，收回林地800公顷。

【湿地资源保护】 全区现有湿地面积20.72万公顷，其中，自然湿地16.95万公顷，人工湿地3.77万公顷；现湿地自然保护率达到40%。2015年，争取湿地补偿资金、湿地补助资金、以奖代补资金共计7210万元，占全区林业补助资金的24%，比2014年增长了28%。全区已有13个国家湿地公园，已通过验收正式命名4个；吴忠黄河国家湿地公园列入全国23个重点建设国家湿地公园，吴忠滨河、青铜峡库区等4个沿黄湿地保护示范点建设稳步推进。

【林业改革】 湿地确权试点改革纳入《中央生态文明体制改革总体方案》和《中央全面深化改革领导小组2016年工作要点》。《宁夏国有林场改革方案》已获国家正式批复。林权抵押贷款取得积极进展，与金融部门达成5年60亿元林业产业信贷协议。认定自治区级林业产业化龙头企业62家，首次评选了10家自治区级林下经济示范基地。加大简政放权力度，削减林业行政职权，将186项行政职权精简到79项，精简率达57.5%。非基本农田葡萄确权颁证试点在青铜峡、西夏区启动。林权流转试点在西吉、彭阳、同心开展。

【集体林权改革】 2015年，宁夏林业厅与宁夏农行三家金融机构签订战略合作协议，筹措林业信贷资金60亿元，发放林业贷款25亿元。其中，林权抵押贷款2.4亿元；发展林下经济25.53万公顷，实现年产值21亿元；培育各类新型林业经营主体8300余家，从业人员10万余人，年经营收入达80.5亿元；有近1500余家工商资本，投资80亿元发展林下经济等特色林产业。

【森林防火】 2015年，全区共发生一般森林火灾7起，其中，一般森林火灾5起，较大森林火灾2起，火场总面积32.5公顷，损失幼林株数0.5万株，较2014年度火灾起数下降70%，火场总面积下降83%，损失幼林株数下降86%。全区连续57年未发生重大以上森林火灾和人员伤亡，确保森林火灾综合受害率控制在1‰以下。

【林业科技】 积极申报中央和自治区林业科技项目21项，财政资金2960万元。其中：林业公益性行业专项资金795万元，中央财政林业科技推广示范11项，资金1100万元；自治区财政10项，资金400万元；林业科技创新平台运行补助项目8万元，基层科技站补助经费40万元，贺兰山生态定位站建设经费517万元，百万农民培训100万元。林业科技创新稳步推进，审定发布《同心圆枣主要有害生物防控技术规程》等30项林业地方标准。

【林业宣传】 全年在各类媒体发表新闻稿件1800多篇(条)，其中在新华社国内动态清样和内部参考各1篇；中央电视台播出18条；《人民日报》刊登报道7篇；在新华每日电讯、《光明日报》《经济日报》《农民日报》等中央媒体报道13篇；宁夏电视台《新闻联播》播出林业新闻129条，其中在新闻话题栏目专题报道林业工作6次；《宁夏日报》刊登林业新闻160余条，其中1版56篇，专版2篇；《中国绿色时报》刊登自治区林业报道50余篇，其中头版27篇；新华网、人民网宁夏频道、新消息报等其他媒体报道林业新闻及活动1000多篇(条)。全年媒体报道数量较2014年增加200多篇(条)，在宁夏《新闻联播》以及纸质媒体头版报道数量较2014年增加34篇(条)。

【林业信息化建设】 组建林业厅宣传信息中心，负责全区林业宣传和信息化建设管理工作。制定完善了信息化建设管理制度，建立了厅办公软件正版化年度检查、通报机制，增强林业厅信息化工作风险防范和安全保障能力。升级改版了"宁夏林业信息网"，建立了区、市、县三级林业网站群，网站群在区市县三级林业(园林)局覆盖率接近97%。"十二五"期间(截至2015年12月)，宁夏林业网共发布信息11 812条，网站访问量大幅提升，被国家林业局评为2014年度"网站效能优先奖"。宁夏森林防火信息平台、森林公安网基本建成，开通并完善了网络森林医院服务，实现了林地资源"一张图"管理目标。天然林资源保护工程管理信息系统在全区其他市、县(区)全面推广使用。设置了防沙治沙信息采集点，宁夏智慧林业监测管理系统(一期)建设项目启动。青铜峡市被国家林业局确定为第一批全国林业信息化建设示范县，中宁枸杞国际交易中心被国家林业局确定为第二批全国林业信息化建设示范基地。《宁夏智慧林业发展"十三五"规划(2016～2020年)》编制完成，宁夏林业信息化建设有了顶层设计。

【林业有害生物防治】 全区应施监测的主要林业有害生物种类有森林鼠兔害、杨树蛀干害虫、杨树食叶害虫、落叶松红腹叶蜂、沙棘木蠹蛾、苹果蠹蛾、臭椿沟眶象等24种。林业有害生物发生面积28.42万公顷，成灾面积0.85万公顷。成灾率6.96‰。其中森林鼠、兔害发生面积为19.08万公顷；杨树蛀干害虫发生面积1.45万公顷，沙棘木蠹蛾发生面积0.17万公顷，杨树食叶害虫发生面积3.02万公顷。全年完成林业有害生物防治面积10.96万公顷。防治作业面积22.06万公顷次，无公害防治面积18.51万公顷次。无公害防治率为83.93%。成灾率6.96‰，苗木产地检疫率100%，测报准确率88.9%。

【全区林业局长会议】 2月3日，全区林业工作会议在自治区林业厅七楼会议室召开，自治区政府副主席屈冬玉出席会议并作了重要讲话。会议传达学习2015年全国林业厅局长会议和全区农村工作会议精神，表彰奖励2014年度全区林业建设先进集体。各市、县(区)林业(园林)局局长，自治区林业厅领导班子成员、机关及直属单位负责人，自治区有关部门(单位)负责人，媒体记者等148人参加了会议。

【自治区领导参加义务植树活动】 4月3日，由自治区绿化委员会、自治区林业厅和首府绿化委员会共同组织的2015年春季义务植树活动在银川市拉开帷幕。自治区党委书记李建华、自治区政协主席齐同生、自治区党委常委纪委书记陈绪国、自治区政府副主席屈冬玉等领导与区直各部门、市直各部门，驻宁官兵、武警战士共计3000余人一道，栽下一棵棵树苗，为建设美丽宁夏增添新绿。

【再造枸杞产业新优势】 6月18日，自治区党委常委、组织部部长傅兴国为"宁夏枸杞产业人才高地"揭牌，大力培养枸杞产业专业技术人才、企业经营管理人才和实用技能人才。10月16日，自治区政府成立由刘慧主席任组长，自治区领导郝林海、曾一春担任副组长，自治区林业厅等有关部门为成员的领导小组，主抓枸杞产业发展提升工作，并由林业厅牵头制订了《再造宁夏枸杞产业新优势工作方案》。11月26日，自治区人大常委会第二十次会议审议并通过了《宁夏回族自治区枸杞产业促进条例》。在经济发展新常态下，自治区党委、政府打出了枸杞产业发展组合拳，宁夏枸杞成为自治区的一张"红色"名片。

【宁夏国有林场改革方案获国家正式批复】 2015年，自治区稳步推进国有林场改革工作，自治区林业厅编制的《宁夏国有林场改革方案》，经自治区全面深化改革领导小组会议、自治区政府第50次常务会议等4次会议研究通过，上报国家国有林场和国有林区改革工作小组。12月16日，《宁夏国有林场改革方案》经国家发展改革委、国家林业局正式批复，标志着自治区国有林场改革工作全面启动。

【自治区森林公安成功查处最高人民检察院挂牌督办特大案件】 2015年8月，最高人民检察院对自治区森林公安机关侦办的"1·21"和"兰某某"特大非法猎捕、杀害、运输国家珍贵、濒危野生动物案列为全国10起破坏环境资源犯罪案件挂牌督办。自治区森林公安局成立专案组指挥侦破查处工作，经过3个多月的调查取证，先后抓获犯罪嫌疑人8人，查获国家Ⅱ级保护野生动物岩羊64只，扣押作案交通工具小型汽车3辆，收缴小口径步枪5支，涉案人员分别被法院判处3～10年有期徒刑。据统计，2015年全区森林公安机关立涉林刑事案件77起，破案74起，抓获犯罪嫌疑人105人，查获国家Ⅱ级保护野生动物103只(头)，收缴木材777.5立方米，收回林地63.6公顷，全年办理刑事案件数为历年最高。

【中国·阿拉伯国家绿化博览会在银川绿博园开幕】 9月11日，在第二届中国·阿拉伯国家博览会举办期间，中国·阿拉伯国家绿化博览会在银川开幕。2015中国·阿拉伯国家绿化博览会由全国绿化委员会、国家林业局、自治区政府共同主办，银川市政府承办，国家林业局三北防护林建设局、自治区林业厅、宁夏博览局协办，主题是“让绿色之歌唱响新丝路”。中阿绿博会全方位展示中阿绿化建设成果，交流国内外林业和城市园林绿化领域新技术、新理念、新成果。国家林业局副局长张永利在开幕式上讲话并宣布中阿绿博会开幕。

【宁夏荒漠化土地和沙化土地面积双缩减】 12月29日，国家林业局发布了全国第五次荒漠化和沙化监测结果，自治区与2009年第四次监测结果相比，荒漠化土地面积由289.88万公顷减少到278.90万公顷，净减少10.98万公顷，平均每年减少2.19万公顷；沙化土地由116.23万公顷减少到112.46万公顷，净减少3.77万公顷，年均减少0.75万公顷。全区荒漠化土地和沙化土地面积已经连续20年保持了“双缩减”，呈现整体遏制、持续缩减、功能增强的良好态势。截至2014年，全区荒漠化土地面积278.90万公顷，占国土面积的53.68%；沙化土地面积112.46万公顷，占国土面积的21.65%；有明显沙化趋势土地面积为26.85万公顷，占国土面积的5.17%。

【新一轮退耕还林还草工程启动】 6月2日，国家发改委等五部委联合下发了《关于下达2015年退耕还林还草年度任务的通知》，安排宁夏新一轮退耕还林还草任务1.66万公顷，其中还林1.33万公顷、还草0.33万公顷。8月3日，自治区人民政府召开了“全区退耕还林还草工作会议”，自治区政府党组副书记郝林海出席会议并讲话，自治区林业厅党组书记、厅长马金元对新一轮退耕还林工作进行了安排部署。宁夏新一轮退耕还林还草工程启动，必将为自治区生态建设、农民增收、优化产业结构、促进社会和谐稳定作出积极的贡献。

【深化集体林权制度改革】 自治区林业厅与宁夏农行等三家金融机构签订了战略合作协议，筹措林业信贷资金60亿元，发放林业贷款25亿元，其中林权抵押贷款2.4亿元；充分挖掘林下资源潜力，发展林下经济26.53万公顷，实现年产值21亿元，为农民返乡创业、脱贫致富和区域经济发展开辟了新的途径；培育各类新型林业经营主体8300余家，从业人员10万余人，年经营收入达80.5亿元，促进了集体林业适度规模经营和发展方式转变；有近1500余家工商资本，投资80亿元发展林下经济等特色林产业，社会资本为林业发展注入了强大活力；非基本农田葡萄确权颁证在青铜峡市、西夏区开展试点，葡萄确权盘活了葡萄要素市场，有效促进了贺兰山东麓葡萄产业健康稳定发展。

【自治区重点绿化工程】 2015年，自治区林业厅受政府委托，负责实施并完成了宁夏110国道绿化改造提升和宁夏国际会堂前广场绿化工程建筑面积567.2公顷，栽植各类树木87.6万株，绿化总面积557公顷。全区已开工建设26个市民休闲森林公园，初步建成固原市原州区古雁岭等5个市民休闲森林公园；建成22个美丽乡镇和44个美丽中心村生态示范点；完成生态移民迁出区生态修复5.87万公顷；高标准完成了11条高速公路、6条国道、12条省道两侧及国省干道省际节点的绿化美化，形成了主干道路靓丽风景线，民生林业让百姓分享生态“红利”。

【林业“十三五”规划】 宁夏林业“十三五”规划正式编制完成。《规划》坚持保护优先、绿色发展、分区施策、改革创新、依法治林、全民参与六大原则。紧紧围绕深化改革、资源保护、生态建设、产业发展、科技创新“五大板块”，抢抓林业发展新机遇，突出重点，以点带面，举全区之力，大力推进“1235”工程，即再造枸杞产业新优势，深化国有林场和集体林权制度两项改革，开展资源管理创新、公民爱绿护绿、林业绿色共享三大行动，实施生态修复、防沙治沙、灌区绿网、城乡增绿、湿地保护五大工程。

【林业精准扶贫】 2015年5月，自治区林业厅制订《帮扶海原县发展特色产业与全区同步实现小康工作方案》，8名厅领导与海原县张湾、脱场、张堡、高崖、田拐、四营、团结、白吉8个行政村建立结对帮扶点。通过实地调研，针对8个村实际情况编制了《海原县特色产业帮扶规划(2015～2020)》，采取产业扶贫、结对帮扶、精准到户等措施，加大林业产业开发投资和技术服务支持力度，扎实推进海原县扶贫帮困工作，助力海原农民脱贫致富奔小康。到2015年年底，统筹林业资金800多万元，发展枸杞、香水梨、红梅杏、苹果、中药材、苗木等特色产业基地2066.67公顷。

(宁夏回族自治区林业由马永福供稿)

新疆维吾尔自治区林业

【概　述】 2015年是“十二五”收官之年，全区林业完成了“十二五”各项目标。全疆森林面积达773.33万公顷；森林蓄积达3.67亿立方米；森林覆盖率达4.7%；绿洲森林覆盖率达28%；新增天然林地1亿亩。特色林果种植面积达146.67万公顷(含兵团)，果品年产量达700万吨，年产值近500亿元。（俞言琳）

【生态建设】 全年完成造林19.26万公顷，其中人工造林13.33万公顷、封育5.93万公顷。治理沙化土地15.23万公顷，其中实施沙化土地封禁保护8.68万公顷，国家沙漠公园保护面积6.42万公顷，防沙治沙综合示范区治理0.13万公顷。全面启动第三批国家沙化土地封禁保护补助试点，试点县达17个，封禁保护面积达24.2万公顷。国家批复全区沙漠公园达到14个，保护总面积达到14.53万公顷。（伍永明）

【林业重点工程】 实施"工程林业"战略，先行启动了玛纳斯县湿地公园、沙湾县翠山绿化等"工程林业"建设。目前，全区大部分县市编制了"工程林业"建设规划，首批30多个县市的"工程林业"建设规划已经完成评审；天然林保护二期工程顺利推进，管护标准由2014年的每公顷75元提高到每公顷90元，修订出台了《自治区天然林资源保护工程管理办法》等5个天保工程管护地方性规章；"三北"防护林五期工程进展顺利，完成造林13.07万公顷；积极做好伊犁、巴州、昌吉、喀什等4个"百万亩生态防护林工程"各项工作，伊犁河谷"百万亩生态经济林工程"完成造林7.5万公顷；大力实施绿化美化工程，不断巩固上一轮退耕还林工程成果，启动实施新一轮退耕还林工程，落实建设任务4.67万公顷，资金10.5亿元；大力实施森林经营工程和林业基础工程建设，森林质量得到提高，林业基础保障能力不断提升；自然保护区、野生动植物保护和湿地保护与恢复工程进展顺利，落实资金1亿元。（马辉）

【特色林果产业】 坚持把特色林果业作为"扶贫林、致富林、就业林、政治林"来抓。编制完成《特色林果业提质增效转型升级"十三五"发展规划》及《木本油料专项规划》。切实加强低产低效果园改造，在南疆林果主产区全面推行果园疏密工作，林果基地建设水平不断提高。建成林果标准化示范基地16.67万公顷，培育林果业加工贮藏保鲜企业400多家，农民林果业合作经济组织1300余家，年贮藏保鲜与加工处理能力突破300万吨。成功举办"2015新疆特色林果产品(广州)交易会"，签订经贸合作项目41项，交易额达22.3亿元。交易会召开之前，由3位厅领导带队分赴广东周边6个省区开展宣传推介活动。组织林果企业参加"2015年亚欧商品贸易博览会""中国－东盟博览会优质水果推介会"以及吐鲁番、喀什、阿克苏、巴州林果展销会，取得了显著成效。在全国各地建立林果产品专卖、代理、加盟店1000多家，建立了以"大唐丝路"、淘宝网新疆馆为代表的特色林果产品电子商务平台，特色林果产品进一步走向了国内外市场。（张宗华）

【资源保护管理】 划定森林、湿地、荒漠植被、物种4条林业生态红线，走在了全国的前列，得到国家林业局的充分肯定。开展森林资源二类补充调查，首次对山区天然林、荒漠林和平原人工林进行全面普查，摸清了森林资源家底。签订《山区森林资源管理目标责任状》，在全疆各县(市)建立起县级人民政府保护发展森林资源目标责任制，逐级落实森林资源管理责任。制订《自治区保护和发展森林资源目标管理责任制考核办法》。严把林木采伐审批关，依法做好建设项目占用征收林地审核审批工作。（俞言琳）

【森林防火】 扎实做好森林防火工作，开展"森林防火平安年"建设活动，加大森林防火航空巡护力度。加大森林防火基础设施建设投入，开工建设森林防火项目9个，落实中央资金8400万元。全年共发生森林火灾18起，受害森林面积74公顷，火灾次数同比减少7起，受害森林面积减少13公顷，较好地完成了全年森林火灾发生率低于0.8‰的目标任务，连续12年未发生重特大森林火灾和人员伤亡事故。（伍永明）

【有害生物防控】 林业有害生物防控工作有效开展，协调自治区人民政府印发了《关于进一步加强林业有害生物防控工作的实施意见》，在两个自治区级林业植物检疫检查站开展检疫员轮岗值守，处理带疫苗木73.2万株，有效阻止了外来有害生物的入侵。完成林业有害生物飞机防治27.32万公顷，有效控制了林业有害生物灾害的发生势头。（马辉）

【野生动植物保护】 7个自治区级野生动物疫源疫病监测救护站、500个监测救护点建设项目进展顺利。成功从卡塔尔国引进45只猎隼，建成了中国首个以隼类为主的繁育研究基地。（张宗华）

【林政执法】 始终保持对破坏森林资源和野生动植物违法犯罪活动的严打高压态势，组织开展了"春季严打""打击毁林开垦和非法侵占林地""利剑行动"等专项行动，严厉打击各类涉林违法犯罪活动，有力维护了全区森林资源安全。全力做好卡拉麦里山自然保护区专项整改工作。认真落实中央领导同志批示和自治区党委、政府关于卡拉麦里山保护区整改工作的决策部署，多次组织专家和相关部门对保护区存在的问题进行专题调研，提出卡拉麦里山保护区野生动物迁徙通道、饮水点、饲草料基地、储备库等建设方案；对保护区功能区划、面积调整进行评估论证；启动卡拉麦里山保护区本底资源调查，为实现精准保护打下基础；组成专案组对违法、违规占用保护区土地和生产建设等活动进行查处，加强了保护区内企业从事生产建设等经营活动的管理。（郭宇晨）

【民生建设】 退耕还林工程补助范围覆盖全疆13个地州83个县市，落实资金2.57亿元，及时足额下发到农民手中。全力做好国有贫困林场(站)扶贫工作，全年共扶持35个国有林场(站)基础设施建设项目。国有林区1674户棚户区改造任务扎实开展。南疆五地州杏热风烘干房及冷藏库建设顺利进行，圆满完成林业厅负责的569座烘干房、147座冷藏库建设任务。认真做好自治区安排林业厅的"访惠聚"村级惠民生项目的对接和资金筹集工作，落实资金近1亿元。组织编制《阿克苏地区乌什县林业扶贫项目规划(2015～2019年)》和《自治区林业厅包村定点扶贫规划(2015～2019年)》。开展林业贴息贷款，下达中央财政贴息资金近8300万元，扶持90多家林业企业和农民专业合作社，安置就业6000多人。（马辉）

【“访惠聚”活动和集中整治工作】 全厅2015年共派出115名机关干部职工组成15个工作组(队)，在2014年的基础上增加了5个集中整治工作组(队)。厅党委着力在组织领导、基层建设、民生改善、服务保障上下功夫求实效。厅党委多次召开专题会议部署“访惠聚”工作，研究制订“访惠聚”活动三年规划、年度工作要点、“三项重点”工作分解方案，明晰工作思路，突出工作重点。厅主要领导多次深入工作组，与工作组成员同吃、同住、同工作，把脉研究“访惠聚”活动难点问题。每月安排一名厅党委班子成员带队赴工作组慰问、调研、检查、指导工作，现场解决问题。大力加强基层组织建设，指导各工作组帮助村“两委”班子建立健全党支部例会、“十支”队伍管理等10多项规章制度，规范村级重大事项决策程序，推动“星级化”创建工作深入开展；分三期组织70名村干部赴自治区干部学院集中学习，组织14名村支书赴北京市、天津市实地参观考察，组织56名村干部赴昌吉市、呼图壁县、玛纳斯县现场学习观摩。研究制订了《乌什县特色林果业发展规划》。派出林果技术人员现场授课和培训，累计培训3000余人次，发放林果栽培技术手册5000多册。加大林业项目和资金的倾斜力度，截至2015年已累计在乌什县投入林业资金1.1亿元，在阿克苏市投入林业资金近4000万元，有力地促进了民生项目的顺利实施。投入730万元建设45个村民小组文化中心，投入700余万元完善工作生活设施、周转房建设等，保障住村工作的顺利开展。开展各类大宣讲、大揭批500余场(次)，入户宣传9000余次，受教育群众6万余人(次)，通过去极端化宣传教育，深刻揭露宗教极端思想的现实危害，坚决抵御宗教极端思想渗透蔓延，筑牢社会稳定和长治久安的思想基础。（张宗华）

【林业改革】 认真贯彻落实中央6号文件关于国有林场和国有林区改革指示精神，及时成立了改革工作领导小组；召开自治区国有林场和国有林区改革工作电视电话会议和领导小组会议，对改革工作进行部署；组成4个调研组对全区107个国有林场的基本情况、存在的问题、改革的意见建议等进行深入调研；赴国有林场改革试点省份进行学习考察，为全面启动实施改革工作奠定了坚实基础；联合自治区发改委，结合自治区实际，制订了《自治区国有林场改革重点任务分解》；起草了《自治区国有林场和国有林区改革实施方案》，目前正在征求各方面意见建议；将全区83个已改革为全额预算管理事业单位的国有林场(站)纳入国有林场改革补助范围，拨付补助资金3.2亿元。集体林权制度改革工作深入推进，启动集体林业综合改革示范区建设。（俞言琳）

【依法治林】 加强林业立法，完成《自治区森林公园管理条例》送审稿。深入开展法治宣传教育工作，举办自治区林业行政执法骨干人员培训班，在全系统开展“宪法法律宣传月”和“学法达人月月赛”等活动。首聘法律顾问，依法审查行政决策，推进法治机关建设。深化行政审批制度改革，完成林业非行政审批事项的清理、确认以及规范性文件的报备工作。与自治区检察院等5个部门联合下发《自治区开展严厉打击破坏环境资源犯罪和危害食品药品安全犯罪专项行动工作方案》；认真梳理细化权力清单和责任清单，最终确定了10类、109项行政权力，确保权力行使不越位、不错位、不缺位。（伍永明）

【种苗花卉等林业产业】 林木种苗生产供应能力显著提高，全疆育苗单位达1.1万余家，育苗面积3.31万公顷，总产苗量20.9亿株，2015年造林实际用苗5.7亿株。编制《新疆林木种质资源调查、评价与利用规划》。加快推进新疆国家林木种质资源库项目建设，新疆林木种质资源设施保存库被确认为国家林木种质资源设施保存库(新疆分库)，已获国家林业局和自治区发改委批复立项，第一批项目资金已到位。林木良种使用率提升至82%。“新疆林木种苗网”开通运行，指导成立了“新疆林木种苗协会”。在呼图壁县成功举办“第四届新疆苗木花卉博览会”，交易额达20亿元，较2014年增长20%，71.9万株苗木出口哈萨克斯坦。继北疆建立呼图壁县0.8万公顷种苗基地县之后，又在南疆英吉沙县建立了种苗基地县，目前苗木基地面积已近0.2万公顷。做好油用牡丹品种园引种选优工作，编制红掌和蝴蝶兰生产2个地方技术标准。各地充分运用新技术、新成果发展沙产业，推进国家沙漠公园建设，沙漠旅游年接待游客已达192万人次，实现旅游收入3.42亿元。推进森林公园森林旅游标准体系建设，完成《新疆森林旅游资源普查》和《新疆森林公园和森林旅游发展规划》。（马辉）

【林业科技】 全年落实林业科技项目资金达4376万元，推荐申报2015年中央财政林业科技推广项目25项，申报立项自治区地方标准19项。充分发挥首席专家在自治区特色林果产业发展中的重要作用，在项目、资金安排上予以支持，进一步调动首席专家的积极性和主动性，为特色林果业的发展提供强有力的技术支撑。统筹推进自治区林业高层次人才、林业青年科技英才等人才培养工程，组织开展“西部之光”访问学者、少数民族专业技术人员特培等工作，培养高素质专业人才。（俞言琳）

【林业援疆】 组织成立自治区林业援疆工作领导小组办公室，制定印发《关于进一步完善林业援疆工作机制》，建立自治区联席会议、联络人和19省(市)定期回访制度。自2014年林业援疆工作座谈会和全国林业对口援疆工作座谈会召开以来，19个对口援疆省(市)通过项目援疆、技术援疆、人才援疆等形式，共支持新疆林业项目69个，投资1.88亿元，培训技术人才共计3356人次。成功召开国家林业局科技援疆座谈会，林业科技援疆稳步推进。（张宗华）

【生态文化】 以《新疆林业》杂志和林业厅门户网站为平台，通过征文、设立专题等形式，广泛征集反映新疆林业生态的优秀文学、摄影、美术等文化作品，充分挖掘新疆特色生态文化元素，促进林业生态文化发展。凝聚社会力量，弘扬生态文明。参与《中国草原生态文化》编写和“华夏古村镇生态文化纪实”项目研究，结合新疆实际，遴选推荐3个村申报“华夏古村镇”。着力强化生态文明教育基地建设，组织申报第四批“自治区生态文明教育基地”，推荐乌苏佛山国家森林公园申报“国家生态文明教育基地”，积极打造美丽乡村，2个村被中国生态文化协会命名为“全国生态文化村”。

（新疆维吾尔自治区林业由俞言琳供稿）

新疆生产建设兵团林业

【概　述】 2015年是“十二五”收关之年，新疆生产建设兵团(以下简称兵团)以贯彻落实生态文明建设为指导，深入落实全国林业厅局长会议、兵团六届十四次全委扩大会议精神，围绕林业生态保护与建设，强化管理，扎实推进，兵团林业呈现持续发展的良好态势。

林业产业 在经济下行压力较大，经济林产品销售不畅的情况下，兵团2015年林业产业总产值达322.55亿元，比2014年增加90.41亿元，增长了38.95%；其中第一产业318.22亿元，较2014年增加88亿元，增长了38.22%；其中：经济林产业产值265.93亿元，较2014年增加54.35亿元，增长了25.69%。

2015年在兵团多元增收政策的引导下，促进了林业二、三产业的快速发展，全年第二产业产值达11 884万元，第三产业达31 420万元，分别是2014年的34.7倍和2.66倍，切实促进了职工增收，团场增盈。

经济林产业成为林业支柱产业。经济林总产286.61万吨、产值265.94亿元，分别较上年增加了73.83万吨、54.36亿元，增幅达34.70%和25.69%；其中水果产量135.66万吨，较上年增加了43.6万吨；干果产量101.33万吨，比上年增加了27.25万吨。

花卉产业呈现快速发展。2015年花卉产业产值达4482万元，年产鲜切花产量23万枝、盆栽植物203.3万盆、观赏苗木296.2万株、草坪18.65万平方米，较2014年分别增长了3957万元，21.8万枝、141.1万盆、258.2万株、6.65万平方米。

生态建设和林业重点工程 林业生态建设扎实推进，森林资源保持持续增长。经对森林增长考核评价，截至2015年底，森林资源面积达140.15万公顷；活立木总蓄积量达3545万立方米，森林覆盖率达18.79%。2015年完成造林面积4.67万公顷，其中人工造林2.6万公顷，新封山育林2.07万公顷；育苗6583公顷，当年可产苗木8612.82万株。

“三北”防护林工程按规划实施。2015年完成“三北”防护林工程面积29 173公顷，其中人工造林15 061公顷，新封山(沙)育林14 112公顷。

新一轮退耕还林工程任务全面完成。完成2014年、2015年新一轮退耕还林工程任务1万公顷；兵团新一轮退耕还林工程重点向南疆倾斜，对促进南疆产业结构调整和贫困职工脱贫致富起到良好的推进作用。

国家级公益林得到全面保护。落实管护任务98.16万公顷，资金7362万元，管护人员2240人。截至2015年底，建设管护围栏3323.5千米，瞭望塔97座，管护用房2.15万平方米，防火道路35.1千米，防火隔离带30千米，补植补造5641.60公顷。

天然林保护二期工程顺利实施。依法加强天然林的保护和管理，落实管护任务10万公顷、管护人员155人、资金1029万元。层层落实责任，天保区全年没有发生森林火灾，森林虫害得到有效控制，天保工程实施顺利。天保工程在职职工和136名离退休人员，实现了应保尽保、足额缴费，保障了国有林业职工的切身利益。

林业保护管理

一是湿地自然保护区建设稳步推进。先后成立了4个兵团级湿地自然保护区(六师青格达湖、八师玛纳斯河流域、七师奎屯河流域、三师叶尔羌河)，建立了第六师、第八师两个湿地保护管理站。完成湿地资源调查工作，兵团现有湿地26.55万公顷。

二是野生动植物保护工作有序开展。建立第三、四、六、七、八师5个国家级野生动物疫源疫病监测站，加强重点湿地保护区疫情监测。自2013年启动的野生动物造成职工利益受损的补偿工作，累计为10个师46个团场的2193户受灾职工发放野生动物侵害补偿资金1517.78万元，其中兵团本级补偿787.16万元，师团补偿730.62万元，有效保障了受野生动物侵害职工的基本生活。

二是森林病害防治取得实效。2015年森林病害发生面积29.66万公顷，中度以上发生面积8.24万公顷，防治面积13.92万公顷，其中224团开展飞机防治褐斑病1万公顷。

四是森林采伐工作规范有序。林木采伐管理工作审批规范，2015年采伐林木10.64万立方米，无超限额采伐现象发生。

五是林地管理工作进一步强化。加强业务指导，规范了工作流程和申报材料内容。落实建设项目使用林地的新管理办法，明确林地分级管理使用，做好与国家和相关部门的沟通协调衔接，建设项目使用林地审核审批规范有序。2015年，兵团申请和办理占用征收林地279宗，批准面积1106.13公顷，其中：永久用地239宗，批准面积882.60公顷，其中宜林地面积310.35公顷；临时用地40宗，批准面积223.53公顷。

六是森林防火队伍及基础设施逐步完善。建成了第三、四师国家级的森林火险监测站、半专业森林防火队伍13支，后备扑火队伍300支1万人。建成兵团森林防火应急通信系统和火险预警系统，在第一、三等8个师实施森林重点火险区综合治理工程，兵团重点火险区森林火灾综合治理能力显著提升。

七是破坏森林资源行为得到遏制。（贾寿珍）

【经济林生产】 2015年兵团经济林发展态势良好，较好地完成了年初制订的目标任务。

超额完成建园任务 全兵团全年完成新建经济林果园面积1.59万公顷，为兵团计划的238%，其中“以主干结果为主”（省力简化密植）的高标准建园抽查合格面积为7026.67公顷，为兵团计划的105%；果品产量达到286.61万吨，为兵团2015年计划的118%。

设施园艺 2015年设施园艺产量、产值预计分别达到25万吨、12.5亿元，比2014年同期分别增长43%和88%；承包设施园艺职工收入，比2014年同期预计增长12%；新增温室大棚经抽查完成698.53公顷，为兵团计划的105%。

职工增收 经各师落实统计，兵团2015年每公顷利润3万元以上、7.5万元以上、15万元以上的园艺作物面积分别为14.66万公顷、11.75万公顷和6.44万公顷，分别比2014年增长了3%、71%和242.6%。

“以主干结果为主”（省力简化密植）的先进适用新技术示范推广 “以干结果为主”（省力简化密植）的现代果树栽培管理新模式实施面积达到1万公顷，该栽培模式涵盖了兵团所有果树品种；“三优”苹果又有了新进展，特别是6团的老“三优”苹果园，通过剃光、刻牙、涂发枝素、拉枝等技术措施，树体干枝比形成良好；设施园艺新技术的引进，主要是番茄渗透膜栽培技术初步获得成功；大樱桃的陆地种植有所突破。

十大主体技术落实到位率较高 一是红枣春季病虫害防控工作做得比较全面扎实，机械化喷施石硫合剂1~2遍，效果较好，未发生枣瘿蚊等灾害性病虫害。二是苹果、梨等花期授粉工作积极主动，采取蜜蜂授粉为主、人工授粉为辅的方式进行，授粉效果很好，座果率普遍好于2014年。三是有机肥投入量增加。十三师开展果园精细化管理，全面做好果树疏果修穗、合理承载、限产提质。同时，适时控水，合理施肥，主要是葡萄亩施优质有机肥4立方米以上，肥料以增施钾肥为主；枣园施优质有机肥2.5立方米、油渣100千克。一、三师今年投入有机肥比去年分别增加60%和50%，通过控制化肥用量，红枣内在品质、干物质含量明显提高；二师在果品生产期间，严格控制各类生长调节剂的使用，有计划分期、分批采摘，并严格分级包装，集中堆放、查验。2015年，二师近10万吨香梨特、一级果率达89.3%。

公司化运作 在原有公司化运作的基础上，各地不断完善公司化运作体制机制，如建立公司+团场+职工的更加紧密的合作关系，建立科学合理的效益分配机制、多元化股权机制等，这为兵团园艺业健康持续发展进一步奠定良好的基础。出台了一些扶持园艺业发展的好政策，一是兵团不断整合涉农资金向园艺业倾斜；二是各师不同程度地拿出一定资金给予扶持，如贷款贴息，八师建棚、建园补贴，九师温棚改造、蔬菜销售补贴等，极大地调动了团场和职工发展园艺业的积极性。

（罗　毅）

【森林公安建设管理】 2015年，在兵团林业局和国家林业局森林公安局的正确领导下，以全国林业援疆工作座谈会精神为指导，以中央政法工作会议和全国林业厅局长会议为契机，围绕林业生态建设大局，加强森林公安队伍建设，提升警务保障能力和执法办案质量，严厉打击涉林违法犯罪，保护兵团生态安全，维护社会稳定，工作取得一定成效。

严厉打击各类破坏森林资源的违法犯罪行为 坚持“执法办案是主业，破案才是硬道理”，一是以“执法办案”为主业，狠抓各类涉林案件的查处。2015年，全兵团共查处各类涉林案件452起，其中刑事案件50起，行政案件386起；林业行政处罚410人，刑事处罚56人。收缴罚没款237万元，收缴野生动物及其制品85件，救护放生野生动物148只，挽回经济损失1700余万元。

二是非法侵占林地清理排查专项整治行动取得实效。根据国家林业局统一部署2014年11月至2015年9月开展非法侵占林地清理排查专项行动，坚持“一案一立、一案一查、一案一诉、一案一落实”，专项行动涉及林地3526.67公顷，其中非法占用林地973.37公顷。查处刑事案件31起，涉案人员38人，法院已判决4起，判处10人，处罚金3.8万元；林业行政处罚54起，行政处罚54人，罚款184.25万元。截至2015年底，兵团辖区团场大部分被占林地植被均已恢复，未恢复地块已拉设围栏。

三是严厉打击盗伐林木违法犯罪行为成效显著。通过近几年对盗伐滥伐林木、非法运输林木案件的高压严打，破获了多起盗伐林木案件，遏制盗伐林木的猖獗势头。第四师森林公安局查获盗伐林木案件3起，法院依法宣判4人，其中小麻扎森林公安警察大队查破的一起特别重大盗伐林木刑事案件，抓获的2名犯罪嫌疑人被依法判处7年和5年的有期徒刑，并分别判处罚金5000元。

四是加大力度查处非法猎捕野生动物等违法行为。2015年，组织开展严厉打击破坏野生动植物资源违法犯罪专项行动（“天网行动”），通过扩大清查范围，加大巡查力度，清理野生动物销售重点场所，收缴猎捕工具，查处了一批破坏野生动植物资源违法犯罪行为。第七师森林公安局侦破了非法采挖自治区重点保护植物“红景天”团伙案，抓获人员37人，挽回经济损失10万元；第八师森林公安局北泉派出所成功破获了“1·22”非法收购、运输、出售国家重点保护的珍贵、濒危野生动物（雪豹）案，依法判处3名犯罪嫌疑人各有期徒刑10年。

执法规范化建设

一是整合执法办案力量，提高联动执法能力。按照公安部“警力配置最优、警务成本最低、警务效能最大”的要求，以第四、第八师为试点，在不改变原有机构序列的情况下，重新整合配置人员，最大限度盘活现有警力，提高工作效率，发挥队伍的整体能力。探索建立公安与林业之间，师与师之间联合协作办案机制，做到信息互通、资源共享、线索协查到位、案件移送及时，整合了执法力量，提升部门之间的联动执法能力，发挥整体作战的优势。

二是加强警综平台和执法场所规范化建设。完善兵团森林公安信息网及法律法规应用系统，拓展警综平台功能，收录信息300余条，第四师森林公安局建立了96110二级接处警平台。18个基层森林公安派出所建成了办案场所，8个派出所完成了执法办案功能区改造及室内同步录音录像系统安装工作。

三是全力配合做好防暴维稳工作。兵团各级森林公安机关协助师公安机关开展治安巡护及维稳工作，在“7·5”等重要节点进行“网格化”巡逻，配合师公安局完成了城区安全防控及团场的安全保卫工作任务。

四是强化培训，提高森林公安管理执法能力。培训政工员、法制员20人，获得法制员资格；组织部分师林业局局长、各师森林公安局局长、森林派出所所长和业务骨干等45人学习了第六、八师打击毁林开垦非法侵占林地专项行动先进经验及第六师森林防火重点火险区综合治理工程建设和湿地自然保护区建设好的工作方法和经验，提升业务管理水平。分批次参加政法维稳综合人才素质培训，提升实战能力，如第二师森林公安局选派民警在师公安局举办的实弹射击比赛中取得优异成绩。2015年各师共招录民警1人，协警34名，充实了警力。 （王强）

【林业站建设】 截至2015年，兵团共有150个农牧团场(据《兵团年鉴2015》统计兵团农牧团场有147个，未包括一师的托喀依乡、三师的小海子水库管理处和七师的工八团)，有145个农牧团场成立了基层林业工作站，隶属所属团场管理。

林业管理站建设 根据兵团编委《关于做好兵团农业科研事业单位机构编制核定工作的通知》(兵编发〔2008〕30号)文件精神，对所属事业单位编制进行了核定。截至2015年，兵团林业工作管理总站为团级全额拨款事业单位，编制人数30人。各师林业工作管理站为营级全额拨款事业单位，13个师级林业工作管理站编制总人数120人。各团场林业站为营级事业单位，各师编委结合当地实际，给所属团场林业站定性未统一，有的是全额拨款事业单位，也有的是差额拨款事业单位，定编876人，其中有4个定编1人，29个定编2人，占团场林业站总数的22.8%。据2015年林业站本底调查统计，兵团基层团场林业站现有在岗职工总数5015人，其中：管理技术人员1133名，其他职工3882名。

团场林业站从业人员知识结构 据调查统计，兵团林业站现有1133名管理技术人员，其中：具有大专以上学历的人员894人，占管理人员总人数的79%；中专学历104人，占管理人员总人数的9%。高中以下学历135人，占管理人员总数的12%。3882名在岗职工中，具有大专以上学历的人员179人，占4.6%；中专学历441人，占11.4%；高中学历2263人，占58.3%；初中以下学历999人，占25.7%。

团场林业站管理人员的专业素质 兵团基层林业站专业技术人员中高级职称47人，占专业技术人员总数1133人的4.1%，中级职称237人，约占20.9%，初级职称472人，占41.7%。

林业站基础设施建设 据调查统计，截至2015年年底，团场自有办公用房的林业站有86个，占林业站总数的59.31%，其中2015年新建办公用房的林业站有9个；有交通工具的林业站有123个，占林业站总数的84.83%，其中2015年新增交通工具的林业站有8个；144个林业站有通讯设备，其中2015年新增通讯设备的林业站有3个；144个林业站有计算机，其中2015年新增计算机的林业站有7个。

林业站职能作用发挥情况 一是组织做好林业生产情况。2015年各师、团场林业站组织完成造林6825.8公顷，其中林业重点工程造林3482.2公顷。封山育林1088.2公顷，育苗面积2668公顷，抚育作业面积34 188公顷。二是林政执法情况。林业行政执法人员协助森林公安局查办各类涉林案件145件，参与调处林权纠纷29件，受理林业承包合同纠纷12件。三是森林病虫鼠害防治情况。根据林业管理现状以及森林病虫鼠害发生情况，防治森林病虫鼠害面积7.9万公顷。四是林业科技推广。在2014年的基础上，继续推广病虫害综合防治、树形改造、果树矮化密植栽培技术、果树生育期摘心打顶、节水灌溉等技术。站办示范基地规模达到2113.1公顷，林业科技推广面积17 651公顷。五是积极开展培训，提高种植水平。举办培训班971班(期)次，培训职工13万多人次，比2014年培训人数增加1万多人次。六是林业宣传情况。通过各种媒体和媒介，普及林业科技知识，推广实用技术，提高兵团职工对林业法律法规的认识。2015年给国家林业局林业工作管理总站报送信息220篇，被采用190篇。

护林人员情况 兵团团场基层林业工作站145个，在岗职工总数5015人，其中护林员3631人，其中专职护林员2740人，兼职护林员891人。护林员整体年龄偏大，45岁以下1693人，占护林员人数的46.63%；46~60岁1938人，占护林员人数的53.37%。林业经费主要来源于中央森林生态补偿基金的人员1157人，有2474人的工资福利由团场自筹解决。

【森林采伐限额执行情况】 “十二五”期间，兵团认真贯彻落实《国务院批转林业局关于全国“十二五”期间年森林采伐限额审核意见的通知》(国发〔2011〕3号)精神，强化林木采伐限额管理，实行凭证采伐，林木采伐管理工作落实到位，期间无超限额采伐林木现象发生。

2015年，兵团年森林采伐限额为479 000立方米，林木总消耗量为110 704.46立方米，其中：发证采伐量为109 992.32立方米，案件处理罚没木材413.14立方米，自然枯损299立方米；森林采伐限额使用率为22.96%。 （贾寿珍）

【占用征收林地审核审批管理】 2015年兵团林业局按照相关法律法规规定，认真履职履责，做好服务，完成建设项目使用林地审核审批工作。

林地定额管理使用情况。2015年，为落实生态文明建设，强化林地管理，国家林业局修改并重新下达了《建设项目使用林地审核审批管理办法》(国家林业局令35号)；连续下发了《国家林业局关于加强临时占用林地监督管理的通知》(林资发〔2016〕121号)、《建设项目使用林地审核审批管理规范》(林资发〔2016〕122 号)和《建设项目使用林地可行性报告编制规范》;明确林地分级管理和使用。财政部下发了《关于调整森林植被恢复费征收标准引导节约集约利用林地的通知》(财税〔2015〕122 号),提高森林植被恢复费的缴费标准,占用征收使用林地项目的管理和使用总体趋严趋紧。

兵团占用征收林地项目占用林地面积为 1110.43 公顷,其中,永久占地 882.93 公顷,临时使用林地 227.50 公顷;永久占地中宜林地 310.67 公顷;定额使用林地 572.26 公顷。 (江 伟)

【森林防火】 2015 年,认真贯彻落实全国森林防火工作视频调度会精神,做好节假日及森林火险期的防火工作。全年排查各类森林火灾隐患 163 处,责令限期停业整顿存在消防隐患的木材加工企业 10 余家,劝阻、清理重点区域闲杂人员 89 人,警告违规用火人员 38 人,巡查护林点 400 余次,清理游客 500 余人。全年未发生一起重特大森林火灾。

在 6 月开展的“安全生产月”中开展森林防火检查 90 余次,检查调试灭火机具 300 台次,确保防火机具随时可用。开展森林防火应急演练 8 场次,提高森林防火队伍的火灾扑救能力。组织开展形式多样的森林防火宣传活动,发放宣传资料 5200 余份,挂标语 80 余条,在团场电视台播放宣传标语 190 余次,提高职工群众森林防火安全意识。 (王 强)

【林业有害生物防治】 2015 年,全兵团主要林业有害生物整体发生平稳。发生面积 29.66 万公顷,同比减少 4.66 万公顷,属偏轻发生年份。其中,林木病害发生 2.33 万公顷,虫害发生 20.89 万公顷,鼠害发生 6.44 万公顷。主要种类有红枣黑斑病、葡萄白粉病、霜霉病、梨树腐烂病、春尺蠖、大蚕蛾、白杨透翅蛾、光肩星天牛、枣叶瘿蚊、梨小食心虫、叶螨、大沙鼠、根田鼠等。2015 年,全兵团林业有害生物防治面积 13.93 万公顷,同比减少 1.46 万公顷。林木病害防治面积 2.1 万公顷,主要以经济林病害为主,其中红枣黑斑病防治 0.63 万公顷,葡萄白粉病 0.53 万公顷、霜霉病 0.37 万公顷、梨树腐烂病 0.5 万公顷。虫害防治面积 9.44 万公顷,其中食叶害虫防治 5.4 万公顷,蛀干害虫防治 0.2 万公顷。鼠害防治面积 2.39 万公顷。全年全兵团林业有害生物成灾率 3.5‰,测报准确率 88.97%。无公害防治率 96%,无公害防治面积 13.37 万公顷,其中生物防治 5.96 万公顷、生物化学防治 4.85 万公顷、人工物理防治 2.5 万公顷。 (吴学海)

【野生动植物保护】 重点保护野生动物造成职工财产损害补偿工作成效显著。一是采取电话询问和实地核查的方式,对 2014 年拨付给相关师的兵团补偿资金落实情况进行了抽查,确保补偿资金发放到受灾职工。二是全年完成重点保护野生动物侵害致使 577 户职工利益受损补偿工作,损害农作物面积 7 公顷、牲畜 3140 只(头、匹),造成直接经济损失 559.71 万元;兵团各级共补偿 331.6 万元,其中兵团本级补偿 194.08 万元,师团补偿 137.52 万元。

在湿地候鸟迁徙季节,组织各师民警开展“爱鸟护鸟”活动,加强对湿地的巡护,加大野生动物医院疫病监测工作,及时对死亡的野生动物采取深埋等无害化处理,全年共救助野生动物 148 只,放归自然 135 只,其中国家二级保护动物天鹅 49 只、棕头鸥 1 只、大雁 1 只、猫头鹰 4 只,查处野生植物案件 8 起,收缴野生植物 1.5 吨,有效保护了野生动植物资源。 (王 强)

【湿地自然保护区管理】 新疆生产建设兵团 13 个农业师及下属的 176 个农牧团场散布于自治区 13 个地(州)的 69 个县(市)境内,2/3 的团场分布在塔克拉玛干沙漠和古尔班通古特沙漠的周边,1/3 的团场分布在国界线边,生态环境十分脆弱。在国家林业局的正确领导下,兵团不断加大生态环境保护力度,加快推进湿地保护工程建设,辖区内湿地资源得到了有效保护,生态环境得到了较大的改善。

兵团湿地资源概况 全兵团湿地总面积为 26.55 万公顷,其中自然湿地(包括河流湿地、湖泊湿地、沼泽湿地)24.94 万公顷,占湿地总面积 93.94%;人工湿地 1.61 万公顷,占湿地总面积 6.06%。

全兵团有 125 个湿地区,其中单独区划的湿地区 6 个,零星湿地区(以团场、水管处为单位区划)119 个。

按流域分,在新疆 23 个三级流域中,有 22 个三级流域内兵团均有湿地分布。其中面积最大的是叶尔羌河,其次是塔里木河干流,第三是中段诸河。

按湿地类型分,全兵团有河流湿地 9.09 万公顷,占湿地总面积 34.24%;湖泊湿地 8.50 万公顷,占湿地总面积 32.02%;沼泽湿地 7.35 万公顷,占湿地总面积 27.68%;人工湿地 1.61 万公顷,占湿地总面积的 6.06%。

兵团共有 13 个农业师及 1 个兵直团场。湿地资源面积最大的为第一师,其次为第三师和第二师,以上三个师的湿地面积合计占兵团湿地总面积的 56.72%。

湿地自然保护区建设与管理 目前兵团已建有青格达湖鸟类湿地自然保护区、玛纳斯河流域中上游鸟类湿地自然保护区、奎屯河流域湿地自然保护区和叶尔羌河中下游湿地自然保护区共 4 个以保护湿地生态系统及珍稀鸟类为主的省(兵团)级湿地自然保护区,总面积约 107 177 公顷,占兵团湿地总面积的 40.36%。4 个自然保护区地理位置重要,分布有大量的国家级保护动植物,生物多样性和野生动植物资源丰富,对周边地区气候和生态环境起着重要的调节作用。随着 4 个湿地自然保护区湿地保护与恢复工程建设项目的实施,保护区内湿地资源得到了有效恢复,生态环境不断改善,兵团湿地保护工作整体水平得到了有效提升。

申报建设国家级湿地公园 2015 年组织第四、十师向国家林业局上报了第四师可克达拉市伊犁河国家湿地公园、第四师木扎尔特国家湿地公园、第十师北屯丰庆湖国家湿地公园总体规划,计划在兵团建设 3 个国家级湿地公园。8 月,国家林业局湿地保护管理中心组织专家对木扎尔特、北屯丰庆湖国家湿地公园进行了实地考察评估。兵团木扎尔特、北屯丰庆湖国家湿地公园的建设,可打破兵团无国家级湿地公园的现状,对兵团推进生态建设具有重要意义。

建立健全湿地保护管理的组织体系 基本形成兵团、师和团级三级保护管理框架。兵团级湿地保护管理机构为兵团野生动植物保护办公室，师级湿地保护管理机构为农六师青格达湖鸟类湿地自然保护区管理局、农七师奎屯河流域湿地自然保护区管理局、农八师玛纳斯河流域中上游鸟类湿地自然保护区管理局、农三师叶尔羌河流域湿地自然保护区管理局。各师、团也参照增加了湿地保护职能，开展相关业务工作。

湿地自然保护区宣传教育 利用"世界湿地日""爱鸟周""观鸟节""野生动物保护月"等时机，开展了多种形式的宣传教育活动，大力宣传湿地的功能效益和保护的意义，取得了很好的效果。

湿地自然保护区野生动物疫源疫病监测 兵团充分发挥4个湿地自然保护区野生动物疫源疫病监测点的职能，认真做好保护区候鸟迁徙所经区域和栖息地周围的疫源疫病监测工作。完成了湿地保护区候鸟禽流感疫情监测和信息上报工作，确保无疫情发生。

湿地保护管理成效 随着兵团生态环境保护力度的不断加大，湿地保护与恢复工程的建设以及湿地自然保护区管理机构的完善和保护管理工作的不断加强，湿地保护管理基础设施逐渐完善，兵团湿地资源保护和管理水平得到了有效提升，湿地生态环境得到了有效保护和改善，湿地在提供水资源、调节气候、涵养水源、保护生物多样化和为社会提供生产、生活资源方面发挥了重要的作用。 （王 强）

【植树造林】 2015年，兵团共完成人工造林2.81万公顷，其中：完成退耕还林任务0.67万公顷，三北防护林1.25万公顷，经济林0.89万公顷；完成国家2.8万公顷造林计划任务的100.33%。完成三北封沙育林下达资金任务0.6万公顷，完成中幼林抚育10.55万公顷；新育苗木0.10万公顷，大田育苗3848万株。全民义务植树蓬勃开展：当年全兵团参加义务植树的干部职工人数为85.83万人，全民义务植树尽责率为96.83%，义务植树4703.3万株。

主要采取的措施有：一是提前衔接落实2015年造林计划任务。二是做好造林前各项准备工作。三是实施好林业重点工程项目。四是加强林业信息宣传工作。五是加强造林工程建设的检查指导。 （滕晓宁）

【退耕还林工程】 2015年是国家新一轮退耕还林工程启动第二年，国家下达兵团退耕还林工程任务0.67万公顷，并于9月8日将任务下达至39个团场，其中南疆24个团场，任务面积0.46万公顷，北疆任务团场15个，面积0.21万公顷。截至12月20日，完成总任务的100%，任务完成率排在全国前列。 （滕晓宁）

【新疆生产建设兵团林业科学技术研究院揭牌成立】 6月25日，新疆生产建设兵团林业科学技术研究院在八师石河子市新疆农垦科学院正式揭牌成立。国家林业局党组成员、科技司司长彭有冬专程来为新疆生产建设兵团林业科学技术研究院揭牌，他指出：兵团林科院的成立为兵团林业科技研究队伍注入了新的血液，搭建了兵团林业科学研究、人才聚集以及成果开发的平台，希望兵团林科院进一步加强与内地林业科研单位的交流与合作，不断发展壮大。兵团林业科学技术研究院，是经兵团机构编制委员会办公室批准，由兵团林业科学技术研究所更名而来，是兵团唯一一所专业从事林业科研的单位，拥有一批在林木良种选育及繁育、资源培育与利用、绿洲生态恢复与重建等方面的专家和技术人员。 （滕晓宁）

【配合国家林业局治沙办开展防沙治沙执法检查】 2015年是《防沙治沙法》颁布的第十五年。按照国家林业局治沙办制订的"防沙治沙执法年"的工作方案，10月27日至11月1日，国家林业局治沙办副主任胡培兴带队，由国家林业局治沙办、国家林业局西北院、自治区林业厅、兵团林业局组成的检查组重点对南疆巴州、阿克苏地区有关县、乡、镇，兵团第一师阿拉尔市、十团等地防沙治沙执法情况、执法人员队伍建设、各地执法工作管理制度及存在的问题、破坏沙区植被事件，沙区建设环境影响评价、单位治沙责任制等情况进行检查。 （滕晓宁）

【受国家委托对林业公益性行业科研专项进行现场查定】 受国家林业局科技司的委托，根据批准查定方案，12月4～5日，兵团林业局组织专家前往第一师阿拉尔市，对兵团林业科学技术研究院承担的国家林业公益性行业科研专项《塔里木河湿地种子库研究》(项目编号：20130414，实施时间为2013年1月至2015年12月)进行现场查定。按照国家林业局的要求：一是专家组审阅了承担单位提交项目验收申请材料汇编。二是专家组前往项目2个实施地点对照考核指标进行现场检查。三是项目负责人进行执行情况汇报。四是专家组对照任务书与现场情况，对项目执行到期完成各项指标任务进行核对。通过专家查验，该项目已完成了项目任务书的全部研究内容和试验示范地的建设任务；专家组形成项目现场查定意见表；进一步完善了项目验收材料；兵团林业局将《塔里木河湿地种子库研究》专项项目验收申请材料汇编上报国家林业局，准备迎接国家林业局对该项目的验收。 （滕晓宁）

【三北五期工程中期总结评估培训班】 11月30日至12月1日，兵团三北五期工程中期总结评估培训班在兵团农业技术推广站培训中心举办，各师林业局局长、师林业局业务骨干、重点团场林业站技术骨干共48人参加培训。培训班按照国家林业局三北局要求，由兵团参加过国家培训的专业人员针对兵团三北五期工程建设情况从3个方面进行了培训：一是兵团三北防护林体系建设五期工程中期自评估工作目的与意义。二是兵团三北防护林体系建设五期工程中期自评估工作方案及安排。三是三北五期工程中期评估表格填写。 （滕晓宁）

【兵团参加第三届中国绿化博览会】 第三届绿博会由全国绿化委员会、国家林业局、天津市人民政府主办，天津市绿化委员会、天津市林业局、天津市武清区协办，主题是"以人为本，共建绿色家园"，副主题是"绿色，让梦想绽放"，于8月18日至10月18日在天津市武清区成功举办。兵团作为55个参展单位之一，建成兵团绿博园室外展区面积2300平方米，位于"时代新风”板块，兵团绿博园以“天山情、兵团风”为主题，将“主席令”“军垦第一犁”“三化”等建设成就贯穿于展园始终，充分展示了60年来，广大兵团军垦职工栉风沐雨，扎根边疆，同当地各族人民一道，把亘古戈壁荒漠改造成生态绿洲，开创了新疆现代化事业、建成了规模化大农业、兴办了大型工矿企业、建起了一座座新型城镇。在为期两个月的博览会上得到了广大参观者的高度评价与肯定，获得了第三届中国绿化博览会展园建设优秀奖。

中国绿化博览会是国土绿化领域最高层次、最高规格、最大规模的综合性博览会，每5年举办一次。第三届绿博会开展期间累计150余万人次参观，绿博会闭幕之后，绿博园将面向社会永久开放，使绿博园成为旅游新地标，成为一届“永不落幕”的绿博会。（滕晓宁）

【义务植树基地建设活动】 4月，兵团绿化委积极协同兵团团委、妇联，有关师绿化委、林业局积极配合开展围绕生态文化及义务植树基地建设活动。一是4月9日，兵团绿化委联合兵团妇联在第六师105团开展“绿色家园 巾帼先行”义务植树活动。兵团妇联党组书记、主席张新荣，兵团农业局总畜牧师苗启华、总农艺师陈谦及兵团林业局干部职工、巾帼志愿者等共120多人参加这次义务植树活动。经过半天紧张的挖坑、培土、踩实、浇水等一道道劳动工序，共栽植红叶海棠1300多株，为兵团巾帼绿色家园基地增添了一片新绿。二是4月10日，兵团绿委联合兵团团委在第六师五家渠市共青团农场开展了“共植兵团青年林”活动。兵团林业局党组书记、局长孔军，兵团团委书记、兵团青联主席芮宏以及兵团林业局、兵团各界青年代表160多人参加了这次植树活动，共栽植长枝榆等树种1200余株。植树活动结束后，兵团绿化委、兵团团委、兵团青联向兵团各级基层团组织青年发出倡议，号召全体青年争当生态卫士，广泛开展义务植树活动，共植兵团青年林。三是4月28日，兵团绿委联合兵团妇联在第十二师头屯河农场举行“巾帼绿色家园基地”揭牌活动。兵团妇联、兵团林业局（绿委办），第十二师妇联、第十二师林业局领导及负责人在揭牌仪式上发表了讲话，巾帼志愿者代表作了发言。来自兵团机关各部门和第十二师的女领导干部及巾帼志愿者100多人参加了揭牌仪式和签名活动。随后，妇女同志们齐心协力在基地种下了500多株长枝榆；并参观了解了头屯河农场桃园开花坐果的情况；参观了十二师妇女手工编织基地及各种编织作品。为动员兵团广大青少年、妇女同志积极投身于生态文明建设，引导兵团青少年及妇女同志进一步树立绿色发展理念，投身于兵团国土绿化事业发挥了积极作用

（滕晓宁）

【专题调研采访和报道兵团林业建设】 11月3～6日，兵团林业局邀请《中国绿色时报》《兵团日报》记者前往六师将军馆、八师军垦博物馆以及有关团场专题调研和采访，并就兵团近年来在生态建设和产业发展中取得的成就等进行了座谈。《中国绿色时报》《兵团日报》先后在1版头条对兵团在林业工程建设、防沙治沙、湿地保护、特色林果等方面进行了专栏专版系列宣传报道。

（滕晓宁）

【荣获2015年度三北工程信息工作先进单位和优秀信息员】 2015年，国家林业局三北防护林建设局下发表彰决定，对2015年度三北防护林体系建设信息工作中涌现出来的先进单位和优秀信息员进行表彰。兵团林业局被授予“2015年度三北防护林体系建设信息工作二等奖”；兵团林业局滕晓宁，兵团第一师十团林业站王芳兰等2名同志被授予“2015年度三北防护林体系建设信息工作优秀信息员”称号。（滕晓宁）

【获得第六届“光彩事业国土绿化贡献奖”】 8月，全国工商联、国家林业局、中国光彩事业促进会授予全国40名优秀民营企业家“第六届光彩事业国土绿化贡献奖”，新疆五家渠新林木业有限公司董事长赵明获此殊荣。

新疆五家渠新林木业有限公司成立于2006年7月，注册资金1600万元，由5位国内外优秀企业家共同投资建成，赵明为董事长。公司建设基地位于兵团第六师红旗农场境内、中国第二大沙漠古尔班通古特沙漠边缘。（滕晓宁）

林业人事劳动

23

国家林业局领导成员

局长、党组书记： 赵树丛（2015 年 6 月免去党组书记职务，2015 年 7 月免去局长职务）
张建龙（2015 年 6 月任党组书记，2015 年 7 月任局长）

副局长、党组副书记兼机关党委书记：
张建龙（2015 年 6 月免去党组副书记职务，2015 年 7 月免去副局长职务）

副局长、党组成员： 孙扎根（2015 年 6 月免去党组成员职务，2015 年 9 月免去副局长职务）

中央纪委驻国家林业局纪检组组长、党组成员： 陈述贤

副局长、党组成员： 张永利　陈凤学

副局长： 刘东生

副局长、党组成员： 彭有冬（2015 年 9 月任副局长）

党组成员： 谭光明（2015 年 6 月任职）

国家森林防火指挥部专职副总指挥： 杜永胜

总工程师： 封加平

总经济师： 张鸿文（2015 年 12 月任职）

新任国家林业局局长、党组书记

张建龙　男，汉族，1957 年 1 月出生，甘肃民勤人，1985 年 2 月加入中国共产党，中央党校在职研究生学历，学士学位，高级工程师。1982 年 8 月于内蒙古林学院毕业后在林业部“三北”防护林建设局参加工作（其间 1986 年 2 月至 1988 年 1 月在陕西省靖边县挂职锻炼，先后任副乡长、县委经济部副部长），1989 年 3 月任计财处副处长，1991 年 8 月任宣传处处长，1993 年 8 月任副局长、党组成员（副司局级），1994 年 5 月任副局长、党组副书记，1995 年 5 月任局长、党组副书记（正司局级），1996 年 4 月任局长、党组书记。1999 年 3 月任国家林业局野生动植物保护司司长，1999 年 10 月兼任国家林业局湿地履约办公室主任，2001 年 4 月兼任野生动植物保护及自然保护区建设工程管理办公室主任。2001 年 12 月任科学技术司司长（2002 年 8 月至 2007 年 6 月兼任国际竹藤网络中心主任）。2003 年 10 月任国家林业局副局长、党组成员（2003 年 10 月至 2004 年 2 月兼任科学技术司司长，2006 年 11 月起兼任国家林业局直属机关党委书记，2009 年 1 月起兼任国家林业局党校校长）。2012 年 6 月任国家林业局副局长、党组副书记兼国家林业局直属机关党委书记、国家林业局党校校长。2015 年 6 月任国家林业局党组书记，2015 年 7 月任国家林业局局长，兼国家林业局直属机关党委书记、国家林业局党校校长。

是中国共产党十七大、十八大代表。

新任国家林业局副局长

彭有冬　男，汉族，1961 年 10 月出生，山东寿光人，1988 年 3 月加入中国共产党，大学学历，学士学位，副教授。1982 年 8 月于山东大学毕业后历任西北林学院教师、团委副书记、团委书记、学生工作处副处长、学生工作处处长、院长助理、党委副书记兼纪委书记（副司局级）、副院长。1999 年 9 月任西北农林科技大学党委副书记。2001 年 4 月任北京林业管理干部学院副院长（主持行政工作），2001 年 11 月任北京林业管理干部学院常务副院长、党委副书记（正司局级），2004 年 2 月任国家林业局管理干部学院党委书记。2008 年 3 月任国家林业局机关服务局局长、党委副书记。2010 年 4 月任国家林业局办公室主任。2011 年 1 月任国家林业局科学技术司司长。2014 年 2 月任国家林业局党组成员兼科学技术司司长。2015 年 9 月任国家林业局副局长、党组成员兼科学技术司司长，2015 年 9 月不再兼任科学技术司司长。

新任国家林业局党组成员

谭光明　男，汉族，1966 年 3 月出生，山东临朐人，1996 年 5 月加入中国共产党，在职研究生学历，管理学

硕士学位，高级经济师。1985 年 7 月于南京林学院毕业后在林业部调查规划设计院参加工作，1988 年 8 月任资源监测中心工程师。1992 年 10 月任林业部森林工业司干部，1993 年 3 月任森林工业司主任科员。1995 年 9 月任林业产业司企业处副处长，1997 年 12 月任企业处处长。1998 年 8 月任国家林业局政策法规司政策和改革处处长。2001 年 5 月任天然林保护工程管理办公室副主任(副司局级)。2003 年 6 月任国家林业局驻西安森林资源监督专员办事处负责人(主持工作)，2004 年 9 月任国家林业局驻西安森林资源监督专员办事处专员(正司局级)。2007 年 6 月任国家林业局驻内蒙古自治区森林资源监督专员办事处专员、党组书记。2009 年 6 月任国家林业局直属机关党委常务副书记兼国家林业局党校副校长。2010 年 12 月任人事司司长兼国家林业局党校副校长。2015 年 6 月任国家林业局党组成员兼人事司司长、国家林业局党校副校长。

新任国家林业局总经济师

张鸿文　汉族，1958 年 11 月出生，吉林双辽人，1985 年 4 月加入中国共产党，中央党校在职研究生学历，学士学位，教授级高级工程师。1975 年 7 月在吉林省双辽县玻璃山公社玻璃山大队八小队插队参加工作。1976 年 5 月在吉林省双辽县向阳公社姜家大队四队插队。1977 年 1 月至 1979 年 4 月在吉林省双辽县自来水公司工作。1979 年 4 月至 1979 年 8 月在吉林省双辽县基本建设局工作。1979 年 9 月至 1983 年 7 月在东北林学院学习。1983 年 7 月于东北林学院毕业后在林业部计划司工作，1989 年 1 月任计划司年度计划处副处长。1992 年 9 月任林业部办公厅正处级秘书。1994 年 4 月任林业部办公厅助理巡视员(副司局级，其间 1994 年 8 月至 1996 年 12 月在福建省三明市挂职，任副市长；1995 年 2 月至 1996 年 11 月挂任福建省三明市政府党组成员)。1996 年 12 月任中国林产工业公司副总经理。1999 年 12 月任国家林业局荒漠化中心(生态工程管理中心)副主任。2001 年 4 月任国家林业局退耕还林(草)工程管理办公室主任(正司局级)。2011 年 9 月任国家林业局办公室主任。2015 年 12 月任国家林业局总经济师兼办公室主任。

国家林业局机关各司(局)负责人

办公室

主任：张鸿文
副主任：朱新飞　李金华　王福东

政策法规司

司长：刘永范(2015 年 2 月免职，退休)
　　王洪杰(2015 年 2 月任职)
副司长：王洪杰(2015 年 2 月免职)
　　祁　宏(2015 年 2 月任职)
　　袁继明(2015 年 2 月任职)
副巡视员：祁　宏(2015 年 2 月免职)

造林绿化管理司(全国绿化委员会办公室、长江流域防护林体系建设管理办公室)

司长(秘书长、主任)：王祝雄
副司长(常务副秘书长)：赵良平
副司长：吴秀丽　王剑波

森林资源管理司

司长：郝燕湘
副司长：徐济德　冯树清

野生动植物保护与自然保护区管理司(野生动植物保护及自然保护区建设工程管理办公室)

司长(主任)：张希武
巡视员：孟　沙
副司长：刘亚文(2015 年 7 月免职，退休)
副司长(副主任)：贾建生
总工程师：严　旬

农村林业改革发展司

司长：刘　拓
巡视员：安丰杰(2015 年 7 月免职，退休)
　　孔　明

森林公安局(国家森林防火指挥部办公室)

局长(副主任)、分党组书记：王海忠
政委、分党组成员：焦德发
副局长(副主任)、分党组成员：柳学军
巡视员、分党组成员：曹　真
副局长、分党组成员：张　萍

发展规划与资金管理司(全国木材行业管理办公室)

司长：封加平(2015 年 2 月免职)
　　闫　振(2015 年 2 月任职)
巡视员：王前进
副司长(主任)：孙　建(2015 年 10 月免职，退休)
巡视员(主任)：付　贵(2015 年 12 月任全国木材行业管理办公室主任)
副司长：闫　振(2015 年 2 月免职)　杨　冬
副巡视员：张艳红
副司长：刘金富

科学技术司

司长：彭有冬(2015 年 9 月免职)
　　胡章翠(2015 年 9 月任职)

副司长：胡章翠（2015 年 9 月免职）
巡视员：张志达（2015 年 1 月免职，退休）
副司长：靳　芳（2015 年 1 月免职）
杜纪山（2015 年 9 月任职）
副巡视员：杜纪山（2015 年 9 月免职）

国际合作司（港澳台办公室）
司长：苏春雨
巡视员：金普春
副司长：章红燕　王春峰

人事司
司长：谭光明
副司长：丁立新（2015 年 2 月免职）　郝育军

直属机关党委（直属机关纪委）
常务副书记：高红电
副书记、纪委书记：柏章良

直属机关工会
主席：蒋周明
副主席：孟庆芳

离退休干部局
局长：孙传玉（2015 年 8 月免职，退休）
薛全福（2015 年 9 月任职）
党委书记：薛全福
副局长：马世魁　蓝增寿
副巡视员：王德宗（2015 年 11 月免职，退休）
张　瑞

中央纪委监察部驻国家林业局纪检组监察局
副组长、局长：张习文
副局长：周　洪
正司局级纪检监察专员：吴兰香

国家林业局直属单位负责人

国家林业局机关服务局
局长、党委书记：王永海（2015 年 12 月当选党委书记）
正司局级干部：运文田（2015 年 10 月免职，退休）
副局长：徐志霞（2015 年 10 月免职，退休）
姚志斌　周　明（2015 年 2 月任职）
副局长、纪委书记：权循元（2015 年 2 月任副局长，2015 年 12 月当选纪委书记）

国家林业局信息中心
主任：李世东
副主任：李　达　邹亚萍

国家林业局国有林场和林木种苗工作总站（国家林业局森林公园保护与发展中心）
总站长：杨　超
副总站长：张周忙　杨连清　刘春延
总工程师：张耀恒（2015 年 9 月任职）

国家林业局林业工作站管理总站
总站长：潘世学
副总站长：何美成　陈雪峰　汤晓文
总工程师：伍步生
副巡视员：许　绠

国家林业局林业基金管理总站（国家林业局审计稽查办公室）
总站长：周　瑄
副总站长：王翠槐　李　冰　郝雁玲

国家林业局宣传中心
主任：程　红
副主任：李天送　樊喜斌
副司局级干部：李志宏

国家林业局濒危物种进出口管理中心（中华人民共和国濒危物种进出口管理办公室）
主任：刘东生（兼）
常务副主任：孟宪林
副主任：马爱国
巡视员：周亚非
副主任：周志华　王维胜

国家林业局天然林保护工程管理中心
主任：孙国吉
巡视员：叶荣华
副主任：陈学军　文海忠　樊　华
总工程师：闫光锋

国家林业局退耕还林（草）工程管理中心
主任：周鸿升
副主任：李青松（2015 年 9 月任职）
副主任：王殿富（2015 年 6 月免职，退休）
巡视员：张秀斌
副主任：吴礼军　敖安强（2015 年 9 月任职）
总工程师：敖安强（2015 年 9 月免职）
刘再清（2015 年 9 月任职）

国家林业局防治荒漠化管理中心
主任：潘迎珍
副主任：胡培兴
巡视员：罗　斌（2015 年 9 月任职）
副主任：罗　斌（2015 年 9 月免职）　许　庆
总工程师：屠志方

国家林业局世界银行贷款项目管理中心（速生丰产用材林基地建设工程管理办公室）
主任：闫　振（2015 年 2 月免职）
丁立新（2015 年 2 月任职）
副主任：姜喜山（2015 年 3 月免职，退休）
王连志　尹发权（2015 年 2 月任职）
黄采艺
总工程师：许传德

国家林业局对外合作项目中心
主任：苏春雨（兼）

常务副主任：吴志民
副主任：刘立军　胡元辉

国家林业局科技发展中心（国家林业局植物新品种保护办公室）

主任：胡章翠（2015 年 9 月免职）
　　　王焕良（2015 年 9 月任职）
常务副主任：王　伟
巡视员：李明琪（2015 年 9 月任职）
副主任：李明琪（2015 年 9 月免职）　黄发强

国家林业局经济发展研究中心

主任：王焕良（2015 年 9 月免职）
党委书记：戴广翠
主任：李金华（2015 年 9 月任职）
副主任、纪委书记：张利明（2015 年 12 月当选纪委书记）
副主任：王月华

国家林业局人才开发交流中心

主任：黄正秋
副主任：路永斌　文世峰

国家林业局森林防火预警监测信息中心

主任：王元法
副主任：陈介平　崔洪浩

国家林业局森林资源监督管理办公室

主任：郝燕湘（兼）
常务副主任：徐济德（2015 年 2 月免职）
巡视员：卢昌强（2015 年 3 月免职，退休）
副主任：张松丹　王洪波
　　　　丁晓华（2015 年 2 月任职）
副巡视员：邹连顺（2015 年 2 月任职）

国家林业局湿地保护管理中心（中华人民共和国国际湿地公约履约办公室）

主任：马广仁
巡视员：程　良
副主任：严承高　袁继明（2015 年 2 月免职）
总工程师：鲍达明（2015 年 2 月任职）
副主任：李　琰（2015 年 2 月任职）

国际竹藤中心

主任：江泽慧（兼）
常务副主任：费本华
党委书记：刘世荣
副主任：李凤波
党委副书记：李晓华

中国林业科学研究院

院长、分党组副书记：张守攻
分党组书记、副院长、京区党委书记：叶　智
纪检组长、副院长、分党组成员：李岩泉
副院长：陈幸良（兼）
副院长、分党组成员：储富祥
副院长：刘世荣（兼）
副院长、分党组成员：孟　平　黄　坚

国家林业局调查规划设计院

院长、党委副书记：王忠武（2015 年 10 月免职，退休）
党委书记、副院长：刘国强
副院长：赵中南
总工程师：张煜星
副院长：蒋云安　唐小平
副书记、纪委书记：严晓凌

国家林业局林产工业规划设计院

院长、党委副书记：郭青俊
党委书记、副院长：李　鹏
常务副院长：张全洲
总工程师：肖小兵
副院长：李玉印　徐新华　王欲飞（兼）　王新凯

国家林业局管理干部学院

院长：赵树丛（2015 年 9 月不再兼任）
　　　张建龙（2015 年 9 月兼任）
党委书记：李向阳
常务副院长、党委副书记：张健民
副院长：方怀龙
党委副书记、纪委书记：黄桂荣
副院长；梁宝君
副院长兼党校副校长：王　浩（2015 年 1 月任职）

中国绿色时报社

党委书记兼总编辑：厉建祝
社长：柳维河
常务副社长、副总编辑、纪委书记：
　　张连友（2015 年 12 月当选纪委书记）
副社长：刘　宁
副司局级干部：段　华

中国林业出版社

社长、党委书记：
　　金　旻（2015 年 12 月当选党委书记）
副社长、党委副书记、纪委书记：
　　李玉峰（2015 年 12 月免职，退休）
副社长、副总编辑：刘东黎
副总编辑、纪委书记：邵权熙（2015 年 12 月当选纪委书记）

国家林业局亚太森林网络管理中心

主任：苏春雨（兼）
常务副主任：鲁　德
副主任：李淑新　夏　军

中国林学会

秘书长：陈幸良
副秘书长：沈　贵　尹发权（2015 年 2 月免职）
　　　　　刘合胜（2015 年 9 月任职）

中国野生动物保护协会

秘书长：臧春林
副秘书长：李青文　赵胜利

中国花卉协会

秘书长：刘　红
副秘书长：陈建武　张引潮

中国绿化基金会

副秘书长兼办公室主任：陈　蓬
办公室副主任：赵志营（2015 年 10 月免职，退休）
　　　　　　　杨旭东

中国林业产业联合会

秘书长：王　满

副秘书长：石　峰　王欲飞　陈圣林

中国绿色碳汇基金会

秘书长：李怒云

副秘书长：苏宗海

国家林业局驻内蒙古自治区森林资源监督专员办事处（中华人民共和国濒危物种进出口管理办公室内蒙古自治区办事处）

专员（主任）、党组书记：刘树人

副专员（副主任）、党组成员：李国臣　高广文

国家林业局驻长春森林资源监督专员办事处（中华人民共和国濒危物种进出口管理办公室长春办事处）

专员（主任）、党组书记：王志高

副专员（副主任）、党组成员：李伟明　傅俊卿

国家林业局驻黑龙江省森林资源监督专员办事处（中华人民共和国濒危物种进出口管理办公室黑龙江省办事处）

专员（主任）、党组书记：袁少青

副专员（副主任）、党组成员：孙文义　左焕玉

国家林业局驻大兴安岭林业集团公司森林资源监督专员办事处

专员、党组书记：陈　彤

巡视员、党组成员：王荣满

副专员、党组成员：杜晓明

国家林业局驻合肥森林资源监督专员办事处（中华人民共和国濒危物种进出口管理办公室合肥办事处）

专员（主任）、党组书记：向可文

国家林业局驻福州森林资源监督专员办事处（中华人民共和国濒危物种进出口管理办公室福州办事处）

专员（主任）、党组书记：尹刚强

副专员（副主任）、党组成员：吴满元（2015 年 1 月任职）

副巡视员、党组成员：彭华福（2015 年 1 月任职）

国家林业局驻武汉森林资源监督专员办事处（中华人民共和国濒危物种进出口管理办公室武汉办事处）

专员（主任）、党组书记：周少舟

副专员（副主任）、党组成员：孟广芹（2015 年 2 月任职）

副巡视员、党组成员：闫顺利（2015 年 2 月任职）

国家林业局驻广州森林资源监督专员办事处（中华人民共和国濒危物种进出口管理办公室广州办事处）

专员（主任）、党组书记：许　辉

副专员（副主任）、党组成员：关进敏

国家林业局驻成都森林资源监督专员办事处（中华人民共和国濒危物种进出口管理办公室成都办事处）

专员（主任）、党组书记：黄建华

副专员（副主任）、党组成员：张志忠（2015 年 1 月免职）
刘跃祥（2015 年 2 月任职）

国家林业局驻贵阳森林资源监督专员办事处（中华人民共和国濒危物种进出口管理办公室贵阳办事处）

专员（主任）、党组书记：康晓达

副专员（副主任）、党组成员：喻泽龙（2015 年 1 月任职）

副巡视员、党组成员：莫　沫（2015 年 1 月任职，2015 年 8 月免职，调离）

国家林业局驻云南省森林资源监督专员办事处（中华人民共和国濒危物种进出口管理办公室云南省办事处）

专员（主任）、党组书记：万兆奇（2015 年 1 月免职）
江机生（2015 年 1 月任职）

副专员（副主任）、党组成员：连文海

党组成员：李　鹏

国家林业局驻西安森林资源监督专员办事处（中华人民共和国濒危物种进出口管理办公室西安办事处）

专员（主任）、党组书记：侯　龙

副专员（副主任）、党组成员：李彦华

副巡视员、党组成员：王彦龙

国家林业局驻乌鲁木齐森林资源监督专员办事处（中华人民共和国濒危物种进出口管理办公室乌鲁木齐办事处）

专员（主任）、党组书记：刘家顺

副专员（副主任）、党组成员：张东升

国家林业局驻上海森林资源监督专员办事处（中华人民共和国濒危物种进出口管理办公室上海办事处）

专员（主任）、党组书记：王希玲

副专员（副主任）、党组成员：李　军

副巡视员、党组成员：万自明

国家林业局驻北京森林资源监督专员办事处（中华人民共和国濒危物种进出口管理办公室北京办事处）

专员（主任）、党组书记：苏祖云

副专员（副主任）、党组成员：钱能志

副巡视员、党组成员：贾　节（2015 年 6 月免职，退休）

国家林业局西北华北东北防护林建设局

局长、党委书记：张　炜

副局长、党组成员：杨金恒（2015 年 7 月免职，退休）　王作谊
洪家宜（2015 年 9 月任副局长）

总工程师：洪家宜（2015 年 9 月免职）

副局长、党组成员：李冬生

副巡视员、党组成员：熊善松

纪检组长、党组成员：冯德乾（2015 年 9 月任职）

总工程师、党组成员：武爱民（2015 年 9 月任职）

国家林业局森林病虫害防治总站

党委书记、副总站长：李青松（2015 年 9 月免职）
张克江（2015 年 9 月任职）

总站长、党委副书记：宋玉双

纪委书记：李永成（2015 年 6 月免职，退休）

副总站长：闫　峻（2015 年 1 月任职）

党委副书记：曲　苏（2015 年 1 月任职）

副总站长：成　吉（2015 年 1 月任职）

国家林业局北方航空护林总站

总站长、党委副书记：张惠新

党委书记：江机生（2015 年 1 月免职）

副总站长、党委副书记、纪委书记：李世奇
副总站长：张宝柱　张克江(2015 年 9 月免职)
总工程师：张喜忠

国家林业局南方航空护林总站

总站长、党委书记：
史永林(2015 年 12 月当选党委书记)
党委副书记、副总站长、纪委书记：
周俊亮(2015 年 12 月当选纪委书记)
副总站长：吴　灵　袁俊杰

南京森林警察学院

党委书记：王邱文
院长、党委副书记：张高文
常务副院长：张治平
党委副书记、纪委书记：李　明
党委副书记、政治部主任：林　平
副院长：陶　珑　吉小林
傅冰钢(2015 年 4 月免职，退休)

国家林业局华东林业调查规划设计院

院长、党委副书记：傅宾领
党委书记、副院长：刘裕春
党委副书记、副院长、纪委书记：周　琪
副院长、总工程师：何时珍
副院长：丁文义

国家林业局中南林业调查规划设计院

院长、党委副书记：周光辉
党委书记、副院长：彭长清
副院长、总工程师：熊智平
党委副书记、副院长、纪委书记：周学武

国家林业局西北林业调查规划设计院

院长、党委副书记：张　翼
党委书记、副院长：陈道东
总工程师：李立球
副院长：吴海平

国家林业局昆明勘察设计院

院长、党委副书记：唐芳林
党委书记、副院长、纪委书记：周红斌
副院长、总工程师：张敏琦
副院长：张光元　汪秀根

中国大熊猫保护研究中心

主任：陈凤学(兼)
党委书记、副主任：张志忠(2015 年 1 月任职)
党委副书记、副主任：李　忠(2015 年 1 月任职)

各省(区、市)林业厅(局)负责人

北京市园林绿化局(首都绿化办)

局长(主任)、党组书记：邓乃平
党组成员、副局长(正局级)：史贵升(2015 年 1 月被开除公职　开除党籍)
巡视员：刘宝军(2015 年 6 月退休)
巡视员、党组成员：甘　敬(2015 年 7 月任职)
党组成员、副局长：强　健(2015 年 10 日退休)
黄德峰(2015 年 12 月退休)
高士武
党组成员、纪检组组长
边伟芳
党组成员、副主任：朱国成
副巡视员：张建民　廉国钊　赉权民
蔡宝军

天津市林业局(绿化委员会办公室)

党委书记：王宜民
局长(主任)、党委副书记：张宗启
副巡视员、副局长：齐龙云
党委副书记：庞清顺
副局长：吴学东　李果丰
党委委员：李俊柱

河北省林业厅

厅长、党组书记：王海洋(2015 年 7 月免去党组书记职务，任党组副书记)
党组书记：周金中(2015 年 7 月任职)
副厅长、党组副书记：刘凤庭
纪检组组长、监察专员：王金品(2015 年 5 月改任巡视员)
副厅长：雷永怀(2015 年 5 月退休)
纪检组组长、监察专员：刘春明(2015 年 9 月任职)
副厅长：沈　瑾
副厅长：王　忠
副巡视员：暴常青
森林公安局局长(副厅级)：钱进源

山西省林业厅

厅长：李永林
副厅长：霍转业　常光明
纪检组组长：谢　璞
副厅长：任建中
总规划师：张云龙
总工程师：刘虎山
党组成员、省森林公安局局长：李　更
副巡视员：尹福建
副巡视员、省国有林管理局局长：尉文龙

内蒙古自治区林业厅

党组书记、厅长：呼　群
党组成员、巡视员：曹文仲(2015 年 9 月退休)
党组成员、巡视员：李树平
党组成员、巡视员：田选明(2015 年 2 月退休)
党组成员、副厅长：龚家栋
党组成员、纪检组组长：汪治和
党组成员、总工程师：高桂英(2015 年 10 月退休)
党组成员、副厅长：阿勇嘎

党组成员、自治区防火指挥部专职副总指挥：王才旺（2015 年 9 月任职）

副巡视员：杨俊平　乔　云　肖文武

辽宁省林业厅

厅长、党组书记：奚克路

副厅长、党组副书记：侯喜丰　史凤友

副厅长、党组成员：武兰义

省森林防火指挥部专职副总指挥、党组成员：陈　杰

纪检组组长、党组成员：马双林

副巡视员：李宝德　胡崇富　张洪生

总工程师：王　珏

吉林省林业厅

党组书记、厅长：兰宏良

副厅长：孙光芝

党组成员、副厅长：孙亚强

党组成员、纪检组组长、监察专员：刘长录

党组成员、副厅长：王　伟　季　宁

党组成员、省森林防火专职副指挥：郭石林

黑龙江省林业厅

厅长：杨国亭

党组书记：李树铭（2015 年 7 月免职）

党组书记：肖建春（2015 年 7 月任职）

副厅长：杨克杰（2015 年 10 月退休）

副厅长、森林草原防火指挥部专职副指挥：郑怀玉（2015 年 11 月任职）

纪检组组长：王瑞斌

副厅长：张恒芳 张学武（2015 年 11 月任职）

省绿化委员会专职副主任：张凤仙

总工程师：张学武（2015 年 11 月免职）

副巡视员：侯绪珉（2015 年 12 月任职）

上海市绿化和市容管理局（上海市林业局）

党组书记、局长：陆月星

副书记：崔丽萍

副局长：鲁建平　方　岩　顾晓君

总工程师：唐家富

巡视员：恽奇伟　夏颖彪

副巡视员：钱伯金

江苏省林业局

局长、党委书记：夏春胜

副局长、党委委员：葛明宏　卢兆庆　傅　兵　王德平

纪委书记、党委委员：邱昱东

党委委员、森林公安局局长：仲志勤

浙江省林业厅

厅长、党组书记：林云举

巡视员：吴　鸿（2015 年 10 月任职）

副厅长：吴　鸿（2015 年 10 月任职）

副厅长、党组成员：杨幼平　俞　坚　王章明（2015 年 10 月任职）

纪检组组长、监察专员、党组成员：陈亚敏（2015 年 3 月退休）

纪检组组长、监察专员、党组成员：陈跃芳（2015 年 3 月任职）

总工程师：蓝晓光

副巡视员：王章明（2015 年 10 月任副厅长职务）

党组成员：陆献峰

副巡视员：卢苗海（2015 年 10 月任职）

安徽省林业厅

厅长、党组书记：程中才

副厅长、党组成员：潘法祥　吴建国　齐　新

纪检组组长、党组成员：黄昕晖

福建省林业厅

厅长、党组书记：陈则生

厅党组副书记、副厅长（正厅级）：严金静

厅党组成员、副厅长：林少霖　谢再钟

厅党组成员、省森林防火指挥部专职副指挥（副厅级）：谭　论

厅党组成员、副厅长：王宜美

厅党组成员、武警福建省森林总队政委：欧阳德

厅党组成员、驻厅纪检组组长：张利生

副巡视员：张　平　吴　奕（2015 年 9 月任职）

江西省林业厅

党组书记、厅长：阎钢军

巡视员：魏运华

党组成员、副厅长：詹春森　罗　勤　邱水文

党组成员：黄小春

党组成员、驻厅纪检组组长：李晓浩（任至 2015 年 12 月）

党组成员、总工程师：胡跃进

副巡视员：毛赣华　钟　明

副厅级纪检员、监察专员：郭国芸（任至 2015 年 8 月）

山东省林业厅

厅长：刘均刚

党组书记：董书华

巡视员、党组成员：辛福智

副厅长、党组成员：刘建武　亓文辉　马福义　王太明

省森林公安局局长（副厅级）：刘　得

河南省林业厅

厅长、党组书记：陈传进

巡视员、党组成员：乔大伟

副厅长、党组成员：李　军　侯怀堂

驻厅纪检组组长、党组成员：彭亚方（2015 年 7 月任职）

党组成员、副厅长：秦群立（2015 年 11 月任职）

党组成员、省人民政府护林防火指挥部专职副指挥长：徐　忠（2015 年 12 月任职）

党组成员、省森林公安局局长：朱延林（2015 年 6 月任职）

副巡视员：王学会　师永全

副巡视员、党组成员：王德启（2015 年 3 月退休）

副厅长、党组成员：张继敬（2015 年 11 月调离）

副厅长、党组成员：丁荣耀（2015 年 1 月免职）

湖北省林业厅

厅长、党组书记：刘新池

党组副书记：董祚华

副厅长、党组成员：蔡静峰　谢思芳

副厅长：黄德华

纪检组组长、党组成员：陈年山
总工程师、党组成员：洪　石
党组成员、森林公安局局长、森林公安警察总队总队长：陈毓安
巡视员：李新水
副巡视员：姜必祥　向仕斌

湖南省林业厅

厅长、党组书记：邓三龙
副厅长、党组副书记：胡长清
副厅长、党组成员：柏方敏　吴彦承
总工程师、党组成员：文振军
副厅长、党组成员：李益荣
纪检组组长、党组成员：周杏武
巡视员：唐苗生(2015 年 11 月任职)
副巡视员：柳开明(2015 年 4 月退休)　吴剑波　桂小杰(2015 年 11 月)

广东省林业厅

厅长、党组书记：张育文　陈俊光(2015 年 5 月任职)
党组成员、巡视员：陈俊勤
副厅长、党组成员：陈亚广　孟　帆　陈俊光(2015 年 5 月免职)　杨胜强
党组成员、纪检组组长、监察专员：林俊达　朱谷典(2015 年 5 月任职)
党组成员、总工程师：谭天泳
党组成员、省森林防火指挥部专职副总指挥：彭尚德
副巡视员：林俊钦　林爵平

广西壮族自治区林业厅

厅长、党组书记：黄显阳
副厅长、党组副书记：莫一平
副厅长、党组成员：韦纯良　邓建华　黄政康
总工程师、党组成员：蒋桂雄
纪检组组长、党组成员：陈泽益
区森林公安局局长(副厅级)：罗卫东
区森林公安局政委(副厅级)：李堂龙
副巡视员：李可夫　江秀奎
党组成员：安家成

海南省林业厅

党组书记、厅长：关进平
党组成员、副厅长：黄金城
副厅长：刘艳玲
党组成员、副厅长：王春东
党组成员、海南省森林防火指挥部办公室主任(副厅级)：周绪梅
党组成员、总工程师(副厅级)：周亚东

四川省林业厅

厅长、党组书记：尧斯丹
副厅长、党组成员：马　平(正厅级)　陶智全　刘书贵　降　初　宾军宜　包建华
驻厅纪检组组长、党组成员：蒲晓虎
机关党委书记、党组成员：李　剑
总工程师、党组成员：骆建国
党组成员(正厅级)：金德成
省森林防火指挥部专职副指挥长、党组成员：毛德忠
副巡视员：龙先华　张绍荣　唐代旭
省森林公安局局长(副厅级)：范成绪
省森林公安局政委(副厅级)：李春洪
卧龙国家级自然保护区管理局党委书记：黄建华
卧龙国家级自然保护区管理机构主任(卧龙国家级自然保护区管理局局长)：张和民

重庆市林业局

党组书记、局长：吴　亚
副局长：张　洪
党组成员、副局长：王声斌
党组成员、纪检组组长：庹清文
党组成员、局长助理：彭泽民　谢志刚
党组成员、总工程师：杜士才
党组成员、市森林防火指挥部专职副总指挥：戴栓友

贵州省林业厅

党组书记、厅长：金小麒
党组成员、副厅长：杨洪俊　黎　平(女)　沈晓春　向守都
党组成员、总工程师：聂朝俊
党组成员、机关党委书记：黄永昌

云南省林业厅

党组书记、厅长：侯新华(任职至 2015 年 2 月)　冷　华(2015 年 7 月任职)
党组副书记、副厅长：马文龙(2015 年 9 月任职)
党组成员、全省“森林云南”建设产业督导协调组组长：郭辉军
党组成员、副厅长：刘一丹　夏留常　万　勇　李凤波(2015 年 5 月起挂职)
党组成员、森林公安局局长：李　华
党组成员、纪检组组长：沈光善
党组成员、森林防火指挥部专职副指挥长：文　彬(2015 年 12 月任职)
党组成员、武警云南省森林总队政委：赵振忠
副巡视员：习建国　王　哲
厅长助理：冯晓东(2015 年 11 月起挂职)

西藏自治区林业厅

党组书记、副厅长：次成甲措
党组副书记、厅长：云　丹
党组成员、巡视员：达娃次仁
党组成员、副厅长：田建文
党组成员、纪检组组长：郭林豫
党组成员、副厅长：索朗旺堆　宗　嘎　李　达
副巡视员、机关党委书记：徐　跃

陕西省林业厅

党组书记、厅长：李三原
党组成员：孙承骞
党组成员、副厅长：陈玉忠　郭道忠　王建阳　拓　平　李嘉农　党双忍
党组成员、总工程师：范民康
党组成员、纪检组组长：赵钰莹

党组成员、秦岭国家植物园园长：彭　鸿
副厅长：唐周怀
党组成员、森林公安局局长：马利民

甘肃省林业厅

党组书记、厅长：石卫东
党组副书记：火统元
党组成员、副厅长：段昌盛
副厅长：张　平
党组成员、副厅长：樊　辉　张肃斌
党组成员、省森林公安局局长：张鹿鸣
党组成员、纪检组组长：李　智
党组成员、省绿化委员会办公室副主任：陈浩文
党组成员、省森林防火指挥部专职指挥：刘锡良
省绿化委员会办公室副主任：郭　平
副巡视员：陈万志

青海省林业厅

党组书记、厅长：党晓勇
党组成员、副厅长：邓尔平　赫万成　高静宇　王新凯　杜海民
纪检组组长：董晓淇
巡视员：李若凡
副巡视员：肖俄力

宁夏回族自治区林业厅

党组书记、厅长：马金元
党组成员、副厅长：金韶琴　曹凯龙　徐庆林　平学智　陈建华
党组成员、纪检组组长：桑敏莉
副巡视员：李　安　王明忠　王　宁

新疆维吾尔自治区林业厅

党委书记：来景刚
厅长：艾则孜·克尤木
党委委员、副厅长：英　胜　吾拉孜别克·索力坦　李东升　杨锋伟(援疆干部)
党委委员、纪委书记：张兴堂
党委委员、政治部主任：彭小明
党委委员、总工程师：谢　军
巡视员：侯翠花
副巡视员：李秀明　米尔夏提·肉孜　张元清

干部人事工作

【综　述】 2015年，在国家林业局党组的领导下，在各司局各直属单位大力支持下，人事司围绕服务林业改革发展大局、服务全局干部职工，重点做了以下几个方面的工作。

贯彻落实中央改革精神和各项决策部署　以高度的政治责任感配合中组部、中央巡视组等上级部门完成局领导班子调整、年度考核、巡视等工作。积极参加中央第283项改革（领导干部自然资源资产离任审计）、第284项改革(生态环境损害责任追究)两项改革的调研、意见起草工作，林业需求得到充分体现。主动配合做好林区改革、国有林场改革相关工作，全力参与行政许可审批和中介服务清理规范等改革，积极部署行业协会商会与行政机关脱钩改革并开展试点。在京机关事业单位养老保险制度改革准备就绪，起草了绩效工资实施初步方案，研究制定了中央国有企业负责人薪酬制度改革两个配套办法，已正式上报。

提升林业机构职能保障能力　围绕林业改革发展，着眼长远，研究谋划林业局定位。积极参与森林生态安全、加强林业机构建设研究，沉稳应对水治理体制改革，确保林业职能完整，主动对接乡镇政府职能转移，争取基层林业单位职能独立、单位稳定。与中央编办、财政部、人社部达成一致，正式上报了局属事业单位分类方案。积极协调中央编办新设了总经济师职位。适应改革发展需要，牵头对6个议事协调机构、14个单位内设处室进行了调整，在经济中心加挂了生态安全中心、在规划院加挂了卫星林业应用中心牌子，保证重点工作有机构保障、林业拓展职能落到实处。多次与四川省政府就大熊猫中心管理体制进行沟通，维护国家林业局利益，12月底中心正式挂牌成立。对直属机关设立党组情况进行了调研，提出了规范设置意见。

加强干部队伍建设与管理　按照党组"为事业选人、依条件选人、按程序选人、重导向选人、严纪律选人"要求，在党组领导和部署下，对24个单位领导班子和23个单位处级干部进行了调整，指导3个京外直属单位开展了党委换届。加强干部培养，编写4套林业知识学习读本，组织直属机关干部2000余人次参加了理论业务培训，选派了17名干部到重点林业工程区挂职扶贫，接受实践锻炼，与福建三明市签订合作培养年轻干部协议。强化干部监督管理，认真对待了解发现问题，及时进行提醒、函询、诫勉及相应处理。坚持干部监督工作联席会议制度，从严监督各单位干部选人用人程序，坚持凡提必核。严格"裸官"管理、干部因私出国（境）管理、因公出国（境）备案，认真开展干部人事档案专项审核，开展了领导干部企业兼职、社团兼职清理规范。加强制度建设，制定和修订完善了《选拔任用实施细则》等4项干部人事工作制度，明确党组、人事司和各单位在干部工作中的权责、程序、监管、纪律要求，加强了对干部在教育培训、实践锻炼两个方面培养手段的管理，确保相关工作在规范的制度下开展。

抓好专业技术人才队伍建设培养　以建设和培养高层次专业技术人员为重点，积极推荐争取南京林业大学曹福亮增选为工程院院士，开展了第二批"百千万人才工程"省部级人选选拔培养、第十三届林业青年科技奖评选工作。组织开展高级专业技术岗位聘任，5个单位35名专家被聘任到二级、三级教授岗位。组织林科院、竹藤中心开展海外高端科技人才引进，已确定5名重点

引进人选。完成中组部、人社部委托的专题研修班，协调、组织、举办培训班290余期，全年培训行业干部、技术人才约3万人次。启动了新一轮新疆林业青年科技英才和“西部之光”访问学者研修培养工作。积极探索基层林业人才补充机制，组织开展专题调研，并与人社部、教育部进行了沟通衔接。

加强自身建设 按照“建设讲政治、重公道、业务精、作风好的模范部门”要求，着力坚定理想信念，切实提高全司履职服务水平。结合人事工作重点，认真学习《干部选拔任用工作条例》《干部教育培训工作条例》等重要法规制度，以及习近平总书记关于生态文明建设和林业改革发展的重要论述、中央6号文件等林业重点内容，力求准确把握中央要求，全面了解林业工作重点，以推动全局干部人事工作更好地为大局服务。加强廉洁自律规定学习，持之以恒反“四风”，继续开展人事司司处长下基层活动。将“三严三实”专题教育作为全司重要政治任务抓紧抓好，对查找的“不严不实”问题，逐项落实责任人，制定整改措施。组织举办了两期组织人事干部培训班，培训全局组织人事干部130余人次，有力提升了全局组织人事干部业务素质、政策水平和工作能力。

人才劳资

【张会儒等20人入选国家林业局第二批“百千万人才工程”省部级人选】 按照《国家林业局“百千万人才工程”省部级人选选拔实施方案》，2015年国家林业局开展了第二批“百千万人才工程”省部级人选选拔工作，在个人申报、单位推荐基础上，经专家评审、局党组会议审定，确定了20名国家林业局第二批“百千万人才工程”省部级人选(名单见表1)。

表23-1 第二批国家林业局“百千万人才工程”省部级人选名单

单位	人选者
林科院	张会儒、裴 东、王军辉、徐俊明、舒立福、任海青、陈帅飞、冯益明
规划院	马国青、曾伟生
竹藤中心	高 健
设计院	彭 蓉
森防总站	孙淑萍
南京警院	薛晓明
绿色时报社	刘 宁
林业出版社	温 晋
经研中心	刘 珉
华东院	过珍元
中南院	吴协保
西北院	李谭宝

国家林业局直属单位

24

国家林业局经济发展研究中心

【综　述】 2015 年，经研中心围绕改革与发展中的重点难点问题、"十三五"规划制定中的重点和突出问题、林业实践中的敏感和热点问题开展研究工作；围绕筑牢基础、提升素质，强化机构建设；围绕转变方式、增强能力，加强组织建设，圆满完成了承担的各项任务。

重大理论和政策问题研究

组织开展重大问题研究与咨询　围绕生态文明制度建设、生态安全、林业改革、现代林业建设等 5 个方面确定了 17 个选题(包括新常态下林业面临的机遇与挑战、林业转型和未来林业发展方向等重大理论问题)组织开展研究。派员参加中央一号文件、国家生态安全政策文件的起草，参加国务院政策咨询、党政领导干部生态环境损害责任追究办法调研等国家重大政策制定和决策咨询服务。

开展生态安全研究　经国家林业局党组批准，人事司批复在经研中心加挂"国家林业局生态安全研究中心"，为经研中心的发展和作用的发挥开创了新的重要领域。开展的主要工作包括：参与起草报国安委的"生态安全政策报告"；围绕生态安全概念与理论、生态安全整体框架开展研究；继续开展生态安全评价研究，在 5 省 15 县试点实证研究的基础上，2015 年将试点扩大到 5 省全覆盖，并且在国家发展改革委组织的生态安全评价方案讨论中，受到与会专家学者的肯定。

参与"十三五规划"和专题研究　主要参与和承担规划前期报告、林业"十二五"执行情况评价和"十三五"时期发展环境分析等专题研究。

开展林业改革研究　将国有林区和国有林场改革列入 2015 年重大问题调研计划。重点围绕改革中遇到的新情况和新问题开展调研，主要工作有：参与相关司局单位组织的调研，与东北林业大学合作，对龙江森工及大兴安岭森工 6 个典型林业局的 12 个林场、6 个社区、180 个职工家庭开展调研，重点了解"中央六号文件"的落实与进展情况，了解改革过程中存在的矛盾与问题。围绕深化集体林改，结合林改监测，重点开展了新型经营主体发展等 8 个方面的专题研究。

开展林业自然资源资产负债表和绿色经济指标体系研究　配合计财司对国家统计局牵头的《编制自然资产负债表试点方案》和《自然资源资产负债表编制指南(征求意见稿)》中有关森林和湿地的内容提出修改意见，并被统计局采纳，同时，应国家统计局邀请一同开展试点调研和试点启动培训工作。继续开展中国森林资源核算及绿色经济评价体系相关研究。

开展实证研究　围绕林业重点工程建设、集体林权制度改革、林业产业发展、国有林区民生改善、中央财政补贴政策效果等开展监测及实证研究，监测范围已经覆盖到全国 27 个省(区、市)、1 万多农户、37 个森工企业、500 多家林业加工企业，构建了包括林业重点工程、林业产业、集体林权制度改革等监测调查和数据管理平台、中国林业采购经理指数调查平台、全国经济林产业数据管理平台，以及覆盖 16 省(区)、35 个县(市、区)、200 多个乡镇、7000 余农户的农村林业政策研究基地，形成了多层级的数据库，最长时期跨度为 20 年。

加强国际合作研究与交流　主要开展了 3 项国际合作项目：一是与国际林业研究中心围绕退耕还林政策评估与展望启动新一轮合作研究。二是与世界银行合作开展妇女在集体林改中的参与及权益问题研究。三是承担联合国粮农组织咨询研究项目——中国的社会保护与林业政策。

参加国际会议与交流　受国际司委托，率团参加在德国汉堡召开的中德林业科技合作研讨会；派员参加在南非德班召开的第十四届世界林业大会，并与有关机构共同举办边会活动；派员参加"大森林论坛下一代林业机构领导人的研讨会"。

其他常规性研究工作　经过多年努力，经研中心目前形成了以"五份年度报告""两本杂志""两份参考""一个年鉴""一个论坛""两项活动"为主干，以研究基地、数据库、网络电视为延伸的研究载体。

"五份年度报告"包括：《中国林业发展报告》《林业重大问题调查研究报告》《国家林业重点工程社会经济效益监测报告》《集体林权制度改革监测报告》《中国林业产业监测报告》。

"两本杂志"：《林业经济》和《绿色中国》在林业行业内发挥着积极的影响，并继续朝着良性发展方向努力。

"两份参考"：《决策参考》和《气候变化、生物多样性与荒漠化问题动态参考》两份内部刊物，以经研中心重要研究成果为基本素材，结合林业发展的新形势、新问题和专家观点充，主要送局领导、各司局和局直属单位以及有关决策部门参阅。

"一个年鉴"：《中国林业产业与林产品年鉴》截至 2015 年年底，已发行 7 卷，涵盖 26 大类林业产业数据。

"一个论坛"：中国林业经济论坛由中国林业经济论坛组委会、中国林业经济学会共同主办，2015 年召开了以"新常态下林业改革发展·生态安全"为主题的第十三届中国林业经济论坛。

"两项活动"：《绿色中国》杂志社分别从 2007 年开始举办"绿色中国年度焦点人物"评选及颁奖活动，从 2010 年开始启动"绿色中国行"活动，2015 年举办了"走进浙江常山，'两山路上看变迁'"，活动影响越来越好。"绿色中国网络电视"已拥有了一批高水准的制作团队，为国家林业局和相关部委机构及各地方政府、广大受众提供高水平的视频服务。

此外，人造板、木门窗、木地板行业采购经理指数每月由《中国绿色时报》发布。《中国林业采购经理指数 2014 年度调查报告》已出版；《中央财政林业补贴(林业公共财政建设)监测报告》已送交出版社待出版。

党建工作和队伍建设

党建工作　一是扎实开展“三严三实”专题教育活动。按照机关党委专题教育部署，在全面调研找准问题的基础上，制订了经研中心工作方案；召开动员大会，组织了3个专题研讨，党委书记带头讲党课，班子成员作专题发言，处级干部交流学习体会；二是切实加强组织建设。在机关党委的指导下，完成了中心党委和纪委的换届选举工作；及时配齐配强了科研、管理、林业经济期刊社、绿色中国杂志社和老干部5个党支部，保证了党的基层组织正常开展工作和党员素质的稳步提高；三是落实“两个责任”。贯彻基层党组织和纪检组织落实党风廉政建设“两个责任”的实施意见，建立责任清单，建立党委书记负总责、分管领导分工负责、中心党办推进落实的党建工作责任体系。

队伍建设　一是开展了干部竞争上岗。培养选拔了5名优秀科研干部和管理干部进入副处级领导岗位；二是严格按程序公开招聘录用1名2015届高校毕业生；三是按照2015年干部培训计划，分批次组织干部参加相关业务培训；四是加大学术交流和研究室内部学习交流，结合学习贯彻落实党的十八届五中全会精神、习近平总书记系列讲话精神，分层次、分类型地开展了三次大型学习交流活动，每次活动时间为1天，同时，多次请外部专家来中心开展学术交流研讨，为提高干部整体素质、促进中心优秀科研骨干成长创造条件。

据不完全统计，全年承担各类研究项目44项，基层调研200余人次，举办研讨会和培训会议10余次，形成研究报告40多篇，国内外刊物发表论文20多篇，基于项目研究和调研提出一些研究发现和政策建议供决策参考。2015年获梁希林业科学技术奖二等奖1项；1人获省部级百千万人才工程荣誉。

（综合管理办公室）

【林业重大问题调查研究】　2015年，林业重大问题调研工作深入贯彻中央一号文件精神、中央农村工作会议及全国林业厅局长会议精神，坚持服务大局、服务基层、突出重点的原则，围绕关系林业发展全局的重大理论和有关热点问题组织力量开展调研活动，为林业科学决策提供保障。

确定林业重大问题调研领域和任务　与相关司局进行深入探讨，广泛征求社会著名专家学者意见，经数次研讨，形成了林业重大问题调研选题建议，经赵树丛局长审定，2015年5月下发《国家林业局办公室关于开展林业重大问题调研工作的通知》（办发字[2015]77号），林业重大问题调研工作正式启动。调研选题中涉及重大理论问题、生态文明制度建设、生态安全、林业改革、重点调研这5个调研领域17个专题，调研任务着眼林业全局，密切结合林业改革发展实际，深化当前林业亟待突破的重大课题研究，突出了理论性和前瞻性。

保障林业重大问题调研工作有序推进　自5月中旬下发《通知》以来，与13家承担单位签订了业务委托合同；积极联系落实调研基层部门配合调研工作，主动为调研承担单位提供调研支持；切实抓好项目检查制度，定期了解项目承担单位的项目进展情况，稳步推动项目进度；通过组织学术研讨会等形式，督导项目工作进展和研究质量；采用专家评审及时检查并完善调研成果；严格执行项目财务管理办法，课题承担方在项目结束后按要求提交项目财务报告，确保财政资金使用合规。

与社会研究机构加深合作　除与中心各承担课题的处室积极对接外，深化和北京大学、中国人民大学、北京林业大学等高校和研究机构的合作，及时整理分析调研成果，提供相关决策部门参考，对扩大林业影响产生了良好效果。

林业重大问题调研成果影响力增强　《2014年度林业重大问题调查研究报告》出版发行，共形成专题报告18篇，46万字。针对2015年度重大问题调研成果，组织力量编辑整理出研究结论和主要政策建议，成果提交《林业经济》《决策参考》《中国绿色时报》，发表决策建议数篇，供国家林业局领导和有关单位决策参考。

（调研室）

【集体林权制度改革跟踪监测】　2015年，集体林权制度改革监测项目继续对辽宁、福建、江西、湖南、云南、陕西、甘肃7省、70个样本县、350个样本村、3500个样本户进行跟踪调查，并开展了社会资本经营林业、林权收储机制创新、集体林业（地）生产经营限制因素、森林保险、新型林业经营主体能力提升和培养、林地承包经营纠纷调解仲裁、股份制家庭林场等7个专题研究。结果显示：集体林地承包到户之后，样本地区通过加快发展新型林业经营主体、规范引导林权流转、完善林权收储担保机制，继续为集体林业发展注入活力，培育内生动力，集体林经营规模化、资本化、集约化的特征逐步凸显。

林地流转规模增长，流转行为趋于规范　截至2015年年底，样本县累计流转林地164.98万公顷，占林地总面积的11.67%，与2014年相比，流转面积增长了23.27%，流转率提高了2.27个百分点。经过交易机构流转的面积占41.36%，流转登记面积占28.60%。

林权纠纷逐步增加，纠纷调处力度加大　截至2015年底，样本县林地权属和承包经营权纠纷调处8.29万起，纠纷调处率97.22%，多数林权纠纷基本上做到当年发生，当年化解。调处的纠纷中，通过仲裁机构调处2286起，占调处总数的2.85%。

新型林业经营主体加快发展　截至2015年底，样本县成立的专业大户、家庭林场、农民林业专业合作社和林业企业四类新型林业经营主体数量为1.05万个，比2014年增长1.94%；经营林地面积215.97万公顷，占集体林地面积的15.28%；新型林业经营主体平均经营面积205.33公顷，达到规模经营面积。

林权抵押贷款额大幅增长，抵押林地比重约占半成　截至2015年底，全国林权抵押贷款新增37.53亿元。样本县抵押林地比重为5.46%，每公顷贷款额20 056.35元，不良贷款率为0.57%，比全国银行业金融机构不良贷款率低1.03个百分点。2009～2015年，抵押林地面积增长了2.47倍，年均增长28.28%；贷款额增长了6.10倍，年均增长48.00%。

投保林地面积大幅增长，六成林地投保　截至2015年底，样本县投保林地913.33万公顷，占林地总面积的64.62%，保额6607.05元/公顷，保费16.05元/公顷，保费补贴11.85元/公顷，实际费率为0.24‰，保险累计赔付率为32.08%。2009~2015年，投保林地面积增长了3.43倍，投保林地比重提高了50.36个百分点，保额增长了18.00%。

木材产量总体呈下降趋势，农民已经成为造林的主力 2015年，70个样本县木材产量为387.26万立方米，比2009年减少了31.67%，其中，村及村以下各级组织和农民个人生产的木材占木材总产量的56.00%。2015年，样本县造林总面积中，农户造林占33.47%，比2009年增加了12.23个百分点。

林业产业稳步助推地区经济增长，林下经济占林业产值四分之一 2015年，样本县的林业产业总产值为1654.60亿元，比2014年增加了0.88%，对地区经济增长的贡献率为21.24%，拉动地区经济增长0.11个百分点。2009~2015年，样本县林业产业总产值增长了1.51倍，年均增速达到16.57%。2015年，样本县林下经济产值405.55亿元，占林业产业总产值的24.51%。

林业补贴惠及半数林农 2015年，样本县有7.67%的造林地获得造林补贴，每公顷补贴2764.2元；有5.20万户农户得到造林补贴，户均2376.92元；森林抚育补贴面积比重为11.68%，每公顷1505.85元；有4.34万户农户得到补贴，户均2025.98元。在样本农户中，61.71%的农户获了林业补贴，户均1758.34元，占当年林业生产经营投入的10.45%。

林业就业增收效用显著 2015年，样本农户户均林业收入13793.66元，比2014年增加了16.12%；林业收入占家庭总收入的16.71%，比2014年下降了0.85个百分点；与2009年相比，2015年样本农户户均林业收入增长了38.41%，年均增长5.57%。2015年，样本农户林业就业率为9.26%，比2014年增长了1.14个百分点。与2009年相比，2015年样本农户林业就业率上升了2.71个百分点。 （改革研究室）

【中国林业发展报告】 《2016中国林业发展报告》（以下简称《报告》）是国家林业局发布的第十七部林业白皮书，《报告》包含“十二五”林业发展、生态建设、产业发展、生态公共服务、改革、政策与法治、林业投资、支撑与保障、区域林业、林业开放合作、林产品市场十个部分，客观、全面地描述和评价了2015年中国林业的改革与发展实践。《报告》附有历年全国和2015年各省（区、市）营造林、六大林业重点工程建设、森工生产、林业投资、主要林产品进出口、森林防火、森林病虫鼠害防治情况及主要林产品生产、消费和贸易等方面的数据。

2015年，是中国全面完成“十二五”规划的收官之年。各级林业部门全面贯彻党的十八大和十八届三中、四中、五中全会精神，深入学习贯彻习近平总书记系列重要讲话精神，认真落实党中央、国务院的决策部署，改革创新，扎实工作，圆满完成了各项任务。

森林、湿地、荒漠化生态系统及野生动植物保护取得显著成效。2015年完成造林面积768.20万公顷，义务植树成效显著，部门绿化稳步推进。全国共完成沙化土地治理面积191.9万公顷。湿地保护加强，组织审查湿地保护与恢复工程项目73个，安排项目48个；新批国家湿地公园试点137处；验收国家湿地公园试点55处，通过验收46处。珍稀濒危物种保护成效显现，新增林业系统自然保护区39处。林业系统自然保护区总数达2228处。重点安排30多种珍稀濒危野生动物的野外巡护监测项目和近20种野生动物的栖息地恢复试点项目。

林业产业保持中高速增长，2015年实现林业产业总产值5.94万亿元（按现价计算），比2014年增长9.86%。林业三次产业的产值结构已由2010年的39:52:9调整为2015年的34:50:16，林业旅游与休闲为主的林业服务业所占比重逐年增大，产业结构逐步优化。2015年木材产量7200.29万立方米，受国家天然林禁伐政策的影响，商品材总产量有较大幅度减少，比2014年减少12.55%。

生态服务载体多样，产品丰富。2015年，各地推进生态公共服务基础设施建设，新建林业自然保护区39处、国家森林公园39处、国家沙漠公园试点22处、国家林木（花卉）公园3处、国家生态公园试点11处。全国绿化委员会、国家林业局授予河北省石家庄市等21个城市“国家森林城市”称号。国家林业局举办了为期半年的“绿水青山，生态脊梁——百家媒体百名记者进林场”主题宣传活动。全年各主要新闻单位和网站共刊播或转载林业宣传稿件1.30万条（次）。

林业投资总额略有下降，投向生态保护与建设资金持续增长。全国林业建设新增到位资金4160.51亿元，其中，国家预算资金投入1910.45亿元，国内贷款为375.49亿元，自筹资金1629.22亿元。生态建设与保护、林业支撑与保障、林业产业发展、林业民生工程和其他方面分别完成投资2017.20亿元、227.27亿元、1564.67亿元和103.03亿元。2015年，林业种苗、科技、教育、公安等支撑保障体系不断完善，林业开放合作成果丰富。 （林业经济理论与宏观政策研究室）

【林业重点工程社会经济效益监测】 连续14年对天然林资源保护、退耕还林、京津风沙源治理和野生动植物保护及自然保护区建设4项工程进行监测，监测范围涵盖全国27个省（区、市）171个县278个村1656个农户，以及37个森工企业、40个自然保护区、79个林场。

2015年的监测结果显示，林业重点工程总体运行情况良好，工程区森林资源稳步增长，森林、荒漠、湿地生态系统和生物多样性得到有效保护，生态状况明显改善，工程建设的综合效益贡献日益显现。

天然林资源保护工程停伐政策落实到位，木材产量比2014年下降76.80%，对产业和职工就业结构产生显著影响；职工转岗就业积极有效，收入水平首超当地平均水平，样本企业职工年平均工资为3.01万元，比当地平均收入高出0.02万元；林区经济基本稳定，林下经济继续增长。林业职工富余与人力资源短缺问题并存、森林资源管护不足、社会管理职能移交困难、林区经济发展的“瓶颈”问题和盲目发展问题并存仍是天保工程二期面临的突出问题。

退耕还林还草工作与2014年相比，样本县新一轮退耕还林任务增长182.15%；退耕还林工程扶贫作用显著，对建档立卡贫困户的覆盖面达18%；前一轮退耕还林工程已完全进入完善阶段，23.39%的退耕样本户前一轮退耕补助到期；约 20% 的退耕户补助停止后将有经济困难，复耕少量出现；18.25% 的前一轮退耕地纳入生态公益林补偿，长达 16 年的退耕还林政策有了初步的接续措施；新一轮退耕还林还草工程进展缓慢，除了地块落实难的技术问题，补助标准远低于农户耕地收入是更重要的经济原因；前一轮退耕还林成果巩固面临日益增长的压力。

京津风沙源治理工程对当地生态环境改善、社会经济发展、人民生活水平提高以及社会福利进步等方面起到了积极的促进作用。2000～2015 年，监测样本县（旗）森林覆盖率提高 21.2 个百分点，森林蓄积量增长了 69.48%；风沙危害明显减轻，2015 年春季沙尘日数为 4.7 天，略多于 2014 年同期（3.5 天），但与 2000 年相比减少近 2 天，样本县（旗）2015 年农作物受灾面积比 2014 年下降 34.88%；工程区以特色林果业、绿色养殖业、生态旅游业等为主的绿色生态产品产业不断升级，已成为工程区经济增长的新亮点，初步实现了生态建设和经济发展的良性互动，2015 年，样本县（旗）森林旅游人数达 602.94 万人，是 2000 年的 3 倍多；工程建设拉动地方经济增长显著，对地区 GDP 增长的贡献率为 8.53%。工程建设标准仍然偏低、林区防火形势严峻、局部地区林分退化严重、京津冀生态建设不平衡等是工程面临的主要问题。

野生动植物保护和自然保护区建设工程在生物多样性保护、带动社区就业等方面发挥了积极作用。工程区野生动植物种类持续增加，2015 年，9 个样本保护区内新记录到野生动物 27 种；珍稀濒危野生动物得到有效保护，6 个样本保护区对丹顶鹤、褐马鸡、麋鹿等 7 种珍稀濒危野生动物实施了人工繁育，共成功繁育 208 只；极小种群野生植物得到了有效保护，种群数量稳定增长，共有 24 个保护区存有 87 种极小种群植物；林业有害生物防治形势严峻，自工程实施起来，样本保护区共发生过落叶松鞘蛾等林业有害生物 96 种，累计发生面积 33.63 万公顷，累计防治面积 53.15 万公顷；工程建设继续带动社会社区就业，2015 年样本保护区带动社会就业人员 55502 人，比 2014 年增加 687 人。

（政策监测管理办公室）

【中国林业产业监测】 是由国家林业局经研中心、计财司和中国林业产业联合会共同实施的一项连续性调研监测项目。每季度发布监测结果。为国家林业局领导及各司局提供林业产业动态报告。

监测内容主要包括以下四方面：一是工业原料林基地建设监测：面积、树种、投资等。二是林产品生产监测：林业资源开发利用对生态的影响，产品生产规划（实际生产与规划差异），产品质量（质量标准体系及质量监督部门检查合格率），知名品牌产品市场占有率。三是林产品市场供给与需求监测：林产品价格变化，市场流通量及方向等。四是林产品进出口贸易监测：进出口价格、进出口量、进出口国别与地区等。

监测方法：在重点产业地区设立长期跟踪监测点，并与国家统计部门合作共享监测样本数据，监测数据发布具有权威性。按季度发布监测结果，每年度出版《中国林业产业监测报告》。（产业经济研究室）

【《中国林业产业与林产品年鉴》】 由国家林业局主持编纂。国家林业局张建龙局长任编辑委员会主任。参加该书编纂的有：36 个省级单位，9 个林产行业协会组织，333 个地级单位及 2632 个县级单位。年鉴编纂运用“中国林业产业与林产品信息网络平台”收录了全国 2632 个县级单位的林产品生产信息、全国进出口林产品贸易信息，以及全国主要木材集散地、主要人造板生产基地、“中国名特优经济林之乡”“中国花木之乡”“中国竹子之乡”等信息。该年鉴着重于用数据资料反映林业产业状况，是一部全面、系统反映中国林业产业体系建设成就、经验及其发展动态的大型资料性工具书。每年一卷，限收录上年度信息与资料。已连续出版七卷。

（产业经济研究室）

【中国林业采购经理指数（FPMI）】 2015 年 FPMI 平均指数 46.20，比 2014 年下降 7.6%。同期物流协会发布的 PMI 平均指数为 49.93，高出 FPMI 8.61 个百分点；财新中国 PMI（原汇丰制造业 PMI）发布的 PMI 平均指数为 48.79，高出 FPMI 6.13 个百分点。2015 年 3 月、4 月、5 月 FPMI 指数高于 50，其余月份均低于 50。2015 年构成 FPMI 综合指数中，除了供货指数等于 50 之外，其他生产、订单、库存、雇员指数均在 50 以下。其中降幅最大的是生产指数和订单指数，分别下降 9.96% 和 9.31%，雇员指数也有较大幅度下降，达到 7.24%。

采购经理指数（PMI）是世界公认的判断行业发展状态的风向标。当指数超过 50，说明行业处于发展状态，等于 50 说明行业为停滞状态，小于 50 说明行业为衰退状态。林业采购经理指数（FPMI）将为国家和企业提供判断林产加工行业发展状态的直接依据。根据时任国家林业局赵树丛局长批示，由国家林业局经济发展研究中心、中国林业产业联合会共同负责连续开展全国林业采购经理指数（FPMI）调查工作。截至 2015 年，已与 725 家林业企业建立了林业采购经理指数调查长期合作关系。（产业经济研究室）

【农村林业理论与政策创新研究基地建设情况】 2015 年，农村林业理论与政策创新研究基地（以下称“基地”）围绕“深化林业经济创新研究”“提升林业决策服务能力”与“拓展对外合作交流平台”开展基地建设工作。

林业经济创新研究“基地”继续围绕“林业重点工程与消除贫困问题研究”和“集体林权制度改革相关政策问题研究”开展创新性经济理论与政策研究。通过跟踪调研和入户访谈获取了河北、山东、安徽、江西、广西、四川和陕西等 7 省（区）、17 个县、252 个行政村、2850 个样本农户 2013～2014 年的数据，更新了原有的长期大样本多层级数据库。采用现代经济学与政策分析的理论与方法，开展了林业重点工程、集体林产权制度改革及配套改革等重大林业政策对农民收入、粮食生产、技术效率等方面的影响分析研究。“基地”全年发表论文 11 篇，出版专著 3 部，1 项研究成果获得梁希林业科学技术二等奖。

林业决策服务能力一是在课题调研提出相应政策建议的基础上，多次参加国务院及国家有关部委组织的各种决策咨询活动。二是提炼出2篇有关"集体林产权制度改革问题"的研究报告呈报国家林业局党组，并以《林情专报》形式呈报中共中央办公厅和国务院办公厅。三是直接或间接参与各级政府和相关部门的林业发展规划、相关政策设计、生态建设评估等方面的工作，先后为山东省政府、内蒙古乌海市政府、四川省财政厅、江西省遂川县和崇义县政府提供了政策指导。四是接受中央电视台和《中国绿色时报》等媒体的专访，解读国家林业重大方针政策，进一步扩大决策服务的影响力。

对外合作交流平台"基地"成功组织了国家自然科学基金委员会（NSFC）与国际林业研究中心（CIFOR）合作框架研讨会，主持了《国家自然科学基金委与国际林业研究中心合作框架备忘录》的起草和签订工作。先后邀请加拿大、美国、瑞典和日本等国家的林业经济专家来华进行学术座谈。"基地"研究人员赴印度参加"绿色财政与社区林业发展"国际学术研讨会，就林业财政和社区林业问题与有关国际专家展开深入交流。

（农村林业经济研究室）

【气候变化、生物多样性和荒漠化问题动态参考】（以下简称《动态参考》），以气候变化、生物多样性和荒漠化治理问题为重点，密切跟踪国内外林业建设和生态治理进程，搜集、整理、分析重要政策信息，为广大林业工作者提供一个跟踪动态、了解信息、学习借鉴的平台。

2015年，《动态参考》汇集了近百份有价值的重要信息资料，主要集中在三个方面：一是林业坚持绿色发展。重点关注林业在维护生态安全、保护生物多样性、增强生态功能、增进绿色惠民、建设绿色基础设施、加快绿色脱贫、应对自然灾害等方面的国际进展、成功案例和有效做法。例如，对联合国第11届森林论坛、联合国可持续发展峰会以及世界林业大会情况进行介绍及解读。二是公约动态。重点关注了《湿地公约》12届缔约方大会情况，集中反映了公约进展情况及其对林业的影响。三是气候变化谈判与林业发展。紧紧围绕"巴黎气候大会""利马气候大会"和《巴黎协定》等重要的国际气候谈判会议及会议成果，集中关注并反映了林业应对气候变化的重要地位和各国战略，以及气候变化谈判对中国林业发展的机遇和挑战。

2015年，《动态参考》围绕提高决策服务水平这个中心，从选题把关、编译审校、专家咨询等多方面下功夫，办刊工作再上台阶，两篇文章获得国家林业局领导批示，配合国家林业局领导向中央有关部门和领导编辑发送多期内容，提供有参考价值的信息40多条，其中巴黎气候大会概况和成果等两期内容被国家林业局选送提交中办和国办。（气候变化与生态经济研究室）

【世界林业经济学术委员会】 由中国林业经济学会世界林业经济专业委员会、国家林业局对外合作项目中心、国家林业局经济发展研究中心、中国林业科学院科学信息研究所共同主办的第五届世界林业经济专业委员会2015年学术研讨会，于2015年11月12日在北京举行。来自国家林业局业务司局、部分省（区、市）林业厅、科研院校、非政府组织的委员代表70余人出席了会议。经研中心副主任王月华代表经研中心致辞和主持上半场会议。

第五届世界林业经济专业委员会每年举办一次学术研讨会。2015年研讨会的主题是"森林与可持续发展（林业在实现可持续发展目标进程中的作用）"。会上，原林业部副部长、中国绿色碳汇基金会理事长刘于鹤，国家林业局国际司副司长王春峰，北京林业大学教授郑小贤，中国林科院科信所所长陈绍志，IUCN北京代表处首席代表朱春全分别就森林可持续经营、国际林业问题、生态保护红线等问题作了专题报告和交流。来自欧洲森林研究所（EFI）、欧盟FLEGT基金亚洲办公室项目官员汤姆·霍斯特、美国平肖自然保护研究所布瑞恩·基特勒和国际林业研究中心农林经济专家陆文·普泽，也为代表们做了全球森林资源问题的专题报告。

（科研管理与国际合作处）

【第十三届中国林业经济论坛】 2015年12月26日，第十三届中国林业经济论坛在东北林业大学举办。此次论坛由中国林业经济学会和中国林业经济论坛组委会共同主办，由东北林业大学经济管理学院承办，这也是东北林业大学经济管理学院第二次承办该论坛。

来自全国各农林院校及科研院所的专家学者齐聚一堂，共同商讨新常态下中国林业的改革与发展以及生态安全问题，共同为推动新常态下林业的新发展建言献策。东北林业大学党委书记吴国春在开幕仪式上致词，对中国林业及林业经济论坛未来的发展提出了殷切的期望。国家林业局经济发展研究中心党委书记戴广翠在开幕式上致辞，感谢各位专家学者们对林业经济研究事业的发展做出的贡献。

来自国家林业部门的专家以及林业经济学术领域的著名学者分别就新时期林业发展战略新常态下国有森工企业未来的战略选择及林业转型发展，林业应对气候变化、生态安全问题，生态文明视角下的林业产业发展以及林经学科的发展等问题进行了大会主旨报告。

（林业经济学会秘书处办公室）

【《林业经济》期刊】 2015年《林业经济》注重创新，围绕中央出台的国有林区改革意见及国有林场改革方案，加大对林业改革及对国家战略层面生态安全的宣传力度，成效显著。

推出《国有林场改革专刊》 围绕国有林场改革的中心工作，与国家林业局国有林场和林木种苗工作总站合作，在第3期推出《国有林场改革专刊》，全方位解读中央、国务院关于国有林场改革方案要点，介绍改革与发展的最新政策资讯，广泛交流研讨政府购买生态服务、林场体制改革、经营创新、社保与民生、森林经营、森林旅游、企业文化建设等方面的做法与经验，并刊发德国、日本、韩国、芬兰等国家的国有林管理经验等，及时、有力地配合中央国有林场改革方案的出台。

第12期推出《深化集体林业改革专刊》 旨在配合进一步深化集体林业改革，贯彻中央、国务院关于继续深化集体林权改革的有关精神，介绍国家林业局关于集体林改的最新部署及各地在深化集体林业改革方面的试点进展，刊出典型经验与重点省市调研成果。

推出“林业与国家战略”等栏目　配合“一带一路”、京津冀协同发展、长江经济带等国家重大战略中的林业与生态安全问题，关注其中的顶层设计，创新推出“林业与国家战略”栏目，在第8期刊出5篇文章，第11期也刊载相关文章，讨论生态共同体与京津冀协同发展、国民经济绿色度划分、建立绿色就业统计体系、测定绿色发展指数等重大问题，将林业在国家层面的联系与贡献充分展示出来。

依托策划促进增收　在实施以上重大选题的同时，以刊物策划选题为切入点，利用刊物策划与有关工作对接，在专题组稿、专题宣传、扩大社会效益的同时，实现经济增收。

期刊“域出版”　2015年《林业经济》与北京世纪超星信息技术发展有限责任公司签订学术期刊“域出版”合作协议，实现电脑向手机等手持终端设备的转移。目前市场上的文献相似度分析产品比对库多以期刊、论文为主，无法实现与图书的相似度分析，借助超星（大雅图书报纸相似性检测分析系统）独有的图书全文优势，可实现图书等多种文献类型的相似度比较和揭示。

（林业经济期刊社）

【《绿色中国》杂志】　一是坚持正确的舆论导向，大力宣传国家林业局制定的方针政策和绿界典型，扩大中国林业在全社会的影响力。制订全年的宣传报道计划，宣传十八大及十八届二中、三中、四中、五中全会精神，在“美丽中国”“人与自然”“聚焦”“视点”“特别策划”等栏目中，不断宣传国有林场改革和生态文明建设中的先进事迹和突出典型。在拳头栏目“特别策划”和“焦点人物”中，结合中国梦、林业应对气候变化、第四次大熊猫野外调查结果公布、第四次荒漠化监测结果公布、生物多样性保护、植树造林、防沙治沙、林业治山、首届世界生态系统治理论坛等工作作了重点报道。同时，为突出宣传习近平总书记关于“绿水青山就是金山银山”的重要思想，推出了“两山路上看变迁”专刊，报道全国各地践行“两山思想”的典型和经验。

二是走进国有林场改革一线，宣传林业改革。国有林场改革是2015年国家林业局的一项重大工作。为深入宣传国有林场改革，展现一线林改火热的场景，《绿色中国》杂志记者分10批次先后深入河北、内蒙古、福建、山东、山西、陕西、甘肃、江西、吉林、黑龙江等省（区、市），与林区干部职工深入交流，获得了大量第一手素材，在刊物中分期重点推出。

三是《绿色中国》杂志连续11年入选成为“全国两会”的十份期刊之一，供代表委员参阅并获得好评。

（绿色中国杂志社）

【绿色中国网络电视】　一是引进人才充实管理团队，扩大频道建设，提高知名度和影响力。从中央电视台、北京电视台、《香港商报》、香港卫视、亚洲联合卫视引进高层管理人才充实到网络电视核心班子。绿色中国网络电视以“全媒传播、世界表达”的全新理念，以“展示绿色、生态、环保、节能、旅游、健康”等产业为核心内容，设立了多种行业、多个区域的频道内容在线播放。在原有13个自办频道、5个合作频道的基础上新开设了《航拍中国频道》《视频电商时尚频道》，节目制作水平不断提高，知名度得到提升，致力打造中国第一绿色传播机构。二是2015年12月2日在成都举办的第三届中国网络视听大会上，“绿色中国网络电视”被选为中国网络视听节目服务协会理事单位。三是严格按照国家新闻出版广电总局的要求，实行视听节目内容管理负责人制度和视听节目信息审核备案制度，对新上线的视频节目一律实行内容管理责任人制和先备案后播出制。四是在2015年下半年对微信公众号、网站客户端（APP）进行了需求调查、功能定位、页面设计等前期筹备工作，计划在2016年上半年推出。

（绿色中国杂志社）

【社会公益活动和对外合作项目】　一是在2015年3月28日、7月6日先后在浙江省衢州市、嘉兴市举办了“绿色中国摄影万里行——走进大美衢州”“绿色中国摄影万里行——走进‘梦里水乡’嘉兴”等摄影采风活动，并在绿色中国网络电视《航拍中国》频道推出了6集大型系列风光片——《绿色中国摄影万里行——走进大美衢州》和《绿色中国摄影万里行——走进“梦里水乡嘉兴”》，面向全球试播。同时通过新华社全球发布了76幅生态摄影作品。

二是在2015年8月29日、11月8日、11月23日先后在四川省广安市、邛崃市平落古镇、浙江省常山县举办了“绿色中国行”《走进美丽广安》《走进美丽平落》《走进美丽常山》等大型系列主题公益活动，开展明星共建“广安·绿色中国低碳林”“平落古镇绿色中国林”“绿色中国公益明星常山胡柚采摘基地”和“绿色公益晚会”“绿色中国记者行”等系列公益活动，并通过人民网、绿色中国网络电视面向全球现场直播，《人民日报》、新华社、中央电视台、中央人民广播电台、《光明日报》《经济日报》等100多家媒体刊播。国家林业局副局长张永利、刘东生，国家林业局原副局长李育材，浙江省人大副主任程渭山，浙江省政协副主席陈艳华等领导出席活动。

三是2015年6月制订了《绿色中国杂志社新闻采编与经营性业务剥离改革方案》，并报国家林业局经济发展研究中心批准，国家林业局宣传办公室备案，实现将杂志社和网络电视的新闻采播业务与广告、出版发行及其他经营性业务相剥离，组建成立了“北京华夏绿媒文化传播有限公司”，建立了面向市场、灵活应对新的形势和竞争环境的运营机制。

四是组建“绿色中国网络电视时尚网视”购物频道。2015年8月，北京华夏明珠网络电视技术有限公司和深圳市云鹏正曜科技发展有限公司强强联合，组建了“深圳华夏明珠网络电视有限公司”，携手合作引进全球领先视频电子商务平台——美国cinsay3.0视频电商工具，发展明星视频电商（星猫）、网上绿色商城、中国地市报视频电商联盟三大电商业务，打造中国最大的视频电商平台——绿色中国网络电视时尚网视。

（绿色中国杂志社）

国家林业局人才开发交流中心

【综　述】 2015年，人才中心认真贯彻落实全国林业厅局长会议精神，扎实开展"三严三实"教育活动，各项业务工作成效显著，为林业重大改革和重点工作提供了强有力的人才支撑和智力保障。围绕重大改革和重点工作，开展专业技术人才和管理人才培训，举办示范培训班80多期，累计培训7000多人次，培训效果评估的综合满意率达到99%；进一步完善林业职业技能鉴定制度，积极推进国有林场职工职业技能竞赛等职业技能大赛工作；继续开展"全国林科十佳毕业生"评选活动，努力为校企合作搭建互动平台；林业系统人才统计和高层次人才库建设取得阶段性成果；完善了职称评价制度，规范职称评审工作；完成局属在京单位公开招聘毕业生和接收毕业生工作，局管干部、公务员及无人事权单位干部因公出国(境)和赴台湾备案工作，局属事业单位法人登记和政府特殊津贴管理工作，局属单位人事人才统计和全国林科学生统计工作，留学人员科技活动项目择优资助申报和出国留学受理工作，单位的法人年检和人员及工资统计年报工作；开展干部人事档案专项审核工作，专项人事代理服务工作。　(王尚慧)

【年度职称评审】 2015年，专业技术资格评定办共受理40个单位206人的职称申报材料，经对申报人的学历、资历、外语等方面资格审核并组织同行专家审定论文后，186人提交评审会评审。先后组织召开了工程系列中、高级，会计、经济系列高级，新闻、出版系列评审会议。各系列评委会对申报人的理论水平、工作能力、获取处理信息能力、工作经历、实践成果、理论成果等六方面进行了充分讨论评议，经无记名投票表决，共评审通过99人，其中教授级高级工程师14人，高级工程师35人，工程师41人，助理工程师3人，高级会计师3人，高级经济师1人，副编审1人，编辑1人。　(李　伟)

【在京单位公开招聘毕业生】 根据《国家林业局事业单位公开招聘暂行办法》的规定，在人事司领导和指导下，组织制订工作方案、拟定岗位需求、发布招聘公告、协助资格审核及组织笔试、面试、体检等环节的工作，并对拟录用人选向社会进行了公示，完成了局属在京单位2015年公开招聘毕业生工作。同时还充实完善了公开招聘笔试试题库。进一步调整了试题库知识点及林业基础知识。调整了组卷规则，更新了试题，增加了试题入库审题环节并对试题进行了分类管理。　(李　伟)

【局属京内外单位毕业生接收】 在人事司的领导和指导下，完成了2015年局属单位毕业生计划下达及岗位对接方案的审核报送工作。共下达30个直属单位(含林科院二级所、中心)毕业生接收计划343名，其中，20个在京直属单位170名，10个京外直属单位173名。审核汇总并向人社部网上报备在京单位拟接收毕业生人选。协助各单位办理毕业生接收手续，共接收毕业生258名。其中，在京单位接收124名、京外单位接收134名。为在京单位接收的102名毕业生人选办理了落户手续。　(李　伟)

【干部档案管理】 由人事司牵头，按照中组部的要求，全面开展了局公务员、局属单位领导班子成员和参照公务员管理人员的干部人事档案专项审核工作。审核的主要内容是干部的出生时间、参加工作时间、入党时间、学历学位、工作经历、干部身份("三龄二历一身份")、家庭主要成员及重要社会关系等重要信息，尤其是档案材料是否涂改造假，干部信息是否真实准确，重要原始依据材料是否完整规范等。全年完成600多卷干部档案的初审和复审工作，以确保审核问题的准确性。同时完成干部档案日常管理工作。全年整理归入档案材料4800份、整理新调入干部档案216卷、查借阅档案1073卷、转入转出档案345卷，完成局新任中管干部档案报送工作。　(李　伟)

【人事代理】 办理代理单位2014年接收毕业生的落户手续，对接收毕业生的劳动合同建立、工资发放、社保缴纳等劳动关系手续材料进行核实，并对每个代理单位进行了实地走访。组织完成了代理单位申报2015年度人事代理接收高校毕业生需求计划及落实人选工作，核查了代理单位的人员规模、注册资金、上缴利税等资质条件；对2012～2013年度接收毕业生劳动合同、缴纳社保和工资发放情况进行检查；对申报的2015年毕业生需求计划进行审核并下达了2015年毕业生计划。全年共完成局属参公单位118人的工资统发和岗位、级别等工资变动255人次；事业单位社保基数核定及基础信息采集118人，为事业单位91人核定工资217人次、为事业单位聘用人员18人代发工资216人次，办理流动人员档案转入转出211卷、查阅利用流动人员档案200余卷，毕业生转正定级、户籍管理、生育服务证办理等相关人事代理服务110人次；为19个代理单位184人办理社保和公积金立户、增加、减少、缴费、补缴、基数核定与变更等事项293人次。为林产工业规划设计院提供专项人事代理服务，对300余名在职干部档案进行全面审核查缺、补充完善档案材料、进行整理编码、打印装订等；对300余名在职职工进行了工资套改及历年工资变动核定，对2006年7月以后退休的49名职工进行工资套改并逐年核定至退休当年，按事业单位标准核定了80余名2000年10月以来离退休职工历次变动的离退休费及补贴，核定了600余名在职和离退休职工的物业服务补贴和住房采暖补贴。代理局属单位法人年检和统计年报工作。全年完成12个单位的法人年检和人事人才(公务员)及工资统计年报工作。　(李　伟)

【局属事业单位法人登记管理工作】 根据中编办对法人年检工作的最新要求，组织举办"局属事业单位法人年检培训班"，对各参训直属单位负责人员进行了详细的业务指导。配合人事司，对各局直属事业单位法人年检材料的编写和上报接受了咨询，并对年检材料进行了初审，催促各单位按时完成年检材料的上报工作，对有特殊情况的单位与中编办进行了协调沟通。在3月31日前，国家林业局直属的56个事业单位全部完成法人年检登记工作。（田 野）

【政府特殊津贴款拨付清理工作】 完成15家局直属单位共计160名专家的政府特殊津贴款拨付、清理等管理工作。根据人社部留学中心和专家服务中心的要求，对专家人员名单信息及政府特殊津贴收支状况进行了全面仔细的核查，截至12月31日，根据局直属单位上报的专家变动、调整情况进行了汇总，及时核减、调整、清退津贴拨款共计21万元，并通过国务院政府特殊津贴发放管理系统进行上报，提高了津贴管理工作的准确性、灵敏性。（于慧娟）

【国家林业局2015年国家公派出国留学选派工作】 为培养一支具有国际视野、熟悉国际规则的高层次队伍，按照国家留学基金委员会和国家林业局人事司的工作安排，人才中心开展了国家留学基金资助出国留学申请受理工作，共28人申报国家公派留学项目，18人获得国家公派留学资格。（范俊峰）

【国家林业局2015年留学人员科技活动项目择优资助工作】 为培养储备一批优秀留学回国青年人才，资助扶持一批优秀科研项目，按照人力资源社会保障部和国家林业局人事司的工作安排，人才中心开展了留学人员科技活动项目择优资助工作，共19人申报国家公派留学项目，6人获得资助。（范俊峰）

【组织推荐林业系统领导干部参加中央党校培训班】 11月19～27日，组织推荐林业系统的95名处级领导干部参加中央党校培训班。培训班以深入学习习近平总书记系列讲话精神为重点，紧密围绕基本理论、宏观视野、领导素养、林业专题四大板块设计培训课程，并安排参观现场学习和交流研讨，以强化学员的党性修养、政治素质和战略思维，更好地促进生态民生林业工作的科学发展。其中林业专题板块邀请国家林业局总工程师封加平对林业改革发展的新形势新任务作了专题讲座。国家林业局人才中心充分利用中央党校高端培训资源，积极为林业系统的领导干部提供高端培训平台。截至2015年12月，中央党校为林业系统已成功举办6期领导干部培训班。（范俊峰）

【国家林业局首期森林抚育经营师资培训班】 根据《全国森林经营人才培训计划（2015～2020年）》要求，人才中心积极配合造林绿化管理司，于2015年11月24～27日在河南省商城县举办国家林业局第一期森林抚育经营师资培训班。来自27个省（区、市）和内蒙古、吉林、龙江、大兴安岭、长白山森工（林业）集团的126名森林抚育经营工作者参加了培训。本期培训班针对森林抚育经营师资培训的特点，现场教学打破常规模式，由原有的专家主讲—学员提问—专家解答转变为学员主讲—专家和其他学员提问—主讲学员解答—专家根据学员讲解内容再进行讲解点评的模式，选择了商城县黄柏山林场和金刚台林场，就10个不同类型森林经营样地进行教学研讨。室内教学开设中国森林经营的现状、问题和对策措施方法，多种经营理论实践3个专题讲座培养学员的理论水平，开设技术推广教学方式方法专题讲座培养学员的教学能力。（范俊峰）

【职业技能大赛】 2015年中国技能大赛——全国林业行业国有林场职业技能竞赛（国家级二类竞赛），于7月14～16日在黑龙江省万人欢林场举行。竞赛由国家林业局、中国就业培训技术指导中心、中国农林水利工会联合举办。人才中心作为协办单位，为大赛培训国家级裁判员37名，并参与竞赛的组织管理、赛制安排、比赛场地设施、理论考试编排等一系列工作。经过激烈角逐，共15名同志获奖，其中一等奖一名，二等奖两名，三等奖十二名。一等奖、二等奖三名获奖选手获得"全国技术能手"称号，为参加决赛的30名同志颁发了《营林试验工》职业资格证书。（吴秀平）

【职业分类及职业资格清理】 按照《中华人民共和国职业分类大典》（以下简称"大典"）修订工作要求，将检验、试验、检测、修理、包装、运输等工作性质相似而数量众多、无法一一列举或穷尽的职业（工种）进行统一合并，即将"营林试验工"合并到"试验员"；将"木材及家具检验工"合并到"质检员"；将"装卸归楞工"合并到"装卸搬运工"；将"木材防腐师"合并到"木竹藤材处理工"；将"营造林工程监理员"合并到"监理工程技术人员"。按照国务院办公厅和人力资源社会保障部统一部署，经研究，取消了松香包装工、木材搬运工、营林试验工、装卸归楞工、木材防腐师、木材及家具检验工六项技能人员职业资格许可和认定事项。（关 震）

【考评人员培训】 2015年先后在沈阳、宜昌、宁波、北京、柳州举办考评员培训班5期，共培训考评人员349人，其中考评员260人、高级考评员89人。在厦门举办督导员培训班1期，培训督导人员56人。为国有林场举办的技能大赛组织国家级裁判员培训班1期，培训裁判人员37人。在开展培训的同时对上述单位林业鉴定站开展林业高技能人才调研工作。重点对林业高级技能人才队伍的建设状况及存在问题进了调研，与部分鉴定站和省区林业厅主管部门开展座谈，掌握了林业高技能人才培养的现状和需求，据此提出了相关政策建议，形成了调研报告。（李 斌）

【职业技能鉴定制度建设】 建立和实施职业资格鉴定工作计划管理制度，下发《进一步规范林业行业职业资格证书核发有关问题的通知》，要求63家鉴定站按照季度申报鉴定计划，批复后开展鉴定工作。职业资格鉴定工作计划管理制度的实施，从鉴定工作的源头把关，提升了鉴定质量，提高了职业资格证书发放效率。2015

年，林业行业职业技能鉴定34 616人次，涵盖了55个职业(工种)。其中初级技能2232人次，中级技能13 298人次，高级技能16 093人次，技师2125人次，高级技师868人次。（图星哲）

【毕业生就业创业工作】 4月27日在杭州召开了“涉林院校毕业生就业创业促进工作专题研讨班”，来自毕业生就业创业促进分会常务理事单位相关负责同志和部分涉林院校就业创业工作相关负责同志参加了会议。会议讨论了促进分会2015年度重点工作及分会副秘书长人选建议等内容。集体参观了浙江工业大学创业实习基地，并与浙江工业大学就业创业工作负责老师研讨交流了就业创业工作实践经验。5月组织北京林业大学、东北林业大学、南京林业大学的4个大学生绿色科普创业作品参加了“2015年全国林业科技活动周”启动仪式及“林科大学生绿色科普创新作品展”。项目负责老师和同学为前来参加活动的领导及公众做了精彩的展示和讲解。参展项目凭借较强的实用性和创新性吸引了参会人员纷纷驻足，得到了积极关注，展现了当代林科大学生在创新创业方面的优秀成果和奋发向上的良好精神风貌。12月组织了林业院校和相关企业的现场观摩交流活动。重点到北美枫情木家居生产基地和总部，以及安信伟光吴江生产基地进行观摩与交流，大家学习观摩十分认真，取得了很好的效果，增进了相互的了解，为今后拓展面向大中型林业企业的相关业务开了个好头。（何乐观）

【“全国林科十佳大学毕业生”评选活动】 5月21日，与中国林业教育学会共同在江苏句容组织举办了2016届“全国林科十佳毕业生”评选活动启动仪式，有关领导、嘉宾及部分参评院校和有关媒体代表、参评院校学生代表等近300人参加了启动仪式。中国林业教育学会理事长杨继平宣布活动正式启动。启动仪式上，江苏农林职业技术学院与北美枫情商贸有限公司签署了战略合作协议和“北美枫情”订单班合作协议。12月15日在浙江临安组织举办了隆重的总结表彰活动，现场参加人员达700多人，原林业部副部长、中国林业教育学会名誉理事长刘于鹤参加了此次活动。本届评选活动在评选形势和内容上有所创新，新开发了微信公众平台和分会网站，增加了微信公众投票环节，共有9 679 709个独立IP的微信访问量，有效投票52万多张，首现全国参与和海外关注的新亮点。参与林科十佳评选活动涉林院校越来越多，又新增6家院校，经各院校选拔推荐的参评学生素质也越来越高，极大激发了广大林科学子学林爱林的热情。（何乐观）

【高层次人才库及林业系统人才情况统计工作】 2015年3月，林业系统人才情况统计完成了各项调试，正式上线使用。有来自全国30多个省(区、市)的2000多家林业单位登录该系统进行林业系统人才情况统计工作。同时，建立了两个QQ工作群，共有群友700余人，充分利用网络平台及时解答各单位在统计工作中遇到的疑问，保证统计工作顺利进行。完成了主要省和自治区的抽样数据汇总，作为林业人才“十三五”规划编制工作的重要基础数据。完成了200余名国家林业局高层次人才库首批入库人员信息采集表的收集、汇总工作。研究提出了高层次人才库软件开发方案，积极协调人事司、信息办开展人才库软件开发，经人事司初审并修改完善后的系统已经上线试运行。（何乐观）

【国家林业局直属单位人事人才统计工作】 组织60多家局属单位开展4项人事人才统计工作，保质保量完成了工作任务。中组部、人社部和国家公务员局联合对中央国家机关和省级政府部门上报的178家统计单位进行了审核评比，由人才中心负责的国家林业局人事人才工资统计工作以99.8分取得第三名的好成绩。（何乐观）

中国林业科学研究院

【综　述】 2015年，中国林业科学研究院(简称中国林科院)全面总结“十二五”，认真谋划“十三五”，各项工作取得新进展。

服务全局 积极组织专家参与编制《生态文明体制改革实施方案》《丝绸之路经济带和21世纪海上丝绸之路林业合作规划》《中蒙俄经济走廊合作规划纲要—生态保护与产业投资合作》等，参与起草“十三五”林业发展主要目标、重点任务、工程、投资和政策，加强生态保护和修复的主要任务等多项研究报告。加强了油茶、核桃、板栗等经济林良种栽培和深加工等关键技术研发，发布了第二部《杜仲产业绿皮书》。国际林业科技培训中心举办5期商务部援外培训班，培训学员130人次。

科技创新 编制杨树、落叶松等转基因品种实施方案，用材林资源培育与高效利用等3个重点研发专项动议，人工用材林资源培育和木材高效利用研究与示范等4项重点研发任务建议书，以及森林培育、森林生态及木材加工利用3个学科群建设发展规划方案。申报国家自然科学基金、科技部、国家林业局等国家科技计划项目546项，签订新立项目合同216项，总经费11 594万元。通过验收项目115项，其中，国家科技支撑计划项目1项、国家自然科学基金项目25项、林业科技推广项目29项。完成的高性能竹基纤维复合材料制造关键技术与应用成果获国家科技进步二等奖，三峡库区高效防护林体系构建成果获湖北省科技进步一等奖，轻型木结构材料制造与应用技术成果获北京市科技二等奖；16项科技成果获梁希科技奖。

科研保障 林木遗传育种国家重点实验室建设稳步推进，马尾松、杨树、活性炭等4个国家林业局级工程技术研究中心获准成立；国家林业局滨海林业研究中心建设用地的“四图一书”通过滨海区规划局审批。河北衡水湖湿地生态系统定位站获准成立，甘肃敦煌生态站、浙江杭嘉湖平原森林生态系统国家定位观测站通过专家论证。国家林业局森林碳汇研究与实验中心完成了修建性详细规划及建筑设计方案等前期工作。国家林业局林化产品质量检验检测中心（昆明）和国家林业局花卉产品质量检验检测中心（广州）通过现场评估获准筹建。网络基础设施改造及信息安全等级保护建设项目通过竣工验收。编制完成的《中国林科院“十三五”期间年森林采伐限额》通过专家评审。

成果推广 113项成果登记国家和国家林业局科技成果库；推广良种34个，繁育良种苗木140多万株，建立良种栽培示范林640多公顷，培训3000多人；完成2个院级合作协议的签约和1个共建单位的授牌，承担浙江、安徽等院地合作项目19项，完成“南水北调中线工程水源区森林资源数据与图集”并交付使用。承办2015年全国林业科技活动周，参加“科技列车丹东行”和北京科技周等活动，组织专家117人次赴新疆等18个省（区、市）开展林业技术指导。

管理体系和运行机制 完成了中介机构调查汇总上报以及2014年度机构编制统计工作，完成全院20个单位法人年检工作，下发了《关于加强机关节约工作的通知》等。完成2015年全院共24个修购专项的实施方案的审查和批复、21项固定资产投资项目申请；研究提出了“中国林科院国有林场改革实施方案”。

人才队伍建设 下发《中国林科院分党组关于进一步规范干部人事工作有关问题的通知》；完成1名司局级、6名正处级、29名副处级领导干部的试用期满考核工作；完成187名副处级以上领导干部《个人有关事项报告表》的填报、录入工作。中国林科院成功入选创新人才培养示范基地，推荐1位专家为国务院参事，1人入选“百千万人才工程”国家级人选，8人入选省部级人选。15人获批公派留学人员。全年新接收4名“新疆林业青年英才”和2名“新疆特培”学员，完成2015年博士后流动站评估工作，22名博士后进站，18名博士后出站，新增2个博士后国家资助名额。共招收各类研究生384人，其中，硕士生202人，博士生119人，非全日制专业学位研究生63人。推荐4个一级学科申报国家林业局重点学科，4个二级学科申报国家林业局重点培育学科，编制《中国林科院学位授权点自我评估工作方案》。

国际合作交流 签署双边合作协议4个，获批科技部国际合作项目2项，获批商务部援外技术培训班5期，申报科技部国家国际科技合作基地1个，成功申办2016年国际林联亚太地区大会。组织专家出席了在南非举行的联合国粮农组织第14届世界林业大会，并牵头或联合举办6个学术边会。2个科技部国际合作项目通过验收。推荐1位教授获2015年度中国政府“友谊奖”，获批国家外专局2015年度引进国外技术、管理人才项目8项，获批国家林业局林业引智成果示范推广项目3项，新获批引智基地1个。全年共有174个团组335人次出国访问考察、合作研究、出席会议、学习进修。

党建工作 深入学习习近平总书记系列重要讲话精神，扎实开展“三严三实”专题教育，认真落实“两个责任”。切实加强党的组织建设，增补京区党委和纪委委员，新成立重点实验室党支部，5个基层党组织进行了换届或改选。开展了《科研院所研究生思想政治工作探析》课题研究。认真开展贯彻执行中央八项规定精神自查自纠工作，加强反腐倡廉宣传教育，举办党风廉政建设专题培训班，积极开展家庭助廉活动，1户职工家庭被评为“最美家庭”。中国林科院继续保持“全国文明单位”荣誉称号，荣获2012～2014年度首都文明单位标兵。1位专家被评为“全国先进工作者”，1位专家荣获“全国三八红旗手”称号。

【中国林科院科信所与北京市木业商会合作扩建信息平台协议】 1月3日，战略合作协议分别由双方负责人签订，旨在增强政府和企业决策的科学性，提高中国木业行业的话语权。根据协议，双方将联手搭建资源共享平台，共同推动中国林产品指标机制的编制、发布推广工作。双方认为，此次合作将充分发挥木业商会企业人才市场信息优势和研究机构的技术优势，不断完善指数的市场适用性，扩大市场影响力，推动中国林产品指标机制成为中国木业资源科学配置的“指南针”。

【中国林科院亚林所与浙江省三门县政府签署科技合作协议】 1月5日，浙江省三门县领导到中国林科院亚林所，座谈交流科技对接工作。双方代表签署了科技合作协议，双方将针对三门县林业产业发展和生态建设的战略需求开展全面科技合作，积极组织各层次人员进行广泛合作交流和人才培训活动，不断探索新的合作领域，使双方的合作成为科研单位和地方政府的合作典范。

【林木遗传育种国家重点实验室第一届学术委员会第三次会议】 1月5日，学术委员会会议在东北林业大学召开。会议从建设验收与整改措施、科研项目与经费申请、研究进展与成果产出、人才队伍建设、运行管理与开放交流等方面汇报了实验室2014年工作，针对现存问题提出了下一步改进方案。学术委员会经认真讨论，充分肯定了实验室一年来在运行机制、体制改革、人才引进、科研成果等方面取得的成绩。科技部基础司副司长郭志伟、国家林业局科技司巡视员张志达、黑龙江省科技厅厅长杨廷双以及8位学术委员会委员出席会议。中国林科院院长张守攻、副院长储富祥等参加会议。

期间，1月5～7日，召开了重点实验室2014年度学术研讨会。专家、团队负责人等报告了林木种质创新与利用、林木分子育种和林木重要性状形成的分子基础研究进展，重点实验室课题组成员、科研骨干和研究生等参加研讨会。

【中央国家机关团工委“院士面对面”活动】 1月13日，“院士面对面”第二季第六场活动在中国林科院举行。中国科学院院士、中国林科院首席科学家唐守正研究员与来自农业部信息中心、中国农业科学院、中国水利水电科学研究院、国家林业局有关司局和直属单位及中国林科院20多名优秀青年代表深入交流，并结合个人研究方向、成长经历和生活感悟等对青年人的工作提出了建议。中央国家机关团工委组宣部副部长东磊等出席活动。

【第二部《杜仲产业绿皮书》新闻发布会】 1月16日，《中国杜仲橡胶资源培育与产业发展报告(2014～2015)》新闻发布会暨中国杜仲橡胶资源培育与产业发展年会(2015)由中国社会科学院社会发展研究中心、国家林业局杜仲工程技术研究中心、中国林科院经济林研究开发中心等在中国社会科学院举办。中国林科院分党组书记、副院长叶智出席会议并讲话。中国林科院杜仲专家杜红岩研究员介绍了中国杜仲橡胶资源培育与产业发展情况。中国林科院科信所、亚林所以及经济林研究开发中心杜仲创新团队的主要成员参加发布会。

【孙扎根到桉树中心调研指导工作】 1月18日，国家林业局副局长孙扎根到国家林业局桉树研究开发中心，听取了中国桉树发展现状及桉树中心在科技创新、成果推广、人才队伍和条件平台建设等方面进展的汇报，充分肯定了桉树中心取得的成就，要求桉树中心充分发挥科研平台作用，强化创新，加强合作，加快成果推广与示范；主动适应林业科研新形势、新任务，积极拓展研究领域。并表示，国家林业局将继续关心和支持桉树中心建设与发展。国家林业局计资司、中国林科院、广东省林业厅负责人等陪同调研，国家林业局森林公安局综合处、广东省森林公安局，以及湛江市林业局等单位负责人参加调研。

【中国林科院工作会议】 1月20～21日，工作会议在中国林科院召开。国家林业局党组成员、副局长孙扎根出席会议，并在讲话中充分肯定了中国林科院工作，要求主动顺应改革大势、力争多出好成果、强化科研平台建设、大力开展科技推广、做好参谋咨询工作、加强人才队伍建设、加强机关两建工作。科技部农村司巡视员王喆出席会议并讲话。中国林科院院长张守攻作“加强院所建设 推进科技创新 为全面提升生态林业民生林业发展水平提供战略支撑”工作报告，报告总结了2014年工作，提出了2015年要重点抓好的工作。中国林科院分党组书记叶智作“深入学习贯彻习近平总书记系列讲话精神 努力开创党建精神文明建设新局面”党建工作报告，报告总结了2014年完成的工作，强调了2015年要重点抓好的党建工作。会议颁发了中国林科院十佳党群活动奖和2014年度中国林科院科技奖，召开了全院各所、中心党政主要负责人2014年度述职、测评会。国家林业局党组成员、科技司司长彭有冬以及人事司、机关党委、计资司负责人出席会议。中国林科院副院长储富祥做会议总结报告。中国林科院院长张守攻、副院长李岩泉、副院长孟平、副院长黄坚分别主持会议。中国林科院各所、中心党政主要负责人，院各部门、各院属公司负责人，京区副处以上干部、有关专家等近100人参加会议。

【国家林业局花卉产品质量检验检测中心(广州)通过筹建现场评审】 1月23～24日，该检验检测中心筹建现场评审在中国林科院热林所举办。专家组听取了该中心筹建工作汇报，现场检查了该中心的环境条件、仪器设备和实验室体系文件等，依据《国家林业局产品质量检验检测机构管理办法》等，从机构与人员、仪器设备、管理制度、环境条件等方面逐项评审。专家组认为，该中心基本符合要求，建议批准筹建，报请国家林业局审批。

【江苏省生物质能源与材料重点实验室理事会第七次会议】 1月25日，重点实验室理事会会议在中国林科院林化所召开。会议汇报了实验室年度运行总体情况、各研究方向主要进展、代表性成果、年度经费决算与2015年度经费预算、拟设自主研究课题方向和研究内容、实验室运行大事记等。会议深入讨论了实验室运行经费管理办法及2015年开放课题申请指南。与会人员肯定了重点实验室2014年工作，对实验室未来发展提出了建议。

【刘东生到中国林科院亚林所考察调研】 1月29日，国家林业局副局长刘东生等到中国林科院亚林所，考察了所部、庙山坞试验林场，听取了基本情况、服务大局等工作汇报，充分肯定了中国林科院亚林所发展状态、科技创新和亚林精神，希望亚林所服从服务于国家林业发展大局、国家经济社会发展大局、政治外交大局、地区发展大局。

【张永利到中国林科院亚林所调研】 2月2日，国家林业局副局长张永利等到中国林科院亚林所，分别听取了国家林业局竹子研究开发中心、中国林科院亚热带林业研究所的工作汇报，充分肯定两个单位定位准确、思路清晰、工作务实、成效显著，希望科技人员注重科技创新，加强学科间的交叉与融合研究，把科研成果更广泛更深入地应用到生产实践中。中国林科院院长张守攻主持召开座谈会，国家林业局竹子研究开发中心和中国林科院亚林所负责人、首席专家、中层干部参加座谈会。国家林业局科技司、浙江省林业厅、国家林业局华东院负责人等参加调研。

【孙扎根到泡桐中心调研】 2月4日，国家林业局副局长孙扎根到国家林业局泡桐研究开发中心，考察泡桐中心实验室、科研办公、后勤服务和文体活动场所，听取了泡桐中心情况汇报，充分肯定了泡桐中心近年来取得成绩，希望泡桐中心弘扬“林科精神”，争创一流科研院所，顺应科技体制改革形势，实现事业持续发展。国家林业局森林公安局、信息办、天保办负责人以及中国林科院分党组书记叶智陪同调研。

【国家林业局林产品国际贸易研究中心专家委员会工作汇报会】 2月5日，工作汇报会在北京举行。会议汇报该中心近年来的工作、取得的成效及下一步工作设想，提出了下一步工作重点。国家林业局计财司副司长张艳红出席会议并对未来研究工作提出要求。专家委员会积极评价了该中心成立以来的发展和取得的成果，希望该中心拓展研究领域和深度，进一步发挥智库作用，服务国家林业发展战略决策，为产业界提供更多有益的信息。会议决定正式成立第二届专家委员会，并宣布了成员名单，向获聘专家颁发了证书。国家林业局林产品国际贸易研究中心负责人、专家委员会成员和专家参加会议。

【中国林产品指标机制年度总结暨产业形势专家研讨会】 2月9日，年度总结暨专家研讨会在中国林科院召开。国家林业局计财司副司长张艳红等出席会议。与会专家介绍了林产业如何适应新常态和发现新机遇、中国木材与木制品进出口概况、2014年人造板产业现状及未来发展态势；回顾了中国林产品指标（FPI）机制2014年的主要工作，介绍了建立FPI机制的理论依据、对FPI指数的统计检验、从FPI指数看2014年产业态势、FPI未来规划和设想等，深入探讨了FPI指数所反映的产业形势，并对FPI秘书处工作提出了建议和意见。国家林业局计财司外经处、统计处、产业处，海关总署统计司统计处，北京大学环境学院，以及中国林科院木工所、科信所、国际处负责人和专家参加会议。

【国防科工局重大专项工程中心到中国林科院调研】 2月12日，国防科工局重大专项工程中心主任童旭东到中国林科院调研，听取了中国林科院、资源所有关情况介绍，“高分林业遥感应用示范系统”项目进展工作汇报，观看了系统演示，参观了资源所高性能计算集群，高度评价了中国林科院开展的林业遥感应用研究以及研究项目在关键技术攻关、系统建设和应用示范方面取得的进展和显著成效。并表示，国防科工局重大专项工程中心将积极协调数据获取和共性产品加工，给各部门、各单位用好、用足中国自主高分遥感数据创造更好条件。国家林业局党组成员、科技司司长彭有冬，中国林科院院长张守攻、副院长储富祥等参加座谈。

【中国林科院入选科技部创新人才培养示范基地】 2月26日，科学技术部发文公布了2014年创新人才推进计划入选名单，经国家林业局推荐的中国林业科学研究院入选创新人才培养示范基地，成为2014年入选的33个基地之一。近年来，中国林科院从8个方面在人才培养工作上不断创新并取得显著成效：一是改革评价激励机制，促进拔尖人才培养；二是搭建绿色通道，促进青年人才成长；三是探索多样化培养平台，拓展人才培养渠道；四是组建国际创新团队，实现人才培养共赢；五是探索联合培养机制，打造产学研复合人才；六是建立高层次人才内部流动机制，促进基层人才成长；七是大力开展援外培训，支持国际人才培养；八是加强研究生教育，精心培养林业后备人才。

【国家发展改革委农经司到中国林科院调研】 3月3日，国家发改委农经司副司长方言等到中国林科院调研林业科研发展情况，考察了林木遗传育种国家重点实验室、病虫害生物防治实验室、木材标本馆，听取了中国林科院基本情况介绍、在林木良种选育和林木种苗繁育、林业病虫害生物防治方面研究进展的汇报后，充分肯定了中国林科院在林业科研上取得成绩，并希望今后林业科研要加快建立国家林业种质资源库，加强对本土树种资源的保护，推进生物防治在林业病虫害防治中的应用，充分发挥林业科技对国家生态安全的支撑作用。国家林业局计财司、造林司、场圃总站负责人，中国林科院院长张守攻、分党组书记叶智、副院长储富祥、副院长孟平等陪同调研并座谈，中国林科院林业所、森环森保所、木工所、院办公室、科技处、计财处的有关负责人和专家参加座谈。

【“在国际背景下分享中国林权改革的经验教训”启动会】 3月11日，由中国林科院科信所主办的中英合作国际林业投资与贸易项目产出三“在国际背景下分享中国林权改革的经验教训”启动会暨第一次专家研讨会在北京召开。国家林业局林改司司长刘拓出席会议并讲话。北京大学和厦门大学专家分别作“集体林权改革回顾和绩效评价”和“中国集体林权制度改革的驱动力、政策和影响”报告。项目产出三协调人汇报了项目方案，与会专家就如何完善项目方案提出了咨询意见和建议。来自国家林业局、商务部、英国国际发展部、亚太森林网络、林业经济研究中心、林业干部管理学院、北京大学、中国人民大学、厦门大学、中国林科院科信所、北京林业大学、西南林业大学等政府和科研院校的领导和专家参加了会议。

【彭有冬到中国林科院资昆所调研】 3月23日，国家林业局党组成员、科技司司长彭有冬，云南省林业厅副厅长万勇等到中国林科院资昆所调研，听取了该所在学科建设、人才队伍建设、科研工作、科技开发与推广、科研条件平台建设等方面取得的成绩和存在问题的汇报，参观了国家林业局资源昆虫培育与利用重点实验室，了解了国家林业局特色森林工程技术研究中心建设状况，充分肯定了该所在建设国际创新团队、研发特色昆虫资源和植物资源利用技术、服务地方经济发展和农村脱贫致富、支撑国家林业生态建设和产业发展做出的成绩，并对该所今后工作提出了希望和要求。

【中国林科院甘肃敦煌、浙江杭嘉湖平原生态站通过专家论证】 3月30～31日，国家林业局科技司在京召开甘肃敦煌等16个生态系统定位观测研究站专家论证咨询会。依托中国林科院荒漠化所的甘肃敦煌荒漠生态站和依托国家林业局竹子研究开发中心的浙江杭嘉湖平原森林生态站通过专家论证。至此，依托中国林科院建设的生态站总数已达到36个，包括森林站19个、湿地站8个、荒漠站9个，其中29个生态站已纳入国家林业局陆地生态系统定位观测研究站网，约占全国站点总数的1/5。

【与四川凉山彝族自治州科技合作协议】 4月15日，《科技合作框架协议书》签约仪式在四川省西昌市举行，中国林科院院长张守攻和凉山州人民政府副州长肖春分别代表双方签字。凉山州委常委、统战部部长达久木甲出席签约仪式并讲话，凉山州人民政府副秘书长谢立主持会议。张守攻希望以本次双方建立的合作关系为契机，合作开展科技研发、技术培训和成果推广等工作，并表示，中国林科院十分重视与企业之间的合作，双方的合作，将加速科技成果推广和转化。期间，中国林科院林业所和凉山州新福源农林科技有限公司签署了院企核桃产业研发科研合作协议书。

【国家林业局经济林产品质量检验检测中心(杭州)通过复评审】 4月18~19日，中国合格评定国家认可委员会评审组专家，通过听、问、考、查阅文件和现场试验等形式，按照《检验和校准实验室认可准则》等相关要求，对依托中国林科院亚热带林业研究所建立的该检验检测中心的管理体系和技术能力，以及实验室认可、资质认定、食品检验机构资质认定进行全面评审，一致同意，该中心管理体系和技术能力满足认可要求，顺利通过第三次复评审。

【贵州黎平林业发展专家咨询会】 4月21日，专家咨询会在中国林科院召开。中国林科院院长张守攻为黎平科研试验示范基地授牌，并表示，中国林科院将根据黎平的林业科技需求，全力提供林业科技支撑。中国林科院副院长储富祥主持会议。黎平县领导就国家湿地公园建设、植物种质资源基因库建设、珍稀树种造林等提出了林业科技需求，与会专家从做好规划、调整结构、立足保护、提高森林质量、加强森林经营等方面为黎平的林业发展建言献策。国家林业局场圃总站、计财司、科技中心负责人，贵州省黎平县人大常委会、县林业局负责人，中国林科院有关单位负责人和专家参加了会议。

【中国林科院第三期青年科技骨干培训班】 4月20~22日，培训班在国家林业局管理干部学院举行。中国林科院分党组书记叶智作开班动员讲话，并作报告。国家行政学院和中国科学院专家分别作"高效团队建设""压力面对与心理调适""系统思维与创新能力建设"讲座。学员们围绕"中青年科技骨干在成长成才过程中遇到的问题及解决思路"进行研讨，对中国林科院人才工作提出了建设性意见。来自中国林科院21个所、中心的中青年科技骨干参加培训。

【国家林木(含竹藤花卉)种质资源平台2015年度工作会议】 4月23~24日，平台年度工作会议在江西南昌召开。科技部基础条件平台中心副主任王瑞丹、国家林业局科技司副司长杜纪山、中国林科院副院长储富祥等出席会议并讲话。会议总结了2014年运行服务情况和存在的问题，提出了2015年工作目标和发展方向。会议深入讨论了平台组织机构与制度建设、标准体系建设、描述规范研制、资源发掘利用、种子采集与服务、经费管理、运行服务情况与填报情况等。专家组对平台参加单位2014年工作进行了绩效考核，对申请加入平台新单位进行了评估与认定。平台牵头单位中国林科院、中国林科院林业研究所以及平台参建单位代表参加会议。

【国家林业局林产品国际贸易研究中心年会暨可持续林产品贸易与投资高峰论坛】 4月28日，2015年会暨论坛在张家港举办。年会从林产品贸易形势和政策发展回顾与展望、林产品贸易高峰论坛、可持续林产品贸易和投资峰会等多个视角，综合分析了当前世界和中国林产品贸易的新形势，深入探讨了在新常态下应对国际贸易与投资格局变化的措施。高峰论坛中，与会企业代表献计献策，共同探讨中国林产品贸易投资在新常态下的发展道路。中国福马集团有限公司等企业代表介绍了在林业贸易与投资方面的经验，提出了对林业政策的建议。来自政府部门、科研机构、各级林业行业协会、各地林业企业、国际非政府组织的200余名代表参加了会议。

【中国林科院"十三五"年森林采伐限额编制成果论证评审会】 5月15日，成果论证评审会在中国林科院举行。专家们听取了编制组的汇报，经过质询、答疑、讨论，一致认为，此次编限报告符合国家林业局关于做好"十三五"期间年森林采伐限额编制工作的有关要求，指导思想正确，原则合理，依据充分，程序规范。编限数据符合要求，资料翔实完整，测算参数科学合理。测算的年森林采伐限额合理可靠，符合森林可持续经营的要求，满足科学实验的需求，同意通过评审。中国林科院副院长黄坚作总结讲话，并就"十三五"期间采伐限额管理工作提出明确要求。

【中国林科院对外开放和进社区进校园科普活动】 5月17~23日，科技周期间，中国林科院组织了"普及林业科学知识，推广林业科技成果"系列科普活动。作为主办方之一，在哈尔滨举办了2015年全国林业科技活动周主场活动，内容有启动仪式、院士专家科普报告会、科普惠民和科技下乡、林业机械设备展示等，中国林科院院长张守攻、副院长黄坚以及林业所、资源所、森环森保所、哈林机所专家参加；组织4位专家参加全国科技周科技列车辽宁丹东行活动，开展科技下乡、做专家报告、实地技术咨询和指导；参加了2015年北京科技周海淀主场活动，开展了系列科普展和林业科技咨询等互动活动。在院开展了武警森林指挥部北京机动支队官兵"科普进军营"活动，中小学生植树实践活动和认知树木等互动活动。

【国家林业局北方杨树工程技术研究中心通过专家评审】 5月25日，评审会由国家林业局科技司在中国林科院举办。评审专家组听取了该工程中心筹备和申报情况的汇报，现场查看了依托单位中国林科院林业研究所的建设条件，通过查阅相关资料以及充分的质疑和讨论，一致认为，该工程中心定位准确，组建方案可行，措施得力，具备了国家林业局工程技术研究中心的认定和建设条件，通过评审。中国林科院副院长孟平等出席评审会。

【中国林科院森林资源管护与国有林场改革研讨会】 6月3~4日，研讨会在广西凭祥中国林科院热带林业实验中心召开。会议学习了中共中央、国务院以及国家林业局有关国有林场改革的重要精神，研讨了中国林科院实验林场改革方案和措施、森林经营方案编制和危旧房改造工作。中国林科院副院长黄坚等出席会议并作专题报告。中国林科院属各林业实验中心主任、分管副主任，热林所和亚林所分管副所长，以及相关部门负责人参加会议。

【2015年发展中国家ITTO成员国竹产业发展培训班】 5月18日至6月16日，该培训班由商务部主办、竹子中心等在杭州承办。培训班安排国内林业专家讲授竹子种植、加工、利用、政策等内容，并组织学员赴江苏南京、浙江安吉和临安等著名产竹地区考察实习。来自马来西亚、印度尼西亚、印度、巴拿马、厄瓜多尔、牙买加、加纳、埃塞俄比亚、乌干达、肯尼亚、中非、东帝汶共13个国家的33名学员参加了培训。国家林业局对外合作项目中心常务副主任吴志民、中国林科院副院长李岩泉等出席开幕式并致辞。

【赵树丛等到中国林科院调研指导工作】 6月17日，国家林业局局长赵树丛、副局长张建龙、党组成员彭有冬到中国林科院，参观了中国林科院木材标本馆，与专家进行了交流，对中国林科院取得的成绩给予了肯定，并对今后工作提出了希望和要求。国家林业局办公室、计财司、人事司负责人陪同调研。中国林科院院长张守攻、分党组书记叶智参加调研并汇报了相关工作。

【2015年亚洲国家野生动植物保护管理与履约官员研修班】 6月10～28日，研修班由商务部主办、国家林业局竹子研究开发中心和国家濒危物种进出口管理办公室在浙江杭州承办。培训班邀请中国知名野生动植物保护研究专家授课。来自马来西亚、泰国、斯里兰卡、巴基斯坦、缅甸、老挝、东帝汶、印度尼西亚和蒙古等9个《濒危野生动植物种国际贸易公约》缔约方的33名学员参加研修，并赴浙江省临安、安吉、德清等野生动植物保护地区考察和实习。中国林科院副院长李岩泉出席开班仪式和闭幕式并讲话。国家濒危物种进出口管理办公室、国家林业局国际合作司、上海专员办，浙江省林业厅负责人以及美国渔业和野生动物局官员出席开班仪式并讲话。

【中国林科院第八届学位评定委员会第四次会议】 7月8日，评定委员会第四次会议在中国林科院召开。中国林科院院长张守攻主持会议。学位评定委员会委员听取了关于2015年申请博士、硕士学位研究生基本情况的汇报，审议通过了84名博士研究生、233名硕士研究生的申请，评选了中国林科院2015年度优秀博士论文，审议了学位授权点评估工作进展情况，审核了2015年博士、硕士研究生导师资格。

【《中国大百科全书》第三版林学卷研讨会】 5月23日，研讨会在国家林业局哈尔滨林业机械研究所召开。中国林科院院长张守攻、北京林业大学副校长张启翔、东北林业大学校长杨传平、南京林业大学校长曹福亮等单位负责人和专家出席研讨会，充分肯定了编纂该书林学卷的重要性，对卷名、学科分支框架、编委会组成等提出了意见与建议，并表示将积极支持编纂工作，为该项工作正式启动奠定良好的基础。

7月31日，第三版林学卷编委会第一次扩大会议在北京举行。会议介绍了《中国大百科全书》第一、二版编纂情况和第三版的总体设计、学科条目编纂工作流程、框架体系编制以及设条原则。与会专家完善了林业卷框架体系、确定各分支学科编纂条目数量、时间安排和工作协调机制等。中国林科院院长张守攻、副院长李岩泉分别主持会议。中国大百科全书出版社社长、三版执行副总主编龚莉，中国林科院副院长储富祥等编写专家参加会议。

【国家百千万人才工程“西部地区水土保持与荒漠化防治”专题创新讲坛】 8月6～8日，专题创新讲坛由人力资源和社会保障部、国家林业局主办，中国林科院荒漠化研究所、沙漠林业实验中心等在内蒙古乌海市举办。2位院士、20位水土保持与荒漠化防治专家围绕“一带一路”建设带来的机遇与挑战、西部地区生态环境现状及主要生态问题、水土保持与荒漠化防治最新进展等议题，作学术报告和专题报告。中国林科院院长张守攻主持开幕式。人力资源和社会保障部专业技术人员管理司副司长俞家栋、国家林业局人事教育司副司长郝育军、内蒙古自治区人力资源和社会保障厅副厅长林丛虎，乌海市委常委、副市长王作谊出席讲坛开幕式。60余位水土保持和荒漠化防治领域专家参加讲坛，并考察了国家林业局内蒙古磴口荒漠生态定位站。

【中国林科院2015“西部之光”“新疆特培”工作】 8月10日，中国林科院“西部之光”第11批、“新疆特培”第9批共6位学员培养工作顺利完成，总结评议会在中国林科院举行。中国林科院院长张守攻、副院长孟平，国家林业局人事司有关处室负责人出席总结会并为学员颁发结业证书，赠送学习纪念品。培养期间，中国林科院针对来自科研、管理、生产一线等不同岗位学员的具体情况，制订了因人而异的教学计划和培养目标，学员们通过考察调研、学术交流、聆听学术报告、科学实验、查阅文献，撰写了论文并发表在核心刊物。至此，中国林科院已培养了“西部之光”访问学者80人，“新疆特培”23人。

【中国林科院专家参加世界林业大会】 9月7～11日，6年一次的联合国粮农组织第十四届世界林业大会在南非德班举行，大会的主题是“森林与人类：投资可持续的未来”。中国林科院分党组书记、副院长叶智，副院长刘世荣等23位专家组成代表团出席大会，并开展了78项学术活动，包括牵头举办3个边会、联合举办4个；4位专家在议题对话会议和特别会议上作学术报告，11人次在学术边会上作学术报告；收选专家学术论文17篇、学术墙报3篇，5篇论文摘要获大会通过。

【2015年东盟国家林业产业发展与管理研修班】 9月9日，培训班由商务部主办、国家林业局竹子研究开发中心在浙江杭州举行。来自柬埔寨等8个国家的40名学员参加了开班仪式。中国林科院副院长李岩泉以及商务部杭州特派员办事处特派员等出席开幕式并致辞。

9月17日，研修班(广西部分)开幕式在广西林科院举行。竹子中心与广西林科院签订了林业科技国际框架合作协议，共同申请建设“中国(广西)—东盟林业科技合作研究中心”；竹子中心向广西林科院授牌，成立“国家林业局国际林业科技培训中心广西基地”。学员们听取了桉树、杉木、油茶、松树等中国特色经济树种选育技术报告，考察了相关产业技术示范基地，并参加了第十二届中国—东盟博览会。

【科技沙区行活动】 9月19日，由国家人力资源和社会保障部留学人员和专家服务中心主办、中国林科院荒漠化研究所等承办的5天科技沙区行(新疆喀什站)活动结束。来自国家人社部，中国科学院寒旱所、新疆生地所，中国林科院和北京联合大学的8名专家，考察了位于帕米尔高原3500米高处的白沙山爬坡沙丘、英吉沙县生态防护林基地等；确认了斯文赫定120年前的沙漠探险路线；与新疆喀什市、麦盖提县政府领导探讨了防沙治沙、生态旅游和荒漠监测等，并就造林地水、土、气、生等生态要素长期监测事宜达成共识。

【中国林科院2015级研究生新生开学典礼】 9月14日，开学典礼在中国林科院举行。中国林科院院长张守攻出席并讲话，希望大家在中国林科院播种希望，享受研究，快乐生活，取得成果。副院长孟平主持开学典礼。导师代表、2015级研究生代表先后发言。2015年，中国林科院招收硕士研究生200多人，博士研究生100多人。

9月14~23日，全体新生接受了入学教育。中国林科院分党组书记叶智等作科学道德与学风建设、消防安全专题讲座。中国林科院相关部门负责人分别介绍了全院概况、科研、后勤服务、图书馆以及研究生培养与管理事宜。全体硕士研究生到武警警种学院进行了军训和拓展训练。

【中国治沙暨沙业学会戈壁治理专业委员会成立大会暨学术研讨会】 9月24~25日，委员会成立大会暨学术研讨会由中国治沙暨沙业学会与中国林科院荒漠化研究所在京举行。中国林科院副院长黄坚等出席会议并代表当选理事长讲话。会议宣读了民政部关于成立戈壁治理专业委员会的批复，通过了戈壁治理专业委员会章程，选举产生了第一届理事会和组织领导机构。研讨会上，13位专家和代表作专题报告，阐述了戈壁长期定位观测，戈壁地质、地貌本底调查，植物、动物本底调查等。来自国家林业局治沙办、三北局、中国林科院等从事荒漠化防治科研、教学和生产实践及相关企业的领导、科技人员参加了会议。

【中国林科院2015年青年干部基层调研实践活动】 7月5日至10月10日，“根在基层 青春担当”调研实践活动圆满结束。活动启动仪式上，中国林科院分党组书记叶智讲话，副院长李岩泉授旗；活动总结汇报会暨院部机关2015年新入职职工基层锻炼动员部署会上，叶智对此次调研活动成效给予肯定，对新入职职工基层锻炼提出要求，两个调研小组代表汇报，参加活动的青年职工畅谈了各自的收获和体会。会议部署了2015年新入职职工基层锻炼活动安排。中国林科院京区各所(中心)党委(总支)书记、党办主任，院有关职能处室负责人和参与调研活动青年职工参加会议。

【中国林科院亚林所与山东省日照市林业局科技合作协议】 10月11日，山东省日照市林业局负责人及下辖区县林业局和有关企业负责人到中国林科院亚林所调研，双方签署了科技战略合作框架协议，并讨论了竹子引种、山核桃、甜柿、松树研究以及新农村人居环境建设和面源污染治理和下一步合作方向。根据协议，双方将在竹子科学研究、成果转化、产业发展等方面开展全面战略合作。

【中国林科院2015年办公室能力提升培训班】 10月15~16日，培训班在中国林科院亚林所举行。中国林科院副院长李岩泉出席开班仪式并就提高办公室工作效能提出要求。培训班围绕办公室行政管理、档案管理、信息化建设、宣传、政务信息、安全保密工作等，讲解了“互联网+”林业若干问题思考、机关文字工作的理念思路方法、档案管理讲座、公共危机管理，以及院所行政管理与规范等。中国林科院各所、中心办公室负责人和业务骨干，以及院职能处室代表参加培训。

【竹业创新发展与“一带一路”建设高层学术研讨会】 10月17日，学术研讨会由中国林科院等在浙江省杭州市举办。中国林科院副院长李岩泉等出席会议并讲话，科技部人才中心副主任郝强作特邀报告。南京林业大学、中国林科院专家围绕创新完善高效可持续经营的竹林资源体系、竹家居装饰与功能材料研究、覆盖雷竹林土壤生态问题与管理对策、竹类植物遗传育新进展、中国重组竹技术与装备在“一带一路”建设中的地位与作用、“一带一路”竹业发展若干思考与建议做报告。与会人员探讨和交流了“一带一路”国家战略下竹业科学研究对策以及可发挥的作用等。

【森林碳汇对土壤和水的影响国际研讨会】 10月18~19日，由国际林业研究组织联盟、中国林科院和澳大利亚莫道克大学主办的国际研讨会在中国林科院热林所召开。中国林科院副院长刘世荣等致辞，14位国内外知名专家学者围绕森林碳汇和环境服务市场、森林和碳汇、碳汇和土壤、碳汇对流域水文的影响等内容作报告，与会专家讨论和交流了气候变化对森林生长的影响、森林碳汇市场的现状和未来发展、气候变化对区域水文的影响、植物和土壤的固碳作用等当前面临的问题和今后的发展思路。来自澳大利亚、德国、加拿大和中国的40多位专家参加会议。

【2015年桉树国际学术研讨会】 10月21~24日，由中国林学会和中国林科院联合主办的“科学栽培与绿色发展：可持续的桉树商品林”研讨会在广东湛江召开。国家林业局副局长、中国林学会副理事长彭有冬主持开幕式，全国绿化委员会副主任、中国林学会理事长赵树丛和国际林联主席、南非比勒陀利亚大学教授迈克·温菲尔德，中国林科院副院长储富祥，湛江市市长王中丙在开幕式上分别致辞。会议设置了生态与社会效益评价、

遗传育种及良种繁育新技术、栽培和经营管理、森林健康、木材加工利用5个议题，5个主旨报告和56个专题报告，分别就桉树培育、产业发展等开展广泛研讨和交流。中国绿化基金会祁述雄桉树基金颁发了“2015年中国桉树发展突出贡献奖”，中国林科院专家7人获奖。会议收到论文118篇，5个企业展示了新技术和新产品。中国林学会、广东省林业厅、中国绿化基金会桉树基金、湛江市等单位负责人出席开幕式。24个国家从事桉树研究的专家、管理者400多人参加会议。

会议前一天，10月20日，赵树丛、彭有冬会见国际林联主席迈克·温菲尔德等外国专家代表，中国林科院副院长储富祥等陪同会见。同日，赵树丛、彭有冬到国家林业局桉树研究开发中心调研，听取桉树中心工作汇报，实地考察南方国家级林木种苗示范基地，并对桉树中心研究和发展提出要求。

【桉树中心与南非比勒托利亚大学林农生物所林木保护合作项目谅解备忘录】 10月24日，合作项目谅解备忘录签署及实施仪式在广东湛江举行，双方代表签字，中国林科院院长张守攻等见证签字仪式。根据备忘录，双方将拓展合作研究领域，扩展到桉树以及其他林木在内的病害和虫害研究。通过项目实施，双方在合作项目申请和执行，资源信息交流和共享，关键科学问题联合攻关，博士研究生共同培养以及桉树中心科研团队建设等开展进一步深入合作，促进双边林木健康研究领域进一步发展。

【2015年非洲野生动植物保护管理与履约官员研修班】 10月9～27日，由商务部主办、国家林业局竹子研究开发中心等承办的研修班在浙江杭州举行。中华人民共和国濒危物种进出口管理办公室常务副主任孟宪林、副主任马爱国、中国林科院副院长储富祥等先后出席开班、闭幕仪式并讲话。来自非洲的6个《濒危野生动植物种国际贸易公约》的缔约国即南非、马拉维、津巴布韦、埃塞俄比亚、加纳、坦桑尼亚的23名学员参加研修班，通过理论课程学习和野外考察，掌握了相关管理和执法知识，开阔了视野、了解了中国。

【彭有冬到国家油茶科学中心腾冲红花油茶实验站调研】 10月28日，国家林业局副局长彭有冬、科技司司长胡章翠、计财司副司长杨冬等到云南省腾冲市，考察了腾冲实验站的建设、实验设施及野外实验基地，听取了国家油茶科学中心支撑腾冲红花油茶产业情况、实验站建设、运行机制以及科学研究及技术服务情况的汇报，充分肯定了腾冲红花油茶实验站的工作，并要求实验站紧密结合地方产业发展对科技的需求，充分发挥人才优势，有针对性地开展技术研发与技术服务。中国林科院院长、国家油茶科学中心主任张守攻等陪同调研。

【中国林科院首期处级干部任职培训班】 10月27～30日，培训班在国家林业局管理干部学院举办。中国林科院分党组书记叶智出席开班式并讲话。培训班为期3天，组织了处级干部领导、组织、协调、沟通等技巧和时下政策专题讲座，以及专家指导下的应急救助与防护常识情景模拟演练。中国林科院各所、中心及院部30余名处级干部参加培训。

【中国林科院科研经费使用管理培训班】 10月29～30日，培训班在中国林科院举行。中国林科院分党组书记、副院长叶智讲话，分党组纪检组长、副院长李岩泉作“强化管理落实责任 为科技创新提供坚强保障”主题报告，并与副院长储富祥分别主持培训会。国家林业局监察局等单位专家分别作党风廉政建设与科研经费管理、科研经费使用管理与审计、如何构建优秀的科研团队专题辅导报告。与会人员交流了中国林科院科研工作的现状、面临的新形势和新挑战、拟采取的新举措等。中国林科院各所（中心）分管财务工作的领导、纪委书记、财务负责人、科研项目（课题）负责人共240余人参加培训。

【2015发展中国家林业产业部级研讨班】 11月1日，由商务部、国家林业局主办，国家林业局竹子研究开发中心等承办的研讨班开班仪式在浙江省杭州市举行。国家林业局副局长彭有冬、中国林科院院长张守攻、商务部国际商务官员研修学院援外培训联络办公室主任徐凯，莱索托林业、牧业及土地保护部部长卡贝罗·吉尔贝尔特·马夫拉，国家林业局速丰办副主任黄采艺，浙江省林业厅副厅长王章明出席仪式并致辞。彭有冬作“把握国际大势，推动林业产业绿色发展”主题报告，并会见出席研讨班的部长级官员代表。北京林业大学、国家林业局计财司、中国林科院等单位专家作中国森林资源的多功能利用、中国林业产业发展、中国生物质能源技术发展等专题报告。来自古巴、加纳、桑给巴尔、斯里兰卡、伊拉克、莱索托、津巴布韦、沙特阿拉伯、印度9个国家的25名官员和专家参加研讨班。竹子中心已承办4期部长级官员研修班，共培训5大洲106个国家近3000名学员。

研讨会后，彭有冬等考察了钱江源森林生态站现有的野外基础试验设施建设情况，肯定了中国林科院在生态站建设中所付出的努力及取得的成绩，对下一步生态站建设发展思路和科学布局提出了希望和要求。

【库姆塔格沙漠2015年综合科学考察（二期）】 10月20日至11月6日，由中国林科院、中国农业大学、山西大学和青海大学8名科技人员组成的考察队，历时16天，总行程约6000千米，开展了库姆塔格沙漠南部阿尔金山前洪积扇地表物质组成的系统调查取样，阿尔金山前植被的路线调查，西湖南部、雅丹地质公园、阿奇克谷地边缘等地的雅丹年代样采集；库姆塔格沙漠内部沙砾碛的调查采样，阿尔金山前洪积扇戈壁的降水和洪水观测实验、设施和仪器的布置。共采集地表物质样品1000多份，年代样30份，获取红外照片6万多张。期间，中国林科院副院长李岩泉等到科考1号大本营慰问科考队员。

【国家油茶科学中心科技支撑赣南油茶产业发展研讨会】 11月5～6日，研讨会由国家油茶科学中心、中国林科院、赣州市人民政府在江西省赣州市召开。会上，举行了国家油茶科学中心赣南试验站授牌仪式，中国林科院副院长储富祥等出席授牌仪式。江西省林业厅、浙江大学专家分别作“油茶产业发展的科技新挑战”和“食用油暨山茶油营养与质量安全趋势”专题报告。与会专家分析了当前科技体制改革与科技创新形势、油茶科学中心发展机遇与挑战，完善了《国家油茶科学中心赣南油茶产业发展科技支撑方案》，考察了赣州市林科所油茶种质繁育基地。国家林业局科技司、中国林科院、国家油茶科学中心及各实验室（站）、江西省林业厅、赣州市政府及相关部门、赣南科学院等单位领导和代表70余人参加会议。

【16项科技成果获第六届梁希林业科学技术奖】 11月9日，第六届梁希林业科学技术奖评出，中国林科院获一等奖两项，分别是中国林科院森环森保所刘世荣主持完成的长江上游岷江流域森林植被生态水文过程耦合与长期演变机制、林业所王军辉主持完成的云杉属种质资源收集评价优化创新与繁殖体系的构建。获二等奖7项，分别是中国林科院森环森保所、林业所、资信所、林化所、北京林机所等分别主持完成的重大林木蛀干害虫——栗山天牛无公害综合防治技术研究、卡特兰属类系统分类、培育与整合利用、经营单位级森林多目标经营空间规划技术、森林火灾发生、蔓延和扑救危险性预警技术研究与应用、漆树活性提取物高效加工关键技术与应用、集体林权改革综合监测评价技术体系研究、竹材原态重组材料制造关键技术与设备开发应用。获三等奖2项，分别是中国林科院亚林所、荒漠化所主持完成的毛竹材用林下多花黄精复合经营技术、中国黑戈壁研究。中国林科院热林中心、林化所参与完成的2项成果获二等奖，中国林科院亚林所、森环森保所、木工所参与完成的3项成果获三等奖。

【国家林业局竹家居工程技术研究中心学术咨询会】 11月10日，学术咨询会暨第一次学术委员会会议由国家林业局竹子研究开发中心、中国林科院亚林所在浙江杭州举办。竹家居工程中心学术委员会主任委员张齐生院士作“中国竹材加工产业面临的挑战与机遇”主题报告，会议介绍了工程中心的工作情况以及科研进展，研讨了工程中心如何与科研机构、协会以及企业协同创新，服务产业转型升级等，并提出了建议。竹行业主要骨干企业、地市林业局及行业协会负责人以及相关院校科研人员出席会议。

【国家林业局马尾松工程技术研究中心成立】 11月11日，该中心授牌仪式在中国林科院亚林所举行。国家林业局科技司副司长杜纪山授牌，中心依托单位—中国林科院亚林所、广西林科院负责人接牌。浙江省林业厅巡视员吴鸿、中国林科院科技处、广西林业厅科技处以及该中心负责人和专家参加授牌仪式。

【中国经济林协会林菌分会成立大会暨林菌产业发展研讨会】 11月12日，由中国经济林协会和中国林科院主办的成立大会暨研讨会在中国林科院华北林业实验中心举办。会议宣读了中国经济林协会林菌分会委员会成立批复等文件，并授予中国林科院华北林业实验中心林菌分会牌匾。中国林科院副院长李岩泉出席会议并致辞。中国医学科学院药用植物所、中国林科院林业微生物中心等单位专家分别作菌物药、药用真菌、食用菌商业化栽培、野生菌和栽培菌销售现状、林业微生物菌种保藏专题报告。国家林业局计财司、天保办、中国经济林学会、黑龙江省林业厅以及中国林科院等单位从事林菌科研、教学和生产的领导、专家80余人参加会议。

【中国经济林协会杜仲分会成立大会暨全国杜仲产业发展研讨会】 11月17日，分会成立大会暨研讨会在湖南省长沙市举行。会议由中国经济林协会、中国林科院等主办，中国林科院经济林研究开发中心等承办。中国经济林协会、中国社科院文化研究中心、国家发改委农经司、国家林业局林业基金管理总站等部门负责人出席会议并致辞。研讨会上，中国林科院经济林研究开发中心、河南大学药学院等单位专家分别就杜仲研究重要进展、中国杜仲医药保健产业发展前景与展望、全生物酶解长丝杜仲胶的产业化及产品性能等作专题报告与发言。从事杜仲研究与产业开发的有关科研院所、高等院校、地方政府和企业代表100余人出席会议。

【中国林科院林业新技术研究所成立十周年回顾暨发展研讨会】 11月18日，该所10周年回顾暨发展研讨会在中国林科院举行。中国林科院分党组书记叶智、副院长储富祥出席会议并讲话。中国林科院新技术所负责人作“林业新技术研究所十年回顾与未来展望”主题报告。中国林科院相关研究所和职能部门负责人参加会议并建言献策。该所成立于2005年11月1日，主要研究领域涉及生物质材料、木基复合材料、生物质能源、森林化学、林业机械设计与理论、同位素技术和纳米技术等。建所以来，已完成引进国际先进农业技术计划（948）项目、林业公益性行业科研专项、农业科技成果转化资金项目和国家自然科学基金项目共42项；参与科研项目44项，实施中央级公益性科研院所基本科研业务费项目117项；制修订国家和行业标准21项，获得国家授权专利58项，其中发明专利11项。

【中国林科院2015年研究生指导教师和教育管理人员培训班】 11月21～22日，培训班在江苏省南京市举办。国务院学位办、中国农科院研究生院负责人以及中国林科院副院长储富祥等出席开班仪式并讲话。培训班邀请中国科学院大学、南京师范大学研究生院、南京林业大学研究生院负责人和专家授课，并结合中国林科院《学位与研究生教育规章制度汇编》内容，从研究生思想政治教育、招生、教学、培养、学位授予、奖助体系等进行了规章制度解读和业务介绍。培训代表对研究生教育管理工作提出了意见和建议。中国林科院2014、2015年度新增列导师以及各所（中心）研究生教育管理人员共80余人参加培训。

【中央党校第58期“战略思维与领导能力”省部级班学员到中国林科院调研】 11月26日，省部级班学员到中国林科院，听取了中国林科院科技成果和“十三五”

工作思路介绍，参观了林木遗传育种国家重点实验室等，并座谈了林业和生态建设。国家林业局副局长张永利等陪同调研并对中国林科院工作提出要求。中国林科院分党组书记叶智，副院长储富祥、黄坚，以及林业所、森环森保所等单位负责人和专家参加座谈。学员班代表表示，通过调研，学员们从战略思维上进一步明确了森林在陆地生态系统中的主体地位，以后在考虑全局工作、国土整治、生态建设方面，将更加注重林业的作用。

【林业科技下乡科普惠民活动之海南行】 12月4日，由国家林业局科技司、海南省林业厅、中国林科院联合举办的系列活动启动仪式在海南省海口市举行。国家林业局科技司副司长杜纪山、海南省林业厅副厅长黄金城、中国林科院副院长黄坚出席启动仪式并致辞。中国林科院热林所与海南尖峰岭保护区管理局等单位签订了科技合作协议。8位专家作林业与生态文明、热带珍贵树种高效培育、湿地与生活、油茶栽培技术等科普报告。国家林业科学数据平台等平台专家开展现场展示和咨询服务。中国林科院、广东林科院等单位14名专家分赴澄迈、儋州、乐东开展热带雨林生态保护与修复技术指导。在中国林科院热林所尖峰岭试验站开展了大型科普宣教活动和热带树种认知科普活动。海南省、广东省、湖南省林业科研院所及中国林科院专家，海南省林业系统职工、海南林学会会员、海南大学学生共200多人参加启动仪式。

【中国林科院2015年度国家自然科学基金项目培训班】 9月30日、10月30日、12月5～6日培训班分青年项目、面上项目和首届优秀青年杰出青年项目三期先后在北京和广州举办。中国林科院副院长储富祥出席三期培训班开幕式并讲话。培训班介绍了中国农科院等单位国家基金项目管理经验，三类项目选题和申请的关键点、侧重点等，专家讲授了项目申请的心得体会；总结了中国林科院国家基金项目申报总体情况、存在问题，提出了下一步工作措施；就拟出台的《中国林科院关于强化国家自然科学基金工作的若干意见》等征求了意见建议。来自中国林科院21个所(中心)相关人员参加了培训。

【四项党建研究成果获全国党建研究会科研院所专委会奖励】 12月8日，全国党建研究会科研院所专委会二届二次全委会暨课题成果交流会在中国科技会堂举行，中国林科院分党组书记、专委会副主任委员叶智出席会议。会议总结了专委会2015年工作，部署了2016年工作，各科研院所汇报了2015年党建研究课题的成果，中国林科院4项研究课题获奖。中国林科院党群部完成的科研院所研究生思想政治工作探析荣获一等奖，中国林科院林化所党委完成的新形势下提高科研院所党组织战斗力研究、亚林所党委完成的论科研院所民主监督机制的完善和有效实施、泡桐中心党委完成的关于新形势下提高基层党组织战斗力的若干思考获二等奖。

【桉树产业技术创新战略联盟2015年度工作会议】 12月14日，工作会议在云南省普洱市召开。中国林科院副院长李岩泉出席会议并讲话。会议听取了桉树联盟2015年度工作报告、技术报告，联盟成员单位承担试验的进展报告，审议了联盟2016年度工作计划报告。中国工程院院士尹伟伦作“从中国森林采伐限额的预算看桉树的发展空间”专题报告，中国林科院林业所和中南林业科技大学3位专家作杉木、杨树、油茶的研究进展报告，并对桉树产业研究提出了建设性建议。桉树联盟2015年度新吸收4家会员。24家联盟成员单位代表、专家委员会委员、联盟顾问及部分特邀代表参加会议。

【浙江省副省长黄旭明到中国林科院亚林所和竹子中心调研】 12月14～15日，浙江省副省长黄旭明等到中国林科院亚林所、竹子中心调研林业科技工作，与党政班子成员和专家座谈，听取了两个单位工作汇报和专家们的建议，考察了钱江源生态国家定位观测研究站和浙江省林木遗传育种重点实验室、竹子高效加工重点实验室，充分肯定了两单位为浙江林业又好又快发展作出的贡献，希望两单位面向浙江，解决林业产业发展和生态治理中的难题，充分发挥科学技术和人才聚集优势，在浙江省乃至全国竹子培育及高效利用领域起到示范引领作用。并表示，浙江省政府十分关心支持两单位发展，非常愿意帮助解决其在事业发展、职工生活等方面的问题。浙江省政府办公厅、省林业厅、省科技厅负责人等陪同调研。

【高性能竹基纤维复合材料制造关键技术与应用获国家科技进步二等奖】 该成果由中国林科院木工所于文吉研究员主持完成。项目突破了竹材单板化制造、精细疏解、高效重组等关键技术，创制了疏解、高温热处理和成型等关键装备，开发出四大系列高性能竹基纤维复合材料，构建了高性能竹基纤维复合材料制造技术平台，开发出了高强度、高耐候性、高尺寸稳定性和环保型四大系列竹基纤维复合材料，并在风电能源、园林景观、建筑等领域大规模推广应用。项目获得专利54件，其中，中国发明专利40件；制定国家标准3部；发表论文82篇(SCI收录7篇)，累计被国内外引用741次；获得鉴定/认定成果6项。项目通过专利技术实施许可，在全国建成包含产品、设备和胶黏剂等生产线28条，在北京、新疆等21个省(区、市)推广应用，并出口到美国、德国等46个国家。

【三峡库区高效防护林体系构建获湖北省科技进步一等奖】 该成果由中国林科院森环森保所肖文发研究员主持完成。项目通过10余年系统研究，突破了大区域防护林类型优化配置的多目标定量分析、类型配置及空间定位技术难题，研发了三峡库区典型小流域的防护林体系及林种结构优化、基于健康评价和模式林结构特征的防护林定向调控技术、以生物措施与工程措施相结合的特大型水库消落区植被恢复技术，提出了生态防护林、林农复合、生物篱、庭院生态、消落区植被恢复等三峡库区防护林植被恢复模式系统。制定地方技术标准3项，发表论文80余篇，出版专著5部和译著1部。成果推广应用面积累计达29.57万公顷，增加产值215 260

万元，实验区土壤侵蚀模数降低60% ~81%。

【轻型木结构材料制造与应用技术获北京市科技二等奖】 该成果由中国林科院木材工业研究所任海青研究员主持完成。项目组针对国产木质材料在轻型木结构中质量不可控和预制化程度低的技术难题，突破强度等级化规格材、结构胶合板及多功能预制木结构墙体等关键制造技术，构建了结构用规格材制造、评价及应用技术体系，研发集成芯和超厚芯结构胶合板和预制木骨架节能墙体，获得鉴(认)定成果10项；获发明和实用新型专利共14件；在北京等4省市共建成5条生产线；近5年新增产值14 649万元，新增利润2574万元，新增利税4319万元。

【四项专利获第十六届中国专利优秀奖】 中国林科院木工所完成的一种增强、阻燃改性人工林木材及其制备方法、竹材原态多方重组材料及其制造方法、一种大片竹束帘及其制造方法和所用的设备、一种增强、阻燃改性人工林木材及其制备方法四项发明专利获国家知识产权局第十六届中国专利优秀奖。

（中国林业科学研究院由王秋丽供稿）

国家林业局调查规划设计院

【综　述】 2015年，全院干部职工深入贯彻落实党的十八届三中、四中、五中全会精神和习近平总书记系列讲话精神，扎实“三严三实”专题教育，围绕中心，服务大局，改进作风，开拓创新，各项工作取得了新成效，为林业现代化建设作出了新贡献。

落实林业重点工作分工任务 积极落实涉林改革和林业重点工作分工任务，编制完成第五次全国荒漠化和沙化监测报告，对2015年春季沙尘暴灾害进行实时预测预警和信息发布。开展森林碳库计算参数与模型数据库建设，编制《林业碳汇计量监测技术指南》等标准。完成了陆地生态系统碳监测卫星先期攻关研究，积极推进卫星工程立项工作，成立“国家林业局卫星林业应用中心”。参加世界气候变化谈判并编写了谈判对案和建议。编制了《全国木本食用油发展规划》《全国油用牡丹产业发展规划》等专项规划，推动与俄罗斯、东南亚等沿边地区林业合作开发规划编制。

林业调查监测评估 开展第九次森林资源清查技术支撑。积极推进森林资源届中调查和考核指标评价。继续完善全国林地“一张图”建设和数据库更新。完成了东北监测区营造林综合核查、林地和林木采伐管理情况、中央财政森林抚育补贴国家级检查和报告编制。完成2014年度三峡库区森林资源动态监测和成果报告编制。承担第二次全国野生动植物资源调查和重点省泥炭沼泽湿地碳库调查与技术支持，完成了第二次野生动物调查2012年度调查项目检查验收。积极推进生态监测评估工作，完成了青海省生态系统服务价值评估。编制完成了全国空气负氧离子监测试点实施方案和监测标准，开展了7个城市负氧离子监测试点工作；启动了南水北调工程水源地森林生态效益监测与评估。

重点林业专项规划 承担和完成一批全国性有重要影响和重要地位的林业重点专项规划，完成了《国家储备林建设规划》《京津冀区域国家储备林建设规划》《全国森林防火规划二期规划》《全国林业工作站“十三五”建设发展规划》《全国林权管理服务体系建设规划》以及三江平原湿地、藏西北羌塘高原荒漠等14个国家重点生态功能区生态保护与建设等重点林业专项规划，参与全国林业发展“十三五”规划编制和相关专题研究，编写《全国森林经营规划》《全国湿地保护工程“十三五”规划》《大熊猫保护工程规划》《陕西秦岭国家公园建设规划》等。积极践行林业“走出去”战略，开展森林资源开发合作现状调查及对策研究，完成了《林业对非援助重点国别研究》《中国林业走出去战略规划》和《境外林业合作现状调查及国别研究》。

林业信息化服务 实时正常运维国家林业局政府内外网、视频会议系统以及造林统计、林业贴息贷款、林业产业等信息系统和相关专业网站。继续建设和完善“林地一张图”“湿地一张图”、自然保护区、野生动植物数据库、国家自然资源和地理空间基础信息库林业分中心数据库等。坚持开展林业专题宣传和重要活动拍摄，每周定期制播《绿色时空》专栏和全国党员干部现代远程教育林业专题片，及时拍摄报道相关电视电话会议、部长植树活动、绿色大讲堂、新闻发布会等活动，编发和更新网站信息以及火灾等应急信息。

林业应对气候变化和碳监测卫星推进工作 积极推动林业碳汇计量监测体系建设工作，承担全国林业碳汇计量监测技术组织和支撑任务。制订了2020年后林业增汇减排行动目标研究方案。实施中德低碳土地利用项目取得初步成果并组织开展示范推广。碳监测卫星工程项目完成了卫星工程需求与任务报告、卫星工程研制总要求、卫星工程应用系统方案论证报告和碳卫星关键技术先期攻关研究，编制完成了卫星林业应用中心建设、林业卫星综合试验场和真实性检验站建设、机载系统建设等可行性研究报告和碳卫星应用反演实施方案，开展了机载飞行地面实验。

积极服务地方林业建设 积极为地方各级政府和社会各界提供了优质服务，承担了自然保护区、林地征占用、森林公园、湿地公园、国家公园、生态建设示范区、林木种苗、病虫害及有害生物建设、湿地保护与恢复建设、林业信息化建设、遥感技术服务等方面的咨询、规划和设计项目410余项，其括北京新机场工程建设项目使用林地可行性报告、中俄森林资源合作开发利用规划(五期、六期)、天津北大港国家公园规划设计、北京大兴区2015年平原地区造林工程设计、中俄东线天然气管道工程建设项目使用林地可行性报告等全国或区域性有重大影响的项目。

内部管理和能力建设 通过多种形式，深入学习和贯彻落实党的十八届三、四、五中全会精神和习近平总书记系列重要讲话精神，巩固和拓展党的群众路线教育实践活动成果，扎实开展“三严三实”专题教育。全面落实主体责任和监督责任，进一步加强法纪教育和制度建设，不断强化技术质量管理，高度重视业务技术培训、国际科技合作和创先争优工作，积极拓展业务领域，高度重视青年培养工作，进一步优化内设机构和人员配置，启动芍药居综合监测业务管理系统机房建设，完成了4号办公楼防雨等修缮工程。

【春季沙尘天气趋势会商】 1月7日，国家林业局和中国气象局联合召开了2015年春季沙尘天气趋势预测会商会，来自气候、林业、荒漠化和沙尘暴监测等领域的多位专家参加会议。规划院有关技术人员参加会议并作了《2014年春季沙尘暴灾害情况及地表状况对2015年春季沙尘天气的影响》《2014年中国北方地区植被生长状况分析》和《2014年中国北方地区地表干湿状况》专题报告。

【传达全国林业厅局长会议精神】 1月7日，召开院务会议传达贯彻全国林业厅局长会议精神。

会上，王忠武院长传达了会议的主要内容，带领大家学习了汪洋副总理的重要批示精神，传达了赵树丛局长作的“主动适应新常态 实现林业新发展 为改善生态改善民生作出更大贡献”主题报告和张建龙副局长《2014年工作完成情况和2015年安排意见》的讲话。结合工作实际，王忠武对进一步学习贯彻会议精神提出了要求。

【土地利用变化和林业谈判趋势对策研究项目】 1月14日，“中国清洁发展机制基金赠款项目——土地利用变化和林业谈判的趋势及对中国影响的对策研究”项目启动及专家咨询会召开。

会上，项目负责人王国胜教授就项目的背景、目标，以及土地利用变化和林业核算规则谈判涉及的主要技术问题等进行了汇报。专家组对项目的研究目的和内容给予了充分的肯定，一致认为，在履行《联合国气候变化框架公约》和《京都议定书》的进程中，核算规则的研究对中国林业发展具有重要意义，并对下一步的研究计划和执行方案提出了建议和意见。

【中美气候变化和林业合作工作组对话】 1月19日，作为气候变化谈判下“土地利用与林业”议题的技术支撑单位，规划院会同国家林业局造林司、资源司、计财司、国际司与美国林务局的有关专家，进行了中美气候变化和林业合作工作组对话。

对话就如何将林业纳入中美气候变化工作组合作领域进行了交流与探讨。双方认为，林业是减缓和适应气候变化的有效途径和重要手段，2014年7月举行的第六轮中美战略与经济对话，提出了将林业纳入中美气候变化工作组合作领域的方案，将为应对气候变化开辟新的合作领域。中美两国均为森林资源大国，在“气候变化与林业”议题上的合作具有深远的意义和影响。对话就开展的合作领域进行了深入的探讨，加深了双方在林业应对气候变化领域的交流与合作。

【2013年度中央财政森林抚育国家级抽查全国汇总会】 1月30日，2013年度中央财政森林抚育国家级抽查全国汇总会在规划院召开。

会上，副院长赵中南介绍了2013年度中央财政森林抚育国家级抽查全国情况和东北片区抽查结果，华东院、中南院和西北院负责人分别汇报了各片区的抽查结果和存在的主要问题。造林司副司长吴秀丽对2013年度中央财政森林抚育补贴国家级抽查工作给予了充分肯定，并就存在的问题与参会人员研究讨论，形成了初步意见。造林司蒋三乃处长对汇总工作提出了具体要求。

【国家重点生态功能区生态保护与建设规划】 1月29日，国家林业局召开局务会，审查并通过了规划院编制完成的阿尔泰山地森林草原、三江源草原草甸湿地、桂黔滇喀斯特石漠化防治、三峡库区水土保持、浑善达克沙漠化防治、藏东南高原边缘森林等第二批6个国家重点生态功能区生态保护与建设规划。

唐小平副院长就6个规划的编制背景、重要意义、编制过程和主要内容等有关情况进行了汇报。张建龙副局长及治沙办、退耕办、林改司、湿地办等单位负责人就规划内容与规划实施方面提出了建议和意见。封加平总工程师强调，尽早完成其余重点生态功能区的规划，尽快启动国家确定的优化开发区、重点开发区的生态保护与建设规划编制工作，同时要积极争取中央财政重点生态功能区转移支付资金，加大支持林业生态保护与建设的投入比例。赵树丛局长要求要继续完善6个生态保护与建设规划。

12月2日，国家林业局计财司组织召开专家评审会，审议规划院编制完成的三江平原湿地、藏西北羌塘高原荒漠、阿尔金草原荒漠化防治、塔里木河荒漠化防治、川滇森林及生物多样性、黄土高原丘陵沟壑水土保持、科尔沁草原等7个生态功能区生态保护与建设规划。7个国家重点生态功能区，是中国重要的水源涵养区、防风固沙区和生物多样性保护重点地区，在系统分析生态保护与建设现状和存在问题的基础上，科学合理地编制了各自的规划，明确了保护与建设布局，提出了主要生态保护与建设任务，具有较强的科学性和指导性。各规划的建设目标明确，内容合理，措施可行，保障有力，具有可操作性，符合区域主体功能定位和保护与建设的实际需要。与会专家一致同意7个规划通过专家评审。

【林业“走出去”战略发展规划评审会】 2月3日，国家林业局计财司组织召开专家评审会，评审规划院编制完成的《林业“走出去”战略发展规划》(以下简称《规划》)。

与会专家一致认为：《规划》符合中国对外开放的战略要求，对保障中国生态安全和木材安全，构建互利共赢的对外经贸关系，服务国家外交战略全局，促进中国资源、环境和经济社会的可持续发展具有重要意义。《规划》在分析中国林业“走出去”背景的基础上，深入研究了林业“走出去”的必要性、可行性以及制约因素，并有针对性地提出了中国林业“走出去”的重点区域，规划了“5基地1平台”的建设战略，《规划》思路清晰、目标明确、布局合理，对中国林业“走出去”具有重要的指导意义和推动作用。与会专家一致同意《规划》通过评审。

【青海省生态系统服务价值评估项目完成】 历时两年半，规划院提前半年完成了“青海省生态系统服务价值评估项目”生态服务价值量的初步测算。1月30日，唐小平副院长带队就项目阶段性成果向青海省林业厅党组进行了汇报和沟通。

本项目以大量野外实测的植物光合作用、叶面积指数、土壤呼吸、地上/地下生物量、植物碳氮比、植物/土壤营养元素含量和土壤含水量等样地数据为基础，结合森林资源清查、湿地调查、国土资源调查、野生动植物调查等专项调查数据，以及社会经济统计数据和气候、水文、NPP、DEM等遥感监测数据，通过统计学以及生态系统过程模型、通用土壤流失方程(USLE)、风蚀评价方程、生态位模型(MaxEnt)等方法，对青海全省所有生态系统类型1998年以来各年度的生态服务价值进行了评估，同时形成了数据库、模型库等成果。青海省林业厅对本项目工作进展和初步成果给予了充分肯定。

【《境外林业投资合作现状调查及重点国别研究》评审会】 2月4日，国家林业局计财司组织召开专家评审会，评审规划院编制完成的《境外林业投资合作现状调查及重点国别研究》(以下简称《研究》)。

与会专家一致认为：《研究》对境外林业投资合作现状进行了细致的本底调查，总结了境外林业投资合作的特点，按国别阐述了境外林业投资合作分布情况、合作方式和合作内容等，提出了境外投资合作风险评价指标体系及评价结果，重点国别研究内容充实，贴近实际工作需要。《研究》有利于解决中国企业往哪里走、怎么走、走出去干什么以及怎么干的问题，为企业规避风险、规范行为、更好地促进企业发展提供了有价值的参考和借鉴作用。与会专家一致同意《研究》通过评审。

【《审议全国林业生态监测体系规划》(2015～2020年)】 2月11日，国家林业局计财司组织召开专家评审会，审议规划院编制完成的《全国林业生态监测体系规划(2015～2020年)》(以下简称《规划》)。

专家组一致认为：《规划》充分考虑了中国林业监测工作现有基础和实际的可操作性，制订的生态监测体系目标清晰、重点突出、任务明确。《规划》吸取了国家重点功能区和部分省区生态监测试点的经验，采用了大样地系统抽样与典型生态区固定监测中心站相结合的布局思路，较好地解决了宏观资源调查与定位监测数据融合分析的问题，具有一定的创新性。《规划》着眼于林业生态监测与评估的现实需求，对统筹和规范全国林业生态监测具有重要意义。专家组一致同意通过《规划》。

【规划院发展规划咨询论证会】 2月10日，规划院召开《国家林业局调查规划设计院发展规划》(2015～2020年)咨询论证会。会议邀请了国家林业局资源司、保护司、计财司、科技司、国合司、场圃总站、天保办、退耕办、治沙办、速丰办、湿地办等单位的负责人，对《发展规划》的内容进行了咨询论证。

副院长唐小平就《发展规划》的编制背景、意义、现状分析、发展思路与目标、业务建设、能力建设、精神文明建设、保障措施等内容进行了介绍。与会单位的负责人一致认为，编制单位的发展规划是一个创新，是践行经济新常态下可持续发展的重要举措。

【《中国与东盟区域林业合作规划》和《中国—柬埔寨林业合作规划研究》】 2月4日，国家林业局计财司组织召开专家评审会，审议规划院编制完成的《中国与东盟区域林业合作规划》和《中国—柬埔寨林业合作规划研究》。

与会专家一致认为，《中国与东盟区域林业合作规划》和《中国—柬埔寨林业合作规划研究》紧密结合中国林业自身情况和发展需求，提出的布局合理，产业分布思路清晰，数据详实，分析准确，对实施中国林业“走出去”战略具有较强的参考价值和操作价值。与会专家一致同意通过评审。

【全国第四次大熊猫调查】 2月28日，国家林业局举行新闻发布会，公布了全国第四次大熊猫调查结果。

作为全国第四次大熊猫调查的技术支撑单位，规划院起草了全国调查方案、技术规程、检查验收办法和数据管理办法等技术文件，实施了调查试点和调查质量检查工作，完成了全国数据汇总和调查成果报告的编制工作等。此外，规划院还配合调查结果新闻发布会，参与了全国第四次大熊猫调查画册、中国大熊猫现状展板制作的相关工作。新闻发布会的召开，标志着历时4年的第四次全国大熊猫调查工作圆满结束。本次调查取得的丰硕成果，将为中国大熊猫的科学保护提供依据。

【审议《京南森林、湿地生态走廊建设项目可行性研究报告》】 3月10日，河北省廊坊市人民政府组织召开专家评审会，审议规划院编制完成的《京南森林、湿地生态走廊建设项目可行性研究报告》。

专家组一致认为：项目从恢复湿地生态系统和建设森林生态系统入手，以促进区域生态环境和社会经济协调发展为目标，体现了生态文明建设的深刻内涵，是践行习近平总书记提出的京津冀协同发展战略部署的重要举措。项目定位准确、指导思想明确、论证充分、布局合理、内容完整，专家一致同意《报告》通过评审。

【2020年后林业增汇减排行动目标研究研讨会】 3月24日，规划院召开2020年后林业增汇减排行动目标研究项目工作研讨会。

会上，国家林业局造林司领导就做好项目研究工作提出具体要求，会议就项目研究内容、方法手段、技术难点和产出成果等进行了深入讨论，重点研究了森林面积蓄积预测模型、生物量与碳储量计量方法、碳密度估测与空间成图技术、行动目标实现途径分析等专题，进一步明确了任务分工和研究的时间节点。

【《青海省生态资产估算技术方案》专家论证会】 3月27日，青海省林业厅组织召开专家论证会，审议规划院编制完成的《青海省生态资产估算技术方案》。

专家组一致认为：《方案》采用了国际上通用的计算模型，并发展、改进了生态系统过程模型，取得了技术上的突破。《技术方案》采用的数据客观、翔实，确保了评估结果的可靠性和实用性。《技术方案》思路清晰，技术路线可行，各项方法科学，估算的内容和指标全面，为青海生态资产估算成果的科学性和可靠性提供了保障，专家一致同意《技术方案》通过论证。

【张煜星获国务院政府特殊津贴】 国家林业局人事司公布了2014年享受政府特殊津贴人员名单（人才函〔2015〕23号），规划院总工程师张煜星获国务院政府特殊津贴。

【获全国林业优秀工程勘察设计奖】 根据中国林业工程建设协会《关于表彰2014年度全国林业优秀工程勘察设计奖获奖项目的通知》（林建协〔2014〕26号）精神，规划院4项成果荣获2014年度全国林业优秀工程勘察设计奖。其中，《首都师范大学行政楼、教学楼树木伐移和现场保护工程设计》荣获一等奖，《全国林业调查规划设计单位资格认证管理系统》荣获二等奖，《全国林业产业基础数据库建设》和《湖北省宜昌市三峡坝（库）区森林重点火险区综合治理二期工程建设项目初步设计》荣获三等奖。

【中法生态农业合作研讨会】 6月3～4日，法国驻华大使馆举办了全球气候变化背景下的生态农业中法合作研讨会。应会议邀请，规划院曾伟生教授参加了研讨会，并在林业分会场作主题发言。

研讨会旨在增进中法两国在气候变化背景下生态农业领域的交流，进一步加强两国在粮食安全、生态安全和生态农业领域的研究合作。会上，中法两国专家围绕种植业、畜牧业、混合农业、林业、温室气体排放、生物质及土壤碳固等方面进行了交流，曾伟生教授介绍了中国主要树种立木生物量建模项目的进展情况。

【国家林业局"百千万人才工程"省部级人选】 根据《国家林业局关于公布2014年"百千万人才工程"省部级人选的通知》（林人发〔2015〕65号），规划院马国青、曾伟生2位同志被确定为第二批国家林业局"百千万人才工程"省部级人选。目前，规划院已有5人入选国家林业局"百千万人才工程"省部级人选名单。

【《全国森林经营规划（2015～2050年）》】 按照国家林业局的工作部署，在国家林业局造林司的指导下，规划院于2012年12月启动了《全国森林经营规划（2015～2050年）》编制工作，并联合国家林业局有关司局、中国林业科学研究院和北京林业大学等单位森林经营管理、科研、教学的资深专家，组建了规划编制组。2014年4月18日，《规划》大纲通过专家论证，明确了指导思想，确立了总体思路，划定了区域布局，确定了规划内容。2015年4月底形成了《规划》初稿。

为确保《规划》科学合理、切实可行，5月11日召开了《规划》编制专家咨询会。与会专家围绕《规划》文本，结合中国当前森林经营工作的重点、难点，就规划目标、经营策略与重点以及经营技术体系等议题建言献策。造林司司长王祝雄强调专家咨询会是检验《规划》编制工作阶段性成果、内容提档升质的重要会议，编制组要做好《规划》与中央6号文件等国家宏观战略、决策的对接，把各位专家的智慧和思想内化为编制《规划》的共识，内化为成果指导思想和内容，确保2015年年底前高质量地完成《规划》编制工作。为全面贯彻落实专家咨询会议精神，规划院于5月26日召开了《规划》编制组工作会议，专题研究文本的修改和完善工作。

【2015年林业行业工程建设标准编制工作会议】 6月16日，中国林业工程建设协会工程标准化专业委员会召开了2015年度林业行业工程建设标准编制工作会议。

会议邀请了住建部有关专家，就项目建设标准和工程技术规范的编制、日常管理等内容对参会人员进行了培训。会议听取了各主编单位对林业工程建设标准编制进展情况、进度保障措施等情况的汇报，交流了对林业工程建设标准工作的意见和建议，并结合国务院《深化标准化工作改革方案》的要求，讨论了今后林业工程建设标准化工作发展的思路与重点。

【《全国城镇森林公园发展规划（2015～2025）》审议通过】 6月17日，国家林业局计财司组织召开专家评审会，审议规划院编制完成的《全国城镇森林公园发展规划（2016～2025年）》。

专家组一致认为：《规划》的编制和实施，具有重要的战略意义和现实指导作用。《规划》发展思路清晰，目标明确，重点突出，对策和保障措施得力，能够指导和引领城镇森林公园的健康发展，促进国家新型城镇化和现代林业的发展。与会专家一致同意《规划》通过评审。

【《绿色时空》获得好评】 2015年第二季度，规划院制作的《绿色时空》栏目喜获好评，共播出专题节目13期，绿色资讯13条，平均收视率0.14，平均市场份额1.22，高于中央电视台第7频道平均收视份额。在6月28日的数据统计中，《绿色时空》在央视近400个栏目中周排名为第28名，在央视第7频道13个栏目中周综合评价排名位居第三。6月21日播出的科教片《揭开"沙漠人参"的神秘面纱》位列央视单期节目排行榜第九名。中国农业电影电视中心总编室《创作动态》第553期对《绿色时空》作出评价："近一段时间以来，栏目送审节目质量较高，希望能够继续保持，制作出更多更好的作品呈献给观众。"

【《国家沙漠公园总体规划编制导则》审议通过】 7月19日，国家林业局科技司组织召开专家评审会，审议规划院编制完成的《国家沙漠公园总体规划编制导则》。

专家组认为：该《导则》全面规定了国家沙漠公园总体规划的专项规划、分期建设规划、投资估算及效益评价、规划成果与深度要求等，内容完整，各项技术标准合理，具有较高的理论水平和可操作性，对指导沙漠公园总体规划编制，规范沙漠公园的建设和发展具有重要意义。该《导则》送审材料齐全，结构合理，文本规范，格式、内容等符合编写要求。与会专家一致认为该行业标准达到国内先进水平，同意通过评审。

【全国林业厅局长电视电话会议】 7月27日，规划院召开会议，传达全国林业厅局长电视电话会议精神。

会上，王忠武院长传达了会议的主要内容，带领大家学习了张建龙局长作的“振奋精神 狠抓落实 全面完成今年林业改革发展任务”主题报告。结合工作实际，王忠武院长对贯彻落实会议精神、做好下半年工作提出要求。

【《三北防护林体系建设五期工程规划(2011~2020年)》获奖】 根据《中国工程咨询协会关于公布2014年度全国优秀工程咨询成果奖获奖项目名单的通知》(中咨协政〔2015〕51号)精神，规划院完成的《三北防护林体系建设五期工程规划(2011~2020年)》荣获2014年度全国优秀工程咨询成果一等奖。

【2015年院优秀成果奖评选】 根据中国林业工程建设协会《关于2015年申报全国林业优秀工程咨询奖的通知》精神，规划院科技委按照《关于评选2015年度院优秀成果奖(咨询类)的通知》要求，组织开展了优秀成果奖的评选工作。

本次评奖范围为工程咨询类，主要包括规划咨询报告、专题研究报告、项目建议书、可行性研究报告、项目申请报告、专项分析报告、咨询评估报告、项目后评价报告、工程项目管理报告以及林业调查报告和咨询监测报告等。全院共申报成果55项，经过初审、专家评议、院科技委会议评选和公示等环节，共评出2015年度院优秀成果奖44项，其中一等奖11项，二等奖14项，三等奖19项。

【《全国大熊猫保护工程规划》论证会】 8月7日，国家林业局保护司、计财司组织召开《全国大熊猫保护工程规划(2016~2025年)》专家论证会。

规划院编制组对编制情况和主要内容进行了汇报。专家组一致认为：《规划》针对中国大熊猫栖息地破碎化严重、濒危程度尚未从根本上得到缓解等问题，提出了新一轮大熊猫保护工程的基本思路、规划目标、主要任务和保障措施等，规划了加强栖息地保护与恢复、促进野外种群保护与复壮、构建大熊猫繁育体系以及加强科技攻关和提升保护管理能力等建设内容，符合大熊猫保护工作的现实和发展需求；《规划》思路清晰、目标明确、重点突出，具有指导性和可操作性。专家组一致同意通过该《规划》。

【“青海省生态系统服务价值与生态资产评估研究”项目验收】 9月2日，青海省科技厅、林业厅在北京组织召开了青海省科技支持新农村研究项目——“青海省生态系统服务价值与生态资产评估研究”项目验收及成果鉴定会。包括李文华、尹伟伦、蒋有绪、张新时、傅伯杰等5位院士在内的16位国际、国内知名专家组成了鉴定会专家委员会。

与会专家听取了规划院项目组工作情况的汇报，查阅了相关资料，经过质询和讨论，专家委员会一致认为：本研究目标明确，技术路线科学，方法先进，数据翔实，成果丰富，报告规范，结论可信，同意本研究成果通过验收。专家委员会对本项目主要成果《青海省生态系统服务监测与价值评估研究报告》和《青海省生态资产评估研究报告》给予了“居国际先进水平”的最终鉴定结果。

【森林航空飞行测量试验】 8月21~31日，为满足碳监测卫星先期攻关技术研究的需求，规划院(国家林业局卫星林业应用中心)在内蒙古大兴安岭根河林业局开展了为期11天的森林航空飞行试验。

本次航空飞行试验在根河航空护林站和北大荒航空公司的密切配合下，利用运-12E型运输机和主被动航空测量设备在2千米高空开展了森林航测飞行试验研究。本次航空飞行是国家林业局碳监测卫星工程前期工作开展“星机地一体化”森林遥感反演的核心任务之一，也是碳监测卫星先期攻关任务重要的环节。围绕卫星应用地面反演实验验证工作，规划院开展了应用反演方案研究、机载系统定制、航空飞行技术方案研究等一系列工作，制订了在北方典型林区大兴安岭开展飞行试验的工作计划，定制了多角度摆镜系统，完成了航测所需要的激光雷达、高光谱载荷、多角度摆镜等机载设备的安装和集成。在多方协调配合下，本次森林航测试验共飞行5架次计21个小时，圆满完成全部飞行任务。获取的激光雷达和多角度高光谱同步数据经初步检验质量良好，可满足后续多角度载荷角度分析研究，以及激光雷达联合多角度多光谱载荷反演森林立体结构参数的需求。此外，还同步获取了航线附近主要树种和地物光谱数据。

【国家林业局卫星林业应用中心成立】 为加强林业卫星工程建设和应用，更好地让航天技术服务于林业，经国家林业局研究决定，依托规划院成立“国家林业局卫星林业应用中心”。9月1日，国家林业局卫星林业应用中心在规划院正式挂牌成立。

中心成立后，将根据国家生态战略和林业建设工作的需要，牵头开展林业卫星发展规划和建设，遥感新技术应用研究，遥感林业应用、示范与推广以及林业卫星国际合作等工作。中心还将承担林业卫星工程及应用系统建设和运行、林业卫星数据产品生产加工和分发服务等，并将合作开展森林资源、湿地资源、荒漠化和沙化土地、林业生态工程、林业碳汇遥感监测评估分析等工作。

【林业资源管理】 《林业资源管理》是经国家新闻出版总署批准，国家林业局主管、规划院主办的综合性科技期刊。自1979年创刊以来，期刊致力于宣传、推广森林资源和林政管理方面的政策法规、科学理论、应用技术和生产实践等，在宣传林业政策、传播林业科技、交流学术经验和繁荣林业文化等方面发挥了巨大作用。在《林业资源管理》第七届编委会和广大作者的共同努力下，《林业资源管理》连续七次入选"中文核心期刊"。

【珠江流域防护林体系工程建设成效评估报告】 9月11日，国家林业局造林司组织召开专家评审会，审议规划院编制完成的《珠江流域防护林体系工程建设成效评估报告(1993～2012年)》

专家组一致认为：《评估报告》是对珠江流域防护林体系工程的整体回顾，对掌握工程建设现状、改进工程建设管理、提高工程建设质量和效益以及工程的继续实施十分必要。《评估报告》目标明确，技术路线正确，基础资料、数据翔实可信，内容全面，论证充分，评估结论符合实际。与会专家一致同意《评估报告》通过评审。

【《太行山绿化工程建设成效评估报告(1994～2013年)》评审会】 9月12日，国家林业局造林司组织召开《太行山绿化工程建设成效评估报告(1994～2013年)》专家评审会。

规划院编制组介绍了《评估报告》编制情况及主要内容。专家组一致认为：《评估报告》是对太行山绿化工程的整体回顾，对掌握工程建设现状、改进工程建设管理、提高工程建设质量和效益十分必要。《评估报告》技术路线正确，方法科学，报告内容丰富，数据翔实可靠，客观、公正、全面地评估了太行山绿化工程建设成效，达到了林业生态建设工程评估的有关要求。《评估报告》对工程建设的可持续性进行了分析评价，剖析了工程建设中存在的问题，提出了继续推进工程建设的对策与建议，评估结论符合工程建设的实际，对今后太行山绿化工程建设具有积极的指导作用。与会专家一致同意《评估报告》通过评审。

【质量管理体系审核】 9月29日，规划院顺利通过了方圆标志认证集团有限公司进行的ISO9001质量管理体系2015年度外部监督审核。

专家一致认为规划院对质量管理工作高度重视，项目管理活动过程清晰，过程控制有效，认证体系运行良好，全院人员专业素质较高，未发现可追溯的设计风险问题，各项审核结果符合质量管理体系认证标准的要求。专家一致同意规划院质量管理体系认证证书继续有效。

【规划院入选2015年中国工程咨询机构百强】 据中国《互联网周刊》2015年9月刊载，根据公司品牌、互联网知名度、行业影响力三项指标的信息统计和专家打分，评选出2015年中国工程咨询机构300强。规划院凭借公司品牌56.73分、互联网知名度77.31分、行业影响力81.56分，总得分71.87，在中国工程咨询机构中位列第82名。

【刘东生检查指导工作】 10月10日，国家林业局副局长刘东生在资源司司长郝燕湘的陪同下，到规划院检查指导工作。

王忠武院长简要汇报了规划院的基本情况，总结了建院60年来取得的成绩，分析了在职能定位、办公用房与职工住房、人才队伍建设、事业经费和业务建设等方面存在的问题和困难。

刘东生副局长要求：一是要深入研究高新技术在森林资源等监测方面的应用，力争做到年度监测、实时数据反馈，进一步提高监测科技化、信息化和现代化的能力，降低监测误差；二是要继续加强林地"一张图"建设，及时、实时更新数据，保持"一张图"的生命力和实用价值，提升时效性，全面推进林地"一张图"的推广应用；三是要将资源监测成果应用于生态文明制度建设之中，结合领导干部生态环境考核责任追究、资产负债表编制等，加强应用研究，争取实现年度出数，增强监测数据的社会服务能力；四是要加强与森林资源监督办的联系沟通，将资源监测与资源监督有机结合，实现信息共享；五是要进一步加强自身建设，健全管理制度，强化廉政建设，确保规划院健康、稳定、有序发展，为建设生态文明和美丽中国作出更大的贡献。

【《陆地生态系统碳监测卫星工程需求与任务报告》评审会】 10月13日，国家林业局计财司组织召开专家评审会，对规划院(国家林业局卫星林业应用中心)与环保、测绘、气象、减灾、农业行业卫星用户共同编制的《陆地生态系统碳监测卫星工程需求与任务报告》进行评审。按照国防科工局文件精神，国家林业局作为碳卫星牵头主用户，负责组织以上5家行业用户共同开展卫星需求报告论证工作。

与会专家一致认为：《报告》围绕国家空间基础设施规划对该卫星的定位和要求，详细梳理了相关行业的卫星应用情况，全面、客观地反映了林业、环保、测绘、气象、减灾和农业行业的相关需求，明确了该卫星的应用技术指标，为该卫星工程立项综合论证奠定了坚实基础。《报告》充分考虑了该卫星与相关卫星资源的整合，实现"一星多用、多星共用"，有利于提高卫星应用效能和效率。《报告》在国内卫星资源基础上提出的卫星载荷指标，技术特点突出、目标高度聚焦，在国际同类卫星中具有先进性。专家一致同意通过评审。

【国家沙漠公园专业委员会成立】 10月10～12日，中国治沙暨沙业学会国家沙漠公园专业委员会成立大会在新疆维吾尔自治区鄯善县召开，首届国家沙漠公园学术研讨会同期举办。

大会推荐、选举产生了首届国家沙漠公园专业委员会主任委员、副主任委员和委员等，专委会挂靠在规划院。规划院张煜星总工被推荐为专委会主任委员，孙涛处长担任副主任委员兼秘书长，李锋副总工任副秘书长。

【规划院项目获2015年全国测绘科技进步一等奖】 10月22～23日，中国测绘地理信息学会2015年学术年会在江西南昌召开。会议表彰了测绘科技进步奖、全国优秀测绘工程奖和测绘地理信息自主创新十大产品奖等奖项。规划院主持完成的《全国林地资源空间信息遥感更新与应用》项目荣获测绘科技进步一等奖。作为该项目主持人，规划院张煜星总工程师参加了学术年会并领取了获奖证书。

【《国家储备林建设规划(2016～2020年)》评审会】 10月30日，国家林业局组织召开专家评审会，审议规划院编制完成的《国家储备林建设规划(2016～2020年)》。

评审组一致认为：《规划》指导思想明确，依据充分，目标清晰，布局合理，内容全面，重点突出，技术路线可行，投资估算符合实际，保障措施得力，是国家储备林建设的指导性文件。《规划》在《全国木材战略储备生产基地建设规划》的基础上，突出了政策创新，兼顾了当前和长远，并与国有林场改革、天然林保护相衔接，借鉴吸收了世行项目和速丰林工程建设的成功经验，具有科学性和可操作性。与会专家一致同意《规划》通过评审。

【《山杏丰产栽培技术规范》编制完成】 11月6日，国家林业局科技司组织召开专家评审会，审议规划院编制完成的林业行业标准《山杏丰产栽培技术规范》。

专家组一致认为：《规范》编制符合GB/T 1.1－2009的要求，编制过程广泛征求了科研、教学、生产和管理等单位的意见，具有广泛性和代表性。《规范》紧密结合山杏丰产栽培技术与经济林建设需求，提出的丰产栽培技术措施符合山杏栽培实际，对于指导山杏生产具有重要意义。《规范》从山杏适生区自然条件、苗木繁育、栽植技术、抚育管理和低效林改造等方面进行规范，内容全面、简明实用、重点突出，具有先进性、科学性和可操作性。专家组一致同意《规范》通过评审。

【《国家沙漠公园发展规划(2016～2025年)》评审通过】 11月4日，国家林业局计财司、治沙办组织召开专家评审会，审议规划院编制完成的《国家沙漠公园发展规划(2016～2025年)》。

专家组一致认为：《规划》编制是落实《中华人民共和国防沙治沙法》《国务院关于进一步加强防沙治沙工作的决定》及《全国防沙治沙规划》的重要措施，对于规范沙漠公园的建设和管理、促进沙漠生态功能的保护和荒漠化地区的生态建设、保障国土生态安全具有重要意义。《规划》成果充分反映了全国沙漠公园建设的实际需求，是今后一个时期国家沙漠公园建设与评估的重要指导文件。《规划》指导思想明确，技术路线科学，依据充分，内容全面，布局合理，目标切实可行，具有很强的指导性、科学性、创新性和可操作性。与会专家一致同意《规划》通过评审。

【《第五次全国荒漠化和沙化监测成果》评审通过】 11月14日，国家林业局组织召开专家评审会，对《第五次全国荒漠化和沙化监测成果》进行了评审。

作为主要技术支撑单位，与会专家听取了规划院对监测成果的汇报。专家一致认为：本次监测成果是中国连续、定期监测的重要组成部分，及时掌握了全国最新荒漠化和沙化土地状况、动态变化信息以及发展趋势，为国家荒漠化和沙化防治宏观决策提供科学依据，也为中国的生态文明建设提供有力支撑。本次监测开发了具有定位、信息采集、照片拍摄等功能与遥感影像自动匹配的地面信息采集系统，提高了监测的准确性；建立了带有地理坐标位置的图片库，以及对多期监测数据进行管理和可视化分析的监测信息管理系统，提高了对监测成果的管理和应用水平，技术手段上具有创新性。本次监测组织有力，队伍专业，技术路线科学，实施方案完善，质量保障有效。监测的动态变化结果真实地反映了近年来中国荒漠化和沙化防治工作所取得的成效，揭示了土地荒漠化和沙化变化的总体趋势，动态变化原因分析到位，对荒漠化和沙化形势判断准确，数据翔实，结论可靠。专家一致同意监测成果通过评审。

【《全国热带雨林保护规划(2016～2020年)评审通过》】 11月10日，国家林业局计财司组织召开专家论证会，审议规划院编制完成的《全国热带雨林保护规划(2016～2020年)》。

专家组一致认为：《规划》的编制和实施将促进热带雨林保护工作的推进和具体落实。《规划》在充分分析中国热带雨林分布、威胁因素等现状的基础上，科学合理地规划了生态系统保护与恢复、物种拯救、可持续利用、社区共管及能力建设等方面的工程和相关项目，具有较强的指导性和可操作性。《规划》指导思想明确、目标清晰、重点突出、技术措施可行、保障措施得力，能够有效地指导中国热带雨林保护工作，全面促进热带雨林的保护与修复，进一步提升其生态功能。与会专家一致同意《规划》通过论证。

【《中俄森林资源合作开发利用五期规划》评审会】 11月19日，商务部合作司、国家林业局计财司联合组织召开专家评审会，审议规划院编制完成的《中俄森林资源合作开发利用五期规划》。

专家组一致认为：《规划》依据中俄两国《关于共同开发森林资源合作的协定》而编制，对开展中俄两国林业领域投资合作、促进两国经贸发展、实现资源与经济互补具有重要意义。《规划》全面分析了楚瓦什共和国的基本情况和森林资源本底，对中国、俄罗斯乃至国际林产品及家具市场需求进行了预测，对楚瓦什共和国建设木材加工产业园区进行了规划设计，客观分析了潜在的投资风险，提出了开发方式和有关政策建议，具有较强的针对性和指导性，对推动中国企业赴楚瓦什共和国开展森林资源开发利用具有重要作用。《规划》资料翔实，目标明确，思路清晰，内容全面，加工园区布局合理，林产品设计推荐方案可行，切合“一带一路”国家战略布局和中国政府鼓励企业“走出去”开展境外林业投资合作的方针政策，符合楚瓦什共和国森林资源开发利用方向，具有前瞻性和科学性。与会专家一致同意《规划》通过评审。

【森林认证机构获批】 根据《国家认监委关于调整认证机构审批工作有关事项的通知》和《国家质量监督检验检疫总局关于修改<认证机构管理办法>的决定》的文件精神，规划院抢抓机遇，申报森林认证机构。经过精心准备申报工作，积极与国家认证认可监督管理委员会沟通协调，2015 年 11 月底，规划院获得了国家认证认可监督管理委员颁发认证机构批准书，证书批准号为 CNCA－R－2015－203。

【《防护林造林工程投资估算指标（修订）》评审会】 12 月 9 日，国家林业局计财司组织召开专家评审会，审议规划院编制完成的《防护林造林工程投资估算指标（修订）》。

与会专家对投资指标体系构成、主要技术指标、技术指标调整系数和工程建设其他费用等内容进行了逐条审定，经过认真的讨论和细致的审议，一致同意《估算指标》通过评审。

【《全国森林防火规划（2016～2025 年）》通过论证】 12 月 17 日，国家林业局科技委组织召开专家论证会，审议规划院编制完成的《全国森林防火规划（2016～2025 年）》。

与会专家一致认为：《规划》编制依据充分，指导思想和目标明确，基本原则科学合理，建设重点和任务突出，区域划分科学合理，片区划定重点突出，治理措施针对性强，规划内容切实可行、符合实际工作需要，具有较强的指导性、适用性和可操作性。与会专家对《规划》给予了充分的肯定，一致同意通过论证。

【印度尼西亚环境林业部官员到访】 12 月 18 日，印尼环境林业部数据中心主任苏亚·阿卜杜加尼等一行三人，在亚太森林网络管理中心官员的陪同下，到规划院进行了交流访问。

规划院夏朝宗博士向印尼代表团介绍了规划院承担的森林资源监测、遥感技术应用和森林信息管理平台建设等方面情况。印尼专家对中国在卫星遥感应用，特别是全国林地“一张图”建设和林地数据管理等方面取得的成就给予了高度赞誉。双方就“东南亚国家森林资源合作监测技术建设”项目的合作进行了深入交流和探讨。

【全国冬季水鸟同步调查】 受国家林业局保护司委托，规划院于 12 月 22～23 日组织召开全国第二次陆生野生动物资源调查冬季水鸟同步调查动员会，并开展了相关的技术培训。

会上，国家林业局保护司对即将开展的冬季水鸟同步调查进行了部署，明确了调查的时间、准备工作、技术方法和组织安排等事宜。规划院技术人员详细讲解了《全国第二次陆生野生动物资源调查鸟类同步调查技术方案》。中国科学院昆明动物研究所、安徽大学、江西师范大学和上海市林业局的有关专家就调查技术方法做了详细说明。为使同步调查有序开展，会议除对相邻省份组织协调外，还对“沿海地区”“长江中下游地区”“黄河中下游地区”的调查时间进行沟通和协调，并分片区对各省（区、市）同步调查实施细则进行了审议。

【野生动物疫源疫病专业委员会成立】 12 月 21 日，中国野生动物保护协会野生动物疫源疫病专业委员会成立大会在湖北武汉召开。

会议审议并通过了《中国野生动物保护协会野生动物疫源疫病专业委员会工作规则》和《中国野生动物保护协会野生动物疫源疫病专业委员会第一届委员会常务委员建议名单》。会议推选规划院唐小平副院长为专业委员会副主任，阮向东处长为专业委员会秘书长，专业委员会秘书处挂靠在规划院。

野生动物疫源疫病专业委员会旨在推动各级野生动物疫源疫病监测行政主管部门与社会各界的交流、合作，积极配合主管部门做好野生动物疫源疫病监测防控工作，进一步扩大野生动物疫源疫病监测防控在社会和公众间的影响，提升公众防控意识和能力，营造群防群控的积极氛围，提高中国野生动物疫源疫病的监测能力和水平，更好地为野生动物保护管理服务，维护公共卫生安全和生态安全。

（国家林业局调查规划设计院由院办公室供稿）

国家林业局林产工业规划设计院

【综　述】 2015 年，国家林业局林产工业规划设计院（以下简称设计院）全面贯彻落实党的十八大和十八届三中、四中、五中全会精神，深入学习习近平总书记系列重要讲话精神。设计院在国家林业局党组的正确领导下，在院领导集体的团结协作下，在全院干部职工的辛勤努力下，进一步坚持以“人人创业”的企业文化为核心，凝心聚力，真抓实干，不断加强巩固近年来发展成果，深化管理体系改革，着力完善健全内部制度，全力以赴打基础，拓市场，带队伍，惠民生，奋力实现振兴腾飞的“设计院之梦”。

【生产经营情况】 2015 年，设计院实现经营性收入 2.05 亿元，较 2014 年同比增长 16%，“十二五”期间成功实现经营性收入翻一番。其中，咨询设计类收入 1.3 亿元，同比增长 22%。

【资质平台建设】 设计院资质平台建设成果显著。建筑设计甲级资质顺利换证，成功取得林业工程咨询甲级资质，新增园林施工三级资质，中国园林工程公司增资得到了财政部批准。设计院已拥有三种甲级资质。

【质量管理情况】 2015 年是质量管理体系认证换证复评审核年，设计院按计划进行了年度内审工作，内审涉及全院 11 个生产经营研发部门、6 个职能部门以及 1 个生产辅助部门，共抽查了 17 个项目，进行了为期 1 个多月的现场审核。6 月，进行了外审工作，共抽查了 5 个职能部门、1 个生产辅助部门和 4 个生产经营研发部门。设计院顺利通过外审，审查组对一年来设计院质量管理工作取得的成效给予了充分的肯定，未发现不合格项。全年共进行格式审查项目281个，同比增长幅度超过100%；全年共技术审查成果50项，每个审查成果都有详细的审查纪录，甚至有些审查项目还对项目负责当面讲解成果存在的问题及修改的内容，为成果质量提供了更严格的保障。

【加强民生保障工作】 2015年，设计院投入离退休干部费用在2014年基础上又新增300万元，每年发放离退休干部补贴超过1000万元。同时，加大了职工各项政策性补贴。2015年，设计院和各生产部门共同承担了干部职工的物业费和取暖费补贴，院级承担了离退休干部的物业费、取暖费160余万元。

【"林木生物质油制备绿色环保型木材胶黏剂关键技术及应用"项目荣获2014年教育部技术发明二等奖】 2015年，设计院工业一所参与完成的"林木生物质油制备绿色环保型木材胶黏剂关键技术及应用"项目荣获2014年教育部技术发明二等奖，项目组通过近十年学研产联合攻关，从原料、过程与产品创新等角度突破了林木生物质热裂解定向制备富酚生物质油及生物质油制备木材工业用胶黏剂技术瓶颈，实现了生物质在分子水平上的定向解聚、重构与高值化利用，创新性地成功研发了生物质油制备绿色环保型木材胶黏剂技术，为木材胶黏剂行业提供了新的原料资源和产品，对促进木材加工领域科技进步和结构优化升级具有积极作用。

【荣获"全国五一巾帼标兵岗"】 为积极响应中国妇女十一大发出的"巾帼建新功、共筑中国梦"的号召，全国妇联和全国总工会在2015年"三八"妇女节期间评选出并表彰了一批全国三八红旗手标兵、全国三八红旗手、全国巾帼文明岗、全国五一巾帼标兵岗等荣誉。设计院风景园林规划设计一所脱颖而出，获得全国总工会授予的"全国五一巾帼标兵岗"荣誉称号。

【设计院项目荣获2014年全国优秀工程咨询成果三等奖】 由设计院工业一所及工业四所完成的《辽宁时代万恒股份有限公司加蓬原料林基地及木材加工项目可行性研究报告》(以下简称《报告》)荣获2014年全国优秀工程咨询成果三等奖。辽宁时代万恒股份有限公司拟整体并购加蓬SBL公司，SBL公司在加蓬现有林地面积约33万公顷，可供采伐的林地面积约为29.24万公顷，林地木材总蓄积量为1179万立方米，现有完整的制材生产线两条，设计年加工原木5万立方米。并购以后，通过对现有采伐设备和木材加工设备进行更新改造、增加投资，扩大原木采伐量和木材加工生产企业水平，获得合理的经济效益。《报告》是在充分调研、考察加蓬的森林资源、拟并购企业现状以及国际、国内木材和木质品市场需求后，进行的森林资源综合开发利用可行性研究。项目风险分析得当，并提出了针对性的措施；在项目总体分析的基础上，对项目并购做出了科学的结论。该项目也是中非基金提供贷款的第一个非洲林业木材加工项目，为后续项目的开展提供了很好的借鉴依据。

【百人大合唱荣获国家林业局歌咏比赛一等奖】 设计院百人大合唱《共筑中国梦》参加"拥抱绿色，讴歌和平"国家林业局庆祝抗战胜利70周年歌咏比赛，荣获大赛一等奖、优秀组织奖。设计院全体院领导、部分中层干部和青年员工总计110人参加了本次比赛。本次百人大合唱《共筑中国梦》由设计院党委总体部署，院工会、团委具体组织实施。

【设计院7个项目荣获2013～2014年全国林业优秀工程咨询成果奖】 设计院2014年完成的《全国集体林地林下经济发展规划纲要(2014～2020年)》《竹缠绕复合压力材料发展规划》和《中国纸业牡丹江生物质能源产业示范基地暨林业科技示范园项目预可行性研究报告》项目荣获咨询成果一等奖；《山西建筑工程(集团)总公司加拿大安大略省森林采伐与加工项目初步可行性研究报告》《山东省潍坊市国家森林城市建设总体规划》和《泰山森林防火总体规划(2014～2020年)》项目荣获二等奖；《潍坊滨海经济技术开发区绿化专项规划(2013～2030年)》荣获三等奖。

【成功举办第五届青年员工业务技能考核大赛】 设计院第五届青年员工业务技能考核成功举办。本届青年员工业务技能考核大赛，共有来自28个部门的99名助理工程师和51名工程师，共计150名"80后"青年员工参加了7个工作日的激烈角逐。参赛同事使用PPT、PRIZE等多媒体演示方式，宣讲了自己对过去一年工作、生活、学习的收获与感悟。工业、林业、园林、建筑、结构、水、暖、电等八大专业各有高手不断涌现。担任本届青年员工业务技能考核大赛评委的专家领导涵盖了设计院院领导、各板块专家达83人次，平均每天12名专家评委参与。本届考核活动分别邀请了国家林业局保护司、公安局、计财司、直属机关工会联合会、场圃总站、湿地办、速丰办、中国绿色时报社、中国绿化基金会、中国林业产业联合会、北京专员办等多家单位的专家评委担任外聘评委。外聘评委们对设计院的青年员工成长、成才提出了许多宝贵的意见和建议。

(林产工业规划设计院由王拓供稿)

国家林业局管理干部学院

【综　述】 2015年，国家林业局管理干部学院(以下简称学院)深入贯彻党的十八届五中全会、习近平总书记系列重要讲话精神和全国林业厅局长会议精神，主动服务林业改革发展大局，开拓创新，真抓实干，事业发展取得显著成绩，为全面加强林业干部队伍建设作出了积极贡献。

培训工作 坚持服务林业中心工作、服务机关能力建设、服务地方林业发展，紧紧围绕林业重大改革和林业重点工程实施，扎实推进干部教育培训工作，培训规模连年攀升，创历史新高。全年举办各类培训班175期，培训各级林业干部和专业技术人才15 222人，较2014年分别增长26.8%和27.15%，各类班次学员综合满意率达到95.8%。

党校教育 坚持党校姓党原则，严格按照加强局直属机关党员干部队伍建设的要求，以提高理论水平、加强党性修养、培育优良作风、提升素质能力作为切入点和着力点，精心组织实施第46、47期局党校党员领导干部进修班，共培训党员干部81人，其中司局级干部8人、处级干部73人。顺利通过中央党校中央国家机关分校ISO9000教学质量管理体系年度审核。

干部培训 围绕服务林业中心工作抓培训。及时跟进、精心组织实施国有林场和国有林区改革培训。举办国有林场场长培训和国有林场林区改革专题培训13期，累计培训1500余人。精心组织实施中组部"地方党政领导干部国有林场改革专题研究班"，54名副县长参加培训，宣传了国有林场改革政策、交流了改革经验、凝聚了改革共识。

围绕服务机关能力建设抓培训。精心举办局党校第46和47期党员领导干部进修班，局党校再次被评为"中央党校中央国家机关分校先进办学单位"。承担局机关司局举办的公务员培训、领导干部任职培训、党委书记培训、纪检监察干部培训和各个业务司局举办的系列培训班，培训人数达4700余人，增强了局机关干部队伍科学决策、依法办事和推动林业改革的能力。

围绕服务地方林业发展抓培训。与相关省（区、市）、地方林业部门和森工集团开展合作培训60余期近6000人，为推动基层林业发展提供了良好的人才支撑。深入落实援疆工作座谈会精神，举办9期援疆培训班，培训新疆林业干部614人。为甘肃省举办10期专题培训班，培训甘肃林业干部1121人。

远程教育 教育培训网在线学习平台注册人数达8.7万人，总访问量突破230万人次，日均访问量近2700人次，全年在线学习总时间达15.7万小时。乡镇林业工作站岗位人员在线学习平台广泛应用。全国林木种苗质检人员网络培训主体课程建设基本完成，学习平台开始运行。与中国林产工业协会、中国商业联合会联合开展社会培训，得到业界广泛好评。

国际培训 承担实施4期商务部援外培训项目，21个国家141名官员及代表参加培训，参训国别和人数实现新突破。与亚太社区林业培训中心签署合作备忘录并合作开展了3期培训，与亚太森林网络合作举办"亚太区域林业行业人力资源开发研讨会"。

院省合作 与局科技司、吉林森工集团、大兴安岭林业集团公司、浙江省义乌市人民政府及新疆生产建设兵团签订战略合作协议。

科研工作 按照国家林业局关于林业人才和教育培训"十三五"规划编制工作部署，配合人事司起草规划编制工作方案，制定规划编制典型调研方案。组织召开《全国林业人才"十三五"规划》和《全国林业教育培训"十三五"规划》编制研讨会，部署落实任务分工。7～8月，协助人事司组织6个调研组对全国17个省（市、区）和3个森工集团开展林业人才和干部培训工作调研，并组织撰写调研报告。

完成成人教育分会换届工作。组织召开中国林业教育学会成人教育分会第四次会员代表大会，选举产生第四届委员会及工作机构。

推进局重点教材建设。起草了干部学习培训教材建设方案，基本完成《林业改革知识读本》编写和《林业基础知识读本》《林业政策法规知识读本》大纲的编制工作。

合作办学 加强与中南林业科技大学的协调与沟通，落实年度招生计划，调整招生录取省份和专业，完成招生计划781人，新生报到564人，报到率72%。2015年毕业生536人，一次就业率达89.8%。现有在校生人数1646人，创历史新高。积极探索人才培养模式，完善人才培养方案，推进实习实训基地建设，职业技能鉴定取证率不断提升。加强教学管理和教学质量监控，教学工作井然有序，办学质量和效益稳步提高。

【2015年工作会议】 3月6日，学院召开2015年工作会议，国家林业局党组副书记、副局长张建龙作重要讲话，局机关党委常务副书记高红电、局计财司副司长杨冬、国家林业局人事司副司长郝育军出席会议。学院党委书记李向阳代表党委作学院工作报告，常务副院长张健民主持会议，副院长方怀龙、副院长梁宝君出席会议。

张建龙要求，学院要围绕中心，服务大局，切实履行干部教育培训职能。一是围绕习近平总书记系列重要讲话精神抓培训，继续深入推动讲话精神进教材、进课堂、进头脑，牢固树立中国特色社会主义生态观，切实增强推动生态林业、民生林业建设的自觉性和主动性。二是围绕深化林业改革抓培训，进一步深化广大干部对改革重要性的认识，努力营造有利于改革的良好氛围；进一步提高领导干部和业务骨干的政策水平、业务能力，确保各项改革依法依规、优质高效推进；进一步提升基层干部的宣传执行能力，激发基层干部群众对改革的理解和参与热情，为全面深化改革打下坚实的基础。三是围绕生态林业、民生林业中心工作抓培训，继续扩大培训规模，提升培训质量，教育广大干部树立尊重自然、顺应自然、保护自然的生态文明理念，增强推动林业科学发展的本领，为改善生态、改善民生做出新的更大贡献。四是围绕全面加强依法治林抓培训，进一步提高各级林业部门和领导干部运用法治思维和法治方式推动林业改革发展的能力，为建设法治机关奠定坚实基础；进一步提升林业干部的执法水平，为解决多头执法和乱执法、不执法的问题提供有力支持；进一步增强广大干部的法治观念，形成全行业知法、懂法、守法的良好氛围。他强调，面临新的形势和新的任务，学院要坚持改革创新，开拓进取，进一步创新培训理念，进一步强化基础能力，进一步营造良好风气，进一步加强班子建设，努力推动工作再上新台阶。

【张建龙出席局党校第46期党员领导干部进修班开学典礼】 4月8日，中共国家林业局党校第46期党员领导干部进修班在学院举行开学典礼，国家林业局党组副书记、副局长、直属机关党委书记、党校校长张建龙在开学典礼上提出，林业系统的党员干部一定要深刻学习领会习近平总书记全面从严治党的战略思想，切实增强使命感和责任感，争做落实全面从严治党要求的表率。

局直属机关党委常务副书记、局党校常务副校长高红电主持开学典礼，学院党委书记、局党校副校长李向阳传达中央组织部文件《关于在干部教育培训中进一步加强学员管理的规定》，局人事司司长、党校副校长谭光明代表局党校提名推荐了以局湿地保护管理中心巡视员程良为书记的由10人组成的学员临时党支部支委会，学院副院长、局党校副校长王浩出席开学典礼。42位局党校新学员参加了开学典礼。

【2015年学院党建工作会】 3月18日，院党委组织召开2015年党建工作会，总结2014年党建工作，部署2015年党建任务。会议由张健民主持，学院领导班子全体成员、党委委员、纪委委员、处级领导干部和支部委员参加学习。

会上，副书记黄桂荣代表党委作工作报告，全面总结了2014年工作，部署了2015年五项重要任务。会上，李向阳书记就扎实抓好今年的党建工作提出了具体要求。会议要求，各支部和各部门要高度重视，认真抓好会议精神的传达贯彻，及时把会议精神传达到每位教职工；要认真谋划好今年的党建工作，制定印发今年的党建工作要点以及党委理论学习中心组学习计划，确保党建工作顺利开展。

【学院新学期工作会议】 9月6日，学院召开新学期工作会议，深入贯彻落实全国林业厅局长电视电话会议精神，全面总结上学期工作，研究部署新学期工作。党委书记李向阳、常务副院长张健民、副院长方怀龙、党委副书记黄桂荣、副院长梁宝君、副院长王浩以及全院处级干部共40余人参加会议。各部门负责人总结了上学期工作，汇报了新学期工作计划。

会上，党委书记李向阳、常务副院长张健民讲话。

【陈述贤出席局党校第47期党员领导干部进修班开学典礼】 10月9日，中共国家林业局党校第47期党员领导干部进修班在局管理干部学院举行开学典礼，国家林业局党组成员、中央纪委驻局纪检组组长陈述贤在开学典礼上提出，学习贯彻落实习近平总书记重要讲话精神，坚持全面从严治党，必须依靠严明的纪律和规矩。林业系统的党员干部一定要深刻学习领会贯彻习近平总书记关于守纪律讲规矩的重要论述，自觉做守纪律讲规矩的表率。

【刘东生出席吉林森工国有林区改革专题培训班开班式并讲话】 4月7日，吉林森工国有林区改革专题培训班在学院举办。国家林业局副局长刘东生出席开班式并作重要讲话。吉林森工集团董事长、党委书记柏广新，常务副总经理李学友，国家林业局资源司副司长冯树清，学院党委书记李向阳、常务副院长张健民、副院长方怀龙出席开班式。

开班式上，国家林业局管理干部学院党委书记李向阳同柏广新董事长共同签署了长期培训合作战略协议，并接受了吉林森工集团的赠书。

【2015年院省合作工作座谈会】 11月27～28日，学院召开2015年院省合作工作座谈会，全面总结"十二五"院省干部教育培训合作在服务林业中心工作、助力地方林业发展方面取得的成绩和经验，分析干部教育培训新形势，谋划"十三五"和2016年院省合作思路及方向。与学院开展培训合作的有关司局、直属单位，省市林业厅(局)、森工集团及现场教学基地分管干部教育培训的领导或负责培训工作的同志参加会议。其中11家合作单位代表在会上作经验交流发言。

学院党委副书记、常务副院长张健民作主题报告。近年来，学院围绕林业改革大局、服务地方林业发展和人才培养，确立了开放办学的发展思路，与25家单位签订了干部教育培训合作协议，建立了8个现场教学基地，并设立了3个分院。针对地方林业建设需要和干部学习需求，学院创新培训方式，请进来、走出去，按需施教，形成了委托培训、送教上门和远程培训等多种模式，提升合作培训的针对性和实效性。针对地方培训需求，学院送教上门，为广东高州市开展了林业干部"订单式"培训，受到好评。2015年以来，以深化林业改革为主题，学院进一步加大干部培训合作，地方林业部门也更加重视干部培训，仅甘肃林业厅就委托学院举办11期培训班，涵盖国有林场改革与发展、退耕还林、天保工程、林业统计及项目管理、林业财务、智慧林业、野生动物疫源疫病监测防控技术等系列专题，1200余名甘肃林业干部通过深入的政策学习和知识更新，有效提升了推动改革发展的工作能力。

在院省合作培训的带动下，学院"十二五"期间累计举办培训班650期，培训轮训各级各类林业干部和技术骨干5.6余万人次，通过认证并建立了培训服务ISO9000质量管理体系，培训总体满意率达到90%以上，实现了大规模培训林业干部、大幅度提高干部素质的目标，为服务林业现代化建设和生态文明建设提供了有力支撑。

【与局科技司签署科技人才教育培训合作协议】 6月8日，学院与局科技司签署林业科技人才教育培训战略合作协议。局党组成员、科技司司长彭有冬出席协议签署仪式并讲话。学院党委书记李向阳汇报学院近年工作开展情况，科技司副司长杜纪山和干部学院常务副院长张健民代表双方签署协议。学院领导班子其他成员及双方相关处室负责人参加签署仪式。

彭有冬对学院近年来改革发展取得的成绩给予充分肯定。他强调，战略合作协议的签署，为双方搭建了合作交流的重要平台，双方要进一步加强沟通，在协议框架的基础上，不断拓展和丰富合作内容，努力增强合作实效。要借助双方资源优势，积极开展林业科技人才培训，面向人力资源社会保障部和国家科技部共同申报林业科技人才高级研修项目。要充分发挥好学院的科研咨询职能，在条件允许的情况下，积极参与林业科技“十三五”规划及相关专项规划编制工作。要围绕林业重大方针、政策和林业重点工作，策划申报林业软科学研究项目。要通过选派优秀年轻干部挂职锻炼的方式，加强青年干部人才交流和培养。

李向阳就双方今后在科技人才培训、林业人才队伍能力建设、科技人员远程培训、申报高级研修项目等方面开展合作，提出了初步设想。

【与大兴安岭地委、大兴安岭林业集团公司签订干部教育培训战略合作协议】 8月5日，学院与中共大兴安岭地委、大兴安岭林业集团公司签署干部教育培训战略合作协议，并就干部教育培训需求等工作进行座谈。学院党委书记李向阳、副院长方怀龙，大兴安岭地委委员、行署副专员赵明出席签约仪式，大兴安岭地委委员、组织部部长富立波主持仪式和座谈。赵明和方怀龙代表双方签订了干部教育培训战略合作协议。

根据协议，学院将为大兴安岭地区干部队伍素质和能力建设宏观决策提供咨询服务，协助研究制定有关培训规划、岗位能力标准和培训方案，开发培训大纲、培训课程，建立人力资源库、培训教材库、实训基地库和专家库；为大兴安岭地区干部培训提供教材、师资、信息等方面的支持；面向大兴安岭地区林业管理人员和专业技术人员，开发网络培训教材，开展远程学习。同时，双方还将在争取国内外培训、研修方面加强合作。

【与浙江省义乌市人民政府签署共同推进林业电子商务发展与培训战略合作协议】 11月1日，学院与浙江省义乌市人民政府签署共同推进林业电子商务发展与培训战略合作协议。学院常务副院长张健民，浙江省义乌市委常委、副市长周丽水代表双方签署协议，国家林业局计财司副司长孙建、浙江省林业厅总工程师蓝晓光出席签署仪式。

此次合作协议的签署，旨在通过合作，充分发挥优势，共同致力于开展“互联网+”与林业电子商务发展方面的创新合作、学术研究、论坛策划和创意设计，加快新一代信息技术与林业的深度融合，形成“融合传统、培育新兴、走向国际”的新型林业电子商务发展之路。

根据协议，双方将共同制定林业电子商务发展与培训规划，开展各类林业电子商务专题培训、林业企业培训；发挥义乌“中国网店第一村”等现场教学基地的示范作用，为林业行业电子商务企业发展的典型案例和电子商务提供技术支持；立足浙江省内，面向全国引领全国林业电子商务模式发展。

【与新疆生产建设兵团林业局、青海省林业厅签署培训合作协议】 3月15日，学院与新疆生产建设兵团林业局签署干部教育培训合作协议，学院常务副院长张健民与新疆生产建设兵团林业局党组书记、局长孔军签署协议。

9月14日，学院与青海省林业厅签署干部教育培训合作协议，学院常务副院长张健民与青海省林业厅厅长党晓勇代表双方签署协议。

（国家林业局管理干部学院由赵同军供稿）

国际竹藤中心

【科学研究】 2015年，国际竹藤中心紧密围绕林业改革发展大局，以深化科技体制改革为契机，以改善生态和改善民生作为科研工作的出发点、着力点和落脚点，不断提高竹藤自主创新能力，在竹藤关键领域技术方面取得了较大突破。承担的“十二五”国家科技支撑计划“竹藤种质资源创新利用研究”和林业公益性行业重大专项“毛竹核心种质重测序及竹壁发育调控基因研究”等项目先后启动实施；“竹藤资源培育与高附加值加工利用技术研究”“竹子等林源植物精油生物调控及其利用研究”等一批重大科研项目进展顺利，取得阶段性成果；“功能性竹(藤)基新材料制造技术研究”“大跨度竹质工程构件制造关键技术研究与示范”等项目通过验收。竹藤科技管理工作不断加强，换届成立了“第三届学术委员会”和“第二届科学顾问委员会”，积极开展专家咨询工作，为竹藤科技创新提供有力的技术指导。参编林业“十三五”科技规划、重大专项指南、重点研发计划、创新工程方案等。“十三五”竹藤科研需求申报取得良好进展，竹子高效培育与加工利用作为独立专项纳入林木高效培育和加工利用项目，竹子和牡丹进入国家转基因重大研究计划的申请和论证阶段。截至2015年12月，共承担实施了国家级科研项目215项，其中在研项目60项，结题项目155项。全年共获批科研项目18项，通过中期评估2项，完成结题验收9项；在国内外科技期刊上发表科技论文171篇，其中核心论文119篇，SCI收录52篇，EI收录1篇；主编、参编专著9部；鉴定(认定)科技成果6项；申请专利21项，授权专利10项；获得梁希科学技术奖二等奖2项、三等奖1项，茅以升木材科学技术奖2项，会议优秀论文奖和优秀学术报告5项。

“中国森林资源核算与绿色经济评价研究”项目 研究取得重要进展，出版了《生态文明制度构建中的中国森林资源核算研究》。接轨国际最前沿环境经济核算体系，配合中国森林资源调查统计实际，创新构建了中国森林资源核算的理论框架和基本方法。核算结果表明，第八次全国森林资源清查期间，中国森林生态系统每年提供的主要生态服务价值达12.68万亿元，全国林地林木资产总价值为21.29万亿元。该成果为推进林业现代化、完善中国国民经济核算体系、编制自然资源资产负债表和建设生态文明社会具有重要理论价值和实践意义。

“竹藤资源培育与高附加值加工利用技术研究”项目 进展顺利，通过中期评估。项目开发建立了连续胶合竹层板制造、竹材化机浆、农药制剂质量的 HPLC 检测方法，基于毛竹林养分吸收及累积规律的养分精准管理、利用国产 HJ-1(环境星)影像开展毛竹林专题信息识别、具转基因潜力的高繁殖系数的小佛肚竹愈伤组织再生体系等多项技术，取得重要突破。项目出版专著 1 部，发表核心期刊论文 149 篇(其中 SCI、EI 收录 39 篇)，申请专利 49 项，授权专利 26 项，研制标准 4 项；鉴定成果 1 项，完成新装置 2 项，新工艺 2 项；筛选新菌株 2 株，新品种筛选 2 个；培养研究生 44 名，其中博士 14 名，培养博士后 3 名，培训技术人员 70 人；建立中试生产线 5 条、生产线 1 条、试验示范基地 17 个，获得省部级奖励 2 项，取得了良好的经济和社会效益。

"功能性竹(藤)基新材料制造技术研究"项目 5 月 22 日，国际竹藤中心承担的"十二五"国家科技支撑计划项目"功能性竹(藤)基新材料制造技术研究"通过科技部验收。竹藤中心常务副主任费本华代表项目组对研究任务完成情况、取得的成果及经费使用等情况作了汇报。经过 2 年的攻关研究和产学研合作，项目研发制备出了高耐候竹纤维增强高分子复合材料等竹基材料产品 8 种；完成高韧性竹木复合材料、弯扭曲面的船壳、骨架、甲板构件的设计、制造与评价研究；开发出棕榈藤材树脂型增强改性液配方 1 种和甲基丙烯酸甲酯浸渍处理藤材工艺 1 种；建成胶合竹层板、耐候防霉型竹塑复合材料和竹材固体颗粒燃料中试生产线 3 条；发表科技论文 45 篇(其中 SCI、EI 收录 27 篇)，申请专利 21 项，起草相关技术标准 5 项，培养技术骨干和研究生 17 人。

"大跨度竹质工程构件关键技术研究与示范"项目 7 月 3 日，国家林业局科技司组织召开林业公益性行业科研重大专项项目"大跨度竹质工程构件制造关键技术研究与示范"验收会，国家林业局科技司和竹藤中心等项目承担单位和协作单位负责人、项目主要参加人员参加会议。项目经过 3 年的研究与技术攻关，研发了连续长度竹束单板层积材及其大跨度构件制造技术、结构用竹篾帘层积长材制备技术、胶合竹层板及其微弯曲拱梁构件制造关键技术等 9 种新技术、新工艺；开发了连续长度竹束单板层积材、大跨度竹木复合双拼梁构件等 9 种新构件；在福建、安徽、上海、北京等地建成大跨度竹质工程材料及构件加工中试生产线 5 条，在重庆石柱县六塘乡建设跨度为 12 米的胶合竹示范桥 1 座，在山东青岛施工建设面积为 465 平方米的竹质示范房屋 1 栋；形成竹质桥梁设计、施工技术与安全健康性能评价技术研究报告等 3 份。经验收委员会评定审议，项目完成了任务书规定的研究任务和考核指标，一致同意通过验收。

"竹子等林源植物精油生物调控及其利用研究"项目 完成 7 个竹种、4 个桂花品种等多种植物样品的精油制备，分析了其香气成分的物质组成及含量；系统分析和研究了毛竹萜类合成酶，阐明了毛竹体内金合欢醇和橙花叔醇的代谢途径和合成机制；研究、比较了紫藤植物不同部位精油的抑菌活性；优化并确定了互叶百千层精油水乳剂配方，测定了互叶白千层精油对多种农业病原菌和储粮害虫的生物活性研究；完成了不同品种桂花转录组分析，利用 RNA-seq 技术解析并明确了芳樟醇和紫罗兰酮合成途径中的 4 种关键酶；阐明了不同品种桂花精油成分差异的分子机制；完成了类胡萝卜素裂解双加氧酶基因 CCD4 的克隆与表达，建立了桂花精油关键合成酶基因表达调控手段；研究了桂花香气物质高效释放专用酶制备技术及其在桂花精油提取中的应用技术；正在建设 10 公顷桂花栽培示范基地；通过转录组学和深测序技术，对高精油含量桉树品种叶片中的单萜合成酶和倍半萜合成酶进行分类和汇总，合成萜烯类产品相关的代谢基因 11 个，明确了桉树叶片单萜合成酶、倍半萜合成酶的分子特征及其功能；以解脂耶氏酵母(Yarrowia Liplytica)为平台，利用代谢工程手段，构建了 2 种倍半萜合成基因—红没药醇和大牛儿烯 D 的基因代谢平台。项目共发表论文 9 篇，申请专利 3 项。

"竹藤种质资源创新利用研究"项目 12 月 16 日，"十二五"国家科技支撑计划"竹藤种质资源创新利用研究"项目启动会在国际竹藤中心召开。项目各课题负责人分别汇报了任务实施方案与工作计划，咨询专家对各课题集中点评，形成咨询意见，并安排了财务管理培训。国际竹藤中心主任江泽慧教授在讲话中对项目的实施提出了 6 点具体要求：一是积极主动适应科技发展的需求；二是按照项目和经费管理规定，科学、严谨地完成项目任务；三是根据专家们提出的意见，进一步完善研究方案，按时保质完成各项研究任务；四是踏实工作，集中攻关，力争产出具有重要影响力的科研成果；五是加强研究队伍建设和高层次中青年人才的培养。六是齐心协力，各尽其责，圆满完成各项研究任务。

"竹缠绕复合压力管的产业化加工技术"项目 依据国际竹藤中心与浙江鑫宙竹基复合材料科技有限公司联合申请并完成的科技鉴定成果"竹缠绕复合压力管"，并形成该成果的专利"竹纤维缠绕复合管"。该技术充分发挥中国竹资源优势与材性特点，结合二维往复缠绕工艺，开发轻质、高强、耐久的竹缠绕复合压力管，替代水泥、塑料和玻璃钢管，实现跨行业、跨领域的应用。做到适应中国经济发展政策要求，满足节约低碳型社会建设的需要；发挥中国特色资源优势，满足竹产业快速发展的需要；提升竹材利用的科技含量，满足加工高值化产品的需要；扩大竹材应用领域，满足管道运输和水利工程等领域的需要。同时节约了木材，降低了产品加工能耗，保护了环境，将产生显著的社会和生态效益。

农业科技成果转化资金项目通过验收 10 月 26 日，国家林业局科技司组织召开农业科技成果转化资金项目验收会。国际竹藤中心承担的"基于营养诊断的丛生竹营养管理优化示范"和"毛竹碳储林关键经营技术"2 个项目通过验收。"基于营养诊断的丛生竹营养管理优化示范"项目，开展了慈竹营养诊断、结构调控和营养管理技术的熟化和推广示范工作，在四川省长宁县建立示范林 33.4 公顷，技术辐射 200 公顷，竹林生产力提高 29%。"毛竹碳储林关键经营技术"项目，对低产低效毛竹林和风景竹林的合理密度、土壤管理措施及采伐制度进行了熟化研究，并进行了示范推广，在安徽省黄山市黄山区建立示范林 35 公顷，江西井冈山建立示范林 34.07 公顷，辐射面积 666.67 公顷，碳储量增加 49.7%。2 个项目在熟化推广过程中，举办了 6 期技术培训班，培训技术人员和林农 324 人次，编制了相应的技术宣传材料。

【学术会议】

第二届中国竹藤资源利用学术研讨会 4月12～13日，第二届中国竹藤资源利用学术研讨会在湖北省咸宁市召开。会议由中国林学会竹藤资源利用分会主办，国际竹藤组织、国际竹藤中心、湖北省林业厅协办，湖北省林科院、咸宁市林业局承办，主题为“科技创新驱动竹产业技术升级”。竹藤中心常务副主任费本华主持开幕式，国家林业局党组成员、科技司司长彭有冬，中国林学会副理事长、秘书长陈幸良，湖北省林业厅副厅长董祚华，中共咸宁市委副书记陈树林出席并讲话。研讨会特邀中国工程院院士张齐生、国家林业局科技司副司长、科技发展中心主任胡章翠和费本华常务副主任分别作专题报告。20位专家围绕竹种业、竹叶次生代谢、重组竹、竹材防腐、竹纤维、竹装饰、竹建筑、竹格填料和竹缠绕复合管道等专题进行了学术交流和讨论。会议期间，召开了中国林学会竹藤资源利用分会一届三次常务理事会，听取了分会2013～2014年度工作报告和2015年工作计划，审议了分会新增会员名单和专家委员会名单，组织评选了会议论文。

国际竹子研讨会 应马来西亚种植业和商品部木材工业委员会的邀请，5月18～21日，国际竹藤中心委派以王戈研究员为组长的专家组赴马来西亚吉隆坡参加了国际竹子研讨会。来自中国、印度、印度尼西亚和马来西亚的11名专家围绕竹子培育、经营管理、加工技术、产业现状和国际贸易等专题作了报告。竹藤中心参会人员分别作报告，并与参会代表和专家进行了交流与讨论，让更多人了解了中国竹材培育和加工现状，为进一步开展合作奠定了基础。会议期间，王戈研究员会同国际竹藤组织副总干事李智勇，赴马来西亚自然资源与环境部和国家标准委员会就竹藤资源开发及利用、中国成立国际标准化组织竹藤技术委员会等事宜进行沟通交流。

竹业创新发展与“一带一路”建设高层学术研讨会 10月17～18日，由中国林学会、中国林科院和国际竹藤中心主办，国家林业局竹子研究开发中心和中国林学会竹藤资源利用分会承办的竹业创新发展与“一带一路”建设高层学术研讨会在浙江杭州召开。研讨会主题为发挥中国竹业优势，促进“一带一路”建设。来自国内竹材资源培育和加工利用领域的160多名代表参加了会议。竹藤中心党委书记刘世荣研究员出席开幕式并作特邀报告，系统阐述了中国的竹资源与技术优势以及中国竹业如何在“一带一路”国家发展战略中发挥支撑作用。竹藤中心多名科研人员参加研讨会并作专题报告。

【研究生教育】 研究生教育工作扎实推进。不断加强完善学科建设、课程建设、学术科研实践、管理制度和学习、生活条件。完成“林业工程”一级重点学科申报，积极做好学位授予权单位、学位授权点和增加招生指标的申请工作并取得进展；认真做好毕业生教育管理、就业指导和毕业论文答辩工作。全年共招收博、硕士研究生20名，在读研究生73名。积极申报“全国林科十佳毕业研究生”“茅以升木材科技教育奖学金”、北京市优秀毕业生等，均获得较好成绩。

【机构和人才队伍建设】 内部机构设置得到优化调整，获批内设机构16个，各研究机构由研究中心调整为研究所，增设了研究生部、园林花卉与景观研究所。认真落实局党组决定，完成了中国花卉协会10名工作人员调入的相关工作。根据事业发展和学科团队建设的需要，研究提出岗位设置和兼职岗位配置方案，并开展了专业技术二三级岗位评聘工作。加强人才培养，举办了2014/2015年新录用人员培训班，选派8名青年科研人员挂职锻炼和外派学习，积极组织干部职工参加各类政策、业务知识培训。认真做好毕业生、博士后接收和人员聘用工作，加强博士后科研工作站的规范运行和在站博士后管理。积极开展人才推荐选拔工作，1人获得政府特殊津贴，1人入选百千万人才工程省部级人选。

内设处室和机构调整 为进一步满足学科建设和工作领域拓展的需要，完善科研团队，明确机构职能，健全内部运行机制，经向国家林业局申请，2月4日，国家林业局批复竹藤中心内设机构调整如下：科技教育处更名为科技处，培训中心更名为培训处；绿色经济研究中心更名为绿色经济研究所，竹藤资源与环境研究中心更名为竹藤资源与环境研究所，竹藤生物质新材料研究中心更名为竹藤生物质新材料研究所，竹藤资源化学利用研究中心更名为竹藤资源化学利用研究所，基因科学与基因产业化研究中心更名为竹藤资源基因科学研究所，热带森林植物种质资源实验中心更名为热带森林植物研究所；同意成立园林花卉与景观研究所和研究生部。

干部试用期满考核工作会议 根据国家林业局人事司的工作安排，7月15日，国际竹藤中心召开刘世荣、李晓华试用期满考核工作会议。竹藤中心主任江泽慧出席会议并讲话，局人事司副司长郝育军出席会议并提出考核工作要求，竹藤中心常务副主任费本华主持会议。竹藤中心党委书记刘世荣、副书记李晓华分别从政治理论学习、业务工作开展、存在不足及今后努力方向等方面对任职试用期一年来的情况作了述职报告。江泽慧主任对刘世荣、李晓华同志一年来在各自分管工作领域内的工作给予肯定，并针对两人在述职报告中提到的不足提出了希望。按照要求，局人事司在会上进行了民主测评。

【国际合作交流】 积极开展国际科技合作与交流。全年派出5个科研团组近20人次赴欧美、巴西等国开展学术交流和参加国际学术会议，2人赴瑞典和美国开展为期3～6个月的短期访问合作研究。邀请美国北德克萨斯大学、西弗吉尼亚大学、加拿大多伦多大学、德国弗莱堡大学等多名专家学者来华开展学术交流。接待联合国森林论坛秘书长、国际标准化组织（ISO）秘书长、肯尼亚议会等国际和政府机构官员来访。参加了第十四届世界林业大会、第五届绿色复合材料国际研讨会、国际竹子研讨会、世界竹子大会、国际林联执委会会议、首届世界生态系统治理论坛等多次国际学术会议。

德国弗莱堡大学代表团来访进行学术交流 3月18日，德国弗莱堡大学亨瑞奇·斯派克、左克·雅格教授应邀到国际竹藤中心进行学术交流。竹藤中心常务副主任费本华会见了来访的德国专家，并就双方未来合作领域和方式交换了意见。亨瑞奇·斯派克和左克·雅格教授分别作学术报告，系统阐述了德国弗莱堡大学的科学研究、人才培养情况和德国木质颗粒燃料的开发与应用以及利用中国林业剩余物开发可再生能源的研究结果和市场潜力。竹藤中心的科研人员向德国专家介绍了中心的情况以及有关竹材生物质颗粒燃料的研究进展。双方就人才培养、竹木绿色能源材料的研究与开发等进行了交流探讨。

第五届绿色复合材料国际研讨会 4月16～17日，国际竹藤中心组团参加了在上海东华大学举行的第五届绿色复合材料国际研讨会。竹藤中心王戈研究员在会上作了"竹纤维及复合材料的研究与开发"专题报告。会议期间，竹藤中心科研人员与国内外专家学者就竹纤维的加工、新型竹纤维增强复合材料研发、特异化竹纤维复合材料高值利用等专业问题进行了探讨和交流。

美国北德克萨斯大学史强教授来访商谈科研合作 4月17日，美国北德克萨斯大学史强教授受学校委托到访国际竹藤中心，在2014年双方签署的科研合作备忘录的基础上，洽谈下一步合作事宜。竹藤中心常务副主任费本华会见史强教授，并就双方学生互访、联合培养研究生、科研项目合作、成立联合中心等问题交换了意见，为下一步科研合作奠定了基础。会上还商定了北德克萨斯大学的崔泰(Tae Choi)教授及部分学生来竹藤中心开展学术访问交流的相关事宜。

江泽慧主任会见联合国森林论坛秘书长索博拉 6月16日，国际竹藤中心主任江泽慧会见来访的联合国森林论坛秘书长索博拉。会谈中，江泽慧主任回顾了索博拉先生担任国际热带木材组织(ITTO)执行主任期间对竹藤中心的访问，对索博拉先生的再度来访表示欢迎。竹藤中心常务副主任费本华介绍了中心的基本情况和科研工作进展。索博拉高度赞赏了竹藤中心和国际竹藤组织对世界竹藤事业的贡献，表示希望联合国森林论坛能与竹藤中心、国际竹藤组织开展深入的合作。国家林业局对外合作项目中心常务副主任吴志民、副主任胡元辉参加会谈。

江泽慧主任会见国际木材解剖学家协会皮特·巴斯教授 11月3日，国际竹藤中心主任、国际木材科学院院士江泽慧教授会见应邀来访的国际木材解剖学家协会(IAWA)前理事长、IAWA期刊主编皮特·巴斯(Pieter Baas)教授。江泽慧主任对巴斯教授在木材解剖领域所作出的杰出贡献表示赞赏，并回顾了自己率中国林业代表团访问荷兰莱顿大学和国家生物多样性中心的经历，对巴斯教授长期以来积极推进双方科研合作及人才培养表示感谢，期待双方在竹藤材解剖、植物分类等领域及人才培养等方面继续紧密合作。巴斯教授表示对竹藤中心开展的竹子科学研究及条件平台印象深刻，将进一步促进双方在竹藤材解剖及分类方面的合作。竹藤中心常务副主任费本华、国际竹藤组织副总干事李智勇参加了会见。访问期间，巴斯教授作了学术报告，详细介绍了国际木材解剖学的发展历史、木材解剖要点、鉴定方法及木材解剖的未来发展方向。竹藤中心党委书记刘世荣研究员出席，相关科研人员及研究生参加。

江泽慧主任会见美国林产品研究院蔡智勇博士 10月12日，国际竹藤中心主任江泽慧会见来访的美国林产品研究院工程复合材料研究室主任、高级研究员蔡智勇博士。江泽慧主任回顾了2010年以来竹藤中心与美国林产品研究院开展的合作，对蔡智勇博士长期以来对竹藤中心科学研究及人才培养的支持表示感谢，并为蔡智勇博士颁发了国际竹藤中心第二届顾问委员会委员、客座研究员及海外创新团队成员的聘书。访问期间，蔡智勇博士作了专题报告，详细介绍了近些年美国农业部林产品研究院在纳米纤维材料、纳米碳材料等方面的研究进展，并与竹藤中心科研人员进行了交流讨论。来访前，蔡智勇博士考察了位于安徽太平试验中心的竹子种质资源保存库、国家竹藤工程技术研究中心、竹木绿色示范房屋等，并对竹子作为绿色可持续现代建筑材料、能源材料研究提出了建设性意见。

国际竹藤中心与美国北德克萨斯大学联合举行学术研讨会 10月20日，国际竹藤中心与美国北德克萨斯大学联合举行学术研讨会。竹藤中心党委副书记李晓华讲话并为北德克萨斯大学史强博士颁发了竹藤中心第二届顾问委员会委员、客座研究员及海外创新团队成员聘书。美国北德克萨斯大学、同济大学和竹藤中心相关科研人员及研究生30余人参加研讨会。研讨会上，北德克萨斯大学史强博士、陶永心教授，同济大学谭红卫教授，竹藤中心王戈、孙正军研究员、李志强副研究员分别作学术报告。

肯尼亚国民议会议员代表团来访 9月10日，肯尼亚国民议会议员代表团一行7人访问国际竹藤中心。竹藤中心党委副书记李晓华、有关处室负责人及专家与代表团一行进行了座谈。座谈中，李晓华副书记对肯尼亚政府和国民议会通过发展竹产业减少木材消耗的意愿和努力表示赞赏，表示竹藤中心愿意在专家咨询、人才培训、国际项目联合申请和实施等方面与肯方对口机构加强合作，共同促进非洲竹子资源的开发利用。竹藤中心介绍了中国竹产业发展现状，国际竹藤组织介绍了在非洲实施项目的情况。肯方代表团团长阿米娜议员介绍了肯尼亚的竹资源状况，表示肯尼亚国民议会和政府非常重视竹资源的开发利用，中国作为全球竹产业发展的领先国家，在竹资源培育和加工方面的经验对肯尼亚发展竹产业有重要的借鉴作用。肯尼亚国民议会议员代表团此次是受国家林业局邀请到中国考察竹产业。9月7～9日，竹藤中心安排代表团一行赴浙江安吉对竹产业发展进行了实地考察。

【服务国际竹藤组织】 积极服务国际竹藤组织，与国际竹藤组织签署了新一期合作协议，联合主办了"东南亚地区藤资源可持续经营与利用国际研讨会"和生态文明贵阳国际论坛"推动竹藤在生态恢复和人道救助中的南南合作"分会。支持组建成立国际竹藤组织海南三亚竹藤科技培训基地。成功举办3期主要面向国际竹藤组织成员国的援外培训班，为国际竹藤组织成员国培养科技人才。协助举行利比里亚加入国际竹藤组织仪式。做好商品共同基金"竹人造板预制房"项目结题验收工作，实施"加强秘鲁竹资源可持续经营能力建设以减少天然林木材消耗"和"国际竹藤组织成员国竹藤可持续发展能力建设援助发展”项目。出访巴西和秘鲁，推进巴西加入国际竹藤组织和秘鲁合作项目的顺利实施。

国际竹藤组织竹子中小企业发展研修班 4月8～23日，由国际竹藤中心承办、国际竹藤组织协办的“国际竹藤组织竹子中小企业发展研修班”在北京举办。此次研修班是国家林业局资助的“国际竹藤组织成员国竹藤可持续发展能力建设援助发展项目”系列活动之一。国家林业局对外合作项目中心常务副主任吴志民，竹藤中心常务副主任费本华，国际竹藤组织总干事费翰思、副总干事李智勇出席开班式。来自马来西亚、阿根廷、牙买加等亚洲、拉丁美洲和加勒比地区13个国家的18名学员参加研修班。研修班围绕竹子中小企业发展问题，为学员提供了15天的培训和交流，以理论讲座和实地考察相结合的形式进行授课，结合中国中小企业政策扶持和案例剖析与学员进行交流，并安排学员赴四川青神、长宁考察中小竹企业，交流发展经验。

东南亚地区藤资源可持续经营与利用国际研讨会

5月31日～6月2日，东南亚地区藤资源可持续经营与利用国际研讨会在海南海口召开。会议由国际竹藤组织主办，国家林业局造林司、国际竹藤中心、亚洲开发银行和印度尼西亚藤创新中心协办，中国林学会竹藤资源利用分会承办。来自中国、印度尼西亚、马来西亚、越南、老挝等国家相关科研院所、企事业单位的120多名代表参加会议。国家林业局造林司副司长王剑波、竹藤中心党委书记刘世荣、国际竹藤组织总干事费翰思等出席开幕式并讲话，国际竹藤组织副总干事李智勇主持开幕式。研讨会上，专家分别就全球藤资源评估、藤产业面临的机遇和挑战、可持续经营标准的实施、产业链现状分析、技术创新和应用前景、藤产业政策、技术和贸易等主题进行了交流和讨论。刘世荣担任“全球藤产业机遇、挑战和前景”会场主持人。研讨会形成了对进一步补充和完善东南亚国家棕榈藤产业扶贫及可持续发展行动纲领，加强棕榈藤资源生产国之间的战略伙伴关系具有积极推动作用的共识和意见。

利比里亚加入国际竹藤组织升旗仪式 7月6日，利比里亚共和国加入国际竹藤组织升旗仪式在国际竹藤组织总部举行。利比里亚成为国际竹藤组织第41个成员国。全国政协人口资源环境委员会副主任、国际竹藤组织董事会联合主席、国际竹藤中心主任江泽慧，国家林业局副局长刘东生，利比里亚驻华大使杜德里·托马斯，国际竹藤组织董事会主席马哈拉蒂·穆托，国际竹藤组织总干事费翰思出席升旗仪式。江泽慧在致辞中表示，利比里亚是国际竹藤组织在非洲的第18个成员国，利比里亚的正式加入，将为国际竹藤组织在非洲乃至全球推进竹藤产业健康持续发展注入新的活力。希望国际竹藤组织各成员国之间加强合作交流，充分利用好国际竹藤组织这个“南南合作”平台，积极促进本国竹藤产业的创新发展。刘东生说，国家林业局作为国际竹藤组织在东道国的窗口单位，今后将继续与各成员国一道，加强交流，深化合作，共享竹子培育、加工和利用方面的经验与技术，共同为推动成员国生态环境保护、生计改善和促进竹藤产品贸易作出积极贡献。杜德里·托马斯表示利比里亚将充分利用本国竹藤资源，大力提高竹藤生产力，并愿加强与国际竹藤组织其他成员国的交流与合作，促进本国竹藤产业发展。

国际竹藤中心与国际竹藤组织签署新一期合作协议

7月6日，国际竹藤中心与国际竹藤组织签署了双方新一期合作协议。国际竹藤组织董事会联合主席、竹藤中心主任江泽慧和国际竹藤组织董事会主席马哈拉蒂·穆托出席签字仪式，并在现场与国际竹藤组织在海外的各位董事通过视频会议，共同见证了签字仪式。竹藤中心常务副主任费本华和国际竹藤组织总干事费翰思分别代表双方签署合作协议。费翰思总干事说，竹藤中心与国际竹藤组织始终是最紧密的合作伙伴。协议的签署，进一步明确了双方的责任，制定了今后的合作计划，期待竹藤中心与国际竹藤组织成员国之间进一步加强合作，取得丰硕合作成果。费本华说，自2005年竹藤中心与国际竹藤组织签署长期合作伙伴关系协议以来，双方在科研、援外培训、国际交流等方面开展了一系列卓有成效的合作。今后，双方将进一步紧密合作，共同推进国际竹藤事业健康可持续发展。

2015年非洲国家竹资源可持续经营与利用研修班

10月9～29日，由国际竹藤中心承办、国际竹藤组织协办的“2015年非洲国家竹资源可持续经营与利用研修班”在北京等地举办。来自5个非洲国家的21名学员就竹资源可持续经营与利用专题开展了为期21天的培训和交流。培训班将交流、研讨和实际考察相结合，安排学员赴浙江省安吉县和安徽省黄山太平参观考察了毛竹丰产林基地、高新竹制品企业、现代竹木复合材料绿色房屋、竹种质资源基地等。国际竹藤组织董事会联合主席、竹藤中心主任江泽慧，国家林业局对外合作项目中心常务副主任吴志民，商务部研修学院处长徐凯，国际竹藤组织总干事费翰思博士出席研修班结业式，竹藤中心党委书记刘世荣主持结业式。江泽慧在讲话中回顾了竹藤中心从2005年以来连续举办25期发展中国家竹藤研修班，为支持和配合国际竹藤组织实现其使命和宗旨，更好地履行中国政府承诺的《国际竹藤组织东道国协定》，为世界竹资源可持续经营和利用，推动中国乃至世界竹藤产业可持续发展，扩大和深化南南合作所发挥的重要作用。

【技术培训】 紧密围绕建设生态文明、发展民生林业，立足精准扶贫和兴林富民，继续深入开展面向林业基层和林农的科技培训。全年共为广西、贵州、湖北、江西、云南、四川等省（区）举办林业扶贫技术和竹编技术培训班10期，培训林业基层学员、林农和贫困妇女学员670余人，编纂教材6本，为促进地方林业和竹产业发展，帮扶革命老区、贫困山区农民脱贫致富作出了积极贡献。

2015年林业扶贫专项培训班 5～11月，国际竹藤中心为贵州、广西、云南举办了4期林业扶贫专项培训班。来自3个省（区）的林业部门及生产第一线管理人员、技术人员、企业相关人员等379名学员参加培训。竹藤中心充分利用科研、技术优势，连续第10年为贵州、广西等地举办扶贫技术培训班。培训班结合当地的资源情况、区域特点和未来发展方向，有针对性地围绕“竹资源丰产栽培技术”“竹子和油茶病虫害防治技术”“油茶良种及繁殖技术”等多项专题展开。培训班为学员们传授了科技知识，解决了许多生产实践中的难题，增强了学员们发展当地竹产业、油茶以及蚕桑产业的信心，为促进贫困地区的林业发展和农村经济发展发挥了积极作用。

2015 年竹编艺术扶贫培训班 5～12 月，国际竹藤中心在四川青神培训基地分别为贵州、江西、四川等省举办了 5 期竹编技术培训班，200 余名老（深山老区）、少（少数民族）、边（边远地区）、残（残疾人）学员参加了培训。针对学员特点，竹藤中心制订了相应的教学培训方案，专门设置了"平面竹编艺术"和"竹编家具艺术"等专业实用技术课程，取得了良好的培训成效。

【科技产业】 国家竹藤工程技术研究中心不断完善平台建设，进一步明确发展目标，健全运行机制。广泛开展横向合作研究和技术服务，与浙江省竹企业开展竹缠绕复合压力管技术联合攻关，签订长期合作备忘录，与湖北、福建等省竹企业开展技术推广和横向服务；与四川省泸州市签署竹产业发展合作协议，牵头组织编制了泸州市竹产业发展规划并通过审定，支持地方竹产业发展，取得良好成效。

国际竹藤中心与泸州市签署竹产业发展合作协议 1 月 7 日，竹藤中心与四川省泸州市政府签署竹产业发展合作协议。双方将就有效开发利用竹资源、提升竹产业发展水平开展合作，以促进泸州市林业产业结构调整和农民增收，实现绿色增长。全国政协人口资源环境委员会副主任、国际竹藤组织董事会联合主席、竹藤中心主任江泽慧主持签约仪式。国家林业局党组成员、科技司司长彭有冬，第十一届全国政协人口资源环境委员会主任张维庆，泸州市委书记蒋辅义出席签约仪式并讲话。全国政协人口资源环境委员会办公室主任白煜章，中国竹产业协会副会长兼秘书长刘红，竹藤中心常务副主任费本华、党委书记刘世荣，国际竹藤组织副总干事李智勇，泸州市常务副市长曹俊杰、市委秘书长曾彤、副市长张文军，以及四川省林业厅、泸州市林业局相关负责人参加签约仪式。根据协议，竹藤中心与泸州市将互派专业技术人员进行挂职锻炼交流，开展针对竹产业发展的专业知识和技术培训；开展竹材和竹笋精深加工、旅游和竹产业发展规划研究；发挥双方各自优势，促进国际合作交流；合作开展中央和地方项目等。

国际竹藤中心两项工作入选"2014 年中国林业产业十件大事" 2 月，中国绿色时报评选出"2014 年中国林业产业十件大事"，竹藤中心的"竹缠绕复合压力管"技术面世和竹藤产业发展创新驱动联盟成立 2 项工作入选其列。"竹缠绕复合压力管"技术由竹藤中心和浙江鑫宙竹基复合材料科技有限公司联合研发，根据自主创新建立的竹复合压力管力学设计模型，制造出新型生物基压力管道，可广泛替代水泥管、塑料管、钢管等以石化和矿石产品为原材料的传统管道，突破了竹材传统的应用范围，提升了竹产业的附加值和含金量，为"竹管"产业化推广奠定了基础，为维护国家资源安全开辟了新渠道。"竹缠绕复合压力管"是全球首项新型生物基管道技术，也是中国第一根原创性的管道。2014 年 1 月 10 日，由竹藤中心牵头组建的竹藤产业发展创新驱动联盟在北京成立。联盟的成立，整合了行业研究与生产领域的高精尖力量，有利于强强联合，优势互补，强化企业在技术创新中的主体地位，把企业科技需求转化为科研成果，加快竹藤产业科技产业化进程，让科研成果最大程度"落地开花"。

《云南省竹产业发展规划（2014～2020）》正式组织实施 6 月 9 日，由国际竹藤中心与云南省林业调查规划院共同编制的《云南省竹产业发展规划（2014～2020）》经云南省人民政府同意，由云南省林业厅正式组织实施。《规划》通过对云南省竹产业发展现状分析、竹产业发展面临的形势与需求预测，拟定了竹产业发展思路和总体布局，并以竹资源培育、竹产品加工、竹文化建设与竹生态旅游、天然竹类保护及种质资源保存、竹产品流通体系、竹产业社会化服务体系、科技支撑等为重点进行了针对性的规划，同时进行了投资测算与效益分析，提出了相应的保障措施。

《泸州市竹产业发展规划（2015～2025 年）》通过专家审定 10 月 12 日，由国际竹藤中心牵头组织，与国家林业局调查规划院共同编制的《泸州市竹产业发展规划（2015～2025 年）》及《泸州市纳溪区竹加工园区规划》《泸州市纳溪区大旺竹海休闲旅游区规划》《泸州市竹种园规划》和《竹产业培训基地建设规划》等 4 个专题发展规划的专家审定会在竹藤中心举行。全国政协人口资源环境委员会副主任、国际木材科学院院士、国家林业局科技委常务副主任、竹藤中心主任江泽慧，国家林业局副局长彭有冬，四川省林业厅副厅长包建华，中共泸州市委常委、市委农工委主任李晓宇，泸州市人民政府副市长张文军等出席。国家林业局科技司司长胡章翠主持审定会。江泽慧教授作为专家组组长，代表专家组形成了《规划审定意见》，认为《规划》提出的竹产业发展总体思路清晰，重点突出，论证分析科学，可操作性强，对泸州市竹产业发展具有重要的指导意义和推动作用，一致通过《规划》审定。

【竹藤标准化】 竹藤标准国际化取得突破。由国际竹藤中心申办的国际标准化组织（ISO）竹藤技术委员会正式获批成立，秘书处设在竹藤中心。它的成立有利于中国引领竹藤国际标准化工作，对于实施中国竹藤产业及其产品"走出去"战略，促进对外贸易和林农就业增收，为亚非拉竹藤资源国家搭建"南南合作"平台，推动绿色化转型发展等具有重要意义。

国际标准化组织（ISO）秘书长罗博·斯蒂尔来访 3 月 10 日，国际标准化组织（ISO）秘书长罗博·斯蒂尔访问国际竹藤中心，就成立 ISO 竹藤技术委员会事宜进行座谈交流。国家林业局副局长刘东生主持座谈会，国家标准化管理委员会副主任于欣丽、国际合作部副主任郭晨光、农业食品部副主任徐长兴，国家林业局科技司副司长胡章翠、国际司副司长王春峰，竹藤中心常务副主任费本华、党委书记刘世荣，国际竹藤组织副总干事李智勇等参加座谈。会上，费本华介绍了竹藤中心的情况，阐述了成立 ISO 竹藤技术委员会的重要意义，回顾了为成立竹藤技术委员会所做的努力以及拟成立的竹藤技术委员会工作范围和工作内容。罗博·斯蒂尔对中国申请成立 ISO 竹藤技术委员会表示欣慰，他说，推进 ISO 竹藤技术委员会成立有益于中国竹藤产业的发展，还将为竹藤资源大国带来更多贸易机会。刘东生副局长表示，中国高度重视标准化工作，成立ISO竹藤技术委员会，将有利于在全球范围内开展竹藤产业的经验交换和信息交流，推进竹藤产业在全球范围内的市场化建设。国家林业局将在最大程度上支持ISO竹藤技术委员会的成立、运作和发展。

会后，全国政协人口资源环境委员会副主任、国际竹藤组织董事会联合主席、竹藤中心主任江泽慧会见了罗博·斯蒂尔。江泽慧主任回顾了中国林业标准化建设的历程，介绍了中国近几年的竹藤进出口贸易情况，并表示希望在国际标准化组织的支持下，更好地推进竹藤标准化建设。罗博·斯蒂尔表示，中国在推进标准化建设方面做了大量工作，向ISO申请成立竹藤技术委员会具有很强的可行性。双方还就林木、竹藤资源共享与引种交换、申请成立技术委员会的流程要求等交换了意见。

国际标准化组织(ISO)成立竹藤技术委员会 5月28日，国际标准化组织(ISO)技术管理局通过决议批准中方提议，正式成立竹藤技术委员会，秘书处设在中国。由中国主导竹藤国际标准化工作，对于推动中国竹藤产业和产品“走出去”战略，促进对外贸易和林农就业增收，为亚非拉竹藤资源国家搭建“南南合作”平台，推动绿色化转型发展等具有重要意义。中国向ISO成功申请成立竹藤技术委员会，大大增强了中国在竹藤国际标准体系制定中的话语权和主导权，将为加快产业发展，改善环境和民生，促进“一带一路”建设发挥重要作用。ISO竹藤技术委员会将全面履行职责，不断提升中国标准国际化水平，助推传统优势产业转型升级。同时，加强与国际竹藤组织的合作，充分发挥中国竹藤资源和技术优势，实施创新驱动发展，研究制定和推行全球统一的竹藤国际标准体系，促进各国竹藤标准的融合、发展和互通，全面推动中国乃至全球竹藤产业可持续发展。

【创新平台建设】 竹藤科学与技术重点实验室的各项管理不断规范完善。安徽太平试验中心培训用房修缮工作顺利完成，南区基础设施建设项目初步设计获批，正在进行施工图设计；优良种质资源保存、繁育和筛选工作有序进行。海南三亚热带森林植物种质资源基地一期项目建成运行，热带森林植物研究所、国际竹藤组织海南竹藤培训基地正式成立。国际竹藤组织青岛科技基地完成了地质勘测、环评和一期工程施工设计，取得了房地产权证和建设工程规划许可证，正在进行施工图审批、工程招标和二期项目筹备等工作。竹林生态定位站建设取得重要进展，申报的8个生态定位站加入国家陆地生态系统定位观测研究站网生态站名录。

国际竹藤组织海南三亚竹藤科技培训基地和国际竹藤中心热带森林植物研究所成立运行 11月6日，国际竹藤组织海南三亚竹藤科技培训基地和国际竹藤中心热带森林植物研究所在海南省三亚市成立。全国政协人口资源环境委员会副主任、国际竹藤组织董事会联合主席、国际竹藤中心主任江泽慧，国家林业局科技司司长胡章翠，三亚市委副书记、市长吴岩峻出席成立仪式并致辞。成立仪式上，江泽慧主任和与会领导、嘉宾共同为两所机构揭牌。国际竹藤组织董事会主席马哈瑞吉·穆托及董事会成员，加纳、喀麦隆、孟加拉等20多个国际竹藤组织成员国的驻华外交使节，国家林业局、海南省林业厅、三亚市政府有关部门负责人等共同见证揭牌。国际竹藤组织总干事费翰思主持成立仪式。江泽慧在致辞中说，国际竹藤组织海南三亚竹藤科技培训基地和国际竹藤中心热带森林植物研究所的成立，有利于国际竹藤组织开展热带竹藤的科学研究、国际交流、技术培训及竹藤科技人才的培养，将对中国及世界热带地区的竹藤、林木、花卉等优良森林植物种质资源的收集、培育等工作发挥重要作用，希望培训基地和研究所建成运行之后，围绕国际竹藤事业、国家战略、区域及行业发展需求，不断创新，为全球竹藤事业的可持续发展，为海南国际旅游岛建设和三亚市经济社会环境的绿色发展作出应有贡献。吴岩峻说，国际竹藤组织和国际竹藤中心在三亚设立培训基地、研究所，对促进三亚在竹藤研究、人员培训、信息交流等方面的发展，提升三亚竹藤资源培育和加工利用水平意义重大。胡章翠说，两所机构的成立对进一步加强中国、世界热带竹类、棕榈藤以及其他珍贵林木、花卉等生物资源的研究与利用，对三亚市经济社会生态协调发展和海南省实施生态立省战略都将起到积极的推动作用。

竹林生态定位研究站 5月14日，国家林业局科技司召开“竹林生态系统定位观测研究站”专家论证会，对国际竹藤中心作为建设单位联合西南林业大学、南京林业大学、中国林科院热林中心、福建省林科院、四川省林科院等单位共同申报的安徽太平、海南三亚、江苏宜兴、广东珠江口城市群、四川长宁、福建永安、广西凭祥、云南滇南等8个竹林生态站进行了论证。专家组听取了各个竹林生态站的汇报，审阅了竹林生态站的建设申请书等相关材料，经质询、讨论，专家组认为竹林生态站布局合理，建设目标和研究任务明确，建设内容具有可操作性，符合建站要求，一致同意申报站通过建站论证。

国际竹藤中心与江苏省林科院签署科技创新驱动合作协议 8月5日，国际竹藤中心与江苏省林科院在南京签署科技创新驱动合作协议，吸纳江苏省林科院加入竹藤产业发展创新驱动联盟。双方将共同致力于竹产业共性和关键技术研究，解决行业创新技术的开发和产业化问题，推动江苏省生态建设和竹产业快速发展。全国政协人口资源环境委员会副主任、竹藤中心主任江泽慧，江苏省委常委、副省长徐鸣，国家林业局副局长彭有冬，国家林业局科技发展中心主任、科技司副司长胡章翠，中国花卉协会秘书长刘红，竹藤中心常务副主任费本华，江苏省林业局局长夏春胜，国际竹藤组织副总干事李智勇等出席签字仪式并考察江苏省林科院。

【中美共建中国园项目】 2015年，中国园项目取得进展，召开中方领导小组会议、中美联合工作组会议、工程建设小组会议和中美双方电视电话会议，赴美参加了第七轮中美战略与经济对话专题活动，项目列入第七轮中美战略与经济对话成果清单。项目的设计、施工、运输、筹资、宣传片等工作已落实，中方的各项开工准备工作基本就绪，计划2016年开工建设。

4月8日，国际竹藤中心主任、中美共建中国园项目中方总执行人江泽慧会见外交部部长助理郑泽光一行，就中国园项目情况进行会谈。竹藤中心常务副主任、中国园项目中方建设领导小组办公室主任费本华介绍了中国园项目的缘由、近期进展及当前具备的条件。江泽慧指出，中国园项目具有重要的历史背景，受到中美两国的高度重视。中国外交部、财政部、国家林业局、江苏省政府和扬州市政府都对项目给予了全方位的支持。中方当前各项准备工作已经就绪，美方筹资取得一定进展，但还有诸多困难需要解决。郑泽光表示将坚定不移地支持中国园建设，通过多种形式全方位推动中国园项目进程。他还对中国园项目进行了详细指导，提出了建设性意见。

4月29日，中国园项目工作会议在江苏省扬州市召开。全国政协人口资源环境委员会副主任、国际竹藤中心主任、中国园项目中方总执行人江泽慧主持会议。外交部、国家林业局相关负责人和扬州市主要领导出席会议并讲话。会议通报了中国园项目最新进展情况，听取了中国园项目办公室主任费本华关于中国园项目第九次中美联合工作组会议情况和近期进展情况汇报、中国林科院研究员任海青关于木材测试情况的汇报以及扬州古典园林建设有限公司总工程师范续全关于植物配置情况的汇报，讨论了完善施工设计小组、完善联系工作机制、木结构建筑标准等当前中国园项目迫切需要解决的问题。

7月16日，江泽慧主任在北京主持召开中国园项目中方建设领导小组会议。国家林业局局长张建龙出席会议并讲话。国家林业局总工程师、中国园项目中方建设领导小组副组长封加平及国家林业局有关司局、江苏省林业局、扬州古建公司等领导和专家参加会议。

8月6日，中国园项目情况通报会在江苏南京召开。张建龙局长主持会议并讲话。江泽慧主任，江苏省委常委、副省长徐鸣，国家林业局副局长彭有冬，扬州市市长朱民阳等出席会议。张建龙表示国家林业局将一如既往地全面支持中国园项目建设。江泽慧通报了中国园项目的进展情况，详细介绍了中国园项目背景、中美双方工作进展以及下一步需要推进和落实的工作。徐鸣副省长在讲话中表示，江苏省和扬州市将从技术、资金、工程建设等方面全力支持和推进中国园建设。

9月10日，国家林业局计财司副司长杨冬、国际竹藤中心常务副主任、中国园项目办公室主任费本华带队赴扬州市，开展中国园项目前期工作协调和专题调研，并召开项目工作组会议，研究深化和推进中国园项目设计和施工等前期工作进度等问题。

10月9日，中国园项目签约仪式暨工作组会议在江苏省扬州市召开。受国家林业局委托，国际竹藤中心与扬州市人民政府签署了共同建设中国园项目谅解备忘录。竹藤中心与扬州古建公司签署了共同建设中国园项目合作协议。江泽慧主任主持会议，国家林业局副局长彭有冬、扬州市市长朱民阳出席会议并讲话。会议通报了中国园项目进展情况，听取了扬州市关于中国园项目扬州方面工作情况汇报，以及关于中国园及生态工程建设项目进展情况的汇报，讨论了中国园项目当前工作并对下一步工作安排进行了部署。

【党建和机关建设】 深入学习贯彻十八届三中、四中、五中全会和习近平总书记系列讲话精神以及习近平总书记关心生态文明建设纪实，学习《中国共产党廉洁自律准则》《中国共产党纪律处分条例》、中央纪委五次全会、中央经济工作会议、全国林业厅局长会议精神，组织参加国家林业局两建工作会议暨落实主体责任培训和党委书记、纪委书记、纪检监察干部培训。深入开展“三严三实”专题教育，举办纪念“七一”暨“三严三实”讲党课、纪念建党94周年经典歌曲演唱会和社会主义核心价值观专题报告会。加强党风廉政建设和反腐倡廉警示教育，签订党风廉政建设责任书，组织参观廉政教育基地，开展贯彻执行中央八项规定精神和资金使用管理情况自查自纠工作。推进精神文明和文化建设，举办纪念抗战暨世界反法西斯战争胜利70周年文艺演出、参观抗战纪念馆、观看抗战影片等系列活动，荣获国家林业局歌咏比赛一等奖和优秀组织奖。江泽慧主任作为英烈子女代表，应邀参加了纪念抗战胜利70周年大阅兵受阅式；中心还有3名同志作为受过表彰的全国杰出专业技术人才代表和民主党派代表，也受邀参加阅兵观礼活动。组织开展“清风正气传家远”家庭助廉活动，并在局家庭助廉故事会上作典型发言；组织参加机关公文写作技能比赛，1人获中央国家机关优秀奖，3人分获国家林业局一、二、三等奖；开展了“竹藤好声音”歌唱比赛、生态文明实践、京剧艺术传承、向贫困母亲献爱心、参加中央国家机关青年干部调研实践、“恒爱行动—百万家庭亲情一线牵”和地球站公益工程捐款捐物以及各类体育比赛等活动。切实做好工青妇和统战工作，建立完善群团组织工作制度。加强机关自身建设。扎实做好综合管理、宣传教育、资金预算、基本建设、资产管理、后勤保障、安全稳定、节能减排等工作，不断提高工作水平和服务能力，为事业发展提供坚实保障。

【出国访问】

江泽慧主任率团访问德国、英国和瑞典 5月25日至6月3日，全国政协人口资源环境委员会副主任、国家林业局科技委员会常务副主任、国际竹藤中心主任江泽慧率中国林业科技代表团应邀访问德国、英国和瑞典，分别与德国哥廷根大学、德国汉堡大学、英国剑桥大学、英国皇家植物园和瑞典创新发明研究院等世界知名高校、研究机构，在竹藤资源保存与利用等方面开展了一系列交流，达成了一系列合作。

访问德国期间，代表团了解了德国乃至欧洲在竹子结构与性能、生物形成机理等重点领域的研究进展。江泽慧与哥廷根大学副校长何艾烨及林学院院长克里斯蒂·艾莫分别代表双方签署了《国际竹藤中心和德国哥廷根大学林业科学与林业生态学院的谅解备忘录》。双方将建立研究人员互访机制，并在竹木及其他生物质材料的化学改性技术、植物源天然产物利用、竹材形成机理及对环境响应的研究、典型竹林碳动态及生长模型研究等多个领域开展全面合作。代表团与汉堡大学图能木材研究所所长、国际木材科学院主席尤威·斯密特博士，及世界知名竹材科学家沃特·李斯教授等进行了交流，双方在以签署合作协议等形式积极开展合作，从可持续发展、减缓气候变化的影响等多角度拓展合作领域等方面达成共识。

访问英国期间，代表团在剑桥大学受到副校长克里斯·亚伯，建筑学院院长温迪·普兰等的热烈欢迎，并签署了《国际竹藤中心与英国剑桥大学建筑学院的合作谅解备忘录》。双方将在建筑用竹木复合材料研发、竹木复合材料保存及改良、建筑用主要竹基结构复合材料标准分级和认证等领域开展合作。

在瑞典创新发明研究院，江泽慧和院长白吉塔·萨布拉德代表双方签署了《国际竹藤中心与瑞典创新发明研究院的谅解备忘录》。双方将在竹木及其他重要植物纤维的细胞壁结构及功能、纳米纤维素制备工艺、木质纤维素高效生物转化等领域开展合作。

江泽慧主任率团出访俄罗斯、瑞士两国 8月20～27日，全国政协人口资源环境委员会副主任、国际竹藤组织董事会联合主席、国际竹藤中心主任江泽慧率团出访俄罗斯和瑞士两国。在莫斯科，江泽慧会见了俄罗斯自然资源部副部长、联邦林务局局长瓦连基克，交流了中俄两国多年来合作成果，表达了希望俄罗斯加入国际竹藤组织的意愿。在俄、瑞期间，江泽慧还访问了莫斯科州立林业大学、圣彼得堡国立林业技术大学以及苏黎世联邦理工大学，代表或见证竹藤中心与上述机构签署科研合作协议。圣彼得堡国立林业技术大学校长尤里·勃兰克基高度评价江泽慧过去几十年来在木、竹材科学领域取得的学术成就，授予江泽慧圣彼得堡林业技术大学荣誉博士学位，并颁发了杰出贡献奖章。

【2015年工作会议】 1月21日，国际竹藤中心召开2015年工作会议。全国政协人口资源环境委员会副主任、竹藤中心主任江泽慧，国家林业局党组成员、副局长孙扎根出席会议并讲话。局党组成员、科技司司长彭有冬，局人事司司长谭光明，局计财司副司长杨冬，局科技发展中心副主任李明琪，竹藤中心常务副主任费本华、党委书记刘世荣、副主任李凤波、党委副书记李晓华，国际竹藤组织副总干事李智勇，以及竹藤中心全体干部职工和国际竹藤组织代表参加会议。刘世荣主持会议。费本华在会上作了竹藤中心年度工作报告，回顾总结了2014年的各项工作，提出了2015年工作的总体思路，安排部署了2015年重点工作。李晓华作了竹藤中心两建工作报告，梳理和回顾了2014年“两建”工作，并对2015年工作进行了部署和安排。对竹藤中心当前及今后一个时期的工作提出要以创新驱动推动产业结构优化升级、将科技改革的新要求新任务贯彻落实到科技创新的各项工作中、在新常态下大力发展竹藤产业、积极谋划创新驱动发展战略的新设计、努力开创党建和精神文明建设工作的新思路5点要求。孙扎根副局长充分肯定了竹藤中心2014年工作，要求竹藤中心要做林业科技体制改革的先行者、世界竹藤科技研发的引领者、中国竹藤产业发展的支撑者、繁荣中国竹文化的践行者、中国竹藤业走向世界的推动者和机关“两建”工作的示范者。

【林业大事】

2月13日 2014年度茅以升木材科学技术奖和教育奖学金评审会在中国林科院举行。竹藤中心主任江泽慧出席评审会并讲话，竹藤中心常务副主任费本华研究员参加。竹藤中心1人获茅以升木材科学技术奖二等奖，2名博士研究生获茅以升木材科技教育奖学金。

3月4日 国家林业局科技司副司长杜纪山一行到竹藤中心调研指导竹藤科研工作。竹藤中心常务副主任费本华、党委书记刘世荣及各研究所科研骨干参加调研座谈会。

3月11～13日 竹藤中心党委书记刘世荣率竹藤资源与环境研究所科研人员，赴四川省长宁县调研竹资源分布、培育与加工利用以及竹种质资源保存、竹产业发展情况。

3月 在中国林学会组织开展的2014年学会专项工作(学术、科普、组织、咨询)先进单位的评选活动中，竹藤资源利用分会荣获“2014年度科普工作先进单位”称号。

4月29日 竹藤中心党委书记刘世荣研究员受邀在国家林业局“绿色大讲堂”上作《天然林保护与可持续经营》专题报告。

5月13日 北京市大东流苗圃(北方国家级林木种苗示范基地)主任姚飞、书记宋涛一行到访竹藤中心，商讨竹藤种质资源北方保存与繁育基地迁址共建事宜。竹藤中心常务副主任费本华，主任助理、计财处处长陈瑞国等参加座谈。

5月29日 加拿大多伦多大学化学工程与应用化学系颜宁教授应邀到竹藤中心开展学术交流，作了学术报告。

6月26日 美国北德克萨斯大学机械能源工程系崔兑耀教授应邀到竹藤中心开展学术交流，作了学术报告。

6月29日 美国西弗吉尼亚大学林业与自然资源部生物材料中心主任王景欣教授访问竹藤中心，并作学术报告。

7月1～9日 应德国基尔大学植物分子病理学研究所邀请，竹藤中心“RNA干扰竹子功能基因研究应用技术引进”项目组高健研究员一行赴德国基尔大学进行技术培训和学术交流。

7月28～31日 按照国家林业局人事司的工作安排，竹藤中心党委书记刘世荣率调研组赴陕西省进行全国林业人才、林业教育培训“十三五”规划编制调研。

7月30～31日 应四川省泸州市叙永县人民政府邀请，竹藤中心组织中国林科院、国际竹藤组织、国家林业局规划院、陕西科技大学以及国内知名竹企业代表深入叙永县考察调研竹产业发展情况并召开研讨会。

8月28日 德国图宾根大学张燕香博士(福建农林大学副教授)应邀到竹藤中心开展学术交流，作了“玉米侧根发育的分子机理”学术报告。

9月6～8日 竹藤中心组派科技人员参加国家林业局科技司在秦皇岛市国林宾馆举办的生态站技术培训班。培训内容包括生态站观测技术培训、生态站建设与运行管理培训、工作经验总结与技术交流座谈等。

9月21日 美国西弗吉尼亚大学王景欣教授应邀

到竹藤中心安徽太平试验中心考察。

10月18日 由竹藤中心、中国竹产业协会、福建省家具协会、广东省先进家居产业研究院主办，永安市竹天下置业发展有限公司等承办的"2015国际(永安)竹具博览会"在福建省永安市开幕。竹藤中心科技处处长范少辉在博览会开幕式和第二届国际(永安)竹天下发展论坛上致辞，并为第四届2015国际(永安)竹具设计大赛颁奖。

10月20日 新西兰皇家研究院林业研究所彼得·克林顿教授、华裔科学家薛建明教授及中国农科院资源区划所李兆君研究员访问竹藤中心，与竹藤资源与环境研究所、绿色经济研究所研究人员就森林生态系统养分循环、高效利用及如何提升森林综合功能等问题进行研讨交流。

10月21～23日 竹藤中心组织科研人员及研究生参加在湖南省桃江县召开的中国林学会竹子分会五届四次全委会暨第十一届中国竹业学术大会。竹藤中心余雁研究员做特邀专家报告，多名研究生获得优秀论文奖。

12月3日 加拿大不列颠哥伦比亚大学Yousry A. El－Kassaby教授应邀到竹藤中心进行学术交流。竹藤中心党委书记刘世荣研究员及竹藤资源基因科学研究所相关科研人员及研究生参加学术交流会。

（国际竹藤中心由王丹供稿）

国家林业局森林病虫害防治总站

【综　述】 2015年，国家林业局森林病虫害防治总站(以下简称"森防总站")深入学习习近平总书记系列重要讲话精神，认真贯彻国务院办公厅《关于进一步加强林业有害生物防治工作的意见》(国办发〔2014〕26号，以下简称"《国办意见》")，2015年全国林业厅局长会议、全国林业厅局长电视电话会议、2014年长沙全国重大林业有害生物防治工作现场会精神，围绕改善生态、改善民生、发展林业，完成松材线虫病和美国白蛾防治、全国林业有害生物普查、H5N1高致病性禽流感监测防控督导，完成华山松大小蠹引诱剂防治等13项试点示范和新药剂产品登记的林间药效生物测定试验28个，编发《病虫快讯》10期和《野生动物疫源疫病监测信息报告》368期，编写信息化类标准和数据库30多项，举办松材线虫病监测鉴定和疫源疫病监测等专题培训班13期，获省部级科技二等奖3项、三等奖1项，举办"啄木鸟大讲堂"5次。

机构队伍建设 1月19日，国家林业局任命闫峻、成吉为森防总站副总站长(副司局级)；中共国家林业局党组决定：曲苏任中共森防总站委员会副书记(副司局级)。9月21日，中共国家林业局党组决定：张克江任中共森防总站委员会书记(正司局级)，李青松不再担任中共森防总站委员会书记职务；国家林业局任命张克江为森防总站副总站长，免去李青松森防总站副总站长职务。

1月16日，森防总站授予测报处、检疫处、预警信息中心、药剂药械处和野生动物疫源疫病监测处为2014年度"先进处室"，柴守权、董振辉、孙重、盛茂领、方国飞、刘枫、赫传杰为2014年度"先进工作者"。孙淑萍入选国家林业局"百千万人才工程"省部级人选，陈国发获内蒙古全区优秀科技特派员荣誉称号，方国飞获中国林业青年科技奖和辽宁省直机关五一劳动奖章，赫传杰获辽宁省直机关优秀团干部荣誉称号，吴长江、初冬获国家林业局保护森林和野生动植物资源先进个人荣誉称号。森防总站被评为辽宁省直机关工委创建"三型"党支部优秀组织奖，监测与管理处联合支部被评为辽宁省直机关工委"创新型"先进党支部。

科学技术成果 3月12日，森防总站承担的《候鸟感染H7N9禽流感病毒应急监测及变异分析》(KJYJ－2013－01－01)通过科技部社发司组织的"人感染H7N9禽流感科技应急防控专项研究"课题验收。5月，"松树蛀干类害虫植物源引诱剂防治技术推广"和"林区湿地鼠害无公害防治技术推广"列入国家林业局2015年度林业科技成果国家级推广项目计划。8月，"中国秘姬蜂亚科系统分类研究"获国家自然科学青年基金项目资助。11月，"藏羚羊传染性胸膜肺炎传播机理与风险研究"列入国家林业局2015年度林业公益性行业科研专项项目计划。

6月6日，"江西林木害虫天敌姬蜂资源调查"获2015年江西省人民政府科学技术进步二等奖。7月20日，"中国林业有害生物风险评估"获辽宁省自然科学学术成果一等奖。11月20日，"侧柏重大蛀干害虫植物源引诱剂及应用研究"和"林木叶蜂天敌姬蜂及对寄主的生理适应性研究"获第六届梁希林业科学技术二等奖，"中国林业疫害生物防控标准体系研究"获第六届梁希林业科学技术三等奖。8月20日，在辽宁省植物保护学会代表大会和第二届辽宁省植物保护学会理事会上，闫峻当选副理事长，盛茂领、张天栋当选常务理事，柴守权和方国飞当选理事。9月26日，宋玉双被聘为《中国植物保护百科全书》总编纂委员会委员。

国际交流合作 1月25日至2月7日，由森防总站组织的"野生动物迁徙研究与疫病传播预警培训团"赴澳大利亚交流学习野生动物疫源疫病监测防控方面知识，宋玉双、吴长江、徐钰及内蒙古、广西、宁夏等地14名监测技术骨干参加引智培训。

技术标准化建设 作为全国植物检疫标准化技术委员会林业检疫技术分委会秘书处、全国林业有害生物防治标准化技术委员会秘书处，森防总站分别于8月3日和10月23～26日在吉林省露水河林业局、江西省井冈山市组织召开了2个标准化技术委员会年会，审查通过了归口管理的《林业有害生物风险分析准则》《锈色棕榈象检疫技术规程》《枣实蝇防治技术规程》和《林用药剂安全使用准则》《航空静电喷雾设备应用技术规范》《栗山天牛防治技术规程》《草履蚧防治技术规程》《白杨透翅蛾防治技术规程》《松阿扁叶蜂防治技术规程》，讨论“十三五”林业有害生物防治及林业植物检疫领域标准专项规划计划项目建议清单，研究部署2016年标准委会工作，提出了2016年拟申报的标准范围和重点。

信息化建设 4月18日，国家网络森林医院林木健康卡、防治历、防治服务系统通过验收。7月15日，“林业有害生物及野生动物疫源疫病监测预报国家级信息系统改扩建项目”系统集成与机房建设通过验收。10月14日，森防总站中心机房运维监控系统通过验收。11月26日，森防总站中心机房空调机组外机隔音工程、陆生野生动物疫源疫病监测数据采集系统通过验收。12月11日，“林业有害生物及野生动物疫源疫病监测预报国家级信息系统改扩建项目”软件开发标段验收会在沈阳召开，来自沈阳工业大学、国家林业局造林司和保护司、辽宁省林业有害生物防治检疫局等单位组成的验收专家组，一致同意项目通过验收，建议进一步完善和加强系统安全性、异地容灾备份以及基层用户应用功能优化。

行业文化建设 弘扬以“除害、敬业、厚德、求是”为主要内容的啄木鸟精神，开展“寻找最美森林医生”等宣传活动，召开全国森防宣传工作研讨会、全国森防宣传重大选题会商会，编辑出版《森防人与森防事》。开展“美丽中国——人文古树保健”活动，选定100株中华人文古树为对象，按照古树自然概况、人文故事的编辑思路完成《中华人文古树》的材料征集。开展与相关媒体的森防文化宣传报道，在《绿叶》杂志上刊登9篇以宣传最美森林医生为主要内容的稿件，在《今日国土》杂志登载8篇以森防知识、森防技术为主要内容的稿件。在中国森防信息网发布动态信息3.5万多条。

行业人员培训 编印出版《林业有害生物检疫技术》《野生动物疫源疫病监测手册》等行业培训教材，举办基层行业站长关键岗位、林用药剂药械安全使用技术、古树名木病虫害监测防治技术、松材线虫病监测鉴定技术、林业植物检疫执法、森防信息管理员及野生动物疫源疫病监测技术等专题培训班13期，培训基层技术骨干1000多人次。

【林业有害生物发生】 2015年中国林业有害生物沿袭近年来持续高发多发态势，呈现出传播速度快、防控难度大、发生面积广、危害程度重、复发次数多的阶段性特征。主要林业有害生物发生1201.12万公顷、同比上升0.85%，整体偏重发生，局部成灾。

发生特点 ①重大危险性林业有害生物扩散迅猛。松材线虫病新增28个县级发生区，美国白蛾新增58个县级发生区和1个疫情发生省，薇甘菊新增8个县级发生区。椰心叶甲、锈色棕榈象、椰子织蛾在海南疫情反弹、面积扩大。②多种食叶害虫在华中华南多点暴发。马尾松毛虫在湘中、桂北、鄂东和鄂东北偏重发生。黄脊竹蝗在湖南、江西发生面积均达到近10年的最高值。刚竹毒蛾在湖北、江西多点暴发。③林木病害在北方局部继续偏重流行。樟子松红斑病在内蒙古森工造成樟子松苗木损失达1000万株，落叶松早落病在内蒙古柴河林业局危害持续加重，旱柳枯萎病在内蒙古鄂尔多斯累计造成30万株林木死亡，杨树病害在山东西部和辽宁西南部危害较重、同比上升3.71%。④传统次要害虫危害加重，突发暴发势头明显。模毒蛾在内蒙古呼伦贝尔大面积暴发，上升为当地白桦的主要虫害。臭椿沟眶象在宁夏银川和中卫进一步扩散。银杏大蚕蛾在吉林发生范围成倍扩大。缀叶丛螟在湖北罗田首次暴发。樟颈曼盲蝽在湖南全省暴发。短须突瓣叶蜂在甘肃临夏州突发。松梢螟、松阿扁叶蜂等在陕南油松林中连片发生，局地受灾较重。⑤森林鼠兔害在干旱、半干旱地区危害持续加重。森林鼠(兔)害发生面积居高不下，已成为“三北”等干旱、半干旱地区最主要的林业有害生物之一，成为导致退耕还林地、旱区造林地新植林和中幼林死亡的主要原因之一，在重灾区形成边栽边吃、常补常缺、造林不成林的局面。⑥杨树食叶害虫、杨树蛀干害虫、松蚧虫等得到较好控制。杨树食叶害虫发生面积持续3年下降，杨树蛀干害虫发生面积持续8年下降，松蚧虫持续低位波动，危害程度有所减轻，多以轻度为主，仅局部有严重发生。

成因分析 ①检疫监管难度加大，难以有效控制检疫性林业有害生物蔓延扩散。②森林生态系统健康不佳，抵御病虫害能力弱。③气候因素对林业有害生物的发生危害影响明显，诱发灾害突发。④综合防控成效不佳，林业生物灾害高发势头未得到有效遏制。

松材线虫病 发生省(区、市)15个，发生5.29万公顷，病死树51.53万株，疫情发生区211个，其中新发生县级行政区28个。与2014年相比，县级疫情发生区增加24个，发生面积增加0.97万公顷、病死树增加5.71万株。

美国白蛾 发生68.11万公顷、同比下降2.30%。危害程度区域分化明显，苏皖豫等南部发生区发生面积扩大、危害程度加重。以渤海湾为中心迅速向外围连片扩散，新增1个省级疫区(内蒙古)、58个县级疫区(河南22个、安徽22个、江苏9个、吉林3个、内蒙古1个、辽宁1个)，为年增县级疫点数历史第二高年份(2012年，88个)。京津冀辽鲁等老发生区发生面积同比下降11.88%。

森林鼠兔害 发生214.93万公顷、同比上升1.53%，中等危害程度发生面积同比上升2.40%。鼢鼠发生45.08万公顷、同比上升11.93%，在甘肃局部地区林木被害株率30%以上、死亡率20%以上。沙鼠发生84.01万公顷、同比下降6.24%，但中等以上程度危害同比上升1个百分点，主要在新疆准格尔盆地周边、内蒙古西部、甘肃河西地区的荒漠林危害。鼢鼠发生32.23万公顷、同比下降4.90%，但危害程度加重，中等程度以上危害占64.38%、同比增加3个百分点，在东北北部分地区危害严重。野兔发生16.13万公顷、同比上升3.88%，在甘肃大部、内蒙古中部、西藏后藏地区、河北北部危害加重、局部成灾。

松树钻蛀害虫 发生85.38万公顷，同比持平。松褐天牛自2002年以来危害持续加重，发生面积近直线上升，2015年48.98万公顷、同比上升5.75%，贵州(8.85万公顷)、重庆(8.53万公顷)、浙江(7.84万公顷)、安徽(4.73万公顷)等地发生面积较大。切梢小蠹发生16.82万公顷、同比上升6.35%，危害程度进一步加重，主要发生在云贵川，并在云南大理、玉溪和四川凉山等地局部成灾。红脂大小蠹发生4.68万公顷、同比上升4.0%，多为轻度发生。萧氏松茎象发生9.61万公顷、同比下降18.83%，江西、福建、贵州等主要发生省份发生面积均有大幅度下降。华山松大小蠹发生3.50万公顷、同比下降20.96%，发生面积得到大幅压缩。

杨树食叶害虫 发生132.74万公顷、同比下降7.40%。春尺蠖发生54.45万公顷、同比下降10.77%，主要在新疆(18.73万公顷、同比下降17.70%)、西藏(5.64万公顷、同比上升1.66%)、河北(5.17万公顷、同比下降13.88%)、山东(3.32万公顷、同比下降12.67%)、宁夏(3.02万公顷、同比下降24.49%)、内蒙古(2.77万公顷、同比下降1.86%)和河南(2.41万公顷、同比下降14.69%)等地发生，整体危害减轻，但在新疆南疆的胡杨林区、西藏“一江两河”流域和山东济南局部地区出现叶片被吃残、吃光现象。以杨小舟蛾、杨扇舟蛾为主的杨树舟蛾类食叶害虫发生56.32万公顷、同比下降5.95%；区域分化明显，安徽、河北、江苏、山东发生面积明显下降(同比分别下降11.99%、24.96%、21.07%和8.92%)，河南和西藏略有增加，湖北上升明显(同比上升15.32%)。

杨树蛀干害虫 发生39.65万公顷、同比下降7.48%，发生面积持续8年下降。桑天牛发生7.48万公顷、同比下降14.71%。光肩星天牛发生7.10万公顷、同比基本持平，内蒙古巴彦淖尔局部成灾，山东菏泽和甘肃河西地区危害加重。青杨天牛发生5.47万公顷、同比下降10.76%，内蒙古、吉林、辽宁等发生区危害减轻，西藏拉萨有所扩散。白杨透翅蛾发生2.85万公顷、同比下降8.62%。

松毛虫 发生84.48万公顷、同比上升4.85%。危害区域分化特征明显，马尾松毛虫、云南松毛虫在南方总体处于上升周期，危害加重，局部成灾。落叶松毛虫、油松毛虫在北方总体发生面积下降，危害减轻。马尾松毛虫发生48.91万公顷、同比上升13.02%，湖南、湖北、广西、江西、广东发生面积增幅明显，中等以上发生程度上升75.25%。云南松毛虫发生12.12万公顷、同比上升41.12%。落叶松毛虫发生7.98万公顷、同比下降33.98%。油松毛虫发生7.82万公顷、同比下降6.60%。

竹类及经济林病虫害 发生615.97万公顷、同比上升2.99%。①竹类病虫在湖南、湖北、江西大面积暴发。黄脊竹蝗发生12.78万公顷、同比上升55.04%，湖南、江西发生面积均达2005年以来的最高峰(7.06万公顷、1.43万公顷)。刚竹毒蛾发生6.24万公顷、同比上升93.78%，在湖北、江西多点暴发。②核桃、板栗、枣等木本粮食病虫在新疆、陕西、河南、甘肃、山西等地呈高发态势。在新疆(含新疆生产建设兵团)发生63.93万公顷、同比上升33.37%，涉及50余种林业有害生物。陕西核桃腐烂病、核桃举肢蛾、栗实象等发生12.17万公顷，苹果蠹蛾在新疆发生0.56万公顷、在甘肃发生0.35万公顷、在宁夏灵武新发。③油茶等木本粮油病虫发生6.15万公顷、同比下降13.22%，在湖南、江西油茶种植区普遍发生，危害较轻。④八角、肉桂等香料经济林病虫在广西发生危害有所减轻，发生面积同比下降5.55%。⑤桉树速生林病虫上升势头明显，以油桐尺蠖为主的食叶害虫和以桉蝙蛾为主的蛀干害虫在广西发生2.77万公顷，桉树尺蛾在广东桉树种植区大面积发生。

林木病害 发生139.12万公顷，同比略有上升。各类林木叶部病害在内蒙古森工严重发生，面积达13.88万公顷；樟子松红斑病发生2.77万公顷，造成苗木损失达1000万株；柳叶锈病在内蒙古森工全林区流行，发生6.67万公顷，失叶率40%～70%；落叶松落叶病在柴河林业局发生3.49万公顷，中度以上发生面积占2/3以上。旱柳枯萎病在内蒙古鄂尔多斯发生2.24万公顷，累计造成30万株林木死亡。以杨树溃疡病、杨树黑斑病、杨树烂皮病、杨树腐烂病为主的杨树病害发生40.59万公顷、同比上升3.71%，在山东西部、辽宁西南部危害较重。

松蚧虫 发生53.93万公顷，同比基本持平，中度以下发生面积占98.57%。松突圆蚧发生43.44万公顷、同比上升2.87%，主要分布于广西、广东、福建、江西。湿地松粉蚧发生6.17万公顷、同比下降10.41%，主要分布于广东和广西，多数地区保留低虫口密度状态。日本松干蚧发生4.33万公顷、同比下降1.48%，主要分布于辽宁和山东，在山东烟台局部地区有中、重度发生。

有害植物 发生17.85万公顷、同比上升14.27%。薇甘菊在广东、广西、云南、海南发生4.19万公顷、同比上升10.78%，新增广东梅州蕉岭县，广西钦州市钦南区、玉林市福绵区和玉东新区、凭祥市，海南儋州、定安、琼中等8个疫情发生县。葛藤在湖北发生1.21万公顷、同比上升17.22%，主要分布在十堰、宜昌、襄阳、恩施、黄石等地。金钟藤在海南发生1.34万公顷、同比上升17.11%，成灾0.08万公顷，中部天然次生林区危害严重。

其他有害生物 舞毒蛾发生10.81万公顷、同比下降14.03%，主要在内蒙古及东北地区发生。蜀柏毒蛾在四川发生29.55万公顷、同比下降4.47%，但在巴中、南充和达州局部成灾。黄褐天幕毛虫发生10.75万公顷、同比下降23.12%，主要在华北及东北地区发生；栗山天牛发生16.72万公顷、同比下降3.53%，主要在东北三省发生。松梢螟发生10.34万公顷、同比下降8.47%，主要在湖南、陕西、辽宁、龙江森工等地区发生。

【林业有害生物防治】 据统计，中国2015年共采取各种措施防治813.85万公顷，累计防治作业面积2343.34万公顷次，主要林业有害生物成灾率控制在4.5‰以下，无公害防治率达到97%以上。各地由上至下逐级实行政府间、林业部门间防治目标“双线”责任制度，加大防治资金投入力度，进一步加强政府对防治工作的组织领导；应急救灾机制逐步健全，区域联防机制不断完善，公共服务模式不断创新，社会化防治大力推进，政府主导、社会参与、市场竞争的防治工作新格局基本形成；机构队伍基本稳定，体系建设日趋完善，政策法规体系逐步健全，防治技术更加科学，林业有害生物防治能力稳步提升；防治作业面积继续增大，无公害防治比率逐年提高。根除福建省泉州市鲤城区和石狮市、湖南省长沙市岳麓区、广西壮族自治区百色市西林县、云南省昭通市盐津县4个县松材线虫病级疫区。美国白蛾在老疫区基本实现了有虫不成灾的控制目标，累计发生面积较2014年下降2.30%，重点区域林木叶片保存率在80%以上。杨树食叶害虫总体防治效果良好，发生面积持续3年下降，危害减轻，累计发生面积较2014年下降7.40%。春尺蠖、杨树舟蛾类食叶害虫通过大面积航空器施药防治，效果明显。杨树蛀干害虫、松蚧虫、红脂大小蠹、萧氏松茎象等历史性主要害虫得到持续控制，整体危害明显减轻。

《国办意见》贯彻落实 与造林司研究拟定2015～2017年新一轮重大林业有害生物防治责任书及"十三五"林业有害生物防治目标管理"四率"指标，指导签订京津冀协同发展林业有害生物防治框架协议，编印《2015年度全国林业有害生物防治工作要点汇编》。配合人事司、造林司，完成林业有害生物防治领域实行生态环境损害责任追究制专题调研，研究提出责任追究实施细则草案稿。深入开展重大林业有害生物联防联治管理策略、挂牌督办工作机制等重大政策措施研究，提出《区域间联防联治工作规范》和《挂牌督办管理办法（草案稿）》。

监测预报 注重生产性预报，召开美国白蛾发生趋势、森林鼠兔害发生趋势会商会，促进趋势会商常态化、专业化和监测预报精细化、生产化。在中央电视台播发预警信息2次，编发《病虫快讯》7期，及时发布春尺蠖、美国白蛾、森林鼠兔害等发生情况和趋势，为决策提供第一手资料，为生产提供科学指导。分析提出中国主要林业有害生物2014年发生情况及2015年发生趋势、2015年上半年发生情况和下半年发生趋势预测报告，并在《预防与控制生物灾害咨询报告（2015）》《中国绿色时报》发布。编印了《林业有害生物监测预警年报（2014）》。制订古树名木监测方案，将古树名木纳入监测体系，开发了古树名木监测网站，开展实时动态监测。

防治督导 与造林司组成联合督导组，深入14个省（区、市）47个松材线虫病县级疫区（重点是新发疫区），实地督导春季除治工作。针对四川省西昌市新发生疫情除治进度慢、组织不力的情况，还开展了跟踪督导。指导安徽等地制订《黄山及周边区域松材线虫病防控方案》。以新发区、高风险区防治为重点，组织对11个省（区、市）30多个县区美国白蛾防治进展和成效进行督导，研究提出新形势下防治思路对策，"阻隔带"和"非疫区"管理理念。与造林司召开林业鼠（兔）害防治技术方案研讨会，修订林业鼠（兔）害防治技术方案及禁止和限制使用的林业鼠（兔）害防治药剂种类名单。组织对10余个省（区、市）60多个县（区、市）的林业有害生物普查工作开展专题督导，制订普查汇总方案，确定普查技术报告和工作报告模板。

检疫监管 拟定2015年中国松材线虫病疫区和疫区撤销公告，分别以国家林业局第3号和4号公告发布。拟定2015年中国美国白蛾疫区公告，以国家林业局第2号公告发布。更新林业植物检疫管理信息系统中14种林业检疫性有害生物、192种林业危险性有害生物、77种补充林业检疫性有害生物的寄主、分布、检疫措施、除害处理等数据，以及中国3000多个区、县以上林业植物检疫机构和2万多名林业植物检疫员人员的数据库信息。举办全国林业植物检疫执法培训班，并首次引入了案例教学。完成《森林植物检疫技术规程》修订征求意见稿。指导云南对截获的违法调运松材线虫病疫木案件进行取证、勘验。

应急处置 与造林司完成《突发林业有害生物事件处置办法》和《重大外来林业有害生物灾害应急预案》（修订征求意见稿），其中修订后的《突发林业有害生物事件处置办法》于11月24日以国家林业局令第38号发布施行。组织对安徽美国白蛾新发疫情应急处置及广东突发灾害应急演练进行督导。按照国家突发事件应急报告的有关要求，按时报送林业生物灾害应急月报12份、季报4份、年报1份。起草《2014年突发林业有害生物灾害应对工作总结评估报告》《2015年林业有害生物减灾工作素材和2016年减灾工作计划》。

试点示范 完成苯新烟碱类、杂环类及生物农药6大类28个新药剂产品登记的林间药效生物测定试验。组织开展华山松大小蠹引诱剂防治、藏区林业鼠（兔）害防治、监测调查购买服务和防治作业计划公开制度、防治任务项目化管理等试点，以及卫星遥感、无人机监测灾情，经济林害虫性信息素监测，航空器投药灭鼠作业，松褐天牛引诱剂APF－1型和F－1型诱捕对比等试验，松树植物引诱剂、重齿小蠹信息素、木烟碱微囊悬浮剂、新型环形捕鼠夹、灰斑古毒蛾综合控制等一批先进实用技术推广。召开薇甘菊防治与利用座谈会、航空投药灭鼠技术论证会，交流工作经验，部署新技术推广应用工作。

【疫源疫病监测】 以管理促发展、加强疫病监测防控，以专家会商为基础、强化疫情风险评估与管理，以平台项目为依托、加快监测防控管理信息化进程，以服务为支撑、提升一线监测防控能力，以创新为驱动、提高监测防控工作水平，进一步加强野生动物疫源疫病监测信息管理和应急处置。

监测信息管理 严格执行信息日报告和异常情况零报告制度，编发《野生动物疫源疫病监测信息报告》368期。加大国家级监测站的督查力度，节假日期间利用电话、直报系统等方式，抽查710站（次）应急值守，在岗值守率85.5%，进一步强化基层监测防控机构的风险意识、责任意识和履职意识。完善信息发布机制，会同保护司就野生动物疫源疫病信息发布工作与国家预警信息发布中心衔接，拓宽信息发布渠道，破解工作中的"卡脖子"环节。

发生趋势研判 密切跟踪国内外主要野生动物疫病发生动态，发挥专家智慧优势，会商月度、季度、半年和全年野生疫情发生趋势和措施建议，形成发生趋势和措施建议报告16份。组织开展禽流感、新城疫、非洲猪瘟、布病和结核病的主动预警试点工作，检测出H5N1、H10N7等疫源。

突发疫情应对 配合保护司起草国家林业局《关于

加强大熊猫等珍稀濒危野生动物疫病监测防控工作的紧急通知》《关于切实做好春季野生动物疫源疫病监测防控工作的通知》，进一步加强监测防控监管责任，明确重点时期、重点区域及相应的跟进措施和管理要求，规范处置异常情况和突发疫情。组织有关专家指导14个省(区)妥善处理75起异常情况，科学应对野鸟H5N1高致病性禽流感、大熊猫犬瘟热及藏酋猴结核病等17起突发疫情和事件。

基础能力建设 完成野生动物疫源疫病监测防控信息管理系统升级，研发移动监测防控应用系统，提高野外监测信息的准确性、及时性和客观性。完成赴澳大利亚候鸟迁徙规律和疫源疫病监测引智培训任务，组织广西、新疆和宁夏等地的监测骨干赴澳学习交流。中韩野生动植物合作备忘录中的野生动物疫源疫病监测内容稳步推进。积极参与野生动物源人兽共患病战略研究。完成野生动物疫源疫病监测防控十周年总结表彰活动筹备，制作《十年历程》录像片、宣传画册等。

(国家林业局森林病虫害防治总站由柴守权、刘枫供稿)

国家林业局北方航空护林总站

【综　述】 2015年，北方航空护林总站认真学习党的各项方针政策、加强党的组织建设；增强全体职工的政治素质，履行职责，强化行业服务管理职能；恪尽职守落实24小时值班制度，完成航期值班任务；防火紧要期靠前驻防，支援地方航站春、秋季航空护林工作；调机增援，快速扑灭内蒙古北部原始林区森林火灾和黑龙江大兴安岭富克山森林火灾；解救扎兰屯市西南部两个乡镇等被洪水围困的群众；召开春秋租机合同会，履行职责，强化行业服务管理；精心组织、认真筹划，成功举办全国卫星林火监测研讨班；按照《国家森林防火指挥部办公室关于组织开展卫星监测热点现场核查评估有关工作的通知》要求积极组织协调，认真做好实地卫星热点核查工作；校对数据，合理安排航护飞行；大力推进火场侦查交流建设项目，探索航空消防新技术，提高北方森林航空消防科技水平；完成赴火场工作典型案例的资料整理；培训业务人员，提升业务能力；完成"十三五"规划相关工作；完成2015年森林防火物资储备招标采购任务；加强网络日常维护，切实搭建稳定的网络平台；梳理总站网络存在的问题、制订整改意见；加大政务信息工作力度，确保政务信息准确及时；加强干部队伍建设，完成毕业生招聘工作；完成2014年总站预算执行审计；加强公务用车管理；维修基础设施，优化工作环境。

【航空护林飞行保障】 2015年航期始于2月26日，止于12月31日(含陕西11月16日至12月31日)，全年(1月1日至12月31日)北航总站共租用190架飞机，其中固定翼68架，直升机122架。共计飞行3566架次，6712小时24分，其中机降飞行136架次、200小时59分、2487人次。指挥保障护林飞行共计5076架次，吊桶洒水飞行316架次、1258.3吨。日均接打电话165个，空中撒防火宣传单15万张，空中发现火场68个，参与扑救火场85个，运送扑火物资28.7吨。航行管制人员共接受处理各类飞行计划5112条，取消1923条，实飞3189条，其中临时计划1349条，取消97条，实飞1252条。气象工作人员共处理报文26 574份，其中接收本场实况报10 207份，转发本场实况报10 207份，接收航站预报1929份，转发航站预报2935份，从民航东北地区空管局气象中心网下载和打印区域报1296份，为快速、准确、有序执行北方航空护林飞行任务提供强有力的保障。

【召开春夏秋租机会】 租机协调会议前与各省(区)防火办联系，确认各省(区)每个航期需要的机型、数量、计划小时数、分配方案等事项；与各供机单位积极协调确定每个航期能提供的机型、数量；根据中央补助飞行费的数额，对各省(区)提出的计划用机方案进行测算与调整；协商省(区)、公司，修改《租机协议书》条款，签订了租机协议，保障了航空护林工作顺利展开；根据森林防火形势及省区对飞机的需求，在大中型直升机机源不足的情况下，经总站多方联系，不懈努力，引进了CE－225、S－92等中型直升机，拓展了中型直升机类型，并调整补充14架直升机，满足了省区对灭火飞机的需求。

【签订气象保障协议】 在北方航空护林总站领导的支持下，与民航黑龙江空管分局气象台，民航东北空管局气象中心积极协调，经过反复沟通，在双方都认可的前提下，签订了《北方航空护林总站与民航黑龙江空管分局关于提供东北航空护林气象参考信息的协议》《北方航空护林总站与民航东北空管局气象中心关于航空气象服务协议》，保证了航空护林气象情报的获得。

【合理安排飞行】 认真对调度信息管理系统进行维护，正确创建航期名称、航线、飞行任务、人员代码、飞机机型、机号、计费标准等要素；认真审批"明日飞行计划"，及时受理"临时飞行计划"。截至11月5日，共审批明日计划4568条，取消不合理计划49条；审批临时计划383条，取消不合理计划32条；审核飞行日报10 337条，发现问题并处理7条；每天认真查收、审核航站上报的当日"飞行任务书"扫描件。认真核对每架飞机的飞行时间、架次、效果等内容是否完整，发现问题及时进行更正；经认真研究，在内容、格式等方面对综合数据统计表进行了改版，新增加了看火、三清、吊桶、化灭等统计内容。安排专人负责掌握、记录飞机驻场、定检等情况。按要求及时将北方森林航空消防飞机情况、"综合数据统计表"上报国家森林防火指挥部航空消防处；及时查看气象卫星云图、气象预报、卫星林火监测图像、森林火险等级报告，对不按火险等级安排巡护的现象给予及时纠正，使有限的飞行时间用在高火险期和扑救火灾的紧要关头，提高航空护林效益；从日租、飞行时间、付费比例，扣减小时、日租等方面认真审核飞行费结算单，准确核对、结算每一架飞机的租机费用。

【完成航期任务】 为保证航空护林飞机按时调入各航站开展航空护林任务，及时与各供机单位沟通了解租用飞机的当前状态，调机计划申报等情况，掌握各航站开航前准备情况及航护区物候火险等情况，为飞机按时进场做好准备，并将从南方调往北方的M－26、M－171等常年租用直升机调机进程上报国家森防指。确保航期每天24小时值班，及时准确地了解、掌握、传递有关信息，高效快速完成航期工作任务。

【确保新站点的正常飞行】 为了保证黑河航站直升机在防火紧要期顺利地进驻新立直升机起降点，并安全快捷地执行航空护林任务。从2014年秋季开始积极与黑河民航站进行沟通，就新立区域的航行保障事宜进行磋商，最终在空军长春指挥所的组织协调下，于4月8日，与民航黑河机场管制室签订了《东北航空护林总调度室与民航黑河机场管制室管制补充协议》，确定了新立区域的空域范围、指挥权、通报程序等内容，为黑河直升机靠前进驻新立起降点执行任务奠定了基础。

为了保证哈尔滨航站航空护林飞行工作的正常开展，从2014年下半年开始，总站总调度室积极协助哈尔滨航站规划巡护航线，与空军哈尔滨飞行学院、民航黑龙江空管分局、中航工业哈飞试飞站及飞龙公司就飞行指挥程序、动态通报等事宜进行反复磋商，多次赴空军长春指挥所进行汇报，争取支持。于1月23日，在哈尔滨市组织召开了哈尔滨航站航管保障协调会。会上，与会代表就哈尔滨航空护林站护林飞行的组织与实施、飞行计划的申请与动态通报、飞行管制的工作程序以及各相关单位承担的职能等事宜进行了广泛探讨和充分协商，并达成一致意见，形成了会议纪要，为哈尔滨市航空护林站航空护林飞行任务的正常实施提供了保障，也为今后的规范运行奠定了基础。

【应对突发林火】 6月18日内蒙古北部原始林区奇乾、7月17日黑龙江大兴安岭漠河县西林吉林业局富克山林场发生森林火灾。由于火场处于原始林区腹地，邻近国界，偏远无路，山高林密，扑火人员难以徒步抵达火场，扑救困难。为尽快组织力量对火场实施扑救，总站在最短的时间内协调调动1架在海拉尔航站执行任务的K－32直升机及1架在加格达奇航站执行任务的M－26直升机支援奇乾火场的扑救，火场集结4架直升机（1架M－26、1架M－171、1架EC－225、1架KA－32），侦察火场28架次、机降846人、洒水164吨、运送给养10.1吨。

7月17日，应黑龙江省森林防火指挥部、大兴安岭地区森林防火指挥部的请求，紧急协调调动4架直升机支援富克山扑火工作。4架直升机灭火飞行52架次，吊桶洒水202吨，扑灭火线1.66千米，运送扑火物资11吨。为及时快速扑灭森林火灾赢得了宝贵时间。

【满归火场扑火飞行保障工作】 6月15日、18日，满归国境线中国侧10千米位置、奇乾林业局奇乾林场连续发生森林火灾。期间，满归、根河本场及外站支援直升机共扑火飞行46架次，至6月28日林火被扑灭。全体值班人员克服了工作时间长、劳动强度大等困难，以忘我的精神状态、饱满的工作热情和严谨、科学的工作态度，坚守值班岗位，并与长春指挥所、海拉尔区调、沈阳管调、民航黑龙江空管分局气象等部门进行密切的协调，顺利完成了近半个月的火场飞行安全保障工作。

【解救洪水围困群众】 6月13、14日，扎兰屯市西南部两个乡镇共3名群众，柴河镇国森矿业职工和部分群众500多人被洪水围困，陆路难以施救，情况紧急，被困群众生命危在旦夕。接到呼伦贝尔市政府应急办请求调动海拉尔航站直升机救援的申请后，在按程序请示的同时，受理急救计划，通知航站做好随时起飞救援的准备工作。在国家森防办的大力支持下，经过紧张有序的工作，救援直升机在第一时间紧急起飞，安全、顺利地完成救援任务。此次，应急解救3人，为500多人送去给养。总站以人为本、生命高于一切的人文精神和航空护林人的高尚风格，得到呼伦贝尔市人民政府的高度赞扬。

【支援航站工作】 应陕西省森林防火指挥部的支援请求，按照总站要求，抽调飞行观察员、航行管制员、气象保障员，完成了支援陕西省2015年春、秋航的组织、协调工作。春季支援从2月26日至5月31日，历时3个月，共派出了两个支援组12名支援人员。秋季支援从11月16日至2016年5月15日，历时6个月。完成飞行观察、航行管制、气象保障和航空护林业务指导培训等多项支援任务，有力保障了陕西省航空护林工作的顺利开展，促进了陕西省航空护林业务能力的进一步提高，获得了陕西航站同志们的一致好评。

另外，为了确保黑河航空护林站首次进驻新立起降点顺利开展工作，同时也为了确保进驻新立的管制人员在首次执行任务时不发生差错，总站总调度室选派一名有经验的老同志前往新立进行了20天的专业指导，为新立点的航管工作捋清了工作流程、明确了工作重点，切实提高了该站航管人员指挥技能，确保了飞行安全。

【观察员管理工作】 完成了总站和陕西航空护林站7名符合放飞、晋级条件的飞行观察员、学员的晋级和放飞考核工作；根据陕西省森林防火指挥部关于陕西省航空护林站人员赴北方总站学习培训请示，按总站要求，协调塔河、敦化、根河、扎兰屯4个航空护林站，完成了2015年秋航期间陕西省航空护林站人员到北方航站培训的组织实施工作；根据观察员疗养有关规定，组织总站观察员进行了集体疗养和总站空勤人员保险续保工作；汇总、整理和补充飞行观察员档案信息，建立了可实现分类、统计、检索等功能的观察员电子数据档案。

【加强业务培训】 北航总站于8月下旬在北戴河国家林

业局培训中心举办了观察员业务交流研讨班和观察员理论培训班两个培训班。

总站长张惠新、副总站长张宝柱亲自到会指导，并参加交流研讨。本次培训是总站历史上对飞行观察员首次全系统全覆盖集中培训，培训对象涵盖了北方航空护林系统所有在职飞行观察员。其中，观察员业务交流研讨班主要针对特级、一级飞行观察员和具备飞行观察员资格的航站领导，以主题发言、专题交流研讨为主，来自总站和黑龙江、内蒙古、吉林、陕西等4省(区)60人参加了交流研讨。观察员理论培训班主要针对二级、三级飞行观察员开设，以授课形式为主，共从总站和北方各航站聘请了9名授课老师，开设了11门64学时飞行观察业务理论课程。总站和黑龙江、内蒙古、吉林、陕西、新疆等5省(区)60名飞行观察员参加了培训。

【全国卫星林火监测研讨班】 7月，国家森防办预警监测信息中心在伊春市主持举办了为期4天的全国卫星林火监测业务研讨班。研讨班旨在加强对东北、西南、西北分中心和部分省区卫星林火监测工作的指导和管理，学习高分卫星发射之后卫星林火监测新技术，研究卫星林火监测工作遇到的新问题，探讨应对新情况、解决新问题的方法，以进一步提高卫星林火监测业务水平。

【协调、推进火场侦察系统建设项目】 在总站领导和总站有关处室的大力支持下，通过大家共同努力，2015年项目建设取得了重大进展。主要完成以下几项工作：一是在初设审批阶段，按项目初设审批部门要求，完成了项目初设6项审查意见的说明和上报工作；二是在项目资金已批复的前提下，按要求对机载吊舱当前发展状况进行了调研，对“项目追加机载吊舱方案”存在困难和存在的问题进行了说明；三是在初步设计得到批复后，严格按照政府集中采购有关要求，在财务部门把关下，完成了项目中政府集中采购部分的分离工作；四是进行了招标公司的调研、考察，按程序选择确定了招标代理机构，并签订招标代理协议；五是进行了招标文件的编写工作；六是组织、参与招投标，与中标公司签订项目施工合同。

【卫星监测林火安全】 2015年，东北卫星林火监测分中心共发布卫星林火监测图像1987幅，其中公众东北监测图像1617幅，黑龙江原始监测图像159幅，吉林原始监测图像26幅，辽宁原始检测图像45幅，内蒙古原始检测图像140幅。共发现热点946个，其中黑龙江省541个，吉林省52个，辽宁省58个，内蒙古268个。发现林火67起，其中黑龙江省16起，吉林省10起，内蒙古9起。草原火10起，灌木火6起，农用火428起。2个像素以上热点：黑龙江省366个，吉林省29个，辽宁省53个，内蒙古160个。

【森防物资储备招标和使用情况】 按照国家森林防火指挥部办公室《关于认真做好2015年森林防火储备物资招标采购通知》(国森防办〔2015〕24号指示精神，自3月25日参加会议接受任务到5月25日全部购销合同签订结束，历时2个月的时间，圆满地完成了招标采购任务。全年入库风力灭火机300台；对讲机100部(南方采购)；扑火服1000套(南方采购)；防护大衣2000套(南方采购)。出库储水池20套，油锯50台、羽绒睡袋200套、风力灭火机120台，双人帐篷200项。其中，内蒙古通辽市防火办10储水池、其余物资出库黑龙江省黑河市防火指挥部。

【加强行业管理】 2015年是中央财政将森林航空消防补助经费从部门预算转列补助地方专款后的第一年，为确保供机单位能够顺利执行森林航空消防任务和租机单位飞行费支付工作，函告省(区、市)森林防火指挥部办公室、航站、航空公司及时做好相关工作。为保证哈尔滨航站航空护林飞行工作的正常开展，总站协助相关部门就飞行指挥程序、动态通报进行等事宜进行反复磋商、落实。经过不懈努力，于1月23日，在哈尔滨市组织召开了哈尔滨市航站航管保障协调会。为哈尔滨市航空护林站航空护林飞行任务的正常实施提供了保障，也为今后的规范运行奠定了基础。

【实地卫星热点核查工作】 按照《国家森林防火指挥部办公室关于组织开展卫星监测热点现场核查评估有关工作的通知》要求，由国家林业局预警监测信息中心组织，北航总站、西南、西北卫星林火监测分中心，河北省防火办参加的热点实地核查工作，对辽宁省、吉林省的7个监测热点进行了实地核查。首次核查工作提高了查阅火场资料，图上作业验证热点的准确性并能够及时详实向局监测处递交实地核查火场报告。

【搭建稳定的网络平台】 积极主动对总站内的计算机进行日常管理与维护，针对总站办公计算机日益增多，受到当前带宽限制，计算机及网络故障频发，网络管理人员能够及时排除故障，保证了总站业务的正常开展；保养与维护机房的各种硬件设备，主要对交换机、防火墙、路由器等网络设备进行了定期维护、检修等工作；定期对总站视频会议系统进行检查，确保视频会议按照上级要求按时召开。

【廉政风险防控机制】 反腐倡廉制度建设制度位置进一步提高，进一步建立和完善反腐倡廉教育、监督、预防和惩治等各项制度，严格执行中央、中央纪委和国家林业局党组关于党风廉政建设一系列规定，贯彻落实《北方航空护林总站建立健全惩治和预防腐败体系工作规划》，提高了制度的执行力。加强对权力运行的制约和监督，坚持重大事项集体研究决策，强化对重要干部任免、重大项目建设和大额度资金使用的监督，确保了权利公开透明运行。在此基础上，完善了总站科级以上干部考核制度、内部审计制度和纪检监察等一系列规章制度，使工作有章可循，形成用制度管人、管钱、管事。

【总站干部队伍建设】 总站注重对广大干部现实工作等各方面情况的了解，总体掌握干部队伍的基本情况；完善了总站人事管理制度，并按总站领导的要求，强化考勤制度，加强监督管理，使总站各项人事管理工作更规范化、制度化；修订了干部考核办法和一般工作人员考核办法，加强对总站在职人员的考核与监督；根据干部选拔任用条例，按照总站领导的安排部署，具体开展了总站处级干部竞聘上岗有关工作；健全和完善总站干部的教育、管理、考核、监督等各项制度，结合总站干部队伍实际，强化人才队伍建设，进一步推进总站岗位设置管理工作，完善岗位设置聘用实施方案，使总站岗位设置管理及岗位聘用工作进一步制度化、规范化，协助总站领导完成了2015年度毕业生公开招聘工作，选派干部职工参加各项学习培训，使干部队伍的整体素质得到了明显提升。

【林业大事】

1月23日 哈尔滨市航空护林站航管保障协调会在哈尔滨市召开。北方航空护林总站副总站长张宝柱、总调度室主任董春林等同志应邀参加。

1月26日 根据国家林业局党组的统一部署，按照局人事司《关于开展2014年年度考核工作的通知》要求，结合总站实际情况，北方航空护林总站召开了领导班子年度述职测评会议。以国家林业局人事司副司长丁立新为组长的考核组一行4人出席会议并给予指导。总站领导班子成员和中层以上干部参加会议。

3月11日 为进一步深入贯彻落实全国民航工作会议、安全工作会议和东北民航工作会议精神，加强辖区通用航空监管工作，促进黑龙江地区通航运行安全，民航黑龙江安全监督管理局于在佳木斯组织召开了2015年度黑龙江地区通用航空安全运行管理工作会议。北方航空护林总站副总站长张宝柱、总调度室主任董春林应邀参加会议。

3月12日 黑龙江省人民政府森林防火指挥部对2014年度森林草原防火先进集体和先进个人进行了表彰。北方航空护林总站董春林、安鸿东和朱那3人被授予了"2014年森林草原防火先进个人"称号。

4月14日 由国家森防办副主任、森林公安局副局长柳学军带队，有关人员陪同的工作组，赴黑龙江省北大荒通用航空公司考察调研。工作组一行在郭庆才总经理的陪同下观看了空中拖拉机802F机群空中洒水飞行表演，并与澳大利亚供应商就进一步推进通用航空与森林航空消防的合作与发展进行了座谈交流。

4月15～16日 为进一步贯彻落实国家森防指关于推进森林航空消防行业机制改革、加快航空护林事业发展的一系列指示精神，南、北方森林航空消防座谈会在哈尔滨召开。国家森防办副主任、森林公安局副局长柳学军，航空消防处处长张连生，北方航空护林总站总站长张惠新，总工程师张喜忠，南方航空护林总站副总站长周俊亮及有关人员参加座谈。

4月28日 为贯彻落实全国春季农业生产暨森林草原防火工作会议精神，切实做好"五一"期间森林防火工作，国家森林防火指挥部办公室决定召开森林防火工作视频调度会，北航总站张惠新总站长、张宝柱副总站长、侯振伟、董春林、闫铁铮、刘克韧、孙继生参加视频会议。

5月12日 国家森林防火指挥部办公室召开重点省(区)森林防火工作会，北航总站总站长张惠新参加会议。

5月12～15日 国家森林防火指挥部副总指挥、国家林业局副局长孙扎根，国家林业局森林公安局政委焦德发一行在吉林和黑龙江省林业厅、森工总局、资源监督办、森警部队及北方航空护林总站等部门负责同志的陪同下，先后赴长春、吉林、哈尔滨和伊春等地检查指导春防工作。

5月13日 国家森林防火指挥部副总指挥、国家林业局副局长孙扎根，国家林业局森林公安局、计财司、湿地办、专员办等领导到北方航空护林总站检查指导工作。

5月25日 沈阳飞行管制区低空空域管理改革工作会议在沈阳召开，北方航空护林总站总工程师张喜忠参加会议。

6月5日 北方航空护林总站在哈尔滨组织召开2015年夏季航空护林租机协调会议。内蒙古、黑龙江省(区)森林防火指挥部办公室、大兴安岭森林防火指挥部办公室及相关通用航空公司领导参加会议。

6月25日 民航空管局气象中心科研培训室副主任徐小敏、华东空管局气象中心调研员胡晓薇、东北空管局气象部部长刘鹏一行9人，到北航总站进行通用航空气象服务保障工作调研。

7月14日 国家森防办预警监测信息中心在伊春市主持举办为期4天的全国卫星林火监测业务研讨班。

7月23日 国家林业局办公室举办2015年全国林业厅局长会议，北航总站总站长张惠新到北京参加会议，其余在家领导在三楼会议室参加了视频会议。

7月23～27日 在北戴河成功举办"2015年北方森林航空消防林业调度员培训班"。河北省人民政府森林草原防火指挥部、辽宁省森林公安局、新疆维吾尔自治区护林防火指挥部办公室及北方各航空护林站(中心)派人参加了培训班。

8月13～14日 北方航空护林总站在内蒙古自治区呼和浩特市组织召开了2015年秋季北方航空护林租机协调会议。国家森防办、军民航等管理和保障单位，内蒙古、黑龙江、吉林、陕西、新疆维吾尔自治区及大兴安岭地区森林防火主管部门，各航空护林站以及供机单位有关人员参加了会议。

8月15～19日 在国家林业局北戴河培训中心举办了2015年北方航空护林飞行观察员业务交流研讨班。北方航空护林总站和黑龙江、内蒙古、吉林、陕西等4省(区)15个航空护林站站长、副站长以及特级、一级飞行观察员共计60人参加了此次业务交流研讨。国家森防办航空消防处处长张连生、北航总站总站长张惠新、副总站长张宝柱长到会指导作讲话。

9月12～13日 由国家林业局机关党委副书记、纪委书记柏章良带队，相关司局人员组成的专项巡视组一行4人莅临北方航空护林总站，对总站贯彻落实"两个责任"开展情况进行了检查。总站长张惠新代表总站向工作组作了专项汇报，处级以上领导干部参加汇报会。

9月19日 国家森防指副总指挥杜永胜、北方航空护林总站总站长张惠新一行7人，在大兴安岭林管局副局长郑怀玉、地区防火办主任冯乃祥、地区防火办党委副书记孙金峰的陪同下到加格达奇航站检查指导工作。

9月28日 为切实加强赴火场工作组应急反应能力，根据《北方航空护林总站2015年秋季处置北方地区重、特大森林火灾应急预案》的部署，总站靠前驻防工作组于进驻加格达奇航空护林站，开展秋航靠前驻防工作。

11月15日至2016年5月15日 应陕西省森林防火指挥部申请支援航空护林工作的请示，总站决定2015年秋航及2016年春航期间继续派出专家组赴陕西支援，主要任务是保障陕西航空护林工作正常开展和进行航空护林业务指导、人员培训。

12月14日 根据国家林业局机关党委《关于开好2015年度“三严三实”民主生活会的通知》(林机党〔2015〕88号)要求，总站召开了“三严三实”专题民主生活会学习动员会议，党委副书记、纪委书记李世奇主持会议，党委副书记、总站长张惠新亲自宣读学习党章全文，总站处级以上领导干部参加会议。

12月21日 为深入学习贯彻领会中央精神，推进全面从严治党，北方航空护林总站党委中心组召开集中学习会议，深入学习《中国共产党廉洁自律准则》《中国共产党纪律处分条例》等规章制度。

(北航总站由石凤莉供稿)

国家林业局南方航空护林总站

【综 述】 2015年，总站紧紧围绕森林航空消防中心工作，积极配合推进飞行费投入机制改革，着力提升航护效益，切实加强飞行安全措施。在航护基地布点上科学规划、合理调度，克服人员紧张、点多面广、战线较长等困难，防火紧要期全体航护工作人员靠前驻防、深入一线，加强值班备勤工作，做到准备充分、出动迅速，狠抓依法治火落实，确保全年森林航空消防工作有序开展，南方航空护林各项工作取得了显著成绩，森林航空消防实现“安全高效”的目标，得到了上级领导和驻地各级党委、政府的充分肯定和高度评价。

【森林航空消防】 2015年，结合全年森林防火工作实际情况，总站采取加强应急管理、协调落实机源、完善业务制度、强化业务培训等措施，保障航护主业安全、高效完成。主要措施有：一是及时修订《南方林区重特大森林火灾森林航空消防应急预案》，并在不同时段分别下发加强重点节假日期间森林航空消防及安全工作的通知，加强安全管理及应急、应变、应战能力建设；二是面对开航省份增加，飞机需求扩大，机源极其紧张的局面，积极协调各省相关单位，确保机源及预算做到统筹兼顾、科学合理，并结合护区作业条件，针对性的分析各机型飞行性能，将有限的机源科学调配安排至各护区；三是面对飞行费转列地方补助的改革，在抓好航护工作的同时，落实飞行费改革工作，通过梳理和调整，飞行费转列后的结算工作已初步理顺；四是印发调度值班、飞行观察员管理规定，制定飞行观察员晋级考核办法和航期基地管理工作规定，并要求总站及各站业务部门严格执行24小时值班和领导带班制度，规范调度值班程序及流程，确保信息畅通；五是针对省属航站业务人员招录不到位，又提前开航的实际情况，总站组织集中培训，并派出教学组和考核组赴各航站进行针对性培训，解决专业技术人员配备、储备不足的问题。据统计，全年总站共租用飞机60架次(34架)，分别部署在山东聊城、平阴、莱芜，河南洛阳、南阳，浙江建德，江西南昌、赣州，湖北武昌、老河口，湖南长沙松雅湖，广东增城、梅州、河源、云浮，广西梧州、田阳，重庆江北，黔江、万州，四川西昌、金川、九寨沟，云南普洱、保山、大理、丽江等27个航站(基地)开展森林航空消防工作，共计飞行1005架次2286小时32分，空中发现和参与处置林火67起，对其中的47起林火实施了吊桶灭火，吊桶洒水灭火飞行135架次278小时21分，洒水1356桶(约4080.5吨)，投撒防火宣传单19.6万份。

【森林防火协调】 2015年，西南森林防火协调中心多次组织赴火场工作组第一梯队进行实战演练，提高第一梯队应急保障和协调处置能力。同时，还专门安排资金更新业务装备，并调整人员组成，加强备勤分组，明确工作职责。按照国家森防指的指示，总站派出赴火场工作组处置四川冕宁“3·12”森林火灾，并对云南省、四川省进行防火检查。

【卫星林火监测】 2015年，西南卫星林火监测分中心认真落实国家森防指、国家林业局预警监测中心的指示和要求，坚持执行森林防火信息“零报告”制度，加强对重点时段、重要火灾火场的监测工作，切实做好图像定位、热点跟踪和信息传输，做到接收认真、判别准确、处理快速、传输及时，并对多起重大森林火灾进行连续跟踪监测，为监测区域防火部门提供了可靠的监测信息。据统计，2015年共监测到南方10省区2像素以上热点3439个，其中反馈为林火的116个，平均反馈率为99.24%。

【森林防火物资储备】 2015年，西南森林防火物资储备中心按照国家森防办的要求，认真做好防火物资的招标采购和仓储管理工作，完成物资储备仓库查询系统安装工作，并对储备库库区进行改造、加固和绿化。同时，严格按照国家森防办的出库通知及时调拨扑火物资，保证了物资及时发送到位。据统计，2015年储备中心共向青海、西藏、广西、四川、内蒙古，云南大理、昆明、安宁、玉溪，贵州贵阳、荔波、黔东南、黔南、剑河、黄平，河南三门峡，山东淄博以及武警森林指挥部机动支队等地共调拨23个批次的储水池、灭火机、睡袋、割灌机、扑火工具、个人装备、水枪、扑火服、油锯、灭火剂、对讲机和各种水泵、帐篷共5111件(套);共接收入库2015年招标采购的对讲机、扑火服、割灌机、油锯、灭火机、灭火剂、水枪、储水池及各种水泵共3443件(套)。

【森林航空消防培训】 2015年,总站通过组织两次航护业务集中培训、派出教学组和考核组赴各航站组织培训和考核,并组织职工参加各级、各部门举办的培训班等方式累计完成业务、办公、人事、组织等培训达200余人次。

【开展第六轮全员聘用】 2014年年底,总站第六轮全员岗位聘用工作启动,按照《党政领导干部选拔任用工作条例》《事业单位人事管理条例》《南方航空护林总站第六轮全员岗位聘用制实施办法》和《南方航空护林总站第六轮站处长竞争上岗实施方案》等法规和文件,2014年12月18~19日,总站开展机关及下属6个航空护林站站处长竞聘上岗笔试和演讲。2015年1月22日,第六轮拟聘用(任命)处级人员公示,随后按干部任免程序报国家林业局批准,并完成处级以下干部聘用,至9月底,第六轮全员聘用工作全部完成。

【定点脱贫攻坚工作】 2015年,总站参加云南省委、省政府关于建立扶贫攻坚"领导挂点、部门包村、干部帮户"长效机制,扎实开展"转作风走基层遍访贫困村贫困户"工作的相关要求,总站及下属航站认真贯彻落实"挂包帮 转走访"相关工作,总站机关挂怒江州泸水县腊斯底村昂边组14户,总站下属丽江站挂丽江市玉龙县鲁甸乡鲁甸村4户、保山站挂保山市隆阳区瓦房乡党东村35户、普洱站挂普洱市西盟县新厂镇窝羊村10户。总站长史永林、副总站长袁俊杰多次带领机关干部职工及下属航站干部职工数次深入挂钩村,开展进村入户调查和走访慰问,全年向挂钩村贫困户捐赠现金及过冬物资共计12万元。总站下属百色站按照百色市关于"十三五"时期联系帮扶贫困村的安排和分工要求,挂百色市德保县隆桑镇陇色村,开展定点扶贫工作。

【南方航空护林系统专业技术人员管理】 2015年,总站进一步规范南方各省(区、市)航空护林业务工作,结合实际完善和修订了《南方森林航空消防调度值班管理规定》《飞行观察员管理规定》和《飞行观察员晋级考核办法》,进一步加强南方航空护林系统特岗人员队伍建设和管理,确保森林航空消防飞行安全、高效。根据南方各省(区、市)开航需求,开展飞行观察员业务技能培训、飞行观察信息系统视频教学培训、南方森林航空消防业务练兵培训,切实提升飞行观察员业务技能及飞行观察队伍的整体素质,为南方森林航空消防实现又好又快发展提供专业技术人员储备。

【地空配合灭火实战演练和吊桶洒水训练】 湖南、湖北、山东、重庆、百色、普洱、丽江等航空护林站在当地森林防火部门支持配合下,分别组织开展森林防火地空模拟实战演练,通过实战演练,进一步提升了地空配合综合救援能力,锻炼了航空护林救援队伍,展示了"拉得出、打得胜、过得硬"的工作作风,从而达到安全、高效、科学扑救森林火灾的目的。河南省森林航空消防站配合地方林业部门开展了4次森林火灾联合地空配合演练,结合演练投撒防火宣传单17万份,有效提高了全社会对森林防火和航空消防的认识。浙江省航空护林管理站举行了森林航空消防实战演练,演练内容主要包括野外巡护、侦察、机降、取水、吊灭、野外加油等作业。保山站和普洱站认真组织机组在野外不同地形条件下进行吊桶洒水训练,洒水准确率达90%以上。

【自建直升机场启用准备工作】 为使南方航空护林总站自建的西昌盐源、丽江白沙、保山长岭岗等直升机场尽快投入使用,推进森林航空消防标准化建设,提高森林航空消防的综合能力与服务水平,最大限度地延伸、提升西部原始林区吊桶灭火范围和抢险救灾能力,南方航空护林总站加大与相关部门协调,加快消防、土地等手续办理进度,完善直升机场内视频监控安保系统、防水防洪系统、航护指挥和办公系统、全场绿化工程、健身步道工程,以及工作人员住宿、食堂等设备、设施采购安装,截至2015年年底,已初步具备开展森林航空消防工作的基本条件。

【开发应用航空护林新技术】 湖南省森林消防航空护林站引进航空护林调度系统,实现了航空护林信息在线实时传输,进一步提升森林航空消防时效性。购置的航空广播DCW-2000系统,能在巡护中播放航空广播,全面提升了森林防火航空宣传效果。

【航护面积进一步扩大】 2015年,湖北、浙江两省实现全面开航(其中,湖北省武当山航站在2014年年底顺利开航),两省航站开局顺利,航护工作组织有力,安全高效地完成各项工作,使南方的航护面积进一步扩大,巡护面积增加了约25万平方千米。同时,南航总站成都站在金川新设森林航空消防基地,进一步积累和探索高高原林区开展航空护林工作。

【完成2015年公开招聘高校毕业生】 南方航空护林总站成立2015年公开招聘高校毕业生领导小组,公开招聘高校毕业生,并通过网上发布招考信息、笔试、面试及上机适应性飞行等面向社会进行了2015年高校毕业生招聘工作,严格按照程序录用了9名高校毕业生。

【春季夏季租机协调会】 2月3日,总站在昆明召开2015年南方森林航空消防春夏季租机协调会,国家林业局森林公安局副局长柳学军、南方航空护林总站总站长史永林、副总站长周俊亮、吴灵、袁俊杰和云南、四川、广西、江西、河南、广东、重庆、山东、湖南、湖北、浙江等省(区、市)财政和林业主管部门的领导、南方各航站站长以及相关通航公司领导出席会议。总站及各省(区、市)林业主管部门共同与9家通航公司签订了14架飞机的租机协议(其中固定翼1架,直升机13架),分别部署在云南普洱、保山、丽江、大理、四川西昌、九寨、金川、广西田阳、重庆江北、黔江、山东新泰、湖南长沙、江西南昌等航站(基地)。

【2015年工作会议】 2月5日，总站在昆明召开2015年南方航空护林总站工作会议。总站长史永林、副总站长周俊亮、吴灵、袁俊杰出席会议，总站机关各处(室)负责人、机关离退休党支部书记以及普洱、保山、丽江、成都、西昌、百色和江西、河南、广东、山东、重庆、湖南、湖北、武当山等航空护林站负责人参加会议。会上，史永林作主题报告，会议由周俊亮主持。会议还表彰了2014年度机关和直属航站的先进集体，签订了第六轮站处长岗位聘用合同，签订了党风廉政建设责任书和项目资金安全运行责任书。

【获国家林业局第五届《中国林业年鉴》组织奖和贡献奖】 2014年《中国林业年鉴》工作会议在四川都江堰召开，会议对获得第五届中国林业年鉴组织奖和贡献奖的先进单位及个人进行了表彰。总站因年鉴工作成绩突出，被国家林业局授予"中国林业年鉴组织奖"荣誉称号，史永林总站长作为《中国林业年鉴》特约编委、办公室副主任杨林作为《中国林业年鉴》特约编辑，分别获得国家林业局授予的第五届"中国林业年鉴贡献奖"荣誉称号。

【督查云南四川两省森林防火工作】 3月9～15日，国家森林防火指挥部派出由南方航空护林总站吴灵副总站长带队的工作组一行4人，先后赴云南、四川两省重点火险地区督促检查森林防火工作。

【高高原林区航空直接灭火工作取得突破】 3月12日，四川省凉山州冕宁县发生森林火灾，中央领导同志高度关注，并作出重要批示，根据国家森林防火指挥部通知，总站派出火场工作组前往冕宁县协调指导森林火灾扑救工作。火场地处高山峡谷、山势陡峭，常规灭火手段及方法难以实施，基本依靠直升机吊桶洒水灭火，扑救工作异常困难。南航总站西昌站、丽江站紧急出动两架K－32直升机，经过8天的全力扑救，至19日该火场被彻底扑灭。此次航空灭火行动，克服了火场海拔高，地形复杂，气流紊乱，谷低、江窄、高差大(约2500m)、取水难度大等诸多困难，实现了在1600米海拔取水和4100米海拔洒水新纪录。

【东北卫星林火监测分中心到南航总站调研林火监测工作】 3月23日，东北卫星林火监测分中心有关人员到南方航空护林总站调研林火监测工作，调研期间，参观了西南卫星林火监测分中心。座谈会上，东北、西南分中心就林火监测基本情况、监测设施建设进展及森林资源分布情况等相互介绍，并就监测技术、卫星热点判读误差、网络建设等问题进行了广泛和深入的探讨。通过调研，进一步加强了东北和西南两个分中心的技术交流和沟通，提高了对卫星林火监测工作重要性的认识，促进了卫星林火监测工作的开展。

【国家林业局党组成员彭有冬到南航总站调研】 3月24日，国家林业局党组成员、科技司司长彭有冬一行到南方航空护林总站调研森林航空消防工作。云南省林业厅副厅长万勇陪同调研。彭有冬一行在南航总站领导的陪同下，到机关各处(室)看望了全站职工，并到西南卫星林火监测分中心了解南方省区近期卫星林火监测情况。在座谈会上，南航总站总站长史永林作了工作汇报，彭有冬代表国家林业局党组对南航总站多年来为保护森林生态安全所做的工作给予高度评价，同时指出，在今后的工作中一是要加强一线工作人员的安全保障，强化安全生产，确保扑火安全；二是要加强科技防火建设，着力提升南航总站系统整体科技水平；三是要在国家林业局党组的正确领导下，认真贯彻落实建设生态文明战略，履行好国家林业局赋予的职责，抓好班子和队伍建设，打造一支过硬的专业队伍。

【承办国家林业局卫星林火监测技术研讨培训班】 3月24～27日，国家林业局林火监测中心在昆明举办卫星林火监测技术研讨培训班。国家林业局林火监测中心副主任陈介平到会讲话，南航总站副总站长周俊亮，云南省森林防火指挥部专职副指挥长杜勇参加研讨培训。本次培训班由南方航空护林总站承办，来自国家林业局监测中心和东北、西南、西北3个分中心的领导和技术骨干共12人参加了培训研讨。

【山东航站连续扑救三起森林火灾】 3月24日、25日、30日，山东省烟台市昆嵛山自然保护区、济南市历城区、泰安市岱岳区发生森林火灾，山东省航空护林站立即组织分别驻防平阴、聊城的两架直升机连续转场调机参与3个火场的扑救，在飞行机组、军民航保障单位的支持下，在地面扑火队员的配合下，3个火场被完全扑灭。

【西昌航站连续扑救三起森林火灾】 4月19日8时，应四川省、凉山州森防指请求，南方航空护林总站西昌站及时组织K－32直升机对昭觉县碗厂乡森林火灾进行空中支援，在完成该火场扑救后，K－32直升机返场途中发现另一起森林火情，随机飞行观察员决定立即对该火场开展吊桶灭火，将火场扑灭。15时35分，西昌站接到凉山州森防指通报，西昌市安宁镇突发森林火灾，请求空中支援。接到任务后，西昌站立即申报紧急飞行计划，同时组织业务人员和机组进场，16时10分直升机起飞，对威胁较大的火线、火头开展吊桶灭火作业，在地空紧密配合下，该火场于18时30分被彻底扑灭。

【山东航站应急扑救城市火灾】 5月13日14时38分，山东省航空护林站平阴基地接到平阴县政府应急办电话，位于平阴城区的济南伊利乳业有限公司厂区发生火灾，由于厂区面积较大，建筑材料中有高分子化工易燃材料，地面消防设施难以控制火势，扑救十分困难，请求航空护林飞机空中支援。接到请求后，基地调度室立即上报山东省森防办，同时通知机组做好应急救援准备，经省森防办同意后，山东航站立即启动应急预案，下达扑救指令，并迅速完成飞行计划报批和飞行准备工作。15时24分，K－32直升机从平阴基地挂桶直飞火场，随机飞行观察员根据火场情况，与机组协商后，决定采用直升机悬停垂直洒水的方式，直接扑打火头，共计飞行两架次，2小时56分，洒水22桶（约110吨），迅速控制了火势。此次城市厂房火灾的扑救，充分发挥了森林航空消防应急救援作用，也展示了森林航空消防急地方之所急，帮地方之所需的管理理念，受到当地政府和群众的高度赞誉。

【山东省林业厅与莱芜市签署森林航空消防基地建设框架协议】 5月27日，山东省林业厅与莱芜市签署《山东省森林航空消防莱芜雪野基地建设框架协议》，山东省林业厅厅长刘均刚、莱芜市市长王磊出席签字仪式并讲话。省林业厅副厅长刘建武、莱芜市副市长郑金启出席签字仪式，省航空护林站站长任方喜、莱芜市雪野旅游区工委副书记张辉共同签署了合作框架协议。省林业厅在莱芜雪野机场投资建设航站楼、M－26直升机停机坪各一处，在机场周围预留百亩发展用地。省林业厅办公室、规划财务处、森林公安局、监测规划院、航空护林站主要负责人参加了签字仪式，莱芜市政府、莱芜市林业局等有关部门领导参加签字仪式。

【2014～2015年度南方森林航空消防总结座谈会】 6月27日，总站在广州召开2014～2015年度南方森林航空消防总结座谈会，出席会议的有国家森防办张连生处长、广东省森防指专职副总指挥彭尚德、南航总站总站长史永林、副总站长周俊亮、吴灵、袁俊杰等领导。广东省林业厅防火办，江西、河南、广东、重庆、山东、湖南、湖北（含武当山）、浙江等省（区、市）航空护林站及南航总站机关各处室、直属航站等单位主要负责人参加会议。会上，张连生处长对南航总站2015年春航所做的工作，给予充分肯定，并结合各站、处提出的问题给予全面分析和解答，同时还系统解读了新形势下森林航空消防发展前景以及森林航空消防飞行费转列支付后所面临的新问题，对森林航空消防工作中相关单位和部门，加强协调配合、提高航护效益等方面提出要求。史永林总站长重申并强调森林航空消防工作的重要性，总结了2014～2015年度南方森林航空消防工作，对当前南方森林航空消防工作的新形势和存在的问题进行探析，并对新开航的航站（基地）提出希望，对做好当前森林航空消防工作提出具体要求。南方各航站负责人结合本单位工作实际，将近年来航护工作中存在的问题、遇到的困难以及工作和发展思路等方面作专题发言交流。与会代表围绕业务建设、基本建设、队伍建设、航管协调、机组管理、安全飞行等方面展开深入讨论。

【承办全国航空护林学术专题研讨会】 6月29日，全国航空护林学术研讨会在云南省昆明市召开。云南省人民政府副省长张祖林出席会议并致辞，国家林业局森林公安局政委焦德发出席会议并讲话，云南省林业厅党组书记冷华、中国林学会森林防火专业委员会主任朴东赫出席了会议，国家林业局南方航空护林总站总站长史永林及北方航空护林总站总站长张惠新等领导出席会议并进行了发言交流。会上，焦德发政委对当前航空护林工作的现状、发展、改革等情况作了介绍，并对专业委员会的工作及发展方向提出了指导意见。与会代表观看了南航总站50年发展纪实专题片，多位专家学者在会上做专题交流发言。来自全国森林防火、航空护林以及教学、科研、生产等单位的100余位专家学者参加会议。研讨会由中国林学会森林防火专业委员会、中国林业科学研究院森林生态环境与保护研究所、国家林业局南、北方航空护林总站共同主办，南航总站承办。

【北方航空护林总站到南航总站调研物资储备工作】 7月13日，北方航空护林总站到南方航空护林总站调研森林防火物资储备工作。总站长史永林介绍了西南森林防火物资储备库的建设、管理和“十三五”规划情况。协调处负责人具体介绍了储备库物资调拨流程及库房建设管理。南、北航总站领导及业务人员，针对森林防火物资储备库的建设、库房管理及物资管理信息系统等方面进行深入探讨。会后，调研组一行在南航总站领导陪同下，前往西南森林防火物资储备库实地调研。

【派员核查四川重庆两省市卫星林火热点】 7月29日至8月5日，按照《国家森林防火指挥部办公室关于组织开展卫星监测热点现场核查评估有关工作的通知》要求，由国家林业局预警监测信息中心蒋岳新处长带队，东北、西北和西南卫星林火监测分中心分别抽调7名专业人员组成卫星林火热点核查工作组，对四川省和重庆市开展热点核查工作。

【国家林业局副局长刘东生到南航总站调研】 8月17日，国家林业局副局长刘东生一行到南方航空护林总站调研航空护林工作。国家林业局资源司副司长张松丹、计财司副司长杨冬等陪同调研。刘东生副局长一行在南航总站领导的陪同下，到机关各处（室）看望全站职工，并到森林航空消防指挥中心和西南卫星林火监测分中心了解南方省区近期航空护林和卫星林火监测情况。在听取了南航总站史永林总站长工作情况汇报后，刘东生对南航总站所做的工作给予了充分肯定，并要求南航总站继续履行好国家林业局赋予的职能，为生态文明建设贡献力量。

【湖南航站组织“无人机森林防火监测演示”活动】 10月19日，湖南省森林消防航空护林站组织“无人机森林防火监测演示”活动，湖南省林业厅等部门相关负责人观摩了演示。无人机演示了5千米半径遥控飞行、图像实时传输、信息即时处理等项目。无人机具有携带方便、操作简便、能执行高危险性任务等优势，用于森林防火能迅速开展火场侦察，为研判火情发展、科学制订扑救方案提供基础支撑，是森林防火信息化建设的重要内容，也是航空护林工作的辅助手段。

【南方森林航空消防训练基地建设项目开工建设】 10月20日，“南方航空护林总站江川直升机场暨南方森林航空消防训练基地建设项目”开工现场会在云南省玉溪市江川县直升机场项目施工现场召开，南航总站总站长史永林、副总站长吴灵、副总站长袁俊杰，云南省森林防火指挥部、玉溪市、江川县领导及市、县两级政府相关部门负责人出席。江川直升机场属于公益性质的抢险救灾项目，是国务院正式批准实施的《全国森林防火中长期发展规划》《国家航空应急救援体系"十二五"规划》及《云南省应急体系建设"十二五"规划》确定的重点建设项目。从2011年启动前期工作至今，历时四年多时间，经南方航空护林总站与云南省森防指、玉溪市政府、江川县政府多次会商和实地勘察，并报经国家林业局及空军、民航等有关部门批准，确定选址于玉溪市江川县江城镇建设直升机场。通过该项目的实施，将充分发挥森林航空消防机动灵活、快捷高效的空中优势，实现对云南省滇中重点森林火险区的航空灭火全覆盖，增强该地区对森林火灾的综合防控能力，具有良好的社会效益和生态效益。

【与中航油云南公司签署战略合作框架协议】 11月4日，南方航空护林总站与中航油云南公司在昆明正式签署战略合作框架协议。南航总站总站长史永林、副总站长吴灵及总站有关部门负责人，中航油云南公司总经理袁卫、副总经理王旭及公司各部门主要负责人出席签约仪式。经双方友好协商、反复酝酿，达成合作共识，一致同意结成长期全面的战略合作伙伴关系，为今后在森林航空消防直升机场供油、野外航空灭火加油、加油车运行管理等方面的合作打下坚实基础，为森林航空消防应急抢险救灾飞行提供及时有力的航油保障，进一步提升南航总站在直升机场供油，野外航空灭火供油、航油车运行管理等方面的综合能力，有利于南航总站更好地履行国家林业局赋予的应急抢险救灾职责和使命。

【国家森防指专职副总指挥杜永胜出席湖北航空护林开航现场会】 11月21日，湖北省航空护林开航现场会在咸宁召开。国家森林防火指挥部专职副总指挥杜永胜，湖北省森林防火指挥部指挥长、副省长任振鹤，国家森林防火指挥部办公室副主任、国家林业局森林公安局副局长柳学军，国家林业局南方航空护林总站副总站长周俊亮出席现场会。杜永胜对湖北省森林防火及航空护林工作给予了充分肯定。湖北省航空护林工作超前谋划，勇于创新，探索和试行省内航空护林体系规划建设，积极推动市州强化航空护林机构和队伍建设，已形成"一个省站（湖北航站）、一个区域航站（武当山航站）"的模式，为扩大航护范围和强化区域内联动进行了积极探索。

【启用丽江白沙直升机场现场协调会】 12月19日，南方航空护林总站实地调研丽江站白沙直升机场建设情况，并针对建设中存在的困难和问题召开推进协调座谈会。会上，南航总站丽江站负责人汇报白沙直升机场项目建设工作遇到的问题，与会领导就解决直升机场围墙封闭、机场临时用水、消防水池建设等问题进行研商，并达成共识。会议明确了2016年春航拟启用白沙直升机场的相关事宜和工作重点，丽江市、玉龙县人民政府表示将一如既往地重视和支持白沙直升机场建设和航空护林工作。丽江站将在确保安全和质量的前提下，尽快完成直升机场各项建设和验收工作，早日投入使用，尽早发挥其在森林防火中的作用，提高滇西北地区的森林航空消防能力。

【自建直升机场现场办公会】 12月20日，南方航空护林总站在保山召开南方航空护林系统自建直升机场现场办公会。会上，在听取了保山、丽江、西昌、成都等航空护林站负责人关于直升机场建设情况汇报后，总站领导班子现场研究并讨论各机场建设存在问题的解决办法。总站长史永林要求各航站继续做好直升机场建设工作，提高认识，统一思想，明确目标，自觉维护好航空护林的形象和地位，同时认真查找问题，保障安全，因地制宜地把机场运作起来，逐步完善，最终实现对机场设施设备的规范运营和管理。

【"两委"换届选举工作】 12月17日，南方航空护林总站召开机关全体党员大会，组织"两委"换届选举工作，中央纪委、监察部驻国家林业局纪检组副组长、监察局局长张习文，监察局、人事司、计财司、机关党委相关处室领导莅临大会指导换届选举工作。按照《中国共产党章程》和《中国共产党基层组织暂行条例》规定的选举程序，以无记名投票、差额选举的方式，选举产生了新一届党委和纪委。17日下午，召开党委和纪委第一次全体会议，选举史永林为党委书记，周俊亮为党委副书记；选举周俊亮为纪委书记

【林业大事】

1月29日 国家林业局南方航空护林总站召开职工大会，宣布总站第六轮全员岗位竞聘副处级以上岗位竞聘结果及任职决定。

2月3日 南航总站在昆明召开2015年南方森林航空消防春夏航租机协调会，国家林业局森林公安局副局长、国家森林防火指挥部办公室副主任柳学军出席会议。总站组织云南、四川、广西、江西、河南、广东、重庆、山东、湖南、湖北、浙江等11省（区、市）与9家通用航空公司签订了14架飞机的租机协议（其中固定翼1架，直升机13架）。

2月6日 南航总站在昆明召开南方森林航空消防飞行观察员资格认定晋级评审会，会议审议通过17名符合晋级及认定条件的飞行观察员。

3月9～15日 按照国家森林防火指挥部要求，总站派出督导组到云南、四川两省督查森林防火工作。

3月16～20日 按照国家森林防火指挥部要求，总站派出火场工作组到四川省冕宁县协调指导扑救健美火场。

3月24日 国家林业局党组成员、科技司司长彭有冬到南航总站调研，并指导工作。

4月10日 国家森林防火指挥部专职副指挥长杜永胜在丽江出席两型直升机灭火性能展示飞行活动，并到南航总站丽江站检查指导工作。

6月26日 南航总站在广州召开2014～2015年度南方森林航空消防总结座谈会。

8月18日 四川省林业厅副厅长刘书贵一行到总站调研直升机场建设工作。

8月27日 南航总站总站长史永林与中标施工单位签订国家林业局南方航空护林总站江川直升机场暨南方森林航空消防训练基地建设施工合同。

10月20日 "南方航空护林总站江川直升机场开

工现场会”在云南省玉溪市江川县牛摩村召开，国家林业局南方航空护林总站江川直升机场暨南方森林航空消防训练基地项目进入施工阶段。

10月28～30日 南航总站总站长史永林、副总站长袁俊杰率队赴云南省怒江州泸水县开展脱贫攻坚入户摸底调查工作。

11月14日 南航总站史永林、副总站长吴灵在昆明与中国航油云南公司签署森林航空消防航油供应战略合作框架协议。

11月17日 南航总站承办的“中国航协通用航空分会农林牧渔专委会第二次常委会”在昆明召开，会议总结了2015年通用航空农林牧渔专项作业情况。

11月21日 湖北省航空护林开航现场会在咸宁召开，国家森林防火指挥部专职副总指挥杜永胜，湖北省森林防火指挥部指挥长、副省长任振鹤，国家森林防火指挥部办公室副主任、国家林业局森林公安局副局长柳学军，国家林业局南方航空护林总站副总站长周俊亮出席会议，会议由湖北省人民政府副秘书长吕江文主持。

12月17日 南航总站召开全体党员大会，组织“两委”换届选举工作，中央纪委、监察部驻国家林业局纪检组副组长、监察局局长张习文及国家林业局机关党委和相关司局领导莅临大会指导换届选举工作。史永林当选为总站党委书记，周俊亮当选为党委副书记；周俊亮当选为纪委书记。

（南航总站由史磊、刘蕾供稿）

国家林业局华东林业调查规划设计院

【综　述】 2015年，华东院完成国家林业局指令性任务20项，签订业务创收项目443个，获奖项目9个，全面实现年度各项目标。

【森林资源监测工作】 承担并完成了包括森林资源清查、林地年度变更调查、林地和林木采伐管理情况检查、林木采伐量调查、营造林综合核查、东北、内蒙古重点国有林区森林资源管理情况检查、森林资源清查信息系统优化完善、海防林建设三期工程规划编制、全国湿地监测评估和评价、森林抚育补贴试点抽查和碳汇计量监测等国家林业局下达的各项指令性任务。

第九次森林资源清查 承担并完成了江苏省森林资源清查阶段性相关工作。完成指导性检查样地138个，固定样地检查138个，验收样地卡片8536份，完成外业应查任务量。启动监测区7省1市的森林资源宏观监测工作，完成大样地调查遥感区划判读与现地核实工作。

全国林地年度变更调查工作 切实履行监测区林地变更调查工作的督导查验职责。制订监测区林地变更调查工作实施方案，参与山东、福建两省的林地变更调查技术培训，审查山东、福建两省的林地变更调查实施细则。完成浙江省东阳市和山东省青岛市黄岛区两个试点单位林地一张图与土地利用现状图的衔接工作。完成山东省林地变更调查的外业检查。承办全国林地一张图与土地利用现状图衔接试点总结研讨会。

全国林地和林木采伐管理情况检查工作 承担并完成监测区林地和林木采伐管理情况检查工作。完成9个县的林木采伐管理情况检查，完成35个县林地管理情况检查，提交两项检查的成果报告。完成全国林木采伐管理情况检查结果的汇总分析和全国报告编写工作。承办全国林木采伐管理检查汇总会议。完成浙江省嵊州市林木采伐量调查试点工作。

全国营造林综合核查 承担并完成监测区营造林综合核查工作。抽查38个县级单位，61个乡级单位，核查小班3131个、播区2个，抽查营造林面积22 016公顷。查对营造林技术档案登记的小班11 516个，面积58 247.73公顷并提交报告。

东北、内蒙古重点国有林区森林资源管理情况检查 参加并完成东北、内蒙古重点国有林区森林资源管理情况检查。完成四大森工集团24个局的2012年以来四期影像变化特征及其他相关资料的核对、矢量配准以及变化图斑的判读区划工作。参与完成西林吉、方正、美溪、临江、八家子等林业局森林资源管理情况检查的现地验证及外业建标工作以及各局总结报告及幻灯片报告备档。

森林资源清查信息系统优化完善 承担并完成森林资源清查信息系统优化完善工作。完善统计分析模块，全面扩充统计报表，完善年均差平衡等相关程序模块。完善Word报表输出模块，更新统计报表模板。完善DBF格式数据文件生成模块，更新程序模块。

全国沿海防护林体系建设工程规划 认真开展海防林建设三期工程规划编制工作。编写了调研报告和专题调研报告。编制完成《全国沿海防护林体系建设工程规划(2016～2015)》初稿、征求意见稿和送审稿并通过专家评审。

全国湿地监测评估和评价工作 完成全国湿地监测评估和评价的相关工作。参加京津冀重要湿地生态系统评价，承担河北省白洋淀、衡水湖、海兴、黄骅、南大港、曹妃甸、北戴河共7处重要湿地生态系统评价工作。承担黑龙江、吉林、青海、山东、安徽、浙江6个湿地类型的自然保护区及2个县(市)的退耕还湿试点、湿地生态效益补偿、湿地保护与恢复、湿地保护奖励四方面的湿地补贴资金评估工作。

森林抚育补贴试点抽查和碳汇计量监测工作 完成森林抚育补贴试点抽查和碳汇计量监测工作。承担监测区相关省(市)、计划单列市以及广西等9个单位的森林抚育补贴试点抽查工作，完成64个县的森林抚育补贴试点抽查外业任务，编制抽查报告。承担2015年山东、福建、河南、江苏、上海等5省(市)的碳汇计量监测体系建设技术指导和大样地外业验证及遥感判读验证检查工作。

其他森林资源监测工作 ①参加完成《防护林造林工程投资估算指标》修订。②承担监测区森林可持续经营管理试验示范技术指导、国家级公益林监管调研工作。③参加全国天然林保护实施方案编制工作。

【技术咨询服务】 全院注重科技发展和对外技术服务，在完成好指令性任务的前提下，发挥技术优势，积极为地方林业发展提供技术服务。全年共签订业务创收合同443个，合同金额达8821万元。

【林业科技工作】 全年获得各类优秀成果奖9项。其中，全国优秀工程咨询成果一等奖1项，全国林业优秀工程咨询成果奖一等奖2项、二等奖1项、三等奖2项，全国林业优秀工程设计奖二等奖1项、三等奖1项，浙江省优秀工程咨询成果二等奖1项。

【人才队伍建设与管理】 新选拔任用两名中层领导干部。组织完成2015年公开招聘高校毕业生工作。完成离退休人员和编制内职工的工资和津贴调整工作。组织实施专业技术人员的专业技术资格申报（认定）工作。完成年度专业技术职务晋升聘任工作，聘任教授级高级工程师1名，高级工程师2名，工程师2名。举办系列专题讲座，普及林业技术前沿知识。

【财务管理】 ①2015年度全院财务收入总计8387万元，完成年度预算7638万元的109.8%；财务支出总计7523万元，完成年度预算7638万元的98.5%，收支结余864万元。②完成华东院2016～2018年支出规划和2016年部门预算。完成2015年度调整工资标准增资经费预算的申请工作。③2015年财政拨款预算指标3132万元，年末预算执行进度100%，在局直属单位预算进度几次考核中名列前十，三季度排到第四位。④进行审计署对华东院2014年预算执行和其他财政收支情况以及决算（草案）进行审计所提供的问题清单的整改工作。

【自身能力建设】 ①完善杭州院区基础设施配套。完成《职工食堂、单身职工宿舍和其他附属用房建设项目》竣工结算，总建筑面积10 028平方米，建设总计支出2958万元，其中基本建设投资2228万元，自筹资金支出730万元。②优化后勤保障制度。启动院食堂项目建设，改善职工用餐问题，计划2016年5月份投入使用。③开通华东院无线网络，推动林业信息化建设的开展，实现更加互动的工作交流，进一步加强信息网络安全工作。④完善华东院物业管理水平，于年前聘用盛全物业服务股份有限公司对杭州院区进行物业管理服务，为职工工作和生活提供良好的环境平台。⑤加强党风廉政建设，严格执行森林资源监测“三同时”制度，实行廉政信息跟踪反馈制度。

【林业信息化建设】 2015年华东院数据中心机房投入使用，极大地提升了全院信息化工作水平。

【林业大事】

1月29日 国家林业局副局长刘东生一行到华东林业调查规划设计院检查指导工作。

2月2日 国家林业局副局长张永利一行到华东林业调查规划设计院检查指导工作。

（华东林业调查规划设计院由院办公室供稿）

国家林业局中南林业调查规划设计院

【综　述】 2015年，中南林业调查规划设计院（简称中南院）全体职工按照国家林业局、湖南省委的决策部署和工作安排，认真学习贯彻落实习近平总书记系列重要讲话精神，认真开展“三严三实”专题教育，围绕中南院年度工作总体目标，通过强化组织领导、强化质量管理、强化工作创新等一系列举措，切实履行森林资源监测职能职责，承担完成国家林业局下达的广西贵州两省（区）森林资源连续清查、湖南等6省（区）营造林综合核查和林木采伐管理情况检查、云南等7省（区）林地管理情况检查、广西宾阳县森林采伐量及限额执行情况检查评价、东北内蒙古重点国有林区森林资源管理情况检查，广东海南两省林地年度变更调查、林业双增指标考核评价、未成林地自然灾害受损核定、荒漠化（石漠化）监测、国家林业局新一轮退耕还林检查验收、《全国绿化规划纲要》修编、全国重点省份泥炭沼泽碳库调查、国家级公益林监管、国家储备林检查、天然林保护工程核查、《石漠化综合治理工程设计规范》编制、《林业生态工程建设监理实施办法》修订等指令性任务和对外技术服务与指导等各类生产科研项目296项，全面完成2015年度各项工作目标。

【中南院周光辉荣获“湖南省先进工作者”称号】 4月30日，湖南省庆祝“五一”国际劳动节暨表彰湖南省劳动模范和先进工作者大会在湖南省委礼堂举行。会议由湖南省委副书记孙金龙主持，湖南省委副书记、省长杜家毫出席会议。会上，中南院周光辉荣获“湖南省先进工作者”称号，并接受表彰。

【中南院完成党支部换届选举各项工作】 加强党支部建设是新时期党的基层组织建设的重要组成部分，是进一步巩固和扩大党的群众路线教育实践活动成果，确保中南院党建工作科学化长效机制发挥作用的必然要求。2015年，中南院各党支部按照院党委工作部署和有关要求，组织召开了支部党员大会，认真学习《中国共产党党章》《中国共产党党和国家机关基层组织工作条例》和《湖南省直属机关基层党支部工作细则》等有关规定，投票选举产生了新一届各党支部书记、委员，报中南院党委审批通过。在2015年党支部换届选举工作过程中，中南院党委紧紧抓住党支部换届选举的契机，通过严格换届程序、加强组织领导等措施，配齐配强了各党支部班子，加强了党支部建设，圆满完成了党支部换届选举各项工作。

【中南院财务资产处荣获全国“巾帼文明岗”称号】 中南院财务资产处全体职工深入学习贯彻党的十八大、十八届三中、四中全会和中国妇女第十一次全国代表大会精神，积极参加湖南省妇女“巾帼建功”活动，牢固树立“四自”精神和“四有”意识，立足岗位成才、实现岗位创新，不断掌握新技能，增强新本领，提高新水平，全面提升女职工的思想道德、科技文化、岗位技能和心理生理素质，有效增强全处职工的学习能力、创新能力、竞争能力和创业能力，展现了中南院女职工不怕吃苦、敢打敢拼、好学上进的精神面貌，树立了良好形象，取得了骄人业绩，为中南院健康和谐、稳定持续发展作出了应有的贡献。2015年，中南院财务资产处被中华全国妇女联合会授予“巾帼文明岗”荣誉称号。

【中南院作为报告团成员参加“林业践行社会主义核心价值观”报告会】 8月17日，国家林业局举办“林业践行社会主义核心价值观”报告会，国家林业局党组书记、局长张建龙，局党组成员、中央纪委驻局纪检组组长陈述贤，局党组成员、副局长陈凤学，局党组成员彭有冬、谭光明，国家森林防火指挥部专职副总指挥杜永胜，局总工程师封加平出席报告会，陈述贤主持报告会。中央国家机关工委有关部门负责同志出席了报告会。

中南院和国家林业局办公室、造林司、林科院、乌鲁木齐专员办作为报告团成员参加了此次活动。报告会上，中南院党委副书记、副院长周学武紧密围绕“三严三实”要求，以中南院在西藏开展森林资源调查工作的感人事迹为主题作了生动的报告。

【“道德讲堂”系列活动】 6月30日，中南院举办2015年第一期“道德讲堂”，开展“读一本书”活动。此次活动由院长周光辉主持，全体处级以上领导干部参加了此次活动。会上，中南院党委副书记周学武简要介绍了2015年中南院举办“道德讲堂”活动的主要目的和意义。

【湖南省直机关践行社会主义核心价值观巡回宣讲团报告会在中南院举办】 10月10日，由湖南省直机关工委主办的湖南省直机关践行社会主义核心价值观先进典型巡回宣讲团报告会在中南院举行。湖南省直机关工委委员余卫星、宣传部部长向智勇等省直工委领导，中南院长周光辉、党委书记彭长清、党委副书记周学武，以及中南院、湖南省环保厅、水电集团中南院等省直单位和中央驻湘单位近200名职工聆听了此次报告会。

报告会上，由宣讲团成员湖南省纪委“执纪铁人”廖国红、“全国十佳优秀新闻记者”谭里和、麻醉医生姚翔、高速公路收费员孙曼、核工业地质人张艳军、热心公益的卢尘逸和全国十佳“最美人物——全国最喜爱的检察官”陈运周等先进典型代表讲述了一段段动人故事。

【中南院团委召开第八次团员大会】 12月20日，院团委组织召开了共青团国家林业局中南林业调查规划设计院第八次团员大会。中南院党委副书记周学武、有选举权的团员青年和青年列席代表参加了此次会议。

会议宣读了院党委《关于院第八届团委委员候选人预备人选的批复》。与会团员青年认真听取并审议了中南院团委书记黄琰所作共青团国家林业局中南林业调查规划设计院第七届委员会工作报告。报告从团组织建设、思想政治教育、青年成长成才、志愿服务活动、青年文化生活等5个方面总结汇报了第七届团委工作情况，并提出今后工作的建议和方向。

之后，会议表决通过了中南院第八次团员大会选举办法，表决通过了大会监票人、监票人、计票人人选；并以无记名、差额选举方式选举产生了共青团国家林业局中南林业调查规划设计院第八届委员会。

【2015年中南监测区林地变更调查工作】 根据《国家林业局办公室关于做好2015年全国林地变更调查工作的通知》(办资字〔2014〕211号)、《国家林业局森林资源管理司关于做好全国林地变更调查工作的补充通知》(资地函〔2015〕17号)和《全国林地变更调查技术方案(试行)》要求，中南院成立了以周学武副院长为组长的林地变更调查工作领导小组，通过加强组织领导、加强协调配合、加强进度控制、加强质量控制等保障措施，承担完成了湖南、广西2014年度林地变更调查指导和成果验收工作；广东、海南2015年度林地变更调查技术指导、进度督导和检查验收工作，更新全国林地数据库；在全国林地年度变更调查技术方案、质量检查办法和管理制度基础上，不断创新林地变更调查工作机制，扎实做好湖南、广西、广东、海南林地变更调查指导检查验收工作，按期优质提交了湖南、广西2014年度林地变化数据库、“一张图”更新数据库，广东、海南2015年度林地变化数据库、“一张图”更新数据库等成果资料，为实现全国林地“一张图”更新奠定基础。

【广西壮族自治区宾阳县林木采伐量及消耗结构调查工作】 按照国家林业局森林资源管理司关于《林木采伐量调查技术方案》(资用函〔2015〕19号)的要求，中南院组织26名专业技术人员分10个调查工组和2个质量检查组对广西壮族自治区宾阳县2014年度林木采伐量及消耗结构进行了调查。外业调查工作自5月19日至7月2日，历时45天，共调查样地9211个，其中实地调查样地1535个，遥感判读样地7676个；调查疑似无证成片图斑3737块，其中实地调查图斑3069块，遥感调查图斑668块；调查有证成片伐区30个；同时抽取了部分乡镇和农户进行了林木消耗结构调查。

7月8日，全国林木采伐量及消耗结构调查汇总会在北京召开，中南院副院长周学武就广西壮族自治区宾阳县林木采伐量及消耗结构调查工作情况向国家林业局进行了全面汇报，调查结果受到了与会领导的一致肯定和高度评价。

本次调查客观反映了广西壮族自治区宾阳县2014年度内林木采伐量和消耗结构，调查成果将为科学评价全国“十二五”期间森林采伐限额执行情况、科学制定全国“十三五”森林采伐限额和进一步完善林木采伐管理制度发挥积极的作用。

【西藏自治区第五次荒漠化和沙化监测工作】 5月，西藏自治区林业厅在拉萨主持召开了西藏自治区第五次荒漠化和沙化监测报告（监测成果）审定会，审定会议认为监测工作严格执行全国荒漠化和沙化监测技术规定、监测方案科学、技术路线合理、组织保障得力。工作全过程执行ISO9001质量管理标准，实行“三查一验”的检查验收制度，监测数据详实可靠。监测采用遥感与地面调查相结合的方法，首次采用了2米分辨率卫星影像作为基础数据进行荒漠化和沙化监测，同时使用手持式外业信息采集系统进行调查，技术手段先进。监测范围符合相关技术规程要求，监测报告内容全面，动态变化原因与防治形势分析透彻、结论客观准确，提出的对策与建议符合西藏实际，为下一步的荒漠化和沙化防治工作提供了基础数据和决策依据。

【辽宁省未成林地受损面积核定工作】 为及时了解各地未成林地受灾状况，逐步建立未成林地自然灾害受损的调查、报告、评估和应急处理机制，积极有效应对自然灾害，2012年国家林业局出台了《未成林地自然灾害受损核定办法（试行）》（林造发〔2012〕323号）。

2015年，国家林业局首次组织开展未成林地自然灾害受损核定工作，全国未成林地自然灾害受损核定的技术业务工作具体由中南院负责承担。为优质高效完成好此项工作，中南院高度重视，专题研究部署，成立了以院长周光辉为组长的领导小组，明确生产技术处负责生产组织，核查处负责技术业务，各生产处室负责核定调查。按照工作部署，1～6月，中南院完成了省级申报材料审核、核定工作方案起草、数据核对、预抽县、信息管理系统研建等工作。7月12日，中南院组织开展专项技术培训，强化廉政纪律，严格执行中央“八项规定”、国家林业局18条细则和《国家林业局规范检查核查工作规定》等要求，并组织了上岗考试，全体培训人员均达到了上岗要求。

此次由中南院承担完成的辽宁省未成林地受损面积核定工作为辽宁省申报的2011～2014年度中央投资造林因干旱重度受损面积。中南院派出6名工程技术人员参与此项工作，整个核定工作在国家林业局造林司的领导下开展，7月14～22日，外业调查工作共抽查辽宁省5个县（市、区）、9个乡、51个村，实地调查小班248个、面积1871.8公顷，圆满完成了辽宁省未成林地受损面积核定工作。

【中南监测区营造林综合核查任务】 自6月中旬至9月底，历时3个半月，中南院完成中南监测区湖北、湖南、广东、广西、贵州、海南等6省（区）综合核查任务。外业共抽查29个县、94个乡、5241个小班，抽查面积3.468万公顷；依据核查县2010～2014年营造林技术档案，查对小班2.4万个；内业汇总完成了6省（区）数据统计分析和成果报告编制。

2015年，中南院继续加强对核查工作的领导。一是加强组织管理、明确职责分工。成立了综合核查工作领导小组，组织召开了全院指令性任务及生产动员大会和全院党风廉政建设和反腐败工作会议，坚持廉政建设与工作任务同步部署、同步落实、同步检查、同步考核。二是加强跟踪管理。继续实行“廉政信息反馈卡”制度，院领导分片负责，深入生产一线，监督廉政纪律执行情况。三是着重培养工作能力。为提高成果水平，中南院汇编学习资料，人手一册；分两批组织开展技术培训和考试，经考核全部合格。四是实行全过程质量管理。在外业期间，由院领导带队开展质量检查；逐省听取各工组情况汇报，并针对出现的问题，及时下发《关于再次强调指令性任务外业工作有关要求的通知》。五是开展全面检查。外业结束后，由院生产技术处统一组织，对各核查县抽乡表、小班卡片、小班数据库、小班调查图、小班照片、核查报告进行全面检查。六是集中汇总。在成果编制阶段，9月22～24日，中南院集中各承担处室领导、省项目负责人、院质量检查人员、报告审核人员统一办公，实行省级核查报告由处室领导、院技术负责人、副总工程师、总工程师逐级审核，评定质量等级。通过务实有效的管理措施和全体核查人员的扎实工作，中南院2015年核查工作水平和成果质量较2014年有了新的提高。

【2015年国家储备林核查工作】 为切实抓好国家储备林建设工作，全面掌握国家储备林建设任务实施情况，客观评价实施效果，为加强国家储备林建设和管理提供科学依据，2015年，国家林业局组织开展了7个省（区）的国家储备林核查工作。按照《国家林业局速丰办关于国家储备林核查工作的通知》（林丰管字〔2015〕2号）要求，中南院负责完成湖南、广西、广东、河南4个省（区）的核查任务和技术组的相关工作。6月底，国家林业局速丰办组织召开了培训座谈会，7月中旬，中南院全面启动核查工作，分解落实核查任务，按要求开展技术培训和考核，并组织近40名核查技术人员投入核查工作。一是中南院技术组认真履行技术培训、咨询与指导工作职责，切实加强与局速丰办、各核查单位和工组之间的联系与沟通，积极配合局速丰办编制了《国家储备林核查办法（试行）》，整理了上报数据，抽取了核查样本，汇编了核查资料，编制了核查统计软件，完成了全国核查数据建库、汇总、分析和总报告的编写工作。二是完成了湖南、广西、广东、河南4个省（区）的外业核查和内业整理与报告编写任务，共核查国家储备林划定面积21 292.6公顷，核查承储主体28个，核查小班1878个；在《全国木材战略储备生产基地建设规划（2013～2020年）》范围内，核查国家基建投资实施的现有林改培面积439.3公顷，核查实施单位7个，核查小班42个；在《全国木材战略储备生产基地建设规划（2013～2020年）》范围内，核查国家基建投资实施的新造林面积527.9公顷，核查实施单位7个，核查小班49个。

截至10月15日，中南院承担的全部国家储备林工作圆满完成，湖南、广西、广东、河南4个省（区）的各项核查成果已上报国家林业局速丰办。

【黑龙江省森工林区 2015 年泥炭沼泽碳库调查工作】 泥炭沼泽作为湿地资源的重要组成部分，是陆地生态系统中的重要碳库，单位面积碳储量在各类陆地生态系统中最高，是全球重要的碳汇。为查清中国泥炭沼泽碳库的现状，实现对全国泥炭全面客观的分析评价，为泥炭沼泽的保护、管理和合理利用提供基础资料和决策依据，提高湿地在应对气候变化中的国际影响，国家林业局决定 2015 年继续开展全国重点省份泥炭沼泽碳库调查，并委托中南院作为黑龙江省森工林区 2015 年泥炭沼泽碳库调查工作的国家级技术支撑单位。

中南院高度重视此项工作，切实加强组织领导，多次派员赴黑龙江省进行技术协调，先后完成了项目实施细则、工作方案的审查、报批等工作。6 月 24 日，黑龙江省泥炭沼泽碳库调查启动会议在哈尔滨召开，中南院副院长周学武及项目组有关人员参加了此次会议。随后，中南院技术人员赴黑龙江森工林区友好林业局和红星林业局开展黑龙江省森工林区 2015 年泥炭沼泽碳库调查工作的卫星遥感数据判读现地建标及解译工作，并与黑龙江森工总局野生动植物保护处、黑龙江森工第三森林调查规划设计院有关负责人进行座谈，共同商讨泥炭沼泽碳库初步区划与外业调查等后续工作安排。

自 8 月中旬起，中南院组织 10 名专业技术人员按照已收集的资料和验证标识，对黑龙江森工林区泥炭沼泽进行初步区划，完成森工总局下属全部 45 个林业局区划小班约 8000 个，区划出泥炭沼泽面积约 33 万公顷。8 月 27 日，中南院再次与黑龙江森工总局野生动植物保护处、黑龙江森工第三森林调查规划设计院有关负责人对初步区划数据进行最后核对与确认。9 月 2 日，完成区划数据的最后交接，指导完成黑龙江省森工林区 2015 年泥炭沼泽碳库调查各项工作。

【西藏自治区 2014 年生态公益林成效监测野外调查工作】 为全面掌握西藏生态公益林的数量、质量、生态状况、生物多样性和动态变化及其变化原因，科学评价公益林生态功能、生态效益状况，客观反映公益林培育、保护成效，根据西藏自治区林业厅藏林字（2015）369 号文件、《西藏自治区 2014 年生态公益林成效监测项目实施方案》和《西藏自治区 2014 年生态公益林成效监测操作细则》，中南院组织 21 名专业技术人员分成 10 个工组，于 9 月 12 日至 10 月 14 日，历时 31 天，全面完成了西藏自治区 2014 年生态公益林成效监测外业调查工作。

此次西藏生态公益林成效监测主要包括在确定监测与评价体系框架和调查方法的基础上，开展资源、功能、专项和环境现场调查，通过现场调查数据整理、面积求算、抽样计算、形成全区生态公益林资源动态监测数据库，并经过全区生态公益林资源动态监测管理信息系统的统计分析和专题研究系统的参数模拟等，产出全区生态公益林资源监测与评价成果。

【云南省临沧市森林资源二类调查临翔区试点工作通过验收】 按照《云南省第四次森林资源规划设计调查技术方案》要求，从 3 月 2 日至 4 月 2 日，云南省森林资源二类调查在云南省临翔区开展技术培训和试点工作，中南院承担云南省临沧市森林资源二类调查任务的项目负责人、工组小组长及部分技术骨干共 86 人参加了此项工作。

中南院对临翔区试点工作高度重视，成立了临沧市森林资源二类调查项目技术组、质量检查组、临翔区试点工作项目组，项目组成员自始至终全程参与，巡回检查各工组工作质量，并与云南省临沧市林业局、临翔区林业局组成联合质量检查组，对试点工作进行了前期指导性检查、中间检查和后期验收检查，为临翔区森林资源二类调查试点工作顺利通过验收奠定了坚实基础。3 月 27～29 日，云南省林业厅派出检查组，对中南院承担的临沧市森林资源二类调查临翔区试点外业调查工作进行了验收。检查组抽查了临翔区全部 10 个乡（镇、街道办事处）的 10 个林班和 6 个角规控制样地，经过现场仔细检查，综合评分 89 分，标志着临翔区森林资源二类调查试点外业调查通过了云南省林业厅的验收，工作质量达到良好。

【全国第一个喀斯特国家生态公园总体规划通过专家评审】 为保护生态环境、转变发展方式、推动区域社会经济可持续发展探索路子、积累经验和作出示范，2014 年 10 月，国家林业局以林场发〔2014〕152 号文批复在中国西南喀斯特脆弱地区设立中国首个喀斯特国家生态公园，中南院承担了该项目总体规划编制任务。

2015 年 4 月 22 日，重庆市林业局在重庆市主持召开了《重庆南川山王坪喀斯特国家生态公园总体规划》（以下简称总体规划）省级专家评审会，专家评审组由西南大学、重庆第二师范大学、重庆市规划局、旅游局、林业局与林科院等单位 13 名专家组成。中南院石漠监测处处长 教授级高级工程师但新球、高级工程师吴协保参加了此次评审会。

专家评审组通过认真听取中南院项目组的编制情况汇报，审阅相关资料，一致认为该总体规划本底资料详实，建设条件分析透彻，规划理念先进、指导思想明确、主题定位准确、功能分区合理、建设思路清晰、规划内容科学，符合山王坪与中国生态文明建设的实际。特别是在重庆市一小时的都市圈内、金佛山喀斯特世界自然遗产外围、生态环境脆弱的山王坪地区开展生态公园试点建设意义重大。专家评审组还针对旅游发展定位、文本精炼等方面提出了宝贵意见，为进一步完善《总体规划》提供了有力支持。专家评审委员会一致同意《重庆南川山王坪喀斯特国家生态公园总体规划》通过评审。

【西藏自治区第二次陆生野生动物资源调查项目通过中期质量评估】 7 月 10～11 日，西藏自治区第二次陆生野生动物资源调查领导小组在拉萨组织召开了西藏自治区第二次陆生野生动物资源调查中期质量评估会，会议由西藏自治区林业厅主持。参加此次会议的有来自国家林业局调查规划设计院、中国科学院动物研究所、中国林业科学研究院、华南濒危动物研究所等单位的全国第二次陆生野生动物资源调查专家委员会专家委员，来自西藏自治区林业调查规划研究院、四川省林业科学研究院、中国科学院成都生物研究所、西藏高原生物研究所等单位的西藏自治区第二次陆生野生动物资源调查专家委员会专家委员。西藏自治区人民政府边巴扎西副主席、西藏自治区林业厅雷桂龙厅长、宗嘎副厅长等主管部门领导出席了会议。中南院党委书记彭长清及项目组主要成员参加了此次会议。

西藏自治区第二次陆生野生动物资源调查工作自2013年4月启动。为圆满完成此项工作，中南院组织安排了既有野生动物调查，又有西藏工作经验的技术专家队伍，在西藏自治区林业调查规划研究院的统一组织下，承担了西藏所有常规地理单元调查和大部分专项物种调查任务。调查队员深入人迹罕至的荒漠、原始森林，甚至是无人区，足迹遍布西藏60多个县(市)，完成约70%的调查任务，完成调查样线1375条，样线总长度约8030千米，累计行程超过20万千米，计划于2015年底前完成全部外业调查工作。

会上，专家和领导对中南院开展的西藏自治区第二次陆生野生动物资源调查工作给予了高度评价，一致认为中南院调查工作进展顺利、调查方法规范合理、调查成果丰硕、整体质量良好。初步调查结果表明，西藏陆生野生动物资源十分丰富。中南院调查队员先后多次拍摄到国家一级重点保护动物——雪豹、金钱豹、金色野牦牛、藏羚、金雕等珍稀濒危野生动物的清晰影像，还发现了一大批新物种、中国新分布纪录物种、西藏新分布纪录物种，这些新种、新分布纪录物种的发现将对该地区的生物地理学研究和生物多样性保护具有重要的意义。

【《湖南来仪湖国家湿地公园总体规划》通过省级专家评审】 6月8日，由中南院承担完成的《湖南来仪湖国家湿地公园总体规划》专家评审会议在湖南长沙召开，会议由湖南省林业厅主持，评审委员会由湖南省林业厅、南京大学、湖南师范大学、中南院、湖南省林业科学院、世界自然基金会等单位的专家和领导组成。

专家评审组认真审查相关材料，听取项目组成果汇报，认为《总体规划》资料翔实，依据充分，分区合理，定位准确，指导思想正确，建设目标明确，建设内容全面，投资估算合理，图件及其他附件符合国家的相关技术规定要求。同时，《总体规划》把湿地资源与人文景观、生态保护与区域发展有机衔接，多层面地呈现出来仪湖湿地在生态功能、生物多样性保护、科普宣教和生态旅游等方面具有的重要价值。评审委员一致同意《总体规划》通过。

【《西藏卓玛朗措国家湿地公园总体规划》通过专家评审】 6月17日，西藏自治区林业厅在拉萨组织召开了《西藏卓玛朗措国家湿地公园总体规划》(以下简称《总体规划》)专家评审会，会议由西藏自治区林业厅副厅长郭杰主持。评审专家组由西藏自治区发展和改革委员会、旅游委、国土资源厅、环境保护厅、农牧厅和西藏大学、西藏自治区林业调查规划研究院等单位的专家和领导组成。

评审专家组听取了中南院项目组有关编制工作情况和成果汇报，并认真审查相关材料后，一致认为该《总体规划》资料翔实，依据充分，资源调查全面深入，规划内容完整、图表规范、材料齐全，符合《国家湿地公园总体规划导则》编制要求。拟建的卓玛朗措湿地公园地处中国三大候鸟迁徙路线的西线主干上，其优良的水质、多样的湿地生境使其成为中国候鸟迁徙路线西线主干西藏的重要节点；是国际河流——怒江的重要源头，是藏东高原地区河流的典型代表；且地处中国主体功能区规划中国家重点生态功能区中的藏东南高原边缘森林生态功能区周边。同时，公园区域还是洛隆县居民生产与生活的重要水源地，对于保障洛隆县及怒江中下游地区人民的生态安全，实现怒江流域的可持续发展和生态文明建设具有非常重要的示范意义。评审专家组一致同意《西藏卓玛朗措国家湿地公园总体规划》通过评审。

【《湖南张家界大鲵国家级自然保护区功能区调整规划》通过专家评审】 12月17日，环保部在北京组织国家级自然保护区评审委员会对中南院承担完成的《湖南张家界大鲵国家级自然保护区功能区调整规划》进行专家评审。

与会专家审阅了由中南院项目组编制的规划材料，认为规划材料严格遵循了保护优先、依法依规、实事求是的原则，调整理由充分真实，调整方案合理可行，文本图件符合《国家级自然保护区调整管理规定》。该项目实施的意义在于，一是保护区功能区区划更加合理，大鲵保护更加到位，保护管理更加有效；二是保护管理工作与当地改善社会民生需求的矛盾将得到有效缓解。张家界市76%的水域划入了保护区范围，形成了诸多的“区中城”“区中镇”“区中村”的情况，共涉及4个城区、93个乡镇、55.6万户居民、157.7万人口，占张家界市全市总人口的92.7%。调整给当地群众带来更大的经济社会活动空间；三是国家重点工程黔张常铁路项目得以顺利建设；四是有效平衡了大鲵保护与张家界市少数民族贫困地区经济社会发展、民生改善之间的关系。专家组一致同意《湖南张家界大鲵国家级自然保护区功能区调整规划》通过评审。

【中国第一个国家石漠公园总体规划通过省级专家评审】 为保障岩溶生态系统安全，探索岩溶地区的生态文明建设与区域可持续发展途径，国家林业局提出在中国岩溶地区开展国家石漠公园建设试点，湖南省安化县人民政府选择资江中游柘溪库区的云台山岩溶区域申报国家石漠公园，并委托中南院承担此项规划编制任务。

12月18日，湖南省林业厅在长沙市组织召开《湖南安化云台山国家石漠公园总体规划》专家评审会，评审组由来自国家林业局防治荒漠化管理中心、湖南师范大学、中南大学、湖南大学、中南林业科技大学、湖南省林科院、湖南省林勘院和湖南省林业厅等单位的领导和专家组成。

专家评审组审查了该总体规划成果材料和申报影像资料，认真听取中南院项目组对总体规划编制有关情况的介绍，认为该规划基础资料翔实，依据充分，对项目区的开发利用条件、生态环境状况、自然资源等进行了评价，分析方法科学、研究结论正确。规划理念先进，指导思想明确，结构布局合理，建设内容全面，充分考虑了公园的资源特色，重点突出，可操作性强，为公园今后的管理和建设提供了依据，规划深度达到国家有关要求。该规划成果为中国国家石漠公园的规划与建设提供了样本与示范，有利于推进中国岩溶地区生态文明建设和区域可持续发展。评审专家组一致同意《湖南安化云台山国家石漠公园总体规划》通过评审。

【“石漠化综合治理与生态文明建设”学术研讨会暨2015年石漠化防治专业委员会年会在广西召开】 11月23～25日，“石漠化综合治理与生态文明建设”学术研讨会暨2015年石漠化防治专业委员会年会由国家林业局石漠化监测中心（中南院）组织在广西壮族自治区崇左市扶绥县召开。

2015年石漠化防治专业委员会年会上，广西壮族自治区林业厅总工程师蒋桂雄、崇左市副市长劳宁军、扶绥县县委书记蓝大煌分别代表区、市、县致欢迎辞和讲话。中南院总工程师、副院长、石漠化防治专业委员会副主任熊智平代表石漠化防治专业委员会作了2015年工作总结。国家林业局计资司副司长孙建、国家林业局治沙办副主任胡培兴和中国治沙暨沙业协会会长安丰杰等领导出席会议并作讲话，对石漠化防治专业委员会2015年的工作给予了充分肯定。石漠化防治专业委员会与会11个副主任单位代表分别就2015年石漠化防治和综合治理等方面的工作进行了经验交流。

“石漠化综合治理与生态文明建设”学术研讨会上，来自中国科学院亚热带农业生态研究所书记王克林，中国科学院地球化学研究所研究员白晓永，中南院石漠化监测处处长、教授级高工但新球，中国林业科学研究院热带林业实验中心主任卢立华，北京林业大学教授周金星5位专家学者分别作了“喀斯特生态系统服务功能退化机理与提升途径”“喀斯特石漠化时空演变历史过程与生态修复策略”“关于石漠化综合治理若干问题的思考”“岩溶区生态重建理论技术与实践”“岩溶石漠化综合治理之探讨”的学术讲座。

【中南院四项成果分获全国工程咨询优秀成果奖、全国林业工程优秀咨询成果奖、梁希林业科学技术奖】 2015年，中南院承担完成的4项成果分别荣获国家级优秀成果奖，分别是《新疆托木尔峰国家级自然保护区总体规划（2013～2020）》获2014年度全国工程咨询优秀成果奖二等奖和2014年度全国林业优秀工程咨询成果奖三等奖，《第二次全国湿地资源调查》获梁希林业科学技术二等奖，《贵州都匀清水江国家湿地公园总体规划》获2014年度全国林业优秀工程咨询成果奖一等奖，《三亚国际生命健康科学管理中心概念性规划》获2014年度全国林业优秀工程咨询成果奖二等奖。

（中南林业调查规划设计院由齐建文供稿）

国家林业局西北林业调查规划设计院

【综　述】 2015年，西北林业调查规划设计院全面贯彻落实党的十八届三中、四中、五中全会和全国林业厅局长会议精神，以履行资源监测职能为立院之本，以开展技术服务为强院之源，继续推进“项目带动，科技兴院，人才强院”发展战略，顺利完成了各项年度工作任务，保持了“安全、高效、和谐”发展的良好态势，在西北监测区推进民生林业、生态林业建设中发挥了积极作用。

【资源监测】 完成国家林业局资源司及相关司（局、办）安排部署的指令性监测任务29项，截至2015年年底，所有任务均按计划完成。

森林资源连续清查 完成了第八次全国森林资源连续清查陕西省2014年复查成果报告编制、审查，山西、宁夏两省（区）森林资源连续清查工作方案和技术方案审查、岗前技术培训、外业技术指导、样地外业现地抽查和内业检查验收、数据逻辑检查和统计计算以及报告编写工作。

检查核查工作 完成了西北监测区营造林综合核查、林木采伐管理情况检查、林地管理情况检查等各项检查核查工作。2015年共抽查山西、重庆、陕西、甘肃、青海、宁夏、新疆、新疆建设兵团8个省级单位的42个县级单位，调查小班4295个、播区30个，面积11 0246.67公顷。查对营造林技术档案登记的小班数量14 599个，面积280 525公顷；林木采伐管理情况检查共抽查山西、重庆、陕西、甘肃、青海、新疆等6个省级单位7个县，处理卫星遥感数据48景；林地管理情况检查涉及山西、重庆、四川、陕西、甘肃、青海、宁夏、新疆、新疆建设兵团等9个省级单位，39个县级单位。共处理卫星遥感数据225景，判读疑似林地变化图斑3257个。参与东北森林资源管理情况检查，具体包括呼中林业局、克一河林业局、穆陵林业局等3个局的遥感影响判读区划，大石头林业局、克一河林业局、吉文林业局、穆陵林业局、带岭林业局等5个局的外业现地检查。

全国第二次陆生野生动物资源调查 参与并完成青海省第二次陆生野生动物资源调查工作，2015年共完成长江源头河谷山地和巴颜喀拉山地两个地理单元，调查样区18个，面积162万公顷。

林地年度变更调查工作 承担并完成西北监测区陕西、山西、甘肃、新疆和新疆生产建设兵团5个省（区）林地年度变更调查的工作督导和技术指导。审查了各省（区）林地年度调查变更工作方案、技术方案和操作细则，开发了西北监测区林地变更调查和检查软件，为各省（区）提供了变更调查、遥感图像处理、内业统计分析等方面的技术培训。

林地保护利用规划编制 承担并完成县级林地保护利用规划汇总分析工作。对全国36个省级单位2991个县级单位林地保护利用规划的数据、报告进行汇总分析，完成《全国林地保护利用规划汇总分析报告》的编写。

重点工程监测评估 在国家林业局天保办的组织领导下，完成长江上游地区天然林保护工程二期工程年度核查和"四到省"考核、西北监测区森林抚育补贴试点国家级检查验收、国家级公益林监管、黄土高原丘陵沟壑水土保持生态功能区规划、《旱区造林技术模式》编制、森林资源例行稽查试点庆阳地区遥感数据处理与判读、林地质量综合评价及林地差别化管理政策研究、2015年全国林业碳汇计量监测体系建设等监测工作。

荒漠化监测 受国家林业局治沙办委托，参加并完成全国防沙治沙"十三五"规划编制、第五次全国荒漠化和沙化监测汇总、"一带一路"防沙治沙规划思路编制、北方重点地区沙化定位监测技术指导和成果汇总、2015年度全国防沙治沙执法检查、西北五省区及内蒙古中央财政土地封禁保护补助项目检查验收等荒漠化监测工作，成果质量受到治沙办的高度评价。

湿地监测 承担了湿地生态系统服务价值评估方法和技术规程编制、全国重点省份泥炭沼泽炭库调查(2015)——黑龙江省泥炭沼泽碳库调查质量检查、"十二五"国家湿地保护与恢复工程评估、国际重要湿地生态系统评价等湿地监测工作。

【技术服务】 在全面完成各项指令性任务的同时，发挥技术优势，为地方生态林业建设提供技术服务，2015年共签订技术服务合同403个，合同额创历史新高，产值和到位资金均完成了年度目标，分别达到134.5%和113.2%，产生了良好的生态效益、社会效益和经济效益。

针对西北监测区技术力量相对薄弱的地方，进行人员培训和技术指导。完成了青海、山西、陕西、新疆林地变更调查及林地一张图更新工作，参与青海、新疆等省区林业生态红线划定工作，开展了部分区域的野生动植物调查、生物多样性等生态状况调查工作。

结合地方生态建设需求，开展援助服务。在青海、新疆、西藏、四川等边远地区承担并完成了230个县的二类调查和林地年度变更调查工作。

依托"3S"技术应用和信息化管理领域的技术优势，开展技术推广应用，促进监测区林业技术进步。开发了山西省林业基础数据服务平台、山西省京津风沙源治理工程区造林信息管理系统等软件，在监测区近200多个县进行了林地变更检查软件推广应用。

【思想政治工作】 2015年，西北院全面贯彻落实党的十八大和十八届三中、四中、五中全会精神，进一步学习习近平总书记系列重要讲话，特别是关于生态文明建设和林业工作的重要指示批示，深入学习贯彻全国林业厅局长会议精神，巩固扩大"三严三实"教育实践活动成果，严格按照中央八项规定开展自查自纠，进一步深化改革，规范管理，改进作风，为西北院持续良好发展奠定了坚定的思想政治基础。

根据陕西省精神文明建设指导委员会办公室对省级文明单位的考核要求，西北院在创建文明单位的过程中开展了"文明交通、绿色出行"志愿者活动、"美丽秦岭、绿色行动"捡拾垃圾活动，前往陕西省儿童村进行慰问、向贫困灾区儿童捐赠衣物。

为丰富职工业余文化生活，加强职工的健身和文化素养，营造良好的工作氛围，于3月至5月相继成立了乒乓球协会、羽毛球协会、越野行走协会等6个协会，各协会定期举办相关文体活动，活跃职工文化生活。

【庆祝建院60周年】 2015年是西北院建院60周年，12月29日，西北院举办了60周年庆典大会。院庆之际，整理编写了《栉风沐雨一甲子，丰功伟业铸辉煌——成果汇编(1955~2015)》，在《中国林业》杂志发表题为《经天纬地·铸就西北林业科学发展砥柱》——西北林业调查规划设计院60年成就启示专题报道。成功举办了青年职工演讲比赛、学术交流研讨会、离退休同志座谈会、院庆征文活动、摄影作品展等一系列以"总结过去、面向未来"为主要内容的庆典活动，以达到"弘扬传达、展示成就、振奋精神、促进发展"的目的。

【通过ISO9001质量管理体系认证监督审核】 11月15~17日，北京中大华远认证中心审核组专家对西北院ISO9001：2008质量管理体系运行情况进行年度监督审核。经过认真审核，审核组对西北院质量管理体系运行情况给予充分肯定，认为西北院质量体系文件整体符合认证标准和自身运行要求，院管理层、各部门负责人和全体职工对质量管理体系工作非常重视，2015年年度监督审核合格。

【西北院3项成果获全国林业优秀工程咨询成果奖】 根据中国林业工程建设协会《关于2015年申报全国林业优秀工程咨询奖的通知》，西北院承担完成的《海东市南北两山绿化总体规划》和《汉中生态建设(森林城市)总体规划》获一等奖，《镇坪县山林经济发展总体规划》获三等奖。

【荣誉榜】 西北院李谭宝同志入选国家林业局第二批"百千万人才工程"省部级人选。

西北院援青干部王得军被中共青海省委农村牧区及扶贫开发工作领导小组授予"青海省焦裕禄式扶贫干部"称号表彰。

【林业大事】

7月19日 国家林业局副局长刘东生一行到西北院检查指导工作。

8月27日 国家林业局治沙办在西安举办"丝绸之路"经济带防沙治沙思路研讨会。

(西北林业调查规划设计院由王义贵供稿)

国家林业局昆明勘察设计院

【综 述】 2015年，恰逢昆明院建院50周年。在国家林业局的坚强领导下，昆明院紧紧围绕生态建设中心工作，高举生态文明建设的大旗，认真履行“一院三个中心”的职能；坚持“立足林业、服务社会”的宗旨，发挥综合性勘察设计院的技术优势，全方位为生态建设和地方经济建设提供一流的技术和服务。

【指令性调查、核查工作】 2015年，完成四川、云南两省12个县级单位的全国营造林综合核查工作；云南、四川2015年林木采伐检查和森林资源届中调查工作；东北、内蒙古重点国有林区森林资源管理情况检查工作；云南、江西、福建三省1.73万余公顷储备林造林检查工作等。

【森林资源清查、调查工作】 完成昆明市森林资源二类调查外业工作，面积达210万公顷；完成云南、四川两省共12个州(市)343个大样地的“全国森林资源宏观监测”工作任务；完成森林资源资产评估资源量调查项目18个，调查面积1.33余万公顷；完成对云南省提交的129个县(市、区)林地数据库有关内业检查工作；完成大量的林地变更和征占用林地工作等。

【林业碳汇计量工作】 参与全国林业碳汇计量监测体系建设；对云南省671块遥感大样地的内业区划判读进行审核，并抽样进行外业实地验证、审核；指导云南省修改完善云南省林业碳汇计量报告。承担四川省土地利用、土地利用变化与林业碳汇计量监测的技术指导工作；开展CCER林业碳汇项目设计工作。完成湖南资兴市4万亩碳汇造林项目设计任务；为上海丸九环保科技有限公司提供技术咨询，在广西贺州国有大桂山林场开发CCER林业碳汇项目，首期开发项目规模近10万亩。

【林业各项专题调研、科研工作】 《云南南滚河国家级自然保护区科学考察研究》顺利结题并正式出版。作为昆明院承担的首个云南省哲学社会科学重点项目——《云南省国有林场改革研究》顺利结题。院级科研项目“云南种子植物属图志的编写”，已收集云南种子植物500余属，照片4000余张，第一卷将于2016年6月份完成初稿。云南老君山保护区科学考察项目中发现的云南省新纪录——福建华珊瑚蛇正式发表在《动物学杂志》期刊上。在慈巴沟保护区科考工作中调查发现的新种——慈巴沟花楸2014年已投稿于SCI期刊*Phytotaxa*。完成了《天保工程区国有林场职工收入状况调查与评估技术方案》。申请到云南省科技厅《便携式测树仪的研制》科研项目。《石漠化综合治理工程核查与效益评价研究》等课题研究工作正在开展。

【承担林业工程标准编制工作】 2015年，先后完成或参与完成的各类标准规程规范办法等40余项。在编标准共有《森林防火通信系统项目建设标准》《森林防火信息指挥系统建设标准》及《南方林区营林用火技术规程》3个。

【《林业建设》期刊编辑出版发行工作】 完成《林业建设》全年六期期刊的编辑和出版发行工作。

【服务林业生态建设工作】 充分发挥昆明院多专业、多资质综合设计院的特色和优势，在国家公园建设、生态环境修复、生态保护、绿色富民产业、林业法制化建设等方面提供了多元化、全方位的技术服务。

一是国家公园建设各项工作积极推进。2015年，昆明院成为全国承担国家公园项目最多的规划单位；二是在生态环境修复方面树立品牌，在云南省石漠化综合治理方面的研究成果突出；三是在自然保护区保护规划与动植物调查工作亮点纷呈；四是在湿地保护规划设计、湿地系统科研领域方面成效显著。项目遍及全国十余个省；五是在农业规划和园林设计方面有所突破。完成一批云南省高原特色农业产业品牌项目以及绿化工程设计。六是在绿色富民产业提供技术支撑。先后完成全国林业产业发展规划、昆明市“十三五”林业产业发展规划等，为绿色林业产业提供了技术支持，为民生林业作出了贡献。七是在林业法制化领域提供优质服务。依托西南林业司法鉴定中心，开展林业司法鉴定业务，为依法治国林业领域提供优质法律服务。八是在海外项目中积极发挥技术优势。莫桑比克Ninssa省林调项目是昆明院承担的第一个非洲大陆林业资源调查项目，至此，昆明院海外项目已覆盖亚洲、大洋洲、南美洲、非洲等的14个国家和地区。

【服务社会工作】 在积极为林业服务的同时，发挥多元化专业优势，跨行业积极开拓业务，在农业、交通、建筑、市政、水利等行业承担了大量的咨询、勘察设计、施工、监理业务，多元化、全方位服务社会。新签合同360项，合同产值1.64亿元，产值与2014年持平。在宏观经济形势下行的压力下，效益仍然保持佳绩。

【职工队伍建设】 根据国家林业局下达计划，依照严格的程序，全年昆明院分博士招聘，硕士、本科招聘，补充招聘3次共公开招聘人员18人，其中博士研究生6人，硕士研究生11人，本科生1人，涉及10个专业，13个院校，体现了专业的多样化和招录院校的多元化，使昆明院现有职工人数达294人，拥有各类注册执业资格人员70余人，涵盖30多个专业。年轻化、知识化、专业多样化成为昆明院职工队伍的主要特点。

【质量技术管理】 根据ISO9001：2008质量管理体系，

对各类项目进行全面的质量控制及管理，做好事前指导，实行全过程管理，及时解决规划设计中遇到的技术问题，抓好质量监督与检查指导工作，全年质量管理安全运行，没有发生质量事故。

【学术交流及科研工作】 完成的“便携式测树仪的研制”科研项目申报成功，实现了昆明院在云南省科技厅申报科研项目零的突破。作为昆明院承担的首个云南省哲学社会科学重点项目，《云南省国有林场改革研究》顺利结项。5个科技项目已被列入云南省林业厅十三五备选项目。5个项目获2015年全国林业优秀工程咨询成果奖。《国家公园建设规范》(DB53/T 301－2009)获得由云南省人力资源和社会保障厅、云南省质量技术监督局共同颁发的云南省标准化创新贡献奖。17人在核心期刊发表论文，一人荣获“云南交通十名优秀工程师”称号。首次实现了在咨询教学方面的突破，完成了林业工程建设协会安排的“咨询工程师(投资)园林绿化专业继续教育专业课讲义编制及课件录制”。《沥青路面再生旧料最佳掺配比例的确定及其方法》专利处于实质审查阶段。

【精神文明和文化建设工作】 作为20多年的省级文明单位，单位文化建设伴随着单位的发展而不断赋予新的内涵。2015年昆明院又再次通过审核，继续保持昆明院26年的省级文明单位称号。

按照中央的要求和省委、省政府以及省直机关工委的统一安排部署，昆明院“挂包帮”“转走访”对口扶贫点任务是丽江市永胜县大安乡梓里村中的3个村民小组。按市委、市政府的安排，昆明院的对口帮扶地区为东川区。为做好扶贫工作，院成立工作领导小组，制订了“挂包帮”“转走访”工作实施方案，在遍访贫困村贫困户入户调查摸底建档立卡之后，分析致贫原因，摸清帮扶需求，研究帮扶措施、制订帮扶计划，先后派出调研工作组、专业技术团队分4次赴扶贫点调研和进行调查，完成永胜县大安乡扶贫攻坚规划、永胜县仁和镇扶贫攻坚规划、东川扶贫攻坚调研报告。

【林业大事】

8月18日 国家林业局昆明勘察设计院成立50周年座谈会在昆明举行，同时《国家林业局昆明勘察设计院志》正式出版。

同日 国家林业局副局长刘东生一行到昆明院视察指导工作。 (昆明勘察设计院由张妍宇供稿)

国家林业局驻各地森林资源监督专员办事处工作

25

内蒙古自治区专员办(濒管办)工作

【综　述】 2015年，坚持严格执法、热情服务指导思想，突出案件督查督办重点，加强对森林资源和野生动植物进出口监管，督查督办涉林案件58起。审查占用征收林地项目申请77项。核发林木采伐许可证22 124份，面积150 141.94公顷，蓄积1 397 657.32立方米，出材784 647.58立方米，内蒙古重点国有林区森林调查设计和伐区作业质量合格率分别由2010年的91.3%和85.1%提高到97.9%和95.6%以上。核发允许进出口证明书26份，总金额230.9万元，收取进出口管理费共2.96万元。

【案件督查督办】 履行森林案件督查督办职责，建立健全执法监督机制，进一步完善森林案件督查督办登记报告制度，落实案件登记办理程序和部门责任，明确对监督工作中发现森林案件的处理要求，对各类案件和举报线索做到了件件有调查、有处理、有结果。督办国家林业局交办通报案件23起、检查工作中发现案件28起、信访举报案件7起，其中，刑事案件39起、行政案件19起。实施行政处罚40人，行政罚款855.03万元，刑事处罚罚金233.7万元。

开展非法侵占林地清理整顿。自2014年12月至2015年11月，对内蒙古8个盟(市)31个旗(县)非法侵占林地清理排查工作进行两轮督查。内蒙古地方林业系统共清理排查出违法占用林地和毁林开垦案件1032起，面积6926.66公顷。其中：违法占用林地案件915起，面积6013.33公顷，已查处330起(行政处罚181起，刑事立案128起，法院判决21起)，正在查处585起；毁林开垦案件117起，面积913.33公顷，已查处74起(行政处罚59起、刑事立案15起)，正在查处43起。内蒙古大兴安岭重点国有林区共排查并移交森林公安毁林开垦和非法侵占林地案件755起，总面积422.5公顷。其中：毁林开垦案件547起，总面积376.1公顷；非法侵占林地案件208起，总面积46.4公顷。森林公安机关已行政处罚190人，罚款94.5万元；刑事立案16起，涉及人数18人；进入司法程序6起，涉及人数8人；已判决1起，涉及人数1人。共收回林地407.4公顷。

突出重点地区开展专项打击行动。2014年1月至2015年11月，与内蒙古大兴安岭林管局、内蒙古大兴安岭森林公安局联合，在重点国有林区开展严厉打击毁林开垦和侵占林地违法犯罪行为专项行动。据不完全统计，全林区森林公安共受理涉及林地案件1294起，查处1263起，查破率75.2%，收回林地562.67公顷。查处破坏森林及野生动物资源案件11 051起，查处率99.7%；打击处理各类违法犯罪嫌疑人10 800余人次；收缴木材1608立方米、野生动物1144只(头)。

督办"森林资源管理情况"检查存在问题整改。对内蒙古克一河、吉文、图里河、库都尔、乌尔旗汗、绰源6个林业局存在的盗伐林木、违法占用林地、毁林开垦等方面的73个问题进行督办并提出具体整改意见和建议。

【林地审查】 提前介入，加强对在建和拟建需征占用林地重点工程项目监督检查；加强对各级政府、国有森工企业林地保有量和征占用林地定额目标考核监督，从严控制征占用林地规模，严把审查关。受理占用征收林地项目77项，经现场查验发现有未批先占行为的2项，其中：刑事处罚1项，刑拘1人，罚金3万元；行政处罚1项，罚款5.8万元。

【征占用林地行政许可被许可人监督检查】 对内蒙古8个盟(市)和内蒙古大兴安岭林管局2014年国家林业局行政许可的20个项目和2014年以前许可的4个指定竣工项目的占用征收林地行政许可被许可人使用林地情况进行监督检查，涉及内蒙古自治区8个盟(市)的12个旗、县、区、市(局)和内蒙古大兴安岭林管局所属的7个国有林业局。检查审核(批)占用林地面积1213.66公顷，实际占地面积898.92公顷。其中：长期占用林地项目14项，临时占用8项，直接为生产服务占用2项。查处违法占用林地面积3.43公顷。

【冬季资源林政执法监督检查】 重点整治林木采伐、木材经营加工和运输、销售和野生动植物保护等方面存在的问题。全面监督检查内蒙古大兴安岭林区18个林业局2014年冬季以来的林木采伐管理情况，及时整改存在问题，切实避免因全面停止商业性采伐而出现突击采伐林木行为。

【伐区调查设计和作业质量检查】 提出监督意见64条，废除、补充设计和内业修正调查设计小班或附属设施452个。其中：废除不合格调查设计小班15个，修正调查设计小班437个。

【停止天然林商业性采伐检查】 对内蒙古重点国有林区和地方停伐单位一季度停止商业性采伐情况进行监督检查，检查22个国有林业局和9个旗(县、市)的61个林场(所)、88个作业小班。其中：检查内蒙古森工集团18个林业局36个林场(所)的有证采伐小班72个，免渡河、柴河两个林业局4个林场的8个作业小班，牙克石、额尔古纳两个市4个国有林场的8个作业小班，检查作业小班面积926.29公顷。无证踏查呼伦贝尔市、兴安盟9个旗(县、市)和22个国有林业局的61个林场(所)。经检查，4月1日前，各停伐单位均全面停止商业采伐活动，伐区审批均控制在年度计划的70%以内，没有发现超证采伐、无证采伐等问题。对内蒙古根河、满归、金河、甘河、库都尔和乌尔旗汗等6个林业局贮木场及木材经营加工单位的库存情况进行了抽查。

【林木采挖监管】 严格规范树木采挖移植行为，对采挖的胸径在5厘米以上的树木，全部纳入采伐限额管理。

【林木采伐许可证核发】 严格按照年度木材生产计划核发内蒙古大兴安岭林区林木采伐许可证，发证合格率100%。截至4月1日，全面停止重点国有林区天然林商业性采伐，核发林木采伐许可证20 410份，面积149 549.47公顷，蓄积1 367 119.6立方米，出材769 249.3立方米。发放非商业性采伐许可证1669份，面积456.53公顷，蓄积11 606.4立方米，出材5418.7立方米。

【县级人民政府保护发展森林资源任期目标责任制建立和执行情况监督检查】 对内蒙古呼伦贝尔市鄂温克自治旗、鄂尔多斯市准格尔旗、乌兰察布市商都县、包头市昆都仑区4个旗县区人民政府保护发展森林资源目标责任制建立和执行情况进行检查。

【野生动植物监管】 开展候鸟等野生动物保护和疫源疫病监测防控、湿地、自然保护区等督查，检查内蒙古绰源、绰尔、阿尔山、金河、根河5个重点国有森工企业局，呼伦贝尔市、兴安盟、通辽市3个市盟林业局和44个旗(县)所属的4个湿地、4个国家级自然保护区。开展野生动物驯养繁殖清理整顿，监督检查3个重点盟(市)的5个旗县。

【濒危物种进出口管理和履约】 协调满洲里海关、呼和浩特海关等CITES履约执法协调小组成员单位召开联席会议两次。加强进出口业务审查，核发允许进出口证明书26份，收取进出口管理费共2.96万元。对2014年内蒙古鄂尔多斯动物园进口的环尾狐猴暂存在天津的情况进行现场检查。加强履约执法宣传和培训，发海报1000多张、易拉宝大挂图15个、宣传折页1000多册、书签6000多个。在内蒙古“爱鸟周”启动仪式暨内蒙古自治区野生动物救护工作先进集体授牌仪式上，向社会发放“保护濒危物种履行国际公约”书签500个、宣传折页300份，张贴和发放宣传画10份。举办2015年濒危物种履约执法管理培训班，对来自内蒙古林业厅野生动植物保护中心、森林公安局、内蒙古工商行政管理局、内蒙古农牧业厅、呼和浩特海关、满洲里海关等履约执法协调小组成员单位的30多人进行了培训。开展内蒙古年度肉苁蓉物种监测评估，对肉苁蓉产业发展和肉苁蓉物种管理等提出了意见和建议。

【作风建设】 按照中央八项规定和局党组《贯彻落实中央关于改进工作作风、密切联系群众有关规定的实施意见》要求，制订了16条实施意见。查找出7个方面有关不严不实和需要进一步改进的问题，明确了以“三严”为鉴、以“三实”为标、以“整改”为抓手的努力方向和整改措施。

【锤炼作风主题系列实践活动】 以开展森林资源管理情况检查为载体，将党支部建在检查一线。成立以检查组组长为支部书记、各检查小组组长为党小组组长的临时党支部，认真落实廉政建设“一岗双责”责任制。

【文明单位创建】 按照驻地创建文明单位的部署和要求，经过连续三年创建，10月，经内蒙古大兴安岭林管局文明办考核，被内蒙古大兴安岭林管局命名为“林区文明”单位。

【人员培训】 参加学习培训人数66人次。结合监督工作实际需要，分期分批派人员到国家林业局规划院学习锻炼。派出2名年轻同志到局规划院进行为期两个月卫星遥感业务技术学习培训。

【林业大事】

2月7～8日 参加内蒙古自治区林业局长会议。刘树人专员在会议上作了讲话。

3月16日 参加内蒙古自治区林业厅召开的全区野生动植物和自然保护区暨湿地保护管理工作会议。刘树人专员要求全区切实做好履约和濒危野生动植物进出口管理工作。

4月4日 参加内蒙古森工集团(内蒙古大兴安岭林管局)2015年度工作会议。刘树人专员出席会议并对推进重点国有林区改革、全面落实好重点国有林区停止天然林商业性采伐等提出明确具体要求。

12月21～24日 在呼和浩特市组织举办濒危物种履约执法管理培训班。来自内蒙古自治区林业厅、农牧业厅、工商行政管理局、公安厅、呼和浩特海关、满洲里海关等内蒙古CITES执法协调小组成员单位和内蒙古农牧业厅渔业和草原基层单位、呼和浩特海关直属单位、鄂尔多斯动物园管理所、呼和浩特市动物园管理处及蝴蝶兰公司等基层单位的人员参加了培训。

来自中华人民共和国濒危物种进出口管理办公室、中华人民共和国濒危物种科学委员会、海关总署、厦门海关等单位的领导和专家进行授课指导。

(内蒙古专员办由夏宗林供稿)

长春专员办(濒管办)工作

【综　述】 2015年长春专员办通过督查督办林政案件、开展伐区设计和作业质量“两个1%”检查、停伐检查、绿化树木采挖管理、森林资源管理检查、县级人民政府保护发展森林资源目标责任制检查等工作，督促各级主管部门依法依纪处理相关责任人593人（追究刑事责任35人，行政处分172人，其他党纪政纪处分386人）；督查督办各类林政案件233起（国家林业局批转督办案件66起，专员办接待信访举报并批转督办案件27起，监督检查过程中督查督办案件140起）；受理核发濒危物种进出口行政许可证明6600份；开展了毁林种参清理排查专项行动以及吉林、辽宁两省森工和地方停伐情况检查，开展了机关两建和省级文明单位创建活动。2015年12月，长春专员办被吉林省精神文明建设领导小组评为2013～2015年度文明单位。专员办连续3年在吉林省政府考核中被评为优秀，领导班子连续五年被国家林业局评为优秀班子。

【督查督办林政案件】 2015年，长春专员办共督查督办各类林政案件233起（国家林业局批转督办案件66起，接待信访举报并批转督办案件27起，监督检查过程中督查督办案件140起），办结227起，依法问责593人；联合吉林省林业厅制订了《开展打击非法侵占林地毁林种参专项整治行动方案》，在吉林省人参种植相对集中的15个县（市、州）开展了打击非法侵占林地毁林种参专项整治行动，督促吉林省排查出毁林种参面积9011.39公顷，查处行政案件5353起，处罚5609人，罚款10 118.4万元；督促吉林、辽宁两省按照国家林业局部署开展了打击非法侵占林地清理排查专项行动，指导吉林省出台了《关于涉林执法司法有关问题的指导意见》，挂牌督办11个典型案件，排查出非法侵占林地案件4676起，非法侵占林地5334公顷，行政处罚7971人，罚款4659万元；指导辽宁省制订下发了《关于全省非法侵占林地清理排查专项行动方案》，挂牌督办14个重点案件，清理排查出非法侵占林地案件1306起，刑事处分28人，判处罚金413.8万元，行政处罚726人，行政问责19人，罚款1821.8万元；对2014年检查中依法处理的54项违规问题进行了现地督办，检查两省占用征收林地项目20个，审核（批）面积2094.8公顷，缴纳植被恢复费18 464.6万元。

【保证实现平稳停伐】 2015年吉林省重点国有林区已经全面停止天然林商业性采伐，2016年底吉林、辽宁两省地方林业局也将全面停伐。为防止在停伐前出现违法违规采伐行为，长春专员办在坚持开展伐区调查设计和作业质量检查等常规检查基础上，专门组织开展了一次停伐检查。抽调精干力量，对吉林省18个国有森工局、4个森经局和4个县（市）林业局采伐管理情况进行了检查。与2014年相比，检查林场增加52个，小班增加787个，检查面积增加3898公顷。查阅有关账卡1900余册，提出整改意见169条，督促各单位依法依纪处理相关责任人98人。联合国家林业局规划院，对吉林省临江、露水河、大石头、大兴沟、八家子、珲春6个国有林业局2012年至2014年的森林资源管理情况进行了检查，并对2014年松江河、白石山、敦化、天桥岭、和龙5个林业局森林资源管理检查中存在问题整改情况进行了跟踪检查。

【专项检查】 历时3个月，对吉林省伊通满族自治县、珲春市、东辽县和辽宁省黑山县、灯塔市、铁岭市清河区6个县（市、区）政府保护发展森林资源目标责任制建立执行情况进行了检查，通报了检查结果，指出了存在的主要问题，提出了整改意见，督促进行了全面整改；实地检查了吉林省汪清县、长白县、榆树市和辽宁省建昌、本溪、新宾和开原6个县（市）森林防火责任落实、基础建设、防火宣传、物资储备、社区联防等工作情况并对上述6个县（市）的野生动物繁殖地、越冬地、栖息地、迁徙中途停歇地等现状及线路巡查、定点观测和应急值守情况实施了监督检查；配合国家林业局开展了“绿剑行动”，完成吉林、辽宁两省部分国家级自然保护区建设情况监督检查，协调解决了吉林向海和辽宁医巫闾山两个国家级自然保护区建设中存在的问题。

【濒危物种管理】 在“爱鸟周”和首届“世界野生动植物日”，配合辽宁省林业厅、丹东市人民政府开展了系列宣传活动，向市民、学生等分发宣传画、宣传单、宣传折页、书签等1000多份，并向各界人士和群众讲解《濒危野生动植物种国际贸易公约》和《濒危野生动植物进出口管理条例》；联合国家濒管办大连检查站、辽宁省林业厅、沈阳市野生动植物保护管理站，先后为大连海关、沈阳海关及其基层海关，提供鹿茸、象牙及象牙工艺品、北极熊皮、红豆杉木材和树苗等物种鉴定和价值认定10次；协调大连海关解决了有关进出口企业持黑龙江省办事处修改证书通关事宜；创新工作方法，制订《国家濒管办长春办事处关于开展被许可人信誉评估工作的实施办法（试行）》，印发至吉、辽两省各濒危物种进出口企业，将130多家企业纳入参评范围，使申报材料的规范程度明显提高，证书返还率从8%提高到30%；与沈阳师范大学合作，开展了吉辽两省两栖爬行动物物种贸易调查和监测工作，共调查10个市、县的市场状况，调查商店、药店和餐饮点近50个；召开吉林、辽宁两省部门间CITES执法协调小组第二次联络员会议，讨论修改了《吉辽两省部门间CITES执法协调工作规范》，传达“第十一届敏感物种履约执法联席会议”精神，并联合开展红木、东北红豆杉木材、红珊瑚、各类活体动物现场监督检查16次，纠正了一些违规问题；2015年共受理野生动植物进出口行政许可912件，核发进出口行政许可证明6600份，收取进出口管理费130万元，涉及野生动植物进出口贸易额14.65亿元。

【“两建”工作】 在机关建设方面，严格按照国家规定的使用面积，对办公室进行了调整，更新了计算机、打印机等办公设备，改善了办公条件；调整了干部队伍，优化了队伍结构；利用国家林业局管理干部学院和长春专员办“学习型专员办”建设平台，大力开展干部能力提升培训，开展森林资源监督综合业务培训班、信息员能力提升培训班、CITES执法协调小组成员单位野生动植物产品识别培训班等，培训两省森林资源监督员、信息员、海关关员、缉私警察、企业申报员等200多人次。选派业务骨干参加了国家林业局举办的森林资源监督业务、纪检监察业务、信息和安全业务、保密业务、濒危物种管理业务等培训班，干部队伍的综合素质得到有力提升；集中开展制度完善和修订工作，根据实际修订完善了财务制度、信息安全守则、网络宣传管理制度、网上办证系统管理规定、公务接待有关规定、车辆管理规定、固定资产管理规定等制度。

在党的建设方面，经吉林省委组织部批复同意，将党组织隶属关系由吉林森工集团党委调整到吉林省直属机关工委，成立机关党总支，召开党员大会，选举产生了第一届机关党总支委员会，强化了组织建设；持续开展“学习型专员办”创建活动、理论中心组学习活动、干部素质能力提升计划等学习活动；根据国家林业局党组的安排部署，扎实开展“三严三实”专题教育等活动，将党员干部的思想凝聚到中央的决策部署上；自主开展了“帮扶新农村”活动、“向基层献爱心”活动、“捐资助学”活动等；开展“参观廉政建设展览馆”“参观杨靖宇烈士陵园”“参观东北沦陷史陈列馆，纪念中国人民抗日战争胜利70周年”等主题党日活动，党员的觉悟和党性得到有效提升；坚持开展服务基层活动。连续第四年派工作人员，带着证书及有关设备赴延吉市现场办理松茸出口676份，出口量67 050千克；强化廉政建设。检查期间不饮酒，坚持“四菜一汤”工作餐；住宿按实际标准交费，使用交通工具交纳燃油费；所有借调参加检查人员的食、宿、行及出差补助均由长春专员办承担；严格执行“廉政建设反馈意见书”制度，全年共收回反馈意见书58份，没有发生违法违纪现象。

【林业大事】

1月6~20日 长春专员办组成4个检查组，对吉林省重点国有林区18个森工局2014年四季度和2015年冬季林木采伐和树木采挖情况实施监督检查。

1月15日 长春专员办与吉林省林业厅联合印发通知，决定在吉林省参业重点县(市)范围内开展打击非法侵占林地毁林种参专项整治行动。

1月22日 长春专员办召开全体会议，学习全国林业厅局长会议精神，并印发赵树丛局长和张建龙副局长讲话稿，要求全办干部职工认真学习研读。

1月25日 王志高专员出席中国吉林森工集团2015年工作会议，听取并审议了集团2015年工作报告，人手稿并为林业局颁发非林产业利润反哺生态建设基金。

2月3日 吉林省人民政府绩效考核管理工作领导小组组成6人考核组，对长春专员办2014年绩效指标完成情况进行考评。

3月3日 国家濒管办长春办事处会同辽宁省林业厅等，在丹东市举办了“世界野生动植物日”宣传活动，向市民、学生等分发国家濒管办印制的宣传画、宣传单、宣传折页、书签等1000多份。

3月9~13日 傅俊卿副专员带领相关人员，对辽宁省建昌、本溪、新宾和开原4个县(市)的森林防火责任落实、基础建设、防火宣传、物资储备、社区联防等工作情况实施监督检查。

3月9~20日 长春专员办组成检查组，对吉林省汪清县、长白县、榆树市2014年林地和林木采伐管理情况检查存在问题的整改工作、野生动物疫源疫病监测工作和野生动物保护工作开展情况进行了检查。对辽宁省本溪县、建昌县、新宾县和开原县野生动物保护和疫源疫病监测防控情况进行了检查。

3月23日 长春专员办与吉林省林业厅、吉林省森林公安局组成联合督办组，赴吉林省长岭县，对国家林业局批转的群众信访举报案件进行现地督办。

4月13~26日 长春专员办组成5个检查组，分赴吉林省18个森工局、4个森经局，对22个单位2015年停止商业性采伐执行情况进行了监督检查，全面掌握各林业局凭证采伐制度执行情况及是否存在超证采伐、无证采伐、滥砍盗伐等问题。

4月27日 长春专员办与吉林省林业厅联合召开打击非法侵占林地毁林种参专项行动工作推进会，从“严管严查严处毁林种参”“确保核查结果真实可信”“务求专项行动取得实效”3个方面，对吉林省打击非法侵占林地毁林种参专项行动做了再动员和再部署。

5月25日 国家林业局驻长春专员办召开机关党总支第一次党员大会，选举产生第一届机关党总支委员会。王志高当选为总支书记，陈晓才当选为专职副书记，王佰平、王巍、李子木当选为总支委员。吉林省直属机关工委副书记孟繁春到会讲话。

5月25日至6月12日 按照国家林业局资源司的安排部署，长春专员办组成3个检查组，完成吉林省18个国有森工局2014年四季度至2015年一季度伐区调查设计和作业质量“两个1%”检查任务。

6月1~12日 长春专员办由傅俊卿副专员带队，完成吉林、辽宁两省重点建设工程占用林地行政许可项目使用林地情况监督检查工作。

7月6日至8月17日 长春专员办完成对吉林省东辽县、伊通县、珲春市和辽宁省清河区、黑山县、灯塔市2014年度县级政府保护发展森林资源目标责任制建立与执行情况检查工作。

9月7~10日 国家濒管办长春办事处连续第四年到延吉市为松茸出口企业现场核发允许进出口证明书676份，使企业及时出口新鲜松茸67 050千克。国家收缴野生动植物进出口管理费447 549.5元。

11月2~4日 长春专员办在珲春市举办森林资源监督综合业务培训班，吉林省林业厅、延边州林管局驻各市(州)、各国有森工局专员办监督员共115人接受培训。

11月23~25日 国家濒管办长春办事处参加国家濒管办在南京举行的2014~2015年度大宗贸易及敏感物种监测评估项目总结会议。

11月17~19日 国家濒管办长春办事处在哈尔滨国家林业局野生动植物检测中心，举办“吉辽两省部门间CITES执法协调小组第二次联络员会议暨野生动植物产品识别培训班”。

11月26日至12月13日 长春专员办组成3个检查组，对吉林省红石林业局和蛟河、敦化、通化、长白4个地方县(市)林业局冬季采伐管理情况进行检查。

12月1日 国家濒管办长春办事处执行国家规定，正式取消濒危物种进出口管理费收费项目，直接服务中小企业。

12月3日 王志高专员带队抵达辽宁省沈阳市，对2014~2015年度国家林业局和长春专员办批转的6起未结林政案件开展现地督办。

12月15日 长春专员办在吉林省精神文明建设工作暨先进集体表彰大会上，被授予“2013～2015年全省文明单位”称号。长春专员办党组书记、专员王志高作为文明单位代表上台领奖。

12月28日 吉林省人民政府绩效考核管理工作领导小组组成5人考核组，对长春专员办2015年绩效指标完成情况进行考核。（长春专员办由陈晓才供稿）

黑龙江省专员办（濒管办）工作

【综　述】 2015年是黑龙江专员办努力开创新局面、实现新发展的重要一年。一年来，全办上下深入贯彻落实党的十八届三中、四中、五中全会和全国林业厅局长会议精神，紧紧围绕局党组中心工作和主题主线，牢固树立中国特色社会主义生态观，持续推进“两转变两服务”活动，深入开展“三严三实”专题教育，锐意进取、开拓创新、扎实工作，推进森林资源和濒危物种进出口监管工作跃上一个新台阶。

【林地湿地监管】 坚持把对林地湿地保护利用监管作为首要任务，不断加大监管力度。认真开展征占用林地行政许可被许可人检查，对黑龙江省20个单位征占用林地行政许可被许可人进行了全面检查，严肃查处了未批先占、少批多占等问题。根据国家林业局《关于加强对勘查、开采矿藏占用东北、内蒙古重点国有林区林地审核监督管理的通知》规定，对国有重点林区占用林地进行了现地审查并对相关材料进行了审核。按照国家林业局的部署，深入开展对非法侵占林地清理排查专项行动的督查督办，突出“四个重点”、抓好“五个环节”、严明“五条要求”，全力协助和督促驻在地多级林业主管部门共清理排查出违规案件10 850起、非法侵占林地面积2.2万公顷，共同形成打击破坏林地资源的高压态势。

【全面停伐监管】 坚持把对森林资源保护利用的监管作为重点任务。突出对国有重点林区全面停止商业性采伐执行情况的监管，进一步提高对全面停伐的重大战略意义和停伐工作的长期性、艰巨性的认识，与黑龙江省森工总局联合下发文件，就进一步加强森林资源保护管理监督工作做出部署，坚决做到有令则行、有禁则止。对国有重点林区40个林业局及两个直属单位伐区作业质量及森林抚育质量进行1%核查，对30个森工林业局的伐区调查设计质量进行了1%核查。按照国家林业局部署，对带岭、乌马河、金山屯、美溪、乌伊岭、鹤北、方正、绥棱、穆棱、绥阳10个林业局森林资源管理情况进行综合检查，现地核实疑似图斑563块、面积1067.53公顷，客观真实高效地完成了检查任务。积极探索地方林业森林资源监管的新模式，首次利用卫星遥感技术手段，对庆安县进行森林资源管理情况检查，现地核实疑似图斑41块、面积83.29公顷，为进一步强化对地方森林资源管理情况监管进行了有效的实践探索。全面推进依法行政，严格执行采伐限额管理制度，加强林木采伐许可证核发管理，全年共实际核发《林木采伐许可证》1544份，全部做到依法、规范、快捷、高效。

【案件督查督办】 严格履行“第一职责”，敢于担当，攻坚克难，有效地保护了森林资源。与省林业厅、龙江森工总局建立了重大案件及时报告制度、常规性案件例行报送制度、重点案件挂牌督办制度、约谈制度、案件联合查办制度等工作机制，与省检察院林区分院共同建立查办破坏森林资源违法犯罪案件协作配合制度，形成打击破坏森林资源违法犯罪的合力。联合开展严查违法采挖移植树木专项行动，有效地遏制了违法采挖移植树木蔓延势头。根据国家林业局开展非法侵占林地清理排查专项行动的部署和要求，连续开展两轮督查督办破坏森林资源案件专项行动，重点督办、挂牌督办、书面督办、电话督办、现地督办案件335起。开展破坏森林资源问题整改专项行动，加强对驻在地的森林资源监管，完成了《黑龙江省年度森林资源监督报告》，黑龙江省省长、分管副省长和国家林业局有关领导分别作了批示。2015年共约谈16个县（市、区）、林业局的主要领导和分管领导，通过各类检查核查、案件查办督办，督促地方和国有重点林区处理相关责任人218人，其中：纪律处分36人，行政处分150人，追究刑事责任32人。

【目标责任制监管】 坚持把建立地方政府保护发展森林资源长效化机制作为关键环节，狠抓督促、检查和落实。按照国家林业局森林资源监督管理办公室的部署，与省林业厅共同组成检查组，对嫩江、绥滨、密山和桦南4个县（市）保护发展森林资源目标责任制建立执行情况进行了专项检查，综合评定优秀单位1个，合格单位3个。落实责任主体。在全省69个具有林业工作职能的县（市、区）政府全部建立目标责任，覆盖面达到百分之百的基础上，督促全省县级人民政府全部建立目标责任制组织领导机构，并将目标细化分解，落实到乡镇、部门，初步构建起“政府主要负责同志是林业建设的第一责任人，分管负责同志是林业建设的主要责任人”的保护发展森林资源目标责任制体系。

【濒危物种监管】 严格做好履约行政许可工作，本着“依法履约、优化服务”的原则，在绥芬河市行政服务中心设立办证室，每年为企业减少办证差旅费支出400多万元，2015年核发允许进出口证明书的数量创历史新高，共核发濒危物种贸易行政许可7899份，累计贸易额13.11亿元。大力加强履约宣传工作，把宣传的窗口、阵地前移到机场、海关、港口和进出口企业等地点，设立宣传窗口，配备动植物、图片、画册、展板、进出口行政审批工作流程图文资料等，宣传展示濒危物种进出口管理的公约、法律法规和生物多样性保护知识。联合国际野生物贸易研究组织（TRAFFIC）、国际爱护动物基金会（IFAW）和哈尔滨海关，在黑河市、逊克县、萝北县和绥芬河口岸安装各类宣传展板，在多个口岸开展以“保护濒危物种、打击非法贸易”为主题的履约宣传活动，进一步提升了履约保护意识。切实强化濒危物种贸易履约监管，多次与黑龙江省属进出口企业召开座谈会，密切联系，加强沟通，树立了履约的良好形象。在国家濒管办的大力支持下，与绥芬河市人民政府签订了《濒危物种进出口履约合作协议》，创建了良好的进出口贸易和履约秩序。积极开展“绿箭行动”。与省林业厅、森工总局成立联合检查组，先后深入到13个国家级保护区进行监督检查，切实加强了对自然保护区建设和野生动植物保护的监管。

【机关作风建设】 坚持把加强学习作为一项重要的政治任务，作为做好森林资源监督和濒危物种进出口管理工作的基础保障。创新学习方式方法，实行集中学与不定期例会学相结合，深入学习党的十八大和习近平总书记系列重要讲话精神。从监督工作的实际需要出发，本着“缺什么、补什么”的原则，加快知识更新，不断强化业务学习。牢固树立“作风建设永远在路上”的思想，以机制创新促全办作风转变。全面加强制度建设，组织制定了《黑龙江专员办（濒管办）工作制度汇编》，涉及职能职责、工作规则、党务工作、政务工作、财务工作、业务工作等方面39项规章制度，真正做到了用制度管权、管事、管人。深入开展调查研究，由办领导班子带队深入到国有重点林区和地方国有林场进行森林资源保护、可持续经营、林业改革、濒危物种进出口履约、森林资源监管队伍建设、林地林权保护管理、森林抚育等方面的专题调研，积极为林业发展进言献策。严格执行中央八项规定，与2014年相比，文件简报数量减少了20%，质量得到全面提升；按照国家林业局会议计划，召开森林资源监督工作会议1次，严格控制在四类会议标准之内；严格控制“三公”经费支出，全年公务接待支出为零，办公用房低于国家规定标准，封存了部分公用车辆，各类检查进行了精简压缩；下基层工作轻车简从，严格执行有关规定，树立了监督机构的良好形象。

【机关党的建设】 制订《中共黑龙江专员办（濒管办）党组开展“三严三实”专题教育方案》，开展党组书记讲党课活动，党组成员围绕专题内容作了主题发言；始终坚持问题导向，高标准、严要求，紧紧盯住“不严不实”问题和其具体表现，认真查找问题、深入分析梳理了干部队伍在思想、工作、作风、纪律等四方面存在问题，制定了整改方向，落实了整改措施。切实加强党的基层组织建设，圆满完成了党支部换届选举，2015年6月，选举产生新一届支部委员会。同时，进一步健全完善支部建设、党员管理和“三会一课”等各项制度。积极开展各种专题活动。积极开展形式多样、内容丰富、富有实效的“七一”“十一”等活动，进一步增强党员的党性观念、宗旨意识和责任意识。全年党组中心组（扩大）学习12次，全办专题学习32次，分组讨论25次。形成了“思路宽、立意高、内容广、方式新、互动多、纪律严、效果好”的七大学习亮点，进一步提高监督干部政治把握能力、组织协调能力和监督管理能力。全面加强党风廉政建设，健全完善廉政风险防控机制和党风廉政建设“两个责任”，进一步完善细化“五书一卡”制度，规范了监督检查行为。加强反腐倡廉教育。

【林业大事】

1月16～24日 分赴3个县市、2个森工林业局、1个农垦管理局开展非法侵占林地清理排查专项行动。

1月25日 赴牡丹峰国家级自然保护区就森林资源保护进行调研。

2月4日 挂牌督办的10起破坏森林资源案件取得阶段性成果。

2月5日 参加黑龙江省林业局场长会议，就进一步加强新常态下森林资源保护监管提出五点具体要求。

2月13日 出席黑龙江省森工工作会议，对森工林区资源管理提出明确的意见和要求。

3月9日 完成《2014年度黑龙江省森林资源监督工作报告》，得到了黑龙江省政府陆昊省长、吕维峰副省长等领导的批示。

4月12～29日 对违法采挖树木进行专项检查。

4月13～15日 赴林口林业局对伐区设计质量、伐区作业质量进行检查，就国家林业局主要森林类型可持续经营试点进展情况进行调研。

4月17日 全办赴五常市进行义务植树，与基层林业局共建义务植树基地，共同打造森林可持续经营样板林。

4月23日 与森工总局联合下发文件，就进一步加强资源保护管理监督工作做出部署。

5月7日 国家濒管办黑龙江省办事处绥芬河办证室转变作风、服务基层、便捷企业，获得该市进出口企业的一致好评。

5月19日 陪同国家林业局资源司、国家林业局调查规划设计院等调研组一行，对林口林业局森林可持续经营试点项目进行调研。

5月21日 审议并通过《黑龙江专员办（濒管办）工作制度汇编》，共5大类39项制度。

5月21～22日 赴哈尔滨市丹清河实验林场进行国有林场改革和森林经营管理调研。

5月29日 完成龙江森工“十三五”期间年森林采伐限额审核工作。

5月29日 组织开展2015年度占用征收林地行政许可监督检查工作。

5月13日至7月8日 全面完成国有重点林区2015年度伐区作业质量及森林抚育经营作业质量1%检查工作。

6月2日 召开全办党员大会，按照《党章》等规定的程序，选举产生黑龙江专员办新一届支部委员会。

6月11日至8月26日 全面完成黑龙江省县级人民政府保护发展森林资源目标责任制专项检查工作。

6月15～19日 赴黑龙江省西部边境口岸进行调研，提高出入境公民的保护意识，有效打击非法贸易。

8 月 21 日　赴绥阳、八面通林业局进行国有林区改革和转型发展专题调研。

8 月 24 日　深入富裕县进行林地湿地保护管理工作调研。

8 月 27 日　在萝北县明山口岸开展以保护濒危物种打击非法贸易为主题的履约宣传活动。

8 月 31 日　与黑龙江省人民检察院林区分院联合下发《关于加强查办破坏森林资源违法犯罪案件协作配合的意见》(黑资监字〔2015〕20 号)。

9 月 11 ~26 日　全面完成了黑龙江森工所属带岭、美溪、乌马河、金山屯、乌伊岭、绥阳、穆棱、鹤北、方正、绥棱 10 个林业局的森林资源管理情况检查工作。

9 月 12 日　在绥芬河举办濒危物种进出口企业管理业务培训班。

9 月 14 日　完成对上甘岭、八面通、红星、通北四个林业局森林经营方案的审查工作。

9 月 23 ~25 日　在黑河、逊克口岸开展以保护濒危物种打击非法贸易为主题的履约宣传活动。

10 月 10 日　会同省林业厅和省森工总局完成对全省国家级自然保护区的监督检查工作。

10 月 12 ~30 日　对全省森工林业局 2015 年度森林抚育经营调查设计质量开展核查。

11 月 6 日　采取应用遥感判读和现地核实相结合的方法对黑龙江省庆安县森林资源管理情况进行全面检查。

11 月 17 日　对林口、新青、绥棱三个林业局 2015 年第六次森林资源规划设计调查外业进行了检查。

11 月 26 日　举办全省森林资源监督业务培训班，230 多名来自基层的资源管理和监督人员参加，切实提高了基层森林资源监管人员的政治思想素质和业务能力。

11 月 26 日　召开全省森林森林资源监督工作会议，黑龙江省森工总局副总局长董杰，省林业厅副厅长张恒芳参加会议并对森林资源监督和管理工作做出部署，国家林业局资源司副司长王洪波出席会议并对黑龙江省森林资源保护和监督管理工作提出了新的要求和期望，黑龙江专员办专员袁少青对全省森林资源监督工作进行回顾总结和部署安排。

12 月 5 日　黑龙江省森林资源监督网网站改建工作完成，全面提升了信息安全指数。

12 月 16 日　对伊春乌伊岭林业局发生的毁林开垦问题进行约谈。

12 月 18 日　与省林业厅召开联席会议，专题研究个别单位乱砍滥伐、乱占林地、毁林开垦、毁林种参等破坏森林资源违法案件的查处问题。

(黑龙江专员办由沈庆宇、叶强供稿)

大兴安岭专员办工作

【综　述】　2015 年，在国家林业局党组的正确领导和有关职能部门的指导下，按照全局的统一部署和资源司、监督办的总体工作安排，紧紧围绕林业改革发展的中心任务，努力加大森林资源监督力度，不断强化机关五大建设，主动服务林区经济社会发展大局，坚持资源监管、执法监督、服务协调的理念，针对林业改革发展的新形势和大兴安岭林区转型发展过程中森林资源管理面临的新情况，强化森林资源经营培育监管，突出林地保护的核心地位，加大林政执法督查力度，深入开展调查研究，不断创新工作方式方法，森林资源监督工作取得显著成效，为促进大兴安岭林区森林资源增长发挥积极作用，作出应有贡献。

【全面停伐监管】　充分发挥林木采伐许可证在落实停伐上的关键作用，强化森林资源监管，巩固停止天然林采伐成果，保障停止天然林商业性采伐政策落实。按照“全额管理、分项控制”的原则，严把行政许可质量关，完善制度措施，推进行政许可规范化建设，为停伐政策落实提供保障。2015 年共核发森林经营抚育许可证 13 536个小班，作业面积 221 686 公顷；征用占用林地林木采伐许可证 118 个，采伐面积 187. 1 公顷、采伐蓄积 3537. 7 立方米、出材 1612. 6 立方米。

【林地保护监管】　加强对林业企业使用林地的监督，严把现地核查审核关，现地审核探矿临时占用林地项目 5 项，临时占用林地 3. 24 公顷。检查占用使用林地项目 33 个，发现 11 个项目存在违规使用林地问题，违规使用林地 4. 79 公顷。对林业企业存在的未批先占、探矿采矿占用林地手续不健全等违法违规占用林地行为下达督办整改通知 18 份，立案查处 4 起、处理 3 人，罚款 7. 9 万元，通报批评 2 个单位。

【林地许可检查】　按照国家林业局统一部署，2015 年 7 月，历时近 1 个月时间，组织开展对大兴安岭林地行政许可被许可人检查，检查征用、占用林地项目 12 项，发现 6 个项目存在违法违规占用使用林地问题，违法使用林地 4. 84 公顷，主要表现为未经审批临时占用林地。对发现的问题加强整改督办，对非法占用林地强化行政问责，促进征用、占用林地逐步规范，依法依规使用林地意识不断提高。

【案件督查督办】　进一步落实国家林业局领导的批示和指示，把查处破坏森林资源案件作为第一职责，加大对破坏森林资源违法行为的打击力度。与大兴安岭林业集团公司、大兴安岭检察分院联合成立破坏森林资源违法犯罪案件督办查处领导小组，明确统一协调办案的职责。制订《大兴安岭专员办督查督办破坏森林资源案件管理办法(试行)》，编印《林政案件模拟卷宗》，规范案件督查督办程序。2015 年，共督查督办案件 12 起。其中：国家林业局交办 2 起，督查中发现 1 起，受理群众信访举报9起；12起案件中侵占破坏林地5起，盗伐林木7起；达到刑事案件的7起，行政案件5起，下达整改督办意见书5份。

【监督工作会议】 2015年4月27日，在加格达奇召开全区森林资源监督管理工作会议，会议主要内容是：学习贯彻中央6号文件精神，落实全国林业厅局长会议、全面停止天然林商业性采伐电视电话会议的部署和要求，总结交流森林资源监督管理工作经验，分析存在问题，研究加强森林资源监督工作具体措施。国家林业局驻大兴安岭专员办专员陈彤在会上作了题为《主动适应新常态　全力推动森林资源监督管理工作再上新台阶》的工作报告，安排部署从6个方面做好新常态下森林资源监督工作。新林林业局、阿木尔林业局、驻塔河监督办、驻十八站监督办分别在会上作了典型发言。大兴安岭林业集团公司及所属各林业局、驻林业局监督办等部门单位50人参加会议。

【森林保护监督】 针对监督区域广、破坏森林资源问题发现难的情况，创新和完善监督工作方式和方法，利用卫星遥感和无人机航飞勘测技术，对受道路条件限制，核查人员不能到达的疑似破坏林木、林地的现场进行探查。对大兴安岭林业集团公司韩家园林业局2013年6月末至2014年9月期间，林业遥感影像进行判读，对有影像变化图斑现地核实地块113个，发现违法毁林侵占林地44个，毁林开垦地块2个。针对发现的问题，提出6项处理和整改措施意见，要求大兴安岭林业集团公司和有关林业局依法严肃查处。

【森林抚育核查】 开展森林抚育调查设计质量和作业质量监督核查，积极推动森林资源培育的科学经营，坚决杜绝以森林抚育之名行采伐之实，防止隐性的资源消耗，对作业质量问题严格落实整改，促进森林资源的保护和科学经营。在森林抚育作业质量和调查设计质量核查中，共核查作业质量小班125个，核查面积1894公顷；核查调查设计质量小班131个，面积1996.5公顷。针对设计和作业质量存在的问题，提出整改要求，下达整改通知书51份，行政问责21人，督促相关林业局认真整改。

【问题整改督办】 按照国家林业局《森林资源管理情况检查结果通报》的要求，大兴安岭专员办对大兴安岭林业集团公司在2014年资源管理检查中暴露出来的破坏森林资源案件，加大整改、问责督办力度。严把整改审核关，强化整改落实，全程跟踪督办加格达奇林业局资源检查问题整改，向大兴安岭林业集团公司提出加大案件惩处力度、严肃行政刑事问责的督办意见。国家林业局通报的86起案件，共处理违法犯罪直接责任人65人，行政问责79人，收回涉案林地62.29公顷，其中有55.18公顷完成植树造林。

【资源管理检查】 按照国家林业局资源司、监督办的部署，组成两个检查组，于2015年9月历时9天，对大兴安岭林业集团公司塔河、西林吉2个林业局资源管理情况进行综合检查，检查中严格执行检查方案，严格遵守廉政纪律和中央八项规定、国家林业局十八条实施意见。共核实、检查143个地块，查出各类破坏森林资源违法案件35起(塔河林业局17起、西林吉林业局18起)，其中：违法占用林地26起、无证采伐6起、超证采伐3起。针对存在的无证采伐等问题，加强整改督办，强化行政问责。

【专项行动督查】 按照国家林业局开展“全国非法侵占林地清理排查专项行动”的部署，为确保“林地清理排查行动”取得实效。成立专员任组长的专项行动督查督办领导小组，制订工作方案，落实督查责任和措施，在“林地清理排查行动”期间，对大兴安岭林业集团公司所属10个林业局进行4次巡回督查，针对责任追究不到位等问题，发出了3次督查通报，约谈4个林业局主要领导，下达整改通知书10份。行动中督查督办侵占破坏林地案件105起，其中违法占地63起，毁林开垦42起；判刑11人，行政处罚89人，收回林地176.07公顷。

【开展调查研究】 针对大兴安岭林区转型发展过程中森林资源管理面临的新情况、新特点、新动向，有针对性地开展调查研究。一是开展停止天然林商业性采伐资源管理情况调研。对停伐后森林资源保护管理、经营培育、林区产业转型发展、林区民生改善等进行调研，摸清存在的问题和面临的困难，分析影响和制约森林资源保护发展的主客观因素，提出进一步强化天然林保护、完善限额管理机制、防止隐性消耗问题发生的对策及建议。二是开展发展林下经济使用林地情况调研。调研中针对发展林下经济出现的非法开垦、侵占林地、擅自改变林地用途、划拨林地使用权、违规流转等问题，提出发展林下经济要依法、规范、有序实施，进一步整顿规范、恢复植被、严厉打击侵占破坏林地违法犯罪行为。

【资源监督报告】 2015年1月30日，大兴安岭专员办向大兴安岭林业集团公司提交《2014年度森林资源监督报告》，报告肯定大兴安岭林业集团公司森林资源保护管理成绩，同时指出：“存在违法违规占地案件高发，采伐限额缺项，隐性消耗凸现；资源调查资金没有经费保障，管护基建停滞”等问题。建议“严格林地用途管制，巩固停伐试点成果，完善采伐限额制度，加大管护基建投入，保障资源调查经费”。大兴安岭林业集团针对存在问题及原因，结合开展打击破坏森林资源“兴安七号”专项行动，开展林业普法学习和保护森林资源宣传教育活动，提升各级领导干部的法制观念和依法行政意识。完善森林资源管理目标责任制，建立查处破坏森林资源案件查处协作机制，制订出台《工程占用林地工作程序告知书制度》《工程占用林地现地拨交制度》《毁林开垦地块恢复植被保证书制度》《临时占用林地恢复林业生产条件保证金制度》。

【林业法规培训】 2015年大兴安岭专员办举办3次林业法律法规学习培训。2月19日，在大兴安岭会展中心以视频形式举办林业法律法规学习讲座，主要讲解林业政策和法律法规、林地林权管理、林木采伐监督管理，大兴安岭林业集团公司副地级以上领导和相关部门60多人在主会场参加了学习。5月22日，在大兴安岭呼玛县，为基层林业管理人员举办法律法规培训，讲授林地林权管理、野生动植物保护、自然保护区管理等方面的知识，呼玛县、韩家园林业局、十八站林业局的乡镇长、林场场长和林业执法人员近100人参加了培训。8月24日，在大兴安岭会展中心礼堂，举办林业法律法规学习讲座。重点讲解《林业行政处罚案卷评查标准》《林业行政处罚文书制作填写规范》和破坏森林资源案件查办、规范林政执法程序、规范填写林政案件执法文书、林政执法工作中应注意的问题及适用法规等。大兴安岭行署、林业集团公司有关部门及各林业局、林场森林资源监督管理人员120多人参加了学习。

【政治思想建设】 组织干部职工系统学习贯彻习近平总书记系列重要讲话精神，学习《为了中华民族永续发展——习近平总书记关心生态文明建设纪实》《关于加快推进生态文明建设的意见》《国有林区改革指导意见》和习近平总书记为第四批全国干部学习培训教材所作《序言》。扎实开展“三严三实”专题教育，组织讲党课、主题教育、现场参观等活动，举办以铭记历史、勿忘国耻、珍视和平、弘扬伟大的抗战精神为主题的纪念中国人民抗日战争胜利70周年系列活动，重温入党誓词，瞻仰革命烈士陵园。

【党建廉政建设】 贯彻国家林业局党组加强党风廉政建设的部署和要求，学习《习近平关于党风廉政建设和反腐败斗争论述摘编》《领导干部违纪违法典型案例警示录》《中国共产党廉洁自律准则》《中国共产党员纪律处分条例》，制订《党风廉政建设和反腐败工作实施方案》《落实党风廉政建设主体责任实施意见》，举办廉政建设专题党课，层层签订党风廉政建设责任状，坚持和完善廉政谈话提醒和廉政反馈书制度，组织参观廉政教育活动基地，深化廉政风险防控，开展经常性的反腐倡廉教育。

【制度作风建设】 结合群众路线教育实践活动中发现问题的整改，通过民主生活会、组织生活，开展广泛谈心。以“三严三实”专题教育为载体，以“两转变两服务”活动为契机，改进工作作风，形成讲大局、讲协作、讲责任、重实际、敢担当、求实效的良好工作氛围。举办业务学习讲座，参加“绿色大讲堂”等学习培训，提高干部职工素质和能力。进一步健全完善制度，用制度管事、管人，工作纳入规范化、制度化轨道。制订《督查督办破坏森林资源案件管理办法》，完善《差旅费管理办法》《车辆管理制度》和《财务管理制度》等多项制度，各项工作纳入规范化、制度化运行轨道。

【林业大事】

1月13～15日 国家林业局人事司副司长丁立新一行4人参加大兴安岭专员办2014年度民主生活会和年终考核。

1月27日 大兴安岭专员办与大兴安岭林业集团公司、大兴安岭检察分院召开破坏森林资源案件督办联席会。

1月30日 大兴安岭专员办向大兴安岭林业集团公司提交《2014年度森林资源监督报告》。

2月19日 大兴安岭专员办在大兴安岭会展中心举办林业法律法规学习培训。

3月5～20日 大兴安岭专员办专员陈彤率有关处负责人赴西林吉、图强、阿木尔、呼中林业局对停止采伐、森林经营抚育、林地管理、林业转型发展进行调研。

3月13日 大兴安岭专员办与大兴安岭林业集团公司召开资源管理联席会，研究资源综合检查整改工作。

4月27日 大兴安岭专员办在加格达奇召开森林资源监督管理工作会议，陈彤在会上作了题为《主动适应新常态　全力推动森林资源监督管理工作再上新台阶》的工作报告。

5月12～13日 大兴安岭专员办专员陈彤在北京参加森林资源管理座谈会。

6月5日 大兴安岭专员办专员陈彤率有关处负责人赴加格达奇林业局开展林地管理调研。

6月23～26日 国家林业局监督办副主任邹连顺一行4人，在大兴安岭专员办巡视员王荣满陪同下，对大兴安岭加格达奇林业局林地管理进行专项调查。

6月30日至7月22日 大兴安岭专员办组成检查组对大兴安岭林业集团公司各林业局进行林地许可被许可人检查。

8月5日 大兴安岭行署专员、林管局局长李树铭等3人到大兴安岭专员办座谈森林资源保护发展和监督管理工作。

8月18～21日 大兴安岭专员办专员陈彤率有关处负责人赴呼玛县、韩家园林业局对林地保护管理情况进行专题调研。

8月24日 大兴安岭专员办在大兴安岭会展中心礼堂，举办林业法律法规学习讲座。大兴安岭林业集团公司有关部门和各林业局、林场森林资源监督管理人员120多人参加了学习。

9月7～8日 大兴安岭专员办专员陈彤在哈尔滨参加重点国有林区改革推进会。

9月11～20日 大兴安岭专员办组成两个检查组分别对大兴安岭林业集团公司塔河、西林吉林业局进行资源管理综合检查。

9月17～18日 大兴安岭专员办专员陈彤观摩由武警森林部队组织的森林防火演习和对抗演练等活动。

12月28～29日 大兴安岭专员办专员陈彤在哈尔滨参加黑龙江省委召开的全省经济工作会议。

（大兴安岭专员办由艾笃亢供稿）

成都专员办(濒管办)工作

【综　述】 2015年成都专员办在国家林业局党组领导下，深入贯彻落实党的十八届三中、四中、五中全会精神和习近平总书记系列重要讲话精神，扎实开展“三严三实”专题教育，贯彻落实国家林业局各项工作部署，认真开展四川省、西藏自治区和重庆市的森林资源监督、濒危物种进出口管理和履约执法等工作，积极为建设生态文明和美丽中国作出贡献。

【完成森林资源监督报告】 分别向四川省、西藏自治区、重庆市人民政府提交了2014年度森林资源监督报告，肯定了三省(区、市)森林资源保护发展所取得的成效，客观分析森林资源保护工作存在的问题，有针对性地提出建议。三省(区、市)分管领导分别做出批示，四川省政府对报告中提及的有关强化县级政府目标责任制建立和健全的意见，专门印发了《关于全面建立保护发展森林资源目标责任制的通知》，并复函对报告中提出的建议予以回复，提出改进措施。

【开展占用征收林地检查】 2015年共对15个项目进行检查，其中四川12项、重庆2项、西藏1项，检查涉及审核审批林地面积合计1785.16公顷。从2015年林地检查情况来看，总体情况尚好，业主单位申办占用征收林地行政许可的申报材料真实，手续齐全，足额缴纳了森林植被恢复费，三项补偿费也按规定进行了补偿，违法使用林地现象占比1.04‰。

【开展目标责任制检查】 按照国家林业局安排，2015年对四川省的北川、通江、屏山、利州，重庆市的垫江、合川，西藏自治区的朗县共7个县级人民政府保护发展森林资源目标责任制情况进行检查。从检查情况来看，总体情况良好，三省(区、市)7个被检查县全部被评定为优秀。

【督查督办涉林案件】 2015年监督区立案涉林案件16 611起，办结16 412起，打击处理各类违法犯罪人员21 144人次。成都专员办重点对其中87件涉林案件进行了督查督办，办结85件，涉案林地121.84公顷，涉案林木3091.73立方米，行政处罚38人共计罚款400.3万元，刑事处罚20人。一是对2014年在林地和林木采伐管理情况检查中发现的问题整改工作进行督查督办，深入三省(区、市)对存在问题的11个区县共计71项问题整改情况进行实地查看，在整改中共计罚款约364.6万元，补种树木8955株，涉案人员17人，其中3人受到刑事追究，14人受到行政处理。二是对检查中发现的以及群众信访举报、媒体曝光和国家林业局批转的共计16个案件进行督查督办。重点督办了“绿色和平组织”曝光的雅安市芦山县、宝兴县在低产低效林改造过程中毁坏天然林重大案件，督促有关部门对相关责任人进行了查处。

【督查非法侵占林地排查专项行动】 按照国家林业局部署，成立督查工作领导小组，研究制订监督检查工作方案，多次派出由专员办领导带队的工作组分赴监督区开展督查工作，发现一批重点案件并督促有关林业主管部门依法依规查办。如：发现四川省邻水县“工矿废弃地复垦利用试点项目”违法占用林地案，专题报告国家林业局，并组织人员对四川省首批开展工矿废弃地复垦利用试点项目的攀枝花市、广安市、泸州市进行拉网式检查，向四川省人民政府报送《关于在工矿废弃地复垦利用试点项目实施过程中杜绝发生毁林开垦行为的监督建议》，四川省常务副省长王宁等省领导作出批示。此外，还发现四川花萼山国家级自然保护区花萼乡苟坝子村竹园溪社改扩建道路违法占用林地，广元市青川县裕泰、金泰、金辉等矿业有限公司采石采矿非法占用林地，重庆市黔江海艳、巫山晖东、巫山锦鑫矿业有限公司、奉节夔门采石场、巫山恒安劳务公司非法占用林地等案件。

【野生动植物进出口管理和履约执法工作】 一是认真开展濒危物种履约执法宣传教育，与相关单位联合举办“世界野生动植物日”大型宣传活动和重庆市第19届“爱鸟周”启动仪式，组织编印《保护濒危物种 履行国际公约》手册，将相关法律法规、政策规章、办事指南等全面系统地汇编成册，分发给野生动植物进出口企业和基层保护管理人员使用；二是认真做好野生动植物进出口行政审批工作，完善网上申报系统，所有物种进出口证明书及物种证明办证申请都可在网上受理；三是加强濒危物种进出口履约执法，共协助成都、重庆海关鉴定查获走私象牙等14批次；四是开展冬虫夏草、猕猴、小熊猫、黑熊等大宗贸易及重点物种调查评估；五是开展进出口企业行政许可检查与调研，对2014年度野生动植物进出口行政许可被许可人进行专项监督检查；六是严格审核办理进出口物种行政许可，2015年共核发进出口证明书1212份，物种证明261份，涉及贸易总额近5亿元。

【第九次联席会议】 2015年10月12日在四川省西昌市召开与四川省、西藏自治区、重庆市林业厅(局)第九次联席会议，互相通报一年来所做的工作，并研究提出下一步工作要求。国家林业局濒管办副主任王维胜到会指导，三省(区、市)林业厅(局)有关部门、四川及西藏森林武警总队、三省(区、市)人民检察院有关同志参加。

【专题调研】 赴四川省阿坝、甘孜、凉山、攀枝花、乐山和雅安等市(州)及长江造林局和大渡河造林局对四川省28家重点森工企业、82家县管国有森工企业(小采企业)(其中8家无森林资源)的基本情况进行调研，形成调研报告报送国家林业局；对重庆市丰都、奉节、云阳、开县4个县占用征收林地网上审核审批、临时用地监管等情况进行调研，引导建设业主依法依规按照有关程序申报使用林地，对个别建设业主非法使用林地的要依法进行查处；对重庆市巫山湿地、开县汉丰湖国家湿地公园等自然保护区和湿地开展实地调研，对自然保护区和湿地管理工作存在的不足提出进一步加强管理的意见和建议。

【机关作风建设】 开展2015年"读书年"活动，专员办党组推荐100本优秀经典图书引导全办同志多读书读好书，进一步促进学习型党组织、学习型机关创建；新成立工会，激发职工工作热情和创造活力，进一步团结动员全办职工投身森林资源监督和野生动植物管理工作；狠抓规章制度建设，新制订《培训班管理办法》《物资采购制度》《干部职工因私出国（境）管理规定》等制度，所有规章制度都汇编成册，发到每位职工手中；大力改善办公环境，重新装修机关外墙和大门，加大办公室绿化力度；通过四川省直机关精神文明单位复评。

【党风廉政建设】 扎实开展"三严三实"专题教育，制订实施方案，认真开展专项调研，分析梳理出干部队伍思想、工作、作风、纪律等方面可能存在的"不严不实"问题，并着力解决"不严不实"问题；不断推进党风廉政建设责任制的落实，明确党组书记为党风廉政建设第一责任人，与局党组签订责任书，各处负责人为本处廉政建设责任人；为全办干部发放《中国共产党廉洁自律准则》和《中国共产党纪律处分条例》，并组织集中学习，逐条进行解读；召开党员大会，对党总支进行换届选举，进一步完善基层党组织建设。

【林业大事】

1月7日 成都专员办召开全办大会，传达学习全国林业厅局长会议精神。

2月12日 成都专员办召开全办大会，传达学习国家林业局两建工作会议精神。

3月3日 成都专员办利用"世界野生动植物日"会同四川省政府、成都市野生动植物保护协会、成都动物园、成都植物园联合举办"世界野生动植物日"大型宣传活动。

3月11～18日 成都专员办派出检查组对重庆市2014年林地和林木采伐管理情况检查存在问题的整改情况进行督办。

4月1日 成都专员办在重庆永川召开"重庆市濒危物种保护管理及CITES履约执法座谈会"。

4月2日 成都专员办会同重庆市林业局、重庆市环境保护局、重庆市园林局、永川区人民政府、重庆市野生动植物保护协会、重庆野生动物世界，在重庆野生动物世界共同主办了重庆市第19届"爱鸟周"启动仪式。

4月15日 国家林业局工作组到成都专员办召开全办大会，宣布国家林业局党组决定：刘跃祥任成都专员办副专员（副主任）、党组成员，副司局级；原副专员、党组成员张志忠调离。

4月28日 成都专员办在四川省都江堰市举办占用征收林地行政许可监督检查培训班，对占用征收林地行政许可监督检查工作进行了系统全面的讲解，30余人参加此次培训。

5月5～8日 成都专员办在四川省资阳市举办资阳片区森林资源监督管理培训班，对涉林犯罪的形势和监管责任分析、建设项目征收占用林地审核审批、如何督查督办破坏森林资源案件等进行了讲解，共100余人参加了培训。

5月12日 成都专员办副专员刘跃祥及财务负责人参加财政部四川专员办召开的中央驻川预算单位财政预算监管工作会议。

5月13日 成都专员办部署开展"三严三实"专项调研工作，分析梳理出干部队伍在思想、作风、纪律等方面可能存在的"不严不实"问题。

5月25～27日 成都专员办在重庆市梁平县举办森林资源监督管理培训班，讲解自然保护区建设管理、抓好破坏森林资源案件督查督办工作、野生动物保护和监督管理、森林资源管理等内容，共110余人参加培训。

6月2日至8月1日 成都专员办对监督区15个项目占用征收林地行政许可情况进行监督检查。

6月8～11日 成都专员办在拉萨举办森林资源监督管理培训班，聘请林业专家重点解读国家林业局35号令，对西藏自治区林地审核管理情况、自治区林地管理办法和使用林地申报程序、野生动植物保护和自然保护区管理等进行系统培训，共80余人参加培训。

6月29日 中共四川省直机关工委印发《关于表彰先进基层党组织、优秀共产党员和优秀党务工作者的决定》，成都专员办濒管处党支部荣获"先进基层党组织"称号，龚继恩获"优秀共产党员"称号。

6月29日至7月1日 成都专员办在成都市举办2015年野生动植物进出口管理培训班，对CITES进展及敏感物种贸易、允许进出口证明书和物种证明的受理和管理、行政许可检查有关内容等进行了培训，130余人参加培训。

7月8日至9月24日 成都专员办对监督区7个县级人民政府保护发展森林资源目标责任制建立和执行情况进行监督检查。

8月24～26日 成都专员办在重庆举办野生动植物保护管理及CITES履约执法培训班，对野生动植物保护和进出口管理相关法律法规、濒危物种保护及履约执法、物种识别鉴定知识等进行讲授和介绍，90余人参加培训。

8月31日至9月2日 成都专员办在四川省遂宁市举办野生动植物保护管理及CITES履约执法培训班，对野生动植物保护和进出口管理相关法律法规、濒危物种保护及履约执法、物种识别鉴定知识等进行讲授和介绍，120余人参加培训。

10月16～18日 成都专员办在四川举办凉山州森林资源监督管理培训班，对督查督办破坏森林资源案件、建设项目征收占用林地审核审批等进行讲解，150余人参加培训。

11月3日 成都专员办召开工会会员大会，宣布正式成立工会组织，刘跃祥当选为工会主席，李红英当选为工会副主席。

11 月 18 日 成都专员办召开党员大会，选举产生了新一届党总支委员会，刘跃祥当选为党总支书记，四川省直机关工委委员杨明到会指导。

12 月 9～11 日 成都专员办在成都市举办四川省国家级自然保护区资金和项目管理培训班，对国家级自然保护区基础设施建设项目管理、国家级自然保护区资金使用与管理等进行讲解，53 人参加培训。

（成都专员办由周赞辉供稿）

云南省专员办（濒管办）工作

【综　述】 2015 年，在国家林业局党组的正确领导和云南省委、省政府的大力支持指导下，认真学习贯彻落实科学发展观、党的十八大和习近平总书记系列讲话精神，认真开展“三严三实”专题教育活动，紧紧围绕生态林业、民生林业建设目标任务、国家重大战略部署和云南经济社会发展实际，狠抓队伍建设，认真履行职责，努力做好履约执法协调和监督服务工作，深入基层开展专题调研，与相关部门加强沟通协调，在维护国家生态安全和生物多样性安全、加强森林资源及濒危物种保护、加快云南林业发展中发挥了重要作用。

【扎实开展“三严三实”专题教育】 按照国家林业局党组部署要求，认真开展以组织党员学习讨论、落实班子成员积极带头讲党课带头主题发言的“三会一课”制度、开展党日活动、广泛征求意见、开展谈心谈话、梳理分析存在的问题，研究制定整改措施为主要内容的“三严三实”专题教育。通过“三严三实”专题教育，规范机关内部管理和业务工作管理，进一步落实党建工作责任、党风廉政建设责任，增强创新工作意识，拓展工作思路，推进业务工作扎实有效开展。

【督办查处违法违规案件】 2015 年共督查督办国家林业局批转以及群众举报、新闻媒体曝光、监督检查工作中发现的案件 69 起，结案 68 起，正在调查处理案件 1 起，共计罚款 784 万元；201 人依法受到处理，其中，刑事处罚 28 人，行政处罚 173 人。通过落实案件督办责任制、加强实地调查、拓宽监督渠道等手段，进一步加大案件督办查处力度，达到提高群众依法保护森林资源的意识、教育群众、震慑犯罪的目的，维护林业法律法规的严肃性，树立林业主管部门的权威，也扩大了森林资源监督机构的影响。

【专项行动和监督检查】 按照国家林业局的统一部署，开展各项专项监督检查：一是完成对国家林业局审批的 12 个建设项目使用林地被许可人检查；对发现的问题及时与省林业厅研究，督促地方政府、林业主管部门和森林公安机关依法处理。二是完成全年濒危野生动植物进出口行政许可监督检查、大宗贸易敏感物种监测评估调查工作，对珍贵木材、石斛、实验用猴、花卉、红豆杉等相关贸易物种的进出口企业进行后续监督检查。三是完成云南省云龙、陇川、维西和兰坪 4 个县保护发展森林资源目标责任制建立和执行情况的检查，被检查县对存在的问题进行了积极整改，基本达到了检查一个县、规范一个县的目的。四是按照国家林业局有关通知要求，与云南省有关行政主管部门积极配合，对云南境内有关农贸集市、花鸟市场、野生动物驯养繁殖经营场所等进行实地监督检查，督促查处非法猎捕、倒卖、走私野生动物案件，加强野生动物疫源疫病监测防控，切实落实履行国际公约的政府责任。五是组织云南省部门间 CITES 执法工作协调小组成员单位开展野生动植物贸易边境巡查、主要交易场所执法检查和大型商品交易展览会监督检查活动，为政府各部门履行国际公约职责开辟了新的途径、奠定了扎实的基础。

【森林资源监督报告】 按照监督职责，认真完成并向云南省人民政府上报了《2014 年云南省森林资源监督报告》，对云南省各级政府、林业主管部门履行森林资源保护管理职责的情况进行了客观评价，充分肯定了云南省在森林资源管理中取得的成绩，指出了存在的主要问题，认真分析了产生问题的原因，有针对性地向国家林业局和云南省人民政府提出了意见建议，得到了上级领导的高度重视。报告中指出的问题及建议多数都得到整改和落实。

【开展涉林重大问题调查研究】 根据森林资源监督、履行国际公约和云南森林资源保护管理的实际及存在问题，开展涉林重大问题调查研究。一是根据中央、国务院《国有林场改革方案》和国家林业局的统一部署安排，组成调研组分赴云南临沧、保山、红河、文山四州市 12 个县（区）17 个国有林场深入调研，为云南国有林场改革提出了很多好的意见建议，得到了云南省人民政府主管省长的肯定。同时也为国家林业局制定和完善国有林场、国有林区改革相关政策提供决策参考。二是根据集体林权制度改革后森林采伐管理政策调整的实际，开展林业行政执法工作调研，了解司法机关关注林业行政执法工作的重点，及时反映林业行政执法工作面临政策调整和法律法规、技术规程规定不相吻合的困难，尽力协调有关方面，解决基层执法工作人员履行职责面临的困境。三是为了推进森林资源监督工作和濒危物种进出口管理工作深入开展，解决技术手段落后、工作强度大、支撑业务工作的基础情况不清、应对新情况新要求能力不足等业务工作中的突出问题，主动联系国家林业局中南院、云南省林业调查规划院、云南省林业科学研究院、西南林业大学等单位，就专员办关注的有关问题，积极开展项目合作，先后签订了《使用林地初审平台建设及应用》《占用征收林地定额调查研究》《进境东南亚主要木材鉴别手册》《东南亚进境主要木材鉴别智能辅助识别系统》《云南省光伏电站对区域林地生态的影响调研》等项目合作协议，目前各项工作正在全面推进。

【服务基层】 一是提前介入，现地核实，认真审查并指导建设单位完善建设项目征占用林地报件材料，及时向国家林业局上报审核意见，为国家林业局审核审批提供依据，2015年共审查建设项目征占用林地材料33个。二是举办云南省野生动植物进出口企业培训班，就国家濒管办濒危物种进出口管理证书申报新系统上线后企业网上备案、电子申报等具体操作和相关问题进行了培训。来自云南全省各州市181家企业的业务人员参加了培训。三是简化进出口许可申报程序和设定条件，方便了企业办理《物种证明》程序，缩短了办证时间，降低了进出口企业经营成本。四是为落实国务院转变职能简政放权电视电话会议精神，推进野生动植物进出口贸易便利化，在大量调查研究的基础上，开展松茸《允许进出口证明书》由一次性使用调整为多次使用的试点工作，解决了企业办证繁琐问题，为松茸鲜货及时出口提供了保障。五是公开办证程序、收费依据，2015年共受理企业申请并办理各类进出口证明书4799份，涉及贸易额220 579.7万元，收取野生动植物进出口管理费317.68万元(按国家发展改革委和财政部通知2015年11月1日起暂停收费)。

【大型履约宣传活动】 为了更好地保护濒危野生动植物资源，履行国际贸易公约，云南省办事处借助昆明公交车载移动电视(七彩视频)及火车站电视广告两个媒体开展了一系列的履约宣传活动。在昆明市的黄金线路和1600辆大容量公交车上每天每车滚动播放60次宣传短片，覆盖人数达200万人次/天，广告持续播放28天。在火车站的进站口、出站口、售票大厅、候车大厅等60个屏幕同时播放，每天播出60次，覆盖人数达到15万人次/天，持续播放宣传片一个月，月观看人数达450万人次。宣传活动借助两大传媒，大面积覆盖到昆明市人群集中的地域，反响很大，达到了很好的宣传效果。

【林业大事】

1月19~27日 由云南专员办、云南省林业厅和云南省森林公安局组成督查组，对云南专员办和云南省林业厅共同挂牌督办的10起重点案件进行了联合督办，督办案件已全部查处结案。

1月26日 云南专员办向云南省政府上报了《2014年度森林资源保护管理情况监督报告》。

3月19日 云南专员办应邀参加云南省林业厅在昆明召开的“十三五”期间年森林采伐限额编制工作报告审查会议，按照监督职责对云南省“十三五”编限工作提出意见和建议。

3月19日 根据国家林业局党组决定，人事司副司长郝育军带队到云南专员办宣布江机生同志的任免决定。江机生同志任专员办党组书记、专员(主任)。

4月13日 云南专员办专员江机生、副专员连文海及各处处长一行到国家林业局昆明勘察设计院，与昆明院领导班子及相关处室负责人召开座谈会，就加强森林资源监督、推进监督监测工作、相互支持配合进行了座谈讨论，达成了一致意见。

4月17日 国家濒管办云南办事处与昆明海关举行工作座谈会，双方回顾了在濒危野生动植物进出口监管中长期配合取得的成效，对进一步加大合作内容及范围达成了一致意见。

5月19日 云南专员办全面启动行政许可监督检查外业工作，至5月28日，对国家林业局审核审批的5个项目进行了现地检查。

6月2日 云南专员办与中南院在昆明联合召开业务合作座谈会，双方就在监督工作中充分发挥中南院的技术支撑作用，进一步加强业务合作等问题交换了看法，达成了一致意见。

6月12~16日 为了更好地履行国际贸易公约、开展履约宣传与监管，为南博会的举办做好服务，应组委会邀请，云南专员办(濒管办云南省办事处)在南博会筹备及会展期间派出工作组进驻，联合云南省林业厅、云南省森林公安刑侦大队、昆明海关、西南林业大学对涉及濒危物种的参展商品进行监督和检查，并将发现的问题及时向南博会筹办方进行反馈。

7月31日 云南专员办主持召开松茸出口办证改革试点启动会议，安排部署松茸出口办证改革试点工作。昆明海关、云南省进出口检验检疫局、云南省林业厅、商务厅相关部门负责人和云南省松茸商会、云南松茸出口企业负责人参加了会议。

11月10~14日 由国家濒管办云南省办事处牵头，与昆明海关、云南省公安厅、农业厅、商务厅等10个云南省部门间履约执法协调小组成员单位，组成联合履约执法检查组，赴红河州边境口岸地区开展履约联合执法检查与调研工作。

11月9日 按照国家林业局的部署要求，历时1个月，云南专员办全面完成了云南省大理州云龙县、德宏州陇川县、迪庆州维西县、怒江州兰坪4个县2014年度保护森林资源目标责任制建立和执行情况检查工作。向国家林业局监督办上报了检查报告。

11月17日 云南专员办与云南省林业厅召开年度第二次联席会议，研究解决资源林政管理方面存在的问题。

12月6日 云南专员办由专员江机生带队，与云南省林业厅相关处室组成调研组，赴临沧、保山、红河、文山四州市11个县(市、区)，历时8天，开展国有林场改革情况调研。

12月17日 由国家濒管办云南省办事处主持召开云南省部门间履约执法工作协调小组成员单位联席会议。

(云南省专员办由李洁供稿)

福州专员办(濒管办)工作

【综　述】 2015年，国家林业局驻福州专员办深入学习贯彻党的十八大以及十八届三中、四中、五中全会精神，准确把握局党组的决策部署和相关司局的具体要求，在闽赣两省林业主管部门和履约执法协调单位的积极配合与大力支持下，认真履行森林资源监督和濒危物种履约管理职责，各项工作进展顺利。对闽赣两省2014年上报国家林业局审核审批的10个占用征收林地项目及2012年、2013年国家林业局审核审批的3个指定项目占用征收林地情况开展了检查；完成6个县(区)2014年保护发展森林资源目标责任制的建立和执行情况的检查工作；共督查督办各类案件357起，涉案林地面积626.89公顷，林木蓄积15 127.44立方米；行政罚款2127.23万元，刑事罚金25万元；行政处分22人，纪律处分4人，刑事处罚33人；共办理进出口证书1231份，物种证明1192份，完成96家受检单位、2个人的野生动植物进出口行政许可书面监督检查，并对18家企业的11种(类)大宗贸易敏感物种开展了专项监督检查；举办履约执法培训班4个，共培训履约协调小组成员单位骨干近200人次；协调两省履约执法协调小组成员单位共同推动“眼镜蛇三号行动”深入开展并取得突出成绩，受到了国家部门间履约执法协调小组的表彰，福州办事处等2个单位被评为先进集体，8位同志被评为先进个人。

【履行督查督办破坏森林资源案件第一职责】 全年共督查督办各类案件357起，办结323起，在办34起，其中国家林业局交办8起，局各项检查发现40起，自查302起，群众举报6起，媒体报道1起，涉案林地面积626.89公顷，林木蓄积15127.44立方米；行政罚款2127.23万元，刑事罚金25万元；行政处分22人，纪律处分4人，刑事处罚33人。

【保护发展森林资源目标责任制检查】 根据国家林业局森林资源监督管理办公室《保护发展森林资源目标责任制检查方案》，通过听取被检查的县(市)人民政府及有关部门的汇报，查阅核对相关资料，对抽取的乡镇、行政村现地检查和对有关单位开展社会调查的基础上，完成了对闽赣两省6个县(区)2014年保护发展森林资源目标责任制的建立和执行情况的检查，结果均为合格。

福建省		江西省	
县(市)	检查结果	县(市)	检查结果
泉州市德化县	合格	赣州市全南县	合格
漳州市漳浦县	合格	吉安市吉水县	合格
厦门市同安区	合格	九江市永修县	合格

【占用征收林地行政许可监督检查】 根据《国家林业局森林资源管理司关于下达2015年度占用征收林地行政许可监督检查任务的通知》下达的闽赣两省2014年上报国家林业局审核审批的10个占用征收林地项目及2012年、2013年国家林业局审核审批的3个指定项目占用征收林地情况的检查任务，检查人员严格按照方案开展检查，并对检查结果负责。检查结束后，及时向两省林业厅通报检查发现的问题，并共同督促基层限期依法查处和整改到位。

福建省	江西省
海西天然气管网二期工程(罗源－福鼎段)项目(临时)	赣东北综合物流园
福建省漳州天宝至龙岩蛟洋高速公路改扩建工程(漳州段)	九景瞿铁路(江西－都昌浮梁婺源段)
福建省普通省干线公路联二线(仙游境)游洋天马至西苑半林段工程(仙游莆仙大道)	东乡至昌傅高速公路新建工程(东乡丰城段)
福州软件职业技术学院长乐新校区建设项目	江西省峡江水利枢纽工程(淹没区)项目
连江海西国际农产品现代物流项目	
龙岩坪坑水库工程	
(2013)海西高速公路网厦沙线德化段工程	(2013)江西华能安源电厂“上大压小”新建工程
(2012)福建省沙县侨丹实业有限公司异地迁建及麦丹生物科技产品生产	

【非法侵占林地清理排查专项行动督导】 认真贯彻落实中央领导批示精神和局党组要求，扎实开展非法侵占林地清理排查专项行动的监督检查。联合两省林业厅先后深入到30多个县(市、区)开展了督查，确保专项行动不走过场，取得实效；对两省挂牌督办的38起重点案件进行现场督办，督促各地严格按照“三个不放过”的要求将案件查处到位。专项行动期间，闽赣两省共清理排查非法侵占林地项目3123起，面积2534公顷；行政问责67人，行政处罚3311人，罚款7180万元；刑事立案290起，涉案人员242人次。

【濒危物种进出口行政许可】 濒管办全年共受理濒危物种进出口行政许可申请件688份，办理进出口公约证书、野生动植物进出口证书1231份，物种证明1192份，涉及进出口总额11.29亿元。全面完成野生动植物进出口行政许可监督检查工作，共完成了辖区内96家受检单位、2个人的书面监督检查，并对18家企业的红珊瑚、美丽硬仆骨舌鱼、象牙、部分木材等11种(类)大宗贸易敏感物种开展了专项监督检查。

【CITES 履约执法协调】 协调闽赣两省履约执法协调小组成员单位共同推动“眼镜蛇三号行动”深入开展，并取得突出成绩，受到了国家部门间履约执法协调小组的表彰，福州办事处等2个单位被评为先进集体，8位同志被评为先进个人；举办闽赣CITES履约执法联席会议和培训班、闽赣海关履约执法培训班、大宗贸易敏感物种资源监测体系培训班等，累计培训履约协调小组成员单位骨干近200人次，并派员为海关、工商等部门举办的培训班授课；多方面收集信息，并及时将获得的案件线索转交给省森林公安局，协助他们第一时间查获邮寄的非法象牙，抓获4人。

【履约执法宣传教育活动】 与福建省林业厅、保护协会联合开展世界野生动植物日宣传，并在福州动物园开展野生动植物保护知识有奖问答，在福州长乐机场借助福建野生鸟类摄影展，开展世界野生动植物日宣传；与两省林业厅、保护协会联合开展福建、江西爱鸟周活动；与福建省林业厅、福州市人大联合开展福建省保护野生动物宣传月活动；在漳州花博会现场开展濒危物种管理知识宣传，并接受濒危花卉进出口管理政策及办理程序的咨询；积极参与福州森林公园“中国植物园联盟建设科普计划”宣传活动。

【建办20周年座谈会】 12月1日，专员办在福州召开建办20周年座谈会暨闽赣两省森林资源监督培训研讨会，国家林业局副局长刘东生及有关司局领导，闽赣两省林业厅、各设区市林业局领导、相关处(科)室主要负责人，福州专员办全体在职及退休人员以及曾经在福州专员办工作过的同志代表参加了座谈会。福建、江西两省人民检察院有关领导应邀出席座谈会。会议认真梳理、总结了建办20年来的发展历程和工作启示，研究探讨了今后一个时期进一步做好闽赣两省的森林资源监督和濒危物种履约管理工作的思路和措施。

【林业大事】

1月19日 国家林业局党组决定任命吴满元为国家林业局驻福州森林资源监督专员办事处(中华人民共和国濒危物种进出口管理办公室福州办事处)党组成员、副专员(副主任)，彭华福为党组成员、副巡视员。

1月下旬 根据国家林业局通报的2014年度非法使用林地重大案件，专员办会同华东院、江西省林业厅深入到景德镇市浮梁县，对鹅湖镇鹅湖村土地治理项目进行实地调查，促使案件得到妥善处理。

1月下旬 专员办对福建省松溪县光伏电站项目非法占用林地案件进行督查督办，经约谈松溪县委、县政府分管领导，在现地调查初步掌握违法事实基础上，向南平市人民政府发了督办函，案件得到依法查处。

1月26日至2月6日 专员办(濒管办)联合福建、江西两省林业厅赴福建省福州市、泉州市和江西省九江市、景德镇市、上饶市开展野生动物保护执法和疫源疫病监测防控的监督检查。

2月28日和3月3日 专员办分别向江西、福建两省人民政府提交2014年度森林资源监督报告。福建省人民政府副省长徐刚、江西省人民政府副省长李炳军在听取专员尹刚强关于监督报告主要内容的汇报后，对专员办的工作给予了充分肯定。

2月底和3月初 专员办分别与江西、福建两省林业厅召开办、厅联席会议，重点就非法侵占林地清理排查专项行动的开展和2015年重点工作进行研究。

3月下旬 专员办分别与福建、江西两省林业厅联合印发《联合办案实施办法》。《办法》对成立组织协调机构、建立联席会议制度、实行信息共享、联合督查督办案件和保障措施等方面作出了明确规定。

4月1日 专员办在江西省南昌市与省重点项目办、省发改委、交通厅、高速公路投资总公司等单位召开座谈会，着重就重点工程项目如何依法依规使用林地进行了研究。

4月 濒管办围绕福建自贸区建设中野生动植物进出口管理制度创新工作，组织开展了系列调研，并于4月27日召开由海关、林业等部门以及相关行业协会、企业、高校等单位相关人员参加的座谈会。

5月4~27日 国家濒管办福州办事处协调闽赣两省履约执法协调小组各成员单位积极参与“眼镜蛇三号行动”，并取得突出成绩，福州办事处等2个单位被评为先进集体，8位同志被评为先进个人。

6月 江西省林业厅根据专员办在专项行动期间对部分县(市、区)进行重点抽查的结果，约谈了上饶市上饶县政府主要领导，并对该县采取了“暂停使用林地审核，暂停林木采伐审批，暂停新上林业项目安排”的综合整治措施。7月7日，上饶市人民政府副市长陈荣高带领上饶县政府和上饶市林业局主要领导专程到专员办汇报了上饶县开展全面整治的情况。通过跟踪督办，检查发现的上饶县存在的非法侵占林地案件都得到依法查处。

6月至9月 根据国家林业局关于开展全国林业系统国家级自然保护区监督检查专项行动的部署和要求，专员办(濒管办)先后深入到福建省武夷山、梁野山、茫荡山、梅花山、汀江源和江西省武夷山、庐山、桃红岭、官山、马头山等国家级自然保护区开展了监督检查工作。

7月至9月 根据国家林业局的统一部署，专员办对福建省德化县、同安区、漳浦县和江西省全南县、吉水县、永修县等6个县(区)2014年度保护发展森林资源目标责任制的建立和执行情况进行检查。

9月22~24日 国家濒管办福州办事处在江西省婺源县举办第二次闽赣两省部门间CITES执法协调小组联席会暨履约执法培训班。

8月至10月 根据国家林业局资源司下达的任务，专员办对福建、江西两省2014年上报国家林业局审核审批的10个占用征收林地项目，2012年、2013年国家林业局审核审批的3个指定项目占用征收林地情况进行行政许可监督检查，共发现4个项目存在非法占用林地问题(涉及面积10.48公顷)，并要求地方依法查处到位。

11月26日 专员办与江西省人民检察院、江西省林业厅、中共江西省纪委驻林业厅纪检组联合印发《关于在涉林案件查处工作中加强协作配合的意见》。

12月1日 专员办在福州召开建办20周年座谈会暨闽赣两省森林资源监督培训研讨会。

12月27日 国家林业局局长张建龙来福建出席全国油茶等木本油料产业开发扶贫现场会，专员尹刚强全程陪同，并汇报了专员办2015年工作开展情况和2016年工作基本思路。 （福州专员办由宋师兰供稿）

西安专员办（濒管办）工作

【综　述】 2015年，在国家林业局党组的正确领导、有关司局指导及四省（区）各级党委政府和林业主管部门的大力支持配合下，西安专员办认真学习贯彻党的十八大及十八届三中、四中、五中全会精神，深入学习领会习近平总书记系列重要讲话精神，以开展“三严三实”专题教育为载体，以监督服务并重和涉林案件“全结案、双落实、双提高”为总要求，坚决落实“事前服务、事中监督、事后反馈”的督办机制，立足实际，勇于创新，较好地完成了全年工作任务。

牢固树立督查督办破坏森林资源案件第一职责理念，强力督办涉林案件；全面完成县级政府保护发展森林资源目标责任制建立和落实情况检查、占用征收林地行政许可被许可人监督检查、森林抚育实施情况检查和濒危物种进出口行政许可执行情况检查工作；认真抓好林地保护利用规划落实及用途管制落实情况督查、林地清理整治专项行动实施情况督查、林业行政执法工作督查、森林火灾防控措施落实情况督查和野生动物保护及疫源疫病监测防控工作督查；扎实开展非法侵占林地清理排查专项行动督查工作；积极开展森林资源保护与管理重大问题调研活动；全力做好野生动物保护宣传和进出口管理及履约执法工作。

【协调服务】 先后与四省（区）林业厅局召开联席会议8次，开展案件督办、履约执法座谈会议5次。主动向驻在地党委政府汇报工作、沟通案情，及时报送森林资源年度监督报告，四省（区）分管林业副省长、副主席均作出批示，要求落实监督报告所提问题，积极帮助地方解决突出问题和向国家林业局反映实际困难，全力争取地方政府和部门对监督工作的理解和支持。

【例行督查机制】 多次前往国土督察部门进行学习实践，并结合森林资源实际，编制完成《国家林业局驻西安专员办森林资源管理例行督查工作细则（试行）》和《国家林业局驻西安专员办专项督办破坏森林资源案件实施细则（试行）》两个文件。经专员办与甘肃省林业厅对接，报请局资源司，在甘肃省庆阳市开展试点工作。

【调研督查】 全面落实《西安专员办调研工作管理办法》，围绕生态林业、民生林业建设目标和国家林业局总体要求，全面完成年初既定的光伏发电使用林地情况、国有林场绩效考核、自然保护区经营利用情况等四项专题调研任务。同时，积极开展林业工作研究，围绕国家林业局“十三五”规划编制工作，提出《关于建立林地开发利用占补机制的建议》《关于建立在线森林资源管理督查系统的建议》《关于建立重点区域造林激励机制的建议》和《关于建立全民经营林业激励机制的建议》等4条建议。与驻在地（区）林业主管部门紧密配合，全力做好督办非法侵占林地清理排查专项行动查处、整改、总结等收尾工作；完成4省（区）9个市、15个县（区）森林防火、野生动植物保护及疫源疫病监测防控专项督查工作；会同陕西省人民检察院共同开展破坏环境资源刑事案件立案督查专项行动。

【重点检查】 完成四省（区）占用征收林地项目行政许可被许可人监督检查，共检查项目15个；完成4省（区）7个市、7个县（区）保护发展森林资源目标责任制建立和执行情况检查工作；完成4省（区）9个国家级自然保护区检查工作；按照局资源司安排，及时完成全国占用征收林地行政许可检查统计分析、数据处理及全国检查成果汇总、成果报告编写工作。

【督办案件】 落实“全结案、双落实、双提高”总要求，截至2015年年底，督促4省（区）在专项行动中查处涉林违法案件1410起，督办督查陕西、甘肃、青海、宁夏4省（区）破坏森林资源案件77起，涉及违法占用林地562.27公顷、违法采伐林木535立方米。其中，国家林业局在全国通报的案件2起，国家林业局下达《查办通知》的案件5起，国家林业局下发《整改通知书》的案件60起，专员办自查的案件8起（媒体曝光1起、群众举报7起）。在77起案件中，陕西省61起、甘肃省11起，宁夏回族自治区5起。其中，73起案件已查结，结案率95%。通过案件查处，共计收缴行政罚款499万元，刑事处理13人，行政问责37人。针对贺兰山自然保护区开矿采石违规占用林地问题，及时向国家林业局报告并向宁夏回族自治区人民政府办公厅发送了监督建议书。在案件督办过程中，专员办始终坚持刑事案件必须移送、行政问责必须到位、整改措施必须有效的原则，严格落实案件督办“五定”工作机制，严把督办案件报结材料“三关”，综合运用明察暗访、网情舆情监测、现地督办、会议督办、发文督办、约谈政府领导以及和检察院的联合工作机制等手段，共约谈市、县（区）政府主要领导或分管领导3次，召开案件督办协调会议10次，有效推动了一批以政府行为为主导的破坏森林资源案件的查处工作。

【履约监管服务工作】 一是强化履约宣传培训。会同陕西省林业厅、省野生动物保护协会，组织开展“爱鸟周”系列宣传活动。协调宁夏回族自治区林业厅、自治区电视台，组织开展电视公益广告宣传。与青海省林业厅、工商局联合在西宁市公交车载电视、公交站台和邮局刷屏机同时开展履约宣传活动；继续与西安地铁公司合作，利用固定灯箱、媒体滚动播放等，长期开展履约知识宣传。针对辖区内重点企业及工商、森林公安、海关等一线管理人员，先后举办4期培训班，300余人参加培训。积极协助国家濒管办举办2015年履约管理综合培训班。二是注重履约执法。继续强化与公安、海关、工商等部门履约执法协调机制，坚持明察暗访，注重市场监管，积极拓宽邮寄、物流等敏感重点领域履约执法，统筹督导各部门开展联合执法工作，有效打击了濒危野生动植物非法贸易行为。三是做好证书办理。认真做好日常证书办理，强化档案管理，按期上报统计数据。截至年底，共办理进出口许可证书245份，其中《公约证》和非《公约证》90份，物种证明155份，进出口贸易额达4800万元，收取进出口管理费35万元。四是扎实监测评估。持续开展入药蛇类、冬虫夏草等重点物种监测，完成肉苁蓉监测评估的外业检查工作，坚持开展网络交易监测，依法做好扶持和规范贸易工作。同时，完成行政许可检查。

【机关建设和党的建设】 一是加强教育培训。全面落实干部培训计划，先后开展党组中心组理论学习、干部集中学习22次，派员参加国家林业局、陕西省直属机关工委学习10期21人次；建立读书角、订购发放学习资料，搞好学习交流。二是加强作风建设。扎实开展“三严三实”专题教育。全面完成专题教育制订方案、动员部署、学习教育、专题研讨、查摆问题、民主生活会、建章立制等；严格执行中央八项规定和国家林业局十八条实施意见以及中央和国家林业局各项规定，发扬西安专员办机关精神，促进了新风正气常态化、长效化。三是加强制度建设。研究制订《国家林业局驻西安专员办年度目标责任考核暨干部考核评价办法》，印制下发《国家林业局驻西安专员办干部平时考核手册》，建立健全促进科学发展的目标责任考核和干部考核评价机制，充分发挥考核的激励和约束作用，促进作风转变；办领导带头不断加大对内部管理制度执行和监督力度，靠制度管人，靠制度办事，提高了机关运行效率。四是加强廉政建设。坚持开展反腐倡廉警示教育活动，坚决落实党组对党风廉政建设的主体责任和机关党组织的监督责任及“一岗双责”责任制，严格预算执行和财务报销制度，规范来往接待、会议举办、车辆使用和出国(境)行为，严格控制“三公”经费支出。五是加强组织建设。认真落实“三会一课”、领导干部双重组织生活等制度，提高党内政治生活质量，增强基层党组织的凝聚力和战斗力，发挥好战斗堡垒作用。严格党员日常管理，从严规范党员日常行为。加强对进步青年的教育培养，积极发展1名同志加入中国共产党，1名同志转为预备党员，1名同志成为入党积极分子。通过举办女性礼仪知识讲座、组织参观爱国主义主题展览和影片、开展体验森林等活动，丰富党员组织生活，提高机关党建工作水平。

【林业大事】

1月 西安专员办向国家林业局和陕西、宁夏、甘肃、青海4省(区)人民政府提交了2014年度森林资源监督报告。

3月 与陕西省林业厅、陕西省野生动植物保护协会、西安市林业局联合举办“陕西省暨西安市第二届‘世界野生动植物日’宣传活动”启动仪式。

3～5月 完成4省(区)森林防火督查工作。

4月 积极开展林业工作研究，围绕国家林业局“十三五”规划编制工作，提出了《关于建立林地开发利用占补机制的建议》《关于建立在线森林资源管理督查系统的建议》《关于建立重点区域造林激励机制的建议》和《关于建立全民经营林业激励机制的建议》4条建议。

4～7月 完成4省(区)野生动物保护执法及疫源疫病监测防控专项督查工作。

6～8月 开展“绿剑行动”，清查贺兰山国家级自然保护区违法占用林地行为。

7月 完成四省(区)占用征收林地行政许可被许可人监督检查；在延安承办了国家濒管办全国综合业务培训班，国家林业局副局长刘东生参会并作讲话。

7～9月 先后与陕西省人民检察院、陕西省食品药品监督管理局、陕西省林业厅、国土资源厅组成联合调研、督导组，进行了调研督查，同时对陕西省10个地市两个专项立案监督活动进行督导检查，依法监督行政执法机关移送案件。

8月 完成2015年4省(区)县级政府保护发展森林资源目标责任制检查工作。

10月 探索建立青海省预防和惩处涉林违法犯罪协同工作机制。

11月 启动丝绸之路经济带建设政策调研项目。

11月 与陕西省林业厅、陕西省人民检察院在西安召开案件督办查处联席会议。

12月 完成4省(区)森林资源监督联络员的培训工作。　　　　(西安专员办由潘自力供稿)

武汉专员办(濒管办)工作

【综　述】 2015年，在局党组的正确领导下，全办干部职工深入学习贯彻党的十八大，十八届三中、四中、五中全会和全国林业厅局长会议精神，紧紧围绕“推动生态文明建设，发展生态林业、民生林业”发展目标，以落实“三严三实”要求为主线，以涉林案件督查督办为第一职责，着力强化森林资源监督和濒危物种履约管理，圆满地完成了各项工作任务。

【案件督查督办】 把督查督办破坏森林资源案件作为“第一职责”，全面落实《国家林业局派驻森林资源监督机构督查督办破坏森林资源案件管理规定》和有关要求，着力加强重点区域、重点领域森林资源监管，集中督查督办一批重大社会舆论影响案件，有力地打击涉林违法犯罪行为。一是加强重点地区资源监管。2015 年，结合国家林业局清理排查非法侵占林地专项行动，对神农架林区交通基础设施、旅游商业开发等违法使用林地问题进行重点督办，共督办商业项目 10 个，面积 15.12 公顷，毁林开垦问题 3 处，面积 3.6 公顷。二是重视媒体、网络曝光案件。6 月 2 号，《人民日报》刊登《河南渑池县贾家洼村开采铝石致山体满目疮痍》的报道，专员办与河南省林业厅组成联合督查组，赴现地督办，使案件得到及时查处，同时，主动与新闻媒体沟通，反映工作进展，释放舆论压力，提升了林业监督部门形象。三是建立资源监督诚信榜制度。将破坏森林资源问题较为突出的县(市)列入森林资源监督诚信黑名单，实行不定期跟踪回访，加大检查频率和惩处力度，将资源管理秩序良好、成绩突出的地区纳入红名单，总结推广其工作经验。四是实行案件分级督办和跟踪督办制度。2015 年，共依法调查督办各类林政案件 86 起，结案 86 起，结案率 100%，按照案件来源划分：国家林业局批转案件 7 起，林地和森林采伐管理情况通报案件 35 起，监督检查发现案件 42 起，一般群众举报案件 2 起。按照案件类型分：违法征占用林地案件 63 起，乱砍滥伐林木案件 23 起。按照案件归属地划分：湖北省 31 起，河南省 55 起。其中：涉及违法使用林地面积 140.44 公顷，违法采伐林木 1349 立方米，行政处罚 50 人，刑事处罚 13 人，追究领导责任 6 人，行政罚款(刑事罚金) 286.4 万元，补缴森林植被恢复费 400 余万元。五是实行地方领导约谈制度。2015 年，约谈了湖北、河南两省有关地方主要领导 8 批次，起到“约谈一次，规范一县，教育一片”的良好效果。

【开展林地检查】 开展占用征收林地行政许可监督检查，检查两省 14 个项目，涉及 16 个县(市、区)，召开群众座谈会 8 次，集中组织协调督办会和情况通报会 21 次，开展社会调查 12 次，调阅、审核、分析各类档案资料 600 多份，实测小班 900 多个，检查发现 5 个项目存在违法使用林地问题，查处违法使用林地案件 6 起，涉及林地面积 28.5 公顷，处罚 286.4 万元，补征森林植被恢复费 400 余万元。

【开展责任制检查】 开展保护发展森林资源目标责任制检查，检查两省 6 个县(市、区)，先后与地方政府、各级林业主管部门及有关干部群众座谈 40 多次，查阅资料 1000 多份，深入 18 个乡镇、57 个行政村、25 个基层林业站所、8 个国有林场、3 个保护区、5 个森林派出所，实地检查了造林小班 28 个、采伐小班 13 个，用林地现场 15 个、木材经营加工场点 26 个，对目标责任书签订、保障措施和考核奖惩措施落实等方面开展全方位调查，被检单位中有 2 个被评为优秀等级，4 个被评为合格等级。

【开展保护区检查】 为巩固全国林业系统自然保护区专项行动“绿剑行动”成果，督促各保护区落实整改，根据国家林业局统一部署，9～10 月开展对湖北省黄冈大别山、咸宁九宫山、恩施州七姊妹山，河南省黄河湿地、伏牛山 5 个国家级自然保护区建设管理情况监督检查，召开座谈会 16 次、情况通报会 10 次，调阅、审核、分析各类档案资料材料 400 多份，抽查管护站点 10 个、基础设施建设项目 2 处、林业工程 4 处，察看整改现场 4 处，提出了监督建议，对检查发现的涉林违法违规问题进行了督查督办。

【编制森林资源监督报告】 在总结 2014 年森林资源监督工作的基础上，编制了河南省、湖北省 2014 年度森林资源监督报告，分别上报两省人民政府，呈送两省党委、人大、政协及有关部门。两省政府分管领导分别对专员办监督报告做出批示，两省林业厅制订了整改方案，积极组织整改落实，进一步加强了森林资源保护管理工作。

【专项行动督办】 按照统一部署，成立清理排查非法侵占林地专项行动督查小组，对专项行动开展情况进行全程督导。1～2 月，对恩施市、利川市、登封市、远安县、洛宁县、宜昌市夷陵区、荆门市东宝区 18 个非法侵占林地重点项目进行现地督查督办，组织召开座谈会、督办会 12 次，协调纪检、检察、公安等部门支持配合，督查督办了一批重点案件。5～6 月，结合占用征收林地行政许可被许可人监督检查和保护发展森林资源目标责任制检查对 22 个县(市、区)专项行动开展情况进行检查和回访，督办非法侵占林地重点项目 21 个。

【濒危物种进出口管理】 一是认真完成濒危物种进出口行政许可审批工作。共办理《允许进出口证明书》32 份，其中出口 4 份，进口 28 份，办理《物种证明》84 份，收取进出口管理费 1.8 万余元，总贸易额 2022 万余元。二是组织履约监管执法培训。10 月 14 ～15 日，在河南省信阳市举办“鄂豫两省部门间 CITES 执法工作协调小组成员单位濒危物种履约管理培训班”。三是参加专项检查。配合国家濒管办完成两省濒危物种进出口管理工作及重点进出口企业的检查调研工作；协同湖北省水产局、省公安厅联合开展长江禁渔期保护珍稀鱼类集中打击行动；完成 2014 年度野生动植物进出口行政许可情况监督检查。四是开展大宗贸易敏感物种监测评估研究工作。完成鲟鳇鱼、猕猴、乌梢蛇、银环蛇、五步蛇等 5 个物种监测评估项目调查。五是开展履约宣传活动。积极参加驻在省举办的“世界野生动植物日”“爱鸟周”“渔业资源增殖放流”“野生动物保护宣传月”等宣传活动。

【开展调查研究】 9～10 月，就光伏建设项目使用林地情况赴随州市、襄阳市、信阳市、南阳市进行专题调研，提交《豫鄂两省光伏项目使用林地情况的调研报告》，提出在当前经济下行明显的情况下，可在条件适宜地区发展光伏项目的新思路，同时就加强项目使用林地监管、明确光伏项目使用林地的准入条件、放宽用地指标控制、实行省级试点提出对策和建议。此项调研为国家林业局出台光伏发电项目使用林地相关规定提供了参考。

【党建廉政建设】 一是开展"三严三实"专题教育活动。召开干部大会，传达学习有关会议精神，组织学习习近平总书记系列重要讲话精神、党章和党的纪律规定、《中共国家林业局党组印发〈关于在处级以上干部中开展"三严三实"专题教育方案〉通知》，制订《武汉专员办处级以上干部"三严三实"专题教育活动实施方案》，办领导作研讨发言。二是加强理论学习。认真开展思想理论学习教育活动，派员参加国家林业局和地方组织的各类学习培训。三是抓好作风建设。落实中央八项规定、"约法三章"《党政机关厉行节约反对浪费条例》、局党组18条实施意见及《关于深化"四风"整治、巩固和拓展党的群众路线教育实践活动成果的指导意见》，抓好"四风"问题整改，组织开展问题整改"回头看"活动，巩固党的群众路线教育活动成果；开展马克思主义群众观点专题教育活动，认真学习习近平总书记关于作风建设重要论述，开展向杨善洲、兰辉等英雄人物学习活动；11月，组织干部职工赴革命老区红安开展革命传统教育。四是抓好组织建设。开展学习型党组织、服务型组织和创新型组织建设，做到机关党建与业务工作紧密结合。五是加强队伍建设。开展处级干部选拔任用工作。改选党总支和党支部，充实和完善基层党组织建设，专员办党总支被湖北省林业厅机关党委授予"先进基层党组织"荣誉称号，一名党员获得"优秀共产党员"光荣称号。六是加强制度建设。坚持"三会一课"制度，落实完善党内民主生活会制度。七是落实两个责任，加强监督制约。开展反腐倡廉警示教育活动，利用典型案例开展警示教育；认真执行廉政信息反馈制度，在监督工作中，向基层林业部门发放廉政建设信息反馈卡，2015年共收回廉政信息反馈卡34份，没有发现干部有不廉洁现象；设立兼职纪检监察员，强化自我监督。

【林业大事】

1月6日 专员周少舟主持召开全办会议，专题研究"清理排查非法侵占林地"专项行动督导工作。

2月27日 国家林业局任命孟广芹为国家林业局驻武汉专员办(武汉办事处)副专员(副主任)，闫顺利为国家林业局驻武汉专员办(武汉办事处)副巡视员。

3月6日 武汉专员办参加湖北省第二届世界野生动植物日宣传活动。

4月1日 武汉专员办参加湖北省第33届"爱鸟周"启动仪式。

4月14日 武汉专员办开展党风廉政建设专题党课教育活动，专员周少舟讲授专题党课。

5月29日 专员周少舟主持召开全办会议，传达学习全国森林资源管理座谈会议精神。

7月4日 武汉专员办党支部荣获先进基层党组织光荣称号。

7月7日 国家林业局局长赵树丛到湖北省神农架林区考察，专员周少舟等陪同考察。

9月25日 武汉专员办参加2015年全国水生野生动物保护科普宣传月活动启动仪式，专员周少舟为获奖单位和个人颁奖。

10月22日 专员周少舟就光伏电站建设、石材生产项目使用林地、深化林权改革等森林资源保护管理重点难点问题，带队赴随州、襄阳调研。

10月14日 武汉专员办在河南省信阳市举办鄂豫两省部门间CITES执法工作协调小组成员单位濒危物种履约管理培训班，副专员孟广芹参加开班仪式并讲话。

12月1日 副巡视员闫顺利参加第三届全国药用石斛保育与产业发展研讨会议

(武汉专员办由胡进供稿)

贵阳专员办(濒管办)工作

【综　述】 2015年，国家林业局驻贵阳森林资源监督专员办事处(国家濒危物种进出口管理办公室贵阳办事处)(以下简称贵阳专员办)紧紧围绕国家林业局总体工作部署，立足黔湘两省实际，强化以林地为核心的森林资源监督，认真履行森林资源案件督查督办"第一职责"，全年督办各类案件273起；积极开展国家林业局部署的非法侵占林地清理排查专项行动和贵州省委、省政府部署的森林保护"六个严禁"执法专项行动；扎实开展县级人民政府保护发展森林资源目标责任制检查、建设工程占用征收林地被许可人监督检查、野生动植物保护管理监督、森林防火督查等工作。

【2014年度监督报告】 2月，专员办分别向国家林业局、贵州省和湖南省人民政府呈报《2014年度森林资源监督报告》。两省人民政府主管领导审阅监督报告后，分别对各自省份监督报告作出批示，两省林业厅及有关部门按照省领导批示，认真抓好贵阳专员办所提六条监督建议的落实。如湖南省国土资源厅《关于调整和优化建设用地审查报批工作的通知》中有关规定与国家现行林地管理法律法规不一致，贵阳专员办向湖南省政府提出应予纠正的建议。在湖南省政府领导协调下，国土资源厅于2015年8月13日致函省林业厅，明确表示：省国土资源厅已从2015年4月22日起，要求各市(州)国土资源局及所辖县(市、区)国土资源局，在领取《湖南省人民政府农用地转让、土地征收审核单》前，凡占用林地的，需向省国土资源厅提供使用林地审核同意书进行审核并存档；对未提供使用林地审核同意书的，省国土资源厅不予发放用地批准文件。贵阳专员办提出"建议成立湖南省湿地保护中心"。湖南省编办于8月正式发出湘编办函〔2015〕146号文件，同意在湖南省自然保护区管理站加挂湖南省湿地保护中心牌子，机构规格调整为正处级，原核定的全额拨款事业编制由8名增加到12名。贵阳专员办对贵州省提出"应加强对国家森林资源连续清查工作的组织领导"的建议。贵州省人民政府

高度重视，一是安排连续清查第七次复查工作经费 450 万元、二类调查工作经费 1152 万元；二是下发《省人民政府办公厅关于开展全省第四次森林资源普查工作的通知》，要求各市(州)、县(市、区、特区)人民政府要比照成立组织机构。同时要求各县(市、区、特区)结合具体情况安排每公顷不低于 9 元调查经费。

【案件督查督办】 以深入开展国家林业局部署的非法侵占林地清理排查专项行动和贵州省委、省政府部署的森林保护"六个严禁"执法专项行动为抓手，认真贯彻《国家林业局派驻森林资源监督机构督查督办资源林政案件管理规定》和《国家林业局关于切实加强对非法侵占林地案件查处问责的通知》精神，把案件督查督办作为森林资源监督的第一要务，全年共督查督办各类破坏森林资源案件 273 起，查结 264 起，查结率 96.7%。通过案件查处，已追究刑事责任 22 人(最长判有期徒刑 3 年 2 个月)；行政处罚款 1335.1 万元、处罚 136 人(单位)；纪律处分 2 件、追究党纪政纪责任 9 人；收回林地 108.95 公顷，为国家挽回经济损失 2863.7 万元(补缴森林植被恢复费)。

【林地管理监督】 一是完成 2015 年度占用征收林地行政许可被许可人监督检查，对黔湘两省 20 个建设项目使用林地情况进行了现地监督检查。检查项目涉及监督区 34 个县(市、区)，实地抽查 21 个县(市、区)(贵州省 16 个、湖南省 5 个)，实地检查了 1200 个林地小班。检查期间召开座谈会 20 次，开展社会调查 20 余次，召开检查情况反馈会议 20 次。检查发现的 5 个项目违法使用林地问题，全部依法查结。二是完成县级人民政府保护发展森林资源目标责任制监督检查，对贵州习水、湖南江永等 6 个县级人民政府建立执行保护发展森林资源目标责任制情况进行了专项检查。在以往注重程序检查的基础上加大对年度保护发展森林资源目标任务完成情况进行实质性检查的力度，重点检查了年度森林覆盖率、森林蓄积量、林地保有量、采伐限额、营造林目标完成情况，同时检查了森林火灾、案件查处、林地变更、林业生态红线划定、采伐证、运输证核发等内容。特别把林地案件查处作为重点，对各县市 2014 年以来发生的涉林案件卷宗逐个进行审核，共查阅案件卷宗 1218 卷，对 87 起案件查处依据不足、处罚不规范等问题现地予以纠正；对 2014 年查处不到位的案件，明确提出了整改措施和案件督办意见。三是开展国家级自然保护区"绿剑行动"重点检查，对监督区的 29 个国家级自然保护区(贵州 7 个，湖南 22 个)开展"绿剑行动"工作进行了全面监督，并与两省林业厅组成联合检查组，重点对湖南东安舜皇山、贵州习水等 4 个国家级自然保护区进行了现地监督检查。配合国家林业局督查组对湖南省东洞庭湖国家级自然保护区开展了现地督查。针对存在的问题，向当地县人民政府及林业、公安等相关部门和保护区管理机构作了情况反馈，提出了有关工作建议。四是完成建设项目使用林地网上审核审批管理监督检查，对黔湘两省建设项目使用林地审核审批网上申报情况进行跟踪监督检查，督促两省按照资源司要求，进一步做好相关工作。五是完成湖南省耕地占补平衡占用林地情况调查。11 月下旬，按照国务院副总理汪洋、国家林业局局长张建龙和副局长刘东生有关批示要求，与湖南省林业厅组成的联合调查组，针对《半月谈》2015 年第 19 期《"占补平衡"竟如此毁林造田》反映的主要问题，深入湖南怀化市中方县、芷江县和张家界市永定区，开展实地调查，按期呈报调查报告。六是开展县级林地保护利用规划执行情况督查。日常工作中，对所到县市，均关注和要求各地要认真抓好县级林地保护利用规划执行。11 月，与黔湘两省林业厅组成联合督查组，对贵州清镇市和平坝区，湖南长沙县和桑植县林地保护利用规划执行情况进行了专项督查，就督查发现的突出问题，提出了相关工作要求。

【森林防火督查】 2014 年冬季至 2015 年春季，先后深入贵州省安龙县、兴仁县，湖南省新宁县、邵东县开展森林防火督查。重点检查各地落实《森林防火条例》《贵州省森林防火条例》《湖南省森林防火实施办法》情况，对存在问题提出有关工作建议，推进地方政府行政首长负责制落到实处。

【林业改革工作调研】 一是 4 月初办领导带队到贵州省雷山县及雷公山国家级自然保护区开展林业生态建设调研。二是 4 月下旬办领导带队到贵州省龙里林场开展国有林场改革调研。三是开展国家湿地公园试点调研。5 月下旬，与贵州省林业厅组成联合调研组，赴贵州遵义市调研国家湿地公园试点情况。深入习水县东风湖国家湿地公园和遵义县乐民河国家湿地公园，现地查看湿地公园管理、建设情况，听取习水县和遵义县人民政府及林业主管部门关于开展国家湿地公园申报、管理及建设情况汇报。调研组针对国家湿地公园管理、建设存在的突出问题提出了有关工作建议。

【濒危物种进出口管理工作】 一是强化保护濒危动植物宣传工作。3 月，与贵州省林业厅、贵阳市人民政府联合举办了 2015 年"爱鸟周"暨第二届"世界野生动植物日"走进校园宣传活动；支持配合贵州省林业厅编印出版《物种 100·贵州智慧》。二是完成国家濒管办组织的相关业务检查。办领导带队对国家濒管办合肥办事处(济南)野生动植物进出口管理工作情况进行了检查，派员参与对国家濒管办黑龙江办事处的检查。三是对湖南省莽山烙铁头的人工培殖、国内贸易和进出口贸易情况进行了监测，提出了评估意见，按时向国家濒管办呈报了监测评估报告。四是积极筹备授权办证工作。主动与国家濒管办昆明办事处及广州办事处协调野生动植物进出口办证和有关工作事宜，安排有关同志到上述两办实地学习濒管相关业务。经国家濒管办批准，将从 2016 年 3 月 1 日起正式开展濒危物种进出口签证工作。

【贵阳专员办与贵州省林业厅召开 2015 年第一次联席会议暨贵阳专员办成立十周年座谈会】 2 月 4 日，贵阳专员办和贵州省林业厅召开 2015 年第一次联席会议暨贵阳专员办成立十周年座谈会。会议由贵阳专员办专员康晓达主持，省林业厅厅长金小麒出席会议并讲话。会上，专员办和林业厅相关部门相互通报了 2014 年主要工作和2015年工作要点，就2015年需双方配合的重点事项进行了讨论，并就当前抓好非法侵占林地清理排查专项行动及贵州省森林保护“六个严禁”执法专项行动案件督查督办工作进行了重点研究。与会同志还围绕贵阳专员办十年工作历程进行座谈，总结成绩和经验，就贵阳专员办进一步做好森林资源监督和濒危物种进出口管理工作提出意见建议。

【贵阳专员办主持召开黔湘两省森林资源管理与监督座谈会暨2015年第三次联席会议】 10月16日，贵阳专员办在贵阳组织召开黔湘两省森林资源保护管理与监督工作座谈会暨2015年第三次联席会议。黔湘两省林业厅有关职能部门负责同志，国家林业局中南院、两省林业规划院和贵州省林科院相关同志及贵阳专员办全体同志参加会议。贵州省政府办公厅李天心，贵阳专员办专员康晓达，国家林业局中南院院长周光辉，湖南省林业厅副厅长柏方敏，贵州省林业厅总工程师聂朝俊出席会议。会议由贵阳专员办副专员喻泽龙主持。康晓达通报贵阳专员办2015年以来开展的主要工作，针对当前森林资源管理存在的突出问题提出了相关工作建议和意见；柏方敏和聂朝俊分别通报2015年以来湖南省、贵州省开展的森林资源保护管理主要工作，并就下一步需要贵阳专员办支持配合的有关工作提出工作建议；周光辉通报在两省森林资源监测中发现的突出问题。

【国家林业局副局长刘东生对《贵阳专员办关于2014年度监督报告所提建议落实情况的报告》作出重要批示】 2015年2月，贵阳专员办分别向贵州省人民政府、湖南省人民政府呈报了2014年度森林资源监督报告。两个报告共提出六条监督建议，得到了两省政府领导的高度重视。2015年，贵阳专员办突出加强对监督建议落实情况的跟踪，通过召开联席会议、实地督办、电话催办等方式，跟踪督促两省林业厅及有关部门抓紧抓好省领导批示的落实工作，取得了较好的效果。2016年初，国家林业局副局长刘东生作出重要批示，对贵阳专员办的工作给予充分肯定。

【林业大事】

1月14～15日 根据贵州省委、省政府督查室通知要求，贵阳专员办与贵州省森林公安局组成督查组，对黔东南州开展森林保护“六个严禁”执法专项行动进行现地督查。

3月22日 由贵阳专员办(濒管办)、贵州省林业厅、贵阳市人民政府联合主办的以“关注鸟类保护，守护美好家园；保护野生动植物，建设绿色贵州”为主题的2015年“爱鸟周”暨第二届“世界野生动植物日”走进校园宣传活动在贵阳市第十九中学举行。专员康晓达讲话，宣布2015年贵州“爱鸟周”暨第二届“世界野生动植物日”活动开始，给在“爱鸟护鸟”征文活动中获奖的同学颁奖。

6月2日 湖南省林业厅在长沙召开全省资源林政管理工作座谈会。专员康晓达出席会议并讲话。

6月27～28日 专员康晓达陪同国家林业局副局长陈凤学参加生态文明贵阳国际论坛2015年年会。

9月15日 贵州省林业厅组织召开市州林业局长座谈会议。副专员喻泽龙出席会议并提出工作要求。

12月16日 贵阳专员办与贵州省林业厅、省纪委监察厅配合贵州省副省长刘远坤在省政府共同约谈松桃县主要领导，就该县林业工作中存在的问题提出了整改和查办、追责意见。 (贵阳专员办由陈学锋供稿)

广州专员办(濒管办)工作

【综　述】 2015年，广州专员办在国家林业局的正确领导下，认真贯彻落实党的十八届三中、四中全会精神和全国林业厅局长会议精神，紧密围绕生态林业和民生林业的核心任务，扎实工作，开拓创新，全面加强资源监督和物种管理。对三省(区)16个由国家林业局审批的占用征收林地项目进行了重点检查，检查涉及20个市、县和单位，实际检查面积3134.2公顷，检查发现违法使用林地23宗，面积12.46公顷；完成8个县(市)保护发展森林资源目标责任制建立和执行情况检查工作；共督查督办涉林违法案件101起，涉案林木249.6立方米，涉案林地863.28公顷，共处理违法违纪人员109人，其中追究党政机关行政责任人62人；与三省(区)林业厅共组成19个督查组，对林地清理排查专项行动开展情况进行全面督查，共督查27个市67个县；共核发进出口证书19 369份，收取和上缴野生动植物进出口管理费500余万元，进出口贸易总额达63.1亿元；协调广西打私办开展“五大战役”联合行动，行动查获象牙8根，穿山甲、巨蜥、蛤蚧等濒危动物1200多只，穿山甲鳞片8.2千克，油蛙、乌龟、珊瑚等5000多千克，濒危动植物制品1.2吨，貂皮28 733张等；开展被许可人信用评估工作，初步确定了30家企业纳入2014年信用评估管理企业的范围；开展自贸区政策调研，形成了广东自贸区野生动植物进出口贸易管理制度创新研究调研报告；开展履约执法培训，培训海关一线关员和森林公安一线执法人员600多人次，培训企业100多家。

【提交2014年度森林资源监督通报】 分别向三省(区)人民政府提交了2014年度森林资源监督通报，监督通报对三省(区)林业建设及资源保护管理情况进行客观评价，指出了三省(区)当前森林资源及湿地和野生动植物保护管理中存在的困难和问题，提出了改进和完善的相关建议和意见。监督通报得到三省(区)人民政府的高度重视，各政府主要领导均作出重要批示，三省(区)均以办公厅专函反馈了整改落实情况。

广东监督报告指出，一是基层森林防火工作有待加强，二是基层领导干部生态保护意识薄弱。监督报告建议，一是切实加强森林防火工作，二是制定出台《党政领导干部生态环境损害责任追究细则》。

广西监督报告指出，一是风电项目违法占用林地问题突出，二是国有林场林地被侵占现象非常严重，三是保护发展森林资源目标责任制工作亟待强化。监督报告建议，一是进一步提高风电项目使用林地标准，强化监管力度；二是尽快部署全区非法侵占国有林地回收工作；三是进一步强化保护发展森林资源目标责任制工作。

海南监督报告指出，一是保护发展森林资源目标责任制的建立和执行情况有待加强；二是部分市县森林资源管理基础薄弱。监督报告建议，一是进一步完善保护发展森林资源目标责任制；二是加强基层森林资源保护管理队伍建设。

【林地保护管理监督检查工作】 对三省(区)16个由国家林业局审批的占用征收林地项目进行了重点检查，检查涉及20个市、县和单位，实际检查面积3134.2公顷，检查发现违法使用林地23宗，面积12.46公顷。对存在的问题立即开展督办，当年18宗已经整改到位。

广东省检查情况 监督一处于6月3～19日，对广东省获得国家林业局行政许可的5个占用征收林地建设项目行政许可执行情况进行了监督检查。5个建设项目共涉及8个县(市、区)，获得国家林业局征占用林地行政许可审核(批)的面积为1963.17公顷，涉及征占用林地小(细)班1258个。现地检查面积691.35公顷，涉及占用征收林地小(细)班736个。从检查的总体情况看，5个受检建设项目申请办理征占用林地行政许可所提供的材料真实，资料齐全，手续完备。其中，3个已动工在建项目主体工程实际使用林地面积461.74公顷[其中：国家林业局行政许可审核(批)范围内使用林地面积458.07公顷，异地使用林地1宗，面积3.67公顷]，涉及林地小(细)班699个，其辅助工程、附属设施违规临时使用林地17处，面积共计3.30公顷；另2个建设项目尚未动工，占用征收林地行政许可未执行。在建项目基本能够按要求落实工程周边森林和野生动植物资源保护措施；使用林地上的林木采伐也都办理了林木采伐许可证；森林植被恢复费足额缴纳，林地三项补偿费用也已按标准发放到村民小组(村民)。

广西壮族自治区检查情况 监督二处于9月15日至10月16日对广西壮族自治区获得国家林业局行政许可的9个占用征收林地项目进行了监督检查。经统计，此次9个被检查的建设项目审核(批)面积共计1099.45公顷，现地检查审核(批)征占用林地面积835.24公顷，实际使用林地面积783.31公顷，收取森林植被恢复费7677.3万元。9个建设项目大部分能按照行政许可确定的地点、面积、范围、用途、期限使用林地。存在问题：一是广西液化天然气(LNG)项目输气管道工程试验段(北海至南宁)(临时)项目，在南宁市邕宁区、北海市合浦县境内未办理采伐证，在钦州市钦北区只办理部分采伐证。二是西气东输二线贵港—玉林支线工程项目，存在异地使用林地问题，面积共计2.55公顷。三是资源(梅溪)至兴安公路项目，在资源县境内存在超审核(批)使用林地问题，面积共计2.3公顷。四是南宁至广州铁路黎塘至广州段(梧州段)项目，临时用地尚未恢复林业生产条件。

海南省检查情况 此次海南省受检的两个项目都是省级重点工程，其中1个是为解决海南乡镇交通基础设施的公路项目，1个是森林公园旅游度假项目。从检查的总体情况看，海南省各级政府和林业主管部门对林地管理工作高度重视，实施征占用林地行政许可行为总体比较规范。两个建设项目申请办理征占用林地行政许可时所提供的材料真实齐全、手续完备，不存在弄虚作假骗取行政许可的行为。建设项目基本能按照行政许可审批的地点、面积、范围、用途、期限使用林地。森林植被恢复费足额缴纳，林地三项补偿费用按标准发放到村民小组(村民)。

【森林资源目标责任制监督检查工作】 专员办于7～9月，对三省(区)8个县(市)保护发展森林资源目标责任制建立和执行情况进行了检查，7个县被评为合格等级，1个县被评为不合格等级。被考核的8个县(市)均建立了县级政府保护发展森林资源目标责任制，责任制目标明确、内容全面、措施得力，考核机构健全、程序合理、方法科学、结果准确，对发现的问题提出整改措施并整改到位，奖惩制度较为完善。依据保护发展森林资源目标责任制检查评分标准，各县(市)具体结果如下：廉江市80分、阳山县77分、丰顺县74分、田林县59分、扶绥县75分、容县84分、澄迈县77分、琼中县79分。

广东省情况 广东省责任制工作实行三级政府责任制，每5年由省政府与市级政府、市级政府与县级政府、县级政府与乡镇政府签订一次责任状，责任制考核指标有18项，内容涵盖森林资源培育、森林资源保护、林地林木权属管理、林业执法和林业基础保障等方面。县(市、区)人民政府于每年12月组织成员单位对本地区年度目标责任制执行情况进行自查，省人民政府于下年度3月底前组成以省林业厅牵头、有关部门参加的检查考核组，对各地级市进行全面检查考核，并向全省通报考核结果。

广西壮族自治区情况 每5年由自治区人民政府与各市级人民政府、市级人民政府与县级人民政府签订责任状。目标责任状将森林资源保护发展目标责任分解为森林资源培育、森林资源保护、森林生态系统保护、林业生态建设和林业生态建设政策措施5大类、13项、29个指标，目前，全区111个县(市、区)除柳州市鱼峰区和防城港市港口区(上述两区土地全部在城市规划范围内)未建立责任制外，其余109个县(市、区)均与被辖区市和所辖乡(镇)人民政府、国有林场签订了责任状。

海南省情况 目前，全省18个市县(除三沙市外)均已建立了比较系统完整的保护发展森林资源目标责任制，省政府已经从2013年开始，组织力量对全省各县(市)建立和执行保护发展森林资源目标责任制情况进行全面考核，并将考核结果进行通报。

【涉林违法案件督查督办工作】 全年共督查督办涉林违法案件101起，其中，刑事案件59起，行政案件32

起，其他 10 起。涉案林木 249.6 立方米，涉案林地 863.28 公顷。目前已结案 82 起，办结率为 81.19%。共处理违法违纪人员 109 人，其中刑事处理 7 人，行政处理 40 人，追究党政机关行政责任人 62 人。罚款(金) 5759.6 万元，收回林地 134.83 公顷。案件按来源分，国家林业局批转案件 17 起，监督发现和省厅要求 78 起，媒体、信访等途径 6 起。按监督区域分，广东省 24 起，广西壮族自治区 66 起，海南省 11 起。

对风电项目违法占用林地问题进行重点督办，针对广西风电项目违法使用林地这一趋势性问题，许辉专员带队，先后三次深入现场进行督查督办，并向广西壮族自治区人民政府提交了建议书。区政府高度重视，区党委常委、副主席唐仁健作出批示，随后广西在全区开展了整治风电项目非法使用林地问题专项活动，相关市均成立了由分管副市长任组长的专案组，对案件进行整改落实，共刑事立案 4 起，行政立案 10 起，刑事拘留 5 人，逮捕 3 人，追究党政机关行政责任人 21 人，区人民政府办公厅也专函向广州专员办反馈了风电项目违法占用林地问题查处整改情况，风电项目违法占用林地势头得到初步遏制。

督办国土违规审批，针对政府主导违法占地中的国土违规审批问题，选取广西临桂县国土违规审批林地案件进行挂牌督办并开展约谈。

开展联合督办，广东林业厅在对深圳市 5 起违法占用林地案件挂牌督办中遇到阻力，邀请专员办开展联合督办，随后专员办与省林业厅、森林公安局组成联合督办组，由许辉专员带队开展现场督办，并向深圳市政府递发整改通知，要求限期查办，如限期内不能查办完结或整改到位，将采取约谈市政府负责人、建议国家林业局在全国进行通报或约请中央主流媒体曝光等措施。联合督办后，深圳市政府高度重视，明显加大了办案力度，将 5 起案件全部按刑事案件立案并移交检察院。随后，深圳市还举一反三，在城管局加挂了林业局的牌子，为今后工作开展创造了良好条件。

专项督办高尔夫球场问题，广州市花都高尔夫球场和惠州国际高尔夫球场分别违法占用林地 115.47 公顷和 71.33 公顷，面积很大，地方办案中存在检察院不予受理、案件停滞等情况。了解到上述情况后，关进敏副专员带队赴现场进行专项督办，召开案件推进会要求限期整改。在专员办推动下，两起案件均移交检察院，分别罚款 1154 万元和 808 万元，共收回林地 98.13 公顷，5 名犯罪嫌疑人被采取刑事强制措施，2 名党政领导干部被问责，其中 1 人被停职。

开展集中督办，南宁市五象新区有 18 个项目存在违法占用林地问题，涉案林地面积 83.5 公顷，属于典型的政府主导违法占地。专员办对这 18 起案件全部挂牌督办，许辉专员、关进敏副专员分别带队约谈南宁市政府有关领导，重点强调对政府工作人员进行追究问责。南宁市成立了专门工作组开展整改，并加大了行政问责力度，共行政追责 11 人。

【加强野生动物保护管理】 开展候鸟等野生动物保护和疫源疫病监测防控工作监督检查，对广西三大候鸟迁徙通道的候鸟保护管理、疫源疫病防控、非法猎捕经营情况进行了监督检查，协调广西森林公安组织开展了“打击破坏野生动物资源专项行动”，取得了丰硕成果。

开展陆生野生动物繁育利用清理整顿情况检查，联合广西林业厅对广西陆生野生动物繁育利用清理整顿情况进行了实地检查，进一步规范野生动物驯养繁殖和经营利用行为。

【濒危物种行政许可管理工作】

证书核发工作　共核发进出口证书 19 369 份，其中《允许进出口证明书》6326 份，《非〈进出口野生动植物商品目录〉物种证明》13 043 份。收取和上缴野生动植物进出口管理费 500 余万元，进出口贸易总额达 63.1 亿元。

行政许可被许可人监督检查工作　成立 3 个检查组，对珊瑚、毛皮、木材、观赏动物、食用动物、标本动物等 76 家企业进行实地检查，进一步规范了企业的进出口行为。

【履约执法协作工作】

推进执法协调，进一步构建履约合力。一是深化 CITES 执法协调小组平台建设，加强沟通交流与合作。二是做好“眼镜蛇三号行动”协调配合工作，协调配合海关、边防等执法部门做好查获物种鉴定、移交和法律法规解答等工作。

协调广西打私办开展“五大战役”联合行动，这是专员办第五次成功协调广西壮族自治区政府组织开展打击濒危物种走私专项行动。目前行动查获象牙 8 根，穿山甲、巨蜥、蛤蚧等濒危动物 1200 多只，穿山甲鳞片 8.2 千克，油蛙、乌龟、珊瑚等 5000 多千克，濒危动植物制品 1.2 吨，貂皮 28 733 张等。

全程监管第十二届中国－东盟博览会。专员办采取提前介入、加强协调、制定名录、事先告知、广泛宣传、严密监管、严格执法等措施，对博览会全程监管，针对老挝展馆部分参展商非法展售象牙制品问题，协调广西森林公安局，进行了现场查扣，对非法展出售卖的展商也予以依法查处，彰显了中国重视濒危物种保护和履行国际公约负责任大国形象。

深化合作，粤港澳履约交流日趋紧密。继续保持信息交流和专题座谈，通过电话传真、邮件等形式保持紧密信息沟通和交流，并对一些重点问题进行专题座谈，举办了粤港澳濒危物种鉴定培训班，全力做好香港渔护署考察内地象牙加工销售配合协调工作。

【濒危物种保护工作】

开展边境巡查。许辉专员带领检查组，对广西的边境口岸，集贸市场等场所进行巡查，进一步强化职能部门履约执法力度。

开展网上涉嫌非法交易濒危物种监测工作，指定专人开展网络监测，根据发现的案件线索，推动开展执法清查和专项打击行动，对违法犯罪分子形成强有力的威慑。

对潭门濒危物种情况进行暗访。根据农业部渔业渔政管理局、国家濒管办《关于进一步加强红珊瑚等海洋珍稀濒危水生野生动物管理工作的通知》精神，对琼海潭门镇砗磲、玳瑁等国家重点保护物种及公约附录物种经营情况进行暗访，经了解，目前潭门砗磲存量约20 000吨，周边加工厂及销售场所约800多家。

【履约宣传培训工作】 一是开展履约执法培训，培训海关、边防、工商、检验检疫、森林公安和机场一线执法和工作人员600余人次，提高了职能部门履约水平和能力。还联合西安专员办对陕、甘、宁、青、桂五省区的海关、自然保护区、林业部门进行履约执法培训，积极服务于国家“一带一路”战略及丝路通关一体化改革。二是加强相关企业培训，共培训野生动植物进出口企业和物流企业100多家。三是利用“世界湿地日”“爱鸟周”“野生动物宣传月”等活动，大力宣传CITES相关知识，不断提高宣传的针对性，开展边境宣传和口岸宣传，营造保护濒危动植物的良好氛围。四是组织编印执法手册。联合国际组织编印了《广西常见非法贸易濒危物种识别手册》4000册，发放到一线执法人员手中，有效提高了他们的濒危物种识别能力。

【林业大事】 **3月15日** 广州专员办(濒管办)联合广西壮族自治区工商行政管理局、水产畜牧兽医局在现场开展了以“野生动植物保护走进消费者”为主题的宣传活动。

3月19～29日 许辉专员带队对三省(区)国有林场改革情况进行调研。

3月10～23日 广州专员办组成督查组，由副专员关进敏带队，赴广西南宁、梧州、贵港、贺州、防城港、百色、桂林等7个市，对广西专项行动排查出的非法占用林地案件，特别是专员办挂牌督办的32起严重违法占用林地案件整改落实情况进行督查。

5月20～23日 广州专员办组成调查组，深入广西区贵港市平南县、桂平市等地，对存在的破坏森林资源问题进行调查核实。

6月13～20日 广州专员办联合广西壮族自治区林业厅对广西陆生野生动物繁育利用清理整顿工作进行实地检查。

7月20～25日 广州专员办派出督导组，在广东省野生动物救护中心有关负责同志及技术人员陪同下，对广东省广州市南沙湿地、深圳市海上田园、内伶仃岛——福田国家级自然保护区等候鸟栖息、繁殖、迁徙重点区域的候鸟禽流感及疫源疫病监测防控工作进行了检查和指导。

9月14～15日 国家林业局“绿箭行动”督查组到达广西金秀县大瑶山国家级自然保护区，对广西“绿箭行动”开展情况进行督查，广州专员办副专员关进敏陪同督查组一起参加督查。

9月18～21日 第12届中国－东盟博览会在广西南宁市举行，广州专员办(濒管办)作为博览会“保知打假”联合执法组成员单位，全程参与了对博览会参展濒危物种制品的监管巡查，严厉打击濒危物种制品非法展出。

10月16日 广州专员办组成督查组，由关进敏副专员带队，赴桂林市全州县对专员办督办的违法占用林地案件整改落实情况进行督查。

11月8日 广州专员办组成检查组，赴南宁市对非法侵占林地清理排查专项行动整改落实情况进行检查。

12月14～16日 广州专员办与粤桂琼三省(区)林业厅召开第十次联席会议，三省(区)林业厅分管林政资源工作副厅长及相关业务处处长、广州专员办领导班子和各处负责人参加会议。

12月20～25日 广州专员办按照2015年下半年重点工作安排及广东野生动物保护管理情况，派出督查组对位于候鸟迁徙路线上的茂名、阳江两市野生动物保护管理及疫源疫病监测防控工作进行了督导检查。

(广州专员办由胡玉飞供稿)

合肥专员办(濒管办)工作

【综　述】 2015年，合肥专员办以党的十八大，十八届三中、四中、五中全会精神为指引，把查办督办破坏森林资源和野生动物案件作为监督工作任务的重中之重。切实加强森林资源管理重点领域和薄弱环节的监督，进一步加大执法检查和破坏森林资源案件查办督办力度，着力推进地方政府保护发展森林资源目标责任制建设，认真落实责任追究制度，扩大监督领域、拓展监督渠道、创新监督手段，提升监督成效。以濒危物种进出口行政许可为重点，规范行政许可秩序、加强行政许可检查、积极协调履约执法、夯实履约管理基础、提升履约管理能力。以制度化建设为抓手，切实加强全办思想政治建设、业务能力建设和机关自身建设，进一步提高履职能力和水平，打造一支具备良好的精神状态、务实的工作作风、过硬的监督本领的监督队伍。

【资源监督】 2015年全办紧紧围绕“监督是什么”“监督为什么”“监督怎么做”等问题，着眼于建立和完善森林资源监督工作体系，着眼于找准监督工作的着力点和发力点，着眼于找准履职尽责的途径和方式，结合监督区实际，完成了国家林业局下达的指令性任务，形成了富有监督区特色的工作格局。

完成森林资源监督年度报告 按时向国家林业局和皖、鲁两省政府提交了2014年度森林资源监督报告，获两省党委、政府高度重视。两省迅速反馈，制定整改措施，积极对照整改。高质量的监督报告进一步提升了监督工作的地位和价值。

案件督办 2015年，共督办破坏森林资源案件153起，涉及破坏占用林地984.8公顷，毁坏林木50.4立方米，其中2014年结转案件27起，2015年新立案126起。办结案件80件(其中刑事案3件)，行政处罚49

人，罚款423.6万元，收回林地201.97公顷，党纪政纪处分35人。在办73起案件中，刑事立案9起。通过查办督办案件，有力地打击了破坏森林资源的违法犯罪行为，遏止了山东、安徽两地破坏森林资源案件频发、多发的态势。

林地占用征收行政许可被许可人监督检查 完成国家林业局9个建设项目的监督检查。检查安徽省金寨、滁州、定远、砀山4县（市、区），684个小班，共涉及林地面积780.84公顷。检查山东省淄博市淄川区、滨州市滨城区和惠民县、烟台市招远市、日照市岚山区、菏泽市曹县等5市6县（市、区）12个乡镇，384个小班，检查面积343.08公顷。从检查情况看，工程建设项目使用林地比较规范，没有发现超范围和超面积使用林地现象，对检查中发现的问题及时向两省林业主管部门和项目建设单位进行通报，并提出整改建议。

地方政府保护发展森林资源目标责任制建立和执行情况检查 根据新修改的《保护发展森林资源目标责任制检查方案》，完成了对安徽省颍上县、黟县、霍山县和山东省曹县、诸城市、东阿县人民政府保护发展森林资源目标责任制建立和执行情况的检查。对被检查的6个县严格对照评分标准打分，给予实事求是的评价，并及时反馈检查结果，指出存在的问题，提出整改建议，同时也听取地方政府的相关建议。6个县中5个县获优秀等次。

自然保护区、野生动物疫源疫病防控工作检查 会同安徽、山东两省林业厅组成联合检查组，赴山东省长岛、黄河三角洲两处国家级自然保护区和安徽省牯牛降和清凉峰两处国家级自然保护区开展重点抽查。对安徽省池州市、黄山市、宣城市，山东省烟台市、东营市的自然保护区自查工作进行梳理，针对自然保护区可能发生违法占地行为的地点和旅游开发、采石采矿项目进行实地踏查。同时，对上述各市县开展秋冬季候鸟保护和疫源疫病监测防控工作检查，对候鸟越冬地、迁飞停歇地、集群活动地的巡护、看守情况，野生动物保护执法情况，动物园有关动物驯养繁殖许可证和疫源疫病防控措施及应急预案情况等听取了汇报。在充分肯定成绩的同时指出了问题，要求各市要进一步加强管理，明确责任，严格执法检查。

非法侵占林地清理排查专项行动 根据非法侵占林地专项行动部署，对安徽、山东两省林地管理中存在的重大问题和薄弱环节进行梳理，查找线索，督办大案及省厅挂牌案件。共督办安徽省破坏森林资源案件99件，涉及林地面积635.6公顷。办结70起，收回林地157.2公顷，罚款354.2万元，行政处罚37人，纪律或行政处分33人。督办山东省破坏森林资源案件40件，涉林面积330.73公顷。办结12起，收回林地34.71公顷，罚款81.25万元。

森林资源巡查和破坏森林资源案件执法情况检查 根据专员办工作会议要求，与安徽、山东省林业厅积极沟通协调，调取卫星图片及其他相关资料，于11月中旬完成了对安徽宣城宣州区、山东威海文登市森林资源保护管理情况执法巡查工作。总结各地在森林资源保护管理工作中的优点，指出问题及不足，形成专题巡查报告。同时，对安徽省巢湖市、黄山区和山东省历城区、黄岛区破坏森林资源案件执法情况进行了检查，并认真撰写检查报告。检查发现存在着案件管理不够规范、执法办案能力需要提升、执法机构和人员队伍建设滞后、内部外部协作机制尚未建立、执法工作信心不足等五方面问题。

与皖、鲁两省森林资源监督联席会议 8月31日至9月1日，2015年皖鲁森林资源监督工作联席会议在山东省日照市大沙洼林场召开。会议以“破坏森林资源案件的督查督办”为主题，重点讨论两省各地在非法侵占林地清理排查专项行动中取得的成效和制度建设成果，分析典型案例，总结交流新经验。资源司张松丹副司长就国家林业局对查办督办破坏森林资源案件的要求和督办查办案件中需要把握的关键性问题作了专题讲座，山东省检察院陈晓光处长就破坏森林资源刑事案件的办理和职务犯罪预防作了详细讲解。会议为进一步规范和推进破坏森林资源案件的查办督办起到了重要作用，对下一步查办督办案件提出了具体要求。国家林业局资源司，安徽、山东两省林业厅分管领导及厅办公室、资源和林政处、省森林公安局、省国有林场管理站、省野生动植物保护站、省林业监测规划院负责同志，山东省检察院，安徽和山东省部分市、县林业局、资源林政管理和森林公安局负责人等100多人参加了会议并作交流发言。

【濒危野生动植物进出口履约】 坚持以濒危物种进出口行政许可为重点，规范行政许可秩序、加强行政许可检查、积极协调履约执法、夯实履约管理基础、提升履约管理能力，努力提高濒危物种进出口管理水平。共办理各类进出口证明书919份，其中《允许进出口证明书》348份，《证明书》107份，非《进出口野生动植物种商品目录》物种证明464份。涉及花卉、木材、活体动物、皮革、保健酒、中药材等进出口野生动植物物种。

山东省野生动植物进出口专项监督检查 7月至9月，根据国家濒管办的统一部署，开展山东省野生动植物进出口专项监督检查，对2014年出具的被行政许可人的行政许可进行书面和实地检查，形成检查统计报告。

山东省大宗贸易敏感物种监测评估检查 对2014年山东省的出口来料加工等大宗贸易物种进行实地监测检查，全面了解和掌握山东省进出口大宗贸易物种的基本情况，为野生动植物进出口科学管理提供了参考依据。

执法检查和调研、培训工作紧密结合 结合国家濒管办与合肥专员办赴进出口企业实地调研的同时，开展年度执法检查工作，先后到山东烟台、威海、青岛，安徽亳州等地进行实地检查，有效避免了多头重复检查，减轻企业负担。举办两省履约及野生动植物进出口管理培训班和鲁、皖两省野生动植物及其产品进出口单位网上申报培训班。充分利用培训之余，对相关履约及野生动植物进出口企业进行检查调研。

CITES交流平台建设 建立了CITES部门间执法协作交流平台和进出口单位工作交流平台。打通履约运行通道，增加同相关协作部门以及进出口单位的信息交流。在平台上发布信息、交流讨论、意见反馈、进行网上政务，进一步提高了工作效率。建立了执法协作以及信息报告的激励机制。

【“两建”工作】 开展“三严三实”专题教育，结合专员办工作实际，一是抓好动员部署和方案制订，落实主要领导讲专题党课。二是抓好“三严三实”共三个专题的学习研讨，落实每位处级干部作专题发言。三是召开专题民主生活会和组织生活会。深入查摆“不严不实”问题，开展批评与自我批评。四是抓好整改落实和立规执纪。将践行“三严三实”要求制度化、常态化、长效化。

为全面贯彻落实中共中央八项规定、安徽省委三十条规定和国家林业局十八条实施意见，加强党风廉政建设，聚焦作风建设，推进厉行节约，严格固定资产、公务用车、差旅费和印章管理，合肥专员办制订了《合肥专员办固定资产管理办法》《合肥专员办出差审批和差旅费管理办法》《合肥专员办廉政风险防控办法》《合肥专员办公车管理办法》《合肥专员办印章使用管理办法》《合肥专员办厉行节约制止奢侈浪费制度》《合肥专员办党员干部作风状况考核评价办法》《合肥专员办工会经费使用管理办法》8个相关制度办法。通过对各项制度的学习，把严格遵守和执行的要求纳入到经常性的学习教育以及日常管理工作中来，将践行制度常态化、长效化。

【林业大事】

3月20日 向国家林业局和安徽、山东两省人民政府提交2014年度森林资源监督报告。

4月15日至6月4日 开展林地占用征收行政许可被许可人监督检查工作。共检查9个建设项目，涉及安徽、山东两省8市10县38个乡镇1068个小班，总面积1123.9公顷。

5月下旬 举办皖鲁两省履约及野生动植物进出口管理培训班。

5～6月 开展大宗贸易敏感物种监测评估检查，对2014年山东省的出口来料加工等大宗贸易物种进行实地监测检查。

6月14～24日 会同安徽、山东两省林业厅组成联合检查组，对安徽省池州市、黄山市、宣城市，山东省烟台市、东营市开展了自然保护区、野生动物疫源疫病防控工作检查。对山东省长岛、黄河三角洲两处国家级自然保护区和安徽省牯牛降和清凉峰两处国家级自然保护区开展了重点抽查。

7月至10月 分别对安徽省颍上县、黟县、霍山县和山东省曹县、诸城市、东阿县6个县(市、区)人民政府保护发展森林资源目标责任制建立和执行情况进行检查。除黟县外，其他5个县(市、区)均获得优秀等次。

11月中旬 完成了对安徽宣城宣州区、山东威海文登市森林资源保护管理情况执法巡查工作。

12月24日 举办鲁、皖两省野生动植物及其产品进出口单位网上申报培训班。

12月6～31日 完成对山东省历城区、黄岛区和安徽省巢湖市、黄山区破坏森林资源案件执法情况检查。

（合肥专员办由夏倩供稿）

乌鲁木齐专员办(濒管办)工作

【综　述】 2015年，在国家林业局党组正确领导下，在国家林业局有关司局和新疆维吾尔自治区林业厅、新疆生产建设兵团林业局的全力支持下，国家林业局驻乌鲁木齐森林资源监督专员办事处(国家林业局驻乌鲁木齐专员办)圆满完成森林资源监督、濒危物种进出口管理和“访民情惠民生聚民心”任务，扎实有效开展机关党的建设和工会工作。

【森林资源监督】 认真学习习近平总书记系列重要讲话，贯彻全国林业厅局长会议精神，以案件督办查处为重点，开展非法侵占林地清理补充排查和回头看，林地行政许可、保护发展森林资源目标责任制检查、卫片判读等工作。

森林资源案件督查督办 2015年国家林业局驻乌鲁木齐专员办督办案件313起，涉及面积约2295公顷，其中国家林业局批转4起，检查发现11起，卫片执法发现298起。截至2015年年底，立案102起，结案6起，移送司法机关5起，7人被判刑，7名管护人员被开除，行政问责92人。

林地行政许可检查 按国家林业局统一安排，到新疆维吾尔自治区7个地(州、市)的10县(市)、1个国有林管理局和新疆生产建设兵团3个师的4个团场，对14个征占用林地行政许可被许可人进行检查。检查发现个别单位存在未批先占、临时占用林地等不规范的行为，责成林业主管部门依法处理，追究人员的责任，补办占用林地手续。

保护发展森林资源目标责任制检查 依据国家林业局《保护发展森林资源目标责任制检查方案》规定，对新疆维吾尔自治区库尔勒市、疏附县、阿克陶县2014年度保护发展森林资源目标责任制工作进行了检查，评定库尔勒市25分、疏附县83分、阿克陶县90分。对检查发现的问题在《新疆森林资源监督报告》中反映。

非法侵占林地清理排查补充排查和回头看 经过补充排查和组织回头看，新疆维吾尔自治区清理出违法案件数量由最初的625起、825起增加到第二次补充调查后的1340起，面积也相应地由8234.77公顷增加到第二次补充调查后的8687.69公顷。新疆生产建设兵团经过第一次清理和两次补充调查，共清理出违法案件551起，面积3747.98公顷。

森林资源监督报告 在总结2014年监督工作的基

础上，认真撰写并报送《新疆维吾尔自治区和新疆生产建设兵团2014年度森林资源监督报告》。新疆维吾尔自治区和新疆生产建设兵团分管领导高度重视，指示并要求林业主管部门研究落实。

卫片判读督办执法 在西北林业调查规划院的协助下，对沙湾县非法侵占林地进行了卫片判读，发现沙湾县及相邻的玛纳斯县、克拉玛依市及兵团第八师的部分乡镇、团场存在侵占林地疑似图斑616个，面积3877.4公顷。经现地核实，除去误划和已办理占用林地手续和依法处理的图斑外，确认存在非法侵占林地图斑415个，面积2288.14公顷，涉及案件350余起，已有50余起案件立案，其中5起移送司法机关，4起判决，判刑4人。

自然保护区和野生动植物监督 配合国家林业局"绿剑行动"检查组赴喀纳斯国家级自然保护区进行专项检查。赴新疆维吾尔自治区9个国家级自然保护区和1个自治区级自然保护区进行监督检查。要求新疆维吾尔自治区林业厅和新疆生产建设兵团林业局认真做好秋冬季候鸟保护和疫源疫病监测防控工作。向阿勒泰地区行署发出督办函，要求严肃查处并依法取缔青河县非法养殖经营金雕并举办"猎鹰节"一事。

建立联合督办机制 与新疆维吾尔自治区检察院联系沟通，出台印发《国家林业局驻乌鲁木齐专员办与新疆维吾尔自治区人民检察院关于建立加强森林资源保护监督工作机制的意见》(新检会〔2015〕3号)，转发各地(州)、县(市)检察机关和林业主管部门，为案件查处和责任追究到位提供支持。

【濒危物种进出口管理】 认真学习国家林业局和海关总署发布的《野生动植物进出口证书管理办法》，开展濒危物种进出口管理、履约执法、口岸巡查等工作。

进出口管理 严格行政审批程序，做好证书办理工作。2015年共核发《公约证》3份、《物种证明》17份。加强进出口企业的登记、备案、注册工作。2015年新增7家备案、注册企业。

履约执法协调 召开新疆部门间CITES履约执法工作协调小组联席会议，回顾总结开展的工作，从突出联合行动、加强相互沟通、更好履行职责、参与专项行动和搞好超前谋划等5个方面对做好当前新疆履约执法工作提出了要求。国家濒管办常务副主任孟宪林在会议上作讲话。与新疆维吾尔自治区人民政府外事办、乌鲁木齐海关、新疆出入境检验检疫局等部门领导沟通交流，共商履约执法合作与濒危物种进出口管理工作。

口岸调研 组织新疆部门间CITES履约执法工作协调小组成员单位赴阿拉山口、霍尔果斯、红其拉甫、吐尔尕特、伊尔克什坦、卡拉苏等口岸开展了履约执法调研。与口岸、海关、检疫、边检、工商、林业等部门进行座谈，了解存在的问题和建议，慰问吐尔尕特边防检查站官兵和喀什海关干警。

专题研究 在国家林业局濒管办支持下，以新疆林科院为依托单位，组织新疆部门间CITES履约执法协调小组成员单位共同开展"丝绸之路经济带建设对新疆濒危野生动植物种进出口管理的影响及对策研究"。

博览会参展物品巡查 在新疆维吾尔自治区工商局的配合下，组织召开乌鲁木齐市林业局、工商局等部门会议，对2015亚欧商品贸易博览会期间做好濒危物种履约监管等工作做出安排部署，对摆卖商品进行检查。

宣传活动 印制张贴海报和普及濒危物种知识的宣传折页80 000余册(张)。向各地州分发纪念"世界野生动植物日"海报和折页等宣传材料。在新疆电视台制作一期专题节目。

【访民情惠民生聚民心】 国家林业局驻乌鲁木齐专员办驻温宿县阿热勒镇阿克哈尼喀村第二批工作组(组长王新国、副组长祁金山、组员叶尔夏提·努拉志)自2015年3月1日起开展"访民情惠民生聚民心"工作。紧紧围绕维护社会稳定和长治久安这个总目标，突出做好群众工作，加强基层组织、推进"去极端化"三项重点工作和八项任务。

转变工作作风 主动融入服务群众，做好宣传教育群众，谋思路促发展。

基层组织建设 加强干部队伍建设。强化村党支部的领导核心地位，协助村党支部选拔5名后备干部，培养3名入党积极分子，增补团支部委员2人、增选妇委会5人，配齐村民小组长和十户长25人，组建25人的民兵组织。规范村级组织管理。落实《村级组织及村干部综合考核管理办法》，推进党务村务财务公开。推进村级组织"星级化"创建工作，村"两委"由原有三颗星争创上六颗星。加强村级阵地建设。筹措资金60余万元用于村委会建设，新增村级阵地用地面积2600余平方米。

现代文化引领，促进宗教和谐 深入开展教育活动，依法加强宗教事务管理，深入开展"大揭批、大宣讲"活动。组织各类宣讲30场，受教育群众达3000余人次。开办了村民"双语"夜校，累计授课30节，参加学习人数达3000余人次。

加强民族团结，增进互信互融 开展民族团结教育宣教活动20余场次。带领村干部、"四老人员"、党团员、妇女代表到兵团第一师阿拉尔市三五九旅博物馆、十团参观学习。累计出资3万余元，做到有喜必贺、有丧必至、有难必帮。

民生工程 落实发展规划，推进民生项目建设。落实林业项目资金106万元，300公顷核桃低产园改造纳入国家核桃示范园建设项目范围。做好惠民实事好事。协助村"两委"落实167户抗震安居房的整体推进工作。筹集资金60余万元提供化肥74吨、农药6吨、苗木6.5万余株，新造农田防护林4.67公顷。扶贫帮困真情奉献。向村小学捐赠打字复印机一台、校服180套、双语读物、书包和学习用具若干。为村委会和困难群众提供60吨取暖用煤。

群防群控，维护社会稳定 组织发动群众参与严打专项行动。对重点人群进行教育转化。耐心做好群众来访接访，全年接访50余人次。

宣传报道 2015年工作组共计编写简报和工作动态78期，接受主流媒体专题采访8次。在《最后一公里》《新疆经济报》《阿克苏日报》、阿克苏地区电视台、温宿县电视台、《温宿零距离》等新闻媒体发表宣传报道25篇(次)。

第二批驻村工作组被新疆维吾尔自治区三民办评为优秀工作组，祁金山被评为优秀工作组成员。

【党建和机关建设】 围绕中心狠抓党建和机关建设工作，加强理论学习，积极开展工会工作，形成良好的精神风貌和工作氛围，为做好各项工作提供思想和组织保障。

专题教育 按照中央和国家林业局党组要求，认真制定和落实"三严三实"专题教育实施方案，学习系列重要讲话、党章、党规，办领导为党员上党课，开展3个阶段集中学习研讨，征求干部群众的意见，召开民主生活会，开展批评与自我批评，查找梳理存在的问题，进行整改。

廉政建设 开展机关党建工作述职评议。认真落实党风廉政建设主体责任，严格遵守执行中央八项规定和国家林业局十八条实施意见，开展贯彻执行中央八项规定精神自查自纠发现问题整改工作。

机关建设 开展精神文明创建工作，连续获得内部精神文明单位称号。进行办公自动化全员培训，邀请国家林业局信息办专家现场授课，全办同志基本掌握综合办公系统使用要领，实现无纸化办公，提升机关效能。

工会工作 召开第三届职工大会，讨论通过工作报告、工会工作报告、财务预决算报告、工会经费审查报告和工会提案工作报告。利用职工书屋开展职工读书交流活动，纪念第20个世界读书日。组织职工参观新疆维吾尔自治区成立六十周年成就展，观看抗日战争胜利70周年、新疆维吾尔自治区成立六十周年纪念大会电视直播。参加国家林业局绿色大讲堂学习活动，肖新艳在国家林业局机关践行社会主义核心价值观报告会上进行宣讲。 （乌鲁木齐专员办由刘斌供稿）

上海专员办（濒管办）工作

【综　述】 2015年，上海专员办（濒管办）在国家林业局党组的正确领导下，在司办的关心支持下，深入贯彻落实党的十八大、十八届三中、四中、五中全会和全国林业厅局长会议精神，高举生态林业、民生林业大旗，依法履职、攻坚克难，研究对策、出台举措，扎实开展森林资源保护监管，严抓濒危物种履约管理，全面完成各项目标任务。

【森林资源监督管理工作】 始终把督查督办破坏林地等森林资源案件作为专员办的第一职责，扎实有效推进森林资源监督管理。

督办涉林违法案件 2015年共督办各类森林资源案件59起。其中国家局要求查督办55起，群众举报案件1起，督查发现2起，媒体曝光案件1起；刑事案件7起，行政案件52起，涉及林木蓄积3704立方米，林地面积438公顷；追究刑事责任7人，行政问责11人，处理行政罚款464.6万元；专员办赴现场督办58起，跟踪督办1起。

扎实开展"非法侵占林地清理排查专项行动""绿剑行动"等专项行动，抓实抓细抓好涉林信访工作。全年共受理群众来信来访8件次，均已处理并结案，及时化解了纠纷矛盾，促进了和谐稳定。对重点案件更是坚持原则，敢于动真碰硬，敢于"亮剑"，得到了局领导的肯定。局党组书记、局长张建龙专员办关于"浙江省诸暨市破坏森林资源信访问题"的调查报告得到了张建龙局长和刘东生副局长的批示。

破解林地保护难题 浙江省涉林垦造耕地引发的破坏森林资源案件是监督工作中的重点和难点问题。新闻媒体报道频次高、密度大，负面影响大。对此，专员办多措并举，积极协调浙江林业、国土、发改委等相关部门，出台文件《关于切实加强涉林垦造耕地监管工作的通知》（浙发改农经〔2015〕252号），"原则上停止在山上垦造耕地""要求严格垦造耕地选址"，杜绝了此类现象的发生，总体形势不断趋好。张建龙局长在专员办呈报的《多措并举、履职尽责，浙江省涉林垦造耕地难题取得新突破》专报上亲自批示："浙江省垦造耕地问题有了重大进展。省发改委、国土厅、林业厅下文进行了规范。上海专员办做了艰难细致的工作，应鼓励和肯定。"

完成年度森林资源监督报告 按期完成并向国家林业局、苏浙沪三省市人民政府提交年度森林资源监督报告，客观反映三省市森林资源管理成效及存在问题，提出了加强森林资源管理工作的意见和建议。报告得到了三省市政府领导的高度重视，主要领导或分管领导都作出了批示，提出相关建议并责成有关部门、单位予以落实，一些重点难点问题有了新突破新进展，提高了三省市森林资源保护管理的总体水平。浙江省副省长黄旭明在监督报告上批示："上海办的建议针对性很强，很重要。请林业厅会同有关部门研究贯彻措施"。

专项检查工作 一是完成对三省市5个县（市、区）保护发展森林资源目标责任制建立和执行情况的监督检查。截至2015年底，三省市186个涉林县（市、区）均已签订保护发展森林资源目标责任状，总体情况良好。二是检查占用征收林地行政许可被许可人检查项目10个，检查征占用林地总面积213.06公顷。通过监督检查，发现违法违规使用林地案件1起，共计面积0.15公顷；无证采伐案件1起，共计蓄积217.3立方米，均已查处到位。三是按秋冬、春夏两个时间节点，分别赴三省市重点县（市、区）重点区域开展森林防火、疫源疫病防控和野生动物保护执法情况专项检查，狠抓源头防控。

监督管理工作新举措 一是4月20日在浙江天目山召开苏浙沪森林资源监督管理工作联席会议。总结2014年度森林资源监督管理工作进展，分析形势任务，提出下一步保护管理举措。二是6月29日在上海崇明首次召开了苏浙沪三省市野生动植物保护及疫源疫病监测防控工作交流会，搭建野生动植物保护及疫源疫病监测防控信息共享平台，提出加强保护管理工作意见和建议。三是深化完善“义务森林资源监督员”工作网络。分别在上海奉贤区、崇明县，江苏铜山区、东台市，浙江宁波市举办监督员聘用暨培训活动。10月29日在江苏东台举办三省市义务森林资源监督员工作交流座谈暨培训会议。总结交流各地试点工作经验及存在问题和对策建议，相互学习、取长补短，提高监督员的履职水平和监督成效。“义务森林资源监督员制度”逐步走向成熟和完善。同时，这些创新性的工作举措，得到了国家林业局的肯定，2015年《中国绿色时报》《东方城乡报》《宁波日报》《东台日报》等相继有10次对此进行报道宣传。其中，11月5日在《中国绿色时报》上刊发的“苏浙沪引社会力量助森林资源监管”引起了社会各界广泛的关注与肯定。

【濒危物种进出口管理】 围绕“目标明确、制度完善、运行规范、管理高效、监督有力”的总体要求，内强管理，外树形象，濒管各项工作扎实推进。

办证管理 开发“濒危物种进出口网上申报系统”及“打证传输系统”，牵头完成“办证统计分析系统”，在全国率先推出网上办证平台，方便企业办证申请，提高办事效率。全年核发《允许进出口证明书》14 403份，贸易额为17.05亿元，收取野生动植物进出口管理费1489.48万元；核发《物种证明》9940份，贸易额达33.05亿元。

宣传培训 一是在江苏南京禄口机场，浙江杭州萧山机场新设置了公约宣传展柜，实现了公约宣传在长三角地区四大国际机场的全覆盖。二是配合国家濒管办在上海木文化博物馆内建成国家濒管办濒危木材履约宣教培训基地。三是会同上海海关设计制作公约宣传录像，尝试在东航国际航班播放，实现公约宣传进机舱。四是配合当地海关和林业等部门开展“爱鸟周”“野生动物保护宣传月”“世界野生动物保护日”等主题宣传活动。五是联合杭州海关在义乌商贸城举办濒危物种保护大型广场宣传活动。六是在苏浙沪分别举办了4期履约管理培训班，参训人数达400余人。同时，促成了三省市部门间CITES执法工作协调小组各成员单位将野生动植物保护管理培训内容纳入到本单位本系统的培训计划。专员办做到及时跟进、上门授课，开展互动培训，收到了良好的培训、宣传效果。

协调合作 一是分别在三省市召开了部门间CITES执法工作协调小组工作联席会议，开展工作对接。二是配合国家开展“眼镜蛇”专项打击行动，积极协调推进区域内各履约执法部门完成对重点口岸、重要区域的专项打击行动，得到上级表扬。三是组织开展联合执法检查行动。1月，组织浙江省部门间CITES履约执法协调小组成员单位，在杭州吴山路花鸟城、岳王路古玩市场等野生动植物经营场所，针对非法贸易开展专项清理打击行动。9月，在上海开展了为期一个月代号为“盘羊一号行动”的打击走私和非法经营利用野生动植物专项行动，共计查办刑事案件9起，打击犯罪团伙2个，处理违法犯罪人员10名，查获濒危动植物制品2000余件。相关信息被《中国绿色时报》予以报道。陈凤学副局长在专员办呈报的《“盘羊一号行动”总结报告》上批示：“盘羊一号行动搞得有声有色、组织得当、措施得力、成效显著。望进一步总结经验，加强部门间协调配合，开创履约执法工作新局面”。四是组织上海野生动植物鉴定中心和国家林业局华东木材及木制品质量监督检验中心等完成对海关野生动植物品鉴定工作。完成各类野生动植物种鉴定254批次，完成木材专业鉴定59批次，为口岸一线执法监管提供技术支撑。五是构建三省市履约执法信息共享平台。编印《苏浙沪履约执法动态》，共享信息、交流经验、推动工作。

后续管理 一是开展许可检查，规范企业经营行为。核查物种26种，检查企业136家，核查《允许进出口证明书》《物种证明》共计763份，对企业少缴管理费等问题开展专项整改。二是开展监测评估。对两爬类等物种开展监测评估，数据的获取、录入、上报及时准确，成效突出。浙江省区域内的两爬类监测工作得到国家濒管办的表扬。三是企业信誉评估工作扎实推进，企业诚信体系逐步形成。12月，召开了企业信誉评估工作年度总结会，对成绩突出的予以表扬。

服务上海自贸区国家战略 积极参与上海市国际贸易单一窗口建设，承担并完成了上海自贸区野生动植物进出口监管政策课题研究任务，出台《上海自贸区野生动植物进出口许可改革措施的实施办法》，编制《上海自贸区野生动植物进出口简政放权政策指南》。其中，“创新机制服务自贸区建设”得到了上海市有关部门的肯定，《中国绿色时报》也予以报道、宣传。根据企业需求，主动压缩办证时间，对东南亚进口木材办理《物种证明》实施3个工作日办结，为合法贸易鲜活物种开通绿色通道，得到相关部门和企业的肯定与赞扬。

【机关党的建设】 始终以围绕中心抓党建，抓好党建促发展的工作思路，落实全面从严治党要求，突出党要管党，进一步落实机关党建工作责任；突出思想建党，进一步强化机关思想政治建设；突出制度治党，进一步激发基层党组织活力；突出正风肃纪，进一步推进机关党风廉政建设；突出党群共建，进一步打造文明和谐机关，努力开创机关党建工作新局面。

以学习十八届五中全会和习近平总书记系列重要讲话精神为动力，夯实全面从严治党基础；以开展“三严三实”专题教育为载体，着力提升全面从严治党水平；以落实《国家林业局直属机关2015年党建工作要点》和上海市级机关工委年度“2+4”工作为重点，扎实推进机关党建工作，切实提高全面从严治党成效；以贯彻《条例》为遵循，努力营造全面从严治党环境；以贯彻《实施方案》为契机，完善《党建工作责任制》，认真落实全面从严治党要求；以贯彻《“两个责任”实施意见》为抓手，严格落实全面从严治党责任。

【林业大事】

1月23日 在华东师范大学组织召开上海市部门间CITES执法工作协调小组第二次联席会议。协调小组成员单位的有关领导出席了会议，上海市高级人民法院、人民检察院、司法局派员列席了会议，国家濒管办巡视员周亚非等莅临指导，专员王希玲、副专员李军、副巡视员万自明参加会议。

1月23日 会同浙江省林业厅和工商局，对杭州市岳王路、吴山广场等古玩市场共同开展了一次打击清理违法野生动植物贸易活动联合执法活动。

2月15日 向苏浙沪三省市提交《2014年度森林资源监督报告》，并得到了三省市人民政府领导的高度重视和相关批示。

3月3～5日 副专员李军和江苏省林业局局长夏春胜带队赴江苏省南京市溧水区、宿迁市沭阳县对国家林业局通知要求整改的溧水区林地管理存在问题和沭阳县林木采伐管理存在问题进行现地督查督办。

4月1日 与上海市林业局在上海市奉贤区联合举办上海市首期义务森林资源监督员聘任仪式暨培训班。李军副专员、上海市林业局副局长蔡友铭出席了聘任仪式暨培训班并讲话，万自明副巡视员主持会议。

4月10～13日 副专员李军带队对江苏省南京市高淳区、常州市溧阳市、苏州市吴中区的春季森林防火暨春季野生动物保护执法与疫源疫病监测防控工作开展专项监督检查。江苏省林业局副局长卢兆庆及相关处室负责人协助并参加了本次检查。

4月14日 在江苏南京组织召开江苏省部门间CITES执法工作协调小组第二次联席会议，协调小组成员单位派员出席会议，国家林业局森林公安司法鉴定中心主任黄群等专家应邀参会，副巡视员万自明、江苏省林业局副局长葛明宏等领导出席会议。

4月15日 副巡视员万自明带队前往南京森林警察学院开展业务交流，专门就濒危野生动植物种鉴定工作和罚没标本存放等事宜展开研讨。南京森林警察学院院长张高文、副书记李明参加座谈。

4月20日 在浙江省天目山召开2015年苏浙沪三省市森林资源管理工作联席会议。国家林业局资源司副司长徐济德，副专员李军、副巡视员万自明和三省市林业厅(局)分管领导出席会议。

5月14～15日 副专员李军带队赴浙江省湖州市德清、长兴等地，围绕国有林场、林区改革进行调研、座谈。同时，结合调研，开展了野生动物保护执法及疫源疫病监测防控专项监督检查。

6月29～30日 在上海崇明召开2015年苏浙沪野生动植物保护及疫源疫病监测防控工作交流会议。国家林业局保护司总工程师严旬，副专员李军，上海市林业局副局长顾晓君等参加了会议。

6月30日 上海国际贸易单一窗口1.0版全面上线运行，濒危野生动植物进出口办事项目是上海单一窗口平台中的重要办事载体之一。国家濒管办上海办事处万自明副巡视员出席启动仪式。

7月6～10日 副专员李军带队对江苏省宿迁市宿豫区、扬州市江都区2014年度保护发展森林资源目标责任制建立和执行情况进行了检查。

8月4～7日 副专员李军带队对浙江省金华市东阳市、杭州市富阳区2014年度保护发展森林资源目标责任制建立和执行情况进行了检查。

8月25～28日 尼泊尔CITES机构负责人Diwakar Prasad Chapagain先生前来上海开展濒管业务交流。国家濒管办常务副主任孟宪林，专员王希玲、副专员李军、副巡视员万自明陪同座谈。

8月27日 在铜仁路办公地召开资源管理工作座谈会，与上海市林业局就当前加强林业工作进行深入交流和座谈。专员王希玲、副专员李军及相关处室负责人，上海市林业局副局长顾晓君、林业处负责人参加了会议。

9月10日 与浙江省林业厅在宁波联合举行宁波市义务森林资源监督员聘用仪式暨培训班。专员王希玲、副专员李军，浙江省林业厅副巡视员王章明，宁波市政府副市长林静国，宁波市林业局局长黄辉、副局长邵必文出席会议。

9月 在上海市成功组织开展了为期1个月的严厉打击非法猎捕、经营利用和走私野生动植物专项行动——“盘羊一号行动”。共查处刑事案件9起，打击犯罪团伙2个，处理违法犯罪人员10名，查获包括缅甸星龟在内的活体野生动植物240只(株)，象牙、穿山甲鳞片、沉香等濒危动植物制品2000余件。

10月29日 国内建立的首家以保护珍稀濒危木材为主题的宣教培训基地——国家濒管办濒危木材履约宣教培训基地在上海木文化博物馆建成开放。国家林业局副局长陈凤学，国际合作司司长苏春雨，国家濒管办常务副主任孟宪林，上海市林业局副局长顾晓君，王希玲专员、万自明副巡视员等出席揭牌仪式。

10月29～30日 在江苏省东台市召开了2015年苏浙沪义务森林资源监督员工作交流座谈暨培训会议。李军副专员、江苏省林业局卢兆庆副局长出席会议并讲话。

12月1～4日 副专员李军带队对江苏省高邮市、东海县、沛县开展了秋冬季森林防火暨候鸟等野生动物保护执法及疫源疫病监测防控工作专项监督检查。

12月23日 联合江苏省林业局和南京海关在南京禄口国际机场T2航站楼国际出发大厅共同启用濒危物种实物宣传展柜。万自明副巡视员出席启用仪式并讲话。

(上海专员办由沈影峰供稿)

北京专员办(濒管办)工作

【综　述】 2015年，北京专员办(濒管办)在局党组的领导和相关司局的支持下，经过全办同志的共同努力，以全面围绕“抓班子、带队伍，建规矩、守底线”的工作方针，强化理论抓党建，坚守职责抓业务，规范运转抓制度，强化监督抓廉洁，认真贯彻中央和局党组的决策部署，较好地完成了各项工作任务。

【“三严三实”专题教育】 一是班子成员讲党课。专门成立了学习领导小组，制订了《“三严三实”专题教育的实施方案》，将“三严三实”专题教育工作由处级以上干部扩展到全办党员干部。办党组书记苏祖云和党组成员钱能志分别给全体党员干部讲党课。二是组织专题党日活动。为激励全体党员继承和发扬中国共产党的优良传统和作风，加强党性修养，坚定理想信念，树立正确的世界观、人生观、价值观，办党组以建党94周年为契机，组织全办党员干部赴河北省保定市爱国主义教育基地狼牙山和北京卢沟桥抗日战争纪念馆接受了革命传统教育。四是开展3个专题学习研讨。

【政治学习】 一是抓好理论学习。办班子成员为全办干部职工上党课两次，全办集中组织理论学习11次，开展专题研讨3次。领导干部讲党课、普通党员谈认识等已形成一种常态化的理论学习机制。二是抓好学习型机关建设。在培训学习干部的层面上注重做到全覆盖不留死角，参加国家林业局组织的党员领导干部和公务员培训班，全办干部在五年内完成轮训的目标，既突出了重点，又尊重了客观；制订周密的学习计划，严格保障学习时间。坚持周五学习制度，办领导在安排工作时，基本保障不挤占周五下午学习时间；坚持学习方式、方法的多样化。坚持脱产学习与自主学习相结合，进一步强化以在职学习为主的培训方式。着力把学习成果转化到工作实践中去，做到学以致用。

【贯彻局党组决策部署，推进各项业务工作】

编制年度森林资源监督通报 按照中编办赋予监督机构职能的要求，在对北京市、天津市、河北省和山西省森林资源保护管理情况开展的一系列监督、检查、调研等工作的基础上，于2015年初分别向四省市人民政府提交该省的《2015年度森林资源监督通报》，报告对四省市的森林资源工作进行了客观的分析和评价，在肯定成绩的同时，也指出了存在的问题，并提出了工作建议和意见。特别是在各监督区存在的问题上狠下功夫。在4月召开的四省市森林资源监督联席会上，重点对问题的整改落实情况予以督办，促进监督区森林资源保护工作的和谐发展。

督查督办涉林案件 2015年，共督查督办涉林案件70起，共处理违法违纪人员103人，罚款515.36万元，收回林地9.75公顷。重点督办国家林业局通报的挂牌案件，如河北省阜平县宇晖商贸有限公司建设综合性煤炭工业园区违法占用林地案件，办领导班子做出“抓紧掌握情况，加强监督”的批示，并与河北省林业厅组成工作组，督导保定市人民政府查办。经查处，该案主要责任人被判处有期徒刑，并处罚金10万元；对违法单位罚款272.1万元，责令按程序补办完善占用林地审批手续，并征收其植被恢复费254.94万元，8名相关单位责任人受到行政处分。

监督区县级保护发展森林资源目标责任制检查 按照国家林业局下达的年度目标责任制检查任务和检查要求，专员办通过听取政府工作汇报、认真查阅文件资料、深入开展现地检查、广泛开展社会调查、原汁原味反馈检查结果等工作方法，先后对北京市、天津市、河北省、山西省的8个县保护发展森林资源目标责任制建立和执行情况开展检查。共召开座谈会8次，深入乡镇村32个，查阅档案资料400余份，征求意见56余人。按照《检查方案》的评分标准，评定出优秀县2名，合格县6名，对检查中发现的问题向县政府领导进行通报并督促整改。

依法使用林地 根据国家林业局的统一部署，共监督检查占用征收林地行政许可项目10个。对于发现的问题，专员办积极协调省市林业主管部门进行查处。通过对占用征收林地行政许可监督检查，督促地方林业行政主管部门整改了一批突出问题，宣传了林地保护的法律法规，强化了地方、企业依法使用林地的意识。

非法侵占林地清理排查专项行动 按照《国家林业局关于开展非法侵占林地清理排查专项行动的通知》要求，从2014年11月开始，专员办联合北京、天津、河北和山西四省（市）开展了非法侵占林地清理排查专项行动。通过督查，发现有些地方政府对专项行动不重视，排查结果不实，虚报、瞒报、漏报以及应付、敷衍专项行动等现象比较严重。为此，专员办采取卫片比对、暗访和抽查等多种技术手段，并联合、督促四省（市）林业厅（局），监督专项行动的排查过程，推动专项行动的深入发展，确保专项行动排查到位。期间，四省市共清理排查非法侵占林地案件2488起，查出非法侵占林地面积5342.25公顷。专员办与山西、河北、北京三省（市）共同挂牌督办案件27起，在依法追究犯罪嫌疑人刑事责任的同时，依法依纪对几十名地方政府、相关单位的负责人进行了问责。

创新建立多项监督工作制度 结合监督区实际，先后研究探讨多项监督工作机制，创新建立了森林资源监督约谈制度和联合办案等工作制度。特别是为加强天津市保护发展森林资源管理力度，补充、完善森林资源监督机制，专员办和天津市林业局联合制订了《天津市森林资源保护管理义务监督员管理办法》，于12月正式聘请了27名森林资源义务监督员，并对其开展了相关法律法规的培训。组建森林资源义务监督员队伍，是对监督机构工作力量的补充，能够增进各级林业主管部门和热爱森林资源保护事业人士的工作信息交流，加大发现非法侵占、破坏林地、林木和野生动植物、湿地资源情况机会，促进形成保护森林资源、保护生态的良好风尚。

调研工作 在完成各项监督任务的同时，加大调研力度，对监督区林权证核发与管理、森林资源保护发展目标责任制建立执行、森林资源档案管理、森林资源保护管理存在困难和问题、“林地保护利用规划”编制及区县政府审批情况、“十二五”期间征占用林地定额审批执行及后续监管情况、林木采伐限额使用管理及采伐审批情况以及对专员办工作建议等进行了调研，进一步了解掌握四省（市）森林资源工作管理现状，为今后监督工作明确了重点，也为国家林业局制定政策和监督区林业发展建设提供了依据。

濒危物种进出口管理工作 一是为进一步简化行政许可流程，提高办证效率，更好地服务企业，1月1日正式开通了证书网上办理。全年办理各类证书4325件。其中：核发证明书2918份，审批物种证明1407份。二是完成年度野生动植物进出口行政许可监督检查和大宗及敏感物种监测评估工作。

CITES履约执法部门协同合作 一是组织召开了“京、津、冀、晋CITES履约执法协调小组”联席会，就多部门联合开展打击走私濒危动植物专项执法活动进行了研究部署。二是会同中华人民共和国濒危物种科学委员会等鉴定部门，协助海关共查获走私案件43起，向司法机关提供价值证明30份。三是开展对海关等部门执法人员业务培训。四是联合北京海关、国际野生生物保护学会举办“保护濒危物种 我们在行动!”主题宣传活动。

天津自贸区试验野生动植物进出口管理制度创新调研 根据《国家濒管办关于开展自由贸易试验区野生动植物进出口管理制度创新调研工作的函》精神，专员办联系接洽天津海关、野生动植物及自由贸易区试验区主管部门，重点围绕促进贸易便利化和提高事中事后监管效能，就推进自由贸易试验区野生动植物进出口管理制度创新的政策需求开展专项调研。

【林业大事】

1月15日 副专员钱能志带队到北京市园林绿化局，同市局领导及相关处室座谈，听取北京市2014年森林资源管理情况通报。

1月16日 专员苏祖云、副专员钱能志出席北京市人民政府“清理排查非法侵占林地专项行动再动员、再部署”会议。

1月21~25日 专员苏祖云、副专员钱能志分别带领督导组，对山西吕梁市的方山县、中阳县清理排查非法侵占林地情况进行实地督查。

1月25~26日 副专员钱能志带队赴山西灵石县，就该县两渡镇太西村存在耕地毁青种树骗补问题进行调查。

1月28日 副专员钱能志带队到密云县古北水镇督办“冰雪大世界”非法侵占林地案。

2月10日 专员苏祖云听取北京市大兴区野生动物园使用林地等相关情况汇报。

3月11~12日 专员苏祖云主持北京、天津、河北、山西4省(市)林业厅(局)清理排查非法侵占林地专项行动工作会议。国家林业局资源司(监督办)副主任张松丹听取了河北省林业厅的汇报并作指示。

3月20日 副专员钱能志出席北京市清理非法侵占林地专项行动查处、问责阶段工作部署会。

5月25~29日 副专员钱能志带领联合督查组，对山西省古县、襄垣县清理排查非法侵占林地专项行动及查处问责情况进行督查。

6月2日 副专员钱能志带队检查北京市怀柔区专项行动情况。

6月10日 与京、津、冀、晋4省(市)林业厅(局)第三次联席会议在山西晋城市召开。苏祖云专员、国家林业局森林资源监督办公室邹连顺副主任出席会议并讲话。

6月30日至7月2日 国家濒管办副主任周志华一行3人，检查指导北京办事处濒危物种进出口管理业务工作。

7月6~20日 完成山西省平定县、乡宁县、泽州县目标责任制检查及山西省吉县至河津高速公路、山西省长治至临汾公路征占用林地许可检查工作。

7月7日 副专员钱能志带队检查北京市房山区保护发展森林资源目标责任制建立和执行情况。

7月12~16日 副专员钱能志带队赴河北省宽城满族自治县，开展2014年度保护发展森林资目标责任制建立和执行情况的检查。

7月15日 专员苏祖云主持召开专题会议，听取山西省吕梁市人民政府关于清理排查非法侵占林地案件查处问责情况汇报。

9月6~15日 完成国电山西沁源太岳山25万千瓦风电项目、中煤平朔集团有限公司安太堡露天煤矿采掘区续建以及山西燃气集团有限公司太原－离石煤层输气管道工程征占用林地检查工作。

10月13日 专员苏祖云主持召开全办干部会议，对钱能志试用期满转正进行民主测评；换届选举办党总支委员会；研究部署相关工作。

10月28~29日 专员苏祖云带领有关业务处室，对河北省张家口市森林资源保护与发展工作进行调研；实地考察了崇礼县和涿鹿县林区。

11月3~4日 副专员钱能志陪同国家濒管办马爱国副主任对天津自贸区相关情况开展调研。

11月10日 北京专员办、国家林业局经研中心、北京林业大学组成课题组，开展京津冀一体化生态安全战略研究课题调研。

11月18日 专员苏祖云及有关业务处室负责人听取了山西省林业厅、吕梁市及方山、中阳两县政府关于吕梁市非法侵占林地清理排查专项行动整改问责情况的专题汇报。

12月10日 与天津市林业局联合举办了天津市森林资源义务监督员聘用仪式暨培训班。专员苏祖云、天津市林业局副局长齐龙云出席并讲话。

12月14~15日 京、津、冀、晋4省(市)2015年CITES履约执法协调小组联席会议暨业务培训班在天津静海召开。钱能志副专员出席并讲话。国家濒管办、北京海关及濒科委专家授课。

(北京专员办由于伯康供稿)

林业社会团体

26

中国林学会

【综　述】 2015 年，中国林学会在学术交流、决策咨询、人才举荐、科技奖励、技术服务、国际合作、期刊编辑等方面都取得了新进展。2015 年荣获全国优秀科技社团称号，进入“全国科技社团 50 强”，将连续三年每年获得 100 万元以奖代补资金；成功获得中国科协学科发展群引领项目 100 万元资助；荣获全国科普工作优秀单位称号；主办期刊《林业科学》连续进入“百强精品期刊”；“梁希科学技术奖”获考评为优秀；各方面对学会的支持力度加大，学会总到位经费比 2014 年增长 36%，其中从中国科协争取到的经费增长 258%。

学会建设　研究起草《中国林学会“十三五”发展规划》，并召开座谈会征求国家林业局和中国科协有关领导专家的意见。积极争取政府转移职能，研究提交了学会拟承接政府转移职能报告及清单，稳步推进学会运行机制改革，制订《处室量化目标责任考核办法》《财务管理规定》等多项制度。新成立的林下经济、珍贵树种、古树名木和杉木 4 个分会开展了活动，加强分支机构管理和省级学会业务指导。初步完成学会网站改版升级的重建工作，基本完成会员管理系统的网站开发，申请开通中国林学会、中国林下经济、林业科学等微信公众号，建成并运行林业科普信息化综合服务平台，基本完成学会数字化档案库建设。

国内主要学术会议　2015 年学会及各分会共举办综合性和专题性国内学术交流 48 次，参会人数达 7200 余人，交流论文 4000 余篇。港澳台地区学术会议 1 次，参会人员 100 余人，交流论文 42 篇。8 月成功举办“2015 两岸林业论坛”，服务对台工作，密切两岸林业关系，建立了两岸定期轮流举办论坛的交流机制，得到局领导的批示。组织全国森林培育学术研讨会、第十一届中国竹业学术大会、竹业创新发展与“一带一路”建设高层学术研讨会等有重大影响的学术会议，促进了学科建设和生态林业民生林业发展。重点学科交流活跃。树木木材形成分子基础学术研讨会、预防与控制生物灾害分析研讨会，造林学、树木学、生态学、森林昆虫、森林病理、森林公园、银杏等分支机构结合学科发展前沿和重点领域召开学术年会。举办中国林业青年科技创新学术研讨会，为林业青年科技工作者搭建了综合性、高层次、多学科的学术交流平台。围绕林下经济、珍贵树种、古树名木等举办的天然林保护与林下经济发展学术论坛、珍贵树种分会成立大会暨首届中国珍贵树种学术研讨会、中国林下经济发展高端论坛等活动，促进了新兴领域的发展。

国际学术会议与交往　2015 年学会举办境内国际交流 3 次，参加人数 100 余人，境外专家学者 60 余人，交流论文 120 篇。与国际林联联合主办国际桉树大会，近百名外国专家来华参会。这是国际林联在中国首次召开的桉树国际学术大会。国际林联主席会后专门写信给赵树丛理事长，充分肯定该会的圆满成功和为推进桉树的发展发挥的重要的作用，并希望今后要紧密与学会的合作。与德国专家合作开展天然林示范区栎类经营示范项目，邀请德国、法国专家一行对陕西丹凤县和甘肃小陇山栎类资源与经营进行调研，在此基础上召开中国天然林示范区栎类经营讨论会。执行中澳林业交流项目，组团出席澳大利亚新西兰林学会 2015 年年会。启动“两岸林业交流与合作趋势及机制研究项目”。完成中国科协资助国际组织任职项目。

科普活动　2015 年学会及各分会举办科普宣讲活动 78 次，受众人数达 14 900 人次，参加活动的科技人员 325 人，其中专家 269 人。主要完成《梁希》话剧剧本的编写，通过文艺的方式再现梁希先生光辉的一生，迎接学会百年诞辰。2015 年 10 月召开梁希话剧剧本座谈会，林业系统和艺术界的近 30 名领导、专家为剧本的编写提出了宝贵的意见和建议。初步建成了林业科学传播公众服务平台，初期包括“梁希科普奖申报评奖系统”“全国林业科普基地管理与服务信息系统”、会议管理信息系统，林学夏令营、梁希科普奖展示、王康聊植物、全国林业科普基地展示等板块。举办第 31 届林学会夏令营即青少年沙漠林业科学实践活动，开展定向越野活动，央视少儿频道、《中国绿色时报》《少年科学画报》等新闻媒体全程拍摄报道，央视少儿频道制作的四期节目陆续于 11 月在央视播出。举办中小学生植物识别越野赛，开展青少年八达岭森林体验科普活动。组建全国科普教育基地（林业）联盟，开展相关培训和观摩活动。

决策咨询　学会 2015 年全年提供决策咨询报告 14 篇，举办决策咨询活动 9 次，参加活动专家人数约 450 人。反映科技工作者建议 5 条，其中获得上级领导批示 3 条。主要举办现代林业高层论坛，与会领导和专家围绕“十三五”林业改革发展出谋献策。启动中国林业智库建设，学会作为发起人和依托单位，联合国家林业局经济发展研究中心等单位作为共同发起和核心支持单位。首批专家团队由林业、农业、环境、水利、生态领域的 14 位院士和 50 多位专家组成。编辑 5 期《林业专家建议》专刊。相关建议先后得到国家领导人和局领导批示。组成由唐守正等 3 名院士参加的专家咨询组，组织开展天然林全面保育的科学内涵、风险与对策研究项目调研及桉树发展对策研究。承担中国科协学会改革创新和能力建设交流与研究项目，完成中国科协科技工作者状况调查工作，并获好评。

学术期刊　学会主办期刊——《林业科学》全年收稿 873 篇，发稿 248 篇。2015 年再次入选中国科协全国精品期刊项目，获得 15 万元奖励。2015 年 12 月获通知自 2016 年 1 月起《林业科学》被 Ei Compendex 数据库收录。召开《林业科学》创刊 60 周年纪念座谈会、第五届全国林业科技期刊发展座谈会。与福建农林大学合办《森林与环境学报》工作，为林业科技增添新的创新平台。携手中国绿化基金会，率先开展科技期刊绿色公益活动，支持“幸福家园——西部绿化行动”生态公益项目。即《林业科学》每接收一篇论文，编辑部将向中国绿化基金会捐赠5元，用于支持“幸福家园——西部绿化行动”生态公益项目。

学科发展研究 完成《林学名词(第二版)》编写，组织由院士领衔、跨界别30多位专家参加的《农林复合经营与林下经济》学科研究。编写《2015年度中国林业优秀学术报告》，启动2015年学科发展进展研究，圆满完成中国科协绿皮书等重点任务。

表彰举荐优秀科技工作者 首次组织开展林业系统两院院士候选人的评选推荐工作，成功推荐6名候选人。组织开展第六届梁希林业科学技术奖、第五届梁希优秀学子奖、第五届梁希科普奖、第十三届林业青年科技奖评选及第十四届中国青年科技奖推荐工作，共表彰项目(作品)80项，个人65人。组织实施中国科协青年人才托举工程，选拔3名重点培养对象，制订培养方案。与光明日报社联合开展“森林中国·2015中国生态英雄”评选活动，评选出10名“中国生态英雄”。参加国家科技奖励工作办公室社会力量设奖第三方评价。

实施创新助力工程 作为中国科协创新助力工程试点学会之一，组织专家下基层，攻克技术难题，开展试验示范，在木材加工、速丰林生产、经济林、珍贵树种培育等领域开展示范推广。与云南、福建、浙江等省对接，签署木材干燥等10项合作意向。在宁波建立“中国林学会宁波服务站”，在宁夏石嘴山、贵州丹寨县等地开展科技服务工作，签订科技服务协议。针对当前实践中林下经济的快速发展，成立林下经济创新团队，积极开展学科集群研究，与东北林业大学联合成立协同创新中心，举办第二届中国林下经济发展高端论坛、林农复合经营与林下经济发展学术研讨会等学术交流活动，并组织团队成员赴新疆、浙江、黑龙江等地开展专题调研。注重梁希奖技术成果的转化，推广先进实用技术。积极参加第8届中国义乌国际森林产品博览会。组织开展科技援疆工作，确定在特色林果产业发展、沙漠绿洲开发、人才培养等方面开展科技推广服务。

【2015两岸林业论坛】 8月7日，“2015两岸林业论坛”在黑龙江省哈尔滨市举办。中国林学会理事长赵树丛、台湾两岸渔业合作发展基金会董事长沙志一分别在论坛开幕式上致词。来自海峡两岸的近90名专家学者围绕“林业发展与生态文明”主题进行深入探讨。

本届论坛由中国林学会、中华林学会联合发起主办。赵树丛理事长和沙志一董事长致词。中国林学常务理事封加平在论坛上作题为《保护天然林与维护生态安全》的主旨报告，中华林学会黄丽萍代表中华林学会顾问李桃生作主旨报告。论坛期间，来自中国林学会、中国林业经济学会、中国生态文化协会、东北林业大学、浙江农林大学、昆明勘察设计院以及台湾林业试验所、台湾大学等单位的专家，围绕林业改革与民生、绿色发展与生态文化、生态保护技术与政策3项议题进行了广泛的交流和互动。

会前，台湾参会代表实地考察了黑龙江及内蒙古重点国有林区、湿地保护、森林旅游、林下经济、林产工业等情况。

【2015现代林业发展高层论坛】 于11月26日在北京召开。本届论坛由中国林学会主办。论坛主题为：新常态新路径：“十三五”林业新发展。国家林业局党组书记、局长张建龙，中央财经领导小组办公室副主任、农村工作领导小组办公室副主任韩俊，全国绿化委员会副主任、中国林学会理事长赵树丛，中国科协书记处书记、党组成员王春法，国家林业局党组成员、副局长彭有冬，国家林业局党组成员、人事司司长谭光明等领导出席论坛。论坛开幕式由中国林学会副理事长兼秘书长陈幸良主持。

张建龙局长介绍了中国林业发展的形势和任务以及“十三五”时期中国林业改革发展的重点工作，并指出加快推进林业现代化建设，不断提升林业发展水平，要重点抓好5个方面的工作：一是着力推进改革创新；二是着力加强生态保护；三是着力加快国土绿化；四是着力提升质量效益；五是着力夯实基础保障。韩俊副主任强调，十八届五中全会提出要树立新的发展理念，即树立创新、协调、绿色、开放、共享的发展理念。赵树丛理事长作报告，指出在十八届五中全会提出的“五大新理念”为“十三五”林业新发展拓展了新空间、丰富了新内涵。王春法书记充分肯定了中国林学会近年来取得的成绩，希望中国林学会在新形势下，关注世界林业科学发展前沿和技术发展趋势，关注国家重点发展领域和难点问题，关注林业科技工作者的学术需求，以丰富多彩的学术交流活动吸引科技工作者、成就科技工作者。

中国科学院院士傅伯杰、清华大学国情研究院院长胡鞍钢、北京大学国家发展研究院副院长徐晋涛、北京大学中国持续发展研究中心主任叶文虎、国务院发展研究中心社会发展部室主任周宏春、中国林学会副理事长兼秘书长陈幸良、北京林业大学校长宋维明等专家分别作特邀报告和专题报告。与会代表围绕论坛主题，针对国家林业“十三五”发展规划，研究探讨绿色发展和生态建设中的重点问题，提出促进林业治理体系和治理能力现代化的新路径、新举措。

论坛开幕式还颁发了第六届梁希林业科学技术奖和第五届梁希科普奖，并举行了中国林业智库建设启动仪式。与会代表及媒体记者250多人参加论坛。

【桉树国际学术研讨会】 10月21日，2015桉树国际学术研讨会在广东省湛江市开幕，主题为“科学栽培与绿色发展：可持续的桉树商品林”。本次会议由国际林业研究组织联合会(IUFRO)发起，中国林学会和中国林科院联合主办。这是国际林联在中国首次召开的桉树国际学术大会。开幕式由国家林业局副局长、中国林学会副理事长彭有冬主持，全国绿化委员会副主任、中国林学会理事长赵树丛和国际林联主席迈克·温菲尔德分别致辞。

本次会议围绕桉树商品林可持续发展设置了生态与社会效益评价、遗传育种及良种繁育新技术、栽培和经营管理、森林健康4个议题，中外专家学者在为期4天的研讨会上作5个主旨报告和56个专题报告，就桉树培育、产业发展问题进行广泛研讨和深入交流，分享国际桉树研究的最新成果。

会上，中国绿化基金会祁述雄桉树基金颁发了“2015年中国桉树发展突出贡献奖”，董汉明、徐大平等7人获奖。会议收到论文118篇，5个企业展示了新技术和新产品。会议期间，与会代表参观了斯道拉恩索广西公司经营的桉树新技术示范林。会后部分代表还参加了桉树经营培训。来自24个国家的桉树培育、经营和加工利用领域的专家学者及管理者360余人参加会议。

【中国林业智库建设】 11月26日，在2015现代林业发展高层论坛开幕式上，中国林业智库建设正式启动。该智库由中国林学会作为发起人和依托单位，国家林业局经济发展研究中心、中国林业科学研究院、北京林业大学、国家林业科学数据中心、国家林业局调查规划设计院、北京中广群星至盛文化传播有限公司等作为共同发起和核心支持单位，共同建设中国特色新型林业智库。

启动仪式上，中国林学会副理事长兼秘书长陈幸良与各共同发起单位领导叶智、宋维明、刘国强、戴广翠、张成城共同按下启动球，宣布中国林业智库组建正式启动。

中国林业智库着力构建决策咨询理论政策研究平台、技术服务创新驱动平台、科技评价公共服务平台、信息数据集成共享平台、生态文化传播教育平台(生态公益子智库)5个工作平台。围绕国家和地方林业改革发展中的重点难点问题，开展有针对性的调查研究；围绕科技成果转化提供咨询服务、技术支持和技术培训；发挥科技社团在科技评价中独立第三方的作用，建立科学、完整的评估技术体系，开展事前、事中及事后论证与评估，提供专项咨询建议；运用现代信息技术，整合、挖掘、加工与集成现有林业科技信息，建成综合、全面、权威的林业科技信息共享平台；致力生态文化的宣传与普及，大力传播普及生态文明理念和生态文化知识，为提高全社会生态保护意识、生态文明意识和绿色发展意识提供强有力的理论和实践支持；定期编辑《林业专家建议》，目前已报送10期，多期得到局领导的重要批示。首批专家团队由林业、农业、环境、水利、生态领域的14位院士和50多名知名、资深专家组成，为建设生态文明和美丽中国提供智力支撑。

【《林业科学》创刊60周年纪念座谈会】 7月21日，《林业科学》创刊60周年纪念座谈会在北京召开。全国绿化委员会副主任、中国林学会理事长赵树丛，全国政协人口资源环境委员会副主任、中国林学会名誉理事长江泽慧，中国科协常委、书记处书记王春法，国家林业局党组成员、中国林学会副理事长彭有冬，中国工程院原副院长、《林业科学》原主编沈国舫，国家林业局党组成员、中国林学会副理事长谭光明，中国林学会副理事长、《林业科学》主编尹伟伦等出席会议。座谈会由彭有冬主持。

中国科协学会学术部、国家林业局有关司局和直属单位的负责人，在京有关林业科研、教学单位的代表，《林业科学》编委、作者、审稿人和兄弟期刊代表，以及《光明日报》《中国绿色时报》等新闻单位的记者共100人参加了会议。

会上，赵树丛理事长向第十届《林业科学》编委会名誉主任江泽慧、名誉主编沈国舫、主编尹伟伦颁发了聘书。作者代表、审稿人代表、兄弟期刊代表在会上发言。

【话剧《梁希》剧本座谈会】 10月30日，话剧《梁希》剧本座谈会在北京举行。围绕《梁希》剧本修改、话剧编排等主题，多位戏剧界艺术家和梁希史料研究专家提出意见。全国绿化委员会副主任、中国林学会理事长赵树丛，国家林业局副局长、中国林学会副理事长彭有冬在座谈会上讲话。话剧《梁希》的编剧为中央电视台戏曲音乐部导演何颖哲，学会与央视戏曲频道编导合作，经过无数次的研讨，实地采风，人物专访，初步编成了120分钟的话剧剧本。

【第十一届中国竹业学术大会】 10月21~23日，第十一届中国竹业学术大会在湖南省桃江县召开。会议由中国林学会、湖南省桃江县人民政府联合主办，中国林学会竹子分会、中国林科院亚热带林业研究所、桃江县林业局、湖南省林科院竹类研究所共同承办。中国林学会竹子分会主任委员、浙江省政协农业与农村工作委员会主任楼国华，中国林学会副秘书长刘合胜，桃江县委副书记、县长何军田，中国林科院亚热带林业研究所所长王浩杰等有关领导出席会议并讲话。会议代表和特邀嘉宾共计270余人参加了会议。会议开幕式由中国林学会竹子分会副主任委员、浙江省林业厅总工蓝晓光主持。

中国林科院木材工业研究所于文吉研究员、国家林业局竹子研究开发中心陈玉和研究员、浙江农林大学姜培坤教授分别作了特邀报告，另外来自湖南省林科院、台湾中研研究院农业生物科技研究中心、国际竹藤中心、中国林科院亚热带林业研究所、南京林业大学、丽水学院、浙江农林大学、湖南省吉祥天生物科技有限公司和四川省长宁县君竹竹木制品有限公司等单位的9位专家学者、企业家作了专题报告。

大会共收到竹子分子育种、生理、生态、栽培、加工以及竹文化、竹业生产与管理等领域学术论文86篇，其中34篇论文在大会上进行了交流。会议期间，代表实地考察了桃江县黄金塘省级楠竹丰产示范基地及湖南桃花江实业有限公司。

【2015中国林业青年科技创新学术研讨会】 7月22~24日，2015中国林业青年科技创新学术研讨会暨中国林学会青年工作委员会二届三次常委扩大会议在湖北省宜昌市召开。会议由中国林学会主办，中国林学会青年工作委员会、中国林科院森林生态环境与保护研究所、湖北省林学会联合承办。中国林学会第二届青年工作委员会主任委员、国家林业局速丰办副主任尹发权，北京林业大学副校长骆有庆等有关领导、专家以及来自科研、教学、管理和企业单位从事森林保护相关专业的120余名林业青年科技工作者参加研讨会。会议开幕式由中国林学会第二届青年工作委员会副主任委员、浙江省丽水市农科院院长金爱武主持。

国家林业局速丰办副主任尹发权，湖北省林学会副秘书长史玉虎，宜昌市林业局总工程师、宜昌市林学会理事长张惠琴作会议讲话与致辞。北京林业大学副校长骆有庆教授、林木遗传育种国家重点实验室主任卢孟柱研究员、中国农科院植物保护研究所陆宴辉研究员、中国林科院科技处尹昌君副处长分别作特邀报告。

会议组织的12个交流报告涉及树木抗病虫育种、古昆虫学、气候变化、外来有害生物、分子昆虫学、天敌昆虫、森林火灾等方面，覆盖面广，同时兼顾学科交叉，让与会者耳目一新。

【第十五届全国森林培育学术研讨会】 12月5~6日，第十五届全国森林培育学术研讨会在广州成功召开。会议由中国林学会造林分会主办，华南农业大学承办，广东省林学会、广州市林学会、广东省龙眼洞林场共同协办。中国工程院院士、北京林业大学教授沈国舫，国家林业局造林司司长王祝雄，中国林科院院长张守攻，华南农业大学校长陈晓阳，中国林学会学术部主任曾祥谓等领导出席会议并致辞。来自全国各林业高校、科研院所和有关企业等近300名代表参加了研讨会。大会开幕式由造林分会秘书长马履一主持。

开幕式上，中国工程院院士沈国舫为获得第五、第六届“沈国舫森林培育奖励基金”的人员颁发了证书和奖金。

会议期间，中国工程院院士沈国舫、国家林业局造林司司长王祝雄、中国林业科学研究院院长张守攻、北京林业大学教授翟明普、西北农林科技大学常务副校长赵忠、华南农业大学林学与风景园林学院院长李吉跃分别作了大会特邀报告。中国林科院林业所研究员张建国、西藏大学农牧学院教授赵垦田、北京林业大学教授马履一等20多位专家学者分别作学术报告。

本次研讨会以“森林培育与木材资源安全”为主题，围绕用材林生产力提高的理论与实践、木材战略储备基地建设实践、主要速生丰产林及珍贵用材树种培育理论与实践以及多功能森林培育的理论与实践等议题开展研讨。共有21位来自各高校、科研院所、基层单位的代表从种苗生产、造林技术、抚育技术、木材战略储备基地建设等方面介绍了各自最新的研究成果。

本次会议在与会代表充分讨论酝酿的基础上，提出《森林培育广州共识》，向政府和社会呼吁中国的木材资源安全必须依靠中国森林的高效培育来解决，无论是人工林还是天然林都需要科学的抚育经营等问题。

【中国林学会珍贵树种分会成立大会暨首届中国珍贵树种学术研讨会】 9月15~17日，中国林学会珍贵树种分会成立大会暨首届中国珍贵树种学术研讨会在广州召开。会议由中国林学会、中国林科院联合主办，中国林科院热带林业研究所、广东省林学会共同承办。中国林学会副理事长兼秘书长陈幸良、华南农业大学校长陈晓阳、中国林科院副院长孟平等有关领导出席会议并讲话。从事珍贵树种管理、科研、教学和生产实践的领导、专家、科技人员、企业家200余人参加会议。会议开幕式由华南农业大学校长陈晓阳主持。

会议期间，中国林科院热林所徐大平研究员、华南农业大学陈晓阳教授、南京林业大学方升佐教授、中国林科院林业研究所王军辉研究员分别作了报告。16位专家围绕珍贵树种主题作了专题报告，专家们从各自的研究领域出发，先后对20世纪中国热带珍贵树种研究发展回顾、崖柏(属)研究进展、国内外柚木资源现状与发展趋势、西南桦和红椎木材机械加工性能、特有濒危种血皮槭生长状况及遗传多样性分析、西南桦人工林修枝研究、西南桦、光皮桦优良无性系快速繁育与利用、黑木相思组培快繁与无性系选育、珍贵树种毛红椿天然群体遗传多样性取样策略研究等方面进行了论述。

会议期间召开中国林学会珍贵树种分会成立大会，选举产生中国林学会珍贵树种分会第一届委员会。成立大会由陈晓阳校长主持，徐大平所长宣读了中国林学会关于成立珍贵树种分会的批复。会议选举产生珍贵树种分会第一届委员会，徐大平研究员任分会第一届委员会主任委员，蔡道雄、陈晓阳、方升佐、吕建雄、王军辉任副主任委员，陆钊华任秘书长，曾祥谓任副秘书长，选举产生常务委员19人，委员25人。分会挂靠在中国林科院热带林业研究所。

【第三届中国(郯城)银杏节暨银杏产品交易会】 11月8~9日，第三届中国(郯城)银杏节暨银杏产品交易会在山东省郯城县举办。本届银杏节由中国林学会、山东省林业厅、临沂市人民政府主办，中国林学会银杏分会、临沂市林业局、郯城县人民政府承办。山东省政协副主席张传林，林业部原副部长刘于鹤，全国工商联副主席何俊明，中国林学会副理事长兼秘书长陈幸良，中国林学会副理事长、南京林业大学校长曹福亮，山东省政协副秘书长燕翔，山东省林业厅厅长刘均刚，山东省林业厅副巡视员李登开，临沂市委书记林峰海等出席开幕式。张传林、刘于鹤、何俊明、刘均刚、林峰海共同启动第三届中国(郯城)银杏节暨银杏产品交易会。陈幸良、李登开分别讲话。

开幕式上，刘均刚为“山东郯城国家银杏公园”授牌，马福义为“山东郯城省级花木交易市场”授牌，曹福亮为郯城银杏书画大赛获奖选手颁奖。与会领导参观了银杏产品交易会、银杏书画摄像展、银杏苗木交易会及郯城县银杏产业发展现场。

本届银杏节以“弘扬银杏文化，促进产业发展”为主题，突出文化内涵，彰显古郯文明与银杏文化的水乳交融。节会期间举行了全国第21次银杏学术研讨会、第三届中国(郯城)银杏产品交易会、第三届中国(郯城)银杏苗木交易会、产业招商大会、银杏文化与民俗展、银杏美食展等一系列活动，是一次集产品展示、信息交流、文化旅游、招商引资于一体的经济盛会。

【中国天然林示范区栎类经营讨论会】 11月3日，学会和国家林业局天然林保护工程管理中心在北京举办中国天然林示范区栎类经营讨论会。会上，来自德国、法国的多位栎类经营专家和国内关注天然林保护及栎类资源经营的专家学者们进行了深入交流。专家们一致认为，重视、保护和发展中国的栎类这一优势资源势在必行。

在此讨论会之前，中国林学会与国家林业局天然林保护工程管理中心组织了德法专家赴陕西丹凤县和甘肃小陇山，对20多个不同类型的栎类资源与经营样地进行为期9天的考察与调研，在此基础召开栎类专家报告会以及栎类保护与经营现场讨论会，结合当地实际、当地栎类保护与经营提出了指导建议。

【中国林下经济发展高端论坛】 11月1～2日，中国林下经济发展高端论坛在浙江义乌举办。大会由中国林学会主办，中国义乌国际森林产品博览会组委会办公室、中国林学会林下经济分会、浙江省林学会、浙江农林大学联合承办。中国林学会副理事长兼秘书长、林下经济分会常务副主任委员陈幸良，中国林学会副理事长、东北林业大学校长、林下经济分会副主任委员杨传平，浙江省林业厅巡视员、浙江省林学会理事长吴鸿，国家林业局国有林场和林木种苗工作总站副总站长杨连清等领导出席会议并致辞。从事林下经济管理、科研、教学和生产实践的领导、专家、科技人员、企业家代表等共计130余人参加了会议。大会开幕式由杨传平校长主持。

会议期间，杨传平校长、陈幸良秘书长、杨连清副总站长、缪光平处长、刘某承副研究员、斯金平教授分别作了报告。北京市农学院副教授黄映晖、江西农业大学林学院教授郭晓敏等10位学者作专题报告。论坛开幕前，与会人员参加了第八届中国义乌国际森林产品博览会开幕式并参观了森博会林下经济产品展区，了解林下经济产品种类及价格等情况。论坛结束后，代表们乘车前往森宇集团铁皮石斛种植基地进行现场考察。

【竹业创新发展与“一带一路”建设高层学术研讨会】 10月16～18日，竹业创新发展与“一带一路”建设高层学术研讨会在杭州召开。会议由中国林学会、中国林业科学研究院、国际竹藤中心联合主办，国家林业局竹子研究开发中心、中国林学会竹藤资源利用分会共同承办。科技部人才中心副主任郝强，国家林业局科技司副司长杜纪山，中国林学会副理事长兼秘书长陈幸良，国际竹藤中心党委书记刘世荣，浙江省林业厅巡视员、省林学会理事长吴鸿，中国林科院副院长李岩泉等有关领导出席会议并讲话。从事竹类科研、教学、管理和生产实践的科技人员、管理者、企业家代表、研究生等270余人参加会议。会议开幕式由国家林业局竹子研究开发中心主任于辉主持。

会议期间，中国工程院院士张齐生教授、科技部人才中心郝强研究员、国际竹藤中心刘世荣研究员、国家林业局竹子研究开发中心陈玉和研究员、中国林科院亚热带林业研究所首席科学家萧江华研究员、国家林业局北京林业机械研究所傅万四研究员分别作了报告，另外来自中国林科院、南京林业大学、浙江农林大学、国际竹藤中心、云南省林科院、浙江省林科院、安吉竹子博览园有限责任公司、浙江大庄实业集团有限公司、浙江永裕竹业股份有限公司等单位的13位专家学者、企业家围绕竹业创新发展作主题报告。专家们从竹类培育、竹类遗传育种、品种选育等基础研究领域以及竹材加工利用、竹炭资源开发、竹产业发展规划等应用研究领域等方面进行了论述与探讨。

会后，与会人员赴安吉县参观考察了浙江永裕竹业股份有限公司和安吉竹博园。

【天然林保护与林下经济发展学术论坛】 7月6日，天然林保护与林下经济发展学术论坛在东北林业大学召开。来自黑龙江省林业系统的有关领导、专家、学者、教授、学生等参加论坛。论坛由黑龙江省林业厅副厅长杨克杰主持。

学术论坛由中国林学会、黑龙江省林业厅、黑龙江省森工总局和东北林业大学共同主办，黑龙江省林学会、黑龙江省林下经济协同创新中心、中国林学会林下经济分会联合承办。

中国林学会副理事长兼秘书长陈幸良、东北林业大学校长杨传平、黑龙江省森工总局局长魏殿生作主题报告。

【第31届林学夏令营暨2015年青少年沙漠生态科学实践活动】 7月21日，由中国林学会主办、中国林科院沙林中心协办的第31届林学夏令营暨2015年暑期青少年沙漠生态科学实践活动在内蒙古自治区磴口县开营，中国林学会沈贵副秘书长、中国林科院黄坚副院长出席开幕式。

本次夏令营为期5天，来自北京二中、四中、八中和东直门中学的百余名学生、营员深入中国林业科学研究院沙漠林业实验中心，参与一系列科普活动。并参加了沙漠林业知识定向越野比赛。

本届夏令营首次开设了官方网络平台，学生们在活动期间的心得体会、拍摄的视频以及照片都实时发布在林业科学传播公众服务平台（http：//www. linyekepu. cn)，读者可登录网站持续关注活动进展。夏令营活动还获得了《中国绿色时报》、中央电视台少儿频道《心里有数》栏目、《少年科学画报》等多家媒体的全程跟踪报道。

【林业大事】

1月13日 《林业科学》连续第4次被评为“RCCSE中国权威学术期刊(A+)”。

1月30日 学会组织召开国家林业科普基地建设暨林业科普工作专家座谈会，来自国家林业局、科技部、国家民委、国土资源部、环保部、农业部、中科院、中国地震局、中国气象局、中国科协等9部委的领导、专家出席会议。会议由陈幸良秘书长主持。

3月8～11日 中国林学会站点在全国504个调查站点中脱颖而出，被中国科协评为全国科技工作者状况调查A级优秀站点，是全国学会站点2014年度唯一获得A级优秀调查站点的单位。

3月17日 由林学名词审定委员会审定完成的《林学名词》(第二版)经全国科学技术名词审定委员会批准预公布，期限一年。

3月26～27日 全国林学会秘书长会议在陕西省西安市召开。各省、自治区、直辖市林学会和学会各分会、专业委员会，以及学会秘书处各部室主要负责人共80余人参加会议。会议还表彰了2014年度学会专项工作(学术、科普、组织、咨询)先进单位。

6月5日 由学会和中科院地理所联合主办、学会林下经济分会承办的林农复合经营与林下经济发展学术研讨会在北京召开。李文华院士、束怀瑞院士、陈幸良秘书长以及来自全国多所高校、科研机构的近80位学者参会。

6月16日 《林业科学》连续第4次被列入"中国科协精品科技期刊学术质量提升项目"。

6月28日 学会协办的"森林中国·首届生态英雄"大型公益活动在北京举行。揭晓仪式上，共产生10个中国生态英雄个人奖、3个团体奖和1个国际友人奖。活动得到汪洋副总理批示。

7月6日 由学会与东北林业大学共同主办的天然林保护与林下经济发展学术论坛在东北林业大学召开。秘书长陈幸良，东北林业大学校长杨传平及黑龙江省森工总局局长魏殿生出席论坛并分别作了学术报告。

7月21日 《林业科学》创刊60周年纪念座谈会在北京召开。中国林学会名誉理事长江泽慧、理事长赵树丛、中国科协书记处书记王春法，国家林业局副局长彭有冬，沈国舫院士、尹伟伦院士等出席会议并发表重要讲话。中国科协学会学术部、国家林业局有关司局和直属单位负责人，《林业科学》编委、作者、审稿人和兄弟期刊代表等100余人参加了座谈会。

7月21日 由学会主办的第31届林学夏令营暨2015年暑期青少年沙漠生态科学实践活动在内蒙古自治区磴口县开营。北京百余名中学生参加了本次夏令营活动，活动为期5天。沈贵副秘书长出席开幕式。

8月7日 由学会主办的2015两岸林业论坛在黑龙江省哈尔滨市召开。来自中国大陆林业类高校、科研院所、协会及台湾林业试验所、台湾大学等单位近90名专家进行交流与互动。学会理事长赵树丛、台湾两岸渔业合作发展金会董事长沙志一出席论坛开幕式并致词。

8月31日 中国科协书记处书记、党组成员王春法到学会调研学会承接政府转移职能情况。秘书长陈幸良汇报了学会有关情况。王春法、赵树丛在听取汇报后对学会有序承接政府转移职能工作作出重要指示。国家林业局人事司、科技司、计资司等有关部门领导出席会议。

9月15～17日 由学会与中国林科院联合主办的珍贵树种分会成立大会暨首届中国珍贵树种学术研讨会在广州召开。相关管理、科研、教学和生产实践的领导、专家、企业代表等200余人参加会议。秘书长陈幸良出席会议。

9月17日 学会获得中国科协颁发的学会创新和服务能力提升工程"全国优秀科技社团"称号，并获中国科协"以奖代建"经费支持，连续3年每年100万元。

10月11日 秘书长陈幸良与宁波市林业园艺学会秘书长陆志敏签署了建设"中国林学会宁波服务站"协议。宁波市委书记和市长及有关领导出席签字仪式。

10月16～18日 由中国林学会、中国林科院、国际竹藤中心主办，国家林业局竹子研究开发中心和学会竹藤资源利用分会承办的竹业创新发展与"一带一路"建设高层学术研讨会在杭州召开。相关领域270余人参加了会议。科技部人才中心副主任郝强、学会秘书长陈幸良出席会议并讲话。

10月21日 由学会与中国林科院主办的2015桉树国际学术研讨会在广东省湛江市召开。会议以"科学栽培与绿色发展：可持续的桉树商品林"为主题，围绕桉树商品林可持续发展展开学术交流。来自24个国家的专家学者360余人参加了会议。理事长赵树丛、国际林联主席迈克·温菲尔德出席开幕式并分别致辞，国家林业局副局长彭有冬主持开幕式。

10月21日 《林业科学》被评为"2014年百种中国杰出学术期刊"，这是自2002年设立此奖以来该杂志第13次获此殊荣。《林业科学》影响因子、总被引频次等指标居林学期刊前列，综合排名第一位 。

10月21～23日 由学会等主办、学会竹子分会等承办的竹子分会五届四次全委会暨第十一届中国竹业学术大会在湖南省桃江县顺利召开。海峡两岸有关单位共计270余人参加会议。副秘书长刘合胜出席会议并讲话。

10月26日 学会召开第六届梁希林业科学技术奖评审委员会会议。经形式审查、专家初评、专业组评审和评审委员会评审，最终评出获奖项目66项。其中，一等奖4项，二等奖30项，三等奖32项。会议由江泽慧名誉理事长主持。

11月1～2日 由学会主办、学会林下经济分会等单位承办的中国林下经济发展高端论坛在浙江省义乌市成功举办。全国各地专家、代表等130余人参加了会议。秘书长陈幸良出席会议并作学术报告。

11月3日 学会和国家林业局天保中心在北京共同举办中国天然林示范区栎类经营讨论会。来自德国、法国的多位栎类经营专家和国内天然林保护及栎类资源经营的专家学者参与研讨。

11月6日 第五届梁希科普奖评审会在北京召开。经评选，此次获奖项目(人物)共16项(名)，其中梁希科普作品(类)奖8项，梁希科普活动(类)奖6项，梁希科普人物(类)奖2名。

11月8～9日 由学会等单位主办、学会银杏分会等承办的第三届中国(郯城)银杏节暨银杏产品交易会在山东省郯城县开幕。山东省政协副主席张传林、原林业部副部长刘于鹤、全国工商联副主席何俊明、中国林学会陈幸良秘书长等出席开幕式。

11月11日 学会与国家林业局人事司联合召开第十三届林业青年科技奖评审委员会会议。经评审和无记名投票，共产生20名获奖者，并从中推选9名同志作为第十四届中国青年科技奖候选人。

11月26日 由学会主办的2015年现代林业发展高层论坛在北京隆重召开。论坛以"新常态新路径：'十三五'林业新发展"为主题。国家林业局张建龙局长，中国林学会赵树丛理事长，中央财经领导小组办公室副主任、农村工作领导小组办公室副主任韩俊，中国科协书记处书记、党组成员王春法，国家林业局副局长彭有冬等领导出席论坛。论坛开幕式由陈幸良秘书长主持。

11月26日 中国林业智库建设正式启动。首批专家团队由林业、农业、环境、水利、生态领域的14位院士和50多名知名、资深专家组成。

11月27日 学会林下经济创新团队成功申请获得中国科协学科发展引领与资源整合集成工程项目，项目为期3年，资助金额100万元。

11月29日 第一届《森林与环境学报》编辑委员会第一次会议在福建农林大学召开。尹伟伦院士、陈幸良秘书长出席会议并致辞。

12月5日 接美国工程索引编辑办公室(Ei Compendex Editorial Office)通知，《林业科学》将于2016年1月起被美国工程索引(Ei Compendex)收录。

12月19~21日 学会组织专家赴江西吉安、赣州开展创新驱动助力工程调研，并召开木材加工利用与家具产业发展座谈会。

12月29日 《林业科学》连续第4年入选"中国国际影响力优秀学术期刊"。在2015年度《中国学术期刊国际引证年报》3500种科技期刊中有175种期刊入选，《林业科学》位列第63位，是唯一入选的林业科技期刊。

12月29日 学会组织专家在北京召开第五届梁希优秀学子奖评审会，经形式审查、专家初审和评审会严格评选，共评选出43名获奖者。秘书长陈幸良主持评审会　　（中国林学会由郭丽萍供稿）

中国野生动物保护协会

【综　述】 中国野生动物保护协会紧紧围绕生态文明建设和野生动物保护的中心任务，开拓创新，开展野生动物保护科普宣传，提高公众野生动物保护意识和科学素质；开展科技交流与合作，推动科技进步；加强协会组织建设，动员和组织社会力量支持和参与保护工作；广筹保护资金、增强保护实力；切实当好政府助手，架起政府联系群众的桥梁和纽带，在社会上树立了良好的公益形象。截至2015年10月底，全国会员总数为36万多人，团体会员为3895个，全国各级协会达到819个。现在协会已发展为国内最大、最有影响力的自然生态保护组织，成为中国民间自然保护事业的重要力量，为保护野生动物，推进生态文明，建设美丽中国做出重要贡献。

【"世界野生动植物日"公益宣传活动】 3月1日，由国家林业局与中国野生动物保护协会共同举办的"世界野生动植物日"大型公益宣传活动在北京动物园举行。国家林业局机关和直属单位领导、美国驻华使馆，中国野生动物保护协会会长、中国野生植物保护协会会长、国际野生生物保护学会和中国绿色碳汇基金会等国内外NGO组织以及100多名志愿者参加了活动。活动现场国家木偶剧院表演了野生动物保护小剧目，展示了野生动植物保护成果图片，开展了内容丰富、形式新颖的"世界野生动物大寻踪"互动活动，吸引了千余名现场观众踊跃参加。

【全国"爱鸟周"系列宣传活动】 3~5月，中国野生动物保护协会积极倡导和组织各级野生动植物保护协会开展形式多样、精彩纷呈的"爱鸟周"系列活动，并联合陕西省野生动植物保护协会，在陕西省铜川市举办了全国"爱鸟周"活动启动仪式，中国野生动物保护协会会长赵学敏，陕西省副省长祝列克出席了仪式。据统计，2015年全国30个省(区、市)、1203个市(区、县)组织开展了"爱鸟周"系列活动。在全国"爱鸟周"期间，共举办科普知识讲座762次、科普展览766次，制作、摆放宣传展板232 471块，开展保护区"爱鸟周"活动2828次，开展社区"爱鸟周"活动1816次，开展观鸟活动377次，在2780所学校开展"爱鸟周"活动9106次，组织征文比赛97次，组织演讲比赛54次。同时，中国野生动物保护协会与搜狐网共同开展的"网络爱鸟周"如火如荼进行，有数百万人参与网络互动。通过如波浪滚动般推动全国"爱鸟周"活动从南到北举行，庇护野鸟自由迁徙，为绿水青山更添鸟语花香。

【签署野生动物保护项目合作协议】 3月，中国野生动物保护协会与中国三星和中国绿色碳汇基金会签署了《2015年度开展野生动物保护项目的合作协议》。5月，中国野生动物保护协会与美国环球健康与教育基金会签署了《中国濒危野生动物标本赴美公益巡展合作协议》。6月，中国野生动物保护协会与浙江横店共创共有共富共享工作委员会(简称"四共委")签署了为期10年的捐赠协议。

【出版了《我的动物园》】 3月，中国野生动物保护协会积极筹划出版了《我的动物园》一书，该书作为2015年"六一"国际儿童节礼物在6月1日前夕在全国各大书店发行。

【自然保护区管理与发展论坛】 5月29日，中国野生动物保护协会保护区委员会"自然保护区管理与发展论坛"暨2015年度年会在贵州省荔波县召开。国家林业局保护司巡视员、保护区委员会主任孟沙，贵州省林业厅副厅长黎平，国家林业局宣传办副主任李天送，中国野生动物保护协会副秘书长赵胜利，中国野生动物保护协会科学考察委员会主任陈建伟以及来自全国83个自然保护区(保护区委员会成员单位)、22个省(区、市)野生动植物保护协会等单位220多名代表参加了论坛和年会活动。论坛就自然保护区开展生态旅游进行了深入探讨，年会选举产生了新的轮值主席和通过了2015年度工作计划和新成员单位名单。

【斯巴鲁生态保护之旅】 5月、7月、9月由中国野生动物保护协会和斯巴鲁汽车(中国)有限公司共同组织的"斯巴鲁生态保护之旅"活动，先后走进河北省怀来县、广西大瑶山、湖北神农架，开展了义务植树、为保护区义诊、组织希望小学学生森林写生等公益活动。10月，在北京国家体育馆举办了"森林音乐会"，并在北京饭店和王府井步行街举办了"31座森林绿色生态文化展”活动。通过一系列的公益活动，向广大公众传达了人与自然和谐的重要性，让社会公众了解到一线生态保护工作者工作的艰辛和保护成果，提升了社会公众的生态环境保护意识。

【横店野生动物标本馆开馆仪式暨全国野生动物保护与生态文明建设交流宣传系列活动】 8月10日，中国野生动物保护协会与浙江省野生动植物保护协会、浙江横店“四共委”联合主办了“横店野生动物标本馆开馆仪式暨全国野生动物保护与生态文明建设交流宣传系列活动”，国家林业局副局长陈凤学及来自全国各省级林业主管部门、省级协会、有关科研教学、野生动物保护繁育及新闻媒体代表约160多人参加了上述活动。通过举办野生动物保护创新与发展大讲堂、野生动物摄影精品展等活动，推动生态文明建设与发展。

【非洲狮“津津”和“菲菲”安居上海野生动物园】 10月16日，由中国野生动物保护协会承办，津巴布韦总统穆加贝代表津巴布韦人民赠送给中国人民的一对非洲幼狮顺利抵达上海野生动物园。12月12日，上海野生动物园为来自津巴布韦的这对非洲幼狮举行了开放仪式，上海市政府副秘书长黄融和津巴布韦驻华使馆临时代办凯臣出席仪式并致辞。中方将它们命名为“津津”和“菲菲”，寓意中津和中非友好。公狮“津津”2岁，母狮“菲菲”3岁。作为非洲大陆的旗舰物种，这对非洲狮不仅受到致力于保护野生动物、建立生态文明的中国人民的欢迎，也将成为中津和中非友谊新的使者。

【野生动物保护摄影展】 10月24日至11月1日，中国野生动物保护协会在北京中华世纪坛举办了“奇境中国·中国珍稀野生动物摄影展”“燕京飞羽·北京野生鸟类摄影展”和“野性北欧·芬兰挪威野生动物摄影展”，此次摄影展展出了来自25个国家的100多幅摄影作品，参观人数达10万人。

【全国龟鳖产业发展高峰论坛】 11月，由中国野生动物保护协会与中国工程院农业学部、中国渔业协会龟鳖产业分会联合主办的“全国龟鳖产业发展高峰论坛”在深圳举行，就龟鳖产业的发展现状和前景进行了探讨和交流。

【第十一届全国野生动物生态与资源保护学术研讨会】 11月16~19日，由中国野生动物保护协会、中国动物学会兽类学分会、中国生态学会动物生态专业委员会、中国野生动物保护协会科技委员会和国际动物学会联合主办的“第十一届全国野生动物生态与资源保护学术研讨会”在江苏省会议中心隆重举行。本次大会共收到论文摘要304篇，195个报告，28个墙报。评选出董路、葛德燕、孙宝珺和周友兵为第十一届“优秀生态工作者”以及5个优秀墙报。本次大会充分展现了近年来取得的丰硕成果，同时也激励着参会代表下一年做出更辉煌的成绩，为中国野生动物生态与资源保护研究人员提供了良好的交流平台。

【赴南非开展野生动物保护宣传活动】 11月16~21日，中国野生动物保护协会组团，由国家林业局陈凤学副局长担任团长，中宣部新闻局陈晓林副局长、中国野生动物保护协会李青文副秘书长参加，并携国内青年志愿者及社会人士一行13人赴南非组织开展野生动物保护宣传活动。该团先后在南非比勒陀利亚市茨瓦尼科技大学举办了“中南青年志愿者自然保护论坛”和“中国—非洲野生动物摄影展”，与南非环境事务部进行了工作座谈，走访了南非克鲁格国家公园、南非反犀牛盗猎联合行动中心和南非犀牛救护中心，并与南非青年志愿者进行了友好交流与沟通，通过座谈、考察、交流和深入研讨，中南双方青年志愿者彼此熟悉、彼此接受、加深友谊、互通信息，更坚定了中南青年志愿者从事野生动物保护公益行动的信心和决心。

【中国野生动物保护协会野生动物疫源疫病专业委员会成立】 12月21日，中国野生动物保护协会野生动物疫源疫病专业委员会在武汉召开成立大会，来自各省（区、市），内蒙古、龙江、大兴安岭森工（林业）集团公司、新疆生产建设兵团野生动物保护管理和疫源疫病防控主管部门、相关科技支撑机构共45家单位的59名代表参加了会议。会议由国家林业局调查规划设计院副院长唐小平主持，中国野生动物保护协会副秘书长赵胜利致词，王宁副处长宣读了中国野生动物保护协会关于成立“中国野生动物保护协会野生动物疫源疫病专业委员会”的决定，国家林业局野生动植物保护与自然保护区管理司罗颖处长介绍了野生动物疫源疫病专业委员会委员形成过程，国家林业局调查规划设计院阮向东处长介绍了《中国野生动物保护协会野生动物疫源疫病专业委员会工作规则》，国家林业局野生动植物保护与自然保护区管理司贾建生副司长做总结讲话，对专业委员会今后工作提出了要求。

【国际合作交流】 6月26日，中国野生动物保护协会副秘书长李青文与泰国动物园机构主席在泰国曼谷签署了中泰大熊猫保护研究合作延期协议，参加了泰方在清迈市举办的延期协议庆祝仪式。7月13日，中国野生动物保护协会与日本神户市立王子动物园签署中日大熊猫保护研究合作延期协议。8月22日，旅居华盛顿国家动物园的熊猫“美香”产下幼崽“贝贝”，习近平主席访美期间，中美第一夫人到访命名，表达祝福。10月26日，中国野生动物保护协会秘书长臧春林与荷兰欧维汉动物园董事长霍克在习近平主席和荷兰国王威廉·亚历山大的共同见证下，在北京签署了中荷大熊猫保护合作研究协议。10月31日，在李克强总理对韩国进行国事访问期间，中国野生动物保护协会与韩国三星物产株式会社签署了为期15年的中韩大熊猫保护研究合作协议。12月6日，中国野生动物保护协会与美国华盛顿国家动物园签署了为期5年的大熊猫繁育研究延期协议。截至2015年年底，中国野生动物保护协会对外大熊猫合作项目达11个国家13家合作单位，为推动大熊猫及濒危野生动物保护做出了积极贡献。不断提升中国野生动物保护协会国际影响力。

【林业大事】

3月1日 由国家林业局主办、中国野生动物保护协会(简称“中动协”)承办的“世界野生动植物日”大型公益宣传活动在北京动物园举行。国家林业局保护司司长张希武、中国野生动物保护协会会长赵学敏作讲话。活动现场组织野生动植物保护成果展、知识竞答和小剧目表演等宣传。

3月3日 中动协与国际野生物贸易研究组织(TRAFFIC)合作，召开“纪念野生动植物日座谈会”，组织了EMS、顺丰等17家快递企业签署了“快递行业对非法野生动植物及其制品‘零容忍’倡议书”。

3月 中动协与中国三星、中国绿色碳汇基金会签署了《2015年度开展野生动物保护项目的合作协议》，获得250万元的资金和三星电脑捐赠，用于金丝猴、朱鹮等的保护工作。

4月11日 中动协在陕西省铜川市举办全国“爱鸟周”活动启动仪式，还在野外放归了30只朱鹮。

4月 中动协野生动物园委员会组织召开工作年会，总结交流了工作，还讨论通过了《动物驯化表演技术规程》和《动物驯化表演行业通则》。

5月6日 中动协组织专家对申报的“自然体验培训师”进行评审，首批认定了73名自然体验培训师。

5月9日 中动协在秦皇岛市举办“中国观鸟之都”授牌仪式暨“中国·北戴河第五届国际旅游观鸟摄影大展”。

5月16~17日 中动协在湖北省京山县举办2015年中国(京山)观鸟节暨“集泰杯”中国(京山)第八届野生鸟类观鸟摄鸟大赛。

5月29~30日 中动协自然保护区委员会在贵州省荔波县，召开“自然保护区管理与发展论坛”暨2015年度年会，来自全国83个自然保护区220多名代表参加了年会。保护区委员会成员单位已达165个。

5月、7月、9月 中动协和斯巴鲁汽车(中国)有限公司共同组织的“斯巴鲁生态保护之旅”活动，先后走进了河北省怀来县、广西壮族自治区大瑶山、湖北省神农架，开展了义务植树、为保护区义诊和组织希望小学学生森林写生等公益活动。

5月 中动协与美国环球健康与教育基金会签署《中国濒危野生动物标本赴美公益巡展合作协议》，拟在美国国家自然博物馆、加州科学院等公益巡展大熊猫、金丝猴、朱鹮和羚牛四大国宝动物标本。12月24日，双方在上海合作开展了“国宝驾临”——赴美公益展预展活动。

6月1日 中动协出版的《我的濒危动物园》在全国各大书店发行。

6月9~12日 协会在陕西省柞水县举办了第十期暨陕西省野生动植物保护协会第一期“自然体验培训师”培训班，来自陕西省内外的40个单位65名学员参加了培训。到目前培训了554名。

6月26日 中动协副秘书长李青文在泰国曼谷与泰国动物园机构主席签署了中泰大熊猫保护研究合作延期协议，泰方举办了延期协议庆祝仪式，双方共同庆祝中泰建交40周年。

6月28日 由光明日报社主办，中动协参与的“森林中国·2014中国生态英雄”颁奖在北京举行。有10名个人、3个团体和一位国际友人获得“中国生态英雄”，其中3个团体和2名个人是由我会推荐的“斯巴鲁生态保护奖”获得者。

6月 中动协与浙江横店“四共委”签署为期10年的捐赠协议，自2015年起，合作方每年将向协会捐赠50万元用于开展野生动物保护技术交流、标本收集、人员培训和公众教育等。

6月30日至7月7日 中动协配合由国家林业局党组成员、中央纪委驻局纪检组组长陈述贤为团长的中国林业代表团访问英国、西班牙，就野生动物保护和大熊猫合作项目进行了深入商讨和交流。

8月10日 中动协与浙江省野生动植物保护协会、浙江横店“四共委”联合主办“横店野生动物标本馆开馆仪式暨全国野生动物保护与生态文明建设交流宣传系列活动”。

8月10~12日 协会派员参加在泰国曼谷举行的世界自然保护联盟(IUCN)第六届亚洲区域保护论坛，来自26个国家的300多位代表参加了会议。选举了中国科学院植物研究所马克平教授为新一届IUCN亚洲区域委员会主席。

8月 中动协配合全国人大环资委、国务院经济发展研究中心资源与环境政策研究所，在北京组织召开《野生动物保护法》修改座谈、征求意见等工作。

10月15日 中动协与TRAFFIC合作，召开“中医药企业承诺拒绝非法野生物贸易活动”，同仁堂等15家重点中药企业签署了“中国中药行业拒绝使用非法来源濒危野生动植物及其制品倡议书”。

10月16日 在中动协的指导下，由津巴布韦总统穆加贝赠送的一对非洲幼狮抵达上海野生动物园。12月12日，被命名为“菲菲”“津津”，寓意中非、中津友好的该对幼狮与游人见面。

10月24日至11月1日 中动协在北京中华世纪坛举办“奇境中国·中国珍稀野生动物摄影展”“燕京飞羽·北京野生鸟类摄影展”和“野性北欧·芬兰挪威野生动物摄影展”，展出了来自25个国家的100多幅摄影作品，参观人数达10万人。

10月26日 在国家主席习近平和荷兰国王威廉·亚历山大的见证下，中动协臧春林秘书长与荷兰欧维汉动物园董事长霍克在北京签署大熊猫保护合作研究协议。

10月 中动协与斯巴鲁汽车(中国)有限公司共同在北京国家体育馆和王府井，分别举办“森林音乐会”“31座森林绿色生态文化展”。

10月31日 在李克强总理对韩国进行国事访问期间，中动协与三星物产签署了为期15年的中韩大熊猫保护研究合作协议。

11月5~7日 中动协野生动物救护委员会在长沙市召开年会，交流了野生动物救护经验，出版发布《中国野生动物救护手册》，与湖南野生动物救护中心在长沙县放归了16只人工繁育的白颈长尾雉。

11月16~19日 中动协科技委员会与有关单位，在江苏省会议中心联合主办“第十一届全国野生动物生态与资源保护学术研讨会”。

11 月 16～21 日 根据国家林业局、中宣部、外交部部署，中动协组团，由国家林业局陈凤学副局长为团长一行 13 人赴南非，举办“中南青年志愿者自然保护论坛”“中国－非洲野生动物摄影展”等野生动物保护宣传，丰富了南非“中国年”活动。

11 月 中动协与中国工程院农业学部、中国渔业协会龟鳖产业分会在深圳联合主办“全国龟鳖产业发展高分论坛”，对龟鳖产业的发展现状和前景进行探讨和交流。

12 月 1～10 日 中动协与 WCS 等单位在北京举办了“用艺术为生命呐喊——保护大象公益行动”，展览了来自世界各地 23 位艺术家的 34 幅大象主题作品。

12 月 21 日 中动协野生动物疫源疫病专业委员会在武汉召开成立大会，国家林业局贾建生副司长当选为主任委员。

12 月 受国家林业局指派，派中动协工作人员赴英参加由英国威廉王子发起成立的野生动物保护联盟国际运输专项工作组第四次会议，就国际运输环节打击野生动植物非法贸易的措施进行研讨和磋商。

（中国野生动物保护协会由王晓婷、曹丽萍供稿）

中国野生植物保护协会

【中国野生植物保护协会茶花保育委员会成立】 2 月 9 日，中国野生植物保护协会组织召开的中国野生植物保护协会茶花保育委员会成立大会暨全国茶花培育产业发展研讨会在云南省大理市举行。国家林业局保护司、国家林业局濒管办、国家林业局调查规划设计院、云南省林业厅、云南省花产办、大理自族自治州、大理市政府等相关部门领导出席了会议，来自茶花重点省份的野生植物保护行政主管部门负责人、相关专家学者和茶花产业界的企业代表等共 150 余人参加了会议。来自全国各地的专家学者针对普及和推广茶花相关知识、提高全民族的茶花保护意识、规范茶花经营利用行为、有效保护和合理开发利用茶花资源、推动中国茶花保护和开发利用事业的健康发展等问题展开讨论。与会者一致认为，中国茶花资源的保育意义重大，势在必行。希望茶花保育工作能够得到各级政府的大力支持，有更多的民众能够积极参与茶花保育的工作。与会代表还参加了 2015 中国大理第八届国际兰花茶花博览会开幕式，切身感受到了大理丰富的茶花文化和魅力大理的多姿多彩。

【第八届肉苁蓉及沙生药用植物学术研讨会】 5 月 17～19 日，中国野生植物保护协会与中国中药协会联合主办的第八届肉苁蓉及沙生药用植物学术研讨会在新疆和田举行。来自全国各地的专家学者、企业和相关部门的代表共 200 余人共聚一堂，商讨新形势下肉苁蓉生态产业的发展思路。此次研讨会为进一步推进肉苁蓉及沙生药用植物的研究、开发和产业化，全面提升肉苁蓉产业发展水平，促进西部地区农民增收和生态文明建设，起到积极的引导和推动作用。

【全国药用植物学术研讨会】 9 月 17～20 日，中国野生植物保护协会与中国医学科学院药用植物研究所等单位联合主办的全国药用植物学术研讨会暨第三届中药材基地共建共享交流大会在山西省长治市举行。来自工信部、商业部、国家林业局、国家中医药管理局、中国中医科学院等相关部门领导、专家和企业共计 800 余人参加了大会。这是迄今为止中药材基地建设规模最大、科技含量最高、内容极为丰富的一次行业盛会。全国各学科专家针对中药材基地建设、种植技术、质量标准、种苗培育、科学采收、饮片颗粒、互联网应用等内容进行了广泛深入的学术交流。

【中药材基地建设峰会】 9 月 28～29 日，由中国野生植物保护协会与中国医学科学院药用植物研究所等单位联合主办的中药材基地建设峰会在贵州省毕节市威宁县举行，有 100 余人参会。与会专家和企业分别就中药材基地建设、中药材电商体系建设、中药材质量控制措施等内容进行了研讨。此次会议的突出特点是知名企业多、会议层次高，得到当地政府的大力支持。

【中国蕨类植物研讨会】 10 月 17～19 日，中国野生植物保护协会与中国花卉协会蕨类植物分会联合主办的 2015 年中国蕨类植物研讨会在云南省昆明市举行。来自国内 38 个单位的 89 位代表参加了会议。张宪春、陆树刚和赵勤实等知名专家分别作了“从中国植物志到 Flora of China 和在线中国蕨类植物志”“论蕨类植物传统分类”“石松类与蕨类植物的化学研究与保护”的大会报告。本次研讨会报告内容涉及蕨类植物系统分类学、蕨类植物多样性保护与可持续利用、蕨类植物天然产物化学与资源开发利用、蕨类植物细胞生物学、蕨类植物繁殖生物学、蕨类植物生理与分子生物学等研究领域，共进行了 6 个专题 34 个报告，全面展示中国蕨类植物学研究在各个领域的成果和进展。

【第三届全国药用石斛保育与产业发展研讨会】 11 月 20～22 日，由中国野生植物保护协会主办的第三届全国药用石斛保育与产业发展研讨会在河南省南阳市举行。国家林业局保护司、国家林业局濒管办、国家林业局武汉森林资源监督专员办、河南省林业厅、中国科学院华南植物园等单位领导出席会议并讲话，相关专家学者、企业代表共约 150 人参加了会议。中国科学院华南植物园段俊教授、吴坤林教授，合肥工业大学罗建平教授等分别就石斛资源与产业化技术、石斛的功效、石斛产品市场等大家普遍关心的问题向大会作了专题报告。相关部门专家与企业代表就药用石斛的保育与产业可持续发展等方面进行了广泛的研讨与交流，要以保护促发展、发展促保护为基本原则，始终坚持以保护为前提，一方面建立石斛种质资源库，加强对石斛野生种质资源的保护；另一方面加快石斛培育利用产业发展，实现保护与利用的协调统一。

【林业大事】

2月9日 中国野生植物保护协会（简称“中植协”）在云南省大理市组织召开中植协茶花保育委员会成立大会暨全国茶花培育产业发展研讨会，来自茶花重点省份的野生植物保护行政主管部门负责人、相关专家学者和茶花产业界的企业代表等共150余人参加了会议。国家林业局保护司、国家濒管办、云南省林业厅、大理市等相关部门领导出席会议。会议期间，与会代表还参加了2015中国大理第八届国际兰花茶花博览会开幕式。

3月19~29日 应香港特区政府康乐及文化事务署的邀请，中植协参加了以《濒危野生动植物种国际贸易公约》附录I物种“中国兜兰”为主题，2015年度香港花卉展览的展出，荣获最佳展品大奖。有来自18个国家的200多个机构参展，近60万人次参观。

5月17~19日 中植协在新疆和田组织召开了第八届肉苁蓉及沙生药用植物学术研讨会。来自全国各地的专家学者、企业和相关部门的代表共200余人，商讨新形势下肉苁蓉生态产业的发展思路。

7月21日 中植协在黑龙江省哈尔滨市组织召开了中植协分支机构工作会议。会议总结各分支机构近两年来所开展的工作、取得的成绩和存在的问题，对今后的工作进行研究与部署。

9月17~20日 中植协联合有关单位在山西省长治市召开了全国药用植物学术研讨会暨第三届中药材基地共建共享交流大会。来自工信部、商业部、国家林业局、国家中医药管理局、中国中医科学院等相关部门领导、专家和企业共计800余人参加了大会。全国各学科专家针对中药材基地建设、种植技术、质量标准、种苗培育、科学采收、饮片颗粒、互联网应用等内容进行广泛深入的学术交流。

9月28~29日 中植协联合有关单位在贵州省毕节市威宁县举办了中药材基地建设峰会，有100余人参会。与会专家和企业分别就中药材基地建设、中药材电商体系建设、中药材质量控制措施等内容进行研讨。

10月17~19日 中植协联合有关单位在云南省昆明市组织召开2015年中国蕨类植物研讨会，来自国内38个单位的89位代表参加了会议，全面展示中国蕨类植物学研究在各个领域的成果和进展。

11月20~22日 中植协在河南省南阳市举办第三届全国药用石斛保育与产业发展研讨会。国家林业局保护司、国家濒管办、国家林业局武汉森林资源监督专员办、河南省林业厅、中国科学院华南植物园等单位领导出席会议并讲话，相关专家学者、企业代表共约150人参加了会议。

（中国野生植物保护协会由王晓婷、曹丽萍供稿）

中国花卉协会

【综　述】 在国家林业局党组的正确领导下，在各有关部委和单位的大力支持下，在各位理事、常务理事和各省（区、市）花协、中国花协各分支机构共同努力下，在秘书处领导班子的具体指导下，秘书处全体职工团结合作、齐心协力，按照2015年年度工作计划，顺利完成了全年工作任务。据统计，全国花卉种植面积达到127.02万公顷，销售额达到1279.47亿元，出口创汇6.2亿美元。

【完成中国花卉协会换届工作】 经过半年多时间的筹备，中国花卉协会2015年常务理事会议于7月25日在北京召开，会后，以通讯形式召开了会员代表大会。修改完善了协会章程，选举产生了第六届中国花卉协会理事会，选举产生了新一届会长、副会长以及协会秘书处领导班子，注销了中国花卉协会产业化促进委员会。根据十八届三中全会提出的社会团体改革总体思路，以及中国经济社会新常态和花卉产业新常态，大幅度增加了理事和常务理事中企业代表的比例，章程内容和业务范围也针对协会服务会员、服务行业方面做了大量的调整，为推进“行业协会与政府机构脱钩”打下基础。

【制度体系逐步建立】 秘书处高度重视制度建设，把2015年定为协会的制度建设之年，加大力度制定各项规章制度，制度体系逐步形成。主要编制确定了3大方面18个管理规定。针对协会的有：中国花卉协会章程、会费标准及管理办法；针对秘书处日常工作的有：秘书处经费支出和财务报销管理办法、中国花卉协会差旅费管理办法、中国花卉协会秘书处会议制度、中国花卉协会重点项目合同等；针对工作开展的有：中国花卉信息工作管理办法、中国花卉博览会管理办法、申办世界园艺博览会暂行办法、中国花卉协会分支机构财务管理办法等。

【开展“三严三实”教育活动，确保效果】 按照国家林业局统一部署，认真开展“三严三实”教育活动，分3个阶段，不折不扣，开展支部书记讲党课，理论学习中心组活动等；认真贯彻“中央八项规定”“国家林业局党组十八条实施意见”和“两转变两服务”要求。坚定了党员干部的理想信念，锻炼党性，提高了个人修养，营造踏踏实实做事、干干净净做人的氛围，打造清正廉洁、敢于担当、乐于奉献的队伍。

【出版首部《中国花卉产业发展报告》并组织编写2014、2015年年度发展报告】 历经两年编写的中国首部关于花卉产业发展白皮书《2013中国花卉产业发展报告》于3月由中国林业出版社出版发行。全书共59章，78万字，分总论篇、地方篇、典型篇三部分，集全国花卉协会组织、科研院校、重点地区、龙头企业的智慧和力量，全面系统总结了改革开放以来中国花卉产业的发展历程，多角度透视了产业发展现状，多层次分析了产业发展趋势，找出了瓶颈问题，提出了发展对策措施，为花卉从业者提供参考。4 月，启动了《2014 中国花卉产业发展报告》和《2015 中国花卉产业发展报告》的编写工作。

【发布《2015 全国花卉产销形势分析报告》】 为引导花卉生产和消费，通过各省（区、市）花卉协会调查、对北京、山东等地花卉市场、生产基地典型调研，在天津召开形势分析会，形成了《2015 全国花卉产销形势分析报告》，分析了花卉各类别品种的产销情况，新常态下的机遇与挑战，提出了发展对策，对新形势下全国花卉产业发展发挥了重要引导作用。

【组织起草花卉种质资源库建设标准和认定管理办法】 为加强花卉种质资源保护，强化品种创新，改善中国花卉商业品种状况，在制订方案、完善技术路线的基础上，年初组织专家赴云南、贵州开展花卉种质资源库建设调研、座谈；编写完成了花卉种质资源库建设系列标准之一——《花卉种质资源库建设 总则》，形成送审稿。起草完成《国家花卉种质资源库认定管理办法》并征求各地区、各领域专家意见，为开展国家花卉种质资源库建设试点奠定基础。

【推选典型引领花卉产业发展】 3 月，中国花卉协会与《中国绿色时报》联合评选出 10 位“2014 中国花木产业年度人物”；4 月，与国家林业局人才中心共同组织召开了花卉特级职业经理人评出了 3 位园林、花卉特级职业经理人；4 月 28 日，中国花卉协会盆栽植物分会会长、天津大顺国际花卉股份有限公司董事长杨铁顺荣获“全国劳动模范”称号并出席表彰大会，中国花卉协会发出了《关于向全国劳动模范杨铁顺同志学习的决定》；8 ~ 9 月，组织评选出“2015 全国十佳花木种植企业”。

【举办第十届中国花卉产业论坛】 第十届中国花卉产业论坛由中国花卉协会、江苏省常州市人民政府共同主办，于 10 月 22 日在常州市武进区举办。主题是：“运用‘互联网 +’思维，推动花卉产业转型升级”，另设“新常态与协会工作创新”“盆栽植物产业如何转型升级”“绿化观赏苗木产业如何转型升级”“‘互联网 +’与花卉供应链”“‘互联网 +’与大众花卉消费”等 5 个分主题。通过主旨报告、特邀报告、主题演讲、专题研讨等多种形式，全国花卉管理、生产、经营和科研工作者 300 多人参会，进行了广泛交流和深入探讨，提出发展对策建议。

【2016 唐山世界园艺博览会筹备工作】 2016 唐山世园会将于 2016 年 4 月 29 日至 10 月 16 日在唐山市南湖生态公园举办，会期 171 天。目前园区规划、基础建设、宣传招展、活动策划、市场开发等方面都取得了阶段性成果。成立了 2016 唐山世园会组委会和执委会，审议确定了会徽、吉祥物；完成招商招展工作，确定于 10 个国家和国内 20 个城市参展；为提高展出效果，组织召开两次景观提升会议，对国内重点展园植物景观设计进行了提升，丰富了文化内涵；积极推进唐山世园会国际竞赛；做好同 AIPH 沟通汇报工作；策划开闭幕式、国际研讨会、中国杯插花花艺大赛等大型活动。

【2019 北京世界园艺博览会筹备工作】 2019 北京世界园艺博览会将于 2019 年 4 月 29 日至 10 月 7 日在北京延庆县举办，以“绿色生活，美丽家园” 为主题，以“绿色发展”“生活中的园艺”“融和绽放”“教育与未来”“心灵家园”为 5 个副主题。启动了 2019 北京世园会会徽、吉祥物征集和评审工作；在 2015 年米兰世博会举办了北京世园会“中国周”宣传活动，对北京世园会进行了全方位宣传；召开了 2019 北京世园会执委会第一次全体会议和组委会二次全体会议，审议通过了《2019 年中国北京世界园艺博览会行动纲要》《2019 年中国北京世界园艺博览会执行委员会工作规则》《2019 年中国北京世界园艺博览会园区综合规划及周边基础设施规划方案》和《2019 年中国北京世界园艺博览会国际招展工作总体方案》。

【推动 2016 土耳其世园会的筹备工作】 2016 土耳其安塔利亚世界园艺博览会是经国际园艺生产者协会批准和国际展览局认可的 A1 类世界园艺博览会，定于 2016 年 4 月 23 日至 10 月 30 日在土耳其安塔利亚市举行，为期半年。主题是“鲜花与儿童”，理念是“绿色生活惠及人类未来”。应 2016 土耳其安塔利亚世园会组委会邀请，经国务院批准，由国家林业局代表中国政府参加 2016 土耳其安塔利亚世园会，由中国花卉协会具体组织实施。实地考察现场，确定室外参展具体位置和面积 3150 平方米；商定“中国华园”永久保留；确定设计施工单位和设计方案；确定中国馆政府总代表；签订《参展协议》，计划建造一个苏州古典园林风格的“中国华园”，占地面积 3150 平方米，展示中国特有园艺植物和现代花卉产业成果。

2016 土耳其安塔利亚世界园艺博览会中国参展签约仪式于 2015 年 12 月 3 日在北京隆重举行。刘红秘书长与 2016 土耳其安塔利亚世园会政府总代表埃尔多安 · 阔克先生签订了《2016 土耳其安塔利亚世界园艺博览会中国参展协议》，与“中国华园”设计建设单位——苏州农业职业技术学院签订了《2016 土耳其安塔利亚世界园艺博览会“中国华园”建设协议》。

【确定第九届中国花卉博览会举办城市】 经过前期的动员、申报、受理，以及专家实地考察等环节，确定了宁夏区银川市、天津市为第九届中国花卉博览会候选城市。7 月 25 日，在北京组织全国花卉协会系统召开了第九届中国花卉博览会举办城市评定会议，经候选城市陈述、参与单位代表投票，最终宁夏回族自治区银川市获得第九届中国花卉博览会举办权。

【第 17 届中国国际花卉园艺展览会】 由中国花卉协会主办，上海国际展览中心有限公司和长城国际展览有限责任公司共同承办的“第 17 届中国国际花卉园艺展览会”于4月22～24日在上海新国际博览中心成功举办。本届展会展示总面积达到了2.5万平方米，吸引了中国大陆、荷兰、丹麦、美国、英国、韩国、马来西亚、印度、中国香港特别行政区和中国台湾省等27个国家和地区的612家企业，其中外方展商数达到了152家，展示净面积达到了11 800多平方米，比2013年增长了45.46%。荷兰、法国、德国、厄瓜多尔、韩国和中国台湾省以展团的形式参展。共吸引了来自国内外48个国家和地区的23 841人次的观众，其中专业观众达到19 280人。期间，举办了企业洽谈会、技术交流会、插花表演等内容丰富的活动。

【2015中国(萧山)花木节】 2015中国(萧山)花木节于3月27～29日在浙江萧山成功举办。从2015年起，中国花卉协会成为中国(萧山)花木节的唯一主办单位。来自美国、英国、德国、意大利、西班牙、日本等国的10多家外国企业，16个省(区、市)近2000家花木企业参展，展位达3000多个，共吸引了来自全国各地的参观者6万多人次(其中90%以上为专业参观者)，销售意向达到6.6亿元，比2014年略有增长。期间举行了2015中国园林绿化企业家峰会、第九届中国园林绿化设计高峰论坛和2015中国花木产业年度人物颁奖典礼、全国花木主产区产业发展联席会议和11场产品推介、技术交流等丰富多彩的活动。

【第七届广州国际盆栽植物及花园花店用品展览会】 第七届广州国际盆栽植物及花园花店用品展览会于11月20～22日在广州花卉之都圆满举办。该展览会(IPGEXPO)由中国花卉协会主办、上海国际展览中心有限公司、长城国际展览有限责任公司、广州花卉之都共同承办，是国内最大花卉园艺品牌展——中国国际花卉园艺展览会的延续与补充。本届展会共吸引了来自中国、美国、荷兰、德国、比利时、意大利、瑞典、丹麦、芬兰、希腊、以色列、韩国、日本、新加坡、厄瓜多尔以及中国台湾省等16个国家和地区的180余家企业参展，展会面积达10 000平方米，众多盆栽新优产品、创意栽培容器、园艺设施设备等集中亮相。

(中国花卉协会由宿友民供稿)

中国绿化基金会

【综　述】 2015年，在国家林业局党组和基金会理事会的正确领导下，基金会围绕着加快现代林业发展，促进生态文明建设和实现美丽中国这一中心任务，以扩大社会募集资金规模、提高公众参与程度为目标，取得了较好成绩。2015年共募集到账资金4723万元，使用支出3100万元，实施绿化公益项目81个；签订捐赠合作实施等协议174项，参与绿化和生态公益事业的人数超过百万人，取得了募集资金和公众参与的双丰收。

【中国绿化基金会获新浪微公益最杰出贡献奖】 1月17日，“感谢有你”新浪微公益颁布三周年最杰出贡献奖，中国绿化基金会、中国青少年发展基金会、深圳壹基金公益基金会等12家公益机构获得新浪微公益平台评选的最杰出贡献奖，中国绿化基金会成为获得该奖的唯一致力于自然保护的绿化公益机构。中国绿化基金会推出的“e－tree网络植树”项目是新浪微公益平台重点关注的项目。通过汇集网民的在线捐款，支持“幸福家园——西部绿化行动”生态扶贫项目，为西部的贫困农户购买生态经济树苗。贫困农户依靠种植生态经济树苗，改善当地恶劣的生态环境，并实现家庭的可持续增收。

【“绿色公民行动”动态版《清明上河图》文化巡展——南昌站开幕】 2月6日上午，由中国绿化基金会、江西省绿化委员会、江西广播电视台共同主办的“绿色公民行动”动态版《清明上河图》文化巡展——南昌站在南昌国际展览中心举行了开幕式，中国绿化基金会顾问、原林业部副部长蔡延松，中国绿化基金会常务副秘书长陈蓬，江西省林业厅巡视员、江西省绿化委员会办公室主任魏运华以及多家媒体、嘉宾近千人出席了本次活动。蔡延松宣布“绿色公民行动”动态版《清明上河图》文化巡展开幕。为贯彻党落实的十八大提出的大力推进生态文明建设，努力建设美丽中国，实现中华民族永续发展的伟大战略目标。中国绿化基金会积极与上海世博会取得联系，由中国世博集团将世博园中国馆镇馆之宝——动态《清明上河图》授权给中国绿化基金会用于开展文化巡展活动，以此为载体，广泛募集社会资金用于绿化和生态建设。开幕式上，中国绿化基金会为捐资支持单位江西双仁实业有限公司颁发了证书，对其为中国绿化公益事业的发展做出的贡献进行了表彰。此次巡展活动历时40天，其门票收入将用于在江西省内开展以造林绿化为主体的生态建设等绿色公益活动。

【中国绿化基金会携手支付宝公益发起“10元钱，荒漠种下希望树”手机钱包捐款项目两月捐款破百万元】 2015年新年伊始，中国绿化基金会携手支付宝公益发起“10元钱，荒漠种下希望树”手机捐款项目，该公益项目自上线之日就得到了广大手机用户的高度关注和捐赠支持，短短两个月就有近7万份爱心捐赠，募集资金超过100万元。6年来中国绿化基金会的公益项目和自然保护公益事业，得到了阿里平台广大爱心商家和爱心会员的热情关注，获得数十万爱心商家和数百万爱心会员的捐赠支持，募集绿化公益资金超过600万元。

【中国绿化基金会携手腾讯公益发起“种树人的雾霾之战”微信一起捐公益活动】 3月12日植树节前夕，中国绿化基金会携手腾讯公益慈善基金会共同发起“种树人的雾霾之战”微信捐款公益活动，中国绿化基金会也首次尝试通过其“重返森林”微信公众号，在植树节当天推送“植树抗霾，益起捐种枸杞树”微信文章，通过朋友圈分享倡议和发动社会公众，以新的方式参与植树节植树活动，实现环境保护与消除贫困并行发展的目标。植树节前后共有3569人参与一起捐活动，捐赠人数为14 313人，募集资金206 383元。

【中国绿化基金会绿色公益广告在首都国际机场T3航站楼上刊】 3月11日，中国绿化基金会绿色公益广告在首都机场T3航站楼“空港时空之旅展廊”正式上刊，旨在通过首都国际机场这一具有国际展示价值的对外平台，向更多的社会公众传播中国绿化基金会所倡导的绿化造林、生态建设、自然保护等绿色公益理念。

【中国绿化基金会携手新浪微公益共同发起“环保益起来种星运树”微博捐款活动】 3月12日植树节前夕，中国绿化基金会携手新浪微公益共同发起“环保益起来种星运树”微博捐款及宣传活动。此次活动得到了新浪网友及众多明星的高度关注和积极响应，杨幂、秦岚等明星在活动期间用自己的官方微博发起带有网络植树项目的微博，向自己的粉丝及社会公众宣传绿化造林、生态建设、自然保护等绿色公益理念，同时还倡议大家一起加入为西部捐植枸杞树的生态扶贫公益活动。截至3月13日，该项公益活动共引发百万新浪网友的关注及转发，募集项目资金近2万元。中国绿化基金会自2009年与新浪微公益建立战略合作伙伴关系以来，多次在新浪微公益“品牌捐”上面发布公益项目，起到了很好的社会宣传效应和资金募集效果。

【中国绿化基金会“网络植树”项目得到BBC报道】 3月11日，中国绿化基金会副秘书长杨旭东博士就义务植树、生态环境保护、公众环保意识、中国绿化基金会中国网络植树公益网项目等方面的话题，接受了英国BBC中文网记者的电话采访，同时接受采访的还有联合国环境规划署驻华代表处官员蒋南青博士、曲美集团副总裁吴娜妮女士和广东揭阳的谢伟东医生，他们分别以中国绿化基金会“中国网络植树公益网”项目的环保专家、捐资企业代表和捐资个人代表的身份共同接受了此次采访，这也是中国绿化基金会主动适应当前新形式，探索新方式开展和推进外宣工作的一次有益尝试。

【2013年度自然保护支出中国绿化基金会排名第一】 3月12日，基金会中心网对外发布《自然保护领域基金会发展趋势分析》报告。中国绿化基金会在报告公布的2013年度自然保护支出TOP5基金会榜单中，以资金支出1.18亿元排名第一。据基金会中心网数据显示，截至2015年3月，国内基金会总数达4292家。其中，专注于自然保护领域的基金会超过51家，占全国基金会总数的1.2%。报告指出，目前在自然领域开展项目的基金会资产总额已达25亿元，其中资产规模TOP5的基金会在自然保护领域的支出占比达69%，成为公益行业自然保护领域的领军机构。

【第七届“中国网络植树节”启动仪式在北京举行】 3月21日，由全国绿化委员会办公室、中国绿化基金会、联合国环境规划署、东南卫视联合主办的第七届中国网络植树节启动暨绿色健步走活动在北京启动。全国绿化委员会委员、国家林业局副局长张永利，全国绿化委员会办公室常务副秘书长、国家林业局造林司副司长赵良平，中国绿化基金会副秘书长陈蓬，联合国环境规划署驻华代表处代表张世钢，东南卫视副总监曾峰等领导、嘉宾以及新闻媒体记者百余人出席了本次活动。张永利在讲话中肯定了中国网络植树节活动的重要作用，还提出了下一步工作的具体要求。此次活动得到爱心企业曲美家居和新浪微公益的独家战略支持。活动现场，主持人邀请现场的领导、嘉宾与媒体记者一起扫描二维码，通过微信摇一摇和新浪微博拍照发布的方式，现场在线共植321棵枸杞树。

【中国绿化基金会召开募资交流座谈会】 3月18～20日，中国绿化基金会在江西省南昌市举办了募资工作交流座谈会，就新常态下如何开展绿化公益项目、促进生态文明建设展开了交流和探讨，并对“绿色公民行动”动态版《清明上河图》文化巡展进行了现场考察和指导，各省(区、市)林业厅(局)的特邀理事和联络员以及部分合作单位、捐资企业40多名代表参加了此次会议。本次交流座谈会上，中国绿化基金会邀请了重庆市林业局、大连市林业局、长乐市林业局、江西双仁实业有限公司作了重点发言。各省(区、市)林业厅(局)的特邀理事和联络员以及部分合作单位、捐资企业代表对“绿色公民行动”动态版《清明上河图》文化巡展活动提出了建设性的意见和建议。

【美国刘氏基金会验收贵州省黎平县中潮镇卫生院援建项目】 4月7～9日，中国绿化基金会有关人员陪同美国刘氏基金会秘书长刘国烈一行二人赴贵州省黎平县验收中潮镇卫生院援建项目。贵州省林业厅绿化办、黎平县人民政府、黎平县卫生和计划教育局等相关人员陪同验收。截至2015年，中国绿化基金会已与美国刘氏基金会合作多年，先后在甘肃通渭、黑龙江绥林、云南高黎贡、贵州黎平、四川稻城、内蒙古凉山等地区援建了6所乡村卫生院，为推动中国的乡村医疗条件的改善做出了一定的贡献，取得了良好的社会反响。

【“幸福家园·绿色固原——全国志愿者生态扶贫植树交流活动”】 4月8日，由中国绿化基金会、联合国环境规划署、东南卫视、宁夏回族自治区林业厅等联合主办的第七届中国网络植树节暨幸福家园·绿色固原——全国志愿者生态扶贫植树交流活动在宁夏回族自治区固原市原州区河沟村隆重启动。国家林业局防治荒漠化管理中心屠志方总工程师，中国绿化基金会副秘书长杨旭东博士，宁夏回族自治区林业厅副厅长金韶琴等领导、嘉宾以及新闻媒体记者百余人出席了本次活动，并现场参与植树交流活动。“幸福家园·绿色固原”是“幸福家园——西部绿化行动”的第三期生态扶贫公益项目，在宁夏回族自治区固原市原州区实施，2015年是第一年。幸福家园项目通过社会捐资、公益机构募集资金实施项目、村民种植生态经济林作物、企业收购、政府引导支持相关产业发展的“捐资人＋政府＋公益机构＋企业＋农户”五位一体模式，援助原州区贫困村民种植枸杞经济生态树，在防治土地荒漠化、保护生态环境的同时，帮助当地村民提高收入。

【“绿色公民进校园”北京站活动圆满结束】 4月15日，中国绿化基金会发起的“绿色公民进校园”北京站活动圆满结束。此次活动以“绿色扶‘苹’，携手同行”为主题，旨在传递生态保护、绿色环保公益理念，鼓励在校大学生关注生态、参与生态、宣传生态。本次活动主要在北京林业大学、中国人民大学、北京理工大学 、中央民族大学、中央美术学院、北京工业大学、北京化工大学、北京科技大学、北京服装学院、北京农学院等10所高校开展。“绿色公民行动”公益项目，由联合国环境规划署、国家林业局及中国绿化基金会共同发起，遵循“携手同心、绿色同行、绿色公民、我在行动”的公益理念。号召各级政府、企事业单位、个人携手关注生态环境，参与生态宣传及捐资造林保护环境。此次活动历时15天，共计343.7万人次参与了转发、互动，树立了“绿色公民行动”的品牌形象，对今后项目宣传，募集善款起到了促进作用。

【中国绿化基金会城市屋顶绿化及立体绿化专项基金项目启动发布会】 4月22日世界地球日，由中国绿化基金会、全国新能源节能减排公共服务平台、中国屋顶绿化节能绿化行动推广办公室主办的中国屋顶节能绿化行动暨中国绿化基金会会“屋顶及立体绿化”专项基金华南理工大学、华南农业大学公益项目在广州举行启动仪式，中国绿化基金会副秘书长杨旭东博士、全国新能源减排公共服务平台秘书长张正军、广东省林业厅绿化委员会办公室陈庆辉主任、华南理工大学副校长党志、华南农业大学副校长咸春龙、中国屋顶节能绿化行动推广办公室负责人李东安等领导、学者、捐资企业代表以及新闻媒体记者百余人出席了本次活动。中国绿化基金会城市屋顶绿化及立体绿化专项基金是由中国屋顶节能绿化行动推广办公室、广州市增城绿创宝农业种植场联合发起，经中国绿化基金会审议决定成立。该基金旨在倡议社会各界关注并捐资支持城市绿色公益事业，以科学、节能、生态的方式，积极推进城市绿化、生态建设和生态文明建设等工作，为创建森林城市、花园城市、生态城市搭建便捷、透明、开放的公益平台。华南理工大学校友会企业代表小聪软件产业股份有限公司、广东光谱太阳能有限公司以实际行动各向中国绿化基金会捐资100万元，支持中国绿化基金会城市屋顶绿化及立体绿化专项基金，第一期屋顶绿化项目将在华南理工大学、华南农业大学实施。

【地球日“我为蓝天种棵树”——向地球献礼】 4月22日，由中国林业产业联合会、中国绿化基金会、大自然家居(中国)有限公司共同举办的“我为蓝天种棵树”活动，在陕西榆林和四川都江堰两地同时启动。全国政协人口资源环境委员会主任、中国林业产业联合会会长贾治邦，全国政协人口与环境资源委员会副主任、中国科协原党组副书记、副主席齐让，国家林业局副局长、中国林业产业联合会常务副会长张建龙，国家林业局纪检组组长、中国林业产业联合会副会长陈述贤，中国绿化基金会常务副秘书长陈蓬，大自然家居(中国)有限公司董事长、中国林业产业联合会副会长佘学彬，陕西省林业厅，四川省林业厅及消费者代表300余人出席了活动。植树活动现场，中国绿化基金会给大自然家居颁发了“中国绿色版图工程”十年公益植树行动荣誉证书，以表彰和鼓励“大自然”在生态建设中作出的贡献。

【中国绿化基金会与江苏省徐州市人民政府开展战略合作携手推进徐州市造林绿化和生态建设】 中国绿化基金会在连续三年大力推进扩展会省(市)合作基础上，4月16~18日，中国绿化基金会副秘书长陈蓬一行前往徐州市，商谈“中国绿化基金会——守望家园徐州绿化专项基金”合作事宜。双方就“中国绿化基金会——守望家园徐州绿化专项基金”主题、内容、运行机制、结合地方特色等进行了详细的讨论，明确了专项基金工作思路和推进方式。

【2015丰田纺织绿洲行动启动】 5月23日，由丰田纺织(中国)有限公司携手中国绿化基金会共同发起的2015“丰纺绿洲公益行动”在内蒙古阿拉善盟左旗的腾格里沙漠启动。自2013年开始，丰田纺织(中国)有限公司已经连续三年在内蒙古阿拉善地区开展“丰纺绿洲公益行动”，在腾格里沙漠边缘种植梭梭、沙枣等防沙固沙林。该项活动旨在倡议丰田纺织的员工、客户、合作伙伴共同关注自然环境，并自觉加入植树造林、保护地球、低碳生活的可持续发展绿色行动中来。活动当天，丰田纺织(中国)有限公司共在腾格里沙漠边缘种植400株酸枣树，建立起一条防风治沙乔木林带，为阻挡腾格里沙漠东移作出了贡献。

【2015兰州国际马拉松“百万森林绿跑行动”圆满落幕】 6月13日，兰州国际马拉松鸣枪开跑。中国绿化基金会百万森林项目成为兰州国际马拉松组委会唯一合作的环保公益项目，第三年携手兰马，开展绿跑行动。作为国内纬度最高的、唯一绕黄河而跑的马拉松赛事，兰马吸引着越来越多的国内外跑步爱好者的参与，2015年的报名选手达到了7万人。百万森林计划绿跑行动也逐渐成为赛事的一大亮点。

【“绿化荒漠 守护家园”公益宣传活动】 6月17日，为纪念第二十一个“世界防治荒漠化和干旱日”，由国家林业局、共青团中央联合主办，国家林业局荒漠化防治中心、中国绿化基金会等单位承办的“绿化荒漠 守护家园”公益宣传活动，在百年名校清华大学礼堂举办。国家林业局张永利副局长、共青团中央书记处书记徐晓等领导出席活动，与学生代表和与会嘉宾浇灌象征绿色希望的小树共同启动此次活动，并观看了公益电影《家在水草丰茂的地方》。张永利在讲话中回顾了半个多世纪以来，中国为防沙治荒漠化作出的努力。但防治荒漠化形势依然十分严峻，治理任务依然十分艰巨。张永利要求，必须把防治荒漠化工作摆在更加突出的位置，牢牢把握“生态优先”的根本方针、“尊重自然”的基本要求、

“利益驱动”的防治机制、“科学防治”的发展理念。张永利在活动现场向青年学子发出呼吁。现场来自清华大学、北京林业大学等十几所院校的600多名青年学生，向全国青年大学生发出“绿化荒漠 守护家园”倡议。该倡议旨在通过回顾荒漠化对人类文明和家园的危害，反思如何避免黄沙湮没文明的历史重演，唤起青年一代“绿化荒漠守护家园”的危机感和责任感，凝聚全社会建设生态文明和美丽中国的共识和决心。带动更多的社会力量关注并支持荒漠化治理、绿色家园建设公益事业。

【日本奥伊斯嘉国际组织代表赴黔检查验收2014～2015年度小渊基金造林项目】 7月15～20日，中国绿化基金会副秘书长杨旭东博士陪同日本奥伊斯嘉国际组织冈田文弘、陈铭全前往贵州省凯里市旁海镇两河村对小渊基金2014～2015年度项目开展检查验收工作，并对小渊基金2016年项目地进行实地调查。小渊基金项目（中日绿化交流基金项目）是1999年在时任日本首相小渊惠三的倡议下，于1999年由日本政府拨专款100亿日元设立，用于资助日本民间团体与中国社会各界开展植树造林活动的项目。日本奥伊斯嘉国际组织自2000年携手中国绿化基金会以来，在水土流失治理、生态技术合作、民间绿化交流等诸多领域开展了很多富有成效的合作。

【中国林学会《林业科学》编辑部携手绿化基金会启动“《林业科学》”绿色公益活动】 7月15日，中国林学会《林业科学》编辑部携手绿化基金会共同开展为期五年的“《林业科学》绿色公益活动”。2015年为《林业科学》创刊60周年。编辑部决定以纪念创刊60周年为契机，开展绿色公益活动。作者每成功投稿一篇论文，编辑部将以《林业科学》的名义向绿化基金会捐资5元，所捐款项将用于中国网络植树网宁夏项目，支持当地贫困家庭种植枸杞经济树。

【“一带一路·土地荒漠化探寻公益之旅”启动】 9月9日，由国家林业局作为指导单位、《北京青年报》发起主办，中国绿化基金会公益支持的“一带一路·土地荒漠化探寻公益之旅”启动仪式暨新闻发布会在北京正式启动。北京青年报社社长张延平、中国绿化基金会常务副秘书长陈蓬、中融民信副总裁冷厉共同出席此次发布会。

【中国绿化基金会应邀参加澳门中华教育会成立95周年纪念活动】 10月23日，澳门中华教育会举办成立95周年系列庆祝活动，绿化基金会副秘书长杨旭东博士应邀参加了中国澳门中华教育会成立95周年教育论坛活动及庆祝酒会。中国教育部副部长杜玉波，澳门特别行政区行政长官代表、澳门特别行政区社文司司长谭俊荣等出席了相关活动。2007年澳门中华教育会和中国绿化基金会以及澳门大学、澳门理工大学、澳门科技大学、北京人民广播电台外语广播、中国少年儿童杂志社、团中央《辅导员》杂志社等单位联合举办了“华夏绿洲助学活动”，在北京、澳门两地开展的“捐一元钱，献一本书，帮助中国沙漠化地区小伙伴”大型公益活动基础上，呼吁全社会关注中国绿色生态环境改善，针对中国西部沙漠、干旱地区贫困少年儿童长期实施捐赠的国内外华人慈善活动。2007～2015年，北京、澳门等地参加活动的人员有学校师生、企事业单位及社会各界人士累计百余万人。筹集善款1000余万元，筹集书籍60万册，资助内蒙古、陕西、新疆、青海、宁夏、甘肃、西藏、河北8省（区）11个县（旗）共5000余名贫困学生，捐献电脑超过1000台，邀请来北京参加学习的西部贫困学生代表超过500余人。

【金叶生态基金四川茂县凤仪镇茶山村水土保持林及反盗猎、盗伐巡护项目验收】 9月16日，中国绿化基金会副秘书长杨旭东陪同金叶生态基金负责人郑素平赴四川省茂县验收凤仪镇茶山村“金叶生态基金水土保持林及反盗猎、盗伐巡护项目”。该公益项目完成的造林总量为云杉20 000株，毛白杨8000株，总面积为15.33公顷，造林成活率在90%以上。项目实施期间，九顶山野生动物保护协会共组织了6次抚育管护工作，每次20余名人员对所有的树苗进行林带清理及防治病虫害的工作。该公益项目的实施区域是野生动物出没和村民家畜出没的一个交界区域，新植的树苗容易受到野猪及家养牲畜的破坏，因此实施机构完成了1200米的铁丝围栏工作，并组织了8批次的反盗伐巡护，截止到2015年8月底，最新的一轮巡护显示所有种植的树苗成活率和长势良好，而且未受到牲畜破坏，项目实施效果良好。该公益项目由九顶山野生动物保护协会负责实施，协会负责人余家华历经20年，从一名优秀的猎人蜕变成一名坚定的自然保护主义者，自1995年自发带动村民开展九顶山野生动物保护巡护以来，截至2015年已经组织村民巡山多达150多次，参加人员高达1100多人次，直接面对猎人100多次，面对猎人枪口约6次，直接和间接收缴猎枪15支，巡山线路长达4～50000千米，面积高达200多平方千米，劝阻盗猎者停止盗猎达600多人次，拆收盗猎绳套、铁夹子等110 000多根（件），使九顶山的野生动物种群得到了极大的恢复。

【中国绿化基金会参加2015首届“慈善北京”展示会】 11月5日，中国绿化基金会受邀参加由北京市民政局支持，北京恩玖非营利组织发展研究中心（基金会中心网）主办的首届“慈善北京”展示会。本届展示会集结了近50家慈善组织以及10余家爱心企业，通过呈现丰富多彩的公益慈善项目、开展有趣有益的公益体验和慈善义卖活动以及图文并茂的慈善成果展，为首都市民了解慈善、体验慈善、参与慈善提供一个生动的舞台。其中，中国绿化基金的参展项目：“保护高黎贡山行动”天然林及生物多样性保护项目、“发现中国之美·人与环境”摄影大赛、“幸福家园·林食善果”等受到广泛关注。本次中国绿化基金会参展的“保护高黎贡山行动”天然林及生物多样性保护项目，旨在通过在云南高黎贡国家级自然保护区开展天然林及生物多样性保护的试点案例，动员海内外民间力量关注并参与和支持全球（重点为中国境内）的原始森林及生物多样性保护、珍稀濒危物种保护等自然保护行动，促进人与自然和谐相处，实现人类社会的可持续发展；由中国绿化基金会公益支持的“发现中国之美·人与环境”摄影大赛、“幸福家园·林食善果”等公益项目则在探索公益+艺术、公益+电子商务的跨界合作，以影像保护、产业推动的方式实现可持续公益发展和可持续自然保护的目标而作了有效探索。

【2015“上海市民绿化节”闭幕暨中国绿化基金会“绿色上海”专项基金推广仪式】 11月18日，2015年“上海市民绿化节”闭幕暨中国绿化基金会“绿色上海”专项基金推广仪式在上海市静安区静安公园广场举行。上海市政府副秘书长黄融、中国绿化基金会副秘书长杨旭东、上海市绿化委员会副主任陆月星、绿化节组委会成员单位(文明办、团市委、《晚报》、电视台等)领导共同出席本次活动，表彰在绿化节活动中涌现出来的市民绿化达人、百佳立体绿化项目、市民插花高手等。活动中来自上海17个区的500多名群众代表共同见证上海农村商业银行股份有限公司、上海市园林集团股份有限公司、漕河泾开发区股份有限公司等企业和上海市民代表向“绿色上海专项基金”捐赠善款共计340万元、实物110多万元。

“绿色上海专项基金”是2015年上海市人民政府联合中国基金会共同设立，旨在广泛发动社会力量捐资支持上海市城市绿化及生态建设公益事业。本次绿化节通过结合“绿色上海专项基金”的设立，开展了多形式、多时段、多层面的绿化宣传、公共服务活动，深化绿化与市民融合度，拓展全民义务植树尽责方式，鼓励市民群众把关爱绿化、保护绿化作为一种生活方式。

【中国绿化基金会副秘书长陈蓬出席联合国防治荒漠化公约第十二次缔约方会议】 10月12~23日，联合国防治荒漠化公约第十二次缔约方大会在土耳其首都安卡拉召开。本次大会以落实联合国2015年后可持续发展目标与推动实现土地退化零增长为重点，讨论了公约发展方向和工作计划。中国绿化基金会常务副秘书长陈蓬作为联合国防治荒漠化公约缔约方成员单位的受邀嘉宾，同来自100多个国家、地区的国际组织、民间机构的400位代表共同出席了此次会议。

【中国绿化基金会荣获新浪2015年度教育传播影响力项目奖】 11月26日，“让教育链上互联网”——新浪2015中国教育盛典暨新浪教育十五周年庆典活动在北京举办。由共青团中央学校部、中国绿化基金会、新浪微博共同发起，中国屋顶绿化节能行动公益支持的2015全国大学生“绿植领养”活动获得了新浪2015年度教育传播影响力项目奖。

2015全国大学生“绿植领养活动”，通过免费给大学生发放盆栽绿植，鼓励大学生亲身参与绿色植物种植行动，开启低碳环保的大学生活，传递环保理念。活动从3月份启动到5月份结束，先后在中国矿业大学、四川大学、青岛理工大学等1000多所大学内开展，微博参与互动超过1.5亿人次，绿植领养超过100万盆。

【第五届“发现中国之美——人与环境摄影大赛获奖作品展暨开幕式”】 11月29日，由中国绿化基金会、上海摄影家协会、上海市静安区文化局等主办、世界自然基金会(WWF)、上海市绿化委员会办公室等单位支持的“发现中国之美——人与环境摄影大赛获奖作品展暨开幕式”在上海海上文化中心举行，“2015生态摄影论坛”也同期举办。中国绿化基金会、上海市摄影家协会等领导出席此次活动，为2015发现中国之美——人与环境摄影大赛获奖作品展揭幕。已连续举办了五届的人与环境摄影大赛以“影像传递影响、生态改变生活”为主旨，主张“带着一种思想和责任去拍摄”，摄影嫁接公益自然保护实践。随后举办的“2015生态摄影论坛”邀请业内知名专家、学者同台论道，共同探讨生态摄影的记录、传播、展示功能与作用，期望借此深入传递“影像带来影响，生态改变生活”的平台主张，影响和带动更多人关心与关注生态建设、生物多样性保护等，为美丽中国、美好生态共建传递影像的力量。

【鄱阳湖湿地保护项目实地探访宣传活动暨绿色公民行动志愿者团成立仪式】 12月4日，由中国绿化基金会、江西绿化委员会、江西鄱阳湖国家级自然保护区管理局共同主办的“鄱阳湖湿地保护项目实地探访宣传活动暨绿色公民行动志愿者团成立仪式”在江西鄱阳湖国家湿地公园举行。为了保护鄱阳湖湿地资源，维护湿地生态功能和生物多样性，保障湿地资源的可持续利用，促进生态和经济社会的协调发展，解决候鸟越冬觅食难等问题，中国绿化基金会绿色公民行动，通过在线捐助等方式募集社会公众捐资，用于湿地保护的宣传教育、保护体系建设、湿地科研等，重点做好三方面的工作：第一，做好候鸟投食工作。雨雪天气，湖面、泥滩易结冰，白鹤、东方白鹳、小天鹅等珍稀候鸟的栖息安全会因取食困难受到极大影响，爱心人士在网上每捐赠10元，就可为这些珍稀候鸟采购荸荠、鱼虾1份，从而保证恶劣天气条件下的食物供应。第二，对整个湖区加强监管，聘请湖区巡视员，加强巡视工作，保障越冬候鸟的栖息安全。第三，爱鸟护鸟知识的宣传与推广，加强法律知识及典型案例的普及，提高人民群众的法制观念，树立生态保护及人与动物和谐共存的意识。

【中国绿化基金会第六届理事会第十一次会议】 于12月16日在北京召开。基金会主席王志宝主持会议，15位理事和2位监事出席。会议审议通过了基金会2016年工作计划，各位理事、监事为基金会的发展建言献策。王志宝主席在总结发言中对2015年基金会工作任务给予充分肯定，对2016年中国绿化基金会的工作提出了六点要求。

【绿色公民行动推荐公益项目荣获2015年第五届中国企业社会责任卓越奖优秀项目】 12月18日，由《公益时报》社主办的2015“第五届中国企业社会责任卓越奖”，在北京钓鱼台国宾馆揭晓获奖企业和项目的名单。2015“第五届中国企业社会责任卓越奖”得到了众多知名企业的关注和支持，收到企业提交的公益项目案例近300个。通过企业案例的报名征集、专家评审等环节，本届“卓越奖”共推选出40个获奖企业和项目。绿化基金会推荐的西铁城（中国）钟表有限公司因参与绿化基金会的"绿色公民行动——走进阿拉善"、ABB（中国）有限公司因参与绿化基金会的"绿色公民行动——鄂尔多斯治沙项目"共同荣获中国企业社会责任优秀项目奖项。

【金强杯"最美湿地"中国闽江口（国际）摄影大展启动】

12月30日，中国绿化基金会、福建闽江河口湿地国家级自然保护区管理处与中国摄影出版社联合举办的金强杯"最美湿地"中国闽江口（国际）摄影大展征稿正式启动。此次影展为全面践行习近平主席提出的"一带一路"这一跨越时空的宏伟构想，结合长乐市闽江河口湿地自然保护区的发展情况及未来蓝图规划，以多角度、新视觉、立体化保护区自然生态的优势，吸引摄影人以敏锐的洞察力和独特的视角进行摄影创作。通过优秀的摄影作品充分展示长乐市闽江河口湿地自然保护区的自然景观、人文风情、社会风貌等，以摄影唤起人们保护环境、爱护候鸟的意识，促进湿地自然保护区的旅游资源开发和旅游产业发展。大展组委会最后将组织摄影专家评选出入展作品178幅，用于举办影展、出版画册和旅游宣传。

【闽江河口湿地生态科普宣传片拍摄完成】 12月30日，《闽江河口湿地生态科普宣传片》3D版本历时4个月完成制作。该片由中国绿化基金会福建海峡西岸专项基金投资拍摄，福建闽江河口湿地国家级自然保护区协助拍摄。全片以一名艺术家作为线索，利用3D特效合成与精致拍摄，刻画出似幻似真、壮阔非凡的湿地美景，向公众传达了保护湿地生态环境的重要性。

【林业大事】

1月17日 中国绿化基金会获得新浪微公益平台评选的最杰出贡献奖，成为获得该奖的唯一致力于自然保护的绿化公益机构。

2月6日 由中国绿化基金会、江西省绿化委员会、江西广播电视台共同主办的"绿色公民行动"动态版《清明上河图》文化巡展在南昌举行了开幕式。

3月12日 中国绿化基金会携手腾讯公益慈善基金会共同发起"种树人的雾霾之战"微信捐款公益项目，首次尝试通过中国绿化基金会"重返森林"微信公众号平台，以新的方式参与植树节植树活动。

同日 基金会中心网对外发布《自然保护领域基金会发展趋势分析》报告。中国绿化基金会在报告公布的2013年度自然保护支出TOP5基金会榜单中，以资金支出1.1778亿元排名第一。

3月18～20日 中国绿化基金会在江西省南昌市举办募资工作交流座谈会，就关于新常态下如何开展绿化公益项目、促进生态文明建设展开了交流和探讨，并对"绿色公民行动"动态版《清明上河图》文化巡展进行了现场考察和指导，各省（区、市）林业厅（局）的特邀理事和联络员以及部分合作单位、捐资企业代表40多名参加了此次会议。

3月21日 由全国绿化委员会办公室、中国绿化基金会、联合国环境规划署、东南卫视联合主办的第七届中国网络植树节启动暨绿色健步走活动在北京启动。国家林业局副局长张永利出席活动并讲话。

4月8日 由中国绿化基金会、联合国环境规划署、东南卫视、宁夏回族自治区林业厅等联合主办的第七届中国网络植树节暨幸福家园·绿色固原——全国志愿者生态扶贫植树交流活动在宁夏回族自治区固原市原州区启动。

4月15日 中国绿化基金会发起的"绿色公民进校园"北京站活动圆满结束。活动历时15天，共计343.7万人次参与转发、互动活动。

4月22日 由中国绿化基金会等单位主办的中国屋顶节能绿化行动暨中国绿化基金会会"屋顶及立体绿化"专项基金华南理工大学、华南农业大学公益项目在广州举行启动仪式。

4月22日 由中国林业产业联合会、中国绿化基金会、大自然家居（中国）有限公司共同举办的"我为蓝天种棵树"活动，在陕西榆林和四川都江堰两地同时启动。中国绿化基金会现场为大自然家居颁发了"中国绿色版图工程"十年公益植树行动荣誉证书，以表彰和鼓励"大自然"在生态建设中作出的贡献。

9月9日 由国家林业局作为指导单位、《北京青年报》发起主办，中国绿化基金会公益支持的"一带一路·土地荒漠化探寻公益之旅"启动仪式暨新闻发布会在北京启动。

10月23日 中国绿化基金会领导应邀出席澳门中华教育会举办成立95周年系列庆祝系列活动。

11月5日 中国绿化基金会受邀参加由北京市民政局支持，北京恩玖非营利组织发展研究中心（基金会中心网）主办的首届"慈善北京"展示会。

11月18日 2015年"上海市民绿化节"闭幕暨中国绿化基金会"绿色上海"专项基金推广仪式在上海市静安区静安公园广场举行。

12月4日 由中国绿化基金会、江西绿化委员会、江西鄱阳湖国家级自然保护区管理局共同主办的"鄱阳湖湿地保护项目实地探访宣传活动暨绿色公民行动志愿者团成立仪式"在江西鄱阳湖国家湿地公园举行。

12月18日 由《公益时报》社主办的2015"第五届中国企业社会责任卓越奖"在北京召开。中国绿化基金会推荐的项目合作伙伴——西铁城（中国）钟表有限公司、ABB（中国）有限公司荣获中国企业社会责任优秀项目奖项。

（绿化基金会由张杨供稿）

中国林业产业联合会

【综　述】 2015年，随着中国林业和林业产业快速发展，中国林业产业联合会认真贯彻落实党中央、国务院和国家林业局各项产业政策，充分发挥联合会桥梁纽带作用，各项工作稳步扎实推进，为中国林业产业发展作出贡献。

服务大局　依据国家林业局安排，深入各地开展林业产业调研，牵头组织完成了国家"十三五"规划林业产业部分的编制工作；组织业内专家分别举办了人造板产业、杜仲产业中长期发展规划论证，相关成果和建议已报国家林业局相关部门。

受托完成2014年度林业产业重大问题研究报告和发展指南两大专题的编撰出版工作，合计50万字，张建龙局长、贾治邦会长分别作序。

做好国家林业局委托的两个奖项的评选工作。组织开展了森林食品类、地板类、人造板类、苗木类、生态果酒及饮品类等创新奖的评比表彰工作。根据新的形势要求，经张建龙局长同意，组织修订中国林业产业突出贡献奖和创新奖的评选规程，报国家公务员局备案。

承担全国重点林产品信息综合服务平台和林业产业大数据平台建设工作。其中，全国重点林产品综合数据服务平台等4个平台网站基本建成并开通试运行；进行了中国林业产业网改版工作，并将4个平台及林产品大数据业务统一到新改版的网站中，面向社会开展服务。

主动参与推动党中央"五位一体"和生态文明建设工作，与国家林业局宣传办和林业文联等单位一起在陕西榆林组织"我为蓝天种棵树"大型植树公益活动，并举办了"生态文明座谈会"和"童眼观生态"等系列活动，张建龙局长、贾治邦会长、陈述贤组长出席并讲话。

品牌建设　大力推进国家森林生态产品品牌体系建设，在安徽池州召开"国家森林生态标志产品品牌体系建设座谈会暨电商平台启动仪式"，研讨完善有关办法和实施细则。张建龙局长、贾治邦会长、封加平总工出席。

按照国家林业局重点工作分工，编制完成《国家森林生态产品生产基地认定管理办法》和《国家森林生态产品供应商认定管理办法》；开展国家森林生态产品生产基地和国家森林生态产品供应商认定试点工作。

召开首届林业产业诚信企业品牌建设高峰论坛；受国家林业局委托，主持编撰并发布首部《中国林业产业信用体系建设规划纲要(2015～2020)》；编制了《中国林业产业行业诚信评价标准》和《中国林业企业信用评价规范》；经商务部同意，牵头启动在全国展开林业信用评价及诚信企业品牌评定、推广等活动。

大力推进分支机构建立和发展，目前联合会已备案的分支机构34家，7月中旬首次召开分支机构秘书长座谈会，各分支机构在联合会的督导下全年开展了28项(次)的业务活动。

专业培训工作取得较大突破，开展林业产业职业经纪人、涉林专项资金补助申报、全国林业产业电子商务专题、森林疗养技术、林业企业信用管理师国家职业资格、木质林产品零售业职业经理人(店长)等培训班，共培训780多人(次)，是前五年之和。

服务会员企业　积极开拓联合会新业务领域，与世界自然基金会开展了新一代人工林调查框架合作；与中国林业出版社开展了《中华木作——绿色文化传播及设计创意服务平台》框架合作；与国家林业局速丰办、世界自然基金会联合主办《中国人工林最佳经营指南》启动会。

按照党中央国务院和国家林业局关于展会的有关精神，首次以联合会的名义通过市场化运作在吉林长春举办了第二届中国森林食品交易博览会，规模和交易量较上届增长40%以上，陈述贤组长出席并宣布开幕。

参与主办、承办、协办和支持中国林产工业协会举办了第十四届中国国际门业展览会、第十七届中国国际地面材料及铺装技术展览会、第五届北京国际别墅产业与木结构建筑配套设施展览会、第十七届中国(广州)国际建筑装饰博览会、第四届中国(沈阳)国际家博会、第六届中国－东盟博览会林产品及木制品展、第十届中国(东阳)木雕竹编工艺美术博览会和中国(重庆)国际林产业博览会等8个展会。合计展出面积80多万平方米，较上年度增加30%。

参与组织和支持中国林产工业协会举办2015欧亚经济论坛－生态农业与食品安全分论坛、第二届绿色中国梦能源论坛、中国国际造纸纤维年会、中国香榧博物馆论证会、竹缠绕高峰论坛和世界人造板大会等论坛活动。

交流和维权工作　组织大兴安岭林业集团、长白山森工集团和龙江森工集团等国有林区企业与俄罗斯、日本、加拿大、澳大利亚、新西兰等国相关社团组织和企业开展合作洽谈，寻求天然林停止商业性采伐后新的发展机会；组织广东、浙江、山东和湖北等地的国内企业到吉林敦化、延吉等东北地区考察投资合作事宜。

接待德国、澳大利亚、新西兰、加蓬、荷兰、瑞典、芬兰、斯洛文尼亚等国社团组织和企业访问，并陪同其中一些社团组织和企业到上海、江苏、广东等地访问了中国企业。召开了中瑞(瑞典)木结构建筑研讨会、中斯(斯洛文尼亚)林业企业座谈会和中澳(澳大利亚)林业企业座谈会等活动。

针对欧美等国对中国林产品"双反"指控和胶合板环保质量的责难，主持和支持中国林产工业协会组织国内相关产业区域和企业积极应对，特别是与美国方面进行了三次面对面的交锋，维护了中国民族企业和行业利益。

就中美、中欧、中俄打击木材非法采伐及贸易工作，开展了常规性的信息交流和培训，建立"打非"平台；配合局国际司积极参与开展中非林业经贸合作等交流活动。

【大型植树公益活动"我为蓝天种棵树"】 2015年4月22日是第46个世界地球日。由中国林业产业联合会、中国绿化基金会、大自然家居（中国）有限公司携手倡议并举办的"中国绿色版图工程"大型公益活动项目之"我为蓝天种棵树"活动在陕西省榆林市举行。全国政协人口资源环境委员会主任、国家林业局原局长、中国林业产业联合会会长贾治邦，中国科协原党组副书记、副主席、书记处书记齐让，国家林业局党组副书记、副局长张建龙，国家林业局党组成员、中央纪委驻局纪检组组长、中国林业文联主席陈述贤在榆林市空港区参加了此次植树活动。

植树环节结束后，所有嘉宾、领导和志愿者们参观了榆林林业展览馆，了解陕北60年的治沙历史，榆林"南治土、北治沙"的艰辛与成效。当天下午，还举行了《论生态文明》座谈会、"童眼观生态"2015方案研讨会。会上，专家学者高度评价了贾治邦《论生态文明》一书的学术地位和实践价值。同时，对"童眼观生态"的2015方案进行了讨论，为生态文明建设参与中国社会主义现代化建设提供了可行方案，涵盖广泛、意义深远。

【2015年林产品国际贸易研究中心年会暨可持续林产品贸易与投资高峰论坛】 2015年4月28日，国家林业局林产品国际贸易研究中心年会暨可持续林产品贸易与投资高峰论坛在张家港召开。本次年会由国家林业局林产品国际贸易研究中心、中国林业经济学会林产品贸易专业委员会、中国林业产业联合会国际投资贸易促进会、国家林业局管理干部学院、国家木材检测联盟、国际环境与发展研究所联合主办。国家林业局发展规划与资金管理司副司长张艳红、中国林业产业联合会副会长兼秘书长王满和张家港市副市长邵军民分别在大会上致辞。

本次会议从林产品贸易形势和政策发展回顾与展望、林产品贸易高峰论坛、可持续林产品贸易和投资峰会等多个视角探讨了林业行业发展的新常态和新环境以及应对措施。面临林业行业发展的新常态和新环境，本次年会综合分析了当前世界和中国林产品贸易的新形势，深入探讨了在新常态下应对国际贸易与投资格局变化的措施，体现出了三大特点：一是企业参与程度高，在与会代表中，企业代表占了近3/4，并积极参与讨论；二是科研与企业实际需求结合程度高，本次会议邀请到了国家发改委对外经济研究所、北京林业大学、中国林业科学研究院等科研机构的专家，从宏观政策和微观实践各个方面为企业解惑答疑；三是政策服务功能更为强化，不但有国家林业局相关司局的领导，还邀请到相关省市检验检疫局、经济发展局等相关部门领导和专家参与，拓宽了政策服务的领域，丰富了政策服务内容，提升了政策服务层次。来自政府部门、科研机构、各级林业行业协会、各地林业企业、国际非政府组织的200余名代表参加了会议。

【中国林业产业创新奖首次评选生态果酒及饮品类】 2015年6月24日，由中国林业产业联合会和中国酒类流通协会主办、中国林业产业杂志承办的首届中国林业产业创新奖（生态果酒及饮品类）专家评审会在北京召开。这是中国生态果酒及饮品类产业首次评选创新奖。此次参评项目均出自生态果酒及饮品生产与经营领域的企业，并在节约能耗、改善产品性能、提高产品质量、开发新产品、推广新工艺及新装备等方面获得了技术进步成果。

中国林业产业创新奖是国务院纠风办于2010年正式核定的国家林业局9个评比表彰项目中的一个重要奖项，是体现林业行业科技进步、产品创新方面的重要奖项。创新奖由中国林业产业联合会主办，评审管理工作受国家林业局的监督指导。该奖项每两年一届。中国林业产业联合会此前已顺利开展了人造板、地板、森林食品、林浆纸、红木等类别创新奖的评定。

【中国林业产业联合会分支机构秘书长座谈会】 2015年6月28日，中国林业产业联合会分支机构秘书长座谈会在北京召开，会议传达了国家林业局领导张建龙、陈述贤、封加平和贾治邦会长关于联合会工作的指示要求，检查落实民政部、财政部、中国人民银行有关社团财务管理规定的情况，交流了分支机构工作经验，研究部署了下阶段工作。

会上，中国林业产业联合会秘书处负责人作了工作报告，报告分6个部分，即：产业形势、政府职能转换中的社团作用、联合会职能分析、联合会重点工作、相关业务和下一步工作计划。近年来，中国林业产业持续发展，产业规模继续扩大，产业结构进一步优化，以林业旅游与休闲为主的林业服务业快速发展，各类经济林产品和木竹加工产品产量稳定增长，其中经济林产品种植与采集业、木材加工和木竹制品制造业发展成为两个超万亿元的林业支柱产业。会上，还为荣获"2014～2015年度先进分支机构"称号的苗木分会和金融分会举行了授牌仪式。

【全国林业产业行业信用评价工作启动】 为全面贯彻落实国务院《社会信用体系建设规划纲要（2014～2020年）》和《中国林业产业信用体系建设规划纲要（2015～2020）》精神，根据商务部信用工作办公室、国务院国有资产监督管理委员会行业协会联系办公室联合下发《关于公布第12批行业信用评价参与单位的通知》（商信用函〔2014〕2号）及国家林业局2015年重点工作的相关要求，加快中国林业产业信用建设，中国林业产业联合会决定与商务部所属信用评价机构国富泰信用管理有限公司于2015年7～11月在全国范围内开展林业行业信用评价工作。此次在全国范围内开展林业行业信用评价工作目的是为了建立和完善林业产业行业信用体系，提高会员单位的诚信意识和风险防范能力，增强行业自律水平，规范行业内部竞争秩序，在林业产业行业树立"诚信守法为荣，失信违法为耻"的良好风尚，全面促进林业产业行业持续健康发展。

【大型林业文献纪录片《中国山林》拍摄、制作工作启动】 为全面贯彻党中央、国务院和习近平总书记有关生态文明建设指示精神，落实党的十八大把生态文明建设纳入中国特色社会主义事业“五位一体”总布局的战略决策，充分展现新中国成立以来，特别是党的十八大以来全国务林人为生态文明建设作出的巨大贡献，展现林业行业为国民经济建设所作出的丰功伟绩，展现林业企业为社会提供的丰富多彩的林产品，展现现代林业建设进程中涌现出的先进集体、先进个人的精神风貌，推动生态文明建设进程，倡导林业企业在新常态下诚信经营，为社会提供更多更好的林产品，为生态文明建设和中华民族的伟大复兴，早日实现中国梦作出新的更大的贡献，中国林业产业联合会与中国绿色时报社合作并报国家林业局批准，启动中国林业产业重点传播项目——大型林业文献系列纪录片《中国山林》的拍摄、制作工作。

【世界自然基金、中国林业产业联合会倡议：推动纸制品的负责任采购】 世界自然基金会（WWF）、中国林业产业联合会协同发起“中国纸制品可持续发展倡议”（CSPA），旨在通过多方共同努力，持续增加可持续纸制品的市场需求与供应，共同推动中国纸制品生产和消费的可持续发展。9月10日在上海获得十家龙头企业郑重响应。首批响应中国纸制品可持续发展倡议的企业涵盖了中国纸与纸浆行业的全产业链上的10家本土及国际企业，包括中国最大的国营纸企中国纸业，最大的民营纸企太阳纸业，还包括金佰利、国际纸业、芬欧汇川、斯道拉恩索、Fibria，以及惠普、富士施乐、宜家等的国际知名企业。

倡议要求成员企业通过一系列措施来生产和购买负责任的纸制品，以快速提高认证和再生纸制品的供应和需求。这些措施包括：以溯源的供应链管理来减少非法来源纤维；以负责任的森林管理来实现森林保护；通过推动消费者对认证和再生纸制品消费意识的提升，来激励消费者和厂商对获得可信认证纤维和再生纸制品的需求和供给；通过平台的作用，在全球范围内扩大中国负责任纸制品的市场需求。

【国际绿色空间与竹材装饰应用高峰论坛】 在中国室内装饰协会、中国林业产业联合会指导下，2015年9月11日，以“设计引领 · 产业升级”为主题的“国际绿色空间与竹材装饰应用高峰论坛”在上海新国际博览中心隆重召开。由上海国际室内设计节组委会、中国竹产业协会、中国竹材装饰（上海）设计应用推广中心、上海市室内装饰行业协会、上海嘉荣环保科技有限公司共同主办。该论坛是继联合国教科文组织命名的上海“设计之都”后，连续举办的、旨在推动设计产业发展、拉动建筑装饰和家具产业链发展的大型国际合作交流活动，搭建国际绿色空间及竹材装饰交流的平台，也是“2015上海国际室内设计节”的重要活动之一。来自世界各地的国际权威专家、知名学者、国际著名设计大师、绿色酒店应用工程师、竹材企业家们汇聚一堂，展开了一场“国际绿色空间与竹材装饰应用——学术与实践的对话”。论坛通过创新思想的碰撞、对竹材装饰在国际星级酒店装饰中应用的交汇互融、对竹材装饰与绿色建筑领域内存在的问题进行了深刻的分析，并提出切实可行的应对策略，这将是全球生态环境改善行动中的重要一笔。

【第三批中国林业产业诚信企业品牌评审会】 继2015年3月首批“中国林业产业诚信企业品牌”评定、8月3日第二批“中国林业产业诚信企业品牌”评定活动之后，9月14日第三批“中国林业产业诚信企业品牌”专家评审会在北京召开，中国林业企业的诚信建设工作正在向纵深推进。

国家林业局是中国信用体系建设中率先制定出具体实施细则的行业部门之一，推进林业产业信用体系建设，是国家林业局2015年的重点工作之一。中国林业产业联合会于今年3月16日开展了首批中国林业产业诚信企业品牌的评定推广工作，在社会上产生了广泛影响，对促进林业产业健康、快速、诚信和有序发展起到了积极的推动作用。此次开展的第三批“中国林业产业诚信企业品牌”的评定工作，由中国林业产业联合会组织行业专家组成专家评审组，严格遵照《中国林业产业行业诚信评价标准》等文件，本着公平、公正、公开的原则，对申报企业提供的申报材料进行了评审，并通过审评综合材料的形式，对申报企业进行了投票，最终有28家申报企业通过了专家评审（名单详见中国林业产业诚信网）。

【第二届中国森林食品交易博览会】 2015年9月18～21日，第二届中国森林食品交易博览会在吉林省长春市举办，本届森交会共626家企业参展，设有546个国际标准展位，特装面积3920平方米。来自全国23个省份的行业重点企业、知名品牌共495家参展，四大森工集团和国内重点森林食品企业特装馆131家；展览面积2.2万平方米，林粮、林药、林果、林饮四大专业展示区和重点省、市综合展示区展出6279个系列森林食品；森林食品孵化馆展出790多项新技术、新产品；信息发布馆共发布国家、各省区市林业管理部门、商协会服务机构对林下经济的发展扶持政策等内容171项，本届森交会全面展示了中国森林食品产业的新成果和新面貌。由沃尔玛集团、易初莲花集团等大型超市、电商、旅游超市、农贸市场、酒店及连锁餐饮、制药厂及连锁药房、食品深加工等采购商已经组成大型采购团，于森交会期间组团到森博会参会采购，本届森交会成交总额128.5亿元人民币，其中实际成交额和意向成交额分别为41.7亿元和86.8亿元人民币，参观人数超过4万人，规模、产品、交易额等方面都超过首届森交会。

2012年首届森交会在辽宁省铁岭市举办，森林果品、森林药材、木本油料等10大类1800余种森林食品悉数亮相，首次为森林食品产业发展提供了一个集展示、交流、商洽等为一体的平台，取得了良好的经济效益和社会反响。为了更好地打造森林食品展销、商洽平台，打通森林食品全产业链条，在首届森交会的基础上，本届森交会结合“生态森林产品，健康提升品质”的主题，除设置1000个国际标准展位以外，还规划了森林信息专馆、药饮品专馆、国际馆、新技术新材料馆、包装和物流馆等5个主题展区，面积达5万平方米。同期举办的中国森林食品产业发展高峰论坛，通过对中国森林食品发展现状、问题和趋势的交流，厘清森林食品发展思路，探索发展模式和研究解决方案，促进中国森林食品这个朝阳产业向着高效、快捷和有序方向发展。为企业、资本和商贸界寻找推动产业发展的契机，让林下产业为生态经济发展护航，让森林食品成为我们健康生活的保障。森交会期间，中国林业产业联合会还颁发了“森林食品类林业产业突出贡献奖”和“森林食品类产品创新奖”等两项国家级森林食品类奖项，并对首批国家森林生态标志产品生产基地进行授牌。

【第二届世界人造板大会】 由中国林产工业协会、临沂市政府主办，以“调整结构、转型升级、绿色采购、创新发展”为主题的第二届世界人造板大会在2015年10月17日在山东省临沂市召开，全球人造板产业发展格局、中国人造板产业发展现状、世界人造板产业贸易壁垒政策、人造板行业智慧升级等话题在与会代表间热议。国家林业局党组成员、中央纪委驻国家林业局纪检组组长、中国林业产业联合会副会长陈述贤出席会议并致词。中国林业产业联合会副会长兼秘书长王满出席了会议。

本届大会邀请了国家发展和改革委员会、北京林业大学、国家林业局林产工业规划设计院、德国迪芬巴赫机械设备有限责任公司、太尔化工集团公司、芬兰劳特集团陆特(上海)机械有限公司等国内外技术专家，就中国人造板的产业升级进行了讨论；并邀请国内知名专家、学者就中国人造板质量现状与强化管理和推进标准化、人造板国际贸易壁垒、资本市场助力人造板行业智慧升级、“互联网+木材+供应链金融”等问题作了专题报告。本届大会首次发布了中国人造板产业报告，并将于每年的世界人造板大会上对中国人造板产业报告进行发布；会议启动了中国林产工业协会信得过企业认证工作；同时，还宣布了2015年人造板创新奖获奖名单并组织了颁奖活动，与会外宾还参观了临沂人造板市场和生产企业。

【《中国林产工业企业社会责任白皮书》】 2015年10月20日，《中国林产工业企业社会责任白皮书》《中国林业工业企业社会责任报告编写指南》在北京人民大会堂同期发布，17家林产工业企业争做社会责任履责“标杆”。发布会由中国林产工业协会主办，国家林业局、中国林业产业联合会支持，原林业部副部长、中国绿化基金会顾问蔡延松出席发布会，并为《中国林产工业企业社会责任白皮书》参编企业颁发证书。

编撰《中国林产工业企业社会责任白皮书》旨在提升中国林产工业企业的社会责任，规范企业在政府、员工、投资者、健康、环保等方面的职责，明确企业在环境保护、低碳生产、节能减排等方面的义务，引导林产工业的健康发展。本次参编《中国林产工业企业社会责任白皮书》的17家企业中，除大自然家居(中国)有限公司、广西三威林产工业有限公司、吉林森工人造板集团有限责任公司、重庆星星套装门(集团)有限责任公司、广西壮族自治区国有高峰林场、巴洛克木业(中山)有限公司6家企业是“老面孔”，久盛地板有限公司、四川升达林业产业股份有限公司、广西丰林木业集团股份有限公司、陕西中兴林产科技股份有限公司、德尔国际家居股份有限公司、江苏肯帝亚木业有限公司、大亚人造板集团有限公司、江苏贝尔装饰材料有限公司、圣象集团有限公司、福人集团有限责任公司、成都建丰林业股份有限公司等11家企业均为首次发布企业社会责任报告。大多数企业的社会责任报告提及了保护生态环境、维护员工和股东利益、关注公益事业等内容，部分企业还将提供“一站式”购物、完善售后服务、绿化造林、节能降耗等内容纳入企些社会责任报告中。

【国家森林生态标志产品品牌体系暨电商平台建设正式启动】 2015年11月23日，由中国林业产业联合会和安徽池州市人民政府共同主办的国家森林生态标志产品品牌体系暨电商交易平台建设座谈会在安徽池州举行。全国政协人口资源环境委员会主任、国家林业局原局长、中国林业产业联合会会长贾治邦，国家林业局局长、中国林业产业联合会常务副会长张建龙，安徽省副省长梁卫国，国家林业局总工程师、中国林业产业联合会副会长封加平等出席会议。座谈会由安徽省池州市委副书记、代市长雍成瀚主持。在国家森林生态标志产品品牌体系建设启动仪式上，贾治邦为池州市人民政府颁发全国森林生态产品展示交易中心铭牌。池州市人民政府与中国林业产业联合会就森林生态标志产品品牌体系建设，签署了战略合作框架协议，双方将共同推动打造中国最大的森林生态产品基地和电子商务交易平台。与会代表围绕着国家森林生态标志产品品牌体系和电子商务交易平台建设展开了一系列的讨论，就编写《国家森林生态标志产品认定和标识管理办法》、筹建国家森林生态标志产品认定管理委员会、创建国家森林生态产品生产基地和供应商工作和全国重点林产品数据服务平台等工作进行了深入研讨。

23日下午还专项召开基地和供应商研讨会，会上吉林派诺集团、湖北华中绿谷、安徽九华山黄精等基地和供应商代表就生产基地和供应商的创建认定、推进方案、实施规划等专项内容进行了深入探讨。同期，还召开了电商平台构建运营洽谈会，新疆和田帝辰医药生物科技有限公司、安徽新华集团等电商和投资商参会，会上大家就国家森林生态标志产品平台构建设想进行了发言与研讨。

【中国人工林可持续经营项目】 2015年12月11日，由国家林业局速丰办、中国林业产业联合会、世界自然基金会联合主办的中国人工林可持续经营项目启动会在北京举行，该项目已纳入《国家林业局与世界自然基金会2015~2016年度合作谅解备忘录》。项目将通过加强能力建设，总结经验模式，编制并推广《中国人工林最佳经营指南》。启动会上，与会代表听取了人工林可持续经营项目情况介绍，讨论了《中国人工林最佳经营指南》框架及内容。项目参与单位湖南攸县黄丰桥林场、中国纸业投资有限公司、广西国有高峰林场、广西斯道拉恩索有限公司分别介绍了杉木大径材培育、复层异龄林改培、速丰林镶嵌式种植及小班作业设计规划等经验和做法。国家林业局速丰办负责人介绍，在全面保护天然林资源，有序停止天然林商业性采伐的大形势下，加强人工林可持续经营，是实现人工林提质增效，立足国内增加木材生产供给的有效途径。《中国人工林最佳经营指南》编制注重“四个结合”，即问题导向和目标导向相结合、统一规范和分层次指导相结合、前瞻性和可操作性相结合、借鉴国际经验和总结基层实践相结合，“这既是可操作的标准，又是行之有效的指导，代表了天然林停伐后人工林经营的方向，对提高国家储备林建设水平具有积极意义。”

【湖南省第三届家具博览会】 2015 年 12 月 16 日，由中国林业产业联合会、湖南省林业厅、益阳市政府主办，以“绿色家具，品质生活”为主题的 2015 年湖南省第三届家具博览会在益阳市赫山区顺德城家居博览中心开幕。本届展会家博会联手 400 家知名家居品牌商，给全省市民带来了前所未有的品质和优惠。湖南省副省长戴道晋，国家林业局总工程师封加平，中国林业产业联合会副会长兼秘书长王满，湖南省政府副秘书长曹英华，湖南省林业厅厅长邓三龙，益阳市委书记胡忠雄，益阳市委副书记、市长许显辉出席了开幕式。本届家博会展出面积达 6 万平方米，有品牌家具馆、品牌建材馆、家居“O2O”体验馆、广东顺德馆、湖南馆、益阳馆、湘粤文化博物馆、整体家居设计装饰馆、产业链配套馆等八大主题展区，参观人数达到 3 万多，规模为历届之最，参展面积最大、品类最为齐全、人气最火爆，省内外 400 余家家居及相关企业参展。家博会为期 4 天，举行了项目签约仪式、中南区域经济发展高峰论坛、中国第二届整体(智能)家居产业高峰论坛、家博会商品特卖促销节等系列活动。

【《中国林业产业行业信用体系建设调查研究报告》编制完成】 为加快林业产业诚信体系和生态文明建设进程，为林业产业健康发展营造良好的诚信环境和社会环境，中国林业产业联合会组织行业内各方面专家、各省(市、区)林业行业主管部门、产业协会及森工、林产等龙头企业参与，在广泛调研基础上，完成了《研究报告》50 余万字编撰任务，全国政协环资委贾治邦主任、国家林业局张建龙局长为《研究报告》撰写序言，《研究报告》包括诚信文件、诚信报告、诚信事件三部分，详实地反映了林业产业诚信体系建设的现状、政策导航、及典型事例剖析，今后将在全行业参与下定期发布，为中国林业产业诚信体系建设提供切实有效的帮助。

【全国杜仲产业绿色可持续发展专家研讨会】 由中国林业产业联合会主办、湖南九九慢城杜仲产业集团承办的全国杜仲产业绿色可持续发展专家研讨会 2015 年 12 月 16 日在湖南长沙召开。国家林业局总工程师、中国林业产业联合会副会长封加平，中国林业产业联合会副会长兼秘书长王满，湖南省林业厅副厅长唐苗生出席。国家林业局科技中心原主任、中国重大国情调研(杜仲)项目组成员黎云昆受主办方委托主持会议。全国政协委员、社科院学部委员、中国重大国情调研(杜仲)项目组长李景源推选为本次研讨会专家组组长。中国林业产业联合会秘书长助理李志伟，中国社会科学院《杜仲产业绿皮书》主编、中国重大国情调研(杜仲)项目组副组长胡文臻，中国林业产业联合会副会长刘祝赞，中国橡胶协会杜仲促进会秘书长、中国重大国情调研项目(杜仲)组成员王凤菊，中国林科院经济林研究开发中心、国家林业局杜仲工程技术研究中心副主任杜红岩等专家学者，湖南九九慢城杜仲产业集团有限公司董事长舒泽南，甘肃润霖杜仲产业开发有限公司董事长刘金会等生产企业的代表共 40 余人出席了研讨会，共同就如何加快杜仲产业绿色可持续发展发表了意见和建议。专家们指出，目前杜仲产业还存在杜仲产业集聚及专业化分工协作亟待整体谋划，科技支撑力度不够，产业结构不合理等问题。为此，专家们呼吁相关部门应尽快牵头组织有关科研机构、企业共同编制全国杜仲产业中长期发展规划；林业主管部门将杜仲列为“三北”防护林、退耕还林等林业重点工程的造林树种，加大国家政策性资金扶持力度和税赋优惠政策，支持杜仲产业化、规模化发展。 (中国林业产业联合会由白会学供稿)

中国水土保持学会

【概　况】 中国水土保持学会是由全国水土保持科技工作者自愿组成并依法登记的全国性、学术性、科普性的非营利性社会法人团体。于 1985 年 3 月由国家体改委批准成立，并加入成为中国科学技术协会团体会员。

中国水土保持学会于 1986 年 5 月、1992 年 5 月和 2006 年 1 月在北京分别召开了第一、第二、第三次全国会员代表大会，杨振怀任第一、第二届理事会理事长，鄂竟平任第三届理事会理事长。2010 年 12 月 14 日，在北京召开了第四次全国会员代表大会，水利部副部长刘宁当选为第四届理事会理事长。

中国水土保持学会下设 14 个专业委员会，29 个省(区、市)成立了地方水土保持学会。

【学会建设】 2015 年，学会组织力量积极申请中国科学技术协会开展的项目，共申报项目 14 项，获批 9 项，获得项目资助 137 万元。学会圆满完成了水、林、农三部局委托项目，中国科协 2014 年统计年报工作，民政部 2014 年年检工作，以及各业务主管部门年鉴报送工作。学会在中国科协信息中心 2014 卷《中国科学技术协会年鉴》编纂工作中表现优异，分别获得单位及个人表彰。学会获得中国科协计划财务部“2014 年度全国学会财务决算工作先进单位”荣誉称号。对网站进行了改版，优化了网站栏目，提高了信息发布的便捷程度和宣传效率，新版网站已于 2015 年底正式上线。选派人员参加中国科协、中国科协学会服务中心、民政部、中国科学院和国家新闻出版广电总局等举办的各级各类研修与培训班，提升学会工作人员的专业水平、业务能力和综合素质。

4月17～18日，在江西水土保持生态科技示范园召开秘书长工作会议。14个专委会、29个省级学会的秘书长，尚未成立省级学会的3个省份主管水土保持工作的领导和学会秘书处人员72人参加了会议。

2015年，城市水土保持生态建设专业委员会、预防监督专业委员会、水土保持规划设计专业委员会3个专委会完成了换届选举工作。

【国际学术交流】 10月16～18日，学会与世界水土保持学会共同主办的首届国际水土保持青年论坛在南昌召开。会议主题为“青年——水土保持的未来”。来自20个国家和地区的150名代表出席论坛，中国、英国、美国等不同国家的15名知名专家、学者作了特邀报告，22位青年学者进行了学术交流。论坛评选出10篇“国际水土保持优秀青年论文奖”，并颁发了总计10 000美元的奖励，覆盖美国、中国、意大利等国家的青年学者。

3月20日，学会与北京林学会、美国森林趋势等单位联合举办的大都市饮用水源地保护基金研讨会在北京召开。会议主题为“大都市饮用水源地保护：水源地保护基金的机遇”。来自环境保护部、美国K&A咨询公司、中国达能饮料等在内的约65名政府机构、社会团体和知名企业的相关领导和专家代表出席了研讨会，与会代表分3个小组就水源地基金建立的策略、机制和科学3个方面展开了深入细致的讨论，并将讨论结果向大会作汇报。

5月31日至6月4日，以学会副理事长刘震为团长的一行5人参加了在美国德克萨斯州埃尔帕索召开的第18届国际土壤保持组织学术研讨会。会议主题为“在全球变化的背景下通过水土保持实现水土资源的可持续利用”。共有来自22个国家的86位学者参加会议，学会3名代表进行了学术交流。会后，代表团与国际土壤保持组织举行洽谈，双方初步形成了合作意愿与框架协议。

2015年，泥石流滑坡专委会赴尼泊尔加德满都参加中国科学院与美国航天局联合举办的兴都库什－喜马拉雅地区冰川及其灾害对地观测学术研讨会，赴日本筑波参加第六届国际泥石流防治学术研讨会，并接待了美国密西根州立大学的张伟教授和瑞典隆德大学的张铁林教授。

【两岸学术交流】 9月1～3日，学会与台湾中华水土保持学会在山西太原共同主办海峡两岸水土保持学术研讨会。会议主题是“水土保持与生态文明建设”。来自大陆和台湾地区的200余名专家、学者参加了会议，9位专家作了主题报告，84位代表进行了专题交流，108篇学术论文汇编成集，其中37篇论文被评为优秀论文。

7月10～16日，学会协办的第十六届海峡两岸三地环境资源与生态保育学术研讨会在台北召开。会议主题是“环境资源、生态保育与人文发展的和谐共荣”。来自大陆和台湾地区的130余名专家、学者参加了会议，48名专家、学者作学术报告。

10月13～17日，水土保持规划设计专委会组织代表团赴台湾开展了两岸水土保持规划设计学术交流。内容包括水土保持规划编制、泥石流防治、小流域治理等新技术、新方法。

【国内学术交流】 12月12～13日，学会与教育部“自然保护与环境生态类”教学指导委员联合主办的水土保持人才培养、科学研究与生态文明建设论坛在北京召开，论坛主题为“研讨新形势下水土保持与荒漠化防治学科建设目标及方向、人才培养体系及模式、科研发展方向和重点任务”。以及来自全国47家大专院校及科研院所的130余名代表出席论坛，28名专家学者作了主旨发言和学术交流。

9月25日，学会主办的“首届水土保持青年（博士）学术论坛”在北京召开，论坛主题为“水土保持、荒漠化防治与生态环境建设”。来自全国20家大专院校与科研院所的60余名代表参加了论坛，27位学者作了学术报告。论坛共收到论文42篇，12篇论文获优秀论文奖。

9月22～23日，学会协办的第五届中国湖泊论坛在长春召开，论坛主题为“湖泊湿地与绿色发展”。中国湖泊论坛是中国科协设立的全国性的学术品牌活动，论坛共征集论文136篇，精选辑录了97篇论文汇编成集，由吉林人民出版社出版发行。论坛形成了《关于东北粮食主产区松嫩－三江平原湖泊与湿地水安全保障及合理开发利用的对策建议》。

5月22～23日，经学会推荐，中国科学院水利部成都山地灾害与环境研究所的“震后大规模泥石流防治技术”作为环保技术类60项创新成果之一，参加了第一届中国创新科技成果交流会。

生态修复专委会分别于6月15日和9月28日在北京师范大学和北京林业大学举办了第四届和第五届水土保持生态修复沙龙，与会代表共计100余人次。

9月18日，科技协作工作委员会2015年年会在陕西杨凌召开。会议主题为“水土保持实用技术与效益评价”。有关高等院校、科研院所和各大流域机构、重点省（自治区、直辖市）水土保持主管部门等80多个委员单位代表参加会议并进行了交流。

10月8～10日，城市水土保持生态建设专业委员会2015年年会暨学术研讨会在陕西西安召开。会议主题为“城市水土保持的传承与创新”。与会专家围绕“一带一路”建设与水土保持，城市水土保持监督管理等议题开展广泛的交流和讨论，并评选出20篇优秀论文。会上，对专委会举办的以“生态城市，美丽水土”为主题的首届城市水土保持摄影大赛评选出的39组（幅）作品获奖者和获得优秀论文的作者进行了表彰。

11月17～18日，预防监督专业委员会第九次会议暨学术研讨会在海南海口召开，会议主题为“新时期水土保持预防监督工作面临的形势和要求”。来自全国各地水土保持监督管理部门以及技术服务单位的200余名代表参加了会议，20余名专家学者进行了交流和探讨。会议评选出16篇优秀论文并进行了表彰。

12月3～5日，水土保持规划设计专业委员会2015年年会暨换届选举和学术研讨会在云南省昆明市召开，会议主题为“水土保持与景观生态规划设计”。来自全国各地的水土保持规划科技工作者169人参加会议，与会专家和代表开展了为期1天半的交流和讨论。会议论文集共收录论文70篇，其中12篇被评为优秀论文。会上，对2014～2015年度优秀会员单位和先进个人进行了表彰。

12月6日，工程绿化专业委员会2015年工作年会在北京召开，专委会主任委员、副主任委员等17人参加会议。会议主要对专委会2015年工作进行总结，并对2016年年会、换届选举以及专委会工作机制进行研讨，对《水土保持设计手册——边坡绿化篇》工作分工进行了布置。

【学术期刊】 2015年，经学会四届九次常务理事会会议审议通过，学会聘任周心澄教授和朱清科教授分别为《中国水土保持科学》主编和副主编。学会会刊《中国水土保持科学》出版正刊6期，总印数6000册，收到来稿423多篇，刊出文章近128篇。在现有期刊网站基础上，进一步充实期刊英文网站的内容，并实现发表文章全文在线免费阅读和下载。《中国水土保持科学》入选北京大学《中文核心期刊要目总览》，继续入选中国科学院CSCD 2015～2016年度来源期刊核心库。

【科普工作】 6月，学会和北京水土保持学会在北京九十四中学朝阳新城分校共同开展"水土保持法进校园"主题活动。该校校长、书记、教师代表和180多名小学生参加了活动。

结合《水土保持法》宣传月活动，7月，学会与宁夏回族自治区水土保持学会联合推进《水土保持读本（小学版）》进校园活动，赠发读本1万册。

2015年，城市水土保持生态建设专委会利用周末及法定节假日，在深圳市水土保持科技示范园开展了形式多样的科普宣讲和青少年教育社会实践活动，举办多场水土保持专题展览，受众人数超过1000人。

【服务创新型国家和社会建设】 2015年，学会受理了220家水土保持方案编制单位和监测单位的证书变更申请，其中水土保持方案编制证书单位210家，水土保持监测证书单位10家。

1月，学会印发《生产建设项目水土保持监测单位水平评价管理办法（试行）》。根据新发布的管理办法，学会对持有水利部颁发的水土保持监测资质证书单位完成了换发和延续工作。全年共93家甲级单位、335家乙级单位获得了中国水土保持学会颁发的水平评价证书。

4月，学会进行水土保持方案编制甲级持证单位延续工作，共24家水土保持方案编制甲级持证单位申请延续，经过专家评审进行了延续，1家甲级持证单位进行了降级延续，2家甲级持证单位因不符合管理办法要求未予延续。

11月，学会组织专家召开《生产建设项目水土保持方案编制资质管理办法》《生产建设项目水土保持方案监测单位水平评价证书管理办法（试行）》制定和修订专家咨询会，就生产建设项目水土保持技术服务单位水平评价管理办法的制定和修订思路进行了咨询讨论；12月，学会又组织专家召开了管理办法制定和修订研讨会，提出了具体的思路。

启动"生产建设项目水土保持技术服务单位水平评价管理系统"的开发工作。该系统可实现评价单位信息自动数量化、根据评价标准和评价方法自动评价等级的功能，信息查询以及监督举报等功能。

4月，学会召开第一次《水土保持行业从业人员培训系列丛书》主编工作会，会议确定丛书编写范围为基础理论与法规标准、调查与规划、治理与开发、预防与监督、监测与评价、施工与监理、信息管理、廉政与风险防控8大类，共计17册；6月，学会召开《水土保持行业从业人员培训系列丛书》大纲专家审定会；截至2015年12月，《水土保持概论》《水土保持监督管理》《生产建设项目水土保持方案编制指南》和《水土保持规划与设计》已完成初稿，预计2016年安排出版。

1月26～29日，受水利部委托，针对2014年学会向水利部推荐的52家国家级生产建设项目水土保持设施验收技术评估单位的技术人员，学会在南宁举办生产建设项目水土保持设施验收技术评估培训班，培训学员300余人。

9月10～16日，学会根据人力资源和社会保障部"2015年度专业人才知识更新急需人才培训项目和岗位培训项目"的要求，面向社会水土保持技术服务人员，在成都举办生产建设项目水土保持设施验收技术评估研修班，培训学员400余人。

学会于10月和12月分别在西安和武汉举办水土保持工程设计规范培训班。为各省（区）培养水土保持规划设计技术人员，培训学员500余人。

4月9～11日，黄河专委会在陕西杨凌举办黄土高原典型小流域原型观测技术培训班，培训学员50余人。

10月16～20日，泥石流滑坡防治专委会在四川成都举办地震灾区地震次生灾害预警及防治技术高级研修班。研修班特邀10名专家与120名学员共同进行了研修。

12月14～18日，防护林专委会在河南济源举办长江流域等防护林体系工程建设技术培训班，培训学员82人。

【评优表彰与举荐人才】 学会评选第七届中国水土保持学会科学技术奖9项，其中一等奖2项、二等奖3项、三等奖4项。成功推荐中国水利水电科学研究院秦伟为中国科协青年人才托举工程项目人选。学会推荐北京林业大学牛健植、中国水利水电科学研究院张晓明和中国水利水电科学研究院秦伟等3人为中国青年科技奖候选人。

水土保持规划设计专业委员会举办"水土保持与生态景观设计"评奖活动，主题为"水清岸绿　美丽中国"，共评选获奖作品21部，并在水土保持规划设计专委会2015年年会暨换届选举和学术研讨会上进行表彰。

（中国水土保持学会由郑慧供稿）

中国林业教育学会

【综　述】 中国林业教育学会系国家一级学会，是具有独立法人资格的学术性、科普性、公益性、全国性的非营利性的社会团体。学会由教育部主管，业务挂靠国家林业局，秘书处设在北京林业大学。2010 年，获得国家民政部授予的全国先进社会组织称号。截至 2015 年年底，学会共成立有 6 个二级分会：高等教育分会（挂靠北京林业大学）、职业教育分会（挂靠南京森林警察学院）、成人教育分会（挂靠国家林业局管理干部学院）、基础教育分会（挂靠黑龙江森工总局）、教育信息化研究会（挂靠北京林业大学）、毕业生就业创业促进分会（挂靠国家林业局人才开发交流中心）。目前学会设有：组织、学术、学科建设与研究生教育、专业建设、图书与教材、毕业生就业指导、交流与合作、现代教育技术指导等 8 个工作委员会。

中国林业教育学会成立于 1996 年 12 月，林业部原副部长刘于鹤任第一、第二届理事会理事长。2007 年 1 月，在珠海召开第三次全国会员代表大会，国家林业局党组成员、中央纪委驻局纪检组组长杨继平当选为第三届理事会理事长，2011 年 8 月，在北京召开第四次全国会员代表大会，杨继平连任第四届理事会理事长。截至 2015 年年底，中国林业教育学会理事会共有理事 175 名，常务理事 58 名。

【组织工作】 1 月和 12 月分别召开在京理事长办公会议，在京常务理事会议，总结部署工作。并通过通讯会议方式及时向全体理事通报学会工作，听取意见。

4 月，召开学会秘书长工作扩大会议，学会副秘书长、6 个分会秘书长、及有关工作委员会代表参会，认真学习民政部有关社团管理的最新规定，交流总会和各个分会工作计划，谋划学会工作的创新举措，实现信息沟通和资源共享。

【参与全国林业人才、林业教育培训“十三五”规划编制】 学会作为规划编制成员单位，全面参与《全国林业人才“十三五”规划》《全国林业教育培训“十三五”规划》编制工作。成教分会协同国家林业局成教中心制订规划编制方案，完成 6 个调研组赴全国 17 个省（区、市）和 3 个森工集团开展调研的组织工作。学会多名副理事长、常务理事分别带领相应调研组，深入基层开展调研，向局人事司提交了专题调研报告。

【课题研究】 学会承担的林业软科学课题研究在前两年深入基层开展调研的基础上，根据当前国有林场、国有林区改革的新形势，正在收集资料，充实调研内容，组织撰写课题报告，着力提高课题报告的针对性。

【2016 届全国林科十佳毕业生评选】 “北美枫情杯”2016 届全国林科十佳毕业生评选活动于 5 月 21 日在江苏农林职业技术学院启动。经过个人申报、组织推荐、组委会审核、微信公众投票、专家综合评审等多个环节，评选出研究生组、本科生组、高职生组十佳毕业生各 10 名，研究生组、本科生组、高职生组优秀毕业生各 40 名。12 月 15 日，在浙江农林大学举行颁奖仪式。

本次活动继续由北美枫情（上海）商贸有限公司独家冠名，中国林业教育学会和国家林业局人才开发交流中心共同主办。2015 年的评选活动专门开发绿色人生就业创业微信公众平台，利用微信媒介积极宣传评选活动，面向公众进行微信投票，评出研究生、本科生、高职生组前 50 名，微信投票得到社会广泛关注和热情参与，总访问量达到 960 多万次，扩大了评选活动的社会认知度。

表 26-1　“北美枫情杯”2016 届全国林科十佳毕业生名单（按姓氏拼音排序）

研究生组十佳毕业生名单

姓名	性别	单位
陈楚楚	女	南京林业大学
陈楚楚	女	西南林业大学
陈晓冰	男	北京林业大学
洪文君	女	华南农业大学
李杨坤	男	中国林业科学研究院
刘　璐	女	浙江农林大学
田翠花	女	中南林业科技大学
赵　鑫	女	东北林业大学
赵盼盼	女	东北林业大学
钟杨权威	女	西北农林科技大学

本科生组十佳毕业生名单

姓名	性别	单位
楚芳冰	女	北京林业大学
曹润泽	男	四川农业大学
陈正杰	男	西北农林科技大学
郭喜荣	男	福建农林大学
纪淑芬	女	西南林业大学
金时超	男	华中农业大学
宋　怡	女	北京林业大学
吴　凌	男	内蒙古农业大学
言　贤	女	南京森林警察学院
赵义卿	女	山西农业大学信息学院

高职生组十佳毕业生名单

姓名	性别	单位
陈慧雯	女	广西生态工程职业技术学院
何向前	男	杨凌职业技术学院
刘　莹	女	云南林业职业技术学院
宋　鑫	女	黑龙江生态工程职业学院
孙立鹏	男	辽宁林业职业技术学院
王建地	男	福建林业职业技术学院
王梦薇	女	丽水职业技术学院
王琰幸	女	江苏农林职业技术学院
翟　添	女	山西林业职业技术学院
朱金灵	男	江西环境工程职业学院

【参与国家林业局重点学科评选组织工作】 2015年，受国家林业局人事司委托，学会承担国家林业局重点学科评选的组织工作，先后完成工作方案制订、函评汇总分析、专家咨询和会评组织工作。该评选于3月正式启动。共有26个单位的72个学科点申报局重点学科，33个一级学科方向(二级学科)申报重点(培育)学科。经过专家通讯评议、专家会议评审，共评出国家林业局重点学科59个、国家林业局重点(培育)学科15个。

【优秀教材评奖】 完成第三届全国林(农)类优秀教材评奖工作。该奖项由中国林业教育学会主办、中国林业出版社协办，得到国家林业局院校林科教育教材建设办公室指导。全国共有29所院校的184种教材参评。4月，召开评奖工作会议，经评审专家审阅，投票，评选出优秀教材一等奖15种，二等奖27种，优秀奖50种。评奖结果在《中国绿色时报》上进行公示，并在中国林业教育学会高等教育分会2015年学术年会上进行表彰。

【出版刊物】 2015年，学会编辑出版《中国林业教育》正刊6期，增刊1期。秘书处编辑发行电子版《高等林业院校林业教育信息动态》4期。

【高教分会】 7月，在黑龙江省牡丹江市召开2015年学术年会。年会以现代教育理念、学科专业建设、教学质量监控与卓越农林人才培养为主题，采取专家主题报告，分组研讨，院校经验交流等方式进行，各类团体会员单位近90名代表参加会议。教育部高校林学类专业教指委、自然保护与环境生态类专业教指委、中国学位与研究生教育学会林业专业学位工作委员会、风景园林专业学位工作委员会分别派代表参加会议。

完成高教分会在中国高等教育学会立项的“十二五”高等教育科学研究重点课题的评审和验收，对24项一般性课题进行结题和备案。

【成教分会】

分会第四次会员代表大会 11月9日，在杭州召开第四次会员代表大会，选举产生第四届委员会及领导机构，部署学会今后工作任务。共有60家单位成为常务委员单位。

服务主管部门工作决策 协助国家林业局人事司起草《局办培训班管理办法》《林业行业师资库建设方案》等重要文件材料。正式启动《林业基础知识读本》《林业法规知识读本》《林业改革知识读本》等3本教材编制。围绕林业干部教育培训工作中的重点、热点、难点、组织会员单位开展重大课题研究，着力推进林业教育培训的理论创新。

教育培训信息化建设 依托中国林业教育培训网，加强软硬件建设，着力打造新闻宣传、信息管理、在线学习为一体的综合平台，依靠会员单位通讯员积极推进各项工作，服务林业教育培训信息化建设。研究制定《中国林业教育培训网通讯员管理办法》。由各会员单位人员组成的通讯员队伍，全年报送原创稿件900多篇，报送信息1500多条，及时深入反映林业教育培训的信息与动态，交流经验和做法。许多优秀稿件被选送到国家林业局网站刊登。举办一期林业教育培训信息宣传能力提升培训班。启动了林业从业人员及教育培训信息管理系统建设。

【职教分会】

组织院校进行学术交流 8月13日，在黑龙江省齐齐哈尔市召开2015年度全国林业职业院校学生工作研讨会。全国24所林业职业院校的领导专家60余人参加会议。10月22日，在山西太原举办“全国林业职业招生就业工作研讨班”，全国24所林业职业院校64人参加。11月23日，在河南林业职业学院召开全国林业职业院校协作会2015年度会议，全国29所林业职业院校80余名代表参加。

林业职业教育教学质量工程建设 5月15日，在湖南衡阳举办“深化中高职林业类专业内涵建设研讨班”，全国24所林业职业院校80余人参加。5月中旬，开展“林业职业教育活动周”活动。

林业职业教育教学改革和研究 参与《高等职业学校专业目录(林业类专业)》修订工作。完成教育部行指委课题《林业行业人才需求与专业设置指导报告》的各项研究工作，对国家林业局科技司立项课题《林业技术技能人才培养质量评价研究》进行研究设计与分工。

教材编写和出版工作 完成“中职园林类专业‘十二五’国家规划教材”编写工作；8月，完成《林科学生职业生涯教育读本》教材编写和出版发行工作。

参与林业职业教育改革宏观政策制定 参与起草《国家林业局关于大力发展林业职业教育指导意见》工作，参与全国“十三五”林业教育培训规划有关工作。

2015年编辑发行《林业职业教育动态》4期。完成“涉农职业教育与培训数字化资源信息收集”工作。

【基础教育分会】 开展中小学生生态文明主题宣讲实践活动。根据国有林区改革推进情况，开展林区中小学建设发展的相关调研。

【教育信息化研究会】 以通讯方式召开主任委员会议，完成主任委员和委员单位的设置，增设一批常务理事。组织深入有关院校，进行涉林高校教育信息化调研。协同全国林业高校网络课程资源联盟，做好全国林业特色课程资源与在线学习平台搭建的相关工作。

【毕业生就业创业促进分会】 完成副秘书长的聘任和分工，开设了分会微信公众平台，健全组织工作体系。4月、12月分别召开林科大学生创业研讨会、就业创业工作论坛，搭建林科毕业生就业创业合作平台，组织分会代表赴浙江工业大学、北美枫情木家居上海总部、安信伟光（上海）木材有限公司吴江生产基地现场观摩交流，开展高校创业教育和企业人才需求主题调研考察。

5月22～23日，组织林科大学生绿色科普创新作品参加2015年全国林业科技活动周启动仪式，面向社会公众进行科普宣讲，受到国家林业局科技司领导的充分肯定。林科大学生绿色科普创新作品包括4项，分别为园林花卉进化演替科宣讲（北京林业大学生态文明博士生宣讲团）、亦可生态体验教育创业项目（北京林业大学）、“格桑花开”——创造幸福生活压花技术改良推广项目（东北林业大学）、中国特有珍稀药用木本植物青钱柳资源培育与综合开发利用创业项目（南京林业大学）。（中国林业教育学会由陈涛、田阳供稿）

中国林场协会

【综　述】 2015年，中国林场协会新发展会员单位77个，单位会员总数达到了663个。按照协会三届五次常务理事会确定的工作任务，工作有较大进展。

国有林场场级干部挂职锻炼 协会秘书处在2014年年底做出部署，分省（区）提出了选派挂职锻炼人员的指导性计划，做到早部署、早安排、早落实。同时为适应挂职锻炼人员增加的需要，狠抓场长培训基地建设，按照统筹布局的原则，经过认真筛选，新推出5个先进林场作为接收林场，挂职锻炼可选择的接收林场达到53个。据统计，2015年实际参加挂职锻炼的人数达到105人，比2014年增加了5人，是历年来挂职人数最多的一年。

调查研究工作 2015年，协会围绕改革部署，明确自身工作定位，在姚昌恬会长的带领下，有针对性地组织力量到北京、山西、山东、浙江、江苏、内蒙古、江西、云南、新疆等省（区、市）的国有林场开展调研。协会秘书处在深入调研的基础上，撰写《关于国有林场改革的调研报告》，并呈报给了张建龙局长及张永利副局长，两位局长作出了重要批示。同时，《中国绿色时报》还全文刊发了此调研报告，引起社会广泛关注。此外，协会首次邀请会员林场场长一同参加调研。

2014年度全国十佳林场推选工作 在中国林场协会三届五次常务理事会上，全体与会代表推选出了北京市十三陵林场、河北省张家口市塞北林场等24家国有林场为2014年度的全国十佳林场。会后，协会组织力量对2014年度全国十佳林场的先进事迹材料进行了提炼整理，在国家林业局中国林业网和《中国绿色时报》进行了全面宣传报道，扩大了社会影响力。

国有林场年会活动 国有林场年会是组织会员开展活动的主要形式，也是会员之间进行合作、交流的重要平台。2015年国有林场年会整合在两个片区，9月下旬，2015年华东－北方地区国有林场年会在山东省寿光市国有机械林场顺利召开；10月中旬，2015年中南－西部地区国有林场年会在云南省玉溪市澄江县召开。据统计，参加上两次年会的代表共计197人，其中省级国有林场主管部门负责同志28人，会员林场代表169人。共有28个典型单位的代表在大会上进行发言，从不同的侧面交流各自在国有林场改革进展、森林经营、内部管理等方面取得的成绩、经验和做法；场圃总站领导出席会议，通报国有林场改革最新动态及改革试点进展情况，对下一步的工作进行部署并提出明确要求，协会秘书处还向与会代表通报了各项工作开展情况。

信息宣传工作 信息宣传工作是协会强化探索创新、提升服务能力的有力抓手。2015年全年编辑发行《林场信息》22期，每期750份。为了充分提高中国协会网站的可读性，提升层次，扩大影响，2015年年底对协会网站进行了重新设计，全面改版，新网站于2016年1月8日正式上线。（中国林场协会由付光华供稿）

中国生态文化协会

【综　述】 2015年，中国生态文化协会以各省（区、市）林业主管部门、省级生态文化协会和协会各分会为主体，以副会长单位和地方政府为支持，在各副会长单位、全国林业主管部门、省级生态文化协会、协会各分会的合力共建下，秉承弘扬生态文化、倡导绿色生活、共建生态文明的宗旨，圆满地完成了年度工作计划，各项工作和活动开展得卓有成效，对我国生态文明建设产生了积极的社会影响。

【“全国生态文化村”等遴选命名活动】 3～9月，中国生态文化协会组织开展“全国生态文化村”“全国生态文化示范基地”遴选命名活动。依据《“全国生态文化村”遴选命名管理办法》，经省（区、市）林业厅（局）生态文化主管部门、省级生态文化协会、常务理事等逐级推荐、审定，全国有29个省（区、市）林业厅（局）、省级生态文化协会共推荐申报“全国生态文化村”候选村148

个，经专家组初评遴选和二次评审，最终确定"全国生态文化村"120 个、"全国生态文化示范基地"1 个。截至 2015 年年底，"全国生态文化村"已达 440 个，"全国生态文化示范基地"11 个，"全国生态文化示范企业"20 家，全国生态文化"三项"创建活动已在基层落地生根，对中国美丽乡村的典型示范和生态文明建设产生了积极的影响。

【米兰世界博览会中国文化馆日框架下的"中国美丽乡村"摄影展】 为贯彻习近平总书记关于"一带一路"的战略构想，延续中意两国人民的友好情谊，促进两国生态文化交流合作，在中国国际贸易促进委员会等单位的鼎力支持下，中国生态文化协会代表团于 2015 年 6 月赴米兰出席了世博会中国馆日系列活动，并举办了"中国美丽乡村"摄影图片展。摄影展围绕"希望的田野，生命的源泉"中国馆主题，分设美丽乡村、田园风光、民族人文、建筑民居 4 个专题，将中国美丽乡村历史悠久、积淀深厚的农耕文化，"天、地、人、和"的生态文化底蕴和与时俱进的时代风貌呈献给米兰市民以及来自不同国家的游客们，取得了广泛好评。国务院副总理汪洋和意大利教育部长贾尼尼等也参观了摄影展。《中国日报(欧洲版)》发表了中国生态文化协会会长江泽慧《弘扬生态文化 共建生态文明》的署名文章，并以"中国生态文化协会英文特刊"专版报道了米兰世博会"中国美丽乡村摄影展"的盛况。

【土库曼斯坦中国文化日框架下的"中国美丽乡村"摄影展】 为贯彻习近平总书记提出的与中亚各国共建"丝绸之路经济带"的战略构想，延续"丝绸之路生态文化万里行"系列活动，促进中土两国文化领域的交流合作，中国生态文化协会在文化部、中国文联等单位的大力支持下，于 2015 年 8 月在古丝绸之路沿线重要国家土库曼斯坦的首都阿什哈巴德举办了中国文化日框架下的"中国美丽乡村"百幅摄影作品展，分设山水田园、美丽乡村、民族人文、建筑民居 4 个专题，以地域风光、生产生活、民俗文化、民族风情、文化遗产等为主要内容，崇尚天人合一之理，倡导中华美德之风，传承创新发展之道，践行生态文明之路，"一村一景、一村一品、一村一韵"，生动展示中国美丽乡村建设的风采和自然人文景观，透视中国美丽乡村人与自然和谐共荣的生态文化底蕴。

【开展"华夏古村镇生态文化纪实"项目】 该项目旨在通过深入中国乡村的社会调查，对蕴藏在民间的生态文化瑰宝进行深度挖掘，涉及美丽乡村、山水林田、民族风情、地域习俗、建筑民居、历史典籍等，共有 20 个省(区、市)126 个村参与。5 月，中国生态文化协会总项目组撰写了《"华夏古村镇生态文化纪实"项目概要》，对 20 个省(区、市)参研子项目组进行了项目培训；6 ~ 9 月，按照《概要》要求，各子项目组负责人和主要参研人员深入古村镇进行实地典型调研，资料收集、整理，案例分析和资料数据处理，与村民形成访谈纪实互动，并采录、图片摄影；10 月底召开了阶段性成果交流汇报会，总项目组负责人对参会的 17 个省(区、市)子项目组 58 个村的初步成果，作了指导性案例点评，明确了进一步完善的要求。

【第七届中国生态文化高峰论坛】 11 月 19 日，中国生态文化协会在福建省漳州市举办第七届中国生态文化高峰论坛，本届论坛的主题是"培育生态文化，共建生态文明"。与会代表就生态文化遗产保护、世界转型发展，森林、湿地、沙漠、茶生态文化等议题开展了专题报告和互动交流。国家林业局副局长彭有冬、福建省副省长黄琪玉出席开幕式并讲话。全国政协人口资源环境委员会副主任、中国生态文化协会会长江泽慧出席开幕式并作题为《培育生态文化 激发内生动力 走向社会主义生态文明新时代》的主旨报告，北京故宫博物院原常务副院长、中国文物学会副会长李季和中国社会科学院城市发展与环境研究所所长潘家华分别作专题报告。开幕式上，还为荣获 2015 年"全国生态文化村"的 120 个行政村和荣获"全国生态文化示范基地"称号的"漳州闽南文化生态产业走廊"颁发牌匾，为漳州实验小学的 25 名小学生颁发"生态文化小标兵"证书。论坛开设了高端对话，邀请森林生态文化分会、湿地生态文化分会、北京林业大学、浙江农林大学、福建省林业厅 5 名专家分别作了森林生态文化、湿地生态文化、沙漠生态文化、茶生态文化、福建省"生态文化村"创建活动基本情况等方面的发言，并进行了观众互动和专家点评。

【"生态文化进校园"活动】 2015 年，中国生态文化协会根据国家林业局 2015 年林业科普工作计划，围绕当前林业和林业科学技术普及工作发展需要，在总结前几年活动经验的基础上，分别在福建省漳州市漳州实验小学腾飞校区、龙溪师范学校附属小学和福建省宁德市下党乡中心小学举办了"生态文化进校园"系列公益宣传活动。依据"生态文化小标兵"评选办法，最终授予 65 名小学生为"生态文化小标兵"。

【编制《中国生态文化发展纲要(2016 ~ 2020 年)》】 2015 年，中国生态文化协会围绕国家林业局 2015 年重点任务，在国家林业局计财司和宣传办的指导和支持下，编制完成了《中国生态文化发展纲要(2016 ~ 2020)》(征求意见稿)，经征求国家林业局各司局单位、省级林业主管部门和省级生态文化协会的意见，在第七届中国生态文化高峰论坛期间专门召开专家研讨会征求意见，多次修改完善形成了《纲要》(送审稿)，上报国家林业局审定。

【编撰"中国生态文化体系研究"系列丛书】 2015 年，中国生态文化协会组织多支研究团队，对森林、沙漠、湿地、草原等领域的生态文化进行了深入研究，开展了《中华茶生态文化》《中国园林文化》《中国花文化》和《华夏古村镇生态文化》的编撰工作，取得了阶段性成果。

【"森林的文化价值评估研究"项目】 项目作为中国森林资源核算项目的重要内容，结合当前弘扬生态文化、发展绿色经济的背景，构建符合我国国情的森林的文化价值评估指标体系，丰富和完善森林资源核算及其评价体系内容。协会秘书处组织部署了有关院校和研究单位的专家团队，开展了森林的文化价值典型案例研究及其价值评估指标体系研究。撰写"森林的文化价值评估研究"项目实施方案，并于3月30日在北京召开了"森林的文化价值评估研究"项目研讨会，组织12个项目参研单位负责人和有关专家进行研讨，明确了项目任务分工和运作安排，部署开展典型案例调查研究；10月30日，组织召开初步成果汇报会，进一步验证前期拟定的评估方法和指标体系，并进行校正、完善，推进项目继续深入开展。

【打造《生态文明世界》期刊品牌】 2015年，中国生态文化协会会刊《生态文明世界》秉承"感悟生态、对话文明、让生命更美好"的宗旨和"纪实、探秘、趣味、科普"的方针，圆满完成了全年编辑、出版发行任务。期刊回眸人类文明发展印迹，反映社会民生关注的重大主题，挖掘生态文化资源，展示民族文化瑰宝，启迪生存智慧，推进生态文明，树立起自己的办刊风格，逐步进入公众视野，社会影响力不断扩大。9月，《生态文明世界》在中国（武汉）期刊交易博览会上被评为"中国最美期刊"。

【省级生态文化协会各项活动】 2015年，各省级生态文化协会各项活动蓬勃开展，丰富多彩。福建省举办了"森林回响曲，和谐共鸣声——新年诗歌朗诵音乐会"、全国科普联展宣传系列活动；浙江省开展了"花卉园艺进社区"征文、野生动植物保护宣传月暨爱鸟周、森林休闲养生节等活动；重庆市开展了"最美森林氧吧"活动；安徽省开展了"爱鸟周""世界湿地日"、书法摄影、森林城镇村庄创建活动；北京举办了"走进森林课堂，体验自然真趣"科普活动和首都生态文明宣传教育示范基地创建活动；四川省举办了中国（四川）首届森林康养年会，联合签署了《熊猫文化研究与传播战略合作协议》等。取得了良好的成效和社会影响。

（中国生态文化协会供稿）

林业大事记与重要会议

27

2015年中国林业大事记

1月

1月5~6日 2015年全国林业厅局长会议在北京召开。国家林业局党组书记、局长赵树丛作《主动适应新常态 实现林业新发展 为改善生态改善民生作出更大贡献》重要讲话。国家林业局党组副书记、副局长张建龙代表局党组作《2014年工作完成情况和2015年安排意见》的讲话。局领导孙扎根、陈述贤、张永利、陈凤学、刘东生、彭有冬、杜永胜、封加平出席。

1月7日 国家林业局发布2015年第1号公告，公布取消和下放的行政审批项目目录。

1月8日 国家林业局发布2015年第2号、第3号、第4号公告，公告全国美国白蛾和松材线虫病疫区，以及2015年全国撤销的9个松材线虫病疫区。

1月9日 国家林业局发布2015年第5号公告，公布注销林木种子经营许可证的企业名单。

同日，国家林业局印发《关于切实加强野生植物培育利用产业发展的指导意见》(林护发〔2015〕7号)。

1月27日 国家林业局发布2015年第6号公告，公布《森林资源资产评估技术规范》等90项林业行业标准目录，自2015年5月1日起实施。

1月28~29日 遏制非法象牙需求国际研讨会在浙江省杭州市召开，国家林业局副局长刘东生、濒危野生动植物种国际贸易公约(CITES)秘书长约翰·斯甘伦出席开幕式并致辞。

2月

2月2日 以"湿地，我们的未来"为主题的2015年世界湿地日活动启动仪式在浙江省杭州市举行。全国政协副主席罗富和，国家林业局副局长张永利，浙江省副省长黄旭明等出席启动仪式。张永利宣布2015年世界湿地日活动启动。

2月4日 中国与阿根廷政府间常设委员会第一次会议在北京召开，国家林业局副局长刘东生出席会议，并代表中阿林业及生态资源与生态保护分委员会发言。

2月3~6日 国务院副总理汪洋在内蒙古考察国有林区改革工作时强调，要加快完善国有林区森林资源保护机制和监管体制，因地制宜推进森工企业改制和改革，多措并举促进职工就业增收，推动林区森林资源持续增长、生态产品生产能力持续增强、绿色富民产业持续发展。

2月10日 国家林业局直属机关"两建"工作会议在北京召开。局党组书记、局长赵树丛出席会议并讲话，局党组副书记、副局长张建龙总结2014年机关党建工作并部署2015年工作任务，局党组成员、中央纪委驻局纪检组组长陈述贤作党风廉政建设和反腐败工作报告。局党组成员、副局长孙扎根、张永利、陈凤学，副局长刘东生，局党组成员彭有冬，国家森林防火指挥部专职副总指挥杜永胜，局总工程师封加平出席会议。

同日，京津冀协同发展林业有害生物防治框架协议签订仪式在北京举行，国家林业局副局长张永利出席并讲话。

2月13日 国家林业局印发《关于集体林业综合改革试验示范区的通知》(林改发〔2015〕17号)。确定北京房山区等22个地区开展改革试验任务，探索破解农村林业发展的体制机制问题。

2月26日 国家林业局发布2015年第7号公告，决定从公告发布之日起至2016年2月26日止，我国临时禁止进口《濒危野生动植物种国际贸易公约》生效后所获的非洲象牙雕刻品，国家林业局暂停受理相关行政许可事项。

2月27日 国家林业局副局长陈凤学在北京会见韩国三星第一毛织株式会社副社长兼爱宝乐园总裁赵炳学，双方希望通过进一步交流大熊猫保护繁育管理经验和技术，更好地促进濒危物种保护。

同日，国家林业局印发《林业植物新品种测试管理规定》(林技发〔2015〕26号)。

2月27日至3月1日 由国家林业局、全国政协人口资源环境委员会联合主办的三北防护林体系建设成就展在全国政协礼堂举办。

2月28日 中共中央、国务院印发《国有林场改革方案》和《国有林区改革指导意见》(中发〔2015〕6号)。

同日，国家林业局召开新闻发布会，公布全国第四次大熊猫调查结果。截至2013年年底，全国野生大熊猫种群数量达1864只。

3月

3月3日 纪念世界野生动植物日座谈会在北京召开，国家林业局副局长刘东生出席座谈会并讲话。

3月11日 全国绿化委员会办公室发布《2014年中国国土绿化状况公报》。

3月17日 国务院在北京召开全国国有林场和国有林区改革工作电视电话会议。国务院副总理、全国绿化委员会主任汪洋出席会议并作重要讲话，安排部署全国国有林场、林区改革及2015年国土绿化工作。国务院副秘书长毕井泉主持会议，国家林业局局长赵树丛、国家发展改革委副主任连维良、财政部副部长胡静林、中国银监会主席助理杨家才等在会上发言，国家林业局其他局领导张建龙、孙扎根、陈述贤、张永利、陈凤学、刘东生、彭有冬、杜永胜、封加平出席会议。

3月18日 世界自然基金会(WWF)全球总干事马可·兰博蒂尼在北京向中国国家林业局局长赵树丛颁发"自然保护领导者卓越贡献奖"，以表达国际社会对中国林业建设和自然保护成就的高度赞赏和充分肯定。

同日，中美打击非法采伐及相关贸易双边论坛第六次会议在北京举行，国家林业局副局长刘东生出席会议并讲话。

3月19日 中国纪念2015年"国际森林日"植树活

动在北京举行，本次活动的主题是“应对气候变化，共建绿色家园”。国家林业局领导张永利、刘东生、彭有冬出席纪念仪式并参加植树活动，刘东生主持仪式。

3月20日 全国春季农业生产暨森林草原防火工作会议在河南省漯河市召开，国务院总理李克强作出重要批示，国务院副总理汪洋出席会议并讲话。农业部部长韩长赋主持会议，国家林业局局长赵树丛在会上发言，国家林业局副局长张建龙、国家森林防火指挥部专职副总指挥杜永胜参加会议。

3月20～28日 国家林业局副局长孙扎根与南非环境事务部部长莫莱瓦在南非比勒陀利亚共同签署《关于湿地与荒漠生态系统和野生动植物保护合作的谅解备忘录五年实施计划》。南非行程结束后，孙扎根率团赴博茨瓦纳参加第二届打击野生动植物非法交易国际会议并发表专题讲话。会议期间，孙扎根还与英国环境副大臣、博茨瓦纳环境部长、越南农业部副部长等进行了双边会晤。

3月23日 国家林业局局长赵树丛与斐济林业渔业部长耐克姆在斐济首都苏瓦签署中斐林业合作备忘录。根据协议内容，中斐将在森林可持续经营、林产品开发和利用、森林资源监测、外来有害生物防治和林业应对气候变化等方面开展合作。

3月26日 国家林业局局长赵树丛与韩国山林厅长官申亻元燮在韩国大田市签署《中韩关于森林福祉合作的备忘录》。该项协议是中韩两国林业管理部门为推行森林利用新理念，发挥森林休养、森林医疗和文化教育的作用，加强森林休养林、疗养林建设达成的合作协议。

同日，全国林业基金管理暨审计稽查工作会议在北京召开，副局长张建龙出席会议并讲话，局总工程师封加平主持会议并讲话。

3月29日 由全国绿化委员会、中共中央直属机关绿化委员会、中央国家机关绿化委员会、首都绿化委员会联合举办的2015年共和国部长义务植树活动在位于北京市通州区的东郊森林公园举行。155名部级领导干部参加义务植树活动。

3月30日 国家林业局局长赵树丛签署第36号令，公布《林业固定资产投资建设项目管理办法》，自2015年5月1日起施行。

同日，国家林业局和财政部联合召开电视电话会议，全面部署停止重点国有林区天然林商业性采伐工作。国家林业局局长赵树丛出席会议并讲话，副局长张建龙主持会议。财政部副部长胡静林、国家林业局副局长刘东生分别就相关财政支持政策和全面停伐具体要求讲话。国家林业局党组成员彭有冬、局总工程师封加平出席会议。

同日，国家林业局印发《新一轮退耕还林工程作业设计技术规定》（林退发〔2015〕35号）。

3月31日 国家林业局局长赵树丛签署第35号令，公布《建设项目使用林地审核审批管理办法》，自2015年5月1日起施行。

4月

4月2日 国家林业局印发《退耕还林工程档案管理办法》（林退发〔2015〕38号）。

4月3日 党和国家领导人习近平、李克强、张德江、俞正声、刘云山、王岐山、张高丽等来到北京市朝阳区孙河乡植树点参加首都义务植树活动。习近平强调，植树造林是实现天蓝、地绿、水净的重要途经，是最普惠的民生工程。要坚持全国动员、全民动手植树造林，努力把建设美丽中国化为人民自觉行动。

4月8日 亚太森林恢复与可持续管理组织首届董事会成立大会暨第一次会议在北京举行。国务院副总理汪洋在中南海紫光阁会见首届董事会成员一行。国家林业局局长赵树丛当选为亚太森林恢复与可持续管理组织首届董事会主席，来自澳大利亚、中国、柬埔寨、马来西亚、菲律宾和联合国粮农组织、国际热带木材组织及大自然保护协会的12名代表当选董事。

同日，中肯林业工作组第一次会议在肯尼亚首都内罗毕召开。国家林业局副局长陈凤学率团出席会议，并会见肯尼亚环境、水与自然资源部部长兼内阁秘书朱迪与保护秘书加萨拉。

同日，2015年中华环保世纪行宣传活动启动仪式在北京举行。全国人大常委会副委员长陈昌智出席并宣布活动启动，国家林业局党组成员彭有冬出席。

4月9日 亚太森林组织资助的“北京密云水库流域退化林恢复与经营项目”在北京密云石城镇石塘路村正式启动。国家林业局局长、亚太森林恢复与可持续管理组织首届董事会主席赵树丛出席并致辞。

4月10日 经国务院同意、民政部批准，中国湿地保护协会在北京成立。国家林业局局长赵树丛为协会揭牌，副局长孙扎根当选为第一届会长，副局长张永利主持成立大会，局党组成员彭有冬出席。

4月12～17日 国家林业局副局长刘东生率团赴秘鲁出席大森林论坛2015年年会。会议期间，刘东生会见了美国、秘鲁、加拿大、喀麦隆、巴西和瑞典等国林业主管部门负责人，就下一步加强多双边林业合作事宜深入交换了意见。

4月15日至6月30日 国家林业局部署在全国林业系统国家级自然保护区开展监督检查专项行动——“绿剑行动”，依法严厉查处国家级自然保护区内的房地产开发、探矿采矿、采石挖沙等违法占地行为。

4月20日 国家林业局副局长陈凤学在北京会见荷兰驻华大使贾高博。双方表示将进一步加强沟通和联系，在林业和野生动植物保护领域开拓更为广泛和密切的双边合作关系。

4月22日 国家林业局局长赵树丛在北京会见澳大利亚农业部长驻议会秘书科尔贝克一行，双方就森林的可持续经营与利用、亚太森林恢复与可持续管理组织建设及中澳林业产业合作进行了深入交流。

4月25日 中共中央、国务院印发《关于加快推进生态文明建设的意见》。（中发〔2015〕12号）

4月28日 国家林业局发布2015年第8号公告，对试点使用“中国野生动物经营利用管理专用标识”的企业及其产品，允许临床使用赛加羚羊角、穿山甲片、稀有蛇类原材料的定点医院以及2015版“中国野生动物经营利用管理专用标识”等3项事宜予以公告。

4月29日 国家林业局发布2015年第9号公告，对允许从事象牙加工及象牙制品销售活动的单位及场所予以公告，有效期至2016年12月31日。

4月30日 国家林业局局长赵树丛签署第37号令，公布《国家林业局关于修改部分部门规章的决定》，自公布之日起施行。

同日，中央政府再次赠送澳门的一对大熊猫从成都大熊猫繁育研究基地启程前往澳门。国家林业局副局长陈凤学与澳门特区政府行政法务司司长陈海帆共同签署大熊猫交接证书。

5月

5月4日 国家林业局发布2015年第10号公告，公布洛楸1号等26个品种和认定通过的青山3号等5个品种作为林木良种。

同日，国家林业局印发《全国集体林地林药林菌发展实施方案（2015～2020）》（林规发〔2015〕56号）。

5月4～27日 中国会同亚洲、非洲、欧洲和美洲的64个国家和有关国际组织联合开展打击野生动植物非法贸易犯罪的"眼镜蛇三号行动"，共查获各类涉及走私濒危物种案件300多起，缴获象牙及其制品12吨、犀角制品187千克、穿山甲及其制品5.2吨，以及其他大量野生动植物及其制品。这是迄今为止范围最广、规模最大的打击野生动植物非法贸易国际联合执法行动。

5月8日 "中国—全球环境基金（GEF）干旱生态系统土地退化防治伙伴关系"第二阶段以及伙伴关系框架下的"中国西部适应气候变化的可持续土地管理项目"（三期项目）在北京启动。全国政协人口资源环境委员会副主任、中央项目指导委员会主任江泽慧和国家林业局副局长孙扎根出席会议并发言，局党组成员彭有冬主持会议。

同日，国家林业局召开退耕还林视频调度会，副局长张永利出席会议并讲话，局总工程师封加平主持会议。

5月12日 东北、内蒙古重点省（区）森林防火工作会在吉林长春召开，国家森林防火指挥部副总指挥、国家林业局副局长孙扎根出席会议并讲话。

5月13～14日 国家林业局副局长张永利率中国林业代表团出席在纽约联合国总部召开的联合国森林论坛第11届会议部长级会议并发言。

5月15日 全国国有林场改革推进会在北京召开。副局长张建龙要求抓紧编制省级实施方案，尽快启动改革。局总工程师封加平出席会议。

5月18日 国家林业局下发《关于严格禁止围垦占用湖泊湿地的通知》（林湿发〔2015〕62号），坚决打击围垦湖泊湿地行为，积极开展围垦湖泊湿地退耕还湿。

5月21日 国家林业局副局长刘东生率中国林业代表团赴德国访问。与德国环境、自然保护、建设和核安全部自然保护总司司长埃尔莎·尼科拉在德国波恩共同签署《关于在〈濒危野生动植物种国际贸易公约〉领域加强合作的联合意向书》、并见证签署了《中华人民共和国国家林业局与德意志联邦食品和农业部关于利用中的农业中心加强双边林业合作的联合意向声明》。

5月25日 亚欧会议成员国森林可持续管理与利用政策与实践研讨会在斯洛文尼亚首都卢布尔雅那召开。国家林业局副局长刘东生出席会议并在开幕式上致辞。

同日，国家林业局副局长刘东生与斯洛文尼亚共和国农业、林业和食品部国务秘书米哈·麦伦斯签署《中华人民共和国国家林业局与斯洛文尼亚共和国农业、林业和食品部关于林业合作的谅解备忘录》

5月26日 国家林业局发布2015年第11号公告，公告非行政许可审批事项清理情况。

同日，国家林业局发布2015年第12号公告，对有效期届满未延续的文登华兴花卉有限公司等7家公司的林木种子经营许可证予以注销。

5月27日 国家林业局发布2015年第13号公告，公布取消和下放的行政审批事项。

5月28日 国家林业局印发《国家沙化土地封禁保护区管理办法》，从2015年7月1日起施行，有效期至2020年12月31日。

同日，国际标准化组织（ISO）技术管理局批准正式成立竹藤技术委员会，秘书处设在中国。

5月29日 国家林业局和海关总署在北京市野生动物救护中心联合举行"中国执法查没象牙销毁活动"，共销毁2014年以来执法机关查没并结案的非法象牙及象牙制品662千克，国家林业局局长赵树丛、海关总署署长于广州分别致辞，国家林业局副局长陈凤学主持。濒危野生动植物种国际贸易公约秘书长约翰·斯甘伦就中国政府公开销毁查没象牙发来贺信。

6月

6月8日 国务院第四督查组到国家林业局开展重大政策措施落实情况重点督查。第四督查组副组长、人力资源社会保障部副部长杨志明主持召开会议，国家林业局局长赵树丛讲话，副局长张建龙就2014年以来国家林业局贯彻落实党中央、国务院重大政策措施情况作汇报。局领导孙扎根、陈述贤、张永利、刘东生、彭有冬、杜永胜、封加平出席汇报会。

6月9日 国务院新闻办公室举行新闻发布会，介绍我国生态建设与自然保护情况。国家林业局副局长张建龙出席发布会并介绍相关情况。

同日，国家林业局、人力资源和社会保障部联合印发《国有林场岗位设置管理指导意见》，对国有林场岗位类别设置、岗位等级设置、专业技术岗位名称及岗位等级作出了明确规定。

6月16日 国家林业局局长赵树丛在北京会见联合国森林论坛秘书长索博拉，双方就加强联合国森林论坛与国家林业局人员交流合作及支持亚太森林恢复与可持续管理组织建设等事宜交换了意见。

6月16～18日 中国沿海湿地保护网络成立大会暨首届研讨会在福建省福州市举行。国家林业局副局长刘东生宣布中国沿海湿地保护网络成立并讲话。

6月17日 为纪念第21个"世界防治荒漠化和干旱日"，国家林业局、共青团中央在北京举办"绿化荒漠 守护家园"主题宣传活动，国家林业局副局长张永利出席活动并致辞。

6月19日 中共中央决定，张建龙任国家林业局党组书记。

6月23日 国家林业局发布2015年第14号公告，公布委托上海市林业局实施的新一批野生动物相关行政许可事项。

同日，中共中央组织部同意谭光明任国家林业局党组成员。

同日，印发《国家林业局关于支持上海自由贸易试验区有关林木引种检疫审批工作的通知》(林造发〔2015〕81号)，将上海自贸区内涉及的国外引种林木种子、苗木的检疫风险评估工作下放至上海市，由上海市林业局组织风险评估，以进一步推动上海自贸区的发展。

6月24~25日 国家林业局作为中国政府代表团正式成员参加了第七轮中美战略与经济对话，向战略对话全会通报了中美两国在合作共建中国园、林业合作以及打击非法野生动植物贸易方面的进展，中国国家林业局和美国国务院在美国华盛顿举行打击野生动植物非法交易对口磋商。国家林业局局长赵树丛和美国国务院副国务卿凯瑟琳·诺维莉出席磋商开幕式并讲话。

6月26~28日 生态文明贵阳国际论坛2015年年会在贵州省贵阳市举行，国家林业局副局长刘东生参加年会并出席可持续发展目标框架下的全球生态系统治理、生态治理与美丽中国、推动竹藤在生态恢复和人道救助中的南南合作3个涉及林业的系列主题论坛，发表主旨演讲。局总工程师封加平在全球生态安全与绿色创变主题论坛上发表《让森林保障生态安全 让林业引领绿色发展》的主旨演讲。

6月29日 国家林业局印发《关于确定森林可持续经营试点单位的通知》(林资发〔2015〕84号)，确定河北省塞罕坝机械林场等12个单位为新一轮森林可持续经营试点单位。

7月

7月2日 国务院副总理汪洋在中南海紫光阁会见来访的美国内政部长萨丽·朱厄尔，双方就进一步加强自然保护和打击野生动植物非法贸易等领域合作交换意见。国家林业局党组书记张建龙、副局长刘东生陪同会见。

7月6日 利比里亚共和国加入国际竹藤组织(INBAR)升旗仪式在北京国际竹藤组织总部举行。自此，国际竹藤组织成员国达到41个。全国政协人口资源环境委员会副主任、国际竹藤组织董事会联合主席江泽慧，国家林业局副局长刘东生，利比里亚驻华大使杜德里·托马斯等出席升旗仪式。

7月13日 国务院决定，张建龙任国家林业局局长。

7月16日 国家林业局办公室和财政部办公厅联合印发《关于做好国家储备林建设工作的通知》(办规字〔2015〕117号)，决定配合全面保护天然林，以建立国家用材林储备制度为目标，大力开展国家储备林建设，维护国家生态安全和木材安全。

7月20日 国有林区改革推进会在黑龙江省哈尔滨市举行。国家林业局局长张建龙强调，准确把握中央6号文件精神，全面加快推进国有林区改革。局总工程师封加平出席会议。

同日，国家林业局副局长刘东生在陕西延安出席2015年濒危物种履约管理培训暨工作会议并讲话。

7月23日 全国林业厅局长电视电话会议召开。会议的主要任务是：深入学习领会习近平总书记系列重要讲话精神，认真贯彻落实党的十八大和十八届三中、四中全会精神，系统总结2015年上半年工作，精心部署下半年工作，确保全面完成全年任务。局长张建龙出席会议并作重要讲话，副局长孙扎根主持会议，局领导陈述贤、张永利、陈凤学、刘东生、彭有冬、谭光明、杜永胜、封加平出席会议。

7月28日 以“沙漠生态文明 共建丝绸之路”为主题的第五届库布其国际沙漠论坛在内蒙古开幕。国务院副总理汪洋出席开幕式并致辞，联合国秘书长潘基文向论坛发来贺信，《联合国防治荒漠化公约》执行秘书莫妮卡·巴布宣读贺信并致辞。全国政协副主席、科技部部长万钢主持开幕式并致辞。国家林业局局长张建龙、内蒙古自治区党委书记王君出席开幕式并致辞。

7月30日 全国防沙治沙现场经验交流会在内蒙古自治区锡林郭勒盟多伦县举行。国家林业局局长张建龙要求，坚持保护优先、科学治沙，确保防治目标如期实现。副局长张永利出席会议并讲话。

8月

8月3日 国家林业局与共青团中央、全国少工委等部门联合举办的“童眼观生态——全国青少年生态文明教育体验活动”及成果展在北戴河国家湿地公园举办。中共中央政治局委员、国家副主席李源潮，中共中央书记处书记、全国政协副主席杜青林等中央领导同志出席活动并观看展览。国家林业局局长张建龙、局党组成员彭有冬出席活动。

8月4日 国家林业局副局长陈凤学在北京会见芬兰农林部常务秘书雅娜·卡里奥一行。双方高度评价了中芬林业合作并探讨了开展大熊猫合作的可能性。

8月6~7日 国家发展改革委会同财政部、国家林业局、农业部、国土资源部等部门，在贵州省毕节市联合召开全国退耕还林还草工作现场经验交流会议。国家发展改革委副主任何立峰、国家林业局副局长张永利等出席会议并讲话。

8月7日 中国林学会与台湾中华林学会在哈尔滨共同举办2016两岸林业论坛。中国林学会常务理事封加平出席论坛并作主旨报告。

8月10日 横店中国世界野生动物标本馆开馆仪式暨全国野生动物保护和生态文明建设系列宣传活动启动仪式在浙江省东阳县举行，国家林业局副局长陈凤学出席。

8月17日 国家林业局举行践行社会主义核心价值观报告会，以身边典型为标杆，为林业改革发展贡献力量。局领导张建龙、陈凤学、彭有冬、谭光明、杜永胜、封加平出席报告会，陈述贤主持会议。

同日，国家林业局办公室印发《2014年林业应对气候变化政策与行动白皮书》。

8月18日 第三届中国绿化博览会在天津市武清区正式开幕，全国绿化委员会委员、国家林业局副局长张永利出席第三届绿化博览会第三次新闻发布会并讲话。

同日，国家林业局昆明勘察设计院举行纪念建院50周年座谈会，国家林业局副局长刘东生出席座谈会并致辞。

同日，“林业经济的新前沿”国际学术会议在北京大学举行，国家林业局总工程师封加平出席并介绍中国林业的改革发展情况。

8月22日 滇桂黔石漠化片区区域发展与扶贫攻坚推进会在云南省文山壮族苗族自治州举行，国家林业局局长张建龙、水利部部长陈雷、云南省省长陈豪、国务院扶贫办副主任郑文凯等相关部门领导出席会议并讲话。

8月26日 国家林业局与国土资源部数据资料交接仪式在北京举行。两部门共同签署数据资料共享协议，建立共享机制。国家林业局副局长刘东生、国土资源部副部长王广华出席交接仪式并致辞。

8月29日 全国深化集体林权制度改革现场会在浙江省浦江县召开，国家林业局局长张建龙要求，继续深化集体林权制度改革，全面提升集体林业经营水平。局总工程师封加平主持会议。

同日，全国绿化委员会、国家林业局、中国绿化基金会主办的大型系列主题公益活动“绿色中国行——走进美丽广安”在四川省广安市举行，国家林业局副局长刘东生出席活动。

8月30~31日 2015年黄河湿地保护网络年会暨黄河湿地保护培训班在内蒙古自治区包头市举办，国家林业局副局长张永利出席会议并讲话。

9月

9月1日 国家林业局举办“拥抱绿色 讴歌和平”——纪念中国人民抗日战争暨世界反法西斯战争胜利70周年歌咏比赛活动。局领导张建龙、陈述贤、张永利、陈凤学、刘东生、彭有冬、谭光明、杜永胜、封加平出席活动并为获奖单位颁奖。来自36个机关司局、在京直属单位共22支队伍900多人参加活动。

9月2日 国家林业局召开党组扩大会议，局党组书记、局长张建龙对落实党风廉政建设主体责任、监督责任进行集体约谈并与各司局、各直属单位党政主要负责人签订党风廉政建设责任书。局领导张永利、刘东生、彭有冬、谭光明、封加平出席会议。

9月7~11日 国家林业局局长张建龙出席在南非德班举行的第十四届世界林业大会并在高级别论坛上发表演讲。大会期间，世界粮农组织（FAO）发布《2015年全球森林资源评估结果》，评估结果集中反映了中国在推进国土绿化、加快林业改革、推进森林资源保护发展中取得的积极成就，充分肯定了中国在扭转全球森林资源持续减少趋势中所作出的巨大贡献，凸显了中国在国际和区域林业发展中的重要地位。

大会期间，张建龙出席了国际竹藤组织全球竹藤资源调查评估启动会并致辞，会见了南非、韩国、俄罗斯林业主管部门负责人，就深化双边林业合作交换了意见。

9月11日 国务院决定，任命彭有冬为国家林业局副局长。

9月15日 国务院副总理汪洋在天津市武清区考察第三届中国绿化博览会园区，国家林业局局长张建龙、副局长张永利陪同考察。

9月16日 我国首个大型野生动物类型国家公园——西藏羌塘藏羚羊、野牦牛国家公园正式挂牌。

9月17日 国家林业局印发《关于进一步加强林业标准化工作的意见》（林科发〔2015〕127号）。

9月23日 全国林业标准化工作会议在湖南省邵阳市召开。国家林业局局长张建龙对会议作出批示，国家林业局副局长彭有冬出席会议并讲话。

9月24日 第四届全国林业信息化工作会议在湖南省长沙市召开，会议的主要任务是，大力推进“互联网+”林业建设，全面提升我国林业信息化水平。局长张建龙出席会议并讲话，局总工程师封加平主持。

10月

10月9日 国家林业局召开全国奋斗在林改一线的十佳大学生村官座谈会，学习宣传先进精神，激励青年投身林业建设。座谈会前，局长张建龙、局党组成员谭光明、局总工程师封加平参观优秀大学生村官参与林改事迹展览，并与十佳大学生村官荣誉获得者合影留念。局党组成员谭光明出席座谈会，局总工程师封加平主持。

同日，国家林业局局长张建龙接见在公安部和全国妇联主办的“好警嫂”推选宣传活动中入选的森林公安系统的3位“好警嫂”，国家森林防火指挥部专职副总指挥杜永胜参加接见。

10月10日 2015中国森林旅游节暨生态休闲产业博览会在湖北省武汉市举行，主题为“生态之旅 绿色生活”。全国政协副主席罗富和，国家林业局局长张建龙，湖北省省长王国生出席开幕式，国家林业局副局长张永利出席开幕式并致辞。

10月12日 国家林业局发布2015第15号公告，公布注销林木种子经营许可证的企业名单。

同日，国家林业局副局长陈凤学在北京会见欧盟环境、海洋事务和渔业委员卡梅奴·维拉一行，双方肯定了中欧在野生动植物保护、《濒危野生动植物种国际贸易公约》（CITES）履约和打击非法采伐及相关贸易等领域富有成效的合作，表示愿意在现有合作基础上进一步深化和拓展相关合作。

10月12~16日 第六届世界林火大会在韩国平昌郡举行。国家森林防火指挥部专职副总指挥杜永胜率领中国国家林业局代表团出席会议，并在会上就中国林业和森林防火建设成就发表演讲。大会期间，杜永胜会见了韩国山林厅长官申 伔燮，双方在加强森林防火技术研究、培训交流、航空消防合作等方面达成共识。期间，中国国家林业局代表团还与美国林务局、全球林火监测中心等国家和国际组织的代表进行会谈，就深化双方森林防火合作，增进技术交流等交换了意见。

10月13日 国家林业局发布2015年第16号公告，公布国家林业局委托福建、广东省林业厅实施的新一批野生动物相关行政许可事项。

同日，国家林业局发布2015年第18号公告，公布2015年第一批授予植物新品种权名单。

同日，国家林业局机关和直属单位纪检监察干部培训班在陕西延安开班。局党组成员、中央纪委驻局纪检组组长陈述贤出席开班式并讲话。

10月15日 国家林业局发布2015年第17号公告，自公告发布之日起至2016年10月15日止，我国临时禁止进口在非洲进行狩猎后获得的狩猎纪念物象牙，国家林业局暂停受理相关行政许可事项。

10 月 17 日 第二届世界人造板大会在山东临沂召开，国家林业局党组成员、中纪委驻国家林业局纪检组组长陈述贤出席会议并讲话。

10 月 19 日 国家林业局发布 2015 第 19 号公告，公布《建设项目使用林地可行性报告编制规范》等 103 项林业行业标准，自 2016 年 1 月 1 日起实施。

10 月 20～21 日 国家林业局总工程师封加平率团出席在土耳其安卡拉召开的联合国防治荒漠化公约第 12 次缔约方大会高级别会议并发表演讲，系统介绍中国防治荒漠化的成功经验。

10 月 25 日 首届世界生态系统治理论坛在北京举行，国务院副总理汪洋会见了出席首届世界生态系统治理论坛的国际组织代表。国家林业局局长张建龙、世界自然保护联盟主席章新胜、亚太森林恢复与可持续发展组织董事会主席赵树丛等出席论坛开幕式并致辞，国家林业局副局长陈凤学主持开幕式。

10 月 26 日 在国家主席习近平和荷兰国王威廉·亚历山大的共同见证下，中国国家林业局局长张建龙与荷兰农业大臣戴克斯玛在北京签署《中华人民共和国国家林业局与荷兰经济事务部关于共同推进大熊猫保护合作的谅解备忘录》，决定对中荷大熊猫合作项目实施监管，促进中荷两国在包括大熊猫在内的野生动植物保护领域的交流与合作。同时，中国野生动物保护协会与荷兰欧维汉动物园签署《关于开展大熊猫保护研究的协议》，决定向荷兰提供一对圈养繁殖的大熊猫，用于双方在欧维汉动物园实施合作研究项目。

10 月 26 日至 11 月 1 日 为深入落实《中共中央国务院关于加快推进生态文明建设的意见》，国家林业局与中央电视台联合推出反映候鸟保护的大型电视直播节目《鸟的迁徙》。中共中央政治局委员、中央书记处书记、中央宣传部部长刘奇葆在 11 月 8 日中国新闻奖报告会上指出，该节目通过鸟说生态，很好地宣传了生态文明建设。

10 月 27～28 日 国家林业局副局长刘东生率团出席在巴布亚新几内亚首都莫尔斯比港召开的第三届 APEC 林业部长级会议。巴新总理奥尼尔出席开幕式。刘东生在开幕式上致辞。

10 月 28 日 荷兰国王威廉·亚历山大参观上海崇明东滩鸟类国家级自然保护区，与国家林业局副局长陈凤学共同见证《中华人民共和国国家林业局与世界自然基金会 2015～2016 年度合作谅解备忘录》签署仪式。

10 月 29 日 中华人民共和国濒危物种进出口管理办公室濒危木材履约宣教培训基地在上海成立，国家林业局副局长陈凤学为基地揭牌。

10 月 31 日 在李克强总理和朴槿惠总统见证下，国家林业局局长张建龙在韩国首尔与韩国环境部部长尹成奎共同签署《中韩关于共同推进大熊猫保护合作的谅解备忘录》。

11 月

11 月 2 日 中央第九巡视组巡视国家林业局工作动员会召开，国家林业局党组书记、局长张建龙主持会议并作动员讲话，中央第九巡视组组长吴瀚飞就即将开展的专项巡视工作讲话，中央巡视工作领导小组成员、办公室主任黎晓宏就配合做好巡视工作提出要求。国家林业局领导陈述贤、张永利、陈凤学、彭有冬、刘东生、谭光明、杜永胜、封加平出席会议，各司局、各直属单位党政主要负责同志参加会议。

11 月 4 日 全国人大常委会第十七次会议修订通过《中华人民共和国种子法》，自 2016 年 1 月 1 日期施行。

11 月 5 日 国家林业局局长张建龙在北京会见斯洛文尼亚副总理兼农业、林业和食品部部长戴扬·日丹。双方共同签署《中华人民共和国国家林业局与斯洛文尼亚共和国农业、林业和食品部关于建立中国—中东欧国家林业合作协调机制的谅解备忘录》，标志着中国与中东欧国家林业合作协调机制正式启动。

11 月 9 日 国家林业局副局长陈凤学在北京会见新西兰资源保护部首席执行官鲁桑逊一行。双方就加强候鸟及其栖息地保护、湿地保护与管理以及候鸟保护双边合作协议商签等共同关心的问题交换了意见。

11 月 12 日 国家林业局印发《关于进一步加强乡镇林业工作站建设的意见》(林站发〔2015〕146 号)。

11 月 17 日 国家林业局副局长陈凤学在南非比勒陀利亚出席“中国—南非青年志愿者保护论坛”，并与南非环境部副部长芭芭拉会晤。

11 月 19 日 全国林业工作站工作会议在北京召开，局长张建龙要求，全面加强基层林业工作站建设，为推进林业现代化建设提供保障。副局长刘东生出席会议并讲话。

11 月 20 日 国家林业局局长张建龙在北京会见博茨瓦纳环境、野生动物与旅游部部长切凯迪·卡马一行，双方就野生动植物保护、造林、森林经营与林业应对气候变化等问题交换了意见。

11 月 23 日 国家森林生态标志产品品牌体系建设在安徽池州正式启动，国家林业局局长、中国林业产业联合会副会长张建龙，局总工程师、中国林业产业联合会副会长封加平出席会议并讲话。

11 月 24 日 国家林业局局长张建龙签署第 38 号令，公布《国家林业局关于修改部分部门规章的决定》，自公布之日起施行。

同日，国家林业局局长张建龙签署第 39 号令，公布《林业工作站管理办法》，自 2016 年 1 月 1 日起施行。

同日，2015 年森林城市建设座谈会在安徽省宣城市召开，中国关注森林活动组委会主任王刚出席并讲话，全国政协人口资源环境委员会主任贾治邦、副主任江泽慧、凌振国等出席会议，国家林业局局长张建龙出席会议并讲话，副局长彭有冬主持会议。

同日，国家林业局会同财政部、国务院扶贫办、国家开发银行印发了《关于整合和统筹资金支持贫困地区油茶核桃等木本油料产业发展的指导意见》。

11 月 26 日 国家林业局与中国气象局在北京签署《关于深化全面战略合作框架协议》。坚持优势互补资源共享，实现林业气象共赢发展。国家林业局局长张建龙、中国气象局局长郑国光代表双方签字。国家林业局副局长彭有冬出席签字仪式。

同日，2015 年现代林业发展高层论坛在北京举办。论坛以“新常态新路径：‘十三五’林业新发展”为主题。国家林业局局长张建龙，中国林学会理事长赵树丛，中央财经领导小组办公室副主任、中央农村工作领导小组办公室副主任韩俊，中国科协书记处书记、党组成员王春法，国家林业局副局长彭有冬出席论坛。

同日，中国林业智库建设正式启动。首批专家团队由林业、农业、环境、水利、生态领域的14位两院院士和50多名资深专家组成。

11月27日 中国林业网荣获2015"中国互联网+政务"优秀实践案例50强，并荣获最佳政务治理数据化平台第一名。

12月

12月1日 国家林业局保密工作会议暨林业保密培训班开班式在北京举行，国家林业局局长张建龙要求，增强保密意识，强化责任落实，全面加强林业保密工作。局党组成员陈述贤出席会议。

12月2日 全国天保办主任工作会议在北京召开，国家林业局副局长张永利出席会议并讲话。

12月12日 中国生态修复产业技术创新战略联盟在北京成立。

12月15日 2015年度森林防火专职指挥座谈会在福建省厦门市召开，国家森林防火指挥部专职副总指挥杜永胜出席座谈会并讲话。

12月17日 国家林业局局长张建龙、广西壮族自治区人民政府主席陈武、国家开发银行董事长吴怀邦分别代表三方在北京签署《共同推进广西国家储备林等重点领域建设发展合作协议》。

同日，国家林业局与国家开发银行签署《共同推进国家储备林等重点领域建设发展合作协议》。

12月21日 全国野生动物疫源疫病监测防控十周年总结会在湖北省武汉市召开，国家林业局副局长刘东生出席会议并讲话。

12月22日 国家林业局党组召开"三严三实"专题民主生活会。中央第九巡视组、中央组织部、中央国家机关工委相关领导出席会议。国家林业局党组书记、局长张建龙主持会议。局党组成员、中央纪委驻局纪检组组长陈述贤，局党组成员、副局长张永利、陈凤学、彭有冬，局党组成员谭光明参加会议。副局长刘东生、国家森林防火指挥部专职副总指挥杜永胜、局总工程师封加平列席会议。

同日，国家林业局专家咨询委员会会议在北京召开，听取院士专家对林业"十三五"规划的意见建议。局长、局专家咨询委员会主任张建龙出席会议并讲话，副局长、局专家咨询委员会副主任彭有冬，局党组成员谭光明出席会议。

同日，国家林业局发布2015年第21号公告，公告《国家林业局推广随机抽查行政检查事项清单》。

12月28日 全国油茶等木本油料产业开发脱贫现场会在福建省宁德市召开。国家林业局局长张建龙要求，大力发展油茶等木本油料产业，实现精准脱贫稳定脱贫。局党组成员谭光明主持会议。

同日，中国大熊猫保护研究中心在卧龙大熊猫基地内正式挂牌。

12月29日 国务院新闻办公室在北京举行新闻发布会，国家林业局局长张建龙在新闻发布会上介绍了第五次全国荒漠化和沙化土地监测情况，并回答记者提问。副局长张永利出席新闻发布会。监测结果显示，截至2014年，我国荒漠化土地面积261.16万平方千米，沙化土地面积172.12万平方千米。与2009年相比，5年间荒漠化土地面积净减少12 120平方千米，年均减少2424平方千米；沙化土地面积净减少9902平方千米，年均减少1980平方千米。监测结果表明，自2004年以来，我国荒漠化和沙化状况连续3个监测期"双缩减"，呈现"整体遏制、持续缩减、功能增强、成效明显"的良好态势，但防治形势依然严峻。

12月30日 国家林业局决定，张鸿文任国家林业局总经济师。

国家林业局印发《林业植物新品种保护行政执法办法》(林技发〔2015〕176号)。

同日，国家林业局发布2015年第20号公告，公布安徽升金湖国家级自然保护区、广东南澎列岛海洋生态国家级自然保护区、甘肃张掖黑河湿地国家级自然保护区3处湿地列入《国际重要湿地名录》。

12月31日 国家林业局发布2015年第22号公告，公布2015年第二批授予植物新品种权名单。

国家林业局印发《国家储备林制度方案》(林规发〔2015〕192号)。要求各地各部门科学编制建设规划、大力推进国家储备林基地建设、认真研究制定相关实施细则。

同日，国家林业局信息网络运维呼叫中心正式启用。

2015年林业重要会议

【2015年全国林业厅局长会议】 1月5日，2015年全国林业厅局长会议在北京举行。会议的主要任务是深入学习领会习近平总书记系列重要讲话精神，全面贯彻落实党的十八大和十八届二中、三中、四中全会，以及中央经济工作会议、中央农村工作会议精神，总结2014年林业工作，部署2015年和今后一个时期林业工作。国家林业局局长赵树丛要求，主动适应新常态，实现林业新发展，为改善生态、改善民生作出更大贡献。

赵树丛说，党的十八大以来，全国林业系统深入学习领会习近平总书记系列重要讲话精神，牢固树立中国特色社会主义生态观，认真落实党中央、国务院的决策部署，坚持把林业放在国家全局中来认识、来谋划，立足改善生态改善民生发展林业。我们的总体思路和重点工作，符合国家发展大局，符合林业发展的规律，顺应了人民群众期待，也与地方各级党委政府实现了同频共振，林业的形势越来越好、发展越来越快、影响越来越大。

赵树丛指出，当前，中国经济发展已经进入新常态。新常态下，发展生态林业民生林业有着巨大的优势和潜力。从消费需求看，生态需求已成为社会的主导需求之一，人们对改善生态的愿望越来越迫切，对生态产品的需求越来越旺盛。从投资需求看，生态建设与保护的投资，形成的是非常稀缺的生态资本和绿色资源，需求巨大，已成为新常态下投资的战略重点。从市场空间看，无论是国内市场还是国际市场，对林产品的需求都十分强劲，而且经济越发展，人们生活水平越高，对林产品的需求量越大。从就业潜力看，森林旅游和林业休闲服务业增长潜力和就业空间很大。从产业结构看，林业产业是生态产业、生物产业、碳汇产业，是产业转型升级中国家鼓励发展的产业，不仅可以促进绿色增长、绿色外贸、绿色就业，而且可以为中国节能减排提供战略支撑，为发展生物质能源、生物制药和新材料提供重要基础。从区域发展看，发展林业可以加快边远地区、少数民族地区和革命老区发展，增加贫困人口收入，促进区域经济平衡发展和城乡之间协调发展，让欠发达地区人民群众共享改革发展成果。各级林业部门要科学把握新常态，主动适应新常态，全力服务新常态，全面提升生态林业民生林业发展水平，为改善生态改善民生作出新的更大贡献。

赵树丛强调，林业要适应新常态、实现新发展，必须始终坚持改善生态改善民生的根本任务不动摇，坚持发展生态林业民生林业的旗帜方向不走偏，坚持服务大局服务基层的职责使命不放松，以更大的拼劲、更强的韧劲，坚定不移地推进林业改革发展。当前和今后一个时期，要深入贯彻落实党的十八大和十八届二中、三中、四中全会精神，认真学习领会习近平总书记系列重要讲话精神，牢固树立中国特色社会主义生态观，坚持以建设生态文明为总目标，以改善生态改善民生为总任务，以全面深化林业改革为总动力，紧紧围绕建设美丽中国，认真实施《推进生态文明建设规划纲要》，创新林业体制机制，转变林业发展方式，完善生态文明制度，加快依法治林进程，着力解决生态林业民生林业建设中的重大问题，加快推进林业治理体系和治理能力现代化，充分释放生态林业民生林业强大功能，为全面建成小康社会、实现中华民族伟大复兴的中国梦不断创造更好的生态条件。

赵树丛说，2015 年是全面深化林业改革的关键之年。深化林业改革的首要任务，就是要转变林业发展方式，增强林业发展活力。要通过深化林业改革，创新林业的体制机制、经营方式、运营模式，更加注重生态保护，更加注重改善民生，更加注重质量效益，更加注重市场力量，努力实现改善生态与改善民生共同推进，增加总量与提高质量协调发展，政府投入与社会资本相得益彰，走出一条资源增长、生态良好、林业增效、职工增收、林区和谐稳定的林业发展之路。要坚持改革的方向和底线，各项改革都要贯彻落实习近平总书记关于生态文明建设的重大战略思想，坚持改善生态改善民生的改革目的和基本方向，坚决守住保生态、保民生的底线，坚决守住森林资源不破坏、国有资产不流失的红线和高压线，真正为子孙后代留下美丽家园，让历史的春秋之笔为当代中国人留下正能量的记录。要按照党中央、国务院要求，在厘清森林资源总量、摸清家底的基础上，精心制订改革试点方案。要把抓改革举措落地作为重要的政治任务，强化一把手责任，建立台账，一抓到底，确保各项改革举措落实到位、见到实效。要注重顶层设计和基层探索良性互动，坚持以人民满意不满意为基本标准，确保改革方向不走偏、不走样；坚持问题导向，了解群众愿望，下功夫解决群众关注的突出问题，切实做到改革为了群众，改革依靠群众，改革成果让群众共享。改革不能自拉自唱，要加强改革成效评估，做到改革推进到哪里，督查就跟进到哪里。

赵树丛强调，林业治理现代化必须依靠林业治理法治化，林业治理法治化的过程也是林业治理现代化的过程。面对新形势新任务，各级林业部门要认真学习贯彻中国特色社会主义法治理论，全面加强林业法治建设，大力推进依法治林，加快形成完备的林业法律法规体系、高效的林业法治实施体系、严密的林业法治监督体系、有力的林业法治保障体系，不断提高依法治林水平和依法行政能力。要继续完善林业法律法规体系，全面推进林业治理法治化。要严厉打击涉林违法行为，依法强化行政权力制约，为生态林业、民生林业发展提供法治保障。

天然林保护是习近平总书记特别关心的问题。赵树丛强调，天然林是结构最复杂、群落最稳定、生物量最大、生物多样性最丰富、生态功能最强的森林生态系统。保护好生态，首先要保护好天然林。一定要站在建设生态文明、维护国家生态安全、实现中华民族永续发展的战略高度，坚定不移地严格保护天然林，加快制订全国天然林保护实施方案，全面落实中央的战略意图。要果断停止天然林商业性采伐，把所有天然林都纳入保护范围；要着力提升天然林生态功能，对独特的天然林实行重点保护；要提高天然林保护补助标准，并配套建立国家用材林储备制度，筑牢维护国家生态安全的根本基础。

赵树丛说，森林资源既是生态文明建设的重要基础，也是提升生态承载力、顺应人民群众对良好生态新期待的直观指标，更是中国应对气候变化的战略支撑。要继续加强森林资源培育，着力解决质量不高和总量不足的问题。一是全面提升重大生态修复工程质量效益，及时谋划启动一批新的重点生态修复工程；二是不断扩大干旱半干旱地区森林面积，科学恢复干旱半干旱地区林草植被；三是大力推进森林经营，提高森林质量，确保如期实现到 2020 年森林覆盖率达到 23% 以上的森林资源增长目标。

赵树丛强调，发展生态林业民生林业，推动绿色发展，为亿万农民增加就业岗位和财产性收入，是新常态下林业服务国家大局的最佳切入点和着力点。要加快发展绿色富民产业，着力破解投入瓶颈制约，有效促进绿色发展和农民就业增收。一是发挥增长潜力，通过培育新的经济增长点，力争 2015 年林业产业总产值突破 6 万亿元，为稳增长作出新贡献。二是发挥市场潜力，坚持以市场为导向，进一步做大做强木本粮油、森林食品、生物质能源、生物制药等绿色、低碳、富民产业，为调结构作贡献。三是发挥就业潜力，维护和稳定农民集体林地承包经营权，为返乡农民工提供合适的就业和创业平台，为惠民生作贡献。四是发挥投资潜力，围绕“一带一路”、京津冀协同发展、长江经济带等国家重大战略，吸引各种资金大规模向林业产业流动，促进山区林区沙区与发达地区协调发展、共同发展，为优化经济发展空间格局作贡献。

赵树丛指出，生态资源保护和监管是政府的基本职责。当前，非法侵占林地、随意破坏湿地、沙区边治理边破坏等现象时有发生，导致生态资源严重破坏，这与产权不清、监管不到位、查处不力直接相关。要从维护生态安全、实现中华民族永续发展的战略高度和依法履行职责的基本要求出发，采取更加有力的措施，更好地发挥政府在生态资源保护和监管中的重要作用。要加快建立生态资源产权制度和监管制度，深入开展非法侵占林地排查专项行动，加大湿地保护和恢复力度，严格保护沙区森林植被，更加重视野生动植物保护和自然保护区建设，确保自然生态系统得到严格保护。

赵树丛说，市场经济条件下，市场化是林业平稳健康发展的必然要求。林业适应新常态，就要深入挖掘技术、资本、劳动力、土地等要素的潜力，充分发挥市场在资源配置中的决定性作用，推动生态林业民生林业实现更大发展。要牢固树立用市场手段推动林业发展的理念，彻底转变林业发展过多依赖政府的传统思维，通过引入市场竞争提升生态服务产品的品质和效率。要着力培育多元化市场主体，积极创新林业融资平台，引导工商企业在坚持用途管制的前提下发展林业。要逐步完善林产品价格形成机制，坚持发挥市场形成价格作用，让林产品价格真正反映市场稀缺程度和供求状况。要积极探索林业资产化管理模式，研究借鉴发达国家发展林业的成功经验，将林业存量资源转化为流动性更好的金融资产，帮助林业突破融资瓶颈，引导社会资本进入林业。要完善市场服务和监管体系，建立森林资源资产评估制度，推进林产品市场建设，大力发展林业电子商务，加快建设林产品交易平台和质量追溯平台。

赵树丛强调，长期以来，中国林业发展主要依靠要素驱动，新常态下必须让创新驱动成为林业发展的新引擎。要更加注重依靠科学技术，提高林业生产的质量和效益，增强林业发展的活力和动力。要紧紧围绕林业发展的现实需求和产业化发展方向，加快实施林业科技创新驱动战略，推动林业发展由以投资拉动、要素驱动为主向以科技创新驱动为主转变。要全面深化林业科技体制改革，加速集聚林业创新人才，提高自主创新能力，促进科技成果资本化、产业化，提升林业科技进步贡献率，切实增强生态林业民生林业发展动力。

赵树丛指出，林业具有生态、经济、社会等多重属性，是国际社会解决诸多问题时最容易找到共同点的领域。林业国际合作作为中国对外开放的组成部分，已经成为新常态下国家外交战略的重要内容，在应对气候变化、保护生物多样性、改善生态、保障民生等方面发挥着重要作用。准确把握国际形势变化大趋势，全面提升林业对外开放水平，已经成为树立国家形象、维护国家利益的重大战略。中国林业对外开放仍然处于可以大有作为的战略机遇期，要不断拓宽全球视野和战略思维，统筹运用国际国内两个市场和两种资源，科学把握国际国内两类规则，继续完善国际合作机制，善于用国际规则办好中国事情，用世界语言讲好中国故事，更好地适应林业全球化、区域经济一体化趋势。

赵树丛强调，近年来，通过深入开展群众路线教育实践活动和“两转变、两服务”活动，全面贯彻落实中央八项规定精神，坚定不移反对“四风”，认真践行“三严三实”要求，林业系统党风政风行风建设取得了明显成效。但是，作风建设永远在路上，需要持之以恒、常抓不懈。面对繁重的改革发展任务，要进一步加强林业队伍特别是干部队伍建设，增强改革意识、担当意识、服务意识、基层意识、廉政意识，着力转变职能转变作风，切实承担起推进林业改革发展、建设生态林业民生林业的历史使命。

赵树丛说，2015 年是“十三五”规划编制之年，也是林业适应新常态、服务新常态的关键之年。各级林业部门既要围绕厅局长会议讲的 10 个重点问题，抓好贯彻落实，全面完成 2015 年工作任务，又要精心编制林业发展“十三五”规划，认真谋划今后 5 年和更长一个时期的重大项目、重大工程、重大政策，推动生态林业民生林业实现更大发展，为全面建成小康社会、建设生态文明和美丽中国、实现中华民族伟大复兴的中国梦作出新的更大贡献。

国家林业局副局长张建龙通报了《2014 年工作完成情况和 2015 年安排意见》。副局长孙扎根，局党组成员、中央纪委驻局纪检组组长陈述贤，副局长张永利、陈凤学、刘东生，局党组成员彭有冬，国家森林防火指挥部专职副总指挥杜永胜，局总工程师封加平，武警森林指挥部司令员沈金伦出席会议。

【2015 年全国林业厅局长电视电话会议】 7 月 23 日，全国林业厅局长电视电话会议举行。国家林业局局长张建龙要求，深入学习领会习近平总书记系列重要讲话精神，认真贯彻落实党的十八大和十八届二中、三中、四中全会精神，总结上半年工作，部署下半年任务，实现“十二五”林业建设的圆满收官，同时谋划好“十三五”林业发展蓝图，不断提升林业现代化水平，为全面建成小康社会、实现中华民族伟大复兴中国梦创造更好的生态条件。

国家林业局副局长孙扎根主持会议，局党组成员、中央纪委驻局纪检组组长陈述贤，副局长张永利、陈凤学、刘东生，武警森林指挥部司令员沈金伦，局党组成员彭有冬、谭光明，国家森林防火指挥部专职副总指挥杜永胜，局总工程师封加平出席会议。

张建龙说，上半年全国林业工作取得明显成效。党中央、国务院印发了《国有林场改革方案》和《国有林区改革指导意见》，国务院专门召开电视电话会议进行部署，国有林场和国有林区改革正式启动，目前已有 12 个省份制订了国有林场改革实施方案，东北、内蒙古重点国有林区全面停止了天然林商业性采伐，启动了森林资源管理与利用分开试点。集体林权制度改革确定了 30 个综合改革试验示范区，林业专业合作组织近 16 万家，经营林地2.4亿亩①。累计取消下放行政审批事项42项，完成了非行政许可审批事项清理工作，取消下放35项，并开展了建立国家公园体制试点。上半年，全国共完成造林5437万亩，占全年计划的57%；完成森林抚育6301万亩，占全年计划的60%。全国林业产业总产值2.39万亿元，同比增长12%，其中第三产业同比增长23.5%。开展了非法侵占林地清理排查专项行动，共清理排查案件4.8万多起，涉及违法违规占用林地128.5万亩。成立了中国湿地保护协会和沿海湿地保护网络，全国新增湿地保护面积450万亩，恢复湿地22.5万亩。组织开展了"眼镜蛇三号行动"，严厉打击野生动植物非法贸易，公开销毁了662千克象牙及其制品。全国发生森林火灾2667起，受害森林面积16.3万亩，伤亡26人，分别比2014年同期下降21%、39%和74%。全国林业有害生物发生面积1.01亿亩，同比下降4.3%。全国共发生沙尘天气11次，次数和强度均低于近14年同期平均值。上半年，中央林业累计投入1071亿元，全国共完成林业投资1503亿元，安排林业棚户区(危旧房)改造任务7.7万户和中央投资12亿元。全国林业系统严格落实中央八项规定精神，启动了"三严三实"专题教育，推进了"两转变、两服务"活动，党的群众路线教育实践活动成果不断巩固。

张建龙指出，下半年林业工作任务十分繁重，各地各单位要认真贯彻落实中央6号文件和12号文件精神，着力抓好十项重点工作。一是全力推进林业改革，完成国有林场和国有林区改革省级实施方案编制审批，明确改革时间表和路线图。全力推动国有林区改革，推进国有林区政企、政事、事企和管办"四分开"，创新森林资源管理体制和监管机制，开展监管机构垂直管理试点，加强森林资源培育和经营，抓好全面停伐后的产业转型，妥善安置林区富余职工，确保职工基本生活有保障、林区社会和谐稳定。国有林场改革要按照功能定位，合理界定国有林场属性，强化森林资源监管，抓好定编定岗、经费保障、富余职工分流安置等工作。集体林权制度改革要稳定家庭承包经营权，规范林权流转，培育新型经营主体，完善社会化服务体系。深化林业行政审批制度改革，再取消下放一批审批事项。二是全面完成剩余的4000多万亩造林绿化任务，重点抓好雨季造林、秋冬季造林和补植补造，推进干旱半干旱地区造林，加快退耕还林进度，完成1000万亩国家储备林建设任务。三是着力提升森林资源质量。东北、内蒙古重点国有林区要以林业局为单位抓紧科学编制森林经营方案，并严格按方案开展森林经营活动；完成《全国森林经营规划(2016～2050年)》编制工作，建立国家、省、市、县四级森林经营规划体系。四是严格保护林地等林业资源。完善并严格实施国家、省、县三级林地保护利用规划，强化林地用途管制，严格审核审批建设项目使用林地，加强对临时占用林地的监管；加强对森林、湿地和沙区植被的保护和管理。五是切实加强野生动植物保护，加大对大熊猫、东北虎豹、亚洲象等重点物种保护力度，争取将更多的珍稀濒危野生动植物纳入保护范围。六是扎实做好森林火灾等灾害防控工作，层层落实责任，完善应急预案，提升防控能力，努力减少灾害损失。七是加快发展林业产业，积极发展木本粮油、经济林、森林旅游、竹藤花卉、生物质能源、生物材料等产业，促进传统产业改造升级。八是大力加强林业法治建设，着力完善林业法律法规体系，印发实施《全面推进林业法治建设的实施意见》，严厉打击破坏林业资源的违法违规行为。九是积极争取政策资金支持，建立长期稳定的政策和资金投入机制，创新投融资方式，多渠道筹措资金，解决林业投入不足问题。十是全面加强干部队伍建设，重点抓好"三严三实"专题教育，全面落实党风廉政建设责任制，持之以恒落实中央八项规定精神，加大违纪违法案件查处力度。

张建龙强调，"十三五"是协调推进"四个全面"战略布局的重要时期，也是林业改革发展的关键阶段。在全面建成小康社会、实现第一个百年奋斗目标的关键时期，编制好"十三五"规划有着特殊意义。各级林业部门要深入学习领会习近平总书记系列重要讲话精神，准确把握林业发展的形势与任务，认真研究林业重大问题，科学编制"十三五"规划。要根据林业的新形势新任务，聚焦2020年林业发展目标，找准优势和潜力，合理规划布局，注重补齐"短板"，统筹解决林业的难点问题和薄弱环节，推动林业全面协调发展。要主动协调国家有关部门，争取将林业的重要指标、重点任务和重大工程体现到国家"十三五"规划《纲要》中。要紧紧围绕"一带一路"、长江经济带、京津冀协同发展等国家战略，积极谋划一批关系林业长远发展的重大工程、重大项目、重大政策，科学指导和引领林业未来发展，确保如期实现2020年各项林业改革发展目标，进一步提升中国林业现代化水平，为全面建成小康社会、建设生态文明和美丽中国作出新的更大贡献。

内蒙古、吉林、黑龙江、浙江、江西、湖南、广西7个省(区)代表在会上作交流发言。会前，国家林业局党组全体成员听取了国家林业局各司局、各直属单位的工作汇报。　　(韩建伟供稿)

① 1亩≈0.067公顷。

附 录

国家林业局各司（局）和直属单位等全称简称对照

1. 国家林业局办公室（办公室）
2. 政策法规司（政法司）
3. 造林绿化管理司（造林司）
   长江流域防护林体系设管理办公室（长防办）
4. 森林资源管理司（资源司）
5. 野生动植物保护与自然保护区管理司（保护司）
   野生动植物保护及自然保护区建设工程管理办公室（保护办）
6. 农村林业改革发展司（林改司）
7. 森林公安局（公安局）
   国家森林防火指挥部办公室（防火办）
8. 发展规划与资金管理司（计资司）
   全国木材行业管理办公室（行管办）
9. 科学技术司（科技司）
10. 国际合作司（国际司）
11. 人事司（人事司）
12. 直属机关党委（机关党委）
13. 离退休干部局（老干部局）
14. 机关服务局（服务局）
15. 国家林业局信息中心（信息中心）
16. 国有林场和林木种苗工作总站（场圃总站）
17. 林业工作站管理总站（工作总站）
    国家林业局森林资源行政案件稽查办公室（稽查办）
18. 林业基金管理总站（基金总站）
    审计稽查办公室
19. 宣传中心（宣传办）
20. 濒危物种进出口管理中心（濒管办）
21. 天然林保护工程管理中心（天保办）
22. 西北华北东北防护林建设局（三北局）
23. 退耕还林（草）工程管理中心（退耕办）
24. 防治荒漠化管理中心（治沙办）
25. 世界银行贷款项目管理中心（世行中心）
    速生丰产用材林基地建设工程管理办公室（速丰办）
26. 科技发展中心（科技中心）
    植物新品种办公室（新品办）
27. 经济发展研究中心（经研中心）
28. 人才开发交流中心（人才中心）
29. 对外合作项目中心（合作中心）
30. 森林防火预警监测信息中心（预警中心）
31. 森林资源监督管理办公室（监督办）
32. 湿地保护管理中心（湿地办）
33. 中国林业科学研究院（林科院）
34. 调查规划设计院（规划院）
35. 林产工业规划设计院（设计院）
36. 管理干部学院（林干院）
37. 中国绿色时报社（报社）
38. 中国林业出版社（出版社）
39. 国际竹藤中心（竹藤中心）
40. 亚太森林网络管理中心（亚太中心）
41. 中国林学会（林学会）
42. 中国野生动物保护协会（中动协）
    中国植物保护协会（中植协）
43. 中国花卉协会（花协）
44. 中国绿化基金会（中绿基）
45. 中国林业产业联合会（中产联）
46. 驻内蒙古自治区森林资源监督专员办事处（内蒙古专员办）
47. 驻长春森林资源监督专员办事处（长春专员办）
48. 驻黑龙江省森林资源监督专员办事处（黑龙江专员办）
49. 驻大兴安岭森林资源监督专员办事处（大兴安岭专员办）
50. 驻成都森林资源监督专员办事处（成都专员办）
51. 驻云南省森林资源监督专员办事处（云南专员办）
52. 驻福州森林资源监督专员办事处（福州专员办）
53. 驻西安森林资源监督专员办事处（西安专员办）
54. 驻武汉森林资源监督专员办事处（武汉专员办）
55. 驻贵阳森林资源监督专员办事处（贵阳专员办）
56. 驻广州森林资源监督专员办事处（广州专员办）
57. 驻合肥森林资源监督专员办事处（合肥专员办）
58. 驻乌鲁木齐森林资源监督专员办事处（乌鲁木齐专员办）
59. 驻上海森林资源监督专员办事处（上海专员办）
60. 驻北京森林资源监督专员办事处（北京专员办）
61. 森林病虫害防治总站（森防总站）
62. 北方航空护林总站（北航总站）
63. 南方航空护林总站（南航总站）
64. 南京森林警察学院（南京警院）
65. 华东林业调查规划设计院（华东院）
66. 中南林业调查规划设计院（中南院）
67. 西北林业调查规划设计院（西北院）
68. 昆明勘察设计院（昆明院）

书中部分单位、词汇全称简称对照

北京林业大学（北林大）
长江流域防护林（长防林）
东北林业大学（东北林大）
国家发展和改革委员会（国家发展改革委）
国家工商行政管理总局（国家工商总局）
国家开发银行（国开行）
环境保护部（环保部）
国家森林防火指挥部（国家森防指）
国务院法制办公室（国务院法制办）
国有资产监督管理委员会（国资委）
林业工作站（林业站）
南京林业大学（南林大）
全国绿化委员会（全国绿委）
全国绿化委员会办公室（全国绿委办）
全国人大常委会法制工作委员会（全国人大常委会法工委）
全国人大环境与资源保护委员会（全国人大环资委）
全国人大农业与农村委员会（全国人大农委）
全国普及法律常识办公室（全国普法办）
全国政协人口资源环境委员会（全国政协人资环委）
森林病虫害防治（森防）
森林病虫害防治检疫站（森防站）
森林防火指挥部（森防指）
森林工业（森工）
世界银行（世行）
速生丰产林（速丰林）
天然林资源保护工程（天保工程）
西北、华北北部、东北西部风沙危害和水土流失严重地区防护林建设（三北防护林建设）
亚洲开发银行（亚行）
中国光彩事业促进会（中国光彩会）
中国吉林森林工业集团有限责任公司（吉林森工集团）
中国科学院（中科院）
中国龙江森林工业（集团）总公司（龙江森工集团）
中国内蒙古森林工业集团有限责任公司（内蒙古森工集团）
中国农业发展银行（中国农发行）
中国农业科学院（中国农科院）
中国银行业监督管理委员会（中国银监会）
中国证券监督管理委员会（中国证监会）
中央机构编制委员会办公室（中央编办）
珠江流域防护林（珠防林）

书中部分国际组织中英文对照

濒危野生动植物种国际贸易公约（CITES，Convention on International Trade in Endangered Species of Wild Fauna and Flora）
大自然保护协会（TNC，The Nature Conservancy）
泛欧森林认证体系（PEFC，Pan European Forest Certification）
国际热带木材组织（ITTO，International Tropical Timber Organization）
国际野生生物保护学会（WCS，Wildlife Conservation Society）
国际植物新品种保护联盟（UPOV，International Union For The Protection of New Varieties of Plants）
联合国防治荒漠化公约（UNCCD，United Nations Convention to Combat Desertification）
联合国粮食及农业组织（FAO，Food and Agriculture Organization of the United Nations）
欧洲投资银行（EIB，European Investment Bank）
全球环境基金（GEF，Global Environment Facility）
森林管理委员会（FSC，Forest Stewardship Council）
森林认证认可计划委员会（PEFC，Programme for the Endorsement of Forest Certification）
湿地国际（WI，Wetlands International）
世界自然保护联盟（IUCN，International Union for Conservation of Nature）
世界自然基金会（WWF，旧称 World Wildlife Fund——世界野生动植物基金会，现在更名 World Wide Fund for Nature）
亚太经济合作组织（APEC，Asia-Pacific Economic Cooperation）
亚太森林恢复与可持续管理组织（APFNet，Asia-Pacific Network for Sustainable Forest Management and Rehabilitation）
亚洲开发银行（ADB，Asian Development Bank）

附表索引

索　引